中国思想政治工作年鉴

（2009年3月～2010年2月）

全国思想政治工作科学专业委员会
《中国思想政治工作年鉴》编撰委员会 编

中共中央党校出版社
2010年6月

责任编辑　崔宪涛等
封面设计　刘广通
版式设计　刘广通
责任校对　陈　薇　王惠丽

图书在版编目(CIP)数据

中国思想政治工作年鉴. 2009年3月~2010年2月/全国思想政治工作科学专业委员会,《中国思想政治工作年鉴》编撰委员会编. —北京:中共中央党校出版社,2010. 7

ISBN 978-7-5035-4362-3

Ⅰ.①中… Ⅱ.①全… ②中… Ⅲ.①政治工作—中国—2009~2010—年鉴 Ⅳ.①D64-54

中国版本图书馆CIP数据核字(2010)第132911号

中共中央党校出版社出版发行
社址:北京市海淀区大有庄 100 号
电话:(010)62805800(办公室) (010)62805816(发行部)
邮编:100091 **网址:**www.dxcbs.net
新华书店经销
天津市武清区雍阳印刷厂印刷装订
2010 年 7 月第 1 版　2010 年 7 月第 1 次印刷
开本:787 毫米×1092 毫米 1/16 **印张:**100.5
字数:2400 千字　**印数** 1—3000 册

ISBN 978-7-5035-4362-3

ISBN 978-7-5035-4362-3
D·2168　**定价:**298.00元

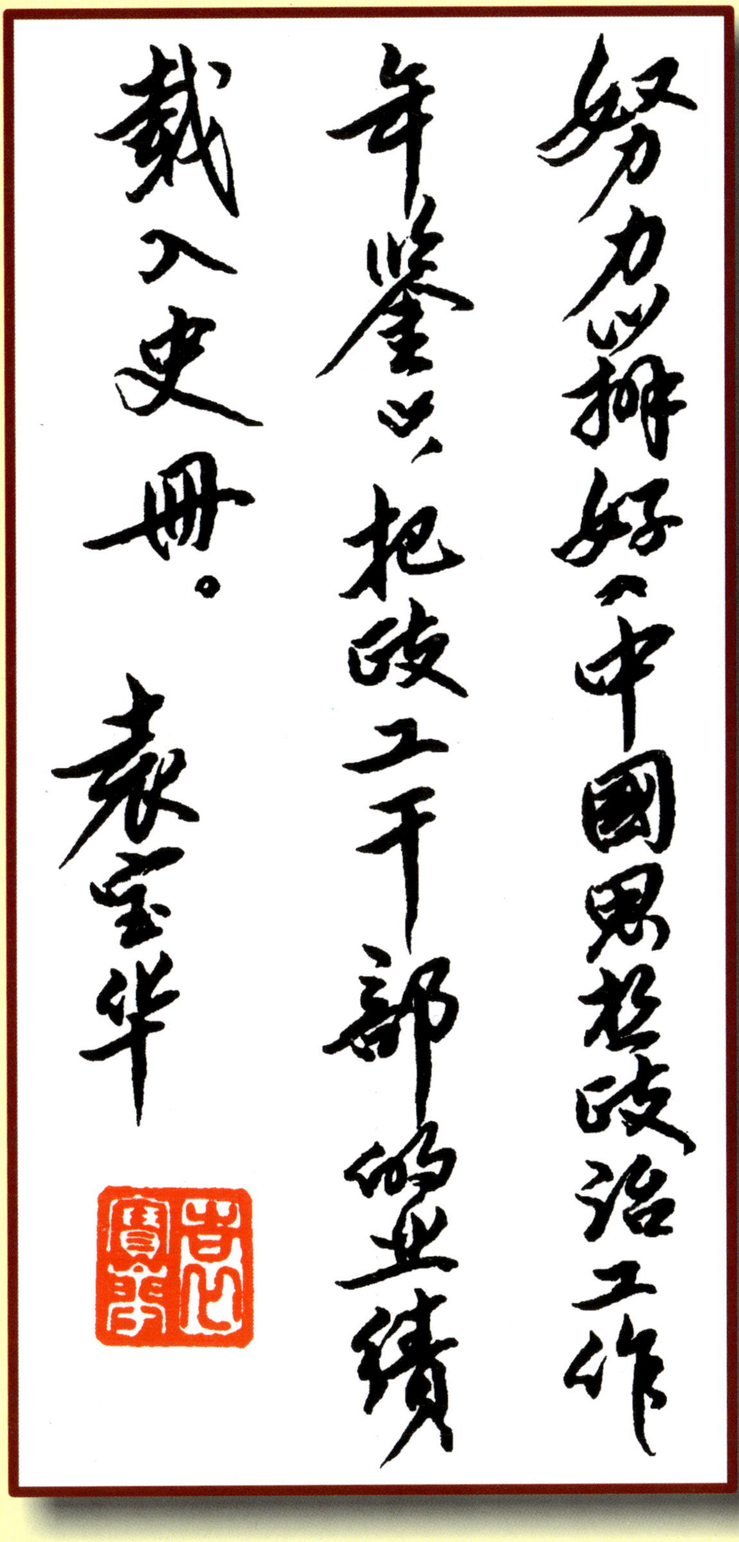

中国思想政治工作研究会原会长、原国家经委主任袁宝华为年鉴题词：“努力办好《中国思想政治工作年鉴》，把政工干部的业绩载入史册。”

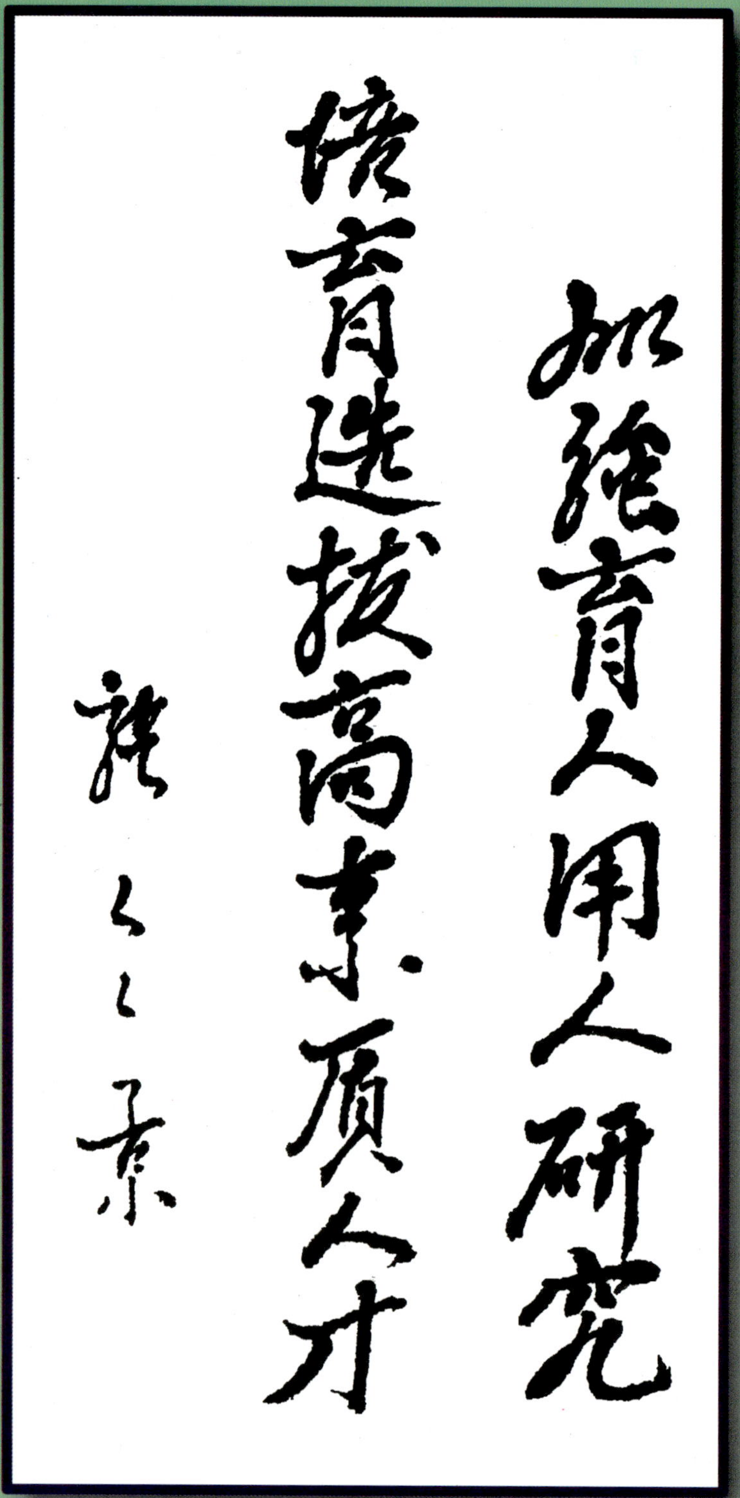

中共中央组织部原部长、全国党建研究会会长张全景为年鉴题词：“加强育人用人研究培育选拔高素质人才。”

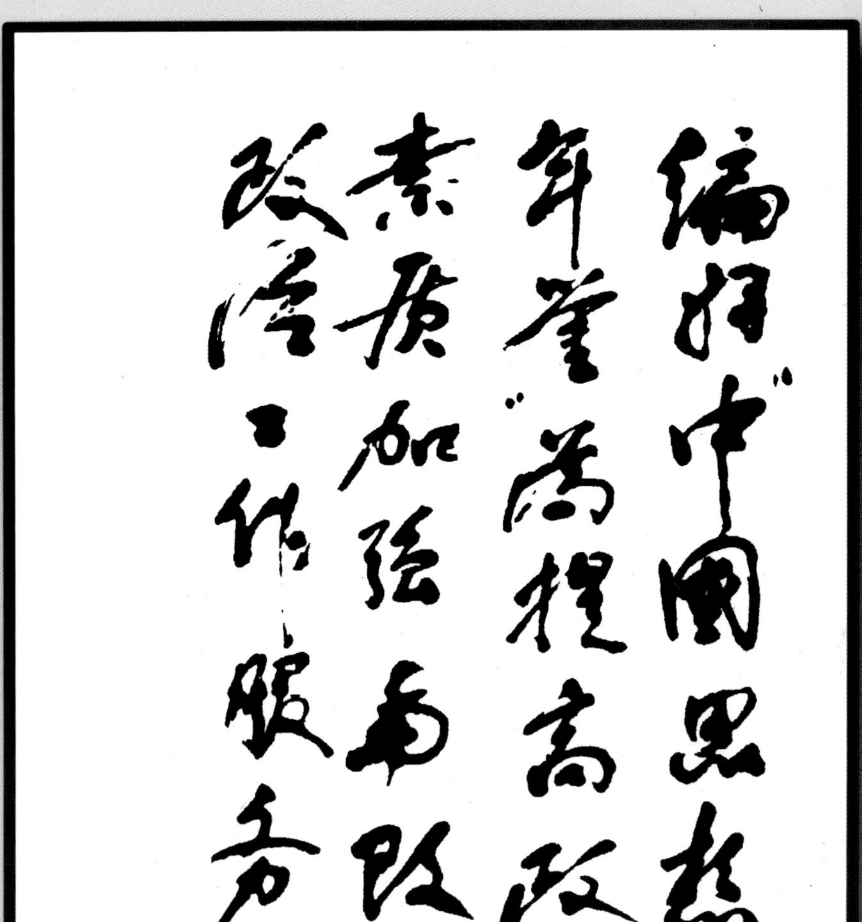

中国思想政治工作研究会原常务副会长、原国家经委副主任赵荫华为年鉴题词:"编好'中国思想政治工作年鉴'为提高政工干部素质加强与改进思想政治工作服务。"

1994年9月23日，时任中共中央政治局常委、书记处书记的胡锦涛同志，在中共中央党校与出席全国思想政治工作科学专业委员会第一次特约研究员会议的全体代表合影。（资料照片）

2009年11月6日，全国思想政治工作科学专业委员会在中共中央党校召开学习贯彻十七届四中全会精神暨学会成立15周年座谈会。图为与会代表合影。

《中国思想政治工作年鉴》
编撰委员会

《中国思想政治工作年鉴》

目　录

第一部分　政工重要文献

第二部分　政工大事记实

第三部分　政工学会专集

第四部分　政工职评工作专辑

第五部分　政工创新与文化建设

第六部分　学习贯彻十七届四中全会精神

第七部分　学习实践科学发展观与构建和谐社会

第八部分　建国六十年来的成就与经验

第九部分 重大理论与热点难点探讨

第十部分　党的建设与农村基层组织建设

第十一部分　组织人才工作和育人用人研究

第十二部分　党风建设与反腐倡廉

第十三部分　党政领导、政工干部和学者论坛

第十四部分　军队政工与核心价值体系建设

第十五部分　高校党建与思想政治教育

第十六部分　企业政工与企业文化

第一部分

政工重要文献

在纪念李先念同志诞辰100周年座谈会上的讲话

（2009年6月23日）

胡锦涛

同志们，朋友们：

今天，我们怀着十分崇敬的心情在这里隆重集会，纪念敬爱的李先念同志诞辰100周年，深切缅怀他为党和人民建立的历史功勋，追思和学习他为党和人民事业不懈奋斗的崇高品德和风范，进一步激励全党全国各族人民投身改革开放和社会主义现代化建设伟大实践，同心同德，共克时艰，积极应对国际金融危机冲击、保持经济平稳较快发展，把中国特色社会主义伟大事业继续推向前进。

李先念同志是伟大的无产阶级革命家、政治家、军事家，坚定的马克思主义者，党和国家的卓越领导人。他毕生奋斗，为中华民族独立和中国人民解放，为社会主义革命、建设、改革事业，为建设富强民主文明和谐的社会主义现代化国家，作出了不可磨灭的贡献，赢得了全党全军全国各族人民的崇敬和爱戴。

1909年6月23日，李先念同志出生于湖北黄安一个贫苦农民家庭。在大革命影响下，他积极投身党领导的农民运动。大革命失败后，他毅然加入中国共产党。从此，李先念同志就把毕生精力奉献给了祖国和人民。

革命战争年代，李先念同志一直从事军事斗争，是党领导的人民军队的杰出将领。他骁勇善战，功勋卓著，在重大历史关头不怕牺牲、勇挑重担，敢于斗争、屡建奇功。

1927年，李先念同志率领农民武装参加著名的黄麻起义。随后，他随红四方面军艰苦转战，先后参与创建鄂豫皖革命根据地和川陕革命根据地，在革命战争血与火的磨练中成长为红四方面军最年轻的军政治委员。长征途中，他受命指挥红四方面军先头部队攻占懋功，率先同红一方面军胜利会师。他向毛泽东同志详细汇报了川西北形势和红四方面军情况，为党中央确定北上战略方针提供了重要依据。他坚决支持朱德、刘伯承、徐向前同志等同张国焘的分裂主义进行斗争，率先遣军和红二方面军一道北上，为实现三大主力红军会师作出了贡献。会宁会师后，他遵照中央军委指示率部突破黄河天险，执行宁夏战役计划。随后，他担任西路军军政委员会委员，指挥红三十军在极其困难的条件下连续奋战，重创敌军，对配合河东红军战略行动、推动西安事变和平解决起了重要作用。西路军失败后，他受命于危难之际，担任西路军工作委员会委员，负责统一军事指挥，率领西路军余部翻越终年积雪的祁连山，穿过荒无人烟的戈壁滩，历尽千辛万苦到达新疆，为党和红军保存了一批骨干力量，受到党中央和毛泽东同志高度评价。

抗日战争时期，李先念同志是鄂豫边区抗日根据地和新四军第五师的主要创建者和领导人。1938年党的六届六中全会以后，他受党中央重托，前往战略地位十分重要的中原地区，开始了创建鄂豫边区抗日根据地的艰苦历程。他发动和依靠人民群众，先后创建新四军豫鄂挺进纵队和新四军第五师，开辟并发展起鄂豫边区这块地处要冲、孤悬敌后的抗日根据地。他善于正确判断形势，不失时机发展壮大人民力量，领导创建了拥有1000多万人口、具有战略意义的中原抗日根据地，创建了拥有5万余人正规部队和30余万民兵的武装力量，从战略上有力配合了全国各个地区的抗日战场，在中华民族抗战史上写下光辉篇章。

抗日战争胜利后，李先念同志领导的中原

军区成为国民党军发动全面进攻的首要目标。他坚决执行党中央的战略部署，沉着果敢，机智灵活，指挥6万中原军区部队突破30万国民党军队的重围，并亲自率领北路突围部队转战千里，在战略转移中创建了豫鄂陕边区根据地。中原突围拉开了解放战争的序幕，显示了他统帅大兵团同强敌作战的战略战术和指挥艺术。解放战争进入战略进攻前夕，他任新成立的中原局第二副书记、晋冀鲁豫野战军副司令员，之后又任重建的中原军区第二副司令员，参与刘邓大军重建大别山根据地斗争和淮海战役后勤保障工作，为建立新中国立下了不朽功勋。

社会主义革命和建设时期，李先念同志是党和国家财经工作的卓越领导人。他担任国务院副总理达26年，长期分管财政、金融、贸易等工作，为确立社会主义基本经济制度、建立独立的比较完整的工业体系和国民经济体系做了大量卓有成效的工作，为探索社会主义经济建设规律倾注了大量心血。

新中国成立初期，李先念同志主政湖北省，在建立各级人民民主政权、剿匪反霸、土地改革、抗美援朝、团结知识分子和各界人士等一系列工作中取得显著成绩。1954年，李先念同志调到中央工作，不久担任国务院副总理兼财政部长等职务，协助周恩来、陈云同志领导经济建设。第一个五年计划时期，他强调国家财政必须保证社会主义经济建设，积极提倡增产节约、挖掘资金潜力、提高经济效益，实现财政、信贷收支平衡，确保国家重点建设资金需要。他高度重视发展城乡贸易，扩大商品流通，建议改善财政管理，调整国家和企业、中央和地方的关系，适当扩大地方财政管理权限，调动各方面积极性。党的八大前后，他支持防止急躁冒进的正确意见，强调“财政、信贷和物资三者必须统一平衡，是社会主义经济建设中必须遵循的一条客观规律”。在三年经济困难时期，他参与领导国民经济调整，为保障社会生产和人民生活做了大量工作，对扭转当时的困难局面起了重要作用。

“文化大革命”期间，李先念同志同林彪、江青反革命集团进行了坚决斗争，被诬为“二月逆流”成员受到错误批判。在非常困难的情况下，他忍辱负重、顾全大局，努力协助周恩来同志维系国民经济运转，为协助毛泽东、周恩来同志打开外交新局面做了富有成效的工作。1975年邓小平同志主持全面整顿期间，他积极配合和协助，为努力把国民经济搞上去付出了大量心血。在粉碎江青反革命集团的斗争中，他作为主要决策人之一，为从危难中挽救党、挽救国家作出重大贡献。粉碎“四人帮”后，李先念同志主持国务院日常工作，积极领导国民经济恢复和发展。他坚决支持关于真理标准问题的讨论，倡导解放思想，恢复和确立党的实事求是的思想路线，同其他老同志一起协助邓小平同志领导全党实现伟大历史转折、开创改革开放和社会主义现代化建设新局面。

改革开放历史新时期，李先念同志先后担任党中央副主席、中央政治局常委、国家主席、全国政协主席等重要职务，是以邓小平同志为核心的党的第二代中央领导集体的重要成员。他坚持解放思想、实事求是，积极探索中国特色社会主义道路。

党的十一届三中全会以后，他积极推动拨乱反正、平反冤假错案、落实干部政策，主张充分肯定毛泽东同志的历史地位和坚决维护毛泽东思想伟大旗帜，以务实果敢的作风为实行和推进改革开放做了大量开创性工作。他坚持“一个中心、两个基本点”的基本路线，积极推动经济体制改革，提出要善于运用经济手段而不要滥用行政方式，充分和正确运用社会主义商品生产和价值规律的力量；在加强综合平衡的前提下，充分发挥部门、地方和企业的积极性；改革计划、财政、物资、内外贸易和企业管理体制，以适应社会主义现代化建设的需要；在坚持自力更生的同时，积极大胆引进外国先进技术和管理经验。他强调“一定要从自己国家的实际出发，走出一条在社会主义制度下实现现代化的中国式的道路”。他十分重视在改革开放中维护和发展人民群众利益的问题，强调“把经济的发展同群众的切身利益紧密地联系起来，使劳动者经常得到看得见的物质利益，这样才能进一步调动群众的积极性”。上世纪 80 年代，他主持中央外事工作领导小组工作，密切关注国际形势发展变化，参与制定对外政策，妥善处理国际上发生的一些重大问题。在担任国家主席期间，他经常去各地考察了解经济发展和改革开放情况并给予指导。他出访 20 多个国家，向世界阐明我国独立自主的和平外交政策，介绍改革开放的方针和社会主义现代化建设取得的成就。在担任全国政协主席期间，他坚持中国共产党领导的多党合作和政治协商制度，支持政协委员和各界人士参政议政，开展调查研究，就改革开放和社会主义现代化建设提出建议，帮助党和政府改进工作，为巩固和发展爱国统一战线，为实现香港、澳门回归祖国，为积极推动海峡两岸交往，为积极开展人民外交，作出了突出贡献。李先念同志为中国特色社会主义事业、为祖国统一大业殚精竭虑，奋斗到最后一息。

同志们、朋友们！

李先念同志的崇高思想风范是激励我们沿着中国特色社会主义道路奋勇前进的宝贵精神财富。我们缅怀李先念同志，就是要学习他的光辉思想、崇高品德、高尚风范，使之成为推进党和人民事业发展的重要精神力量。

我们要学习李先念同志信仰坚定、始终对党和人民无限忠诚的崇高品格。李先念同志对共产主义理想始终抱有必胜信念，无论遇到什么艰难险阻都毫不动摇、毫不退缩。他一生遭遇许多险境、逆境、挫折，始终坚韧不拔、乐观向上、英勇斗争。他说：“革命军人要坚决与勇敢。对革命决不动摇，对敌人决不投降。头可断，真理不可丢，这是我们的美德。”“要保持和发扬革命气节，富贵不能淫，贫贱不能移，威武不能屈。”他用自己的行动告诉我们，只有具有对崇高信仰的坚定性，“才能保持永久的热情和毅力，才能迸发出惊人的积极性和创造性，才能对党、对国家、对人民、对孕育和繁衍我们这个伟大民族的土地，产生无限的热爱和血肉相关的情感”。

我们要学习李先念同志勤于和善于学习、坚持群众路线、创造性开展工作的优良作风。李先念同志出身贫寒，只念过 3 年私塾，是在革命斗争和工作实践中成长起来的党和国家领导人。他说：“我是一穷二白，一无所有，什么工作方法，指挥水平，领导艺术，都是学来的。”善于向书本学习、向实践学习、向群众学习、向一切内行的同志学习是他的鲜明特点。坚持实事求是，贯彻群众路线，深入调查研究，是他一贯坚持的工作方法。他强调：“我们共产党人，任何时期都必须依靠群众，一切工作都必须将群众发动和组织起来。为此，就要深入到群众中去，同他们交朋友、谈心，了解他们的基本要求，启发他们的觉悟，解决他们的问题。”在革命战争年代，李先念同志每到一个地方，总能扎下根来，发展壮大革命队伍，创建起根据地，开创出新局面；在领导国家财政经济工作期间，总能及早发现问题，向中央提出解决问题的建议。他善于运用马克思主义的立场、观点、方法，冷静观察和正确判断形势，创造性地解决实践中的难题。他提出的关于我国经济建设的辩证法思想至今仍具有指导意义。

我们要学习李先念同志坚持党性原则、谦虚谨慎、顾全大局的优秀品质。李先念同志为党和人民事业屡建奇功，但他从不居功自傲，始终谦虚谨慎、戒骄戒躁。他说：“我们一切事业的成功，是全党力量的成功，也是全体干部与群众力量的成功，决不是个人力量的成功。我们不能把成功的事业，当成自己私人的家当。”他具有极强的大局观念，强调“凡是对全局有利的事情，大家都要勇于承担义务，坚决去办，而且一定要办好。凡是对全局不利的事情，即使从局部来看是必需的、有利的，也决不能办”。他把为维护全局利益而牺牲个人和局部利益看作是党性的体现，他说这件事情“说起来容易，做起来难。但是，如果我们共产党人连这一点都做不到的话，那就不可能战胜前进道路上的困难”。李先念同志始终自觉维护团结、遵守党纪。他说：“党的团结，军队的团结，干部的团结，是我们力量的源泉，是夺取胜利的重要保证。”他善于发现和珍视人才，始终坚持五湖四海、任人唯贤，反复强调“共产党是马列主义的党，不是帮派、小团体，不应该有‘山头’与地区之分，也不能以个人关系分亲疏。提拔干部只能以党和人民的利益为前提，决不允许搞歪门邪道”。他作风民主，注意倾听不同意见，善于营造使人敢讲真话、畅所欲言的氛围。

我们要学习李先念同志立党为公、执政为民、全心全意为人民服务的公仆精神。李先念同志始终与人民群众同呼吸共命运，表示“一个共产党员，一个革命家，必须永远保持革命热情和奋斗精神，把为人民服务，把改造客观世界，当成自己的天职和应尽的义务”。他把艰苦奋斗、全心全意为人民服务作为自己人生座右铭，经常说“要与别人比革命工作的多少和艰苦性，不与别人计较享受的优劣，更不允许贪污腐化”。他长期担任党和国家重要领导职务，但在生活上始终保持勤俭朴素作风。他经常叮嘱家人要精打细算过日子，对子女亲属和身边工作人员要求十分严格。

同志们、朋友们！

今年是中华人民共和国成立60周年。回首过去，展望未来，我们更加缅怀毛泽东、周恩来、刘少奇、朱德、任弼时和邓小平、陈云、叶剑英、李先念同志等老一辈革命家为新中国诞生和发展建立的丰功伟绩。在新的历史条件下，全党全国各族人民一定要高举中国特色社会主义伟大旗帜，坚持以邓小平理论和“三个代表”重要思想为指导，深入贯彻落实科学发展观，同心同德、锐意进取，为把我国建设成为富强民主文明和谐的社会主义现代化国家而不懈奋斗，把老一辈革命家和革命先烈开创的伟大事业不断推向前进！

努力开创新形势下党的建设新局面

（2009年9月18日）

胡锦涛

这次全会通过的决定，以邓小平理论和“三个代表”重要思想为指导，深入贯彻落实科学发展观，集中全党智慧，深入分析党的建设面临的新形势新任务，认真总结我们党作为马克思主义执政党加强自身建设的基本经验，明确提出加强和改进党的建设的总体要求、目标任务、重要举措，对加强和改进新形势下党的建设作出战略部署，体现了继续解放思想、坚持改革开放、推动科学发展、促进社会和谐的要求，适应了新的历史条件下推进党的建设新的伟大工程的客观需要，是指导当前和今后一个时期党的建设的纲领性文件。

历史经验告诉我们，制定一份好的文件不容易，把文件落到实处更不容易。全党要认真学习、深刻领会、深入贯彻全会精神，扎扎实实做好党的建设各项工作，努力开创党的建设新局面。

第一，深刻认识加强和改进新形势下党的建设的重要性和紧迫性，增强贯彻全会决定的自觉性和坚定性。全党同志都要深刻认识到，加强和改进新形势下党的建设，是全面贯彻党的十七大精神的迫切要求，是深入贯彻落实科学发展观、抓好发展这个党执政兴国的第一要务的迫切要求，是有效应对国际金融危机冲击、保持经济平稳较快发展的迫切要求，是实现好、维护好、发展好最广大人民的根本利益的迫切要求。

当今世界正处在大发展大变革大调整时期，世界多极化、经济全球化深入发展，各种政治力量纵横捭阖，围绕国际秩序、综合国力、地缘政治、国际市场、科学技术等的全方位竞争更趋激烈，世界范围内各种思想文化交流交融交锋更加频繁。我们党要在国际形势风云变幻中掌握主动，领导人民实现经济社会发展目标，就要提高统筹国内国际两个大局能力，提高把握发展机遇、应对风险挑战能力，更好发挥总揽全局、协调各方的领导核心作用，团结带领全国各族人民坚定信心、同心同德、扎实工作、共克时艰，奋力把改革开放和社会主义现代化推向前进。

党的十七大描绘了新的时代条件下全面建设小康社会、加快推进社会主义现代化、发展中国特色社会主义的宏伟蓝图。要把这个宏伟蓝图变为现实，关键在我们党。在我们这个十几亿人口的发展中大国，党在推进改革开放和社会主义现代化建设中肩负任务的艰巨性、复杂性、繁重性世所罕见。所以，党的十七大鲜明地强调，党要站在时代前列带领人民不断开创事业发展新局面，必须以改革创新精神加强自身建设，始终成为中国特色社会主义事业的坚强领导核心。党的十七大明确提出了把党的执政能力建设和先进性建设作为主线，加强党的思想建设、组织建设、作风建设、制度建设和反腐倡廉建设的党建工作总体布局。我们要按照党的十七大对党的建设作出的总体部署，充分运用新中国成立 60 年来我们党加强自身建设的成功经验，全面推进党的建设新的伟大工程，进一步增强党的创造力、凝聚力、战斗力，进一步提高党的领导水平和执政水平，更好团结带领全国各族人民夺取全面建设小康社会新胜利、开创中国特色社会主义事业新局面。

当前，党的领导水平和执政水平、党的建设状况、党员队伍素质总体上同党肩负的历史使命是适应的。同时，党的干部队伍构成发生很大变化，干部队伍思想、素质、能力出现许多新情况，不少年轻干部缺少严格的党内生活锻炼和重大政治风浪考验，干部队伍建设亟待加强。更重要的是，目前党内存在不少不适应新形势新任务要求、不符合党的性质和宗旨的问题。这些问题虽然不是党的队伍的主流，但严重削弱党的创造力、凝聚力、战斗力，严重损害党同人民群众的血肉联系，严重影响党的执政地位巩固和执政使命实现。

我们党是一个拥有 370 多万个基层组织、7500 多万名党员的大党，建设好这样一个大党任务十分艰巨。党内出现这样那样的问题是客观存在。解决党内存在的问题是一个长期复杂的过程，不可能一蹴而就，但我们必须正视存在的问题，出现什么问题就抓紧解决，不能放任不管，否则就会积重难返。全党必须居安思危，增强忧患意识，常怀忧党之心，恪尽兴党之责，抓紧解决党内存在的突出问题，始终保持党的肌体健康，始终保持和发展党的先进性。

第二，充分运用党执政以来加强自身建设的基本经验，在实践中进一步丰富和发展。在全国执政 60 年来，我们党始终高度重视自身建设，紧密结合治国理政实践，围绕建设什么样的党、怎样建设党这个重大课题，进行长期探索，取得巨大成就。新中国成立之初，围绕巩固政权、发展经济、完成从新民主主义向社会主义过渡，以毛泽东同志为核心的党的第一代中央领导集体在全党加强马克思主义教育，要求全体党员“为更高的共产党员的条件而奋斗”。党的八大着重提出了执政党建设问题，为党在全国执政后加强自身建设指明了方向。党的十一届三中全会以后，以邓小平同志为核心的党的第二代中央领导集体作出了把党和国家工作中心转移到经济建设上来、实行改革开放的历史性决策，确立了把党建设成为领导社会主义现代化事业的坚强核心的目标，提出了干部队伍革命化、年轻化、知识化、专业化方针，推动领导干部新老交替，对党的思想、作风、组织进行全面整顿，开创了党的建设新的伟大工程。党的十三届四中全会以后，以江泽民同志为核心的党的第三代中央领导集体，在改革开放和发展社会主义市场经济实践中，总结世界社会主义发生严重曲折的深刻教训，分析党员干部队伍在国内外政治风波中暴露出来的问题，确立了不断提高党的领导水平和执政水平、提高拒腐防变和抵御风险能力两大历史性课题，全面推进党的思想建设、组织建设、作风建设和制度建设，继续把党的建设新的伟大工程推向前进。党的十六大以来，党中央全面分析新世纪新阶段我国发展呈现的一系列阶段性特征，提出和贯彻科学发展观等重大战略思想，紧密结合全面建设小康社会实践，在全党开展以实践“三个代表”重要思想为主要内容的保持共产党员先进性教育活动和深入学习实践科学发展观活动，把党的执政能力建设和先进性建设作为主线，以改革创新精神全面推进党的思想建设、组织建设、作风建设、制度建设和反腐倡廉建设，着力解决党的建设面临的新情况新问题，开创了党的建设新的伟大工程新局面。

回顾新中国成立60年的实践，我们可以清楚地看到，什么时候党的政治路线正确、党的建设抓得好，党领导的事业就顺利发展；什么时候党的政治路线出现偏差、党的建设抓得不好，党领导的事业就遭受挫折。全会总结概括的基本经验集中体现了党在全国执政后加强自身建设的丰富实践，凝聚了几代中国共产党人的心血。这些经验是党极为宝贵的财富，必须作为加强和改进新形势下党的建设的重要指导原则长期坚持、切实运用，并在实践中不断丰富发展。

第三，提高党的建设科学化水平，推动党的建设创新。全会提出了提高党的建设科学化水平这个重大命题和重大任务，这是根据世情、国情、党情的新变化对党的建设提出的新要求。提高党的建设科学化水平，说到底是要不断把握和自觉运用马克思主义执政党建设规律。执政党建设是长期任务，探索马克思主义执政党建设规律是永恒课题。我们要坚持解放思想、实事求是、与时俱进，及时研究新情况、解决新问题、总结新经验，努力在以科学理论指导党的建设、以科学制度保障党的建设、以科学方法推进党的建设上见到实效。

提高党的建设科学化水平，关键是要坚持科学理论指导。马克思列宁主义、毛泽东思想、邓小平理论、“三个代表”重要思想以及科学发展观，为我们适应新形势新任务要求推进党的建设提供了强有力的理论指导。加强和改进新形势下党的建设，有其客观规律需要我们去认识、去把握，有大量复杂课题需要我们去研究、去破解。现在，一些党建工作还没有取得预期成效，一个很重要的原因就是我们对新形势下党的建设新情况新问题研究得不够不深。我们要在加强实践探索的同时，紧密结合新的历史条件和新的历史任务，认真学习马克思主义建党学说，加强党建理论研究和创新，努力把握和运用马克思主义执政党建设的客观规律，深刻认识和运用党领导人民夺取政权、巩固政权、执掌政权的客观规律，深入研究推动科学发展、促进社会和谐对党的建设提出的新要求，认真总结加强党的执政能力建设和先进性建设的新鲜经验，不断丰富和发展党建理论。

制度建设既是党的建设的重要组成部分，又是党的建设的重要保证。要增强党内生活和党的建设制度的严密性和科学性，既要有实体性制度又要有程序性制度，既要明确规定应该怎么办又要明确违反规定该怎么处理，减少制度执行的自由裁量空间，推进党的建设科学化、制度化、规范化。

“工欲善其事，必先利其器。”科学方法的运用对提高党的建设水平至关重要。长期以来，我们在探索和运用党的建设科学方法方面取得不少成效，应该结合新的实际加以丰富和完善。比如，现在信息网络化程度越来越高，对党的建设提出挑战，也带来机遇。全会提出要办好党建网站、建立全国党员信息库、推进基层党组织工作信息化、加强农村党员干部现代远程教育网络一体化建设、健全反腐倡廉网络举报和受理机制、网络信息收集和处置机制，等等，目的就是要运用信息网络技术来加强和改进党的建设，提高党建工作效率。各级干部要学习和熟悉信息网络，善于运用信息网络，提高运用信息网络进行引导和管理能力。加强和改进新形势下党的建设，既要有决心和信心，也要有科学方法，既要继承和发展党在长期实践中积累的成功方法，也要积极探索运用现代管理学、组织学、心理学等现代科学方法，借鉴外国政党的有益做法。

第四，适应时代发展要求，把建设马克思主义学习型政党的重大战略任务落到实处。不断学习、善于学习，努力掌握和运用一切科学的新思想、新知识、新经验，是党始终走在时代前列引领中国发展进步的决定性因素，直接关系巩固党的执政地位、实现党的执政使命。我们党历来重视学习，特别是在每一个重大历史转折时期总是号召全党同志加强学习，而每次这样的学习热潮都会推动我们的事业实现大进步大发展。面对不断发展变化的国内外形势，面对知识日新月异的当今时代，我们只有勤于学习、不断学习、善于学习，才能始终走在时代前列，才能不断提高领导水平和执政水平，真正担负起领导人民在中国特色社会主义道路上实现中华民族伟大复兴的历史使命。正因为如此，全会鲜明提出建设马克思主义学习型政党的战略任务。全党要高度重视，切实提高学习能力和实践能力。

党的领导干部特别是我们中央委员会的同志要自觉把学习作为提高素质、增长本领、做好领导工作的根本途径，以高度的政治责任感、强烈的求知欲和积极的进取精神，学得更深一些，掌握的理论和知识更丰富一些，努力作不断学习、善于学习的表率。要在全面系统掌握马克思主义理论特别是中国特色社会主义理论体系上走在前面，通过学习坚定理想信念，系统掌握马克思主义立场、观点、方法，增强政治敏锐性和政治鉴别力，始终保持立场坚定、头脑清醒，增强贯彻党的基本理论、基本路线、基本纲领、基本经验的自觉性和坚定性，增强走中国特色社会主义道路、为党和人民事业不懈奋斗的自觉性和坚定性，做共产主义远大理想和中国特色社会主义共同理想的坚定信仰者。要在学习掌握现代科学知识上走在前面，广泛学习现代化建设所需要的经济、政治、文化、科技、社会和国际等各方面知识，在学习中拓宽视野，准确把握当今世界发展大势，准确把握改革发展实际，切实提高战略思维、创新思维、辩证思维能力。要在弘扬理论联系实际的马克思主义学风上走在前面，全面了解和深入把握社会主义初级阶段基本国情，带头探索回答重大理论和实践问题，紧密联系人民最关心最直接最现实的利益问题、本地区本部门改革发展稳定的重大问题、党的建设突出问题开展学习，增强工作的原则性、系统性、预见性、创造性。领导干部要以身作则，减少应酬，挤出时间抓学习，以自己的示范作用带动全党全社会形成良好学习风气。

建设马克思主义学习型政党的战略任务必须落实到基层，每一个党组织都要认真履行组织党员学习的职责。要紧紧围绕服务中心任务，创新学习方法，丰富学习内容，完善学习制度，使各级党组织成为学习型党组织、各级领导班子成为学习型领导班子。要把组织学习同党性锻炼结合起来，把搞好党员学习作为完善党的组织生活的有机组成部分，使党组织既成为党员增强党性修养、提高思想觉悟的大熔炉，又成为党员学习新知识、增长新本领的大学校。要引导广大党员树立重视学习、坚持学习、终身学习的观念，自觉做到学以立德、学以增智、学以创业。要把组织学习同推动工作结合起来，引导党员带着问题学习、围绕工作钻研，使工作过程成为努力学习、增长才干的过程。要提高学习实效，开展丰富多彩、富有成效的活动，在激发学习动力、提高学习质量、增强学习实效上狠下功夫，坚决避免形式主义、一阵风、一刀切。

第五，加强对党的建设的领导，保证各项工作落实。加强和改进新形势下党的建设，是全党的重大政治责任。各级党委和有关部门要认真贯彻落实全会决定，结合开展深入学习实践科学发展观活动，坚持党要管党、从严治党，确保党的建设各项部署落到实处、落到基层。对中央已经作出的党建工作决策部署和政策措施,要继续抓紧抓好,不断抓出成效;对全会决定明确提出的新的要求和举措,要抓紧研究制定实施办法,切实贯彻落实;对全会决定提出的加强和改进党建工作的方向性要求,要抓紧开展深入的调查研究,早日提出工作方案。要全面落实党建工作责任制,在全党特别是各级领导干部中形成抓好党建是本职、不抓党建是失职、抓不好党建是不称职的共识。各级党组织书记要切实履行抓党建第一责任人职责,扎扎实实抓党建,通过抓党的建设推动科学发展、促进社会和谐。要充分发挥党的建设工作领导小组职能作用,加强各有关部门相互沟通和配合,增强党建工作整体合力。要重视建设高素质党务工作队伍,特别是要加强基层党务工作队伍建设,选拔优秀人才从事党务工作,努力造就一支思想、作风、能力都过硬的党务工作队伍。

(此文是胡锦涛同志在党的十七届四中全会第二次全体会议上讲话的一部分)

在庆祝中华人民共和国成立60周年大会上的讲话

(2009年10月1日)

胡锦涛

全国同胞们,同志们,朋友们:

今天,我们隆重集会,庆祝中华人民共和国成立60周年。在这个喜庆而又庄严的时刻,全国各族人民都为伟大祖国的发展进步感到无比自豪,都对实现中华民族伟大复兴的光明前景充满信心。

在这里,我代表党中央、全国人大、国务院、全国政协和中央军委,向一切为民族独立和人民解放、国家富强和人民幸福建立了不朽功勋的革命先辈和烈士们,表示深切的怀念!向全国各族人民和海内外爱国同胞,致以热烈的祝贺!向关心和支持中国发展的各国朋友,表示衷心的感谢!

60年前的今天,中国人民经过近代以来100多年的浴血奋战终于夺取了中国革命的伟大胜利,毛泽东主席在这里向世界庄严宣告了中华人民共和国的成立。中国人民从此站起来了,具有5000多年文明历史的中华民族从此进入了发展进步的历史新纪元。

60年来,在以毛泽东同志、邓小平同志、江泽民同志为核心的党的三代中央领导集体和党的十六大以来的党中央领导下,勤劳智慧的我国各族人民同心同德、艰苦奋斗,战胜各种艰难曲折和风险考验,取得了举世瞩目的伟大成就,谱写了自强不息的壮丽凯歌。今天,一个面向现代化、面向世界、面向未来的社会主义中国巍然屹立在世界东方。

新中国60年的发展进步充分证明,只有社会主义才能救中国,只有改革开放才能发展中国、发展社会主义、发展马克思主义。中国人民有信心、有能力建设好自己的国家,也有信心、有能力为世界作出自己应有的贡献。

我们将坚定不移坚持中国特色社会主义道路,全面贯彻执行党的基本理论、基本路线、基本纲领、基本经验,继续解放思想,坚持改革开放,推动科学发展,促进社会和谐,推进全面建设小康社会进程,不断开创中国特色社会主义事业新局面、谱写人民美好生活新篇章。

我们将坚定不移坚持"和平统一、一国两制"的方针,保持香港、澳门长期繁荣稳定,推动海峡两岸关系和平发展,继续为实现祖国完全统一这一中华民族的共同心愿而奋斗。

我们将坚定不移坚持独立自主的和平外交政策，坚持和平发展道路，奉行互利共赢的开放战略，在和平共处五项原则基础上同所有国家发展友好合作，继续同世界各国人民一道推进人类和平与发展的崇高事业，推动建设持久和平、共同繁荣的和谐世界。

中国人民解放军和人民武装警察部队要发扬光荣传统，加强自身建设，切实履行使命，为维护国家主权、安全、领土完整，为维护世界和平再立新功。

历史启示我们，前进道路从来不是一帆风顺的，但掌握了自己命运、团结起来的人民必将战胜一切艰难险阻，不断创造历史伟业。

展望未来，中国的发展前景无限美好。全党全军全国各族人民要更加紧密地团结起来，高举中国特色社会主义伟大旗帜，与时俱进，锐意进取，继续朝着建设富强民主文明和谐的社会主义现代化国家、实现中华民族伟大复兴的宏伟目标奋勇前进，继续以自己的辛勤劳动和不懈奋斗为人类作出新的更大的贡献！

伟大的中华人民共和国万岁！

伟大的中国共产党万岁！

伟大的中国人民万岁！

深入推进廉政建设　为经济平稳较快发展提供有力保障

温家宝

过去的一年，国务院各部门和地方各级政府认真落实中央关于反腐倡廉的各项部署，着力加强对行政权力的监督制约，全面推进廉政建设和反腐败工作，取得新的明显成效。一是在应对各种挑战、服务经济社会发展大局中发挥了重要保障作用。加强对贯彻落实中央关于宏观调控、扩大内需等重大决策部署的监督检查，保证了政令畅通。加强对抗震救灾工作和救灾款物管理使用的监督检查，促进了抗震救灾和灾后恢复重建顺利进行。二是国务院机构改革基本完成，地方政府机构改革积极推进，通过优化结构、理顺关系，推动了政府职能转变，夯实了反腐倡廉的体制基础。三是认真执行行政问责制度，严肃查处重特大事故。四是加大查办违纪违法案件力度，严厉惩治腐败分子。同时，在促进领导干部廉洁自律、解决损害群众利益突出问题、治理商业贿赂等方面，也迈出新步伐。但是，我们也清醒地看到，当前一些领域腐败现象仍然易发多发，一些损害群众利益的问题仍然突出，一些领导干部作风漂浮、工作不实，严重影响政府形象和干群关系。对此，必须高度重视，认真解决。

今年是我国进入新世纪以来经济发展最为困难的一年。国际金融危机还在蔓延、仍未见底，外部需求持续收缩，进出口降幅较大，企业利润减少，财政收入下降，就业形势十分严峻。在这样的形势下，推进政府自身改革和建设，加强反腐倡廉工作意义尤为重大。只有建设一个进取有为、勤政廉政、务实高效的政府，才能够更好地凝聚人心，有效协调各方面行动，形成全社会合力，有力应对金融危机，战胜困难和挑战。今年廉政建设和反腐败工作总的要求是，以邓小平理论和“三个代表”重要思想为指导，深入贯彻落实科学发展观，认真落实中央关于反腐倡廉的各项部署，坚持标本兼治、综合治理、惩防并举、注重预防的方针，紧紧围绕保增长、保民生、保稳定这条主线，进一步加大监督检查力度，规范行政权力运行，着力解决损害群众利益的突出问题，加快推进惩治和预防腐败体系建设，为改革发展稳定提供坚实保障。要着力抓好以下四个方面的工作：

一、正确履行政府职能，创造良好发展环境

保持经济平稳较快发展是今年经济工作的首要任务，是政府全部工作的重中之重。各级政府要紧紧围绕这个中心，全面正确履行职能，切实加强督促检查，着力落实政策措施，营造良好发展环境，增强企业投资的信心、社会消费的信心和人民群众对国家发展的信心，调动一切积极因素，形成合力，为促进经济发展提供强有力的保证。

第一，加强对中央政策措施落实情况的监督检查。为应对国际金融危机，中央出台了扩大内需、促进经济平稳较快发展的一揽子计划，关键要抓好落实。各地方、各部门必须增强执行中央决策部署的自觉性和坚定性，确保政令畅通。要把监督检查作为落实中央决策部署的重要手段。监督检查的重点是：工作是否雷厉风行，政策措施是否落实到位，防止推诿扯皮、贻误时机；项目安排是否科学合理，防止低水平重复建设和搞劳民伤财的“形象工程”、“政绩工程”；项目建设和审批程序是否依法合规，防止打折扣、搞变通；资金管理使用是否规范有效，防止截留、挪用、贪污和浪费；工程施工和质量是否安全合格，防止发生事故和出现“豆腐渣”工程，等等。对水利、交通、铁路、城建等投资规模大、建设项目多的重点领域、重点部门，以及关系民生、影响面大的重点项目，要集中力量加强监督检查，及时解决发现的问题，对违纪违法行为要严肃处理。

第二，进一步深化改革，简政放权，激发经济社会发展活力。应对国际金融危机的冲击，既要靠扩大内需，增加政府投资，带动社会投资，更要靠体制改革和制度创新，规范行政权力运行，充分发挥市场机制的作用，进一步激发和释放企业、社会发展的活力。要深化行政审批制度改革。这项改革已经取得很大成绩，但仍不到位。今年要进一步集中清理行政审批事项，再取消一批审批项目。同时严格规范审批程序，坚持公开透明、阳光操作，充分利用电子监察等现代技术手段，强化对审批全过程的监控。要加快投资体制改革。最大限度地缩小投资审批、核准范围，完善和落实企业自主决策、自担风险的投资决策机制，促进和扩大社会投资。加强政府投资管理，建立政府投资绩效考核制度，完善重大投资责任追究制度。要规范公共资源配置。土地使用权出让、矿产资源开发、公共工程建设、政府采购等，要严格按规定采用公开招标、拍卖等方式进行。要加快法规制度建设，保证各项改革的顺利进行。

第三，维护良好的市场秩序，促进公平竞争。良好的市场秩序和公平竞争环境，直接关系优化资源配置、保证产品质量和提高经济运行效率，是促进投资和消费的重要条件。要放宽市场准入，打破行业垄断和地区封锁，促进商品和生产要素在全国范围内自由流动和充分竞争，创造更多的投资机会和增长空间。要强化市场监管和执法。重点结合扩大消费和“家电下乡”、“农机下乡”、“汽车、摩托车下乡”等工作，坚决打击制售假冒伪劣产品、以次充好、搭配销售等行为。今年要在全国开展“质量和安全年”活动，特别要深入开展食品药品安全专项整治，着力解决滥用食品添加剂和药品质量问题，维护人民群众身体健康和生命安全。要加强安全生产监管，严肃查处安全生产事故涉及的干部失职渎职、贪赃枉法、违规投资入股等腐败行为。理顺行政部门及其所属事业单位、社团法人等的权责关系，规范行业协会、市场中介组织的服务行为，防止以各种名目给企业增加负担。要加强对企业兼并重组过程的监督。今年企业兼并重组的力度明显加大，要依法规范操作，切实防止国有资产流失，维护职工合法权益。要严厉打击操纵股市、官商勾结、内幕交易等行为，加强股市监管，提振市场信心。

二、落实改善民生政策措施，有效维护群众利益

我们的政府是人民的政府，必须始终坚持以人为本的执政理念。越是困难的时候，越要高度重视民意、体察民情、关注民生，认真解决损害群众利益的突出问题，维护社会和谐稳定。

第一，落实中央强农惠农政策。针对当前“三农”工作特别是农业发展、农民增收面临的突出矛盾和问题，中央出台了一系列重大举措，必须认真抓好落实。要加强对农村集体土地、资产、资源的管理，重点开展对农村土地承包、土地征收、土地流转、耕地保护等情况的监督检查，切实保障返乡农民工的土地承包权益，坚决纠正侵害农民利益的突出问题。加强对政府惠农资金的监管，严肃查处挤占、挪用农业补贴、扶贫资金、新农合补助资金、农村低保资金等问题。严肃查处涉农乱收费、乱罚款、集资摊派以及哄抬农资价格、制售假劣农资坑农害农等问题。加强对农村干部的教育和监督，认真解决少数农村干部作风粗暴、办事不公、以权谋私等突出问题。

第二，推动保就业、保稳定、保重建的各项工作。今年就业形势十分严峻，尤其是高校毕业生和农民工就业问题格外突出，部分城乡低收入家庭生活困难，这些都容易引发社会矛盾。对此，中央就稳定和扩大就业、加强社会保障、解决困难群众生活、灾后重建等出台了一系列政策，财政也配套了一部分资金。各级政府及有关部门一定要加强督促检查，把政策落实好，把资金使用好，把服务提供好。要确保基本养老金、失业保险金、最低生活保障金按时足额发放，切实解决一些企业拖欠职工工资特别是农民工工资的问题，避免引发群体性事件。全面实施地震灾后恢复重建总体规划，继续搞好对口支援和专项援助，保证受灾群众在年内入住新房。重点加强对灾后重建资金和物资管理使用情况的监督检查，确保每一笔款物都用于灾区、用于受灾群众。

第三，切实改善征地拆迁管理。今年投资规模进一步扩大，建设项目增多，征地拆迁工作量也会相应增加，要特别注意维护群众利益。各地方尤其是基层政府要依法规范征地拆迁管理，严肃处理不履行征地审批手续、征地补偿不到位，甚至采取暴力手段强行征地拆迁等行为。要继续整顿房地产市场秩序，加强市场监管，强化对规划许可、施工许可、开发建设等环节的监督检查，严肃处理违规违法和腐败行为。

第四，规范公共部门的服务和收费行为。教育、卫生、社保等公共部门，一头连着政府，一头连着人民群众，管理服务是否规范高效，收费是否合理合规，直接关系政府形象和群众切身利益，必须加强监督管理。要规范教育收费和教育经费管理使用行为。坚决查处学校自立收费名目、扩大收费范围等各种形式的乱收费，坚决查处截留、挤占、挪用、虚报教育经费的行为。加强对各类学校特别是高校的财务、基建、招生、采购等重点领域和关键环节的监管。今年国家对中小学校舍安全改造、重建的投入力度很大，要切实加强监管，保证资金使用安全有效。要规范医药购销和医疗服务行为。结合国家推进医药卫生体制改革的总体部署和重点工作，加强对医疗服务机构的监管，坚决查处各种乱加价、乱收费和开单提成等行为。进一步规范药品集中采购工作。要将所有行政事业性收费纳入预算管理。认真执行中央关于取消和停止征收100项行政事业性收费项目的规定。加强对实施成品油价格和税费改革后有关政策落实情况的监督检查，严肃查处变相新增收费项目、乱收费行为。加强对社保基金、住房公积金、扶贫资金等公共资金的监管，严肃查处挤占、挪用、滥用等行为，确保资金安全和专款专用。

三、强化对行政权力的制约监督，确保权力不被滥用

今年政府工作任务重、头绪多，要注重推进管理创新，提高办事效率和工作透明度，加强对

权力的制约监督，保证行政权力规范运行和正确行使。尤其要防止利用扩大公共投资的机会为本部门、本单位和个人谋取私利。

第一，坚持科学民主决策。今年政府的公共投资决策事务明显增加，要求也明显提高。要坚持科学民主决策，提高决策质量，注重实际效果。对符合条件、手续完备的项目，特别是民生工程、灾后重建、生态环境、技术改造和消除"瓶颈"制约的重要项目，要按程序加快核准、批复。同时，要继续健全科学民主决策各项制度。重大决策必须充分发扬民主、集体研究决定，严禁领导干部个人决定大额度资金使用、重大项目安排，干预工程建设招投标和政府采购的正常程序。凡是专业性、技术性较强的决策，要经过专家充分论证，涉及重大公共利益和群众切身利益的决策，要向社会公开征求意见。

第二，深入推进政务公开。公开透明是保证权力不被滥用、公共投资不出问题的有效办法。要深入推进政务公开，凡应该公开、能够公开的事项都要及时全面公开。要拓展公开渠道，提高公开层次，增加公开内容，创造条件让人民更好地了解政府、监督政府、批评政府。继续全面推行公共企事业单位办事公开制度，方便群众办事和实施监督。今年特别要把公开透明原则贯穿于落实扩内需、保增长政策的全过程，项目实施和资金管理使用不准搞暗箱操作，保证每个环节都透明运行，最大限度地减少发生腐败行为的机会。

第三，推进行政问责制度和绩效管理制度。行政问责的根本目的在于强化行政监督、提高政府执行力和公信力。今年要重点抓好三个方面的行政问责：对中央关于保增长、保民生、保稳定各项政策执行不力的要问责；对公共资金使用不当、投资项目出现失误的要问责；对发生损害群众生命财产的重特大安全事故的要问责。要继续推进行政问责的制度化、规范化，进一步明确问责范围、问责程序，加大问责力度，增强行政问责的针对性、操作性和时效性，坚决纠正行政不作为和乱作为。要建立政府绩效管理制度，引导各级干部特别是领导干部形成符合科学发展观要求的正确政绩观。

第四，严肃查办违纪违法案件。查办案件是反腐败的最重要、最直接、最有效手段。按照中央的部署，今年要重点查办发生在领导机关和领导干部中的腐败案件。要始终保持严厉惩处腐败分子的高压态势，坚决查处利用行政审批权、行政执法权等搞官商勾结、权钱交易的腐败案件。加大查办商业贿赂案件的力度，既要惩处受贿行为，又要惩处行贿行为；既要查处国(境)外经济组织在我国内地的商业贿赂行为，也要查处我国企业在境外的商业贿赂行为。对于发现的腐败案件和腐败分子，不管涉及什么单位、什么人，都要依法严惩，绝不姑息，绝不让腐败分子逍遥法外。要加强国际合作，加大对逃亡在境外的腐败分子的追逃缉捕力度，绝不让他们逍遥境外。

四、政府要带头勤俭节约，确保资金用到最急需的地方

困难时期是考验各级政府的关键时期。所有政府工作人员特别是领导干部要保持良好的精神状态，坚定信心，勇挑重担，与全国人民一道迎难而上、共克时艰。各级行政机关要带头发扬艰苦奋斗的精神，坚持勤俭办一切事业，厉行节约，精打细算，坚决防止大手大脚和奢侈浪费。今年要在降低行政成本、建设节约型机关方面下功夫、见成效，重点要严格抓好四项工作：

严格控制楼堂馆所建设。切实贯彻中办国办最近下发的有关厉行节约、反对铺张浪费的通知精神，从现在起到2010年底，各级党政机关一律不得新建办公楼，不得建设培训中心、宾馆、招待所等楼堂馆所。已批准并开工建设的，要执行规定标准。严禁为领导干部超标准建造和装修住房。各级机关都不得借扩大内需之名，行大兴土木之实。

严格控制公务接待、公车使用和公款出国(境)。今年要对这三个方面开展专项治理，实

行量化指标控制，务求取得实效。公务接待要严格执行有关规定，今年各级党政机关公务接待费用支出要在2008年基础上削减10%。不得超标准接待，不得用公款大吃大喝，不得组织到营业性娱乐、健身场所活动，不得在考察、培训、会议等公务接待中安排旅游项目。严格执行公务用车编制管理规定和配备使用标准，严控公车购置经费，今年各级党政机关车辆购置及运行费用要在近3年平均数基础上降低15%。严禁以公务考察为名出国（境）旅游，今年各地区、各部门因公出国（境）经费支出要在近3年平均数基础上压缩20%。对在上述三方面顶风违纪的人和事，要严肃查处。

严格控制乱发津贴补贴。要坚决执行公务员及事业单位工资改革的有关规定，规范津贴补贴发放。各地区、各部门不得新设立津贴补贴项目，逐步统一同级政府不同部门之间的补贴项目和标准。规范津贴补贴资金来源和发放办法，禁止乱发津贴补贴和违规发放其他福利。深化国库集中收付制度改革，严格落实“收支两条线”规定，深入开展“小金库”专项治理。

严格控制会议、文件、庆典和评比达标表彰活动。加强政府自身建设，改进机关作风，必须大力精简会议和文件。国务院部门要带头，今后部门召开的会议和举办的一般性活动，国务院领导原则上不参加。要压缩会议规模，减少会议开支，提倡召开电视电话会议。举办各种庆典、论坛和纪念活动，要严格履行报批程序，控制活动规模。继续清理整顿评比达标表彰活动，对保留的项目要加以规范，切实解决过多过滥的问题。

加强反腐倡廉，领导是关键。今年中央根据形势发展变化，对反腐倡廉工作提出了新的更高要求，各地区、各部门一定要认真落实，决不可敷衍了事。要加强廉政建设责任制。各级政府及其部门的主要领导作为廉政建设的第一责任人，要切实负起责任。要加强组织考核，严肃责任追究，做到分工明确、考核到位、追究有力，确保中央关于廉政建设和反腐败工作的决策部署落到实处。所有政府工作人员特别是领导干部要严格要求自己，从严治政，勤勉尽责，廉洁奉公，做勤政廉政的表率。要切实转变工作作风，坚持求真务实，深入基层解决实际问题，坚决反对官僚主义、形式主义，做真抓实干的模范。各部门都要扎实抓好基础工作，努力实现信息共享，牢固树立大局观念，主动加强协调配合。要进一步解放思想，以更加饱满的精神和更加昂扬的锐气，不断适应形势变化，提高驾驭复杂局面的能力。

反腐倡廉意义重大，任务繁重。我们要紧密团结在以胡锦涛同志为总书记的党中央周围，高举中国特色社会主义伟大旗帜，振奋精神，坚定信心，扎实工作，不断把政府系统反腐倡廉工作推向深入，为推进改革开放和现代化建设提供有力保证。

（此文是温家宝同志2009年3月24日在国务院第二次廉政工作会议上的讲话摘要）

在庆祝中华人民共和国成立60周年招待会上的讲话

（2009年9月30日）

温家宝

各位来宾、各位朋友、各位同志：

今天，我们欢聚一堂，热烈庆祝中华人民共和国成立60周年。我代表党中央、国务院，向全国各族人民和各界人士，致以节日的祝贺！

向港澳同胞、台湾同胞和海外侨胞，致以亲切的问候！向出席招待会的各国朋友和所有关心、支持我国现代化建设的国际友人，表示诚挚的感谢！

1949年10月1日，中华人民共和国宣告成立，开辟了中国历史新纪元。站立起来的中国人民，掌握着自己的命运，创造着共和国的历史。

60年来，中国共产党领导全国各族人民，团结奋斗，艰苦创业，中华大地发生了沧桑巨变。国家经济实力和综合国力极大增强，人民生活显著改善，社会文明程度大幅提升，国际地位空前提高。波澜壮阔的历史变迁，翻天覆地的社会进步，激励着每一个中华儿女。我们为祖国的日益强盛和欣欣向荣而倍感自豪！

古老的中华民族何以能重新焕发青春活力？积贫积弱的中国何以能迅速赶上时代发展的潮流？从根本上说，就是中国人民在毛泽东思想、邓小平理论和“三个代表”重要思想的指引下，解放思想、实事求是，成功探索了一条符合中国国情的社会主义现代化道路。改革开放是具有划时代意义的伟大变革。没有改革开放，就没有中国特色社会主义；没有中国特色社会主义，就没有今天中国的繁荣和进步。中国特色社会主义，是指引我们胜利前进的旗帜！

60年的辉煌成就，归功于伟大的中国人民，归功于伟大的中国共产党，归功于充满生机和活力的中国特色社会主义。

60年的经验告诉我们：在整个社会主义初级阶段，必须始终坚持以经济建设为中心，以改革开放为动力，全面推进社会主义经济建设、政治建设、文化建设、社会建设以及生态文明建设；必须通过经济体制改革、政治体制改革和其他领域的改革，充分发挥全体人民的积极性、主动性和创造性，实现社会公平正义，使整个国家充满活力；必须发扬社会主义民主，健全社会主义法制，坚持依法治国，实现国家长治久安；必须加强和改进党的建设，深入开展反腐败斗争，密切党和政府同人民群众的血肉联系。

同志们、朋友们！

今年以来，世界经济经受着上世纪大萧条以来最为严峻的挑战，我国经济也遭受巨大冲击。我们坚定信心，从容应对，及时果断采取正确的政策措施，有效遏制了经济增速下滑的势头。我们要保持宏观经济政策的连续性和稳定性，增强宏观调控的针对性、有效性和可持续性，实现经济平稳较快发展，并为世界经济的可持续复苏作出贡献。

国家的安定，民族的团结，社会的和谐，是各项事业健康发展的可靠保证。我们要坚定不移地维护社会稳定，维护人民群众根本利益；坚定不移地坚持民族区域自治制度和国家民族宗教政策，巩固和发展平等团结互助和谐的社会主义民族关系。

我们要坚决贯彻“一国两制”方针，保持香港、澳门长期繁荣稳定！我们将坚持一个中国原则，同台湾同胞一道，开创两岸关系和平发展新局面，推进祖国和平统一大业！

中国离不开世界，世界也需要中国。我国将坚持独立自主的和平外交政策，始终不渝地走和平发展道路，推动建设持久和平、共同繁荣的和谐世界！

同志们、朋友们！

我们正站在新的历史起点上。再过40年，将迎来新中国成立100周年。到那时，一个富强民主文明和谐的社会主义现代化国家，将巍然屹立在世界东方。我们前面的道路还很长，也不平坦，还会遇到许多可以预见和不可预见的困难。我们务必保持谦虚、谨慎、不骄、不躁的作风，务必保持艰苦奋斗的作风，增强忧患意识，居安思危，励精图治。展望未来，我们清醒、自信、坚定。让我们紧密团结在以胡锦涛同志为总书记的党中央周围，高举中国特色社会主义伟大旗帜，以邓小平理论和“三个代表”重要思想为指导，深入贯彻落实科学发展观，万众一心、开拓进取，谱写中华民族伟大复兴的新篇章！

现在，我提议：

为庆祝中华人民共和国成立60周年，

为祖国的繁荣富强和各族人民的幸福，

为中国人民同世界人民的友谊与合作，

为各位来宾、朋友和同志们的健康，

干杯！

在学习贯彻胡锦涛总书记重要讲话座谈会上的讲话

（2009年12月30日）

贾庆林

同志们，朋友们：

去年12月31日，中央隆重举行纪念《告台湾同胞书》发表30周年座谈会，中共中央总书记、国家主席、中央军委主席胡锦涛同志在会上发表了题为《携手推动两岸关系和平发展，同心实现中华民族伟大复兴》的重要讲话。一年来，各地各部门认真贯彻落实胡锦涛总书记的重要讲话精神，积极开展对台工作，取得了丰硕成果。今天，我们在这里举行座谈会，进一步学习胡锦涛总书记的重要讲话精神，对于我们更加深刻地理解中央对台工作的大政方针，更加坚定地贯彻执行中央对台工作的决策部署，更加扎实有效地做好新形势下的对台工作，不断开创两岸关系和平发展新局面，具有重要意义。

解决台湾问题、实现祖国完全统一，是全体中华儿女的共同心愿，是我们党肩负的重大历史使命。以毛泽东同志、邓小平同志、江泽民同志为核心的党的三代中央领导集体提出了一系列对台工作方针政策，推动两岸关系不断向前发展，取得了历史性成就。以胡锦涛同志为总书记的党中央在新形势下进一步推进了对台工作的理论创新和实践创新。胡锦涛总书记的重要讲话，在中央对台工作大政方针和党的十七大关于对台工作总体要求的基础上，站在全民族发展的高度，根据两岸关系和台海局势的发展变化，全面阐述了中央关于继续推进两岸关系和平发展、促进祖国和平统一的重大主张和方针政策，是新形势下指导对台工作的纲领性文件，是开创两岸关系和平发展新局面的根本指针。

胡锦涛总书记的重要讲话，深刻揭示了完成祖国统一是实现中华民族伟大复兴的历史必然，充分体现了维护和发展全民族利益的高度责任感。这一重要讲话的鲜明特色和主旨，就是把我们党实现祖国完全统一的历史使命与近代以来中华民族的历史追求紧密联系起来，把两岸关系的发展与实现中华民族的伟大复兴紧密联系起来，号召两岸同胞携手推动两岸关系和平发展，同心实现中华民族伟大复兴。胡锦涛总书记在讲话中指出，祖国大陆改革开放和现代化建设不断取得巨大进步，是推动两岸关系发展、实现祖国和平统一的雄厚基础和可靠保障，决定了两岸关系的基本格局和发展方向。台湾的前途系于两岸关系和平发展，系于中华民族伟大复兴。胡锦涛总书记郑重提出，回顾近代民族之艰难奋斗历程，展望未来民族之光明发展前景，我们应该登高望远、审时度势，本着对历史、对人民负责的态度，站在全民族发展的高度，以更远大的目光、更丰富的智慧、更坚毅的勇气、更务实的思路，认真思考和务实解决两岸关系发展的重大问题。我们要牢牢把握两岸关系和平发展的主题，积极推动两岸关系和平发展，实现全民族的团结、和谐、昌盛。这些重要论述充分体现了维护中华民族根本利益的坚定意志，充分展现了我们为两岸同胞谋福祉、为台海地区谋和平、为中华民族谋复兴的决心和诚意。

胡锦涛总书记的重要讲话，全面阐述了两岸关系和平发展的重要思想，充分体现了总揽全局的战略思考。这一重要讲话的核心内容，就是首次全面系统地阐述了两岸关系和平发展的思想，鲜明地提出了争取祖国和平统一首先要确保两岸关系和平发展的论断，科学回答了为什么要推动两岸关系和平发展、怎样推动两岸关系和平发展的重大问题。胡锦涛总书记在讲话中强调，推动两岸关系和平发展，应该把坚持大陆和台湾同属一个中国作为政治基础，把深化交流合作、推进协商谈判作为重要途径，把促进两岸同胞团结奋斗作为强大动力。他还指出，继续反对“台独”分裂活动是推动两岸关系和平发展的必要条件，是两岸同胞的共同责任。两岸关系和平发展的思想，立足于对台工作长期的丰富实践，体现了实事求是的科学精神，反映了对两岸关系发展规律的深刻认识。牢牢把握两岸关系和平发展这一主题，既符合当前推进两岸关系的实际需要，又反映了两岸关系发展的客观趋势，同时也是坚持和平统一方针的必然要求。从根本上说，推动两岸关系和平发展，是我们国家发展战略的一个重要组成部分，是走中国特色社会主义道路、实现中华民族伟大复兴的战略选择。

胡锦涛总书记的重要讲话，擘画了推动两岸关系和平发展的宏伟蓝图，充分体现了奋力开拓两岸关系前进道路的政治智慧和务实思路。党的十七大提出了构建两岸关系和平发展框架的要求。胡锦涛总书记在这次重要讲话中，首次明确提出推动两岸关系和平发展的六点意见，从政治、经济、文化、社会、涉外事务、军事安全等方面，全面系统地阐述了我们的政策主张，指明了构建两岸关系和平发展框架的努力方向，为开创两岸关系的未来提供了新的契机。这六点重要意见立足现实、着眼长远，体现了构建两岸关系和平发展框架的战略要求，体现了解决两岸关系重大问题的新思路、新观念、新主张，也体现了破解难题、打开僵局的政治智慧。这六点重要意见，表明了我们推动两岸关系和平发展的诚意和善意，同时又尽量回应了台湾方面的合理诉求，有利于双方共同探索和开辟两岸关系和平发展的前景。全面贯彻落实六点意见，两岸关系和平发展就能够行稳致远，两岸关系和平发展的框架就能够逐步建立。

胡锦涛总书记的重要讲话，突出强调了两岸同胞在两岸关系和平发展中的主体地位，充分体现了以人为本的科学理念。两岸同胞是血脉相连的命运共同体。胡锦涛总书记强调，“实现中华民族伟大复兴要靠两岸同胞共同奋斗，两岸关系和平发展新局面要靠两岸同胞共同开创，两岸关系和平发展成果由两岸同胞共同享有”。我们历来认为，台湾同胞是发展两岸关系的重要力量。要推动两岸关系和平发展，就必须始终坚持寄希望于台湾人民的方针，尽最大可能、最大限度地团结广大台湾同胞，团结的人越多越好。只有最广泛地实现两岸同胞大团结，最充分地调动和汇聚起一切积极因素，两岸关系和平发展才大有希望。

总之，胡锦涛总书记的重要讲话深刻把握民族根本利益和国家核心利益，深刻把握两岸关系的发展趋势，是在认真总结30年来对台工作实践经验基础上形成的最新理论成果，丰富和发展了中央对台工作的大政方针。在这一重要讲话精神的指引下，在两岸同胞的共同努力下，两岸关系在实现历史性转折的基础上，继续沿着和平发展的正确轨道稳步向前迈进。

一年来，国共两党和两岸双方巩固了反对“台独”、坚持“九二共识”的共同政治基础，就继续推动落实“两岸和平发展共同愿景”、进一步促进两岸关系和平发展，达成了重要共识，明确了努力方向。双方进一步采取措施促进两岸关系改善和发展，妥善处理了一系列复杂问题，克服了各种干扰和破坏，维护了两岸关系和平发展的良好势头。

一年来，两岸协商取得一系列积极成果，两岸直接双向“三通”全面实现，两岸经济关系正常化取得实质进展。两岸双方就推动商签经济合作框架协议达成一致，标志着两岸经济合作制度化、机制化进程迈向新的阶段。

一年来，两岸各界大交流的局面正在形成。经济合作进一步深化，文化交流进一步发展，各界交往进一步扩大，交流领域进一步拓宽，交流形式进一步创新。两岸携手应对国际金融危机冲击，促进了台湾经济走向复苏，推动了两岸产业互利双赢。大陆同胞积极向遭受台风灾害的台湾同胞提供援助，体现了血浓于水的骨肉深情。支持两岸开展平等协商、加强两岸各领域互利合作，积极促进两岸关系和平发展，越来越成为台湾民意的主流，成为两岸同胞的普遍共识。

两岸关系的重大和积极变化表明，两岸关系和平发展符合两岸同胞的共同愿望，给两岸同胞带来了实实在在的利益。实践也进一步证明，只要选择了两岸关系的正确方向，两岸同胞推动两岸关系发展的热情就会连绵不绝地迸发出来，两岸各界扩大深化合作、促进共同发展的潜力就会持续不断地显现出来，两岸关系的发展就会不断取得新的成就，造福两岸同胞，增进中华民族的整体利益。

同志们、朋友们！

两岸关系和平发展正处在进一步向前推进的重要历史机遇期。胡锦涛总书记的重要讲话确立了推动两岸关系和平发展的目标、任务和各项政策，为在历史新起点上推动两岸关系发展指明了前进方向。我们一定要把胡锦涛总书记的重要讲话作为统一思想、推进工作的行动指南，把学习贯彻讲话精神作为当前和今后一个时期对台工作的主要任务，切实推动各项对台工作取得新成效，不断开创两岸关系和平发展新局面。

我们要坚持中央对台工作的大政方针，继续切实遵循两岸关系和平发展的思想，牢牢把握两岸关系和平发展的主题，坚持两岸关系和平发展的正确方向。要继续全面贯彻推动两岸关系和平发展的六点意见，不断巩固两岸关系发展的政治基础、物质基础、文化基础和社会基础；不断增进两岸经济、文化、社会和人民思想感情的大融合，不断增强两岸同胞对中华文化和中华民族的认同，努力构建基础坚实、支撑有力、内涵丰富的两岸关系和平发展框架。

我们要继续秉持建立互信、搁置争议、求同存异、共创双赢的精神，推动两岸双方保持良性互动，努力扩大共识。既要坚定推进两岸关系和平发展的信心，又要充分估计前进道路上存在的困难，通过增进政治互信、密切交流合作，不断排除各种干扰，不断拓宽前进道路，不断为两岸关系和平发展注入强劲动力。

我们要继续按照先易后难、先经后政、把握节奏、循序渐进的思路，稳步扎实地推进两岸协商和两岸关系发展进程。要积极推动两岸商签经济合作框架协议，最大限度地实现优势互补、互利双赢。积极探讨商签两岸文化教育交流协议，全面拓展两岸文化教育交流合作。还应当着眼未来，积极稳妥地探索如何破解制约两岸关系发展的难题，为今后两岸协商政治和军事安全等问题预做准备、创造条件。

我们要坚持以人为本，鼓励更多的两岸同胞支持并参与推动两岸关系和平发展，维护和增进两岸同胞的切身利益。要把寄希望于台湾人民的方针切实贯彻到各项对台工作中，为台湾同胞多办实事、多做好事，使越来越多的台湾同胞在两岸关系和平发展进程中受益，不断壮大支持和促进两岸关系和平发展的力量。对于部分台湾同胞由于各种原因对祖国大陆缺乏了解甚至存在误解、对发展两岸关系持有疑虑，我们愿意坦诚以待，与他们加强交流沟通，并采取积极措施，使各界各阶层更广大的台湾同胞都享受到两岸关系和平发展的成果，增强对两岸关系发展的信心。

同志们、朋友们！

全面推动两岸关系和平发展，任重而道远。我们相信，只要两岸同胞牢牢把握两岸关系和平发展的主题，携手同心、共同努力，不为任何困难所惧，不被任何干扰所惑，就一定能够迎来中华民族伟大复兴的光明前景，不断谱写两岸关系和平发展的崭新篇章。

2010年元旦就要到了。值此辞旧迎新之际,我谨向在座各位并通过你们,向全国对台工作战线的同志们祝贺新年,向广大台湾同胞致以诚挚的问候和良好的祝愿。祝大家阖家幸福,万事如意!

在纪念五四运动90周年大会上的讲话

(2009年5月4日)

李长春

同志们,青年朋友们:

今天,我们在这里集会,隆重纪念五四运动90周年,庆祝五四青年节。我代表党中央、国务院,向全国各族青年致以节日的祝贺和亲切的问候!

在五四运动90周年之际,我们回顾历史,缅怀先烈,进一步弘扬伟大的五四精神,这对于激励广大青年同全国各族人民一道,满怀信心地为夺取全面建设小康社会新胜利、开创中国特色社会主义事业新局面、实现中华民族伟大复兴而不懈奋斗,具有十分重要的意义。

90年前爆发的五四运动,是以一批先进青年知识分子为先锋、广大人民群众共同参与的彻底反帝反封建的伟大爱国革命运动。1840年鸦片战争以后,由于西方列强的侵略和封建统治的腐朽,中国逐步沦为半殖民地半封建社会,国家积贫积弱,社会战乱不已,人民生灵涂炭。从鸦片战争到辛亥革命的70多年间,无数志士仁人进行了不屈不挠、英勇顽强的斗争,表现出中国人民不甘忍受侵略压迫的顽强反抗精神和救亡图存的强烈爱国精神,但由于种种原因,这些斗争都没有完成反帝反封建的历史使命,中国期待着新的社会力量寻找先进理论,以开辟救国救民、振兴中华的道路。五四运动就是在这样的历史背景下爆发的。1919年5月4日,为反抗西方列强在巴黎和会上对中国主权的践踏,数千名北京青年学生涌上街头,高喊"外争国权、内惩国贼"等口号,进行了英勇的抗争,由此掀起一场有工人阶级、小资产阶级、民族资产阶级和其他爱国人士广泛参加的全国性群众斗争。具有划时代意义的五四运动,揭开了中国人民彻底反帝反封建的崭新篇章,标志着中国新民主主义革命的伟大开端。

90年前爆发的五四运动,也是一场伟大的思想解放运动和新文化运动。五四运动猛烈地冲击和荡涤了几千年来的封建旧礼教、旧道德、旧思想、旧文化,为新思想、新文化在中国的广泛传播开辟了道路。许多追求真理、追求进步的人们,开始用新的眼光看中国、看世界,从对各种社会思潮、政治主张和政治力量的鉴别中认真思考,逐步看到西方种种社会弊端,开始怀疑资产阶级共和国的救国方案。一批先进的青年知识分子,从俄国十月革命的胜利中,看到了马克思主义的伟大力量,看到了国家民族的前途和希望,从而自觉接受马克思主义,积极传播马克思主义,促进马克思主义同中国工人运动的结合。这为中国共产党的成立提供了思想上和干部上的准备,并使社会主义思想成为五四运动后新文化运动的主流。

90年前爆发的五四运动,孕育了爱国、进步、民主、科学的伟大五四精神。五四时期,革命青年为争取民族独立、维护国家主权和领土完整而奋不顾身,为反对帝国主义的奴役和封建军阀政府的卖国行径而奔走呼号;先进青年知识分子高举民主和科学的旗帜,积极探索指导中国人民根本改变受奴役、受压迫地位的科学真理和发展道路。他们以高尚的爱国情操和大无畏的英雄气概，诠释了五四精神的丰富内涵，树立了一座推动中国历史进步的不朽丰碑。这是中华民族百折不挠、自强不息的民族精神的生动写照，是抵御外侮、赢得民族独立和人民解放的强大精神支柱，是激励全体中国人民为实现中华民族伟大复兴而团结奋斗的宝贵精神财富。

同志们、青年朋友们！

在五四运动开启的波澜壮阔的革命洪流中，中国共产党应运而生。领导反帝反封建的革命斗争、争取民族独立和人民解放、实现中华民族伟大复兴的庄严使命，历史地落到了中国共产党的身上，中国革命从此进入了崭新的发展阶段。中国共产党带领全国各族人民夺取了新民主主义革命的胜利，建立了新中国，全面确立了社会主义基本制度，开创了中国特色社会主义事业，实现了五四先驱们不懈追求的民族独立和人民解放的奋斗目标，找到了五四先驱们矢志探索的国家富强、民族振兴和人民幸福的正确道路。五四运动以来的90年，是中国共产党坚持马克思主义基本原理同中国具体实际相结合，不断探索救亡图存、强国富民道路的90年；是中国共产党领导全国各族人民，经过艰苦卓绝的奋斗，不断夺取革命、建设、改革事业新胜利，为实现中华民族伟大复兴不懈奋斗的90年。

90年的历史昭示我们，坚持中国共产党的领导，始终是推动我国各项事业不断前进的根本保证。五四运动以来，中国之所以能够实现从悲惨境遇向光明前途的伟大历史转变，就是因为有了中国共产党的领导。没有共产党，就没有新中国，就没有祖国的繁荣富强和全国各族人民的幸福生活，这是中国人民从长期奋斗历程中得出的最基本最重要的结论。在新的历史条件下，我们党坚持解放思想、实事求是、与时俱进，以改革创新精神加强党的自身建设，不断提高党的执政能力、保持和发展党的先进性，使党始终走在时代发展的前列，始终成为中国特色社会主义事业的坚强领导核心。只要我们毫不动摇地坚持党的领导，就一定能够实现中华民族的伟大复兴。

90年的历史昭示我们，坚持马克思主义基本原理同中国具体实际相结合，不断推进马克思主义中国化，是推动我国各项事业不断前进的强大动力。马克思主义是我们认识和改造世界的强大思想武器。同时，马克思主义只有同本国国情和时代特征紧密结合，在实践中不断丰富和发展，才能更好发挥指导实践的作用。在中国革命、建设、改革的历史进程中，我们党既坚持马克思主义基本原理，又始终根据中国实际和时代发展推进马克思主义中国化，形成了毛泽东思想和中国特色社会主义理论体系，不断开辟马克思主义新境界，指引我们的事业从胜利走向胜利。实践证明，马克思主义只有与中国国情相结合、与时代发展同进步、与人民群众共命运，才能焕发出强大的生命力、创造力、感召力，才能指引党和人民的事业不断开拓更为广阔的发展前景。

90年的历史昭示我们，坚持走中国特色社会主义道路，是实现国家富强、民族振兴、人民幸福唯一正确的选择。走什么样的道路，选择什么发展方向，关系到一个国家、一个民族的前途命运。中国共产党成立后，我们党带领全国各族人民，完成了新民主主义革命任务，实现了民族独立和人民解放，建立了中华人民共和国。新中国成立后，党领导人民创造性地实现了由新民主主义到社会主义的转变，全面确立了社会主义基本制度，使占世界人口四分之一的东方大国进入了社会主义社会。党的十一届三中全会以来，经过艰辛求索，我们终于走上了中国特色社会主义这条来之不易的复兴之路。中国特色社会主义道路，延续并从根本上发展了近代以来无数仁人志士的期盼和追求，凝结着五四运动以来千千万万革命先烈的奋斗和牺牲，承载着一代又一代中国共产党人的理想和探索，我们应该倍加珍惜。只要我们不动摇、不懈怠、不折腾，坚定不移地推进改革开放，坚定不移地走中国特色社会主义道路，就一定能够实现国家富强、民族振兴、人民幸福的宏伟蓝图和奋斗目标。

90年的历史昭示我们，青年始终是我国社会中最积极、最活跃、最有生气的力量，是祖国和民族的未来，是我们事业兴旺发达的希望。中国共产党成立以来，中国青年紧紧围绕党在不同历史时期的中心任务，不断弘扬五四精神，为中国革命、建设、改革事业作出了重要贡献。在新民主主义革命时期，广大革命青年抛头颅、洒热血，为民族独立、人民解放、建立新中国冲锋陷阵，英勇奋斗。在社会主义建设时期，广大青年焕发出巨大的建设热情，为建设新中国、建设社会主义忘我劳动，艰苦创业。在改革开放历史新时期，广大青年以实现祖国的繁荣富强为己任，在现代化建设的各条战线上勤勉工作，开拓进取，用智慧、汗水谱写了一曲曲感人肺腑的青春乐章。尤其令人难忘的是，在去年气壮山河的抗震救灾斗争中，广大青年表现出顽强的奋斗意志和崇高的奉献精神，涌现出许多可歌可泣的感人事迹，为夺取抗震救灾斗争的胜利作出了重要贡献；在筹办北京奥运会、残奥会期间，广大青年和青年志愿者以强烈的使命感、荣誉感、责任感，真心奉献，友爱互助，向世界展现了当代中国青年的时代风采和精神面貌。历史充分证明，中国青年在中国社会伟大变革和发展进步中创造了永载史册的光荣业绩，不愧为中国革命、建设、改革的生力军和突击队！

同志们、青年朋友们！

今年是新中国成立60周年。60年来特别是改革开放30年来，中国共产党带领全国各族人民不懈努力和奋斗，我国社会主义建设取得辉煌成就，综合国力大幅提升，人民生活不断改善，国际地位显著提高，中国人民的面貌、社会主义中国的面貌、中国共产党的面貌发生了历史性变化，谱写了中华民族发展史上最壮丽的篇章。当前，全党全国各族人民正在全面贯彻党的十七大精神，高举中国特色社会主义伟大旗帜，以邓小平理论和“三个代表”重要思想为指导，深入贯彻落实科学发展观，全面推进社会主义经济建设、政治建设、文化建设、社会建设以及生态文明建设和党的建设，努力夺取全面建设小康社会新胜利，不断开创中国特色社会主义事业新局面。党和国家的事业发展站在了一个新的历史起点上。

同时也要清醒地看到，我国仍处于并将长期处于社会主义初级阶段的基本国情没有变，人民日益增长的物质文化需要同落后的社会生产之间的矛盾这一社会主要矛盾没有变。当前，国际金融危机还在发展和蔓延，对我国经济的影响还在加深。在前进道路上，我们还会遇到这样那样的困难和风险，改革发展任重道远。我们一定要坚定信心，奋发进取，迎难而上，在迎接挑战、攻坚克难中实现党和国家事业的新发展。

党和国家事业发展离不开青年。我们党领导人民进行革命、建设、改革所取得的辉煌成就，都包含着一代又一代青年的奋斗业绩。在新的历史条件下，党和国家希望当代青年进一步弘扬五四精神，按照胡锦涛总书记提出的要求，把爱国主义作为始终高扬的光辉旗帜，把勤奋学习作为人生进步的重要阶梯，把深入实践作为成长成才的必由之路，把奉献社会作为不懈追求的优良品德，努力成为理想远大、信念坚定的新一代，品德高尚、意志顽强的新一代，视野开阔、知识丰富的新一代，开拓进取、艰苦创业的新一代，切实肩负起时代赋予的光荣使命。

当代青年要自觉用中国特色社会主义理论体系武装头脑，努力成为中国特色社会主义共同理想的坚定信仰者。中国特色社会主义理论体系，坚持和发展了马克思列宁主义、毛泽东思想，凝结了几代中国共产党人带领全国各族人民不懈探索实践的智慧和心血，是马克思主义中国化最新成果，是我们最可宝贵的政治和精神财富，是全国各族人民团结奋斗的共同思想基础。当代青年必须自觉用中国特色社会主义理论体系武装头脑，深刻理解是历史和人民选择了马克思主义、选择了中国共产党、选择了社会主义道路，深刻理解只有社会主义才能救中国，只有改革开放才能发展中国、发展社会主义、发展马克思主义，进一步坚定在中国共产党领导下、走中国特色社会主义道路、实现中华民族伟大复兴的共同理想。要牢固树立正确的世界观、人生观、价值观，自觉把个人的人生追求同祖国和民族的前途命运联系起来，在建设中国特色社会主义伟大事业中贡献青春和智慧，在推动历史进步中实现自己的人生价值。

当代青年要积极投身全面建设小康社会伟大实践，努力成为科学发展观的忠实执行者。科学发展观，是对党的三代中央领导集体关于发展的重要思想的继承和发展，是马克思主义关于发展的世界观和方法论的集中体现，是同马克思列宁主义、毛泽东思想、邓小平理论和“三个代表”重要思想既一脉相承又与时俱进的科学理论，是我国经济社会发展的重要指导方针，是发展中国特色社会主义必须坚持和贯彻的重大战略思想。青年作为推动社会发展进步最富活力、最具创造性的群体，在贯彻落实科学发展观、推动经济社会又好又快发展中肩负着义不容辞的历史重任。广大青年应当全面把握科学发展观的科学内涵、精神实质和根本要求，切实增强贯彻落实科学发展观的自觉性和坚定性，把科学发展观的要求落实到全面建设小康社会的具体实践中，在继续解放思想、坚持改革开放、推动科学发展、促进社会和谐中充分发挥积极性主动性创造性。保持经济平稳较快发展是今年经济工作的首要任务。广大青年要更加自觉地贯彻落实科学发展观，坚定必胜信心、勇于面对挑战，在保增长、保民生、保稳定的各项工作中发挥积极作用，为保持经济平稳较快发展作出应有贡献。

当代青年要勤奋刻苦学习，努力成为党和国家事业的合格建设者。青年是中国特色社会主义事业的建设者和接班人，青年的茁壮成长决定着我们民族和国家的未来。青年时期是人生中最好的学习时光。在科技进步日新月异、国际竞争日趋激烈的情况下，广大青年要倍加珍惜大好光阴，把学习当作首要任务，努力学习一切对报效祖国、服务人民、奉献社会、健康成长有用的知识，不断完善知识结构，打牢知识基础。要深入钻研各种专业知识，用人类一切优秀文明成果和先进科学文化知识丰富自己，使自己的知识结构适应时代发展的要求，不断提高自身的综合素质，不断增强为祖国和人民服务的本领。要努力向书本学习，向实践学习，向人民群众学习，把“读万卷书”与“行万里路”结合起来，自觉到祖国和人民最需要的地方，到改革开放和现代化建设的第一线，到条件艰苦、情况复杂而又大有可为的地方，了解国情、体察民意，锤炼意志、增长才干，在实践中汲取丰富营养、提高综合素质，真正成为脚踏实地、勤于学习、善于创造、甘于奉献的新一代建设人才。

当代青年要勇于开拓创新，努力成为建设创新型国家的积极推动者。创新是一个民族进步的灵魂，是一个国家兴旺发达的不竭动力。青年是思维最活跃、求新愿望最强烈、最富创新意识的群体。提高民族自主创新能力，建设创新型国家，关键在人才，希望在青年。科教兴国战略和人才强国战略的深入实施，经济社会发展对创新的热切呼唤，为青年创新能力的培养和创新人才的涌现创造了良好机遇，开辟了广阔舞台。当代青年要充分发挥自身优势，着力在培养创新意识、挖掘创新潜能、提高创新能力上下功夫，以一往无前的进取精神投身到创新实践中去。要不断解放思想，敢于探索和突破，勇于扬弃和变革，在知识创新、技术创新、制度创新、管理创新和其他各方面创新中发挥聪明才智。要争做创业的先锋，脚踏实地、勤勉敬业、锐意进取、争创一流，在新兴产业、新兴领域闯新路、创新业，为转变经济发展方式、提高我国综合实力和国际竞争力作出应有贡献。

当代青年要注重道德修养，努力成为社会主义核心价值体系的模范践行者。青年时期是形成良好思想道德品质的关键时期。在改革开放和发展社会主义市场经济的条件下，在世界范围各种思想文化交流交融交锋更加频繁的情况下，处在人生起步阶段的青年，既要注重增长才干，又要注重培养优良品德，解决好立身做人的问题，为报效祖国、服务人民、奉献社会奠定坚实的思想道德基础。广大青年要积极践行社会主义核心价值体系，自觉弘扬以爱国主义为核心的民族精神和以改革创新为核心的时代精神，自觉传承中华民族传统美德，自觉加强社会公德、职业道德、家庭美德、个人品德建设，积极践行社会主义荣辱观，使党和人民在长期奋斗中形成的光荣传统代代相传、薪火永续。要带头倡导健康文明科学的生活方式，自觉抵制拜金主义、享乐主义和个人主义思想侵蚀，努力做一个精神充实、志向高远的人。要积极投身群众性精神文明创建活动，积极参与社会公益和社会志愿者活动，从小事做起，从身边做起，大力发扬团结互助、扶贫济困、平等友爱、诚信和谐的社会风尚，为提高社会现代文明程度发挥重要作用。

同志们、青年朋友们！

我们党从诞生之日起，就始终坚持赢得青年就能赢得未来的战略思想，牢牢把握中国青年运动的正确方向，指引青年健康成长，从而使我们党的事业后继有人、生机勃勃。各级党委政府要热情关心青年，正确引导青年，真心帮助青年，特别是要努力解决他们在学习、工作和就业创业中遇到的实际困难，千方百计为青年的成长成才、干事创业创造条件。

共青团是党领导的先进青年的群众组织，团结带领各族青年为党的事业而奋斗是共青团的光荣任务。长期以来，共青团组织紧紧围绕党在不同历史时期的中心任务，团结带领青年积极投身中国革命、建设和改革的伟大事业，充分发挥了党的助手和后备军作用。在新的历史条件下，共青团组织要牢牢把握不断巩固和扩大党执政的阶级基础和群众基础这一根本要求，认真研究和解决共青团工作面临的新情况新问题，切实履行好团结青年、组织青年、引导青年、服务青年和维护青少年合法权益的职能，不断创新工作思路，丰富活动载体，打牢组织基础，努力把广大青年紧紧团结在党的周围。

伟大的五四精神历久弥新，宏伟的民族振兴大业催人奋进。让我们在以胡锦涛同志为总书记的党中央坚强领导下，高举中国特色社会主义伟大旗帜，以邓小平理论和“三个代表”重要思想为指导，深入贯彻落实科学发展观，大力弘扬伟大的五四精神，在夺取全面建设小康社会新胜利、开创中国特色社会主义事业新局面、实现中华民族伟大复兴的征程中，不断谱写无愧于前辈、无愧于时代的更加辉煌的篇章！

在中国思想政治工作研究会第九次会员代表大会上的讲话

（2009 年 12 月 15 日）

李长春

同志们：

中国思想政治工作研究会第九次会员代表大会，是在全党全国各族人民深入贯彻党的十七届四中全会精神和中央经济工作会议精神的新形势下，经党中央批准召开的一次重要会议。会议的主要任务是：全面贯彻党的十七大和十七届三中、四中全会精神，高举中国特色社会主义伟大旗帜，以邓小平理论和“三个代表”重要思想为指导，深入贯彻落实科学发展观，回顾总结新中国成立60年来特别是改革开放30年来思想政治工作的历程和经验，分析面临的新形势新任务，研究部署当前和今后一个时期的工作。这里，我代表党中央，向会议的召开表示热烈的祝贺，向出席会议的代表和辛勤工作在思想政治工作战线的同志们，表示崇高的敬意和亲切的问候！同时，也向新当选进入中国政研会领导机构的同志表示祝贺！

一、新中国成立60年来特别是改革开放30年来思想政治工作的丰富实践和重要经验，为做好今后工作奠定了坚实基础

思想政治工作是我们党和国家的重要政治优势，是教育、组织和动员广大群众为实现自身利益而奋斗的强大武器。我们党历来高度重视思想政治工作，善于运用思想政治工作推动党的事业发展。新中国成立60年来特别是改革开放30年来，思想政治工作战线贯彻中央要求，与时代同步伐、与人民共命运，走过了不平凡历程，积累了宝贵经验，在社会主义革命、建设和改革各个历史时期发挥了不可替代的重要作用。

新中国成立后，以毛泽东同志为核心的党的第一代中央领导集体，继承发扬革命战争年代开展思想政治工作的优良传统，紧紧围绕社会主义革命和建设的历史任务加强思想政治工作。广泛开展马克思列宁主义和毛泽东思想的宣传教育，开展社会主义思想和共产主义理想教育，建设社会主义新道德新风尚，建立社会主义新型人际关系，极大激发了亿万人民建设新中国的巨大热情。同时在实践中形成了一支思想政治工作的基本队伍，形成了思想政治工作的基本格局和一系列重要原则。但是，由于在探索我国社会主义建设道路的过程中发生失误，思想政治工作同党的其他工作一样也经历了曲折，特别是“文化大革命”的“左”倾严重错误，给我们留下了深刻的教训。党的十一届三中全会后，我国进入改革开放历史新时期，思想政治工作也揭开了新的篇章。以邓小平同志为核心的党的第二代中央领导集体，在推动党和国家工作中心转移和实行改革开放的过程中，大力加强思想政治工作和社会主义精神文明建设，着力培育“四有”新人，思想政治工作焕发出新的生机和活力。党的十三届四中全会后，以江泽民同志为核心的党的第三代中央领导集体，高度重视加强和改进思想政治工作，坚持以科学的理论武装人、以正确的舆论引导人、以高尚的精神塑造人、以优秀的作品鼓舞人，开创了社会主义市场经济条件下思想政治工作的新局面。党的十六大以来，以胡锦涛同志为总书记的党中央，把思想政治工作摆在更加突出的位置，推动思想政治工作在改进中加强、在创新中发展，形成了新的格局、进入了新的阶段。

回顾60年来的历程，可以看到，思想政治工作为推动党和国家事业发展作出了重要贡献。在热火朝天的社会主义革命和建设时期，广大思想政治工作者热情宣传社会主义新制度，宣传人民群众翻身解放、当家作主的新生活，动员亿万人民在党的领导下自力更生、艰苦创业，奋力建设社会主义新中国。在波澜壮阔的改革开放新时期，广大思想政治工作者坚持解放思想、实事求是，为推动我们党重新确立一切从实际出发、理论联系实际、实事求是、在实践中检验真理和发展真理的思想路线，推动党和国家工作中心转移到经济建设上来、实行改革开放作出了积极努力，深入宣传中国特色社会主义理论，宣传改革开放的形势任务和方针政策，充分展示经济社会的深刻变革和人民群众的鲜活创造，充分展示干部群众解放思想、与时俱进的崭新精神风貌，激励各族人民奋发有为、开拓进取，积极投身改革开放的伟大实践。进入新世纪新阶段，广大思想政治工作者怀着强烈的使命感和责任感，深入进行中国特色社会主义理论体系教育，用全面建设小康社会的重大成就鼓舞人民，大力弘扬伟大民族精神和时代精神，特别是在成功举办一系列重大活动、

战胜一系列重大自然灾害、应对一系列重大突发事件中做了大量思想教育工作。60年来，广大思想政治工作者自觉履行人类灵魂工程师的神圣职责，以自己的实际行动展现了高举旗帜、爱党爱国的坚定信念，无私奉献、服务人民的高尚情怀，与时俱进、开拓创新的精神状态，默默耕耘、爱岗敬业的工作作风，为推动思想政治工作的创新发展、不断壮大党的政治优势发挥了积极作用，作出了应有贡献。

60年来，思想政治工作伴随着社会主义革命、建设、改革实践的深入发展不断与时俱进，在继承和发扬优良传统的同时，积极探索符合时代要求的工作途径和办法，在总结实践经验和汲取历史教训的过程中，不断深化对工作规律的认识，形成了许多重要经验。最重要的有这样几点：

一是坚持以马克思主义中国化最新成果为指导，自觉同党中央保持高度一致。这是思想政治工作始终沿着正确方向前进的根本保证。必须始终坚持以马克思列宁主义、毛泽东思想、邓小平理论和“三个代表”重要思想为指导，深入贯彻落实科学发展观，坚定自觉地在思想上、政治上、行动上与党中央保持高度一致，不断巩固马克思主义在意识形态领域的指导地位，不断巩固全党全国各族人民团结奋斗的共同思想基础。

二是坚持以经济建设为中心，服从服务于全党全国工作大局。这是思想政治工作的首要任务。必须始终抓住发展这个党执政兴国的第一要务，全面贯彻党的基本路线，大力营造聚精会神搞建设、一心一意谋发展的良好氛围，大力营造倍加顾全大局、倍加珍视团结、倍加维护稳定的良好氛围，促进社会主义经济建设、政治建设、文化建设、社会建设以及生态文明建设全面协调发展，为改革开放和社会主义现代化事业提供强大的精神动力和思想保证。

三是坚持以人为本、服务群众，满足人民群众日益增长的精神文化需求。这是思想政治工作的根本宗旨。必须把实现好维护好发展好人民群众的根本利益作为工作的出发点和落脚点，尊重人民群众的主体地位和首创精神，充分体现人文关怀，既教育人、引导人、鼓舞人，又尊重人、理解人、关心人，切实保障人民群众的政治、经济和文化权益，不断提高人民群众的思想道德素质和科学文化素质，努力促进人的全面发展。

四是坚持解放思想、实事求是、与时俱进，不断推进改革创新。这是做好思想政治工作的强大动力。必须适应形势的新变化和实践的新发展，始终高扬改革旗帜，增强创新意识，发扬优良传统，用时代的要求审视自己，用改革的精神激励自己，用创新的办法完善自己，不断创新内容形式、创新方法手段、创新体制机制，努力使思想政治工作更好地体现时代性、把握规律性、富于创造性。

五是坚持贴近实际、贴近生活、贴近群众，不断增强思想政治工作的感召力和渗透力。这是做好思想政治工作的有效途径。必须始终立足于社会主义初级阶段这个最大的实际，面向改革开放和现代化建设的火热生活，准确把握新形势下人们思想活动的新特点，把“三贴近”要求落实到工作的各个方面，努力提高思想政治工作的吸引力、亲和力、感染力和说服力。

六是坚持典型引路，把先进性要求和广泛性要求紧密结合起来。这是思想政治工作的重要原则。必须通过树立时代楷模、加强典型宣传引导社会风尚，针对不同地区、不同行业、不同领域群众的思想实际，分别提出不同要求，既着眼多数又鼓励先进，引导人们在遵守基本行为准则的基础上，不断追求更高的思想道德目标。

七是坚持求真务实，把解决思想问题同解决实际问题结合起来。这是思想政治工作的基本要求。必须结合业务工作一道做思想政治工作，增强工作的针对性和实效性。必须既讲道理又办实事，倾听群众呼声，了解群众意愿，关心群众疾苦，为群众诚心诚意办实事、尽心竭力解难事、坚持不懈做好事，多办得人心、暖人心、稳人心的事情，在办实事中贯穿思想教育，在解决实际问题的过程中解决群众的思想认识问题。

八是坚持以正面引导为主，妥善处理思想理论领域的问题。这是思想政治工作的正确方法。必须坚持团结稳定鼓劲、正面教育引导为主，用社会主义核心价值体系引领社会思潮，既尊重差异、包容多样，又有力抵制各种错误思想的影响，最大限度地统一思想、凝聚力量。正确处理学术问题、思想认识问题和政治问题，具体问题具体分析，是什么问题就解决什么问题，无论处理什么问题，都要有利于改革发展稳定的大局。

这些经验，集中体现了60年来特别是改革开放30年来我们党领导思想政治工作的基本实践和成功做法，反映了社会主义思想政治工作的本质特征和内在要求，凝结着一代代思想政治工作者的不懈探索和集体智慧，是做好今后工作的宝贵精神财富，具有长远指导意义。我们一定要认真学习、大力发扬，并在实践中不断加以丰富和发展。

二、科学分析新形势新任务，准确把握思想政治工作的新要求

思想政治工作从来都同党和国家工作大局紧密相联，同国际国内形势的发展变化紧密相联。做好思想政治工作，必须善于从国内外形势的变化和国际国内两个大局的互动中，深入分析面临的新情况新问题，科学把握党和国家事业发展提出的新任务新要求。

1. 夺取全面建设小康社会新胜利、实现中华民族伟大复兴，迫切需要加强改进思想政治工作。经过新中国60年特别是改革开放30年的奋斗，我国站在了一个新的历史起点上，进入了新的发展阶段。这既是一个发展机遇期，也是一个矛盾凸显期。去年以来，面对国际金融危机的影响，中央果断决策、全面实施一揽子应对计划和政策措施，我国经济呈现回升向好趋势并不断巩固。同时也要看到，当前世界经济复苏的不确定因素依然很多，贸易和投资保护主义明显抬头，我国经济回升基础还不牢固，转变经济发展方式、调整经济结构的任务还很繁重，就业压力还比较大。经济社会发展中一些深层次矛盾逐渐显现出来，并呈现出新旧矛盾相互交织、长期性和阶段性矛盾相互交织、可以预料和难以预料的矛盾相互交织的局面。总的看，我国发展的战略机遇期没有改变，但面临的形势可能更加复杂、挑战可能更加严峻，统一思想的任务很重，凝聚力量的任务很重，维护稳定的任务很重。这就迫切要求我们充分发挥思想政治工作的优势，通过深入、扎实、持久的思想政治工作，坚定干部群众的信心，增强人们的精神力量，把广大人民群众的思想和行动统一到中央的决策和部署上来，把智慧和力量凝聚到全面建设小康社会上来。

2. 推进改革开放事业、发展社会主义市场经济，迫切需要加强改进思想政治工作。改革开放和发展社会主义市场经济作为一场伟大的革命，既带来了经济体制、社会结构、利益格局的深刻变革和调整，进一步解放了生产力，激发了人们的创造力和全社会的活力，又带来了思想观念的深刻变化，人们思想活动的独立性、选择性、多变性、差异性不断增强，社会思想日趋多元、多样、多变。同时，随着与各国经济技术和思想文化交流的扩大，资本主义腐朽思想观念也会乘虚而入。特别是西方敌对势力从未放弃对我西化分化的战略图谋，加紧进行思想文化渗透。国内思想理论领域正确的与错误的、先进的与落后的、积极的与消极的彼此交织，思想认识问题与现实社会问题相互影响。这就不可避免使一些人容易在思想上产生混乱。这就迫切要求加强改进思想政治工作，进一步深入讲清楚“六个为什么”等重大问题，帮助干部群众划清“四个重大界限”，不断增强坚持中国特色社会主义旗帜、道路、理论体系不动摇的自觉性和坚定性。

3. 提高党的执政能力、保持和发展党的先进性，迫切需要加强改进思想政治工作。善于

做好新形势下的思想政治工作，是加强党的执政能力建设和先进性建设的重要内容。提高党的执政能力，一个重要方面就是提高引导、组织和动员群众的能力；增强党的先进性，一个重要方面就是做好群众工作、不断密切党同人民群众的血肉联系。党要带领人民实现新世纪新阶段的宏伟目标，必须通过广泛深入的思想政治工作，宣传群众、教育群众、引导群众、组织群众，把人民群众紧密团结在党的周围，争取人民群众对党的理论路线方针政策的支持和拥护。党要始终站在时代前列引领中国发展进步，也必须通过广泛深入的思想政治工作，倾听群众呼声，了解群众意愿，集中群众智慧，使作出的决策、采取的举措更加符合客观实际和时代要求，更加符合广大人民的愿望。只有善于把党的主张化为广大群众的自觉行动，善于把广大群众的愿望体现到党的方针政策中，才能使党的根基、血脉和力量深深植根于人民之中，才能实现党的目标和任务。因此，我们必须把加强改进思想政治工作同贯彻党的群众路线、加强党的执政能力建设和先进性建设紧密结合起来，深入研究新形势下思想政治工作的特点和规律，牢牢掌握思想政治工作的领导权和主动权。

4.提高人民群众思想道德素质、实现人的全面发展，迫切需要加强改进思想政治工作。中国特色社会主义事业，是亿万人民群众的事业。改革开放和社会主义现代化建设的过程，是不断解放和发展社会生产力、提升综合国力的过程，也是不断提高全体人民思想道德素质的过程。改革开放30年来，在国家经济实力大幅跃升、人民物质生活水平不断提高的同时，广大群众的精神面貌发生了巨大变化，自主意识、竞争意识、效率意识、民主法制意识和开拓创新精神不断增强，思想道德素质明显提高，当前我国思想道德领域主流是好的。但同时也要看到，社会上仍存在一些不良思想倾向和不道德行为，拜金主义、享乐主义、极端个人主义仍在滋长蔓延，一些领域和部分人群中见利忘义、损公肥私、贪污腐败等现象时有发生，诚信缺失、欺骗欺诈、假冒伪劣等问题比较突出，一些地方封建迷信、非法宗教活动、黄赌毒等社会丑恶现象沉渣泛起，人民群众对此反映强烈。这就迫切要求加强改进思想政治工作，抓住思想道德建设这个基础，大力推进公民道德建设，弘扬社会正气，培育文明风尚，不断丰富人们的精神世界、增强人们的精神力量，促进人的全面发展。

5.适应科学技术的迅猛发展、应对互联网等新兴媒体的挑战，迫切需要加强改进思想政治工作。以互联网、手机为代表的新兴媒体的发展和普及，带来了传播方式和媒体格局的深刻变革。互联网对人们思想和行为的影响从来没有像今天这样广泛、深刻，它既为我们开展思想政治工作提供了新手段，但也日益成为各种社会思潮和利益诉求的集散地，成为敌对势力进行意识形态渗透着力利用的渠道和腐朽思想文化沉渣泛起的一个传播途径。近年来，我们高度重视对新兴媒体的运用和管理，加强网上思想舆论引导，建立并不断完善管理体制机制，取得一定成效。但总的来讲，与互联网、手机技术迅速发展的形势相比，我们的工作还很不适应，管理、引导、运用都还有很大差距。我们必须更加积极主动地顺应信息网络技术迅猛发展的新趋势，深入研究信息化条件下思想政治工作的特点和规律，努力运用互联网、手机等新兴媒体，建设开展思想政治工作的新平台。

三、紧紧围绕党和国家中心工作，在新的历史起点上开创思想政治工作新局面

党的十七届四中全会从全面推进中国特色社会主义伟大事业和党的建设新的伟大工程的战略高度，对加强和改进新形势下党的建设作出了全面部署，也为做好思想政治工作进一步指明了方向。当前和今后一个时期，思想政治工作要全面贯彻党的十七大和十七届三中、四中全会精神，高举中国特色社会主义伟大旗帜，以邓小平理论和“三个代表”重要思想为指导，

深入贯彻落实科学发展观，按照高举旗帜、围绕大局、服务人民、改革创新的总要求，坚持解放思想、实事求是、与时俱进，坚持以人为本，贴近实际、贴近生活、贴近群众，创新体制机制和方式方法，着力巩固全党全国各族人民团结奋斗的共同思想基础，着力推进社会主义核心价值体系建设，着力加强全社会思想道德建设，着力调动广大干部群众的积极性主动性创造性，不断促进社会全面进步和人的全面发展，为夺取全面建设小康社会新胜利、开创中国特色社会主义事业新局面提供强大的精神动力和思想保证。

1. 深入开展中国特色社会主义理论体系宣传普及活动，大力推动当代中国马克思主义大众化。中国特色社会主义理论体系是马克思主义中国化最新成果，是我们发展中国特色社会主义的根本思想武器。广泛开展中国特色社会主义理论体系的宣传普及，把广大干部群众的思想认识统一到中国特色社会主义理论体系上来，是进一步开创改革开放和现代化事业新局面的迫切要求。加强和改进思想政治工作，必须把深入开展中国特色社会主义理论体系宣传普及活动作为首要任务抓紧抓好。要按照武装头脑、指导实践、推动工作的要求，把中国特色社会主义理论体系的学习研究宣传不断向广度拓展、向深度推进。要把深入学习实践科学发展观作为重点，进一步结合在全党开展的学习实践活动，引导干部群众不断深化对科学发展观的理解，不断增强贯彻落实的自觉性和坚定性。要改进和创新工作方式，运用人们容易接受的手段和形式，深入浅出地讲解和阐释中国特色社会主义理论体系，使之更好地为大家所理解、所掌握。要针对人们普遍关心的热点难点问题，围绕讲清“六个为什么”，划清“四个重大界限”，着力析事明理、解疑释惑，使当代中国马克思主义更加深入人心。

2. 深入开展社会主义核心价值体系学习教育，不断增强全体人民奋发向上的精神力量。社会主义核心价值体系是我们党在新形势下凝聚和统一社会各阶层、各利益群体思想的有力武器，是思想政治工作的基础工程。加强和改进思想政治工作，必须紧紧围绕建设社会主义核心价值体系来展开。要把加强理想信念教育作为重中之重，用民族精神和时代精神凝聚力量，引导广大群众树立正确的世界观、人生观、价值观，把个人的理想和奋斗融入到中国特色社会主义的共同理想和奋斗之中。特别是要把去年我们成功应对南方部分地区严重低温雨雪冰冻灾害、汶川特大地震灾害和成功举办北京奥运会、残奥会，把今年我们成功应对国际金融危机冲击、积极防控甲型 H1N1 流感和成功举办新中国成立 60 周年系列庆祝活动的实践，作为开展社会主义核心价值体系学习教育最直接、最生动、最有力的教材，引导广大干部群众进一步坚定在中国共产党领导下走中国特色社会主义道路、实现中华民族伟大复兴的信念和信心。要深入开展社会公德、职业道德、家庭美德、个人品德教育，进一步运用好“双百”人物评选活动形成的教育资源，大力弘扬“双百”人物承载的精神内涵，进一步搞好全国道德模范评选表彰、学习宣传活动，使其成为人民群众自我教育、自我提高的过程，在全社会努力营造宣传模范、学习模范、崇尚模范、关爱模范、争做模范的浓厚氛围。要积极探索用社会主义核心价值体系引领社会思潮的有效途径，在尊重差异中扩大社会认同，在包容多样中形成思想共识，努力团结各个社会阶层、社会群体的人们共同前进。

3. 深入开展形势政策教育，着力营造有利于科学发展、和谐发展的良好氛围。推动科学发展、促进社会和谐，是发展中国特色社会主义的基本要求，关系党和国家事业的长远发展，关系全体人民的根本利益。加强改进思想政治工作，就要更加自觉地为推动科学发展、促进社会和谐提供有力思想支持。要深入开展形势政策教育，结合国际国内形势的发展变化、党和国家重大政策措施的出台，帮助干部群众正确认识形势、准确解读党和国家的方针政策，把思想统一到中央决策部署上来。当前，要认真宣传好中央经济工作会议精神，宣传阐释中央关于应对国际金融危机冲击、保持我国经济平稳较快发展的一揽子计划和政策措施以及所取得的显著成效，讲清楚我们面临的挑战和机遇，进一步坚定干部群众迎难而上、共克时艰的信心，在全社会唱响聚精会神搞建设、一心一意谋发展的时代最强音。要加强对社会热点问题的引导，围绕劳动就业、社会保障、收入分配、教育卫生、居民住房、安全生产、司法和社会治安等方面的热点问题，把党和政府的各项政策措施讲清楚，把对群众的利益安排讲明白，多做解疑释惑、理顺情绪、平衡心理、化解矛盾的工作，维护社会和谐稳定的良好局面。

4. 深入开展爱国主义教育，最大限度地凝聚社会共识。爱国主义是全国各族人民自强不息、团结奋斗的一面永恒旗帜，加强爱国主义教育始终是思想政治工作的重要内容。今年我们围绕庆祝新中国成立60周年组织了一系列重大宣传教育活动，极大振奋了党心军心民心，增强了海内外中华儿女的自信心和自豪感，形成了高举旗帜、爱党爱国，昂扬向上、开放自信，敬业奉献、开拓创新，团结奋进、继往开来的宝贵精神财富。加强和改进思想政治工作，就要认真总结庆祝新中国成立60周年开展群众性爱国主义教育活动的成功经验，大力弘扬国庆系列活动形成的宝贵精神财富，把爱国主义教育贯穿于国民教育全过程、融入到社会生活各方面。要充分挖掘中华民族优秀文化传统、党的革命历史、改革开放和现代化建设成就等各种教育资源，广泛开展学习革命历史、诵读红色经典、组织红色旅游、传唱爱国歌曲等活动，在潜移默化中培育人们的爱国主义精神。要大力倡导理性爱国、行动报国，引导人们冷静理智表达爱国情感，自觉维护国家根本利益，切实把爱国之情、报国之志转化为立足本职岗位敬业奉献、推动经济社会又好又快发展、创造更加美好生活的强大动力。

5. 深入开展民族团结进步宣传教育活动，大力营造各民族共同团结奋斗、共同繁荣发展的浓厚氛围。民族团结进步事业是中国特色社会主义事业的重要组成部分。加强民族团结进步宣传教育是思想政治工作的一项重要任务。要深入进行党的民族理论、民族政策和民族区域自治制度的宣传教育，引导人们深刻认识党的民族理论是促进各民族和衷共济、和睦相处、和谐发展的根本保证，党的民族政策是民族团结的生命线，民族区域自治制度是适合我国国情的一项基本政治制度。要深入进行中华民族团结进步发展史和民族知识的宣传教育，引导人们深刻认识各民族团结友爱是中华民族的生命所在、力量所在、希望所在，牢固树立汉族离不开少数民族、少数民族离不开汉族、各少数民族之间也相互离不开的思想。要深入进行维护祖国统一、反对民族分裂的宣传教育，讲清楚团结稳定是福、分裂动乱是祸的深刻道理，使各族干部群众进一步增强明辨是非的能力，坚定自觉地反对分裂动乱，维护团结稳定。

四、切实加强和改善党的领导，不断增强思想政治工作的针对性和实效性

思想政治工作是党的工作的重要组成部分。做好新形势下的思想政治工作，必须切实加强和改善党的领导，不断提高思想政治工作水平。

1. 进一步提高认识，切实担负起思想政治工作的领导责任。历史经验告诉我们，任何时候、任何情况下，思想政治工作这个政治优势都不能丢，而且越是形势好，越要重视和加强思想政治工作。各级党委要站在加强党的执政能力建设和先进性建设的战略高度，站在推动科学发展、促进社会和谐的全局高度，深刻认识思想政治工作的极端重要性，履行好加强领导的责任，特别是党委主要负责同志要履行好第一责任人的职责。各级领导班子成员、领导干部都要率先垂范，积极主动地开展思想政治工作。要经常分析研究思想政治领域的形势，帮助解决工作中的实际问题，加强工作指导，提出具体

要求，强化督促检查。要深入调查研究，不断深化对思想政治工作特点和规律的认识，增强工作的原则性、系统性、预见性、创造性。要在党委领导下，充分发挥基层党组织的战斗堡垒作用和共产党员的先锋模范作用，调动党政各部门、社会各方面做好思想政治工作的积极性，形成统一领导、分工负责、齐抓共管、党员带头、上下联动的思想政治工作格局和科学高效的工作体制机制。

2. 着力加强基层思想政治工作，不断拓展工作的覆盖面。做好思想政治工作，重点在基层，难点在基层，薄弱环节也在基层。基础不牢，地动山摇。要把加强基层思想政治工作作为今后一个时期的重要着力点，加大人力、物力、财力的投入，下大气力抓紧抓好，结合基层党的组织建设，做到党的组织建设到哪里，思想政治工作就落实到哪里。要切实抓好国有企业和国有控股企业的思想政治工作，进一步探索把建立现代企业制度和加强企业党的建设、做好思想政治工作有机统一的运行机制，不断总结成功经验，宣传推广先进典型。要切实抓好学校思想政治工作，认真贯彻落实《中共中央国务院关于进一步加强和改进未成年人思想道德建设的若干意见》和《中共中央国务院关于进一步加强和改进大学生思想政治教育的意见》，充分发挥学校在做好青少年思想政治工作方面主渠道、主阵地、主课堂的作用，加强教材建设，加强思想政治理论课建设，加强社会实践活动，努力培养德智体美全面发展的社会主义合格建设者和可靠接班人。加强对教师的思想政治工作，引导广大教师做到“学为人师、行为世范”。要切实抓好非公有制经济组织和新社会组织的思想政治工作，结合加强非公有制经济组织和新社会组织党组织建设，鼓励工会、工商联、文联、作协等社会团体和各行业组织发挥自身优势，形成调动各方面力量共同做好非公有制经济组织和新社会组织思想政治工作的新格局。要切实抓好社区思想政治工作，适应社区越来越成为“单位人”向“社会人”转变重要场所的新形势，充分发挥社区党组织作用，积极搭建社区思想政治工作的平台，创新社区思想政治教育的形式，努力把社区建设成为加强思想政治工作的重要阵地。

3. 加大改革创新力度，增强思想政治工作的吸引力和感染力。改革创新是加强改进新形势下思想政治工作的强大动力。必须在继承优良传统的基础上，大力推进思想政治工作的改革创新。要在创新内容上下功夫，紧密结合人民群众关注的热点问题，结合人民群众的切身利益，结合国内外发生的重大事件，使思想政治工作的内涵随着时代的发展和实践的深化不断更新和丰富。要在创新方法上下功夫，在坚持过去行之有效的好方法的同时，不断探索新的方法，善于把思想工作与业务工作紧密结合起来，把解决思想问题与依法按政策解决实际问题紧密结合起来，把做好面上的思想工作与通过“一帮一”等形式做好个别人的思想工作紧密结合起来，把做好思想政治工作与加强法制宣传教育紧密结合起来，充分运用个别谈心、耐心疏导、平等交流、民主讨论等方法，注重人文关怀和心理疏导，使思想政治工作做到入情入理、潜移默化。要在创新手段上下功夫，善于利用大众传媒开展思想政治工作，特别是要适应现代传播方式发展的新趋势，高度重视和积极运用互联网、手机等新兴媒体，着力加强网络文化建设，倡导积极的、支持有益的、改造落后的、抵制腐朽的、打击有害的，大力传播健康文化，坚决清除淫秽色情等不良信息，净化网络文化环境，努力运用互联网、手机等新兴媒体，建设开展思想政治工作的新平台。要在创新途径上下功夫，充分利用乡镇综合文化站、社区文化活动中心、村文化活动室、农村党员干部现代远程教育站点等公共文化设施和场所，使人们在接受公共文化服务的过程中提升思想道德素养和科学文化素质；充分发挥红色旅游的优势，寓教于乐、寓教于游，使人们在旅游过程中受到革命传统和爱国主义教育；充分利用和借鉴群众自发开展活动的一些好做法、好经验，使思想政治工作的渠道不断拓展、活力不断增强。

4. 加大人才培养和队伍建设力度，建设一支高素质的思想政治工作队伍。做好思想政治工作，归根到底靠队伍、靠人才。各级党委要高度重视思想政治工作队伍建设，按照政治强、业务精、纪律严、作风正的要求，努力打造一支数量相对稳定、学历水平逐步提高、年龄构成日趋合理、知识结构和专业特长互促互补，思想理论好、综合素质高、具有丰富党务工作和群众工作经验的复合型政工干部队伍。要加强基层思想政治工作队伍建设，做到组织落实、人员落实、责任明确、制度健全。要把加强基层党组织建设和加强思想政治工作紧密结合起来，广大党员干部要立足本职工作，增强做好思想政治工作的意识，不断提高联系群众、服务群众、引导群众的本领。要加大教育培训力度，把思想政治工作干部培训纳入宣传思想文化领域干部培训总体规划，分期分批进行系统培训，着力提高思想政治素养。要吸引和选拔一批群众信得过、有能力、有激情、想干事、愿奉献的人才到思想政治工作一线，进一步充实和稳定队伍。要从政治上、工作上、生活上关心思想政治工作干部，多帮助他们解决实际问题，加大交流使用力度，充分调动广大思想政治工作者的积极性、主动性和创造性。

中国思想政治工作研究会，是组织和推动全党全社会思想政治工作研究的全国性社会团体，担负着组织开展思想政治工作理论研究和应用对策研究，总结推广先进经验，加强队伍建设，指导会员单位开展工作等重要职责。中国政研会第八次会员代表大会召开五年来，按照中央的部署和中宣部的工作安排，积极适应新形势新任务的要求，认真完成八代会提出的各项任务，深入扎实地开展思想政治工作研究，形成了一批有价值有分量的优秀研究成果，为推动全党全社会的思想政治工作发挥了积极作用，作出了重要贡献。中国政研会过去五年的工作是扎实有效的，值得充分肯定。当前和今后一个时期，中国政研会工作要注意把握好以下几点：一是要切实发挥思想库和智囊团的作用。坚持以开展调查研究为主要工作，多出高质量有价值的研究成果。特别要抓好基层思想政治工作基本情况调查研究以及社会思想动态研究，积极为相关部门的工作提供参考。二是要切实履行好组织推动基层政研会开展思想政治工作研究的职责。积极组织会员单位开展研究，广泛深入地推动经常性、群众性思想政治工作的开展，增强亲和力、感召力和吸引力、凝聚力。三是切实加强各级政研会自身建设。加强政研会的组织机构建设、队伍建设、体制机制建设和阵地建设，把中国政研会建设成为全国思想政治工作研究领域最权威的研究机构。要按照建设学习型党组织的要求，抓好队伍学习，努力提高队伍素质，做到既出成果又出人才。要加强阵地建设，办好思想政治工作领域的相关刊物和网站，为基层思想政治工作者提供精神食粮和业务辅导，积极扩大政研会的社会影响。

同志们，党中央高度重视思想政治工作，对思想政治工作战线寄予殷切希望。广大思想政治工作者责任重大，使命光荣。让我们更加紧密地团结在以胡锦涛同志为总书记的党中央周围，高举中国特色社会主义伟大旗帜，以邓小平理论和“三个代表”重要思想为指导，深入贯彻落实科学发展观，扎实工作，锐意进取，不辱使命，不负重托，努力开创思想政治工作新局面，为夺取全面建设小康社会新胜利、推进中国特色社会主义伟大事业作出新的更大贡献。

领导干部要爱读书读好书善读书

习近平

中央党校2009年春季学期第二批进修班暨专题研讨班今天开学了。我代表中央党校校委，对全体新学员的到来表示热烈欢迎。

同志们是在“5·12”四川汶川特大地震一周年的时候到中央党校学习的。去年5月12日发生的那场空前惨烈、震惊世界的灾难，使受灾地区人民生命财产和经济社会发展蒙受巨大损失。在党中央、国务院和中央军委的坚强领导下，全党全军全国各族人民众志成城、迎难而上，奋力开展抗震救灾斗争，大力开展灾后恢复重建工作，取得重要阶段性成果。昨天，胡锦涛同志出席了纪念四川汶川特大地震一周年活动并发表重要讲话，对一年来抗震救灾和灾后恢复重建工作及取得的成绩给予充分肯定，对大力弘扬伟大的抗震救灾精神、夺取抗震救灾斗争全面胜利提出了明确要求。抗震救灾和灾后恢复重建的伟大实践再一次证明，中华民族是历经磨难而信念愈坚、饱尝艰辛而斗志更强的伟大民族，中国特色社会主义事业是具有巨大优越性、能够集中力量办大事的伟大事业，中国共产党是具有强大战斗力、久经考验、能够战胜各种困难和风险的伟大的马克思主义政党。

去年这个时候，也是这个场合，我作了一次讲话，主要讲领导干部要认认真真学习、老老实实做人、干干净净干事。我们讲认认真真学习，基本内容之一就是读书。今天，我想接着这个话题，专门谈一谈领导干部读书问题。我讲三个观点：一是领导干部要爱读书，二是领导干部要读好书，三是领导干部要善读书。围绕这三个观点，我谈一些自己的认识和体会，和同志们交流。

一、领导干部要爱读书

书籍是人类知识的载体，是人类智慧的结晶，是人类进步的阶梯。读书的好处很多，如可以获取信息、增长知识、开阔视野，可以陶冶性情、培养和提升思维能力等等。读书对于一个人的成长进步很重要，对于领导干部提高自身素质、做好工作更为重要。

读书学习是领导干部加强党性修养、坚定理想信念、提升精神境界的一个重要途径。我们国家历来讲究读书修身、从政立德。传统文化中，读书、修身、立德，不仅是立身之本，更是从政之基。古人讲，治天下者先治己，治己者先治心。治心养性，一个直接、有效的方法就是读书。列宁在1920年向共青团提出了学习的任务，指出：“只有了解人类创造的一切财富以丰富自己的头脑，才能成为共产主义者。”列宁这句话，深刻揭示了读书学习和知识素养对于成长为真正共产党人的极端重要性。还要看到，在现代领导活动中，领导干部的人格力量对于做好领导工作越来越重要，而人格力量的形成很重要的途径是读书学习。周恩来同志经常对身边工作人员讲，要活到老，学到老，改造到老。他把读书学习与加强世界观改造紧密联系起来，形成了崇高的思想品德、高尚的道德情操和特有的人格魅力。在新的时代条件下，领导干部要不断提高自己、完善自己，经受住各种考验，就要坚持在读书学习中坚定理想信念、提高政治素养、锤炼道德操守、提升思想境界，坚持在读书学习中把握人生道理、领悟人生真谛、体会人生价值、实践人生追求，努力使自己成为一个高尚的人，一个纯粹的人，一个有道德的人，一个脱离了低级趣味的人，一个有益于人民的人。

读书学习是领导干部胜任领导工作的必然

要求。工欲善其事,必先利其器。从古今中外历史中可以清晰地看到这样的现象:事有所成,必是学有所成;学有所成,必是读有所得。现在,我们的各级领导干部承担着执政兴国、执政为民的重要职责,肩负着为官一任、造福一方的重要使命,要认清科学发展大势、把握科学发展规律、统领科学发展全局、创造科学发展业绩,所有这些都离不开读书学习。特别要看到,当今世界和当代中国正在发生广泛而深刻的变化,按照党的十七大部署继续解放思想、坚持改革开放、推动科学发展、促进社会和谐,开创中国特色社会主义事业新局面,对领导干部的素质和能力提出了新的要求,对领导干部读书学习也提出了新的要求。领导干部如果不加强读书学习,知识就会老化,思想就会僵化,能力就会退化,就难以做好领导工作,就会贻误党和人民的事业。爱学习、勤读书,通过读书学习来增长知识、增加智慧、增强本领,这是新形势下做一名称职的领导干部、胜任地履行领导职责的内在要求和必经之路。

领导干部加强读书学习也是推动学习型政党、学习型社会建设的需要。当今世界,科学技术日新月异,知识经济方兴未艾,知识总量呈几何级数增长,知识更新速度大大加快,近50年来人类社会所创造的知识比过去3000年的总和还要多。联合国教科文组织的埃德加·富尔先生预言:“未来的文盲,不再是不识字的人,而是没有学会怎样学习的人。”现代人才学中有一个理论叫做“蓄电池理论”,认为人的一生只充一次电的时代已经过去,只有成为一块高效蓄电池,进行不间断的、持续的充电,才能不间断地、持续地释放能量。一个人是这样,一个国家、一个社会、一个政党也是这样。正是基于对时代发展趋势的深刻认识和对自身使命的清醒把握,我们党明确提出了建设学习型政党、建设学习型社会的战略目标。这是一项复杂而庞大的系统工程,需要全党的共同努力,需要全社会广泛参与。领导干部在党内和社会上处于重要位置,具有强大的行为导向和风气引领作用。群众看党员,党员看干部,广大基层干部看中高级领导干部。各级领导干部带头读书、勤于读书,必然会激发干部、党员和群众读书学习的积极性和主动性。因此,领导干部不仅要从提高自身素质和岗位职责、而且要从社会责任和示范需要来看待读书问题,既做读书的自觉实践者,又做学习型政党、学习型社会建设的积极倡导者、精心组织者、大力推动者,以自己的模范表率作用引导党内和社会上形成崇尚知识、热爱读书的良好风气,促进全党、全民族素质的提高。

我们党历来重视学习,是一个勤于学习、善于学习的马克思主义政党。以毛泽东同志、邓小平同志、江泽民同志为核心的党的三代中央领导集体和以胡锦涛同志为总书记的党中央,一以贯之地把加强学习作为一项关系党和国家事业兴旺发达的战略任务来对待、来倡导、来坚持,总是根据形势和任务的发展变化向全党提出学习的任务,而且身体力行、率先垂范,对推动全党的学习建设,对党和国家事业的发展,产生了十分重要的作用。党的十六大以来,党中央结合新的实际和新的任务,以更大的力度和更扎实的作风突出抓领导干部的理论和业务学习培训,带动全党的学习,取得了明显成效。在十六大以来的六年半时间里,中央政治局坚持集体学习并形成制度,已总共学习56次,为建设学习型政党、建设学习型社会起到了重要的推动和示范作用。

我们今天的领导干部,大都受过高等教育,学习能力比较强,很多同志有自觉读书、勤于读书的习惯。同时必须看到,当前领导干部读书的状况不容乐观,归结起来主要是四个方面的问题:一是追求享乐、玩物丧志,不好读书;二是热衷应酬、忙于事务,不勤读书;三是浅尝辄止、不求甚解,不善读书;四是学而不思、知行不一,学用脱节。出现这些问题,原因是多方面的。一些同志对读书抱有不正确的观念。有的认为自己现有的知识差不多了,不用读书也能应付工作;有的认为干比学重要,读不读书无所谓;

有的认为领导工作太忙，没有时间顾得上读书；有的认为社会上潜规则太多，需要的是关系而不是知识，书读多了反而适应不了社会，照书上的道理做会吃亏。正是这些“差不多”、“无所谓”、“顾不上”、“会吃亏”的思想观念，影响了一些领导干部的读书学习，对此应予高度重视。各级领导干部一定要深刻认识现代领导活动与读书学习的密切关系，深刻认识领导干部的读书学习水平在很大程度上决定着工作水平和领导水平，真正把读书学习当成一种生活态度、一种工作责任、一种精神追求，自觉养成读书学习的习惯，真正使读书学习成为工作、生活的重要组成部分，使一切有益的知识和文化入脑入心，沉淀在我们的血液里，融汇在我们的从政行为中，做到修身慎行，怀德自重，敦方正直，清廉自守，永葆共产党员的先进性。

二、领导干部要读好书

总起来说，读书是多多益善。但“吾生也有涯，而知也无涯”。人的学习追求应当是无止境的，但人的精力是有限的，我们不可能把所有的书读完。现在，新书生产量很大，我国每年出版20多万种新书，加上存量书目，可谓浩如烟海。在大量书籍中，领导干部应当围绕提高思想水平、增强工作能力、完善知识结构、提升精神境界，选择那些与所从事的工作关系密切、自己爱好和有兴趣的书来读，力争在有限的时间内取得最佳的读书效果。就一般情况而言，领导干部普遍应当读下列三个方面的书。

第一，当代中国马克思主义理论著作。马克思主义是我们认识世界和改造世界的强大思想武器，马克思主义理论素养是领导干部领导素质的核心和灵魂，掌握马克思主义理论是领导干部的基本功。在革命战争年代，毛泽东同志就主张一切有相当研究能力的共产党员，都要研究马克思列宁主义理论，干部应当着重研究，中央委员和高级干部尤其应当加紧研究。他曾经提出，从担负主要领导责任的观点上说，如果我们党有一百个至二百个系统地而不是零碎地、实际地而不是空洞地学会了马克思列宁主义的同志，就会大大提高我们党的战斗力。今天，我们仍然应当这样提出和认识问题，并为此作出应有的努力。领导干部学习马克思主义理论，首先要认真研读马克思主义中国化最新成果，深入学习领会邓小平理论、“三个代表”重要思想以及科学发展观等重大战略思想，系统掌握中国特色社会主义理论体系，做到真学、真懂、真信、真用。科学发展观是我国经济社会发展的重要指导方针，是发展中国特色社会主义必须坚持和贯彻的重大战略思想。当前正在全党开展的深入学习实践科学发展观活动，为党员干部指定了学习书目，要求大家系统深入地进行学习，目的是为了全面把握科学发展观的科学内涵、精神实质、根本要求，提高贯彻落实科学发展观的自觉性和坚定性。领导干部要在学习实践科学发展观方面起到带头和示范作用，切实做到用科学发展观武装头脑、指导实践、推动工作。中国特色社会主义理论体系是同马克思列宁主义、毛泽东思想既一脉相承又与时俱进的科学理论。领导干部在研读当代中国马克思主义理论著作的同时，要追根溯源，认真学习马克思列宁主义经典作家的著作，认真学习毛泽东同志的著作。读马列、学毛著，要精，要原原本本地学、仔仔细细地读，下一番真功夫。1939年底，毛泽东同志在延安对一位进马列学院学习的同志说：“马列主义的书要经常读。《共产党宣言》，我看了不下100遍，遇到问题，我就翻阅马克思的《共产党宣言》，有时只阅读一两段，有时全篇都读，每读一次，我都有新的启发。我写《新民主主义论》时，《共产党宣言》就翻阅过多次。读马克思主义理论在于应用，要应用就要经常读，重点读。”邓小平同志、江泽民同志和胡锦涛同志也都在不同时期反复强调认真研读原著的重要性。我们要通过有计划有重点地研读原著，从根本上了解和信服马克思主义的真理性，进一步坚定理想信念；从根本上把握马克思主义的世界观和方法论，进一步坚定政治立场和党性原则；从根本上认识马克思主义的发展进程及其基本理论与创新理论的相互关系，做到在继承中坚持、在坚持中发展、在发展中创新。

学习马克思主义理论，一个重要方面就是学习马克思主义哲学。陈云同志曾指出："学习理论，最要紧，是把思想方法搞对头。因此，首先要学哲学，学习正确的观察问题的思想方法。如果对辩证唯物主义一窍不通，就总是要犯错误。"现在的领导干部不少人受过专业训练，不缺乏专门知识，但其中的很多人不懂哲学，不善于辩证思考，很需要在思想方法和工作方法上提高一步。建议大家在学习原著的时候，读一些马克思主义哲学基本著作，掌握科学的世界观和方法论，不断增强工作的原则性、系统性、预见性、创造性。

第二，做好领导工作必需的各种知识书籍。领导工作综合性、系统性强，需要多方面的知识积累。有人测算，在人的知识库中，经常有用的知识只占其知识总量的30%左右。因此，领导干部加强现代知识的扩充和更新，十分必要，也十分迫切。总体而言，领导干部应当学习多方面的知识，包括经济、法律、科技、文化、管理、国际和信息网络等方面的知识。领导干部的成长进步是与岗位调整相结合的，一名优秀领导干部往往要经过多领域、多层次、多岗位的锻炼。因此，调整知识结构，完善知识体系，是动态的发展过程。领导干部要坚持干什么学什么、缺什么补什么的原则，有针对性地学习掌握做好领导工作、履行岗位职责必备的各种知识，多读与本职工作相关的新理论、新知识、新技能、新规则的书，努力使自己真正成为行家里手、内行领导。

领导干部不管学什么专业，无论处在哪个层次和岗位，都应该把提高科学素养作为读书学习的重要目标，通过读书学习进一步树立科学观念，掌握科学方法，弘扬科学精神，使自己不断增加对本职工作的规律性认识，成为学科学、懂科学、用科学的模范。各级领导干部还应该学一些中国历史和世界历史知识，特别要深入学习中国近现代史和中共党史，深入学习世界近现代史和马克思主义发展史，不断深化对共产党执政规律、社会主义建设规律、人类社会发展规律的认识。历史知识丰富了，眼界和胸襟就可以大为开阔，精神境界就可以大为提高，思维层次和领导水平就可以提升到一个新高度。我国是一个多民族国家，又是一个拥有众多信教群众的国家，处理好民族问题和宗教问题，对于国家的长治久安十分重要。各级党政领导干部特别是主要负责同志和从事民族、宗教工作的领导干部，应该尽可能多地学习一些民族、宗教方面的基本知识，这样才有可能对民族、宗教问题认识得更深一些，理解得更透一些，把握得更准一些。领导活动本身也具有专业性，需要遵循一定的领导原则，掌握和运用相关的领导方法、领导艺术。现在，一些年轻干部文化水平很高，但领导工作经验相对欠缺，尤其是驾驭复杂局面、处理突发事件等方面的能力不够强，要注意加强现代社会管理、危机管理方面知识的学习，并知行合一、付诸实践，使自己的领导管理能力得到不断提高。

第三，古今中外优秀传统文化书籍。优秀传统文化书籍作为古今中外文化精华的传世之作，思考和表达了人类生存与发展的根本问题，其智慧光芒穿透历史，思想价值跨越时空，历久弥新，成为人类共有的精神财富。特别是我们中华民族有着五千年的文明史，传统文化中的许多优秀文化典籍蕴涵着做人做事和治国理政的大道理。所谓"半部论语治天下"，讲的就是这个意思。毛泽东同志说过："从孔夫子到孙中山，我们应当给以总结，承继这一份珍贵的遗产。"党的十七大明确提出，要弘扬中华文化，建设中华民族共有的精神家园。优秀传统文化可以说是中华民族永远不能离别的精神家园。读优秀传统文化书籍，是一种以一当十、含金量高的文化阅读。领导干部多读优秀传统文化书籍，经常接受优秀传统文化熏陶，可以提高人文素养，增强对人与人、人与社会、人与自然关系的认识和把握能力，正确处理义与利、己与他、权与民、物质享乐与精神享受等重要关系。优秀传统文化书籍包括历史经典、文学经典、哲学经典、伦理经典等多个方面。领导干部要通过研读历史经典，看成败、鉴是非、知兴替，起到“温故而知新”、“彰往而察来”的作用；通过研读文学经典，陶冶情操、增加才情，做到“腹有诗书气自华”；通过研读哲学经典，改进思维、把握规律，增强哲学思考和思辨能力；通过研读伦理经典，知廉耻、明是非、懂荣辱、辨善恶，培养健全的道德品格。总之，要通过研读优秀传统文化书籍，吸收前人在修身处事、治国理政等方面的智慧和经验，养浩然之气，塑高尚人格，不断提高人文素养和精神境界。

三、领导干部要善读书

我国著名学者王国维论述过治学的三种境界。第一种境界是“昨夜西风凋碧树，独上高楼，望尽天涯路”；第二种境界是“衣带渐宽终不悔，为伊消得人憔悴”；第三种境界是“众里寻他千百度，蓦然回首，那人却在灯火阑珊处”。我看，领导干部读书学习也应该有这三种境界：首先，要有“望尽天涯路”那样志存高远的追求，有耐得住“昨夜西风凋碧树”的清冷和“独上高楼”的寂寞，静下心来通读苦读；其次，要勤奋努力，刻苦钻研，舍得付出，百折不挠，下真功夫、苦功夫、细功夫，即使是“衣带渐宽”也“终不悔”，“人憔悴”也心甘情愿；再次，要坚持独立思考，学用结合，学有所悟，用有所得，要在学习和实践中“众里寻他千百度”，最终“蓦然回首”，在“灯火阑珊处”领悟真谛。这三种境界启示我们，读书不仅要有明确的目标、有不移的恒心，还要提高读书效率和质量，讲求读书方法和技巧，在爱读书、勤读书、读好书、善读书中提高思想水平、解决实际问题、实现自我超越。关于善读书，我有三点认识和体会。

第一，要坚持阅读与思考的统一。古人说：“学而不思则罔，思而不学则殆。”书本上的东西是别人的，要把它变为自己的，离不开思考；书本上的知识是死的，要把它变为活的，为我所用，同样离不开思考。读书学习的过程，实际上是一个不断思考认知的过程。思考是阅读的深化，是认知的必然，是把书读活的关键。如果只是机械地阅读、被动地接受、简单地浏览，没有思考，人云亦云，再好的知识也难以吸收和消化。爱因斯坦说：“学习知识要善于思考、思考、再思考，我就是靠这个方法成为科学家的。”领导干部阅历丰富，独立思考能力比较强，要带着问题读书，养成边读书边思考的习惯，在广泛阅读的基础上，联系实际，开动脑筋，对现实中的疑惑进行深入思考，力求把零散的东西变为系统的、孤立的东西变为相互联系的、粗浅的东西变为精深的、感性的东西变为理性的。要敢于拿起批判的武器，在思考中发现新的问题，在继承前人的基础上努力形成新的认识。当然，思考的基础是阅读。终日而思，不如须臾之所学。只有通过阅读获得新知识、了解新思想、树立新观念，才能提高思维的准确性、逻辑性、深刻性、敏捷性、创造性。现实中，有些人既不学习也不思考，既罔于自己也殆于工作。有的对学习浮光掠影、蜻蜓点水，不深入，欠思考，忙碌于会议、活动、应酬。领导干部要同时防止学而不思和思而不学这两种现象。

第二，要坚持读书与运用相结合。读书学习客观上是一个去粗取精、去伪存真的过程，必须联系实际，知行合一，通过理论的指导、利用知识的积累，来洞察客观事物发展的规律。古人讲，“纸上得来终觉浅，绝知此事要躬行”、“耳闻之不如目见之，目见之不如足践之”，说的就是这个道理。毛泽东同志说，读书是学习，使用也是学习，而且是更重要的学习，讲的也是同样的道理。大凡有作为者，都注重读书与运用的结合，而不是读死书、死读书。一个人如果不注重把学到的知识运用到工作中、落实在行动上，即使他“学富五车、才高八斗”，也不能说达到了学习的最终目的。今天，我们看领导干部水平高不高，不是单纯地看他读书多不多，而主要看他运用理论和知识解决实际问题的能力强不强。领导干部坚持读书与运用相结合，就要在读书的过程中增强运用能力，在运用的过程中提高读书水平。领导干部加强知识的运用，在以下三个方面努力很重要。一是要勇于实践，把知识转化为能力。知识向能力的转化，媒介就是实践。领导干部勇于实践，就要敢于面对实践中的热点、难点问题，敢于探索新的实践领域，努力使自己主导的实践成为正确的而不是盲目的实践，成为系统的而不是零碎的实践，成为有科学根据的而不是想当然的实践。同时，要加强对实践经验的总结和对新情况、新问题的调查研究，弄清楚它们是怎么产生的、变化发展的趋势怎样、应该如何引导使之趋利避害，从总结和探索中提高思想水平和工作能力，不断由必然王国走向自由王国。二是要运用理论和知识着力改造客观世界。马克思说："哲学家们只是用不同的方式解释世界，而问题在于改变世界。"领导干部要认真履行工作职责，善于把握工作规律，不断提高工作水平，努力增加工作实效。尤其要深刻认识当今世界的发展趋势和变化特征，准确把握中国特色社会主义的发展规律，认真研究改革开放和社会主义现代化建设进程中出现的新情况新问题，进一步提高领导水平和决策水平，进一步制定和落实保持经济社会又好又快发展的政策措施，进一步解决人民最关心、最直接、最现实的利益问题。三是要运用理论和知识自觉改造主观世界。在对外开放和发展社会主义市场经济的条件下，领导干部面临的诱惑很多，一些人经受不住权力、金钱、美色等考验而败下阵来，一个重要原因就在于他们放松了读书学习，忽视了主观世界的改造。我们党一再强调，领导干部要在改造客观世界的同时改造主观世界，要在推进事业发展的同时加强党性修养。领导干部要通过加强读书学习，增强改造主观世界的意识和能力，牢固树立马克思主义世界观、人生观、价值观和正确的权力观、地位观、利益观，切实解决好理想信念、思想作风、道德情操、清正廉洁等问题，不断增进与人民群众的感情，始终保持共产党人的本色。

第三，要锲而不舍、持之以恒。读书是一个长期的需要付出辛劳的过程，不能心浮气躁、浅尝辄止，而应当先易后难、由浅入深，循序渐进、水滴石穿。正如荀子在《劝学篇》中所说："不积跬步，无以至千里；不积小流，无以成江海。"现实中，不少人都有长期坚持、积少成多，最后取得惊人收获的读书经历。有人研究过，一个人每天阅读一小时，三年之后可以变成某一问题的专家。领导干部要善读书，一个重要方面就在于利用好时间，养成坚持不懈的习惯。一要发扬挤劲。争取每天挤出一定时间读书，特别要善于把各种零碎时间利用起来读书。二要发扬钻劲。书读百遍，其义自见。功夫下到一定程度，就能达到出神入化的境界。一本好书、一篇好文章，要反复读、仔细品，甚至把相关书籍和背景材料找来对照读、比较读，彻底琢磨清楚。三要发扬韧劲。读书最可贵的是终身坚持，无论处于哪个年龄段都孜孜不倦地读书。"少而好学，如日出之阳；壮而好学，如日中之光；老而好学，如秉烛之明"。年轻的时候，记忆力好、接受力强，应该抓紧读一些对自己终身成长具有关键性作用和决定性影响的好书。中年的时候，精力旺盛、视野开阔，应该努力拓展读书的广度和深度，打牢一生的学问基础。年老的时候，时间充裕、阅历丰富，要有锲而不舍的精神、常读常新的态度、百读不厌的劲头，在读书世界里感悟人生、乐以忘忧。

中央党校是我们党最高层次的干部教育培训基地，在倡导领导干部爱读书、读好书、善读书方面具有特殊重要的作用。要把教学培训计划同推动学员读书有机结合起来，利用这里的有利条件，系统推荐好书、及时推荐新书、定期组织读书报告会等形式，为学员读书学习提供丰盛的"知识大餐"、"知识套餐"，发挥好帮助学员获取书本知识的"大讲台"作用。要通过深化教学改革、提高科研水平、加强学员管理，让学员在党校期间感受高质量的教学服务，接受高层次的知识传播，发挥好促进学员学习成长的"充电器"

作用。要通过营造浓厚的读书氛围，鼓励教职员工勤奋读书，要求全体学员认真读书，带动党员干部热爱读书，发挥好推动学习型政党、学习型社会建设的“火车头”作用。

同志们在紧张的工作中专门集中一段时间到中央党校参加学习，是多读书、读好书的难得机会。希望大家专心致志、心无旁骛，遵守纪律、抓紧时间，科学安排读书学习计划，提高读书学习效果，丰富知识，增强能力。

最后，祝全体学员在校期间身体健康、生活愉快、学习进步！

（此文是习近平同志 2009 年 5 月 13 日在中央党校 2009 年春季学期第二批进修班暨专题研讨班开学典礼上的讲话）

加强和改进新形势下党的建设的纲领性文献

习近平

党的十七届四中全会是在国际形势继续发生深刻变化，我国处在进一步发展的重要战略机遇期召开的一次重要会议。全会听取和讨论了胡锦涛总书记受中央政治局委托作的工作报告，充分肯定党的十七届三中全会以来中央政治局的工作。全会审议通过了《中共中央关于加强和改进新形势下党的建设若干重大问题的决定》（以下简称《决定》）。胡锦涛总书记在全会讲话中，就切实贯彻好全会精神、做好当前各项工作提出了明确要求。《决定》全面贯彻党的十七大精神，以邓小平理论和“三个代表”重要思想为指导，深入贯彻落实科学发展观，深刻分析党的建设面临的新形势新任务，认真总结我们党执政 60 年来加强自身建设的基本经验，提出加强和改进党的建设的总体要求、目标任务、重要举措，对加强和改进新形势下党的建设作出战略部署，是指导当前和今后一个时期党的建设的纲领性文献。

一、党的十七届四中全会专题研究党的建设的战略考虑和《决定》的起草过程

今年是中华人民共和国成立 60 周年，在这个时候召开的中央全会以什么为主题，是一个需要从党和国家工作全局出发认真考虑和全面把握的重大问题。党的十七届四中全会研究加强和改进新形势下党的建设问题，主要有以下几点考虑。

第一，实现党的十七大描绘的宏伟蓝图，要求进一步从战略上研究加强和改进党的建设。党的十七大描绘了全面建设小康社会、加快推进社会主义现代化、发展中国特色社会主义的宏伟蓝图，明确提出了加强和改进党的建设的总体部署。党的十七大以来，党中央就推进党的十七大关于党的建设总体部署的贯彻落实作出一系列决策，做了大量工作，取得新的成效。同时我们认为，我国正处在进一步发展的重要战略机遇期，也处在一个矛盾凸显期，发展中呈现一系列新的阶段性特征，出现一系列新情况新问题。当前，国内外形势的新发展，改革发展稳定的新要求，人民群众的新期待，迫切需要我们党以改革创新精神进一步加强自身建设，提高领导水平和执政水平，进一步增强创造力、凝聚力、战斗力，更好地团结带领全国各族人民夺取全面建设小康社会新胜利、开创中国特色社会主义事业新局面。

第二，应对国际形势的挑战和风险，特别是应对国际金融危机冲击、保持经济平稳较快发

展，要求进一步加强和改进党的建设。当今世界正处在大发展大变革大调整时期。世界多极化、经济全球化深入发展，科技进步日新月异，世界经济格局发生新变化，国际力量对比出现新态势，全球思想文化交流交融交锋呈现新特点，发达国家在经济、科技等方面仍占优势，综合国力竞争和各种力量较量更趋激烈，不稳定不确定因素有所增多，给我国发展带来新的机遇和挑战。特别是国际金融危机给世界经济造成严重冲击，给我国经济发展也带来较大困难。应对复杂多变的国际形势、完成艰巨繁重的改革发展任务，要求进一步把党建设好，更好地发挥党委领导核心作用、基层党组织战斗堡垒作用、共产党员先锋模范作用，把党的政治优势和组织优势转化为推动经济社会又好又快发展的强大力量。

第三，巩固和扩大深入学习实践科学发展观活动成果，要求进一步采取加强和改进党的建设的有效举措。根据党的十七大部署，我们党从去年9月开始分三批在全党开展深入学习实践科学发展观活动，目前第一批已经结束，第二批已经基本告一段落，第三批于今年9月初启动、到明年2月基本结束。在学习实践科学发展观活动中，各级党组织和广大党员着力转变不适应不符合科学发展要求的思想观念，着力解决影响和制约科学发展的突出问题以及党员干部党性党风党纪方面群众反映强烈的突出问题，着力构建有利于科学发展的体制机制，创造了许多推进党的建设的新经验新举措。我们要巩固和扩大深入学习实践科学发展观活动成果，更好地把贯彻落实科学发展观的要求体现在党的建设之中，教育引导广大党员、干部增强贯彻落实科学发展观的自觉性和坚定性，推动实现以人为本、全面协调可持续的科学发展，实现好、维护好、发展好最广大人民的根本利益。

第四，抓紧解决党内存在的突出问题，要求进一步加大党的建设的工作力度。改革开放30年来，我们党在继往开来、与时俱进中成长进步，党的建设取得显著成绩。当前，党的领导水平和执政水平、党的建设状况、党员队伍素质总体上同党肩负的历史使命是适应的。同时，党的干部队伍构成发生很大变化，干部队伍思想、素质、能力出现许多新情况，不少年轻干部缺少严格的党内生活锻炼和重大政治风浪考验，干部队伍建设亟待加强。更重要的是，目前党内存在不少不适应新形势新任务要求、不符合党的性质和宗旨的问题。对存在的问题，《决定》从理想信念、民主集中制、领导班子和干部队伍建设、基层党组织建设、作风建设、反腐倡廉建设6个方面作了归纳。这些问题虽然不是党的队伍的主流，但严重削弱党的创造力、凝聚力、战斗力，严重损害党同人民群众的血肉联系，严重影响党的执政地位巩固和执政使命实现。我们党是一个拥有370多万个基层组织、7500多万名党员的大党，建设好这样一个大党任务十分艰巨。党内出现这样那样的问题是客观存在，解决党内存在的问题也是一个长期复杂的过程，不可能一蹴而就，但我们必须正视存在的问题，出现什么问题就抓紧解决，不能放任不管。如果存在的问题得不到有效解决，党的十七大作出的战略部署就难以贯彻落实，全面建设小康社会的奋斗目标就难以顺利实现。

总之，全面贯彻党的十七大精神，要求我们党更好地负起党要管党、从严治党的责任，全面落实党建工作责任制，对党的建设一些重大问题进行集中研究和再部署，全面推进党的建设新的伟大工程。

改革开放30年来，每次党的全国代表大会届内都安排一次中央全会讨论党的建设问题。1983年10月召开的党的十二届二中全会，审议通过了《中共中央关于整党的决定》；1990年3月召开的党的十三届六中全会，审议通过了《中共中央关于加强党同人民群众联系的决定》；1994年9月召开的党的十四届四中全会，审议通过了《中共中央关于加强党的建设几个重大问题的决定》；2001年9月召开的党的十五届六中全会，审议通过了《中共中央关于加强和改进党的作风建设的决定》；2004年9月召开的党的十六届四中全会，审议通过了《中共中央关于加强党的执政能力建设的决定》。党的十七大对全面推进党的建设新的伟大工程作出了总体部署，也需要召开一次中央全会就贯彻落实工作作出安排。

党的十七届四中全会《决定》的起草工作，是在中央政治局和中央政治局常委会领导下进行的。今年3月，胡锦涛总书记在文件起草组第一次全体会议上作重要讲话，深刻阐述了加强和改进新形势下党的建设的重要性和紧迫性，提出了文件起草过程中需要深入思考和重点研究的问题，对起草工作提出了要求、指明了方向。中央政治局常委会、中央政治局多次召开会议，讨论审议《决定》稿，提出了许多指导性意见和重要修改意见。《决定》在形成过程中，坚持群众路线，充分发扬民主，广泛集中全党智慧，不断凝聚全党共识，体现了科学决策、民主决策的要求。文件起草工作开始时，中央就下发通知，向各地区各部门征求对党的十七届四中全会研究加强和改进新形势下党的建设问题的意见，并组织18个中央部门和单位开展专题调研，形成25份专题调研报告。同时，文件起草组到12个省区进行专题调研，广泛听取地方各级干部、基层党员和专家学者的意见和建议。文件起草过程中，充分研究和吸收了各方面的意见和建议。《决定》稿形成后，中央再次将《决定》稿下发到全党一定范围内广泛征求意见，据统计征求意见人数共2995人。胡锦涛总书记亲自主持召开座谈会，听取各民主党派中央、全国工商联负责人和无党派人士的意见。党中央对各方面意见高度重视，要求文件起草组逐条研究吸收，对《决定》稿进行充实、修改和提高。全会通过的这个《决定》提出的重要观点和主要举措，来自各级党组织的探索实践、来自全党的集思广益，来自方方面面的意见，具有坚实的实践基础和群众基础。

二、关于我们党在全国执政以来加强自身建设的基本经验

以新中国成立为标志，我们党从一个领导人民为夺取全国政权而奋斗的党，开始向一个领导人民掌握全国政权并实现由新民主主义过渡到社会主义的执政党转变；党的十一届三中全会以后，我们党从一个受到外部封锁和实行计划经济条件下领导国家建设的执政党，开始向对外开放和实行社会主义市场经济条件下领导国家建设的执政党转变。历史和现实都表明，我们党执政以后党的建设比没有执政时党的建设面临的情况要复杂得多，在对外开放和社会主义市场经济条件下党的建设比在封闭半封闭和计划经济条件下党的建设面临的情况也要复杂得多。60年来，我们党根据自身历史方位和中心任务的变化，围绕长期执政、改革开放和发展社会主义市场经济条件下建设什么样的党、怎样建设党进行深入探索和实践，走过的历程波澜壮阔、很不寻常，积累的经验承前启后、十分丰富。对60年党的建设的成功经验进行系统总结，结合新的实践不断丰富和发展，对于提高新形势下党的建设工作水平是很有必要、非常重要的。基于这样的考虑，《决定》从6个方面对我们党执政以来加强自身建设的基本经验进行了总结。

（一）关于坚持把思想理论建设放在首位，提高全党马克思主义水平。这条经验，反映了思想理论建设对于我们这个有7500多万名党员的执政党所具有的重要性，揭示了我们党注重从思想上建设党，善于运用马克思主义理论来立党、兴党的政治优势。回顾历史，正是靠这一政治优势，才能够在旧中国无产阶级人数很少、农民和其他小资产阶级占人口绝大多数、经济文化十分落后的社会里，建设起一支团结统一、纪律严明、英勇善战的工人阶级先锋队。我们党在全国执政以后，坚持把马克思主义基本原理同中国具体实际和时代特征相结合，不断推进马克思主义中国化、时代化、大众化，在实践上不断有新创造，在理论上不断取得新成果，特别是在改革开放的伟大实践中形成了包括邓小平理论、“三个代表”重要思想以及科学发展观等重大战略思想在内的中国特色社会主义理

论体系。60年来，我们党坚持把学习和运用马克思主义理论作为党员和干部教育的中心内容，注重把对党员的经常性教育和适时的集中教育结合起来，不断提高全党马克思主义理论水平。尤其在党和国家处于历史转折时期、事业发展处于新的起点、前进道路上遇到大的困难、世界社会主义运动出现风波、国内外敌对势力借机制造思想混乱的时候，我们党更加注重用科学理论武装党员、教育干部，起到了统一全党思想、凝聚全党力量的重要作用。60年的实践证明，坚持以思想理论建设为根本建设，坚持党的指导思想与时俱进，坚持用发展着的马克思主义武装全党，党和国家事业的发展就有了坚实的理论基础、正确的前进方向和强大的精神动力，就能不断开创新局面。

（二）关于坚持把推进党的建设伟大工程同推进党领导的伟大事业紧密结合起来，保证党始终成为社会主义事业的坚强领导核心。这条经验，反映了党的建设必须服从服务于党的历史任务这一根本指导原则，揭示了党的建设伟大工程同党领导的伟大事业之间紧密联系、相互促进、相辅相成的互动关系。中国共产党的领导是推进革命、建设、改革最根本的政治保证和组织保证，党的建设是党领导的伟大事业不断取得胜利的重要法宝。60年来，我们党坚持运用这个法宝，始终把对客观世界的改造同对主观世界的改造结合起来，既紧紧围绕党领导的伟大事业推进党的建设，又通过加强和改进党的建设来推进伟大事业。新中国成立初期，我们党密切结合民主改革、恢复国民经济等中心任务加强自身建设，使党组织的战斗力进一步增强；另一方面，我们党依靠党的领导的坚强有力，依靠人民群众的大力支持，巩固了新生的人民政权，迅速恢复和发展了经济，完成了从新民主主义向社会主义的过渡。1956年党的八大以后，我们党领导人民艰辛探索适合我国情况的社会主义建设道路，其间成功与挫折交替，正确与失误交织，从总体上说我国社会主义建设事业取得的成就是巨大的。党的十一届三中全会以后，我们党作出把党和国家工作中心转移到经济建设上来、实行改革开放的历史性决策，紧紧围绕“一个中心、两个基本点”的基本路线加强和改进党的建设，既开创和不断推进了中国特色社会主义伟大事业，又开创和不断推进了党的建设新的伟大工程。60年的实践证明，党的建设必须按照党的政治路线来进行，围绕党的中心任务尤其是发展这个党执政兴国的第一要务来展开，朝着党的建设总目标来加强，着力提高党的创造力、凝聚力、战斗力。抓住了这一条，党的建设就抓住了根本，党就会赢得人民群众的真心拥护，国家的发展就会沿着正确的方向前进。

（三）关于坚持以执政能力建设和先进性建设为主线，保证党始终走在时代前列。这条经验，反映了执政能力建设和先进性建设在党的建设新的伟大工程中的引领和主导作用，揭示了提高党的执政能力、保持和发展党的先进性关系马克思主义执政党的生死存亡这一历史真理。最近20年世界上一些执政多年的大党、老党丧失执政地位特别是一些马克思主义执政党人亡政息的惨痛教训表明：一个政党的执政地位不是与生俱来的、也不是一劳永逸的，过去拥有不等于现在拥有，现在拥有不等于永远拥有；一个政党的先进性不是一蹴而就的、也不是一成不变的，过去先进不等于现在先进，现在先进不等于永远先进。中国共产党的阶级基础是工人阶级，思想基础是马克思主义，根本宗旨是全心全意为人民服务，奋斗目标和远大理想是建设中国特色社会主义和实现共产主义，根本领导制度和组织制度是民主集中制，这些主要方面集中体现了我们党作为马克思主义政党的先进性。60年来，我们党把这些根本要求贯穿于党的全部执政活动中，体现在党组织和党员的行动上，代表人民执政、依靠人民执政，保持和发展了党的先进性。这是我们党所以能够取得举世瞩目执政成就的根本原因。60年的实践证明，在新的历史条件下我们党面临的执政考验、改革开放考验、市场经济考验、外部环境考验是长期的、复杂的、严峻的；党要经受住这些考验，承担起人民和历史赋予的重大使命，必须切实加强执政能力建设和先进性建设，不断提高党的执政能力和拒腐防变能力，做到科学执政、民主执政、依法执政。坚持这样做，我们党就能在发展中国特色社会主义的历史进程中始终成为坚强的领导核心。

（四）关于坚持立党为公、执政为民，保持党同人民群众的血肉联系。这条经验，反映了立党为公、执政为民是我们党必须始终践行的根本政治要求，揭示了人民群众是我们党的力量之源、执政之基这一历史唯物主义的重要思想。我们党在中国执政，是历史的必然、人民的选择。党在全国执政60年来，尽管经历过这样那样的曲折，但全心全意为人民服务的宗旨始终没有变。改革开放以来，我们党坚持人民是历史创造者的马克思主义根本观点，坚持以人为本，坚持党的群众路线，充分发挥人民群众的首创精神，引导全体人民满腔热情地投身到建设祖国的美好未来和自己的幸福生活中去。这使我们党既赢得了人民群众的支持和拥护，赢得了为人民利益不懈奋斗的强大动力，又使我们党从人民群众中汲取夺取胜利的无穷智慧。60年的实践证明，党的根基在人民，党的血脉在人民，党的力量在人民，党的成败也在人民。中国共产党作为一个久经考验的马克思主义政党，最大的政治优势是密切联系群众，党执政后最大的危险是脱离群众。如果党脱离群众，就会失去群众的支持，从根本上失去先进性，以致最终失去执政资格。加强和改进新形势下党的建设，最重要最根本的就是坚持全心全意为人民服务的根本宗旨，始终把实现好、维护好、发展好最广大人民的根本利益作为党全部工作的出发点和落脚点，组织动员全党同志紧紧依靠人民群众始终不渝地为中国人民和中华民族的根本利益而不懈奋斗，做到权为民所用、情为民所系、利为民所谋。只要我们始终不渝地坚持这个根本政治立场，把这个政治立场一以贯之地落实和体现到党的全部理论和实践中去，我们党就能获得取之不尽、用之不竭的力量源泉，就无往而不胜。

（五）关于坚持改革创新，增强党的生机活力。这条经验，反映了我们党勇于变革、勇于创新，永不僵化、永不停滞的治党治国之道，揭示了我们党始终保持马克思主义政党本色、永不脱离群众和具有蓬勃活力的根本奥秘之所在。改革创新是解放和发展生产力的必由之路，也是增强党的创造力、凝聚力、战斗力的必由之路。60年来特别是改革开放以来，我们党紧密结合新的历史条件和新的历史任务，坚持解放思想、实事求是、与时俱进，不断研究党的建设面临的新情况新问题，不断推进党的建设的实践创新、理论创新、制度创新，使党的建设不断适应党的事业的发展要求。从开创和不断推进党的建设新的伟大工程，到确立思想建设、组织建设、作风建设、制度建设和反腐倡廉建设“五位一体”党的建设总体布局；从提出和不断推进党的执政能力建设，到提出和不断推进党的先进性建设；从实行差额选举、党务公开等扩大党内民主的举措，到确立科学执政、民主执政、依法执政的执政理念；从废除领导职务终身制到实行公开选拔、竞争上岗、民主推荐和民主评议干部等干部人事制度改革，党的建设在理论上和实践上取得了一系列创新成果。60年的实践证明，坚持党的思想路线，用时代发展要求审视自己、以改革创新精神提高和完善自己，是我们党保持先进性和增强创造力的决定性因素。党和国家的事业发展没有止境，党的建设的改革创新也没有止境。加强和改进新形势下党的建设，就要既坚持马克思主义基本原理、又谱写新的理论篇章，既发扬革命传统、又创造新鲜经验，既善于用改革的办法破解党的建设中的难题、又善于用创新的思路探索提高党的执政能力、保持和发展党的先进性的途径，努力做到理论上不断有新发展，实践上不断有新创造。特别要创新党的领导体制和工作机制，建立健全以党章为根本、以民主集中制为核心的制度体系，做到以制度管权、管事、管人，切实提高党的建设科学化、制度化、规范化水平。

（六）关于坚持党要管党、从严治党，提高管党治党水平。这条经验，反映了我们党管党治党的根本方针，揭示了新的历史条件下唯有从严治党才能保持和发展党的先进性的规律性认识。党要管党、从严治党是由党的性质、党在国家和社会生活中所处的地位、党肩负的历史使命决定的，因而是我们党的一贯要求和优良传统。新中国成立初期，为巩固政权和发展经济的需要，从 1950 年 5 月开始在全党范围内进行了大规模整风，克服党政机关中存在的官僚主义、居功自傲情绪和“革命到头”思想。从 1951 年到 1954 年进行的整党，对党员开展了在执政情况下怎样做合格共产党员的教育，清理了党员队伍中的不纯分子和消极落后分子。我们党的八大从加强思想教育、健全制度、加强监督等方面提出了党要管党、从严治党的要求。改革开放以来，面对执政条件和社会环境的深刻变化，我们党把党要管党、从严治党作为党的建设的根本方针认真加以实施。从 1983 年开始，用三年半时间对党的作风和组织进行整顿，此后还在全党县级以上党政领导班子、领导干部中开展了以“讲学习、讲政治、讲正气”为主要内容的党性党风教育，在全国农村开展了“三个代表”重要思想学习教育活动，在全党开展了以实践“三个代表”重要思想为主要内容的保持共产党员先进性教育活动，目前正在全党开展深入学习实践科学发展观活动。这些从严管党、从严治党的举措，对于坚持党的领导、加强党的建设起到了十分重要的作用。60 年的实践证明，治国必先治党，治党务必从严。坚持从严管党、从严治党，必须严格按照党章办事，按党的制度和规定办事；必须对党员特别是领导干部严格要求、严格教育、严格管理、严格监督；必须在党内生活中讲党性，讲原则，弘扬正气，反对歪风；必须严格执行党的纪律，坚持在纪律面前人人平等。特别要加强党风廉政建设，坚持不懈开展反腐败斗争，坚决纠正损害群众利益的不正之风，不断解决自身存在的问题，始终保持党的先进性和纯洁性。

总起来说，《决定》总结的 6 条基本经验，集中体现了我们党在全国执政后加强自身建设的丰富实践，凝聚了几代中国共产党人的心血，体现和深化了对共产党执政规律、社会主义建设规律、人类社会发展规律的认识，是我们党极为宝贵的财富，必须倍加重视、倍加珍惜，必须作为加强和改进新形势下党的建设的重要指导原则长期坚持。善于总结经验，是我们党发扬成绩、纠正错误、提高自己的科学领导方法，也是党的优良传统。党的十六大总结了我们党领导人民建设中国特色社会主义“十个坚持”的基本经验，党的十六届四中全会总结了我们党 50 多年来执政的 6 条主要经验，党的十七大总结了改革开放 30 年来“十个结合”的宝贵经验，这些经验对于我们党不断提高领导水平和执政能力已经产生而且还将长期产生重要的指导作用。我们相信，全面把握、充分运用《决定》总结的 6 条基本经验，并在实践中不断丰富和发展，党的建设就会提高到一个新的水平。

三、关于加强和改进新形势下党的建设的总体要求和主要任务

党的十七届四中全会是党的十七大之后召开的专门研究党的建设的中央全会，全会文件内容应该主要在贯彻落实党的十七大关于党的建设总体部署上下功夫。党的十七大关于党的建设的部署很全面，加强和改进新形势下党的建设需要研究解决的重大问题很多，党的建设涉及的党和国家工作领域也很多，全会文件不可能也不需要面面俱到地研究党的建设全部内容，而应重点研究解决当前党的建设中带有战略性、根本性、紧迫性的重大问题，研究解决党员干部队伍中存在的突出问题和广大党员、干部、群众关注的热点问题。基于这样的考虑，《决定》写了八部分内容，分两大板块。第一、第二部分为第一板块，是文件的总论，主要论述加强和改进新形势下党的建设的重要性和紧迫性，总结和概括新中国成立以来我们党在全国

执政条件下加强自身建设的基本经验，提出加强和改进新形势下党的建设的总体要求。第三部分至第八部分为第二板块，是文件的分论，从6个方面提出了加强和改进新形势下党的建设的主要任务和要求。

(一)关于总体要求

《决定》提出，加强和改进新形势下党的建设，必须全面贯彻党的十七大关于党的建设总体部署，按照党章要求，着眼于继续解放思想、坚持改革开放、推动科学发展、促进社会和谐，着眼于提高党的执政能力、保持和发展党的先进性，着眼于增强全党为党和人民事业不懈奋斗的使命感和责任感，着眼于保持党同人民群众的血肉联系，突出重点，突破难点，全面推进思想建设、组织建设、作风建设、制度建设和反腐倡廉建设，提高党的建设科学化水平，进一步把党建设成为立党为公、执政为民，求真务实、改革创新，艰苦奋斗、清正廉洁，富有活力、团结和谐的马克思主义执政党，确保党始终是中国工人阶级的先锋队、同时是中国人民和中华民族的先锋队。

以上这个总体要求，提纲挈领、要言不烦，覆盖了党的建设各方面工作，从根本上为加强和改进新形势下党的建设指明了方向。对这个总体要求，应当深刻理解、全面把握，尤其要把握好以下几个方面。

第一，把握好"四个着眼于"的党建着力点。继续解放思想、坚持改革开放、推动科学发展、促进社会和谐，是党的十七大主题的重要内容。《决定》提出，党的建设要"着眼于继续解放思想、坚持改革开放、推动科学发展、促进社会和谐"，就是要求党的建设要紧紧围绕党的十七大的主题，为实现党的十七大确定的目标任务提供坚强保证。《决定》提出党的建设要"着眼于提高党的执政能力、保持和发展党的先进性"，就是要求党的建设要始终把握执政能力建设和先进性建设这条主线不动摇；"着眼于增强全党为党和人民事业不懈奋斗的使命感和责任感"，就是要求党的建设要着力激发和增强全党为实现党的历史使命而奋斗的政治热情和内在动力；"着眼于保持党同人民群众的血肉联系"，就是要求党的建设要始终坚持党的性质和宗旨，不断巩固党的阶级基础、扩大党的群众基础。这"四个着眼于"，点明了新形势下党的建设着力点，体现了党的建设同党领导的事业之间的辩证统一关系。

第二，把握好"五位一体"的党建总体布局。党的十七大确立了思想建设、组织建设、作风建设、制度建设和反腐倡廉建设"五位一体"的党的建设总体布局，《决定》重申了这个总体布局。在这个总体布局中，党的思想建设是党的根本建设，为党的组织建设、作风建设、制度建设和反腐倡廉建设提供思想基础；党的组织建设为党的思想建设、作风建设、制度建设和反腐倡廉建设提供组织保证；党的作风建设、反腐倡廉建设关系党的形象和肌体健康，既为党的建设提供纪律和作风保障，又反映党的思想建设、组织建设、制度建设的成效；党的制度建设为党内生活提供运行机制，为党的思想建设、组织建设、作风建设、反腐倡廉建设提供制度保证。实施这个总体布局，要求我们在部署党的建设工作时要着眼全局，统筹兼顾党的各方面建设，使之相互配套、相互促进，既突出重点、又整体推进，从总体上提高党的建设工作水平。

第三，把握好提高党的建设科学化水平的新要求。《决定》提出了提高党的建设科学化水平这个重大命题和重大任务，这是根据世情、国情、党情的新变化对党的建设提出的新要求。提高党的建设科学化水平，归根到底是要准确把握和自觉运用马克思主义执政党建设规律，研究新情况、解决新问题、创造新经验，在以科学理论指导党的建设、以科学制度保障党的建设、以科学方法推进党的建设上不断取得实实在在的成效。以科学理论指导党的建设，最根本的是坚持用马克思主义中国化理论成果指导党的建设，深入研究推动科学发展、促进社会和谐对党的建设提出的新要求，认真总结执政能力建设和先进性建设的新鲜经验，不断推进党建理论创新。以科学制度保障党的建设，最根本的是严格遵循执政党建设规律进行制度建设，不断增强党内生活和党的建设制度的严密性和科学性，既要有实体性制度又要有程序性制度，既要明确规定应该怎么办又要明确规定违反规定怎么处理，减少制度执行的自由裁量空间，推进党的建设的科学化、制度化、规范化。以科学方法推进党的建设，最根本的是既要继承和发展党在长期实践中积累的党的建设成功方法，又要积极探索运用现代科学方法，包括探索运用信息网络技术，探索运用现代管理学、组织学、心理学等现代科学方法，借鉴外国执政党建设的有益做法，不断提高党建工作水平。

第四，把握好党的建设总目标。《决定》提出，“进一步把党建设成为立党为公、执政为民，求真务实、改革创新，艰苦奋斗、清正廉洁，富有活力、团结和谐的马克思主义执政党，确保党始终是中国工人阶级的先锋队、同时是中国人民和中华民族的先锋队”。这个总目标，鲜明而集中地体现了我们党的根本宗旨、思想路线、工作作风和精神风貌，符合我们党的党情，具有鲜明的时代特色。党的建设各方面工作，都要牢牢把握这个总目标，都要聚焦于这个总目标，都要为实现这个总目标而奋斗。

(二)关于主要任务

《决定》在把握党的十七大关于党的建设总体部署的基础上，按照突出重点、不面面俱到的原则，对加强和改进新形势下党的建设提出了6个方面的任务。

第一，提出了建设马克思主义学习型政党、提高全党思想政治水平的重要任务。建设学习型政党是党的十七大提出的任务。《决定》围绕这个任务，突出强调必须按照科学理论武装、具有世界眼光、善于把握规律、富有创新精神的要求，把建设马克思主义学习型政党作为重大而紧迫的战略任务抓紧抓好，以此为抓手带动党的思想理论建设。《决定》重点从推进马克思主义中国化、时代化、大众化，用中国特色社会主义理论体系武装全党，开展社会主义核心价值体系学习教育，建设学习型党组织这4个方面提出了明确要求。

第二，提出了坚持和健全民主集中制、积极发展党内民主的重要任务。党内民主是党的生命，集中统一是党的力量保证。加强民主集中制建设，要以保障党员民主权利为根本，以加强党内基层民主建设为基础，切实推进党内民主，广泛凝聚全党意愿和主张，充分发挥各级党组织和广大党员的积极性、主动性、创造性，坚决维护党的集中统一。《决定》重点从坚持和完善党的领导制度、保障党员主体地位和民主权利、完善党代表大会制度和党内选举制度、完善党内民主决策机制、维护党的集中统一这5个方面提出了明确要求。

第三，提出了深化干部人事制度改革、建设善于推动科学发展和促进社会和谐的高素质干部队伍的重要任务。形成充满活力的选人用人机制，促进优秀人才脱颖而出，是培养造就高素质干部队伍的关键；坚持党管干部原则，全面贯彻干部队伍革命化、年轻化、知识化、专业化方针，坚持五湖四海，拓宽视野选拔干部，广辟途径培养干部，满腔热情爱护干部，严格要求管理干部，把各方面优秀人才集聚到党和国家事业中来，是坚持和发展中国特色社会主义的根本保证。《决定》重点从坚持德才兼备、以德为先用人标准，完善干部选拔任用机制，提高领导班子和领导干部推动科学发展、促进社会和谐能力，培养造就大批优秀年轻干部，健全干部管理机制这5个方面提出了明确要求。

第四，提出了做好抓基层打基础工作、夯实党执政的组织基础的重要任务。党的基层组织是落实党的路线方针政策和各项工作任务的战斗堡垒。抓基层、打基础，必须坚持围绕中心、服务大局、拓宽领域、强化功能，进一步巩固和加强党的基层组织，着力扩大覆盖面、增强生机活力。《决定》重点从扩大基层党组织覆盖面、推进基层党组织工作创新、增强党员队伍生机活力、建设高素质基层党组织带头人队伍、构建城乡统筹的基层党建新格局这5个方面提出了明确要求。

第五，提出了弘扬党的优良作风、保持党同人民群众的血肉联系的重要任务。执政党的党风，关系党的形象，关系党和人民事业成败。总结这些年的实践经验，弘扬党的优良作风必须多管齐下，以思想教育、完善制度、集中整顿、严肃纪律为抓手，下大气力解决作风方面存在的形式主义、官僚主义、享乐主义等突出问题，这样才能切实抓出明显成效。《决定》重点从大兴密切联系群众之风、大兴求真务实之风、大兴艰苦奋斗之风、大兴批评和自我批评之风、以坚强党性保证党的作风建设这 5 个方面提出了明确要求。

第六，提出了加快推进惩治和预防腐败体系建设、深入开展反腐败斗争的重要任务。坚决反对腐败是我们党必须始终抓好的重大政治任务。必须把反腐倡廉建设放在更加突出的位置，坚持标本兼治、综合治理、惩防并举、注重预防的方针，抓紧建立健全惩治和预防腐败体系，严格执行党风廉政建设责任制，在坚决惩治腐败的同时加大教育、监督、改革、制度创新力度，更有效地预防腐败，不断取得反腐败斗争新成效。《决定》重点从加强廉洁从政教育和领导干部廉洁自律、加大查办违纪违法案件工作力度、健全权力运行制约和监督机制、推进反腐倡廉制度创新这 4 个方面提出了明确要求。

四、关于加强和改进新形势下党的建设的新要求新举措

《决定》坚持继承和创新相结合、当前和长远相结合、全面推进和突出重点相结合、科学性和实效性相结合，在认真总结实践经验特别是改革开放 30 年实践经验的基础上，在思想理论上、政策取向上、工作部署上提出了不少新要求新举措。这里列举 30 条重要的新要求新举措。

（一）提出推进马克思主义中国化、时代化、大众化的新要求新举措。强调做到三个“准确把握”和一个“及时总结”（即：准确把握当今世界发展大势，准确把握社会主义初级阶段基本国情，准确把握改革发展实际，及时总结党领导人民创造的新鲜经验），围绕“四大问题”（即：什么是马克思主义、怎样对待马克思主义，什么是社会主义、怎样建设社会主义，建设什么样的党、怎样建设党，实现什么样的发展、怎样发展），不断作出新的理论概括，增强理论说服力和感召力，丰富发展中国特色社会主义理论体系。

（二）提出用中国特色社会主义理论体系武装全党、党员领导干部要作真学真懂真信真用的表率的新要求新举措。强调认真总结深入学习实践科学发展观活动成功经验，形成有利于学习研究和贯彻落实科学发展观的政策导向、舆论导向、用人导向和体制机制。中央委员和省部级领导干部要认真研读马克思主义特别是中国特色社会主义理论体系基本著作，切实提高战略思维、创新思维、辩证思维能力。

（三）提出开展社会主义核心价值体系学习教育，党员、干部要模范学习践行社会主义核心价值体系的新要求新举措。强调把理想信念教育作为重中之重，加强党的意识形态工作和思想政治工作，引导党员、干部增强政治敏锐性和政治鉴别力，自觉划清“四个重大是非界限”，培养高尚道德情操和健康生活情趣，保持昂扬奋发的精神状态。

（四）提出在全党营造崇尚学习的浓厚氛围、提高全党学习能力、建设学习型党组织的新要求新举措。强调加强对全党学习的指导和服务，加强理论宣讲队伍建设，完善和落实党委（党组）中心组学习制度，把理论素养、学习能力作为选拔任用领导干部重要依据，使各级党组织成为学习型党组织、各级领导班子成为学习型领导班子。

（五）提出坚持和完善党的领导制度、提高党的领导水平和执政水平的新要求新举措。强调坚持党总揽全局、协调各方的领导核心作用，改革和完善党的领导方式和执政方式，以明确权责为重点完善地方党委领导体制和工作机制，健全部门党组（党委）工作机制，健全党对国

有企业和事业单位领导的体制机制。

（六）提出推进党务公开、畅通党内信息上下互通渠道的新要求新举措。强调建立党委新闻发言人制度，办好党报党刊和党建网站，建立健全党内事务听证咨询、党员定期评议基层党组织领导班子成员等制度。鼓励和保护党员讲真话、讲心里话，营造党内民主讨论、民主监督环境。

（七）提出完善党代表大会制度的新要求新举措。强调改善党代表大会代表结构，提高基层一线代表比例，增强代表广泛性；扩大党代表大会代表对提名推荐候选人的参与，改进候选人提名方式；建立各级党代表大会代表提案制度；落实和完善党代表大会代表任期制。

（八）提出完善党内选举办法的新要求新举措。强调改进和规范选举程序和投票方式，改进候选人介绍办法。推广基层党组织领导班子成员由党员和群众公开推荐与上级党组织推荐相结合的办法，逐步扩大基层党组织领导班子直接选举范围。党的任何组织和个人不得以任何方式妨碍选举人依照规定自主行使选举权。严格控制选任制领导干部任期内职务变动。

（九）提出完善党内民主决策机制的新要求新举措。强调发挥全委会对重大问题的决策作用，推行和完善地方党委讨论决定重大问题和任用重要干部票决制。加强党委决策咨询工作，发挥咨询研究机构、专家学者、社会听证在决策过程中的作用。落实重大决策报告制度，健全决策失误纠错改正机制和责任追究制度。健全对中央重大决策部署执行情况定期检查和专项督查制度、纪律保障机制。

（十）提出选拔任用干部要坚持德才兼备、把德放在首要位置的新要求新举措。强调从政治品质和道德品行等方面完善干部德的评价标准，注重从履行岗位职责、完成急难险重任务、关键时刻表现、对待个人名利等方面考察干部的德，使选拔出来的干部组织放心、群众满意，不让老实人吃亏，不让投机钻营者得利。

（十一）提出扩大选人用人民主、建立健全干部选拔任用提名制度的新要求新举措。强调正确分析和运用民主推荐、民主测评结果，增强科学性和真实性；鼓励多渠道推荐干部，广开举贤荐能之路，拓宽党政干部选拔来源；健全干部考察制度，完善考察标准，落实领导干部任用延伸考察办法，增强考察准确性；完善差额选拔干部办法，推行差额推荐、考察、酝酿。

（十二）提出健全干部选拔任用监督机制和干部选拔任用责任追究制度的新要求新举措。强调匡正选人用人风气，坚决整治跑官要官、买官卖官、拉票贿选等问题。

（十三）提出提高领导班子和领导干部推动科学发展、促进社会和谐能力的新要求新举措。强调加强领导班子和领导干部领导能力培养，优化领导班子配备，选好配强党政正职领导干部，着力抓好县委书记队伍建设。建立领导班子定期务虚制度，加强对本地区本部门重大问题研究。

（十四）提出培养造就大批优秀年轻干部的新要求新举措。强调建立来自基层一线党政领导干部培养选拔链，大力选拔经过艰苦复杂环境磨练、重大斗争考验、实践证明优秀、有培养前途的年轻干部。合理使用各年龄段干部，切实解决领导干部任职年龄层层递减问题。

（十五）提出健全干部管理机制、加强干部队伍宏观管理的新要求新举措。强调推进企事业单位人事制度改革，制定符合企事业单位特点的人事管理办法。加大重要部门、关键岗位、东中西部地区干部交流力度，疏通党政机关干部、企事业单位干部交流渠道。加大治懒治庸力度，健全干部退出机制，切实解决干部能上不能下、能进不能出问题。严格按照领导职数配备干部，切实解决违反规定超职数配备干部问题。

（十六）提出建立健全干部职务与职级并行制度、实行干部职级与待遇挂钩的新要求新举措。强调对长期在基层和艰苦边远地区工作的干部、长期担任县乡党政领导职务的干部实行工资福利倾斜政策。

（十七）提出在以地域、单位为主设置基层党组织的基础上，探索完善基层党组织设置形式的新要求新举措。强调推广在农民专业合作社、专业协会、产业链、外出务工经商人员相对集中点建立党组织的做法，抓紧在非公有制经济组织建立党组织，加大在中介机构、协会、学会以及各类新社会组织中建立党组织力度。

（十八）提出建立健全教育、管理、服务党员长效机制的新要求新举措。强调改进发展党员工作，做好党员服务工作，健全党内激励、关怀、帮扶机制，健全党内表彰制度，加强对老党员、生活困难党员的关怀帮扶。建立基层党员轮训制度。鼓励党员带头参与志愿服务，推广党员承诺制等做法，探索建立党员在居住地发挥作用机制。

（十九）提出拓宽农村基层干部来源、选拔优秀党员担任村党组织书记的新要求新举措。强调推进选聘高校毕业生到村任职工作，鼓励转业退伍军人到乡、村工作，及时调整软弱涣散农村基层党组织班子，加强乡镇党委书记队伍建设。加大从农村、社区优秀基层干部中考录公务员力度，切实解决农村基层组织负责人基本报酬和社会保障问题。

（二十）提出构建城乡统筹的基层党建新格局的新要求新举措。强调建立全国党员信息库，健全城乡一体、流入地党组织为主、流出地党组织配合的流动党员教育管理服务工作制度。实行城乡基层党组织一方为主、接续培养、两地考察、相互衔接的优秀农民工入党办法。加强城乡基层党建资源整合，普遍推行机关、企业、社区党组织同农村党组织结对帮扶等做法。通过财政转移支付等建立稳定规范的基层组织工作经费保障制度。2010年底基本完成村级组织活动场所、农村党员干部现代远程教育网络一体化建设任务。

（二十一）提出健全联系群众制度、创新联系群众方式的新要求新举措。强调机关工作要重心下移，基层干部要坚守一线，领导干部要定期深入基层调查研究。拓宽社情民意反映渠道，坚持领导干部定期下访、定期接访、及时阅处群众来信。健全党和政府主导的维护群众权益机制，认真解决群众反映强烈的突出问题。

（二十二）提出建立健全工作责任制、营造求真务实良好氛围的新要求新举措。强调从领导机关做起，大力整治文风会风，提倡开短会、讲短话、讲管用的话，力戒空话套话。严格控制发文数量和范围，严格控制会议数量、经费、规模。大力清理检查评比达标表彰活动，切实解决节庆剪彩过多过滥问题。改进各级领导干部活动报道。

（二十三）提出党政机关带头厉行节约、进一步控制办公经费的新要求新举措。强调严格执行财经制度和经济工作纪律，从严控制楼堂馆所建设，严禁超预算超标准装修办公用房，严禁为领导干部违反规定购买、建造住房和配置用车，严格控制出国（境）团组数量和规模。对党员干部社会交往、休闲娱乐、生活作风方面的不良现象，要及时提醒、批评、制止。

（二十四）提出坚决反对上下级和干部之间逢迎讨好、相互吹捧，坚决反对党内生活庸俗化的新要求新举措。强调完善领导干部双重组织生活会制度，提高民主生活会质量；建立健全通过民意调查等征求群众批评意见制度。领导干部特别是主要领导干部要坚持原则、敢抓敢管，勇于揭露和纠正缺点错误，反对和克服好人主义。保护坚持党性原则的党员，不准压制批评，严禁打击报复。

（二十五）提出建立党性定期分析制度、把党性分析作为民主生活会主要内容、把作风状况作为党性分析重点内容的新要求新举措。强调加大对党政机关和领导干部作风方面突出问题的整顿力度，把作风建设情况纳入党风廉政建设责任制考核范围，把考核结果作为选拔任用干部重要依据。

（二十六）提出加强廉洁从政教育和领导干部廉洁自律的新要求新举措。强调在全党深入开展党性党风党纪教育，把廉政教育列入干部教育培训规划。完善党员领导干部报告个人有关事项制度，把住房、投资、配偶子女从业等情况列入报告内容。加强对配偶子女均已移居国(境)外的公职人员管理。进一步规范离退休领导干部在企业和各类学会、协会、基金会任职行为。

(二十七)提出加大查办违纪违法案件工作力度的新要求新举措。强调严肃查办发生在领导机关和领导干部中滥用职权、贪污贿赂、腐化堕落、失职渎职案件，严肃查办商业贿赂案件和严重侵害群众利益案件，严肃查办群体性事件和重大责任事故背后的腐败案件。健全反腐败协调工作机制，加强查办大案要案组织协调。健全反腐倡廉网络举报和受理机制、网络信息收集和处置机制。完善举报人和证人保护制度，保障被调查人合法权益，依法追究诬告陷害行为。

(二十八)提出健全权力运行制约和监督机制的新要求新举措。强调以加强领导干部特别是主要领导干部监督为重点，建立健全决策权、执行权、监督权既相互制约又相互协调的权力结构和运行机制。凡涉及群众切身利益的重大决策都要向社会公开，接受群众监督。地方党委常委会要把廉政勤政、选人用人等方面工作作为向全委会报告的重要内容。推行党政领导干部问责制、廉政承诺制、行政执法责任制。健全巡视工作领导机制，选好配强巡视干部，完善巡视程序和方式，提高巡视成效。完善党政主要领导干部和国有企业领导人员经济责任审计，加强对财政资金和重大投资项目审计。

(二十九)提出完善防治腐败体制机制、提高反腐倡廉制度化法制化水平的新要求新举措。强调深化行政管理体制改革、司法体制和工作机制改革、预算管理制度改革，加强金融监管和内控机制建设，完善政府重大投资项目公示制和责任追究制，完善国有企业权力运行制衡机制、薪酬激励和约束机制，加强反腐倡廉制度执行情况监督检查。

(三十)提出全面落实党建工作责任制、建立健全党建工作长效机制、确保党的建设各项部署落到实处的新要求新举措。强调健全党委统一领导、部门齐抓共管、一级抓一级、层层抓落实的党建工作格局，充分发挥党的建设工作领导小组职能作用。完善党建工作考核综合评价体系，加强分类指导、统筹协调、监督检查，建设高素质党务工作队伍。加强党建工作调查研究，推进党建理论创新。

《决定》提出的新要求新举措，是多年来党的建设实践经验的新总结，反映了我们党在全面推进党的建设新的伟大工程一系列重大问题上的新认识，体现了开创中国特色社会主义事业新局面的新要求。

五、关于加强对党的建设的领导，贯彻落实好《决定》提出的工作部署

历史经验告诉我们，制定一个好的文件不容易，把文件精神贯彻落实好更不容易。贯彻落实好《决定》精神，既要有良好的作风来保障，更要有过硬的措施来保障。

第一，各级党委要从国际国内形势和全党全国工作大局的高度深刻认识加强和改进新形势下党的建设的重要性和紧迫性，增强贯彻落实《决定》的责任感和紧迫感。加强和改进新形势下党的建设，是全党的重大政治责任。中央要求各级党委要抓好全会文件的学习，深刻领会精神。要居安思危，增强忧患意识，常怀忧党之心，恪尽兴党之责，坚持党要管党、从严治党，按照《决定》的要求扎扎实实做好党的建设各项工作。

第二，各级党委要从实际出发，认真制定贯彻落实《决定》的具体措施，作出工作部署，明确领导责任，做好各自工作。对《决定》明确提出的新的要求和举措，要抓紧研究制定实施办法，切实贯彻落实；对《决定》提出的加强和改进党建工作的方向性要求，要抓紧开展深入的调查研究，早日提出工作方案。省、市、县党委主要领导同志要深入实际、深入基层，及时了解和解决《决定》贯彻落实中存在的问题，取得经验，用

以指导面上的工作。

第三，各级党委要以贯彻落实《决定》为契机、为动力，全面落实党建工作责任制，建立健全党建工作长效机制，确保党的建设各项部署落到实处、落到基层。对中央以往作出的党建工作决策部署和政策措施，要继续抓紧抓好，不断抓出成效。要健全党委统一领导、部门齐抓共管、一级抓一级、层层抓落实的党建工作格局。要充分发挥各级党的建设工作领导小组统筹协调的职能作用，及时总结交流经验，就重大问题组织深入研究、作出部署，不断增强党建工作的整体效应。各级党委要增强"抓好党建是本职，不抓党建是失职，抓不好党建是不称职"的理念，自觉履行管党责任，切实做到责任明确、措施到位、领导有力。党委书记要切实履行抓党建第一责任人的责任，善于通过抓党的建设来推动经济社会又好又快发展。

第四，各级党委要重视党务工作队伍特别是基层党务工作队伍建设，努力造就思想、作风、能力都过硬的高素质党务工作队伍。建设一支高素质党务工作队伍，是加强和改进新形势下党的建设的基本保证。近年来，一些地方、单位特别是基层党务队伍后继乏人，加强队伍建设尤为紧迫。中央强调，要拓宽选人途径、创新培养思路、完善工作机制，选拔优秀人才进入党务工作队伍。要高度重视加强基层党务工作队伍建设，热情支持他们的工作，真情关心他们的生活，帮助他们解决实际困难。

（此文是习近平同志在 2009 年 9 月 26 日中央党校举行的学习贯彻党的十七届四中全会精神报告会上的报告）

关于建设马克思主义学习型政党的几点学习体会和认识

习近平

中央党校 2009 年秋季学期第二批进修班今天开学了。我代表中央党校校委，对全体新学员的到来表示热烈欢迎。

中央党校是我们党培训、轮训领导干部的最高学府，是一个读书学习的地方，去年以来我多次在党校的讲话中强调读书学习问题。记得在去年春季学期第二批进修班开学典礼上，我围绕领导干部要"认认真真学习、老老实实做人、干干净净干事"这个题目讲了话。在今年春季学期第二批进修班开学典礼上，我又以"领导干部要爱读书读好书善读书"为题谈了一些个人的体会。今天，我围绕党的十七届四中全会提出的建设马克思主义学习型政党的战略任务，谈谈自己的一些学习体会和认识，与大家交流。

一、提出建设马克思主义学习型政党的主要依据和重大意义

学习是文明传承之途、人生成长之梯、政党巩固之基、国家兴盛之要。党的十七届四中全会明确提出，要把建设马克思主义学习型政党作为重大而紧迫的战略任务抓紧抓好。这是我们党在深刻认识党的建设历史经验和新鲜经验基础上作出的战略决策，体现了对时代发展脉搏和新形势下党的建设新要求的高度自觉和清醒把握。

第一，建设马克思主义学习型政党是保持党在理论上实践上先进性的本质要求，具有充分的理论依据。马克思主义政党是以科学理论为指导，由具有共产主义觉悟的先进分子基于

共同的理想、共同的目标、共同的纲领和严格的纪律组织起来的政治集团。理论上的先进性和实践上的先进性，是马克思主义政党区别于其他一切政党最鲜明的本质特征。党要始终坚持把马克思主义作为根本指导思想，作为全党团结前进的精神旗帜，作为改造客观世界和主观世界的强大思想武器，保持和发展党在理论上的先进性，必须重视学习、善于学习。这是因为，马克思主义是在批判吸收人类全部知识的基础上产生并且随着时代、实践和科学的发展而不断丰富发展的，是人类迄今为止最先进的思想理论体系。正如列宁所说："共产主义是从人类知识的总和中产生出来的，马克思主义就是这方面的典范。"马克思主义政党要准确掌握和自觉运用这一具有丰富知识含量、思想含量的先进理论，没有老老实实的态度、扎扎实实的功夫和持之以恒的毅力认真学习是不可能的。

在人类改造自然、改造社会的创造性实践中，马克思主义政党要始终起到最坚决、最有力的推动作用，引导社会发展进步，保持党在实践上的先进性，同样必须重视学习、善于学习。这是因为，以人民群众为主体的社会实践具有一往无前的革命性品格，探求未知的道路上会不断遇到各种新情况新问题，需要有远大的目光和开拓奋进的勇气，需要掌握和运用人类创造的最新理论成果、最新科学知识及时总结经验、深刻揭示规律、科学预见未来。在这一过程中，马克思主义政党不仅自身要认真学习，努力成为学习型政党，而且要以自己的示范行动促进学习型社会建设，充分激发全社会创造活力，共同推动社会向前发展。

我们党作为马克思主义执政党，要始终成为中国工人阶级先锋队、同时成为中国人民和中华民族的先锋队，始终代表中国先进生产力的发展要求、中国先进文化的前进方向、中国最广大人民的根本利益，始终走在时代前列引领中国发展进步，必须努力掌握和运用一切科学的新思想、新知识、新经验，努力成为学习型政党。

第二，建设马克思主义学习型政党是在新的历史条件下继承和弘扬党的优良传统、发扬党的政治优势的必然要求，具有充分的历史依据。中国共产党历来重视学习、善于学习，党领导中国革命、建设和改革的历史就是一部创造性学习的历史。1939年5月，毛泽东同志在延安在职干部教育动员大会上提出："要把全党变成一个大学校"，"全党的同志，研究学问，大家都要学到底，都要进这个无期大学。"邓小平同志强调："实现四个现代化是一场深刻的伟大的革命。在这场伟大的革命中，我们是在不断地解决新的矛盾中前进的。因此，全党同志一定要善于学习，善于重新学习。"江泽民同志指出："历史给我们揭示了一条千真万确的真理：我们党要领导全国人民实现中华民族的伟大复兴，必须始终坚持学习，并把学到的科学理论和先进知识用于中国实际，不断推动经济持续发展和社会全面进步。"胡锦涛同志指出："我们党要团结带领全国各族人民抓住机遇、迎接挑战，与时俱进、开拓创新，实现全面建设小康社会的宏伟目标，不断开创中国特色社会主义事业新局面，必须坚持把学习作为全党一项十分重要的任务，不断加强，不断推进，努力使全党的马克思主义理论水平和科学文化水平不断有新的提高。"

正是基于对学习重要性的深刻认识，党中央总是号召全党同志加强学习，在每一个历史转折重要时期更加强调这一点，而每次这样的学习热潮都会推动我们的事业实现大进步大发展。在新民主主义革命时期，我们党认真学习马克思主义科学理论和各种先进知识，深入研究中国具体国情，指明了中国社会发展的正确方向，从而在旧中国各种政治力量较量中脱颖而出并不断发展壮大，领导人民取得了新民主主义革命的胜利，建立了社会主义新中国。新中国成立后，面对全新的环境和任务，我们党努力学习过去不熟悉的东西，艰苦探索，不懈奋斗，领导人民取得了社会主义建设的巨大成就。进入改革开放新时期，我们党更是以与时俱进的态度加强学习建设，号召全党努力学习一切有利于我国发展的新思想、新知识、新经验，积极借鉴人类文明发展的一切有益成果。特别是进入新世纪新阶段以来，党中央坚持把学习放在更加突出的位置，中央政治局带头坚持集体学习制度，各级党组织和广大党员干部自觉加强学习，不断提高党的领导水平和执政水平，推动中国特色社会主义事业蓬勃发展。88年来，我们党之所以始终具有旺盛的生命力，党领导的事业之所以能够不断取得新成就，从根本上说就是因为有马克思主义先进理论的指导，就是因为不断用人类的先进文化知识充实和提高自己。党的十七届四中全会关于建设马克思主义学习型政党的战略部署，继承和弘扬了我们党重视学习、善于学习的优良传统和政治优势，体现了我们党一脉相承而又与时俱进的马克思主义建党思想。

第三，建设马克思主义学习型政党是新形势新任务对党的建设提出的新要求，具有充分的现实依据。当今世界在深刻变化，国际形势在不断发展，社会实践在不断深入。最近一百多年来，人类社会发展变化的剧烈和深刻程度远远超出了人们的预料。从两次世界大战到美苏争霸、到两极格局终结、再到多极化加速发展，世界格局在深刻变动；从经典力学到相对论、到新技术革命迅猛发展、再到互联网的普及，科技进步日新月异；从农业社会到工业社会、再到信息社会，人类的生产生活方式今非昔比。在当今世界大发展大变动大调整的同时，中国也在发生巨大而深刻的变化。特别是我国相继实现了从半殖民地半封建社会到民族独立、人民当家作主新社会的历史性转变，从新民主主义革命到社会主义革命和建设的历史性转变，从高度集中的计划经济体制到充满活力的社会主义市场经济体制、从封闭半封闭到全方位开放的历史性转变，根本改变了中华民族的命运，深刻影响了人类历史的进程。当前，我国正处于改革的攻坚期、发展的关键期、矛盾的凸显期，我国发展呈现一系列新的阶段性特征，党面临的执政考验、改革开放考验、市场经济考验、外部环境考验是长期的、复杂的、严峻的。面对世情、国情、党情的深刻变化，面对改革开放和社会主义现代化建设任务的艰巨性、复杂性、繁重性，我们党只有更加重视学习、善于学习，永不自满、永不停滞，不断提高执政水平和领导水平，才能确保党在世界形势深刻变化的历史进程中始终走在时代前列，在应对国内外各种风险和考验的历史进程中始终成为全国人民的主心骨，在发展中国特色社会主义的历史进程中始终成为坚强的领导核心。

当前，党内的学习风气和学习情况总的是好的，多数党员干部学习自觉性比较高，各级党组织在组织党员学习方面取得很大成绩。同时必须清醒地看到，一些党员干部和党组织的学习状况确实不容乐观。有些党员干部不思进取、碌碌无为，不愿学；有些党员干部热衷应酬、忙于事务，不勤学；有些党员干部装点门面、走走形式，不真学；有些党员干部心浮气躁、浅尝辄止，不深学；有些党员干部食而不化、学用脱节，不善学。从党组织组织学习方面看，有的学习制度不健全，或满足于把制度挂在墙上，却很少落实到行动上；有的开展学习思路不开阔，形式单一、方法简单，在引导党员加强日常学习、激发学习内在动力上缺乏有效措施；有的热衷形式，搞得阵势很大，但学习的针对性不强，学习效果不佳。这些问题，是与建设马克思主义学习型政党的要求相背离的，需要认真加以解决。

二、建设马克思主义学习型政党的基本要求

建设马克思主义学习型政党，就是要把学习科学理论和先进知识在全党形成制度、形成风气，就是要以有效的学习提升党的创新能力，增强党的生机活力。我们所要建设的马克思主义学习型政党，应该是高举中国特色社会主义伟大旗帜，坚持推进马克思主义中国化并自觉用以指导实践的政党；是目光远大、胸怀宽阔、善于总结经验、善于吸收一切人类文明成果的

政党；是始终走在时代前列，勇于变革、勇于创新，永不僵化、永不停滞的政党；是学以立德、学以增智、学以创业，在学习意识、学习能力、学习成效上引领全社会全民族的政党。归根到底，应该是科学理论武装、具有世界眼光、善于把握规律、富有创新精神的马克思主义政党。

第一，建设马克思主义学习型政党，要贯彻和体现科学理论武装的要求。科学理论武装是马克思主义学习型政党的本质特征。列宁曾说，没有理论，党“就会失去生存的权利，而且不可避免地迟早注定要在政治上遭到破产”。建设马克思主义学习型政党，必须始终以思想理论建设为根本，以提高全党的马克思主义理论水平为目标，组织党员、干部深入学习实践马克思列宁主义、毛泽东思想，特别要深入学习实践邓小平理论、“三个代表”重要思想以及科学发展观等重大战略思想，全面贯彻和体现用科学理论武装全党的要求。用科学理论武装全党，具有多方面的内涵，最基本的就是要把党的基本理论贯注和渗透到党的各项工作之中，进一步健全党内政治生活，增强党的工作的原则性、系统性、预见性和创造性；就是要把党的基本理论作为坚持和改善党的领导、加强和改进党的建设的根本指导思想，不断提高党的领导水平和执政水平、提高拒腐防变和抵御风险能力；就是要通过学习党的基本理论，使广大党员、干部牢固树立辩证唯物主义和历史唯物主义基本观点，把思想统一到党的基本理论、基本路线上来，坚定共产主义远大理想和中国特色社会主义信念，在改革开放和社会主义现代化建设中充分发挥先锋模范作用。

第二，建设马克思主义学习型政党，要贯彻和体现具有世界眼光的要求。我们党是在世界多极化、经济全球化和科技进步日新月异的时代条件下领导社会主义现代化建设的，肩负着在中国特色社会主义道路上实现中华民族伟大复兴的历史使命。中国的发展离不开世界，我们不可能关起门搞建设。特别是随着经济全球化的深入发展和我国对外开放的不断扩大，当代中国的前途命运已经日益紧密地同世界的前途命运联系在一起。如果我们对世界发展大势认识不清，甚至茫然无知，就难以把握时代的脉搏，我们的事业就难以有新的开拓。要清醒地看到，我国面临着发达国家在经济科技方面长期占优势的压力，国际上综合国力竞争更趋激烈。要使中国特色社会主义赢得与资本主义相比较的优势，要牢牢掌握加快我国发展的主动权，就必须大胆吸收和借鉴人类社会创造的一切文明成果，吸收和借鉴当今世界各国包括资本主义发达国家一切反映现代社会化生产规律的先进经营方式和管理方法。马克思主义学习型政党必须高瞻远瞩、深谋远虑，具有宽广的视野。这就要求广大党员、干部特别是领导干部要坚持以党的基本理论为指导，多掌握一些国际问题的基本知识，多了解一些国际社会的基本情况，坚持用马克思主义的宽广眼界观察世界，正确把握时代发展的趋势，努力从国际国内形势的相互联系中把握发展方向，从国际国内条件的相互转化中用好发展机遇，从国际国内资源的优势互补中创造发展条件，从国际国内因素的综合作用中掌握发展全局，不断增强各项工作的战略性和前瞻性。

第三，建设马克思主义学习型政党，要贯彻和体现善于把握规律的要求。善于把握规律是马克思主义学习型政党必须具有的科学精神和科学态度。规律是事物发展过程中的本质联系和必然趋势。任何政党要取得执政成效，都必须按客观规律办事，中国共产党执政也不例外。共产党执政规律，就是共产党执政后必须遵循的、反映党执政本质和必然性的法则和客观要求，包括共产党在执政过程中应该遵循的执政理念和执政方略，应该采取的执政体制和执政方式，应该巩固的执政基础和执政资源，应该创造的执政条件和执政环境等等。民主革命时期，毛泽东同志全面论述了战争规律、革命战争规律和中国革命战争规律及其相互关系。而政党执政规律、共产党执政规律和中国共产党执政规律也是相互联系的。建设马克思主义学习型政党，就要围绕什么是马克思主义、怎样对待马克思主义，什么是社会主义、怎样建设社会主义，建设什么样的党、怎样建设党，实现什么样的发展、怎样发展等重大问题，着眼于我们党长期执政、在复杂环境下执政，科学总结世界上各种政党执政特别是马克思主义政党执政的实践和正反两方面的经验，科学总结我们党执政60年来的宝贵经验，从中获得规律性认识并运用于党的执政实践中，使党的全部理论和工作体现时代性、把握规律性、富于创造性。在建设马克思主义学习型政党中贯彻和体现善于把握规律的要求，还要着眼培养科学精神和科学态度，引导党员、干部大力发扬求真务实精神，始终坚持实践是检验真理的唯一标准，始终坚持想问题、办事情从我国社会主义初级阶段基本国情出发，牢牢把握人民日益增长的物质文化需要同落后的社会生产之间的矛盾这一我国社会的主要矛盾，不断增强按客观规律办事的自觉性和主动性，不断深化对共产党执政规律、社会主义建设规律、人类社会发展规律的认识。

第四，建设马克思主义学习型政党，要贯彻和体现富有创新精神的要求。富有创新精神是马克思主义学习型政党必须具有的理论品质和政治勇气。改革创新是当今时代精神的核心，是保持和发展党的先进性的一个根本要求。历史和现实都表明，任何一个政党，无论实力多强、资格多老、执政时间多长，如果因循守旧、固步自封、保守僵化、不思进取，其创造力就会衰竭，生命就要停止。随着我国经济体制深刻变革，社会结构深刻变动，利益格局深刻调整，思想观念深刻变化，大量新的难题需要我们去破解、新的挑战需要我们去应对、新的风险需要我们去化解。在充满希望和机遇、也充满挑战和考验的未来征途上，建设马克思主义学习型政党，必须一如既往地坚持用时代发展的要求审视自己，以改革的精神加强和完善自己，永不自满、永不懈怠，不断以新的理论、新的经验、新的方法切实推动党的建设，使我们党在与时俱进中始终保持和发展先进性；必须教育和引导党员干部解放思想、更新观念，树立创新意识、焕发创造激情、激发创造活力，坚持把改革创新作为解决前进中各种矛盾和问题的根本方法来把握，作为推动科学发展、促进社会和谐的强大动力来运用，作为共产党人不变的精神价值来追求，不断以新的认识、新的思路、新的举措开创事业发展的新局面。

三、建设马克思主义学习型政党的重要着力点

建设马克思主义学习型政党是一项宏大的系统工程，也是一项长期而艰巨的任务，工作千头万绪，必须突出重点。党的十七届四中全会明确提出了建设马克思主义学习型政党的四项任务，这应当成为建设马克思主义学习型政党的重要着力点。

第一，坚持推进马克思主义中国化、时代化、大众化。马克思主义中国化，就是把马克思主义基本原理同中国具体实际相结合，深入研究和解决中国革命、建设、改革不同历史时期的实际问题，总结中国的独特经验，形成具有中国风格、中国气派的马克思主义。马克思主义时代化，就是把马克思主义同时代特征结合起来，使之紧跟时代发展步伐、不断吸收新的时代内容、科学回答时代课题。马克思主义大众化，就是把马克思主义理论用简单质朴的语言讲清楚、用群众喜闻乐见的方式说明白，使之更好地为广大党员和人民大众所理解、所接受。

马克思主义中国化、时代化、大众化，核心是马克思主义中国化。我们党在领导中国革命、建设、改革的实践中，把马克思主义基本原理同中国具体实际和时代特征相结合，不断推进马克思主义中国化，实现了两次历史性飞跃。第一次历史性飞跃发生在新民主主义革命时期，经过反复探索找到了农村包围城市、武装夺取政权的中国特色革命道路，创立了新民主主义革命的理论体系，形成了毛泽东思想，指引中国革命取得胜利。第二次历史性飞跃发生在党的十一届三中全会以后，在总结国内国际正反

两方面经验的基础上找到了中国特色社会主义道路，创立了中国特色社会主义理论体系，形成了邓小平理论、“三个代表”重要思想以及科学发展观等重大战略思想，开辟了马克思主义在中国发展的新境界，指引改革开放和社会主义现代化建设不断取得伟大成就。

当前，我国正处于进一步发展的重要战略机遇期，在新的历史起点上向前迈进。新的形势和任务，要求我们坚持党的思想路线，解放思想、实事求是、与时俱进，丰富和发展中国特色社会主义理论体系，为进一步认识世界和改造世界、推动党和国家事业发展提供强有力的理论指导。我们要按照党的十七届四中全会的要求，紧密结合我国国情和时代特征大力推进理论创新，坚持在实践中检验真理、发展真理，坚持运用马克思主义立场、观点、方法准确把握当今世界发展大势，准确把握我国社会主义初级阶段基本国情，准确把握改革发展实际，及时总结党领导人民创造的新鲜经验，不断作出新的理论概括，用发展着的马克思主义指导新的实践。

第二，坚持用中国特色社会主义理论体系武装全党。中国特色社会主义理论体系，就是包括邓小平理论、“三个代表”重要思想以及科学发展观等重大战略思想在内的科学理论体系。这一理论体系是马克思主义中国化最新成果，是党最可宝贵的政治和精神财富，是全国各族人民团结奋斗的共同思想基础。在当代中国，坚持中国特色社会主义理论体系，就是真正坚持马克思主义。建设马克思主义学习型政党，一项战略任务就是组织和推动党员、干部加强对中国特色社会主义理论体系的系统学习，做到真学真懂真信真用。真学，就要真正把中国特色社会主义理论体系作为武装头脑、指导实践、推动工作的思想武器来学习，紧密结合工作和思想实际自觉主动地学，认真踏实地学，带着问题学，持之以恒地学。真懂，就要深刻领会中国特色社会主义理论体系的重大意义、时代背景、实践基础和历史地位，真正把握这一理论体系的丰富内涵和基本观点，深刻理解这一理论体系同马克思列宁主义、毛泽东思想既一脉相承又与时俱进的内在关系。真信，就要深刻认识共产党执政规律、社会主义建设规律、人类社会发展规律，坚信只有社会主义才能救中国、只有改革开放才能发展中国的历史真理，进一步强化对中国特色社会主义的坚定信念，不为任何风险所惧，不被任何干扰所惑，自觉地把实现中华民族伟大复兴作为终身奋斗目标。真用，就要坚持理论联系实际、学以致用，把学习理论同研究解决人民最关心最直接最现实的利益问题、本地区本部门改革发展稳定的重大问题、党的建设突出问题结合起来，切实把学习成效转化为解决问题的实际能力，切实把党的政治理想、政治路线、政治主张内化为增强党性修养、提高思想觉悟、陶冶道德情操的自觉行动。真学真懂真信真用，关键是个“真”字。只要广大党员、干部做到这个“真”字，理论武装工作就能不断取得实实在在的效果，建设马克思主义学习型政党的任务就能扎实向前推进。

科学发展观是中国特色社会主义理论体系的最新成果，是我国经济社会发展的重要指导方针。按照党的十七大部署，从2008年9月开始，用一年半左右的时间，在全党自上而下分三批开展深入学习实践科学发展观活动。这是用中国特色社会主义理论体系武装全党的重大举措。现在，前两批学习实践活动已先后告一段落，第三批学习实践活动主要在城乡基层单位开展，目前大多数单位陆续转入分析检查阶段。下一步，主要是继续按照中央提出的“党员干部受教育、人民群众得实惠、科学发展上水平”的总要求，扎扎实实抓好第三批学习实践活动，确保实现“提高思想认识、解决突出问题、加强基层组织、促进科学发展”的目标。与此同时，坚持前后衔接、上下联动，抓好前两批参加单位特别是第二批参加单位整改任务的落实，认真总结学习实践活动经验，建立和完善学习实践科学发展观长效机制，努力形成有利于学习研究和贯彻落实科学发展观的政策导向、舆论导向用人导向和体制机制，推动各级党组织成为贯彻落实科学发展观的坚强堡垒、党员干部成为贯彻落实科学发展观的骨干力量。

第三，坚持开展社会主义核心价值体系学习教育。核心价值体系是一个社会意识形态的主体和灵魂，在所有价值目标中处于统领和支配地位，对社会意识和社会思潮具有强大的引领和整合功能。社会主义核心价值体系是社会主义意识形态的本质体现，其基本内容包括马克思主义指导思想、中国特色社会主义共同理想、以爱国主义为核心的民族精神和以改革创新为核心的时代精神、以“八荣八耻”为主要内容的社会主义荣辱观。这四个方面相互联系、相互贯通，共同构成辩证统一的有机整体，鲜明地回答了在新的历史条件下我们党用什么样的精神旗帜团结带领全体人民开拓前进、中华民族以什么样的精神风貌屹立于世界民族之林的重大问题。建设马克思主义学习型政党，要坚持把社会主义核心价值体系贯穿到党的建设的各个方面，体现到党员干部教育管理的全过程，引导广大党员、干部模范学习践行社会主义核心价值体系。

党员、干部模范学习践行社会主义核心价值体系，首先要切实解决好理想信念的坚定性问题。理想信念是思想和行动的“总开关”。当前在一些党员干部中出现的种种问题，追根溯源是由于动摇和丧失了共产党人的理想信念。党的十七届四中全会《决定》和胡锦涛同志在全会上的重要讲话指出的党内存在的主要问题中，列在第一位的都是理想信念问题。因此，要把理想信念教育作为学习践行社会主义核心价值体系的重中之重，教育引导党员着力增强贯彻党的基本理论、基本路线、基本纲领、基本经验的自觉性和坚定性，增强走中国特色社会主义道路、为党和人民事业不懈奋斗的自觉性和坚定性。要引导党员、干部增强政治敏锐性和政治鉴别力，筑牢思想防线，自觉划清“四个重大是非界限”，即马克思主义同反马克思主义的界限，社会主义公有制为主体、多种所有制经济共同发展的基本经济制度同私有化和单一公有制的界限，中国特色社会主义民主同西方资本主义民主的界限，社会主义思想文化同封建主义、资本主义腐朽思想文化的界限，始终保持立场坚定、头脑清醒，切实把思想上政治上的坚定性体现到为实现党的基本路线、基本纲领而努力奋斗上，体现在脚踏实地做好本职工作、完成改革发展稳定的各项任务中。

党员、干部模范学习践行社会主义核心价值体系，还要切实解决好保持高尚的道德情操和健康的生活情趣问题。道德问题是做人的首要的基本问题。古人说，“百行以德为首”，讲的就是这个道理。在道德问题上，党员、干部无疑应该比普通群众有更高的标准和要求。大量情况表明，道德情操与生活情趣是密切联系在一起的。许多腐败分子走上犯罪道路，大多是从操守不严、品行不端、道德败坏开始的。因此，要大力加强思想道德建设，引导党员、干部自觉践行社会主义荣辱观，培养高尚的道德情操和健康生活情趣，始终保持蓬勃朝气、昂扬锐气、浩然正气，用自己的模范行为和高尚人格感召群众，引领社会风尚。

第四，建设学习型党组织。党组织是党全部工作顺利推进、落实生效的坚实基础。我们党是由中央到地方再到基层的各级党组织结合起来的整体，建设马克思主义学习型政党必须把建设学习型党组织作为基础工程和组织保障抓实抓好。建设学习型党组织，就要大力营造和形成重视学习、崇尚学习、坚持学习的浓厚氛围，牢固确立党组织全员学习、党员终身学习的理念，建立健全管用有效的学习制度，使党员的学习能力不断提升、知识素养不断提高、先锋模范作用充分发挥，使党组织的创造力、凝聚力、战斗力不断增强。要从党的各级组织抓起，切实开展学习型党组织创建活动，把搞好党员学习作为完善党的组织生活的有机组成部分，使党组织成为党员增强党性修养、提高思想觉悟的大熔炉，成为党员学习新知识、增长新本领的大学校。

建设学习型党组织，要坚持运用好已有的

组织学习的各种有效做法，如党委（党组）中心组学习、专题研讨学习、形势政策教育、干部脱产培训轮训等，同时要结合新的实际积极探索富有时代特点的新方法。要充分了解新形势下党员干部在知识和技能方面的新需求，加强和改进专题讲座、报告会、专题电视片等学习教育方式，加强和改进领导干部进修班、专题研究班、中青年领导干部培训班等培训方式，鼓励和支持参加各种形式的成人教育、函授教育、网络教育，不断增强建设学习型党组织的吸引力和凝聚力。要组织各种形式的主题学习教育活动，运用学习讲坛、读书会、知识竞赛、技能比赛、参观考察等广大党员干部喜闻乐见的手段，特别是结合党和国家重大政策出台、重大活动开展和重大节庆日纪念日等契机，不断丰富完善创建抓手，提高学习型党组织创建活动的覆盖面和参与度。

建设学习型党组织，基础是抓好党员的学习。每一个党组织都要认真履行职责，切实组织党员抓好三个方面的学习。一是向书本学习。在学习党的基本理论的同时，广泛学习哲学、历史、优秀传统文化，学习现代市场经济、现代国际关系、现代管理等方面知识，学习做好本职工作所必需的各种新知识、新技能，切实提高战略思维、创新思维、辩证思维能力。二是向实践学习。实践出真知，实践育人才。要把改革发展的主战场、维护稳定的第一线、服务群众的最前沿作为砥励品质、增长才干、提高本领、开拓创业的最好课堂和广阔舞台，在实践中掌握新知识，积累新经验，增长新本领，形成学以致用、用以促学、学用相长的良性循环。三是向群众学习。要带着感情、带着责任深入群众当中，倾听群众呼声，体察群众疾苦，始终把人民群众的安危冷暖放在心上，虚心向群众请教，真正做到问政于民、问需于民、问计于民。

四、为建设马克思主义学习型政党提供有力保证

建设马克思主义学习型政党，需要各级党组织、全体党员干部的高度重视、积极参与和不懈努力，需要加强领导、精心组织、明确责任、狠抓落实。

第一，加强对学习的组织、指导和服务。坚持党要管党、从严治党，必须抓好学习、坚持从严治学；全面落实党建工作责任制，必须认真落实抓学习、促学习的责任制。这就要求各级党委把推进马克思主义学习型政党建设、建设学习型党组织作为重要任务，纳入重要议事日程，加强组织领导，研究解决推进过程中的实际问题。要切实加强理论教育、理论研究、理论宣传的人才队伍建设，尊重理论建设规律，尊重理论工作者的创造性劳动，通过多种形式不断提高他们的思想政治水平和业务素质，为抓学习、促学习提供强大的人才支持。要加大硬件投入，加强各类学习阵地建设，充分利用现代信息技术和各种新兴媒体，特别要高度重视、充分利用以互联网为核心的网络阵地，整合各类资源，实现资源共享，为推动学习型党组织建设创造有利条件。要加大宣传力度，总结成功经验，推广先进典型，努力在党内形成重视学习、鼓励学习、推动学习的正确导向，营造党员干部人人学习、发奋学习、持续学习的良好氛围。

第二，充分发挥各级领导干部的表率作用。非学无以广才，非学无以明志。领导干部自觉学习、带头学习，是新形势下提高执政能力、胜任领导工作的必然要求。领导干部选择了学习，就是选择了进步。要重学好学，真正把学习当成一种生活态度、一种工作责任、一种精神追求，坚持在学习中感悟人生、提升境界，在学习中开阔视野、丰富知识，在学习中把握规律、探求真理，使自己变得更加充实、更加睿智。要勤学苦学，抛开功利，摈弃浮躁，发扬挤劲、钻劲、韧劲，锲而不舍，持之以恒。学习历来不是一件轻松的事情，特别是对于新理论、新知识、新经验的学习，更需要花大气力、下苦功夫，不能遇难而退，更不能投机取巧。要广学博学，坚持干什么学什么、缺什么补什么，求得知识更新和能力提升。海不辞水，故

能成其大；山不辞土，故能成其高。在学习问题上，必须虚怀若谷，博采众长，广泛涉猎，兼收并蓄，力争学得更多一些、更快一些、更好一些、更深一些，努力成为建设学习型党组织和学习型领导班子的精心组织者、积极促进者、自觉实践者，在马克思主义学习型政党建设中发挥表率作用。

第三，建立和完善促进学习、保障学习的长效机制。建立健全符合实际、行之有效的学习制度，对于促进党员、干部学习科学化、规范化、制度化，推动学习型党组织、学习型政党建设具有根本性的重要意义。要进一步加强和改进党委（党组）中心组学习制度，不断丰富学习内容，创新学习方式，规范学习管理，提高学习效果。在组织中心组学习中，要紧密联系本地区本部门本单位实际，围绕全局性、战略性、前瞻性问题开展调查研究和学习讨论，促使领导干部在学习中提高解决实际问题的能力，在研究解决问题中增强深入学习的紧迫感。要健全和落实常态化、多样化的党员、干部学习培训制度，加强日常学习、脱产学习、短期集中培训，科学安排岗前培训、业务培训、晋职培训、理论培训等，并在培训对象、培训时间上作出制度性规定，切实增强培训的针对性和实效性。要着力加强学习考勤、档案、通报、督查等制度建设，建立健全促进学习、保障学习的竞争机制、激励机制、创新机制和考核机制。加强对学习情况的考核和考核结果的运用，对推动学习非常重要。要立足党员、干部工作岗位的实际，采用科学的考核方法，全面客观地了解干部学习培训情况，并把考核结果作为考核领导班子和选拔任用领导干部的重要依据，注重选拔那些理论素养高、学习能力强、学用结合好、善于解决实际问题的干部，形成注重学习的用人导向，引导广大干部把兴趣、心思、精力放在学习上，放在干事创业上，真正做到学习和使用有机结合。

第四，进一步发挥包括党校在内的各类干部教育培训机构在建设马克思主义学习型政党中的重要作用。党校、行政学院、干部院校是干部教育培训的主渠道、主阵地，在建设马克思主义学习型政党中担负着重要职责。各级党校、行政学院、干部院校和各类干部教育培训机构要全面贯彻落实党的十七届四中全会精神，充分发挥自身优势，坚持正确办学方向，遵循教学规律，积极改革创新，进一步完善教学布局、改进培训方式、加强教育管理，在教学培训中更加突出党性锻炼和党性修养的分量，更加注重对广大学员政治品质和道德品行的教育，更加强化对党员干部综合素质和工作能力的培养，不断提高培训质量和效果，为推进马克思主义学习型政党建设作出新的更大贡献。中央党校作为培训党的中高级领导干部的重要阵地，在建设学习型政党、进而引领建设学习型社会中责无旁贷，要尽心尽力、尽职尽责，坚持党校姓党、从严治校方针，带头建设学习型党组织，把科学理论武装、具有世界眼光、善于把握规律、富有创新精神这四项建设马克思主义学习型政党的要求贯彻体现到教学、科研、管理等各项工作中，贯彻体现到队伍建设、学风建设、校风建设的各个环节中，切实抓出成效，不辜负党中央和广大党员干部的期望。

最后，祝同志们在党校期间学习顺利、身体健康、生活愉快，取得丰硕的学习成果。

（此文是习近平同志2009年11月12日在中央党校2009年秋季学期第二批进修班开学典礼上的讲话）

全面把握经济形势　提高监督检查水平
确保中央扩大内需促进经济增长政策落实

贺国强

开展中央扩大内需促进经济增长政策落实的监督检查工作是中央作出的一项重大决策，党中央、国务院高度重视。胡锦涛总书记在中央经济工作会议、第十七届中央纪委第三次全会等重要会议上多次强调，要严格执行纪律，加强督促检查，确保中央关于进一步扩大内需、促进经济增长的政策措施不折不扣落实到位，确保党和国家大政方针得到全面贯彻。温家宝总理在国务院第二次廉政工作会议以及其他重要会议上多次强调，要把监督检查作为落实中央决策部署的重要手段。从2008年11月底至今，在党中央、国务院的正确领导下，在以何勇同志为组长的中央扩大内需促进经济增长政策落实检查工作领导小组直接指导下，监督检查工作有条不紊、深入扎实地展开，广泛深入地宣传了中央精神，及时发现和纠正了在项目申报审批、工程建设等方面存在的一些不规范行为，防止了严重违规违纪问题发生，有力促进了中央扩大内需政策措施的有效落实和顺利进行，为应对国际金融危机、保持经济平稳较快发展提供了有力保证。

经过各方面共同努力，中央扩大内需促进经济增长政策落实的监督检查工作取得重要阶段性成果

从监督检查各个层面的工作看，一是领导小组按照中央的部署和要求，认真履行牵头抓总的职责，通过召开会议和实地考察调研等，切实加强组织协调、综合指导和督促检查，有力地保证了监督检查工作的整体性和协调性。领导小组各成员单位充分发挥职能优势，及时制定有关政策，下发有关文件，有力地保证了监督检查工作的政策性和指导性。比如，国家发展改革委严把投资使用方向、下达方式、项目选择、下达进度四道关口，保证了中央投资安排的质量和进度；财政部按照投资计划和预算及时足额拨付资金，切实加强资金监管和财政财务管理，保证了中央投资资金安全有效使用；审计署积极履行审计监督职责，对中央投资项目的分配、资金使用、项目建设进行全程审计，尤其是对重特大投资项目实行跟踪审计，及时发现并纠正各种问题，保证了中央投资的依法合规。二是两批各24个中央检查组深入各省（区、市）和新疆生产建设兵团，重点对去年新增1000亿元和今年新增1300亿元中央投资落实情况进行了两轮认真细致的检查，有力地推动了监督检查工作全面而深入地展开。各检查组全面了解被检查省（区、市）经济社会发展状况和新增中央投资项目情况，推动建立覆盖省市县三级的监督检查体系，建立中央检查组与地方的协调配合机制，围绕中央要求的重点检查内容认真开展监督检查，及时纠正了一些不规范问题。三是中央有关部门积极履行在落实中央扩大内需促进经济增长政策措施中的职责，一方面抓紧做好项目规划立项资金划拨工作，严格有关审批、核准、备案程序，为项目建设提供优质服务；另一方面集中力量加强对本部门及所属系统落实中央政策措施情况的监督检查。例如，国土资源部开展了“保增长保红线”专项行动，执行最严格的耕地保护制度，坚守18亿亩耕地红线不动摇，保证了依法依规用地；环境保护部严格执行项目建设环境准入条件，从源头上控

制“两高一资”项目增长，加快推进治污工程、结构调整和环境监管三大环保措施；住房和城乡建设部将建设程序、招标投标、工程质量、建设资金管理使用等问题易发多发的环节作为重点，切实加强对工程建设的监管。铁道部、交通运输部、水利部、农业部、人口计生委、质检总局、民航局、国家电网公司等单位组建了专项检查组，深入项目所在地进行了检查。中央纪委、监察部有关派驻机构和有关部委内设纪检监察机构积极发挥职能作用，协助所在部门成立监督检查领导机构和工作机构，制定加强监管工作的规章制度，组织力量对所在部门负责的新增中央投资项目落实情况开展监督检查，促进了中央扩大内需促进经济增长政策的顺利实施。四是各省（区、市）紧密结合实际认真开展了监督检查。各省（区、市）党委、政府及时召开会议传达中央精神，迅速建立监督检查领导机构和工作机制，制定出台新增中央投资项目管理实施办法、加强监督检查的实施意见等规范性文件，深入省（区、市）直有关部门和各市、县认真开展监督检查，保证了中央扩大内需促进经济增长政策措施在各地的有效落实。

从监督检查工作取得的成效看，一是通过监督检查，广泛深入地宣传了中央精神，促进了各地区各部门进一步统一思想、坚定信心、迎难而上、共克时艰；二是督促各地区各部门迅速转发或分解新增中央投资计划并及时拨付项目资金，保证了扩大内需工作进度；三是督促指导各地建立健全了监督检查工作领导机构和工作机构，明确责任分工，积极开展层级督查；四是及时发现并纠正了在项目申报和审批、工程建设招标投标等方面存在的一些不规范问题，防止了严重违规违纪问题的发生；五是了解和掌握了基层在扩大内需实践中迫切需要解决的一些政策性问题，并及时向有关部门反映，为中央决策提供了重要依据。这里需要指出的是，所有参与监督检查工作的同志特别是中央检查组全体同志以高度的责任感和使命感投入工作，恪尽职守、埋头苦干，雷厉风行、连续作战，表现出了良好的精神风貌和工作作风。

全面认识和把握当前经济形势，继续坚定不移地做好监督检查工作

去年第四季度以来，各地区各部门认真贯彻落实中央关于进一步扩大内需、促进经济平稳较快增长的一揽子计划，积极应对国际金融危机的冲击。经过各方面的共同努力，中央政策措施的作用逐渐发挥出来，效果开始显现。今年一季度经济数据显示，国民经济运行出现一些积极变化，一些地区和行业出现了回暖迹象，形势比预料的要好一些。一是国民经济总体继续保持平稳较快增长。国内生产总值同比增长6.1%，39个大类行业中有33个行业保持增长，农业形势总体稳定，夏粮长势较好。二是国内消费需求比较旺盛。社会消费品零售总额实际增长15.9%，增幅同比提高3.6个百分点。一季度汽车总销量达到267.88万辆，居全球第一；商品房销售面积增长8.2%。三是投资增速加快。全社会固定资产投资同比增长28.8%，比去年同期和第四季度分别加快4.2和6.4个百分点。四是经济结构调整积极推进。中西部地区固定资产投资、工业增加值、社会消费品零售总额增长均超过全国平均水平，第三产业占比上升，高新技术产业增势较强。五是保障民生工作进一步加强。城镇居民人均可支配收入和农民人均现金收入同比实际分别增长11.2%和8.6%，实现城镇新增就业268万人。六是社会信心得到提振。全国企业景气指数降幅明显收窄，企业家信心指数比上季度提升6.5个点。实践证明，面对国际金融危机影响，中央出台的一系列政策措施是完全正确的，各地区各部门贯彻落实中央决策部署是有力有效的。同时，我们也要充分认识当前经济形势的严峻性和复杂性。从国际上看，国际金融危机还在发展和蔓延，世界经济衰退的基本态势没有改变，金融体系存在的问题没有解决，实体经济恶化超出预期，近期在世界部分国家和地区发生的甲型H1N1流感又使严峻的经济形势“雪上加霜”，全球经济复苏可能经历较长和曲折的过程。今年3月，国际货币基金组织预测2009年世界经济将下降0.5%—1.5%；世界银行预测世界经济将下降1.7%，比去年12月份的预测下调了2.6个百分点；世界贸易组织预测世界经济将下降1%—2%，相应的世界贸易量将下降9%。从国内来看，虽然目前一些行业出现了企稳回升的迹象，但是前景还不够明朗、不够稳定，不可预见的因素还很多。一季度我国对外贸易进出口总额同比下降24.9%，实际利用外商直接投资同比减少20.4%，一些行业产能过剩，工业增长回升乏力，我国经济发展仍然面临很大困难。由于经济运行困难增加，企业经营环境恶化，就业压力巨大，影响社会和谐稳定的因素可能增加。

应对当前严峻经济形势，最重要的是要把中央确定的决策部署和一揽子计划贯彻好、落实好。中央的一揽子计划既立足当前渡过难关，又着眼长远增加发展后劲，是一个扩大内需、调整振兴产业和科技支撑相结合的计划，是一个促进经济增长和改善民生相结合的计划。这个计划包括大规模增加政府投资、实行结构性减税、扩大国内需求，大范围实施调整振兴产业规划、提高国民经济整体竞争力，大力推进自主创新、加强科技支撑、增强发展后劲，大幅度提高社会保障水平、扩大城乡就业、促进社会事业发展等内容。比如，中央制定并实施钢铁、汽车、船舶、石化、纺织、轻工、有色金属、装备制造、电子信息和物流十大重点产业调整振兴规划，推进家电、农机等下乡，出台了深化医药卫生体制改革的意见和实施办法，推出了稳定农业发展、促进农民增收的八项措施，等等。只有把中央一揽子计划落到实处，才能实现今年经济增长目标、保持经济平稳较快发展，也才能够缓解就业压力、促进民生改善、维护社会和谐稳定。我们相信，在党中央、国务院坚强领导下，全国人民坚定信心、团结奋斗，一定能够战胜国际金融危机带来的困难和挑战，保持经济平稳较快发展。做好监督检查工作，是保证中央扩大内需促进经济增长政策落实的重要举措，也是我们实行监督关口前移、全程跟进，有效防范违纪违法行为和腐败现象发生的重要途径。我们一定要认真学习领会中央领导同志关于做好监督检查工作的一系列重要指示精神，从政治和全局的高度充分认识做好监督检查工作的重要性和紧迫性，进一步增强责任感和使命感，切实把中央交给的这项重要任务完成好。

积极探索和把握规律，不断提高监督检查工作水平

目前，去年新增1000亿元中央投资项目已进入全面实施阶段，今年新增1300亿元投资也已基本下达到地方、陆续开始实施，第三批中央投资也即将下达。今年中央政府投资总额将达9080亿元，全国新增贷款将在5万亿元以上。为保证政府投入，中央安排财政赤字9500亿元，其中代地方政府发行债券2000亿元。随着中央和地方投资的陆续到位以及大规模工程建设的逐步展开，监督检查的任务依然十分繁重。我们要认真总结经验，探索工作规律，不断提高监督检查工作的水平。

第一，要把抓好整改与严格执纪结合起来。开展监督检查就是要查找和解决各地区各部门在工作中存在的问题。从前两轮检查的情况看，各地区各部门在贯彻落实中央决策部署方面总的情况是好的，还没有发现严重违反规定的情况和违纪违法行为，但是，中央领导同志到地方视察工作、中央有关部门负责同志到地方考察调研以及中央检查组在检查过程中，也发现了一些值得注意的问题。主要是：部分项目前期准备不足、进展缓慢，特别是少数公益性建设项目和涉及民生项目比较滞后；有的地方存在乱铺摊子、乱上项目、盲目攀比，甚至搞低水平重复建设的倾向，一些项目不符合中央的有关要求，还存在申报与设计内容不一致，擅自变更建设性质、内容、规模等问题；地方配套资金到位率总体偏低，仍然存在缺口；有的地方财政实力较弱，但通过政府担保而申请银行的贷款

又较多，可能形成地方政府还款能力不强和银行不良贷款增多的隐患；部分项目落实项目法人责任制、招标投标制、工程监理制、合同管理制等“四制”不够好，管理不够规范；有些项目财务管理制度不健全，新增中央资金没有严格执行专款专用、分账核算的规定；个别项目建设质量不高，等等。下一步，我们要针对发现的问题，把督促整改作为一项重要任务来抓。要坚持有什么问题就解决什么问题、什么问题突出就着力解决什么问题，督促有关方面切实抓好整改，对能够立即整改的要督促其明确提出整改意见，对暂时不能解决的要督促其提出整改进度时间表，对整改效果不好的要督促其重新进行整改。同时，要把严格执行纪律作为推动整改落实、确保检查实效的重要手段，对各种违纪违法案件切实做到发现一起、查处一起，坚决快查严办。要把严明政治纪律放在首位，督促各地区各部门认真贯彻中央扩大内需促进经济增长的政策措施，坚决纠正有令不行、有禁不止和上有政策、下有对策的行为；要严肃查处违纪违法案件，特别是要紧盯工程建设招标投标、物资采购和资金管理使用等腐败行为易发多发领域和重点环节，从严查处领导干部违反规定插手工程建设项目招标投标及政府采购等行为，从严查处在项目审批实施和资金分配使用中索贿受贿、贪污私分、截留克扣、挪用挤占等行为；要加大问责力度，对贯彻中央精神不力、欺上瞒下、弄虚作假以及失职渎职、违纪违法导致严重后果的，严肃追究直接责任和领导责任；对发现的严重问题和典型案件，可以通过新闻发布会、媒体曝光等形式对外公布，形成必要声势，以起到震慑和警示作用。

第二，要把集中检查与经常性检查结合起来。中央扩大内需促进经济增长政策措施涉及的领域宽、投资大、项目多，监督检查工作战线长、时间跨度大、任务重，既需要通过下派中央检查组这种集中监督检查的方式来强力推进，更需要依靠地方和部门开展经常性的监督检查来保证。去年以来，我们已经连续下派两批中央检查组进行了监督检查，以后还会根据工作需要适时下派中央检查组进行集中监督检查。除了中央组织的集中监督检查以外，大量的、经常性的监督检查工作要由各地区各部门来承担和完成。下一步我们要在巩固和发展前两轮集中监督检查成果以及筹备和组织好第三轮集中监督检查的同时，投入更大的力量抓好经常性的监督检查，促进监督检查工作经常化、规范化、科学化。中央扩大内需促进经济增长政策落实检查工作领导小组要切实加强对监督检查工作的统一领导，在不集中开展检查工作期间，要继续保持与被检查省（区、市）的联系，及时进行工作指导，充分发挥组织协调作用，督促各个方面认真履行职责，形成监督检查整体合力；要建立健全工作衔接机制，及时掌握各地区各部门在监督检查工作中遇到的新情况新问题，研究解决政策性问题，推动监督检查工作深入进行。地方各级党委、政府要切实把加强对中央扩大内需促进经济增长政策措施落实情况的监督检查作为一项重要任务，纳入工作全局、摆在突出位置，健全体制机制，落实监督责任，进一步形成全面覆盖、全程跟进、组织严密、协调有力的监督检查体系，认真组织开展经常性监督检查，特别是要认真组织开展对地方项目落实情况的监督检查，确保中央政策在当地的贯彻落实。中央有关部门要切实承担起本部门本系统落实中央政策措施情况监督检查工作的主体责任，既要加强对机关业务司局履行职责的监督，又要加强对系统所承担建设项目、投入财政资金的检查；既要检查提供服务情况，督促有关单位及时办理项目相关手续，又要检查是否严格执行有关审批、核准、备案程序，严格执行土地、环保、节能等政策和制度规定，确保项目建设积极推进和依法合规进行。

第三，要把解决当前问题与健全长效机制结合起来。加强监督检查的首要任务是督促各地区各部门把中央扩大内需促进经济增长的政策措施执行好、落实好，对执行不得力、落实不到位甚至出现偏差的问题要切实做到早发现、早解决，防止小问题发展成大问题、苗头性倾向性问题蔓延成严重问题。不但要解决影响中央决策部署有效贯彻落实的深层次矛盾和问题，还要注重发挥监督检查的治本功能，进一步深化改革、完善制度，建立健全保障中央决策部署贯彻落实的长效机制。我们要以更宽广的视野审视和把握监督检查工作，把监督检查工作与完善惩治和预防腐败体系统一起来，纳入党风廉政建设责任制，认真贯彻落实《建立健全惩治和预防腐败体系 2008－2012 年工作规划》，不断增强监督检查工作的前瞻性、系统性和科学性。一是要在深化改革上下功夫。要把规范权力运行、健全市场机制、强化监管惩处结合起来，进一步深化行政管理体制、干部人事制度、财税和投资体制等改革，深化现代市场体系建设及相关改革，通过改革解决影响中央扩大内需政策落实的体制机制问题。二是要在健全制度上下功夫。要在严格执行已有制度的同时，针对监督检查中发现的有关政策、制度、管理等方面存在的问题和漏洞，督促有关地方和部门深入查找项目建设和资金管理使用中的廉政风险点，进一步建立和完善规章制度，切实加强对重点领域、关键环节和敏感岗位的监督，做到用制度管权、管事、管人。三是要在拓宽监督渠道上下功夫。要积极推进政务公开，督促各地区各部门认真执行《政府信息公开条例》，把公开透明贯穿于投资项目实施和资金管理使用的全过程，将政府投资项目的有关情况及时通过新闻媒体和网络向社会公示，确保资金项目在“阳光”下运行；要注重发挥舆论监督、群众监督和社会监督的作用，通过公开监督电话、设立举报信箱等，接受社会各界和人民群众的监督；要注意从报纸、广播、电视、互联网等媒体反映的问题中查找漏洞和违纪违法案件线索，并及时进行了解、核实和处理，有效防范违纪违法行为的发生。

第四，要把总结经验与创新方式方法结合起来。监督检查工作是一个需要不断总结经验、开拓创新的过程。一方面，扩大内需、促进经济增长的实践在不断发展，对监督检查工作不断提出新任务新要求；另一方面，监督检查本身是一项全新的工作，没有现成经验可以借鉴。这就需要我们积极探索、大胆实践，及时总结经验，不断深化认识、把握规律，增强监督检查工作的科学性、实效性。要密切注视国际国内经济形势的变化，全面把握中央已经出台和今后还将继续出台的政策措施，及时发现和了解在政策措施执行过程中出现的新情况新问题，不断调整和完善监督检查的内容。要深入基层、深入实际、深入群众，加强调查研究，掌握第一手资料，认真总结各地区各部门特别是基层在贯彻落实中央扩大内需促进经济增长政策措施以及开展监督检查工作中创造的好做法好经验，并及时加以提炼和概括，上升为普遍性的要求和方法，为中央决策部署提供依据和参考，也为其他地方和部门提供借鉴。特别是领导小组及其办公室要加强信息综合、政策研究和宏观指导，全面掌握工作动态和进展情况，认真协调解决检查组反映的问题，及时向党中央、国务院请示汇报重大问题，积极总结和推广典型经验。同时，要坚持解放思想、大胆创新，不断探索监督检查工作的有效方法和途径。比如，在监督检查的方式上，可以采取普遍自查与重点抽查、巡视检查与驻点检查等形式多样的检查方法，增强监督检查工作的针对性和实效性；在监督检查的手段上，要在实地查阅资金、项目文件和账簿的同时，积极借助现代科技手段，把政府投资项目的实施和资金管理纳入电子监察系统，对各个重点岗位和关键环节进行全程监控，提高监督检查效率、降低监督检查成本；在监督检查的成果运用上，可以借鉴一些地方实行“回头看”的方法以巩固监督检查成果，也可以通过新闻媒体适当宣传通报正反两方面典型以扩大监督检查工作的影响力，等等。

加强对中央扩大内需促进经济增长政策落实情况的监督检查，使命光荣，责任重大。我们要振奋精神、恪尽职守、扎实工作，坚持不懈地抓好监督检查工作，为应对国际金融危机、保增长保民生保稳定做出应有贡献！

（此文是贺国强同志2009年5月在中央扩大内需促进经济增长政策落实检查组第二轮检查汇报会上的讲话摘要）

全面贯彻党的十七届四中全会精神
深入推进党风廉政建设和反腐败斗争

——在中国共产党第十七届中央纪律检查委员会第五次全体会议上的工作报告

（2010年1月11日）

贺国强

我代表中央纪律检查委员会常务委员会向第五次全体会议报告工作，请予审议。

这次会议的主要任务是：深入贯彻党的十七大和十七届四中全会精神，回顾总结2009年的党风廉政建设和反腐败工作，研究部署2010年的任务。党中央对这次会议十分重视，中央政治局和中央政治局常委会专门审议了这个报告，在京中央政治局、中央书记处的同志将出席会议，胡锦涛同志将发表重要讲话，我们要认真学习领会，坚决贯彻落实。

一、2009年党风廉政建设和反腐败工作的回顾

2009年是不平凡的一年。面对严峻复杂的国内外环境，以胡锦涛同志为总书记的党中央高举中国特色社会主义伟大旗帜，统筹国内国际两个大局，团结带领全党全国各族人民，有效应对国际金融危机冲击，胜利召开党的十七届四中全会，隆重庆祝新中国成立60周年，继续保持了经济平稳较快发展，进一步巩固了安定团结的大好局面，党和国家各项事业取得了新的伟大成就。党中央、国务院高度重视党风廉政建设和反腐败工作。中央政治局、中央政治局常委会多次研究反腐倡廉工作。胡锦涛同志在第十七届中央纪委第三次全会上就加强领导干部党性修养、树立和弘扬良好作风发表了重要讲话，并多次对党风廉政建设和反腐败工作作出重要指示。国务院召开第二次廉政工作会议，温家宝同志对政府系统反腐倡廉建设作出明确部署。党的十七届四中全会对加强党的作风建设和反腐倡廉建设提出了新的更高的要求。在党中央、国务院坚强领导下，各级党委、政府和纪检监察机关认真贯彻落实党的十七大和十七届三中、四中全会精神，以开展深入学习实践科学发展观活动为契机，坚持标本兼治、综合治理、惩防并举、注重预防的方针，全面推进反腐倡廉建设，党风廉政建设和反腐败斗争方向更加明确、思路更加清晰、措施更加有力，取得新的明显成效，为改革发展稳定提供了有力保证。

（一）以党的十七大和十七届三中、四中全会精神为指导，不断推进惩治和预防腐败体系建设。各级党组织和纪检监察机关认真学习、深刻领会党的十七大以来中央关于反腐倡廉的重大决策部署，按照全年的工作安排，认真抓好落实。党的十七届四中全会闭幕后，中央纪委随即召开了第四次全会，就学习贯彻党的十七届四中全会精神、深入推进党风廉政建设和反腐败斗争及时作出部署。广大党员干部通过学习、理解执政党建设的基本经验，以及加强和改进新形势下党的建设的总体要求、目标任务和重要举措，进一步增强了深入推进党风廉政建

设和反腐败工作的责任感和使命感。各级党委、政府和纪检监察机关按照中央统一部署，全面落实《建立健全惩治和预防腐败体系2008—2012年工作规划》，明确年度工作目标、任务，落实责任制，建立检查工作机制，整体推进反腐倡廉教育、制度、监督、改革、纠风、惩治等各项工作，惩治和预防腐败体系建设取得新的进展。

（二）加大监督检查力度，促进中央关于科学发展等重大决策部署的贯彻落实。紧紧围绕中央保增长、保民生、保稳定等一系列决策部署的贯彻落实，深入开展监督检查工作。24个中央检查组分3轮深入各省（自治区、直辖市）、新疆生产建设兵团及部分行业和企业，重点对2008年新增1000亿元和2009年新增2800亿元中央投资落实情况进行监督检查，及时纠正检查中发现的问题，严肃查处一批违纪违法案件，有力促进了中央投资项目的顺利实施。各级纪检监察机关会同有关部门开展对耕地保护和节约用地、资源节约和环境保护等政策措施落实情况的监督检查，查处土地违法违规案件33643件、环保违法违规案件10489件。加强对汶川地震灾后恢复重建资金物资管理使用情况的监督检查，保证灾后恢复重建工作顺利推进。加强对中央关于维护民族团结和社会稳定决策部署贯彻落实情况的监督检查，有力维护社会和谐稳定。

（三）大力加强领导干部党性修养和作风建设。把加强领导干部党性修养、树立和弘扬良好作风作为一项重大政治任务来抓，制定并认真落实关于加强领导干部作风建设的具体措施，解决领导干部作风方面存在的一些突出问题，促进了党的作风建设的加强，带动了政风、民风的进一步好转。比如，认真落实中央关于党政机关厉行节约、坚决制止公款出国（境）旅游、改进公务接待等文件精神，取得显著成效。各地区各部门通过财政预算压缩出国（境）、车辆购置及运行、公务接待等3项经费158.06亿元；全国党政干部因公出国（境）团组数、人次数和经费数与近3年平均数相比分别下降了49.0%、45.5%和37.6%。

（四）严肃查处了一批违纪违法案件。2009年，全国纪检监察机关共立案134504件，结案132808件，给予党纪政纪处分138708人。涉嫌犯罪被移送司法机关处理5366人。严肃查处了陈绍基、王华元、黄松有、王益等一批大案要案，震慑了腐败分子，增强了干部群众对反腐败斗争的信心。深入开展治理商业贿赂专项工作，共查办商业贿赂案件15548件，涉案金额39.1亿元。扎实开展工程建设领域突出问题专项治理工作，以政府投资和使用国有资金的项目为重点，对2008年以来立项、在建和竣工的项目展开排查，查处了一批工程建设领域的违纪违法案件。加强案件审理和监督管理工作，坚持依纪依法、安全文明办案。统一开通全国纪检监察举报网站，进一步拓宽信访举报渠道。加强案件剖析，完善制度，加强管理，查办案件的治本功能进一步发挥。

（五）认真解决一批涉及领导干部廉洁自律的突出问题。深入开展党性党风党纪教育，进一步增强了广大党员干部特别是领导干部的廉洁自律意识。认真治理领导干部违反规定收送现金、有价证券、支付凭证和收受干股等问题，全国共有27343名干部主动上缴收受的礼金、有价证券、支付凭证。落实领导干部配偶和子女从业、投资入股、到国（境）外定居等规定和有关事项报告制度，及时发现并纠正存在的问题。严肃处理领导干部利用和操纵招商引资、资产重组项目等为本人或特定关系人谋取私利问题。大力加强反腐倡廉宣传，开展"扬正气，促和谐"全国优秀廉政公益广告展播等活动，廉政文化建设深入推进。

（六）坚决纠正一批损害群众利益的不正之风。会同有关部门加强对强农惠农政策落实情况的监督检查，纠正农村土地承包、流转和征收征用中损害农民利益的问题，治理涉农乱收费、乱罚款和集资摊派问题，减轻农民负担6.7亿元。继续深入治理教育收费中的突出问题。30个省（自治区、直辖市）开展了以政府为主导的网上药品集中采购，食品药品安全专项整治工作取得进展。对社保基金、住房公积金、扶贫资金和救灾救济资金的监管力度进一步加大。开展成品油价格和税费改革涉及的收费项目清理规范工作，全国已有13个省全部取消政府还贷二级公路收费。规范行业协会、市场中介组织服务和收费行为专项治理工作不断深化。清理规范评比达标表彰工作成效明显。民主评议政风行风工作继续深化。治理房地产开发、土地管理和矿产资源开发等领域突出问题取得积极进展。依法查处生产安全事故，责任追究力度不断加大。

(七)研究制定了一批反腐倡廉法规制度。大力加强反腐倡廉基础性法规和制度建设，制定《中国共产党巡视工作条例(试行)》、《关于实行党政领导干部问责的暂行规定》、《国有企业领导人员廉洁从业若干规定》；研究修订《行政监察法》、《中国共产党党员领导干部廉洁从政若干准则(试行)》、《关于实行党风廉政建设责任制的规定》等法规文件。积极推动纪检监察工作制度化建设，研究起草纪律检查机关案件监督管理工作条例、申诉工作条例等法规制度。召开全国纪委书记座谈会，就抓好法规制度落实、推进法规制度建设作出部署。各地区各部门结合实际开展调研，制定实施了一大批制度和措施，反腐倡廉法规制度建设不断向前推进。

(八)扎实推进了一批改革措施。会同有关部门加大从源头上防治腐败的力度，重点领域和关键环节改革取得新突破。行政审批制度改革继续推进，清理和审核国务院部门现有行政审批事项2057项。各省(自治区、直辖市)共取消行政审批事项1925项，下放行政审批和其他管理事项2116项。促进科学发展的干部考核评价机制不断完善，司法体制机制改革取得成效。财税、投资、金融和国有资产管理体制改革继续深化，现代市场体系建设及相关改革逐步推开。“小金库”专项治理工作取得阶段性成果，发现“小金库”22884个，涉及金额101.58亿元。国家预防腐败机构的作用进一步发挥，预防腐败工作扎实推进，反腐败国际交流与合作得到加强。

(九)加强监督制约，促进了权力的规范运行。认真贯彻党内监督条例，加强对党员领导干部的监督。会同有关部门认真落实地方党委委员、纪委委员开展党内询问和质询的制度，积极开展地方党委委员、纪委委员提出罢免或撤换要求处理办法试点工作。党政领导干部和国有企业领导人员经济责任审计工作深入推进。中央巡视组对12个省(自治区、直辖市)、8家中央金融机构和企业开展了巡视，各省(自治区、直辖市)和部分中央国家机关、中央企业也开展了巡视。建立健全巡视成果运用和督办等制度，巡视工作取得新的成效。各省(自治区、直辖市)认真开展了党务公开工作，县委权力公开透明运行试点工作顺利开展。政务公开、厂务公开、村务公开和公共企业事业单位办事公开制度进一步完善。执法监察、廉政监察、效能监察力度不断加大，政府系统廉政勤政建设进一步加强。严格执行党政领导干部问责有关规定，对7036名领导干部进行了问责。

(十)纪检监察机关自身建设取得新成效。坚持把加强纪检监察机关自身建设作为一项基础工程来抓。在深入学习实践科学发展观活动中，突出实践特色，深入开展“做党的忠诚卫士、当群众的贴心人”主题实践活动，促进了纪检监察干部队伍整体素质和工作水平的提高。开展向王瑛同志等优秀纪检监察干部学习活动。推进纪检监察干部工作的改革创新，健全内部监督机制，加强对干部的管理和监督。加大干部教育培训力度，对全国近2000名县纪委书记进行集中培训。会同有关部门制定和贯彻《关于加强地方县级纪检监察机关建设的若干意见》。纪检监察机关派驻机构统一管理工作得到加强，对非派驻单位纪检监察机构的工作加强指导。中央纪委常委会高度重视自身建设，严格执行民主集中制，进一步发展了求真务实、开拓创新、团结和谐的良好局面。

一年来，按照落实“两项重点任务”、推进

“五个一批”工作、夯实“一项基础工程”的工作部署，反腐倡廉建设突出重点、整体推进，取得新的进展。各级纪检监察机关坚持党委统一领导，始终把纪检监察工作放在党和国家工作大局中谋划和部署，对中央重大决策部署及时跟进，加强监督检查，保证政令畅通，有效防范腐败问题的发生；注重用系统的思维、统筹的观念、科学的方法研究和部署工作，在坚决查处违纪违法案件的同时，加大教育、监督、改革、制度创新力度，整体推进惩治和预防腐败体系建设；坚持以人为本，积极回应社会关切，加强对舆情的收集和研判，着力解决人民群众反映的突出问题；密切关注反腐败斗争中的新趋势、新动向，注重以改革的精神和创新的思路推动工作深入开展；高度重视纪检监察干部队伍建设，坚持对干部严格要求、严格教育、严格管理、严格监督，不断提高干部综合素质和业务能力。

在充分肯定成绩的同时，必须清醒地看到，当前党风廉政建设和反腐败斗争仍存在不少问题，特别是面临许多新情况新问题，反腐倡廉形势依然严峻、任务依然艰巨。一些领导干部理想信念动摇，宗旨意识淡薄，脱离群众，作风飘浮，奢侈浪费，享乐主义严重；一些领导干部利用职权或职务影响谋取非法利益问题突出，尤其是高级干部腐败案件时有发生，社会影响恶劣；一些领域腐败现象易发多发，大案要案频发，窝案、串案、案中案增多；一些损害群众利益的问题和群众反映强烈的不正之风还没有得到有效解决；有的反腐倡廉法规制度和政策措施落实不够。纪检监察工作还存在着薄弱环节。我们一定要按照中央的要求和人民的期望，增强忧患意识，坚定信心和决心，切实履行职责，加大工作力度，提高工作水平，努力开创党风廉政建设和反腐败斗争新局面。

二、2010 年的主要工作任务

2010 年是保持经济平稳较快发展、确保“十一五”规划顺利完成的关键一年，也是全面贯彻党的十七届四中全会精神、加强和改进新形势下党的建设的重要一年。在新的一年，把反腐倡廉建设放在更加突出的位置，切实做好党风廉政建设和反腐败斗争的各项工作，对于保证党和国家事业发展具有重大意义。今年工作总的要求是：全面贯彻党的十七大和十七届三中、四中全会精神，高举中国特色社会主义伟大旗帜，以邓小平理论和“三个代表”重要思想为指导，深入贯彻落实科学发展观，坚持标本兼治、综合治理、惩防并举、注重预防的方针，加强以保持党同人民群众血肉联系为重点的作风建设，加强以完善惩治和预防腐败体系为重点的反腐倡廉建设，抓紧解决反腐倡廉建设中人民群众反映强烈的突出问题，着力推进反腐倡廉制度建设，围绕中心、服务大局，开拓创新、狠抓落实，不断取得党风廉政建设和反腐败斗争新成效。

（一）深入学习贯彻党的十七届四中全会精神，保证中央重大决策部署的贯彻落实

认真学习贯彻党的十七届四中全会精神是当前和今后一个时期全党的一项重要政治任务。各级党组织要切实加强领导，组织党员干部深入学习四中全会文件，深刻领会精神实质，进一步明确任务要求。要认真执行《中共中央关于加强和改进新形势下党的建设若干重大问题的决定》和中央关于《决定》重要举措分工方案，抓好分工方案确定的各项任务的落实。有关部门和单位要切实负起责任，对于牵头抓的工作，要认真开展调查研究，抓紧制定贯彻落实方案，建立相关制度，出台具体措施，抓好工作落实；对于协助抓的工作，要切实加强沟通和配合，积极主动地完成承担的任务。各级纪检监察机关要认真履行监督检查职责，促进《决定》部署任务的落实。

加强对中央关于推动科学发展重大决策部署执行情况的监督检查是纪检监察机关的一项重要职责。要按照党的十七届四中全会和中央经济工作会议精神，紧紧围绕加快经济发展方式转变、保持经济平稳较快发展，会同有关部门加强对中央关于宏观调控、结构调整、自主创新、“三农”工作、保障和改善民生、节能减排和环境保护、规范和节约用地等政策措施落实情况的监督检查。继续搞好汶川地震灾后恢复重建工作的监督检查。总结借鉴“廉洁奥运”的成功经验，加强对中央关于“廉洁办世博”、“廉洁办亚运”要求落实情况的监督检查。加强对中央关于维护民族团结和社会稳定决策部署贯彻落实情况的监督检查。要整合监督资源，突出工作重点，通过发现问题和督促整改，增强实效，不断提高监督检查的针对性和有效性。健全对中央重大决策部署执行情况定期检查和专项督查制度以及纪律保障机制，严肃查处违规违纪行为，坚决纠正有令不行、有禁不止行为，确保中央政令畅通。

严明党的纪律特别是政治纪律，教育引导党员干部坚定中国特色社会主义信念，自觉做到坚持党的基本理论、基本路线、基本纲领、基本经验不动摇，在思想上、政治上、行动上同以胡锦涛同志为总书记的党中央保持高度一致。认真执行政治纪律，严禁公开发表或散布同中央的决定和党的路线方针政策相违背的言论，严肃查处违反政治纪律的行为，坚决维护党的集中统一。

(二)抓紧解决反腐倡廉建设中人民群众反映强烈的突出问题，以党风廉政建设的新成效取信于民

认真贯彻党的十七届四中全会提出的反腐倡廉建设新要求新举措，既要整体推进，又要着力解决存在的突出问题，尤其是群众反映强烈的问题，积极回应社会关切。当前，要着重抓好以下工作。

1.坚决查处违纪违法案件，严厉惩处腐败分子和整治消极腐败现象。贯彻党要管党、从严治党方针，进一步加大查办案件工作力度，决不让任何腐败分子逃脱党纪国法惩处。严肃查办发生在领导机关和领导干部中滥用职权、贪污贿赂、腐化堕落、失职渎职案件，严厉惩处利用人事权、司法权、行政执法权、行政审批权谋取非法利益的行为。深入开展商业贿赂专项治理，严肃查办商业贿赂案件，在坚决惩处受贿行为的同时，加大对行贿行为的查处力度，对有行贿记录的单位和个人，在市场准入、经营资质、贷款审批、投标资格等方面加以严格限制；依法查处中资企业在国(境)外的商业贿赂行为以及国(境)外经济组织在我国内地的商业贿赂行为。严肃查办严重侵害群众利益案件、群体性事件和重大责任事故背后的腐败案件，对造成人民群众生命财产重大损失的地方和单位要严肃追究有关人员的责任。严肃查办工程建设、房地产开发、土地管理和矿产资源开发等腐败现象易发多发领域的案件。严肃查办严重违反政治纪律和组织人事纪律的案件，为黑恶势力充当“保护伞”的案件。完善反腐败协调工作机制。健全纪检监察机关办案工作内部制约监督机制。严格执行有关依纪依法办案和安全文明办案的规定。正确运用政策和策略，努力取得良好的政治效果、社会效果和法纪效果。完善举报人和证人保护制度。进一步发挥查办案件惩戒和治本功能。

2.认真落实并抓紧完善党员领导干部报告个人有关事项制度。领导干部报告个人有关事项，是加强对领导干部管理和监督的重要举措，反映了群众的热切期望。要修订完善《关于党员领导干部报告个人有关事项的规定》，把住房、投资、配偶子女从业等情况列入报告内容。领导干部要按规定报告个人有关事项。要加强监督检查，对隐瞒不报、弄虚作假的，要严肃处理。健全相关制度规定，加强对配偶子女均已移居国(境)外的公职人员管理。

3.坚持勤俭节约，反对铺张浪费，整治奢靡之风。各级党政机关要严格执行中央的有关文件精神，着力抓好以下工作：(1)继续严格控制因公出国(境)团组数、人次数和经费支出，完善因公出国(境)管理制度。巩固制止公款出国(境)旅游专项工作成效，研究建立禁止公款出国(境)旅游的长效机制。(2)加强公务用车使用管理，严禁违反规定为领导干部配置用车，积极稳妥推进公务用车制度改革。(3)进一步规范和改革公务接待制度，严禁用公款大吃大喝，不得以参加会议、学习、培训、联谊活动等名义用公款请客送礼。(4)从严控制楼堂馆所建设，严禁违反规定购建、装修办公用房。(5)认真解决各种庆典、研讨会、论坛过多过滥的问题。对铺张浪费、奢靡享乐、挥霍公款的，必须严肃处理。事业单位、国有企业、金融机构也要按照以上要求，制定相关制度，认真抓好落实。

4.深入开展工程建设领域突出问题和“小金库”等专项治理工作。要会同有关部门认真落实《关于开展工程建设领域突出问题专项治理工作的意见》，全面排查工程建设领域重点部位和关键环节存在的突出问题，严肃查处建设领域违纪违法问题，对典型的案件集中公布。深入治理领导干部违规插手干预工程建设以及在工程建设招标投标中围标串标，房地产开发中违规变更规划、调整容积率等问题。完善工程建设招标投标、物资采购以及土地使用权、探矿权采矿权招标拍卖挂牌出让等制度。建立健全重大工程监督机制。加大党政机关和事业单位“小金库”专项治理工作力度，并向社会团体和国有企业延伸，坚决切断“小金库”的资金来源，完善治理工作的长效机制。加强国有资产管理、金融、司法等领域专项治理工作。

5.积极推进党务公开工作。推行党务公开，增强党组织工作的透明度，是发展党内民主、保障党员主体地位和民主权利的基本要求。要制定《关于党的基层组织实行党务公开的意见》，在党的基层组织全面推行党务公开。健全党内情况通报制度，及时公布党内信息，畅通党内信息上下互通渠道，落实党员的知情权、参与权、选举权、监督权。加强党务公开工作联系点建设，进一步完善工作机制，建立健全监督检查、考核评价、激励惩处、责任追究等配套制度，提高党务公开工作的制度化、规范化水平。加强县委权力公开透明运行试点工作。逐步推进党的地方组织党务公开。

6.拓宽群众参与反腐倡廉工作渠道，加强反腐倡廉舆情网络信息的收集、研判和处置。互联网是反映社情民意的重要窗口，是群众参与反腐倡廉建设的重要渠道。要落实和完善人民群众参与反腐倡廉建设的有关规定，健全网络举报和受理机制，发挥群众在惩治和预防腐败中的积极作用。要注重对反腐倡廉舆情网络信息的收集、分析和研判，健全相关工作机制，对网络舆论热点问题及时作出回应，对重大案件适时公布信息。加强正面引导，积极探索利用互联网等传播手段开展反腐倡廉宣传的新途径，努力营造良好的社会舆论氛围。

这些工作是落实党的十七届四中全会《决定》的重要内容，也是人民群众对反腐倡廉建设的迫切愿望。各地区各部门各单位要结合实际，进一步加大工作力度，下大气力抓紧抓好，抓出成效。

(三)切实加强作风建设，进一步密切党同人民群众的血肉联系

大力弘扬党的优良作风，着力解决党员干部在思想作风、学风、工作作风、领导作风和生活作风方面存在的突出问题，以领导机关和领导干部作风的改进，促进党风、政风和社会风气的好转。

切实加强领导机关和领导干部作风建设。大兴密切联系群众之风、求真务实之风、艰苦奋斗之风、批评和自我批评之风，加大对党政机关和领导干部作风方面突出问题的整顿力度。坚决纠正脱离群众的不良风气，坚持领导干部定期接访、定期下访、及时阅处群众来信，对群众反映的问题要及时反馈、限时办结。大力整治文风会风，严格控制发文数量和范围，严格控制会议数量、经费、规模。坚决纠正违背求真务实精神的现象，健全促进科学发展的领导班子和领导干部考核评价机制，加大治懒治庸力度，坚决制止搞劳民伤财的“形象工程”和沽名钓誉的“政绩工程”；对作风飘浮、敷衍塞责引发重大事件或造成重大损失的，对弄虚作假、虚报浮夸的，必须严肃追究责任。坚持和完善民主生活会制度，把党性分析作为民主生活会的重要内容，认真开展批评和自我批评，坚决反对上下级和干部之间逢迎讨好、相互吹捧的庸俗作风，不断增强党内生活的原则性和实效性。各级纪委要加强对作风建设情况的监督检查，引导领导干部保持高尚情操和良好作风，及时发现和纠正少数领导干部在社会交往、休闲娱乐、生活作风方面存在的突出问题。

坚决纠正损害群众利益的不正之风。会同有关部门认真解决群众反映强烈的征地拆迁、食品药品安全、环境保护、安全生产、专项基金和专项资金监管等方面的突出问题，健全党和政府主导的维护群众权益机制。加强对征地拆迁行为的监管，督促落实被征地农民补偿费用和安置措施，完善相关社会保障机制。严厉打击制售假药劣药行为，严格落实食品药品安全责任。集中整治危害群众健康的环境问题，严肃查处环境保护方面的违纪违法行为。加强对安全生产法律法规和安全生产责任制落实情况的监督检查，加大生产安全事故责任追究力度。进一步加强对社保基金、住房公积金、扶贫和救灾救济资金以及政府专项资金管理使用情况的监督检查，加强对大额资金的实时监控。继续治理教育乱收费，纠正医药购销和医疗服务中的不正之风。治理各种加重企业负担的问题。加强行业自律和社会诚信建设，规范行业协会、市场中介组织、公共服务行业的服务和收费行为，巩固清理规范评比达标表彰工作的成果。

扎实推进基层党风廉政建设。要高度重视国有企业党风建设和反腐倡廉工作，认真执行《国有企业领导人员廉洁从业若干规定》，落实国有企业负责人薪酬管理规定，规范职务消费；制定落实"三重一大"决策制度实施办法，完善国有企业权力运行制衡约束机制；加强对企业重要经营领域和关键管理环节的监督，不断深化企业效能监察工作。加强农村党风廉政建设，加大对强农惠农政策落实情况的监督检查力度，切实解决虚报浮夸、与民争利等问题，加强对农村集体资金、资产、资源的管理。加强高等学校、公用事业单位、城市社区党风廉政建设。积极探索非公有制经济组织和新社会组织开展反腐倡廉建设的途径和方法。

(四)强化教育和监督，促进领导干部廉洁自律

以党性党风党纪教育为重点，加强对党员干部特别是领导干部的理想信念教育和廉洁从政教育，促使党员干部树立正确的世界观、人生观、价值观和权力观、地位观、利益观。深入开展岗位廉政教育、警示教育，加强对廉政勤政先进典型的宣传，增强反腐倡廉教育的针对性和实效性。制定关于加强领导干部反腐倡廉教育的意见，认真落实《关于加强廉政文化建设的意见》。

建立健全决策权、执行权、监督权既相互制约又相互协调的权力结构和运行机制。认真贯彻党内监督条例，加强对党政主要领导干部的监督。凡属重大决策、重要干部任免、重大项目安排和大额度资金使用等重要问题，必须经集体讨论决定。严格实行党政领导干部问责制，抓紧完善配套制度。认真贯彻《中国共产党巡视工作条例(试行)》，进一步规范和加强巡视工作。中央巡视组要在开展对省(自治区、直辖市)巡视的同时，继续有选择有重点地对中央金融单位和国有重要骨干企业进行巡视；各省(自治区、直辖市)党委巡视组要继续把市(地、州、盟)和县(市、区、旗)作为巡视重点，有选择地开展对省(自治区、直辖市)直属机关、国有企业和高等学校的巡视。健全巡视工作领导机制，选好配强巡视干部，加强巡视成果运用。继续加强对省部级主要领导干部的经济责任审计，加强对财政资金和重大投资项目审计。严格执行领导干部述职述廉、诫勉谈话、函询、质询、罢免或撤换等制度。认真执行地方党委常委会向全委会报告廉政勤政、选人用人等方面工作情况的规定。深化政务公开，加强对政府信息公开条例贯彻落实情况的督促检查；深化厂务公开、村务公开和公共企业事业单位办事公开，进一步畅通公开渠道。加强执法监察、廉政监察和效能监察，推行行政执法责任制，建立健全岗位责任制、首问负责制、限时办结制、绩效管理制等制度，促进廉政勤政和依法行政。坚持党内监督与党外监督、专门机关监督与群众监督相结合，发挥好新闻舆论监督作用，增强监督合力。

认真执行中共中央即将颁布的《中国共产党党员领导干部廉洁从政若干准则》及其他相关规定，严肃查处领导干部利用职权和职务上的影响为本人或特定关系人谋取不正当利益等问题，促进领导干部廉洁从政。严禁领导干部违反规定为配偶、子女及其他特定关系人在就业、投资入股、经商办企业等方面谋取不正当利益，严禁违反规定私自从事营利性活动，严禁违反规定收送礼金、有价证券、支付凭证，严禁大操大办婚丧喜庆事宜或借机敛财，严禁用公款或接受与行使职权有关系的单位和个人邀请进行高消费娱乐、健身活动。督促有关部门完善领导干部住房管理的有关规定，切实纠正党政机关和领导干部在集资建房、低价购房、多占住房等方面的违规违纪行为。进一步规范领导干部离职或退休后的从业行为，不得违反规定在企业和各类学会、协会、基金会等单位领取报酬。规范各类学会、协会、基金会准入制度，加强对其资金管理。

（五）深入推进改革和制度创新，进一步做好治本抓源头工作

制度更带有根本性、全局性、稳定性和长期性。要坚持用制度管权、管事、管人，通过深化体制机制改革和制度创新，努力在重要领域和关键环节上取得新突破，最大限度地减少腐败现象滋生的土壤和条件。

配合有关部门深化行政管理体制、干部人事制度、司法体制和工作机制改革。进一步减少和规范行政审批，对新设涉及重大公共利益的审批事项开展听证。贯彻落实《2010－2020年深化干部人事制度改革规划纲要》，规范干部选拔任用提名制度，建立健全干部选拔任用监督机制、违规用人问题立项督促检查制度和干部选拔任用工作责任追究制度；严格执行党政领导干部选拔任用工作有关规定，匡正选人用人风气，防止和纠正"带病上岗"、"带病提拔"等问题，严厉整治跑官要官、买官卖官、拉票贿选等问题，严肃查处违规违纪用人行为。积极推进司法公开和公正廉洁执法，强化对司法活动的监督，规范司法人员自由裁量权行使，健全执法过错、违纪违法责任追究等制度，严肃查处执法、司法人员贪赃枉法、徇私舞弊的行为。深化财税管理体制、投资体制、金融体制和国有资产管理体制改革。加强财政资金监管，完善和规范财政转移支付制度，严格执行"收支两条线"规定。抓紧出台政府投资条例，试行政府重大投资项目公示制。完善金融账户实名制，推进反洗钱和征信体系建设。完善国有资本收益管理制度。建立健全防止利益冲突制度，深化公共资源交易制度改革，完善公共资源领域统一规范的交易市场，加强对国有产权交易的监管，完善政府采购法律制度体系。继续做好规范公务员津贴补贴工作。加强行政权力运行监控机制建设，注重廉政风险防范，充分发挥国家预防腐败机构的作用。继续加强反腐败国际交流与合作。

制度建设是惩治和预防腐败体系建设的重要任务，是推动反腐倡廉工作任务落到实处的重要保证。要以落实党的十七届四中全会《决定》和《建立健全惩治和预防腐败体系2008—2012年工作规划》为重点，加强以党章为核心的党内法规制度建设，加强反腐倡廉立法工作，加强反腐倡廉长效机制建设，逐步建成内容科学、程序严密、配套完备、有效管用的反腐倡廉制度体系。对现有法规制度要及时清理，过时的要废止，有缺陷的要适时修订完善，需要细化的要尽快制定实施细则，需要制定配套制度的要抓紧制定。认真总结基层创造的经验，推广一批群众关注、切实可行的制度。要采取有力措施，扎实抓好法规制度的贯彻落实，完善执纪执法保障机制，加强对制度执行情况的监督检查，严肃处理违反制度的行为，提高制度执行力，维护制度权威性。

三、以奋发进取精神和求真务实作风，切实抓好反腐倡廉各项任务的落实

今年的党风廉政建设和反腐败工作任务艰巨繁重，各级党委、政府和纪检监察机关要以高度的政治责任感，周密部署、精心组织，锐意进取、真抓实干，确保各项任务顺利完成。

(一)保持良好精神状态，努力把反腐倡廉工作提高到一个新水平。适应新形势新任务要求，切实增强政治意识、大局意识、创新意识，扎实推进各项工作。要认清形势、把握大局，进一步增强反腐倡廉工作的责任感和紧迫感。准确把握世情、国情、党情的新变化，正确认识党风廉政建设和反腐败斗争形势，既充分看到反腐倡廉建设已经取得的显著成效，振奋精神、坚定信心，又清醒看到当前反腐败斗争的严峻形势，深刻认识反腐败斗争的长期性、复杂性、艰巨性，激励斗志、坚定决心，以更加坚决的态度、更加有力的措施、更加扎实的工作，坚定不移地把党风廉政建设和反腐败工作推向前进。要深入调研、把握规律，进一步增强反腐倡廉工作的科学性和有效性。深入基层，注重实践，认真研究反腐倡廉建设深层次问题，及时总结、推广基层创造的新鲜经验和有效做法，不断深化对反腐倡廉建设特点规律的认识，使反腐倡廉工作更加符合实际、更加富有成效。要解放思想、开拓创新，推动反腐倡廉工作向深度和广度发展。坚持科学理论指导，切实提高战略思维、创新思维、辩证思维能力，不断推进反腐倡廉工作理念思路、方式方法和体制机制制度创新，不断提高反腐倡廉科学化、制度化、规范化水平。紧密结合现代化建设和改革开放的实践，积极探索运用管理学、组织学、心理学等现代科学方法和信息网络等现代科技手段，推动反腐倡廉工作不断取得新的成效。

(二)进一步落实党风廉政建设责任制，切实形成推进反腐倡廉建设的整体合力。各级党委和政府要高度重视并自觉承担起推进反腐倡廉建设的政治责任和领导责任，党委和政府主要负责同志要认真履行第一责任人的职责，加强组织领导，协调各方力量，推动工作落实。要适时召开专题工作会议，及时掌握和全面分析管辖范围内的党风廉政建设责任制落实情况，切实解决存在的突出问题。坚持责任制报告制度，将执行责任制情况定期向上级党委、纪委报告。党委和政府各工作部门要共同配合搞好反腐倡廉工作，紧密结合业务工作，抓好所承担的反腐倡廉任务的落实，抓好本部门本系统的党风廉政建设和反腐败工作。建立健全反腐败协调机制和相关工作联席会议制度，部门之间经常通报情况、交换意见，做到密切配合、优势互补。各级纪检监察机关要在党委和政府领导下充分发挥参谋助手作用，加强对工作部署特别是重点工作落实情况的监督检查，保证工作顺利开展。

(三)切实加强纪检监察机关自身建设，为完成全年各项任务提供组织保证。各级纪检监察机关要认真学习领会党的十七届四中全会精神，巩固和拓展深入学习实践科学发展观活动成果，认真总结开展“做党的忠诚卫士、当群众的贴心人”主题实践活动的成效和经验，建立加强自身建设的长效机制，努力建设一支政治坚强、公正清廉、纪律严明、业务精通、作风优良的纪检监察干部队伍。要切实加强思想政治建设和能力建设。着眼建设学习型纪检监察机关，把思想理论建设放在首位，坚持用中国特色社会主义理论体系武装头脑，模范践行社会主义核心价值体系；建立健全学习制度，拓宽学习领域，发扬理论联系实际的学风，切实增强学习效果；强化实践锻炼，努力掌握和运用纪检监察工作所需要的新思想、新知识、新经验，不断提高干部队伍的思想政治素质和业务工作水平。要切实加强领导班子和干部队伍建设。进一步优化领导班子配备，注重从基层选拔优秀干部充实领导班子，增强班子整体功能和合力；完善领导班子工作机制、议事规则和决策程序，提高运用民主方法形成共识、开展工作的本领；建立健全领导班子定期务虚制度，加强对纪检监察重大问题调查研究。深化纪检监察机关干部人事

制度改革，进一步完善干部选拔任用机制，继续加大轮岗、挂职、交流力度，加强干部教育培训，不断提高纪检监察专业化水平。完善纪检监察机关派驻机构统一管理，加强非派驻单位纪检监察机构建设；进一步加强地方县级纪检监察机关建设，探索充分发挥乡镇纪律检查职能作用的有效办法；加强国有企业和金融机构纪检监察组织建设。要切实加强干部作风建设。各级纪检监察机关和纪检监察干部，要认真解决自身作风方面存在的突出问题，努力在加强党性修养、树立和弘扬良好作风方面发挥表率作用。坚持从严管干部、从严带队伍，强化政治纪律、工作纪律和保密纪律，进一步加强内部管理和制度建设，完善监督制约机制，督促干部秉公用权、严格自律。对存在的苗头性问题要早发现、早提醒、早纠正，对不适合在纪检监察机关工作的要坚决调离，对违纪违法的要严肃查处。广大纪检监察干部要牢固树立接受监督意识，主动接受党组织和党员的监督，接受人民群众和新闻舆论的监督，秉公执纪，勤奋工作，树立纪检监察干部可亲、可信、可敬的良好形象。

做好党风廉政建设和反腐败工作，使命光荣，责任重大。我们要更加紧密地团结在以胡锦涛同志为总书记的党中央周围，恪尽职守、清正廉洁，求真务实、开拓进取，深入推进党风廉政建设和反腐败斗争，为夺取全面建设小康社会新胜利、开创中国特色社会主义事业新局面作出新的更大贡献。

关于加强和改进村民委员会选举工作的通知

近年来，村民委员会选举工作在全国各地农村深入开展，对保障村民实行自治、发展农村基层民主发挥了重要作用。但也应看到，有的地方村民委员会选举竞争行为不规范、贿选现象严重，影响了选举的公正性；有的地方没有严格执行村民委员会选举的法律法规和相关政策，影响了村民的参与热情；有的地方对村民委员会选举中产生的矛盾纠纷化解不及时，影响了农村社会稳定。为进一步做好当前和今后一个时期的村民委员会选举工作，保障村民委员会选举的公正有序，保障村民享有更多更切实的民主权利，推动农村经济平稳较快发展，确保农村社会和谐稳定，经党中央、国务院同意，现就加强和改进村民委员会选举工作通知如下。

一、充分认识加强和改进村民委员会选举工作的重要意义

村民委员会选举，是我国社会主义民主在农村最广泛的实践形式之一。当前，我国农村正在发生新的变革，农村社会结构快速变动，社会利益格局和农民思想观念深刻变化。适应农村改革发展的新形势，不断加强和改进村民委员会选举工作，进一步完善选举各项程序，做深做细做实选举各个环节工作，有利于保障村民依法直接行使民主权利，发展农村基层民主；有利于密切党群干群关系，维护农村社会和谐稳定；有利于调动亿万农民群众建设社会主义新农村的积极性、主动性和创造性，推动农村全面建设小康社会进程。

各地区各部门要高举中国特色社会主义伟大旗帜，以邓小平理论和“三个代表”重要思想为指导，深入贯彻落实科学发展观，按照党的十七大关于坚持和完善基层群众自治制度和党的十七届三中全会关于健全农村民主管理制度的要求，充分认识加强和改进村民委员会选举工作的重要意义，认真研究解决目前选举工作中存在的问题，把以直接选举、公正有序为基本要求的村民委员会选举实践进一步推向深入。

二、切实加强村民委员会选举前的各项准备工作

加强选举领导机构和工作机构。凡举行村民委员会换届选举的地方，省、市、县、乡各级都要成立专门的领导机构和工作机构，保证必要的工作人员和经费，推动选举工作有组织、有步骤、有秩序地开展。要积极指导依法推选村民选举委员会，组织好村民委员会选举工作。

加强选举教育和培训工作。各地区各部门要在农民群众中广泛深入地开展社会主义民主法制教育，激发他们参与村民委员会选举的热情，了解村民委员会选举的基本程序，珍惜民主权利，真正把办事公道、廉洁奉公、遵纪守法、热心为村民服务的人选进村民委员会。县级党委和政府要重点做好对县乡两级负责村民委员会选举工作的党政干部的培训工作，使他们牢固掌握法律法规和相关政策，不断提高指导选举工作的能力和水平。乡级党委和政府要重点做好对包村干部、村民选举委员会成员的培训工作，使他们熟悉村民委员会选举程序和方法步骤，不断提高实际操作的规范化水平。凡不掌握村民委员会选举法律法规和相关政策的县乡干部以及在选举培训中不合格的县乡干部，不得派到村里指导选举工作。

加强选举方案制定工作。县乡两级要围绕组建村民委员会选举领导机构和工作机构、选举教育和培训、选举工作各个阶段的基本要求、选举工作进展安排等制定工作方案。积极开展调查研究，摸清本地区社会结构变化、人口流动、基层干部群众思想状况等社情民意，增强选举方案的指导性和针对性。加强与外出务工经商人员联络沟通，妥善解决他们依法行使选举权和被选举权问题。重点关注村情复杂、干群矛盾突出以及历次选举中问题较多的村，并制定工作预案，加强工作力量，加大指导力度。未经县（市、区）委批准，无故取消或拖延村民委员会换届选举的，要依法追究乡（镇、街道）党委（工委）、政府和村党组织、村民委员会主要负责人的责任。

加强村级财务审计工作。乡级党委和政府要认真组织开展对现任村民委员会成员的民主评议，做好村级财务清理和村民委员会成员任期届满审计工作。村集体财务收支情况、集体财产管理使用情况、生产经营和建设项目的发包和管理情况、土地补偿分配和使用情况、村级债权债务情况，以及农民群众反映集中、强烈要求审计的其他内容，要列入审计范围，并及时将审计结果公之于众。

三、依法规范村民委员会选举程序

规范村民选举委员会产生程序。村民选举委员会成员必须依法推选产生，任何组织或个人不得任意指定、撤换。提倡按照民主程序将村党组织负责人推选为村民选举委员会主任，主持村民选举委员会工作，发挥村党组织的领导核心作用。村民选举委员会成员依法被确定为村民委员会成员候选人的，应当退出村民选举委员会，所缺名额从原推选结果中依次递补。村民选举委员会成员不履行职责的，经村民会议、村民代表会议或者村民小组讨论同意，按照原推选结果依次递补或者另行推选。

规范村民委员会成员候选人提名方式。村民委员会主任、副主任和委员候选人由本村有选举权的村民直接提名产生，候选人的名额应当多于应选名额。在符合法律法规规定的前提下，各地要对村民委员会成员候选人的资格条件作出规定，引导村民把办事公道、廉洁奉公、遵纪守法、热心为村民服务的人提名为候选人。鼓励农村致富能手、复转军人、外出务工经商返乡农民、回乡大中专毕业生、大学生“村官”、县乡机关和企事业单位提前离岗或退休干部职工通过法定程序积极参与选举村民委员会成员的竞争。提倡村党组织成员和村民委员会成员交叉任职，但要从实际出发，不搞一刀切。适应中国特色社会主义新农村建设需要，提倡把更多女性村民特别是村妇代会主任提名为村民委员会成员候选人。

规范候选人的竞争行为。村民选举委员会应积极主动、客观公正地向村民介绍正式候选人的情况。有条件的地方，提倡组织候选人同村民见面，介绍治村设想或竞职承诺，回答村民提出的问题，禁止候选人或候选人指使的人私下拉票。要加强对候选人治村设想或竞职承诺的审核把关工作，治村设想或竞职承诺不得有与宪法、法律、法规和国家政策相抵触的内容，不得有侵犯其他村民人身权利、民主权利和合法财产权利的内容，不得有对竞争对手进行人身攻击的内容。要引导候选人着力围绕发展经济、完善管理、改进服务提出方案和措施，防止出现为当选进行个人捐助村内公益事业财物比拼加码的现象。对候选人承诺捐助村集体的资金或物资，不应由候选人在选举前或选举后私自决定分配方案，而应交由依法选举产生的村民委员会组织召开村民会议或村民代表会议民主讨论决定。

规范投票行为。全面设立秘密划票处，普遍实行秘密写票制度，保障村民在无干扰的情况下自主表达选举意愿。严格规范委托投票，限定选民接受委托投票的人次，禁止投票现场临时委托。严格控制流动票箱的使用，确有必要使用流动票箱的，其对象和人数应由村民代表会议讨论决定，并张榜公布。切实维护选举大会的现场秩序，禁止任何人实施向选民展示钱物等扰乱选举现场秩序、影响选民投票意向的行为。投票结束后，应当公开唱票、计票，当场公布选举结果。

四、扎实做好村民委员会选举后续工作

扎实做好新老村民委员会交接工作。新老村民委员会的交接工作，由乡级政府负责主持，村党组织参与。原村民委员会应依法在规定期限内将印章、办公场所、办公用具、集体财务账目、固定资产、工作档案、债权债务及其他遗留问题等，及时移交给新一届村民委员会。已经完成选举的地方，要认真检查验收。对拒绝移交或者无故拖延移交的，乡级党委和政府、村党组织应当给予批评教育，督促其改正。要耐心做好落选人员思想工作，引导他们积极支持新当选的村民委员会成员开展工作。选举工作结束后，要及时统计、汇总、上报选举结果，建立健全村民委员会选举工作档案。

扎实做好新当选村民委员会成员培训工作。选举结束后，各地区应根据当地实际，制订规划，广泛培训新当选的村民委员会成员，组织他们学习党的路线方针政策，深入学习实践科学发展观，学习法律法规和实用技术，增强村民委员会成员坚持党的领导的信念，增强正确执行政策、坚持依法办事、善于做群众工作的能力，增强带领广大农民群众建设社会主义新农村的本领。

扎实做好村务公开和民主管理制度健全工作。加强对村民委员会成员履行选举期间竞职承诺的监督，防止其利用职权谋取不正当利益。理顺村级各类组织的关系，抓好以村党组织为核心的村级组织配套建设，领导和支持村民委员会等村级组织依照法律法规和章程开展工作。进一步健全完善村党组织领导的充满活力的村民自治机制，深入开展以村民会议、村民代表会议、村民议事为主要形式的民主决策实践，以自我教育、自我管理、自我服务为主要目的的民主管理实践，以村务公开、财务监督、群众评议为主要内容的民主监督实践，全面推进村民自治制度化、规范化、程序化。凡未经村民会议或者村民代表会议讨论决定，任何组织或个人擅自以集体名义借贷，变更和处置村集体的土地、企业、设备、设施等，均为无效，村民有权拒绝，造成的损失由相关责任人承担，构成违纪的给予其党纪政纪处分，涉嫌犯罪的移送司法机关依法处理。对无正当理由拒不履行为村民服务职责或拒不协助乡（镇）政府开展工作的村民委员会成员，村党组织和乡（镇）党委、政府应对其进行批评教育，对拒不改正的应依法启动罢免程序。

扎实做好村民委员会成员合法权益保障工作。妥善解决村干部的报酬和养老保险等问

题，帮助他们解决工作和生活中的实际困难，解除他们的后顾之忧。按规定渠道，切实解决村民委员会的活动场所问题，及时拨付工作运行经费；乡级政府需要委托村民委员会承办的事项，应按照“权随责走、费随事转”的原则妥善解决。对于一心为民、工作成绩突出的村民委员会成员，应及时给予宣传表彰。

五、坚决查处村民委员会选举中的贿选等违法违纪行为

坚决制止和查处贿选行为。在村民委员会选举的过程中，候选人及其亲友直接或指使他人用财物或者其他利益收买本村选民、选举工作人员或者其他候选人，影响或左右选民意愿的，都是贿选。各地要结合实际，进一步明确贿选的界限，加强监督，加大查处力度。对参与或指使他人以暴力、威胁、欺骗、贿赂、伪造选票、虚报选举票数等违法手段破坏选举或者妨碍村民依法行使选举权和被选举权的，以及对控告、检举选举违法行为的人进行打击、报复的，要发现一起坚决查处一起。对选举中的违法违纪行为，村民有权向乡、民族乡、镇的人民代表大会和人民政府或者县级人民代表大会常务委员会和人民政府及其有关主管部门举报，有关机关应当负责调查并依法处理。对参与或指使他人以暴力、威胁、欺骗、贿赂、伪造选票、虚报选举票数等违法手段参选的，一经发现即取消其参选资格，已经当选的，其当选无效；违反治安管理规定的，依法给予治安管理处罚；构成犯罪的，依法追究刑事责任。

加大对选举工作人员违法违纪行为的查处力度。村民选举委员会成员在村民委员会选举中有违法违纪行为的，要及时终止其资格。对伪造选举文件、篡改选举结果或者以威胁、贿赂、欺骗等手段，妨害村民依法行使选举权、被选举权的农村党员干部，要给予撤销党内职务、留党察看或者开除党籍处分。农村党员和国家公务员有参与或者怂恿村民委员会选举中违法违纪行为的，要分别给予党纪或者政纪处分。对假借选举之名，打着宗教旗号从事非法活动、民族分裂活动和刑事犯罪活动的，要坚决依法予以打击。

六、加强对村民委员会选举工作的组织领导

健全和落实领导责任制。各级党委、人大、政府要把加强和改进村民委员会选举工作列入重要议事日程，形成党委领导、人大监督、政府实施、各有关部门密切配合的工作体制和运行机制。县级党委书记要认真履行“第一责任人”的职责，乡级党委书记要认真履行“直接责任人”的职责，村党组织要在村民委员会选举中充分发挥领导核心作用。地方各级人大和县级以上地方各级人大常委会在本行政区域内要切实保证村民委员会组织法的实施，保障村民依法行使选举权利。各级党委组织部门要统筹协调村级党组织选举工作和村民委员会选举工作，加强指导。各级民政部门要充分发挥职能作用，认真抓好村民委员会选举工作的指导和监督检查。各级财政部门要落实相关工作经费，保证选举工作顺利进行。各级纪检监察、宣传、信访、公安、司法、综合治理、妇联等部门，各级人民法院、人民检察院，要积极参与、配合村民委员会选举工作。要建立健全工作责任追究制度，对因领导和指导工作不力、敷衍应付、处置不当引发较大规模群体性事件的，要追究相关领导和有关人员的责任。

认真做好群众来信来访工作。县乡两级村民委员会换届选举工作领导机构和工作机构要向社会公布办公地址和工作电话，提供咨询服务。对有关村民委员会选举的来信来访，要及时调查研究，妥善答复，切实维护群众合法权益。对群众反映的问题，如果属实或基本属实的，要及时纠正解决；对与实际情况有出入的，要本着有什么问题就解决什么问题的原则进行完善；对与实际情况完全不符的，要尽快说明情况，争取群众的认可；对群众听信谣传、上当受骗的，要及时予以揭露，澄清事实，消除群众误解。县乡村三级都要建立健全村民委员会选举

工作信息报告制度，全面掌握选举动态，及时上报选举引发的重大事件。在选情复杂的地方，县乡两级要建立应急处置工作机制，制定应急处置预案，加强对突发事件的防范和处置。

加大对村民委员会选举工作的监督力度。要充分发挥党委、人大、政府及其职能部门的监督作用，同时结合实际，发挥村民选举委员会、村民对选举全过程的监督作用。要积极探索舆论监督以及各级党代表、人大代表、政协委员担任选举监督员等形式，加强社会力量对选举工作的监督。

加强对村民委员会选举工作的舆论引导。各地区各部门要充分发挥新闻媒体的积极作用，大力宣传党的十七大和十七届三中全会精神，宣传村民委员会选举的法律法规和相关政策，宣传选举中涌现的好经验好做法，形成正面引导的强大声势。县乡村三级都要把宣传教育和舆论引导贯穿于选举工作全过程，把依法办事贯穿于选举实践全过程，把为什么举行村民委员会选举、应该选举什么样的人进村民委员会、什么样的选举行为为法律法规所允许等问题，通过多种方式清清楚楚地告诉广大村民，引导他们行使好自己的民主权利，引导候选人坚持社会主义荣辱观，正确对待自己、其他候选人和村民，正确对待困难、挫折和荣誉，促进理性公平竞争，努力形成和谐选举的良好局面。

（此文载2009年5月31日《人民日报》）

中国共产党巡视工作条例(试行)

第一章　总　则

第一条　为加强党内监督，完善巡视制度，规范巡视工作，根据《中国共产党章程》，制定本条例。

第二条　党的中央和省、自治区、直辖市委员会实行巡视制度，建立专门巡视机构对下级党组织领导班子及其成员进行巡视监督。

第三条　巡视工作以邓小平理论和“三个代表”重要思想为指导，深入贯彻落实科学发展观，坚持党要管党、从严治党的方针，维护党的纪律，保证党的路线方针政策和中央重大决策部署的贯彻执行。

第四条　巡视工作坚持党的领导、分级负责，实事求是、客观公正，发扬民主、依靠群众的原则。

第二章　机构设置

第五条　党的中央和省、自治区、直辖市委员会成立巡视工作领导小组，分别向中央和省、自治区、直辖市委员会负责并报告工作。

第六条　巡视工作领导小组下设办公室，为其日常办事机构。办公室设在同级党的纪律检查委员会。

第七条　党的中央和省、自治区、直辖市委员会设立巡视组，承担巡视任务，向巡视工作领导小组负责并报告工作。

第八条　巡视组设组长、副组长、巡视专员和其他工作职位。

巡视组实行组长负责制，副组长协助组长工作。

第九条　巡视工作领导小组的职责是：

(一)贯彻党的中央委员会，省、自治区、直辖市委员会有关巡视工作的决议、决定；

(二)研究决定巡视工作年度和阶段计划、方案；

(三)听取巡视工作汇报；

(四)研究巡视成果的运用，提出相关意见、建议；

(五)向同级党组织报告巡视工作情况；

(六)对巡视组进行管理和监督；

(七)研究处理巡视工作中的其他重要

事项。

第十条　中央巡视组负责对下列党组织领导班子及其成员进行巡视：

(一)省、自治区、直辖市党委和同级政府党组领导班子及其成员；

(二)省、自治区、直辖市人大常委会、政协委员会党组领导班子及其成员；

(三)中央要求巡视的其他单位的党组织领导班子及其成员。

第十一条　省、自治区、直辖市党委巡视组负责对下列党组织领导班子及其成员进行巡视：

(一)市(地、州、盟)、县(市、区、旗)党委和同级政府党组领导班子及其成员；

(二)市(地、州、盟)、县(市、区、旗)人大常委会、政协委员会党组领导班子及其成员；

(三)省、自治区、直辖市党委要求巡视的其他单位的党组织领导班子及其成员。

第十二条　巡视组对本条例第十条、第十一条所列的党组织领导班子及其成员的下列情况进行监督：

(一)贯彻执行党的路线方针政策和决议、决定的情况，特别是贯彻落实邓小平理论、"三个代表"重要思想以及科学发展观的情况；

(二)执行民主集中制的情况；

(三)执行党风廉政建设责任制和自身廉政勤政的情况；

(四)开展作风建设的情况；

(五)选拔任用干部的情况；

(六)派出巡视组的党组织要求了解的其他事项。

第十三条　巡视工作领导小组办公室的职责是：

(一)承担综合协调、政策研究、制度建设等工作；

(二)向巡视工作领导小组报告巡视工作中的重要情况、向巡视组传达巡视工作领导小组作出的决策和部署；

(三)配合有关部门对巡视工作人员进行培训、考核、调配、任免、监督和管理；

(四)配合巡视组对派出巡视组的党组织、巡视工作领导小组决定的事项进行督办；

(五)办理巡视工作领导小组交办的其他事项。

第三章　工作程序

第十四条　对省、自治区、直辖市党委，市(地、州、盟)党委和同级人大常委会、政府、政协委员会党组领导班子及其成员的巡视，在每届任期内开展1至2次。对县(市、区、旗)党委和同级人大常委会、政府、政协委员会党组领导班子及其成员的巡视，由省、自治区、直辖市党委确定。

第十五条　巡视组开展巡视前，应当向同级纪检监察机关和组织、人事、审计、信访等部门了解被巡视地区、单位党组织领导班子及其成员的有关情况。

第十六条　巡视组应当根据被巡视地区、单位的情况制定巡视工作方案，并报巡视工作领导小组办公室备案。

第十七条　巡视工作领导小组办公室应当提前10个工作日将巡视工作安排书面通知被巡视地区、单位，并协调安排巡视组进驻有关事宜。

第十八条　巡视组进驻被巡视地区、单位后，应当向被巡视地区、单位的党组织领导班子及其成员通报开展巡视工作的计划安排和要求，说明巡视目的和任务。

第十九条　巡视工作应当依靠被巡视地区、单位的党组织开展。被巡视地区应当通过当地主要新闻媒体公布巡视工作的监督范围、时间安排以及巡视组的联系方式等有关情况。

被巡视单位应当通过内部通报等方式公布上述情况。

第二十条　巡视组的主要工作方式为：

(一)听取被巡视地区、单位党委(党组)的工作汇报和有关部门的专题汇报；

(二)根据工作需要列席被巡视地区、单位

的有关会议，列席被巡视党组织领导班子的民主生活会和述职述廉会；

（三）受理反映被巡视党组织领导班子及其成员问题的来信、来电、来访等；

（四）召开听取意见座谈会；

（五）与被巡视党组织领导班子成员和其他干部群众个别谈话；

（六）调阅、复制有关文件、档案、会议记录等资料；

（七）对被巡视党组织领导班子及其成员进行民主测评、问卷调查；

（八）以适当方式对被巡视地区、单位的下属单位或者部门进行走访调研；

（九）对专业性较强或者特别重要问题的了解，可以商请有关职能部门或者专业机构予以协助。

巡视组对反映被巡视党组织领导班子及其成员的重要问题，可以进行深入了解。

巡视组不干预被巡视地区、单位的正常工作，不查办案件。

第二十一条　巡视期间，有下列情况之一的，巡视组应当及时向巡视工作领导小组报告：

（一）被巡视党组织领导班子成员以及中央或者省、自治区、直辖市党委管理的其他干部涉嫌严重违纪违法的问题；

（二）被巡视地区、单位党政主要负责人违反民主集中制原则，严重影响工作和领导班子建设的问题；

（三）关系群众切身利益、干部群众反映强烈、影响改革发展稳定大局的重大事项；

（四）巡视组认为应当及时报告的其他事项。

特殊情况下，巡视组可以直接向派出巡视组的党组织主要领导同志汇报以上巡视情况。

第二十二条　巡视期间，发现被巡视地区、单位存在群众反映强烈、明显违反规定并且能够及时解决的问题，巡视组报经派出它的党组织同意后，应当及时向被巡视党组织或者其主要负责人提出处理意见。

第二十三条　巡视了解工作结束后，巡视组应当写出巡视报告，将巡视情况向巡视工作领导小组汇报，并且针对了解、掌握的重要情况和问题提出处理建议。

第二十四条　巡视工作领导小组根据巡视组的建议，研究提出处理意见，报派出巡视组的党组织决定。

对巡视中了解到的影响经济社会发展和党的建设方面的重大问题，或者涉及重大政策调整、体制机制改革方面的问题，应当形成专题报告，报送派出巡视组的党组织。

派出巡视组的党组织可以直接听取巡视组有关巡视工作情况的汇报。

第二十五条　巡视报告经巡视工作领导小组同意后，巡视组应当在15个工作日内向被巡视地区、单位党组织领导班子反馈巡视期间了解的情况和问题，有针对性地提出改进意见。

第二十六条　被巡视地区、单位应当自收到巡视组反馈意见之日起60个工作日内将整改方案通过巡视工作领导小组办公室报送巡视工作领导小组，并且自整改方案报送之日起12个月内报送整改情况报告。

巡视工作领导小组办公室应当将被巡视地区、单位的整改情况及时通报有关职能部门。

除特殊情况外，被巡视地区、单位应当将整改情况在一定范围内公布。

第二十七条　对派出巡视组的党组织决定的事项，依据干部管理权限和归口管理、各司其职的原则，按照以下途径移送交办：

（一）对涉及被巡视党组织执行党的路线方针政策、贯彻落实科学发展观、党风廉政建设责任制、处理改革发展稳定等方面的问题，移交被巡视党组织或者有关主管部门处理；

（二）对被巡视党组织领导班子及其成员涉嫌违纪的问题，移交纪检监察机关处理；

（三）对被巡视党组织领导班子及其成员在执行民主集中制、干部选拔任用、工作作风等方面存在的问题和巡视组提出的关于领导班子建设的建议，移交组织人事部门处理。

第二十八条　有关党组织、机关、部门收到巡视工作领导小组办公室移交的办理事项后，应当按照规定时限办理并将办理情况和结果书面反馈巡视工作领导小组办公室。

第二十九条　受派出巡视组党组织的纪检机关或者组织部门的委托，巡视组组长、副组长可以按照规定与被巡视党组织领导班子成员进行诫勉谈话。

第三十条　巡视组应当通过回访等方式了解被巡视地区、单位的整改情况并向巡视工作领导小组报告。

巡视工作领导小组也可以直接听取被巡视地区、单位有关整改情况的汇报。

第三十一条　纪检机关、组织人事部门应当把巡视结果和巡视整改情况作为干部考核评价、选拔任用、奖励惩处和对干部进行调整、免职、降职等组织处理的重要依据。

第四章　人员管理

第三十二条　巡视工作人员应当具备下列基本条件：

(一)政治坚定，同党中央保持高度一致，认真学习马克思列宁主义、毛泽东思想、邓小平理论和“三个代表”重要思想，深入贯彻落实科学发展观，坚决执行党的路线方针政策，具有履行职责所需要的政治理论水平；

(二)坚持原则，依法办事，实事求是，公道正派，联系群众，清正廉洁，组织纪律性强，严守党的秘密；

(三)有强烈的事业心和责任感，思想敏锐，有一定的工作经验，熟悉党务政务和政策法规；

(四)有较强的调查研究和文字综合能力；

(五)身体健康，能胜任工作要求。

第三十三条　巡视工作人员可以采取组织选调、公开选拔、竞争上岗、单位推荐等方式选配。

巡视工作人员应当按照规定进行轮岗交流。

对不适合从事巡视工作的人员，应当及时予以调整。

第三十四条　巡视工作人员实行公务回避、任职回避和地域回避。

第三十五条　巡视工作领导小组办公室和巡视组建立党组织，对所属党员进行教育、管理、监督和服务，严格党的组织生活，开展批评和自我批评。

第三十六条　巡视工作领导小组办公室和巡视组应当加强自身建设，建立健全日常管理制度，严格规范工作程序，组织开展学习培训，不断提高巡视工作人员的政治、业务素质和工作水平。

第三十七条　巡视工作人员在巡视工作中成绩突出、为维护党和国家利益作出重要贡献的，应当给予表彰奖励。

第五章　纪律与责任

第三十八条　派出巡视组的党组织应当加强对巡视工作的领导，及时解决巡视工作中遇到的重大问题。

第三十九条　被巡视党组织领导班子及其成员应当自觉接受巡视监督，积极配合巡视组开展工作。

党员有义务向巡视组如实反映情况。

第四十条　巡视组应当严格执行请示报告制度，对巡视工作中的重要情况和重大问题要及时请示报告。

第四十一条　巡视组对被巡视地区、单位干部群众反映强烈、属于巡视工作职责范围内的重要问题，疏于职守，应当了解而没有了解，应当报告而没有报告的，按照有关规定追究责任人的纪律责任。

第四十二条　巡视工作人员有下列情形之一的，给予责令书面检查、通报批评或者调整、免职、降职等组织处理；构成违纪的，按照有关规定给予纪律处分；涉嫌犯罪的，移送司法机关依法处理：

(一)利用巡视工作的便利谋取私利或者为请托人谋取不正当利益的；

(二)隐瞒或者歪曲、捏造事实的；

(三)泄露、扩散巡视工作秘密的；

(四)有违反巡视工作纪律的其他行为的。

第四十三条　被巡视地区、单位及其工作人员有下列情形之一的，对该地区、单位领导班子主要负责人和其他直接责任人员，给予责令书面检查、通报批评或者调整、免职、降职等组织处理；构成违纪的，按照有关规定给予纪律处分；涉嫌犯罪的，移送司法机关依法处理：

(一)隐瞒不报或者故意向巡视组提供虚假情况的；

(二)拒绝或者不按照要求向巡视组提供相关文件材料的；

(三)无正当理由拒不纠正存在的问题或者不按照要求整改的；

(四)暗示、指使、强令有关单位或者人员干扰、阻挠巡视工作的；

(五)有其他干扰巡视工作行为的。

第四十四条　被巡视地区、单位的干部群众发现巡视工作人员有违反本条例第四十二条所列行为的，有权向巡视工作领导小组办公室或者巡视工作领导小组反映，也可以依照有关规定直接向有关部门、组织反映。

第六章　附　则

第四十五条　中央纪委、中央组织部可以根据本条例制定实施细则或者单项规定。

第四十六条　各省、自治区、直辖市党委可以根据本条例，结合各自实际，制定实施规定，报中央纪委、中央组织部备案。

第四十七条　中国人民解放军和中国人民武装警察部队的党组织开展巡视工作的规定，由中央军委参照本条例制定。

第四十八条　本条例由中央纪委商中央组织部解释。

第四十九条　本条例自发布之日起施行。

(此文载 2009 年 7 月 13 日《人民日报》)

关于实行党政领导干部问责的暂行规定

第一章　总　则

第一条　为加强对党政领导干部的管理和监督，增强党政领导干部的责任意识和大局意识，促进深入贯彻落实科学发展观，提高党的执政能力和执政水平，根据《中国共产党章程》、《党政领导干部选拔任用工作条例》等党内法规和《中华人民共和国行政监察法》、《中华人民共和国公务员法》等国家法律法规，制定本规定。

第二条　本规定适用于中共中央、国务院的工作部门及其内设机构的领导成员；县级以上地方各级党委、政府及其工作部门的领导成员，上列工作部门内设机构的领导成员。

第三条　对党政领导干部实行问责，坚持严格要求、实事求是，权责一致、惩教结合，依靠群众、依法有序的原则。

第四条　党政领导干部受到问责，同时需要追究纪律责任的，依照有关规定给予党纪政纪处分；涉嫌犯罪的，移送司法机关依法处理。

第二章　问责的情形、方式及适用

第五条　有下列情形之一的，对党政领导干部实行问责：

(一)决策严重失误，造成重大损失或者恶劣影响的；

(二)因工作失职，致使本地区、本部门、本系统或者本单位发生特别重大事故、事件、案件，或者在较短时间内连续发生重大事故、事件、案件，造成重大损失或者恶劣影响的；

(三)政府职能部门管理、监督不力，在其职责范围内发生特别重大事故、事件、案件，或者在较短时间内连续发生重大事故、事件、案件，造成重大损失或者恶劣影响的；

（四）在行政活动中滥用职权，强令、授意实施违法行政行为，或者不作为，引发群体性事件或者其他重大事件的；

（五）对群体性、突发性事件处置失当，导致事态恶化，造成恶劣影响的；

（六）违反干部选拔任用工作有关规定，导致用人失察、失误，造成恶劣影响的；

（七）其他给国家利益、人民生命财产、公共财产造成重大损失或者恶劣影响等失职行为的。

第六条　本地区、本部门、本系统或者本单位在贯彻落实党风廉政建设责任制方面出现问题的，按照《关于实行党风廉政建设责任制的规定》，追究党政领导干部的责任。

第七条　对党政领导干部实行问责的方式分为：责令公开道歉、停职检查、引咎辞职、责令辞职、免职。

第八条　党政领导干部具有本规定第五条所列情形，并且具有下列情节之一的，应当从重问责：

（一）干扰、阻碍问责调查的；

（二）弄虚作假、隐瞒事实真相的；

（三）对检举人、控告人打击、报复、陷害的；

（四）党内法规和国家法律法规规定的其他从重情节。

第九条　党政领导干部具有本规定第五条所列情形，并且具有下列情节之一的，可以从轻问责：

（一）主动采取措施，有效避免损失或者挽回影响的；

（二）积极配合问责调查，并且主动承担责任的。

第十条　受到问责的党政领导干部，取消当年年度考核评优和评选各类先进的资格。

引咎辞职、责令辞职、免职的党政领导干部，一年内不得重新担任与其原任职务相当的领导职务。

对引咎辞职、责令辞职、免职的党政领导干部，可以根据工作需要以及本人一贯表现、特长等情况，由党委（党组）、政府按照干部管理权限酌情安排适当岗位或者相应工作任务。

引咎辞职、责令辞职、免职的党政领导干部，一年后如果重新担任与其原任职务相当的领导职务，除应当按照干部管理权限履行审批手续外，还应当征求上一级党委组织部门的意见。

第三章　实行问责的程序

第十一条　对党政领导干部实行问责，按照干部管理权限进行。纪检监察机关、组织人事部门按照管理权限履行本规定中的有关职责。

第十二条　对党政领导干部实行问责，依照下列程序进行：

（一）对因检举、控告、处理重大事故事件、查办案件、审计或者其他方式发现的党政领导干部应当问责的线索，纪检监察机关按照权限和程序进行调查后，对需要实行问责的，按照干部管理权限向问责决定机关提出问责建议；

（二）对在干部监督工作中发现的党政领导干部应当问责的线索，组织人事部门按照权限和程序进行调查后，对需要实行问责的，按照干部管理权限向问责决定机关提出问责建议；

（三）问责决定机关可以根据纪检监察机关或者组织人事部门提出的问责建议作出问责决定；

（四）问责决定机关作出问责决定后，由组织人事部门办理相关事宜，或者由问责决定机关责成有关部门办理相关事宜。

第十三条　纪检监察机关、组织人事部门提出问责建议，应当同时向问责决定机关提供有关事实材料和情况说明，以及需要提供的其他材料。

第十四条　作出问责决定前，应当听取被问责的党政领导干部的陈述和申辩，并且记录在案；对其合理意见，应当予以采纳。

第十五条　对于事实清楚、不需要进行问责调查的，问责决定机关可以直接作出问责决定。

第十六条　问责决定机关按照干部管理权限对党政领导干部作出的问责决定，应当经领导班子集体讨论决定。

第十七条　对党政领导干部实行问责，应当制作《党政领导干部问责决定书》。《党政领导干部问责决定书》由负责调查的纪检监察机关或者组织人事部门代问责决定机关草拟。

《党政领导干部问责决定书》应当写明问责事实、问责依据、问责方式、批准机关、生效时间、当事人的申诉期限及受理机关等。作出责令公开道歉决定的，还应当写明公开道歉的方式、范围等。

第十八条　《党政领导干部问责决定书》应当送达被问责的党政领导干部本人及其所在单位。

问责决定机关作出问责决定后，应当派专人与被问责的党政领导干部谈话，做好其思想工作，督促其做好工作交接等后续工作。

第十九条　组织人事部门应当及时将被问责的党政领导干部的有关问责材料归入其个人档案，并且将执行情况报告问责决定机关，回复问责建议机关。

党政领导干部问责情况应当报上一级组织人事部门备案。

第二十条　问责决定一般应当向社会公开。

第二十一条　对经各级人民代表大会及其常务委员会选举或者决定任命的人员实行问责，按照有关法律规定的程序办理。

第二十二条　被问责的党政领导干部对问责决定不服的，可以自接到《党政领导干部问责决定书》之日起15日内，向问责决定机关提出书面申诉。问责决定机关接到书面申诉后，应当在30日内作出申诉处理决定。申诉处理决定应当以书面形式告知申诉人及其所在单位。

第二十三条　被问责的党政领导干部申诉期间，不停止问责决定的执行。

第四章　附　则

第二十四条　对乡（镇、街道）党政领导成员实行问责，适用本规定。

对县级以上党委、政府直属事业单位以及国有企业、国有金融企业领导人员实行问责，参照本规定执行。

第二十五条　本规定由中央纪委、中央组织部负责解释。

第二十六条　本规定自发布之日起施行。

（此文载2009年7月13日《人民日报》）

国有企业领导人员廉洁从业若干规定

第一章　总　则

第一条　为规范国有企业领导人员廉洁从业行为，加强国有企业反腐倡廉建设，维护国家和出资人利益，促进国有企业科学发展，依据国家有关法律法规和党内法规，制定本规定。

第二条　本规定适用于国有独资企业、国有控股企业（含国有独资金融企业和国有控股金融企业）及其分支机构的领导班子成员。

第三条　国有企业领导人员应当遵守国家法律法规和企业规章制度，依法经营、开拓创新、廉洁从业、诚实守信，切实维护国家利益、企业利益和职工合法权益，努力实现国有企业又好又快发展。

第二章　廉洁从业行为规范

第四条　国有企业领导人员应当切实维护国家和出资人利益。不得有滥用职权、损害国有资产权益的下列行为：

（一）违反决策原则和程序决定企业生产经营的重大决策、重要人事任免、重大项目安排及大额度资金运作事项；

（二）违反规定办理企业改制、兼并、重组、破产、资产评估、产权交易等事项；

（三）违反规定投资、融资、担保、拆借资金、委托理财、为他人代开信用证、购销商品和服务、招标投标等；

（四）未经批准或者经批准后未办理保全国有资产的法律手续，以个人或者其他名义用企业资产在国（境）外注册公司、投资入股、购买金融产品、购置不动产或者进行其他经营活动；

（五）授意、指使、强令财会人员进行违反国家财经纪律、企业财务制度的活动；

（六）未经履行国有资产出资人职责的机构和人事主管部门批准，决定本级领导人员的薪酬和住房补贴等福利待遇；

（七）未经企业领导班子集体研究，决定捐赠、赞助事项，或者虽经企业领导班子集体研究但未经履行国有资产出资人职责的机构批准，决定大额捐赠、赞助事项；

（八）其他滥用职权、损害国有资产权益的行为。

第五条　国有企业领导人员应当忠实履行职责。不得有利用职权谋取私利以及损害本企业利益的下列行为：

（一）个人从事营利性经营活动和有偿中介活动，或者在本企业的同类经营企业、关联企业和与本企业有业务关系的企业投资入股；

（二）在职或者离职后接受、索取本企业的关联企业、与本企业有业务关系的企业，以及管理和服务对象提供的物质性利益；

（三）以明显低于市场的价格向请托人购买或者以明显高于市场的价格向请托人出售房屋、汽车等物品，以及以其他交易形式非法收受请托人财物；

（四）委托他人投资证券、期货或者以其他委托理财名义，未实际出资而获取收益，或者虽然实际出资，但获取收益明显高于出资应得收益；

（五）利用企业上市或者上市公司并购、重组、定向增发等过程中的内幕消息、商业秘密以及企业的知识产权、业务渠道等无形资产或者资源，为本人或者配偶、子女及其他特定关系人谋取利益；

（六）未经批准兼任本企业所出资企业或者其他企业、事业单位、社会团体、中介机构的领导职务，或者经批准兼职的，擅自领取薪酬及其他收入；

（七）将企业经济往来中的折扣费、中介费、佣金、礼金，以及因企业行为受到有关部门和单位奖励的财物等据为己有或者私分；

（八）其他利用职权谋取私利以及损害本企业利益的行为。

第六条　国有企业领导人员应当正确行使经营管理权，防止可能侵害公共利益、企业利益行为的发生。不得有下列行为：

（一）本人的配偶、子女及其他特定关系人，在本企业的关联企业、与本企业有业务关系的企业投资入股；

（二）将国有资产委托、租赁、承包给配偶、子女及其他特定关系人经营；

（三）利用职权为配偶、子女及其他特定关系人从事营利性经营活动提供便利条件；

（四）利用职权相互为对方及其配偶、子女和其他特定关系人从事营利性经营活动提供便利条件；

（五）本人的配偶、子女及其他特定关系人投资或者经营的企业与本企业或者有出资关系的企业发生可能侵害公共利益、企业利益的经济业务往来；

（六）按照规定应当实行任职回避和公务回避而没有回避；

（七）离职或者退休后三年内，在与原任职企业有业务关系的私营企业、外资企业和中介机构担任职务、投资入股，或者在上述企业或者机构从事、代理与原任职企业经营业务相关的经营活动；

（八）其他可能侵害公共利益、企业利益的行为。

第七条　国有企业领导人员应当勤俭节约，依据有关规定进行职务消费。不得有下列行为：

（一）超出报履行国有资产出资人职责的机构备案的预算进行职务消费；

（二）将履行工作职责以外的费用列入职务消费；

（三）在特定关系人经营的场所进行职务消费；

（四）不按照规定公开职务消费情况；

（五）用公款旅游或者变相旅游；

（六）在企业发生非政策性亏损或者拖欠职工工资期间，购买或者更换小汽车、公务包机、装修办公室、添置高档办公设备等；

（七）使用信用卡、签单等形式进行职务消费，不提供原始凭证和相应的情况说明；

（八）其他违反规定的职务消费以及奢侈浪费行为。

第八条　国有企业领导人员应当加强作风建设，注重自身修养，增强社会责任意识，树立良好的公众形象。不得有下列行为：

（一）弄虚作假，骗取荣誉、职务、职称、待遇或者其他利益；

（二）大办婚丧喜庆事宜，造成不良影响，或者借机敛财；

（三）默许、纵容配偶、子女和身边工作人员利用本人的职权和地位从事可能造成不良影响的活动；

（四）用公款支付与公务无关的娱乐活动费用；

（五）在有正常办公和居住场所的情况下用公款长期包租宾馆；

（六）漠视职工正当要求，侵害职工合法权益；

（七）从事有悖社会公德的活动。

第三章　实施与监督

第九条　国有企业应当依据本规定制定规章制度或者将本规定的要求纳入公司章程，建立健全监督制约机制，保证本规定的贯彻执行。

国有企业党委（党组）书记、董事长、总经理为本企业实施本规定的主要责任人。

第十条　国有企业领导人员应当将贯彻落实本规定的情况作为民主生活会对照检查、年度述职述廉和职工代表大会民主评议的重要内容，接受监督和民主评议。

第十一条　国有企业应当明确决策原则和程序，在规定期限内将生产经营的重大决策、重要人事任免、重大项目安排及大额度资金运作事项的决策情况报告履行国有资产出资人职责的机构，将涉及职工切身利益的事项向职工代表大会报告。

需经职工代表大会讨论通过的事项，应当经职工代表大会讨论通过后实施。

第十二条　国有企业应当完善以职工代表大会为基本形式的企业民主管理制度，实行厂务公开制度，并报履行国有资产出资人职责的机构备案。

第十三条　国有企业应当按照有关规定建立健全职务消费制度，报履行国有资产出资人职责的机构备案，并将职务消费情况作为厂务公开的内容向职工公开。

第十四条　国有企业领导人员应当按年度向履行国有资产出资人职责的机构报告兼职、投资入股、国（境）外存款和购置不动产情况，配偶、子女从业和出国（境）定居及有关情况，以及本人认为应当报告的其他事项，并以适当方式在一定范围内公开。

第十五条　国有企业应当结合本规定建立领导人员从业承诺制度，规范领导人员从业行为以及离职和退休后的相关行为。

第十六条 履行国有资产出资人职责的机构和人事主管部门应当结合实际，完善国有企业领导人员的薪酬管理制度，规范和完善激励和约束机制。

第十七条 纪检监察机关、组织人事部门和履行国有资产出资人职责的机构，应当对国有企业领导人员进行经常性的教育和监督。

第十八条 履行国有资产出资人职责的机构和审计部门应当依法开展各项审计监督，严格执行国有企业领导人员任期和离任经济责任审计制度，建立健全纪检监察和审计监督工作的协调运行机制。

第十九条 各级纪检监察机关、组织人事部门和履行国有资产出资人职责机构的纪检监察机构，应当对所管辖的国有企业领导人员执行本规定的情况进行监督检查。

国有企业的纪检监察机构应当结合年度考核，每年对所管辖的国有企业领导人员执行本规定的情况进行监督检查，并作出评估，向企业党组织和上级纪检监察机构报告。

对违反本规定行为的检举和控告，有关机构应当及时受理，并作出处理决定或者提出处理建议。

对违反本规定行为的检举和控告符合函询条件的，应当按规定进行函询。

对检举、控告违反本规定行为的职工进行打击报复的，应当追究相关责任人的责任。

第二十条 各级组织人事部门和履行国有资产出资人职责的机构，应当将廉洁从业情况作为对国有企业领导人员考察、考核的重要内容和任免的重要依据。

第二十一条 国有企业的监事会应当依照有关规定加强对国有企业领导人员廉洁从业情况的监督。

按照本规定第十一条至第十四条向履行国有资产出资人职责的机构报告、备案的事项，应当同时抄报本企业监事会。

第四章 违反规定行为的处理

第二十二条 国有企业领导人员违反本规定第二章所列行为规范的，视情节轻重，由有关机构按照管理权限分别给予警示谈话、调离岗位、降职、免职处理。

应当追究纪律责任的，除适用前款规定外，视情节轻重，依照国家有关法律法规给予相应的处分。

对于其中的共产党员，视情节轻重，依照《中国共产党纪律处分条例》给予相应的党纪处分。

涉嫌犯罪的，依法移送司法机关处理。

第二十三条 国有企业领导人员受到警示谈话、调离岗位、降职、免职处理的，应当减发或者全部扣发当年的绩效薪金、奖金。

第二十四条 国有企业领导人员违反本规定获取的不正当经济利益，应当责令清退；给国有企业造成经济损失的，应当依据国家或者企业的有关规定承担经济赔偿责任。

第二十五条 国有企业领导人员违反本规定受到降职处理的，两年内不得担任与其原任职务相当或者高于其原任职务的职务。

受到免职处理的，两年内不得担任国有企业的领导职务；因违反国家法律，造成国有资产重大损失被免职的，五年内不得担任国有企业的领导职务。

构成犯罪被判处刑罚的，终身不得担任国有企业的领导职务。

第五章 附 则

第二十六条 国有企业领导班子成员以外的对国有资产负有经营管理责任的其他人员、国有企业所属事业单位的领导人员参照本规定执行。

国有参股企业（含国有参股金融企业）中对国有资产负有经营管理责任的人员参照本规定执行。

第二十七条 本规定所称履行国有资产出

资人职责的机构，包括作为国有资产出资人代表的各级国有资产监督管理机构、尚未实行政资分开代行出资人职责的政府主管部门和其他机构以及授权经营的母公司。

本规定所称特定关系人，是指与国有企业领导人员有近亲属以及其他共同利益关系的人。

第二十八条　国务院国资委，各省、自治区、直辖市，可以根据本规定制定实施办法，并报中央纪委、监察部备案。

中国银监会、中国证监会、中国保监会，中央管理的国有独资金融企业和国有控股金融企业，可以结合金融行业的实际，制定本规定的补充规定，并报中央纪委、监察部备案。

第二十九条　本规定由中央纪委商中央组织部、监察部解释。

第三十条　本规定自发布之日起施行。2004年发布的《国有企业领导人员廉洁从业若干规定(试行)》同时废止。

现行的其他有关规定，凡与本规定不一致的，依照本规定执行。

(此文载2009年7月13日《人民日报》)

2009—2013年全国党员教育培训工作规划

党员教育培训工作是党的建设的一项基础性工程，是党的十七大提出的重要战略任务。为了切实做好这项工作，根据《中国共产党章程》和党内有关规定，制定本规划。

一、指导思想和基本要求

(一)指导思想

高举中国特色社会主义伟大旗帜，以邓小平理论和“三个代表”重要思想为指导，深入贯彻落实科学发展观，按照加强党的执政能力建设和先进性建设的要求，适应建设学习型政党的需要，以学习贯彻中国特色社会主义理论体系和党章为重点，围绕党的中心任务，大规模开展党员教育培训，全方位提高党员队伍素质，为构建社会主义和谐社会、全面建设小康社会、加快推进社会主义现代化提供坚强的思想政治保证和组织保证。

(二)基本要求

1.坚持把增强党性作为第一任务，将理想信念教育与能力建设贯穿始终。坚持不懈地用中国特色社会主义理论体系武装广大党员，引导党员联系实际、学以致用，把增强党性与提高能力统一起来，讲党性、重品行、作表率，始终保持和发展共产党人的先进性。

2.坚持以人为本，增强教育培训的针对性和实效性。尊重党员主体地位，把握党员需求，按需施教，分类施教，在服务中加强教育培训，在教育培训中体现服务，激发党员参加教育培训的主动性、积极性，使广大党员愿意学、学得懂、用得上、用得好。

3.坚持统筹协调，做到经常性教育与集中培训并重。面向全体党员，突出重点，采取灵活多样的方式方法抓好经常性教育和集中培训，把党员享有接受教育培训的权利与履行学习的义务落到实处。

4.坚持改革创新，探索建立大规模教育培训党员工作新机制。创新培训理念，完善培训内容，改进培训方式，整合培训资源，拓宽培训渠道，促使党员教育培训工作向科学化、制度化、规范化方向发展。

二、工作目标和主要任务

(一)工作目标

从2009年起，用5年时间，在切实加强经常性教育的基础上，对未纳入各级党委干部教育培训范围的广大基层党员普遍进行培训。通过教育培训，使广大党员的理想信念进一步坚定、党性观念进一步增强、优良作风进一步养成、工作能力进一步提高、先锋模范作用进一步发挥，不断增强党的创造力、凝聚力、战斗力。

（二）主要任务

在认真开展深入学习实践科学发展观活动和贯彻落实 2006 年中共中央办公厅印发的《关于加强党员经常性教育的意见》有关精神的基础上，根据不同类型、不同层次、不同岗位党员的实际需求，科学拟定计划，有步骤、有重点地组织开展党员教育培训。

党员教育培训的主要内容是：始终把中国特色社会主义理论体系教育放在首位，对广大党员进行党章和党的基本理论、党的基本知识、党的历史、党的路线方针政策和形势任务教育，法律法规和党风党纪教育，业务知识和技术技能培训。

广大农村、城市社区党员和各级各类学校学生党员的教育培训分别由其所在地乡镇党委、街道党（工）委和学校党组织负责组织实施，新经济组织和新社会组织党员的教育培训由其上一级党组织负责组织实施，每年至少进行一次，时间一般不少于 16 学时，其中党组织领导班子成员及新经济组织和新社会组织党建工作指导员一般不少于 24 学时。

党政机关、国有企业和事业单位以及金融机构党员的教育培训，由其所在单位党组织负责组织实施，每年至少进行一次，时间一般不少于 24 学时，其中党组织领导班子成员一般不少于 40 学时。

其他各类基层党员的教育培训，均按党组织隶属关系由其上一级党组织负责组织实施。

纳入各级党委干部教育培训范围的党员领导干部，除认真执行干部教育培训的有关要求外，要带头参加所在单位的党员教育培训。

三、重点工程

——农村党组织书记培训工程。着眼于建设一支守信念、讲奉献、有本领、重品行的农村党组织带头人队伍，切实抓好农村党组织书记的培训。通过省级示范培训、市级重点培训、县级普遍培训，将农村党组织书记组织到县级及以上党校和有关培训机构进行集中培训，每年至少进行一次，时间一般不少于 40 学时。对新任的农村党组织书记及时进行任职培训。

——新党员培训工程。着眼于增强党员意识、发挥先锋模范作用，进一步从思想上入党，切实抓好新党员的教育培训。通过集中学习、党课教育、座谈研讨、主题活动等方式，使每名新党员在入党后一年内至少参加一次集中培训，时间一般不少于 24 学时，按党组织隶属关系由其上一级党组织负责组织实施。

——大学生“村官”党员培训工程。着眼于培养善于做群众工作的社会主义新农村建设带头人，切实抓好大学生“村官”党员的培训。采取在县级及以上党校集中培训、到先进村实践培训、请优秀乡村干部传授经验等多种方式，组织大学生“村官”党员在上岗前培训一次，签约期内每年至少培训一次，时间一般均不少于 40 学时。

——党员创业就业技能培训工程。着眼于提高党员带头奔小康、带领群众奔小康的本领，切实加强党员的创业就业技能培训。将党员创业就业技能培训纳入新型农民科技培训工程、绿色证书培训工程、农村劳动力转移培训阳光工程、成人继续教育和再就业培训工程等。各级党委组织部门与农业、科技、人力资源和社会保障等部门密切配合，重点抓好农村党员的实用技术培训和流动党员特别是农民工党员、下岗失业职工党员、退伍转业军人党员的创业就业技能培训，努力使他们掌握 1 门以上技术技能，切实提高创业就业本领。

四、工作措施

（一）创新方式方法，激发党员参加教育培训的内在动力

坚持和完善长期以来行之有效的党员教育

培训方式方法。适应新形势新任务的要求，积极探索更加务实管用、灵活多样的党员教育培训方法和途径。

积极组织党员参加党内集中教育活动。坚持以正面教育、自我教育为主的方针，解放思想、联系实际，解决自身存在的突出问题，使党员普遍受教育、群众长期得实惠。

建立健全党员集中轮训制度。加强党员培训需求调研，有针对性地制定培训计划，确定培训内容，分期分批开展党员集中轮训。普遍推行农村党员春训、冬训的培训方式。推广菜单式选学等模式，采取专题辅导、案例分析、交流研讨、知识竞赛、现身说法等方式，增强党员教育培训的吸引力和感染力。

完善党员领导干部讲党课制度。组织县处级以上党员领导干部和基层党委负责同志定期为党员、入党积极分子讲党课，围绕党员普遍关注的热点、难点、疑点问题，深入浅出地作出解答，使党员思想上受到启发、理论上得到武装。

广泛开设党员"流动课堂"。组织党校教师、讲师团成员、先进典型代表、专家学者、科技人员等，进农村、进社区、进企业、进学校，流动办学、送教上门，力求做到哪里有党员，哪里就有教育课堂。"流动课堂"要紧贴党员实际，从党员最想学到的知识、最想掌握的技术技能教起，帮助党员提高认识、丰富知识、增强能力。

开展主题党日教育培训活动。结合党员实际和工作需要，确定特色鲜明的党日主题，组织党员开展学习培训或实践活动。党员领导干部要带头参加主题党日教育培训活动。

（二）开发整合资源，构建富有活力的党员教育培训新格局

开发整合党员教育培训阵地资源。完善功能，强化服务，把村（社区）级组织活动场所、党员服务中心（站、点）和农村党员干部现代远程教育站点建设成为农村、街道社区党员教育培训的主阵地。突出党的创新理论培训这一办学特色，充分发挥各级党校在党员教育培训中的重要作用。依托高等学校、职业技术院校和科研院所、社会培训机构、科技示范基地等，开展党员业务技能培训。充分利用爱国主义教育基地、警示教育基地、廉政教育示范基地等，对党员进行党的历史、党的优良传统和作风、党的纪律等的教育培训。省（自治区、直辖市）、市（地）、县（市）要结合实际建立党员教育培训示范基地。积极推进军民共建、警民共建党员教育培训基地建设。

优化整合党员教育培训师资资源。按照数量充足、结构合理、素质优良、专兼结合的要求，优化整合党员教育培训师资队伍。省（自治区、直辖市）、市（地）、县（市）都要建立开放式党员教育培训师资库，选聘党校干校和大中专院校教师、领导干部、先进模范人物、科技人员、技术骨干、乡土人才、致富能手等担任专兼职教师。鼓励建立党员教育培训志愿者讲师队伍。完善遴选制度，探索实行师资联聘、动态管理机制，逐步实现优质师资资源共享。

加强党员教育培训教材建设。中央组织部会同有关部门组织编写党的基本知识简明读本、党史简明读本。地方各级党委可编写制作符合实际、各具特色、少而精的党员教育培训辅导材料。基层党组织可根据党员多样化、个性化的学习需要，为党员推荐学习书目，提供学习材料。充分发挥图书、报刊在党员教育培训中的作用，倡导创建农村、社区"党员书屋"。

（三）积极运用现代信息传播手段，努力提高党员教育培训的现代化水平

继续加强农村党员干部现代远程教育和党员电化教育。到2010年底，实现全国农村党员干部现代远程教育乡村网络基本覆盖。积极推进党员干部现代远程教育网络进党政机关，入街道社区、企业和高等学校。坚持重在使用，努力拓展党员干部现代远程教育和党员电化教育服务的领域、对象、内容、手段、功能，不断提高教育培训的质量和效果。

充分利用电视、互联网等大众传媒开展党员教育培训工作。在中央电视台和地方电视台开办党员教育栏目。整合党员教育培训网络资源，建立全国党员教育培训网。本单位建有网站的，党组织要在网站上设立党员教育栏目。倡导建立网上党校，探索运用在线学习、“红色”短信、手机报等手段开展党员教育培训。

积极开发党员教育培训信息资源。省（自治区、直辖市）、市（地）、县（市）要建立数量充足、内容丰富、使用方便的党员教育培训信息资源库，加强对电教片、远程教育课件等现代教学资源的开发和应用，满足党员教育培训的需要。

五、组织领导

各级党委（党组）要高度重视党员教育培训工作，将其纳入党建工作责任制，列入重要议事日程，切实加强领导。要健全中央和地方各级党委党员教育培训联系会议制度，在党委统一领导下，由组织部门牵头，纪检机关、宣传部门、党校等为成员单位，负责党员教育培训工作的安排部署和督促检查。联系会议每年至少召开一次，专题研究解决党员教育培训工作中的困难和问题。各级党委组织部门、纪检机关、宣传部门和党校要健全党员教育培训职能机构，保证足够的人员编制，充实必要的工作力量。基层党委可从实际出发，配备专兼职组织员，负责党员教育培训的组织管理工作。

妥善解决党员教育培训经费。各级党委（党组）留存的党费主要用于党员教育培训。各级财政在安排培训经费预算时要统筹安排党员教育培训经费。国有企业要从按规定提取的职工教育经费中足额安排党员教育培训经费。事业单位要按规定渠道合理安排党员教育培训经费。各级安排的党员教育培训经费要向农村、街道社区和其他有困难的基层党组织倾斜。中央组织部代中央管理的党费要加大对革命老区、民族地区、边疆地区、贫困地区特别是遭受严重自然灾害地区党员教育培训工作的支持力度。

加强对党员教育培训工作的督促检查。建立党员教育培训登记制度，承担党员教育培训任务的单位要建立学员管理制度和学籍档案制度，将党员参加培训的情况及时向其所在党组织反馈。各级党委组织部门要切实加强对党员教育培训工作的督促检查，总结经验，查找问题，推动工作。

各地区各部门要根据本规划，结合实际制定贯彻落实的具体意见和年度工作计划。

中国人民解放军和中国人民武装警察部队的党员教育培训工作，由解放军总政治部根据本规划的精神制定实施意见。

（此文载 2009 年 7 月 27 日《人民日报》）

中共中央关于加强和改进新形势下党的建设若干重大问题的决定

（2009 年 9 月 18 日中国共产党第十七届中央委员会第四次全体会议通过）

中国共产党第十七届中央委员会第四次全体会议，全面分析形势和任务，认为在新中国成立六十周年之际，进一步研究和部署以改革创新精神推进党的建设新的伟大工程，对于全面贯彻党的十七大精神，深入贯彻落实科学发展观，有效应对国际金融危机冲击、保持经济平稳较快发展，夺取全面建设小康社会新胜利、开创中国特色社会主义事业新局面，具有重大而深远的意义。全会就加强和改进新形势下党的建设若干重大问题作出如下决定。

一、加强和改进新形势下党的建设的重要性和紧迫性

中国共产党成立八十八年、执政六十年、领导改革开放三十年来，几代中国共产党人始终以实现中华民族伟大复兴为己任，坚持把马克思主义基本原理同中国具体实际相结合，团结带领全国各族人民不懈奋斗，战胜各种艰难险阻，不断取得革命、建设、改革的伟大胜利。我国相继实现了从半殖民地半封建社会到民族独立、人民当家作主新社会的历史性转变，从新民主主义革命到社会主义革命和建设的历史性转变，从高度集中的计划经济体制到充满活力的社会主义市场经济体制、从封闭半封闭到全方位开放的历史性转变，综合国力大幅跃升，人民生活明显改善，国际地位显著提高，中华民族巍然屹立于世界民族之林。这是中国共产党人认识世界、改造世界的伟大创举，是根本改变中华民族命运、深刻影响人类历史进程的伟大变革。实践证明，没有中国共产党就没有新中国，就没有中国特色社会主义。办好中国的事情，关键在党。坚持中国特色社会主义道路，推进社会主义现代化，实现中华民族伟大复兴，必须毫不动摇地坚持中国共产党的领导。

当今世界正处在大发展大变革大调整时期。世界多极化、经济全球化深入发展，科技进步日新月异，国际金融危机影响深远，世界经济格局发生新变化，国际力量对比出现新态势，全球思想文化交流交融交锋呈现新特点，发达国家在经济、科技等方面仍占优势，综合国力竞争和各种力量较量更趋激烈，不稳定不确定因素增多，给我国发展带来新的机遇和挑战。我国经济建设、政治建设、文化建设、社会建设以及生态文明建设全面推进，工业化、信息化、城镇化、市场化、国际化深入发展，我国正处在进一步发展的重要战略机遇期，在新的历史起点上向前迈进。总的来看，我国仍处于并将长期处于社会主义初级阶段的基本国情没有变，人民日益增长的物质文化需要同落后的社会生产之间的矛盾这一社会主要矛盾没有变，同时我国发展呈现一系列新的阶段性特征，出现一系列新情况新问题。在我们这个十几亿人口的发展中大国，党在推进改革开放和社会主义现代化建设中肩负任务的艰巨性、复杂性、繁重性世所罕见。党要适应这样的新形势，统筹国内国际两个大局，更好带领全国各族人民聚精会神搞建设、一心一意谋发展，实现党的十七大描绘的宏伟蓝图，必须进一步加强和改进自身建设。

党的建设是党领导的伟大事业不断取得胜利的重要法宝。新中国成立以来特别是改革开放以来，我们党根据自身历史方位和中心任务的变化，不断提高领导水平和执政水平、提高拒腐防变和抵御风险能力，取得巨大成就。当前，党的领导水平和执政水平、党的建设状况、党员队伍素质总体上同党肩负的历史使命是适应的。同时，党内也存在不少不适应新形势新任务要求、不符合党的性质和宗旨的问题，主要是：一些党员、干部忽视理论学习、学用脱节，理想信念动摇，对马克思主义信仰不坚定，对中国特色社会主义缺乏信心；一些党组织贯彻民主集中制不力，有的对中央决策部署执行不认真，有的对党员民主权利保障落实不到位，一些党员干部法治意识、纪律观念淡薄；一些领导班子整体作用发挥不够，推动科学发展、处理复杂问题能力不够，一些地方和部门选人用人公信度不高，跑官要官、买官卖官等问题屡禁不止；一些基层党组织战斗堡垒作用不强，有的软弱涣散，有的领域党组织覆盖面不广，部分党员党员意识淡化、先锋模范作用不明显；有些领导干部宗旨意识淡薄，脱离群众、脱离实际，不讲原则、不负责任，言行不一、弄虚作假，铺张浪费、奢靡享乐，个人主义突出，形式主义、官僚主义严重；一些领导干部特别是高级干部中发生的腐败案件影响恶劣，一些领域腐败现象易发多发。这些问题严重削弱党的创造力、凝聚力、战斗力，严重损害党同人民群众的血肉联系，严重影响党的执政地位巩固和执政使命实现，必须引起全党警醒，抓紧加以解决。

全党必须牢记，党的先进性和党的执政地位都不是一劳永逸、一成不变的，过去先进不等于现在先进，现在先进不等于永远先进；过去拥有不等于现在拥有，现在拥有不等于永远拥有。世情、国情、党情的深刻变化对党的建设提出了新的要求，党面临的执政考验、改革开放考验、市场经济考验、外部环境考验是长期的、复杂的、严峻的，落实党要管党、从严治党的任务比过去任何时候都更为繁重和紧迫。全党必须居安思危，增强忧患意识，常怀忧党之心，恪尽兴党之责，勇于变革、勇于创新，永不僵化、永不停滞，继续推进党的建设新的伟大工程，确保党在世界形势深刻变化的历史进程中始终走在时代前列，在应对国内外各种风险和考验的历史进程中始终成为全国人民的主心骨，在发展中国特色社会主义的历史进程中始终成为坚强的领导核心。

二、总结运用和丰富发展执政党建设基本经验

我们党在长期执政实践中，围绕建设什么样的党、怎样建设党这个重大课题，不断总结和运用自身建设正反两方面经验，借鉴世界上一些执政党兴衰成败的经验教训，探索形成了我们党作为马克思主义执政党加强自身建设的基本经验。

第一，坚持把思想理论建设放在首位，提高全党马克思主义水平。始终以思想理论建设为根本建设，坚持党的思想路线，解放思想、实事求是、与时俱进，坚持真理、修正错误，不断推进马克思主义中国化、时代化、大众化，坚持以马克思列宁主义、毛泽东思想、邓小平理论和“三个代表”重要思想为指导，深入贯彻落实科学发展观，提高运用科学理论改造主观世界和客观世界能力，使党的理论和实践始终体现时代性、把握规律性、富于创造性。

第二，坚持把推进党的建设伟大工程同推进党领导的伟大事业紧密结合起来，保证党始终成为社会主义事业的坚强领导核心。党的建设必须紧紧围绕和服务党领导的伟大事业，按照党的政治路线来进行，围绕党的中心任务来展开，朝着党的建设总目标来加强，着力提高党的创造力、凝聚力、战斗力，为抓好发展这个党执政兴国的第一要务、建设富强民主文明和谐的社会主义现代化国家、坚持和发展中国特色社会主义提供根本保证。

第三，坚持以执政能力建设和先进性建设为主线，保证党始终走在时代前列。把执政能力建设和先进性建设作为执政党建设的根本任务，坚持科学执政、民主执政、依法执政，着力提高党总揽全局、协调各方能力和水平，建设高素质干部队伍，凝聚各方面人才和力量，充分发挥党委领导核心作用、基层党组织战斗堡垒作用、共产党员先锋模范作用，使党始终代表中国先进生产力发展要求、中国先进文化前进方向、中国最广大人民根本利益。

第四，坚持立党为公、执政为民，保持党同人民群众的血肉联系。坚持全心全意为人民服务根本宗旨，坚持以人为本，贯彻马克思主义群众观点和党的群众路线，实现好、维护好、发展好最广大人民根本利益，做到权为民所用、情为民所系、利为民所谋，不断增强党的阶级基础、扩大党的群众基础，使党始终得到人民群众支持和拥护。

第五，坚持改革创新，增强党的生机活力。坚持继承和创新相结合，坚持用时代发展要求审视自己、以改革创新精神提高和完善自己，不断推进党的建设实践创新、理论创新、制度创新，建立健全以党章为根本、以民主集中制为核心的制度体系，推进党的建设科学化、制度化、规范化，发展党内民主，保障党的团结统一，增强党的创造活力。

第六，坚持党要管党、从严治党，提高管党治党水平。治国必先治党、治党务必从严，实行党建工作责任制，坚持严格要求、严格教育、严格管理、严格监督，开展批评和自我批评，严肃党的纪律，从关系人心向背和党的生死存亡的战略高度加强党风廉政建设，坚持不懈开展反腐败斗争，坚决纠正损害群众利益的不正之风，不断解决党内存在的问题，始终保持党的先进

性和纯洁性。

这些基本经验，体现和深化了对共产党执政规律、社会主义建设规律、人类社会发展规律的认识，必须倍加重视、倍加珍惜，必须作为加强和改进新形势下党的建设的重要指导原则长期坚持，并在实践中不断丰富发展。

加强和改进新形势下党的建设，必须全面贯彻党的十七大关于党的建设总体部署，按照党章要求，着眼于继续解放思想、坚持改革开放、推动科学发展、促进社会和谐，着眼于提高党的执政能力、保持和发展党的先进性，着眼于增强全党为党和人民事业不懈奋斗的使命感和责任感，着眼于保持党同人民群众的血肉联系，突出重点，突破难点，全面推进思想建设、组织建设、作风建设、制度建设和反腐倡廉建设，提高党的建设科学化水平，进一步把党建设成为立党为公、执政为民，求真务实、改革创新，艰苦奋斗、清正廉洁，富有活力、团结和谐的马克思主义执政党，确保党始终是中国工人阶级的先锋队、同时是中国人民和中华民族的先锋队。

三、建设马克思主义学习型政党，提高全党思想政治水平

世界在变化，形势在发展，中国特色社会主义实践在深入，不断学习、善于学习，努力掌握和运用一切科学的新思想、新知识、新经验，是党始终走在时代前列引领中国发展进步的决定性因素。必须按照科学理论武装、具有世界眼光、善于把握规律、富有创新精神的要求，把建设马克思主义学习型政党作为重大而紧迫的战略任务抓紧抓好。

(一)推进马克思主义中国化、时代化、大众化。坚持把马克思主义作为立党立国的根本指导思想，紧密结合我国国情和时代特征大力推进理论创新，在实践中检验真理、发展真理，用发展着的马克思主义指导新的实践，是建设马克思主义学习型政党的首要任务。坚持运用马克思主义立场、观点、方法准确把握当今世界发展大势，准确把握社会主义初级阶段基本国情，准确把握改革发展实际，及时总结党领导人民创造的新鲜经验，围绕什么是马克思主义、怎样对待马克思主义，什么是社会主义、怎样建设社会主义，建设什么样的党、怎样建设党，实现什么样的发展、怎样发展等重大问题，不断作出新的理论概括，增强理论说服力和感召力，丰富发展中国特色社会主义理论体系，为进一步认识世界和改造世界、推动党和国家事业发展提供强有力的理论指导。深入实施马克思主义理论研究和建设工程，建设充分反映马克思主义中国化最新成果的学科体系和教材体系，培养造就一大批马克思主义理论家特别是中青年理论家，推动中国特色社会主义理论体系进教材、进课堂、进头脑，增强科学理论教育引导群众作用。

(二)用中国特色社会主义理论体系武装全党。组织党员、干部深入学习马克思列宁主义、毛泽东思想、邓小平理论、“三个代表”重要思想以及科学发展观，牢固树立辩证唯物主义和历史唯物主义世界观和方法论，系统掌握中国特色社会主义理论体系。认真总结深入学习实践科学发展观活动成功经验，形成有利于学习研究和贯彻落实科学发展观的政策导向、舆论导向、用人导向和体制机制，不断推动学习实践向深度和广度发展。党员领导干部要作真学真懂真信真用的表率，着力提高理论素养和解决实际问题能力。中央委员和省部级领导干部要认真研读马克思主义特别是中国特色社会主义理论体系基本著作，切实提高战略思维、创新思维、辩证思维能力，带头探索回答重大理论和实践问题。大力弘扬理论联系实际的学风，引导党员、干部把学习理论同研究解决人民最关心最直接最现实的利益问题、本地区本部门改革发展稳定的重大问题、党的建设突出问题结合起来，增强工作的原则性、系统性、预见性、创造性。

(三)开展社会主义核心价值体系学习教育。党员、干部模范学习践行社会主义核心价值体系，是建设马克思主义学习型政党的重要

任务。把理想信念教育作为全党学习践行社会主义核心价值体系的重中之重，教育引导党员着力增强贯彻党的基本理论、基本路线、基本纲领、基本经验的自觉性和坚定性，增强走中国特色社会主义道路、为党和人民事业不懈奋斗的自觉性和坚定性，做共产主义远大理想和中国特色社会主义共同理想的坚定信仰者。引导党员、干部增强党的意识、宗旨意识、执政意识、大局意识、责任意识，做到为党分忧、为国尽责、为民奉献。加强党的意识形态工作和思想政治工作，引导党员、干部增强政治敏锐性和政治鉴别力，筑牢思想防线，自觉划清马克思主义同反马克思主义的界限，社会主义公有制为主体、多种所有制经济共同发展的基本经济制度同私有化和单一公有制的界限，中国特色社会主义民主同西方资本主义民主的界限，社会主义思想文化同封建主义、资本主义腐朽思想文化的界限，坚决抵制各种错误思想影响，始终保持立场坚定、头脑清醒。加强思想道德建设，加强党的优良传统教育，加强中华优秀文化传统教育，引导党员、干部带头弘扬以爱国主义为核心的民族精神和以改革创新为核心的时代精神，自觉践行社会主义荣辱观，培养高尚道德情操和健康生活情趣，保持昂扬奋发的精神状态。

（四）建设学习型党组织。在全党营造崇尚学习的浓厚氛围，积极向书本学习、向实践学习、向群众学习，优化知识结构，提高综合素质，增强创新能力，使各级党组织成为学习型党组织、各级领导班子成为学习型领导班子。组织党员、干部重点学习马克思主义理论，学习党的路线方针政策和国家法律法规，学习党的历史，同时广泛学习现代化建设所需要的经济、政治、文化、科技、社会和国际等各方面知识。加强对全党学习的指导和服务，加强理论宣讲队伍建设，完善和落实党委（党组）中心组学习制度。把理论素养、学习能力作为选拔任用领导干部重要依据。充分发挥党校、行政学院、干部学院和国民教育体系在建设马克思主义学习型政党中的重要作用。

四、坚持和健全民主集中制，积极发展党内民主

党内民主是党的生命，集中统一是党的力量保证。必须坚持民主基础上的集中和集中指导下的民主相结合，以保障党员民主权利为根本，以加强党内基层民主建设为基础，切实推进党内民主，广泛凝聚全党意愿和主张，充分发挥各级党组织和广大党员的积极性、主动性、创造性，坚决维护党的集中统一。坚持以党内民主带动人民民主，以党的坚强团结保证全国各族人民的大团结。

（一）坚持和完善党的领导制度。科学的领导制度是党有效治国理政的根本保证。坚持党总揽全局、协调各方的领导核心作用，坚持党的领导、人民当家作主、依法治国有机统一，改革和完善党的领导方式和执政方式，提高党的领导水平和执政水平。党委既要支持人大、政府、政协、司法机关和人民团体依照法律和各自章程独立负责、协调一致地开展工作，又要发挥这些组织中党组的领导核心作用，保证党的路线方针政策和党委决策部署贯彻落实。坚持和完善人民代表大会制度，支持人大及其常委会依法履行职能，善于通过国家政权组织实施党对国家和社会的领导。加强和改进党的群众工作，充分发挥工会、共青团、妇联等人民团体联系和服务群众作用。以明确权责为重点，完善地方党委领导体制和工作机制，健全部门党组（党委）工作机制，健全党对国有企业和事业单位领导的体制机制。坚持党对军队绝对领导的根本原则和制度，在全面建设小康社会进程中实现富国和强军的统一。

坚持和完善中国共产党领导的多党合作和政治协商制度，坚持长期共存、互相监督、肝胆相照、荣辱与共的方针，完善党同民主党派合作共事机制，支持民主党派加强自身建设和更好履行参政议政、民主监督职能，真诚接受民主党派和无党派人士监督，鼓励党外人士做我们党的挚友和诤友。加强对统一战线的领导，促进

政党关系、民族关系、宗教关系、阶层关系、海内外同胞关系的和谐。

(二)保障党员主体地位和民主权利。以落实党员知情权、参与权、选举权、监督权为重点，进一步提高党员对党内事务的参与度，充分发挥党员在党内生活中的主体作用。推进党务公开，健全党内情况通报制度，及时公布党内信息，畅通党内信息上下互通渠道。建立党委新闻发言人制度，办好党报党刊和党建网站。拓宽党员意见表达渠道，建立健全党内事务听证咨询、党员定期评议基层党组织领导班子成员等制度。鼓励和保护党员讲真话、讲心里话，营造党内民主讨论、民主监督环境。扩大党内基层民主，发挥党的基层组织在保障党员民主权利方面的作用。加强民主集中制教育，提高党员民主素质，引导党员正确行使权利、认真履行义务。

(三)完善党代表大会制度和党内选举制度。改善党代表大会代表结构，提高基层一线代表比例，增强代表广泛性。扩大党代表大会代表对提名推荐候选人的参与，改进候选人提名方式。建立各级党代表大会代表提案制度。落实和完善党代表大会代表任期制，建立健全代表参与重大决策、参加重要干部推荐和民主评议、列席党委有关会议、联系党员群众等制度和办法，做好代表联络工作，保障代表充分行使各项权利，充分反映党员意见和建议。继续选择一些县(市、区)试行党代表大会常任制。完善党内选举办法，改进和规范选举程序和投票方式，改进候选人介绍办法。推广基层党组织领导班子成员由党员和群众公开推荐与上级党组织推荐相结合的办法，逐步扩大基层党组织领导班子直接选举范围。党的任何组织和个人不得以任何方式妨碍选举人依照规定自主行使选举权。严格控制选任制领导干部任期内职务变动，维护选举结果严肃性。

(四)完善党内民主决策机制。党的各级委员会按照集体领导、民主集中、个别酝酿、会议决定的原则决定重大事项。发挥全委会对重大问题的决策作用，完善常委会议事规则和决策程序，推行和完善地方党委讨论决定重大问题和任用重要干部票决制，健全和规范党委常委会向全委会定期报告工作并接受监督制度。提高科学决策、民主决策、依法决策水平，加强党委决策咨询工作，做好重大问题前瞻性、对策性研究，广泛听取党员、群众、基层干部意见和建议，发挥咨询研究机构、专家学者、社会听证在决策过程中的作用。落实重大决策报告制度，健全决策失误纠错改正机制和责任追究制度。完善集体领导与个人分工负责相结合的制度，提高运用民主方法形成共识、开展工作本领，注意听取不同意见，防止个人或少数人说了算。

(五)维护党的集中统一。全党同志必须时刻把党和人民放在心中最高位置，坚持党员个人服从党的组织、少数服从多数、下级组织服从上级组织、全党各个组织和全体党员服从党的全国代表大会和中央委员会，其中最重要的是坚持全党服从中央。始终同党中央在思想上政治上行动上保持高度一致，坚持把发挥地方积极性同维护中央权威结合起来，把局部利益同全局利益统一起来，严守党的纪律特别是政治纪律，保证中央政令畅通。健全对中央重大决策部署执行情况定期检查和专项督查制度、纪律保障机制，坚决纠正有令不行、有禁不止现象。党员对党的决议和政策如有不同意见，在坚决执行的前提下可以向上级组织直至中央提出，但不得公开发表和散布同中央决定相反的意见。对违反党的政治纪律的行为，必须严肃处理。

五、深化干部人事制度改革，建设善于推动科学发展、促进社会和谐的高素质干部队伍

坚持民主、公开、竞争、择优，提高选人用人公信度，形成充满活力的选人用人机制，促进优秀人才脱颖而出，是培养造就高素质干部队伍的关键。必须坚持党管干部原则，全面贯彻干部队伍革命化、年轻化、知识化、专业化方针，坚

持五湖四海，拓宽视野选拔干部，广辟途径培养干部，满腔热情爱护干部，严格要求管理干部，把各方面优秀人才集聚到党和国家事业中来。

(一)坚持德才兼备、以德为先用人标准。把干部的德放在首要位置，是保持马克思主义执政党先进性和纯洁性的根本要求和重要保证。选拔任用干部既要看才、更要看德，把政治上靠得住、工作上有本事、作风上过得硬、人民群众信得过的干部选拔上来。从政治品质和道德品行等方面完善干部德的评价标准，重点看是否忠于党、忠于国家、忠于人民，是否确立正确的世界观、权力观、事业观，是否真抓实干、敢于负责、锐意进取，是否作风正派、清正廉洁、情趣健康。注重从履行岗位职责、完成急难险重任务、关键时刻表现、对待个人名利等方面考察干部的德。坚持正确用人导向，使选拔出来的干部组织放心、群众满意，让能干事者有机会、干成事者有舞台，不让老实人吃亏，不让投机钻营者得利。

(二)完善干部选拔任用机制。扩大选人用人民主，建立健全主体清晰、程序科学、责任明确的干部选拔任用提名制度。正确分析和运用民主推荐、民主测评结果，增强科学性和真实性。鼓励多种渠道推荐干部，广开举贤荐能之路，拓宽党政干部选拔来源。健全干部考察制度，完善考察标准，落实领导干部任用延伸考察办法，增强考察准确性。完善公开选拔、竞争上岗等竞争性选拔干部方式，突出岗位特点，注重能力实绩。完善差额选拔干部办法，推行差额推荐、考察、酝酿。扩大干部工作信息公开，健全干部选拔任用监督机制和干部选拔任用责任追究制度。坚持党管人才，创新人才工作体制机制，增强人才资源配置机制活力，完善人才培养、吸引、使用、评价、激励办法，以高层次人才、高技能人才为重点统筹抓好各类人才队伍建设。匡正选人用人风气，坚决整治跑官要官、买官卖官、拉票贿选等问题。

(三)提高领导班子和领导干部推动科学发展、促进社会和谐能力。以高举旗帜、坚定信念、践行宗旨为根本，加强领导班子思想政治建设，增强班子成员顾全大局、团结协作的自觉性，提高运用科学发展观干事创业水平。加强领导班子和领导干部领导能力培养，贯彻发展是硬道理、稳定是硬任务的战略思想，重点提高谋划发展、统筹发展、优化发展、推动发展的本领和群众工作、公共服务、社会管理、维护稳定的本领，注重增强新形势下依法办事能力和应急管理、舆论引导、新兴媒体运用、做好民族宗教工作等方面能力，切实抓好发展这个第一要务、履行好维护稳定这个第一责任。优化领导班子配备，形成班子成员年龄、经历、专长、性格互补的合理结构，增强班子整体功能和合力。按照政治上强、具有领导科学发展能力、能够驾驭全局、善于抓班子带队伍、民主作风好、清正廉洁的要求，选好配强党政正职领导干部，着力抓好县委书记队伍建设。建立领导班子定期务虚制度，加强对本地区本部门重大问题研究。注重多岗位锻炼干部，加强和改进干部教育培训工作，增强培训实效，更好完成大规模培训干部、大幅度提高干部素质的任务。健全促进科学发展的领导班子和领导干部考核评价机制，强化考核结果运用，引导各级领导干部树立正确政绩观，做出经得起实践、人民、历史检验的实绩。

(四)培养造就大批优秀年轻干部。源源不断培养大批优秀年轻干部是关系党和国家事业的根本大计。加大培养选拔优秀年轻干部力度，重点加强年轻干部党性修养和实践锻炼，使他们切实做到忠诚党的事业、心系人民群众、专心做好工作、不断完善自己。鼓励年轻干部到基层工作，有计划安排年轻干部到艰苦地区、复杂环境、关键岗位砥砺品质、锤炼作风、增长才干。建立来自基层一线党政领导干部培养选拔链，大力选拔经过艰苦复杂环境磨练、重大斗争考验、实践证明优秀、有培养前途的年轻干部，扎实抓好后备干部队伍建设。加强女干部、少数民族干部、党外干部培养选拔，做到系统培养、择优使用。合理使用各年龄段干部，切实解决领导干部任职年龄层层递减问题。

(五)健全干部管理机制。干部管理要坚持严格要求与关心爱护相结合。加强干部队伍宏观管理,深化干部分类管理改革,完善公务员制度,推进企事业单位人事制度改革,制定符合企事业单位特点的人事管理办法。完善干部交流制度,加大重要部门、关键岗位、东中西部地区干部交流力度,疏通党政机关干部、企事业单位干部交流渠道。深入了解干部情况,完善谈心谈话制度,对干部存在的苗头性问题早发现、早提醒、早纠正。加大治懒治庸力度,着力解决干部管理不严问题。健全干部退出机制,切实解决干部能上不能下、能进不能出问题。严格按照领导职数配备干部,切实解决违反规定超职数配备干部问题。建立健全干部职务与职级并行制度,实行干部职级与待遇挂钩。对长期在基层和艰苦边远地区工作的干部、长期担任县乡党政领导职务的干部实行工资福利倾斜政策。全面做好离退休干部工作。

六、做好抓基层打基础工作,夯实党执政的组织基础

党的基层组织是党全部工作和战斗力的基础,是落实党的路线方针政策和各项工作任务的战斗堡垒。必须坚持围绕中心、服务大局、拓宽领域、强化功能,进一步巩固和加强党的基层组织,着力扩大覆盖面、增强生机活力,使党的基层组织充分发挥推动发展、服务群众、凝聚人心、促进和谐的作用,使广大党员牢记宗旨、心系群众。

(一)扩大基层党组织覆盖面。全面推进各领域党的基层组织建设,实现党组织和党的工作全社会覆盖,做到哪里有群众哪里就有党的工作、哪里有党员哪里就有党组织、哪里有党组织哪里就有健全的组织生活和党组织作用的充分发挥。在以地域、单位为主设置基层党组织的基础上,按照便于党员参加活动、党组织发挥作用的要求,探索完善基层党组织设置形式,推广在农民专业合作社、专业协会、产业链、外出务工经商人员相对集中点建立党组织的做法,抓紧在非公有制经济组织建立党组织,加大在中介机构、协会、学会以及各类新社会组织中建立党组织力度。以党的基层组织建设带动其他各类基层组织建设,活跃基层,打牢基础。

(二)推进基层党组织工作创新。党的基层组织要适应新形势新任务要求,创新活动内容方式,找准开展活动、发挥作用的着力点,在扩大党员参与面、提高实效性上下功夫,增强创造力、凝聚力、战斗力。把发展现代农业、培养新型农民、带领群众致富、维护农村稳定贯穿农村基层党组织活动始终,发挥党组织在建设社会主义新农村中的领导核心作用。把建设高素质经营管理者队伍、人才队伍、党员队伍、职工队伍和增强国有经济活力、控制力、影响力贯穿国有企业党组织活动始终,保证党组织参与决策、带头执行、有效监督,发挥政治核心作用。把服务群众、凝聚人心、优化管理、维护稳定贯穿街道社区党组织活动始终,发挥党组织在建设文明和谐社区中的领导核心作用。把服务中心、建设队伍贯穿机关党组织活动始终,发挥党组织在完成本部门各项任务中的协助和监督作用。把全面贯彻党的教育方针、培养社会主义建设者和接班人贯穿高等学校党组织活动始终,发挥党组织在推进教育改革、搞好教书育人、加强教师队伍建设中的领导核心作用。把做好思想政治工作、促进事业发展贯穿科研、文化、卫生、体育和中小学等事业单位党组织活动始终,发挥党组织在本单位履行职责中的政治核心作用。非公有制经济组织、新社会组织中的党组织要围绕贯彻党的方针政策、引导和监督遵守国家法律法规、团结凝聚职工群众、维护各方合法权益、促进健康发展等职能探索发挥作用的途径和方法。民族地区基层党组织要在团结各族群众推动发展、促进和谐、反对分裂、维护稳定中发挥战斗堡垒作用。普遍开展创先争优活动,深化基层党建工作三级联创活动,坚持和完善"三会一课"制度,推进基层党组织工作信息化。

(三)增强党员队伍生机活力。以提高素质为重点,抓紧抓好党员队伍建设这一基础工程。建立健全教育、管理、服务党员长效机制,激发党员增强光荣感和责任感、保持先进性内在动力。注重质量、优化结构,改进发展党员工作,加强思想上入党教育,加大在工人、农民中发展党员力度,重视在高知识群体、在大学生等各领域优秀青年中发展党员,积极做好在非公有制经济组织、新社会组织中发展党员工作。从思想、工作、生活上关心党员,做好党员服务工作,健全党内激励、关怀、帮扶机制,健全党内表彰制度,加强对老党员、生活困难党员的关怀帮扶。落实基层党员教育培训规划,建立基层党员轮训制度,拓宽党员受教育渠道。鼓励党员带头参与志愿服务,推广党员承诺制等做法,探索建立党员在居住地发挥作用机制。严格党内组织生活,坚持民主评议党员,表彰优秀党员,及时处置不合格党员。

(四)建设高素质基层党组织带头人队伍。按照守信念、讲奉献、有本领、重品行的要求,加强基层党组织书记队伍建设。拓宽农村基层干部来源,选拔优秀党员担任村党组织书记,推进选聘高校毕业生到村任职工作,鼓励转业退伍军人到乡、村工作,及时调整软弱涣散农村基层党组织班子,加强乡镇党委书记队伍建设。选好配强街道社区、非公有制经济组织、新社会组织等党组织负责人。符合条件的农村、社区、国有企业党组织书记,可以通过法定程序担任村委会主任、居委会主任、企业董事长。以明确责任、考核监督、保障服务为重点,加强对基层党组织领导班子管理。加大从农村、社区优秀基层干部中考录公务员力度。切实解决农村基层组织负责人基本报酬和社会保障问题。

(五)构建城乡统筹的基层党建新格局。统筹城乡基层党建工作,促进以城带乡、资源共享、优势互补、协调发展。建立全国党员信息库,加强党员动态管理,健全城乡一体、流入地党组织为主、流出地党组织配合的流动党员教育管理服务工作制度。实行城乡基层党组织一方为主、接续培养、两地考察、相互衔接的优秀农民工入党办法。加强城乡基层党建资源整合,普遍推行机关、企业、社区党组织同农村党组织结对帮扶等做法,推动城乡基层党组织互相促进。通过财政转移支付等建立稳定规范的基层组织工作经费保障制度。二〇一〇年底基本完成村级组织活动场所、农村党员干部现代远程教育网络一体化建设任务。加强条条为主管理和条块共管单位的基层党组织建设。加强对革命老区、民族地区、边疆地区、贫困地区基层党建工作的支持。

七、弘扬党的优良作风,保持党同人民群众的血肉联系

执政党的党风,关系党的形象,关系党和人民事业成败。必须在全党大力弘扬理论联系实际、密切联系群众、批评和自我批评的作风,始终谦虚谨慎、艰苦奋斗,以思想教育、完善制度、集中整顿、严肃纪律为抓手,下大气力解决突出问题,以优良党风促政风带民风,形成凝聚党心民心的强大力量。

(一)大兴密切联系群众之风。全党要认真贯彻党的群众路线,坚定不移依靠群众,适应群众工作新特点新要求,深入做好组织群众、宣传群众、教育群众工作,虚心向群众学习,热心为群众服务,诚心受群众监督。坚持问政于民、问需于民、问计于民,作决策、定政策充分考虑群众利益和承受能力,统筹协调各方面利益关系,切实办好顺民意、解民忧、惠民生的实事,让人民共享改革发展成果。健全服务群众制度,充分发挥党组织和党员在服务群众中的带头、推动、督促、保证作用。健全联系群众制度,创新联系群众方式,机关工作要重心下移,基层干部要坚守一线,领导干部要定期深入基层特别是经济落后、问题较多的地方调查研究,了解群众疾苦,倾听群众呼声,帮助解决困难。领导干部下基层要轻车简从,不扰民,不搞层层陪同,不组织群众迎送。拓宽社情民意反映渠道,加强和改进信访工作,健全信访联席会议制度,坚持

领导干部定期下访、定期接访、及时阅处群众来信，注重分析网络舆情。健全党和政府主导的维护群众权益机制，认真解决群众反映强烈的教育医疗、环境保护、安全生产、食品药品安全、企业改制、征地拆迁、涉农利益、涉法涉诉等方面的突出问题。完善矛盾纠纷排查化解机制，引导群众依法表达合理诉求，切实维护群众权益。

（二）大兴求真务实之风。把求真务实贯彻到治党治国各个方面各个环节，真正做到真抓实干、开拓创新。建立健全工作责任制，营造求真务实良好氛围，使党员、干部真正把心思用到干事业上，把功夫下到察实情、出实招、办实事上，努力在推动科学发展、促进社会和谐等方面不断取得实效。从领导机关做起，大力整治文风会风，提倡开短会、讲短话、讲管用的话，力戒空话套话。积极运用信息化手段，严格控制发文数量和范围，严格控制会议数量、经费、规模。大力清理检查评比达标表彰活动，切实解决节庆剪彩过多过滥问题，改进各级领导干部活动报道。坚决制止搞劳民伤财的"形象工程"和沽名钓誉的"政绩工程"。对作风飘浮、敷衍塞责引发重大事件或造成重大损失的，对弄虚作假、虚报浮夸的，必须严肃追究责任。

（三）大兴艰苦奋斗之风。全党要始终与人民群众同甘共苦、为人民利益不懈奋斗，永葆共产党人政治本色。党政机关带头厉行节约，进一步控制办公经费，把有限资金和资源更多用在发展经济、改善民生上。严格执行财经制度和经济工作纪律，从严控制楼堂馆所建设，严禁超预算超标准装修办公用房，严禁为领导干部违反规定购买、建造住房和配置用车，严格控制出国（境）团组数量和规模。对铺张浪费、奢靡享乐、挥霍公款的，必须严肃处理。对党员干部社会交往、休闲娱乐、生活作风方面的不良现象，要及时提醒、批评、制止。

（四）大兴批评和自我批评之风。增强党内生活原则性和实效性，坚决反对上下级和干部之间逢迎讨好、相互吹捧，坚决反对党内生活庸俗化。领导班子要开展严肃认真的批评和自我批评，做到知无不言、言无不尽，言者无罪、闻者足戒，有则改之、无则加勉。完善领导干部双重组织生活会制度，提高民主生活会质量，发挥民主生活会开展思想交流、提高党性修养、增进班子团结的重要作用。建立健全通过民意调查等征求群众批评意见制度，自觉接受批评，积极进行整改。领导干部特别是主要领导干部要坚持原则、敢抓敢管，勇于揭露和纠正缺点错误，及时提出改进工作的要求和建议，反对和克服好人主义。保护坚持党性原则的党员，不准压制批评，严禁打击报复。

（五）以坚强党性保证党的作风建设。把加强党性修养作为优良作风养成的重要基础和动力，教育引导全体党员加强学习、加强实践、加强党内生活锻炼，自觉学习党章、遵守党章、贯彻党章、维护党章，增强党员意识、党性观念，继承发扬党的优良传统和作风。建立党性定期分析制度，把党性分析作为民主生活会主要内容，把作风状况作为党性分析重点内容。加大对党政机关和领导干部作风方面突出问题的整顿力度。把作风建设情况纳入党风廉政建设责任制考核范围，把考核结果作为选拔任用干部重要依据。深入开展讲党性、重品行、作表率活动，广泛宣传和认真学习先进典型，使广大党员永葆蓬勃朝气、昂扬锐气、浩然正气。

八、加快推进惩治和预防腐败体系建设，深入开展反腐败斗争

坚决反对腐败，是党必须始终抓好的重大政治任务。必须充分认识反腐败斗争的长期性、复杂性、艰巨性，把反腐倡廉建设放在更加突出的位置，坚持标本兼治、综合治理、惩防并举、注重预防的方针，严格执行党风廉政建设责任制，在坚决惩治腐败的同时加大教育、监督、改革、制度创新力度，更有效地预防腐败，不断取得反腐败斗争新成效。

（一）加强廉洁从政教育和领导干部廉洁自律。贯彻为民、务实、清廉的要求，在全党深入

开展党性党风党纪教育，把廉政教育列入干部教育培训规划，有针对性地开展示范教育、警示教育、岗位廉政教育，改进教育方式，提高教育实效。加强廉政文化建设。领导干部要严格遵守廉洁自律各项规定，严格要求自己和配偶子女、身边工作人员。依纪依法查处和整治领导干部利用职务便利为本人或特定关系人谋取不正当利益等问题。完善党员领导干部报告个人有关事项制度，把住房、投资、配偶子女从业等情况列入报告内容。加强对配偶子女均已移居国（境）外的公职人员管理。进一步规范离退休领导干部在企业和各类学会、协会、基金会任职行为。按照节俭、高效、廉洁的原则，继续推进公务消费和公务接待制度改革。

（二）加大查办违纪违法案件工作力度。保持惩治腐败高压态势，坚决遏制一些领域腐败现象易发多发势头，决不让任何腐败分子逃脱党纪国法惩处。严肃查办发生在领导机关和领导干部中滥用职权、贪污贿赂、腐化堕落、失职渎职案件，严肃查办商业贿赂案件和严重侵害群众利益案件，严肃查办群体性事件和重大责任事故背后的腐败案件。加强工程建设、房地产开发、土地管理和矿产资源开发、国有资产管理、金融、司法等领域专项治理。健全反腐败协调工作机制，加强查办大案要案组织协调，形成整体合力。健全反腐倡廉网络举报和受理机制、网络信息收集和处置机制。坚持依纪依法办案，完善举报人和证人保护制度，保障被调查人合法权益，依法追究诬告陷害行为。完善重大案件剖析制度和通报制度，发挥查办案件惩戒功能和治本功能。

（三）健全权力运行制约和监督机制。以加强领导干部特别是主要领导干部监督为重点，建立健全决策权、执行权、监督权既相互制约又相互协调的权力结构和运行机制，推进权力运行程序化和公开透明。凡涉及群众切身利益的重大决策都要向社会公开，接受群众监督。严格执行和不断完善领导干部述职述廉、诫勉谈话、函询、质询、罢免或撤换等制度，地方党委常委会要把廉政勤政、选人用人等方面工作作为向全委会报告的重要内容。推行党政领导干部问责制、廉政承诺制、行政执法责任制。加强和改进巡视工作，健全巡视工作领导机制，选好配强巡视干部，完善巡视程序和方式，提高巡视成效。完善纪检监察机关派驻机构统一管理，健全对驻在部门领导班子及其成员监督的制度。完善党政主要领导干部和国有企业领导人员经济责任审计，加强对财政资金和重大投资项目审计。坚持党内监督与党外监督、专门机关监督与群众监督相结合，发挥好舆论监督作用，增强监督合力。

（四）推进反腐倡廉制度创新。坚持用制度管权、管事、管人，深化重要领域和关键环节改革，最大限度减少体制障碍和制度漏洞，完善防治腐败体制机制，提高反腐倡廉制度化、法制化水平。深化行政管理体制改革，加快推进政企分开、政资分开、政事分开、政府与市场中介组织分开，进一步减少和规范行政审批。深化司法体制和工作机制改革，加强对司法活动的监督，健全执法过错、违纪违法责任追究等制度，保证公正司法。深化预算管理制度改革，完善和规范财政转移支付制度，加强财政性资金和社会公共资金管理，彻底清理“小金库”。健全金融市场机制，加强金融监管和内控机制建设，完善金融账户实名制，有效防止和严厉惩处利用证券市场和资本运作等手段进行腐败活动。完善政府重大投资项目公示制和责任追究制。按照加快形成统一开放竞争有序现代市场体系要求推进相关改革，建立健全防止利益冲突制度，完善公共资源配置、公共资产交易、公共产品生产领域市场运行机制。完善国有企业权力运行制衡机制、薪酬激励和约束机制。加强反腐倡廉制度执行情况监督检查，提高制度执行力，维护制度权威性。

加强和改进新形势下党的建设，是全党的重大政治责任。各级党组织要认真贯彻本决定精神，坚持党要管党、从严治党，全面落实党建工作责任制，建立健全党建工作长效机制，确保党的建设各项部署落到实处。健全党委统一领导、部门齐抓共管、一级抓一级、层层抓落实的党建工作格局，充分发挥党的建设工作领导小组职能作用。各级党组织书记要切实履行抓党建第一责任人职责。完善党建工作考核综合评价体系，加强分类指导、统筹协调、监督检查，建设高素质党务工作队伍。加强党建工作调查研究，研究新情况、解决新问题、总结新经验，全面认识和自觉运用马克思主义执政党建设规律，推进党建理论创新，为加强和改进新形势下党的建设提供科学指导。

中国人民解放军和中国人民武装警察部队党的建设工作，由中央军委根据本决定精神作出部署。

全党要紧密团结在以胡锦涛同志为总书记的党中央周围，高举中国特色社会主义伟大旗帜，全面贯彻党的十七大精神，以改革创新精神全面推进党的建设新的伟大工程，团结带领全国各族人民为把党和国家事业继续推向前进而努力奋斗，永远不辜负人民的信任和期望！

（此文载 2009 年 9 月 28 日《人民日报》）

中共中央国务院关于加大统筹城乡发展力度进一步夯实农业农村发展基础的若干意见

（2009 年 12 月 31 日）

2009 年，是新世纪以来我国经济发展最为困难的一年。面对历史罕见国际金融危机的严重冲击，面对多年不遇自然灾害的重大考验，面对国内外农产品市场异常波动的不利影响，各地区各部门在党中央、国务院的坚强领导下，迎难而上，奋力拼搏，巩固和发展了农业农村好形势。粮食生产再获丰收，连续 6 年实现增产；农民工就业快速回升，农民收入连续 6 年较快增长；集体林权制度改革全面推进，农村体制创新取得新的突破；农村水电路气房建设继续加强，农民生产生活条件加快改变；农村教育、医疗、社保制度不断健全，农村民生状况明显改善；农村基层组织进一步巩固，农村社会和谐稳定。这为党和国家战胜困难、共克时艰赢得了战略主动，为保增长保民生保稳定提供了基础支撑。

当前，我国农业的开放度不断提高，城乡经济的关联度显著增强，气候变化对农业生产的影响日益加大，农业农村发展的有利条件和积极因素在积累增多，各种传统和非传统的挑战也在叠加凸显。面对复杂多变的发展环境，促进农业生产上新台阶的制约越来越多，保持农民收入较快增长的难度越来越大，转变农业发展方式的要求越来越高，破除城乡二元结构的任务越来越重。全党务必居安思危，切实防止忽视和放松“三农”工作的倾向，努力确保粮食生产不滑坡、农民收入不徘徊、农村发展好势头不逆转。必须不断深化把解决好“三农”问题作为全党工作重中之重的基本认识，稳定和完善党在农村的基本政策，突出强化农业农村的基础设施，建立健全农业社会化服务的基层体系，大力加强农村以党组织为核心的基层组织，夯实打牢农业农村发展基础，协调推进工业化、城镇化和农业现代化，努力形成城乡经济社会发展一体化新格局。

2010 年农业农村工作的总体要求是：全面贯彻党的十七大和十七届三中、四中全会以及中央经济工作会议精神，高举中国特色社会主义伟大旗帜，以邓小平理论和“三个代表”重要思想为指导，深入贯彻落实科学发展观，把统筹城乡发展作为全面建设小康社会的根本要求，把改善农村民生作为调整国民收入分配格局的重要内容，把扩大农村需求作为拉动内需的关键举措，把发展现代农业作为转变经济发展方式的重大任务，把建设社会主义新农村和推进城镇化作为保持经济平稳较快发展的持久动力，按照稳粮保供给、增收惠民生、改革促统筹、强基增后劲的基本思路，毫不松懈地抓好农业农村工作，继续为改革发展稳定大局作出新的贡献。

一、健全强农惠农政策体系，推动资源要素向农村配置

1. 继续加大国家对农业农村的投入力度。按照总量持续增加、比例稳步提高的要求，不断增加“三农”投入。要确保财政支出优先支持农业农村发展，预算内固定资产投资优先投向农业基础设施和农村民生工程，土地出让收益优先用于农业土地开发和农村基础设施建设。各级财政对农业的投入增长幅度都要高于财政经常性收入增长幅度。预算内固定资产投资要继续向重大农业农村建设项目倾斜。耕地占用税税率提高后，新增收入全部用于农业。严格按照有关规定计提和使用用于农业土地开发的土地出让收入，严格执行新增建设用地土地有偿使用费全部用于耕地开发和土地整理的规定。对各地土地收入用于农业农村的各项资金征收和使用情况进行专项检查。继续增加现代农业生产发展资金和农业综合开发资金规模。

2. 完善农业补贴制度和市场调控机制。坚持对种粮农民实行直接补贴。增加良种补贴，扩大马铃薯补贴范围，启动青稞良种补贴，实施花生良种补贴试点。进一步增加农机具购置补贴，扩大补贴种类，把牧业、林业和抗旱、节水机械设备纳入补贴范围。落实和完善农资综合补贴动态调整机制。按照存量不动、增量倾斜的原则，新增农业补贴适当向种粮大户、农民专业合作社倾斜。逐步完善适合牧区、林区、垦区特点的农业补贴政策。加强对农业补贴对象、种类、资金结算的监督检查，确保补贴政策落到实处，不准将补贴资金用于抵扣农民交费。落实小麦最低收购价政策，继续提高稻谷最低收购价。扩大销区粮食储备规模。适时采取玉米、大豆、油菜籽等临时收储政策，支持企业参与收储，健全国家收储农产品的拍卖机制，做好棉花、食糖、猪肉调控预案，保持农产品市场稳定和价格合理水平。

3. 提高农村金融服务质量和水平。加强财税政策与农村金融政策的有效衔接，引导更多信贷资金投向“三农”，切实解决农村融资难问题。落实和完善涉农贷款税收优惠、定向费用补贴、增量奖励等政策。进一步完善县域内银行业金融机构新吸收存款主要用于当地发放贷款政策。加大政策性金融对农村改革发展重点领域和薄弱环节支持力度，拓展农业发展银行支农领域，大力开展农业开发和农村基础设施建设中长期政策性信贷业务。农业银行、农村信用社、邮政储蓄银行等银行业金融机构都要进一步增加涉农信贷投放。积极推广农村小额信用贷款。加快培育村镇银行、贷款公司、农村资金互助社，有序发展小额贷款组织，引导社会资金投资设立适应“三农”需要的各类新型金融组织。抓紧制定对偏远地区新设农村金融机构费用补贴等办法，确保 3 年内消除基础金融服务空白乡镇。针对农业农村特点，创新金融产品和服务方式，搞好农村信用环境建设，加强和改进农村金融监管。建立农业产业发展基金。积极扩大农业保险保费补贴的品种和区域覆盖范围，加大中央财政对中西部地区保费补贴力度。鼓励各地对特色农业、农房等保险进行保费补贴。发展农村小额保险。健全农业再保险体系，建立财政支持的巨灾风险分散机制。支持符合条件的涉农企业上市。

4. 积极引导社会资源投向农业农村。各部门各行业要主动服务“三农”，在制定规划、安排项目、增加资金时切实向农村倾斜。大中城市要发挥对农村的辐射带动作用。鼓励各种社会力量开展与乡村结对帮扶，参与农村产业发展和公

共设施建设。企业通过公益性社会团体、县级以上人民政府及其部门或者设立专项的农村公益基金会，用于建设农村公益事业项目的捐赠支出，不超过年度利润总额12%的部分准予在计算企业所得税前扣除。有关部门要抓紧健全科技、教育、文化、卫生等下乡支农制度，通过完善精神物质奖励、职务职称晋升、定向免费培养等措施，引导更多城市教师下乡支教、城市文化和科研机构到农村拓展服务、城市医师支援农村。健全农业气象服务体系和农村气象灾害防御体系，充分发挥气象服务"三农"的重要作用。

5. 大力开拓农村市场。针对经济发展和农民生产生活需要，适时出台刺激农村消费需求的新办法新措施。加大家电、汽车、摩托车等下乡实施力度，大幅度提高家电下乡产品最高限价，对现行限价内的产品继续实行13%的补贴标准，超出限价的实行定额补贴，允许各省(自治区、直辖市)根据本地实际增选一个品种纳入补贴范围，补贴对象扩大到国有农林场(区)职工。改善售后服务，加强市场监管，严禁假冒伪劣产品流入农村。大力发展物流配送、连锁超市、电子商务等现代流通方式，支持商贸、邮政等企业向农村延伸服务，建设日用消费品、农产品、生产资料等经营网点，继续支持供销合作社新农村现代流通网络工程建设，提升"万村千乡"超市和农家店服务功能质量。鼓励农村金融机构对农民建房、购买汽车和家电等提供消费信贷，加大对兴办农家店的信贷投放。

二、提高现代农业装备水平，促进农业发展方式转变

6. 稳定发展粮食等大宗农产品生产。在稳定粮食播种面积基础上，大力优化品种结构，着力提高粮食单产和品质。全面实施全国新增千亿斤粮食生产能力规划，尽快形成生产能力。加快建立健全粮食主产区利益补偿制度，增加产粮大县奖励补助资金，提高产粮大县人均财力水平。有关扶持政策要向商品粮调出量大、对国家粮食安全贡献突出的产粮大县(农场)倾斜。继续减少直至取消主产区粮食风险基金地方资金配套。大力发展油料生产，加快优质油菜、花生生产基地县建设，积极发展油茶、核桃等木本油料。支持优势产区发展棉花、糖料生产。继续实施粮食丰产科技工程。扩大粮棉油糖高产创建实施规模，年内覆盖全国所有农业县(农场)。大力推进农作物病虫害专业化统防统治。支持垦区率先发展现代化大农业，建设大型农产品基地，带动周边农村经济社会发展。

7. 推进菜篮子产品标准化生产。实施新一轮菜篮子工程建设，加快园艺作物生产设施化、畜禽水产养殖规模化。支持建设生猪、奶牛规模养殖场(小区)，发展园艺作物标准生产基地和水产健康养殖示范场，开展标准化创建活动，推进畜禽养殖加工一体化。支持畜禽良种繁育体系建设。加强重大动物疫病防控，完善扑杀补贴政策，推进基层防疫体系建设，健全工作经费保障机制。增加渔政、渔港、渔船安全设施等建设投入，搞好水生生物增殖放流，支持发展远洋渔业。加快农产品质量安全监管体系和检验检测体系建设，积极发展无公害农产品、绿色食品、有机农产品。

8. 突出抓好水利基础设施建设。国家固定资产投资要把水利建设放在重要位置。继续加强大江大河大湖治理，逐步推进重点中小河流治理。加快大中型水利枢纽工程建设，搞好蓄滞洪区建设和山洪灾害防治。大力推进大中型灌区续建配套和节水改造，加快末级渠系建设。按期完成规划内病险水库除险加固任务，统筹安排其余病险水库除险加固。在科学规划论证基础上，启动大中型病险水闸除险加固。加快大型灌排泵站更新改造。拓宽水利建设基金筹资渠道。大幅度增加中央和省级财政小型农田水利设施建设补助专项资金规模，新增一批小型农田水利建设重点县。大力发展高效节水灌溉，支持山丘区建设雨水集蓄等小微型水利设施。通过一事一议、财政补助等办法，鼓励农民自愿投工投劳开展直接受益的小型水利设施建设。深化水利工程管理体制改革。推广农民用

水户参与管理模式，加大财政对农民用水合作组织的扶持力度。加强基层抗旱排涝和农村水利技术服务体系建设。

9. 大力建设高标准农田。按照统筹规划、分工协作、集中投入、连片推进的要求，加快建设高产稳产基本农田。重视耕地质量建设，加大投入力度，安排中长期政策性贷款，支持农田排灌、土地整治、土壤改良、机耕道路和农田林网建设，把800个产粮大县的基本农田加快建成高标准农田，建立稳固的商品粮基地。继续增加农业综合开发、农村土地整治投入，有计划分片推进中低产田改造。扩大测土配方施肥、土壤有机质提升补贴规模和范围。推广保护性耕作技术，实施旱作农业示范工程，对应用旱作农业技术给予补助。

10. 提高农业科技创新和推广能力。切实把农业科技的重点放在良种培育上，加快农业生物育种创新和推广应用体系建设。继续实施转基因生物新品种培育科技重大专项，抓紧开发具有重要应用价值和自主知识产权的功能基因和生物新品种，在科学评估、依法管理基础上，推进转基因新品种产业化。推动国内种业加快企业并购和产业整合，引导种子企业与科研单位联合，抓紧培育有核心竞争力的大型种子企业。培养农业科技领军人才，发展农业产学研联盟，加强农业重点实验室、工程技术中心、科技基础条件平台建设。实施农村科技创业行动、科技富民强县专项行动计划、科普惠农兴村计划，推进现代农业产业技术体系建设。抓紧建设乡镇或区域性农技推广等公共服务机构，扩大基层农技推广体系改革与建设示范县范围。积极发展多元化、社会化农技推广服务组织。启动基层农技推广机构特设岗位计划，鼓励高校涉农专业毕业生到基层农技推广机构工作。推进农用工业技术改造。加快发展农业机械化，大力推广机械深松整地，支持秸秆还田、水稻育插秧等农机作业。创建国家现代农业示范区。

11. 健全农产品市场体系。统筹制定全国农产品批发市场布局规划，支持重点农产品批发市场建设和升级改造，落实农产品批发市场用地等扶持政策，发展农产品大市场大流通。加大力度建设粮棉油糖等大宗农产品仓储设施，完善鲜活农产品冷链物流体系，支持大型涉农企业投资建设农产品物流设施。加快发展农产品期货市场，逐步拓展交易品种，鼓励生产经营者运用期货交易机制规避市场风险。发展农业会展经济，支持农产品营销。全面推进双百市场工程和农超对接，重点扶持农产品生产基地与大型连锁超市、学校及大企业等产销对接，减少流通环节，降低流通成本。大力培育农村经纪人，充分运用地理标志和农产品商标促进特色农业发展。加强市场动态监测和信息服务。完善全国鲜活农产品绿色通道政策。

12. 构筑牢固的生态安全屏障。巩固退耕还林成果，在重点生态脆弱区和重要生态区位，结合扶贫开发和库区移民，适当增加安排退耕还林。延长天然林保护工程实施期限，抓紧制定实施办法。继续推进三北、沿海、长江等防护林体系和京津风沙源治理、湿地保护与恢复等重点林业生态工程建设。统筹推进青海三江源生态保护和建设。加大力度筹集森林、草原、水土保持等生态效益补偿资金。从2010年起提高中央财政对属集体林的国家级公益林森林生态效益补偿标准。建立造林、抚育、保护、管理投入补贴制度，开展造林苗木、森林抚育补贴试点，中央财政对林木良种生产使用、中幼林和低产林抚育给予补贴。编制林地保护利用规划，启动森林经营工程，增强森林生态服务功能，提高林地综合产出能力。大力增加森林碳汇。切实加强草原生态保护建设，加大退牧还草工程实施力度，延长实施年限，适当提高补贴标准。落实草畜平衡制度，继续推行禁牧休牧轮牧，发展舍饲圈养，搞好人工饲草地和牧区水利建设。推进西藏草原生态保护奖励机制试点工作。加大草原鼠虫害防治力度。加强草原监理体系建设，强化草原执法监督。实施国家水土保持重点建设工程，加快岩溶地区石漠化和南方崩岗治理，启动坡耕地水土流失综合治理工程，搞好清洁小流域建设。加强农业面源污染治理，发展循环农业和生态农业。

三、加快改善农村民生，缩小城乡公共事业发展差距

13. 努力促进农民就业创业。建立覆盖城乡的公共就业服务体系，积极开展农业生产技术和农民务工技能培训，整合培训资源，规范培训工作，增强农民科学种田和就业创业能力。因地制宜发展特色高效农业、林下种养业，挖掘农业内部就业潜力。推进乡镇企业结构调整和产业升级，扶持发展农产品加工业，积极发展休闲农业、乡村旅游、森林旅游和农村服务业，拓展农村非农就业空间。完善促进创业带动就业的政策措施，将农民工返乡创业和农民就地就近创业纳入政策扶持范围。加大农民外出务工就业指导和服务力度，切实维护农民工合法权益，促进农村劳动力平稳有序转移。健全农民工社会保障制度，深入开展工伤保险全覆盖行动，加强职业病防治和农民工健康服务，将与企业建立稳定劳动关系的农民工纳入城镇职工基本医疗保险，抓紧落实包括农民工在内的城镇企业职工基本养老保险关系转移接续办法。落实以公办学校为主、以输入地为主解决好农民工子女入学问题的政策，关心农村留守儿童。

14. 提高农村教育卫生文化事业发展水平。巩固和完善农村义务教育经费保障机制，落实好教师培训制度和绩效工资制度。农村学校布局要符合实际，方便学生上学，保证学生安全。继续实施中小学校舍安全工程。逐步改善贫困地区农村学生营养状况。大力发展中等职业教育，继续推进农村中等职业教育免费进程。逐步实施农村新成长劳动力免费劳动预备制培训。完善农村三级医疗卫生服务网络，落实乡镇卫生院人员绩效工资和乡村医生公共卫生服务补助政策，逐步实施免费为农村定向培养全科医生和招聘执业医师计划。搞好农村地区妇幼卫生工作和疾病防治，加强农村食品和药品监管。积极发展农村远程教育、远程医疗。稳定农村低生育水平，继续推进新农村新家庭计划和少生快富工程，完善农村部分计划生育家庭奖励扶助制度和计划生育家庭特别扶持制度，加强和创新农村流动人口计划生育服务管理。建立稳定的农村文化投入保障机制，推进广播电视村村通、文化信息资源共享、乡镇综合文化站和村文化室、农村电影放映、农家书屋等重点文化惠民工程建设和综合利用，广泛开展群众性精神文明创建活动和农民健身活动。

15. 提高农村社会保障水平。逐步提高新型农村合作医疗筹资水平、政府补助标准和保障水平。做好新型农村合作医疗、农村医疗救助、城镇居民基本医疗保险、城镇职工基本医疗保险制度的政策衔接。继续抓好新型农村社会养老保险试点，有条件的地方可加快试点步伐。积极引导试点地区适龄农村居民参保，确保符合规定条件的老年居民按时足额领取养老金。合理确定农村最低生活保障标准和补助水平，实现动态管理下的应保尽保。落实和完善被征地农民社会保障政策。健全临时救助制度。逐步提高农村五保户集中供养水平。搞好农村养老院建设，发展农村养老服务，探索应对农村人口老龄化的有效办法。加大对农村残疾人生产扶助和生活救助力度，农村各项社会保障政策优先覆盖残疾人。做好农村防灾减灾工作。

16. 加强农村水电路气房建设。搞好新农村建设规划引导，合理布局，完善功能，加快改变农村面貌。加大农村饮水安全工程投入，加强水源保护、水质监测和工程运行管理，确保如期完成规划任务。鼓励有条件的地方推行城乡区域供水。适应农村用电需求快速增长的趋势，结合推进农村电力体制改革，抓紧实施新一轮农村电网改造升级工程，提升农网供电可靠性和供电能力。继续实施小水电代燃料工程，推进水电新农村电气化县建设。全面完成“十一五”农村公路建设任务，落实农村公路管理养护责任，推进城乡客运交通一体化。加快推进农村户用沼气、大中型沼气和集中供气工程建

设，加强沼气技术创新、维护管理和配套服务。支持农村开发利用新能源，推进农林废弃物资源化、清洁化利用。加快推进农村危房改造和国有林区（场）、垦区棚户区改造，继续实施游牧民定居工程。抓住当前农村建房快速增长和建筑材料供给充裕的时机，把支持农民建房作为扩大内需的重大举措，采取有效措施推动建材下乡，鼓励有条件的地方通过多种形式支持农民依法依规建设自用住房。加强村镇规划，引导农民建设富有地方特点、民族特色、传统风貌的安全节能环保型住房。实行以奖促治政策，稳步推进农村环境综合整治，开展农村排水、河道疏浚等试点，搞好垃圾、污水处理，改善农村人居环境。采取有效措施防止城市、工业污染向农村扩散。推进农村信息化，积极支持农村电信和互联网基础设施建设，健全农村综合信息服务体系。

17. 继续抓好扶贫开发工作。坚持农村开发式扶贫方针，加大投入力度，逐步扩大扶贫开发和农村低保制度有效衔接试点，对农村低收入人口全面实施扶贫政策，着力提高贫困地区群众自我发展能力，确保扶贫开发工作重点县农民人均纯收入增长幅度高于全国平均水平。因地制宜加大整村推进、劳动力转移培训、产业化扶贫、以工代赈等各项扶贫工作力度，加快贫困地区基础设施建设和社会事业发展。积极稳妥实行扶贫易地搬迁，妥善解决移民后续发展问题。对特殊类型贫困地区进行综合治理。扩大贫困村互助资金、连片开发以及彩票公益金支持革命老区建设等试点。动员社会各界参与扶贫事业，充分发挥行业扶贫作用，积极开展反贫困领域国际交流合作。研究制定未来10年扶贫开发纲要和相关规划。

四、协调推进城乡改革，增强农业农村发展活力

18. 稳定和完善农村基本经营制度。完善农村土地承包法律法规和政策，加快制定具体办法，确保农村现有土地承包关系保持稳定并长久不变。继续做好土地承包管理工作，全面落实承包地块、面积、合同、证书"四到户"，扩大农村土地承包经营权登记试点范围，保障必要的工作经费。加强土地承包经营权流转管理和服务，健全流转市场，在依法自愿有偿流转的基础上发展多种形式的适度规模经营。严格执行农村土地承包经营纠纷调解仲裁法，加快构建农村土地承包经营纠纷调解仲裁体系。按照权属明确、管理规范、承包到户的要求，继续推进草原基本经营制度改革。稳定渔民水域滩涂养殖使用权。鼓励有条件的地方开展农村集体产权制度改革试点。

19. 有序推进农村土地管理制度改革。坚决守住耕地保护红线，建立保护补偿机制，加快划定基本农田，实行永久保护。落实政府耕地保护目标责任制，上级审计、监察、组织等部门参与考核。加快农村集体土地所有权、宅基地使用权、集体建设用地使用权等确权登记颁证工作，工作经费纳入财政预算。力争用3年时间把农村集体土地所有权证确认到每个具有所有权的农民集体经济组织。有序开展农村土地整治，城乡建设用地增减挂钩要严格限定在试点范围内，周转指标纳入年度土地利用计划统一管理，农村宅基地和村庄整理后节约的土地仍属农民集体所有，确保城乡建设用地总规模不突破，确保复垦耕地质量，确保维护农民利益。按照严格审批、局部试点、封闭运行、风险可控的原则，规范农村土地管理制度改革试点。加快修改土地管理法。

20. 着力提高农业生产经营组织化程度。推动家庭经营向采用先进科技和生产手段的方向转变，推动统一经营向发展农户联合与合作，形成多元化、多层次、多形式经营服务体系的方向转变。壮大农村集体经济组织实力，为农民提供多种有效服务。大力发展农民专业合作社，深入推进示范社建设行动，对服务能力强、民主管理好的合作社给予补助。各级政府扶持的贷款担保公司要把农民专业合作社纳入服务范围，支持有条件的合作社兴办农村资金互助

社。扶持农民专业合作社自办农产品加工企业。积极发展农业农村各种社会化服务组织，为农民提供便捷高效、质优价廉的各种专业服务。支持龙头企业提高辐射带动能力，增加农业产业化专项资金，扶持建设标准化生产基地，建立农业产业化示范区。推进“一村一品”强村富民工程和专业示范村镇建设。

21. 积极推进林业改革。健全林业支持保护体系，建立现代林业管理制度。深化以明晰产权、承包到户为重点的集体林权制度改革，加快推进配套改革。规范集体林权流转，支持发展林农专业合作社。深化集体林采伐管理改革，建立森林采伐管理新机制和森林可持续经营新体系。完善林权抵押贷款办法，建立森林资源资产评估制度和评估师制度。逐步扩大政策性森林保险试点范围。扶持林业产业发展，促进林农增收致富。启动国有林场改革，支持国有林场基础设施建设。开展国有林区管理体制和国有森林资源统一管理改革试点。

22. 继续深化农村综合改革。深入推进乡镇机构改革。继续推进省直管县财政管理体制改革，提高县乡基本财力保障水平，落实村级组织运转经费保障政策。按相关规划和要求，中央和省级财政继续支持农村义务教育历史债务的清理化解，推进其他公益性乡村债务清理化解试点，防止发生新的乡村债务。坚持政府引导、分级负责、农民自愿、上限控制、财政补助的原则，探索建立新形势下村级公益事业建设的有效机制，认真总结一事一议财政奖补试点经验，加大财政奖补力度，扩大试点范围。继续开展农民负担重点治理，坚决防止农民负担反弹。加快落实推进供销合作社改革发展的相关政策，加强基层社建设，强化县联合社服务功能。深化农垦体制改革，分离企业办社会职能，健全社会保障制度。加强对新形势下农村改革试验区工作的指导。

23. 推进城镇化发展的制度创新。积极稳妥推进城镇化，提高城镇规划水平和发展质量，当前要把加强中小城市和小城镇发展作为重点。深化户籍制度改革，加快落实放宽中小城市、小城镇特别是县城和中心镇落户条件的政策，促进符合条件的农业转移人口在城镇落户并享有与当地城镇居民同等的权益。多渠道多形式改善农民工居住条件，鼓励有条件的城市将有稳定职业并在城市居住一定年限的农民工逐步纳入城镇住房保障体系。采取有针对性的措施，着力解决新生代农民工问题。统筹研究农业转移人口进城落户后城乡出现的新情况新问题。大力发展县域经济，抓住产业转移有利时机，促进特色产业、优势项目向县城和重点镇集聚，提高城镇综合承载能力，吸纳农村人口加快向小城镇集中。完善加快小城镇发展的财税、投融资等配套政策，安排年度土地利用计划要支持中小城市和小城镇发展。农村宅基地和村庄整理所节约的土地首先要补充耕地，调剂为建设用地的，在县域内按照土地利用总体规划使用，纳入年度土地利用计划，主要用于产业集聚发展，方便农民就近转移就业。继续推进扩权强县改革试点，推动经济发展快、人口吸纳能力强的镇行政管理体制改革，根据经济社会发展需要，下放管理权限，合理设置机构和配备人员编制。

24. 提高农业对外开放水平。支持优势农产品扩大出口，提供出口通关、检验检疫便利和优惠。推进农产品质量可追溯体系建设，支持建设出口基地。推动农产品出口信贷创新，探索建立出口信用保险与农业保险相结合的风险防范机制。积极应对国际贸易壁垒，支持行业协会和龙头企业维护自身权益。充分利用海关特殊监管区域及保税加工物流等措施，发展农产品加工贸易。加强国际农业科技和农业资源开发合作，制定鼓励政策，支持有条件的企业“走出去”。引导外资投向鼓励类产业，提高农业利用外资水平。加强农产品进出口调控，实行灵活高效的农产品进出口政策，建立健全农产品和农用物资进出口监测预警机制，严厉打击农产品走私违法犯罪行为，切实加强进出口农产品质量监督。

五、加强农村基层组织建设，巩固党在农村的执政基础

25. 加强和改进农村基层党的建设。推动农村基层党组织工作创新，扩大基层党组织对农村新型组织的覆盖面，推广在农民专业合作社、专业协会、外出务工经商人员相对集中点建立党组织的做法。加强乡镇党委书记队伍建设，选好配强乡镇党委班子。提高村党组织带头人队伍素质，注重从转业退伍军人、务工回乡青年、致富能手等党员中选拔村党组织书记。以明确责任、考核监督、保障服务为重点，加强乡、村党组织领导班子管理，及时调整软弱涣散农村基层党组织班子。抓紧落实对长期在基层和艰苦边远地区工作的干部、长期担任县乡党政领导职务的干部实行工资福利倾斜的政策，进一步完善村干部“一定三有”政策，推进从优秀村干部中考录乡镇公务员、选任乡镇领导干部工作。建立稳定规范的农村基层组织工作经费保障制度，加快村级组织活动场所、农村党员干部现代远程教育网络建设。继续选聘高校毕业生到村任职，完善下得去、待得住、干得好、流得动的长效机制。不断深化农村党的建设三级联创活动，统筹城乡基层党建工作，创新完善农村流动党员教育管理服务制度，切实加强农民工中党的工作。深入开展党性党风党纪教育，加强农村基层党风廉政建设。

26. 进一步完善符合国情的农村基层治理机制。发展和完善党领导的村级民主自治机制，规范村级民主选举、民主决策、民主管理、民主监督程序。总结各地实践经验，因地制宜推广本村重大事项由村党支部提议、支委会和村委会联席会议商议、全村党员大会审议、村民代表会议或村民会议决议，以及决议公开、实施结果公开等做法。加强对村党支部、村委会换届选举的领导和指导，严肃查处拉票、贿选等行为，确保选举平稳有序，防范和制止利用宗教、宗族等势力干预农村公共事务。加强农村集体资金、资产、资源管理，推进村务公开和民主管理“难点村”治理。开展农村社区建设创建活动，加强服务设施建设，培育发展社区服务性、公益性、互助性社会组织。强化乡镇政府社会管理和公共服务职能，建立综合服务平台，有条件的乡镇要设立便民服务中心、村设立代办点，为农民提供一站式服务。

27. 切实维护农村社会稳定。完善党和政府主导的维护群众权益机制，切实解决好农村征地、环境污染、移民安置、集体资产管理等方面损害农民利益的突出问题。加强农村法制教育，畅通农村信访渠道，引导农民群众依法理性表达合理诉求、维护自身权益。推进农业综合执法。深入开展农村平安创建活动，坚持群防群治、依靠群众，加强和改进农村社会治安综合治理，进一步推进农村警务建设，严厉打击黑恶势力和各类违法犯罪活动。加强农村消防工作，健全农村应急反应机制。全面贯彻落实党的民族政策和宗教工作基本方针，加快民族地区经济社会发展，依法管理农村宗教事务。

各级党委和政府要站在经济社会发展全局和巩固党的执政基础的战略高度，切实加强和改善党对农村工作的领导。巩固农村基层深入学习实践科学发展观活动成果，建立党员干部受教育、科学发展上水平、农民群众得实惠的长效机制。按照促进科学发展的党政领导班子和领导干部考核评价办法的要求，指导地方细化考核指标，把粮食生产、农民增收、耕地保护、环境治理、和谐稳定等纳入地方党政领导班子绩效考核。完善农村工作领导体制和工作机制，把重中之重的要求落实到领导分工、机构设置、干部配备上，不断提高农村工作领导水平。切实加大农村政策落实力度，及时组织专项督查。各级领导干部要弘扬党的优良作风，密切联系群众，创造性开展工作。充分发挥民主党派、人民团体、社会组织和工商企业的作用，形成发展现代农业和建设社会主义新农村的强大合力。

做好2010年农业农村工作意义十分重大。

我们要紧密团结在以胡锦涛同志为总书记的党中央周围，振奋精神，开拓进取，扎实工作，奋力开创农业农村工作新局面！

（此文载 2010 年 2 月 1 日《人民日报》）

中国共产党第十七届中央纪律检查委员会第五次全体会议公报

（2010 年 1 月 13 日中国共产党第十七届中央纪律检查委员会第五次全体会议通过）

中国共产党第十七届中央纪律检查委员会第五次全体会议，于 2010 年 1 月 11 日至 13 日在北京举行。出席会议的中央纪委委员 123 人，列席 322 人。

中央纪委常委会主持了会议。会议全面贯彻党的十七大和十七届四中全会精神，高举中国特色社会主义伟大旗帜，以邓小平理论和“三个代表”重要思想为指导，深入贯彻落实科学发展观，总结了 2009 年党风廉政建设和反腐败工作，研究部署了 2010 年的任务。全会审议通过了贺国强同志代表中央纪委常委会所作的《全面贯彻党的十七届四中全会精神，深入推进党风廉政建设和反腐败斗争》的工作报告。

中国共产党中央委员会总书记胡锦涛出席全会第二次大会并发表了重要讲话。吴邦国、温家宝、贾庆林、李长春、习近平、李克强、贺国强、周永康等党和国家领导人出席了会议。有关方面的负责同志参加了会议。

全会认真学习了胡锦涛同志的重要讲话，一致认为，讲话高举中国特色社会主义伟大旗帜，以邓小平理论和“三个代表”重要思想为指导，深入贯彻落实科学发展观，从党和国家事业发展全局和战略的高度，全面、科学地分析了当前的反腐倡廉形势，明确提出了今年党风廉政建设和反腐败工作的总体要求和主要任务，着重阐述了加强反腐倡廉制度建设的重要性、紧迫性和基本要求，强调要以建立健全惩治和预防腐败体系各项制度为重点，以制约和监督权力为核心，以提高制度执行力为抓手，加强整体规划，抓紧重点突破，逐步建成内容科学、程序严密、配套完备、有效管用的反腐倡廉制度体系，切实提高制度执行力、增强制度实效。胡锦涛同志的重要讲话，是指导当前和今后一个时期反腐倡廉建设的纲领性文献，对于进一步统一思想认识，坚定工作信心，全面贯彻落实党的十七大和十七届四中全会精神，深入开展党风廉政建设和反腐败斗争，加强和改进新形势下党的建设，具有重大而深远的意义。全党同志和广大纪检监察干部一定要认真学习、深刻领会，全面贯彻落实。

全会认为，过去的一年，在党中央、国务院坚强领导下，各级党委、政府和纪检监察机关认真贯彻落实党的十七大和十七届三中、四中全会精神，以改革创新精神全面推进反腐倡廉建设，加强对中央保增长、保民生、保稳定等一系列重大决策部署执行情况的监督检查，严肃查处违纪违法案件，解决涉及领导干部廉洁自律的突出问题，纠正损害群众利益的不正之风，研究制定反腐倡廉法规制度，不断推进并完善改革措施，加强领导干部党性修养和作风建设，党风廉政建设和反腐败斗争方向更加明确、思路更加清晰、措施更加有力，取得了新的明显成效。一年来，纪检监察机关始终把纪检监察工作放在党和国家工作大局中谋划和部署，对中央重大决策部署及时跟进，加强监督检查，保证政令畅通；注重用系统的思维、统筹的观念、科学的方法研究和部署工作，整体推进惩治和预防腐败体系建设；坚持以人为本，积极回应社会关切，着力解决人民群众反映的突出问题；密切关注反腐败斗争中的新趋势、新动向，注重以改革的精神和创新的思路推动工作深入开展；高度重视纪检监察干部队伍建设，为扎实推进反腐倡廉建设提供坚强组织保证。

全会提出，全党既要充分看到反腐倡廉建设已经取得的显著成效，振奋精神、坚定信心，又要清醒地看到当前反腐败斗争的严峻形势，深刻认识反腐败斗争的长期性、复杂性、艰巨性，激励斗志、坚定决心，以更加坚决的态度、更加有力的措施、更加扎实的工作，坚定不移地把党风廉政建设和反腐败工作推向前进。2010年，全党要全面贯彻党的十七大和十七届三中、四中全会精神，高举中国特色社会主义伟大旗帜，以邓小平理论和“三个代表”重要思想为指导，深入贯彻落实科学发展观，坚持标本兼治、综合治理、惩防并举、注重预防的方针，加强以保持党同人民群众血肉联系为重点的作风建设，加强以完善惩治和预防腐败体系为重点的反腐倡廉建设，抓紧解决反腐倡廉建设中人民群众反映强烈的突出问题，着力推进反腐倡廉制度建设，围绕中心、服务大局，开拓创新、狠抓落实，不断取得党风廉政建设和反腐败斗争新成效。

第一，深入学习贯彻党的十七届四中全会精神，保证中央重大决策部署的贯彻落实。要认真执行《中共中央关于加强和改进新形势下党的建设若干重大问题的决定》和中央关于《决定》重要举措分工方案，促进《决定》部署任务的落实。要按照四中全会和中央经济工作会议精神，紧紧围绕加快经济发展方式转变、保持经济平稳较快发展，会同有关部门加强对中央关于宏观调控、结构调整、自主创新、“三农”工作、保障和改善民生、节能减排和环境保护、规范和节约用地等政策措施落实情况的监督检查，搞好对汶川地震灾后恢复重建、“廉洁办世博”、“廉洁办亚运”工作的监督检查，加强对中央关于维护民族团结和社会稳定决策部署贯彻落实情况的监督检查，突出重点，务求实效，确保中央政令畅通。严明党的纪律特别是政治纪律，坚决维护党的集中统一。

第二，抓紧解决反腐倡廉建设中人民群众反映强烈的突出问题，以党风廉政建设的新成效取信于民。当前，要结合实际，下大气力抓好以下六项工作：(一)进一步加大查办案件工作力度，严厉惩处腐败分子和整治消极腐败现象。严肃查办发生在领导机关和领导干部中滥用职权、贪污贿赂、腐化堕落、失职渎职案件；深入开展商业贿赂专项治理，严肃查办商业贿赂案件；严肃查办严重侵害群众利益案件、群体性事件和重大责任事故背后的腐败案件；严肃查办工程建设、房地产开发、土地管理和矿产资源开发等腐败现象易发多发领域的案件；严肃查办严重违反政治纪律和组织人事纪律的案件，为黑恶势力充当“保护伞”的案件。(二)认真落实并抓紧完善党员领导干部报告个人有关事项制度，把住房、投资、配偶子女从业等情况列入报告内容。加强对配偶子女均已移居国(境)外的公职人员管理。(三)坚持勤俭节约，反对铺张浪费，整治奢靡之风。严格执行中央有关文件精神，继续治理公款出国(境)旅游、公务用车、公务接待、楼堂馆所建设等方面的问题，对违反规定的，必须严肃处理。(四)深入开展工程建设领域突出问题和“小金库”等专项治理工作。(五)积极推进党务公开特别是基层党务公开工作，落实党员的知情权、参与权、选举权、监督权。(六)拓宽群众参与反腐倡廉工作渠道，加强反腐倡廉舆情网络信息的收集、研判和处置，积极回应社会关切。

第三，切实加强作风建设，进一步密切党同人民群众的血肉联系。以大兴密切联系群众之风、求真务实之风、艰苦奋斗之风、批评和自我批评之风为重点，加大对党政机关和领导干部作风方面突出问题的整顿力度。坚决纠正损害群众利益的不正之风，会同有关部门认真解决群众反映强烈的征地拆迁、食品药品安全、环境保护、安全生产、专项基金和专项资金监管等方面的突出问题，继续治理教育收费、医药购销和医疗服务、企业负担中的问题。大力加强国有企业、农村、高等学校、公用事业单位、城市社区、非公有制经济组织和新社会组织反腐倡廉建设。

第四，强化教育和监督，促进领导干部廉洁自律。以党性党风党纪教育为重点，加强对党员干部特别是领导干部的理想信念教育和廉洁从政教育。贯彻落实党内监督条例，严格实行党政领导干部问责制，认真贯彻《中国共产党巡视工作条例(试行)》，深化政务公开、厂务公开、村务公开和公共企业事业单位办事公开。加强执法监察、廉政监察、效能监察，进一步发挥行政监察职能作用。认真执行中共中央即将颁布的《中国共产党党员领导干部廉洁从政若干准则》及其他相关规定，严肃查处领导干部利用职权和职务上的影响为本人或特定关系人谋取不正当利益等问题，促进领导干部廉洁从政。严禁领导干部违反规定为配偶、子女及其他特定关系人在就业、投资入股、经商办企业等方面谋取不正当利益，严禁违反规定私自从事营利性活动，严禁违反规定收送礼金、有价证券、支付凭证，严禁大操大办婚丧喜庆事宜或借机敛财，严禁用公款或接受与行使职权有关系的单位和个人邀请进行高消费娱乐、健身活动。

第五，深入推进改革和制度创新，进一步做好治本抓源头工作。要配合有关部门深化体制机制改革，最大限度地减少腐败现象滋生的土壤和条件。深入推进干部人事制度改革，匡正选人用人风气，严厉整治跑官要官、买官卖官、拉票贿选等问题。深入推进公正廉洁执法，加快司法体制和工作机制改革，强化对司法活动的监督，严肃查处贪赃枉法、徇私舞弊的行为。继续深化行政管理体制、财税管理体制、投资体制、金融体制和国有资产管理体制改革，努力在重要领域和关键环节上取得新突破。要以落实四中全会《决定》和《建立健全惩治和预防腐败体系 2008－2012 年工作规划》为重点，加强以党章为核心的党内法规制度建设，加强反腐倡廉立法工作，加强反腐倡廉长效机制建设，提高反腐倡廉制度化、法制化水平。要采取有力措施，扎实抓好法规制度的贯彻落实，加强对制度执行情况的监督检查，提高制度执行力，维护制度权威性。

全会强调，今年的党风廉政建设和反腐败工作任务艰巨繁重。各级党委、政府要切实负起责任，认真执行党风廉政建设责任制，加强组织领导，协调各方力量，推动工作落实。各级纪检监察机关要切实履行职责，不断加强自身建设，进一步提高思想政治素质和业务能力，以奋发进取精神和求真务实作风抓好各项任务的落实，努力把反腐倡廉工作提高到一个新水平。

全会号召，全党同志要更加紧密地团结在以胡锦涛同志为总书记的党中央周围，恪尽职守、清正廉洁，求真务实、开拓进取，深入推进党风廉政建设和反腐败斗争，为夺取全面建设小康社会新胜利、开创中国特色社会主义事业新局面作出新的更大贡献。

(此文载 2010 年 1 月 14 日《人民日报》)

关于推进学习型党组织建设的意见

建设马克思主义学习型政党，是党的十七届四中全会从全面推进中国特色社会主义伟大事业和党的建设新的伟大工程的全局出发，提出的一项重大战略任务。把各级党组织建设成为学习型党组织，是建设马克思主义学习型政党的基础工程。为认真贯彻落实党的十七届四中全会精神，大力推进学习型党组织建设，现提出如下意见。

一、充分认识建设学习型党组织的重要意义

（一）建设学习型党组织，是党始终走在时代前列、引领中国发展进步的重要基础。当今世界正处在大发展大变革大调整时期，世界多极化、经济全球化深入发展。特别是现代科学技术进步日新月异，知识创造、知识更新速度大大加快，创新能力越来越成为综合国力和国际竞争力的核心因素。无论是一个国家、一个民族还是一个政党，如果不加强学习、不提高学习能力，势必落后于时代。各级党组织和广大党员干部必须切实增强学习的紧迫感和自觉性，更加重视和善于学习，努力掌握和运用一切科学的新思想、新知识、新经验，顺应时代发展，实现知识的不断更新。只有这样，才能敏锐把握时代前进脉搏，科学判断世界发展大势，提高推动改革发展的能力，更好地带领人民在激烈的国际竞争中掌握主动。

（二）建设学习型党组织，是党领导人民夺取全面建设小康社会新胜利、开创中国特色社会主义事业新局面的必然要求。经过长期奋斗，我们党团结带领全国各族人民成功开辟了中国特色社会主义道路，取得了举世瞩目的伟大成就，站在了一个新的历史起点上。建设中国特色社会主义，是一项前无古人的开创性事业，是一个在理论与实践上不断探索的过程。当前，我国已进入新的发展阶段，经济社会发展呈现出一系列阶段性特征，推动科学发展、促进社会和谐的任务繁重而艰巨。前进道路上新情况、新问题、新矛盾不断涌现，我们不熟悉、不了解、不懂得的东西还很多。高度重视学习，通过全党广泛而深入的学习推动事业的大发展大进步，是我们党的宝贵经验。开拓中国特色社会主义更为广阔的发展前景，要求各级党组织和广大党员干部必须在新的实践中重新学习、继续学习，切实掌握和运用好党的理论创新成果，不断深化对中国特色社会主义规律的认识，不断完善适合我国国情的发展道路和发展模式，使中国特色社会主义道路越走越宽广。

（三）建设学习型党组织，是提高党的执政能力、保持和发展党的先进性的紧迫任务。党的先进性首先表现为思想理论上的先进性，只有思想理论上先进才能保持和发展党的先进性。党的执政能力与党的思想理论水平密切相关，只有提高全党的马克思主义水平，才能提高党的领导水平和执政能力。我们党历来重视学习，通过学习提高全党的思想理论素养，不断为党的执政能力建设和先进性建设注入强大动力。特别是进入新世纪新阶段以来，党中央坚持把学习放在更加突出的位置，中央政治局带头坚持集体学习制度，各级党组织和广大党员干部自觉加强学习，有力推动了党的思想理论建设和党的事业的蓬勃发展，也推动了党的执政能力的提高和党的先进性的发展。但也要清醒地看到，全党的学习状况和党员干部的思想理论素养同党的执政能力和先进性建设的要求还不完全适应。面对新形势新任务，各级党组织和广大党员干部必须以对党、对人民、对历史高度负责的态度，更加自觉和勤奋地学习，切实提高思想理论水平，不断深化对共产党执政规律、社会主义建设规律、人类社会发展规律的认识，切实提高推动科学发展、促进社会和谐的能力，使我们党在理论上实践上永葆先进性。

二、总体要求和主要原则

（一）建设学习型党组织的总体要求是：高举中国特色社会主义伟大旗帜，坚持以邓小平理论和“三个代表”重要思想为指导，深入贯彻落实科学发展观，全面贯彻党的十七大和十七届三中、四中全会精神，紧紧围绕党和国家工作大局，按照科学理论武装、具有世界眼光、善于把握规律、富有创新精神的要求，以提高全党思想政治水平为基本目标，深入学习马克思主义理论，学习党的路线方针政策和国家法律法规，学习党的历史，学习现代化建设所需要的各方

面知识，不断在武装头脑、指导实践、推动工作上取得新成效。要大力营造和形成重视学习、崇尚学习、坚持学习的浓厚氛围，牢固确立党组织全员学习、党员终身学习的理念，建立健全管用有效的学习制度，使党员的学习能力不断提升、知识素养不断提高、先锋模范作用充分发挥，使党组织的创造力、凝聚力、战斗力不断增强。

(二)建设学习型党组织，应当遵循以下主要原则：

——坚持解放思想、实事求是、与时俱进，用发展着的马克思主义指导新的实践。深入贯彻党的思想路线，准确把握当今世界发展大势，准确把握社会主义初级阶段基本国情，准确把握改革发展实际，深入研究回答重大理论和实际问题，在全面推进社会主义经济建设、政治建设、文化建设、社会建设以及生态文明建设和党的建设过程中不断作出新的理论概括，推进马克思主义中国化、时代化、大众化。

——坚持理论联系实际的马克思主义学风，切实推动实际问题的解决。大力弘扬求真务实精神，把学习型党组织建设与促进改革发展稳定紧密结合起来，与推动本地区本部门本单位的各项工作紧密结合起来，学用结合、学以致用，在实践中深化学习，做到学习理论与运用理论、改造客观世界与改造主观世界相统一，把学习成果转化为运用科学理论、科学知识分析和解决实际问题的能力，增强工作的原则性、系统性、预见性和创造性。

——坚持领导干部作表率，调动广大党员的积极性主动性。党员领导干部要坚持把学习作为提高素质、增长本领、做好领导工作的根本途径，先学一步，学深一些，作不断学习、善于学习的表率，推动本地区本部门本单位党组织和党员的学习。充分发挥广大党员的主体作用，激发党员的学习热情，满足党员多方面的学习需求。

——坚持改革创新，鼓励大胆探索。保持改革创新、开拓进取的精神状态，按照体现时代性、把握规律性、富于创造性的要求，坚持继承与创新相统一，营造宽松环境，尊重基层党组织和党员的首创精神，积极拓展学习的内容、途径、渠道，不断创新组织学习的思路、办法和机制。

三、学习的主要内容

(一)坚持用中国特色社会主义理论体系武装头脑。深入学习马克思列宁主义、毛泽东思想，深入学习邓小平理论、“三个代表”重要思想以及科学发展观，全面系统、完整准确地掌握中国特色社会主义理论体系的重大意义、时代背景、实践基础、科学内涵和历史地位，深刻领会贯穿其中的马克思主义立场、观点、方法。把学习中国特色社会主义理论体系同研读马列著作、毛泽东著作结合起来，同认真总结党的历史经验特别是改革开放的经验结合起来，从理论和实践、历史和逻辑的统一上加深理解，不断增强学习贯彻中国特色社会主义理论体系的自觉性和坚定性。充分运用马克思主义理论研究和建设工程成果，大力推动中国特色社会主义理论体系宣传普及活动，切实推进党的理论创新成果进教材、进课堂、进头脑。

(二)深入学习实践科学发展观。认真总结深入学习实践科学发展观活动的成功经验，引导党员干部准确掌握科学发展观的科学内涵和精神实质，深刻理解科学发展观对各方面工作提出的新要求，不断推动学习实践向深度和广度发展。着力转变不适应不符合科学发展要求的思想观念，使各级党组织和广大党员干部在本地区本部门本单位实现什么样的发展、怎样发展等重大问题上形成共识。着力解决影响和制约科学发展的突出问题，解决党员领导干部党性党风党纪方面群众反映强烈的突出问题，创新发展理念、理清发展思路、破解发展难题、转变发展方式。通过深入学习实践，努力形成有利于学习研究和贯彻落实科学发展观的政策导向、舆论导向、用人导向和体制机制，把各级党组织建设成为贯彻落实科学发展观的坚强堡垒，把各级领导班子建设成为善于领导科学发展的坚强领导集体，把党员干部队伍建设成为贯彻落实科学发展观的骨干力量。

（三）学习践行社会主义核心价值体系。广泛开展社会主义核心价值体系学习教育，努力把社会主义核心价值体系体现到党员干部教育管理全过程，融入到党员干部日常工作学习生活中，以党员干部的模范带头作用推动全社会学习践行社会主义核心价值体系的深化。引导广大党员干部增强政治敏锐性和政治鉴别力，自觉划清马克思主义同反马克思主义的界限，社会主义公有制为主体、多种所有制经济共同发展的基本经济制度同私有化和单一公有制的界限，中国特色社会主义民主同西方资本主义民主的界限，社会主义思想文化同封建主义、资本主义腐朽思想文化的界限，始终保持立场坚定、头脑清醒。加强思想道德建设和党的优良传统、民族优秀文化传统教育，带头弘扬民族精神和时代精神，自觉践行社会主义荣辱观，培养高尚道德情操和健康生活情趣，保持昂扬奋发的精神状态。

（四）学习掌握现代化建设所必需的各方面知识。积极推动党员干部学习人类社会创造的一切文明成果，学习现代化建设所需要的经济、政治、文化、科技、社会和国际等各方面知识，学习反映当代世界发展趋势的现代市场经济、现代国际关系、现代社会管理和现代信息技术等方面知识。党员领导干部要在学习科学知识上走在前面，在不断优化知识结构、开阔思路、把握规律中，提高战略思维、创新思维、辩证思维能力，成为本领域本行业的行家里手。要加强国家法律法规教育，加强国情和形势政策教育，加强以群众路线为重点的工作方法教育，切实提高党员干部的学习实践能力。

（五）学习总结实践中的成功经验。既要向书本学习，又要向实践学习、向群众学习。要深入改革发展生动实践，加强调查研究，虚心向群众请教，集中民意，不断总结人民群众创造的新做法新经验。要善于学习借鉴其他地区部门单位的好做法好经验，紧密联系自身实际，有机地运用到实际工作中去，丰富和拓展本地区本部门本单位改革发展的思路和办法。要围绕推进本地区本部门本单位的工作，围绕解决突出矛盾、破解发展难题、提高工作水平，不断研究新情况、解决新问题，在推动实际问题的解决中深化规律性认识，提高分析问题、解决问题的能力。要认真总结和深入学习党的历史经验，把学习党的历史同学习运用党的理论路线方针政策结合起来，同学习运用执政党建设基本经验和党的建设理论结合起来，同服务改革发展稳定大局以及党的建设的现实结合起来，获取推动事业发展、做好各项工作的宝贵启示和精神动力。

四、立足实际，务求实效

（一）在推动本地区本部门本单位的工作上下功夫。建设学习型党组织，要同研究解决本地区本部门本单位改革发展稳定的突出矛盾和问题结合起来，提出化解矛盾、解决问题的有效措施和办法。要同研究解决人民最关心最直接最现实的利益问题结合起来，始终关注群众的安危冷暖，加大改善民生力度，努力实现好、维护好、发展好人民群众的根本利益。贯彻发展是硬道理、稳定是硬任务的战略思想，不断提高各级领导班子和领导干部谋划发展、统筹发展、优化发展、推动发展的本领和做好群众工作、公共服务、社会管理、维护稳定的本领，增强新形势下依法办事能力和应急管理、舆论引导、新兴媒体运用、做好民族宗教工作等方面能力。当前，建设学习型党组织，要特别注意同夺取应对国际金融危机冲击全面胜利、保持经济平稳较快发展的任务结合起来，切实做好改革发展稳定的各项工作，促进经济社会又好又快发展。

（二）在推动本地区本部门本单位党的建设上下功夫。要认真查找和解决影响发挥党委（党组）的领导核心作用、基层党组织的战斗堡垒作用、党员的先锋模范作用的主要问题，使党组织真正成为深入贯彻落实科学发展观的组织者、推动者和实践者，使广大党员真正成为深入学习实践科学发展观的模范。开展领导干部走进矛盾、破解难题活动，查找和解决影响党群、干群关系的突出问题，特别是官僚主义、形式主义等群众反映强烈的问题，增强贯彻民主集中制的自觉性，切实弘扬党的优良传统，大兴密切联系群众之风、求真务实之风、艰苦奋斗之风、批评和自我批评之风，以优良党风促政风带民风。建设学习型党组织，要同研究解决反腐倡廉建设方面存在的突出问题结合起来，在坚决惩治腐败的同时加大教育、监督、改革、制度创新力度，不断以反腐倡廉的新成效取信于民。

（三）在提高党员干部思想政治素养上下功夫。要着重加强理想信念教育，引导广大党员干部坚持高举中国特色社会主义伟大旗帜不动摇、坚持中国特色社会主义道路不动摇、坚持中国特色社会主义理论体系不动摇、坚持改革开放不动摇，把学习成效转化为坚持共产主义远大理想和中国特色社会主义共同理想的坚定信念，转化为与人民群众同呼吸、共命运、心连心的真挚情感，增强贯彻党的理论路线方针政策的自觉性和坚定性，增强走中国特色社会主义道路、为党和人民事业不懈奋斗的自觉性和坚定性。加强党性锻炼和党性修养，常怀忧党之心，恪尽兴党之责，牢固树立正确的世界观、人生观、价值观和权力观、地位观、利益观，牢记“两个务必”，增强党的意识、宗旨意识、执政意识、大局意识、责任意识，讲党性、重品行、作表率。

五、不断探索学习型党组织建设的方法和途径

（一）创新建设学习型党组织的方法。坚持运用好过去组织学习的有效做法，结合实际积极探索富有时代特点的新方式。加强和改进党委（党组）中心组学习，严格规范管理，增强学习效果。加强和改进务虚研讨，深入研究重大问题和热点难点问题。加强和改进专题调研，深入总结实践经验，形成改进工作的思路和举措。加强和改进主题宣讲，面对面地解答党员干部思想认识上的困惑。加强和改进形势政策教育，深入解读国家发展形势和重大方针政策。加强和改进个人自学，引导党员干部养成良好学习习惯。加强和改进专题讲座、报告会、专题电视片、主题教育等学习教育方式，鼓励和支持参加各种形式的成人教育、函授教育、网络教育，不断增强建设学习型党组织活动的吸引力凝聚力，扩大覆盖面和参与度。

（二）完善建设学习型党组织的途径。组织各种形式的主题学习教育活动，运用学习讲坛、读书会、知识竞赛、技能比赛、参观考察等广大党员喜闻乐见的手段，特别是结合党和国家重大政策出台、重大活动开展和重大节庆日纪念日等契机，不断丰富完善工作抓手。围绕党的全国代表大会和中央全会的召开，组织学习贯彻党的理论创新成果和中央重大决策部署，把全党思想及时统一到中央精神上来。围绕“五一”、“五四”、“七一”、“八一”、“十一”等重要节庆日以及重大历史事件纪念日，组织开展党的历史、新中国历史以及党的优良传统和优良作风、民族精神和时代精神、促进民族团结和军民团结等方面的专题学习教育。围绕纪念革命领袖、革命先烈、杰出历史人物等活动，组织学习英烈英模和英雄人物的先进事迹和崇高思想。围绕我国传统节日，组织学习中华民族的悠久历史和灿烂文化，增强民族认同感。

（三）拓展建设学习型党组织的阵地。充分发挥党校、行政学院、干部学院在教育培训中的主渠道、主阵地作用，发挥高等学校、社科研究机构以及部门和行业培训机构的作用，努力改进培训方法，提高培训质量。充分运用好各级各类新闻媒体和互联网、手机等新兴媒体，引导其发挥自身优势。积极运用信息网络技术手段，加强党员干部远程教育、电化教育等学习教育网络建设，加强数字图书馆、数字出版物等网络学习教育平台建设，推进文化信息资源共享工程建设，不断提高党员干部学习教育的信息化水平。

（四）健全建设学习型党组织的制度。总结党员干部学习教育的经验，进一步明确学习教育的时间、内容、目标、责任以及相关的考勤、交流、通报等要求，推进党员干部学习教育的科学化、制度化、规范化。建立健全党组织集体学习制度，领导班子要定期务虚，保证集体学习每个季度不少于1次，提高学习质量。建立健全培训制度，科学安排岗前培训、业务培训、晋职培训、理论培训等，县处级以上党政领导干部参加脱产培训每年一般不少于110学时。建立健全调查研究制度，省部级领导干部到基层调研每年不少于30天，市、县级领导干部不少于60天，领导干部要每年撰写1至2篇调研报告。认真落实《2009—2013年全国党员教育培训工作规划》，建立基层党员轮训制度。建立健全党员个人自学制度，明确要求制订学习计划和目标，强化党员干部的日常学习，激发个人自学的内在动力。建立健全主题教育制度，形成运用重大节庆日纪念日等组织党员干部学习的工作机制。建立健全学习考核制度，把学习情况作为民主评议党员、综合考核评价领导班子和领导干部的重要内容，把理论素养、学习态度和学习能力作为选拔任用领导干部的重要依据，形成注重学习的用人导向。建立健全学习成果转化制度，通过集体交流、媒体宣传、内参反映等多种形式，促进学习教育成果及时运用于党委和政府决策中。

六、切实加强组织领导

（一）各级党委（党组）要把建设学习型党组织工作摆在突出位置，切实抓紧抓好。要把推进学习型党组织建设列入各级党委（党组）重要议事日程，作出专门部署，精心组织，狠抓落实。认真落实抓学习、促学习的工作责任制。中央和国家机关各部门党委（党组）要立足部门实际和职能特点，按照中央要求制订具体实施方案，明确学习重点，突出自身特色，确保建设学习型党组织的任务落到实处。地方各级党委要结合本地具体实际和改革发展稳定任务，按照分层分类推进要求，制定切实可行的具体实施意见，提出操作性强的措施要求，推动学习型党组织建设深入开展。各级党委组织、宣传部门和其他有关部门，要在党委统一领导下，密切配合，抓好学习型党组织建设工作。宣传部门要切实发挥牵头负责作用，加强协调，扎实推进，同时牢牢把握正确导向，努力形成浓厚学习氛围。组织部门要把建设学习型党组织与干部教育培训、加强领导班子和干部队伍建设、基层党组织和党员队伍建设结合起来。工会、共青团、妇联等人民团体要充分发挥自身优势，开展各具特色的学习教育活动。

（二）领导机关和领导干部要带头学习，发挥示范带动作用。中央和地方党政领导机关要率先垂范，进一步加强和改进党委（党组）中心组学习，把领导班子建设成为学习型领导班子，推动下属部门和下级党组织的学习。党员领导干部特别是中高级领导干部要以身作则，以高度的政治责任感、强烈的求知欲和积极的进取精神，切实减少应酬，把更多的时间和精力放在学习上，学得更深一些，掌握的理论和知识更丰富一些，在全面系统掌握马克思主义理论特别是中国特色社会主义理论体系上走在前面，在学习掌握现代科学知识上走在前面，在弘扬理论联系实际的马克思主义学风上走在前面，努力成为建设学习型党组织和学习型领导班子的精心组织者、积极促进者、自觉实践者，带动全党形成良好学习风气。

（三）切实把建设学习型党组织的任务落实到基层。企业、农村、机关、学校、部队、社区的基层党组织，要积极开展各种形式的创建学习型党组织活动。充分发挥基层党组织的积极性主动性创造性，鼓励和支持从实际出发，因地制宜，采取生动活泼的方式，动员广大基层党员投身到学习型党组织建设中来。要注意抓好离退休人员、偏远地区农村党员、非公有制经济组织和新社会组织中党员、下岗失业人员和流动人口中党员的学习，努力使建设学习型党组织的任务覆盖到每个基层党组织、每个党员。各级党委(党组)要加大对基层党组织学习的投入,加强硬件建设,提供必要的设施设备等保障,积极为党员学习教育创造良好条件。

(四)加强分类指导和督促检查。各级党委(党组)要根据不同类别、不同层次、不同岗位党员干部的特点,把学习的普遍性要求与特殊需要相结合,分别提出相应的任务和要求。经常了解下属部门和单位党组织的学习情况,根据不同特点和情况,有针对性地加强指导。党委组织、宣传部门要定期对下级党组织学习情况进行督促检查,针对存在的问题和不足,提出加强和改进的具体要求。各级党组织应在每年1月底前向上级党委组织、宣传部门专题报送上一年度学习情况总结和本年度学习计划。中央直属机关工委和中央国家机关工委要加强对中央和国家机关各单位学习型党组织建设情况的督促检查。省级有关工委要加强对省级机关各单位学习型党组织建设情况的督促检查。要组织开展经验交流,适时召开学习经验交流会,宣传先进典型,推广成功经验。要坚持求真务实,力戒形式主义。

(此文载2010年2月9日《人民日报》)

中国共产党党员领导干部廉洁从政若干准则

总　则

执政党的党风关系党的生死存亡。坚决惩治和有效预防腐败,是党必须始终抓好的重大政治任务。党员领导干部廉洁从政是坚持以邓小平理论和"三个代表"重要思想为指导,深入贯彻落实科学发展观,全面贯彻党的路线方针政策的重要保障;是新时期从严治党,不断加强党的执政能力建设和先进性建设的重要内容;是推进改革开放和社会主义现代化建设的基本要求;是正确行使权力、履行职责的重要基础。

党员领导干部必须具有共产主义远大理想和中国特色社会主义坚定信念,践行社会主义核心价值体系;必须坚持全心全意为人民服务的宗旨,立党为公、执政为民;必须在党员和人民群众中发挥表率作用,自重、自省、自警、自励;必须模范遵守党纪国法,清正廉洁,忠于职守,正确行使权力,始终保持职务行为的廉洁性;必须弘扬党的优良作风,求真务实,艰苦奋斗,密切联系群众。

促进党员领导干部廉洁从政,必须坚持标本兼治、综合治理、惩防并举、注重预防的方针,按照建立健全惩治和预防腐败体系的要求,加强教育,健全制度,强化监督,深化改革,严肃纪律,坚持自律和他律相结合。

第一章　廉洁从政行为规范

第一条　禁止利用职权和职务上的影响谋取不正当利益。不准有下列行为:

(一)索取、接受或者以借为名占用管理和服务对象以及其他与行使职权有关系的单位或者个人的财物;

(二)接受可能影响公正执行公务的礼品、宴请以及旅游、健身、娱乐等活动安排;

(三)在公务活动中接受礼金和各种有价证券、支付凭证;

(四)以交易、委托理财等形式谋取不正当利益;

(五)利用知悉或者掌握的内幕信息谋取利益;

（六）违反规定多占住房，或者违反规定买卖经济适用房、廉租住房等保障性住房。

第二条　禁止私自从事营利性活动。不准有下列行为：

（一）个人或者借他人名义经商、办企业；

（二）违反规定拥有非上市公司（企业）的股份或者证券；

（三）违反规定买卖股票或者进行其他证券投资；

（四）个人在国（境）外注册公司或者投资入股；

（五）违反规定在经济实体、社会团体等单位中兼职或者兼职取酬，以及从事有偿中介活动；

（六）离职或者退休后三年内，接受原任职务管辖的地区和业务范围内的民营企业、外商投资企业和中介机构的聘任，或者个人从事与原任职务管辖业务相关的营利性活动。

第三条　禁止违反公共财物管理和使用的规定，假公济私、化公为私。不准有下列行为：

（一）用公款报销或者支付应由个人负担的费用；

（二）违反规定借用公款、公物或者将公款、公物借给他人；

（三）私存私放公款；

（四）用公款旅游或者变相用公款旅游；

（五）用公款参与高消费娱乐、健身活动和获取各种形式的俱乐部会员资格；

（六）违反规定用公款购买商业保险，缴纳住房公积金，滥发津贴、补贴、奖金等；

（七）非法占有公共财物，或者以象征性地支付钱款等方式非法占有公共财物；

（八）挪用或者拆借社会保障基金、住房公积金等公共资金或者其他财政资金。

第四条　禁止违反规定选拔任用干部。不准有下列行为：

（一）采取不正当手段为本人或者他人谋取职位；

（二）不按照规定程序推荐、考察、酝酿、讨论决定任免干部；

（三）私自泄露民主推荐、民主测评、考察、酝酿、讨论决定干部等有关情况；

（四）在干部考察工作中隐瞒或者歪曲事实真相；

（五）在民主推荐、民主测评、组织考察和选举中搞拉票等非组织活动；

（六）利用职务便利私自干预下级或者原任职地区、单位干部选拔任用工作；

（七）在工作调动、机构变动时，突击提拔、调整干部；

（八）在干部选拔任用工作中封官许愿，任人唯亲，营私舞弊。

第五条　禁止利用职权和职务上的影响为亲属及身边工作人员谋取利益。不准有下列行为：

（一）要求或者指使提拔配偶、子女及其配偶、其他亲属以及身边工作人员；

（二）用公款支付配偶、子女及其配偶以及其他亲属学习、培训、旅游等费用，为配偶、子女及其配偶以及其他亲属出国（境）定居、留学、探亲等向个人或者机构索取资助；

（三）妨碍涉及配偶、子女及其配偶、其他亲属以及身边工作人员案件的调查处理；

（四）利用职务之便，为他人谋取利益，其父母、配偶、子女及其配偶以及其他特定关系人收受对方财物；

（五）默许、纵容、授意配偶、子女及其配偶、其他亲属以及身边工作人员以本人名义谋取私利；

（六）为配偶、子女及其配偶以及其他亲属经商、办企业提供便利条件，或者党员领导干部之间利用职权相互为对方配偶、子女及其配偶以及其他亲属经商、办企业提供便利条件；

（七）允许、纵容配偶、子女及其配偶，在本人管辖的地区和业务范围内个人从事可能与公共利益发生冲突的经商、办企业、社会中介服务等活动，在本人管辖的地区和业务范围内的外商独资企业或者中外合资企业担任由外方委派、聘任的高级职务；

(八)允许、纵容配偶、子女及其配偶在异地工商注册登记后，到本人管辖的地区和业务范围内从事可能与公共利益发生冲突的经商、办企业活动。

第六条 禁止讲排场、比阔气、挥霍公款、铺张浪费。不准有下列行为：

(一)在公务活动中提供或者接受超过规定标准的接待，或者超过规定标准报销招待费、差旅费等相关费用；

(二)违反规定决定或者批准兴建、装修办公楼、培训中心等楼堂馆所，超标准配备、使用办公用房和办公用品；

(三)擅自用公款包租、占用客房供个人使用；

(四)违反规定配备、购买、更换、装饰或者使用小汽车；

(五)违反规定决定或者批准用公款或者通过摊派方式举办各类庆典活动。

第七条 禁止违反规定干预和插手市场经济活动，谋取私利。不准有下列行为：

(一)干预和插手建设工程项目承发包、土地使用权出让、政府采购、房地产开发与经营、矿产资源开发利用、中介机构服务等市场经济活动；

(二)干预和插手国有企业重组改制、兼并、破产、产权交易、清产核资、资产评估、资产转让、重大项目投资以及其他重大经营活动等事项；

(三)干预和插手批办各类行政许可和资金借贷等事项；

(四)干预和插手经济纠纷；

(五)干预和插手农村集体资金、资产和资源的使用、分配、承包、租赁等事项。

第八条 禁止脱离实际，弄虚作假，损害群众利益和党群干群关系。不准有下列行为：

(一)搞劳民伤财的“形象工程”和沽名钓誉的“政绩工程”；

(二)虚报工作业绩；

(三)大办婚丧喜庆事宜，造成不良影响，或者借机敛财；

(四)在社会保障、政策扶持、救灾救济款物分配等事项中优亲厚友、显失公平；

(五)以不正当手段获取荣誉、职称、学历学位等利益；

(六)从事有悖社会公德、职业道德、家庭美德的活动。

第二章 实施与监督

第九条 各级党委(党组)负责本准则的贯彻实施。主要负责同志要以身作则，模范遵守本准则，同时抓好本地区本部门本单位的贯彻实施。

党的纪律检查机关协助同级党委(党组)抓好本准则的落实，并负责对实施情况进行监督检查。

第十条 各级党委(党组)要加强对党员领导干部廉洁从政方面的教育，将本准则列为党员领导干部教育培训的重要内容。

第十一条 各级党委(党组)要认真落实党内监督的各项制度，通过贯彻实施民主生活会、重要情况通报和报告、巡视、谈话和诫勉、述职述廉、报告个人有关事项以及考察考核等监督制度，加强对党员领导干部执行本准则情况的监督检查。

党员领导干部参加民主生活会和述职述廉，要对照本准则进行检查，认真开展批评和自我批评。

党员领导干部应当向党组织如实报告个人有关事项，自觉接受监督。

第十二条 党员领导干部组织实施和执行本准则的情况，应列入党风廉政建设责任制和干部考核的重要内容，考核结果作为对其任免、奖惩的重要依据。

第十三条 党员领导干部违反本准则的，依照有关规定给予批评教育、组织处理或者纪律处分，涉嫌违法犯罪的，依法追究其法律责任。

第十四条　贯彻实施本准则，要坚持党内监督与党外监督相结合，发挥民主党派、人民团体、人民群众和新闻舆论的监督作用。

第三章　附　则

第十五条　本准则适用于党的机关、人大机关、行政机关、政协机关、审判机关、检察机关中县（处）级以上党员领导干部；人民团体、事业单位中相当于县（处）级以上党员领导干部。

国有和国有控股企业（含国有和国有控股金融企业）及其分支机构领导人员中的党员；县（市、区、旗）直属机关、审判机关、检察机关的科级党员负责人，乡镇（街道）党员负责人，基层站所的党员负责人参照执行本准则。

第十六条　各省、自治区、直辖市党委，新疆生产建设兵团党委，中央直属机关工委、中央国家机关工委，国务院国有资产监督管理委员会党委，中国银行业监督管理委员会、中国证券监督管理委员会、中国保险监督管理委员会党委，可以依据本准则，结合各自工作的实际情况，制定具体规定，报中共中央纪律检查委员会备案。

中央军委可以根据本准则，结合中国人民解放军和中国人民武装警察部队的实际情况，制定具体规定。

第十七条　本准则由中共中央纪律检查委员会负责解释。

第十八条　本准则自发布之日起施行。1997年3月发布的《中国共产党党员领导干部廉洁从政若干准则（试行）》同时废止。

（此文载2010年2月24日《人民日报》）

第二部分

政工大事记实

2009年3月

中央党校举办春季学期开学典礼

3月1日，中央党校举办春季学期开学典礼，中共中央政治局常委、中央书记处书记、中央党校校长习近平出席并作重要讲话。

习近平强调，坚强的党性，是成为高素质领导干部的首要条件。各级领导干部要加强理论修养，真正掌握马克思主义的立场观点方法，坚持以与时俱进的态度学习和运用马克思主义理论；要加强政治修养，增强政治信念的坚定性、政治立场的原则性、政治鉴别的敏锐性、政治忠诚的可靠性；要加强道德修养，不断提高道德认识、陶冶道德情操、锤炼道德意志、提升道德境界；要加强纪律修养，增强纪律观念，自觉在思想上政治上行动上同党中央保持高度一致，确保政令畅通；要加强作风修养，做到执政为民有新举措、求真务实有新要求、廉洁从政有新成效。他指出，提高领导干部推动科学发展的能力，是当前干部队伍建设的一项根本任务。各级领导干部要努力提高以下六个方面的能力。一要提高统筹兼顾的能力，善于运用唯物辩证法认识和处理问题，既统揽全局、统筹规划，又在重点突破中推动工作协调发展。二要提高开拓创新的能力，善于根据事物发展的客观规律推动思维创新、方法创新、实践创新、制度创新，创造性地开展工作。三要提高知人善任的能力，善于发现人才，正确识别人才，科学评价人才，合理使用人才，把各方面优秀人才汇聚到党和国家事业中来。四要提高应对风险的能力，善于对各种可能出现的风险进行科学预判和超前准备，增强临机处置能力，化风险为机遇，化被动为主动。五要提高维护稳定的能力，善于见微知著，增强维护稳定的果断性，及时化解矛盾纠纷，妥善处理群体性事件。六要提高同媒体打交道的能力，尊重新闻舆论的传播规律，正确引导社会舆论，要与媒体保持密切联系，自觉接受舆论监督。

中直机关党的工作会议召开

3月1日—2日，中直机关党的工作会议在京召开。中央书记处书记、中央办公厅主任令计划出席会议并讲话。

令计划指出，今年是全面贯彻党的十七大精神、推进“十一五”规划顺利实施的关键一年，也是应对国际金融危机冲击、保持我国经济平稳较快发展的关键一年。中央要求全党全国全力做好保增长、保民生、保稳定的各项工作。做好中直机关党的工作，对于贯彻落实中央精神、圆满完成各项任务至关重要。中直机关各级党组织要按照中央的要求，充分发挥自身优势，积极推动中央决策部署的贯彻落实，为应对国际金融危机、克服经济发展困难、促进社会和谐稳定贡献智慧和力量。他对做好当前和今后一个时期中直机关党的工作提出三点要求。一是要注重讲政治，切实把讲政治体现在始终同党中央保持高度一致上，体现在围绕大局推动业务工作上，体现在增强党员干部党性修养上，确保机关党的工作始终保持正确的政治方向。二是要注重抓创新，全面把握新形势下机关党的工作特点和规律，积极探索做好工作的新思路、新途径、新手段，推动机关党的工作在继承优良传统的基础上不断开拓前进。三是要注重求实效，坚持贴近实际，切实增强吸引力；坚持以人为本，切实增强亲和力；坚持分类指导，切实增强针对性；坚持真抓实干，切实增强执行力，进一步把机关党的工作做到基层最需要的地方，做到广大党员干部最期待的地方。

他强调，中直机关深入学习实践科学发展

观活动进展顺利，成效显著，实现了预期目标。深入贯彻落实科学发展观是一项长期战略任务。中直机关各级党组织要下大气力做好巩固和扩大学习实践活动成果的工作，切实把学习实践活动中凝聚的共识、焕发的精神、积累的经验运用到日常工作中，更好地用科学发展观武装头脑、指导实践、推动工作。

中央纪委监察部机关召开学习实践活动总结大会

3月2日，中央纪委监察部机关召开深入学习实践科学发展观活动总结大会。中共中央政治局常委、中央纪委书记贺国强，中共中央书记处书记、中央纪委副书记何勇出席会议。

会议要求，要充分认识当前我国经济社会发展面临的形势，切实把思想和行动统一到中央关于推动科学发展的决策部署上来，坚持以科学发展观为指导，不断提高纪检监察工作服务、保障、促进科学发展的能力和水平。要把加强对中央关于推动科学发展重大决策部署贯彻落实情况的监督检查，作为当前纪检监察工作的首要任务，认真开展对中央有关扩大内需促进经济增长政策措施执行情况的检查，保证中央政策落实到位。要把解决损害群众利益的突出问题、维护人民的根本利益，作为纪检监察机关的重要职责，努力构建实现科学发展最广泛最深厚的群众基础。要把抓好《工作规划》的贯彻落实、扎实推进惩治和预防腐败体系建设，作为反腐倡廉建设的工作重点，坚决遏制腐败现象滋生蔓延的势头。要把抓好领导干部党性党风党纪教育、加强和改进领导干部作风建设，作为纪检监察工作贯彻落实科学发展观的重要切入点，加强对领导干部作风状况的监督检查，促进全党树立和弘扬优良作风。

会议强调，要认真总结深入学习实践科学发展观活动的好做法好经验，持之以恒地加强纪检监察机关自身建设。深化对科学发展观的学习，坚持用科学发展观武装头脑、指导实践、推动工作。加强对纪检监察干部的管理和监督，促使广大纪检监察干部做到求真务实、真抓实干，坚持原则、实事求是，艰苦奋斗、谦虚谨慎。认真落实深入学习实践科学发展观活动分析检查报告、整改方案和近期整改措施，抓好群众满意度测评，抓好突出问题的解决，抓好体制机制的建立健全，努力形成加强自身建设的长效机制。

全国政协十一届二次会议在京召开

3月3日—12日，中国人民政治协商会议第十一届全国委员会第二次会议在京召开，12日上午在人民大会堂闭幕。

全国政协主席贾庆林代表政协第十一届全国委员会常务委员会，在开幕式上向大会报告工作。他从6个方面总结了过去一年人民政协的工作。他指出，2008年，是党和国家事业发展进程中很不寻常、很不平凡的一年，也是十一届全国政协的开局之年。人民政协高举爱国主义、社会主义旗帜，牢牢把握团结和民主两大主题，坚持中国特色社会主义政治发展道路，充分发挥协调关系、汇聚力量、建言献策、服务大局的重要作用，与祖国和人民同呼吸、共命运，众志成城、共克时艰，经受了一场又一场重大考验和精神洗礼，为全面建设小康社会、加快推进社会主义现代化、促进祖国和平统一大业作出了重要贡献，实现了本届政协的良好开局。2009年，是新中国成立60周年，是人民政协成立60周年，人民政协工作的总体思路是：全面贯彻中共十七大和十七届二中、三中全会精神，高举中国特色社会主义伟大旗帜，以邓小平理论和“三个代表”重要思想为指导，深入贯彻落实科学发展观，继续贯彻《中共中央关于加强人民政协工作的意见》，系统总结人民政协成立60年的宝贵经验，把保持经济平稳较快发展作为首要任务，把维护社会和谐稳定作为重要责任，认真履行政治协商、民主监督、参政议政职能，坚定信心、迎难克艰，为继续全面建设小康社会、加快推进社会主义现代化凝聚强大力量，作出积极贡献。

贾庆林在闭幕式讲话中总结了这次大会的

主要成果。他指出，政协第十一届全国委员会第二次会议，是在全党全国各族人民积极应对国际金融危机冲击、努力保持经济平稳较快发展的形势下召开的。这是一次坚定信心谋发展、群策群力促和谐的大会，是一次发扬民主聚共识、加强团结鼓实劲的大会。广大政协委员围绕保持经济平稳较快发展这一首要任务，围绕维护社会和谐稳定这一大局，紧密联系实际，积极协商讨论，提出了许多真知灼见，为党和政府决策提供了重要参考和依据。

他指出，2009 年是应对国际国内环境重大挑战、推动党和国家事业实现新发展的关键一年。人民政协的各级组织、各参加单位和广大政协委员要认真学习、宣传和贯彻全国两会精神，切实把思想和行动统一到中共中央对经济形势的分析判断上来、统一到中共中央的决策部署上来，铭记人民重托，勇挑时代重任，为实现今年经济社会发展的各项目标作出积极贡献。

贾庆林强调，要不断夯实团结合作的共同思想政治基础，坚定不移地把中国特色社会主义作为共同理想信念、共同前进方向、共同奋斗目标，确保人民政协事业始终沿着正确方向前进。要紧紧围绕保持经济平稳较快发展履行职能，精心选择课题，深入调查研究，搞好协商议政，增强建言献策的预见性、针对性和有效性。要坚持以人为本、履职为民，始终重视民生，时刻关注民生，协助党和政府协调好、解决好涉及群众切身利益的重大问题，努力维护社会和谐稳定。要切实发挥政协委员的主体作用，尊重委员首创精神，维护委员民主权利，积极探索新形势下委员发挥作用的新思路、新载体和新机制，引导广大委员深入实际、走向基层、贴近群众，在报效国家、服务人民的伟大实践中施展才华、建功立业。

十一届全国人大二次会议在京召开

3 月 5 日—13 日，第十一届全国人民代表大会第二次会议在京召开，13 日上午在人民大会堂闭幕。

开幕式上温家宝总理代表国务院向大会作政府工作报告。报告共分三个部分：一、2008 年工作回顾；二、2009 年工作总体部署；三、2009 年主要任务。在回顾一年来的工作时温家宝说，2008 年是极不平凡的一年。他从三个方面总结了一年来的主要工作：及时果断调整宏观经济政策，全力保持经济平稳较快发展；统筹经济社会发展，全面加强以改善民生为重点的社会建设；积极推进改革开放，为经济社会发展注入新的活力和动力。在报告 2009 年工作总体部署时他提出，今年国民经济和社会发展的主要预期目标是：国内生产总值增长 8%左右，经济结构进一步优化；城镇新增就业 900 万人以上，城镇登记失业率 4.6%以内；城乡居民收入稳定增长；居民消费价格总水平涨幅 4%左右；国际收支状况继续改善。温家宝强调，做好今年政府工作，必须把握好以下原则：扩内需、保增长；调结构、上水平；抓改革、增活力；重民生、促和谐。2009 年的政府工作，要以应对国际金融危机、促进经济平稳较快发展为主线，统筹兼顾，突出重点，全面实施促进经济平稳较快发展的一揽子计划。要着力抓好七方面工作：加强和改善宏观调控，保持经济平稳较快发展；积极扩大国内需求特别是消费需求，增强内需对经济增长的拉动作用；巩固和加强农业基础地位，促进农业稳定发展和农民持续增收；加快转变发展方式，大力推进经济结构战略性调整；继续深化改革开放，进一步完善有利于科学发展的体制机制；大力发展社会事业，着力保障和改善民生；推进政府自身建设，提高驾驭经济社会发展全局的能力。

本次会议表决通过了关于政府工作报告的决议。决议指出，会议充分肯定国务院过去一年的工作，同意报告提出的 2009 年工作总体部署和主要任务，决定批准这个报告。表决通过了关于 2008 年国民经济和社会发展计划执行情况与 2009 年国民经济和社会发展计划的决议，决定批准关于 2008 年国民经济和社会发展计划执行情况与 2009 年国民经济和社会发展计划草案的报告，批准2009年国民经济和社会发展计划；表决通过了关于2008年中央和地方预算执行情况与2009年中央和地方预算的决议，决定批准关于2008年中央和地方预算执行情况与2009年中央和地方预算草案的报告，批准2009年中央预算。表决通过了关于全国人大常委会工作报告的决议。决议指出，会议高度评价全国人大常委会过去一年的工作，同意报告提出的今后一年的主要任务，决定批准这个报告。表决通过了关于最高人民法院工作报告的决议、关于最高人民检察院工作报告的决议，决定批准这两个报告。

大会完成各项议程后，全国人大常委会委员长吴邦国发表讲话。他说，十一届全国人大二次会议在全体代表的共同努力下，圆满完成了各项预定任务。会议充分发扬民主，严格依法办事，开得很成功，是全面贯彻落实党的十七大和十七届三中全会精神，高举中国特色社会主义伟大旗帜，深入贯彻落实科学发展观的大会，是团结、民主、求实、奋进的大会。

吴邦国说，会议期间，代表们肩负全国各族人民的重托，以高度主人翁责任感和历史使命感，围绕会议主题，依法履行职责，认真审议报告，积极提出建议，讲大局、议大事，重实际、求实效，使会议作出的决议和批准的报告，充分体现了党的主张和人民意志的统一，充分反映了全国各族人民的共同意愿。这次大会必将进一步激励和动员全国各族人民满怀豪情地投身建设和发展中国特色社会主义伟大事业。

《学习理论文库》出版座谈会召开

3月18日，《学习理论文库》出版座谈会在京召开。《学习理论文库》是为充分展示新时期理论工作成就，促进哲学社会科学繁荣发展，在中央领导同志倡议下，由中宣部理论局、学习出版社从2002年开始组织出版的大型系列丛书。目前，《文库》已分6批先后推出龚育之、邢贲思、苏星、邵华泽、王梦奎、金冲及、刘国光、吴树青、罗国杰、侯树栋、汝信、江流、冷溶、杨春贵、李文海、黄楠森、龚书铎、卫兴华、郑科扬、卫建林、郑必坚、虞云耀、刘海藩、王伟光、李君如、赵曜、袁贵仁、李慎明、赵可铭、许志功、戴逸、许崇德、陈先达、徐光春、魏礼群、吴敬琏、靳辉明、厉以宁、逄锦聚等39位专家学者的自选集，总字数1600多万字。2009年正在组织实施第7批《文库》的编辑出版工作。

国务院召开第二次廉政工作会议

3月24日，国务院召开第二次廉政工作会议，温家宝总理在会上发表讲话。

温家宝指出，过去的一年，国务院各部门和地方各级政府着力加强对行政权力的监督制约，全面推进廉政建设和反腐败工作，取得新的明显成效。但是，当前一些领域腐败现象仍然易发多发，一些损害群众利益的问题仍然突出，一些领导干部作风漂浮，严重影响政府形象和干群关系。在当前应对国际金融危机的形势下，必须高度重视、认真解决这些问题。要重点抓好四个方面工作：(一)正确履行政府职能，创造良好发展环境。(二)落实改善民生政策措施，有效维护群众利益。(三)强化对行政权力的制约监督，确保权力不被滥用。(四)政府要带头勤俭节约，确保资金用到最急需的地方。

温家宝强调，查办案件是反腐败的最重要最直接最有效手段。按照中央的部署，今年要重点查办发生在领导机关和领导干部中的腐败案件。要始终保持对腐败分子严厉打击的高压态势，坚决查处利用行政审批权、行政执法权等搞官商勾结、权钱交易的腐败案件。加大查办商业贿赂案件的力度。

温家宝强调，加强反腐倡廉，领导是关键。要认真落实反腐倡廉责任制，做到分工明确、考核到位、追究有力。所有政府工作人员特别是领导干部要严格要求自己，从严治政，勤勉尽责，做廉洁奉公的表率。要切实转变工作作风，求真务实，解决实际问题，坚决反对官僚主义、形式主义。各部门都要扎实抓好基础工作，努力实现信息共享，牢固树立大局观念，主动加强协调配合。要解放思想，开拓创新，不断适应形势变化，提高驾驭复杂局面的能力。

全国培养选拔年轻干部工作座谈会召开

3月30日，全国培养选拔年轻干部工作座谈会在京召开，中共中央政治局常委、中央书记处书记习近平出席并发表讲话。

习近平在讲话中深刻阐述了培养选拔年轻干部的重大意义。他指出，干部队伍新老交替与合作是一个永无完结的历史过程，培养选拔年轻干部工作必须常抓不懈。根据党的十七大精神，当前和今后一个时期做好培养选拔年轻干部工作，要坚持重在培养，以坚定理想信念、加强党性修养和弘扬优良作风为核心，进一步加强年轻干部的理论培训和实践锻炼，提高政治素质和能力素质；要坚持德才兼备、以德为先用人标准，形成有利于优秀年轻干部脱颖而出的选拔机制，使领导班子和干部队伍形成合理结构，始终充满生机与活力。

他强调，做好培养选拔年轻干部工作，要把理想信念教育作为一项根本任务抓实抓好。要按照中央关于大规模培训干部的要求，加强年轻干部的理论学习培训，全面提高他们的马克思主义理论素养，打牢理想信念的根基。要把理想信念教育与国情、党情教育和中共党史教育结合起来，引导和帮助年轻干部深刻理解我们党领导人民艰苦卓绝的奋斗历史和优良传统，坚定对中国特色社会主义的信念。做好培养选拔年轻干部工作，必须加强年轻干部的党性修养。要加强年轻干部的道德修养，引导他们珍重人格、珍爱声誉、珍惜形象，增强道德责任感，常修为政之德，积小德养大德，努力成为思想纯洁、品行端正的示范者，爱岗敬业、敢于负责的力行者，明礼诚信、遵纪守法的先行者，生活正派、情趣健康的引领者。要引导年轻干部树立良好作风，正确对待权力、地位和利益，正确对待组织、群众和自己，克服浮躁情绪，脚踏实地干事，在服务祖国、服务人民、服务科学发展中建功立业。各级党委要进一步加强对年轻干部的党性教育，特别要加强政治忠诚教育、道德情操教育、优良作风教育、党的纪律教育和拒腐防变教育，坚持严格要求、严格管理，保证年轻干部健康成长。

他提出，在实践中锻炼、考验和提高干部，始终是培养年轻干部的一个基本途径。越是有培养前途的年轻干部，越要放到艰苦环境中去，越要派到改革和发展的第一线去，让他们在实践锻炼中增强党性、改进作风、磨练意志、陶冶情操、提升境界、增长才干。要坚持多岗位培养锻炼年轻干部，尤其要注重在基层一线的实践中培训锻炼年轻干部。一方面，要鼓励更多的年轻干部到基层、到生产一线和艰苦地方去经受考验、成长成才；另一方面，要注重选拔基层中善于做群众工作、能妥善应对复杂局面、有处理实际问题能力的优秀年轻干部充实党政领导机关，改善优化机关干部队伍结构。

2009年4月

中共中央组织部举行全国组织系统“12371”党员咨询服务电话开通仪式

4月1日，中共中央组织部举行全国组织系统“12371”党员咨询服务电话开通仪式。中共中央政治局委员、中央组织部部长李源潮出席并讲话。

李源潮说，开通“12371”党员咨询服务电话，是组织系统贯彻落实党的十七大精神，尊重党员主体地位、保证党员民主权利，为党员提供服务的一项重要举措。各级党委组织部门要认真做好“12371”党员咨询服务电话的受理工作，倾听党员意见，了解党员需要，帮助党员解决思想困惑和实际困难，使“12371”党员咨询服务电话越办越好，真正成为广大党员的知音，成为组织部门服务党员、服务基层、服务群众的重要窗口，让广大党员满意。

中央企业学习实践活动座谈会召开

4月14日，中央深入学习实践科学发展观活动领导小组在北京召开中央企业学习实践活动座谈会。中共中央政治局常委、中央书记处书记习近平在座谈会上回顾总结了前一阶段中央企业学习实践活动的情况，对国有企业下一步的学习实践活动提出了明确要求。

习近平指出，深入学习、提高认识是搞好学习实践活动的前提和基础。企业党员干部平时难于集中时间系统学习理论，要利用开展学习实践活动的机会认真学习，努力提高思想政治素质和理论素养，在本企业是不是科学发展、愿不愿科学发展、会不会科学发展等重大问题上进一步形成共识，着力把科学发展观转变为谋划企业科学发展的正确思路、领导企业科学发展的实际能力、促进企业科学发展的办法措施。企业领导班子和领导干部要带头学习，力争多学一些、学深一些、学精一些。

习近平强调，突出实践特色，是这次学习实践活动的重要要求。国有企业学习实践活动突出实践特色，重在立足企业实践，认真查找发展战略、深化改革、企业管理、技术创新、安全生产以及加强领导班子建设、维护职工合法权益等方面存在的突出问题，明确解决的思路和措施并抓好落实。特别要把保增长、保民生、保稳定作为科学发展最大的实践，贯穿于学习实践活动全过程。

习近平强调，国有企业要把作风建设摆在更加突出的位置，引导党员干部特别是领导干部切实加强理论修养、政治修养、道德修养、纪律修养和作风修养，加强主观世界改造，牢固树立和大力弘扬党的优良作风，努力解决党性党风党纪方面群众反映强烈的突出问题。要牢固树立过紧日子的观念，勤俭办一切事业，坚决反对铺张浪费和大手大脚，坚决抵制享乐主义和奢靡之风，以优良的作风带领企业党员和职工迎难而上、锐意改革，推动企业科学发展不断迈上新台阶。

中共中央办公厅转发《中央宣传部关于围绕庆祝新中国成立60周年深入开展群众性爱国主义教育活动的意见》

4月26日，中共中央办公厅转发《中央宣传部关于围绕庆祝新中国成立60周年深入开展群众性爱国主义教育活动的意见》(以下简称《意见》)，要求各地区各部门结合实际，认真贯彻执行。

《意见》指出，今年是中华人民共和国成立60周年，也是我们应对国际经济形势复杂变化、保持我国经济平稳较快发展的重要一年。在全国范围深入开展群众性爱国主义教育活动，对于激发爱国热情，振奋民族精神，增强战胜困难的信心，凝聚全体人民的力量，同心同德推动经济社会又好又快发展，奋力开拓改革开放和社会主义现代化建设新局面，具有十分重要的意义。

《意见》强调，要高举中国特色社会主义伟大旗帜，以邓小平理论和“三个代表”重要思想为指导，深入贯彻落实科学发展观，全面贯彻落实党的十七大和十七届三中全会精神，认真贯彻落实胡锦涛总书记在纪念党的十一届三中全会召开30周年大会上的讲话精神，紧紧围绕党和国家工作大局，紧密联系新中国成立60年来的光辉历程，从历史和现实、理论和实践、成就和经验相结合的高度，对广大干部群众深入进行爱国主义教育，在全社会大力唱响共产党好、社会主义好、改革开放好、伟大祖国好、各族人民好的时代主旋律，激励全党全国各族人民更加紧密地团结在以胡锦涛同志为总书记的党中央周围，继续解放思想，坚持改革开放，推动科学发展，促进社会和谐，为夺取全面建设小康社会新胜利、实现中华民族伟大复兴不懈奋斗。

《意见》指出，要利用丰富多彩的形式开展群众性爱国主义教育活动。一要广泛开展面对面的宣讲活动。二要深入开展有特色的群众性活动。三要大力开展学习先进典型活动。四要积极开展丰富多彩的文艺活动。明确了开展群众性爱国主义教育活动的工作要求。强调要突出思想内涵，围绕建设社会主义核心价值体系，着力深化和拓展思想教育内容，引导干部群众深刻认识历史和人民是怎样选择了马克思主义、选择了中国共产党、选择了社会主义道路、选择了改革开放，深刻理解只有共产党才能领导中国，只有社会主义才能救中国，只有改革开放才能发展中国、发展社会主义、发展马克思主义，不断增强对中国共产党领导、社会主义制度、改革开放事业、全面建设小康社会目标的信念和信心。要吸引群众参与，要注重实际效果，要切实加强组织领导。各级党委宣传部门要做好组织协调工作，工会、共青团、妇联等人民团体要发挥自身优势，把教育活动开展到各自所联系的群众中去。通过扎实有效的工作，把教育活动的成果转化为迎接挑战、战胜困难的坚定信心，转化为推动科学发展、促进社会和谐的实际行动，转化为全面建设小康社会、实现中华民族伟大复兴的强大精神力量。

以改革创新精神加强党建理论研究暨纪念《党建研究》创刊20周年座谈会召开

4月27日，中共中央组织部在北京召开以改革创新精神加强党建理论研究暨纪念《党建研究》创刊20周年座谈会。中共中央政治局委员、中央组织部部长李源潮和宋平同志出席座谈会。

《党建研究》创刊于1989年3月，是中组部主管、公开发行的党刊。陈云为《党建研究》题写刊名。胡锦涛、江泽民等中央领导都曾对如何办好《党建研究》作出指示。20年来，《党建研究》突出刊物的思想性、理论性和工作指导性，在推动马克思主义党建理论研究和宣传方面作出了积极贡献，连续2次入选“全国百种重点社科期刊”，连续3届荣获国家期刊奖。

李源潮充分肯定《党建研究》20年来取得的成绩。他说，坚持以改革创新精神加强党建理论研究，是新形势下加强和改进党的建设的迫切需要。党建理论研究要着眼于新的实践，着力回答党的建设的重大理论和实际问题，为做好新形势下党建工作提供理论支持。要大力弘扬马克思主义学风，坚持理论联系实际，在服务实践、指导实践中实现理论价值，在接受实践检验、汲取实践营养中实现理论的新发展。他希望《党建研究》坚持正确政治方向，进一步活跃思想、改进文风，办得更有思想活力，在指导实际工作中更有针对性和影响力，努力成为加强党建理论研究和指导党建工作的一面旗帜。

全国人民法院队伍建设工作会议召开

4月29日，全国人民法院队伍建设工作会议在京召开，中共中央政治局常委、中央政法委书记周永康出席会议并讲话。

周永康指出，党的十七大以来，以胡锦涛同志为总书记的党中央对法院工作和法院队伍建设十分重视，作出了一系列重要指示，指明了前进方向。各级法院坚持“三个至上”的工作指导思想，坚持为大局服务、为人民司法的工作主题，坚持从严治院、公信立院、科技强院的工作方针，狠抓队伍建设，广大法院干警的政治业务素质、司法能力水平明显提高，为保障社会公平正义、维护社会和谐稳定、促进经济社会发展作出了重要贡献。实践证明，法院队伍的主流是好的，是一支党和人民完全可以信赖的队伍。

他要求，各级党委要切实加强对法院工作的领导，把党对法院的思想领导、政治领导、组织领导落到实处。要以领导班子建设为重点，努力建设过硬的法院领导干部队伍，选好配强法院的“一把手”，领导干部要加强党性锻炼、道德修养，不断提高法律素养，做到自身正、自身硬、自身净；要以基层建设为重点，不断提高法院的司法保障水平，努力形成人往基层走、劲往基层使、钱往基层用的机制和氛围；要以支持法院依法履行职责为重点，排除地方保护主义、部门本位主义的干扰，严肃查处阻挠法院依法办案的单位和个人，努力创造良好的司法环境。

2009年5月

纪念五四运动90周年大会举行

5月4日，纪念五四运动90周年大会在人民大会堂举行。胡锦涛、吴邦国、温家宝、贾庆林、李长春、习近平、李克强、贺国强、周永康等党和国家领导人出席大会，李长春在大会上讲话。

李长春在讲话中深刻阐述了五四运动的伟大历史功绩。他指出，90年前爆发的五四运动，是以一批先进青年知识分子为先锋、广大人民群众共同参与的彻底反帝反封建的伟大爱国革命运动，标志着中国新民主主义革命的开端。五四运动是一场伟大的思想解放运动和新文化运动，为中国共产党的成立提供了思想上和干部上的准备，并使社会主义思想成为五四运动后新文化运动的主流。五四运动孕育了爱国、进步、民主、科学的伟大五四精神，成为激励全体中国人民为实现中华民族伟大复兴而团结奋斗的宝贵精神财富。

李长春指出，五四运动以来90年的历史昭示我们，坚持中国共产党的领导，始终是推动我国各项事业不断前进的根本保证；坚持马克思主义基本原理同中国具体实际相结合，不断推进马克思主义中国化，是推动我国各项事业不断前进的强大动力；坚持走中国特色社会主义道路，是实现国家富强、民族振兴、人民幸福唯一正确的选择；青年始终是我国社会中最积极、最活跃、最有生气的力量，是祖国和民族的未来，是我们事业兴旺发达的希望。

李长春强调，党和国家事业发展离不开青年。在新的历史条件下，当代青年要进一步弘扬五四精神，按照胡锦涛总书记提出的要求，把爱国主义作为始终高扬的光辉旗帜，把勤奋学习作为人生进步的重要阶梯，把深入实践作为成长成才的必由之路，把奉献社会作为不懈追求的优良品德，努力成为理想远大、信念坚定的新一代，品德高尚、意志顽强的新一代，视野开阔、知识丰富的新一代，开拓进取、艰苦创业的新一代，切实肩负起时代赋予的光荣使命。

李长春希望当代青年自觉用中国特色社会主义理论体系武装头脑，努力成为中国特色社会主义共同理想的坚定信仰者；积极投身全面建设小康社会伟大实践，努力成为科学发展观的忠实执行者；勤奋刻苦学习，努力成为党和国家事业的合格建设者；勇于开拓创新，努力成为建设创新型国家的积极推动者；注重道德修养，努力成为社会主义核心价值体系的模范践行者，不断谱写无愧于前辈、无愧于时代的更加辉煌的篇章。

全国机关党的建设工作会议召开

5月8日，全国机关党的建设工作会议在北京召开。中共中央政治局常委、中央书记处书记习近平在会前会见了与会代表。他强调，机关党的建设是党的建设新的伟大工程的重要组成部分，各级党委要坚持以改革创新精神扎实推进机关党的建设，在服务大局、服务基层、服务群众的实践中不断开创机关党建工作新局面。

中共中央政治局委员、中央组织部部长李源潮参加会见并在会上讲话。他指出，要牢牢把握服务中心、建设队伍这两大任务，以改革创新精神加强机关党建工作，为各级机关领导和服务科学发展提供政治动力和组织保证。要加强思想政治建设、业务能力建设、机关作风建设、党内民主建设、反腐倡廉建设，增强服务大局的自觉性、主动性、实效性，提高党员干部水平和机关工作效能，密切机关干部同人民群众的直接联系，激发机关党组织的生机活力，确保机关干部廉洁从政。要紧密结合深入学习实践科学发展观活动，广泛开展讲党性、重品行、作表率活动，树立为民、务实、清廉的机关形象。

全国县纪委书记培训班举行开班式

5月8日，全国县纪委书记培训班在中央党校举行开班式。中共中央书记处书记、中央纪委副书记何勇出席开班式作动员讲话并作专题报告。

何勇指出，县级纪检监察机关处于纪检监察系统的基础地位，是将中央关于反腐倡廉决策部署落实到基层和农村的关键环节。在当前国际国内形势发生深刻变化、党风廉政建设和反腐败斗争面临新情况新问题的背景下，对全国县纪委书记进行集中培训，充分体现了党中央对纪检监察机关建设的重视，对广大纪检监察干部的关心。

要紧密结合正在市、县两级开展的第二批学习实践科学发展观活动，切实加强县级纪检监察机关建设。要把思想政治建设摆在首位，认真抓好中国特色社会主义理论体系的学习。要坚持民主集中制，健全常委会议事规则和重大事项决策程序，规范县级纪检监察机关内设机构设置，整合纪检监察组织力量。要在县级纪检监察机关试行纪检监察干部资格准入制度。要切实解决县级纪检监察机关办公办案装备不足的问题。要发扬艰苦奋斗、勤俭节约的精神，对经费的使用要精打细算、节省开支，使资金发挥最大的效用。

基层纪检监察干部工作辛苦、生活清苦，在对他们严格要求的同时，要真正重视、真情关怀、真心爱护他们。广大县纪委书记要珍惜党和人民提供的工作平台，坚持正确的事业观、工作观、政绩观，切实加强党性修养，树立和弘扬良好作风。要政治坚定，自觉听党的话，坚定跟党走。要加强学习，不断增强做好工作的本领。忠于职守，严格按党的章程和政策办事，坚决同各种消极腐败现象作斗争，坚决维护党的纪律的严肃性。大力弘扬求真务实精神，努力取得实实在在的成效。严格自律，慎用党和人民赋予的权力，干干净净地为党和人民工作。

中央党校举行进修班暨专题研讨班开学典礼

5月13日，中央党校举行2009年春季学期第二批进修班暨专题研讨班开学典礼。中共中央政治局常委、中央书记处书记、中央党校校长习近平出席开学典礼并讲话。

习近平指出，在新的时代条件下，领导干部要不断提高自己，经受住各种考验，就要坚持在读书学习中坚定理想信念、提高政治素养、锤炼道德操守、提升思想境界，坚持在读书学习中把握人生道理、领悟人生真谛、体会人生价值、实践人生追求。领导干部如果不加强读书学习，知识就会老化，思想就会僵化，能力就会退化。爱学习、勤读书，通过读书学习来增长知识、增加智慧、增强本领，这是领导干部胜任领导工作的内在要求和必经之路。

习近平强调，马克思主义理论素养是领导干部领导素质的核心和灵魂，掌握马克思主义理论是领导干部的基本功。领导干部读书学习，首先要学习马克思主义理论，认真研读当代中国马克思主义最新成果，深入学习领会邓小平理论、“三个代表”重要思想和科学发展观等重大战略思想，坚持用中国特色社会主义理论体系武装头脑、指导实践、推动工作。当前正在全党开展的深入学习实践科学发展观活动，要求党员干部系统深入学习中央规定书目，就是在深刻理解基础上提高贯彻落实科学发展观的自觉性和坚定性，做到真学、真懂、真信、真用。学习实践科学发展观，领导干部要起带头和示范作用。

习近平指出，领导工作综合性、系统性强，需要多方面的知识积累。领导干部要坚持干什么学什么、缺什么补什么，有针对性地学习掌握做好领导工作、履行岗位职责必备的各种知识，努力使自己真正成为行家里手、内行领导。传统文化中的许多优秀典籍蕴涵着做人做事和治国理政的道理。领导干部要通过研读优秀传统文化书籍，不断提高人文素养和精神境界。

习近平强调，领导干部读书，要坚持阅读与思考的统一，在广泛阅读的基础上开动脑筋，对现实中的疑惑进行深入思考，力求把零散的东西变为系统的、孤立的东西变为相互联系的、粗浅的东西变为精深的、感性的东西变为理性的；要坚持读书与运用相结合，联系实际，知行合一，通过理论的指导、利用知识的积累来洞察客观事物发展的规律，在读书的过程中增强运用能力，在运用的过程中提高读书水平；要锲而不舍、持之以恒，发扬挤劲、钻劲、韧劲，先易后难、由浅入深，循序渐进、水滴石穿。希望中央党校的学员在学习期间专心致志、心无旁骛，遵守纪律、抓紧时间，科学安排读书学习计划，努力提高读书学习效果。

全国党建研究会科研院所党建研究专业委员会成立

5月15日，全国党建研究会科研院所党建研究专业委员会在北京成立，中国科学院院长路甬祥和全国党的建设研究会会长虞云耀为之揭牌。

科研院所党建研究专业委员会由中科院、中国社科院、中国农科院、中国医科院、中国林科院、中国水科院等14个单位组成。

中央军委下发《中央军委关于进一步加强军队高中级干部作风建设的意见》

5月17日，经胡锦涛主席批准，中央军委下发《中央军委关于进一步加强军队高中级干部作风建设的意见》(以下简称《意见》)。

《意见》充分贯彻党的三代领导核心和胡主席关于加强作风建设的一系列重要论述，特别是胡主席在十七届中央纪委三次全会和军委深入学习实践科学发展观活动专题民主生活会等重要会议上的讲话精神，认真分析高中级干部作风建设的形势，明确提出当前和今后一个时期加强军队高中级干部作风建设的总体要求、主要任务和措施办法。颁发实施这个《意见》，是坚持以中国特色社会主义理论体系为指导，适应新的形势任务，系统部署、全面加强军队高中级干部作风建设的重要指导性文件，是全军第一批开展深入学习实践科学发展观活动的重要制度性成果，对于在新的起点上进一步加强军队高中级干部作风建设，保持我军性质、本色和作风，推动部队建设科学发展，有效履行新世纪新阶段我军历史使命，具有十分重要的意义。

《意见》要求，各级党委要把加强高中级干部作风建设作为重大政治任务来抓，书记、副书记要履行好第一责任人的职责。要进一步健全完善教育、管理和监督机制，积极探索加强高中级干部教育管理的新思路新举措。要树立正确的用人导向、工作导向和舆论导向。要坚持一级抓一级，一级带一级，领导为部属作表率，机关为部队作表率，军委、总部为全军作表率。

中共中央政治局召开会议审议廉政建设有关规定

5月22日，中共中央政治局召开会议，审议并通过《关于实行党政领导干部问责的暂行规定》、《中国共产党巡视工作条例(试行)》、《国有企业领导人员廉洁从业若干规定》。中共中央总书记胡锦涛主持会议。

会议认为，加强反腐倡廉法规制度建设，完

善领导干部行为规范，健全党内监督和责任追究制度，真正形成用制度规范从政行为、按制度办事、靠制度管人的有效机制，是加强以完善惩治和预防腐败体系为重点的反腐倡廉建设的重要内容，是发展中国特色社会主义、推进党的建设新的伟大工程的必然要求。

会议认为，坚持严格要求、实事求是、权责一致、惩教结合的原则，实行党政领导干部问责，有利于加强领导干部管理和监督，增强党政领导干部责任意识和大局意识，促进深入贯彻落实科学发展观，提高党的执政能力和执政水平。各级党政领导干部要切实践行全心全意为人民服务的宗旨，牢固树立对人民负责的观念，以对党和国家高度负责的精神，履行好党和人民赋予的职责，兢兢业业完成各项工作任务。各级党委和政府要依照暂行规定严肃问责，充分发挥问责在党风廉政建设中的积极作用。

会议认为，巡视工作要以邓小平理论和“三个代表”重要思想为指导，深入贯彻落实科学发展观，坚持党要管党、从严治党的方针，维护党的纪律，坚持党的领导、分级负责、实事求是、客观公正、发扬民主、依靠群众的原则，切实加强对贯彻执行党的路线方针政策情况、执行民主集中制情况、领导班子和领导干部党风廉政建设情况、选拔任用干部情况的巡察。各级党组织及巡视工作机构要充分认识开展巡视工作的重要性，认真履行职责，充分发挥职能作用。被巡视党组织领导班子及其成员要自觉接受巡视监督，积极配合巡视工作。

会议强调，实施《国有企业领导人员廉洁从业若干规定》，对于加强国有企业反腐倡廉建设、维护国家和出资人利益、促进国有企业科学发展、保障职工群众合法权益具有重要作用。国有企业要切实将规定要求落实到生产经营活动中，努力把国有企业的政治优势转化为经营管理优势和核心竞争力，加快改革发展步伐，为应对国际金融危机冲击、促进经济平稳较快发展作出贡献。

会议要求，各级党组织要充分认识学习贯彻这三项法规制度的重要意义，把贯彻落实这三项法规制度作为加强反腐倡廉建设的重要政治任务，列入议事日程，深入学习宣传，认真组织实施。各级纪委和有关部门要协助党委抓好任务分解和组织协调，保证制度贯彻落实。

中共中央政治局进行第十三次集体学习

5月22日，中共中央政治局进行第十三次集体学习，这次集体学习安排的学习内容是世界主要国家社会保障体系和我国社会保障体系建设。中国社会科学院周弘研究员、中国劳动保障科学研究院何平研究员就这个问题进行讲解，并谈了他们对我国社会保障体系建设的意见和建议。

中共中央总书记胡锦涛在主持学习时发表了讲话。他指出，社会保障与人民幸福安康息息相关，社会保障工作事关改革开放和社会主义现代化事业全局。党的十七大提出，要加快建立覆盖城乡居民的社会保障体系。这是坚持立党为公、执政为民的具体体现，是推动科学发展、促进社会和谐的重要工作，是保增长、保民生、保稳定的重要任务。各级党委和政府要深刻认识加快完善社会保障体系、做好社会保障工作的重要性和紧迫性，把加快完善社会保障体系作为实现好、维护好、发展好最广大人民根本利益的重要工作扎实推进，努力使全体人民学有所教、劳有所得、病有所医、老有所养、住有所居，不断促进社会和谐。

胡锦涛强调，各级党委和政府要把社会保障工作纳入重要议事日程，加强领导、明确责任，统筹协调、抓好落实。要紧密结合实际，加强社会保障理论和实践研究，深刻把握社会保障特点和规律，增强社会保障工作系统性。要充分调动社会各方面的积极性，大力弘扬集体主义精神和中华民族尊老爱幼、扶危济困的优良传统，形成全社会共同参与社会保障事业、全体人民共享改革发展成果的良好局面。

“万名组织部长下基层”活动启动

5月25日，中组部召开全国组织系统推进“万名组织部长下基层”活动视频会议，全国组织系统“万名组织部长下基层”活动当日启动。中共中央政治局委员、中央组织部部长李源潮要求组织系统要更好地把握大局、了解基层，推进改革创新，服务科学发展，在深入学习实践科学发展观活动中作表率。

李源潮要求推进“万名组织部长下基层”活动要讲求实效，防止形式主义。要求每位同志都要严格自律，不给基层增加负担，真心实意地为干部群众服务，进一步树立组织部门“党员之家、干部之家、人才之家”的良好形象。

《六个“为什么”——对几个重大问题的回答》出版

5月30日，为扎实推动用中国特色社会主义理论体系武装全党、教育人民，深入学习实践科学发展观，帮助广大干部群众深入把握社会主义核心价值体系，中央宣传部理论局组织编写了《六个“为什么”——对几个重大问题的回答》一书，由学习出版社出版，在全国发行。

《六个“为什么”——对几个重大问题的回答》紧密联系国际国内形势的深刻变化，紧密联系改革开放和现代化建设的实际，紧密联系干部群众的思想实际，深入回答了为什么必须坚持马克思主义在意识形态领域的指导地位，而不能搞指导思想的多元化；为什么只有社会主义才能救中国，只有中国特色社会主义才能发展中国，而不能搞民主社会主义和资本主义；为什么必须坚持人民代表大会制度，而不能搞“三权分立”；为什么必须坚持中国共产党领导的多党合作和政治协商制度，而不能搞西方的多党制；为什么必须坚持公有制为主体、多种所有制经济共同发展的基本经济制度，而不能搞私有化和单一公有制；为什么必须坚持改革开放不动摇，而不能走回头路等一系列重大理论和实践问题，对于在全社会形成统一的指导思想、共同的理想信念、强大的精神力量和基本的道德规范，巩固全党全国各族人民团结奋斗的共同思想基础具有重要意义。

2009年6月

全国宣传部长座谈会召开

6月13日—14日，全国宣传部长座谈会在北京召开。中共中央政治局委员、中央宣传部部长刘云山出席会议并讲话。

会议认为，今年以来，宣传思想文化战线认真贯彻中央部署，扎实推进各项工作，集中力量抓好重点任务。在经济发展遇到空前困难的情况下，着力提振士气、增强信心，着力统一思想、凝聚人心，有力地促进了经济平稳较快发展，有力地维护了社会和谐稳定，有力地巩固了全党全国人民团结奋斗的共同思想基础。

刘云山在讲话中指出，宣传思想战线要把做好应对国际金融危机冲击、保持经济平稳较快发展的宣传摆在突出位置，增强全社会迎难而上、共克时艰的精神力量。要突出抓好科学发展观的学习宣传，引导人们深刻理解贯彻落实科学发展观是解决当前发展面临的突出问题、克服国际金融危机影响的根本途径，推动科学发展观的学习实践向深度和广度拓展。要加大对保增长、保民生、保稳定政策措施的宣传力度，深化各项产业振兴规划的宣传，做好政策措施落实情况的跟踪宣传，更好地发挥政策的实际效应。要深入挖掘先进典型，总结成功经验，引导社会各方面为应对危机、促进发展出主意、想办法、做贡献。

刘云山强调，新中国60年奋斗历程和宝贵经验，是开展宣传教育最直接、最生动、最有说服力的教材。要生动展示新中国60年特别是改革开放30年的辉煌成就，热情讴歌中国共产党几代领导人的丰功伟绩，充分反映中国人民精神面貌发生的巨大变化，展现中国特色社会主义事业欣欣向荣的发展前景。要按照中央部署，抓住重要时间节点统筹安排，分阶段有步骤地推动各项宣传教育活动渐次展开、逐步升温，在“十一”前后形成规模、形成声势，营造隆重、热烈、喜庆的浓厚氛围。要坚持面向基层、面向群众，吸引群众广泛参与，努力把人们的爱国热情转化为做好本职工作的实际行动。

刘云山指出，宣传思想文化战线不仅要更好地服务党和国家工作大局，而且要加快自身的改革发展。要进一步加大力度，深化文化体制改革，加快推进经营性国有文化单位转企改制步伐，推动党报党刊发行体制和广播电视节目制播分离改革，着力培育自主经营、富有活力的合格市场主体。要进一步深化公益性文化单位内部劳动人事、收入分配和社会保障制度改革，加强基层公共文化设施的建设、使用和管理，拓宽投资渠道，拓展服务领域，提高服务水平。要大力推进文化领域资源整合，发挥市场在资源配置中的基础性作用，支持文化企业以资本为纽带，进行跨地区、跨领域、跨所有制兼并重组，提高产业集中度。

中共中央举行
纪念李先念同志诞辰100周年座谈会

6月23日，中共中央在人民大会堂举行纪念李先念同志诞辰100周年座谈会。中共中央总书记胡锦涛在座谈会上发表重要讲话。

胡锦涛在讲话中指出，我们怀着十分崇敬的心情在这里隆重集会，纪念敬爱的李先念同志诞辰100周年，深切缅怀他为党和人民建立的历史功勋，追思和学习他为党和人民事业不懈奋斗的崇高品德和风范。李先念同志毕生奋斗，为中华民族独立和中国人民解放，为社会主义革命、建设、改革事业，为建设富强民主文明和谐的社会主义现代化国家，作出了不可磨灭的贡献，赢得了全党全军全国各族人民的崇敬和爱戴。李先念同志的崇高思想风范是激励我们沿着中国特色社会主义道路奋勇前进的宝贵精神财富。我们缅怀李先念同志，就是要学习他的光辉思想、崇高品德、高尚风范，使之成为推进党和人民事业发展的重要精神力量。我们要学习李先念同志信仰坚定、始终对党和人民无限忠诚的崇高品格；学习李先念同志勤于和善于学习、坚持群众路线、创造性开展工作的优良作风；学习李先念同志坚持党性原则、谦虚谨慎、顾全大局的优秀品质；学习李先念同志立党为公、执政为民、全心全意为人民服务的公仆精神。

他强调，今年是中华人民共和国成立60周年。回首过去，展望未来，我们更加缅怀老一辈革命家为新中国诞生和发展建立的丰功伟绩。在新的历史条件下，全党全国各族人民一定要高举中国特色社会主义伟大旗帜，坚持以邓小平理论和“三个代表”重要思想为指导，深入贯彻落实科学发展观，同心同德、锐意进取，为把我国建设成为富强民主文明和谐的社会主义现代化国家而不懈奋斗，把老一辈革命家和革命先烈开创的伟大事业不断推向前进。

纪念《光明日报》创刊
60周年座谈会举行

6月26日，纪念《光明日报》创刊60周年座谈会在京举行。中共中央政治局常委李长春出席并讲话。

《光明日报》创刊于1949年6月16日。60年来，《光明日报》始终坚持正确办报方向，以文化为特色，以联系、引导、服务广大知识界为职责，在理论、学术、文艺、教育、科技等方面的宣传报道中发挥了重要作用。现在，光明日报社已经发展成为以《光明日报》为核心，拥有系列报刊和出版社、光明网等机构，读者遍及海内外，具有广泛影响力的综合性报业集团。

李长春在讲话中代表党中央，向光明日报社的全体同志表示热烈祝贺，向所有为《光明日报》作出贡献的老同志表示崇高敬意，向一直关心支持《光明日报》的广大读者、知识分子和社会各界表示衷心感谢。他希望光明日报社认真学习贯彻胡锦涛总书记在视察人民日报社时的重要讲话精神，按照高举旗帜、围绕大局、服务人民、改革创新的总要求，锐意进取、开拓创新，进一步办出特色、办出水平，扩大影响力、增强凝聚力，努力办成高水平、高质量的一流媒体，在推动经济发展、引导人民思想、培育社会风尚、促进社会和谐方面发挥更大作用，在立足知识界、服务知识界，成为党团结凝聚广大知识分子的重要桥梁方面发挥更大作用，在推进文化创新，兴起社会主义文化建设新高潮、推动社会主义文化大发展大繁荣方面发挥更大作用。

中共中央政治局召开会议审议关于建立促进科学发展的干部考核评价机制的意见

6月29日，中共中央政治局召开会议，审议并通过《关于建立促进科学发展的党政领导班子和领导干部考核评价机制的意见》。中共中央总书记胡锦涛主持会议。

会议认为，建立促进科学发展的干部考核评价机制，是深入贯彻落实党的十七大精神的重要举措，对于进一步巩固开展深入学习实践科学发展观活动成果，完善体现科学发展观和正确政绩观要求的干部考核评价体系，着力构建有利于科学发展的体制机制，具有十分重要的意义。

会议强调，建立促进科学发展的干部考核评价机制，要高举中国特色社会主义伟大旗帜，坚持以邓小平理论和“三个代表”重要思想为指导，深入贯彻落实科学发展观，立足为科学发展选干部、配班子、建队伍、聚人才，着力形成有利于科学发展的用人导向，为贯彻落实科学发展观提供坚强的政治和组织保证。要坚持服务科学发展、促进科学发展，坚持德才兼备、以德为先，坚持注重实绩、群众公认，坚持客观公正、简便易行，建立有机联系、相互配套并有效运用的干部考核评价机制，全面加强对党政领导班子和领导干部的考核工作。

会议强调，要完善考核内容，既注重考核发展速度，更注重考核发展方式、发展质量；既注重考核经济建设情况，更注重考核经济社会协调发展、维护社会稳定、保障和改善民生的实际成效。要改进考核方式，坚持以平时考核、年度考核为基础，以换届考察、任职考察为重点，合理安排，相互补充，增强考核方式的完整性和系统性。要扩大考核民主，强化党内外干部群众的参与和监督，进一步公开考核内容、考核程序、考核方法、考核结果，增强考核工作透明度，加大群众满意度在考核评价中的分量。要强化考核结果运用，把考核结果作为领导班子建设和领导干部选拔任用、培养教育、管理监督、激励约束的重要依据，着力形成注重品行、科学发展、崇尚实干、重视基层、鼓励创新、群众公认的导向。

会议要求，各级党委（党组）要把建立促进科学发展的干部考核评价机制摆上重要位置，加强组织领导，强化组织协调，抓好组织实施，坚持求实创新，注意各种考核方式的衔接，力戒形式主义，不断提高干部考核工作水平，有力推动各级领导班子建设。

中共中央政治局进行第十四次集体学习

6月29日，在中国共产党成立88周年前夕，中共中央政治局就积极推进党内民主建设问题进行第十四次集体学习。中国人民大学李景治教授、中央组织部党建研究所高永中研究员就积极推进党内民主建设问题进行讲解，并谈了他们的意见和建议。

中共中央总书记胡锦涛在主持学习时发表

重要讲话，他代表党中央，向全国广大共产党员和党务工作者致以节日问候。他指出，发展党内民主，是坚持党的性质和宗旨、保持和发展党的先进性的内在要求和重要体现。我们要从更加坚强有力地团结带领全国各族人民夺取全面建设小康社会新胜利、开创中国特色社会主义事业新局面的高度，把推进党内民主建设作为全面推进党的建设新的伟大工程的战略任务切实落实好。推进党内民主建设，要按照党的十七大关于以改革创新精神全面推进党的建设新的伟大工程的总体部署，以邓小平理论和“三个代表”重要思想为指导，深入贯彻落实科学发展观，坚持和完善民主集中制，立足当前、着眼长远，突出重点、循序渐进，积极推进党内民主理论创新、实践创新、制度创新，使党内民主建设与党的思想建设、组织建设、作风建设、制度建设和反腐倡廉建设紧密联系、相互促进，不断提高党内民主建设质量和水平，不断提高党的执政能力、保持和发展党的先进性。

胡锦涛强调，推进党内民主建设，最根本的是要认真落实党章及党员权利保障条例等党内规章赋予党员的知情权、参与权、选举权、监督权等民主权利，使党员在党内生活中真正发挥主体作用。要牢固树立党员主体意识，把激发广大党员积极性、主动性、创造性作为党内民主建设的出发点和落脚点，健全党员权利保障机制，发挥党员在党内事务中的参与、管理、监督作用。要推进党务公开，创新党务公开形式，拓宽党员参与党内事务渠道，探索和丰富党员发挥作用的途径和方式。要积极营造党内民主讨论环境，在广开言路中集中智慧、在民主讨论中凝聚共识。

胡锦涛指出，要完善党的代表大会制度和委员会工作机制，落实党的代表大会代表任期制，完善党的地方各级全委会、常委会决策和工作机制，加强领导班子制度建设，完善党内民主监督制度。要丰富党内基层民主实现形式，推进党内基层民主决策，推进党务公开，切实选好用好基层党组织领导班子成员。要扩大干部工作中的民主，坚持党管干部原则，完善体现科学发展观和正确政绩观要求的干部考核评价体系，提高选人用人公信度，促进优秀人才脱颖而出。要提高广大党员民主素质和能力，坚持在实践民主中学习民主、在学习民主中实践民主，深入开展党员权利和义务教育，教育引导各级领导干部带头发扬民主作风、严格执行民主集中制，巩固和发展党内政治生活团结和谐的良好局面。

胡锦涛强调，各级党委要按照中央的要求和统一部署，紧密结合本地区本部门实际，推动党内民主建设健康有序发展。要坚持马克思主义民主理论与国情党情相结合、发展党内民主与坚持走中国特色社会主义政治发展道路相结合、发展党内民主与维护党的团结统一相结合，始终把推进党内民主建设放到推进党领导的伟大事业和党的建设新的伟大工程的大局中来把握、来部署、来落实。要坚持实行集中指导下的民主和民主基础上的集中相结合，既充分发扬党内民主，使各级党组织和广大党员的意愿得到充分表达，又坚决维护党的团结统一，维护中央权威，保证中央政令畅通，保证全党步调一致。

全国优秀共产党员代表座谈会召开

6月30日，在中国共产党成立88周年之际，全国优秀共产党员代表座谈会在北京召开。中共中央政治局常委、中央书记处书记习近平出席会议并讲话。

习近平首先代表党中央向全国广大共产党员表示亲切的问候，向各条战线的先进基层党组织和优秀共产党员、优秀党务工作者致以崇高的敬意。他指出，在以毛泽东同志、邓小平同志、江泽民同志为核心的党的三代中央领导集体和以胡锦涛同志为总书记的党中央领导下，我们党坚持把马克思主义基本原理同中国具体实际和时代特征相结合，承前启后、继往开来，团结带领全国各族人民战胜各种困难和风险，不断取得革命、建设、改革的伟大胜利，从根本上改变了中国人民的命运、中国历史的方向和中国社会的面貌。

习近平指出，88年来中国革命、建设、改革事业取得的一切成就，是一代又一代共产党人团结带领人民不懈奋斗的结果。当前，全党全国各族人民正在认真贯彻党的十七大和十七届三中全会精神，为全面建设小康社会、开创中国特色社会主义事业新局面而奋斗。完成这一任务要求我们党与时俱进地提高执政能力和领导水平，要求全党同志脚踏实地为之奋斗。

习近平向广大共产党员提出五点要求。第一，坚定不移地走中国特色社会主义道路，把共产主义远大理想同实现党在现阶段的历史任务结合起来，把满腔政治热情转化为做好本职工作的强大动力，在平凡的岗位上创造第一流的工作业绩。第二，自觉实践全心全意为人民服务的根本宗旨，把对上级负责和对群众负责统一起来，爱民、为民、利民想问题，依法、公正、公平办事情，在联系群众、服务人民、造福百姓中实现自己的人生追求。第三，坚持勤奋学习、学以致用，在总结经验、把握规律中提高能力，在吸收智慧、接受教育中纯洁情感，在见贤思齐、自我改造中锤炼党性，通过学习不断提高为党和人民工作的能力和水平。第四，坚持解放思想、实事求是、与时俱进，始终保持蓬勃向上的朝气、敢闯敢试的锐气、开拓进取的勇气，直面困难、正视矛盾，敢于担当、勇于负责，在改革创新、真抓实干中不断开创工作新局面。第五，坚持不懈地加强道德修养，积极践行社会主义核心价值体系，培养高尚的道德情操、砥砺优良的道德品质、树立崇高的道德形象，坚持“八荣八耻”，以德修身、以德服众，始终保持共产党人的道德感召力。

2009年7月

中央党校举行学员座谈会

7月1日，中央党校举行学员座谈会，中共中央政治局常委、中央书记处书记、中央党校校长习近平出席并在会上强调，要把党校姓党原则和从严治校、从严施教、从严管理的要求贯彻到党校全部工作中、落实到具体制度上，进一步加强学风校风建设，以良好学风校风保证教育培训质量。

参加座谈会的有来自进修部和培训部不同班次的15位学员代表。大家踊跃发言，围绕党的建设、党校工作和科学发展等重大问题谈认识、提建议，习近平在听了学员发言后作了讲话。他指出，今天是我们党的生日，我们采取座谈讨论的方式来纪念党成立88周年，很有意义。继续大规模培训干部、大幅度提高干部素质，是党的十七大提出的战略任务。党校在这方面是主渠道、主阵地，要坚持把提高学员思想政治素质作为第一位的任务，把提高学员领导水平和执政本领贯穿于教育培训全过程，进一步创新培训手段、改进培训方法，不断提高教育培训的针对性和实效性。党校学员要珍惜学习培训机会，心无旁骛，认真学习。党校要加强对学员的管理，坚持以管促学、以学促管，坚持理论联系实际、学以致用，坚持教学相长、学学相长，集思广益、共同提高。

习近平对中央党校做好深入学习实践科学发展观活动整改落实后续工作提出了要求。他指出，中央党校作为第一批开展学习实践活动的单位，前一段取得了明显成效。要按照中央的部署和要求，进一步抓好整改落实后续工作，建立健全推动党校科学发展的长效机制，全面完成整改落实任务。中央党校学员大都是领导干部，肩上担子重、责任大，要通过在党校的学习培训，在党性修养、知识储备、能力提高和作风养成等方面取得新的进步。要把在党校的学习收获带回去，把在党校得到提高的学习研究能力带回去，作为进一步做好本职工作的有力支持，在促进地方和部门工作科学发展中更好地发挥作用，在学习型政党和学习型社会建设中更好地起到示范带头作用。

中共中央印发《中国共产党巡视工作条例(试行)》

7月13日人民日报报道，中共中央近日印发了《中国共产党巡视工作条例(试行)》。

《巡视工作条例(试行)》是贯彻落实党章关于党的中央和省、自治区、直辖市委员会实行巡视制度的规定，是完善党内监督制度的一部重要党内法规。它的颁布实施，对于完善巡视制度，规范巡视工作，坚持党要管党、从严治党的方针，保证党的路线方针政策和中央重大决策部署的贯彻落实，促进党风廉政建设和反腐败斗争的深入开展，加强领导班子和干部队伍建设，具有十分重要的意义。

中共中央办公厅、国务院办公厅印发《关于实行党政领导干部问责的暂行规定》

7月13日人民日报报道，中共中央办公厅、国务院办公厅近日印发了《关于实行党政领导干部问责的暂行规定》。

《暂行规定》的颁布实施，是加强反腐倡廉法规制度建设、完善领导干部行为规范的重要举措，对于加强党政领导干部的管理和监督，增强党政领导干部的责任意识，更好地贯彻落实科学发展观，不断提高党的执政能力和执政水平，具有重要意义。

各级党政领导干部要认真践行全心全意为人民服务的宗旨，以对党和国家高度负责、对人民群众高度负责的精神，切实履行党和人民赋予的职责，兢兢业业完成好各项工作任务。各级党委和政府要依照《暂行规定》严肃问责，充分发挥问责在党风廉政建设中的积极作用。

中共中央办公厅、国务院办公厅印发《国有企业领导人员廉洁从业若干规定》

7月13日人民日报报道，中共中央办公厅、国务院办公厅近日印发了《国有企业领导人员廉洁从业若干规定》。

《若干规定》是规范国有企业领导人员廉洁从业行为的基础性法规，对于加强国有企业反腐倡廉建设、维护国家和出资人利益、促进国有企业科学发展、保障职工群众合法权益具有重要作用。各地区各部门要从深入贯彻落实科学发展观的高度，对学习贯彻《若干规定》作出具体部署。要认真做好宣传教育工作，为贯彻实施《若干规定》营造良好舆论环境。要认真分析本地区本部门本单位国有企业领导人员廉洁从业方面的薄弱环节，采取有效措施加以解决。要严格对国有企业领导人员的管理和监督，切实做到预防为先、关口前移。要加强对《若干规定》贯彻执行情况的监督检查，及时纠正并严肃处理违反《若干规定》的行为。国有企业领导人员要认真执行《若干规定》，严于律己，自觉接受监督，坚决杜绝违反《若干规定》行为的发生。

中央纪委召开全国纪委书记座谈会

7月13日，全国纪委书记座谈会在北京召开。中共中央政治局常委、中央纪委书记贺国强出席会议，中共中央书记处书记、中央纪委副书记何勇出席会议并讲话。他强调，要以改革创新的精神、科学严谨的态度、真抓实干的作风，抓好《中国共产党巡视工作条例(试行)》、《关于实行党政领导干部问责的暂行规定》、《国有企业领导人员廉洁从业若干规定》三项法规和《关于开展工程建设领域突出问题专项治理工作的意见》的贯彻落实，不断完善惩治和预防腐败体系，切实加强反腐倡廉建设。

何勇指出，三项法规的颁布实施，是反腐倡廉法规制度建设的重要成果，是深入推进党风廉政建设和反腐败斗争的必然要求。要坚持巡视工作的指导思想和基本原则，完善巡视工作的领导体制和工作机制，明确巡视的范围和主要任务，抓住巡视工作重点和关键，依照规定程序开展巡视工作。要坚持严格要求、实事求是、权责一致、惩教结合的原则，明确问责对象，执行问责程序，落实好党政领导干部问责制。要把廉洁从业各项要求落实到国有资产监管制度、市场监管制度和企业权力运行机制、决策、经营、管理等企业规章制度中，形成廉洁从业工作与国有企业改革发展、生产经营活动相互融合、相互促进的局面。

各地区各部门要把贯彻落实中央上述文件作为当前加强反腐倡廉建设的重要政治任务，列入议事日程，深入学习宣传，认真组织实施。各级纪检监察机关要积极协助党委、政府抓好任务分解、组织协调和监督检查。各有关部门要充分发挥职能作用，切实抓好上述文件的贯彻落实，扎实推进以完善惩治和预防腐败体系为重点的反腐倡廉建设，为改革发展稳定的大局提供保证。

中央党校举行
2009年春季学期毕业典礼

7月16日，中共中央党校举行2009年春季学期毕业典礼。中共中央政治局常委、中央书记处书记、中央党校校长习近平出席毕业典礼，并为学员颁发毕业证书。

中央党校本期毕业学员共744人。另有中直机关分校、中央国家机关分校、部队分部和国资委分校的2800多名学员同期毕业。中央党校继续推进教学改革，更加突出了中国特色社会主义理论体系特别是科学发展观的教学，教学的针对性和实效性进一步增强；高度重视学员的读书环节，读书学习的氛围更加浓厚；大力加强学风校风建设，引导学员切实做到坐得住、钻得进、学得好。

学员们反映，在党校的学习取得了丰硕成果，提高了理论素养，坚定了政治信念，进一步增强了用中国特色社会主义理论体系特别是科学发展观指导实践、推动工作的自觉性；开阔了视野，提高了理论联系实际的能力，进一步明确了解决一些重大现实问题的思路和对策；交流了工作信息和从政经验，进一步提高了领导素质和能力；增强了党员意识，锤炼了党性，进一步培养了履行岗位职责所需要的优良作风。

中央党校常务副校长李景田在毕业典礼上讲话，他希望大家坚持读书，树立终身学习的理念，做学习型干部，不断扩大学习成果；积极投身实践，认真抓好各项工作，共克时艰；认真总结新中国成立60周年的历史经验，特别要总结好党的建设的历史经验。

中央党务公开工作
领导小组第一次会议召开

7月17日，中央党务公开工作领导小组第一次会议在北京召开。中共中央书记处书记、中央纪委副书记何勇出席会议并讲话。

为加强对党务公开工作的组织领导和工作指导，经中央同意，成立了中央党务公开工作领导小组。领导小组由中央纪委牵头，中央办公厅、中央组织部、中央宣传部、中央政策研究室、中央直属机关工委和中央国家机关工委等单位的领导同志参加。

何勇指出，党的十六大以来，党中央对党务公开工作高度重视，提出了一系列明确要求，为做好党务公开工作提供了基本遵循，明确了基本思路，指明了努力方向。按照中央的要求，近年来各地区各部门紧密结合实际，积极探索，努力实践，加强组织领导，健全工作机制，完善配套制度，强化监督检查，推动党务公开工作有序开展、逐步深入。截至目前，31个省（区、市）都不同程度地开展了党务公开工作，取得了积极成效，河北、山西、江苏、广东、重庆、宁夏等省（区、市）还制定了指导性意见，出台了相关配套制度，受到了党员欢迎，得到了群众拥护。

何勇强调，要进一步提高对党务公开工作重要性的认识，切实增强做好新形势下党务公开工作的责任感，积极、扎实、稳妥地开展工作。要在农村、企业、机关、街道、社区、学校等选择一批不同类型的基层组织开展党务试点工作。要加强对试点工作的指导，及时了解掌握试点工作进展情况，确保试点工作取得明显成效，为深化党务公开积累经验、提供示范。要加强对党务公开工作联系点的指导，鼓励和引导联系点积极实践，探索和丰富党员发挥作用的途径和方式，不断提高工作质量和水平。要加强重大理论和政策研究，准确把握中央关于党务公开的总体要求，积极探索党务公开工作规律。要建立健全相关制度和工作体制机制，规范党务公开工作。要以党务公开促进政务公开、村务公开、厂务公开和公共事业单位办事公开，统筹考虑、相互借鉴、协调推进。

中共中央政治局进行第十五次集体学习

7 月 24 日，中共中央政治局就中国特色军民融合式发展路子研究进行第十五次集体学习。中国人民解放军国防大学战略教研部金一南教授、国防大学经济研究中心姜鲁鸣教授就中国特色军民融合式发展路子问题进行讲解，并谈了他们的意见和建议。

中共中央总书记胡锦涛在主持学习时发表了讲话。他指出，党的十七大提出了统筹经济建设和国防建设、在全面建设小康社会进程中实现富国和强军的统一的战略任务，强调要走出一条中国特色军民融合式发展路子。这对加强国防和军队现代化建设，对全面建设小康社会、加快推进社会主义现代化，具有十分重要的意义。实行军民融合式发展，既有利于国防和军队现代化建设从经济建设中获得更加深厚的物质支撑和发展后劲，也有利于经济建设从国防和军队现代化建设中获得更加有力的安全保障和技术支持。

胡锦涛指出，走中国特色军民融合式发展路子，要坚持以毛泽东军事思想、邓小平新时期军队建设思想、江泽民国防和军队建设思想为指导，坚持把科学发展观作为国防和军队建设的重要指导方针，贯彻新时期军事战略方针，明确推动军民融合式发展的战略目标、战略任务、战略举措，建立和完善军民结合、寓军于民的武器装备科研生产体系、军队人才培养体系和军队保障体系，完善国防动员体系，不断开创军民融合式发展新局面。

全国思想政治工作科学专业委员会第十六届年会召开

7 月 24 日—26 日，全国思想政治工作科学专业委员会第十六届年会在内蒙古自治区兴安盟阿尔山市举行。中央机关及有关省市领导、内蒙古自治区党校领导、学会主要领导及著名专家教授学者和学会特约研究员、会员共 80 余人出席会议。会议得到了内蒙古自治区兴安盟领导和阿尔山市委、市政府的大力支持。

会议由学会副主任段若鹏、张邦柱主持。学会主任张蔚萍作了年会主题报告，副主任戴焰军代表常务理事会汇报了一年来的工作。会议围绕“深入学习实践科学发展观，促进经济社会又好又快发展”这一主题，重点对当前如何以科学发展观为指导，推进思想政治工作的创新，特别是如何促进阿尔山市经济社会的发展以及如何正确认识当前的国际战略形势等问题进行了热烈而充分的研讨。

中共中央办公厅印发《2009—2013 年全国党员教育培训工作规划》

7 月 27 日人民日报报道，中共中央办公厅近日印发了《2009－2013 年全国党员教育培训工作规划》，并发出通知，要求各地区各部门结合实际情况，认真贯彻执行。

2009年8月

吴大观同志先进事迹报告会举行

8月12日，吴大观同志先进事迹报告会在北京人民大会堂举行。报告会开始前，中共中央政治局常委、中央书记处书记习近平会见报告团成员并作讲话。

吴大观是我国航空发动机科研事业的开拓者、奠基人之一，2009年3月逝世，享年93岁。习近平说，吴大观同志入党60年来，把自己的人生与国家的前途、民族的命运紧紧联系在一起，为祖国的航空发动机事业殚精竭虑，作出了杰出贡献。他一生严格自律，清正廉洁，克己奉公，奋发进取，在他身上集中体现了爱党与爱国、理想与现实、做事与做人的统一，充分展示了中国共产党人的先进性。

他强调，各级党组织要引导党员干部向吴大观同志学习，并与正在开展的深入学习实践科学发展观活动结合起来，与积极应对国际金融危机冲击、做好当前各项工作结合起来，激励广大党员干部做时代先锋，为党旗添彩。

“中直党建”网正式开通

8月12日，由中央直属机关工作委员会主办，人民网·中国共产党新闻网承办的“中直党建”网（www.zzdjw.com）今天正式开通。中直机关工委副书记孙淦、人民日报社社长张研农、中直机关工委副书记赵凯，中直各单位机关党委副书记、工委机关各部门负责人及通讯员代表约70人出席了开通仪式。“中直党建”网是中央直属机关工委为贯彻落实党的十七大精神和全国机关党的建设工作会议精神，全面落实科学发展观，积极适应信息化发展要求，努力推进中央直属机关党建工作而建立的网站。

全国维护稳定暨信访工作电视电话会议召开

8月13日，全国维护稳定暨信访工作电视电话会议在北京召开，中共中央政治局常委、中央政法委书记周永康出席会议并讲话。

周永康指出，今年以来，在党中央、国务院的坚强领导下，各地区、各部门、各单位齐心协力，奋力拼搏，做了大量卓有成效的工作，解决了一大批涉及群众切身利益的问题，化解了一大批不稳定因素，有效打击了各类违法犯罪活动，维护和促进了社会和谐稳定。他代表党中央、国务院，向为维护社会稳定付出艰苦努力、作出重要贡献的广大干部群众和公安民警、武警官兵表示衷心感谢和崇高敬意。

周永康强调，当前，我国总的形势是好的，保增长、保民生、保稳定的各项工作取得明显成效，经济企稳向好的势头日趋明显，但受境内外各种因素的影响，社会矛盾还比较多，影响稳定的问题时有发生。我们必须站在全局和战略的高度，清醒认识维护社会稳定的极端重要性，进一步增强责任感、使命感、紧迫感，扎实做好维护稳定的各项工作。要着力维护新疆社会稳定，确保事态不反弹、不蔓延，落实中央关于稳疆兴疆的各项政策，推进新疆经济社会发展；要着力做好国庆安全保卫工作，突出重点、统筹全局，宽严适度、确保安全，为新中国成立60周年大庆创造平安祥和的社会环境；要着力加强反恐怖斗争，坚持预防为主、打防结合，增强全社会反恐意识，坚决防止发生暴力恐怖事件；要着力加强信访工作，深入排查化解矛盾纠纷，依法按政策解决群众合理诉求，依法规范信访秩序；要着力加强社会管理和服务工作，重点整治管理薄弱、服务缺失、治安混乱的地方，最大限度减少不和谐因素，最大限度增加和谐因素；要着力加强宣传舆论工作，大力宣传新中国成立60年来取得的巨大成就，深入开展群众性爱国主义教育、民族大团结教育、社会主义法制教育和公民素质教育，营造团结向上的舆论氛围。

周永康要求，各级党委、政府和各部门、各单位要真正把维护稳定作为硬任务，切实担负起第一责任，结合实际抓好落实。要把第一责任落实到完善制度和机制上，建立健全矛盾纠纷排查化解机制、社会利益协调机制、社会风险预警机制，严格落实维护稳定和信访工作责任制；要把第一责任落实到加强源头预防上，把保障和改善民生摆到更加突出的位置，定政策、作决策、上项目、搞改革要进行社会稳定风险评估，充分征求群众意见、充分考虑对群众利益的影响，努力以民生的改善、社会的和谐奠定稳定的基础；要把第一责任落实到强化基层基础上，整合基层资源和力量，建立联动机制和综合平台，充分发动依靠广大人民群众，形成化解矛盾纠纷的合力，筑牢维护稳定的第一道防线；要把第一责任落实到解决实际问题上，带着对人民的深厚感情做好新形势下的群众工作，深入基层面对面地听取群众意见，一个一个地解决实际问题，满腔热情地帮助困难群众，夯实维护稳定的群众基础。

全国国有企业党建工作会议召开

8月17日，全国国有企业党的建设工作会议在北京召开。中央书记处书记习近平会前会见与会代表，中央组织部部长李源潮、国务院副总理张德江参加了会见并在会议上讲话。

习近平指出，国有企业是全面建设小康社会的重要力量，是中国特色社会主义的重要支柱，是我们党执政的重要基础。新中国成立以来特别是改革开放30年来国有企业发展的历程表明，党建工作始终是国有企业的独特政治资源，是企业核心竞争力的有机组成部分，是实现企业科学发展的关键因素，也是建立中国特色现代企业制度的一个本质特征。党的十六大以来，国有企业党的建设进行了许多新的探索，企业党组织的创造力、凝聚力和战斗力有了新的提高，在发挥政治核心作用、服务中心工作、凝聚职工群众、推动企业科学发展等方面取得了显著成绩。

习近平强调，加强和改进新形势下国有企业党的建设，要坚持解放思想、实事求是、与时俱进，主动适应深化公司制股份制改革和建立现代企业制度的新要求，主动适应参与国际化竞争和扩大对外开放的新特点，主动适应企业党员职工队伍思想观念和利益诉求发生的新变化，不断提高国有企业党建工作水平，为实现国有企业科学发展提供有力保证。

李源潮在讲话中指出，要以发展为中心开展国有企业党建工作，抓好党建促进企业发展，把党的政治优势、组织优势和群众工作优势转化为企业的竞争优势、创新优势和科学发展优势。要确立党组织在公司治理结构中的政治核心地位，构建中国特色现代国有企业制度，充分发挥企业党组织的政治核心作用。要把领导班子建设作为加强和改进国有企业党建工作的核心任务，深化企业人事制度改革，提高企业领导人员能力素质，加强管理监督、保证廉洁从业。要抓好企业生产经营一线党支部和党员队伍建设，广泛开展以“四强四优”为主要内容的创先争优活动，巩固和拓展深入学习实践科学发展观活动成果，动员党组织和广大党员为推动企业科学发展、促进和谐稳定贡献力量。

张德江在讲话中强调了国有企业的重要地位和作用，分析了国有企业面临的形势和任务。他指出，在建设中国特色社会主义的伟大事业中，国有企业肩负着光荣使命和艰巨任务。国有企业要全面贯彻落实党的十七大精神，深入贯彻落实科学发展观，以保持国有企业平稳较快发展作为当前首要任务，以加快转变发展方式和调整优化结构作为主攻方向，以深化改革和扩大开放作为强大动力，以推动技术创新和管理创新作为重要手段，以完善公司治理作为关键措施，以加强和改进国有企业党的建设作为根本保证，努力促进国有企业又好又快发展。

国有企业惩防腐败体系建设座谈会召开

8月17日，国有企业惩治和预防腐败体系建设座谈会在北京召开。中共中央书记处书记、中央纪委副书记何勇出席会议并讲话。

何勇指出，国有企业惩治和预防腐败体系建设是整个惩治和预防腐败体系建设的重要组成部分，是贯彻落实《建立健全惩治和预防腐败体系2008—2012年工作规划》的重要内容，是推进国有企业改革发展的重要保证。我们一定要从政治和全局的高度，充分认识建立健全国有企业惩治和预防腐败体系的重要性，切实增强做好工作的责任感和自觉性。

他要求，当前和今后一个时期，推进国有企业惩治和预防腐败体系建设，要坚持标本兼治、综合治理、惩防并举、注重预防的方针，认真落实《建立健全惩治和预防腐败体系2008—2012年工作规划》，深化改革和创新体制，强化权力制约和监督，坚决惩治和有效预防腐败，提高反腐倡廉建设成效。要坚持与科学发展观的要求相适应、坚持与完善社会主义市场经济体制相适应、坚持与构建社会主义和谐社会相适应、坚持与加强和改进国有企业党的建设相适应。要切实加强国有企业党员领导人员党性修养和作风建设，认真落实《国有企业领导人员廉洁从业若干规定》，坚决查处国有企业违纪违法案件，积极推进国有企业制度建设和创新，切实加强对国有企业领导人员的管理和监督。国有企业党政主要负责人要加强对惩治和预防腐败体系建设工作的组织领导。要建立推进惩治和预防腐败体系建设的领导机构，坚持党委（党组）统一领导、党委（党组）和经营管理班子齐抓共管、纪检监察机构组织协调、部门各负其责、依靠职工群众支持和参与的工作格局。要按照推进惩治和预防腐败体系建设的检查办法的要求，加强对惩治和预防腐败体系建设任务落实情况的监督检查，努力提高惩治和预防腐败体系建设工作水平。

党史系统庆祝新中国成立60周年学术研讨会召开

8月31日，中共中央党史研究室和中国中共党史学会在北京联合召开党史系统庆祝中华人民共和国成立60周年学术研讨会。会议以“新中国的发展与中国特色社会主义”为主题，以中共中央党史研究室组织全国党史部门编撰的《执政中国》系列书稿为基础，紧密结合新中国成立60年来特别是改革开放以来的实践，多角度、多层面地回顾总结了新中国60年的伟大历程、辉煌成就和宝贵经验。

与会者认为，新中国成立以来，在以毛泽东、邓小平、江泽民同志为核心的三代中央领导集体和以胡锦涛同志为总书记的党中央领导下，全国各族人民以一往无前的进取精神和波澜壮阔的创新实践，为建设社会主义现代化国家、实现中华民族的伟大复兴谱写了自强不息、顽强奋进的壮丽史诗。新中国的60年，是逐步摆脱贫穷落后、走向繁荣富强的60年；是综合国力大幅提升、人民生活不断改善、国际地位显著提高的60年；是中华民族大踏步赶上时代前进潮流、迎来伟大复兴光明前景的60年。经过60年的艰苦奋斗，中国人民的面貌、社会主义中国的面貌、中国共产党的面貌发生了历史性变化。总结新中国取得一切成绩和进步的原因，归根结底是建立和巩固了社会主义基本制度，开辟了中国特色社会主义道路，形成了中国特色社会主义理论体系。

与会者强调，新中国60年开拓奋进的历史，为党和国家事业继续发展进步提供了宝贵启示。主要有：必须坚持和改善党的领导，确保党始终成为中国特色社会主义事业的坚强领导核心；必须坚持从基本国情出发，独立自主地发展和完善中国特色社会主义；必须坚持发展这个党执政兴国的第一要务，依靠科学发展来解决前进中的一切问题；必须坚持改革开放，以改革来巩固和发展中国特色社会主义；必须紧紧依靠人民群众，凝聚起最广泛最深厚的力量源泉;必须坚持以毛泽东思想和包括邓小平理论、“三个代表”重要思想以及科学发展观等重大战略思想在内的中国特色社会主义理论体系为指导,在共同思想基础上形成强大凝聚力,引领中华民族在中国特色社会主义道路上实现伟大复兴。

2009 年 9 月

中央党校举行秋季学期开学典礼

9 月 1 日,中央党校举行 2009 年秋季学期开学典礼,中央党校校长习近平出席并发表讲话。

习近平在讲话中围绕新中国 60 年党的建设谈了一些思考和认识。他指出,以新中国成立为标志,我们党从一个领导人民为夺取全国政权而奋斗的党,开始向一个领导人民掌握全国政权并实现由新民主主义过渡到社会主义的执政党转变;党的十一届三中全会以后,我们党从一个受到外部封锁和实行计划经济条件下领导国家建设的执政党,开始向对外开放和实行社会主义市场经济条件下领导国家建设的执政党转变。历史和现实都表明,我们党执政以后党的建设比没有执政时党的建设面临的情况要复杂得多,在对外开放和社会主义市场经济条件下党的建设比在封闭半封闭和计划经济条件下党的建设面临的情况也要复杂得多。这两大转变,都要求全党在思想上、组织上、作风上乃至领导体制和领导方式上进行相应的转变,以适应新的形势和任务。60 年来,我们党根据承担的历史任务的变化,在科学判断并准确把握党的历史方位中加强和改进党的建设;把推进党领导的伟大事业同推进党的建设伟大工程结合起来,在履行执政为民、执政兴国历史使命中加强和改进党的建设;深刻总结和运用国内国际正反两方面经验,在坚持真理、修正错误、不断提高中加强和改进党的建设。我们党为提高党的执政能力、保持和发展党的先进性作出的巨大努力是承前启后、与时俱进的,对加强执政党建设规律的探索是承前启后、与时俱进的,党的各方面建设取得的成绩也是承前启后、与时俱进的。这是我们党在长期执政中能够取得举世瞩目伟大成就的根本保证。

习近平指出,结合新中国成立 60 年我们党、我们国家走过的伟大历程,可以从党的建设实践中得到许多重要启示。第一,必须坚持把马克思主义基本原理同中国具体实际和时代特征相结合,坚定不移地走中国特色社会主义道路。第二,必须紧紧围绕党的中心任务尤其是发展这个党执政兴国的第一要务来加强和改进党的建设,确保党建工作始终服务于经济社会发展。第三,必须坚持立党为公、执政为民,把实现好、维护好、发展好最广大人民的根本利益作为党的建设必须始终遵循的宗旨、方向和目的,始终保持党同人民群众的血肉联系。第四,必须坚持和健全民主集中制,发展党内民主,维护中央权威,不断增强党的蓬勃活力和团结统一。第五,必须以党的执政能力建设和先进性建设为主线,以改革创新为动力,推动党的思想建设、组织建设、作风建设、制度建设和反腐倡廉建设相互促进,从整体上提高党的建设水平。

中央党校常务副校长李景田主持开学典礼。有关部门负责人、中央党校负责人以及 2009 年秋季学期全体学员、党校教职员工,共 1800 多人参加了开学典礼。

庆祝新中国成立 60 周年宣传工作座谈会召开

9 月 2 日,中宣部在京召开庆祝新中国成立60周年宣传工作座谈会，中共中央政治局委员、中央宣传部部长刘云山出席会议并讲话。

刘云山指出，做好国庆宣传，必须突出思想内涵，着力巩固全党全国人民团结奋斗的共同思想基础。要全方位、多层次展示新中国60年特别是改革开放30年的辉煌成就和宝贵经验，展示党领导人民的奋斗史、创业史、改革开放史，展示中国特色社会主义事业欣欣向荣的发展前景，反映中国人民精神面貌发生的巨大变化。要注意从历史和现实、理论和实践的结合上，宣传阐释中国共产党的领导地位是历史形成的，引导人们深刻认识中国共产党始终是带领人民不断开拓前进的坚强领导核心；宣传阐释中国走社会主义道路是历史的选择、人民的选择，引导人们不断增强高举中国特色社会主义伟大旗帜的自觉性坚定性；宣传阐释改革开放是决定当代中国命运的关键抉择，引导人们坚定不移地坚持党的十一届三中全会以来的路线方针政策；宣传阐释祖国的繁荣昌盛是人民的福祉，引导人们自觉为建设伟大祖国贡献力量；宣传阐释我国是各族人民共同缔造的统一的多民族国家，引导各族人民团结一心、共同奋斗，不断增强凝聚力、向心力。

刘云山强调，庆祝新中国成立60周年是全国各族人民的盛大节日，各项宣传教育和文化活动一定要充分体现群众性、广泛性，让各族人民同庆共和国生日、共享中华民族荣光。要多运用群众喜闻乐见的形式，多开辟群众便于接受的渠道，多搭建群众乐于参与的平台，最大限度地吸引群众广泛参与，把欢乐送到广大基层、送给亿万群众。要通过丰富多彩的宣传教育和文化活动，让人民群众进一步增强民族自尊心、自信心、自豪感，让各族人民充分感受社会主义祖国团结和睦、亲如一家的温暖，让广大青少年更加向往伟大祖国的美好未来和光明前景。

中国浦东井冈山延安干部学院举行秋季开学典礼

9月5日，中国浦东、井冈山、延安干部学院举行2009年秋季开学典礼，中共中央政治局委员、中央组织部部长李源潮出席会议并讲话。

李源潮指出，今年是新中国成立60周年，保持干部队伍清正廉洁，是我们党60年来始终赢得人民拥护的重要经验。新形势下党的干部面临的诱惑越来越多，必须把保持清正廉洁作为干部教育的重要任务和党性锻炼的核心内容。“清”，就是党的干部要政治清醒。要深入学习中国特色社会主义理论体系，增强政治敏锐性，不断提高贯彻落实科学发展观的自觉性和坚定性。要深刻认识经济社会快速发展和急剧转型带来的风险与挑战，冷静对待成绩，清醒分析问题。要永远与人民在一起，把人民群众当主人、当亲人、当老师。“正”就是党的干部要正气在身。做人要正派，办事要公正，从政要走正道。要坚持原则、敢于负责，不以私情废公事，不拿原则作交易。“廉”就是党的干部要为政以廉。要坚守信念防线、道德防线、法纪防线，不用公权谋取私利。要以最坚决的态度和最扎实的措施同用人上的不正之风和腐败现象作斗争，一手抓改革，从源头上防范用人腐败，一手抓整治，坚决不让跑官要官、买官卖官、拉票贿选者得利。“洁”就是党的干部要洁身自好。要加强品行修养，培养健康情趣，节制不良欲望，不去低俗场所。要择善而交，见贤思齐。

李源潮要求，中国浦东、井冈山、延安三所干部学院要把加强党性锻炼、坚定理想信念、弘扬优良作风作为教育培训的重要任务，在促进干部清正廉洁方面发挥独特作用。

中共中央政治局召开会议

9月8日，中共中央政治局召开会议，讨论十七届三中全会以来中央政治局的工作，研究加强和改进新形势下党的建设等问题。中共中央总书记胡锦涛主持会议。

会议决定，中国共产党第十七届中央委员会第四次全体会议于9月15日至18日在北京召开。

中共中央政治局听取了《中共中央关于加

强和改进新形势下党的建设若干重大问题的决定》稿在党内外一定范围征求意见的情况报告，决定根据这次会议讨论的意见进行修改后将文件稿提请十七届四中全会审议。

会议强调，当今世界正处在大发展大变革大调整时期。我国经济建设、政治建设、文化建设、社会建设以及生态文明建设全面推进，正在新的历史起点上向前迈进。党要适应这样的新形势，统筹国内国际两个大局，更好带领全国各族人民聚精会神搞建设、一心一意谋发展，实现党的十七大描绘的宏伟蓝图，必须进一步加强和改进自身建设。总结新中国成立60年来我们党加强自身建设的丰富实践，加强和改进新形势下党的建设，必须坚持把思想理论建设放在首位，始终坚持以马克思列宁主义、毛泽东思想、邓小平理论和“三个代表”重要思想为指导，深入贯彻落实科学发展观，使党的理论和实践始终体现时代性、把握规律性、富于创造性；必须坚持把推进党的建设伟大工程同推进党领导的伟大事业紧密结合起来，着力提高党的创造力、凝聚力、战斗力，为抓好发展这个党执政兴国的第一要务、建设富强民主文明和谐的社会主义现代化国家、坚持和发展中国特色社会主义提供根本保证；必须坚持以执政能力建设和先进性建设为主线，坚持科学执政、民主执政、依法执政，着力提高党总揽全局、协调各方能力和水平，使党始终代表中国先进生产力发展要求、中国先进文化前进方向、中国最广大人民根本利益；必须坚持立党为公、执政为民，坚持全心全意为人民服务根本宗旨，坚持以人为本，实现好、维护好、发展好最广大人民根本利益，做到权为民所用、情为民所系、利为民所谋，保持党同人民群众的血肉联系；必须坚持改革创新，坚持用时代发展要求审视自己、以改革创新精神提高和完善自己，不断推进党的建设实践创新、理论创新、制度创新，推进党的建设科学化、制度化、规范化；必须坚持党要管党、从严治党，坚持严格要求、严格教育、严格管理、严格监督，开展批评和自我批评，严肃党的纪律，加强党风廉政建设，不断解决自身存在的问题，始终保持党的先进性和纯洁性。

会议指出，加强和改进新形势下党的建设，是全党的重大政治责任。各级党组织要全面落实党建工作责任制，加强党建工作调查研究，推进党建理论创新，确保党的建设各项部署落到实处。

中共中央政治局进行第十六次集体学习

9月9日，中共中央政治局就新中国成立以来对社会主义现代化的认识和实践进行第十六次集体学习。中央党史研究室第二研究部郑谦研究员、国务院发展研究中心发展战略和区域经济研究部张军扩研究员就这个问题进行讲解，并谈了他们的意见和建议。

中共中央总书记胡锦涛在主持学习时发表了讲话。他指出，振兴中华，赶上世界发展潮流，使中华民族屹立于世界民族之林，是长期以来中国人民和中华民族孜孜以求的夙愿。1949年新中国成立，中华民族从此开启了自身发展新的历史纪元。几十年来，我们党团结带领全国各族人民承前启后、继往开来，为实现社会主义现代化进行不懈探索和顽强奋斗，经历和战胜种种艰难曲折，取得了举世瞩目的伟大成就。今天，中华民族迎来了社会主义现代化和伟大复兴的光明前景。

胡锦涛强调，回顾和总结新中国成立以来我们党团结带领人民推进社会主义现代化的长期实践，可以得出很多重要启示，感受最深的有四点。一是要坚持解放思想、实事求是、与时俱进，着力探索和把握我国社会主义现代化规律。二是要坚持以经济建设为中心，着力推进全面协调可持续的科学发展。三是要坚持加强制度建设，着力构建有利于科学发展的体制机制。四是要坚持正确处理改革发展稳定关系，着力保持社会大局稳定。

胡锦涛指出，我国社会主义现代化事业是全国各族人民的共同事业，人民是实现我国社会主义现代化的根本力量。各级党委和政府要充分发挥人民首创精神,坚持发展为了人民、发展依靠人民、发展成果由人民共享,切实解决人民最关心最直接最现实的利益问题,使全体人民朝着共同富裕方向稳步前进,进一步把全国各族人民的智慧和力量凝聚到全面建设小康社会、加快推进社会主义现代化的伟大事业上来。

中国中共文献研究会
毛泽东思想生平研究分会成立

9月10日,中国中共文献研究会毛泽东思想生平研究分会在长沙召开成立大会。王汉斌、冷溶、张春贤、逄先知等出席大会。

与会者指出,应进一步加强和深化对毛泽东思想的研究和宣传,全面系统地总结毛泽东同志独创性的理论贡献。将毛泽东思想的研究和宣传同中国特色社会主义理论体系的研究和宣传结合起来,深刻阐述它们之间的继承发展关系,为推进党的理论创新发挥积极作用。应进一步加强和深化对毛泽东生平业绩的研究和宣传,从更广阔的社会背景和领域探讨他的历史地位和影响。应进一步加强和深化对毛泽东精神风范的研究和宣传。

新中国成立60年党的建设
主要成就与经验研讨会召开

9月10日—11日,全国党的建设研究会在京召开新中国成立60年来党的建设与成就经验研讨会,回顾中国共产党领导全国人民进行社会主义革命、建设和改革开放的光辉历程,总结党的建设和党执政取得的宝贵经验。中共中央政治局委员、中央组织部部长李源潮出席会议并讲话。全国党建研究会会长虞云耀,中央纪委副书记、全国党建研究会副会长李玉赋,全国党建研究会顾问宋清渭、郑科扬等发言。中组部副部长、中央党史研究室主任欧阳淞主持会议并作总结。

座谈会上,来自全国各地的150多位代表,畅谈成就、总结经验、展望未来,进一步加深了对党的建设规律和执政规律的认识,增强了以改革创新精神加强党的建设的责任感。大家一致认为,60年来我们党把推进伟大事业同伟大工程紧密结合起来,把履行执政使命同提高执政能力紧密结合起来,把解决自身建设中出现的新问题同保持和发展党的先进性紧密结合起来,始终保持了旺盛的生机活力。要对党的建设和执政经验进行深入总结,提炼升华为规律性认识,用以指导党的建设新的实践。

李源潮指出,推进组织工作科学化是加强和改进党的建设的重要内容,是组织工作更好服务科学发展的紧迫要求。要围绕服务科学发展和自身科学发展两大课题,把为党的执政使命服务、让党和人民满意作为核心价值,以增强党的先进性、提高党的执政能力为主线,以解放思想和改革创新为动力,坚持不懈地推进组织工作科学化。要深入研究和把握组织工作规律,加强战略谋划,着力破解难题,把科学发展观的要求贯彻落实到组织工作的各个方面,努力形成科学的组织工作理论体系、价值目标、工作布局、体制机制、方式方法和组工文化,更好地为党和国家工作大局服务。

统一战线庆祝中华人民共和国
成立60周年暨多党合作制度
确立60周年座谈会在京召开

9月14日,统一战线庆祝中华人民共和国成立60周年暨多党合作制度确立60周年座谈会在北京召开。中共中央政治局常委、全国政协主席贾庆林为召开座谈会作重要批示。

贾庆林在批示中说,中国共产党领导的多党合作和政治协商制度作为我国的一项基本政治制度,是马克思主义同中国革命、建设和改革实践相结合的伟大创造。60年来,我国多党合作制度始终服务国家中心工作,为促进经济发展、政治文明、社会稳定和祖国统一作出重要贡献。实践证明,我国多党合作制度是符合中国国情、体现中国特色、具有中国气派的社会主义政党制度,在国家政治生活中发挥着十分重要的作用。希望全面总结多党合作 60 年取得的成就和经验，认真探索，把握规律，不断完善方针政策。在新的历史条件下，坚持和完善多党合作制度，必须坚定不移地走中国特色社会主义政治发展道路，坚持长期共存、互相监督、肝胆相照、荣辱与共的基本方针，保持宽松稳定、团结和谐的政治环境，推进制度化、规范化和程序化建设，巩固发展团结和谐的政党关系，推动我国多党合作事业蓬勃发展，为建设中国特色社会主义事业提供重要制度保障。

座谈会全面回顾了统一战线和多党合作伴随新中国成立 60 年来的光辉历程，总结了中国共产党领导的多党合作和政治协商制度取得的成就和经验，提出在新世纪新阶段必须始终坚持高举中国特色社会主义伟大旗帜，坚持走中国特色政治发展道路，不断把统一战线和多党合作事业稳步推向前进。

中国共产党第十七届中央委员会第四次全体会议举行

9 月 15 日—18 日，中国共产党第十七届中央委员会第四次全体会议在北京举行。出席这次全会的有，中央委员 194 人，候补中央委员 163 人。中央纪律检查委员会委员和有关方面负责同志列席了会议。党的十七大代表中部分基层党务工作者、基层党员和从事党建工作研究的专家学者也列席了会议。

全会由中央政治局主持。中央委员会总书记胡锦涛作了重要讲话。

全会听取和讨论了胡锦涛受中央政治局委托作的工作报告，审议通过了《中共中央关于加强和改进新形势下党的建设若干重大问题的决定》。习近平就《决定(讨论稿)》向全会作了说明。

全会充分肯定党的十七届三中全会以来中央政治局的工作。一致认为，中央政治局全面贯彻党的十七大和十七届一中、二中、三中全会精神，高举中国特色社会主义伟大旗帜，以邓小平理论和“三个代表”重要思想为指导，深入贯彻落实科学发展观，隆重纪念党的十一届三中全会召开 30 周年，团结带领全党全国各族人民大力弘扬伟大抗震救灾精神、北京奥运精神、载人航天精神，万众一心，迎难而上，锐意改革，共克时艰，全力保增长、保民生、保稳定，加大转变经济发展方式和调整经济结构力度，取得应对国际金融危机冲击、保持经济平稳较快发展的明显成效，推动深入学习实践科学发展观活动健康开展，加快推进地震灾区灾后恢复重建，维护民族地区社会大局稳定，全面推进社会主义经济建设、政治建设、文化建设、社会建设以及生态文明建设，全面推进党的建设新的伟大工程，各项工作取得新进展。

全会研究了加强和改进新形势下党的建设若干重大问题，认为在新中国成立 60 周年之际，进一步研究和部署以改革创新精神推进党的建设新的伟大工程，对于全面贯彻党的十七大精神，深入贯彻落实科学发展观，有效应对国际金融危机冲击、保持经济平稳较快发展，夺取全面建设小康社会新胜利、开创中国特色社会主义事业新局面，具有重大而深远的意义。

中央政治局召开会议研究建立促进科学发展的干部考核评价机制

9 月 18 日人民日报报道，中央政治局“七一”前夕召开会议，研究建立促进科学发展的干部考核评价机制，审议并通过《关于建立促进科学发展的党政领导班子和领导干部考核评价机制的意见》。建立促进科学发展的领导班子和领导干部考核评价机制，体现了党中央对干部考核工作的新要求，意味着科学发展观的要求将被贯穿于干部考核工作的全过程。

考核是选拔任用干部的重要基础、管理监督干部的必要手段。党的十六大以后，以胡锦涛同志为总书记的党中央，明确提出了树立和落实科学发展观的重大战略思想。按照中央关于“把各级领导班子建设成为坚定贯彻党的理论和路线方针政策、善于领导科学发展的坚强领导集体”的要求，为切实把那些政治坚定、能力突出、作风过硬、群众信任、善于领导科学发展的优秀干部选拔到各级领导岗位上来，中组部从2004年开始研究制定《体现科学发展观要求的地方党政领导班子和领导干部综合考核评价试行办法》（下称《地方考核办法》），并选择浙江、四川和内蒙古3个省份进行试点。《地方考核办法》，初步构建了一套全新的考核评价体系。考核的方式主要有：民主推荐，民主测评，民意调查，个别谈话，实绩分析，综合评价。其中，民意调查和实绩分析均为创新环节。而针对实绩分析，《地方考核办法》也列举了细致的指标体系。2006年中组部正式下发试行《地方考核办法》，并在近年来地方领导班子的换届考察中得到了普遍运用。

在试行《地方考核办法》取得良好效果后，2007年中组部又研究制定《体现科学发展观要求的党政工作部门领导班子和领导干部综合考核评价试行办法》，并在部分省区市和中央国家机关部门开展了为期一年的试点，积累了重要经验。党的十七大后，中组部在已有的工作基础上，着力研究建立促进科学发展的党政领导班子和领导干部考核评价机制。经中央批准，2008年底又在天津、广东、宁夏等9个省区市，国家发改委、教育部、商务部等29个国家部委领导班子和领导干部中开展了年度考核试点。试点范围在地方和国家部委中进一步扩大，人民日报社、中国红十字会等非行政机构也被纳入了试点范围。

为了使干部考核工作的科学性和公信度得到不断提高，中组部本着边探索、边总结、边完善的原则，在试行的基础上又对考核办法做了进一步扩充，并下发各地各单位征求意见。同时，各级组织人事部门也在试行《地方考核办法》和《体现科学发展观要求的党政工作部门领导班子和领导干部综合考核评价试行办法》过程中，坚持突出重点，严格把关，加强对干部贯彻民主集中制、勤政廉政、求真务实和心理素质等情况的考察，切实防止和纠正“带病提拔”、“带病上岗”，进一步提高了选人用人水平。

促进科学发展的党政领导班子和领导干部考核评价机制，从破题到试点，从小范围试点到普遍试行，考核内容不断完善，考核方式不断改进，考核民主不断扩大，一种以注重品行、科学发展、崇尚实干、重视基层、鼓励创新、群众公认为鲜明特色的选人用人导向在实践中逐渐形成。

中国共产党第十七届中央纪律检查委员会第四次全体会议举行

9月19日，中国共产党第十七届中央纪律检查委员会第四次全体会议在北京举行。出席会议的中央纪委委员118人，列席28人。中央纪委常委会主持了会议。

这次全会的主要任务是：认真学习贯彻党的十七届四中全会精神，分析研究党的作风建设和反腐倡廉建设面临的形势与任务，深入推进党风廉政建设和反腐败斗争，为加强和改进新形势下党的建设、夺取全面建设小康社会新胜利、开创中国特色社会主义事业新局面提供坚强有力的保证。全会审议通过了贺国强同志代表中央纪委常委会所作的《认真贯彻落实党的十七届四中全会精神，深入推进党风廉政建设和反腐败斗争》的报告。

中共中央召开党外人士座谈会

9月20日人民日报报道，中共中央日前在中南海召开党外人士座谈会，就中共中央关于加强和改进新形势下党的建设若干重大问题的决定听取各民主党派中央、全国工商联领导人和无党派人士的意见和建议。中共中央总书记胡锦涛主持座谈会。贾庆林、习近平、贺国强出席座谈会。

座谈会上，胡锦涛介绍了中共中央对起草中共十七届四中全会文件的考虑和文件稿形成的过程。他希望各民主党派中央、全国工商联领导人和无党派人士畅所欲言，对文件稿提出修改意见和建议。

民革中央主席周铁农、民盟中央主席蒋树

声、民建中央主席陈昌智、民进中央主席严隽琪、农工党中央主席桑国卫、致公党中央主席万钢、九三学社中央主席韩启德、台盟中央主席林文漪、全国工商联主席黄孟复、无党派人士陈竺先后发言。他们围绕新形势下加强中国共产党的思想建设、加强领导班子建设和干部队伍建设、推进党内民主建设、改善领导方式和执政方式、密切同人民群众联系、推进惩治和预防腐败体系建设、加强基层组织建设、加强非公有制经济组织中中国共产党的建设等提出了意见和建议。

在认真听取了大家的发言后，胡锦涛发表了重要讲话。他指出，在我们这个十几亿人口的发展中大国执政，我们党肩负任务的艰巨性和繁重性世所罕见。要适应国内外形势的新变化，顺应各族人民过上更好生活的新期待，把握经济社会发展趋势和规律，带领人民不断把改革开放和社会主义现代化建设推向前进，必须始终坚持党要管党、从严治党，始终注重加强自身建设，切实把自身建设抓好。只有这样，才能永远不辜负人民的信任和期望。长期以来，我们党高度重视自身建设，围绕提高领导水平和执政水平、提高拒腐防变和抵御风险能力，围绕提高执政能力、保持和发展先进性，不断加以推进。今年是新中国成立 60 周年，中共中央决定中共十七届四中全会研究加强和改进新形势下我们党自身建设问题。当前，国内外形势的新发展，全面建设小康社会、加快推进社会主义现代化的新形势，迫切需要我们党提高领导水平和执政水平，提高统筹国内国际两个大局能力，提高把握发展机遇、应对风险挑战能力，更好团结带领全国各族人民夺取全面建设小康社会新胜利、开创中国特色社会主义事业新局面，实现中共十七大描绘的宏伟蓝图。

首都各界隆重庆祝
中国人民政治协商会议成立 60 周年

9 月 20 日，首都各界代表 900 多人在全国政协礼堂隆重集会，庆祝中国人民政治协商会议成立 60 周年。中共中央总书记胡锦涛出席大会并发表重要讲话。他强调，在新的历史条件下，人民政协要高举中国特色社会主义伟大旗帜，以邓小平理论和“三个代表”重要思想为指导，深入贯彻落实科学发展观，继承和发扬人民政协优良传统和宝贵经验，牢牢把握团结和民主两大主题，紧紧围绕党和国家工作大局，继续扎实有效地履行好政治协商、民主监督、参政议政职能，切实发挥好协调关系、汇聚力量、建言献策、服务大局的重要作用，为推进改革开放和社会主义现代化建设、推进祖国和平统一大业、维护世界和平与促进共同发展作出新的贡献。

全国组织部长培训班举办

9 月 22 日，全国组织部长学习贯彻党的十七届四中全会精神集中培训班在中国浦东干部学院开始举办。中共中央政治局委员、中央组织部部长李源潮出席并作报告。他指出，组织系统要把学习贯彻四中全会精神作为一项重大政治任务，原原本本学习全会《决定》和胡锦涛总书记重要讲话，以改革创新精神全面推动组织工作各项任务完成，努力做学习贯彻四中全会精神的模范。

举办全国组织部长集中培训班，是组织系统学习贯彻四中全会精神的重要举措。省、市、县党委组织部长、中央国家机关组织人事部门主要负责同志等，将分 9 期参加培训。省、市两级组织部长参加第一期培训。

中央党校举行学习贯彻
党的十七届四中全会精神报告会

9 月 26 日，中央党校举行学习贯彻党的十七届四中全会精神报告会，中共中央政治局常委、中央书记处书记、中央党校校长习近平作了题为“加强和改进新形势下党的建设的纲领性文献”的报告。

习近平在报告中深刻论述了加强和改进新形势下党的建设的重要性和紧迫性，系统介绍了《决定》在起草过程中充分发扬民主、广泛集中全党智慧、反复征求和听取各方面意见，实行科学决策、民主决策的情况。他指出，《决定》深入贯彻党的十七大精神，从夺取全面建设小康社会新胜利、开创中国特色社会主义事业新局面的要求出发，在建设马克思主义学习型政党、坚持和健全民主集中制、建设善于推动科学发展和促进社会和谐的高素质干部队伍、做好抓基层打基础工作、弘扬党的优良作风、加快推进惩治和预防腐败体系建设等6个方面提出了目标任务和一系列重要举措，是加强和改进党的建设的纲领性文献。

《决定》总结的党在长期执政实践中加强自身建设的6条基本经验，凝聚了几代中国共产党人的心血，深化了对共产党执政规律、社会主义建设规律、人类社会发展规律的认识，是极为宝贵的财富，必须倍加重视、倍加珍惜，必须作为加强和改进新形势下党的建设的重要指导原则长期坚持、切实运用，并在实践中不断丰富发展。

《决定》着眼于研究解决当前党的建设中带有战略性、根本性、紧迫性的重大问题，研究解决党员干部队伍中存在的突出问题和广大党员、干部、群众关注的热点问题，坚持继承和创新相结合、科学性和实效性相结合，在思想理论上、政策取向上、工作部署上提出了许多新要求新举措。习近平从30个方面列举和解说了《决定》提出的新要求新举措后指出，这些新要求新举措是多年来党的建设实践经验的新总结，反映了全党在推进党的建设新的伟大工程一系列重大问题上的新认识，体现了开创中国特色社会主义事业新局面的新要求，要作为重点认真学习、深刻领会、深入贯彻。

习近平强调，学习贯彻党的十七届四中全会精神是当前和今后一个时期全党的重要政治任务。各级党组织要加强组织领导，采取有效措施，作出工作部署，明确领导责任，确保党的建设各项任务落到实处、落到基层。要把学习贯彻全会精神与正在开展的深入学习实践科学发展观活动结合起来，按照中央的要求扎扎实实抓好第三批学习实践活动。中央党校和地方各级党校是轮训和培训党员领导干部，培养党的理论队伍，研究马克思列宁主义、毛泽东思想和中国特色社会主义理论体系的重要阵地，是领导干部加强党性锻炼的熔炉，在加强党的建设方面担负着重要责任。《决定》提出的加强和改进新形势下党的建设的总体要求、目标任务、重要举措，对党校具有重要指导意义；各级党校要把全会精神贯彻落实到党校教学科研及各项工作中去，进一步发挥党校在推进党的理论创新方面的生力军作用，在推进党的理论武装工作、建设学习型政党中的重要作用，进一步提高党校工作水平。中央党校常务副校长李景田主持报告会。中央党校全体学员、教职员工共1800人参加报告会。

2009年10月

隆重庆祝中华人民共和国成立60周年 首都举行盛大阅兵仪式和群众游行

10月1日上午，首都各界庆祝中华人民共和国成立60周年大会在北京天安门广场隆重举行，20万军民以盛大的阅兵仪式和群众游行欢庆伟大祖国的这一盛大节日。

中共中央总书记、国家主席、中央军委主席胡锦涛检阅受阅部队，并发表重要讲话。江泽民、吴邦国、温家宝、贾庆林、李长春、习近平、李克强、贺国强、周永康等出席庆祝大会。

10时整，中共中央政治局委员、北京市委

书记刘淇宣布庆祝大会开始。

胡锦涛乘坐国产红旗牌检阅车，经过金水桥，驶上长安街。阅兵总指挥、北京军区司令员房峰辉报告受阅部队准备完毕，胡锦涛下达检阅开始的命令。检阅后，胡锦涛登上天安门城楼，发表重要讲话。他首先代表党中央、全国人大、国务院、全国政协和中央军委，向一切为民族独立和人民解放、国家富强和人民幸福建立了不朽功勋的革命先辈和烈士们表示深切的怀念，向全国各族人民和海内外爱国同胞致以热烈的祝贺，向关心和支持中国发展的各国朋友表示衷心的感谢。

胡锦涛在讲话中指出，60 年前的今天，中国人民经过近代以来 100 多年的浴血奋战终于夺取了中国革命的伟大胜利，毛泽东主席在这里向世界庄严宣告了中华人民共和国的成立。中国人民从此站起来了，具有 5000 多年文明历史的中华民族从此进入了发展进步的历史新纪元。60 年来，在以毛泽东同志、邓小平同志、江泽民同志为核心的党的三代中央领导集体和党的十六大以来的党中央领导下，勤劳智慧的我国各族人民同心同德、艰苦奋斗，战胜各种艰难曲折和风险考验，取得了举世瞩目的伟大成就，谱写了自强不息的壮丽凯歌。今天，一个面向现代化、面向世界、面向未来的社会主义中国巍然屹立在世界东方。

胡锦涛指出，新中国 60 年的发展进步充分证明，只有社会主义才能救中国，只有改革开放才能发展中国、发展社会主义、发展马克思主义。中国人民有信心、有能力建设好自己的国家，也有信心、有能力为世界作出自己应有的贡献。

胡锦涛强调，我们将坚定不移坚持中国特色社会主义道路，全面贯彻执行党的基本理论、基本路线、基本纲领、基本经验，继续解放思想，坚持改革开放，推动科学发展，促进社会和谐，推进全面建设小康社会进程，不断开创中国特色社会主义事业新局面、谱写人民美好生活新篇章。我们将坚定不移坚持“和平统一、一国两制”的方针，保持香港、澳门长期繁荣稳定，推动海峡两岸关系和平发展，继续为实现祖国完全统一这一中华民族的共同心愿而奋斗。我们将坚定不移坚持独立自主的和平外交政策，坚持和平发展道路，奉行互利共赢的开放战略，在和平共处五项原则基础上同所有国家发展友好合作，继续同世界各国人民一道推进人类和平与发展的崇高事业，推动建设持久和平、共同繁荣的和谐世界。中国人民解放军和人民武装警察部队要发扬光荣传统，加强自身建设，切实履行使命，为维护国家主权、安全、领土完整，为维护世界和平再立新功。

胡锦涛最后指出，历史启示我们，前进道路从来不是一帆风顺的，但掌握了自己命运、团结起来的人民必将战胜一切艰难险阻，不断创造历史伟业。展望未来，中国的发展前景无限美好。全党全军全国各族人民要更加紧密地团结起来，高举中国特色社会主义伟大旗帜，与时俱进，锐意进取，继续朝着建设富强民主文明和谐的社会主义现代化国家、实现中华民族伟大复兴的宏伟目标奋勇前进，继续以自己的辛勤劳动和不懈奋斗为人类作出新的更大的贡献。

10 时 37 分，阅兵分列式开始。由陆海空三军仪仗队组成的方队，护卫着中国人民解放军军旗走在最前面。随后，由军区、军兵种、武警部队和总部直属部队以及北京市民兵预备役部队 8000 余名官兵组成的 13 个徒步方队，雄赳赳气昂昂依次通过天安门广场，接受祖国和人民检阅。

11 时 10 分许，广场上空响起隆隆轰鸣声。由陆海空三军组成的 12 个空中梯队呼啸而至，预警机、轰炸机、加受油机、歼击机、直升机等 151 架飞机低空飞过天安门广场。

11 时 22 分，以“我与祖国共奋进”为主旨的群众游行开始。游行分“奋斗创业”、“改革开放”、“世纪跨越”、“科学发展”、“辉煌成就”、“锦绣中华”、“美好未来”7 个部分，由 36 个方阵、60 辆彩车和 6 节行进式文艺表演组成，4000 多人的军乐团、民乐团、合唱团现场演奏演唱。参加游行的10万各界群众以不同方式，尽情抒发对中国共产党和人民共和国的由衷赞美和美好祝福。

最后，全部由青少年组成的以“美好未来”为主题的游行方阵走来了——飘扬的红领巾，嘹亮的小号，闪闪的红星……在“未来号”航船造型彩车引领下，少年儿童引吭高唱《中国少年先锋队队歌》，昭示着中国特色社会主义事业薪火相传、后继有人。

12时25分，历时2小时25分钟的庆祝大会圆满结束。

尉健行同志《论党风廉政建设和反腐败斗争》出版

10月12日，尉健行同志《论党风廉政建设和反腐败斗争》一书由中央文献出版社、中国方正出版社出版，近日在全国公开发行。

本书收录了尉健行同志自1987年至2002年担任监察部部长及中共中央纪律检查委员会书记期间关于反腐倡廉方面的重要报告、讲话和文章。全书共67篇，其中有一部分是首次公开发表。

本书集中了尉健行同志贯彻以江泽民同志为核心的党的第三代中央领导集体关于党风廉政建设和反腐败工作的重大决策、部署的主要思路和言论，反映了尉健行同志对党的反腐倡廉理论的深刻思考，体现了广大干部群众在这一历史阶段党风廉政建设和反腐败斗争取得的重大成果。本书对于了解这一时期反腐倡廉的历史发展过程，深化对反腐倡廉理论和实践问题的认识，在以胡锦涛同志为总书记的党中央领导下，全面贯彻中央的重大决策、部署，与时俱进地推进党风廉政建设和反腐败斗争具有积极意义。

全国党建研究会召开学习贯彻党的十七届四中全会精神座谈会

10月12日，全国党建研究会在京召开学习贯彻十七届四中全会精神座谈会。

全国党建研究会会长虞云耀代表全国党建研究会就深入学习贯彻十七届四中全会精神作了讲话。他要求全国党建研究会以十七届四中全会精神为指导，抓紧做好今年重点课题和自选课题研究的后续工作，及早谋划明年的工作，努力形成有价值的党建研究调研成果，为不断加强和改进党的建设作出应有的贡献。

与会同志在发言中一致认为，《中共中央关于加强和改进新形势下党的建设若干重大问题的决定》提出加强和改进党的建设的一系列新思想、新论断、新要求、新部署，体现了我们党继续坚持解放思想、坚持改革开放、推动科学发展、促进社会和谐的要求，对于党更好地适应新形势新任务要求，切实加强和改进党的建设，具有重要的指导意义。

中国人民政治协商会议成立60周年理论研讨会举行

10月13日，中国人民政治协商会议成立60周年理论研讨会在北京开幕。全国政协主席贾庆林出席开幕会并讲话。

贾庆林就进一步坚持和完善中国共产党领导的多党合作和政治协商制度强调了四个方面内容。第一，中国共产党领导的多党合作和政治协商制度是中国社会政治发展的必然选择，是马克思列宁统一战线理论、政党理论、社会主义民主政治理论同中国具体实践相结合的伟大创造，是中国共产党同各民主党派和无党派人士、各人民团体和各族各界人士风雨同舟、团结奋斗的伟大成果。坚持中国特色社会主义，必须坚持中国共产党领导的多党合作和政治协商制度，充分发挥人民政协的独特优势，巩固和发展中国共产党同各民主党派民主团结、生动活泼的良好政治关系。第二，中国共产党领导的多党合作和政治协商制度是符合我国国情、具有鲜明中国特色的社会主义新型政党制度。这一制度在政党关系上，坚持共产党领导、多党派合作；在政权运作方式上，坚持共产党执政、多党派参政；在协调利益关系上，坚持维护国家和人民的根本利益、照顾同盟者的具体利益；在民主形式上，坚持充分协商、广泛参与。第三，中国共产党领导的多党合作和政治协商制度为我国社会主义现代化建设作出了重要贡献。新中国成立60年来，我们始终坚持这一基本政治制度，服从服务大局、广泛凝聚力量，为党和国家事业发展提供强有力支持；充分发扬民主、扩大有序参与，推动社会主义民主政治发展；积极协调关系、努力化解矛盾，维护社会和谐稳定；高举爱国主义和社会主义旗帜、加强团结联谊，促进祖国和平统一大业。这一制度在促进我国社会主义革命、建设和改革开放事业，全面建设小康社会，实现中华民族伟大复兴的历史进程中发挥了不可替代的作用。第四，在中国特色社会主义道路上不断完善和发展中国共产党领导的多党合作和政治协商制度。要坚持长期共存、互相监督、肝胆相照、荣辱与共的方针，总结运用和丰富发展多党合作和政治协商的宝贵经验，不断推进理论创新、制度创新和工作创新，进一步巩固多党合作的思想政治基础，增强人民政协和各民主党派服务大局的能力，完善我国社会主义民主的形式，提高多党合作和政治协商的科学化水平，不断谱写多党合作和人民政协事业的新篇章，为夺取全面建设小康社会新胜利、开创中国特色社会主义新局面作出新的更大贡献。

中央国家机关政务公开工作座谈会召开

10月27日，中央国家机关政务公开工作座谈会在北京召开。中共中央书记处书记、中央纪委副书记何勇主持会议，国务委员兼国务院秘书长马凯出席会议并讲话。

何勇在主持会议时强调，在党中央、国务院的坚强领导下，政务公开工作全面推进，在发展过程中层级不断延伸、内容不断深化、制度不断健全、载体不断丰富，在我国经济社会发展中发挥了重要作用。中央国家机关各部门、各单位要认真贯彻党的十七届四中全会精神，按照这次会议的要求，把政务公开摆上更重要位置，纳入改革发展的总体规划，与业务工作统筹考虑，同步推进，逐步建立起政务公开的长效机制。要紧紧围绕中央保增长、保民生、保稳定各项政策措施，加大公开力度，完善公开方式，主动接受人民群众监督，保证中央的一系列政策措施得到不折不扣的落实。要发挥表率作用，强化工作指导，使中央与地方政务公开工作更加紧密地衔接一致，增强整体效果。要建立健全政务公开的考核评价机制，研究制定政务公开方面的责任追究办法，加强督促检查，严格责任追究，推动中央国家机关政务公开工作深入开展。

马凯在讲话中指出，党的十六大以来，中央国家机关政务公开的体制机制进一步健全，制度建设进一步加强，公开内容进一步拓展，公开形式进一步丰富，政务公开工作取得明显成效，积累了宝贵的经验。马凯强调，深入推进中央国家机关政务公开工作，要以人民群众普遍关心、涉及群众切身利益的各类事项为着力点，认真贯彻实施《政府信息公开条例》，不断取得新的成效。一要扎实推进政府信息公开，进一步细化公开措施，强化监管，维护人民群众合法权益。二要大力推进决策公开，凡涉及群众切身利益的重大决策都要向社会公开，制定关系群众切身利益的公用事业价格要按有关规定实行听证，力求真实反映民意。三要稳步推进行政权力公开透明运行，保证公开的内容真实可信、过程有据可查、结果公平公正。四要深入推进办事公开，进一步拓展办事公开领域，创新办事公开举措，提高服务效率，提升服务质量，更好地方便群众办事。当前要更加坚定地抓好中央扩大内需、促进经济增长、保障和改善民生、维护稳定各项政策措施落实情况的公开力度，积极开展工程建设领域的政务公开。马凯要求，中央国家机关各部门要充分发挥带头表率作用，把政务公开与政府职能转变、机关作风建设、廉政建设紧密结合起来，不断推动中央国家机关自身建设和管理创新。

中共中央办公厅印发
关于建立促进科学发展的党政领导班子和领导干部考核评价机制的意见

10月29日人民日报报道，中共中央办公厅最近印发了《关于建立促进科学发展的党政领导班子和领导干部考核评价机制的意见》(以下简称《意见》)。同时，为了深入贯彻落实《意见》，经中央批准，中央组织部制定了《地方党政领导班子和领导干部综合考核评价办法(试行)》、《党政工作部门领导班子和领导干部综合考核评价办法(试行)》、《党政领导班子和领导干部年度考核办法(试行)》(以下分别简称《地方考核办法》、《部门考核办法》、《年度考核办法》)，与《意见》一起形成促进科学发展的党政领导班子和领导干部考核评价机制。

《意见》及三个考核办法贯彻了中央对干部工作的新要求，吸收了近年来干部人事制度改革的成功经验，是指导新形势下干部考核工作的重要文件和基本法规。《意见》及三个试行《办法》的印发和实施，是深入贯彻落实党的十七大、十七届四中全会精神的重要举措，对于进一步巩固深入学习实践科学发展观活动成果，完善体现科学发展观和正确政绩观要求的干部考核评价体系，着力构建有利于科学发展的体制机制；对于进一步改进和完善干部考核评价工作，推进干部工作的科学化、民主化、制度化，具有十分重要的意义。

《意见》共4个部分12条，阐述了建立促进科学发展的干部考核评价机制的重要性和紧迫性，明确了建立促进科学发展的干部考核评价机制的指导思想、基本原则、工作目标和重点任务，并就切实做好这项工作对各级党委(党组)和组织人事部门提出了具体要求。

《意见》强调，要立足为科学发展选干部、配班子、建队伍、聚人才，进一步健全考核制度，完善考核内容，改进考核方式，扩大考核民主，强化考核结果运用，努力把平时考核、年度考核与换届(任期)考察、任职考察结合起来，把考核评价与干部选拔任用、培养教育、管理监督、激励约束结合起来，全面加强对党政领导班子和领导干部的考核工作，着力形成有利于科学发展的用人导向，建立有机联系、相互配套并有效运行的干部考核评价机制，为贯彻落实科学发展观提供坚强的政治和组织保证。

《意见》指出，要完善考核内容，增强考核内容的科学性，充分体现科学发展观和正确政绩观的要求，充分体现把政治标准放在首位，充分体现不同区域、不同层次、不同类型的特点，充分体现考核内容的激励性和约束性。既注重考核发展速度，又注重考核发展方式、发展质量；既注重考核经济建设情况，又注重考核经济社会协调发展、人与自然和谐发展，特别是履行维护稳定第一责任、保障和改善民生的实际成效；既注重考核已经取得的显绩，又注重考核打基础、利长远的潜绩。

《意见》明确，要改进考核方式，增强考核方式的完整性和系统性。坚持以平时考核、年度考核为基础，以换届(任期)考察、任职考察为重点，合理安排，相互印证。加强平时考核，注重在应对重大事件、完成重大任务以及涉及个人利益时，跟踪考核领导班子和领导干部。健全年度考核，发挥年度考核对领导班子和领导干部的管理监督和激励鞭策作用。完善换届(任期)考察，在坚持民主推荐、民主测评、个别谈话的基础上，进一步完善民意调查、实绩分析、综合评价等方法，强化实地调查和延伸考察。改进任职考察，充分发挥地方各级党委全委会在推荐提名、党委(党组)在研究确定考察对象时的作用，推广运用二次会议投票推荐方法，实行差额考察和考察公示，加强综合分析，切实防止干部“带病提拔”、“带病上岗”。

《意见》强调，要扩大考核民主，强化党内外干部群众的参与和监督。进一步公开考核内容、考核程序、考核方法、考核结果，增强考核工作的透明度。探索实绩“公开、公示、公议”等做法，加大群众满意度在考核评价中的分量。坚持民主与集中相结合，加强集体研究和综合分析，既尊重民意，又不简单地以票取人。

《意见》要求，强化考核结果运用，充分发挥考核的积极作用。坚持把考核结果作为领导班子建设和领导干部选拔任用、培养教育、管理监督、激励约束的重要依据，坚持从严治党、奖惩分明，对自觉坚持科学发展、善于领导科学发展，坚持原则、勇于负责，敢抓善管、真抓实干，实绩突出、群众公认的优秀干部，要表彰奖励、提拔重用；对不按照科学发展观要求办事，急功近利、搞形式主义和形象工程，不负责任、不讲原则、怕得罪人，以及完成约束性指标方面发生问题的，要批评教育、诫勉谈话、督促整改；对群众意见较大、不胜任现职岗位的，要及时进行组织调整，着力形成注重品行、科学发展、崇尚实干、重视基层、鼓励创新、群众公认的正确用人导向。

《意见》指出，各级党委（党组）要把建立促进科学发展的干部考核评价机制摆上重要位置，加强组织领导，强化组织协调，抓好组织实施，坚持求实创新，注意与其他考核方式的衔接，避免重复考核，切实用好干部考核结果，有力推动各级领导班子建设。各地区各部门要把三个试行《办法》与《意见》结合起来，从实际出发制定具体的实施细则，推动干部考核评价机制逐步完善。

围绕贯彻《意见》精神，《地方考核办法》、《部门考核办法》、《年度考核办法》分别对县级以上地方党政领导班子换届考察、领导干部个别提拔任职考察，县级以上党政工作部门、办事机构、派出机构以及其他直属机构领导班子任期考察、领导干部个别提拔任职考察，党政领导班子及其成员的年度考核，作出了具体规定。

《中国共产党党内法规选编（2001—2007）》公开出版发行

10月30日人民日报报道，中共中央办公厅法规室、中共中央纪委法规室、中共中央组织部办公厅共同编辑的《中国共产党党内法规选编（2001—2007）》一书，最近由法律出版社公开出版发行。

《中国共产党党内法规选编（2001—2007）》是为贯彻落实党的十七大、十七届四中全会精神，经中央领导同志批准而编辑的。该《选编》是《中国共产党党内法规选编（1978—1996）》和《中国共产党党内法规选编（1996—2000）》的续编，收录了2001年至2007年10月期间中共中央、中央纪委、中央办公厅、中央组织部发布的党内法规和具有法规效力的文件共109件。《选编》参照《中国共产党章程》的体例，分为党员、党的组织制度、党的组织、党的干部、党的纪律、党的纪律检查机关等8个部分。其中，大部分党内法规是首次公开发表。

2009年11月

全国街道社区党建工作经验交流会召开

11月11日，中组部、民政部在郑州召开全国街道社区党建工作经验交流会。中共中央政治局委员、中央组织部部长李源潮出席并讲话。

李源潮指出，要深刻认识城市化快速推进给城市党建工作带来的新挑战，把加强党组织建设贯穿街道社区学习实践活动始终。要突出街道领导班子和党员领导干部这个重点，以“五好”为目标把街道党（工）委建设成为党在城市基层执政的坚强领导核心。要优化社区党组织设置，扩大覆盖面，加强流动人口聚居地、城乡结合部、新建小区的党组织建设，加强对流动党员的服务和管理。社区党组织要强化服务功能，把事关居民群众切身利益的工作做细做实做好；强化凝聚功能，把广大居民群众紧紧团结在党组织周围；强化管理功能，提高城市基层社会建设和管理水平；强化维稳功能，筑牢维护城市基层和谐稳定的第一道防线。

李源潮指出，要加强以党组织书记为重点的社区工作者队伍建设，做到有人管事；建立健全社区党组织经费保障机制，做到有钱办事；加强社区组织活动场所和服务设施建设，做到有场所议事。要以街道党组织为核心、社区党组织为基础、驻区单位党组织共同参与，着力构建城市基层区域化党建格局。要探索建立党员在居住地发挥作用机制，广泛开展各种形式的创先争优活动，推广党员承诺和党员志愿服务，促进建设文明和谐社区。

《毛泽东箴言》出版

11月12日人民日报报道，由中国中共文献研究会编订的《毛泽东箴言》一书，近日由人民出版社出版。

《毛泽东箴言》一书共收录360条毛泽东箴言。这360条箴言分成观世、正己、待人、处事等4大篇，其下又按毛泽东倡导的对立统一和矛盾转化的辩证方法，分为“有穷与无尽”、“有患与无畏”、“表达与倾听”、“大局与小节”等36小类。这本书所收箴言摘选自新中国成立以来正式出版的《毛泽东选集》、《毛泽东文集》、《建国以来毛泽东文稿》等毛泽东同志的主要基本著作。

中央党校举行2009年秋季学期第二批进修班开学典礼

11月12日，中央党校举行2009年秋季学期第二批进修班开学典礼，中央党校校长习近平出席并讲话。

习近平在讲话中从四个方面谈了对建设马克思主义学习型政党的学习体会和认识：一、提出建设马克思主义学习型政党的主要依据和重大意义；二、建设马克思主义学习型政党的基本要求；三、建设马克思主义学习型政党的重要着力点；四、为建设马克思主义学习型政党提供有力保证。

开学典礼由中央党校常务副校长李景田主持。中央有关部门负责人、中央党校负责人，第46期省部级干部进修班、第53期地厅级干部进修班、市地党政主要领导干部进修班全体学员，以及部分在校学员、中央党校研究生院研究生等共600多人参加了开学典礼。

解放军总政治部发布新修订的《中国人民解放军思想政治教育大纲》

11月18日，经中央军委批准，解放军总政治部发布新修订的《中国人民解放军思想政治教育大纲》。新的《思想政治教育大纲》自2009年11月9日起施行。

新修订的《思想政治教育大纲》在关于思想政治教育主要任务的规定中，增加了“从思想上、政治上、组织上确保我军始终成为党绝对领导下的人民军队，确保国防和军队建设科学发展，确保有效履行新世纪新阶段我军历史使命”的思想政治建设时代课题，大力培育“忠诚于党，热爱人民，报效国家，献身使命，崇尚荣誉”的当代革命军人核心价值观等重要思想；在关于思想政治教育原则的规定中，增加了“深入贯彻落实科学发展观”“增强思想政治教育的科学性”，把思想政治教育“贯穿到完成多样化军事任务中”“运用现代科技手段”“紧贴时代发展、紧贴使命任务、紧贴官兵实际”等内容；在关于思想政治教育内容的规定中，增加了学习中国特色社会主义理论体系，发扬听党指挥、服务人民、英勇善战的优良传统，学习宪法和军队各项规章制度，学习民族宗教、军事外交知识等内容，从而使思想政治教育更好地体现了党的理论创新最新成果，适应了时代发展要求。同时，为进一步明确各级各类人员抓好思想政治教育的职责要求，增加了思想政治教育领导体制的规定，充实细化了政治机关领导思想政治教育的职责，明确了各级机关、各类干部做好思想政治教育工作的要求。为建立抓好教育落实的制度机制，增加了评选表彰思想政治教育先进单位和评选“四会”优秀政治教员的规定。为适应新形势下军队人员构成的变化和思想政治教育的现实需要，增加了对非现役人员、国防生，以及离休退休干部、职工和民兵预备役人员思想政治教育的要求，并对战时思想政治教育作出了原则规定，使《大纲》的规定更加全面系统。

首套高校思想政治理论教案丛书推出

11月18日，我国高校4门大学生思想政治必修课程有了授课教案，首套高校思想政治理论教案丛书今天推出，这是高校思想政治理论课教材取得的标志性成果，使政治理论课由教材体系向教学体系转化。丛书由北京师范大学马克思主义学院编写，共有4本，分别为《马克思主义基本原理》、《毛泽东思想与中国特色社会主义理论体系概论》、《思想道德修养与法律基础》、《近现代史纲要》的教案。区别于以往的授课教案，该教案在教学目的、重点难点之外，还加入了教学过程部分，“导入”、“视频资料”、“案例讨论”、“延伸资料”、“补充讲解资料”等形式丰富，全面体现了实际讲课的操作过程。

全国未成年人思想道德建设经验交流会召开

11月29日—30日，全国未成年人思想道德建设经验交流会在长沙召开。中共中央政治局常委李长春出席会议并发表讲话。

他指出，《中共中央国务院关于进一步加强和改进未成年人思想道德建设的若干意见》颁发五年来，未成年人思想道德建设保持了良好发展势头，各项工作取得了积极进展，是全党全社会对未成年人关心支持最大、办实事好事最多的五年，是净化社会文化环境力度不断加大、未成年人成长环境逐步得到改善的五年，是未成年人思想道德素质不断提升、社会反响良好的五年。同时也要看到，未成年人思想道德建设取得的成绩还只是阶段性的，还存在一些薄弱环节，面临许多新情况新问题。要充分认识加强和改进未成年人思想道德建设的长期性、复杂性和艰巨性，保持清醒头脑，倾听群众呼声，查找薄弱环节，狠抓任务落实，务必使未成年人思想道德建设取得更加扎实的成效。

加强和改进未成年人思想道德建设，是关系中华民族伟大复兴的战略工程，是关系中国特色社会主义事业兴旺发达的希望工程，是关系千家万户切身利益的民心工程，是社会主义精神文明建设的基础工程。要全面贯彻党的十七大和十七届三中、四中全会精神，以邓小平理论和“三个代表”重要思想为指导，深入贯彻落实科学发展观，高举旗帜、围绕大局、服务人民、改革创新，坚持解放思想、实事求是、与时俱进，贴近实际、贴近生活、贴近未成年人，大力开展社会主义核心价值体系学习教育，不断深化中小学校德育工作，努力提供优秀文化产品和优质文化服务，稳步推进长效工作机制建设，推动未成年人思想道德建设持续深入发展。当前，要以依法打击互联网、手机淫秽色情不良信息为重点，加大力度、综合治理，努力营造有利于未成年人健康成长的社会文化环境。

2009 年 12 月

中共中央办公厅印发《关于进一步从严管理干部的意见》

12 月 4 日，中共中央办公厅印发了《关于进一步从严管理干部的意见》(以下简称《意见》)。

《意见》强调，党要管党、从严治党，是我们党的一贯方针和根本要求。党要管党、从严治党，关键是从严管理干部。近年来，各级党组织认真落实中央要求，坚持对干部严格要求、严格教育、严格管理、严格监督，干部队伍总体状况是好的。但是，也必须清醒地看到，一些干部对自身要求不严，思想作风不符合党的性质和宗旨，能力素质不适应新形势新任务要求；一些地方和部门在干部管理上失之于宽、失之于软，致使一些干部身上的小毛病演变成大问题、有些小事酿成大事。这不仅不利于干部自身成长，而且损害党的形象，削弱党的创造力、凝聚力、战斗力。为贯彻落实党要管党、从严治党方针，建设高素质干部队伍，根据中国共产党章程和党内有关规定，《意见》分 4 个部分 14 条对干部的严格要求、严格教育、严格管理、严格监督作出了具体规定。

"中国马克思主义论坛 2009"举行

12 月 8 日—9 日，由中国马克思主义研究基金会主办的"中国马克思主义论坛 2009"在中央党校举行。中共中央政治局常委、中央书记处书记、中央党校校长习近平向论坛致贺信，向中国马克思主义研究基金会以及出席论坛的马克思主义理论研究、宣传、教学工作者致以诚挚问候。

习近平在贺信中指出，马克思主义是我们立党立国的根本指导思想。新中国成立 60 年来，我们党坚持把马克思主义基本原理同中国具体实际和时代特征相结合，不断研究和解决革命、建设、改革中的实际问题，探索和积累了新的经验，丰富和发展了毛泽东思想，形成了包括邓小平理论、"三个代表"重要思想以及科学发展观等重大战略思想在内的中国特色社会主义理论体系。这是我们党在理论上取得的最重大成就。中国马克思主义研究基金会以"新中国 60 年来马克思主义中国化的历史经验"为主题，开办首届中国马克思主义论坛，很有意义。希望本次论坛在深入研究总结马克思主义中国化历史经验方面取得丰硕成果。

习近平指出，党的十七届四中全会强调要大力推进马克思主义中国化、时代化、大众化。这是广大理论工作者的神圣职责。希望基金会在中央党校主管下，把中国马克思主义论坛办成发表马克思主义研究新成果，推进马克思主义中国化、时代化、大众化的有影响力的平台，为建设马克思主义学习型政党作出新贡献。

论坛开幕式上，中央党校常务副校长李景田宣读习近平的贺信并讲话。中国社会科学院常务副院长、中国马克思主义研究基金会理事长王伟光向论坛提交了书面演讲稿。马克思主义研究领域的 12 位知名专家，围绕新中国 60 年来马克思主义中国化的历史经验、马克思主义中国化与改革开放、进一步推进和深化马克思主义中国化研究等专题发表了大会学术演讲。来自全国党校系统、高校系统、科研院所等单位的专家学者以及中央党校学员代表共计 600 余人出席论坛。

本届论坛还开展了 2009 年度"马克思主义中国化研究优秀论文"征集评选活动，从 606 篇征集论文中评选出 32 篇获奖论文。论坛上举行了颁奖仪式。

全国组织部长会议召开

12月11日，全国组织部长会议在北京召开，中共中央政治局常委、中央书记处书记习近平出席会议并讲话。

习近平指出，德才兼备、以德为先是党的十七大之后胡锦涛同志多次强调、中央反复要求的用人标准。选拔任用干部既要看才、更要看德，把政治上靠得住、工作上有本事、作风上过得硬、人民群众信得过的干部选拔上来。要在干部队伍中营造坚守政治品质、注重道德修养的良好氛围，大力宣传表彰德才兼优的干部，充分激活干部重德、养德的内在动力。要拓宽选人用人视野，坚持五湖四海、任人唯贤，特别关注各条战线、各个领域的基层和生产一线，特别关注环境艰苦、工作困难、矛盾复杂、长期默默奉献的岗位，特别关注那些心系群众、埋头苦干、不拉关系、不走门子的老实人、正派人，使选出来的干部组织放心、群众满意。

习近平强调，树立正确用人导向，把人选准用好，必须继续坚定不移地推进干部人事制度改革，在干部选拔任用的提名、考察、决定等环节进一步完善工作机制，匡正选人用人风气。要建立健全主体清晰、程序科学、责任明确的干部选拔任用提名制度，探索实行多种提名方式，进一步扩大提名环节的民主。要正确分析和运用民主推荐、民主测评结果，增强科学性和真实性，既要把民主推荐结果作为选拔任用干部的重要依据，又不能简单地以票取人。要完善公开选拔、竞争上岗和差额选拔等竞争性选拔干部方式，突出岗位特点，注重实际能力，坚持考试的科学合理导向，让干得好的考得好，能力强的选得上，作风实的出得来，使优秀人才能够脱颖而出。

习近平指出，我国要在激烈的国际竞争中赢得主动、实现发展目标，关键取决于各级领导班子和领导干部的素质与能力，归根到底取决于一批又一批年轻干部的健康成长。要坚持和健全民主集中制，把切实推进党内民主、促进党内和谐与维护党的纪律、增进党的团结有机统一起来，充分发挥各级党组织和广大党员的积极性、主动性、创造性。要切实尊重广大党员在党内生活中的主体地位，用健全的制度体系落实和保障党员的知情权、参与权、选举权、监督权，鼓励党员积极建言献策。党要管党、从严治党，关键是从严抓好班子、带好队伍、管好干部。

习近平还对加强基层党组织建设和党员队伍建设、加强组织部门自身建设等提出了明确要求。

中国思想政治工作研究会第九次会员代表大会召开

12月15日，中国思想政治工作研究会第九次会员代表大会在京召开，中共中央政治局常委李长春出席会议并讲话。

李长春指出，新中国成立60年来特别是改革开放以来，全国思想政治工作战线坚决贯彻中央要求，与时代同步伐、与人民共命运，紧紧围绕党和国家事业发展，扎实工作、锐意进取，走过了不平凡历程，积累了宝贵经验，在社会主义革命、建设和改革各个历史时期发挥了重要作用。广大思想政治工作者自觉履行人类灵魂工程师的神圣职责，展现了高举旗帜、爱党爱国的坚定信念，无私奉献、服务人民的高尚情怀，与时俱进、开拓创新的精神状态，默默耕耘、爱岗敬业的工作作风，为推动党和国家事业发展作出了应有的贡献。

李长春强调，思想政治工作是我们党和国家的重要政治优势，是教育、组织和动员广大群众为实现自身利益而奋斗的强大武器。当前，思想政治工作要全面贯彻党的十七大和十七届三中、四中全会精神，高举中国特色社会主义伟大旗帜，以邓小平理论和"三个代表"重要思想为指导，深入贯彻落实科学发展观，按照高举旗帜、围绕大局、服务人民、改革创新的总要求，坚持解放思想、实事求是、与时俱进，坚持以人为本，贴近实际、贴近生活、贴近群众，深入开展中国特色社会主义理论体系宣传普及活动，深入开展社会主义核心价值体系学习教育，深入开展形势政策教育，深入开展爱国主义教育，深入开展民族团结进步宣传教育活动，进一步统一思想、凝聚力量，动员和激励广大干部群众为开创中国特色社会主义事业新局面而努力奋斗。要切实加强基层思想政治工作，积极搭建企业、社区和新经济组织、新社会组织开展思想政治工作的平台，努力扩大覆盖面。党组织建到哪里，思想政治工作就要落实到哪里。要积极利用基层文化阵地、红色旅游等途径，利用大众传媒特别是互联网、手机等载体，不断拓宽思想政治工作的渠道。

李长春提出，各级党委要切实担负起思想政治工作的领导责任，加强工作指导，完善工作格局，强化队伍建设，解决实际问题，不断提高思想政治工作水平。中国思想政治工作研究会要切实加强自身建设，深入开展调查研究，积极发挥思想库和智囊团的作用。

《邓小平年谱(1904—1974)》出版发行

12 月 23 日，经中共中央批准，由中共中央文献研究室编撰、中央文献出版社出版的《邓小平年谱(1904－1974)》在全国发行。这部年谱是在 2004 年《邓小平年谱(1975－1997)》出版之后编撰的。至此，《邓小平年谱》全部出齐。

《邓小平年谱(1904－1974)》共 150 万字，分为上(1904－1946)、中(1947－1956)、下(1957－1974)三册。上册主要记述邓小平早年在法国勤工俭学和在莫斯科学习，1926 年回国后不久在党中央机关工作，领导百色起义，到中央苏区工作和参加长征，在太行坚持抗战八年直至解放战争初期的重要经历。中册主要记述邓小平在解放战争中率部挺进大别山，指挥淮海战役、渡江战役、进军大西南，新中国成立初期主持西南局工作，1952 年后调中央工作，1956 年在党的八大当选为中共中央总书记等重要经历。下册主要记述邓小平担任中共中央总书记十年和在“文化大革命”中被打倒及复出工作后的重要经历。

全书以大量文献档案资料为依据，较全面地反映了一代伟人邓小平的成长历程；反映了他从新民主主义革命时期到社会主义革命和建设时期，为民族独立、人民解放和国家富强奋斗的业绩和作出的重大贡献；反映了他在各个时期的思想发展脉络和始终保持的革命精神与崇高的品格风范。

全国高校党建工作会议召开

12 月 24 日，中共中央组织部、中共中央宣传部、中共教育部党组在北京召开第十八次全国高等学校党的建设工作会议。中共中央政治局常委、中央书记处书记习近平在会前会见出席会议的代表并发表讲话。

党中央、国务院始终高度重视高校党建工作，从 1990 年开始每年召开一次全国高校党建工作会议，研究新问题、交流新经验、作出新部署。这次全国高校党建工作会议的主要任务是，深入分析高校党的建设面临的新情况新问题，对进一步加强和改进新形势下高校党的建设进行部署。

习近平指出，高校是汇聚人才的高地，是培养人才的基地，在国家经济社会发展全局中居于重要地位。做好新形势下高校党建工作，要坚持和完善党委领导下的校长负责制，既充分发挥党委的领导核心作用、又切实保证校长在依法行政中的执行权力，切实提高高校领导班子办学治校能力；要坚持用中国特色社会主义理论体系武装党员、教育师生，认真做好学习实践科学发展观活动整改落实后续工作，大力开展创建学习型党组织活动，以学习为党组织建设的重要特征，以学习为党组织活动的重要内容，以学习为提高党组织战斗力的重要途径，推动高校党员干部和广大师生不断深化对党的理论创新成果的认识；要做好抓基层、打基础工作，健全高校党的各级组织，明确职责任务，加强指导督促，严格按照标准和程序把优秀知识分子和大学生吸收到党内来，充分发挥基层党组织的战斗堡垒作用和党员的先锋模范作用；

要坚持改革创新，继承和发展高校党的建设在长期实践中形成的成功方法，又要不断创新和丰富高校党的建设有效管用的新方法，不断增强高校党建工作的生机活力。

《马克思恩格斯文集》、《列宁专题文集》出版座谈会举行

12月25日，《马克思恩格斯文集》、《列宁专题文集》出版座谈会在京举行，中共中央政治局常委李长春出席会议并讲话。

李长春指出，高度重视马克思主义理论的学习研究宣传，是我们党的优良传统。党的十六大以来，以胡锦涛同志为总书记的党中央，作出了实施马克思主义理论研究和建设工程的重大战略决策。其中一项重要任务，就是组织最强的力量，重新修订和编译马克思主义经典作家的重要著作。做好这项工作，既是当代中国共产党人义不容辞的职责，也是进一步深化马克思主义研究、更好地用马克思主义指导实践的需要。两部文集的出版是党的思想理论建设的一件大事，是马克思主义理论研究和建设工程的一个重大成果，对于推进中国特色社会主义伟大事业，推进党的建设新的伟大工程，具有重要的现实意义和深远的历史意义。他向为这项工作付出辛勤劳动的同志和所有从事马克思主义经典著作编译、研究和传播工作的同志表示崇高敬意和衷心感谢。

李长春强调，学习研究马克思主义，要坚持以我们正在做的事情为中心，着眼于马克思主义理论的运用，着眼于对实际问题的理论思考，着眼于新的实践和新的发展。要把学习研究马克思主义经典著作与推进马克思主义学习型政党建设紧密结合起来，不断提高全党的马克思主义理论水平；把学习研究马克思主义经典著作与把握中国国情和时代特征紧密结合起来，大力推进马克思主义中国化、时代化和大众化；把学习研究马克思主义经典著作与研究阐释中国特色社会主义理论体系紧密结合起来，推动用马克思主义中国化最新成果武装头脑；把学习研究马克思主义经典著作与学习贯彻科学发展观紧密结合起来，进一步增强贯彻落实科学发展观的自觉性坚定性；把学习研究马克思主义经典著作与开展社会主义核心价值体系学习教育紧密结合起来，进一步凝魂聚气、强基固本。各级党组织要把两部文集作为领导干部理论学习的重要内容，通过学习深刻掌握马克思主义立场观点方法。马克思主义理论研究和建设工程要把两部文集的编译成果充分体现到哲学社会科学学科体系和教材体系建设中，推动这些成果更好地进教材、进课堂、进头脑。

中共中央政治局召开会议研究部署党风廉政建设和反腐败工作

12月29日，中共中央政治局召开会议，听取中央纪律检查委员会2009年工作汇报，分析当前党风廉政建设和反腐败工作形势，研究部署2010年党风廉政建设和反腐败工作。会议审议并通过《中国共产党党员领导干部廉洁从政若干准则》。中共中央总书记胡锦涛主持会议。会议同意明年1月召开第十七届中央纪律检查委员会第五次全体会议。

全国社会主义学院院长会议召开

12月29日，第六次全国社会主义学院院长会议在北京召开。全国人大常委会副委员长、中国民主促进会主席严隽琪出席并讲话。

严隽琪指出，社会主义学院正面临大好的发展时机，要充分发挥学院作为统一战线“三个基地”的作用，为中共中央提出的“大规模培训干部、大幅度提高干部素质”的战略任务服务，为各民主党派以共产党为师、努力建设学习型参政党服务。要继续深入贯彻胡锦涛同志在中央社会主义学院建院50周年庆祝大会上的贺信精神，抓住开展新一轮大规模培训干部和召开第二次社会主义学院工作会议的契机，凸显社会主义学院党外人士培养主渠道的作用。

全国政协副主席、中共中央统战部部长杜青林对会议提出三点希望。他指出，社会主义

学院作为统一战线人才培养的主渠道、主阵地，要坚持特色立院，深化中国特色社会主义道路主题教育活动，深入开展社会主义核心价值体系的学习教育，凝聚统一战线成员走中国特色社会主义道路的强大共识；坚持质量强院，积极探索新一代党外代表人士成长规律和学院自身办学规律，认真研究统一战线理论和实践中的深层次问题，发挥理论创新和政策咨询作用；坚持发展兴院，深入贯彻落实科学发展观，用发展的眼光、创新的精神研究破解办学中的突出问题和难点问题，切实提高社会主义学院工作科学化水平。

中央社会主义学院党组书记、第一副院长叶小文作主题报告。

中共中央办公厅、国务院办公厅印发《中央企业领导人员管理暂行规定》

12月30日，中共中央办公厅、国务院办公厅印发了《中央企业领导人员管理暂行规定》。同时，为深入贯彻落实《管理规定》，中共中央组织部、国务院国资委党委联合下发了《中央企业领导班子和领导人员综合考核评价办法（试行）》。

《管理规定》是中央企业领导人员管理的基本规章，坚持以邓小平理论和“三个代表”重要思想为指导，深入贯彻落实科学发展观，从中央企业实际出发，着眼于建设“政治素质好、经营业绩好、团结协作好、作风形象好”的领导班子，以完善领导体制和健全选拔任用、考核评价和激励约束机制为重点，规范程序，明确要求，努力造就一支高素质的中央企业领导人员队伍，保证中央企业又好又快发展。《管理规定》明确了中央企业领导人员的资格条件，不仅要有突出的工作业绩和良好的职业素养，还要有较高的政治素质；规定了中央企业董事会、经理班子和党委（党组）的职数，实行任期制，明确了董事、总经理和党委的任期；选拔中央企业领导人员主要采取组织选拔、公开招聘、竞争上岗等方式，任用中央企业领导人员可以采取委任制、聘任制、选任制。

2010年1月

《求是》杂志发表胡锦涛总书记重要文章

1月1日出版的新年第1期《求是》杂志，发表胡锦涛的重要文章：《努力开创新形势下党的建设新局面》。

中央军委下发关于加强和改进新形势下军队党的建设的意见

1月4日人民日报报道，经胡锦涛主席批准，中央军委日前下发《中央军委关于加强和改进新形势下军队党的建设的意见》（以下简称《意见》）。

《意见》坚持以邓小平理论和“三个代表”重要思想为指导，深入贯彻落实科学发展观，总结概括军队党的建设的宝贵经验，深刻分析新的形势任务对军队党的建设提出的新要求，明确提出加强和改进新形势下军队党的建设的总体要求，对军队党的思想建设、组织建设、作风建设、制度建设和反腐倡廉建设作出重要部署，是加强和改进新形势下军队党的建设的重要指导性文件。

《意见》指出，党的十七届四中全会通过的

《决定》，是指导当前和今后一个时期党的建设的纲领性文件。胡锦涛同志在全会上的重要讲话，为加强和改进新形势下党的建设、坚持和发展中国特色社会主义指明了方向。当前，我军建设进入一个新的发展阶段，国际国内形势深刻变化和军队使命任务拓展对军队党的建设提出更高要求。全军和武警部队各级党组织和广大党员，一定要认真学习领会党的十七届四中全会精神，充分认清以改革创新精神推进军队党的建设的极端重要性，认清新形势下军队党的建设遇到的新情况新问题新考验，认清加强和改进军队党的建设面临的艰巨任务，切实增强政治意识、大局意识、忧患意识和使命意识，以更高的标准、更严的要求、更加自觉的行动，努力把军队党的建设提高到新的水平。

全国宣传部长会议举行

1月4日，全国宣传部长会议在北京举行。中共中央政治局常委李长春出席会议并讲话。

他指出，2009年，宣传思想文化战线紧紧围绕党和国家中心工作，坚决贯彻中央决策部署，始终保持昂扬向上的精神状态，不断创新体制机制和方式方法，不断增强工作的主动性、系统性、前瞻性和战略性，在成功举办重大活动、应对重大挑战、完成重要任务中发挥了重要作用，为推进党和国家各项事业提供了强大精神动力、思想保证和舆论支持。当前，国际国内形势发生了新的复杂变化，宣传思想文化战线统一思想、凝聚力量的任务十分繁重，深化改革、加快发展的任务十分繁重，维护稳定、促进和谐的任务十分繁重。要全面贯彻落实党的十七大和十七届三中、四中全会精神，高举中国特色社会主义伟大旗帜，以邓小平理论和“三个代表”重要思想为指导，深入贯彻落实科学发展观，紧紧围绕党和国家中心工作开展宣传报道，为夺取应对国际金融危机冲击全面胜利、保持经济平稳较快发展营造良好氛围；坚持不懈用中国特色社会主义理论体系武装全党、教育人民，积极推进马克思主义学习型政党建设；大力推进社会主义核心价值体系建设，不断巩固全党全国各族人民团结奋斗的共同思想基础；继续深化文化体制改革，务必取得决定性进展；不断提高舆论引导能力和国际传播能力，努力营造客观友善、于我有利的国际舆论环境；积极开展对外宣传和对外文化交流，努力提升我国文化软实力。各级党委要切实加强对宣传思想文化工作的领导，在方向上牢牢把握，在工作上及时指导，在政策上大力支持，在投入上切实加强，确保全面做好宣传思想文化工作。要坚持工作重心下移、狠抓薄弱环节，切实加强和改进基层宣传思想文化工作，不断扩大工作的覆盖面和影响力。要适应时代发展要求，努力提高与媒体打交道的能力，切实做到善待媒体、善用媒体、善管媒体，充分发挥媒体凝聚力量、推动工作的积极作用。

中央纪委等六部委联合下发《关于加强廉政文化建设的意见》

1月4日，中央纪委、中央宣传部、监察部、文化部、广电总局、新闻出版总署联合下发《关于加强廉政文化建设的意见》（以下简称《意见》）。《意见》强调，将廉政文化建设融入社会主义精神文明建设和反腐倡廉建设的全过程，大力营造崇尚廉洁的社会风尚，为深入开展党风廉政建设和反腐败斗争提供思想保障和文化支撑。

共青团十六届三中全会召开

1月7日，共青团十六届三中全会在北京召开。会议传达学习了中共中央书记处对共青团工作的重要指示精神。全国人大常委会副委员长、中华全国总工会主席王兆国出席会议并讲话。

王兆国首先代表党中央充分肯定了2009年共青团取得的工作成绩。他指出，共青团作为党的助手和后备军，要积极按照党的十七届四中全会的战略部署，深入研究新形势下青年思想行为、群体结构的新变化以及观念需求、联系方式多样化的新趋势，更好地担负起组织青年、宣传青年、教育青年、带领青年为党和国家事业发展而奋斗的重任，不断巩固党执政的青年基础。要坚持不懈地用社会主义核心价值体系引导广大青少年，根据不同年龄段、不同群体青少年的身心特点和成长规律积极推进分类引导工作，注重在各民族青少年中开展热爱祖国、互相帮助、共同进步教育，切实维护他们的合法权益，引导广大青年自觉维护社会和谐稳定。要全面把握中央关于经济社会发展的重大决策，发挥团的优势、找准切入点，把青年中蕴藏的创新潜能和创造活力激发出来，在广大团员青年中深入开展"我与祖国共奋进"活动，积极带领青年立足本职建功成才，大力促进青年就业创业，为战胜国际金融危机冲击、保持经济平稳较快发展作出更大贡献。

王兆国强调，共青团工作是党的群众工作的重要组成部分，各级党委要高度重视共青团工作，认真研究解决共青团工作中的重要问题和实际困难，热情关心和严格要求团干部，为团组织开展工作创造更好的环境和条件。各级团组织要通过加强自身建设，抓基层、打基础，引导广大团干部不断加强党性修养，始终做到真抓实干，注重磨砺顽强意志，真正成为忠诚党的事业、热爱团的工作、竭诚服务青年的骨干力量。

十七届中央纪委五次全会召开

1月11日，中国共产党第十七届中央纪律检查委员会第五次全体会议召开，中共中央总书记胡锦涛发表重要讲话。

胡锦涛在讲话中指出，2009年，各级党委、政府和纪检监察机关全面推进反腐倡廉建设，加强对中央保增长、保民生、保稳定等一系列决策部署贯彻落实情况的监督检查，严肃查处一批违纪违法案件，坚决纠正损害群众利益的不正之风，扎实推进一批改革措施，党风廉政建设和反腐败斗争方向更加明确、思路更加清晰、措施更加有力，为改革发展稳定提供了有力保证。当前，要重点抓好以下几方面工作。第一，加强对中央关于推动科学发展重大决策部署执行情况的监督检查，及时发现问题、督促整改。第二，加强对领导干部的教育监督，以党性党风党纪教育为重点，加强对党员干部特别是领导干部的理想信念教育和廉洁从政教育，大力弘扬党的优良作风，继续引导领导干部讲党性、重品行、作表率。第三，认真解决损害群众利益的问题和群众反映强烈的突出问题，严肃查处严重侵害群众利益案件，促进社会和谐稳定。第四，坚决查处违纪违法案件，严肃查处发生在领导机关和领导干部中滥用职权、贪污贿赂、腐化堕落、失职渎职案件，决不让任何腐败分子逃脱党纪国法惩处。

胡锦涛强调，纪检监察干部要注重加强思想政治建设和能力建设，增强政治意识、表率意识、法治意识、创新意识、宗旨意识，忠诚于党和人民事业，坚持党性原则，忠实履行职责，带头遵守和维护党纪政纪国法，对腐败分子和消极腐败现象进行坚决斗争。各级党委和政府要高度重视并自觉承担起推进反腐倡廉建设的政治责任和领导责任，加强对纪检监察工作的指导，支持纪检监察机关履行职责、开展工作，帮助解决纪检监察机关遇到的实际困难和问题，推动落实反腐倡廉各项任务。

中共中央政治局常委、中央纪委书记贺国强在主持会议时指出，胡锦涛总书记的重要讲话，从党和国家事业发展全局和战略的高度，全面、科学地分析了当前的反腐倡廉形势，明确提出了今年党风廉政建设和反腐败工作的总体要求和主要任务，着重阐述了加强反腐倡廉制度建设的重要性、紧迫性和基本要求，对于进一步统一思想认识，坚定工作信心，深入开展党风廉政建设和反腐败斗争，加强和改进新形势下党的建设，具有重大而深远的意义。我们一定要认真学习领会，坚决贯彻落实，以党风廉政建设和反腐败斗争新成效，为推动科学发展、促进社会和谐、开创新形势下党的建设新局面提供坚强有力保证。

中央党校举行 2009 年秋季学期毕业典礼

1 月 15 日，中共中央党校举行 2009 年秋季学期毕业典礼。习近平、李源潮、何勇出席毕业典礼，并为学员颁发毕业证书。

中央党校本期毕业学员共 777 人。另有中直机关分校、中央国家机关分校、部队分部和国资委分校的 2700 多名学员同期毕业。学员们反映，通过在党校的学习，进一步增强了推进党的建设新的伟大工程、建设马克思主义学习型政党的使命感和责任感，增强了加强学习的紧迫性和自觉性；进一步提高了理论素养，开阔了视野，深化了对中国特色社会主义理论体系科学内涵和精神实质的理解；进一步增强了理论联系实际、学以致用的自觉性，提高了运用马克思主义立场观点方法分析和解决实际问题的能力；进一步受到了党性教育和锻炼，在牢固树立群众观点、继承和弘扬优良作风上取得了新进步。

中央党校常务副校长李景田在毕业典礼上讲话，他希望学员们把党校的学习成果转化为进一步做好本职工作的能力，继续加强学习，不断深化学习，在各自的工作岗位上作出新的成绩。

中央国家机关第二十四次党的工作会议暨第二十二次纪检工作会议召开

1 月 15 日，中央国家机关第二十四次党的工作会议暨第二十二次纪检工作会议在北京召开，国务委员兼国务院秘书长马凯出席会议并讲话。

会议提出，中央国家机关党建工作要认真贯彻落实党的十七届四中全会、中央经济工作会议和中央纪委第五次全会精神，坚持服务大局，引导广大党员干部把思想和行动统一到中央的重大决策部署上来；加强队伍建设，不断提高党员干部推动科学发展、促进社会和谐的能力；夯实基层组织，把党建各项工作落实在基层党委和支部；着力健全制度，以制度保证党的建设任务的落实，特别要把反腐倡廉各项制度的落实摆在国家机关党建工作更加突出重要的位置上。

中央国家机关要按照中央部署，带头建设学习型党组织，全面加强和改进学习。一是在学习态度上更加注重增强自觉性。二是在学习内容上更加注重实际需求。三是在学习形式上更加注重丰富有效。四是在学习目的上更加注重学以致用。五是在学习管理上更加注重制度建设。特别要建立健全抓学习、促学习的责任制和长效机制，不断推进党员干部学习教育的科学化、制度化、规范化。

中央直属机关党的工作会议召开

1 月 22 日—23 日，中央直属机关党的工作会议在京召开。中共中央书记处书记、中央办公厅主任令计划出席会议并讲话。

令计划指出，建设中国特色社会主义，必须有坚强的政治保证。中直机关各级党组织要始终将把握政治方向放到突出位置来抓。要加强理论武装，持之以恒地用中国特色社会主义理论体系武装机关党员干部头脑，进一步增强同以胡锦涛同志为总书记的党中央保持高度一致的自觉性和坚定性。要加强教育引导，适时开展形势政策教育，切实帮助机关党员干部释疑解惑、明辨是非，不断增强政治敏锐性和政治鉴别力。要加强监督检查，务必做到有纪必依、执纪必严、违纪必究，使机关党员干部特别是领导干部真正成为讲政治的表率。

中共中央组织部决定授予刘义权同志"全国优秀共产党员"称号

1 月 24 日，中共中央组织部副部长李智勇到解放军总医院看望慰问刘义权同志，并宣读《中共中央组织部关于授予刘义权同志"全国优秀共产党员"称号的决定》，为他颁发了"全国优秀共产党员"证书、奖章和奖金。

中共中央组织部号召全国各条战线共产党员都要向刘义权同志学习。学习他忠诚于党、坚守信仰的政治品格，学习他勤奋敬业、践行使命的执著精神，学习他淡泊名利、甘于奉献的价值追求，学习他坚毅顽强、乐观向上的人生情怀，像刘义权同志那样，坚定信念，忠于职守，无私奉献，精益求精，以饱满的工作热情、奋发有为的精神和勤奋扎实的工作，努力在平凡的岗位上，创造无愧于时代、无愧于人民的业绩，展现新时期共产党员的政治本色和精神风貌。

组织工作宣传座谈会召开

1月26日，中共中央组织部在北京召开组织工作宣传座谈会。

年初岁末召开组织工作宣传座谈会，听取中央宣传部门和媒体的意见，是中组部多年坚持的一个好做法。今年中组部请各省区市党委组织部负责同志一起参加，研究如何加强和改进新形势下的组织工作宣传。座谈会上，中央宣传部门和主要新闻媒体负责同志认为，近年来组工宣传有很大进步，体现了民主、开放意识和创新精神。希望组织部门把舆论引导作为日常工作的重要部分，建立健全新闻发布和新闻发言人制度，加强宣传策划、舆情研判，加强典型宣传和政策解读，主动回应社会关切，提高善待善用媒体能力，形成组工宣传的良好舆论态势。

中共中央政治局委员、中央组织部部长李源潮说，新闻媒体是做好新形势下组织工作须臾不可离开的喉舌、耳朵、眼睛和窗口。组织战线当前一个重要任务，就是落实十七届四中全会精神，积极推进组织系统党务公开。要积极应对社会信息多元化的挑战，提高干部人事制度的透明度；积极回应人民群众的知情要求，提高选人用人公信度；积极响应宣传媒体的新闻关注，提高对组织工作的知情度；积极应答社会各方的舆论监督，提高对用人上不正之风的战斗力。组织部门的同志要增强新闻舆论意识，学习研究舆论规律和宣传艺术，增强组工宣传的主动性、针对性、实效性。希望宣传部门和新闻媒体一如既往地关心和支持组织工作，积极宣传组织工作的重要方针、重要改革、重要活动、重要经验和重大典型，坚持正确舆论导向，进一步营造有利于组织工作改革创新的舆论氛围。

中央直属机关召开2010年纪检工作会议

1月27日，中央直属机关工委召开中直机关2010年纪检工作会议，学习贯彻第十七届中央纪委第五次全会精神，贯彻落实中直机关党的工作会议精神，总结中直机关2009年党风廉政建设和反腐败工作，部署2010年任务。

会议指出，中直机关是党中央的职能部门，地位重要、责任重大，党建工作要“走在前头”，要把学习贯彻胡锦涛同志重要讲话和中央纪委第五次全会精神，作为当前和今后一个时期的重要政治任务抓紧抓好。要着力抓好反腐倡廉制度建设，切实提高制度的执行力。要以制约和监督权力为核心，以提高制度执行力为抓手，加强整体规划，抓紧重点突破，逐步建成具有中直机关特点的内容科学、程序严密、配套完备、有效管用的反腐倡廉制度体系。

2010年2月

省部级主要领导干部深入贯彻落实科学发展观加快经济发展方式转变专题研讨班举行

2月3日—7日，省部级主要领导干部深入贯彻落实科学发展观加快经济发展方式转变专题研讨班开班式在中央党校举行。胡锦涛、温家宝、李克强作了重要讲话，重庆、辽宁、上海、广西、江苏、河南、陕西、商务部等8个省区市以及中央和国家机关的代表作了大会交流发言。专题研讨班学员联系本地区本部门本单位实际，围绕深入贯彻落实科学发展观、加快经济发展方式转变进行了广泛深入的讨论交流，进一步开拓了视野、深化了认识、统一了思想。

开班式上中共中央总书记胡锦涛发表重要讲话。他强调，我们必须紧紧抓住机遇，承担起历史使命，把加快经济发展方式转变作为深入贯彻落实科学发展观的重要目标和战略举措，毫不动摇地加快经济发展方式转变，不断提高经济发展质量和效益，不断提高我国经济的国际竞争力和抗风险能力，使我国发展质量越来越高、发展空间越来越大、发展道路越走越宽。

4日中共中央政治局常委、国务院总理温家宝在研讨班发表重要讲话。他强调，发展社会事业和改善民生，是深入贯彻落实科学发展观的重要任务，是全面建设小康社会的迫切要求。要把发展社会事业和改善民生作为转变发展方式、扩大国内需求的重要着力点，推动经济社会协调发展。

7日中共中央政治局常委、中央书记处书记习近平在研讨班结业式上发表重要讲话。他强调，加快经济发展方式转变是关系我国经济发展方向的重大战略，对党的执政能力建设和先进性建设提出了新的要求。各级党组织要认真贯彻落实党的十七届四中全会精神，紧密结合加快经济发展方式转变的实践加强和改进党的建设，团结带领广大党员干部和群众切实做好改革发展稳定的各项工作。

中办发出通知要求推进学习型党组织建设

2月9日人民日报报道，中共中央办公厅近日印发了《关于推进学习型党组织建设的意见》，并发出通知，要求各地区各部门结合实际认真贯彻执行。

中宣部理论局中组部干部教育局向党员干部推荐学习书目

2月11日人民日报报道，为贯彻落实党的十七届四中全会精神和中共中央办公厅下发的《关于推进学习型党组织建设的意见》，有组织地引导党员干部多读书、读好书，推动学习型党组织建设取得实效，中宣部理论局、中组部干部教育局开展向党员干部推荐学习书目工作。日前，第一批学习书目已经推出，主要是围绕深化党员干部特别是县(处)级以上领导干部对党的基本理论的学习和理解来推出的，具体包括《马克思恩格斯文集》、《列宁专题文集》、《毛泽东著作专题摘编》、《邓小平文选》、《江泽民文选》、《毛泽东邓小平江泽民论科学发展》、《科学发展观重要论述摘编》等7种经典著作。

中央学习实践活动领导小组印发《关于建立健全学习实践科学发展观长效机制的意见》的通知

2月12日人民日报报道，中央深入学习实践科学发展观活动领导小组近日印发《关于建立健全学习实践科学发展观长效机制的意见》的通知，要求各地区各部门各单位结合实际认真贯彻落实。

通知要求，要明确建立健全学习实践科学发展观长效机制的主要内容。各地区各部门各单位要在继续健全完善推动经济社会科学发展以及自身科学发展的体制机制、政策法规和规章制度的同时，认真总结学习实践活动做法经验，着重从以下六个方面建立健全学习实践科学发展观长效机制。一是认真总结开展学习调研的做法经验，进一步健全完善党员干部理论学习教育制度。二是认真总结查找解决突出问题的做法经验，进一步健全完善党员领导干部民主生活会制度。三是认真总结增强考核评价科学性的做法经验，进一步健全完善领导班子和领导干部考核评价办法。四是认真总结加强基层组织建设的做法经验，进一步健全完善基层党建领导体制和工作机制。五是认真总结深入基层和服务群众的做法经验，进一步健全完善改进干部作风的制度措施。六是认真总结理论普及和典型宣传的做法经验，进一步营造深入学习实践科学发展观的舆论环境。要结合实际抓好工作落实。各级党组织要把建立健全学习实践科学发展观长效机制工作列入重要议事日程，加强组织领导，落实工作责任。要结合做好学习实践活动总结工作，紧密联系区域特点、部门职能和单位实际，对开展学习实践活动、解决突出问题的做法经验进行认真梳理和分析。要坚持发扬民主，广泛听取党员群众的意见建议，对长效机制建设内容进行充分讨论和严格论证，进一步明确需要用制度形式固定下来的有效做法、可以长期坚持下去的管用经验和应当改进完善的制度规定。要将形成的制度及时公开，接受社会监督，使各项制度符合实际需要，便于贯彻实施，得到党员群众认可。各级党委（党组）要加强对长效机制建设工作的指导检查，把长效机制建设和落实情况作为重要督查内容，确保各项制度得到有力执行和长期坚持，使制度效能得到充分发挥。

中共中央印发《中国共产党党员领导干部廉洁从政若干准则》

2 月 23 日，中共中央印发了《中国共产党党员领导干部廉洁从政若干准则》，并发出通知，要求各地区各部门认真贯彻执行。

通知指出，1997 年 3 月中共中央印发的《中国共产党党员领导干部廉洁从政若干准则（试行）》，对于促进党员领导干部廉洁从政，加强和改进党的建设发挥了重要作用，但是随着新时期党的建设特别是反腐倡廉建设的不断深入，已经不能完全适应现实需要，中央决定予以修订。

通知要求，各级党组织要从加强和改进新形势下党的建设的高度，充分认识贯彻实施《廉政准则》的重要性，结合贯彻落实科学发展观和党的十七大、十七届四中全会精神，深入学习宣传，认真组织实施。要采取多种形式做好宣传教育工作，为贯彻实施《廉政准则》创造良好氛围和条件；要依据《廉政准则》，认真分析本地区本部门本单位党员领导干部廉洁从政方面存在的薄弱环节，采取有效措施加以解决；要严格对党员领导干部的管理和监督，切实做到预防为先、关口前移；要加强对贯彻执行《廉政准则》情况的监督检查，及时纠正并严肃处理违反《廉政准则》的行为。各级党员领导干部要深入学习理解和认真贯彻执行《廉政准则》的各项要求，严于律己，洁身自好，自觉接受监督，严格要求配偶、子女及其配偶、其他亲属以及身边工作人员，坚决杜绝违反《廉政准则》行为的发生。

《江泽民思想年编（一九八九——二〇〇八）》出版发行

2 月 24 日，中共中央文献研究室编写的《江泽民思想年编（一九八九——二〇〇八）》一书由中央文献出版社出版发行。

《江泽民思想年编（一九八九——二〇〇八）》一书，是从江泽民同志担任党和国家主要领导职务以来的报告、讲话、谈话、文章、批示、信件、题词等文稿中选取主要思想理论观点编写而成的。每篇文稿为一个条目，共计540余条，约48万字。首条为1989年6月23日至24日，中共十三届四中全会召开，江泽民同志当选中共中央总书记并在全会上讲话；末条为2008年11月8日，江泽民同志会见《新时期我国信息技术产业的发展》学习研讨会代表时的讲话。这本书的内容选自《江泽民文选》、《江泽民论有中国特色社会主义》（专题摘编）和江泽民同志的各种专题文集以及公开出版的各类党的文献选编和报刊等出版物。

第三部分

政工学会专集

中国思想政治工作研究会第八届理事会工作报告

（2009年12月15日）

雒树刚

各位代表：

下面我代表中国思想政治工作研究会第八届理事会向大会作工作报告，请审议。

一、第八届理事会工作回顾

2004年7月召开的中国思想政治工作研究会第八次会员代表大会，是中国政研会历史上一次十分重要的会议。这次会上，经中央批准，原中国职工思想政治工作研究会更名为中国思想政治工作研究会。这是中央加强改进思想政治工作的重要举措，进一步扩大了政研会开展研究的领域，拓展了发挥作用的舞台，也赋予政研会更加重要的职责。长春同志在会上代表党中央发表重要讲话，对加强改进思想政治工作作出全面部署，为做好政研会工作指明了方向。五年来，思想政治工作战线认真贯彻中央要求，着力用中国特色社会主义理论体系武装全党、教育人民，着力推进社会主义核心价值体系建设，着力为全面建设小康社会营造良好氛围，着力化解社会矛盾、理顺群众情绪、维护社会稳定，做了大量卓有成效的工作，为党和国家事业发展提供了强大精神动力和思想保证。五年来，中国政研会积极适应新形势新任务的要求，牢牢把握职能定位，不断改进创新工作，圆满完成了八代会提出的各项任务，为服务宣传思想文化工作全局、推动思想政治工作发展作出了重要贡献。

1.在推动中国特色社会主义理论体系宣传普及方面取得新成效。五年来，我们坚持把用马克思主义中国化最新成果武装全党、教育人民作为第一位的任务，加大研究阐释的力度，最大限度地统一思想、凝聚力量，不断巩固全党全国人民团结奋斗的共同思想基础。一是加强对中国特色社会主义理论体系的研究阐释。紧密联系国际国内形势的深刻变化，紧密联系改革开放和现代化建设的实际，紧密联系干部群众的思想实际，组织力量深入研究阐释中国特色社会主义理论体系的时代背景、实践基础、科学内涵、精神实质和历史地位，研究阐释贯穿其中的马克思主义立场观点方法，引导人们进一步坚持中国特色社会主义旗帜、道路、理论体系不动摇。二是加强对科学发展观的研究阐释。紧密结合深入学习实践科学发展观活动的开展，深入研究阐释科学发展观的科学内涵、精神实质、根本要求，推动干部群众不断加深对科学发展观的理解。围绕“干部群众对科学发展观的认知情况”开展调研，及时了解人们在学习实践过程中提出的热点、难点问题，有针对性地加以引导，不断增强贯彻落实科学发展观的自觉性和坚定性。三是开展各种形式的宣传普及活动。坚持发挥大众媒体和新兴媒体的作用，采取群众喜闻乐见的形式，推动把中国特色社会主义理论体系广泛地传播到全社会，为广大干部群众所掌握。比如，我们组织开展了“深入学习实践科学发展观”征文活动，在社会上产生了良好影响，使征文活动的过程成为宣传普及科学发展观的过程、成为加深对科学发展观认识的过程。

2.在推进社会主义核心价值体系建设方面取得新成效。五年来，我们坚持把建设社会主义核心价值体系作为根本，各项工作都紧紧围绕核心价值体系建设来展开和推进。一是紧紧围绕重大事件和重大活动来加强社会主义核心价值体系学习教育。这五年特别是去年以来，先后发生一系列重大事件和突发事件，也举办了一系列重大活动，从成功应对南方地区雨雪冰冻灾害到抗击“5·12”汶川大地震，从成功举办北京奥运会到成功应对国际金融危机冲击、成功防治甲流，从纪念改革开放30周年到成功举办新中国成立60周年系列庆祝活动，我们把这些实践作为社会主义核心价值体系学习教育最直接、最生动、最有力的教材，引导广大干部群众进一步坚定在中国共产党领导下走中国特色社会主义道路、实现中华民族伟大复兴的决心和信心。二是紧紧围绕干部群众关注的重大问题加强社会主义核心价值体系学习教育。紧密联系干部群众的思想实际，深入回答人们普遍关注的深层次思想认识问题，特别是围绕六个“为什么”，组织专门力量开展深入研究，既讲清楚“必须坚持什么”，又讲清楚“不能搞什么”、为什么“不能搞”。三是及时了解和掌握不同群体的思想状况。围绕增强学习教育的针对性，进一步加强对社会思想意识的调研，重点完成了对进城务工人员、非公有制企业高层管理人员、未成年人、大学生思想状况的调研，分别提出了对策建议。四是积极用社会主义核心价值体系引领社会思潮。及时确定重点研究课题，密切调研社会思潮的动向，完成了“当前我国主要社会思潮与对策”的课题研究。近年来，先后针对宣扬民主社会主义问题和宣传西方民主自由的“普世价值”等思潮，既旗帜鲜明地阐明观点，又注重讲究方式方法，帮助广大干部群众划清思想理论上的是非界限。

3. 在为促进改革发展稳定营造良好氛围方面取得新成效。五年来，我们坚持把服务改革发展稳定作为中心工作，不断增强为大局服务的意识和能力。一是加强对中央重大决策部署和方针政策的研究阐释。围绕全面建设小康社会过程中的重大问题，围绕党和国家重大决策部署的出台，组织专家学者加强研究阐释，深入基层进行面对面的宣讲，引导干部群众把思想和行动统一到中央精神上来，把智慧和力量凝聚到实现全面建设小康社会的奋斗目标上来。二是加强对应对国际金融危机的研究阐释。针对国际金融危机对我国造成的深刻影响，组织力量加强对国际金融危机原因和本质的研究阐释，加强对中央保持经济平稳较快发展的一系列政策措施的研究阐释，引导干部群众进一步坚定变挑战为机遇、战胜困难的信心和决心。三是加强对社会热点问题的研究阐释。我们与国家统计局联合开展大型问卷调查，形成了《人民群众关注的社会热点问题调查分析报告》，深入了解干部群众的所思、所盼、所惑。针对社会普遍关注的物价、住房、股市、教育、医疗、就业等热点问题，组织力量从理论和实际的结合上，运用形势政策教育、专家访谈、媒体解读等各种方式进行深入回答，充分反映党和政府所作的努力、取得的成效，有力疏导群众情绪，维护了社会和谐稳定。

4. 在弘扬以爱国主义为核心的民族精神方面取得新成效。五年来，我们坚持把弘扬民族精神作为重要任务，把深入扎实的研究同广泛的宣传阐释相结合，为增强全民族团结奋进的精神力量作出贡献。一是加强对民族精神的研究阐释。把弘扬和培育中华民族精神作为重大课题，组织专家学者从历史和现实、理论和实践的结合上，深入研究中华民族精神的基本内涵和主要特征，深入研究我们党弘扬和培育民族精神的基本经验，深入研究弘扬和培育民族精神的有效途径和方式方法，形成了《伟大的民族精神——中华民族的精神脊梁》等重要成果。把加强爱国主义的研究阐释作为重点，组织力量深入研究新形势下开展爱国主义教育的方法和途径，形成了关于进一步加强和改进爱国主义教育的研究报告。二是加强对民族精神的宣传教育。会同中央重点媒体联合举办“中华民族精神大家谈”征文活动，积极营造弘扬民族精神的浓厚氛围。三是加强对中华民族优秀传统文化的研究阐释。围绕弘扬中华民族传统美德，组织深入研究挖掘中华民族在数千年历史发展中形成和积淀的优秀道德传统，形成了《弘扬以仁义礼智信为主要内容的中华民族传统美德研究报告》；围绕建设中华民族共有精神家园，深入研究探讨思想政治工作在推进中华民族共有精神家园建设的作用和工作思路。

5. 在推动加强基层思想政治工作方面取得新成效。五年来，我们坚持服务基层、服务群众，把企业、农村、学校、社区等基层作为加强和改进思想政治工作的基础。一是推动加强和改进企业思想政治工作。连续举办了五届中国企业文化论坛，通过深入研讨交流，进一步探索加强企业思想政治工作、建设中国特色企业文化的新思路新战略新举措。二是及时总结和交流推广基层思想政治工作的成功经验。先后在武汉、宁波、杭州、上海召开了全国社区思想政治工作现场经验交流会、全国外来务工人员思想政治工作研讨会、中国沿海非公企业文化论坛、全国和谐社会建设与思想政治工作现场经验交流会，总结推广了企业、农村、学校、社区思想政治工作的先进典型和经验。三是组织开展对基层政工干部的培训。会同团中央组织了5批基层政工干部出国考察培训。举办全国大中型企业党委书记高级研修班。2009年，与全国宣传干部学院共同组织了地方和行业政研会负责人研修班。通过组织培训和研修，为基层政工干部提供了良好的学习和交流平台，使他们进一步深化了认识、拓展了视野、提高了能力。四是组织协调会员单位开展工作。每年及时下发年度工作要点，组织各会员单位结合本地区、本行业实际需要开展思想政治工作研究。加强与会员单位的联系协调，征集思想政治工作创新案例、先进典型和优秀研究成果等，及时推广宣传，扩大影响。

6. 在认真研究新情况新问题、推动思想政治工作改进创新方面取得新成效。五年来，我们针对思想政治工作的体制环境、经济基础以及任务、内容、渠道、对象发生深刻变化的实际，不断加强调查研究，努力增强工作的前瞻性和主动性。一是加强对思想文化领域重大问题的研究。围绕“和谐文化建设若干重大问题”、“中国特色社会主义文化发展规律”、“人民群众精神文化需求状况”、“进一步提高国家文化软实力”等重大课题，组织多方面力量，从多角度开展研究，推出了一批重要成果。二是加强对思想政治工作重大问题的研究。围绕“改革开放以来思想政治工作创新和发展”、“思想政治工作如何注重人文关怀”和“基层思想政治工作状况”等重要问题，深入总结思想政治工作的成功经验，探讨加强新形势下思想政治工作的新途径新方法。三是加强对社会思想领域新情况新问题的研究。围绕社会思想动态及思想政治工作对策研究，先后完成了“当前经济形势下社会各阶层思想动态”、“当前我国社会心态与思想政治工作对策”等课题。四是加强对思想政治工作规律的探讨和研究。在深入调查研究的基础上，组织力量加强对思想政治工作历史经验的理论研究，加强对基层创造的新鲜经验的理论提炼，上升为规律性认识，形成了《思想政治工作创新论》、《思想政治工作概论》等成果。

7. 在全面推进中国政研会自身建设方面取得新成效。五年来，我们按照提高素质、优化结构、改进作风、增强团结的要求，采取各种有效措施，切实加强政研会自身建设，强化完善日常管理，加强队伍建设和阵地建设，提高了研究能力和工作水平，为完成各项任务提供了根本保证。一是成立中宣部思想政治工作研究所并与政研会合署办公。经中编办批准，于2005年2月成立了中宣部思想政治工作研究所，与中国政研会秘书处合署办公。制定了《中宣部思想政治工作研究所五年发展规划》，对政研所发展的阶段性目标、运行和管理模式、人才培养等提出了切实可行的具体方案。二是进一步充实了干部队伍。根据中央领导同志关于把中国政研会和中宣部政研所“建设成为全国思想政治工作研究领域最权威研究机构和全国一流研究所”的指示精神，以及出一流成果和一流人才的目标要求，我们高度重视队伍建设，录用和调入一批骨干力量，目前已形成了一支素质优良、作风过硬、结构合理的干部队伍。三是加强政研会、政研所制度建设。为进一步规范管理，在原有规章制度基础上经过补充、修改，制定了《中

国政研会 中宣部政研所规章制度汇编》、《中国政研会 中宣部政研所岗位设置实施方案》等规章制度，进一步推动了工作的规范化、制度化、科学化。四是办好《思想政治工作研究》和《政工研究动态》。通过加强领导和编辑力量、创新办刊理念、调整杂志栏目等举措，增强了杂志的权威性、理论性、指导性和可读性，办刊质量和水平进一步提高。

以上这些成绩的取得，是以胡锦涛同志为总书记的党中央高度重视、坚强领导的结果，是社会各方面关心支持的结果，是广大思想政治工作者和各会员单位不懈努力的结果。过去五年的工作，为我们在新的历史起点上进一步开创中国政研会工作的新局面奠定了良好基础。

二、五年来做好政研会工作的几点认识

五年来，我们在工作中积累经验、在实践中探索规律，在完成各项任务的同时，进一步深化了对做好新形势下中国政研会工作的认识。概括起来，主要有以下几点体会：

1. 必须坚持以中国特色社会主义理论体系为指导。中国特色社会主义理论体系是马克思主义中国化最新成果，是我们战胜各种风险困难、推进事业发展的根本思想武器，也是做好政研会工作的根本指针。五年来，中国政研会始终坚持以马克思列宁主义、毛泽东思想、邓小平理论和“三个代表”重要思想为指导，深入贯彻落实科学发展观，不断增强坚持中国特色社会主义旗帜、道路、理论体系的自觉性和坚定性，自觉在思想上、政治上、行动上与党中央保持高度一致，不断巩固马克思主义在意识形态领域的指导地位，不断巩固全党全国各族人民团结奋斗的共同思想基础。实践证明，只有坚持以中国特色社会主义理论体系为指导，思想政治工作才能始终坚持正确方向、积极健康发展。

2. 必须坚持以围绕中心、服务大局为首要任务。只有坚持服务于经济建设这个中心、服务于改革发展稳定这个大局，政研会的工作才能找准定位、找准坐标。五年来，中国政研会始终牢牢把握发展这个党执政兴国的第一要务，着眼促进社会主义经济建设、政治建设、文化建设、社会建设以及生态文明建设全面协调发展，全面贯彻党的基本路线，大力营造聚精会神搞建设、一心一意谋发展的良好氛围，努力调动干部群众投身全面建设小康社会的积极性、主动性、创造性，增强推动科学发展、促进社会和谐的紧迫感、责任感、使命感。实践证明，只有自觉在大局下思考，在大局下行动，思想政治工作才能最大限度发挥独特优势和积极作用，最大限度体现自身价值。

3. 必须坚持以建设社会主义核心价值体系为根本。社会主义核心价值体系是社会主义意识形态的本质和灵魂，也是政研会工作的重中之重。五年来，中国政研会始终坚持把推动社会主义核心价值体系建设作为全部工作的基础，紧紧围绕建设社会主义核心价值体系来谋划和部署工作，牢牢把握建设社会主义核心价值体系的基本要求和有效途径，着力加强理想信念教育，着力加强思想道德建设，最大限度地凝聚了社会共识，增强了人们团结奋进的精神力量。实践证明，只有坚持把建设社会主义核心价值体系作为根本，思想政治工作才能有效地统一思想，凝聚力量，把我们党在经济全球化和社会多样化形势下团结带领人民开拓前进的精神旗帜高高树起，团结不同阶层、不同群体的人们共同前进。

4. 必须坚持以贴近实际、贴近生活、贴近群众为重要原则。“三贴近”是改进创新思想政治工作的有效突破口，也是做好政研会工作的重要着力点。五年来，中国政研会贯彻落实“三贴近”要求，坚持解放思想、实事求是、与时俱进，始终立足于社会主义初级阶段的基本国情，立足于社会思想观念深刻变化的实际，坚持面向企业、农村、学校、社区等基层，针对人民群众普遍关心的重大问题，不断创新工作方式方法，增强工作的针对性和实效性，工作水平和能力得到明显提高。实践证明，只有自觉贯彻“三贴

近”，努力实践“三贴近”，才能真正使政研会工作切合不断变化的实际，符合干部群众的愿望和要求，不断增强工作的影响力和辐射力。

5. 必须坚持以思想库和智囊团、参谋和助手为职能定位。做思想政治工作方面的思想库和智囊团、当好宣传部的参谋和助手，这是中央对政研会提出的明确要求，是政研会的职能定位。五年来，中国政研会坚持牢牢把握职能定位，坚持以为中央决策服务为主要目的，以开展调查研究为主要工作，以干部群众普遍关心的重大理论和现实问题为主攻方向，以自主研究和组织各方面力量研究为基本工作方式，深入实际、加强调研，集中力量、联合攻关，推出了许多有价值、有社会影响的研究成果。实践证明，只有牢牢把握职能定位，明晰责任、恪尽职守，才能切实承担起组织和推动思想政治工作研究的职责，为加强和改进思想政治工作作出应有的贡献。

以上这几点认识，集中体现了政研会五年来的工作实践和工作经验，在一定程度上反映了我们对政研会工作的规律性认识，对于我们做好今后的工作具有重要启示意义。回顾八代会以来的五年历程，在中央的正确领导和中宣部的直接领导下，在全体工作人员的辛勤付出和不懈努力下，中国政研会的工作领域大大拓宽、工作队伍不断壮大、工作特色更加鲜明、社会影响日益增强，各方面工作呈现出良好的发展态势。同时，我们也清醒地认识到，工作中还存在一些问题和不足，比如，提供高水平研究成果的能力还有待进一步增强，为基层和群众服务的水平还有待进一步提高，工作体制和机制还有待进一步完善，工作方式方法和途径手段还有待进一步创新，等等，这些都需要我们在今后的工作中加以切实改进和认真解决。

三、做好今后五年工作的几点建议

今天下午，中央政治局常委李长春同志要到会作重要讲话，讲话将回顾总结思想政治工作的成功实践和宝贵经验，深入分析面临的新形势新任务，全面部署当前和今后一个时期的工作，并对加强和改进中国政研会的工作提出明确要求。我们要认真学习、深刻领会、全面贯彻。这里，我结合前五年工作中的一些体会，就做好今后五年的工作提几点建议：

1. 着眼于推进社会主义核心价值体系建设，进一步拓展中国政研会调查研究工作的广度和深度。要紧紧围绕建设社会主义核心价值体系这个根本，进一步加强和改进政研会的调查研究工作。一是深入调查研究意识形态领域和宣传思想文化工作中具有全局性、前瞻性和战略性的重大问题。要着重围绕推动中国特色社会主义理论体系大众化，围绕建设社会主义核心价值体系，围绕建设马克思主义学习型政党，选准研究角度，找准问题切口，全面深入开展调查研究，提高为领导决策和为基层工作服务的质量和水平。二是深入调查研究社会各阶层的思想动态。通过问卷调查、召开研讨会、到基层走访等方法，注意运用网络等新技术、新渠道，及时了解干部群众对党和国家重大决策部署的反映，摸清人民群众的真实意愿和需求，把握社会不同群体的思想脉搏，分析社会各阶层思想活动的规律和特点，为疏导社会情绪、弘扬文明风尚、推进思想道德建设提供可靠依据。三是研究探索建设社会主义核心价值体系的途径和手段。深入阐释社会主义核心价值体系的内涵和外延，努力对社会主义核心价值观进行概括提炼，分析和掌握不同阶层、不同群体的价值追求，积极探索有利于弘扬社会主义核心价值体系的体制机制和政策措施，不断创新传播社会主义核心价值体系的方式和载体。

2. 着眼于推动思想政治工作改进创新，进一步提升中国政研会理论研究工作的质量和水平。政研会的一项重要职能，就是组织研究回答思想政治工作领域的重大问题，提出解决办法和应对之策，推动思想政治工作能力和水平的提高。近年来，我们在推出高质量的研究成果上取得了明显进步，但与新形势新任务的要求相比，还有较大差距，迫切需要进一步提高研究质量。一是充分体现研究特色。要坚持以应用性、对策性研究为重点，注重发挥政研会自身优势，探索形成具有政研会特点的研究模式和工作特色，提高研究工作的规范性和科学性。二是不断拓展研究领域。要在坚持加强企业思想政治工作研究的基础上，进一步面向基层，把研究工作继续拓展延伸到农村、学校、社区和机关等领域，延伸到非公有制经济组织和新社会组织。三是着力改进工作机制。要进一步规范课题研究组织工作，建立健全政研会系统共同开展调研的合作机制，建立健全利用外力外脑、把自身研究力量和社会研究力量相结合的研究机制，建立健全理论研究的评价机制和激励机制，充分调动研究人员的积极性、主动性、创造性。

3. 着眼于夯实基层思想政治工作基础，进一步强化中国政研会服务基层的意识和能力。近年来，围绕推动加强改进基层思想政治工作，政研会在工作的内涵外延和方式方法等方面有了明显改进。但总体上我们工作的针对性还有待加强，能力还有待提高，迫切需要我们进一步创新工作手段和途径，增强服务基层、服务群众的水平。一是及时总结和大力推广基层思想政治工作的新鲜经验。通过各种有效途径，深入了解和掌握企业、农村、学校、社区加强思想政治工作的成功做法，通过组织召开思想政治工作现场经验交流会等形式，及时推广基层涌现的好典型和好经验。探索把基层思想政治工作和基层文化建设相结合的方法，组织交流成功经验，研讨推进基层文化建设的有效途径，为基层改革发展提供思想保证和文化支撑。二是围绕加强基层思想政治工作组织开展系列专题研讨。针对基层思想政治工作面临的热点、难点问题，确定一批重点课题，适时组织召开系列专题研讨会，组织理论工作者和实际工作者进行深入探讨，努力推出一批有深度、有分量、对工作有借鉴作用的成果。三是大力加强对基层政工干部的系统培训。把培训工作摆上重要位置，制订培训规划，加大培训力度，继续举办基层政工干部培训班，继续办好地方和行业政研会负责人研修班，适当扩大培训范围，增强培训的针对性，提高培训的实际效果。

4. 着眼于更好地发挥职能作用，进一步加强中国政研会的自身建设。推动政研会事业顺利发展，更好地履行自身职能，迫切需要进一步抓好政研会的自身建设。一是切实加强思想理论建设。坚持把思想理论建设放在首位，按照科学理论武装、具有世界眼光、善于把握规律、富有创新精神的要求，认真开展中国特色社会主义理论体系、社会主义核心价值体系的学习教育，在政研会积极营造重视学习、崇尚学习的浓厚氛围，推动把政研会建设成为学习型党组织和学习型机关。二是切实加强人才队伍建设。抓好队伍的思想建设、品德建设、能力建设和作风建设，加大干部教育培训力度，着力提高思想政治素质。吸引和选拔一批有能力、有激情、想干事、愿奉献的人才到政研会工作一线，从政治上、工作上、生活上和使用上关心他们，多帮助他们解决实际问题，努力形成人尽其才、才尽其用的生动局面。三是切实加强机关文化建设。坚持以事业凝聚人心，大力倡导顾大局、干事业、讲团结、重协作的精神，进一步巩固积极向上、敬业奉献、求真务实、开拓创新的良好风气。四是切实加强阵地建设。认真落实云山同志提出的把《思想政治工作研究》"办成思想政治工作领域最权威刊物"的要求，进一步找准定位、明确思路、提高质量、扩大影响，集中精力办好杂志，同时充分利用"中国文明网"，办好中国政研会网站，充分发挥舆论阵地的作用。

各位理事、同志们，做好新时期的政研会工作，我们使命光荣、任重道远。我们一定要更加紧密地团结在以胡锦涛同志为总书记的党中央周围，高举中国特色社会主义伟大旗帜，以邓小平理论和"三个代表"重要思想为指导，深入贯彻落实科学发展观，全面贯彻党的十七大、十七届三中、四中全会精神和中央经济工作会议精神，齐心协力、开拓进取，扎实做好政研会今后五年的工作，为推动开创思想政治工作新局面作出新的更大贡献。

（作者：中宣部常务副部长）

在中国思想政治工作研究会第九次会员代表大会闭幕会上的讲话

（2009年12月16日）

雒树刚

同志们：

中国思想政治工作研究会第九次会员代表大会，今天就要闭幕了。党中央对这次会议非常关心、非常重视。中共中央政治局常委李长春同志亲自到会并作了重要讲话，回顾总结了新中国成立60年来思想政治工作的丰富实践和重要经验，深刻分析了新形势新任务对思想政治工作提出的新要求，全面部署了当前和今后一个时期思想政治工作的主要任务，强调要切实加强和改善党对思想政治工作的领导，并对做好中国政研会的工作提出了明确要求。中共中央政治局委员、中央书记处书记、中宣部部长刘云山同志主持会议，并对认真学习和贯彻落实长春同志重要讲话精神提出明确要求。今天上午，会议进行了分组讨论，大家积极发言，紧密结合工作实际，畅谈了学习长春同志和云山同志讲话的体会和对下一步工作的思考，进一步提高了认识，统一了思想。

这次大会主题鲜明，内容丰富，隆重热烈，取得了圆满成功，达到了预期目的。会议通过了《中国思想政治工作研究会第八届理事会工作报告》和《中国思想政治工作研究会章程》修订草案，产生了第九届理事会，推选了新一届领导机构。这次会上，大家推选我担任中国思想政治工作研究会的新会长，非常感谢同志们对我的信任。我一定不负重托，虚心学习，努力工作，在大家的支持和帮助下，争取使中国思想政治工作研究会的工作在原来的良好基础上再上新台阶。

下面，我对这次大会做个简要的总结，并就贯彻落实会议精神，讲几点意见。

一、认真总结这次会议的主要收获

这次代表大会是在我国改革发展进入关键时期召开的一次重要会议，充分体现了党中央对加强和改进思想政治工作的高度重视。大家一致认为，长春同志的讲话，立意高远，内涵深刻，思想性、针对性和指导性都很强，对于进一步搞好思想政治工作研究会建设，进一步加强思想政治工作研究，进一步推动思想政治工作改进创新，具有十分重要的指导意义。

1.对改进创新思想政治工作的认识更加深刻。大家一致认为，通过这次会议，进一步提高了对思想政治工作重要地位和作用的认识，增强了推动新形势下思想政治工作改进创新的自觉性和坚定性。长春同志的讲话，站在全局和战略高度，着重强调了思想政治工作的极端重要性，系统总结了新中国成立以来思想政治工作的8条重要经验，深刻分析了新形势新任务对思想政治工作提出的新的迫切要求。大家表示，一定要本着对党和人民事业高度负责的态度，进一步增强做好思想政治工作的责任感和使命感，努力把思想政治工作研究会的工作做得更扎实更有效，为加强和改进思想政治工作作出更大贡献。

2.对思想政治工作的任务和要求更加明确。大家一致反映，这次会议指明了今后一个时期思想政治工作的努力方向。长春同志的讲话，着眼国内外形势的新变化，立足党和国家事业发展的新要求，全面阐述了加强和改进思想政治工作的主要任务，对进一步做好新形势下的思想政治工作提出了明确要求。大家表示，一定要认真学习、深刻领会长春同志的重要讲话精神，按照高举旗帜、围绕大局、服务人民、改革创新的总要求，紧密结合实际工作，把加强和改进思想政治工作的各项任务和要求落到实处。

3. 对做好思想政治工作的信心更加坚定。大家一致表示，长春同志在讲话中强调思想政治工作是我们党和社会主义国家的重要政治优势，是教育、组织、动员广大群众为实现自身利益而奋斗的强大武器，强调越是形势好越要重视和加强思想政治工作。讲话还充分肯定了广大思想政治工作者作出的重要贡献，对思想政治工作队伍给予了高度评价，极大地鼓舞了士气，振奋了精神，增强了信心。大家表示，一定要继承优良传统，不辜负党和人民的信任，继续大力发扬改革创新精神，不断增强积极性主动性创造性，求真务实，再接再厉，努力开创思想政治工作新局面。

二、学习贯彻这次会议的主要精神

结合学习长春同志、云山同志重要讲话精神和大家的讨论情况，就如何学习贯彻会议精神，我再强调几点。

1. 认真学习领会，进一步明确改进创新思想政治工作的方向和要求。这次会议内容很丰富，首先是要结合实际工作认真学习领会。关于会议的主要精神，我体会，主要有以下六个方面：一是要充分认识思想政治工作对于党和国家工作大局的重大意义，增强毫不动摇地做好思想政治工作的责任感和使命感。二是要深刻总结新中国成立60年来思想政治工作积累的宝贵经验，结合新的时代条件把思想政治工作的优良传统和宝贵经验进一步发扬光大。三是要深入分析思想政治工作面临的新情况新问题，准确把握党和国家事业发展对思想政治工作提出的新要求。四是要按照胡锦涛总书记提出的高举旗帜、围绕大局、服务人民、改革创新的总要求，明确在新的历史起点上进一步开创思想政治工作新局面的前进方向。五是要全面把握当前和今后一个时期思想政治工作的主要任务，突出工作重点，努力把思想政治工作提高到新水平。六是要加强党对思想政治工作的领导，切实把思想政治工作提到更加突出的位置，采取切实措施，把各项具体任务落到实处。我们一定要认真学习贯彻长春同志重要讲话精神，联系各自的工作实际深入思考，准确把握好这几个方面的要求，真正做到认识进一步提高，信心进一步增强，方向进一步明确，为改进创新思想政治工作打下坚实基础。

2. 突出工作重点，扎实抓好各项任务的落实。长春同志在讲话中明确提出了当前思想政治工作要重点抓好的几项工作，我们一定要抓好落实。具体来说，我认为就是要抓好以下五个方面：一是抓根本。把建设社会主义核心价值体系作为重要的基础工程、灵魂工程，切实融入思想政治工作全过程，贯穿到思想政治工作各个方面。要通过社会主义核心价值体系宣传教育，引导广大群众树立正确的世界观、人生观、价值观，把个人的理想和奋斗融入到中国特色社会主义的共同理想和奋斗之中。切实加强公民道德建设，引导人们学习践行社会主义荣辱观，弘扬中华传统美德和优秀革命道德，弘扬伟大民族精神和时代精神，形成全民族共同的道德规范和行为准则。二是抓基层。坚持重心下移、服务群众、拓宽领域，进一步抓好企业、学校、社区、非公有制经济组织和新社会组织等基层思想政治工作。要把基层思想政治工作与基层党建紧密结合起来，与基层文化建设紧密结合起来，大力加强基层思想政治工作队伍建设，认真总结推广基层思想政治工作的先进典型和成功经验，不断提高开展基层思想政治工作的能力与水平。三是抓创新。把创新作为思想政治工作的永恒主题，着眼于增强针对性和实效性，用改革创新的精神推动思想政治工作。要适应群众主体意识、参与意识日益增强的新形势，适应现代传播方式和传播手段发展的新趋势，适应群众社会心理和交流习惯的新特点，积极创新工作内容、创新方式方法、创新工作手段、创新工作载体和平台。四是抓研究。要调动省区市、各行业各系统思想政治工作研究会的研究力量，发挥高等院校、科研院所等社会研究力量的优势，进一步完善调查研究机制，增强调查研究的科学性，着力做好重点课题的调查研究工作。当前和今后一个时期，要密切关注社会各阶层的思想动态，着力抓好全国基层宣传思想工作基本情况调研、社会主义核心价值观研究、思想政治工作分众化研究、非公有制经济组织和新社会组织思想政治工作研究、农民工思想政治工作研究、大学生思想政治教育研究、未成年人思想道德建设状况研究、网络思想政治工作研究、群体性事件和突发事件中的思想政治工作研究等，积极探索有效途径，提高思想政治工作的针对性和实效性。五是抓落实。要把思想政治工作提到更加突出的位置，纳入党委政府重要议事日程，纳入经济社会发展总体规划，纳入科学发展考核评价体系。加大对思想政治工作的政策支持力度、组织动员力度、财政投入力度，帮助解决实际问题，强化督促检查，切实把各项任务落到实处。

3. 切实加强领导，努力搞好政研会自身建设。长春同志在讲话中强调，加强和改进思想政治工作，要切实加强和改善党的领导，加强政研会的自身建设，我们必须贯彻落实好。一是切实加强党对思想政治工作研究会的领导。各级党委要牢牢掌握思想政治工作的领导权和主动权，要把政研会工作摆上重要议事日程，经常研究和讨论他们的工作，在财力、物力上给予大力支持，要经常交办一些需要研究的重要问题，发挥好这支队伍的作用。二是思想政治工作研究会要加强自身建设。要认真贯彻十七届四中全会精神，加强学习型党组织建设，加强制度建设，加强队伍建设，为调查研究工作提供有力的组织保障和人才支持。思想政治工作研究会的干部要以更高标准严格要求自己，认真学习中国特色社会主义理论体系，深入学习实践科学发展观，自觉践行社会主义核心价值体系，深入学习领会党的路线方针政策，增强政治意识、大局意识和责任意识。要坚持理论联系实际，牢固树立群众观点，多深入实际、深入基层、深入群众，端正学风，勤奋工作，力争上游。要提高学习能力，完善知识结构，加强实践锻炼，不断提高业务能力和综合素质。

三、抓紧落实几项具体工作

1. 汇报好、传达好、贯彻好会议精神。各位代表回去后，要尽快向本地区本部门党委和党组汇报这次会议精神，特别要汇报好长春同志和云山同志的重要讲话精神。同时要传达好会议精神，及时召开工作会议，将会议精神迅速传达到广大思想政治工作者。要组织大家认真学习会议文件，认真贯彻会议精神，进一步统一思想、认清形势、明确任务、振奋精神，增强做好思想政治工作的信心和决心。

2. 抓紧研究制定下一步工作计划。要以中国政研会第九次会员代表大会为契机，按照长春同志和云山同志讲话的要求，牢牢把握“思想库”和“智囊团”、“参谋”和“助手”的职能定位，紧密结合政研会工作实际，分析形势任务，理清工作思路，认真谋划和研究制定下一步工作计划，努力把政研会工作提高到新水平。

3. 搞好基层宣传思想工作大调研。当前宣传思想工作，基层是一个薄弱环节，对这个问题，我们要重点研究。近期，我们要举全体会员单位之力，组织开展基层宣传思想工作大调研，计划在全国范围选择100个县、200个乡、100个企业、100个高校、100个社区开展调查研究，准确掌握基层宣传思想工作的第一手情况，深入分析研究，拿出有价值、有分量的高质量研究成果，为进一步加强和改进基层宣传思想工作提供决策参考。

我国社会组织发展现状、问题与建议

孙伟林

在我国，社会组织的主体是社会团体、基金会和民办非企业单位三类组织，也曾被统称为民间组织、民间非营利组织。现代政治学、社会学认为，社会组织与政府、企业共同构成当代社会的三大支柱，是构成和谐社会的三大力量之一。最近几十年来，社会组织在世界各国迅速崛起，蓬勃发展，很多学者把这一现象称作“社团革命”，认为其对21世纪的意义，如同民族国家的兴起对20世纪的意义一样重大。联合国秘书长安南在第52届联合国大会上把“社团的发展”列为影响当今世界的第五大因素。

党中央、国务院一直高度重视社会组织工作。党的十七大首次把社会组织放到全面推进社会主义经济建设、政治建设、文化建设、社会建设“四位一体”的高度进行全面而系统的论述，明确提出要“加强社会组织建设与管理”。当前，我国已经进入深化经济、政治、文化和社会等各个领域改革，全方位、多层次开放的新阶段。建设和发展社会组织，发挥其积极作用，已经成为经济社会协调发展不可忽视的重要方面。

一、我国社会组织发展现状

改革开放以来，我国社会组织建设取得了很大成绩，社会组织发展迅速，布局得到调整，结构不断优化，质量逐步提高，群众有序参与、有效覆盖城乡、门类齐全的社会组织体系基本形成。社会组织在经济、政治、文化、社会、教育、科技等各个领域发挥着独特而重要的作用，已经成为沟通党和政府与人民群众的桥梁和纽带，成为我国经济社会发展中一支重要力量。

一是社会组织一直保持着较快发展的良好态势。截至2008年底，依法登记的社会组织已经超过41.37万个，其中社会团体22.97万个，民办非企业单位18.24万个，基金会1597个。在各级民政部门备案的城乡社区社会组织有20万个，还有许多未登记和备案的基层社会组织，如基层计生协会、老年人协会等，超过100万个。目前，登记的社会组织仍在以每年10%—15%的速度增加，其中多数是基层社会组织。

二是社会组织自身建设不断加强。社会组织的法人治理机制初步建立，领导班子建设日渐加强，从业人员年龄知识结构不断优化，非营利组织会计制度广泛执行，自律意识和诚信观念不断加强，逐步涌现出一批制约机制健全、管理运行科学、社会公信力和影响力高的社会组织。

三是社会组织服务社会能力进一步提高。2008年度，全国各类社会组织吸纳社会各类人员就业476万人，兼职工作人员超过500万人，注册的志愿者超过2500万人，形成固定资产总值888亿元，收入合计1001亿元，各类费用支出合计1028亿元，社会组织增加值为376亿元。综合实力的增强，明显提升了社会组织服务社会能力。据统计，“汶川特大地震”发生后，全国各类社会组织累计募集款物356亿元，动员志愿者500多万人次，为灾区人民战胜灾害、重建家园提供了强有力的物质帮助和精神支持，成为抗震救灾的生力军。

四是社会组织整体影响力日益增强。社会组织涉及和深入社会生活的各个层面，在促进经济发展、繁荣社会事业、参与公共管理、开展公益活动和扩大对外交往等方面都显示出越来越重要的作用。在“汶川特大地震”抗震救灾中，各类社会组织各显所长，发动社会捐赠，组织志愿服务，开展社会工作，甚至直接参与第一线的抗震抢险和灾后重建任务。在北京奥运会期间，志愿者用自己的杰出表现感动了世界，北京志愿者协会还被授予"联合国卓越志愿服务组织奖"。这充分展现了社会组织多年来的长足发展和可喜变化，引起了社会各界的广泛关注。

社会组织在我国之所以快速发展，主要是源于我国改革开放的客观需要和人民群众的现实需求，社会环境不断优化；也得益于党和政府适应形势变化，不断认识和把握社会组织发展规律，主动调整政策，制度环境不断改善。经过多年努力，我国基本建立了具有中国特色的社会组织法规政策体系，形成了以社团、民办非企业单位、基金会三个条例为核心的法规框架，管理工作初步纳入了法制化、规范化轨道；基本建立了适应国情的社会组织行政管理体系，形成了以"归口登记，双重管理，分级负责"为主要内容的管理体制；培育扶持措施逐渐丰富，在社会组织的财政支持、税收优惠、人事政策、内部治理、社会评估等方面不断推出新举措，有力地提高了社会组织服务社会的能力。

二、我国社会组织建设面临的问题

我国社会组织尽管有了长足发展，但总体上仍处在发展的初级阶段，影响社会组织健康发展、发挥作用的思想观念、体制机制、法制政策、监督管理等方面都存在一些亟待解决的问题。

第一，地位作用认识不够到位。一些地方和部门在理解社会组织的地位、作用问题上存在认识上的偏差，对新形势下社会组织发展的重大意义、客观趋势以及功能作用认识不到位。

第二，法律体系有待完善。社会组织的立法层次低，内容不完善，政策不配套。目前社会组织的法规和规章主要以程序性规范为主，实体性规范明显不足，在税收优惠、财政资助、人事管理、社会保险等方面缺乏健全的政策规定。

第三，管理体制需不断健全。登记管理机关与业务主管单位双重负责的管理体制在强化社会组织准入条件的同时，也产生了两个问题：一是登记"门槛"过高，大量社会需要的组织找不到业务主管单位而无法登记；二是政社不分，社会组织行政色彩严重。另外，监管方面，也存在监督力量薄弱、监管乏力的问题。

第四，社会组织整体素质有待提高，能力建设亟须加强。一些社会组织的组织机构不健全，内部制度不完善，民主管理不落实，财务管理不透明。一些社会组织政社不分，现职党政领导干部兼任、离退休领导干部担任负责人现象严重。

第五，涉外社会组织管理问题突出。随着改革开放的深入和对外交往的扩大，境外社会组织在我国境内活动日益增多。但除涉外基金会外，涉外社团、涉外民办非企业单位的登记管理尚无法可依。如何趋利避害，加强引导和管理，妥善应对，已成为当前社会组织管理中一项紧迫任务。

三、加强社会组织建设与管理的建议

为进一步加强社会组织的建设与管理，充分发挥社会组织在构建社会主义和谐社会、建设小康社会中的积极作用，我们建议：

1. 进一步统一思想，切实加强党和政府对社会组织的领导。各级党委、政府要充分认识新时期社会组织的地位、作用，准确把握我国社会组织的阶段性特点和本质特征，积极探索适合社会组织发展的管理思路，把社会组织发展、规划与管理工作摆到重要位置，纳入经济社会发展计划和政府绩效考核体系，帮助解决发展中的困难和问题，为社会组织发展提供良好的环境。

2. 加强分类指导，突出发展重点。鼓励社会力量在教育、科技、文化、卫生、体育、社会福利等领域兴办民办非企业单位。发挥行业协会、学会、商会等社会团体的社会功能，为经济社会发展服务。发展和规范各类基金会，促进公益事业发展。扶持慈善公益组织、社区社会组织，促进社会和谐。

3. 加大培育扶持力度，完善配套政策。健全社会组织专职工作人员工资、保险、福利等政策，解决社会组织工作人员的后顾之忧。建立社会组织财税支持政策，通过税收优惠、政府购买服务、建立社会组织发展基金等培育措施，促进社会组织建设。

4. 改进管理体制，加强监督管理。进一步完善法律法规，加紧修订和出台社团、民非条例。探索改进双重管理体制，促进管理体制逐步由重入口登记向准入和日常管理并重转变，由重行政控制向依法发展方向转变。强化行政执法工作，健全执法查处的主体、程序、监督、处罚等有关规定和法律文书，加强执法力量。

5. 建立现代社会组织制度，提高服务社会能力。健全权责明确、协调运转、有效制衡的法人治理结构，明确会员大会、理事会、监事会和管理层的职责，完善议事、选举、机构、财务、人事等各项制度。推动社会组织与党政机关在办公、人、财、物方面实现脱钩，减少社会组织行政化倾向，保障社会组织的自主性及独立性。加强社会组织人才队伍建设，建立社会组织内部激励和约束机制，发挥从业人员的工作积极性和主动性。加强和改进社会组织党建工作，充分发挥党组织在社会组织中的应有作用。

6. 做好境外非政府组织管理工作。要加快制定并完善切实可行的政策法规，尽快把在国内活动的境外非政府组织纳入依法管理的轨道。对危害国家安全和社会稳定的不法行为，必须加以防范，坚决打击，以维护我国政治、经济和社会的稳定。

7. 切实加强机构队伍建设。当前，登记管理力量薄弱，监管乏力，仍是制约社会组织建设与管理的一个突出问题。切实加强登记管理机关的自身建设，是社会组织建设与管理必须重视的一项基础性工作。要采取措施，有效解决登记管理机构设置、人员编制、专职干部、工作经费、执法装备等问题。

（作者：民政部民间组织管理局局长、服务中心主任）

2009年中国科学社会主义学会活动简介

中国科学社会主义学会研究部

1. 2009年8月22日至25日，中国科学社会主义学会（简称科社学会）在四川成都市召开年会。年会主题是纪念新中国成立60周年和研讨中国特色社会主义理论体系。中国科社学会会长冷溶在会上作了主题报告。他在报告中讲了3个问题。一是新中国成立的伟大意义和60年的辉煌成就。二是中国特色社会主义道路的探索开辟和发展。三是中国共产党能够承担起实现中华民族伟大复兴的重任。冷溶同志在讲话中还希望科社理论工作者尤其是年轻的理论工作者要重视学习党的基本理论和重要文献，进一步提高自身素质和研究水平。

中国科社学会2009年年会是与中共四川成都市委和成都市政府联合举办的。具体承办这次会议的是中共四川省委党校、成都市委宣传部和成都社会科学院。中共四川省委常委、成都市委书记李春城在开幕式上致辞。他在讲话中对中国科社学会年会在成都召开表示热烈欢迎，总结了近几年成都市以科学发展观为指导，在改革开放和发展等方面取得的成绩并介绍了今后成都市发展的基本思路。

会上赵曜教授等9位专家学者围绕年会主题作了重点发言。有10位与会的学者代表在研讨小组上发了言。会议期间还召开了科社学会常务理事会。常务副会长严书翰教授汇报了2008年以来学会工作情况和2010年工作的大致安排等。常务理事会还讨论并通过了增补学会副会长、常务理事和理事名单。中国科社学会副会长宋萌荣教授对会议作了总结。闭幕会上，常务副会长严书翰教授向与会代表通报了中国科社学会常务理事会的研究决定。与会代表在中共成都市委和成都市政府的精心安排下，参观考察了映秀镇和北川等地的灾后重建情况。与会代表一致表示受到了极大的震撼和深刻的爱国主义和抗震救灾等伟大精神的教育。

年会召开期间，中国科社学会还与中共成都市委和成都市政府联合举办了“成都市统筹城乡发展实践回顾与展望论坛”。在论坛上，成都市副市长谢瑞武和市有关部门的领导介绍了成都市近几年统筹城乡发展实践经验。中国科社学会11位专家在论坛上发了言。他们在发言中都指出，成都市统筹城乡发展的实践走在全国的前列。有些经验看了和听了以后深受鼓舞，值得其他地区借鉴和推广。有的专家指出，学习和借鉴成都市统筹城乡发展的经验也要从本地区的实际出发。各地有各地的情况，成都市的有些条件是其他地区所没有的。与会专家学者还现场考察了成都市统筹城乡发展的几个典型。他们都表示成都的巨大变化是我们国家60年历史性巨变的缩影。

2.中国科社学会与德国罗莎·卢森堡基金会在北京联合召开了题为“20年来东西德合并的回顾和展望”的国际学术研讨会。来自中共中央党校、中央编译局、中国社会科学院等单位的专家学者参加了此次研讨会。会议分两次召开。

第一次是2009年7月14日在北京召开。中国科社学会常务副会长严书翰教授在会上致辞。

德国学者弗罗里安·莫里兹就“德国为什么要转变经济政策”作了发言。他指出，统一后的德国实行的是依赖市场自由化的经济政策，从而导致不平等的增加，公共支出大幅度下降和国内需求的抑制。在国际金融危机背景下，这些负面影响更加明显。因此，德国左翼政党提出要通过制定最低工资法，提高失业救济金和增强国内需求等办法来克服上述的负面影响。卡特琳·谢莫根博士以“德国教育，社会不平等和教育成功”为题作了发言。她指出，德国现行的教育体制和政策存在的问题有:资金投入不足，幼儿教育不足、师资培训不足与老化、教育的社会选择透明度低等。为此她提出要通过提高教育支出、加强学前教育培训机构、取消学校等级、提高奖学金学生人数和增强教育体制透明度等来改革德国的教育。会上，阿尔穆特·塔兰博士就“德国的环境政策、气候保护和再生能源”，马丽亚·薇斯格博士就“德国原有的男女不平等和新的发展趋势”等作了讲演。发言结束后，中方学者作了点评。双方就主题中感兴趣的问题进行了热烈讨论。会议结束时严书翰教授作了总结。

第二次研讨会是2009年9月7日至8日在北京召开。中国科社学会副会长叶庆丰教授主持了研讨会并在会上首先致辞。研讨会采取主题报告、专家论坛、大会发言等形式，围绕着20年后左翼党对德国统一的认识，分别从经济、政治、历史等多个角度进行了深入的讨论和学术交流。

汉斯·莫德罗夫(左翼党元老委员会主席、前民主德国总理、前民主社会主义党名誉主席)在发言中指出，1989秋天的事件并不是一场革命，而是一个积攒多年、由多个原因起作用后加速爆发的。首先，前东德的国内经济失去了活力，它无法承担社会福利制度和保障人民供应的稳定性。前东德公民认为国家宪法和民主参与权实际之间有差距。除此之外另一个错误就是克伦茨和其他领导人认为逼迫昂纳克辞职能解决问题。但并没有由此而达到。其次，戈尔巴乔夫转向西方以及他与东德保持距离的做法改变了东德存在的外部条件。在与西方长达40年的对峙中，苏联实际上将民主德国当作一件抵押品，并于1990年将其拳头收回，出卖民主德国，自身也陷入危机。从此以后就无法期待苏联给予经济上的援助和政治上的支持。

克里斯塔·露芙特（前民主德国经济部长）指出，前东德国家负债并不等于国家破产。东德经济在上世纪八十年代就已经陷入了危机，困难重重，但当时经济情况只是处于破产的边缘。所谓国家破产是说国家在资本市场没有信贷，很多偿付的债务都不能支付。前东德就是在最后一天也不是最糟糕的情况，企业都能够进行正常的业务往来，适当的时候还可以得到国家贷款。有人说原东德破产了，是因为在1989年10月底社会统一党总书记要求对当时的经济进行一个客观的评估，当时有国债相当于490亿马克，再加上利息，每年必须增加30％的出口来满足国家的偿付能力。但是如果把国际收支、可动员的国外贸易力量等算进去的话，前东德的债务可以减少很多。因此说前东德是因背负国债而破产的说法是不科学的。

她还对托管局的工作进行了评价。1989年成立了托管局来处理西马克引入东德的问题，保证国有资产不会流失，但是托管局作为所有东德曾经的国有企业的控股公司，却以创历史的速度将这些企业私有化。其后果是减少了大约250万个工业工作岗位，东西德之间财产迅速转移，西德竞争对手占有东德企业的市场份额。40年社会主义的经济成果被无情地毁于一旦。

总的来说，德国统一以来，前东德人民可以自由出入境、食品和消费品供应比以前更好了，可以自由选举，但是她认为有许多方面比东德时期更糟糕了。比如，教育的不平等、团结精神差、蔑视东德人的身份等等。如果德国想实现真正统一的话，那么必须要给人们展现新的前景。

斯特凡·克鲁特（布兰登堡州教师培训研究所）在发言中借鉴了德国社会学家卡尔·曼海姆的世界更替论的观点来解释前东德社会主义合法性丧失的原因。世界更替论的主要观点是，不仅一个人的成长会打下社会阶级状况的烙印，世代的状况也会对社会发展产生影响。他认为需要从年轻一代的角度来审视东德社会主义历史。自上个世纪七十年代后期，现代化和工业化的浪潮风起云涌，这大大改变了年轻人的世界观。越来越多的前东德青年认为，老一代反法西斯政治家的观点和推行的社会模式变得陈旧过时，他们试图摆脱先辈的阶级认同，寻找自己的道路。然而老一辈反法西斯的政治家不肯放弃政治权力，这就造成了两者之间不可调和的对立。年轻一代的大多数倾向于西方式的以消费导向的年轻人文化，民德青少年的日常世界完全现代化，许多年轻人开始在八十年代末从内心上告别反法西斯老战士创立的社会主义。“具有民德特色”的社会主义在大部分民德年轻人眼中已经失去了合法性。

艾尔哈特·克罗姆（罗莎·卢森堡基金会社会研究所和平政策和欧洲政策负责人）在发言中认为，东西德国在1945年以后实际上是政治斗争的战场，苏联和西方的大国之间的斗争是在两德的土地上发生的。民主德国是在苏战区，联邦德国是英美法的占领区。苏联和西方集团把各自的世界观、政治观点强加于两个德国。东西德分裂，实质上是政治的分裂。从这个意义上来说，两德都是战争的牺牲物。实质上，两德是制度竞争和冷战的战场。但是当时的情况对东德尤其不利，美国在西方搞了一个“马歇尔计划”，来围剿共产主义国家；苏联驻军东德，从军事上控制了东德，也从精神上控制了东德社会主义的发展模式。以至于在上个世纪七八十年代后，东德都没有进行社会主义制度改革。人们对社会主义的期望不断幻灭，不满情绪越来越高，东德媒体开始对灾难进行报道，后来在党内确实感觉到要对社会主义进行改革，为此政治斗争尖锐起来。总的来说，六七十年代建立的东德社会主义已经不能满足人们的期望。现在来看，八九十年代的德国是寻求新道路的德国。

德特勒夫·纳卡特（罗莎·卢森堡基金会

总经理）在发言中从两德关系变迁的角度，把1971年至1989、1990年的德国从政治上划分为四个阶段：1.两德关系由条约确定的时期（1970—1971—1975年）；2.“小步走”和赫尔穆特·施密特政府执政期间就基本条约和其他条约制定进行谈判的时期；3.赫尔穆特·科尔执政期间两德政治关系和商业关系保持稳定和拓展的时期（1982—1989年）；4.从东德发生转变至1990年3月18日人民议院大选之前德国统一的准备期（1989－1990年）。他对这四个阶段的两德政治关系进行了分析。

赖因哈德·里普舍尔（布兰登堡社会科学研究中心总经理）从三个方面介绍了统一20年来，人们在新联邦州生活的基本状况。

首先，东德人民对统一的评价。有五分之一的东德公民认为统一还是基本实现了，东西德存在很小的差异，这大部分都是东德的年轻人所持的观点。有四分之一的人认为即使50年后东西德之间的差异仍然会很大，持这些观点的人都是些失业者或者工资很低的人。他认为德国真正统一应是德国公民能够真正自由决定他们的生活而且他们能够在西德的生活状态下自由安排自己的生活，由此东德人的不满和认同感的缺乏主要体现在四个方面：第一，统一之后，东西德的生活水平还是没有持平。第二，收入水平的不平衡，东西德两极分化现象严重。第三，在统一过程中，个人没有足够的参与。第四，对原东德人缺乏尊重，认为东德人的期望值过高，缺乏适应能力。

其次，德国统一的得失。生活在大城市的人认为自己从中得到的益处比较多，而失业者、家庭收入不高者经常认为自身处于劣势。20年过去了，特别是对新联邦州的公民来说，这些基本情况已经出现了。如：生活水平的不均衡、社会不公平、社会的保障度不够、健康制度和工资的发展水平不够等。

最后，价值观上的改变。调查表明，很多人认为社会保障、社会公平对社会发展起着很重要的作用。平等比自由更重要，社会保障在基本价值观上占首位，之后才是社会平等、社会自由。在1994年以后，前东德的基本价值观有三组情况：第一组认为他们工作收入居住都很重要；第二组认为生活的小环境比较重要；第三组认为有工作和家庭环境较好就行。宗教对东德人来说是最不重要的。

3.经2009年8月21日中国科社学会常务理事会研究决定：

（1）增补舒惠国同志（现任全国科学发展观研究专业委员会主任，原中共江西省委书记、省长）为中国科社学会副会长

（2）增补5名常务理事（按姓氏笔划排序）

刘建武　郭唐松　唐永进　常欣欣（女）

常　樵

（3）增补7名理事（按姓氏笔划排序）

王中汝　王玉琼　常永军　韩圣喜

舒毓锦　靳　薇（女）　熊晓琳（女）

学习贯彻十七届四中全会精神暨学会成立15周年座谈会纪要

2009年11月6日上午，“学习贯彻十七届四中全会精神暨全国思想政治工作科学专业委员会成立15周年座谈会”在中共中央党校综合楼举行。来自全国各地的专家、学者、政工干部，中共中央党校有关部门的领导和教授及研究生院的部分研究生共100余人出席了会议；

学会的老顾问、国家经委原副主任赵荫华，中央政策研究室原副主任郑科扬，学会常务理事、国家人事部原常务副部长程连昌，中央纪委副部级巡视专员戴俭明，解放军军事科学院军队建设部原副部长、少将杨春长等出席了会议。

座谈会由学会副主任段若鹏主持。首先，学会主任张蔚萍教授向出席会议的代表介绍了学会成立15年来的工作情况。张蔚萍在报告中深情回顾了全国思想政治工作科学专业委员会成立时胡锦涛同志接见全体会议代表时的情景。当时担任中共中央政治局常委、中央党校校长的胡锦涛同志在接见学会主任时，对学会工作作了重要指示。张蔚萍介绍说，按照胡锦涛同志的指示精神，自从1994年成立学会以来，15年间共召开了15次年会和特约研究员会议；召开了40多次专题理论研讨会；编写30多部著作、论文集和工具书，组织会员撰写论文400多篇，编撰15册《中国思想政治工作年鉴》；会员由初期的100余人发展到今天的1000余人。张蔚萍指出，学会成立15年来，积累了一些宝贵经验，主要有六个方面：一是紧紧围绕党的中心任务确定学会年会和《中国思想政治工作年鉴》的主题；二是紧紧围绕完善思想政治工作这门科学和政工队伍建设问题开展学术研究活动；三是紧紧围绕政工干部和基层党组织的需要开展科学研究活动；四是紧紧依靠学会顾问及其他老领导的支持和指导开展研究活动；五是紧紧依靠党的组织部门和宣传部门开展理论与实践研究活动；六是善于联络各行各业的专家学者和政工骨干开展研究活动。最后张蔚萍提出学会要着重抓好五个方面的课题研究：第一，关于建设学习型政党和提高党员领导干部素质问题；第二，关于建设社会主义核心价值体系问题；第三，关于青少年的人生价值观教育问题；第四，关于人文关怀、心理疏导及正确处理人际关系问题；第五，关于思想政治工作的科学化、现代化研究。张蔚萍表示，今后要继续贯彻胡锦涛同志的指示精神，特别要结合十七大和十七届四中全会精神加以落实。

出席座谈会的学会顾问、常务理事和一些专家、学者在座谈会上对于学会15年来的工作给予了高度评价，并对当前和今后一个时期的思想政治工作提出了一些精辟的见解。赵荫华同志在发言中指出，学会在确立思想政治工作是门科学、新时期思想政治工作的理论探索和思想政治工作人才培养等方面作出了突出的贡献。郑科扬同志在发言中肯定了学会成立以来，一个很重要的贡献就是确立思想政治工作是门学科，要以科学的态度对待这门学科。郑科扬指出，十七届四中全会的决定，每一个部分都对思想政治工作提出了新的要求；学习和理解十七届四中全会精神，一定要与60年的历史经验联系起来，同十七大精神和胡锦涛同志在纪念改革开放30周年大会上的讲话精神联系起来。他提出，今后的思想政治工作，要结合历史经验和全方位竞争的国际形势，贴近实际，贴近现实，要回答问题，立足于解决实际问题。程连昌同志在发言中指出，学会成立以来，在中央有关部门和领导的关心支持下，做了大量工作，卓有成效。他说，15年来，学会坚定理念，高举旗帜，结合实际，深入研究，贡献显著。戴俭明同志在发言中提出，现实中的难点、热点问题，就是思想政治工作的切入点，他认为，今后思想政治工作把反腐倡廉作为切入点，十分必要。杨春长同志在发言中指出，今后在宣传思想工作中，忧患意识应该更强烈一些，不仅要重视、加强正面的研究、宣传，同时也要加强内部研究，开展内部论坛，提倡说真话、说实话，要做到切中时弊。中央党校教务部原主任辛守良在发言中对于当前思想政治工作的重点和难点研究提出了三个问题：一是如何认识和对待当前思想理论界的思想斗争；二是怎样才能把人们的思想认识统一到中央的方针政策上来；三是怎样加强对海外华人华侨的宣传思想工作。

中共中央党校副校长陈宝生会见了与会代表并同大家合影留念。

（此文由中央党史研究室研究员、全国思想政治工作科学专业委员会副主任朱地整理）

全国思想政治工作科学专业委员会成立15年来的工作汇报及基本经验

张蔚萍

各位领导、各位朋友、全体与会同志们：

今年是学会成立和胡锦涛同志接见与会代表15周年，又正逢全党学习贯彻十七届四中全会精神。为了总结学会和编发《中国思想政治工作年鉴》15年来的工作经验，认真落实党的十七届四中全会精神，我们决定召开这次座谈会。常务理事会委托我把学会成立15年来的工作向各位领导和同志们作一汇报，并把今后设想讲一讲，希望大家提出建议和指导，以便进一步改进学会和《年鉴》的工作，更好地贯彻胡锦涛同志接见学会和《年鉴》编委会成员的指示精神以及十七届四中全会精神。参加这次会议的既有不少老同志又有许多新同志，有的同志对学会的历史和现状不太了解，借此机会，先把学会基本情况简要介绍一下，然后再汇报15年来的工作情况及其经验和任务。

一、该委员会的成立及基本情况

该专业委员会是在中共中央党校领导同志和科学社会主义学会领导同志的关怀下，适应新形势需要于1994年5月由民政部批准建立的。同年9月23日在中央党校召开了成立大会，接着召开了为时3天的第一次特约研究员会议和思想政治工作理论学术研讨会。在中央党校召开成立大会时，时任中共中央政治局常委、中央党校校长的胡锦涛同志接见了与会代表并合影留念。在合影留念前，他还专门召见学会主任谈了话。大意是：希望学会认真研究思想政治工作这门科学，特别要注重加强党员干部教育规律研究，并结合党的中心任务开展研究。同时还嘱咐要与中国职工思想政治工作研究会有所分工。在特约研究员会议上，当时的中共中央党校常务副校长汪家镠作了《紧紧围绕党的中心任务开展思想政治工作研究》的专题报告；中国社会科学院副院长兼中国科学社会主义学会会长江流和中央党史研究室副主任李华等领导同志作了重要讲话；中央党校教研部、国家行政学院、北京市委党校和清华、北大等单位的领导同志都作了发言。会议就加强思想政治工作这门科学的研究和围绕党的中心任务开展思想政治工作研究，以及探索党员干部的思想政治教育规律和党的领导问题进行了比较深入的探讨。参加这次会议的有来自24个省、市、自治区的120名代表。这次会议还健全了专业委员会的组织机构，通过了《中国科学社会主义学会思想政治工作科学专业委员会章程》。此章程草案在办手续时曾上报中国科学社会主义学会和民政部，章程第一条说明该专业委员会简称“全国思想政治工作科学专业委员会”，得到上级学会和民政部的认可。

自从1994年学会成立以来，15年间共召开了15次年会和特约研究员会议；还召开了40多次小型专题理论研讨会和座谈会；编写了30多部著作、论文集和工具书，组织会员撰写和发表论文400多篇，并编撰出版15册《中国思想政治工作年鉴》。随着形势的发展，学会队伍不断扩大，由初期的100多人，发展到现在的1000多人。为了加强研究工作，该专业委员会还聘请了数百名特约研究员。学会坚定不移地同党中央保持一致，并把一些研究成果上报党的有关领导部门，作为中央起草加强思想政治工作文件时参考。比如，1999年为配合中央起草《中共中央关于加强和改进思想政治工作的若干意见》(即中央17号文件),学会在调研的基础上撰写了《关于新形势下加强和改进思想政治工作若干热点问题》的研究报告,被中宣部领导批准刊登在供部领导参阅的《决策参考》上,受到了中央有关领导的关注和肯定。同时,学会还根据中央文件精神和现实需要,开展党建和思想政治工作方面的科学研究,取得了较丰硕的成果。此外,为了鼓励会员研究的积极性还组织了评奖活动,比如,与浙江省委宣传部《政工月谈》杂志联合举办了3次全国优秀政工论文大奖赛,推动了思想政治工作理论与实践的科学研究。由于重视加强对现实重大问题和基础理论的研究,学会对政工干部和专家学者的吸引力越来越大,要求参加该会的人越来越多,学会的社会影响力进一步扩大。

二、学会成立15年来的基本经验

学会成立15年来无论在自身建设方面还是在科学研究方面,都取得了一些成果,积累了一些经验,概括起来,主要有以下六个方面:

(一)紧紧围绕党的中心任务确定学会年会和《中国思想政治工作年鉴》的主题。这是年会和《年鉴》具有吸引力并能够坚持下来的一条基本经验。胡锦涛同志在15年前接见学会领导时就强调:要紧紧围绕党的中心任务开展研究活动。汪家镠同志在第一次特约研究员会议上的报告中,主题就是论述如何紧紧围绕党的中心任务开展思想政治工作研究问题。15年来,我们召开每次年会和编撰每册《年鉴》,都是根据胡锦涛同志的指示和汪家镠的报告精神开展研究活动的,因而受到了党政领导和广大政工干部的欢迎。正因为受到欢迎,才促进了学会队伍的不断发展壮大;才引起了党政领导的关心和重视,才使得开会和编辑出版《年鉴》有了一定的经费补贴。在这方面,我们曾经得到了北京、天津、江苏、广东、山东、浙江、山西、陕西、贵州、黑龙江、云南、新疆、青海、内蒙古等省市的帮助和支持,特别是得到天津市委宣传部、浙江省委宣传部以及江苏省委党校等单位的很大帮助和支持;中央党校出版社、中央文献出版社、中共党史出版社、中国方正出版社以及红旗出版社、法律出版社,也给我们以很大的帮助和支持。

(二)紧紧围绕完善思想政治工作这门科学和政工队伍建设问题开展学术研究活动。胡锦涛同志很重视思想政治工作这门科学的研究。他在接见我们时强调,要紧紧围绕思想政治工作这门科学进行研究,不断探索思想政治工作的规律和党员干部教育的规律。我们体会,胡锦涛同志强调这个问题的意图,一是要为政工干部做思想工作提供一个强大的理论武器,并解决好他们的专业职称问题。因为职称是科学研究水平的标志,只有论证思想政治工作是一门科学,才能为评定政工职称提供科学依据。二是要发挥思想政治工作科学专业委员会的特点和优势,通过深入研究使这门科学的理论体系不断完善起来。在胡锦涛同志这个指示精神的指导下,我们组织了科研水平较高的十几位专家教授进行了长时间的研究。不仅研究了思想政治工作这门科学的产生形成和革命导师的贡献,而且研究了思想政治工作的基本概念、基本规律、基本矛盾和理论体系等基础理论。同时,还研究了思想政治工作的应用理论如思想政治工作的地位作用、目的任务、基本内容、方针原则、环境影响、程序过程、途径方法、队伍建设、党的领导和改进创新等问题,从而形成了思想政治工作这门科学比较完整的理论体系。我们把这个理论体系简称为"思想政治工作学"。思想政治工作学的建立和完善,不仅为提高政工干部的专业理论水平提供了科学依据,而且为政工干部评定专业职称提供了科学理论依据。回想起来,胡锦涛同志在学会成立之初就要求我们研究这个问题,是具有战略眼光的。现在,全国各省、市、自治区都成立了政工专业职称评定办公室,设在省委宣传部或组织部,并把我们编写的《思想政治工作学教程》作为政工干部专业培训教材,已经使用5年,反映很好,评价较高，说明政工干部已经对这门科学普遍认可。

（三）紧紧围绕政工干部和基层党组织的需要开展科学研究活动。科学研究不能从书本和概念出发，而应从政工干部的实际需要出发。为此，我们到企业、机关、高校进行了大量调查研究，并把调查研究与宣传讲解党的中心任务结合起来。在调查研究中，基层党委和政工干部突出反映了两大问题：一是迫切需要一部反映新世纪特点和热点难点问题的政工培训教材和读物；二是需要有一部放在案头上便于查阅的理论联系实际的并具有较强知识性的工具书。我们请示了学会的几位顾问和老领导，他们都表示大力支持编写这些书。于是，学会就组织专家教授编写新世纪思想政治工作教材，供基层培训政工干部使用。同时，又同一些单位合作，组织编写了《党委书记工作大典》、《新世纪党务工作全书》、《党的建设与组织人才工作全书》和《新世纪思想政治工作大典》共四套大型工具书。前两部已由中央文献出版社和中共党史出版社出版，后两部即将由中央文献和中央党校出版社出版。编写这些书的目的是为了满足基层党组织和政工干部的实际需要。已出版的几部工具书，很受他们欢迎。他们称这些书是“政工和党建方面的百科全书”。

（四）紧紧依靠学会顾问及其他老领导的支持和指导来开展研究活动。我们学会有个很大的优势，就是有八九位德高望众的领导同志担任学会顾问。我们的顾问汪家镠同志对学会的创立作出了重大贡献，并主持和组织学会骨干编写了《干部思想道德建设读本》；我们的顾问袁宝华、赵荫华、张全景、徐惟诚、刘海藩等同志，亲自为我们编写的教材、著作题词和作序；我们的顾问虞云耀、郑科杨、王伟光、孙庆聚等同志多次参加学会会议并为我们从事研究活动创造条件；我们学会的老领导江流和赵曜等同志一直大力支持和关怀学会的成长和研究活动。15年来，我们深深感受到，没有这些老顾问、老领导的关怀和支持，学会的研究活动是不会取得这么多成绩的，学会在社会上也不会有这么重要影响的。

（五）紧紧团结党的组织部门和宣传部门开展理论与实践研究活动。党的组织和宣传部门，是做好党内外思想政治工作的骨干力量。只有团结和依靠他们才能有效地开展研究活动。要团结和依靠他们，首先必须尊重和帮助他们，了解他们关心的问题，真诚为他们服务。我们曾多次召开座谈会，了解他们的心愿，得知他们关心的问题其中有两个很重要：一是如何稳定政工队伍和解决他们的职称问题；二是如何认识现实的热点难点问题。这就要求我们学会及时把他们的愿望向上级领导反映，并组织学者编写一套政工专业教材。为此，我们在1996年修改了党校系统用的《新编思想政治工作概论》，接着又编写了《思想政治工作教程》，并根据他们的要求，还编写了《市场经济条件下的思想政治工作新课题研究》、《思想政治工作新课题与热点难点问题讲座》、《思想政治工作十大新课题解读》、《思想政治工作的方法和艺术》等著作。这些著作，回答了他们关心的问题，深受他们欢迎。在此基础上，我们于2001年又会同30多个省市宣传部的领导组成了思想政治工作专业教材编撰委员会，由我和天津市委常委、宣传部长肖怀远任主任，10多个省委宣传部副部长和学会副主任担任编委会副主任，20多个省市的职评办主任担任编委。这套教材共三本：第一本是《新世纪的思想政治工作》，第二本是《思想政治工作学教程》，第三本是《思想政治工作发展史》。这套教材先由中共党史出版社出版，内部发行；使用5年后，经过修改，由中央党校出版社出版，公开发行，现在正在使用。这三本教材已作为全国评定教授级高级政工师的专业教材，反映很好。实践证明，紧紧团结和依靠组织宣传部门编书，不仅能提高学会的威信和影响力，而且解决了教材的发行和经费等问题。

（六）善于联络各行各业的专家学者和政工骨干开展研究活动。我们学会还有一个优势，就是善于联络各行各业的专家学者、领导干部和政工骨干开展研究活动。现在学会大约有1000多名特约研究员和会员，其中专家学者约占1/3，领导骨干约占1/3，基层政工干部约占1/3。这是一个专家学者、领导骨干与实际工作者相结合的科研队伍。广泛联络和组织这支科研队伍，不仅解决了《中国思想政治工作年鉴》每年的稿源及其编写发行问题，而且保证了教材和书籍的编写质量及其发行数量。在这方面，天津市委宣传部、政工师指南杂志社和河海大学等单位作出了重要贡献，我们学会的领导骨干和常务理事也作出了重要贡献。没有这些同志的奉献精神，我们学会是不会取得这些成绩的，也不会不断发展壮大的。

三、学会今后的研究方向和任务

学会今后要继续贯彻胡锦涛同志的指示精神，特别要结合党的十七大和十七届四中全会精神加以贯彻落实。具体来说，要着重抓好以下五个方面的重要课题研究：

(一)着重抓好建设学习型政党和提高党员领导干部素质问题研究。抓党员干部教育规律研究，是胡锦涛同志对我们提出的要求，但这方面贯彻的还不够得力。今后，我们要在这方面多下点功夫。首先在《年鉴》上要突出这个课题，组织专家学者写一批论文，并力争能编写出一本专著来。

(二)着重抓好建设社会主义核心价值体系问题研究。这个课题我们已经开始研究，但研究深度和广度都不够。今后要在《年鉴》上长期设立一个专栏，并且力争能编写一套教材或著作。

(三)着重抓好青少年的人生价值观教育问题研究。这个问题我们已经注意到了，只是写了一些论文，作了一些讲座，但尚未形成系统的理论成果。为此，我们正在与世界知识出版社联合编写一套图文并茂的新书。其中《社会主义核心价值体系青少年通俗读物》和《青年科技工作者的人生坐标》已经完稿，正在修改，明年就可以出版。

(四)着重抓好人文关怀、心理疏导及正确处理人际关系问题研究。这是胡锦涛同志在十七大提出的研究课题，我们学会正在组织专家学者进行研究，计划在《年鉴》上先增设一个栏目，并开始在一些高校讲座，力争编写一本有新意的专著。

(五)着重抓好思想政治工作的科学化、现代化研究。这个问题最早是学会顾问袁宝华同志提出来的，我们的一位博士已经写出专著。早在十多年前，我国著名专家钱学森同志就提出：思想教育的科学化和现代化，关键是思维方式的科学化和现代化。我认为，只有抓住这个问题，才能为创新思想政治工作提供理论支撑。实践证明，思维决定思路，思路决定出路。实现思维方式的变革，对于各行各业开创新局面极为重要。为此，我们准备召开若干次理论研讨会，深入研究这个问题，并在研讨的基础上形成科学专著。

以上五大课题仅仅是初步设想，很不成熟，希望与会领导和代表们提出建议和指教。

总之，这次召开座谈会，主要是总结经验，提出任务，展望未来，目的是想借助群体的力量，把我们学会越办越好。希望各位领导和到会的同志，多多给以批评、建议和指导。

（作者：中共中央党校毛泽东思想研究室原主任、教授、博士生导师，全国思想政治工作科学专业委员会主任）

在学会成立15周年座谈会上的讲话

程连昌

尊敬的张蔚萍主任、各位领导、各位同志：

早上好。我今天早上去八宝山向我国导弹之父钱学森同志先别，紧接着赶到会上。这次会议是一次很重要的会议，开得很及时。会上张蔚萍主任作了报告，总结了学会和《年鉴》15年来的工作和经验，提出了今后的工作设想意见。

我在会前看了这个报告。我觉得讲得很系统，概括了学会15年的基本工作情况，系统地总结了15年来学会工作的基本经验，清晰、明确，给人以深刻的了解和认识，我赞同这个报告。

总的看来，党中央和胡锦涛总书记高度重视全国思想政治工作科学专业委员会及其工作，一开始就特别关怀，寄予了殷切的期望，给予了明确的思想指导。

15年来学会遵循党中央的一系列指示精神，遵循马列主义、毛泽东思想、邓小平理论和"三个代表"重要思想，认真贯彻落实科学发展观，组织全体理事紧紧围绕中国特色社会主义建设及改革发展中心任务，紧密结合各个时期经济社会发展实际，深入进行理论与实践的研究，开展了大量的活动，为党的理论建设、思想政治工作的建设和推进做了大量有益的工作，取得了明显的成效，为党的伟大建设工程作出了积极的贡献！

为此，我向张蔚萍主任、向委员会表示祝贺！

（作者：国家人事部原常务副部长，全国思想政治工作科学专业委员会常务理事）

以十七届四中全会精神为指导 把党的政治优势转化为科学发展优势

张蔚萍

在学习贯彻十七届四中全会文件的过程中，如何把学习贯彻深入下去，是各级党组织面临的一个重大新课题。最近，中央党校一些专家教授和地方领导干部就此专门进行座谈，取得比较一致的认识，认为最重要的还是以十七届四中全会精神为指导，努力把党的政治优势转化为科学发展优势。为此，就要搞清楚什么是党的政治优势？什么是科学发展优势？怎样实现这种转变？转变的关键环节是什么？下边就此略作分析。

一、党的政治优势的突出表现

中国共产党之所以能生存发展并不断取得胜利，就是因为它有强大的政治优势。这种政治优势，突出表现在四个方面。

一是思想理论优势。我们党一贯坚持用马列主义毛泽东思想武装全党。在现阶段，就是用中国特色社会主义理论体系武装全党和教育人民。要武装全党和教育人民，首先要武装党员干部特别是领导干部。今年3月1日，习近平同志在中央党校春季开学典礼上，专门讲了深入学习中国特色社会主义理论体系问题，强调要努力掌握马克思主义立场、观点、方法。中央提出“建设马克思主义学习型政党”的目的，就是要解决党员干部的立场、观点、方法问题。如果这个问题不解决，建设学习型政党就失去了它的重大意义。从历史经验看，发挥思想理论优势，就能把握前进的正确方向，提高全党的思想政治觉悟，使广大党员干部有坚定的立场、正确的观点、科学的方法，从而为党和人民的伟大事业自觉奋斗。

二是组织制度优势。我们党一贯坚持运用民主集中制的组织原则建立严密的组织系统、组织制度和组织纪律，使从严治党具有可靠的组织基础。这个组织制度优势的灵魂，就是能把民主基础上的集中与集中指导下的民主结合起来，并以此建立严密的组织系统、组织制度和组织纪律。这个组织系统，就是指从中央到地方直到基层的金字塔型“三三制”组织系统。这里说的“三三制”，是指中央、地方、基层三级党委，而每一级又由三级组成。比如，中央由中央常委、政治局和中央委员会三级组成，地方由省、地、县三级委员会组成，基层由基层党委、总支、支部三级组成。在我们党的组织系统中，每个党员无论职务高低，都必须参加党的支部，绝对不允许有任何特殊党员存在。这种严密而有规章和纪律的“三三制”组织系统，是中国共产党保持先进性和战斗力的组织优势，它是历史上和现实中任何一个政党所无法比拟的。

三是领导能力优势。我们党一贯重视建立自上而下的以党委为核心的坚强领导体系。中国是一个拥有13亿人口的大国，中国共产党是一个拥有7600万党员的大党，要把全党全国人民团结起来，形成一个强大的合力，就必须有坚强的领导能力。这种能力，在经济上首先表现为有驾驭社会主义市场经济的能力，坚持把发展作为党执政兴国的第一要务，推动经济持续快速发展；在政治上首先表现为有发展社会主义民主政治的能力，坚持党的领导、人民当家作主和依法治国的有机统一，使社会主义政权不断巩固；在文化上首先表现为有推动先进文化发展的能力，坚持马克思主义在意识形态领域的指导地位；在社会上首先表现为有构建社会主义和谐社会的能力，促进民生问题不断解决和社会文明不断进步；在国际上首先表现为有应对复杂局势和处理国际事务的能力，不断提高党和国家的国际地位和影响力。

四是道德作风优势。我们党一贯重视道德作风建设，倡导发扬理论联系实际、密切联系群众、批评与自我批评、谦虚谨慎、艰苦奋斗的优良作风，强调以党风带民风，形成良好的社会风气。我们党始终把坚决惩治和有效预防腐败作为重大的政治任务，坚持党要管党、从严治党。据统计，改革开放以来我们惩处的党员干部已有几百万人，仅2009年就有10多万人。但要清醒地看到，当前违纪违法案件在一些地方和部门仍呈易发多发态势，反腐倡廉任务仍然相当艰巨。我们要充分认识反腐败斗争的长期性、复杂性、艰巨性，坚定信心，树立长期作战思想。要充分发挥我党的政治优势，坚持标本兼治、综合治理、惩防并举、注重预防的方针，加强廉洁从政教育和领导干部廉洁自律，加快推进惩治和预防腐败体系建设，不断取得反腐败斗争新成效，以赢得人民群众的衷心拥护。

二、科学发展优势的表现及实现转化对策

要把党的政治优势转化为科学发展优势，还必须明确科学发展优势的表现。科学发展优势的表现很多，突出体现在以下三个方面：一是坚持以人为本，一切为了人民、一切依靠人民，

形成合力推进发展；二是坚持全面、协调、可持续发展，统筹兼顾、科学规划，努力实现城乡一体化发展；三是坚持"又好又快"的思路，好字当头，在好中求快实现科学发展。

那么，怎样把党的政治优势转化为科学发展优势呢？主要措施有以下三个方面。

第一，各级党组织要认真学习贯彻十七届四中全会精神，确保《决定》各项部署落实到推动科学发展的三大要点上来。首先，要落实科学发展观的核心——以人为本。以人为本的实质是以民为本。为此，就要做到：发展为了人民，发展依靠人民，发展成果由人民共享。实现以人为本的关键，是坚持"以人才为本"，努力做到"把人才资源看成是发展的第一资源，把人才队伍看成是先进生产力的第一要素，把人才开发看成是经济社会发展的第一动力"。其次，要落实"全面、协调、可持续"发展的三大要求。所谓全面发展，是指物质文明、精神文明、政治文明和社会文明要一起发展。所谓协调发展，是指工业、农业、科技、商贸和服务业都要协调发展。所谓可持续发展，是指要转变经济发展方式，节约资源、降低成本，以保持我国经济社会长久的发展。再次，要把握好科学发展观的实质，实现经济社会又好又快发展。这里，关键是处理好质量与数量、公平与效率、速度与效益的关系，始终把"好"放在第一位，在好中求快，做到又好又快发展。

第二，各级党政领导干部要以《决定》为指导提高党的建设科学化水平，推动党的政治优势向科学发展优势转化。在十七届四中全会闭幕会上，胡锦涛同志强调要提高党的建设科学化水平，以保证经济社会科学发展。这里讲的提高党的建设科学化水平，是指要学习和研究党的建设科学理论、科学知识和科学方法，努力掌握党的建设基本规律。只有这样，才能提高科学化水平。而党建的科学化水平提高了，必然带动党政领导干部更好地发挥党的政治优势，提高贯彻落实科学发展观的能力，从而促进两种优势的转化，推动各地区各行业经济社会科学发展。一些先进地区和先进单位的实践表明，提高党建科学化水平也是一种先进生产力，或者说是推动先进生产力发展的强大动力。这就告诉我们，提高党建科学化水平问题，是实施党的政治优势向科学发展优势转化的一项根本性措施。

第三，各级党组织要积极探索实现优势转化的基本途径，从体制上保证党的政治优势向科学发展优势转化。科学的领导制度是党有效治国理政的根本保证。要坚持党总揽全局、协调各方的领导核心作用，坚持党的领导、人民当家作主、依法治国有机统一，改革和完善党的领导方式和执政方式，提高党的领导水平和执政水平。要把执政能力建设和先进性建设作为执政党建设的根本任务，坚持科学执政、民主执政、依法执政，充分发挥党委领导核心作用、基层党组织战斗堡垒作用和共产党员先锋模范作用。要按照发展社会主义市场经济的要求，完善党领导经济工作的体制机制和方式。从实践经验看，运行机制主要有三种：一是以党委为核心，行政等主要领导参加，由党委集体决策、常委分工负责执行的运行机制。二是以权力机构为中心，党委主要成员参与决策的运行机制，一般实行"双向进入、交叉任职"的办法，调动党政两个方面的积极性。三是权力机构内部设立党组的运行机制，一般是党组书记兼任行政一把手。当前，党领导经济工作的体制机制正在深化改革，总的方向是既要坚持党的领导又要调动行政负责人的积极性，促使党政合力推动党的政治优势向科学发展优势转化。

三、党政干部思维方式现代化是实现两种优势转化的关键

如何推动党的政治优势向科学发展优势转化？这不仅是一个重大理论问题，也是需要在实践中不断探索创新的一项重大任务。

我国著名企业家张瑞敏和鲁冠球有句名

言，“思路决定出路”。这里讲的思路，主要是指发展的新思路。那么发展的新思路从何而来？他们认为是从学习和实践中产生的新思维而来。还有一位著名的企业家也说过，新思维决定新思路，新思路决定新出路。实践证明，我们要在这种优势转化中找到新的思路和出路，必须实现思维变革，树立现代化思维方式。应该清醒地认识到，我们党正处在高科技迅速发展的知识经济时代，信息化、网络化、数字化不仅改变着人们的生活方式和工作方式，也在改变着人们的思维方式。实现思维方式的变革，树立现代化思维方式，是新时代对我们提出的要求，各级党政领导干部一定要充分认识到这一点。

思维科学告诉我们，现代化思维方式具有以下四个重要特性：一是善于战略思维，即善于从全局性、长远性、根本性来思考问题，并能把握好全局与局部、长远与暂时、根本与非根本之间的辩证关系，在解决策略问题的过程中实现战略目标。二是善于创新思维，即善于从开拓性、预见性和超前性来思考问题，并能把握好机遇与挑战、继承与创新、与时俱进与稳步前进的辩证关系，在解决新课题的实践中及时抓住机遇实现创新目标。三是善于立体思维，即善于从各个方面、各个角度、各个层次透过现象看本质来思考问题，并能把握好点性与线性、面性与立体、环节与系统、低层与高层、表层与深层之间的辩证关系，在历史发展地、全面系统地分析问题的过程中得出科学结论。四是善于效益思维，即善于捕捉最新信息，用最低成本、最快速度取得最佳效果，并能把握好信息的收集与加工、判断与推理、过程与结果之间的辩证关系，在科学的运筹中获得最好效果。实践证明，只有认识和掌握了现代化思维的这些基本特点，才能自觉地以改革创新精神推进科学发展和现代化建设事业。

深入学习实践科学发展观　促进经济社会又好又快发展

——全国思想政治工作科学专业委员会第十六届年会暨阿尔山地区经济社会发展研讨会纪要

全国思想政治工作科学专业委员会第十六届年会暨阿尔山地区经济社会发展研讨会于2009年7月24—26日在内蒙古自治区兴安盟阿尔山市举行。中央机关及有关省市领导、内蒙古自治区党校领导、学会主要领导及著名专家教授学者和学会特约研究员、会员共60余人出席会议。会议得到了内蒙古自治区兴安盟领导和阿尔山市委、市政府的大力支持。

会议由学会副主任段若鹏、张邦柱主持。国家人事部原常务副部长程连昌和中央纪委副部级巡视专员戴俭明作了重要讲话，兴安盟及阿尔山市领导介绍了兴安盟及阿尔山市经济社会发展的概况、战略及措施，中共中央党校财务行政管理局局长赵晓光作了讲话。学会副主任戴焰军代表常务理事会汇报了一年来的工作，学会主任张蔚萍作了年会主题报告。会议围绕“深入学习实践科学发展观，促进经济社会又好又快发展”这一主题，重点对当前如何以科学发展观为指导，推进思想政治工作的创新，特别是如何促进阿尔山市经济社会的发展以及如何正确认识当前的国际战略形势等问题进行了热烈而充分的研讨。现将会议主要观点综述如下。

一、关于如何深入学习实践贯彻科学发展观的问题

会议指出，深入学习科学发展观，深刻理解

科学发展观的基本内涵，全面把握科学发展观的理论体系是深入实践贯彻科学发展观的前提和基础，舍此谈不上深入实践贯彻科学发展观。

所谓深刻理解科学发展观的基本内涵，就是要在正确理解科学发展观的第一要义是发展，核心是以人为本，基本要求是全面、协调、可持续，根本方法是统筹兼顾这四句话的基础上，抓住科学发展观的精神实质是推动经济社会“又好又快”的发展。所谓全面把握科学发展观的理论体系，就是要懂得科学发展观是一个动态的开放的理论体系。它的内涵由第一要义、核心问题、基本要求和根本方法四大部分组成，而它的外延则包括构建和谐社会、建设创新型国家、建设社会主义新农村、建设社会主义核心价值体系和加强党的先进性建设等五大部分。所以，科学发展观是由其内涵和外延共同组成的一个动态的开放的理论体系。只有这样来理解科学发展观，才能懂得它为什么是中国特色社会主义理论体系的一个重要组成部分，为什么是马克思主义中国化的最新成果，为什么要把它作为党和国家各项工作的指导思想。

二、关于深入贯彻科学发展观，坚定信心推动经济社会又好又快发展问题

会议认为，深入学习实践科学发展观的目的，就是要坚定信心推动经济社会又好又快发展。与会代表指出，今年是新中国建立60周年，我们国家在伟大的中国共产党领导下高举中国特色社会主义伟大旗帜，带领全国各族人民艰苦奋斗，我国经济社会的发展取得了举世瞩目的伟大成就。特别是改革开放30余年来，我国经济社会步入了又好又快的发展轨道，这首先要归功于当代马克思主义的最新成果所发挥的巨大指导推动作用。但是，在我国经济社会的发展中，还不同程度地存在着各种各样的问题。特别是当前在国际金融危机的影响下，我国社会经济的发展也遇到了一系列严峻的困难和挑战。如何才能克服困难迎接挑战继续推动经济社会又好又快发展？答案只有一个，这就是：坚定信心，深入贯彻落实科学发展观。与会者指出，无论是在革命战争年代，还是现代化建设时期，坚定信心最为重要，特别是在经济发展遇到严峻挑战和困难的情况下更是如此。正如温家宝总理强调的：“信心比黄金和货币更重要。”而信心来自哪里？概括起来主要来自两个大的方面：一是来自理想信念的坚定性。即来自对马克思主义特别是来自对作为马克思主义中国化的最新成果，作为中国特色社会主义理论体系的重要组成部分和作为党的指导思想的科学发展观的坚定信仰，对中国特色社会主义的坚定信念和对中国共产党的坚定信任。二是来自党和国家根据科学发展观制定的一系列方针、政策、措施的实施。实践证明，尽管受严重的国际金融危机影响，但在科学发展观的指引下，我国经济在世界各国中首先开始复苏，正向着“又好又快”的方向平稳较快地发展。

三、关于阿尔山市经济社会发展的思路

阿尔山市座落在雄伟壮丽的大兴安岭上，隶属于内蒙古自治区兴安盟。阿尔山市面积408.7平方公里，人口5.6万，属寒温带大陆性季风气候，冬长无夏、春秋相连，年平均气温－3.2度，年平均降水量448.8毫米，平均海拔1100米，境内矿泉、温泉、冰雪、火山遗迹、森林草原、边贸口岸、民族文化等旅游资源奇特富集，有着“神泉雪域”之称，是一座新兴的边境口岸旅游疗养城市，是闪烁在祖国北疆的一颗璀璨新星。

与会者认为，阿尔山经济社会的发展具有得天独厚的资源条件和巨大的潜力。阿尔山森林与草原相拥、冰雪与温泉相伴，特别是温泉与冰雪的组合堪称绝配。温泉构成了疗养度假特色，冰雪构成运动休闲特色，火山构成科考观光特色，气候构成避暑特色，加上阿尔山拥有中蒙季节性开放口岸，是四大草原托起的城市。这些资源条件决定了阿尔山旅游的组合度世界罕见。因此，具有把阿尔山打造成国家生态旅游

中心、国家休闲度假中心、国家火山科考中心、国家温泉疗养中心、国际会议论坛中心，打造成国际一流旅游区的资源优势。与会者认为，阿尔山要实现这一战略发展目标，要把自己的资源优势转化为发展优势，必须首先解决好以下两个重要问题：

第一是提高核心竞争力，形成知名城市品牌问题。作为一个具有鲜明自然、资源、文化特色优势的地区或城市，必须抓住自身的优势，提高核心竞争力，才能促进经济社会的发展。阿尔山的自然和资源都非常有特色，但目前还处于“藏在深闺人未识”的状况，制约了自身的发展。要解决这一问题，阿尔山必须以规划为依据，充分发挥自身的特色优势，例如水资源、雪资源的优势，做到人无我有、人有我精，从而形成核心竞争力和知名城市品牌，促进自身经济文化的快速发展。

第二是人才问题，这也是一个最关键的问题。因为再优越的自然资源，如果没有优秀的人才与之相结合，都很难转化为发展优势。阿尔山作为一个边境小城市，尽管有着优越的自然资源，但在人才竞争上无疑是处于劣势，需要认真解决培养、引进人才问题。从长远来看，必须坚持以人为本，在调动和配置好现有的人力资源的基础上，继续解放思想，坚持改革开放，为人才的聚集、发展提供最好的平台，在人才问题上要“不图所有，但图所用”，从而把自己独特的自然和资源优势转化为发展优势。

四、关于思想政治工作要为贯彻落实科学发展观服务的问题

与会者指出，为深入贯彻落实科学发展观，继续解放思想，坚持改革开放，推动科学发展，促进社会和谐，夺取全面建设小康社会新胜利服务，是新世纪新阶段思想政治工作的根本任务。正如2008年1月22日，胡锦涛同志在全国宣传思想工作会议上所指出的：“宣传思想工作是党和国家工作的重要组成部分，在中国特色社会主义事业全局中具有重要地位，发挥着不可替代的作用。实现党的十七大描绘的宏伟蓝图，宣传思想工作担负着统一思想、凝聚力量的重大任务。”也就是说，在这个新的历史时期，思想政治工作的根本任务是高举伟大旗帜，唱响奋进凯歌，振奋民族精神，服务人民大众，以更深刻的认识、更开阔的思路、更有效的政策、更得力的措施，着力建设社会主义核心价值体系，着力巩固壮大主流思想舆论，着力推进改革创新，为继续解放思想、坚持改革开放、推动科学发展、促进社会和谐营造良好氛围，为夺取全面建设小康社会新胜利、开创中国特色社会主义事业新局面提供强大思想保证。尤其是在当前形势下，面对国际金融危机给经济社会发展带来的严峻挑战和困难，思想政治工作的首要任务就是为深入学习贯彻科学发展观，坚定广大人民群众的必胜信心，促进经济社会平稳较快发展服务。而要达到此目的，思想政治工作必须创新。与会者指出，思想政治工作应主要从以下四个方面创新：

一是思想观念的创新。所谓思想观念的创新，其实质就是解放思想，使主观认识符合新的客观实际，达到思想认识的新飞跃。通过思想认识的新飞跃，来实现工作思路上的新突破和开创工作的新局面。

二是思想政治教育内容的创新。所谓思想政治教育内容的创新，主要是指用马克思主义理论的最新成果武装党员干部的头脑，积极引导人们更新观念达到新的精神境界。而当前，最重要的就是要用科学发展观这一马克思主义中国化的最新成果来武装全党和全国人民的头脑，并指导实践。

三是思想政治教育方法的创新。所谓方法创新，就是指适应人们的接受能力而运用现代化工具、高科技手段和各种灵活多样、深入浅出、循序渐进、因势利导、生动活泼的方法来做思想政治工作，使思想政治工作的内容能入耳入脑、可亲可信、易于接受。

四是思想政治工作体制的创新。所谓思想政治工作体制的创新，既包括领导管理体制的

创新，又包括运行机制、应用机制、协调机制和激励机制的创新。也就是说，要建立一种在各级党委统一领导下，党政同心协力，专职队伍与兼职队伍相结合，党政工团等组织齐抓共管，领导干部带头和全体党员都参与做思想政治工作的综合管理体制和运行机制。

在思想政治工作创新的问题上，与会者强调，要坚持继承性与创造性相结合，借鉴性与自主性相统一，贴近实际、贴近生活、贴近群众三大原则。只有这样思想政治工作才能真正完成为深入学习贯彻落实科学发展观服务的任务。

五、关于当前的国际形势问题

对于当前的国际形势，出席会议的专家学者谈到了以下三方面的问题：

一是关于国际金融危机问题。专家认为，给全球经济带来严重影响的金融危机已经触底，但要在底部运行相当长的时间。在这场金融危机中，欧美国家受伤最重，中国受伤较轻。专家指出，当今世界变了，整个世界处于一个大变革时期，中国变得重要了。因此，中美之间对金融危机等一系列重要问题进行磋商是非常必要的。

二是关于中国的周边问题。中国的周边是变化的潮头，出现群雄逐鹿的局面。对我国安全来说，存在一定的隐忧。首先是在领土、领海问题上有争议的地方增多；其次是对中国形成了围堵，使之形成有海无洋的局面，严重地影响了对中国自身利益的维护。再次是西方国家对我国的渗透没有停止，对我国的西化分化没有停止，有的国家还经常对我国发难，对此我们必须警惕。

三是关于我国的海洋安全与海洋发展问题。专家认为，进入 21 世纪，人类的历史已经开始从陆地转向海洋发展的历史新时代。海洋成为世界发展的新空间，海洋国土化的进程已正式开始。海洋牵涉到周边国家的种种利益，也是当前国际关系斗争激烈的地方，海洋权益的争夺已经成为周边国家领土相争的新内容。由此，海洋安全已成为国家安全的新基础与新核心，海洋发展已成为可持续发展的重要内容，海洋安全与海洋发展已经成为新时期我国科学发展的关键性问题。而海洋的发展必须以海洋安全为战略前提，完成我国海洋国土的安全保卫工作则是一项艰巨的战略性任务。专家强调，海洋国土的安全必须建立在强大海军力量的基础之上，这一点不容置疑。但同时还要依靠外交斗争与海洋国际公约，依靠合作开发共同的利益所在，构建起一个政治、经济以致于军事上和谐的海洋，才能从根本上长期维护海洋的安全，从而实现海洋的科学发展。

（此文由中共中央党校党建部教授、全国思想政治工作科学专业委员会副主任兼秘书长王坚红整理）

全国思想政治工作科学专业委员会一年来的工作汇报

全国思想政治工作科学专业委员会常务理事会

各位领导、学会顾问，各位理事、特约研究员和各位到会的同志们：

我受学会主任张蔚萍教授委托，代表常务理事会汇报学会一年来的工作，请批评指正。

全国思想政治工作科学专业委员会第十六届年会在阿尔山市顺利召开，这得到了内蒙古兴安盟领导和阿尔山市委、市政府领导的大力支持，我代表学会对兴安盟领导和阿尔山市领导表示衷心的感谢！

同志们不畏路途遥远，在百忙之中抽出时间来参加会议，这是对学会的支持和关怀，是对党的思想政治工作的真诚热爱，也是对坚决贯彻落实好党中央深入学习实践科学发展观部署和要求的重视。我代表学会对与会领导和同志们表示深切的敬意和感谢。

本届年会的主题是：深入学习实践科学发展观，促进经济社会又好又快发展。特别是要结合阿尔山地区的特点研讨如何找准城市定位，促进阿尔山市经济文化发展问题。

参加这次年会的同志，既有老会员和特约研究员，又有新会员和特约研究员，一些新会员对学会的历史和现状还不太了解，我借此机会，把学会情况简要介绍一下，然后再把最近一年来的工作简要作一汇报。

自2008年7月25日在青岛市召开第15届年会到现在，整整一年时间了。这一年来学会主要做了以下工作：

第一，2008年12月14日在江西省南昌市召开“学习实践科学发展观与加强思想政治工作”座谈会，这次会议得到了中共江西省委党校的大力支持，中共江西省委书记苏荣接见了与会代表并合影留念。全国政协副主席、台盟中央原主席张克辉，中央纪委副部级巡视专员戴俭明，国家人事部原常务副部长程连昌，中央党史研究室原常务副主任陈威，全国政协原副秘书长、港、澳、台侨委员会副主任张道诚，原国家经济委员会人事局局长、国务院生产办秘书局局长黄淑兰，江西省委党校常务副校长龚培兴，江西省社科院党组副书记郭杰忠等出席了开幕式，副主任段若鹏主持会议，参会领导就贯彻中央精神，学习实践科学发展观与加强思想政治工作发表了讲话，学会主任张蔚萍作了主题报告。

第二，2008年12月20日在中央党校老干部活动中心召开了“纪念毛泽东同志诞辰115周年座谈会”，邀请了部分中央党校的老教授、军队的一些老同志和北京著名大学的专家教授参加会议。会议不仅歌颂了毛泽东等老一辈领导人的丰功伟绩，还特别介绍了毛泽东在延安时期研究《资本论》和解放后研究社会主义经济学的情况，赞扬了新一代领导人对毛泽东思想的继承和发展。

第三，由张蔚萍主任和张邦柱副主任组织编撰，学会几位领导参加，经过3年多的努力，于2009年2月由中共党史出版社出版了《党委书记工作大典》一书，全书共270多万字，从理论到实践，论述了如何当好党委书记和书记应具备的基本素质。

第四，2009年3月28日与浙江省金西开发区在金华市联合举办了“学习实践科学发展观，提升金西发展水平”研讨会，与会各位领导及专家、教授不仅谈了学习实践科学发展观的体会，还为金西开发区的科学发展和快速崛起建言献策，研讨会开的很成功。

第五，2009年5月24—25日，应安徽古井集团有限责任公司的邀请，学会为古井集团中层以上领导干部举办了学习实践科学发展观系列讲座，亳州市委书记方春明出席讲座开幕式并讲话。讲座分四讲，第一讲为《深入学习实践科学发展观，不断提高企业党员干部综合素质》，由学会主任张蔚萍主讲；第二讲为《加强企业管理，加快技术进步，促进企业发展》，由国家人事部原常务副部长程连昌主讲；第三讲为《加强廉政风险防范建设，为企业发展提供政治保证》，由中央纪委副部级巡视专员戴俭明主讲；第四讲为《国际金融危机以来的国内外经济形势》，由学会副主任段若鹏主讲。古井集团董事长、总裁曹杰表示，古井集团目前正处在改革与发展承上启下的关键时期，面临诸多新的挑战和问题，开展深入学习实践科学发展观活动，对于发挥公司的比较优势，改造传统经营思路，实现全面营销和转型具有重大指导意义。通过这次的集体辅导学习，更加深刻地认识到开展学习实践科学发展观活动的重要性和必要性，增强了贯彻落实科学发展观的自觉性和坚定性，为集团的又好又快发展奠定了坚实的基础。

第六，经过两年的努力，学会组织编写了《新世纪党务工作全书》，2009 年 5 月已由中央文献出版社出版，全书共 350 多万字。这本书是在 2000 年出版的《党务工作全书》基础上的再版，并已按中央最新精神做了重新改写、修订和补充。

第七，调整学会、《年鉴》和育人用人科学专业委员会的组织机构，发展新会员和特约研究员，除名一些长期不与学会联系的会员和特约研究员，进一步提高了学会的威望，增强了学会的活力。

第八，与天津市委宣传部共同编撰出版了 2008—2009 年度《中国思想政治工作年鉴》，共 210 万字，现已由中央党校出版社出版。本《年鉴》主要赠送领导，适当发行，希望每位特约研究员和学会领导积极订阅和帮助发行。

第九，计划修订出版《新世纪思想政治工作大典》和《新世纪党的建设与组织人才工作全书》，目前编撰委员会已经成立，计划 2009 年底或 2010 年初出版。

第十，积极筹备今年学会年会，现已如期召开。在筹备这次年会的过程中，得到了学会理事刘立敏等同志的帮助。

总之，自学会成立以来，我们紧紧围绕胡锦涛同志的指示精神开展研究活动，基本做到了一年召开 1 次年会，一年编写 1 本《年鉴》，一年编写 1—3 本著作和教材；一年召开 2—3 次小型研讨会和座谈会。

思想政治工作是我们党的传家宝和政治优势，是一门治党治国的科学，希望大家通过学会这个阵地，把广大政工研究工作者团结起来，推动思想政治工作教学和科研的深入开展，推动政工人才的培养和政工队伍素质的提高，在力所能及范围内，为党的思想政治工作科学研究事业作出应有的贡献。

我的汇报就到这里，再次对各位多年来的关心和支持表示诚挚的敬意！再次对各位领导和同志们的到会表示衷心的感谢！

（此文是中共中央党校党建部副主任、教授、博士生导师，全国思想政治工作科学专业委员会副主任戴焰军在年会上所作的工作汇报）

深入学习实践科学发展观　满怀信心抓住机遇
推动经济社会又好又快发展

张蔚萍

按照党的十七大精神，中央决定从 2008 年 9 月开始分期分批在全党开展深入学习实践科学发展观活动。第一批已经告一段落，第二批从 2009 年 3 月开始到 8 月结束，主要在县市机关、国有企业、高等学校开展。参加第二批学习实践活动的地、市、州、盟有 401 个，县、市、区、旗 2792 个，国有企业 3.7 万个，高等院校 2263 个，铁路系统的领导班子有 1576 个，总计共有党员 2528 万名。参加第三批学习实践活动的乡镇、街道、社区、中小学和社会团体等单位共有 360 多万个基层党组织，约 4500 多万党员干部。党中央要求每个党员干部都要积极参加这次学习实践活动，通过学习调研、分析检查、整改落实，不断提高自身的综合素质，自觉为推动经济社会又好又快发展贡献力量。这次年会的主题就是联系实际学习贯彻科学发展观。下边，我想就如何深入学习实践科学发展观和推动经济社会科学发展问题，特别是怎样满怀信心推动企业又好又快发展问题，谈点学习体会，同大家一起研讨。

一、关于如何深入学习实践科学发展观问题

深入学习实践科学发展观，首先要深刻认识科学发展观。如果连什么是科学发展观都不懂，就谈不上深入贯彻科学发展观。为此，就要深刻理解科学发展观的基本内涵，全面把握科学发展观的理论体系。

(一)深刻理解科学发展观的基本内涵

党的十七大报告明确指出："科学发展观，第一要义是发展，核心是以人为本，基本要求是全面协调可持续，根本方法是统筹兼顾。"这是第一次对科学发展观的基本含义进行完整的理论概括。深刻理解科学发展观的基本含义，就要从第一要义、核心问题、基本要求和根本方法四个方面来理解和贯彻它的基本思想。

首先，要理解和贯彻"第一要义是发展"的思想。为什么要把发展看成第一要义？因为发展是硬道理，是国家富强的基础，是政权巩固的基础，是解决民生问题的基础。如果没有发展，国家富强、政权巩固和解决民生问题就没有物质财富作为基础，其他一切问题都谈不上。正是基于这种考虑，所以十七大报告指出："发展，对于全面建设小康社会、加快推进社会主义现代化，具有决定性意义。"为此，我们必须牢牢扭住经济建设这个中心，聚精会神搞建设、一心一意谋发展，不断解放和发展社会生产力；必须实施科教兴国战略、人才强国战略、可持续发展战略；必须把握发展规律、创新发展理念、转变发展方式、破解发展难题，提高发展质量和效益。

其次，要理解和贯彻"核心是以人为本"的思想。为什么要把以人为本看成是核心？因为以人为本是党的根本宗旨的体现，是发展经济的出发点和目的，是贯穿于科学发展各要素的一根红线。如果没有这根红线，科学发展各要素就不能形成一个有机整体，科学发展观就失去了灵魂。正是出于这种考虑，所以十七大报告提出"要始终把实现好、维护好、发展好最广大人民的根本利益作为党和国家一切工作的出发点和落脚点"；要"尊重人民主体地位，发挥人民首创精神，保障人民各项权益，走共同富裕道路"；要"促进人的全面发展，做到发展为了人民、发展依靠人民、发展成果由人民共享"。以人为本的实质是以民为本，其关键是"以人才为本"。要把人才资源看成是发展的第一资源，把人才队伍看成是先进生产力的第一要素，把人才开发看成是经济社会发展的第一动力。为此，就要高度重视人才，积极培养人才，科学使用人才，关心爱护人才，引导人才全心全意为人民谋利益，并要着力解决当前人民最关心的切身利益问题。

第三，要理解和贯彻"基本要求是全面协调可持续"的思想。这是今后经济社会发展的基本思路。就是说，今后经济社会的发展，不能走单一发展的路子，而要走全面发展的路子；不能走一手软一手硬的路子，而要走协调发展的路子；不能走只顾眼前发展的路子，而要走持续发展的路子。很明显，这是一条科学发展之路，是推动经济社会又好又快发展之路。这里说的全面发展，是指经济建设、政治建设、文化建设和社会建设全面推进；这里说的协调发展，是指现代化建设各个环节各个方面要协调一致运转，生产力与生产关系、经济基础与上层建筑要协调一致运转，发展速度与质量效益要协调一致运转，经济发展与人口资源和生态环境要协调一致运转；这里说的可持续发展，是指经济社会的长久发展和不断发展，只有坚持社会与自然的协调发展，才能做到可持续发展。

第四，要理解和贯彻"根本方法是统筹兼顾"的思想。这既是实现科学发展的根本方法，也是科学发展中应遵循的基本原则。统筹兼顾要求我们必须正确处理各地区、各部门以及上下左右各方面的关系，包括城乡、区域的关系，经济与社会、中央与地方、当前与长远、人类与自然、局部与整体以及国内发展与对外开放等方面的关系。在处理这些关系时，既要总揽全

局、统筹规划，又要抓住重点、着力推进，以保证经济社会全面、协调、持久地发展。

总之，科学发展观的基本内涵就是四句话，即第一要义是发展，核心是以人为本，基本要求是全面协调可持续，根本方法是统筹兼顾。科学发展观的精神实质是推动经济社会又好又快发展。学习实践科学发展观，一定要抓住它的实质。

（二）全面把握科学发展观的理论体系

科学发展观是一个动态的开放的理论体系，它在内部是由第一要义、核心问题、基本要求和根本方法四大部分组成的有机整体，它在外部是在科学发展观统领下，由构建和谐社会、建设创新型国家、建设社会主义新农村、建设社会主义核心价值体系和加强党的先进性建设等战略思想共同组成的开放型科学理论体系。只有这样来理解科学发展观，才能全面把握科学发展观的理论体系，才能把它作为中国特色社会主义理论体系的一个重要组成部分，才能把它作为马克思主义中国化的最新成果，才能把它作为党的各项工作的指导思想。

在科学发展观的宏观理论体系中，科学发展观处于构建和谐社会、建设创新型国家、建设社会主义新农村、建设社会主义核心价值体系和加强党的先进性建设统领地位，它像一根红线贯穿各项内容之中，主导着各方面理论的发展和创新。下面，从科学发展观与构建和谐社会等内容的关系谈谈这个理论体系的科学结构问题。

首先，构建社会主义和谐社会是贯彻落实科学发展观的必然结果，也是实现科学发展观的社会目标。只有坚持以人为本为核心的科学发展观，才能在实践中自觉构建以"民主法治、公平正义、诚信友爱、充满活力、安定有序、人与自然和谐相处"的社会主义和谐社会。可见，科学发展观主导着构建和谐社会的基本内容，决定着和谐社会的建立和发展。这就告诉我们，要构建和谐社会，首先必须学习实践科学发展观。

其次，建设创新型国家和建设社会主义新农村，是落实科学发展观的必然要求和战略部署。因为科学发展的过程，就是国家创新的过程。只有走科学发展之路，才能建设创新型国家，也只有依靠创新，才能实现国家的全面、协调、可持续发展。中国是一个人口众多的国家，多数人口在农村，艰难历程在农业，严重问题在于提高农民素质。所以，建设社会主义新农村，就成了建设创新型国家最艰巨的任务，也是落实科学发展观最艰巨的任务。只有社会主义新农村的建设目标实现了，实现全面、协调、可持续发展的大目标才能真正落实。正是出于这种考虑，我们党才把新农村建设作为落实科学发展观的一项战略部署提了出来。

第三，建设社会主义核心价值体系和坚持社会主义荣辱观，是贯彻落实科学发展观的思想道德基础。科学发展观的核心是以人为本，而以人为本的实质是强调依靠人民和为了人民推动发展。然而要依靠人民推动发展，就必须用社会主义核心价值体系武装人民，提高人民的思想道德素质。党的十六届六中全会决定指出，社会主义核心价值体系的主要内容有四个方面：一是马克思主义指导思想，它是这个核心价值体系的灵魂；二是中国特色社会主义共同理想，它是这个核心价值体系的主题；三是民族精神和时代精神，它是这个核心价值体系的精髓；四是社会主义荣辱观，它是这个核心价值体系的基础。实践证明，坚持不懈地用这个核心价值体系武装人民，就一定能提高广大人民的思想素质和道德素质，从而为推动经济社会科学发展提供强大精神动力。

第四，加强党的先进性建设是贯彻落实科学发展观的根本保证。我们党是科学发展观等一系列战略思想的创立者和贯彻执行者，这就要求全党同志必须永远保持先进性。只有保持先进性，才能真正实施"以人为本"的核心战略，才能始终坚持"全面、协调、可持续"发展的基本原则，才能运用"统筹兼顾"的根本方法。经验教训告诉我们，如果不保持党的先进性，就不可能领导经济社会科学发展。

总之，科学发展观在这一系列创新成果中处于统领地位，形成了有内在联系的、不可分割的理论体系。因此，用科学发展观来代表新一代领导集体在理论上的新贡献，来表述这一系列理论创新成果的名称，不仅能体现这一理论贡献的科学性和系统性，而且能体现这一理论贡献的时代性和包容性。所以，要深入学习实践科学发展观，除了深刻理解它的科学内涵之外，还必须从科学发展观与其他理论成果的关系角度理解它的理论体系构成。

二、关于坚定信心推动经济社会又好又快发展问题

学习实践科学发展观的实质，是要坚定信心推动经济社会又好又快的发展。又好又快发展是个战略思想，当前的具体要求是平稳较快发展。党中央反复强调，要实现平稳较快发展的目标，当前头等重要的问题，就是坚定信心问题。特别是在经济发展遇到了严峻挑战和困难的情况下，更是如此。胡锦涛同志讲，越是困难的时候，越要坚定信心。无论在革命战争年代，还是现代化建设时期，坚定信心最为重要。温家宝同志也强调，“信心比黄金和货币更重要”。他在这次人大会议报告中反复强调要增强信心；在答记者问的开场白中，5 次提到“信心”一词，强调要把这次会“开成提振信心和传播信心的会”。最近胡锦涛总书记和温家宝总理在外地视察工作时，再次强调树立信心的重要性。可见信心问题，是党中央和国务院最关心的头等重要问题。那么，信心从哪里来？中央常委一致认为，信心来自 8 个方面：一是来自中央对形势的科学判断和准确把握；二是来自已经制定和实施的一系列政策举措；三是来自推进工业化、城镇化进程中各方面的巨大需求；四是来自充裕的资金、丰富的劳动力资源等要素支撑；五是来自稳健的金融体系与活力增强的各类企业的贡献；六是来自改革开放 30 年建立的物质技术基础和体制条件；七是来自我国社会制度的优越性及其和谐稳定的社会条件；八是来自中华民族坚忍不拔、发愤图强的精神力量。这 8 个方面，归根到底源于两个大的方面，即源于理想信念的坚定性，源于客观事实之基础。所谓源于理想信念的坚定性，就是指源于对马克思主义的坚定信仰，对中国特色社会主义的坚定信念，对中国共产党的坚定信任。有了这“三信”，在任何风浪中都不会动摇，在任何困难中都不会丧失信心。所谓源于客观事实之基础，就是指我们的信心，不是凭空而生的，而是建立在客观事实基础之上的。从现实情况看，中国经济平稳较快发展有着强大的社会基础力量来支撑。对“强大的社会基础力量”，中央领导同志把它概括为 5 句话：一是有充裕的居民储蓄；二是有良好的银行资本；三是有巨大的城乡市场；四是有坚强的领导核心；五是有温暖的亿万民心。这五大社会基础力量，也是形势向好的方向转化的强大动力。下面对这五大社会基础力量具体作一分析。

（一）我国有充裕的居民储蓄，这是扩内需保增长的潜在力量

据统计，2009 年 2 月，我国城乡居民储蓄总量已超过 23 万多亿人民币，只要物价上涨控制在一定范围之内，这就是一大笔潜在购买力。中国和西方民众的消费储蓄观念不同，因而拉动需求增长的内在潜力也不同。美国居民的特点是超前消费、借贷消费，银行储蓄率很低，不到 3%，而我国居民习惯于节俭消费，储蓄率很高，现在已达 20%以上，是美国的 6 倍多。如果我们的社会保障进一步完善，消费政策合理到位，再加上人们的思想观念不断更新，这就会促使人们自觉从储蓄中拿出一部分来消费。若能拿出十分之一，就是几万亿呀。这样，潜在内需就会变成现实内需，保增长就有了可靠的市场基础。

（二）我国有良好的银行资本，这是社会主义金融体系的基本特色

中国金融体系的特色，特就特在它是在共产党领导下，由政府对银行、证券、保险统一监

管，中央、地方和基层一盘棋运转，形成一个互相配合、互相制约的有机统一体，因而能集中力量办大事。这些年来，党和国家对银行系统不断进行改革和整顿，进一步加强了监督和管理，不仅呆账、坏账大大减少，而且不良贷款也大大减少，存贷基本处于良性运转过程中，这就为保增长、扩内需提供了良好的基础货币条件。据统计，2009年2月，企业事业单位储蓄量已达25.5万亿，再加上居民储蓄23.7万亿，共计49.2万亿。国内银行总资产达到64万多亿，资本充足率达到银行总资本的99.5%。再加上我们还有2万亿美元的外汇储备，可以随时向国外投资，可以购买资源能源和我国现代化建设所需的一切。由此可见，我国有非常良好的基础货币条件，只要政策运用得当，对拉动投资增长能发挥巨大作用。相比之下，美国的投资银行体系已经倒塌，商业银行体系岌岌可危。据美国媒体透露，美国劣质金融产品市值高达62万亿美元，搞不好可能会引起商业银行和信用卡全面严重危机，这是几万亿美元也救不了的。然而我国的金融体系很安全，不仅银行资本数量充足、质量良好，而且运行机制也健康和稳定。我们不需要政府拿钱去救银行，而且银行还能为经济建设提供大量贷款。仅从2008年11月到2009年2月，就提供贷款近4万亿，3—6月份又增长2万多亿。可见，有良好的银行资本，这是保增长的金融货币保障。

（三）我国有巨大的城乡市场，这是我国经济平稳较快发展的特大优势

要扩大内需，不仅要有充足的资本和良好的金融体系，还要有巨大的国内市场。我国有世界上最大的城乡市场。这些年来，我们对开发国外市场和东南沿海市场倾注了大量心血，而对国内市场特别是中西部市场下的力量还不够；对开发大中城市市场高度重视，而对开发县域和乡村市场下的功夫还不够。因此，开发国内市场特别是中西部市场、开发县域和乡村市场，还有很大的潜力。统计显示，2009年1—5月全国社会消费品零售总额增长16.4%，其中县级以下增长15.6%。尤其要看到，当人均GDP由1000美元向3000美元过渡时，正是大城市和发达地区进入消费高潮之时，也是中西部地区和中等城市消费愿望开始增长之时。从目前的情况看，广大乡村包括不发达地区，也开始迈入现代化消费的门槛。最近电器下乡拉动销售量的事实，就说明了这个问题。要充分认识到，中国农村的消费市场大得很，随着中央“三农”政策的落实和新农村建设的发展，中国经济的内需增长有巨大的潜力和良好的前景。

（四）我国有坚强的领导核心，这是经济社会平稳较快增长的政治保证

共产党领导的全国人民代表大会制度和多党合作制度，是我国的基本政治制度。在这个政治制度中，党中央是全国的领导核心。进入新世纪以来，以胡锦涛为总书记的党中央，在现代化建设中充分发挥了领导核心作用。首先，党中央有很强的预见性和理论思维能力。及时提出了科学发展观，强调要坚持以人为本，实现经济社会全面、协调、可持续发展，逐渐把经济社会引向又好又快的发展轨道。实践证明，科学发展观不仅是指导我国经济平稳较快发展的科学理论，而且也是战胜国际金融危机和各种困难的强大思想武器。其次，党中央有很强的敏锐性和决策能力。及时调整了开发国内外市场的战略布局。早在进入新世纪前，中央就提出在开发国际市场和沿海市场的同时，必须把着眼点放在开发国内市场上，特别强调要大力开发西部地区市场和振兴东北工业基地，促使那些有远见的沿海外向型企业，把一部分力量向中西部地区转移，现在我们已经尝到了甜头。这不仅对全面实现社会主义现代化目标有重大战略意义，而且对当前扩大内需战胜困难也有现实意义。再次，党和政府有很强的果断性和应对突发事件的能力。从前几年出色地应对非典和洪涝灾害等事件，到最近一两年应对冰雪灾害、汶川地震和国际金融危机等事件，都表明党和政府有很强的应对突发事件的能力。特别是在当前世界经济动荡中，能把政府调控与市场调控两只手有机结合，见势早、判断准、行动快，及时采取了一系列应对措施。如，2008年2月，在危机刚露苗头时就提出了治理通货膨胀问题；5月份又根据新变化及时提出了“一保增长、二防通胀问题”；9月份为预防经济增长下滑又及时提出了实施审慎灵活的财政政策问题；10月份当负面影响加大时，进一步提出实施积极的财政政策和适度宽松的货币政策问题。正因为领导核心决策“准、快、及时”，所以在危机影响加重之时，仍能使我国经济在2008年保持9%左右的增长，并为2009年保8%的增长打下好的基础。可见，如果没有这个坚强领导核心，就没有今天我国经济社会发展的良好局面！

（五）我国有温暖的亿万民心，这是推动经济社会发展的强大动力

我国古代有句名言：得民心者得天下。我们党之所以能夺取政权和巩固政权，根本原因就是得民心。今天我们搞经济建设和应对危机，也要得民心，而得民心的关键是暖民心。温家宝总理在答记者问中说：“最重要的就是经过几个月的努力，中国人的心开始暖起来了。我以为，心暖经济暖。……我希望全体中国人都以自己的暖心来暖中国的经济。”这段语重心长的话告诉我们，中国亿万民众的心不是冰冷的心，而是温暖的心。这是战胜一切困难、催促经济回暖的强大动力。为什么说它是强大动力？首先，温暖的民心表明全民思想统一和社会稳定。如这次金融危机给实体经济造成了很大冲击，迫使一些企业亏损，导致几千万农民工返乡，使青年学生和农民工就业困难，但他们能够理解当前的困难，坚信党和政府能够领导全国人民克服这些困难。这种理解和坚信，是中国人民有觉悟的表现，是社会稳定的基础。其次，温暖的民心表明全党全民有同心协力奋斗的决心，而这种决心会化为坚定的信心。温家宝同志讲：“首要的还是要坚定信心。只有信心才能产生勇气和力量，只有勇气和力量才能战胜困难。”在13亿中国人民中，谁来带头战胜困难？是7500多万共产党人。在党员队伍中，干部有1200多万，基层党组织366万，处局级干部有55万。历史经验告诉我们，党员干部是人民群众中的骨干力量，要使亿万人民有信心，首先领导骨干必须有信心。革命导师列宁有句名言：要使别人不动摇，首先自己要坚定。所以，坚定信心，首先是领导骨干要有信心。领导骨干有了信心，就能采取有效措施积极应对危机，坚定不移地推动经济平稳较快发展。同时，信心还来源于对客观规律的认识。从历史发展规律来看，资本主义已经发展到了顶峰，逐渐开始回落，而我国还处在社会主义初级阶段，正处在新生事物的上升期和经济发展的战略机遇期。这就是我们有信心的重要客观依据。

三、关于怎样以积极乐观的态度抓住机遇求发展问题

面对国际金融危机带来的经济危机，我们应该采取什么态度？内蒙古阿尔山市离沿海地区较远，国际金融危机对这里的直接影响不大，但间接影响还不能忽视，比如沿海和外向型企业原本想到这里投资就暂时放弃了；世界经济衰退和我国一些企业面临困难，这些都对内地经济社会发展产生一定的影响。面对这场危机对我国的影响，党内和社会上有三种不同的态度：第一种是无所谓的态度。就是不大重视和研究这场危机对我国各地的影响，听之任之，麻木不仁。第二种是消极态度。就是往往只看到危机中的“危”，甚至过分夸大这种“危”，因而容易产生悲观思想。第三种是积极态度。就是能从“危机”中看到“机”，也就是看到发展的机遇，因而在行动中善于在危中求机、危中抓机。最近召开的一次座谈会上，许多专家学者和党政干部认为，在金融危机对实体经济的影响日渐加深的同时，积极迹象也开始显现。也就是说，金融之“危”也孕育着实业发展之“机”。“机”在哪里？具体表现在五个方面。

（一）人才资源回归之机

在过去经济高速增长中，金融成了高端人

才的集聚地和高收入的代名词。工业、农业、服务业等实体经济只能是人才退而求其次的选择。现在就不同了，许多人开始转变自己的发展方向，人才向实体经济回流悄然涌动。现在是培养和利用人才的大好时机，且不可忽视和错过这个机遇。

(二)资金投向回流之机

资金永远会流向更高回报的地方。要看到，当前危机不管怎么严重，它终会成为过去。金融危机过后必然更加重视实体经济。金融只是经济发展的工具，实体才是经济的支撑，才是长远利益。所以，国务院推出10项措施和增加4万亿投资主要投向实体经济，银行放贷也主要是贷款给实体经济。事实上，以这4万亿投资作为导向，必定会带动更多的商业银行贷款配套、地方配套，再加上国际金融资金、民间资本等其他资金的加入，肯定要比4万亿多得多。从过去的经验看，财政资金的放大效应一般为2至3倍，这样4万亿就会变成8—12万亿。有人说可能达到几十万亿。我们应抓住这个机遇，采取一切措施争取资金，并且要用好这些资金。从实践经验看，政府加大资金投入时，竞争力强的企业，往往能优先得到资金，竞争力不强的企业，往往得不到资金。所以当上级政府有了资金，下级就应科学论证，采取各种措施积极争取，使资金在振兴产业中发挥作用。

(三)技术创新和产业升级之机

创新的前提是敢创，关键是善于在新字上做文章，努力做到“六新”，即适应形势的新变化，吃透现实的新情况，形成决策的新思路，探索实施决策的新办法，开创工作的新局面，为国家作出新贡献。现在是我们创新的大好时机，决不可丧失良机。只有抓住创新之机，才能真正推动产业升级，增强产业的竞争力，提高新兴产业的效益。

(四)管理变革和利用资源之机

我们常说要把我国先进管理与国际先进管理结合起来，现在是结合的大好时机。因为我们可以借助金融之“危”带来的变革力量，抓住当前资金换市场、资金换资源的有利时机。从国家来说，这是与全球优秀资源和企业合作或联合，真正做到在“危中求机、化危为机”，力争在危机中抓住机遇实现新一轮大发展之机。现在，我国正以国际金融危机为契机收购国外资源。我国是资源短缺、资金充裕的发展中国家，必须抓住这个有利时机。仅2009年2月就达成几十项协议，比如，以4.99亿加元收购了加拿大一个很大的能源公司；与委内瑞拉签订协议，每天进口36.4万桶原油；与俄罗斯签订了250亿美元的能源协议；与澳大利亚签订了195亿美元的铝业合同和17亿美元的锌矿合同。另外，进出口总额2009年6月份比上月增长11.2%，出现了回缓的趋势。要认识到，金融危机有两重性，要善于在“危”中抓“机”，千万不能失去这个千载难逢的好机遇！

(五)思维变革和思维现代化之机

我国的著名企业家张瑞敏和鲁冠球有句名言：“思路决定出路。”这里讲的思路，主要是指发展的新思路。那么发展的新思路从何而来?他们认为是从实践中产生的新思维而来。比尔·盖茨也说过，新思维决定新思路，新思路决定新出路。我们要在这场危机中找到新的出路，必须实现思维变革，树立现代化思维方式。

思维科学告诉我们，现代化思维方式具有四个重要特征。一是善于战略思维，即善于从全局性、长远性、根本性来思考问题，并能把握好全局与局部、长远与暂时、根本与非根本之间的辩证关系，在解决策略问题的过程中实现战略目标。二是善于创新思维，即善于从开拓性、预见性和超前性来思考问题，并能把握好机遇与挑战、继承与创新、与时俱进与稳步前进的辩证关系，在解决新课题的实践中及时抓住机遇实现创新目标。三是善于立体思维，即善于从各个方面、各个角度、各个层次透过现象看本质来思考问题，并能把握好点性与线性、面性与立体、环节与系统、低层与高层、表层与深层之间的辩证关系，在历史发展地、全面系统地分析问题的过程中得出科学结论。四是善于效益思维，即善于捕捉最新信息，用最低成本、最快速度取得最佳效果，并能把握好信息的收集与加工、判断与推理、过程与结果之间的辩证关系，在科学的运筹中获得最好效果。实践证明，只有认识和掌握了现代化思维的这些基本特点，才能自觉地以改革创新精神推进科学发展和现代化建设事业。

在改革发展的进程中，我们讲的不是一两个人的现代化思维，而是讲整个干部队伍的现代化思维。整个干部队伍的现代化思维又称思维能力和方式的现代化。我们党尽一切努力要实现干部队伍思维能力和方式的现代化。然而，实现思维能力和方式现代化是一件很不容易的事情，因为这是思维领域的一场变革。那么，如何采取有效措施实现思维能力和方式的重大变革呢？有两点要加以强调：一是各级党委和领导干部要高度重视这场思维领域的重大变革，认真研究思维能力和方式现代化的条件和规律，把它提到党委重要议事日程加以讨论，把思维能力和方式现代化纳入干部培训计划之中，并且要运用舆论工具加强这方面的宣传，以引起全社会的重视和关注。各级党组织要特别重视"三抓"，即抓教育、抓管理、抓监督。这是实现思维方式现代化不可缺少的措施。二是从个人角度讲，各级干部要重视这方面的学习和实践，把学习、训练、实践、总结四个环节结合起来。学习，是指既要学习哲学特别是辩证唯物主义认识论，又要学习思维科学和当代新科学知识，掌握思维能力和方式现代化的内容和特征；训练，是指既要联系思想实际改造自己的小生产思维方式，又要结合思想实际养成善于战略思维、创新思维、立体思维和效益思维的习惯，不断提高自身的理论思维能力；实践，是指要结合工作实际，按照现代化思维形成的新思路及时作出正确决策，采取切实有效的措施扎扎实实地开创各项工作的新局面；总结，就是在不断总结实践经验中提高自己的认识能力，从而把感性认识上升到理性认识，增强自己的预见性和鉴别力。这四个环节是培养现代化思维能力的重要环节。只要各级党政领导高度重视，广大干部不断努力，我们的现代化思维能力和方式就一定会有一个新的提高，党员干部的工作能力和方式也一定会不断改进和创新，从而推动社会主义现代化建设进一步发展。

（此文是作者在全国思想政治工作科学专业委员会第十六届年会上的专题讲座）

当代世界格局与中国和平发展道路

宫　力

随着经济全球化的迅猛发展和国际金融危机的冲击，当今的世界局势正在发生深刻的变化。各大国都在根据新的情况，制订新的战略和策略，力图在新的力量对比和国际格局调整的基础上，占据一个有利的位置。在这种背景下，中国要抓住机遇，高举和平、发展、合作的旗帜，始终不渝地走和平发展道路，创造一个良好的国际环境，争取在21世纪的世界舞台上有所作为。

一、世界格局的含义与历史演进

世界格局是指世界主要战略力量（大国或大国为核心的集团）的实力结构和战略关系，是较长时期世界主要战略力量相对稳定的态势。

国际政治学界通常以"极"为单位称谓世界格局，如两极、多极格局等。所谓"极"是指世界格局中的主要战略力量。“极”的实力由多种要素构成,体现的是综合实力和影响力。其中经济是基础,军事力量是衡量“极”的重要标准。

世界格局伴随近代国际关系开始出现。1648年《威斯特伐利亚和约》,结束了欧洲长达30年的战争,形成了欧洲列强的均势结构,在此之后,世界格局在360年间经历了4次重大转变。

第一次是1815年拿破仑战争后的维也纳格局,这是一个欧洲多极格局。英、俄、普鲁士、奥地利这些主要战胜国重新划分了势力范围,形成了“欧洲协调”的局面。

第二次是1922年第一次世界大战后的凡尔赛——华盛顿体系,改变了原有的格局。由于德国战败,奥匈帝国解体;英法虽是战胜国但受到较大削弱,美国、日本崛起成为强国。

第三次是1945年第二次世界大战结束后的两极格局。德国、日本、意大利战败,英、法虽是战胜国但遭受重创,美国和苏联以雅尔塔协定为基础划分了势力范围。尔后形成美国和苏联集团的长期冷战对峙局面。

第四次是冷战结束后,多极化趋势在曲折中发展,形成“一超”多强的战略态势,世界格局出现重大转折。

二、当代世界格局的基本特点

当今世界格局的主要战略态势是:世界多极化趋势不可逆转,求和平、谋发展、促合作成为不可抗拒的时代的主流,国际环境保持总体稳定,但影响和平与发展的不稳定不确定因素也在增多。

新世纪之初,美国曾试图构建一个以美国为主导的单极世界,但由于伊拉克战争,美国的软实力受损,硬实力也受到很大消耗,已陷入泥潭。美国的单极世界的目标,受到诸多因素的制约,已不可能实现。多极化的趋势是阻挡不住的。这是因为,当今世界上的几大力量(“多强”)都主张多极化,在美国内部,也有越来越多的战略家逐渐意识到单极世界的目标很难实现。广大发展中国家也反对单极世界,支持推动世界多极化的趋势。世界上绝大多数国家都不赞成由一个超级大国垄断国际事务,这是大势所趋。

目前,“一超多强”的力量对比已向“多强一超”的布局倾斜,这一国际政治的新的现实表明,世界多极化的趋向有了进一步的发展。可以看见的是“多强”在处理国际事务的地位和作用已呈大幅上升之势。中国的综合国力继续上升,以实力为后盾的中国外交空前活跃,在国际上的影响力与日俱增;欧盟一体化的进程加速,更加强调独立地处理欧洲事务;俄罗斯走出低谷,出现回升的趋势,在外交上对美趋向强硬;而美国受到反恐战争和伊斯兰反美浪潮的牵制,其独霸世界的企图难以实现。

三、国际金融危机对世界格局影响

目前,由美国开始的金融危机和经济危机已迅速地席卷全球,造成了难以估量的损失,不能不对当今的国际战略力量对比和世界格局的走向产生深刻影响。美国历史学家保罗·肯尼迪说得很对:“在国际关系史上,一场跨越国界的大动荡常常会动摇旧世界的根基。”而战略学家的责任,就是要在“随后的混乱和喧嚣中”,通过冷静和客观的分析,透过纷繁的表象和迷雾,来“认清已被改变的战略版图”,并由此确立自己的战略和策略。

在这场金融风暴中,美国、欧洲、日本相继遭受重创,2009年都进入了负增长的困难时期,实力地位受到一定程度的削弱。据世界银行估计,今年发达国家经济体将是负增长4%。中国经济也受到冲击,但毕竟没有处在震源的位置,仍有希望实现增长8%以上的速度,并将率先走出低谷。

金融危机使全球经济发生了深刻变化,主要战略力量对比也在发生变化,由此必然影响到世界格局。从G7到G8,再到G8+5,一直到G20在应对金融危机中发挥越来越重要的作用。这一过程再好不过地体现了世界经济格局和世界经济秩序在过去几十年中变化的轨迹和发展的趋向。曾几何时，以美国为核心的G7，一直主导着全球经济和金融事务。但在金融危机爆发之后，这个集团的局限性和新兴大国参与世界经济的政策协调和金融合作的重要性已为越来越多的政治家所认识。巴西财政部长曼特加在伦敦G20峰会前表示，G7已不再是世界经济问题的主导者，G20的有效性和机构体制需要得到进一步加强。法国总统萨科齐在多哈举行的联合国会议上也意识到："如今，没有中国、巴西等新兴国家，你解决不了全球经济危机，因此G8已经过时了。"

与此同时，世界经济格局的变迁也在呼唤新兴国家发挥更大的作用，取得更多的话语权和投票权，但这不会一蹴而就，这将是一个渐进的过程。在G20峰会上，新兴大国和发展中国家已经发出了自己的声音，开始谋求发展中国家在国际货币金融体系中的更多地位，提出了提升发展中国家在金融体系中的知情权、话语权和投票权的正当要求。当然，希望以美元为主导的国际金融体系立刻就发生根本改变是不现实的，但是，我们可以看见的是，以美国为核心的G7主宰世界经济事务已经难以为继，变革时代已经来临，发达国家为了渡过难关，也在不断调整和适应新的情况，开始接受和正视新兴大国正在崛起这一巨大的现实，这是一种趋势性的变化。

谈到国际战略力量的消长和金融危机对世界格局的影响，不能不提到美国的实力地位和美国霸权的变化。美国在冷战结束后，它的经济在世界中的比重从20世纪90年代初的25%左右一度上升至本世纪初的32%左右，达到了一个高点。所以，小布什在第一任期内的单边主义不是偶然的，是以实力的增长为后盾的。但是物极必反，2002年和2003年美国分别发动阿富汗战争和伊拉克战争，打了六、七年仍不能摆脱困境。由于美国过度伸展力量，其硬实力受到严重消耗，进入战略透支期。其软实力也因其发动伊拉克战争的合法性遭到质疑，而受到削弱，其作为"世界警察"的道德基础和道义威信一落千丈。再加上这次金融危机的打击，美国不仅在经济上遭到重创，而且由于其缺乏监管的金融体制导致了全球性经济灾难，把世界各国都变成了牺牲者，因此不可避免地受到世界各国的指责和诟病，其软实力进一步下降。

现在的美国经济在世界经济中的比重已从本世纪初的32%左右逐渐回落至2008年的22%左右。金融危机已经使美国经济受到重创，复苏将经历漫长的过程。可以预见的是，经过本轮金融危机的冲击，美国经济在世界经济中的比重还会继续下滑，而不是上升。这表明，美国维持霸权的经济能力受到严重削弱。随之而来的是美国操控国际局势的能力也在下降。

虽然美国经济迟早能够复苏，美国也有走出危机的能力，在危机过后，美国仍将是世界上最大的经济体，仍将有着超群的军事实力，仍将是世界上最为强大的国家，其政治、社会和文化仍然对一些国家有一定的吸引力。但是，这不能改变美国在世界战略格局中的优势地位已呈相对下降之势的客观事实，而且这一趋势由于近些年中、印等新兴大国经济的强势增长而变得更加清晰可辨。

在本世纪初，战略学界还在讨论美国单极世界的目标是否能够得逞的问题。几年过后，就连美国自己也再不认为那是一个能够可以实现的目标。美国的实力地位和对国际事务的操控能力已很难再回到2000年的高点。

在经历了阿富汗战争、伊拉克战争和金融危机之后，美国已不再是原来那个说一不二的美国。美国新一届奥巴马政府当选后放低身段，开始向多边主义靠拢，不仅仅是个人风格的问题，深层次的原因是美国已很难再一手遮天。英国外交大臣米利班德在接受意大利媒体采访时将G20伦敦峰会的意义表述为："单极时代在4月2日结束。我们将会得到重要机会，使我们能够开始在同一个平面上讨论和分析具有重要意义的国际问题。多极时代将会开启。20

国集团领导人会谈真正的政治意义就在于此。”我认为这并非是夸张之辞。2009 年 9 月在美国匹兹堡召开的 G20 峰会再次强化了 20 国集团的作用。

当今世界处在一个大发展、大变化、大调整的时期。金融危机不仅冲击现存的世界格局，而且前所未有地激起了发展中国家要求变革国际秩序的愿望与决心。这对中国这样一个后起的大国而言，也蕴含着巨大的机遇。现在很多国家不仅希望倾听中国的声音，而且期待中国在国际秩序的变革中发挥更大的作用。因此，中国应当首先把自己的事办好，在保持国内稳定和持续发展的基础上，也应义不容辞地积极参与建立在共同利益基础之上的应对金融危机的国际合作和协调行动，并以此为契机，推动国际秩序朝着公正合理的方向来发展。

我们应当看到，当代国际秩序仍然有许多不公正不合理的地方，但中国在现有的国际政治经济秩序中的地位已呈逐步上升之势。在这种情况下，中国应积极参与国际政治经济秩序的建设与变革，以渐进的方式、和平的方式、民主的方式改革现有国际政治经济秩序中的不合理的方面，不断提升自己的作用和影响力，并由此逐步确立起中国是一个负责任大国的地位和形象。

四、世界格局中的大国关系

中国外交中有“大国是关键”的提法，表明了大国因素在世界格局和国际秩序中的重要性。冷战结束后，世界上大国之间的关系已发生重大的变化，目前大国关系的特点是互相借重与互相竞争并存，各大国更注重综合国力的竞争。

当前，重视发展战略已成为世界各大国的主要政策取向。国际形势出现许多新的特点，非传统安全因素持续上升，促使大国间的合作意愿进一步增强。世界局势从总体上看仍然趋向缓和，世界上维护和平的力量仍在增长。

在这种背景下，中国首先要发展自己，并致力于建立以不结盟、不对抗、不针对第三方为主要特征的新型大国关系。这是促进大国关系良性互动的有效手段。今后，中国要进一步推动大国关系发展，以增加中国外交的回旋余地。

中美关系在中国对外关系中具有举足轻重的作用。中国要和平发展，必须妥善处理中美关系，以缓和矛盾，减少阻力，创造有利于中国和平发展的外部条件。目前，中美关系仍有继续改善的空间。美国以反恐、防止核扩散为第一要务，特别是反恐的艰巨性和长期性扩大了中美合作的基础，并且决定了美国在近中期不大可能把中国作为主要的敌手。此外，由于伊拉克战争，伊斯兰民众反美情绪高涨，美国想以伊拉克为民主样板进而改造伊斯兰世界的如意算盘遇到较大的阻力，不是短时期能够解决的。在这种背景下，中美关系有理由进入一个新的相对稳定的时期。

2009 年 4 月 1 日，在应对金融危机的 G20 伦敦领袖峰会期间，中国国家主席胡锦涛和美国总统奥巴马举行会晤，进一步确立了要发展“积极、合作、全面的中美关系”的定位，这是 21 世纪中美关系的一个新的定位，具有重要意义。

当然，现在中美关系中仍然存在着一些深层次的矛盾和分歧。例如，在中国周边，美国借反恐之机，已在中亚立足，其着眼点固然有反恐之需，但也有防范中国和俄罗斯的一面。另一方面，美日同盟、美韩同盟也有牵制中国之意。在这种背景下，为了确保中国的和平发展和周边的安全，中国以上海合作组织和东亚区域合作构筑稳定周边的战略依托，妥善处理同周边的关系，以抵消美国在中国周边的渗透，减低美日同盟、美韩同盟对中国带来的不利影响，并消除邻国对中国的担忧，创造有利的周边氛围，确保中国在周边的战略态势中争取主动。

此外，美国坚持对台军售问题、人权问题，以及中美贸易磨擦问题等也对中美关系构成一些隐忧。美国在对台出售武器等方面的态度在短期内不易改变。不过，美国的民意测验也显示，美国人民不愿意因为台湾问题而卷入同中国的一场战争。中美之间有3个联合公报和美国不支持台湾独立的承诺，这是中美之间的共同点。在人权问题上，中美两国由于社会制度、经济发展水平和价值观念上的差异，存在不同的看法乃至分歧，应该说是正常的现象。而人权问题作为当今国际社会普遍关注的问题在中美之间也是应该和可以进行讨论的。这里的关键在于，讨论人权问题首先应该有一个平等的态度，不能借人权问题向别国施压，更不能以此干涉别国的内政；其次，衡量一个国家的人权状况，应注意其经济发展水平和具体国情，不能一厢情愿地认为只有自己的那一套最好，并用来生搬硬套，强加于人；第三，事实证明，世界上没有哪个国家在人权问题上是完美无缺的，改善人权状况，是各国共同面临的课题，没有哪个国家可以光指责别人，而丝毫听不得不同意见。中美之间只有在这样的基础上，讨论人权问题，才有可能做到更客观一些，也更容易找到一些共同语言进行沟通。

多年以来，中美关系风云变幻，时而雷电交加，时而雨过天晴，究其原因，在许多看似偶然的历史表象的背后，有四个突出的基本因素在起着支配性的作用，这就是：台湾问题、人权问题、安全因素和经贸因素。这是值得我们在总结历史经验的基础上，认真加以研究的。

在这些影响中美关系全局的基本因素中，有的是由来已久的老问题，但在新的历史条件下，又增添了新的内涵；有的则是原来中美关系中的次要因素，随着国内外形势的变化，转化为突出的问题。这是我们观察中美关系走势时需要特别加以注意的。

由于影响中美关系的因素非常复杂，而且双边关系是互动的。因此，同美国的交往应积极扩大合作面，多强调两国之间的利益汇合点，妥善处理两国间存在的分歧，尽量限制对抗的一面。为此，我们在对外宣传上要注意把握分寸，尽可能地留有回旋的余地。对外要努力树立我国改革开放、和平外交的形象。西方希望“把中国作为一个维持现状的大国融入国际战略秩序中”。中国不能按西方的意愿行事，但要以主动的姿态融入国际社会，并要在国际事务中有所作为。

在新世纪的大国关系中，中日关系呈现出一种复杂的局面。在2001至2006年，日本首相小泉实行“挟美制华”的方针，中日关系因其多次以公开身份“强硬”参拜靖国神社而陷入低谷。

小泉的倒行逆施引起国际国内的强烈反响。在国际社会和国内形势的压力之下，日本开始反思小泉“五年冰冻期”的对华政策，发出改善中日关系的信号。中国方面给予了积极的回应。

在此背景下，2006年10月，安倍访问中国，展开“破冰之旅”，终于打破了中日首脑互访长期中断的政治僵局。中日双方同意构建一种新的关系框架，即“基于共同战略利益的互惠关系”。但安倍同时展开“价值观外交”，欲在亚太建立“日美澳印价值观联盟”，也有防范和牵制中国之意。

2007年4月11日，温家保总理访问日本，展开“融冰之旅”，就构筑“基于共同战略利益的互惠关系”的基本内涵与日方达成共识。

2008年胡锦涛访问日本，中日双方就建立“战略互惠关系”，保持领导人定期互访，开展能源、环保、金融等重点领域合作，扩大人文交流，东海问题，加强防务交流和政治安全对话等进行了全方位的商讨。双方达成许多重要共识。

中日两国首脑互访的成果表明，中国与日本虽然有诸多矛盾，但两国在许多重要问题上也有共同点，日方主动提出与中国建立“战略互惠关系”，是日本领导人多年来首次将对华关系定位于“战略”层面。

2009年9月，日本政界变天，自民党下台，重视回归亚洲的民主党人鸠山就任首相。在此背景下，改善中日关系面临着新的机遇。首先是中日经济贸易互补性强，这是更为长久的战略性的因素；其次是双方在构筑东北亚的安全体系方面有共同点，维护东北亚的和平与稳定符合中日两国的根本利益；第三是东亚经济整合的大趋势，有利于中日合作，实现共赢。因此，中日两国应该通过双边或多边对话，解决东北亚和整个亚太地区的问题，并促成东北亚各国间关系的良性互动。中日两国还可在东亚经济一体化的框架内加强合作。

处理好中日关系对维护亚太地区和平与稳定至关重要。日本是中国的近邻，同时也是亚洲有影响的大国。因此，从中国走向现代化和维护国家安全的长远角度看问题，我们应以中日两国首脑互访为契机，着力改善和稳定中日关系。这是中日两国努力的方向。

苏联解体后，俄罗斯的实力受到很大的削弱，但它仍然是世界上幅员最为广阔的国家，具有东山再起的潜力，并且拥有很强大的军事力量，在国际事务中具有重要的影响力，仍然是国际社会中一支较为重要的力量，因此要进一步加强和深化中俄面向21世纪的战略协作伙伴关系。同俄罗斯保持友好合作关系不仅有利于中国的国家安全，同时也有利于实现中国的对外战略目标。中国和俄罗斯在推进世界多极化进程、反对美国的霸权主义政策；相互支持对方维护领土主权完整；促进中亚和朝鲜半岛的安全与稳定；发展双方经济贸易合作和民间交往等方面具有广泛的共同点。因此，进一步发展中俄关系对于世界的和平与稳定具有战略意义。

2007年3月，中国国家主席胡锦涛再次访问俄罗斯，与俄罗斯总统普京共同启动了俄罗斯的“中国年”活动，共举办了200项形式多样的活动，为中俄战略协作伙伴关系长期健康稳定发展增添了新的活力。

今后，我们要在此基础上，进一步加强双方在国际事务和经济贸易方面的合作与协调，把中俄面向21世纪的战略协作伙伴关系提高到一个新水平，并使其具有广泛性和持久性，以维护世界局势的稳定与发展。

发展同法、德、英等欧盟国家的关系在中国对外战略中占有重要地位。中国和欧盟国家都是推动世界多极化趋势向前发展的重要力量，双方在维护世界和平与稳定、促进经济共同发展方面有许多共同利益。

目前，欧盟已成为中国第一大贸易伙伴，这有利于减少中国对美国市场的过分依赖。欧盟国家还一直是中国引进外资和先进技术的重点地区。因此，发展中欧关系具有重要的战略意义。

五、中国和平发展道路的战略取向

“始终不渝走和平发展道路”是中国根据时代发展潮流和自身根本利益作出的战略抉择。和平发展的新道路，新就新在它在人类历史上第一次超越后起大国传统的崛起之路，不是通过军事扩张、掠夺资源、争霸或称霸，而是通过和平的方式、渐进的方式，主要依靠自己的力量，发展内需，挖掘潜力，改革创新，落实科学的发展观，走有中国特色的富民强国之路，积极参与国际经济技术合作与竞争，在与经济全球化相联系的历史进程中，在改革开放的大背景下，独立自主地建设有中国特色的社会主义，促进国际社会互利共赢和共同发展，争取在本世纪中叶实现中国和平发展的战略总目标。正因如此，中国对内寻求和谐，对外寻求和平。中国需要争取和平的国际环境来发展自己，又会以自身的发展来维护世界和平，促进共同发展。

目前世界人民面临着共同的发展机遇，同时也面临着共同的各种挑战。当今的世界已经发生深刻的变化，和平与发展已成为时代的潮流，人类社会出现了光明的前景，国际大环境有利于世界人民分享发展机遇，推动建设和谐世界。世界局势从总体上看趋向缓和，世界上维护和平的力量持续增长，制约战争的因素不仅仍然存在，而且还将继续增长。同时，经济全球化使各国之间的相互依存和互有所求不断加深，使包括中国和世界各国的利益紧密相连，共同利益日益增多，从而使各方通过双赢、多赢方式实现共同发展成为可能。全球化的经济需要全球性的合作。另一方面，许多全球性问题，诸如生态环境恶化、能源短缺、流行性疾病传播、核扩散、国际恐怖主义等问题也对人类构成新的挑战，需要世界各国加强合作，共同面对。

正是在这种情况下，“共同分享发展机遇，共同应对各种挑战，推进人类和平与发展的崇高事业，事关各国人民的根本利益，也是各国人民的共同心愿。我们主张，各国人民携手努力，推动建设持久和平、共同繁荣的和谐世界。为此，应该遵循联合国宪章宗旨和原则，恪守国际法和公认的国际关系准则，在国际关系中弘扬民主、和睦、协作、共赢精神。政治上相互尊重、平等协商，共同推进国际关系民主化；经济上相互合作、优势互补，共同推动经济全球化朝着均衡、普惠、共赢方向发展；文化上相互借鉴、求同存异，尊重世界多样性，共同促进人类文明繁荣进步；安全上相互信任、加强合作，坚持用和平方式而不是战争手段解决国际争端，共同维护世界和平稳定；环保上相互帮助、协力推进，共同呵护人类赖以生存的地球家园”。

在“始终不渝走和平发展道路”和“推动建设持久和平、共同繁荣的和谐世界”的理念下，中国外交政策的宗旨，是维护世界和平，促进共同发展。中国的外交工作的目标是要积极争取一个较长时期的和平环境，以推进中国的现代化建设，并与各国共同致力于建设一个持久和平、共同繁荣的和谐世界。

走和平发展道路和推动建设和谐世界，就要继续扩大对外开放，这是中国的基本国策。近几年来，在阐述开放战略之时，中国特别强调“互利共赢”四个字。这是因为，以加入世界贸易组织为标志，中国对外开放已发展到一个新的阶段，开始在更大范围、更广领域、更高层次上参与国际经济合作和竞争。与此同时，一些国家对中国高速发展会不会损害别人的利益，妨碍别人的发展也深表关切。

对此，胡锦涛在十七大报告中指出：“中国将始终不渝奉行互利共赢的开放战略。”其中“互利共赢”四个字反映了中国对外开放的新理念和新思维。这就是不仅顾及本国的利益，同时兼顾别人的利益，在开放中与世界各国共同发展，共同繁荣。胡锦涛指出：“我们支持完善国际贸易和金融体制，推进贸易和投资自由化便利化，通过磋商协作妥善处理经贸摩擦。中国决不做损人利己、以邻为壑的事情。”这是中国对国际社会的庄严保证。

六、中国和平发展的外交总体布局

党的十七大报告指出：“中国坚持在和平共处五项原则的基础上同所有国家发展友好合作。”体现了中国全方位外交的总体战略思路。

在与发达国家的关系方面，党的十七大报告强调要“继续同发达国家加强战略对话”，增进互信，深化合作，妥善处理分歧。国际形势出现许多新的特点，非传统安全因素持续上升，促使大国间的合作意愿进一步增强。中国和平发展首先要壮大自己，同时需要加强同发达国家加强战略对话。在“加强战略对话”的基础上，中国将着眼于世界大局，从长远的战略观点出发，不过分计较社会制度和意识形态的差别，争取在和平共处五项原则的基础上，与发达国家扩大共同利益的汇合点，同时妥善解决彼此之间的分歧，进一步推动与发达国家关系的良性互动。

在周边关系方面，党的十七大报告强调要“继续加强同周边国家的睦邻友好和务实合作”。目前，中国与周边国家之间的关系处在建国以来最好的时期之一。为了实现和平发展，中国努力实行“睦邻友好和务实合作”的周边战略，即以中国的和平发展为前提，以经济合作为主题，兼顾政治、军事、文化、环境等多种务实合作，营造安全可靠、经济繁荣、长期稳定的周边和平环境。为此，中国将积极发展参与区域经济合作，采取积极有效的具体措施加速实现东亚自由贸易区的战略设想。这是实现睦邻友好和务实合作的有效途径。

在与发展中国家关系方面，党的十七大报告强调要“继续加强同广大发展中国家的团结合作”。发展中国家历来是中国在国际事物中可以依靠的力量，在中国和平发展，推动建设和谐世界的进程中，加强同发展中国家的团结和合作仍然是中国外交的基本立足点，我们要充分发挥中国同发展中国家在国际重大问题上互相支持的政治优势，在国际斗争中争取多数，增加中国的回旋余地。今后，中国将进一步在国际事务中注重与发展中国家磋商协调，维护他们的正当权益。在解决地区性的冲突与矛盾中，采取积极、稳妥、推动和平解决的方针。在经济贸易方面，应继续向一些发展中国家提供力所能及的援助，并按照互利互惠、共同发展、形式多样、讲求实效的原则探索新的合作途径。中国在重大场合要为发展中国家说话，要使发展中国家从中国和平发展中，从与中国的合作和相互支持中得到好处。

在多边外交方面，党的十七大报告强调要"继续积极参与多边事务，承担相应国际义务，发挥建设性作用"。这是因为，近年来多边外交日趋活跃已成为国际社会的一个重要现象。这是人类进步的表现。主权国家通过国际会议和国际组织在广泛的领域展开国际合作，有利于促进世界和平与共同发展，有利于促进国际关系民主化。因此，中国在和平发展的进程中要发挥负责任的大国作用，必须十分重视开展多边外交活动。

今后，中国将以联合国为主要舞台，以亚太，特别是东亚地区为重点，积极参与多边外交活动，在联合国大会、亚欧会议、亚太经合组织、中国——东盟首脑非正式会晤、东亚领导人会晤等多边外交场合和国际及区域性组织中发挥重要作用，争取在国际事务中有所作为，逐步扩大中国的影响，有力地维护中国的主权和正当权益，并为解决人类共同面临的重大问题做出应有的贡献。

（作者：中共中央党校国际战略研究所所长、教授，全国思想政治工作科学专业委员会副主任）

纪念毛泽东同志诞辰 116 周年理论研讨会召开

杨　光

2009 年 11 月 15 日，由中央党校中国市场经济研究会主办的"纪念毛泽东同志诞辰 116 周年理论研讨会"在人民大会堂隆重召开。

全国人大常委会原副委员长顾秀莲、中共中央党校原副校长刘海藩、解放军总政治部原政委周克玉、解放军总后勤部原政委张文台、文化部原常务副部长高占祥、原中顾委常务副秘书长郝盛琦、中央人民政府办公厅原交际科科长郭英、中国市场经济研究会秘书长李连明等领导同志和有关专家、企业代表约 200 余人出席了研讨会。

研讨会由中央党校原教育长王瑞璞主持。顾秀莲同志宣布研讨会开幕。与会人员围绕毛泽东同志对中国革命和建设事业的伟大贡献进行了认真热烈的研讨。大家一致认为，从 1921 年我们党建党到现在是 88 年的历史，从 1949 年建国到现在是 60 年的历史，88 年也好，60 年也好，在历史发展长河当中只不过是短短的一瞬。但这个发展过程波澜壮阔，我国社会主义改造、社会主义建设取得了辉煌的成就。这是中华民族发展史上最光辉灿烂的 88 年，在这期间，我们创建了新中国，走上了社会主义光辉之路，改革开放使中华民族成为一个强大的国家。这是在毛泽东思想指引下，我们党不断进行伟大创新的结果。毛泽东思想告诉我们，要走社会主义道路，只有社会主义才能救中国。新中国诞生之后，我们坚定地走上了社会主义道路。今天讲中国特色社会主义，前提是社会主义。如果我们没有迈进社会主义，不坚持社会主义道路，就谈不上特色不特色的问题。中国特色社会主义，主体是社会主义，特色是更加符合中国实际，是从中国实际出发的社会主义。这个理论、路线、政策是毛泽东奠定的，是毛泽东思想指引我们走上社会主义道路，同时在毛泽东思想的指引之下，奠定了社会主义政治制度基础、经济制度基础。所以我们今天讲科学发展，理论起点是毛泽东思想，制度起点是毛泽东奠定的社会主义政治制度、社会主义经济制度，我们在这个理论、这个基础上继续前进。我们要以实际行动把我们党建设得更好，努力开创中国特色社会主义事业的新局面，这是对毛泽东同志的最好纪念。

应中国市场经济研究会的邀请，全国思想政治工作科学专业委员会主任张蔚萍和学会办公室主任杨光参加了本次会议。张蔚萍同志在会上作了“毛泽东对党的建设的伟大贡献”主题报告，受到与会代表的高度评价。

（作者：全国思想政治工作科学专业委员会办公室主任）

毛泽东对党的建设的伟大贡献

张蔚萍

我们党在建国以来若干历史问题决议中，从政治、经济、军事、外交、文化和党的建设等方面，全面论述了毛泽东同志的伟大贡献。毛泽东对中国革命和建设事业的伟大贡献，我国人民永远铭刻在心里。去年，我们学会及陕西一些单位纪念毛泽东同志诞辰 115 周年时，江泽民同志亲笔写了“毛泽东同志永远活在人民心中”的题词，反映了老一辈领导人和全国人民对毛泽东同志的深切怀念。今年举行建国 60 周年庆典时，游行方队醒目地打出了“毛泽东思想万岁”的宏大条幅，不仅反映了以胡锦涛为总书记的党中央坚定不移地高举毛泽东思想伟大旗帜的决心，而且反映了中国人民对毛泽东及其伟大思想的怀念和敬仰。许多老领导、老将军、老党员和工农大众含着热泪观看游行方队从天安门经过。今天，我们聚集在人民大会堂纪念毛泽东同志诞辰 116 周年，不仅表明我们以崇敬的心情怀念毛泽东，而且表明我们要紧跟党中央永远高举毛泽东思想的伟大旗帜。毛泽东同志对中国革命和建设事业贡献是多方面的，今天我着重从党的建设方面谈谈毛泽东同志的伟大贡献。

我在中国人民大学中共党史系就学 5 年，在中央党校担任毛泽东思想研究室副主任、主任 10 多年。我这 10 多年着重研究毛泽东建党思想，有一点体会。我认为，毛泽东同志在党的建设方面的贡献，突出表现在两个大的方面：一是参与缔造和领导建设了伟大光荣正确的中国共产党，从而保证了中国革命和建设事业不断取得伟大胜利；二是创立和形成了毛泽东建党学说，为我们党加强和改进党的建设奠定了科学理论基础。

首先，讲一下毛泽东同志在实践上对缔造和建设中国共产党的贡献。中国共产党是革命和建设事业的领导核心，没有这个领导核心就不可能取得革命和建设的胜利。那么，中国共产党是怎样创立的？简单地说，是以毛泽东为代表的中国马克思主义者在共产国际的帮助下创立起来的。中国共产党是怎样建设起来的？简单地说，是以毛泽东为代表的马克思主义者在领导土地革命战争、抗日战争和解放战争的艰苦岁月中奋战出来的；是在领导社会主义革命和社会主义建设的曲折奋斗中锻炼出来的；是在不断把马克思主义中国化和纠正各种错误倾向中考验出来的。

毛泽东等同志对党的建设的创造性贡献，突出地表现在运用马列主义建党原理解决了中国共产党建设实践中一系列重大问题。具体来讲主要解决了以下五大问题：一是创造性地解决了在实行农村包围城市最后夺取城市的道路中建设党的问题，使千百万农民革命者变成了工人阶级先锋战士，保证了新民主主义革命的伟大胜利；二是创造性地解决了在建立人民武装力量的过程中建设党的问题，使连排以上有支部、营团以上有党委，保证了党对人民军队的绝对领导；三是创造性地解决了在建立统一战线过程中建设党的问题，使中国共产党团结和吸引了各方面的优秀人才和社会力量，保证了我们党有广泛的社会影响并不断发展壮大；四是创造性地解决了在社会主义改造和建设中加强党的建设问题，使党的执政地位不断巩固，国力不断增强，保证了社会主义红旗在中国永远飘扬；五是创造性地解决了党自身建设中的一系列重大难题，如，如何在长期执政中保持党的先锋队性质问题，如何在现代化建设中造就千百万社会主义事业的接班人问题，如何在和平建设时期防止党蜕化变质问题，等等。这些创造性的贡献，不仅使我们党夺取政权后巩固了政权，而且使新中国不断走向繁荣富强。我国国内生产总值今天能位居世界的第三位，同毛泽东同志对党的建设的伟大贡献是分不开的。现在，全世界大约有 100 多个共产党组织，夺取政权的原来有 14 个，可是现在已有 10 个亡党亡国。而我们党和国家在世界上却享有崇高的地位。我们可以自豪地说，中国共产党是一个伟大光荣正确的党。之所以伟大，是因为她始终坚持为人民谋利益的根本宗旨，在不断奋斗中使中国走向繁荣富强；之所以光荣，是因为她给终为人民解放事业不惜奋战和流血牺牲，在不断与时俱进中使人民获得安宁和幸福；之所以正确，是因为她始终注意防止“左”和右两种错误倾向，在不断纠正错误中使党的路线方针政策沿着正确的方向前进。

其次，再讲一讲毛泽东同志在理论上对创立毛泽东建党学说的贡献。中国共产党之所以能成为伟大光荣正确的党，这同毛泽东建党学说指导党的建设密不可分。毛泽东建党学说这一科学概念是刘少奇同志在七大修改党章报告中提出来的。邓小平认为，毛泽东建党学说是经过实践在延安时期建立起来的，并且在以后的实践中不断丰富和发展，从而形成了完整的毛泽东建党学说。毛泽东建党学说的理论体系主要由三大部分组成：第一部分是关于中国建立一个什么样党的科学理论；第二部分是关于如何建设党的科学理论；第三部分是关于如何实现党的领导的科学理论。

关于建立一个什么样党的科学理论。旧中国是一个半殖民地半封建的国家，建立社会党、民主党和其他小资产阶级政党都不能改变中国贫穷落后的面貌，只有建立共产党才能使中国繁荣富强起来。毛泽东认为，中国共产党是中工人阶级的先锋队，是最先进的党。党的先进性主要表现在以下四个方面：第一，有先进的指导思想，这就是马克思列宁主义；第二，有先进的阶级基础，这就是以工人阶级领导的工农联盟为基础；第三，有先进的政治纲领，这就是最低纲领新民主主义和最高纲领社会主义、共产主义；第四，有先进的宗旨，这就是全心全意为人民服务的根本宗旨。毛泽东同志提出的这些理论，科学地回答了在半殖民地半封建国家建立一个什么样党的问题。无论形势怎样变化，党的指导思想、阶级基础、最高纲领、根本宗旨都不会发生根本性的变化。就是说，只要坚持毛泽东建党学说的这些基本原理，党的先锋队性质就不会发生变化。在改革开放和发展社会主义市场经济的过程中，由于党中央坚定不移地坚持毛泽东建党学说这些基本原理，所以我们党始终保持着先锋队的性质和领导核心的地位。

关于如何建设党的科学理论。毛泽东同志认为，要保持党的先锋队性质，还必须解决如何建设党的问题。他在革命和建设实践中不断总结经验教训，提出了要抓“四大建设”和增强党的团结统一等基本原理。第一，要抓以理想信念为主要内容的思想建设，着重通过党性教育解决思想入党问题；第二，要抓以贯彻路线方针政策为主要内容的政治建设，着重通过实践活动解决政治立场和政治观点问题；第三，要抓以党员、干部队伍建设和民主集中制建设为主要内容的组织建设，着重通过提高党员干部素质来发挥各级党组织的战斗堡垒作用；第四，要抓以理论联系实际、密切联系群众和批评与自我批评为主要内容的作风建设，着重通过整顿不正之风来端正党风和提高党的威望。同时要积极开展反“左”反右的两条战线斗争，着重通过解决党内矛盾增强党的团结统一。毛泽东同志关于如何建设党的这些基本原理，对于保持党的先进性和提高党的战斗力，起到了科学有效的指导作用。尽管这些原理将随着时代的变化不断丰富发展，但它所揭示的党的建设的基本规律，将启示指导我们党不断加强和改进党的建设，使党永葆青春和活力。

关于如何实现党的领导的科学理论。毛泽东同志认为，党的领导是思想领导、政治领导、组织领导三位一体的统一，是中央、地方、基层三级党委实现领导的全方位统一。只有坚持这种统一，才能形成党的坚强领导核心。毛泽东关于实现党的领导的科学理论涉及到很多方面，包括关于坚持党的领导重要性的理论，关于党的领导的科学含义和重要内容的理论，关于党委领导下的首长负责制理论，关于领导方法和领导艺术的理论，等等。但是，毛泽东关于实现党的领导理论的主要精神，就是邓小平同志概括的“出主意、用干部、造舆论”3 句话 9 个字。所谓出主意，就是指党委在重要时刻应及时拿出好主意，促使领导班子作出正确决策。这是实现正确领导的前提。而要做到这一点，就必须深入实际进行调查研究，如果没有调查研究，就不会拿出好主意，就没有发言权。用干部，就是选拔使用人才问题，并把他们放在重要岗位上。毛泽东同志讲过，政治路线决定之后，干部就是决定的因素。所以，用干部是实现党的领导的关键环节。而要做到这一点，就必须了解干部，培养干部，建设高素质干部队伍。造舆论，就是做好宣传思想工作，使党的主张和党所用的干部得到群众真实的了解、真心的拥护。这样一来，实现党的领导不仅有了可靠的思想政治基础，而且有了可靠的群众基础。实践证明，毛泽东同志讲的这 3 句至理名言，是实现党的领导的经典和法宝。中央一位常委讲，念好毛主席讲的“9 字经”，就能实现党的坚强领导。

总之，毛泽东同志不仅在实践上为建设一个伟大、光荣、正确的中国共产党作出了伟大贡献，而且在理论上为创立毛泽东建党学说科学体系作出了伟大贡献。十七届四中全会依据毛泽东建党学说，对新形势下加强和改进党的建设作出了重大部署，从而丰富发展了毛泽东建党学说。我们要把学习毛泽东建党学说与学习十七届四中全会精神结合起来，努力把我们党建设得更好，这是以实际行动表达我们对毛泽东同志的深切缅怀和最好纪念。

（此文是作者在纪念毛泽东同志诞辰 116 周年理论研讨会上所作的主题报告）

全国部分省市和行业政研会简介

北京市思想政治工作研究会

钟　岩

北京市思想政治工作研究会(以下简称北京市政研会)成立于 1989 年。历届市委领导十分重视政研会工作,会长由主管意识形态的市委副书记兼任。本届会长为市委常委、宣传部长、副市长蔡赴朝同志。北京市政研会机关的工作部门包括办公室、研究部、信息调研部、教育培训中心、中外企业文化杂志社等 6 个部门,工作人员 30 余人。主要职责是组织和推动北京市基层思想政治工作的应用研究、社会宣传与实践。北京市政研会还履行着同类社团管理职能,设 9 个分支机构,直接和间接团体会员包括全市 18 个区县和各行业的 600 余家单位,形成了覆盖全市 3000 多个基层单位的组织网络。北京市政研会对研究工作的基本定位,是开展应用性研究,为相关部门决策服务,为基层思想文化建设实践服务。目前,已成为上级决策用得上、基层实践离不开的思想库。

北京市政研会的应用性研究分为三个层面,即重点课题研究、基层立项课题研究和基层研究成果交流。同时,通过北京市基层思想文化建设研究基地的建设,整合相关资源,不断拓展研究领域。北京市政研会自 1989 年开始,每年一度组织"丹柯杯"优秀研究成果评选,迄今已坚持 20 届。

北京市政研会利用基本覆盖全市的网络优势、植根基层的实践优势、转化成果的组织优势、开放配置社会资源的社团优势,积极加强社会宣传。目前,已成为全市社会宣传工作的一支重要力量。实践中主要通过抓典型、培训、做媒体等综合性手段来发挥社会宣传的功能。抓典型的主要途径是举办"双优"(即思想政治工作优秀单位、优秀思想政治工作者)和"宣传思想工作创新奖"的评选表彰活动。目前,"双优"和"创新奖"成为宣传思想文化工作者的最高荣誉。"双优"表彰是北京市思想政治工作领域以市委名义表彰的最高奖项,评选表彰的日常工作由北京市政研会负责。每两年一届,自 1991 年至今已经表彰了 9 届,累计表彰思想政治工作优秀单位 871 个,优秀思想政治工作者 1283 名。同时,北京市政研会围绕服务大局,服务基层,紧扣热点难点问题,随时发现典型,总结经验。2009 年上半年总结中关村海淀高科技园区的经验,形成《新经济组织思想政治工作的创新与启示》。培训工作主要是通过组织高层次形势报告会的方式举办"学习型社会系列讲座",大力弘扬终身学习和建设学习型城市理念。同时结合实际开展有特色的培训,2009 年上半年培训人数达 2200 多人次,为提高基层党政干部素质服务。打造传媒平台主要是构架平面媒体与网络媒体结合的平台。适应思想政治工作面向全社会的新形势新要求,创办《北京思想文化建设》会刊、《中外企业文化》杂志 2 本平面媒体和 1 个思想政治工作专业网站,积极为全市基层单位打造信息交流、工作交流的平台。

(作者:北京市思想政治工作研究会常务副会长)

湖南省思想政治工作研究会

黄建华

近几年来，湖南省政研会紧紧围绕省委、省政府的工作大局，紧密结合全省企业、高校改革发展的实际，突出和谐文化特别是企业、校园文化建设，加大思想政治工作研究力度，拓展工作领域，充分利用省政研会秘书处、企业宣传处和政工职评办三位一体、合署办公的优势，把政研会工作与“百城万店无假货”活动和企业宣传等工作结合起来，把思想政治工作研讨与经验交流结合起来，把举办文化论坛与典型宣传结合起来，把政工干部培训与政工职评工作结合起来，把政研会年会与全省思想政治工作会议和先进评选表彰等结合起来，收到了很好的效果，特别是思想政治工作研究成效明显。

为了进一步加强和改进新形势下思想政治工作，提高全省思想政治工作研究能力和水平，充分发挥政研会“思想库”、“智囊团”的作用，近年来，湖南省政研会针对全省思想政治工作研究力量较弱、研究水平不高、研究成果不多等问题，在每年根据全国政研会的通知精神组织团体会员单位广泛开展专题调研的基础上，加大了思想政治工作研究的力度，主要做了四件事：

一是以企业和高校为主建立了12个思想政治工作研究基地，组建了由30位热心思想政治工作研究，并有丰富基层工作经验的党委书记、专家教授等组成的特约研究员队伍。

二是根据李长春同志在中国政研会第八次会员代表大会上的讲话精神，把思想政治工作方面的研究课题纳入了省哲学社会科学基金项目年度规划。由省政研会统一组织全省企业、高校等政研会团体会员单位申报思想政治工作课题，参加省社科办统一的课题评审。

三是确立了省级重点课题。每年，省政研会结合重大的社会热点、难点问题，指定或委托思想政治工作研究基地和特约研究员重点研究6—10个不等的思想政治工作课题，为各级领导决策提供参考，为基层思想政治工作提供指导。

四是建立了思想政治工作研究的长效机制。以省委宣传部、省政研会的名义出台了《湖南省思想政治工作研究基地和特约研究员队伍管理办法》，对基地和队伍的建设、主要任务、课题的申报、成果的奖励等都作出明确的规定。同时，还每年召开一次基地和特约研究员工作座谈会，每两年召开一次专题或成果交流会，每三年进行一次研究成果评优表彰。

以上措施有效地调动了各地各有关单位团体会员和政工人员进行思想政治工作研究的积极性，思想政治工作课题研究也初见成效。近两年来，共向省社科办申报思想政治工作课题70多项，申报省政研会委托课题31项。其中，2008年已评为省社科基金课题9项，在《人民日报》、《光明日报》、《求是》等国家级报刊上发表9篇，在《湖南日报》、《新湘评论》等主要省级报刊上发表17篇。

（作者：湖南省思想政治工作研究会秘书长）

福建省思想政治工作研究会

马照南

福建省思想政治工作研究会坚持以"三个代表"重要思想为指导，深入贯彻落实科学发展观，着眼于服务经济建设和全省工作大局，着眼于促进社会全面进步和人的全面发展，坚持贴近实际、贴近生活、贴近群众，不断拓展思想政治工作的范围和领域。目前，已形成了以省思想政治工作研究会为龙头，9个区市政研会和2个系统分会为骨干，共95余家单位及21个企业文化联系点的工作网络。

近年来，福建省政研会围绕中心、服务大局，广泛开展建设海峡西岸经济区宣传活动。通过各种形式组织基层群众在全省各地新闻媒体和思想政治工作类刊物开辟专栏、专版和专题等，精心策划组织"加快海西建设、为发展鼓劲助力"宣传活动，先后举办和召开了研讨会和各类专题讲座。全省各级政研会协同有关部门积极组织"十大城市名片、感动十大人物、十强镇百强村"等系列评选活动；举办了3000余场次专题形势报告会和"爱我八闽"宣讲报告会等。通过这些系列活动凝心聚力，激发全省广大干部群众的爱乡热情和创业干劲。

福建省政研会坚持把调查研究工作放在突出位置，组织思想政治工作系列调研和课题研究活动。连续10年组织开展全省思想政治工作优秀调研成果征文和评选。从2007年开始，福建省政研会制定《福建省重点课题立项管理条例》、《福建省思想政治工作重点课题申报书》和《福建省思想政治工作重点课题协议书》等，连续3年与省属高校和科研单位对重点课题进行联合攻关。同时强化阵地建设，创办会刊《海西新视野》，积极为基层打造信息交流和工作平台。

福建省政研会坚持把企业文化建设作为企业思想政治工作的重要载体，着力打造具有特色的海西企业文化。从2003年开始，经过三届评选，在全省推广不同类型企业文化建设先进典型，评选出全省企业文化建设示范单位103个，企业文化建设先进单位20个。目前全省的国有企业基本配齐了专兼职政工人员，一批民营企业设置了政工部门，思想政治工作在推动企业改革发展、机制体制转变、利益分配、员工全面发展等各个环节的作用日渐凸显。

（作者：福建省委宣传部副部长、省政研会会长）

甘肃省思想政治工作研究会

王国强

近年来，甘肃省思想政治工作研究会紧紧围绕党和政府中心工作和宣传思想工作中心任务，面向基层、服务群众，把思想政治工作中的难点、热点、焦点作为研究的重点，积极组织思想政治工作者认真探索新时期思想政治工作的新机制、新方法。按照《全省思想政治工作先进集体和优秀思想政治工作者评选奖励办法》的规定，从建立全省思想政治工作考评机制入手，积极组建全省思想政治工作考核评估领导小组，创新性地在全省范围内推行两年一次的思想政治工作考核评估工作，有效地促进了全省思想政治工作的蓬勃发展。

思想政治工作考核评估的主要对象是各市州、省直机关、国有大型企业、高等学校和地（厅）级事业单位。全省考核评估组通过听取汇报、座谈了解、查阅资料、实地考察、问卷调查、明察暗访、指标测评等方法，着重对受考评单位思想政治工作的组织领导、制度建设、队伍建设、设施建设、任务落实、创新成果等6个方面的情况进行全面了解。重点考核以学习党的理论创新成果为重点的理论武装工作情况；以科学发展观为指导，为推动科学发展、和谐发展提供强大思想文化保证工作情况；完善公共文化服务体系建设，推进甘肃省文化大发展、大繁荣工作情况；以营造改革发展良好舆论氛围为重点的舆论引导工作情况；以弘扬甘肃精神和"讲文明、树新风"为重点的思想道德建设和精神文明创建工作情况；以推进社会主义核心价值体系为重点的思想政治教育工作情况。

考核评估工作始终在甘肃省委思想政治工作考核评估领导小组领导下进行，省委宣传部全面组织协调考核评估工作，抽调省直机关工委、省国资委、省高校工委等有关部门的同志组成考核评估组进行考核评估。考核的具体程序是市、州及省直机关、国有大型企业、高等学校和地（厅）级事业单位，按照《甘肃省思想政治工作考核评估办法》进行自评，在此基础上，由省委思想政治工作考核评估领导小组派出考核组进行考核评估。

评选全省思想政治工作先进集体和优秀思想政治工作者的工作分两个步骤进行：第一步，各地各单位根据评选条件，在党委（党组）领导下，自下而上地推荐思想政治工作先进集体和优秀思想政治工作者，由省委宣传部会同省直机关工委、省国资委、省高校工委全面考核评估后，提出推荐意见；第二步，在各地各部门和省委宣传部、省直机关工委、省国资委、省高校工委评选推荐的基础上，省委思想政治工作考核评估领导小组讨论，提出拟表彰奖励名单，报省委研究决定。

"全省思想政治工作先进集体"和"全省优秀思想政治工作者"称号获得者，由省委颁发奖牌、奖状和荣誉证书，表彰经费由省财政核拨。党的组织关系在甘肃的中央企事业单位和在这些单位中从事思想政治工作的人员，都可以参加思想政治工作先进集体和优秀思想政治工作者的评选。

（作者：甘肃省思想政治工作研究会秘书长）

河北省思想政治工作研究会

白　石

河北省思想政治工作研究会坚持以邓小平理论和"三个代表"重要思想为指导，深入贯彻落实科学发展观，按照"高举旗帜、围绕大局、服务人民、改革创新"的总要求，牢牢把握"思想库"和"智囊团"、"参谋"和"助手"的职能定位，坚持解放思想、实事求是、与时俱进，贴近实际、贴近生活、贴近群众，不断开创思想政治工作和政研会工作的新局面，为推动科学发展、富民强省提供了强有力的精神动力、智力支持、思想保证和文化条件。

坚持着眼于服务领导决策，牢牢把握研究会的职能定位，深入组织开展研究工作，推出许多应用性、对策性较强的优秀研究成果。把课题研究工作作为年度首要任务来抓，每年评审确立25项左右的研究课题，并拿出20万元左右专项经费给予资助，有效调动了思想政治工作者和研究人员的积极性、创造性。在课题管理方面，研究制定管理办法，细化考核标准，并重点抓好确立选题、公开申报、评审立项、指导检查、成果转化、课题结项六个环节，确保了课题研究工作的规范有序。5 年来，共确立各类研究课题 139 项，立项课题完成率达 95%，其中 85 项研究成果被省、市主要领导批示，或批转有关部门参考，有 72 项研究成果在省级以上刊物发表。

坚持围绕研究设计活动，依托活动活化载体，创新载体推动工作，凝聚团体会员单位的力量，努力形成工作品牌，打造工作亮点。近年来，组织开展了河北省首届政工论坛等一系列有声势、有影响、有实效的活动，着力打造网络工作平台、经验交流平台、学习培训平台、会员互动平台，实现了理论研究、宣传典型、表彰先进、开展活动的有机结合，提升了政研会形象，扩大了政研会影响，推动了政研会建设。

坚持加强政研会自身建设，积极转变思想观念，调整工作思路，找准工作定位，进一步拓宽思想政治工作的覆盖面。一方面，协调指导各市逐步建立县级政研会，为研究和推动基层思想政治工作提供了有力保障；另一方面，积极发展新会员，在巩固原有会员的基础上，坚持每年至少发展 10 个会员单位。目前会员单位已经涵盖到非公有制企业、农村、社区、学校、机关等各层面，总数达 161 个，为政研会各项工作的开展打下了坚实基础。

（作者：河北省委宣传部副部长、省文明办主任、省政研会副会长）

中国煤炭职工思想政治工作研究会

田淮俊

中国煤炭职工思想政治工作研究会是由全国煤炭企事业单位自愿结成的行业性的社会团体组织。其主要职能是：对煤炭企业党建和思想政治工作进行调查研究、咨询服务；积极开展煤炭行业社会主义精神文明建设、企业文化建设、煤炭和谐社区建设，加强和改进煤炭企业党建和思想政治工作，促进煤炭企业又好又快发展。

中煤政研会成立于 1984 年。多年来，中煤政研会坚持以邓小平理论和“三个代表”重要思想为指导，全面贯彻落实科学发展观，创新思路抓好煤炭企业党建和思想政治工作，充分发挥党组织的政治核心作用，彰显了思想政治工作在推进企业改革发展中的重要地位、功能和价值。

在中煤政研会和煤炭企业各级党组织的共同努力下，许多煤炭企业初步形成了各具特色的思想政治工作新模式。这种模式突出的特点是着眼于企业思想政治工作运行机制的过程控制和闭合管理，对各个工作要素及工作流程进行系统梳理和再造。构建符合现代企业特点的党建和思想政治工作新体制、新机制，使企业思想政治工作向科学化、规范化、系统化发展，企业思想政治工作的地位和作用明显提高，党组织在统一职工思想、稳定企业大局、营造和谐氛围、谋划和落实企业发展战略方面发挥了政治核心作用和战斗堡垒作用。

近年来，在煤炭行业中开展的文明煤矿创建、企业文化建设、煤矿和谐社区建设活动是加强和改进思想政治工作的有效尝试，为煤炭企业改革发展稳定提供了强大的精神动力，增强了煤炭政研工作的活力和生命力。这些活动不是单纯的评比，评比注重的是结果，而创建则更重视过程。中煤政研会适时开展了有利于企业发展的各项活动，通过具体的活动，把以人为本、关注民生、全面协调可持续发展等要求和中央关于经济、政治、文化、社会建设的一系列重大部署扎实而有效地贯彻落实到煤炭企业基层,较好地完成了各项工作任务,调动了会员单位的积极性,受到煤炭企业的欢迎。

(作者:中国煤炭职工思想政治工作研究会会长)

新疆生产建设兵团思想政治工作研究会

赵映根

新疆生产建设兵团成立55年来,以屯垦戍边、造福新疆各族人民为己任,在天山南北的塔克拉玛干、古尔特通古特沙漠边缘和自治区环境恶劣的边境沿线,兴修水利、开垦荒地,在茫茫戈壁上建成了一个个田陌成片、渠系纵横、林带成网、道路畅通的绿洲生态经济网络。兵团从农副产品的加工起步,发展现代工业,逐步形成以轻工、纺织为主,钢铁、煤炭、建材、电力、化工、机械等门类较多的工业体系。兵团的教育、科技、文化等各项事业也得到长足发展。时至今日,兵团总人口257.31万人。土地总面积1185.98万亩。辖有14个师、175个团场、2200个连队和1400多个国有独立核算的工交建商企业,控股13家上市公司,11个国家级、50家兵团级农业高新技术园区。有6所普通高等学校和成人高等学校,698所各级各类职业、技工、中小学校和幼儿园。有202个广播电视播出机构和33家报纸、期刊,卫生机构1555个,形成了门类比较齐全的经济体系和健全的科研、教育、文化、卫生、体育、金融、保险等社会事业和公检法司机构。兵团已成为新疆推动改革开放、促进社会进步的建设大军,增进民族团结、确保社会稳定的中流砥柱,巩固西北边防、维护祖国统一的铜墙铁壁。

新疆生产建设兵团思想政治工作研究会以为兵团的思想政治工作大局服务为己任,于1985年在乌鲁木齐市成立,是中国思想政治工作研究会、全国农垦思想政治工作研究会的团体会员。宗旨是积极开展兵团思想政治工作的理论研究,为全面提高兵团职工队伍的整体素质,促进兵团的社会稳定和经济发展服务。研究会下辖21个地师级单位研究会、6所大专院校研究会、3个行业研究会、245个县团级单位研究会。有正式会员单位75个。近年来,兵团政研会召开专题理论研讨会,组织撰写理论文章2万余篇,其中6篇分别获全国优秀政研成果一等奖和二等奖,505篇在全国、自治区行业和兵团政研会上获奖,2156篇在省部级以上报刊发表。同时,与相关单位合作出版屯垦戍边讲谈录《亲历激情岁月》(6集),出版《王震与兵团》、《青史丹心昭天山》等书籍,还出版了3部《思想政治工作论文集》。1998年兵团政研会参加了全国振兴国有企业报告团赴9省市巡回报告。兵团有56个企业、61名个人分别获全国农垦及全国行业思想政治工作优秀企业、优秀思想政治工作者称号。兵团政研会2次获全国思想政治工作研究会先进单位称号,2人获全国思想政治工作先进个人称号。

(作者:新疆生产建设兵团思想政治工作研究会秘书长)

中国铁路职工思想政治工作研究会

佟立军

中国铁路职工思想政治工作研究会于1988年12月正式成立，由铁路系统各企、事业单位职工思想政治工作研究会组成，是在中国政研会指导下，在铁道部政治部领导下，负责组织开展铁路思想政治工作研究的社会团体。经过20多年的建设与发展，铁路政研会已有91个团体会员单位，有一大批专、兼职干部，有一支稳定的研究骨干队伍，有一套具有铁路行业鲜明特点的工作运行机制和活动方式，已成为铁路思想政治工作研究的骨干力量和铁路联系内外、服务人民、展示形象不可或缺的桥梁纽带。

多年来，铁路政研会认真贯彻党中央、国务院及铁道部党组、政治部决策部署，牢牢把握"思想库"、"智囊团"和"参谋"、"助手"的职能定位，坚持融入铁路运输安全生产中心、服务铁路改革发展稳定大局的工作思路，充分发挥自身特有优势，先后紧紧围绕铁路工作中心、不同阶段重点工作和重大改革政策出台，组织开展系列调查研究，推出了一批有深度、有分量、有价值的调研成果和职工思想分析报告，为各级党委决策提供参考；围绕铁路思想政治工作重大现实问题，提出年度重点课题，组织全路协同攻关，并坚持一年一个主题，举力了系列思想政治工作研讨、评选活动；大力总结推广铁路思想政治工作先进典型经验，积极促进铁路形成学先进、赶先进浓厚氛围，在路内外推出有影响的研究成果100余项、先进典型60多个、工作经验210多个，其中在全国交流的70多个、获奖的30多个，为铁路行业赢得了荣誉，在全社会树立了形象。

在加快铁路发展的历史进程中，铁道部党组、政治部和各级党委始终高度重视政研会建设，每年把思想政治工作研究和政研会工作纳入总体工作部署，经常交任务、压担子。各级领导积极支持并亲自参加政研会重要活动，3年来先后交流提拔政研干部40多名、举办政研干部培训班9期，为政研会开展工作尽可能创造条件、提供经费保证和发挥作用的平台。

伴随中国铁路进入高速时代，铁路思想政治工作也进入一个新的历史阶段，铁路政研会既面临着前所未有的宝贵机遇，又面对着前所未有的严峻挑战。铁路政研会将站在全局和时代的高度，充分认清肩负的重大责任，准确把握所处的历史方位，努力开拓铁路思想政治工作研究新局面，为改进创新铁路思想政治工作、推动铁路又好又快发展做出新贡献！

（作者：中国铁路职工思想政治工作研究会副会长）

中国建设职工政研会工作实践

刘海英

中国建设职工思想政治工作研究会是在住房和城乡建设部党组领导下，服务、协调、引导和推动建设系统思想政治工作和企业文化建设的群众性研究团体。中国建设职工思想政治工作研究会成立于1986年，现有31个省建设政研会，14个行业分会和部分大型企（事）业会员单位。近些年来，中国建设职工政研会，始终围绕工作中的重点、难点，重视调查研究，在“典型的培育与宣传”、“职业道德建设与深化”、“文明行业与文明工地创建”、“企业文化建设”等方面，组织骨干研讨攻关，推出一批研究成果。

一是加强职业道德建设。中国建设职工政研会组织“新时期企业思想政治工作创新内容与方法”、“职业道德建设与企业思想政治工作”等专题研讨，使大家认识到职业道德建设是企业思想政治工作创新的重要内容。组织行业骨干参与3个《全国建设系统职业道德建设三年规范》编制、修改工作和《全国建设系统职业道德建设丛书》的撰写工作。

二是编辑出版《建筑业思想政治工作》和加强上市企业思想政治工作研究。1993年出版《建筑业思想政治工作》专著。该书系统分析了建筑业对思想政治工作的特殊要求，提出了加强、改进建筑业思想政治工作的新思路和面临的新课题。这项成果对全国建筑业加强和改进思想政治工作，提高职工队伍素质，推进企业、行业改革发展稳定起到了积极作用。上海市建设职工政研会承担的“上市企业思想政治工作调研”课题，总结整合上海大众出租、隧道股份公司、上海建工集团等7家上市企业优秀企业文化，从建设系统上市企业自身特点出发，提出了上市企业思想政治工作的思路。

三是开展典型宣传。多年来政研会一直把培育、完善、发展典型作为重要课题。如徐虎、李素丽等先进典型的事迹在社会广为宣传后，房地产行业和公交行业分会及时组织专题研讨，围绕徐虎、李素丽成长过程和社会主义市场经济条件下典型人物的精神、内涵及宣传意义，进行了多层次探讨，并及时提出了发展、完善典型的对策。上海房地产政研会针对当时市民由于信任徐虎，都希望得到他的服务，而徐虎工作量大大增加，有点应接不暇的情况，进行研究，提出对策。通过竞争命名了几十个“小徐虎”，形成了24小时检修服务网络。北京公交政研会为了满足全国同行及时学习李素丽的要求，举办了多期研讨培训班，并把李素丽先进事迹、服务艺术汇编成册，印发给全国公交职工。这样，既减轻了典型压力，又更好地服务了市民，满足了各方面要求。政研会组织在抓典型的专题研讨中形成的关于“培养先进典型要善于营造适合典型成长的良好氛围，要善于发现捕捉典型闪光点，要抓住契机，不断掀起学习新高潮，不断改进方法，着力提高典型的宣传效果，主动关心，优化典型成长环境”等观点，对建设系统培育宣传各类典型，对典型健康成长都起到了重要作用。

四是组织开展文明创建活动。创建文明工地是新时期建筑企业面临的新课题，也是企业管理中的难点。中国建设职工政研会把“创文明工地”作为创建建筑业文明行业的突破口。建筑行业分会还把“创文明工地”的意义、标准、建设途径、资金投入等列成四个子课题，分别由北京、上海、天津、四川4个省建筑企业政研会承担，经过几个月的调研，形成了有情况、有见解、有对策的成果。这些成果迅速在全国建筑行业得到推广。这些年来，建筑工地脏、乱、差现象有很大的改观。施工现场材料码放整齐，地面硬化，生产有序，施工人员统一着装等等。特别是近几年在企业文化建设中，企业注意形象建设，大中城市工地上都带有企业形象标志，一排排隔离板和宣传栏成为城市一道道风景线。同时开展创建文明行业活动。房地产行业分会承担了中国建设职工政研会这一重点课题，通过调查研究，历经一年多时间，最后完成了包括行业划分、文明行业标准、考核办法和运行机制等内容的文明行业创新思路的优秀成果，得到评审小组的肯定。最后由建设部房地产业司、文明办和中国建设职工政研会联合发文推出研究成果，受到行业从业人员的普遍欢迎。

（作者：中国建设职工思想政治工作研究会副会长）

中国企业文化研究会简介

中国企业文化研究会

研究会资质：中国企业文化研究会（China Research Institute of Enterprise Culture）成立于1988年，系经中华人民共和国民政部正式批准注册登记、第一家全国性具有法人资格的企业文化学术团体。

研究会宗旨：以马列主义、毛泽东思想、邓小平理论和“三个代表”重要思想为指导，团结企业界、理论界和其他有志于企业文化建设的人士，共同促进我国企业文化建设的开展，提高企业的整体素质，增强企业的凝聚力和竞争力，从而提高企业的经济效益、社会效益，促进物质文明和精神文明建设的同步发展。

研究会任务：研究企业文化理论，协助企业探索建设企业文化的有效途径，总结独具特色的企业文化建设经验，召开各类企业文化研讨会；编辑出版企业文化书刊、报纸；组织国际企业文化交流；举办企业文化培训；开展咨询服务，组织企业文化信息交流以及其他有助于推动企业文化建设和为会员服务的各种活动。

研究会成就：研究会成立以来，以各种形式在全国开展了30余次大中型研讨活动，举办了1000多次研讨班和报告会，完成了第一项中国企业文化国家规划研究课题，出版了中国第一部《中国企业文化大辞典》、《中国企业文化年鉴》和近100本企业文化著作。近20年来，研究会的专家们坚持理论与实践相结合，为全国50多家大中型企业进行了咨询、策划和设计活动，有效地推动了企业文化的普及和发展。研究会在几次重要的会议上，先后提出了：企业文化是一门新型管理理论；建设具有中国特色的企业文化；企业文化坚持以文化人、以人为本的核心理论；企业文化是适应经济文化一体化时代要求的纽带；企业文化建设是坚持先进文化方向，促进两个文明相结合的有效方式；企业文化是社会主义文化的生长点等重要观点。无论困境与顺境，中国企业文化研究会始终不渝地坚持研究和推进实践，为中国企业文化事业做出了较大贡献。

《思想政治工作研究》简介

《思想政治工作研究》月刊，系中共中央宣传部主管、中国思想政治工作研究会和中宣部思想政治工作研究所主办，旨在通过理论研究、调查研究推动思想政治工作创新实践的全国公开发行刊物。本刊创办于1983年，由邓小平同志题写刊名，是宣传党的路线方针政策、传达中央关于宣传思想文化工作精神、介绍宣传思想文化工作经验、报道各地区各行业各领域思想政治工作前沿动态、研究思想政治工作领域重大理论和现实问题，展示研究成果和思想政治工作者风采，指导基层实际工作，推动思想政治工作创新的研究型和工作参考型刊物。本刊着眼于不断壮大党的思想政治工作优势，注重宣传中央方针政策、聚焦宣传思想文化领域前沿动态、关注思想政治工作的重大主题、探讨社会热点焦点背后的价值标准、总结创新知识和创新经验、提供决策参考和工作信息、反映思想政治工作者心声等，努力建设思想政治工作的坚强舆论阵地，打造思想政治工作研究的知识创新和信息交流平台，培养思想政治工作研究的知名品牌，积极为宣传思想文化领域的中心工作服务，为思想政治工作创新实践服务，为广大思想政治工作者服务。2009 年下半年，本刊主要栏目包括：专论（专访）、特别关注、实践观察、探索研究、文化前沿、经验交流、工作动态、思想漫谈、部长论坛、政工风采。

《中国思想政治工作年鉴》简介

杨　光

为了贯彻党中央关于加强思想政治工作的重要指示精神，及时总结我国各地区、各部门开展思想政治工作和加强党的建设的新鲜经验，大力宣传党中央的有关精神，介绍理论工作者、政工干部的最新研究成果，并为新形势下思想政治工作研究积累资料，将历年政工界发生的大事、重要文献等记录在案，便于保留、查阅，《中国思想政治工作年鉴》编撰委员会于 1995 年 9 月在中共中央党校成立。设在中共中央党校的全国思想政治工作科学专业委员会负责领导、协调《中国思想政治工作年鉴》编撰工作。时任中共中央政治局常委、中央党校校长的胡锦涛接见了编委会的同志和学会代表，并合影留念。截至目前，1995 年至 2008 年的《年鉴》都已经由中共中央党校出版社正式出版。目前，2009 年 3 月～2010 年 2 月的《年鉴》已正式出版，正在发行中。中央党校原常务副校长汪家镠教授、虞云耀教授和中国社会科学院常务副院长王伟光教授、中国思想政治工作研究会原会长袁宝华和原副会长赵荫华等为《年鉴》的顾问，中央党校原思想政治工作研究室主任、博士生导师张蔚萍教授为《年鉴》的主编。袁宝华同志为《年鉴》题词，希望“努力办好《中国思想政治工作年鉴》，把政工干部的业绩载入史册”。中共中央组织部原部长张全景和赵荫华同志等也题了词，希望《年鉴》在提高政工干部素质方面作出贡献。

2009 年 3 月～2010 年 2 月的《年鉴》约 230 万字，精装 16 开本，其内容除了保持原有的政工重要文献、政工大事记实、政工学会专集、政工职评专辑、学习实践科学发展观、构建社会主义和谐社会、党政干部与学者论坛、企业政工与企业文化、重大理论与热点问题探讨、党的建设与党务工作、组织工作与人才工作、党风与反腐倡廉建设、社会主义核心价值体系建设、高校党建与思想政治教育等栏目外，还增加了建国 60 年来的成就和经验、学习贯彻十七届四中全会精神、军队党建与政治工作、思想政治工作创新与文化建设等栏目。内容比以前更丰富，更贴近于时代，更富有新意，并载有当年中央加强思想政治工作的文献、讲话和大事记，极有保存价值。本《年鉴》是广大政工干部和理论工作者发表最新成果的园地、工作学习的助手、掌握政策的参谋、相互联结的桥梁、了解政工动态的窗口、查阅政工文献资料和政工专业精品的文库。真是一卷在手，可了解方方面面。

第四部分

政工职评工作专辑

坚定信心　坚守职责　努力做好政工职评工作

——2009年全国政工职评工作研讨会暨《政工师指南》杂志联络会纪要

政工师指南杂志社

第十四次全国政工职评工作研讨会暨《政工师指南》杂志联络会于2009年4月16日至20日在海南省海口市召开。参加会议的有海南、北京、上海、天津、重庆、吉林、河北、山西、山东、福建、广东、甘肃、贵州、新疆、宁夏等省、市、自治区和新疆生产建设兵团政工职评办负责同志。哈尔滨、延边、延吉、沧州、济南、青岛、胶州、烟台、威海、厦门、广州、石嘴山、吴忠、西安等地、市(州)政工职评办负责人以及部分大型企、事业单位政工职评部门和组织人事部门的负责同志也参加了会议。会议是由天津市政工职评办公室、政工师指南杂志社会同部分省、市、自治区政工职评办公室共同发起组织的。参加此次会议的代表计86人。

这次会议的主题是:在当前国际金融危机的影响和我国经济社会发展面临重大挑战与机遇的大背景下,如何深入贯彻落实科学发展观,加强思想政治工作和政工队伍建设,加强和改进政工职评工作,以调动广大政工专业人员"保增长、保民生、保稳定"的积极性,促进经济社会的健康发展。会议着重讨论了国家人事部在实行《事业单位岗位设置管理实施办法》过程中,如何设置政工专业职称岗位及解决政工专业人员待遇问题。研究和探讨了新形势下如何加强和改进政工职评工作。

会议开始,天津市政工职评办负责同志代表中共天津市委常委、宣传部长肖怀远致辞,对出席会议的各地代表表示热烈欢迎,对海南省委宣传部、省政工职评办给予会议的支持表示衷心感谢。他还介绍了天津市政工职评工作的一些做法和体会,表达了天津政工职评办要通过这次会议,学习兄弟省市的先进经验,取长补短,促进天津市政工职评工作深入开展的愿望。海南省委宣传部干部处副处长、政工职评办副主任郭仁锋代表海南省委宣传部和政工职评办,对会议的召开表示衷心的祝贺,对各地代表到海南省开会表示欢迎,并介绍了海南省政工职评工作的情况和做法。

会上,各地代表踊跃发言。大家以高度的政治责任感和求真务实的精神,认真总结工作,探讨与研究问题。与会代表一致认为,十几年来,各地认真贯彻中央职评政策精神,科学审慎、严肃认真地做好政工职评工作,推动了政工职评工作的科学发展,取得了可喜的成绩。一是政工专业职称评审已走上科学化、规范化的道路,政策不断完善,质量不断提高。二是政工职评工作能够与时俱进,科学发展。主要体现在:评审范围扩大了,从企业、企业化管理的事业单位到部分省市在事业单位和机关公务员中评定政工专业职称;评审的职级提高了,目前已有13个省、市、自治区实现了正高级(教授级)评审;评后的管理工作加强了,各省、市、自治区都制定了加强政工队伍管理的具体措施。通过总结,大家共同认为,全国政工职评工作之所以能够坚持下来,自我完善,科学发展,首先是各级党委高度重视,把政工职评作为发现、培养政工专业人才,提高政工专业队伍素质的工作来做;其次是与各级政工职评部门同志的辛勤劳动、不懈努力分不开的;再次是政工职称评审工作得到了广大政工人员的支持和拥护,鼓舞和调动了大家参加申报政工职称的积极性。

会上,代表们对事业单位岗位设置管理问题进行了热烈的讨论。大家一致认为,国家人事部出台的《事业单位岗位设置管理实施办法》，没有明确政工专业职务岗位设置的具体做法，这给今后政工专业职称的评审和兑现待遇带来了困难和影响，致使一些省、市、自治区暂缓或暂停了事业单位的政工职称评审，导致一些政工干部思想波动，工作不安心。这种状况的存在，令与会代表们深感忧虑。对如何解决好这一问题，与会代表进行了热烈的讨论，并根据一些省市好的做法提出了三种参考方案。一是湖南模式。以湖南、江苏、福建为代表的省份，已把政工专业职称纳入本省人事部门与其他专业系列职称统一管理，由省职改领导小组和政工职评领导小组统一发文，政工专业职称人员与其他系列职称人员享受同等待遇。二是大连模式。对政工专业职称单独设岗，党委、政府明确政工专业职称的性质，在原有政策的基础上进一步修改、完善政策，按照有关比例落实岗位设置，并与其他29个系列人员享受同等待遇。北京市也拟采用大连市的做法。因大连、北京的政工职评工作办公室均设在市委组织部，在推动政工职评工作上有一定的领导优势。三是天津模式。即把政工职称设在管理岗，但可比照其他系列专业技术人员享受同等工资福利待遇。针对国家人事部出台的《事业单位岗位设置管理实施办法》，与会代表一致认为，国家有关部门应将政工专业职称纳入专业技术岗位设置中并兑现待遇。

会议认为，政工职评工作存在的最大问题是，中央主管部门没有加强对政工职评工作的领导与管理，自1996年2月以后，没有下发过文件，也没有召开过会议。与会代表呼吁，希望中央有关部门能从加强党的思想政治建设，关心关怀政工人员的大局出发，切实加强对政工职称评审工作的领导。

会议认为，天津市政工职评办、政工师指南杂志社以联络员的身份，组织协调各省、市、自治区每年召开一次“全国政工职评工作研讨会暨《政工师指南》杂志联络会”，搭建了交流经验、互通信息、深入研讨、促进发展的平台。代表们对此深表谢意。同时，对各省、市、自治区政工职评办的同志能踊跃参加会议，共商政工职评工作长期科学发展、和谐发展的思路和措施，大家感到欣慰和深受鼓舞。

会议对由天津市政工职评办公室、政工师指南杂志社牵头组织，中共中央党校、全国思想政治工作科学专业委员会大力支持编写的比较系统、实用的政工专业培训教材——《新世纪的思想政治工作》、《思想政治工作学教程》、《思想政治工作发展史》三本书给予了高度评价。会议建议各单位在培训政工专业人员时采用这套教材，发挥好这套培训教材的作用。会议还对如何进一步办好《中国思想政治工作年鉴》、《政工师指南》杂志提出了一些好的办法和建议，也希望各级政工职评部门和广大政工人员关心和支持《年鉴》、杂志的发展，踊跃投稿，积极订阅，建言献策，力争把《年鉴》、杂志在原有基础上办出新的特色，再上新的水平，真正做到服务于广大政工人员，服务于思想政治工作的创新发展。

会议最后强调，要以科学发展观为统领，认真贯彻执行党中央关于政工职评工作的方针、政策，坚定信心，坚守职责，永不懈怠，积极进取，沿着科学化、规范化轨道，不断把政工职评工作推向前进。

健全制度 规范程序 科学管理 不断提高政工职评工作水平

山东省政工职评办公室

山东省政工职称评定工作从1988年试点开始，到现在已经有20年的时间了。20年来，我们坚持以邓小平理论和“三个代表”重要思想为指导，在各级党组织的领导和广大职评人员的努力下，贯彻严格、认真、审慎的方针，秉持公平、公正、公开的原则，严格把关，切实做好评审工作，评审工作先后进行了20多次，共有2万多名政工干部获得了高级政工师任职资格。从2003年开始，我们又在全省大中型企业和企业化管理事业单位增设教授级高级政工师职位，为进一步稳定政工干部队伍，提高政工干部素质，实现思想政治工作专业化、科学化奠定了基础。总结20年政工职评工作，主要有三个特点。

一、提高认识，加强领导，政工职评工作的深度和广度不断拓展

全省上下始终把政工职评工作作为一项推动企业思想政治工作再上新台阶的重要措施，切实抓实抓好。省里成立由省委宣传部、省委组织部、省经贸委、省国资委、省总工会、团省委、省政研室等单位组成的政工职评工作领导小组，领导小组组长由现任省委常委、宣传部长兼任。同时组建省政工职评办公室，设在省委宣传部内。目前，全省设置2个高评委会，40多个中评委会和若干个初评委会。高评委会建立评委库，由高校专家教授、企事业单位具有高级专业职务人员和有关部门领导组成。组织领导机构的建立健全，为政工职评工作的开展提供了组织保证。2003年，我们向省委请示，建议在全省大中型企业和企业化管理事业单位增设教授级高级政工师职位，得到了省领导和有关部门的大力支持。截至目前，全省先后有300多名政工干部取得了教授级高级政工师任职资格。

二、健全制度，规范程序，政工职评工作水平和质量不断提高

一是完善政策，严格标准。20年评审工作的过程，也是对这项工作不断修正、日益完善的过程。1996年我们总结了历年评审工作的经验，综合了中央和本省多年来关于政工职称评定工作的有关文件精神，并征求了各方面的意见，制定了《山东省思想政治工作人员专业职务评审工作暂行规定》。2000年，又进一步制定了《关于山东省思想政治工作专业职务评定工作若干具体问题的处理意见》。2003年，结合教授级高级政工师的开评，我们又对以上两个文件进行了修定。这两个文件从政策标准到工作程序，从操作方法到管理措施都分别作出了明确规定，为政工职称评定工作提供了政策依据。今年我们将对《暂行规定》进行修改，增加公示、申报材料要求等内容，进一步完善政策与程序，严格标准，确保政工职评工作的公正性和严肃性。

二是关口前移，把好入口。省里专门下发文件，要求各级初评委和中评委切实负起责任，确保材料真实、符合条件，不上交矛盾，不推诿责任，真正把好关口，切实把有能力、有业绩、领导满意、群众信服的政工干部评出来。

三是分类审阅，提高效率。为解决因时间短评委不能全面掌握材料内容的问题，在每次召开评审会之前，我们都先召集熟悉政策、经验丰富的专业人员对所有申报材料进行审核，即对全部申报人员的岗位、学历、职称、任职年限、

业绩、论文、履历等情况进行认真的审查、核实、记录，然后按照政策规定对所有材料进行分类。从而确保了每位参评人员材料的真实性、准确性和全面性，使评委能更客观公正地了解所有参评人员的情况，保证评审工作的质量。

四是透明公开，严肃纪律。在评审过程中，按照分组审议、大会讨论、统一投票、公开结果的程序，确保评审结果公正公开。

五是任前公示，加强监督。在评审过程中，我们坚持畅通来信来访渠道，做到有来必复，还建立了公示制度，把申报评审全过程置于群众监督之下。高评委会后，各市、各有关单位政工职评办公室在需公示人员所在单位组织实施公示，公示时间为 7 天。公示期间，若有异议，实行实名举报，增加工作透明度，确保了政工职评工作的客观公正。

三、注重创新，科学管理，政工干部的综合素质和能力不断增强

我们注重抓好高级政工师和教授级高级政工师的培训工作，把政工职称评定工作和培训工作有机地结合起来，不断更新政工干部的知识，提高政工干部的素质。着眼于新实践、新发展、新要求，引导广大政工干部用创新的思维，改进工作方法，拓宽工作渠道，扩大工作领域，不断增强工作的针对性和实效性。深化科学发展观、构建社会主义和谐社会等一系列重大战略思想的学习宣传，开展"应对国际金融危机，履行企业社会责任"主题教育活动，努力在武装头脑、转变作风、指导实践、推动工作上下功夫。广大政工干部用通俗的语言、生动的事例、丰富的手段，宣传普及党的理论创新成果，把干部职工思想统一到科学发展观等重大战略思想上来，把力量凝聚到学习实践科学发展观、构建社会主义和谐社会上来，把行动落实到保增长、保民生、保稳定，在新起点上实现富民强省新跨越的各项工作上来。用科学发展观统领经济社会发展全局，使之真正成为全党全社会的共识。

北京市在机关单位开展政工职评工作

北京市政工职评办公室

北京市为提高机关政工干部思想政治工作的专业素质，调动机关政工干部的积极性，在保持机关政工干部队伍稳定的基础上，促进政工人员在机关、企业、事业单位之间的合理流动，经市政工职评领导小组研究决定，从 2004 年开始，在全市机关单位开展了思想政治工作专业职务任职资格评定工作。

其参评的范围和对象为机关单位中专职从事党务工作和思想政治工作的干部，机关单位中党政兼职，以从事党务工作和思想政治工作为主的干部。已办理离退休手续的干部，不在参评范围之内。

北京市机关单位开展政工职评工作按照《北京市思想政治工作专业职务评定工作手册》规定的评审标准、条件、程序执行。

全市设高级评审委员会，负责全市高级政工师任职资格的评审。经市政工职评领导小组批准，市委、市政府各有关部委设高级评审组，负责本系统高级政工师任职资格的预审，并提出任职资格预审意见，报市高级评审委员会评审。各区、县、局级单位设中级评审委员会，负责本地区、本单位政工师任职资格的评审，并提出符合高级政工师任职资格人员的推荐意见，报高评组评审。有条件的基层单位根据实际需要，设初级评审委员会，负责本单位助理政工师、政工员任职资格的评审，并提出符合政工师任职资格人员的推荐意见，报中级评审委员会评审。

北京市扎实、稳妥地推进这项工作。全市机关单位的政工职评首先在机关单位区(县)、局级干部中进行，在总结经验的基础上，再在处级及以下干部中展开，两年内分级、分批完成了机关政工专业职务的首次评定工作。

为保证机关单位政工职评工作的顺利开展，市政工职评领导小组提出，各级党委要加强对政工职评工作的领导，明确一位主管领导具体负责，健全政工职评机构，落实职评工作人员，做好认真细致的思想工作，保证机关政工职评工作有条不紊地进行。各单位、各部门严格按照中央和市有关政策规定执行，切实维护评审工作的严肃性和权威性，不符合参评条件要求的，一律不上评审会。由于安排部署切合实际，具体可行，这项工作得以顺利实施，取得了良好效果。

严格要求 强化管理
推动政工职评工作深入开展

重庆市政工职评办公室

长期以来，重庆市认真贯彻中央政工职评政策，解放思想，实事求是，努力建立科学规范的工作机制，完善评审标准，健全管理制度，规范工作程序，较好地促进了全市政工队伍素质的提高。

一、政工职评工作概况

1990 年至 1992 年重庆市首次在国有企业中开展政工职评工作。1993 年至 1994 年，在全市机关中开展了政工职评工作。1994 年至 1996 年，全市政工职评工作转入经常化。1997 年重庆市直辖以后，在有条件的事业单位中开展了政工职评工作。2002 年上半年制定并以市委宣传部的文号下发《重庆市教授级高级政工师任职资格评聘工作试行办法》，确定全市共设置教授级政工师职务数量 100 名，规定了评审范围、对象、标准、程序及基本条件，并于 2004 年评审产生了重庆市首批教授级高级政工师。

重庆市委宣传部特别注重加强评审机构建设，建立健全对各级评委会的管理制度。根据全市政工专业人才队伍建设的需要，按照科学化、专业化和社会化的原则，先后组建了政工正高、副高 2 个高评委会，69 个中评委会，批准符合条件的大型企业建立初评委会。总体来看，全市政工职评工作和政工职称人员的构成可以用“13336”来概括。

评定自成 1 家：全市政工职评工作由市委宣传部牵头，由设在各区县、各系统的各级政工职称评委会及其办公室组织实施，独立于由市人事局牵头的 29 个专业技术职称的评定之外。

分为 3 个层面：初级、中级、高级和正高级的职称分别由县(处)级单位、行业系统和市委宣传部设立的评定机构评审。

来自 3 个渠道：全市政工职称人员主要来自全国行业系统、四川省、重庆市 3 个评定渠道。其中，四川省评定主要是直辖前。

分布于 3 类单位：政工职称人员主要分布

在企业、自收自支事业单位、全额和差额拨款事业单位之中。党政机关也有少数人员。

拥有6万人的队伍:全市在册的政工职称人员(包括退休人员)共有6万余人。

二、政工职评工作主要做法

(一)加强领导,健全制度

加强全市各级政工职称评审机构建设。根据政工专业人才队伍建设的需要,按照科学化、专业化和社会化的原则,组建评审委员会。由市委常委、宣传部长任政工专业高评委会主任,市委宣传部、市委组织部和市人事局的主要领导或分管领导担任副主任。各级评委会以各系统、各行业政工专业带头人为主体,吸收社会科学研究、思想政治教育、政工行业发展研究、人力资源管理、企业人才管理等领域的专家共同组成。市政工职评办设在市委宣传部宣教处,在市委宣传部的直接领导下开展日常工作。

健全评委会组织管理制度,定期调整充实评委会成员,完善评审活动的工作规则和运行程序,推进评审方式的社会化、科学化、规范化进程。强化工作责任制,认真做好年度评审工作,确保评审工作的客观公正。

(二)统一政策,严格标准

认真学习兄弟省市的先进经验,借鉴其他29个专业职称系列的评审方法,严格执行职称评审政策规定和工作纪律,严格执行有关条件标准、工作程序,确保政策的统一性和严肃性,促进政工专业队伍建设,推进和谐重庆建设。

一是注意严格标准、宁缺勿滥。尤其是评定出来的具有高级政工专业职务任职资格的人员,必须在思想政治工作领域具有很高建树,既要有丰富的实际工作经验,还要有较高的理论水平。特别是对做好新形势下的思想政治工作,对解决由当前社会难点、焦点问题引发的思想冲突和思想问题具有深刻的理论认识和有效的实际工作手段。

二是注意鼓励创新、鼓舞干劲。建立以考察理论研究能力和政工业绩为主要条件的政工专业人才评价标准和方式,合理确定职称申报条件,鼓励政工人员学习汲取最新知识和理论成果。本着有利于加强和改进思想政治工作,有利于促进思想政治工作方式、方法、手段、内容和机制的创新,有利于鼓舞全市思想政治工作者干劲的原则开展政工职评工作。对有创新精神和创新成果,从事思想政治工作多年且业绩突出的政工人员给予倾斜和鼓励,引导政工人员保持积极健康向上的良好状态,求真务实地开展思想政治工作。

三是改进评审方式,完善评审标准。制定以政工业绩为依据,由职业道德、专业水平、应用与创新能力等要素构成的评审标准,注重对理论研究能力的考核评价和政工业绩的评估,在评审中既看资历、学历等"硬件"条件,更重视能力、业绩和成果等核心要素,努力提高评审质量,使评审结果更符合政工队伍实际。

四是逐步拓展评审范围。无论是在企事业单位,还是在非公有制经济组织、社会组织等其他领域中,凡是符合申报条件、有突出贡献的政工专业人员,可以破除所有制和身份限制,允许其自主申报相应的政工职称任职资格。

(三)评聘结合,强化管理

一是加强和改进职称管理工作。建立政工职评工作部署安排及时公示、公开、公布制度,确保有关政策信息畅通、便捷、高效。

二是做到评审工作与管理工作相辅相成。改进工作作风,提高职称管理工作水平,推进政工职评工作的顺利开展。

三是坚持总量控制和在职聘任原则。

四是坚持动态管理原则。倡导开展争当学习型政工干部活动,大力宣传思想政治教育工作"创先争优"典型,进一步提高政工干部业务素质和专业技术水平。市政研会开展的"和谐重庆政工论坛"、"三峡库区移民思想政治工作研究"、"首届重庆农民工日、农民工思想政治工作调研"等全市重大的政工论坛、有关培训和课题调研等活动,均通知高级政工人才参加,其中取得重大理论成果的记录在册,并以多种方式进行奖励和推广。

(四)深入调研,落实待遇

针对政工专业人员最关心、最迫切需要解决的问题开展调查研究,及时掌握政工职评工作中出现的新情况新问题,探索解决问题的办法和途径。

尽可能解决评聘后的待遇问题。根据全国政工职评文件和重庆市有关文件规定,取得政工专业职称和其他系列专业技术职称的人员被聘后待遇相同。市领导也多次在会议上指出,在政工职称评审过程中要坚持严格评审条件和标准,申报人取得任职资格并被聘任后,必须享受与其他系列职称人员同等职务一样的待遇。目前,重庆市辖区绝大多数企事业单位政工专业人员职称待遇得到了落实。

认真细致地做好退休高级政工师调整待遇工作,近两年已审核650余人,使其享受相应的政策待遇。

关于申报政工职称论文规定的反思与改革

福建省政工职评办公室

我国自1990年正式开展政工专业技术职务评聘工作,政工职称系列根据《企业思想政治工作人员专业职务试行条例》制定出台的《实施细则》或《实施意见》,对属于拟正常晋升中、高级人员或不具备规定学历的破格晋升对象,都分别规定其申报专业技术职务任职资格,须将论文作为必备条件之一。

实践表明,论文确能在某种程度上反映申报人的专业水平或学术成果,有一定的研究价值和应用价值,是评价与衡量专业技术人员学识水平高低、能力业绩强弱的重要手段之一。对发表本专业论文,其登载刊物级别、篇数、字数、独立撰写、作者名次排序等作出具体规定,使人事部门对申报材料进行资格预审时,有较强的可操作性;也有利于评委会评审时,有一定的可对比性。这种在特定的历史时期形成的对论文的具体规定,规范了职称评审工作,对推动专业技术和学术研究,提高专业技术人员队伍整体素质,发现选拔优秀专业技术人才,促进经济发展和社会进步等方面,确实产生过积极的作用和影响。但是,当前的社会经济发展水平、社会意识水平和人力资源状况等,与十几年前的状况相比,已经发生了很大变化。我国科技事业正处在发展跨越的重要机遇期,以网络为工具的知识经济时代进入提速阶段,社会主义市场经济条件下利益格局、价值取向多元化,树立科学发展观和创新理念在不同领域、各个层面引起强烈反响,特别是建立以能力、业绩为导向,重在社会、业内认可的专业技术人才评价体系和机制正成为社会共识。上述科技、经济、社会、文化等诸要素相互作用、相互影响的结果,必然触动专业技术人员评价机制的改革,尤其对政工职称评审工作的科学性、客观性、创新性,都提出了新的更高要求。

一、对申报政工职称论文规定的反思

迄今为止,申报政工职称系列仍沿袭传统的、滞后的职称论文规定,评价效果不甚理想;评价机制本身的缺陷所带来的导向偏差及其负面作用,已经直接影响到职称评审的质量和声誉,须予以认真反思。

——申报职称论文规定,助长了偏重发表论文的刊物级别、发表篇数、名次排序等攀高

之风。

思想政治工作是一门科学，是一门实践性很强的专业。需要思想政治工作专业人员在实践中大胆探索，不断总结出思想政治工作的新鲜经验，开拓思想政治工作的新路子。论文固然重要，然而并非表现为大量的学术论文发表。

目前申报政工职称系列的论文要求，偏重发表论文的刊物级别、发表时间、发表篇数、名次排序，太看重这些表层性、易见性的外在形式；对破格晋升对象更是层层加码、框框甚多，惟恐本职称系列(专业)“矮人一截”，有失体面。如，凡申报政工中、高级职务任职资格，须分别在省级以上、国家级刊物上发表2—3篇本专业论文；破格申报政工专业高级职务，应有2篇本专业论文在省级以上刊物发表等，这些条件会让专业人员感到高不可攀。重论文数量、重文凭“产地”，极易趋同概念化，即把“两文”硬件简单相加，导致了评审标准和评审质量的降低。盲目追求论文篇数的做法，忽略不计论文质量的结果，直接影响了论文的价值性和贡献率；“以量界定”而不是“以质取胜”的潜规则，间接影响到创新型政工专业人才的脱颖而出和建功立业。业内人士坦言，目前毫无价值或价值甚微的论文，约占80%左右。

——申报职称论文规定，诱发了利益驱动，导致抄袭剽窃论文的行为和现象屡见不鲜。

囿于论文在职称评审条件的总“盘子”里占有主要“份额”，且评聘与待遇挂钩，一些人为了评上职称，既长“面子”，又多“票子”，受功利驱动，托人情、拉关系、雇“枪手”；社会上甚至冒出专门炮制职称论文的“经销商”。此外，论文造假竟然在原本“一方净土”的思想政治工作等部门滋生蔓延；有的从网上下载论文，偷梁换柱，旋即变成自己的论文发表；有的为了拼凑应急，公然抄袭剽窃他人成果等等，不一而足。

——申报职称论文规定，催生了不正当竞争、“利益均沾”倾向，正确的价值观和学术观受到影响和破坏。

政工职称系列评审工作主管部门，都规定了申报材料要求和报送截止时间，对论文刊登的刊物等级、发表时间、论文篇数和字数等做了要求，这些都成了一些申报者的一桩“心病”。特别在论文发表环节上，有关系或肯花钱的人，即使文章观点了无新意，也可以发表；没有门路的人，只能听天由命了。

论文作者与出版单位之间，按照不成文的“契约”进行交易，“互利双赢”。一方为评职称而写论文，不但没有稿酬，反而“倒贴”。知真、从善、爱美，乃学界人士孜孜以求的价值观和学术观，一旦被扭曲或长时间受到侵蚀和影响，若不及时遏制，将在知识领域造成更严重的学术腐败。

——申报职称论文规定，涉及到的评价方式，过于陈旧、封闭，适应性差，灵活度不够。

目前，政工职称论文的评价方式有三种，即论文鉴定、论文评审和论文答辩，但主要采用论文鉴定和论文评审方式进行评价。在论文评价、评审过程中，存在专家观点仁者见仁、智者见智，甚至鉴定结果大相径庭的问题。此外，论文鉴定费偏高，社会上也颇有微词。论文评审方式，一般由相应的评委会在有限的时间和空间里，对申报者的论文进行审阅评议，评价质量难以保证。论文答辩方式，是改革职称评价机制的新举措，值得充分肯定和倡导。但在论文答辩的实体和程序规定方面，缺少开放性，技术含量低，也存在答辩时间太仓促等问题。

二、对申报政工职称论文规定改革的建议

俗话说，“矫枉不可过正，过犹反倒不及”。“叫停”申报职称论文规定，既不符合客观实际，也不利于深化职称改革。发表论文的数量和质量，是代表国家科技发展水平的重要标志之一。目前问题的症结在于，如何根据政工专业岗位性质和职责任务，采取有效的评价方式，扭转“为评职称而写论文”、“以职称论文多寡论大腕”的不良风气，使论文评价效果真正得到社会、业内认可。

申报职称论文规定，要突出论文的价值性。换言之，求其精、患其滥。要激发、鼓励、支持广大政工专业人员，撰写大量新见解、高质量、有价值的论文；不能简单地、片面地强调论文数量、论文发表或没有发表、登载论文的刊物级别等，以此掩饰或取代论文质量；切忌忽视论文在国家级或省级学术会议上宣读获奖，被引用、检索或被引用多次等相关要素；对极有价值的原创性论文，应予以特别优惠对待。

申报职称论文规定，要发挥与时俱进的引领功能。尊重论文主体，尊重智力成果；论文评价方式应当灵活多样，既有常规性，亦有超常规性，乃至为“自选动作”预留空间；多视角、全方位地公平、公正评价论文的实用性、价值性，激活政工专业人员的创新能力。

基于上述分析和思考，按照动态管理的原则，本文提出以下四种基本模式。

模式之一：以评为主。

以评为主的评审模式，是目前全国各地政工职评部门普遍采用的一种评审方式。长期以来，政工职称系列主管部门要求论文代表作送审，此举事倍功半，不仅程序繁琐，费时耗资，且弊多利少。建议改由若干名同行专家组成的论文鉴定小组，对论文进行梳理分类，集中审阅，形成合议性意见，提交评委会评审认定。

模式之二：以考代评。

以考代评模式，即由各省、市、自治区职评办会商政工职称系列主管部门，委托省级人事考试机构研究制定并组织实施论文或类似论文科目考试办法。如为应试者提供相关的主要材料、辅助材料等，以进行论证和提出对策为主要内容，检测、评价政工专业人员的专业理论知识、逻辑思维能力、自主创新能力和文字写作水平。论文考试成绩合格，作为评审条件之一；发表论文、论文代表作送审等相关规定和程序予以免除。

模式之三：以辩代评。

政工专业人员应重在实践经验、工作实绩等方面的水平和能力，以及特有的风格、影响和被同行认可程度。我省曾明文规定，根据专业技术人员的实际情况，对论文要求要区别对待，凡县（市）属企事业单位专业技术人员，正常晋升中、高级职称，其论文不作必要条件，可以提交专业技术工作总结作为代表作送审。

发表论文不作为必备条件，并不意味着忽视或放弃对此类专业技术人员的逻辑思维能力和写作水平的要求，而是寻求切合实际的评价方式，客观而全面地反映他们的实际能力和水平。政工专业人员撰写具有较高水平的政工案例分析报告、工作经验与成果总结的文章，与虽已发表但毫无价值的论文相比，却是“此地无声胜有声”。有关业务工作报告和经验总结，只须经所在单位或部门确认系本人独立撰写，即可作为专题答辩材料。答辩工作由同行专家小组承担。根据申报人所提供的专题答辩材料，以业绩成果、创新潜能、文章价值等为主要内容，开展互动式答辩和量化式测评，由同行专家小组讨论，形成答辩结果的书面意见，并采取无记名投票方式决定优劣取舍，相关评委会不再进行论文评审。

对政工专业人员，尤其是高层次政工专业人员采取以辩代评模式，既能发现具有真知灼见的优秀人才，又能爱护、稳定和凝聚一大批有真才实学、爱岗敬业的政工专业骨干。

模式之四：辩评结合。

论文答辩具有动态性、直观性的特征；论文评审具有静态性、间接性的属性。因适用范围和对象不同，评价效果各有利弊。两者如何兼容并包、优势互补，值得探索与尝试。辩评结合模式，即采取论文答辩与论文评审相结合的方法，从具体措施和优惠政策上，发现和选拔各类创新型专业技术人才。

众所周知，在科学研究、生产活动和管理实践过程中，创新是分层次的，改进和完善是一种创新，原始创新才称得上高层次创新。凡申报高级职务任职资格的人员，任现职以来撰写有创见性、高水平的本专业论文，在省（部）级以上CN 刊物发表，或在省（部）级以上专业技术学术会议上宣读获奖，被引用、检索或被引用多次，经同行专家小组专题论文答辩，达到高水平等级评价标准，即可提交评委会评审认定。确属极有价值的论文，可作为正常晋升或破格晋升的重要依据，论文数量不作硬性规定。

围绕中心　服务大局　服务基层
推进政工职评工作的科学发展

——天津市政工职评工作的回顾与展望

天津市政工职评办公室

回顾2009年，天津市政工职评工作坚持以邓小平理论和“三个代表”重要思想为指导，深入贯彻落实科学发展观，认真贯彻市宣传思想工作会议精神，围绕中心，服务大局，服务基层，积极推进“评训管研”四项工程，努力做到“调整机制、强化领导，完善政策、规范申报，从严标准、保证质量”，圆满地完成了各项工作任务。

一、高质高效地做好政工职称申报评审工作

一是调整机制，强化领导。2009年是我市深化改革、促进发展、保持稳定、迎接挑战的关键一年。由于机构改革，人员调整，一些工委、区等领导机构撤并，致使领导小组、研究员评委会、高级政工师评委会部分成员工作变动。市政工职评办及时对领导小组、研究员评委会、高级政工师评委会组成人员进行了调整和增补。按照成立“评委库”的思路，新调整的领导小组成员由过去的19人增加到27人，研究员评委会成员由过去的15人增加到27人，高级政工师评委会成员由过去的25人增加到35人。领导成员所在单位中，既保留了原有建制单位员额，又新增了区、局和有关院校、企业等6个单位人选，扩大了覆盖面。在新增的领导成员中，担任主要领导职务的领导和专家学者的比例有增加，领导成员的结构比例有提高，整体领导能力有增强。为了使领导机构成员尽快地熟悉情况、了解政策，加强对政工职评工作的领导，市政工职评办组织了领导小组和两评委会成员学习会。会上，政工职评办汇报工作，讲解政策，并对2009年全市高级政工师申报卷宗初审作了详细的介绍。同时各评委对政工职评工作如何实现科学发展提出了改进和加强的意见。会后，各系统、各单位针对本单位实际情况，对领导机构和职能部门人员相应进行了调整和培训，保证了对政工职评工作强有力的领导。

二是完善政策，规范申报。2009年市政工职评办在落实全年工作计划的基础上，召开了全市政工职评工作会议，传达学习领导小组负责同志对职评工作的指示，制定下发《2009年政工职称评审工作意见》，并采取以会代训的方法，对各委、区政工职评工作人员进行了培训。针对上年度职称评审工作中存在的问题和年初调研中基层所提出的改进意见，确定了申报高级政工专业职务要贯彻“向前9种岗人员倾斜、向业绩突出者倾斜、向科级以上单位及科级以上人员倾斜和控制转系列人员的申报原则”，并在去年申报指标的基础上压缩申报人数20%，努力做到“减少数量、提高质量，比例合理、结构科学”。各单位认真贯彻申报原则，严格执行新的规定，高质高效地完成了申报推荐任务。经市高评会评审，有497名申报人获得高级政工师任职资格。经市研究员评委会评审，有18名申报人获得思想政治工作研究员任职资格。

三是从严标准，保证质量。针对以往评审工作中存在的“论资排辈”、“迁就照顾”和“把关不严”等问题，今年在申报高级职称的条件上，新增了述职答辩的申报程序。凡申报高级职称的人员都要经中评会组织的述职答辩，按照个人述职、群众评议、中评会组织答辩等程序，严格评价，好中选优，差额推荐，体现了公平、公正、公开的原则，实现了优胜劣汰、靠能力业绩竞争晋升的预期。申报评审过程中，还把经常性继续教育达标情况作为申报条件的内容进行考核，要求申报人按年度填写《思想政治工作人员继续教育登记卡片》和《思想政治工作人员考核统计表》，对经常性继续教育不达标或考核不及格的不予推荐，调动了各单位深入搞好经常性继续教育的积极性，增强了政工人员参加学习教育和提高自身素质的自觉性。

通过完善政策、从严标准、规范申报，2009年申报高级政工师人员综合素质有了新的变化和提高。与2008年相比，申报人年龄有所下降，40岁以下增加了5%；学历上有提高，本科以上学历增加了1.5%；科级单位、科级以下人员分别减少了4%和9%；转系列人员减少了3%。各中级评委会认真贯彻市政工职评工作会议精神，加强领导，严格标准，严细工作，评审的质量普遍有所提高。

二、继续抓好培训，提升综合素质

为了提高新形势下政工专业人员的履职能力和创新能力，努力培养政治强、业务精、作风正、德才兼备的政工专业人才，市政工职评办进一步拓宽教育渠道，整合教育资源，加大教育培训力度。

一是认真组织好职称晋升前的专业理论、计算机和外语培训。年初，下发了《天津市政工专业人员2009年继续教育工作安排意见》，具体提出了教育培训的时间、内容和要求。培训前，召开教学研讨会，对教学的难点热点问题进行了专题分析。针对当前形势，在培训内容上增加了如何做好金融危机影响下的思想政治工作的专题，要求学员联系实际，提高应对危机、抢抓机遇、促进“保增长、渡难关、上水平”的能力，结合实际撰写学习体会。授课教师认真备课，注重理论辅导和案例分析，努力提高授课质量。通过学习和实践，进一步提高了政工专业人员的思想水平和业务能力。全年市政工师进修学院分期分批对政工人员进行了培训，其中政工理论培训2509人次，计算机培训1324人次，外语培训1007人次。

二是举办高级政工师研修班。为深入开展学习实践科学发展观活动，提高高级政工专业人员应对金融危机、促进和保障实现“保增长、渡难关、上水平”目标的能力，2009年6月份，举办了1期高级政工师研修班，联系开展学习实践科学发展观活动中遇到的一些实际问题，围绕“正确认识当前经济形势，深入研究加强和改进思想政治工作的新内容、新方法，增强新形势下思想政治工作的针对性和有效性”进行调研。通过专题授课、参观考察，大家开阔了视野，拓宽了思路，提高了认识，增强了适应新形势、迎接新挑战、实现新任务的信心和能力。研修班结束后，学员结合工作实际，深入探讨和研究问题，撰写课题调研报告43篇。经专家评鉴，有10篇获一等奖，15篇获二等奖，18篇获优秀奖。

三、组织召开全国政工职评工作研讨会暨《政工师指南》杂志联络会，交流工作信息，学习先进经验，促进政工职评工作健康发展

市政工职评办、政工师指南杂志社会同海南省委宣传部于2009年4月中旬在海口市召开了“全国政工职评工作研讨会暨《政工师指南》杂志联络会”。出席会议的有20余个省、直辖市、自治区和部分市(州)政工职评办负责同志，共计86人。会议着重研究和探讨了在受国际金融危机的影响，我国经济社会发展面临重大挑战和机遇的大背景下，如何深入贯彻落实科学发展观，加强思想政治工作和政工队伍建设，加强和改进政工职评工作，充分调动广大政工专业

人员为实现“保增长、保民生、保稳定”目标而努力奋斗的积极性。着重讨论了在执行国家人事部《事业单位岗位设置管理实施办法》过程中，如何设置政工专业职称岗位及解决政工专业人员待遇问题。与会人员相互交流并借鉴各省市一些好的做法，形成了共识，收到良好的效果。

四、高质量编辑出版《中国思想政治工作年鉴》

根据《年鉴》编委会的要求，组织召开了《年鉴》编委会会议，16 个省市的编委副主任出席会议，就如何提高《年鉴》稿件质量，扩大发行影响力等问题进行了研讨交流。张蔚萍教授到会讲授了编撰《年鉴》的重要意义并对如何办好《年鉴》提出了新的见解，对提高《年鉴》质量起到了积极的推动作用。经过编辑部严格进行稿件征集和编校工作，高质量地完成了近 270 万字的《中国思想政治工作年鉴》(2008 年 3 月至 2009 年 2 月)丛书的编辑出版任务，为各地加强党建和思想政治工作提供了丰富的学习资料。同时以《年鉴》为平台，加强了与全国思想政治工作科学专业委员会特约研究员之间的沟通和联系，为办好用好《年鉴》创造了有利条件。

五、编辑出版《天津市思想政治工作研究员材料汇编》

为了宣传和学习思想政治工作研究员的先进事迹，市政工职评办会同有关部门将当年所评研究员的情况简介、工作业绩和代表作品汇编成册结集出版，以供广大政工人员学习借鉴。

六、进一步提高《政工师指南》办刊质量，发挥刊物指导工作的作用

为了提高《政工师指南》办刊质量，促进使用和发行，市政工职评办与政工师指南杂志社联合组织召开了“加强稿件征集，筛选先进经验，提高办刊质量座谈会”，确定了当前形势下稿件征集的重点内容和推荐先进典型经验的类别要求，提出了搞好学习使用、促进刊物发行的具体措施。杂志社在坚持正确办刊方向的基础上，努力增强刊物的可读性、指导性和实用性，全年共征集稿件 800 余篇，有 484 篇被采用，使办刊质量明显提升。

七、搞好调查研究，协调解决突出问题

针对事业单位在实施岗位设置管理的过程中如何搞好政工专业职务人员的岗位设置和兑现待遇问题进行深入调研。市政工职评办会同有关部门，分别组织召开了基层政工人员座谈会、基层政工职评部门负责同志及主管领导座谈会，宣传中央、市委的有关政策，及时向上级领导反映政工人员的诉求，并协调有关部门，提出公平合理的建议。通过反复的宣传疏导，较好地解决了政工专业人员比照工程技术人员享受同等待遇的问题，还协助各级政工职评部门做好上访人员的工作，化解矛盾，理顺情绪，有效地维护了政工人员的合法权益和事业单位的和谐稳定。

八、认真稳妥地做好其他方面工作

一是充分发挥《政工职评简报》交流信息、宣传典型、指导工作的作用，全年共编发《简报》18 期。

二是充分发挥“政工职评工作网”的作用，及时发布工作信息、公告事项，利用电子信箱、电子邮件沟通各地信息网络，为广大政工人员提供便捷的信息服务。

三是编辑出版了 2009 年《政工师论文集》。

四是编辑出版了第八册《高级政工师名录》。

九、注重自身建设，提高工作水平

市政工职评办注重加强自身建设，积极履行好组织、协调、指导、服务的职能，坚持为广大政工人员服务，为加强我市思想政治建设服务。

一是坚持学习制度，建设学习型党支部，努力提高思想政策水平。

二是努力改进作风，深入实际调查研究，搞好政策咨询，协助基层单位做好上访人员的思想工作，化解矛盾，理顺情绪。

三是参加有关工委、区组织的述职答辩会、研讨会、工作部署会等，掌握情况，增进了解，在工作指导中深入学习，在深入学习中加强工作指导。

展望2010年，天津市政工职评工作要认真贯彻落实党的十七届四中全会和市委九届五次、六次会议精神，为实现市委第九次代表大会提出的各项奋斗目标，继续坚持围绕中心，服务大局，不断提高贯彻落实科学发展观、推动各项工作开拓创新的实践能力。深入实施“评训管研”四项工程，在“提高评审质量，提升人员素质，加大管理力度，多出研究成果”上下功夫，努力锻造高知识、高素质、高能力的高级政工人才队伍，为天津的经济社会发展提供坚强的组织保证和思想保证。

一、进一步严格标准，在提高申报评审质量上下功夫

2010年政工职称评审工作要继续贯彻“三个倾斜，一个严控”的原则，明确各项比例关系，严格按照要求抓好落实。认真总结高级申报中述职答辩的成功做法，进一步科学规范述职答辩程序，有效发挥通过述职答辩实现公平竞争、优胜劣汰的积极作用。开好全市政工职评工作会议，交流经验，剖析问题，学习政策，以会代训，提高职评工作人员的思想水平和执行能力。进一步完善政策规定，科学规范和严格履行申报手续。积极协调做好机构调整后的政工职评工作机构和专职人员的调配，明确职责，落实制度，强化领导，发挥职能作用，努力完成各项工作任务。

二、加大培训力度，在提升人员素质上下功夫

要按照《天津市政工专业人员2010年继续教育工作安排意见》，认真组织好职称晋升前的各层次申报人员的专业理论、计算机和外语的培训。在原有教材内容基础上，紧密联系理论创新和经济社会发展的实际搞好课程授课，提高授课效果和指导实践的能力，改革考试内容和考试方法。举办好高级政工师研修班，针对社会热点难点问题开展专题研讨，学习先进经验，联系实际完成好调研课题。适时组织以“学习理论、指导实践、勇于创新”为主题的学习实践活动，参观先进地区、先进单位，学习借鉴先进经验。发挥好高级政工人员的领军作用，研讨破解热点难点问题，推动学习实践活动的深入开展。搞好研究成果的学习推广，利用刊物刊发优秀论文，编撰出版《学习实践优秀成果集》。

三、严格制度，在加大管理上下功夫

认真落实《天津市思想政治工作专业人员受聘在岗履职情况考核实施意见》，有重点有选择地对不同职级、不同岗位政工专业人员履职情况进行抽查。加大对经常性继续教育落实情况的检查，努力做好评后政工人员的管理和素质提高工作。研究制定《高级政工专业人员在加强和改进思想政治工作中发挥领军作用的实施意见》，发挥好高级政工专业人员在加强与改进思想政治工作和推动工作创新中的领军作用。开好全国政工职评工作研讨会暨《政工师指南》杂志联络会，邀请各省市政工职评部门领导共同研讨交流新形势下如何加强政工职评工作，推进政工队伍建设，提高思想政治工作水平的好做法，互通信息，借鉴经验，促进政工职评工作再上新水平。广泛征求和听取与会同志及广大读者对《政工师指南》、《政工专业培训教材》、《中国思想政治工作年鉴》等刊物质量和编撰发行的意见及建议，提高刊物的质量，促进刊物的发行，扩大天津的影响。发挥好《政工师指南》杂志的平台作用，坚持办刊特色，不断丰富和展现新的宣传内容，有效发挥刊物在研讨工

作、交流学习、宣扬典型、推动工作等方面的积极作用。高质量地编撰出版《政工师论文集》、《中国思想政治工作年鉴》、《思想政治工作研究员材料汇编》，为加强政工队伍建设，提高政工人员素质作出更大贡献。

四、搞好调查研究，在多出研究成果上下功夫

要不断研究政工职评工作中出现的新情况新问题，把握规律，掌握动态，提出对策，努力促进政工职评工作的健康发展。搞好社区工作者评审政工职称后在发挥作用、提高工作效果等方面情况的调研，总结经验，完善政策措施，适时在全市推广，促进思想政治工作在社区的落实。搞好大专院校辅导员评审政工专业职务实施职业化建设的经验总结，进行可行性论证，把可行性经验转化为实施政策，推动辅导员队伍的职业化建设。

同时，积极做好政工师协会的换届工作。总结政工师协会成立以来的成功经验，修定协会章程，明确协会工作任务，充分发挥协会的作用，促进政工师事业的健康发展。

天津市事业单位政工专业职务人员兑现工资待遇的有关规定

天津市政工职评办公室

目前，天津市事业单位中有政工专业职务的人员，仍然继续兑现工资福利待遇，正在执行的有关文件内容摘录如下。

天津市人事局、天津市劳动局、天津市财政局、天津市企业政工职评办公室关于1994年度思想政治工作人员评聘专业职务增资问题的通知

津人[1995]7号

根据津党办发[1994]3号文件《转发市企业政工人员职评领导小组〈关于政工专业职务评定工作几个问题的意见〉的通知》和人事部计发[1992]1号文件的有关精神，现将我市1994年度事业单位政工人员及企业、企业化管理事业单位人事、保卫、信访、老干部工作、计划生育、精神文明、人民武装、监察等专职干部中，以主要精力从事思想政治工作的人员评聘专业职务后，兑现工资的有关问题通知如下：

一、思想政治工作及人事、保卫等专职干部中，以主要精力从事思想政治工作的人员受聘专业职务后，其工资待遇参照中共中央宣传部、中共中央组织部、人事部、劳动部、财政部《关于实施〈企业思想政治工作人员专业职务试行条例〉的若干规定》中宣发[1990]8号文件第十二条的有关规定，各档次专业职务工资按工程技术人员系列的同级工资标准执行。

二、思想政治工作人员及人事、保卫等专职干部中，以主要精力从事思想政治工作的人员受聘专业职务后，按照中共天津市委组织部、天津市人事局津人[1990]4号文件的规定增加工资的人员，需由单位人事部门按照规定办理增资审批手续。

三、被聘任思想政治工作专业职务，需要增加工资的人员，一律从聘任之下月起兑现工资，所需增资总额指标，年底一次性据实追加。

四、企业单位政工人员及人事、保卫等专职干部中，以主要精力从事思想政治工作的人员，被聘专业职务后，工资兑现问题由企业在经市

有关部门核准的工资总额内自主决定。

五、对这次增资的情况，各单位需及时汇总，汇总后报人事局、抄送市企业政工职评领导小组办公室。

1995年3月31日

天津市人事局、天津市企业政工职评办公室关于1994年度事业单位思想政治工作人员评聘专业职务后兑现工资问题的通知

津人[1995]13号

1994年度事业单位思想政治工作人员及事业单位人事、保卫等专职干部中，以主要精力从事思想政治工作的人员受聘专业职务后，其专业技术职务工资按下列原则办理：

上述人员评聘政工专业职务后，其职务工资应按新任职务工资标准最低档执行。如本人现行职员职务工资低于所聘专业职务工资标准最低档的，其职员职务工资作为档案工资；现行职员职务工资高于所聘专业职务工资标准最低档的，可继续执行职员工资标准，其专业职务工资作为档案工资。

1995年5月2日

天津市人事局关于事业单位部分工作人员评聘政工专业职务后工资问题的复函

津人工[1998]9号

市教委、市教育局：

一、事业单位管理人员评聘政工专业职务后，其工资待遇仍按我局津人[1995]13号、津人工[1995]28号文件的有关规定执行。

二、对于原从事其他专业技术职务工作并执行专业技术职务工资(含具有专业技术职务档案工资)的人员，评聘政工专业职务后，其专业技术职务工资低于新任职务工资标准最低档的，进入最低档；职务工资高于新任职务工资标准最低档的，可就近就高套入新任职务工资标准。

1998年6月12日

严格工作程序　推进政工职评工作科学发展

西安市政工职评办公室

近年来，西安市政工职评工作严格工作程序，推进工作科学化管理，不断提高政工职评工作水平，促进了政工专业队伍建设。其具体工作程序有七项。

一、机构设置

西安市思想政治工作人员专业职务评定工作领导小组(以下简称市政工职评领导小组)，是西安市思想政治工作人员专业职务评定工作的领导机构；下设西安市思想政治工作人员专业职务评定工作领导小组办公室(以下简称市政工职评办公室)，负责全市日常政工职评工作。

西安市思想政治工作人员专业职务中级评审委员会(简称市中级评委会)和西安市思想政治工作人员专业职务高级评审委员会(简称市高级评委会)，分别负责政工师和高级政工师评审工作。市属各有关单位设有思想政治工作人员专业职务评定工作领导小组，以及下属思想政治工作人员专业职务评定工作领导小组办公室和思想政治工作人员专业职务初级评审委员会(以下简称初级评委会)。

二、个人申报

申报人准备材料。填写申报表等各种表格，进行业务工作总结，提供学历证、培训证、已获得的职称证、获奖证书等的原件和复印件以及代表性作品原件。

三、单位推荐

申报人所在单位按照评审条件对申报人进行实事求是的审核。审核申报人所提供的材料是否完备、真实、有效，是否符合申报资格要求，并对申报人在政工岗位上的工作进行认真的考核考察，出具组织考核书面材料，然后根据评审条件进行研究，提出是否同意申报的意见，盖齐印章，上报上级主管部门（初级评委会）。

审核是整个评审工作的基础和关键，要严肃、认真、负责。

四、初级评委会研究推荐

初级评委会所在单位的政工职评领导小组办公室按要求对所属基层单位申报材料认真检查，重点是检查申报材料是否真实、完备，是否按要求提供了各种原件，发现问题及时解决，同时初级评委会要及时召开会议进行研究推荐。

根据初级评委会的意见，初级评委会所在单位的政工职评领导小组办公室将所有申报材料整理规范，盖齐印章，并按市政工职评办公室印发的登记表填写清楚，然后到市政工职评办公室办理申报手续。

五、市政工职评办公室初审

市政工职评办公室主要审查以下材料：学历证原件、培训证原件、已获得的职称证书原件和作品原件等。经审核后，除作品外，其他所有原件退回，然后办理申报接收手续。

在材料接收完毕之后，市政工职评办公室将按照规定，对每一份申报材料进行审查，并将该年度所有申报情况整理成花名册，向市中级评委会和市高级评委会推荐评审。

六、评审

市高级评委会、市中级评委会各自召开会议进行评审，并经市政工职评领导小组研究确认评审结果。

七、归档、办证

市政工职评办公室根据市中级评委会、市高级评委会评审结果和市政工职评领导小组的意见，下发文件，公布评审结果，并整理文档，退回申报材料，办理证书等，整个评审工作结束。

坚守政工职评工作阵地20年

青岛市政工职评办公室

我市的思想政治工作专业职务评聘工作始于1989年上半年。多年来，在中央和省、市委的正确领导下，在有关部门的大力支持下，整个工作进展健康顺利，取得了显著成效，得到社会各界的认可。到目前为止，全市共有24435人获得政工专业职务任职资格，共评聘高级政工师4081人，政工师11073人，初级政工专业职务9281人。其中财政补助事业单位高级政工师370人，政工师1418人。为全市企事业单位的党务、政工、群众组织等岗位培育了一大批业务精、素质好、能胜任本职工作的专业干部。政工职评工作的开展，对于调动政工干部积极性，稳定政工干部队伍，推进思想政治工作专业化、科学化进程，促进全市两个文明建设起到了积极的作用。

综观我市政工人员专业职务评聘工作历程，可以概括为“两个延伸、五个阶段”，即实现了从企业到实行企业化管理的事业单位，再到事业单位的两个延伸，经历了试点评聘、复核、经常化、深化拓展、提升档次五个阶段。

一、起步阶段，即试点评聘阶段

根据市委的要求，试点评聘工作从1989年到1991年，用了3年左右的时间，分思想发动、制定评聘条件、开展评聘和总结提高4个步骤。整个试点评聘过程中，各级党委加强领导，并把职评工作列入重要议事日程，做到主要领导亲自抓，分管领导靠上抓，工作人员具体抓，较好地完成了试点评聘工作。1990年5月在全国召开的首次政工专业职务评聘工作会议上，青岛市作为政工职称试点城市作了经验介绍。

二、过渡阶段，即复核阶段

1990年9月中办发〔1990〕8号和中宣发〔1990〕8号文件公布后，我们根据中央2个8号文件精神，从1992年初开始，按照中央的统一标准逐一认真复核了试点评聘工作中评聘的政工专业人员，并把政工职称的名称、评聘的条件、评聘人员的范围，与中央要求一致起来。使政工职称评聘的岗位设置更加明确，学历要求更高，评聘操作更加规范，并注意妥善处理从试点评聘到逐步经常化的过渡问题。

三、完善阶段，即经常化阶段

自1993年始，我们在复核的基础上，根据全国政工职称办的要求，经青岛市思想政治工作专业职务评聘工作领导小组决定，将企业政工职评工作转入经常化，并制定了政工职称评聘晋升台阶制的条件、时间，同时把专业知识、企业管理知识、市场经济知识和外语考试结合起来，逐步建立了考试、撰写论文、评聘资格、任职资格培训相结合的职评工作机制，从而使政工职称评定工作走上了制度化、规范化的道路。

四、深入阶段，即深化拓展事业单位政工职评阶段

1999年根据事业单位政工干部的反映和兄弟省市的经验，我们深入事业单位调查研究政工队伍的现状、存在的问题和呼声要求，形成了有分量的调查报告，并及时上报了青岛市思想政治工作专业职务评定领导小组。1999年4月8日，召开了市思想政治工作专业职务评定领导小组会议，市委组织部和市人事局、财政局、劳动局等有关部门参加，研究决定自1999年在我市财政补助事业单位中开展政工专业职务的评聘工作。1999年9月23日，我们会同市委组织部、市人事局、市财政局联合下发了《关于实行事业单位思想政治工作人员专业职务评聘后实行职务工资的通知》，同时研究制定下发了《关于在全市事业单位开展思想政治工作专业职务首次评定工作的实施意见》、《青岛市事业单位政工专业岗位设置的意见》，比较系统地提出了评定工作的指导思想和原则、参评范围、任职资格条件、从事思想政治工作的专业年限的认定、学历的认定、破格申报的条件、岗位设置比例等，实现了政工专业职务的全面拓展，从而为事业单位开展政工职评工作打下了良好的基础。在评审过程中，本着“宁严勿宽、宁紧勿松、宁少勿多”的原则，严格控制参评范围。通过开展事业单位政工职评工作，进一步拓展了政工职称工作领域，扩大了政工职称评定工作的覆盖面，提高了政工干部的待遇，调动了事业单位广大政工人员的工作积极性，得到了社会的认可。

五、提升阶段，即提升政工专业职务评审档次阶段

根据山东省政工职评办的有关规定，结合我市实际，自2004年起，在全市企事业单位中开展了教授级高级政工师的评定工作。为了把

好事办好、实事办实，办公室重点抓了两方面的工作。一是坚持好中选优，优中拔尖，确保质量，逐步推开；二是认真组织了论文答辩。考虑到教授级高级政工师的工作标准和社会认可，所以在评审中不能简单地强调工作业绩的突出而放宽对专业理论知识的要求，更要重视专业理论水平。对申报教授级高级政工师的人员，突出了论文答辩环节，加强了对教授级高级政工师主送论文的考评力度，并增加了论文在评审要件中的权重，使其成为影响评审结果的重要因素。目前全市有25名同志通过了答辩、评审，获得了教授级高级政工师的任职资格。广大政工人员反映，开展教授级高级政工师政工专业职务的评定工作，是广大政工干部多年的宿愿，体现了党对政工干部的关心和理解。这不仅解决了政工干部的切身利益问题，而且提高了政工干部的社会地位，促进了政工队伍高层次人才素质的进一步提升，为加强和改进思想政治工作，使政工干部更加热爱并献身思想政治工作起到了积极的作用。

加强政工专业人员继续教育培训和岗前培训工作

广州市政工职评办公室

广州市根据广东省政工职评办《关于印发〈广东省思想政治工作人员专业资格评审条件〉的通知》、省人事厅《广东省专业技术人员继续教育“十一五”规划纲要》和市人事局《关于开展“十一五”期间专业技术人员继续教育公修课培训有关问题的通知》的要求，进一步加强对全市政工专业人员继续教育培训和岗前培训的规范化管理，以全面提升政工专业人员的理论水平、政治素养、专业能力、科学文化素质和自身创新能力，提高政工专业人员培训的针对性和实效性。市政工职评办公室研究决定，建立政工专业人员继续教育考核和激励机制，把政工专业人员参加继续教育情况作为对其考核评价和岗位聘用的重要依据。从今年开始，全市的政工专业人员（具备初、中、高级政工专业资格）每年必须参加继续教育培训；拟申报评审中级和高级政工专业职称的人员必须参加岗前培训；对培训教材、授课教师和培训时间进行严格把关。

一、继续教育培训

培训对象为具备政工专业资格的人员。原规定要求每人每年完成12天的继续教育培训（含公修课），今年暂安排学习5天；具备初、中级政工专业资格的人员要求在4月21日至6月31日完成培训；具备高级政工专业资格的人员要求在6月至7月完成培训。为规范证书的管理，从今年开始，广州市政工专业人员（含初、中、高级政工专业资格）继续教育证书由市政工职评办统一印发，培训情况由培训机构登记。

经培训并考核合格者，由市政工职评办发给《广州市政工专业人员继续教育培训证书》，作为申报评审高一级政工专业职务任职资格和聘任、续聘依据的硬件条件之一。

从今年开始实行延续登记制度，每年参加继续教育培训后，在《广州市政工专业人员继续教育培训证书》上登记备案，作为政工人员考核的重要内容和任职、职业资格及人才流动的重要依据。

二、岗前培训

2009年拟申报评审中级、高级政工职称的人员，必须参加岗前培训，时间半天，在7

月份完成。培训后在《广州市政工专业人员继续教育培训证书》上登记备案，作为今年申报评审中、高级政工专业资格的硬件条件之一。

探索规律　完善机制
努力做好政工职评工作

战学平　胡　俊

多年来，中共南京市委干部理论教育讲师团（市政工职评办）在政工职称评定工作中，着力提升为全市政工人员服务的效能，坚持“认真、审慎”的方针和评定条件，在保证评审质量的同时，切实加强了政工职评工作的长效管理，推动了全市政工职评工作健康有序的开展，为建立一支政治强、作风正、业务精的思想政治工作专业队伍，进而为全面建设小康社会，实现南京科学发展、率先发展，提供了坚强的人才保证。通过多年的实践，市政工职评办在工作中建立和完善了四个方面的服务机制。

一、建立和完善协调机制

建立和完善政工职评工作的协调机制，不仅是做好政工职评工作的首要条件，更是提升服务政工人员水平的关键所在。

一是做好与上级部门的协调。市政工职评办坚持守土有责，做好与省委宣传部、省人事厅职称处、市人事局职称处等上级主管部门的协调工作。一方面，严格按上级的文件精神和要求办事。另一方面，经常把全市政工职评工作中遇到的新情况、新问题，及时向上级有关部门反映和沟通，加强联系和了解，以取得理解和支持。

二是做好与下级部门的协调。市政工职评办积极做好与区县、系统有关负责政工职称部门的协调。首先，统一步调。2004 年我市实行了政工系列初级职称统一认定工作，取消了过去初级职称由区县、系统政工职评部门召开初评委会评定的方法，实行了职能上收。有的区县、系统政工职评部门对此有想法，认为他们今后不需要管这项工作了。经过多次召开协调会，全市各有关部门和单位统一了思想，认识到调整工作是我市政工职评与人事部门 29 个职称系列并轨后发展的需要，只要有利于事业的发展，由上级部门统一组织评审是必要的。其次，明确分工。进一步明确区县、系统政工职评部门负责本地区、本系统、本单位政工专业人员资格条件的初审，做好政策咨询、材料送审、评审结果反馈、证书转发、申报材料返还归档等事宜，把各项服务工作落到实处。

二、建立和完善服务机制

建立和完善政工职评工作的服务机制，不仅是做好政工职评工作的重要环节，更是提升服务政工人员水平的重要载体。

一是政策服务。市政工职评办及时把政工职评的有关政策传达给基层单位，同时认真解答政工干部的有关咨询，帮助他们克服思想上的障碍，在符合政策条件的情况下，力所能及地解决他们遇到的困难。通过发文、开会等形式，反复做好宣传教育和思想发动。既强调政工职评的重要意义，又根据职评工作各个发展阶段的实际，强调评定的条件、标准及范围，尤其是针对职评中出现的思想问题，做好耐心细致的政策解释工作，使广大政工人员消除疑虑，正确对待评定工作。

二是培训服务。在抓好提高政工职称评定质量的同时，市政工职评办还建立完善了培训机制，切实加强思想政治工作专业人员的教育培训工作，全面提高他们的思想政治素质与专业素质。首先，明确学习重点。为扎扎实实抓好政工教育培训工作，使政工人员达到学以致用的效果，根据“要什么，给什么”、“干什么，学什么”、“缺什么，补什么”的原则开设课程，坚持统一教材、统一计划、统一考试、统一登分、统一教学的“五统一”，每年精心设置课程，明确教学要求。培训内容力求系统、新颖、实用。在教育方式上，力求灵活多样、生动活泼。每年都举办2期高中级政工师研修班、1期骨干教师培训班和1次集中辅导课，培训人员达6000多人次，受到全市企事业单位思想政治工作专业人员的好评。其次，精心挑选教师。每年聘请南京地区有影响的专家教授，结合党的重大路线方针政策、国际国内形势和政工专业知识对学员进行专题辅导。第三，为基层提供主讲“菜单”。充分发挥南京市干部理论教育讲师团兼职教授队伍作用，每年将他们主讲的课题下发到各区县、各系统及直属单位。他们的宣讲深受广大基层干部的好评。基层单位普遍反映，职评办下发的主讲“菜单”，为我们更好地在思想政治工作专业人员中开展学习教育提供了方便。

三是论文服务。论文是政工专业人员申报职称的必备条件。为了给广大政工干部申报职称创造必要的条件，市政工职评办与南京报业集团所属的《金陵瞭望》杂志联系，每年共同编辑出版1本思想政治工作论文专刊。市政工职评办向全市政工干部征稿，严格把好论文质量关，对不符合征稿要求的文稿向作者提出重写建议，直至能达到发表水平为止。论文征集活动提高了政工专业人员的专业水平和学识水平，受到广大政工专业人员的欢迎。

四是信息服务。市政工职评办在“文明南京网”上推出了“政工天地”网页，设立了“政工职评”、“继续教育”、“政工师协会”等栏目，开通了热线电话，把近年来的政工职评政策、各种活动通知和最新相关信息通过网页发布出去，扩大了政工职评的影响面，加强了与政工干部的联系，为政工干部提供了更多获取知识和信息的渠道。

三、建立和完善评审机制

建立和完善政工职称的评审机制，不仅是做好政工职评工作的核心要求，更是提升服务政工人员水平的重要手段。

一是严格把好申报关。市政工职评办和各级政工职评工作部门严格按照“既坚持申报标准，又体现以人为本”的原则，认真审核每一份申报材料。对申报条件或者材料不符合要求的不予受理；对个别长期从事思想政治工作、年龄偏大的申报者，在个别条件较弱的情况下，注重工作业绩和个人的现实表现，采取灵活的方法，充分体现人文关怀。坚持把群众的意见作为评审的重要依据。凡是群众评议不合格的不予申报，凡是反映申报对象情况的群众来信来访都认真核实处理，有效地把住了“入门关”。

二是严格把好评审关。既坚持条件标准，又坚持评审程序，精心组织开好每一次评审会。召开高中级专业技术职务任职资格评审会前，在省、市人事部门职称处的监督下，从评委库中随机抽取正副主任委员各1名，委员若干名，组成高级评委不少于13人和中级评委不少于11人的执行评审委员会。召开评审会议时，除执行委员及日常工作部门工作人员、职称工作职能部门工作人员外，其他人员不得列席。建立评审会议记录制度。

三是严格把好监督关。对于不能执行国家、省有关规定和专业技术资格评审条件，违反程序和评审纪律，超越评审范围和权限，不能保证评审质量，不能正确履行评审职责的评委，根据国家和省的有关规定，限期纠正或取消委员资格；对违反有关政策规定或者有弄虚作假等行为而评审通过并获得专业技术资格的人员，一经查实，即予撤消，3 年内不得重新申报，并视情况建议有关部门严肃处理。

四、建立和完善激励机制

建立和完善政工职评的激励机制，不仅是做好政工职评工作的内在要求，更是提升服务政工人员水平的有效平台。

一是榜样激励。近年来，我市政工干部和政工专业人员在各级党组织的领导下，紧紧围绕本地区、本部门和本单位的实际，大力加强和改进思想政治工作，为深化改革、加快发展、保持稳定、促进四个文明建设，提供了强有力的思想保证，涌现出一批思想政治工作方面的先进个人。为了表彰先进，肯定成绩，市政工职评办组织开展了首届“南京市优秀政工师”评选活动。在各区县、各系统和有关部门党(工)委推荐的基础上，经评选授予 62 位同志为“南京市优秀政工师”荣誉称号，并予以通报表彰。通过开展评选表彰活动，集中宣传和推广优秀政工干部的先进事迹和典型经验，大力弘扬求真务实和开拓创新的精神，进一步激发了全市政工干部的工作热情和荣誉感、责任感、使命感，促使他们不断提升思想政治工作水平，更好地为发展服务，为大局服务，为稳定服务。

二是赞扬激励。2006 年市政工职评办深入基层调查，了解到浦口区委宣传部政工职评办克服重重困难做好职评工作的先进事迹。他们在基层单位政工部门大幅减少、干部队伍萎缩的情况下，仍然主动对接并融入本区经济发展的新形势，坚持与时俱进，加强工作研究，搞好政策宣传；强化政工人员继续教育培训，提升政工人员能力素质；做好对接和服务工作，拓展职评工作新领域。全区政工职评工作呈现出领导重视到位、组织到位、教育到位、参与到位、考核到位的良好局面。市政工职评办及时向全市政工职评部门做了宣传，介绍他们的新经验，使一些政工职评开展不力的部门找到了差距，促进了政工职评工作的科学化、规范化、制度化。

三是尊重激励。把市政工职评办建设成为“政工师之家”，是我们努力奋斗的工作目标。市政工职评办不断改进工作作风，创新工作方法，以平等的态度对待每一位来访和办事的基层政工干部，热情地为他们做好每一项服务，倾听他们的意见和建议，对他们遇到的实际困难和提出的合理要求，及时与有关部门和单位协商，力所能及地为他们排忧解难。广大政工干部也把我们当成知心朋友，有什么心里话都愿意找我们交流。通过尊重政工干部自尊心、自爱心、进取心，使他们受到了激励。同时，市政工职评办在服务中虚心接受批评，不断改进自身的工作，提高了服务水平。

五、对政工职评工作提升服务效能的思考

一是立足换位思考，紧贴服务对象，提高服务水平。在实际工作中，要以基层的需求为我们工作的第一需求，以基层问题的解决为我们工作的服务重点，多角度、多层面、多方位地为基层着想，为基层办事，为基层排忧，为基层解难，使我们的工作更加符合基层的实际需求，更加富有实效。同时，要积极主动地把主观服务愿望与客观服务实际科学地结合起来，既注意服务的过程，提高细致服务的程度，更注重服务的结果，提高为基层解决实际问题的质量，以效能服务为主线，以文明服务为内涵，以创新服务为活力，真正以服务成效来检验工作成效。首先，变被动服务为主动服务。打破传统的“等待服务”的理念，主动深入到基层，深入到服务对象之中，征求意见，查找不足，沟通感情，加强联系，构建服务者与被服务者之间的和谐关系。其次，实行公开、透明、细致的服务。为了更有效和便捷地为基层提供服务，市政工职评办对政工职评情况实行公示制，将工作的和谐体现在服务的和谐之中。第三，不断改善服务态度，提升工作服务形象。在具体工作中，市政工职评办以较强的服务意识，全面推行服务承诺、首问负责制，对基层反映的问题和提出的正当要求，不拖拉、不扯皮、不刁难、不贻误，努力使讲

师团(政工职评办)成为基层政工干部的“娘家”。

二是加强政工职评工作力度,努力把好事办好,把好事办实。职评工作政策性强,牵涉面广,工作量大。政策落实得好不好、到位不到位,都直接与广大政工干部的切身利益息息相关。面对新情况,市政工职评办需要加强与市人事等部门的横向联系和协调沟通,加强与上级有关部门的请示和联系,加强对区县、系统等基层单位的指导和联系,使职评政策切实惠及到每一个可能惠及的人头上,把政策的原则性与灵活性科学地结合起来,切实把政策用足、用好、用实。为此,市政工职评办建立工作联系点,深入基层开展调研;实行“透明服务”和“阳光服务”,将政策原原本本地交给服务对象。同时,组织政工专业人员开展思想政治工作论文集汇编工作,为政工人员评定职称积极创造条件。

三是求真务实,开拓创新,精心组织,切实增强教育和培训的实效。思想政治工作专业人员的教育培训,是提高各级各类思想政治工作专业干部政治素质、思想素质、专业水平和工作能力的继续教育,也是坚持教育培训与专业职务评聘相结合,加强思想政治工作队伍建设的需要。近年来,市政工职评办切实做到了“三个确保”,即破解难题,充分发动,不断提升认知水平,确保政工专业人员队伍教育培训工作的有序进行;精心组织,规范运行,不断提升管理水平,确保政工专业人员队伍教育培训工作的质量效果;强化措施,多管齐下,不断提升教学水平,确保政工专业人员队伍教育培训工作的生机活力。在此基础上,市政工职评办认真倾听教育对象对教育培训的具体要求,充分尊重和体现他们的真实意愿,进一步加强与基层工作需求的衔接,把教育培训工作做实、做好。一方面,加强政工干部教育兼职教授队伍建设。把这一资源整合盘活,重心下移,与基层讲学实际紧密衔接起来,切实发挥这支队伍在基层的宣传教育作用。另一方面,从基层实际出发,尊重基层意愿,设置符合基层实际需要的培训内容,配置贴近基层实际的学习教材,改进和创新教育培训的方式和方法,着力增强教育的针对性和实效性。通过对2万多人次政工人员的教育和培训,使广大政工专业人员的思想素质和业务水平有了进一步的提高。

四是以政工师协会为平台,在开展内容丰富的主题活动中提升服务效能。南京市政工师协会成立于2003年7月,其宗旨是面向全市在职在岗的2万多名政工专业人员,使协会成为全市政工干部的维权机构、交流平台和学习型组织。多年来,协会不仅有效地推进了政工职评工作,而且成为政工干部的“娘家”。特别是近几年来,市政工职评办充分发挥协会的平台作用,进一步贴近服务对象的实际需求、感情需求和发展需求,充实协会工作的服务内容,创新协会工作的服务方法,改进协会工作的服务手段,用感情凝聚会员,用事业团结会员,用活动服务会员。首先,以增进政工干部友谊、加深政工干部感情和传递政工信息为目的,以不断满足政工干部日益增长的精神文化需求为宗旨,以陶冶政工干部情操、丰富政工干部生活为要义,组织政工干部感悟政工生涯,交流政工经验,畅谈心灵感受,为政工干部提供思想心灵交流的平台。其次,组织评选首届“南京市优秀政工师”活动,满足政工干部的成就感和荣誉感,鼓舞激发他们爱岗敬业。第三,在广大政工干部中组织开展以“创新思想政治工作”为主题的优秀论文评选活动和论文征集活动,探讨如何创新新时期思想政治工作的内容、方法、手段和机制。优秀文章在《金陵瞭望》集中刊发,为实现他们的切身利益创造条件,从而提升了协会为全市政工干部服务的效能。

(作者单位:南京市政工职评办公室)

大胆探索　勇于实践　积极开展社区政工职评工作

天津市政工职评办公室

天津市河西区为了加强社区工作人才队伍建设，经区委、区政府同意，不久前由区委组织部和区人事局、民政局、街道工作办公室联合发文，部署在全区社区工作者中开展政工专业职务评定工作。经过调研摸底、宣传发动、组织推荐、考核审查、资格评审和颁证培训6个阶段，在全区391名申报政工专业职务任职资格评审的社区工作者中，有3人取得政工师、69人取得助理政工师、290人取得政工员专业职务任职资格。

一、突出重点，深刻认识加强社区政工队伍建设的重大意义

多年来，河西区委高度重视社区思想政治工作和党的组织建设，注重夯实党的执政基础。原纪庄子街以党心凝聚民心，扩大思想政治工作覆盖面的经验被中宣部确定为全国重大典型。在此基础上，为提高社区党组织的领导能力，支持和保障社区居委会工作，区委专门制定了《开展创建社区党建示范小区的意见》等文件，为社区思想政治工作的开展提供了坚强的组织保证。近年来，河西区涌现出下瓦房街富裕广场社区、越秀路街教师村社区、友谊路街谊景社区和陈塘庄街秀峰里社区等一批全国、全市的先进典型。广大社区政工人员为此付出了辛勤的劳动。

新形势下，强化社会管理和公共服务职能已成为构建社会主义和谐社会的重要内容，也是服务型政府建设和社区思想政治工作创新发展的重要课题。该区委、区政府深刻认识到，近年来退休人员、失业人员、自谋职业者和未就业的大中专毕业生等人员集中在社区，由“单位人”成为“社会人”，使社区人员构成复杂，管理难度加大；拆迁、低保、医疗和社会救助等很多难点热点问题集中在社区，使社区的工作更加重要，任务更加艰巨。社区是否和谐，关系到社会的稳定，关系到国家的发展。在居委会工作的社区工作者长年辛勤工作在社区一线，直接面对社区居民和民营企业，开展社区党建、社区综治、就业服务、计划生育、青少年教育和妇女维权等工作，肩负着做好社区各类人员思想政治工作的重要职责，是最基层的政工人员。同时，他们承担着贯彻党的路线、方针、政策，组织发动群众推进社区建设、维护社会稳定等项艰巨任务。特别是当前，我国已进入改革发展的关键时期，经济体制的变革，社会结构的变动，利益格局的调整，思想观念的变化，带来一些新的社会问题，迫切需要大量的、高素质的社区政工人员协助党和政府做好社区思想政治工作，落实有关政策，化解矛盾，促进和谐。必须充分认识加强社区思想政治工作的重要性和紧迫性，加强对社区思想政治工作人员的培养。为此，他们认为，在社区工作者中开展政工专业职务评定工作，是着眼现阶段思想政治工作特点，吸引人才从事社区思想政治工作的重要举措，有利于加强社区思想政治工作，有利于提高社区工作者的社会地位，有利于社区政工人员的队伍建设。

二、把握关键，充分发挥人才工作机制和政工职评工作平台的作用

一是纳入人事人才重点工作。社区思想政治工作责任重大，政工人员使命光荣。该区将社区工作人才队伍建设目标列入《河西区“十一五”人才规划》和《工作责任目标分解》，建立了组织

部门牵头抓总，区人事局、民政局、街道办和各街道办事处各司其职的工作格局。去年，他们把为社区工作者评定政工专业职务作为全年重点工作列入全区人事人才工作要点，在人员安排、经费投入上保证工作的开展，将认定政工专业职务过程中向个人收取的表册成本费、评审费和证书费等费用全部免除，由区人事局承担。今年，他们又将选聘高校毕业生到社区居委会任职列入全区人事人才工作要点，以进一步优化社区政工人才队伍的知识结构和年龄结构。

二是发挥各职能部门作用。为了做好政工专业职务申报工作，他们坚持严把“四关”。第一，严把申报范围关。区委组织部、区民政局按政工职评政策确定参评对象为现任社区党组织的书记、副书记、委员和居委会主任、副主任。第二，严把推荐和考核关。按申报程序要求，社区党组织根据评审条件和个人表现，召开党组织会议集体研究，然后向街道党工委推荐，街道党工委依据评审条件全面考核。第三，严把评审资料关。区民政局按政工评审立卷标准，对各街上报的申报材料，特别是对学历证书、专业经历和各种证明材料严格审核。第四，严把评审和认定质量关。区人事局认真履行区政工职评工作领导小组办公室的职责，严格按照《天津市思想政治工作专业职务任职资格评审条件》的要求，对申报人员的业绩材料认真审核，不流于形式、不走过场。

三是搞好教育培训。社区思想政治工作既是一门专业，也是一种职业，对从业人员的政治素质、道德水准和专业能力都有较高的要求。为了提高社区政工人员的能力素质，根据《天津市专业技术人员和管理人员继续教育条例》和政工专业人员继续教育的有关规定，区委组织部、区人事局和区民政局经过精心安排，在河西职大举办了河西区社区思想政治工作专业人员培训班，培训内容分为必修和选修两部分。必修内容有社区党建工作、社区思想政治工作实务，选修内容包括新时期思想政治工作、新时期宣传工作、新时期基层思想政治工作的特点和心理调适与压力舒解，既有理论知识，又有实际经验介绍。全区13个街100多个社区的居委会党委书记、主任和从事综治、计划生育等工作的300多名社区工作者参加了培训。

三、加强领导，积极推动社区政工职评工作的平稳发展

一是组织领导到位。在这项工作中，区委、区政府主要领导听取了汇报，区委常委、组织部长王惠敏亲自主持有关文件的制定工作，区委组织部和区人事局、民政局、街道办主要领导亲自抓，并明确1名副职负责，确定相关责任科室、责任人员。在评审资料审核等关键环节上，区政工职评办与区民政局联合办公，共同研究解答政策、审核上报材料，保证了审核的严谨细致和操作的公开透明。在资格评审、认定阶段，区委常委、宣传部长史学群亲自主持评审会，并对认定工作提出指导意见，确保了评审、认定工作的质量。

二是政策宣传到位。区委组织部和区人事局、民政局、街道办共同组织召开各街道办事处分管领导工作会议，专题部署这项工作。区政工职评办和民政局召开各街组干科长和社区工作科科长培训会，集中学习市、区有关政工职评政策，研讨、解答有关问题，做到政策明确，程序清楚，申报规范。各街办事处召开了各居委会社区工作者会议，传达部署社区工作者政工职评工作，确保政策宣传、解答、推荐和考核等工作的落实。

三是待遇落实到位。在被评定和认定政工专业职务的社区政工人员中，有部分人员是街办事处所属事业单位的工作人员。对于这些人员，该区按天津市事业单位现行工资政策及时兑现了他们的工资待遇，极大地激发了他们的工作热情。当“小巷总理”、市劳动模范、河西区陈塘庄街秀峰里社区党委书记付志刚被破格评为政工师，并兑现待遇后，他激动地说：“如今我们在社区工作的同志也有名分了，今后工作更有干劲了。”

在完善制度机制上下功夫

天津市汉沽区政工职评办公室

多年来，天津市汉沽区政工职评工作致力于在完善制度机制上下功夫，逐渐形成了一套行之有效的好做法。

一、申报评审有套路

政工职评涉及的参评岗位多，评审的“软件”、“硬件”标准高。为了保证申报评审质量，充分体现公平、公正、公开的原则，使职评工作平稳、有序、健康地发展，区政工职评办深入细致地推进各项具体工作。

申报评审前，对申报人的岗位、学历、履职年限、荣誉称号、继续教育、年终考核等情况逐项进行摸底登记，根据摸底情况对申报人员的基本情况进行具体分析，择优依次排序，做到心中有数。然后召开基层职评工作例会，组织基层职评工作人员学习职评政策，了解政工人员的思想动态及评审工作中的热点、难点问题，并商讨解决问题的办法。

申报评审中，做好四方面工作。一是领导重视，深入基层。区委宣传部在职称评审中期，专门召开部务会，听取职评工作汇报，了解评审进度和申报人员基本情况，指导评审工作开展。区职评办在审阅卷宗的基础上，深入参评单位，参加群众评议座谈会，进一步了解申报人员的基本情况和群众反映，确保申报人员信息真实可靠。二是“严”字当头，层层把关。严格把握参评范围，认真审核申报人员的工作岗位，防止“双职称”申报现象发生；注重对“软件”的审核，即对申报人员六项能力的审核，杜绝业绩平平、凑数上报；严格审核申报人员提供的学历、荣誉称号、专业年限、履职年限、参评岗位等凭证，认真甄别，防止弄虚作假。三是量化推荐，公平竞争。实行申报人员差额推荐，制定量化推荐标准，给申报人员的基本情况、述职评价结果赋予一定的分值，按照基本分＋述职分分值的高低对拟申报人员进行排序，最后按当年指标数和排序的先后，确定申报人选。四是解疑释惑，热情服务。为保证职评工作顺利进行，他们举办职评工作培训班，加大职评政策宣传力度，帮助政工专业人员熟悉政策，端正申报职称的动机，防止以虚假岗位进行申报。同时教育工作人员公正廉洁，防止把职评工作当做谋取私利的权力，在各种人情、关系面前要经得起考验，树立政工职评工作人员的良好形象。对来电来访的政工专业人员，热情周到，耐心细致地做好解疑释惑工作，讲清政策，说明道理，尽力使每一个来访者满意。

二、继续教育有实招

区政工职评办从五个方面抓好继续教育工作。一是注重教师队伍建设。他们以区委党校为培训基地，聘请1名副校长和5名教师负责政工职评培训工作。平常注意加强与党校的联系，及时沟通职评培训有关事宜，并为教师们订阅有关的学习材料。培训过程中，教师们精心备课，多方收集资料，制作了专门的教学课件，通过电脑演示、讲解培训内容，得到了学员的一致好评。二是注重学习效果。建立学、考综合评价制度，考勤与平时分挂钩，加大平时分所占比例（平时分占40%），把所有应训人员参加集中学习作为培训的目标之一，把考试作为检验培训效果的手段。三是注重晋升前培训与日常继续教育相结合。要求每个政工人员每年必须参加一轮晋升前培训或日常继续教育培训，并以此作为参加评审和考核的必要条件。近两年共举办政工人员晋升前培训、外语培训、计算机培训 12 期，有 858 名政工人员参加了培训并通过了考试。四是高级政工师研修和日常继续教育培训制度化。根据职评政策规定，每年都举办 1 期高级政工师研修班和 1 期日常继续教育培训班。高级政工师研修班采取集中学习与实地考察的形式，并按照市政工职评办统一布置撰写调研课题报告。2008 年有 1 位同志获调研课题一等奖，有 3 名同志获二等奖。日常培训内容体现时效性和实用性，把中央文件、时事政治、本区工作目标任务作为日常继续教育的重要内容，注重在增强时代感、时效性和实用性上下功夫。2008 年以科学发展观、区情和目标任务为内容，对全区政工人员进行了培训。五是实现继续教育的“三个挂钩”：继续教育培训与职称晋升挂钩，当年不参加继续教育培训，不能参加职称评审；继续教育与履职年限挂钩，无故缺少 1 次继续教育培训，视为不在岗，履职年限减少 1 年，缺少 2 次，履职年限减少 2 年，超过 3 年不参加继续教育培训，取消其政工职称资格；继续教育与年终考核挂钩，凡是当年没有参加继续教育培训的政工人员，考核档次为不称职，不予注册。

三、考核注册有新意

严格考核制度，加强政工队伍管理。以思想品德、专业能力、工作态度、工作业绩及参加继续教育培训为内容对政工人员进行考核。考核在自我总结的基础上，采取政工人员集中述职，测评打分，单位党组织评价、审核的方法进行。区政工职评办对基层考核情况进行抽查，考核称职以上人员由职评办统一进行注册。考核结果向本人反馈并与续聘、奖惩、资格注册和专业职务晋升挂钩。年度履职考核均在称职以上者，方可申请晋升政工专业职务。凡没有参加考核或考核不称职者，缺少 1 次考核视为不在岗，相应减少履职年限 1 年，以此类推，3 年不参加考核或考核不称职者，取消其政工专业职务资格。

高标准高质量做好政工职评工作

天津市教卫工委政工职评办公室

近年来，天津市教卫系统以规范工作程序为重点，严格把好政策关、程序关、材料关和评审关，不断提高政工职评工作水平，始终保持了高级政工师任职资格评审 100%的通过率。

一、把坚持公平、公正、公开原则作为高质量做好政工职评工作的根本

一是公平合理地分配指标。每年初，教卫工委政工职评办制发《政工系列人员和主系列人员情况摸底表》，掌握各单位 2 个系列在岗人员结构比例和当年拟申报政工系列各级职称的人数。在制定分配计划时，对于高级、中级政工人员比例超过政策规定的结构比例要求或超过同级主系列人员比例的“单超”单位，少分配或不分配指标；对于“双超”单位原则上不分配指标；对于规模小、人员少、基础低的“双超”单位，一般多个单位分配 1 个指标，避免了滥用指标情况的发生。

二是认真严格地执行程序。教卫工委政工职评办将政工职评工作有关政策要求，汇总、梳理、整合、细化为《政工职评申报流程图》和《卷宗材料审阅流程图》，详细标注出每项程序的具

体环节和标准，保证了首次参加政工职称评审人员会申报、初次参与政工职评工作人员会审查。在程序执行过程中，他们加强过程控制，督促各委局校所政工职评办严格按照流程组织开展好政工职评工作，坚决做到程序不简化、标准不降低、政策不变通。发现执行程序出现问题及时提醒、限期纠正。

三是客观公正地审查材料。教卫工委政工职评办在审查卷宗时，始终坚持政策面前人人平等，不加关系分、人情分。对硬件实行一票否决，重点关注参评岗位、职务职称、履职年限、学历资历、继续教育、代表作品、年度考核、公示情况的审查和甄别，确保客观事实清楚、卷宗材料真实。遇到把握不准、存在疑问的，要求提供相关证据。软件审查主要是提出对六项能力赋分和六项加分的校正建议，对于过高或过低评价政工人员能力和贡献的，把握统一政策标准和尺度，提出校正建议，确保好中选优。

二、把科学规范作为高质量做好政工职评工作的保障

一是健全政工职评工作机构体系。教卫系统构建了由教卫工委和各委局校所两个层次，领导小组、咨询委和中评委、政工职评办三个方面的领导、评审、工作机构体系。根据人员变动情况，及时调整充实各政工职评工作领导小组、中评委和政工职评办成员。特别是为了做好思想政治工作研究员的推荐工作，他们专门成立了教卫系统咨询委员会。组建了由工委领导和各委局校所具有正高级职称的党委书记组成的专家评委库。每年从专家评委库内随机抽取专家担任评委，对申报人员情况进行审核、投票和推荐。

二是完善政工职评工作相关制度。进一步修订完善了政工职评工作有关机构的职责和咨询委、中评委规则。继续完善了政工职评工作人员政策学习制度、业务培训制度、工作交流制度、调查研究制度。为了便于政工人员对政工职评工作的参与和监督，建立了评务公开制度、信访举报制度。在政工职称申报过程中，建立了提前告知制度、诚信申报制度。在政工职称评审过程中，健全了评委会前集中学习制度、公示制度、卷宗材料互评互查制度、中级卷复审和高级卷预审制度。

三是规范卷宗材料的装订顺序。教卫工委政工职评办按照市政工职评办统一的卷宗材料装订顺序要求，逐卷进行严格细致的审查整理。强调材料装订顺序必须与统一标准相符，与目录相对应；申报表应填项必须完整，无空项、漏项；申报表的格式必须保持原式样，不得擅自改动；申报表涉及的支撑材料必须齐备。对于支撑材料使用不当的提出调整建议，最大限度发挥其作用；对于不能支撑相关内容或冗余支撑材料坚决予以撤下，精简卷宗，方便评委审阅。

三、把服务到位作为高质量做好政工职评工作的关键

一是坚持开展宣讲培训。指导各单位政工职评办积极向领导小组和中评委会成员宣讲政工职评工作政策，争取领导的支持，加深对政策的理解。每年召开教卫系统政工职评办主任会，以会代训，传达新政策、新精神，部署全年工作。抽取1份卷宗材料现场演示审查过程，辅以《参评政策条件图解》、《卷宗材料审阅流程图》和《卷宗审核问题登记表》，更加直观、形象地培训政工职评工作人员。对参评条件、填写规范、申报技巧、操作程序和关键环节等进行详细讲解，做好参评人员的辅导。

二是深入基层调查研究。几年来，教卫工委政工职评办围绕政工职评政策、评审办法改革创新、教卫系统出现的新情况新问题等带有普遍性、规律性的课题开展调研，提出了一些对策建议，部分得到了采纳。调研中，他们同时注重帮助基层解决实际困难。对多年从事思想政治工作、确有能力的老同志，长期在一线工作的党务干部和从事学生工作的专职辅导员以及由于特殊原因造成长年遗留问题等情况，他们与各单位一起进行具体分析，找出

薄弱环节，提出改进措施，指导帮助基层用好用足政策。

三是积极做好协调沟通。教卫工委政工职评办充分发挥职能部门作用，做好上传下达和协调沟通。每年全市政工职评工作会后，及时向工委领导汇报政策的新变化和全年的整体工作要求。部署教卫系统工作时，充分考虑到高校自身特点，注意时间上的协调。在召开咨询委员会议、落实市政工职评办领导到教卫系统调研督察安排中，随时做好沟通协调和服务。组织协调好政工人员继续教育参训和参加学历学位教育报名工作。协调各单位共同做好《政工师指南》、《中国思想政治工作年鉴》的征订和使用工作。

天津自来水集团"评训管研"工程搞得好

金　轩

多年来，天津自来水集团党委一直重视政工队伍建设，尤其高度重视政工职评工作，他们在实践中认真抓好政工职称评审、政工专业队伍培训、管理和思想政治工作研究（简称"评训管研"）这项工程的实施，努力提高政工专业队伍的素质，收到较好效果。

一、严格政策，坚持程序

集团党委书记、董事长陈炳林多次强调："做好政工职评工作，关系到每个政工人员的切身利益，同时影响着集团政工干部队伍的整体素质，必须高度关心关注。"为此，自 2002 年始，他们成立了政工专业职务评定工作领导小组和中评委会。集团党政一把手分别兼任领导小组正、副组长，评委会正、副主任。基层相继成立了职评办公室并配备了工作人员。工作中，他们把严格政策和坚持程序作为基本遵循，严格细致地做好三项重点工作。

一是深入摸底多方认证。操作中，首先是搞好调查研究，对政工队伍现状进行深入细致的分析，尤其是对现岗政工人员的分布、任职资格、需要晋升职务等各类情况摸清底数，做好预测，确保高、中、初级政工人员的比例、结构趋于合理。其次是对参评申报人员学历、履职年限、任职资格等基本情况，采取查阅本人档案的方式进行核对，从源头预防，避免弄虚作假现象的出现。另外，按人事部门核定的岗位人数与职数，对参评人员的岗位设置进行确认。最后是认真履行职责，严格把握政策，对申报人的基本情况、能力、业绩等一一核实，确保公平公正，实事求是，经得住推敲。

二是群众监督不走过场。评委会审批前，对申报人的基本情况、能力、业绩等，利用局域网和张榜进行公示，交给群众监督，并召开群众座谈会进行评价，同时公开监督电话，做到阳光操作，公开透明。

三是坚持申报前述职。述职会前，把申报人基本情况、能力、业绩及自我评定成绩以《评价表》形式，提前发到各位评委手中。会中，申报人按姓氏笔划排序一一进行述职，各位评委参照评价表进行打分推荐排序，并对申报卷轮流传阅，严格审核。会后，纪检人员参与督查核对推荐意见，把好履行手续、评委审核关。

他们还坚持职称评审向专职党务工作人员倾斜、向基层一线的党支部书记倾斜等原则，起到了较好的导向作用。

二、注重素质，强化培训

集团党委始终把对政工专业人员的教育培

训作为提高政工专业人员素质的基础工作抓好落实。其培训分五种层次和类型。

一是欠缺型培训。按照上级职评办要求，在每年度摸底的基础上，坚持对政工干部分析研究，查找申报人与晋升条件的欠缺项目，本着缺什么补什么的原则，制定一人一策达标培养的措施和计划，由所在单位党组织负责指导，为政工人员创造晋升条件。这些年，组织安排12名学历层次欠缺的同志及31名政工专业知识欠缺的同志参加学习培训，使他们达到了规定学历层次或补充提高了专业知识。并指导培训65人次完成论文发表。

二是帮带式培训。多年来，他们探索实施了导师带培制，指定单位党政一把手或班子内部政治素质好、熟悉业务、工作经验丰富的同志作为帮带责任人，开展结对帮带。以签订为期2—3年培养合同的形式，明确导师带青年干部的培养目标、培养期限、培养内容、培养进度以及集团、培养人、被培养人三方权利义务，为年轻干部加快成才搭建“梯子”和“舞台”。目前，已签订导师带培师徒合同3期，先后为66名年轻专业人才配备了培养导师。期间，他们每期都注重安排一定比例多年从事思想政治工作富有经验的政工干部与优秀年轻政工干部结对子传帮带，加速了供水行业年轻人才的培养。

三是提升型培训。每年坚持送党组织书记、政工骨干到党校学习培训。特别是对工学矛盾比较突出的基层单位党政一把手，采取点名调训办法，抓好落实，确保主要干部和优秀干部优先培训。每年精心选派30名优秀干部到“两重一关键”岗位锻炼，实现了干中考察、干中培养。

四是储备型培训。坚持每年举办中青年后备干部培训班，突出理论基础、领导科学、党性修养等内容。组织一些干部到井冈山、卢沟桥等革命传统教育基地接受教育，帮助他们健康成长。还组织干部到津滨水厂、芥园和新开河污水厂现场参观，拓展思路。

五是拓展型培训。坚持三条渠道并进：(1)“上挂”。选派优秀的有潜能的干部到工委统战处挂职锻炼。(2)“平挂”。每年都选派一批德才素质好、有发展潜力、比较成熟的年轻后备干部到集团公司管理部室和急难险重的岗位挂职锻炼，使他们在解决实际问题、克服困难的实践中接受锻炼，经受考验，增长才干。(3)“外培”。到国外培训考察学习。近几年，集团先后选送28名从事思想政治工作的中层领导人员到德国、法国等国家进行考察培训。

三、严细管理，量才使用

科学规范的管理是政工职评工作和队伍建设的重要基础工作，用好政工人才则是打好这一重要基础的根本目的。为此，该集团把管理和用人统筹考虑，认真做细做好每一项工作。

一是规范申报。他们把申报过程中每一个档次的关键环节、评审要件、填写要求、申报技巧、操作程序以及注意事项等逐一列出，把政策规定落实在规范操作之中。做到程序严格、卷宗规范，确保申报与审核质量。

二是规范考核。除了由各单位组织进行年终述职考核、专业技术人员考核外，还要专门对政工人员进行政工专业考核。考核内容包括德、能、勤、绩，并对发表论文、参加研讨等专业履职情况进行了列项。之后，认真填写《思想政治工作专业人员考核登记表》。

三是规范归档。他们逐人分类建立健全了各类档案。凡在岗政工专业人员每人都建立了两套档案，即“评审档案”与“考绩档案”。同时，对资历条件有欠缺的在岗政工人员，建立健全了“政工人员后备库”，本着缺什么补什么的原则，制定了培养措施，做到一人一策，动态管理。另外还加强基础资料管理，将其分为评审卷、培训卷、管理卷、研讨卷四部分，十分便于查阅。

四是量才使用。通过采取见习制、竞聘上岗、挂职锻炼、拜师收徒等多种形式，为政工人员健康成长搭建平台。集团成立以来，共提拔中层政工干部49人次。先后组织5次公开招聘活动，实现了管理部室政工部门中层领导人员的全员竞聘上岗。另外，近年来坚持扩大党内民主，保障党员权利，先后对 14 个基层党组织进行换届改选。同时，为所属党政"一肩挑"的基层党组织全部配上了专职副书记。管道集团 13 个基层党组织全部配上专职书记，充分发挥了党组织战斗堡垒作用。此项工作得到了工委的充分肯定，在工委党建工作会议上做了专题交流。

四、开展研讨，促进提升

集团党委始终重视思想政治工作，每年都突出一个主题，分类组织专题交流。通过开展总结性研讨、专题性研讨、课题性研讨、职能性研讨，不仅促进了政工队伍素质提升，而且使政工干部获得任职资格有了业绩的储备与经验的积累。

总结性研讨。每年年初，都要进行上年度工作总结。不是就事论事，而是要求高标准、深层次总结。既总结成绩，更总结不足。将实践经验从感性认识上升为理性认识。浓缩成绩，变为经验，转化为机制；放大不足，找准方向，加倍努力。

专题性研讨。每年组织两级政工干部全员参与。例如，去年统战工作研讨，政工干部共写出质量较高的论文 34 篇，其中上报参加工委论文评选的全部获奖，并被评为最佳组织单位。

课题性研讨。围绕服务大局、解决重点难点问题，开展攻关破难课题性研讨。如，今年他们以科学发展观为指导，从服务、改革、管理、党建、营销等方面开展创新性研讨，定部门定专人负责落实课题。

职能性研讨。该集团政工干部多为兼职，他们分别从各自职能角度参加职能性研讨。如，组织部门开展基层党建调研，政工队伍状况及发挥作用情况调研；工会、计划生育、安技等专业部门每年都组织相关专题研讨。政工部门按照各自分工，组织基层对口部门，自下而上层层研讨。近些年先后组织了 9 次政工专题研讨，促进了整体工作水平的提升。

努力编好、用好新世纪政工师专用培训教材

——2009 年度《中国思想政治工作年鉴》、

《思想政治工作专业丛书》编委会、联络员会议纪要

政工师指南杂志社

由天津市政工职评办公室、政工师指南杂志社主办的 2009 年度《中国思想政治工作年鉴》(简称《年鉴》)、《思想政治工作专业丛书》(简称《丛书》)编委会、联络员会议于 7 月 23 日至 27 日在内蒙古乌兰浩特市召开。参加会议的有来自天津市、内蒙古自治区、北京市、重庆市、河北省、福建省、广东省、云南省、宁夏自治区以及青岛市、长春市、西安市、秦皇岛市、邯郸市、沧州市等地区的编委会副主任、编委和联络员，部分省、市宣传和政工职评工作部门的负责人也出席了会议。《年鉴》和《丛书》编撰委员会主任、中共中央党校教授、博士生导师、全国思想政治工作科学专业委员会主任张蔚萍出席会议，并就《年鉴》和《丛书》的编撰工作及历史发展状况作了主旨发言。

会议开始，天津市政工职评办公室负责同志代表主办单位，也代表中共天津市委常委、宣传部长肖怀远和天津市委宣传部常务副部长、《年鉴》和《丛书》编委会主任陈浙闽致辞，感谢各地编委及联络员参加会议，共商编撰好《年

鉴》、《丛书》工作大计，也感谢多年来各地对《年鉴》、《丛书》发行使用工作的大力支持。张蔚萍教授代表编委会就《年鉴》和《丛书》的由来、基本特点和发展状况作了主题发言。他详细介绍了《年鉴》的创立、发展和编撰情况，介绍了《丛书》的编写过程、基本特点及使用情况，介绍了下一步拟结合形势发展的需要对《丛书》进行修改、补充、完善的整体思路。

会议认为，全国思想政治工作科学专业委员会、《年鉴》编撰委员会为了更好地编辑、出版、发行、使用好《年鉴》，促进政工专业队伍建设，开创思想政治工作新局面，于2004年起，将《中国思想政治工作年鉴》委托政工师指南杂志社经营、管理，全权负责《年鉴》的编辑、出版、发行工作。5年来的运作实践证明，政工师指南杂志社的工作是出色的。现在的《年鉴》不仅外在形式美观、庄重、大方，印刷、装订水平一流，而且内容上更加丰富、全面，栏目设计更加实用，更具针对性。真正体现了"记载政工界发生的重大事件；收录党建政工方面的重要文献；保存政工专业的重要成果；颂扬政工专业队伍的光辉业绩"这一创办《年鉴》的宗旨。

与会代表一致认为，天津市政工职评办公室、政工师指南杂志社为办好《年鉴》，尽心竭力，付出了艰辛的努力。各地的编委、联络员单位以及各省、市的政工职评办公室要继续大力支持天津的同志办好《年鉴》，关心《年鉴》的发展，积极组织高质量、高水平的稿件，为编辑好《年鉴》建言献策。要大张旗鼓地宣传并使用好《年鉴》，认真负责地组织好订阅工作，为促进政工专业这门科学的发展，提升思想政治工作人员专业水平和综合素质进行不懈的努力。

会上，代表们对天津市政工职评办公室、政工师指南杂志社自2002年以来牵头组织编辑全国政工师专用培训教材表示肯定和赞扬。大家清楚地看到，党的十六大前后，在全国思想政治工作科学专业委员会的大力指导下，天津市牵头，全国各省、市、自治区政工职评办公室共同组织，邀请中央党校和中央有关部门的专家、学者和思想政治工作部门的领导编写了由中共中央党史出版社出版的思想政治工作专业丛书（共3册）：《面向新世纪的思想政治工作》、《思想政治工作学教程》、《中国共产党思想政治工作发展史》。这套丛书内容丰富，比较系统、完整地阐述了政工专业理论，填补了思想政治工作专业学科理论培训教材的空白。这套丛书已在14个省、市作为政工师培训的指定教材，深受各地政工专业职评部门和广大政工专业人员的欢迎。党的十七大提出了一系列新思想、新观点，对党的思想政治工作提出了新的要求，为使这套政工专业丛书更好地体现党的建设和思想政治工作专业理论的创新发展，以适应广大政工专业人员学习和培训的需要，天津市政工职评办公室、政工师指南杂志社又组织专家、学者对政工专业丛书进行了重新编撰，于2008年初由中共中央党校出版社出版，仍为3册：《新世纪的思想政治工作》、《思想政治工作学教程》、《思想政治工作发展史》。新的《丛书》为异型16开本，设计庄重、大方，内容新，理论阐述更科学、更系统、更具权威性。目前，全国有15个省、市在政工师培训中使用此套教材。与会代表结合形势对新的《丛书》进行了认真的评估，结合张蔚萍教授提出的对丛书内容将要进行修改、补充、完善的意见进行了热烈的讨论，提出了很多非常有益的建议，为今后进一步充实、完善这套教材开阔了思路。

会上，代表们还就政工专业队伍的建设和发展以及如何做好政工专业职称评定工作等交流了各自的体会与做法。大家感到，这次编委及联络员会议虽然时间短，但内容丰富，意义深远，它关系到政工专业这门学科建设问题，也关系到党的思想政治工作理论的创新发展。与会代表建议，今后应多组织召开研讨理论教材等专业性会议，以助于政工专业学科的基础性建设。

会议期间，内蒙古自治区委宣传部、思想政治工作研究会、政工职评办以及乌兰浩特市委宣传部给予会务工作很大的支持与帮助，与会代表对此表示深深的感谢。

《中国思想政治工作年鉴》和新世纪思想政治工作系列教材的由来及基本特点

张蔚萍

改革开放以来，全国思想政治工作科学专业委员会召开编写《中国思想政治工作年鉴》（以下简称《年鉴》）和政工专业教材的会议大约有10多次。为了使广大政工干部对《年鉴》和政工专业教材的由来有一个比较全面的了解，现将《年鉴》和教材的创办过程、编写情况以及教材的基本特点分别概述如下。

一、关于《年鉴》的创办和编撰情况

《年鉴》和学会是同年创立的。1994年5月，学会经中央党校和民政部批准成立后，就开始筹备创办《中国思想政治工作年鉴》，其意图是为了贯彻中央文件精神，特别是中央加强思想政治工作的重要精神，总结各地区、各部门加强思想政治工作和党的建设的新鲜经验，推荐和介绍各级领导、理论工作者和政工干部的最新研究成果及其新见解，为加强党的建设和思想政治工作积累资料、交流经验和传播信息。1994年9月23日，学会召开成立大会暨第一次特约研究员会议前夕，我曾给时任中共中央政治局常委、中央党校校长的胡锦涛同志写信，盼望他能到会给以指导并与代表合影留念。锦涛同志一直很重视思想政治工作，他在百忙中来到中央党校接见了与会代表，并合影留念。在合影留念前，首先接见了我，并作了重要指示。大意是，希望我们学会要加强思想政治工作这门科学的研究，特别注重加强党员干部的教育规律研究，一定要结合党的中心任务开展研究。同时还嘱咐要与中国职工思想政治工作研究会有所分工。当问到我们学会有没有刊物时，我回答准备创办《中国思想政治工作年鉴》，这样能用更多的篇幅把中央文献、领导讲话以及思想政治工作的实践经验和科研成果载入史册。胡锦涛同志听了连声说好，并嘱咐说：办起来不难，坚持下去不容易，希望坚持办好、越办越好。

在胡锦涛同志的指导和鼓舞下，经过我和学会其他同志的努力，1995年6月，由中央党校出版社出版了第一卷《年鉴》。以后每年出1卷，一直坚持到现在，共出版了15卷。每卷文字由最初的140万字增加到现在的200多万字，栏目由原来的5、6个发展到现在的15个。内容比以前更丰富，更贴近于时代，更紧跟党的中心任务，更富有新意和新思想。有些党委书记和宣传部长长期订阅和收藏《年鉴》，他们给我写信说，这套《年鉴》是他们发表研究成果的园地，查阅文献和精品的文库，学习和写作的助手，掌握政策的参谋，了解信息的窗口，真是一卷在手，可了解方方面面。美国和日本一些图书馆和学者，用高价收集全套《年鉴》，认为《年鉴》是了解中共政策和研究动态的全书，有权威性和可靠性。他们最感兴趣的栏目是“政工文献”、“大事纪实”、“领导讲话”、“热点难点探讨”和“政工专栏”等栏目。不少人写文章引用《年鉴》上的资料。外国人况且如此，我们党政领导干部特别是政工干部，更应重视自己的《年鉴》，充分使用《年鉴》提供的文献、资料和经验，以便充实和提高自己。

应该看到，在《年鉴》的发展中，天津市政工职评办公室、政工师指南杂志社作出了突出的贡献。2004年底，全国思想政治工作科学专业委员会、《年鉴》编撰委员会鉴于专业编辑少、管理人员缺乏的状况，为了更好地编辑、出版、发行、使用好《年鉴》，使之发挥更大的作用，和天津市政工职评办公室、政工师指南杂志社商定，从2004年起，将《年鉴》委托政工师指南杂志社经营、管理，全权负责《年鉴》的编辑、出版、发行工作。经过5年的运作，政工师指南杂志社不负重托，将《年鉴》越办越好，不仅内容、外在形式较之前有了质的提高，而且发行、使用范围越来越广，影响力越来越大。可以说，天津市政工职评办公室、政工师指南杂志社通过办好《年鉴》，为政工专业理论建设、为政工专业队伍的发展作出了突出的贡献。

二、关于政工教材的编写和使用情况及其基本特点

(一)这套教材的由来和历史演变过程

为培训政工干部编写教材，是党的十一届三中全会以后胡耀邦同志提出来的。30年来，针对形势任务的变化及相应地培训政工干部三次大的变化，编写政工培训教材也经历了三个历史阶段。目前这套系列教材，就是在原有教材基础上适应新世纪需要而编写的。为了说明这套教材的由来和演变，特别是了解它的继承与创新，简要回顾一下三次编写培训政工干部教材的基本概况，对我们珍惜和使用这套教材是有启迪和帮助的。

第一阶段是编写和使用《思想政治工作概论》阶段(1978——1988年)。

1978年中央党校复校时，胡耀邦同志传达了邓小平同志的两点指示。大意是，拨乱反正要从思想上开始，应具体抓两件事：一是端正思想路线，二是加强思想政治工作。当时，端正思想路线的突破口是开展真理标准的讨论；加强思想政治工作的突破口是在中央党校开设思想政治工作课和加强舆论宣传。胡耀邦同志亲自讲思想政治工作课，后来他兼任了中央组织部长和宣传部长，因工作忙就让我来讲这门课。我坚持讲了几年，逐渐形成了比较完整的讲义。有一次向胡耀邦同志汇报，他指示把这些讲稿(包括他的讲话稿)编撰成一本教材正式出版，并嘱咐出书时不要写他的名字。遵照耀邦同志的指示，我和张俊南同志经过几个月的努力，将讲稿编撰成册，于1982年由陕西人民出版社正式出版，取名为《思想政治工作概论》。1983年该书被评为国家图书三等奖，以后还被一些省市评为一等奖。不仅中央党校使用这个教材，各省市党校、高校和大企业也用这个教材，先后印刷17次，发行约160万册。这是政工教材发行最多的一本书，很多党政领导和政工干部从中得到思想启迪和工作指导。有一位副部级干部说："我在大学是学理工专业的，后来到企业当党委书记，《思想政治工作概论》对我成为一名政工干部影响很大。"1986年十二届六中全会作出加强精神文明建设的决定以后，党中央进一步强调加强思想政治工作。胡乔木同志提出要加强政工干部培训，中央党校领导委托我们把《概论》修改成《思想政治工作教程》，由我主笔，组成一个编写组，该书于1987年由中央党校出版社出版，主要在党校系统使用，一直用到上世纪80年代末。

第二阶段是编写和使用《新编思想政治工作概论》阶段(1989——2000年)。

1989年北京政治风波之后，邓小平同志及时总结了经验教训，认为十年最大的失误就是忽视思想政治教育，特别是忽视对青年的思想政治教育。然而要加强对青年的思想政治教育，首先必须把党员干部教育好，特别是把政工干部教育好。不仅要提高他们的思想理论水平，而且要解决他们的切身利益问题。当时，政工干部反映最强烈的一个问题，就是政工干部职称评定问题。时任党的总书记的江泽民同志，委托李瑞环同志来抓这个问题。于是在李瑞环同志的具体主持和指导下，由中组部、中宣部、人事部等有关单位联合制定了给政工干部评定职称的文件，同时提出要加强对党员干部特别是政工干部的培训工作。中央党校根据中组部、中宣部的建议，提出要根据邓小平和其他中央领导同志的讲话精神修订《思想政治工作

概论》。中国政研会领导袁宝华和赵荫华还提出了原则性的修改意见。大意是，思想政治工作的科学理论体系已经确立起来，概论的理论体系不要大动，但必须增加新的内容，特别要增写一章思想政治工作历史发展概况和经验教训。为了使原教材与新教材有所区别，建议新教材取名《新编思想政治工作概论》。经过几个月的努力，新教材于1989年12月底由中央党校出版社出版，其后5年共印了7、8次，几十万册。使用5年之后，于1996年前后又作了一次大的修改，除各章充实新内容外，还增写了社会主义市场经济条件下思想政治工作新课题和深化改革开放形势下反“和平演变”教育等章节，全书由33万字扩展到43万字。新“修定本”第一次就印了2万多册，其后几年共印了好几万册，在党内和社会上很有影响。这本教材一直使用到21世纪初。与此同时，我们还受中央党校常务副校长汪家镠委托，为中央党校函授学院专门编写了简明《思想政治工作教程》；受国务院军转办领导委托，编写了《思想政治工作学概论》等教材；还编了几本学术专著和辅导教材，如《市场经济条件下的思想政治工作新课题研究》、《思想政治工作十大新课题》、《毛泽东思想政治工作学说研究》、《思想行为学概论》、《思想政治工作的方法和艺术》等。总之，编写这些教材和研究成果，为新世纪编写新的政工教材奠定了理论和实践基础。没有这个基础，就不可能在短时间内编写出版新教材。

第三阶段是编写和使用《新世纪的思想政治工作》、《思想政治工作学教程》和《思想政治工作发展史》系列教材阶段（2000——2009年）。

进入新世纪以后，我们党在政治、经济、文化各领域面临一系列新课题，思想政治工作面对新的挑战。党中央决定于2000年“七一”前夕在中南海召开全国思想政治工作会议。会议强调要加强、改进和创新思想政治工作，并着手起草《思想政治工作条例》。会议认为，最重要的是加强思想政治工作队伍建设，特别是稳定政工干部队伍和提高他们的水平。天津市在这方面走在了最前列。特别在2002年十六大以后，天津市和各省市都加强了政工专业干部培训工作。在这种背景下，天津市政工职评办公室和政工师指南杂志社委托我于2002年底编写了一本《面向新世纪的思想政治工作》，内部印发给天津市的政工干部，作为政工职称评定学习教材。后来，由天津市牵头，组织各省、市、自治区政工职评办公室共同组成编委会，委托我挂帅，编撰一套供政工师培训使用的专业教材。我把这一情况向有关领导同志作了汇报，这个建议得到中组部原部长张全景、中宣部原常务副部长徐惟诚和中国政研会老领导袁宝华、赵荫华的支持。于是我们编写了《面向新世纪的思想政治工作》、《思想政治工作学教程》、《中国共产党思想政治工作发展史》系列教材，张全景、徐惟诚、赵荫华分别为这套教材作序，袁宝华还题了词。在天津市政工职评办公室和政工师指南杂志社的具体组织下，2003年由中共党史出版社出版，先后有14个省、市在政工师培训中使用这套教材。5年后，我们又按照十七大精神对教材进行了重大修改，于2008年3月改由中央党校出版社出版（由32开本改成异型16开本）。现在已经有15个省市在政工师培训中使用这套教材，中央党校和一些省市党校以及十几所著名大学培养研究生，也使用了这套教材。社会反响比较好，影响在不断扩大。

（二）这套教材的特点及下一步修改设想

这套教材的特点，可以从不同角度去归纳。但大家比较一致的看法，主要有以下三点。

第一，突出了新世纪面临的新课题。

这套教材最大的一个特点，就是论述了新世纪思想政治工作面临的新课题。特别在《新世纪的思想政治工作》这本教材中，紧紧围绕一个“新”字展开论述。不仅论述了新世纪思想政治工作面临的新形势（包括国内外和党内外的新形势）、新任务（主要是指坚持用马克思主义中国化的最新成果武装全党和教育人民的问题)、新指导思想(主要是指科学发展观是新世纪做好思想政治工作的重要指导思想),而且论述了思想政治工作的新要求(主要是指新世纪思想政治工作必须帮助党员干部提高执政能力和领导能力)、新内容(主要是指新世纪必须把先进性教育和社会主义核心价值体系教育作为思想政治工作的新内容)、新挑战(主要是指解决和应对"四个如何认识"、"四个多样化"、网络传播和信仰多元化等新挑战)。特别是还论述了结合文化建设、民生建设、新农村建设和反腐倡廉建设开展思想政治工作的新途径等问题,并对创新政工体制、建设高素质专业队伍和加强党的领导等问题作了新的阐述。一句话,这套教材的内容突出一个"新"字,其中心思想是强调新世纪的思想政治工作要贴近新时代、紧跟新任务、树立新观念和采取新措施。这样,思想政治工作才富有生命力和战斗力。

第二,突出了思想政治工作是一门科学。

这套教材的又一个显著特点,就是全面系统论述了思想政治工作是一门科学。《思想政治工作学教程》专门论述了这个问题。这本教材由绪论和15章构成。其中绪论集中论述了思想政治工作为什么是一门治党治国的科学;前5章重点论述这门科学的基础理论,包括思想政治工作的基本概念、基本规律、基本矛盾、指导思想、理论体系和革命导师的理论贡献等;后10章着重论述这门科学的应用理论,包括思想政治工作的地位作用、目的任务、基本内容、方针原则、环境影响、程序过程、途径方法、队伍建设、党的领导和改进创新等问题。可见,这本教材全面系统地论述了思想政治工作这门科学,不仅理论性和科学性强,而且实践性和操作性也强。这表明思想政治工作是理论性和实践性相统一的一门科学,并且已经形成了一个独立的科学理论体系,我们把这个科学理论体系总称"思想政治工作学"。政工干部学习和掌握了这门科学,不仅自身的政工专业知识和理论素养会进一步提高,而且实践操作技能和工作效益也会进一步提高。

第三,突出了思想政治工作在继承发展中不断创新。

这套教材的又一个显著特点,就是专门编写了一本《思想政治工作发展史》,中心思想是要说明,党的思想工作在继承毛泽东创立的思想政治工作学说和优良传统中不断前进和创新,目的是为了适应时代的发展和新变化。《思想政治工作发展史》主要有三个特点:一是"史"的时间比较长,内容比较丰富。本书绪论写了从马克思和恩格斯创立思想教育工作到列宁、斯大林创立苏共的政治思想工作,大约经历了70多年;正文写我党的思想政治工作,大约经历了80多年。这本教材写了150年的政工史,不仅"史"的时间长,而且内容丰富。所谓"史"的内容丰富,主要是指不仅讲了思想政治工作的产生、形成和发展,而且讲了思想政治工作的实践经验、文献、人物和事件等方面。二是以"史"为线索,突出了思想性。这部教材以写思想政治工作史为线索,以介绍文献为基础,以写领袖的思想为核心。不仅写了以毛泽东为核心的第一代领导人对创立我党思想政治工作的理论贡献,而且写了邓小平、江泽民和胡锦涛等几代领导人在思想政治工作方面的理论贡献。写史不能只讲历史过程,必须突出思想性,这样的"史"才有理论和实践价值。三是力求写得简明,突出了重点问题。原计划这本史写80万字,后来根据几位老领导的建议,只写了40万字。所以,这本教材在介绍文献、事件、活动和领袖的论述时,力求做到"精选"和简明,并且突出了重点问题。比如,在处理马列与我党的关系时,重点写我党的思想政治工作史;在处理民主革命时期与社会主义时期的关系时,前者只用了2章的篇幅,后者却用了5章的篇幅;在处理建国以后与新时期的关系时,前者只用了1章的篇幅,而新时期却用了4章的篇幅。因为这部分离我们最近,其理论和经验对我们影响最直接,政工干部对这段历史也最关心,所以我们用浓墨重笔来论述这段历史及其经验。总之,学习这本教材,一定要抓住上述三个特点,这样才能在学习

"史"的过程中，抓住要点，增长知识，提高认识，汲取历史经验教训，不断改进创新。

这套教材随着时代的变化要不断丰富和完善。因此，在广泛征求意见的基础上，还要进一步修改。总的设想有以下四点考虑：一是这套教材在党的十八大以后要作一次较大的修改，以充分体现十八大的新精神。二是在第一册教材中，要增设一章《"六个为什么"重大理论和现实问题教育》专题，以提高党员干部和人民群众鉴别重大是非的能力。三是在第二册教材中，要增设一章《新世纪党的政工干部思维方式和工作方式现代化》专题，以促使政工干部率先并带领群众实现思维方式的变革。四是在第三册教材中，增写十七大至十八大这一段历史，重点写我党加强改进思想政治工作的成功经验和新课题。我们要共同努力，使这套教材不断完善，在加强政工干部队伍建设、提高政工干部素质方面发挥更大的作用。

今天参加会议的都是政工专业干部，关于当前思想政治工作，我有一些想法，提出来供同志们参考。加强改进思想政治工作，既要适应时代的新变化，重视大舆论、大宣传、大网络等现代传媒，这对于造成舆论声势、树立社会正气有积极作用；又要继承和弘扬优良传统，重视深入基层、深入群众、深入实际等基础工作，这对于做好深入细致的思想政治工作有积极作用。所以，在新形势下做好思想政治工作，必须处理好"大"与"小"、宏观与基层的关系，只抓"大"而忽视"小"，或者只注意"小"而忽视"大"，都是不利于加强改进思想政治工作的。在当前，有些领导干部只重视抓"三大"，而忽视基层思想政治工作，特别是忽视基层政工队伍建设和职称评定问题，挫伤了基层政工干部的积极性，使基层思想政治工作和群众工作有所削弱，这是值得注意的一种倾向。希望通过加强政工队伍建设，及时克服这种倾向，以保证党的大政方针政策落实到基层。

（此文根据张蔚萍教授 2009 年 7 月 24 日在内蒙古自治区乌兰浩特市召开的 2009 年《中国思想政治工作年鉴》、《思想政治工作专业丛书》编委会、联络员会议上的发言整理）

第五部分

政工创新与文化建设

推动农村精神文明建设再上新台阶

刘云山

党的十六大以来，以胡锦涛同志为总书记的党中央高度重视“三农”工作，作出一系列重大决策部署，大力推进农村改革发展，大力加强农村精神文明建设。各地各部门认真贯彻中央要求，坚持围绕中心、服务大局，面向基层、服务群众，把农村精神文明建设作为社会主义新农村建设的重要内容，工作力度明显加大，各项工作取得长足进步。社会主义荣辱观学习实践活动、道德模范评选表彰活动产生广泛社会影响，文明户、文明村镇、志愿服务、城乡共建等各类群众性创建活动蓬勃开展，“三下乡”、“心连心”、“送欢乐下基层”等活动深受农民群众欢迎，农村社会风尚、环境面貌明显改善，广大农民精神风貌更加昂扬向上。农村精神文明建设为改善农村面貌、提高农民素质发挥了重要作用，为促进农村改革发展、维护农村和谐稳定发挥了重要作用。与此同时，随着“三农”工作的深入推进，农村精神文明建设的地位和作用更为突出，任务更为繁重。要以更加开阔的视野、更加坚定的决心、更加扎实的工作，推动农村精神文明建设向纵深发展，取得新的更大成绩。

一、从深入贯彻落实科学发展观、推进社会主义新农村建设的战略高度，充分认识加强农村精神文明建设的重要性紧迫性

改革开放30多年来，我国农村发生了广泛而深刻的历史性变化，但农村经济社会发展滞后的局面还没有根本改变，实现全面建设小康社会的宏伟目标，最艰巨最繁重的任务仍然在农村。目前，我国总体上已进入以工促农、以城带乡的发展阶段，进入着力破除城乡二元结构、形成城乡经济社会发展一体化新格局的重要时期。新情况新变化、新形势新任务，对农村精神文明建设提出了新的更高要求。我们要从推进农村改革发展和社会主义现代化的全局和战略高度，充分认识农村精神文明建设的重要地位和作用，进一步增强做好工作的自觉性、紧迫感。

1. 建设社会主义新农村，需要大力推进农村精神文明建设。建设社会主义新农村，是党中央作出的一项重大战略决策，是广大农村的一场深刻社会变革。实现农村“生产发展、生活宽裕、乡风文明、村容整洁、管理民主”的发展目标，既需要大力发展农村社会生产力，也需要切实改变农村的环境面貌；既需要积极促进农业生产方式的现代化，也需要积极推动农民思想观念、生活方式的转变。农业的发展、农村的进步，离不开文化的哺育，离不开精神的支撑。如果没有农民素质的提高，没有自主发展能力的增强，就不可能实现农村经济社会的协调发展和全面进步。建设新农村，必须培育新农民。要积极适应建设社会主义新农村要求，大力加强农村精神文明建设，不断提高农民群众的思想道德素质和科学文化素质，努力培育符合科学发展的新思想、新观念、新素质，推动农村走上富裕、民主、文明、和谐的发展道路。

2. 形成城乡经济社会发展一体化新格局，需要大力推进农村精神文明建设。推进城乡一体化进程，是破解“三农”难题的根本出路。由于历史和现实的种种因素，我国城乡二元结构尚未根本改变，城乡发展差距有扩大之势。这种差距，既表现在经济发展上，也表现在社会事业、精神文化、生产生活条件上。现在，农民人

均占有的教育资源、文化资源、公共卫生资源都大大低于城市，许多地方脏乱差现象依然比较严重，有的地方还存在着因过度开发造成的环境污染问题。所有这些，都严重制约着农村经济社会发展，影响着农民群众的生活质量。改变城乡二元结构，构建城乡协调发展的新格局，必须统筹城乡经济发展，统筹城乡精神文明建设，大力发展包括科教文化在内的各项社会事业，着力培育文明健康的生活方式，形成整洁有序的良好环境，不断提高农村文明程度。

3. 满足农民日益增长的精神文化需求、保障农民基本文化权益，需要大力推进农村精神文明建设。随着物质生活的改善，农民精神文化需求迅速增长。现在，农村居民家庭恩格尔系数已由1978年的67.7%，下降到2008年的43.1%，这说明农村文化消费潜力很大。近年来，通过各地各部门共同努力，农民群众精神文化生活逐步改善，但农村文化建设还远远落后于农村经济发展，文化产品和服务，无论是总量还是质量，都不能满足农民群众的需求，特别是一些边远地区农民群众文化生活十分贫乏。如何更好地满足农民群众文化需求，保障他们的基本文化权益，是摆在我们面前的一项紧迫任务。必须顺应农民群众对文化生活的新期待，大力繁荣发展农村文化，尽快缓解农村文化产品供需矛盾，让农民群众享受到更加丰富多彩的精神文化生活。

4. 形成良好社会风尚、促进农村和谐稳定，需要大力推进农村精神文明建设。良好社会风尚是农民群众的共同愿望，和谐稳定是农村改革发展的重要前提。随着改革开放的深入和社会主义市场经济的发展，农民思想获得极大解放，与时代发展进步相适应的价值取向、道德观念逐步确立，精神面貌呈现出新的气象。同时要看到，社会结构、利益关系正在发生深刻变化，社会矛盾呈现复杂状态，一些领域不良道德现象有所滋长，一些地方黄赌毒、封建迷信等社会丑恶现象沉渣泛起，影响农村和谐稳定的因素在增多。还要看到，近年来各种敌对势力把对我的渗透向农村延伸，极力与我争夺人心、争夺群众。所有这些都说明，维护农村社会稳定的任务十分艰巨，培育良好社会风尚的任务十分繁重。必须扎实推进农村思想道德建设，加强和改进基层思想政治工作，着力移风易俗、培育良好社会风尚，着力疏导情绪、化解矛盾，把农民群众的注意力集中到促进农村改革发展上来，自觉维护安定团结的良好局面。

二、深入扎实推进农村精神文明建设，为促进农村经济社会又好又快发展提供思想保证、精神动力和文化条件

我国改革开放和现代化建设已进入一个新的发展阶段。在新的起点上推进农村精神文明建设，一定要认真贯彻落实党的十七大和十七届三中、四中全会精神，以邓小平理论和“三个代表”重要思想为指导，深入贯彻落实科学发展观，按照“高举旗帜、围绕大局、服务人民、改革创新”的总要求，坚持解放思想、实事求是、与时俱进，贴近实际、贴近生活、贴近群众，以建设社会主义核心价值体系为根本，以群众性精神文明创建活动为载体，以提高农民素质和农村社会文明程度为目标，着力培育新农民、倡导新风尚、发展新文化，为促进农村经济社会又好又快发展提供思想保证、精神动力和文化条件。当前和今后一个时期，要突出抓好三大任务。

1. 紧紧围绕社会主义核心价值体系广泛开展思想道德教育，形成建设社会主义新农村的强大精神力量。社会主义核心价值体系是社会主义思想道德的灵魂。培育新农民，理想信念是核心，道德规范是基础，价值认同是关键。如何通过卓有成效的工作，引导农民群众更好地认知、践行社会主义核心价值体系，是加强农村思想道德建设必须认真解决的重要课题。要针对农村思想道德状况，针对农民群众关心的实际问题，扎实深入地开展宣传教育，切实把社会主义核心价值体系的要求贯穿于农村精神文明建设全过程。

一是广泛开展中国特色社会主义理论体系

宣传普及。我国农村的深刻变化和巨大进步是在中国特色社会主义理论指导下取得的，推动农村实现新的发展，必须深入学习、宣传普及中国特色社会主义理论体系，更好地发挥党的理论创新成果教育引导群众的作用。要广泛开展面向农村基层的理论宣讲，通过组织宣讲团、选派机关干部下乡、举行报告会等多种形式，向农村干部群众宣传普及中国特色社会主义理论体系的基本内容。要组织编写适合农民群众需要的通俗读物，用事实说话、用典型说话、用数字说话、用农民群众的语言说话，把深刻的道理用朴实生动的文风和农民群众乐于接受的方式讲清楚，深入浅出地回答农民群众关心的热点难点问题，使广大农民群众充分认识我国的制度优势，进一步坚定走中国特色社会主义道路的信心。现在，以农村乡镇等基层单位为重点，第三批深入学习实践科学发展观活动全面展开。要按照中央统一部署，深入开展科学发展观宣传教育，帮助广大农村党员干部深刻认识科学发展观的基本要求是什么、贯彻落实科学发展观能带来什么、推动科学发展应该做什么，不断提高促进农村科学发展的能力和水平。

二是深入开展社会主义荣辱观教育。社会主义荣辱观是社会主义思想道德的集中体现。在广大农村普及“八荣八耻”的基本要求，既是改善农村现实道德状况的需要，也最容易让农民群众获得认同、产生共鸣。要从农村当前存在的具体问题入手，深入开展社会公德、职业道德、家庭美德、个人品德教育，修订完善乡规民约，发挥规章制度对人们道德行为的激励约束作用，推动形成知荣辱、讲正气、促和谐的良好风尚，形成男女平等、尊老爱幼、扶贫济困、团结友爱、礼让宽容的人际关系。要结合全国道德模范评选表彰，广泛开展学习道德模范活动，组织道德模范与农民群众面对面交流，引导农民群众不断加深对社会主义道德的理解和认同。各地要从实际出发，注意发现和宣传当地农民群众中的道德楷模，发现和宣传身边的好人好事，使学习先进典型的过程成为普及基本道德规范、实践社会主义荣辱观的过程。要把农村青少年作为重点，深入开展“做一个有道德的人”主题实践活动，组织创作、广泛传唱优秀童谣，积极做好农村留守儿童、灾区青少年、进城务工人员子女等特殊群体的思想道德教育，引导青少年在家庭孝敬父母、在学校尊敬师长、在社会奉献爱心。要充分利用新中国成立60周年这一契机，兴起爱国主义教育热潮，运用主题教育、文艺演出、座谈访谈、知识竞赛等多种形式，引导农民群众从身边变化中感受农村的发展进步，看到美好未来和光明前景，增强爱祖国、爱家乡的情感，增强民族自尊心、自信心、自豪感。要继续开展民族团结宣传教育，牢牢把握各民族共同团结奋斗、共同繁荣发展的主题，进行党和国家民族政策教育、马克思主义民族观教育，大力宣传民族区域自治制度，宣传党和政府对民族地区和少数民族的关怀，宣传各族干部群众齐心协力建设美好家园的感人事迹，营造各民族团结友爱、同心同德、携手奋进的良好氛围，引导各族群众牢固树立汉族离不开少数民族、少数民族离不开汉族、各少数民族之间也相互离不开的思想，巩固和发展平等团结互助和谐的社会主义民族关系，坚定自觉维护国家统一、民族团结、社会稳定。

三是深入开展经常性形势政策教育。现在，农村生产生活与形势变化的联系日益紧密，农民群众的眼界更加开阔，对形势、政策的关注度越来越高。加强形势政策教育，引导广大农民了解党的方针政策、增进对党和政府的信任，是农村精神文明建设的重要内容和长期任务。要深入开展国情、农情宣传教育，加强政策解读，大力宣传阐释党中央、国务院重视“三农”、支农惠农的政策举措，宣传各地贯彻中央要求，落实农业补贴、农业生态效益补偿、基础设施建设等方面所做的努力，引导农民群众加深对党在农村各项方针政策的理解。当前，要针对国际金融危机对我国农业发展的影响，继续组织开展坚定信心、迎接挑战宣传教育，深入宣传中央保增长、保民生、保稳定的重大举措，宣传党和政府促进农业增长、增加农民收入、解决农民工就业取得的成效，引导广大农民群众进一步振奋精神，增强变挑战为机遇、同舟共济共渡难关的信心和勇气。要针对农村干部群众关心的热点、难点问题，深入解读党和政府各项政策措施，讲明相关背景和政策取向，讲透有关群众利益的具体安排，引导农民群众理性合法地表达利益诉求，维护农村改革发展稳定的大好局面。

2. 更加广泛更加扎实地开展群众性创建活动，推动农村社会文明程度有一个大的提升。改革开放以来，群众性精神文明创建活动显示出蓬勃生机和旺盛活力，受到广大群众普遍欢迎，成为精神文明建设的响亮品牌。但与创建文明城市相比，农村创建活动无论是重视程度、工作力度还是社会影响、实际效果都有一定差距，必须下大力气改变这种状况。要以“讲文明讲科学讲卫生树新风”为主要内容，坚持重在参与、重在过程，丰富内容、创新形式、拓宽领域，推动兴起新一轮农村精神文明创建热潮。

一是深化拓展文明户、文明村活动，进一步夯实农村精神文明创建工作基础。村是农村社区的基本形式，户是农民生产生活的基本单位，文明户、文明村创建是农村精神文明建设的基础工程，必须抓住不放，着力深化拓展、延伸辐射，在量上不断积累、在质上不断提高。要紧紧抓住农民群众实际利益的关切点，积极推广遵义“富在农家、学在农家、乐在农家、美在农家”的经验，把创建文明户、文明村与改善农民生产生活结合起来，与教育、卫生、体育等各项社会事业结合起来，引导农民群众崇尚科学、抵制迷信、破除陋习，养成科学健康的生活方式。要按照建设资源节约型、环境友好型社会的要求，广泛开展“文明生态村”创建活动，普及环保理念，培育生态文化，保护自然资源，提高农民群众的节约意识和环保意识。要适应村庄集约化发展的新趋势，大力开展“文明中心村”创建活动，整合创建资源，完善基础设施，提供综合服务，改善农村人居环境和农民生产生活条件，推动农村文明创建扩大覆盖面、增强规模效应。

二是广泛开展创建文明集市活动，使农村集市成为传播文明、引领风尚的重要窗口。随着经济的发展，农村商贸活动日益活跃，各种类型的集市大量涌现，成为农民日常经济、文化活动和社会交往的重要场所。创建文明集市，推动形成良好市场环境，不仅能够方便农民群众的生产生活，而且能够影响和带动周边农村精神文明建设。要把创建文明集市作为新的抓手，针对存在的突出问题，抓住关键环节，找准工作突破口，努力打造农村精神文明建设的新亮点。要深入开展诚信经营活动，制定文明服务公约，完善具体管理措施，制止乱收费、假冒伪劣、坑农伤农等现象，建立诚实守信的市场秩序。深入开展环境卫生整治活动，重点治理乱摆摊点、乱扔垃圾、乱贴乱画等现象，完善相关机制，营造整洁有序的集市环境。深入开展文化集市、科普集市活动，宣传党的方针政策和法律知识，普及农业实用技术和食品安全卫生常识，让农村集市在传播先进思想、普及科学知识、引领文明风尚方面发挥重要作用。

三是扎实推进农村志愿服务活动，搭建吸引农民群众积极参与精神文明创建活动的新平台。志愿服务是精神文明创建的新领域，在农村开展志愿服务有着迫切的现实需要。现在，大量农村劳动力外出务工，一方面造成农村精神文明建设主体缺失，另一方面也造成农村社会“空巢化”现象严重，特别是“留守儿童”、困难群体、五保户面临许多实际困难。解决这些问题，既要靠政府部门和农村基层组织，也要注重发挥志愿服务的作用。要着眼于互帮互助开展志愿服务，就近就便开展送温暖献爱心、扶贫济困、扶老助残等活动，推动形成邻里互助、融洽和谐的良好社会风尚和人际关系。着眼于提高农民致富技能开展志愿服务，组织农业技术员、科普人员和致富能手向农民传授实用生产技术和职业技能，帮助农民改变就业打工缺技能、务农少技术的状况。着眼于关爱农村“留守儿童”开展志愿服务，关心“留守儿童”的心理、情感、学业，帮助解决实际生活困难，用亲情、爱心为

“留守儿童”健康成长创造良好环境和条件。

3. 坚持面向农村、服务农民，着力丰富广大农民群众的精神文化生活。文化是社会文明程度和群众生活质量的重要标志。农村精神文明建设的一个重要任务，就是大力繁荣发展农村文化，满足农民群众的文化需求。如果农民的文化需求得不到满足、文化权益得不到保障，农民的小康生活就是不完整的，新农村建设也是不全面的。必须牢固树立新的文化发展理念，深化文化体制改革，创新体制机制，切实加强农村文化建设，努力提供更多更好的文化产品和服务，把农民群众的基本文化权益实现好、维护好、发展好。

一是切实加强文化基础设施建设，建立比较完备的农村公共文化服务体系。公共文化服务是保障人民群众基本文化权益的有效途径。近年来，我们组织实施了一系列文化惠民工程，取得重要进展，但农村文化设施缺乏的问题仍然比较突出，建设公共文化服务体系的重点和难点依然在农村。要坚持重心下移、向农村倾斜，优先安排关系农民群众切身利益的文化项目，使农村基层公共文化设施有一个大的改观。要继续抓好广播电视村村通、乡镇综合文化站和村文化室建设、文化信息资源共享、农村电影放映、农家书屋等重点文化惠民工程，加快建设进度，加强日常管护，提供后续支持，推动农村公共文化服务体系建设取得新进展。要加强对现有文化设施资源的整合利用，按照综合性、多功能和有阵地、有经费、有人员的要求，以乡镇文化站为基本阵地，优化基层公共文化资源配置，扩展功能、共建共用，形成融宣传教育、文化娱乐、信息服务、科学普及、体育活动于一体的文化中心。要支持偏远山区、少数民族地区发展流动文化服务，弥补固定文化设施的不足，为农民参与和享受文化生活创造条件。

二是大力繁荣农村文化产品创作生产，为农民群众提供更多更好的精神食粮。近年来，我国农村题材文化产品创作生产十分活跃，一大批优秀作品走进农村、走进农民生活。但总体看，数量不多，叫得响传得开的精品力作还太少。必须着眼于满足农民群众的精神文化需求，多生产农民群众买得起、看得懂、用得上的文化产品，多提供农民群众欢迎的文化服务。要合理调控文化产品结构，把农村题材纳入电影电视剧制作、舞台艺术生产、书刊和音像制品出版总体规划，安排专项资金予以支持，保证农村题材在文化产品总量中达到一定比例。要鼓励文化工作者深入农村、深入基层，立足新农村建设的生动实践，体验农民群众的生产生活，感受农民群众的辛劳和愿望，创作生产更多反映当代农村生活、为农民喜闻乐见的文化产品。要加强对优秀文化产品的宣传推介，通过政府采购配送、城乡结对赠送、扩大市场营销等多种形式，把更多的优秀文化产品送到农村千家万户、送到农民群众手中。

三是充分挖掘农村民族民间文化资源，广泛开展各具特色的群众文化活动。用丰富多彩、具有地方特色的文化活动活跃农民文化生活、占领农村文化阵地，是农村精神文明建设的重要方面。要按照业余自愿、形式多样、健康有益、便捷长效的要求，广泛开展各种形式的群众性文化活动，使农民在参与中抒发情感、愉悦身心。要鼓励农民自办文化，扶持农村文化中心户建设文化大院、兴办文化服务网点，培养一批文化能人、文化经纪人，培育一批有品牌、有市场的农村文化企业。要加强对民族民间文化资源的发掘和整理，加强非物质文化遗产的保护和传承，培育一批文化名镇、名村。要利用春节、清明、端午、中秋等重要民族传统节日，以“我们的节日”为主题，广泛开展节日民俗活动、文化娱乐活动和中华经典诵读活动，弘扬中华民族优秀文化传统。需要注意的是，这些年，一些低俗不良文化现象有向农村转移的趋势，必须增强责任意识，进一步加强农村文化市场管理。要坚持不懈地开展“扫黄打非”斗争，开展社会文化环境集中整治，依法打击传播淫秽色情、封建迷信等违法活动，严厉查处取缔城郊结合部和农村的“黑网吧”，突出抓好农村中小学校园周边环境治理,营造健康向上的良好社会文化环境。

三、切实加强组织领导,努力开创农村精神文明建设新局面

农村精神文明建设事关农村改革发展全局,事关亿万农民群众切身利益,事关国家长治久安,只能大大加强,不能有丝毫放松。必须采取有效措施,加强组织领导,加强统筹协调,做到思想上高度重视、工作上强力推进、政策上全力支持,为促进农村精神文明建设健康发展、开创新的局面提供有力保证。

1. 摆上突出位置,切实把农村精神文明建设作为一件大事来抓。加强农村精神文明建设,领导重视是关键。各级党委政府一定要充分认识加强农村精神文明建设的极端重要性,摆上重要议事日程,列入经济社会发展总体规划,纳入科学发展考核评价体系。主要负责同志要切实负起领导责任,带头抓农村精神文明建设,真正做到物质文明和精神文明“两手抓、两手硬”。县、乡党委政府处在工作第一线,担负着具体组织推动农村精神文明建设的重要职责,要把精神文明建设同经济建设一起安排部署、一起组织实施、一起检查考核,确保各项工作有效开展、扎实推进。要加强农村基层宣传文化队伍建设,关心和爱护农村精神文明建设工作者,切实解决他们工作和生活上的实际困难,鼓励大中专院校学生投身农村精神文明建设,确保工作有人管、有人做。

2. 着力改进创新,充分调动广大农民群众参与精神文明建设的积极性。农村精神文明建设,农民群众是主体。农民参与度高了、主动性强了,工作才会有持久的生命力。一些地方农村精神文明建设之所以难以吸引群众,很重要的一个原因就是改进创新不够。必须把创新作为突破口,不断丰富内容手段、拓展途径渠道,进一步激发原动力、增强吸引力,使创建活动更好地为农民群众所欢迎、所接受。要坚持以人为本,充分反映群众愿望,广泛听取群众意见,从群众需要的事情做起,从群众不满意的事情改起,使各项工作既经得起上级部门的检验,更经得起人民群众的检验。要适应社会生活的新变化,适应现代传播手段发展的新趋势,适应人们参与意识日益增强的新形势,多运用群众喜闻乐见的教育形式,多开辟群众便于接受的传播渠道,多搭建群众乐于参与的活动平台,最大限度地吸引群众参与。要带着对农民群众的深厚感情做工作,始终与农民群众心连心,从农民群众最关心、最直接、最现实的利益问题入手,把教育人、引导人、鼓舞人与尊重人、理解人、关心人结合起来,把服务群众与引导群众结合起来,在办好事、解难事过程中倡导新观念、形成新风尚。

3. 推动城乡共建,在更高层次、更广领域支持农村精神文明建设。农村精神文明建设要有一个大的发展,不仅要充分调动农民群众的积极性,而且需要城市的带动和支持,需要有关部门和社会各界的帮助。要认真落实中央关于工业反哺农业、城市支持农村的基本方针,加大以城带乡、城乡共建的力度,把引导外部支持与激发内在活力结合起来,形成全党全社会关心支持农村精神文明建设的生动局面。要继续深化城乡结对共建活动,不仅组织文明行业、文明单位积极参与,而且动员各个部门、各个行业采取更有力的措施;不仅帮助农村建设公共设施、治理村容村貌,而且支持农村改善文化条件、开展科技培训,使城乡共建不断向广度拓展、向深度推进。在这方面,全国文明城市和先进城市要带好头,进一步加大对所辖农村地区精神文明建设的投入,建设更多的文明村镇。要完善考评激励机制,把城乡共建工作纳入文明城市测评指标,推动城乡精神文明协调发展。要深入开展文化科技卫生“三下乡”,总结成功经验,完善长效机制,做到常下乡、常在乡,更好地促进农村精神文明建设、惠及广大农民群众。

4. 坚持齐抓共管,形成推动农村精神文明建设的强大合力。农村精神文明建设涉及面广,是一项系统工程,需要凝聚各方面的智慧和

力量。应当看到，由于缺乏统筹协调，工作中还存在着各自为战、力量分散、重复建设等现象，使本来就有限的资源没有发挥出应有的作用。要按照“党委统一领导、党政群齐抓共管、文明委组织协调、有关部门各负其责、全社会共同参与”的要求，进一步完善领导体制和工作机制，把各种资源整合起来，把各方面力量动员起来，形成整体联动、齐抓共管的工作格局。各级文明委要在党委领导下，发挥好组织协调作用，建立完善督促检查机制、表彰激励机制，推动农村精神文明建设各项任务落到实处。宣传、文化、广电、新闻出版等部门要大力推动农村文化阵地建设，加大舆论宣传力度，引导社会各方面更加关注农业、关心农村、关爱农民。环境保护、住房和城乡建设、科技、卫生、农业等部门要结合各自业务工作，积极推进农村基础设施建设，改善农村人居环境，提高农民致富技能。工会、共青团、妇联和文联、作协、科协、残联等人民团体要充分发挥自身优势，把工作做到各自所联系的群众中去。文明办作为文明委的办事机构，要加强与有关部门的沟通联系，认真做好组织协调和联络服务工作，更好地发挥作用。

5. 狠抓工作落实，务求取得实实在在效果。农村精神文明建设面对的是农民群众，是最基层的工作，必须突出一个“实”字，重实干、出实招、求实效，更好地贴近实际、贴近生活、贴近群众。要坚持从实际出发，大力弘扬求真务实作风，对各项目标任务进行细化分解，把原则性要求变为可操作措施，把重点任务变成具体项目，持之以恒地开展工作，狠狠地抓，一天不放松地抓，日积月累、久久为功。要以农民群众的评价来检验和推动工作，防止搞劳民伤财的形象工程，力戒形式主义、不做表面文章。要注意培育和发现典型，充分发挥典型的示范带动作用，深化对农村精神文明建设规律的认识，形成新思路，探索新办法，不断把农村精神文明建设推向前进。

（作者：中共中央政治局委员、中宣部部长）

抓住机遇　应对挑战　加快新时期文化建设步伐

文化部党组

在国际金融危机的背景下，清醒认识文化建设面临的新形势新任务，深入分析制约文化科学发展的突出问题，抢抓发展机遇，积极应对挑战，是推动文化不断向前发展的必然选择。

一、新形势为文化发展带来前所未有的新机遇

（一）党的十六大以来，宣传思想文化战线以科学发展观为指导，解放思想、实事求是、与时俱进，不断探索中国特色社会主义文化发展规律，在文化的作用与地位、发展方向、发展目的、发展动力、发展思路、发展格局、发展战略、发展领导力量和依靠力量八个方面逐步形成了新的文化发展理念。新的文化发展理念是科学发展观在文化领域的集中体现，是新形势下进行文化建设的重要理论依据，为文化发展统一了思想、明确了思路、指明了方向。

（二）文化基础设施建设和人才队伍建设步伐加快，为文化发展提供了较为坚实的物质保障和智力支持。当前，一个覆盖全国的公共文化设施网络正在逐步形成，农村基层的文化设施建设进展更快。文化人才队伍结构不断优化，初步形成了高中低级不同梯次相结合的人才队伍。

（三）经济的快速发展和生活水平的显著提高，人民群众文化需求的空前旺盛，为文化建设开辟了前所未有的广阔空间。文化消费稳步增长，为推动文化快速发展提供了巨大动力。

（四）国际金融危机的持续蔓延，为充分发挥文化产业得天独厚的优势提供了新的契机。文化产业是最具可持续发展内涵的环保节能产业，大力发展文化产业将促进经济结构调整和发展方式的转变。当前，在文化产业出现的反周期调节现象，进一步印证了文化产业具有的优势。

（五）文化体制改革的全面推进，为文化发展逐步消除了体制机制障碍，推动全社会的创造精神和创造活力竞相迸发、充分涌流。

（六）科学技术的广泛运用，为文化插上了腾飞的翅膀，使我国文化建设从高端起步。网络技术、数字技术、新型传媒技术的推广应用，为文化节目制作提供了先进手段和表现形式。同时，催生出许多新兴的文化业态，为以内容创作生产为核心的文化产品提供了快速发展的技术手段。

（七）中国国际影响力的不断上升，国际社会对中国模式和中华文化高度关注，为推动文化"走出去"提供了新的机遇，为中国文化产品提供了广阔的海外市场。此外，世界经济下滑也为国内文化企业到海外参与兼并、收购、合作创造了条件。

二、新形势下文化发展面临着巨大挑战

（一）文化在经济社会发展中的战略地位和作用日益突出，这对我们深刻理解和全面贯彻落实科学发展观提出了更高要求。当前，一些地方还没有真正从四位一体战略布局的高度来认识文化的战略地位。在思想观念中，有的往往只把文化作为推进经济社会发展的手段，忽视其作为社会发展目标的一面。在实际工作中，有的没有将文化建设纳入地方经济社会发展规划、财政预算的总盘子和干部的考核指标，对加强文化建设的措施办法不多，现有政策法规的执行和落实不到位。

（二）我国文化发展的整体水平还不高，不能满足人民群众日益增长的精神文化需求。近年来，各级财政对文化的投入有了较大增长，但就总体而言，底子薄，基础差，历史欠账多，基础设施不完备，基层文化单位缺乏正常运行的经费保障，这些仍然是制约文化发展的瓶颈。投入严重不足带来文化产品和服务供给的严重短缺，这与我国当前文化需求快速增长之间形成了巨大的结构性缺口。不同地区文化投入不平衡现象使公共文化产品与服务的供给还不能完全实现均等化。

（三）随着社会主义市场经济体制的建立和完善，进一步解放思想、创新体制机制、增强文化发展活力和竞争力的任务更加紧迫。当前，文化体制改革处于由试点向面上推开的关键时期，进入了破解深层次矛盾和问题的关键阶段。一些地区和单位对社会主义市场经济体制为文化发展提供的新动力、新条件认识不足，束缚了改革的信心和决心。相当数量的经营性国有文化单位还游离于市场体制之外，造成合格市场主体的大量缺位。条块分割、地区封锁、城乡分离的市场壁垒，制约了统一开放、竞争有序的文化市场体系的形成。文化产业集约化程度低，存在"散、小、弱、差"，低水平重复建设的问题。丰富的民族文化资源还没有与资金、技术等生产要素有机地结合。

（四）互联网等新兴媒体的兴起带来传播方式的深刻变革，占领文化传播制高点的任务更加紧迫。新的文化业态和文化传播方式迅猛发展，各种价值观念、各种文化思潮、各种利益诉求及表达更为便捷。提高传播能力、弘扬先进文化、引领社会思潮、维护网络文化安全的任务十分艰巨。

（五）文化发展还缺乏有力的智力支持，这对文化人才队伍建设提出了更高的要求。当前，不同地区文化从业人员在物质待遇、工作环境、发展机遇等方面都存在较大的差别，特别是中西部地区各类文化人才短缺的现象相当严

重。基层文化人才流失、队伍不稳定问题比较突出。高层次专业人才队伍老化问题比较严重，各艺术门类领军人才的培养力度仍需加大。熟悉市场经营规则的经营管理人才和熟悉现代信息技术的技术人才储备严重不足，新兴文化产业人才需求更为短缺。

三、突出重点，抓住关键，加快新时期文化发展

（一）提高认识，加强谋划，不断增强实现“两大一新”的文化自觉。要以高度的文化自觉真正把文化建设的各项任务纳入到国民经济和社会发展规划，纳入到各级党委政府的议事日程，纳入各级财政预算总盘子，纳入当地干部考核的指标体系，把中央的要求变成具体的政策措施、工程项目。今年上半年，医疗、教育、文化投资已由400亿元增加到1500亿元。这是文化建设难得的历史机遇，要加强文化重大项目的衔接，切实加大投入，推进公共文化服务体系建设，争取确定并提高人民群众基本文化权益保障标准。

（二）抓住关键环节和重点领域，加大力度，加快进度，推动文化体制改革向纵深发展。文化体制改革已进入了克难攻坚的关键阶段。重点推进经营性文化单位转企改制和国有艺术表演团体改革。争取用3—5年时间，把所有经营性文化事业单位转制为文化企业，做强做大一批国有大型骨干文化企业。因地制宜、分期分批地推动歌舞、曲艺、杂技、话剧等市场需求相对充足的院团转企改制。统一文化领域行政执法权，解决执法缺位、越位、相互交叉等问题。按照中央要求，力争3年之内对地级市及以下城市的文化、广播影视、新闻出版等执法队伍进行调整归并，组建文化市场综合执法机构，有条件的地方整合有关文化行政管理部门，组建新的综合文化行政机构。

（三）明确职责，加大投入，完善政策，提高效益，推进公共文化服务体系建设。各级政府是公共文化服务体系建设的主导力量。公共文化服务体系建设的重点在于设施建设和内容建设，基本思路是坚持政府主导，财政支撑，鼓励社会力量参与。按照中央的要求，各级政府对公益性文化事业的投入必须逐年增长，不能低于财政收入的增长速度。要改进投入方式，采取建立基金、项目补贴、定向资助、贷款贴息和以奖代补等办法，提高财政资金使用效益。加大对企业、个人捐赠公益性文化事业可减免税收的宣传力度，引导更多社会资金投入公共文化事业。加快制定并出台建立稳定的投入保障机制的政策性文件，安排与落实重大文化建设工程、项目、资金，将工作重心转移到服务基层、服务农村、服务社区上来，解决基层公共文化设施阵地、编制、经费等问题，确保基层公共文化活动的正常开展。

（四）发挥比较优势，抓住有利契机，推动文化产业快速发展。积极开展“十二五”产业发展规划前期研究，实施重点文化产业带动工程，统筹安排重点文化产业项目和资金，加大文化产业基础设施建设，大力发展新兴文化产业。把经营性文化单位转企改制与打造国有文化市场主体结合起来，打破区域、行业和所有制限制，通过实施资助项目开发、发行企业债券、注入资金、贷款贴息、帮助上市融资等方式，重点培育一批国有文化企业，使其成为战略投资者，发挥主力军和“国家队”的作用。积极探索和建立适应文化产业特点的投融资体系和机制，加快建立“国家文化产业投资基金”等产业发展基金，加强与金融机构的合作，支持金融机构创新金融服务产品，探索版权、著作权、专利权、商标权等无形资产抵押贷款的融资方式。努力探索刺激文化消费的新途径、新举措。加快发展连锁经营、电子商务、演出院线建设等现代流通组织，改善文化产品的消费条件和消费方式。

（五）坚持正确导向，完善激励机制，推动内容与形式的创新。建设和传播社会主义先进文化，是文化建设的根本任务。发挥好文艺评奖的激励作用，结合政府职能转变改革评奖机制，加大现有奖项的清理力度，延长评奖周期，把群

众评价和市场反应作为重要标准，激励艺术表演团体改革艺术生产机制，推出受到观众和市场认可的精品佳作，实现社会效益和经济效益有机统一。加强科技与艺术的融合，创造新的艺术样式和新的传播手段。

（六）实施“人才兴文”战略，加强人才队伍建设。人才是文化建设的“第一资源”，人才工作是文化建设的“第一要务”。尽快推进国家荣誉制度和政府奖励制度框架的建设，健全表彰我国文化领域涌现出的杰出代表人物和先进模范人物的机制，加强国家对文化艺术人才的荣誉激励。充分发挥人力资本在文化建设中的作用，坚持统筹兼顾，把人才工程作为系统工程分类指导、整体推进。深化人事制度、收入分配制度和养老、医疗等保险制度的改革，引入竞争和激励机制，激发文化工作者的积极性、主动性。加强人才市场建设，大力发展经纪人制、代理制、委托制、项目制和制片人制等新型的经营模式，培育一批既懂文化又懂市场，既懂经营又善管理的人才队伍，引入成本核算意识和投入产出意识，实现人才培养社会效益的最大化。

（七）加快职能转变，建立有利于文化发展的政策环境和法制保障，不断提高文化部门管理文化事务的宏观能力。必须更新文化管理理念和管理机制，逐步实现从行政管理手段为主到运用行政、经济、法律等多种管理方式并重的转变，消除宏观指导不足、微观干预过多的现象。必须增强科学决策的主动性和前瞻性，加强调查研究，发现关键问题，提出有针对性的政策建议。加快完善政策法规体系，提高依法行政的能力和水平。推动出台财政新增资金主要用于农村公共文化服务经费保障等政策。明确重点领域部门规章和规范性文件的内容，抓住时机，及时出台。

（八）大力培育民族文化自豪感，积极推动中华文化“走出去”，增强中华文化国际影响力。必须完善鼓励民族艺术发展的政策措施，建立健全文化遗产保护机制，加强对传统优秀文化资源的挖掘、整理、保护和利用。积极推进相关传统文化艺术教育工程。推动传统技艺项目生产制作方式保护和产业化发展，发展传统工艺制品市场，培育新的消费热点。在危机中寻找机遇，加快中华文化“走出去”步伐。健全对外文化交流部际协调机制和区域协调机制。注重发挥各部门、各级政府的积极性，利用双边和多边文化合作机制，统筹协调全国的对外文化交流工作，形成对外文化交流工作的合力。加快海外文化中心建设，加强海外文化阵地建设。发挥企业在“走出去”中的积极作用，培育涉外中介文化公司，形成一批跨国经营的文化企业。完善文化产品和服务贸易出口的政策，完善资金补助、出口奖励、税收减免等政策，鼓励中国文化企业到海外收购、兼并、参股、租赁等经营活动，在境外兴办文化实体，兴建产业研发基地和销售网络。实施中华文化精品带动战略，鼓励文化企业走原创路线、精品路线，按照世界各地的消费方式和消费习惯，量身制作具有中国文化内涵的产品。

着力提高舆论引导能力

苏　荣

提高舆论引导能力，是胡锦涛总书记在新形势下对新闻宣传工作提出的新的更高的要求。当前，各种思想文化相互激荡，舆论环境复杂多变，能否有效调控大众媒体，正确引导社会舆论，做到在多元中立主导、在多样中谋共识，是对新闻宣传工作的重大考验。我们要始终坚持团结稳定鼓劲、正面宣传为主，充分发挥新闻媒体宣传党的主张、弘扬社会正气、通达社情民意、引导社会热点、疏导公众情绪、搞好舆论监督的重要作用，不断提高主流媒体的舆论引导能力。

一、提高舆论引导能力，必须坚持马克思主义新闻观

坚持正确的舆论导向，是提高舆论引导能力的前提和基础。毛泽东同志曾经提出，要政治家办报。邓小平同志也指出，新闻宣传必须坚持党性原则。江泽民同志要求，在坚持党性原则上，新闻媒体不允许有任何的含糊和动摇。胡锦涛总书记也强调，舆论导向正确，利党利国利民；舆论导向错误，误党误国误民。这些重要论述，都鲜明地体现了马克思主义新闻观的原则，体现了舆论引导的根本要求。实践证明，马克思主义新闻观是社会主义国家新闻事业的指路明灯。如果离开了马克思主义新闻观的正确指导，社会主义新闻事业就会迷失方向、误入歧途。

我们国家的新闻媒体是党和人民的喉舌，具有鲜明的党性特征。近年来，西方一些人士极力宣扬“媒体是社会公器”，是“公共信息平台”，是独立于政党、政府或利益集团的“第四种权力”。我们有的同志也自觉不自觉地受到这种论调的影响。其实，西方国家在重大政治问题和关系其切身利益的新闻报道上，都是对新闻媒体实行严格控制的。比如，伊拉克战争期间，美国就实施“新闻媒体过滤器”计划，挤压美国国内与政府观点有抵触的新闻媒体的传播空间，限制记者的采访报道，并处罚“违规”记者和电视台。不仅如此，一些西方新闻媒体在报道国际新闻时，为了维护自身利益，经常不顾事实、凭空捏造、造谣生事。这些无疑都是对西方国家长期标榜的“新闻自由”、“媒体公正”的莫大讽刺。实际上，西方主流媒体所代表的正是幕后政党和大财团的利益，西方新闻学强调的“新闻自由”是根本不存在的。

我们的新闻媒体必须旗帜鲜明地坚持马克思主义新闻观，牢牢把握正确的舆论导向不动摇，决不能在新闻宣传上出现任何偏差。今年，我们国家大事多、要事多、敏感事件多，江西各级新闻媒体务必以高度的政治责任感，突出抓好敏感时期的新闻宣传工作，及时掌握带倾向性、苗头性的敏感问题，加强正面宣传的力度，努力在全社会形成积极健康、昂扬向上的主流舆论；各媒体负责同志要不断增强政治意识、大局意识和责任意识，始终同党中央保持高度一致，在事关政治方向和根本原则的问题上旗帜鲜明、立场坚定，做到不为浮云遮望眼、站稳脚跟不动摇。

二、提高舆论引导能力，必须始终服务经济社会发展大局

围绕中心、服务大局是新闻宣传永恒的主题，也是新闻宣传工作的主要任务。实践证明，积极向上的新闻舆论能够鼓舞士气、振奋精神，产生巨大能量，推动社会发展进步。因此，各级新闻媒体要始终坚持正面宣传为主的方针，在服务大局中进一步增强舆论引导能力。

新闻宣传工作要为加快经济发展服务。当前，中华民族正在实现伟大复兴的道路上阔步前进，江西也正在崛起的进程中奋力赶超。伟大的时代、伟大的事业要求新闻工作者把党和政府的中心工作、重点工作作为新闻宣传的着力点，为改革发展加油助威、凝心聚力。全省各级新闻媒体要紧紧围绕中央的决策部署，大力宣传各地各部门贯彻落实胡锦涛总书记考察江西时提出的“保增长、保民生、保稳定，弘扬井冈山精神”总要求的新举措，大力宣传全省上下狠抓发展、加快发展的新进展，大力宣传我省经济回暖、逆势上扬的新动态，唱响“一心一意谋发展、众志成城促崛起”的舆论主旋律，唱响科学发展、加快发展的时代最强音。

新闻宣传工作要为推动社会文明进步服务。新闻媒体是讴歌时代精神、伸张社会正义的重要力量，既能够传播信息、普及知识，也能够反映民意、开展监督，对于推进社会文明进程具有不可替代的重要作用。要充分发挥新闻宣传的职能作用，引导广大群众形成共同的理想信念、道德规范、价值取向，践行社会主义核心价值体系，努力在全社会形成和发展积极健康的主流舆论，为促进社会文明进步提供强大的精神支撑。

新闻宣传工作要为促进社会和谐稳定服务。发展是硬道理，稳定是硬任务。没有和谐稳定的社会环境，什么事也干不成，取得的成果也会丧失。作为新闻媒体，要切实抓好社会热点难点问题的引导，努力化过激为冷静，化对立为理解，化怨气为信心。要进一步加强和改进突发公共事件的新闻报道，做到及时准确、快速反应、先声夺人，在第一时间发布权威信息，在第一时间发出正面声音，努力挤压各种谣言的传播空间。在目前网络越来越发达的情况下，对于突发公共事件要想隐瞒是不可能的，有反应比没反应好，快反应比慢反应好，主动反应比被动反应好。只有牢牢掌握突发公共事件舆论引导的话语权和主动权，才能有效化解矛盾、解决问题。

三、提高舆论引导能力，必须讲求新闻宣传艺术

古人说："言之无文，行而不远。"从新闻学角度来看，这里的"文"既是指新闻报道要有丰富的新闻事实，又是强调舆论引导要有娴熟的技巧和艺术手段。列宁曾说过，每个宣传员和鼓动员的艺术就在于，用最有效的方式影响自己的听众。提高舆论引导能力必须讲究宣传的艺术，进行艺术的宣传，这样才能最大限度地吸引受众。

提高舆论引导能力必须在提升吸引力感染力上下功夫。实践证明，以公众乐于接受的方式传播党和政府的声音，才能更好地发挥舆论的引导作用。一些媒体之所以广受欢迎，不仅在于有权威、深度、及时的新闻内容，而且在于有丰富多彩、生动活泼的节目形式和报道方式。我们的新闻作品要产生感染受众的效果，必须简明扼要、通俗易懂、具体生动、真实感人。要突出个性特色，少说套话空话；多一些深层次剖析，少一些浅层次的扫描，特别是要坚持以人为本，把体现党的主张和反映人民心声统一起来，把坚持正确导向和通达社情民意统一起来，把镜头、笔头、话筒多对准基层、对准百姓，多用群众的鲜活语言，多用群众身边的生动事例，多用群众喜闻乐见的方式，进行宣传报道，使我们的舆论引导工作更加可亲可信。

提高舆论引导能力必须在把握好"度"上下功夫。"度"的把握依靠科学，"度"的体现讲究艺术。大到一个宣传战役、一篇社论的取舍，小到一个词一个字的推敲，都是把握"度"的过程。舆论引导既要得力，又要得当，还要得法。要正确把握报道规模、报道数量和报道频率，研究受众的心理、心态和情绪，做到适度而不失度，避免简单化、绝对化、片面化，防止产生负面效果。

四、提高舆论引导能力，必须大力推进改革创新

新闻是求"新"的事业。新闻之"新"，不仅在于报道时效之新，而且更在于报道内容之新、方式之新。只有勇于改革、善于创新，才能在提高舆论引导能力上不断取得新突破。

要把握媒体分众化、对象化的新趋势，提高宣传的针对性实效性。随着技术的发展和信息量的激增，受众的信息需求出现从"被迫接受"向"主动选择"转变的趋势。由于受众需求日益多元化，一家媒体已经很难同时满足所有人的需要，只能选择一部分受众作为自己的目标对象。这就需要媒体根据受众的差异、兴趣爱好对自身特色进行"定位"，运用差异化策略找到自己在社会和市场中的位置。目前一些媒体还不同程度地存在"同质化"现象，特别是一些子

报小报越来越趋同于“一个面孔”，逐渐使读者失去了兴趣。各级各类媒体要深入研究群众信息需求的新变化，深入研究各类受众群体的接受习惯，不断调整和充实传播内容，努力满足受众多层次、多样化的信息需求。

要创新舆论引导的手段方式。经过不断改进，我们的报道形式、报道手法日益丰富，越来越受到群众的欢迎。但我们还要继续下大功夫，努力避免政策宣传文件化、工作报道概念化、会议报道模式化、典型报道脸谱化等现象，努力实现新闻宣传题材多样化、形式多样化、风格多样化。在报道会议和领导同志活动时，要突出新闻价值，使报道“有血有肉”；在报道典型时，要使典型既有一定的思想高度又让人感到可信可亲可学；在报道重点工作时，既要全面准确又要生动鲜活，使同一主题的报道多角度多侧面，避免内容形式的雷同和单一。要充分运用现场画面、同期声、图表、评论等多种报道形式，增强新闻宣传的表现力。

要形成舆论引导新格局。当前，随着互联网等传播新技术、新媒介的迅速发展和广泛普及，传媒格局和舆论形成机制发生深刻变化。特别是传播主体日益多元化、传播渠道逐步多样化，传播资源爆炸式地释放出来。以视屏传播为例，现在宽带视屏逐渐普及、3G应用前景广阔、移动电视、楼宇电视发展迅速。这些新情况新问题，造成了舆论格局的深刻变化，事实上已经形成了包括社会舆论场、媒体舆论场、网络舆论场、手机舆论场在内的多个舆论场，特别是网上论坛、新闻跟贴、聊天评论等十分活跃，产生了明显的放大效应。这种趋势，很容易将一些非主流舆论发酵催化，形成舆论热点，干扰主流舆论。我们要从舆论多层次的实际出发，加强主流媒体和新兴媒体建设，以党报党刊、电台电视台为主，整合都市类媒体等多种宣传资源，尤其要充分发挥互联网、手机等新媒体在舆论传播中的特殊功能和作用，着力构建集传统媒体和新兴媒体于一体的定位明确、特色鲜明、功能互补、覆盖广泛的舆论引导新格局。

五、提高舆论引导能力，必须建设一支高素质的新闻工作者队伍

提高舆论引导能力是新闻工作者的崇高使命。要有效引导舆论，仅有良好愿望还不够，还要具备引导舆论所必须的知识储备、工作作风、责任观念和道德修养。广大新闻工作者要牢牢把握正确的舆论导向，努力创造出无愧于党、无愧于时代、无愧于人民的崭新业绩。

新闻工作者要有良好的综合素质。做好新闻工作，没有扎实的功底不行。在这方面，我国新闻界的许多老前辈树立了很好的榜样。他们不仅是通晓马克思主义的著名报人，也是知识渊博、才华横溢的专家学者。广大新闻工作者要把学习作为第一需要，把学习当成终身大事，既要从书本中学习，又要在实践中学习；既要向同行专家请教，又要以人民群众为师；既要钻研业务知识，又要了解和掌握经济学、政治学、社会学、心理学等各方面知识，努力争做学习型、知识型、专家型的优秀新闻工作者，努力成为人民群众喜爱的名记者、名编辑、名评论员、名主持人。

新闻工作者要有强烈的社会责任感。革命先驱李大钊说过，“铁肩担道义，妙手著文章”。记者笔下有是非曲直，记者笔下有美丑善恶，记者笔下有毁誉忠奸。这就要求新闻工作者树立强烈的社会责任意识，以实际行动践行社会责任，用手中的笔，扬清激浊，扶正祛邪，全面反映波澜壮阔的现实生活，倾情谱写精彩纷呈的新闻篇章。

新闻工作者要有良好的职业道德。古人提倡“立德、立功、立言”。只有首先做到立德，才能为人民立言，为时代立功。广大新闻工作者要遵守敬业奉献、诚实公正、清正廉洁、团结协作、严守法纪的新闻职业道德，自觉接受社会监督，坚决抵制有偿新闻、虚假新闻和低俗报道，努力践行社会主义荣辱观，做新闻队伍良好形象的维护者，不断为党的新闻事业增光添彩。

（作者：中共江西省委书记）

高度重视切实加强思想政治工作

翟卫华

一、思想政治工作在党的全局工作中具有重要地位和作用

1. 思想政治工作是我们党和社会主义国家的重要政治优势。通过思想政治工作实现党的领导，是马克思主义政党的重要特征。这既是我们的政治特色，也是我们的政治优势。当前，面对机遇前所未有、挑战前所未有的复杂形势，面对推动科学发展、促进社会和谐、全面建设小康社会的繁重任务，我们应当更加珍惜思想政治工作这一法宝，运用和发挥好这一优势，使之在宣传群众、动员群众、教育群众、引导群众方面，在提高思想觉悟、理顺情绪、化解矛盾、调动一切积极因素、激励人们团结奋斗方面，发挥更大的作用，更好地为党和国家的事业发展服务。

2. 思想政治工作是经济工作和其他一切工作的生命线。思想政治工作是做好一切工作的根本保证，对党和国家事业的顺利发展具有至关重要的作用。当前，我国改革发展进入关键时期，经济体制深刻变革、社会结构深刻变动、利益格局深刻调整、思想观念深刻变化，更加需要我们进一步加强思想政治工作，确保党和国家的各项工作沿着正确方向前进，促进经济社会又好又快发展。

3. 思想政治工作是团结人民群众实现党和国家各项任务的中心环节。我国有13亿人口、56个民族，如果没有共同的理想和统一的意志，就会迷失方向、一盘散沙，就没有凝聚力和战斗力，就不能实现我们的奋斗目标。只有加强思想政治工作，把干部群众的思想行动统一到中央的决策部署上来，把社会各方面的智慧和力量凝聚到实现科学发展、促进社会和谐上来，才能顺利推进党和国家各项事业，奋力开拓中国特色社会主义更为广阔的发展前景，实现中华民族的伟大复兴。

4. 思想政治工作是党在宣传思想领域的一项基础性战略性工作。思想政治工作，是引导人们树立正确的世界观、人生观、价值观，坚定共同理想信念的工作，是帮助人们确立行为规范、陶冶道德情操、提升文明素质的工作，是平衡社会心理、化解社会矛盾、促进社会和谐的工作，对党和国家长远发展、长治久安，起着强基固本的重要作用。

二、党的十六大以来，思想政治工作迈出了新步伐、取得了新进展

十六大以来，以胡锦涛同志为总书记的党中央高度重视思想政治工作，提出了一系列新论断，出台了一系列新举措，为做好新形势下的思想政治工作指明了方向、提供了保证。近年来，思想政治工作认真贯彻中央精神，适应新形势新任务，积极探索、改进创新，呈现稳步推进、持续发展的良好态势。

1. 理想信念教育扎实推进，中国特色社会主义共同理想日益深入人心。十六大以来，思想政治工作把开展理想信念教育摆上突出位置，做了大量卓有成效的工作。通过深入开展党的基本理论、基本路线、基本纲领、基本经验宣传教育，社会主义核心价值体系宣传教育和各种主题教育活动，进一步坚定了人们对马克思主义的信仰、对中国特色社会主义的信念、对改革开放和现代化建设的信心、对党和政府的信任，进一步增强了人们高举一面旗帜，坚持一

条道路和一个理论体系的自觉性、坚定性，进一步打牢了全体人民团结奋斗的共同思想基础。

2. 爱国主义教育深入开展，民族精神和时代精神得到有力弘扬。十六大以来，各地各有关部门认真贯彻《爱国主义教育实施纲要》，在全国城乡深入开展爱国主义教育活动，把爱国主义教育贯穿于思想政治工作全过程。通过加强爱国主义教育示范基地建设，积极发展红色旅游，以重大纪念活动为契机广泛开展教育活动，大力弘扬民族精神和时代精神，大力提倡爱国礼仪，培养爱国情感。通过广泛深入的爱国主义教育，增强了民族自尊心、自信心和自豪感。

3. 形势政策教育持续广泛，有效地发挥了统一思想、凝聚力量的重要作用。从改革发展稳定大局出发，紧密配合中央重大决策部署，坚持把集中性宣传教育与经常性宣传教育结合起来，把大政方针宣传教育与具体政策宣传教育结合起来，把国际形势宣传教育与国内形势宣传教育结合起来，通过组织高层次形势报告会、编写形势政策宣传提纲、举办形势政策教育网上谈等活动，帮助干部群众正确分析形势、正确认识国情、正确理解党和国家的方针政策，把思想统一到中央对形势的分析判断上来，把力量凝聚到落实中央各项决策部署上来。

4. 公民道德建设全面推进，践行社会主义荣辱观蔚然成风。各地各部门深入贯彻《公民道德建设实施纲要》，以树立社会主义荣辱观为主线，以诚信建设与公民责任为重点，通过集中开展社会主义荣辱观宣传教育活动，精心组织公民道德宣传日活动，努力打造公民道德建设的名牌项目，加强改进未成年人和大学生思想道德建设，大力推进公民道德建设。使社会主义荣辱观深入人心，人们道德素质不断提高，社会文明风尚日益形成。

5. 先进典型学习宣传卓有成效，崇尚先进、学习先进、见贤思齐的社会氛围更加浓厚。适应新形势新任务新要求，以弘扬民族精神和时代精神为主线，重点组织推出一批符合社会发展要求、富有时代气息的先进典型，广泛开展向先进典型学习活动，使广大干部群众从他们的先进事迹中受到教育、得到启迪，比学赶超、干事创业的热情得到极大激发。

6. 社情民意调研工作不断加强，有效地服务了领导决策和实际工作。十六大以来，社情民意调研工作得以深入开展，综合利用多种手段收集意识形态领域的新情况和社会思潮的新变化，全面掌握社会舆情和思想动态，对党和政府关注、干部群众关心、事关经济社会发展大局的思想倾向问题，加大研究分析力度，提出对策建议，为领导决策提供参考，进一步增强了宣传思想工作的前瞻性、主动性、针对性和时效性，增强了服务中心和服务大局的能力。

三、新形势下思想政治工作面临的新情况、新问题、新挑战

1. 世界范围内思想文化交流、交融、交锋日趋频繁，对思想政治工作提出新的任务和要求。伴随国际形势风云变幻和经济全球化快速发展，各种思想文化在更大范围、更深层次上相互激荡。这既为我们提供了借鉴世界优秀文明成果的有利条件，也使意识形态领域渗透与反渗透斗争更加尖锐复杂。西方发达国家凭借雄厚的经济实力、科技优势和舆论强势，大力推行其主流价值观和生活方式，对我主流意识形态和人们的思想道德观念产生不小影响。这就要求我们进一步加强改进思想政治工作，在广大干部群众中深入开展理想信念教育，唱响社会主义核心价值体系的主旋律，不断巩固马克思主义的指导地位，巩固中国特色社会主义共同理想，巩固全体人民团结奋斗的共同思想基础，有效抵御西方思想文化渗透，切实维护好改革发展稳定的大好局面。

2. 国内思想文化领域多元、多样、多变趋势更加明显，对思想政治工作提出新的任务和要求。当前，人们思想的独立性、选择性、多变性、差异性日益增强，社会思想意识多元、多样、多变的趋势更加明显。这就要求我们突出思想引领、铸就精神支柱，进一步加强改进思想政治工

作，既尊重差异、包容多样，又始终坚持社会主义先进文化前进方向，在多元中立主导，在多样中谋共识，积极引导社会思潮朝着积极健康的方向发展，促进社会和谐稳定。

3. 互联网等新兴媒体和现代传播科技迅猛发展，对思想政治工作提出新的任务和要求。西方敌对势力一直把互联网等新媒体作为对我进行攻击渗透的重要渠道，国内一些人则通过互联网散布混淆视听、庸俗、低级、有害的信息，对社会风气产生负面影响，对青少年健康成长的社会环境造成很大危害。这就要求进一步加强改进思想政治工作，提升对互联网、手机报等新兴媒体的应用管理能力，使新兴媒体成为传播社会主义先进文化的重要载体、提供公共文化服务的有效平台、促进人们精神文化生活健康发展的广阔空间。

4. 当前国际国内级济形势发生新的复杂变化，对思想政治工作提出新的任务和要求。受国际金融危机的影响，今年是进入新世纪以来我国经济发展最为困难的一年。面对国际国内经济形势的深刻变化，党中央、国务院迅速作出一系列重要决策部署，出台一系列重要政策措施，反复强调要有效增强广大干部群众战胜各种困难和挑战、保持我国经济平稳较快发展的信心。这就要求我们进一步加强改进思想政治工作，围绕干部群众关心的热点问题开展形势政策教育，引导人们正确认识当前我国发展的阶段性特征、准确把握国内国际两个大局，进一步增强变挑战为机遇的信心和勇气，增强同舟共济、共渡难关的意志和决心，把思想和行动统一到中央的各项决策部署上来。

四、以改革创新精神做好思想政治工作

1. 必须服务改革发展稳定大局，找准思想政治工作方位。当前，我国改革发展进入关键时期，继续解放思想、坚持改革开放、推动科学发展、促进社会和谐是当代中国的时代主题，是党和国家工作大局的集中体现。思想政治工作要紧扣这一主题来谋划、来推进，致力于统一思想、凝聚力量、振奋精神，引导广大干部群众自觉维护好经济发展的大局，维护好深化改革的大局，维护好社会稳定的大局，最大限度地发挥促进经济社会发展的功能，为改革开放和现代化建设打下坚实的思想道德基础。

2. 必须坚持以人为本方针，充分发挥人民群众的主体作用。要尊重人民群众的主体地位和首创精神，充分调动群众中蕴藏的思想政治工作的积极性、主动性、创造性。要把解决思想问题与解决实际问题结合起来，在当前我国经济发展面临严重困难、部分企业经营困难、农民工和大学生等就业形势严峻的情况下，尤其要加强心理疏导，注重人文关怀，多关照群众的精神需求，多为群众解决实际问题。要适应群众的接受特点和心理需求，多运用耐心疏导、民主讨论、平等交流的方法，善于在同群众交流互动中形成思想共识，在提供贴心服务中开展思想教育，使思想政治工作成为群众自我教育、自我提高的过程，成为融洽人际关系、促进团结和谐的过程。

3. 必须贯彻“三贴近”原则，切实增强思想政治工作的针对性实效性。要立足于社会主义初级阶段的实际，面向改革开放和现代化建设的火热生活，使思想政治工作融入经济社会发展的具体实践，真正深入到人民群众之中，不断增强工作的针对性和实效性。要把先进性要求和广泛性要求结合起来，坚持从实际出发，鼓励先进，照顾多数，引领社会成员共同进步、全面发展。要适应传播手段变化，积极运用现代传媒开展思想政治工作，使思想政治工作不断增强影响力、提升亲和力、保持旺盛活力。

4. 必须面向基层重心下移，进一步扩大思想政治工作的覆盖面和影响力。随着社会结构深刻变化和社会生活日益多样化，新的经济组织、社会组织不断产生，新的社会群体和从业人员大量涌现。思想政治工作既要关注传统对象又要关注新兴群体，既要重视固定人群又要重视流动人口，努力使工作向基层深入，切实覆盖

到企业、农村、学校、社区，覆盖到新经济组织、新社会组织，尤其要做好企业职工、农民工、大学生等重点人群的工作，把党和政府的温暖送到群众的心坎上。针对基层思想政治工作薄弱的情况，要以加强基层阵地建设和人才队伍建设为着力点，努力把工作往深里做、往实里做，实现阵地建到基层、人员下到基层、措施落到基层、工作指导到基层。

5. 必须建立健全长效机制，推动形成全党全社会齐抓共管的工作格局。做好思想政治工作是全党全社会的共同责任。要建立健全党委统一领导、党政群齐抓共管、党委宣传部组织协调、有关部门各负其责、全社会积极参与的领导体制和运行机制。要进一步强化协调意识，主动与经济部门加强沟通，注重同社会管理部门加强联系，积极发挥工会、共青团、妇联等人民团体的优势，充分利用行业协会、中介组织的力量，调动方方面面的积极性，形成强大工作合力。

五、全面开创政研会工作新局面

1. 政研会在思想政治工作中发挥了重要作用。从 2004 年中国政研会第八次会员代表大会召开以来，政研会认真贯彻中央关于加强和改进思想政治工作的一系列重要指示和决策部署，做了大量工作，取得了显著成效，为进一步发挥政研会的职能和作用奠定了坚实的基础。

2. 牢牢把握"思想库"、"智囊团"的工作定位。政研会要紧紧围绕作为宣传部门"思想库"和"智囊团"、"参谋"和"助手"的工作定位，把调查研究作为第一位的任务。要深入研究当前社会思想领域带有全局性、前瞻性、战略性的重大课题，为党和国家工作大局服务。要针对宣传部门最需要了解的情况、最需要解决的问题开展对策性、应用性研究，为宣传部门的中心工作服务。要进一步加强社会思想动态研究，做好社会思想意识领域重大舆情信息的收集分析，掌握社会热点，更好地为领导决策服务。

3. 切实加强政研会自身建设。要理顺体制机制，加强队伍建设，加强工作作风建设，改进活动组织方式，加强阵地建设。

（此文是中宣部副部长翟卫华在"地方和行业政研会负责人研修班"上的讲话摘要）

关于道德的阶级性与继承性

王伟光

社会主义核心价值体系把社会主义荣辱观作为其道德基础，使得道德的阶级性与继承性关系问题又一次进入了当前理论争论的视野。解放以来，伦理学界关于道德的阶级性和继承性的讨论说到底无非是这样两个问题：一是在阶级社会中，相互对立的或不同的阶级有没有共同的道德；二是剥削阶级的道德能否继承。归根到底，什么是社会主义道德建设的正确方向。回答这个问题，单凭道德现象例证的罗列，或者只就某个侧面进行逻辑的推演，是不能得出正确的结论的。只有运用历史唯物主义的基本立场、观点、方法对道德现象进行系统的分析才能得出正确的结论。

一、关于道德的一般结论

首先，需要运用历史唯物主义方法对道德现象进行定性定位的一般分析，从中得出关于道德的一般结论。

马克思主义认为道德作为上层建筑和社会意识是社会存在的反映，道德的形成、发展和变化，都是受人们的社会生活条件诸因素的制约，是由历史发展规律所决定的。

第一，社会的物质经济条件是道德的基础，道德的形成、发展、变化受其制约。人类所赖以生存的衣食住行等生活条件、自然地理环境、物质生产的谋取方式，是人类的道德观念所赖以存在的基础。人们生活环境的不同（其生活环境则是由自然地理条件、生产力所决定的衣食住行等条件所决定的），会形成不同的民族风俗习惯，形成不同的道德规范。从这个意义上讲，不存在永恒不变的道德戒律。如穿袒胸露背的服饰在热带非洲是正常的道德风尚，而在东方则相反。

当然，在人类社会物质生产生活诸因素中，起决定作用的是经济基础。原始社会的维护共同利益、热爱劳动、团结互助、血仇、群婚等道德原则与原始共产主义的生产力发展状况相适应；奴隶主杀奴、鄙视劳动、自私等奴隶主阶级的道德同奴隶社会的生产方式相一致；封建社会地主阶级忠君孝亲、男尊女卑、三纲五常、厌恶劳动的道德同农民阶级的要求平等、勤劳节俭之间的道德对立是与封建社会的经济关系相适应的；资本主义社会资产阶级利己主义原则是同资本主义的剥削制度相一致的；无产阶级集体主义原则是与大生产的生产力发展状况相适应的……一定的社会经济条件决定了一定的社会道德规范、道德思想范畴。例如伦理学界经常列举的“勿偷盗”的道德范畴，只不过是基于私有制这种经济关系的道德现象。在原始共产主义社会，财产公有，偷盗问题不存在，何谓“勿偷盗”的道德规范？到了发达的共产主义社会，物质极大的丰富，由私有制诱发的偷盗动机已不复存在，“勿偷盗”的道德规范也将归于灭亡。正如恩格斯指出的，“在偷盗动机已被消除的社会里，就是说在随着时间的推移顶多只有精神病患者才会偷盗的社会里，如果一个道德说教者想庄严地宣布一条永恒真理：切勿偷盗，那他将会遭到什么样的嘲笑啊！”

再有，很容易被人们看成永恒道德的婚配关系上的道德也有其发展过程。在群婚状态，有婚配关系的男女的离异是合理的，在对偶婚状态男女离异也不能看做是不道德的；只有在私有制出现，产生了一夫一妻制，离异才被看做是不道德的（当然这种道德是建立在女子因经济原因不得不委身于某个男子的基础上的）。到了共产主义，夫妻双方因感情不和而离婚恰恰是道德的，而因其他原因虚伪地保持夫妻关系反而是不道德的。可见一定的社会经济条件决定一定的道德观念，当经济条件发生变化时，道德观念迟早也要随之而变，适合一切条件、一切时代、一切阶级的永恒的道德原则是根本不存在的。

如果不同的民族，不同的阶级，甚至不同时期的人处于相似的社会生活条件、相似的经济条件中，那么为社会所共同接受、共同遵循的道德也能存在，但无论如何这是相对的，因为任何经济条件只是在一定条件、一定范围内相似。如人类的阶级社会都是基于私有制这个共同的经济基础，但在不同的历史条件下，私有制发展为不同的阶段，即便是同一阶级的道德也具有差异性。例如先公后私、公而忘私，这是在私有制以来的社会中为不同的阶级所共同倡导的道德规范，这种道德规范之所以为各个阶级所倡导，在于每个阶级都存在如何处理个人与本阶级整体利益的关系，因而每个阶级都要推崇本阶级先公后私的突出人物作为典范。然而，这种道德规范的共同性是相对而言的。其一，不同阶级的大公无私的内涵不同，剥削阶级作为历史上的统治阶级，其大公无私首先是为巩固其阶级统治服务的，而劳动人民的大公无私则更多地体现了扶贫济困、舍己为人的人类美德，无产阶级由于把消灭阶级作为其阶级要求，因而其作为一个阶级就是大公无私的；其二，即便同是剥削阶级的大公无私，在不同阶级和不同的历史条件下，“公”的具体内容也不尽相同，如基于血亲关系的封建统治者更看重“忠孝”，而基于金钱力量的资产阶级则更推崇“拼命挣钱”的新教伦理。

第二，道德问题的复杂性在于，除经济关系以外，其他社会关系也给予道德的形成、发展、变化以深刻的影响，而且往往作为直接呈现的事实存在于具体历史进程中。道德作为反映和调整人与人、人与社会之间行为规范的总和，是与人类社会共在的，道德所反映的社会关系不仅包括生产关系，而且也包括其他广泛的社会关系，像家庭关系、朋友关系、民族关系等，这些关系一方面受制于经济关系，另一方面也具有独立性。因此，作为社会存在反映的道德，不仅直接受经济关系的影响，或通过其他社会关系而受经济关系的影响，而且也受除经济关系以外的社会关系本身相对独立发展的影响。如果把一切道德观念的形成都简单地归结于经济关系，那是一种并不能说明问题的解释。例如尊老携幼，这是人类发展史上处理人与人之间的亲密关系的重要道德原则，这种道德是直接同人与人自然蕃衍的共同利益相适应的，产生于人与人的自然关系，当然在不同历史条件下尊老爱幼也有不同的客观内容。再如不要随地吐痰、文明礼貌，这是人类社会进入文明以来所共同遵守的道德原则，是同保持人类良好的环境、保持人类的身体健康的共同利益有关的。可见，基于人类共同生活中的一些关系和共同利益也会形成某些为一定时代、一定的阶级所共同的道德。但是这仍然是相对的，即使不准随地吐痰，也不是永恒的，一旦人们自觉地承担这种责任，这种道德也就失去了存在的意义。

第三，作为意识形态的道德观念一经产生，也有其相对的独立性，道德观念的发展也受其自身内在规律的影响，也有其自身的逻辑发展规律。从道德本身的逻辑发展看，当一种道德体系不适应已经发展的历史条件时，人们总是在新的历史条件下慢慢地约定俗成，兼收并蓄旧道德的合理成分，形成新的道德规范，然后由思想家加以概括形成道德理论体系。把道德概念这种本身的逻辑发展仅仅解释成“语言沿用”或“抽象继承”是不对的。道德的这种逻辑发展当然包括某种共性的东西。如爱国主义，这不单单是名词沿用，也不是抽象继承，它始终含有人们对自己祖国所担负的道德责任，这种道德的逻辑继承性包含着共同性。无论哪个时代的爱国主义，无论具有何种阶级内容、何等的阶级局限性，都包含热爱祖国、为道德献身的道德责任。同样清楚的是，爱国主义所共同具有的这种道德责任，总是和具体的国家形态相联系的，没有抽象的爱国主义，只有具体的爱国主义。那种声称只爱“上下五千年”的中国，不爱社会主义中国的说法，理论上就站不住。

从上述分析中，不难得出关于道德的一般结论：道德是历史的范畴，适用于一切时代、一切民族、阶级，适用于一切条件的超历史的永恒的道德是根本不存在的。一定的道德只不过是一定历史条件的产物。但是囿于共同的历史条件、共同的公共社会关系、共同的道德逻辑发展的规律，也会形成适合于一定时代、一定条件、一定的对立或不同阶级的共同的道德。不过这种道德的共同性是相对的、有条件的。这就是道德的个性与共性、绝对性与相对性的统一。

二、关于道德的阶级性与继承性

其次，需要运用马克思主义关于道德的一般结论，说明道德的阶级性和继承性及其相互关系。

1. 道德的阶级性

在阶级社会中，最基本的、大量的道德是阶级的道德，是有鲜明的阶级性的。阶级社会不过是一定社会经济关系发展到一定阶段的产物，这种经济关系必然制约影响整个上层建筑和意识形态，当然包括道德。各阶级由于在生产中所处的阶级地位不同，阶级利益必然不同。这种不同的阶级地位和阶级利益决定了不同的人们的生活实践的差别和对立，从而形成不同的、甚至是完全对立的道德观念。各个阶级从维护本阶级的利益出发，一方面需要把道德作为阶级斗争的工具，另一方面各阶级的经济地位和阶级利益决定了为本阶级所特有的道德体系。因此，在阶级社会中，各个阶级都有各自不同的道德。对立的阶级有相互对立的道德，不同的阶级也有不同的道德原则，所以阶级社会中一切道德理论体系都是有阶级性的。

但是，不可否认，在阶级社会中，也存在为对立的阶级或不同阶级所共同遵循的道德准则。其表现形式有二：一是同一道德具有阶级性和共同性的二重性；二是社会公德。这是因为：一是由于道德是受经济基础决定的，所以在同一个社会经济基础上形成的各个阶级的道德，都处于一个统一体中，有共同的历史背景，必然有许多共同之处。如处于一个共同的经济基础的社会中，有共同生活风俗习惯的民族，尽管分成不同的阶级，但是都有为本民族共同遵守的道德风俗。二是由于各个阶级既然生活在一个共同社会中，都要进行相互交往，那么必然会形成不同于阶级关系的其他社会关系，必然会有一些起码的、必要的、共同的社会公德。三是由于道德自身的逻辑发展规律，道德必然表现出某种承继性、某种共同性。尽管如此，道德的共同方面也或多或少、直接间接、不可避免地受社会发展经济状况的影响，在阶级社会中受阶级关系的影响。某一道德准则尽管为各个阶级共同接受，但每个阶级对这一规范的理解不同，所取的立场不同、态度不同，实行的程度也不同，或多或少地掺加了本阶级的解释。

总之，在阶级社会中最基本的主要的道德范畴、以理论体系形式存在的道德体系是有阶级性的，是阶级的道德。但不可否认现实中也存在为对立的阶级、不同的阶级接受的共同的道德，但这些道德或多或少地受阶级关系的制约、局限和影响。

认清道德的阶级性必须弄清这样几个问题。(1)认清剥削阶级道德的超阶级的虚伪形式及其实际的阶级实质。历史上剥削阶级道德体系往往具有超阶级的虚伪性，不能误以为这就是道德的共同性。例如平等观念在阶级社会中有鲜明的阶级内容，不同的阶级有不同的平等观。资产阶级的平等观就披着超阶级平等的外衣。(2)把道德的理论体系和具体道德准则、社会公德区别开来。在阶级社会中任何道德思想体系都是阶级的。而某些具体的社会公德却可以是共同的。不能用某些共同的社会公德否定道德的阶级性。(3)把道德的阶级性和道德受阶级影响区别开。道德的阶级性就是说道德是阶级的道德，其本质是阶级性。而道德受阶级影响，是指某些社会公德本身(如某些文明举止)是没有阶级性的，但是在阶级社会中要受到阶级关系的渗透和影响(如由此区分所谓的“文明人”和“野蛮人”)。(4)勿把偶然的、特殊的、脱离一般规律的特例当做普遍现象来看。“单独的个人并不‘总是’以他所从属的阶级为转移，这是很可能的”。在纷乱复杂的社会现象中特例是存在的，某个人不以本阶级道德规范为准则而采取另一个阶级的道德的现象是存在的，但这是特例，不能说明普遍的规律。(5)在历史上有许多道德规范，像“忠”、“勇”、“孝”，等等，无论哪一个时代，哪一个阶级都曾使用，这是不是名词上的沿用，或是抽象的继承呢？如果这样，那么或是否认了道德之间的联系和继承性，或是抽去了道德的具体历史内容。实际上任何道德规范都包含了人与人、人与社会关系的特定的内容，“忠”只不过是相互忠诚信任的特定的道德责任，在不同的历史条件运用到不同的具体关系。(6)社会主义社会不同于其他阶级社会，是一个阶级走向灭亡的社会，社会主义社会越发展，道德的共同性成分越多。我们不能用社会主义社会的情况说明阶级社会的道德现象。社会主义社会的道德的阶级性在其性质上、程度上都与阶级社会大不相同，不能用社会主义社会道德的共同性来说明阶级社会中道德的共同性。

2. 道德的继承性

道德的阶级性问题一解决，道德继承性问题也会很好地得到解决。人类共同的社会历史条件发展的共同性、连续性，人类共同的生活利益的一致性，道德本身逻辑发展的继承性，必然造成道德发展的继承性。剥削阶级的道德同样具备这种条件，同样也有可继承的一面。(1)任何一个剥削阶级在其上升时期总是有顺应历史、代表新生产力的积极方面，该阶级顺应历史发展、适应新的生产力的道德范畴必然有可以继承的一面。(2)在一定的社会中互相对立的阶级共处一个社会，那么对立的阶级之间在一定条件也存在共同的社会利益，剥削阶级处理这种共同社会利益的道德规范也有其可取的一面。如当民族国家遭受外族侵略时，民族存在对任何阶级都是当务之急。在这种情况下，统治阶级的爱国情操也可以批判继承。(3)统治阶级内部也分上、中、下、左、中、右不同阶层，一般地说其下层往往接近人民、同情人民，他们可以从阶级的长远利益出发提出在一定时期一定范围多少能反映劳动人民利益的要求。与此相适应，剥削阶级道德在与劳动人民道德根本对立的前提下，在一定历史时期，具有与劳动人民道德一致的方面，这些成分也是可以批判继承的。(4)任何统治阶级在其顺应历史、接近同情人民的某个侧面上表现出来的道德规范必须继承前人道德体系中的积极成分，这种道德体系的继承性是不可否认的。

必须明确，我们说道德的继承性，前提是承认社会主义道德的进步性，亦即其高于并终将超越资本主义道德的历史趋势。如果把当代西方资本主义的道德视为“普世价值”，那就不是道德的继承性问题，而是道德的颠覆和价值观的扭曲，就不能仅从道德的角度加以探讨，而必须从世界观、历史观方面去解决。从这个意义上说，“普世价值”问题本质上不是价值观问题，而是立场和世界观问题。

总之，无产阶级应当依据基本的历史事实确定对历史上剥削阶级道德的具体态度。一概否认或一概肯定都是错误的。在批判否定的同时，又要对其多少反映社会发展要求、与劳动人民利益一致、对无产阶级社会实践有积极意义的成分加以批判的改造，目的是促进社会主义道德的发展。也只有持这种态度，才能正确解决对剥削阶级道德的历史遗产的批判继承问题。

（作者：中国社会科学院党组副书记、常务副院长）

提高舆论引导能力　掌握舆论主导权

肖怀远

舆论引导工作关系国家安全和社会稳定，关系党和人民事业的兴衰成败。胡锦涛总书记在人民日报社考察工作时指出：要把提高舆论引导能力放在突出位置，进行深入研究，拿出切实措施，取得新的成效。我们要从深入贯彻落实科学发展观、巩固党的执政地位的高度，充分认识做好新形势下舆论引导工作的重要性，以高度负责的态度、切实有效的措施，牢牢掌握舆论主导权，为促进经济平稳较快发展、维护社会和谐稳定营造良好舆论氛围。

面对纷繁复杂的国内外形势，舆论引导工作的任务更加艰巨

进入新世纪新阶段，随着国内外形势的不断发展和变化，我们党的舆论引导工作既面临着许多机遇和有利条件，也遇到了一些新的情况和问题，必须深入研究，加以解决。

社会思想意识的多元、多样、多变，需要进一步提高舆论引导能力。随着我国经济体制深刻变革、社会结构深刻变动、利益格局深刻调

整、思想观念深刻变化，人们在思想认识、道德选择、价值取向等方面的独立性、多样性、多变性、差异性日益增强。马克思主义在意识形态领域的指导地位不断得到巩固和加强，但否定马克思主义的错误思潮也有所滋长；中国特色社会主义旗帜、道路和理论体系深入人心，但否定改革开放的噪音、杂音也时有出现。社会思想意识多元多样多变的新情况和新特点，要求我们不断提高舆论引导能力，巩固马克思主义在意识形态领域的指导地位，大力加强社会主义核心价值体系建设，积极引领多样化社会思潮，打牢全党全国各族人民团结奋斗的共同思想基础。

社会经济成分、组织形式、就业方式、利益关系和分配方式日益多样，社会热点层出不穷，需要进一步提高舆论引导能力。去年发生的南方低温雨雪冰冻灾害、拉萨“3·14”打砸抢烧严重暴力犯罪事件、汶川特大地震、问题奶粉等一系列突发事件，给舆论引导工作带来了新的挑战。特别是去年下半年以来，国际经济形势复杂多变，我国经济运行困难增加，必然对人们的思想、心理、情绪产生影响。随着我国改革进入攻坚阶段，就业、社会保障、收入分配等关系群众切身利益的问题更加凸显。热点、难点问题层出不穷，突发事件时有发生，舆论引导的难度进一步加大，迫切需要我们从群众的关注点和兴奋点入手，主动回应人民群众的关切，有效化解人民群众的疑虑，把群众情绪引入健康、理性的轨道，全力维护社会和谐稳定。

信息化技术突飞猛进，新兴媒体迅速崛起，需要进一步提高舆论引导能力。以数字化、网络化为代表的现代信息技术突飞猛进，带来了新的文化生产方式和传播方式，互联网等新兴媒体逐渐成为各种社会思潮、各种利益诉求的集散地和意识形态较量的重要战场。手机、网络等技术平台，具有自主性、隐蔽性、互动性、开放性、多元性和传播快、覆盖广、影响大等特点，敏感的社会问题一旦在网上出现，便能迅速形成舆论焦点，引发社会关注，影响社会稳定，这就使舆论引导的复杂性和艰巨性大大增加。我们必须从占领文化传播制高点和掌握信息化条件下宣传思想工作主导权的高度，把提高网络舆论引导能力放在突出位置，加大引导力度、提高引导水平，巩固壮大积极健康向上的主流舆论，使互联网成为传播社会主义先进文化的前沿阵地、提供公共文化服务的有效平台、促进人们精神文化生活健康发展的广阔空间。

围绕大局，切实提高舆论引导能力

面对复杂的形势，如何按照科学发展观的要求，做好舆论引导工作，是当前宣传思想文化工作的重中之重。我们要按照“高举旗帜，围绕大局，改革创新，服务人民”的要求，深入研究舆论引导工作的内在规律和面对的外部环境，不断提高舆论引导水平。

围绕工作大局，形成舆论引导强势。大局，就是党和国家工作的主要方面。宣传工作只有始终树立大局观念，才能牢牢掌握舆论引导的主动权。实践已经证明，组织重大主题宣传报道，是形成强有力的主流舆论态势和社会氛围，掌握话语权、赢得主动权，唱响主旋律的有效手段。党的十七大以来，天津以学习宣传贯彻党的十七大精神为主线，深入贯彻落实科学发展观，围绕工作大局，开展多种形式的主题宣传活动，引导广大干部群众把思想认识行动高度统一到党的十七大精神上来。围绕中央的决策部署和市委的中心工作，大力宣传天津经济社会发展的奋斗目标和工作思路，大力宣传滨海新区开发开放最新进展，大力宣传广大干部群众齐心协力建设家乡的精神状态，形成了强大声势，振奋了全市人民的精神。今年以来，市委市政府根据当前经济形势，结合市情实际确立了“保增长、渡难关、上水平”的目标任务。全市宣传思想战线坚持从战略高度充分认识为这个大局服务的重要意义，提出并实施了一系列工作新思路、新举措，更加积极主动地发挥思想引导、宣传鼓劲、凝聚人心的重要作用。全市上下形成了积极应对危机、扎实做好工作的浓厚氛围。

切实增强主流媒体影响力。正确的舆论导向是新闻工作的灵魂和生命。党报党刊、电台电视台等主流媒体是宣传党的路线、方针、政策的重要平台，是传达人民心声、体现人民意愿的重要渠道，对社会主流舆论的形成和传播发挥着关键的作用。只有牢牢掌握主流媒体，才能切实把话语权掌握在手中；只有不断增强主流媒体的影响力，才能巩固壮大积极健康向上的主流舆论，有效提高舆论引导的主动性。近年来，我们坚持把发展主流媒体作为战略重点，加大支持力度，不断扩大主流媒体的覆盖面和影响力；保证主流媒体在舆论引导格局中的主导地位，让主流媒体在重大宣传战役、重大新闻报道中"唱主角"，成为"主流舆论场"的关键角色；着力提高主流媒体的权威性，最大限度地压缩噪音、杂音的传播空间。

善于发挥新兴媒体优势和作用。我们已进入网络化、数字化时代。互联网、手机的广泛普及，带来了传播方式的革命性飞跃，深刻影响了社会舆论的形成机制、传播方式。以互联网为代表的新兴媒体具有开放性、即时性、互动性等特点，已经成为覆盖广泛、快捷高效、影响巨大、发展势头强劲的大众传媒方式，必须高度重视，加强管理，因势利导，趋利避害，为我所用。今年天津开展了全市网络发展状况调研，着手制定网络文化发展规划；积极做大做强北方网等重点新闻网站，实现网络媒体和传统媒体的对接互动；组织网上看天津、看滨海活动，举办"魅力天津"优秀网络文化作品大赛，进行网站信息评议和信誉公示等。同时，我们还加强对新兴媒体的应用和管理，依托主流媒体打造主流网络媒体，积极参与手机新闻、车载电视等新媒体建设，加强管理，净化传播环境，确保新兴媒体成为舆论引导的新阵地，绝不给有害和错误信息提供传播渠道。

进一步建立健全突发公共事件舆论引导应急工作机制，赢得话语权。坚持正确导向、有序开放、有效管理，及时准确、公开透明地发布权威信息，及时主动回应人民群众的关切，有效化解人民群众的思想疑虑，是增强引导力、掌握主动权、赢得话语权的重要原则。从这一原则出发，天津积极建立完善各项制度和机制，对舆论引导工作实行全过程的管理，制定下发《天津市突发公共事件新闻报道应急实施方案》，完善突发公共事件新闻发布应急机制，坚持第一时间发布权威消息，有效化解负面影响，使正面的声音先声夺人，使党和政府的声音始终占据舆论制高点；精心把握新闻舆论的宏观调控，确保新闻宣传引导有力、平稳有序；坚持做好新闻阅评和审读工作，建立群众来信来电处理单制度，健全舆情分析研判机制。特别是在北京奥运会、天津达沃斯论坛等重大宣传战役和整治互联网低俗之风等专项工作中，各部门上下联动，准确研判，快速反应，及时引导，营造了良好的网上舆论氛围，确保了网络信息安全。

建设多层次宣传队伍，形成全方位舆论引导格局。建立一支强有力的宣传队伍，是提高舆论引导能力的根本。近年来，天津围绕能力建设采取多种措施，着力打造政治强、业务精、作风正的宣传队伍：加大培训力度，着力培养"学习型"干部队伍；重视高技能新闻人才队伍建设，着力培养一批具有较高知名度的"专家型"记者；建立激励机制，引导新闻采编人员转变作风、改进文风，自觉践行"三深入"，始终做到"三贴近"，采写更多的受众喜闻乐见的精品佳作；充分发挥基层组织作用，建立政策讲解员、文明监督员、学习辅导员、民情通讯员等基层宣讲队伍，向群众宣传党的路线方针政策和重大决策部署。

坚持正确导向，为科学发展营造浓厚氛围

坚持舆论先行，用积极有效的舆论引导统一思想、凝聚力量，为改革发展稳定营造良好舆论氛围，是我们根本的政治责任，也是我们重要的工作经验。

坚持正确舆论导向不动摇。新闻舆论处在

意识形态领域的前沿，对人们的思想意识具有重大影响。正如胡锦涛总书记所指出的，舆论引导正确，利党利国利民；舆论引导错误，误党误国误民。提高舆论引导能力，第一位的就是要旗帜鲜明地坚持党性原则。坚持党性原则，就是要从巩固党的执政地位，提高党的执政能力的高度来认识把握正确舆论导向的重要性，坚持党管媒体，坚持以马克思主义新闻观为指导，确保新闻媒体准确传达党的路线方针政策；就是要站在党和国家工作全局的高度，坚持唱响主旋律，打好主动仗，为党的各项工作的开展营造良好的舆论氛围；就是要站在积极应对意识形态领域的复杂局面，确保意识形态领导权的高度，切实增强政治敏锐性和政治鉴别力，在事关政治方向、政治原则的问题上保持清醒头脑，在重大问题、敏感问题、热点问题上把好关、把好度。

深入研究媒体分众化、对象化的趋势，提高舆论引导的针对性和实效性。由于数字化技术、多媒体和互联网等信息传播技术以越来越快的速度更新换代，以及媒体多样性、信息广泛性和受众选择性的不断增强，大众传播出现了媒体分众化、对象化的发展新趋势。传播方式的日趋多样，无疑给人们了解信息、学习知识、拓宽视野、丰富精神生活提供了极大方便，但也要清醒地看到，这些新的传播方式具有“点对群”、“群对群”的特点，显示出较强的群际传播和社会组织动员能力，给我们进一步壮大主流舆论提出了新课题。我们应在加强对受众群体和媒体功能定位深入研究的基础上，适应新闻传播规律和社会舆论格局的新变化，与时俱进，改革创新，针对不同层次受众群体的信息需求，把握好舆论引导的时机、节奏、力度，在报道新闻事实中体现正确导向，在同群众交流互动中促进共识的形成。

不断增强主题宣传吸引力，巩固扩大舆论阵地。我们要善于挖掘宣传主题的新闻性，抓住对社会具有强烈吸引力的重大事件、重大成就等进行宣传报道。要切实提高策划和组织水平，抓住重要的时间节点，超前谋划，稳步推进，形成热潮。要善于统筹媒体资源，形成强大合力，使宣传报道内容更加丰富全面，手法更加新颖独特，说理更加深入透彻。要增强主题宣传的吸引力、感染力，既着眼大局，又从小处入手，以群众关心的问题为切入点，宣传党的政策和伟大成就，做到可读性强、可信度高、覆盖人群广，切实取得最佳的传播效果。

（作者：中共天津市委常委、宣传部长）

浅谈人的思想构成及其工作对策

刘鼎兴

一、人的思想构成

在错综复杂的社会现象中，人的思想是最难把握的事物之一。它内容丰富，千差万别，形态各异，变幻莫测，十分灵活微妙。思想工作者要做好各类人员的思想工作，如果不知道人的各种思想是怎样构成的，不了解人的思想变化的基本规律，是不可能找到正确的思想工作方法的，更不可能形成解决各类思想问题的总体工作思路。因此，研究和掌握人的思想构成规律，是做好思想工作的关键，是思想工作者的首要任务。

人的各种思想是怎样构成的呢？

人不是孤立的存在。今天的人是历史的人

的发展和社会的人的综合。人的生存和延续，不光是人的共同机体形态的延续，更重要的是人的共同社会意识的延续。人的思想构成和人的机体构成一样，其基本的模样是不变的、是一代代往下传的，就像所有人的躯体上都长有同样的手、脚、头、眼睛、鼻子等器官一样，凡是人，从他开始懂事起，头脑里都会自然地生长出上进心、正义心、自尊心、责任心、虚荣心、自私心和嫉妒心等“七个心”，或者叫“七种意识”，这是人类社会的共同遗传。受人生长的环境、条件和性格等因素的影响，“七个心”在不同人身上所占的比重、强弱程度以及表现形式可能有所不同，但凡是人都有这“七个心”，这是肯定的。

人身上的这“七个心”，上进心、正义心、自尊心和责任心是美好的、进步的、健康向上的，自私心中也包含有一定的积极成分。在人类社会发展进程中，正是由于它们的积极作用，驱使人们不断地摆脱落后与黑暗，走向进步和光明，它们是人类心灵深处永远奔腾不息的强大的健康向上的原动力，在人的心灵里始终占有主导地位。

人身上的这“七个心”，表现在人的具体言行上，不是孤立的、单一的、纯粹的某个心的反映，而是两个或两个以上心联系在一起的反映，是一个复杂多变的组合。上进心中可能包含有正义心、责任心和自尊心的成分；责任心中可能包含有上进心、自私心、虚荣心的成分；自私心中可能包含有上进心、责任心、嫉妒心的成分。它们在现实生活中怎么组合？各占比重多少？以什么形式表现出来？完全是一个相互交织在一起的非常多样的组合，也就是我们过去常讲的“活思想”。这种活的思想，是各种不同情况的人，根据当时当地的现实需要、人的文化修养和基本觉悟的高低以及人的性格、脾气、情绪、智慧等多种因素状况自然组合出来的。表现在外在感觉上是以哪个心的色彩为主，我们就把那个表现判断是什么心。例如，我们说某人上进心很强，这是我们根据他的言行给人产生的外在感觉判断出来的，透过他强烈的上进心的外在表现去观察其内心深处，你可以发现，这里面还可能包含有追求个人名利的自私心的成分和其他成分。

人身上的这“七个心”，自私心是变化多端、最难把握的，它具有五个特性：一是自私心具有很强的渗透性。它无孔不入，一闪念，就可以渗透到上进心、正义心、自尊心、责任心、虚荣心等所有心中间去和人的一切言行中去，并能迅速左右人的言行举止。二是自私心具有很强的腐蚀性。它进入上进心、正义心、自尊心、责任心中间后，一旦恶性膨胀，很快可以把这几个心腐蚀变性，甚至把它们完全摧毁。三是自私心具有很强的欺骗性。它从来不公开打着牌子去搞自私，总是巧立名目，在正当合理的旗号下干自私自利的勾当。四是自私心具有很强的积极性。在人身上的“七个心”中，自私心是对人的行为驱动力最强的一个心。为什么？因为自私心是建立在人的本能的生存发展强烈欲望之上的一种意识，是人的原动力。自私心在不损人利己、不损公肥私、不伤风败俗、不违法违纪的前提下，走合法途径，取文明手段，通过勤劳和知识、技能、资本等条件的应用去谋取个人利益，创造社会财富，这是积极的，应当鼓励的。五是自私心具有很强的内在可控性。因为人身上都有上进心、正义心、自尊心和责任心，头脑清醒时，人都可以自觉地意识到自私心膨胀的丑恶和后果，从而产生出强烈的内在自责和内疚心理，自觉控制住自私心的恶性膨胀。

二、思想工作对策

正确的工作方法，来源于正确的情况分析。既然我们认定了人的思想是由上进心、责任心、自私心等七个心构成的，认识了人的自私心具有很强的渗透性、腐蚀性、欺骗性等五个特性，知道了思想工作者的主要任务是围绕人的“七个心”特别是自私心开展工作，那么，我们就可以从中理清思想工作的总体思路，确立起思想工作的总体战略。根据“七个心”的不同性质，我们可以分别对它们制定以下工作方针：对上进心，我们要不断地激发、鼓励，设法把它变成多数人的思想支柱和精神主调；对正义心，我们要不断地开发、扶植，设法把它搞得更强、更敏锐，使每个人都明是非、讲正义、有良知；对自尊心，我们要不断培养，加倍爱护，设法把它变成人们内在的抵御各种不良影响的防腐剂和护城墙；对责任心，我们要不断启发，大力提倡，设法把它变得更加自觉、主动、全心全意；对自私心，我们要不断地限制它、批判它、改造它，设法控制它的度和量，削弱它的破坏性，严防膨胀、恶化，同时，要认真研究怎样科学利用和合理满足它的方法与策略，在不断限制它的破坏性的前提下，努力调动它内在的积极因素；对虚荣心，我们要不断地克制、反对，设法不让它发展到损害别人、欺骗自己、败坏品德的程度；对嫉妒心，无论发生在哪里，我们都要坚决批判，努力消灭，设法排除它的干扰和破坏。对西方反动势力鼓吹的所谓的"自由、民主、人权"等，我们必须坚决抵制，决不能让它勾引起人们的自私心向政治领域里恶性膨胀，泛滥成灾，破坏我们安全稳定的政治环境。

这就叫做思想导向。我们一定要旗帜鲜明地坚持这个导向。我们常讲，要大力加强思想政治建设，具体到实际工作中，思想建设应当怎么建？往哪里加强？我认为就是要按照以上讲的这个导向去建设，去加强。

市场经济是以追求利益为目标的经济。这种经济形式为什么一经提出就能在中国迅速发展？这里的客观原因很多，其中最重要的原因是，它对人们的上进心、责任心、特别是自私心，有很好的利用作用。而计划经济只对上进心和责任心有利用作用，对自私心则完全是限制作用。对"三个心"的利用所产生的积极性和对"两个心"的利用所产生的积极性，效力当然不一样。所以计划经济发展不起来，而市场经济一抓就搞得热火朝天。从改革开放以来的实践情况看，市场经济这种经济形式比较符合当今人们的基本思想觉悟，能最大限度地调动人的自私心中的积极因素。但是，我们也要高度警觉，市场经济对人们自私心的过度利用和长期刺激，必然导致人们自私心的恶性膨胀。现在一些单位、部门、行业和个人，在利益观念的驱使下，什么东西赚钱就搞什么，弄得我们的社会乌烟瘴气。造假卖假的，偷税漏税的，走私贩私的，逼良为娼的，等等。特别严重的是，少数人为了发财，干起了赌博、贩毒、拐卖和诈骗、抢劫等丧失人性的罪恶勾当，各种社会犯罪行为急剧增长。面对这种局面怎么办？西方资本主义国家，它们在几百年的市场经济历史过程中，建立了一套与市场经济相匹配的法律和制度，用以限制人们自私心的膨胀和协调市场经济发展中所产生的各种矛盾。所以，有人说市场经济是法制经济。我们也必须加强市场经济中的法制建设，这是摆在我们党面前的一项历史性任务。在法制还不够健全的现阶段，各级党委政府要采取坚决措施，不断净化我们的思想文化环境，努力从正面做好思想引领工作，在充分应用现有法律、法规做好打击工作的同时，还要用坚强有力的思想文化教育工作和及时果断的行政管理工作，设法去控制住自私心的膨胀和恶化。做到始终让人的上进心、正义心、自尊心、责任心处于主导地位，发挥主导作用，确保我们的市场经济永远朝着积极向上的方向健康发展。

（作者：中共海南省委常委、省军区政委）

弘扬延安精神　促进科学发展

李锦斌

去年10月，胡锦涛同志在陕西安塞考察工作时强调指出："在延安这片热土上孕育和形成的延安精神，是我们党的性质和宗旨的集中体现，是我们党的优良传统和作风的集中体现，是中国共产党人崇高品德和伟大情怀的集中体现。过去、现在、将来，延安精神都是我们战胜困难、取得胜利的重要法宝。"在学习实践活动中，我省注重用延安精神教育广大党员干部，使延安精神真正成为凝聚人心、团结奋进的强大动力，成为战胜困难、夺取新胜利的重要法宝。

一、新形势新任务要求对党员干部进行延安精神教育

在以解放思想、实事求是，全心全意为人民服务，自力更生、艰苦奋斗为中心内容的延安精神的激励和鼓舞下，我们党曾经战胜了一个又一个困难，取得了一系列令世人瞩目的伟大成就。当前，大力弘扬延安精神，用延安精神教育党员干部，对于应对新的挑战，完成新的使命，具有十分重要的现实意义和深远的历史意义。

大力开展延安精神教育是适应世情、国情、党情发展变化的客观要求。进入新世纪，世情、国情、党情都发生了极其深刻的变化。从世界范围来看，政治上的多极化、经济上的全球化和科学技术的飞速发展，使我们党面临着前所未有的机遇和挑战。从国内情况看，我国已进入改革发展的关键时期，经济体制深刻变革，社会结构深刻变动，利益格局深刻调整，思想观念深刻变化，这些都对广大党员干部的思想产生深刻影响。在新的形势与挑战面前，广大党员干部特别是领导干部能否适应新形势，应对新变化，并在变化的形势中捕捉和把握机遇，加快发展，关键在于能否坚持解放思想、实事求是、与时俱进。因此，开展延安精神教育，增强广大党员干部坚持党的思想路线的自觉性和坚定性，必将使我们的思想和行动更加符合客观实际，更加符合时代发展的要求。

大力开展延安精神教育是贯彻落实科学发展观的必然选择。推动科学发展、富裕三秦百姓、建设西部强省，是当前和今后一个时期我们陕西工作的主题。当前，受国际金融危机持续蔓延和全球经济增长明显放缓以及我国经济社会生活中一些尚未解决的深层次矛盾的影响，加之各种自身因素的影响，我省经济社会发展中"瓶颈"制约、体制障碍、结构束缚、增长粗放的问题还没有从根本上得到解决，经济社会发展、区域发展、城乡发展不平衡的问题还比较突出，农村经济社会发展仍然滞后，国有企业改革任务繁重，县域经济实力不强，非公有制经济发展缓慢，资源、环境和就业形势严峻。解决这些问题的关键在于加快发展，在于又好又快发展。这就要求我们必须始终坚持用延安精神教育广大党员干部，引导党员干部牢固树立科学发展的思想意识，保持和发扬自力更生、艰苦奋斗的创业精神，进一步开阔思路，增强信心，克服一切艰难险阻，化"危"为"机"，真正把各种机遇转化为发展的新优势，从而不断推动陕西经济社会又好又快发展。

大力开展延安精神教育是强化党员干部宗旨意识、永葆党的先进性的现实需要。全心全意为人民服务是中国共产党的根本宗旨，也是延安精神的本质特征。随着改革开放和市场经济的深入发展，一些党员干部的理想信念发生了动摇，少数人包括一些党员领导干部开始放

松了党性修养，为人民服务的思想有所弱化，个人主义、享乐主义和拜金主义思想有所抬头。党内的不正之风、腐败现象引起了广大群众的不满。正如胡锦涛同志指出的："党的先进性和党的执政地位都不是一劳永逸、一成不变的，过去先进不等于现在先进，现在先进不等于永远先进；过去拥有不等于现在拥有，现在拥有不等于永远拥有。"因此，我们必须按照立党为公、执政为民的要求，大力开展延安精神教育，进一步密切党和人民群众的联系，切实把广大人民群众的根本利益实现好、维护好、发展好。

二、多形式多途径用延安精神教育和培养党员干部

延安精神是教育培养党员干部的生动教材。近年来，我们紧密结合党员干部队伍思想实际，不断开阔思路，丰富教育载体，走出了一条用延安精神教育、培养干部的新路子。

体现特色，始终把延安精神作为党员干部理论学习的重要内容。我们坚持把延安精神作为党委（党组）中心组学习、干部政治理论学习的一项重要内容，切实做到与学习党的一系列创新理论相结合，与学习党的光荣传统相结合，与推动工作实践相结合，真正使延安精神入脑入心；坚持把延安精神教育列入干部教育培训大纲，规定凡是省委党校和省行政学院开设的学制在一个月以上的主体班次，都要安排学员到延安实地学习，集中接受革命传统和党性教育。去年10月以来，省委先后在延安干部学院举办了5期厅局级干部和县级主要负责同志培训班，实地接受教育。同时，及时组织力量，积极挖掘、研究党在延安时期的宝贵资源，把革命历史和党的优良传统转化为干部教育培训的重要内容，形成了一批以延安精神为主干的干部教育培训新教材和专题课程，如"党中央和延安十三年革命史"、"延安时期毛泽东思想发展史"、"延安整风运动"等，满足了各级干部对延安精神学习的需要，收到了较好效果。

突出重点，注重把延安精神融会在党员干部思想教育的各个方面。着眼于提高广大党员干部的思想政治素质、夯实执政为民的思想根基和激发干事创业的积极性，我们采取专题教育、自我教育、参观学习、典型引路等多种方法，坚持不懈地用延安精神教育引导干部。着眼于推动思想大解放和改革大发展，我们把延安时期解放思想、实事求是的范例同改革开放时期解放思想的历程和经验结合起来，在全省范围内掀起了新一轮解放思想大讨论的热潮，以思想的新解放引领改革的新突破，以观念的新转变实现发展的新跨越。为了强化党员干部的理想信念和宗旨意识，我们开展了一系列主题教育活动，不断强化干部立党为公、执政为民的理念。坚持用延安时期的鲜活事例开展教育，有效解决了一些干部存在的精神不振、盲目攀比、铺张浪费等问题，进一步强化了自力更生、艰苦奋斗的意识，增强了克服困难、加快发展的信心。

抓住关键，坚持把延安精神渗透到党员干部培养锻炼的全过程。我们积极采取多种方式，使干部在实践体验中接受延安精神教育。省直机关举办纪念长征胜利70周年"重走长征路"主题实践活动，组织青年干部在"长征路途"上接受"红色教育"。省委在汶川特大地震发生后及时选派百名优秀年轻干部赴灾区挂职锻炼，使他们在复杂环境中磨炼意志，增长才干。党的十七届三中全会召开后，全省共组织了11.2万名干部驻村入户，一面宣讲三中全会精神，一面虚心向群众问计问策，调查搜集群众关心的问题，帮助群众理清发展思路。在开展深入学习实践科学发展观活动中，全省各级党组织和领导干部认真开展了"问政于民、问需于民、问计于民，为陕西科学发展献计献策"活动，共征集到34000多条建议和意见，与广大人民群众共商陕西科学发展大计，共谋全省科学发展之策。

三、努力使延安精神放射出新的时代光芒

时代呼唤延安精神。我们坚持把与时俱进

地弘扬延安精神作为新时期加强党的建设的重大课题，结合实际，努力探索，不断赋予延安精神新的时代内涵，使之永葆生机与活力。

着眼于坚持正确的政治方向，把广大党员干部的思想和行动统一到践行科学发展观、建设西部强省战略目标上。坚定正确的政治方向是延安精神的灵魂。新的形势下，弘扬延安精神，就是要引导广大党员干部继承延安时期的历史经验，狠抓思想政治建设，进一步坚定走中国特色社会主义道路的信念，提高党的执政能力。近年来，我省通过大力开展延安精神的学习和教育，使全省广大党员干部特别是各级领导干部增强了政治意识、大局意识、改革意识、忧患意识和责任意识，牢固树立了共产主义远大理想和中国特色社会主义的信念，自觉做科学发展观的忠实执行者、社会主义荣辱观的自觉实践者、社会和谐的积极促进者，始终做到在任何时候、任何情况下，都能够始终在思想上、政治上、行动上与党中央保持高度一致，不折不扣地贯彻执行党的路线方针政策，更好地服务于科学发展和建设西部强省的伟大事业。

着眼于坚持解放思想、实事求是、与时俱进，不断激发广大党员干部的创新意识。延安时期，我们党科学地总结了历史的经验教训，把马克思主义的基本原理同中国革命的具体实际相结合，实现了马克思主义中国化，把毛泽东思想确立为自己的行动指南。在新形势下，弘扬延安精神，必须在思想上不断创新，在思路上不断创造。近年来，我省各级领导干部坚持把解放思想、实事求是、与时俱进作为弘扬延安精神，加强党性修养的重要内容，在推动陕西经济社会又好又快发展、扩大对外开放、提高人民生活水平和用党的科学理论指导实践等方面形成了一系列新共识。与此同时，我们坚持把解决问题作为解放思想的落脚点，重点围绕事关陕西发展全局的重大问题，进一步理清了工作思路，出台了相关政策，为推动经济社会又好又快发展注入了新的活力。

着眼于坚持全心全意为人民服务的根本宗旨，努力实现好、维护好、发展好最广大人民群众的根本利益。在新的形势下，我们弘扬延安精神，构建和谐社会，就是要把权为民所用记得更牢，把情为民所系想得更多，把利为民所谋做得更好，就要求广大党员干部必须深入基层、深入实际、深入群众，带着真情解民意，多想为民之道；带着政策解民忧，多谋为民之举；带着服务解民困，多做为民之事。近年来，我省各级领导班子和广大党员干部始终把实现好、维护好、发展好最广大人民的根本利益作为一切工作的出发点和落脚点，把人民的愿望和要求作为决策的根本依据，把解决人民最关心最直接最现实的利益问题放在工作的首位。通过在全省范围内启动实施民生工程，下大气力破解民生难题，努力使全省人民共享改革发展成果。去年，通过深入开展党员干部率先帮扶活动，积极践行全心全意为人民服务的根本宗旨，进一步密切了党群、干群关系。通过开展万名干部大宣讲活动，满足了农民群众了解中央强农富民政策的新期待，满足了人民群众对党的优良传统和作风回归的新企盼，满足了党员干部转变作风、贴近群众的新愿望，达到了群众学政策、干部受教育的目的。

着眼于坚持自力更生、艰苦奋斗的创业精神，进一步转变工作作风，始终保持良好的精神状态。当前，国际金融危机的影响已在陕西显现并进一步扩展，保持经济社会又好又快发展的难度加大。面对困难和挑战，全省广大党员干部坚持以科学发展观为指导，自觉发扬自力更生、艰苦奋斗的延安精神，把保增长、保民生、保稳定作为首要任务，自觉加强党性锻炼，努力实现作风的进一步转变。省委、省政府通过及时出台应对金融危机有关政策措施，使各级领导干部增强了加快陕西改革发展的信心和动力；通过建立目标责任考核机制，有效克服和防止了各级领导干部浮躁、浮夸等不良风气，形成了重实干、务实效、出实绩的用人导向，激发了广大党员干部扑下身子抓实干、抓落实的斗志。

（作者：中共陕西省委常委、组织部长）

以品牌建设提升文化产业

李　群

当前，国际金融危机的不利影响还在继续扩大，文化的特殊优势和功能也在进一步凸显，这就为加快文化产业发展提供了新的机遇。山东在建设文化强省的实践中，充分发挥历史文化底蕴深厚的优势，把文化品牌建设作为切入点和突破口，着力打造国内外有重要影响、地域特色鲜明的文化品牌，有力地推动了文化产业发展，增强了文化实力和竞争力。2008 年，山东文化产业增加值达到 857.9 亿元，比上年增长 20.2%。2009 年第一季度，文化产业完成投资 122 亿元，同比增长 28%，正进行的项目 740 个，同比增长 26.5%，文化产业呈现快速增长的良好发展势头。

一、把握文化产业发展趋势，树立以品牌推动发展的新理念

品牌是市场经济发展的产物，代表了产品质量和企业形象。相对经济品牌而言，文化品牌是在文化建设中形成的具有独特性和广泛影响力的文化现象，是文化的经济价值与精神价值的双重凝聚。文化品牌体现了文化的核心竞争力，对文化产业有着巨大的提升和带动作用。一是整合效应，能够最大限度地整合文化资源，优化资源配置；二是聚集效应，能够有效吸引人流、物流、资金流和信息流；三是增值效应，能够大幅度提高产业增值能力，实现利润最大化；四是辐射效应，能够带动形成产业链条，拓展市场发展空间，催生更多的市场主体；五是放大效应，能够大幅度提高市场占有率，扩大区域文化的影响力和知名度。文化产业要赢得市场，就必须走品牌化建设之路，打造具有强大竞争力的文化品牌，充分发挥品牌的经济竞争力和文化感召力。

山东是文化资源大省，文化产业总量大，但也存在着产业集中度不高、特色文化不突出、龙头文化企业和知名文化产品少、影响带动力不强的问题，资源优势还没有真正转化为产业优势和竞争优势。基于对当今文化产业发展趋势的深入把握和自身文化产业发展现状的深入思考，山东省委、省政府从建设经济文化强省的总体部署出发，明确提出了实施齐鲁文化品牌带动战略、做大做强文化产业的思路，强调文化品牌是文化强省的标志，也是一个地方竞争力、吸引力的体现。按照这一思路，省委把齐鲁文化品牌建设作为全省若干战略课题之一进行了广泛深入的调研，先后形成了 60 多个调研报告，进一步梳理和明确了打造齐鲁文化品牌的基础条件、目标任务和具体措施。全省干部群众解放思想、更新观念，牢固树立以品牌促发展的意识，在发挥优势上做文章，在工作创新上下功夫，使文化品牌建设成为推动文化产业又好又快发展的重要引擎。

二、充分挖掘文化资源潜力，在齐鲁文化品牌建设上求突破

山东是中华文明的重要发祥地之一，齐鲁文化源远流长，以儒家文化为代表的历史文化影响广泛，以沂蒙精神为代表的红色文化波澜壮阔，以新时期山东精神为代表的现代文化异彩纷呈，以民间工艺为代表的民俗文化各具特色。这些丰富的文化资源，为推进齐鲁文化品牌建设奠定了坚实基础、提供了广阔的发展空间。

打造孔子文化品牌，彰显齐鲁文化特色。

诞生在齐鲁大地上的孔子，其思想的精华部分至今仍熠熠闪光，备受世界许多国家的推崇。山东省把孔子作为核心文化品牌，在抓好传统文化遗产的科学保护和学术研究的基础上，着力做大做强孔子文化产业，培育形成了“一节、两会”的品牌优势。国际孔子文化节已连续举办24届，成为“中国最具国际影响力的十大节庆活动”之一，带动年旅游收入超过20亿元；山东文博会主打孔子牌，已成功举办两届，成为推动文化交流与合作的重要平台；世界儒学大会落户山东曲阜，与孔子文化节同时举办，加强了国际间的学术交流，有力推动了齐鲁文化走向世界。

打造文化企业品牌，壮大文化市场主体。没有品牌文化企业的支撑，文化产业发展就只能是“小而散”或“大而不强”。山东重点实施大集团带动战略，以大型国有文化企业为骨干，以资本资产为纽带，充分发挥市场机制的作用，着力培育文化领域的战略投资者，一批跨行业、跨领域、跨地区的品牌文化产业集团初步形成。2008年，大众报业集团总资产达30亿元，主营业务收入18.07亿元，所属《齐鲁晚报》连续四年入选“中国500最具价值品牌排行榜”和全国晚报都市类报纸综合竞争力前10名，品牌价值已超过14亿元；山东出版集团总资产达84.34亿元，主营业务收入67.32亿元；山东广播电视总台资产总额67亿元，实现营业总收入23.58亿元。民营文化企业发展迅速，涌现出一批全国行业领头羊。山东世纪天鸿书业是全国最大的民营书业集团，山东“爱书人”是全国最大的音像连锁企业，青岛达尼画家村是中国江北第一画家村，荣登首届“中国文化产业品牌榜”，成为“中国文化制品七大品牌”之一。

打造区域文化品牌，促进生产要素聚集。山东从地域文化多样性的实际出发，科学制定地域文化品牌发展规划，努力构建特色鲜明、优势互补、竞相发展的文化品牌建设格局。着力打造泰山文化品牌，以泰山文化旅游为龙头，扶持发展泰山国际登山节、泰山大型实景演出、民俗产业园区等项目；着力打造泉水文化品牌，以泉城济南为核心，以泉水为媒介，借泉韵做文章，培育了泉城动漫、泉城演艺等一批产业项目；着力打造海洋文化品牌，彰显创意、时尚、科技等现代元素，做大做优创意文化产业园区，拓展海滨文化休闲旅游空间；着力打造红色文化品牌，以沂蒙革命老区为中心，整合鲁南、鲁中、胶东、渤海等红色文化资源，大力发展红色文化旅游和影视剧制作，形成了红色文化产业链条。同时，积极打造齐文化、运河文化、黄河文化等特色品牌，建设集文化开发、旅游观光、休闲度假、民俗风情于一体的文化产业园和产业带，聚集了众多生产要素，带动了文化生产力的提高。

打造新兴产业品牌，优化文化产业结构。文化与科技的高度融合是现代文化产业发展的突出特征。山东大力实施“创意山东”计划，在推进图书报刊、广播影视、艺术演出等传统文化产业的同时，优先发展高科技含量、高附加值的新兴文化产业门类，集中力量支持和突破高科技重点产业和重大项目，促进文化产业结构优化升级。为此，制定出台了《关于推动山东动漫产业发展的若干意见》，建立了青岛、烟台、济南三个国家级动漫产业基地，动漫游戏与软件开发产业集群逐步形成。《圆明园》、《晶莹小子》、《新郑和下西洋》、《中国成语故事大全》、《中华上下五千年》等一批知名动漫品牌，深受广大消费者喜爱。以浪潮集团、海尔集团等为主体，加快发展高科技文化电子产品，培育形成了富有竞争力的数字技术文化产业基地。

打造文化精品品牌，丰富文化产品供给。着力实施文化精品工程，制定了繁荣文学艺术创作的具体意见，设立了文艺创作专项基金和精品工程奖、泰山文艺奖，形成了优秀作品竞相涌现的良好局面。《大羽华裳》、《粉墨》、《蔚蓝青岛》、《梦海》、《蒙山沂水》等一批旅游演艺项目，《闯关东》、《大染坊》、《孔繁森》、《首席执行官》、《铁道游击队》等一批影视剧，深受广大群众的欢迎。明天出版社少儿类图书、青岛出版社生活健康类图书等一批图书品牌，在文化市场上也占有较大份额。

三、深化文化体制改革，为齐鲁文化品牌建设注入强大活力

文化品牌与市场紧密相连。为了解放文化生产力，数年来山东坚持深化市场方向的文化体制改革，取得了突破性进展。

1. 重塑市场主体。紧紧抓住重塑市场主体这个文化体制改革的中心环节，着眼“创新体制、转换机制、面向市场、壮大实力”，积极推动经营性文化事业单位转制为企业，并对传统国有文化企业进行公司制、股份制改造。山东出版集团、青岛出版社、泰山出版社整体转企改制，山东新华传媒股份有限公司、山东大众传媒股份有限公司、山东影视集团有限公司等挂牌成立，济南东港安全印务有限公司、青岛人民印刷股份有限公司通过转制重组成功上市。转制企业坚持以市场为导向，着力打品牌、树形象，积极引进先进经营管理理念，高层次策划，大手笔运作，成为推动齐鲁文化品牌建设的重要力量。

2. 改善宏观管理。按照“政企分开、政事分开、政资分开、政府与市场中介组织分开”的要求，加快建立与市场经济体制相适应的宏观管理体制。临沂、潍坊等市合并原文化行政管理部门，成立文化新闻出版局和文化市场综合行政执法机构，有效解决了多头管理、多头执法问题。全省文化行政管理部门正逐步实现由办文化向管文化、由管微观向管宏观、由主要管理下属单位向社会管理转变。同时，加快培育各类文化产品市场，完善现代流通体制，建立健全市场中介机构和行业组织，提高文化产品和服务的市场化程度，极大地增强了文化品牌建设的活力。

3. 优化政策环境。改革每推进一步都离不开政策的支持。山东坚持用政策引路，用政策激励，用政策保障，不折不扣地落实好国家的有关文化经济政策，制定出台了关于深化文化体制改革、加快文化产业发展、推动动漫产业发展等15个政策文件。重点完善文化经济政策，在财政、税收、工商、价格、资产管理、社会保障、国有土地等方面，对齐鲁文化品牌建设给予有力支持。近几年来，全省共为文化企业减免税收4亿多元。同时，降低市场准入门槛，发布投资指导目录，出台金融扶持政策，放宽文化产业市场准入条件，加大对民营文化企业的扶持力度，多渠道多元化吸收民间资本和社会资本，充分激发了全社会参与文化品牌建设的积极性。

4. 加大投入力度。山东积极探索建立稳定有效的文化投入保障机制，采取建立专项资金、项目资助、贷款贴息、奖励等多种形式，确保财政对文化的投入逐年增加。全省各级普遍设立了文化产业发展专项资金，总额近3亿元，重点扶持改革单位和能够积极参与国际国内市场竞争的文化品牌。2008年全省地方财政一般预算支出中，文化与传媒支出55.16亿元，投入总量比上年增长25.06%，为齐鲁文化品牌建设提供了有力的资金保障。

5. 加强人才培养。人才是文化品牌建设的第一资源。山东深入实施“齐鲁文化英才工程”，大力培养文化资本运营、文化经纪代理、文化产业经营和文化科技创新等方面的人才。具体做法是：每两年评选一次，每次选拔30人左右，入选人才的培养期为5年，每年给予每位入选人才工作津贴1万元、课题项目等资助费3万元。去年，省委、省政府隆重召开全省文化建设工作会议，向5位老艺术家颁发了“山东省文化艺术终身成就奖”，分别奖励20万元，调动了广大文化工作者的积极性。

（作者：中共山东省委常委、宣传部长）

全面提高文化软实力需要处理好五个关系

林　雄

提高国家文化软实力，是党的十七大从发展中国特色社会主义事业的战略高度提出的一项重大战略任务，是坚持用科学发展观指导我国社会主义现代化建设的迫切要求，是推动我国经济社会科学发展的强大动力。在新的历史时期，全面提高文化软实力，必须始终遵循社会主义先进文化建设规律，坚持社会主义先进文化的前进方向，正确处理以下五个关系。

一、正确处理核心价值与多样文化的关系

从内容架构看，文化软实力体现为核心价值与多样文化的统一。核心价值是文化软实力的精神内核，是文化多样发展的主心骨，代表文化软实力的前进方向；文化多样发展体现文化软实力的活力，是核心价值的成长土壤，决定文化软实力的辐射广度。一个国家、一个地区的文化发展可以是多样的，但核心价值只能是一元的。提高国家文化软实力，就是要用核心价值的一元化来统领和引导文化的多样化发展，营造主流文化价值鲜明有力、多样文化有序发展的生动局面。

我国正处于社会主义初级阶段，全面提高我国文化软实力，必须始终高举中国特色社会主义伟大旗帜，毫不动摇地坚持把推进社会主义核心价值体系建设作为社会主义先进文化建设的最主要任务。这是我国社会主义意识形态的本质要求，也是我国社会主义先进文化建设的生命所在。因此，在提高我国文化软实力的过程中，必须努力建立和完善社会主义核心价值体系，并将其融入国民教育和文化建设全过程，使之成为人民群众普遍理解接受、自觉遵守奉行的价值理念，成为中华民族团结和睦的精神纽带和奋发向上的思想动力。这样才能不断增强社会主义先进文化的凝聚力和感召力，牢牢构筑我国文化软实力的坚实基础。同时，要尊重文化发展规律，坚持走多样文化共同发展之路，建立和完善多样文化生态，大力推动社会主义文化大发展大繁荣。这样才能不断壮大社会主义先进文化，满足人民群众不断增长的精神文化需求，进一步丰富和充实文化软实力。

二、正确处理社会效益与经济效益的关系

从价值取向看，文化软实力具有社会效益和经济效益双重属性。社会效益是文化软实力的本质追求，是经济效益的实现前提；经济效益是文化软实力的重要标准，是社会效益的实现手段。提高国家文化软实力，必须始终把握正确导向，坚持把社会效益放在首位，努力促进社会效益与经济效益的有机统一。

提高我国文化软实力的根本目的，就是要大力发展中国特色社会主义先进文化，并以此提高人民群众的文化素质，凝聚民族精神，引领社会进步。这是文化社会效益的最重要体现，也是我国社会主义先进文化建设的核心主题和提高我国文化软实力的本质追求。同时，提高我国文化软实力，还应当注重文化的经济属性，正确把握文化与经济相互融合且日益加强的趋势，努力把文化发展纳入经济发展总体规划，大力发展文化经济，进一步做大做强文化产业，持续增强国家的综合竞争力。

三、正确处理文化生产与文化传播的关系

从运作环节看，文化软实力体现为文化生

产与文化传播的统一。文化生产是文化软实力的基础和支撑，忽视文化生产、缺乏优秀文化产品，文化的感召力、凝聚力、影响力就没有根基，文化软实力就无从谈起。因此，提高国家文化软实力，必须大力推进文化的生产。要立足人民群众的精神文化需要，始终坚持“三贴近”原则，大力推动文化创新，努力创造出更多的具有中国特色、中国风格、中国气派的文化精品力作，以更好地为人民服务、为社会主义服务。

文化传播是文化软实力实现的重要载体。随着信息传播技术的快速发展，文化传播越来越成为文化软实力的重要因素。谁掌握了先进传播手段、谁的文化传播能力强，谁就能掌握文化领域的话语权和主导权。因此，提高国家文化软实力，就要在大力推进文化生产的基础上，大力提高文化传播能力。要适应形势的发展变化，积极改进传播手段，丰富传播形式，拓宽传播渠道，加快构建传输快捷、覆盖广泛的现代文化传播体系，不断巩固社会主义先进文化阵地，扩大社会主义先进文化的影响力。

四、正确处理规模速度与结构质量的关系

从发展方式看，文化软实力体现为文化发展的规模速度与结构质量的统一。规模速度关系文化软实力的基本实力和当前影响力，而结构质量关系文化软实力的竞争水平和长远发展。加快提高文化软实力，必须立足当前，着眼长远，着重处理好规模速度与结构质量的关系，努力推动文化建设全面协调可持续发展。

改革开放 30 多年来，我国文化建设取得了长足发展，文化整体实力显著提高，但从总体上讲，我国文化发展的水平还不高，实力还不强，与经济社会发展相比，与人民群众的期望和要求相比，与发达国家的文化发展水平相比，仍存在较大差距。因此，加快提高文化软实力，必须大力推动文化快速发展，不断壮大文化整体实力。一方面，文化发展不保持一定的规模速度不行；另一方面，片面强调发展规模速度，走“粗放型”发展道路也不行。从立足文化的长远发展和后劲、推动文化建设走科学发展道路来讲，必须坚持以结构调整为主线，努力在文化发展的质量上下功夫。要紧紧抓住深入推进文化体制改革的机遇，推动文化改革创新，大力调整和改善文化产业结构、文化产品结构、文化区域发展结构和文化建设投资主体结构等，充分激活一切文化生产要素，构建现代文化产业体系。

五、正确处理继承传统与对外开放的关系

从发展条件看，文化软实力体现为传统文化与文化开放的统一。传统文化是构建文化软实力的必要条件和内源，国外文化则是构建文化软实力的重要条件和外源。当今世界，经济全球化深入发展，文化交流日益加深，处理好继承发扬优秀传统文化与加强对外文化开放交流的关系，对于提高国家文化软实力，具有非常重要的意义。

在新的历史时期，提高我国文化软实力，一个首要前提和基础，就是要立足我国基本国情，大力继承和弘扬中国优秀传统文化，深入挖掘民族传统文化中有益的思想养分，滋润孕育符合时代精神和时代潮流的新文化，铸造中华文化的新辉煌。这是提高我国文化软实力的思想文化内源，是中华文化自立于世界文化之林的立身之本。同时，提高我国文化软实力，还要放眼世界，博采众长，兼收并蓄，善于从外来文化中汲取营养。要充分利用日益拓宽的国际文化交流平台，积极研究借鉴国外一切于我有利的文化成果和有益经验，推动中华文化与世界各国文化相互融合，彰显我国文化软实力的世界性价值。总之，必须始终坚持中国特色社会主义先进文化的前进方向，去粗取精，去伪存真，将古今中外各种优秀文明成果和有益文化因素有机融入我国的文化建设之中，不断增强中国特色社会主义文化软实力。

（作者：中共广东省委常委、宣传部长）

进一步推动宣传思想文化工作改进创新

聂辰席

宣传思想文化工作担负着统一思想、凝聚力量、振奋精神的重大任务。做好新形势下的宣传思想文化工作，必须适应经济社会环境和工作对象的新变化，积极探索新理念、新方法、新机制。一是推动理念创新。要进一步解放思想，高度重视文化创新，切实树立文化主体理念，将文化建设放在中国特色社会主义“四位一体”总体布局中来认识，确立文化发展的主体地位；树立文化民生理念，始终坚持贴近实际、贴近生活、贴近群众，提高公共文化服务能力，让群众共享文化发展成果；树立文化融合理念，真正实现以文“兴”产业、以文“化”产业、以文“融”社会。二是推动方法创新。适应信息化迅猛发展的新形势，深入实施“数字化引领、结构化升级”工程，延伸产业链、提升价值链，建立传输快捷、覆盖广泛的文化传播体系，积极探索符合科学发展观要求的工作方式，大力推行“课题式设计、项目式管理、工程式推进、台账式督查、绩效式考核”的“五式工作法”，进一步提高工作的主动性、前瞻性、系统性和规范性，努力实现宣传思想文化工作方式由过去的总结提炼概括为主，向超前策划、突出主题、逻辑链接、亮点聚合转变；由过去的自上而下、单向传播过程为主，向多元互动、全过程展现转变；由过去的说教式、灌输式为主，向渗透式、感召式、以理服人转变；由落后的文化生产方式、产业产品结构、组织结构，向新的生产、供给和消费模式及多元产业、先进产品、高新技术等现代经营方式转变，不断提高文化传播力和影响力。三是推动机制创新。要统筹整合各种宣传资源，不断完善各级联席会议制度、协调联络制度，优化各项具体工作的微观运行，畅通文化向“系统”外延伸的渠道，在宣传思想文化部门与其他部门之间、宣传思想文化系统内部各单位之间形成高效的互动联动机制，不断扩大和延展宣传思想文化工作的社会影响力，更好地发挥引领、凝聚和感化功能。

（作者：中共河北省委常委、宣传部长）

在积极应对挑战中推进党的思想理论建设

胡苏平

思想理论建设是党的建设的灵魂和根本。中国特色社会主义理论体系的形成和发展，标志着党的思想理论建设取得了重大成果，全党的马克思主义理论水平得到普遍提高。但也要清醒地看到，党的思想理论建设面临新的形势和新的挑战，我们必须以历史的眼光、前瞻的思维、开放的胸襟、科学的态度，在积极应对挑战中推进党的思想理论建设。

一、积极应对思想多元化对一元化指导思想的挑战，旗帜鲜明地捍卫马克思主义的指导地位

思想的多元化是改革开放深入发展、人们思想空前活跃、自我意识显著增强的产物。总

的看，这种多元化是社会进步的标志，主流是积极健康的。它主要表现为不同社会阶层、不同社会群体由于思想观念和生活状态的差异和个人偏好等，而形成的异彩纷呈的思想认识和观点。对此，我们应当求同存异，包容多样。

但思想多元化的发展也不可避免地带来杂音、噪音，甚至挑战一元化的指导思想。比如，在当前的思想理论领域，有的对马克思主义基本原理的科学性提出质疑，认为过时了，没用了；有的对改革开放政策提出了质疑，认为离开了社会主义的原则；有的把西方的民主、自由、人权等作为普世价值，把西方的政治模式奉为灵丹妙药，企图照搬到中国等等。最要害的是鼓吹指导思想多元化，否定马克思主义的指导地位。思想理论领域历来是敌对势力同我们激烈争夺的重要阵地，他们要搞乱一个社会、颠覆一个政权，往往总是先从思想理论领域打开缺口，首先搞乱人们的思想。

历史经验表明，指导思想绝不能多元化。马克思主义是我们立党立国的根本指导思想，是全党全国人民团结奋斗的共同思想基础。能否坚持马克思主义一元化的指导地位不动摇，关系党的生死存亡，关系社会主义的前途命运，关系中华民族能否实现伟大复兴。因此，在坚持马克思主义一元化的指导地位上，我们必须立场坚定、旗帜鲜明，以积极的态度、坚定的信念、有力的措施，卓有成效地应对多元化对一元化指导思想的挑战。要努力用生动的事例、宝贵的经验、科学的道理，从客观真理的高度，从历史规律的高度，从民族复兴的高度，深刻阐明马克思主义的科学性、真理性，深刻阐明坚持马克思主义在意识形态领域指导地位的必然性、必要性。坚持不懈地用马克思主义中国化的最新成果武装全党、教育人民，不断推进马克思主义的大众化，不断加强社会主义核心价值体系建设。坚定不移地用马克思主义一元化的指导思想引领整合多样化的社会思想，巩固马克思主义在意识形态领域的指导地位。

二、积极应对实用主义价值追求的挑战，始终不渝地坚守共产党人的理想信念

30多年改革开放和社会主义市场经济的发展，给我国经济社会发展带来了无限生机和活力，社会主义市场经济的原则和观念日益深入人心，比如物质利益原则和观念、等价交换原则和观念、务实求实的原则和观念等，都极大地推进了我国的社会变革和经济发展。但要注意，这些原则和观念有其适用的领域和范围，只可在市场领域、经济领域起作用。然而有人却把它引入党的政治生活，用实用主义的价值追求挑战共产党人的理想信念。一些党员干部甚至一些领导干部背离了党的宗旨，背离了党的理想信念和奋斗目标，信奉“有用即真理”，从本地区、本部门、本单位及个人利益出发，对党的理论和中央精神割裂肢解、断章取义，符合自己利益的就执行，不符合的就阳奉阴违。当前，一些党员干部以权谋私、失职渎职、行贿受贿、腐化堕落，搞形形色色的“政绩工程”、“形象工程”等，都同实用主义的价值追求有关。

推进党的思想理论建设必须下功夫解决党员干部的理想信念问题。一方面要深刻揭示实用主义价值观的本质和特点及其对党的事业、对个人成长的严重危害；另一方面要大力宣传社会主义核心价值体系，教育广大党员干部坚定中国特色社会主义理想信念。要充分发挥媒体的宣传导向作用、价值评价作用，大力弘扬真善美，坚决鞭挞假恶丑，形成树立崇高理想信念的浓厚舆论氛围。

三、积极应对教条主义思维方式的挑战，坚定不移地贯彻党的思想路线

教条主义是我们党历史上反复出现、为害甚烈的一种思维方式和思想方法，突出表现为思想僵化，停滞不前，照抄照搬，脱离实际。当前，教条主义的思维方式仍在阻碍着我们党的

思想理论建设，主要表现为三种形式：一是传统的教条主义，就是把马克思列宁主义、毛泽东思想教条化，用极左的观点和僵化的思维对待马克思主义，从而否定中国特色社会主义的理论和实践。二是崇洋的教条主义，就是不顾中国国情，盲目照抄照搬西方的价值观念和政治模式。三是封建意识浓厚的教条主义，就是盲目照抄照搬中国古代传统学说特别是儒家学说，企图用封建社会的意识形态来解决中国的现代化问题。历史上，教条主义给我们党带来的危害十分严重。面对当前三种教条主义的影响，我们绝不可掉以轻心。

应对教条主义思维方式的挑战，关键在于坚定不移地坚持我们党解放思想、实事求是、与时俱进的思想路线。为此，必须高度重视党的思想路线教育，教育广大党员干部坚持一切从实际出发，理论联系实际，解放思想，实事求是，与时俱进，始终以辩证唯物主义和历史唯物主义的思维方式、思想方法对待马克思主义理论、对待现代西方的思想理论、对待中国古代的思想理论，自觉地把思想认识从那些不合时宜的观念、做法和体制中解放出来，从对马克思主义的错误和教条式的理解中解放出来，从主观主义和形而上学的桎梏中解放出来，既坚持马克思主义的基本原理不动摇，又注重吸收人类创造的一切文明成果；既善于总结人民群众实践的历史经验，又顺应时代发展的新潮流。坚持以我国改革开放和现代化建设为中心，着眼于马克思主义的理论运用和实践思考，不断把党带领人民创造的成功经验上升为理论，不断赋予当代中国马克思主义鲜明的实践特色、民族特色、时代特色，并以此来武装全党、教育人民、指导实践。

四、积极应对知行不一不良学风的挑战，扎实深入地弘扬理论联系实际的优良学风

当前，从总体上看，我们党的学风是好的，但也要看到，理论脱离实际的不良学风还不同程度地存在着，在一些地方、部门、单位和党员干部身上表现得还相当突出。从大的方面讲，既有理论掌握得不完整、不准确的问题，也有对实际把握得不全面、不客观的问题；既有学习理论浅尝辄止、敷衍应付的问题，也有应用理论片面化、表面化、简单化的问题；既有把理论当摆设，装潢门面的问题，也有把理论当护身符，谋取私利、捞取好处的问题。尤其值得注意的是，发生在少数干部身上的知行不一、言行不一的问题，已成为学风建设很突出的问题。比如，有的领导干部在对待科学发展观上，口头上讲以人为本，实际上以自己为本；口头上讲全面协调发展，实际上还是片面追求 GDP；口头上讲可持续发展，实际上竭泽而渔；口头上讲统筹兼顾，实际上是顾此失彼。这种知行不一、言行不一的不良学风危害十分巨大：一是对实践的危害，导致一些地方经济社会发展失衡、公平正义缺失、贫富差距拉大、资源浪费严重、生态环境恶化、经济发展的质量效益差、干群矛盾突出等。二是对理论的危害，严重影响了干部群众对理论的真诚信仰、运用理论指导实践的信心，从而阻碍了党的基本理论的进一步丰富和发展。三是对个人危害巨大，说一套，做一套，必然使自己的行为脱离理论的指导，在给人民群众的利益带来危害的同时，也给自己的形象、信誉造成损害。更有甚者，走上违法犯罪的道路，成为党和人民的败类。

弘扬党的理论联系实际的优良学风，必须用科学有效的办法解决知行不一、言行不一的学风问题。一方面要通过深入持久的“三观”教育，使广大党员干部真正树立起马克思主义的世界观、人生观和价值观，从而为解决知行不一、言行不一的不良学风奠定坚实的思想基础；另一方面要深刻认识知行不一、言行不一的学风之所以屡禁不止，是因为相关机制不健全。为此，要特别注重建立健全科学的机制，形成对知行统一、言行一致者的有效激励，对知行不一、言行不一者的有效制约与惩处，以促进良好学风的养成。

五、积极应对新兴媒体传播方式的挑战，卓有成效地掌握网上舆论引导的主动权

互联网、手机短信等新兴媒体的兴起，正在深刻地改变着人们的阅读方式、思维方式、行为方式，可以说是人类传播史上的又一次革命。它的即时性、海量性、全球性、互动性等特点，与报刊、广播、电视等传统媒体相比具有巨大的优势。可以说互联网已处于意识形态领域斗争的最前沿、舆论交锋的最前沿、社会思想热点的最前沿。这一方面为党的思想理论建设和传播带来了极为便利的条件，另一方面又为各种非马克思主义、反马克思主义观点的传播提供了渠道和空间，使党的思想理论建设既面临着重大的机遇，又面临着严峻的挑战。面对这一挑战，我们如何跟上时代发展和科技进步的步伐，加强马克思主义的网上宣传普及工作，用丰富的理论教育内容满足广大网民的需求，如何对互联网实施科学管理，占领网上思想理论阵地，有效应对国内外敌对势力利用互联网进行"西化"、"分化"的图谋，充分发挥互联网的正面引导作用，唱响马克思主义主旋律，需要在实际工作中积极研究和探索。

当前，我们特别要加强以下方面的工作：一要加强网络思想理论传播阵地建设，努力打造名牌思想理论网站和频道，以最大的努力让马克思主义特别是中国化马克思主义最新成果占领网络阵地。对各种社会思潮及时给予评析和引导，对反马克思主义的思想观点要坚决予以回击。建立网上科学理论宣讲阵地、研讨阵地，开设理论热点问题论坛，组织理论名家同网友就理论热点问题和难点问题进行网上交流，解答网友的困惑和疑虑。二要推进网络思想理论传播手段创新，充分利用网页、论坛、聊天室、网上图书馆、网上博物馆等方式进行宣传，增强马克思主义传播的吸引力和感染力、针对性和实效性。三要强化对网络的管理和调控，通过法律规范、行政监管、行业自律、技术保障相结合的管理体制，充分发挥党的思想理论在网络媒体中的旗帜作用，不断增强马克思主义的战斗力和影响力。

（作者：中共山西省委常委、宣传部长）

进一步加强网络文化建设和管理

曲青山

互联网的迅猛发展是我国经济社会发展中最引人注目的亮点之一。在过去的十几年中，互联网以目不暇接的新技术、新应用深刻改变了我们的传统思维观念、精神生活方式和生产发展环境，以难以置信的速度和活力创造了海量丰富、多姿多彩、新奇动感的网络文化新产品、新景观。作为我国重要的信息基础设施，互联网已经成为现代社会生产的新工具、科学技术创新的新手段、经济产业转型的新引擎、政治有序参与的新渠道、社会公共服务的新平台、大众传播的新途径、人民生活娱乐的新空间，成为推动政治、经济、文化、社会全面发展的巨大力量，在构建社会主义和谐社会和全面建设小康社会进程中发挥着越来越重要的作用。然而，互联网是把双刃剑，目前网上各种社会矛盾、热点敏感问题成为影响社会稳定的重要因素，网络违法犯罪活动高发，引起了许多新的社会管理问题。因此，在互联网的发展过程中，我们要趋利避害，善于化消极因素为积极因素，使互联网更好地为我所用，为党和政府服务，为中国特

色社会主义文化大发展大繁荣服务。

一、我国网络文化的发展现状和趋势

网络在我国出现和应用的时间并不长，网络文化形成与发展的时间则更短，但是，网络从诞生起就以不可阻挡的势头迅猛发展。作为网络文化载体的互联网、手机、数字电视等技术发展日新月异，网络从一种技术的代名词逐渐演变成一种文化。

（一）我国互联网的发展现状

1987 年 9 月，我国发出了第一封电子邮件，揭开了中国人使用互联网的序幕。1994 年 4 月 20 日，我国首次正式接入国际互联网，同年我国动工建设了第一代中国教育科研网，成为第十七个真正拥有全功能 Internet 的国家。十几年来，我国互联网得到迅速发展，到 2007 年底，网民达到 2.1 亿，IP 地址数达 1.35 亿，域名总数达 1193 万个，年增长率高达190.4%。同年国家顶级域名达 900 万个，比 2006 年同期增长了 4 倍，平均每天增长 2 万个，创下了世界域名史上的增长奇迹。CN 域名下网站数量突破百万，达到 100.6 万个，在 150.4 万的网站总量中“三分天下有其二”。

（二）我国网络文化建设和管理取得的进展和成效

近年来，在党中央和国务院的高度重视和正确领导下，我国大力推进网络文化建设，不断加强对互联网的管理，使网络文化蓬勃发展，网络新闻传播秩序进一步规范，违法信息传播得到遏制，网上舆论主流积极健康，网络文化产业逐步壮大。主要表现在：先进文化的网上传播范围日益扩大，重点新闻网站和知名商业网站充分发挥优势，大力宣传马克思主义中国化最新成果，积极传播社会主义核心价值体系，充分展示我国经济、政治、文化、社会建设和党的建设取得的辉煌成就；以新华网、人民网等重点新闻网站建设与发展为标志的网络文化建设的骨干力量初步形成；网络文化服务和管理进一步规范，据不完全统计，我国目前共出台涉及网络文化管理的法律法规、部门规章、司法解释等共有 100 多部。这些法律法规、部门规章、司法解释等有效地规范了网络文化信息传播秩序，促进了网络文化服务质量和水平的提高；网上舆论引导工作体系初步形成；网络的行业自律和公众监督成效明显等。

但是，与发展社会主义先进文化的要求相比，与广大人民群众日益增长的精神文化需要相比，与国内外形势发展的变化相比，我国网络文化建设还存在很多问题。突出表现是：网络文化建设发展不平衡，东西部、城乡之间存在“数字鸿沟”；网络的总体发展水平还比较低，互联网的普及率、应用状况、对国民经济的贡献及企业国际竞争力还有差距；网络舆论调控和引导的艺术性还需进一步提高，从业人员的整体素质还有待加强；网络管理的法律法规还不健全，仍有一些管理的盲区和盲点；防止未成年人沉迷网络游戏，还未找到有效的手段和办法；具有自主知识产权的网络新技术研发还不多，监管技术准备不足且不成熟；一些网站为追求点击量不惜刊载迷信、暴力、色情内容，有的甚至组织从事网上赌博、卖淫嫖娼等违法活动；有的运营商在提供接入服务时只管收费赚钱，对内容提供商的资质不检查核实；文明上网、文明办网的社会风气还未完全形成，网络环境还有待进一步净化，等等。

二、国外网络文化建设和管理对我们的启示

（一）国外网络文化建设和管理的有效做法和成功经验

1. 加强立法，政府以法律法规为依据主导互联网管理。美国是互联网发源地，也是互联网最发达和成熟的地方，其对互联网的管理主要通过执行互联网管理的各种法律来实现。自 1978 年以来，美国政府各部门先后提出 130 项法案，1981 年还成立了全美电脑安全中心来对本国互联网进行管理。美国有关互联网联邦立

法及其他相关法律涉及范围相当广，法律条款都非常具体，对触犯法律者惩罚非常严厉。除美国外，英国、日本、法国、德国、芬兰、韩国、印度、新加坡等国家都对互联网的管理制定了严格的法律和法规。这些法律法规都以网络实名制为切入点，以保障政府对网络信息的监管。

2.严格管理政治性网站及网上政治性言行。美国国防部几年前就成立“黑客”部队和第67网络战大队。2006年，又组建一支网络媒体战部队，其主要任务是全天候监控网上舆情，“力争纠正错误信息”，引导利已报道，对抗反美宣传。西方主要国家的媒体网站很少开设论坛和设置新闻跟贴权限，据中央有关部门对20多个国家60多个知名英文媒体网站的逐个调查，允许新闻跟贴的只有5家，开设论坛的只有9家，并基本不向普通网民提供博客服务。开设论坛的网站都有严格的监管制度，如美国《纽约时报》、《华盛顿邮报》网站都明确规定，网站“有权删除、编辑网民的各种言论”。

3.依法打击和严惩网络犯罪。在网络上传播色情、暴力，教唆犯罪等在各国都属违法行为。保障儿童权益、保护个人隐私、打击色情犯罪等是各国互联网立法的重点。澳大利亚法律规定，在网上传播淫秽色情和极端暴力行为，最高可罚款11万澳元并入狱5年。美国《未成年人互联网保护法》规定，中小学校、公共图书馆等必须在其网络服务程序的目录上提供过滤器，确保未达17周岁的未成年人接触不到色情内容的成人网站。印度2000年6月颁布《信息技术法》，为打击网络犯罪、维护网络安全提供了一个基本的法律框架。该法规定，黑客将被处以罚款和监禁，监禁时间最高可判3年，网上传播淫秽色情信息将面临最高5年监禁的刑罚。

4.重视行业自律和公众监督。充分发挥行业组织作用，把政府监管和行业自律、公众监督结合起来，是各国管理互联网的通行做法。目前，国际互联网举报热线联合会已有22个成员，这些成员都是各国负责上报工作的行业组织。各国普遍实行有害信息“通知删除”和“删除免责”机制，要求网站必须承担相应社会责任。1996年9月，英国网络服务提供商自发成立半官方组织——网络观察基金会，在贸易和工业部、内政部及城市警察署的支持下开展日常工作。为鼓励从业者自律，该基金会与由50家网络服务提供商组成的联盟组织、英国城市警察署和内政部等组织和部门共同签署《“安全网络：分级、检举、责任”协议》。经过十几年的努力，其成效显著。2006年公布的报告显示，英国网上源自本土的非法内容，已从1996年的18%下降到0.2%，在被举报的网上非法信息源中，来自英国本土的只占1.6%。

从总体上看，各国网络管理的模式不同，做法各异，但都注重从本国实际出发，重视和加强网络文化管理。其出发点和目的都是预防、遏制和消除网络对社会的危害和负面作用，将其纳入社会管理的可控范围，促使其积极健康地向前发展。

（二）国外的做法和经验对我们的启示

国外网络文化建设和管理的做法与经验，给我们这样一些启示：一是网络是新生事物，其由良莠不齐到良性发展会经历一个漫长过程，人们对其认识和加强管理正确引导也有一个过程。二是各国由于经济发展水平、社会发育程度、社会政治制度、意识形态以及民族文化背景不同，对网络的管理模式相互间也有一定的差异，但没有哪个国家真正会放弃管理，差别只在于是直接管理还是间接管理。三是网络存在和发展一定不能危害国家和社会。危害了国家安全，危害了社会秩序和公共利益，危害了青少年，各国都会通过各种方式和手段，采取强有力的措施加强管理。四是网络是一个虚拟世界，对网络的管理是个系统工程。既要有市场力量和行业、公民自律的良心及舆论的软约束，也要有通过立法将一些基本网络道德规范上升为法律法规的硬约束；既要靠政府主导、立法管制，也要靠民众参与、广泛监督，全社会共同行动。各个国家的管理侧重点各有不同，但没有一个国家的管理手段和方法是单一的，都是综合的、多管齐下的。五是网络是高科技发展的产物，以技术控制技术，以技术手段监控网络就成为对网络有效管理的必然选择。六是针对网络无国界的特点，各国对进入本国的外国有害信息普遍采取了设置“防火墙”进行封堵和删除的管理办法。有的国家针对网络隐匿性、交互性所造成的管理难和带来社会负面效应的问题，实行实名登记制，以防范和打击网络违规和犯罪。

我们要以积极的态度，学习和借鉴国外对网络文化建设和管理的有效做法和成功经验，从我国实际出发，最大程度地发挥其优势，最大限度地遏制其弊端，坚持一手抓建设，一手抓管理，在建设中加强管理，在管理中促进建设，逐步形成一个内容管理、行业管理、安全管理相结合，事前审批与事后监督相结合，技术封堵与舆论引导相结合，分级管理与属地管理相结合，政府管理和社会自律相结合，网上监控与网下管理相结合的管理工作机制，探索一个符合网络规律、符合我国国情、符合人民意愿、符合国际惯例的公开管理、依法管理、科学管理的模式。

三、在实践中进一步加强我国网络文化建设和管理的对策建议

网络文化的出现和发展是不以人的意志为转移的，网络文化在社会生活中的影响将越来越大，网上意识形态的斗争和较量也必将是长期的、复杂的、尖锐的。从我国实际出发，以改革创新精神，走出一条符合国情的中国特色的网络文化建设和管理的路子，任务艰巨而繁重。

（一）进一步提高各级领导干部对网络文化重要性的认识

认识是行动的前提，只有充分认识网络文化的重要性，才能增强网络文化建设和管理的自觉性。党中央高度重视网络文化建设。党的十六大，十六届四中、六中全会和十七大都对互联网的应用和管理提出了明确的要求。中央政治局第 38 次集体学习，中央政治局会议、全国网络文化建设和管理工作会议以及中央下发的几个文件，都对这项工作进行了全面部署。特别是 2008 年 1 月 22 日，胡锦涛总书记在全国宣传思想工作会议上发表重要讲话，深刻阐明了加强网络文化建设和管理的重要性，对做好这项工作提出了更高的要求。要求“我们必须从占领文化传播制高点和掌握信息化条件下宣传思想工作主导权的高度，抓住信息化的历史机遇，善于运用先进技术传播先进文化，积极发展中国特色网络文化。要高度重视网络文化建设，加强对互联网、手机短信等新兴媒体的应用和管理，支持重点新闻网站建设，提高网络文化产品和服务供给能力，主动引导网上舆论，有效防范和遏制有害信息传播”。

当前，各级领导干部务必真正把网络文化建设和管理工作摆上重要位置，做到懂网、建网、上网、管网、用网，进一步创新思路，加大投入，采取各种强有力的措施，大胆探索和实践，切实加强对网络文化的建设和管理。

（二）从实际出发，逐步加大网络的立法力度

网络立法是网络社会所必需的。没有规矩不成方圆，当网络无序时，就需要法律介入。近年来，我国出台了一系列网络管理的法律法规、部门规章和司法解释，但是，具体实施中仍然存在着不完善、不配套的问题，突出的表现是：立法层次低，部门规章多，缺少上位法，现有法律资源的网上延伸不够，网络立法还不能适应网络发展形势的需要。国外的经验和我们的实践表明，法律是刚性手段，又是其他管理手段的基础和支撑。要加强网络文化建设和管理，必须将法律、法规覆盖到网络所到之处，涉及网络运行的全过程，做到网络文化建设和管理有法可依。鉴于网络发展出现的新情况新问题较多，未知领域较多，立法应遵循这样一些原则：先政策后法规，先法规后法律，先地方立法后全国立法，使立法有一个从小到大、从地方到中央、从不成熟到成熟的过程。另外，也可以采取急需先立、重点先立、预防苗头性问题先立、借鉴别人成功的做法先立、国际通行做法先立等做法。

当前，亟需加快基础性立法工作，对网络内容、网络娱乐、网络游戏的分级以及对网上色情暴力等问题进行立法。中央和地方立法机关以及政府有关部门应该制定出一个立法规划，排出时间表，逐步加以实施。

（三）理顺网络管理体制，完善网络管理机制

网络文化建设和管理涉及中央和地方的众多部门和众多单位。网络音乐、网络游戏由文化部门管，网络视频、网络音频由广电部门管，网络出版、电子出版物由新闻出版部门管，网络广告由工商部门管，这是由我国现行行政管理体制和网络的特性所造成的。实际上，网络新闻宣传还涉及宣传部门和对外宣传部门，网上犯罪涉及公安部门，网上医疗卫生服务涉及卫生部门，建立网站、申请网址，还涉及通信管理部门。理顺体制有两种思路：一是按照组建大文化部门的思路，将网络文化管理中的所有事项统统纳入一个部门进行管理，统一决策，统一部署，统一执法，统一监管。二是在现有机构设置的基础上，建立联席会议制度。按照各自职责分工，明确任务，狠抓落实。而对文化执法则采取以市县为单位，组建综合执法队。为了加强党对网络文化建设和管理工作的领导，党委应该牵头抓总，各地应成立由党委分管宣传工作负责同志挂帅的领导小组，不定期研究网络文化建设和管理工作的重大问题。领导小组办公室应设在宣传部门或外宣部门，负责日常工作和事务性协调。通过网络新闻通气会、情况研判分析会、网络提示、网络舆情、网络参阅、网络简报等形式，加强上下信息沟通和工作指导。

要建立健全中央和地方管理部门互动机制，在上级机关指导下，按登记和备案机构所在地进行属地化管理；建立健全互联网行业主管部门与网络文化行业主管部门、安全监管部门的协同配合机制，完善工作流程，落实封堵删除有害信息、清查网上泄密、查处网上传播淫秽色情等违法犯罪行为的行政管理责任；建立健全网上舆论引导协调机制；建立健全网上舆情研判报送机制；建立健全网上应急处置机制；建立健全责任追究机制。

（四）把握规律，提高网络舆论热点的引导水平

如何有效掌控网上舆论，如何应对网上热点话题，如何处置网上突发事件，做好对社会思潮、社会热点以及各种文化现象的引导，是加强网络文化建设和管理的一个重要内容。从网络舆论热点形成的要素来看，有这样几个方面：现实社会中有具体事；此事容易激发深层次社会矛盾；有传统媒体介入；有商业网站推波助澜；事发地政府反应迟钝；网上“意见领袖”定调。从其形成和传播的规律来看，有这样几个规律：互动性规律、权威性规律、非线性规律、超时空规律、对立效应规律、突变规律。即网上网下、网络与传统媒体互动，“意见领袖”定调归纳总结，发展过程忽高忽低，网上争论对立，从小事件到大事件，发生突变。加强网络舆论热点的引导，必须主动及时，主动出击、主动引导，先入为主、先声夺人，力争在第一时间发布信息，敢于正面回答网民疑问，切实掌握网上舆论引导的话语权；必须实事求是，在披露信息时尽可能真实准确；必须统一权威，由权威机构在权威媒体上发布权威信息，统一口径，以正视听；必须分级管理，坚持守土有责，不把矛盾简单上交；必须协同互动，在统一指挥协调下，相关部门各尽其责；必须源流并重，把网上引导与网下解决根源性实际问题结合起来。对涉及民生利益的热点问题主动开展舆论引导；对公共突发事件的舆论引导，力求做到“尽早讲”、“准确讲”、“持续讲”，保持信息发布渠道畅通；对思想文化领域的思想引导，坚持尊重差异、包容多样的态度，冷静观察、辩证分析、区别对待、审时度势、正确把握、妥善应对。

（五）采取措施，加强对网络的行政监管

行政监管是法律手段和道德约束之外的一个手段，尤其是当法律还不完善和完备、道德约束乏力的情况下，行政监管的作用和成效就显而易见。要在网络上设立“报警岗亭”和“虚拟警察”，接受群众举报，并建立网上接受举报、网下迅速处置的工作机制；要探索建立网络信誉等级评价体系，分类分层定位管理，并定期评估、定期公布；要探索建立网络从业人员资质认证制度，加强对从业人员的执业约束；要积极稳妥地建立BBS准入制，大力推行网站备案制，逐步探索实行上网实名登记制和开设博客、播客、论坛版主、QQ群主、聊天室主等实名登记或注册制；要完善市场准入和退出制度，加快建立违法违规记录制度，对严重违法违规者实行行业禁入；要建立网站绩效考核评价标准，完善网上阅评机制；要明确互联网新业务的许可审批，完善监管措施，规范服务行为；要实行网吧年检制；要根据形势不断开展打击网上各种违法行为的专项整治行动。

（六）净化环境，大力倡导“文明办网、文明上网”

加强网络文化建设和管理，行业自律和网民道德自我约束必不可少。自律是软约束，靠内心的认知、信念和道德评判而起作用，这种作用一旦发挥就会持久广泛地延伸下去、发散开来。因此，要大兴网络文明之风，大力开展“文明办网、文明上网”活动。健全网络道德规范，引导网络从业人员和广大网民增强诚信意识和社会责任意识，自觉抵制有害信息和低俗之风。各基础电信运营企业、互联网接入服务单位和各类网站都应坚持把社会效益放在首位，认真落实自律公约，建立有效的有害信息发现机制、监督机制和处置机制，自觉对网上信息内容进行监管。各类网站应主动开展自查自纠，不链接不健康网站，不发送不健康短信，不登载不健康广告，不运行、不传播有暴力色情内容的游戏、图片、视听节目和文学作品，及时发现、过滤和删除网上有害信息。要在广大网民中开展社会主义荣辱观和网络道德教育，提高素质，养成科学、文明、健康的上网习惯。要广泛开展网络道德评议，组织开展文明网站、文明网吧评选活动。要充分发挥广大公众的监督作用。要落实举报奖励制度，定期向社会公布受理和查处情况。要建立网吧义务监管员队伍，充分发挥他们的积极作用。

（七）不断研发新技术、开拓新业务，强化网络管理的技术保障

网络文化发展的一个突出特征是网络新技术的广泛应用不断催生新的文化生产方式、传播方式、消费方式，不断引领网络文化形态的更新换代。网络文化的技术与内容互为支撑、相互融合，共同构成核心竞争力。必须把技术研发与内容创新结合起来，把技术应用与完善服务统一起来，不断提升网络新技术应用水平和业务保障能力。一是要充分利用互联网新技术拓展新业务。应支持重点新闻网站，大力发展网络杂志、网络视听新业务，积极进入即时通讯、博客播客、搜索聚合等新领域。二是要努力提高现代信息技术自主研发能力。网络的核心技术和应用技术烙有研发者的文化观念和文化样式，谁的技术领先，谁就有可能创造自己的文化形态，引领文化风尚。目前，网络媒体的关键技术主要掌握在美国等西方国家手中，我国管理手段单一，技术措施滞后，信息安全、技术安全等都存在较大隐患。我们应加大人财物的投入，密切跟踪网络技术前沿动向，从战略高度对网络重大问题进行立项研发，组织科研人员攻关，加强对网络防病毒技术、防火墙技术、防攻击入侵检测技术、远程监控技术、防网络游戏成瘾技术、智能搜索技术、舆情监控及预警技术等的研究与开发，形成独立知识产权的核心技术优势。尤其要重视新一代无线传输技术和下一代互联网技术的研发，加大投入，集中力量攻关，抢占未来互联网发展的技术制高点，把我们的网络文化发展建立在自己掌控的技术平台基础之上。

总之，我们要大胆探索，勇于实践，按照中央的要求，积极全面加强网络文化建设和管理。在网络文化建设和管理中，建设在前，管理在后，建设是疏，管理是堵，建设是管理中的建设，管理是建设中的管理，二者缺一不可，相辅相成，辩证统一。我们应在建设和管理的统一中，在改革开放和社会主义现代化建设的实践中，大力发展中国特色的网络文化。

（作者：中共中央党史研究室副主任、中共青海省委宣传部原部长）

在国庆活动中凸显爱国主义教育主题

中共北京市委宣传部

今年是新中国成立60周年，北京市把组织开展国庆活动与开展群众性爱国主义教育活动紧密结合起来，在活动中突出爱国主义内容、深化爱国主义主题、渗透爱国主义思想，大力弘扬爱国主义主旋律，唱响爱国主义的时代赞歌，激发人民群众的爱国热情和报国之志，把群众性爱国主义教育活动融于办好国庆、支持国庆、参与国庆的活动之中，努力创新群众广泛参与、自我教育、自我提高的爱国主义教育新途径新办法，把爱国主义教育贯穿于宣传思想文化工作的全过程。

开展“为伟大祖国骄傲”系列文化活动

围绕庆祝新中国成立60周年，北京市把组织举办国庆游行、国庆游园、国庆联欢晚会等活动作为推进群众活动深入开展的有利契机，积极组织和吸引广大人民群众自觉参与到各项活动中来，让广大人民群众在潜移默化中升华爱国情感。在全市广泛开展了“为祖国骄傲”系列群众文化活动，重点组织开展了“爱国歌曲大家唱”、“迎国庆、爱北京、照北京”摄影活动，举办了“我眼中的幸福生活”百姓DV大赛、“百姓网络摄影大赛”等各类网络文化作品征集竞赛活动，举办了“花样年华”校园歌曲大赛、中学生艺术节、大学生艺术节等活动，让人们在参与中尽情抒发爱国情怀；组织了庆祝新中国成立60周年重点文艺作品的创作生产和优秀广播影视剧目、优秀舞台剧、优秀歌曲的展播展映展演，丰富人们的精神文化生活，共享文化建设成果，激发健康向上的精神力量。特别是庆祝新中国成立60周年文化广场系列活动，充分发挥业余文化骨干和群众文艺团体的作用，组织开展了数千场形式多样、健康向上的群众性文化娱乐活动，展示首都人民在党的领导下创造幸福生活的喜悦心情和对党对祖国的无比热爱之情。

开展“迎国庆讲文明树新风”活动

着力开展“迎国庆讲文明树新风”活动，大力弘扬奥运精神，巩固奥运文明成果，营造喜庆欢乐祥和社会环境，让市民在参与中奉献、在奉献中感受快乐。北京市“迎讲树”活动集中推出了文明素质提升活动、社会志愿服务活动、窗口文明服务活动、环境秩序整治活动、文明乡风建设活动和社会文化推进活动六个系列25项重点活动。礼仪知识竞赛热遍基层，大力宣传文明礼仪知识；百万志愿者深入城乡基层，劝导不文明言行，广泛开展排队文明、交通文明、环境文明、游园文明等引导行动；以诚信建设为主题，在百万窗口行业员工中开展了“创文明单位、树行业新风”活动；广泛开展城乡环境和公共秩序整治活动，在3900个行政村中开展了“百日整治靓京郊、清洁农村迎国庆”综合整治活动；在中小学生中开展了垃圾分类宣传进校园活动，小手拉大手，深入推进生态文明宣传教育活动；广泛开展“城乡携手迎国庆、共建文明京郊行”活动，1618家荣获全国和首都文明单位称号的市区单位与京郊1618个行政村结成了“共建对子”，文明城市、文明村镇、文明行业等群众性精神文明创建活动深入开展。与此同时，坚持管建并举，大力实施净化社会文化环境工程，加强文化市场和网吧管理，净化荧屏声频视频，整治校园周边环境，开展“文明办网、文明上网”活动，为青少年健康成长营造良好的社会文化环境。

开展“爱祖国、爱北京、爱家乡”参观体验活动

组织开展“爱祖国、爱北京、爱家乡”参观体验活动，主动适应人们精神需求新变化，把“一日游”模式引入成就宣传之中，增强了成就宣传的针对性、实效性和吸引力、感染力。精心选择全面反映首都经济社会发展各方面成就的187个参观点，设计成42条参观线路，采取宣传部门集中组织、城乡居民自愿报名的方式，让居民走出家门，城镇居民走进乡村，农民群众走进城市，让他们在实地参观体验中切身感受首都经济发展新成就、城市面貌新变化、农村建设新气象，激发人们爱祖国、爱北京、爱家乡的热情。为了便于群众参与，市委宣传部在公交站台、移动电视发布公益广告，在北京日报开设专版，在千龙新闻网建立专题网页，并与新浪、搜狐、网易等主要商业网站建立链接，详细介绍参观体验线路和参观点，跟踪报道各区县各单位活动动态、进展情况和群众反映。为深化活动效果，在组织参观体验的基础上，广泛开展了座谈交流、征文演讲、绘画摄影等活动。“爱祖国、爱北京、爱家乡”活动改变了长期以来人民群众被动参与成就宣传教育活动的模式，突出了人民群众的主体地位，调动了人们参与的主动性和积极性。据统计，“爱祖国、爱北京、爱家乡”参观体验活动开展以来，直接参与人数近百万人次，活动专题网页点击率达到310万人次。参观体验活动把成就宣传展示与人们的休闲需求紧密地结合了起来，寓成就宣传于实地参观体验之中，让人们在自愿参与中感受发展变化，在潜移默化中升华爱国情感，在内心深处坚定科学发展信心。

开展“双百”评选及道德模范评选活动

北京市把“双百”评选活动与先进典型学习宣传活动结合起来，紧紧围绕“赞英雄、颂模范、学先进”主题，把“双百”评选作为党团员学习日和班组会的重要内容，以市民学校、益民书屋、文化大院等为平台，以座谈研讨、征文演讲、文艺演出、故事征集等活动为载体，组织党员干部、企业职工、大中小学生和驻京部队官兵积极推荐提名和投票评选。为了方便群众参与，坚持“两条腿走路”，把部门组织与媒体发动有机结合起来，通过报刊杂志、广播电视、互联网络和板报橱窗刊发候选人先进事迹等形式，广泛开展学习宣传英模人物的感人事迹活动，让广大人民群众在参与中重温一段段感人的英模事迹，感悟英雄人物的崇高，增强爱国情感、陶冶道德情操、振奋民族精神。据不完全统计，全市参加集中组织的候选人推荐提名的干部群众人数达到556.2万人次；300万人次参加了全国“双百”评选活动组委会组织的投票。在“双百”评选活动结束后，召开北京市英雄模范代表座谈会，邀请当选全国“双百”人物或其家属和新中国成立以来特别是改革开放以来北京市各条战线涌现出来的英模人物或家属参加，请不同时期的英雄人物、劳动模范和先进工作者代表作交流发言，从他们自己的成长历程畅谈祖国的发展变化。北京电视台制作先进典型专题访谈节目，《北京日报》开设先进典型专题栏目，在全社会大力弘扬伟大的民族精神和时代精神，激励人们学习英雄模范爱国奉献的崇高精神，为伟大祖国骄傲，为民族复兴奋斗。同时，组织第二届“首都十大道德模范”评选活动，把道德模范评选权力充分交给广大市民群众，让广大市民群众参与到道德模范候选人推荐、正式候选人确定、投票评选和道德模范确定的全过程，使道德模范评选过程成为学模范、受教育、树正气的过程。邀请社会各界代表成立专门评选委员会，初步候选人由群众推荐、单位推荐和个人自荐产生，评选委员会确定的正式候选人通过

市属媒体和首都之窗等网站向社会公示，50.4万人通过实名有奖投票方式选出了“首都十大道德模范”。“首都十大道德模范”评出后，北京市委宣传部、首都文明办等部门举行“道德颂”大型电视颁奖晚会，隆重表彰道德模范；适时编辑出版道德模范事迹连环画，利用社区精神文明宣传栏和农村文化墙，广泛宣传道德模范的先进事迹；组织道德模范先进事迹报告团，深入社区农村巡回报告，与市民群众共同开展实践活动等，进一步在全市营造尊重模范、学习模范、争当模范的良好氛围。

广泛开展百姓宣讲活动

组建以爱国主义教育为主题、以普通百姓为主角、以基层单位为讲堂的百姓宣讲团，把成就宣传的主动权和话语权交给人民群众，让老百姓参与到正面舆论宣传中来。宣讲团50名成员都是来自首都各条战线、各行各业的普通百姓，既有工人、农民、机关干部、教师、医生、解放军战士和文艺工作者，也有外企高管、留学归国人员、来京务工人员和社区工作者，他们宣讲的50个百姓亲历的故事是从基层推荐的300多个线索中精选出来的，以小见大、见微知著，从不同侧面不同角度反映了60年来特别是改革开放30年来国家和首都发展取得的辉煌成就、人民生活发生的巨大变化。老百姓用自己的语言、讲述老百姓自己的故事、讲给老百姓自己听，讲真话、说真事、动真情，把“我和我的祖国”紧紧联系在一起，道出了人民群众的心声，引起了听众强烈的共鸣，激发人们的爱国情感，增强了民族自尊心、自信心和自豪感。百姓宣讲活动开展一个月时间，宣讲团成员深入机关、企业、学校、军营、社区、农村和来京务工人员驻地，宣讲200多场、直接受众超过10万人，百姓宣讲团讲到哪里，热烈的掌声就出现在哪里，宣讲团成员成了群众和媒体追逐的明星。百姓宣讲活动开展以来，受到了中央领导同志充分肯定、公共舆论普遍关注和社会各界一致好评。

加强爱国主义教育基地建设

爱国主义教育基地是激发人们爱国情感、弘扬民族精神的重要阵地，陶冶道德情操、提升品德修养的重要场所。为更好地发挥爱国主义教育基地的阵地作用，北京市委宣传部对112家市级爱国主义教育基地进行了集中考评，对爱国主义教育基地工作中涌现出来的35家先进单位、65项优秀活动和22名先进个人进行了隆重的表彰；考察命名了10家单位为市级爱国主义教育基地。与此同时，市委宣传部成立课题组对当前爱国主义教育基地基本状况进行了专题调研。在考评和调研的基础上，修订了《北京市爱国主义教育基地管理办法》、《北京市爱国主义教育基地考评办法》、《北京市爱国主义教育基地考评评分标准》，使爱国主义教育基地工作迈上科学化、规范化轨道，为全市群众性爱国主义教育活动的深入开展奠定了坚实的基础。

实践证明，爱国主义教育是宣传思想文化工作的永恒主题，按照人民群众的需求和喜闻乐见的形式策划组织爱国主义教育活动，增强了活动的针对性、实效性和吸引力、感染力；在活动中发挥人民群众的主体作用，让群众唱主角，就能更好地调动人民群众参与爱国主义教育活动的积极性、主动性和创造性。

（执笔：余琦景）

东方讲坛：文化服务与队伍建设的“双平台”

中共上海市委宣传部

东方讲坛成立于2004年6月，由上海市委宣传部和上海市社会科学界联合会联合主办。作为公共文化传播平台，东方讲坛的文化人才是其运作的核心资源。东方讲坛在短短的5年中，在上海市范围内和长三角其他地区举办了11000余场讲座，其之所以能取得高效率，乃是依靠了资源整合、品牌运作、社会共建的队伍建设。

东方讲坛队伍构成

东方讲坛宣传思想文化队伍由东方讲坛办公室管理人员、举办点负责人和联系人、东方讲坛特聘讲师组成，采用网络化管理与连锁化经营模式。其中，东方讲坛办公室作为主要服务平台，与遍布全市各基层的335个举办点，构成了一个大的系统网络。各个举办点按照不同的受众对象编成市级、区县、学校、企事业单位、部队5个序列，接受讲坛办公室的统一调度与管理。东方讲坛办公室则源源不断地为各个举办点提供讲座的内容、资源和人力支撑。在这个大网络里，东方讲坛办公室是一个“指挥部”，负责讲坛讲座的需求调研、课程策划、讲座协调；举办点工作人员则承担调研、组织、反馈功能；特聘讲师主要完成讲座内容的配送任务。三者之间合理分工、团结协作，保证了东方讲坛整个系统的良性循环和可持续发展。东方讲坛办公室，作为指挥中枢，既与遍布社会各界的670名讲坛举办点负责人和联系人保持联络关系，又与来自本市高校、党校、社科院所、党政机关、部队院校、社联所属学会等单位的2191名签约讲师保持合作关系，从而使东方讲坛成为真正意义上直接为广大基层群众提供服务的公共文化产品。

运作流程和工作方式

1.资源整合，汇聚人才。东方讲坛师资建设主要通过公开选聘和项目选拔两种方式。东方讲坛师资选聘采取单位推荐和个人申请相结合的办法。东方讲坛办公室每年年初在本市高校、社科院、党校、部队院校以及社联所属学会等单位选聘具有良好政治思想品质、热心社会公益、组织纪律性强，并具备较强业务能力和较好讲演才能，具有中级以上专业技术职称的讲师。同时，对于自愿担任东方讲坛讲师者，可填写《东方讲坛讲师申请表》，由所属单位人事部门和宣传部门签署意见并盖章后，向讲坛办公室提出申请。东方讲坛在工作中注重条块合作，主要形式是与各区县、委办局合作开发系列讲座，在系列讲座中挖掘人才、选拔讲师。如东方讲坛在与上海市公安局合作开发的“以案说防范，共建平安城”系列活动中，吸纳了近500名由派出所所长等组成的社区公共安全专家。

2.品牌运作，凝聚人才。东方讲坛创立以来，坚持宣传思想工作要做大做强、建设精品工程的理念，立体式推出品牌建设工作的新思路。在东方讲坛，无论是举办点负责人和联系人，还是特聘签约讲师，他们都以兼职的身份履行着专业工作者的职责。1万多场讲座都经过了讲座需求申报→讲坛调配讲师→讲座组织→讲座举行→讲座信息反馈等流程。每一个东方讲坛志愿者都是这些环节中不可或缺的执行者。创业之初，为了共同打造一个普及性、标志性、公益性的社会公共文化品牌，来自各个领域的人才汇聚到东方讲坛，在艰辛的创业中，形成了一支特别能战斗、十分珍惜彼此情谊的团队。很多讲师把东方讲坛特聘讲师作为自己的荣誉称号，经常在学术活动中用“东方讲坛特聘讲师”来介绍自己。

3. 社会共建，优化人才。东方讲坛融“智”借“脑”，在这个特殊的平台上充分发挥人才的自身优势，组织专业业务培训，培养了一批政治坚定、与党同心同德、专业素质过硬的基层宣传思想文化工作者。为提高东方讲坛举办点志愿者的管理水平，东方讲坛建立了讲坛办公室与举办点的长效交流机制，每年定期举办两次举办点负责人联席工作会议、举办点联系人工作培训会议、举办点通讯员工作会议。同时，还建立东方讲坛年度审查制度，讲坛办公室根据举办点每年年终填写的《东方讲坛举办点年度检查报告书》，评优评奖，对表现突出的举办点及志愿者给予物质与精神奖励。东方讲坛在师资管理方面，一是在做好师资选聘工作的同时，把好师资库“出口”关；二是不定期地举办讲师沙龙，组织学习交流和集体备课；三是引入激励机制，激发工作动力。

贯彻落实科学发展观　改革创新宣传思想文化工作

中共四川省委宣传部

贯彻落实科学发展观，明晰宣传思想文化工作改革创新的新思路

1. 紧跟新形势，用时代的要求审视宣传思想文化工作。宣传思想文化部门应当紧跟三大形势，审视与谋划工作。一要紧跟国际国内的环境变化作出改革创新的科学判断。国际上，随着经济全球化和信息高速化的全面推进，以美国为首的西方发达国家借助其经济、技术等优势推行“文化霸权主义”，意识形态工作部门必须积极应对，以战略眼光、全球思维来开展宣传思想文化工作。二要紧跟工作大局作出改革创新的科学决策。当前执政理念、执政方式发生了一系列变化，要着力从“全能型执政”转变为“服务型执政”。宣传思想文化工作必须服从、服务于大局，从全局性、前瞻性、战略性的角度思考、筹划、部署工作，出色地完成工作任务。三要紧跟工作本身的实际要求制定改革创新的科学措施。新形势下，中央对宣传思想文化工作提出了很高的要求，但一些地方还存在重实用、轻学习，重经济发展“硬指标”、轻思想文化“软任务”的现象，宣传思想文化战线必须坚持改革创新，决不辜负中央的重托和人民的期望。

2. 关注新盲区，努力扩大宣传思想文化工作的覆盖面。当前，宣传思想文化工作要着力关注三个新“盲区”。一是随着乡镇机构人员精减和村组合并、干部交叉任职的实施，一些地方宣传思想文化工作有头无尾，难以落地，经济条件相对较好的地方重视发展经济而忽视宣传思想文化工作，经济发展落后的地方条件不够，开展工作不力，宣传思想文化的“通达度”不够。二是随着改革的深入和社会主义市场经济体制的逐步建立，新经济组织从业人员、个体工商户、进城经商及外出务工流动人员在一定程度上成为宣传思想文化工作的“空白点”。三是随着农业产业化、新型城镇化等一系列策略和政策的实施，城市社区居民特别是离退休人员、失业下岗人员增多，街道社区的管理与服务跟不上，宣传思想文化工作存在“盲区”。

3. 适应新需求，全面提高宣传思想文化工作能力水平。当前，宣传思想文化工作要着力适应三个新需求。一是群众对文化生活的新需

求。随着社会的发展进步和人们生活水平的提高，群众对文化生活的客观需求越来越迫切。但是，目前基层群众文化发展还不平衡，一些地方尤其是农村文化活动，无论在数量上还是质量上，都不能满足群众对文化生活的要求。二是群众对教育活动的新需求。据调查了解，一些主流思想意识在基层难以为群众普遍接受，一些非主流、非主导的思想观念以及非进步性但又非反动性的市民社会意识与生活方式难以引导。群众对思想理论教育多用群众的语言、多联系群众身边的事例、多采用群众喜闻乐见的形式有了更高的期待。三是群众对舆论宣传的新需求。群众希望各级媒体成为“贴心人”，多创品牌栏目，办出特色、办出风格，把镜头对准基层，对多解释热点问题，实行正确的舆论监督，推动实际工作有了更多的要求。

贯彻落实科学发展观，把握宣传思想文化工作改革创新的着力点

1. 观念创新，努力转变宣传思想文化工作的思维定势。一是正确看待宣传思想工作主体与客体的关系。长期以来，一些宣传思想工作者习惯于把自己作为主体，把群众视为客体，在思想方法上，多考虑对群众进行什么教育，很少考虑群众有什么需求。强调宣传思想工作的观念创新，就是要转变过去形成的宣传思想工作的思维定式和教育模式，努力做到心里装着群众，眼睛向下，多听“原声带”，多体察群众的需求。让群众由被动变为主动，由客体变为既是客体又是主体，把单向灌输变为双向互动，在平等交流中激发受教育者参与和接受教育的积极性，使教育生动活泼、入心入脑。二是正确看待宣传文化阵地“市场”与“战场”的关系。在市场经济条件下，各类凝结着思想意识、价值观念的文化产品，主要通过市场经营来实现其精神价值和经济价值、社会效益和经济效益。也就是说，宣传阵地的“战场”更多地表现为“市场”，“战场”只能在“市场”中巩固和扩大。因此，必须既搞好宣传，又搞好经营，真正树立经营意识，掌握经营本领，使宣传文化工作不断增强影响力，提高竞争力。三是正确看待发挥优势与协调联动的关系。做好宣传思想文化工作光靠宣传部门本身不行，必须协调联动，发动方方面面的力量，特别要紧紧依靠各级党组织，积极探索建立新形势下党委领导、调控适度、运行有序、促进发展的宣传文化管理体制，形成宣传思想文化工作的强大合力。

2. 内容创新，着力提升宣传思想文化工作的渗透力。一是要加强宣传思想文化工作与经济社会等工作的融合。把经济建设、科技发展、社会进步等方面的内容融入到宣传思想文化工作中，不断拓展宣传思想文化工作的新领域。尤其是要依托传统文化底蕴和现代文化企业、文化品牌、文化人才，发展企业文化、社区文化、校园文化等，不断做强文化产业，增加文化内涵，提升文化产品的附加值和市场竞争力，发挥文化的凝聚作用、感化作用、引领作用，助推经济社会发展进步。二是要着力建设改革创新的内外环境。改革创新需要环境，也需要氛围。要着力建设改革创新的内部环境。宣传文化系统各单位要建立改革创新人才的激励机制、工作的培育机制、成果的转化机制，形成一种大胆改革、锐意创新的生动局面。要着力建设改革创新的外部保障。一方面要制定切实可行的工作思路，不能好高骛远。另一方面要保证足够的人力、物力和财力，在规定的时间内实现既定的改革创新目标。

3. 方法创新，积极探索宣传思想工作的新规律。一是选准和用好多种载体。要认真研究影响人们思想形成、发展、变化的因素所具有的多样性、复杂性特点，运用多种手段和形式开展宣传思想工作。在城市，以社区为载体，进一步拓宽宣传思想工作入户到人的渠道；在农村，以基层文化建设为载体，广泛开展创建文明户和文明村镇活动、移风易俗破除迷信活动、文化科技卫生三下乡活动等，使农村宣传思想工作与农民的生产生活有机结合起来；在企业，以企业文化建设为载体，寻求适应现代企业制度的宣

传思想工作有效途径；在学校，以素质教育为载体，不断提高学生的思想道德水平和科学文化素质，培育创新精神，增强实践能力。二是善于发现和推广先进典型。新时期的典型应有时代感，既体现先进性，又具有广泛性，可亲、可信、可学。典型不能高高在上，可望而不可即，而应在给人以敬佩感的同时给人以亲近感，增强典型的亲和力、吸引力和影响力。在树立和推广典型时，不能把典型经验模式化，应注意结合实际学习典型经验，创造性地开展工作。三是不断提高宣传艺术和宣传水平。要注意区分不同对象，考虑特殊环境，“一把钥匙开一把锁”，引导群众进行自我教育，培养他们自我认识、自我控制、自我激励的能力，通过群体之间的相互影响，使宣传思想工作收到事半功倍的效果。

加强和改进宣传文化队伍培训工作

中共黑龙江省委宣传部

近年来，黑龙江省委宣传部不断加强和改进基层宣传干部培训工作，全面提高了基层宣传干部队伍的综合素质，为宣传思想文化工作服务全省经济社会又好又快发展、建设和谐黑龙江等中心工作提供了坚强的人才保证。

培训工作在抓落实上下功夫

黑龙江省各地各单位高度重视基层宣传干部的培训工作，将其作为一项战略性、基础性工作摆上重要日程。一是明确职责，加强领导。各级宣传部门都成立了以常委宣传部长为组长、分管干部工作的副部长为副组长、有关宣传文化单位负责人为成员的宣传文化干部培训工作领导小组，领导小组办公室设在各级党委宣传部门的干部科(处)，主要领导亲自抓，分管领导重点抓，干部科(处)具体抓，形成三级责任制的干部培训工作组织体系。各级宣传部门的领导作为培训工作领导小组组长，率先垂范，积极参加各级各类培训，并亲自设计课程，给学员上课，尽最大可能提高培训效果。二是科学规划，认真实施。各单位都制定了《2006 年至 2010 年干部培训规划》和各年度的培训计划，明确干部培训工作目标和各年度的培训任务，具体负责的部门和人员严格按照方案和计划要求组织实施，以每项培训任务的完成确保整个培训规划的落实。三是完善机制，加强考评。建立健全目标考核、教学质量评估、学习培训测评等制度，既对负责干部培训的基层单位进行考评、也对负责培训授课教师的教学质量和参加培训干部的学习培训情况进行测评。实行培训情况通报制度，把各单位培训工作开展情况和“创先争优”评比联系起来，把干部参加学习培训与个人成长联系起来。四是坚持经费投入。省委宣传部每年对所有市地基层宣传干部培训给予 2 至 5 万元的专项经费支持，并要求市地给予相应的经费。免费对县、市、区委宣传部副部长进行培训。

培训工作在增强针对性上下功夫

在开展培训工作前，组织者认真学习领会各级党委政府近一时期关于干部培训的文件精神，紧紧围绕全年宣传工作任务，确定培训工作的指导思想，细化培训目标和任务，明确培训内容及具体措施，制定符合本单位宣传工作实际的干部培训规划和年度培训计划，指导、督促培训工作的开展。认真听取培训单位、培训对象的意见和建议，切实掌握宣传干部队伍的现状和存在的问题，针对宣传工作中出现的新情况、新问题，联系工作实际，增加新的教学专题和培训内容，力求培训计划制定得科学合理，培训内容设计得供需平衡。在培训时间安排上，尽量错开全年工作任务最重的时间，保证学习工作两不误；在培训内容的设计上，做到理论学习系统化、业务培训专业化、相关知识个性化、专题培训多样化；在培训班次的举办上，除了按岗位进行培训外（宣传部长班、文明办主任班、乡镇宣传委员班等），还适时根据形势任务和工作重点的需要设置专题培训，如“学习十七大精神”培训班、“文化发展与文化体制改革”培训班、“加强舆情信息工作”培训班等。

培训工作在活化形式、提高实效上下功夫

新形势新任务对宣传工作提出了新的更高要求，需要宣传干部有相应的能力水平来适应。一是强化在职学习。齐齐哈尔市坚持机关干部上讲台制度；大庆市通过学习竞赛活动比学习热情、赛学习方法、评学习成效，鼓励和促进干部“讲”、“写”、“研”能力的全面提高；绥化市组织了宣传干部业务技能竞争周。二是强化脱产培训。各单位多渠道、全方位对宣传干部进行培训，努力做到四个结合：在培训方式上，坚持“请进来”与“走出去”相结合；在培训对象上，坚持重点培训与普遍培训相结合；在办班形式上，坚持“自力更生”与“借助外力”相结合；在培训手段上，坚持讲座式与启发式相结合。三是注重实践锻炼。加大宣传干部在系统内以及机关与基层之间的交流力度，促使年轻干部通过岗位轮换丰富阅历、增长见识、积累才干。

大力推进城乡文化建设的创新实践

中共河北省委宣传部

近年来，河北省全面准确地把握文化建设面临的新形势新任务，努力顺应广大人民群众对文化生活的新要求新期待，进一步增强以科学发展观统领文化建设、加快文化发展的责任感和紧迫感，以改革创新精神坚定不移、坚持不懈地推进文化大发展大繁荣，为推动科学发展、富民强省提供了强大的思想保证、精神动力、智力支持和文化条件。

树立文化建设新理念，进一步开创文化建设新局面

河北省委、省政府高度重视文化建设，把文化建设纳入经济社会发展全局，以更开阔的思路、更有效的政策、更得力的措施，切实推进文化建设与经济建设、政治建设、社会建设“四位一体”协调发展，坚持不懈、坚定不移地推进文化大发展大繁荣，不断满足和丰富人民群众日益增长的精神文化需求。各级党委和政府从实现科学发展、富民强省的高度，深刻认识加强文化建设的重要意义，不断强化文化主体、文化民生、文化融合理念，坚持贴近实际、贴近生活、贴近群众，不断提高公共文化服务能力，让广大人民群众共享文化发展成果。各级各部门通过建立科学的文化发展指标体系，制定科学可行的文化工作考核指标，加大对文化建设工作的督促、检查和考核力度，加强对文化发展规划、事业政策、资源投入、市场监管等方面的宏观管理和指导调控，进一步营造了有利于文化发展的良好社会氛围。今年以来，各市宣传文化部门重点抓好文化建设“五个一”，即打造一台精品舞台剧目、拍摄一部有影响的影视剧、抓好一个重点文化产业项目、建设一个产业基地、组织一个品牌文化活动，依托本地独特的地域文化，发展特色文化产业集群，形成了各展所长、优势互补、竞相发展的区域文化发展新格局。

打造文化建设新载体，不断丰富群众精神文化生活

各地各部门采取政府补贴与市场运作相结合的方式，组织小型文艺团体到基层进行演出，在社区、农村、企业、校园、军营开展丰富多彩的群众文化活动，形成了一批能够长年坚持开展的惠民文化活动品牌，如假日文化工程暨“彩色周末”、“太行情·老区行”文艺巡演、民族民间艺术进校园进社区、全民读书活动等。文化科技卫生“三下乡”、“进万村兴百业”、文化科技法律卫生“四进社区”、文化遗产日和传统节日文化活动、送戏下乡、讲座、展览等公益性文化活动也在全省各地广泛开展。在深入开展“高雅艺术下基层”等文化活动、组织本省获全国大奖优秀剧目赴基层巡演的同时，以政府买单、群众受益的方式，每年集中采购一批群众喜闻乐见的文化项目和文化产品，配送到农村、社区。围绕庆祝新中国成立60周年，重点组织了“新中国从这里走来”——省会各界干部群众文艺演出、优秀文艺作品集中展演展映展示展播活动，推出电影《谁主沉浮》、电视剧《为了新中国前进》、电视专题片《跨越60年》和图书《向祖国报告》、《图文共和国年轮》等重点献礼作品。今年还举办了首届农民文化艺术节，组织开展了《激情广场欢乐河北》、青少年爱国主义教育基地巡学、礼仪知识竞赛、爱国歌曲大家唱、百万群众千场颂歌唱祖国等各具特色、形式多样的群众性活动，在京举办了“文化国门·河北华章”大型文化展示活动、“京畿神韵·河北文化首都高校行”系列文化演出活动，进一步丰富和提升了广大群众的精神文化生活。

夯实文化建设新基础，建立健全公共文化服务体系

各地各部门积极适应迅猛发展的新形势，深入实施“数字化引领、结构化升级”工程，延伸产业链、提升价值链，建立传输快捷、覆盖广泛的文化传播体系，进一步提高文化传播力和影响力。坚持创新服务方式，提高文化服务能力，定点服务与流动服务、传统服务与网络服务、专业服务与社会服务并重，形成了以政府为主导、以国办文化单位为骨干、全社会共同参与的公共文化服务格局。完善公共文化设施“3211”工程，即加强一市三馆（博物馆、图书馆、群艺馆）、一县两馆（图书馆、文化馆）、一乡（街道）一站（综合文化站）、一村（社区）一室（文化室）建设，逐步形成覆盖城乡、结构合理、功能健全、实用高效的公共文化服务体系。继续资助经济困难、文化资源丰富的县建设宣传文化中心，全省有3407个村开展了“村民中心”建设，有1961个“村民中心”建成投入使用，正在建设“市民中心”582个。大力实施重大文化惠民工程，推进信息化综合服务进农村、进社区、进校园，整合文化信息资源共享工程、农村党员干部现代远程教育工程、农业信息服务系统等信息化服务项目资源。实施广播电视“村村通”工程，进一步扩大覆盖面，提升传输质量，使更多的人民群众能听清、看好广播电视节目。加大公益性文化机构的免费开放力度，创新公共文化服务体系的保障机制，确保有人管事、有钱办事。在2007年农家书屋工程建设试点基础上，开展了“新农村、新农民、新知识”读书活动和“情暖故土书香农家”帮扶联系活动，截至8月底，全省已有4752个党政机关、企事业单位和社会各界人士与5020个农家书屋建立了帮扶关系，并结合自身优势开展了各具特色的帮扶活动，受到农民群众的欢迎。同时，各地在城市建设中注重突出文化内涵，建设了一大批具有地方文化特色的文化景观和文化广场、公园等公共文化场所。目前，全省公共文化设施网络初步形成，进一步改善了广大群众就近参与文化活动、便捷享受文化权益的条件。

实现文化建设新突破，切实加快文化体制改革步伐

坚持以改革推动发展、以发展促进改革，深入开展文化强省建设系列专题调研，召开全省文化体制改革和文艺精品创作工作座谈会、文化产业发展和文化体制改革工作会议，就加快文化产业发展、深化文化体制改革进行专门部署，制定出台指导性文件，明确了目标要求、重点任务和保障措施。各地各部门坚持以资本为纽带、创意为核心、技术为手段、市场为导向、价值为目标、产品为载体、园区为平台、基地为依托、企业为支撑、项目为抓手，围绕文化产品的策划、生产、传播、消费建构工业化、商业化的运作体系，按照价值链增值模式造就文化产业一流品牌，不断加快发展壮大文化产业，文化体制改革和发展取得阶段性成效，得到中央领导和省委、省政府主要领导的充分肯定。在8月份召开的全国文化体制改革经验交流会上，保定市作为文化体制改革先进地区、河北省新华书店集团和河北长城传媒有限公司作为文化体制改革先进单位受到表彰和奖励，省文化厅作了大会发言，介绍了我省文艺院团改革的做法和经验。经营性文化单位转企改制取得新进展，河北出版传媒集团有限责任公司、河北长城传媒有限公司（长城网）等10家省直文化企业组建并运行。石家庄市通过整合动漫产品生产、制造、销售资源，打造国际化动漫衍生产品集散交易中心。唐山市以创新演艺集团公司运营机制为突破口，加快推进文化产业重点项目建设，积极构建以工业文化、地震文化、海洋生态文化、长城文化、地域文化、旅游休闲文化为重点的特色文化产业发展格局。保定市结合城市整体规划，实施“两大文化产业园区”和“十大文化产业基地”建设工程，大力推动特色文化产业发展。承德市把公益性文化演出、商业性演出、旅游服务性文化演出有机结合，在创造经济效益的同时也丰富了游客和市民文化生活、提高了城市文化品位。廊坊市发挥区位和资源优势，建设现代信息大厦，积极构建数字出版、网络开发、信息技术利用等前沿文化企业孵化平台。邯郸市加快推进县域文化市场综合执法改革，在整合现有行政执法队伍的基础上，组建文化市场综合执法队伍，推进了文化市场管理的规范化、科学化。公益性文化单位内部机制改革激发新活力，河北电台、河北电视台农民频道、河北交响乐团、廊坊市大厂评剧歌舞团等单位通过深化内部用人、激励机制改革，激发了干部职工的积极性和主动性。

培育文化建设新力量，努力建设高素质的文化队伍

各地各部门坚持以人为本，实施“四个一批”人才培养工程和中青年社科专家“五十人工程”，突出抓好经营管理人才、专业技术人才特别是懂文化、善经营、会管理的复合型人才的培养，努力造就一批宣传思想文化领域各方面的领军人物和学术带头人。高度重视各方面文化人才的培养和引导，完善政策措施，建立相应工作机制，吸引优秀的系统外人才参与文化建设，为他们贡献聪明才智创造条件。各级党委宣传部门充分调动广大理论、新闻、出版、文化艺术工作者的积极性和创造性，为文化事业发展提供坚实的人才保障。省文化厅制定鼓励群众自办文化的政策措施，组织评选百名农村文化之星等活动。衡水市委宣传部会同市教育局实施文化产业进校园工程，通过在普通中小学开展衡水地方文化普及教育、在职业学校推进专业培养培训工程、在大中专院校建立文化产业专业研究中心等方式，切实加强文化产业人才培训力度。廊坊市文安县注重调动农民群众的文化自觉性，通过把文化能人选为文化示范户，并在资金、技术、信息等方面给予支持和帮助，使其成为活跃基层、服务农民的骨干力量。

（执笔：河北省政研会）

设立“村文化协管员”

中共福建省委宣传部

进入新世纪以来，随着工业化、城市化和市场化的快速推进，农村生产方式、生活方式、社会结构发生深刻变化，村民的信息来源渠道日益多样，村民的思想观念更趋复杂，其文化需求也趋向多元。村民对人际之间的思想交流和情感沟通，对现实生活中的烦恼倾诉和意见表达都非常渴望，但是往往缺少组织者和引导者，缺少公开畅达的交往平台和文化场所，这些都对农村宣传思想文化工作提出了新要求。为适应农村和农民思想的新变化，加强党在农村的宣传思想文化工作和精神文明建设，福建省在2006年就开始实施农村“村文化协管员”制度，对文化协管员的选聘时间和程序、岗位培训、工作要求、工作内容等作出明确规定，使农村文化工作真正实现“有人管事、有人办事”。村文化协管员的设立有利于引导农民群众从文化生活的需求者成为农村先进文化的创造者、建设者，有利于在农村培养乡土文化人才、发展乡土文化事业，有利于提升农民文化素质，使农村文化走上一条自我发展、自我创新、自我提高的新路子。村文化协管员成为农村宣传文化建设的生力军，在推进社会主义新农村建设中发挥了积极作用。

文化协管员的选聘标准和程序

村文化协管员的选聘遵循公开、公正、择优的原则，总的要求是深入学习实践科学发展观，对党忠诚、遵纪守法、联系群众、具有一定的思想理论水平和文化能力，积极宣传党的路线、方针、政策，做好农村基层文化建设各项工作；基本程序包括报名与推荐、考试与考核、公示与审批三个程序；竞聘对象主要是乡村的“秀才”，即当地有专长的文化骨干，以及有专长的村党支部宣传委员等村两委干部。

目前全省有村文化协管员 14771 人，其中年龄在 35－45 岁的占 68.3%，党团员比例占 60.66%，高中以上文化程度占 76.9%，具备相关专业技能的占 39.2%，大多数是当地文化骨干，有近三分之一文化协管员由村两委成员兼任。为解决村文化协管员待遇问题，福建省委、省政府决定从 2006 年 4 月起，由省财政拨出专款，对村文化协管员每月每人发放津贴 50 元。2008 年起又将津贴标准提高到每月每人 100 元。一些有条件的市县财政还予以配套补贴，补贴额高的达每月每人 300 元。

文化协管员的学习培训和岗位职责

福建省十分重视这支农村宣传文化新军的建设。省委常委、宣传部长唐国忠要求：“进一步加大农村（基层）文艺骨干（包括文化协管员在内）的培训力度，一定要有培训规划，经过2—3年把全省文化协管员均培训一遍，可采取省、市、县分级培训、分批培训等多种办法。”2007 年 4 月，省委宣传部、省文化厅联合召开全省村文化协管员培训工作会议，对村文化协管员培训进行专门部署，并联合开办培训班。培训班开设“农村文化共享工程”、“农村群众文化活动的组织和开展”、“农村非物质文化遗产的保护”及“农村文化市场的协管”等课程，并编印《农村文化协管员工作手册》1.5 万册，发送给全省每位村文化协管员，受到普遍欢迎。目前全省 70 多个县（市、区）已举办 200 多期培训班，培训 15610 人次，对协管员队伍整体素质的提升起到重要作用。

村文化协管员的岗位职责，主要是从农村实际出发，从农民的需要出发，利用各种载体和平台，组织开展丰富多彩的、农民乐于参加的公益性文化活动。具体包括：积极宣传党的路线、方针、政策，提出本村文化建设和精神文明建设的规划及意见并组织实施；举办村级文化体育活动，普及科学文化知识，办好宣传栏，做好农村重大节日、活动的文化宣传工作；积极协助开展文化科技卫生“三下乡”、“五大惠民文化工程”工作，特别是电影放映、村图书室等工作；做好文化遗产的保护和农村文化市场管理工作等。

文化协管员的工作内容

1. 宣传党的路线、方针、政策，提高农民思想道德素质。村文化协管员认真学习党的十七大和十七届三中全会精神，认真学习中央关于应对国际金融危机的决策部署，把中央精神与农业、农村、农民实际结合起来，积极开展宣传思想工作。通过宣讲、广播、宣传栏、文艺演出等形式，把党的精神传到千家万户，使广大农民了解国际国内形势，了解党对农村的方针政策，对新农村建设充满信心。村文化协管员还积极组织农村精神文明建设各项活动，宣传社会主义核心价值体系，开展社会主义荣辱观宣传教育，丰富了农民精神生活，提升了农民群众的思想境界。

2. 组织农村文化活动，活跃了农村文化。在春节、元宵、清明、端午、中秋等传统节日以及各种民间民俗活动中，村文化协管员成为当之无愧的组织者和引导者。许多地方的文化协管员还组织成立书画院、乐队、腰鼓队等民间艺术团体，组织开展主题文艺演出、趣味运动会等文体活动，极大地丰富了村民们的文化生活。近年来，国家大力推进的广播电视村村通、乡村文化设施改造完善、农村电影放映、农家书屋、文化信息资源共享等重点文化惠民工程建设和文化“三下乡”、“送欢乐下基层”等文化惠民活动都需要当地农村的配合支持，有些设备需要有人管理和使用。村文化协管员队伍的建立，使“文化惠民工程”有了承接者和管理者。

3. 建设管理文化设施，使农民文化活动有了场所。村文化协管员加强了农村文化俱乐部、农家书屋、文化中心户的管理。南安市有416个村已建成村级图书室，新建了55座公益电影放映点，每月为群众免费放映一场电影，在乡镇中心区域人流量密集地点新建或改建公益文化戏台，为农民文化活动提供场所。邵武市依托乡镇文化站和村文化协管员力量，大力开展文化村建设，每新建一个村俱乐部，市财政拨款10万元，挂点单位出资5万元，乡镇出资5万元，合计20万元资金专款用于村文化俱乐部建房和基本设备投入；每个村俱乐部室内面积不少于150平方米，设有图书阅览室、电教室、电脑室、棋牌室、文体活动室，配有电脑、电视和放像设备及棋牌设施、乒乓球桌、图书报刊；室外建有篮球场、全民健身路径和宣传栏，做到有组织领导、有规章制度、有专人管理、有专项经费、有专门活动场所、有一支村民文体队伍。

4. 协管农村文化市场，带动了农村文化产业发展。随着城乡一体化进程加快，农村文化市场管理愈加重要。村文化协管员积极开展移风易俗，反对封建迷信、扫黄打非、净化文化市场等活动，引导农民健康娱乐，发挥了农村文化监督员的作用。一些地方抓好农村文化产业的布局和发展，推动农村剪纸、绘画、陶瓷、雕刻、编织等民间工艺项目，戏曲、杂技、花灯、龙舟、舞狮舞龙等民间艺术和民俗表演项目，以及古镇游、生态游、农家乐等民俗旅游项目的开发和发展，形成品牌效应，发挥辐射作用，带动农村文化产业的发展。

5. 加强了农村文物和文化遗产的保护。福建农村文物数量多，尤其许多涉台文物有较高价值。文化协管员的重要任务之一就是组织民俗活动，保护好文物。近年来，各县乡镇在收集保护涉台族谱方面做了大量工作，多次举办闽台两岸族谱对接活动，取得有益效果。闽南农村结合建设"闽南文化生态保护区"，组建村民南音队，鼓励吸引老、青、少不同年龄段的群众参加，让民间艺术奇葩南音重放异彩。莆田市荔城区文化协管员成为惠洋十音和沟边九鲤舞这两个独具民族民间特色的非物质文化遗产稀有品种的传承者和传播者。

宣传系统党委统筹宣传文化干部队伍建设

中共山东省滕州市委宣传部

为进一步加强基层宣传思想文化队伍建设，山东滕州市成立了宣传系统党委，统管意识形态方面的工作。市委常委、宣传部长兼任党委书记，第一副部长兼任党委副书记，其他副部长、系统纪委书记以及系统党委各部门主要负责人为党委成员。党委下辖市委宣传部、滕州日报社、文化局、广播电视局、旅游局、新华书店，具体负责全市的理论教育、舆论引导、文明创建、文化旅游、广播电视方面的工作。近年来，宣传系统党委大力加强基层宣传思想文化队伍建设，建立完善了六个方面的工作机制。

1. 党委干部管理机制。宣传系统党委出台了《关于印发〈中共滕州市委宣传部干部管理工作职责〉的通知》、《关于股以下干部的考核办法》、《关于进一步加强宣传系统干部队伍建设的意见》，与组织部门共同管理宣传文化系统科级干部，全面管理科级以下的一般干部，形成宣传系统党委完备的干部管理、考核、任免机制。适时召开党委会，研究中层干部任免、队伍建设等，系统各单位中层以下干部由各单位推荐，形成《干部任免报告》，党委考察研究批复确定，科级干部由系统党委和组织部门共同考察确定。

2. 创新人才引进机制。以高素质、高层次专业人才为重点，打破常规，放宽选人用人渠道，不唯学历、资历、年龄、身份、地域，只唯能力和成果，大胆引进和使用一批优秀人才。先后引进微山湖湿地红荷景区"金牌解说员"刘凤君、作品多次获国家和省级大奖的乡土作家闵凡利、获省第九届对外传播奖的柳琴戏《墨子》编剧吕宜芳等各类高层次人才近10人，他们已成为滕州市文化事业发展的骨干力量。

3. 中层干部竞聘机制。结合事业单位分配制度改革，创新人才选用制度，在滕州日报社、广播电视局等单位推行中层干部竞聘上岗制度，采取领导推荐与自我推荐相结合，群众评议与自我摆实绩、阐释任职愿景相结合，党委任命与试用相结合，经过演讲、答辩、民主测评等程序选聘中层干部，使一大批德才兼备、年富力强、为群众公认的优秀人才走上领导岗位，带动系统党委各单位形成干事创业的良好竞争发展氛围。

4. 干部流动机制。宣传系统党委在全市干部考察任用中，配合组织部门，打破干部流动在城乡、区域、部门之间的限制，在全市范围内广泛挖掘宣传文化人才，做到宣传干部"进得来，出得去"。近年宣传系统党委提拔重用30余名副科级以上干部，各单位引入10余名懂专业、会管理的副科级以上干部，内部交流干部近20人。在一般干部中采取"上挂下派"方法，每年下派近30名乡镇或部门宣传文化干部到宣传部机关、滕州日报社、电台、电视台学习锻炼。

5. 干部激励机制。市委市政府出台了《关于实施人才强市战略的意见》、《中青年专业拔尖人才选拔管理暂行办法》，在培养、吸引、使用人才方面制定一系列政策措施。宣传文化系统各单位开展出精品、力作、人才的评选表彰活动，组织开展“龙泉塔文艺奖”、“好新闻”、“优秀通讯员”、“宣传报道十佳”等评选，并给予精神和物质奖励，切实为宣传文化队伍注入强劲活力。

6. 学习培训机制。宣传系统党委通过召开座谈会、分析会、汇报会，及时宣传推广系统内工作的好经验、好机制。定期举办宣传干部业务骨干培训班，邀请媒体开办宣传知识讲座，组织全市宣传干部赴省内外学习考察，借鉴先进地区宣传文化建设的好经验、好办法。推进“学、研、做”三结合的干部教育培训方式，结合滕州经济社会发展现状，制定宣传思想文化建设重大课题，组织宣传系统干部开展调查研究。

宣传文化队伍“三百工程”

中共陕西省白河县委宣传部

陕西省白河县位于陕西省安康市东南部，下辖15个乡镇、124个行政村和3个社区，人口20.8万人。2007年3月，针对白河县基层宣传思想文化工作任务重、宣传干部少的情况，白河县开始建设由100名理论辅导员、100名新闻通讯员、100名文艺宣传员组成的“三百工程”，充分组织调动了大量分散在基层和民间的宣传思想文化人才，统筹他们利用工作和业余时间参加或协助宣传思想文化工作。两年来的实践证明，“三百工程”有力地加强了基层宣传思想文化队伍建设，解决了有人做事的问题，开掘了基层宣传思想文化工作的源头活水，推动了农村宣传思想文化的蓬勃发展，为县域经济又好又快发展提供了硬支撑。

建档立库，走村串户

2007年3月，白河县委宣传部下发《关于在全县建立百名理论辅导员、百名新闻通讯员、百名文艺宣传员队伍的通知》，要求白河县各乡镇、部门根据实际情况，积极推荐三种人才：政治坚定、勤于钻研、具备一定理论宣讲能力的干部；作风扎实、热爱新闻宣传工作、具备一定新闻写作功底的干部；有文学、音乐、舞蹈、美术、戏剧等文艺特长的干部、教师、学生、农民。县委宣传部根据推荐情况，建立了“三百工程”人才库，实行一人一卡动态管理。目前，人才库已有理论教育辅导员126名，新闻通讯员123名，文艺宣传员108名。2008年，“三百工程”的三支队伍，成立15个宣讲团，深入全县124个村，宣讲党的十七届三中全会精神380多场次、党课50多场次，编印了12万多字的优秀党课教材。新闻通讯员对全县40多项重点工作和重点项目进行了广泛宣传，对建设综合服务中心、发展劳务经济、五保户集中供养等重大民生工程进行了深度报道，为白河经济社会又好又快发展营造了浓厚氛围。

加强培训，积极引导

为加强对“三百工程”中专兼职宣传文化人才的培训，更好地发挥他们的作用，白河县委宣传部出台了《白河县宣传文化干部定期培训制度》等五项制度，采取三种形式进行培训。

一是“送出去”培训。要求全县有关部门支持“三百工程”人员参加有关的培训、学习、演出等活动，为他们开阔眼界、储备知识提供必要条件，鼓励和推动“三百人员”创作出更多更好的优秀作品，积极参加各类宣传思想文化活动。县委宣传部每年组织一批理论辅导员、新闻通讯员参加市以上辅导培训学习，安排文艺宣传队伍参加市以上文艺调演。二是“集起来”培训。县委宣传部每半年召开一次全县“三百工程”人才队伍培训会议，加强对基层理论辅导员、新闻通讯员、文艺宣传员的指导与联系，通报宣传思想工作重点，分析存在问题，集中培训，提高他们的理论宣讲能力、新闻写作能力、文艺创作能力。三是“走下去”培训。县委宣传部高度重视“三百工程”的培训工作，每次培训都要求各分管部长和业务骨干认真撰写培训讲稿，对讲得好的，能脱稿的，安排到各乡镇和大的系统、部门组织开展面对面的宣传培训。两年来，宣传部每位副部长、主任每年宣讲均在30场次以上，业务骨干的宣讲培训也在10次以上。

通过对“三百人员”的培训和引导，极大地促进了宣传思想文化干部队伍的成长，造就了一批思想文化领域的人才和既熟悉意识形态工作又懂经营管理的复合型人才，为实现宣传思想文化工作的可持续性发展打下了坚实基础。

纳入考核，表彰激励

为加强对“三百工程”的管理引导，调动乡镇、部门和“三百工程”人才的积极性，白河县委宣传部建立实施了“三百工程”激励机制。县委宣传部将“三百工程”人才库的建设管理和作用发挥情况纳入对乡镇、部门宣传思想工作的考核，要求各乡镇、部门从政治上、工作上、生活上关心“三百工程”人才，真正形成吸引人才、爱惜人才、人尽其才的局面。在考核的基础上，县委宣传部每年对理论教育、新闻宣传和文化建设工作搞得好的单位和个人进行评比表彰，对有作为、有贡献的“三百工程”人才进行物质奖励和精神鼓励。今年3月，县委宣传部表彰了理论教育先进单位7个、新闻宣传先进单位7个、文化活动先进单位6个，表彰党委书记讲党课先进个人10人、优秀通讯员20人。同时出台了《白河县文艺精品奖励办法》，县政府每年拿出10万元专项经费，设立文艺精品创作奖。重点奖励和扶持突出白河地域特色、反映白河文化内涵、提升白河知名度和形象的文艺作品。

组织保障，经费支持

白河县委高度重视宣传思想文化工作，形成了以“三百工程”为抓手，党委统一领导，宣传部门组织协调，各部门各负其责，全社会共同参与的大宣传工作格局。县委主要领导把宣传思想文化工作列入县委工作重要议事日程，与经济工作同研究、同部署、同考核，从根本上保证了对宣传思想文化工作领导认识到位、政策措施到位、经费投入到位。在宣传思想文化投入上，切实做到各级财政每年对宣传文化建设的投入增幅不低于同级财政经常性收入的增幅，有效地保证了宣传思想文化活动、文艺工作者业务培训、文艺创作活动的正常开展。如2008年，白河县财政拿出100万元，整修县影剧院，成立了白河县歌舞剧团。在县委县政府的领导和带动下，各乡镇和部门也结合各自实际，制定出台了一系列鼓励加强理论教育、新闻宣传和文艺工作的办法，并提供了相应的经费。如县公安局拿出5000元，专项奖励本系统“三百工程”人才创作的新闻作品和文艺作品。县文化馆、歌舞团在做好公益性文艺宣传的基础上，兴办文化实体，开展经营活动，以文养文、以戏养戏。全县范围的一个依靠社会力量办文化，多渠道、多形式支持文艺团体开展活动的局面初步形成。

创新载体，开展活动

为保证“三百工程”人才能真正发挥作用，白河县不断创新载体，组织了大量宣传文化活动，为“三百工程”人才提供了充分展示才华的舞台。一是每年下发《白河县群众性文体活动安排方案》，在春节、元宵节、传统节日和科技之春、“三下乡”等重大节日和活动中安排丰富多彩的文化活动，并对各级各部门开展活动的情况进行督导检查。二是指导和支持县文联大力发展文学创作、音乐舞蹈、书法绘画等方面的协会组织，并经常组织开展采风活动。三是组织开展以深入学习实践科学发展观、解放思想大讨论、新农村建设等各类主题演讲比赛活动。通过开展形式多样的宣传思想文化活动，锻炼了“三百工程”人才队伍，也为白河县实现经济社会全面发展创造了和谐进步的社会氛围。现在，白河县三分之一以上的村建有村民自乐班，每周放一场电影，每月开展一次文体活动，在一些村镇已形成长效机制。全县每年组织群众性精神文化活动 130 多场次，仅今年春天以来就组织送文化进村活动 50 多场次，使基层群众的精神文化生活得到极大丰富。

民营企业思想政治工作的新探索

中共山东省淄博市委宣传部

近年来，淄博市民营经济发展迅速，民营企业在提高技术标准和工艺装备水平、拉长产业链、提高产业配套、打造特色产业集群方面为淄博市经济注入了生机和活力。据统计，全市共有 2945 个规模民营工业企业，占全市规模以上工业数量的 87.86%，产值占到 64 .62%。另外还有近 12 万户商贸流通、农业产业服务等民营企业或工商业户，从业人员已达 60 多万人。淄博市在民营企业发展壮大过程中，创新工作思路、工作内容、工作方法、工作措施和推进机制，探索出“六有”、“五个一”、“十必做”、“一人一事”等方式方法，取得了良好的效果。

以创新工作思路为出发点，不断增强思想政治工作吸引力

一是实施“点睛行动”。为更好地做好民企思想文化建设工作，2009 年初研究出台了由市委宣传部等九个部门联合下发的文件，在原有基础上进一步明确和深化做好民营企业思想政治工作的思路措施，积极探索制定一系列优惠政策，优化民营企业外部环境。制定了加强非公有制经济组织党建工作的意见，全面规范了非公有制企业党组织的设置、职责、工作方法、活动方式等问题，促进了非公有制企业党建工作规范化、制度化、学习化。党组织的广泛建立和有效工作，为民企开展扎扎实实的思想政治工作和企业文化建设打下了坚实的基础。制定了加强非公有制经济人士思想政治工作的意见，引导树立做优秀企业公民的思想，使思想政治工作落实到生产经营管理中。

二是实施“点评行动”。应对当前经济形势和改善民营企业社会地位，提升民营企业家信心是关键。通过举办专门学习班、座谈会、现场会、企业社会责任论坛，请专家学者讲课、先进企业文化案例评价等，使他们认识到办企业不只是为了个人改善生活，更是为了振兴国家经济。民营企业站得高才能看得远，才能有信心，才能在竞争中立于不败之地。加强企业思想文化建设，就是要从了解国家的经济大势、走向，有针对性地调整经济结构、产业升级，做好思想的、文化的储备，做好人才、创新的储备。通过考察学习和借鉴国有企业先进经验，使民营企业家们认识到民营企业不在大小，贵在做精做稳，精才能强，稳才能大。

以创新工作内容为切入点，不断增强思想政治工作凝聚力

一是与党的政策同步。引导民营企业围绕贯彻落实十七届四中全会精神，修订和完善了企业精神、企业理念、核心价值观。加强对中国

特色社会主义理论、市场经济知识、现代企业管理知识、金融知识的学习培训，把学习中国特色社会主义理论体系同总结改革开放30年和新中国成立60年的成功经验结合起来，同落实中央和省、市委应对当前国际金融危机、保持经济平稳较快发展的决策部署结合起来，引导企业员工提高思想觉悟和工作业务水平。

二是与时代精神同行。以树立社会主义荣辱观、增强诚信意识为重点，帮助员工树立正确的价值观。针对员工思想活跃，加强交流和互动，坚持进行社会主义、爱国主义、集体主义、形势任务、艰苦创业等教育，引导员工爱企、爱岗、爱己，认清企业发展方向，理解企业发展战略，认同企业价值观念，积极应对国际金融危机带来的经济危机等诸多困难，立足本职、积极进取，用自己的聪明才智和诚实劳动去创造幸福生活。

三是与企业管理同位。大力开展法制教育，引导企业和员工自觉遵守国家法律法规，诚信经营，节能减排，履行应承担的社会义务，建设生态文明。在维护企业合法权益的同时，维护和保障员工在安全生产、劳动保护、工资收入、社会保障等方面的正当权益，协调好各方面关系，建设和谐企业。

四是与企业文化融合。既注重思想政治教育，又注重人文关怀和心理疏导。关注员工多方面的感受和需求，积极倡导和谐理念，培育和谐精神，引导员工用和谐的方法、和谐的思维方式认识事物、处理问题，培育乐观、豁达、宽容的精神，培养自尊自信、理性平和、健康向上的心态，引导员工树立合理竞争、共同发展的理念，提倡包容和协作精神。

以创新方式方法为着力点，不断增强思想政治工作渗透力

一是以实现"六有"目标为重点，全面加强基础工作。按照要求，全市各区县、各有关部门集中开展了一次大规模的民营企业思想政治工作现状调研活动，摸清底数，分类指导。一是有组织。加强民营企业党的建设，进一步提高建立党组织的覆盖面。同时，由各区(县)总工会、团委、妇联牵头，逐步在企业建立健全工会、共青团等组织，为加强和改进思想政治工作奠定坚实基础。二是有队伍。根据企业规模和实际需要，按照精干高效原则，配备专职政工人员。也可在行政机构和人员中，赋予他们企业思想政治工作的职能，逐步建立起一支专兼结合的政工队伍。三是有制度。通过建立健全企业党、政、工、团、妇等工作职责，各级各类人员岗位责任制和企业各项学习、教育、活动等制度，使思想政治工作有章可循、有据可依。四是有阵地。逐步加大了对企业宣传、文体设施的建设力度，保证思想政治工作和企业文化建设活动的正常开展。五是有活动。根据企业特点和员工实际，经常组织开展各种思想教育和丰富多彩的文体娱乐活动，增强企业的凝聚力和向心力。六是有经费。把思想政治工作所需经费列入了企业财务计划，保证了必要的经费开支，并随着企业经济效益的增长，适度有所提高。

二是实施文化建设"五个一工程"，积极培育特色企业文化。淄博市要求各民营企业制定好企业文化建设计划和规划，结合企业自身实际，从具体的事情做起，灵活多样地开展文化建设"五个一工程"，主要内容是选配一个政工员(师)、开办一份企业报刊或简报、编辑一本企业文化员工手册、制作一部反映企业整体形象的宣传片、建设一个文化教育活动阵地等，引领民营企业文化建设向深层次发展。对于中小型民营企业可以根据实际，选准着力点和突破口，创造性开展活动。要求以社会主义核心价值体系为指导，确立企业长远愿景、提炼共同价值观、培育企业精神。同时以企业文化建设为契机，积极推进企业技术创新、管理创新、制度创新，大力开展安全、营销、质量、班组等子文化项目建设，开展和谐企业创建活动，使思想政治工作渗透到企业的物质文化、行为文化和理念文化的各个层面，增强了企业的核心竞争力。

三是开展"十必做"活动，做好"一人一事"的思想政治工作，确保思想畅通。思想政治工

作“十必做”是指在日常工作中必须抓住开展思想政治工作的十个时机：新职工上岗时，内部工作岗位变动时，入党、提拔时，受到表彰奖励时，受到批评处理时，生病受伤时，家庭遇到天灾人祸时，结婚时，生孩子和乔迁新居时，职工思想异常波动时，在这10种情况发生的时候，各企业的负责人、政工员必须靠上，与当事人进行面对面的谈心。了解当事人有什么思想和要求，有什么困难；与当事人一起学习有关政策文件和公司规章制度，指出注意事项，协商解决问题和困难的办法，力所能及地帮助解决问题和困难。为了更好地开展好此项活动，有的企业专门印制了工作记录，在开展思想政治工作“十必做”的时候，认真地将工作开展情况填写在思想政治工作记录中，记录内容包括：时间、事由、当事人、谈心内容、帮助解决的思想问题和实际困难、效果等。

四是开展企业文化创新升级年主题活动。首先，开展了企业文化创新案例征集、研讨和宣传活动。在全市组织开展企业文化升级活动，开展企业文化创新案例征集活动，用一个个鲜活具体的活动、事件、做法等，引导民营企业增强社会责任感，树立诚信文化、慈善文化等理念。如鲁泰纺织实施ISO9000质量管理体系、ISO14000环境管理体系、OHSAS18000职业健康安全管理体系、SA8000社会责任管理体系以及员工全员培训体系等做法。目前已经将征集到的部分企业在开展思想政治工作和企业文化建设方面有创造、新颖有效的55个案例以及专家评语结集出版，并下发到企业借鉴。其次，创新了“两会”工作，加强自身建设。2009年进行了两会换届，吸收了一部分民营企业家担任副会长、常务理事，同时围绕发挥好两会的参谋助手作用，开展了企业文化及思想政治工作立项课题调研活动，列出42个调研题目，要求每个会员单位结合实际选择一项课题集中研究、立项破题，推出有分量有价值的研究成果。第三，创新了企业文化建设评价机制。结合开展最具社会责任感企业和企业家评选活动，制定了民营企业社会责任评价体系，引导民营企业承担好社会责任。

以创新工作机制为结合点，不断增强思想政治工作辐射力

一是加强领导指导。要求各区县等单位充分认识新形势下做好民营企业思想政治工作的重要性和紧迫性，纠正对民企只重利益、不重素质，民营企业小散乱、难组织难落实等片面认识，扭转对民营企业家的偏见，把加强民营企业思想政治工作作为应对当前经济发展新形势的重要举措，摆上重要议事日程，切实抓紧抓好，抓出成效。

二是落实激励措施。对做出突出贡献和成绩的民企业主、私企员工，进行大张旗鼓的宣传和表彰，像劳动模范、文明职工等先进的评选，把他们纳入范围。在民营企业积极开展政工职称评聘工作，适度放宽评聘条件，评定一批民营企业政工师、政工员，落实有关政策和待遇。

三是充分发挥职能。市、区(县)宣传部门加强宏观指导，着力抓好调研、督查、总结、推介等工作。组织部门着力抓好党的建设，做到企业有党的组织，车间、班组有党员。企业工会、共青团和工商联，进一步加强与经营者和员工的联系，深入了解员工的思想动态，及时反映员工的意见和要求，组织员工开展各种思想教育和健康有益的文体活动，不断提高员工素质，增强企业发展的核心竞争力。各级党校、行政院校敞开大门，举办多种形式的私企业主、党组织干部、管理人员参加的培训班、报告会，为民营企业培训政工工作和管理人才，以适应不断变化的形势和私营企业发展过程中面对的新要求。

四是建立健全联合推进机制。市、区(县)宣传、组织、工会、共青团、妇联、经贸委、中小企业局、工商、工商联等部门充分发挥职能作用，切实负起民营企业思想政治工作的督促指导责任，制定规划，采取得力措施，定期召开联席会议，做到常分析、常研究、常检查。全市按照一

年一个主题，一年一个层面，每年组织一次民营企业思想政治工作和文化建设研讨会，做到形势共析、对策共商、难题共破、成果共享。各区县也都建立联合推进机制，开展好民营企业发展现状及员工思想动态情况调研，在此基础上，研究制定民营企业思想政治工作活动意见和考评体系，引导和推动民营企业思想政治工作逐步规范化、制度化、长效化。市委统战部、市工商联制定了加强非公有制企业经营人员思想政治工作的意见。如桓台县“五统一”：统一制定了企业的党组织制度、工会制度、群团活动制度、思想政治工作制度等并发到各企业，统一悬挂上墙，使企业思想政治工作有章可循。要求没有设立党组织的100人以上民营企业必须统一确定一名政工人员负责本企业的思想政治工作，并为各企业统一制定了政工人员职责，对企业政工人员的地位作用作了详细规定，统一发放了聘书，使企业政工人员有地位有作为，可以理直气壮地开展工作。张店区整合企业文化资源，深入开展了“五个一”建设，按照工、商分类和国转民、纯民营分类的原则建立了民营企业思想政治工作档案。淄川区、临淄区在民营企业中广泛开展了形式多样的活动，提高了民企员工的思想觉悟和综合素质。周村区、沂源县分别在各个乡镇、街道办事处培育树立典型示范企业，带动了整个工作深入开展。

新闻宣传要正确引导、科学引导

尹韵公

一、把准历史脉搏，调适总体心态

新闻传媒界一向视自己为社会环境与发展的监测者、告诫者和预警者。这种由整个社会对新闻传媒寄予的重托及其交付的社会功能，使得新闻传媒界具有一种优越的自豪感和崇高的使命感。而新闻传媒界能否完成整个社会的重托，发挥好它的社会功能，最重要的是它必须找准历史方位，把准历史脉搏。

这几年来，我们经常说“我们处在一个新的历史起点上”，这句话本身是没错的，然而究竟什么是“新的历史起点”，却是需要我们认真追讨的。社会生活中常常出现这样的事情：一句本来富有真理含量的话语，由于传播的频率太高，速率太快，或过于朴素，因而使人们失去新鲜感、甚至生厌，进而忽视和忽略了对它的内涵的真正探求。

依我的理解，所谓“新的历史起点”，就是新闻传媒界一定要立足于我们国内生产总值已突破30万亿人民币大关的这个基础，来观察和报道国内、国际问题。这就是我们要寻求的历史方位，这就是我们要把握的历史脉搏。如果我们不能在这个基础即新的历史起点上来认识和思考中国问题与世界大事，新闻宣传的社会功能将会大打折扣。

应当看到，对“新的历史起点”的看法产生误判或麻木，主要还是我们自身进步太快的缘故。我们国家的经济实力自本世纪以来连连创造奇迹，国内生产总值2001年突破10万亿元人民币大关，2006年又突破20万亿元人民币大关；2008年再突破30万亿元人民币大关；今年或明年，我国GDP将超过日本，位居世界第二，仅次于美国。国家经济实力的大幅变化，要求我们的新闻宣传观念必须跟上现实的快速步伐。我们必须承认，国家经济实力每突破一次10万亿元人民币的大关，就等于历史把我们送上了一个新的平台；而每登上一个新的历史平台，不仅使我们站得更高，而且也使我们看得更远，视野更加开阔，思考更具深度。犹如站在海拔一千米、两千米、三千米的山峰上所看到的景色完全不同一样，立足于20万亿元人民币的实力基础所获得的感受，肯定不同于10万亿元人民币；而立足于30万亿元人民币的实力基础所获得的感受，肯定不同于20万亿元人民币，更不同于10万亿元人民币。我担心和忧虑的是，恐怕国内大多数新闻媒体的报道立足点，仍然置于20万亿元人民币的基础上，甚至有的还停留在10万亿元人民币的阶段中。

所以，对当前新闻传媒界而言，最迫切的任务应是调适总体心态，让30万亿元人民币这一重大理念贴近实际，贴近生活，贴近群众。否则，我们将有可能既不能清醒地引导社会舆论，还会给国民、给社会以误导和误判。

还需要特别指出的是，西方发达国家认识和审视中国的基础，已经是将30万亿元人民币同中国紧紧联在一起了，而不是20万亿元，更不是10万亿元。西方国家同中国打交道，完全是以中国现有实力为基础的。这就是说，30万亿元人民币的经济实力创造了中国重新认识自己与世界的前提和条件，正在促使中国的思维方式和行为方式发生积极的变化，而且还给予世界各国尤其是西方发达国家重新认识他们自己与中国的机会与角度。我们看别人如此，别人看我们也如此，因为道理如此，逻辑如此。

那么，30万亿元人民币的历史起点具有怎样的时代特征呢？

首先，中华民族具备了自1840年鸦片战争以来从未有过的历史自信。1949年新中国的建立，使中华民族得以重新捡拾起丢掉了百年的民族自信心。60年来，随着中国国力的逐渐提高，中华民族自信心也逐渐恢复；尤其是改革开放以来，中国国力逐渐强大，特别是迈上30万亿元人民币的台阶以后，中华民族自信心得到全面恢复和空前增强。我们的民族自信心曾经一度跌到了历史的最低谷，而今又基本上回到了汉唐时代的大国自信。从弱势国家走向强势国家，任何民族都必然要经历一个痛苦万分的精神折磨。面对全球化的大千世界，我们民族的精神面貌，可以说160多年来，从来没有像今天这样意气风发，这样从容自信。

其次，我国具备了自1840年鸦片战争以来从未有过的国际应对能力。在制度优越和领导有方的一般情况下，国家实力决定国家能力。20世纪70年代，虽然当时我国国力较弱，但我们可游刃于美国、苏联这两个超级大国的争霸空隙，争取到了最大的国家利益。今天，我国国力大大增强，主动权也大大提升，国际格局将会出现一些有利于我们的新变化和新因素，也有利于我们破除和化解一些不利因素和不利局面。困难总是会有的，但我们现在所掌控的克服困难的手段、办法和“王牌”，却是160多年来最多的。

再者，我国获得了自1840年鸦片战争以来从未有过的国际话语权提升。弱国无外交，亦无国际形象，更无国际话语权。新中国成立后，由于“两弹一星”的成功，我国在国际事务中有了一定的话语权；改革开放30年来，随着我国在世界经济中的份额大幅提高，国际地位也随之提高，国际话语权更是显著提升。特别是在当下的全球金融危机中，来自中国的声音得到了世界各国从未有过的尊重，连一向傲慢的西方国家也不得不放下骄狂的身段。虽然国际社会舆论场中“西强我弱”的局面一时无法改变，但是，可以预料，随着中国国力的进一步增强，中国模式在国际社会进一步得到认可，中国的国家话语权势必得到进一步强化，中国的声音将会在越来越多的国家激起越来越强的震荡。

总之，我们的新闻传媒一定要认准自身的历史方位，把准自身的历史脉搏，调适好总体心态，这样才能真正地面对和认识自身，真正地审视和观察大千世界。

二、提高引导能力，重在有效传播

改革开放在新闻宣传领域最重要的成果就

是诞生了“舆论导向”这一概念及其工作机制。舆论导向机制是改革开放的产物，它必将贯穿于改革开放的整个过程之中。

舆论导向工作必须以科学发展观作为统领和指导。强调用科学发展观指导舆论导向工作，一是指要科学地分析和判断舆论动向，进而科学地把握和引领舆论走势。二是指不仅要正确引导舆论，而且还要科学引导舆论。前者是方向、是根本，后者是艺术、是保障。前者讲的是道，后者讲的是术。道术结合，屡战屡胜。

探求舆论引导的内涵，其特性有以下几点：

第一，包容性。舆论引导的提出，实质上等于承认了社会存在多种不同声音的合法性，同时也等于允许不同声音的存在，所以舆论引导里有一种包容思想，它与改革开放前那种“舆论一律”的思想是完全不同的，从这个角度看，舆论引导思想比过去更进步、更文明了。

第二，主导性。承认多元声音，并允许多元声音各自有一定的空间，这是社会进步的表现。但这并不是说，多元声音可以分庭抗礼，各据山头，没有是非对错，没有正邪曲直。依据我国现有国情和发展阶段，我们还必须强调以一元统领多元，即以马克思主义作为整个社会的主导思想和根本思想，引导多元思想，共同为着社会和谐、奔向小康社会的大目标服务。倘若舆论引导没有主导性，整个社会思想就会变成一锅粥，从而失去前进的方向。

第三，排他性。任何社会都有主导思想指导下的主流声音，这个性质决定了主流声音对非主流声音具有天然的排他性。舆论引导工作的排他性绝不是要剥夺其他声音的表达权，而是强调非主流声音不能抢夺主流声音的空间渠道，强调主流声音一定要守好自己的阵地，决不能让非主流声音控制舆论舞台。显然，舆论引导思想的排他性还有一个暗指对象，即对所有反对我国宪法和四项基本原则的言行，必须毫不客气地将其排除出局，决不允许其存活。

了解和把握舆论引导思想的包容性、主导性和排他性等特点，对做好舆论引导工作，提高舆论引导能力，有着重要的现实意义。

我们还必须看到，当前社会舆论生态出现的一个重大变化，就是实际上产生了两个舆论场，即传统媒体生成的舆论场和新兴媒体生成的舆论场。两个舆论场的生成，无论是对传统的新闻宣传管理体制与机制而言，还是对提高舆论引导能力来说，都提出了比较严峻的挑战，也难怪胡锦涛总书记有针对性地提出：要构建舆论引导新格局。

那么，两个舆论场的生成，究竟给我们提出了怎样的挑战呢？细析条分，大概有这样几种情况：一是传统媒体的管理比较成熟，而网络媒体的管理正在逐渐摸索；二是传统媒体相对来说比较偏于主流，而网络媒体似乎离主流立场稍微有点距离；三是传统媒体的声音相对比较正面和积极，而网络媒体的杂音较多；四是传统媒体与网络媒体有时一致，有时又不一致，甚至有的时候网络媒体负面和消极的东西还化解了传统媒体的一些正确主张；五是网络媒体的观赏性强，吸引了绝大多数35岁以下青年，这就直接影响和威胁到传统媒体的受众构成，尤其造成青少年受众的大幅下滑；六是网络媒体比传统媒体的前景相对来说更加看好；七是网络媒体新闻敏感性更强，现在多数重大事件报道总是网络媒体当先，而传统媒体时效性相对靠后，差不多总是被动跟进，等等。

提高舆论引导能力，不仅要着力于传统媒体，更要着力于网络媒体；不仅要重视手段的运用和过程的策划，更要看重传播的效果。尤其是在今天的舆论生态环境下，我们要特别强调和突出有效传播这一根本归宿。有的同志只看到我们组织了多少篇稿件、刊登了多少条报道等，却没有想到很可能这一切都是白做。原因很简单，许多青年根本不接触传统媒体。他不接触你，不就等于所有努力都化为无效传播了吗？所以，提高舆论引导能力，重在传播效果最优化。对于这一点，我们务必要有清醒认识。

三、立足新的历史起点，统筹国际国内两个大局

30万亿元人民币的历史起点，一方面给了我们新的视角平台，激励着我们的历史主动精神，另一方面，也表明在信息社会化和经济全球化的今天，我们应当而且必须大力提高舆论引导能力，使之与我国的综合实力相匹配。

新的历史起点，新的观察平台，需要新的新闻宣传理念。胡锦涛总书记多次强调：要统筹好国际国内两个大局。我国改革开放发展到现在，国内问题国际化和国际问题国内化的趋势与走向已是越来越明显，并且越来越强烈。这个特征告诉我们，新闻媒体在报道国内问题的时候，一定要注意国际上同类和相关问题的动态；在报道国际问题的时候，一定要关注国内同类和相关问题的反映。同时我们还要树雄心，立壮志，敢于在国际舆论场上去放手一搏，主动展示中国的形象，大胆亮出中国的声音，尤其是要自信而平等地与西方发达国家积极对话，索取一些应该属于以及过去不属于而现在可以属于我们的东西。

譬如，本世纪初期，西班牙某城市出现排斥中国商品事件，一把大火居然烧掉了温州商人们价值3亿元人民币的鞋城。当时，由于我们刚进入国际市场不久，可能游戏规则也不太熟悉，此事后来似乎大事化小，不了了之。然而，我们千万不要忘记：1840年的鸦片战争正是一把大火引发的。林则徐烧掉了价值近300万两白银的鸦片（我方统计），英国政府竟然以此为借口发动了西方列强第一次侵华战争。腐败无能的满清政府战败，最后屈辱地以赔偿2200多万两白银了事。我不知道3亿元人民币相当于多少两白银，我也不是说我们应当效法英国那样对西班牙发动战争（这在现代文明社会是极为可笑的），而是认为，我们至少应当向西班牙政府讨个说法。如果我们默不作声，其他国家就会跟着效尤。只有勇敢地挺身而出，积极保护海外商人们的利益的国家政府，才能真正赢得人民群众的充分信赖。假如以后再发生类似西班牙烧掉鞋城事件，我们的新闻媒体应当有着与过去大不一样的表现。新闻媒体不但要做国内国家利益的保护者，还要做海外国家利益的保护者。

又如，在非洲问题上，我们也吃过一些亏。西方发达国家在他们的崛起过程中，曾经把国内发展的一些矛盾和麻烦，转嫁给非洲和其他发展中国家，以减轻国内压力。因此，他们判断：中国在崛起过程中，肯定也会遇到类似他们的矛盾和麻烦，进而也会像他们那样转嫁危机于别国。但是，事实不是这样。中国在处理非洲事务上有着强烈的东方温情色彩，并受到大多数非洲国家和人民的欢迎。可是，西方国家及其媒体为了打压中国对非洲的影响力，发表了大量不利于我们的负面报道，而我们自己的媒体却很少作为，以至于许多国民弄不清楚究竟是怎么一回事。

类似以上的问题举不胜举。中国媒体一定要走向世界，不在世界舞台搏击，怎能显示自己的不凡身手？然而，我们也要看到，中国媒体走向世界的过程，一定是异常艰难，绝不会轻轻松松。中国弱势，别人看不起你，不理睬你；中国强势，别人又盯着你，专门研究你，千方百计防着你。小平同志说过一句名言：发展起来的问题不比不发展的问题要少。实际上，强大起来的问题也不比不强大的问题要少。既然人类文明社会赋予中国如此崇高的使命，那中华民族就只能义无反顾地坚定走下去。

最后，还要谈一个小问题：关于中国报业的发展空间。美国几家百年老报最近关闭之后，也引起中国报界一些人的恐慌，认为报业的寒冬已经来临。对此，我虽然不乐观，但更谈不上悲观。首先，近代以来每当出现一种新的信息传输技术的重大变革，都会引发一场报业地震。20世纪70年代，美国电视市场兴盛，结果几十家报纸甚至长达150年的老报也被挤垮。所以，今天几家老报被网络挤垮，并不新鲜。其

次，中国的国情与美国完全不同。美国是20世纪初期就已经成熟的现代形态国家，市场化程度高，城镇化程度高，受教育人口比率高，这几大有利因素为美国报业市场的发展提供了充分的空间。反观中国，在现代化发展道路上，我们至少落后美国半个世纪以上。我国的市场化刚刚建立起来，城镇化才达到近50%（而美国是95%左右），人口受教育程度与发达国家比差距很大。恰恰正是这几个不利因素，却为我国报业发展提供了较大的空间。只要城镇化继续上升，受教育人口不断增加，那么接受传统媒体的受众也会相应增多。最新的报纸印张数据表明，除2008年报纸印数略有下降外，最近10余年来，报纸印数一直呈上升趋势。综合以上分析，我认为报业市场完全不必过于悲观，我们至少还可以维持现有空间10年以上。

（作者：中国社会科学院新闻与传播研究所所长、研究员、博士生导师）

话语权视角下的中国文化软实力建设

李希光

既要发展硬实力，也要发展软实力，并促成软、硬实力的相互转化

相对于硬实力，文化软实力是一种赢得人心和人脑的力量，主要表现为利诱的力量、说服的力量和吸引的力量。这种力量，运用说服和吸引的手段，目的是赢得对手。如，美国对前苏联及东欧、中亚发动颜色革命，因为在这些地区，没办法运用硬实力来打击和威胁对手，只有通过自己的文化产品，达到说服和利用的目的，最后导致苏联解体、东欧剧变。

软、硬实力是可以相互转换的，战无不胜的军队、牵动全球的经济实力，这些传统意义上的硬实力都有可能转变为吸引其他国家的软实力，进而使得其他国家效仿、追随。另一方面，软实力也可能转化为一种硬实力。如一个国家的文化，毫无疑问是这个国家重要的软实力，但是当它发展成为文化产业的时候，这种软实力又变成了硬实力，因为它变成了重要的经济收入来源。软、硬实力的转化，说明文化产业不仅为国家软实力服务，也为国家硬实力服务。

中国作为一个负责任的发展中大国，为建立一个持久和平、发展、和谐的世界，既要不断发展壮大经济实力等硬实力，也要大力发展文化等软实力，并促成软、硬实力的相互转化。

要把政治理念、政策制度等作为文化软实力建设的源泉，不断增强中国特色社会主义的吸引力和感召力

关于文化软实力的几种观点：

美国雪城大学教授南希·斯诺认为，一国软实力由三个维度来衡量：一是该国文化和观念是否符合全球流行标准。二是该国是否有能力运用全球传播渠道影响新闻的报道框架。三是该国是否通过其国内和国际行为赢得公信力。

如果用南希的三维标准衡量中国的软实力，中国需要注意两个问题：一是中国在涉及国家核心利益的重大问题上的议程设置权和新闻报道在全球传播平台上的话语权过于弱势。二是由西方制造的所谓普世价值对中国单向输出的“对话”。

英国西敏寺特大学新闻学教授戴雨果认为，一国的软实力是由其国内政策、国外政策和

经济政策所构成。

如果从雨果的三个政策角度观察中国，中国软实力在不断上升。

但中国软实力受到西方政府、学界、媒体的诋毁。特别是一些西方媒体，他们把中国简化成媒体上的几个简单易记、易理解、易传播的符号和画面：达尔富尔问题、一胎化计划生育政策、不自由的媒体、被镇压的达赖运动等。

这里还要强调：文化产品或者文化产业并不等于文化软实力。但国内有一些人曲解、误用软实力这一概念，把可口可乐、麦当劳、牛仔裤、电影等当成软实力。应该清醒地看到，伊拉克人一边着迷美国大片，一边与美国军队展开军事斗争。日本使用汉字不等于中国在日本拥有软实力。这些文化产品在某些情境下，会提升一国的形象，但在更多的情境下，其商品性大于文化性。

中国软实力源自国内外政策、政治理念和政治制度。中国要学会运用政府、学术界、媒体和民间资源等，大力宣传中国特色社会主义，让世人看到中国特色社会主义是最适合发展中国家的发展模式，不断增强中国特色社会主义的吸引力和感召力。

在涉及当代人类基本价值观中的民主、自由、人权等核心概念上，要努力争夺定义权、解释权

在现实世界里，民主、自由、人权等这些核心概念的定义权和使用权是一个国家软实力的重要体现。

以民主为例，世界上对民主有两种理解和做法。一种是形式上的民主。在今天媒介化的社会，这种民主是少数人利用媒体作秀，操纵民意和选票的民主，是一种街头政治民主。另一种民主是本质上的民主，是广大人民群众自己当家作主式的民主。

历史证明，谁拥有民主、自由、人权等这些核心概念的定义权和使用权，谁就可能获得民主国家的称号。相反，就会被指责“践踏自由”、“践踏民主”、“践踏人权”。例如，在“自由”的名义下，20 世纪 60 年代非洲人民争取民族独立、20 世纪 80 年代伊斯兰圣战组织抵抗苏联红军、20 世纪 90 年代西方国家对苏联及东欧国家“和平演变”、2008 年西方在世界各地发动的破坏奥运圣火传递和支持“藏独”的活动。

当代人类基本价值观中核心概念定义权、解释权不是西方人的专利，每个国家都有这个权利。否则就不可能出现一个全球性的对话和一个和谐、和平的世界。

中国要争夺民主、自由、人权等这些核心概念的定义权和解释权。中国还要争取“民族主义”、“爱国主义”、“恐怖主义”、“极端主义”、“武装分子”等这些新闻标签性语言的定义权和使用权。

中国政府、媒体、学者都要积极行动，在国际社会赢得更多的话语权、议程设置权

北京大学国际政治教授潘维分析，经过一百多年，中国人在摆脱了挨打、挨饿、挨冻之后，进入了挨骂时期。在这个时期，中国议程设置的弱点是：没有形成对自己有利的话语权和国际新闻议程。如在非政府组织中声音弱小，在国际学界和国际上有影响的智库里声音弱小，运用新闻设置议程能力弱小。

全球传播体系中的优先议题会成为公众的优先议题。媒体的信息会潜移默化地影响受众把某些话语或新闻列为重点。那些拥有全球传播资源的国家决定大多数人关注什么事件、如何看待这个事件。

由于西方媒体垄断全球传播资源，全球新闻出现了议程同质化的现象。世界许多媒体越来越多使用同一新闻主题、新闻框架、新闻语境。如在西方，“西藏独立”在媒体上好像已经变成了一个不证自明的事实。有关西藏的报道，只有一种达赖的观点，没有反对观点。西方媒体运用议程同化的手段在西藏这个话题上几乎操纵全球舆论。

西藏“3·14”暴乱之后，我们在上海召开了一次研讨会，特别邀请著名科学家杨振宁先生参加。他在会上说，1962年中印战争时，西方媒体一边倒地支持印度，反对中国。后来，英国记者Maxwell写的《印度的中国战争》改变了西方媒体一边倒谴责中国的报道和言论。在不少问题上，西方媒体对中国存在偏见和误读。对此，不仅西方媒体要负责，中国政府、学者和媒体也要积极应对。中国的话语权建设，单靠政府发言不够，还需要非政府的声音。

在全球化和信息化时代，建设文化软实力，民间的软力量资源日趋重要，各种跨国公司、非政府组织和媒体等扮演越来越重要的角色。政府要有技巧地使用这些软力量，并不一定要在所有的事情上身先士卒，出现在前台。

中国需要从以下几个方面通过议程设置打造软实力：一是设置对自己更有利的国际话语和国际议程。二是制造更多有利于中国议程的媒体事件。三是在国际社会赢得更多的发言权。

积极开展公共外交，与他国政府部门、非政府组织、学术界、企业界和舆论界建立关系

公共外交的一部分内容是传播信息、塑造正面形象，另一部分内容是建立关系，为政府政策的推行营造有利环境。

当前中国对外传播情况是，中国媒体报道和政府的声音罕有机会在西方社会传播，或者被断章取义和负面呈现。如在海外酒店里偶尔会看到中央电视台中文国际频道，但很少能看到9频道的英文节目。新华社的电讯稿几乎很少被西方主流媒体直接采用。新华社在西方媒体上也总是被刻意凸显“国家通讯社”或“官方通讯社”这样在西方受众听起来不可信的字眼和修饰。

中国公共外交在实际操作中面临的困难和问题：一是长期以来，中国的外宣面太广，目标不清晰。外宣目标不需要计划得太宽泛，应抓住当前外宣难点，一个年度集中力量突破和达到某一个目标。二是公共外交和外宣专业人员缺乏，实际操作人员更缺乏。三是中国外事、外宣、内宣部门之间，中央相关部门与地方相关部门之间缺乏有效的工作协调和资源整合。例如，2008年11月初南京举行联合国城市大会城市展览会，世界各地有影响的人到会，在展览会上，拉萨的展台布置窄小，与中国其他大城市形成了鲜明的反差，错过了宣传西藏的绝佳机会。四是中国政府没有充分利用民间的公共外交资源、智库。在第二沟通渠道方面（secondtract）投入不大。五是公共外交国际资源未被充分利用和整合。如国际公关公司、跨国企业、非政府组织等资源。

中国开展公共外交要做好三个方面的工作：一是做好日常新闻发布和报道工作，包括对政府内外政策的说明。如国务院新闻办和外交部的新闻发布会。二是做好战略传播工作，通过有象征意义的活动，传播宣扬一整套简明的主题或推行政府特定的政策。三是通过设立奖学金，吸引国外留学生；邀请特定国家中青年官员、未来领袖和记者来华进行短期培训、参加学术会议等活动；同各国有影响的人物建立关系，借助他们传播与我有益的重要信息和言论。

努力塑造良好的媒介化的国家形象，但要注意中国形象并不等同于西方媒介化的中国形象

国家形象有不同的定义：有认为，国家形象是关于某一国家的描述性、推论性的和信息性的信念总和；有认为，国家形象是个人关于某一国家的经历、回忆、印象、观点等情感性、审美性的总和；有认为，在媒介化时代，国家形象等同于媒介化的国家形象。

软实力的涵盖范围远大于国家形象。一个国家的软实力足够强大的时候，就会产生一种吸引力，表现在国家形象上，一般是一个相当正面的国家形象。良好的国家形象如果善加运用，就会成为一种重要的软实力来源。

马里兰大学国际政策研究所公布的《2008

年全球领袖形象调查报告》显示，以胡锦涛为代表的中国国家形象在世界上是很有竞争力的。报告显示，胡锦涛具有广泛的国际支持，而美国总统布什被视为最不可信的领导人之一。具体分析，拉美国家、西欧、亚洲国家对胡锦涛的信任度普遍高于布什。在被调查的所有中东穆斯林国家，胡锦涛的信任度高出布什一倍以上。其中埃及对中国领导人的信任度排在所有领导人的前面，是布什的6倍。特别值得注意的是，胡锦涛在发生过颜色革命的乌克兰的信任度比布什高出6个百分点。但在“美国人对世界领导人的信任度”调查中，胡锦涛排位没有靠前。这个结果一方面反映了美国涉华负面报道塑造了一个对中国领导人不友好的媒介化民意，另一方面也反映了美国涉华负面报道迎合了这样一个媒介化民意。

一国采取正确的政策和行动，但在一些媒体上形象不一定是正面的。如：中国为了维护国家统一、领土完整，1996年在台湾海峡军事演习、2008年平息拉萨暴力事件，这些行动在西方媒体上的形象是负面的，但这不意味中国政策和行动是失败的。中国国家形象在西方媒体上负面性不等于中国软实力的弱化。

从这个视角看，中国不必太看重西方媒体的涉华报道，西方舆论反映的不过是其国内媒介化的民意，世界多数国家的民意是亲华的，这正是中国软实力建设的机遇；另一方面，中国要加强宣传，努力改变西方民众对中国的误解和偏见。

（作者：清华大学新闻与传播学院常务副院长、清华大学国际传播研究中心主任）

思想政治工作的现代转型与基本精神

孙其昂

改革开放以来，思想政治工作不断进行改革创新，努力适应社会环境、对象需要和自身发展，实现了思想政治工作创新、发展和加强。当前，思想政治工作正面临着由传统思想政治工作向现代思想政治工作的转型，即思想政治工作的现代转型。尽管思想政治工作处于从传统向现代转型过程中，但思想政治工作的基本精神没有改变。我们有必要从社会转型的视角探讨和揭示思想政治工作现代转型的条件、特点和规律，积极自觉地推进思想政治工作现代转型，努力促进思想政治工作的改革创新和更好发展，以适应现代社会生活，积极发挥思想政治工作的应有作用。

思想政治工作现代转型的必然性

依据社会学社会转型的思想，社会转型本质上是社会结构的转变。思想政治工作现代转型不只是发展变化，而是结构的转变，这种转变是思想政治工作环境转变和思想政治工作格局的转型，具有社会历史的必然性。

第一，思想政治工作社会环境的改变。中国社会正在发生巨大的转变，本质上就是社会现代化，正在形成“现代社会”。第一个特点是时代的变化。中国社会正在由传统性向现代性转变，同时出现后现代性征象。中国的现实社会，是传统性、现代性和后现代性共同存在的社会，但现代性处于主导地位。全球化、城市化、工业化、市场化、信息化和科技、教育、知识、文化、理性、消费，以及人的因素、环境、生态、风险等因素成为社会的基本因素。第二个特点是社会变化，核心是社会结构的分化与转型。社会结构发生分化，大量社会要素本来具有内隐性特征，在社会上并没有占据位置，现在已成为显性因素。这些社会因素不仅在社会系统中凸显出来，而且占据了重要位置并发挥着重要作用。这是造成社会转型或社会格局调整的基础原因。第三个特点是社会和人对文化提出了更高要求。这是时代因素对社会和人的影响，进而人和社会对思想政治工作提出要求。这些构成思想政治工作的客观环境。从社会视角看，思想政治工作由传统到现代的转型，是由中国传统社会向现代社会转型所致，是思想政治工作获得现代性的过程。

第二，思想政治工作外部格局的改变。社会转型是社会结构的转变，思想政治工作现代转型同样是思想政治工作结构的转变。思想政治工作是人的工作，是做人的思想的工作。思想政治工作并不是一家在做，除思想政治工作专业人员之外，还有许多社会主体在做。众多社会主体做思想政治工作所形成的关系，我们称为思想政治工作的外部结构，形成了思想政治工作的外部格局。在计划经济体制条件下，思想政治工作由党委来做，而党委宣传部门又是思想政治工作专门管理部门，全社会思想政治工作具有主体单一性和活动统一性的特征，构成思想政治工作单一格局。改革开放以来，社会现代化造成社会多样化，这种多样化造成思想政治工作多样化。经济体制改革、党政关系调整、价值观念转变，推动着思想政治工作多样化格局的形成。例如，新出现的社会组织和活动（精神文明办公室及其精神文明创建活动、志愿者组织及其志愿活动、民间社会组织及其公益活动等）成为社会思想政治工作新主体，政府的思想文化功能也在新社会条件下突出出来，它们与原有组织及其活动（党委系统、工会、共青团、妇联等）共同构成新的社会条件下思想政治工作新格局。显然，全社会的思想政治工作格局已经突破过去宣传部门一统的局面，形成了多样化格局。

第三，思想政治工作内在结构的改变。思想政治工作是一个系统，是由多种因素共同构成的整体。思想政治工作系统在社会现代化过程中发生变化，包括要素发育、要素之间关系的调整、整体形态的变化。思想政治工作要素得到发育。思想政治工作专职人员群体，过去主要是思想政治工作实际工作者，现在已经由专职政工人员、教师、研究工作者等三类人员所组成。思想政治工作科学化获得长足发展。思想政治工作要素之间的关系也在调整。一方面是分化，思想政治工作整体性结构分化为功能分工明显的结构。不同领域、不同层次、不同对象、不同内容的思想政治工作有了区分，不同地域、机构、社会组织的思想政治工作有了自身的特色。另一方面是调整关系，思想政治工作要素在思想政治工作系统中的地位和作用发生了变化。从思想政治工作整体形态来看，思想政治工作知识已经由经验形态向科学形态转变，思想政治工作的学术性、科学性、现代性初步呈现，思想政治工作科学含量明显增加，思想政治工作正在由传统形态向现代形态转变。

思想政治工作现代转型的体现

思想政治工作现代转型是全面的，而不是单一要素或若干要素的改变。它是整体形态的转型，体现在思想政治工作的各个方面。

在目的和作用方面，传统思想政治工作的目的和作用是通过思想政治工作要求群众听党话、跟党走。这时的思想政治工作实际上是一种政治动员。现代思想政治工作的目的和作用是通过思想政治工作，不仅要求群众听党话、跟党走，而且还要求党听取群众意见，重视精神文化为群众服务，使群众获得解放和发展，使群众真正成为国家的主人。思想政治工作不仅要进行爱国主义、社会主义教育，形成国家意识和共同理想，而且也要为群众的生活富裕、精神解放和人生发展提供服务，思想政治工作作用更具有广泛性、多样性。

在教育内容方面，传统思想政治工作主要是政治内容，开展政治教育，甚至以政治教育代替思想教育、道德教育、心理教育等其他教育。这种倾向至今依然存在。现代思想政治工作坚持政治性的价值取向和本质规定，但内容大大拓宽，尤其是在具体实施过程中，根据思想政治工作对象和实施主体的目标来选择思想政治工作内容，注重为教育对象和实施主体服务。政治性内容、思想性内容、道德性内容、心理健康内容、生活幸福内容等进入思想政治教育领域，注重贴近生活，结合人的活动，强调教育内容满足人的需要。

在服务对象方面，传统思想政治工作主要为党和国家服务，说到底是为党服务，要服从党的理论、思想、路线、方针、政策和各项活动，要服务于政治主体。现代思想政治工作不仅要为党和国家服务，为社会服务，也要为思想政治工作对象服务，为思想政治工作实施主体服务。企业文化的兴起与发展体现了这种变化。在兴起阶段，企业文化建设和企业思想政治工作的关系，企业思想政治工作处于主导和主体地位，企业文化处于从属地位。后来发生变化，企业更重视企业文化，甚至有些企业把企业文化放在企业思想政治工作之上的位置。这里蕴含着思想政治工作服务对象的调整，思想政治工作实施主体更多地从自身需要出发设计和实施思想政治工作。

在工作者方面，传统思想政治工作是组织对个人做思想政治工作，党组织对其他组织做思想政治工作，上级对下级做思想政治工作，干部对群众做思想政治工作，党员对非党员做思想政治工作，政工人员对业务人员做思想政治工作。现代思想政治工作，在这方面也发生了变化。民主、平等、善治、互动等思想，社会开放环境，以及互联网、手机等现代通讯交往手段催生着相互尊重、相互学习、平等交往的新型人际关系，思想政治工作者除了专业人员以外，人人都可能成为思想政治工作者或思想政治工作对象。

思想政治工作基本精神不会改变

从时代高度和社会角度把握思想政治工作，是思想政治工作的基本方法论。时代和社会决定思想政治工作的理念、地位、目的、任务和活动方式，影响（根本上说是决定）思想政治工作现代转型。然而，思想政治工作的基本精神不会改变。

思想政治工作的基本属性不会改变。时代和社会对思想政治工作的影响，相对于思想政治工作本质来说，仍然属于非本质层次的影响，思想政治工作的本质不会改变。所谓思想政治工作本质，就是思想政治工作的固有属性。任何事物都有自己的固有属性，这是区分此事物与彼事物的基本规定性。时代和社会虽然影响思想政治工作本质，包括丰富思想政治工作本质的内涵，深化对思想政治工作本质的认识，但不会根本上改变思想政治工作本质。因此必须明确这种特性，把握住思想政治工作变与不变的根本界限和辩证关系，从而把握住思想政治工作现代转型的方向。例如，善治对思想政治工作的影响。善治是现代政治学和公共管理中的一个重要思想，已经在社会生活中产生广泛的影响。善治的本质特征是指，现代公共生活管理不再是政府单方面的统治或管理，而是“政府与公民对公共生活的合作管理”。善治成为思想政治工作的理念，意味着思想政治工作不再是单向的灌输，而是双向的合作互动；思想政治工作活动不再是单向一次性的完成，而是双向多次的互动过程。按照善治理念开展思想政治工作当然是一种新理念，体现民主思想、时代特征和人文精神，贯彻以人为本的思想。但是，并不是让思想政治工作丧失其本性，也不是思想政治工作不再具有政治价值属性和教育功能属性，而是思想政治工作方式方法跟上时代的步伐，使思想政治工作做得更好。

思想政治工作的核心价值不会改变。思想政治工作在变，但思想政治工作的核心价值不会改变。思想政治工作核心价值改变了，就谈不上我们所说的思想政治工作了。从广义上看，思想政治工作核心价值是正义。思想政治工作是一项正义的工作，它高举正义的旗帜，从正义出发，为着正义的目标而努力。思想政治工作活动的过程，就是为正义而奋斗的过程。

这是思想政治工作的基本理念,也是核心价值。所以,人们一讲到思想政治工作,就知道意味着什么。思想政治工作本身所包含的精神,思想政治工作所传递的思想,思想政治工作者所应有的行为,思想政治工作的过程,等等,都应有正义性。所以,思想政治工作是一项崇高的工作。说“思想政治工作”这个词、运用思想政治工作这项工作,对于“说者”、“运用者”来说意味着什么,是十分清楚的。当你开展思想政治工作的时候,就要准备体现“正义性”。如果你缺乏良知和诚信,那么就不配说运用思想政治工作,否则将在人们心目中丧失思想政治工作的政治合法性。我们党的思想政治工作,其核心价值就是用马克思主义教育人、提高人,促进人的全面而自由的发展,促进社会和谐、进步和发展。党的思想政治工作所指的正义,现阶段就是以中国特色社会主义理论体系为指导,坚持走中国特色社会主义道路,为人民的利益而奋斗,尤其要尊重民意,关注民生,建设民主。

加强和改进思想政治工作的目的不会改变。思想政治工作现代转型的目的在于加强,这是思想政治工作现代转型的基本精神。在革命、建设和改革开放过程中,我们党的领导人都非常重视思想政治工作。毛泽东把思想政治工作视为经济工作和其他一切工作的生命线。邓小平提出越是改革开放越要加强思想政治工作,提出了“人的工作,那是永远不能少的”观点。翻开《邓小平文选》,许多篇幅都谈到做好思想政治工作的问题。江泽民强调要讲学习、讲政治、讲正气,并于2000年专题发表了关于思想政治工作的讲话,重申了思想政治工作的生命线地位,提出思想政治工作要在“内容、形式、方式、方法、手段、机制等方面努力进行创新和改进”。胡锦涛在十七大报告中提出:“加强和改进思想政治工作,注重人文关怀和心理疏导,用正确方式处理人际关系。”他在2008年全国宣传思想工作会议上强调,宣传思想工作是党和国家工作的重要组成部分,在中国特色社会主义事业全局中具有重要地位,发挥着不可替代的作用。思想政治工作不能夸大,也不能贬低,更不能取消。思想政治工作现代转型过程是一个扬弃的过程。扬弃的内涵是否定、保留和提升,或继承、发扬和发展。简而言之,通过现代转型来加强和改进思想政治工作,促进思想政治工作的更好发展。

推进思想政治工作现代转型,要解放思想,更新观念,调整定位,构建新体系,通过研究工作来提升思想政治工作科学水平。在实践中,既要坚持思想政治工作的本质属性和基本精神,又要顺应人们对社会文化和心理情感的需要,采用人性化的方式开展思想政治工作,提高吸引力、说服力和作用力。

(作者:河海大学公共管理学院党委书记、教授、博士生导师)

找准“八个着力点” 强力推动精神文明建设

马春雷

一、突出思想道德,着力提高建设先进文化的能力

在精神文明建设中,我们把社会主义荣辱观的宣传教育放在重要位置。坚持把学习宣传典型作为弘扬时代主旋律的重要抓手,先后推出了王庆平、包起帆等先进典型;新闻媒体用贴近群众的方式,解读先进典型;文艺创作用影

视、舞台剧、图书等形式展示了社会主义荣辱观践行者的时代形象。百老德育讲师团下社区、到农村、进学校，开展社会主义荣辱观宣讲活动，得到了中央领导同志的充分肯定。结合重大活动，组织开展上海市民践行公共道德教育实践活动，2004 年，开展迎世博“与文明同行，做可爱上海人”活动；2006 年起，开展“知荣辱，讲文明，办特奥，迎奥运，迎世博”等活动，营造了良好社会氛围，使群众在实践中规范了公共行为，提升了道德境界。

二、聚焦顽症陋习，着力改善城市文明程度

有效整治顽症陋习，是上海精神文明建设十多年来的一个重要工作经验和工作抓手。2004 年开展的文明行路、文明乘车、文明游园、文明用厕等专项活动，切实把城市管理难点变为精神文明建设亮点，取得了阶段性成效。2006 年起狠抓交通文明整治，500 多个路口开展文明创建，交警、协管员、志愿者和文明单位“四位一体”成为交通文明一种新的管理模式。市文明办、市公安局制定了上海路口“交通文明综合指数”测评办法，委托市民巡访团对全市 10 个中心城区 60 个重点路口每月两次定期进行测评。通过努力，全市内环线以内重点路口的各项考核指标尤其是行人、非机动车管理守法率和自觉守法率有了明显上升，交通路口的管理水平和文明程度有了较大提高。

三、抓实“五个一批”，着力改进未成年人思想道德建设

各区县文明办设立未成年人思想道德建设的专门机构，初步建立起领导体制和工作机制，开展了“五个一批”项目建设，初步构建了学校、社会、家庭三位一体的教育网络。同时，集中力量办好几件社会影响大、群众反映强烈、未成年人欢迎的实事，营造未成年人成长的有利环境。主要包括：推动爱国主义教育基地和公益性文化设施对未成年人免费开放；推动上海电视台开办少儿频道、东方电视台开办动画频道，推进网吧和电子游戏经营场所的集中整治，开展未成年人暑期系列活动，加强未成年人心理生理知识教育和解决进城务工人员子女入学问题等，形成了一大批未成年人思想道德建设的品牌项目，效果明显。

四、整合教育资源，着力推进学习型社会建设

把建立和完善社区文化阵地建设，满足人民群众日益增长的精神文化需求，作为学习型社会建设的一项重要任务加以推进。从 2004 年起，采取政府拨一点、社会筹一点、街道社区出一点、有关职能部门给一点的投入机制，来调动社会各方面的积极性。目前，全市共建标准社区文化中心 161 个，社区学校 220 所，教学点 3000 余个；东方信息苑 200 个；东方讲坛举办点 195 个；“阳光星期六”活动点 64 个；青少年活动中心 65 个；社区公共体育场地 76 个，社区健身苑 201 个，小区健身点 4345 个，为建构市民终身教育体系提供活动阵地和内容支撑。通过开展读书节、文化节、科技节、艺术节为载体的群众自我教育活动，形成人人皆学、时时能学、处处可学的广阔空间，营造浓厚学习氛围，积淀城市文明底蕴。

五、注重建章立制，着力规范社会志愿服务事业

市志愿者协会自 1997 年成立以来，注重志愿者培训和经验交流，先后对健康促进志愿者、就业指导总队志愿者、计划生育志愿者和 800 名市民巡访团成员，数以万计的交通文明志愿者以及特奥会志愿者进行培训，不断提高志愿者的服务水平。2004 年成立了上海志愿者网，为志愿者之间的交流提供了平台；2007 年推出的集志愿者基本信息记录、服务信息记录、志愿服务保障、特惠服务功能、金融服务功能和其他兼容功能为一体的多功能管理服务卡——上海志愿者卡，为建立完善的志愿者信息数据库提

供了有效载体。积极推行注册志愿者制度，丰富动员方式和手段，为更多的公民加入注册志愿者行列创造条件，使“服务他人，奉献社会”的志愿理念深入人心，志愿者活动蔚然成风。

六、创新测评方法，着力完善精神文明创建绩效评估体系

2004 年，市文明办、市统计局城调队针对精神文明创建长效管理中的难题，本着突破常规考评方法的局限，着手研究制定一个具有国际规范性和通用性，能对上海各种性质不同的行业文明创建的绩效（服务质量）进行相互比较，具有科学性、系统性和客观性的“社会公众满意度测评体系”，以促进行业文明创建和提高行业服务质量。此项研究和试测历时两年，结果表明，这个系统较好解决了以往文明行业创建评比中存在的两大难题：一是解决了以往社会和服务对象的意愿得不到科学反映的问题；二是解决了不同窗口行业的服务水平的可比性问题。2006 年 10 月，上海市文明办在认真调查研究的基础上，采用信息化技术，研制运用了“文明单位在线测评系统”，力求通过建立科学、完整、准确和智能化的软件支撑，为文明单位日常创建和考评工作提供全新的手段和方法。

七、凝聚各方力量，着力构建全社会广泛参与工作机制

围绕精神文明建设工作目标，上海精神文明建设形成了党委统一领导、党政群齐抓共管、文明委组织协调、有关部门各司其责、群团组织密切配合，新闻媒体引导推进，城乡联动，全社会积极参与的领导体制和工作机制。多年来，各级文明办不断加强同各职能部门，尤其是工青妇等组织之间的良好协作关系，寻找创建工作与各部门工作的结合点，努力将精神文明创建工作的要求贯穿到各部门的工作目标中，丰富共建内容。如交通文明整治行动、“百万家庭学礼仪”、社区文化活动中心建设、举办东方讲坛、关爱青少年成长、文化“三下乡”、志愿者活动和其他各项文明创建活动等，都集中了文明委各成员单位和社会各方的智慧与力量，取得了良好反响，赢得了社会的广泛认同。

八、抓住世博机遇，着力实施 600 天行动纲要

在奥运会和残奥会之后，上海开始为办好世界博览会进行最后冲刺。上海市文明委制定《迎世博加强精神文明建设 600 天行动纲要》，按照“更美的城市、更好的生活、更深的情谊”的要求，进一步培育和塑造“海纳百川、追求卓越、开明睿智、大气谦和”的城市精神和市民形象，广泛发动市民群众参与精神文明创建活动，让全市人民都来演绎和体验“城市，让生活更美好”的世博主题，不断提高市民文明素质和城市文明程度。精神文明建设划分为改善城市环境，塑造美丽上海；提高服务质量，塑造微笑上海；维护公共秩序，塑造优雅上海；展示市民形象，塑造文明上海和营造社会氛围，塑造温馨上海等五大任务组群，并具体化为 22 个重点项目加以推进。每个项目都落实了牵头部门和责任单位，明确责任、明确标准、明确措施、明确时间节点。可以预期，抓住世博机遇，通过全市上下的努力，上海的精神文明建设将会提高到一个新的水平，必定会向四方宾客展示出一个国际大都市特有的文明风采和文化魅力。

（作者：上海市委宣传部副部长、市文明办主任）

用大庆精神育人铸魂

——大庆油田中十六联合站思想政治工作调查

中国思想政治工作研究会、中宣部思想政治工作研究所调研组

中十六联合站隶属于大庆油田第一采油厂第三油矿。自1997年建站以来，他们继承发扬以“爱国、创业、求实、奉献”为主要内容的大庆精神，始终高扬“我为祖国献石油”的主旋律，用“三老四严”优良传统历练队伍，为在市场经济条件下进一步发挥国有企业的政治优势，在建立现代企业制度的同时创造性地开展基层思想政治工作，探索出了一条新路子。

一、坚持以人为本，增强思想政治工作的凝聚力

面对油田重组整合、业务拓展带来的深层次矛盾，面对打好高科技新会战、保持生产经营良好态势带来的更高要求，面对社会价值观念、生活方式变化带来的深层次思想问题，中十六联合站把以人为本作为开展思想政治工作的出发点和落脚点，尊重人、理解人、关心人、帮助人、感化人，形成了“永远做油田精品”的强大合力。

注重情感关爱，用“心”凝聚队伍。中十六联合站发扬大庆会战时期思想政治工作的优良传统，把思想政治工作做到员工的心坎上。首先是坚持“八清八必到”制度。八清，即对员工的性格脾气清、身体状况清、特长爱好清、思想现状清、技能水平清、工作状态清、家庭情况清、社会交往清；八必到，即生病住院必到、谈心家访必到、家庭纠纷必到、解决困难必到、节日慰问必到、婚丧嫁娶必到、子女升学必到、买房搬家必到。其次是“五个一”原则，即把员工进步作为第一目标、把员工冷暖作为第一责任、把员工情绪作为第一信号、把员工需要作为第一重点、把员工满意作为第一追求，使员工认同十六联、热爱十六联、奉献十六联，形成了“企业以人为本，人以企业为家”的良性互动局面。

注重心理疏导，培育员工健康向上的心态。中十六联合站总结出了员工容易产生异常心理的十大因素，即政策出台时、利益分配时、任务繁重时、家庭矛盾时、工作挫折时、身体不适时、岗位调动时、意见分歧时、建议未果时、沟通障碍时。明确了干部做好员工心理疏导的“十要十不要”原则，即要倾听意见，不要强硬控制；要适度宽容，不要心胸狭隘；要寻找亮点，不要计较短处；要亲和友善，不要板起面孔；要吃透症结，不要蜻蜓点水；要准备充分，不要盲目出击；要换位思考，不要固执己见；要优化环境，不要紧张氛围；要情理相融，不要呆板教条；要善始善终，不要半途而废。建立沟通调解机制，制定了思想政治工作“六必谈”制度，即工作单位调动或岗位调整时必谈、改革措施出台时必谈、安排非日常性繁重工作时必谈、员工产生纠纷时必谈、员工发生思想波动时必谈、员工受处罚处分时必谈。通过心理教育、心理疏导、心理激励，促进员工的身心健康。

注重员工权益，通过解决实际问题做好思想政治工作。中十六联合站继承发扬大庆油田“一手抓生产，一手抓生活”的优良传统，从解决好员工最关心、最直接、最现实的问题入手，把思想政治工作融入不断改善员工工作生活条件和保障员工各项权益的过程中。坚持每年定期召开职工大会，拓宽日常民主管理渠道，实施安全隐患改造，把劳动保护做到员工从上岗、值岗到离岗的全过程。坚持关注健康从员工健康时开始，提出“最好一餐在食堂”的口号，千方百计改善员工生活。以建设推窗见绿色、开门闻花

香的“花园式站队”为目标，美化、绿化环境。在实现员工各种权益权利的过程中，扎扎实实地开展思想政治工作。

关注员工成长，促进员工与企业共同发展。面对油田“高科技新会战”对员工队伍提出的新要求，中十六联合站提出“永远的精品需要永远地学习，永远地学习创造永远的精品”的学习理念，“给钱、给物，更要给个好能力”的观念，确立了“建学习型小队、学习型班组、学习型员工”的目标，促进员工不断成长。按照一专多能员工、工人技师、技术人员、管理人员四个方向对员工进行职业生涯设计，为员工成长“铺路子”。组织“一岗精、二岗通、三岗懂”换岗轮训，开展“百问不倒、百做不误”岗位练兵活动，为员工成长“搭台子”。建立激励机制，设立“学历提升奖”、“导师带徒奖”、“技能提升奖”、“创新创效奖”，为员工成长“架梯子”。目前全站高级工比例达到45%，35人取得双岗操作证，16人通过三个岗位技能鉴定，26人取得大专以上学历。

二、坚持“三个结合”，增强思想政治工作的实效性

中十六联合站坚持“实”字上下真功夫、硬功夫，出实招、办实事、做实功、出实绩，常抓不懈、一抓到底，切实增强了思想政治工作的实效性。

坚持思想政治工作与生产经营相结合，虚功实做。中十六联合站继承发扬大庆油田坚持“抓生产从思想入手，抓思想从生产出发”的优良传统。“抓生产从思想入手”，就是坚持思想领先，在解决生产问题时把思想政治工作做在前头；“抓思想从生产出发”，就是结合生产实际，确定思想政治工作任务，使思想政治工作紧紧围绕企业生产经营这个中心进行。在指导思想上，把为生产经营提供服务保证作为思想政治工作的首要任务；在方式方法上，始终把符合“贴近生产、贴近实际、贴近群众”要求的主题教育活动作为重要手段，使思想政治工作成为促进发展的生命线、构建和谐的连心线、提升效益的动力线、安全生产的保障线。

坚持思想政治工作与严格管理相结合，互为支撑。中十六联合站坚持健全完善员工政治学习等思想政治工作制度，用思想政治工作保障生产管理“六化”的实现，即资料录取全准化、岗位操作标准化、设备管理十字化、节能管理精细化、环境管理清洁化、内务管理军事化，营造严细深实、积极健康向上的工作氛围。他们把党员考核具体划分为33小项100分，既量化了党员评比标准，又规范了党员日常管理，更重要的是激发了党员的工作热情。他们坚持把思想政治工作寓于各项管理制度之中，实现了二者的双向互动、高度融合、有机统一。

坚持思想政治工作与企业文化相结合，以文化人。中十六联合站在把“我为祖国献石油”的主旋律作为员工价值目标的基础上，逐步形成了“四种精神”，即目光远大、执著追求、艰苦创业、埋头苦干的拼搏精神，解放思想、实事求是、不断创造、勇于进取的创新精神，立足岗位、胸怀全局、严细认真、崇尚一流的敬业精神，心想事业、情系油田、淡泊名利、默默无闻的奉献精神，创造了独具特色的企业文化。同时，积极实施“三到工程”，即企业文化到班车、一报一刊到岗位、手机短信到员工，使思想政治工作与企业文化建设紧密结合、融为一体，内化于心、固化于制、外化于形，取得了潜移默化、润物无声的效果。

三、抓住“两个关键”、坚持“四项保证”，增强思想政治工作的执行力

在开展思想政治工作的过程中，中十六联合站紧紧抓住“两个关键”：始终坚持将思想政治工作纳入上级党委的统一领导，增强思想政治工作的权威性，保证思想政治工作的正确方向；始终坚持加强基层组织建设，充分发挥党支部的战斗堡垒作用，保证思想政治工作落到实处。同时，坚持“四项保证”，在制度、机构、队伍、经费方面为开展思想政治工作提供有力保障，切实增强思想政治工作的执行力。

坚持“一岗双责”，为思想政治工作提供制度保证。中十六联合站坚持油田党委制定的干部“一岗双责”制，党政领导正职共签一份业绩合同，明确班子成员均须承担思想政治工作与行政工作双重责任。建立信息反馈制度，每个班组都从思想政治工作骨干中选定1名信息员，定期向党支部汇报班组员工思想状况。建立思想政治工作季度思想分析制度，每季度由班组长对班组员工进行一次思想分析，突发性、倾向性问题随时发现随时分析，准确掌握员工思想问题的根源，使思想政治工作有标准、有规范。

发挥党支部的主导作用，为思想政治工作提供组织保证。中十六联合站按照基层单位支部建设好、领导班子好、队伍素质好、经营管理好、文化氛围好、环境建设好的“六好”要求，开展“选配一个好书记、建设一个好班子、带出一支好队伍、完善一套好制度、构建一个好机制、创造一流工作业绩”的“六个一”创建活动。配备专职党支部书记，全面履行基层党支部的职责，做到抓方向、抓思路、抓服务、抓自身、抓队伍、抓热点、抓文化、抓群团。团支部作为党组织的助手，在创油田精品的实践中发挥了突击队作用。

发挥党员干部带头作用，建设“大政工”队伍，为思想政治工作提供队伍保证。“队伍好不好，关键看领导；班子行不行，先看前两名”。中十六联合站党支部高度重视发挥党员干部的示范带动作用，以党支部书记、队长为主，挑选有能力、威信高、善于做思想工作的党员、团员、班组长等组成思想政治工作骨干队伍，形成干群结合、专兼结合，党政共同负责，党政工团齐抓共管的思想政治工作“大政工”队伍。

建立活动场所，设立奖励基金，为思想政治工作提供物质保证。在大庆油田公司和第一采油厂的支持下，中十六联合站建立了荣誉室、党员活动室、阅览室、青工阵地、培训室、职工之家，购置各类图书1500余册，订阅报刊20余种。同时，用上级有关部门颁发的奖金设立中十六联合站奖励基金，对评出的精品员工、学习标兵等进行物质奖励。

四、注重典型培育，发挥思想政治工作的激励功能

中十六联合站坚持用先进典型引领队伍，营造出人人学典型、个个争先进的浓厚氛围，充分发挥了思想政治工作的激励功能。

学习先进典型。大庆油田英雄辈出、典型众多。中十六联合站党支部利用当年的老标兵、老模范、老会战等典型资源，开展“学会战传统，讲身边故事”活动；积极响应油田公司关于开展向“新时期好工人朴凤元”及“刘备战班组”学习的号召，用先进经验指导实践。通过典型示范、言传身教，引导员工继承优良传统、弘扬大庆精神，创造新的业绩。

培养树立身边典型。每年选树3个“精品管理岗位”、10名“星级员工”、15名“学习型员工”等先进典型，大张旗鼓地表彰，用“身边的人讲身边的事，身边的事感动身边的人”的自我教育法激励员工。坚持月评10件事，季评10名文明人，评选“精品操作员工”、“精品分担区”、“精品管理设备”、“精品资料报表”，让员工创精品的身影随处可见。

用典型示范领跑队伍。“评比选树立标杆，人人身边有样板”。典型选树工作涵盖全面、特点鲜明、事迹鲜活，使典型既具有激励性，更具有导向性。干部员工对比先进找差距，形成了人心思干、人心思进、人心思上的创先争优氛围，推动了全站各项工作的开展。

中十六联合站开展思想政治工作的经验具有重要的时代意义，给予我们多方面的启示：加强和改进基层思想政治工作是企业生产经营管理的基础性工作，必须常抓不懈；基层思想政治工作关乎企业发展和社会稳定的全局，必须全面加强；制度建设是做好基层思想政治工作的根本保证，必须建立健全。做好新形势下的企业思想政治工作，关键是要加强党的领导，充分发挥基层党支部的作用，实现重心下移，把

思想政治工作融入企业生产经营管理的全过程、企业文化建设的全过程，实现思想政治工作规范化、制度化，以建立思想政治工作的长效机制。

论思想政治工作的载体创新

毕　德

思想政治工作载体是指在思想政治工作过程中承载、传导思想政治教育因素，能为思想政治教育主体所运用且主客体可以借此相互作用的一种物质存在形式。笔者认为，从便于研究的角度看，思想政治工作载体可以划分为传统载体和新型载体。继承和改进传统载体，寻找和运用新型载体，是创新思想政治工作载体的两个方面。具体来讲，提升和优化新闻媒体等传统载体，开发和利用网络、环境等新型载体，寓思想政治工作于新闻媒体、网络与环境等之中，应当是目前思想政治工作载体创新的主要内涵。

一、新闻媒体等传统载体的提升与优化

以正确的舆论引导人，是社会主义新闻工作的重要任务，也是党的思想政治工作的重要方面。长期以来，新闻媒体作为思想政治工作的传统载体为开展党的思想政治工作发挥了重大作用。在新世纪新阶段，提升和优化这一传统载体关键要提高新闻宣传的针对性和实效性，遵循新闻工作规律，进一步增强新闻宣传的吸引力、感染力和说服力，达到正确的导向与高超的宣传艺术相结合，实现政治性、思想性、政策性、实践性与艺术性的有机统一。

首先，提升和优化新闻载体，要在真实性、准确性上进一步下功夫。真实准确是新闻宣传吸引力、感染力和说服力的基础，全面准确地宣传党的路线、方针、政策，真实地反映亿万人民的伟大实践，充分地反映人民群众的利益、愿望和要求，深刻地反映社会生活的主流和面貌，这是新闻的强大生命之源，也是新闻媒体作为思想政治工作载体发挥功效的根本所在。“历史经验反复证明，舆论导向正确与否，对于我们党的成长和壮大，对于人民政权的建立和巩固，对于人民的团结和国家的繁荣富强，具有重要作用，舆论导向正确，是党和人民之福；舆论导向错误，是党和人民之祸”。从实际出发，深入基层、农村、工厂第一线，获取第一手的资料，并对此进行科学的分析和理论的概括，得出符合实际的结论，提炼出符合客观实际的经验，不能乱下断言，不能捕风捉影、见风使舵为个人所好，更不能主观臆断、夸大其词、以偏盖全甚至弄虚作假。特别需要指出的是，强调的真实、准确，不仅指具体报道事实的真实，还应包括从总体上、本质上反映事物的真实性，也就是在全面建设小康社会和发展社会主义市场经济的条件下，要抓住社会生活的本质和主流，旗帜鲜明地反映社会生活中光明、积极的一面，实事求是地揭露黑暗、消极的一面，通过新闻宣传把人民群众团结和凝聚起来。

其次，提升和优化新闻载体，要正确处理“三个关系”。所谓“三个关系”是指“主旋律与多声部”的关系、“冷与热”的关系和“虚与实”的关系，处理好这“三个关系”是增强新闻宣传吸引力、感染力和说服力的关键。弘扬主旋律是基本原则和根本要求，但是主旋律要靠多声部来实现，使主旋律蕴含在多声部之中，要不断丰

富宣传的内容、形式与手段，改进宣传工作的方式方法，发展不同的艺术和风格，达到增强吸引力、亲和力的目的。不同的宣传规模，形成了新闻宣传的“冷与热”。成功的经验和先进的典型一定要“炒热”，广为宣传。不能给社会带来积极影响的人和事就要少宣传，或者不宣传。该热的一定让它热起来，该冷的一定让它冷下去，不热不冷的让它自生自灭。新闻载体的“虚”，是指其思想教育、潜移默化功能，“实”是指其舆论引导、智力支持和信息交流功能。“虚”与“实”是相对而言的，要“虚”“实”结合，寓“虚”于“实”。

二、网络载体的开发与利用

网络在人们的生活、学习、工作中发挥着越来越重要的作用，思想政治工作者要高度重视发挥网络在思想政治教育中的作用，把它作为思想政治工作的新阵地、新渠道、新形式和新载体，寓教育于网络之中。随着历史的发展和科技的进步，正在兴建的信息高速公路与迅速普及的因特网已成为继报刊、电台和电视台之后的第四媒体。

面对日益发展的网络载体，思想政治工作者应充分利用和开发这个新型载体的教育价值。“我们必须重视和充分利用信息网络技术，研究其特点，采取有利而有效的措施和对策，占领这个阵地，趋利避害，使思想政治工作提高实效性，扩大覆盖面，增强影响力。要正确认识和充分利用互联网，要以科学的理论、正确的舆论、高尚的精神、优秀的作品构筑网上思想政治工作阵地，把网络纳入先进文化的轨道，打好对西方文化糟粕和意识形态渗透的主动‘出击战’；坚持教育与管理相结合的原则，把网络活动纳入德治与法治相结合的轨道，打好对西方文化糟粕和意识形态渗透的‘阻击战’；培养和建立一支高素质的网络思想工作者队伍，尽快提高政工人员掌握网络信息技术的水平，以适应增强网上思想政治工作的需要；加强党对网上思想政治工作的领导，各级领导干部要密切关注和研究信息网络发展的新动向，抓紧学习网络知识”。具体来讲，要从以下几个方面入手：

第一，重视网络载体。“互联网已经成为思想政治工作的一个新的重要阵地。国内外的敌对势力正竭力利用它同我们党和政府争夺群众、争夺青少年。我们要研究其特点，采取有力措施应对这种挑战。要主动出击，增强我们在网上的正面宣传和影响力。各级领导干部要密切关注和研究信息网络发展的新动向，抓紧学习网络知识，善于利用网络开展工作，努力掌握网上斗争的主动权”。要重视和充分运用信息网络技术，使思想政治工作提高时效性，扩大覆盖面，增强影响力。要高度重视网络载体的思想政治工作价值，增强网络宣传意识，承认它、接受它、掌握它并运用它，努力探索网络思想政治工作的规律。要认识到网络思想政治工作主体的非主体化特征，在网络领域，教育主体与客体不具有上下级的关系。要认识到网络思想政治工作内容的立体性、动态性、可观性与可选择性，把教育信息隐寓到历史文化知识和现代科技信息之中。

第二，建立网络阵地。网络阵地马克思主义不占领，非马克思主义、反马克思主义就会占领。改变网上“西强我弱”的态势，必须建立一定规模的思想政治工作网站。网络是世界共同的文化产品，西方可以用它来传播资本主义的意识形态，我们应当而且也完全可以用它来宣传社会主义的意识形态。思想政治工作网站应成为宣传马克思主义的新课堂，实现传统思想政治工作内容的数字化、网络化。把马克思主义经典作家的著作搬到网上，给马克思主义的宣传和普及插上高科技的双翼。要开设宣传党的基本理论、基本路线、基本方针的网站，对网民进行正面灌输和教育，采用生动活泼的形式，精心设计内容。思想政治工作网站还是基层思想政治工作的新天地。每个单位和部门可以建立以自己的成员为主要服务对象的网站，开展网上答疑、征文、组织生活等思想政治教育活动。要开发思想性、知识性、趣味性较强的教育软件，在潜移默化中影响网民。要发挥网络宣传媒体的作用，搞好典型宣传、舆论引导。要把展览馆、博物馆、图书馆、文化馆、旅游景点搬上网站，通过网上新闻、网上论坛、电子公告向网民传播健康信息。对于西方敌对势力在网上造谣滋事、挑拨离间、肆意夸大、小题大做、颠倒黑白、无中生有的政治谎言和假新闻，要组织力量揭露批判，加强网上正面宣传和舆论引导，让正确的宣传占领网络阵地，缩小反动宣传和消极宣传对网民的影响。另外，要针对个别网民的思想问题，运用电子信箱为其提供单独指导，实施个别教育。

第三，组织网络队伍。网络阵地的竞争实质上是网络人才的竞争。开展网络思想政治工作，必须有一支既有思想政治工作经验又有网络技能，既有较高的政治素质又有一定科技知识的复合型人才队伍。在网络队伍建设中，广大政工干部是网络思想政治工作队伍的主体，必须尽快提高政工人员的网络技能，普及网络知识，提供必要设备，为建立一支优良的网络政工队伍做好各种准备。

第四，增强人们抵制网上垃圾的免疫力。发展中国必须改革开放，闭关锁国只能导致愚昧落后。因特网的开通，必然会带来一些色情、暴力等网上垃圾，但是封闭不是解决问题的办法。只有加强教育，增强人们的免疫力，才是根本的出路。西方国家特别是美国正在力图通过网络媒体向共产党执政的社会主义国家，宣传其价值观念和文化思想，最终实现攻心夺权的目的。对此，肩负着净化人们灵魂、维护国家思想安全神圣使命的广大思想政治工作者必须保持高度警惕，要利用网络、攻守结合、澄清是非、以正视听，及时耐心地引导人们特别是青少年一代，站稳立场，坚定信念，提高自己的政治敏锐性和政治鉴别力。

第五，加强对网络的管理，制定发展战略。面对第四媒体的崛起，主管部门应加强其管理，尽量减少负面效应。成立有关机构，研究制定有关规则，采取新技术，过滤不良信息，严厉打击利用因特网传播色情、暴力和反动信息的不法活动。世界各国都非常重视因特网的管理，比如美国和法国，他们都加强了对网络的司法管理；德国的一个州在网上设立了“电子警察”，澳大利亚修订了广播服务法，并在国家广播局内设立专门机构，新加坡加强对用户连接因特网的级别限制，英国正在研制新的色情过滤软件，等等。我们应依据中国网络发展的特点，借鉴国外的经验，加强司法管理。另外，还应当及早制订发展战略，大力培养适应第四媒体的人才，大力加强对第四媒体的技术投入和资金支持，力争占领竞争制高点，进一步占领未来的世界舆论阵地。在制定发展战略时，要加大投入，建设好中国网上新闻宣传的“国家队”。页面设计、栏目设置、报道时效、语言风格，要精心安排、提高质量，使新华网、人民网、东方网等新闻网办出名牌、办出权威、办出特色、办出水平，使它们对内以正确的舆论引导人，对外以良好的形象吸引人，在网络的虚拟世界中弘扬主旋律，在国际网络领域的激烈竞争中争得主动。正如电报、电视技术给新闻媒体造成巨大冲击一样，因特网技术必将给新闻媒体事业带来新的更大的革命，高度重视网络的教育价值，充分发挥其在舆论宣传和思想教育方面的作用，抓住机遇，迎接挑战是每一位思想政治工作者的职责和任务。

三、充分利用环境载体的教育价值

在新世纪新阶段，环境载体的教育价值应引起高度重视，要努力实现人育环境与环境育人的对接。“思想政治工作与环境的关系是辩证的。思想政治工作既受环境的影响和制约，又反过来对环境具有巨大的能动作用”。为什么要充分利用环境载体的教育价值？具体来讲可以从以下几个方面认识其重要性。

一是隐性教育的需要。隐性教育越来越受到广大思想政治工作者的重视，因为一方面隐性教育可以隐蔽教育目的，用间接的教育方法使受教育者在不知不觉中接受教育。另一方面，隐性教育可以消除教育者和被教育者相互之间的隔阂，更好地调动受教育者的内在因素，取得良好效果。环境教育法是隐性教育思想的具体运用，它变教育者直接的说教为良好环境对人的陶冶和影响，可以减少受教育者抵触情绪和逆反心理。在思想政治教育的实际工作中，克服教育对象的逆反心理是一个不容忽视的问题，而环境教育法可以较好地解决这个问题。思想政治工作中上大课、作报告仍然是必要的，但更多的时候需要"春风化雨、润物无声"的无意识教育。

二是教育效果的需要。实践反复证明，思想政治工作者的许多教育效果，往往被恶劣的环境所淡化甚至被抵消。如果我们不抓住问题的根本，不在环境上下功夫、做文章，最终思想政治工作的许多劳动还可能白白浪费。如果社会和环境是一个大染缸，那就容易使教育对象的精神世界受污染。所以，为思想政治工作创造一个良好的社会环境，是加强和改进思想政治工作的一个带有根本性的问题。由此可知，为了真正提高思想政治工作的教育效果，必须花大力气改善环境，使单位的小环境和社会的大环境成为良好的思想影响源。只有这样，才能从根本上保证思想政治工作的教育效果。

三是教育渗透性的需要。现在思想政治工作者对教育的渗透性越来越重视，普遍认为教育者应运用科学的方法将教育的信息渗透到受教育者可能接触到的一切事物和活动中，通过设置一定的生活环境和文化氛围，对他们进行熏陶感染，寓教育于文化、科技、娱乐之中，开发心智，培养能力，塑造性格，陶冶情操。这样，通过量的逐步积累，引起思想发生质的变化，实现外因对内因的影响和制约，让受教育者潜移默化地接受教育。环境教育法正是教育渗透性的具体表现。通过渗透于环境中的思想信息的长期影响和熏陶，一定能够达到良好的教育目的，收到理想的教育效果。

四是教育规律的需要。思想政治工作作为一门科学，它有自己独特的研究对象。思想政治教育和管理存在着基本的规律，那就是按照党和人民事业发展的需要和人的思想、行为、活动的规律，来确定思想政治工作的地位作用、目的任务、基本内容、方针原则、方法艺术、队伍建设和领导体制等。而人的思想、行为、活动的基本规律，可以概括为人的行为受思想动机的支配，而支配行为的思想动机不是人脑固有的，是由客观环境和条件决定的。人的思想、行为、活动的基本规律和思想政治教育和管理的基本规律要求我们转变人的思想不能离开对人所处环境的改造。环境教育法正是这一思想的体现，是符合人的思想和行为规律的。

环境载体的教育价值十分丰富，那么怎样开发和运用环境载体进行思想政治工作呢？

第一，既要注意硬环境的美化，也要注意软环境的优化。从一定意义上讲，环境教育法就是通过环境的优化和美化来达到思想教育的目的。而对人们产生巨大影响的环境既包括看得见的硬环境，也包括看不见的软环境。因此，思想政治工作者应组织和团结各方面的力量，在实践中努力改造环境，创造良好的育人环境。以高校为例，校园的绿化、教室的布置、宿舍的管理、图书馆的设计等，这些都属于硬环境的范围。硬环境的美化要注意寓旷达深邃于其中，大大方方，正正派派，胸襟宽广，气度恢弘。要注意寓丰富多彩于其中，松柏竹梅，应有尽有；陈列要艺术，布局要合理，结构要得体，色调要和谐。或花或草，或桥或路，或池或圃，几分古色，几成新意，错落有致，搭配得当；要繁衍而不臃肿，典雅而又庄重，给学生以艺术享受，同学们在这样的环境中学习，心情舒畅，精神容易集中，且有助于启发思维。团结向上的校风学风、和谐的人际关系、严明的规章制度、丰富多彩且格调高雅的校园文化等则属于软环境的范围。软环境的核心是培养一种强大的文化氛围，使置身于其中的每个人无不感受到特有的文化冲击。例如，北京大学不仅以其校园的美丽闻名全国，它的独特的文化魅力更是为培养一代又一代中华英才发挥了巨大的作用。一位思想家自白道，未名湖不大，但很神秘。闲时来到未名湖边坐坐、走走，那里有股近似宗教的气息。这气息来自北大的博大和人们对爱国、民主、科学精神的折服。由此可知，北大文化的神奇，确实使很多人的灵魂得到净化。北大的爱国、进步、民主、科学的校风潜移默化地影响、改造着一代又一代北大学子的境界和性格。软环境与硬环境相互配合、相互补充，共同发挥着陶冶人们心灵的功能。“要改善自然环境，搞好绿化美化，使人们受到美的熏陶；要营造文化环境，充分利用橱窗、灯箱、板报、广播等宣传工具，使人们受到文化熏陶；要利用网络环境，丰富网络内容，加强网络管理，使人们通过网络长见识，明道理；要建设人际环境，营造团结和谐的人际环境，使人们在良好人际环境中陶冶性情，培养情操”。因此，思想政治工作者不仅要在硬环境的建设上匠心独运，敢于投资，而且还要善于在软环境的建设上精心设计，悉心培养，营造一个优化的、高尚的文化氛围，创造出高雅、文明的校园文化、企业文化、社区文化、村镇文化等。

第二，既要注意小环境的优化，更要注意大环境的美化。思想政治工作是一个系统工程，小环境是大环境的一部分，它们两个既相对独立，又相互联系。小环境好了，可以促进大环境的改善。小环境不好，会促使大环境的恶化。相反，大环境的好坏，对小环境也会造成直接的影响。思想政治工作者首先要立足自身，从自己做起，努力营造一个良好的小环境。运用环境教育法，第一步就是努力改变本单位、本部门的工作环境、学习环境、生活环境，美化硬环境，优化软环境，为群众创造一个赏心悦目、心情愉快的生存环境。运用环境教育法的第二步，就是要把眼睛往外看，看到自己本单位小环境以外的大环境，做到尽可能地利用大环境的正面因素来影响教育本单位的群众，尽可能地抵制大环境的负面因素，减少其对本单位群众的不良影响。社会大环境是很复杂的，当前社会大环境中有许多好的现象、正面的因素，也存在许多丑恶的现象、负面的因素，而这些不良现象的彻底清除尚需时日。因此，思想政治工作者的务实方针是利用其有利因素，防止其不利因素。

第三，以阵地建设为支点，营造良好环境氛围。抓好以广播、电视、报纸、网络以及黑板报、宣传栏、阅报栏、公益广告牌、公共场所大屏幕等为主体的舆论阵地，以市民学校、职工之家、农民学校、家长学校、少年军校、业余党校等为主体的培养阵地，以博物馆、展览馆、文化馆、影剧院、文化广场、体育场馆为主体的文化娱乐阵地。通过阵地建设，营造浓厚的思想政治工作社会氛围，充分发挥环境的教育价值。阵地建设是开发环境载体教育价值的关键，“能否搞好阵地建设，成为思想政治工作成败与否的决定性因素和国家长治久安的关键性因素。……如果一个执政党丧失了对思想文化阵地的控制和领导，即丧失了‘软权力’，最终会导致国家机器与‘硬权力’的失控或失效”。

（作者：中共广东省委党校党史党建部主任、副教授）

开展形势政策宣传教育的认识和实践

曹勃亚

说起形势政策宣传教育，有几个问题回避不得：一是形势政策宣传教育的作用和功能是什么？二是人们关心形势的热情为什么高涨？三是形势政策宣传教育怎样抓、抓什么？

形势政策宣传教育功能的多样性

对于形势政策宣传教育的作用和功能，过去，我们更多强调它的思想政治教育功能。这本身没有错，问题是，在新的形势下，时代赋予形势政策宣传教育的作用大大延伸了、拓展了。深入认识形势政策宣传教育的新功能，是正确开展这项工作的基础。

综合地看，形势政策宣传教育应该有五个方面的功能。

第一，思想政治教育的功能。正确分析判断形势，是认同党领导的中国特色社会主义发展道路和前进方向的重要前提。把思想和行动统一到中央的决策和部署上来，是形势政策宣传教育最重要、也是最基本的功能。

第二，认识、了解当代社会发展变化的功能。现代社会，科学技术的发展极大地延伸了人的身体功能。人的交往方式、思维方式、活动方式都发生了历史性的变化。这种变化意味着，越是开放的系统越有生命力，不断地与外界交换能量、物质和信息成为常态。与此相对应，生活中不确定、不稳定因素增多，我们面临的问题不是少了而是更多了。有没有科学分析判断形势的能力，能不能正确了解和处置变化的社会问题，往往是评价一个部门、一个人能力高低的标尺。

第三，学习知识的功能。人类要认识社会、了解社会、改造社会，必然要以一定的存量知识为基础。当今世界，新事物层出不穷，新知识扑面而来，新发现不断涌现，极大地丰富了形势政策宣传教育的内涵。历史地看，人类的文明程度与人的活动半径成正比。客观上必然扩大人类的活动范围，增加了客观事物的复杂性；主观上必然要求扩大人们的视野，增加了认识客观现实的难度。如金融危机到来，大家都急于学习金融知识，弄清为什么。结合形势发展变化普及新知识，是形势教育的一个新任务。

第四，培养综合分析能力的功能。形势政策宣传教育的内容具有天然的综合性。在科技发展日新月异的新时代，现代科学已进入了自然科学和人文科学相互交叉、渗透和综合的新时期，各方面知识的融合与联系，比以往任何时候都更加紧密。一些新的学科、新的领域和新的发现，往往都产生在边缘学科上。世界上发生的每一件重大事件和经济、政治、科技、历史、文化、环境等方方面面有着千丝万缕的联系。人们要想清晰地认识某一事件，必然要详细了解它的来龙去脉、复杂的背景，从各种不同角度去审视，才能得出准确、客观、深刻的认识。

第五，孕育创新意识、学习新思想、新观念的功能。形势教育中，“新”是它的题中应有之义。认识新事物、了解新观念、把握新思想、培育创新意识是形势政策宣传教育的内在要求。

将这五个功能联系起来看，就会发现，贯穿其中的主线是素质的培养和教育。这五个方面事关人的发展、人的成长，是一个人的知识结构中不可或缺的重要组成部分。从这个意义上讲，形势政策宣传教育应该是人们沟通外部世界与内心世界的桥梁。

形势政策宣传教育要加强有效供给

面对广大干部群众希望了解、把握国内外形势发展变化的巨大需求，形势政策宣传教育要千方百计增加有效供给。

现实中我们发现，形势政策宣传教育中有一种悖论：信息越多，大家越觉得缺少信息。一方面，随着媒体的发展，各种信息铺天盖地，足够多了；另一方面，需求呈现多样化的特点。老师们上课，难的是如何收集、选择资料；举办形势报告会，难的是请到合适的人选。总量供给多，有效供给少是制约形势政策宣传教育效果的一个重要因素。有需求、有市场、要组织、要引导成为当前形势政策宣传教育的主要特征。

形势政策宣传教育的突破口在于加强有效供给。应该抓好三件事：一是形势政策宣传教育要有吸引力、感染力。前不久，一位俄罗斯记者这样写道："迪斯尼动画片诱惑全世界的儿童，好莱坞电影诱惑全世界的青少年，自由民主口号诱惑全世界的成年人，这就是美国价值观潜移默化的影响。"我们的形势政策宣传教育，也要在提高吸引力上下功夫。再好的东西，人们不愿看、看不懂、记不住，或因为缺乏吸引力根本就不看，就不会产生积极的效果，甚至出现逆反心理。形势政策宣传教育工作者要练就把中央的文件精神进行语言转换，化复杂为简单的本领。二是分众化。好的不一定是最适合的，形势政策宣传教育要分层次。现实中，针对特定群体，量体裁衣，宣传的效果最好，最受欢迎。时事报告杂志社发展就是一个不断分众化的过程。在《时事报告》基础上，先后创办了《时事报告大学生版》和《时事》(《时事报告》中学生版)，在中学生版的基础上，又拓展为高中版和初中版。由于读者定位准确，内容针对性强，《时事报告》系列刊物发行总量超过三百万，在全国名列前茅。为迎接新中国成立60周年，我们还专门为青少年编辑了《共和国成长的故事》一书，通过讲故事的方式，讲述60年的伟大成就和历史变迁，读来轻松活泼，广受好评，被教育部等部门推荐为今年弘扬和培育民族精神月活动用书。三是讲课人队伍建设。形势报告这种古老的形式为什么至今广受欢迎？有两个原因：第一，信息量大。在短短两个小时内，把一个时期、一个领域，或一个事件的来龙去脉、主要观点、重要信息讲清楚、讲明白，是知识的精华、浓缩，是思想的盛宴，自然受到青睐。第二，面对面的形式。面对面，让人感觉真实、亲近、自然，人与人面对面，是思想的交流、感情的交融、观点的碰撞。答问之中，体现的是个性化的服务，引起的是他人的共鸣。这里，值得关注的是讲课人，包括高校和中学教师。他们的立场、观点和对形势的看法，影响着听众对形势的判断。要注重讲课人的形势政策学习，为他们及时提供讲课材料，尽快培养、组建一支了解听众心理需要，通俗而生动地宣讲当前形势和党的政策的优秀报告人队伍。

重大专题宣传教育与经常性、基础性教育相结合

有声有色的重大专题宣传教育与开展经常性、基础性形势政策宣传教育互为补充，相互借势，构成形势政策宣传教育的整体。重大专题是指针对重大事件、重大成就、重大改革举措出台、重大典型人物及重大突发事件，进行集中、全面、较为系统的宣讲。这种宣讲信息量大、关注度高，社会影响大，示范作用强，是形势政策宣传教育的重要方式。重大主题宣传主要有两类：一类是可预知、可筹划、可准备，有利于打主动仗的。如深入学习实践科学发展观活动，庆祝新中国成立60周年庆祝活动等。一类是不可预知的国内外突发重大事件，如"5·12"四川汶川特大地震，国际金融危机，乌鲁木齐"7·5"打砸抢烧严重暴力犯罪事件等。一般来说，对于前者，我们的经验更多一些，应对起来比较主动；而后者，则考验我们的应变能力，需要有快速反应机制。这方面，我们已经有了一些经验和好的做法。

而基础性、经常性的形势政策宣传教育既要关注重大主题的解读，也要围绕当前和近期国内外形势发展变化和社会热点、难点、焦点，重在平时、重在系统、重在及时，有什么思想认识问题，就解决回答什么，防止群众思想矛盾和问题的累积。内容上，既讲中央的方针政策，也讲本地的具体情况；既讲大道理，也讲小道理，讲具体问题；既讲形势的变化，也讲相关的专业知识、背景、规律和事物之间的联系、下一步发展的趋势等；既讲形势发展变化现状和特点，也讲思维方式和思想方法；既有针对性地化解矛盾，引导思想认识问题，也以提高认识分析形势的能力为着力点。形式上，必须有制度做保障，以管理为依托，定量、定时，形成规范、系统、有效的机制和制度。包括计划、组织制度、实施措施、考核办法等。

应该说，以重大主题为抓手，集中宣传，造声势，创气氛，是我们擅长的做法。而坚持不懈地开展经常性、基础性形势政策宣传教育，形成良

好的机制和制度，目前还是我们的弱项，应给予更多的关注。

形势政策宣传教育的重点是青少年

青少年形势政策宣传教育是打基础、立根基的重要工作，这个群体组织程度高、可塑性强，易于接受正面宣传教育，是形势政策宣传教育的重点。

对青少年进行形势政策宣传教育是一项战略性的工作。总体上看，高校和中学对形势政策宣传教育都有明确的要求，在课程设置上也有具体规定，保证了学校经常性、稳定性的教育工作。

在高校，不但有日常的形势政策宣传教育，而且开设了“形势与政策课”课程，有学时、有学分、有教材、有教师、有考核。正因为有了这些制度性规定，高校的形势与政策教育教学开始进入良性循环。

高校形势与政策课的难点在教材和教师。形势与政策课由于发展变化快的特殊性，一直无法编写稳定教材。为解决教材问题，教育部委托时事报告杂志社编辑出版《时事报告大学生版》作为高校形势与政策课的专用教材，每学期提供6至8讲专题内容。在学生学习使用教材基础上，为教师授课提供专题讲稿，及时发送各地教育部门，作为教师教学的参考资料。时事报告杂志社还申请了全国哲学社会科学基金特别委托项目——“高校形势与政策课教育教学研究”课题，通过国家课题形式，在更高的平台上，调动一流专家资源来完成上述工作。初步解决了教师教什么、怎么教和学生用什么教材的问题，有力推动了高校形势与政策教育教学工作，在教材和教学资料建设上走出了一条新路。专题研究成果也可供社会其他行业开展形势政策宣传教育使用。

中学形势政策宣传教育，又称时事教育，是高中思想政治课、初中思想品德课的重要组成部分，主要依托这两门课程来开展。它鲜活、生动，既是学生喜爱的一种学习方式，是思想政治教育的有效方式，也是中学思想政治课教学改革、加强理论与实际联系的重要环节。在制度保障上，从中央文件到教育部文件都有一些制度性安排。如中央有关文件要求，中学每周用一小时开展时事教育、开设时事课等。教育部制定的课程标准也有“与时事政策教育相互补充”的规定。但在实际中，由于课时不落实，考试不考政治，时事教育还处于可有可无、依靠教师自由发挥的状况。

中学时事教育要有突破，必须解决“动态教材”问题。现有高中思想政治课、初中思想品德课教材是静态的、稳定的，重点反映的是基本理论、基本观点和基本方法，与不断变化的社会生活相比照，具有一定的滞后性。时事教育是动态内容，它与静态的政治课教材互为补充，共同构筑时事教育的完整性。为了解决动态性教材问题，教育部委托时事报告杂志社编辑《时事》杂志（《时事报告》中学生版）作为这门课的动态学习材料，以弥补政治课教材的不足。

最近，时事报告杂志社对1800多名中学生的时事教育和学习情况进行了调查。从问卷统计结果看，有几个数据值得关注。一是对科学发展观缺乏了解。有31.8%的学生不知道科学发展观的核心是以人为本。这个比例是不小的。二是课堂不是中学时事教育的主渠道。在平时从哪些渠道了解时事问题上，课堂被排在第六位。8项选择中，依次是：1.电视，2.报纸，3.境内网络，4.聊天，5.杂志，6.课堂，7.广播，8.境外网络。认为课堂上能和基本能满足自己学习时事需求的只有38.22%。三是单靠媒体宣传不能系统解答学生关心的时事问题。一方面，有92.69%的学生关心时事或比较关心时事。教育、金融危机、两岸关系等是他们最关心的问题。另一方面，有65.18%的学生认为，通过广播、电视、报纸只能解决一点自己关心的时事问题，5.11%的学生说不能。因此，87.31%的学生希望安排时事课。大多数学生表示，应有专门为中学生编辑出版的权威时事类杂志作为“信息主渠道”。

当代中学生正处于从自然人向社会人转变和我国社会转型的双重关键时期，生理、心理与社会问题交织在一起，增加了青少年思想教育的复杂性与难度。从课程设置到制度保障上加强中学时事教育，是一个战略问题，从根本上加强这项工作，科学发展观进教材、进课堂、进头脑才能真正落到实处。

（作者：时事报告杂志社执行总编辑）

以科学发展观为指导　创新思想政治工作

《思想政治工作研究》评论员

党的十七大报告指出，"科学发展观，第一要义是发展，核心是以人为本，基本要求是全面协调可持续，根本方法是统筹兼顾"。科学发展观是马克思主义关于发展的世界观和方法论的集中体现，是我国经济社会发展的重要指导方针，是发展中国特色社会主义必须坚持和贯彻的重大战略思想。科学发展观围绕中国特色社会主义这一主题，深刻回答了我国社会主义经济建设、政治建设、文化建设、社会建设和党的建设的一系列重大问题，深刻体现了新的发展阶段和新的时代条件对党和国家工作的要求。思想政治工作在改进创新中如何深入贯彻落实科学发展观，是需要着力研究和解决的重大课题。

发展：思想政治工作的根本主题

发展是解决中国一切问题的总钥匙，是当代中国的主题。用发展的眼光、发展的思路、发展的办法来解决前进中的问题，是改革开放以来的一条重要经验。当代中国，只有紧紧抓住和把握好发展这个主题，才能从根本上把握人民的愿望，把握中国特色社会主义的本质，把握党执政兴国的关键。科学发展观把发展作为第一要义，深刻体现了我国社会主义初级阶段的基本国情，体现了广大人民群众过上美好生活的深切愿望，体现了我们党履行执政使命的庄严承诺。以科学发展观为指导创新思想政治工作，就要把"发展"作为思想政治工作的根本主题，紧紧围绕经济建设这个中心不动摇，服从服务于改革发展稳定的大局不动摇，实现思想政治工作与改革开放同步伐、与中国特色社会主义齐发展。

一是大力推动解放思想。一部波澜壮阔的改革开放史启迪人们，解放思想是发展中国特色社会主义的一大法宝。改革开放过程中每一次关键性突破，都以思想解放作为先导；改革开放取得的每一个伟大成就，都是思想解放的实践结晶。今年以来，国际金融危机持续蔓延深化，我国经济社会发展面临重大挑战。面对严峻形势，党中央及时调整宏观经济政策，提出把保持经济平稳较快发展作为经济工作的首要任务，果断实施应对国际金融危机冲击的一揽子计划，保增长、调结构、促改革、惠民生取得明显成效，我国经济已经出现回暖迹象，经济形势总体呈企稳向好势头。当前我国经济发展仍然面临很多困难和挑战，进一步筑牢经济回升的基础，既要把保持宏观经济政策导向、加快结构调整、推进科技创新作为重要任务，更要把进一步解放思想作为基本前提。要深刻认识我国社会主义的发展模式和发展道路，把想问题、作决策、办事情的出发点建立在对国内外经济形势清醒、正确的判断之上，不断增强贯彻落实中央决策部署的自觉性和坚定性，不断增强全国人民迎难而上、共克时艰、化挑战为机遇的精神力量。

二是着力培育科学精神。科学精神蕴含在人类探索和发现真理、推进社会进步的科学实践之中。科学精神是和创新紧密联系在一起的。世界各国的发展实践证明，一个民族的创新能力是民族智慧与品格最有力量的表达。没有自主创新能力，仅仅靠模仿和拷贝别人的创新成果，永远不能形成国家的核心竞争力。当前，资源能源的短缺和环境压力已经成为制约我国经济社会发展的重要因素，实现经济社会长期持续快速健康发展，必须把应对当前国际金融危机、保持经济平稳较快增长与推进结构调整、转变经济发展方式结合起来，大力增强自主创新能力，切实提高我国科技、经济的竞争力，把经济发展转移到依靠科技进步和提高人才素质的轨道上来。思想政治工作必须把培育科学精神作为重要任务，深刻认识"科学技术是第一生产力"，大力提高全民族的自主创新意识和创新能力，在全社会形成崇尚科学、追求创新的良好氛围，积极引导企业、高校和科研院所把突破制约经济社会发展的关键技术作为创新的主攻方向，大力推进原始创新、集成创新和引进消化吸收再创新，使创新的智慧之花在中华大地盛开。

三是积极构建共同价值、培育公共意识。在改革开放初期，推动人们拥护改革、投身改革的重要动力之一，是激发人们的主体意识、承认并尊重个体的价值实现，可以说，培育具有鲜明利益观念和独立价值意识的个人和群体，是建立社会主义市场经济体制的重要内容。同时，也应该看到，要保证中国特色社会主义经济制度持续稳定健康发展，就必须在个体和群体利益观的基础上建立和弘扬社会主义核心价值体系，夯实全党全国人民共同奋斗的思想基础，特别是要大力加强文化建设，充分发挥文化的价值载体作用，发挥好先进文化的价值引领功能。通过大力建设村镇文化、社区文化、企业文化、校园文化、军营文化、网络文化、城市文化等，在全社会积极培育共同价值观念，最终达到"各美其美、美人之美、美美与共、天下大同"的社会和谐境界。这是思想政治工作的应有之义。

以人为本:思想政治工作的核心

以人为本的"人"，是指人民群众。在当代中国，就是以工人、农民、知识分子等劳动者为主体，包括社会各阶层群众在内的最广大人民。以人为本的"本"，就是本源、根本、出发点、落脚点，就是最广大人民的根本利益。科学发展观以以人为本为核心，深刻体现了马克思主义历史唯物论的基本原理，体现了党全心全意为人民服务的根本宗旨和推动经济社会发展的根本目的。以科学发展观为指导创新思想政治工作，就是要把以人为本作为根本理念，把发展好、维护好、实现好广大人民群众的经济利益、政治利益、文化利益和社会利益贯穿始终，体现到思想政治工作的各个环节。

一是要把人的价值和尊严放在中心位置。思想政治工作坚持以人为本，首先要从思想上摆脱"物本"或"神本"的禁锢，从不符合社会现实中广大人民群众要求的思想教条中解脱出来，破除 GDP 至上、以经济成就取代或取消思想政治工作的观念和行为，真正把现实生活中的"人"作为想问题、办事情的出发点和落脚点，在宣传先进理论、宣传发展成果、展示改革开放新形象的过程中，倾听老百姓的呼声，反映老百姓的心声，表达老百姓的利益诉求。

二是要切实维护人民群众的根本利益。经过改革开放以来 30 余年的发展，我国人民群众的生活总体上达到了小康水平，但不同地区、不同阶层、不同社会群体在享受经济社会发展成果方面还存在较大差异。随着改革的不断深入，经济社会发展的每一个环节，大到整个国家或局部地区发展规划的制定，小到重点工程建设或企业的改制决策等，都越来越与不同社会群体的切身利益密切相关。思想政治工作坚持以人为本，就是要注重国家利益、集体利益与个人利益的统一，要充分发掘经济社会发展各个环节中蕴含的丰富的思想政治因素，通过合理的制度设计，促进社会财富的创造和公平分配的协调，避免以部门利益侵害人民群众的根本利益、以某些群体的利益剥夺大多数人的利益，推动决策者问政于民、问需于民、问计于民，保障绝大多数人的利益。

三是注重促进人的全面发展。马克思主义认为，经济社会发展是人的全面发展的前提和条件，没有经济社会的发展，人的全面发展就失去基础和保障。但同时也要看到，经济社会发展并不会自然而然地带来人的全面发展。人的全面发展，除了必要的物质条件外，更需要科学思想的引导和崇高精神的熏陶。在我国经济社会转型时期，由于经济模式转变、社会结构变动、利益分配机制调整，经济、社会地位的落差会引起不同社会群体间情绪的对立和冲突。思想政治工作坚持以人为本，要更加关注新的社会群体，更加关注困难群体，把解决思想问题与解决实际问题结合起来，既注重提高人们的物质生活水平又注重提高人们的精神文化生活水平，既注重提高人们的思想道德素质又注重提高人们的科学文化素质，既注重增强人们的身体素质又注重优化人们的心理素质，积极促进安居、就业、就学、就医等关系群众切身利益问题的解决，努力让人民群众充分享受到改革发展的物质文化成果，实现推动经济社会全面进步与推动人的全面发展的统一。

统筹兼顾：思想政治工作的根本方法

统筹兼顾是我们党在长期的社会主义建设实践中形成的重要历史经验，是处理各方面矛盾和问题必须坚持的重大战略方针。科学发展观以统筹兼顾为根本方法，深刻体现了唯物辩证法在发展问题上的科学运用，深刻揭示了实现科学发展、促进社会和谐的基本途径，深刻反映了坚持全面协调可持续发展的必然要求。以科学发展观为指导创新思想政治工作，要把统筹兼顾作为根本方法，在经济社会发展大局中，学会运用系统思维，研究事物发展的总体趋势、固有路径，阐释事物发展的必然性，揭示其内在联系，为人们搭建理想与现实、理论与实践之间的桥梁，协调好各方面关系。

一是掌握系统思维。系统思维是“全面协调可持续”的思维品质，缜密、周延而不顾此失彼。在系统思维看来，思想政治工作是一个关于思想文化建设的完整体系，是立体的、多维的，承担着“传播价值、构建认同，引导舆论、沟通社会，弘扬道德、培育文明，交流文化、展示形象”的重大任务，是与经济社会发展的大局相通、相融为一体的开放体系，而不仅是做报告、谈心等。现阶段，人们思想问题的诱因复杂，一些深层次的矛盾及相关社会现实问题容易诱发偏激言论和非理性行为，一些偶发事件、偶然因素也可能引发一些人的情绪震荡。有些是属于理想信念不坚定、价值缺失，即思想意识本身的问题；有的是由于利益分配机制不合理导致的心理失衡；有些是由于生活、工作环境变化引起的情绪失调；有些则是由于个人性格、遭遇导致的心理冲突。对于这些不同的思想问题，仅用单一的思维去分析，把一切问题简单地归结为价值问题或利益问题，容易造成方枘圆凿，缘木求鱼。针对不同类型的思想问题，要根据其不同成因，灵活地运用理想信念教育、核心价值观培育、文化建设、心理疏导、利益关系调整、办实事解难题等不同手段，有的放矢，对症下药，从源头上祛邪扶正、疗伤弭痛。对于由于利益失衡导致的社会矛盾和思想问题，就必须通过利益关系调整等手段加以解决。对于由于性格、心理问题所导致的思想危机，则要借助心理疏导手段甚至医学支持才能缓释。

二是善于建立联系。要善于运用科学发展观的辩证思维来发现事物之间的内在关联。思想政治工作的魅力在于，不仅要发现事物的变化，而且能通过科学的原理、鲜活的语言来解释各种变化的内在逻辑，揭示变化背后隐藏的客观规律，以大众能够接受的思维方式、表达方式来阐释各种联系。当前最主要的是贯通理想与现实的联系、理论与实践的联系。理想是对现实的引领和召唤。现实生活中的每一次变革、每一步前进，都是在为理想的实现创造条件。思想政治工作者要用理想点燃激情，帮助群众坚定对中国特色社会主义美好明天的信心。理论的价值在于对实践的指导。在一些基层单位，马克思主义中国化的最新理论成果有的只是简单地表现为口头上反复论述、引用的概念，而实际工作往往依赖于经验和惯例，结果导致理论与实践成为两个系统，这是一些方针政策在有的单位容易"走板"的原因之一。打通理论与实践的联系，推动理论向实践的转换是思想政治工作的核心任务之一。这就要求思想政治工作者首先自己要读懂理论，同时要能正确阐释理论与实践之间的关系，并通过工作把理论话语转化为实践话语，激活理论解释实践并引领具体行政工作的能力。

三是要学会统筹。统筹方法是系统思维在具体工作过程中的反映，是对事物内在联系的自觉运用。思想政治工作要善于掌握和运用统筹兼顾的方法，在发展中协调好各方面的利益关系，为建设和谐社会发挥积极作用。在具体操作层面，要建立党委统一领导，党政各部门和工会、共青团、妇联等团体齐抓共管、各负其责的思想政治工作机制，通过专职部门的规划、协调和推动，使党政各部门乃至整个社会共同承担起思想政治工作的神圣职责，做强小"政工"，激活"大政工"。

（执笔：傅　华　中共北京市西城区委常委、宣传部长）

机关人文关怀和心理疏导体制机制研究

胡传文　万柳春

本文紧密结合我省机关思想政治工作实际，开展调查研究，提出机关思想政治工作中加强人文关怀和心理疏导的应对措施，以期对建立健全机关思想政治工作人文关怀和心理疏导体制机制有所裨益。

问题的提出——机关思想政治工作的新要求

社会快速变化、节奏加快、竞争激烈等因素导致人们生活和工作压力不断加大，各种心理障碍和精神疾病大幅增加，由此引发的社会问题日益突出。据推算，目前我国数千万人承受着各种心理疾病的困扰，到2020年，我国心理和精神疾病负担将上升至疾病总负担的1/4。缓解心理压力、促进心理健康已经成为加强和改进思想政治工作、维护团结稳定、促进社会和谐的重大课题。

机关干部职工在国家建设和民族复兴大业中承担着组织、实践、继承、推动和发展的伟大使命，所肩负的职责需要他们有冷静的头脑、平和的心态、强烈的服务意识和奉献精神。了解和研究机关干部职工的心理卫生状况，有着特殊的重要意义。

课题组根据心理学基本原理和机关工作实际，从心理卫生的角度设计了调研提纲和调查问卷，在部分省直机关和设区市直机关开展问卷调查；分赴设区市展开专题调研。根据调查结果，7.54％的领导干部（副处以上，含，下同）和8.16％的非领导干部（正科以下，含，下同）经常失眠，11.32％的领导干部和19.05％的非领导干部对目前自己在社会家庭中的地位与别人对自己的看法很不满意或不太满意，甚至有5.66％的领导干部和13.61％的非领导干部产生过轻生的念头。机关干部职工经常受累于抑郁、工作倦怠、人际关系敏感、职业成就期待、人格冲突等职业心理问题，工作时经常处于"心理恐慌"状态；他们的孤独感和不安全感比一般群体强烈;一些党政干部存在着较大心理压力、一定程度的心理不平衡、心理疲劳、浮躁和压抑心理,有些同志对个人生活、工作、未来发展等存在焦虑和抑郁情绪等。上述能直接影响工作效能的不良心理状态向我们提出了新挑战,以防患于未然为目的,以调适心理平衡为重要手段的心理介入,无疑成为建设和谐社会的新要求。

注重人文关怀——机关思想政治工作的新视野

"人文"最早出现在《易经》中,《易经》贲卦的象辞上讲:"刚柔交错,天文也;文明以止,人文也。观乎天文以察时变,观乎人文以化成天下。"人文关怀强调对人的生存状况的关怀、对人的尊严与符合人性的生活条件的肯定、对人类解放与自由的追求。人文关怀关注人的生存与发展,这是社会文明进步的标志,是人类自觉意识提高的反映。

人文关怀既可视为思想政治工作的内容,也可归为一种工作方式。思想政治工作强调人文关怀,就是要把人放在第一位,进而研究人、了解人并服务人。在思想政治工作视野中,人文关怀是指尊重人的主体地位和个性差异,关心人丰富多样的个体需求,激发人的积极性、主动性和创造性,促进人的全面发展。具体来说,人文关怀承认人不仅作为一种物质生命的存在,更是一种精神、文化的存在,认为人无论是在推动社会发展还是实现自身发展方面都居于核心地位或支配地位,并追求人的社会价值和个体价值的统一、手段和目的的统一。人文关怀尊重人的主体性,主张关心人在物质层面和精神层面的多方面、多层次的需要,着力于人的自我发展、自我完善需要的满足,进而促进人的全面发展。强调人文关怀,是追求社会和谐、建设美好社会的新视野。

加强心理疏导——机关思想政治工作的新举措

准确理解心理疏导的概念,可以从两个方面进行。就医学角度而言,心理疏导是指利用心理学的知识改变人们的心理认知、情绪、行为和意志,达到消除症状、治疗心理疾病和精神疾病的一种方法。就思想政治工作角度而言,心理疏导是指通过解释、说明、同情、支持和相互之间的理解,运用语言和非语言的沟通方式,影响对方的心理状态,改善或改变心理障碍人群的认知、信念、情感、态度和行为等,达到降低、解除不良心理状态和清除思想障碍的目的。从这个角度看,心理疏导体现的是以人为本的精神理念,是人性化的一种具体表现,是满足人类个体心理需求与精神需求的一种科学做法。

思想政治工作是做人的工作,既教育人、引导人、鼓舞人,又尊重人、理解人、关心人。开展思想政治工作时,需要更加注重广大干部职工的心理需求和精神需要。如同医学角度的心理疏导一样,将思想上出现症状的工作对象视为病人,予以呵护和帮助。生理疾病与心理疾病存在相互联系、相互作用的关系。因此,思想政治工作绝不可以只从政治角度出发考虑问题,还要高度关注人的心理感受和精神状态对其行为的影响作用,通过心理疏导提高干部职工对组织目标的认同度和行为的有效性,进而提高工作效率。

完善体制机制——机关思想政治工作的新途径

思想政治工作是经济工作和其他一切工作的生命线,也是我们党的政治优势所在。在改革开放向纵深推进、经济社会发展全面提速的新时期,为了确保机关思想政治工作与时俱进、促进经济和其他工作顺利开展,如何完善体制机制是摆在我们面前的重要课题。

完善体制机制是一项复杂的系统工程。这里所谓的体制指的是机关思想政治工作人文关怀和心理疏导工作职能和责权的调整及其配置;机制指的是各工作元素之间相互作用的过程和功能。机制的建立,一靠体制,二靠制度。通过构建良好的体制机制,使思想政治工作系统不断优化，逐步接近于一个自适应系统——能自动、迅速地针对外部条件发生的变化作出反应，帮助广大干部职工调整认识和行为，促进组织目标的实现。

第一，建立健全需要识别机制，准确把握干部职工心理活动规律。及时掌握并科学分析机关干部职工的思想状况和心理状态，准确把握机关干部职工的心理规律，是加强和改进思想政治工作、注重人文关怀和心理疏导的根本前提。根据马斯洛的需要层次理论，人的感受和需求是多层次、多方面的。机关干部职工在工作中会更注重获得信任、维护自尊、提升职位、通过取得工作成就来实现自我价值。各级机关党组织要在遵循心理发展的连续性、阶段性、方向性和顺序性以及个别差异性等基本规律的基础上，科学设计调查问卷，缜密安排调查工作，尊重机关干部职工正当、合理的需要，尊重机关干部职工的隐私，引导机关干部职工契合经济社会发展大趋势，提升个人能力和个人需要。

第二，建立健全知识宣教机制，全面提高干部职工心理素质。采取有效措施提高机关干部职工的心理素质，提高抵御心理问题的“免疫力”，是机关思想政治工作实现人文关怀的首要任务。要在公务员录用和晋升时，增加使用人才素质测评技术，选出心理素质过硬的人才；要加强对机关干部职工的业务和人际关系培训，在培训的方式方法上应坚持立足实用和有效指导，明确培训的重点和难点，在进行人际关系培训时应重点学习《人际关系心理学》和《沟通技巧》等相关知识，帮助机关干部职工加强相互理解，减少误会；要加强对机关干部职工的心理健康教育，采取先入为主、先点后面、分步实施、层层推进、逐步推开等做法，在不断提高认识的基础上展开。重点突出心理健康基本知识的教育普及，将心理健康教育纳入干部日常教育范畴，《公务员心理健康教育》、《心理领导学说》等课程应列入干部培训的必修课。帮助广大机关干部职工树立心理健康意识，引导他们从认识人性、了解心理的角度思考、分析和研究如何加强自身修养和调适，树立正确的世界观、人生观、价值观，解决好权力观、地位观、利益观的问题，提高领导干部的领导水平和工作效率；要加强对机关干部职工进行自我心理调节的引导，引导他们加强自身修养，完善自我人格，根据自己的实际情况确定志向和目标，从劳动、从付出、从自己的创造和对社会与别人的关爱中获得幸福；要引导他们正确进行成败归因，充分利用暗示调节、放松调节、想象调节等有效的自我调节方法，化解因挫折而产生的不良情绪。

第三，建立健全预测预防机制，杜绝各种不良后果的发生。机关干部职工的工作环境和工作特点决定了他们属于心理障碍的高危人群，我国高校在大学生心理疾病预防方面取得的经验值得借鉴。建议相关职能机构根据机关干部职工的工作性质和特点，组织专家学者修订《机关干部职工心理健康量表》，重点对新任公务员和有可能出现心理问题的机关干部职工进行心理测试，机关思想政治工作职能部门根据测试结果及时开展人文关怀和心理疏导，以提高机关思想政治工作的针对性、有效性。在建立预测预防机制的过程中，可采取从点到面、从轻到重、从易到难的方法，在对有条件的单位先期试点的基础上全面铺开。

第四，建立健全问题解决机制，关注干部职工的工作生活质量。应充分关注机关干部职工自身成长与发展的需要，关注他们的理想、信念和情感等因素对机关工作效率的影响，努力创造条件提升机关干部职工的工作生活质量。一是科学设计工作流程和一系列管理制度，消除机关干部职工因工作适应性、工作压力等因素诱发的心理问题。二是切实做好收入分配、评先评优、晋职升迁等方面的工作，建立和完善对保障机关公平正义具有重要作用的相关制度。三是创造良好的工作氛围，加强员工与组织之间的合作，协调好不同的职务或部门之间的关系，通过信息分享提升工作的满意感。四是提高干部工作绩效管理的科学性，在职业生涯发展、干部教育与升迁报酬等方面作出科学系统的规划，让机关干部职工看到未来，激发工作动力。五是帮助机关干部职工尽力在工作、家庭生活和其他社会活动之间形成良性平衡。

第五，建立健全危机干预机制，帮助干部职工尽快摆脱困境。有研究表明，人们面对灾难时，可能引发焦虑、恐惧、寝食不安等一系列急性心理反应。重大灾害后精神障碍的发生率为10％—20％，一般性的心理应激障碍更为普遍。这时越早进行干预越好，否则会引发更为严重的“创伤后应激障碍”(PTSD)，将严重影响人们正常社交、工作和生活，甚至会酿成悲剧。机关干部职工在突发公共事件发生时，必须迅速到达事发现场，随着突发公共事件的增多，他们所承受的工作压力和心理压力都远远大于常人。在特殊场合，应该建立包括心理问题筛查、干预、跟踪、控制一体化的工作机制，必要时还应建立健全以机关干部职工为对象的心理危机干预机制，遇上危机事件处理或个别对象心理创伤、心理障碍发生，应及时邀请有关心理专家进行干预，预防过激行为，杜绝机关干部职工因心理问题而导致非正常死亡和其他极端事故的发生。

第六，建立健全工作保障机制，确保必要的工作人员和经费。要加大投入力度，把心理疏导工作经费列入年度预算，用于心理健康宣传教育、专家咨询、普查建档、设备添置等。当前可以聘请高校熟悉相关工作的心理学专家开设心理健康教育讲座，依托有资质的研究机构协助开展心理健康普查工作。今后可在机关中抽调原则性、亲和力强，机关工作经验丰富，热心心理咨询事业的优秀党务工作者参加心理咨询业务培训。健全机关干部职工心理健康教育工作的相关制度，将机关干部职工心理健康教育工作真正落到实处。

（作者：中共江西省直工委讲师团团长、副教授；讲师团研究室主任、讲师）

推动思想政治工作时代化

《思想政治工作研究》评论员

党的十七届四中全会深刻分析了当前党建工作面临的形势，明确要求加强党的意识形态工作和思想政治工作。适应新形势、迎接新挑战、完成新任务，加强改进思想政治工作，必须坚持与时俱进、开拓创新，紧跟历史前进的步伐，把握时代进步的脉搏，不断增强推进思想政治工作时代化的紧迫感和使命感。

（一）

时代化是思想政治工作的永恒主题。只有汇入时代主流，思想政治工作才有广阔的前途。思想政治工作是我们党的优良传统和重要政治优势。我们党自成立以来，始终坚持在时代大势中把握思想政治工作，坚持把思想政治工作与不同时代、不同历史时期党的中心工作紧密结合起来，根据时代发展的要求和我国经济、政治、文化和社会发展的新情况新变化，形成思想政治工作的基本方略，并在实践中不断丰富和发展。历史证明，思想政治工作只有坚持与时代发展同步伐，科学分析时代条件，准确把握时代主题，积极回应时代挑战，才能焕发出强大的生命力、创造力和感召力，才能成为人们认识世界和改造世界的有力武器，才能担负起党和人民赋予的神圣职责和光荣使命。

历史是不断前进的，历史又是不能割断的，过去、现在和将来是有机的统一。我们提倡思想政治工作时代化，绝不是漠视历史，轻视或否定我们党思想政治工作的优良传统和宝贵经验。后人总是在前人探索的基础上前行，又总要超越前人而有所创新，这是历史发展的普遍规律。思想政治工作也不能例外。我们今天所处的时代是一个以变革、调整、创新为显著特征的时代：改革开放波澜壮阔，中国特色社会主义事业蓬勃发展，综合国力明显增强，人民生活大幅改善，国际地位显著提升。在这个中华民族走向伟大复兴的时代里，中国特色社会主义的伟大实践既对思想政治工作提出了新的要求和新的任务，也为思想政治工作提供了新的理念、新的内容、新的载体、新的渠道和新的形式。思想政治工作时代化，就是要在继承优良传统和宝贵经验的基础上，把时代赋予思想政治工作的先进要素系统化、理论化，并以此推动思想政治工作实践的创新发展。

（二）

以人为本，是思想政治工作时代化的根本要求。以人为本是科学发展观的核心，是马克思主义追求人的彻底解放与自由全面发展的崇高目标在现阶段的具体体现，是我们时代的根本命题，是我们时代一切改革创新的出发点和落脚点，是衡量我们一切工作的根本尺度。

经历了30年改革开放和经济社会的快速发展，当代中国人对于人的尊严、价值、自由、权利以及利益实现等的认识越来越自觉，对于把人作为目的、从人本身出发建设中国特色社会主义的要求越来越强烈，对于人的全面发展越来越重视。我们党对思想政治工作的认识也在不断深化，思想政治工作在本质上是群众工作、是做人的工作已经成为全党共识。党的十七大明确要求，加强和改进思想政治工作，注重人文关怀和心理疏导，用正确方式处理人际关系，进一步明确了思想政治工作贯彻以人为本的努力方向和实践要求。按照中央的要求，思想政治工作坚持把维护、实现和发展人民群众根本利益作为一切工作的出发点和落脚点，既教育人、引导人、鼓舞人、鞭策人，又尊重人、理解人、关心人、帮助人，充分调动广大人民群众的积极性、主动性和创造性，努力提高人们的精神文化生活水平，提高人们的思想道德素质、科学文化素质、身体健康素质、心理素质和审美素质，大力促进人的全面发展，取得了显著成效。

按照以人为本的要求，大力推进思想政治工作时代化，就要进一步深入研究思想政治工作以人为本的实践形态，积极探索思想政治工作在促进社会发展的同时促进人的全面发展的有效途径，努力通过扎实有效的思想政治工作，引导人们用和谐的思维、共赢的理念认识和处理小到涉及自我和他人，大到关系整个社会乃至整个世界的不同层次的复杂关系，积极促进个人身心和谐，增进社会和谐因素，推动和谐世界建设。

（三）

文化具有引导社会、教育人民的重要功能。寓教于文、文以载道、以文化人，是思想政治工作时代化的重要形式。当今时代，文化在经济社会发展进程中的地位和作用不断增强，日益成为衡量社会文明程度和人民生活质量的显著标志。随着经济社会的快速发展和人民物质生活水平的不断提高，我国已进入文化消费的快速增长期，人们精神文化需求更加旺盛，需求总量越来越大，质量要求越来越高，人们文化需求多层次、多方面、多样性的特征更加明显，求知、求乐、求美的愿望更加强烈。

新中国成立60年来特别是改革开放30多年来，思想政治工作的发展创新始终与文化的繁荣发展紧密联系在一起。一方面，通过思想政治工作，用先进的文化辐射全社会、滋养全社会，影响人、塑造人，提升人们思想境界；另一方面，在开展思想政治工作的实践中，不断地对中国特色社会主义伟大实践中创造出来的先进文化因素进行提炼、整合和升华，从而推动文化繁荣发展，最终促进社会文明程度的整体提升。

思想政治工作做到以文化人，就要更好地

适应经济社会发展的新要求和人民群众对精神文化生活水平的新期待，主动深入基层了解人们的文化需求，更好地利用多种文化形式，充分挖掘和用好各种文化载体，发挥好文化的社会教育功能，大力宣传先进文化理念，积极开展丰富多彩、生动活泼的文化活动，不断丰富人们的精神世界、增强人们的精神力量、满足人们的精神需求，促进人的全面发展。

（四）

分众化，是思想政治工作时代化的必然要求。分众化是当今时代变迁的显著特征。当前我国已进入改革发展的关键时期，经济社会发展呈现出许多新的阶段性特征，特别是随着社会经济成分、组织形式、就业方式、分配方式、利益关系日趋多样化，社会意识更加多样、多元、多变，人们思想活动的独立性、选择性、多变性和差异性不断增强。思想政治工作分众化，其实质就是正视当今时代我国社会变迁所带来的社会成员、社会群体之间的利益分化与思想观念的差异，在维护和巩固全社会根本利益和共同理想信念的基础上，允许并鼓励社会成员自主选择并合理合法地追求个人利益，实现个人理想，对于社会成员在利益实现过程中出现的思想困惑、纠纷和冲突，不掩盖、不回避、不夸大，积极主动地引导人们正确认识和处理个人利益与国家利益、局部利益与整体利益、眼前利益与长远利益的关系，理顺情绪、平衡心理、化解矛盾、安定人心、统一认识、扩大共识。

思想政治工作分众化具有深厚的理论渊源与实践基础。邓小平同志指出："我们在鼓励帮助每个人勤奋努力的同时，仍然不能不承认各个人在成长过程中所表现出来的才能和品德的差异，并且按照这种差异给以区别对待，尽可能使每个人按不同条件向社会主义和共产主义的总目标前进。"江泽民同志指出："随着改革的推进和经济的发展，我国社会出现了具有明显差别的不同群体，有党员、干部也有普通群众，有文化水平高的也有文化水平低的，有国有企业的干部职工也有非公有制经济人士，有无神论者也有有神论者，有信仰这种宗教的也有信仰那种宗教的，如此等等。他们的经济状况、生活环境、思想认识、文化素质、心理特征都有所不同，如果不做具体分析，不采取有针对性的方式方法，不因材施教、因人制宜，而是千篇一律，空洞说教，思想宣传工作的效果肯定不会好。"胡锦涛同志明确提出，要从社会舆论多层次的实际出发，把握媒体分众化、对象化的新趋势，做好社会舆论引导工作。多年来，我们党在思想政治工作实践中，始终注重把握社会人群多种层次、多种觉悟、多种境界并存的实际情况，始终遵循鼓励先进、照顾多数，先进性要求与广泛性要求相结合，具体问题具体分析，区分层次、循序渐进等工作原则，根据社会群体的不同层次、不同特点，采取相应的形式和手段，引导不同阶层、不同认识水平的人团结奋斗、共同前进，最大限度地扩大社会认同，形成思想共识。

思想政治工作分众化，就是要深入挖掘和系统整理我们党在这方面的好经验好做法，把它升华到理论的高度，并赋予其新的时代内涵，既要把实现好、维护好、发展好最广大人民的根本利益作为出发点和落脚点，又要注重满足人民群众多方面、多层次、多样性的利益需求；既要履行好统一思想、凝聚力量的重要职责，不断夯实全党全国人民团结奋斗的共同思想基础，又要从实际出发，引导人们科学合理地规划个人理想，合法有序地实现人生追求，努力形成既有统一意志和共同追求，又有个人心情舒畅的生动活泼的社会局面。

（五）

网络化，是思想政治工作时代化的重要表现。当今时代是一个科学技术特别是信息传播技术日新月异的时代。以互联网和手机短信为代表的新兴媒体的迅猛发展，为人际交往、思想交流提供了新渠道和新手段，开辟了社会精神生活的新领域和新空间，对人们的工作、学习、生活和思想观念产生了广泛而深刻的影响。互联网已成为思想文化信息的集散地和社会舆论的放大器，可以毫不夸张地说，思想政治工作已经进入一个崭新的互联网时代，不仅要在现实世界中发挥作用，而且要在虚拟的互联网世界中发生作用。先进的思想只有插上科技的翅膀，才能传播得更广、更远。如果不积极占领网上阵地，不善于运用互联网，思想政治工作就会落后于科技发展的步伐，就会失去生机活力。

我们对互联网的认识，未知远远大于已知，互联网对于思想政治工作的影响也远不止于工具与手段的层面，我们所说的思想政治工作网络化也不仅仅是指运用互联网开展工作，而是具有更加丰富的时代内涵。人与人之间的沟通与交流，很大程度上是信息的交流与沟通，而社会流动与进步正是在人们互通消息、交换有无的过程中实现的。任何一个信息闭塞、交流不畅的社会，都将是死水一潭、毫无生机。互联网不仅改变了人们获取信息的渠道和方式，而且正在深刻地改变着现实世界的社会组织方式和运行机制。随着信息技术的重大发展进步，信息传播更加高效有序，人们之间的信息交流更加便捷、更加自由，社会结构更趋扁平化，每个人作为信息源的地位与作用进一步凸显，人际之网与虚拟之网日益相互渗透、相互影响、融为一体。思想政治工作是在精神领域搞建设，需要处理大量的思想纠纷与心理矛盾，必须担负起人际之间信息沟通与交流的组织和促进工作，理应成为人际之间信息传递与交流的主干道，在加强信息服务中开展思想教育。

思想政治工作网络化，就是要用“网络化”的视角来理解思想政治工作，特别是要注重在现实社会的人际之网中把握思想政治工作，充分运用不断更新的科学技术为现实世界服务，积极探索思想政治工作在现实的社会生活之网与虚拟的互联网世界中发挥作用的有效途径，充分发挥思想政治工作在增强人际交往、推动社会流动中的重要作用，明确思想政治工作搭建社会信息交流平台、实现社会成员之间有效有益沟通的实践要求，在一个更加扁平的社会里，积极为人们搭建“心桥”，促进社会成员之间、社会成员与社会群体之间以及社会各群体之间信息交流，增进人们之间的沟通和理解。

党委书记是思想政治工作第一责任人

王忠林

思想政治工作是一项综合性工作，它的对象是人和人的思想，主要是做人的工作，更需要人去做工作。做好思想政治领域的工作，关键是一把手头脑要清醒。邓小平同志早在1980年就指出：“从原则上说，各级党组织应该把大量日常行政工作、业务工作，尽可能交给政府、业务部门承担，党的领导机关除了掌握方针政策和决定重要干部的使用以外，要腾出主要的时间和精力来做思想政治工作，做人的工作，做群众工作。如果一时还不能完全做到这一点，至少也必须把思想政治工作放在重要地位上，否则党的领导既不可能改善，也不可能加强。”应该说，是不是重视思想政治领域的工作，能不能做好思想政治领域的工作，是衡量一个领导干部是不是成熟的重要标志。因此，党的领导干部特别是党委书记，要充分认识做好思想政治工作的重要性，以守土有责的精神，加强领导，抓好管好，使自己真正成为思想政治工作的推动者。

1.做好思想政治工作，党委书记要起到表

率作用。身教重于言教是做好思想政治工作的关键。通过思想政治工作凝聚人心、鼓舞干劲，党委书记必须对自己提出更高的要求。近年来，滕州市不断加强思想政治工作，像重视经济工作那样重视思想政治工作，像重视物质文明建设那样重视精神文明建设，像重视做强经济硬实力那样重视做强文化软实力，把思想政治工作作为党委的工作重点，作为推动科学发展的重大任务，纳入经济社会发展的总体规划，与经济、政治、社会建设领域的工作一同研究部署、一同检查落实。建立了经常研究思想政治工作的长效机制，定期分析新情况、新问题，准确把握新变化、新要求，及时解决工作中遇到的困难和问题，做到了在方向上牢牢把握、工作上及时指导、政策上大力支持、投入上切实保障。进一步完善了理论教育、新闻宣传、文化建设、精神文明创建等考评体系，加强督促检查，狠抓工作落实，确保了思想政治工作扎实推进、富有成效。

2. 党委书记要把组织协调各单位各部门以及动员全社会来做思想政治工作作为重要职责。思想政治工作事关党的建设全局，需要全党全社会共同努力。党委书记在其中起到至关重要的作用，不仅自身要起到表率作用，还应该组织协调各单位各部门加强思想政治工作，动员社会力量共同来做。在工作中，滕州市委领导加强宏观指导，强化组织协调，充分发挥整体优势，建立了党委统一领导，党政各部门、社会各方面齐抓共管、各负其责的工作机制。开展思想政治工作，各级党委是统揽全局、协调各方的总阀门，思想政治工作领导小组是组织协调、调度指导的调节器；宣传部门定期组织开展对整个思想政治工作的督促检查，加强了对宣传思想和文化事业发展的组织领导；新闻、文化等部门充分发挥职能作用，当好主力军，全力以赴完成承担的工作任务；组织、人事、教育、财政等部门充分履行职责，积极支持思想政治领域的工作；工会、共青团、妇联等群众团体不断加强和改进各自领域的思想政治工作，发挥了党联系群众的桥梁和纽带作用。

3. 党委书记要把队伍建设作为做好思想政治工作的基础工作来抓。做好新形势下的思想政治工作，归根结底要靠有一支高素质的队伍来保障。而加强思想政治工作的队伍建设，关键在于领导高度重视。在工作中，滕州市不断加强思想政治工作队伍建设，按照“政治强、业务精、纪律严、作风正”的要求，坚持德才兼备、注重实绩、群众公认的原则，优先把优秀的干部配备到思想政治工作岗位上来。健全完善了人才培养、选拔、考核及激励机制，从政治上、工作上、生活上关心政工干部，在思想政治工作领域营造了支持干成事业、帮助干好事业的良好环境，充分调动和发挥了政工干部的积极性、主动性、创造性。同时，不断加大思想政治领域各类人才的培训力度，做好培育人才、吸引人才、使用人才工作，努力造就一支具有坚定政治立场、宽广战略眼光、广博知识文化、崇高职业精神、过硬工作本领的高素质的工作队伍。

4. 党委书记要高度重视理论武装工作。思想统一是行动一致的先导，理论武装是思想统一的前提。为了统一思想，凝聚人心，搞好思想政治工作，党委书记要坚持以科学理论为指导，把理论武装作为中心环节来抓。近年来，滕州市委坚持把学习宣传践行邓小平理论、“三个代表”重要思想和科学发展观，贯穿于思想政治工作的各个方面，使思想政治工作始终保持了正确的政治方向。坚持用中国特色社会主义理论体系武装党员、教育人民，用中国特色社会主义共同理想凝聚力量，用以改革创新为核心的时代精神鼓舞斗志，努力在全社会形成了统一的指导思想、共同的理想信念、强大的精神力量。在深入学习实践科学发展观活动中，滕州市结合实际，以“打基础、利长远，实现经济社会跨越发展，努力打造幸福滕州”为实践载体，深入开展了“打基础、利长远，树立正确政绩观”，“三问”社情民意大调查，“十问、十评、十论、十谈”解放思想大讨论，“抓三治兴四风，争做五型干部”四项特色鲜明的主题活动，在全面准确、广泛深入、务求实效上下功夫，在深入人心、指导实践、推动工作上求实效，把学习实践活动不断引向深入。坚持围绕中国特色社会主义理论体系特别是科学发展观等重大战略思想，抓好各级领导班子、广大党员干部、知识分子和青年学生等各个层面的理论学习，通过举办报告会、培训班、优秀党课下基层、党课集中教育等多种形式，推动党的创新理论进机关、进农村、进学校、进企业、进社区，扩大理论宣传的覆盖面，真正使科学发展、和谐发展的理念家喻户晓、深入人心，成为全社会的自觉行动。今年以来，先后邀请中央党校、国务院发展研究中心等部门专家来滕州市举办高层报告会 38 场，2 万余党员干部聆听报告，直接受益。继续加强和改进党委理论中心组学习，严格理论学习考试考核制度，不断推进干部理论学习的规范化、制度化，使学习的成效切实转化为贯彻落实科学发展观的强大动力。

5. 党委书记要重视舆论宣传，增强舆论引导的能力，着力为改革发展营造良好的舆论氛围。在新形势下，领导干部尤其是党委书记要增强舆论引导、媒体运用特别是新兴媒体运用等方面的能力。因为，经济的发展离不开舆论支持，社会的和谐离不开舆论和谐。广泛进行社会动员，调动一切积极因素为经济又好又快发展服务，为党委、政府的中心工作服务，是思想政治工作的永恒主题。工作中滕州市坚持围绕中心、服务大局，唱响主旋律，打好主动仗，积极发挥思想政治工作的引领和导向作用，形成了上下同心、共同奋斗、致力发展的工作局面。进一步加强科学发展观的宣传教育，帮助引导干部群众准确把握科学发展观的科学内涵、精神实质和根本要求，充分认识发展是硬道理，是第一要务，是解决一切问题的关键，提高了贯彻落实科学发展观的自觉性和坚定性。坚持团结稳定鼓劲、正面宣传为主的方针，牢牢把握正确舆论导向，深入宣传党的主张，积极引导人们对经济、政治、文化和社会问题的关注点，有力弘扬了社会正气。广泛宣传市委、市政府的重大决策部署，宣传经济社会发展的新成绩、城市建设的新面貌、改善民生的新举措，宣传各级各部门在推进发展中的新举措、新成绩、新经验，凝聚了人心，鼓舞了干劲，为全市经济社会和谐发展提供了有力支持。

6. 党委书记要把文化作为思想政治工作的重要载体，充分发挥文化潜移默化的教育功能。现代社会思想文化多元、多样、多变，纯粹的灌输教育很难起到充分育人的作用，而文化却发挥不可替代的作用，一部大片、一部电视剧、一本小说等等，能够从人们愿意接受的角度打开心灵的大门，文化作为思想政治工作的重要载体越来越展现其潜移默化的作用。工作中滕州市坚持把文化事业发展纳入整体工作布局，努力做到文化事业、文化产业发展与经济社会发展相协调，与人们日益增长的精神文化生活相适应。一是全力打造国内外知名的文化品牌。滕州是文化资源大市，加快文化事业繁荣发展，具有得天独厚的优势。围绕弘扬滕州数千年的历史文化，切实加强文化遗产保护，全面挖掘历史文化内涵，大力彰显了“墨子故里、善国故城”的文化底蕴。高起点、高标准推进文化旅游基础设施建设，启动建设了墨子文化城、滕州博物馆、鲁班纪念馆、北辛文化遗址纪念馆、湿地文化博物馆、莲青山地质博物馆等一大批体现滕州历史文化特色的标志性文化设施，有力打造了滕州文化品牌。进一步加强墨学和鲁班文化研究，繁荣文艺创作，加强文物和非物质文化遗产保护，搞好全方位宣传推介。以微山湖湿地红荷节、国际墨子文化节等节会活动为依托，不断提升地域文化的影响力，打造了滕州走向全国、走向世界的城市“金名片”。二是积极实施文化共享工程。公共文化服务体系是保障人民群众文化权益的重要途径，是推动文化大发展大繁荣的重要基础。近年来，滕州市突出抓好基层公共文化服务体系建设，鼓励全社会积极参与，建设了一批群众方便实用的文化设施，开展了一些群众乐于参与、便于参与的文化活动，社区文化、农村文化、企业文化、校园文化、广场文化和家庭文化得到积极发展，推进了人民群众共享文化建设和发展成果的进程。实施了有线电视“户户通”、社区和乡镇综合文化站建设、“农家书屋”建设、文化信息资源共享及农村电影放映“五大工程”，优先安排关系群众切身利益的文化建设项目。扎实开展了元旦、春节、国庆等重大节日、节庆活动期间的文艺演出，深入推进了文化、科技、卫生“三下乡”活动，丰富活跃了广大人民群众的精神文化生活。三是加快发展文化产业。实现从文化资源大市向文化强市的跨越，必须在发展文化产业上取得重大进展。近年来，滕州市认真学习借鉴外地成功经验，积极推介公益文化项目，大力开展文化项目招商，加快发展各类文化产业。积极稳妥地推进公益性文化事业单位内部改革和机制创新，不断提高服务质量、创作质量、演出质量，靠吸引力、影响力增强市场运作能力，做到社会效益和经济效益的统一，实现了文化与经济的互动。

7.党委书记要把思想道德建设作为思想政治工作的重要抓手，不断提高公民文明素质和社会文明程度。开展文明创建活动，是建设和谐文化的有效载体，是思想政治工作的重要抓手。一是广泛开展群众性精神文明创建活动。牢牢抓住建设社会主义核心价值体系这个根本，深入开展社会主义共同理想教育，加强社会公德、职业道德、家庭美德、个人品德建设，大力倡导和践行社会主义荣辱观，进一步弘扬了“兼爱包容、诚实守信、开放创新、敢为人先”的新时期滕州精神；继续完善宣传教育、管理监督、评比奖惩“三位一体”工作机制，继续深化文明单位、文明机关、文明行业、文明社区创建活动，在全社会形成了讲文明、讲正气、知荣辱、促和谐的良好风尚。切实加强诚信教育，深入开展“文明诚信民营企业”、“文明诚信个体工商户”、“百城万店无假货”示范店（街）等评选表彰活动，进一步打造了“诚信滕州”品牌。二是深入推进文明生态村建设。按照建设社会主义新农村“二十字”目标要求，细化标准、丰富内涵，拓展创建领域，扩大创建范围，全力推进文明生态村建设。及时总结经验，建立长效机制，坚持边创建、边总结、边巩固、边提高，真正让农民群众从创建中长期得到实惠。三是大力宣传先进典型。先进典型是旗帜、是形象、是社会前进的标杆。抓好典型，树好典型，宣传好典型，对于提高全社会文明程度具有重要的引导作用。按照“三贴近”的原则，围绕人民群众最直接、最现实、最关心的热点问题，精心选择、悉心培育了一批既具有时代性、先进性、导向性，又具有民生性、群众性、真实性的先进典型，大力宣传典型的先进经验和模范事迹，充分发挥先进典型的榜样力量和强磁场效应，从而引领人的全面发展和社会共同进步。坚持不懈地开展文明家庭、文明市民标兵、道德模范、“十佳文明窗口”、“十佳服务明星”、“巾帼十佳”、“十大孝子”、好媳妇、好婆婆、好邻居等评选表彰活动，逐步健全完善评选考核机制，实现评选的制度化、规范化和科学化，在全社会形成了文明健康向上的新风尚。

（作者：中共山东省枣庄市委常委、滕州市委书记）

在实践中加强和改进基层宣传思想工作

郭天保

近年来，汨罗市按照科学发展观要求，对基层宣传思想工作新特点、新方法、新规律进行了积极探索，并坚持在实践中加强和改进，有效增强了做好宣传思想工作的自觉性、坚定性和预见性，提高了宣传思想工作的层次和水平，为汨罗经济社会又好又快发展提供了强有力的舆论支持和思想保障。

一、基层宣传思想工作重在导向，必须充分发挥导向作用

基层宣传思想工作直面基层组织和广大人民群众，有着极其重要的地位与导向作用，必须始终坚持正确的理论导向、新闻导向和思想导向。

1.坚持理论先导。一是将理论通俗化。我们摘录了国家方针政策、法律法规、公民道德方面的知识，收集具有地方特色的歌谣和市情教育内容，编撰了《守法规、讲道德、爱家园——市民读本》，作为群众理论学习教材，深入浅出地把党的主张和人民心声有机结合起来，增强了理论感染力。二是使理论进基层。结合“五下乡”活动，充分发挥农村远程教育、文化站和理论宣讲团作用，围绕和谐社会建设、落实科学发展观、新农村建设组织开展宣讲辅导和讨论座谈，把思想宣传触角延伸到全市各个角落。

2.抓好新闻导向。一是坚持正面宣传为主。找准党的工作与群众利益切合点，把“我们想说的”和“群众想听的”统一起来，用历史视角和现实态度来诠释社会进步。我们创作《市委书记解难记》、《汨罗市长热线热万家》、《感受希望》、《共建和谐》专栏等新闻作品，从群众视角介绍市委、市政府真心实意为民办事的事迹，使群众从感情上亲近党和政府。二是抓好宣传重点。第一时间宣传解决老百姓关心的问题。合作医疗政策出台后，宣传媒体以跟踪报道形式对政策进行深度剖析，确保新型农村合作医疗和城镇居民基本医疗保险顺利启动。在处理垃圾围城、“踩士”参与城市营运等城市管理问题上，新闻媒体通过负面曝光和正面引导，促进了问题解决，使市容市貌得到彻底改观。

3.注重思想引导。思想是道德风尚的先行官，弘扬良好风尚必须注重思想引导。倡导“用身边的事教育身边的人，用身边的榜样激励身边的人”。先后开展了“服务标兵”、“创业明星”等评选活动。市消防中队战士王永林，入伍12年来，先后献血17次累计达5400毫升，结对帮扶贫困学生4人，照顾过5个孤寡老人，为社会捐款3万多元，为北京一位白血病患者无偿捐献了骨髓，多次被公安部和省政府授予“优秀消防卫士”等称号。市文化局以其感人事迹为题材编成歌舞剧在送戏下乡活动中巡演，弘扬了时代精神。

二、基层宣传思想工作活在创新，必须用活用好新的模式

汨罗市委结合基层工作实际，创造性提出了“守法规、讲道德、爱家园”教育活动，大力弘扬社会主义核心价值观，为基层宣传思想工作开展找到了突破口。

1.倡导“个个守法规”。“守法规”涉及国家意识、社会意识、法制意识，这些意识，既是社会进步的需要，又是规范个人行为的需要，是进行基层宣传思想工作的良好措施。一是深入开展守法教育。开展法制宣传、举办法律知识培训班、法制知识竞赛等一系列活动，增强市民法制意识。通过座谈会、民主生活会、群众信箱、热线电话等多渠道听取群众意见，查找整改问题，加强了领导干部忠诚履职、廉洁从政等理论学习和警示教育，使之自觉遵纪守法。二是倡导依法办事。在全市推行优化经济发展环境“十项承诺”，着重治理行政不作为、不优质作为，行政乱作为、乱罚款、乱收费等“两不三乱”行为。要求各行政职能部门通过电视、公开栏等方式向社会公开优质服务标准、政策法规、办事流程、收费标准和办结时间等。

2.倡导“人人讲道德”。以“讲道德”作为基层宣传思想工作的切入点，能使被动、外在的、社会所要求的个人行为规范，升华为内在信念和外在规范的统一。一是倡导道德新风尚。以社会公德、职业道德、家庭美德、个人品德建设

为着力点，倡导“恭谦礼让、温情待人，知书达礼、厚道纯朴，家庭和睦、邻里友爱，守法守规、勤劳节俭，诚实守信、荣辱分明”五种文明新风，提高市民道德素质。二是形成文明效应。广泛开展“文明单位、文明社区、文明窗口”、“文明乡镇、文明示范村、文明屋场、星级农户”和“群众满意公务员”、“和谐家庭”、“道德模范”评选活动，在各行各业挖掘一批先进典型，激发全体市民参与主题教育的积极性和主动性。组织群众开展清洁文明好屋场、幸福文明好家庭、发家致富好能手、孝顺老人好儿媳、热心公益好村民、余热生辉好老人、锦绣前程好学子、立志图新好男儿等“八好”评比活动，使广大群众见贤思齐，形成良好的社会风尚。

3. 倡导“老幼爱家园”。在宣传思想工作中，一是倡导家园自己建。在新农村建设中，注重激发和引导广大人民群众共建美好家园。红花乡非试点村廖家段村只有200多户群众，他们不等不靠，自投自建，新修了水泥路，安装了路灯，村容村貌焕然一新。二是提高农民综合素质。注重培育“有文化、懂技术、会经营”的新型农民。全市有214个村成立了农民学堂。乡镇利用农民学堂对农民进行政策法律宣传、科技培训，并按照“市联点领导＋志愿企业＋乡镇＋技术专家”模式，根据农民实际需要培训农民，使每个农民掌握两到三门实用技术。三是丰富群众文化生活。农民自发筹建“农家书屋”60多个；鼓励民间文化能人和民间艺人参与加入文化组织，组建了民间文化队伍，这些队伍成为繁荣农村文化的一支生力军。

三、基层宣传思想工作贵在充实，必须在充实中促进发展

基层宣传思想工作要具有持久生命力，就必须不断充实其符合基层实际的内容，其中一个重要的内容就是地方优秀文化。汨罗充分利用地方特色文化，将之贯穿于基层宣传思想工作始终，有力促进了经济社会发展。

1. 通过传承地方文化充分调动人的积极性。汨罗是爱国诗人屈原晚年生活和开国元勋任弼时同志的出生之地，是湖湘文化的重要源头，“求索”精神、“骆驼”精神和“奋勇争先、团结拼搏”的龙舟精神在这里交相辉映。在宣传思想工作中，汨罗以此为切入点，引导一切为党和人民发愤工作的聪明才智在汨罗充分展示，使一切能够创造财富的力量源泉在汨罗充分涌流，有力地促进了经济社会又好又快发展。

2. 通过提高人的积极性创新发展传统文化。汨罗在注重利用传统文化充分调动人的工作积极性的同时，还通过提高人的积极性来创新发展文化。实践中，汨罗大力倡导“热爱我汨罗、歌颂我汨罗、建设我汨罗、宣传我汨罗”，大力挖掘传统文化内涵，编排《赵乡长转圈》等反映汨罗人民艰苦创业历程和美满幸福生活的文艺节目；创作了《村官村事》、《铁锅向皇后传奇》、《人之初》等脍炙人口的文学作品；每年都举办高质量的春节联欢晚会，开展大型广场文化活动，组织群众自编自演，实现大众文化大众参与、大众欣赏，增强了汨罗人的自豪感和幸福感。

3. 通过做好宣传工作打响端午龙舟文化品牌。汨罗是龙舟文化发祥地，龙舟节的成功举办，不仅在文化交流、体育竞技等领域取得显著成绩，实现传统文化与现代艺术完美结合，而且提升了汨罗知名度、美誉度，扩大了影响。2005年，“汨罗江畔端午节”申报为国家非物质文化遗产。结合优秀文化遗产，汨罗加大宣传造势力度，成功打造了七大知名文化品牌，即中国汨罗江国际龙舟节、汨罗江畔端午习俗、长乐故事会、中国龙舟名城、全国民俗文化艺术之乡、屈子祠和任弼时故居。未来几年，汨罗将依托“我们的节日·端午节”，乘势而上，深度挖掘，普及端午文化知识，巩固端午源头地位，加快汨罗沿江开发，展现龙舟故里风貌。

（作者：中共湖南省汨罗市委副书记）

互联网宣传与管理对策研究

曹劲松　刘　斌

胡锦涛同志指出，互联网已成为思想文化信息的集散地和社会舆论的放大器，我们要充分认识以互联网为代表的新兴媒体的社会影响力，高度重视互联网的建设、运用、管理，努力使互联网成为传播社会主义先进文化的前沿阵地、提供公共文化服务的有效平台、促进人们精神生活健康发展的广阔空间。如何实现这一目标，是宣传思想工作面临的一个重要的理论和实践课题。

一、切实提高运用互联网宣传的能力和水平

开展互联网宣传既是一项关乎意识形态较量的重要政治任务，又是涉及社会各方利益诉求的舆论引导和价值重构，其责任重大，任务艰巨。只有切实提高互联网宣传的能力和水平，才能将互联网对经济社会发展的积极作用发挥出来。

一是要重视互联网宣传的机构建设。随着互联网技术的发展和用户的增长，其传播作用和社会影响将全面超越传统媒体。重视互联网宣传的机构建设，有利于我们在宣传工作中积极探索互联网的传播规律，使宣传思想工作在新媒体环境下进一步掌握主动权。目前，地方党委在宣传部内均设有网络宣传处，一些省、市还设立了副局级建制的网络宣传管理机构，规模从十几人到数十人不等，将互联网宣传作为一项重要内容由相对独立的组织机构承担。由于不同地方对互联网宣传机构的设置不一，使各地在网络宣传管理的投入与效果上差别很大，特别是城区和县一级党委宣传部门大都还没有设立专门的互联网宣传管理机构，往往使互联网宣传工作既缺乏横向的协调配合，又缺乏纵向的拓展延伸。因此，应当进一步规范互联网宣传机构的设置，将其作为相对独立的系统加以配置、延伸和完善，使之能够适应不断扩大的互联网这一新兴媒体对宣传管理工作提出的要求。

二是要强化互联网宣传的阵地建设。面对互联网巨大的信息空间，如果主流的声音较弱，则必然会使各种非主流的声音成为强势。因此，要强化互联网宣传的阵地建设，除进一步加强现有的各级重点新闻网站建设外，还要在商业门户网站、社区论坛网站、搜索引擎网站等加大主流信息的发布量。特别是要将目前普遍设立的各级政府及其部门和各单位的官方网站建设提高到一个新的水平，可以采取将重点新闻网站与各级政府、部门和单位所建的官方网站加以整合的方式，由新闻网站统一负责技术维护、内容更新和舆论宣传，集中各方网络资源和宣传力量，形成强大的网上舆论宣传阵地。一方面使各种官方网站的内容能够得到及时更新，发挥好信息公开的作用，吸引网上点击量；另一方面使网上宣传能够围绕中心，突出重点，统筹兼顾，扩大影响。同时，发挥新闻网站与报刊、广播、电视等媒体联动的优势，将传统媒体宣传与网络媒体宣传有机结合起来，更好地发挥正面宣传和舆论引导的功能，为经济社会和谐发展构建强大的舆论声势。

三是要加快互联网宣传的队伍建设。队伍建设是做好互联网宣传的工作基础和人才保证，与传统媒体的宣传工作相比，互联网宣传队伍还比较薄弱，当前应着重抓好三支队伍。第一支队伍是新闻网站和各类官方网站的专业宣

传队伍。由于我国的新闻网站大都基于传统媒体而设立，其队伍骨干来自于传统媒体，往往以传统媒体的宣传方法驾驭网上宣传，这明显滞后于互联网宣传本质的要求；而官方网站大多为单位现有人员所兼职，或外包给商业公司，缺乏精于专业的人才支撑，网站的宣传策划和传播影响均较弱。这就使得现有的新闻网站和官方网站在宣传上呈现相对弱势，必须通过专业队伍建设改善互联网宣传影响的格局，强化其应有的宣传效果和社会影响。第二支队伍是网络发言人队伍。要普遍建立各种组织和单位的网络发言人，及时发布准确信息，回应和澄清各种网络传言，形成网上权威话语和主流声音。第三支队伍是网络评论员队伍。要进一步扩大和充实网上评论员队伍，除建立一定数量的专职评论员队伍外，各单位应按一定人员比例组建兼职网评员队伍，在常态宣传和应急处置中发挥网上生力军作用。

四是要掌握互联网宣传的科学方法。互联网是一个交互性很强的媒体，传播者与受众之间的角色常常是模糊的，人们在接受信息和观点的过程中，也会基于自身的利益诉求在网上传播各自所掌握的信息和观点，形成对话和碰撞，使互联网成为各种思想与价值、信息与观点、经验与判断的集散地。因此，传统的以说教为主的宣传方式已不能适应于互联网这一交互媒体的要求，人们对于说教性的宣传内容既可以进行选择性回避，也可以以个案予以否定性回应与评价，使传统宣传方式无法形成网上舆论强势。这就需要我们不断探索行之有效的互联网宣传方法，一方面要立足于网络受众的信息需要，强化信息服务，将宣传诉求寓于信息服务之中；另一方面要研究网上舆情，围绕关注热点，通过有效的网上议程设置激发网民的认知共识和情感共鸣，以丰富、详实的信息内容支撑宣传主题。

五是要注重互联网宣传的效果落实。传统媒体的宣传效果检验缺乏相对准确的受众认知尺度。而互联网宣传效果则可以直接反映在网上，网民通过各种论坛、跟帖、博客等方式直接对宣传主题发表见解和评论，反映出宣传所达到的实际受众效果。互联网宣传是否取得成效，不能仅从宣传内容本身在网上的信息发布量和浏览量上去衡量，而是必须落实到受众对宣传主题的认知变化上来。因而，我们要在互联网宣传过程中，对宣传效果进行实时分析与评价，通过效果反馈不断优化宣传方案，增进宣传效果。只有对互联网舆情进行定性与定量相结合的分析，才能有效对比和说明宣传工作所取得的成效。

二、着力加强对互联网信息传播的有效管理

互联网作为各种信息和思想的集散地，存在着形形色色的信息内容和价值观念，一些虚假、有害的信息和错误的观点也充斥其中。如果听认其无序发展，则必然会危及国家利益、民族利益和社会公共利益，也会对个体正当利益造成损害。因此，在加强互联网宣传工作的同时，必须着力加强对互联网信息传播的有效管理。

一是要构建互联网管理的技术支撑平台。互联网是一个基于各信息终端互联互通设计的技术平台，网络用户自由地、不受约束地传受信息，是互联网技术所追求的目标。但是，人类社会的发展必须受到法律和道德的约束，才能建立和谐有序的社会关系，为人们生活创造安全、稳定、健康的社会环境。这就要求人们在使用互联网的过程中，必须遵守法律和道德规范，其网上行为也要接受必要的监督和管理。在网上信息呈几何级数增长的情形下，对各种有害信息的监控和管理必然要借助于一定的技术手段去实现，仅靠人力监管是不能适应互联网发展要求的。因此，要开发和使用互联网管理的各种技术支撑平台，对网络信息进行有效监管，维护网上信息交往秩序，促进互联网健康发展。

二是要推进和完善互联网管理机制建设。对于互联网这一处于技术创新前沿的新兴媒

体，其管理是相对滞后的。目前，我们采用的是互联网管理联席会议制度，由各相关部门根据各自职责范围进行共同管理。联席会议制度在互联网文化建设中发挥了重要作用，特别是在清除黄色、暴力等有害信息方面成效显著。但是，对于互联网这一承载着各种利益诉求和多媒介功能的集合体，相对松散的联席会议机制显然已不能适应，需要进一步构建具有综合管理职能的有效机制，实现对互联网管理效能的提升。可以通过推进互联网管理联席会议的办公室常态化运行的方式，逐步加大对互联网常规化的管理，探索独立设置互联网管理机构的实践经验，在完善相关立法的基础上，深化互联网管理机制建设。

三是要建立互联网舆情的快速报告制度。互联网作为一个交互性极强的媒体每时每刻都在进行着大量的信息更新，它以最快的速度和最大的容量在反映社会动态变化信息的同时，也集纳了社会各个不同层面的立场和观点、意见和建议、情绪和诉求。对此，要建立及时、准确、全面的互联网舆情的报告制度，将网上所反映出的社会问题、热点事件、网民情绪、公众意见等快速报告给各级党委和政府的领导者，网络管理机构可以提出必要的处置意见，以便决策者采取相应措施，以维护和营造网上良好的信息传播环境，服务于经济社会和谐发展的大局。互联网舆情快速报告制度应当成为各级党委、政府对各项工作的常态化要求，各部门和单位都要予以高度重视，由专人分管，确保落实到位。

四是要加强互联网有害信息的源头控制。由于互联网匿名化所带来的网上信息无序是客观存在的，网上有害信息时常被传播，如果对此不加控制，则势必导致网络虚拟社会的不良倾向和情绪的蔓延，并对现实社会造成危害。加强互联网有害信息的源头控制，有助于网上信息生态良性发展，使之成为公众信息交往的有序空间，服务于人们的信息需求、文化体验和精神生活。互联网作为新技术支撑的交互媒体本身并不具有善恶属性，关键是看人们在运用互联网的过程中为善还是为恶。控制网上有害信息的源头，就是为了有效遏制人们在使用互联网的过程中为恶的倾向，使这一新的技术手段更好地促进人类社会的发展。要发挥专门的网络管理机构的作用，对网上有害信息的传播行为进行查处和打击，通过强化他律的方式增强人们在网上行为的自律，使人们在提高网络媒介技术使用素养的过程中，同步提高在网络媒介上进行信息交往的道德素养。

三、积极应对互联网上传播的负面热点事件

互联网传播是没有疆界的，只要有网络连接和计算机终端，就可以传播和接受信息，打破了以往传统媒体受发行和覆盖范围的限制，这使得互联网上的舆论传播影响十分巨大。特别是一些负面热点事件的传播，借助互联网可能在短时间内形成广泛的社会影响，既给当事者、主管单位和党政机关造成很大的舆论压力，又使个人形象、组织形象和地方形象受损。为此，必须积极应对互联网上传播的负面热点事件，一方面通过网络回应澄清事实真相，消除不实传言，正确引导舆论走向；另一方面要结合现实问题的查处，将过程与结果公开，主动接受网络媒体的监督，实现舆论与现实的统一与和谐。要通过积极应对和处置网上负面热点事件，对其所造成的负面影响及形象受损予以消解、修复和重塑，决不能以消极态度对待网络舆论，使工作陷入被动境地。网上负面热点事件的应对工作可以从五个方面入手。

一是做好互联网舆情的分析研判。互联网技术的快速发展和普及，已推动人类社会全面进入信息化时代。网络不仅成为集纳信息、表达民意、监督社会的重要渠道，而且正在成为各级党委、政府践行社会主义民主政治的一种重要选择。对网络所反映的社会舆情动态，要做好分析和研判，可以通过建立相关部门的实时报告和定期会商机制，把握网上舆论走势，予以

积极有效的引导。由于网上匿名传播的特点，使网络舆论更加能够反映社会中的矛盾和问题，宣泄各种不满情绪，大量负面内容的信息和批评意见都能够在网上充分显现。政府应本着公共利益原则，以事实为依据，以法律为准绳，以建设社会主义核心价值体系为导向，高度重视网络舆情，积极回应网上舆论诉求，并为网络监督提供科学合理、健康发展的制度空间，进一步促进公共权力的阳光运行，保障公众权益的充分实现。做好互联网舆情的分析研判是积极应对网上负面事件的基础，必须体现在党委、政府常态化的工作之中，而不能视其为额外负担，置于可有可无的境地。

二是建立互联网舆情的处置预案。互联网作为一个高度开放和充分交互的信息平台，信息的传播与扩散十分迅速，使网络舆论的生成、发展和演进过程呈现出快速、复杂、多变等一系列具有高度不确定性的特征。为此，必须建立相关的互联网舆情处置预案，在日常网上舆情分析的基础上，未雨绸缪，事先对可能出现的情况加以判断和预设，并做好相应的处置与引导方案。这样做一方面可以进一步强化对互联网的宣传运用，主动向网上发布权威信息和主导观点，加大日常网上宣传力度；另一方面在突然出现的网络负面事件和网络舆论危机面前，可以坦诚、从容地加以应对，根据预案及时采取措施回应网上舆论诉求，引导网络舆论朝着客观、理性、全面的方向发展，变舆论压力为工作动力，进而化解危机，修复形象，更好地为公众服务。

三是明确互联网舆情的处置流程。互联网舆情处置工作是一项政治性、政策性和方法性都很强的工作，决不能简单地从主观愿望和局部利益出发，加以封堵、搪塞、推诿，更不能以虚假信息糊弄网民；而是要立足于事实，采取回应、疏导、说理的方法，坦诚地面对网络舆论的曝光、质疑和批评，赢得网络民意的尊重、信任、理解和支持，将公共利益诉求、网络舆论诉求、工作目标诉求三者有机地统一起来，引发积极的舆论共鸣和社会共识。互联网舆情的处置流程大致可以分为八个步骤：其一是监控发现舆情，通过常设机构或从其他渠道获取线索；其二是成立处置小组，视事件性质和影响范围，成立市、部门、区县不同层面的处置工作组；其三是掌握客观事实，通过充分占有事实，了解准确信息，形成权威信源；其四是分析舆论走势，实时关注舆情变化，分析网上传播诉求，判断其发展走向；其五是提出处置方案，并与上级主管部门沟通，与首发媒体协调，提供反馈信息；其六是组织舆论传播，通过组织新闻发布、新闻评论，或开展新闻行动等方式，形成网上舆论主流；其七是评价处置效果，连续跟踪网上舆情变化，适时调整网上传播策略，进一步完善和优化工作方案；其八是进行案例总结，待舆论常态化后，总结处置经验，吸取教训，不断提高网络负面事件处理能力和网上舆论引导水平。

四是强化互联网媒体的沟通协调。互联网媒体由于设立门槛低、网络服务器租用方便，社会各种组织包括个体都可以或可能根据自己的需要建立赢利或非赢利网站或网页，并获得相应的网上信息管理权限，对互联网信息起到传播者和把关人的作用。虽然网站和网页数量巨大，并承载着海量信息，但人们的注意力资源是有限的，大多数人常常将有限的注意力投放到重点新闻网站、商业门户网站和大型社区网站上，同时根据自己的信息需要和浏览习惯集中于少数网站，并通过搜索网站选择对自身有价值的信息。在网络信源超过人们信息接受能力的条件下，只有进入到人们普遍关注的相关网络议程才能发展为网上舆论热点。负面信息内容也只有依托浏览量大的、有影响力的各类大型网站的传播，才能放大议程影响，形成舆论危机；同时，也会被搜索网站置于搜索结果的靠前位置，带动更多的网民参与到议程中。因此，强化互联网媒体的沟通协调，特别是传播影响力大的网站协调，通过加强供给和传播把关，一方面有助于控制和防范各种失实信息、有害信息等恶意传播所造成的社会不良影响，另一方面也为网上负面事件处置提供更为有效的信息传播平台和舆论引导阵地。

五是组织互联网舆论的有效引导。互联网作为开放式信息驻存和传播空间，在海量信息所汇流的舆论大潮中，由于不同人群利益诉求的差异，网上舆论热点在总体反映公众关注的同时，也存在着由各种网络推手或炒手出于某种利益需要而制造的网络热点，并不能真实反映大多数人的共同关注和普遍诉求。同时，交互式的互联网使每个人都成为广义上的信息传播者和舆论制造者，网上个体的参与虽然提高了传播的有效性，但个体的网上行为在缺乏有效监督的条件下，实现道德自觉是一个渐进过程，必然同时存在因个体差异、观点分歧、利益膨胀等因素甚至是破坏、犯罪所导致的舆论无序和混乱，客观上需要有组织地强化舆论引导，形成网上主流舆论。因而，在网络舆论存在各种无序因素的客观情况下，有主题、有计划、有目标地组织互联网舆论的有效引导，是应对互联网负面热点事件传播的根本要求和实现途径。要充分发挥各网络宣传队伍的作用，在互联网常态宣传，特别是在有负面热点事件传播中，统一协调，形成合力，以正确的导向引领网上舆论的发展，服务社会公共利益和公众普遍诉求。

（作者：南京市委宣传部副部长、研究员；南京市网络宣传中心主任、高级政工师）

围绕满足人的精神需求改进创新宣传思想工作

路洪昌

毋庸讳言，目前我国社会存在一定程度的精神危机，世界上发达国家在工业化时期曾出现的“精神空虚，理想失落，道德贫困，价值偏离，心理疲惫”问题在我国有重演之势。医治和消除人的精神疾病，满足和引导人的精神需求，已成为摆在我们宣传思想工作面前重大而紧迫的任务。

科学发展观的核心是以人为本，落实到宣传思想工作上即是以人的精神需求为本。以人的精神需求为中心，以满足人的精神需求为目的，是宣传思想战线贯彻落实科学发展观的具体体现，也是宣传思想工作实现科学发展的基本途径和原则遵循。

一、满足人的精神需求是宣传思想工作的根本目的和基本任务

美国心理学大师马斯洛将人的需要分为五个层次：生理需要、安全需要、社交需要、尊重需要、自我实现需要，这一理论揭示了人类需求从低级到高级发展的一般规律。从中可以看出：前两种属于物质需求，后三种属于精神需求，物质需求满足后将自然转向精神需求，精神需求是对物质需求的超越，是人的需求的高级层次。

人类社会发展进步的历史诚如斯言：许多发达国家经过物质文明的高度发展，上世纪中期进入了精神需求主导型社会。我国经过几十年的建设发展，特别是30年的改革开放，社会财富大大增加，物质需求基本满足，人们的需求更多地转向了社交、尊重和自我价值实现等方面。

二、当今时代，人的精神需求迅速增长，呈现许多新的变化和特性

当今时代，随着物质需求的基本满足，人们的精神需求迅速增长，并呈现许多新的变化。

综合分析人们精神需求的增长变化，主要集中在以下五个方面：一是求知晓。这是人的第一精神需求。在无知识就没力量、缺信息就难发展的社会环境下，人们比以往任何时候更需要知识信息，特别是与自己生产生活相关的知识信息，期望通过知识信息的更多更快获取，增强发展能力、获得更多机会，解除思想疙瘩和精神困惑。二是求愉悦。人总是追求愉悦充实的精神生活，避免枯燥忧郁伤痛的精神境遇，特别是在劳动过程的自动化、生活节奏紧张化、精神负荷高压化的今天，人们更需要通过愉悦缓解压力、解除疲劳、消除孤独、调整状态。三是求认同。人区别于其他动物的本质就是社会性，这一属性决定人必须有精神家园和心灵归依。人无不渴望得到家庭亲朋的关怀爱护，取得团体社会的认同接纳，快乐有人分享，苦恼有人分忧，心灵有人抚慰，精神有人寄托。特别在当今生活方式相对独立、人际关系趋于淡漠的境况下，认同需求十分强烈。四是求尊重。人不论经济贫富、地位高低，都有获得信心、能力、成就、独立、自由的自尊需求和得到承认、威望、羡慕、赞扬、赏识的被尊需求。有时候人们把人格尊严看得比生命还重要。尊重需求的满足能使人获得自信，净化心灵，提高品位。五是求自我价值实现。人都有一种实现自己的理想，使自己趋于完美的欲望，都“希望自己越来越成为所期望的人物，完成与自己的能力相称的一切事情”，而且越是层次地位高的人，越寻求自我价值实现，特别是在倡导竞争机会均等的今天，人们的自我价值实现欲望更为强烈。

研究当今人的精神需求增长变化，可以发现五个基本特性：一是本能性。上述“五求”都是人的本性使然。人的本能欲求是人的精神需求生发的源泉。二是层次性。人由于所处阶层职业等不同，精神需求自然形成不同层次。精英人物最需求的是自我价值实现，普通人员最需求的是尊重。三是差异性。人由于性别年龄文化阅历等不同，精神需求千差万别。幼、青、中、老各个年龄段的精神需求各异，工人、农民、军人、教师、医生精神需求不同。四是多样性。多样性是人的生活本身的意义所在。有的求乐求美，有的求名求誉；有正面积极的需求，也有负面消极的需求。五是递增性。物质需求是有限的，精神需求是无限的。人的自身条件的改善会使精神需求随之递增。此需求满足后便产生彼需求，低层次需求满足后会追求高层次需求，永无止境。精神需求的递增性促使人的精神不断升华、人性趋向完美。

三、根据人的精神需求的变化特性，改进创新宣传思想工作的方式方法

人们精神需求的这些变化和特性，是宣传思想工作研究改进的课题和依据。宣传思想工作要依据这些变化特性，针对其分层分众、多元多样、变化快要求高的特点，对现行的工作套路进行反观和调整。彻底改变小范围循环、低水平重复、老办法运作、旧理念评价的运行模式，代之以现代科学理念思路、方式手段，更好地满足人们的精神需求。

满足人们的求知晓需求。应针对以往知识信息传播面窄、量小、迟缓的问题，重点在以下几个方面进行改进：一是拓宽领域。知识信息的传播覆盖要拓宽到认识、意志、情感、性格、爱好、兴趣等人们精神世界的所有领域，做到无处不包。二是扩增内容。知识信息的传播内容要扩增到人们求知欲晓的理论、政策、法律、道德、文化、艺术、宗教、伦理等所有方面，做到无所不有。三是加快传速。在充分利用广播、电视、报纸、杂志传统媒介，文化馆、图书馆、体育馆、博物馆、科技馆教育基地，讲座、报告、展览、参观、征文等活动形式的基础上，根据人们获取知识信息随意性、即时性、互动性、放射性增强的特点，大力推进数字化引领、结构化升级，加快构筑传输快捷、覆盖广泛的传播体系，特别是充分运用互联网、移动电视、手机电视、数字报业等新兴媒体。在传播中，对各种媒介属性功能要素科学配置，对内容进行精心甄别过滤，音图像等表达向大众阅读欣赏习惯靠拢。如新闻报道要注意

写实性描述性活化的语言，理论宣传要注意深入浅出通俗易懂，文件材料要力戒假大空，真正使人们听得进看得懂，入心入脑启智开慧。

满足人们的求愉悦需求。应针对阵地、活动、精品“三缺”问题，重点在以下方面改进：一是增建阵地场所。通过争取更多的财政支持和市场机制运作，多建公共文化基础设施，重点是加快乡镇综合文化站、村民中心、社区文化室建设，大力推进广播电视“村村通”、文化信息资源共享、农村书屋等工程。要学习吉林省“党委牵头、政府搭台、企业参与、农民自办”的“多元共建”“欢乐农家大院”的经验，打造农民承接文化、生长文化、传播文化、经营文化的固定阵地和永久乐园。二是多搞文体活动。充分利用社区、农村、企业、军营、校园等传统群文活动形式载体，大力创新政府民间互动联办的新的活动载体形式，经常组织大规模宽范围深带动的群众文化活动，特别是策划和组织集诸多娱乐教育功能为一体的活动赛事，做到大赛年年搞，小赛季季办，活动天天有。三是多出文化精品。加快公益性文化事业单位改革和机制创新，建立文化精品创作评选推介奖励的良性机制，促使文化工作者自觉“三贴近”，真正沉下去，潜心搞创作，致力出精品。加快经营性文化事业单位转企改制，打造大型文化企业和企业集团，提高文化产品精品的生产经营能力。满足人们的愉悦需求，从根本上说，是激活全民主体，繁荣基层文化。因此要支持民资进入文化产业领域，引导社会力量参与公共文化服务，鼓励群众自办活动，自编自演，发挥民间艺人、文化能人、文化经纪人的激活带动作用。要通过政策鼓励、资金扶持、荣誉奖彰等措施，加快发展专兼职结合的基层文化队伍，培训基层文化骨干，为基层群文活动开展提供人才支持。

满足人们的求认同需求。应针对一些人的信念动摇、道德失范、关系疏淡问题，重点在以下方面改进：一是加筑理想信念基础。在全社会牢固树立中国特色社会主义理想信念，打牢人们团结奋斗的共同思想基础；强化社会主义核心价值体系建设，引领人们在基本价值取向上趋于一致；建设和谐文化，重视人文关怀，促进人们在文化心理上的相融认同。二是加强道德教育实践。大力倡导爱国守法、明礼诚信、团结友善、勤俭自强、敬业奉献的基本道德规范，深入开展社会公德、职业道德、家庭美德、个人品德建设教育，大力弘扬民族精神和时代精神，树立社会主义荣辱观，构建男女平等、敬老爱幼、扶贫济困、礼让宽容的人际关系，促使人们在公德良俗的凝聚和约束下走向一致认同。三是深化精神文明创建。围绕中心，创新载体，组织开展各种形式的精神文明创建活动，让人们在广泛参与同创共建中增进了解、加深感情、取得认同。四是媒体牵线，增加交流。目前传统交往方式逐渐式微，新的交往模式逐渐形成，“数字化”交往方式日益普遍，要发挥现代媒体零距离接触、无障碍交流、双向互动、即时方便的优势，为人们搭建便捷交流沟通的平台，创造更多的相知相认条件，让人们在更多更顺畅的交流交往中，拆除心墙、消除隔阂、相互认同。

满足人们的求尊重需求。应针对公民权益意识、平等意识、独立意识日渐增强的实际，重点在以下方面改进：一是确立人本宣传理念。把尊重人的主体地位、开发人的价值潜力，发挥人的首创精神、维护人的权益尊严作为基本理念原则，把握人权、平等、自由的宣传基调导向，营造“四个尊重”的浓厚氛围。二是改进思想工作方法。从战争年代和阶级斗争年代的立足于教育人、改造人，转向尊重人、关心人、理解人、爱护人，多渗透感召，多疏通引导，多参与讨论，多对面交心。摆事实、讲道理、以理服人、以情动人。三是善用引导激励艺术。“人性的第一原则是渴望得到赞赏”。要注重不同阶层群体的思想状况和价值取向，尊重群众的实际感受和认识水平，区分层次、区别对象，尊重差异、包容多样，更多地通过形象激励、情感激励、需要激励、心智激励、信心激励、赏识激励等方法满足人的自尊，更多地通过自我激励和自我控制艺术调动人的积极性。

满足人们的自我价值实现需求。应针对一些人价值实现偏向、先进典型影响力弱、人才成就展示受限等问题，重点在以下方面改进：一是校正价值实现观念。爱因斯坦说："一个人对社会的价值首先取决于他的感情、思想和行动对增进人类利益有多大作用。"要理直气壮地倡导无产阶级的自我价值实现观，批判和抵制个人主义甚至损人利己的自我实现，引导人们在实现社会价值中实现个人价值，在为祖国为人民事业的奋斗中实现自我价值。二是完善典型选树机制。建立公开公正科学严谨的先进典型发现、筛选、评估、推介、表彰机制，使各行各业、不同层次、不同类别的先进模范，都能被及时发现、准确定性、客观宣传、受到推崇，增强典型公信力和示范效应。三是提供价值展示舞台。运用传媒、赛事、展演等各种形式载体，为各类技艺才能的展示创造机会条件，为各类人才的价值实现开辟渠道途径，促使一切创造活力竞相迸发，所有人才价值无障实现。

在满足上述"五求"中，还应注意把握人们精神需求的五个特性，做到顺性而为，因性利导。如在满足人们求知晓工作中，要注意层次多样性，着力知识信息的宽泛丰富和传播的分众分层，使其各取所需；在满足人们求愉悦工作中，要注意多样性递增性，着力品种、样式、载体、风格的创新，力求丰富多彩；在满足人们求认同工作中，要注意独立性、选择性，着力思想交流和活动互动，致力求同存异；在满足人们求尊重工作中，要注意本能性、差异性，着力情感交流和思考换位，引导自尊他尊；在满足人们自我价值实现工作中，要注意层次性、递增性，着力肯定赞赏和提供平台，激励创业奋斗成功。

人的精神需求受社会的价值观念、道德风尚、法律体系、管理制度、行政约束多种因素的影响制约，满足人的精神需求是个系统工程。宣传思想部门必须始终坚持在精神领域布正道讲正理传真知扬正气，通过一系列的调整改进创新，在坚定人的理想信念、校正人的观念思维、充实人的文化知识、完善人的道德品格、提升人的精神品位、增加人的幸福指数、实现人的全面发展和社会的全面进步中做出更大的贡献。

（作者：中共河北省邢台市委常委、宣传部长）

把牢"三网"关　提高互联网舆论引导能力

邹小平

当今时代，以互联网为代表的新兴媒体，正在深刻改变着媒体传播的内在结构和总体格局，带来了传播领域的革命性变革，成为引导社会舆论的重要阵地。如何通过新兴媒体联系群众、了解社情、凝聚人心、开展工作，成为对党的执政能力的全新考验。这一局面要求我们切实加强网上舆论引导，加快形成以主流网站为主要载体的传播社会主义核心价值体系的网络舆论阵地，牢牢掌握网上舆论主动权、主导权和话语权，营造和谐的网络舆论环境。

一、要"懂网"，正确认识网络媒体的重要作用

一是从全球看，互联网已逐步取代电视，日趋显现"第一媒体"之势。从受众多少这个标准来看，互联网已日趋显现"第一媒体"之势。最新的数据显示：从规模上看，目前国内有1900多种报纸、9000多种刊物、3000多家广播电视台、150多万个网站、5000万自媒体博客用户。随着"三网"融合和3G时代的到来，国内5亿

多手机用户都将成为潜在的信息生产者和传播者，互联网数量几乎是无限增加的；从发展的态势来看，根据 Edi－tor&Publisher 的最新研究(2007 年)：大约 1/3 阅读在线电子新闻的用户对传统媒体失去了兴趣，电视收视率下降了 35%，广播收听率下降了 25%，报纸购买率下降了 18%，网络媒体已经超过报纸、杂志、图书、电影、戏剧等传统媒体对民众的影响，并呈现出取代电视的发展势头。

二是一些发达国家已经意识到网络的重要意义，使之成为国家软实力建设的重要利器。早在 1992 年，克林顿政府就提出了“信息高速公路”的国家发展规划。此后，日本和欧盟等国也推出了自己国家的互联网发展战略规划，将互联网的发展作为衡量本国综合国力的指标之一。互联网具备的无国界性和跨国性给中国国防带来了新的挑战。前不久，美国国会拨款 2500 万美元专门用于破解我国信息边防的软件开发。此外，各种反华势力也看到互联网的巨大作用，借助互联网平台，扩散自己的舆论影响，丑化中国的国际形象。

三是互联网已成为社会观念和思想的显示器和晴雨表，给我们引导社会舆论、凝聚社会共识带来机遇和挑战。互联网的虚拟特性，使之成为各种诉求自由便捷表达的空间，产生了极为广泛的影响。社会上的各种错误思潮包括各种不健康的价值观在网上几乎都有反映。同时，互联网的强大聚合功能，还使之成为一种新的社会动员和组织方式，为各种政治、社会力量在网上聚集、组织、动员提供了便利，这种聚合有时会形成对社会有利、有益的因素，但有时候也可能成为影响社会安定的重要因素。这都给我们引导社会舆论、凝聚社会共识带来机遇和挑战，网上舆论引导和管理工作将更加繁重。

二、会“用网”，迅速占领网上宣传舆论新阵地

一是加强网络文化产品创作生产，开展网上文化活动。制定网络文化发展规划和网络文化建设指导目录。组织实施“文化精品数字工程”，出版数字工程、建设数字图书馆、知识资源数据库，促进健康文化、优秀文化产品的数字化、网络化传播。鼓励宣传文化单位遵循信息网络的特点和规律，针对不同网民特别是青少年的接受心理，努力创作生产更多体现时代精神、讴歌真善美、群众喜闻乐见的网络文化产品。结合网络媒体的文化平台功能，重视发挥网民的主体作用，积极开展健康向上、丰富多彩、吸引力强的网上文化活动，营造网上舆论的“洼地”效应，架起一座老百姓和政府沟通的网络桥梁。

二是强化网上正面宣传。网络文化单位都要努力宣传科学真理、传播先进文化、倡导高尚精神、弘扬社会正气、培育和谐精神。运用各种方式在网上大力传播马克思主义中国化最新理论成果，用社会主义核心价值体系引领网上多样化的思想意识，用正面声音占领网络阵地。大力加强网上新闻宣传，围绕中心工作，组织开展各大主题宣传、成就宣传、典型宣传活动；重点宣传经济社会发展的有利优势和良好环境，宣传抓大项目促大发展、打造精品陶瓷基地和中国生态硒谷，工业强市、农业稳市、商贸活市、文化立市、教育兴市，大力实施民生工程，推进城市和社会主义新农村建设，以及干部转变观念作风，赢得民心等好经验、举措和成效。宣传文化管理部门的干部，要积极开办博客、播客，以正面权威声音深入浅出地阐释党和国家的方针政策，用正确舆论引导广大网民。

三是做大做强重点网站。财政部门要加大对重点网站宣传业务的资金支持。电信基础运营企业要在重点新闻网站网络接入服务等方面给予支持，主办单位要加强对重点新闻网站的领导，把优势资源优先用于重点新闻网站。形成以重点网站为中心，市直各部门为子站的综合性互联互通网络，做到“网络总体架构统一、信息交互模式统一、信息资源组织体系统一”。加强丰城政府网和新闻网等网站建设，强化权威信息发布、政策解读功能，充分发挥宣传党和

国家方针政策的主渠道作用，大力扶持校园网建设，更好地传播科学知识和先进文化，营造政通人和的政治环境。

三、严“管网”，确保网络文化健康有序发展

一是建立完善网上舆论引导机制。 建立健全网上舆情研判报送机制和网上舆论引导快速反应机制，增强应对网上舆论问题的快速反应能力，确保舆论引导及时、准确、有力。加强网上热点和突发事件舆论引导，进一步完善《丰城市重大突出性事件网上宣传处置预案》，建立健全网上新闻发布机制，按照“主动出击、主动引导、先入为主、先声夺人”的要求，牢牢掌握网上舆论引导的主动权和话语权，遏制小道消息和谣言的传播。对网上出现的舆论热点和突发事件的炒作苗头，要立即组织开展有力有效的舆论引导；对网上负面舆论炒作，要及时疏导和化解；对网上恶意攻击，要积极开展舆论斗争。要讲究引导艺术，善于利用各种流行的网络传播手段，运用网民熟悉的语言和方式，通达社情民意，疏导公众情绪。

二是强化行业自律和社会监督。 要充分发挥网络文化协会作用，引导从事网络文化信息服务的网络运营和服务机构建立健全内部管理制度，加强自我教育，落实行业规范，自觉遵守有关法律法规，接受网络文化的行业管理。对严重违反行业自律规范的会员单位，取消其会员资格；违反有关法律法规规定依法取消经营许可，并禁止其再从事网络文化信息服务。各网站要坚持把社会效益放在首位，坚持上网信息审查制度，自觉对网上内容进行监管，做到不制作、不发布、不传播有害信息，自觉抵制一切有悖网络文明、有碍社会稳定的行为。加强社会监督，充分发挥互联网违法和不良信息举报中心的作用。互联网安全监管部门要在重点网站、论坛设立“虚拟警察”和“报警岗亭”，及时受理群众举报，并建立举报奖励制度。同时，建立互联网信息评议制度、网站信誉公示制度，对严重违法违规行为公开曝光。

三是开展网络文化环境集中整治。 文化、公安、工商、电信等部门要密切配合，组织开展网上“扫黄打非”专项整治活动，严厉打击网络淫秽色情、非法传播视听节目和非法出版行为，坚决关闭淫秽色情网站，依法惩处违法犯罪分子。要加大城乡网吧整治工作力度。坚持学校、家庭、社会齐抓共管，为青少年成长创造文明健康的网络文化环境。建设网吧远程监控平台，把全市所有网吧纳入视频监控范围。

四是推动网络媒体与传统媒体的良性互动。 网上舆论与传统媒体舆论相互作用、相互影响的趋势日益明显，必须两者良性互动，共同营造积极健康向上的舆论环境，防止出现两种声音、形成两个舆论场。网络媒体及时转载传统新闻媒体的重要新闻稿件，对传统新闻媒体的重要信息进行二次传播，实现传播效应的最大化；传统媒体也要注意对网上舆论热点进行有效的引导，介绍网上正面宣传的进展情况，多报道广大网民的积极反应。

（作者：中共江西省丰城市委常委、宣传部长）

农村思想政治工作的新路子

赵举海

近年来，宜昌市以构建社会主义核心价值体系为主要内容，以“培育新农民，建设新农村”

为主题，按照“培建并举，综合管理，一地一品，以点带面”的工作模式，建立了20个思想政治工作联系点，积极探索农村思想政治工作新路子，取得了明显效果。

主要做法

1. 突出主题抓活动。针对以往群众政治生活少信息、文化生活无内容、生产发展缺技术的实际，宜昌市以社会主义核心价值体系教育、实用科学技术培训和法律法规宣传活动为主要内容，以“培育新农民，建设新农村”为主题，根据各地实际情况开展主题活动。如宜都市枝城镇九道河村开展以“富民、育民、净民、润民”为主要内容的四大行动。通过开展“富民行动”，发展壮大柑橘、冬枣主导产业，富裕千家万户；通过开展“育民行动”，提升村民素质；通过开展“净民行动”，净化村风民德；通过开展“润民行动”，丰富百姓生活，举办乡村新风人物访谈，大力加强对农民的教育培训。

2. 丰富载体建阵地。通过单位捐赠、社会资助等形式，多渠道筹集资金，建设“三室一场所”思想政治工作阵地。一是建设村级图书室。添置了一批包括种养知识、生活常识、实用科技知识等适合农民特点的图书，为农民群众获取知识提供便利。二是建设村广播室。结合当前国家对农村的各项方针政策，通过广播及时传达党和政府的声音，坚持做到涉农政策先学，国家时事快学，市场经济笃学，科技法律勤学，使农民不出家门就能掌握相关政策信息，指导生产生活。三是建设村级电教室。通过城乡共建的方式，帮助试点村建设多媒体电教室，开展各种辅导讲座、技术培训，不定期对农民开展培训教育活动。四是建设村级文体活动场所。如篮球场、羽毛球场、乒乓球桌、棋牌室、健身场等设施，同时以群众喜闻乐见的形式开展经常性的文艺演出，引导农民开展健康向上的文体活动。

3. 改进方法探新路。宜昌市注重创新方式方法，不强求“千篇一律”，而是要求结合实际做到“一地一品”，增强农村思想政治工作的针对性和吸引力，使农村思想政治工作实现由“说教式”向“引导式”，“号召式”向“激发式”转变。如秭归县砚窝台村开展“富裕家庭＋卫生家庭＋美德家庭＋平安家庭＝文明家庭”的“4＋1”文明家庭创建活动，评选条件、过程公开，评选结果在全乡电视、村委会、社区公示，村内专设光荣榜。通过评选文明家庭，达到了用群众身边的人和事教育引导群众。宜都市陆城街办龙窝村建立了“党总支＋学习骨干(中心户)＋农户”的思想政治教育网络。划分学习小组，成立农民骨干理论培训班，每月集中学习一天，举办学习专栏，撰写学习体会。每个骨干结成“一帮一”的学习对子，形成了纵向到底、横向到边的学习网络。许多村开展“群众说身边典型”活动，用农民来教育农民。以村民小组为单位，召开群众会议，由村民自由发言，评说发生在身边的典型人和典型事例，通过老百姓教育老百姓，群众带动群众，引导农民做当荣之事，拒为辱之行。

4. 建章立档活机制。宜昌市十分注重在加强和改进农村思想政治工作长效机制建设上下功夫。一是建立道德约束监管机制，筑起道德高地。如长阳县建立村民道德规范，树立自我教育标尺；建立道德档案，记载家庭成员在遵守道德规范和村规民约方面的情况；建立道德理事会，监督村规民约的实施，搭建自我管理平台。宜都市在全市建立思想政治工作连心袋。二是建立整体联动工作机制，形成工作合力。宜昌市整合农村党组织以及文化宣传、县乡党校、乡村远程教育站点等力量，进行村民思想政治教育，明确各部门职责，严格考核，形成上下结合的农村思想政治工作体系和齐抓共管的工作格局。三是建立民情调查分析机制，开展集中教育。经常开展民情调研，了解农民思想动态，把握群众思想脉搏。采取集中时间、集中内容等方式，有的放矢地开展农民思想政治教育。同时通过民情调查分析，密切关注农民的思想热点问题，建立思想教育预警机制，及时化解思想冲突，理顺情绪，调节心态，确保农民思想稳定和农村社会稳定。四是建立督查考核机制，推动工作落实。在细化、量化思想政治工作的同时进行考核，不定期检查督办，一年一通报，使思想政治工作由“软”变“硬”、由“虚”变“实”。

主要经验

1. 坚持以村民为主体。村民是社会主义新农村建设的参与者、实践者、受益者，他们是受教育者，也是教育者。宜昌市坚持以村民为主体，将开展主题活动作为思想政治工作的主渠道，通过组建“新农村建设”先进事迹宣讲团巡回宣讲，开展乡村新风人物访谈、知识竞赛、读书演讲赛，鼓励支持文化工作者歌颂农村新人新事新风尚，参与全市“乐在新农村”歌舞电视大赛等形式，坚持以村民自我教育、自我管理、自我提高为主，不强迫命令，引导村民自己查摆问题、自己民主评议、自己整改提高，充分发挥村民在“培育新农民，建设新农村”思想政治工作活动中的主体作用。

2. 坚持贴近农村实际。针对山区居住分散的现状，坚持并实施了片区制度，以自然村落为单位，设置若干个片区，以片区为单位组织开展思想政治工作，方便了村民参与，增强对村民的吸引力和感召力。采取建立“村级文化广播室”、开设“喇叭课堂”、竖立“养老曝光牌”、编写“戒赌三字经”等群众喜闻乐见的形式，“敲土锣，说土话”，把复杂的思想道德问题用通俗易懂的形式表现出来，吸引村民广泛参与，增强了活动的实效。由于贴近农村实际，各地呈现出“季季有活动，年年有赛事，村村有特色”的喜人态势。

3. 坚持正面引导教育。宜昌市坚持“正面引导，自我教育”为主的方针，通过宣传教育，促使人们灵魂发现，唤醒人性，从而达到“润物细无声”的自我教育效果。坚持“干部只说现象，群众只说自己”的方法，引导群众自己查摆自己的问题，既使村民受到了深刻教育，又有效避免了新矛盾、新问题的产生。同时，宜昌市还重视宣传群众身边“看得见、摸得着”的典型，通过开展“十佳道德模范”、“五好家庭”和“好儿媳、好公婆、好邻居”评选等活动，充分发挥典型的示范带动效应，营造了崇尚、学习、赶超先进的社会氛围。

4. 坚持解决具体问题。解决具体问题，是宜昌市开展“培育新农民，建设新农村”思想政治工作活动的根本着力点。宜昌市坚持思想政治工作和经济建设同步，培育新农民和建设新农村并举。一方面，通过抓项目建设、基础设施建设、文明新村建设等，下大力解决村民在产业发展、科技培训、致富增收等民生方面的实际问题。另一方面，突出思想政治工作的“教化”功能，不以解决具体问题代替解决思想问题。以各村、组和片区为单位，召开村民会，村民自由发言，让村民自己对照检查，对存在的问题，村民自己不能主动改正的，落实帮扶责任人，制定整改措施，督促其进行整改。引导村民们评说发生在身边的正反两方面的典型人和典型事，通过村民教育村民，群众带动群众，引导村民做当荣之事、拒为辱之行，形成“好事大家学，坏事大家管，家事大家评，村事大家办”的良好社会氛围，在解决思想问题过程中引导村民坚定跟党走的信念，践行社会主义核心价值体系。

（作者：中共湖北省宜昌市委常委、宣传部长）

新农村思想政治工作联系点制度探索

王长镜

为进一步探索新形势下农民思想教育的新的有效途径，促进乡风文明建设，构建和谐乡村，从2007年初开始，宜都市委宣传部通过在全市建立农村思想政治工作联系点，开展试点工作，取得了比较明显的成效。我们的主要做法是：

一、注重调研，高度重视当前农村思想政治工作存在的主要问题

近几年来，我市经常组织专班深入农村调研，及时了解掌握农村发展现状和农民群众所思、所想、所愿、所盼，在调研中我们发现以下情况应引起高度重视：一是不赡养老人的问题；二是邻里纠纷时有发生的问题；三是集体公益难做的问题；四是不能正确处理国家、集体、个人三者之间利益关系的问题；五是村里要出钱才能组织集体活动的问题；六是陈规陋习依然存在的问题；七是农民的信仰危机问题。2007年，市委常委会决定，在全市建立3个市级农村思想政治工作联系点，7个乡镇农村思想政治工作联系点。要求我们在关心农民物质生活条件改善的同时，应高度重视思想政治工作等精神层面的内容，切实抓好农民思想教育和引导工作，在创新上下功夫，不断探索加强农村思想政治工作的新路子、新方法。

二、结合实情，科学制定农村思想政治工作联系点的实施方案

在建点之初，我们提出了结合村情科学规划的首要工作原则，全市出台了《宜都市农村思想政治工作联系点实施方案》，对工作的指导思想、总体思路、目标要求、实施步骤和工作要求都作了详细安排。各乡镇都分别制定了相关实施方案，其中，市委宣传部对陆城街办、姚家店乡、松木坪镇3个市级联系点方案进行了重点论证和审定。陆城街办龙窝村主要围绕“争做十佳好村民、建设和谐新农村”主题，开展评选艰苦创业勤奋人、科技致富带头人、遵纪守法规矩人、公益活动热心人、民事调处公道人、移风易俗开明人、庭院整洁体面人、尊老爱幼贤惠人、知书达理文化人、诚实守信实在人“十佳”村民活动；姚家店乡姚家店村主要围绕“学评创”活动主题，举办知识讲座、科技培训、形势政策教育、先进事迹报告会等，引导农民群众共同建设美好家园；松木坪镇彭家桥村主要围绕“反对邪教、珍爱家园、构建和谐”主题教育活动，广泛开展宣传教育培训工作，引导农民群众养成健康文明的生活习惯，树立时代新风尚。其他乡镇联系点也相应制定了具体实施方案。

三、稳步推进，精心组织农村思想政治工作联系点的各项活动

1. 广泛宣传发动。一是标语宣传。为了给联系点工作营造良好的外围环境和宣传氛围，全市统一下发了诸如“做人讲道理、遇事讲情理”，“集体公益、大家出力”，“家和万事兴、邻里一家亲”，“美德不能丢、缺德不能有”等符合农村特点的标语口号，要求各点在适当的地方刷写和悬挂。二是资料宣传。各乡镇都印制了《农民手册》、《文明新风规范》等宣传手册，各村也印发了《村情手册》、《文明新村创建手册》，发放到每个农户，传递相关信息。三是入户宣传。各乡镇村组干部组成专班，深入每个农户走访，发放问卷调查表，解答建立思想政治工作联系点的有关情况，倾听群众心声。四是会议宣传。各联系点分别组织召开村组干部、党员代表、村民代表和户长会议，传达实施方案，进一步统一思想认识。

2. 完善阵地建设。一是建好村级图书室。主要添置一批包括种养知识、生活常识、实用科技知识的适合农民特点的图书，为农民群众获取知识提供便利。如市图书馆建立了12个农村图书流转站，切实解决广大农民看书难问题。二是建好村广播室。通过广播使广大农民不出家门就可以了解大千世界，掌握相关政策信息，指导生产。三是建好村电教室。大力开展城乡共建，帮助联系点建设一个多媒体电化教育室，发挥网络信息量大、方便快捷的优势和电化教育形象直观的特点，广泛开展辅导讲座、技术培训，不定期对农民进行教育培训活动。四是建

好村级文体活动场所。完善篮球场、羽毛球场、乒乓球桌、棋牌室、健身场等设施，为村民休闲健身提供场所，引导农民开展健康向上的文体活动，愉悦身心。

3. 狠抓学习教育。一是健全学习网络。各联系点建立了“党总支＋学习骨干（中心户）＋农户”的思想政治教育网络，划分学习小组若干个，武装有学习能力的骨干，成立农民骨干理论培训班，坚持每月集中学习1次，每个骨干联系10个农户，村组干部对缺乏学习能力、思想情绪不稳定的户结成“一帮一”的学习对子，从而形成了纵向到底、横向到边的学习网络。二是专题辅导培训。一方面市理论宣讲团送理论到村，另一方面根据村情邀请相关农技、政策、法律骨干到村授课辅导，或者通过远程教育网收听收看专家授课。三是送信息知识入户。及时将市场信息、致富信息、实用技术信息等进行汇编，印发到户。四是开展“群众评说身边典型”活动。以村民小组为单位，召开群众会议，村民自由发言，评说发生在身边的典型人和典型事例，通过老百姓教育老百姓，群众带动群众，引导农民做当荣之事、拒为辱之行。

4. 开展主题活动。一是开展村级发展大家谈活动。各联系点组织召开党员代表、村民代表会议，结合村级产业发展、公益事业发展、道德建设实际，各抒己见，为村级发展建言献策，统一思想，明确了发展方向。二是举办农民演讲赛。农民群众用朴实的语言讲述身边先进人物的生动事迹，充分展示农民群众的良好精神风貌。三是开展特色文化宣传活动。各地结合本地乡土文化特色，开展宣传文艺活动，寓教于乐。

5. 健全长效机制。一是修订了村规民约。各村在广泛征求村民意见的基础上，按照《村委会组织法》规定程序通过后，形成了本地村民共同遵守的规章制度和行为规范，用来规范和约束村民。二是建立了评比制度。将群众反映强烈，收效大的活动确定为长效制度，坚持下来，每年度进行评比，以促进村民长期规范约束自己的言行，提高综合素质。三是建立了农户档案。通过进村入户的细致工作，各联系点为所有农户都建立起了统一的民情专档袋，袋中包括农户的家庭情况、基本收入来源、联系点活动资料、参与村集体活动情况、奖惩情况以及村民平时操行记录等，使各级对农户基本情况一目了然，方便联系沟通。

四、效果反馈，达到建立农村思想政治工作联系点的预期目的

通过有效的农村思想政治工作联系点活动，既统一了干部群众思想认识，又大大提高了广大农民群众的综合素质。同时，农村思想政治工作机制得到加强。一是探索建立了乡镇党委和村级党组织思想政治工作任期目标责任制及“一把手”思想政治工作岗位责任制。二是建立健全了基层思想政治工作考评制度，对思想政治工作情况进行细化、量化，开展专项检查考核，形成有效的约束机制。三是逐步建立和完善了投入机制，各级增加基层思想政治工作的经费投入，解决基层思想政治工作无钱办事的问题。四是建立了长效管理机制，立足于长效管理，防止“开头轰、中间松、最后空”的做法，通过经常性的思想政治工作教育引导群众，赢得群众信赖。在开展联系点工作的过程中，乡镇村组干部把思想政治工作与为群众办好事实事、为民排忧解难结合起来抓，使党群干群关系不断融洽。

（作者：中共湖北省宜都市委常委、宣传部长）

学习好、理解好、把握好《六个“为什么”》

《思想政治工作研究》评论员

近期，中宣部理论局组织编写的《六个“为什么”——对几个重大问题的回答》(简称《六个“为什么”》)由学习出版社出版发行。为此，中共中央宣传部专门下发《关于认真组织学习〈六个“为什么”——对几个重大问题的回答〉的通知》。现将学习这一读本的心得体会与大家进行交流，供大家在学习宣传《六个“为什么”》时参考。

一、《六个“为什么”》是集中阐述关系党和国家前途命运的重大问题和理论书籍

当前，理论书籍品种繁多，不同的学术领域、不同的学科流派，都有大量著作。与其他理论书籍不同的是，《六个“为什么”》比较系统、比较集中地阐述了关系党和国家前途命运的重大问题。比如，为什么要坚持马克思主义的一元化指导地位，决不搞指导思想的多元化；为什么坚持走中国特色社会主义道路，决不搞民主社会主义；为什么要坚持人民代表大会制度，决不搞“三权分立”；为什么要坚持中国共产党领导的多党合作和政治协商制度，决不搞西方的多党制；为什么要坚持公有制为主体，多种所有制经济共同发展的基本经济制度，决不搞私有化和单一公有制；为什么要坚持改革开放不动摇，决不走回头路等六个方面的问题。这些问题，都不是一般的理论问题，而是关系党和国家的指导思想、发展道路、政治制度、政党制度、经济制度、发展方向六个方面的重大问题，是当代中国理论和实践问题中的核心，具有重大的政治意义、理论意义和现实意义。这些问题，国内广大干部群众都普遍关心，世界上很多人都密切关注，意义非同一般。

这本书的观点十分鲜明。《六个“为什么”》对六个重大问题作了斩钉截铁的回答，立场坚定、旗帜鲜明，没有任何含糊不清、模棱两可或吞吞吐吐。说“必须”，就令人服其必须的道理；说“不能搞”，就令人知其危害。“六必须”和“六不能”，都言之有理有据，见物见人。《六个“为什么”》旗帜鲜明地告诉我们，当今中国要“举什么旗、走什么路、以什么精神状态、朝着什么样的发展目标继续前进”，明确地向世人宣示了中国共产党始终不渝地高举中国特色社会主义伟大旗帜、坚持走中国特色社会主义道路、坚持中国特色社会主义理论体系的决心和信心。

这本书深入浅出、通俗易懂。《六个“为什么”》注重从问题出发，着眼于大家关注的热点、重点问题，不回避矛盾，不绕圈子，把思想性与导向性结合起来，把大道理讲得既清楚又明白。以前我们在论述有关方向、道路等重大问题时，大多采取正面论述的方法，这当然是必要的。但通过对比的方式进行说理，这就更容易把道理讲透，使人们认清事实真相，树立起正确的信念。《六个“为什么”》把这两种说理方式结合起来，非常清楚地告诉读者什么是可行的，什么是不可行的，这就大大增强了说理的效果。另外，这本书讲理论不是居高临下，而是推心置腹，娓娓道来，把抽象的逻辑推理融入具体鲜活的史实例证之中，深入浅出、通俗易懂，文风朴实、文笔生动，有比较强的吸引力、感染力和说服力。

二、读好《六个“为什么”》能够帮助大家明辨重大理论和实践问题的是非

新中国成立以来特别是党的十一届三中全

会以来，中国人民的面貌、社会主义中国的面貌发生了翻天覆地的变化，中国特色社会主义得到了人民的广泛认可，也赢得世界的高度关注和普遍尊重。大家都非常想了解，为什么中国能够在这么短的时间里取得这样辉煌成就，其奥秘在哪里呢？对于这些问题，不少人从不同的角度进行解读，得出的结论也不尽相同。《六个“为什么”》对这些问题作出了科学回答。

读好《六个“为什么”》有助于学习贯彻中国特色社会主义理论体系，更好地掌握社会主义核心价值体系。新世纪以来，我国进入一个新的发展阶段，经济社会等各方面都发生了深刻变化，也出现大量深层次矛盾和问题，人们的思想观念越来越多样化，统一认识的难度明显加大。面对新的形势和新的任务，如何增强民族凝聚力、向心力成为必须解决的一个重大课题。中央提出建设社会主义核心价值体系的战略任务，目的就是要形成全民族奋发向上的精神力量和团结和睦的精神纽带，不断巩固全党全国各族人民团结奋斗的共同思想基础。《六个“为什么”》深刻揭示了社会主义核心价值体系的内涵、外延和根本要求，对于我们进一步树立正确的世界观、人生观、价值观，进一步坚定继续深化改革开放的信念，进一步坚定走中国特色社会主义道路的决心和信心，都有非常重要的指导意义。

读好《六个“为什么”》有助于更好地了解中国、认识中国。从20世纪70年代开始，随着世界经济政治格局发生的深刻变化，西方不少人预测：21世纪是亚洲和太平洋世纪，亚洲太平洋时代正在降临。从那时起，世界关注的焦点就逐渐向亚太地区聚集，特别是中国这个被称为“睡狮”的世界上最大的发展中国家，其走向和变化更是引人关注。近年来，随着中国改革开放的成就与经验影响越来越大，国内外关于“中国模式”或“中国经验”、“中国道路”的讨论越来越热烈。其中，有些是对中国进行肯定和赞扬的，有些是对中国提出质疑和批评的。《六个“为什么”》比较集中地反映了中国特色社会主义旗帜、道路、理论体系，深入分析和揭示了中国发展模式的深刻内涵，是对国际社会一些模糊认识的正面回答。

读好《六个“为什么”》有助于澄清模糊认识，形成思想共识，更好地坚持中国特色社会主义。当前，我国绝大多数的人都拥护中国特色社会主义，但同时思想文化和意识形态领域并不平静。近些年来，随着世界多极化和经济全球化的深入发展，国际战略竞争和矛盾日趋激烈，世界范围内各种思想文化交流、交融、交锋也更加频繁。从国内看，随着我国改革发展进入攻坚期、关键期，随着经济体制深刻变革、社会结构深刻变动、利益格局深刻调整、思想观念深刻变化，理论和实践中的热点难点问题层出不穷。应该说，人们的文化水平、实践经验、认知能力都是不同的，对一些问题的认识和看法也不尽相同，这些都是正常的。《六个“为什么”》坚持贴近实际、贴近生活、贴近群众，针对大家普遍关心的重大问题，析事明理，解疑释惑，对于澄清模糊认识，解除思想疙瘩，化解认识困惑，驳斥歪理邪说，解开思想“扣子”，形成思想共识，都是必要的。

三、联系国际国内实际，结合历史和现实，认真研读，深刻领会

一是要紧密联系改革开放和现代化建设的实际来读。事实胜于雄辩。改革开放和现代化建设的伟大实践，就是摆在我们面前一部最丰富、最生动、最有说服力的教科书。只有读懂改革开放和现代化建设实践这本教科书，才能真正领悟中国经济社会发生的历史巨变，才能自觉把握当代中国的重大问题。正如《六个“为什么”》讲到的，我国获得了自近代以来从未有过的长期快速增长，远高于世界经济年均3.3%的增速，国民生产总值超过30万亿元，经济总量跃居世界第三，农村贫困人口从2.5亿减少到4007万。这一系列的事实无可辩驳地证明，中国特色社会主义和改革开放伟大事业不仅完全正确，而且前景光明。再比如书中讲到的，人民

代表大会与“一府两院”的合理分工、相互协作，是我国政治制度优越性的充分体现，因为无论是成功抗击四川汶川特大地震等自然灾害，成功举办奥运会、残奥会，还是沉着应对当前国际金融危机的冲击，中国都展示出了让世人惊叹的组织力和高效率。同时，30 多年来，人民代表大会不断加强自身建设，积极推动科学立法、民主立法，充分发挥在立法监督方面的职能，真正体现了人们当家作主，有力促进和保证了我国改革开放的顺利进行。这些事实都最有力地说明了，人民代表大会制度是适合我国国情的好制度。《六个“为什么”》全书用事实说话、用实践回答。通过阅读本书，大家可以进一步加深对改革开放和现代化建设伟大成就的认识，进一步坚定对中国特色社会主义经济制度、政治制度的信心，进而激发我们从实际出发，自觉维护符合我国国情的各项制度选择，为不断发展完善社会主义制度贡献力量的决心和热情。

二是要紧密联系历史特别是中国近代史来读。明史可鉴今。许多青年人都是“80 后”、“90 后”出生，从小享受着先辈创造的丰富物质文化成果，沐浴着改革开放的春风，感受着祖国欣欣向荣的发展变化。但是，也有不少人对中国近代史的认识模糊，对中国革命、建设和改革所经历的艰辛与波折缺乏切身体会，对目前存在的一些深层次的社会矛盾和问题不能正确看待，因而，当面对各种立场、观点不同的思潮、言论时，常会产生困惑。要帮助大家搞清楚复杂的理论问题，就需要追根朔源，从历史史实入手，从中感受历史人物的上下求索、历史变迁的不得不然、历史演进的整体脉络，引导大家得出正确的判断和结论。正如《六个“为什么”》讲到的，中国为什么会走上社会主义道路而不是其他道路，这是因为“无论是旧式农民起义、封建统治阶级自强，还是资产阶级改良派和资产阶级革命派的努力，都没有改变中国半殖民地半封建的社会性质和中国人民的悲惨命运”。而新中国成立以来取得了辉煌成就，人民的政治地位、国家的国际地位、整个社会的发展水平都是前所未有的。在这样的事实面前，我们自然会得出这样的结论：只有中国共产党才能带领中国人民实现民族独立和国家富强的历史使命。中国没有走资本主义道路，而是选择了社会主义道路，这不是哪一个政党、那一部分人的主观意愿所决定的，而是历史发展的必然结果，是历史的选择、人民的选择。又如，关于指导思想一元化问题，应该说这是人类历史发展的客观现实，正如《六个“为什么”》列举到的：在我国，汉武帝实行“罢黜百家，独尊儒术”，就是要确立儒家正统思想的独尊地位。在中国二千多年封建社会中，多数时间是以儒家思想为主导意识形态。在欧州中世纪，天主教、基督教思想处于统治地位，教会信条成为“任何思想的出发点和基础”，任何“异端邪说”都受到排斥甚至制裁。到了近代资本主义社会，资产阶级标榜“思想自由”，但以个人主义为主要内容的世界观和价值观，始终是资本主义社会占统治地位的思想。在当今西方发达资本主义国家，虽然各种思想主张五花八门，甚至允许批评资本主义乃至宣传马克思主义，但任何主张改变私有制、改变资本主义社会制度的思想，都会受到攻击和限制，更不允许其占主导地位，不可能成为主流意识形态。这样的历史事实告诉我们，指导思想一元化确实是不以人们意志为转移的客观规律。本书引导和启发人们进一步认识到，坚持不坚持指导思想一元化、坚持什么样的一元化指导思想，对于一个政党、一个国家的前途命运至关重要。通过学习《六个“为什么”》，大家可以从古今中外的历史发展过程中明白这样一个道理：只有高举科学的思想旗帜，坚持走正确的发展道路，一个国家才能强大起来，发展才有希望，人民才能幸福。

三是要紧密联系国际国内大势和思想领域的深刻变化来读。真正彻底的理论应该是能够反映时代变化、实践发展的理论，这样才能开阔视野、扣人心弦。应该看到，西方敌对势力从来没有放松对我国进行意识形态渗透，他们攻击和诋毁我国的基本政治制度的根本目的，就是要西化、分化中国，最终使中国走上资本主义道路，成为他们主导的世界秩序的附庸，这是他们长期以来不曾改变的政治图谋。在意识形态领域我们同各种敌对势力和非马克思主义思潮的斗争，本质上是社会主义价值体系和资本主义价值体系的较量。这些年，某些西方国家在一些国家大搞颜色革命，大肆兜售新自由主义，我国国内也有一些人深受影响，甚至鼓吹实行西方民主制度，搞“三权分立”以及两党或多党制；民主社会主义、普世价值等思潮在国内也鼓噪一时。对于这些不乏敏感的问题，《六个“为什么”》没有回避，而是剖析其源流，阐明其积弊，让大家放眼国际大势变化，更清楚地认识到盲目照搬照抄西方制度的严重后果，认识到中国特色社会主义政治制度、经济制度的竞争力和独特优势。因此，学习《六个“为什么”》，要紧密联系国际国内形势的发展变化，把这本书的编写出版及对问题的解答放到国际国内形势的大背景中去理解、去把握。要通过学习，既深刻理解资本主义的本质与弊端，又充分认识社会主义制度的先进性与优越性，增强抵制各种错误思潮的自觉性和坚定性。

四是要紧密联系自己的思想实际来读。回顾历史，我们可以说，当代青年人生活在百年中国最少干扰、最快发展、最多实惠的宝贵时期，国家的开放和文化的发展使得我们有机会接触到丰富多样的社会思想和价值观念。青年人朝气蓬勃、思维活跃、富于创造，但另一方面，受多种社会思潮的影响，加之一些人正处在价值观的培育和形成时期，一些人的思想、价值观念也日益多样多变，学习生活中所涌现出来的思想困惑很多，很容易陷入“只见树木不见森林”的困境之中。《六个“为什么”》所回答的问题，涵盖了经济、政治、文化、社会、党建等各个领域，可以说是大家经常碰到的主要问题，不少问题非常复杂尖锐，又不可回避。《六个“为什么”》紧紧抓住人们关心关注的一些重大问题，循着一个读者的思路，用马克思主义的立场观点方法丝丝入扣进行剖析，对那些众说纷纭的重大问题做出了“有的放矢”的回答。在认真学习这本书的时候，应该通过现象看本质，在其中找到许多困惑的答案，进一步深刻认识和准确把握我们国家的基本国情，以及党的最新理论成果和路线、方针、政策，进一步提高辨别理论是非、模范践行社会主义核心价值体系的能力和水平。

净化社会文化环境工作综述

范林芳

按照2009年初中央文明委召开的全国净化社会文化环境工作会议精神和中央办公厅、国务院办公厅下发的《关于进一步净化社会文化环境促进未成年人健康成长的若干意见》(以下简称《意见》)要求，各地各部门积极部署安排，明确工作任务，明确时间进度，明确部门责任，加大力度，采取有效措施，扎实开展净化社会文化环境工作。现将开展净化社会文化环境工作的具体情况综述如下。

采取有力措施，开展专项活动

全国净化社会文化环境工作会议后，各省(区、市)普遍启动了净化社会文化环境专项整治行动。一是整治互联网低俗之风专项行动。以论坛、视频、搜索引擎、博客、播客为重点清查目标，集中力量打击网络淫秽色情，有效抵制网络低俗之风。各地组织专门力量，切实加强对网上淫秽色情等违法有害信息的巡查处置，及时删除网上淫秽色情等违法有害信息。山东全面清查和规范手机、固定电话为网站的代收费服务，建立违规网站黑名单制度。广东招募精通网络技术的科技人员和大学生，组建网络监督青年志愿者队伍，在全省开展"净化网络 护卫孩子——万名母亲网络护卫行动"，广泛发动群众参与，加大群众监督力度。二是整治网吧专项行动。以背街小巷、城乡结合部和农村集镇为重点区域，集中力量取缔黑网吧，处罚违规接纳未成年人的网吧。宁夏采取让问题网吧一次性死亡的做法，即发现"黑网吧"一律查封，发现违法或严重违规的问题网吧一律吊销经营许可证和营业执照，有效遏制了网吧违规经营和"黑网吧"存在现象。海南对非法违规的网吧等社会文化场所严格监管，文化、公安、工商部门无论哪一家发现可即时予以取缔，然后由其他部门完善手续，防止部门之间推诿扯皮。三是净化荧屏声频专线行动。以节目审查、播出为重点监管环节，集中力量整治不宜未成年人观看的影视节目和不良广告。江苏充分发挥收听收看中心的功能作用，对全省各级各类电台、电视台的节目内容、价值导向、传播效果进行监控点评，避免出现虚监空监现象。贵州筹集120万元建立广告监测中心，加强对非法性药品和性病治疗广告的监测，使广告违规违法率有效降低。四是治理校园周边环境专项行动。以制止对未成年人有害商品流入限定区域为重点，集中力量清理校园周边经营场所和不法游商走贩。重庆建立校园周边文化审查监督员队伍，加强对校园周边文化环境的巡查，及时发现清理有害未成年人身心健康的图书、卡通画册、光碟、游戏等。江西从今年起设立净化社会文化环境专项资金，省财政每年拿出100万元，用于举报奖励和定期开展集中整治行动。

坚持重在建设，促进繁荣发展

各地按照《意见》要求，把加强管理与促进繁荣结合起来，努力丰富未成年人的精神文化生活。一是加大少儿影视剧、舞台剧、书刊、音像制品和动漫产品的创作生产。山西认真落实出版资源配置倾斜政策，今年增加100个书号，鼓励省内出版社大力开发出版适合未成年人阅读的图书。湖北实施少儿文艺精品工程、绿色网络工程、少儿视听工程、校外教育工程"四大工程"，为未成年人提供健康快乐的生活天地。天津实施未成年人优秀精神文化产品供给工程，加强对少儿文艺和科普作品创作生产的引导，办好少儿频道、未成年人服务网等文化阵地。二是加强校外活动场所和绿色网络阵地建设。安徽大力实施网络文化精品战略，研究网络文化创作、生产、传播、消费的特点和规律，增强网络文化原创能力，积极推动网上图书馆、网上博物馆、网上展览馆、网上剧场和公益性上网场所建设，丰富未成年人的网络文化生活，构建面向未成年人的网络精神家园。上海建立"未成年人网络天地"等公益"绿色"网站，拓展一批活动阵地，引导未成年人上好网。广东扶持和打造一批主流网站和少儿专题网站，支持广东电台、广东电视台加快发展网络电台、电视台，不断提高网络文化产品的水平和格调，积极推进优秀文化的数字化、网络化转换和传播，以健康、高雅的主流视听节目抢占网络阵地。三是设计开展丰富多彩的文化活动。北京深入推进民族艺术进校园活动，设立300万元奖励基金，广泛开展优秀网络小说、网络歌曲和健康益智网络游戏作品征集评选。广西筹备成立未成年人文艺创作指导小组，设立儿童文学百花奖，策划组织"刘三姐杯"动漫原创作品大赛，采取事先扶持、事后补贴的方式对优秀少儿作品进行资助。山东在全省深入开展"一二三四"系列活动，即以核心价值体系教育为主题，开展丰富多彩的教育活动；在城市社区建立"少年之家"、农村建立"农村少年宫"活动；在青少年中继续深入开展感恩教育、中华诗文朗诵、才艺比赛三项活动；以新中国成立60年周年为契机，在青少年中大力开展共产党好、社会主义好、改革开放好、伟大祖国好的“四好”教育。

加强组织协调，健全长效机制

各地按照《意见》和全国净化社会文化环境工作会议的要求，切实加强对净化社会文化环境工作的组织领导，加强统筹协调，坚持齐抓共管，健全长效机制，形成净化社会文化环境的强大合力。一是建立工作协调机构。目前，31个省（区、市）和新疆生产建设兵团都成立了本地净化社会文化环境工作协调小组，协调小组由本省（区、市）党委副书记或党委常委、宣传部长任组长，文明办、外宣办、教育厅、公安厅、文化厅、卫生厅、通信管理局、工商局、广电局、新闻出版局、团委、妇联、关工委等部门负责同志参加。建立了净化社会文化环境工作联席会议制度，定期召开会议，研究部署净化工作。二是建立督查考核机制。31个省（区、市）都建立了净化社会文化环境督查制度，年内将对本地净化社会文化环境的情况进行督查。广西今年4月、6月、9月各进行一次督查，4月初，5个督查组已由有关部门负责同志带队赴各地市，督查结果在全区通报，对行动迅速、成效明显的予以表扬，对行动不力、问题突出的通报批评。湖南强化工作问责，对行动迟缓、工作不落实、成效不明显的地区和单位实行严格的责任追究制度。主要负责同志要向省净化社会文化环境协调小组说明情况，做出整改承诺。山西、江苏、重庆、四川、陕西等地将为未成年人创造良好社会文化环境纳入党委、政府目标管理体系，作为考核各级党委政府的一项重要内容。三是建立信息沟通制度。为加强沟通，吉林、山西、河南、湖南、广东、云南、陕西等地专门形成《净化社会文化环境工作简报》，交流信息，总结经验，通报情况，督促工作。各地还加大新闻宣传力度，通过各级各类媒体对净化社会文化环境的情况广为宣传，营造净化社会文化环境的良好氛围。

创新方式方法，增强活力和实效

各地各部门按照《意见》和全国净化社会文化环境工作会议的要求，积极结合本地特点创新方式方法，切实提高净化社会文化环境工作的针对性和实效性。一是把净化社会文化环境与当前的重点任务结合起来。上海坚持净化社会文化环境与迎世博文明行动相结合，启动迎世博600天行动，在开展“三五”集中行动中，推进社会文化环境的专项整治行动，在整治乱张贴、乱倒渣土、乱扔垃圾等城市环境时，抓好治理网吧、网络、荧屏声频、校园周边的问题，进一步加强文化市场的监管力度，增强净化工作的效果。二是充分利用寒暑假、传统节日等重要时段开展工作。上海抓住“六一”、寒暑假等节假日，集中整治社会文化环境，同时策划开展“关爱成长”系列活动，受到未成年人和家长的普遍欢迎。安徽抓住新中国成立60周年的契机，及早谋划、精心组织，突出思想内涵，创新内容形式，在未成年人中开展“我和我的祖国”主题读书等活动，进行爱国主义、革命传统和国情、省情教育。三是将政府整治与社会防控结合起来，形成合力。江苏坚持政府监管与社会监督相结合，充分调动社会力量齐抓共管。目前7500余家注册网吧中共有1.6万名“五老”监督员，广泛建立了“五老”网吧义务监督指导小组，动员组织了一支坚强的“五老”监督队伍，配合有关执法部门，对网吧进行集中整治和日常巡查。河南商丘建立长效联系沟通机制，聘请教师为义务监督员，加大巡查力度，及时了解掌握校园周边文化市场情况。山西积极利用社会力量开展监督举报，在黄河新闻网设立举报栏，并充分发挥好互联网违法和不良信息举报中心、“12318”文化市场举报中心、“扫黄打非”举报中心的作用，发动群众举报，各主管部门依据举报信息及时进行查处。

（此文载《思想政治工作研究》2009年第8期）

文化建设:价值寻找载体的过程

傅　华

文化,就其本质而言,是人类内心深处的价值和情感元素,是一种内在的意义和力量。认识文化的一个逻辑起点,就是要把载体和价值区别开来。其实,文化是内在本质与外在形式的统一。价值是文化的本质,载体是文化的形式,但日常工作中人们很少区分文化的价值和载体,经常把承载价值的载体说成文化本身。因此,在日常工作和生活中就出现了以载体区分或把载体混同文化的现象。

区别文化的价值与载体,就必须明确价值和载体的相互关系。第一,价值必须靠载体表达。价值像一个羞涩的女孩,不能直接在大街上说"我爱你",而是通过绣球、手绢和红叶题诗等方式表达爱情。由此可以认识到,当今世界,欧美形成文化霸权,不是价值的霸权,不是欧美的文化价值比中国的文化价值先进。欧美的文化霸权,实际上是一种载体的霸权,它通过发达的科学技术、先进的流通机制,把价值投放传播到世界各地,从而形成话语霸权。第二,载体必须承载特定的价值、情感内涵,才能形成文化力量。载体的文化内涵越少,其价值就越小。一些出口商品卖得便宜,是因为它的文化内涵不够丰富。商品除了质量好之外,必须具有特定的价值,这样,商品才能成为一种文化符号。第三,价值与载体不是充分对称的。价值可以通过多种载体表达,一定的载体也可以表达多种价值。价值是精致的、简约的,而载体是丰富多彩的;价值是相对稳定的、渐变的,载体却是活跃的,充满创新和变化;价值的释放是内在的、持久的,而载体的作用则是形象的、直接的、赋予审美冲击力的。

文化不断作用于经济社会的过程,就是价值不断寻找载体的过程。这个过程大致分成四个阶段。一是把文化作为背景。即把特定的国民心理积淀、价值观念以及由此形成的文化传统、民族风俗作为经济发展的文化背景。把文化作为背景的时候,文化的力量是自然的、原生态的。二是把文化作为手段。即通过人的作用,使文化形成一种力量。企业文化建设,就是把文化背景加以剪裁,加以选择,根据企业的愿景、目标,把有利的元素保留下来,通过强化、灌输,进而形成企业的传统,形成一股力量。三是把文化作为商品。把文化元素提取出来,附加在商品和服务当中。四是把文化作为生活。文化变成大众生活的审美呈现,充溢于我们的生活空间,构成我们的生活环境和生活元素。从文化作为背景到文化作为生活,是一个否定之否定的变化过程,正是在这种辩证的发展过程和螺旋式上升中,文化不断提升着人们的精神境界。

(作者:中共北京市西城区委常委、宣传部长)

打造未成年人健康成长的社会文化环境

方立明

温州市现有未成年人近200万,占总人口的四分之一。为深入贯彻落实中办、国办《关于进一步净化社会文化环境 促进未成年人健康成长的若干意见》和中央关于加强和改进未成年人思想道德建设的决策部署，温州市紧紧围绕“快乐学习，健康成长，做一个有道德的人”主题，大力开展社会文化环境净化、优化、美化工作，有效地促进了未成年人健康成长。

一、强化整治措施，着力提升净化社会文化环境实效

1. 强化校园周边环境整治。温州市把校园周边环境的整治列入文化市场监管的重点领域，将色情口袋书、黄色卡通画、暴力游戏软件、流氓玩具及恐怖类、色情类等不健康的读物等列入“扫黄打非”的重要内容，深入开展“千校周边文化市场整治”行动，组织教育、公安、文化、新闻出版和工商部门开展联合执法，打击校园周边的网吧、彩票投注站点、电子游艺厅、歌舞厅、音像市场、出版物市场等场所违法违规经营活动，严厉打击教唆胁迫、引诱指使未成年人从事各种不良文化活动的不法行为。

2. 强化网吧专项治理。一是把好审批关。按照“严控总量、调整存量、优化结构”的要求，推动网吧连锁化、规模化经营，禁止在中小学校园周边 200 米内设立上网服务营业场所。二是加强日常监管。通过建立网吧监控平台，安装网吧终端过滤软件，统一制作“未成年人禁入”告示牌，严禁网吧等上网服务营业场所接纳未成年人、超时经营和传播网上有害信息，并对违法违规的“网吧”实行“一罚二停三吊证”。三是加大黑网吧整治力度。将城郊边缘地带作为监控重点，严防“黑网吧”向农村地区扩散。四是全面推广网吧星级化管理。制定网吧星级考核标准和办法，把网吧评定为“三星级”、“二星级”、“一星级”和“不合格”四个等级，对各等级网吧采取不同的管理力度。五是建立网吧违规媒体曝光制度，限期整改。

3. 强化网络环境监管。深入开展整治互联网低俗之风专项行动，宣传、文化、工商、公安、教育等部门加强协调配合，对互联网内容进行严密监管，严厉打击网上传播淫秽色情信息等违法犯罪行为，强化行业自律教育，加强对互联网从业人员政策法规和业务知识的培训，增强从业人员的守法意识、职业道德意识和社会责任感。针对网络出现的新情况新问题，电信管理、信息办、公安等部门加强网络信息日常监管，进一步完善网络管理防控技术手段，及时清除低俗媚俗、格调低下的网上信息垃圾，确保网络安全规范运行。深入开展“文明办网、文明上网”活动，落实违法有害信息过滤措施，辅导家长安装过滤软件，拦截有害信息。

4. 强化荧屏声频监管。广电部门坚决把住广播影视节目播出审查关，建立健全分级编审制度和重播重审制度，以及制片人、中心主任或总监、分管台领导三级审稿审片制度，严格控制不适合未成年人观看的影视剧、影视动画片和纪实专题节目播出。切实加强对综艺类、情感类、法制类、谈话类节目的监督管理，开展收听收看和视听评议活动，建立健全听众、群众举报制度，实现对各类节目进行全方位的监督评价，防止广播电视节目低俗媚俗之风对未成年人的不良影响。新闻出版、广电部门严把广告刊播关，大力整治不良广告，特别是违法违规刊播的性病治疗广告、性药品广告和不适合未成年人的语言广告一律予以清除。广电、工商、卫生、药监等部门建立会商制度，制定明确具体的广告审查细则，健全广告刊播审查制度，依法查处各类损害未成年人身心健康的不良广告。

二、注重教育引导，增强未成年人抵御不良文化侵蚀的能力

1. 发挥学校教育主阵地作用。全面推广“德育导师制”，共培训中小学班主任 1503 名，开展市级优秀班主任、市级模范班主任(名班主任)、终身班主任评选，并给予每人 1—3 万元奖励，充分调动学校德育工作者的工作积极性。组织开展温州市文明学校、温州市行为规范达标学校、温州市德育特色学校、温州市示范性家长学校、温州市素质教育示范学校等创建活动，

推动学校德育工作，促进学生成长环境的优化。加强学生心理健康教育，印发《关于进一步加强中小学心理健康教育的实施意见》、《关于中小学实施心理健康教育的指导意见》，健全学校心理健康教育管理机制，连续3年组织开展温州市学校心理健康教育中心（心理辅导站）创建工作，对有“网瘾”倾向的学生早发现、早关注、早矫治，增强青少年网上自护能力。加强学生法制教育，在注重学校晨会、班会课、活动课专题教育和学科渗透教育的同时，积极开展“请进来，走出去”的系列教育活动，用鲜活实在的案例教育学生增强自我保护意识，自觉抵制不良文化。

2. 发挥实践活动主旋律作用。围绕“迎国庆 讲文明 树新风”活动，在未成年人中广泛开展“六个一”爱国主义读书活动，即举办一次演讲比赛、开展一次征文活动、举行一次主题班团队活动、组织一次社会实践活动、收集一条格言、举行一次读书经验交流会。组织开展“向国旗敬礼，做一个有道德的人”网上签名寄语活动，全市参与活动的约60余万人次，发表感言寄语8万余人次。组织开展温州市青少年“清明节祭英烈”网上征文活动，收到征文7000多篇。举办“我爱祖国、我爱家乡”少年儿童才艺大赛，通过演讲、作文、绘画等形式，让广大少年儿童积极唱响共产党好、社会主义好、改革开放好、伟大祖国好、各族人民好的“五好”时代主旋律。同时，在市民家庭中组织实施“小手拉大手，文明节约，健康生活万人行动”，在全市中小学生中组织实施“快乐读书万人行”、“万名学生学礼仪·知感恩·尽孝心”大行动，在全市农村组织实施“万名留守儿童、困难儿童结对”活动，引导未成年人从小养成健康、朴素、节约的良好生活习惯，培养广大中小学生知书明礼、孝敬长辈的美德和崇尚高雅的健康情趣。

3. 发挥宣教阵地主渠道作用。组织开展文化市场“法制宣传月”、“法制宣传周”活动，通过图片展览、法律咨询、举报受理、现场真伪鉴别、发放宣传资料等等，大力宣传文化市场法律知识，传播健康有益的文化活动。发挥主要媒体公益广告的宣传教育作用，在《温州日报》和市广电新闻频道制作和刊（播）发未成年人思想道德建设公益广告140条次，营造了“知荣辱、树新风、促和谐、求发展”的社会风尚。关注未成年人成长对多元文化与环境的需求，发挥环境对人文精神的熏陶教育功能，组织开展市容环境大整治，建设以弟子规、英雄少年故事等为内容的城市文化景墙，清理整治容易对未成年人造成不良影响和误导的各类小广告，切实为未成年人的健康成长创造良好的公共环境。

三、突出主动服务，不断满足未成年人精神文化需求

坚持疏堵并重，着眼于满足未成年人日益增长的精神文化需求，学习休闲统筹、学校家庭兼顾、网络荧屏并进，全时空、全方位地多创作健康向上的精神文化产品，多开展丰富多彩的文化活动，多提供优质便利的文化服务，为广大未成年人健康、快乐成长营造良好的社会文化环境。

1. 学有所“去”。构筑立体的未成年人文化服务阵地，全市建有106个少儿活动室，11个少儿阅览室，3个少儿图书馆，126个文化信息资源共享工程基层分中心。市直、各县（市、区）142个爱国主义教育基地全部实行免票参观，创办少先队实践基地1080个，设立社区图书流动点10家，建成村史、校史、企业史等“三史”陈列馆180多个，成功打造了永嘉楠风营地、灵昆青少年绿色生态园、瑞安谷歌农家乐、洞头海霞营地等少先队体验基地、100余家少先队实践基地。依托这些阵地，组织开展丰富多彩的科普知识学习、爱国主义教育、情境体验教育，成为未成年人培养兴趣爱好、陶冶道德情操的课外学习“乐园”。

2. 闲有所“乐”。按照“贴近实际、贴近生活、贴近青少年”原则，经常性举办具有时代感和创新性的深受未成年人喜爱的活动，寓教于乐、寓教于活动，使未成年人在游戏中接受熏

陶，在锻炼中增强体质，在玩中学做人，在乐中明道理。先后举办青少年欢乐集市、欢乐带动跳展演、快乐童年大家唱、百米长卷绘爱心、“我运动，我健康，我快乐”幼儿运动会、“亲子玩科学”大型科技游园等活动。特别是针对未成年人对儿童电影的需求，成功举办中国首个地级市儿童电影节，历时35天，观影人数达38502人次，放映中外经典儿童电影48部，既有《大闹天宫》、《闪闪的红星》等多部新中国经典儿童电影，也有《狮子王》、《海底总动员》、《功夫熊猫》等国外优秀儿童电影，还有《小战象》、《寻找狗托邦》等2009年中外最新儿童影片。

3. 校有所“演”。加强对校园文艺团队辅导，创作演出一批内容健康、富有艺术感染力的少儿作品。启动“戏曲进校园”活动，累计演出140场。电影院线为开展电影进校园活动提供了技术支持，送电影进校园52场，观看学生达12700人次。组织开展各类青少年文艺活动，举办“希望之光”和“做一个有道德的人”主题文艺巡演，在全市11个县(市、区)巡演156场，参与观看青少年达20万人次。以“文艺大篷车”、文艺轻骑兵、小分队等形式，组织基层文艺演出累计1604场次，足迹遍布全市11个县(市、区)的乡村社区。

4. 家有所“读”。组织开展“重学习、读好书”活动，深化学习型街道、学习型社区、学习型家庭创建活动，大兴学习之风，培养未成年人读书兴趣和良好的读书习惯，组织开展社区读书心得、读书演讲、读书知识竞赛等活动，评选表彰“藏书十大家庭”，促进未成年人告别沉迷上网、从事不良嗜好等陋习，养成爱读书、读好书的文明健康生活方式。加大对红色经典文艺作品的推介力度，市新华书店、市图书批发市场组织10万余册有利于未成年人健康成长的读物投放市场，开辟专柜，集中销售学生图书。

5. 网有所“净”。市图书馆、少儿馆开设绿色上网平台，创建“少儿乐园”专栏，设立各类有利于少儿成长的好书好站推荐、益智乐园、少儿影院等栏目，倡导少儿健康上网。开通温州市青少年思想道德建设网站“温州青少年网”和“温州文明网”，建成全省首个“文明e少年网站”，积极为未成年人提供安全、健康、进步的网络产品和服务。

6. 屏有所“好”。坚持以生产和引进未成年人喜闻乐见、健康向上的文化产品来挤压不良文化的侵占空间。温州人民广播电台、温州市电视台、温州有线电视台相继开设了《花儿朵朵》、《男孩女孩》、《幼幼PARTY》、《快乐小列车》等少儿栏目，全市通过电台和广播开设少儿栏目20个。积极生产本土精神文化产品，分别以全国道德模范李学生和全国道德模范提名奖获得者郑九万为原型，拍摄电影《草根英雄》、《村支书郑九万》等，其中《村支书郑九万》获全国第十届“五个一工程奖”，有效丰富了荧屏内容，提升了对未成年人教育的吸引力和实效性。

(作者：浙江省温州市委宣传部副部长、市文明办主任)

关于推动文化科学发展的几点思考

张朋智

坚持以科学发展观为统领，紧密结合现阶段我国文化建设实际，顺应人民群众的新要求新期待，积极探索推动文化科学发展的新思路新办法，着力破解制约文化科学发展的难题，不断提升推动文化科学发展的能力水平，是当前宣传文化战线的一项重要课题。

一、明确文化发展的价值导向

科学发展观的核心是以人为本，就是以广大人民群众为本。在文化发展中贯彻落实科学发展观必须明确的一点，就是“一切发展为了人民”，这是确保文化科学发展的价值基点，也是支撑文化事业和文化产业快速、协调、可持续发展的根本价值导向。社会主义文化的科学发展，需贯彻多数人原则，不应只是着眼于少数人的发展，而应该是使多数人普遍获益的发展，是有助于增进社会整体利益的发展。社会主义文化是民族的、大众的，其接受主体必然是最大多数的人民群众，是人民群众所创造同时也是为人民群众所享有的文化，而不应是少数人孤芳自赏的文化，这是其不同于其他任何性质文化的根本区别。任何一个社会其主流文化的发展繁荣，必然离不开广泛、坚实的社会基础。无论是文化发展所要实现的政治效益、社会效益，还是社会主义市场经济条件下文化产业所要追求的效益最大化，都有赖于最大多数人的接受。只有始终与最大多数人的利益相契合，能够促进最大多数人的全面发展，文化才能保持旺盛的生机和活力。在文化发展目的上，应始终坚持以人为本，保障人民群众基本文化权益，满足人民群众日益增长的精神文化需求，丰富人民群众的精神文化生活。只有明确了这一点，才不致迷失文化发展的方向。同时，在文化发展的实践中，应始终坚持广泛性和先进性相结合，既要警惕脱离广大人民群众的、高高在上的“贵族化”倾向，也要注意防止一味迎合大众的“低俗化”现象。

二、明确文化发展的科学内涵

科学发展观的第一要义是发展。首先要强化发展意识，牢固树立发展理念，一切围绕“谋发展、促发展、保发展”的要求展开。当前，文化产业和文化事业，都面临着又好又快发展的迫切需要。不发展，没有生命力，没有吸引力，无法适应党和国家事业的需要，无法满足人民群众日益增长的精神文化需求。要推动文化的科学发展，关键是如何通过解放和发展文化生产力，不断提高生产和提供优质文化产品和服务的能力。应该如何理解文化生产力发展的内涵？可以说，单纯从数量、质量、结构某一方面理解都有些片面，很难称得上“科学的发展”，因此，应综合考虑。文化生产力首先须解决的是“多”的问题，即保证产能的扩大，能够持续向文化市场供给足够丰富的产品，满足人们的文化消费需求；又不能只是文化产品和服务数量的增加，停留于外延、规模的单纯扩展，而应在“多”的基础上，解决“好”的问题。同时不断提升文化产品和服务的质量，增加文化产品和服务的思想、精神的高附加值，提高文化产品和服务对于消费者的精神愉悦程度，更好地满足人们对高层次文化产品和服务的需求。解决了“多”和“好”的问题，还应着眼解决好“稳”的问题。要在优化文化发展的内外结构上下功夫，把握全面协调可持续的基本要求，运用统筹兼顾的思想方法，既注重完善文化产品和服务的品种结构，又应完善文化市场主体的法人治理结构等，从体制、机制、政策、人才、科技、信息、市场等多个层面，系统思维，多管齐下，整体推进，重点突破。妥善处理好一些重大关系，积极解决制约文化生产力发展的难点焦点问题，为文化生产力的发展创造一个持续、稳固、适宜的“硬环境”和“软环境”，夯实文化生产力稳步发展的根基。

三、明确文化发展的方式选择

文化的科学发展不应是只看结果、不问过程的发展，而应该是既看结果又重过程的发展，需考虑发展方式的最优化，着力提高文化发展的综合效益。改革开放以来特别是党的十六大以来，我国文化建设稳步推进，文化创新更加活跃，文化发展与政治、经济、社会发展更为协调。文化产业已经由探索、起步、培育的初级阶段，步入快速发展的新时期。出版集团、影视制作集团等国有文化骨干企业不断壮大实力、提高竞争力。据统计，2007 年，图书总品种达到 27 万种，比上年增长 6.12%，版权贸易逆差从 2002 年的9∶1缩小到5∶1；广电行业总收入为 1314 亿元，连续多年保持 10%以上的增长，电影产业总收入达 67.26 亿元，国产片连续五年票房份额超过进口片。但也应清醒地看到，与发达国家相比，我国文化产业尚存在不小差距。文化资源的有效开发利用、文化市场体系的建设、文化产品和服务的质量结构、文化创新机制的健全、文化管理体制的改善、文化市场主体的培育、文化发展的区域城乡平衡等问题亟待突破。这充分说明，转变文化发展方式，推动文化科学发展，显得尤为重要和迫切。实现文化发展方式的科学化，需要逐步摒弃那种粗放的、片面的、封闭的、短视的发展方式，进一步强化文化发展的科学性——集约性、协调性、开放性、持续性。与此相对应，即在文化发展实践中，不断提高文化资源的开发利用效益，推动文化生产的精细化，强化质量和效益意识；不断提高文化事业和产业的协调、发展区域的协调、文化产品结构的协调、通俗文化和高雅文化的协调等，优化文化发展结构；培育宏阔视野，保持一种开放姿态，以兼容并蓄的胸怀大胆借鉴文化发展的一切成功做法经验，创新文化发展的方式手段，保持文化发展的活力；树立战略思维，摒弃急功近利的短期思维，着眼长远和大局，保持文化政策制度的稳定性，遵循文化发展规律，改善文化管理效能，创造有利于文化健康发展的条件。

四、明确文化发展的评价体系

文化的科学发展，不应只有定性的衡量，还应提高评价的科学化，这是文化发展的重要一环。文化发展具有综合性、长期性、艰巨性、缓慢性，需要踏实的积累，但这并不意味着可以不需要“硬”的制度、“硬”的投入、“硬”的招数等，比如建构合理的制度性和政策性的约束激励体系，实施工作目标的数字化管理，加强文化政绩考核等。不同于以硬邦邦的数字来量化的经济建设，文化建设是在思想文化领域里做工作，因而容易被虚化、淡化以至边缘化，沦为一种点缀性、补充性的工作。一些地方出现“说起来重要、干起来次要、忙起来不要”的现象，就不足为奇了。解决这些问题，仅诉诸道德说教、行政强制是不够的，更需要对文化发展的责任主体设定一种“硬约束”，明确权利、责任，量化工作目标，实施目标管理。建立科学的评价体系就是一个重要方面。科学的文化评价指标体系，是国家文化发展综合监测体系的重要部分，是反映文化发展状况、用以评价文化软实力发展状况的一整套指标体系。应以科学理论作指导，以科学分析和描述为依据，以科学测量和评估方法为支撑，确保文化发展评价指标体系能客观反映现实状况，充分体现其内在规律，注意不同领域之间、不同地区之间、同一地区不同层次之间的区别与联系，全面反映各个地区、各个领域文化发展状况。

五、明确文化发展的力量源泉

我们的文化发展是社会主义先进文化的发展，是为了广大人民群众的发展，要保障和实现广大人民群众的文化权益，始终坚持人民在社会主义文化发展中的主体地位，尊重人民的首创精神，发挥人民的积极性、主动性、创造性。如何理解人民群众的文化权益？可从两个方面来理解：一个是接受，也即消费、欣赏文化产品和服务，得到精神的满足，这是最基本的、也是我们在努力实现的方面；另一个就是给予，也即生产、提供文化产品和服务，在这种过程中使自己的本质力量得以“物化”和外化，从而获得更高层次的精神愉悦。对此，需要充分认识和重视，就是不仅仅把人民群众看成是被动接受的对象，更应把他们看成主动参与文化建设的主体；不仅要保障他们消费文化的权利，更要满足他们建设文化的权利。只要充分认识并发动一切可用的社会力量投身文化发展事业，打破种种有形无形的束缚、限制、壁垒等，真正使全社会各阶层、各群体蕴含的积极性主动性创造性最大程度地释放出来，使文化发展的一切可用资源调动、激活起来，文化的大发展大繁荣才能拥有源源不断的强劲动力。

（作者：中宣部思想政治工作研究所副研究员）

形势政策宣传教育方式创新案例

吕其庆

在新时期，形势政策宣传教育的环境和条件发生了重大变化，创新形势政策宣传教育方式，增强形势政策宣传教育的针对性和实效性，有利于引导人们正确认识我国社会主义初级阶段的基本国情和当前我国发展的阶段性特征，正确认识国际经济环境的新变化和我国经济发展的新情况，展示我国促进经济平稳较快发展的政策措施取得的明显成效，展示我国经济社会发展有着美好前景，展示未来的幸福生活，进一步增强变挑战为机遇的信心和勇气，增强同舟共济、共渡难关的意志和决心，把思想和行动统一到中央的各项决策部署上来，更加坚定自觉地推进改革发展，更加坚定自觉地维护社会稳定，为新中国成立 60 周年营造良好的社会氛围。在继承过去好的经验和做法的基础上，全国各地积极探索形势政策宣传教育新的方式，拓展渠道和途径。本文选取部分省市创新案例供参考。

案例一：北京市成立百姓宣讲团

由北京市委宣传部、市委讲师团组建成立的百姓宣讲团，均由来自基层一线的工人、农民、教师、外来务工人员、普通机关干部担任形势政策主讲人。宣讲团成员共 53 名，由讲师团集中进行辅导，选择题目，反复试讲，请专业人士辅导，提高宣讲能力。宣讲团由 6 个分团组成，深入首都机关、学校、企业、街道、乡镇、军营和来京务工人员驻地等，进行为期一个多月的巡回宣讲，计划安排 200 场宣讲。

宣讲团成员通过讲述自己亲历的故事，来反映新中国成立 60 年来国家和首都取得的辉煌成就。“首钢高炉和我家”、“民俗村的 No.1”、“走出大山的孩子”、“三张照片两番景”、“北京情暖外乡人”、“盘盘北京大账本”、“新牛街上民族情”、“电视台的四级跳”、“说说的哥遇三‘难’”、“花乡无处不飞花”、“水库人家不了情”、“国旗高扬我心中”等等，这一个个百姓故事在群众中引起强烈反响。这种新颖的群众自我教育形式，突出来自基层又面向基层的理念，让普通群众成为形势政策宣传教育活动的主角。百姓宣讲员以真情实感讲述亲历、亲闻、亲为的鲜活故事，使形势政策宣传教育更加贴近实际、贴近群众、贴近生活，具有很强的感染力。

案例二：广东省利用手机报开展形势政策宣传教育

目前广东移动、联通手机用户达 9000 多万，数量居全国首位。广东省委宣传部根据这一实际，充分发挥手机传媒普及性和互动性强的优势，利用手机报，以新闻、短信、图片、视频等群众喜闻乐见的形式，便捷而高效地开展形势政策宣传教育。

广东省内各主要新闻媒体与中国移动、联通广东公司合作创办了 32 家手机报。各报通过手机特定端口，每天早晚分两次向用户播报国内外和全省发生的重大新闻动态、当日报纸摘要等信息。并根据形势政策的需要，推出专题式宣讲内容。各手机报紧紧围绕新中国成立60周年，普遍开辟爱国主义教育专栏，采取多种形式，鼓励手机用户参与教育活动。如在短信回执业务中开通新中国成立60周年知识问答，用户只要回答一道关于新中国成立和建设历史的题目，即可参与抽奖，提高了用户互动参与的积极性。“双百”投票期间开设专栏，专题介绍“双百”人物先进事迹、投票方式方法等，230多万手机用户积极踊跃投票，扩大了评选活动的影响力。

依托手机报这种形式，广东省委宣传部还与广东移动公司合作，开发了具有时代特色和干部群众欢迎的宣传学习平台——“学习天地”，内容包括“回眸60年”、“经典重温”、“党史今日”、“信息速递”等十几个板块，每周三期，及时向党政干部用户发送学习动态彩信。

案例三：南京市成立军地联合基层宣讲团

为整合宣讲资源，增强宣讲力度，南京市委宣传部与南京政治学院合作，共同组织军地联合基层宣讲团，利用部队思想政治教育的资源优势，做好宣讲工作。军地联合基层宣讲团从实际出发，将形势政策宣传教育内容按照不同专题划分，列成宣讲专题“菜单”，向预约宣讲安排的基层单位提供，供他们参考选用。宣讲团根据基层单位的性质和听众构成，组织宣讲团成员集体讨论，有针对性地备课。为确保“菜单式”宣讲内容紧密联系基层实际，宣讲内容与百姓需求不脱节，南京市委宣传部组织宣讲团成员深入到街道社区和厂矿企业进行调研，到社会基层去亲身感受改革开放的变化。还组织宣讲团成员参观南京市发展规划展览和中山陵、秦淮河以及城市公共交通的改造工程，使宣讲团成员能够直观地感受到宣讲中涉及到的现实生活中的内容，宣讲时所举的例子能够体现基层群众身边的发展和变化，使基层群众听得懂、记得住。南京军地联合基层宣讲团这种请基层自选的“菜单式”专题宣讲方式，提高了形势政策宣传教育的针对性和实效性，受到广泛欢迎。

案例四：宁波市推行微型党课宣传教育

宁波市针对基层党员群众居住分散、流动性大、工作节奏快等特点，丰富扩大党课教育内容，针对党员群众关注的热点、难点问题，结合与日常工作生活紧密相关的形势政策等推行微型党课宣传教育，使党员群众坐得住、学得进，受到基层党组织和党员群众的普遍好评。

微型党课有四个特点：一是教育主体变“一人讲”为“大家讲”。党员人人是学员，人人是教员，在宽松、民主的氛围中平等互动地交流自己的思想。二是教育时间变“长篇大论”为“短小精悍”。每人宣讲时间一般十几分钟。三是教育内容变“单一型”为“多样化”。微型党课紧贴基层生活，信息丰富，充分运用多媒体课件进行宣讲。四是在教育形式上，变“灌输式”为“互动式”。

近两年来，微型党课受到党员群众的欢迎认可，在基层迅速得到推广，实现了党员教育与社会教育相结合。在海曙区白云庄社区，参与微型党课的非党员人数占到15%左右。江东区王隘社区因为蓬莱小区整治，引发部分居民与附近建筑工地闹纠纷。社区把微型党课开进重点楼群，充分发挥了教育和引导作用，有效地化解了矛盾。微型党课的普及，使基层党员教育的主动性、针对性、实效性大大增强。今年上半年，在第二批深入学习实践科学发展观活动中，宁波市扩大规模组织开展微型党课教育活动，成立了“微型党课宣讲团”，到各地各单位巡回宣讲达16200多场次。

案例五：合肥市聘任“五大员”进行形势政策宣讲

合肥市在形势政策宣传教育过程中，主推“理论政策下社区”活动，在市区主要社区里设立了信息员、读报员、咨询员、宣传员和助学员“五大员”，聘任他们担任形势政策宣讲员。信息员负责了解社区情况，每月报送信息；读报员由社区为他们订报送学习资料，每两周在指定地点讲述半月内的国内外大事；咨询员承担社区内群众在政策法律上的解释和服务工作；宣传员每天更新宣传橱窗内的报纸，每季将社区的重大发展成果制成展板展示；助学员每周为社区特困家庭子女和现役军人子女进行义务帮学活动。为提高宣讲员宣讲能力，增强形势政策宣传教育效果，合肥市联系实际，创新思路，从干部培养入手，举办多场形势政策教育骨干培训班，培养出 300 多名形势政策教育读报员、讲解员和宣传员。南京市还特别注意对农村乡镇党委宣传委员的培训，明确宣传干部的职责，增强做好新形势下农村宣传思想工作的本领。市里定期或不定期地编写《合肥农村宣传》，下发给全市近 2000 个行政村。

案例六：福建省福鼎市创建农村工作宣讲团

为把党和国家惠农政策讲到农民群众的心坎上，使之转化为全面建设小康社会的不竭动力，福建省福鼎市创建了农村工作宣讲团，组建了理论辅导、科技服务、普法宣传、卫生服务、文化宣传、计生宣传 6 个分队，驻村入户开展形势政策宣传教育，引导农民群众学理论、学政策、学法制、学科技、学文化，受到广大农村干部群众的广泛欢迎。

为保证宣讲起到切实效果，宣讲团根据农民农活忙、文化层次水平低的实际情况，采用了丰富多样的宣讲形式。理论辅导队通过挂图展览、广播宣传、分发宣传提纲、播放爱国影片和幻灯等形式，以活泼形象的方式宣传政策理论知识；科技服务队通过请专家讲课，赠送科技图书、录像片（带），田间地头手把手、面对面传授农技等办法，向农村干部群众宣传市场经济知识，传授致富技能；普法宣传队通过市乡有线电视开播《96148 说法》专栏，以及为群众解决法律问题等形式提高农村群众的法律意识和维权能力；卫生服务队通过到乡、村举办防病治病知识讲座，为农民提供预防、保健、教育、疾病治疗的方便，提高农民群众卫生水平；文化宣传队组织编排健康活泼、农民喜闻乐见的文艺节目下乡演出，组织服务“三农”图书下乡活动，以及农闲时配合乡镇（街道）、各村宣传文化中心（站）举办各种文体娱乐活动；计生服务队通过开展计生知识、政策进村入户宣传教育活动，对农村育龄群众进行计生政策、法规宣传教育和优生优育、生殖保健知识的科普教育，提高计生宣传服务的针对性和实效性。

（此文载《思想政治工作研究》2009 年第 9 期）

整合宣传文化队伍人才资源

中共浙江省绍兴县委宣传部

近年来，浙江省绍兴县把基层宣传思想文化队伍建设与基层党组织建设、宣传思想文化阵地建设、公共文化服务体系建设等结合起来，为加快全县经济社会发展提供了强有力的思想保障和组织支持，创造了良好的文化条件和舆论环境。

一、完善体制，形成齐抓共管格局

全县各镇（街道）均设立宣传中心，由镇（街道）党（工）委副书记任宣传中心主任，以工、青、妇、文化、广电、党校等部门负责人为成员，对全镇宣传思想文化工作进行规划、协调、指导、管理和服务，真正把宣传思想文化工作列入当地党委、政府重要议事日程，与经济工作同部署、同落实、同检查。全县19个镇(街道)均设有1名宣传委员，兼任各镇(街道)文教卫副镇长(副主任)，并配备宣传干事，负责全镇(街道)宣传思想文化的具体工作。各镇(街道)在村(居)社区和重点企事业单位设立党的宣传员，构建起覆盖镇、村(居)、厂的基层宣传思想文化工作大网络。宣传委员对本镇街范围内的宣传思想队伍、阵地、活动、经费等进行统一管理，对资源进行合理调配，使职责明确，形成齐抓共管的局面。

二、巩固阵地，整合专业队伍资源

1. 加强文化站建设，活跃群众文化生活。文化站是镇政府、街道办事处设立的全额拨款事业单位。目前，全县19个镇(街道)都建有文化活动中心，有文化干部32人，列入镇街机关干部范畴，文化站站长享受乡镇中层干部待遇，有较大权限，保证了文化站队伍的稳定与积极性的发挥。现在，绍兴县的镇街文化站已成为当地繁荣文化活动的主阵地。杨汛桥镇文化活动中心由政府全额投入3500万元，于2005年建成并投入使用，是全省乃至全国一流的乡镇文化活动中心。齐贤镇文化站早在1990年就被文化部评为“全国先进文化站”，并连续5次被省文化厅评为“省特级文化站”。齐贤镇文化站因地制宜，争创特色，重点打造镇中老年舞蹈队、流动电影队、戏曲表演队、“羊山艺苑”书画队等文艺队伍品牌；创设载体，在全镇农村中组织开展内容丰富的文体活动，如送电影进村、送春联下乡、老年人运动会等。自2007年起每年举办“齐贤镇农民文体艺术节”，极大地丰富了广大群众的精神文化生活。2008年，绍兴县在各镇街文化站活动阵地的基础上，在全县19个镇街因地制宜建立慈善文化超市，通过发放抵价券的形式，向农村低收入群体和外来人员家庭免费提供文化学习和体育活动用品，多层次满足社会各阶层对文化产品的需求。

2. 加强基层党校建设，提高基层干部队伍素质。基层党校突出“实际、实用、实效”的特点，成为绍兴县宣传文化队伍的又一支生力军，走出了一条有绍兴县特色的办学道路。目前，全县19个镇、街道均建有基层党校，并在农村、社区、企业、机关、学校进一步拓展，全县形成了一个比较完整的、系统的党员教育网络和阵地，并逐步向着多层次、多领域、多功能和多部门协作、资源共享、共同办学的方向迈进。经过多年创建，全县涌现出一批办学条件好、教育培训正规、实际效果明显的基层党校，目前有省级示范基层党校5所，市级示范基层党校(教育点)8所。在加快城乡统筹进程中，基层党校成为农民订单式培训和学习农业新科技的基地。绍兴县围绕农民增收，结合各地实际，组织专门的讲师团，配备专业设施，根据农民的技术需要组织培训。对企业用工采取“企业出订单、党校出菜单、政府买单”的方法组织培训，即由企业提供用工需求和技术要求，由基层党校组织培训，培训经费由政府出资解决。2008年采用这种方式共组织各种培训班250多期，受训人员达1.5万余人，转移农民就业、创业1万多人，提高了农民科学致富能力。

3. 加强广电站建设，发挥上传下导作用。2001年绍兴县广电网络公司成立，在19个镇街中，除柯桥、柯岩两街道的宣传工作由中广有线公司信息中心承担，其余17个镇街均设有广电站。各站都下设宣传组，根据规模大小，配备2—3名专职宣传人员。现有专职宣传人员56人，由中广有线公司统一配置，纳入公司编制，并由公司保障其工资、设备和培训等经费。镇(街道)广电站除了做好电视收看维护工作、村村通广播建设、活跃农村文化建设外，主要为各镇街做好新闻采集、主办本土新闻、上报基层的先进经验和新闻新事、制作党员电化教育片和其他专题宣传片等。由这支队伍采写、制作的稿件和片子，每年在上级媒体播出、刊发都在

4000 条以上，是基层宣传思想文化的重要力量。

三、拓展领域，注重骨干队伍培育

1. 建好党的报告员队伍，致力理论大众化工作。绍兴县于 2002 年 6 月成立了县、镇（街道）两级党的报告团，选配懂理论善宣讲的干部担任报告员，目前县级党的报告员 20 人，基层党的报告员 56 人，县委常委、宣传部长任报告团团长。报告员在不同时期根据形势和任务的需要，深入基层，面向广大干部群众开展系列宣讲活动，对宣传党的政策、凝聚群众力量发挥了积极有效的作用。3 年来，报告团先后开展了“百人千课下基层”、“全面建设小康新农村”专题宣讲、认真学习领会党的十七大精神专题宣讲和深入学习实践科学发展观系列宣讲等活动，共组织各类讲座、报告会 800 多场，参加人数达 10 万余人次，深受基层广大党员群众的欢迎。

2. 建好基层报道员队伍，抓好信息宣传工作。在充分征求各镇街、部门负责人意见的基础上，根据各单位推荐，结合报道业务要求，绍兴县组建起拥有 47 人的通讯报道员队伍，并聘请浙江日报、绍兴日报部分部主任、责任编辑为顾问和业务指导。这支队伍的组建极大地提升了绍兴县在新闻宣传报道方面的效率，2008 年全县对外发稿 2900 多篇，其中重点报道有 320 多篇。

3. 建好舆情引导员队伍，加强舆论监管工作。根据网络新媒体的发展趋势，2008 年绍兴县组建起一支由 60 人组成的舆情引导员队伍，主要覆盖镇（街）、社区、学校、企业、医院、机关部门、开发区、事业单位等，引导员每天关注网上舆情，撰稿发帖，对事关本地本部门的一些热点、敏感问题进行正面引导，及时掌握突发事件的动态，提高对网络舆论的主导能力。

4. 建好文艺骨干队伍，丰富农民文化生活。通过举办各类农村文体骨干培训班，组织和带动农民群众参加各类文化活动，支持农民组建各种业余文体社团，充分发挥农村文体工作者、业余文体队伍和民间文体爱好者在农村“种文化”活动中的主力军作用，使广大农民群众真正成为农村文化建设的主体。截至目前，全县 292 个行政村、117 个居委会（社区），共培育了太极拳、扇子舞、抖空竹、腰鼓队等 118 支基层文艺队伍，经常性参加文体活动的人员有 4200 多人。

5. 建立民间文艺人才库，有效传承文化遗产。绍兴县在全县范围内收集了从事文化管理、文化艺术、文化产业、体育运动等文化活动的 100 多位文化人才的资料信息，建立了民间文艺人才库，把民间文艺人才纳入管理服务范围，以镇街为单位开展县内农村非物质文化遗产的发掘和抢救工作。为充分利用和发挥民间文艺人才的带动辐射作用，县人事局和相关部门组织了两届县“十佳民间艺人”评选活动，并列入全县中高级专业技术职称评选，现已有 20 人获此称号。

6. 为各支宣传文化队伍创造良好环境，保证队伍稳定性。由宣传部常委部长或分管部长兼任各支宣传文化队伍的团长，定期参加各支队伍的工作交流会和活动，职能科室领导负责各支队伍的日常联系和活动安排。同时做好服务工作，定期为报告员、通讯员等发送学习资料，解决工作中的具体问题，使他们能全心全意地投入工作，发挥最大作用。注重用制度建设保证队伍的稳定性，每支队伍成员登记造册，每年根据情况调整充实；每支队伍每年至少召开两次工作例会，每半年进行一次工作交流；每支队伍每年至少组织一次学习培训活动；年终组织一次评比表彰，评选出各支队伍中的优秀和先进予以奖励。

60年思想政治工作的创新和发展

张　鑫

60年来党的思想政治工作，适应不同时期的历史任务的要求、人民群众的需求、社会和时代变迁，在定位、任务、内容、方法上不断深化、拓展、丰富，不断改进和创新，开创了思想政治工作的新局面。

思想政治工作定位不断深化

新中国成立60年，我国社会经历了从新民主主义革命胜利到社会主义改造再到社会主义建设、从计划经济体制到实行商品经济再到建立社会主义市场经济体制、从封闭半封闭到对外开放再到参与经济全球化的潮流之中的变化，中国共产党实现了从革命党向执政党的角色转换。在这一历史进程中，思想政治工作紧紧围绕党和国家的中心任务，服从服务于党和国家事业的大局，为现代化建设提供了强有力的思想保证、精神动力和文化支持。与此同时，我们党对思想政治工作的定位的认识不断深化，发展了革命战争时期政治工作、思想工作是军事工作生命线的重要思想，提出了政治工作是经济工作和其他一切工作的生命线的论断。后来又从党和国家全局工作出发，提出思想政治工作是团结全党进行伟大政治斗争的中心环节，是团结全党和全国各族人民实现党和国家各项任务的中心环节的重要思想，思想政治工作的定位不断深化拓展。

1932年在《中央给苏区中央局及苏区闽赣两省委信》中就提出了"政治工作不是附带的，而是红军的生命线"；1945年，毛泽东明确指出："掌握思想教育，是团结全党进行伟大政治斗争的中心环节。如果这个任务不解决，党的一切政治任务是不能完成的。"新中国成立初期，思想政治工作深入人心，有力地保证了党的中心任务的完成。1955年，在社会主义改造时期，毛泽东提出"政治工作是一切经济工作的生命线。在社会经济制度发生根本变革的时期，尤其是这样"。在改革开放初期，邓小平及时强调指出："经济调整是一个很艰巨、很复杂的任务。现在我们已经看到存在不少问题，我们还会遇到许多现在预料不到的问题。为了完成这个任务，为了保证全党思想上行动上的一致，必须有效地加强和改善我们党的思想政治工作。"在社会主义市场经济逐步确立的新形势下，江泽民多次强调，"越是改革开放，越要加强思想政治工作，只有思想政治工作加强了，才能够促进改革开放的健康发展"。2000年6月，江泽民指出："党的思想政治工作是经济工作和其他一切工作的生命线，是团结全党和全国各族人民实现党和国家各项任务的中心环节，是我们党和社会主义国家的重要政治优势。"进入新世纪，面对我国社会正处在深刻变革，干部群众的思想问题和实际问题明显增多，深入细致地做好思想政治工作，切实把干部群众的思想统一到中央精神上来，把力量凝聚到实现我们党确定的各项任务上来，是摆在全党面前的一项重大而紧迫的任务。2002年，胡锦涛进一步指出："思想政治工作历来是我们党统一思想、凝聚人心、化解矛盾、理顺情绪、激励人们团结奋斗的基础性工作。"

思想政治工作定位的不断深化，深刻体现了不同历史时期的时代主题对思想政治工作的要求，体现了思想政治工作在党和国家大局中的主要地位和作用，体现了思想政治工作服从服务于党和国家事业的大局的自觉性和对时代发展要求的适应性。

思想政治工作的目标任务不断创新

思想政治工作从根本上讲是做人的工作，是群众工作。不论是革命建设时期，还是改革和发展时期，思想政治工作都是通过教育人、引导人、鼓舞人、鞭策人，通过尊重人、理解人、关心人、帮助人，调动人的积极性、主动性、创造性，促进社会全面进步和人的全面发展，这一认识是在长期的实践中不断形成的。适应不同时期时代发展的变化，思想政治工作实现了从服从服务于军事、政治斗争、经济建设到服务于人的全面发展的转变。

革命战争时期，思想政治工作的目标任务是动员广大人民群众参加革命，推翻压迫剥削，建立新的政权。社会主义建设时期，尤其是改革开放后，思想政治工作的目标是促进解放和发展生产力，推动经济社会的健康发展，最大限度地满足人民群众日益增长的物质生活和精神文化生活需求。在推动经济社会健康发展的同时，接班人的培养、合格公民的培养、人的发展和人的全面发展逐步成为思想政治工作的时代追求，思想政治工作的最终目标落脚到以人为本这一根本理念上。邓小平提出培养“有理想、有道德、有文化、有纪律”社会主义新人的目标任务。江泽民进一步指出：“我们的宣传思想工作，必须以科学的理论武装人，以正确的舆论引导人，以高尚的精神塑造人，以优秀的作品鼓舞人，不断培养和造就一代又一代有理想、有道德、有文化、有纪律的社会主义新人，在建设有中国特色社会主义的伟大事业中发挥有力的思想保证和舆论支持作用。”随着改革开放的深入发展，胡锦涛同志指出：“思想政治工作说到底是做人的工作，必须坚持以人为本。既要坚持教育人、引导人、鼓舞人、鞭策人，又要做到尊重人、理解人、关心人、帮助人。”十六大以来在科学发展观、建设社会主义和谐社会等一系列重大创新理论成果的指引下，我国经济社会的发展正在从依赖于自然资源、人力资源优势向依靠人的创新能力发展转变；从注重人的物质生活水平的提高向同时注重提高人的综合素质、精神文化需求和实现人的全面发展转变，以人为本成为思想政治工作的根本目标和任务。

60 年来，思想政治工作目标任务的发展历程告诉我们，只有紧紧抓住人，把人作为根本的尺度，把实现好、维护好、发展好最广大人民群众的根本利益作为出发点和落脚点，切实尊重人民群众的主体地位，发挥人民群众的首创精神，保障人民各项权益，促进人的全面发展，思想政治工作才会充满生机和活力。

思想政治工作的内容不断丰富扩展

60 年来，思想政治工作的主要内容从开展理论武装、思想教育、理想信念教育等逐步扩展到开展基本路线教育，爱国主义、集体主义、社会主义和艰苦创业精神教育，科学精神教育，形势政策、民主法制和维护社会稳定教育，再到开展公民道德建设、精神文明建设、典型宣传、群众性文化活动，以及社会主义核心价值体系建设、教育等等，思想政治工作的内容不断得到丰富和发展。

理想信念教育是思想政治工作的核心内容。不论是在革命时期，还是在建设时期，理想信念是革命事业和建设事业取得成功的重要保证。改革开放后，邓小平多次谈到理想信念教育，他指出：“我们一定要经常教育我们的人民，尤其是我们的青年，要有理想。为什么我们过去能在非常困难的情况下奋斗出来，战胜千难万险使革命胜利呢？就是因为我们有理想，有马克思主义信念，有共产主义信念。”党的十三大以后，思想政治工作更加突出了基本路线教育，即“一个中心、两个基本点”的教育，邓小平深刻指出：“要坚持党的十一届三中全会以来的路线、方针、政策，关键是坚持‘一个中心、两个基本点’。不坚持社会主义，不改革开放，不发展经济，不改善人民生活，只能是死路一条。”江泽民强调：“宣传思想战线必须牢牢把握党的基本路线，做好自己的工作，通过有力的宣传和思想动员，把全党全国人民的思想和行动进一步统一到党的基本路线上来。"随着市场经济地位的逐步确立、社会主义法制的不断健全，思想政治工作内容把符合市场经济的法制教育、道德建设放在重要位置，积极推动依法治国与以德治国相结合的治国方略的贯彻落实。江泽民指出："搞好法制教育，增强全体公民的法律意识和法制观念，是社会主义法制建设的基础工程，也是加强社会主义精神文明建设的重要内容。"进入新世纪新阶段，思想政治工作内容实现了体系化的概括，即建设社会主义核心价值体系。十六届六中全会提出，马克思主义指导思想，中国特色社会主义共同理想，以爱国主义为核心的民族精神和以改革创新为核心的时代精神，社会主义荣辱观，构成社会主义核心价值体系的基本内容。思想政治工作把核心价值体系作为自己的主要内容，就是用马克思主义中国化最新成果武装全党、教育人民，用中国特色社会主义共同理想凝聚力量，用以爱国主义为核心的民族精神和以改革创新为核心的时代精神鼓舞斗志，用社会主义荣辱观引领风尚，巩固全党全国各族人民团结奋斗的共同思想基础。

60年来，思想政治工作的内容随着党和国家事业的发展不断丰富，随着不同时期党和国家工作的重点不断创新发展，不断按照新的更高的要求对内容体系中的某些方面做出符合时代要求的充实和完善。

思想政治工作的方式方法不断探索改进

60年来，我国的经济社会发生了翻天覆地的变化。从一穷二白到建立比较完备的工业体系，从农业社会转型为工业社会再到工业反哺农业、走新型工业化道路，从信息闭塞、信息资源流通不畅到信息公开、互联网等新媒体飞速发展，许多"单位人"过渡到"社会人"，从依靠国家单位保障到社会保障日益健全，新经济组织和新社会组织不断涌现，职业化和行业化特征日益明显，新的社会阶层不断产生。适应社会环境的变迁，思想政治工作的方式方法也实现了不断发展，在具体工作中更加注重把解决思想问题与解决实际问题相结合，更加注重人文关怀和心理疏导，更加注重把教育灌输与充分发挥文化的教育功能结合起来，更加注重把经常性的思想政治工作与应急性思想政治工作结合起来，更加注重把网下思想政治工作与网络思想政治工作结合起来等等，在工作方式方法上实现了重大创新。

毛泽东对思想政治工作方法提出了很多创新思想，尤其是在社会主义改造完成后，人民内部矛盾成为社会的主要矛盾时，他提出："凡属于思想性质的问题，凡属于人民内部的争论问题，只能用民主的方法去解决，只能用讨论的方法、批评的方法、说服教育的方法去解决。"实事求是、解放思想的过程实际上就是思想政治工作发挥作用的过程。改革开放以后，经济体制改革，文化体制、社会体制以及其他各方面体制改革不断深化，不断形成符合当代中国国情、充满生机活力的新的体制机制，经济上实行公有制为主体、多种所有制经济共同发展，按劳分配为主体，多种分配方式并存；政治上实行民主化、制度化、法律化，基本政治制度不断完善；社会事业不断发展，大力建设社会主义先进文化，推动文化大发展大繁荣，等等。随着这些实践的进行，思想政治工作的方法上也不断扩展。邓小平强调："历史经验证明，用大搞群众运动的办法，而不是用透彻说理、从容讨论的办法，去解决群众性的思想教育问题，而不是用扎扎实实、稳步前进的办法，去解决现行制度的改革和新制度的建立问题，从来都是不成功的。"江泽民指出："必须结合新的历史条件，大力加强和改进对人民群众的思想政治工作，同时积极运用经济、行政和法律等手段，及时妥善地处理人民内部矛盾，防止矛盾激化而影响社会稳定和人民团结。"1999年颁发的《中共中央关于加强和改进思想政治工作的若干意见》明确要求，应充分发挥新闻媒体在思想政治工作中的重要作用、把群众性精神文明创建活动作为思想政治工作的重要载体、重视发挥文化的社会教育功能、注重运用先进典型影响和带动群众等方式方法。当前，我国已进入改革发展的关键时期，经济体制深刻变革，社会结构深刻变动，利益格局深刻调整，思想观念深刻变化。胡锦涛强调，深入把握新形势下宣传思想工作的特点和规律，改进宣传思想工作的领导方式、组织方式、工作方式、管理方式，形成鼓励创新创造的法制保障、政策体系、激励机制，充分运用先进技术手段丰富文化的生产方式和表现形式，极大丰富文化品种、样式、载体、风格，让一切创造活力竞相迸发，让一切创新才华充分施展，让一切创新成果得到尊重，努力使精神文化产品和社会文化生活更加丰富多彩。

60年来，思想政治工作方式方法，在继承和发扬我们党在革命和建设实践中积累的成功做法基础上，适应时代要求，探索出了许多新的方式方法，实现了途径载体等的创新，有力地激发了新形势下思想政治工作的生机和活力。

（作者单位：思想政治工作研究杂志社）

第六部分

学习贯彻十七届四中全会精神

世情国情党情的深刻变化给党的建设提出新要求

王家瑞

进入新世纪新阶段，世情、国情、党情正在发生深刻变化，三者相互影响、相互渗透、相互作用的特点更加突出。科学判断这些变化对党的建设提出的新要求，对于我们坚持用时代发展要求审视自己，以改革创新精神加强和完善自己，不断推进党的建设实践创新、理论创新、制度创新，具有重大意义。

一、在顺应时代发展潮流的进程中不断提高统筹两个大局的能力

当今世界正处在大发展大变革大调整时期。和平与发展仍是当今时代主题，但国际战略竞争和矛盾也在发展，综合国力竞争日趋激烈，世界仍很不安宁。近年来，世界多极化、经济全球化、发展模式多样化和社会信息化等基本趋势在深入发展，并呈现出“五个重大”、“五个更加”的动态性特征：世界经济受到重大冲击，发展问题更加突出；国际力量对比发生重大转化，世界多极化前景更加明朗；主要大国对外战略出现重大调整，相互合作与竞争更加明显；国际体系面临重大变革，各种国际力量博弈更加复杂；国际思想文化领域出现重大动向，软实力之争更加激烈。

国际金融危机使现行国际金融体系、世界经济治理结构、西方价值观念和发展模式受到严重冲击，各国加强合作、共同应对全球性问题的愿望增强。在这个大背景下，世界各国已经开始着手为“后金融危机时代”谋篇布局，积极争夺四大战略制高权：以金融体系为突破口的国际秩序变革制高权，以无核世界为标志的国际安全战略变革制高权，以气候变化和绿色经济为标志的经济发展制高权和以发展模式多样化为趋势的全球发展模式制高权。

国际金融危机对我国发展也带来深刻影响，但并没有中断和改变我国发展在本世纪头20年的重要战略机遇期，而是推动我国进入了重要战略机遇期的特殊阶段。这个特殊阶段既是我国在大国格局调整中的上升期、国家软实力的拓展期，也是我国聚精会神搞建设、一心一意谋发展的相对安宁期。在这个特殊阶段，我国发展外部有利条件进一步增多，但不稳定不确定因素也增多；我国整体战略环境进一步改善，但西方国家仍未放弃对我国进行西化、分化战略图谋；我国维护国家主权和安全能力进一步增强，但面临的挑战更加复杂；我国对周边事务的影响进一步扩大，但周边地区政治安全形势更加复杂；我国软实力影响进一步上升，但面临国际舆论环境更加复杂。这个特殊阶段机遇稍纵即逝，挑战更为多元，两者的转化也更为迅捷。可以说，世界形势的深刻变化对我国发展和党的执政环境产生重大影响，要求我们不断提高全党特别是各级领导干部统筹国内国际两个大局的能力，使党的建设更加符合世界发展趋势，更加顺应时代发展的新要求。

（一）培养世界眼光、战略思维，科学判断、准确把握国际形势。当前，国内国际两个大局互动更加明显。中国发生的任何一件小事都可能超越国界，产生国际影响。许多国际动向的影响会深刻地投映到国内来。随着中国的发展，国际社会不仅更加关注中国，而且希望中国更多地参与国际事务。在这样的大背景下，科学判断、正确把握形势对我们至关重要。各级领导干部应把认识统一到中央对形势的科学判断上来，深刻认识国内大局和国际大局、内政和

外交的紧密联系，做到审时度势、因势利导、内外兼顾、趋利避害。要以辩证的战略思维审视机遇和挑战、分析和处理问题。在解决国内问题时，应该考虑国际影响，妥善因应国际社会关切，把工作做在前面；在处理国际事务时，要考虑国内群众感受和对社会稳定的影响，加强宣传教育工作，正确引导舆论，保证中央对外大政方针和工作部署得到贯彻落实。只要每个党员都能以世界眼光和战略思维看待和处理问题，我国的改革发展稳定大好局面就会得以巩固，我们推动构建持久和平、共同繁荣的和谐世界的努力就会更加有力，从而使我国政治上更有影响力、经济上更有竞争力、形象上更有亲和力、道义上更有感召力。

（二）坚定政治立场、理想信念，始终把国家主权、安全、发展利益放在突出位置。我国发展不可避免地要牵动国际力量对比和利益格局变化。我国越发展，国力越增强，海外利益越拓展，我们面临的外部矛盾和摩擦就会越多，国际上牵制我国发展的多种压力和阻力也会越大。尤其应看到，虽然世界上大多数国家特别是发展中国家愿意看到中国发展和强大，但总有那么一些人仍抱着冷战思维看中国，并企图在政治体制上改变中国。各级领导干部应在纷繁复杂的国际形势面前始终保持政治上的清醒和坚定，对西方敌对势力西化、分化图谋时刻保持警惕。同时，应进一步增强机遇意识、忧患意识、风险意识、责任意识，坚定不移地沿着中国特色社会主义道路继续前进。

（三）加强学习、掌握政策，不断提高处理国际事务、应对复杂国际局势的能力。当前，我们的各级组织、各项工作随时都会涉及国际事务，党的各级领导干部应进一步加强学习，加快知识更新，有针对性地完善自身知识结构，努力掌握国际社会的基本情况和基本知识，掌握中央对外工作方针政策和重大战略部署，既学理论又学知识，既精内事又通外事，既掌握外交政策又熟悉国际规则，既能从容应对复杂国际局势，又能掌握处理国际事务的主动权，既能从识大局、抓大事入手不断提高总揽全局的能力，又能在正确处理各种突发事件中不断提高应对复杂局面的能力，做到视野更宽广、知识更全面、思路更开阔、本领更高强，在重大机遇来临时有洞察力、捕捉力，在危机到来时有辨别力、应变力。

（四）善于实践、勇于参与，不断提高走出去、引进来的实际本领。当前，我国全方位、多层次、宽领域对外开放在深入推进，我们在各项工作中经常要面对前所未有的复杂情况，国际合作与竞争已由“浅水区”步入“深水区”。这就要求我们在探索中前行，在实践中提高，利用好两个市场、两种资源，在竞争与合作中熟悉和掌握国际规则，在知己知彼中拓展发展空间，在走出去、引进来的丰富实践中增长才干。国际金融危机对中国和世界的影响给我们上了生动的一课。我们要认真总结经验教训，在经济全球化的国际环境中把中国的经济和社会各项事业发展得更好。

二、在把握变与不变的国情中不断提高领导和推动科学发展的本领

当前，我国正处在进一步发展的重要战略机遇期，在新的历史起点上向前迈进。但必须清醒地看到，我国仍处于并将长期处于社会主义初级阶段的基本国情没有变，人民日益增长的物质文化需要同落后的社会生产之间的矛盾这一社会主要矛盾没有变。这两个“没有变”，是我们继续推进改革开放和现代化建设的最大国情，也是我们作决策、想问题、办事情的根本依据。

当前，我国发展呈现一系列新的阶段性特征，出现一系列新情况新问题，呈现出境外国外因素与境内国内因素相互交织，社会矛盾与党内矛盾相互交织，网上互动与网下互动相互交织的复杂局面。这表明，我国发展正处于一个既有巨大发展潜力和动力又有各种困难和风险的阶段，正进入一个既有难得机遇又有严峻挑战的阶段。从国外一些国家的发展经验看，这个阶段存在两种可能性，既可能因为举措得当

而促进经济快速发展和社会平稳进步，也可能因为应对失误而导致经济徘徊不前和社会长期动荡。在我们这个十几亿人口的发展中大国，党在推进改革开放和社会主义现代化建设中肩负任务的艰巨性、复杂性、繁重性世所罕见。党要适应这样的新形势，统筹国内国际两个大局，更好地带领全国各族人民聚精会神搞建设、一心一意谋发展，实现党的十七大描绘的宏伟蓝图，必须进一步加强和改进自身建设。

（一）坚持高举中国特色社会主义伟大旗帜不动摇，不断增强全党坚持党的基本理论、基本路线、基本纲领、基本经验的自觉性和坚定性。国内形势错综复杂，党建工作千头万绪，善于抓大事、抓重点、抓根本，就可纲举目张。确保全党高举中国特色社会主义伟大旗帜不动摇，就抓住了党的思想理论建设的根本。要教育引导广大党员干部深刻认识中国特色社会主义伟大旗帜是当代中国发展进步的旗帜，是全党全国各族人民团结奋斗的旗帜，是凝聚全党全国各族人民的共同思想基础；深刻认识中国特色社会主义道路是引领中国走向光明未来的惟一正确道路；深刻认识中国特色社会主义理论体系是指引中国特色社会主义事业不断取得胜利的科学真理；深刻认识党的十一届三中全会以来的路线方针政策是顺应时代潮流，反映人民愿望，实现国家富强、民族振兴、社会和谐、人民幸福的正确决策，不断增强贯彻党的基本理论、基本路线、基本纲领、基本经验的自觉性和坚定性，增强走中国特色社会主义道路、为党和人民事业不懈奋斗的自觉性和坚定性，做共产主义远大理想和中国特色社会主义共同理想的坚定信仰者。

（二）坚持把发展作为党执政兴国的第一要务不动摇，紧紧围绕党的中心任务推进党的建设。党的建设历来是同党的历史任务紧密联系在一起的，加快发展是解决当代中国一切问题的关键。综观世界，无论秉持何种意识形态、推行何种政策主张，一个政党特别是执政党只有通过发展增强国家综合实力、提高人民生活水平，才能与国家、人民结成牢固的命运共同体。党的建设必须始终紧紧抓住发展这个党执政兴国的第一要务，依靠发展、服务发展、促进发展，实现全面发展、科学发展。围绕发展加强党的建设，必须紧密联系社会主义经济建设、政治建设、文化建设、社会建设以及生态文明建设，不断探索促进先进生产力和先进文化发展的新思路、新途径，坚决冲破一切妨碍发展的思想观念，坚决改变一切束缚发展的做法和规定，坚决革除一切影响发展的体制和机制，及时研究解决发展中的新情况和新问题，善于抓住机遇加快发展，应对挑战促进发展。总之，要努力把党建优势转化为发展优势，把党建资源转化为发展资源，把党建成果转化为发展成果。

（三）坚持党的根本宗旨不动摇，把实现好、维护好、发展好最广大人民的根本利益作为党全部工作的出发点和落脚点。要教育引导广大党员干部特别是各级领导干部坚持马克思主义群众观点和党的群众路线，充分尊重人民群众的历史主体地位和首创精神，坚持问政于民、问需于民、问计于民，作决策、定政策充分考虑群众利益和承受能力，切实办好顺民意、解民忧、惠民生的实事，让人民共享改革发展成果。当前，特别应注意提高各级领导干部做好新形势下群众工作的本领，学会在经济体制深刻变革中处理好效率与公平的关系，充分激发各方面群众的积极性、主动性、创造性；在利益格局深刻调整中兼顾不同利益群体的诉求，妥善协调和处理不同方面群众的利益关系；在思想观念深刻变化中寻找与群众交流沟通的共同语言，努力做到亲民有真感情，爱民有真措施，利民有真成效。同时，善于把问题解决在萌芽，把矛盾化解在源头。

（四）坚持深入贯彻落实科学发展观不动摇，不断提高推动科学发展、促进社会和谐的本领。科学发展观不仅是我国经济社会发展的重要指导方针，也是全面推进党的建设新的伟大工程的重要指导方针。我们应把科学发展观的要求贯穿、体现和落实到提高党的执政能力上，体现和落实到领导班子和领导干部的能力培养和素质训练上，不断提高运用科学发展观干事创业的水平。当前特别应贯彻发展是硬道理、稳定是硬任务的战略思想，重点提高谋划发展、统筹发展、优化发展、推动发展的本领和做好群众工作、公共服务、社会管理、维护稳定的本领，注意增强新形势下依法办事能力和应急管理、舆论引导、新兴媒体运用、做好民族宗教工作等方面能力。进一步健全促进科学发展的领导班子和领导干部考核评价机制，促进他们树立正确的政绩观，处理好经济发展与社会稳定的关系、当前利益与长远利益的关系、潜绩与显绩的关系、解决热点难点问题与做好基础性工作的关系，创造出经得起实践、人民、历史检验的实绩。

三、在研究解决党的建设新情况新问题的实践中不断提高管党治党水平

改革开放以来，我们党紧密结合发展中国特色社会主义伟大事业，大力弘扬求真务实、开拓创新的精神，不断研究党的建设出现的新情况新问题，不断推进党的建设实践创新、理论创新、制度创新，党的建设取得巨大成就。当前，党的领导水平和执政水平、党的建设状况、党员队伍素质总体上同党肩负的历史使命是适应的。同时，党内也存在不少不适应新形势新任务要求、不符合党的性质和宗旨的问题，使党面临着如何坚定理想信念，如何提高推动科学发展、促进社会和谐的能力，如何夯实党执政的组织基础，如何继承和发扬党的光荣传统和优良作风，如何保持党同人民群众的血肉联系，如何做到拒腐防变，如何保持和发展党的先进性等重大问题。解决好这些重大问题，是加强和改进新形势下党的建设的紧迫任务。

国外政党兴衰沉浮的诸多经验表明，一个政党如果不能经受住执政的考验、不能有效解决自身存在的突出问题，垮台是迟早的事。事实反复证明，党的先进性和党的执政地位都不是一劳永逸、一成不变的，过去先进不等于现在先进，现在先进不等于永远先进；过去拥有不等于现在拥有，现在拥有不等于永远拥有。我们党长期执政是优势，但这容易使党员领导干部高枕无忧，放松抓党建。这就要求全党同志必须坚持党要管党、从严治党，以坚强的意志和决心，以创新的思路和举措，全面推进党的思想建设、组织建设、作风建设、制度建设和反腐倡廉建设。

（一）各级党委要切实加强对党的建设的领导。要在党的各级领导干部中特别是党的主要负责人中形成抓好党建是本职、不抓党建是失职、抓不好党建是不称职的共识。全面落实党建工作责任制，建立健全党建工作长效机制，健全党委统一领导、部门齐抓共管、一级抓一级、层层抓落实的党建工作格局。各级党委要加强党建工作调查研究，以改革创新精神研究新情况、解决新问题、总结新经验，全面认识和自觉运用马克思主义执政党建设规律。完善党建工作考核综合评价体系，引导各级党组织把党的建设放到更加突出的位置，做到对党的建设任务同经济社会发展任务共同谋划、共同推进。

（二）各级领导干部要不断提高管党治党水平。作为一个长期执政的马克思主义政党，党的各级领导治国理政的实际成效往往取决于治党管党的水平。各级领导干部要时刻牢记，治国必先治党，治党务必从严；治党始终坚强有力，治国必会正确有效。认真履行好“一岗双责”的领导责任，通过抓班子、带队伍、正风气、作表率推动事业发展，真正做到：既把经济社会发展任务作为硬指标，又把党的建设作为硬任务；既促发展，又出人才；既公道办事，又公正用人；既率先垂范，又严格要求、严格教育、严格管理、严格监督，使管党治党和治国理政相辅相成、相互促进、相得益彰。

（三）广大党员要常怀忧党之心、恪尽兴党之责。治党兴党强党，党员责无旁贷。全党同志要以高度的政治责任感和历史使命感，增强党的观念，时刻把党和人民放在心中最高位置，在党爱党、在党言党、在党忧党，实现忧党与忧

国忧民相统一。坚定理想信念，坚定不移地走中国特色社会主义道路；践行党的宗旨，在服务人民中体现共产党人的价值追求；落实第一要务，通过加快发展解决发展中的各种问题；维护党中央的权威，认真贯彻执行党的路线方针政策，始终同党中央在思想上政治上行动上保持高度一致；严守党的规矩，遵守党的纪律，维护党的形象，坚决与否定党的领导、败坏党的声誉的言行作斗争；弘扬党的优良传统和作风，始终保持共产党人的政治本色，始终保持共产党人的蓬勃朝气、昂扬锐气、浩然正气。

（作者：中共中央对外联络部部长）

着力强化五个能力建设　全面提升维护稳定水平

孟建柱

胡锦涛总书记深刻指出，执政党的各方面建设都应该体现到提高党的执政能力、巩固党的执政地位、实现党的执政使命上来。公安机关在贯彻落实党的十七届四中全会精神的过程中，必须牢牢把握党的执政能力建设这条主线，立足公安机关的性质、特点和担负的职责、任务，进一步加强和改进自身建设，全面提升维护国家安全和社会稳定的能力和水平。

当前，我国经济社会发展呈现出一系列新的阶段性特征，社会稳定领域呈现出人民内部矛盾凸显、刑事犯罪高发、对敌斗争复杂的基本态势。互联网已成为反华势力对我进行渗透破坏、放大破坏能量的重要手段，给公安机关维护国家安全和社会稳定带来了新挑战；各种社会矛盾的关联性、复杂性、敏感性明显增强，给公安机关驾驭复杂局势带来了新考验；各类违法犯罪和社会治安问题大量增多，给公安机关社会管理带来了新课题；人民群众法律意识、权利意识明显增强，舆论监督、社会监督力度空前加大，给公安机关执法活动提出了新要求。与新形势新任务相比，公安工作自身还存在着不少亟待解决的突出问题和薄弱环节。当前和今后一个时期，要在坚持不懈地抓好“三基”工程建设的同时，进一步深化公安信息化建设、执法规范化建设、和谐警民关系建设“三项建设”，以着力强化五个能力为重点，全面提升维护国家安全和社会稳定的能力和水平，不断增强人民群众的安全感和满意度。

继承发扬党的优良作风，着力提高群众工作能力

群众工作是公安机关一项最基本的工作，群众工作能力是公安机关一项最基础、最核心的能力。在新的历史条件下，必须毫不动摇地把群众工作作为一项基本工作、把提高群众工作能力作为一项基本功来抓，着力夯实公安工作的群众根基。

强化宗旨意识，增进群众感情。要教育广大民警牢固树立群众观念，时刻牢记宗旨、执法为民，全心全意为人民谋利益，始终做到人民利益至上。要带着对人民群众的深厚感情深入群众、联系群众，了解群众疾苦，听取群众呼声，满足群众需求，努力以真心换真诚、以真心换真情、以真心换民心，永远做人民群众的贴心人。

立足自身职责，维护群众利益。要立足公安机关的职责任务，坚持从人民群众最期盼、最紧迫、最急需的事情做起，多做顺民意、解民忧、惠民生的小事、实事、好事，多推出符合实际、实实在在的便民利民措施，在一点一滴中践行“人民公安为人民”的庄严承诺，最大限度地取信于

民。要正确处理破大案与破小案的关系，既要严厉打击欺压百姓、危害一方的黑恶势力犯罪和侵害群众生命安全的严重暴力犯罪，又要有效整治严重影响群众安全感的多发性侵财犯罪和突出治安乱点，既要集中精力破大案，又要坚持不懈地破小案，切实履行好保平安、保稳定的主要职责，全力维护人民群众的根本利益。

顺应时代要求，改进工作方法。要改进工作作风，深入基层、深入实际、深入群众，听民声、察民情、排民忧、解民难，着力回应群众的新期待，不断满足群众的新要求。要认真总结推广基层公安机关创造的“警民恳谈”、“春风行动”、“万警进万家”等实践经验，完善“大走访”爱民实践活动长效机制，把走访联系群众制度化、规范化。要拓宽社情民意反映渠道，把领导干部接访、走访和下访、回访等多种形式有机地结合起来，切实解决群众反映的切身利益问题，从源头上减少和化解矛盾。要善于运用互联网等新媒体，建立方便群众、畅通民意、沟通互动的网上服务新平台。要深化社区和农村警务战略，推动警务前移、警力下沉。要坚持专群结合、依靠群众，探索新形势下组织发动群众做好维护稳定工作的新思路、新途径。

坚持面向基层，树立正确导向。基层民警特别是派出所社区民警，要把懂群众心理、懂群众语言、懂沟通技巧，会化解矛盾、会调处纠纷、会主动服务、会宣传发动等“三懂四会”作为基本功，着力练就做群众工作的硬功夫，争做爱民实践的典范。要从政策、制度、机制上建立“人往基层走、钱往基层流、干部从基层出”的正确导向，激励广大民警扎根基层、融入群众，为民奉献、建功立业。要把选人用人的眼光投向基层，让那些吃苦的人吃香、实干的人实惠、有为的人有位，决不让那些老老实实做人、踏踏实实干事、兢兢业业工作的老实人吃亏。要进一步改进基层民警绩效考评办法，把群众满意度作为最根本的衡量标准。要最大限度地为基层减负减压，确保基层公安机关将主要精力、主要警力用在做好群众工作和基础工作上。要充分发挥典型的示范引导作用，及时选树一批长期扎根基层、深受群众拥戴的爱民实践模范，努力培育更多任长霞式的公安局长、“马天民”式的公安民警，建设和谐的警民关系。

大力加强执法规范化建设，着力提高执法能力

坚持严格、公正、文明执法，是公安工作的生命线。要实现严格、公正、文明执法，必须首先做到规范执法，把加强执法规范化建设、提高执法能力作为事关公安工作全局、事关公安机关能力建设的基础性工作来抓。

转变执法理念，注重执法效果。衡量公安机关的执法能力、执法水平，最终要看能否有效地维护社会公平正义、促进社会和谐稳定。无论是刑事执法还是行政执法，无论是打击犯罪还是社会管理，都要以这一标准来检验、来衡量。在当前复杂的执法环境下，公安执法活动必须着眼于“最大限度地增加和谐因素、最大限度地减少不和谐因素”的总要求，统筹考虑国际国内两个大局，统筹考虑网上网下两个因素，既要坚持严格、公正、文明执法，又要坚持理性、平和、规范执法，实现法律效果和社会效果的有机统一。特别是在全面开放、高度透明的执法环境下，必须更加注重树立理性、公正、文明、规范的执法理念，把这一理念根植于每一名民警头脑中，落实到每一名民警实际行动中，贯穿到每一项执法活动和每一个执法环节中。

改进执法方式，规范执法行为。要按照理性、公正、文明、规范执法的要求，改进执法方式，切实从言行举止、方式方法上规范和改进民警的执法行为，使民警尽可能地在执法活动中做到明之以法、晓之以理、动之以情，以法为据、以理服人、以情感人，真正融法、理、情于一体，使人民群众通过公安执法活动，既感受到法律的权威、尊严，又感受到公安机关的关爱、温暖，实现执法形式与执法目的的有机统一。无论遇到的情况多么复杂，都不冲动、不感情用事，不说过头的话、不做过激的事，防止因执法行为不

规范损害公安机关的执法形象和执法公信力。

健全执法制度，规范执法流程。加强执法规范化建设，关键在于健全完善各项执法制度，对执法活动进行有效的规范和约束。要以公安部制定实施《公安机关执法细则》为契机，从基层民警日常执法活动最容易发生问题的环节入手，健全执法制度，细化执法标准，严密执法程序，规范执法环节，确保民警在各项执法活动中、各个执法环节上都有法可依、有章可循。要强化执法监督，大力推进网上执法流程管理，逐步形成执法信息网上录入、执法流程网上管理、执法活动网上监督、执法质量网上考核的执法办案新模式，实现对执法办案活动的全程化、实时化、动态化监督。要大力推行执法告知制度，最大限度地将执法依据、执法程序和执法结果公之于众，确保执法权力始终在阳光下规范运行。

深入推进信息化建设，着力提高实战能力

信息化对于整合警务资源、改造警务流程、创新警务模式、提升警务效能发挥了不可替代的作用，已经成为提高公安机关核心战斗力的重要途径。必须坚定不移地走科技强警之路，深入推进公安信息化建设，坚持以情报信息主导警务，着力提高公安机关的战斗力。

整合信息资源，实现全警共享。信息化建设的基础在于信息系统和信息资源的整合共享。要整合各种系统资源，着力打破"条块"壁垒，力争尽快建成纵向贯通、横向集成、优势互补、资源共享的公安信息平台。要强化基础信息采集录入这一源头性工作，把随时随地掌握情况信息、随时随地录入信息数据作为基层民警的重要职责和日常工作方式，作为牵动人口管理和防范控制等基础工作的纽带，做到底数清、情况明，管得了、控得住，着力实现基础工作信息化、信息工作基础化，为构建信息统一平台、实现信息共享应用提供强有力的支撑。要加快推进信息化深度应用，进一步加强对情报信息的综合分析研判，不断提高预知、预警、预防能力，牢牢掌握公安工作的主动权。

强化实战应用，提高打防能力。信息化建设的关键在于实战化应用。要充分依托信息网络，大力推行网上异地同步调查取证、侦查破案和网上追逃等打击犯罪新机制，着力降低打击成本，增强打击效益，提升打击水平。要积极适应动态环境下社会管理的要求，充分发挥信息化的关联优势，健全完善打防管控一体化运作机制，努力在防范管理中发现打击重点，在打击整治中发现防控漏洞，不断提高对动态社会的整体管控能力。要全面加强街面防控网、社区防控网、单位内部防控网、视频监控网、区域警务协作网和"虚拟社会"防控网等"六张网"建设，积极构建点线面结合、人防物防技防结合、打防管控结合、网上网下结合的社会治安防控网络，努力实现对动态社会的全方位、全天候、无缝隙、立体化覆盖。

推进警务创新，提升警务效能。在当前维护稳定任务繁重艰巨、警力不可能大幅度增长的情况下，必须坚持向信息化要警力、要效率、要战斗力，以信息化推动警务机制创新，着力提升警务工作效能。要通过信息化，大力推行扁平化指挥模式，最大限度地压缩指挥层级、减少中间环节，着力拉近指挥与实战、机关与一线的时空距离，缩短响应时间，提高快速反应能力；大力推行符合基层实战化要求的警务模式、勤务方式，科学配置警务资源，合理调整警务部署，最大限度地把警力投向社会面，进一步提高对社会面的管控能力；大力推行网上管理服务工作，进一步方便群众办事，提升管理服务的整体效能。

妥善处置各类重大突发事件，着力提高驾驭复杂局势能力

积极预防、妥善处置重大群体性突发事件，不仅关系广大人民群众的切身利益，而且关系改革发展稳定大局，关系党和政府的公信力，是对我们驾驭复杂局势、提高执政能力的重

大考验。

坚持预防为主，及时化解矛盾。群体性事件大多与利益纠纷有关，预防群体性事件的根本立足点在于化解矛盾纠纷。多年的实践证明，矛盾在第一时间、第一环节解决成本最小，必须始终坚持预防为主、调解为先。“枫桥经验”的关键，就在于“小事不出村、大事不出镇、矛盾不上交”。要继承和发扬新时期的“枫桥经验”，把工作的着力点更多地放在基层、放在平时、放在准确掌握社情民意和及时把握社会动态上，深入开展矛盾纠纷排查调处工作，着力化解各类矛盾纠纷。对群众反映的切身利益问题和可能引发重大群体性事件的不稳定苗头，要及时报告党委、政府，积极依靠党委、政府，千方百计解决问题、缓解矛盾、化解纠纷，最大限度地把矛盾纠纷化解在基层、把问题解决在当地、把隐患消除在萌芽状态，从源头上预防群体性事件的发生。

迅速控制局势，尽快平息事态。处置群体性事件，必须做到发现要早、化解要快、处置妥当、防止蔓延，力争取得最佳的处置效果，把对社会稳定的影响和危害减小到最低限度。一旦发生重大群体性事件，要坚持早发现、早报告、早控制，努力确保事态不扩大、不升级、不激化。处置群体性事件，要十分讲究政策方法，特别是对群众反映的利益诉求，要及时报告党委、政府妥善予以解决，切实维护群众的合法权益；处置中，要多做宣传、解释、说服、疏导工作，着力缓解群众情绪，引导群众以理性合法的形式表达利益诉求、解决利益矛盾、维护自身权益。对插手群体性事件、蓄意制造事端的幕后组织者以及实施打砸抢烧的违法犯罪分子，要及时固定证据，依法坚决打击处理，切实维护法律的权威和尊严。

健全指挥机制，提高处置水平。各级公安机关领导同志要不断总结指挥处置重大突发事件的经验教训，切实加强对重大突发事件规律特点的研究，提高现场指挥、临机决断、依法处置的能力和水平。要健全统一指挥、反应灵敏、协调有序、运转高效的应急指挥机制，明确各部门、各警种的职责任务，着力提高应急指挥效能，形成处置重大突发事件的整体合力。要大力加强应急处突专门力量和装备建设，不断完善处置预案，强化实战演练，提高应急处突能力。

树立现代传播理念，着力提高与社会公众沟通能力

互联网等新媒体的兴起，使社会舆论环境发生了重大而深刻的变化，积极研判、回应网络舆情，提高与社会公众沟通的能力，已经成为加强公安机关能力建设的重要任务。必须把积极应用网络平台，加强与人民群众的信息沟通，正确引导网络舆情，放在更加突出的位置，努力拓宽信息化条件下加强和改进公安机关舆情引导工作的新路子。

及时发布信息，公开事实真相。一起重大事件的处置工作，包含现场处置和舆情引导两个重要环节。要在及时、准确地做好事件、案件现场处置工作的同时，高度重视舆情工作，及时发布权威信息，公开说明事件真相，努力取得良好的法律效果和社会效果。要按照信息公开、依法行政的要求，深化警务公开，在不影响侦查破案的前提下，凡是可以向社会公开的信息都要及时公开，切实提高警务工作的透明度，满足群众的知情权，自觉接受社会监督。

完善工作机制，正确应对舆情。要建立健全重大涉警舆情快速反应机制和沟通协调机制，一旦发生重大突发事件，迅速启动应急处置机制，相关部门各司其职、各负其责。要建立健全舆情会商研判机制，坚持早发现、早应对、早引导，及时澄清事实，将有可能酿成重大舆情危机的不稳定舆情苗头化解在萌芽状态。流言止于公开，谣言止于智者。要进一步完善公安机关新闻发布制度，确保一旦发生重大涉警舆情，能够在第一时间客观公正地发布权威信息、公布真相、引导舆论，把握主动权。

注重公众需求，提高沟通能力。要充分发

挥新闻媒体在公安机关和社会公众之间的桥梁和纽带作用，加强同媒体的联系沟通，主动向媒体介绍公安工作情况，尽可能地为其采访报道提供便利，满足其对公安新闻素材的需要，同时要自觉接受舆论监督，最大限度地争取媒体对公安工作的理解和支持，确保媒体客观报道、公正报道。要改进公安新闻宣传的内容和形式，善于把公安工作中生动鲜活的内容以群众喜闻乐见的形式传播于众，不断增强公安工作的影响力、感染力，努力为公安工作营造良好的舆论氛围。

（作者：公安部部长）

坚持德才兼备、以德为先用人标准

——认真学习贯彻党的十七届四中全会精神

沈跃跃

党的十七届四中全会通过的《中共中央关于加强和改进新形势下党的建设若干重大问题的决定》（以下简称《决定》）强调："坚持德才兼备、以德为先用人标准。"这是我们党对干部选拔任用工作历史经验的科学总结，是对党的组织路线和干部政策的丰富发展，是新时期党的干部工作的重要指导方针。深刻理解和全面贯彻这一重要标准，对于建设善于推动科学发展、促进社会和谐的高素质干部队伍，具有极其重要的意义。

一、坚持德才兼备、以德为先用人标准是保持马克思主义执政党先进性和纯洁性的根本要求和重要保证

新的历史条件下，世情、国情、党情的深刻变化对干部的德才素质提出了新的要求。坚持德才兼备、以德为先用人标准，是我们党顺应时代发展的新要求和人民群众的新期盼，保持党的先进性和纯洁性的重大政策和战略举措。

（一）坚持德才兼备、以德为先用人标准是坚持党的性质和宗旨、实现党的历史使命的需要。用什么样的标准选人、选什么样的人，是否把干部的德放在首要位置，是判断一个政党先进性的重要标准，决定着一个政党的兴衰成败。选拔任用干部既注重才能，更注重品德，把政治上靠得住、工作上有本事、作风上过得硬、人民群众信得过的干部选拔上来，使各级领导权特别是党和国家领导权牢牢掌握在忠于党、忠于国家、忠于人民的人手中，对于确保我们党始终是中国工人阶级的先锋队、同时是中国人民和中华民族的先锋队，始终坚持全心全意为人民服务的根本宗旨，始终走在时代前列，具有决定性作用。我们党自诞生之日起就勇敢担当起带领中国人民创造幸福生活、实现中华民族伟大复兴的历史使命。当代中国共产党人要继续承担好这个历史使命，从新的历史起点出发，应对前所未有的严峻挑战，应对世所罕见的困难和风险，紧紧抓住并用好我国进一步发展的重要战略机遇期，实现全面建设小康社会的宏伟目标，开创中国特色社会主义事业新局面，必须拥有一支具有坚定理想信念，坚定不移信仰马克思主义，坚定不移高举中国特色社会主义伟大旗帜，坚定不移贯彻执行党的路线方针政策的执政骨干队伍。坚持德才兼备、以德为先用人标准，是建设这样一支执政骨干队伍的关键。

（二）坚持德才兼备、以德为先用人标准，是全面提高干部队伍素质的需要。干部队伍的素质如何，直接影响着党的先进性。我们党在不同历史时期，培养和造就了一批又一批、一代又一代德才兼备的骨干队伍。特别是改革开放以

来，我们党全面贯彻干部队伍“四化”方针和德才兼备原则，干部队伍整体素质得到明显提高。但也要清醒地看到，当前干部队伍正处在整体性新老交替的重要时期，不仅新中国成立前入党和参加工作的干部已全部退出领导和工作岗位，而且“文革”前入党和参加工作的干部也已经或将要退出领导和工作岗位，改革开放以后成长起来的干部逐步成为干部队伍的主体。总体来说，现在的干部学历层次比较高、知识面比较宽、思想比较活跃、开拓创新精神比较强，但由于一些干部缺乏严格的党内生活锻炼和重大政治风浪考验，加上在个人成长中忽视“内功”修炼，以致在执政考验、改革开放考验、市场经济考验、外部环境考验面前，党性修养、作风养成和道德品行呈现明显不足，许多干部出问题往往不是出在才上，而是出在德上。有的理想信念动摇，对马克思主义信仰不坚定，对中国特色社会主义缺乏信心；有的宗旨意识淡薄，对群众缺乏感情，想自己的东西过多，没有把主要精力用在工作上；有的贪图安逸、追求享受，和组织讲条件，不愿到基层和艰苦地区工作；有的过分看重自己的能力和贡献，忽视组织的培养、同事的支持和群众的努力，骄傲自满、自以为是。还有一些领导干部由于缺乏复杂环境、长期艰苦实践的磨练，处理复杂问题、驾驭复杂局面、做群众工作的实际本领不强，领导科学发展的能力亟待提高。这就迫切需要全面贯彻德才兼备、以德为先用人标准，树立正确用人导向，教育引导广大干部把德放在更加突出的位置，自觉加强党性修养，注重实践锻炼，努力提高思想政治素质和领导水平。

（三）坚持德才兼备、以德为先用人标准，是提高选人用人公信度的需要。提高选人用人公信度，是党的十七大对干部工作提出的重大任务，体现了选人用人让全党满意、让群众满意的本质要求，对于增强党的威信、提升党的形象、激发党的内生活力，具有十分重要的意义。提高选人用人公信度，关键是干部选拔任用工作和选拔出来的干部得到干部群众的广泛认可。这就要求我们必须坚持德才兼备、以德为先用人标准，并把这一标准贯彻落实到干部工作的各个方面。当前，在干部选拔任用工作中，一些地方和部门存在着重才轻德、以才蔽德、以绩掩德的现象，致使一些品行不端、作风不实、投机钻营、有才无德的人得到提拔重用，群众反映强烈，严重影响选人用人公信度。贯彻德才兼备、以德为先用人标准，把干部的德作为一个标杆、一种导向高高举起，坚持公道正派、坚持任人唯贤，把德才兼备的人选准用好，就能让选拔出来的干部组织放心、群众满意、干部服气，就能极大地调动广大干部群众的积极性，有效提高选人用人公信度。

二、深刻理解坚持德才兼备、以德为先用人标准的基本要求

德才兼备、以德为先作为新形势下党的干部路线的集中体现和选人用人的根本标准，具有丰富的时代内涵和很强的现实针对性、指导性，需要我们深刻理解和全面把握。

（一）正确把握德与才的辩证关系。这是理解和贯彻德才兼备、以德为先用人标准的前提。“才者，德之资也；德者，才之帅也。”德是才的统帅，决定着才的作用的方向；才是德的支撑，影响着德的作用的范围。与才相比，德始终是第一位的。坚持德才兼备、以德为先用人标准，就是选人用人要以德为前提、以德为先决，同样是能力强的干部，谁在德方面表现更加突出，就提拔重用谁；对于在德方面存在严重问题的干部，本事再大也不能提拔重用；对已在领导岗位上德出了问题的干部，还要坚决调整下来。当然，德与才是辩证统一的，强调以德为先，也决不能忽视才。一个干部有德无才，政治上虽然可以信赖，但难以托付重任。因此，在选拔任用干部工作中，必须把德才兼备、以德为先用人标准作为一个整体来认识、来把握、来贯彻，既要把好政治关、又要把好才能关，真正把那些品德好、同时又有真才实学、能力突出的干部选拔上来。

（二）正确把握德的重点。贯彻德才兼备、

以德为先用人标准，首先要把握好干部的德。《决定》在总结党的选人用人历史经验的基础上，综合不同层级领导干部德的共同点，提出了当前和今后一个时期看干部德的重点：一是是否忠于党、忠于国家、忠于人民。对党、国家和人民无限忠诚，时刻把党和人民放在心中最高位置，是共产党人的立德之基。领导干部必须忠于党的事业，听党的话，永远跟党走，坚决贯彻执行党的路线方针政策，始终与党中央保持高度一致。必须始终把维护国家整体利益贯穿于改革发展稳定的实践中，在国家利益受到损害的时候，敢于挺身而出，旗帜鲜明地开展斗争。必须坚持立党为公、执政为民，努力实践全心全意为人民服务的宗旨，对人民群众有深厚的感情，真正做到权为民所用、情为民所系、利为民所谋。二是是否确立正确的世界观、权力观、事业观。牢固树立正确的世界观、权力观、事业观，是领导干部的修德之本。世界观决定着人生观、价值观，权力观决定着地位观、利益观，事业观决定着工作观、政绩观。领导干部只有牢固树立马克思主义世界观，坚持用辩证唯物主义和历史唯物主义观察世界、分析问题，只有始终牢记手中的权力是人民赋予的，只能用来为人民谋利益而决不能为个人谋私利，只有把自身的价值实现和人生追求融入为党和人民事业的不懈奋斗之中，才能在纷繁复杂的环境中始终保持清醒头脑，为人民掌好权、执好政、办好事。三是是否真抓实干、敢于负责、锐意进取。领导干部要坚持一切从实际出发，说老实话、办老实事，埋头苦干、不事张扬；坚持原则、敢抓敢管，面对困难、勇挑重担，出现失误、敢于负责；始终保持积极进取的精神状态，以改革创新精神研究解决新情况新问题，不断取得新成效。四是是否作风正派、清正廉洁、情趣健康。在目前社会环境比较复杂的情况下，这方面修养显得尤为重要。一个干部能做到办事公道、为政清廉、待人平等、律己严格，自觉抵制权力、金钱、美色的诱惑，堂堂正正做官、清清白白做人、干干净净做事，这样的干部在德的方面才是过硬的。

(三)正确把握考察德的途径和方法。识人难、用人难，往往难在识德上，如何考察干部的德一直是干部考察工作中的一大难题。《决定》通过对干部考察工作的全面分析，提出了考察干部德的主要途径。一是从履行岗位职责中考察干部的德。判断干部的德，不仅要看他说得怎样，更重要的是看他做得如何。要通过看干部在履行岗位职责中的工作动机、工作态度、工作作风、工作成效以及工作中表现出的团结协作精神等，全面了解干部的德。二是从完成急难险重任务中考察干部的德。完成急难险重任务的情况是干部德才在一定时间内最集中、最直接的反映。要重点看干部的胆识、意志品质和对群众的感情，特别是在重大灾害和突发事件面前，要看干部能否冲在一线、沉着应对、坚韧不拔，始终站在党和人民的立场上，按照党的政策和国家法律做好工作。三是从关键时刻表现中考察干部的德。干部的理想信念、政治立场等往往在面对重大问题、重大政治事件时表现得最为充分。在大是大非问题面前，是立场坚定、态度鲜明，还是见风使舵、盲目跟从；是坚持原则、勇于斗争，还是是非不分、退缩逃避；是服从组织、顾全大局，还是敷衍塞责、讨价还价，是对一个干部政治品德的深刻检验。四是从对待个人名利的态度中考察干部的德。在这个问题上，关键要看干部对待个人升迁的态度，是以辛勤的工作、良好的品格、平和的心态接受组织挑选，以大局为重服从组织安排，还是采取不正当的手段，跑官要官、求情拉票。要看干部在利益诱惑面前，能不能保持清醒头脑、不为所动。还要看干部在荣誉面前，能否正确对待、真诚谦让、见贤思齐。

考察干部的德除采取上述途径和方法外，还要结合工作实际不断拓展和完善。要注意全面、历史、辩证地看干部的德，要从为官和做人两个层面上去分析、从全部的成长轨迹中去把握、从优缺点的准确认识中去评价，从工作之余的情况中去了解。要注意从群众的口碑中了解干部的德，对干部德的情况群众最有发言权，既要了解“现实的口碑”，又要到干部曾经工作过的地方了解“过去的口碑”，在对比分析中获得群众对干部德的真实评价。要注意听取少数知情人的意见了解干部的德，干部品德上的一些重大问题往往知晓的范围很小，有一定隐蔽性，多数人可能不明就里，这时少数知情人的意见更具有真实性，更有利于了解干部的德。

三、把坚持德才兼备、以德为先用人标准贯彻到干部队伍建设的各个方面

坚持德才兼备、以德为先用人标准，既要贯彻到考察干部、识别干部、选用干部中，又要体现在教育干部、培养干部、管理干部中，真正落实到干部队伍建设的各个方面，尤其要把干部德的养成放在更加突出的位置。

（一）坚持正确用人导向以立德。用人导向是一面鲜艳的旗帜。用准一个干部，就会对广大干部起到积极的引导、示范和激励作用；用错一个干部，就会挫伤干部群众的积极性，甚至败坏党的风气。选人用人要坚持从党的事业出发，树立注重品行、科学发展、崇尚实干、重视基层、鼓励创新、群众公认的用人导向。要让那些品德高尚、能力出色、实绩突出、作风正派、群众公认的干部受关注、受尊重、受重用；让那些品德低下、能力平庸、不干实事、不敢负责、作风飘浮、群众信不过的人，没有市场、没有位置、没有地位，真正让能干事者有机会、干成事者有舞台，不让老实人吃亏，不让投机钻营者得利。通过树立正确用人导向，在全社会营造更加重德的浓厚氛围，引导干部更加注意品德修养，按党的要求为官、按传统美德修身、按群众期盼干事。

（二）加强教育培养以育德。干部教育培养要把育德放在首要位置，采取多种措施常抓不懈。把干部德的教育作为干部教育培训的必修课，教育干部常修为政之德、常思贪欲之害、常怀律己之心，努力做到立身不忘做人之本，为政不移公仆之心，用权不谋一己之私，始终保持共产党人的高尚品德。要坚持经常性教育与集中教育相结合，当前，要以开展深入学习实践科学发展观活动为契机，引导广大干部自觉加强党性修养和作风养成，着力解决党性党风党纪方面存在的突出问题，不断增强贯彻落实科学发展观的自觉性和坚定性。要坚持教育培训与实践锻炼相结合，引导广大干部注重在艰苦环境、危难时刻磨练意志、砥砺品质，在直面矛盾、破解难题中培养敢于负责、勇于创新的精神，在自觉践行党的宗旨、为群众排忧解难中增强为民意识、升华爱民情怀，真正做到为民、务实、清廉。

（三）严格管理监督以律德。干部良好品德的养成，既靠严格自律，也靠管理监督。一方面，干部要严以律己，自觉培育敬畏之心，敬畏历史、敬畏人民、敬畏法纪，始终以党的纪律、党性原则和道德规范严格要求自己，珍重自己的人格、珍重自己的声誉、珍重自己的形象，慎微、慎独、慎友，自警、自省、自励。另一方面，组织上对干部要严格要求、严格管理、严格监督，坚决纠正干部管理中失之于宽、失之于软的现象。要完善谈心谈话制度，增强谈话的针对性，在干部思想波动、接到群众反映、班子出现不团结等问题时，及时提醒打招呼。要加强对干部执行政策、纪律、制度等各种规矩的督促检查，做到言必信、行必果，坚决维护党的规矩的严肃性。要认真贯彻落实党内纪律处分条例和党内监督条例，充分发挥党内监督对干部的约束和警示作用。要把党内监督、群众监督、社会舆论监督结合起来，努力形成对干部监督的强大合力。

（作者：中组部常务副部长）

干部管理要坚持严格要求与关心爱护相结合

刘奇葆

党的十七届四中全会强调，干部管理要坚持严格要求与关心爱护相结合。认真贯彻这一要求，对于进一步加强和改进新形势下的干部管理工作，提高各级领导班子和干部队伍的领导水平和执政能力，具有重要意义。

一、坚持严格要求与关心爱护相结合，是我们党管理干部的根本要求

党要管党，关键要管好干部；从严治党，重点是严格管理干部。这是我们党在88年历程中形成的宝贵经验和优良传统。进入新的历史时期，要完成新的历史任务和执政使命，更加需要把从严治党的要求落实到干部管理工作中去，努力建设善于推动科学发展、促进社会和谐的高素质干部队伍，为推进社会主义现代化建设提供强有力的干部支持和组织保证。

（一）坚持严格要求与关心爱护相结合，是我们党加强干部管理的优良传统。我们党历来把干部管理作为党的建设的关键环节，高度重视对干部的严格要求。毛泽东同志反复强调，政治路线确定之后，干部就是决定的因素。他在新中国成立初期就指出：治国就是治吏。邓小平同志指出：对执政党来说，党要管党，最关键的是干部问题。江泽民同志指出：从严治党，首先要治理好领导班子和领导干部。胡锦涛同志反复强调：要把干部的管理监督作为加强党的先进性建设和执政能力建设的重要任务来抓。在对干部严格要求的同时，我们党十分重视关心爱护干部。在革命战争年代，就十分注重保护干部。粉碎“四人帮”后，我们党首先落实干部政策，解放了一大批受迫害的干部。在新的历史条件下，胡锦涛同志多次强调，要从提高党的执政能力的战略高度，真正重视、真情关怀、真心爱护广大基层干部。我们要继承和发扬党在干部管理方面的成功经验和优良传统，不断加强和改进新时期干部管理工作。

（二）坚持严格要求与关心爱护相结合，是深入学习实践科学发展观的内在要求。深入学习实践科学发展观，对各级干部的政治素养、领导水平、执政能力、工作作风等提出了新的更高要求。近年来，各级领导班子和领导干部认真贯彻落实科学发展观，有力地推动了科学发展、促进了社会和谐。但也有少数干部还没有完全树立与科学发展观相适应的事业观、工作观、政绩观、群众观，在发展动机、发展理念、发展方式等方面与科学发展观的要求还有差距。这就要求我们从干部的选拔、教育、管理、监督等方面，引导干部形成与科学发展观相一致的价值取向和行为取向；加大改革创新力度，完善干部管理制度，解决干部管理中影响和制约科学发展的突出问题；坚持以人为本，把严格要求与关心爱护相结合，着力培养一支善于推动科学发展的干部队伍。

（三）坚持严格要求与关心爱护相结合，是造就高素质干部队伍的客观需要。近年来，干部队伍的整体素质明显提高，但仍有少数干部在思想政治、能力作风、廉洁自律等方面存在这样那样的问题。其中一个重要原因，就是干部管理工作与新形势新要求和干部队伍现状还不完全相适应。在宏观管理方面，干部管理体制机制还不够健全、不够完善；在微观管理方面，干部管理方式方法还不够科学、工作力度还不够到位。最突出的倾向，就是对干部严格要求管理不够，主要是好人主义和庸俗关系学抬头，

干部管理不同程度地存在失之于宽、失之于软的现象。另一种情况，就是对干部关心爱护不够，主要是对干部思想出现偏差及时校正不够，行为出现差错及时纠正不够，对干部面临的实际困难及时帮助不够。我们必须正视这些问题，始终坚持严格要求与关心爱护相结合，切实提高干部管理工作水平。

二、坚持“五个并重”，既满腔热情爱护干部又严格要求管理干部

对干部严格要求与关心爱护，二者相互依存、互寓其中。对干部严格要求，本身就是关心爱护；对干部关心爱护，务必体现在严格要求上。当前，我们要突出抓好对干部的从严要求，但也不能忽视对干部的关心爱护，把二者辩证地统一起来，必须坚持“五个并重”。

（一）激励干部干事创业与崇尚实干用人导向并重。推进经济社会又好又快发展、实现全面建设小康社会的宏伟目标，关键在于各级干部保持干事创业的激情和锐气。做到这一点，必须鲜明地坚持崇尚实干的用人导向，确保想干事的有机会、肯干事的有平台、干成事的有前途。少数地方和单位干部积极性低落，工作打不开局面，往往就是因为在用人导向上赏罚不明。因此，一方面要严格要求干部保持求真务实、真抓实干的作风，做到言必责实、行必责实、功必责实，努力为党和人民建功立业。另一方面，要在选人用人上坚持公道正派、五湖四海，真正选用那些人品正、干实事、真爬坡、敢破难的干部，在干部管理上形成干事者受关注、成事者受重用、败事者受惩罚的良好氛围。

（二）要求干部从严律己与加强干部日常管理并重。我们党一贯要求领导干部要为政清简、政治清明、作风清新、为官清廉，制定出台了大量党规党纪，提出了一系列严格要求。但一些地方和单位对干部原则要求多，日常管理监督少，直到干部由“小毛病”发展成了“大错误”才处理。这样既给党和人民的事业造成了损失，也影响了干部成长。我们要牢固树立“对干部严要求就是真关心”的观念，把对干部的严格要求与日常管理监督结合起来，不怕得罪人、不怕担责任，发现干部的缺点错误，及时进行批评教育。即使是对违犯党纪党规的干部进行必要的组织处理，适度惩罚，也是为了防微杜渐，预防干部犯大错误、犯难以挽回的错误。

（三）加强干部思想教育与完善干部制度约束并重。加强干部管理，首要的任务就是要加强思想政治建设，坚持用中国特色社会主义理论体系武装头脑、指导实践、推动工作，引导干部提高政治上的坚定性，提高自重、自省、自警、自励的自觉性。同时，要提高干部管理制度化水平。高度重视干部宏观政策研究和干部管理体制机制建设，为加强干部管理监督提供坚实的制度保证，下大力气抓好各项制度的贯彻落实。通过强有力的制度保证，形成对权力运行的有效制约，使少数有违纪动机的人面对强大的制度约束力，想为不敢为，欲为不能为。做到这一条，是对干部的严格要求和关心爱护。

（四）倡导干部积极奉献与重视干部关心激励并重。要关心爱护干部，真正形成“干部奉献事业、组织关心干部”的良好局面。在“5·12”四川汶川特大地震中，许多干部在房倒屋塌、家人生死不明的情况下，舍小家顾大家，英勇顽强地投入抗震救灾，灾后继续担起了灾区重建的繁重任务。组织应该满腔热情地关心他们，让他们在艰苦的环境里感受到关怀。还应看到，越是大公无私、忘我工作的干部，越容易积劳成疾，越容易发生家庭困难，越需要组织帮助他们克服困难，轻装上阵。号召干部到急难险重岗位上去建功立业，就要积极帮助他们解除后顾之忧；倡导干部奋战一线、扎根基层，就要格外关心他们的待遇和晚年。只有这样，才能保证干部心无旁骛地开展工作，这也是组织对干部负责的一种表现。

（五）给干部交任务加压力与注意干部心理关怀并重。当前，各级干部肩负的任务很重，面临的矛盾很多，干部队伍承担的工作压力普遍较大。比如一些受灾地区的干部，既遭受灾难、

痛失亲人，又要肩负救灾救人、重建家园的任务，无疑承受着异常繁重的工作和心理压力，不少干部身心健康受到影响。由此启示我们，不但要给干部交任务加压力，还要加强对干部的人文关怀、情感关怀，注重干部的心理健康。特别是当干部在遭遇压力和挫折的情况下，更要注重沟通安慰，注重心理疏导。领导干部不但应当是指挥员，还应当是政工师，不但要鼓励干部顽强拼搏、奋发有为，还要注重对干部的思想工作和心理关怀，增强干部对繁重任务和压力的心理承受能力，保证干部身心健康。

三、健全干部管理机制，落实干部管理任务

从严管理干部，重在狠抓落实。我们要认真学习领会党的十七大和十七届四中全会关于加强干部管理的部署和要求，把从严管理干部作为党的建设的重中之重来抓，不断健全干部管理工作机制，认真落实干部管理各项任务。

（一）注重干部日常管理。从严管理干部，重点是要加强对干部的日常管理监督。要加强干部经常性教育，强化对干部的思想政治教育和作风养成教育，健全党内生活，积极开展批评与自我批评，不断增强干部解决自身问题的能力。要坚持谈心谈话制度，及时了解掌握干部的思想动态和工作生活情况，对苗头性的问题早发现、早提醒、早纠正。要完善干部考核方式，整合考核资源，提高考核质量，注重运用考核结果，坚持奖惩分明，加大治懒治庸力度，着力解决干部管理不严问题。要健全干部监督约束机制，严格执行干部重大情况报告制度，坚持党委（党组）主要负责同志与下一级党政正职谈话、上级参加下级民主生活会等制度，加强上级监督、领导班子内部监督、巡视监督、群众监督、舆论监督等，保证干部正确行使权力。要严格干部问责追究制度，对不称职的干部及时调整，对以权谋私的干部及时查处，对失职渎职的干部及时追究，坚持权责统一、奖惩分明。

（二）加强干部宏观管理。要深化干部分类管理改革，逐步完善符合党政机关干部、企事业单位干部各自特点的分类管理体制，完善公务员制度，推进企事业单位人事制度改革，使各类干部和人才的活力竞相迸发。要完善干部交流制度，加大重要部门、关键岗位、东中西部地区干部交流力度，疏通党政机关干部、企事业单位干部交流渠道，注意从基层生产一线选拔干部到党政机关工作，鼓励党政机关干部到基层工作锻炼，努力形成优秀人才到基层和生产一线去、党政领导干部从基层和生产一线来的干部交流格局。要加强干部职数、职级管理，严格按照领导职数配备干部，切实解决违反规定超职数配备干部问题。建立健全干部职务与职级并行制度，实行干部职级与待遇挂钩。健全干部退出机制，认真落实党政领导干部问责、辞职的有关规定，严格执行干部任期制，加大对不称职干部调整力度，切实解决干部能上不能下、能进不能出的问题。

（三）重视对干部的关心爱护。要在政治上关心，把完成重大任务、应对重大事件作为检验和考察干部的主战场，及时发现和大胆使用注重实干、实绩突出、群众公认的优秀干部。要在精神上激励，广泛开展创先争优活动，及时发现和表彰各条战线涌现出来的先进典型，大力宣传他们的先进事迹，鼓舞士气、激发活力、凝聚人心。要在生活上帮助，对长期在基层和艰苦边远地区工作的干部，长期担任县、乡党政领导职务的干部实行工资福利倾斜政策。全面做好离退休干部工作。要在心理上关怀，加强干部思想政治工作，帮助干部疏通思想情绪，缓解心理压力，确保干部保持良好的精神状态。

（四）落实管理干部的政治责任。各级党组织要认真履行管理干部的职责，着力健全党委统一领导，纪检、组织、宣传和审计等部门齐抓共管的工作机制，形成一级抓一级、一级带一级、层层抓落实的工作格局。各级党委（党组）特别是主要负责同志，要牢固树立“抓干部管理是本职，不抓干部管理是失职，抓不好干部管理

是不称职”的观念，把干部管理工作摆在重要位置，用足够精力抓紧抓好。干部管理部门要在党委的领导下，充分发挥干部教育、管理、监督和关爱的作用，履行好管理干部职责。各级领导干部对所属干部要坚持原则，敢抓敢管。建立健全管理干部责任制，对用人失察失误、疏于管理监督，致使班子成员或者下属连续或多次出现违纪违法行为的，要追究相关领导和干部管理部门的责任。

（作者：中共四川省委书记）

坚持不懈地用中国特色社会主义理论体系武装全党

雒树刚

党的十七届四中全会《决定》从建设马克思主义学习型政党的高度，进一步提出用中国特色社会主义理论体系武装全党的重大任务。这对于我们在新形势下增强做好这一工作的自觉性坚定性，大力推动用马克思主义中国化最新成果武装全党，具有重要指导作用。

一、充分认识用中国特色社会主义理论体系武装全党的重要意义

坚持用中国特色社会主义理论体系武装全党，关系建设中国特色社会主义事业的根本，关系实现全面建设小康社会进而实现中华民族的伟大目标，关系党和国家长治久安，具有重大意义。

坚持用中国特色社会主义理论体系武装全党是我们党的宝贵经验。《决定》总结执政党建设的基本经验，第一条经验就是把思想理论建设放在首位，提高全党马克思主义水平。这个经验也是我们党成立以来形成的光荣传统。毛泽东同志不断强调党的理论学习的重要性。他指出：“我们要建设大党，我们的干部非学习不可。”“如果不学习，就不能领导工作，不能改善工作与建设大党。”邓小平同志曾指出：“我们还是要造成一种学习的空气，学习理论的空气，学习实际的空气，这也是我们的一个党风，我们党的一个好的传统作风。”江泽民同志指出：“我们党有一条宝贵的经验，就是每当革命和建设处在重大历史关头，总是特别重视理论指导，总是结合不断发展的实际加强党员、干部的理论学习。现在，建设有中国特色社会主义事业正处在重大历史关头，尤其需要重视这条经验，用好这条经验。”胡锦涛总书记也指出：“加强思想理论建设，用马克思主义武装全党，是我们党永葆先进性的根本保证。”“没有先进理论武装的党不可能是先进的党，也不可能是具有高度创造力、凝聚力、战斗力的党。”加强党的理论建设，推动全党的理论学习，第一位的是学习马克思主义中国化的最新成果，提高学习中国特色社会主义理论体系的自觉性坚定性。

坚持用中国特色社会主义理论体系武装全党是不断推进马克思主义中国化、时代化、大众化的需要。《决定》把不断推进马克思主义中国化、时代化、大众化作为重要经验和重要任务提到全党面前。马克思主义中国化、时代化、大众化，从本质上说，就是把马克思主义基本原理同中国具体实际相结合，走自己的路，坚持和发展马克思主义。中国共产党88年来领导革命、建设和改革的历史，就是不断推进马克思主义中国化、时代化、大众化的历史。1938年，毛泽东同志在党的六届六中全会上明确提出了马克思主义中国化的历史任务。他说：“马克思主义必须和我国的具体特点相结合并通过一定的民族形式才能实现。”“离开中国特点来谈马克思主

义，只是抽象的空洞的马克思主义”。要“使之在其每一表现中带着必须有的中国的特性，即是说，按照中国的特点去应用它”，就是要有“新鲜活泼的、为中国老百姓所喜闻乐见的中国作风和中国气派”。马克思主义中国化、时代化、大众化的过程，必然是解放思想、实事求是、与时俱进的过程，必然是理论创新的过程。我们党在实践上的每一个重大发展，在理论上的每一个重大突破，在工作上的每一个重大进步，都是马克思主义中国化、时代化、大众化的结果，突出表现在形成了毛泽东思想和中国特色社会主义理论体系这两大理论成果。这是一个不断产生新的理论成果的过程，也是需要不断用新的理论成果武装全党的过程。马克思主义中国化、时代化、大众化每推进一步，党的理论创新每推进一步，理论武装就要跟进一步。中国特色社会主义理论体系是马克思主义中国化的最新成果，这个理论体系产生和发展的实践过程都是我们亲身经历或者在我们身边发生的，论述的许多问题、许多事情都是我们已经做了、当前正在做和今后还要做的，讲的道理离我们最近。只有用这个理论体系武装全党，才能推动全党把中国特色社会主义事业继续推向前进，才能把马克思主义中国化、时代化、大众化继续推向前进。

坚持用中国特色社会主义理论体系武装全党是建设马克思主义学习型政党，提高全党思想政治水平的需要。《决定》提出了建设马克思主义学习型政党，提高全党思想政治水平的历史任务。世界在变化，形势在发展，中国特色社会主义实践在深入，不断学习、善于学习，努力掌握和运用一切科学的新思想、新知识、新经验，是党始终走在时代前列引领中国发展进步的决定性因素。《决定》指出，必须按照用科学理论武装、具有世界眼光、善于把握规律、富有创新精神的要求，把建设马克思主义学习型政党作为重大而紧迫的战略任务抓紧抓好。在建设马克思主义学习型政党过程中，要推动全党进行多方面的学习。积极向书本学习、向实践学习、向群众学习，优化知识结构，提高综合素质，包括学习马克思主义理论，学习党的路线方针政策和国家法律法规，学习党的历史，同时广泛学习现代化建设所需要的经济、政治、文化、科技、社会和国际等各方面知识。其中，首要的、第一位的是学习中国特色社会主义理论体系。理论是旗帜、是灵魂。只有坚持用中国特色社会主义理论体系武装全党，才能提高运用科学理论改造主观世界和客观世界的能力，使党的理论和实践始终体现时代性、把握规律性、富于创造性；才能始终坚持正确的世界观、人生观、价值观，树立正确的理想信念，坚持共产党人的崇高追求；才能始终坚持党的全心全意为人民服务的宗旨，坚持以人为本，坚持马克思主义群众观点和党的群众路线，做到权为民所用、情为民所系、利为民所谋。

二、系统掌握中国特色社会主义理论体系

《决定》提出，要组织党员、干部系统掌握中国特色社会主义理论体系。中国特色社会主义理论体系，是包括邓小平理论、“三个代表”重要思想以及科学发展观等重大战略思想在内的科学理论体系。学习中国特色社会主义理论体系，要全面、系统地掌握，要完整、准确地理解。

系统掌握中国特色社会主义理论体系，要掌握中国特色社会主义理论体系的重大意义。中国特色社会主义理论体系，反映了党对共产党执政规律、社会主义建设规律、人类社会发展规律的重大认识，反映了党对新的历史条件下推进改革开放和社会主义现代化建设、发展中国特色社会主义的重大认识，是马克思主义中国化最新成果，是党最可宝贵的政治和精神财富，是全党全国各族人民团结奋斗的共同思想基础。中国特色社会主义理论体系，其理论基础是对马克思列宁主义、毛泽东思想的科学继承，其时代背景是对国际形势和时代特征的科学把握，其历史根据是对国内外建设社会主义正反两方面经验的科学总结，其现实依据是对

我国改革开放和社会主义现代化建设生动实践、对最广大人民共同愿望的科学认识。

系统掌握中国特色社会主义理论体系，要掌握中国特色社会主义理论体系包含的基本观点。《决定》提出，要组织党员、干部深入学习马克思列宁主义、毛泽东思想、邓小平理论、“三个代表”重要思想以及科学发展观，牢固树立辩证唯物主义和历史唯物主义基本观点。中国特色社会主义理论体系在中国特色社会主义的思想路线、发展道路、发展阶段、发展战略、根本任务、发展动力、依靠力量、国际战略、领导力量和根本目的等问题上，形成了一系列独创性的重大理论观点。这个理论体系提出了社会主义本质思想、社会主义初级阶段思想、社会主义改革开放思想、社会主义市场经济思想、社会主义基本经济制度思想、社会主义科学发展思想、社会主义和谐社会思想、社会主义政治文明建设思想、社会主义精神文明建设思想、“一国两制”科学构想、马克思主义执政党建设思想等一系列新思想、新观点、新论断。这个理论体系涵盖了社会主义经济建设、政治建设、文化建设、社会建设以及生态文明建设、党的建设等各个领域，涉及改革发展稳定、内政外交国防、治党治国治军等各个方面，是内涵丰富、思想深刻、系统科学的理论体系。学习中国特色社会主义理论体系，就要在掌握基本观点上下功夫。

系统掌握中国特色社会主义理论体系，要掌握中国特色社会主义建设的宝贵经验。中国特色社会主义理论体系，是中国特色社会主义实践经验的理论总结。在改革开放的创造性实践中，我们党经过艰辛探索，积累了宝贵的经验，概括起来，就是党的十七大阐明的“十个结合”。这“十个结合”的宝贵经验，是我们党和人民经过长期实践和艰辛探索得来的，是我们党极为宝贵的精神财富，也是我们掌握中国特色社会主义理论体系的重要内容。

系统掌握中国特色社会主义理论体系，要掌握中国特色社会主义理论体系对重大理论和实际问题的创造性回答。中国特色社会主义全部理论和实践，归结起来就是创造性地探索和回答了什么是马克思主义、怎样对待马克思主义，什么是社会主义、怎样建设社会主义，建设什么样的党、怎样建设党，实现什么样的发展、怎样发展等重大理论和实际问题。对这四个重大理论和实际问题的认识程度和把握程度，决定着中国特色社会主义实践和理论的创新程度、丰富程度、深刻程度。中国特色社会主义理论体系对这四个重大理论和实际问题的回答，既做到“没有丢老祖宗”，又做到了“说新话”。“老祖宗没有丢”，最重要的就是坚持马克思列宁主义、毛泽东思想的基本原理，坚持辩证唯物主义和历史唯物主义的立场、观点、方法。“说新话”，最重要的是结合新的实践经验和新的时代要求，说出一些老祖宗没有说过的符合客观实际的新话，使马克思主义在当代中国进入了新境界。这四个重大理论和实际问题，是我们学习中国特色社会主义理论体系的一个重要脉络。

系统掌握中国特色社会主义理论体系，要深入学习实践科学发展观。科学发展观是中国特色社会主义理论体系的重要内容和最新成果。学习贯彻科学发展观的过程，也是在新的历史起点上坚持和发展中国特色社会主义理论体系的过程。要系统掌握科学发展观的重大意义、科学内涵、精神实质和根本要求。充分认识科学发展观是对党的三代中央领导集体关于发展的重要思想的继承和发展，是马克思主义关于发展的世界观和方法论的集中体现，是同马克思列宁主义、毛泽东思想、邓小平理论和“三个代表”重要思想既一脉相承又与时俱进的科学理论，是我国经济社会发展的重要指导方针，是发展中国特色社会主义必须坚持和贯彻的重大战略思想。充分认识科学发展观第一要义是发展、核心是以人为本、基本要求是全面协调可持续、根本方法是统筹兼顾。

三、认真做好用中国特色社会主义理论体系武装全党的工作

《决定》对用中国特色社会主义理论体系武

装全党作了全面部署。我们要认真贯彻《决定》的部署，做好用中国特色社会主义理论体系武装全党的工作。

要在深入学习实践科学发展观活动中推动用中国特色社会主义理论体系武装全党工作。在全党开展深入学习实践科学发展观活动，是党的十七大作出的战略决策，是用中国特色社会主义理论体系武装全党的重大举措。胡锦涛总书记指出："搞好这次学习实践活动，深入学习、提高认识是基础。检验这次学习实践活动的成效，首先要看用科学发展观武装头脑是否下了真功夫，看对推动科学发展的重要性和紧迫性的理解和把握是否有了新提高。"要通过开展深入学习实践科学发展观活动，使全党对中国特色社会主义理论体系认识上有新提高、思想上有新收获，对科学发展观认识上有新提高、思想上有新收获，进一步把科学发展观转化为推动科学发展的坚强意志、谋划科学发展的正确思路、领导科学发展的实际能力、促进科学发展的政策措施，转化为与人民群众同呼吸、共命运、心连心的真挚情感，转化为增强党性修养、提高思想觉悟的自觉行动。《决定》特别强调，要认真总结深入学习实践科学发展观活动的成功经验，形成有利于深入学习研究和贯彻落实科学发展观的政策导向、舆论导向、用人导向和体制机制，不断推动学习实践向深度和广度发展。

要坚持以党员领导干部为重点。党员领导干部是我们党的骨干，他们的素质如何直接关系到能否保持党的先进性，能否提高党的执政能力。毛泽东同志曾指出："学习是我们注重的工作，特别是干部同志，学习的需要更加迫切。""如果我们党有一百个至二百个系统地而不是零碎地、实际地而不是空洞地学会了马克思列宁主义的同志，就会大大地提高我们党的战斗力量。"邓小平同志曾殷切地提出："我希望党中央能作出切实可行的决定，使全党的各级干部，首先是领导干部，在繁忙的工作中，仍然有一定的时间学习，熟悉马克思主义的基本理论，从而加强我们工作中的原则性、系统性、预见性和创造性。"江泽民同志指出："全党同志要努力学习，各级领导干部更要带头努力学习。""领导干部总要比别的同志更勤于学习和善于学习，知识更多一些，本领更强一些，才能担当起领导的重任。"胡锦涛总书记指出："学习是领导干部增长才干、提高素质的重要途径，是做好各项工作的重要基础。""如果我们的领导干部不抓紧学习、不抓好学习，不在学习和工作中不断提高自己，就难以完成肩负的历史责任，甚至难以在这个时代立足。"《决定》明确提出，党员领导干部要做真学真懂真信真用的表率，着力提高理论素养和解决实际问题能力。《决定》特别强调，中央委员和省部级领导干部要认真研读马克思主义特别是中国特色社会主义理论体系基本著作，切实提高战略思维、创新思维、辩证思维能力，带头探索回答重大理论和实践问题。

要大力弘扬理论联系实际的学风。毛泽东同志说："对于马克思主义的理论，要能够精通它、应用它，精通的目的全在于应用。"理论联系实际是我们党的优良作风。中国特色社会主义理论体系是总结人民群众的伟大实践产生的，用中国特色社会主义理论体系武装全党，也要紧密结合实际来学习、来运用。要紧密联系当今世界的深刻变化和当代中国的深刻变革，坚持以我国改革开放和现代化建设的实际问题、以我们正在做的事情为中心，着眼于马克思主义理论的运用，着眼于对实际问题的理论思考，着眼于新的实践和新的发展。《决定》指出，要引导党员、干部把学习理论同研究解决人民最关心最直接最现实的利益问题、本地区本部门改革发展稳定的重大问题、党的建设突出问题结合起来，增强工作的原则性、系统性、预见性、创造性。要使科学理论真正成为指导工作和决策的思想武器，成为推动科学发展、促进社会和谐、开创事业新局面的强大动力。理论联系实际，还要紧密联系改造主观世界的实际。通过学习中国特色社会主义理论体系，要引导党员着力增强贯彻党的基本理论、基本路线、基本纲领、基本经验的自觉性和坚定性，增强走中国特色社会主义道路、为党和人民事业不懈奋斗的自觉性和坚定性，做共产主义远大理想和中国特色社会主义共同理想的坚定信仰者；要引导党员、干部增强党的意识、宗旨意识、执政意识、大局意识、责任意识，做到为党分忧、为国尽责、为民奉献。

深入实施马克思主义理论研究和建设工程。实施马克思主义理论研究和建设工程，是关系党和国家事业发展的战略任务，是中央加强党的理论建设的重大举措。实施马克思主义理论研究和建设工程，对于用中国特色社会主义理论体系武装全党具有重大意义。深入实施马克思主义理论研究和建设工程，就是要加强对中国特色社会主义重大理论和实际问题研究，不断总结马克思主义中国化、时代化、大众化的经验，为用中国特色社会主义理论体系武装全党提供强大学理支撑。实施马克思主义理论研究和建设工程，对推动中国特色社会主义理论体系进教材、进课堂、进头脑具有重大意义。用中国特色社会主义理论体系武装头脑，很重要的是做好大学生的理论武装工作。实施马克思主义理论研究和建设工程，是推动大学生理论武装工作的重要载体和重要渠道。《决定》强调，深入实施马克思主义理论研究和建设工程，建设充分反映马克思主义中国化最新成果的学科体系和教材体系，培养造就一大批马克思主义理论家特别是中青年理论家，推动中国特色社会主义理论体系进教材、进课堂、进头脑，增强科学理论教育引导群众的作用。

（作者：中宣部常务副部长）

推进马克思主义中国化、时代化、大众化

何毅亭

党的十七届四中全会审议通过的《中共中央关于加强和改进新形势下党的建设若干重大问题的决定》（以下简称《决定》）强调，要大力推进马克思主义中国化、时代化、大众化。这是从思想上理论上政治上建设党、提高党的重大举措，对于党和国家事业的发展具有重大的现实意义和长远意义。

马克思主义中国化，就是把马克思主义基本原理同中国具体实际相结合，运用马克思主义的立场、观点、方法研究和解决中国革命、建设、改革不同历史时期的实际问题，总结中国的独特经验，揭示中国革命、建设、改革的规律，以中国的文化形式和表达方式来阐述马克思主义理论，使之成为具有中国风格、中国气派的马克思主义。这也就是毛泽东同志当年所说的，“使马克思主义在中国具体化，使之在其每一表现中带着必须有的中国的特性，即是说，按照中国的特点去应用它”。

马克思主义时代化，就是把马克思主义同当前时代的发展、同当前时代的特征结合起来，使之能够适应时代需要、把握时代脉搏、回答时代课题。马克思主义时代化总是同一个国家的马克思主义本国化、民族化联系在一起的，在中国就是同马克思主义中国化联系在一起的。马克思主义中国化的过程，既是马克思主义基本原理同中国具体实际相结合的过程，也是马克思主义基本原理同时代特征相结合的过程。

马克思主义大众化，就是把马克思主义科学理论同人民群众的实践活动结合起来，通过多种形式进行宣传、普及和推广，把深邃的理论用简单质朴的语言讲清楚，把深刻的道理用群

众喜闻乐见的方式说明白，使抽象的理论逻辑转变为形象的生活逻辑，让科学理论从书斋走向生动的社会实践，成为广大党员普遍信仰、人民大众普遍认同的强大思想武器。马克思主义大众化与马克思主义中国化是相互衔接、相互促进的，既不能等同，也不能相互取代。马克思主义是来自实践、指导实践的科学理论，人民群众是社会实践的主体，因此马克思主义中国化的过程必然伴随马克思主义大众化的过程。马克思主义中国化成果只有实现马克思主义大众化的理论转换，才能变为人民群众手中的武器，变成改造社会、改造世界的物质力量。

在当代中国，推进马克思主义大众化，最基本的就是推进包括邓小平理论、"三个代表"重要思想以及科学发展观等重大战略思想在内的中国特色社会主义理论体系大众化。这就要按照《决定》的要求，坚持用中国特色社会主义理论体系武装全党，深入实施马克思主义理论研究和建设工程，建设充分反映马克思主义中国化最新成果的学科体系和教材体系，推动中国特色社会主义理论体系进教材、进课堂、进头脑，增强科学理论教育引导群众作用。

当今世界在变化，国内外形势在发展，中国特色社会主义实践在深入。解决我国发展面临的新课题，满足人民群众的新期待，要求我们坚持党的思想路线，解放思想、实事求是、与时俱进，不断作出新的理论概括，增强理论的说服力和感召力，丰富发展中国特色社会主义理论体系，为进一步认识世界和改造世界、推动党和国家事业发展提供强有力的理论指导。而要做到这些，不断把马克思主义中国化、时代化、大众化推向前进，就要按照《决定》的要求，坚持运用马克思主义立场、观点、方法准确把握当今世界发展大势，准确把握社会主义初级阶段基本国情，准确把握改革发展实际，及时总结党领导人民创造的新鲜经验，不断把马克思主义中国化、时代化、大众化推向前进。

（作者：中共中央政策研究室常务副主任）

学习贯彻党的十七届四中全会精神　进一步加强和改进党的基层组织建设

欧阳淞

党的十七届四中全会是在新中国成立 60 周年之际，召开的一次具有深远意义的大会。全会通过的《中共中央关于加强和改进新形势下党的建设若干重大问题的决定》（以下简称《决定》）是加强和改进新形势下党的建设的纲领性文件，认真学习、深入贯彻全会关于党的基层组织建设的要求，有必要在对党的基层组织建设的发展历程进行总结回顾，对党的基层组织建设面临的新情况新问题新挑战进行认真分析的基础上，深入理解《决定》关于党的基层组织建设的总体布局和基本要求，从而更好地把《决定》提出的党的基层组织建设的各项任务落到实处。

一、党的十六大以来党的基层组织建设情况回顾

党的十六大以来特别是近年来，以胡锦涛同志为总书记的党中央提出加强党的执政能力建设和先进性建设的重大战略任务，进一步明确了党的基层组织建设的总体目标和工作思路。在各级党组织的共同努力下，基层党组织建设进入了全面创新、整体推进的历史新时期，

党的基层组织建设大事不断、新事不断，取得了重大成就，积累了宝贵经验，呈现出蓬勃生机和旺盛活力。

（一）坚持围绕中心、服务大局，更加自觉地把党的基层组织建设放到党和国家工作大局中去谋划和推进。党的基层组织建设为推动经济社会又好又快发展发挥了积极作用，提供了坚强的组织保证。广大基层党组织和共产党员在抗击非典、抗击严重低温雨雪冰冻灾害、抗击汶川特大地震灾害、服务北京奥运会、应对国际金融危机冲击等一系列大事、要事、难事中，作出了突出的贡献，表现出了良好的精神风貌，赢得了广泛的赞誉。实践生动而又充分地表明，只要坚持在大局下行动，主动为党和国家的中心工作服务，党的基层组织建设就能大有作为，体现价值；党的基层组织也只有坚持在大局下行动，才能得到来自大局的更多的重视和支持，从而把党的基层组织自身建设得更加坚强有力。

（二）坚持尊重党员主体地位，不断激发和调动党员和基层党组织的内生动力。我们党提出了尊重党员主体地位的重大命题，通过采取发展党内基层民主、支持党员行使民主权利、引导党员发挥主体作用和帮助基层解决场地经费困难等一系列重大举措激励关怀基层党员干部，有效地激发了党员和基层组织的创造活力。先后总结的“党员承诺制”、“一定三有”和“四议两公开”工作法等成功经验的广泛推广，使广大党员和基层党组织的主动性、积极性、创造性得到充分调动，基层党组织建设推动科学发展、促进社会和谐的作用更加显著。

（三）坚持改革创新，不断研究新情况、解决新问题。以改革创新的精神研究新问题、应对新挑战，为基层党组织建设注入了不竭动力。我们适应社会组织形式和党员就业方式等变化，灵活多样设置组织，扩大了党的组织覆盖和工作的覆盖；大力创新基层党组织活动方式，逐步实现了基层党组织的工作由传统的行政命令型向指导服务型转变，由封闭型向开放型转变；大力创新基层党建工作手段，充分利用现代信息网络技术，开展党员干部现代远程教育工作，通过全国流动党员咨询服务专用电话，搭建基层党建工作信息化平台，为基层党组织建设注入了新活力。

（四）坚持集中性教育和经常性教育有机结合，更加注重分类指导，不断提高基层党组织建设工作整体水平。在开展农村“三个代表”重要思想学习教育活动的基础上，党的十六大以来，着眼用马克思主义中国化最新成果武装党员头脑，全党又先后开展了以学习实践“三个代表”重要思想为主要内容的保持共产党员先进性教育活动和深入学习实践科学发展观活动。这几次集中性教育活动虽然主题不同、方式有异，但是，都一以贯之地体现了党的理论创新每推进一步、理论武装就跟进一步的重大部署，体现了党员干部受教育、人民群众得实惠的基本要求。同时，把集中性教育和经常性工作结合起来，针对新形势下基层党建工作新特点，突出分类指导，坚持常抓不懈，使基层党组织建设更有实效，党执政的组织基础更加巩固。

（五）坚持群众满意的价值取向，始终把实现、维护和发展好人民群众利益作为基层党组织建设的出发点和落脚点。胡锦涛同志提出，要“努力使先进性教育活动真正成为群众满意工程”。这一重要思想深刻阐明了新形势下党的基层组织建设的价值判断标准。各级党组织始终围绕服务群众这个主题，创设党员志愿者服务等多种实际载体，始终坚持以群众满意作为检验基层党建工作的根本标准，使基层党建工作始终得到了群众的广泛关注和热情支持，基层党组织在群众中进一步增强了影响力和凝聚力。

（六）坚持健全完善以民主集中制为核心的组织制度，为不断提高基层党建工作科学化水平提供重要保障。中央在调查研究、认真总结各地成功经验的基础上，制定下发了《关于加强党员经常性教育的意见》、《关于建立健全地方党委、部门党组（党委）抓基层党建工作责任制的意见》等一系列党内法规制度，使党的基层组织建设既富于创造性，又有基本的规范可循，使各级党组织抓基层党建的工作责任更加明确、工作格局更加合理。随着制度机制的不断健全完善，党的基层组织建设正在走出一条不是靠政治运动、而是靠制度保障实现自身科学发展的新路子。

以上六个方面，从不同侧面反映了基层党建工作的成功探索和实践。这些新实践新探索，为我们贯彻落实《决定》精神，进一步抓好党的基层组织建设积累了宝贵经验，奠定了坚实基础。

二、党的基层组织建设面临的新情况新问题

当今世界正处在大发展大变革大调整时期。《决定》指出，党面临的执政考验、改革开放考验、市场经济考验、外部环境考验是长期的、复杂的、严峻的。深刻变化的国际国内环境，既为新形势下党的基层组织建设提供了新的机遇，也提出了新的挑战。对党的基层组织建设的影响主要表现在以下几个方面：

第一，世界多极化、经济全球化带来的深刻影响。在多极化趋势发展过程中，敌对势力视正在强大起来的中国为“潜在的战略对手”，加大对我国进行渗透、破坏、颠覆活动力度；经济全球化催生了数量众多的非公有制企业和新社会组织，这些非公有制企业和新社会组织自身发展的特点，使党组织的组建和发展工作面临许多新情况新问题，党组织覆盖还存在许多空白点。

第二，工业化、信息化趋势带来的深刻影响。工业化的迅猛发展要求基层党组织调整工作思路、完善基本格局，尽快形成适应新的就业方式、思想观念和价值追求的组织形式和工作方式；互联网的开放性和虚拟性要求党的基层组织建设必须重视占领网络舆论阵地；网络舆情热点与现实社会的热点日益汇流、共振，要求基层党组织必须提高新形势下应对突发事件的能力和影响群众、动员群众的能力。

第三，城镇化、市场化带来的深刻影响。社会主义市场经济的深入发展，极大地促进了生产要素在城乡之间的自由流动和重新组合，推动了城乡经济社会发展的相融与互动，也对基层党组织的工作布局、组织方式、管理模式和服务能力等提出了新的要求。整合城乡基层党建资源，构建城乡统筹基层党建新格局更显重要；创新党员教育管理方法，形成城乡一体的党员动态管理机制十分现实；拓宽农村基层干部队伍来源，解决农村基层党组织后继乏人的问题更为紧迫。

第四，传统安全因素与非传统安全因素带来的深刻影响。西方敌对势力利用一切机会对我实施西化、分化战略。一些非法宗教势力、境外和国外的非政府组织加紧渗透；意识形态领域的交锋和斗争更加激烈；各种突发性公共安全事件日渐增多，基层党组织承担的反对分裂、维护稳定、协调利益、团结群众的任务更加艰巨。

党的基层组织建设面临的新情况新问题如此现实，我们应当以《决定》对新形势的判断和分析为指导，准确把握党的基层组织建设面临的新趋势、新特点，切实增强贯彻落实《决定》精神的责任感和紧迫感。

三、认真落实《决定》提出的加强党的基层组织建设的主要任务

《决定》从党的工作大局和中心任务出发，提出的新形势下加强和改进基层党建的一系列重要思想，始终贯穿了“一条红线”，就是要以改革创新精神加强和改进基层党组织建设，不断提高基层党的建设的科学化水平，使基层党建工作更加符合科学发展观的要求。学习和贯彻《决定》的精神，必须深刻领会和准确把握这条红线，重点落实党的基层组织建设六个方面的工作任务。

（一）创新党组织的设置方式，扩大基层党组织覆盖面

《决定》强调要全面推进各领域党的基层组

织建设，实现党的组织和党的工作全社会覆盖，并进一步明确了基层党组织设置的基本原则、工作重点和目标要求。一是以便于党员参加活动、党组织发挥作用为原则。在以地域、单位为主设置基层党组织的基础上，必须适应经济结构、产业布局、组织形式、行业分工、党员流向的发展变化，探索完善基层党组织设置形式。二是以在非公有制经济组织和新社会组织中建立党组织为重点。要坚持一手抓基层党组织组建、一手抓基层党组织作用发挥，探索采取单独组建、行业统建、区域联建、楼宇共建等多种形式，不断扩大党在社会各个领域的组织和工作覆盖。三是以活跃基层、打牢基础为目标。强基础，必须"活"基层。基层要"活"在工作上，注重以灵活多样的方式开展党的工作；基层还应"活"在组织上，注重充分发挥基层党组织的领导核心作用，带动工会、共青团、妇联等其他基层组织建设，支持和培育服务性、公益性、娱乐性的社区组织发展，把各阶层各方面群众更加紧密地团结凝聚在党组织周围。

（二）找准开展活动、发挥作用的着力点，推进基层党组织工作创新

贯彻落实《决定》精神，推进基层党组织工作创新，应当注意把握三点。一是要围绕基层党组织功能定位，从活动内容上进行创新。《决定》依据党章，同时根据经济社会发展的新形势新任务，进一步明确了农村、国有企业、街道社区、机关、高校和科研、文化等事业单位党组织的职责任务，提出了"六个贯穿始终"、"六个发挥作用"的要求。《决定》还第一次明确提出了非公有制经济组织、新社会组织党组织的职能。各行业各领域的党组织要根据自身职能，找到开展活动的切入点。比如，在农村，党组织的活动应当与农民群众的利益关切紧密结合起来，增强对群众的感召力和吸引力；在城市街道社区，要以"有人管事、有钱办事、有场所议事，构建区域化党建格局"为重点，推进街道社区党组织建设，充分发挥服务居民的职能；在国有企业，必须把牢固确立党组织的政治核心地位与加快建立中国特色现代国有企业制度有机结合起来，把政治优势转化为核心竞争力；在机关，党建工作必须紧紧把握服务中心、建设队伍这两大任务，切实在"走前头、作表率"上下功夫。二是要结合开展创先争优和三级联创活动，从活动载体上进行创新。按照《决定》要求，在组织开展创先争优活动、在城市街道社区等领域普遍推广农村三级联创活动成功经验的同时，要根据不同行业领域党组织的职能定位，积极探索像党员承诺制那样的体现特色、吸引党员、富有实效的活动载体，更好地树立党的形象，扩大党的影响。三是要适应信息化发展趋势，从工作和活动方式上进行创新。《决定》第一次明确提出推进基层党组织工作信息化的要求。要积极利用互联网、手机等现代信息技术创新党组织工作手段，通过完善"12371"党员咨询服务电话、健全基层党建工作信息系统、发送"红色短信"等多种方式，开辟党组织活动空间，使党的基层组织建设始终与社会发展相适应。当前，推进基层党组织工作创新的一项重要任务，就是认真贯彻落实中央有关部门最近召开的党领导的村级民主自治机制工作经验交流会和全国街道社区党的建设工作经验交流会精神，积极探索农村基层党建和城市街道社区党建工作的改革创新之路。

（三）建立健全教育、管理、服务党员长效机制，增强党员队伍生机活力

建立健全党员教育、管理、服务长效机制，必须着眼于管基础、管根本、管长远，注意处理好以下三个关系。一是既要突出党员发展工作重点，又要注重改善党员队伍结构。必须高度重视抓好在工人、农民中发展党员工作，不断巩固党的阶级基础。同时要重视在高知识群体、大学生等各领域优秀青年中发展党员，积极做好在非公有制经济组织、新社会组织中发展党员工作，不断优化党员队伍的结构。二是既要开展好党员集中性教育活动，又要落实好经常性的党员教育培训规划。《决定》第一次明确提出了建设学习型党组织，建立基层党员轮训制度的要求。要根据《2009—2013年全国党员教育培训工作规划》，抓紧制定实施意见，大规模开展基层党员教育培训，推进党员教育培训工作的经常化、制度化、规范化。三是既要加强党员管理和服务，又要探索建立党员在居住地发挥作用机制。《决定》强调从思想、工作、生活上关心党员，同时第一次明确提出要探索建立党员在居住地发挥作用机制，体现了把党员的教育管理和服务融为一体的新理念。按照《决定》要求，一方面，基层党组织必须关注党员的合理需求，通过健全党内激励关怀和帮扶机制，搭建街道社区党员服务中心等平台，强化党组织为党员提供服务的功能。另一方面，要引导和鼓励党员参加居住地党组织活动，参与以服务群众为主要内容的各类志愿服务，立足居住地发挥作用，真正让广大党员感到既有义务、有责任，又有权利、有温暖。

（四）按照守信念、讲奉献、有本领、重品行的要求，建设高素质基层党组织带头人队伍

基层党组织带头人是基层党组织能否发挥领导核心和政治核心作用的关键因素。《决定》明确提出了加强基层党组织书记队伍建设的重大任务，强调要准确把握“守信念、讲奉献、有本领、重品行”12字要求和“明确责任、考核监督、保障服务”12字重点。具体来说，一是要拓宽基层干部来源，选配好基层党组织书记。必须按照《决定》要求，打破地域、单位、行业、身份限制，扩大选人视野，拓宽干部来源，注重从农村致富能手、回乡大中专学生、外出务工人员、转业退伍军人等群体中选拔优秀党员担任村党组织书记。特别要重视做好选聘高校毕业生到村任职工作，为基层党组织培养后备人才和社会主义新农村建设的骨干力量。二是要加强考核监督，管理好基层党组织书记。要结合正在基层进行的第三批深入学习实践科学发展观活动，进一步完善村（社区）党组织书记目标责任制，健全管理和考核办法。县市区党委组织部要加强对村（社区）党组织书记的管理，其调整使用、考核评议情况要做好备案工作。三是要提供服务保障，激励好基层党组织书记。推广农村党组织书记“一定三有”经验（定工作目标，工作有合理待遇、干好有发展前途、退岗有一定保障），切实解决城市社区、农村基层组织负责人的基本报酬，逐步解决他们的社会养老保险问题，加大从农村、社区优秀基层干部中考录公务员力度，探索对长期在基层工作、长期担任乡镇党政领导职务的干部实行工资福利倾斜政策，激励基层党组织负责人真正扎根基层、干事创业、服务群众。

（五）拓展优势互补、资源共享的实现途径，构建城乡统筹的基层党建新格局

构建“以城带乡、优势互补、资源共享、协调发展”的城乡统筹基层党建新格局，既是统筹城乡经济社会发展对推进基层党建工作创新提出的必然要求，也是推动形成城乡经济社会发展一体化新格局的重要保证。贯彻《决定》这一精神，要注意把握三点。一是要以整合城乡基层党建资源为基础。必须把城市和农村的组织资源、人才资源、物质资源、信息资源等整合起来，以达到集约配置、充分利用的目的。特别是要注重引导城市党建资源向农村流动，整合各个渠道投向农村的各种资源，建设具有综合功能的村级组织活动场所和现代远程教育终端站点，确保实现2010年乡村全覆盖的目标。要通过财政转移支付等建立稳定规范的基层组织工作经费保障制度。二是要以建立健全城乡一体的党员动态管理机制为保证。要健全城乡一体、流入地党组织为主、流出地党组织配合的流动党员教育管理服务制度，加快建设全国党员信息库，构建党员管理信息化平台。实行城乡基层党组织一方为主、接续培养、两地考察、互相衔接的优秀农民工入党办法，加强农民工群体中党的工作，增强党的影响力。三是要以普遍开展城乡基层党组织结对帮扶活动为抓手。各地区各行业各领域都要结合实际，积极探索城乡基层党组织结对帮扶的有效形式。城市基层党组织要从政策、人才、技术、物资、信息、资金等方面帮扶农村党组织，农村党组织也要从提供活动经验和锻炼平台等方面支持城市基层党组织。要认真总结结对帮扶经验，组织开展机关联县驻乡、联乡包村、进村入户等活动，加大对老少边穷地区基层党建工作的支持力度，推动城乡之间、区域之间基层党建工作统筹发展。

（六）探索扩大党内基层民主的实现形式，增强党员参与党内事务、投身改革发展的内在动力

《决定》进一步明确，推进党内民主要以加强党内基层民主建设为基础，强调要发挥党的基层组织在保障党员民主权利方面的作用。当前和今后一个时期，加强党内民主建设主要从五个方面着手。一是全面推进基层党务公开。党的基层组织的工作事项，只要不涉及秘密的，都要向党员和群众公开。要落实党务公开责任，完善党务公开程序，发挥党务公开在基层民主政治建设中的示范和带动作用。二是改革和完善党内基层选举制度。要坚持党管干部原则，科学设立候选人资格条件、提名方式和提名程序，对候选人提名人选严格审核考察把关。建立严重违规用人问题立项督促检查制度。完善候选人介绍办法，规范选举程序，改进选举方式，逐步扩大基层党组织领导班子直接选举范围。当前，要认真组织、有序开展农村、社区等基层组织换届选举工作，着力解决拉票贿选等不正当竞争问题。三是推进党内基层民主议事决策。要拓宽基层党员参与民主议事决策途径，发挥党员大会（党员代表大会）在议事决策中的作用，进一步完善基层党组织领导班子议事决策程序。四是加强党内基层民主监督。要定期进行党员党性分析，完善党员民主评议办法，及时处置不合格党员。要完善党员民主监督机制，拓宽社会监督评价渠道，采取民意调查、群众满意度测评等方式，对基层党组织及其负责人的工作进行公开评价。五是引导党员积极参与民主实践。要把党内民主教育纳入党员、干部经常性教育培训的重要内容，深入开展党员权利和义务教育，增强党员的民主意识、参与意识和责任意识，发挥党员领导干部的示范作用，影响和带动广大党员积极投身党内民主实践，不断活跃党内基层民主生活，提高党内基层民主建设质量。

加强和改进新形势下基层党组织建设，各级党组织负有重要责任。各级领导班子和领导干部要按照党的十七届四中全会精神，用严格的责任制抓落实，用真挚的感情抓落实，用扎实的作风抓落实，用科学的方法抓落实，用创新的精神抓落实，在以胡锦涛同志为总书记的党中央的坚强领导下，进一步提高基层党建工作科学化水平，不断开创基层党组织建设新局面，为推动科学发展、促进社会和谐提供坚强的组织保证。

（作者：中组部副部长、中央党史研究室主任）

在服务科学发展中推进组织部门自身建设

李建华

党的十七届四中全会对加强和改进新形势下党的建设作出了战略部署。贯彻落实四中全会提出的新任务新要求、进一步做好新形势下的组织工作，要靠组织部门自身建设作保证。党中央历来高度重视组织部门自身建设。胡锦涛同志提出：要切实加强组织部门自身建设，继承组织部门优良传统和作风，努力做到党性要强、作风要正、工作要实、业务要精。党的十七大后他再次强调："要把组织部门建设成为高举中国特色社会主义伟大旗帜、深入贯彻落实科学发展观的模范部门，把组工干部队伍建设成为讲党性、重品行、作表率的过硬队伍。"习近平同志在2008年全国组织工作会议上强调："各级组织部门要更加重视自身建设，引导和推动广大组工干部在思想观念、素质能力、工作作风和工作方式方法上有新转变、新进步、新提高，使组织部门真正成为党员之家、干部之家和人才之家。"李源潮同志担任中组部部长以来，对组织部门自身建设也提出了许多新的要求。我们要遵照中央领导同志的要求，继承优良传统，总结实践经验，以改革创新精神不断研究新情况、解决新问题，把组织部门自身建设提高到一个新水平。

一、加强组织部门自身建设，要靠服务科学发展的成效来检验

组织部门自身建设靠什么检验？归根结底靠组织工作的成效检验。加强组织部门自身建设，应当跳出自身建设看自身建设，围绕组织工作的生动实践抓自身建设，注重把解决自身建设问题与解决业务工作问题有机结合起来。当前，服务科学发展是组织工作的根本任务。加强组织部门自身建设，就要围绕服务科学发展的需要展开，在服务科学发展中推进，用组织工作服务科学发展的成效检验。怎么看服务科学发展有没有成效、有多大成效，我认为最高标准是党满意、人民满意。无论是推进组织工作，还是加强组织部门自身建设，都要以此为出发点和落脚点。怎么做到党满意、人民满意？最重要的是要把握以下三个方面：

(一)坚持围绕中心、服务大局。李源潮同志指出，组织部门的中心只有一个，就是为党和国家工作大局服务。围绕中心、服务大局，是由组织部门的职能和性质决定的，也是组织部门的生命所系、价值所在。当前，围绕中心、服务大局，最根本的是服务科学发展这个大局。我们组织部门的一切思想观念都要符合科学发展观要求，一切工作措施都要着眼于推动科学发展，努力使组织部门成为科学发展的保障部、促进部。

(二)切实把班子配强、队伍建好、基础打牢、人才用活。把班子配强、队伍建好、基础打牢、人才用活，是党和人民赋予组织部门的神圣职责。我们组织部门只有坚定不移地做好为科学发展选干部、配班子，建队伍、聚人才，抓基层、打基础的工作，才会有更大作为、更好形象。

(三)不断推进组织工作科学化。《决定》鲜明地提出了"提高党的建设科学化水平"的重大命题和重大任务。组织工作是党的建设的重要组成部分，提高党的建设科学化水平，要求我们必须提高组织工作科学化水平。前不久，李源潮同志明确提出，推进组织工作科学化，要努力形成科学的组织工作理论体系、组织工作价值目标、组织工作布局、组织工作体制机制、组织工作方式方法、组织工作文化。这六项任务，既是对组织工作提出的要求，也包含了对组织部门自身建设的要求。我们要按照这些要求，自觉认识规律、把握规律、运用规律，努力在以科学理论指导组织工作、以科学制度保障组织工作、以科学方法推进组织工作上下功夫、见实效。

总之，加强组织部门自身建设，要与做好新形势下组织工作有机结合起来，把让党满意、让人民满意作为根本目标和最大追求。让党满意、让人民满意，首先要围绕中心、服务大局；围绕中心、服务大局，关键要配强班子、建好队伍、打牢基础、用活人才；配强班子、建好队伍、打牢基础、用活人才，必须提高科学化水平。这几者辩证统一、相互联系，环环相扣、层层递进，需要在思想认识和实际工作中认真加以把握。

二、加强组织部门自身建设，要着力提高服务科学发展的能力和水平

组织部门要更好地服务科学发展，关键在于提高能力水平。要站在服务科学发展的高度来审视，看看我们的能力还有哪些差距和不足，遇到了哪些挑战，需要在哪些方面提高，特别是

不仅要看组工干部能力素质怎么样，更要看组织部门整体能力怎么样。当前提高组织部门服务科学发展能力，重点要提高以下几个方面能力。

(一)提高学习运用能力。《决定》鲜明地提出了建设马克思主义学习型政党的战略任务，强调要在全党大力营造崇尚学习的浓厚氛围，使各级党组织成为学习型党组织、各级领导班子成为学习型领导班子。李源潮同志要求，组织系统要带头建设学习型机关，建设眼界宽、思路宽、胸襟宽的学习型组工干部。加强和改进组织部门的学习，首先要解决“学什么”的问题。具体来说，一是“强理论”，就是要深入学习党的基本理论、基本路线、基本纲领、基本经验，以更好地保持政治清醒；二是“明方针”，就是要认真学习中央出台的各项方针政策和重要决策部署，以更好地把握大局；三是“开眼界”，就是要全面了解世界发展大势和经济社会发展的最新变化，努力学习掌握新知识，以更好地拓宽视野；四是“长技能”，就是要大力钻研组织工作的基本业务，以更好地打牢功底；五是“重实践”，就是要注重向实践、基层、群众学习，以更好地了解实际。其次要解决“怎么学”的问题。各地组织部门在实践中创造了不少好经验、好做法：一是开展全员性学习。通过强化述学、考学、评学，引导组工干部树立重视学习、坚持学习、终身学习的观念，把学习作为一种精神追求、一种工作常态、一种生活习惯，学以立德、学以增智、学以广才。二是开展主题式学习。根据形势任务的需要和组织工作实际，每个阶段突出一个主题，努力增强学习的针对性和实效性。三是开展研究型学习。引导组工干部带着问题学习、围绕工作钻研，把学习与思考结合起来、把个人自学与互动交流结合起来，学以致用、用以促学、学用相长。

(二)提高科学谋划能力。“善弈者谋势、不善弈者谋子”。提高科学谋划能力，是牢牢驾驭工作主动权的关键。一要加强战略谋划，围绕服务党和国家工作大局，围绕破解组织工作改革创新面临的重点难点问题，围绕解决干部群众关心的热点问题，以全局意识、全局眼光、全局胸怀谋划和推进组织工作。二要善于超前谋划，增强工作的前瞻性和预见性。“智者虑于未萌，机者重其先见”。推进组织工作必须善于审时度势，立足当前、着眼长远，既干在今天、也想到明天，既研究一批、也要储备一批，努力做到未雨绸缪。三要强化系统谋划，组织部门战线长、头绪多，需要树立系统论的观点，把握工作的整体性、层次性，统筹兼顾、协调推进。四要注重机制谋划，制度建设更带有根本性、全局性、稳定性和长期性。只有切切实实把机制谋划能力提高了，我们才能实现工作的长效性和可持续性，才能在服务科学发展中取得更好的成效。

(三)提高辨德识才能力。选好人、用好人，是组织部门肩负的最重要职责。《决定》与时俱进地提出要坚持德才兼备、以德为先用人标准，这对我们提高选人用人水平提出了新的更高要求。选人用人，根本上要靠好的制度、好的机制，但制度机制最终还要靠人去制定、靠人去执行。如何选好人、用好人？春秋战国时期思想家、政治家墨子有十分精彩的论述，至今对我们有启迪、借鉴作用。他在《墨子》一书《尚贤》篇中指出，“夫尚贤者，政之本也”，“故大人之务，将在于众贤而已”。这里的“众”，意思是使众多贤人被起用。如何使贤人起用，他首先主张要确立“德、义、能”的举贤用人标准。“德”，就是“列德而尚贤”，用人先按“德”列位；“义”就是“举公义、辟(避)私怨”；“能”就是“有能则举之、无能则下之”。二是主张要不拘一格选贤举能。三是主张要察能授用，使贤能者的能力与职务相称。这是我们组织部门同志应该借鉴学习的。

(四)提高组织协调能力。组织部门是管干部、管党员、管人才、管组织的职能部门，如何在新的形势下进一步把各级领导班子和干部队伍管理好，把各级党组织和党员队伍组织好，把各类人才凝聚好，都涉及到提高组织协调能力的问题。一要注重加强内部的交流协作。管干部、管人才、管基层党建的部门都要相互通气、相互支持、相互配合，树立组织工作“一盘棋”的思想，克服各自独立运行的现象。二要注重加强外部的沟通协调。特别是对于组织部门牵头抓总的工作，既要认真履行职责，也要注意调动其他部门的积极性，发挥其他部门的作用，形成整体合力。三要注重加强资源的整合利用。善于整合运用各种新技术、新手段，创新工作平台，拓展工作领域，不断扩大组织工作的影响力，提高工作效能。

(五)提高宣传引导能力。过去，组织部门习惯于多做少说、只做不说。现在，随着信息网络化程度的提高和干部群众民主意识的增强，要求组织部门主动加强宣传引导工作，打破封闭性和神秘感，增加公开度、透明度。《决定》着眼推动科学发展、促进社会和谐，明确提出要注重增强新形势下舆论引导、新兴媒体运用等方面的能力。我们要按照这个要求，适应组织工作面临的新环境、新挑战，进一步提高宣传引导能力。一是要主动加强宣传。根据组织工作的需要，及时准确地通过媒体向公众发布组织工作信息。二是要及时正确引导。各级组织部门要加强对新闻媒体特别是网上舆情的动态监测，对涉及到组织工作特别是领导干部的负面舆情，力求在第一时间发现、第一时间应对，对于有问题的、反映是真的，要立即查；对于假的、失真的，要立即辟谣或驳斥，防止有害信息扩散蔓延、持续发酵。要健全引导机制，提高引导艺术，注重时机、力度等的把握，特别在遇到突发事件时，要努力抢占先机，赢得话语权，掌握主动权。三是要建立与网络媒体和管理部门畅通高效的沟通协作机制。

(六)提高开拓创新能力。《决定》强调，当今世界正处在大发展大变革大调整时期，我国发展呈现一系列新的阶段性特征，出现一系列新情况新问题，全党要勇于变革、勇于创新，永不僵化、永不停滞。从组织部门的角度看，开拓创新是我们最迫切需要提高的能力。提高开拓创新能力，一要勇于解放思想。讲规矩是组织部门的传统，但光讲规矩不行，还要讲变化。要以思想观念的更新引领组织工作的改革发展，自觉摆脱条条框框、陈旧观念的束缚，跳出过于机械地按照规定办、惯例办、领导意见办的定势，始终保持思维的活跃性、思想的敏锐性、思路的开阔性。二要善于把握规律。现在一些组织工作还没有取得预期成效，一个重要原因就是我们对新形势下组织工作的客观规律认识得不够透，对面临的新情况新问题研究得不够深。要把开拓创新、把握规律统一起来，以开拓创新探寻客观规律，以客观规律指导开拓创新，不断推动组织工作取得新的认识成果、实践成果和制度成果。三要敢于破解难题。新形势下党的建设和组织工作有大量的难题需要我们去研究、去破解。虽然有些难题的解决是一个长期过程，不可能一蹴而就，但必须直面难题，不能放任不管，否则就会积重难返。要以知难而进、迎难而上的信心和决心，坚定勇敢地推进改革，不断在突破重点难点问题上取得新建树。

三、加强组织部门自身建设，要牢固树立服务科学发展的作风和形象

《决定》要求，弘扬党的优良作风，大兴密切联系群众、求真务实、艰苦奋斗、批评和自我批评之风。李源潮同志强调，组织部门和组工干部要带头讲党性、重品行、作表率，树立可信可靠可敬可亲形象。对这些要求，我们要认真贯彻落实，特别要树立以下几种作风和形象：

(一)树立最公道的形象。公道正派是组织工作最本质的要求，是组工干部最鲜明的职业特点，也是组工干部的立身之本、为人之道、处事之基。这方面，中组部历任部长都有深刻论述和明确要求。我们的老部长陈云有句名言，“不唯上、不唯书、只唯实”，要求我们始终坚持党的实事求是思想路线。胡耀邦担任中组部部长期间，提出三点具体要求：一是要有一个坚持实事求是思想路线的自觉性；二是要有一种公道待人的好作风；三是要有一股刚正不阿的革命正气。贺国强同志把公道正派概括为“对己

清正、对人公正、对内严格、对外平等”四句话。李源潮同志要求我们坚持组织工作的原则性和战斗性，不信邪，不怕得罪人，敢于同不正之风作坚决的斗争。

(二)树立最可亲的形象。牢记全心全意为人民服务宗旨，始终坚持密切联系群众，热情为广大党员干部和各类人才服务，把组织部门建设成“党员之家、干部之家、人才之家”，是组织部门优良传统和作风的核心内容。我们要切实履行“三个之家”的责任，进一步增强服务意识，真诚地为党员、干部和人才服务，真诚地为基层、群众和各部门服务，使他们切身感受到“家”的温暖，增强信任感和亲切感。要结合正在开展的“万名组织部长下基层”活动，主动加强与党员、干部和人才的联系，积极开展好谈心谈话活动，深入了解他们的所思所想，准确把握他们的愿望期盼，主动听取他们的意见建议，帮助解决他们的实际困难。尤其要主动找那些埋头苦干、不事张扬、不愿逢迎的“老实人”谈，找那些身处一线、矛盾集中、困难突出的干部谈，找那些经受挫折、感到委屈、情绪低落的干部谈，真正当好干部的知心人、贴心人、暖心人。

(三)树立最清廉的形象。吏治腐败是为害最烈的腐败。组织部门作为选人用人的关键部门，更应做到清正廉洁、拒腐防变。在社会上看来，组织部是“有权有势”的部门。正是因为这一点，组工干部更容易成为一些人攻关、拉拢的重要目标。实际上，这些年也确实有一些组工干部甚至是组织部长，经不起考验和诱惑走上了贪污腐败道路。“前车之覆、后车之鉴”，各级组织部门都要从中汲取深刻教训，坚守清正廉洁这条底线，常修为政之德，常思贪欲之害，常怀律己之心，始终经得起金钱、权力、美色的考验，真正做到自重、自省、自警、自励，在工作、生活、社交中保持清廉形象。

(四)树立最务实的形象。《决定》明确强调要在全党大兴求真务实之风。对组织部门来说，坚持求真务实，就是作风要实，工作要实。一要讲实话，就是讲党的话，为干部讲话，坚持讲真话。二要察实情，就是真正深入到基层一线开展调查研究，使各项工作建立在对情况的真实把握上，使各项决策部署符合客观实际。三要出实招，就是一切从实际出发，实实在在地制定一些务实管用的文件，拿出一些切实可行的措施。四要求实效，就是少搞一些评比达标活动，少搞一些文牍主义，少说一些空话套话，多把心思用在调查研究上，多把精力下到破解组织工作的难题上，多把功夫花在狠抓工作的推进落实上。

四、加强组织部门自身建设，要在完善和落实措施上下功夫

当前，组织工作面临着许多新情况、新问题，组工干部队伍也呈现出一些新变化、新特点，我们要从组织工作和组工干部队伍实际出发，不断完善和落实各项措施，确保组织部门自身建设取得实效。

(一)选人用人要标准更高。一要更加突出“德”的要求。组织部是政治机关，组工干部姓“党”，选拔任用组工干部要带头落实德才兼备、以德为先用人标准，坚持把“德”放在首位。党性不强、作风不正、品行不端的人绝不能当组工干部。二要打开视野选干部。重视多渠道挑选优秀人才充实组工队伍，特别是注重选拔有基层工作经历的干部，不断优化组工干部队伍结构。三要带头深化干部人事制度改革。坚持民主、公开、竞争、择优，加大运用公开选拔、竞争上岗、差额选调等竞争性选拔方式，突出岗位特点，体现能力实绩，形成充满活力的选人用人机制。

(二)教育培养要力度更大。组织部门是抓干部教育培训的，调研中发现，不少组织部门存在“灯下黑”的问题。要切实加大教育培训力度，坚持全员培训，重点向基层倾斜。对于未达到规定培训时间要求的，要有计划有步骤地安排培训；坚持分级分类培训，把普遍性要求与不同层次、不同业务、不同岗位的特殊需要结合起来，增强培训针对性和实效性；加强专业化培

训，着力建立一套适合组织工作需要的标准化培训课程体系和教材体系，提高培训的专业化水平；强化实践锻炼，采取选派组工干部到信访部门和联系部门的基层单位锻炼、蹲点调研，上下级组织部门之间互派干部挂职等形式，多层次、多渠道培养锻炼组工干部。特别是要针对组织部门新进人员和年轻同志不断增多的实际，分期分批选派缺乏基层工作经历的组工干部到艰苦地区、复杂环境和基层一线经受锻炼。

（三）关心激励要措施更实。一要关心组工干部的成长进步。能够进入组织部门工作的同志，都是经过组织严格挑选、素质较高的干部。"个人讲奉献，组织讲关爱"。我们既要提倡甘为人梯、无私奉献的精神，也要实事求是地关心他们的成长进步。对于那些素质好、能力强、有潜力的组工干部，该提拔的要提拔、该输送出去的要输送出去，不断拓展组工干部的职业发展空间。同时，要加大内部交流轮岗力度，多岗位锻炼干部，调动干部的积极性，增强机关内部的活力。二要带头加强党内民主建设。探索发扬民主的有效形式，落实党员主体地位，利用网络等现代信息技术，创建机关党建论坛、学习讲坛等民主讨论平台，通过开通电子信箱、开展献计献策活动、实行机关重要事项征求意见制度等方式，提供民主参与的渠道，充分调动组工干部的积极性和创造性。三要帮助解决实际困难。落实好"三个留人"的要求，深入细致地做好思想政治工作，加强与机关干部谈心谈话，强化人文关怀，改善干部职工的工作生活条件，大力营造团结和谐、健康向上的机关氛围。

（四）管理约束要制度更严。从严要求、从严管理是对组工干部最大的爱护。李源潮同志提出组工干部作表率要做到"五先"，要求别人遵守的，自己先遵守；要求别人做到的，自己先做到；要求别人提倡的，自己先提倡；要求别人管好的，自己先管好；要求别人不干的，自己先不干。组织部门就是要从严治部、从严律己、从严带队伍，对干部严格要求、严格教育、严格管理、严格监督，发现同志有了苗头性、倾向性问题，要及时提醒；对不良现象和错误行为要敢于管理、敢于批评。要认真执行组工干部"十严禁"纪律要求，严肃查处违反规定的行为。要完善干部岗位职责规范，探索实行岗位管理，加强绩效考核，促进机关干部提高工作效能。

"风成于上，俗形于下"。加强组织部门自身建设，关键在组织部长。作为自身建设第一责任人，各级组织部长要切实负起职责、当好表率、发挥作用，不仅要以身作则，还要敢抓敢管，抓好班子、带好队伍，努力建设"模范部门"和打造"过硬队伍"，为组织工作服务科学发展作出新的贡献。

（作者：中组部副部长）

把握精神实质　推动贯彻落实

——学习领会党的十七届四中全会《决定》精神问答

虞云耀

党的十七届四中全会通过的《中共中央关于加强和改进新形势下党的建设若干重大问题的决定》，对加强和改进新形势下党的建设作出了战略部署，是指导当前和今后一个时期党的建设的纲领性文献。现就广大党员干部普遍关注的若干问题谈一些学习体会。

问：在举国上下热烈庆祝新中国成立60周年之际，在举行新中国成立60周年的盛大庆典活动前夕，召开党的十七届四中全会，对党的建设一些重大问题进行集中研究和部署，有什么背景和重要意义？

答:党的十七届四中全会是在中国共产党成立88年、执政60年、领导改革开放30年这个大背景下召开的,有着特别重要的意义。每一个忠诚的共产党员,每一个正直的中国人,无不为党领导人民进行革命、建设和改革所取得的辉煌成就,为中国特色社会主义和中华民族伟大复兴的光明前景,感到欢欣鼓舞、信心倍增;与此同时,也无不为党面临的执政考验、改革开放考验、市场经济考验、外部环境考验的长期性、复杂性、严峻性,为当前党内存在的这样那样的问题,而感到忧心忡忡、任重道远。我觉得,应当从世情、国情、党情深刻变化及其对加强和改进党的建设的新要求中,深入理解召开这次全会的必要性,深入理解学习贯彻《决定》精神的重要性和紧迫性。

从国际上看,当今世界正处在大发展大变革大调整之中,我国与世界的联系越来越紧密,我们面临的机遇和挑战都是前所未有的。适应世界多极化、经济全球化趋势,适应世界经济格局发生的新变化和国际力量对比出现的新态势,适应全球思想文化交流交融交锋呈现出的新特点,化解国际金融危机的冲击,维护我国的核心利益和国家安全,要求我们党必须提高统筹国内国际两个大局的能力,提高应对复杂国际局势的能力。从国内看,我国正处在进一步发展的重要战略机遇期,发展呈现一系列新的阶段性特征,出现一系列新情况新问题,党所肩负任务的艰巨性、复杂性、繁重性世所罕见。党要适应这样的新形势,更好带领全国各族人民聚精会神搞建设、一心一意谋发展,实现党的十七大描绘的宏伟蓝图,必须进一步加强和改进自身建设。我们对党的状况的估计和分析,要坚持两点论。一方面,应当理直气壮地讲没有中国共产党就没有新中国,就没有中国特色社会主义;当前,党的领导水平和执政水平、党的建设状况、党员队伍素质总体上同党肩负的历史使命是适应的。另一方面,要清醒地看到党内存在问题的严重性。《决定》指出,党内不适应新形势新任务要求、不符合党的性质和宗旨的问题,严重削弱党的创造力、凝聚力、战斗力,严重损害党同人民群众的血肉联系,严重影响党的执政地位巩固和执政使命实现,必须引起全党警醒,抓紧加以解决。因此,召开党的十七届四中全会,对加强和改进党的建设一些重大问题进行集中研究和部署,是很有必要、非常重要的。深入学习贯彻四中全会《决定》精神,对于全党居安思危,增强忧患意识,常怀忧党之心,恪尽兴党之责,勇于变革、勇于创新,永不僵化、永不停滞,继续推进党的建设新的伟大工程,确保党在世界形势深刻变化的历史进程中始终走在时代前列,在应对国内外各种风险和考验的历史进程中始终成为全国人民的主心骨,在发展中国特色社会主义的历史进程中始终成为坚强的领导核心,具有重要意义和深远影响。

问:善于总结经验,是我们党的优良传统。怎样理解《决定》总结的执政党建设的基本经验?

答:一个执政党能不能科学总结加强自身建设的基本经验,善不善于坚持和发展这些经验,关系这个党执政的生命力和创造力。重视和善于总结经验,是我们党的优良传统。毛泽东同志曾经指出,我们党是靠总结经验吃饭的。邓小平同志也多次强调,要及时总结经验,对的就坚持,不对的赶快改。1956年党的八大总结了新中国成立以来的经验,提出了正确的路线和符合实际的方针政策。改革开放后,1981年党的十一届六中全会认真总结建国以来党领导社会主义革命和建设的基本经验教训,通过了《关于建国以来党的若干历史问题的决议》,统一了全党全国人民的思想,为开创中国特色社会主义事业奠定了坚实基础。党的十六大总结了我们党领导人民建设中国特色社会主义"十个坚持"的基本经验,党的十六届四中全会总结了我们党50多年来执政的六条主要经验,党的十七大总结了改革开放以来"十个结合"的宝贵经验,这些经验对于我们党不断提高领导水平和执政能力已经产生而且还将长期产生重要的指导作用。

《决定》围绕长期执政、改革开放和发展社会主义市场经济条件下建设什么样的党、怎样建设党这个重大课题，从六个方面科学总结了我们党作为马克思主义执政党加强自身建设的基本经验。这些经验是在长期执政实践中积累的，凝聚了几代中国共产党人的智慧和心血，体现和深化了对共产党执政规律、社会主义建设规律、人类社会发展规律的认识，是我们党极为宝贵的财富，必须倍加重视、倍加珍惜，必须作为加强和改进新形势下党的建设的重要指导原则长期坚持。我们党执政以来加强自身建设的六条基本经验，既突出强调了党的思想理论建设的极端重要性，又进一步阐明了"伟大工程"与"伟大事业"的密切联系，反映了党的建设必须服从服务于党的历史任务这一根本指导原则；既揭示了党的执政能力建设和先进性建设的重要地位和作用，又充分体现了党的根本宗旨和核心价值，反映了立党为公、执政为民这一我们党必须始终践行的根本政治要求；既阐发了我们党勇于变革、勇于创新，永不僵化、永不停滞的治党治国之道，又进一步强调了党的建设的根本方针，反映出新的历史条件下唯有党要管党、从严治党才能保持和发展党的先进性的规律性认识。深刻理解、全面把握、充分运用这些基本经验，党内存在的各种问题就一定能得到有效解决，新形势下党的建设就一定会提高到新的水平。

问：怎样理解《决定》提出的加强和改进新形势下党的建设的总体要求和目标任务？

答：《决定》提出的加强和改进新形势下党的建设的总体要求和目标任务，可以概括为"四个着眼于"、"五大建设"、"一个新要求"、"一个目标"和"六个方面主要任务"。我觉得，这些与改革开放以来党中央对党的建设的要求和部署是一脉相承的。改革开放 30 年来，在党的中央全会上专门研究党的建设并作出决议的，一共有 7 次。每一次都有特定的背景，都提出了党的建设的目标任务和重大举措，都是紧密联系、相互贯通的。这次十七届四中全会《决定》，坚持继承和创新相结合、当前和长远相结合、全面推进和突出重点相结合、科学性和实效性相结合，提出的加强和改进新形势下党的建设的总体要求、目标任务和重大举措，非常明确，内容十分丰富，涵盖了党的建设各个方面，抓住了党的建设的根本和关键，体现出"四个贯穿始终"的鲜明特点。一是党的十七大精神贯穿始终，丰富和发展了十七大关于党的建设的总体部署，并进一步具体化；二是党的执政能力建设和先进性建设这条主线贯穿始终，体现了长期执政条件下党的建设的根本要求；三是改革创新精神贯穿始终，在思想理论、组织制度、工作方法等各方面提出许多创新性要求、创新性举措，充分反映了我们党推进自身建设的新探索；四是党要管党、从严治党的方针贯穿始终，清醒地认识党内存在的突出问题，强调对党员干部严格要求、严格教育、严格管理、严格监督，严肃党的纪律。按照《决定》的要求和部署进一步加强和改进党的建设，就要着眼全局，统筹兼顾，既突出重点、又整体推进，把党的建设同党领导的事业统一起来，把提高党的执政能力、保持和发展党的先进性，体现到领导科学发展、促进社会和谐上来，落实到引领中国发展进步、更好地代表和实现最广大人民的根本利益上来，为科学发展提供坚强的政治保障和组织保障。

问：鲜明地提出"提高党的建设科学化水平"这个重大命题和重大任务，是《决定》的一个亮点，对此应该怎样认识？

答：《决定》提出了"提高党的建设科学化水平"的重大命题和重大任务，意义非常深远。建党 88 年来，特别是执政 60 年来，我们在加强自身建设方面积累了极其丰富的经验。如何使这些宝贵经验上升为规律性认识，形成科学的制度和方法，按客观规律办事，这是提高管党治党水平的关键。努力使党的建设科学化，是我们党的一贯主张。早在 1929 年，毛泽东同志就提出，要"使党的思想和党内的生活都政治化、科学化”。新中国成立后，党中央提出要建立科学化的干部管理制度、为更高的党员条件而斗争。改革开放初期，邓小平同志在1980年提出，领导制度、组织制度问题更带有根本性、全局性、稳定性和长期性。这实际上是在讲科学化问题。2001年江泽民同志提出，要加快干部人事制度改革步伐，努力推进干部工作的科学化、民主化、制度化。2002年胡锦涛同志提出，要不断推进党建工作的规范化、制度化、科学化。在新形势下提高党的建设科学化水平，就是要在全党进一步树立科学思想，弘扬科学精神，掌握科学方法，强化科学管理，完善科学制度。说到底，就是要更加自觉地把握和运用马克思主义执政党建设规律，以科学理论指导党的建设，以科学制度保障党的建设，以科学方法推进党的建设。从当前的实际状况看，提高党的建设科学化水平，就是要着力破解党的建设中的热点、难点问题，不断推进党建理论创新；着力加强党的制度建设，努力增强党内生活和党的制度的严密性和科学性；着力继承和发展我们党在长期实践中形成的加强党的建设的科学方法，又积极探索包括现代管理学、组织学、心理学和信息网络技术等现代科学方法，使党的建设沿着科学的轨道不断向前推进。

问：全国党建研究会如何在工作中贯彻落实好四中全会精神？

答：胡锦涛总书记指出，我们要在加强实践探索的同时，紧密结合新的历史条件和新的历史任务，认真学习马克思主义建党学说，加强党建理论研究和创新，努力把握和运用马克思主义执政党建设的客观规律，深刻认识和运用党领导人民夺取政权、巩固政权、执掌政权的客观规律，深入研究推动科学发展、促进社会和谐对党的建设提出的新要求，认真总结加强党的执政能力建设和先进性建设的新鲜经验，不断丰富和发展党建理论。这些重要论述为我们的党建研究工作指明了方向，我们要深刻领会、认真贯彻胡锦涛总书记的重要讲话精神，把思想和行动统一到中央的要求上来，增强责任感和使命感，从全国党建研究会的特点和实际出发，做好研究会的各项工作。要按照《决定》关于建设马克思主义学习型政党的要求，努力把党建研究会建设成学习型组织。要充分发挥研究会的优势和作用，紧紧围绕贯彻落实四中全会精神，确定一批重点课题深入开展调查研究。既要有宏观的、理论性较强的课题，也要有紧密结合工作、操作层面的课题。比如，如何坚持和运用好我们党作为马克思主义执政党加强自身建设的基本经验，如何推进马克思主义中国化、时代化、大众化，如何推进马克思主义学习型政党建设，如何坚持和健全民主集中制、积极发展党内民主，如何夯实党执政的组织基础和群众基础，如何加快推进惩治和预防腐败体系建设，如何建立健全党建工作长效机制，等等，特别是对提高党的建设科学化水平的重大命题，要集中力量深入开展研究，形成有理论和实践价值的成果，为推进新形势下党的建设作出应有的贡献。

（作者：全国党建研究会会长）

认真学习贯彻党的十七届四中全会精神
努力为吉林振兴发展提供坚强组织保证

黄燕明

党的十七届四中全会是在新中国成立60周年之际召开的一次十分重要的会议，对于我们深刻理解、准确把握新的历史条件下执政党建设的特点和规律，更好地推进党的建设新的历史任务，具有重大而深远的意义。

认真学习贯彻四中全会精神，是当前和今后一个时期全党的重大政治任务。下面，我就组织系统如何深入领会四中全会精神，扎实做好新形势下的组织工作，切实为吉林振兴发展提供坚强保证，讲几点认识和体会。

一、关于组织系统贯彻落实四中全会精神的主要认识

四中全会《决定》，是党的十七大关于党的建设总体部署的全面展开和深化，是新时期推进党的建设新的伟大工程的纲领性文件。全省组织系统要深刻认识新形势下加强和改进党的建设的特殊重要性和现实紧迫性，深刻认识组织系统在贯彻落实四中全会精神过程中肩负的重要职责和光荣使命，切实把思想和行动统一到中央、中组部和省委的部署要求上来。概括起来，要增强“四个意识”。

(一)进一步增强新形势下加强党的组织建设的责任意识。组织建设是党的基本建设。胡锦涛总书记强调，全面加强党的建设，要抓好组织建设这个突出环节。历史和现实都表明，只有切实抓好党的组织建设，选好配强各级领导班子，带出一支有高度觉悟的党员和干部队伍，党的路线方针政策才能得到有效贯彻执行，党的政治领导、思想领导和组织领导才能顺利实现。组织系统是落实四中全会精神的主要部门之一。四中全会部署的党的建设重大任务，绝大多数都与党的组织建设密切相关。可以说，贯彻落实四中全会精神，进一步加强和改进新形势下党的建设，组织系统重任在肩、首当其责。我们一定要充分认识组织建设在党的建设全局中的重要地位和作用，切实增强做好组织工作的责任感。

(二)进一步增强新形势下加强党的组织建设的紧迫意识。近年来特别是党的十七大以来，全省组织系统认真贯彻中央、中组部和省委关于推进党的建设新的伟大工程的总体部署，坚持“三服务”原则和“两满意”目标，大力推进组织工作改革创新，在服务吉林振兴发展大局的实践中发挥了重要作用。但必须清醒看到，对照四中全会《决定》的新要求和人民群众的新期待，组织建设领域仍然存在一些与新形势新任务、与我们肩负的使命不相适应的问题。比如，一些领导班子功能不强、结构不优，与推动科学发展、促进社会和谐要求还不适应；干部工作机制和干部管理体制不健全、不完善，与大力提高选人用人公信度和组织工作群众满意度要求还不适应；人才队伍建设的结构性、机制性障碍，与开创人才辈出、人尽其才新局面要求还不适应；部分基层组织软弱涣散、功能弱化，与充分发挥战斗力和凝聚力要求还不适应；组织制度创新力度不大、落实效果不好，与充分发扬党内民主要求还不适应；部分组工干部原则性、战斗力不强，与完成党赋予组织部门的光荣使命要求还不适应，等等。组织建设领域存在的上述问题虽然不是主流，但严重降低党组织在群众中的威信和地位，严重削弱党组织的创造力、凝聚力和战斗力，严重制约组织工作服务大局的水平。我们必须正视并紧紧围绕有效解决这些问题，以更强烈的紧迫感，以更大的决心和气力，切实做好新形势下的组织工作。

(三)进一步增强新形势下加强党的组织建设的忧患意识。我们党历来是一个具有强烈忧患意识的党。四中全会《决定》指出，党的先进性和党的执政地位都不是一劳永逸、一成不变的，过去先进不等于现在先进，现在先进不等于永远先进；过去拥有不等于现在拥有，现在拥有不等于永远拥有。李源潮同志在全国组织部长集中培训班的讲话中深刻指出：“我们党执政内有忧、外有患。”这些论断振聋发聩，催人猛醒。必须清醒地看到，当今世界正处于大发展大变革大调整时期，社会政治环境的新变化既给我国的发展带来了重要机遇，也给党的建设和组织工作带来了新的挑战。改革开放30年来我国经济的快速发展，使人民群众对党的领导水

平、执政能力有了更高的期望，经济社会风险明显增多。应对新形势新任务的挑战，有效解决这些问题，各级组织部门责无旁贷。广大组工干部特别是领导干部一定要清醒认识社会政治环境的深刻变化，切实增强忧患意识，居安思危，警钟长鸣，不断提高加强和改进党的建设及织工作的自觉性。

（四）进一步增强新形势下加强党的组织建设的落实意识。学习贯彻四中全会精神，深入学习是基础，抓好落实是关键。全会《决定》总结近年来特别是十七大以来的创新成果，对组织工作提出了一系列新思想、新观点、新要求和新举措，需要我们深入领会、准确把握、全面落实。比如，在领导班子建设方面，强调建设马克思主义学习型政党，以此为抓手带动党的思想理论建设，使各级党组织成为学习型党组织、各级领导班子成为学习型领导班子；在能力建设方面，提出围绕推动科学发展、促进社会和谐，加强领导班子和领导干部领导能力培养；在干部选拔任用方面，强调坚持德才兼备、以德为先用人标准，明确了德的内涵、评价标准和考察途径；在干部监督管理方面，提出以加强领导干部特别是主要领导干部监督为重点，健全权力运行的制约和监督机制，地方党委常委会要把廉政勤政、选人用人等方面工作作为向全委会报告的重点内容；在人才工作方面，强调增强人才资源配置机制活力，不断完善人才培养、吸引、使用、评价、激励办法；在基层党组织建设方面，提出实现党组织和党的工作全社会覆盖的目标要求，明确了基层党组织的设置原则、工作重点和功能定位，等等。这些新思想、新要求、新举措，为我们做好新形势下的组织工作指明了方向，我们要一项一项地研究、一件一件地落实、扎扎实实地推进，努力形成全面贯彻四中全会精神、整体推进组织工作的生动局面。

二、关于组织系统贯彻落实四中全会精神的主要思路

四中全会对新时期加强和改进党的建设作了全面部署，省委贯彻四中全会决定《实施意见》结合我省实际，对学习贯彻四中全会精神提出具体要求。全省组织系统要全面落实中央、中组部和省委的部署要求，从服务吉林振兴发展的全局视角，深入研究和把握组织工作的特点和规律，进一步明确贯彻落实四中全会精神的主要思路。我感到，这个主要思路可以概括为四句话，就是要“围绕中心、打牢基础、改革创新、强化自身”。

——围绕中心，就是要坚持组织路线为政治路线服务的根本要求，加强全局观念、服务意识和大局责任，密切关注形势任务的变化，找准服务中心的着力点，紧紧围绕党的中心工作来谋划、设计和推进组织工作，使组织工作在总体部署上与大局相呼应、在工作布局上与大局相协调、在体制机制上与大局相适应。坚持在大局下行动，主动为大局服务，是组织工作的生命线。组织工作为大局服务，当前最根本的就是认真贯彻落实十七届四中全会和省委九届八次全会精神，主动置身大局，自觉服务大局，全力推动大局，始终做到不偏向、不脱节、不滞后，紧紧围绕吉林振兴发展需要选干部、配班子，建队伍、聚人才，抓基层、打基础，切实把党的组织优势转化为推动经济社会又好又快发展的强大力量，使组织部门真正成为吉林振兴发展的服务部、促进部、保障部。

——打牢基础，就是要坚持抓基层、打基础不放松，着力加强基层党建工作，在充分发挥基层党组织推动发展、服务群众、凝聚人心、促进和谐的作用方面不断取得新进展、新成效。基层党建是党的建设全部工作的基础工程和活力源泉。“基础不牢，地动山摇”。现在一些基层党组织对党员和群众的吸引力、号召力不强，无法发挥引领和带动作用，党员参与党内生活的政治热情降低；一些党员、干部对自己要求不严，标准不高，在日常工作和生活中混同于一般群众，丧失了群众威信。一些地方出现的恶性突发事件、严重群体性事件，原因固然是多方面的，但很重要的一条，就是这里的基层党组织薄

弱，关键时刻作用发挥得不好。实践反复证明，党的基层组织建设在任何时候、任何情况下都忽视不得，否则就会动摇党执政的根基。因此，组织系统贯彻落实四中全会精神，必须切实抓住党的基层组织建设这个基础，使全省基层党组织和广大党员成为推动科学发展、促进社会和谐的坚强堡垒和重要力量。

——改革创新，就是要坚持解放思想，勇于变革，全面推进组织工作的理论创新、制度创新、工作创新、方法创新，有效破解组织工作服务科学发展和实现自身科学发展的突出问题，不断提高组织工作服务中心、服务大局的水平。改革创新是组织工作活力之源、发展之本，是改革开放以来组织工作最生动的实践、最鲜明的特点、最宝贵的经验。组织工作只有坚持改革创新、与时俱进，才能适应世情、国情、党情的深刻变化，不断增强内生活力。全省组织系统必须树立和保持勇于改革、锐意创新的良好精神状态，把高昂的创造热情与严谨的科学态度结合起来，把引领改革与尊重基层和群众首创精神结合起来，善于抓住牵动组织工作全局的重点领域和关键环节推进改革创新，更好地研究新情况、解决新矛盾、破解新难题、应对新挑战，使组织部门真正成为创新思维最活跃、创新动力最强劲、创新成果最显著的部门。特别要学会运用新型网络阵地、远程教育等现代化科技手段，创新工作平台，拓展工作领域。

——强化自身，就是要按照建设“模范部门”、打造“过硬队伍”的要求，贯彻从严治部方针，对组工干部严格要求、严格教育、严格管理、严格监督，推动广大组工干部在思想观念上实现新跨越，素质能力上实现新提高，工作作风上有新转变，自身形象上有新提升，更好地坚持“三服务”，实现“两满意”。“欲成非常之事，必恃非常之才”。加强自身建设，是组织系统更好地肩负起四中全会赋予历史使命的基本前提和重要保证。应该肯定，全省组工干部队伍是好的，是值得信赖的，但组织部门自身建设方面仍存在着一些不容忽视的问题。对此，我们必须有清醒认识，绝不能盲目乐观，自我感觉良好。我们要认真贯彻四中全会提出的新要求，把组织部门自身建设紧紧抓在手上，抓住开展深入学习实践科学发展观活动这一有利契机，努力把各级组织部门建设成为最讲党性、最重品行、最作表率的部门。

三、关于组织系统贯彻落实四中全会精神的主要任务

四中全会对党的建设特别是组织工作提出许多新任务新要求，中组部和省委也分别作出具体部署，我们要结合实际，抓好任务分解，明确相关责任，完善政策措施，抓住重点、突破难点，全面推动组织工作各项任务的落实。要突出抓好“六个落实”。

（一）要把全会精神落实到推进学习型政党建设中去。这次全会明确提出建设学习型政党这一重大而紧迫的战略任务。按照这一要求，应突出抓好三项工作：一是大力推进理论武装，坚持不懈地用中国特色社会主义理论体系武装头脑、指导实践、推动工作。要广泛开展“学习型党组织”、“学习型班子”和“学习型干部”创建活动，营造崇尚学习的浓厚氛围。二是扎实抓好第三批学习实践活动，确保把学习实践活动办成群众满意工程。同时，要认真总结学习实践活动经验，形成有利于贯彻落实科学发展观的用人导向和体制机制。三是加强和改进干部教育培训工作。要按照《2010—2020 年全国干部教育培训改革纲要》，研究制定我省的具体实施意见。要推进改革创新，加快构建党干校理论培训、省外专题培训、境外理念培训、干部自主选学、网络在线学习和高端讲坛培训“六位一体”的干部教育新格局。要按照全会“突出加强能力培养”的要求，重点提高领导班子和领导干部“五种本领”和“五方面能力”。要加强学风建设，把理论素养、学习能力作为选拔任用干部的重要依据。

（二）要把全会精神落实到加强领导班子建设中去。事业兴衰成败，关键在班子。必须把

加强各级领导班子建设作为重要任务抓紧抓好抓出成效。应突出四个重点：一是加强领导班子思想政治建设。要增强党内生活的原则性和实效性，讲党性、讲正气，坚持原则、严肃纪律，对不正之风要敢抓敢管，勇于揭露和纠正缺点错误。继续推进“和谐班子”创建活动，切实提高班子成员顾全大局、团结协作的自觉性。建立班子务虚制度，提高领导干部运用理论研究解决实际问题的能力。二是突出抓好调整配备。要坚持重德才、重实干、重业绩的原则，让能干事、会干事、干成事、不出事的干部脱颖而出。对那些长期在条件艰苦、工作困难的地方工作的干部要格外关注，对那些不图虚名、踏实干事的干部要多加留意，对那些埋头苦干、注重为长远发展打基础的干部不能亏待，形成老实人受尊敬、实干者受重用的良好导向。配备班子既要重结构又要重整体功能，要把最优秀的干部选拔到最适合的位置上，把最合适的干部用在振兴发展最需要的岗位上，形成班子年龄、经历、专长、性格互补的合理结构，切实增强班子整体功能与合力。对关键岗位干部要重点管理，特别是对县委书记队伍要重点配备、重点培养、重点教育、重点监督。三是深入实施培养选拔年轻干部“七五”工程。要加强长远谋划和基础工作，有计划安排年轻干部到基层工作，大力选拔有基层工作经验的优秀干部，重视做好“三方面干部”的培养选拔，加大优秀后备干部储备力度，重点要掌握一批60年代出生的优秀市委书记和70年代出生的优秀县委书记后备名单。四是大力抓好领导班子作风建设。要按照“大兴四风”的要求，把作风建设情况作为干部考察的重要内容和选拔任用干部的重要依据，健全完善并严格执行领导干部联系和服务群众、党性定期分析和个人重大事项报告等规章制度，进一步密切与人民群众的血肉联系，以实际行动赢得人民群众的信任和拥护。

（三）要把全会精神落实到深化干部人事制度改革中去。全会《决定》将深化干部人事制度改革作为六大任务之一作出了新部署，我们要认真贯彻。主要应从六个方面重点推进：一是坚持德才兼备、以德为先标准。选人用人，要以德为前提、以德为先决条件。同样是能力强的干部，谁在德方面表现突出，就提拔重用谁；在德方面存在严重问题的干部，本事再大也不能提拔重用；对已在领导岗位上德出了问题的干部，还要坚决调整下来。当前，要按照“四看”、“四考察”的要求，紧密结合自身实际，抓紧制定考察评价干部德的具体标准。二是探索建立主体清晰、程序科学、责任明确的干部选拔任用提名制度，切实解决好“谁来提名”、“如何提名”以及“提名责任谁来承担”的问题，推进干部选拔任用提名工作规范化。三是认真落实“一个意见、三个办法”，建立符合我省实际、符合不同层次不同类型领导班子和领导干部特点的考核体系和评价机制。四是继续推行公开选拔、竞争上岗等选拔干部方式，探索差额选拔干部办法，建立干部选拔任用工作信息公开制度。五是加强干部选拔任用工作全过程监督，继续以最坚决的态度同用人上的不正之风进行战斗，匡正选人用人风气。要把干部选拔任用公信度和组织工作群众满意度调查结果作为加强和改进组织工作的基本依据和有力杠杆，有针对性地制定改进措施，巩固群众满意度调查排名位次比较靠前的工作成果。六是健全完善干部管理机制。建立干部经常性考察和正常退出机制，加大治庸、治懒、治散力度，对不称职、不胜任现职，对不负责任、不干事情、不思进取、无所作为的“懒官”、“庸官”，要及时进行组织调整。

（四）要把全会精神落实到党的基层组织建设中去。全会《决定》进一步明确了各领域基层党组织的职能定位，提出了巩固和加强党的基层组织的明确要求和重要举措，我们要结合实际突出抓好五项重点工作：一是扩大基层党组织覆盖面。要创新基层党组织设置形式和活动方式，找准发挥作用的着力点。今年8月份，我们推广了长春市的经验。各级组织部门要借鉴他们的做法，自觉遵循不同类别基层党组织建设的内在规律和特点，强化分类指导，确保取得新成效。二是大力实施农村基层组织建设“三项工程”。这项工作中组部和省委都高度重视。全省农村基层组织建设“三项工程”工作会议召开后，各地各部门都加强领导，精心组织，各项工作已取得初步成效。下一步要集中力量，全力以赴抓好各项工作落实，努力把这项工作打造成为在全国有一定影响力的党建品牌。三是加强基层党组织活动阵地建设。近两年，随着“普九”化债工作的推进，一些原来与村小合署办公的村级组织活动场所被抵押变卖用于化解债务，再加上因灾损毁等原因，全省目前无村级组织活动场所的行政村增加到 1579 个。要加大建设力度，确保 2010 年底前，全面完成村级组织活动场所、农村党员干部现代远程教育网络一体化建设任务。四是全面推进其他领域的基层党组织建设。国有企业党组织要重点围绕“发挥政治核心作用、提高员工素质、增强企业活力、促进企业发展”开展活动。街道社区党组织要重点围绕“服务群众、凝聚人心、优化管理、维护稳定”开展活动，大力推进“三有一化”工作。高校党组织要重点围绕全面贯彻党的教育方针、培养高素质人才开展活动，发挥党组织在推进教育改革、搞好教书育人、加强教师队伍建设中的领导核心作用。同时，要进一步加强机关、事业单位和非公有制经济组织、新社会组织中的党组织建设，使各领域党的基层组织建设始终与社会发展相同步。五是构建城乡统筹的基层党建新格局。要推广“联建型”、“产业型”、“流动型”、“网络型”等基层党组织设置形式，形成与统筹城乡发展相适应的组织网络和组织体系，为新农村建设提供支持。同时，要以整合城乡基层党建资源为基础，以建立健全城乡一体的党员动态管理机制为保证，以普遍开展城乡基层党组织结对帮扶活动为抓手，最大限度地盘活城乡党建资源存量，实现以城带乡、优势互补，城乡互促、协调发展。

（五）要把全会精神落实到加强党内民主建设中去。组织系统要在党委领导下，以保障党员民主权利为根本，以加强党内基层民主建设为基础，从四个方面予以重点推进：一是改进地方党委领导方式，健全部门党委（党组）工作机制，尤其要完善干部任用的党委酝酿和决定制度。二是保障党员民主权利。推进基层党务公开，组织党员民主讨论党内重要事项；建立健全党内事务听证咨询、重大决策征求意见和党务信息发布等制度。三是提高党内民主决策水平。制定党委常委会向全委会定期报告工作并接受监督的具体办法。健全完善决策风险评估机制、决策失误纠错改正机制和责任追究制度。四是继续推进党内基层民主综合试点。指导试点单位扎实做好建立党员议事会、开展党代会常任制和党代表任期制试点等工作。改革和完善党内基层选举制度，在有条件的农村、社区等基层党组织实行有领导的“两推一选”，有组织、有计划地进行乡镇党委领导班子成员公推直选试点。

（六）要把全会精神落实到人才工作中去。人才是执政兴国之本。要着眼于为振兴发展提供有力的人才支撑，突出抓好三项工作：一是抓紧编制《吉林省人才发展规划（2009—2020）》。这是一项长远性、战略性工作。要加强宏观战略研究，提出人才工作更好地服务振兴发展的总体目标、重点任务和主要措施，把人才资源转化为推动振兴发展的现实优势。二是突出抓好高层次创新人才队伍建设。大力引进域外高层次创新创业人才，加快培养振兴发展急需紧缺的专业技术和高技能人才，推进人才队伍结构优化升级。三是推进体制机制创新。重点是按照省委的要求，进一步建立健全人才培养、使用、评价和激励等相关机制，发挥政策导向作用，完善人才项目建设推进方式，引导各类人才到振兴发展的主战场建功立业。

四、关于组织系统加强自身建设的主要要求

进一步做好新形势下的组织工作，归根到底要靠加强自身建设作保证。全省组织系统要以加强组工文化建设、培育科学的组工精神为

引领，坚持不懈地加强组织部门自身建设，着力建设“模范部门”、打造“过硬队伍”。

（一）要在大兴学习之风上下功夫。在组织系统大兴学习之风，是贯彻落实建设学习型政党要求的紧迫任务。当前，我们正处在知识经济快速发展的时代，科技进步日新月异，知识更新速度加快，新情况新问题层出不穷，对干部学习的要求比以往任何时候都更加紧迫。如果我们对学习抓得不紧，知识就会老化，思想就会僵化，能力就会退化，就无法担负起肩负的历史重任。各级组织部门要按照建设学习型政党的要求，大兴学习之风，营造浓厚的学习氛围，带头建设学习型机关和学习型干部队伍，朝着建设“眼界宽、思路宽、胸襟宽”的学习型组工干部队伍这一目标来努力。组工干部既要把学习作为终身课题，更要作为紧迫任务；既要有好学之心，更要有善学之策；既要有制度保证，更要有自觉追求。要把学习同主观世界改造、推动工作创新、服务科学发展紧密结合起来，努力把学习的收获转化为增强党性修养的自觉行动，转化为推动组织工作改革创新的正确思路，转化为服务吉林振兴发展的实际举措。

（二）要在深入调查研究上下功夫。从一定意义上讲，组织工作是一门实践科学。实践是组织工作创新发展的源头活水，也是组工干部提升能力的最好课堂。做好新形势下的组织工作，最重要的是坚持到实践中去、到群众中去，注意向实践学习，坚持向基层问计，虚心向群众请教。当前，一些干部在下基层调研时有“三多三少”现象，即看材料、听汇报多，直接深入基层、深入实际少；走一走、看一看，一般性地了解面上情况多，真正沉下去、静下心，深入系统地研究问题少；接触各级领导干部相对多，直接接触最基层的群众少。群众形象地说，这些干部就像掉进井里的葫芦，从上面看是沉下去了，从下面看仍然浮在上面。这种现象必须彻底加以纠正。各级干部一定要弄明白基层到底在哪里？基层就在科学发展的第一线，基层就在党员干部的期待里，基层就在人民群众的心坎上。你离群众有多近，群众对你就有多亲、就有多认同、就有多支持。组工干部是做干部工作、做群众工作的干部，必须格外重视和加强深入基层、深入群众的调查研究工作。由于组织工作政治性、敏感性比较强，一些组工干部对下基层往往存在一些思想顾虑，既担心给基层增加负担，又担心引起基层干部的猜测。其实，组织工作既要讲原则、讲政策，也要讲人性、讲感情，在市场经济条件下，在日益开放的社会环境中，迫切要求我们加快推进开放的组织系统建设。关起门来搞自我循环、封闭运行，是根本行不通的。我们必须打消思想顾虑，破除组织工作的神秘化和封闭性，下移工作重心，走出机关大楼，真正沉到基层，经常深入群众，在深入调研中逐步树立组织部门开放透明、组工干部可亲可近的新形象。在这里我要特别强调一点，为了解实情，组织部长要定期与下级党政主要领导谈心谈话，力求做到“四个百分百”，即省委组织部长与市州党政主要领导、市州党委组织部长与县（市、区）党政主要领导、县（市、区）党委组织部长与乡镇（街道）党政主要领导、乡镇（街道）党委主要领导与村（社区）党组织书记谈心谈话面要达到百分之百。谈心谈话重点围绕三个方面进行：工作中有什么要求，生活上有什么困难，对党的建设和组织工作有什么意见和建议。

（三）要在增强组织工作的原则性、战斗性上下功夫。组织工作肩负着坚决维护党和人民利益的神圣使命，这就从客观上决定了组织工作必须增强原则性和战斗性。只有原则性强，坚持公道正派、任人唯贤，不和稀泥，不当老好人，工作才能无私无畏；只有战斗性强，不信邪，不怕得罪人，勇于同不正之风作坚决斗争，党的原则才能真正得到维护。当前，组织工作还存在一些干部群众不够满意的地方，特别是对于跑官要官、买官卖官、拉票贿选等问题，广大干部群众更是深恶痛绝。面对这些歪风邪气，如果不能坚持原则，如果没有“战斗精神”，缺乏抵制的勇气和胆量，回避矛盾，放任自流，其后果不堪设想。全省组织系统必须把增强原则性和战斗性摆在突出位置，教育引导广大干部敢于抵制违反党的原则的人和事，敢于同用人上的不正之风和各种消极腐败现象作斗争。只有如此，新时期的组织工作才有精气神，才有战斗力。一方面，要加强以公道正派为核心的职业道德建设。小平同志曾经说过：管干部的干部，要很公道，很正派，不信邪，不怕得罪人。我们看一个组工干部合不合格，不仅要看他业务水平如何，更要看他党性原则强不强，特别是要看他公道不公道、正派不正派。如果不具备公道正派这一基本素质，能力再强、水平再高，也绝不是一个合格的组工干部。各级组织部门在加强自身建设中都要更加鲜明地突出公道正派这一核心要求，组工干部要切实加强党性修养锻炼，坚持党性原则不动摇，恪守基本职业道德，努力塑造正派为人、公正看人、公道处事的良好职业形象。另一方面，要积极培育敢于抵制歪风邪气的战斗意识，以对党和人民高度负责的精神，以不信邪、不徇私情、不怕得罪人的勇气，以坚持工作原则不动摇、坚持做人原则不妥协的正气，大力弘扬敢于负责、敢于较真、敢于碰硬、敢于得罪人的战斗精神，深入整治用人上的不正之风，严厉打击歪风邪气，不断提高选人用人公信度和组织工作群众满意度。

（四）要在树立清正廉洁形象上下功夫。组织部门作为选人用人的关键部门，在社会上看来是“有权有势”的部门。正是因为这一点，组工干部更容易成为一些人攻关、拉拢的重要目标。这就要求我们必须认真贯彻落实从严治部方针，切实把对组工干部严格要求、严格管理、严格监督的各项措施落到实处。李源潮同志在浦东、井冈山和延安干部学院2009年秋季开学典礼的讲话中提出，党的干部必须清正廉洁，就是要做到政治清醒、正气在身、为政以廉、洁身自好。这四句话相互联系，相辅相成，是对党的各级领导干部的基本要求，也为组工干部加强自身建设提出了行为准则。我理解，政治清醒是“大方向”，就是要始终坚持走中国特色社会主义道路不动摇，这是最大的政治，最大的方向，否则就要栽跟头；正气在身是“护身符”，就是要一身正气，一尘不染，不以私情废公事，不拿原则作交易；为政以廉是“防腐剂”，就是要时刻保持清醒和警惕，不该拿的不拿，不该占的不占，坚守廉洁这条底线；洁身自好是“避邪剑”，就是要见贤思齐，择善而交，节制不良欲望，歪风邪气就难以沾身。组工干部要切实牢记并认真践行这些要求，经常对照检查，认真反躬自省，处处严格自律，做到不越轨、不逾规、不放纵，始终保持清正廉洁的良好形象。要做到这一点，一方面，要靠加强教育来引导。各级组织部门要对组工干部加强思想教育，经常分析干部的思想动态和行为变化，对干部出现的苗头性倾向性问题，要早发现、早提醒、早纠正，以免小毛病发展成大错误。另一方面，要靠严格管理监督来约束。严格管理监督，不是和干部过不去，而是对干部最大的关心爱护。要认真落实从严治部、从严律己、从严带队伍的要求，严格抓好“十严禁”等纪律要求和各项规章制度的落实，真正立起规矩、树起标杆，把“软要求”变成“硬约束”。凡有违规“触线”者，轻者要批评教育，问题严重的要严肃处理，不适宜在组织部门工作的要坚决调离。

“风成于上，俗形于下”。加强组织部门自身建设，关键在组织部长。作为自身建设的第一责任人，各级组织部长要以身作则，率先垂范，努力做好“四个表率”，即勤奋学习、政治坚定的表率，坚持原则、公道正派的表率，改进作风、联系群众的表率，艰苦奋斗、清正廉洁的表率。要敢抓敢管、敢于负责，坚持原则，发扬民主，靠人格力量和示范作用，带出一个好班子，带出一支好队伍，为加强和改进新形势下党的建设和组织工作，为更好地服务吉林振兴发展作出新的更大的贡献。

（作者：中共吉林省委常委、组织部长）

坚持以党的十七届四中全会精神为指导
切实加强领导班子和干部队伍建设

朱克民

十七届四中全会通过的《决定》，是指导当前和今后一个时期党的建设的纲领性文件。《决定》认真总结近年来理论创新、实践创新、制度创新、工作创新的丰富成果，对领导班子和干部队伍建设提出了一系列新思想、新观点、新要求、新举措，为我们加强新形势下的领导班子和干部队伍建设指明了方向。初步梳理一下，我觉得可以概括为“突出三项建设”、“强调一个标准”、“健全四个机制”。“突出三项建设”，即突出理论建设，强调建设马克思主义学习型政党，以此为抓手带动党的思想理论建设，使各级党组织成为学习型党组织、各级领导班子成为学习型领导班子；突出能力建设，围绕推动科学发展、促进社会和谐，鲜明提出了要加强领导班子和领导干部领导能力培养，明确了新形势下应重点提高的能力和本领；突出作风建设，提出以思想教育、完善制度、集中整顿、严肃纪律为抓手，大力弘扬党的优良作风，强调党员干部要大兴四种风气。“强调一个标准”，就是鲜明地提出德才兼备、以德为先用人标准，明确了德的内涵、评价标准和考察途径。“健全四个机制”，主要包括健全干部选任机制，切实提高选人用人公信度；健全培养锻炼机制，更加注重在艰苦地区、复杂环境、关键岗位培养锻炼干部；健全干部管理机制，提出了坚持严格要求与关心爱护干部相结合的一系列措施；健全权力运行制约和监督机制，推进权力运行程序化和公开透明，等等。从我省实际出发贯彻落实好这些精神，我认为应重点做好以下五个方面工作。

一、坚持德才兼备、以德为先用人标准，树立和坚持正确的用人导向

《决定》突出强调坚持德才兼备、以德为先用人标准，这是新时期党的干部工作的重要指导方针。深刻理解和全面贯彻这一重要标准，我认为应重点解决以下三个问题。

(一)要充分认识坚持德才兼备、以德为先用人标准的重大战略意义。《决定》指出，“把干部的德放在首要位置，是保持马克思主义执政党先进性和纯洁性的根本要求和重要保证”。这具有很强的现实针对性。当前干部队伍正处在新老交替的重要时期，改革开放后成长起来的干部逐步成为主体，学历层次比较高、知识面比较宽、思想比较解放、思维比较活跃，开拓创新精神比较强，但也有部分干部党性修养、作风养成和道德品行呈现明显不足。总结一些干部出问题的教训，主要不是出在才上，而是出在德上。因此，必须从巩固党的执政地位、永葆党的先进性和纯洁性的高度，从建设高素质领导班子和干部队伍的现实需要出发，把德放在干部选拔使用工作更加突出的位置，教育引导广大干部按党的要求为官、按传统美德修身、按群众期盼干事。

(二)要正确把握德与才的辩证关系。德若水之源，才若水之波；德若木之根，才若木之枝。德与才是干部素质不可或缺的两个方面，但德居首位，必须突出德在干部标准中的优先地位和主导作用。同样能力强，那就用其贤者；如果在德上有问题，才高八斗也不能用。当然，在强调以德为先的同时，也不能忽视才。有德无才，

也难堪大任。所以，必须把德才兼备、以德为先用人标准作为一个整体来认识和把握，政治关、才能关都要把好，在具备德的前提下，注重选拔任用那些确有真才实学、能力突出的干部，从而树立正确的用人导向。

（三）要准确考察干部德的真实情况。《决定》鲜明提出了评价干部的德重点要做到“四看”，这是从理想信念、政治品德、工作作风、道德品行等方面，对新时期干部的德提出的具体要求。我们必须紧密联系实际进行细化和完善，形成可遵循、可操作的评价标准。同时《决定》还提出了考察干部德的四个主要途径，我们必须把握好、落实好。从履行岗位职责中考察，就要看干部在履行岗位职责中的工作动机、工作态度、工作作风、工作成效以及工作中表现出的团结协作精神等，全面了解干部的德。从完成急难险重任务中考察，就要重点看干部的胆识、意志品质和对群众的感情，特别是在重大灾害和突发事件面前，看干部能否冲在一线、沉着应对、做好工作。从关键时刻表现考察，就要看在大是大非面前，是立场坚定、态度鲜明，还是见风使舵、盲目跟从；是坚持原则、勇于斗争，还是是非不分、退缩逃避；是服从组织、顾全大局，还是敷衍推诿、讨价还价，这是对一个干部政治品德的深刻检验。从对待个人名利的态度中考察，关键看干部对待个人升迁的态度，是以勤奋的工作、良好的品格、平和的心态接受组织挑选，以大局为重服从组织安排，还是采取不正当手段，跑官要官、求情拉票；要看干部在利益诱惑面前，能不能保持清醒头脑、不为所动；要看干部在荣誉面前，能否正确对待、真诚谦让、见贤思齐。当然，这些是共性要求，对不同层次、不同地域、不同行业干部考察德的方法还要有所区别，我们要根据实际灵活把握，并加大探索创新力度。

二、完善干部选拔任用机制，进一步选准用好干部

完善干部选拔任用机制，是提高选人用人公信度的基本要求。《决定》对干部提名、推荐、测评、考察、任用、监督等各个环节的工作，都提出了明确要求和具体措施。这里，我重点讲讲下面四个问题。

（一）规范干部任用提名制度。这是我们一直在研究和探索的一个课题。制定这个制度，重点是解决谁提名、如何提名和责任谁来承担的问题。一要合理界定提名主体和范围。明确哪些组织、哪些群体、哪些干部可以提名，特别是要坚持权责一致，实事求是地规范领导干部尤其是“一把手”的提名行为，既要防止个人说了算，又要使领导干部和组织部门在提名中履行好职责，同时注重发挥全委会、党委会的集体把关作用。二要科学规范提名程序。重点是对就地提拔、交流提拔、平级调整以及任用主要领导干部等的提名程序作出具体规定，并实行提名情况在领导班子内部公开制度。三要具体明确提名责任。规范提名，不是不可以提名，而是要负责任地提名，谁提了名谁就要负起相应的责任。当前，要重点明确主要负责同志、分管领导、组织人事部门有关同志、推荐人及其他有关人员在提名中的责任和责任追究办法。中组部正在研究制定这方面的规定，我们也要总结经验，继续加强探索。

（二）增强民主推荐、民主测评的科学性和真实性。解决这个问题，从思路层面，我看有四个办法：一是合理确定参加人员范围，尽可能让更多知情人参加；二是可以搭建参与人员了解被推荐者的平台，通过述职、演说等形式展示干部的才干和心愿，由群众进行选择；三是正确分析运用推荐测评结果，不搞简单地以票取人；四是严肃查处拉票行为，让拉票者得不偿失。在这里，我想重点谈谈如何不简单以票取人的问题。首先，得票少的一般不能作为考察人选，这是个重要前提。其次，对得票情况要作具体分析，重点是与以往推荐情况、近三年年度考核情况、目标任务完成情况、平时了解情况和民意调查情况结合起来，综合分析比较。第三，要明确不简单以票取人的启动机制。一般来说，群众

投票与本人表现与组织上掌握的情况是一致的，这就要求在“不以票取人”时，应当有更合理的理由和更严格的审议程序。一般是得票相对集中且差距不大、群众投票与领导班子投票结果明显不一致、得票结果与组织掌握的情况差距较大、拟提名干部从事的工作不被多数人了解或推荐单位风气不好等情况，方可启动此机制。在具体操作上，应当进行报告备案，在上级组织部门的指导下规范操作。当然，这只是原则性提法，具体工作中还要进一步探索研究。

（三）健全干部考察制度。重点要在强化经常性考察上下功夫，把平时考核、年度考核与换届考察、任职考察有机结合起来。关键要在了解真实情况上下功夫，加强实地调查和延伸考察，既要深入到考察对象的现单位，也要到其工作过的单位或曾经的领导、同事中了解，还要深入到生活圈、社交圈去了解，特别是对一些重要岗位的干部，组织部长要直接面对面地接触干部，并注意听取各方面的意见，尤其是知情人的意见和少数人的不同意见。《决定》还明确提出推行差额推荐、考察和酝酿。中组部已经明确，在个别提拔干部时，要实行差额考察；对在现工作单位任职不满三年的拟提拔人选考察对象，要进行延伸考察。这些要求，我们一定要落实好。此外，相当一些地方还实行了干部离职考察、离职培训期间考察等，我们也可以学习借鉴。

（四）加大竞争性选拔干部工作力度。《决定》对完善竞争性选拔干部方式提出了新要求，强调要突出岗位特点，注重能力实绩。突出岗位特点，关键是要根据不同职位的性质和需要，对职位进行合理分类，确定公开选拔、竞争上岗的范围和方式。公开选拔要合理把握适用范围，着力选拔那些紧缺专业人才、改善领导班子结构需要的人选。同时，要按照“干什么、考什么”的原则，改进笔试和面试方法，借鉴现代人才测评技术，真正考出干部的基本素质和实际能力。注重能力实绩，关键是要把考试与考察更好地结合起来，坚持从实绩看德才，凭德才用干部，防止和克服单凭考试、演讲得分取人的倾向。省里去年就出台了关于加大竞争性选拔干部工作力度的意见，各地、各部门一定要抓好贯彻落实。

三、优化领导班子配备，提高领导班子和领导干部推动科学发展、促进社会和谐能力

提高领导水平和执政能力，是加强领导班子和干部队伍建设的核心。落实《决定》关于加强能力建设的新要求，当前重点要抓好以下四个方面。

（一）选好配强党政正职领导干部。一把手的重要性不言而喻。要按照《决定》要求，真正选拔那些政治上强、具有领导科学发展能力、能够驾驭全局、善于抓班子带队伍、民主作风好、清正廉洁的优秀干部担任党政正职。要扩大选人视野，在全省范围内挑选县（市、区）党政正职，注意从省、市直机关挑选优秀干部到县、乡担任党政正职。要坚持级别管理与重点岗位重点管理相结合，着力加强党政正职队伍建设。今年初，省委组织部出台了加强县（市、区）党政正职队伍建设的意见，近期还将出台加强乡（镇）党政正职队伍建设的意见，在职级待遇、工资福利等方面制定政策，鼓励他们安心基层、干事创业。

（二）切实提高领导干部驾驭全局的能力。一是提高领导科学发展的能力。重点提高谋划发展、统筹发展、优化发展、推动发展的本领，既善于做好经济工作，又善于做好社会各项事业，确保我省科学发展、加快振兴、富民强省的奋斗目标顺利实现。二是提高应对复杂局面的能力。当前，我们正处于社会矛盾和社会问题的凸显期，新旧矛盾往往围绕利益问题交织在一起。应对这些复杂局面，就必须善于处理复杂矛盾，善于做好群众工作，善于应对突发事件，善于把握舆论导向，协调各方面的利益关系，努力把不和谐不稳定因素化解在萌芽状态。三是提高抓班子、带队伍的能力。领导干部必须具

备团结协作、合作共事的能力，特别是一把手，要有民主作风和开阔的胸襟，遇事多征求班子成员的意见，不能搞一言堂。要重视抓好干部队伍建设，坚持严格管理和关心爱护干部相结合，充分调动各方面的积极性，带出一支能打硬仗的干部队伍。

(三)不断增强领导班子整体功能。要按照《决定》要求，注重领导班子年龄结构、经历结构优化，形成老中青梯次配备、优势互补、经验与活力俱备的合理结构。有的地方反映，有些班子虽然年龄、性别、民族、党派等都达到了规定的结构要求，但整体功能不强。究其原因，我看主要是干部基础工作不扎实，干部培养没跟上，可供选择的对象少，有时急用现找，只能“锉子中拔大个”。所以，我们今后要加强长远谋划和基础工作，切实加强年轻干部、女干部、少数民族干部、党外干部的培养选拔，做到系统培养，择优使用。

(四)着力完善党委领导班子工作机制。要以明确权责为重点，完善地方党委领导体制和工作机制，重点是落实常委分工负责制，强化权力运行的监督制约。要完善党内民主决策机制，重要事项上会前要充分酝酿，特别是干部问题，要先在“五人小组”范围议一议，提高科学决策、民主决策、依法决策水平。要充分发挥全委会的作用，地方党委常委会要把廉政勤政、选人用人等方面工作作为向全委会报告的重要内容，坚持重要干部任用由全委会表决。

四、建立来自基层一线干部培养选拔链，培养造就大批优秀年轻干部

源源不断培养大批优秀年轻干部是关系党和国家事业的根本大计。《决定》明确提出了培养选拔优秀年轻干部的目标、重点和途径，为我们提供了指导和遵循。近年来，我省大力实施培养选拔年轻干部“七五”工程，各地各部门要继续高度重视、扎实推进。重点做好三方面工作。

(一)建立依托基层的年轻干部培育基地。到基层经风雨、见世面、长才干，对促进年轻干部成长进步来说非常必要。要继续选派年轻干部到振兴发展一线挂职锻炼，把重大基础设施、重点产业项目、重要民生工程作为培养年轻干部的课堂；鼓励年轻干部到基层工作，有计划地安排到县域突破和小城镇建设的关键岗位担当重任；选送年轻干部到发达省市的县乡考察学习、挂职锻炼，开阔视野，更新观念，提高能力。

(二)进一步拓宽面向基层的年轻干部选拔渠道。要进一步加大公开遴选基层优秀年轻干部到省和市州党政机关工作的力度，积极推行党政机关内设机构领导职务面向基层公开竞岗，加大面向基层公开选拔年轻干部和后备干部工作力度，研究制定破格提拔优秀年轻干部的规定，使他们早日承担重任。近期，省委组织部将面向全省公开补选部分 40 岁以下的省管领导班子“三方面”后备干部，以便发现和培养一批优秀年轻干部。

(三)打造来自基层的年轻干部培养链。基层优秀年轻干部数量少、外流快、扎根难，要真正使基层成为培养锻炼年轻干部的基地，成为输送干部的源头，关键是要制定刚性政策，既向基层输送人才，又注重从基层选拔干部。要认真抓好选调优秀大学生到乡村或社区任职工作，加大从农村、社区优秀基层干部中考录公务员力度，特别是省市两级招录公务员时，优先录用具有基层工作经历的高校毕业生，进一步增强到基层工作的吸引力，从而为全省各级领导班子储备一批后备人才，满足未来一个时期干部队伍建设的战略需要。

五、健全完善干部管理机制，不断增强干部队伍的生机和活力

《决定》提出，要健全干部管理机制，坚持严格要求与关心爱护相结合，着力解决干部管理不严的问题。应当肯定，我们干部队伍的总体状况是好的，但也存在如《决定》所指出的一些严重问题，特别是一些腐败案件影响恶劣。这既有干部个人的原因，更与一些地方在干部管

理上失之于宽、失之于软有关。我们要按照《决定》的要求，坚持对干部从严要求、从严教育、从严管理、从严监督。

（一）加强经常性教育和日常管理。从严管理干部必须立足于早抓早管，防微杜渐，决不能等到问题严重了，矛盾积累多了再去解决。要通过加强谈心谈话、日常考核、定期巡视等措施，了解干部日常表现，对苗头性、倾向性问题，早发现、早提醒、早纠正。特别是要按照中组部的部署，开展好组织部长下基层活动，各级组织部门领导干部要与所联系的干部普遍开展一次谈心，组织部长、分管部长谈心谈话要更加深入、更讲实效，尤其要找平时与组织部接触机会少的干部谈心。

（二）进一步加大治懒治庸力度。群众不仅对贪官深恶痛绝，对那些不负责任、不思进取、无所作为的"懒官、庸官"，同样反映强烈。要认真执行问责制度，进一步加强对不胜任、不称职干部的组织调整工作。简单地说，就是不适合当正职的就改任副职；不适合当实职的就改任虚职；对经验、能力不够但有一定潜力的，要安排离岗培训或调整岗位；对考核认定为不胜任现职岗位的，要进行组织调整；对认定为不称职的，视情况作出免职、责令辞职、降职等组织处理；对因工作失误造成重大损失或者恶劣影响的，要按照有关规定追究责任。

（三）建立领导干部正常退出机制。这是《决定》提出的一项重要任务。近年来，中央先后制定实施了干部辞职、职务任期、试用期等制度规定，对完善干部退出机制起到了积极的作用。但从实际情况看，有些规定还没有落到实处。这既有认识不到位、措施不得力的问题，也与配套措施不健全、不完善直接相关，这就要求我们必须加大贯彻落实力度，大力推进制度创新。近期，省委组织部正在就加强干部管理工作起草个意见，对妥善安排任期届满、自愿辞职、提前退休以及其他原因不再担任领导职务干部的政策予以明确，进一步规范领导干部正常退出工作。

（四）完善干部激励保障机制。组织部门是"干部之家"，在坚持严格管理的同时，更要重视关心爱护干部，激发干部干事创业的内在动力。当前，重点要做好两方面工作：一要注意调动各年龄段干部的积极性。要重视解决搞任职年龄"一刀切"和"层层递减"问题，认真研究和把握好不同层次领导班子的年龄梯次结构要求，合理使用各年龄段干部。特别是在调整配备县、乡两级领导班子时，要合理使用一些年龄稍长，但熟悉情况、经验丰富、善于做群众工作的干部。二要健全完善向基层倾斜的政策措施。基层干部职务与级别发展空间小、待遇偏低的问题一直比较突出。《决定》为此明确，要建立健全干部职务与职级并行制度，实行干部职级与待遇挂钩；对长期在基层和艰苦边远地区工作、长期担任县乡党政领导职务的干部实行工资福利倾斜政策。目前中央正在研究制定相关政策和实施办法，我省也将在这方面进行积极探索，基本考虑是进一步强化级别的激励功能，通过级别晋升，提高干部的工资福利等待遇。

（作者：吉林省委组织部常务副部长）

扎实推进党内民主建设

陈存根

党的十七届四中全会强调，党内民主是党的生命，集中统一是党的力量保证。要求全党切实推进党内民主，广泛凝聚全党意愿和主张，充分发挥各级党组织和广大党员的积极性、主动性、创造性，坚决维护党的集中统一。深入学习贯彻四中全会精神，进一步加强党内民主建设，对于增强党的创造活力、提高党的建设科学化水平，具有十分重要的意义。

一、推进党内民主是一项重大而紧迫的战略任务

顺应执政环境深刻变化，迫切要求推进党内民主。当前，我们党执政的环境发生了深刻变化。从国际看，随着世界多极化、经济全球化深入发展，国际经济、政治竞争日趋激烈，境内外敌对势力加紧对我国实施西化、分化战略。从国内看，随着改革步入"深水区"，各种社会矛盾日益凸显，人们的思想意识更加多样、多变，政治参与积极性不断增强，党内外发展民主的呼声日益高涨。我们党要适应执政环境的深刻变化，在激烈的国际政治竞争中赢得主动，领导人民继续推进中国特色社会主义伟大事业，就必须顺应广大党员和人民群众的新期待，大力加强党内民主建设，不断提高我们党民主执政、科学执政、依法执政的能力。

引领人民民主健康发展，迫切要求推进党内民主。人民民主是社会主义的生命，发展人民民主是我们党始终不渝的奋斗目标。作为执政党，党内民主建设对人民民主建设具有重要的示范和带动作用，党内民主的状况直接影响人民民主的状况。必须以党内民主带动人民民主，使党内民主与人民民主相互促进、共同发展，有机统一于社会主义民主政治建设的实践中，共同服务于建设富强民主文明和谐的社会主义现代化国家。

巩固党的团结统一，迫切要求推进党内民主。民主集中制是我们党的根本组织制度。对于我们今天这样一个有 7500 多万党员的执政党来讲，要维护党的团结统一，维护中央权威，就必须使各级党组织和广大党员的意愿能够得到充分表达。只有将党内民主建设作为党的"生命工程"来抓，积极发展党内民主，才能最大限度地激发和凝聚全党的智慧力量，确保全党步调一致，以党的坚强团结保证全国各族人民的大团结。

遵循民主发展内在规律，迫切要求推进党内民主建设。民主是一个探索实践、不断发育成长的过程。英美等西方国家的民主花了近 200 年才走到今天，而亚洲一些国家政治乱象频出，也是民主发育不成熟的表现。特别是从苏联解体、东欧剧变的惨痛教训来看，推进民主可能有风险，但不推进民主就会有危险，对民主建设越早抓越主动。我国经历过长期的封建社会，民主观念、民主制度的发展仍需要相当长时间才能臻于完善。我们只有居安思危，坚持在实践民主中学习民主，在学习民主中发展民主，积极稳妥地推进党内民主进程，才能避免重走苏共老路，确保党的执政地位坚如磐石。

二、推进党内民主要抓住重点

尊重党员主体地位，在保障党员民主权利上取得新进展。党员主体地位的实现程度，反映党内民主的发展程度。要加强党员权利义务教育，帮助广大党员树立民主理念、增强民主意识，提高民主素养。要拓宽党员行使权利、发挥主体作用的渠道，建立健全党内事务听证咨询、党员定期评议基层党组织领导班子成员等制度，探索建立党委和政府重大决策先在党内讨论、上级党组织作出重大决策前由基层党组织讨论、基层党组织工作中的重大问题组织党员充分讨论等制度。要大力推进党务公开，健全党内情况通报制度，推行党委新闻发言人制度，加强党建网站建设，畅通党内信息上下互通渠道。要鼓励和保护党员讲真话、讲心里话，营造党内民主讨论、民主监督环境，激发党员参与、管理、监督党内事务的积极性、主动性和创造性。

坚持和完善民主集中制，在提高民主决策水平上取得新进展。民主集中制是发展党内民主的根本准则，任何时候、任何条件下都不能动

摇。否则,党内民主建设就会失去遵循。要完善党代表大会制度,认真落实党代表任期制,推进党代会常任制试点,着力探索党代会、党代表发挥作用的有效途径和形式。要完善党的地方委员会工作机制,健全全委会工作制度,规范全委会和常委会的关系,强化全委会对重大问题的决策功能,切实解决有的地方党委权力过分集中在常委会的问题。要着力健全地方党委常委会分工负责、议事决策、统揽协调、监督保障机制,推行和完善地方党委讨论决定重大问题和任用重要干部票决制,进一步提高党内民主决策水平。

扩大干部工作民主,在提高选人用人公信度上取得新进展。扩大干部工作民主、提高选人用人公信度,是党内民主建设的重要内容,也是党内外关注的焦点。要遵循民主、公开、竞争、择优方针,健全和落实公开、公平、公正相统一,组织意图、群众意见、干部意愿相结合,干部品行、才能、资历和任职岗位相匹配的选人用人机制。打破传统的"官评官"、"官选官"模式,进一步扩大群众参与,大力推行干部任用全程比选、全程差额制度,引导干部把对上负责和对下负责统一起来,使优秀人才脱颖而出。要加强党内民主选举的学习研究,总结推广基层公推直选经验,探索改进候选人提名制度、介绍制度,扩大差额选举的范围和层次,进一步增强党内选举的民主竞争择优功能,切实在改革和完善党内选举制度上迈出新步伐。

扩大党内基层民主,在探索多种实现形式上取得新进展。党内基层民主发展的条件比较好、效用比较大、风险比较小,要积极推进。要系统规划党内基层民主建设,加强理论研究,适时修订党的基层组织工作条例,制定党内基层民主建设的中长期规划,出台党内基层民主建设实施纲要。要大力探索扩大党内基层民主的多种实现形式,对基层丰富的民主实践进行总结、提升和规范。

三、推进党内民主要处理好几个关系

一是积极与稳妥的关系。党内民主建设融于党的思想、组织、作风、制度和反腐倡廉建设之中,与改革发展稳定大局紧密相联,必须从国情、党情、社情的实际出发,既不能等、不能慢,又不能偏、不能"冒",既要坚定不移地积极推进,又要冷静清醒地稳妥掌握,做到循序渐进、有序可控。

二是借鉴吸收与以我为主的关系。民主政治发展具有普遍性,但实现形式往往又有其特殊性。推进党内民主建设,既要注意学习借鉴其他国家和政党的有益经验,又必须坚决反对照搬西方的做法,坚持因地制宜,坚定不移地走中国特色社会主义民主政治之路。

三是形式与质量的关系。形式是载体,质量是生命。推进党内民主建设,既要积极探索多种实现形式,又要追求实实在在的效果。要坚决防止片面追求民主形式花样翻新、哗众取宠、肆意炒作现象,对存在问题要及时纠正,减少和克服负面影响,确保党内民主健康发展。

四是自上而下与自下而上的关系。发展党内民主需要发动和依靠全党的力量,必须把自下而上的探索与自上而下的指导结合起来,把自上而下的示范带动与自下而上的监督促进结合起来,形成全党上下齐心协力推进党内民主建设的生动局面。

(作者:中共重庆市委常委、组织部长)

推进党的建设科学化需要把握的五个环节

罗一民

新中国成立以来，我们党走过了不平凡的奋斗历程，党的建设既积累了宝贵的经验，也有值得记取的教训。回顾总结建国 60 年来的发展实践，我们不难看出，党所出现的一些重大失误、所犯的一些严重错误，归根结底，是因为党自身没有建立起一套科学的体制机制。改革开放以来，我们党开始重视和加强科学执政、民主执政、依法执政。但客观地讲，执政科学化的进程还不够快、覆盖面还不够宽，还没有完全建立起一整套科学有效的执政体制和运行机制。特别值得注意的是，我们国家实行的是一党执政，没有反对党，没有多党参选的竞争风险。在党的外部压力不强的特定条件下，切实有效地在党内建立起自我警醒、自我调适、自我纠错、自我教育、自我免疫、自我约束的体制机制，从而永远保持党的先进性和执政地位，是至关重要的，也是最为迫切的。因此，胡锦涛总书记在党的十七届四中全会上首次提出，要提高党的建设科学化水平。这是一个带有根本性、全局性的重大命题和重大任务。这一命题，体现了我们党对执政环境深刻变化的清醒认识，反映了我们党对加强和改进新时期党的建设的深刻自觉。着力提高党的建设科学化水平，促进党的建设可持续发展，联系对党的十七届四中全会精神的学习贯彻，我觉得有这么五个环环相扣的关键方面，需要去研究、探索和解决。

1. 党的建设的关键是要加强党的领导和巩固党的执政地位

我们党在全国范围内的长期执政实践表明，办好中国的事情，关键在党。什么时候注重加强了党的建设，党的执政能力就会增强，党的执政地位就会巩固，党的事业就会兴旺发达。当前，我们党肩负的任务的艰巨性和繁重性世所罕见，国内外形势的新发展，全面建设小康社会、加快推进社会主义现代化的新形势，迫切需要我们党提高领导水平和执政水平，提高统筹国内国际两个大局能力，提高把握发展机遇、应对风险挑战能力，更好团结带领全国各族人民夺取全面建设小康社会新胜利、开创中国特色社会主义事业新局面，最终实现全心全意为人民服务的根本宗旨。只有这样，才能永远不辜负人民的信任和期望，才能赢得长期执政的坚实社会基础。因此，必须把加强党的领导、巩固党的地位作为党的建设的主要目标和全部任务，党的建设的一切工作都应当围绕加强党的领导、巩固党的执政地位去展开，党的理论、思想、组织、作风、制度建设和反腐倡廉建设也都应当围绕这个目标去实施，真正体现党要管党、从严治党、长期执政的内在要求。不坚持这一点，党的建设就会失去其应有的意义。

2. 加强党的领导的关键是要改善党的领导

党的领导只有不断改善，执政力才能得到加强。相反，不去改善党的领导，即便投入再多的力量，也等于是削弱而不是加强党的领导。改善党的领导不是一朝一夕的事，而是一项长期的任务，是一项系统的工程。这实际上向我们提出了一个要善于学会领导的问题，必须按照建设学习型政党的要求，努力掌握和运用一切科学的新思想、新知识、新经验，树立先进的执政理念，探求科学的领导方式，不断改进党的作风，从根本上提高各级领导班子、领导干部和全体党员干部的整体素质，为改进党的领导方法提供基础和保障。同时，党对政治、经济、社会、文化方面的领导怎么改善，党对人大、政府、政协和群团组织的领导怎么改善，党对自己内部的领导怎么改善，等等，都需要围绕党的领导地位、领导作用、领导职能，系统地研究探索并加以改进。

3. 改善党的领导的关键是要不断推进改革创新

党的建设的改革创新，实质上是要革自己的命，是政治利益的一次再调整再分配。党的十七届四中全会对新形势下党的建设的改革创新作出了重大部署。我们应当以此为契机，自觉地去搞、系统地去搞、强力地去搞，而不能慢慢腾腾，等到出现明显偏差了，积重难返了，甚至到了生死攸关的时候了，被危机逼迫了才去搞改革，那样成本会太大，也不一定能改好。作为执政党，应当以强烈的执政危机感和紧迫感，自觉地超前地去创新求变，这是党永葆生机与活力的根本保证。

4. 推进党的建设改革创新关键是要扩大党内民主

改革创新的内容很宽泛，而起纲举目张作用的是扩大党内民主。党内民主是党的生命，党的各级领导干部和广大党员在党内生活中培养起来的民主意识、民主作风和民主习惯，无疑会对整个国家的政治生活产生重大的导向和示范作用。历史和现实都表明，党内存在的各种突出问题，说到底都和党内民主有关，某种意义上讲，是党内民主不充分、民主监督不力和透明度不高所造成的。如果说过去的 60 年我们党主要是完成了从革命党向执政党的历史转型，那么今天扩大党内民主，则是党在执政方式上的又一次历史转型。这是我们党成长壮大的必然趋势，是作为唯一的执政党长期执政的客观要求。因此，对有利于扩大党内民主的事情，应当积极引导和鼓励各级党组织多做、实做、做好。如果党内能率先扩大民主，抓紧制定一系列具体政策和建立可操作的制度，来加快党内民主的实际步骤，在党内民主进程上迈出实质性步伐，就能够找到平衡各方利益的合理交汇点，就能够最大限度地达到党内的思想统一，就能够最大限度地组织、动员和调动各方面的积极性创造性，我们党以及整个社会就会形成政通人和、生动活泼的政治局面。

5. 扩大党内民主的关键是要规范、创新和落实党内各项民主制度

应当肯定，改革开放以来，党内民主制度建设进程明显加快，党内民主气氛日渐浓厚，但是，与党的十七大提出的扩大党内民主的战略构想还有很大差距。因此，建立健全党内民主制度并确保落到实处，是迫在眉睫的任务。必须切实按照党章和党员权利保障条例等各项规定的要求，大力推进党内民主制度建设，保障和落实党员的政治地位，正确充分地行使党员民主权利，促使各级党的组织和领导都能严格按党意民意办事，严格按规章制度办事。要改革党内选举制度，不断扩大党员在党内行使选举权的范围，缩小个别人或少数人的自由裁量空间，真正把选人用人权交给广大党员或全体党员代表，从制度上根除选人用人的不正之风，让那些有能力、想干事、干成事的人得到提拔重用。民主并不仅仅是选举，还应当让党员参与党内决策，参与权力的运作，从而保证党的决策科学化、民主化。要完善党员意见表达制度，在党代表大会制度的基础上，建立完善有利于扩大民主的各项配套制度，全面实行党的代表大会代表任期制、党代表大会常任制，完善内部议事和决策机制，严格实行民主集中制，使党员意愿得以充分表达和体现。要创新党内监督制度，拓宽广大党员群众直接参与监督的多种渠道，以权利来制约权力，发挥监督的防错纠错功能。党员、群众对党的组织和党员领导干部进行强有力的监督，迫使其只能干好事，而不能干坏事。同时，监督权完全交给了党员和群众以后，其主人翁意识和凝聚力、创造力就会大大增强，一切为党的利益着想，为实现党的目标而奋斗，必然会形成党心民心凝成一心的强大力量。

（作者：中共江苏省南通市委书记）

努力提高党的建设科学化水平

杨绍华

党的十七届四中全会首次向全党提出了"提高党的建设科学化水平"的重大命题和重大任务。深入理解和正确把握这一重大命题和重大任务，对于加强和改进新形势下党的建设，提高党领导科学发展的能力，保持和发展党的先进性，确保党在世界形势深刻变化的历史进程中始终走在时代前列，在应对国内外各种风险和考验的历史进程中始终成为全国人民的主心骨，在发展中国特色社会主义的历史进程中始终成为坚强的领导核心，具有重要的现实意义和深远的历史意义。

充分认识提高党的建设科学化水平的必要性和紧迫性

新形势下深入贯彻落实科学发展观，要求提高党的建设科学化水平。科学发展观不仅是我国经济社会发展的重要指导方针，也是全面推进党的建设新的伟大工程的重要指导方针。坚持把党的建设伟大工程同党领导的伟大事业紧密结合起来、同步推进，是我们党领导革命、建设和改革取得一个又一个伟大胜利的重要经验之一。历史和实践反复证明，党的建设是党领导的伟大事业不断取得胜利的重要法宝。进入新世纪新阶段，世情、国情、党情正在发生深刻变化，深入贯彻落实科学发展观，必然要求党所领导的中国特色社会主义伟大事业实现科学发展的同时，党的建设本身也要科学发展，做到推进党的建设伟大工程的科学发展与推进党领导的伟大事业科学发展紧密结合、相互促进。通过提高党的建设科学化水平，使党的工作和党的建设更加符合科学发展观的要求，为党领导的伟大事业科学发展提供坚强的政治保障和组织保障。

提高统筹国内国际两个大局推动科学发展能力，要求提高党的建设科学化水平。国际金融危机发生后，党中央审时度势，科学判断，迅速出台扩大内需促进经济增长的一系列政策措施，基本扭转了去年下半年以来经济增长明显下滑的趋势，经济形势总体呈现企稳向好势头。但我国经济回升的基础还不稳定、不巩固、不平衡，我国经济发展仍处在保增长的关键阶段。国际经济和政治环境正在出现明显变化，对我国发展和党的执政环境产生重大影响；发达国家居民储蓄率上升和调整透支消费模式所导致的国际市场收缩，将对我国高度外向的经济增长格局造成较大压力；以绿色复苏和发展低碳经济为特点的国际产业发展方向变化，将对我国产业结构调整产生重大影响；我们面临的国际关系更加复杂，意识形态领域的挑战也将更加明显，外部发展环境存在较多不确定性，等等。必须提高党的建设科学化水平，科学把握当今世界形势的深刻变化及其特点，深刻认识国内大局和国际大局、内政和外交的紧密联系，以辩证的战略思维审视机遇和挑战、分析和处理问题，做到审时度势、因势利导、内外兼顾、趋利避害，保证中央大政方针和工作部署得到贯彻落实。

实现全面建设小康社会奋斗目标，要求提高党的建设科学化水平。党的十七大提出了实现全面建设小康社会奋斗目标的新要求，从现在起到2020年实现全面建设小康社会的奋斗目标只剩下11年的时间，面临的困难和挑战前所未有。目前我国发展呈现一系列新的阶段性特征，出现一系列新情况新问题，呈现出境外国外因素与境内国内因素相互交织、社会矛盾与党内矛盾相互交织、网上互动与网下互动相互交织的复杂局面。保持经济平稳较快发展和加快经济发展方式转变的任务非常繁重，宏观经济也存在诸多不确定因素。由过度依赖国际市场转向内需外需协调拉动型经济需要相当长的时间，稳步提高城市人口比重和扩大中等收入者比重面临很多体制机制性制约，实现可持续发展的目标也有很大难度。在我们这个13亿人口的发展中大国，党在推进改革开放和社会主义现代化建设中肩负任务的艰巨性、复杂性、繁重性世所罕见。必须提高党的建设科学化水平，增强全党特别是各级领导干部领导和推动科学发展、促进社会和谐的本领，为实现全面建设小康社会奋斗目标打下坚实基础。

解决党内存在的与科学发展要求不符合不适应问题，保持和发展党的先进性，要求提高党的建设科学化水平。改革开放30多年来，我们党团结带领全国人民取得改革开放和社会主义现代化建设伟大成就的同时，党的自身建设也取得了显著成绩。党的领导水平和执政水平、党的建设状况、党员队伍素质总体上同党肩负的历史使命是适应的，同时还存在不适应新形势新任务要求、不符合党的性质和宗旨的问题。党的十七届四中全会《决定》列举出六个方面的主要问题，虽然不是党的队伍的主流，但严重削弱党的创造力、凝聚力、战斗力，严重损害党同人民群众的血肉联系，严重影响党的执政地位巩固和执政使命实现。我们党是一个拥有370多万个基层组织、7500多万名党员的大党，如果自身存在的问题得不到有效解决，党的十七大作出的战略部署就难以贯彻落实，全面建设小康社会的奋斗目标就难以顺利实现，党的先进性和党的执政地位就难以保持发展和巩固。解决好这些问题，必须从根本上提高党的建设科学化水平。

提高党的建设科学化水平是马克思主义政党一以贯之的自我追求。马克思主义经典作家十分重视科学建党。马克思、恩格斯领导成立了世界上第一个国际性的无产阶级政党——共产主义者同盟，并为无产阶级政党起草了第一个纲领性文件——《共产党宣言》，集中阐述了党的性质、特点、指导思想、纲领策略和国际主义原则等，形成了马克思主义政党建设的第一个周详的理论和实践纲领。列宁强调革命理论对党的建设和党领导的革命的重要作用。他第一次明确提出了“民主集中制”这一建党的根本原则。中国共产党自成立以来，始终在不懈探索马克思主义政党建设的规律。毛泽东同志提出了着重从思想上建党的原则；揭示了党的建设必须密切联系党的政治路线进行的规律；创造出“支部建在连上”、以整风形式进行马克思主义思想教育、通过批评自我批评解决党内矛盾和问题等一系列科学方法。邓小平同志强调，要“采取科学的态度”，“要有一套科学的办法”，并且高度重视党的制度建设。江泽民同志提出了“三个代表”重要思想，回答了新时期“建设什么样的党”和“怎样建设党”的问题，提出要不断深化对共产党的执政规律、社会主义建设规律和人类社会发展规律的认识。党的十六大以来，胡锦涛同志明确提出，党要“以科学的思想、科学的制度、科学的方法领导中国特色社会主义事业”，坚持“科学执政、民主执政、依法执政”，坚持“科学决策、科学运筹、科学管理”等重要思想。特别是科学发展观等重大战略思想的提出，为全面推进经济社会的发展和加强党的建设科学化提供了理论指南。党的十七届四中全会提出“提高党的建设科学化水平”的重大命题和重大任务，意义非常深远。建党88年来，特别是执政60年来，我们在加强自身建设方面积累了极其丰富的经验。如何使这些宝贵经验上升为规律性认识，形成科学制度和科学方法，按客观规律办事，这是提高管党治党水平的关键。

深入贯彻落实党的十七届四中全会精神，努力提高党的建设科学化水平

党的十七届四中全会对加强和改进新形

势下党的建设作出战略部署。提高党的建设科学化水平，就是要深入贯彻落实全会精神，牢牢把握加强和改进新形势下党的建设的总体要求、目标任务和重要举措，将党的建设提升到规律的高度来研究和把握，更加自觉地把握和运用马克思主义执政党建设规律，研究新情况、解决新问题、创造新经验，在以科学理论指导党的建设，以科学制度保障党的建设，以科学方法推进党的建设上不断取得扎实成效。

在以科学理论指导党的建设上取得扎实成效。马克思列宁主义、毛泽东思想、邓小平理论、“三个代表”重要思想以及科学发展观，为我们适应新形势新任务要求推进党的建设科学化提供了强有力的理论指导，必须始终不渝地坚持。从当前的实际状况看，提高党的建设科学化水平，就是要着力破解党的建设中的热点、难点问题，不断推进党建理论创新，努力把握和运用马克思主义执政党建设的客观规律，深刻认识和运用党领导人民夺取政权、巩固政权、执掌政权的客观规律，深入研究推动科学发展、促进社会和谐对党的建设提出的新要求，认真总结加强党的执政能力建设和先进性建设的新鲜经验，不断丰富和发展党建理论。要认真总结和运用党的历史经验，把《决定》概括的加强马克思主义执政党建设的基本经验作为提高党的建设科学化水平的指导原则。要努力建设马克思主义学习型政党，推动全党的理论学习，坚持用中国特色社会主义理论体系武装全党，党的理论创新每推进一步，理论武装就要跟进一步。大力弘扬理论联系实际、学以致用的学风，加强党建工作调查研究，研究新情况、解决新问题、总结新经验，不断提高学习和运用中国特色社会主义理论体系的自觉性坚定性。

在以科学制度保障党的建设上取得扎实成效。提高党的建设科学化水平，就是要着力加强党的制度创新，努力增强党内生活和党的制度的严密性和科学性，既要有实体性制度又要有程序性制度，既要明确规定应该怎么办又要明确违反规定该怎么处理，减少制度执行的自由裁量空间。《决定》从坚持改革创新、增强党的生机活力的高度，在党的制度机制创新上作出了一系列具体安排，把这些重要制度机制付诸实施，对于提高制度治党水平具有重要意义，必须在实践中结合工作实际全面贯彻落实。在健全民主集中制方面，要建立健全党内情况通报制度、党委新闻发言人制度、党内事务听政咨询制度、党代表大会代表提案制度、中央重大决策部署执行情况定期检查和专项督察制度等；在深化干部制度改革方面，要建立健全干部选拔任用提名制度、责任追究制度、领导班子定期务虚制度等；在加强基层组织建设方面，要建立健全党性定期分析制度、基层党员轮训制度、流动党员教育管理服务工作制度、基层组织工作经费保障制度等；在加强反腐倡廉建设方面，要建立完善党员领导干部报告个人有关事项制度、重大案件剖析和通报制度，推行党政领导干部问责制、廉政承诺制和行政执法责任制等。在加强机制创新上，要以明确权责为重点，完善地方党委领导体制和工作机制，健全部门党组（党委）工作机制；建立健全教育、管理、服务党员长效机制，激发党员增强光荣感和责任感、保持先进性的内在动力；建立健全决策权、执行权、监督权既相互制约又相互协调的权力结构和运行机制，推进权力运行程序化和公开透明。要高度重视机制建设，全面落实党建工作责任制，建立健全党建工作长效机制，完善党建工作综合评价体系，确保党的建设各项工作落到实处，不断推进党的建设科学化、制度化、规范化。

在以科学方法推进党的建设上取得扎实成效。提高党的建设科学化水平，就是要着力继承和发展我们党在长期实践中形成的加强党的建设的科学方法，又积极探索包括现代管理学、组织学、心理学和信息网络技术等现代科学方法，使党的建设沿着科学的轨道不断向前推进。长期以来，我们党在探索和运用党的建设科学方法方面取得不少成效，形成了许多切实有效的思想方法、领导方法、工作方法。这些方法有着深厚、扎实的实践基础，是我们党的宝贵财富，要继承和坚持，并结合新的实际加以丰富和完善。同时，要以马克思主义世界观和方法论为指导，不断改进和完善党的建设科学方法。要根据新的形势和任务的要求，学习借鉴现代管理和科学技术的新方法新手段，努力推进党的建设方法创新。当今社会，信息网络化程度越来越高，对党的建设提出挑战，也带来机遇。《决定》明确提出了党建信息化建设的任务。将现代信息技术导入党的建设，不仅是党建工作方法的创新，更重要的是党的建设科学管理水平的提升，对于全面提高科学管党、科学治党水平具有深远的意义。《决定》提出要办好党建网站、建立全国党员信息库、推进基层党组织工作信息化、加强农村党员干部现代远程教育网络一体化建设、健全反腐倡廉网络举报和受理机制、网络信息收集和处理机制，等等。加强党建信息化建设要求我们党的各级领导干部学习和熟悉信息网络，善于运用信息网络，提高运用信息网络进行引导和管理的能力。要积极探索运用现代管理学、组织学、心理学等现代科学方法，借鉴外国政党的有益做法，全面提高科学管党、科学治党水平，大力推进党的建设科学化。

（作者：求是杂志社政治编辑部副主任、全国党建研究会特约研究员）

对新形势下党的建设的各项任务需要从总体上把握

孙大力

中共十七届四中全会通过的《关于加强和改进新形势下党的建设若干重大问题的决定》，是我们党的历史上关于加强党的建设的又一个重要文件，内容非常丰富，既精辟分析了国内外形势，又充分阐明了加强党的建设的重要性和紧迫性；既准确地指出了当前党的建设中存在的突出问题，又明确提出了加强党的建设的主要任务；既有很全面的要求，又有很具体的措施，几乎每个部门、每项工作，都能找到涉及自己的内容。但我觉得，学习文件，不能仅仅从工作层面领会，不能只关注涉及某个部门、某项工作的内容，而应首先从总体上领会和把握。

一、通过对历史背景的把握，进一步认清加强党建的重要性紧迫性

背景是什么？文件的标题已点了出来，即"新形势下"党的建设。新形势是什么？

从国内看，主要是实现了"两大转变"。即党成立88年、执政60年、改革开放30多年来，经过几代共产党人的不懈奋斗，我国相继实现了从半殖民地半封建社会到民族独立、人民当家作主新社会的历史性转变，从高度集中的计划经济体制到充满活力的社会主义市场经济体制，从封闭半封闭到全方位开放的历史性转变。

从国际看，全会指出，当今世界正处在大发展大变革大调整时期。世界多极化、经济全球化深入发展，科技进步日新月异，国际金融危机影响深远，世界经济格局发生新变化，国际力量对比出现新态势，全球思想文化交流交融交锋呈现新特点，综合国力竞争和各种力量较量更趋激烈，给我国发展带来新的机遇和挑战。

从党自身看，党的领导水平和执政水平、党的建设状况、党员队伍素质总体上同党肩负的历史使命是适应的。同时，党内也存在不少不适应新形势新任务要求、不符合党的性质和宗旨的问题。《决定》概括了六个方面存在的问题，这些问题严重削弱党的创造力、凝聚力、战斗力，严重损害党同人民群众的血肉联系，严重

影响党的执政地位的巩固和执政使命的实现，必须引起全党警醒，抓紧加以解决。

上述世情、国情、党情出现的特点和变化，就是现在新的形势，当前党的建设方面的任务，就是来自这种形势提出的要求。如何认识当前新的形势？

第一，要充分看到我们取得的成绩，从而更加坚定推进中国特色社会主义事业的信心。

胡锦涛同志在会上总结了我们近年来做的四件大事和八项主要工作。全会对此做了充分肯定。特别是四件大事：应对金融危机，保增长、保民生、保稳定；开展学习实践科学发展观活动；加快地震灾区灾后重建；维护民族地区社会大局稳定，都取得明显成效。这些都是党中央的正确领导和全国人民、各级党组织努力奋斗的结果。能够取得这些成就，可以总结出很多原因，但至少有两点需要特别重视。一是60年来、特别是改革开放30多年来我们积累了强大的综合国力；二是我们建立的中国特色社会主义制度的优越性。这两点紧密联系，都具有决定意义。没有强大的国力，我们就没有战胜困难、推进发展的物质基础；没有社会主义制度的建立和不断完善，我们也不可能在60年的时间里积累起如此强大的国力，更不可能使我们的物质基础有效地发挥作用。

我们建立的社会主义市场经济体制，优越性已经显示出来。不仅我们，国际上也看到了中国特色社会主义事业的成功，看到了社会主义市场经济体制的独特魅力。认识到这一点，有助于我们更加坚定不移地走中国特色社会主义道路。

第二，要看到面临的挑战和困难、存在的问题和不足，从而增强搞好党的建设的自觉性和紧迫感。

世情、国情、党情的深刻变化对党的建设提出了新的要求，党面临的执政考验、改革开放考验、市场经济考验、外部环境考验是长期的、复杂的、严峻的，落实党要管党、从严治党的任务比过去任何时候都更为繁重和紧迫。

从应对金融危机的形势来看，虽然我们采取的各种措施已经取得明显成效，但目前的效果还不巩固，更关键的问题是，如何通过应对危机调整好我们的结构，使我们能够在危机过后占据一个有利的位置，迈上一个新的高度。从经济周期的规律看，危机总可以过去，关键是机遇能否把握住。这就需要抓紧调整我们的结构，要未雨绸缪。从当前的任务看，保增长还很不容易，因为现在的增长主要还是靠国家的投资拉动，拉动内需还不明显。而在结构调整还未到位的情况下，单纯扩大投资本身就有很大风险。保民生还有很多工作要做。保稳定任务还很艰巨，特别是民族地区。办好中国的事情关键在党，这些方面的任务都要求我们加强党的建设，发挥好我们党的政治优势。

二、通过对党的建设历史经验的学习和运用，提高管党治党水平

《决定》总结了六条我们党加强自身建设的宝贵经验，即：坚持把思想理论建设放在首位，提高全党马克思主义水平；坚持把推进党的建设伟大工程同推进党领导的伟大事业紧密结合起来，保证党始终成为社会主义事业的坚强领导核心；坚持以执政能力建设和先进性建设为主线，保证党始终走在时代前列；坚持立党为公、执政为民，保持党同人民群众的血肉联系；坚持改革创新，增强党的生机活力；坚持党要管党、从严治党，提高管党治党水平。这些基本经验来之不易，必须作为加强和改进新形势下党的建设的重要指导原则长期坚持，并在实践中继续丰富发展。

把这些经验学习好运用好，需要从三个方面入手：第一，要懂得我们党的历史，只有了解党的历史，才能珍惜这些宝贵经验；第二，要结合时代的要求，理解这些宝贵经验，只有站在时代的高度，才能更深切地领会这些经验；第三，要结合党的现状和面临的新任务，正确运用这些宝贵经验。只有运用这些宝贵经验，才能有针对性地切实加强党的建设。

坚持并运用历史经验的目的，在于提高管党治党水平。为此，《决定》提出了四个“着眼于”的要求，即着眼于继续解放思想、坚持改革开放、推动科学发展、促进社会和谐；着眼于提高党的执政能力、保持和发展党的先进性；着眼于增强全党为党和人民事业不懈奋斗的使命感和责任感；着眼于保持党同人民群众的血肉联系，突出重点，突破难点，全面推进思想建设、组织建设、作风建设、制度建设和反腐倡廉建设，提高党的建设科学化水平。

“提高党的建设科学化水平”，这是党在深刻总结历史经验基础上，在全面分析党的建设面临的新形势新任务后，提出的一个新的要求，是在党建问题认识上的新发展。因此，从总体上正确领会和贯彻好《决定》的精神，就需要在如何“提高科学化水平”上下功夫。“科学化”不能只当做一个口号、一个提法，而需要有明确的思路和具体的措施。

三、通过把建设学习型政党作为首要任务，推动党的各项建设

同过去的文件比较，《决定》的一个亮点和新意，就是把学习提到了空前重要的地位。这既体现了思想理论的重要性，又抓住了党的建设的根本环节。一个执政党的成熟，不仅在于能够制定正确的方针政策，而且首先在于思想理论上的清醒。只有思想理论上清醒，才能做到在指导思想上与时俱进。只有思想理论上成熟，才能以改革创新精神，保证党的各项建设沿着正确方向推进。

我们党是用先进理论武装的党，重视学习是我们党的优良传统，在革命时期是这样，建设时期也是这样。这是党坚持正确指导思想的保证。《决定》对学习提出了明确的要求。一是学习的内容，既包括马克思主义的基本理论，也包括党的方针政策；既包括党的历史，也包括一切科学的新思想、新知识。二是学习的要求，即按照科学理论武装、具有世界眼光、善于把握规律、富有创新精神的要求，把建设学习型政党作为重大而紧迫的任务抓紧抓好。三是学习的目的，是推进马克思主义中国化、时代化、大众化，用中国特色社会主义理论体系武装全党，开展社会主义核心价值体系教育。四是学习的方法，既要注意从书本上学，又要注意从群众中学，从实践中学。落实这四条，将使全党的思想理论武装更加充实、更加全面，更能适应新的形势和任务的要求。

四、通过加强基层组织建设，使党的建设的各项任务打牢基础、落在实处

党的基层组织是党全部工作和战斗力的基础，是贯彻党的路线方针政策和各项工作任务的战斗堡垒。《决定》对加强基层组织建设提出了明确要求：一是坚持围绕中心、服务大局、拓宽领域、强化功能，进一步巩固和加强党的基层组织；二是扩大覆盖面，增强生机活力，使党的基层组织充分发挥推动发展、服务群众、凝聚人心、促进和谐的作用；三是推进基层党组织的工作创新，增强党员队伍生机活力；四是建设高素质基层党组织带头人队伍，构建城乡统筹的基层党建新格局。这些要求有很强的针对性，抓住了党的建设的基础。为什么当前要突出强调这个问题？

第一，由于时代的发展、社会的变化，党的基层组织状况同新形势新任务存在许多不适应的状况。比如，对日益庞大的流动人口、日益广泛的互联网等，都遇到了如何管理的新问题。对此，光靠政府采取措施不够，党的基层组织必须发挥作用。

第二，我们党的基层组织建设有光荣的传统和丰富的经验，必须坚持和发扬。历史经验证明，只要基层组织坚强有力，党的路线方针政策就能得到切实贯彻，党组织的凝聚力战斗力就能充分体现，革命事业就能胜利发展，经济发展社会稳定就有可靠保证。

《决定》关于党的建设其他方面的任务，如健全民主集中制、干部人事制度改革、密切党与人民群众的血肉联系、反对腐败，等等，也都是

很重要、很紧迫的任务。但我认为，只要抓住了学习这个根本，抓好了基层这个基础，这些任务就能够切实落在实处，见到成效。党的建设就能够不断适应新形势新任务的要求，不断提高科学化水平。

（作者：中共中央党史研究室研究员）

理想信念教育的意义和要求

戴焰军

中国共产党第十七届四中全会《决定》要求“把理想信念教育作为全党学习践行社会主义核心价值体系的重中之重”。而且，《决定》对如何通过理想信念教育进一步坚定广大党员、干部的理想信念作了系统阐述。

中国共产党是一个由7500多万党员自愿组成的先进的政治组织，这样一大批人，自觉自愿汇集在一面旗帜之下，自愿的基础是什么呢？应该说最根本的就是共同的理想信念，共同的信仰和奋斗目标。所以，理想信念，就党员、干部个人来讲，是其政治操守的内在支撑力和精神动力；就整个党来说，是党的凝聚力、战斗力的基础，是党实现自己宗旨和目标的必要保证。

在中国共产党88年的发展历程中，曾经遇到过许多人类社会历史上少见的艰难险阻，各种在很多人眼中似乎难以应对的风险和考验，党都奇迹般地闯过来了。这一点，在我们的敌人眼里，始终是一个谜：中国共产党人是靠什么力量支撑着冲破各种围追堵截走完了两万五千里长征？靠什么力量支撑着以十分落后的武器装备打败了世界上军事实力最强大的国家所组织的联合国军？靠什么力量支撑着在一穷二白的废墟上建立起自己的工业体系和国民经济体系？中国共产党的党员，靠什么力量支撑着在各种刑讯逼供下保守党的秘密，在枪林弹雨中奋勇前进，用胸膛堵住喷火的机枪眼，用手臂举起引爆的炸药包？这是极为复杂的问题，是一些人永远也捉摸不透的问题，也是极为简单的问题，是用一句话就可以回答的问题，那就是理想信念。因为中国共产党组织中无数优秀的党员，不管是担任党的领袖还是做普通一兵，都知道自己所从事的是正义的事业，人类最高尚的事业，为最广大人民群众创造幸福的事业，实现最美好的社会制度的事业。这样的事业，虽然会有坎坷、有困难、有曲折，但最终是必然会取得胜利的。所以，为这样的事业去奋斗，去付出辛劳，甚至付出生命的代价，都是有意义的。

毛泽东曾经说过，人是要有一点精神的。这种精神，就是理想信念。人是万物之灵，人区别于其他任何物体、任何动物的一个根本特征，就在于人是有思想、有理性的，人的各种行动都是在一定的目的支配下完成的。因此，人对自己活动目的性的了解和认识程度，会决定人从事活动的态度。理想信念，就是现实生活中的人在对自己活动目的了解和认识基础上所形成的活动态度。不同的生存环境、不同的认识水平和认识结果，会形成不同的态度。有相信人不为己、天诛地灭的，有相信人为财死、鸟为食亡的，也有相信为人民利益而死就比泰山还重的。到底哪一种正确，就要看哪一种更合乎人类社会进步与发展的要求，哪一种是有利于促进人类社会发展进步的。如果我们换一种说法，那就是，确立一种跟人类社会发展要求相一致的理想信念，就需要对人类社会发展规律和要求有相应的了解和认识，这种了解和认识越深刻、越正确，则相应的理想信念就越坚定。而要实现这一点，就需要用一种科学的立场、观点、方法来认识世界，认识人类社会，马克思主义就给我们提供了这样一种立场、观点和方法。无数优秀的共产党人之所以具有坚定正确的理想信念，就因为中国共产党始终把马克思主义作为自己指导思想的理论基础，并坚持用这种理论来教育自己的党员。

然而，如果这种教育仅仅体现在书本里，体现在课堂上，那还不足以使党员确立坚定的理想信念，它很可能培养出一批只会给别人讲理想信念的口头宣讲家。因为，如果仅仅懂得书本上和课堂里的道理，却对实现这种理想信念的实际活动没有深切体验，那就很难对这种活动中可能遇到的各种困难与问题有充分的思想准备，很难使自己具备克服这些活动中的困难和解决这些活动中的问题所必需的意志品格和坚强决心。现实中确实有这样一些人，他们谈起理想信念口若悬河，信誓旦旦，可是一到实际中遇到实实在在的考验，就退缩不前，甚至当逃兵了。其原因就在于没有把从书本与课堂上获得的东西与实际结合起来，缺乏实际的锻炼和体验。所以，坚定理想信念的教育，还包括实践的教育，包括在实践中对正确价值观的践行。这就是《决定》中特别强调践行社会主义核心价值体系的意义。

从以上两个层面来看理想信念教育，首先，必须坚持马克思主义理论教育。马克思主义的立场、观点、方法，是帮助我们正确认识世界的最好武器，马克思主义对整个世界、对整个人类社会发展规律的深刻揭示，对个人与社会以及人与人之间关系本质的深刻揭示，对个人生命价值和意义的深刻揭示，是我们确立正确世界观、人生观、价值观的理论基础。马克思主义理论教育是坚定理想信念的最基本教育。在当前复杂多变的形势下，只有真正掌握马克思主义的立场、观点和方法并运用它来观察和认识问题，我们才能准确把握世界发展大势，准确把握社会主义初级阶段基本国情，准确把握改革发展实际，从而对我们为之奋斗的目标和前进途中可能遇到的各种困难与问题有明确的认识和清醒的分析，才能对什么是马克思主义、什么是社会主义、建设什么样的党、实现什么样的发展等重大理论和实践问题作出正确的判断和辨析，才能在各种大是大非面前站稳立场，保持正确的态度。而马克思主义教育最重要的是，要教育党员、干部正确对待马克思主义，坚持用发展着的马克思主义武装头脑，指导新的实践。中国共产党人之所以能够在马克思主义指导下实现对客观世界和主观世界的正确认识，确立起坚定的理想信念，不仅在于中国共产党始终坚持马克思主义，更重要的还在于中国共产党根据中国的国情，不断推进马克思主义的发展，并用发展着的马克思主义指导工作实践。不论是革命时期，还是建设和改革时期，中国共产党都把马克思主义和中国实际相结合，提出合乎实际的基本理论、基本纲领和基本路线。而对这些基本理论、基本纲领和基本路线的深刻理解与全面把握，是广大党员、干部确立坚定的理想信念的现实基础。

其次，必须坚持学习践行社会主义核心价值体系。理想信念，既体现于党员、干部对党的整体目标、任务、前途、命运的明确认识中，体现于对党的根本宗旨、奋斗目标的态度中，同时也体现于每个党员、干部日常工作、学习、生活的具体实践中。从这个意义上来说，理想信念也是党员、干部把对远大理想和奋斗目标的追求具体化为现实工作与生活中的自觉行为规范和行动意识的结果。党员、干部的宗旨意识、执政意识、大局意识、责任意识、党的意识，都是通过日常活动中的具体行为表现出来的，而不可能是抽象的。所以，能不能把这些要求内化为日常活动中的自觉行为，是理想信念能否得到体现的关键，也是检验理想信念坚定与否的关键。在复杂的现实生活中，各种正确与谬误的界限需要靠敏锐的政治鉴别力和判断力来区分，并决定自己的取舍；对于各种腐朽思想观念和错误思想影响，需要靠坚定的立场和清醒的头脑来抵制；各种非正道的利益诱惑，需要坚持不懈的警惕性与政治操守来拒斥。所有这一切，都需要把真正践行社会主义核心价值体系作为自己日常工作生活中的自觉要求。

再次，必须为理想信念教育提供严格科学的规章制度保证。理想信念表现为一种内在的自觉态度和要求，似乎和规章制度的外在约束是矛盾的。其实不然，任何一种内在的自觉态度和要求，都是在相应的外在环境中养成的，而这种外在环境，很重要的因素就是规章制度。正确的理想信念的养成，离不开外在的约束和要求。现实中一些党员、干部面对各种诱惑，为什么会放弃自己的立场和操守，忘记自己的责任和承诺，动摇自己的理想信念，以致最后走向错误甚至犯罪的道路？当然首先与他们自己的主观态度有关，但仔细分析不难看出，这些情况的发生同样与我们相关的规章制度不健全和不完善有关。如果相关规章制度对他们的行为给以必要的约束，使他们及时觉悟到自己行为的危险，就很有可能使他们及时回到正确的道路上来。即使我们说的通过理论学习来坚定理想信念，也需要相应的学习制度来保证。至于高尚道德情操的培养和健康生活情趣的形成，就更离不开必要的制度环境。

治党兴党的行动纲领

田培炎

党的十七届四中全会审议通过的《中共中央关于加强和改进新形势下党的建设若干重大问题的决定》（以下简称《决定》），从党和国家事业发展全局的战略高度，全面分析世情、国情、党情的深刻变化对党的建设提出的新要求，科学总结我们党作为马克思主义执政党进行自身建设的基本经验，对党的建设总体要求、目标任务、政策措施进行了全面部署。《决定》集中体现了党的建设的理论创新、实践创新、制度创新和工作创新，是治党兴党的行动纲领。

一、世情国情党情的深刻变化对党的建设提出新要求

根据时代发展要求谋划党的建设，针对党内存在的突出问题确定党的建设重点，是我们党始终走在时代前列的根本要求，也是理解《决定》精神的重要视角。

当今世界正处在大发展大变革大调整时期。和平与发展仍然是时代主题，求和平、谋发展、促合作已经成为不可阻挡的时代潮流，世界多极化、经济全球化、科技进步日新月异、全球和区域合作方兴未艾的基本趋势没有变。同时，国际形势发展变化呈现出一系列新的特点：世界经济陷入严重危机，发展问题更加突出；国际力量对比发生重大变化，多极化前景更加明朗；主要大国对外战略出现重大调整，相互合作与竞争更加明显；国际体系面临重大变革，多种国际力量博弈更加复杂；国际思想文化领域出现重大动向，软实力之争更加激烈。这些复杂深刻的变化，给我国发展带来新的机遇和挑战。特别要看到，今天，国内国际两个大局互动更加明显，当代中国与世界的联系从来没有像今天这样紧密，相互影响从来没有像今天这样直接。我们党要领导好国内建设，一刻也离不开对世界形势发展变化的准确判断，一刻也不能忽视外部环境的影响，必须以宽广的世界眼光审时度势、趋利避害，洞悉发展先机，研判各种风险，统筹国内国际两个大局，利用好两个市场、两种

资源，牢牢掌握发展的战略主动权；既积极参与国际经济合作与竞争，又有效抵制西方敌对势力的渗透破坏、维护执政安全；既吸收国外一切优秀文明成果，又拒绝一切腐朽的东西。

进入新世纪新阶段，我国经济建设、政治建设、文化建设、社会建设以及生态文明建设全面推进，工业化、信息化、城镇化、市场化、国际化深入发展，我国正处在进一步发展的重要战略机遇期，在新的历史起点上向前迈进。同时，随着经济体制深刻变革、社会结构深刻变动、利益格局深刻调整、思想观念深刻变化，我国发展呈现一系列新的阶段性特征，出现一系列新情况新问题，改革发展的新要求接踵而至，各种矛盾大量涌现，呈现出国（境）外因素与国（境）内因素相互交织，社会矛盾与党内矛盾相互交织，网上互动与网下互动相互交织的复杂局面。前进道路上还会遇到来自自然界、社会、外部世界的各种可以预料和难以预料的风险和挑战。在我们这个十几亿人口的发展中大国，党在推进改革开放和社会主义现代化建设中肩负任务的艰巨性、复杂性、繁重性世所罕见。适应新要求、研究新情况、解决新问题，需要我们党进一步提高领导水平和执政水平，进一步解放思想、大胆探索，拿出新理念、新思路、新举措、新办法，切实抓好发展这个第一要务，履行好维护稳定这个第一责任，通过化解矛盾，完善体制机制，既最大限度地激发全社会创造活力、进一步解放和发展生产力，推动科学发展，又保持全社会的安定有序、各得其所，促进社会和谐。

当前，党的领导水平和执政水平、党的建设状况、党员队伍素质总体上同党肩负的历史使命是适应的。同时，由于党所处历史方位发生了根本变化，党面临着长期复杂严峻的执政考验、改革开放考验、市场经济考验、外部环境考验，改革开放以后入党的党员中相当一部分缺乏严格的党内政治生活锻炼和重大政治风浪考验，部分中青年领导干部缺乏复杂环境、长期艰苦实践的磨炼，缺乏和人民群众的直接接触，加上一些地方和部门对干部管理失之于宽、失之于软等，党内存在不少不适应新形势新任务要求、不符合党的性质和宗旨的问题。主要表现是：一些党员、干部忽视理论学习、学用脱节，理想信念动摇，对马克思主义信仰不坚定，对中国特色社会主义缺乏信心；一些党组织贯彻民主集中制不力，有的对中央决策部署执行不认真，有的对党员民主权利保障落实不到位，一些党员干部法治意识、纪律观念淡薄；一些领导班子整体作用发挥不够，推动科学发展、处理复杂问题能力不够，一些地方和部门选人用人公信度不高，跑官要官、买官卖官等问题屡禁不止；一些基层党组织战斗堡垒作用不强，有的软弱涣散，有的领域党组织覆盖面不广，部分党员党员意识淡化、先锋模范作用不明显；有些领导干部宗旨意识淡薄，脱离群众、脱离实际，不讲原则、不负责任，言行不一、弄虚作假，铺张浪费、奢靡享乐，个人主义突出，形式主义、官僚主义严重；一些领导干部特别是高级干部中发生的腐败案件影响恶劣，一些领域腐败现象易发多发。这些问题虽然只发生在少数或部分党员、干部和党组织中，但严重削弱党的创造力、凝聚力、战斗力，严重损害党同人民群众的血肉联系，严重影响党的执政地位巩固和执政使命实现，迫切需要采取切实有效措施，抓紧加以解决。

二、执政党建设规律的新认识

《决定》坚持马克思主义认识路线，坚持在实践中检验真理、发展真理，坚持继承与创新相结合、历史与逻辑相统一，第一次科学总结概括出我们党作为马克思主义执政党进行自身建设的基本经验。

第一，坚持把思想理论建设放在首位，提高全党马克思主义水平。着重从思想上建党，是我们党在革命时期根据非无产阶级成分占党员大多数的实际找到的一条保持党员先进性和纯洁性的根本途径。执政以来，我们党坚持运用和丰富发展这一成功经验，把马克思主义基本原理同中国具体实际相结合，独立自主地探索社会主义革命和建设道路，尽管经历了艰辛和曲折，但却最终成功开辟了中国特色社会主义道路，写出了《论十大关系》、《关于正确处理人民内部矛盾的问题》等中国化马克思主义的新篇章，形成了中国特色社会主义理论体系。坚持用发展着的马克思主义武装全党、教育人民，指导实践、推动工作，使科学理论成为全党全国各族人民团结奋斗的共同思想基础，成为改造主观世界和改造客观世界的强大物质力量。这是我们党善于运用马克思主义理论来立党兴党强党的政治优势，是党的理论和实践始终体现时代性、把握规律性、富于创造性的根本保证。

第二，坚持把推进党的建设伟大工程同推进党领导的伟大事业紧密结合起来，保证党始终成为社会主义事业的坚强领导核心。新中国成立初期，我们党适应工作重点从农村转向城市的重大转变，紧密结合中心工作加强思想建设、组织建设和作风建设，使党员质量和党组织的战斗力进一步提高，党同人民群众的血肉联系在新的历史条件下得到巩固和加强，为迅速医治战争创伤、恢复国民经济、巩固新生的人民政权，实现从新民主主义革命向社会主义革命和建设的历史性转变提供了坚强保证。后来由于"左"的错误逐渐发展，在党的事业遭受挫折的同时，党的建设也走了弯路。进入改革开放新时期，我们党坚持以经济建设为中心，紧密结合抓好发展这个党执政兴国的第一要务，扎实推进党的建设，把党的建设成效转化为发展成果，用发展成果检验党的建设成效，形成了伟大工程和伟大事业相互促进、相辅相成的生动局面。实践表明，始终坚持围绕党的中心任务、服从和服务于党和国家工作大局，就把握住了党的建设的根本方向。

第三，坚持以执政能力建设和先进性建设为主线，保证党始终走在时代前列。党的先进性是马克思主义政党的本质属性，是党的生命所系、力量所在；在执政条件下，党的先进性集中体现在党的执政活动中。新中国成立之初，我们党根据执政面临的新考验，郑重地向全党发出号召，要以极大的努力学会自己不懂的东西，向一切内行的人们学习，掌握科学技术和管理方法；务必继续保持谦虚谨慎、不骄不躁的作风，务必继续保持艰苦奋斗的作风，并提出具体措施防止资产阶级思想腐蚀和反对突出个人。改革开放以来，我们党根据执政环境的新变化、形势任务发展的新要求，着力解答提高领导水平和执政水平、提高拒腐防变和抵御风险能力两大历史性课题，把执政能力建设和先进性建设作为执政党建设的根本任务贯穿到党的思想建设、组织建设、作风建设、制度建设和反腐倡廉建设之中，使党的建设目标更加明确、布局更加合理、重点更加突出、力量更加集中。坚持这样做，我们党就能在发展中国特色社会主义历史进程中始终成为坚强的领导核心。

第四，坚持立党为公、执政为民，保持党同人民群众的血肉联系。我们党是在与人民群众的密切联系中诞生和成长的，是在诚心诚意为人民谋利益的奋斗中发展壮大起来的。全心全意为人民服务是党的根本宗旨，也是我们党区别于其他政党的根本标志。党的最大优势是密切联系群众，党执政后的最大危险是脱离群众。执政以来，从新中国成立之初到社会主义革命和建设，再到改革开放，我们党始终高度警惕并采取多种措施着力防止最大优势变成最大危险，始终坚持马克思主义群众观点和党的群众路线，把实现好、维护好、发展好最广大人民的根本利益作为党全部工作的出发点和落脚点，始终坚持权为民所用、情为民所系、利为民所谋，为人民掌好权、执好政，因而使我们党赢得了人民群众的衷心拥护，获得了为人民利益不懈奋斗的强大动力，汲取了夺取胜利的无穷智慧。只要我们党始终不渝地坚持这个根本政治立场，把这个政治立场一以贯之地落实和体现到党的全部理论和实践中去，我们党就能获得取之不尽、用之不竭的力量源泉，就无往而不胜。

第五，坚持改革创新，增强党的生机活力。改革开放以来，我们党总结历史经验，根据党所处历史方位的根本变化和实践的新要求，大力弘扬求真务实、开拓创新的精神，坚持用时代发展要求审视自己、以改革创新精神提高和完善自己，不断研究党的建设出现的新情况新问题，扎实推进党的建设各方面创新，使党的理论路线方针政策和全部工作顺应时代进步潮流、反映人民愿望、体现中国社会发展规律。同时，开创不依靠政治运动，而是靠健全的制度保障党的思想建设、组织建设、作风建设和反腐倡廉建设健康发展的新路子，坚持用制度管权、管事、管人，建立健全以党章为根本、以民主集中制为核心的制度体系，推进党的建设科学化、制度化、规范化，确保党的团结统一，使党始终充满蓬勃生机和旺盛的创造活力。

第六，坚持党要管党、从严治党，提高管党治党水平。作为世界上最大的马克思主义执政党，从严治党是保持和发展党的先进性的必然要求。新中国成立初期，我们党继承和发扬党的优良传统，采取一系列措施，包括在全党范围内进行提高共产党员标准的教育，结合“三反”运动整党建党，惩处大贪污犯刘青山、张子善等，使各级党组织始终拥有强大的凝聚力和战斗力，广大党员始终保持共产党人的政治本色，发挥先锋模范作用。改革开放以来，随着党员规模、素质、结构的变化，对党员的教育、管理、监督的难度不断增大。我们党提出治国必先治党、治党务必从严，实行党建工作责任制，坚持严格要求、严格教育、严格管理、严格监督，坚持集中教育和经常性教育相结合，要求党的各级组织和广大党员成为解放思想的模范、落实第一要务的模范、求真务实的模范、开拓创新的模范，坚持不懈地开展反腐败斗争，使我们党始终保持先进性和纯洁性，始终走在时代前列。这表明，治国必先治党，治党务必从严，这是治国理政的一条普遍真理。

这些基本经验凝聚着几代中国共产党人不懈探索党的自身建设实践的智慧和心血，蕴涵着其他国家一些执政党兴衰成败的经验教训，具有深厚的历史依据和实践基础，具有丰富的思想理论内涵，我们必须倍加重视、倍加珍惜。

三、管党治党的新创造

《决定》提出了一系列新思想新观点新论断和新的政策举措，是党的建设理论创新、实践创新、制度创新和工作创新的集中体现。

第一，将中国共产党自成立以来领导人民取得的辉煌成就概括为三大历史性转变：“从半殖民地半封建社会到民族独立、人民当家作主新社会的历史性转变，从新民主主义革命到社会主义革命和建设的历史性转变，从高度集中的计划经济体制到充满活力的社会主义市场经济体制、从封闭半封闭到全方位开放的历史性转变。”以此证明，没有中国共产党就没有新中国，就没有中国特色社会主义；中国共产党成为中国特色社会主义事业领导核心是历史的选择、人民的选择；坚持中国特色社会主义道路，推进社会主义现代化，实现中华民族伟大复兴，必须毫不动摇地坚持中国共产党的领导。

第二，提出全党必须“常怀忧党之心、恪尽兴党之责”。要求每一位共产党员必须把忧党、兴党作为义不容辞的义务和责任，居安思危，始终保持对形势的清醒判断，始终保持安而不忘危、治而不忘乱、存而不忘亡的强烈忧患；把忧党贯彻到兴党的执政实践中，以与时俱进、昂扬奋发的精神风貌，埋头苦干、精益求精的踏实作风，丰富的创新成果、一流的工作业绩和坚强的党性原则、闪光的人格力量赋予党的先进性以新的时代特征，赋予共产党员的先进性以新的时代内涵。

第三，提出“提高党的建设科学化水平”。要求深刻认识、全面把握和自觉运用马克思主义执政党自身建设规律，按照客观规律谋划党的建设；以科学的理论指导党的建设，用马克思主义立场观点方法研究解决党的建设面临的重大理论和实践问题；以科学的制度保障党的建设，通过建立健全既体现科学理念、科学精神，又具有可操作性和权威性的制度体系管权、管事、管人；以科学的方法推动党的建设，既熟练掌握和运用包括群众路线这一根本工作方法在内的传统方法，又善于运用包括网络在内的高新技术手段提高党建工作成效。

第四，提出“全党同志必须时刻把党和人民放在心中最高位置”。要求党员必须不断增强党的意识，在党言党、在党爱党，坚定理想信念，坚持为党的最高纲领和最低纲领不懈奋斗；心中装有组织，坚决维护党组织的权威，始终同党中央在思想上政治上行动上保持高度一致；牢记党的规矩，自觉遵守党的纪律、坚决维护党的团结统一；维护党的形象，坚决与否定党的领导、败坏党的声誉的言行作斗争。心中装有群众，牢记党的性质和宗旨，践行立党为公、执政为民的执政理念，始终以时代先锋忠实代表最广大人民的根本利益。

第五，提出“推进马克思主义中国化、时代化、大众化”。要求紧密结合我国国情和时代特征大力推进实践基础上的理论创新，准确把握当今世界发展大势，深入研究隐藏在世界形势深刻变化背后的机遇和挑战；准确把握社会主义初级阶段基本国情，深入研究我国发展阶段性特征；准确把握我国改革发展实际，深刻回答改革开放和现代化建设新的实践遇到的各种新问题；及时总结党领导人民创造的新鲜经验，不断作出新的理论概括，丰富和发展中国特色社会主义理论体系，及时把马克思主义中国化最新成果转化为全党全国各族人民改造世界的强大物质力量。

第六，提出“坚持德才兼备、以德为先用人标准”。强调选拔任用干部既要看才、更要看德，要从政治品质和道德品行等方面完善干部德的评价标准。当前，在干部选拔任用工作中，一些地方和部门确实存在着重才轻德、以才蔽德、以绩掩德的现象，致使一些品行不端、作风不实、投机钻营、有才无德的人得到提拔重用，群众反映强烈，严重影响选人用人公信度。贯彻德才兼备、以德为先用人标准，把干部的德作为一个标杆、一种导向，就能让选拔出来的干部组织放心、群众满意、干部服气，有力促进风清气正用人环境的形成，极大调动广大干部的积极性。

第七，提出“建立来自基层一线党政领导干部培养选拔链”。当前干部队伍结构存在明显缺陷，“三门”干部比例过大，而且机关层次越高，具有基层工作经历的干部越少，长此以往，将对党有效治理国家产生诸多不利影响。通过建立上级党政机关从基层一线遴选干部制度，鼓励年轻干部到基层工作，有计划安排年轻干部到艰苦地区、复杂环境、关键岗位砥砺品质、锤炼作风、提高本领；加大从基层一线招录公务员的比例；地方县级以上党政领导班子成员出现空缺时，优先从具有基层一线工作经历的优秀干部和人才中选拔，对于改善干部队伍结构、提高干部队伍整体素质必将起到重要推动作用。

第八，提出“建立健全干部职务与职级并行制度”。旨在避免干部待遇只与职务挂钩，千军万马挤“独木桥”的问题。实行这一制度，将干部职级与待遇挂钩，干部即使没有担任领导职务，只要具备一定职级就可以享受相应的福利待遇，体现了资历和功绩相结合，体现了按劳分配原则，有利于充分调动广大干部积极性。

第九，提出“大力整治文风会风”。文山会海既影响执政效率，又影响党的形象。解决这一老大难问题，要求领导机关、领导干部作表率。积极运用信息化手段，严格控制发文数量和范围，严格内部报刊审批和管理，大幅度减少内部报刊，大幅度减少一般性工作简报；严格控制会议数量、经费、规模，提倡开短会、讲短话、讲管用的话，力戒空话套话，一般性会议只安排一篇主旨讲话。

第十，提出“加强对配偶子女均已移居国(境)外的公职人员管理”。这是有效预防腐败的重要举措。配偶子女均已移居国(境)外而本人仍在党政机关和公共机构任职的公职人员，在某些领域已构成明显利益冲突，可能或已经危及国家利益。实际生活中，少数公职人员利用职权出卖国家利益，为配偶子女定居国提供方便从而获得私利；有的将非法财产逐步转移出境，涉嫌洗钱犯罪；有的将国有财产擅自移到本人或家人境外户头，以便择机出逃；更有甚者充当间谍，为国（境）外敌对势力收集刺探输送情报。加强对他们的管理，对于维护国家安全、防止利益冲突具有重大意义。

（作者：中共中央政策研究室党建研究局副局长）

完善党内民主决策机制

高新民

党的十七届四中全会对于完善党内民主决策机制作出一系列新部署，强调发挥全委会对重大问题的决策作用，推行和完善地方党委讨论决定重大问题和任用重要干部票决制；加强党委决策咨询工作，发挥咨询研究机构、专家学者、社会听证在决策过程中的作用；落实重大决策报告制度，健全决策失误纠错改正机制和责任追究制度，等等。这些都是在新的历史条件下发展党内民主的重要举措。

党内决策是一个复杂的问题。真正影响决策的因素，从根本上讲，是民主与科学两大问题。民主与科学并非同一范畴的问题。科学反映的是事物的本质联系，是客观规律，决定政策成败。但是，如果没有民主的环境，科学的意见也有可能被压制下去。因此，民主的氛围、民主的决策机制，是保证科学的意见能够脱颖而出的必要前提。

一、党内民主决策与党员听证咨询

十七届四中全会把听证、咨询等引入党的决策，是党的历史上的第一次。听证、咨询是党员参与决策的形式之一，对于促进科学决策、民主决策、依法决策无疑是必要和重要的。

第一，党员直接或间接参与党内决策，是共产党员所拥有的基本权利。党是党员自愿结合而成的组织，党内事务的处理，党的政纲，党的重大决策，党员均拥有参与的权利，同时也有执行的义务。党章明确规定党员可以在党的会议上和党报党刊上参加关于党的政策问题的讨论。政策过程是一个完整的过程，包括政策议题的提出、意见表达、整合、决策、执行、实施结果反馈、修正政策等多个环节。参与政策讨论最主要的就是决策前的讨论，决策后的讨论只能是表态性的讨论了。因此，广大党员在决策前的讨论，是实现决策参与权的最主要环节。这一参与权的体现，可以增强党员的主体感。

第二，在社会利益群体多元时代，党员参与决策有利于听取社会各阶层的不同利益诉求。党员来自社会各个不同阶层，党员社会身份复杂化是不争的事实。一方面，作为执政党，成员社会身份具有广泛性，是党能够生存、发展的基础。另一方面，多元群体的代表介入党内政治生活，必然会折射出不同群体的各种意见、诉求。在这一情况下，广泛听取党员各方面意见，可以更准确地把握社会脉搏，了解社会需求。近些年来，某些地方因拆迁或某项工程上马而引起周边居住群众的不满，以各种形式表达自己的利益诉求，反衬出决策过程中群众参与度不足。在决策中增加党员群众的参与环节，已经不是理论需要而是现实需要。

第三，有利于拓宽视野、开拓思维。人主观认识的有限性和客观事物的复杂性，决定了任何个人都不可能永远决策正确。因此，让更多的党员介入决策过程，可以为决策提供更多的选项和思路。决策机构可以接受党员群众的合理意见和建议，也可以向党员解释哪些意见暂时不能接受，哪些意见和建议是不合理的。这一过程也是进一步理顺自己的思路，从更多视角反思决策，促使决策更符合实际的过程。

第四，党员参与决策前的讨论过程，也是党的决策机构与党员积极互动的过程。党的权力机构成员需要了解党员意愿，调查研究，密切联系群众。而重大决策之前的广泛讨论，可以使各种意见表达出来，甚至能够听到调查座谈会上听不到的声音。党员参与讨论，权力机构予以回应，这是最好的党内上下互动机制。

党员参与决策，在一般情况下可以间接参与，特别是常规性工作，可由常设机构处理决定。但在重大问题上和与群众利益直接相关的问题上，需要党员直接参与。

所谓"重大问题"就是列宁所说的重要的战略策略，是指政治层面的重大问题而非招商引资、项目投资之类的问题。"一切政治问题都用征询全体党员意见的方式来决定是不可能的，这将是永无休止的、劳神费力的、毫无成效的表决。但是，为了贯彻民主制，极重要的问题以及那些同群众本身的一定行动有直接关系的问题，不仅必须用选派代表的方式，而且必须用向全体党员征求意见的方式来决定"。党的重大发展目标、重大策略、党章修改等问题，与群众利益直接相关的问题，需党员直接参与讨论而不仅仅是间接讨论，这是党员的基本权利，并且，直接参与讨论在高科技时代不存在任何技术上障碍。当然，党员直接参与讨论不等于全体党员公决。中国共产党人数众多，党员总数相当于世界上一个中等人口规模的国家，如果由党员直接投票表决难度较大。因此，在党员直接讨论基础上，由代表大会表决还是可行的。

实际上，党员群众参与决策前的讨论，其意见也只是众多个体利益和意志的反映，但是，有这个环节和没有这个环节，党员的主体感大不一样，群众的评价大不一样。即使群众的意见并不科学，但至少也可以使有关机构了解群众为什么有不同意见。

在实践中，有些地方基层已经开始让党员直接参与基层重大事项决策。如河南邓州农村采取"四议"、"两公开"（党支部会提议、"两委"商议、党员大会审议、村民代表会议或村民会议决议，决议公开、结果公开）工作法，实际上就是一种民主决策机制，即凡属关系到本村全村的重大事项，均需经过上述四个环节才能作出决策。

党员听证咨询同样发端于基层。如浙江萧山区各非公有制企业，凡属涉及企业生存发展和员工切身利益的重大事项的决策，均召开党员民主听证会。党员和党组织享有听证事项动议权、听证事项参与权和决策结果监督权。而党员为了更好地建言献策、表达利益诉求，往往认真征求职工群众的意见，反映职工群众共同关心的问题，从而体现了党组织对群众的代表性。

鉴于党员参与决策和听证咨询已经体现出特定效力，十七届四中全会提出建立健全党内事务听证咨询制度。听证咨询是民主决策的形式之一，为党员参与党内事务提供了一个有效通道。

当然，听证咨询并非列宁所说的"极重要问题"向全体党员征求意见，但在党内决策问题上毕竟是第一次设计了党员参与机制，其作用会逐渐体现出来。这里需要提示的是，听证咨询的关键是参与听证的人员的代表性，只有听证人员具有真实而广泛的代表性，才能真正发挥听证作用。

二、民主集中制与党委内部决策

十七届四中全会重申党的民主集中制原则，指出党的各级委员会按照集体领导、民主集中、个别酝酿、会议决定的原则决定重大事项。全会还强调发挥全委会对重大问题的决策作用，完善常委会议事规则和决策程序，推行和完善地方党委讨论决定重大问题和任用重要干部票决制等制度。这些制度涉及的主要是领导班子内部民主问题。这里有两个层面的问题需要注意：

一是领导班子内部，个人——主要是“一把手”与其他常委、委员之间的关系。中国共产党向来主张实行党委集体领导制度，重大问题决策集体讨论决定。集体领导和个人分工负责制是民主集中制在领导层面的反映。党的各级领导班子的主要负责人只是领导集体中的一员，即毛泽东所说的“班长”。但是，长期以来，由于历史上党内领导体制的原因，权力往往集中于少数人手中，就是邓小平指出的：“在加强党的一元化领导的口号下，不适当地、不加分析地把一切权力集中于党委，党委的权力又往往集中于几个书记，特别是集中于第一书记，什么事都要第一书记挂帅、拍板。党的一元化领导，往往因此而变成了个人领导。全国各级代表大会不同程度地存在这个问题。”“权力不宜过分集中。权力过分集中，妨碍社会主义民主制度和党的民主集中制的实行，妨碍社会主义建设的发展，妨碍集体智慧的发挥，容易造成个人专断，破坏集体领导，也是在新的历史条件下产生官僚主义的一个重要原因。”当然，这些年来，随着市场经济和民主政治的发展，党内民主制度建设有了重大进步，民主集中制的内涵也有所发展，以“一把手”称谓为象征的权力集中于少数人手中的现象得到了一定遏制，尤其是推广票决制，对防止少数人说了算是有利的。但是，在现实生活中，由于某些潜规则的通行，“一把手”在事实上仍然具有相当的影响力，民主集中制的实行效力，在很大程度上取决于“一把手”的素质、个人的民主作风。因此，在全国各地，有的地方领导班子民主集中制实行得好一些，有些地方领导班子实行得差一些，往往与“一把手”有关。在这种背景下，需要以制度化的方式来保障民主集中制的实行，而强调重大问题和任用重要干部票决制，强调扩大全委会的作用，对于体现集体领导制度是有益的。

二是进一步理顺常委会与全委会的关系。从法理上讲，党代表大会是最高领导机构，代表大会选举产生党的委员会，委员会选举产生常委会，是一个层层委托、层层受托的关系，因此全委会向代表大会负责并接受监督，常委会向全委会负责并接受监督，是其授权关系的正当体现。由于代表大会不是常任制，全委会就无法向代表大会负责，代表大会也无法对其进行监督。常委会由于是常设机构，很多重大问题往往由常委会经手，全委会的议题也多数由常委会提出，因此常委会在党内决策体系中居于举足轻重的地位。发挥全委会作用，一方面可以更好地形成对常委会的支持，另一方面又可形成对常委会的监督制约。党的十七大以来，各地进行了扩大全委会权力的改革。如上海闵行区，把党的全部工作分为四个专题，分别在全委会上讨论，党代表自愿报名列席全委会，并有权询问常委。全委会决策后常委会分工负责执行。在每次全委会上，委员、党代表认真准备，积极询问，常委们为了更好地答复与会者的提问而认真准备，双方的责任感都大大提高，常委会内部也由此更具活力。从此事例来看，进一步扩大全委会权力，对于发展党内民主、完善民主决策机制亦是一种推动。

至于党委内部的民主决策，还需要进一步分析。党委内部决策有两大问题：一是集体决策与个人决策需要有刚性的制度规定。有些党的领导机构民主集中制运作得比较顺畅，但也有的地方带有很大的随意性。比如，有的为了规避问责制而把一些本不需要集体讨论的事项拿来集体讨论，有的则把应该集体讨论决定的事项由个人决定。究其根源，在于权力还是过于集中。制定科学的制度，进一步划清集体与个人决定问题的边界，就是必要的工作。二是哪些问题需要党委集体讨论决定也应重新反思。在某些问题上，特别是用人问题上，的确需要民主讨论，集体决定。但是，在某些问题上，特别是专业性比较强的问题上，起决定性作用的应是科学性——是否符合事物的客观规律。民主反映的是利益关系、多数人的意志，但不一定反映事物的客观规律。在这种背景下，某些科学性较强的决策，如某项工程是否上马，或大额度资金的使用，一方面可以进行科学论证、听证咨询，另一方面，虽然可以集体讨论，但如何投票以及投票方式，都可进一步商讨。当然，关键在于明确哪些问题适于民主决策，哪些问题不适合民主决策。真理越过一步就是谬误，在民主问题上同样如此。

三、决策失误纠错改正机制和责任追究

十七届四中全会提出健全决策失误纠错改正机制和责任追究制度，是与政策过程相关的问题。

健全决策纠错改正机制，需要若干条件：一是权力结构的改革。在现行权力结构下，党的一级地方权力机构，一旦决策失误后，权力依然会按照强大的惯性力量运行，本级组织没有任何力量能够阻止，下级也不可能阻止。上级如果相隔较远，则只能待到问题发展到一定程度并显示出后果，才能发现并予以纠正、整治。而要做到及时纠错改正，就需要对权力结构进行一定调整。这就是权力相互制约又相互协调问题。二是进一步完善问责制。按照依法治国精神，按照法治的要求，决策失误需要追究责任。那么，集体决策失误造成损失后，能否追究党组织"集体"的责任？集体决策、个人分工负责制是我们党的一贯原则，如果在执行过程中出现失误，根据分工负责制一般易于追究个人责任，但如果重大失误发生在决策环节反而难以追究责任。三是进一步加强基层党员和社会的监督。最先感受到决策失误后果的，往往不是决策者自身。对政策的效果感受最深的，往往是在第一线执行政策的基层党员、干部，是广大的群众。因此，充分调动基层党员和群众的积极性，对于决策中出现的问题能以各种形式反馈给上级机构，及时纠错，对于党的工作、党的形象都是有利的。

（作者：中共中央党校党建部教授）

加快建立党委新闻发言人制度

华　清

党的十七届四中全会通过的《中共中央关于加强和改进新形势下党的建设若干重大问题的决定》明确提出推进党的建设科学化、制度化、规范化，对加强和改进新形势下党的建设提出了若干新举措和新要求，其中一条就是"建立党委新闻发言人制度"。这一新要求必将推动党务新闻发布制度建设取得重大进展，为做好新形势下党务新闻发布工作提供重要的制度保障。

一、建立党委新闻发言人制度的重要意义和目标任务

在党的中央文件中，而且是在党的全会通过的决定中，明确提出"建立党委新闻发言人制度"，还是第一次。这一要求的提出，是党务新闻发布制度建设在新形势下的重大改进、重大突破，具有重要的现实意义和深远的历史意义。

建立党委新闻发言人制度，是充分发展和切实推进党内民主，加强社会主义民主政治建设，科学执政、民主执政、依法执政的需要；是进一步推进党务公开，增强党务工作透明度，尊重和保障广大党员对党务信息知情权的需要；是新的舆论形势和传播格局下，健全完善党务新闻发布制度，改革创新党务新闻发布工作，提高党务新闻发布和舆论引导工作科学化水平，积

极主动引导舆论，维护党的形象和声誉的需要。

建立党委新闻发言人制度的目标任务主要有两个，一是围绕党的工作大局和工作中心，全面、准确、主动、及时地向党内外境内外介绍党的基本理论、基本路线、基本纲领、基本经验，介绍党的重大战略思想和党的建设的政策措施及其进展，增进社会公众对党的工作的了解、理解和支持；二是针对境内外舆论动向，及时发布党的权威信息，解疑释惑，消除不实或歪曲报道的影响，维护党的团结和社会政治稳定，树立和维护党的民主、进步、文明、开放的形象，为党的工作营造良好的境内外舆论环境。

二、党的新闻发言人制度建设和新闻发布工作进展

党的十六大以来，党务新闻发布制度建设越来越受到中央的高度重视。2004 年 9 月，十六届四中全会通过的《中共中央关于加强党的执政能力建设的决定》提出要“逐步推进党务公开，增强党组织工作的透明度”，强调要“完善新闻发布制度和重大突发事件新闻报道快速反应机制”。之后，中央有关文件多次指出要健全和完善新闻发布和新闻发言人制度，建立中央外宣办、中央各部门和各省（区、市）多层次新闻发布和新闻发言人制度，推动新闻发布工作向制度化、规范化、专业化方向发展。

根据中央的要求，几年来，在中央外宣办和有关部门的共同努力下，目前，党中央部门中已有中央纪委、中央组织部、中央统战部、中央对外联络部、中央党史研究室、中央文献研究室、中央台办等 7 个部门初步建立了新闻发言人制度。党中央有关部门的新闻发言人名单、新闻发布工作机构和联系电话近几年连续在中央外宣办年底盘点新闻发布工作的新闻发布会上对外公布，受到了新闻媒体和公众舆论的一致好评。

党中央部门新闻发言人制度的初步建立推动党务新闻发布和舆论引导工作取得了较快进展。党中央各有关部门对外发布和介绍本部门工作已初步日常化、经常化、规范化。近几年来，各有关部门通过举办和出席中外记者新闻发布会、召开记者吹风会、安排有关领导接受采访、向新闻媒体提供信息、在新闻媒体发表文章和回答记者问询，以及加强门户网站建设等多种方式，适时介绍党的思想理论建设、组织建设、反腐倡廉工作、统战工作和对外交往工作，以及执政能力建设、先进性建设、开展深入贯彻落实科学发展观活动等情况，发布权威信息，回答舆论关切，成效十分显著，发展势头良好。特别是中央纪委、中央组织部、中央统战部、中央对外联络部、中央党史研究室、中央台办、中央政策研究室和中央财经领导小组办公室、中央保持共产党员先进性教育活动领导小组办公室等部门和工作机构的负责人出席的中央外宣办中外记者新闻发布会、新闻吹风会，取得了很大很好的社会反响和引导舆论的实效。

改革开放 30 多年来的党的历次代表大会，从十二大到十七大，都建立了大会新闻发言人制度，设立了新闻发言人，建立了新闻中心，不断探索和实践新闻发布工作，积累了党的代表大会新闻发言人制度建设和新闻发布工作的丰富经验。特别是党的十七大的新闻发布工作，采取及时准确、公开透明、热情服务的原则，设立了新闻发言人和新闻中心，建立了强有力的大会新闻发言工作机构和队伍，不仅通过举办新闻发布会、新闻吹风会、记者招待会等方式对外及时介绍大会的筹备、议程、召开、决定等各方面总体情况，还充分、热情地受理境内外记者的采访申请和问询，通过安排集体采访、个别采访、提供信息、回复问询和开放团组等方式，尽可能多样化、个性化地满足记者的信息需求，尽可能不拒绝记者提出的采访申请，取得了非常好的效果，媒体给予了高度赞扬。

三、积极推进党委新闻发言人制度建设的基本要求

党中央部门新闻发言人制度的初步建立和党的新闻发布工作的进展为党委新闻发言人制

度的建设打下了一定基础、积累了很好经验。各级党委和党的部门要按照十七届四中全会的精神和要求，统一思想，提高认识，高度重视，采取措施，扎实有效地推进党委新闻发言人制度建设。

(一)建立多层次的党委新闻发言人制度。党的各级委员会，包括党的中央委员会、省(自治区、直辖市)委员会、地(市)级委员会、县级委员会和乡(镇)委员会等，要逐步建立本级党委的新闻发言人制度。每一级党委负责本级党委和党的部门新闻发言人制度的建设，同时负责指导、协调本级党委所辖区域内下一级党委新闻发言人制度的建设。

(二)明确党委新闻发言人工作职责。从目前党的新闻发布工作经验看，党委新闻发言人至少要做好以下 11 个方面的发布工作：(1)解释党的章程；(2)介绍和说明党的基本理论、基本路线、基本纲领、基本经验和重大战略思想；(3)发布和解读党的各项方针、政策、决定，具体举措和规章制度；(4)发布党召开和出席的重要会议、举办和参加的重大活动，以及对外交往情况等，特别是做好各级党的代表大会、常委会、全会和专题工作会议等重要会议的信息发布工作；(5)发布和介绍党的领导人的有关活动行程等涉党的领导人的信息；(6)表明和传达党对有关重大事件和重要热点问题的立场和态度；(7)解释和回应党内外普遍关心关注的问题；(8)澄清涉及党的事务的各种传言、谣言；(9)批驳对党各种无中生有的恶意的攻击、污蔑、诽谤；(10)发布涉党务突发事件信息，包括事件原因、基本情况、动态进展、党采取的应对措施、党员干部要做的工作和注意的事项等；(11)发布其他需要通过新闻媒体对外公布的事项。另外，由于党的建设涉及方方面面，发布党建方面的内容要尽可能涵盖党的思想建设、组织建设、作风建设、制度建设和党的反腐倡廉建设等情况。

(三)加强党委新闻发言工作机构和队伍建设。根据通常做法和工作需要，每一级党委都要任命 1 名新闻发言人，1 至 2 名副新闻发言人，具体负责本级党委新闻发布工作的规划策划和组织实施，直接对本级党委主要领导负责。同时配备新闻办公室，作为常设的新闻发言人办公室，支撑新闻发言人工作，具体负责舆情收集分析研判工作、对外表态口径起草工作、发布稿准备工作、新闻媒体联络工作、报道安排和报道反馈工作、发布活动策划组织工作、与上级党委和本级党的部门新闻办公室以及政府新闻办公室的沟通联络通报协调工作、本级党委主要领导和新闻发言人形象设计工作等。必须配备足够的专职工作人员，配备专门的新闻中心，并视情开设门户网站和公共电子邮箱，开通 24 小时新闻热线电话，受理境内外新闻记者的采访申请和问询。

(四)确立党委新闻发言人工作的基本原则。(1)及时准确、公开透明原则。现在，党要求不断改革创新新闻发布工作，提高同媒体打交道能力，及时有效地传播党的执政理念和方针政策，善于通过新闻媒体推动实际工作。十七届四中全会《决定》明确要求，“推进党务公开，健全党内情况通报制度，及时公布党内信息”。当今时代舆论形势、传播格局发生深刻变化，媒体种类和形式繁多，主流媒体与非主流媒体、传统媒体与新兴媒体、境内媒体与境外媒体并存，互联网和手机迅猛发展，公众获取信息的渠道即时化、多样化、便捷化、国际化。随着我国国际地位提高，中国与世界联系日益紧密的历史性变化，作为最大发展中大国的世界最大执政党，中国共产党的一言一行越来越受到境内外社会舆论高度重视和关注。因此，第一时间、准确真实、公开透明地发布党务信息是内外各方因素的必然要求，也是用大道消息堵小道消息，防止各种传言流言谎言谣言满天飞的最根本的、灵验的办法。(2)充分授权原则。新闻发言人是一个制度人、组织人，只能在制度框架和组织体制内对外发言，只能站在组织立场上根据授权代表组织发言，没有个人观点。各级党委要通过制订简明、具体的新闻发布工作规则、规定或条例，授予新闻发言人明确、具体的发布权限，确保新闻发言人适时有效地履行职责。(3)保守党的秘密原则。世界上任何一国执政党的行动都同国家利益与安全密不可分，因此执政党事务一定意义上也是国家事务，党务信息中涉及国家秘密等方面的情况不得对外发布。党务信息中哪些属于秘密，要有适合和适应现时代的专门规定，原则上要与政府信息公开的要求一样：公开是常态，不公开是特例。十七届四中全会《决定》要求“推进权力运行程序化和公开透明”。党的权力与国家权力一样都要在阳光下运行。

(五)采取直接面向境内外新闻媒体开展新闻发布的方式方法。过去由于没有建立党委新闻发言人制度，党务信息发布只能是在发布稿准备好之后，通过一两家新闻媒体对外发布。由于大量新闻媒体特别是境外媒体喜欢直接采用来自党的权威机构的信息，不愿转用同行报道，因而使党务信息的发布效果受到很大影响。党委新闻发言人新闻发布的方式方法要坚持近几年已开始经常使用的举办中外记者新闻发布会、召开记者吹风会、安排接受采访、向新闻媒体散发新闻稿以及在网站登载新闻信息等多种方式，直接、权威、互动地面向境内外众多新闻媒体，努力扩大党的声音的传播渠道，加强新闻性、有效性，提高覆盖率、落地率，增强传播力、影响力。

十七届四中全会坚持继承和创新相结合、当前和长远相结合、全面推进和突出重点相结合、科学性和实效性相结合，在思想理论上、政策取向上、工作部署上提出了若干重要的新要求新举措。“建立党委新闻发言人制度”，是其中十分重要的加强和改进党务新闻发布工作的战略部署，是对党务新闻发布工作实践经验的总结和提升、适应新时代要求的健全和完善。各级党委和党的部门要认真学习贯彻十七届四中全会的这一新精神、新要求，加快建立党委新闻发言人制度，把这一战略部署具体扎实地落实好。

（作者：中共中央对外宣传办公室、国务院新闻办公室一局副局长）

提高科学化水平：一个新的党建理念

姚　桓

一个肩负远大历史使命、富于创造性的马克思主义政党，总是在自身建设上不断探索，实现自我超越的。十七届四中全会通过的《决定》提出的“提高党的建设科学化水平”就是这样一个新理念，它提升了对党的建设规律的认识，蕴涵着新的理论和实践探索空间。

所谓党的建设科学化，实质就是党的自身建设要符合客观规律，防止主观主义包括各种教条主义、经验主义和随意性，使党的建设提高实效性，达到合理的预期。共产党是按照科学理论建立和发展起来的，党的建设科学化是自身建设的基本要求。尤其是改革开放以来党的建设前进过程，就是不断提高科学化水平的过程。然而，现实中仍然存在这样一个“悖论”：并非所有的党建工作都取得令人满意的效果，有些要求没有落实；有些努力事倍功半；有些努力流于形式、走了过场。究其原因，一种解释是投入不够，似乎加强党的建设的唯一出路就是投入再投入。问题是，在党建的一些领域，投入与效果之比失衡。试想战争年代，当党把全部资源集中起来去战胜强大的敌人时，在自身建设上能够有多少投入呢？那时在思想建设和宣传教育上远没有今天这样多的形式，更缺乏今天如此先进的“硬件”，但一本《为人民服务》、一本《论共产党员的修养》却抚育了一代又一代共产党人。对比现在，党建工作的效果和成本问题令人深思。以笔者之见，眼下党建工作效果不尽如人意，原因有二：一是客观形势和党的自身状况都发生深刻变化，出现许多新特点新问题；二是我们对这些新特点新问题及其背后的规律性东西研究不够，满足于“以不变应万变”，用老办法解决新问题。这实际是党建需要进一步科学化的问题。

从宏观上看，党的建设基本原则、思路和部署都是正确的，符合客观实际的；从微观看，许多领域的党建特点和具体规律还在探索过程中，需要研究，采取恰当措施。

如，在党的领导制度中，如何既保证党的集中统一领导又防止权力过于集中，使决策权、执行权、监督权适当分离、合理制约；分到什么程度，统到什么程度，都需要在制度安排上体现科学化、精细化。又如，在干部工作中如何把党管干部原则与群众公认原则统一起来，如何把严格要求与关心爱护干部统一起来；如何准确对干部进行知识、能力测评，真正了解干部的德才；如何找到干部的最佳使用期，防止青年干部心态老化；如何使干部提职起到“提拔少数、激励多数”的作用而非相反，这需要深入研究人才成长规律，建立健全干部正常晋升和退出机制，确定有关政策。又如，在党的组织建设中，党员质量、数量、结构与战斗力的关系也很复杂。在执政条件下，党员队伍增长是客观趋势，可是党的战斗力并不会自然而然地同数量成正比增长，起决定作用的是党员质量。如何积极发展党员、防止队伍老化又控制党员队伍规模，使党既保持先进性又具有群众性？党员的知识结构对发挥作用至关重要，而知识文化层次高的人群集中在机关和文化事业单位，片面追求高知识层次会导致生产一线出现党员真空。这需要在知识水平要求与党员队伍分布之间找到平衡点。又如反腐倡廉建设，如何认识“腐败黑数”（即已经揭露的腐败分子数量与实际存在的腐败分子之间的差额），实事求是地估计反腐败斗争成果；如何结合将出台的改革措施进行前瞻性、预防性的反腐对策研究，消除腐败先出现后治理的“时间差”；如何防范“权力期权”、“隐性受贿”等新的腐败形式，这都要在制度和政策上不断完善。

又如，思想理论建设是党的建设的首要任务，这个原理今天也是正确的。但在战争年代，多数人是怀着基本的革命愿望入党的，朴素的理想尽管模糊，但革命的价值取向很明确，这是革命理论容易生根发芽的土壤，经过理论灌输，思想境界很快升华。而今天，在长期执政特别是发展市场经济条件下，不能否认很多人的入党动机带有功利色彩，尤其是竞争压力增大，党组织不可能像计划经济时期那样把党员的一切“包下来”，利益比以往任何时候都具有“牵动人们敏感神经”的功能。许多党员在改革特定时期有因利益受损产生的消极情绪，有因腐败现象屡禁不止产生的困惑，所以党组织教育党员的难度增加了。加上党员接受的信息庞杂，党员思想普遍呈现复杂多变的特点，像过去那样“一本书影响一生”、“一个榜样决定了人生道路”的情况不多了。现在，加强思想教育的前提是研究开放社会人们思想活动变化的规律，研究影响党员思想的复杂因素，研究变革时期人们心理的调适疏导，研究党员要树立的正确利益观的内容，研究如何帮助党员认识改革中的不合理现象并把消极体验化为积极认识，研究如何采取实际措施建立党内激励关爱机制。如果这些具体问题不研究解决，只是抽象空洞地讲理想宗旨，甚至回避问题，“人们知道的反复讲、需要讲明白的不去讲、疑难问题不会讲、尖锐问题不敢讲”，思想教育的效果就可想而知了。

再如，互联网的出现给党群关系建设带来新问题。网络信息传播具有自主性、扁平化、大容量、即时性、不可阻抗性的特点。网上民意表达具有情绪化特征，且有放大效应，可以迅速形成网上舆论，众口铄金；网络信息在短期内真假难辨，网民的点击权使他们对接受网络信息有很大的选择性。现实的一个突出问题是，青年构成我国网民的主体，许多青年已经发展到以网上阅读为主，网络成为他们获取信息的主要来源；同时他们又是思想政治工作特别需要关注的群体，是党群沟通工作的重要对象。相对来说，老一代的党务工作者、思想政治工作者使用网络能力较弱，两部分人——教育者与被教育者的信息素质不对应，后者明显高于前者。所以说，互联网对党群关系建设提出了新挑战。不能只是满足于主流意识形态在传统媒体的传播，满足于党报党刊发表了多少理论宣传和思想教育的长篇文章。事实上，对相当一部分青年来说，这些正确的思想理论并没有传播到他们那里，他们根本不知晓，也就谈不到效果了。形成网上正面舆论的强势并不是轻而易举的事情，对虚假信息也不仅是封堵屏蔽就能奏效。要在网上正面宣传党的政策，回应网民问讯，澄清虚假信息，使“谣言止于公开”；要办好党建网站，实现党的组织工作信息化，善于利用网络与群众沟通；要认真研究网络信息传播的特点和规律，研究网民尤其是青年网民网上阅读习惯；党务工作者、思想政治工作者要努力提高自己的信息素质。

上述这些党建新问题，都不是仅仅靠重视和投入就能解决的，需要很好地研究特点、把握规律，归根结底，是提高党的建设科学化水平问题。提高党的建设科学化水平，是篇大文章，目前刚刚破题。写好这篇文章要掌握三个环节：理论、制度、方法。要坚持、发展党建理论；在创新的科学理论指导下总结党建工作经验，在认识规律的基础上形成工作思路，并建立健全科学的工作制度；再把制度具体化为科学的工作方法，组织党员实施。这样，党的建设科学化水平会提到新高度，党的建设会进入新境界。

（作者：北京党建研究基地首席专家）

关于干部制度建设科学化问题的几点思考

张志明

党的十七届四中全会提出，要提高执政党建设的科学化水平，这是一个非常重大而且针对性很强的课题。依照这种精神的要求，作为执政党组织建设中关键的干部制度建设问题，也急需在提高科学化水平方面实现突破。为此，党的十七届四中全会在党内民主和干部人事制度改革方面有了新的进展，比如在完善党代表大会制度和党内选举制度方面，提出要扩大党代表大会代表对提名推荐候选人的参与，改进候选人提名方式；建立健全代表参与重大决策、参加重要干部推荐和民主评议、列席党委有关会议、联系党员群众等制度和办法；完善党内选举办法，改进和规范选举程序和投票方式，改进候选人介绍办法；严格控制选任制领导干部任期内职务变动，维护选举结果严肃性；推行和完善地方党委讨论决定重大问题和任用重要干部票决制；深化干部分类管理改革，完善公务员制度，推进企事业单位人事制度改革，制定符合企事业单位特点的人事管理办法等。这些规定对于推动党内民主健康发展以及提高党管干部的科学化水平，都是有意义的。

然而，坚持党管干部原则，提高党管干部的科学化水平，有效推进干部制度改革的深化，还需要对以下问题进行进一步探索。

一是对党管干部原则的认识问题。 坚持党管干部原则是坚定不移的，问题是如何使党做到善于管好干部。做到这一点的前提条件就是要正确理解党管干部原则。如果我们把党管干部简单理解为就是组织部门管干部，甚至是一个地方的书记在管干部，那就不可能在改革实践中做到党管干部的科学化，吏治的腐败也很难有效避免。党管干部原则应该从巩固党的执政基础的高度去认识和把握，应该通过党管干部原则的落实，使广大党员对党的各级组织更具有归属感和认同感，使广大人民群众对国家公共权力更具有认同感和信任感，从而使国家权力的公信力越来越强，使全党的内聚力越来越大。所以，党管干部原则应该更多的是指执政党整体依靠科学的干部制度去管干部，应该越来越充分地尊重和体现广大党员以及他们选举出的党代表在党管干部中的权利主体地位，而且应该实现党管干部与人民选择干部的有机结合，善于把党组织的正确的经过充分民主的意图与公民以及他们选出的人民代表的意愿越来越紧密地结合起来。这样的党管干部就会为我们党开辟越来越宽广的人才精英渠道，就会为党疏通越来越清澈奔涌的执政人才源泉。

二是干部的科学分类管理问题。 这是党管干部科学化的重要条件。干部管理制度是一套科学的制度体系，必须针对不同类型的干部采取相应的管理制度和办法，否则，就很容易造成干部管理制度的紊乱。决不能一强调民主，就把所有的干部任用都套用选举的办法加以推荐、提名、票决，似乎只有这样才叫用人民主，这是一个很大的认识误区，在实践中已经造成了不小的混乱，无谓地增加了很多党管干部的成本。这样做就背离了党管干部科学化的原则和方向。任何国家的民主制度也不可能所有干部都通过选举产生，这是对民主制度的误解。就像选举制度是民主制度下的重要干部制度一样，任命制度、考任制度、委任制度、聘任制度等也是重要的组成部分。所以，目前党管干部中一个关键的问题就是要尽快做好干部的科学分类管理工作，尽快建立起科学的干部分类管理制度。干部的类型有很多，其中在我国最需要澄清的概念是选任制干部和非选任制干部，而最需要解决的问题也是这个。选任制领导干部一定要严格按照选举规则的要求选举好，而非选任制领导干部决不能滥用票决的办法，该是任命制的干部其授权方式就遵循任命制的规则，该是委任制的干部就遵循委任制的规则，该是聘任制的干部就遵循聘任制的规矩，如此等等，不能混淆。

三是干部制度改革的科学化问题。 这里需要特别强调的是，干部制度设计和改革乃至所有的制度设计和改革中的最大忌讳就是追求完美，企图通过一项制度得到所有的组织目标，这样的结果往往事与愿违。制度设计和改革应该遵循的一个原则是要有所取有所不取，要有舍有得，要从一开始就在制度设计理念中清醒地定位，哪些是追求的最大目标，哪些是制度可以舍弃的目标，只有这样，才能在干部制度改革中意志坚定而不迷失方向。现实中有很多改革的探索是交了“学费”的，比如对选举类的干部，很多人天真地认为多数人选举的干部一定是最优秀的干部，而当实际的效果不是这样的时候，立刻又去否定选举的意义，感觉还是过去任命的办法或变相任命的办法好。这就是不明白选举制度的根本价值取向。别忘了选举干部不是“选美”，不是选举偶像，选举对于一个执政党和政府来说，最有价值的是通过选举得到制度性的政治认同。对于西方国家来说，它们的两党或多党竞选制度，所追求的非常明确，就是选票带来的合法性，就是给落选的政党和支持它的选民一个最能够接受的“说法”，换句话说就是，你落选了也让你“说不出什么来”，你必须服从和认同这样的结果。至于当选者是不是最优秀的，便不是最要紧的目标了。实质上，选举对于西方国家来说，就是政客们精心设计的一套政治游戏程序，但并不能说它没有价值，它对于保证西方国家权力通过相对文明的非暴力办法实现其可持续性是起到了重要作用的。对于我们党来说，选举的最大价值在于实现人民当家作主，要把精力和力气花在政治认同上。具体说，应该通过真正的党内选举，使每一次选举都能够通过对各级党内领导班子的选举不断强化全党的党内认同，使每一次真正的人大选举都能够通过各级政府领导者的选举不断增进人民群众对国家的政治认同，通过党内选举和人大选举的互动，越来越增强党和国家的公信力，而不应该把主要精力放在选举“完人”方面。再比如国家公务员管理制度所追求的最大价值，应该是国家权力运行的稳定性和可持续性，是“铁打的营盘”，不管“流水的兵”(选举类干部)如何变换，只要公务员队伍是稳定的，国家政治生活就能够基本保持稳定性。这是一个国家制度成熟的重要标志。所以，把公务员队伍的很多岗位拿到全社会去考试去竞争并企图以此增加选人用人的公信力的做法，是值得反思和商榷的。总之，干部制度设计和改革的科学化，需要在科学的干部分类制度基础上，首先明确制度设计要追求的最大目标和价值是什么，同时还要准备舍弃一些目标和价值。

四是关于干部授权机制的科学化问题。对于非选举类的干部来说，权力授受问题不是很难的问题，也不是多敏感的问题，只要按照执政党建设科学化的精神，区别不同类型的干部采取相应的科学的授权办法就不会有大的问题。这里特别强调的，也是目前全党比较关心的，是选举类的干部究竟如何更科学地选举的问题。这是一个敏感的问题，也是现实中大家议论比较多的一个问题。关键还是如何看待和认识选举，各级党委如果仅仅把选举工作当成五年一次“过关”似的必须完成的选举任务，如果把选举的全部精力都用在了如何实现组织意图上，而不去真正动员、组织、训练、引导广大党员认真参与和选好各级党代表，不去精心组织好各级党代表大会以让大家有充分的利益表达，那么，选举工作就会越来越成为各级党委沉重的政治负担。应该说，正因为我们是党领导的多党合作和政治协商制度，我们党是一党长期执政，从长远的角度来看，才更应该把各级党的书记和常委班子认真竞选好，使我们的书记的竞争与西方的政党竞争相比，不仅在本质上好得多，而且在具体的选举程序、方法和形式上，也比他们深刻得多广泛得多真实得多。花这样的精力和投入是非常有价值的，因为，这涉及党的执政地位的可持续巩固和国家民族的长治久安。一定要站在这样的高度和境界来重新认识选举工作对党的执政命运的深刻影响，一定要舍得在选举工作中花大力气和精力，要学习我们党在延安时期对选举工作高度重视的好经验好做法好思路。当时党在边区第二次参议会换届选举中，为了做好选举工作，党中央特别发出了关于选举工作的指示信，指出：民主政治，选举第一；选举自由，不得妨害。如果有人轻视或不要选举，就等于不要民主，而不要民主，就等于不要革命。请注意，当时革命可是硬道理，党中央把民主选举工作看得和革命同等重要，这是有远见卓识的。只要观念澄清了，各级党委高度重视选举了，至于具体的选举工作，我们党在延安边区和根据地那么艰苦的条件下都能做好，今天一定会做得更好，也一定会通过这样的选举，越来越得到广大党员群众对全党的认同和广大人民群众对国家的政治认同，从而为党的可持续执政打下坚实的法理基础。

五是干部监督机制的科学化问题。对干部进行监督的根本目的是为了保证权力的规范运作以防止腐败，是为了让权力更好地为人民做好事，而不是对权力运行的干涉和牵制，更不能通过权力使用者之间的相互掣肘达到监督制约的目的。对于同级纪委无法有效监督同级党委的问题，一些人仅仅把监督的思维局限于党内监督，而党内监督又简单局限于纪检监督，提出要让纪检机构从上到下垂直领导和管理，甚至希望同级纪委的权威最好高于同级党委。这种思路同样是远离科学和理性的。我们党所建立的监督制度，不是封建王朝的监督，不是人治方式下的监督，而是民主政治前提下的制衡，是法治文明基础上的监督制约。从现代制衡的视野审视，任何权力不受监督都会导致腐败，如果说地方党委权力过分集中而监督不力容易出问题的话，那么，地方纪委如果一旦权力过分集中而监督缺位的话，也一样会出问题，这就是目前更应该引起关注的一个问题，即监督者本身也应该得到有效的监督。这就要通过政治体制改革为民主政治发展开辟道路，以建立起科学权力配置和权力运作体系以及党内监督与社会监督的互动的监督体系，而且要从毛泽东1945年回答黄炎培历史周期率问题时的民主新路中汲取智慧和启示。要遵循唯物史观的精神，要善于从中国社会的不断成长进步中挖掘、整合、汲取监督的资源，使人民群众在现代民主政治和法治基础上，成为监督政府的真正主体。

六是干部交流的科学化问题。一定要对需要交流和能够交流的干部作出清晰的界定，不能怕一个干部在一个地方时间长了会出问题，就不论什么类型的干部都盲目交流。这种办法就像用治外伤的药去治疗心脏病，是不可能有好效果的。目前特别需要注意的问题是，因为担心地方"一把手"权力过大而又监督不到位很容易出现腐败问题，或者一个地方的"一把手"非常优秀成为组织重点培养的对象，希望让他在多个工作岗位上锻炼以增加从政经验，就把当地党代表大会和党的委员会选举出来的党的书记，在任期内随意调动。据调查，一些地方的县委书记在任期内没有被"交流"成了特殊现象，而被"交流"反而成了常态。这是对党内选举制度权威性的严重挑战，它对党内民主发展的推进是非常不利的，从长期看对干部的成长也是有害的。比如一些地方的短期行为和政绩工程都与这种非理性的做法有直接关系。一句话，选举类干部的监督问题不能通过简单的干部"交流"加以解决，应该通过更积极地推进民主政治发展和政治体制改革加以解决。

七是关于干部的退休年龄问题。改革开放以后，我们党在干部人事制度改革方面取得的一个重大成就就是废除了实际存在的干部职务终身制问题，但在干部的退休年龄上又出现了一刀切的情况，而忽视了不同干部类型的不同要求。应该说，对于国家公务员干部队伍实行严格的退休年龄规定是必须的，但不能用于所有类型的干部，比如一些地方的乡镇主要领导干部的年龄要求越来越年轻化，到了40多岁如果没有得到提拔就要"退居二线"，而这个年龄阶段正是他们年富力强的时候，况且农村问题是很需要这些有经验的干部去处理的。按照选任制要求，年龄不应该成为他们这些选举类干部的主要限制条件，而应该是基层党员和人民群众对他们的认同和支持。再比如，实行现代企业制度的国有企业的主要领导人，造就一个优秀的企业家是非常不容易的，不能简单按照国家公职人员的年龄标准来决定他们的去留，而应该严格按照现代企业制度的运作规律来办；还有就是很多事业单位比如高校、科研院所的领导干部，很多是很有成就的专家学者，有些就是某专业的学术带头人，结果有的国家重大课题没有做完退休年龄到了。事业单位应该实行的是聘任制，就应该按照聘任制的规律去运作，而不能简单化。

八是关于党内的政治代谢机制问题。应着力建立健全党内理性的政治代谢机制，实现"不换党换人"的预期，并且不是通过"七八年一次的大民主"方式"换人"，也不是通过过去政治路线斗争的方式"换人"，而是通过真正的党内民主选举和人大选举以及严格的任期制度来实现"换人"的政治代谢。以从根本上走出中国政治"治乱循环"的人治怪圈，从根本上走出靠领袖人物挑选"接班人"或变相选接班人的非理性政治代谢机制，真正从科学的制度安排上实现党的"吐故纳新"、"更新换代"，实现党和国家制度的长治久安。

（作者：中共中央党校党建部副主任、教授）

在突破难点上下功夫

梁妍慧

深化干部人事制度改革，是党的建设中的一项重大战略任务。十七届四中全会在总结以往经验的基础上，着重在以下几个难点和热点问题上提出了新要求和新举措。

第一，强调坚持“民主、公开、竞争、择优”的干部人事制度改革方针。这一方针，是党的十七大报告首次提出，此次全会再次重申必须坚持的干部人事制度改革方针。这一方针与《党政领导干部选拔任用工作条例》中提出的“公开、平等、竞争、择优”相比，更加突出扩大民主的价值取向。民主，是深化干部人事制度改革的基本方向，要进一步落实广大干部群众对干部选拔任用的知情权、参与权、选择权、监督权。公开，是扩大民主的前提，要增强干部工作的透明度，让选人用人程序在阳光下运行。竞争，是市场经济条件下优化配置人才资源的有效途径，也是古今中外选拔和培养优秀人才行之有效的方式，更是干部制度的活力之源，只有坚持公平竞争的原则，才能激发干部人事制度的活力。择优，是干部人事制度改革的目的，要选贤任能，把政治坚定、人品和能力经得起实践检验、人民群众认可的优秀干部选拔到各级领导岗位上来。

第二，确立了德才兼备、以德为先的用人标准。标准是用人和干部人事制度改革的基础。毛泽东曾提出“德才兼备、任人唯贤”的干部标准。邓小平根据社会主义现代化建设的需要，提出“革命化、年轻化、知识化、专业化”的“四化”方针，并强调“四化”中“革命化”要放在首位。2008 年，胡锦涛在全国组织工作会议上强调，选人用人要坚持德才兼备、以德为先。此次全会指出：把干部的德放在首要位置，是保持马克思主义执政党先进性和纯洁性的根本要求和重要保证。这一论述具有很强的现实针对性。德与才是干部素质不可或缺的两个方面，有德无才，难以担当重任；有才无德，终究要败坏党的事业。与改革开放初期相比，我国干部队伍的年龄结构、知识结构、专业结构都发生了历史性变化，现在一些干部出问题，主要不是出在才上，而是出在德上。所以，选拔任用干部既要看才、更要看德，要把政治上靠得住、工作上有本事、作风上过得硬、人民群众信得过的干部选拔上来。

以德为先，当前主要体现在哪里？全会提出从政治品质和道德品行等方面完善干部德的评价标准，重点提出了四个是否：是否忠于党、忠于国家、忠于人民，是否确立正确的世界观、权力观、事业观，是否真抓实干、敢于负责、锐意进取，是否作风正派、清正廉洁、情趣健康。这里突出了道德品行，特别是生活情趣，它不是吃吃喝喝、玩玩乐乐的小节，而是关系干部作风、纯洁性的重大问题。

第三，推进干部选拔任用关键环节向纵深发展。一方面，要建立健全干部选拔任用提名制度。提名是干部选任的第一关，也是源头，改革原有的提名方式，既意义重大，也十分艰难。全会要求建立健全“主体清晰、程序严格、责任明确”的干部选拔任用提名制度。这是对以往领导干部个人提名、程序不清、不负责任的提名做法的否定。最早提出“改进候选人提名方式”是在 2004 年十六届四中全会上，当时的提法还是比较原则性的。2007 年党的十七大报告就较为明确地提出，“推广基层党组织领导班子成员由党员和群众公开推荐与上级党组织推荐相结合的办法”，并要求规范干部任用提名制度，这就明确了提名主体要从一元走向多元。此次全会更为明确地要求，建立“主体清晰、程序严格、责任明确的干部选拔任用提名制度”。为此，一要合理确定参加民主推荐人员的范围，在注重广泛性的同时，科学界定不同类型、不同层级干部参加民主推荐的人员，提高民主推荐的科学性和真实性。二要全面分析民主推荐结果，把尊重民意和不简单以票取人辩证统一起来。三要重点规范领导干部特别是一把手的提名行为，规范提名形式、提名程序，明确提名责任，防止个人或少数人说了算。

另一方面，要加大竞争性选拔干部的力度。公开选拔、竞争上岗等竞争性选拔干部方式，已被群众认为是近些年来最有成效的选人用人改革措施。十七大以来，各地普遍加大了竞争性选拔干部方式的力度。2008 年至今，数个省、市大范围地公开选拔局、处级干部。北京市 2008 年 10－12 月，面向全国公开选拔了 169 名副局、处级干部。广东省 2008 年 8 月—10 月，面向省内外公开选拔了 100 名年轻副局、处级干部。河南省 2008 年 10—11 月，面向全国公开选拔了 60 名省直副局级和高校领导干部。四川省从 1995 年以来，进行了 5 次较大规模的公选，2005 年公开选拔了 20 名副局级干部，2009 年 8 月，又面向海内外公开选拔 28 名副局级干部。其他省、市、县乃至乡镇均进行了较大范围的各层级干部的公选。今后，需要加大竞争性选拔干部的力度，在机关中层以下干部中、在新提拔的厅局级以下委任制党政领导干部中，广泛推行差额推荐、差额考察、差额酝酿、差额票决，提高竞争性选拔干部的范围与质量。

第四，提出建立来自基层一线党政领导干部培养选拔链。据统计，中央和国家机关厅局级领导干部中，来自高校应届毕业生的比例高达 44.6%，而具有县、乡基层领导工作经历的仅占 12.5%。这种情况长期发展下去，就会增加机关干部脱离实际、官僚化和机关化的危险。党的十七大明确提出，要注意从基层一线选拔优秀干部充实各级党政领导机关。此次全会要求建立来自基层一线的党政领导干部培养选拔链。树立重视基层的导向，大力选拔在基层一线工作的，经过艰苦复杂环境磨炼、重大斗争考验，实践证明优秀、有培养前途的年轻干部，把基层一线作为培养锻炼年轻干部的基础阵地。建立和完善选拔优秀村干部担任乡镇党政领导职务的办法，注重从乡镇党政领导班子成员中选拔县级党政领导干部，加大从基层一线招录公务员的比例。鼓励年轻干部到基层工作，有计划安排年轻干部到艰苦地区、复杂环境、关键岗位砥砺品质、锤炼作风、提高本领。

第五，要求健全干部管理机制。党要管党，关键是管好干部，从严治党，首先要从严管理干部。当前，对干部的管理仍存在失之于宽、失之于软的现象，特别是对一把手缺乏严格有效的监督，重选拔轻管理的现象仍旧存在。此次全会提出加强干部管理的总原则是：“坚持严格要求与关心爱护相结合”。具体有：一要加强对关键岗位干部的重点管理。干部管理要抓关键、抓重点，既要坚持分级管理，又要根据岗位的重要性，如对县委书记实行重点管理。二要严格干部日常管理监督。干部管理监督要抓早、抓小，防患于未然，对干部中存在的苗头性问题要早发现、早提醒、早纠正。三要加大治懒治庸力度。严格执行领导干部问责制，严明领导责任，对失职读职、造成重大损失或恶劣影响的干部要追究责任。

（作者：中共中央党校党建部教授）

反腐倡廉走上快车道

杜治洲　任建明

当前，反腐倡廉是社会关注的热点话题，尤其受到中央高层的高度重视。十七届四中全会以党的建设为主题，其中又重点研究了反腐败问题，提出了许多重要的反腐倡廉原则精神和一些推动反腐败工作的具体措施，我国的反腐倡廉工作从此将有望走上一个成效不断提升的快车道。

一、十七届四中全会有关反腐的主要精神

一是进一步提高了对反腐倡廉重要性的认识。应该说，十七届四中全会公报以及《中共中央关于加强和改进新形势下党的建设若干重大问题的决定》(以下简称《决定》)都对反腐倡廉重要性的认识进行了大量的阐述。例如："党内也存在不少不适应新形势新任务要求、不符合党的性质和宗旨的问题。这些问题严重削弱党的创造力、凝聚力、战斗力，严重损害党同人民群众的血肉联系，严重影响党的执政地位巩固和执政使命实现，必须引起全党警醒，抓紧加以解决。"全会公报指出，"坚决反对腐败，是党必须始终抓好的重大政治任务。必须充分认识反腐败斗争的长期性、复杂性、艰巨性，把反腐倡廉建设放在更加突出的位置"。这表明中央把反腐倡廉的重要性提到了一个极高的位置，同时显示了我党惩治腐败的信心和决心。

二是强调党内民主在反腐败中的作用。十七大报告已有较多关于党内民主的论述。例如：党内民主是增强党的创新活力、巩固党的团结统一的重要保证，要以扩大党内民主带动人民民主，要健全集体领导与个人分工负责相结合的制度，反对和防止个人或少数人专断。十七届四中全会再次提到：党内民主是党的生命，必须完善党内民主决策机制，防止少数人专断。在一党执政的前提下，通过党内民主克服权力过分集中的弊端、防止"一把手"腐败，是当前我国反腐败取得重大进展的突破口。

三是完善干部选拔任用和管理机制。十七大提出，要"形成干部选拔任用科学机制"、"规范干部任用提名制度"。十七届四中全会则提出"完善干部选拔任用机制"，并提出了"建立健全主体清晰、程序科学、责任明确的干部选拔任用提名制度"这样一个明确的目标。十七大报告主要从造就高素质干部队伍和人才队伍的角度阐述干部选拔任用问题，较少提及对干部队伍的管理；十七届四中全会兼有完善干部选拔任用机制和健全干部管理机制这两方面的内容。《决定》要求，深入了解干部情况，完善谈心谈话制度，对干部存在的苗头性问题早发现、早提醒、早纠正。加大治懒治庸力度，着力解决干部管理不严问题。同时，要匡正选人用人风气，坚决整治跑官要官、买官卖官、拉票贿选等问题。十七届四中全会更多的是从反腐倡廉的角度强调完善干部选拔任用和管理机制，体现了中央治理用人腐败的坚定意志。

四是重视反腐败制度和体系建设。十七大已提出要"扎实推进惩治和预防腐败体系建设"，反腐制度体系建设已经受到重视。十七届四中全会更指出，要健全权力运行制约和监督机制，推进反腐倡廉制度创新，要坚持用制度管权、管事、管人，深化重要领域和关键环节改革，最大限度减少体制障碍和制度漏洞，完善防治腐败体制机制，提高反腐倡廉制度化、法制化水平。可以看出，中央在反腐的思路上越来越重

视制度建设在预防腐败上发挥的作用。

五是强调反腐败工作的成效。十七大以来,中央越来越重视反腐工作的实际成效这个特点比较明显。十七大报告要求“加强民主监督,发挥好舆论监督作用,增强监督合力和实效”。胡锦涛在十七届中纪委二次全会上的讲话中也提出,要增强反腐倡廉建设的实效性,更加科学有效地防治腐败,要以更加坚决的态度、更加有力的措施推进反腐倡廉建设,以更加扎实的工作、更加明显的成效取信于广大干部群众。《决定》多次使用了“成效”、“实效”、“有效”等注重效果的词汇。例如要“更有效地预防腐败,不断取得反腐败斗争新成效”,“选好配强巡视干部,完善巡视程序和方式,提高巡视成效”,以反腐倡廉的实际成效取信于民等。这说明中央已经认识到提高反腐倡廉实效的重要性,预示着未来中央在提高反腐败的实效性方面将可能推出新的更有力的举措。

二、一些值得重视和深刻把握的亮点

一是首次提出加快推进预防和惩治腐败体系建设,表明了反腐制度建设即将提速。2008年5月颁布的《建立健全惩治和预防腐败体系2008—2012年工作规划》,是切实推进反腐倡廉建设的行动纲领,而十七届四中全会就提出加快推进预防和惩治腐败体系建设,并指出了努力方向。全会进一步明确了当前和今后一个时期反腐倡廉建设的重点任务。根据全会的精神,当前和今后一个时期反腐倡廉建设的重点任务,一是加强廉洁从政教育和领导干部廉洁自律,包括加强党性党风党纪教育和反腐倡廉教育,以及认真解决一批涉及领导干部廉洁自律的突出问题。二是加大查办违纪违法案件工作力度。三是健全权力运行制约和监督机制。实际上,全会提出的这些措施就是落实2008年《工作规划》的助推器,反腐制度建设必将在未来不长的一段时间内取得较大的进展。

二是扩大党代会常设制试点。实行党代会常设制是实现党内民主与制度建设相结合的关键。近些年来,我们一直在探索党内民主和制度建设,但是始终缺乏一种长效机制来保障其推行。十七届四中全会提出的扩大党代表大会常设制试点,实质上是以制度的形式确定了党内民主,它触及了体制层面的因素,必将有利于标本兼治、综合治理、惩防并举、注重预防的反腐败方针的落实。

三是进一步尝试推动财产申报制度的建立。从国际经验来看,公职人员财产申报制度是预防腐败的有效措施。我国一些地方也在试行这一制度,但是效果还有待进一步检验。中央也在积极探索和推动公职人员财产申报制度。十七届四中全会提出要完善党员领导干部报告个人有关事项制度。中纪委四中全会也提出,在认真贯彻落实好《关于领导干部报告个人重大事项的规定》的基础上,把住房、投资、配偶子女从业等情况列入报告内容,加强对配偶子女均已移居国(境)外的公职人员的管理。尽管全会没有正式提出要推行公职人员财产申报制度,但是这些新的较为具体的措施,事实上是在探索确立公职人员财产申报的范围,包括主体范围和对象范围,是在努力为逐步建立公职人员财产申报制度积累经验。

四是反腐倡廉中重视扩大群众参与和提高参与效果。十七届四中全会非常重视扩大群众参与在反腐败斗争中发挥的作用。近年来由于网络的不断普及和网民的迅猛增加,群众通过网络对公职人员进行监督的作用日益凸显。2008年被称为“网络反腐年”,许多腐败案件就是通过网民热议等方式得以暴露和查处的。中央高层对网络监督越来越重视,中纪委监察部每天都有工作人员专门搜集网络舆情。《决定》指出,要加强网络舆情分析,健全反腐倡廉网络举报和受理机制、网络信息收集和处置机制。坚持依纪依法办案,完善举报人和证人保护制度,保障被调查人合法权益,依法追究诬告陷害行为。凡涉及群众切身利益的重大决策都要向社会公开,接受群众监督。坚持党内监督与党外监督、专门机关监督与群众监督相结合，发挥好舆论监督作用，增强监督合力。

五是查办案件力度的加强。中纪委在十七大的工作报告中提出“保持查办案件工作力度”，而十七届四中全会对查办案件提出了更高的要求。《决定》指出，要“加大查办违纪违法案件工作力度。保持惩治腐败高压态势，坚决遏制一些领域腐败现象易发多发势头，决不让任何腐败分子逃脱党纪国法惩处”。查办案件是防治腐败的一个重要环节，查办案件的力度决定了惩治腐败威慑力的大小，加大查办案件的力度、发挥其惩戒和治本的功能，对于遏制腐败具有极为重要的意义。在《决定》加大查办案件力度这一思想的指导下，在十七届四中全会闭幕不到一个月的时间内就有两个副部级高官受到调查，这显示了中央对腐败现象严惩不贷的决心，也是贯彻落实十七届四中全会精神的一个典型例证。

三、制度执行和体制创新是反腐败取得成效的关键

十七届四中全会和中纪委四中全会关于反腐败的阐述，分量很重。现在，全党同志期待这次全会以后，有更多的实际举措出台。十七届四中全会提出的实质性的举措十分明显的是关于领导干部报告个人有关事项的制度，提出把住房、投资、配偶子女从业等情况列入报告内容。应该说，这一举措是有现实性和可操作性的。下一步全党需要破解的或应当出台的举措还会有很多。如反腐败的具体目标定位问题，制度建设的质量和执行力的问题，加大制度创新和改革力度的方向和任务问题，反腐败机构改革的制度安排问题，等等。

十七届四中全会的精神要得到彻底贯彻执行、反腐败的效果要得到大幅提升，就必须注重制度创新，重视制度设计的有效性，加大制度执行的力度，并进行反腐败体制改革。

一是大力提升反腐倡廉制度创新的有效性和执行力。当前我国反腐倡廉法规制度并不少，但是，制度执行不力的问题日益突出，一些法规制度落实不到位，没有发挥出应有的效力。要提高制度执行力必须做到：第一，制度设计本身必须有一定的科学性、系统性、适应性和可操作性。第二，要建立健全责任追究机制，推行反腐倡廉制度问责制，严格官员问责从而提升制度执行力。第三，要建立健全创新助推机制，重视体制、机制创新以及高科技手段在制度执行中的推动作用。例如可以开发廉政建设管理软件，强化对制度执行情况的考核和评估，及时发现并有效解决制度执行中存在的问题，从而不断提高制度的可操作性和执行力。

二是完善党内民主。首先，需要落实地方党委讨论决定重大问题和任用重要干部票决制，制约权力过度集中而导致的腐败。推行票决制，可以将地方党委常委会的大部分决策权划给全委会，从而使全委会逐渐成为一个名副其实的党内决策机关，防止“一把手”独断专行。其次，应当不断扩大党内直接民主的范围。

三是彻底进行反腐败机构的改革。反腐败机构的改革直接关系到反腐效果的好坏，过去这方面的改革有一些，例如派驻和巡视改革，但还不彻底。未来的改革范围应该更广，幅度应该更大。有必要从横向和纵向两个维度上彻底整合反腐败机构。横向上，纪检、监察、预防以及其他反腐败机构应当重新审视并科学融合，使之更有重量有力量，更有执行力；纵向上应当考虑实现中央以下垂直。垂直化改革之后，可以分片设立派出机构，而不是和现有的地方政府部门一一对应。在体制改革的基础上，加快反腐败机构人员的职业化和专业化建设，构筑可靠的组织保障。

（作者：北京航空航天大学廉政研究所所长、副研究员；清华大学廉政与治理研究中心主任、副教授）

干部人事制度改革的两个新探索

——来自湖南基层的经验

朱有志 周湘智

党的十七届四中全会通过的《关于加强和改进新形势下党的建设若干重大问题的决定》明确提出，要“完善公开选拔、竞争上岗等竞争性选拔干部方式，完善差额选拔干部办法”，强调要“加大治懒治庸力度，健全干部退出机制，切实解决干部能上不能下、能进不能出问题”。今年以来，湖南新邵、平江两县出于实践的需要，创造性地实行了两大颇具“破冰”意义的改革，为贯彻落实《决定》要求，提供了有价值的启发与借鉴。

一、能力＋实绩导向的“新邵公选”

(一)主要做法

邵阳市新邵县今年在该县举行的县城管局局长公选中，在程序上完善了公选流程，在标准上突出了能力要求，在参与上筑高了民意平台，在运行上试行了自由组阁，在使用上打通了退出渠道。其系列做法有效地降低了公选成本，弥补了公选漏洞，完善了公选程序，增加了公选民意，优化了公选后的权力结构，打通了公选后的去留通道，延伸了领导干部任用后的考察，是对现有公选机制的一种完善与突破。

1.面试决胜：能力考核彰显科学。该县根据此次公选岗位对领导能力、决断能力、协调能力与群众工作能力要求高的特点，在总结以往考录与用人经验的基础上，根据“分类施考”的原则，改“笔斗”为“面斗”，改“考场点兵”为“沙场点兵”，取消笔试，经组织部门审核后所有符合条件的参考者都可直接进入面试。并改笔试和面试环节为初选和复选环节，两个环节都通过量化和计分式的面试考题，放手让参考者紧贴实战展开真刀实枪的“斗智斗勇”，然后由4个评委团当场亮分计分，决出真正的“千里马”。

2.市民考官：扩大参与提高公信。新邵县委选取了7名县城所在地的普通居民作为“草根评委”，组成“公众评委团”，直接参与面试全程。组成“公众评委团”的“市民考官”，拥有与专家评委、党代表、人大代表、政协委员同等的人数比例，并被赋予与党代表、人大代表、政协委员同等的分值权重。公选结束1年后，另外挑选的7名群众还将以同样的身份，行使同样的权利，对当选者的周年施政表现进行终裁，共同参与决定当选者及其团队的去留。

3.自由组阁：集成配备提升效能。该县规定新公选的县城管局局长在试用期内，领导班子成员由其在全县公务员单位范围内和本局下属单位人员中进行自由组阁。局长试用期满经考核合格正式任职后，可向县委提名副局长及其他需要县委任命人选的任职意见，经县委组织部考察，按照干部任免程序进行任用。

4.集体进退：周年终裁规避风险。该县对此次公选上来的局长人选实行试用制，试用期为1年。1年后由县委常委、县人大、县政协主要领导和另选的7名社会公众，对其进行工作评议并投票测评。经测评，如“称职票”达到70％以上则按程序予以正式任用；如“称职票”低于70％，经组织考核确实不能胜任工作，则不能正式任职，其本人连同组阁的所有班子成员都按原职级安排回原单位工作。

(二)新邵公选的主要特点

新邵公选的操作模式较为有效地克服了成本高、民意少、退出难等缺憾，堪称干部公选的“新邵模式”，是对公选制度的升级与优化，具有以下四大特点。

1. 突出了实践能力导向。一般的公选模式往往采用先笔试入围，然后才有资格面试的方法，但笔试环节重知识轻实践、重成绩轻实绩的技术性缺陷，可能会将一些应试能力相对差而实践能力相对强的优秀干部拒之门外，也有可能将应试能力较强而实践能力较弱的“书生型”干部选拔到对实践能力要求较高的岗位上。“面试决胜”的做法为具有丰富工作经验、有较强应对复杂局面能力、长于“枪杆”而短于“笔杆”的人提供了展露拳脚、施展才华的难得舞台，也为我国类似的更强调实践能力的领导干部公选提供了新思路。

2. 筑高了民众参与平台。以往公选，虽有普通群众参与，但一般仅停留在民意调查环节，对公选的结果影响有限，民意的表达也有限。“新邵模式”以“市民考官”直接参与决定干部的选拔与去留，既增加了民意在公选中的分量，又提高了民意在公选中的地位，筑高了公选中民众参与的平台。它是对普通民众知情权、参与权、监督权的高度重视和实质尊重，获得了全县上下的交口称赞与由衷支持，在强化普通群众政治参与意识的同时，也为公选中的民意表达构建了新平台，积累了政府治理的社会资本。

3. 创新了班子配备方式。一般的公选模式往往注重领导干部的选拔，而相对忽视领导班子的配备，从而无法保证公选后权力结构的优化运行。四川成都新都区曾在2005年采用过镇党委书记提名镇党政领导班子人选的做法，但据我们所知，县直单位中由当选者“自由组阁”在国内尚属空白。“自由组阁”，开创了我国县直单位一把手自由组阁领导班子的先河，有效解决了班子成员闹“内耗”的老大难问题，实现了县直单位施政团队配备方式的全新突破，是具有显著象征意义的政治标签。它在提升班子的凝聚力与战斗力的同时，也为提高县级政府工作部门的行政效率、增强县直部门服务全县工作大局的能力创设了新举措。

4. 打通了干部去留渠道。一般的公选模式中，公选后的干部要么能上不能下、能进不能出，要么难以有效监督其认真履职，形式上的“试用”往往变成了实质上的“实用”。“新邵模式”以“集体进退”确保干部使用的科学性。“周年终裁、集体进退”从制度上终结了公选干部“试用”变“实用”的问题；“三堂会审、民意为先”的职位去留机制，克服了领导干部重对上负责轻对下负责的弊端；“集体捆绑、共同进退”的制度安排有效避免了因一把手的“自由组阁”权可能形成的“绝对权力”现象；“从什么地方来，回什么地方去”的退出路径安排，为完善我国公务人员退出机制提供了重要启示与政策范例，也为完善公选后的监督链条提供了新保障。

二、治庸＋激励导向的“平江竞岗”

（一）主要做法

岳阳市平江县通过实行治庸＋激励导向的“差额竞职”改革，引入竞争机制，采取“差额票决、竞争上岗、末位淘汰”的方式，对全县40个主要县直机关单位领导班子副职实行差额竞争上岗，撤换了一批安于现状、不思进取、“隐性失职”的“太平官”、“混事官”，共有8名副职被淘汰，5名优秀干部顺利走上领导岗位。此举有效解决了长期困扰我们的领导班子副职劲头不足、活力不强、状态不佳、热情不高的问题，构建了副职领导自我加压、自我提高、自我完善、自我超越的动力机制与庸官制度化退出机制。

1. 全体“起立”：班子副职全员参与竞职考验。平江县在此次改革中，要求全县所有县直单位的副职必须全员参与公开竞职，接受考验（涉及重要机密和国家安全、依法不宜公开竞争、年内达到“退线”年龄、从外单位调入不足6个月时间、试用期和挂职锻炼、单位员额不足10人的领导班子副职除外）。对主动放弃竞职的副职，经组织批准后，退出原领导岗位，有关待遇比照“退线”同志执行；对在本单位全体干部职工的民主测评中“不称职”票超过30%的副职，由县委作出免职处理并取消其参与公开竞职的资格。

2. 四道“关卡”：民主集中严格筛选差额“挑

战者”。该县对参与本次差额竞职的非班子成员设定了较为宽松的条件，凡本单位50周岁以下的中层干部、二级机构正职、下属副科级单位的正副职及其他副科级干部均可报名参加。为保证参与正式竞职人员的高质量与代表性，该县采取了“一初审二考察三测评四公示”的筛选办法。一是先由单位党委（党组）根据竞职参与条件，对自愿报名或组织提名的人员进行资格初审。二是由组织部门对初审合格人员进行德、能、勤、绩、廉等方面的任职适应程度考察。三是召开本单位全体干部职工大会，对经组织部门考察合格的人员（2人以上，不设上限），通过现场无记名投票方式进行民主测评与推荐，得票最高者初定为下一轮正式竞职“挑战”人选。四是组织部门对初定的差额竞职“挑战”人选进行公示，公示期满如无异议，由组织部门予以最终确定；如公示不合格，则按民主推荐票数高低，顺延至下一位。

3.同台“竞技”：公开发表竞职演讲接受挑选。组织部门组织召开单位全体干部职工大会，由全体现任副职与1名差额竞职人选进行施政演讲，公开陈述其德才表现、工作业绩、对岗位的认识以及今后的工作打算等。演讲结束后，由全体与会人员以无记名方式对竞职对象进行民主投票，当场唱票，依据得票多少，依次确定拟任职人选，提交县委常委会讨论决定。票数最低者，如原为副职领导，就地免去原职务，保留其原有级别工资待遇；如为差额竞职“挑战”人选，则回原岗位工作。

（二）平江竞岗的重要意义

1.构建了“庸官问责”的新机制。目前，我国对领导干部滥用职权、违法行政、错误决策等“显性失职”行为，已出台了《关于实行党政领导干部问责的暂行规定》等相关问责法律法规，但对于那些安于现状、不思进取、得过且过等“隐性失职”领导干部的问责，则尚未探索出有效的应对办法。本次平江的改革实践，使那些把现有职务视为政治生涯的归宿，当做“极品”享受，不思进取，不想作为，习惯于当“太平官”、做“太平事”的“庸官”无处藏身直至黯然“出局”；那些在岗的领导干部也无法置身其外，将时刻面临被问责的压力，不敢有丝毫的懈怠。

2.开辟了竞争上岗的新领域。目前，我国各级党政机关内部的竞争上岗基本都是在中层干部层次进行，副职领导干部的竞争上岗还鲜有触及。平江县创造性地将县直单位副职领导干部纳入竞争上岗范围，提升了竞争上岗的对象层次，开辟了我国竞争上岗的新领域，具有重要的制度创新意义与创新价值，为我国干部竞岗版图再添新地标。

3.创造了干部退出的新模式。长期以来，我国县直单位副职领导干部“一纸文件定终身”的现象非常普遍，不少副职领导干部在同一岗位、同一职务上一呆就是十几年，甚至几十年，从“青春期”干到“更年期”，往往“上得去，下不来”，不少同志“一生努力一次，终生不再努力”，思想上产生了惰性，工作上产生了惯性。此次改革，通过嵌入职位竞争，使少数能力弱、表现差、业绩平庸、群众基础不好的领导干部在班子中站不住脚，疏通了一条领导干部能上能下的新渠道，为完善我国领导干部退出机制提供了新路径。

4.提供了副职管理的新启示。受体制惯性、制度安排等因素影响，我国县直机关领导班子副职队伍管理效能建设，一直是一个绕不开的话题。平江“差额竞职”的做法，为全国其他地方加强和改善县直机关领导班子副职管理，乃至其他层级党政直属机关领导班子副职的管理提供了新鲜经验、成功范例与重要启示，成为撬动这一群体加强工作主动性、示范性、积极性与创造性，促进模范履职的“阿基米德支点”。

（作者：湖南省社会科学院院长；湖南省社会科学院政治与党建研究室主任）

第七部分

学习实践科学发展观
与构建和谐社会

重在武装思想 解决问题 取得实效 推动科学发展 和谐发展 率先发展

张高丽

在全党开展深入学习实践科学发展观活动，是党的十七大作出的重要战略决策。根据中央的统一部署，从去年10月开始，天津紧紧围绕“党员干部受教育、科学发展上水平、人民群众得实惠”的总要求，突出实践特色，重在武装思想、重在解决问题、重在取得实效，以“打造新滨海、建设新天津、实现新跨越”为实践载体，有序有力有效开展学习实践活动，努力做到真学、真信、真懂、真用，取得了可喜的认识成果、实践成果和制度成果，深化了改革开放，推动了科学发展，促进了社会和谐。在1428人参加的市委常委会学习实践活动群众满意度测评中，满意和比较满意的达到100%，其中满意的占99.65%。2008年，全市生产总值增长16.5%；地方财政收入增长25.1%；全社会固定资产投资增长42.5%；社会消费品零售总额增长24.5%；实际直接利用外资增长40.6%；城市居民人均可支配收入增长18.7%，扣除物价因素实际增长12.6%；农村居民人均纯收入增长10.5%；万元生产总值能耗下降6.85%；化学需氧量下降3.03%；二氧化硫排放量下降1.9%。今年上半年，全市生产总值增长16.2%；地方财政收入增长8.3%。实践证明，危中有机，事在人为，天津实现又好又快发展，从根本上说，是始终不渝地坚持以科学发展观为指导的结果，是深入学习实践科学发展观的生动体现。

坚持解放思想，建立保障和促进科学发展的体制机制

解放思想是党的思想路线的本质要求，是发展中国特色社会主义的一大法宝，是适应新形势、应对新挑战、认识新事物、完成新任务的根本思想武器。回顾改革开放和社会主义现代化建设的历程，我们在实践上的每一个重大进步、理论上的每一个重大突破、发展上的每一个重大跨越，无一不是解放思想的结果。在新的时代条件下、新的历史起点上，我们必须坚定不移地继续解放思想，勇于变革、勇于创新，这是坚持改革开放、推动科学发展、促进社会和谐的重要前提。

贯彻落实科学发展观是一场深刻的观念变革。科学发展要取得实质性突破，思想观念必须实现根本性转变。在学习实践活动中，我们坚持把科学发展的新起点作为解放思想的新起点，不断破除束缚科学发展的思想观念，提出要居安思危、勇攀高峰，决不满足现状、无所作为；要与时俱进、海纳百川，决不目光短浅、封闭保守；要抢抓机遇、干事创业，决不惧怕困难、畏缩不前；要求真务实、恪尽职守，决不作风飘浮、敷衍懈怠。强调要善于总结发扬天津的好做法，善于学习借鉴国内外先进经验，善于结合实际消化吸收再创新，创造性地开展工作，把克服当前困难与着眼长远发展、破解深层次矛盾紧密结合起来，确定了今后一个时期天津发展的奋斗目标和工作思路，努力在更高层次、更宽领域、更高水平上谋划科学发展、和谐发展、率先发展。组织部委办、区县局主要负责同志到兄弟省市考察学习，举办市委理论学习中心组读书会，开展“解放思想、干事创业、科学发展”大讨论活动，召开现场交流推动会，全市18个区县互看互比互学，在认清目标、明确任务中解放

思想，在比学先进、查找差距中更新观念，在真抓实干、破解难题中创新发展。

胡锦涛总书记强调："解放思想必须一以贯之。"实现科学发展，必然要求我们以解放思想为先导，在新的思想高度上形成新的共识、找到解决问题的突破口。天津抓住开展学习实践活动的重大契机，坚持用创新的理念指导创新的实践，以新思路迎接新挑战，在活动一开始就围绕制约和影响科学发展的突出矛盾，提出要着重研究解决事关经济社会发展和人民生活的10个方面问题，并分解细化为45个重点课题，落实到每位常委、副市长，形成了一批调研成果。我们着力构建有利于科学发展的体制机制，加快重要领域和关键环节改革步伐，实施了市委工委体制调整和市政府机构改革，提出了滨海新区管理体制改革方案，制定了完善国有资产监管体制工作方案，完善了中心城区"两级政府、三级管理"体制，城乡规划管理体制、金融体制、行政审批制度等项改革深入推进。思想的解放，体制机制的创新，为战胜当前困难、推动科学发展奠定了坚实基础，提供了重要保障。今年2月以来，我们把应对国际金融危机冲击、保持经济社会又好又快发展，作为学习实践活动最大的实践、最重要的实际和最需要的实效，在全市开展了"保增长、渡难关、上水平"活动，每位市级领导干部确定3个帮扶联系点，市、区县、乡镇三级机关4657名干部组成611个服务工作组，深入7143个企业和项目排忧解难。市和区县两级政府部门实行24小时开门服务，市级行政审批事项减少1/3，新设立企业的审批时间从3个月缩减到5个工作日内，服务效率大大提高。

坚持改革开放，加快推进滨海新区开发开放进入新阶段

改革开放是发展的强大动力，也是实现科学发展的重要保证。只有坚持深化改革、扩大开放，才能解决发展中的深层次矛盾和问题。党中央、国务院从我国改革开放和现代化建设全局出发，作出了推进天津滨海新区开发开放的重大战略部署。党的十七大强调，更好发挥经济特区、上海浦东新区、天津滨海新区在改革开放和自主创新中的重要作用。胡锦涛总书记殷切希望，滨海新区成为深入贯彻落实科学发展观的排头兵。温家宝总理在今年《政府工作报告》中明确提出，经济特区、上海浦东新区、天津滨海新区要继续当好改革开放排头兵。

天津开展深入学习实践科学发展观活动，首要的就是要认真落实党中央、国务院的战略部署，把滨海新区开发开放作为全市工作的重中之重，举全市之力，集各方之智，进一步加快步伐，加大力度，切实当好深化改革开放、推动科学发展的排头兵。通过学习实践活动，天津各级干部进一步增强了责任感和紧迫感，滨海新区进入由点到面、由局部到整体全面开发开放的新阶段。2008年生产总值增长23.1%，占全市比重达到48.8%；财政收入增长24.1%；固定资产投资增长43.2%；实际利用外资增长29.4%。今年上半年生产总值增长23%，财政收入增长13.4%，固定资产投资增长55.1%，社会消费品零售总额增长31%，实际利用外资增长19.5%。

在加快推进滨海新区开发建设中，我们始终坚持改革开放带动、科技创新引领、高端产业支撑、服务能力提升、发展环境保障，各方面工作取得重大进展。一是完善科学规划体系。编制了9个功能区规划和12个专项规划，充分体现了规划的先导作用。二是深化综合配套改革。启动3年实施计划，推进10个领域的20个重点项目，在金融、土地管理、涉外经济体制等方面先行先试、取得突破。三是扩大对内对外开放。拓展开放的广度和深度，提高开放的质量和水平，成功举办夏季达沃斯论坛，实现津台海上直航、客运包机直航，促进内外联动、互利共赢。四是调整优化产业布局。按照项目集中园区、产业集群发展、资源集约利用、功能集成建设的思路，引进建设一大批高水平工业和服务业重大项目，空客A320、冷轧薄板、卡特彼

勒发电机组等97个项目投产运营，新增产值约1200亿元。五是加快推进自主创新。国家生物医药国际创新园、工业生物技术研发转化基地等加紧建设，100个重大高新技术产业化项目加速实施，努力实现从“天津制造”到“天津创造”转变。六是加强生态环境保护。加快7个生态产业园区和中新天津生态城建设，搞好资源综合利用，建设宜居生态型新城区。七是促进区域经济发展。加快建设北方国际航运中心和国际物流中心，全面推进海港、空港、铁路、公路等基础设施建设，形成快捷通畅的现代综合交通网络，扩大“无水港”建设，完善“大通关”体系，密切周边合作，更好地发挥服务、辐射作用。

坚持第一要义，高新化产业引领经济又好又快发展

科学发展观第一要义是发展。邓小平同志指出：“社会主义的根本任务是发展生产力”，“发展才是硬道理。”江泽民同志指出：“党要承担起推动中国社会进步的历史责任，必须始终紧紧抓住发展这个执政兴国的第一要务。”胡锦涛总书记指出：“发展是解决中国一切问题的‘总钥匙’。”深入学习实践科学发展观，必须更加自觉、更加坚定地牢牢扭住经济建设这个中心，不放松、不动摇、不折腾，聚精会神搞建设、一心一意谋发展。

科学发展观要求的发展，是好字优先、好中求快、又好又快的发展。实现这样的发展，必须加快转变经济发展方式。这是关系国民经济全局紧迫而重大的战略任务，是提高国际竞争力和抵御风险能力的根本举措。我国正处于改革发展的关键阶段，也是工业化、现代化的重要时期。尽管发展取得了举世瞩目的成就，但发展方式比较粗放，消耗了大量资源能源，发展所付出的成本过大。这种状况如不改变，发展将难以为继。天津要成为我国北方经济中心，必须优化结构、增大总量、提高质量，站在高起点、抢占制高点、达到高水平。在学习实践活动中，我们认真查找差距，着力解决突出问题，立足当前，着眼长远，加快实施项目拉动战略，把高水平重大项目建设作为贯彻落实科学发展观的重要载体和抓手，作为引领经济社会又好又快发展的有效路径，坚持不懈地抓大项目好项目建设。

形成“三个一批”良性循环。我们坚决贯彻中央宏观调控政策，着力扩大消费需求，发挥好合理投资的拉动作用，坚决控制高污染、高消耗和重复建设，推出了一批又一批高水平的工业、服务业、交通、市政、自主创新产业化重大项目和区县重大项目，共计770项，总投资1.53万亿元。做到投产达产一批、开工建设一批、储备报批一批，不断形成新的经济增长点，为经济持续平稳较快发展奠定了坚实的基础。去年，新项目产生的增量对全市工业增长的贡献率超过60%，今年上半年超过70%。

构筑“三高”现代产业体系。我们坚持高端化、高质化、高新化的产业发展方向，着力抓好技术水平高、带动作用强、发展潜力大的项目。推进自主创新和节能减排，围绕现代化先进制造业、国家战略产业、高水平研发转化和工业循环经济建设“四个基地”，加快建立技术创新、知识创新、区域创新和科技服务体系，打造12个国家级科技创新平台和10大产业技术研发平台，成功开发195项具有自主知识产权的新产品，掌握一批关键技术、核心技术，努力使天津成为先进技术的承接地和扩散地，高新技术的原创地和产业化基地。

推进三次产业优化升级。加快经济结构战略性调整，提升优化第一产业，重点发展设施农业，增加单位面积的种植效益；做大做强第二产业，加速产业聚集和产业延伸，培育壮大航空航天、石油化工、装备制造、电子信息、生物制药、新能源新材料、轻工纺织、国防科技等8大优势支柱产业；大力发展第三产业，重点发展金融、现代物流、国际贸易、旅游、动漫、文化创意等，努力提高服务业的比重和水平。

坚持统筹兼顾，促进城乡区域联动协调可持续发展

世界各国的发展实践表明，发展绝不仅仅是经济增长，而应该是经济、政治、文化、社会全面协调发展，应该是人与自然相和谐的可持续发展。统筹兼顾是我们党在长期革命、建设和改革实践中形成的重要历史经验，深刻体现了唯物辩证法在发展问题上的科学运用，深刻揭示了实现科学发展、促进社会和谐的基本途径，深刻反映了坚持全面协调可持续发展的必然要求。坚持统筹兼顾，就是要正确认识和妥善处理中国特色社会主义事业中的重大关系，切实搞好综合平衡，充分调动各方面积极性。

天津在学习实践活动中，坚持统筹全局、兼顾各方，统筹区域发展、城乡发展、经济社会发展、人与自然和谐发展，全面推进经济建设、政治建设、文化建设、社会建设以及生态文明建设，努力实现可持续发展。一是推动滨海新区、中心城区、各区县三个层面联动协调发展。滨海新区增强产业传导、技术扩散、服务辐射、创新示范功能，更好发挥带动作用；中心城区大力发展服务业和都市型工业，全面提升产业水平，创意产业、楼宇经济、总部经济等新兴业态成为新亮点；各区县立足空间大、潜力大的优势，着力体现产业特色，尽快壮大经济实力。三个层面多点支撑、多元发展、多极增长的格局正在形成。二是加快实施城乡一体化战略。在发展规划、产业布局、基础设施建设、社会事业发展、社会保障、社会管理和劳动就业等方面实行城乡统筹，逐步实现公共资源在城乡之间均衡配置、生产要素在城乡之间自由流动，逐步破除城乡二元结构，努力实现城乡联动、一体化发展。三是大力发展社会事业。坚持教育优先发展，深化医疗卫生改革，健全完善公共卫生服务和公共文化服务体系，推进文化繁荣发展，提高市民的思想道德、科学文化和健康素质。2008 年用于社会事业的财政支出增长 28.9%。四是加强规划建设管理。用高水平规划引领城市建设和发展，充分展现天津深厚的历史文化底蕴、独特的自然风貌和大都市现代化气息。聘请国内外专家，开展了 119 项重点规划编制工作，确定"双城双港、相向拓展、一轴两带、南北生态"的总体战略，天津市空间发展战略规划、市文化中心规划设计方案等 8 个重大规划向全市人民征求意见。注重建管结合，加强城市养护管理。大力发展绿色经济、低碳经济，形成了 5 种循环经济模式。

坚持以人为本，解决群众最关心最直接最现实问题

我们党的根基在人民、血脉在人民、力量在人民。胡锦涛总书记强调："全心全意为人民服务是党的根本宗旨，党的一切奋斗和工作都是为了造福人民。"深入学习实践科学发展观，必须牢牢把握以人为本这个核心，始终坚持人民利益高于一切、重于一切、先于一切，始终把实现好、维护好、发展好最广大人民的根本利益作为一切工作的出发点和落脚点，做到发展为了人民、发展依靠人民、发展成果由人民共享。

保障和改善民生，是科学发展的本质要求和目的所在，是构建社会主义和谐社会的重要内容。越是在困难的时候，越要高度关注民生，越要下力量解决好群众最关心、最直接、最现实的利益问题。只有这样，改革发展稳定才能具有最广泛最深厚的群众基础。面对严峻的经济形势，我们把保障和改善民生放在更加突出的位置，坚持实施每年 20 项民心工程，使人民群众不断得到更多的实惠。加快保障性住房建设，去年共为 13 万户、今年将为 16 万户中低收入家庭提供住房保障。抓好就业这个民生之本，通过以创业带动就业、以项目增加就业等途径，多渠道开发就业岗位，全方位促进就业增长，去年新增就业 38 万人，城镇登记失业率控制在 3.6%；今年上半年新增就业 20.45 万人，高校毕业生就业率超过 80%。千方百计增加群众收入，去年推出了 18 项增收的政策措施，今年上半年城市居民人均可支配收入增长

13.4%，农村居民人均现金收入增长11.3%。完善社会保障体系，按照“广覆盖、保基本、多层次、可持续”的原则，基本建立统筹城乡的社会保障制度体系，率先启动城乡一体的居民基本养老和医疗保险制度，建立健全与经济增长和物价水平相适应的城市居民低保、农村特困救助、基本生活必需品价格等补助标准动态调整机制，切实保障困难群众生活。创造良好社会环境，连续两年，每年奋战150天，综合整治市容环境，城市面貌发生明显变化，公园全部免费开放。深入开展“同在一方热土、共建美好家园”活动，推进平安天津建设，确保社会和谐稳定。

深入学习实践科学发展观是一项长期的战略任务，天津经济社会发展和各项工作仍存在不少问题和差距，我们必须增强忧患意识，时刻居安思危，牢记历史使命，更加紧密地团结在以胡锦涛同志为总书记的党中央周围，高举中国特色社会主义伟大旗帜，坚持以邓小平理论和“三个代表”重要思想为指导，深入贯彻落实科学发展观，按照“两个走在全国前列”、“一个排头兵”的重要要求，锐意进取，扎实工作，着力构筑三个高地，全力打好五个攻坚战，努力开创科学发展新局面。要构筑高端产业高地，坚持走新型工业化道路，加快建设关系国家经济命脉、科技水平领先的产业基地，提高产业现代化水平和竞争能力；构筑自主创新高地，在增强自主创新能力、发展高新技术产业上下功夫、见成效，建设创新型城市；构筑生态宜居高地，加快“南北生态”保护区建设，增强可持续发展能力，努力成为国内外公认的生态宜居城市。要打好滨海新区开发开放攻坚战，在充分发挥带动作用上下功夫、见成效，努力建设科学发展示范区；打好结构调整攻坚战，在保增长、调结构、上水平上下功夫、见成效，加快发展方式转变；打好体制机制创新攻坚战，在加强领导班子和干部队伍建设上下功夫、见成效；打好文化大发展大繁荣攻坚战，加强社会主义核心价值体系建设，积极扶持公益文化事业，大力发展文化产业，建设富有独特魅力和创造活力的文化强市；打好保持社会和谐稳定攻坚战，在改善民生上下功夫、见成效，切实维护群众根本利益，切实促进社会公平正义，创造安居乐业的环境，努力实现更长时间、更高水平、更好质量的发展。

（作者：中共中央政治局委员、天津市委书记）

化挑战为机遇　推动科学跨越发展

张春贤

今年以来，湖南经济社会在多重困难与挑战的夹击下，实现良好开局。1－2月，规模工业增加值增长20.6%，增幅比去年同期高13.1个百分点；全社会固定资产投资增长34.7%，高出去年同期增幅14.8个百分点；社会消费品零售总额增长20.8%，比去年同期高2.4个百分点。实践表明，只要坚定必胜信心，勇于迎难而上，善于科学应对，坚持把中央的政策措施与湖南实际有机结合起来，充分发挥中央和省内一系列政策措施的效应，就一定能战胜艰难险阻，开创经济社会发展新局面。

一、结合实际创造性贯彻落实中央的决策部署

党中央、国务院面对复杂多变的国内外经济形势，审时度势，及时调整宏观经济政策，正

确把握宏观调控的方向、重点、力度和节奏，出台了一系列扩大内需、保持经济平稳较快发展的政策举措。我们紧密结合湖南实际，创造性地贯彻落实中央的决策部署，在应对挑战中推动科学跨越发展。

为应对国内外经济形势的变化，省委、省政府加强对经济形势的研判，高度关注变化的趋势和苗头，及时作出工作部署，力求抓早、抓准、抓实，以增强应对各种困难和挑战的预见性、针对性和实效性。去年初，确立了全省经济工作"好字优先、好中求快、稳中求进、紧中求活"的指导原则和要求，并强调要突出把扩大投资作为促进经济增长的重要因素。冰灾过后，针对湖南基础设施跟不上经济社会发展需要，尤其是交通不能满足需要的情况，紧急部署和启动了加快以高速公路为重点的基础设施建设。去年中，在国际金融危机初显的时候，针对经济可能出现大的起落，果断地把工作重点调整到防止大落、防止滞胀上来，抓紧对加速推进新型工业化、推进新型城市化和承接产业转移作出专门部署，并要求积极应对可能出现的农民工返乡问题。9月以后，国际金融危机迅速蔓延，我们抢抓机遇，迅速贯彻落实中央扩大内需、促进经济增长的一系列政策措施，按照"快重准实"的要求，以项目推进落实投资，以湖南的保增长为全国的保增长作贡献。

国际金融危机的扩散蔓延，使我国经济的下行压力不断加重，对湖南的冲击和影响也日益显现。在深入调研的基础上，省委统一思想，科学决策。湖南虽然地处中部，但国际金融危机带来的冲击和影响不可低估，与东部沿海地区相比，只是传导方式、表现形式和发生的时间不同而已。同时，危机中蕴藏的机遇也前所未有。一是政策机遇。中央出台的一系列扩大内需、促进经济平稳较快发展的政策措施，对湖南这样的中部省份极为有利。中央投资重点支持的基础设施、民生工程等领域正是我们最需要加强的薄弱环节，与我省经济结构的特点和优势十分吻合。二是湖南具备了用好政策机遇的基础和条件。湖南正处于工业化、城市化加快发展的阶段，存在巨大的发展潜力和空间。近几年狠抓"一化三基"，积蓄了加快发展的能量，客观上为落实中央的政策措施提供了对接和准备。三是经济波动调整期蕴含着科学跨越、后发赶超的极好时机。这次金融危机带来的世界经济调整有利于促进我省加强技术改造和创新，有利于承接产业转移，有利于吸引资金、技术和人才，实现产业结构优化升级和经济发展方式的转变。四是干部群众精神状态好，干事创业热情高。全省上下风清气正，同心同德，空前凝聚，科学发展的思路清晰，这为我们抓住和用好机遇奠定了重要基础和前提。

当全球经济发展进入"弯道"开始减速时，只要把握得好，坚持科学发展的方向，坚定不移地办好在我们这个发展阶段要做的关系全局的事情，就能够占据主动，把经济波动期变为加快发展的机遇期，实现"弯道超车"，后发赶超。因此全省坚持推进科学跨越、加快富民强省的战略目标不动摇。围绕实现这一目标，把中央一系列决策部署和湖南实际结合起来，提出了"保增长、扩内需、调结构、促就业、强基础"的总体要求，出台了加大投资、促进工业发展、稳定房地产市场、扩大就业等政策措施。在具体工作中，坚持把保增长与科学发展上水平结合起来，着力更新发展观念，在保增长中推进科学发展上水平；把当前与长远结合起来，在保增长中着力打基础增后劲，增强长远竞争力；把保增长与调结构、增效益结合起来，使保增长建立在优化结构、自主创新、提高质量、增加效益、降低消耗、保护环境的基础上，着力形成新的经济增长点和竞争优势；把保增长与改善民生结合起来，着力解决涉及群众利益的难点热点问题，在保增长中促进社会和谐稳定。

二、抓住机遇大力推进"一化三基"

根据湖南省情和发展的阶段性特征，2006年省第九次党代会提出了"一化三基"（以新型工业化带动新型城市化和农业现代化；加强基础设施、基础产业、基础工作)的战略思路。近几年的实践证明,“一化三基”符合科学发展观要求,符合经济发展规律,符合湖南省情,既是实现湖南科学跨越发展的战略选择,又是当前应对金融危机挑战的重大举措。

一是以重大项目建设为重点,着力扩大投资。抓住国家拉动内需的机遇,以重大项目建设为抓手,千方百计扩大投资。重点推进基础设施、基础产业和民生三大工程建设,即加快交通、水利、能源、信息等基础设施建设工程,着力打造适度超前、功能完善、配套协调、高效可靠的支撑体系;加快装备制造、钢铁有色、石油化工、食品加工、电子信息等基础产业发展工程,充分发挥其在经济社会发展中的基础性、支撑性、带动性作用;加快教育、卫生、文化、住房、生态、安全等方面的民生保障和改善工程,着力形成城乡统筹的公共服务设施体系。争取今年全社会固定资产投资达到7100亿元。

二是以优化提升为重点,加速推进新型工业化。把新型工业化作为科学跨越、富民强省的第一推动力,作为保增长、扩内需、调结构的主攻方向。通过加大技术改造力度,调整优化产品产业企业结构,促进信息化与工业化深度融合,推进新兴产业规模化、优势产业高端化和特色产业集群化,提升产业层次,转变发展方式,培育一批“万千百亿”大产业。通过加强产学研结合,推进自主创新,加快发展高新技术产业,抓紧推进长沙梅溪湖创新科技园建设,打造湖南的“硅谷”。通过加大招商引资力度,承接产业转移,把湖南建成重要的产业转移承接基地。通过加快发展生产性服务业,提高对产业发展的支撑和促进作用。通过帮助企业渡难关,着力搞活微观经济主体。坚持“帮企业就是保增长,保企业就是保稳定”,从扩大产品销售、拓宽企业融资渠道、加大财政扶持、减少审批收费等方面,出台了促进工业企业平稳较快发展的25条政策措施,并将今年确定为“服务企业年”。

三是以“3+5”城市群建设为重点,大力推进新型城市化。以长株潭为中心,以岳阳、常德、益阳、娄底、衡阳为辐射圈的“3+5”城市群,是湖南新型城市化的密集区,是实现科学跨越发展的增长极。抓住长株潭城市群获批国家“资源节约型和环境友好型社会”综合配套改革试验区的战略契机,全面启动以“两型”为主导的产业支撑工程、综合交通设施工程、湘江治理生态工程,深化改革开放,加快产业对接、设施配套和服务联动,放大城市群“同城”效应。通过城市群带动,形成以特大城市为依托,大中小城市和小城镇协调发展的新型城市体系。坚持以培育中心城市为龙头,立足地缘优势和旅游等特色产业优势,统筹推进大湘西开发和湘南开放开发,实现区域协调发展。

四是以增加农民收入为重点,加快发展现代农业。湖南的农业优势独特、潜力很大。近年来,坚持把解决“三农”问题放在重要位置,以新型工业化带动农业现代化,以新型城市化带动新农村建设,初步形成了一条“三化”统筹推进、协调发展,共同支撑湖南科学跨越发展的新路子。在新的形势下,要把新农村建设作为战略任务,以现代农业为基本方向,以加快形成城乡一体化格局为基本要求,深入推进农村改革发展。突出抓好粮食、生猪等重要农产品生产,高标准建设好稳定的商品粮基地和重要农产品供应基地。着力推进农业产业化,加快农村劳动力转移就业,大力加强农村公共事业建设,推进农村制度创新,确保农业稳定发展、农民持续增收。

三、着力保障民生扩大消费

越是困难时刻,越要高度关注民生。保障民生既是落实以人为本、促进和谐稳定的要求,也是扩大消费促进经济增长的重要举措。坚持把保障和改善民生作为保增长的出发点和落脚点,把保民生与促消费有机结合起来,通过一系列改善民生的重大举措,提高居民消费水平,有效扩大消费需求。

要千方百计促进就业。就业是民生之本,也是消费之源。湖南是劳务输出大省,劳务收入占农民收入的45%左右。各地对因金融危机影响返乡的农民工，及时摸底造册、建档立卡，分类采取措施。通过承接产业转移、加大基础设施建设力度、鼓励企业稳定用工、新增公益性岗位、支持创业带就业、加强引导服务和培训，有效促进了返乡农民工重新就业。去年全省外出务工人员1178万人，年底返乡农民工212万人，现已重新就业165万人，其中在省内转移就业82万人。如新田县是一个偏僻的国扶贫困县，去年全县外出务工人员9.6万人，年底返乡农民工达3.8万人，今年春节后已有3.6万人重新就业，其中1.6万人是通过承接产业转移、新增公益性岗位、重点项目建设、发展规模农业等途径在县内安排就业的。同时，实施更加积极的就业政策和就业扶助计划，注重促进大学生和困难群体就业，今年努力实现新增城镇就业50万人，失业人员再就业30万人。

要努力提高居民消费能力。以城镇低收入居民和农村居民两大群体为重点，千方百计提高他们的收入水平。加快社会事业和社会保障体系建设，加大扶贫开发力度，做好水库移民后扶、洞庭湖区渔民解困工作，扩大城镇居民养老保险、医疗保险的覆盖面，提高城乡居民最低生活保障标准，落实义务教育、医疗体制改革等政策，提高教育、医疗、文化等公共服务水平。

要全面启动消费市场。重点是启动房市、车市和农村市场。房市以居民住得起房、买得起房为目标，按照中央政策，制定出台了促进房地产稳定健康发展的11条措施，着力抓好廉租房、经济适用房等保障性住房建设，实行购房补助，促进房地产市场振兴。坚持加强政府调控和发挥市场机制相结合，稳定汽车市场，仅长沙市2月份新车上牌总数达10286辆，比上月增长25%。把提高农民消费能力和改善农村消费环境结合起来，支持农产品流通市场改造，推进“双百市场”、“万村千乡市场”、“新农村现代流通网络”和“家电下乡”等工程，充分挖掘农村消费潜力。

（作者：中共湖南省委书记、省人大常委会主任）

转变发展方式　推动绿色发展

强　卫

中央经济工作会议强调指出，做好2010年经济工作，重点要在促进发展方式转变上下功夫。青海作为地处青藏高原和三江源头、环境资源丰富、生态地位极端重要且极端脆弱的西部欠发达地区，贯彻落实中央经济工作会议精神，加快转变经济发展方式，必须按照党的十七大要求，坚持生态立省，发展绿色经济，以绿色发展促进科学发展。

把握绿色发展大势

实现绿色发展是社会发展的必然趋势。在国际金融危机、资源能源短缺和生态环境日趋恶化的形势下，绿色产业和绿色经济越来越受到国际社会的广泛关注。我国也把新能源、清洁能源和节能环保产业作为保持经济增长、调整产业结构、转变发展方式的重要突破口。可以说，谁抢先占领绿色经济的制高点，谁就能在绿色发展的大势中赢得先机、把握主动。

实现绿色发展是贯彻落实科学发展观的必然要求。绿色发展强调发展知识经济、生态产业经济和循环经济，转变传统经济发展方式，实现更安全、更环保、更清洁的发展。绿色发展适应人类环保要求和健康需要，在追求经济效益的过程中更加注重社会效益和生态效益，最终是要改善人类生存环境，提高人类生活质量，实现人的全面发展。绿色发展统筹经济、社会、人口、资源、环境等各种发展要素，兼顾个人与集体、局部与整体、当代与后代等各种利益关系，最终是为了实现经济进步、社会进步与人的进步的同步发展。

实现绿色发展是青海科学发展的必然选择。青海是我国乃至亚洲的重要水源地和全球重要生态屏障。不可替代的生态地位、生态功能及欠发达的省情，决定了青海绿色发展的独特优势和典型意义。改革开放特别是西部大开发以来，青海依托资源优势，发展水电、装备制造、太阳能及光伏、农畜产品加工、中藏药等特色产业，依托柴达木国家级循环经济实验区和西宁国家级经济技术开发区，大力发展循环经济和清洁生产，绿色产业已初具雏形。近年来，我们实施生态立省战略，保护生态环境，发展生态经济，建设生态文化，夯实了绿色发展的实践基础。

树立绿色发展理念

从政府看，要树立绿色政绩观。政府是绿色发展的主导。要改变传统思维模式和发展模式，将保护自然环境、维护生态安全视为发展的基本要素，将绿色发展视为发展的基本取向，使之体现在制度设计和工作安排中。要树立绿色政绩观，参考世界银行提出的绿色 GDP 核算方法，积极探索符合我国和青海实际的绿色 GDP 考核体系。把资源消耗、环境污染、环保投资增长和群众性环境诉求等列入考核指标，把循环经济和绿色产业发展情况列入考核范畴，正确衡量经济增长与资源环境代价，推动经济与生态协调发展。实行严格的责任制，对绿色发展的各项指标实行目标管理，层层落实任务、明确责任，使各级党委、政府切实把发展的重点转到以绿色发展促进科学发展上来。

从企业看，要树立绿色生产观。企业是经济发展的主体。企业绿色生产的成效，直接关系绿色发展的进程。要加大绿色投入，完善以企业为主体的投入机制，拓宽投入渠道，狠抓原材料采购、节能环保设施、绿色生产线、产品质量安全监管等环节，切实把好绿色生产准入关。强化绿色管理，实行在组织形式、产权结构、内部治理结构等方面体现环保要求的绿色财产权制度，健全包括利益分配形式和职工福利形式的绿色分配制度，完善以生产管理、组织管理、核算制度、审计制度为主要内容的绿色管理制度，切实把好绿色生产管理关。创新绿色技术，推广市场认可的环保型科技，发挥高新技术在绿色产业发展中的引领作用，建立符合绿色发展要求的技术创新体系，加快传统产业的绿色改造和升级，切实把好绿色生产技术关。制造绿色产品，严格绿色生产标准，把绿色、环保、安全的理念融入产品研发、生产、营销的各个环节，大力发展无污染、安全、优质的绿色产品，逐步调整优化企业产品结构，切实把好绿色产品关。

从社会看，要树立绿色消费观。绿色消费观的核心是公平消费与科学消费。公平消费，主要是指每个人都应该自觉承担起合理消费资源的责任，在满足自身发展和消费需要的同时，兼顾后代的发展需要，任何人、任何地区的发展都不能以损害他人或其他地区的消费利益为代价。科学消费，就是要建立低能耗的生产体系、适度化的生活体系、可循环的资源体系、创新性的技术体系和开放性的市场体系，在全社会形成科学、合理、安全、健康的生产生活方式，形成崇尚自然、亲近自然、善待生命的生态文明观，形成以资源节约型和环境友好型为基础的可持续文明发展观，使绿色发展观念成为全社会的自觉意志和理念。

构筑绿色产业体系

实现绿色发展，核心在于形成高端化、高质化、高新化、低碳化、生态化的绿色产业体系，加快推进传统产业转换升级，使绿色产业成为青海发展的新引擎。一是大力发展生态农牧业。对青海来说，生态化是发展高原现代特色农牧业的根本取向。要坚持生态化发展方向，把发展高原绿色农牧业与农牧民增收致富结合起来，通过推广现代化生产方式，创新组织化经营模式，形成一体化保障机制，打造绿色有机高原生态农牧产品品牌，做强一批带动能力强的特色农牧业生产加工龙头企业，扩大高原生态农牧业生产规模。二是大力发展现代服务业。加大建设培育和宣传营销力度，加快打造“大美青海”生态旅游品牌，加快建设具有地域特色、民族特色的旅游业基地，使青海成为重要的高原生态旅游目的地。充分发挥历史文化、民族文化、宗教文化优势，进一步推进民族特色文化产业化，努力将民族特色文化产业培育成新的经济增长点。同时，以生态旅游业和民族特色文化产业为龙头，带动交通运输、物流、通讯、信息技术、金融、会展等生产性服务业和高端服务业发展，全方位构建与经济社会发展水平相适应的高增值、强辐射的现代服务业体系。三是大力发展循环经济。加快柴达木国家级循环经济试验区和西宁国家级经济技术开发区建设步伐，推进资源综合利用、循环利用和产业融合，发展盐湖化工、石油化工、煤化工和有色金属工业。引导重点企业大力发展精、深加工产品，加快延伸产业链，提高资源开发效益，推动企业循环式发展。搞好节能减排和清洁生产，加大环境保护执法力度。结合设施农牧业推进循环农牧业的发展。

建立绿色产业体系的一项最重要的工作，是大力发展新能源、新材料产业。这是推动产业结构升级和转变发展方式的重要引擎。青海发展新能源新材料产业的优势十分突出。在资源上，太阳能资源属全国第二高值区，年接受的太阳能折合标煤1623亿吨；风能储量占全国风能储量的9.4%，年风能资源理论值折合标煤7800万吨；水电资源理论输出蕴藏量2160多万千瓦，是我国水电能源的富矿带；锂资源储量占全国总量的83%。在用地上，大量风能、太阳能资源分布在戈壁荒地，土地供应及出让价格优势明显。在产业上，水电资源开发技术和产业相对成熟，适应青海风能特点的风力发电设备研制取得突破，光伏产业基础良好。综合这些优势，青海完全有条件、有必要把新能源产业作为战略主导产业来培育，建设全国有重要影响的光伏产业和风能水能发电基地。同时，大力发展新材料产业，使之成为具有比较优势和区域特色的主导产业和支柱产业。

倡导绿色消费方式

倡导绿色消费方式，有利于带动绿色产业发展，促进产业结构升级优化，进而在生产与消费的良性循环中推进绿色发展。要大力宣传绿色消费价值观念，大力普及绿色消费和绿色产品知识，在全社会形成自然、健康、适度、节俭、生态的绿色消费环境和氛围，促进公民自觉养成绿色消费行为习惯。引导公民积极参与绿色消费，选择原生态、低污染、低消耗的绿色产品，如无磷洗衣粉、生态洗涤剂、环保电池、绿色食品等，使节能环保逐步成为每个公民的自觉行为。在企业中提倡必需型、健康型、生态化的生产消费方式，逐步形成科学合理的企业消费结构，使企业生产消费更符合生态环保的要求。同时，各级政府要制定更有效的政策措施，鼓励和推进绿色消费，特别是要采取优先采购通过环境标志认证和经过清洁生产审计或ISO14000认证企业产品的实际行动，为全社会树立绿色消费典范。

完善绿色发展保障

绿色发展是一项复杂的系统工程，必须着力加强制度、法规和环境建设，为以绿色发展促进科学发展提供体制机制保障。

完善推进绿色发展扶持政策。制定绿色产业规划，明确鼓励发展、优先发展的绿色产业项目，加强项目调控引导。完善绿色产品质量认证标准，形成标准化评价体系，加强绿色行业监督和管理。改进现有价格体系，逐步实现资源与环境的商品化、价格的量化，建立消耗资源和破坏环境的补偿赔付机制。调整财税政策，运用税收杠杆扶持绿色产业发展，对消耗资源能源多、污染重的产业实行高税收，对绿色发展项目和产业给予适当税收优惠，引导企业调整产品结构。充分利用金融杠杆作用，对绿色产业给予更优惠的信贷政策。

健全绿色发展法律法规。严格遵守我国现有的环境和生态保护相关法律法规以及国家、行业制定的规范性环境标准，加紧研究制定落实关于气候变化、生物多样性保护、沙漠化防治等国际公约和协议的实施细则和具体办法。加快对生态环境保护和绿色产业发展等领域的立法工作，对不利于绿色经济发展的法律法规进行清理、复核和修订。开展资源环境保护执法检查和整治违法排污企业专项行动，解决群众反映强烈的资源环境破坏问题。实行污染物排放总量控制制度，严格执行国家下达的主要污染物排放总量控制指标削减计划，全面实施排污许可证制度。

创新绿色发展机制。建立资源有偿使用制度，不断完善能够充分反映市场供求关系、资源稀缺程度、环境损害成本的资源要素价格形成机制。建立生态补偿机制，率先在三江源地区建立生态补偿机制综合试验区，让生态补偿成为生态保护地区重要收入来源。同时，在加快三江源自然保护区、柴达木国家循环经济实验区、西宁国家级经济技术开发区建设步伐的基础上，积极争取国家更大支持，努力把青海建设成为全国的“绿色经济发展示范基地”。

（作者：中共青海省委书记）

着力解决突出问题　推动经济社会科学发展

石宗源

中共贵州省委始终坚持把学习实践活动作为推动科学发展、构建“和谐贵州”，实现胡锦涛同志视察贵州时要求的经济社会发展历史性跨越的一次重大机遇，紧紧围绕“党员干部受教育、科学发展上水平、人民群众得实惠”的总要求，精心组织，扎实推进，尤其注重把解决突出问题贯穿始终，确保第一批学习实践活动取得了实实在在的成效。

一、着力解决制约发展的突出问题，促进经济平稳较快发展

我们深切地体会到，贵州作为全国贫困面最大、贫困程度最深的省份之一，不发展不行，发展慢了也不行，必须始终坚持抢抓机遇、加快发展。在学习实践活动中，我们按照中央的要求和部署，抓机遇、扩内需、打基础、保增长，集中力量解决发展中面临的突出问题，牢牢把握加快发展的主动权。

着重以项目建设为载体，增强全省经济社会发展后劲。针对2008年初严重雪凝灾害、下半年国际金融危机带来的不利影响，认真贯彻落实中央扩大内需、促进经济增长的一系列政策措施，注意根据贵州投资拉动型经济的特点，及时研究制定了省委、省政府《关于贯彻中共中央国务院进一步扩大内需促进经济增长的十项措施的意见》，突出以抓好项目建设来迅速扩大投资总量、改善经济运行条件、增强全省经济发展后劲。在中央的关怀和国家有关部门的大力支持下，经过全省上下的共同努力，中央在2008年第四季度新增的投资中安排支持贵州

48.45亿元、共计3560个项目，涉及到重大基础设施、民生、社会事业、节能减排等领域；在2009年第二批新增投资中，中央又安排支持贵州43.22亿元，并在中央财政代发行的2000亿元地方债券中安排支持贵州64亿元，拉动全省投资快速增长。同时，抓住国家实施产业振兴计划等机遇，促进贵州特色优势产业的振兴；注重以煤、电生产为关键，果断加强经济运行调节，支持企业加强技术改造，切实引导和帮助企业应对危机、渡过难关；积极引进战略投资者参与省属国有企业的改革重组，加紧推进国有困难企业政策性关闭破产和中小企业改革改制，增强企业发展竞争力和抗风险能力，为促进全省经济社会又好又快发展创造了更加有利的条件。

针对基础设施仍然滞后的"瓶颈"制约，突出抓好以交通、水利为重点的基础设施建设。目前，贵阳至广州的快速铁路已开工建设，贵阳至昆明、成都、重庆、长沙和南宁等5条快速铁路被纳入国家中长期铁路网规划，启动实施了贵阳市域快速铁路环线建设，将在5年之内建设省会贵阳通往全国发达地区中心城市的7小时快速铁路交通圈，极大地缩短贵州与发达地区的时空距离。加快公路网络建设，着重推动高速公路建设，力争10年内全省县县通高速公路，为贵州经济加快发展和社会进步提供强有力的支撑和坚实的平台。加强以解决工程性缺水问题为重点的水利建设，贵州有史以来最大的一项水利枢纽工程即黔中水利枢纽一期工程等为代表的一批重大水利项目获得立项并开工建设，同时加大了地下水资源的勘查与合理开发利用，通过实施配套工程等抓紧解决农村人口饮水安全问题，大力推进水利扶贫，基本实现农村人口人均半亩有效灌溉面积。

努力保持全省经济平稳较快增长。我们坚持一手抓灾后重建，一手抓经济社会发展，奋力克服严重雪凝灾害等各种不利因素，经济发展保持了增长较快、结构优化、效益提高、民生改善的良好势头。2008年，全省生产总值的增速由一季度下降2%转变为全年同比增长10.2%；财政总收入、全社会固定资产投资和社会消费品零售总额分别增长21.1%、24.8%和23.5%，城镇居民人均可支配收入、农民人均纯收入分别实际增长2.9%左右和8%以上；特别是人均生产总值突破1000美元，提前3年实现了贵州省第十次党代会确定的目标，为实现贵州经济社会发展的历史性跨越奠定了坚实的基础。

二、着力解决关系民生的突出问题，促进社会和谐稳定

我们注重以学习实践活动为动力，着力解决关系人民群众生产生活的实际问题和影响社会和谐稳定的突出问题，进一步构建"和谐贵州"。

切实解决好关系人民群众疾苦的实际问题。着重针对当前就业困难和低收入群众的生活保障问题，千方百计扩大就业，加强社会保障制度建设。充分发挥政府投资和重大项目带动就业的作用，积极促进以高校毕业生为重点的新增劳动力就业和创业，积极做好返乡农民工培训和再就业等服务工作，共培训返乡农民工25.72万人，安排就业15.17万人。同时，加大对低收入家庭的社会保障，进一步提高了农村低保标准，基本实现了以县为单位应保尽保，建立了新被征地农民的社会保障制度，继续巩固了城市低保动态管理下的应保尽保和分类施保；加快推进新型农村合作医疗制度，全省参合农民达到2800多万人，参合率达92.1%；全面实施了城乡医疗救助制度，有194万城乡困难群众得到及时救助；紧紧抓住中央把贵州作为全国农村危房改造试点省的重大机遇，针对城乡困难群众的住房问题，大力推进保障性安居工程建设。在抓好4.3万户农村危房改造试点的基础上，我们专门召开全面启动实施全省农村危房改造工程动员大会，提出要力争用4年时间基本完成目前80万户农村一级危房改造和地质灾害搬迁改造任务；坚持租售并举，努力

解决人均住房面积15平方米以下的城镇低收入家庭住房困难。针对农村村干部待遇普遍较低的问题，积极探索建立村干部报酬增长机制，从今年1月起将全省村干部生活补助提高到每人每月300元。

努力解决影响社会和谐的突出问题，进一步加大维护社会稳定的力度。深入开展县委书记大接访和政法部门领导大接访活动，畅通信访渠道，依法及时解决了人民群众反映突出的一些问题，妥善处置因库区移民、矿群矛盾、企业改制、就业安置等问题引发的群体性事件。积极推进"平安贵州"建设，深入开展"打黑除恶"严打整治专项行动，加快建设社会治安防控体系，依法惩治各种违法犯罪行为，下大气力解决群众反映强烈的突出治安问题，切实维护社会稳定。坚持预防为主、关口前移，继续完善应急预案和应急管理体系，加快形成统一指挥、分类管理、分级负责、条块结合、属地为主的应急管理机制，以最快的反应速度、最有力的物资保障、最有效的应对办法和及时准确客观的信息发布，妥善处置各种灾害和突发公共事件。认真落实安全生产责任制，加强安全生产工作，把煤矿、道路交通和消防作为安全生产监管的重点，继续打好煤矿整顿关闭和瓦斯治理攻坚战，深入开展交通安全综合整治，强化农村消防基础设施建设，抓好隐患排除治理，防止重特大安全事故发生，促进全省安全生产状况持续稳定好转，连续5年实现生产安全事故次数和死亡人数"双降"。

三、着力解决党性党风党纪方面存在的突出问题，进一步密切党同人民群众的血肉联系

这次学习实践活动一开始，我们就注重把解决党员干部在党性党风党纪方面群众反映强烈的突出问题作为重要内容，组织广大党员干部深刻总结和汲取"瓮安事件"教训，强化大局意识、宗旨意识、责任意识，以坚强的党性和优良的作风保证科学发展观的贯彻落实。

加强领导干部党性修养，牢固树立宗旨意识。认真学习贯彻胡锦涛同志在中央纪委三次全会上的重要讲话以及对"瓮安事件"的重要批示精神，专门编辑印发《深入学习实践科学发展观案例与启示》，认真总结正反两方面的经验教训，并以开好专题民主生活会等方式进行对照检查，引导广大党员干部特别是各级党员领导干部充分认识加强党性修养、树立和弘扬优良作风的极端重要性和紧迫性，正确对待群众、正确对待组织、正确对待事业、正确对待同志、正确对待自己、正确对待权力，讲党性、重品行、作表率。特别是牢固树立和坚持正确的事业观、工作观和政绩观，注重解决好发展的价值取向问题，切实解决与人民群众的感情问题，始终把群众需要当作第一选择，把群众利益当作第一考虑，把群众满意当作第一标准，认真实践党的根本宗旨，努力做出经得起实践、人民和历史检验的实绩。

注重"开门"搞好学习实践活动。我们十分重视贯彻党的群众路线，始终坚持做到听取民意找问题，顺应民意抓整改，依据民意看效果。活动一开始，我们就开展"大摸底"活动，征求了1200多个部门、单位和近20万名党员、群众的意见，查找并梳理了存在的问题近5000条；为开好省委常委会的专题民主生活会，通过书面征求意见和召开座谈会等方式，向全省各市(州、地)党委和省直部门征求了意见和建议；通过设立省委学习实践活动"领导小组信箱"和开展"献良策"活动，广泛征求到全省各方面的意见建议上千条。在省委常委会领导班子分析检查报告的形成过程中，专门召开各种类型座谈会，广泛征求群众意见和建议，并进行修改完善，同时在全省各市(州、地)、县(市、区)和省直工(党)委召开了群众评议会，并将省委常委会的分析检查报告和整改落实方案都及时在《贵州日报》等省级主要媒体摘要公布。

努力为群众办实事办好事。各级党组织和广大党员干部特别是党员领导干部牢固树立宗旨意识和群众观念，及时了解群众所思、所想、

所盼和所怨，尽力多办顺民意、解民忧、增民利的实事、好事。我们组织参加第一批学习实践活动的单位深入开展“万个支部结对、万名党员帮扶”活动，各单位的党支部及党员共结对帮扶2066个贫困村，引进项目约9800多个，捐款捐物折款近2900万元；元旦、春节期间，还广泛开展了“科学发展、情系民生”帮扶慰问活动，共走访贫困村1270个，慰问困难群众20.6万余人。同时，还专门安排和投入慰问金，慰问了省属国有企业的困难职工家庭7000余户，帮助符合条件的1.78万困难职工落实了相关惠民政策。

（作者：中共贵州省委书记、省人大常委会主任）

深入贯彻落实科学发展观 努力探索环境保护新道路

周生贤

改革开放30年来，我国经济社会迅速发展，环境保护事业不断进步。通过深入学习实践科学发展观，总结环境保护工作的经验教训，我们深刻认识到，要避免走发达国家先污染后治理的老路，需要以更广的视野、更大的勇气、更足的干劲，努力探索中国特色环境保护新道路。

一、发达国家环境保护的经验启示

工业革命以来，特别是二战以来，发达国家的工业化、城市化迅速推进，在创造了巨大物质财富的同时，也付出了沉重的环境代价。从20世纪30年代到60年代间，发生了震惊世界的八大环境公害。在忍无可忍的情况下，抗议活动此起彼伏。1970年4月22日，从美国的西海岸到东海岸，2000多万人走上街头，将反污染运动推向高潮。日后，这一天被定为地球日。随着人类社会对环境问题的觉醒，环境保护工作不断深入。

一是采取严厉的环境保护措施。20世纪60年代末和70年代初，美国以《国家环境政策法》、《清洁空气法》、《清洁水法》等为标志，告别了惟经济发展的时代。特别是《国家环境政策法》，要求一切重大行动都要进行环境影响评价，既开创了世界环境影响评价的先河，又找到了以保护环境优化经济增长的途径。日本一开始寄希望于在不妨碍经济发展的情况下保护环境，如1967年制定了《环境污染控制基本法》，特别强调“保护生活环境”应“与经济健全发展相协调”，结果没有逃脱环境污染日趋加重的厄运。在强大的社会压力下，1970年日本确立了环境优先的原则，颁布修订《公害对策基本法》等多项法律，删除了维护生活环境与经济发展相协调的条款。在环境优先原则的前提下，日本实行了世界上最严格的环境标准。

二是建立完善的环境基础设施。如德国法律规定，无论是生活还是生产污水都必须经过无害化处理才能排放。德国为此在全国范围内实施了统一的污水无害化处理排放标准，这个标准还随着科技的不断进步而同步调整。德国目前生产和生活污水无害化处理率将近100%，公共污水管网覆盖了总人口的95%，污水管网的总长度为51.5万公里，可以绕地球13圈。自2000年以来，德国居民每人每年要缴纳113.51欧元的污水排放和处理费，以确保公共污水处理厂的正常运行。

三是加快调整产业结构。发达国家大力整治环境之际，恰逢世界性产业结构调整之时。20世纪70年代由两次石油危机诱发的1973—1975年世界性经济危机，沉重打击了西方发达国家能耗高、污染大的重化工业，发达国家开始发展以微电子技术为主的较少消耗资源能源、较少污染环境的知识和技术密集型产业，而将钢铁、造船等资本密集型产业转移到新兴工业化国家和发展中国家。产业结构的优化升级带来了巨大的环境效益，如日本从1975年到1980年，工业氮氧化物和二氧化硫的排放量5年中分别下降了12%和35%。再如，20世纪70年代，美国和日本在实施限制汽车尾气排放的法规方面，采取了两种截然不同的态度。美国以尾气排放管制损失大于效益为借口，暂缓执行1970年通过的"马斯基法"。日本则果断实行了限制汽车尾气排放的政策，不仅促进了环境技术的重大突破，而且迅速提高了日本汽车在全球市场的竞争力。

世界环境保护的历程也是一个不断发展、不断进步的过程。1972年召开的人类环境会议，世界各国启动了共同保护环境的征程。1992年召开的里约环发大会，人类社会达成实施可持续发展战略的共识。2002年召开的世界首脑会议，提出经济发展、社会进步、环境保护是可持续发展的三大支柱。在30多年的进程中，公众环境意识显著提高，环保理念不断创新，环保机构日益完善，环境科技加速进步，经济手段广泛运用。

二、我国环境保护工作的艰辛历程

发达国家走过了一条先污染后治理、以牺牲环境换取经济增长的道路，造成了严重的环境危害，带来了无法弥补的损失。上世纪70年代初，立足于工业化起步和局部地区环境污染有所显现的现实，我们开始探索中国特色环保新道路。特别是改革开放30年来，在新道路的探索中，环保事业不断发展，探索重点与时俱进。

在1973年第一次全国环保会议提出的"全面规划、合理布局、综合利用、化害为利、依靠群众、大家动手、保护环境、造福人民"的32字方针的基础上，上世纪80年代确立了环境保护的基本国策地位，明确了"预防为主防治结合，谁污染谁治理，强化环境管理"的三大政策体系，制定了环境影响评价、排污收费等多项环境管理制度，开始向环境管理要效益。

进入90年代，提出由污染防治为主转向污染防治和生态保护并重；由末端治理转向源头和全过程控制，实行清洁生产，推动循环经济；由分散的点源治理转向区域流域环境综合整治和依靠产业结构调整；由浓度控制转向浓度控制与总量控制相结合，实施了"三河"（淮河、海河、辽河）、"三湖"（太湖、滇池、巢湖）、"两区"（二氧化硫控制区和酸雨控制区）、"一市"（北京市）、"一海"（渤海）等重点流域区域污染治理工程，开始集中人力物力财力治理流域性、区域性环境污染。

"十一五"以来，我们按照党中央国务院关于加快实现"三个历史性转变"的要求——从重经济增长轻环境保护转变为保护环境与经济增长并重；从环境保护滞后于经济发展转变为环境保护和经济发展同步；从主要用行政办法保护环境转变为综合运用法律、经济、技术和必要的行政办法解决环境问题——确立了全面推进、重点突破的工作思路，提出从国家宏观战略层面解决环境问题，从再生产全过程制定环境经济政策，让不堪重负的江河湖海休养生息，努力促进环境与经济的高度融合。例如，在促进经济结构调整方面迈出实质性步伐，淘汰和关闭了一大批落后产能和污染企业；在环境基础设施建设方面取得重大突破，截至去年三季度，全国脱硫机组装机容量达到3.24亿千瓦，是2005年前10年总量的7倍多；在环境政策方面，出台了一系列有利于环境保护的价格、贸易、税收、信贷、保险等政策；在增强环境监管能力方面，环境监测水平偏低、仪器装备落后、基础能力薄弱的状况有所改观。

改革开放30年是我国环保事业大发展的30年，也是不懈探索中国特色环保新道路的30年。30年来，我们有许多成功的经验，涌现出一批环境与经济协调发展的典型，但总体上看还处于边治理边污染的状况，一些地方甚至重蹈先污染后治理的覆辙，付出了过大的环境代价。30年的探索历程表明，环境保护工作具有长期性、阶段性和艰巨性的鲜明特点，我们要充分认识解决我国环境问题的难度，不为任何困难所惑，不为任何风险所惧，努力在实践中探索，在探索中实践。

三、积极探索中国特色环境保护新道路

时代发展、社会进步向环保工作提出了新的更高要求。我们要以邓小平理论和"三个代表"重要思想为指导，深入贯彻落实科学发展观，按照党中央、国务院对环保工作的各项要求，正确处理当前与长远、继承与创新、预防与治理、城市与农村的关系，积极探索中国特色环境保护新道路。

第一，坚持"三个历史性转变"的指导思想。"三个历史性转变"是环保领域深入贯彻落实科学发展观的具体体现，是全面调整环境与经济关系、改革创新管理模式的重要指南。坚持"三个历史性转变"，必须把环境保护摆在更加突出的战略位置，与经济社会发展统筹考虑、统一安排、同时部署；环保规划要与产业规划、土地规划、城市规划相协调，以环保规划优化经济社会发展；积极推进科学化、民主化决策，着力转变不适应不符合历史性转变的思想观念，着力解决困扰环保事业长远发展的突出问题；加快重点领域和关键环节改革步伐，着力构建充满生机、富有效率、更加开放、有利于历史性转变的体制机制。

第二，建立全防全控的防范体系。环境保护的理念和要求全面渗透到经济社会发展之中，是有效防范环境污染和资源环境损耗的重要防线，是环境保护新道路的关键。要坚持实施可持续发展战略和科教兴国战略，坚定不移地走新型工业化道路，努力建设资源节约型和环境友好型社会，从国家战略层面解决环境问题；要坚持从再生产的全过程制定环境经济政策，将环境保护贯穿于生产、流通、分配、消费的各个环节；要坚持将保护环境的要求体现在工业、农业、交通运输、建筑、服务等各个领域，落实到政府机关、学校、科研院所、社区、家庭等社会组织的各个方面，建立起全面覆盖经济社会发展的环境保护体系；要不断创新生产理念，继续推进清洁生产，发展循环经济，对传统产业实行生态化技术改造，从生产源头和全过程减轻环境污染。

第三，健全高效的环境治理体系。先污染后治理是"防范不足"的治理，投入的成本必然过高，付出的代价必然过大。而边治理边污染是"防"亏"治"欠的模式，虽然在一定程度上减轻了环境污染的危害，但无法从根本上改变环境保护的被动局面，甚至容易贻误保护环境的战机。高效治理就是要在有效防范的前提下，以最少的投入取得最大的治理成果，从根本上减轻环境压力。要依靠科技进步，坚持自主创新，积极探索科技含量高、投入资金少、环境效益好的治理模式；要从我国区域发展不平衡、城乡差异大的实际出发，积极研发高效实用、丰富多样的环保治理技术；要把环保产业作为扩大内需的重要方面，以环境治理拉动环保产业发展，以绿色消费带动绿色生产，积极培育新的经济增长点。

第四，完善环境政策法规标准制度体系。发达国家的经验表明，完善的环境政策法规标准制度体系与完备的环保基础设施、调整优化产业结构一道，共同构成改善环境质量的三大支柱。"顽症需用猛药医"，上世纪六七十年代，发达国家在积重难返的环境状况面前，采取了最为严厉的环境保护政策措施，环境保护取得了显著成效。而我国的环境保护在工业化初期起步，并一直伴随于工业化、城镇化进程之中，制定与经济发展相协调的环保政策法规标准尤

为重要。要全面分析经济社会发展状况，准确把握经济社会发展走势，通过适时调整和完善环境政策法规标准，保护先进的生产能力，淘汰落后的生产能力，使环境保护真正成为引领先进生产力发展的重要航标。要准确判断经济形势和环境形势，根据不同的宏观经济政策，有针对性地采取环境保护措施，既促进经济社会又好又快发展，又不断解决困扰环保工作的难题。

第五，构建完备的环境管理体系。纵观世界环境保护的发展史，强化环境管理机构能力，加大环境监管力度，是发达国家集中整治污染时期采取的有效管理方式。我国在环境压力持续加大的发展阶段，要充分发挥社会主义制度的优越性，不断完善党委领导、政府负责、环保部门综合管理、有关部门协调配合、全社会共同参与的环境管理体系。要建立健全环境保护的责任制和问责制，真正把地方政府对环境质量负责落到实处。要加强环境综合管理，积极探索大部门环境管理体制，团结和动员各方面的力量，形成环保工作合力。要加快建设先进的环境监测预警体系和完备的环境执法监督体系，努力提高环境管理信息化、现代化水平，建成科学、高效的决策支持系统。要加强环保组织管理体系建设，推进管理机构向基层延伸，强化地方环保部门的基础能力，形成政令畅通、高效有力的决策执行系统。

（作者：环境保护部部长）

要深刻领会科学发展观的思想方法与工作方法

张全景

科学发展观坚持马克思主义的基本观点，根据中国特色社会主义建设的实际，回答了为什么要科学发展、怎样科学发展、实现什么样的发展目标等一系列根本问题，蕴含了辩证唯物主义和历史唯物主义的基本观点，为我们提供了科学的思想方法和工作方法。学习实践科学发展观，必须深刻领会其中的方法论，切实改进不科学的思想方法和工作方法。针对当前党内和社会上的一些问题，这里主要谈五个方面。

第一，坚持解放思想，反对因循守旧。按照马克思主义哲学观点，任何事物都是发展变化的，永远不会停顿。建设中国特色社会主义是一项不断发展、不断创新的事业，会不断遇到一些新情况、新问题，需要不断创新，不断前进。推进这一宏伟事业，我们应该自觉解放思想，努力克服前进道路上的各种阻力。在新的历史起点上，怎样推进中国特色社会主义事业，进一步解放思想？最根本的是要认清形势，明了世界发展趋势，掌握国内发展情况特别是薄弱环节，了解人民群众生产生活需要，从实际出发，理清发展思路，增强发展信心，解决发展方式落后、发展质量不高、发展后劲不足，以及片面发展、盲目发展等问题，处理好全局与局部、中央与地方、眼前与长远、经济建设与生态保护以及节能减排等问题，做到持续协调健康发展。要正确处理经济建设与公平分配等方面的关系，让群众获得实实在在的利益。当前，在国际金融危机影响下，有的同志面对一些企业倒闭、职工下岗、生产不景气、出口减少等问题，畏难悲观，无所作为，甚至丧失信心，这是不应该的，也是没有根据的。挑战与机遇并存，“危”与“机”同在。要正确分析形势，既要看到成绩、看到光明，振作精神，增强信心，又要充分认识危机的影响，积极克服困难。金融危机的影响是多方面的，不仅波及工业，还波及农业；不仅波及外贸，还波及内贸。对危机形成的原因要作深入分析，对危机的趋势要有科学判断。应该认真研读《资本论》，这是一部"马克思主义的百科全书"、"工人阶级的圣经"。在《资本论》中，马克思运用辩证唯物主义和历史唯物主义的立场、观点、方法，深刻分析了资本主义社会经济运动的规律，揭示了资本主义社会的基本矛盾——社会化大生产与生产资料私人占有之间的矛盾。学懂弄通这一光辉著作，对于我们提高理论水平，正确认识这次金融危机的实质，科学分析危机的成因和趋势，大有裨益。

解放思想要与坚持四项基本原则相统一，特别是在意识形态领域，必须坚持马克思主义的指导地位。有些人鼓吹民主社会主义、新自由主义，把西方的政治价值观视为"普世价值"，以民主为借口鼓吹"三权分立"，我们要有理有据地批驳这些谬论，揭露其反对党的领导、反对社会主义制度的图谋。

第二，坚持实事求是，反对弄虚作假。坚持实事求是，是党的事业兴旺发达的重要保证。新民主主义革命正反两个方面的经验教训，党在社会主义革命和建设时期所走过的曲折道路，都充分说明了这一点。什么时候我们坚持实事求是，工作就会取得显著成绩；反之，就会给党和人民的事业造成严重损失。改革开放以来，我们党重新确立了实事求是的思想路线，各级领导班子和领导干部坚持从实际出发，用马克思主义的立场、观点和方法，观察、分析和解决实际问题，各方面工作都取得了巨大成就。但是，也有个别人违背实事求是原则，弄虚作假，严重影响党的形象，造成不应有的损失。特别是虚报浮夸、不讲真话的问题比较突出，群众意见很大。有的人为了达到个人升迁的目的，搞什么"官出数字，数字出官"和虚假政绩；有的人"低头想，抬头造"，想说什么说什么，想干什么干什么，甚至胡编乱造；有的人为了掩盖工作中的失误，故意隐瞒实情，不如实上报实际情况；有的人好大喜功，沽名钓誉，热衷于形象工程、面子工程、路边工程，用表面上的"繁荣"掩盖实际问题，等等。这些都与实事求是的要求格格不入，对党和人民的事业有百弊而无一利，必须坚决杜绝。对于弄虚作假，人民群众看得非常清楚，进行了辛辣的讽刺。提倡讲真话，反对讲假话，是我们党的优良传统，是取得胜利的重要依据。讲真话是政治上诚实的态度，是有力量、有信心的表现，而讲假话是政治上的虚伪与欺骗，只能瞒哄那些不了解真实情况而又缺乏深入思考或者盲目轻信的人。弄虚作假的人，到头来必定是搬起石头砸自己的脚。我们应当记取历史教训，正视现实问题，大力弘扬党的优良传统，提倡讲真话，反对讲假话。"屋漏在下，止之在上"。有许多假话是上面压出来的，这就要求我们领导机关的同志勇于从自身思想和工作中查找原因，坚决杜绝不讲真话、不报实情的问题。

坚持实事求是，反对弄虚作假，不仅是工作方法问题，更是世界观问题和党性问题。有的干部在工作中弄虚作假，并不是他们不懂得实事求是的重要性，而是因为有私心杂念，想通过作假的手段为自己捞好处。他们想的不是党的事业，不是人民群众的利益，而是个人的名、权、利。因此，坚持实事求是，就要加强对干部的教育，使他们真正做到立党为公、执政为民，全心全意为人民服务。这是一项长期的任务，要坚持不懈地抓下去。坚持正确的用人导向，对弄虚作假的人要按照党规党纪和国家法律严肃查处，决不能让他们浑水摸鱼，蒙骗过关，更不能让他们从中得利；对那些坚持实事求是、讲实话、办实事的干部，要大力宣传表扬，弘扬正气，反对邪气。提拔了弄虚作假的人，就会产生错误的导向，有的干部就会仿效。要完善干部考核工作。有的人造假的手段很"高明"，要让他们现形，就要把考核工作做深、做细，不能让他们得逞。要把经常性考察和集中考察结合起来，功夫花在平时，这样才能真正了解干部。要坚持群众路线。弄虚作假的人，不管装扮得多么巧妙，总躲不过人民群众的眼睛，总会在群众面前露出马脚。只要我们坚持群众路线，相信群众，依靠群众，就一定能够把干部看准、用好，营造一种风清气正的用人环境，引导广大干部积极向上。

第三，坚持密切联系群众，反对脱离群众。人民群众是我们党的力量源泉和胜利之本。我们思考任何问题，做任何事情，都要以人民群众满意不满意、高兴不高兴为标准，离开了人民群众的支持和拥护将会一事无成，甚至有失败的危险。过去，我们依靠人民群众取得了中国革命和建设的胜利，现在建设中国特色社会主义，最根本的还是要靠这一条。真正的铜墙铁壁是什么？是群众，是千百万真心实意地拥护革命和建设的群众。毛泽东同志曾深有感慨地说，哪里群众拥护，那里就最安全。群众是“水”，党的事业是“舟”。水能载舟，亦能覆舟。我们要深入进行群众观点和群众路线教育，让每一个党员，无论是干部还是普通一员，都要把党的密切联系群众的作风发扬光大。现在有一些干部忘记了党的这一优良传统，不是密切联系群众，而是高高在上，脱离群众，搞官僚主义、形式主义，这是非常危险的。有些同志不懂得群众路线，不会做群众工作，什么事情都是自己说了算，不听取群众意见，有的甚至欺压群众，颠倒主仆关系，侵犯群众利益，把群众当“刁民”，造成干群关系紧张，集体上访、群体事件接连不断，应当引起我们的高度重视。

密切联系群众，还要正确处理“给予”与“索取”的关系。战争年代，党领导群众进行反对侵略和压迫的斗争，把群众从水深火热中解放出来，这是最大的“给予”。抗日战争时期，把日本侵略者赶出中国，实行减租减息、雇工增资；解放战争时期，推翻蒋家王朝，实行土改，这都是对群众的“给予”。只有真正为了群众，给群众以实在的利益，才能动员群众出粮、出钱、出力支援战争。当今，群众的最大要求是发展经济，增加收入，改善和提高物质文化生活水平；群众要求社会公平正义，反对腐败。各级党组织和领导干部必须真正做到权为民所用、情为民所系、利为民所谋，这是坚持群众路线的根本体现。实践证明，那些带领群众富裕起来的党组织，帮助群众解决实际困难的党组织，在群众中就享有崇高威望；相反，那些无所作为的党组织或干部、党员，则丧失了群众的信任，没有什么号召力、凝聚力，更谈不上战斗力。

密切联系群众，还要正确处理对领导负责与对群众负责的关系。两者本来是一致的，但是，有些同志两眼盯着上级，看领导眼色行事，为了让领导喜欢，不惜说假话、大话，乃至违背群众意愿，损害群众利益。这是党性不纯、个人主义的表现。许多地方的虚报浮夸、强迫命令就是这样产生的。有的把党的“三大作风”篡改为“理论联系实惠，密切联系领导，表扬与自我表扬”。这是完全错误的。共产党人不论什么时候、什么情况下，都要把群众利益摆在首位。

第四，坚持全面性，反对片面性。按照唯物辩证法的观点，任何事物都是互相联系的，都不是孤立的。这就要求我们看问题要全面，要搞清前因后果、彼此联系。只有全面地、历史地看问题，才能看到和抓住事物的本质，掌握事物的发展规律，如果是零星地、片面地、一知半解地看事情，就不可能掌握事物的全貌，就会犯简单化、片面性的错误。坐井观天，瞎子摸象，只能看到、摸到天和象的一部分，不可能是全部。战争年代，优秀的指挥员善于把握敌、我、友各方面的情况，了解山川地势、群众情况，作出科学部署，并根据变化了的情况随时进行调整，从而保证了战斗的胜利。艾思奇在《大众哲学》中讲了一块招牌的故事，告诉我们看问题要全面，前后左右、正面反面都要看，不要只看到一点就做结论。所谓“前因后果”、“由此及彼”，就是要我们不要搞片面性，要分析利弊，综合权衡，趋利避害。上世纪五六十年代犯过一些片面性错误，比如，毛泽东同志提出“以粮为纲，全面发展”，但在相当多的人那里变成了“以粮为纲，全面砍光”，这不是片面性吗？改革开放以来，也曾经出现过“一手硬，一手软”的问题。现在有的地方不讲全局利益，搞重复建设、浪费资源，搞形象工程，“豆腐渣”工程，不也是片面性吗？我们搞建设要进行科学、周到、细致的规划，上项目要充分考虑原材料、能源、环境、运输、人员培训、市场状况等诸多因素以及效益状况等，在综合分析的基础上，作出科学、正确的判断。有的地方盲目建设、重复建设，产品没有市场，就是由于没有全面、客观地分析各种利弊因素造成的。

全面总结新中国成立60年的成绩与经验，必须以马列主义、毛泽东思想和中国特色社会主义理论体系为指导，坚持实践的观点。事物的是非都是有客观标准的，不能人云亦云，也不能你说你的，我说我的，公说公有理，婆说婆有理，检验的标准是实践。要像陈云同志所说的那样，“不唯书，不唯上，只唯实”，方法则是“交换、比较、反复”。我们建设的是中国特色社会主义，是马克思主义科学社会主义的中国化，不是别的什么主义。衡量任何一项政策、措施，都应以实际社会效果为依据。

要正确看待新中国前30年与后30年的关系。前30年虽然发生过许多错误，遇到过重大挫折，带来很多困难，造成很大损失，但从总体上来说，是发展的、前进的，为后来的发展奠定了基础。“高楼万丈平地起”，没有前30年，也不会有后30年。我们想问题、办事情，要坚持“两点论”，反对“一点论”。对当年发生的问题要从当时的国际国内形势看，从当年的实际情况看。要分清主流与支流、偶然与必然、内因与外因、个别与一般、好事与坏事、主观与客观。总之，要客观不要主观，要全面不要片面，要辩证不要孤立，科学把握各类矛盾的不同方面及因果关系，这样就可避免或减少盲目性、片面性，把事物看得更全面、更准确，把事情办得更好些。要特别警惕有的人从否定前30年，进而否定新中国的一段历史，否定共产党的领导，达到其不可告人的目的。

第五，坚持具体问题具体分析，反对简单化、绝对化。马克思主义活的灵魂，在于具体问题具体分析。在实际工作中，为了把握事物的本质和规律，需要采取“解剖麻雀”的办法，深入调查研究，向群众学习，向实践学习，取得真知灼见，抓住本质，抓住规律。在指导工作上，坚持从个别到一般，从群众中来、到群众中去，集中起来、坚持下去，即所谓“胸中有全局，手中有典型”，用个别推动一般，这是一种科学的领导方法，是事半功倍的领导方法。如果不着边际，只是一般号召，没有典型带动、引领，往往达不到预期的效果。学习先进典型时，往往有一种观点，即“人家做到了，我们也要做到”。这就要作具体分析，要看条件、时间、地点，主要是学习精神实质，联系实际借鉴创新，而不能照葫芦画瓢。

坚持具体问题具体分析，要求我们执行上级指示就要从实际出发，不能照抄照转，不能“一刀切”。我曾问江苏省华西村的吴仁宝，那里的股份制怎么搞？他说他们那里要什么制有什么制，但不搞“一家两制”。黑龙江省依安县新合村“一村两制”，群众按照自己意愿，2/3的农户搞集体经济，1/3搞联产承包，共建社会主义新农村。辽宁省庄河市下洼村原来11个生产队，10个搞联产承包，1个搞集体经营。这些都是具体问题具体分析的生动事例。区别一般与个别，具体问题具体分析，是唯物辩证法。“一刀切”，简单化，则是形而上学。

在干部工作中，也要具体问题具体分析，反对简单化、绝对化的问题。看干部要看全部历史和全部工作，具体分析德才情况。对于犯错误的干部坚持“惩前毖后，治病救人”，要看其认识和改正错误的情况，不能一成不变地看人。要全面、正确地执行干部“四化”方针，处理好其中的辩证关系，不要搞“一刀切”。革命化是前提，是基础，要坚持“以德为先”；讲年轻化，既要注意选拔年轻干部，也要使用不同年龄段的干部；讲知识化，要正确处理学历和实际水平的关系，特别是在农村，更不要搞“一刀切”。使用干部对年龄、文化、任职资格作出规定是完全必要的，没有规矩不成方圆。但也要考虑到某些特殊性，具体情况具体分析。河南濮阳西辛村的李连成，是村支部书记，原来文化不高，但工作干得很好，群众非常拥护，外村的人也选他当支书。他在工作中总结的当干部“能吃亏、肯吃亏、常吃亏、多吃亏”的精神，响遍全省。河南还有个吴金印，从乡镇书记直接当了市委副书记，没有论资排辈，越了好几级。总之，要有全面的观点，具体问题具体分析的观点，反对片面性，反对简单化、绝对化。

思想方法、工作方法问题，涉及很多方面，最主要的是要学会运用辩证唯物主义和历史唯物主义的立场、观点、方法分析和解决问题。在学习实践科学发展观中，要深刻领会其中科学的思想方法、工作方法，认真总结经验教训，切实贯彻落实好科学发展观。

（作者：中组部原部长、全国思想政治工作科学专业委员会顾问）

加快边疆民族地区科学发展步伐

白恩培

边疆民族地区贯彻落实科学发展观，任务更加艰巨，工作更为迫切。深入学习实践科学发展观活动开展以来，中共云南省委着眼于解决广大党员干部存在的不符合、不适应的问题，紧扣自身实际，突出实践特色，在增强针对性和实效性上下功夫，加快了全省科学发展步伐。

一、紧紧围绕让党员干部受教育的要求，创新学习形式，进一步提高思想认识

思想认识的程度，决定改革发展的速度。在学习实践活动中，我们以提高思想认识为切入点，努力为科学发展奠定坚实的思想基础。

结合边疆民族地区实际，找准提高思想认识的着力点。改革开放30年来，云南经济社会发展取得了长足进步，但增长方式仍然粗放，经济结构还比较单一，区域之间和城乡之间发展很不平衡，特别是民族贫困地区和边境地区贫困面大。针对这些实际，我们紧紧围绕“三个正确对待”来深化对科学发展观的认识。一是正确对待发展问题。发展不平衡、发展不充分、发展质量不高是云南主要问题。要客观分析加快发展的条件和机遇，坚决克服怨天尤人、无所作为的消极思想。任何时候都必须紧紧抓住发展这个党执政兴国的第一要务不放松，顺应各族人民群众期盼，保护和引导好广大干部群众的积极性，聚精会神搞建设、一心一意谋发展。二是正确对待经济发展好与快的关系。必须坚决克服单纯把二者对立起来的错误思想，好中求快，坚持在发挥自身优势、调整优化结构、转变发展方式中加快发展步伐。三是正确对待经济发展与社会全面进步的问题。经济社会、城乡、区域之间发展不平衡是云南实现科学发展的突出矛盾。必须始终坚持以人为本和全面协调可持续发展，更加注重社会的全面进步，进一步加强生态建设和环境保护，不断打牢边疆民族地区科学发展的坚实基础。

努力创新学习方式，切实解决思想障碍和认识问题。省委把加强学习、提高思想认识作为搞好学习实践活动的基础和前提，要求各级领导班子紧密联系思想和工作实际，在调查研究中学习，在解决群众关心的热点难点问题中学习。省委改进理论学习中心组会议的学习方式，以典型案例分析为主要形式，依理说事、就事明理，重点围绕影响面大、群众关注的阳宗海砷污染、矿产资源开发规范管理等问题，深入剖

析反思，研究提出解决问题的政策措施。以“推动云南科学发展”、“构建和谐云南”、“加快云南民族地区发展”和“国际金融危机背景下的云南发展”为主题，组织了 24 个省直部门的领导和专家主讲，举办“科学发展论坛”，就事关云南科学发展的若干重大问题深入探讨。在全省深入开展正反典型案例教育，以社会影响大、群众反映强烈的孟连县“7·19”事件为案例，组织全省党员干部深入学习讨论，深刻汲取教训，提高思想认识。同时在全省征集和宣传 100 个科学发展的先进典型案例，正面引导、推动工作。

二、紧紧围绕推动科学发展上水平的要求，认真查找和解决存在的突出问题，加快全省科学发展步伐

立足于云南省情，省委明确提出全省学习实践活动，要紧紧围绕“促进科学发展、维护边疆安宁、增进民族团结、构建和谐云南”的具体目标来进行。经过调研，归纳出影响和制约云南科学发展的突出问题，并将解决这些问题作为开展学习实践活动的突破口。

深入调查研究，认真查找和解决存在的问题。省级党员领导班子成员各联系一个厅局、一个县、一个乡镇的学习实践活动，带头深入基层和联系点，认真调查研究，广泛征求意见，帮助解决困难和问题。第一批参学单位共确定了 600 多个题目开展调研，进一步查找了在发展方式、改善民生、政策措施、体制机制等方面的突出问题，形成了一批有见解、有内容的调研成果。针对要解决的突出问题，各单位坚持边学边查边改，大胆探索，不等不靠，认真研究解决问题的办法措施，努力办好对科学发展有利、人民群众期盼的好事实事，解决了一批发展中的现实问题，有力地推动了全省科学发展。同时，对经济社会发展的政策制度进行了初步清理，已经形成一批制度性政策性文件。

认真组织开展“三走进三破解”主题实践活动，积极应对各种困难和挑战。2008 年我省大部分地区遭受了地震、暴雨、泥石流等自然灾害，同时因国际金融危机对云南经济发展的影响，给完成既定的目标任务带来了较大的压力。我们把学习实践活动与转变作风、转变职能、抓好落实、服务基层结合起来，针对经济形势的发展变化和严峻考验，及时组织开展了“三走进三破解”主题实践活动，各级领导班子和领导干部带头走进基层，破解基础设施薄弱、社会事业滞后等制约科学发展的瓶颈问题；走进企业，破解发展环境不够宽松、发展质量不高等现实困难和问题；走进群众，破解人民群众关心关注的难点热点问题。把搞好学习实践活动与做好抗灾救灾、扶贫救济、移民安置等当前各项工作紧密结合起来，有效推动了既定任务的贯彻落实，促进了许多现实问题的解决。在抗击楚雄地震和瑞丽地震中共有 16000 多名党员干部包村入户，为战胜灾害，恢复重建提供了坚强保证。把贯彻落实党中央、国务院关于扩大内需、促进经济增长的方针政策作为全省经济工作的重中之重，针对云南实际突出增投资、稳工业、促消费、保民生四大重点，最大限度地降低国际金融危机带来的影响，确保了各项既定目标任务的圆满完成。2008 年全省实现生产总值超过 5700 亿元，增长 11%，财政总收入达到 1360 亿元，增长 22%。根据今年发展的需要，采取 20 条具体举措，加大固定资产投资力度，认真做好项目前期工作，力争在基础设施建设、支柱产业发展、新兴产业培育、社会事业进步、解决民生问题、加快生态建设等各个方面早安排、早落实、见成效，继续保持全省经济平稳较快发展的良好势头。

三、紧紧围绕让人民群众得实惠的要求，切实增强做好群众工作的能力，努力提高各族群众生产生活水平

省委按照科学发展观的要求，认真总结近年来做群众工作的经验教训，引导各级领导干部全面准确地把握群众工作的特点和规律，牢固树立执政为民的理念，密切党同人民群众的血肉联系，切实提高做好新形势下群众工作的

能力和水平。

在改善民生方面下功夫见成效。省委始终强调树立“科学发展、以人为本”、“富民强省、富民为先”的观念，不断加大保障和改善民生工作力度，下大力气解决关系人民群众切身利益的现实问题。省委常委班子带头，规定除抓好日常工作外，每人每年还要突出抓好3至5件事关全局和人民群众切身利益的实事，各级领导班子也相应建立健全了监督检查和责任落实机制。财政支出更加注重向基层、民生和困难群体倾斜，70%以上的财政新增项目资金专项用于保障和改善民生，扩大“两免一补”覆盖范围，把农村中小学寄宿制贫困生和藏区学生生活费补助标准提高了一倍。全面实施新型农村合作医疗制度，加快整村推进扶贫工程，实施了农村居民地震安居工程，提高了农村五保对象、城市低保对象生活补贴和城镇职工社保、失业保险金发放标准。针对国际金融危机的影响，及时出台了《关于鼓励创业促进就业的若干意见》，2009年省政府筹集7亿元资金，通过购买就业岗位、发放创业补贴、发放小额贷款加快中小企业发展等方式，扩大农民工、大中专毕业生等的就业。

深入开展了新三年“兴边富民工程”。云南有4061公里的边境线，边境地区历来是反渗透反分裂和禁毒防艾的前沿，维护稳定的任务十分繁重。同时边境地区资源非常丰富，在构建中国——东盟自由贸易区和我省扩大对外开放的战略格局中具有重要地位。我们把加快推进新三年边疆民族地区发展作为推动云南科学发展、协调发展的主攻方向，集中全省力量，在25个边境县开展了新三年“兴边富民工程”和边疆解“五难”惠民工程，对“三江”沿岸地区、7个人口较少的民族地区、边境民族地区和特殊贫困地区，进一步完善政策措施，加大扶持力度，重点加强边境地区交通网络建设，培育一批辐射面广、带动力和支撑力强的优势特色产业，着力解决好边境地区群众低保、安居房、饮水安全、看病、就学等困难，夯实发展基础，提高自我发展能力，加快脱贫致富步伐。深入实施“七彩云南保护行动”计划，继续加强滇池等九大高原湖泊的治理，加强生态建设和环境保护，坚定不移地走生态建设产业化、产业发展生态化的道路。民族地区经济增长速度、地方财政增收速度连续5年高于全省平均水平。

全力维护民族团结和边疆稳定。把维护民族团结和边疆稳定作为实现科学发展的基础和保障，建立了严格的民族团结稳定和宗教事务目标管理责任制，依法严厉打击各种犯罪和境内外敌对势力的渗透、颠覆、破坏活动，为全省科学发展提供良好的社会环境。在工作上突出四个重点：一是在巩固我省良好局面的基础上，全面分析和把握影响我省社会稳定的各种因素，进一步完善维护社会稳定的长效机制。二是始终保持清醒头脑，以高度的政治敏锐性和政治责任感，全面加强维护社会稳定的力量建设，狠抓各项工作的细化和落实，确保我省藏区等重点地区社会稳定。三是妥善解决人民内部矛盾，有针对性地加强思想政治工作，高度重视信访工作，开展全面细致的矛盾纠纷排查调处，迅速果断地处理群体性、突发性事件。四是加强社会治安综合治理，深入开展平安创建活动，依法打击各种违法犯罪活动，继续打好禁毒和防治艾滋病人民战争，切实保障人民生命财产安全。

四、以科学发展观为指导，进一步加强党的建设，为科学发展提供坚强的组织保证

一是把加强党性锻炼贯穿学习实践活动的始终，大力加强各级领导班子和领导干部思想政治建设和党员干部教育培训，举办了县乡村干部“学习贯彻十七届三中全会精神”等培训班，采取分级培训的方式于去年年底前把全省县、乡、村干部全员培训了一次。二是着手研究制定省管领导班子建设中长期规划，研究制定选拔培养少数民族干部、女干部、党外干部和年轻干部计划，认真做好面向全省公开选拔一批

40岁以下副厅级优秀年轻干部的工作。三是加强基层组织建设，深入实施“云岭先锋”工程，对全省“两新”组织党建工作和农村党建工作进行了专门研究安排，深入实施“边疆党建长廊”，创新基层组织设置和活动方式，在有条件的自然村建立党支部，争取在两年内实现无“党员空白村民小组”，全面完成行政村活动场所的新建、修缮等工作，积极探索建立城乡党的基层组织互帮互助机制、村干部激励保障机制。四是加强制度建设，在全省全面实行行政问责制、服务承诺制、首问负责制和限时办结制，修改完善和实施新的《领导班子和领导干部综合考核评价办法、年度考核办法》、《进一步加强和改进县市委书记队伍建设的意见》和《切实解决云南省农村基层组织建设几个突出问题》、《加强全省新经济组织和新社会组织党的建设工作的意见》等。通过学习实践活动，各级党组织贯彻科学发展观的能力有了新的提高，为全省科学发展、民族团结、边疆稳定提供了坚强的组织保障。

（作者：中共云南省委书记、省人大常委会主任）

让科学发展成为县域经济的主旋律

徐光春

实施中心城市带动和发展壮大县域经济是河南发展的两大战略布局，中心城市带动是实现中原崛起的支柱，县域经济发展是实现中原崛起的基石。如何在不断解放思想、深化改革开放、推进科学发展中促进县域经济发展壮大，结合长垣县调研情况，我形成了一些新认识。

一、探索科学发展之路

长垣县地处黄河的“豆腐腰”区段，面积1051平方公里，人口80万，60%的耕地和人口在黄河滩区、背河洼地区。过去长垣是一个典型的农业县，无基础、无资源、无资金，自然灾害频繁。改革开放以来，全县人民解放思想、开拓创新、敢闯敢干、艰苦奋斗，经济社会发展30年迈出“四大步”。一是创业起步期，从改革开放之初到上世纪80年代中期，通过大力发展劳务经济，形成10万大军出长垣的生动局面，一大批人在闯市场、搞营销、做生意中掌握了一技之长、积累了原始资本、走上了创业之路，为长垣发展打下基础。二是内引外联期，从上世纪80年代中期到90年代中期，积极实施“回归工程”，进一步加快开放步伐，回归经济快速发展，出现了“人回转、钱回流、厂回迁、业回创”的新局面，形成了回归投资主体竞相发展的新态势。三是加快发展期，从上世纪90年代中期到2002年前后，民营经济不断壮大，特色产业蓬勃兴起，经济总量迅速扩大。四是优化提升期，2002年以来，经济社会发展在保持较快速度的同时，质量效益显著提升，呈现出特色经济集群化、集群经济规模化、规模经济外向化的发展态势。

如今的长垣，在科学发展道路上已迈出了坚实步伐，初步实现了五个转变，被誉为“长垣现象”。一是农变工，进入了工业化的新阶段。工业成为经济发展的主导，2007年对经济增长的贡献率已达49.9%，与1978年相比提高了20.7个百分点，一个昔日贫穷落后的农业县转变为生机勃勃的工业大县。二是低变高，进入了产业升级的新阶段。75%以上的规模企业与大专院校、科研院所开展技术合作，设立了研发机构，开发了200多项新产品，拥有自主知识产权513项，填补国内空白17项，实现了从组装加工到设计制造的跃升。三是散变聚，进入了集约经营的新阶段。建成起重工业园、医疗器械及卫生材料产业聚集区、新城工业聚集区和商贸轻工业聚集区等一批园区，集聚了全县约78.3%的企业和82.8%的产值。四是内变外，进入了开放主导的新阶段。长垣人在外创办各类企业达330多家，总投资近百亿元，仅长年在外从事防腐、建筑和厨师工作的就达18万人之多。五是小变大，进入了规模发展的新阶段。小生产变成了大产业，起重机产业年销售收入已达100亿元，医疗器械及卫生材料年实现产值35亿元。

二、谋划科学发展之举

长垣发生这么大的变化，主要在于始终扭住发展不放松，紧紧围绕富民强县这个目标不动摇，善于把上级精神同本地实际相结合，创造性开展工作，广大干部群众自立自强、敢闯敢干，齐心协力、共谋发展。他们的主要做法是：

坚定不移地把全民创业作为主战略。长垣历史上有重商传统，发展民营经济有深厚土壤。立足这一现实，县委、县政府很早就确立了“民营立县”战略，明确提出全民创业。一是解除束缚，使群众放手创业。早在上世纪90年代，县委、县政府明确提出了“不重比例重发展，不重属性重作用”，在全县大力倡导敢富、争富的新观念，使群众解除顾虑，放胆、放手创业。二是典型带动，使群众竞相创业。县委、县政府及时总结创业实践，先后推出了一大批创业模范和名牌企业，通过多种媒体广泛宣传他们的先进事迹和成功经验，在县城主要街道免费为做出突出贡献的企业家做广告宣传、“树碑立传”，使广大群众创业路上学有榜样、赶有标兵。三是强化扶持，使群众便于创业。先后出台了一系列扶持创业的具体措施，在市场准入、工商登记、信贷、土地、财税等方面能放则放、能宽则宽、能优惠则优惠。政府每年拿出1000万元作为担保基金，建立中小企业信用担保体系；帮助创业群众选择项目、协调资金，近几年仅县主要领导就协调创业资金20多亿元；加强创业培训，建成各类培训机构41个。

坚定不移地把新型工业化道路作为主途径。为改变农业大县、财政穷县的落后面貌，长垣坚持工业强县不动摇，紧紧抓住工业这个县域经济发展的牛鼻子，不断推进工业规模发展、上档升级、集约经营。一是实施项目带动，备足发展后劲。严格落实县乡主要领导重点项目责任制、项目定期汇报制，强化奖惩措施，狠抓跟踪落实，形成了良好的发展态势。二是发展园区经济，推进产业集聚。针对产业发展早期普遍存在的企业无序散布，庭院经济、前店后厂等粗放现象，县委、县政府及时提出了集聚、集群、集约发展的思路，一手抓硬件，大力推进基础设施和标准厂房建设，提高投资强度和土地利用率；一手抓软件，成立创业服务中心和生产力促进中心，设立科技研发基金，建设孵化基地，建成了一批各具特色的产业集聚区，打造了集约发展的高效平台。三是提高创新能力，塑造知名品牌。深入开展“质量兴县、科技创新”、“民营企业管理年”、“诚信年”等活动。四是强化节能减排，推进绿色发展。关停淘汰22家技术落后、消耗高的企业，全县没有一家污染超标企业；大力发展清洁能源，积极培育绿色组织。

坚定不移地把统筹城乡发展作为主平台。城乡一体化是县域科学发展的必然趋势。近年来，长垣根据自身情况、特点和发展要求，确立了“居民向社区集中、农民建房向中心村集中、滩区群众向县城集中、新上项目向聚集区集中”的思路，在城乡协调发展方面进行积极有效的探索。一是统筹产业发展。依托优势产业、龙头企业、合作组织的带动，促进土地有序流转，大力推进农业产业化，发展规模经营和特色农业，建设标准化、专业化、规模化农产品生产基地，促进工农双赢、互动发展。二是统筹城乡建设。县、乡、村都成立了专门的规划机构或由专人负责，实现了城乡规划管理全覆盖，目前所有乡镇和67%的村庄都已完成了规划。三是统筹基础设施建设。推动基础设施建设向农村延伸,提前实现了全县村村通,村庄主要街道硬化率达到98%,农村综合服务中心、安全饮水等项目相继建成,农村生产生活环境得到极大改善。

坚定不移地把改善民生作为主目标。民生改善程度是衡量县域经济科学发展的根本标尺。长垣坚持富民优先,通过在经济发展中不断改善民生,在改善民生中凝聚发展力量,使经济发展与改善民生成为良性互动、相互促进的过程。一是抓创业促就业,让群众富裕。积极实施"阳光工程"、"雨露计划"和"农村劳动力技能就业计划",加大农民培训和劳务输出岗前培训力度。二是加快发展社会事业,让群众满意。加大财政投入力度,完成了县医院病房大楼建设和中医院搬迁工程,建成乡镇中心卫生院18所;大力发展基础教育和职业教育;不断完善城市最低生活保障制度和农村新型合作医疗制度,有效解决了群众上学难、看病难、保障低等问题。三是着力解决热点问题,让群众顺心。在城中村改造、村庄整合、城镇拆迁等涉及群众利益的重大事项中,从政策制定、拆迁实施到群众安置,请群众参与决策,处处为群众考虑,真正实现依法拆迁、阳光拆迁、和谐拆迁。

坚定不移地把优化环境作为主抓手。良好的环境是聚集和激活发展资源要素的关键。长垣坚持抓环境就是抓经济、抓发展,努力打造投资成本最低、环境最优、最具吸引力的地区。一是提供温情化服务,营造爱商"家园"。叫响"书记、县长是长垣最大的服务员",全力为企业提供优质高效方便快捷的服务。二是建设公平化市场,打造安商"沃土"。坚持边发展、边规范,多次开展起重机械、医疗器械市场专项整治活动;深入开展企业周边环境整治,在媒体上公布主要领导固定电话、手机号码和电子邮箱,受理群众举报;人大代表、政协委员及社会各界人士经常开展评议活动,挑刺拔刺,设置曝光台。三是树立开明形象,塑造聚商"磁场"。每年都举办大型对外宣传活动,积极组团参加各种展销展示会、招商引资项目洽谈会等,拍摄了《大长垣》电视连续剧,提升了长垣的知名度、美誉度和影响力,被评为"外商眼中的河南最佳投资城市"。

三、推进科学发展之悟

通过在长垣的调研,就如何在推进科学发展中壮大县域经济这个问题,我有以下几点想法。

解放思想是推进科学发展的先导。落后地区与先进地区的差距,归根结底是思想解放程度上的差距。长垣之所以能够实现大幅度跨越和赶超,最根本的就是靠思想的解放,敢为人先、敢冒风险、勇于拼搏、勇争一流。没有小农意识的破除,就不可能出现一支庞大的外出创业队伍;没有条条框框的打破,就不可能有蓬勃发展的民营经济;没有创新创造的思维,就不可能形成独具特色的优势产业。

顺应规律是推进科学发展的必然。科学发展是合乎规律的发展。探索破解"三农"难题的规律是推进县域经济科学发展的根本任务。人类社会发展规律表明,从农业文明上升到现代文明,工业化是不可逾越的历史阶段;破解"三农"难题,根本出路在于加快工业化、推进农业产业化。长垣的经验,归根结底就是走出了一条符合本地实际、具有自身特点的传统农区加快工业化的路子。

激发民力是推进科学发展的关键。实践证明,经济社会发展最大动力在民间;越是群众创业创造活跃的地方,经济发展内生动力就越强。长垣之所以创造出"无中生有"的奇迹,主要得益于充分尊重群众的首创精神,放手让群众干,全力支持群众干,顺应了百姓求发展求致富的迫切愿望,选准了干部群众共谋发展的结合点,使发展活力和潜能充分释放出来。

突出特色是推进科学发展的方向。特色就是市场通行证、品牌影响力、区域竞争力。长垣人善于寻求市场空隙、把握市场走向,实施差异化经营,扬长避短、错位发展,做到人无我有、人有我优、人优我精。拿起重机产业来讲，一提到起重机，人们就会想到长垣；一提到长垣，人们就会想到起重机，起重机成了长垣的一张名片，长垣成了起重机之都，两者紧密联系在一起，形成了巨大的品牌扩张力和区域竞争力。

以人为本是推进科学发展的根本。科学发展归根结底是以人为本的发展。只有坚持以人为本，才能端正发展的出发点和落脚点，真正做到干群同心、上下协力促发展。长垣这些年发展很快，根本就在于县委、县政府的决策部署顺应了群众期盼，体现了群众利益，让群众从改革发展中得到了实实在在的好处，得到了群众真心拥护，凝聚起加快发展的强大合力。

（作者：中共河南省委书记）

深入学习实践科学发展观 推动机关事务工作再上新水平

焦焕成

机关事务工作是党和国家事业的重要组成部分，在机关事务工作中深入贯彻落实科学发展观，必须进一步增强用科学发展观统领和指导机关事务工作的自觉性与坚定性，明确机关事务工作科学发展的思路和措施，不断推动机关事务工作迈上新水平。

一、进一步提高推进机关事务工作科学发展的自觉性

坚持用科学发展观统领机关事务工作全局。必须充分认识用科学发展观统领机关事务工作的重要现实意义，努力用科学发展观武装头脑、指导实践、推动工作。要把继续解放思想与紧密联系实际结合起来，把继承优良传统与坚持改革创新结合起来，把坚持服务宗旨与实施科学管理结合起来，把提高保障能力与降低行政成本结合起来，把增强自律意识与强化制度约束结合起来，努力把科学发展观的要求转化为谋划发展的正确思路、促进发展的政策措施和领导发展的实际能力，推动机关事务工作全面协调可持续发展。

坚持为党和国家中心工作服务的宗旨。要按照科学发展观的要求，不断增强责任、服务、节俭、廉洁、改革意识，进一步提高管理、保障、服务水平，更好地为党和国家的中心工作服务。立足政府工作的客观需要，着眼机关运转的实际需求，以管理为基础、服务为核心、保障为目标，认真履行工作职责，高质量完成各项任务。坚持以人为本，在管理中体现服务，在服务中实施管理，通过对各项工作的统筹规划、科学组织，对保障资源的合理配置、高效利用，不断增强保障能力，提高保障水平，提供更加优质、高效的服务。

坚持解放思想、改革创新的要求。要以改革创新的精神研究解决机关事务工作中遇到的新矛盾和深层次问题，不断规范工作程序和保障行为，进一步完善机关事务管理体制和运行机制。用统筹兼顾的方法推进改革创新，保持改革政策和措施的连续性，把握好改革的力度和社会可接受的程度，兼顾干部职工承受能力，确保政策配套、制度衔接和队伍稳定，积极稳妥地推进机关事务工作的改革创新。

坚持艰苦奋斗、勤俭节约的原则。机关事务管理部门在建设节约型机关中承担着重要职责，必须始终坚持艰苦奋斗、勤俭节约的原则。要充分考虑我国社会主义初级阶段的基本国情，牢固树立“过紧日子”的思想，努力转变主要

依靠增加资源来实施服务保障的观念，努力降低行政成本，按照适度、节俭、实用的要求，在管理、保障、服务工作的各个方面厉行节约，量入为出、精打细算，爱惜人力、财力和物力，最大限度地避免浪费，做到少花钱、多办事，花好钱、办好事。坚持科学民主决策，防范决策失误，规范权力运行，堵塞管理漏洞，增强工作的透明度和公信力，把科学发展观的要求落到实处。

二、着力完善体制机制，推进机关事务工作科学发展

深化机关后勤体制改革。坚持机关后勤服务社会化的改革方向，创新服务社会化的实现形式，实现由部门自我服务为主向由社会提供服务为主转变。制定进一步深化机关后勤体制改革的方案，逐步建立结构合理、运转协调、保障有力、与政府职能转变相适应的机关后勤服务体制。改革后勤服务项目举办方式，引入市场竞争机制，打破封闭模式和垄断格局。在健全机关与后勤服务单位核算机制的基础上，推动机关内部服务融入社会服务体系。

健全行政事业单位资产管理体制。要理顺机关事务管理部门与相关部门和资产使用单位的职责关系，建立各司其职、各负其责、运转协调、高效有序的管理体制和运行机制。加强行政事业单位国有资产管理的基础性工作，深入开展调查统计，全面掌握行政事业单位资产状况，建立健全国有资产管理办法以及资产配置和处置标准。编制资产配置年度计划，建立资产决算报告制度，改进资产管理方式，实现资产全过程动态管理，提高资产管理的规范化、专业化水平。

提高政府机关房地产管理水平。加强政府机关办公用房和用地管理，健全统筹规划、统一建设、合理调配、规范管理、专业化服务的机关办公用房管理体制和科学规范的土地归口管理体制。根据城市整体规划和交通发展趋势，加强机关用地和办公用房规划，推进办公用房和土地资源集约节约利用。合理安排基建投资，完善基建项目前期评审制度，规范基建项目招投标制度。制定办公用房实物预算管理标准和制度，探索办公用房租赁制和土地有偿使用。

完善职工住房保障制度。根据房地产市场发展趋势和机关实际，建立多层次、可持续的住房保障制度。坚持住房分配货币化改革方向，推动形成职工住房补贴动态调整机制。规范住房资金管理，提高资金使用效率，充分发挥住房资金在解决职工住房问题方面的支持作用。加快推进物业管理和供热体制改革。在健全住房档案的基础上，探索建立机关职工住房内部交易交换平台，并积极向住房市场化过渡，努力实现机关职工住有所居、居得其所。

加强公务用车管理。会同有关部门全面登记清查行政事业单位公务用车，对机关本级公务用车实行严格的编制管理，对所属行政事业单位公务用车实行总量控制。严格执行车辆配备标准，实施公务用车单车核算，防止公车私用，降低车辆运行维护成本。探索不同的交通保障方式，研究制定有关“私车公用”管理办法。配合有关部门稳妥地推进公务用车制度改革，逐步实现公务用车服务社会化。

提高政府集中采购工作水平。坚持依法采购，继续完善政府集中采购规章制度，规范采购行为，提高采购规范化水平。优化采购组织实施方式，加强采购的计划性，完善价格、质量控制机制，加强对供应商的履约管理；推进政府集中采购信息化建设，增强透明度，提高采购效率，降低采购成本。加大节能环保产品政府采购力度，积极发挥政府采购支持自主创新、扶持民族产业和中小企业、维护国家信息安全等政策功能。贯彻实施并推动完善政府集中采购目录，加大集中采购在政府采购中的比重和采购执行力，稳步扩大政府集中采购规模。

推进公共机构节能。组织实施《公共机构节能条例》，加强对地方公共机构节能工作的指导，逐步建立分级分类归口管理体制，形成权责一致、协调配合、运转顺畅的工作机制。制定公共机构节能规划和节能评价考核、能源消费统

计、节能监督管理等实施办法，研究探索能耗定额、能源审计、合同能源管理等制度。健全公共机构能耗统计、监测体系，对公共建筑的建设、使用和维护各阶段实行全过程节能跟踪管理。在严格成本效益核算的前提下，有计划、分步骤开展建筑节能改造。深入开展节油、节电、节水、节气和节约粮食等活动，切实降低能耗水平，促进节能型机构和节约型机关建设。

规范国内公务接待。贯彻落实《党政机关国内公务接待管理规定》，建立国内公务接待联系协调机制。推动各地区建立统一规范的党政机关公务接待管理体制，强化接待经费预算刚性约束管理，制定招待费管理制度，规范接待范围、标准和程序；完善定点接待制度，加强定点宾馆饭店管理；会同有关部门开展公务接待公示制试点，加大群众和社会监督力度，努力降低接待成本。

加强驻京办事处管理。会同有关部门和北京市做好政府驻京办事机构的规范管理工作，制定加强和规范驻京办事处管理办法，加强驻京办事处党风廉政建设和行政事务管理，强化其社会管理和公共服务职责。引导驻京办事处做好派驻地区来京人员和其他社会组织的服务工作，探索建立各地区驻京单位党组织和在京党员的统一管理体制，为维护首都稳定和促进首都经济社会发展做贡献。

建立完备的机关事务法规制度体系。按照温家宝总理"完善管理制度，用严格的制度加强和改善机关事务管理工作，使机关事务管理工作逐步走上规范化和法制化的轨道"的要求，加快机关事务法规的起草工作，做好规章制度的立、改、废，努力构建完备的机关事务政策法规体系。按照依法行政的要求，严格用制度管人、按规定办事，全面实行依法保障。

三、大力加强各级领导班子思想政治建设，进一步提高贯彻落实科学发展观的能力

坚持理论联系实际，提高开拓创新能力。结合机关事务工作实际，在机关事务管理工作中建立和落实学习实践科学发展观的长效机制，提高运用科学发展观分析和解决机关事务工作中存在的实际问题的能力。适应社会主义市场经济发展、行政管理体制改革和政府职能转变等新形势对机关事务工作的新要求，用发展的眼光探索新的工作思路和政策措施，推动机关事务工作的理论创新、制度创新和实践创新。

坚持民主集中制，提高科学决策能力。进一步完善机关事务工作规则和决策程序，建立健全干部职工参与、专家咨询和组织决定相结合的决策机制。坚持集体决策与分工负责相结合，做到民主决策、科学决策，确保各项决策的有效贯彻实施。加强调查研究，抓住新形势下机关事务工作的主要矛盾，把握管理、保障、服务工作的发展趋势，保证决策目标和内容的科学性、实效性。

坚持围绕中心服务大局，提高统筹协调能力。坚持机关事务工作为党和国家中心工作服务的宗旨，立足于新形势下政府更好地履行经济调节、市场监管、社会管理、公共服务职能的客观需要，从有利于建设服务政府、责任政府、法治政府、廉洁政府出发，认真做好各项服务保障工作。理顺机关事务管理部门与有关业务主管部门的工作关系，加强中央和地方机关事务管理部门之间的信息沟通和工作联系，协调推进各项业务工作。

坚持正确用人导向，提高抓班子带队伍能力。坚持德才兼备、以德为先，树立正确的用人导向，健全机关事务管理部门选拔任用、评价考核、激励约束机制，加大干部轮岗交流和培训工作力度，建设一支政治强、业务精、作风好的机关事务干部队伍。加强各单位领导班子建设，坚持品行为本、责任为重、务实为要、民意为上、廉洁为贵，把那些靠得住、敢负责、肯实干、口碑好、严于律己的干部选拔到领导岗位上来，切实提高领导干部的综合素质和领导能力，充分调动干部职工的积极性，为推动机关事务工作科学发展提供坚强有力的组织保证。

加强党风廉政建设，提高拒腐防变能力。以改革创新精神加强机关事务管理部门党的建设，充分发挥共产党员的先锋模范作用、领导干部的表率示范作用和党组织的战斗堡垒作用。党员领导干部要带头加强党性修养，对党忠诚、为民尽责，始终保持政治上的清醒和坚定，保持积极进取的精神状态和健康向上的人生追求。进一步落实党风廉政建设责任制，筑牢拒腐防变的思想防线，建立健全教育、制度、监督、改革、纠风、惩处相结合的惩治和预防腐败体系，完善内部权力监督制约机制，从源头上防止腐败问题的发生。

（作者：国务院机关党组副书记、国务院副秘书长兼国务院机关事务管理局局长）

突出特色　注重实效
大力推进经济文化强省建设

中共山东省委

山东省认真贯彻落实中央决策部署，深入学习贯彻胡锦涛同志视察山东重要讲话精神，把开展深入学习实践科学发展观活动作为重大政治任务，作为保持经济平稳较快发展、加快推进经济文化强省建设的强大动力，作为抓班子、带队伍、强作风的有效途径，紧扣“科学发展、富民强省”活动主题和“解放思想、改革创新，加快推进经济文化强省建设”实践载体，统筹搞好第一、二批学习实践活动。

一、把学习实践活动的成效体现在深化思想认识、形成科学发展共识上

坚持解放思想，不断提升思想境界、创新发展理念，既是学习实践活动的内在要求，又是推动科学发展的关键所在。省委紧紧抓住解放思想这一关键环节，在广大党员干部特别是领导干部中集中进行科学发展观教育，引导广大党员干部在解放思想中统一思想，在开阔眼界中拓宽思路，在改革创新中破解难题，努力形成科学发展的共识。一是在深入学习中提高认识。坚持把深入学习科学发展观贯穿活动始终，努力在精读原著、掌握基本观点上下功夫，在融会贯通、准确把握精神实质上下功夫，在武装头脑、运用科学理论解决实际问题上下功夫。今年4月，胡锦涛同志视察山东并发表重要讲话，对山东工作提出总体要求和殷切期望。我们立即召开省委常委会和省委九届七次全体会议，认真学习贯彻，作出部署安排，强调要把学习贯彻胡锦涛同志重要讲话作为学习实践科学发展观活动的重要内容，进一步统一思想，加深对胡锦涛同志关于山东工作总体要求的认识，加深对山东在全国发展大局中所占重要位置的认识，加深对保增长、保民生、保稳定极端重要性的认识，加深对加快转变发展方式重大战略任务的认识，加深对加强党的建设是推动事业不断发展根本保证的认识，更加坚定自觉地深入贯彻落实科学发展观，坚定信心，迎难而上，全力做好保增长、保民生、保稳定工作。为了学好兄弟省科学发展的新经验，对照先进找差距，放眼大局谋发展，今年5月，由省委、省政府主要领导同志带队，到兄弟省学习考察，开阔了眼界，学到了好经验、好做法，加深了对科学发展观的理解，促进了思想的解放和观念的更新，增强了科学发展的紧迫感和责任感。在第一批学习实践活动中，省委常委会先后3次进行集体学习讨论，邀请有关专家和领导作辅导报告4

场。各级各部门各单位采取中心组学习、专题研讨班、培训班、专家辅导、个人自学等形式，组织党员干部深入学习。积极推进科学发展观进教材、进课堂、进学生头脑。省委统一组织编写了党政干部和大学生、高中生、初中生、小学生五个科学发展观教育读本。其中，大学生学习读本已免费发给全省高校学生，达到人手一册。干部教育读本已经印发，中小学教育读本5月份可进入教学。通过这些措施，使广大干部群众真正把科学发展观作为政治信仰来追求，作为科学真理来坚持，作为行动指南来践行。二是在深入调研中把握省情。要使科学发展观成为指导实践的强大思想武器，学好是前提，用好是关键。省委要求，各级领导班子必须以科学发展观为指导，围绕推进经济文化强省建设，开展调查研究，深刻把握省情，从理论与实践的结合上研究提出贯彻落实措施。省级领导同志分别牵头开展了关于加强人才培养使用、关于培植壮大财源、关于提高自主创新能力、关于处理和化解社会矛盾等12个重大战略课题调研，形成的调研成果，分别以不同形式转化为省委、省政府的决策部署。各级党委(党组)从实际出发确定了1293个调研题目，参与调研的领导班子成员达到1234人。三是在深入思考中理清思路。认真组织开展“四对照、四检查”活动，即对照科学发展观的本质要求，检查在运用科学发展观武装头脑、指导实践、推动工作方面存在的问题；对照国内外先进地区的发展经验，检查在推动科学发展中存在的差距；对照工作实际和职责任务，检查本部门本单位在服务科学发展方面的不足；对照人民群众的愿望和要求，检查解决群众切身利益的情况。通过开展这些活动，促使广大党员干部努力破除骄傲自满、畏难发愁、遮羞护短的情绪，在对照中找到了差距，在检查中发现了问题，在思考中理清了思路，全省上下推动科学发展的愿望更加强烈，促进和谐发展的思路更加清晰，实现率先发展的氛围更加浓厚。

二、把学习实践活动的成效体现在应对国际金融危机、保持经济平稳较快发展上

作为沿海经济大省，山东在国家发展大局中占有重要位置。面对国际金融危机的不利影响，省委引导各级领导班子和广大干部，牢固树立大局意识，坚决贯彻中央重大决策部署，把促进经济平稳较快发展作为学习实践活动最重要的实际和重要目标，以保增长、保民生、保稳定的实效检验学习实践活动的成效，为全国发展大局作出应有贡献。2008年，全省实现生产总值31072.1亿元，同比增长12.1%；全社会固定资产投资15435.4亿元，增长23.1%；社会消费品零售总额10381.2亿元，增长23%；外贸进出口总额1581.5亿美元，增长29%；地方财政收入1956.9亿元，增长16.8%；城镇居民人均可支配收入、农民人均纯收入分别达到16305元和5641元，分别增长14.3%和13.2%。今年一季度，全省实现生产总值同比增长7%，规模以上固定资产投资增长18.2%，地方财政收入增长5.1%，城镇居民人均可支配收入和农民人均现金收入分别增长8.8%和7.3%。一是确立了积极作为、科学务实的工作基调。引导广大党员干部振奋精神、坚定信心，充分认识金融危机是传统发展模式之“危”，是科学发展之“机”，利用国际金融危机形成的倒逼机制，坚持把保增长、扩内需、调结构有机结合起来，加快转变发展方式，大力推进经济结构战略性调整，打破常规，主动出击，挖掘潜力，创造性地开展工作，在困境中开辟出通道，全力打赢山东经济发展的硬仗。二是坚决贯彻中央的政策措施和部署要求。认真落实中央扩内需、促进经济平稳较快发展的一揽子计划，结合山东实际，及时出台了21条涉及89个方面的政策措施。去年底筛选240个项目与有关方面对接，总投资达8000亿元；今年又从8个领域排出1.6万亿元的投资项目；编制了10大行业调整振兴规划、40个特色产业的调整振兴指导意

见、13个新兴产业的发展指导意见。目前一大批基础设施、生态环保、自主创新、现代产业体系等重点项目正在开工建设。三是深入思考和谋划事关山东长远发展的重大问题。在抓好当前工作的同时，着眼于在今后新的发展周期中谋取更加有利的地位，以开阔的视野、前瞻的思维、科学的方法、务实的态度，深入研究山东如何在各项工作中贯穿科学发展主线，如何在发展中做到高点定位，如何强化多点支撑形成发展新优势，如何实施重点带动战略等事关全局的重大问题，采取实际步骤和措施，建设山东半岛蓝色经济区、加强省会建设、打造胶东半岛高端产业聚集区、推进黄河三角洲高效生态经济区规划建设、加快建设日照精品钢基地，努力形成山东发展的新优势。

三、把学习实践活动的成效体现在保障和改善民生、让群众得到更多实惠上

民生连着民心，民心凝聚民力。各级各部门始终紧扣改善和保障民生、促进社会和谐这一工作重点，围绕解决事关群众利益的突出问题，为群众办一些看得见、摸得着的好事实事，以学习实践活动带来的新气象、新变化惠及群众。学习实践活动中，省委先后召开了4个征求意见专题座谈会，广泛听取各方面的意见。省委常委会带头抓整改，对查找出的突出问题和群众意见建议进行分类梳理，认真分析研究，制定了10个方面、64项具体内容的整改落实方案，并在媒体上公布。各部门各单位也都在制定整改方案的基础上，研究确定2至3项整改重点，建立整改重点工作台账，面向社会承诺、接受社会监督。全省公开承诺整改突出问题11599个，有的已经整改，有的正在整改落实。各级党组织针对群众就业、上学、看病、住房、养老等民生问题，积极采取了一些措施。在扩大就业上，2008年全省新增就业114.7万人、转移农村劳动力149.9万人，零就业家庭实现了“动态消零”；在健全社会保障体系上，实现城镇养老保险和医疗保险参保人员均超过1260万人，将农村低保标准由800元提高到900元；在保障性住房建设上，新增廉租住房保障3.2万户，建成经济适用房5.1万套；在推进教育发展上，完善了农村义务教育经费保障机制，改造农村中小学校舍317万平方米，启动了农村中小学“两热一暖一改”工程试点；在改善卫生服务上，新建改造村级卫生室6300个，新型农村合作医疗参合率达到97%，城市社区卫生服务覆盖率达到87%。

四、把学习实践活动的成效体现在改革创新、健全完善体制机制上

制度更带有根本性、全局性、稳定性和长期性。在学习实践活动中，省委和各级党委坚持把创新体制机制贯穿始终，从促进科学发展的实际需要出发，初步形成了一系列系统配套、务实管用、便于执行的制度机制：一是健全完善经济社会发展综合评价机制。修改完善了《关于健全推动科学发展促进社会和谐考核监督体系意见》，重点调整充实转变发展方式、自主创新、社会建设、改善民生、生态文明等方面的考核指标，引入群众对科学发展成果满意度指标。二是健全完善科学民主决策机制。围绕科学决策、民主决策和依法决策，健全了调查研究、征求意见、专家咨询、集体决策等制度，完善了重要情况通报、重大决策征询、重要情况反映和重大事项公开等制度。三是健全完善财政激励约束机制。围绕培植壮大财源、增强财政实力，促进区域经济平稳较快发展，建立了财政收入质量改善、财政支出结构优化、县级基本财力保障、县级财力差异均衡、县乡义务教育债务化解等五项制度。四是健全完善民生改善和保障机制。围绕促进社会公平，实现学有所教、劳有所得、病有所医、老有所养、住有所居，针对不同社会群体的特点，建立完善劳动就业、收入分配、社会保障等方面的体制机制。五是健全完善统筹城乡发展“三农”工作推进机制。围绕推进社会主义新农村建设，促进城乡经济社会共同繁

荣发展，完善农村土地承包经营权合理流转制度，健全和完善工业反哺农业、城市支持农村和多予少取放活的长效机制。六是健全完善平安山东建设工作机制。围绕推进“平安山东”建设，促进社会和谐，建立健全政法综治工作考核评价、社会主义法治理念教育、执法质量考评和执法行为监督、社会矛盾纠纷预防和化解、安全生产隐患排查治理、科学监管等制度。七是健全完善生态建设和环境保护机制。围绕执行国家节能减排政策、发展循环经济，制定了城乡环保评价、治理、监管、考核、问责等方面的制度措施；围绕加强土地管理，健全和完善科学规划用地审批、土地调控、耕地保护方面的政策措施。八是健全完善机关作风建设机制。围绕创新完善惩治和预防腐败体系建设，进一步强化权力制约和监督，坚决纠正损害群众利益的突出问题，着力解决重点领域的腐败问题和群众反映强烈的突出问题，深入开展纠风专项治理，营造有利于党员干部加强党性修养和作风养成的制度环境。

科学发展：电力工业赢得挑战的根本路径

张国宝

改革开放30年，特别是2002年新一轮电力体制改革以来，我国电力工业进入了发展最快的历史时期。近年，电力工业以科学发展观为指导，在电力建设、结构调整、技术进步、装备能力提升、整体效率提高和节能减排等方面取得了世人瞩目的成就，步入了安全、清洁、节约发展的轨道，保障了经济社会发展和人民生活水平提高对电力增长的需求，实现了历史性的跨越。到2008年，全国水电装机容量达1.7亿千瓦，已居世界第一位；核电装机达910万千瓦，在建规模2290万千瓦，规划容量超过4000万千瓦；风电装机总规模超过1200万千瓦，在建装机规模1000万千瓦；太阳能和生物质能等可再生能源发电得到快速发展。电力工业已成为我国经济社会又好又快发展的强有力支撑。

以市场需求为导向，与经济社会发展相适应。电力工业是国民经济和社会发展的基础产业和公用事业。在2002年用电需求不断加大的情况下，2003年初，国家及时调整了电力工业发展规划。2005年，在综合判断中长期电力需求的基础上，结合当时电力进一步紧缺的实际情况，国家适时出台了三年火电滚动建设规划和一系列促进电力工业发展的政策措施，明确了三年建设目标，加大了电力建设力度。随后，在电力需求处于持续高速增长阶段，又进一步科学分析电力需求形势，合理调控建设力度，逐步减少建设规模，在2008年电力需求增速大幅回落之时，发电装机增速也同时回落了4个百分点，基本实现了与电力需求的同步协调，避免了电力建设的大起大落，既在短时期内扭转了电力供应不足的局面，又保证了电力建设的平稳有序发展。

以改革为动力，实现健康高速增长。以现代企业制度建设为重点，破除垄断，引入竞争，坚持市场化的改革方向，是近年来电力工业取得快速发展的一条基本经验。我国电力工业在多年来发展过程中遇到的许多体制和机制性问题，只有在深化改革过程中才能解决，才能不断解放和发展生产力。尽管目前电力体制改革的一些举措尚未完全到位，但改革所取得的阶段性成果已大幅提升了电力工业增长的质量与效益。五大发电公司和四个电力辅业集团，与地方电力投资建设企业，以及外资、民营发电企业，在电源建设的投资、设计、施工和生产运行等各个环节形成的竞争格局，为电力工业的发展注入了新的活力。

加快结构调整，提升整体效率。实践表明，在国家宏观调控政策的引导下，不断加大结构调整力度，是转变电力发展方式，提高发展质量，提升整体效益的有效途径。我国电力工业在发展过程中，仍存在着一些结构性矛盾，如能源资源的地区分布不均衡、电源结构和电网结构不尽合理。对于这些问题，近年来加快了调整步伐，取得了显著成果：一是积极推进电力工业的上大压小，加速淘汰落后产能；二是大力发展核电；三是积极推进水电开发；四是加快风电、太阳能发电和热电联产等清洁高效能源的建设。

依托重大项目建设，推动科技进步和国产化。近年来，通过沁北、玉环电厂等超临界、超超临界示范项目的建设，实现了火电关键设备的国产化，不仅巩固了常规发电机组国产化的成果，也掌握了燃煤机组的先进制造技术。通过近几年的实践，我们成功地走出了一条依托重大工程，实行引进技术与自主创新相结合，集体攻关、重点突破、技术共享、快速推广的技术进步与设备国产化之路。当前，我国设备制造水平已跻身世界先进行列并不断升级，设备制造能力更是雄居全球之首，创新能力不断提高。我国电力技术的进步和设备国产化水平的提高，进一步促进了电力工业的快速发展。

贯彻安全节约清洁方针，促进电力工业可持续发展。电力工业是关系千家万户、国计民生的重要支柱产业。电力系统一旦发生事故，有所闪失，将会给国民经济和人民生活带来巨大损失。近年来，北美、西欧、俄罗斯等国家和地区先后发生的大面积停电事故，给当地经济和社会发展造成了严重的负面影响。我国电力工业积极贯彻安全发展、清洁发展和节约发展的方针，建立健全应急机制，提高电力设施抗灾能力建设，确保了电力工业的安全稳定发展。电力工业始终认真贯彻“安全第一、预防为主、综合治理”的方针，是这几年电力安全稳定生产运行的重要原因。

努力探索管理创新，加强和改善宏观调控。电力工业的发展，只有遵循社会主义市场经济规律以及电力工业自身的特有规律，才能持续平稳健康发展。这就要求对电力工业的各项管理，要根据我国市场经济的特点和具体国情，努力探索管理创新，加强和改善宏观调控，使电力建设与国民经济发展相适应，避免电力建设的大起大落，实现科学有序发展。近年来，国家根据经济社会的发展形势变化，积极转变政府职能，完善电力工业的各方面管理。比如：按照核准制的规定，明确电力项目的核准要求，增强项目决策透明度，推进民主决策、科学决策；积极深化电力体制改革，逐步探索理顺电价形成机制，力争规范市场秩序，维护公平竞争。这些政策措施的实施，对于电力工业实施结构调整，促进产业升级，推动科技进步，推进节能减排起到了积极的作用，营造了良好的企业生存发展环境，提高了企业的综合竞争能力。当前，受国际金融危机的影响，我国经济下滑明显，导致用电需求不足，电力企业经营出现困难。但这是暂时的，只要措施得力，是可以转危为机的。因为，从中长期看，我国正处在全面建设小康社会的历史阶段，工业化、城镇化还有很大的发展空间，整个社会对电力的需求将保持稳定增长的态势。我们要抓住当前电力需求放缓的机遇，进一步深化体制改革，加强市场建设，理顺能源价格机制，促进电力与经济、社会、环境的协调发展，确保电力的安全稳定供应，努力走出一条科技含量高、经济效益好、资源消耗低、环境污染少的又好又快发展之路，实现电力工业的持续健康发展。

加快发展核电。核电是清洁高效能源，污染少、温室气体接近零排放，是优化能源结构的优先选择。目前，我国核电装机只占电力总装机的1.3%，比例很低。为此，要努力提高核电的装机比例，国家现正在调整核电中长期发展规划，加强沿海核电发展，科学规划内陆地区核电建设，力争2020年核电占电力总装机的比例达到5%以上。我国多年来已培养锻炼了一大批业务素质强、管理水平高、能够适应核电建设和运营的人才队伍，核电技术水平和装备制造能力也有了较大的提高和突破，具备了良好的发展条件和环境。我们要逐步建立和完善现代核工业体系、核燃料循环体系和安全体系，通过引进吸收和自主创新相结合，形成具有自主知识产权的新型核电技术体系，为核电大发展打下坚实基础。同时，要积极参与国际联合研发的第四代核电技术和热核技术，为未来发展做好准备，进一步推动核电发展。

大力发展风电和可再生能源。我国已出台了可再生能源法，颁布了可再生能源发展规划，为可再生能源的发展营造了良好的政策环境。近年来，通过开展大型风电项目特许权招标，出台风电优惠价格政策等措施，我国风电产业得到了快速发展，目前的风电规模已居世界前列。今后，我们要继续加快百万千瓦规模风电场的建设，带动风电设备研发制造产业的发展，尽快形成每年1000万千瓦以上的自主装备能力。当前要科学规划，精心组织，重点建设甘肃河西走廊、苏北沿海和内蒙古三个千万千瓦级的大风场，打造“风电三峡工程”，力争使我国在2010年前后的风电装机突破2000万千瓦，建设成世界最大的风力发电国家。同时，要积极推进生物质能、太阳能等其他可再生能源产业化发展，争取到2020年使我国除水电以外的可再生能源所占比重，从目前的1.5%左右提高到6%以上，促进可再生能源的发展。

积极开发水电。我国是世界上水电资源蕴藏最为丰富的国家，可开发的资源量约为5.4亿千瓦。到2008年，我国水电装机容量只有1.7亿千瓦，开发利用程度仍然较低，远低于美国、日本等发达国家，发展潜力巨大。今后，在科学论证、系统规划、有序开发、妥善处理好生态环境保护和移民安置的前提下，仍然要坚持水电开发的方针，力争到2020年水电装机规模达到3亿千瓦左右；并进一步实施西电东输等重点工程，在更大范围内实现电力资源的优化配置，促进水电的科学经济利用。

优化发展煤电。我国煤炭资源丰富，资源禀赋决定了我国电力装机在较长时间内仍将以火电为主，电力发展在短期内难以改变主要依赖煤炭的格局。在电力建设发展过程中，要优化发展火电，综合平衡煤炭与水资源、电力市场、电力系统、交通运输、环境保护等因素，优化煤电布局，进一步调整发电装机的结构，提高机组技术水平和经济性。要认真贯彻上大压小方针，加速关停小火电机组，淘汰落后产能；鼓励建设能耗低、大容量的高效环保发电机组，提高电力工业整体效率，推进节能减排；积极发展热电联产，努力提高热电联产比重，改善北方大中型城市供热状况和冬季环境质量，以利民生；以建设大型煤电基地为重点，积极推动煤电一体化进程。

加强电网建设。电网的发展和布局要立足于节约发电资源，以确保安全为基础，实现更大范围的资源优化配置。要加快区域和省级输电网架建设，提高电力资源综合利用效率和区域电网间与省电网间电力电量的交换和相互支持能力，发挥大电网在市场备用、电力电量互补、水火互济等方面的效益，提高电网整体运行效率。重点总结验收特高压交流试验示范工程，加快直流特高压试验示范工程建设，尽早发挥特高压输电技术的效益。同时，加强城市电网和农村电网建设，实现电源与电网、输电与配电的协调同步发展。

不断促进装备工业技术进步。进一步推动电力装备制造业的自主设计、自主创新和国产化工作。对于先进的电力技术和设备，要通过技贸结合的方式，以市场换技术，以示范项目为依托，力争实现引进技术、消化吸收、为我所用，促进我国电力工业技术水平的不断升级，使装备工业不仅为电力行业的发展提供强有力的技术支撑，而且能够带动和促进相关产业的同步发展。

（作者：国家发展和改革委员会副主任、国家能源局局长）

从历史全球和文化的视野深刻认识科学发展观

袁纯清

科学发展观运用马克思主义的世界观和方法论，立足社会主义初级阶段基本国情，深入总结我国发展实践，深入总结人类社会发展经验，深刻反思世界社会主义运动的成败得失，继承中华民族优秀传统文化，不仅回答了在当代中国什么是发展、为什么发展、靠谁发展和怎样发展等重大问题，也对新世纪人类社会的发展具有重要的意义。

科学发展观是对人类社会发展经验的深入总结和高度概括

从根本上讲，漫长的人类历史就是一个求发展、求进步的历史。不同的民族、国家和地区在不同的时代实践着不同的发展模式，形成了不同的发展观念。发展观念的不断更新，是人类文明进步的重要成果和表现。重农主义、重商主义都曾经成为重要的发展选择，又陆续随着时代的车轮淡出历史舞台。16 世纪以后，随着资本主义的兴起，特别是英美法德日等国家通过工业化率先实现了由传统经济向现代经济的转变，世界经济出现了前所未有的快速发展局面。正如《共产党宣言》所指出的："资产阶级在它的不到一百年的阶级统治中所创造的生产力，比过去一切世代创造的全部生产力还要多，还要大。"与此同时，在资本的逐利本性的驱使下，利润至上的发展理念也在全球范围内扩散。"人和人之间除了赤裸裸的利害关系，除了冷酷无情的'现金交易'，就再也没有任何别的联系了"。不择手段、不计后果、最大限度地攫取利润，成为资本主义发展的一个突出特征，也成为其难以克服的内在矛盾。几百年来，尽管资本主义国家不断采取调节措施，但有两个方面的问题始终无法根本解决。其一，资本主义的发展是为了最大限度地追逐利润，而不是为满足广大人民群众的需要，这就必然会导致生产与需要的矛盾，最终阻碍经济的发展。其二，既然资本主义的发展追求的是利润最大化，而诸如社会公平、环境保护、资源节约等问题并不在考虑之列，这就使得发展无法做到可持续，不得不通过周期性的经济危机被动地进行"调节"。可以说，资本主义世界的间歇性的经济危机正是这两个矛盾的体现。资本主义的发展模式不改变，资本主义制度不改变，这种经济危机便不会消失。

社会主义制度的建立，为从根本上解决这些问题提供了可能。只有把发展与全体人民的根本利益联系起来，以人民的利益而非少数人的利益作为发展的根本目的，才能选择正确的发展方向、科学的发展思路。科学发展观正是在对人类社会发展历史和发展理念深刻反思的基础上形成的，是对以往的发展理念的扬弃和超越。

科学发展观是对社会主义发展规律的系统把握和有力深化

世界社会主义运动已经走过了 160 多年的历程。在这一历程中，既有高歌猛进的辉煌，也有在逆境中曲折前进的低潮，其间充满着探索的艰辛。十月革命的伟大胜利，诞生了世界上第一个社会主义国家，引发了 20 世纪社会主义革命高潮，震撼并动摇了帝国主义的世界体系。十月革命胜利后，苏联经过国有化、工业化和集体化，生产资料公有制成为社会主义制度的基础，以公有制为基础的高度集中的计划经济体制逐步形成。应该承认，这个模式有其存在的历史合理性，也曾发挥过积极的作用。但随着历史的发展，它的局限性和弊端也越来越明显：单一公有和单一计划，缺乏动力和竞争机制；发展方面粗放经营，科技进步缓慢；结构方面比例失衡，产业落后。这些弊端使得苏联经济成为一种“短缺型经济”：在国内，日用消费品短缺，人民生活提高缓慢；与其他国家相比，经济差距越来越大。这些问题，再加上政治上高度集权、个人崇拜，执政党的党内腐败、思想僵化等等，导致社会矛盾越来越尖锐。而苏共又没有及时对这些弊端进行改革，化解社会矛盾，苏联社会主义制度由此逐渐失去了自我更新的能力，终于在20世纪80年代末90年代初发生了苏联解体的历史性悲剧，世界社会主义运动遭遇了重大挫折。

与苏共不同，中国共产党在领导中国革命、建设、改革的长期实践中，始终注意把马克思主义基本原理同中国具体实际和时代特征相结合，解放思想、实事求是、与时俱进，不断推进马克思主义中国化。新中国成立以后，由于缺少社会主义建设的经验，我们曾一度学习苏联的发展模式。但是不久，毛泽东同志就提出要实现马克思列宁主义与中国实际的第二次结合，强调要以苏为鉴，独立自主地进行社会主义建设。在建设社会主义的进程中，我们取得了伟大成就和宝贵经验，同时也经历了曲折，走了弯路。面对十年“文化大革命”造成的危难局面，以邓小平同志为主要代表的中国共产党人坚持解放思想、实事求是，彻底否定“以阶级斗争为纲”的错误理论和实践，科学评价毛泽东同志和毛泽东思想，创立了邓小平理论，开创了改革开放的伟大事业。党的十三届四中全会以后，以江泽民同志为核心的党的第三代中央领导集体，受命于重大历史关头，高举邓小平理论伟大旗帜，创立“三个代表”重要思想，继续引领改革开放的航船沿着正确的方向破浪前进。党的十六大以来，以胡锦涛同志为总书记的党中央准确把握时代特征和中国国情，高举邓小平理论和“三个代表”重要思想伟大旗帜，认真研究和回答我国社会主义经济建设、政治建设、文化建设、社会建设和党的建设面临的一系列重大问题，形成了科学发展观这一重大战略思想。

改革开放以来我们取得一切成就和进步的根本原因，归结起来就是：开辟了中国特色社会主义道路，形成了中国特色社会主义理论体系。科学发展观就是这一理论体系的最新成果，是马克思主义关于发展的世界观和方法论的集中体现，是我国经济社会发展的重要指导方针，是发展中国特色社会主义必须坚持和贯彻的重大战略思想。

科学发展观是对中国优秀传统文化的忠实继承和发扬光大

2006年4月，胡锦涛总书记在耶鲁大学发表重要演讲时指出：科学发展的理念，是在总结中国现代化建设经验、顺应时代潮流的基础上提出来的，也是在继承中华民族优秀文化传统的基础上提出来的。科学发展观所强调的以人为本、统筹协调、与时俱进、社会和谐等重要理念，正是植根于中华传统文化的深厚土壤之中。

中华文明历来注重以人为本，尊重人的尊严和价值。《孝经》中说：“天地之性，人为贵。”《荀子》中说：“君者，舟也；庶人者，水也。水则载舟，水则覆舟。”孟子提出：“民为贵，社稷次之，君为轻。”荀子认为：“欲安，则莫若平政爱民。”因此可以说，千百年来，“民惟邦本，本固邦宁”的观念深入人心。科学发展观坚持发展为了人民、发展依靠人民、发展成果由人民共享，关注人的生活质量、发展潜能和幸福指数，把人的全面发展作为发展的最终目的，正是对中华文明人本思想的继承和发展。

中华文明历来强调和谐共处，追求社会大同。孔子提出，“礼之用，和为贵”；《中庸》有云：“中也者，天下之大本也；和也者，天下之达道也。致中和，天地位焉，万物育焉。”中国传统文化不仅注重人与人、人与社会的和谐，而且主张人与自然的和谐，这就是“天人合一”的思想。在中国传统文化中，不论是儒家还是道家，都主张“天人合一”。孟子讲：“尽其心者，知其性也；知其性则知天矣。”之所以尽心就能够知性知天，就是因为天与人是合一的。老子提出，“人法地，地法天，天法道，道法自然”；庄子说：“天地与我并生，而万物与我为一，”等等，都是把“天人合一”作为一种至高境界来追求。科学发展观强调按照民主法治、公平正义、诚信友爱、充满活力、安定有序、人与自然和谐相处的总要求，努力实现全体人民共同建设、共同享有的和谐社会的目标，在国际上则高举和平、发展、合作的旗帜，奉行独立自主的和平外交政策，坚定不移地走和平发展道路，以合作谋和平、以合作促发展，推动建设一个持久和平、共同繁荣的和谐世界。这正是对中华文明“和谐”思想的继承和发扬。

中华文明历来强调思维的辩证性，注重统筹协调。《易经》深刻阐释了从整体上把握宇宙人生的思维方式，“天人合一”也是一种整体思维。同时，中国传统文化还倡导中庸。儒家如此，如《论语》中说“执其两端，用其中于民”；道家也如此，老子提出的不让事物发展到极端也是一种中庸。这样一种关于“无过无不及”、适度而合常规、反对用极端的办法处理问题的观念，几千年来一直影响着中华民族的思想和行为。科学发展观的基本要求是全面协调可持续，这在一定程度上就是对中国传统文化的辩证思维的继承。

“天行健，君子以自强不息”。中华文明历来强调奋斗进取、革故鼎新。科学发展观把发展作为第一要义，坚持聚精会神搞建设，一心一意谋发展，不断解放和发展社会生产力，不断提高人民群众的生活水平，就是这种坚持不懈、自强不息精神的体现。总之，科学发展观根植于中华文明的沃土，在历史的传承中又凸显时代特色，因而具有强大的生命力。

科学发展观对人类社会的发展进步意义重大

科学发展观坚持辩证唯物主义和历史唯物主义的世界观、方法论，从我国所处的发展阶段、面临的突出问题、希望达到的发展目标出发，自主确定适合自己的发展道路。这一基本思想对于其他国家民族也有一定的借鉴意义。

科学发展观强调要全面推进经济建设、政治建设、文化建设、社会建设，促进现代化建设各个环节、各个方面相协调，促进生产力与生产关系、上层建筑与经济基础相协调。坚持生产发展、生活富裕、生态良好的文明发展道路，建设资源节约型、环境友好型社会，实现速度和结构质量效益相统一、经济发展与人口资源环境相协调，使人民在良好生态环境中生活，实现经济社会永续发展。这些都是唯物辩证法在发展问题上的具体运用。而如何实现可持续发展，如何实现人与环境的协调、和谐，正是世界各个国家，包括发达国家和发展中国家，普遍面临的问题。同时，科学发展观的核心是以人为本，要求把人作为发展的目的，而不是作为发展的工具，这对于转变那种“见物不见人”的发展观、实现长远发展、永续发展，也具有积极的借鉴意义。

综上所述，科学发展观是以胡锦涛同志为总书记的党中央，站在时代和历史的高度，统筹国内国际两个大局，借鉴人类文明积极成果，结合中国特色社会主义实践，积极应对人类社会发展面临的严峻挑战而提出的重大战略思想。我们要全面把握科学发展观的科学内涵和精神实质，增强贯彻落实科学发展观的自觉性和坚定性，着力转变不适应不符合科学发展观的思想观念，着力解决影响和制约科学发展的突出问题，把全社会的发展积极性引导到科学发展上来，把科学发展观贯彻落实到经济社会发展各个方面，为夺取全面建设小康社会新胜利，推进中国特色社会主义伟大事业而不懈奋斗。

（作者：陕西省人民政府省长）

推动自主创新　促进科学发展

李学勇

在全党开展深入学习实践科学发展观活动，是党的十七大作出的战略决策。科学发展观是中国特色社会主义理论体系的重要组成部分，是马克思主义关于发展的世界观和方法论的集中体现，是发展中国特色社会主义必须坚持和贯彻的重大战略思想，是走中国特色自主创新道路和建设创新型国家的行动指南。按照中央的部署和要求，科技部党员干部紧紧围绕“推动自主创新、促进科学发展”的主题和“创新体制机制、转变管理方式、落实规划纲要、实现重点突破”的实践载体，认真扎实推进学习实践活动的各项工作，在更深层次上对科技工作深入贯彻落实科学发展观形成了共识，在科技实践中努力把贯彻落实科学发展观提高到新水平。

一、提高自主创新能力、建设创新型国家是深入贯彻落实科学发展观的必然要求

胡锦涛总书记强调指出，要把解放思想、改革创新贯彻到科技领域。在科技领域深入贯彻落实科学发展观，要求我们必须充分认识世情、国情、党情的深刻变化，同时也要充分认识科情的深刻变化，进一步增强对深入学习实践科学发展观重大现实意义和深远历史意义的认识和理解。

从世界科技发展的态势来看。当前，科技发展呈现出一系列新的特征。一是世界范围内科学技术日新月异，发展变化的速度前所未有。前沿科技领域呈现群体突破的态势，学科交叉融合，重大创新成果不断涌现。纳米尺度下物质世界奇异性质的发现，量子理论与信息科学的融合，生物科学对生命现象本质的揭示，海洋科学和空间技术的发展，暗物质和暗能量的探索，使人类对自然的认识不断突破微观、宇观和时空尺度。这些方面的探索和进展，必将对未来经济社会产生重大影响。二是实现人类社会可持续发展对科技创新提出了重大需求。全球可持续发展面临着能源资源和环境的制约，传统的大量耗费不可再生自然资源和破坏生态环境的经济增长方式已经难以为继，必须走科学、协调、可持续发展的道路。历史经验表明，解决这些人类文明发展所面临的共同问题，必须依靠科技创新的突破和新的科技革命。三是许多国家都把推动科技创新作为面向未来的国家战略。2006 年，我国召开全国科技大会，明确建设创新型国家的战略目标，发布了《国家中长期科学和技术发展规划纲要(2006－2020 年)》。2007 年 8 月，美国通过《美国竞争法》，提出要在科研和人才培养方面继续领先世界。同年 6 月，日本通过《“创新 25”科技长期战略方针》，提出面向 2025 年的创新型国家远景目标。2008 年 3 月，英国发布《创新国家》白皮书。俄罗斯、韩国、印度、巴西等国也都提出了面向未来的科技创新计划和行动。世界科技发展的新特征、新趋势，要求我们把握重大科技创新机遇，瞄准世界科技前沿，努力掌握科技发展的战略制高点，赢得发展的主动权。

从我国经济社会发展的需求来看。我国仍处于社会主义初级阶段，人民日益增长的物质文化需要同落后的社会生产之间的矛盾没有改变，这对依靠科技进步促进经济社会发展提出了明确的要求。同时，作为发展中的社会主义大国，新时期新阶段我国要完成工业化和信息

化的双重任务，担负着增加社会财富和使人民共享发展成果、实现社会公平的双重使命，面临促进经济发展和节约资源、保护环境的双重压力，这也对发挥科技创新的支撑引领作用提出了新的迫切要求。调整经济结构、转变发展方式、走新型工业化道路，推进城乡统筹，缓解能源资源和环境的瓶颈制约，促进人口健康和保障公共安全，维护国家安全和战略利益，都迫切需要提高自主创新能力、走科学发展之路。

从新的时代条件下我国科技发展的任务来看。新中国成立60年来特别是改革开放30年来，我国科技实力不断增强，科学技术为经济社会发展和保障国家安全提供了有力支撑。同时也要看到，我国科技总体水平同世界先进水平相比仍有较大差距，自主创新能力还不强，建设创新型国家的任务十分艰巨。面对世界科技发展的日新月异，面对发达国家在经济科技上占优势的长期压力，面对我国经济社会发展的迫切需求，我们必须把思想和行动统一到深入贯彻落实科学发展观的要求上来，统一到中央的决策和部署上来，把提高自主创新能力作为发展科学技术的战略基点，作为调整产业结构和转变发展方式的中心环节，加快实现创新驱动发展。

二、用科学发展观统领科技实践，更加坚定地走中国特色自主创新道路

党的十七大把提高自主创新能力、建设创新型国家作为国家发展战略的核心和提高综合国力的关键。这是我国经济社会发展到现阶段的必然要求，也是对科技事业发展路径和目标的战略部署。我们要把提高自主创新能力作为实现科学发展的重要突破口，用科学发展观统领科技实践。坚持发展是第一要务，实现科技促进经济社会又好又快发展；坚持以人为本，体现科技发展为了人，落实科技发展依靠人，突出科技发展培养人，让科技进步的成果惠及亿万群众；坚持全面协调可持续发展，使科学技术有效服务于中国特色社会主义经济建设、政治建设、文化建设和社会建设；坚持统筹兼顾，加强科技创新能力建设与支撑经济社会发展的统筹部署，科技发展与体制机制创新的统筹协调，实现科技攻坚目标和创新人才培养的统筹安排，国内和国外科技资源的统筹利用，让科学发展的理念在自主创新实践中得到充分体现和贯彻，使自主创新在促进科学发展中切实发挥重要作用。

把提高自主创新能力作为中心任务。自主创新能力是国家竞争力的核心。从经济总量上看，我国已经成长为世界经济大国，但是在重要产业和关键领域还缺少核心技术和自主知识产权，在国际产业分工中的地位还不高。只有拥有强大的自主创新能力，才能真正迈入创新型国家的行列。要坚持“自主创新、重点跨越、支撑发展、引领未来”的指导方针，全面落实国家中长期科学和技术发展规划纲要的战略任务，把提高自主创新能力贯彻到现代化建设各个方面。

把促进国民经济又好又快发展作为重中之重。科技创新是对经济增长具有决定性意义的要素，也是结构调整和产业升级的根本动力和先导力量。能否实现国民经济又好又快发展，将在很大程度上取决于科技的影响和支撑作用。要紧紧围绕经济社会发展的重大需求，着力突破制约经济社会发展的关键技术，加快科技成果转化和产业化，大幅度提高科技进步对经济增长的贡献率，促进科技与经济社会发展更加紧密地结合。

把改善民生作为根本出发点和落脚点。让科技成果充分惠及广大人民群众，是我国科技事业发展的重要使命。要坚持以人为本，围绕改善民生的重大科技需求，切实加强民生科技工作，努力解决人口健康、生活质量、人居环境、公共安全等方面的问题，服务于社会主义和谐社会建设。

把改革创新作为推进科技发展的强大动力。提高自主创新能力，必须大力推进体制机制创新。要深化科技体制改革，把建立以企业

为主体、市场为导向、产学研相结合的技术创新体系作为突破口，全面推进国家创新体系建设。优化科技资源配置，促进创新要素的有效互动和创新资源的开放共享，形成技术创新体系、知识创新体系、军民结合创新体系、区域创新体系和科技中介服务体系整体推进、协调互动的良好局面。

把创新型人才队伍建设作为科技工作的根本任务。我国是世界科技人力资源大国，科技活动人员和全时研究开发人员数量位居世界前列，这是推动自主创新、促进科学发展的宝贵力量。要坚持把人才资源作为第一资源，加快构建有利于激励人才创新创业和优秀人才脱颖而出的良好环境，发展壮大科技人才队伍，凝聚各方面科技力量，努力营造全社会参与创新、支持创新的氛围，形成科技工作万马奔腾的局面。

三、充分发挥科技支撑作用，促进经济平稳较快发展

国际金融危机对全球经济造成巨大冲击，对我国经济社会发展带来严峻挑战，也对我们依靠科技创新促进科学发展提出了更加迫切的要求。为应对国际金融危机，党中央国务院作出了一系列重大决策和部署，强调要重视知识和科技的力量，把发挥科技支撑作用作为促进经济平稳较快发展的重要举措。我们要认真贯彻落实中央的决策部署，按照科学发展观的要求，把发挥科技支撑作用、促进经济平稳较快发展作为当前科技工作的首要任务，发挥各方面科技力量的优势，立足当前，着眼长远，为扩内需、保增长、调结构、惠民生提供有力的科技支撑，推动我国经济尽快走上创新驱动、全面协调持续发展的轨道。

强化科技的支撑作用。认真落实国务院《关于发挥科技支撑作用促进经济平稳较快发展的意见》中的各项措施和政策，加快实施国家科技重大专项，对当前扩大内需能够产生直接作用、已有较好基础、可以尽快形成具有市场竞争力产品的重点任务，优先安排，加快实施进度，力争早出成果、快见成效。组织和动员科研院所和高等院校科技人员深入基层、深入农村、服务企业，开展创新创业和技术服务，加快建立社会化服务体系和长效机制。加快推广应用一批既能拉动内需、又能形成新的经济增长点的自主创新技术和产品，带动产业结构调整和发展方式转变。加快发展高新技术产业，加大对新能源、生物医药、新一代通信、新材料、绿色制造等高新技术产业的支持力度，形成富有国际竞争力的产业集群。大力支持企业技术创新，组织实施技术创新工程，构建一批产学研结合的技术创新战略联盟，加快建设一批企业技术创新服务平台，积极推进创新型企业建设，引导、带动和支持广大企业走创新发展之路。

使科技成为实现标本兼治的有力杠杆。科技创新既是扩内需、保增长的有效手段，也是调结构、上水平的根本途径。我们既要发挥科技在应对当前经济困难中的有效作用，又要发挥科技在解决我国经济发展结构性矛盾中的重要作用。国际金融危机的冲击和国际市场的变化，导致外部需求减少，对我们更好地发挥科技创新作用、促进经济结构调整形成了倒逼状态。我们要把握好这一时机，加大体制机制创新的力度，大力发展高新技术产业和现代服务业，增强产业核心竞争力，培育一批战略性产业，使科技更加主动地服务于经济社会发展，使经济社会发展更加有效地依靠科学技术和自主创新。

充分把握科技创新的重大机遇。历史经验表明，经济危机往往伴随着科技创新的重大突破，从而孕育新的产业，带动新一轮的经济增长。我们要抓住新科技革命正在孕育和兴起的机遇，准确把握当前科技发展的趋势和内在规律，在世界科技前沿、科技创新和产业化最活跃的领域，加大原始性创新力度，实现我国科技的新突破和新跨越。要抓住经济全球化进程不断深入的机遇，准确把握国际上研究开发活动和科技创新模式的新变化、新特点，更广泛地利用全球科技资源，提高我国的自主创新能力。要抓住我国经济社会又好又快发展对科技需求迅

速扩大的机遇，准确把握科技发展的长远目标和战略任务，着眼未来，超前部署，跨越发展，增强经济发展后劲和国家竞争新优势。

我们正站在一个新的历史起点上。中央把科技摆在优先发展的战略地位，科技工作责任重大，使命光荣。我们必须坚持以科学发展观统领科技实践，以提高自主创新能力为核心，以改革创新为动力，充分发挥科技的支撑引领作用，为推动自主创新、促进科学发展做出切实的贡献。

（作者：科技部党组书记、副部长）

生态立省是海南践行科学发展观的必然选择

于 迅

在深入学习实践科学发展观的过程中，海南省提出要重塑特区意识，重振特区精神，锐意创新特区体制机制，推动科学发展、和谐发展，形成具有海南特色的生态立省实践模式，在探索人与自然和谐发展的道路上迈出了坚实的一步。

一、生态立省是海南探索科学发展的经验总结

海南对发展模式的选择经历了一个曲折上升过程。建省伊始，海南在选择发展模式上走过一些弯路。随着经济社会的快速发展，海南省越来越认识到，这块“净土”再也承受不起传统发展模式所带来的生态环境恶化问题，于是迈上了谋求经济社会发展与环境保护“双赢”的生态立省之路。

生态立省的认识经历了三次大的升华，实践上出现了三次大的推进。第一次是从摸索前行到初步认识的升华，提出了“破坏海南的生态，就是砸海南的饭碗”、“保护和改善生态环境就是保护和发展生产力”的主张。第二次是从初步认识到实施立法的升华。1999 年 2 月通过了《关于建设生态省的决定》，正式启动生态省建设；随后通过了《海南生态省建设规划纲要》，生态省建设步入法制化轨道。进入新世纪以后，海南生态省建设的步伐明显加快，2005 年修编《海南生态省建设规划纲要》，全面实施生态省建设。第三次是从实施立法到执政理念的升华。2007 年海南省明确提出坚持生态立省，从发展道路、发展模式的高度进一步深化认识，强调在任何时候、任何情况下，都不能以牺牲环境为代价换取一时的经济繁荣，坚决避免走“先发展、后治理”的老路，坚持走经济社会发展与环境保护“双赢”的生态文明发展道路。

自提出生态立省以来，海南立足于发挥生态优势，在保护好中部热带天然林、沿海防护林等生态保障体系的同时，大力发展生态经济，加大环保设施建设和治污力度，加强生态文化建设，实现了经济效益、社会效益和生态效益的同步提升。从 2000 年至 2007 年，海南全省生产总值、全省财政收入和地方财政收入分别增长了 1.3 倍、3.43 倍和 2.4 倍，城乡居民收入也分别增长 110％和 70％。而 7 年间工业化学耗氧量、粉尘排放量分别减少了 64％、62％，空气质量始终控制在国家一级标准，森林覆盖率升至 57.1％；80％以上的河段和湖库水质达到或优于可作为饮用水源的国家地表水三类标准，主要近岸海域海水保持国家一类或二类水质标准，总体生态环境继续保持全国一流水平。与此同时，生态文化进一步繁荣，全社会的生态环境意识明显提高，尊重自然、呵护环境蔚然成风。

二、生态立省体现了科学发展观的本质特征

作为海南贯彻落实科学发展观的实践载体，生态立省的总体目标是，以良好的生态环境为发展根本，努力把海南建设成为绿色之岛、开放之岛、繁荣之岛、文明之岛、和谐之岛，成为人与自然和谐共存、经济社会可持续发展的生态文明示范省。

牢牢扭住发展这个第一要务，积极推动海南又好又快发展。依托和发挥自身的生态环境优势，运用生态学原理和系统方法创新发展理念，提高发展质量和效益。按照"生态环境优先、效益最大化"原则，积极发展富有海南特色的现代化热带农业，特别是绿色和无公害农业；积极推进国际旅游岛建设，大力发展以旅游业为龙头的现代服务业，加速旅游产业的生态化和国际化；按照"不污染环境、不破坏资源、不搞低水平重复建设"原则和"大公司进入、大项目带动、高科技支撑"战略，集中布局、集约发展新型现代工业，为经济社会的健康发展注入持续动力，提升海南的综合竞争力。

紧紧围绕以人为本这个核心，努力实现好、维护好、发展好最广大人民群众的根本利益。生态立省既关注人民的收入水平、生活质量，又注重人文关怀和人居环境建设。海南省通过的《关于大力改善民生 推进基本公共服务均等化的意见》，把民生问题放在生态立省的首要位置，提出了经过5—10年的努力，基本形成惠及公民、公平公正、水平适度、可持续发展的公共服务体系的奋斗目标。随着创建文明生态城市、文明生态集镇、文明生态村和文明生态社区活动的深入推进，人民群众将不断感受到生态立省带来的实实在在的好处。

始终坚持统筹兼顾，把全面协调可持续的基本要求融入推动城乡发展一体化的各项工作。海南与其他特区最大的不同，是拥有广阔的农村腹地，城乡发展不平衡的问题比较突出。在生态立省的实践中，我们坚持全省一盘棋思想，在大力推进工业化和城镇化的同时，建立健全生态补偿机制和财政转移支付机制，采取教育扶贫、科技扶贫以及集中扶贫、整村推进等办法，加大对农村地区特别是中部山区和少数民族地区的扶持力度，努力形成以沿海城镇地区发展带动中部农村生态地区发展的长效机制，促进区域的全面协调可持续发展。

三、生态立省必须全面推进生态文明建设

2008年4月，胡锦涛总书记在海南视察时明确要求："坚持生态立省，坚持把建设生态文明、保护生态环境放在经济社会发展的首要位置，做到在保护中发展、在发展中保护。"当前海南生态文明建设依然面临许多困难和问题，但机遇大于挑战。要按照《海南生态省建设规划纲要》所确定的"三圈一区"生态功能布局，统一规划、统一管理，有步骤、有计划地把建设资源节约型、环境友好型社会落实到每一个单位和家庭，着力推进"八个体系"建设。

推进生态安全保障体系建设。大力推进重点天然林保护、重点生态区域绿化及防护林建设，提高天然林覆盖率，积极实施生物多样性保护工程，提升岛屿生态系统的安全保障能力。

推进环境质量保障体系建设。重点推进防治工业污染、控制生活污染、减少农业污染、处置医疗和危险废物等污染防治工程，提高防污治污能力。

推进资源可持续利用体系建设。重点实施土地保护与开发、生物和矿产资源高效利用、水资源优化配置与水源建设、清洁能源等工程，提高资源能源利用的效益和可持续性。

推进生态经济体系建设。根据生态功能区要求和产业特点合理规划产业布局，重点发展具有生态优势的产业、具有生态与经济双重效益的产业、具有资源优势的加工业、环保型优势产业，扩大生态经济规模和效益。

推进人居生态体系建设。通过在城市优化

管理和服务、完善市政基础设施、开展绿化美化亮化工程，在农村推广沼气建设、发展生态农业、改善环境卫生，提高城乡人居环境质量。

推进人口生态体系建设。重点实施人口控制、健康与安保、文体与教育、就业与社保等工程，提高城乡居民幸福生活和健康发展的保障能力。

推进生态文化体系建设。重点推进公民生态意识和生态法律法规知识普及、生态建设的社会氛围营造、公众参与机制建设等工程，形成尊重自然、保护生态的风尚。

推进能力保障体系建设。重点推进生态建设的组织、法制、政策、科技等保障机制建设，确保生态立省执政理念长期坚持下去，人与自然的和谐发展惠及世世代代。

（作者：中共海南省委副书记）

在科学发展观指导下推进社会主义新农村建设

黄华华

广东省委、省政府坚持以科学发展观为指导，结合实际，认真贯彻中央重大发展战略，积极推进社会主义新农村建设，“三农”投入大幅增加，现代农业加快发展，劳动力转移稳步推进，农民收入持续增长，基层组织和民主管理制度不断完善，广袤农村发生了深刻变化。

建立以工促农、以城带乡的长效机制。我们认真落实“工业反哺农业，城市支持农村”和“多予少取放活”的方针，加大强农惠农政策力度。积极实施农资综合直补、种粮直补、水稻良种补贴、能繁母猪补贴、农机购置补贴等政策，逐步提高补贴标准，扩大补贴范围。农资综合直补标准从2006年的7元/亩·年，提高到2008年的49.5元/亩·年。种粮直补范围从2004年的年播种面积30亩以上的种粮农民，到2008年的全体种粮农民。2007年、2008年，省财政分别安排省级种粮直补资金0.68亿元和1.33亿元。以发展县域经济为重点，扩大县级管理权限，实施财政激励机制，鼓励各县（市）大力发展有利于培植财源的项目，加快推进农村工业化、城镇化和农业产业化。加快中心镇、专业镇建设，提高城镇容纳农村转移劳动力的能力。中心城市、县城和中心镇对农村发展的带动能力不断增强，各种生产要素在城乡之间加速流动，城乡建设与发展的互补性和互动性趋向越来越强。

各级政府以新农村建设为抓手，把农村基础设施和公共服务覆盖到行政区域内的乡镇村，加强农村基础设施建设。2008年全省约4000个村庄编制了规划。各地坚持多渠道筹措资金，不断增加对农村水、电、路等基础设施建设的投入，农村基础设施不断改善，基本上改变了过去交通不便、通讯落后、信息不灵的局面。启动农村饮水安全工程建设，254万农村人口饮用水安全问题得到解决，广州、深圳、珠海、佛山、中山、东莞6个市实现农村饮水安全率100%达标和城乡一体化供水。实施镇通行政村公路路面硬化工程，已完成及在施工的达到4.45万公里，有两万多个行政村公路实现路面硬化，占全省行政村总数的96.6%，乡镇和行政村通客车率分别为99.33%和85%，珠三角地区基本实现全部行政村通客车的目标。

加快形成城乡一体化发展新格局。以解决农村民生问题为重点，统筹城乡公共服务。省委、省政府集中人力、物力、财力解决农民最低生活保障和看病难、上学难、住房难等问题，推动城乡基本公共服务均等化。在全国率先实行城乡最低生活保障制度，农村低保线由年人均收入1000元提高到1200元，全省156.78万符合低保条件的农村居民实现应保尽保。率先探索建立农民基本养老保险制度，开展被征地农民的养老保障工作，各地级以上市均已实施被征地农民养老保障制度。惠州、云浮、河源等地开展了村干部或计划生育家庭养老保险。建立了覆盖全省农村的新型农村合作医疗制度，2009年农民参合率由2005年的48.6%提高到97.5%，居全国前列。全面推进城乡免费义务教育，从2006年秋季开始，率先在全国实行农村义务教育阶段的学生免收学杂费，2008年春季学期起，免收全省义务教育阶段学生杂费和课本费，全面实现城乡免费义务教育目标。实施农村安居工程，改造农村危房15万户，解决了1.89万城镇"双特困户"住房问题。

积极推进户籍制度改革，统筹城乡社会管理。以户籍制度改革为突破口，着力破除城乡二元结构。全省取消"农转非"计划指标，将入户审批制度改为核准制度，以准入条件取代进城人口控制指标。允许有技能、贡献大、有发明创造的优秀外省农民工落户广东。深圳、佛山等地率先推行取消农业户口、将户籍人口统一登记为"居民户口"的改革，并加大社会保障的力度，城乡统筹发展格局初步形成。促进就业服务向农村延伸，统筹城乡劳动就业。实施农村家庭"一户一技能计划"，建立农村劳动力技能培训普惠制度。实施"智力扶贫"工程，以财政资助的形式对贫困家庭子女开展2至3年的免费技校和中等职业教育。全省技工学校智力扶贫累计招收60160名贫困家庭学生，有4批共2万名智力扶贫生顺利毕业并实现100%就业。全省技校还培训农村劳动力46.8万人，90%实现转移就业。

大力发展现代农业，促进农民持续增收。一是发展特色效益农业。从广东人多地少的实际出发，充分利用独特的地理、气候条件，大力发展名优水产、畜产、花卉、水果、珍贵树种等特色效益农业，加快特色优势农产品生产基地和产业带建设，培育农业名牌产品、无公害农产品、绿色食品、有机食品等，提高特色农业整体效益。二是加强农业基础设施建设。开展农田基础设施整治，改造中低产田，启动现代标准农田建设，省政府投入80亿元，用4年时间，建设500万亩标准农田。推进"沃土工程"，实施测土配方施肥。建设22个农业现代化示范区，全面提高农业综合生产能力。三是推进农业产业化经营。扶持发展农业龙头企业和农民专业合作经济组织，2008年国家级农业龙头企业累计达到42家；省级农业龙头企业总数达到191家。省级农业龙头企业带动农户216万户，户均增收2777元。通过发展现代农业，提高土地利用率和土地产出率，广东以占全国1.5%的耕地生产出全国6.3%的农业总产值和9.8%的农业增加值。

在农业效益不断提高的同时，我们加大了支农惠农政策的实施力度，促进农村劳动力转移，确保农民收入稳定增长。2008年，全省园艺产品、经济作物种植面积占农作物面积的48%，产值占种植业产值的74%，促进了农民生产经营收入的提高。云安县南盛镇在红壤土和山坡地上种植柑橘，全镇90%以上的农户种植沙糖橘和贡柑，仅柑橘一项人均产值就达7200多元。实施"智力扶贫工程"和"百万农村青年技能培训工程"，提高农民就业技能，促进农村富余劳动力转移就业，增加农民工资性收入。2002年至2008年，全省农村劳动力转移就业达到478万人。2008年，农村居民人均纯收入6400元，比上年增长13.8%，扣除价格因素后实际增长7.6%，增幅同比提高1.1个百分点。城乡居民收入差距由上年的3.147∶1下降到3.10∶1，连续4年略有缩小。

促进区域协调发展，全面建设小康社会。实施区域协调发展战略，加大政策倾斜力度。先后出台《关于加快山区发展的决定》、《关于推进产业转移和劳动力转移的决定》等一系列政策措施，加大东西两翼和粤北山区县域能源、交通、水利等基础设施建设力度，为缩小珠三角地区和其他区域的发展差距创造条件。实施珠三角7市对口帮扶16个扶贫开发重点县和4个山区县，加快欠发达地区脱贫奔小康的步伐。推进产业和劳动力“双转移”。已成功举办了5届珠江三角洲地区与山区经济技术合作洽谈会，珠江三角洲地区与山区、东西两翼联手推进产业转移，成效显著。已建成省级产业转移工业园29个，产业转移园区吸纳农村劳动力31.7万人。园区基础设施和产业建设显著增强，成为推动欠发达地区加快发展的重要载体。东西两翼和北部山区发展提速，环珠三角产业转移带初步形成，城乡和区域发展的协调性增强。

实践表明，社会主义新农村建设，是与经济社会发展的全局紧密联系在一起的，是在探索中不断完善、稳步前进的过程。总结经验，可以得到有益的启示。

各级党委和政府高度重视，是推进新农村建设的根本。广东省委、省政府站在全局的高度，把建设社会主义新农村作为全局工作的重中之重，增强建设社会主义新农村的使命感和紧迫感，出台了《关于加快社会主义新农村建设的决定》，明确了广东建设社会主义新农村的总体目标和阶段性任务，地方各级党委和政府制定贯彻落实建设社会主义新农村的具体措施，各有关部门明确了职责和任务，协调配合，形成建设社会主义新农村的强大合力，真正使建设社会主义新农村成为惠及广大农民群众的民心工程。

统筹谋划是推进新农村建设的前提。改革开放以来，广东的改革发展取得了巨大的成就，同时我们也看到，广东农业生产力总体水平不高，农民收入增长不快，农村社会事业发展滞后，城乡差距明显。农业、农村、农民问题是关系广东经济社会发展全局的根本性问题，必须跳出“三农”解决“三农”问题。从过去农民的事情农民办、农村的事情集体办转变为各级财政逐步覆盖到农村，向农村倾斜。建设社会主义新农村不仅是“三农”领域的事业，也是全社会的事业，必须把社会主义新农村建设纳入全省经济社会发展大局，通过政府推动、农民主体、社会参与，调动一切积极因素，整合各方资源，全面推进社会主义新农村建设。实践证明，只有跳出“三农”，从全省经济社会发展大局整体部署，调动全社会参与，建设社会主义新农村才能取得实效。

强化责任，加大反哺力度，是推进新农村建设的保障。建设社会主义新农村，政府要增强责任意识，提高履行责任的能力。广东各地成立了建设社会主义新农村的领导机构，落实责任，制定规划，组织协调。首先是加大了反哺力度，调整财政支出结构，公共财政投入重点向农村倾斜，扩大公共财政覆盖农村的范围。近几年，全省各级财政投入“三农”的资金年均增长20%以上。其次是深化改革，建立有利于社会主义新农村建设的保障机制。突破城乡二元体制，加快建立形成城乡一体化发展新格局的管理体制和运行机制。探索户籍管理制度、劳动就业制度、社会保障制度等城乡管理制度的改革，统筹城乡发展，实现公共服务均等化。

因地制宜，大胆创新，是推进新农村建设的关键。在建设社会主义新农村的实践中，广东各地从实际出发，因地制宜，创造了各具特色的社会主义新农村建设的做法和经验。一是坚持统筹城乡发展，促进新农村建设。珠江三角洲工业化、城镇化程度高，经济实力强，通过以工促农、以城带乡，大力推进社会主义新农村建设。佛山市制定了农村工作“五十条”及首批九个配套政策文件，实现了农村体制和制度建设的新突破，成为统筹城乡发展，建设社会主义新农村的典型。二是发展特色产业，振兴农村经济。广东的山区过去是贫穷人口相对比较集中的地区，在实施扶贫开发中，充分发挥地方独特的资源优势，围绕一个特色产品或产业，通过大力推进“一村一品”、“一乡一品”，带动农村经济发展，走上了脱贫致富的道路。在粤东西北欠发达地区，针对农村交通、公共卫生、文化体育等基础设施建设滞后的状况，以整治生产生活环境为主要内容，创建生态文明村、卫生村。三是实施阳光村务，推进农村民主管理。云浮市2006年开始在全市逐步实施“活力民主、阳光村务”工程，在村民代表会议下设立召集组、监督组和发展组三个独立工作小组，完善了农村民主选举、民主决策、民主管理和民主监督的制度，实现了农村事务管理的公开化、民主化、科学化。

（作者：广东省人民政府省长）

按照科学发展观要求做好团员青年工作

何　雄

胡锦涛总书记在同团中央新一届领导班子成员和团十六大部分代表座谈时指出，“在现阶段，党需要共青团更好地团结带领广大团员青年，为实现全面建设小康社会的奋斗目标而不懈努力。”这一重要讲话，指明了共青团工作的目标任务和努力方向，同时阐明了广大团员青年在发展中国特色社会主义过程中的重要作用。共青团要完成党交给的神圣使命，就必须深入贯彻落实科学发展观，紧紧把握青年特点，更好地服务青年发展，努力开创青年工作新局面。

一、准确把握当代青年的基本特征

青年既是社会变革的“晴雨表”，也是时代前进的“风向标”。改革开放30年来，随着经济体制深刻变革、社会结构深刻变动、利益格局深刻调整、思想观念深刻变化，当代青年在思想观念、行为方式、群体结构、组织形态等方面，经历了一个由不成熟到比较成熟的发展过程。

在党和团组织的教育引导下，经过改革开放大风大浪的洗礼和磨炼，青年一代逐步变得务实、稳重和成熟起来。广大青年在一系列重大事件中的突出表现，证明他们不愧为有理想有抱负有作为的一代。特别是在抗震救灾斗争中，在北京奥运志愿者队伍中，无处不活跃着广大青年的身影，他们以自己的实际行动，展现出青年一代爱国爱民的赤子情怀。胡锦涛总书记高度评价当代青年：“在改革开放伟大进程中成长起来的当代中国青年是值得信赖的，是能担当重任的！”

当代青年成长在一个迅速发展、不断变化、日益开放、新事物层出不穷的社会中，他们愿意接受新事物新观点，不循旧、不保守；他们思想独立，有批判精神和创造激情，敢于向权威挑战；他们求知欲强，竞争意识强，注重平等，讲求合作，有法律观念；他们乐于社会活动，有公益意识和公民责任感，等等。同时，受“四个多样化”以及不同群体、不同时期、不同年龄阶段、不同生活经历等诸多因素的影响，当代青年在价值观念、兴趣志向、行为方式、心理特征等方面呈现出多元、多样、多变的趋势，具有鲜明的个性特征。只有准确把握当代青年的基本特征，才能在教育、引导青年工作中把握规律性、体现时代性、富于创造性。

二、始终坚持青年工作的正确方向

做好共青团工作，必须坚持青年工作的正确方向，全面看待当代青年，最大限度地调动广大青年的积极性和创造性，把他们的智慧和力量凝聚到服务经济社会发展上来。

牢牢把握党的要求。胡锦涛总书记指出，“共青团组织要不断完善工作思路，找准工作位置，丰富工作内容，创新工作手段，努力形成服务党的事业、服务青年群众有机统一的工作格局。要坚持眼睛向下、重心下移，力争使团的基层组织网络覆盖全体青年，使团的各项工作和活动影响全体青年”。这是从确保党的事业兴旺发达、后继有人的高度对共青团工作提出的要求。各级团组织要按照总书记的要求，找准定位、创新思路、完善载体，坚持抓基层、抓落实，不断扩大组织覆盖和活动覆盖，完成党和人民赋予的重大使命。

紧紧抓住发展机遇。要抓住当代中国正在发生广泛而深刻的变革，当代青年爱国主义和民族自豪感、自信心大大增强的机遇，引导青年听从党的号召、响应时代召唤，为中国特色社会主义建功立业；抓住青年对先进思想、先进文化、科学知识的追求日益强烈的机遇，用中国特色社会主义理论体系教育武装青年，引导他们勤奋刻苦学习，发展先进文化，争当栋梁之材；抓住当前党中央和各级党委对共青团工作高度重视的机遇，为共青团事业发展争取更大的空间，创造更好的环境；抓住当前应对国际金融危机的机遇，引导青年坚定信心，自强自立，发挥积极性、主动性、创造性，在迎接挑战和战胜困难中求得新的更大的发展；抓住深化行政管理体制改革和政府职能转变的机遇，积极承担更多的青少年事务，拓展共青团事业新的增长点；抓住人民群众和社会各界公民意识、公益意识大大增强的机遇，在团的工作中积极引入社会化运作理念，最大限度地整合社会各类资源，更加持续有效地开展工作。

多方面满足青年需求。要从青年成长和发展的实际出发，把握不同层次、不同年龄、不同社会分工的青年在服务需求方面存在的差异，努力提高服务青年需求变化的适应性。要在服务青年的内容上抓深度，为青年的体魄健康、心理健康、道德养成和政治素质等方面提供服务；在服务青年的领域上抓广度，切实服务青年的学习生活、岗位成才，为青年搭建更多实现自身价值的平台。要加强对青年需求的正确引导，在充分尊重青年需求的基础上，坚持共青团组织的先进性，坚持教育引导的正确方向，善于寓教育于服务之中，切实完善和改进服务青年的工作理念、表达方式和工作机制，努力满足青年的正当需求，倡导青年的高尚需求。

三、按照科学发展观的要求开创青年工作新局面

做好新形势下的团员青年工作，必须按照科学发展观的要求，不断探索共青团工作的新载体、新方法、新举措，努力构建适应时代发展、符合党的要求和青年愿望的共青团与青年工作新格局。

要在推动科学发展、促进社会和谐的大局中谋划团的建设。推动科学发展、促进社会和谐，是党赋予共青团的神圣职责和使命，也是为团的工作注入生机与活力，增强团组织影响力的根本要求。团的各级组织必须紧紧围绕党的中心工作创造性地开展各项活动，激励广大团员青年在一线艰苦创业、大显身手、争做贡献，在一线砥砺意志、体察民情、奋斗成才。当前尤其要把党对青年的期望和青年的发展需求有机地结合起来，全方位地为团员青年发展提供服务，使他们真正成为有远大理想的一代、勤奋学习的一代、艰苦奋斗的一代、道德高尚的一代。

要在团的工作中贯彻以人为本理念，切实维护团员青年权益。团的工作主体是团员，服务对象是青年。在团的工作坚持以人为本，就必须努力把团员青年的权益实现好维护好发展好。要尊重团员青年的权利，尊重他们的意愿，尊重他们的性格、兴趣、爱好，尊重他们的自身价值和劳动成果，增强他们对团组织的认同感。既要建立健全激励机制，鼓励团员青年为国为民多尽义务、多做贡献，又要建立健全关爱、帮扶机制，着力解决他们在学习、工作、生活和成长进步方面遇到的压力和困难，力争使团组织作出的每一项决策、开展的每一项活动、实施的每一项措施，都切实为团员青年着想，为团员青年服务，受团员青年欢迎。

要坚持统筹兼顾的方法，创新团的组织设置。团的组织建设涉及各条战线各个领域，遍

及城乡各地。创新团的组织设置,必须坚持统筹兼顾的方法,使团的基层组织网络覆盖全体青年。要大力开展党建带团建和团建“三级联创”活动,大胆探索和创新基层组织建设模式,把团组织建在团员青年集中的生活生产场所;加强外出务工团组织建设,探索在外出务工青年集中地建立外出团工委;探索推行大学生村官兼任乡镇团委副书记和村团支部书记;在各类青年组织中设立团组织,依托互联网进行管理,不断扩大共青团组织的工作覆盖面和活动覆盖面。

要坚持理想信念教育和思想道德建设,全面提升团员青年的综合素质。各级团组织要完善教育手段,拓宽教育渠道,整合各种教育资源,坚持不懈地对团员青年进行中国特色社会主义理论体系教育和社会主义核心价值体系教育,努力把他们培养成为共产主义远大理想和中国特色社会主义共同理想的坚定信仰者,科学发展观的忠实执行者,社会主义荣辱观的自觉实践者,社会和谐的积极促进者。当前,尤其要加强网上思想舆论阵地建设,积极探索网上开展团员青年教育的新途径、新方法,为青少年健康成长营造良好的舆论氛围。

（作者:共青团河南省委书记）

以科学发展观统领科技创新实践

中共华能集团公司党组

加快科技创新步伐、提高自主创新能力,是转变经济发展方式、建设创新型国家的重要战略举措,也是企业实现科学发展的现实需要。中国华能集团公司坚持以科学发展观统领企业的科技创新实践,依靠科技创新提升企业核心竞争力,推动电力工业结构优化和发展方式转变,为经济社会发展提供清洁环保的电能,为建设资源节约型、环境友好型社会提供支持。

一、自觉肩负起推进电力科技创新的使命

以提升企业核心竞争力为目标,建设创新型企业。近年来,华能以高效与环保作为企业科技创新的两大主题,开展了300多个课题的自主研发,并取得丰硕成果。2003－2007年,华能获国家科技进步奖3项,获中国电力科技奖42项。截至2008年底,华能拥有专利130项,其中发明专利53项。这些科技创新成果转化为现实生产力,极大提高了发电效率,节约了资源,使华能的清洁生产水平在行业中保持领先地位,为华能建设“以电为核心、煤为基础、电煤路港运一体化的有国际竞争力的跨国能源集团”提供了坚强的技术支撑。华能目前平均供电煤耗达到333.59克/千瓦时,约比全国平均煤耗低20克/千瓦时。据此推算,仅2008年一年,即节约标准煤约700万吨,减少二氧化硫排放约14万吨,减少二氧化碳排放约1400万吨。根据国家创新型企业试点工作的要求,华能确定了建设具有华能特色创新型企业的总体思路:瞄准新一代发电技术,以示范工程带动电力工业和装备制造业的技术进步,建设与华能产业发展相适应、代表电力行业技术领先水平、有利于广泛吸引国内外优秀人才的自主创新研发基地,不断提升华能集团的核心竞争力。

以建设可持续能源体系为己任,推动发电行业技术进步。华能从国有能源骨干企业的定位出发,根据我国国情,将节能减排作为企业科技创新的重要抓手,在能源领域多个国家重大

科技项目中担当科技创新实践的主力。华能承担的“绿色煤电”计划相关技术和高温气冷堆核电示范工程被列入《国家中长期科学和技术发展规划纲要》以及《能源发展“十一五”规划》。此外，继牵头和参与国家“十五”863计划“超超临界燃煤发电技术”项目后，华能主导研发的绿色煤电示范工程、煤气化关键技术、整体煤气化联合循环运行技术等相继被列入国家“十一五”863计划重大项目。这些已经完成或即将完成的重大科研项目成果，标志着华能在关系国家能源战略全局的重大技术、关键技术和共性技术方面取得了重大突破。这些项目所依托的示范工程都成为标志性工程，创造了我国电力工业多项“第一”。这些成果还带动了我国发电装备制造业的产业升级，有力支持了民族工业从“中国制造”向“中国创造”跨越。

以世界前沿发电技术为参照，加快自主创新步伐。作为中国电力工业改革开放的“窗口”，多年来，华能在“走出去”和“引进来”方面积累了丰富经验。华能将这些经验转化为推动创新的独特优势，瞄准世界前沿发电技术，适时提出创新行动计划，并积极组织实施，推动企业自身和发电行业的跨越式发展。为实现清洁高效地利用煤炭发电的目标，华能率先在国内提出“绿色煤电”计划，提出用15年时间研究开发并示范推广拥有自主知识产权的新一代化石能源系统，以煤气化制氢、氢能发电为主，并对二氧化碳进行分离及处理。这一系统可使煤炭发电效率提高到50％－60％，并实现污染物和二氧化碳接近零排放，从根本上解决燃煤发电对环境的污染问题。目前，该计划的依托项目，我国首台具有自主知识产权的25万千瓦级天津整体煤气化联合循环发电项目已开展前期工作。华能充分认识到国际第四代先进核电技术之一——高温气冷堆技术的巨大潜力，决定将高温气冷堆技术的自主创新和商业化推广作为公司核电发展的突破口，并与有关单位联合组成创新团队，共同投资建设华能山东石岛湾20万千瓦级高温气冷堆核电站示范工程，该项目建成后，设备国产化率将达到80％以上。华能还积极跟踪和开展二氧化碳捕集与处理技术的研究开发。与澳大利亚科工组织在洁净煤发电及二氧化碳捕集与处理等领域的合作研究项目，已被列入中澳两国政府签署的《关于气候变化和能源问题的联合声明》。该项目的依托工程已在华能北京热电厂建成投运，捕集能力达到3000吨/年。

二、探索符合华能自身特点的科技创新模式

主导带动型科技创新模式。华能积极开展由企业主导，科研机构、设计单位、制造企业及大学等广泛参与的科技创新活动，以此带动发电行业及上游机电行业的整体技术进步，其代表性项目为“超超临界燃煤发电技术的研发与应用”。这一国家“十五”863计划能源技术领域重点课题由华能牵头，联合国内有关设计、制造、应用单位，以华能玉环电厂百万千瓦级超超临界燃煤机组作为依托工程，共同研发、应用和推广这一技术。该课题首次提出了我国发展百万千瓦级超超临界燃煤发电机组的技术选型方案，为我国具有自主知识产权的百万千瓦级超超临界机组的设计、建设、调试及运行提供了示范，实现了我国燃煤发电技术的一次重大跨越。

自主研发应用型科技创新模式。这一创新模式的特点是依靠已有科技创新体系，以自身的研究队伍为主体，研究解决集团所属电厂建设和生产过程中的关键技术问题或共性技术问题。其代表性项目包括具有自主知识产权的“火电厂厂级运行性能在线诊断及优化控制系统”、“火电厂重要部件寿命管理系统”、“干煤粉加压气化炉”等。这些技术成果为电厂生产管理、节能降耗、减少污染物排放等提供了有效手段，其中，“干煤粉加压气化炉”已经成功打入美国市场。

开发转让型科技创新模式。华能利用自身技术优势，开发具有自主知识产权的发电技术或设备，再向国内相关制造企业转让技术，以此

推动某些行业关键或共性技术的发展与应用。“循环流化床锅炉关键技术的自主研发及应用”就是这一模式的范例。通过该项目的实施，华能控股的西安热工研究院获得8项专利技术，形成了具有自主知识产权的循环流化床锅炉设计制造的核心技术，并转移给国内多家制造企业，由此形成的产品已打入国际市场。

国际合作型科技创新模式。华能集团通过政府或企业合作项目等形式，积极参与国际技术合作开发。华能与澳大利亚科工组织在洁净煤发电及二氧化碳捕集与处理等领域进行的合作研究，就是这一模式的代表性项目。

三、以科学发展观统领企业科技创新

坚持发展主题，面向电力发展的主战场。当前，我国工业化、信息化、城镇化、市场化快速发展为我国电力工业发展创造了巨大空间，不仅提出了前所未有的巨大科技需求，也为科技创新提供了前所未有的广阔舞台。华能紧紧抓住发展这一主题推进科技创新，其着力点可概括为“三个面向”：面向公司发展的重点领域，着力解决发电企业建设和生产过程中的关键技术问题；面向对我国电力工业长远发展起关键与先导作用的重要领域，着力解决制约电力工业发展的重大瓶颈问题；面向世界电力科技前沿，超前部署前瞻性技术研究。

坚持以人为本，加强创新人才队伍建设。要坚持“以人为本”的理念，遵循人才成长规律，创新人才培养模式，以加快高级管理人才、高级专业技术人才、高级技能人才三支科技队伍建设规划为基础，构建专业配套、门类齐全的创新型人才开发格局。建立健全专家人才库，吸引和培养学术带头人。建立开放、流动、竞争、激励的人才机制，为激发科技人才创新活力、增强创新动力创造有利环境和良好条件。广泛开展“敢为人先、敢为人所不能”的企业精神的宣传教育，在提高员工科技素质的同时，在各级领导干部中倡导以创新为灵魂的“企业家精神”，使创新文化成为支撑和引领华能科学发展的精神动力，进一步增强企业的软实力。

坚持全面协调，打造企业科技创新体系。华能将科技创新体系作为实现创新要素优化配置的载体，按照“全面协调可持续”的基本要求，集聚整合各种创新要素，建立健全以企业为主体、市场为导向、产学研相结合的科技创新体系。在战略规划方面，要完善和落实公司中长期科学技术发展规划（2006－2020年）以及国家创新型企业试点工作方案。在制度机制方面，要完善和实施科技工作管理办法、科研开发经费筹集及使用管理办法、科研开发项目管理办法、科技成果奖励制度、知识产权管理办法、科技成果推广应用管理办法等一系列创新制度，并坚持“常规科研经费投入随公司装机容量不断扩大而稳定增长”的联动机制，以保证科研经费的长期稳定投入。在组织体系方面，以在集团总部层面组建华能科技事业部（科技创新中心）为开端，进一步建立健全集团公司、产业公司、基层企业三级科技工作管理体制和产学研相结合的技术研发体系。

坚持可持续发展，走新型工业化道路。在经济快速增长与资源、环境承载力的矛盾面前，走新型工业化道路成为中国能源可持续发展的必由之路，也成为华能实践科学发展观的必然选择。要从电力作为二次能源的基本特性、电力工业发展的基本规律以及我国能源资源分布的基本国情出发，将大型高效清洁环保火力发电技术，环境友好型水电开发技术，发电设备安全运行与可靠性技术，火电厂污染物排放控制技术，火电厂节能降耗与节水技术，低成本高效率可再生能源发电技术，未来新型发电系统等确定为重点突破的关键技术环节，为华能事业持续健康发展打下坚实基础。

坚持统筹兼顾，处理好四个方面的关系。一是统筹基础性研究、高技术创新、知识技术转移转化和规模产业化。特别要处理好重点跨越与协调发展的关系、前瞻布局与当前发展的关系、科技创新与成果转化的关系。近期，围绕节能环保目标进行常规电站的技术改造，以最小的投入取得最大的节能环保效果；中期，推动高效清洁燃烧以及烟尘处理技术的研究，开展整体煤气化联合循环及绿色煤电等清洁煤发电技术的研发，积极示范新一代高温气冷堆核电技术；远期，围绕氢能制备、储存、发电及其商业化应用开展创新研发。二是统筹科技创新、体制创新、管理创新、队伍创新、文化创新、制度创新。要站在企业乃至行业发展的战略高度，处理好各种创新要素的关系，协调互动、持续发展。三是统筹自主创新与开放合作。在追踪世界前沿电力技术，有效利用全球创新资源的同时，坚持以我为主，以自主创新能力带动国际竞争力的提高，逐步将华能打造为具有强大自主创新能力的跨国能源集团。在当前国际金融危机背景下，特别要关注美欧新能源战略的实施，将应对金融危机、支持科学发展、迎接新一轮技术革命挑战三者结合起来，不仅将科技创新作为摆脱危机的重要力量，而且要将可持续的能源资源体系研究和技术突破培育为未来新的增长点。四是统筹科技创新的风险与收益。新技术开发都存在一定风险，因此，在可行性研究阶段，要就风险与收益进行充分论证；在研发阶段，要重视外部合作、人员激励及人财物的投入保障等问题。同时，还要与政府有效沟通，争取立项、财税、电价等方面的扶持，以保证技术创新活动顺利开展。

固本培元　科学发展

中粮集团有限公司党组

中粮集团有限公司是国有重要骨干企业之一。中粮集团深入学习实践科学发展观活动自3月初启动以来，集团党组高度重视，按照“党员干部受教育、科学发展上水平、人民群众得实惠”这一总要求，把深入学习贯彻科学发展观作为开启中粮新一轮战略反思、开创中粮科学发展新局面的重要契机，密切联系中粮集团实际，以“固本培元，科学发展”（即“固”核心竞争力之“本”，“培”可持续发展之“元”）为主题，以打造“全产业链粮油食品企业”为实践载体，紧紧抓住集团领导班子、下属企业和上市公司领导班子以及党员经理人等重点，发动广大党员和员工广泛参与，扎扎实实推进学习实践活动各项工作。

一、领导班子带头是搞好学习实践活动、推动中粮科学发展的关键

集团党组重视、各级领导班子和党员经理人积极带头是中粮集团这次学习实践活动的一个鲜明特点。

去年底，集团党组就召开以“深入实践科学发展观、推进构建和谐新中粮”为主题的民主生活会，为集团的学习实践活动提早“热身”。今年初，集团党组召开务虚会，反思过去四年集团战略转型，对未来几年中粮的发展思路展开讨论。集团党组书记、董事长宁高宁以“固本培元，科学发展”为题向集团全体员工作了形势报告，为集团的学习实践活动做了影响广泛的预动员。

学习实践活动启动以后，集团领导班子在抓好自学的基础上，先后5次召开党组中心组理论学习会，用科学发展观统一思想、开阔思路。4月初，班子成员分4个调研小组，深入基层和生产一线进行专题调研，并诚恳听取消费者、供应商和经销商、地方政府部门和专家的意

见。围绕打造“全产业链粮油食品企业”的学习实践活动载体，集团领导班子召开了解放思想大讨论和专题民主生活会，班子成员还以普通党员身份参加了联系点的专题组织生活会。

在这一系列活动中，集团领导班子借助科学发展观提供的理论视角，跳出日常业务和事务性工作，以更宏大、开阔的视野，深入思考关系中粮长远发展的重要问题：中粮如何在现有产业的基础上，塑造更多盈利稳定、增长性好、竞争力强的核心业务，依托中国经济的快速成长，实现中粮的协调、可持续发展；如何将中粮自身的发展与国家和社会的发展更好地结合起来，在实现企业的经济目标的同时，更好地履行中央企业的社会责任和政治责任；如何在企业的发展过程中，既实现物质的极大丰富，又实现人的自我发展和更好的成长，等等。

对这些重要问题的深入思考，使得集团党组对未来中粮发展蓝图的描绘越来越清晰，走可持续发展之路的决心越来越坚定，贯彻落实科学发展观的自觉性和主动性进一步增强。

二、广大党员、员工是搞好学习实践活动、推动中粮科学发展的主体

在学习实践活动中，集团党组坚持群众路线，创新载体，营造氛围，广泛发动广大党员和员工积极参与，学习实践活动做到全覆盖。

通过在动员会上播放集团贯彻科学发展观回顾短片、在集团网页上开辟“学习实践科学发展观活动专题”站点、在全体员工中开展“我学科学发展观知识竞赛活动”，激发了广大党员和员工的参与热情。特别是在网站上专题开辟的“我看科学发展大家谈”栏目，成为中粮广大党员经理人和员工发表意见、交流思想、分享体会的互动平台。截至目前，已有6200多人在栏目中发表看法、提出建议。此外，集团开通党员短信平台，给每个党员及时发送学习实践活动的最新信息，实现了活动动态的同步“直播”。

同时，集团工会和团委联合发出倡议，以“五个一”，即树立一种意识、履行一个承诺、实施一次行动、提出一条建议、明确一份职责为主要内容，开展“践行道德承诺，做安全责任第一人”主题实践活动，让广大员工特别是基层员工从日常工作和身边小事参与到学习实践活动中来。

三、打造“全产业链粮油食品企业”是统一思想、凝聚人心、激发智慧的“磁石”

近几年，中粮集团逐步实现了从以贸易为主向以产业经营为主的转变，从以政策性或随机性业务为主向市场化、更注重核心竞争力转变，可以说走到了一个新的发展阶段，需要对下一步的战略方向进行反思和审视。去年底今年初，集团党组多次召开专题会议，对集团的发展进行系统反思，寻找应对国际金融危机、实现集团可持续发展的良策。学习实践科学发展观活动的开展，给集团党组提供了一个开阔眼界、深刻反思的重要机遇。

从过去几个月学习实践活动的效果看，集团党组所确定的实践载体——打造“全产业链粮油食品企业”，既切合中粮集团当前的实际和未来的发展，又是一个可持续发展的商业模式，充分体现了以人为本的理念和统筹兼顾的要求。打造“全产业链粮油食品企业”这一实践载体，迅速统一了集团上下的思想。广大党员和员工参与学习实践活动的热情空前高涨，大家以各种形式谈感想、谈思路、谈举措，为打造“全产业链粮油食品企业”献计献策。

四、推动中粮科学发展上水平是集团学习实践活动的出发点和落脚点

在学习实践活动过程中，集团党组始终把推动中粮科学发展上水平作为学习实践活动的出发点和落脚点。而撰写高标准、高质量的分析检查报告是学习实践活动的关键内容之一。

为找准影响和制约中粮科学发展的突出问题，集团党组一方面切实抓好科学发展观理论

的学习，不断提高思想认识，一方面利用多种渠道、多种方式广泛征求意见，特别是一线员工的意见。包括深入基层调研，召开经理人深度访谈会、离退休干部和青年员工座谈会等，并诚恳听取了消费者、供应商和经销商、地方政府部门和业内专家的意见。

在查找影响和制约中粮科学发展的突出问题过程中，集团党组一方面坚持实事求是的原则，尊重历史，尊重经济发展的客观规律，客观审视集团的现实基础和发展阶段，充分肯定广大员工为国有资产保值增值所付出的辛勤努力。另一方面从搞好国有企业改革发展的政治责任感和使命感出发，本着对国有资产高度负责、对中粮事业高度负责的精神，坚持高标准、高起点，对照深入贯彻落实科学发展观、推动中粮集团科学发展上水平的要求，对照打造“全产业链粮油食品企业”新目标，对照国际一流企业，结合学习实践活动中所征集到的意见和党组近期所作的一系列反思，居安思危，挑战自我，“严”字当头，深入查找影响和制约中粮科学发展的突出问题。

在研究确定解决突出问题的思路时，集团党组认为，要抓住关键，集中资源和精力，系统地解决制约和影响集团科学发展的全局性、战略性问题。重大问题解决好了，才能为解决其他具体问题创造有利条件。对员工关心的一些具体问题，责令有关职能部门拿出解决方案，抓紧落实。

谈领导机关在科学发展中的重要作用

罗平飞

在实现科学发展的历史进程中，领导机关承担着领导和服务科学发展的重大历史使命。领导机关能否提出科学发展的思路、是否具备推动科学发展的能力，在很大程度上决定着事业发展的水平。

一、倡导科学发展理念，发挥导向作用

思想是行动的先导。科学发展观要求发展为了人民、发展依靠人民、发展成果由人民共享；要求不断满足人民群众日益增长的物质文化生活需求、促进人的全面发展；要求正确把握最广大人民根本利益、现阶段群众共同利益和部分群众特殊利益的关系，统筹兼顾各方面群众的诉求和意愿。这些集中体现了马克思主义的价值取向，是党的执政理念和治国方略的升华。贯彻落实科学发展观，首要任务是深刻领会和正确把握科学发展观的科学内涵和精神实质。领导机关作为施政中枢，可以通过各种有效途径和方式宣传、倡导科学发展的理念，使之成为政府和社会的共同准则。一方面，推动本部门、本系统牢固树立为民理念、群众观念、大局观念、统筹观念，进一步转变不符合科学发展观的思想观念，在为谁发展、靠谁发展和怎样发展等一系列根本问题上形成共识，切实增强落实科学发展观的责任感、使命感和紧迫感，把理性认识转化为为人民群众谋利益、谋幸福的自觉行动。另一方面，把科学发展观普及到服务对象和广大人民群众中去，使人民群众真正明白科学发展观的要求是什么、贯彻落实科学发展观能带来什么、推动科学发展应该做些什么，使人民群众内心深处真正拥护科学发展、主动投身科学发展，从而最广泛地凝聚人民群众的智慧和力量，形成推动科学发展的强大合力。

二、提出科学发展思路，发挥领航作用

确定发展思路和发展规划是领导机关的基本职责，也是实施有效领导的关键环节。一个地方发展得快与慢、好与差，与领导机关的思路是否正确、决策是否科学密切相关。把对科学发展观的认识成果转化为推进科学发展的思路和决策水平，是学习实践科学发展观的基本要求。在实现科学发展的进程中，领导机关需要提出符合科学发展观要求的发展思路。而发展思路的形成过程又是一个理论与实践相互作用、不断深化的渐进过程，其是否正确和可行，在很大程度上取决于领导机关能否坚持群众路线、能否做到理论联系实际，深入基层、深入实际、深入群众，广泛集中群众意见和智慧。制定、实施科学的发展思路和规划，是领导机关的一项基本功，也是引领科学发展的必要前提。

三、制定科学发展政策，发挥保障作用

政策是统一思想和行动的重要准则，也是开展工作的重要保障。毛泽东曾指出，共产党领导机关的基本任务，就在于了解情况和掌握政策两件大事，前一件事是认识世界，后一件事是改造世界。领导机关不仅要提出任务，而且要解决完成任务的方法和措施问题。实现科学发展，就必须在尊重客观规律的前提下，充分发挥人的主观能动性，制定与事物发展内在要求相一致的政策措施。我感到，科学发展能否实现，在很大程度上取决于政策措施的科学性、全面性和协调性。目前，随着改革开放的深入推进，社会利益关系不断发生新的重大调整，社会关系原有的平衡状态逐渐被打破，尤其需要制定新的政策措施，建立新的社会平衡机制，形成社会和谐发展的新格局。领导机关不仅要制定、完善和创新涉及本地区、本部门、本行业的政策措施，更要从科学发展的要求出发，有效地实施政策统筹，促进新旧政策相衔接、部门政策与国家法律相吻合、部门之间政策相配套、中央政策与地方政策相贯通。也就是在毫不动摇地坚持改革方向的前提下，不断提高决策的科学性，增强措施的协调性。

四、协调科学发展行动，发挥组织作用

领导机关的协调作用就在于，围绕发展的总体目标和任务，对工作进程和步骤作出统筹部署，对各种资源实施合理搭配，对各种矛盾和问题开展有效疏导。协调的功效是多方面的，我认为主要体现在四个方面：其一，实现部门工作与全局工作有机融合。在全面把握党和国家工作全局的前提下，主动把部门工作融入全局，形成各项工作相互促进、相互支撑、良性互动的局面。其二，实现中央和地方两个积极性有效发挥。既做到全国一盘棋，保证政令畅通、令行禁止，又使地方的积极性、主动性、创造性得到充分发挥。其三，实现各种协调配合机制不断健全。通过领导机关的协调，使机关内设机构之间、政府部门之间、政府与社会组织之间、行政机关与事业单位之间等各类分工协作机制走向完善，做到职责明确、权责一致，密切配合、相互支持。其四，实现重点工作和一般工作协调推进。既抓住牵动全局的主要工作、涉及群众利益的突出问题，着力在重点领域和关键环节取得突破，又做到以点带面、协调推进。这些功效归结到一点，就是使各方面的行动更加自觉、步调更加一致、组织更加协调。

五、检查科学发展实效，发挥监督作用

检查是对决策执行过程进行控制，对决策执行结果进行评估。这是实施领导的必要环节，也是促进工作落实的有效手段。我们党反复强调，各项工作都要有布置、有检查，决不能只满足于开会、发文件、作指示，而要看最终落实了多少、效果如何，这样才能使决策、任务和

要求落到实处。推动科学发展，领导机关尤其需要科学确定绩效评估的内容和指标体系，实行内部考核与公众评议、专家评价相结合的评估办法，树立与科学发展观相适应的政绩观。实践证明，切实履行领导机关的督促检查职能，充分发挥绩效评估的导向和激励作用，对于提高政府机关的执行力和公信力，对于从源头上预防虚报浮夸、急功近利行为，对于从根本上抑制劳民伤财的“形象工程”和“政绩工程”具有至关重要的作用。

六、作出科学发展示范，发挥表率作用

“其身正，不令而行；其身不正，虽令不从”。凡事只有领导带头，才能实现同频共振、上下一心的局面。领导机关是下级机关、所属单位的标杆，其所作所为对一个地区、一个行业、一个系统有着直接影响，中央国家机关尤其如此。从这个意义上讲，在贯彻落实科学发展观的实践中，尤其需要领导机关作以人为本、为民服务的表率，作解放思想、开拓创新的表率，作勤奋学习、锐意进取的表率，作艰苦奋斗、求真务实的表率，作统筹兼顾、科学发展的表率，作团结协作、和谐共进的表率，作遵纪守法、勤政廉政的表率。发挥领导机关尤其是中央国家机关的表率作用，既是加强机关自身建设的必然要求，也是推动科学发展的重要保证。

（作者：民政部副部长）

用科学的方法推动科学发展

余欣荣

学习实践科学发展观，重要的是要学习和掌握科学发展观的立场、观点、方法，用以认识和解决当代中国发展问题。这是提高各级干部贯彻落实科学发展观的能力，推动科学发展的内在要求。

要把握“以人为本”与“以经济建设为中心”的统一。科学发展观，核心是以人为本。“以人为本”，强调尊重人民的主体地位，发挥人民的首创精神，保障人民的各项权益，促进人的全面发展，做到发展为了人民、发展依靠人民、发展成果由人民共享。它要解决的是发展依靠谁和为了谁的问题，即解决发展的主体和发展的目的问题。“以经济建设为中心”，是指在经济、政治、文化、社会等各项事业中，经济建设处于基础和决定性的地位；各项事业的发展，必须围绕经济建设来展开，必须服从和服务于经济的发展。它要解决的是发展的基础或条件问题。“以人为本”和“以经济建设为中心”的关系，是目的与手段的关系。“以人为本”作为发展的核心，属于发展的目的；“以经济建设为中心”是发展的基础和条件，属于发展的手段。二者是辩证统一的。一方面，经济建设为实现“以人为本”提供物质条件；另一方面，“以人为本”为经济建设明确目的，提供动力。处理好二者的关系，就要反对为单纯追求经济增长而盲目发展经济，摒弃“以物为本”的发展理念和GDP至上的发展模式，使经济建设的成果，真正有利于满足人民群众日益增长的物质文化需要，有利于人的全面发展。二者相互作用，相互促进，共同推进社会的全面进步和人的全面发展。因此，“以经济建设为中心”和“以人为本”在本质上是统一的，两者统一于中国特色社会主义的伟大实践。

要把握发展的永恒性与阶段性的统一。经

济社会发展的内容和形式，总是不断地从无序向有序、从简单向复杂、从低级向高级发展，这种发展永远不会完结。这是发展的永恒性。事物的发展过程又往往分为若干不同的发展阶段。事物在发展过程中，旧的矛盾解决了，新的矛盾又产生了，这种新旧矛盾的不断解决和不断产生，就表现为发展过程的不同阶段。这是发展的阶段性。发展的永恒性与阶段性是辩证统一的关系：没有发展的阶段性就没有发展的永恒性，而发展的永恒性又存在于发展的阶段性之中。把这个道理应用于科学发展的实践，一要紧紧咬住发展不放松、不动摇，在顺势中要强调又好又快发展，在当前国际金融危机带来的不利局面中，仍然要坚持好中争取较快发展。二要注重发展的阶段性特征，牢固树立对历史负责的态度，坚持“多为未来创财富，少给后人留包袱”的理念。新世纪以来，南昌既坚持全方位开放，海纳百川，又清醒地懂得说“不”。通过地方立法，全市严禁高能耗、高污染产业项目落户。经过不懈努力，在过去八年中，南昌的工业增加值翻了四番，生态环境不仅没有恶化，而且有了明显改善，仅全市空气优良率就提高了10个百分点，实现了眼前利益与长远利益的统筹。

要把握发展中的主要矛盾与非主要矛盾的统一。经济社会发展中的主要矛盾及其主要方面，不同的地方有不同的表现和重点。有的地方发展得快，经济实力强；有的地方发展得慢，经济实力弱。因而在确定主要矛盾或工作重点时，应当有所不同。只有努力找准、抓住本地区本部门的主要矛盾和工作重点，才能取得实实在在的发展效果。一般来说，发展过快、过热的地方，在发展中需要着重解决“好”的问题；而发展较慢、经济实力较弱的地方，在发展中既要注重“好”，又要着重解决“快”的问题。“快”与“好”的关系不是一个简单的先后次序问题，而是一个辩证统一的关系问题。一方面，“快”是量的体现，“好”是质的体现，有了量才能谈得上质，所以，没有“快”也就谈不上“好”；另一方面，“好”从根本上决定着“快”，没有“好”的“快”是短暂的、靠不住的，甚至是危险的。从这个意义说，“好”离不开“快”，“快”必然要求“好”。对于经济发展相对滞后的地区来说，应当如何解决“快”与“好”的关系问题呢？南昌在发展中认识到，关键是要正确认识和把握发展的契机和依托，后而思进，后而思变，努力把劣势变成优势。具体来说，改革开放30年积累的宝贵经验、南昌山水相依的生态环境是弥足珍贵的财富；一些地方在片面追求快速发展中经历的弯路和付出的代价，给我们提供了借鉴；后发地区的发展空间大，选择余地也大；应对国际金融危机，积极贯彻落实中央和江西省出台的一系列扩内需、保增长的政策措施，南昌既面临严峻的挑战，但更多的是迎来了难得的发展机遇。去年下半年以来，南昌充分利用综合成本低、资源供给充裕、市场半径短、服务环境好等优势，加快引进开发了一批光伏、LED、服务外包产业项目，迅速提升了城市产业水平，优化了经济结构，增强了经济的综合竞争力。

要把握全局发展与局部发展的统一。要正确认识和把握局部与全局的联系。如果仅仅考虑以自我为中心发展，以自我利益为最大利益，那么，这种发展就是盲目发展，不仅对自身、而且必然对全局利益造成损害。应当认识到，局部是全局中的局部，没有全局就没有局部，必须从全局出发思考与谋划局部，自觉在全局下行动。某些事物、某些做法，从局部看可能是有道理的、可行的，但从全局看未必如此。这就要求我们在处理问题、进行决策时，要立足整体、总揽全局，努力寻求实现整体功能和追求局部效果相统一的最佳方案。只有从全局和整体出发，把自身利益与全局利益联系在一起，才能真正实现自身利益，体现自身价值。

要把握整体发展与差别发展的统一。科学发展观的基本要求是全面协调可持续，强调的是整体发展，但它并没有也不可能排除地方有差别的发展。相反，正是各地方的差别发展，实现了整体发展的功能互补和协调有序。如南昌发展的"六大板块"，就是通过差异发展、错位发展，形成优势发展集群，从而推动南昌整体发展。处理好整体发展与差别发展，我们还应把握：第一，差别发展是在整体中的发展，不是盲目发展，不是不顾全局、脱离全局、违背全局的自我发展。第二，在推进差别发展的过程中，既要注重区域整体利益，又要保障局部利益在服务整体利益过程中应得的利益补偿，使众多个体利益的实现与整体利益的实现相统一。因此，一个区域如果在服务整体的发展中作出了牺牲，就应当给予必要的补偿。第三，差别发展必须把握好度，如果超过这个度，过分强调个别利益，整体性发展就会出现问题。实践一再告诉我们：只有服从和支持全局利益，自身利益才能够最大化；如果牺牲长远和全局利益，自身利益也必将受到损害，得不到保障。相反，如果片面强调整体利益，不重视甚至长期损害局部利益，使局部缺乏活力、生机，那么整体发展也会受到严重影响。

要把握发展中质的规定性与非规定性的统一。所谓发展中质的规定性，是指发展的原则性；所谓发展中质的非规定性，是指发展的灵活性。这两个概念好比体操比赛中的"规定动作"和"自选动作"。既要做到"规定动作"不走样，又要做到"自选动作"有创新。如果没有质的规定性，发展就是无原则的和无序的，就会违背事物的发展规律。但如果没有质的非规定性，发展就是呆板的和僵硬的，就会丧失创新性和自身特色。从一定意义上说，科学发展是一项崭新的伟大事业，我们应当像支持探索改革开放和现代化建设道路那样，鼓励探索科学发展之路。既要坚持质的规定性，按照科学发展观的要求发展，按照国家政策发展；又要注重质的非规定性，积极支持鼓励各地解放思想，大胆实践，深化改革，探索建立与科学发展观相适应的体制机制。对探索中的失误要理解，要支持，要保护，不能简单地否定。

（作者：中共江西省委常委、南昌市委书记）

还是问计于民好

孙清云

问计于民是以人为本执政理念的具体体现。作为加强和改进党委、政府决策的一种手段，问计于民就是使决策更加体现和符合民意。2007年以来，西安市开展"开门纳谏、问计于民"活动，坚持推动问计于民的科学化、常态化、制度化，推进了党委、政府工作决策科学化、民主化。

问计于民，具体而言，一是坚持人民为主人，从民意中寻找问题和需求，将人民的愿望和利益需求作为党委、政府决策的出发点和归宿；二是视人民为"老师"，从民意中学习借鉴良策，确定切实有效、体现民意的执政理念与策略；三是让人民当"判官"，从民意褒贬中判断政策的绩效与党委、政府工作的成败得失　从表象上看，问计于民，只是决策民主化、科学化的一种方法手段，实质上，问计于民的实践，体现的不仅仅是对于管理学和决策科学的尊重，更是对于马克思主义认识论和唯物史观的基本遵循，是对于中国共产党人依靠谁、为了谁的群众路线的坚持。以人为本，要求我们必须坚持全心全意为人民服务的根本宗旨，立党为公、执政为民，权为民所用、情为民所系、利为民所谋，将人民的利益放在首位，时刻关注群众愿望和利益需求的变化，从人民群众的根本利益出发谋发展、促发展，把人民群众的利益落实到改革发展稳定的各项工作中。

问计于民是学习实践科学发展观的有效途径。开展深入学习实践科学发展观活动，重在实践，重在解决问题。要解决问题，就必须找准解决问题的突破口、切入点。古人云，“知屋漏者在宇下，知政失者在草野”，人民的心里有一杆秤，人民是党委和政府工作的最好的“判官”和“镜子”。问计于民，就是将人民群众作为我们学习实践科学发展观活动的依靠力量，请群众做我们的“判官”和“镜子”，请群众为我们的工作“望闻问切”、建言献策，这样，我们发现的问题就不单单是我们部门和个人的自我剖析，而是来自于实践的客观存在；我们解决问题的结果也不会是纸上谈兵，而是人民看得见、摸得着的真正实惠。

问计于民是建设人民满意城市的有益探索。人民是国家的主人，也是一个城市的主人。城市的功能和环境直接影响着每个市民的生产生活、衣食住行，城市建设管理的每一次变化和发展，老百姓体会最深切，受益最直接，关注最投入。随着经济社会发展和人们生活水平的不断提升，人民群众对城市建设和管理方面的要求也不断提高。在学习实践科学发展观活动中，我们把“推动科学发展，实现率先发展，建设人民满意城市”作为实践载体，积极组织开展“问政于民、问需于民、问计于民，体察民情、体验民生、体会民意，为西安科学发展建言献策”的活动。这样的思路和措施，在理论上，使我们对于西安的发展理念与目标更加丰富与完善，在科学性的基础上更亲民、更具吸引力与号召力，有利于提升和保障市民群众的主体权利，进一步唤醒市民群众的主人翁意识，把市民群众的智慧、力量凝聚到科学发展和共有家园的建设上来；在实践上，使问计于民常态化、制度化，做到谋划发展思路向人民群众问计，查找发展中的问题听取人民群众意见，制定发展措施向人民群众请教，落实发展任务靠人民群众努力，衡量发展成效由人民群众评判，从而形成一种干部群众互动的良性机制，找到了建设人民满意城市的有效途径，使西安的建设与发展在美好理想和远景目标的基础上，具备更加坚实的基础和持续的动力。

（作者：中共陕西省委常委、西安市委书记）

重实际求实效　推动四川科学发展

柯尊平

学习实践活动开展以来，四川把“加快建设灾后美好新家园、加快建设西部经济发展高地”作为贯彻落实科学发展观的具体实践，积极应对国际金融危机的严重影响，奋力夺取抗震救灾斗争的重大胜利，努力在理论武装、加快发展、统筹城乡、改善民生、改进作风上求实效，全省呈现出经济止滑回升、重建加快推进、民生持续改善、社会保持稳定的良好局面，实现了学习实践活动和全省各项工作两手抓、两不误、两促进，真正使学习实践活动成为群众满意工程。

一、在理论武装上求实效，着力凝聚科学发展科学重建的共识

省委和各级党组织始终把加强理论武装作为学习实践活动的首要任务，组织党员干部深入学习调研，广泛开展解放思想大讨论，凝聚了全省干部群众的智慧和力量，奏响了全省科学重建科学发展“共鸣曲”。一是深刻认识科学发

展观的精神实质和实践要求，明确“两个加快”的发展思路和方向。省委全面贯彻落实中央又好又快发展的要求，把努力于快、服从于好作为谋划四川发展的基本立足点，坚持跳出盆地看四川、立足西部看优势、对照东部看活力、国际国内看开放、比肩前沿看改革、着眼跨越看状态，积极探索具有西部特色、四川特点的科学发展路子。汶川地震发生后，省委把抗震救灾作为学习实践活动的第一课堂，进一步拓展发展思路，鲜明提出把“加快建设灾后美好新家园、加快建设西部经济发展高地”作为全省各级党组织学习实践科学发展观的基本任务，体现了全省人民的共同愿望。二是深刻认识汶川特大地震发生后面临的特殊形势和国际金融危机带来的挑战，明确“三个全面推动”的发展重点和路径。在汶川地震和国际金融危机的双重压力下，省委坚持以科学发展观为统领，科学判断形势，坚持统筹兼顾，提出了全面推动灾后恢复重建、全面推动“八项民生工程”、全面推动“一枢纽、三中心、四基地”发展规划，实施三大重点工作，明确了加快发展的路径，极大地鼓舞了全省人民战胜困难的信心和勇气。三是深刻认识长期向好的发展基调和化危为机的发展机遇，明确爬坡上行的发展要求和举措。省委带领各级班子认真落实中央保增长保民生保稳定的重大决策和省委推进发展的各项安排部署，以重建项目为抓手加快灾后恢复重建，以工业发展为龙头拉动经济止滑回升，以扩大投资为契机打造西部综合交通枢纽，以城乡统筹为主线发展现代农业，以旅游业恢复重建为先导发展服务业，以改善民生为基础促进社会和谐稳定，以构建科学发展的体制机制为保障深化改革开放，全省上下呈现出思进实干、奋力爬坡、大力推进“两个加快”的生动局面。

二、在加快发展上求实效，着力推动灾后重建和经济止滑提速

省委和各级班子把谋划和推动发展作为学习实践活动的最大实践，把科学发展观的要求转化为抗震救灾、应对危机的正确思路和行动举措，用科学发展观引领科学重建、止滑提速，以科学重建促进加快发展、科学发展、又好又快发展，在全省掀起你追我赶竞相发展的热潮。一抓灾后重建项目全面启动和建设，加快推进灾后恢复重建。我们按照中央要求，坚定“三年重建任务两年完成”的信心，突出城乡住房、公共设施、基础设施、重大产业“四个重建”优先，做到加快恢复重建与扩大内需相统一、经济重建与社会重建相统一。截至今年6月，65.8%的重建项目已开工、35.2%的项目已竣工，累计完成投资占估算总投资的45.5%。二抓优势产业项目建设，加快推进工业强省进程。各地坚持把扩大投资与培育特色优势产业、促进产业优化升级结合起来，大抓项目抓大项目，全面推进新型工业化，努力形成新的经济增长点和新的竞争优势。今年1～6月全省规模以上工业增加值同比增长20%，规模以上工业企业净利润同比增长15.7%，成为拉动经济止滑回升的强大引擎。三抓重大交通基础设施建设，加快打造西部综合交通枢纽。全省各地大力发展“通道经济”，共同打造贯通南北、连接东西、通江达海的西部综合交通枢纽。成兰铁路等9个铁路项目、雅(雅安)西(西昌)等14个高速公路、泸州港宜宾港扩建项目、双流国际机场扩建项目等进展顺利。四抓以旅游为重点的服务业，努力增强消费对经济增长的拉动作用。各地坚持实施政府主导战略，加快旅游景区和设施的恢复重建，上半年旅游收入同比增长57.6%，带动了相关产业恢复发展。大力培育消费热点，落实国家家电下乡政策，全省房地产市场价稳量增，汽车市场持续繁荣，居民消费同比增长13%。五抓承接产业转移，努力增强开放合作实效。全省上下大力招商引资，承接产业转移，上半年完成固定资产投资5560亿元，同比增长69.6%，投资结构不断改善。大力打造成渝经济区建设，积极参与泛珠三角区域合作，密切与对口援建省市和港澳特区的合作，主动融入中国——东盟自由贸易区，加速发展加

工贸易。上半年外贸进出口总额同比增长8.1%，外贸出口总值同比增长12.1%，实际使用外资增长3.8%。经过全省人民的共同努力，四川经济实现了一季度止滑回升、二季度加快回升，上半年GDP同比增长13.5%，财政收入转跌为升，同比增长9.3%，显示了科学发展观的巨大推动作用。

三、在统筹城乡上求实效，着力深化城乡配套改革

省委牢牢把握四川发展不平衡集中体现在城乡发展差异大这一基本特征，把统筹城乡发展作为学习实践活动的重要载体，积极探索创新推进城乡一体化的体制机制，大力推进农业现代化、新型工业化和新型城镇化"三化"联动，不断提高统筹城乡发展、解决"三农"问题的能力和水平。一是在创新统筹城乡的体制机制上下功夫，构建城乡一体化发展新格局。省、市、县三级联动推进统筹城乡综合配套改革分类试点，着力抓好城乡建设规划、土地利用、产业发展、基础设施、公共服务、劳动就业等"六个统筹"，放宽户口迁移政策，鼓励工业向园区、土地向业主、农民向城镇"三个集中"，出台保障有条件在城镇落户的农民工与城镇居民在劳动报酬、子女就学、公共卫生、住房租购等方面享有同等待遇的相关政策。二是在夯实产业支撑上下功夫，努力缩小城乡发展差距。各地按照高产、优质、高效、生态、安全的要求，推进传统农业向现代农业跨越，启动实施一大批农田水利、中低产田改造、农村基础设施建设项目，加快发展特色优势种植业和现代畜牧业，大力培育重点龙头企业，积极探索土地承包经营权流转，规范发展专业合作组织，不断拓宽农民增收渠道，农村居民现金收入同比增长13.4%。三是在深化统筹改革上下功夫，积极促进县域经济互动发展。省委省政府深化和扩大扩权强县试点，省直管县财政体制改革试点县增加到59个，县域经济迸发出强大活力。各地结合成都平原、川南、攀西、川东北"四大城市群"建设，发挥好大中城市对农村的辐射带动作用，成都市双流县、德阳市旌阳区等一批经济强县（区）迅速崛起。

四、在改善民生上求实效，着力解决群众关切的突出问题

省委和各级党组织始终把人民群众得实惠作为学习实践活动的出发点和归宿，坚持开门开放搞活动、带着真情实意搞活动，把群众呼声作为第一信号，把群众需要作为第一选择，把群众满意作为第一标准，使学习实践活动成为群众关心、群众支持的民心工程。首先，努力做好灾区群众生活保障工作。在抢险救援阶段，我们突出生命为先，尽最大可能救人。在安置群众阶段，我们以安民为要，实施过渡住房百日攻坚，没有一个受灾群众受冻、挨饿，没有发生重大疫情和次生灾害，灾区330多万中小学生全部开学复课，赢得了灾区广大群众的认可。在恢复重建阶段，我们突出民生为重，又好又快重建新家园，推进住房、设施、产业、城镇和生态"五大重建"，受灾群众可望今年底住进新房。其次，深入实施"八项民生工程"。各地注重民生工程与中央扩大消费需求、改善民生的政策措施相对接，全省上半年民生及社会事业投资增长82.1%，高于全社会投资12.5个百分点，有力保障了人民群众充分享受到学习实践活动成果。大力发展职业教育特别是农村中等职业教育，大力扶持创业就业，帮助返乡农民工就业，指导高校毕业生就业，全省今年6月末就业人数比一季度末增加11万人，高校毕业生就业签约率为78%。大力开展"藏区牧民定居行动计划"、"帐篷新生活行动"和彝区"三房改造行动计划"，上半年均超额完成计划任务。同时，切实解决城乡社会保障、城市低收入住房困难家庭住房保障及棚户区改造等方面的问题。第三，全力促进社会和谐稳定。各级班子坚持从政治和全局的高度认识稳定问题，抓基础、抓基层、抓苗头主动维稳，积极推进平安创建活动，深入开展反分裂反藏独斗争，妥善处理灾后重

建中的矛盾纠纷，及时有效处置突发事件，在复杂局面中保持了藏区稳定、灾区稳定、社会稳定、人心稳定，实现了从“保稳定”向“创稳定、促和谐”的转变。

五、在改进作风上求实效，着力加强党员干部队伍建设

全省各参学单位始终把党员干部作风养成贯穿学习实践活动全过程，坚持以各级常委联系点为示范，弘扬伟大抗震救灾精神，切实加强理论修养、政治修养、道德修养、纪律修养和作风修养，增强各级党组织深入学习实践科学发展观的自觉性和坚定性，以良好的作风和形象凝聚广大党员群众。一是大力提高领导班子和领导干部的能力和水平。各级班子坚持学用结合，着重提高党员领导干部的马克思主义理论水平，加深领导干部对科学发展观的理解和把握，增强领导班子和领导干部运用科学理论指导实践的能力，切实树立正确的事业观、工作观和政绩观，真正做到讲党性、重品行、作表率，领导班子领导科学发展的主心骨作用得到充分发挥。二是大力倡导崇尚实干的用人导向。省委和各级班子按照科学发展观的要求，把“人品正、干实事、真爬坡、敢破难”作为选人用人标准，坚持在完成重大任务、应对重大事件中识别和使用干部，提高干部领导科学发展的能力，各参学单位涌现了林强、王瑛等全国先进典型，一批优秀干部在抗震救灾、反分裂斗争等重大考验中脱颖而出、迅速成长，成为贯彻落实科学发展观、促进灾后重建和保增长保民生保稳定的先锋骨干。三是大力加强基层党组织建设。各级班子紧紧围绕提高基层党组织的创造力、凝聚力和战斗力，创新基层组织设置形式，深入推进“三级联创”活动，广泛开展“万村党建富民、建设美好家园”行动，把基层党组织建设成为实践“两个加快”的坚强战斗堡垒。四是大力推进机关行政效能建设。各参学单位坚持面向群众、服务发展转变作风，扎实推进机关行政效能建设，认真落实“首问负责、限时办结、责任追究”三项制度，提高政务服务水平，营造良好的发展环境。通过作风整顿和效能建设，全省各级党组织服务群众的意识不断增强，服务群众的水平不断提高，进一步形成了为政清简、政治清明、作风清新、为官清廉的良好风气。

（作者：中共四川省委常委、组织部长）

谱写草原钢城科学发展新篇章

莫建成

包头素有“草原钢城”的美誉，是连接华北、西北地区的重要枢纽，重要的能源、原材料、重化工和装备制造生产基地，也是我国向北开放的前沿和优先重点发展的区域。近年来，中共包头市委以开展深入学习实践科学发展观活动为契机，进一步解放思想，突出实践特色，着力破解影响和制约科学发展的难题，全力推动经济社会又好又快发展。

一、坚持解放思想，积极完善科学发展的思路

包头市坚持以解放思想为先导，以改革开放为动力，不断完善发展思路，创新发展举措。在发展战略上，提出了科学发展、富民强市、建设富裕民主文明和谐新包头的战略部署；在发展思路上，提出了正确处理好与快，富民与强

市，城区与农牧区，经济、政治、文化、社会与生态建设等几个关系的总体要求；在发展方式上，提出了“五个转变”的发展思路，即实现经济增长由主要依靠第二产业带动向一二三产业协同带动转变、由总量扩张型向创新驱动型转变、由资源依赖型产业为主向非资源型产业为主转变、由产业集群发展低水平向高层次转变、由资源粗放利用向循环经济发展转变。这些发展战略和思路，有力推动了全市科学发展实践。

二、抓好第一要务，着力壮大综合经济实力

深入贯彻落实科学发展观，必须始终坚持“发展是硬道理”的战略思想。包头市紧紧抓住国家实施西部大开发和自治区推动优势地区率先发展的战略机遇，积极转变经济发展方式，大力调整优化产业结构，努力提升发展质量和综合实力。2007 年，一、二、三产业结构比例调整为 3.3∶51.6∶45.1，钢铁、稀土、装备制造、铝业、电力、化工、建材等优势特色产业不断做大做强，现代服务业长足发展，培育了小肥羊、小尾羊等知名品牌，综合经济实力持续提升，2008 年全市生产总值达到 1700 亿元左右，财政总收入 205 亿元。

三、注重改善民生，努力使发展成果普惠群众

坚持以人为本，切实改善民生，真正使人民群众得实惠，是贯彻落实科学发展观的本质要求。近年来，包头市始终坚持富民优先、民生为重，连续两年财政新增收入 80%左右用于改善民生，努力解决人民群众最关心、最直接、最现实的利益问题，增强了人民群众的满意度和幸福感。保障和改善民生工作基本实现了“五个同步”，即人民生活水平与经济发展同步提高、覆盖城乡的社会保障体系同步构建、普惠人民与特惠困难群体同步安排、公共财力和社会事业投入同步加强、营造和谐氛围与维护社会安定同步推进。2008 年城镇居民人均可支配收入、农牧民人均纯收入大幅度提高。职工养老、失业、工伤、生育、医疗保险参保率不断提高，新型农村合作医疗参合率达 100%，城镇居民医疗保险参合率达到 75%，城乡居民养老保险制度开始启动。加快经济适用住房建设，落实廉租住房租金补贴政策，实施了资源枯竭矿区棚户区改造和包钢尾矿坝居民整体搬迁工程，近 5 万群众居住条件和生活状况将得到根本改善。大力发展城乡教育、文化、卫生、体育等各项社会事业，深入开展精神文明创建活动。扎实推进民主政治建设，高度重视信访工作，全面加强社会治安综合治理，有力维护了社会安定和谐。

四、促进协调发展，全力推进城乡一体化进程

统筹城乡发展，是解决城乡矛盾、缩小城乡差距的必由之路。虽然包头城市化率已超过 75%以上，但城乡二元结构依然存在，反映在经济发展水平、收入水平、公共服务等方面的差距也较为明显，统筹城乡发展，着力解决城乡之间不够平衡、不够协调的问题，始终是我们的工作重点。近年来，市里积极探索“以城带乡、以工哺农”的有效途径，在推动城乡统筹发展上思路日趋完善，明确了推进城乡产业一体化、规划一体化、基础设施一体化、公共服务一体化、劳动就业一体化、社会管理一体化的发展战略，作出了加快土右旗中等城市建设，举全市之力帮扶固阳县、石拐区采煤沉陷区整体搬迁，达茂旗和白云区合并建市，农牧区实施“收缩、转移、集中”战略，全面实施围封禁牧等重要决策。实施了一批“城中村”、“城中厂”搬迁改造项目，新图书馆、新少年宫、体育中心、科技馆、会展中心等一批公益事业项目开工建设，进一步增强了城市的综合服务功能和承载能力。充分发挥各旗（县、区）资源优势，优化配置各类生产要素，积极培育地区特色产业，不断壮大县域经济。加强农村道路、电网、通信、住房等基础设施建设，大力发展农村教育、文化、卫生等各项社会事业，努力推进城乡公共服务均等化。

五、创新体制机制，增强科学发展的动力

体制机制创新是推动科学发展的根本动力。近年来，包头市坚持深化改革，不断完善社会主义市场经济体制，努力提高市场化程度，各类企业经营活力增强，市场竞争力提高。深化财税、金融及投资体制改革，完善社会信用体系，加快要素市场建设。加快推进政企分开、政资分开、政事分开、政府与中介组织分开，努力建设服务型政府。围绕建立以工促农、以城带乡长效机制，强化农村牧区综合配套改革，大力推进新农村新牧区建设。坚持扩大开放，在内联上求发展，在开放上下功夫，加强与长三角、珠三角、环渤海经济区的合作，加强与国际大企业、大集团的沟通与合作，积极承接符合国家产业政策和地区产业升级的产业转移，有序促进与国外资源能源合作开发。坚持科技创新，大力培育创业创新主体，努力转变创业创新方式，全面优化创业创新环境，积极探索创业富民、创新强市的新路子。加大与中科院、清华大学等院校在重点领域、关键技术方面的开发合作力度，加快技术改造和产业升级步伐，掌握了一批核心技术，拥有了一批自主创新成果，高新技术企业实现增加值占规模以上工业的20%以上，科技对经济增长的贡献率不断提高。

六、推动可持续发展，切实加强生态文明建设

加强生态建设和环境保护，是推动科学发展的重要内容。包头属于干旱半干旱地区，人均水资源拥有量相对较低，生态条件脆弱。同时，作为工业城市，包头的节能降耗减排任务繁重。为此，我市全力建设资源节约型、环境友好型城市，积极进行工业布局的科学规划和有效管理，大力发展清洁能源、生物能源，积极开发风能、太阳能等可再生能源，推进节能降耗减排，坚决淘汰落后生产设备，严格控制高能耗、高污染项目和企业，推广先进技术和生产工艺，不断增强可持续发展能力。包钢生态工业园区、铝业生态园区获得较快发展，资源循环利用水平和就地加工转化水平明显提高，经济发展对资源能源的依赖程度有所降低，全市单位生产总值能耗、二氧化硫和化学需氧量排放量均呈下降趋势，超额完成节能减排各项指标任务。持续开展了治理风沙、植树造林、围封禁牧等工作，草原、湿地、园林绿化面积大幅提高，生态状况进一步改善，空气质量明显好转。

（作者：内蒙古自治区党委常委、包头市委书记）

以辩证统一的观点推进学习实践活动

中共吉林省委组织部

胡锦涛同志强调，检验学习实践活动是否取得成效，首先要看党员干部在用科学发展观武装头脑上是否下了真功夫，看党员干部对科学发展观的理解和把握是否达到了新高度，看党员干部推动科学发展的能力是否有了新提高。吉林省认真落实这一要求，坚持运用辩证统一的观点推进学习实践活动，取得了实效。

坚持深化认识与提高能力的辩证统一，努力达到知行合一的新境界

提高广大党员干部理解和把握科学发展观的水平，打牢加快吉林振兴发展的理论基础。

采取个人学、集中学、辅导学、交流学等多种方式，组织全省党员干部精读党的十七大报告、中央规定的“三本书”和胡锦涛等中央领导同志的重要讲话。省内主流媒体和省委学习实践活动简报开辟了学习园地、学习论坛等专栏，刊登学习体会、学习经验、学习报告等文章2400多篇，参加第一批活动的党员领导干部都形成了反映学习新收获的学习报告，使理论学习在氛围、深度和成效上有了新的突破。紧密结合吉林省情、单位实际、个人思想，采取自下而上、横向交流、案例剖析等形式，深入开展了“继续解放思想、推动吉林振兴”大讨论，所有党组织都召开了讨论会，普通党员作了会议发言，主要党员领导干部作了会议书面报告，大部分部门单位汇编了思想讨论文集，形成了一批理论学习新成果。通过广泛深入的学习教育，广大党员干部进一步开阔了眼界、开阔了思路、开阔了胸襟，在吉林怎样实现科学发展、加快振兴、富民强省等重大问题上形成了共识。

坚持学习理论、提高能力、指导实践的有机统一，切实将理论成果内化为广大党员干部的能力水平。一是在培养科学的思想方法上下功夫。通过组织“如何运用对立统一的两点论与抓主要矛盾的重点论相结合的思想方法指导和开展工作”、“如何用可持续发展理念和五个统筹的思想推进吉林科学发展”等专题研讨，引导广大党员干部树立辩证统一、统筹兼顾、以人为本、改革创新、求真务实的思想，提高把握方向、谋划全局、指导实践的思想水平。二是在转变思维方式上下功夫。通过领导干部集中培训、邀请省内外专家学者作专题报告，开展“转变思维方式，为吉林振兴建言献策”活动，努力使党员干部增强围绕大局、围绕发展、围绕创新进行思维的意识，不断提高科学思维、辩证思维和把握事物变化规律的能力水平。三是在提高解决问题的能力上下功夫。要求党员领导干部在调查研究中，用发展的眼光观察和分析问题，用改革创新的思想研究解决问题的办法，从全省第一批学习实践活动厅以上党员领导干部形成的500多篇调研报告的情况看，他们认识问题、研究问题、解决问题的能力有了新的提高。

坚持强化理论武装与突出实践特色的辩证统一，努力创造事业发展的新业绩

坚持活动、工作同步推进的思路，努力使活动与工作保持互动、互助、互为的运行态势。在活动的设计和推进中，始终坚持“六个紧密结合”，即紧密结合吉林振兴发展、紧密结合推进工业化和城市化发展进程、紧密结合促进发展方式转变和发展质量提高、紧密结合推进改革开放、紧密结合推进和谐社会建设、紧密结合加强领导班子和干部队伍建设，努力使活动与全省改革发展大局融为一体、互为促进、共同提高。为把“六个紧密结合”的要求贯穿活动全过程，精心设计开展了“科学发展、加快振兴、富民强省”主题实践活动。活动中，根据中央的重大决策部署，及时调整活动思路。党的十七届三中全会召开、中央应对国际金融危机重大政策举措出台、胡锦涛同志在纪念党的十一届三中全会召开30周年大会重要讲话发表后，省委及时贯彻落实，指导各部门各单位充分运用活动载体，在认真落实中央决策部署中深化活动，使活动开展积极适应形势任务变化的要求。

紧密结合重点工作拓展活动内容、扩大活动影响、展示活动成效。在开展学习实践活动的同时，对当前工作及时部署，狠抓落实，推进了各项工作任务的落实。各部门各单位结合活动开展，在改善经济结构、研究确定投资拉动项目、加快规划项目启动进程等方面下功夫，提交项目论证报告500多个，许多项目做到了部门联动、提前启动，工作效率明显提高，广大干部群众对改革发展的满意度明显提升。针对当前经济形势，省委、省政府按照中央“出手要快、出拳要重、措施要准、工作要实”的要求，多次召开应对工作研讨会、决策会、推进会、调度会，研究应对举措，明确应对重点，加大应对力度，推进了保发展、保民生、保稳定工作有序有效进行。

在找准发展定位、破解发展难题、开创发展新路上下功夫，着力解决影响和制约科学发展的突出问题。活动中，各部门、各单位以客观求实的态度审视自己，认真查找影响和制约科学发展的突出问题，深入分析问题根源，感到要深入贯彻落实科学发展观，必须解决满足现状与超越自我、站位不高与全球视野、以物为本与以人为本、思维定势与改革创新、主观臆断与科学理性等矛盾。为此，省委结合纪念改革开放30周年，开展了“大改革大发展、小改革小发展、不改革不发展”总结研讨系列活动，引导党员干部进一步树立居安思危、勇于争先、奋起直追、跨越发展的意识。着眼国际发展理论的新思想、世界经济的新变化、国际分工的新动向、国家发展的总要求和全省改革的新实际，集思广益，群策群力，在研究制定富民强省的战略规划中，强化党员干部的世界眼光和战略思维意识。围绕吉林发展思路、发展模式的调整和解决资金制约、技术瓶颈、结构难题、社会矛盾等深层次问题，组织攻坚破难研究，取得了一批改革创新成果。为解决部分党员干部中存在的重功名轻奉献、重物质轻精神、重实际轻理论、重眼前轻长远等问题，开展了“树新风正气，促和谐发展”活动，努力创造真抓实干、开拓进取、同心同德的发展局面。

坚持促进发展与改善民生的辩证统一，努力实现人民群众的新期待

坚持把问政于民、问需于民、问计于民贯穿活动始终，明确群众期待解决的突出问题。在活动的准备环节，吉林省就广泛征求群众的意见和建议，把群众的愿望和要求充分体现到活动总体方案中。在学习调研阶段，各级党员领导干部带头深入基层、深入群众、深入联系点，面对面了解群众对改革发展、和谐社会建设等重大问题的想法和建议，为分析查摆问题和整改落实提高打牢坚实的群众基础。在分析检查阶段，采取召开群众代表座谈会、发放征求意见表、设置征求意见箱、开通征求意见电话、开设征求意见网页等多种形式，重点从教育、就业、创业、社会保障、收入分配、医疗卫生、交通、饮水、文化设施、住房、安全生产、社会治安等方面广泛征求各方面意见建议，共梳理出各类问题1000多个。目前，这些意见建议和问题都被充分吸纳到了分析检查报告和整改方案中，按照问题的轻重缓急和难易程度，明确了整改措施、整改时限和整改标准。

坚持把解决群众关注的热点、难点问题贯穿活动始终，以服务群众的新成效取信于民。针对过去全省粮食大丰收粮农增收难的问题，积极争取国家支持、加强政策导向和市场运作，使全省粮农增收50多亿元，调动了农民种粮积极性。针对群众创业就业需求，实施了提高就业能力的“阳光工程”和“春风工程”，出台了一系列鼓励创业的政策法规，谋划了一批群众创业项目，增加了群众创业资金，开创了全民创业的新局面。针对基层群众改善居住条件的呼声，在全面完成城市棚户区和提前完成煤矿棚户区改造任务的基础上，新启动了100个新式农居小城镇建设工程、20万户农村泥草房改造工程、国有林区棚户区改造工程和廉租房建设工程。

坚持立足当前与着眼长远的辩证统一，努力寻求体制机制建设的新突破

坚持把创新体制机制建立在体现发展要求和本地实际紧密结合的基础上。创新体制机制，首要的是要认真贯彻中央关于改革发展的指示精神，这是体制机制创新的前提和基础。紧密结合本地区本部门本单位的实际进行创新，这是确保体制机制充满活力、富有实效的关键。在创建贯彻落实党的十七届三中全会精神的长效机制中，组织广大党员干部吃透会议精神，结合吉林作为农业大省的实际，深入开展调查研究，省委形成的关于推进农村改革发展的实施意见和相关部门制定的一系列制度措施，都准确把握了中央的部署要求，充分体现了吉林“三农”工作实际。结合应对当前经济形势，

各部门各单位在创建应对经济风险、危机的预警机制和战略应对机制中，都把中央的政策导向、历史的经验教训和部门的实际融为一体，切实体现了今后规避各种风险、抵御各种危机的功能。在创建完善提高机关效能和服务大局、服务群众的长效机制中，各部门各单位着眼新形势新任务的要求，以打造“学习型、服务型、创新型、和谐型、廉洁型”机关为目标，整合、提炼出一批加强机关建设的制度，具有很强的针对性和实用性。

坚持把体现前瞻性、把握规律性、注重系统性、富有实效性落实在体制机制创新上。创新体制机制，至关重要的是要善于审时度势，用全局和发展的观点观察和分析事物。吉林省在体制机制的创新中，积极适应国内外形势发展变化的新形势，努力把握人民群众的新要求、新期待，不断创新发展理念，完善发展思路，努力使创建的长效机制体现发展要求，反映客观规律。紧密结合正在实施的政府机构改革，省委、省政府明确提出要坚持机构改革与机制创新同步进行，职能整合与规章制度梳理完善同步进行，实现行政运行机制和政府管理方式向规范有序、公开透明、便民高效转变，形成权责一致、分工合理、决策科学、执行顺畅、监督有力的行政管理体制机制。为提高吉林的经济竞争力，省委、省政府在科学分析、准确判断科技发展形势和深入研究论证的基础上，制定出台的《关于加快发展高新技术产业的意见》、《关于促进高新技术企业发展的若干政策》和《关于实施吉林省重大科技成果转化项目的意见》等促进科技进步的长效机制，充分反映了经济社会又好又快发展，特别是新一轮产业结构调整升级对高新技术的强烈依赖和迫切需要。着眼吉林全面振兴对人才的需求，省委把创建吸引、培养、使用人才机制作为检验活动成效的重要方面，出台了《引进高层次创新创业人才办法》等一系列政策措施。

坚持把体制机制创新的根本出发点放在保障最广大人民群众的根本利益上。吉林省按照党的十七大提出的“努力使全体人民学有所教、劳有所得、病有所医、老有所养、住有所居”的要求，着力创建各项民生工作机制。创建和完善的教育收费、教育援助、学生支助机制，较好地体现了广大群众对国民教育普惠性的强烈愿望；创建和完善的就业培训、就业援助、创业帮扶机制，较好地满足了广大群众创业、就业、兴业的迫切需求；创建和完善的城乡居民基本医疗保险、最低生活保障、廉租住房制度和社会救助体系，较好地维护了社会公平和群众生活的基本要求；创建和完善的公共卫生服务体系、医疗服务保障体系、药品供应保障体系，较好地回应了人民群众反映强烈的看病难、看病贵的呼声；创建和完善了社会矛盾调处机制、突发事件应急管理机制、社会治安防控机制、安全生产责任机制，较好地顺应了广大人民群众追求平安幸福、和谐稳定的共同心愿。

抓整改落实要鲜明地体现实践特色

韩　勇

整改落实阶段是学习实践活动出成果、见实效的关键阶段。突出实践特色是这次活动鲜明的特征，也是确保整改落实取得实效的重要保证。今年，是全面应对国际金融危机极其关键的一年。保持经济平稳较快发展，是党中央根据新的经济形势提出的新要求。要自觉把应对危机、克服困难、保证经济平稳较快发展作为学习实践活动的重中之重，坚持边学边改、边查边改，高标准启动、严要求推进集中整改，切实在解决突出问题、完善体制机制上取得成效。

一、围绕当前经济形势深化思想认识，使整改落实与贯彻中央决策部署、做好当前工作紧密结合

认识决定思路，思路决定出路。深入学习，深刻把握科学发展观的科学内涵、精神实质和根本要求，是搞好整改落实的前提和基础。学习实践活动开展以来，新疆参加第一批活动的单位，紧紧围绕“科学发展、造福人民”的主题，通过学习调研、分析检查，查找问题、分析原因，大家普遍感到，近年来，我们在贯彻落实科学发展观方面取得了显著成效，同时也存在一些影响和制约科学发展的突出问题。究其原因，主要是一些干部对科学发展观的认识和理解还不到位，贯彻落实科学发展观的自觉性和紧迫性还不够强，对在新疆这样一个经济欠发达的边疆少数民族地区如何科学发展的思路和措施还不够清晰。解决这些突出问题，落实整改措施，归根结底要靠进一步深化对科学发展观的认识，真正做到用科学发展观武装头脑、指导实践、推动工作。

当前，应坚持“三个紧密联系”，进一步深化认识、转变观念。一是紧密联系国际国内形势的发展变化，进一步加深对科学发展观精神实质和现实指导意义的理解。在复杂的国内外经济条件下，实践科学发展观是我们解决发展中困难和矛盾的有力武器。进一步加强理论特别是科学发展观的学习，使广大党员干部深刻认识到只有以科学发展观为指导才能找到应对危机之策，只有坚持走科学发展道路才能渡过难关，只有按照科学发展观的要求抓整改落实，学习实践活动才能取得显著成效。进一步加强中央重大决策部署的学习，切实把全体党员、干部特别是各级领导干部的思想统一到中央精神上来，切实增强忧患意识、大局意识、责任意识，坚定攻坚克难、保持经济平稳较快发展的决心和信心。进一步加强现代金融、现代科技、国际经济、法律法规和现代管理等知识的学习，培养干部的全球视野、战略眼光和大局观念。二是紧密联系党员干部思想实际，推动形成科学发展新观念。坚持把推进思想解放摆在首位，把解放思想与分析形势结合起来，与把握发展规律结合起来，与研究发展思路结合起来，进一步破除安于现状、不思进取的思想，树立居安思危、奋发图强的观念；破除因循守旧、狭隘封闭的思想，树立改革创新、开放合作的观念；破除被动应对、等待观望的思想，树立抢抓机遇、攻坚克难的观念。三是紧密联系工作实际，切实找准科学发展方面存在的突出问题。加强调查研究，广泛征求意见，勇于发现和正视问题，深入分析存在问题的主客观原因特别是主观原因，积极研究提出解决突出问题、推动经济发展和社会稳定的具体措施，为抓好整改落实奠定良好基础。

二、围绕推动科学发展精心制定整改方案，使整改工作目标明确、措施具体、责任到位

具体来说就是要做到“五明确一承诺”：一是明确整改落实的原则。全面贯彻科学发展观的要求，树立革故鼎新的勇气，突出整改落实的重点，理直气壮地肯定对的、坚持好的，坚定不移地纠正错的、调整偏的，着力解决群众反映强烈的突出问题、影响和制约科学发展的突出问题、党员干部党性党纪方面违背科学发展观要求的突出问题，下气力解决损害群众切身利益的问题。二是明确整改落实的项目。对存在的突出问题进行全面分析和归类梳理，把涉及科学发展的思想观念、政策措施、制度机制等问题，特别是要把应对国际金融危机、保持经济平稳较快发展的主要措施，加强领导班子思想政治建设、干部队伍作风建设的重大措施，事关群众切身利益、维护社会稳定方面的突出问题，纳入整改落实项目。三是明确整改落实的目标和

时限要求。按照问题的轻重缓急和解决问题的难易程度，明确整改的时间和目标要求，切实做到既有近期目标，又有中长期安排。对于具备条件、在学习实践活动期间可以解决的问题，应及时抓好整改落实；对一些难度较大、需要较长时间才能解决的问题，应列出整改时限，积极创造条件，逐步予以解决。完善制度工作，应区分废、改、立三种类型，明确完成的时间要求。四是明确整改落实的措施。针对整改的突出问题，逐项研究分析，提出解决问题的有效措施和具体办法。对于一些复杂问题，应加强沟通协调，采取有效措施，上下互动、左右联动，形成合力加以解决。五是明确整改落实责任。建立健全整改落实责任制，逐项明确领导责任、承办部门，把责任落实到人。对于涉及多个部门单位的问题，应明确主要责任领导和责任单位，明确相关单位和领导干部的责任。同时，组织广大党员、干部围绕制定落实整改方案，积极建言献策，努力转变作风、改进工作。建立健全整改落实督促检查制度和责任追究制度，督促责任部门、责任单位集中时间、集中精力抓好整改落实。六是做到整改落实公开承诺。整改落实方案制定后，应采取适当方式，在一定范围公布整改落实方案，公示确定解决的问题，让群众了解整改落实的内容，自觉接受群众监督，推动问题得到有效解决。

三、围绕让群众满意解决突出问题，使人民群众切实感受到学习实践活动带来的新变化新气象

要千方百计保发展。认真研究把握经济运行中的新情况、新动向，制定完善各项应对措施，切实解决经济运行中出现的问题，明确化危机为机遇、抓机遇促增长的思路措施，着力推进调整优化产业结构、着力转变发展方式、着力创造良好发展环境；着力提高科技实力、抗风险能力和整体竞争力。从实际出发，坚定不移地实施优势资源转换战略，加快建设棉花、粮食、特色林果、畜产品、石油、天然气、煤炭、有色金属等八大基地，加快转变经济发展方式，提高发展质量和效益，在调整、转变中形成更多的经济增长点和新的竞争优势。更加注重生态建设和环境保护，坚持发展要快、效益要好、环境要优的目标，深入实施大企业大集团战略，引进更多的大企业大集团，努力从根本上改变初级产品比重大、产品附加值低、能源消耗高、污染重的状况；加大污染减排工程督查力度，增强经济可持续发展能力。

要下大力气保民生。民生是发展之本、执政之要。越是困难时期，越要高度重视民生。要紧紧抓住扩大内需的重大机遇，进一步落实中央关于加大基础设施建设力度、创造更加宽松的环境促进经济发展、实施积极的就业政策、完善社会保障体制、深入推进民心工程等各项重大部署，切实做好免费义务教育、农村新型合作医疗、抗震安居等工作，在办好人民群众热切期盼的大事实事方面取得突破性进展。密切关注群众生产、生活方面遇到的新困难、新问题，抓住那些关系群众切身利益、群众反映强烈的实际问题，集中精力加以解决，确保困难群众和受灾群众有粮吃、有衣穿、有房住，保障生产。

要加大力度保稳定。维护社会大局稳定，是实现全面协调可持续发展的重要保障。要牢固树立“稳定压倒一切”的思想，不断强化党员干部的政治意识、政权意识、忧患意识和责任意识，切实掌握维护稳定的阶段性特征，健全完善反对民族分裂、维护社会稳定的长效机制。要以发现得早、控制得住、处置得好为目标，针对影响稳定的突出问题抓紧开展排查整治工作；强化标本兼治的各项工作措施，加大打击敌对势力力度，强化宗教事务管理，深入持久地开展反分裂斗争教育，强化治本措施落实，强化基层基础建设，强化防控体系和现场处置能力建设，最大限度地在第一时间处置好第一现场，坚决挫败敌对势力的破坏图谋；健全维护稳定责任制，依法处理人民内部矛盾，最大限度地减少矛盾和群体性事件的诱因，千方百计把问题解决在基层，解决在萌芽状态。

要全力以赴保落实。中央作出的保发展、保民生、保稳定的决策部署能否落到实处，事关全局，意义重大。整改落实必须围绕中央的部署要求，积极创新保落实的方法举措，制定保落实的目标进度，强化保落实的工作责任，解决保落实的突出问题，推广保落实的典型经验，创新保落实的工作条件，形成保落实的社会氛围。要坚持把整改落实与加强领导班子思想政治建设、干部队伍作风建设紧密结合起来，大力弘扬解放思想、与时俱进的优良作风，积极开拓、勇于攻坚，坚持用改革的办法和创新精神解决科学发展中的重点难点问题。大力弘扬求真务实的优良作风，增强解决问题的责任感和紧迫感，重实际、出实招、办实事、求实效；大力弘扬密切联系群众的作风，坚持走群众路线，坚持深入基层、深入群众，通过问政于民、问需于民、问计于民，总结推广实践经验，推动突出问题的解决。

四、围绕巩固成果着力创新体制机制，为贯彻落实科学发展观提供有力的制度保障

学习实践科学发展观，既要靠思想教育，又要靠制度建设。巩固发展学习实践活动的成果，关键在于加强制度建设，建立和完善推动科学发展的体制机制。要从促进科学发展的需要出发，积极稳妥地推进体制机制创新，着力解决制度缺失和制度障碍等突出问题，逐步形成保障和促进科学发展的制度体系，推动经济社会转入科学发展的轨道。要着眼于加快构建充满活力、富有效率、更加开放、有利于科学发展的体制机制，注重立足当前与着眼长远相结合，解决当前具体问题与建立长效机制相结合，针对管理体制和工作机制中与科学发展不相适应的问题，加大重点领域和关键环节的改革攻坚力度，制定和完善相关政策措施，建立健全保障和促进科学发展的体制机制、推动科学发展的政策法规和符合科学发展观要求的管理制度，形成有利于科学发展的正确导向。建立完善经济社会科学发展及部门单位综合业务评价考核机制、干部实绩考核机制、科技进步与自主创新驱动机制、产业调整与重大项目推进机制、资源节约与环境保护约束机制、公共财政管理保障机制、改善民生保障机制、城乡规划与统筹发展机制、宣传舆论引导机制、维护稳定推进机制、强基固本落实机制以及提高机关行政效能、优化投资环境保障机制。根据整改进展情况对制度建设进行反复研究论证，尽可能兼顾各方面的利益诉求，切实增强制度建设的科学性、针对性和可操作性。认真清理现有的政策和制度，不符合科学发展要求的坚决废止，需要完善的及时修订，需要新建的按照精而管用的原则，抓紧出台一批政策制度，为创新完善体制机制创造条件。同时，建立完善整改落实的工作机制和配套措施，加强相关制度的协调衔接，确保各项制度行得通、管得住、用得好。

（作者：新疆维吾尔自治区党委常委、组织部长）

自觉服务群众　建设和谐社区

中共哈尔滨市委

第三批学习实践活动开展以来，我们紧紧围绕“党员干部受教育、科学发展上水平、人民群众得实惠”这一总要求，把街道社区开展学习实践活动的着力点放在服务群众、建设和谐社区上，切实发挥街道社区党组织在建设文明城市、构建和谐社会中的基础作用。

一、创新方式，整合资源，努力形成推动和谐社区建设的合力

市委专门出台了指导意见，明确要求前两批活动单位与街道社区党组织共同配合，解决好街道社区建设存在的突出问题，同时指导街道社区党组织积极创新工作方式，整合力量，推动街道社区各项工作上水平。一是实行“区厂联动”。在大型企业、高等院校、科研院所相对集中的社区，我们采取区厂、区校、区所联动的方式，围绕改善环境、治安联防、扶贫帮困、开辟就业渠道等，联手打造“资源共享、优势互补、相互促进、共同提高”的社区党建工作新格局。二是建立“四位一体”管理模式。我们探索建立了以社区党组织、社区居委会、业主委员会和物业公司四方共同参与社区建设的“四位一体”工作机制，有效解决了小区存在的物业管理缺位、业主自治无序、社区自治水平不高等问题，促进了社区各方组织之间、居民和物业之间、居民与居民之间的和谐互动。三是开展结对帮扶。针对街道社区工作力量相对薄弱的问题，我们要求全市各级党政机关及企事业单位党组织和广大党员，按照就近就便原则，采取党委对党委、支部对支部，在职党员对社区贫困党员群众的办法，积极与街道社区党组织和党员结成帮扶对子，变街道社区党组织单独作战为合力攻坚。目前，已有96个市直机关直属党组织主动与470个社区党组织结成了共建对子，组织8732人次深入共建社区，开展共建活动721次。

二、服务群众，凝聚民心，切实解决群众关心的热点难点问题

我们把做好服务群众工作作为街道社区践行科学发展观的根本出发点和落脚点，不断创新服务方法，拓展服务领域，把群众的情绪作为第一信号，把群众的利益作为第一目标，把群众满意作为检验学习实践活动成效的重要标准，指导街道社区党组织以民情、民声、民意为导向，通过建立“民情询访责任区”、“民情气象站”等架起了党组织密切联系群众的桥梁，着力解决群众最现实、最关心、最直接的问题。一是谋民利，提高群众生活质量。通过建立社区服务中心和社区服务工作站，搭建社区服务工作平台，不断拓展社区服务领域，为社区居民提供就业、救助、文化、教育、体育、卫生、计生、司法和安全等方面的服务。目前，全市街道社区初步形成了便民利民服务、特殊群体服务、再就业服务、康复医疗保健服务、文体服务、治安服务、咨询中介服务等服务体系，服务项目100多个，市区98个街道全部建立了社区服务中心，769个社区建立了社区服务站，创办医疗保健、家政服务、养老托幼、餐饮服务、健身娱乐等各类社区服务网点6000余个。二是重民生，服务下岗职工再就业。我们把社区作为扩大就业的平台，安排了社区保安保洁、交通协管、物业管理、社区劳动保障信息员等公益性岗位7000余个。各街道社区党组织通过定期发布就业信息、开展就业技术培训、帮助自主创业者办理《再就业优惠证》、争取下岗职工再就业援助贷款和失业人员小额担保贷款等方法，积极帮助辖区内的下岗失业人员实现再就业。目前，已开展就业技能培训班830期，培训人员6.5余万人次，共帮助2300余名下岗职工实现了再就业。三是解民忧，救助困难群体。我们建立了各级领导干部和机关干部包社区困难户的责任体系，健全了帮扶工作目标考核、情况通报、定期走访和回访反馈制度，开通了市、区、街道、社区四级经常性捐助网络，以街道社区为主体，开展了“爱心速递”、“党员联系户”、“一帮一结对子”、“党员义工”、“志愿者服务队”等活动，为城市贫困居民送去了党的温暖，切实解决他们的生活困难。

三、强化管理，改善环境，努力打造宜居美好家园

我们指导街道社区党组织着力解决群众关

心的社区卫生、治安、文化建设等方面的突出问题，加大资金投入，强化设施管理。一是打造洁净亮化的社区卫生环境。积极开展旧有居民庭院设施改造，通过“拆违还建”、分院建设、边片改造的办法，集中改造建设了800个社区庭院、80个社区休闲健身广场，在全市社区安装体育健身器材达到1万件(套)。在建设“绿色楼道”活动中，广大党员带头美化、亮化、绿化楼道和庭院，全市城区已创建绿色楼道2000余个。二是打造安全和谐的社区治安环境。我们注意发挥街道社区党组织在维护社区治安、化解纠纷、促进和谐中的“第一道防线”作用，坚持群防群治，积极开展创建“平安社区”、“平安庭院”活动，初步形成了街道党工委牵头，辖区各方力量共同参与的社会治安及化解矛盾综合治理工作体系，做到矛盾纠纷联合分解、社会治安联合防控、突出问题联合治理、基层平安联合创建，及时将不稳定因素消除在萌芽状态。目前，全市大部分社区达到了平安创建标准，有力地保障了社区群众安居乐业，社区群众对治安稳定满意度日益提高。三是打造健康向上、文明和谐的社区文化环境。我们围绕提升城市文化品位、提高居民道德素质、培育文明道德风尚，指导街道社区党组织在组织好党员自身学习实践活动的同时，积极动员社区广大群众，以创建“文明街道、文明小区、文明楼院、文明市民”等活动为载体，积极开展丰富多彩、喜闻乐见的群众性社区文化活动，大力宣讲党的方针政策，回顾建国以来特别是改革开放以来我国社会主义建设所取得的巨大成就，增强社区居民的自豪感。大力弘扬先进文化，倡导健康向上的生活方式，树立社会主义道德新风尚。

四、加大投入，夯实基础，为和谐社区建设提供坚强保障

一是加强街道社区干部队伍建设。我们通过下派、横向交流、公开选聘等多种形式配齐配强街道社区领导班子，坚持把熟悉社区工作、热心社区事业的人选到社区领导岗位上来。同时，为切实提高街道社区干部整体素质，我们注重选聘退伍军人、各类人才进入社区工作者队伍，并制定了街道社区党务干部培训计划，依托各级党校，通过业务知识培训和形式多样的岗位业务技能练兵，切实提高街道社区党务干部执行政策的水平和实际工作能力。二是不断加大社区基础建设投入。在社区服务中心建设上，以财政投入为主、社会融资为辅，在区、街普遍建立了集社区党建、街道管理、社区服务、劳动保障、医疗康复、法律保障为一体的社区服务中心；开展了社区基础设施达标建设，采取以奖代投方式，下拨专款对社区配套用房给予专项补贴，同时通过开发单位支持、驻区单位资源共享及调剂置换、租赁和购买等多元化筹资方式，大力解决社区办公和活动用房紧张问题。三是着力提高办公经费和生活补贴。针对城市社区工作经费不足、工作者待遇不高的实际情况，市委、市政府出台意见，对社区工作经费投入、社区干部补贴等方面的具体标准、经费来源和扶持政策作出了明确规定。目前，每个社区每月的工作经费已提高到1200元；社区干部生活补贴正职由每月500元提高到900元，还为连续在居委会岗位工作10年以上、无固定收入的离岗干部落实了生活费待遇，充分调动了社区党员和基层干部的积极性、主动性和创造性。

建设生态延安　实现科学发展

李　希

西部大开发以来，延安紧紧抓住国家实施退耕还林政策的机遇，大力弘扬延安精神，加强“生态延安”建设，生态环境显著改善，有力促进了经济社会快速发展。

一、建设“生态延安”，促进科学发展

2006年以来，延安市委市政府从实际出发，确立了建设“富裕、生态、和谐新延安”的宏伟目标，把生态文明建设摆上重要位置，采取积极措施，着力改善生态环境。

转变增长方式、实现又好又快发展的现实需要。经济社会科学发展要有良好的生态环境。延安地处黄河中上游陕北黄土高原腹地，生态环境较为脆弱，经济社会发展相对滞后。典型的资源型经济结构，决定了延安必须加快调整经济结构，转变经济发展方式，遵循自然规律和经济规律，正确处理经济社会发展与生态环境建设的关系，把主要以石油、煤炭为支撑的经济结构调整为多业并举的经济格局，实现产业活动与生态系统的良性循环和可持续发展。

促进农业发展、农民收入稳步增加的重要途径。生态环境是农业生产的先决条件。生态环境的改善，不仅能够提高农业生产效益，而且生态建设本身也能成为一种带动就业和增收的产业。建设“生态延安”，促进社会生产力和自然生产力的和谐，有利于改善农村生产生活条件，增强农业抗御自然灾害能力，提高农业生产效益，增加农民收入。建设“生态延安”的过程，就是改善农村环境、促进农业发展、增加农民收入的过程。

提升城市品位、发展文化旅游产业的基础条件。良好的生态环境是提高生活质量和扩大对外开放的基本需要。通过建设“生态延安”，把延安建设成为山绿水清的生态区、城秀景美的特色城，提升城市品位，优化人居环境，促使以红色旅游为龙头的文化旅游业快速发展。建设“生态延安”，就必须摒弃浪费资源、牺牲环境的粗放经营模式，最大限度地减少资源消耗及其对环境的影响，实现清洁发展、安全发展。

提高公民素质、树立生态文明理念的有效载体。建设“生态延安”，使人们在改善生态环境中受到生态文明教育，有助于培养人们理性处理人与自然和谐相处的自觉意识和文化修养，形成体现科学发展的生态文化价值观，使生态文明建设成为人们的自觉行动。

二、“生态延安”建设成效显著

生态恶化趋势得到遏制，山川大地基调由黄变绿。退耕还林工程实施以来，我市累计完成国家计划内退耕还林面积882万亩，是全国退耕还林示范典型。森林总面积由1854万亩增加到2710万亩，林草覆盖率由42.9%提高到57.9%，土壤侵蚀数由每年每平方公里9000吨下降到5400吨，年入黄泥沙由退耕前的2.58亿吨下降到1.7亿吨，自然灾害明显减少，山川大地由黄变绿。

农村形成特色产业格局，农民群众收入快速增长。以退耕还林为主的生态环境建设，促进了农村经济结构全面调整，形成了农村特色产业发展格局，林果、棚栽、草畜三大主导产业成为农民增收致富的主要来源，农民人均收入水平由1998年的1356元增加到2008年的3531元。

城乡基础设施建设日新月异，生产生活条

件明显改善。以城区“三山两河”治理为主的城市建设卓有成效，带动了12个小城镇建设快速发展，城市（镇）功能日趋完善，人居环境不断优化，城镇化水平显著提高。新农村建设、农村基础设施建设全面推进，农村面貌发生深刻变化。

节能减排意识明显增强，清洁发展水平不断提高。全市清洁文明井场建成率、石油废水处理率分别达到85.7%和74.8%，多数石油企业实现了原油管输化和废水零排放；单位GDP能耗逐年下降，城区空气质量及重点河流水质明显好转，我市正在为创建国家环保模范城市而努力。

红色文化旅游方兴未艾，后续接替产业初步形成。在巩固提高原有景区景点的基础上，全力打造精品旅游线路，培育形成了一大批国家森林公园、苹果走廊、枣林风光、农庄风景等新的生态景观，有力地促进了文化旅游产业快速发展。2008年，全市共接待游客746万人次，旅游业综合收入43亿元，以红色旅游为龙头的文化旅游产业已成为延安的重要支柱产业。

三、坚持不懈抓“生态延安”建设

建设“生态延安”是一项长期而艰巨的任务。我们要把这一功在当代、造福子孙的工程，作为深入学习贯彻科学发展观的重要内容，抓紧抓好，抓出成效。

改善人居环境，建设生态家园。以巩固提高退耕还林成果为重点，加大荒山治理力度，加快林分结构调整，狠抓补植完善和林草管护，全面提高生态环境建设质量，努力把延安打造成“全国退耕还林试验示范基地”。以“三山两河”治理为重点，加快城镇市政基础设施建设，不断完善城镇功能，改善人居环境，提高城市品位，以城镇化水平的全面提高，加快农村人口向城镇转移，减轻生态环境的承载压力。以新农村建设为抓手，加快农村民居、道路、农田、人饮、沼气、电力、通讯等基础设施建设，积极推行节能环保技术，改变村容村貌，改善群众生产生活条件。

围绕农民增收，发展生态农业。按照区域化布局、集约化生产、产业化经营、生态化发展的思路，大力培育绿色无公害生态环保农业产业，全面提高林果、棚栽、草畜三大主导产业的产业规模、产品质量和经济效益。

合理利用资源，发展生态工业。正确处理开发与保护的关系，实行严格的污染物排放总量控制，综合运用各种措施加快环境治理，从粗放型向集约型模式转变，把延安建成世界知名、国内一流的陕北能源化工基地。不断提高资源的开发利用率，加快新型工业化进程。加速构建循环经济体系，积极扶持生态型、节能型产业优先发展，坚决杜绝和淘汰高消耗、高污染、高排放的工业项目。大力推广先进环保技术工艺，形成主导产业高端化、新兴产业规模化、服务产业专业化的新格局，从源头减少污染。加强河流、油区、矿山等重点领域的污染治理。

开发与保护相结合，发展生态旅游。积极开发生态旅游业，促进生态环境改善和绿色主导产业发展，建设“全国红色旅游首选之地、海内外华人寻根祭祖之地、陕北黄土风情文化开发传播基地”。结合市区“三山两河”治理，加大城镇周围、旅游景区、公路沿线、重点区域的绿化美化力度，为发展红色旅游为龙头的文化旅游产业营造良好的生态景观。着力打造一批生态景观区、农业观光带，形成鲜明的地方旅游特色。围绕新农村建设，加强农村配套设施建设和环境卫生整治，加快开发一批农业公园、休闲农庄、特色果园、花卉基地，丰富旅游内容，增强旅游业市场竞争力。

形成整体合力，共建生态文明。组织开展生态文明建设的形势任务教育，提高城乡居民的生态环保意识，积极营造节约资源、热爱自然、建设生态、保护环境的良好氛围。建立健全条块结合的管理体制、法制监督机制、环境资源市场配置机制、重大项目决策协调机制和投入补偿机制，实行政府调控与市场运作相结合，从体制机制上保障和促进生态文明建设可持续发展。认真督查考核，严格责任追究，细化部门职责，加强协调配合，努力形成衔接有序、齐抓共管、合力落实的工作格局，全面加快“生态延安”建设。

（作者：中共陕西省委常委、延安市委书记）

走和谐惠民的科学发展之路

林元和

在科学发展观指引下，佛山按照“发展科学、环境优美、社会和谐、人民幸福”的总体要求，加快建设“现代制造基地、产业服务中心、岭南文化名城、美丽富裕家园”，努力探索一条和谐惠民的科学发展之路。2008 年全市生产总值达 4333.3 亿元，今年 1～3 季度生产总值增长 12.9％，全年预计增长 13％左右，经济总量居广东省第 3 位、全国大中城市第 11 位。

一、着力转变经济发展方式，推动产业结构优化升级

面对国际金融危机带来的挑战，佛山围绕提升产业国际竞争力，加快转变产业发展方式，坚持制造与创造相结合，制造业与服务业相配套，信息化与工业化相融合，精细发展第一产业，优化发展第二产业，加快发展第三产业，建设以先进制造业和现代服务业为主体的产业群，全力打造现代制造基地和产业服务中心，促进传统产业高新化、主导产业品牌化、新兴产业规模化。

提升自主创新能力。着力做好“五个依托”：依托骨干龙头企业，建立企业技术中心和工程技术研发中心；依托特色专业镇，构建行业性、区域性技术创新体系；依托工业园区，构建科技成果孵化体系；依托支柱产业和新兴产业，建设省级研究开发院；依托大专院校、科研院所，构建产学研体系。全市现有国家级、省级企业技术研发中心 48 个，各级企业工程技术研发中心 30 个。

打造现代制造基地。通过走新型工业化道路，实现传统制造业基地向现代制造业基地转变。加快建设“白色家电之都”、液晶平板显示产业基地、“陶瓷之都”，实现产业链由加工、制造等低端环节向设计、研发、装备、文化等高端领域发展。建设国家级的专业机械装备、金属材料加工与制品、家具、新材料、汽车及零配件、食品及饮料、轻纺、节能环保、医疗保健等特色产业基地，全市共有专业镇 33 个，国家级、省级特色产业基地 28 个，广东省产业集群升级示范区 6 个。

构建产业服务中心。大力发展现代物流业，建设一批国际级和国家级的物流基地。全面推进“广东省金融高新技术服务区”建设，作为广东实施金融强省战略的基础平台。建设“岭南天地”，打造融合岭南民俗文化、佛山时代特色和现代商业文明，集文化、旅游、居住、商业为一体的现代街区。发展时尚休闲产业，打造旅游胜地，建设新型核心消费区。发展工业设计、创意产业，培育国际专业会展业，把佛山一批重点会展提升为国际性的专业会展。

二、着力促进体制机制创新，全面推进发展环境再造

我们以生态环境、体制环境再造和城市转型为重点，全面推进发展环境再造。

推进生态环境再造。大力实施“美丽佛山”战略，使佛山的生态环境得到有效恢复，成为花

园城市。加快淘汰落后产能，狠抓节能减排，对没有完成淘汰落后产能任务的地区，不允许新上环境容量占用型项目。实施“青山、绿地、蓝天、碧水”工程，全面开展内河治理和大气污染防治，加快生态公益林和风景林、水源保护林建设，恢复岭南水乡自然生态环境。积极推进“不开发区”建设，加强“不开发区”内的生态环境建设，严格保护耕地，发展绿色农业。

推进体制环境再造。积极探索建立有利于科学发展的体制机制。一是深化行政管理体制改革。大刀阔斧改革行政审批制度，形成了方便企业、投资者和人民群众办事的机制。同时，大幅度向基层简政放权。建立起发展在基层、权限在基层、管理在基层、责任在基层的体制，扩大了基层的管理权限和发展空间。二是建立激励创新创业的体制机制。建立一整套从创新发明、融资、研发、产业化和保护等各个环节相互衔接的服务体系，营造激励创新、支持创新的良好氛围。强化知识产权保护工作，促进创新发明成果转化并向商品化、产业化方向发展。弘扬佛山岭南文化的创业精神，营造自主创业、公平竞争的营商环境。三是创新农村管理体制。改革农村户籍管理制度，将全市农村居民户口统一登记为“佛山居民户口”，推进城乡发展一体化。

推进城市转型。以建设广州佛山都市圈为着力点，推进城市发展模式向现代化组团城市转变，实现城市发展转型。积极推进广州佛山同城化发展，拓展两地合作领域，加快城市规划、基础设施、产业发展、金融商贸、文化旅游、生态环保、社会治安等领域的合作进程，提升区域竞争力。加快城市基础设施建设，完善公路、铁路、港口、机场和物流码头等基础设施，加快融入珠三角城市群的交通体系，完善公共服务场所、公共生活设施体系，全面建设宜居城市。积极推进旧城镇、旧厂房、旧村居改造，从有限的土地资源中拓展发展空间，促进城乡面貌明显改变。

三、着力保障和改善民生，积极稳妥地推进社会建设

着力构建新型工农、城乡关系，在经济发展的同时，注重保障和改善民生，2008 年财政投入公共服务和民生事业 201.47 亿元，占一般预算支出的 82.5%。

办人民满意教育。全面实施免费义务教育。从 2006 年秋季起，全市城乡同步实施义务教育免杂费；2007 年秋季起，进一步免收书本费；在全省率先普及高中阶段教育。扎实做好扶贫助学工作。形成以政府财政投入为主、社会力量参与为辅的多渠道筹措扶助资金的格局，确保贫困家庭的子女都能得到资助。同时开通“绿色通道”，对经济困难的新生一律采取先上学后核实或提供困难补助等措施，确保每一位家庭经济困难的新生顺利入学。坚持“两个为主”(以流入地政府管理为主，以全日制公办学校为主)原则，妥善解决了外来工子女入学入托问题。

全面解决劳动就业问题。加强城乡统筹，重点解决劳动就业问题，健全城乡就业服务体系。在广东省率先实现与失业保险制度并轨，形成政府促进、市场调节、城乡并重的就业新机制。先后三次调整扩大再就业优惠政策范围，开展多形式的就业帮扶活动，推行“零就业家庭”就业援助制度。建立城乡平等就业制度和统一的就业服务平台，完善农民工就业服务，同时加快对本地农村富余劳动力培训转移步伐，促进社会主义新农村建设。加强职业培训和技工教育工作，形成覆盖全市的职业技能培训和技能鉴定工作网络体系。切实维护劳动者合法权益，建立企业欠薪监管等预防机制，加大维护劳动者合法权益工作力度，保持了劳动关系的基本稳定和协调发展。

完善社会保障制度。全市城镇职工社会保险体系框架逐步完善，社会保险覆盖面不断扩大。农村基本医疗保险和农村居民养老保险补贴制度不断健全。全面实行包括未成年人在

内的城乡居民基本医疗保险的全覆盖。社会保险完成市级统筹，在城镇职工社会保险体制方面实现社会保险缴费基数、缴费比例、保险待遇、基金核算管理全市统一。积极推行门诊基本医疗制度，建立居民门诊基本医疗和职工门诊基本医疗制度，率先步入全民医保时代。我们还以创新机制、综合推进和强化管理为切入点，大力发展医疗卫生事业，提高全体市民健康水平。

推进社会救助体系建设。把完善城乡社会救助体系作为保障困难群众基本生活的有效方式和手段，大力推进各项相关工作。最低生活保障制度进一步完善，五保供养基本实现应保尽保，医疗、教育、住房和法律援助专项救助得到加强。以资助城乡困难居民参加政府指定的医疗保险制度、门诊基本医疗减免救助制度、大病医疗救助制度为框架的医疗救助制度已经全面建立，为解决困难群众的“就医难”问题提供了制度保障。社会福利体系社会化步伐加快，老年人、残疾人、孤儿等特殊群体得到较好服务。

（作者：中共广东省佛山市委书记）

变危为机　提升科学发展水平

姜晓亭

在开展深入学习实践科学发展观活动中，中共乐山市委紧密结合本地实际，克服“5·12”地震给经济社会发展带来的严重困难，克服国际金融危机带来的冲击和影响，抓住投资品价格回落和融资成本较低的有利时机，加快在建项目建设，积极筹划开工建设新项目，努力探索符合乐山实际的科学发展之路。

以实施经济工作“主题年”为抓手，提升科学发展能力。我们立足市情，坚持“优势优先、重点突破”，每年确定一个经济工作主题，以“主题年”的形式实现重点突破，优势聚集，提升科学发展能力。在2008年的“产业提升年”，我们分步实施产业和交通两个“千亿工程”，利用乐山优势，集中建设中国多晶硅及太阳能光伏产业基地、西部建材产业基地、四川盐磷化工产业基地、四川农产品出口加工基地“四大产业基地”，在前所未有的困难和考验下，全市经济仍然保持了14.1%的增长速度。通过2006年到2008年连续三个“主题年”的建设发展，重点解决了经济发展中的突出问题，实现了发展后劲和科学发展能力“两个提高”，三年再造了一个乐山工业。

以打造区域特色经济为载体，转变经济发展方式。大力推进“工集中、农成片、旅提升”的发展模式，加速打造区域特色经济。“工集中”，就是以龙头骨干企业为依托，以重大项目为突破口，建产业园区，走集约化发展之路，集中力量建设好多晶硅及太阳能光伏产业园区等4个百亿级专业工业园区。“农成片”，就是依托境内四川首个国家级农业科技园区，采取“一区多园”的模式，建立生态、畜牧、茶叶等6个专业农业园区，在各专业园区下设小园区，聚合优势，成片发展。培育农业产业化龙头企业和农民专合组织，将其与农业科技园区联结起来，发挥农业科技园区的辐射带动作用。“旅提升”，就是将峨眉山、乐山大佛两个5A级景区合并为一个景区，有效整合资源，使景区综合实力和核心竞争力明显增强，今年一季度就实现了旅游综合收入26.2亿元。

以增强城市综合承载和辐射带动功能为手

段，提升区位优势。大力实施“千亿工程”，进行岷江航电综合开发，实施乐(山)宜(宾)高速、乐(山)雅(安)高速、城际铁路、成(都)贵(阳)铁路、乐山机场等重大交通项目建设，着力构建集铁路、水运、公路、航空于一体的综合交通枢纽。城际铁路建成后，将实现成都到乐山48分钟、乐山到峨眉山8分钟的车程，极大地缩短与省会城市、旅游目的地的空间距离，提升乐山在成都平原经济圈中的战略地位。确立建设西部最适合人居城市的理念，将工业园区、交通基础设施、旅游景区、城市园林等重要主体功能区有机地统一于城市规划建设蓝图中。

以关注和改善民生为宗旨，促进社会和谐稳定。积极承接沿海产业转移，引进制鞋、纺织等劳动密集型制造企业，仅引进广东金威利鞋业一个项目就解决了1万余人的就业问题。通过风险担保、贷款贴息等优惠政策和实用技术培训，支持回乡农民工创业。将旧城改造与灾后恢复重建相结合，解决群众住房难的问题。加快城市道路、污水和垃圾处理设施建设，有效改善城镇公共设施条件。加快水利、农田、农村基础设施和农村生态环境建设，切实解决广大农村群众出行难、饮水难等问题。整合行政服务中心和惠民帮扶中心，改善机关作风。近年来，直接用于改善民生的专项资金占全市财政总支出的25%以上，广大群众切身感受到了经济社会发展带来的实惠。

（作者：中共四川省乐山市委书记）

银川市立足实际走科学发展之路

崔 波

在深入开展学习实践科学发展观活动中，银川市立足本市经济社会发展实际，确立了把银川建设成为西北地区最适宜居住、最适宜创业的现代化区域中心城市的战略目标，把贯彻落实科学发展观细化为当地经济社会统筹发展的具体要求和任务。

积极转变经济发展方式，保持持续平稳较快发展。银川市连续五年生产总值保持13%以上的增幅，但经济总量小、综合实力弱、发展相对落后仍然是当前最大的市情。我们把转变经济发展方式作为一项重大而紧迫的战略任务来抓，把保增长保民生保稳定作为当前学习实践科学发展观的首要任务。加快企业创新和产业结构优化升级，着力实施机械装备制造业、奶产业振兴工程，培育龙头企业，提升配套能力；建设优势特色产业创新平台，推动骨干企业建立开放式实验室。实施“小巨人企业”培育工程，政府出资开展企业咨询、经营管理人员培训活动，大力扶持成长性良好的中小企业。加快建设宁东能源化工基地、国家级银川经济技术开发区，一批布局优化、各具特色的工业园区逐步形成，全市工业增加值年均递增19.6%，带动第三产业年均递增11.3%。积极发展循环经济，加快建设资源节约型社会，全市万元GDP综合能耗五年累计下降12%，主要污染物排放总量五年累计下降5%。

大力支持和鼓励创业，激发地区经济发展活力。鼓励创业是推动经济社会发展的重要动力。一是发展优势特色产业，引导各类创业元素向其聚拢。依托能源资源优势，以能源化工产业为主导，积极扶持机械电器制造、生物制药、穆斯林用品、羊绒、新材料等产业及相关创业；大力调整农业区域化布局，重点发展设施园艺和奶产业，积极拓展水产、花卉、长枣、葡萄、枸杞等特色现代农业创业项目；不断完善城市功能，全力打造区域性物流配送中心、交通运输中心、现代服务业中心和旅游目的地城市，发掘新的创业机会，并为其他行业创业提供日趋完善的配套服务。二是完善政策服务体系，优化创业软环境。制定推进创业的实施意见，成立青年创业服务中心；开展机关效能建设，推行部门内部“扁平化”管理，实行服务承诺制、首问责任制、限时办结制等制度，减少行政审批和办事环节；大力开展“诚信银川”建设，营造“胸有四海、信立八方、尊重规则、善待竞争”的发展氛围。三是深化改革、扩大开放，为创业不断提供新的动力。扩大市辖区在城市建设管理和经济发展方面的管理权限；做实做大中小企业信用担保中心、城投公司等融资平台，实行政府投资项目代建制；推动农业科技推广服务体系改革，加强其公益性职能；建立完善吸引和留住高层次人才的机制。以“近联、远引、外拓”为目标，与宁夏毗邻地区29个城市建立了共同发展机制和实质性合作，以发展清真食品和穆斯林用品产业为切入点，大力拓展中亚、中东、东盟等国外市场。

不断提升城乡宜居性，实现发展成果由人民共享。银川在促进经济社会发展的同时，注重人的全面发展，将城乡宜居性作为衡量科学发展成效的重要标准。一是加强人居环境治理。全面修编城市总体规划，实施以绿化、水系、道路为重点的大规模基础设施建设、特色街区改造工程，并获得国家节水型城市、卫生城市、园林城市等称号；全面推进村庄规划，开展大规模村容村貌整治和农田水利基本建设，解决19万人饮水安全问题；建立农村道路、垃圾收运管理机制，打造“塞上江南新风貌”，让银川市这颗“塞上江南”的明珠更加璀璨，吸引外来人居留创业。在治理环境的过程中，始终坚持以人为本。例如，在一定区域和时间内允许摆摊设点；在取缔非法营运“摩的”的同时，为参与营运的残疾人提供最低生活保障和就业创业扶持。二是着力解决群众关心的民生问题。就业方面，帮扶城镇困难群体实现就业和再就业，基本解决“零就业”家庭的就业问题；把促进就业作为解决失地农民问题的主要途径，80%的失地农民得到妥善安置；鼓励农民进城稳定就业并安家落户。教育方面，免除高中阶段城乡低保家庭子女学杂费，调整中小学校布局结构，新建扩建中小学113所。医疗卫生方面，优先发展社区卫生服务和农村医疗卫生事业，建立社区卫生服务站58个，完成镇村卫生院规范化建设；推进基层医疗卫生机构人事和分配制度改革，切实解决“看病难、看病贵”问题。社会保障方面，全面推行新型农村合作医疗和城镇居民基本医疗保险；城镇居民最低生活保障做到应保尽保，农村最低生活保障制度初步建立。住房方面，调整房地产开发结构，加快住房保障制度体系建设，逐年加大经济适用房建设力度，6100户低收入家庭享受到廉租房保障。

增强领导干部的执政本领，为科学发展提供有力保障。我们始终注意把加强领导干部执政能力建设同促进科学发展相结合，确保正确的思路和举措转化为科学发展的实际成果。一是提升对科学发展观的认识和运用能力。把开展学习实践科学发展观活动作为领导干部应对挑战、解决矛盾、统一思想的契机，深入学习和研究自然规律、人类社会发展规律、社会主义建设规律及共产党执政规律，深刻领会以人为本、统筹兼顾和全面协调可持续发展的科学内涵，使科学发展观在党员干部头脑中扎下根。我们还开展MPA核心课程等专项培训，帮助一些主要领导干部尽快掌握高效的现代管理方法。二是建立一套行之有效的制度保障。健全体现科学发展观要求的考核机制。考核指标的制定，既结合全市重点工作，又突出县(市)区和各部门的工作特点。制定操作性更强的考核办法，充分发挥第三方评价作用，扩大民主测评范围，加强群众满意度调查和工作实绩分析；辅以暗访督查、责任倒查、责任检讨等制度。加大考核结果在人事任用中的比重，鼓励广大党员干部胸怀全局、开阔眼界，创造性地开展工作，为促进经济社会又好又快发展尽职尽责。

（作者：宁夏回族自治区党委常委、银川市委书记）

坚持科学发展　建设成渝经济区新高地

唐利民

四川省内江市地处成渝经济区腹心地带，是川渝滇黔四省（市）结合部的重要交通枢纽和物流中心。为实现科学发展，内江市坚持把对科学发展观的认识成果转化为促进发展的科学思路、领导发展的实际能力、推动发展的自觉行动，深入贯彻落实中央“保增长、扩内需、调结构”的要求，积极扩大项目投资，有效推进了川南城市群中心城市和成渝经济区新高地建设步伐。

推进新型工业化，重振老工业基地雄风。内江市作为经济总量曾排名四川第三的老工业基地，坚定不移地对传统产业进行转型，走新型工业化之路。一是建设全国第二大钒钛基地。抓住国家振兴钢铁等十大产业和灾后重建机遇，把项目、资金、技术、人才向支柱产业、潜力产业和川威等骨干企业集中，增强市场竞争力。二是建设中国西部汽车零部件基地。采取“建园区、建市场、建中心、建协会、建同盟”等措施，启动汽车零部件工业园区等相关设施建设。三是建设西南再生资源综合利用基地。重点加强与中国再生资源开发有限公司的合作，建设专业市场和深加工基地，带动循环经济发展。四是推进工业园区建设。采取企业扩张建园区、集中产业建园区等方式，增强园区的承载聚集功能。

推进农业现代化，打造成渝经济区绿色食品基地。充分利用内江丘陵农业大市和邻近成渝两个特大城市的优势，建设绿色食品基地。一是加快自然农业向设施农业转变。加强农田水利基本建设，增强农业综合生产能力。二是加快常规农业向特色农业转变。充分利用中国塔罗科血橙之乡、全国水禽基地的知名度和影响力，做大做响资中塔罗科血橙等特色品牌，把特色资源优势转化为现实经济优势。三是加快生产型农业向经营型农业转变。培育壮大福元、福润等龙头企业，发展特色农产品加工业，提高农业生产集约化、经营产业化水平。四是加快传统农民向新型农民转变。加强农村劳动力培训，鼓励外出务工农民回乡创业，吸纳外来人才下乡创业，支持大中专毕业生到农村就业和创业。

推进新型城镇化，建设川南城市群中心城市。以“力争三年，确保五年，建城区面积翻一番、达到70平方公里”为目标，实现城市经营新突破。一是培育“财气”，提高城市聚集能力，加快城市基础设施建设以拉动投资需求，形成新的经济增长点和生财点。二是培育“活气”，构建成渝经济区现代商贸物流中心，把内江建成成渝两地的大仓库、周边城市的集散地、陆路出境的中转站。三是培育“牌气”，打造具有国际影响力的张大千文化城市品牌，充分展示内江文化之城的魅力。四是培育“景气”。中国优秀旅游城市、国家卫生城市等六项创建工作“六创联动”，实施城乡清洁工程，有效改善人居环境。

推进对外开放与合作，形成承接产业转移聚集地。坚持全球化视野，“走出去”与“请进来”相结合，构建大开放、大合作、大招商、大承接的新格局。一是发挥自身优势，积极寻求与长三角、珠三角、北部湾经济区等区域在物流和劳动密集型产业等方面的合作。二是招大引强，瞄准国内外500强企业和跨国集团，以冶金建材等支柱产业为重点，引导大企业、大集团之间进行战略联盟。三是加强资源环境保护，严格控制高污染、低效益产业向内江转移。四是优化发展环境，加强行政效能建设，全力营造“办事态度最好、程序最少、速度最快、水平最高、成本最低”的政务环境，加强政府、社会和公众信用体系建设和平安内江建设。

（作者：中共四川省内江市委书记）

学习实践科学发展观要练好“做”功

杨洪旭

在学习实践科学发展观活动中，山东省莱州市结合县（市）级机关职能特点，特别强调党员干部在执行党的方针政策中的决定作用，以加强执行力建设为主题，着力教育引导各级党员干部练好“做”功，取得了明显成效。

解放思想，激发广大党员干部干事创业的精神动力。思想解放程度决定执行力度。针对当前复杂的经济形势，我们在市镇机关组织以提高执行力为主题的解放思想大讨论活动，以思想解放提升党员干部实干能力。在精神状态上，着力解决自我满足、畏难发愁、无所作为等问题，把思想统一到“坚定信心、抢抓机遇、迎难而上、负重奋进”的工作主基调上来，统一到保增长、保民生、保稳定的中心目标上来。思想方法上，坚持用辩证的观点看待危机和机遇，危中抢机，转危为机，加快转变外经贸发展方式，构建现代产业体系，提高自主创新能力，努力提升核心竞争力。在工作部署上，认真研究国家出台的扩大内需措施和产业振兴规划，全面对接上级的各项优惠政策，努力把政策优势变成发展优势。

创优环境，建立推动科学发展的高效工作机制。服务效能是干部队伍“做”功高低的直接体现。我们把提高效能作为市镇机关执行力建设的重点，努力打造群众满意的机关效能和优于周边的发展环境。充分利用地处黄河三角洲、胶东半岛高端产业聚集区和山东半岛蓝色经济区的叠加优势，加快机电、黄金、石材、盐化工等主导产业升级，积极培育电力能源、现代化工、临港工业和港口物流、滨海旅游房地产等新的经济增长点。集中扶持20个大项目、20个大企业和20个成长型企业，着力壮大销售收入过亿元的重点企业规模，推动全市经济平稳较快增长。健全工作推进机制，实行“常委包片，市长管线，人大、政协抓重点”的领导机制，落实“一个重点企业（项目），一名市级领导，一套工作班子”的推进机制，健全责任“无缝覆盖”的目标管理考核体系，确保决策执行不走样。

改善民生，把群众满意作为评价发展成效的重要标准。在提升市镇机关党员干部实干意识上下功夫，把群众满意作为评价和检验学习实践活动实效的重要标准。落实好向社会公开承诺的事关群众利益的10件实事，实施积极的就业政策，扩大社会保险覆盖面。在全市深入开展“热爱莱州，建言献策”活动和群众满意“六个一”主题教育实践活动，党员干部进千村、访万家，面对面听取群众意见和建议，着力解决群众关注的经济建设和民生问题。探索建立各种形式的群众满意度测评指标体系，用科学的考核评价制度，把发展成效的评判权交给群众。

提高素质，把提升党员干部领导科学发展的能力作为基本保障。执行决策，最终靠人。为了提高党员干部实践科学发展的能力和水平，我们开设“发展论坛”，请知名专家教授“进门”授课，组织赴先进地区实地考察，开阔视野，提升境界。注重督导检查，建立“党员干部素质约谈中心”，促进良好学风养成。完善干部轮岗和交流制度，健全完善中层和一般干部实践工作考核台账，在实践中培养干部、发现干部、使用干部。开展“机关服务品牌”、“百面旗帜”评选活动，使本领强、成绩好的党员干部经济上有待遇、政治上有荣誉、事业上有位置，同时落实提醒、函询、谈话、诫勉“四书”管理措施，加大调整惩戒力度，最大限度地激发党员干部的创造潜能和发展活力。

（作者：中共山东省莱州市委书记）

坚持科学发展　加快实现“三化”

张安顺

当前，国际金融危机仍在蔓延，对我国经济的冲击还在继续，通化市也受到一定程度的影响。为了把“保增长、保民生、保稳定”的要求落到实处，我们在科学发展观的指导下，经过深入调查研究、反复进行讨论、广泛听取群众意见，制定了加快实现产业规模化、交通快速化、人居生态化的发展战略。

一、抓好现代产业体系建设，加快实现产业规模化

进一步做大做强支柱产业和优势产业，增强核心竞争能力，重要的是坚持走新型工业化道路，加快推进产业结构优化升级，建立现代产业体系，实现产业规模化。

倾力打造产业集群。重点打造冶金、医药、食品、能源等产值超百亿元的产业集群，加快建设吉林省冶金产业基地、国家级现代中药及生物药产业基地和长白山绿色食品产业基地，把通化老工业基地调整改造为新型产业基地。

构筑产业发展基础。首先是抓大企业发展，全力推进资本向重点企业集中，支持优势骨干企业兼并重组、改造提升、扩充产能，加速打造经济总量大、经营机制活、外向度高、核心竞争力强的大企业、大集团。其次是抓大品牌培育，深入实施品牌战略，努力打造具有通化特色、能在全国叫得响的区域创新品牌，走用品牌提升产业的路子。再次是抓大项目建设，围绕产业链上下延伸、产业集群配套协作，大力开发建设贡献率高、带动力强、聚集功能突出的工业项目和现代服务业项目，以增量投入带动存量调整，推动产业结构优化升级，夯实扩张总量的基础。

提升自主创新能力。一要加强创新型企业建设。支持企业建立研发中心，引导各类创新要素加速向企业聚集，真正使企业成为集研究开发、技术创新和科技成果应用于一身的主体；推动企业与高等院校、科研机构组建产学研战略联盟，共同致力于项目攻关、成果转化和产业化；鼓励企业参与制定国家或行业标准；扶持企业创建名牌产品和驰（著）名商标。二要加强创新平台建设。重点办好国家生物产业高技术产业基地、国家火炬计划生物医药产业基地、国家高技术研究发展计划成果产业化基地、国家科技兴贸出口创新基地以及一批省级高新技术特色产业基地，积极争取一批新的创新平台和基地进入国家级行列，明显改善我市科研开发、成

果转化和产业化的基础条件。三要加强创新型人才的引进和培养。鼓励和支持以企业为主引进一批掌握核心技术、具有持续研发能力并能承担重大科技攻关任务的国内外高层次创业创新人才;以实施创新型人才培养工程为抓手,培养一批具有战略眼光、创新意识、现代经营管理水平和社会责任感的创新型企业家,培养一批高技能生产一线创新人才。

二、抓好开放通道建设,加快实现交通快速化

着力改善通化与外部的联系,加快推进高速公路、铁路、民用机场建设,努力打通连接周边城市的大通道和出海大通道,构建起有利于大工业、大物流、大旅游发展的现代运输体系,实现交通快速化。

提速建设综合交通枢纽。在公路建设方面,按照"进关、出海、通省、连县"的发展战略,加快建设通化至丹东、通化至长春、通化至集安、梅河口至沈阳的高速公路,加大县乡村公路的升级改造力度。到2012年,实现公路网络化,干线公路达到二级以上标准,形成"一小时城内"(通达县、市)、"两小时周边"(通达沈阳、长春)、"三小时出海"(通达丹东港)的进关出海通道和覆盖全市的公路运输网络。在铁路建设方面,重点加快东北东部铁路(通化段)和沈吉铁路复线(通化段)建设、通梅铁路升级改造,提升境内通行能力,实现客运快速化和货运重载化。此外,要在"十一五"末建成通化民用机场。通过建设立体交通体系,使通化成为"进关出海、连接腹地、通达国际"的区域交通枢纽。

加快建设区域物流中心。通化作为吉林省东南部的中心城市和东北东部重要物流节点,目前已基本具备建设区域物流中心的区位优势和产业基础。建设区域物流中心,是我们确定的促进区域经济合作、提升城市竞争力的战略目标。重点是加强与沈阳经济圈、长春经济圈内的城市协作,积极引进有实力的物流企业,建设一批以冶金、医药、食品、建材为主的物流园区和配送中心。

谋划建设通化国际陆港。建设陆港是内陆地区发展国际贸易的切入点。要抢抓建设东北东部铁路、通丹高速公路的机遇,依托冶金、医药、食品等产业优势,丰富的林木、矿产等资源以及众多的进出口企业,把丹东港延伸到通化,将"内陆地区"变成"沿海地区",使本地及周边城市企业的进出口货物减少周转环节,加快报关、通关速度,降低流通成本,促进通化物流业和外向型经济的发展。

三、抓好宜居城市建设,加快实现人居生态化

通化群山环绕,浑江穿城而过,生态环境良好,曾获中国人居环境奖(水环境治理优秀范例城市),是中国旅游竞争力百强城市、中国百佳投资城市、中国特色魅力城市,具有建设宜居城市的比较优势。在城市未来的发展中,我们必须牢固树立生态文明观念,坚持以人为本,既要努力加快经济发展、构建和谐社会,又要注重提升生态环境和人文环境,实现人居生态化。

搞好宜居城市规划。围绕创建国家园林城市、卫生城市、文明城市,把生态宜居的理念贯彻到城市总体规划、分区规划之中,落实到城市空间布局、土地利用、基础设施、产业发展、园林绿化、环境保护、人口发展等各个专项规划里,渗透到城市道路、城市建筑、城市景观、住宅小区等城市设计的各个方面,科学确定城市各分区的功能定位、发展方向,充分体现规划的前瞻性。

彰显北方"山水城市"特色。山水相连是宜居环境的主要因素。在城市建设中,要更加重视建设项目与城市环境的融合,强调人文景观与自然景观的协调。充分利用现有的自然条件,紧紧围绕"显山、露水、增绿、添景",加快浑江两岸的升级改造,实施平湖三期工程,打造亲水休闲区和山水园林景观大道;推进二道河绿色休闲长廊,城市道路和绕城公路绿化带,城市

出入口绿化景观和城市周山绿化屏障建设，提升绿化档次和绿化率；推进玉皇山公园、南山森林公园等生态区建设，保护植被，涵养天然的绿色氧吧。

完善城市综合承载功能。完善基础设施功能，着眼于经济生态系统与城市配套系统、自然生态系统与城市生态系统的协调统一，加快推进经济开发区、江南新城配套基础设施建设，进一步抓好城市供水、供热、供气、供电等一批基础性重大项目建设。完善商贸旅游功能，打造城市新商圈，建设区域商贸中心和旅游服务中心。实施新一轮环境提升工程，突出抓好城市沟河整治，垃圾、污水集中处理，饮用水源保护，推进生态工业建设、生态农业发展，着力解决好影响环境的突出问题。

（作者：中共吉林省通化市委书记）

强化科学发展观念　破解发展难题

朱泽君

广东省增城市是中共中央政治局常委李长春同志开展深入学习实践科学发展观活动的联系点。在李长春同志的亲切关怀和悉心指导下，我们以“深化建设主体功能区、实施公园化战略、统筹城乡科学发展”为主题，不断解放思想，在务实中体现特色，努力取得和扩大思想成果、实践成果和惠民成果，争创科学发展示范点。

突出实践特色，建设三大主体功能区。根据增城不同区域资源禀赋条件，将全市划分为三大主体功能区：南部为重点开发的新型工业区，中部为优化开发的文化生活区，北部为限制开发的都市农业和生态旅游区。各功能区互补联动、集聚集约发展效应日益明显。但是，按照科学发展观要求实现高起点快速推进，我们仍然面临不少困难，特别是思想认识方面的障碍。在发展的关键时期，我市被确定为中央领导同志学习实践活动联系点，这为我们集中破解发展难题提供了历史性机遇。全市干部群众更清楚地认识到，建设主体功能区是增城贯彻落实科学发展观的重要举措，必须坚定不移抓紧抓实抓好。根据新的实践要求和人民群众的新期盼，我们完善了主体功能区的规划和行动计划，坚持有所为有所不为，以“不平衡发展”破解“发展不平衡”：南部“筑巢引凤”和“腾笼换鸟”双措并举，壮大汽车、摩托车和牛仔纺织服装三大支柱产业，为主体功能区建设顺利推进提供坚实经济支撑；中部创建“青山环抱、绿水绕城、百花盛开、文化繁荣”的山水文化休闲城，为发展大工业、大商贸和大旅游营造一流的宜居环境；北部不发展工业，营造珠三角大花园和优质生态生活圈。实践证明，建设三大主体功能区为优化产业布局、促进产业多元化发展打下了坚实基础，为应对国际金融危机创造了有利条件。2008 年我市经济发展逆势而上，人均 GDP 达 62054 元(9079 美元)，同比增长 21.2％，提前两年完成“十一五”规划的主要指标，实现了在科学发展道路上的保增长和快增长。

实施公园化战略，提高三大主体功能区全面协调可持续发展水平。我们进一步树立“保护也是发展”的理念，用公园化理念和文明特征来统筹城乡规划建设，变“在城市里建公园”为“在公园里建城乡”，让增城处处像公园。大力实施城乡环境“清洁美”工程，开展路边、山边、水边“三边整治”，实施原生态、原产权、原居民、原民俗“四原保护”，让水更清、地更洁、环境更优美，既营造了优质的生活环境，又营造了良好的投资环境。推动生态产业化，发展北部生态游、中部文化游、南部工业游，促进旅游和第一、二产业融合发展。规划建设50公里自行车健身道，引导沿线乡村开设“绿色超市”和农家旅馆。生态旅游带动了“绿色崛起”，北部山区由“沉重包袱”逐步变为“绿色财富”，既让城市人享受田园风光，也为有效解决“三农”问题开辟了新途径。

创新体制机制，为推动建设三大主体功能区提供保障。我们制定并实施《关于争创贯彻落实科学发展观示范点的实施意见》和六个配套文件，每年从南部税收超收返还额中提取10%转移给北部，保障山区镇干部收入不低于全市整体水平；设立山区专项发展基金，提高生态补偿标准，营造大环境发展大旅游，带动农民增收致富。建立投融资竞争机制，发挥财政资金“四两拨千斤”效应。实施《领导干部问责暂行办法》，修订分类绩效考核办法，经济方面南部重点考核工业产值，北部只考核服务业和农业产值。引导各级领导干部树立正确的政绩观，善于谋事，科学干事，多做打基础的事，多做惠民利民的事，多做有利于增强综合竞争力和发展后劲的事。

（作者：中共广东省增城市委书记）

运用辩证的思维和方法推动科学发展

孙永春

科学发展观是发展中国特色社会主义必须坚持和贯彻的重大战略思想。贯彻落实科学发展观，要从经济社会发展全局着眼，运用辩证的思维和方法，正确把握和处理各种关系。

一、转变发展方式，以最小的资源消耗和环境代价实现最大的发展效益

近年来，烟台经济持续平稳较快增长。2008年全市生产总值3434.19亿元，比上年增长13.6%，地方财政收入166.2亿元，增长18%。在经济增长的同时，节能降耗、治污减排工作取得明显成效，成为山东省第一个连续两年完成省政府下达的节能指标的地市。这种“增降双赢”的发展局面，缘于我们从“增”与“降”的辩证关系上，认识和推进转变发展方式工作。

以结构调整为主线，通过大力构建现代产业体系保增促降。我们大力发展耗能低、污染少的现代制造业和现代服务业，发展高附加值、高技术含量和低消耗、低排放的支柱产业，走出“结构增效”、“结构降耗”、“结构减排”的新路子。2008年，重点培育的机械制造、电子信息、食品加工和黄金四大支柱产业，实现主营业务收入4577.6亿元，占全市规模以上工业的59.4%，而能耗仅占全市规模以上工业的20.4%。通用东岳、浪潮LG、鸿富泰作为烟台汽车、手机、电脑三大产品集群的龙头，都是产值过百亿元、几百亿元的企业，而万元产值能耗仅分别相当于全市规模以上工业万元产值能耗的23.9%、3.8%和14.9%。通过改造提升传统服务业和大力发展新兴服务业，2008年全市服务业实现增加值1067.67亿元，占全市GDP31.1%，而能耗仅相当于全市的16%。

把科技创新作为中心环节，推动经济增长从“资源依赖”向“科技依托”转变。我们以建设创新型城市为总抓手，加强重点领域自主创新，

加速传统产业高新化和高新技术产业化，突破节约资源和保护环境方面的技术瓶颈，推动经济增长由“要素推动”向“创新驱动”转变，涌现出一批依靠自主创新促增长促降耗的典型。丛林集团自主研发的“万吨挤压技术与装备”获得2004年度国家科技进步一等奖，2008年实现主营业务收入90亿元，是2006年的1.37倍，而万元产值能耗比2006年下降6%；万华集团自主开发的“大规模MDI生产技术开发及产业化”项目，获得国家科技进步一等奖，2008年实现主营业务收入85.5亿元，比上年增长12%，而单位产值能耗比上年下降18.6%。

把发展循环经济作为重要结合点，既促增长又降消耗。我们积极发展循环经济，重点培育3个示范县市区、5个示范园区、30个示范企业，认真落实山东省循环经济“123”工程，大力培育综合利用企业，变废为宝、化害为利，实现了效益提升、能耗下降的双重目标。至2008年，已有145户企业通过市级以上资源综合利用企业认定评审，年综合利用工业废弃物550万吨。全市工业固体废弃物综合利用率达90%以上。

全面加强和改进监管，向管理要效益。对重点工业大户和污染物减排企业，逐户逐项落实节能减排指标，对冶金、水泥、电力、化工等高耗能行业，在实行严格控制和监督的基础上，高度重视同行业内部同类企业耗能排污的差异性，在对比中找差异寻突破，促进整个行业节能减排；对交通、建筑、商贸、机关事业单位等重点领域，把节能减排的责任落实到人、落实到岗，实施重点监控。特别是在当前应对国际金融危机的情况下，加强对经济工作的调控指导，加大企业技改力度，出台减轻企业税费、加强信贷支持等配套措施，在克服困难的同时，实现了增降双赢。

二、拓展发展空间，走市县统筹、陆海联动的发展路子

我们以科学发展观为指导，以建设充满魅力的现代滨海城市为目标，坚持以港兴市、产业立市、文化强市、山水秀市和品牌靓市，加快发展中心城市经济。2008年，中心城市经济占全市经济的比重达41.6%，比2005年提升2.9个百分点；2008年市区国税、地税收入，外贸进出口总额和高新技术产业产值，分别占到全市的56.2%、73%和51.9%。

在中心城市发展壮大的同时，积极推动县域中心城市和中心镇发展。7个县级市政府所在地已经或正在进入中等城市行列，小城镇建设在统筹城乡发展中的作用越来越大。全面贯彻落实党的十七届三中全会精神，把新农村建设摆到更加突出的位置，努力形成城乡一体化发展新局面。2008年，烟台全市农民人均纯收入7935元，比上年增长13.7%。

作为沿海城市，烟台发展海洋经济潜力巨大。大力发展海洋经济，可以有效减少对有限土地资源的依赖，更好地促进发展方式转变。近年来，我们启动了海洋经济发展战略，突出发展港口经济，重点发展海洋渔业、滨海旅游和造船业三大支柱产业，培植发展海洋生物制药、海水综合利用、海洋矿产、海洋能源和海洋服务五大新兴产业，全市海洋经济和临港产业进入全面发展快车道。2008年，全市海洋经济实现产值943亿元，同比增长18.5%。

三、增强发展动力，开辟发展新境界

坚持科学调度“内”与“外”，正确定位“物”与“人”，从四个方面汇聚发展动力。

扩大开放借外力。烟台是首批沿海开放城市，靠开放借外力始终是重要的战略选择。我们结合本地产业结构调整和重大基础设施建设，努力提升对外开放的层次和水平。目前，全市80%以上的重点骨干企业、新兴产业，是通过利用外资建立或进行嫁接改造发展壮大起来的，外资企业的对外贸易额占全市的84%，涉外税收占全市税收总额的近一半。全市已有100多家企业在30多个国家和地区开展境外投资与合作，烟台境外短缺资源开发基地和供

应体系逐步确立。

深化改革增活力。坚持以改革促调整、促发展。企业改革迈出新步伐，市县乡村四级企业改制基本完成，19家企业在境内外上市，企业经营管理机制和经济效益显著改进提高，国有资产监管体系逐步健全。各项配套改革不断深入，农村综合改革逐步深化，农村义务教育经费保障机制改革顺利实施，各项免费和补贴政策全面落实；县乡财政体制改革深入实施，覆盖城乡的公共财政制度不断完善；投融资体制改革进一步深入，投资主体多元化步伐明显加快；行政审批、科技卫生、公用事业、户籍制度、要素市场等各项改革稳步推进。民营经济规模不断扩大，层次不断提升。

有效投入强推力。针对国际金融危机影响，我们积极贯彻落实中央和山东省出台的一系列扩内需、保增长的政策措施。一方面，不断优化投资结构，积极推进符合产业政策、符合科学发展要求的重点项目建设；另一方面，借助国家启动内需的有利时机，积极抓好项目申报和储备工作，力求使更多的大项目好项目落户烟台，为实现又好又快的科学发展提供强劲助力。

以人为本聚民力。我们始终坚持把发展的出发点和落脚点放在造福人民群众上。比如，在产业选择上，既重视发展技术、资金密集的高新技术产业，又重视发展劳动密集型产业，更重视劳动与技术紧密结合型的产业发展，努力在提高竞争力的同时解决好扩大就业和增加群众收入问题；在发展路径上，鼓励以富带贫走共同富裕的发展路子，大力开展就业援助等主题活动，做好关爱帮扶困难群体工作。重视开展政府与群众的多渠道对话，不断丰富民主政治实现形式，使人民群众的知情权、参与权、表达权、监督权切实得到保障；繁荣发展公益性文化事业，满足人民群众的精神文化需要；加强社会治安综合治理和安全生产，保持社会稳定和人民群众安居乐业。

（作者：中共山东省烟台市委书记）

争当科学发展的排头兵

陈君文

根据中共湖南省委的统一部署，株洲市作为第二批学习实践科学发展观活动的试点单位，于2008年9月开始试点工作。市委高度重视，把深入学习实践科学发展观活动作为加快建设的重大机遇牢牢把握，强化理论武装，突出实践特色，争当科学发展的排头兵。

一、强化理论武装，牢固树立科学发展理念

行动上的坚定性，源于思想上的自觉性。我们采取专家辅导、集中培训、专题研讨等多种形式开展培训，市委常委带头进行“点题调研”，把学习调研不断引向深入，使科学发展观入脑入心。广大党员干部普遍认为，株洲要实现科学发展，就必须破除旧的思维定势，树立新的发展理念。

一是牢固树立环境优先观。市委在学习中认识到，以污染环境、危害健康为代价换取一时经济增长，不是一条全面协调可持续发展之路。抓环境，就是抓发展。去年，我们出重拳整治环境污染，关停和搬迁了113家（条）污染企业和落后生产线。今年继续加大对138家重点污染企业的治理力度，实施城镇污水处理设施“三年全覆盖”行动，清水塘循环经济工业区已进入实

质性运行阶段，云龙示范区正式启动。

二是牢固树立资源成本观。党员干部在学习中领悟到，只重经济增长、不顾资源消耗的发展是一种掠夺式的发展、不计成本的发展。科学发展就必须学会算资源账、算能源账、算长远账。去年，我们加强对资源的有效保护和合理开发，加大了企业技改力度，努力优化结构，提高资源和能源利用水平。全市万元GDP能耗下降6%，其中规模工业增加值能耗下降11%。

三是牢固树立正确政绩观。实现科学发展，就要尊重规律、尊重科学、尊重民意，引导各级领导干部树立正确的政绩观。为此，我们建立了新的政绩考核评价体系，突出以人为本、突出协调发展，不但看GDP和财政收入增长了多少，还要看资源消耗下降了多少，污染减少了多少，人民群众的收入增长了多少，就业、社保水平提高了多少，社会事业进步了多少。2008年度政绩考核，我们根据新的考核评价体系，对各县(市)区和各部门进行了综合考核，排定名次。

二、突出实践特色，努力提高科学发展水平

突出实践特色，必须有活动载体。我们精心策划了富有特色、贴近实际、适合群众参与的主题活动，在学习调研阶段，开展了以“书面问计、网上问策、当面问政”为内容的“三问凝聚民智、促进科学发展”活动；在分析检查阶段，开展了以“评议分析检查报告、评定群众满意程度、评选科学发展十佳经济人物”为内容的“三评促发展”活动；在整改落实阶段，开展了以“思想解放先导、科学发展先行、领导班子先进”为内容的科学发展示范点创建等主题活动，通过活动凝聚各方面的智慧和力量。

致力做大做强，推进新型工业化。面对国际金融危机带来的严峻考验，市委积极引导企业党组织、广大党员在特殊时期发挥关键作用，努力把党的政治核心作用转化为班子决策力，把党组织的战斗堡垒作用转化为企业竞争力，把党员的先锋模范作用转化为现实生产力。通过采取特殊政策、特殊奖励、特殊服务，实施“5115”工程，即近期培育5家过100亿、10家过50亿的“旗舰企业”。着力建设交通装备制造城、航空工业城、汽车产业城、服饰产业城，促进产业做大做强。围绕大企业延伸产业链条，形成产业集群，促进中小企业上规模、上水平。先后引进了北汽控股、奇瑞汽车等一批重大项目。2008年，工业产值占GDP的比重达到了48.3%，全市规模工业产值增长26.9%。

致力提质提升，推进新型城市化。推进新型城市化是株洲科学发展的现实选择，更是强大动力。在学习实践活动中，全市上下反复讨论、反复论证，解决了城市发展的科学定位问题，把株洲定位为“以现代工业文明为特征的生态宜居城市”。通过采取国际招标的方式，由国内外一流的设计机构，对20多个重大城市建设项目进行规划设计。同时，深入开展创建国家卫生城市、国家交通管理模范城市、国家环保模范城市和全国文明城市的活动，大力实施绿化、美化、亮化、数字化“四化”等工程，通过“穿衣戴帽、拆围透绿、显山露水、造林添绿、精雕细刻”，城市面貌发生了明显变化。

致力富民惠民，提高群众幸福指数。学习实践活动的出发点和落脚点就是要让人民群众得到更多的实惠。为此。我们从解决人民群众最关心、最直接、最现实的利益问题入手，组建了28个指导检查队，对事关民生的工作进行跟踪督查落实。去年，全市将新增财力的70%用于改善民生。全面取消农田灌溉水费。投资30亿元新建职业教育城，投资7.8亿元建设市中心医院。改造通乡公路350公里、通村公路2073公里。连续两次提高城乡居民低保标准。帮助542户零就业家庭实现了至少一人就业再就业。去年。全市城镇居民人均可支配收入和农民人均纯收入分别达到15911元、5837元。

三、落实保障措施，切实巩固学习实践活动成果

践行科学发展观，核心是班子，关键在干

部，根本在体制机制。我们始终注重加强领导班子建设、干部作风建设和体制机制建设，为科学发展提供了坚实保障。

加强领导班子建设。领导班子成员，既是学习实践活动的重点，也是领导科学发展的主心骨。在学习实践活动中，各级领导班子带头学习调研，带头分析检查，带头整改落实，起到了较好的示范作用。在领导班子建设中，着重增强领导班子的决策力、凝聚力和推行力。在工作中，大力营造争先创优的氛围，建立健全了体现科学发展观要求的领导干部考核评价机制，坚持正确的用人导向，重用了一批善于领导科学发展、敢于破解发展难题、有魄力、有本事的干部。

改进干部作风。建立健全了集中排查、问题交办、公开承诺和问题销号四项制度，对查找出来的问题采取“提案式”办理方法进行整改，要求整改单位及时反馈整改情况，没有按时间要求整改到位的，要说清具体原因，做到了整改不到位不放过、问题不解决不放过、群众不满意不放过。深入开展了“大排查”、“大走访”、“大整治”活动，各级领导带队下访，化解各类矛盾纠纷；开展党员联系返乡农民工活动，帮助2000多名返乡农民工实现了就业创业。

理顺体制机制。市委从一开始就大力推进有利于科学发展的长效机制建设，废、改、立各项制度机制，尽量做到减少环节、精简实用。市委常委牵头，相关责任部门具体负责，制定了土地、环保、财金、社保、行政等改革方案；建立了行政运行的“四项机制”。即科学民主的决策机制、精简高效的执行机制、奖罚分明的激励机制和权责统一的问责机制；建立健全了财政保障、环保约束和土地矿产资源配置等一系列符合科学发展要求的机制。尤其在城市管理机制方面，积极探索市场化运作模式，街道保洁、园林绿化等事项，已全面推向市场。

（作者：中共湖南省株洲市委书记）

以科学发展观为指导提高执政能力

张国华

党的十六大以来，昆山全面落实科学发展观，在全省率先达到全面小康社会水平，走出一条以改革开放为特色、以科学发展为特征的新时期“昆山之路”，走在了江苏“两个率先”的前列，成为全国18个改革开放典型地区之一。在科学发展观引领下，昆山初步实现了“六个转变”：在发展动力上，由依靠外资带动为主向内资外资竞相发展转变，形成多种所有制经济共同发展的新格局；在产业结构上，由以制造业为主向制造业与服务业双轮驱动转变，形成三次产业协调发展、相互促进的新格局；在空间布局上，由分散布局向集中布局转变，形成集约发展、节约发展、可持续发展的新格局；在社会阶层结构上，由“宝塔型”向“橄榄型”转变，形成共同富裕、和谐发展的新格局；在城市格局上，由重视城市建设向城乡统筹转变，形成城市与农村共同繁荣的新格局；在经济社会发展上，由注重经济增长向经济、政治、文化、社会、生态“五位一体”协调共进转变，形成以人为本、全面发展的新格局。

县（市）委书记处于基层工作的第一线和承上启下的关键位置，担负着一方改革发展稳定的重要职责。实践中我深刻认识到，只有以科学发展观为指导提高领导水平和执政能力，建设善于实践科学发展观的高素质领导集体，才能将科学发展的要求，转化为谋划发展的正确思路、促进发展的政策措施、领导发展的工作能力，推动经济社会又好又快发展。

一、把提高执政能力的着力点放在推动思想解放上

昆山的发展，经历了一次次思想解放的破茧过程。当昆山综合实力位居全国百强县(市)首位，处于向基本实现现代化迈进的新起点时，我们深感压力很大，迫切需要通过新的思想解放，为科学发展开路。这几年，我们以各级领导班子为重点，推动全市新的思想解放，让昆山的干部"想在先、干在前，不满足、不停步"。一是开展"三补"工作，做到头脑始终清醒。2006 年 1 月全省学习昆山经验报告会后，我们在全市干部中开展"全省学昆山、昆山怎么办"大讨论，组织大家对照科学发展找问题、摆不足，并围绕六个方面的薄弱环节，集中开展"补短、补缺、补软"工作，着力解决发展不够全面、不够协调的问题。二是弘扬"三创"精神，做到思想永不停滞。在发展转型中，昆山遇到了人口密集、土地紧缺、环境压力等一系列难题。我们大力弘扬创新创业创优精神，把资源环境的硬约束，作为产业升级、发展转型的契机和动力。运用"招商选资"，逼产业升级；运用土地利用的"八个度"，逼土地集约；运用环境容量控制，逼节能降耗；运用城乡统筹，推进城乡经济社会发展一体化；运用转型升级，促进产业结构优化，开辟了昆山科学发展的新天地。三是组织"三学"活动，做到视野永不局限。开展整体发展学新加坡、产业提升学韩国、自主创新学台湾地区的"三学"活动，以世界眼光和国际视野，拓展思想解放的领域，开创科学发展的空间。四是确立"三步走"目标，做到发展永不满足。在实现"第一个率先"目标之后，我们确立了更高的发展定位：2012 年主要发展指标达到中等发达国家和地区的水平，率先形成基本实现现代化的形态；2015 年总体发展水平赶上中等发达国家和地区，率先基本实现现代化；2020 年我国全面建设小康社会目标实现之时，建成现代化的新昆山。新的目标，进一步增强了领导干部"为今天尽力、为明天尽责"的使命感。

二、把提高执政能力的重点放在营造发展环境上

企业是市场竞争的主体，群众是创造财富的主体，而党委、政府是营造环境的主体。创造良好的发展环境，是党委、政府最主要的职责，也是县(市)委书记跳出经济抓经济的重要手段。尤其在当前严峻复杂的经济环境中，能否营造一个有利于发展的良好投资环境，对于提振客商的投资信心、企业的发展信心、群众的创业信心显得尤为重要。我们以敢于突破、敢于负责、敢于争取的"三个敢于"精神，以竭尽心智、竭尽所能、竭尽全力的"三个竭尽"力度，在发展环境创新上出新招、出实招，努力在"寒冬大环境"下创造"温室小气候"，确保昆山经济平稳较快发展，确保富民增收步伐持续加快。一是加大对形势的研判力度。我们密切关注宏观经济走势和政策调整变化、产业和行业发展变化、企业生产经营变化、重点投资和重大项目变化、投资经营环境变化、社情舆情变化，及时提出应对措施，着力提升对经济形势的分析研究、快速应对能力。二是加大运行调节力度。我们全面落实"四项承诺"措施，开展"解决问题月"、"诚信服务月"活动，推进行政审批流程再造，实现行政收费零增长。通过搭建银企沟通平台、注入贷款担保资金等措施，积极缓解生产要素供需矛盾。三是加大政策扶持力度。我们研究出台促进企业发展、转型升级、做大做强以及促进出口、引进人才、稳定房地产市场等政策措施，及时做好国家有关税收、信贷等政策的落实和配套工作。宁可财政少收一点、政府一般支出紧一点，也要帮助企业渡过

难关、帮助群众创业就业。

三、把提高执政能力的关键放在干部队伍建设上

解放思想使干部醒得早，而要在科学发展中跑得快，能力提升是关键。我们以改革创新为动力，努力建设一支与科学发展相适应的“三宽型”干部队伍。一是加强教育培训，增强领导科学发展的能力。根据昆山经济国际化程度高的特点，组织大批干部走出国门开阔眼界。为实施“巩固台资、拓展欧美”战略，在英国举办培训班，培养一批了解欧美习俗和商贸惯例的招商骨干；为适应昆山发展转型的需要，在新加坡等国家和地区，举办乡科级领导干部现代服务业培训班；为加强城市建设和管理，在国外举办城市规划和建设专题研究班；为建设服务型政府，在英国举办公共管理培训班。每个重点培训班次，我们都精心组织，市领导亲自带队。二是加强实践锻炼，提高务实创新能力。选派干部到省级机关挂职锻炼，到海外友好城市的政府机构跟班学习。把昆山发展主战场和矛盾集中的地方，作为干部培养锻炼的重要场所，3 年抽调 752 名干部到镇村、社区和信访、实事工程一线挂职，其中近 600 名干部脱产进村帮助工作。三是加强制度建设，提高科学决策能力。我们较早实行“三重一大”事项的民主决策制度，特别对产业布局、城市规划等事关长远发展的重大问题，决策前充分听取专家、市民意见。在应对国际金融危机过程中，我们建立市领导挂钩联系区镇制度，深入基层、深入企业，问智于民、问计于企，努力使保增长促发展的重大决策科学有效。

四、把提高执政能力的功夫下在体制机制创新上

切实把经济社会发展转入科学发展的轨道，关键是要形成正确的发展导向和用人导向。我们发挥全面小康指标的引领作用。2003 年以来，依据省定的全面小康指标，对各级领导干部明确全面小康内涵、实现时间表、目标时序进度和工作考核办法，并向社会公布，引导干部群众努力建设一个不含水分、人民群众得实惠、老百姓认可的高水平全面小康。我们探索促进科学发展的体制机制。以开展深入学习实践科学发展观活动为契机，围绕产业发展、城市规划、土地供给、环保约束、科技创新、财税分配、民生保障、干部考核、人才培养、廉政风险防控等十个方面进行深入调研，努力构建充满活力、富有效率、更加开放、有利于科学发展的体制机制。我们建立引领科学发展的考核机制。以率先发展、科学发展、和谐发展和民生质量为主要内容，把发展质量、民生改善、自主创新、环境生态建设和现代服务业发展等列为对乡镇考核的重要指标，并与领导干部年度考核、部门效率效能考核、机关中层干部评议等一起，构成符合科学发展观、体现又好又快发展要求的干部实绩评价体系，把考核结果作为奖优罚劣、疏通干部“出口”的重要依据。我们完善选才用人的激励机制。坚持为科学发展选人才、为“两个率先”配干部，探索形成来自基层一线的党政干部培养链，大力选拔想干事业、出新思路、有大作为的优秀干部，形成人才脱颖而出的选人竞争机制。

（作者：中共江苏省昆山市委书记）

科学发展观的理论蕴涵

冯 刚

科学发展观以唯物主义辩证法为理论基石，以丰富的历史内涵为内在支撑，以当代中国的社会实践为出发点和落脚点，以始终代表最广大人民的根本利益为价值指向。深入学习实践科学发展观，必须科学地把握这一重大战略思想丰富而深刻的理论蕴涵。

以唯物辩证法为理论基石

科学发展观"是马克思主义关于发展的世界观和方法论的集中体现"。马克思主义关于发展的世界观和方法论就是唯物辩证法。恩格斯指出："辩证法不过是关于自然、人类社会和思维的运动和发展的普遍规律的科学。"列宁认为，形而上学和辩证法是"两种基本的(或两种可能的？或两种在历史上常见的？)发展(进化)观点"。毛泽东也指出："在人类的认识史中，从来就有关于宇宙发展法则的两种见解，一种是形而上学的见解，一种是辩证法的见解，形成了互相对立的两种宇宙观。科学发展观正是在唯物辩证法的基础上，结合我国现阶段经济社会发展的实际提出来的发展中国特色社会主义必须坚持和贯彻的重大战略思想。因此，我们可以说，科学发展观就是唯物辩证法的集中体现，唯物辩证法是科学发展观的哲学基础。

唯物辩证法的总观点或基本原则就是承认事物的普遍联系和运动发展。在科学发展观中，全面协调的思想、统筹兼顾的思想，都是普遍联系原则的体现；而"第一要义是发展"的思想，则凸显了辩证法运动发展的基本原则。中国特色社会主义是全面发展、全面进步的事业，是一个由相互关联的各个方面构成的有机整体。经济建设、政治建设、文化建设、社会建设必须全面协调发展，生产力与生产关系、经济基础与上层建筑必须全面协调发展，生产、生活、生态也必须全面协调发展，其中任何一个方面的建设跟不上，其他方面就会受到影响和制约。

辩证法关于普遍联系的观点，要求人们不仅要关注总体中的各个要素，更要关注各要素之间的相互关系。比如，在城乡建设方面，不是简单地把城乡隔离开来分别加以关注，而是强调要在二者的关系中去把握和设计城乡的协调发展。人与自然、国内发展与对外开放、中央和地方、个人与集体等要素之间的关系也是如此，都需要进行统筹兼顾，合理安排，以推动全面协调可持续发展的实现。这是辩证法在方法论层面上的具体体现。

在辩证法看来，"发展是对立面的统一"，是"扬弃"，是"否定之否定"，是自我发展、自我完善的过程，是螺旋式或波浪式曲折前进的过程，是前进性和曲折性相统一的过程。科学发展观要求积极构建社会主义和谐社会，着力解决人民最关心、最直接、最现实的利益问题。从辩证法的角度看，这就是一种扬弃的过程，就是要扬弃那些不利于和谐或影响和谐、损害和谐的因素，通过一个更高阶段的发展，使之得到改变或改善。党的十七大报告强调"我们必须始终保持清醒头脑"，"深刻把握我国发展面临的新课题新矛盾，更加自觉地走科学发展道路"，就是立足于辩证法的高度，要求我们把科学发展始终看作一个正在进行的过程。科学发展不是对某种完成状态的静止的描述，而是一种按辩证法规律对发展过程的自觉的探索，这个探索是不断推进、没有止境的。

以丰富的历史内涵为内在支撑

一定的认识，都必须具备且依赖于一定的历史条件。列宁指出："在分析任何一个社会问题时，马克思主义理论的绝对要求，就是要把问题提到一定的历史范围之内；此外，如果谈到某一国家（例如，谈到这个国家的民族纲领），那就要估计到在同一历史时代这个国家不同于其他各国的具体特点。"从历史的观点出发，我们可以更清晰地看到科学发展观形成的历史必然性和它体现的具体而丰富的历史内涵。

根据封建主义、资本主义、社会主义三个历史阶段各自的物质生产条件，马克思揭示出三个历史阶段上作为社会关系之体现的人的本质规定："人的依赖关系（起初完全是自然发生的），是最初的社会形态，在这种形态下，人的生产能力只是在狭窄的范围内和孤立的地点上发展着。以物的依赖性为基础的人的独立性，是第二大形态，在这种形态下，才形成普遍的社会物质变换，全面的关系，多方面的需求以及全面的能力的体系。建立在个人全面发展和他们共同的社会生产能力成为他们的社会财富这一基础上的自由个性，是第三个阶段。第二个阶段为第三个阶段创造条件。"坚持以人为本的科学发展观，只有在这第三个阶段才能够成为一种现实的科学理论，因为"个人全面发展和他们共同的社会生产能力成为他们的社会财富"只有在社会主义社会才能够真正实现，才能成为人的现实的规定性。这是特定的历史阶段对于理论现实性的规约。

而在另一方面，科学发展观深刻反映了我们这个时代的历史内涵，鲜明揭示了科学发展与社会和谐的内在统一：社会和谐是中国特色社会主义的本质属性，科学发展是实现社会和谐、发展中国特色社会主义的根本要求。与社会和谐一样，科学发展也不是在任何社会形态中都可以真正实现的。在阶级根本对立的社会中，由于其社会基本矛盾性质的对抗性，虽然也有发展，也有所谓的"太平盛世"，但这种发展的代价是巨大的，这种"盛世"也只是表面的、暂时的或局部的，不可能有真正全面协调可持续的发展，不可能实现真正的社会和谐。在社会主义社会，由于社会结构的和谐，由于人民群众的历史主体和价值主体地位的一致性，社会的基本矛盾性质不再是对抗性的，这就使真正实现科学发展与社会和谐具有了现实的可能性。

具体地说，科学发展观的历史内涵主要体现在四个方面：其一，科学发展观是在我国的社会主义初级阶段经济建设取得较大发展，政治、文化、社会建设取得一定成就的情况下提出来的，因而是与这一特定历史阶段相适应的发展理论，这一阶段为科学发展观的贯彻落实准备了必要的社会物质条件。其二，科学发展观是我国经济社会发展实践的科学总结，对现在和将来经济社会的发展起着重要的指导作用。其三，科学发展观借鉴了国外的发展经验，但主要还是中国特色社会主义建设实践经验的理论概括，它不同于西方发达国家的发展模式理论，而是体现中国特色的发展模式理论。其四，科学发展观是对党的三代领导集体关于发展的重要思想的继承和发展，是同马克思列宁主义、毛泽东思想、邓小平理论和"三个代表"重要思想既一脉相承又与时俱进的科学理论。准确理解科学发展观的深刻内涵需要清楚地了解这种理论渊源。那种把包括科学发展观在内的中国特色社会主义理论体系与毛泽东思想割裂开来的观点是背离唯物史观的，也是对科学发展观的历史维度的虚无化。

以当代中国的社会实践为出发点和落脚点

党的十七大报告指出："科学发展观，是立足社会主义初级阶段基本国情，总结我国发展实践，借鉴国外发展经验，适应新的发展要求提出来的。"1938 年，在党的六届六中全会上，毛泽东提出"要学会把马克思列宁主义的理论应用于中国的具体的环境"；1939 年，他在《〈共产党人〉发刊词》这篇重要文章中，总结了中国共产党人 18 年的经验，强调要“将马克思列宁主义的理论和中国革命的实践相结合”。马克思主义中国化的一系列成果，都是这一思想原则的产物。科学发展观也是如此，它借鉴了人类的发展经验，深刻总结了我国的发展实践，特别是 30 年来我们在一个十几亿人口的大国取得的摆脱贫困、加快现代化进程、巩固和发展社会主义的宝贵经验，准确揭示了当前我国发展呈现出的一系列阶段性特征和新的发展要求，是指导当代中国科学发展的科学理论。从实践层面出发来研究和探索科学发展观的深刻蕴涵和现实意义，是深入学习贯彻这一重大战略思想的又一个重要方面。

社会实践是马克思主义的出发点和落脚点。在世界观领域，马克思主义以实践为根据，来正确理解物质与意识的关系，确立物质对于意识的第一性关系和意识对物质的能动反映关系。在历史观领域，马克思主义以实践为根据，正确分析和阐释了生产力与生产关系、经济基础与上层建筑之间的辩证关系；也正是以实践为根据，马克思主义把推动生产力发展的主体——人民群众，看作历史的推动者和创造者；同样以实践为根据，马克思主义揭示了社会主义取代资本主义的经济、政治、文化条件和必然趋势，以及社会主义制度建立后自身的发展道路问题。因此，科学发展观作为马克思主义中国化的最新理论成果，其出发点和落脚点也必然是社会实践。

在中国特色社会主义各项事业的建设发展中，如果不是从实践出发，而是从先验的抽象概念、僵化的思维方式和教条的理论法则出发，就会将适用于某个历史阶段的特定发展模式固定化，削足适履，不仅会损害科学发展，而且也会丧失发展着的实践带来的更多的理论创新的可能。

科学发展观的实践品格最根本地体现在其第一要义上。科学发展观第一要义是发展，这种发展，是我国先进生产力的发展，是社会主义现代化建设的发展，是由人民群众自觉推动的沿着正确方向不断前进着的实践的发展，而不是落后的倒退的实践的发展。这一实践有自己既定的历史前提、深厚的现实基础、明确的奋斗目标、不断发展和壮大的实践主体。对此，科学发展观都作了准确而深刻的揭示。因此可以说，科学发展观是科学的实践观。从实践层面出发，我们可以更透彻、更准确地把握科学发展观的丰富内涵和深远意义。

以始终代表最广大人民根本利益为价值指向

科学发展观的核心是以人为本。胡锦涛同志指出：“坚持以人为本，就是要以实现人的全面发展为目标，从人民群众的根本利益出发谋发展、促发展，不断满足人民群众日益增长的物质文化需要，切实保障人民群众的经济、政治和文化权益，让发展的成果惠及全体人民。”把以人为本作为核心，清楚表明了科学发展观的价值取向。这也表明了从价值层面理解和把握科学发展观的关键性和重要性。

在对科学发展观以人为本价值取向的理解上，既要避免抽象化地理解人，把以人为本的价值取向与特定社会形态相分离的倾向，又要避免孤立地去理解人，把以人为本的价值取向片面理解成与人民群众相脱离的原子式个体的价值目标追求。

任何社会运动和发展都是有其特定的价值取向的。马克思、恩格斯指出：“过去的一切运动都是少数人的或者为少数人谋利益的运动。无产阶级的运动是绝大多数人的、为绝大多数人谋利益的独立的运动。”以人为本充分表现了对人民历史主体地位的肯定，充分肯定了人民的历史作用以及人民作为价值主体即人民应是经济社会发展成果的享有者的地位。

尊重人民主体地位，发挥人民首创精神，把人民作为发展的依靠力量——这就是对人民作为历史动力的价值认同和肯定，是科学发展观以人为本理念的基本内涵之一，也是唯物史观的基本体现。切实保障人民各项权益，做到发展为了人民，发展成果由人民共享——这是对人民价值主体地位的坚持，是科学发展观以人为本理念的又一基本内涵，也是党全心全意为人民服务的宗旨的体现。作为价值观的以人为本是以马克思主义世界观、历史观为基础、支撑和底蕴的，是马克思主义世界观、历史观所规定的价值观，是与马克思主义世界观、历史观相统一的价值观。

科学发展观是发展中国特色社会主义必须坚持和贯彻的重大战略思想，正确把握其价值取向，要求我们必须深入理解马克思主义政党的本质要求，即以人为本，始终代表最广大人民的根本利益。我们党的根基在人民、血脉在人民、力量在人民。党的一切奋斗和工作都是为了造福人民，除了最广大人民的根本利益，没有自己的特殊利益。这从价值维度充分体现党的重大战略思想与党的根本性质和宗旨的高度一致，体现了科学发展观内在逻辑的自恰性与科学性。

科学发展观要求科学统筹个人利益和集体利益、局部利益和整体利益、当前利益和长远利益，充分调动各方面积极性。利益分配的倾斜和调整是价值取向的具体化，体现着特定的价值观念。当前，社会利益关系更趋复杂，统筹兼顾各方面利益的难度加大，在这种情况下，做到科学发展就要明确价值取向，始终把实现好、维护好、发展好最广大人民的根本利益作为党和国家一切工作的出发点和落脚点，在此基础上，统筹兼顾各方面利益诉求。我们要认识到，之所以在兼顾个人利益、局部利益与当前利益的同时，更加注重和强调集体利益、整体利益与长远利益，就是因为后者更符合最广大人民群众的根本利益。

正确把握科学发展观的理论蕴涵，可以帮助我们更加深刻地理解其科学性、丰富性和先进性，进一步增强我们学习实践活动的自觉性和实效性，从而把这一活动推向一个新的高度。

（作者：教育部高等学校社会科学发展研究中心主任）

切实巩固前两批成果
扎实抓好第三批学习实践活动

——中央学习实践活动领导小组办公室负责人答记者问

杨绍华

日前，中央召开了深入学习实践科学发展观活动第二批总结暨第三批动员会议，总结第二批学习实践活动，部署第三批学习实践活动。求是杂志社记者就有关重要问题，采访了中央学习实践活动领导小组办公室负责人。

在党中央坚强领导下，第二批学习实践活动取得明显成效

记者：目前第二批学习实践活动已基本告一段落，请您介绍一下总体情况及取得的成效。

答：按照中央的安排部署，第二批学习实践活动从 2009 年 3 月开始，主要在市县机关、国有企业和高等学校开展，共有 2500 多万名党员参加。党中央对第二批学习实践活动高度重视。胡锦涛总书记和中央政治局其他常委同志多次对贯彻落实科学发展观、搞好学习实践活动作出重要指示、批示，提出明确要求。中央的一系列决策部署和要求，为扎实推进学习实践

活动指明了方向。总的看，第二批学习实践活动指导思想明确，组织措施得力，工作有序有力推进，取得了明显成效。一是思想认识有了新提高。广大党员干部普遍加深了对科学发展观的理解，在本地本单位是不是科学发展、能不能科学发展、怎么样科学发展等重大问题上，进一步统一了思想、形成了共识、理清了思路。二是解决突出问题有了新突破。各地各单位普遍解决了一批影响和制约科学发展的突出问题和党员领导干部党性党风党纪方面群众反映强烈的突出问题，办了一批群众普遍期待的实事好事。三是科学发展水平有了新提升。各地各单位坚持以科学发展观为指导，认真贯彻中央一系列决策部署，把应对国际金融危机冲击、保持经济平稳较快发展作为最大的实践，扎实做好调结构、上水平、促改革的各项工作，有力促进经济社会全面又好又快发展。四是制度机制建设有了新进展。各地各单位着眼推动科学发展，完善了一批有利于科学发展的制度机制和政策措施。

认真抓好整改落实后续工作，不断巩固前两批活动成果

记者：怎样抓好整改落实后续工作？

答：在充分肯定第二批学习实践活动取得成效的同时，也要看到活动中还存在一些问题和不足，主要是：一些单位调结构、上水平、促改革的自觉性还不够高；一些生产经营困难企业和民办高校组织开展学习实践活动力度不够大；一些单位在上下联动、左右互动解决问题上效果不够明显。同时，还要看到，第二批学习实践活动整改落实的时间还不长，把查找的突出问题解决好，把相关的制度机制建设好，还有许多工作要做。下一步，要认真抓好整改落实后续工作，不断巩固学习实践活动成果，积极探索建立学习实践科学发展观的长效机制。在第二批学习实践活动推进过程中，第一批学习实践活动单位认真抓好整改落实后续工作，不断取得新的成效。第三批学习实践活动启动后，第一批学习实践活动整改落实后续工作可告一段落。对于第二批学习实践活动整改落实后续工作涉及的和第三批学习实践活动中发现的需要第一批学习实践活动单位统筹协调解决的突出问题，要作为巩固和扩大第一批学习实践活动成果的重要任务，纳入本地本单位日常工作，投入足够力量切实研究解决。

充分认识开展第三批学习实践活动的重要性

记者：如何认识开展第三批学习实践活动的意义，增强做好工作的责任感和使命感？

答：参加第三批学习实践活动的基层党组织和广大党员处于改革发展稳定的第一线，担负着把党的路线方针政策贯彻落实到基层，团结带领群众推动科学发展、促进社会和谐的重要职责。认真组织开展好第三批学习实践活动，对于巩固和拓展第一批、第二批学习实践活动成果，确保整个学习实践活动取得实效，对于进一步加强基层党建工作，充分发挥基层党组织在推动发展、服务群众、凝聚人心、促进和谐中的作用，进一步保持党的先进性，提高党的执政能力，对于全面贯彻党的十七大精神，深入贯彻落实科学发展观，有效应对国际金融危机冲击，保持经济平稳较快发展，夺取全面建设小康社会新胜利，开创中国特色社会主义事业新局面，具有重大而深远的意义。

各级党组织和广大党员要站在全局和战略的高度，充分认识开展第三批学习实践活动的重要性，自觉把思想和行动统一到中央对当前形势的判断和对工作的总体部署上来，切实增强责任感和使命感，积极投身学习实践活动，确保学习实践活动扎实推进，取得实效。

开展第三批学习实践活动，必须把握总体要求，突出“五个更加注重”

记者：参加第三批学习实践活动的单位有哪些？有什么特点？中央对开展第三批活动大体是怎样安排的呢？

答：第三批学习实践活动从今年9月开始，

到明年2月基本结束，主要在乡镇、街道，村、社区，中等职业学校、中小学校、基层医疗卫生单位和新经济组织、新社会组织等单位开展。据统计，参加第三批学习实践活动的基层党组织共有122万个、党员3750多万名，分别占全国基层党组织和党员总数的32.8%和50%。这些参加的单位和党员不仅数量多，而且处于生产工作一线，工学矛盾比较突出。另外，农村基层、城市基层、事业单位和"两新"组织等不同类型单位之间的工作基础和条件差异较大，需要解决的实际问题比较多。这些特点，要认真分析，准确把握。

记者：各地各部门在第三批活动中，必须把握什么总体要求？

答：开展第三批学习实践活动，要按照"党员干部受教育、科学发展上水平、人民群众得实惠"的总要求，认真贯彻中央关于在全党开展深入学习实践科学发展观活动的指导思想，牢牢把握"坚持解放思想、突出实践特色、贯彻群众路线、正面教育为主"的指导原则，努力实现"提高思想认识、解决突出问题、加强基层组织、促进科学发展"的具体目标，切实把学习实践活动办成群众满意工程。

记者：各地各部门在第三批活动中，特别要深入研究和重点把握好的问题是什么？

答：主要是突出"五个更加注重"，使活动的具体内容、方式、载体和措施更有针对性。一是落实更加注重取得实效的要求，在突出实践特色、解决突出问题上下功夫；二是落实更加注重简便易行的要求，在贴近基层实际、贴近党员群众上下功夫；三是落实更加注重分类指导的要求，在因地制宜、区别对待上下功夫；四是落实更加注重强化基层的要求，在加强基层组织建设上下功夫；五是落实更加注重统筹协调的要求，在上下联动、整体推进上下功夫。

把加强基层党组织建设，贯穿第三批学习实践活动始终

记者：中央把"加强基层组织"作为第三批学习实践活动的一个重要目标，要求认真研究解决基层党组织建设中存在的突出问题。请您介绍一下有关要求。

答：开展第三批学习实践活动是强化基层的一个重要契机。在学习实践活动中，各地区各部门各单位要认真贯彻落实党的十七大和十七届三中全会精神，继续以改革创新精神全面推进农村、街道社区和学校、基层医疗卫生单位等事业单位以及"两新"组织党的建设。深入开展以学习实践科学发展观为主题的创先争优活动，切实提高基层党组织在推动科学发展中的执行力，努力把基层党组织建设成为贯彻落实科学发展观的坚强堡垒，把党员队伍建设成为贯彻落实科学发展观的骨干力量。党的十七届四中全会召开后，要把学习贯彻全会精神同学习实践活动紧密结合起来。要通过加强党的基层组织建设，带动基层政权建设和基层群众组织、经济组织、社会组织等各类基层组织建设。

要加强农村基层党组织建设。继续深化三级联创活动，努力建设"五个好"村党支部，即有一个好班子、一个好思路、一个好规划、一个好章程、一个好阵地。全面落实"一定三有"，进一步加强村党支部书记队伍建设。继续做好选聘高校毕业生到村任职工作，培养新农村建设的骨干力量。要总结推广邓州创造的"四议两公开"工作法等新鲜经验，进一步发展和完善党领导的村级民主自治机制，保证党组织充分发挥领导核心作用，尊重党员民主权利和村民自治权利，调动和激发农村党员和农民群众建设社会主义新农村的积极性。

要加强城市社区党组织建设。总的是，认真贯彻中办转发的《关于进一步加强和改进街道社区党的建设工作的意见》，努力使社区党组织建设达到"五个好"的目标要求。要针对社区党组织建设目前存在的缺优秀人才、缺活动经费、缺办公场所等突出问题，在学习实践活动中，总结各地经验，以"三有一化"为重点，即有人有钱有场所、构建城市区域化党建格局，积极推进社区党组织建设。"有人"，就是要建设高

素质的社区党务工作者队伍，尤其要配齐配强社区党组织负责人。“有钱”，就是各级党委、政府要保证社区党组织有必要的工作经费和活动经费。“有场所”，就是要落实中组部、民政部等十部委2005年下发的文件精神，保证社区党组织办公用房和活动场所。“构建区域化党建格局”，就是要探索构建以街道党组织为核心、社区党组织为基础、驻区单位党组织和社区内全体党员共同参与的区域化党建格局，形成条块结合、工作联动、资源共享、优势互补的社区党建工作新机制。同时，要进一步建立和完善街道、社区党组织工作责任制，充分发挥城市基层党组织在服务城市发展、促进社区和谐、建设精神文明、帮助困难群众、强化基层管理、净化美化环境、维护安全稳定等各项基层工作任务中的领导核心作用和战斗堡垒作用。

要加强“两新”组织党组织建设。十六大以来，“两新”组织党建工作取得显著进展，但“两新”组织中党的力量还十分薄弱。在第三批学习实践活动中，要一手抓组建、一手抓作用发挥，下大气力加强“两新”组织党建工作。新经济组织要采取单独建、联合建和选派党建指导员等多种形式，重点抓好规模以下非公企业党组织组建工作；新社会组织要采取属地管理和行业指导相结合的方式，提高组建率，扩大覆盖面。切实解决“两新”组织中党组织开展活动难、发挥作用难问题，努力把党组织的政治优势转化为发展优势，促进“两新”组织健康发展。

要加强中等职业学校、中小学校和基层医疗卫生单位基层党组织建设。围绕办人民满意的学校和医院，以抓师德师风和医德医风建设为重点，运用党员承诺、群众评议、社会监督等多种方式，充分发挥党组织的服务保证作用和广大党员的骨干带头作用，为推动学校和医院的改革发展、提高服务质量多作贡献。

从基层实际出发，妥善安排第三批学习实践活动的三个阶段六项工作

记者：为确保学习实践活动健康有序推进，第三批学习实践活动要扎实抓好哪些阶段及其工作？

答：一是学习调研阶段，要重点抓好学习讨论、调研走访两项工作，使广大党员进一步加深对科学发展观的理解，在事关本地本单位科学发展的重要问题上形成共识；二是分析检查阶段，要重点抓好召开专题民主生活会和组织生活会、进行分析检查两项工作，形成分析检查报告或分析检查材料，切实找准存在的突出问题，明确努力方向；三是整改落实阶段，要重点抓好制定整改落实方案、解决突出问题两项工作，进一步完善规章制度。

确保第三批学习实践活动取得扎实成效，关键在于狠抓落实

记者：怎样加强领导和指导，确保第三批学习实践活动取得实效？

答：第三批学习实践活动的领导关系，按照党组织隶属关系确定。为加强对第三批学习实践活动的领导和指导，中央学习实践活动领导小组增补中央统战部、民政部、卫生部负责同志为中央学习实践活动领导小组成员；领导小组将采取召开领导小组会议、分系统专题调研座谈会、基层党组织负责人和党员群众座谈会、学习实践活动汇报交流会等方式，及时了解活动进展情况，加强具体指导；继续向各省区市和新疆生产建设兵团派出巡回检查组；领导小组成员将结合工作实际，在基层单位建立联系点。由中央统战部、民政部、教育部、卫生部分别牵头成立指导小组；指导小组根据任务大小派出若干个巡回指导组，了解指导本系统的学习实践活动。各级党组织要从参加第三批学习实践活动单位的特点出发，采取有效措施，切实加强领导和指导。

一要明确和落实领导责任，确保第三批学习实践活动领导力度不减。省、市、县学习实践活动领导小组要切实承担起本地区第三批学习实践活动的领导责任；县一级学习实践活动领导小组要承担起直接领导责任；基层党组织要组织

好本单位的学习实践活动。地方各级党组织负责人要认真履行第一责任人的职责。乡镇、街道在抓好自身学习实践活动的同时，要切实加强对村、社区开展学习实践活动的领导和指导。

二要根据参加单位特点，改进指导和督促检查方式。省、区、市派出的巡回检查组和县派出的指导检查组，要深入基层一线，加强调查研究，了解和掌握活动进展情况，及时发现苗头性、倾向性问题，切实加强对学习实践活动的检查指导。省、区、市和新疆生产建设兵团的各级学习实践活动领导小组要统筹安排，向参加第三批学习实践活动的所有基层单位派出学习实践活动指导员或指导小组，指导、督促联系单位认真贯彻上级精神，抓好学习实践活动各项工作任务的落实，帮助解决活动开展过程中出现的问题。各地由统战、民政、教育、卫生等部门牵头成立的指导小组及其派出的巡回指导组，要及时了解新经济组织、新社会组织、中等职业学校和中小学校、基层医疗卫生单位学习实践活动进展情况，帮助总结经验，加强工作指导。各级巡回检查组、指导检查组在工作中，要讲究工作方法，提高工作效率，注意轻车简从，减轻基层负担。

三要采取广大党员群众喜闻乐见的形式，加强舆论宣传引导。要针对参加第三批学习实践活动的党员都在基层，分布面广、文件传达周期长等实际，充分运用报刊、广播、电视、互联网等媒体传播速度快、覆盖面大的优势，大力宣传科学发展观的科学内涵、精神实质和根本要求，宣传中央关于学习实践活动的指示精神，宣传第三批学习实践活动试点工作的成功经验，宣传第三批学习实践活动的进展和成效，宣传学习实践科学发展观的先进典型。要尊重新闻传播规律和受众接受心理，用具体的事例、生动的细节、精彩的画面、鲜活的语言，增强宣传工作的生动性和吸引力。对学习实践活动的宣传要坚持实事求是、把握分寸，既保持声势，又注意节奏，既保持数量，更注重质量，努力提高宣传的社会效果。

四要把学习实践活动与当前工作紧密结合起来，做到两手抓、两不误、两促进。各地区各部门各单位要把保持经济平稳较快发展、维护社会和谐稳定继续作为第三批学习实践活动最大的实践，党的十七届四中全会召开之后，要把学习贯彻十七届四中全会精神作为学习实践活动的重要内容，把开展学习实践活动与贯彻落实中央应对国际金融危机冲击、保增长保民生保稳定和调结构上水平促改革的一系列决策部署结合起来，与庆祝新中国成立60周年的各项活动结合起来，与完成本地本单位各项任务结合起来，为推动科学发展、促进社会和谐提供强大动力和重要保证。

记者：谢谢您接受采访！

（作者：求是杂志社记者）

深入开展学习实践活动
推动中央企业科学发展上水平

——中央企业学习实践活动综述

中央企业学习实践活动领导小组

参加第二批深入学习实践科学发展观活动的中央企业共有132家，涉及党组织217337个，党员402万人。自今年3月初以来，在中央学习实践活动领导小组的正确领导下，中央企业学习实践活动领导小组和各中央企业党委(党组)认真贯彻落实中央精神,紧密结合企业实际,把科学发展上水平作为核心目标,把积极应对国际金融危机、勇于担当大任作为学习实践科学发展观的生动课堂,超前准备、周密部署,加强领导、精心组织,统筹兼顾、扎实推进,取得了明显成效。

坚决贯彻落实中央精神,扎实推进学习实践活动

党中央和中央领导同志对中央企业学习实践活动高度重视。胡锦涛总书记主持中央政治局常委会,审议了包括中央企业在内的第二批学习实践活动方案。中央政治局常委、国家副主席、中央学习实践活动领导小组组长习近平审阅《中央企业开展深入学习实践科学发展观活动实施意见》,专程到中国石油等中央企业调研,提出指导意见。中央政治局委员、中央书记处书记、中组部部长、中央学习实践活动领导小组副组长李源潮多次听取中央企业学习实践活动工作情况汇报,对国有企业开展学习实践活动提出明确要求。中共中央政治局委员、国务院副总理张德江到中央企业调研,要求中央企业认真开展学习实践活动。

中央企业学习实践活动领导小组和国资委党委以高度的政治责任感,不折不扣贯彻落实中央精神,提出中央企业在应对国际金融危机、推动科学发展中要敢于负起责任,勇于担当大任。一是见事早,行动快,组织到位。在提前开展学习实践活动"预热"的基础上,各中央企业成立了由党委(党组)主要负责人为组长、行政主要负责人为第一副组长的领导小组,组建了专门工作机构,形成了严密的组织体系,对学习实践活动进行精心组织和部署。二是贯彻落实中央精神不折不扣。通过召开中央企业学习实践活动领导小组扩大会、国资委党委中心组学习会和各中央企业学习实践活动领导小组视频会、阶段工作会,在第一时间传达学习中央领导同志的指示和讲话精神,及时下发有关文件,结合中央企业实际,明确贯彻落实中央精神的具体要求和措施。三是强化领导和分类指导。领导小组成员和国资委党委委员深入基层、深入联系点,加强指导,先后深入黑龙江、上海、湖北、四川、海南、福建、河南等地几十家中央企业和省属企业,传达落实中央精神,指导检查学习实践活动。指导检查组指导联系企业认真贯彻落实中央精神,确保学习实践活动的正确方向。各中央企业建立了领导干部联系点1653个。通过联系点和各级指导检查组的工作,点面结合,以点带面,及时贯彻落实中央精神,扎实推进学习实践活动。目前,中央企业正按要求,结合下半年工作进行集中整改。实践证明,中央企业学习实践活动进展顺利,成效明显。

把握正确方向,坚持高标准高质量

中央企业学习实践活动领导小组始终按照中央的要求,牢牢把握正确方向,坚持高标准、高质量抓好学习实践活动,注重突出实践特色,把应对国际金融危机、科学发展上水平作为学习实践活动最大的实际和最需要取得的实效,把科学发展观转化为谋划促进企业科学发展的正确思路、措施办法,努力实现中央企业又好又快发展。

坚持突出实践特色。中央企业始终把突出实践特色作为学习实践活动的重要内容。各中央企业经过反复讨论和征求企业内外意见建议,确定学习实践活动的主题和载体,开展了独具特色、丰富多彩的主题实践活动。绝大多数中央企业的实践主题和活动载体都把中央的要求、当前经济形势的要求、企业自身的要求和未来发展的要求紧密结合起来,重点在落实国家宏观经济政策、应对国际金融危机的挑战,明确科学发展思路,调整优化结构,完善发展战略,创新体制机制,转变发展方式等方面下功夫,促进企业科学发展的思路上水平、领导科学发展的能力上水平、化"危"为"机"迎接新发展的国际竞争力上水平、党建工作上水平。神华集团有限责任公司坚持抓实的、动真的,确立了"科

学发展，再造神华，五年实现经济总量翻番"的发展战略，体制改革全面铺开，"幸福员工"工程全面启动，生产经营实现了逆势飞扬。中国电信集团公司围绕"战略转型上水平、信息化创一流"的主题，结合业务运营和3G发展新形势、应对国际金融危机和服务社会信息化建设需要，进一步加快3G网络建设和产品开发，在全国120个城市推出3G业务，并启动有线宽带提速、无线宽带城市建设、服务满意"三大工程"。中国电子科技集团公司以"聚焦二次腾飞，实现科学发展"为载体和主题，着力打造"三型企业"，努力在战略谋划、引导能力等7个方面再上新水平。中国兵器工业集团公司把做好阅兵装备研制、生产和服务保障工作作为学习实践活动的重要内容，从全系统抽调240多名骨干，组建技术保障专业队伍，认真做好阅兵装备技术保障工作。

积极应对国际金融危机的挑战。坚决执行中央关于应对国际金融危机的一系列政策措施，围绕应对国际金融危机挑战和实现科学发展上水平，议形势、看趋势，抓学习、查问题，找原因、谋对策，加强危机预测和管理。探索化"危"为"机"的有效途径，努力把学习实践活动的成果转化为应对国际金融危机的具体措施、办法和行动，及时调整发展战略和经营策略，转变发展方式，推进结构调整，加强自主创新，进一步提升企业的核心竞争力。面对国内经济回暖迹象，保持清醒头脑，努力把困难估计得更多一点，把准备做得更充分一点，争取最好的结果。中国五矿集团公司调整了发展规划，制定新的战略举措，在推进体制改革、经营管理、投资策略、风险防控、资金周转等方面初见成效。中国石油化工集团认真研究国际金融危机蕴含的机遇，加快发展海外油气勘探开发业务，开拓海外石油和炼化工程市场，扩大原油、成品油、化工产品等国际贸易。

坚持把握四个规律，增强五种意识，提高五种能力，推动企业科学发展上水平。中央企业紧紧围绕企业科学发展上水平这个核心目标，结合实际加强学习，认真调研，总结经验，不断深化对科学发展观的认识，努力把握"四个规律"，即把握科学发展规律、企业发展的一般规律、企业所在行业的发展规律和企业自身的发展规律。自觉按照科学发展观的要求分析检查领导班子和党员干部的思想状况、精神状态和工作作风，努力增强"五种意识"，即忧患意识、责任意识、发展意识、创新意识和廉洁意识。认真倾听职工和企业外部的意见建议，对照先进查找工作中的差距和不足，明确整改的方向、目标和措施，努力提高"五种能力"，即化解风险、应对危机的能力，深化改革、推动发展的能力，加强基础管理、打造国际竞争新优势的能力，抓班子、带队伍的能力，加强和改进企业党建工作的能力。在学习实践活动中，各企业坚持以领导班子和领导干部为重点，创新学习方式，丰富学习内容，为各级领导班子把握"四个规律"奠定了思想理论基础；坚持围绕科学发展上水平，着力查找突出问题，努力把问题找准，把原因分析透，把整改措施制定实，强化了领导干部的"五种意识"，提升了各级领导班子和干部的"五种能力"。

勇于担当大任，充分发挥顶梁柱作用

中央企业学习实践活动领导小组坚决贯彻落实科学发展观和国家宏观经济政策，坚决执行中央关于保持经济平稳较快发展，保增长、保民生、保稳定的一系列政策措施，充分发挥中央企业在实现全年8%经济增长目标中的顶梁柱作用。

在贯彻落实科学发展观方面发挥带头作用。中央企业自觉把贯彻落实科学发展观作为推动企业科学发展的动力，做到知行合一。认真审视、不断完善企业发展战略和规划，调整优化结构。落实国有资产保值增值的责任，加快公司制股份制改革步伐，推进董事会试点工作。加强节能减排工作，提高自主创新能力。深化企业劳动、人事、分配制度改革，提高管理水平和风险管控能力。发挥党建工作对企业科学发展的保证和推动作用，加强新形势下企业领导班子建设，提高领导科学发展的水平，努力使科学发展观落实到企业决策、执行和发展的全过程。中国航天科工集团公司调整优化组织结构和产业结构，成立了经济合作部暨国际合作部、审计与风险管理部，对4级、5级公司开展了清理整顿工作，解决了长期存在的主业不突出问题。鞍山钢铁集团公司按照市场价格倒逼生产工序各个环节的成本和采购价格，降低原材料采购成本；积极开展技术创新，焦炭强度、吨钢综合能耗等十多项指标达到历史最好水平。

在保增长、保民生、保稳定方面发挥骨干作用。中央企业在抓好自身改革发展的同时，积极履行经济责任、政治责任和社会责任，发挥中央企业作为国民经济的骨干作用，积极为保增长、保民生、保稳定作出贡献。中国石油天然气集团公司深入开展"油田开发基础年"活动，确保大庆、长庆重点战略区域的发展，实现了原油生产基本平稳，天然气产量较快增长。中国华能集团公司在学习实践活动中，密切关注市场变化，千方百计扩展盈利空间，今年4月集团公司在五大发电集团中率先实现整体扭亏。在保增长的同时，中央企业带头在保民生、保稳定中发挥重要作用。2009年100家中央企业计划招收应届毕业生20.36万人，比2008年实际招收人数增长近7%。中国商用飞机有限公司在学习实践活动中组织开展"体现国家意志，加快人才聚集"为主题的校园专项招聘活动，2009年计划招聘由原来的436人调整为1362人，增加了212%。中国铁道建筑总公司接收2009年应届大学毕业生1万余人，建立了24个"青年就业创业见习基地"，为在校大学生提供见习岗位388个，吸纳农民工超过100万人。

在贯彻落实国家宏观经济政策方面发挥主导作用。中央企业认真贯彻落实国家扩大内需、保持国民经济平稳较快发展的宏观经济政策，积极抓住国家出台十大行业振兴规划的机遇，实施做强做优国有经济的发展战略。积极落实国家投资计划，发挥中央企业在拉动内需中的带动作用。优化资源配置，提高资源配置效率，进一步推动国有资本向引领和带动整个经济社会发展的先导行业和领域集中。加大企业内部资源整合力度，坚定不移发展主营业务，做优做强主业，推动产业和产品结构的优化升级。积极实施走出去战略，统筹国际国内两个市场和两种资源，为进一步增强国有经济的活力、控制力和影响力作出贡献。中国移动通信集团公司不断加大TD投资建设力度，积极与有关地方政府、合作伙伴开展深度合作，推动地方经济、相关产业和企业科学发展。中国铝业公司面对国际金融危机，以打造成本领先优势为根本，全力以赴打赢降本增盈和国际化战略两场"攻坚战"，迎难而上化"危"为"机"，重新打造中铝公司参与全行业和全球竞争的新优势。

在正确处理人民内部矛盾中促进社会和谐

任振鹤

当前，我国已进入改革发展的关键时期。这一时期既是黄金发展期，又是矛盾凸显期。如何处理好新时期人民内部矛盾，促进社会和谐，是各级党委、政府政治生活的重大主题。

一、客观认识改革发展实践中的人民内部矛盾

新世纪新阶段，中国特色社会主义建设事

业如火如荼，改革发展处于关键时期，人民内部矛盾不仅不可能消亡，而且呈现更加复杂、更加多样的态势。

（一）人民内部矛盾的表现范围。在经济领域，人民内部矛盾主要表现为各种利益主体之间、各种经济成分之间以及各种经济成分内部的经济利益冲突。在政治领域，主要表现为改革开放与“左”、右干扰的矛盾，党政之间、政企之间以及民主与集中、法治与人治、开明政治与保守政治之间的矛盾，人民群众的愿望与党政机关中个别工作人员的官僚作风、形式主义、腐败行为之间的矛盾。在思想文化领域，突出表现为不同价值观之间的矛盾，具体讲就是马克思主义与非马克思主义的矛盾，社会主义价值观、人生观与资产阶级价值观、人生观的矛盾，以及科学与迷信、创新与保守、先进与落后的矛盾。在社会生活领域，主要表现为法律规范、道德约束与社会行为之间的矛盾，社会发展变化与群众传统观念之间的矛盾。

（二）人民内部矛盾的主要特点。纵观当前各种人民内部矛盾，其特点可以归纳为以下几点：

一是矛盾内容的利益性。马克思说过，“人们奋斗所争取的一切，都同他们的利益有关”。改革开放以来，随着社会主义市场经济体制的建立，原有利益格局被打破，人民群众在资源分配、市场占有、劳务关系、收入分配等方面的利益矛盾日益凸显，人们更加重视和追求与自己密切相关的实际利益，从而使物质利益冲突成为引发矛盾纠纷的核心内容，人民内部矛盾由以政治思想范畴的是非矛盾为主转变为以利益矛盾为主。社会各阶层、各方面的利益矛盾是现阶段人民内部矛盾的根源性、主导性矛盾。目前，利益矛盾主要表现在诸如收入差距过大、贫富分化，以及“五有”（学有所教、劳有所得、病有所医、老有所养、住有所居）普惠水平不高等民生利益问题上，而且相当多的矛盾冲突的发生都具有其合理性，极易引起社会的同情。

二是矛盾主体的群体性。社会转型时期，不少利益矛盾已非一地一事，而存在于不同利益群体之间，涉及的群众已经不是小范围，而且带有普遍性，加之现代传媒手段的发达和传播渠道的通畅，使一些矛盾影响可以瞬间蔓延扩散。由于许多矛盾是由于大规模的利益调整和政策变动所引起的，受到影响的往往是一个群体，容易诱发群体性事件。比如，企业倒闭破产、职工下岗待岗、拖欠职工工资、民办教师和军转干部安置、土地承包、征地拆迁、医保改革等问题，往往涉及很多人的切身利益，极易酿成群体性事件。

三是矛盾冲突的叠加性。现阶段的利益矛盾往往不是孤立的，而是相互关联、叠加的。目前，许多人民内部矛盾都触及社会转型中一些深层次问题，涉及产业政策调整、企业结构调整、管理体制改革、分配制度改革等诸多领域。而且各种矛盾相互渗透交织。如果处理不当，相关联的一些不稳定因素就会相互诱发，相互作用，叠加在一起，产生连锁反应，形成多种矛盾碰撞、摩擦的错综复杂局面。

四是矛盾处理的艰巨性。群众要求解决的一些问题，或者是历史遗留问题，或者是缺乏政策、法律依据的问题，或者是涉及面广、关联因素多的问题，处理起来比较棘手。在一些群体性事件中，多数人的合理要求与少数人的无理取闹交织在一起，多数人的一般违法行为与少数人的严重违法行为交织在一起，人民群众的正常诉求与违法犯罪分子、敌对分子的借机插手交织在一起，加大了调处的难度，容易出现集体上访、越级上访、跨区域串联上访的现象，甚至出现聚众围堵国家机关、阻塞交通、破坏公共设施等违法犯罪行为。

（三）人民内部矛盾的诱发因素。现阶段人民内部矛盾既有客观原因又有主观原因，既有历史原因又有现实原因，不少矛盾是多种因素共同作用的结果。

一是生产力发展因素。我国现阶段人民内部矛盾归根结底是受社会主要矛盾制约的。在社会主义初级阶段，之所以会产生大量的人民内部矛盾，最根本的原因就在于落后的社会生产不能满足人民群众日益增长的物质文化需要。改革开放以来，我国社会生产力发展较快，综合国力不断增强，人民的物质文化生活水平有了很大提高，这是不容置疑的事实。但同时也要看到，生产力发展的不充分、不平衡，远远不能满足人民日益增长的物质文化生活需求，影响着我国人民群众的衣、食、住、行、就业、教育问题和地区之间、行业之间、部门之间的平衡发展问题，以及这些问题所引起的种种人民内部矛盾的有效解决。

二是利益关系调整因素。改革开放以来，通过对经济、政治体制和其他方面体制的改革，尤其是在经济结构重大变化的基础上，对社会各种利益关系作重大调整，打破了过去不合理的利益格局。在此过程中，必然伴随着由利益调整分化引发的各种矛盾。从利益主体一元化到利益主体多元化，从利益均等化到差距扩大化，这是当前我国利益关系格局调整进程中的必然现象，从总体来看，它是与市场化进程相适应的。但是，以市场为基本取向的体制改革是一个持续的过程，目前还存在许多不够完善的地方。在今后一段时期里，各社会主体围绕利益问题而引发的矛盾，将日益增多和表面化、尖锐化，成为人民内部矛盾的主要方面。

三是民主法制建设因素。改革开放以来，我国的民主政治有了很大的发展，人民享有了前所未有的民主权利。但是，也不能不看到，民主法制建设与社会主义现代化建设还不相适应。一些地方民主制度不健全，信息交流不畅通，政务公开不彻底，民情民意缺乏畅通表达的机制，一些政策措施和工作部署在短期内难以取得人民群众的理解和支持。与经济、社会的迅速发展相比，现阶段我国的法制建设步伐加快，但经济、政治、文化、行政等方面的法律法规尚不够完善、协调、统一，同时，滥用行政权力、司法不公与司法腐败等现象还不同程度地存在，人们的法制观念和法律意识也有待提高。法律作为社会矛盾调节器的功能在一些地方未能很好地发挥出来。

四是思想观念因素。伴随着改革开放不断深化、新旧体制加速转轨，中国特色社会主义文化、传统文化和西方文化相互激荡，冲击着人们的世界观、人生观、价值观，带来人们思想观念上的异常活跃和深刻变化，由此引起新旧思想观念的冲突与摩擦。一方面适应市场经济发展的竞争、效益、民主、平等等新观念加速形成，另一方面拜金主义、享乐主义、形式主义、官僚主义、自由主义、极端个人主义等资产阶级价值观和人生观相伴而生。意识形态领域的矛盾和冲突必然反映到人们的利益追求上来，体现到人民内部矛盾中去，导致矛盾的产生、演变和发展。

二、在正确处理人民内部矛盾中促进社会和谐

如何正确处理现阶段的人民内部矛盾，既是一个很严肃的政治问题，又是一门科学，值得好好研究。

(一)必须始终把解放和发展生产力作为我们建设中国特色社会主义的第一要务。解放和发展生产力，是正确处理人民内部矛盾、促进社会和谐的根本途径。社会发展的客观规律告诉我们，生产力的发展是人类社会发展的最终决定力量。发展是硬道理。解决新形势下的人民内部矛盾，最根本的还是要靠深化改革、扩大开放，破除影响发展的观念、体制、机制、方式、方法障碍，大力发展社会生产力，把财富“蛋糕”做大、切好。必须坚持以科学发展观为指导，用百分之百的努力争取百分之一的机会，抢抓一切机遇，加快发展步伐；加快转变经济发展方式，完善市场经济体制，努力实现速度质量效益相协调，消费投资出口相协调，人口资源环境相协调，推动经济社会又好又快发展，最大限度地满足人民群众日益增长的物质文化需要。

(二)必须始终把实现好、维护好、发展好最广大人民群众的根本利益作为我们一切工作的出发点和落脚点。最大限度地保障和发展广大

人民群众的利益，是正确处理人民内部矛盾、促进社会和谐的根本保证。必须牢固树立人民利益至上的观念，把保障和改善民生作为处理改革、发展、稳定三者关系的出发点和落脚点，把经济社会发展的长远目标和提高人民生活水平的阶段性目标统一起来，把实现人民群众的长远利益和当前利益统一起来。正确把握各项改革措施的出台时机和推行力度，把广大群众的积极性、主动性和创造性调动好、保护好。必须以人民拥护不拥护、赞成不赞成、满意不满意来衡量我们的一切工作，认真审视我们的各项政策措施和工作方法、工作作风是否切合实际，是否符合广大人民的利益，坚决防止和纠正损害人民群众利益的行为，最大限度地赢得人民群众的支持和拥护，确保改革发展的顺利推进。

（三）必须始终把建立科学合理的利益调节机制作为我们深化改革的基本取向。科学建立利益调节机制，形成相对均衡的利益分配格局和合理的社会成员构成结构，是正确处理人民内部矛盾、促进社会和谐的关键所在。由利益问题引发的各种矛盾，只能通过社会主义制度本身的自我改革和自我完善，以利益协调的办法来解决。注重把提高效率同促进公平结合起来，既保证社会成员利益竞争的条件和机会平等，放手让一切劳动、知识、技术、管理和资本的活力竞相迸发，又兼顾不同方面群众的利益要求，科学有效地理顺分配关系，完善保障体系，化解利益冲突，缩小不同阶层、不同群体的利益差距，努力实现经济、政治、文化和社会生活的公开公平公正，最大限度地减少引发人民内部矛盾的利益调节不当问题。

（四）必须始终把完善矛盾纠纷调处机制作为我们维护社会稳定的基础工程。建立健全科学的矛盾纠纷调处机制，是正确处理人民内部矛盾、促进社会和谐的重要途径。注重通过加强制度建设，构建新形势下正确调处人民内部矛盾、维护社会稳定的长效机制。建立健全人民内部利益表达机制，引导各个社会阶层、群体和成员以理性、合法的形式表达自己的利益诉求。建立健全社会稳定预警机制和信息反馈机制，有效防范人民内部矛盾的发生和发展。建立超前联动的人民内部矛盾排查调处机制，充分发挥基层组织在调处矛盾纠纷中的战斗堡垒作用，把各种社会矛盾化解在基层、化解在萌芽状态。建立健全人民内部矛盾的法律调处机制，把解决矛盾纠纷纳入法制化的轨道，依法调解人民内部矛盾。建立健全信访工作机制，综合运用政策、法律、经济、行政等手段和教育、协商、调解等方法，及时合理地处理群众反映的问题。

（五）必须始终把加强干群教育作为我们做好社会工作的重中之重。加强干群教育，是正确处理人民内部矛盾、促进社会和谐的重要任务。加强和改进思想政治工作，教育好干部群众，最根本的是坚持和巩固马克思主义在我国意识形态领域的指导地位。既继承优良传统，坚持“团结——批评——团结”的原则，采用说服、教育和讨论等方法，引导干部群众树立正确的世界观、人生观和价值观，又大胆创新，努力掌握思想政治工作的基本规律，坚持把社会主义核心价值体系融入国民教育和精神文明建设全过程，探索出一套行之有效的方式、方法和机制，提高思想政治工作的感召力和渗透力，有针对性地解决不同社会群体的思想问题，既鼓励先进又照顾多数，既解决思想问题又解决实际问题，进一步引导广大人民群众合理合法地表达诉求、维护利益，引导广大党员干部切实改进作风、服务群众。当前特别要注重加强干部教育，加强党风、政风、行风建设，坚决防止和克服形式主义、官僚主义，旗帜鲜明地开展反腐败斗争。

总之，构建社会主义和谐社会是一项系统工程，需要做好经济、政治、文化、社会等各方面的工作，正确处理人民内部矛盾始终是贯穿于各个方面工作全过程的现实课题。这就要求我们认真研究和总结实践经验，进一步认识和处理好新时期的人民内部矛盾，把一切发展力量、一切积极因素团结在中国特色社会主义的旗帜下，凝聚在全面建设小康社会的实践中。

（作者：湖北省咸宁市人民政府市长）

按照科学发展观要求推进管理创新

李　军

贯彻落实科学发展观，需要相应的方法和手段。管理创新，所要探讨和解决的主要是从管理角度如何贯彻科学发展观的方法问题。按照科学发展观要求，更新管理理念，创新管理方式，规范管理行为，推进管理机制和体制的改革创新，已经成为当前的一项紧迫任务。

一、要树立适应科学发展观要求的管理理念

树立以人为本的理念。一方面，要牢固树立管理就是服务的意识。管理创新的目的，是为了提高工作效率，促进经济社会的全面发展，不断满足人民群众日益增长的物质文化需要。在管理创新中体现以人为本，就要把人民群众满意不满意作为确立管理理念、设定管理目标、制定管理措施、规范管理行为的根本尺度。另一方面，要坚持以人为主体来实施管理，把人作为组织发展的决定性因素，强调重视人、关心人、依靠人、激励人，充分发挥人的主观能动性。

树立统筹兼顾的理念。在管理创新中体现统筹兼顾的原则，就是要在推进经济建设、政治建设、文化建设、社会建设中相应加强经济管理、政治管理、文化管理、社会管理的力度，使管理创新更好地服从和服务于科学发展的需要。树立统筹兼顾的理念，要求在把握大局、兼顾各方的同时，也要突出重点，在指导方针、政策措施上注重加强经济社会发展的薄弱环节；要处理好改革、发展、稳定的关系，处理好各方面的利益关系，处理好新形势下的人民内部矛盾和其他社会矛盾。

树立可持续发展的理念。可持续发展，就是要在谋划发展的时候，在人力、资源、环境等方面精打细算，全面筹划，保持一代接一代地永续发展。必须着眼当前，立足长远，主动分析和把握发展的总体趋势，在管理理念创新中提出科学、合理、有预见性的工作思路和对策措施，努力实现经济效益、社会效益和环境效益的有机统一。

二、在推进管理创新中深入贯彻落实科学发展观

要在管理理念中体现科学发展观。管理创新，首先是管理理念的创新。要坚决破除一切妨碍科学发展的思想观念，把科学发展观作为管理理念创新的根本尺度和根本遵循，认真查找本地区本部门在管理理念和发展思路中存在的突出问题，深入研究管理规律，真正把管理创新的价值追求和思想方法转到推动科学发展、促进社会和谐的要求上来。

要在管理模式中贯穿科学发展观。首先，管理的价值取向要科学，管理必须是为人民管理，应该充分体现人既是管理主体，又是管理客体的新的管理理念，使管理更趋于民主化、科学化。其次，管理的路径选择要科学，管理的措施要规范。管理创新必须是管理理念、管理模式、管理方式和手段的全面创新，切忌“新瓶装旧酒”、“穿新鞋走老路”等现象。管理创新必须突出效益，既要通过管理“把蛋糕做大”，更要通过管理“把蛋糕切公平”。管理创新必须紧扣经济建设和改革开放的生动实践，紧密结合本地区、本行业、本单位的发展实际，用心体悟，深刻把握，自觉遵循，扎实践行。再次，管理的成本要科学，必须有一本明白账，努力降低管理成本。

要在管理实践中落实科学发展观。在利用

经济手段管理社会中，要进一步推进政企、政资、政务、政府与市场中介组织分开，更大程度地发挥市场在资源配置中的基础性作用；切实调整和转变政府管理经济的职能，加强政府经济调节和市场监管的职责；建立健全促进经济社会全面、协调、可持续发展的机制，加快转变经济增长方式，大力发展循环经济，努力建设资源节约型和环境友好型社会。在利用法律手段管理社会中，要大力推行依法行政，制定和完善各种法律、规章和制度，严格规范行政权和行政行为，为推进科学发展营造健康有序的法治环境，提供强有力的法律服务和法制保障。管理主体特别是各级政府要依法履行各项职能，确保各项管理在法制的执道上运行。采取必要的行政手段加强社会管理，推进政务公开，提高政府工作和权力运作的透明度；建立健全科学民主决策和重大公共事务公示、听证等制度，提高政府运作的透明度；不断完善政府服务机构体系，为社会提供方便快捷的公共服务；大力推进电子政务建设，提高管理效率和行政效能。

三、着力构建有利于科学发展的管理体制机制

以政府职能转变为重点，加快行政管理体制改革。要按照精简、统一、效能的原则和决策、执行、监督相协调的要求深化政府机构改革。要继续深化行政审批制度改革，认真贯彻行政许可法，进一步减少和规范行政审批事项；把适宜由行业协会、评估机构、各类事务所等中介组织承担的事务转给中介组织，对市场能调节的地方由市场自己调节，对市场失灵的地方和有缺陷的地方通过宏观调控进行干预，改变“无限政府”形象，促进政府职能的转变。要加快社会管理体制改革，建立健全处理新形势下人民内部矛盾和各种社会矛盾的有效机制、社会治安综合治理机制、城乡社区管理机制和应急管理机制。要建立和完善体现科学发展观要求的干部考评体系，创建科学规范的政绩考核方式方法，解决政绩考核和评价结果表面化的问题。

以公共财政建设为核心，进一步深化财税管理体制改革。要按照不断强化公共服务和逐步实现基本公共服务均等化的要求，深化财政体制改革，健全公共财政体制。合理调整改善财政支出结构，把更多的财政资金投向公共服务领域，特别要加大财政对教育、卫生、文化、生态环境保护、公共基础设施建设、社会治安等方面的投入，形成有力的可持续的财政支持体系。进一步明确中央和地方的事权，健全财权与事权相匹配的财税体制，建立规范化、法制化的财政转移支付制度。

以社会保障、就业和教育体制改革为主要内容，建立城乡统筹发展的体制机制。要逐步建立城乡统筹的社会保障机制，按照“分类别、分层次、广覆盖、应保尽保”的原则，创新农村社会保障模式，使城乡之间社会保障制度相互衔接，建立城乡统筹的居民最低生活保障制度，加大扶贫开发力度，对进城的农民工要逐步实现与城市居民相同的社会保障待遇。要建立城乡统一的就业制度，进一步改革劳动力就业管理制度，扫除妨碍实施积极就业政策的城乡分割的就业制度障碍，建立完善城乡统一的劳动力市场。要进一步完善教育体制，加大对农村义务教育经费的投入，建立起阻止农村贫困生因贫辍学的财政转移支付制度，大力实施素质教育，加大对农民的教育培训力度，提高农民素质和市场竞争能力。要努力形成促进城乡、区域协调发展的机制。扎实稳步地推进新农村建设，建立以工促农、以城带乡的长效机制，充分发挥城市对农村的辐射和带动作用，发挥工业对农业的支持和反哺作用；健全市场机制，打破行政区域的局限，鼓励和支持各地区开展经济和技术、人才合作，努力实现共同富裕和共同发展。

以加强公务员队伍建设为抓手，努力提高管理创新的能力和水平。要认真贯彻实施《公务员法》，依法加强对公务员的教育、管理和监

督。切实加强公务员队伍能力建设，不断提高治国理政和贯彻落实科学发展观的本领。要努力建设一支政治坚定、业务精湛、作风过硬、人民满意的高素质公务员队伍，大力推进管理创新，不断提高管理的水平和效能。

（作者：中共湖南省怀化市委常委、组织部长）

牢记胡锦涛总书记的嘱托 努力建设科学发展先进县

雷鸣雄

陕西省延安市安塞县是胡锦涛总书记开展深入学习实践科学发展观活动的联系点和全国第一批试点县。在学习实践活动过程中，胡锦涛总书记亲切关怀、直接指导，鼓励我们努力把安塞县建设成为科学发展先进县。我们认真按照“党员干部受教育、科学发展上水平、人民群众得实惠”的总要求，以“弘扬延安精神、推动科学发展、建设美好安塞”为实践载体，坚持把加强学习培训贯穿始终、把深入调查研究贯穿始终、把推动解放思想贯穿始终、把解决突出问题贯穿始终、把吸收群众参与贯穿始终，深化了推动科学发展的共识，找准了实现科学发展的突破口，解决了一批群众反映强烈的突出问题，完善了保障科学发展的工作机制，推动了全县经济社会又好又快发展。

搞好学习实践活动，必须打牢党员干部受教育这个基础。我们坚持把深入学习调研、推动思想解放作为首要任务，在真学、真懂、真信、真用上下功夫。为找准影响和制约科学发展的突出问题，开展“问政于民、问需于民、问计于民”民意大调查活动，组织党员干部赴榆林市、神木县等地学习考察和对比调研，邀请专家学者“把脉会诊”。采取召开解放思想讨论会、在电视台等媒体开设专栏等形式，让党员干部交流体会、发表意见。全县上下形成了加快经济结构调整是推动科学发展的首要任务、大力实施项目带动是推动科学发展的重要途径、不断改善民生是推动科学发展的根本目的、坚持改革开放是推动科学发展的强大动力、加强党的建设是推动科学发展的有力保障五个共识。

搞好学习实践活动，必须突出科学发展上水平这个核心。我们坚持把解决影响和制约安塞科学发展的突出问题、理清发展思路、完善体制机制作为重点，努力使学习实践活动成为推动科学发展的过程。按照征求意见范围不广不通过、查找问题不准不通过、发展思路不清不通过、工作措施不实不通过的“四不通过”要求，形成了县委常委会分析检查报告，为推动安塞科学发展确定了“方向标”，绘制了“路线图”。我们把加快经济结构调整、壮大主导产业、实施项目带动、扩大对外开放作为破解发展难题的突破口，全力建设工业产业园区、高效农业示范园区和黄土风情文化产业园区，精心谋划论证和储备了一批对全县发展有长远影响、重大推动作用的项目，建立健全了一批保障和促进科学发展的规章制度，推动安塞经济社会科学发展。

搞好学习实践活动，必须紧扣人民群众得实惠这个目的。我们坚持以人为本，高度关注民生，切实转变工作作风，全程吸收群众参与，认真解决人民群众反映强烈的突出问题，努力为群众多办实事、好事。针对一些党员干部作风漂浮、群众观念淡薄等突出问题，推行了问责治散、促进干部作风转变，问廉治腐、促进社会和谐，问效治庸、促进科学发展的“三问三治三促"制度。立足解决群众反映强烈的突出问题，将全县农村合作医疗大病救助最高限额由1.5万元提高到2万元，农村最低生活保障标准由725元提高到865元，启动实施了城乡安全饮水、经济适用住房和廉租房建设等10大民生工程。一些涉及县域经济长远发展和群众切身利益的项目也开始立项实施，让群众真切地感受到了学习实践活动带来的实惠。

我们将牢记胡锦涛总书记的嘱托，抓好整改落实方案的实施，切实兑现承诺，努力在实施新的创业、建设美好安塞的道路上迈出更加坚实的步伐，为建设科学发展先进县而努力奋斗。

（作者：中共陕西省安塞县委书记）

探索适合欠发达地区的科学发展之路

王西冀

广西壮族自治区百色市田东县是中共中央政治局常委、全国人大常委会委员长吴邦国同志开展深入学习实践科学发展观活动的联系点。在吴邦国同志的亲切关怀和指导下，我们以"弘扬革命传统，推动科学发展，打造西部强县，改善老区民生"为实践载体，创造性地开展工作，积极探索一条适合欠发达地区的科学发展之路。

带着对群众的感情，打造群众满意工程。坚持"学习调研、问计于民"，"分析检查、纳谏于民"，"整改落实、取信于民"，使学习实践活动成为群众满意工程。我们组织开展了"入住一家农户、召开一次民意恳谈会、撰写一篇民情日记、主抓一个调研课题、撰写一篇调研报告"的"五个一"活动，各级领导干部带头"吃农家饭，问农家事，听农家言，知农家情，解农家忧，助农家富"。为了弄清楚群众需要我们做什么和我们能为群众做什么，开展了"万人征询意见大行动"，着力为民办实事、办好事。目前，一些突出问题得到初步解决，由群众选择确定的"基础建设十件大事"和"民生问题十件实事"已全部启动，群众真切感受到学习实践活动带来的新变化、新气象。

认真做好结合文章，不断深化思想认识。作为国家扶贫开发工作重点县，欠发达是田东县最大的实际，我们坚持把学习实践活动与欠发达的县情结合起来，不断理清发展思路。针对少数党员干部在科学发展"要不要"、"能不能"、"怎么样"的问题上存在的认识模糊、信心不足、底气不够的思想实际，我们组织开展了"忆传统、思发展、图振兴"，"议案例、破难题、推项目"，"察民情、识县情、动真情"三大体验式教育活动，进一步增强了广大党员干部的忧患意识、责任意识、机遇意识和发展意识。组织开展"联片带学、点评督学、测试验学、以研促学、以论促学、以改促学"的"三学三促"活动，全县思发展、谋发展、促发展的氛围日益浓厚。围绕"特色农业发展、非公有制经济发展、资源优势、区位优势和劳动力优势转化为经济优势"这事关田东科学发展大局的"五篇文章"，县四大班子和县直部门展开讨论，查找问题和差距，制定了科学发展三年规划，完善了科学发展思路。

突出实践特色，推动科学发展。把解决实际问题摆在突出位置，坚持边学边改，边查边改，边整边改，把群众得实惠作为工作的出发点和落脚点。我们把民生问题作为重中之重，对群众普遍关注的民生问题一件一件地梳理、一条一条地查摆、一项一项地落实，把解决群众脱贫难、饮水难、住房难、行路难、上学难、就业难、看病难等突出问题作为头等大事实事抓紧抓好。按照“生态建设产业化，产业发展生态化”的理念，强力推动循环经济发展，大力组织实施“山上竹海，山下蔗海”工程，使之成为“生态大文章，富民大产业”。我们坚持节约资源、循环利用、集群发展，实施石化结合、铝电结合、煤电结合、糖纸结合，延伸产业链，走“大项目—产业链—产业集群—产业基地”循环经济之路，积极推动一批关系田东发展全局和群众切身利益的基础性重大项目和民生性热点项目的开工建设。目前，总投资141亿元涉及工业、农业、交通等重点领域的24个重大项目已先后启动。

我们坚信，只要坚持不懈地把科学发展观落到实处，就一定能够把田东建设成为工业良性循环、农业特色鲜明、扶贫有效推进、生态环境优美、社会和谐稳定的“科学发展先进县”和“中国西部强县”。

（作者：中共广西壮族自治区田东县委书记）

实施五项实效工程　提升科学发展水平

刘　利

吉林省松原市乾安县是中共中央政治局常委、全国政协主席贾庆林同志开展深入学习实践科学发展观活动的联系点。在贾庆林同志的亲切关怀和指导下，我们着力实施五项实效工程，深入开展“践行科学发展观、打造富庶和谐新乾安”主题实践活动，取得了实实在在的效果。

学好理论打基础，筑牢“理论武装工程”。我们通过组织理论中心组学习、专题培（轮）训班、理论研讨会、学习成果展示会，聘请专家学者作专题辅导，组建宣讲团深入基层宣讲，组织领导干部到珠三角、长三角、京津塘等发达地区考察学习等方式，使广大党员干部进一步加深了对科学发展观的理解，切实增强了贯彻落实科学发展观、走科学发展道路的自觉性和坚定性。提出了“围绕富民强县目标，重点走好工业化、现代化、城镇化路子，建设省级卫生城、文明城、园林城和平安城，实施工业立县、农业强县、商贸富县、科教兴县、开放活县五大战略，全力打造富庶和谐新乾安”的发展思路，更加明确了科学发展的目标定位和主攻方向。

应对挑战抓机遇，筑牢“加快发展工程”。我们把学习实践活动作为统一思想、应对挑战、解决矛盾的重大契机，坚持把开展学习实践活动与应对危机、克服困难有机结合起来，积极引导广大党员干部坚定信心，抓住机遇，应对挑战，共克时艰，突出抓好大项目建设、招商引资、基础设施建设、新农村和小城镇建设。2008年，全县完成地区生产总值80亿元，同比增长38.9%。财政增速和人均财政收入在全省40个县中均列第一位。先后被评为全国县域经济基本竞争力提升速度最快的百强县、全国最具发展潜力的中小城市百强市。

改善民生促和谐，筑牢“为民惠民工程”。学习实践活动开展以来，全县城镇新增就业4800人；新建4983平方米职教中心教学楼和4311平方米小学教学楼；城镇职工基本养老保险完成参保14120人，参保率达97%，失业参保率达100%，新型农村合作医疗农民参合率达85%；新建廉租房108户，改造泥草房5900户。组织实施了城区道路工程、燃气工程和农村“村村通”工程，启动了农村综合文化站建设，建成了一批事关群众切身利益的市政工程。目前，群众反映比较强烈的386个热点难点问题，已有347个得到有效解决，占总数的89.8%。

创新机制建制度，筑牢“长效保障工程”。全县共清理各种不适宜的规章制度132项，其中废止86项，完善46项，为乾安科学发展、加快发展扫清了制度障碍。建立了县委常委和县直部门建章立制负责制，由县委、县政府牵头建立了经济社会发展评价、干部实绩考核、解决民生问题综合评价、城乡一体化建设、科学规范和有效监督县委书记用人行为、行政效能建设和突发事件应急管理七大机制，县直部门分别对应这七大机制，建立了57个配套规划、制度和措施。

突出重点抓班子，筑牢“领导建强工程”。针对领导班子换届后的新情况新特点，深化拓展“和谐班子”创建活动。在各级领导班子中开展“科学发展好班子”评选活动，表彰了一批对促进科学发展作出贡献的班子和个人，进一步提高领导干部破解科学发展难题、服务人民群众、维护社会稳定的能力，形成大力倡导科学发展的用人导向。健全并严格执行领导干部重大事项报告制度、党风廉政建设责任制及实施办法、领导干部述职述廉实施办法、党员领导干部“八小时”以外监督管理办法等，树立了勤廉从政的良好形象。

（作者：中共吉林省乾安县委书记）

统筹城乡发展　建设可持续发展示范县

陈　勇

山东省淄博市桓台县是中共中央政治局常委、国务院副总理李克强同志开展深入学习实践科学发展观活动的联系点。在李克强同志的亲切关怀和指导下，我们着眼于“科学发展、富民强县”，以“统筹城乡发展、建设经济文化可持续发展示范县”为实践载体，突出实践特色，较好地实现了“党员干部受教育、科学发展上水平、人民群众得实惠”的总体要求，取得了扎实成效。

切实解决突出问题，在战略层面提升科学发展水平。我们坚持边学边改、边查边改、边整边改，在解决制定科学发展的规划、统筹城乡发展的路径、农业可持续发展的路子、重化工产业科学发展的模式、制约科学发展的瓶颈等突出问题上，进一步理清发展思路，提升发展目标。将整个县域规划为县城中心城区和果里经济开发区、唐山氟硅材料产业园、马桥产业区、马踏湖生态保护区“一个中心四个片区”，集中扶持石油炼化及精细化工、高档纸业及包装印刷、氟硅新材料等六大特色产业集群，加快优势资源向片区集中，关联项目向特色产业聚集。坚决贯彻落实中央有关应对国际金融危机的各项政策措施，大力倡导“政府创造环境、企业创造财富”的理念，取消对全县工业企业和重点服务业企业的一切行政事业性收费，政府、银行、企业三家联手帮助企业落实信贷资金近20亿元，有力地促进了全县经济平稳较快发展。2008年，全县完成生产总值265.4亿元，同比增长14.5%；入库税收25.19亿元，增长17.59%；地方财政收入11.05亿元，增长24%，增幅居淄博市首位。

着力办好惠民实事，切实以改善民生、造福百姓的实效取信于民。我们坚持民生为重、民生优先，从人民群众最关心、最直接、最现实的利益问题入手，加大为群众办实事的推进力度。

从学习实践活动一开始，我们就组织“县级领导干部村村访”，对全县335个行政村全部走访一遍，自觉问政于民、问需于民、问计于民，确定并认真办好城乡供水同网同质一体化工程、全面推行新型农村基本养老保险、提高新型农村合作医疗大病报销限额、城乡河流水系综合治理工程等10件惠民实事。为深入贯彻党的十七届三中全会精神，我们及时制定相关推动现代农业发展的优惠政策，对经营100亩以上、500亩以上、1000亩以上的种粮大户，县财政每年每亩分别补贴100元、150元和200元；加强农机和打井灌溉等项目建设，在落实上级补助政策的基础上，县里再补贴60%；对考入中等职业学校的全县农村学生免除学费。随着学习实践活动的推进，我们进一步梳理群众热切期盼的实事，制定实施了《关于实施民生工程的意见》，让科学发展的成果更广泛地惠及广大城乡群众。2008年，全县用于保障和改善民生的投资达2.1亿元，同比增长84%，占当年新增财政的81%。

创新完善体制机制，着力构建有利于推动科学发展的制度保障。把完善有利于科学发展的体制机制作为关键来抓，坚持边实践、边探索、边完善，着力推进重点领域和关键环节的改革创新，制定了加快城乡统筹发展、加快重化工产业结构调整、促进发展方式转变、发展生态经济、保障和改善民生，以及“以效益体现价值、以财富回报财智”的人才机制等12个方面的体制机制文件，初步形成了一批保障和促进科学发展的制度成果和实践成果。同时，对现行政策规定进行全面梳理，废止不适应、不符合科学发展观要求的制度160项，修订368项，新建185项，为全面贯彻落实科学发展观提供了良好的政策制度保障。

（作者：中共山东省淄博市委常委、桓台县委书记）

努力开创科学发展新局面

何炳荣

浙江省嘉兴市嘉善县是中共中央政治局常委、书记处书记、国家副主席习近平同志开展深入学习实践科学发展观活动的联系点。在习近平同志的亲切关怀和指导下，我们按照“党员干部受教育、科学发展上水平、人民群众得实惠”的总要求，紧扣本县实际，突出实践特色，扎实推进工作，取得了明显成效。学习实践活动成为嘉善推进科学发展的强大动力。2008年，全县生产总值增长13.5%，财政总收入增长29.9%，城镇居民人均可支配收入增长12.3%，农民人均纯收入增长13.5%，主要经济指标位居省市前列。学习实践活动群众满意度达99.38%。

着眼于理论与实际相结合，增强科学发展动力。坚持进一步解放思想，通过百场讨论转观念、百名领导谈发展、百个案例明得失、百篇征文聚共识“四个百”活动，引导党员干部在深化县情认识、总结历史经验、剖析典型案例、把握发展规律中进一步解放思想，深化对科学发展观重大意义的理解。坚持理论与实际相结合，通过蹲点调研、撰写案例分析报告和科学发展建议书等，推动党员干部在理论与实践的对接中碰撞思想，提高认识，使广大党员干部准确理解科学发展观的内涵和本质要求，增强践行科学发展观的自觉性和坚定性。

着眼于发挥优势，落实科学发展举措。在设计活动载体上，从嘉善地处长三角中心区这一实际出发，提出把“打造经济转型升级示范基地、长三角中心区经济重地、主动接轨上海前沿高地、城乡一体发展先行之地”作为实践总载体，起到了进一步凝聚人心、明确方向的作用。在谋划科学发展思路上，制定《嘉善县科学发展规划》，明确了当前和今后一个时期科学发展的思路、重点和任务。在落实科学发展举措上，大力实施“十大联动工程”，积极推进“五个十大项目”建设，全县科学发展态势越来越好。数码电子、光伏能源、精密机械等新兴产业加快集聚；城乡公交一体化、道路硬化率、义务教育入学率均达 100%，城乡居民收入之比缩小到1.98∶1。

着眼于解决问题，加大科学发展力度。积极应对国际金融危机，把保持经济平稳较快发展作为学习实践活动的最大实践，及时出台了“保稳促调 10 条”和“应对当前经济形势 12 条”等措施，实施“无会服务周”制度，使全县经济继续保持平稳较快发展的良好势头。积极解决问题，注重边学边改、边查边改，组建四个专项工作组，做到常规性问题加大力度解决、遗留性问题集中攻关解决、新查找出的问题及时跟进解决。积极落实整改措施，对县委层面重点要抓的事关长远、根本和全局的 30 个整改重点，提出了“三个三分之一”的线路图、时间表，有计划、分步骤集中攻坚，即在今年 2 月底学习实践活动结束前完成 10 项、在 6 月底前完成 10 项、在 6 月后完成 10 项。

着眼于改善民生，增强科学发展合力。坚持执政为民，着力解决群众反映强烈的突出问题，实施“六个一”大交通工程、养老保障全覆盖工程、城乡困难家庭安居工程和城乡供水一体化工程等，做到让群众早得实惠、多得实惠，为群众办了一大批实事。坚持让群众全程参与，通过领导班子分析检查报告“三上两下”方法，“科学发展 36 计”征集等载体和民事交办、民情反馈、处理情况通报等制度，抓好倾听民声、转化民意和运用民智的工作。

实践永无止境，践行科学发展观永无止境。我们将沿着在学习实践活动中明确的方向，加快推进科学发展步伐，努力建设幸福和谐美好新嘉善。

（作者：中共浙江省嘉善县委书记）

突出实践特色　确保群众得实惠

王铭德

因赤壁大战而闻名的湖北省咸宁赤壁市是中共中央政治局常委、中央纪委书记贺国强同志开展深入学习实践科学发展观活动的联系点。在贺国强同志的亲切关怀和指导下，我们按照中央要求，突出实践特色，采取切实措施，解决人民群众最关心、最直接、最现实的利益问题，取得了“党员干部受教育，科学发展上水平，人民群众得实惠”的明显成效。

把发展作为让人民群众得实惠的根本举措，切实推动经济平稳较快发展。我市把应对国际金融危机，推动经济平稳较快发展作为当前学习实践活动的最大实践，牢固树立“保中小企业就是保增长、保就业、保稳定”的观念，全力解决企业融资、土地使用、人力资源等方面的实际困难，大力开展中小企业发展软环境专项整治活动，帮助中小企业渡“寒冬”，确保企业开工、不裁员。积极争取上级支持，加强项目策划申报，加快重点项目建设。去年 11—12 月，有

138个重点项目进入省项目库，总投资840亿元。华润（蒲圻）电厂二期、赤壁古战场遗址旅游快速通道等一批大项目相继开工，一些关系科学发展大局的突出问题迎刃而解。我们还重点解决农业生产基础设施落后问题，加强水利设施建设，为建设50万亩高效农业基地和农民增收创造有利条件。

把改善民生作为让人民群众得实惠的有效途径，切实解决群众"三最"问题。我市110家市直单位查找出群众最关心、最直接、最现实的利益问题970个，目前已经解决720个。党政领导干部定期接访、定期下访，尽力化解矛盾，将三峡工程试验坝——陆水水库移民生产生活问题、"普九"债务化解等影响较大的历史遗留问题作为边学边改的重点全力解决。依法关闭了一批生产工艺落后、严重污染环境的企业，依法取缔了城区所有小塑料加工厂，建设了碱回收配套、脱硫工程、城区污水处理等环保工程，设立了以余热、余气、粉煤灰再利用为重点的循环经济产业园，加强了陆水湖等饮用水源的综合整治。群众高兴地说，学习实践科学发展观活动使赤壁的山更青、水更绿、空气质量更好了。让群众喝上放心水，是让人民群众得实惠的头等大事。在中央和省市的支持下，我们加快农村饮水安全工程建设，今年有望全部解决18万农村人口的饮水安全问题。通过加强就业救助，提供职介补贴、免费技能培训，举办专场招聘会，提供小额贷款担保扶持创业等措施，解决了近90%返乡农民工就业问题。着力解决血吸虫病防治、困难企业退休职工医疗保险、关爱老年人、"看病难、看病贵"等突出问题，让老百姓真正感受到学习实践活动带来的实惠。

把作风建设作为让人民群众得实惠的有力保障，切实推进党员干部作风建设。认真学习和贯彻落实胡锦涛同志在第十七届中央纪委第三次全会上的重要讲话精神，切实加强党员干部党性修养，深入查摆作风不实、纪律松弛等问题，认真整改，不断增强党员干部的宗旨意识，以领导干部的优良作风带动全市党风政风的改善。加大对会风、违规购买轿车、公款考察旅游等不良风气的整顿力度，开展一系列爱民活动，促进全市党员干部良好作风的养成。切实加强对中央关于保持经济平稳较快发展等重大政策措施落实情况的监督检查，重点对惠农补贴落实不到位、加重农民负担等违纪现象，医疗服务和医药购销中的乱收费、商业贿赂行为，以及行政权力的不作为、乱作为问题进行集中查处，有力地推动了党风廉政建设，使党的政策措施得到全面贯彻落实。

（作者：中共湖北省赤壁市委书记）

建设京畿科学发展强县

景庆雨

河北省张家口市怀来县是中共中央政治局常委、中央政法委书记周永康同志开展深入学习实践科学发展观活动的联系点。在周永康同志的亲切关怀和指导下，我们牢牢把握"党员干部受教育，科学发展上水平，人民群众得实惠"的总要求，以"发挥优势，突出特色，建设京畿科学发展强县"为实践载体，坚持把查找和解决制约科学发展的突出问题作为重中之重，找差距，破难题，寻出路，抓整改，把科学发展观贯彻落实到经济社会发展的各个方面，取得了扎实成效。

突出解决思想认识问题，全面打牢贯彻落

实科学发展观的思想基础。从抓好学习调研入手，引导广大党员干部全面理解科学发展观的深刻内涵，把实践科学发展观的各项要求变为自觉行动。邀请38名国家和省、市专家教授开展专题讲座47次，培训党员干部9800多人次，注重理论学习、调研考察、讨论交流相结合。通过学习实践活动，全县党员干部对科学发展观的认识有了质的飞跃，增强了"四个理念"，即：增强了民本理念，必须更好地坚持以人为本，实现好、维护好、发展好人民群众的根本利益；增强了区域理念，必须主动融入大北京经济圈，依托北京，借力发展；增强了产业理念，必须做大做强长城葡萄酒品牌，做大做强葡萄和葡萄酒特色产业；增强了生态理念，必须树牢青山绿水就是资源，保护好环境能出效益的观念。

突出解决发展思路问题，按照科学发展观的要求设计未来发展方向。先后组织开展了"四个征集"、"问计四方"及"千名干部下基层"等活动，在充分听取群众意见，重审县情，多方论证的基础上，形成了"培强五区、壮大五业、实施六项社会工程"的科学发展新思路，即：着眼于加强京怀对接，打造对接平台，不断发展壮大中国怀来葡萄和葡萄酒产区、京津产业拓展区、北京绿色农产品供应区、京西北现代商贸物流区和京畿生态休闲旅游度假区；着眼于优化产业结构，强化又好又快发展的产业支撑，不断壮大葡萄和葡萄酒产业、高新技术产业、农产品加工业、玻璃产业及环京服务业；着眼于统筹发展、和谐发展，大力实施生态涵养、地域文化保护发掘、职业教育提升、移民村帮扶、扶贫开发社会救助及首都"护城河"建设等社会工程。

突出解决发展瓶颈问题，以学习实践活动为契机推动全县经济发展。面对国际金融危机对我国经济发展带来的不利影响，我们把落实中央和省委提出的一系列举措作为学习实践活动的重要内容，组织对科级以上干部进行金融知识专题培训，提高应对严峻经济形势的能力，增强信心，共克时艰。加强对10家重点企业、5个主导产业的跟踪监测，随时了解金融危机对实体经济的影响，为企业发展保驾护航。确定和实施康祁公路改造升级等6个重点项目建设，举行今年将全部开工建设的总投资30多亿元的12个项目的签约仪式，以拉动经济增长。创新和完善5个方面26项体制机制，优化政策环境、政务环境。

突出解决民生问题，让广大群众最大限度地共享科学发展成果。学习实践活动开展以来，以惠及广大群众为目的的民心工程全面启动，一批人民群众最关心、最直接、最现实的突出问题得到较好解决；以增加农民收入为核心的富民主导产业日趋壮大，移民村、省级贫困村生产生活条件改善项目已启动；以提升生活质量为根本的城乡基础设施建设扎实推进，城镇面貌"三年大变样"和三年内建设50个新民居样板村工程已全面实施。

（作者：中共河北省怀来县委书记）

扎实开展农村学习实践科学发展观活动

谢玉安

目前，第三批学习实践科学发展观活动正在农村等基层单位开展。中共商丘市委在认真总结前两批学习实践活动成功经验的基础上，深入调研，精心谋划，周密部署，推动学习实践活动深入开展。

一、坚持统筹谋划，抓重点、抓关键、抓保障

一是确定主题。我们将第三批学习实践活动作为加强农村基层党组织建设的重要内容，制定出台了学习实践活动总体实施方案。以“科学发展、问计于民万人问卷调查活动”为载体，了解和掌握广大群众对开展学习实践活动的看法，摸清影响农村经济社会科学发展和群众关注的热点难点问题，提出了“提升科学发展意识，促进体制机制创新，加快优势产业发展，夯实城乡基础设施，推动和谐商丘建设”这一主题，并紧紧围绕这一主题，落实规定动作，强化自选动作，扎实推进各项工作。二是把握关键。我们着力把握思想动员、农业增效、新农村建设、农民增收、基层党建、注重实效等六个重点，通过带着问题学习研讨，立足实际分析检查，着眼发展整改落实，凝聚理论武装之力，倡导真抓实干之风，务求科学发展之效。学习实践活动开展以来，全市农村共学习培训 140015 人次，召开座谈讨论会 22714 次。三是强化保障。市委对学习实践活动领导小组和工作机构进行了适当调整充实，增加了有关涉农部门等负责人为成员，并采取多种形式分层次分批次培训学习实践活动骨干，组建了第三批学习实践活动巡回宣讲队伍；在党组织力量比较薄弱、流动党员多的基层单位，建立了领导联系点，为活动的顺利开展提供了组织保障。

二、注重营造氛围，抓督导、抓指导、抓宣传

一是加强检查督导。全市 9 个巡回检查组认真履行督导职责，坚持做到领导重视不够不过关、思想认识不高不过关、采取措施不力不过关、动员学习不深入不过关，有力地促进了学习实践活动的开展。二是加强分类指导。我们对不同党组织、不同行业、不同对象的指导工作重点、工作方法都进行了明确规定，对重点环节、重点人员、重点单位和重点工作都提出了具体要求，增强了学习实践活动的针对性和实效性。三是加强宣传引导。我们在市级主要媒体上创办“深入学习实践科学发展观”、“科学发展观在商丘”等专题专栏，播出、刊发学习实践活动新闻、图片、网络信息。同时，全市制作了大量的学习实践活动宣传标牌、条幅和标语，为开展学习实践活动营造了良好氛围。四是严格程序。对活动每一个阶段、每一个环节、每一个步骤都作了详细、具体的规定，要求严格按照方案实施，一步一步抓好落实。五是严格纪律。健全和完善了学习、培训、目标责任等相关制度，坚持签到、考勤、考核等制度，形成了内容具体、责权明确、上下衔接的领导责任制和工作机制，确保了活动的扎实有效地开展。

三、精心组织实施，抓培训、抓整改、抓落实

在学习调研阶段，注重思想发动。以村为单位，召开动员大会，引导广大党员干部统一思想、提高认识。注重学习培训。我们采取了“五式学习法”，即封闭式、辅导式、菜单式、结对式、指导式等，有针对性地推进学习培训，取得较好成效。从农村实际出发，我们采取编写通俗易懂的辅导材料，树立学习实践科学发展观先进典型，组建理论宣讲团、文艺宣传队等多种形式，切实增强学习的吸引力和实效性。注重调研走访。开展了村党组织班子成员上门走访活动，先后组织调研走访 10351 次。在分析检查阶段，认真查找问题。采取设置意见箱、召开座谈会、开展谈心活动等形式，广泛征求党员、群众的意见和建议。认真召开专题民主生活会或组织生活会，深入开展批评与自我批评，理清发展思路，明确努力方向。认真撰写分析检查报告或分析检查材料，为整改落实工作做好准备、打好基础。在整改落实阶段，切实制定好整改落实方案，明确整改落实项目、目标和时限要求、措施、责任等，并以适当方式向党员群众公布，做出承诺。切实解决突出问题，以“4＋2”工

作法(即所有村级重大事项都必须在村党组织领导下,按照党支部会提议、"两委"会商议、党员大会审议、村民代表会议或村民会议决议"四议",决议公开、实施结果公开"两公开"的程序决策实施)为抓手,从体制机制和方式方法上破解农村党组织在推动改革发展中遇到的新课题,探索加强农村基层组织建设的新路子。

四、推进务求实效,抓发展、抓民生、抓党建

一是理清发展思路。突出抓好粮食生产,通过强化政策扶持、稳定播种面积、优化品种结构、提高单产水平,不断增强综合生产能力。切实加强农业基础设施建设,不断提高抗御自然灾害能力。以"五类十大基地"项目建设为主要载体,扎实推进农业结构调整,努力做大做强二三产业,坚持把农副产品加工业作为支柱产业来壮大,把第三产业作为转移农民就业的优势产业来发展,把劳务经济作为增加农民非农收入的重点来培育。大力提升农业规模化、产业化、组织化程度,着力培育加工型、外向型、营销型龙头企业,积极发展农村合作经济组织,加快农村经济发展。高度重视农业科技进步,加强培养新型农民,不断创新农业技术,加速成果转化。二是着力改善民生。坚持把人民群众得实惠作为重要目标,加大民生工程投入,不断改善农民生产、生活条件,提高农民生活水平。深入实施"农村中小学教师素质提高"工程、农村中小学改造工程,促进了城乡教育均衡发展。着力解决农民群众关注的热点难点问题,筹措资金3.19亿元用于县乡公路建设;筹措农村安全饮水项目资金1.3亿元。大力开展"农民工服务月"活动,实施"阳光工程"、"雨露计划"和星火科技培训。2009年上半年,全市返乡农民工再就业率达到90%以上。创新信访和维稳工作机制,排查化解矛盾纠纷,促进农村社会和谐稳定。三是强化基层党建。全面落实村级党组织换届"两推一选",扩大选人视野,拓宽选任渠道,不断强化村班子建设,为农村科学发展提供牢固的组织保障。大力培养能够带头致富和带领群众致富的"双带型"干部,大力培养政治素质强和发展能力强的"双强型"干部,不断加强农村干部队伍建设;积极探索在优秀青年、创业致富及务工人员中培养入党积极分子,改善农村党员队伍的年龄结构、文化结构和知识结构,不断加强农村基层党组织的先进性建设;以强化培训扶持为重点,大力培养乡土人才队伍,努力实现"培养一批人才、搞活一方经济、带动一批群众"的人才效应,为实现农村科学发展提供坚强的人才保障。建立健全农村基层人才培养机制,促进农村各方面优秀人才脱颖而出;深化农村联动服务机制,坚持工作重心向农村下移、项目资金向农村倾斜,使改革发展成果惠及广大农民群众;进一步健全民主决策、民主管理、民主监督机制,使农村工作有章可循;建立健全激励机制,努力形成能者上、平者让、庸者下的充满活力的机制,为农村科学发展提供完善的制度保障。

(作者:中共河南省商丘市委常委、组织部长)

坚持以人为本　推进科学发展

王亚钧

科学发展观的核心是以人为本。学习实践科学发展观,对企业领导干部来讲,就是要在

加快发展经济的同时，坚定不移地推动“依靠”方针的落实，千方百计把职工群众的积极性和创造性引导好、保护好、发挥好，把职工群众的根本利益实现好、维护好、发展好，推动企业又好又快发展。

一、真心倾听职工群众呼声，密切党群干群关系

党群干群关系的好坏，直接影响到企业科学发展的速度与质量。要教育引导党员干部切实改进工作作风，多干打基础、利长远的事，坚决反对形式主义、官僚主义、享乐主义、弄虚作假等违背科学发展观要求的行为。一要把倾听职工群众呼声作为改进工作的第一信号。每一项政策的制定，每一项任务的提出，都必须从企业实际情况出发，倾听职工群众的呼声，适合职工群众的需要。企业领导干部要经常深入到群众中去，调查研究，了解民意，倾听民声，集中民智，尊重职工群众的首创精神，使发展的思路和决策更符合民情、切合实际。二要把维护职工群众利益作为做好工作的第一职责。推动企业科学发展，必须以维护职工群众的根本利益为最高准则。当前，受金融危机的影响，企业面临的外部经济环境恶化，改革发展任务艰巨，队伍稳定难度加大，发展处在关键时期，各种情况错综复杂，潜在的矛盾和深层次的问题日益显现。在这种情况下，领导干部要坚持贯彻以人为本的原则，心里时刻装着职工群众，关心职工群众的疾苦、安危和冷暖，切实解决好关系职工群众切身利益的热点、难点问题。三要把职工群众满意不满意作为衡量工作的第一标准。职工群众高兴不高兴、满意不满意、赞成不赞成是衡量企业科学发展的根本标准。一个企业是否科学发展，不能光看几个数字，更要看职工群众评价、看党群干群关系。领导干部做决策、抓工作、办事情都要以职工群众是否满意作为根本要求，切实对职工群众负责，充分体现全心全意为职工服务的宗旨。

二、真情凝聚职工群众力量，激发全员创新活力

职工群众是应对挑战、克服困难、推进发展、促进和谐的根本力量。认真贯彻落实全心全意依靠职工办企业的方针，把职工群众的积极性和创造性引导好、发挥好、保护好、凝聚好，形成万众一心、攻坚克难的强大合力。一要用科学的理论武装职工群众思想。深入开展中国特色社会主义理论体系教育，重点是科学发展观教育，努力在职工中形成统一的指导思想、共同的理想信念、强大的精神力量和基本的道德规范。开展“科学理论进基层”、“十七大精神宣讲”、“新解放、新跨越、新崛起”大讨论等活动，增强干部职工贯彻落实科学发展观的自觉性和坚定性。二要用正确的舆论凝聚职工群众力量。根据生产经营不同阶段的不同特点，有针对性地开展形势任务教育，引导广大职工认清企业发展面临的机遇和挑战，把思想和行动统一到企业的各项工作部署上来，把智慧和力量凝聚到完成各项生产经营任务上来。利用报纸、电视、局域网等多种途径，大力弘扬劳模精神，积极营造学习先进、崇尚先进、争当先进的浓厚氛围。三要用丰富的载体激发职工群众活力。针对生产经营中的重点和难点，广泛开展争创工人先锋号、青年文明号、巾帼建功示范岗、金银牌队、星级队（站）等劳动竞赛，组织“我为安全环保节能作贡献”合理化建议活动，让职工的创造活力竞相迸发、聪明才智充分展现。同时，深入开展“创建学习型班组、争做知识型员工”活动，帮助职工不断提升能力素质、增强工作本领。

三、真诚接受职工群众监督，拓宽源头防腐领域

腐败现象严重侵害最广大职工群众的根本利益，严重影响企业的和谐发展。当前，企业领导干部要本着“更加注重治本，更加注重预防，更加注重制度建设”的工作思路，真诚接受职工

群众监督，努力把腐败现象遏制在最低程度。一要坚持正面教育与警示教育相结合，让职工群众乐于监督。加强正面教育，组织党员干部和职工群众一起，认真学习党内法规、国家法律和企业规章制度，增强法制观念和纪律意识，打牢廉洁从业的思想基础。同时，注重发挥反面典型的警示作用，组织观看反腐警示教育片、到监狱参观、听取服刑人员现身说法，唤起职工群众的危机感，让职工群众自觉投入到反腐败工作中。二要坚持健全责任与完善制度相结合，让职工群众善于监督。完善党风廉政建设责任制，建立健全“党委统一领导、党政齐抓共管、纪委组织协调、部门各负其责、群众广泛参与”的领导体制和工作机制。同时，严格落实述职述廉、诫勉谈话、任前廉政谈话、函询、个人重大事项报告等制度，强化权力运行的全方位、全过程监督，形成按制度办事、靠制度管人的有效机制，让职工群众学会怎样监督。三要坚持严格考核与营造氛围相结合，让职工群众敢于监督。定期对领导干部廉洁自律规定执行情况进行考核，邀请职工群众参加测评，对举报人给予一定奖励。同时，扎实开展廉洁文化进机关、进班子、进社区、进基层、进家庭“五进”活动，扩大廉洁文化的覆盖面、影响面、教育面，形成以廉为荣、以贪为耻的良好风尚，让腐败分子无可乘之机。

四、真实反映职工群众愿望，推进企业民主管理

只有尊重职工群众的主体地位、维护职工群众的合法权益，职工群众的主人翁责任感才能不断增强，发展企业的积极性和创造性才能得到更大发挥。一要落实职工民主权利。坚持在继承中创新、在巩固中突破，深入推进企业民主管理，严格落实职工的知情权、参与权、表达权和监督权。坚持和完善职代会制度，抓好职代会提案工作、民主评议领导干部等制度的落实，进一步规范职代会程序，落实职代会职权。完善职工代表培训、巡视和联系信等制度，构建开放互动的沟通渠道，为职工代表发挥作用创造良好条件。二要完善厂务公开制度。借鉴ISO9000质量管理体系核心理念，制定厂务公开民主管理质量体系标准，不断完善工作规范和操作程序，切实把厂务公开贯穿于经营决策、生产管理、资金运作、物资采购、工程招标的全过程，强化公开考核及结果的应用，充分发挥厂务公开在企业决策、民主管理中的重要作用。三要创建和谐劳动关系。把推动建立和谐稳定的劳动关系作为维护职工群众合法权益的着力点，按照主动维权、依法维权、科学维权的要求，建立健全科学有效的利益协调机制、诉求表达机制、矛盾调处机制、权益保障机制，切实维护职工的合法权益，促进规范有序、公正合理、互利共赢、和谐稳定劳动关系的形成。维护职工休息权利，保障职工带薪年休假制度落到实处。坚持预防为主、基层为主、调解为主的原则，经常调查分析职工的生产生活状况，及时调解劳动纠纷，努力将争议解决在基层、消灭在萌芽状态。

五、真正关心职工群众疾苦，确保企业和谐稳定

集中力量解决职工群众反映的关键问题和重点问题，对稳定职工群众情绪、保持企业和谐稳定具有十分重要的作用。只有紧贴职工群众需求，真正办实事办好事，才能赢得职工群众广泛的拥护和支持。一要把得人心的事办好。大力推进职代会承诺事项落实，通过干部巡视组定期巡视、职工代表专项督查，有计划地对承诺事项进行督促检查，确保职工群众关心的热点难点问题得到有效解决。加强爱民设施建设，大力推进“两堂一舍一室”达标，加大职工食堂、澡堂、宿舍、活动室的维修改造力度，不断改善职工的工作生活环境。二要把暖人心的事办实。深入实施“三不”工程，不断完善领导干部联系困难职工家庭、工会定期走访困难职工家庭、互助互济、金秋助学等扶贫帮困制度，广泛开展“一帮一”、“多帮一”、“结对帮扶”等活动，

建立送温暖长效机制；真诚关爱残疾职工，定期发放救助金，把组织的关怀和温暖送到残疾人的心坎上；高度重视离退休职工的身体、生活和精神需求，真情关怀，用心帮助，切实解决好老同志的困难，让他们安度晚年、颐养天年。三要把稳人心的事办好。关心外闯市场职工家庭，配发"干部联系卡"、"亲情服务卡"，成立爱心小分队，为外闯市场家庭提供买粮、换气、医疗陪护、子女教育等义务服务，解除外部市场职工的后顾之忧。关心失待业人员家庭，积极开展"送信息、送培训、送岗位、送温暖"的"四送"活动，帮助失待业人员实现再就业。

（作者：中原油田党委副书记、纪委书记、工会主席）

深刻把握深入贯彻科学发展观

——当前思想政治工作的首要任务

段若鹏

科学发展观是马克思主义中国化的最新成果，是发展着的马克思主义，如同马克思列宁主义、毛泽东思想、邓小平理论和"三个代表"重要思想，是我们推进中国特色社会主义伟大事业和党的建设新的伟大工程的指导思想。各个领域各条战线的工作都要以科学发展观为指导，思想政治工作也要以科学发展观为指导。

深入贯彻落实科学发展观需要深刻理解把握科学发展观。科学发展观是一个理论体系，博大精深，内涵丰富。深刻理解把握科学发展观，最重要的是紧紧抓住科学发展观的精髓。

深入贯彻落实科学发展观，深刻理解把握科学发展观，紧紧抓住科学发展观的精髓，是当前思想政治工作的首要任务。

一、科学发展观的精髓是可持续发展

科学发展观，第一要义是发展，核心是以人为本，基本要求是全面协调可持续，根本方法是统筹兼顾。

科学发展，第一是发展，这是不言而喻的。"皮之不存，毛将焉附？"没有发展，哪来科学？邓小平同志早就说过"发展才是硬道理"。江泽民同志多次强调"必须把发展作为党执政兴国的第一要务"。硬道理、第一要务、第一要义差不多都是一个意思。

科学发展，第二是科学，即以人为本、全面协调、统筹兼顾，这也是不言而喻的。不以人为本、不全面协调、不统筹兼顾，即不科学；而不科学必然导致发展的停滞、倒退乃至中断，即发展的不可持续。实践是检验真理的唯一标准。发展是否科学，即是否以人为本、是否全面协调、是否统筹兼顾，要以发展是否可持续来检验。可持续发展是客观规律本身，是不以任何人的愿望和意志为转移的，而以人为本、全面协调、统筹兼顾则是反映可持续发展这个客观规律的主观规定。我们只能以客观规律检验主观规定，而不能以主观规定检验主观规定。

因此，科学发展观的精髓只能是可持续发展，科学发展就是可持续发展。

可持续发展的确是个好东西，可用来谋划、评价、规范我们的几乎一切实践活动。凡是可持续发展和有利于可持续发展的事，凡是有利于改革开放和社会主义现代化建设的事，凡是有利于我党长期执政的事，凡是有利于全面建成小康社会的事，凡是有利于实现中华民族伟大复兴的事，就多做、实做；反之，就少做、不做。只有坚持可持续发展，才能保证中国特色社会

主义事业的可持续发展和党的建设新的伟大工程的可持续发展。

二、可持续发展的基础是社会主义和谐社会

任何发展都基于一定的社会状态，科学发展也不例外。社会和谐是中国特色社会主义的本质属性。科学发展和社会和谐是内在统一的。没有科学发展就没有社会和谐，没有社会和谐也难以实现科学发展即可持续发展。实现科学发展即可持续发展，要求我们积极构建社会主义和谐社会即民主法治、公平正义、诚信友爱、充满活力、安定有序的社会。不和谐就不稳定，一个不和谐不稳定的社会，不要说科学发展，连简单生存都无法维持。

不仅如此，我们所说的和谐是全面的和谐。在积极构建社会主义和谐社会的同时，增进党内和谐，以增进党内和谐促进社会和谐；推动建设持久和平、共同繁荣的和谐世界，开放的中国需要和谐的世界，通过维护世界和平发展自己，又通过自身发展维护世界和平；努力实现人与自然和谐相处，大力建设资源节约型、环境友好型社会，不但维护中国的自然环境，而且维护全球的自然环境，建设生态文明。构建和谐社会，推进四个和谐，实现可持续发展。

三、构建社会主义和谐社会关键在“中等收入者占多数”

社会是由相互联系相互影响的人组成的；组成社会的人是靠拥有收入生存、发展和繁衍的；社会和谐与否取决于组成社会的人员结构，最终取决于组成社会的人员的收入结构。拥有公平合理收入的人为主体即“中等收入者占多数”，是一个战略目标，是构建社会主义和谐社会的关键。

中等收入者即国际社会通常所说的中间阶层、中产阶层或中间阶级、中产阶级。中等收入者占多数或中间阶层为主体是当代任何一个繁荣昌盛和谐稳定的国家或地区的基本特征。

我国中等收入者或中间阶层是十一届三中全会以来改革开放和社会主义现代化建设的产物，是人民共同富裕的标志，是改革发展稳定的中坚，是全面推进经济建设、政治建设、文化建设、社会建设、生态文明建设和党的建设的基本力量。

经过30年改革开放和社会主义现代化建设，我国中等收入者或中间阶层已经初具规模，但在总人口中还不占多数，整体实力还不强。随着时间的推移和经济社会又好又快持续稳定的发展，我国终将达到中等收入者占多数，届时也就是社会主义和谐社会和小康社会全面建成之日。

四、中等收入者占多数取决于“创造条件让更多群众拥有财产性收入”

收入是同财产和财产性收入密切相关的。达到“中等收入者占多数”必须在财产性收入上下功夫，即“创造条件让更多群众拥有财产性收入”。这是达到“中等收入者占多数”战略目标的一项战略措施。

城乡居民收入分四类：工资性收入、经营性收入、财产性收入、转移性收入。财产性收入包括从银行存款、有价证券等动产和房屋、土地等不动产获得的收入。中等收入者一般没有经营性收入和转移性收入，他们应该不但有工资性收入，而且有财产性收入。

仅有工资性收入、财产和财产性收入不多者很难成为中等收入者。我国同世界发达国家和地区在富裕程度上的差距集中体现在城乡居民财产和财产性收入少；我国“三农”问题、城乡二元结构问题也突出表现为农村居民较城市居民财产和财产性收入少。只有创造条件让更多群众和干部拥有财产性收入，才能逐步达到中等收入者占多数。因此，要扩大和完善资本市场、房地产市场和各种有形无形财产交易市场，使越来越多的群众和干部拥有越来越多的股票收入、债券收入、期货收入、银行利息收入、房地产收入及其他财产性收入。

五、创造条件让更多群众拥有财产性收入必须"平等保护物权"

"平等保护物权"是达到"中等收入者占多数"战略目标和实行"创造条件让更多群众拥有财产性收入"战略措施的战略保证。

随着创造条件让更多群众和干部拥有财产性收入，城乡居民财产和财产性收入越来越多，中等收入者越来越多，中间阶层越来越壮大，整个社会逐渐两极缩小、中间扩大即形成两头小、中间大的结构。

拥有最多社会成员和社会财富的中等收入者或中间阶层必将日益关切自己财产的安全，必然强烈要求非公有财产、个人财产像公有财产、国家财产、集体财产一样得到法律保护，这就是平等保护物权：一切财产权一律平等，公私财产都是神圣不可侵犯的。广大群众和干部不但要求平等保护人权，而且要求平等保护物权；只有两权保护一起抓，两手都要硬，才能保证创造条件让更多群众和干部拥有财产性收入，保障逐步达到中等收入者占多数，保卫人民共同富裕的权利，不断促进构建社会主义和谐社会，实现经济社会可持续发展。

加强和改进思想政治工作，深入贯彻落实科学发展观，是新世纪新阶段对思想政治工作提出的新要求新任务。深刻理解把握科学发展观，紧紧抓住科学发展观的精髓，做学习和研究、宣传和实践科学发展观的模范，广大思想政治工作者是可以大有作为的。

（作者：中共中央党校研究生院副院长，全国思想政治工作科学专业委员会副主任）

以艰苦奋斗精神落实和践行科学发展观

李蕴才

胡锦涛总书记在全党深入学习实践科学发展观总结大会上的讲话中强调，要进一步加强党的作风建设，努力营造深入贯彻落实科学发展观的风清气正环境。为此，他要求全党领导干部要坚持解放思想、求真务实，牢固树立正确政绩观，既勇于开拓创新，又坚持埋头苦干，真正把功夫下在察实情、出实招、办实事上，努力创造经得起实践、人民、历史检验的实绩。领导干部带头艰苦奋斗，是形成风清气正环境的基础，是落实科学发展观的保障。

一、艰苦奋斗始终是促进中华民族进步的重要精神力量

艰苦奋斗、自强不息是中华民族传统美德的重要内容，是中华民族繁衍发展，生生不息，开拓前进的精神支柱。《周易》有："子曰：危者，安其位者也；亡者，保其存者也；乱者，有其治者也。是故，君子安而不忘危，存而不忘亡，治而不忘乱；是以，身安而国家可保也"的古训。中华民族的优秀分子，崇俭倡廉，鄙弃奢侈，无论居朝还是在野，不管仕农工商，不仅自身奉崇艰苦奋斗、勤俭节约，还把这一传统代代相传，教育子孙、教化社会。

艰苦奋斗精神还是一种忧患意识，它饱含了中国人民在与自然相处过程中的审慎和自觉态度。中国是一个地大物不博、灾难多发生的国家。艰苦奋斗精神使人自强不息、不畏困难、艰苦创业、奋发向上，可以改变客观条件而创造出奇迹。正是在不屈不挠的奋斗中，人们结成了一种互助和鼓励的民族精神，从而形成强大

的凝聚力和感召力，激励整个民族不断克服前进道路上的艰难险阻。

艰苦奋斗反映了历史发展总趋势中包含的曲折性和复杂性。理想是美好的，但道路是充满荆棘的，只有努力奋进、不断攀登，目标才能最终实现。中国历史上凡是政治清明、生活富裕的盛世，一定是朝野上下不满足于现状而奋斗取得的，一旦人们满足于维持现状，掩盖矛盾，粉饰繁华，潜在的社会矛盾就会滋长和积累。历史是一面镜子，励精图治开拓新局面，骄奢淫逸导致人亡政息。正反两方面的深刻教训，警示着今天的国人：必须珍惜中华民族的宝贵精神财富，靠发扬艰苦奋斗精神求发展，赢得生存的空间，推动民族的复兴。

中华民族锐意进取、开拓创新的精神是中国文化生生不息，绵延不断，代有创新的重要根源，而在这种精神孕育和滋养下的民族，更是刚健有为，奋发进取，勇敢开拓。这种伟大精神激励着一代又一代的中国人为民族的解放和国家的富强而奋斗不息。这也是中华民族之所以能巍然屹立于世界民族之林的内在根据之一，是我们的民族不甘落后、不断奋进的精神所在。

正是这种刚健有为、自强不息的精神，推动了中国社会和文化的发展，不仅在民族兴盛时起到巨大的积极作用，而且在民族危难之际，总是激励中华民族以不屈不挠的精神不息奋争。杜甫“出师未捷身先死，长使英雄泪满襟”、陆游“王师北定中原日，家祭无忘告乃翁”、岳飞“壮志饥餐胡虏肉，笑谈渴饮匈奴血”、文天祥“人生自古谁无死，留取丹心照汗青”、顾炎武“天下兴亡，匹夫有责”……这些诗句正是无数仁人志士崇高的人格和中华民族高尚的民族气节的生动写照，以高度的自信自尊表现出强烈的自强精神，集中体现了为崇高理想和民族强盛竭力奋斗的不懈追求。

二、艰苦奋斗始终是共产党人的精神武器，是联系群众的重要法宝

毛泽东同志指出：“根本的是我们要提倡艰苦奋斗，艰苦奋斗是我们的政治本色。”胡锦涛同志指出：“艰苦奋斗作为我们党的优良传统和作风，作为我们马克思主义政党的政治本色，是凝聚党心民心、激励全党和全体人民为实现国家富强、民族振兴共同奋斗的强大精神力量，是我们党保持同人民群众血肉联系的一个重要法宝。”中国共产党继承和弘扬了中华民族艰苦奋斗的传统美德，使之与党的性质、奋斗目标和根本宗旨紧密结合起来，给这一传统美德注入了新的内容，进而发展到一个新境界，形成了反映共产党本质特征的艰苦奋斗的优良作风。中国共产党80多年来所取得的一切成就，都与这一优良作风的继承和发扬密不可分。在大革命时期，任何一个革命根据地的建立，都是在反围剿的斗争中浴血奋战取得的，任何一点物质条件的改善都是军民之间艰苦奋斗、同舟共济取得的。在抗日战争进入相持阶段，日伪军的疯狂进攻和国民党的封锁包围，再加上自然灾害的侵袭，解放区进入极端艰难困苦时期，党发出“自己动手、丰衣足食、艰苦奋斗、克服困难”的号召，从领袖到战士、从党内到群众，掀起了一次艰苦奋斗的伟大运动，最终克服了困难，锻炼了队伍，终于迎来了抗日战争的胜利。在延安时期，毛泽东同志就针对我们队伍中出现的贪污、浪费和腐化行为，强调：“应该使一切政府工作人员明白，贪污和浪费是极大的犯罪。反对贪污和浪费的斗争，过去有了些成绩，以后还应用力。”“艰苦奋斗，以身作则，……奖励廉洁，禁绝贪污，这是中国解放区的特色之一。”1936年，美国作家斯诺到延安采访，他从毛泽东、周恩来、彭德怀、林伯渠等我们党老一辈革命家的生活细节上，发现了共产党和共产党军队艰苦奋斗作风中孕育着一种伟大力量。他把这种力量叫做“东方魔力”，并断言这种力量是“兴国之光”。建国以后，在一穷二白的条件下，依靠勤俭建国的方针，在党员干部的带领下，人民群众焕发出了战天斗地、更换面貌的冲天斗志，这种奋斗精神和奉献精神迅速发挥了效应。改革开放以来，党中央带领人民群众继续艰苦奋斗，取

得了伟大成就。正是凭着艰苦奋斗，在中国共产党的领导下，中国人民“敢叫日月换新天”，使古老的中国焕发出青春。我们党始终牢记艰苦奋斗这个传家宝，始终没有放松对广大党员干部和群众进行艰苦奋斗的思想政治教育。邓小平同志反复强调：“在经济得到可喜发展、人民生活水平得到改善的情况下，……应该保持艰苦奋斗的传统。坚持这个传统，才能抗住腐败现象。”

胡锦涛总书记在十六大以后带领新任中央委员和候补委员上西柏坡重温“两个务必”，并且指出：“在我们党80多年的历程中，艰苦奋斗作为强大的精神力量，始终激励着我们顽强进取、百折不挠，在各种困难和考验面前巍然屹立、敢于胜利。可以说，我们党是靠艰苦奋斗起家的，也是靠艰苦奋斗发展壮大、成就伟业的。没有艰苦奋斗，就没有我们党今天的局面。”

三、艰苦奋斗是落实科学发展观的内在要求和重要保障

历史和现实都表明，一个没有艰苦奋斗精神作支撑的民族，是难以自立自强的；一个没有艰苦奋斗精神作支撑的国家，是难以发展进步的；一个没有艰苦奋斗精神作支撑的政党，是难以兴旺发达的。艰苦奋斗是中华民族的优秀品质和共产党的政治本色，也是学习实践科学发展观的内在要求。

当前，我国发展面临的问题依然严峻，破解制约科学发展的矛盾和难题，既需要体制机制上的突破，也需要在尊重客观的基础上，充分发挥人的主观能动性，这就是艰苦奋斗精神的时代内涵。首先，艰苦奋斗与科学发展的基本精神精髓是一致的。现代社会的艰苦奋斗和节俭意识指的是，用之当用，物尽其用，珍惜民财，耗有所值。“天育物有时，地生财有限”，物质的充裕不能成为浪费的理由，合理的消费行为是非常重要的。进而言之，国家采取刺激内需的政策目的是把资源配置得更加有效，是提倡科学文明、实用节俭，而不是闲置浪费，目的在于更好满足人民群众日益增长的物质文化需求，而不是吊高胃口，当人民群众有更高的支付能力和更强的消费动机时，就会进一步促进理性消费。胡锦涛同志指出：“我们讲艰苦奋斗，当然不是要人们去过清教徒式、苦行僧式的生活，也不是要否定合理的物质利益，而是要大力提倡艰苦奋斗、自强不息，与时俱进、开拓创新的精神。”坚持艰苦奋斗精神，就是不畏艰难、不怕险阻、勇于开拓，善于创新，带领群众一步一步推进科学发展，不断开创发展的新局面；就是在生活上节俭朴素，不讲排场摆阔气，不奢侈浪费，不搞形式主义，勤俭办一切事业；就是在工作态度上艰苦耐劳，勇于面对困难，知难而进，迎难而上，并善于在困难中突破和超越；就是在工作上艰苦深入，要求领导干部能够深入了解民情，充分反映民意，广泛集中民智，切实珍惜民力，着力解决好人民最关心最直接最现实的利益问题，把群众满意不满意作为衡量各项工作的根本标准；就是在精神状态上保持艰苦奋进，要求领导干部坚定理想信念，紧紧围绕党的奋斗目标，昂扬向上，与时俱进，开拓创新，奋发图强。我们必须清醒地看到激烈的国际竞争给我们带来的严峻挑战，清醒地看到我们肩负的任务的艰巨性、复杂性，增强紧迫感和忧患意识，牢固树立为党和人民事业长期艰苦奋斗的思想。

其次，艰苦奋斗既是对经济社会发展规律的准确把握，也是对人的主观精神提出的科学要求。胡锦涛同志指出，抓发展、促发展，要把坚持发扬共产党人的革命精神和坚持科学务实的态度结合起来，既发挥主观能动性，满怀信心、奋发有为，又严格按客观规律办事，坚持实事求是、因地制宜，力戒浮夸急躁、急功近利。坚持科学发展观，就是坚持生产发展、生活富裕、生态良好的文明发展道路，建设资源节约型、环境友好型社会。在我国资源、能源紧张、生态环境脆弱的前提下，要求在节约资源、提高资源利用率、转变经济增长方式、保护和改善环境上做足文章。科学发展既是勤俭型、节约型发展，也是开拓型、创新型发展，离不开艰苦奋

斗精神的支撑。“奋斗就会有艰辛，艰辛孕育着新的发展”。当下，加快转变经济发展方式就是一次新的艰辛努力，但只有去拼搏我们才有成功的希望和机会，不去努力，就不会有任何成功的机会。所以说，机遇与挑战并存，成就与艰辛同在。在社会主义现代化建设的进程中，犹豫和畏缩没有希望，只会半途而废；只有知难而进、一往无前，我们的事业才有希望，才能最终成功。

第三，艰苦奋斗精神与科学发展观中以人为本的核心是一致的。随着科学发展、持续发展理念的深入人心，必将推动艰苦奋斗精神的进一步升华。胡锦涛同志指出：“艰苦奋斗作为我们党的优良传统和作风，作为我们马克思主义政党的政治本色，是凝聚党心民心、激励全党和全体人民为实现国家富强、民族振兴共同奋斗的强大精神力量，是我们党保持同人民群众血肉联系的一个重要法宝。”今天，一些地方干部的“形象工程”和“面子工程”不仅没有受到当地百姓的认可，反而成为被人嘲弄和质疑的对象。一些公权部门的奢侈行为和公款消费，越来越成为百姓诟病的热点。可见，与科学发展观相适应，党员干部应当首先在提升精神境界、培养高尚情操上努力，严以律己、以身作则，坚持勤政廉政，树立良好形象；在艰苦创业、为民造福上用心，真正做到权为民所用、情为民所系、利为民所谋。

（作者：天津市交通集团党委副书记、纪委书记、工会主席）

贯彻落实科学发展观　促进党校科研工作新发展

胡秀荣

发展是人类社会永恒的主题，也是当代中国的主题。党的十七大提出，深入贯彻落实科学发展观，并在全党开展深入学习实践科学发展观的活动，提高领导干部贯彻落实科学发展观的能力，提高主体认识，把握客观规律、按照客观规律办事，从根本上正确有效地落实科学发展观。中央党校按照中央的精神以贯彻落实《中国共产党党校工作条例》和全国党校工作会议精神为实践载体，学习实践科学发展观，推动党校事业的科学发展。作为党校科研工作如何在实际工作中切实体现和认真贯彻科学发展观的要求，做到认识上有新提高，政策上有新举措，实践上有新进展，是当前和今后一段时间必须深入的一个全新课题。

一、全面理解科学发展观的深刻内涵

十七大报告指出：“科学发展观的第一要义是发展，核心是以人为本，基本要求是全面协调可持续，根本方法是统筹兼顾。”这是中国共产党深刻总结历史经验和教训，在中国经济社会发展进入新世纪新阶段的关键时期提出的伟大战略决策的意识表达；同时也是站在历史时代和全球视角，对中国和世界发展客观规律的更高认识的理论表达。它标志着中国共产党对经济社会发展规律认识的又一次升华，也标志着中国共产党领导的建设中国特色社会主义的伟大实践进入了以科学发展观为统领的全新阶段。全面贯彻落实科学发展观，首先要全面、准确、完整、深刻地理解科学发展观的内涵，用科学的理论来指导我们的行动。贯彻落实科学发展观是中国共产党在广泛研究5年科学发展观实践的基础上提出的，并强调科学发展观是中国特色社会主义理论体系的重要组成部分，是我国经济社会发展的重要指导方针。

第二，科学发展观的精神实质是要求全党以经济建设为中心，坚持经济社会协调发展，坚持城乡协调发展，坚持区域协调发展，坚持可持续发展，坚持改革开放，坚持以人为本，科学发展观的第一要务是发展。

第三，科学发展观的核心是以人为本。坚持以人为本，是我们党根据唯物史观关于人民是推动历史前进根本力量的基本原理提出来的。坚持以人为本，就要把实现好、维护好、发展好最广大人民群众的根本利益作为我们工作的出发点和落脚点，把充分发挥人力资源优势作为我们推进新型工业化的动力，把人这个社会主体的全面发展作为我们的长远奋斗目标。妥善协调各方面利益关系，满足人们的发展愿望和多样性的需求，最终实现人的全面发展。

第四，科学发展观的基本要求是全面协调可持续发展。坚持全面发展，就是要按照中国特色社会主义事业总体布局，全面推进经济建设、政治建设、文化建设、社会建设。坚持协调发展，就是要促进现代化建设各个环节、各个方面相协调，促进生产关系与生产力、上层建筑与经济基础相协调。协调发展是不同部门、不同地区、不同领域之间在发展规模、发展速度、发展程度、发展效益等方面比例适当、结构合理、相互促进、良性运行、共同发展。坚持可持续发展，就是要坚持生产发展、生活富裕、生态良好的文明的发展道路，建设资源节约型、环境友好型社会，实现速度和结构质量效益相统一、经济发展与人口资源环境相协调，使人民在良好生态环境中生产生活，实现经济社会永续发展。

第五，科学发展观的根本方法是统筹兼顾。我们党在领导革命、建设和改革的过程中，历来重视方法和方法论的研究。如毛泽东的《矛盾论》、《论十大关系》、《关于正确处理人民内部矛盾的问题》，这些都是中国化马克思主义的方法论代表作。胡锦涛总书记提出解决科学发展中的矛盾，根本方法是统筹兼顾，坚持和发展了毛泽东同志的这些正确思想。

第六，贯彻落实科学发展观必须坚持实事求是的原则。我们党提出科学发展观，是针对现实生活中的问题提出来的；贯彻落实科学发展观，解决现实生活中的问题也要实事求是、求真务实。我们在关注和解决科学发展问题的时候，决不能超越社会主义初级阶段的客观实际，决不能超越各地经济发展的客观实际。在贯彻落实科学发展观的时候，只有客观冷静地求真务实，坚持不懈地开拓前进，艰苦扎实地团结奋斗，才能一步一个脚印地达到预定的目标。

二、用科学发展观引领党校科研工作

党校科研工作要以马克思列宁主义、毛泽东思想、邓小平理论、“三个代表”重要思想和科学发展观等重大战略思想为指导，认真贯彻落实《党校工作条例》和全国党校工作会议中关于党校科研工作的定位与提出的任务要求，坚持党校姓党，坚持“三个适应，三个促进”，坚持贯彻党的基本理论、基本路线、基本纲领、基本经验，坚持解放思想，实事求是，与时俱进，坚持科学严谨的学术规范，鼓励刻苦钻研，大胆探讨，努力推进理论创新。因此，贯彻落实科学发展观，党校科研亦应成为引领者。

《中国共产党党校工作条例》明确指出，“科学研究是党校教育的基础”。搞好党校的科研工作就要坚持正确的科研导向，这就是要通过“四个服务”，发挥“四个作用”。党校的科研工作要密切关注国内外形势的发展变化，加强对中国特色社会主义理论体系的研究，为推进党的理论创新服务，为提高党校教学质量服务，为党委和政府决策服务，为社会主义经济建设、政治建设、文化建设、社会建设和党的建设服务。通过这“四个服务”来发挥党校是“党的哲学社会科学研究机构”的作用；“学习、研究和宣传马克思列宁主义、毛泽东思想、邓小平理论、‘三个代表’重要思想以及科学发展观等重大战略思想的重要阵地”的作用；“党委和政府决策中思想库”的作用；“党性锻炼的熔炉”作用；“推进党的理论创新的生力军”的作用。我们要把实现中央对党校科研提出的“研究机构”、“重要阵地”、“思想库”和“生力军”的新定位作为党校科研工作的目标要求，用科学发展观引领党校科研工作。

三、实现党校科研又快又好发展的思路与措施

党校科研工作要坚持以学习邓小平理论和“三个代表”重要思想为指导，深入贯彻落实科学发展观，全面贯彻党的十七大精神，认真贯彻落实胡锦涛、习近平同志关于党校科研工作的重要指示精神，认真落实《中央党校工作条例》和全国党校工作会议精神，解放思想、大胆探索，不断深化对全局性、前瞻性和战略性问题的研究，努力推进理论创新，把学习实践科学发展观活动的成效体现在工作中，实现党校科研又快又好的发展。

首先，要对党校科研改革、发展有明确的思路：

第一，搞清楚党校科研的性质和定位是什么的问题，也就是党校科研要坚持党校姓党，把握政治方向，突出党校特色、注重学术导向的问题。

第二，搞清楚党校科研研究什么的问题，也就是党校科研要体现“四个服务”的工作目标的问题。

第三，搞清楚党校科研由谁来研究的问题，也就是党校科研要整合教研人员、学员和科研管理人员三支队伍的科研力量的问题。

第四，搞清楚党校科研以什么方式方法研究的问题，也就是党校科研要统筹兼顾、协调各方面关系的问题。

第五，搞清楚党校科研怎么研究的问题，也就是要以科研项目为枢纽，带动科研各个环节的工作的问题。

其次，要对党校科研的改革、发展采取一系列重要措施：

第一，贯彻落实在学习实践科学发展观活动中提出的整改举措，加强科研体制、机制改革。

1.建立和完善开放的科研机制，广泛开展科研协作。

2.建立健全党校科研活动组织管理机制，完善对各教研部（所）重大科研活动的管理制度。

3.积极推进教学科研一体化，制定《关于加强科研为提高教学质量服务，积极推进教学科研一体化的建议》。

4.建立健全有利于科研发展的激励机制。

第二，精心组织对重大理论和现实问题的研究。进一步整合全国党校系统的科研力量，认真研究党的国家发展战略性、全局性重大问题。

第三，根据党和国家重大事件，适时组织召开理论研讨会。

第四，精心策划，认真做好科研管理工作。

第五，充分发挥“中央党校邓小平理论和‘三个代表’重要思想研究中心”的作用。

1.积极做好理论研究和宣传工作。发挥中央党校在理论研究和重大政策宣传上的重要作用，积极组织专家学者撰写有分量、高质量的理论文章，以“中央党校邓小平理论和‘三个代表’重要思想研究中心”的署名在中央重要报刊发表。

2.加强《中央党校研究报告》的各项工作，不断提高办刊质量。重点围绕研究宣传中国特色社会主义理论体系、深入学习实践科学发展观等主题，发表一批质量高、影响大的理论文章。

总之，在科学发展观的引领下，党校的科研工作进一步解放了思想，转变了观念，提高了认识。在科研实践过程中理清了影响和制约党校科研发展中的突出问题，创新了党校科研工作的工作体制机制，提高了科研管理能力和服务水平。《党校工作条例》的颁布和全国党校工作会议的召开，更是对党校科研工作提出了新的工作定位与任务要求。党校的科研工作面临着一次新的机遇与挑战。因此在新的历史起点上，要贯彻落实科学发展观，继续开创党校科研工作新局面。

（作者：中共中央党校科研部调研员）

第八部分

建国六十年来的成就与经验

深刻总结60年历史经验 不断推进组织工作科学化

李源潮

在新中国成立60周年之际，回顾总结60年来党的建设的成就和经验，具有十分重要的意义。我就组织工作科学化问题谈几点认识。

一、推进组织工作科学化是加强和改进党的建设的重要内容，也是组织工作更好地服务科学发展的紧迫要求

我们党是马克思主义政党，从成立之日起就把民主与科学写在自己的旗帜上，在实践中不断探索党的建设和组织工作科学化。早在1929年，毛泽东就提出，要“使党员的思想和党内的生活都政治化，科学化”。1931年中央《关于干部问题的决议》提出，要科学化合理化地使用干部。新中国成立后，适应党在全国执政和大规模经济建设的需要，中央提出要建立科学化的干部管理制度、为更高的党员条件而斗争。党的八大提出了执政党建设的一系列重要思想，为推进党的建设和组织工作科学化奠定了重要基础。改革开放后，组织工作在拨乱反正、解放思想中重新走上正确轨道。1980年邓小平同志强调，领导制度、组织制度问题更带有根本性、全局性、稳定性和长期性。要切实改革并完善党和国家的制度，从制度上保证党和国家政治生活的民主化。2001年江泽民同志提出，要改进干部管理方法，加快干部人事制度改革步伐，努力推进干部工作的科学化、民主化、制度化。2002年以来，胡锦涛总书记多次指出，要把制度建设贯穿党的思想建设、组织建设和作风建设之中，不断推进党建工作的科学化、规范化、制度化。

60年来特别是改革开放以来，各级党委和组织部门按照中央要求，积极探索组织工作发展规律，推进组织工作科学化取得了重要成果和宝贵经验。一是坚持以发展着的马克思主义为指导，解放思想、改革创新、与时俱进，组织工作实现了从革命时期向执政时期、从计划经济条件下到改革开放和社会主义市场经济环境下的历史性转变，形成了一系列反映时代要求和历史进步的科学理念。二是把围绕中心、服务大局、发挥作用与推进组织工作科学化紧密结合起来，紧跟党和国家事业发展步伐，适应党员和干部队伍状况的变化，加强和改进领导班子和干部队伍建设，巩固和发展基层组织和党员队伍，大力推进人才队伍建设，形成了科学合理的组织工作新格局。三是高度重视党的组织制度建设，不断推进干部人事制度、组织建设制度、人才工作体制机制的改革创新，走出了一条靠改革和制度推进组织工作的新路子。四是坚持不懈地加强组织部门自身建设，努力打造政治坚定、公道正派、求实创新、清正廉洁的组工干部队伍，为推进组织工作科学化提供了组织保证。60年的实践启示我们，只有主动适应党的历史方位和中心任务的变化，把为党的执政使命服务、让党和人民满意作为核心价值，以增强党的先进性、提高党的执政能力为主线，以解放思想和改革创新为动力，坚持不懈地推进组织工作科学化，才能不断开创组织工作新局面，更好地为党和国家工作大局服务。

经过60年的探索和实践，党的理论、路线、方针日益成熟，各项工作都在向科学化发展，迫切要求我们加快推进组织工作科学化步伐。特别是深入贯彻落实科学发展观，对组织工作服

务科学发展和自身科学发展提出了新的更高要求。但目前组织工作中不适应不符合科学化的问题还很多。比如，一些地方和部门对组织工作进行理性思考、整体谋划不够，实际工作中教条主义、形式主义倾向仍然比较严重。组织工作制度建设虽然取得很大成绩，但有些制度规定原则要求多，操作性不强，制度间缺乏衔接配套，影响了制度的权威性和公信力，还有一些基础性、关键性的制度尚未建立。干部选拔任用和管理监督机制不够完善，用人上少数人特别是“一把手”说了算、优秀年轻干部脱颖而出的渠道不畅、干部能上不能下等问题尚未得到有效解决，民主推荐、民主测评中反映民意不够与民意失真同时存在，跑官要官、买官卖官、拉票贿选等不正之风和腐败现象屡禁不止。有的地方和部门推进干部人事制度改革的热情很高，但对改革利弊分析不够，盲目跟风，哗众取宠，引起网上不当炒作，损害了改革的声誉。一些地方基层党组织设置形式和活动方式滞后于经济发展和社会转型，运行机制缺乏灵活性、应变力，不能充分调动广大党员参与党内生活的政治热情，一些基层党组织软弱涣散，难以有效发挥领导核心和政治核心作用。解决这些问题，要求我们积极推进组织工作的改革创新，进一步提高组织工作科学化水平。

二、深刻认识和把握组织工作科学化的总体要求与主要任务

党的组织工作是一个多种要素有机构成的复杂系统，有其自身发展进步的规律。在新形势下推进组织工作科学化，要坚持以邓小平理论和“三个代表”重要思想为指导，深入贯彻落实科学发展观，继承和发扬组织工作的优良传统，全面推进组织工作思想观念、体制机制和方式方法的改革创新，使其更加符合组织工作的内在规律，符合执政党建设的科学规律。

一要形成科学的组织工作理论体系。这是组织工作科学化的前提和先导。没有科学的理论指导，组织工作就会偏离正确的方向。要以发展着的马克思主义特别是马克思主义党的建设学说为指导，总结提炼我们党组织工作的历史经验和创新实践，借鉴国外政党组织建设的先进经验，吸收现代科技文化知识和管理科学的最新优秀成果，不断丰富和发展党的干部工作理论、组织建设理论、人才工作理论，形成具有时代特点、中国特色的组织工作理论体系。

二要形成科学的组织工作价值目标。这是做好组织工作的本质要求。组织路线是为党的政治路线服务的，离开了党的中心工作，组织工作就失去了存在价值。要坚持围绕中心、服务大局，使组织工作的目标与党的建设的目标相一致，与中国特色社会主义事业的目标相一致，更好地为党和国家工作大局服务，为党员、干部和各类人才服务，为人民群众服务，让全党满意，让人民满意。

三要形成科学的组织工作布局。这是组织工作科学化的重要基础。要进一步理清组织部门及其内设机构的职能定位，明确职责边界，加强协调配合，优化资源配置，统筹推进领导班子建设、干部队伍建设、人才队伍建设、基层组织建设和党员队伍建设。要抓住牵动组织工作全局的关键环节和主要矛盾，合理摆布力量，更好地为科学发展选干部、配班子，建队伍、聚人才，抓基层、打基础。

四要形成科学的组织工作体制机制。这是组织工作科学化的重要保证。要按照科学规范、权责一致、运转高效、充满活力的要求，坚持和完善实践证明行之有效的制度，根据变化了的实际制定新的制度，不断健全组织工作制度体系。要把制度的稳定性和适应性结合起来，既善于立制，又勇于改制。要注意各种制度之间的衔接配套，增强制度的严密性、协调性、可操作性。

五要形成科学的组织工作方式方法。这是提高组织工作科学化水平的重要内容。要坚持辩证思维，加强统筹谋划，既继承和发展组织工作成功经验和方法，又学习借鉴信息网络、人力资源管理、统计调查、心理分析等新知识新手

段。要坚持实践第一、群众第一的观点，总结基层和群众的创造，积极探索科学管用的新办法，提高组织工作的效能。

六要形成科学的组织工作文化。这是推进组织工作科学化的精神支撑。要以公道正派为核心，培育科学的组工精神，强化以人为本、改革创新、民主公开、务实高效、清正廉洁的理念。要讲党性、重品行、作表率，努力打造模范部门和过硬队伍，树立组工干部可信、可靠、可敬、可亲的新形象。

三、以改革创新精神加快推进组织工作科学化

组织工作科学化是一项系统工程和长期任务，既要立足当前又要着眼长远，既要突出重点又要整体推进。当前和今后一个时期，要紧紧围绕服务科学发展和自身科学发展这两大课题，解放思想、实事求是，与时俱进、改革创新，把科学发展观的要求贯彻落实到组织工作的各个方面。

一要深入研究和把握组织工作规律。推进组织工作科学化，本质上是一个在组织工作领域认识规律、发现规律、运用规律的过程。这些年，我们对改革开放和发展市场经济条件下组织工作的认识不断深化，但对组织工作规律的把握远没有达到自觉的程度。比如，扩大干部工作民主取得了很大成绩，但对民主可能带来的负面效应准备不足，防范和解决拉票贿选等问题制度设计滞后。组织工作是一门实践的科学，探索组织工作规律，不能光坐在机关大楼里闭门思考。要把总结历史经验和研究现实问题结合起来，既要从前人的实践中获得启示，更要从新的实践中获得真知。要多到基层调查研究，多到改革发展稳定第一线总结经验，多向实际工作者和干部群众请教，不断加深对组织工作的理性认识。

二要加强对组织工作的战略谋划。“善弈者谋势，不善弈者谋子”。组织工作要争取主动、克服被动，必须开阔眼界、开阔思路、开阔胸襟，加强对全局性、战略性问题的研究和谋划，使组织工作的总体部署、工作思路、政策法规保持前瞻性、预见性。比如，对干部队伍建设，既要考虑到领导班子换届和调整的近期需要，又要考虑到党和国家事业长远发展需要；对人才队伍建设，既要大力培养和引进当前经济社会发展急需的紧缺人才，又要着眼未来经济结构调整、科技发展和社会进步对人才的需求。党的十七大以来，我们按照中央要求，研究制定领导班子和干部队伍建设、干部人事制度改革、国家人才发展、党内基层民主建设等方面的规划或纲要，部署实施大学生村官计划、后备干部“百千万工程”、引进海外高层次人才“千人计划”等。这些工作既具有现实紧迫性，又具有长远战略意义，一定要下气力精心谋划，抓好落实。

三要着力破解组织工作实际难题。推进组织工作科学化，必须直面矛盾、破解难题。现在，影响和制约组织工作科学发展的难题不少，我们要以改革的精神、创新的办法寻求破解之策，不能回避现实矛盾、绕开实际难题走。为了落实十七大提出的提高选人用人公信度任务，从去年开始，我们探索建立了组织工作满意度民意调查制度，为解决组织工作特别是干部工作中的突出问题提供了有力杠杆。针对换届选举中拉票之风蔓延问题，我们严肃查处典型案件。这次全国后备干部考察，专门下发了治理拉票行为的通知，明确界定拉票行为和具体惩处办法，事先教育，全程监督，有效遏制了拉票歪风。组织工作中的许多矛盾具有根本性和周期性，一些深层次问题短期内难以根除，新的矛盾和问题还会不断产生。我们要始终以积极进取的态度，努力解决工作中的难题。

四要改革和完善组织工作体制机制。制度建设水平是组织工作科学化程度高低的重要标志。推进组织工作科学化，必须把创新体制机制摆在重要位置。要围绕实践发展的紧迫需要，抓住重点领域和关键环节，完善干部选拔任用和管理监督、基层党建工作、人才工作体制机

制，以及组织部门内部运行机制。创新体制机制，涉及权力和利益的调整，难度很大。要善于抓住机遇，顺势而为。去年以来，我们以开展深入学习实践科学发展观活动为契机，建立了促进科学发展的领导班子和领导干部综合考核评价机制“一个意见、三个办法”；抓住实施引进海外高层次人才“千人计划”的有利时机，协调有关部门出台了“一个意见、八个办法”，在形成与国际接轨的人才发展体制机制上迈出重大步伐。实践是制度创新的源泉，要注意把基层的好经验好办法用制度的形式巩固下来。去年推广的村党支部书记队伍建设“一定三有”经验，最近推广的党领导的村级民主自治机制“四议两公开”经验等，都来自基层的创造。

五要不断创新组织工作的手段和方法。随着时代发展和任务的变化，创新组织工作手段方法的要求越来越紧迫。特别是信息技术的迅猛发展，对组织工作既带来机遇又带来挑战。能否运用网络、手机、远程教育等现代科技手段，创新工作平台，拓展工作领域，直接关系到组织工作的效率和影响力。比如，如何利用和引导网络舆论就是一个现实挑战。现在中国的网络舆论有两个特点：一是爆炸式地扩散信息，往往难辨真假；二是极端化地放大民意，容易混淆是非。对网上组工舆情特别是干部舆情，要加强监测分析，去伪存真，扶正防偏。组织部门和组工干部都要学网用网，使网络成为组织工作新的推动力量。

组织工作科学化内涵丰富，涉及问题很多。推进组织工作科学化是一个长期的探索过程，不可能一蹴而就。我这里讲的只是一些初步认识。希望广大理论工作者和实际工作者加强对这个问题的研究，为推进组织工作科学化作出积极贡献。

（作者：中共中央政治局委员、中央书记处书记、中央组织部部长）

新中国哲学社会科学60年的成就与启示

陈奎元

新中国的哲学社会科学走过了60年不平凡的发展历程。回顾60年来取得的成就和经验，我们对前辈们满怀崇敬之情。在新的历史阶段，哲学社会科学工作者重任在肩，要继往开来，按照党中央的要求，努力担负起认识世界、传承文明、创新理论、咨政育人、服务社会的职责，创造哲学社会科学繁荣发展的新局面。

新中国开辟了哲学社会科学发展的新纪元

60年前新中国的诞生，是中国人民革命的伟大胜利，也是社会主义和民族解放的具有世界历史意义的伟大胜利。新中国的60年，是中国历史上改天换地的60年。中国共产党领导人民同心同德地进行社会主义革命和建设，建立起崭新的社会主义基本制度，迅速改变了旧中国一穷二白的面貌；实行改革开放，建设中国特色社会主义，人民生活总体上达到小康水平。伴随新中国前进的历史脚步，中国的哲学社会科学也进入了新纪元。

新中国成立之初，全国人民意气风发，百业俱兴。以毛泽东同志为核心的党的第一代中央领导集体高度重视发展哲学社会科学，倡导“让哲学从哲学家的课堂上和书本里解放出来，变为群众手里的尖锐武器”。1956年，党和国家组织制定包括哲学社会科学在内的12年

(1956—1967 年)科学发展远景规划。同年，毛泽东同志提出“百花齐放、百家争鸣”的方针，极大鼓舞和激发了科技界、文艺界以及其他各界广大学术工作者的积极性。郭沫若、范文澜、翦伯赞、艾思奇、李达、何其芳、孙冶方等老一辈马克思主义学术大家，对创建新中国哲学社会科学作出了杰出的贡献。这一时期开辟了中国哲学社会科学前所未有的繁荣兴旺的新局面。

20 世纪 50 年代后期，党内在指导思想上发生失误，“以阶级斗争为纲”的思想逐渐发展并占据主导地位，导致“文化大革命”那一场浩劫。我国哲学社会科学首当其冲，总体上陷于停滞甚至出现某些倒退。这场严重的失误和劫难，不但打断了新中国哲学社会科学波澜壮阔的发展进程，也在很大程度上损害了马克思主义的威信，损害了人们对于社会主义、共产主义的信仰，这个恶果是尤其严重的。

党的十一届三中全会开启了建设中国特色社会主义的新时期。党中央大力倡导解放思想，恢复并重新确立了党的思想路线，我国哲学社会科学进入繁荣发展的新阶段。以邓小平同志为核心的党的第二代中央领导集体，把科学和教育提到战略高度。邓小平同志强调“科学当然包括社会科学”，他还具体地提出政治学、法学、社会学以及世界政治的研究要赶快补课。1977 年，党中央作出了成立中国社会科学院的决策。1983 年，全国哲学社会科学规划领导小组成立。1986 年国家社会科学基金正式设立。以江泽民同志为核心的党的第三代中央领导集体提出科教兴国的战略。江泽民同志指出，哲学社会科学与自然科学“四个同等重要”，“我们必须始终重视哲学社会科学，加快发展哲学社会科学”。党的十六大以来，以胡锦涛同志为总书记的党中央提出并全面贯彻落实科学发展观，赋予哲学社会科学新的定位和使命。2004 年，党中央颁布《中共中央关于进一步繁荣发展哲学社会科学的意见》，组织实施马克思主义理论研究和建设工程。党的十七大提出，要鼓励哲学社会科学界为党和人民事业发挥思想库作用。

60 年来，新中国的哲学社会科学事业同党和国家的大局同步，取得了不平凡的业绩。主要体现在以下方面：

队伍日益壮大。新中国初期，党和政府创办的首批社会科学研究机构只有近代史、考古、语言、社会四个研究所。1955 年，中国科学院设立哲学社会科学部，相继成立了哲学、文学、历史、经济、法学、考古、语言等 15 个研究所。1977 年，成立中国社会科学院。此后，全国各省市自治区也都建立了地方社会科学院，形成了高等院校、社会科学院、党政部门所属研究机构、党校行政学院、军队院校五大哲学社会科学研究和教学系统。现在从事哲学社会科学教研工作的人员近 40 万人，其中有高级职称的人员 10 多万人，专职研究人员 3 万多人。

学科体系不断健全。新中国成立不久，党和国家即将哲学社会科学学科体系、教材体系和研究体系的建设提上日程。改革开放以后，党中央为适应形势发展的需要，不断加大对哲学社会科学研究和教学体系的投入，建设起一批有较高的理论水准和创新能力的基础学科、应用学科以及立足学术前沿的新兴学科和交叉学科。到目前为止，共有 20 个一级学科、400 多个二级学科。马克思主义原理、历史学、考古学、哲学、文学、语言学、经济学、法学、社会学、人口学、民族学与人类学、宗教学、政治学、新闻学、军事学、教育学、艺术学和国际问题研究等等学科构成了门类齐全、布局合理的学科体系。

学术研究硕果累累。党中央设置专门机构，翻译出版马克思主义经典作家的著作，这是党的思想理论建设、新中国哲学社会科学建设中的重大基础工程。20 世纪 60 年代初，为改变此前以苏联教科书为教材的状况，组织编写和出版了一批以马克思主义为指导、代表各学科最高研究水平的教材，如《辩证唯物主义历史唯物主义》、《政治经济学》(资本主义部分)以及《形式逻辑》、《文学的基本原理》和《美学概论》等；整理、出版了大批中国传统文化典籍；翻译出版了许多外国理论、文史、艺术著作。改革开放以后，又推出一大批重要科研成果和著作，如《甲骨文合集》、《殷周金文集成》、《中国历史地图集》、《中国通史》、《中国史稿》(22卷本)、《现代汉语词典》、《中国大百科全书》、《中国经济改革开放30年研究丛书》、《中华大藏经》等等。这些成果异彩纷呈，显现出我国哲学社会科学繁荣发展的景象。

服务党和国家大局的能力不断增强。广大哲学社会科学工作者积极投身党和国家的理论创新和制度创新。新中国初期，他们围绕国家的经济建设、社会政治制度建设，对农业合作化、商品经济、价值规律、人民民主专政制度和社会主义改造等重大现实问题进行深入研究，在理论和实践上作出了重要贡献。党的十一届三中全会召开前夕，哲学社会科学界踊跃参加关于真理标准问题的研究和讨论，积极参与全党恢复并重新确立解放思想、实事求是的思想路线的工作。改革开放以来，党中央不断强调解放思想、实事求是、与时俱进，社会科学研究与应用显示出强大的影响力。在社会主义初级阶段理论、社会主义市场经济理论、依法治国方略、社会主义先进文化等关系中国特色社会主义事业全局的重大理论观点和方针政策方面，都可以看到来自社会科学界的贡献。党的十六大以来，哲学社会科学界深入贯彻落实科学发展观，为推动科学发展，促进社会和谐，实现中国现代化建设的新目标作出了不懈的努力。

对外学术交流逐步扩大。新中国建立初期，由于多种因素的制约，我国哲学社会科学难以全方位开展对外交流。在新的历史时期，国际环境发生重大变化，我国将对外开放确定为基本国策，社会科学的各领域也对世界敞开了大门。我国学术机构对外学术交流遍及世界大多数的国家和地区，在国际学术舞台上的话语权和影响力不断增强。

总之，60年来，我国的哲学社会科学由小到大，由弱到强，在党和人民的伟大事业中发挥了不可替代的作用。

认真总结和学习60年来我国哲学社会科学发展的主要经验

60年来，我国哲学社会科学走过了不同寻常的发展道路，取得了丰硕的成果。中国特色社会主义理论体系的形成和发展，表明中国在社会科学领域升起了自己的旗帜。我国的哲学社会科学事业显现出根深叶茂的繁荣景象，同时积累了非常可贵的经验。

坚持以马克思主义的立场观点方法为指导，推进哲学社会科学理论创新。马克思主义是一个完整的科学体系，它不仅为我们提供了社会主义、共产主义的理论和理想，也为哲学社会科学研究提供了科学的世界观和方法论。党中央一贯主张坚持马克思主义基本原理与中国实际相结合，不断推进马克思主义中国化。胡锦涛同志指出："坚持以马克思主义为指导，决不是教条式地搬用，或者脱离实际地从马克思主义一般原理去作抽象推论，或者用它的个别结论去代替具体的科学研究，而是要深刻领会它的精神实质，善于运用它的立场、观点、方法去指导具体的社会科学研究及其学科建设。"中国的哲学社会科学要走自己的路，必须以马克思主义为指南，反对各种教条主义和经验主义，以中国特色社会主义的实践要求，以我们正在进行的事业为中心，进行理论研究与创新。

全面贯彻"百花齐放、百家争鸣"的方针。"双百"方针是促进艺术发展和科学进步的指南。实践证明，要促进社会科学的发展繁荣，必须鼓励科研人员大胆探索和创新，允许不同观点、不同学派进行讨论和争鸣，提倡充分说理的批评与反批评，尊重差异，包容多样。社会科学的理论研究与党和国家的大局息息相关，学术研究要坚持"二为"方向和"双百"方针的统一，必须自觉地维护而不是干扰安定团结的大局，必须坚持而不是反对四项基本原则。贯彻"双百"方针，归根到底是为科技文化的进步创造良好的环境和氛围，鼓励支持科研人员在实践的基础上参与理论创新，探索新领域，创立新学说，以社会科学的发展繁荣促进国家的兴旺发达。

发扬理论联系实际的马克思主义优良学风。我们党在历史上形成的理论联系实际的优良学风，熏陶和培育了一代又一代的哲学社会科学工作者。哲学社会科学研究的对象是人类社会以及人与自然的关系，不能闭门造车，必须深入实际，联系群众，作群众利益的代言人。如果脱离党和人民的伟大实践，凭一点书本材料和便利的工具去构筑自以为是的"理论体系"，或者改头换面，变相抄袭，人云亦云，这样的所谓"研究"是没有任何价值的。胡锦涛同志指出："理论研究只有同社会发展的要求、丰富多彩的生活和人民群众的实践紧密结合起来，才能具有强大生命力和影响力，才能实现自身的社会价值。"这是对哲学社会科学工作的根本要求，也为广大社科工作者的自身建设指明了方向。

吸收借鉴古今中外优秀的思想理论成果。继承中国优秀的传统文化，学习借鉴国外优秀的文明成果，要有正确的态度和方法。对于中国古代和外国的东西，不加分析地一概排斥或一切照搬都不是科学的态度。近些年来，理论学术界破除迷信、解放思想，积极进行理论创新，取得了很大成绩，但也有值得关注的倾向：一种倾向是对某种传统文化不加批判地全盘接受，例如把在封建社会具有独尊地位的儒家学派变成宗教，把儒家伦理思想奉为代替社会主义、共产主义的价值观念；另一种倾向是对西方思想理论照抄照搬，甚至企图把西方主流意识形态的理论体系和社会政治制度全盘照搬到中国来。这两种倾向都要不得。对于中国古代和当代世界理论文化的学习和借鉴，要在马克思主义的指导下进行，要坚持"古为今用、推陈出新"，"取其精华、去其糟粕"的方针，要为创新和发展我们自己的理论服务。

加强和改进党对哲学社会科学工作的领导。中国共产党是哲学社会科学繁荣发展的核心领导力量和坚强的政治保证。在西强我弱的世界格局中，在敌对势力不停顿地对我国实行西化、分化的背景下，在国内日新月异的改革进程中，只有牢牢坚持党在思想上、政治上的正确领导，哲学社会科学事业才能健康发展。削弱党的思想领导，放任指导思想多元化，就会产生思想混乱，甚至导致严重的社会动乱。60年来的事实证明：如果没有党的正确领导，就没有哲学社会科学全面发展繁荣的局面。对哲学社会科学加强领导，不是要压制学术民主和独立思维，而是要在加强政治意识和组织领导的同时，支持思想解放，自主创新。全党上下尊重知识、尊重人才、尊重哲学社会科学发展规律，全面贯彻"双百"方针，才能有力地推进改革创新，形成哲学社会科学大发展大繁荣的局面。

当代中国哲学社会科学工作者任重而道远

当今世界和中国都在发生巨大而深刻的变化。由美国次贷危机引发的国际金融危机冲垮了单极世界的罗网，促进世界多极化正在成为全人类的现实选择。面对深刻急剧的变化，社会科学工作者应当重温列宁的一段话。他在20世纪初讲道：形势变化"极其剧烈的震动，这就自然而然地、不可避免地要产生'重新估计一切价值'，重新研究各种基本问题，重新注意理论"。眼下正是哲学社会科学工作者冷静观察世界、重新审视各种理论的时机。我国哲学社会科学界应当乘此时机进一步破除迷信、解放思想，开创自主创新的新局面。

坚持以马克思主义基本原理为指导，继续推进马克思主义中国化。当前国际经济、政治形势的变化表明，历史并不青睐单极世界。在苏联解体、东欧剧变以后，喧嚣一时的"新自由主义"、"民主社会主义"、"普世价值"等当代资本主义的理论和政治主张并不是"终极"真理，更不能作为中国意识形态和改革发展的取向。60年来中国的强盛与进步，30年来改革发展的成就，不是西化的成果，而是中国化马克思主义的胜利。中国特色社会主义理论体系是马克思主义中国化的最新成果，是具有时代特征的马克思主义发展的新境界。在当代中国，高举中国特色社会主义伟大旗帜，就是高举马克思主义的旗帜。这是根本的立场，也是不可动摇的方向。

坚持“实践第一”的观点，以研究重大现实问题为主攻方向。服务于中国特色社会主义发展大局，立足国情，立足当代，以研究重大现实问题为主攻方向，是哲学社会科学的根本任务，也是繁荣发展哲学社会科学的根本途径。哲学社会科学工作者要认真总结改革发展中的成就与问题，实事求是地分析现实生活中的矛盾，深切理解人民群众关注的焦点。当前的国际金融危机是对古典的和当代的各种经济、社会理论的一次大检验，也是对当代各种社会制度的一次大检验。深入研究这场危机的性质和原因，可以更加透彻地认识当代资本主义制度的本质，进一步树立只有社会主义才能救中国和发展中国的信念，从而更加自觉地把握怎样建设社会主义的问题，为发展中国特色社会主义事业、造福中国人民作出有效的努力。

解放思想，自主创新，创建具有中国特色、中国风格、中国气派的哲学社会科学。党中央提出大力推进学科体系、学术观点、科研方法创新，建立中国特色、中国风格、中国气派的哲学社会科学。要实现这样的目标，必须以中国化马克思主义为指导，以中华民族优秀传统文化为根基，吸收世界文明的先进成果，在新的实践基础上进行新的创造。中国的哲学社会科学要自立于世界文化之林，就必须有自己的根基、自己的灵魂和自己的风格，而不是自暴自弃，甘做他人的附庸。哲学社会科学的学术成果应当体现鲜明的时代精神和厚重的民族精神，与中国国情相结合，与党的基本理论、基本路线、基本纲领、基本经验相结合，牢固地树立自己的核心价值和话语体系。必须以研究和解决中国实际问题为中心，着眼于对实际问题的理论思考，着眼于新的实践和新的发展，独立自主地推进哲学社会科学创新体系建设。

放眼世界，自信自强，积极跻身国际哲学社会科学的行列。哲学社会科学的研究能力和成果是综合国力的重要组成部分，反映出一个民族的价值观念的分量、思维成熟的程度和对人类社会探索的广度深度。我国的哲学社会科学与其他国家相比较，有强项也有弱项，既不应盲目自大，也不应妄自菲薄。我们的宝贵财富是拥有五千年的优秀文化传统和马克思列宁主义、毛泽东思想、中国特色社会主义理论体系，在世界文明史和21世纪的发展进程中独树一帜。我们不拒绝接受世界各国的文明成果，也决不贬低自己的信仰、决不鄙薄中华民族的精神境界和革命前辈开创的社会主义事业。中国的哲学社会科学研究要参与世界范围内的百家争鸣，善于在同各种学派的对话交流中取长补短，提升我国在世界上的影响力，增强在国际学术中的话语权，真正使中国哲学社会科学走向世界。

出人才，出成果，建立高素质的哲学社会科学队伍。60年来，一代接一代的学者殚精竭虑，构建起了中国社会科学的殿堂，历史将永远铭记他们的功绩。在新的历史时期，党中央提出要建设一支宏大的哲学社会科学队伍，造就一批用马克思主义武装起来、学贯中西、具有广泛影响的思想家理论家；造就一批理论功底扎实、勇于开拓创新的学科带头人；造就一批年富力强、政治和业务素质良好、锐意进取的青年理论骨干，这是一项十分艰巨的任务，也是中国社会科学前景光明之所在。广大哲学社会科学工作者面对历史机遇，理应自强素质，加强对马克思主义特别是中国特色社会主义理论体系的学习，在增强实践能力上下功夫，在实践中经风雨、见世面、长才干，与人民群众同呼吸、共命运，关心人民群众疾苦，做人民群众的代言人。当今时代，是应该产生也能够产生重大理论成果的时代。要努力营造产生学术领军人物和学术大师的良好环境，形成人才辈出的繁荣局面。

抚今追昔，我们为新中国60年的辉煌成就

而感到骄傲。毛泽东同志在新中国成立初期就曾豪迈地宣告:“中国人被人认为不文明的时代已经过去了,我们将以一个具有高度文化的民族出现于世界。”60 年来,这个豪言壮语正在一步步变成现实。广大哲学社会科学工作者应当认清使命,抓住机遇,发奋进取,为哲学社会科学繁荣发展,为中国特色社会主义事业的健康发展作出新的更大贡献!

(作者:全国政协副主席、中国社会科学院院长)

长期执政条件下加强党的建设的宝贵经验

虞云耀

在举国同庆新中国成立 60 年之际,回顾总结党的建设的历程和经验,深化对长期执政条件下党的建设的规律性认识,对于在新的历史起点上进一步推进党的建设新的伟大工程,团结带领全国各族人民继续推进中国特色社会主义伟大事业,实现中华民族伟大复兴,具有重要意义。

一、制定和贯彻正确的政治路线,紧密联系政治路线建设党,是长期执政条件下党的建设的根本。抓住了这项根本性建设,党就会赢得人民的支持和拥护,国家的发展就会沿着正确的方向前进

新中国成立 60 年来,我们党高度重视政治建设,为制定和贯彻正确的政治路线作出了不懈努力,也在艰辛探索中付出过沉重代价。建国初期,在认真贯彻党的七届二中全会路线的基础上,党制定了过渡时期的总路线,提出要在一个相当长的时期内,逐步实现国家的社会主义工业化,并逐步实现国家对农业、手工业和资本主义工商业的社会主义改造。这条总路线成为团结和动员全国人民建设社会主义新中国的纲领。在这条正确路线的指引下,国民经济迅速恢复和发展,社会主义改造顺利完成,初步建立了社会主义基本制度,为国家的进步和发展奠定了基础。党的八大科学分析国内主要矛盾,制定了尽快把我国从落后的农业国变为先进的工业国的路线和一系列方针政策,积极探索符合中国国情的社会主义建设道路。但八大后不久,由于国际国内形势的变化和我们党主观认识上出现偏差,八大的正确路线没有一以贯之地坚持下去,在“大跃进”和人民公社化运动等问题上犯了一系列错误,阶级斗争扩大化、绝对化,直至发生后来“文化大革命”那样全局性的错误,给党、国家和人民带来了一场灾难。

改革开放之后,我们党深刻总结经验教训,制定并坚持了“以经济建设为中心,坚持四项基本原则,坚持改革开放”为主要内容的党在社会主义初级阶段的基本路线。在这条正确路线的指引下,党在完成指导思想上拨乱反正的基础上,提出了“建设有中国特色社会主义”的目标和任务,带领全国人民克服各种困难,战胜各种风险,抵制来自“左”的和右的干扰,全面推进改革开放和现代化建设,13 亿中国人民大踏步赶上了时代潮流,稳定地走上了奔向富裕安康的广阔道路。实践充分证明:党的政治路线正确,是党和人民之福;党的政治路线错误,是党和人民之祸。

紧紧围绕制定和贯彻正确的政治路线加强党的建设,是马克思主义执政党最要紧的事。60 年的实践给我们以深刻的启示。第一,正确认识和判断世情、国情、党情,准确把握时代特征和国家发展大势，这是制定和贯彻正确政治路线的前提。第二，正确认识和把握中国社会的基本矛盾和主要矛盾，坚持以经济建设为中心，充分体现我国社会发展进步的要求和广大人民群众的期待，这是制定和贯彻正确政治路线的核心。第三，坚持以中国化的马克思主义为指导，科学运用党的理论创新的最新成果，这是制定和贯彻正确政治路线的灵魂。第四，善于识别和抵制各种错误思潮，不为任何风险所惧，不被任何干扰所惑，这是制定和贯彻正确政治路线的关键。第五，把党的建设伟大工程与党领导的伟大事业紧密结合起来，以党的自身建设的正确，来保障党能够制定和贯彻符合国情和人民愿望的政治路线。

二、注重党的思想理论建设，坚持党的指导思想与时俱进，是长期执政条件下党的建设的首要任务。不断推进理论创新，用马克思主义中国化的最新成果武装全党，党和国家事业的发展就有了坚强的理论支撑和强大的精神动力

着重从思想上建党，是中国共产党建设的显著特点和政治优势。建国初期，以毛泽东为主要代表的中国共产党人，提出了马克思主义要与中国实际"第二次结合"的思想，积极探索适合中国特点的社会主义建设道路，在理论上不断作出新的总结和概括。毛泽东的《论十大关系》、《关于正确处理人民内部矛盾的问题》等著作，党的八大政治报告等文献，进一步丰富和发展了毛泽东思想。

党的十一届三中全会以来，我们党深刻总结正反两方面的经验教训，彻底否定"文化大革命"的错误理论和实践，开创改革开放伟大事业，开辟中国特色社会主义道路，极大地推进了马克思主义中国化的历史进程。在建设中国特色社会主义的实践中，不断加深对什么是社会主义、怎样建设社会主义和建设什么样的党、怎样建设党的认识，先后形成了邓小平理论、"三个代表"重要思想、科学发展观等重大战略思想，构成了中国特色社会主义理论体系。中国特色社会主义理论体系，凝结了几代中国共产党人带领人民不懈探索实践的智慧和心血，成为党最可宝贵的政治和精神财富，成为全国各族人民团结奋斗的共同思想基础。

改革开放以来，我们党坚持用马克思主义中国化的最新成果武装全党、教育人民。先后开展的整党、"讲学习、讲政治、讲正气"集中教育活动、"三个代表"重要思想学习教育活动、保持共产党员先进性教育活动，以及目前正在全党开展的深入学习实践科学发展观活动，都极大地统一了全党的思想，凝聚了全党的力量。

加强党的思想理论建设，我们党积累了丰富而宝贵的经验。第一，把马克思主义的基本原理同中国的具体实际相结合，不断推进马克思主义的中国化，使党始终走在时代前列，保持和发展先进性，永葆生机和活力。第二，坚持党的思想路线，一切从实际出发，理论联系实际，实事求是，在实践中检验真理和发展真理。第三，巩固马克思主义指导地位，建设社会主义核心价值体系，用中国特色社会主义共同理想凝聚力量，筑牢全党全国人民团结奋斗的共同思想基础。第四，把经常性的理论学习培训和集中教育活动相结合，大力弘扬理论联系实际的马克思主义学风，创造性地开展工作。第五，把坚持马克思主义基本原理同继承中华民族的优秀文化传统、学习借鉴人类社会创造的一切文明成果紧密结合起来，在理论上不断扩展新视野、作出新概括、开辟新境界。

三、建设高素质的领导班子和干部队伍，培养造就大批善于治党治国治军的优秀领导人才，是长期执政条件下党的建设的关键。建设一支德才兼备、能够担当重任、经得起风浪考验的干部队伍，巩固党的执政地位、实现党的执政使命，就有了可靠的组织保证

正确的政治路线确定之后，干部就是决定的因素。建国初期，党中央提出了全面培训各级干部的任务，通过举办扫盲班、文化补习班、选调部队干部上大学等多种措施，推动全党学文化、学知识、学技术，着力提高党员干部的文化知识水平。同时开办马列学院，培养党的理论和思想政治工作干部。1956 年，党的八大着重提出了执政党建设问题，强调对干部的教育管理和监督。1962 年中央对干部队伍建设和党的基层组织工作作出了全面部署。

改革开放之后，我们党确立并坚持了正确的组织路线，制定干部队伍"四化"方针，坚持德才兼备的用人原则。通过平反冤假错案、废除领导干部职务终身制、实行新老干部的合作与交替、大力培养选拔年轻干部等措施，为改革开放和社会主义现代化建设提供了坚强的组织保证。通过推进干部人事制度改革，下放干部管理权限，实行干部分类管理，建立国家公务员制度，制定并贯彻《干部任用条例》，积极扩大干部工作中的民主，建立有利于推动科学发展的干部考核评价体系等，逐步形成了管理严格、充满活力的有中国特色的干部人事制度。全面实施党政干部人才、企业经营管理人才、专业技术人才三支队伍建设一起抓的人才战略，为中国特色社会主义事业提供了人才支撑。

60 年来加强领导班子和干部队伍建设的丰富实践，给了我们许多启示。第一，以正确的组织路线来保证正确的思想路线和政治路线的实现，把各级领导班子建设成为忠诚于马克思主义、坚定地走中国特色社会主义道路的坚强领导集体。第二，以提高思想政治素质为核心，全面提高领导干部的综合素质，提高科学执政、民主执政、依法执政的意识和能力。第三，坚持立党为公、执政为民这一本质要求，切实解决好为人民掌好权、用好权的问题，保证各级领导班子和干部队伍始终不渝地坚持党的根本宗旨。第四，坚持和完善民主集中制，健全集体领导和个人分工负责相结合的制度，充分发扬党内民主，维护党的团结统一。第五，不断深化干部人事制度改革，坚持党管干部原则，改进党管干部方法，扩大干部工作民主，坚持正确用人导向，提高选人用人公信度。

四、不断加强和改进党的基层组织建设，是长期执政条件下党的建设的基础工程。几百万个党的基层组织具有活力，几千万名共产党员发挥先锋模范作用，党的全部工作和战斗力就有了稳固的基础

重视党的基层组织建设，是我们党的组织优势和优良传统。新中国成立初期，为巩固政权和发展经济的需要，党贯彻公开建党的方针，不断扩大党的队伍。与此同时，从 1951 年到 1954 年，开展了建国后的第一次整党，加强了基层党组织建设。60 年代初，中央制定了农村、工业企业、商业企业三个党的组织工作条例，推进党的基层组织建设制度化、规范化。1962 年 10 月，中央组织部有重点地整顿党的基层组织，有计划、有步骤地对所有党员进行重新登记，强调充分发挥基层党组织和党员的作用。

改革开放以后，基层党组织建设出现了许多新情况、新问题。中央制定了新形势下党的基层组织建设的指导方针，全面推进农村、企业、街道社区和机关、学校、新经济组织新社会组织的基层党组织建设。各地在实践中积极探索基层党组织的组织形式、活动方式、工作内容、职能作用等，积累了新鲜经验。截至 2008 年底，党的基层组织已经从建国初的 25 万个增加到 371.8 万个。党员总数已由建国初的约 580 万名增加到7593.1万名。我们党按照"坚持标准、保证质量、改善结构、慎重发展"的方针，开展发展党员工作，大批生产一线工人、农民、知识分子、军人、大学生以及新社会阶层中的先进分子被吸收到党内来，党员队伍的素质、结构和分布更加适应新形势新任务的要求。

60 年来加强和改进党的基层组织建设的经验主要有：第一，党的基层组织建设必须紧紧围绕贯彻党的基本路线来开展，为党的中心任务服务。第二，优化组织设置，扩大组织覆盖，创新活动方式，充分发挥基层党组织推动发展、服务群众、凝聚人心、促进和谐的作用。第三，拓宽党员服务群众渠道，构建党员联系和服务群众工作体系，健全让党员经常受教育、永葆先进性的长效机制。第四，尊重党员主体地位，保障党员民主权利，加强对党员的教育、管理、监督和服务，充分发挥党员的先锋模范作用。第五，突出重点，分类指导，整体推进，建立健全加强基层组织建设的领导体制和工作机制，形成在党委统一领导下，各有关部门通力合作、齐抓共管的工作格局。

五、以密切党同人民群众的血肉联系为重点加强作风建设，是长期执政条件下党的建设的重大课题。有了好的党风，就有了凝聚党心民心、战胜各种困难和风险的巨大力量

我们党的最大政治优势是密切联系群众，党执政后的最大危险是脱离群众。建国初期，1950 年 5 月，党中央发出指示，在全党范围进行大规模的整风运动，克服官僚主义、居功自傲情绪和“革命到头”思想。1951 年开始整党，着重解决党内思想不纯和组织不纯等问题。1956 年，党的八大明确要求克服主观主义、官僚主义、宗派主义的思想作风，提高全党的马克思主义思想水平。

改革开放以后，我们党充分认识加强党的作风建设的极端重要性。党的十一届三中全会决定重建中央纪律检查委员会。党的十三届六中全会通过《关于加强党同人民群众联系的决定》。党的十五届六中全会作出《关于加强和改进党的作风建设的决定》，提出“八个坚持、八个反对”的作风建设的新任务。党的十六大以来，以胡锦涛同志为总书记的党中央大力倡导弘扬优良传统作风，并带头树立为民、务实、清廉作风，提出“立党为公、执政为民”，“权为民所用、情为民所系、利为民所谋”的新要求。

建国 60 年来，我们党在加强党的作风建设方面积累了宝贵经验。第一，党的作风建设既是一项长期而艰巨的任务，又是一项现实而紧迫的工作，要把总体要求和阶段性目标结合起来，集中解决党的思想作风、学风、工作作风、领导作风和干部生活作风方面的突出问题。第二，紧紧抓住保持党同人民群众的血肉联系这个重点来加强作风建设，不断改进群众工作方式，坚持全心全意为人民服务。第三，党的领导机关和领导干部要带头改进作风，坚持讲党性、重品行、作表率。第四，坚持一靠教育、二靠制度，严格要求、严格教育、严格管理、严格监督，从源头上预防和治理各种不良作风。第五，既要继承和发扬党的优良传统，又要努力培育符合时代要求的新的作风，积极探索党的作风建设的新路子。

六、加强以民主集中制为核心的党的制度建设，是长期执政条件下党的建设的重要组成部分。党内政治生活实现制度化规范化科学化，党的先进性和战斗力，党的团结统一和创新活力，就有了长久的保障

总结党的建设的历史经验，可以得出一个重要结论：制度建设更带有根本性、全局性、稳定性和长期性。

党在全国执政后，把民主集中制确立为党和国家的根本制度。党的七届四中全会后，中央采取一系列措施，加强党的民主集中制和集体领导。党的八大还对保障党员民主权利、实行党代表大会常任制、加强党的团结统一等，作出了明确规定。但由于民主集中制没有制度化、法制化，因此，对“文化大革命”的发生不能从制度层面上加以遏止。

改革开放以来，党的制度建设取得了重大进展。1980 年 2 月，党的十一届五中全会讨论通过《关于党内政治生活的若干准则》。同年 8 月，邓小平发表著名的《党和国家领导制度的改革》的重要讲话。党的十三大把发展党内民主、加强民主集中制建设同政治体制改革相联系。党的十四届四中全会作出关于加强党的建设几个重大问题的决定，把坚持和健全民主集中制摆在突出位置。党的十五届六中全会关于加强和改进党的作风建设的决定，党的十六届四中全会关于加强党的执政能力建设的决定，都对加强制度建设提出了新要求新任务。《中国共产党地方委员会工作条例（试行）》、《中国共产党党组工作条例》、《中国共产党党员权利保障条例》、《中国共产党党内监督条例（试行）》等的制定和修改，党内选举制度、干部人事制度、党的各级代表大会代表任期制和党的地方各级全委会、常委会工作机制的改革与完善，以及党代表大会常任制在一些县（市、区）的试行，使党的制度建设取得了实质性进展，较好地体现了思想教育与制度约束的统一、党规党法与国家法制的统一、根本制度与具体制度的统一。

建国60年来，我们党在加强制度建设方面的经验主要有：第一，加强党的制度建设是贯彻党要管党、从严治党方针的重要途径和根本保证。第二，党章是党内各项制度建设的根本依据，是党的建设的总章程。要把学习党章、遵守党章、贯彻党章、维护党章的权威性，作为党的制度建设的总要求。第三，党的制度建设必须以坚持和完善民主集中制为重点。第四，高度重视制度的科学性、系统性和可操作性，既要制定实体性制度，也要健全程序性制度，逐步形成科学、健全、有效的制度体系。第五，实现党内制度建设和社会主义法制建设的有机统一和协调推进。

七、坚决惩治和有效预防腐败，大力加强反腐倡廉建设，是长期执政条件下党的建设的重大政治任务。旗帜鲜明地反对腐败，直接关系人心所向和党的执政地位的巩固

党在全国范围内执政后，对消极腐败现象的危害性，始终保持清醒的认识，并采取正确的方针和有力的措施，同腐败分子作坚决斗争。建国初期，果断处理刘青山、张子善贪污案，在全党全社会引起极大震动，有效遏制了腐败现象滋长的势头。上个世纪五六十年代开展的整党整风、“三反”运动、农村“四清”运动中，惩治了一批危害人民的腐败分子。

改革开放以后，我们党坚持一手抓改革开放，一手抓惩治腐败，“两手抓、两手都要硬”。领导干部廉洁自律、查处大案要案、纠正部门和行业不正之风，成效明显。制定和实施了《中国共产党纪律处分条例》、《中国共产党党员领导干部廉洁从政若干准则》、《关于实行党风廉政建设责任制的规定》等一批党内重要法规。特别是2005年中央颁布《建立健全教育、制度、监督并重的惩治和预防腐败体系实施纲要》，标志着反腐倡廉工作进入了新的发展阶段。

60年来，党在反腐倡廉实践中形成的宝贵经验，主要有：第一，紧紧围绕发展这个党执政兴国的第一要务来开展反腐倡廉建设，把这项工作始终放在全局中谋划和部署。第二，坚持标本兼治、综合治理、惩防并举、注重预防的方针，构建惩治和预防腐败体系，拓展从源头上防止腐败的工作领域。第三，以对权力运行的制约和监督为重点，建立健全结构合理、配置科学、程序严密、制约有效的权力运行机制，保证人民赋予的权力始终用来为人民谋利益。第四，着力推进改革和制度建设，提高反腐倡廉的法制化水平。切实加强社会监督，正确引导舆论监督，形成党内监督与党外监督的合力。第五，实行党委统一领导，党政齐抓共管、纪委组织协调，部门各负其责、依靠群众支持和参与的领导体制和工作机制，建立健全党风廉政建设责任制。

回顾和总结长期执政条件下党的建设的经验，可以得出以下认识：

——把握一个中心。解决中国的问题，根本在发展；共产党执政，关键在领导好发展。扭住经济建设这个中心不放松，不断解放和发展社会生产力，实现经济社会又好又快发展，使中国人民走上富裕安康的广阔道路，这是共产党执政的根本目的，也是我们党取得长期执政资格的根本保证。在新的历史条件下，加强和改

进党的建设，就要使党的工作和党的建设更加符合科学发展观的要求，为科学发展提供可靠的政治和组织保障。

——贯穿执政能力建设和先进性建设主线。党的执政能力建设和先进性建设紧密联系、相互促进，内在地统一在党的建设新的伟大工程和中国特色社会主义伟大事业中。以执政能力建设和先进性建设为主线，就是要将其贯穿于党的建设的各个方面、各个环节，通过加强思想建设、组织建设、作风建设、制度建设、反腐倡廉建设来提高党的领导水平和执政能力，使我们党始终成为中国特色社会主义事业的坚强领导核心。

——坚持党要管党、从严治党方针。治国必先治党，治党务必从严。要把党要管党、从严治党的方针贯彻到党的建设的各项工作中去，严格按党章办事，按党的制度和规定办事；对党员特别是领导干部严格要求、严格管理、严格监督；在党内生活中讲党性、讲原则，开展积极的思想斗争，弘扬正气，反对歪风；严格按照党章规定的标准发展党员，严肃处置不合格党员；严格执行党的纪律，坚持在纪律面前人人平等。

——围绕建设马克思主义执政党目标。在新的历史起点上把党建设成为立党为公、执政为民，求真务实、改革创新，艰苦奋斗、清正廉洁，富有活力、团结和谐的马克思主义执政党。要以坚定理想信念为重点加强思想建设，以造就高素质党员、干部队伍为重点加强组织建设，以保持党同人民群众的血肉联系为重点加强作风建设，以健全民主集中制为重点加强制度建设，以完善惩治和预防腐败体系为重点加强反腐倡廉建设，全面推进党的建设新的伟大工程。

——发扬改革创新精神。以改革创新精神加强党的建设，要以改革创新的精神状态、思维方式、思想作风、工作方法和良好氛围，大力推进理论创新、实践创新和制度创新。正确处理党的建设改革创新与经济、政治、文化、社会领域改革创新的关系，使党的建设和全部工作始终符合时代要求和人民期待。

（作者：全国党建研究会会长）

六十年文化建设成就辉煌

蔡　武

新中国成立 60 年来，在党的领导下，我国的文化事业在探索中前行，在改革中发展。前 30 年是建立社会主义制度，探索社会主义文化事业发展道路的 30 年，历经艰辛和曲折，为后 30 年的发展奠定了基础，积累了经验教训。后 30 年，深入推进改革，实现全面开放，找到了一条中国特色社会主义文化发展的道路。经过 60 年特别是改革开放 30 年的实践与发展，各项文化建设成就斐然，我国文化建设进入了历史上最好的发展时期之一。

文艺创作日益繁荣，精品佳作不断涌现

各级文化部门不断加强对艺术创作的扶持和引导，组织中国艺术节、中国戏剧节等活动，开展文华奖、群星奖评奖，实施国家舞台艺术精品工程和国家重大题材美术创作工程，为艺术创造搭建展示舞台，营造良好环境。其中，“文华奖”自 1991 年设立以来，先后有 96 个剧目获“文华大奖”，329 台剧目获“新剧目奖”。国家

舞台艺术精品工程共推出50台精品剧目，100多台优秀剧目。国家重大题材美术创作工程推出了104件优秀美术作品。广大艺术工作者积极响应时代的呼唤，以昂扬的斗志、创新的精神投入艺术创作活动，创作出音乐舞蹈史诗《东方红》、小说《青春万岁》、电影《上甘岭》、话剧《茶馆》、舞剧《丝路花雨》、歌剧《原野》、京剧《曹操与杨修》、油画《父亲》等精品佳作，文艺百花园姹紫嫣红，异彩纷呈。为配合香港、澳门回归、举办奥运会、国庆等重大活动，各种文艺活动丰富多彩，营造了氛围，凝聚了人心。昆曲、京剧等艺术的专项振兴规划相继实施，传统艺术焕发了新姿。“文化下乡”、“高雅艺术进校园”等活动持续不断，活跃了基层群众的文化生活，提高了青少年的艺术修养。2002年至2008年，全国各级艺术院团在农村演出场次达202万场、观众人数超过32.5亿人次。文艺批评深入开展，艺术学科研究硕果累累。自1983年以来，共有850余项艺术学科研究课题获得国家社会科学基金及文化部资助，《中华艺术通史》等理论研究成果完善了艺术学科体系。

公共文化服务体系建设不断加强，人民基本文化权益得到进一步维护

随着工作理念的不断深化，社会文化工作逐步从“唱唱跳跳”的一般性活动组织向公共文化服务体系建设转变。公共文化设施建设力度加大，覆盖城乡的公共文化服务网络初步形成。截至2008年底，全国共有公共图书馆2819个，文化馆(含群艺馆) 3217个，文化站37938个，村(社区)文化室247332个，公共博物馆1893座。创建文化先进县活动、全国万里边疆文化长廊建设工程、知识工程、“蒲公英”计划、全国文化信息资源共享工程、送书下乡工程、流动舞台车工程等文化工程相继实施，扩大了公共文化服务的覆盖面。各类公益性文化单位不断创新公共文化服务方式和手段，提高服务质量和水平。2004年以来，我国各级各类国有博物馆、纪念馆、美术馆、有条件的爱国主义教育基地等逐步实行优惠或者免费开放。2008年，全国文化、文物系统博物馆、纪念馆开始向社会免费开放，到年底，全国已有1007个博物馆、纪念馆陆续向社会免费开放，观众人数突破1.54亿人次。老年人、未成年人等特殊群体的文化需求得到重视。城乡群众文化活动多姿多彩，广场文化、社区文化、企业文化、校园文化、军营文化日益繁荣。国家大力扶持少数民族文化建设，在文化设施建设、文艺人才培养、对外文化交流、文物保护等方面对少数民族地区实行优先政策，积极开展对口支援，产生了良好的效果。

文化市场繁荣有序，文化产业蓬勃发展

伴随着改革开放的步伐和社会主义市场经济体制的确立，文化市场不断壮大，文化产业蓬勃发展。由娱乐、演出、音像、电影、书报刊、网络文化、艺术品等市场组成的统一、开放、竞争、有序的文化市场体系逐渐形成。以综合行政执法、社会监督、行业自律、技术监控为主要内容的文化市场监管体系初步建立。许可证制度、备案制度、文化经营活动审批制度、进口文化产品内容审核制度相结合的文化市场准入机制不断完善。文化执法队伍建设得到加强，扫黄打非、专项市场治理整顿等执法活动深入开展，有力地促进了文化市场的繁荣有序。在国家有关政策的推动下，传统文化产业重新焕发生机，动漫、网络游戏等新兴文化产业快速发展，逐渐形成了由娱乐业、演出业、音像业、网络文化业、文化旅游业、文物和艺术品业等构成的文化产业体系。国有文化单位整体实力和竞争力不断增强，民营文化企业不断壮大，以公有制为主体、多种所有制共同发展的文化产业格局初步形成。一批具有较强实力、竞争力、影响力和自主创新能力的文化产业骨干企业迅速成长，文化产业规模化、集约化、专业化水平不断提高。文化部先后命名4个国家级文化产业示范园区和137个国家文化产业示范基地。文化产业促进

经济增长、满足人民多样化精神文化需求的作用进一步凸显。近几年，全国文化产业增长速度在17%以上，比同期GDP增速高6到8个百分点。今年7月国务院常务会议原则通过《文化产业振兴规划》，为文化产业发展提供了新的契机。

文化遗产保护成效显著，优秀传统文化得到弘扬

随着时代的发展和观念的进步，文化遗产保护领域逐渐拓宽，保护体系日臻完善。普查建档工作深入开展，收集了大量资料。第三次文物普查共调查登记不可移动文物40多万处，其中新发现的达25万多处。1979年，文化部等部门共同开展“中国民族民间文艺十部集成志书”编纂工作，共收集资料多达100亿字，目前已经出版298卷450册4.5亿字。全国非物质文化遗产普查工作于2005年6月启动，目前各省（区、市）普查工作已基本完成。国家、省、地市、县四级遗产保护名录体系逐渐形成，国务院先后公布6批2351处全国重点文物保护单位，两批1028项国家级非物质文化遗产名录项目，109座历史名城，251个历史文化名镇、名村。布达拉宫等历史建筑的保护和修缮成效显著，三峡水库等国家重点工程的考古工作深入开展。长城等大遗址保护稳步实施，工业遗产、乡土建筑的保护逐渐提到工作议程。打击文物盗掘和走私活动的国际交流与合作进一步加强，流失海外文物追索工作成效明显。非物质文化遗产项目代表性传承人命名活动广泛开展，闽南、徽州、热贡和羌族文化生态保护实验区相继设立，促进了文化遗产的传承和文化生态的保护。世界文化遗产申报和保护取得突破，我国拥有长城等世界文化遗产38处，居世界第三，昆曲等4个项目被列入“人类口头和非物质遗产代表作”名录。国务院自2006年起设立“文化遗产日”，全社会文化遗产保护意识不断增强。“中华再造善本工程”、“中华古籍保护计划”顺利实施，已经影印出版宋元时期的中华古籍善本758种8990册，颁布两批6870部《国家珍贵古籍名录》及113家全国古籍重点保护单位，典籍保护得到加强。

对外及对港澳台文化交流活动有声有色，中华文化的影响力不断提升

我国同世界上160多个国家和地区保持着良好的文化交流关系，与145个国家签订政府间文化合作协定和近800个年度文化交流执行计划，逐步形成了全方位、多层次、宽领域、多渠道的对外文化交流新格局。“中法文化年”、“中俄国家年”、“中日文化体育交流年”等大型交流活动广泛深入，极大提升了中华文化的国际影响力，文化外交日益成为我国对外战略中继经济、政治外交之后的第三大支柱。对外文化交流渠道日益拓展，逐步形成了政府主导、社会参与、多种方式运作的活动机制。全国各地已与120个国家建立了1500对友好省州和友好城市关系，与148个国家的458个民间团体和组织建立友好合作关系。近几年，对外文化交流项目的年均总数与人次均超过改革开放前30年的总和。“春节”、“相约北京”等文化交流品牌影响广泛。海外文化阵地建设不断加强，目前已在82个国家设立96个使领馆文化处（组），建成海外中国文化中心7个、孔子学院140多所。中国国际广播电台、中央电视台国际频道在海外传播能力显著增强。中国文化产品和服务“走出去”初见成效，许多文化产品和服务走出国门，市场份额不断增加。双边、多边、地区间和国际间的文化合作深入开展，我国在国际规则制定过程中的作用充分发挥。对港澳台地区的文化交流积极活跃，“艺海流金”、“中华文化精品港澳行”、“两岸文化联谊行”等文化活动增进了港澳台同胞对中华文化的了解与认同。

文化体制改革不断深化，文化生产力得到进一步解放

文化系统广大干部职工不断解放思想，积

极推进文化体制改革。一批经营性文化事业单位完成转企改制，进一步完善了法人治理结构，建立了现代企业制度。据不完全统计，有40个省级、147个地市级、240个县级演出公司、展览公司、电影公司、音像公司、影剧院等文化单位完成改制。国有演出院团改革取得实质性进展。按照“成熟一个转一个”的要求，完成了一批国有演出院团的转企改制。在77家国有演出院团完成转企改制的基础上，中宣部、文化部下发《关于深化国有文艺演出院团改革的若干意见》，明确将转企改制作为院团改革的中心环节，国有演出院团转企改制步伐进一步加快，又有42家国有文艺演出院团拟于年底前完成转企改制工作。一些地区将国有演出院团转企改制与院团资源重组相结合，完善了院团的布局结构。一批国有院团积极推进内部管理机制的转换，在项目策划、剧目制作、市场推广、品牌运作等方面创造了有益经验。公益性文化事业单位的内部改革不断深化，普遍实行岗位责任制、全员聘用制、效益工资制等激励和约束机制，激发了干部职工的积极性，促进了服务方式的创新和服务能力的提高。文化市场综合执法改革成效显著。截至今年3月，第一批确定的9个试点地区基本完成综合执法改革试点工作，新增的89个试点地区中，19个地区已组建综合执法机构，文化市场管理中长期存在的职能交叉、多头执法等问题初步得到解决。政企分开、政事分开、管办分离等工作积极推进，文化管理体制逐步理顺，管理方式、管理手段不断创新，政府职能正在由过去的“办文化”为主向“管文化”为主转变，由“管微观”向“管宏观”转变，由主要面向直属单位向面向全社会转变。

总结新中国文化建设的基本经验，我们深切地感到：必须始终坚持党对文化工作的领导，始终坚持中国先进文化的前进方向，高举中国特色社会主义伟大旗帜

党对文化建设的领导是在长期革命与建设的实践中形成的，是人民和历史的选择。60年文化建设的实践经验表明，中国共产党代表了中国先进文化的前进方向，要将社会主义文化建设推向前进，确保先进文化的前进方向，必须坚持党对文化工作的领导，在这个原则问题上决不能有丝毫动摇。当前，在经济体制深刻变革、社会结构深刻变动、利益格局深刻调整、思想观念深刻变化的背景下，要不断探索，改善和加强党对文化工作的领导。要高举中国特色社会主义伟大旗帜，坚持以中国化的马克思主义指导文化建设，坚持用科学发展观统领文化建设，着力建设社会主义核心价值体系。要坚定不移地贯彻“二为”方向和“双百”方针，正确处理好尊重差异、包容多样与坚持主导、发展主流的关系。

必须坚持解放思想、实事求是、与时俱进，更加自觉更加主动地推动文化大发展大繁荣

解放思想、实事求是、与时俱进，是马克思主义活的灵魂，是中国共产党在革命、建设和改革实践中形成的思想路线的概括。十一届三中全会以来，党和国家工作重心实现了“以阶级斗争为纲”到“以经济建设为中心”的历史性转折，文化战线挣脱“两个凡是”的枷锁，解放思想，焕发出了前所未有的生机与活力。十六大以来，在科学发展观的指导下，我们党在探索中国特色社会主义文化发展规律中，在文化的作用与地位、文化发展的目标、文化发展方向、文化发展的动力、文化发展思路、文化发展格局、文化发展的领导力量和依靠力量、文化发展战略等方面形成了新的文化发展理念，充分体现了我们党新的文化自觉，为文化领域推进改革创新奠定了思想基础。

必须坚持深化改革，扩大开放，为文化事业发展提供强大的动力

改革是文化事业发展的根本出路。当前，我国文化发展的环境和条件发生了深刻变化，计划体制下形成的文化体制机制严重制约和束缚着文化生产力的发展。因此，必须坚持深化改革，进一步解放和发展文化生产力。扩大对外开放，是经济全球化趋势发展的客观要求，是实现我国社会主义现代化的必要条件。当前，世界正在发生深刻的变化。随着全球化进程的加快，特别是我国加入 WTO 以后，世界各种文化思潮、价值观念相互激荡。一方面，对于我国充分利用两个市场两种资源、扩大在国际社会中的影响力、提高中国的话语权带来机遇。另一方面，也对我国能否处理好民族化与国际化、“走出去”与“守得住”、“走出去”与“引进来”的关系提出严峻挑战。只有坚定不移地扩大对外开放，主动积极地参与国际交流，并在交流、交锋中学习、借鉴、批判、扬弃，才能抓住机遇，战胜挑战，才能不断增强中华文化的影响力、感染力和亲和力，让中华文化自立于世界文化之林。

必须充分认识文化的地位和作用，不断增强文化自觉，努力把握和遵循文化发展规律

中国特色社会主义，必须是政治、经济、文化、社会协调发展的社会。没有文化的大发展大繁荣，不是全面发展的社会；没有文化的大发展大繁荣，经济社会的发展缺乏智力和道德的支撑，是缺乏生命力的不可持续的发展。只有把文化建设纳入经济社会发展的全局，把它摆到更加突出的地位，使其与经济建设、政治建设、社会建设整体推进、共同发展，才能提高我国的综合国力和竞争实力，促进社会的和谐发展。文化生产是一项极其复杂的创造性劳动，有着自身的规律。必须不断探索文化发展和艺术生产的规律，遵循这些规律组织艺术生产，尽量减少行政干预。要正确处理好社会效益和经济效益的关系，努力寻求文化艺术规律与市场规律的辩证统一。

必须坚持以人为本，满足人民群众日益增长的精神文化需求，保障公民的基本文化权益，不断激发全社会的创造活力

文化建设的主体是人民群众，文化工作的目的是为了人民群众，文化建设的依靠力量是人民群众。因此，开展文化建设，要坚持以人为本。要把满足人民群众日益增长的精神文化需求、保障公民的基本文化权益、促进人的全面发展作为根本目的和一切工作的出发点和落脚点。要切实尊重人民群众在文化建设中的主体地位，坚持贴近实际、贴近生活、贴近群众，以人民群众满意不满意作为衡量、检验、评价文化建设成效的根本尺度，充分发挥人民群众参与文化建设的积极性、主动性和创造性。要坚持尊重知识、尊重劳动、尊重创造，保护作家、艺术家创作的积极性和主动性，努力营造宽松的环境，使他们的创作激情充分涌流。要在坚持正确导向的前提下，鼓励不同风格和不同流派的创造，包容艺术探索中的不成熟甚至失败。要实行学术民主、艺术民主，学会在包容多样中确立主导，在尊重差异中求得和谐。

（作者：文化部党组书记、部长）

新中国外交在党的领导下不断胜利前进

杨洁篪

新中国成立 60 年来，面对国际风云变幻，我们坚持奉行独立自主的和平外交政策，坚决维护国家主权、安全、发展利益，努力推进世界和平与发展事业，外交工作取得举世瞩目的成就，积累了弥足珍贵的经验。

一

经过 60 年的不懈努力，中国同世界各国的友好合作全面发展，建交国已由新中国成立初期的 18 个增加到现在的 171 个，外部环境总体上更加有利，国际地位大幅提高，新中国作为一个繁荣进步的社会主义大国以前所未有的雄姿巍然屹立在世界东方。

(一)与各大国关系不断发展。中美关系走过了一条由对立、隔绝到对话合作的道路。1972 年我们适时邀请美国总统尼克松访华，打开了中美关系的大门。1979 年中美关系实现正常化，从此两国关系在曲折中保持了总体发展势头。2009 年 4 月双方确立建设 21 世纪积极合作全面的中美关系，两国关系发展进入新的阶段。中苏关系经历了从结盟到对峙、从缓和到关系正常化的不同寻常的历程。苏联解体后，中苏关系实现向中俄关系的平稳过渡，此后中俄建立起战略协作伙伴关系，并在高水平上持续健康稳定发展。我们始终从战略高度和长远角度看待和发展中欧关系。1964 年中法建交，开启了新中国与西方大国建交的大门。2003 年中欧建立全面战略伙伴关系，双方间的对话合作不断扩大。我们本着“以史为鉴、面向未来”的精神，致力于同日本发展世代友好关系。1972 年中日实现邦交正常化，各领域合作不断发展。近年来，双方领导人通过“破冰”、“融冰”、“迎春”、“暖春”之旅，建立和发展中日战略互惠关系。近年来，我国同新兴大国之间的互利合作不断深化，在国际事务中的协调与配合日益增强。

(二)与周边国家睦邻友好合作持续深化。我们一贯奉行睦邻友好政策，坚持与邻为善、以邻为伴，同周边国家全面建立起友好合作关系。坚持“平等协商、互谅互让”、“搁置争议、共同开发”等原则，与绝大多数邻国解决了边界问题。倡议成立上海合作组织，积极参加东盟与中国(10＋1)、东盟与中、日、韩(10＋3)、东亚峰会等合作机制，推动并引导区域合作进程。发挥独特的建设性作用，致力于周边热点问题的政治解决，有效维护了周边地区和平与稳定。

(三)同发展中国家传统友好关系更加巩固。我们始终把加强同广大发展中国家的团结合作作为对外政策的基本立足点。1955 年，我国为万隆会议的顺利召开作出了重要贡献，促进了亚非国家的团结合作。2006 年，我国成功主办中非合作论坛北京峰会，大力推进中非新型战略伙伴关系。同阿拉伯国家建立了面向和平和可持续发展的新型伙伴关系。同拉美国家建立了平等互利、共同发展的全面合作伙伴关系。同广大发展中国家政治上相互支持，在经贸、能源、科技、文化等领域的合作不断深化，在国际和地区事务中的协调不断加强。

(四)多边外交成为更加重要的国际舞台。1971 年，第 26 届联大通过决议恢复新中国在联合国的合法席位。此后，我国在联合国各专门机构的合法席位陆续得到恢复。2001 年，我国加入世界贸易组织。迄今为止，我国共参加了 130 多个政府间国际组织，缔结了 300 多项多边条约，累计派出参加联合国维和官兵和警察 14500 多人次。我国在多边国际舞台上特别是在解决重大国际和地区热点问题进程中发挥着越来越重要的作用。我国积极参与反恐、防扩散和应对气候变化、金融危机、能源安全等领域的国际多边合作，展示负责任大国形象，维护我国利益。

(五)经济外交取得丰硕成果。坚持以政促经，为服务国内经济社会发展做了大量卓有成效的工作。积极贯彻中央充分利用“两个市场”、“两种资源”的方针，推动对外经贸合作和“走出去”、“引进来”战略的实施。大力开展能源资源外交，促成一大批关系国计民生的重大合作项目。积极参与应对金融危机的国际合作，全力为国内保增长服务，并为推动世界经济复苏、推进国际金融体系改革、维护发展中国家的正当权益作出了重要贡献。

(六)大力开拓公共、人文外交。把增进人民之间的了解与友谊作为外交工作的重要内容,通过开展丰富多彩的公共、人文外交活动,为发展国家间关系打下坚实的民意基础。迄今为止,我们已与世界上123个国家结成1586对省、市友好关系。2008年北京奥运会既是体育文化盛会,也是规模空前的人文外交盛典,扩大了我国的影响,增进了中国人民与世界人民的相互了解和友谊。

(七)坚决维护国家主权和安全。这是贯穿60年新中国外交的一条主线。建国初期,为了打破帝国主义的孤立和封锁,新中国外交把巩固来之不易的民族独立作为中心任务,进行了不屈不挠、卓有成效的斗争。我们长期同"台独"、"藏独"、"东突"等分裂和敌对势力进行坚决斗争,为维护国家统一、安全和社会稳定作出了应有的贡献。坚持以人为本,高度重视海外利益保护和领事保护,切实维护我国海外公民和法人的合法权益。

(八)香港、澳门顺利回归祖国。根据邓小平"一国两制"科学构想,我国政府分别与英国和葡萄牙政府就中国对香港、澳门恢复行使主权签署联合声明,并于1997年、1999年实现香港、澳门顺利回归祖国,洗雪了百年民族耻辱。支持香港、澳门按照基本法开展对外交往与合作,坚决反对外部势力干预香港、澳门事务,维护港澳地区的繁荣与稳定。

二

60年的辉煌成就是党中央的坚强领导、英明决策和精心指挥的结果。以毛泽东为核心的党的第一代中央领导集体奉行独立自主的外交方针,实行和平外交政策,积极倡导和平共处五项原则,我国在激烈动荡的国际环境中站稳了脚跟,为社会主义革命和建设赢得有利的国际条件,为改革开放和更加积极地参与国际事务打下了基础。以邓小平为核心的党的第二代中央领导集体作出和平与发展是当今世界两大主题的科学论断,坚持奉行独立自主的和平外交政策,明确把为国内现代化建设争取一个较长时期的国际和平环境和良好的周边环境作为外交工作的目标和任务,进一步开创了外交工作新局面。以江泽民同志为核心的党的第三代中央领导集体牢牢把握世界多极化和经济全球化等发展趋势,倡导积极参与国际交流与合作,建立起全方位、多层次的外交格局。党的十六大以来,以胡锦涛同志为总书记的党中央高举和平、发展、合作旗帜,提出走和平发展道路、奉行互利共赢的开放战略、推动建设持久和平、共同繁荣的和谐世界等重大战略思想,我国的全方位外交不断取得新进展。

在60年的创造性实践中,我们经历了艰辛探索,积累了宝贵经验,概括起来就是"八个坚持"。

(一)坚持党对外交工作的集中统一领导。这是中国外交的鲜明特色,也是中国外交能够不断从胜利走向新的胜利的根本保障。党中央历来高度重视外交工作,高瞻远瞩,运筹帷幄,指引外交工作战胜各种艰难险阻,在国际上立于不败之地。外交事业越发展,越要坚持党对外交工作的集中统一领导,越要坚持以毛泽东思想、邓小平理论和"三个代表"重要思想为指导,深入贯彻落实科学发展观,越要把思想认识统一到中央对国际形势的判断上来,统一到中央提出的战略思想和方针政策上来,统一到中央确定的各项部署上来。

(二)坚持不断丰富和发展中国特色外交理论体系。60年来,我们党始终站在时代发展的前沿,坚持用马克思主义的世界观和方法论观察世界、认识世界,推进外交理念、实践和体制机制创新,逐步形成了中国特色外交理论体系。这是马克思主义中国化在外交领域的生动体现,是做好外交工作的强大思想武器,是引领我们不断前进的号角和指南。当今世界,新情况新问题新挑战层出不穷,更加需要坚持解放思想、实事求是、与时俱进,不断丰富和发展中国特色外交理论体系。

（三）坚持统筹国内国际两个大局。外交工作是党和国家工作全局中的一个重要方面，始终肩负着为党和国家中心任务创造良好外部环境的重任。当前，外交工作涉及面更宽、服务对象更多，需要协调的事务更广。我们要把统筹兼顾作为做好新形势下外交工作的根本方法，始终围绕党和国家中心任务开展外交工作，统筹好国内国际两个大局，统筹好双边和多边外交，统筹好区域外交和领域外交，统筹好中国人民的根本利益和世界人民的共同利益。

（四）坚持充实和完善全方位外交布局。60年来，我国外交工作的内涵日益丰富，外延不断拓展，工作对象趋于多元化。大国、周边、发展中国家和多边外交都是我国总体外交布局不可或缺的组成部分，近年来领域外交的分量也越来越重。随着综合国力进一步增强，我国将更多更深入地参与国际上各领域的外交活动，并在其中发挥更加重要的作用。要加强战略谋划和立体思维、立体操作，不断充实和完善我国全方位外交布局。

（五）坚持维护国家的主权、安全和发展利益。维护国家主权、安全和发展利益是现代国家生存和发展的根本条件，是执政党的重要使命，是外交工作的出发点和落脚点。60年来，我们党高度珍惜并坚定不移地维护中国人民经过长期奋斗得来的独立自主权利，坚决反对外部势力干涉我国内部事务。我国在涉及国家主权、安全、发展等核心利益的重大问题上始终坚持原则，旗帜鲜明，敢于斗争，善于斗争，同时，讲究策略灵活务实，坚持有理、有利、有节，维护我国的长远和根本利益。

（六）坚持外交为民。新中国外交是人民的外交，始终坚持为广大人民群众的根本利益服务，得到人民的大力支持。随着我国与外部世界关系发生历史性变化、外交工作与人民群众的联系更加紧密，人民群众对外交工作的关注日益上升。我们要始终把促进国内发展、改善民生放在外交工作的重要位置。要针对我国对外交往不断扩大的现实，大力加强海外利益保护机制和能力建设，更好地维护海外公民和法人的合法权益。要不断推进和深化公共外交，进一步增进国内公众对外交工作的理解和支持。

（七）坚持立足于我国国情和国际力量对比的现实制定对外政策。处理外交事务，要准确把握我国国情和所处的国际地位，不做超出我国实际承受能力的事，同时，积极履行应尽的国际义务和责任。十七大报告指出，我国仍处于并将长期处于社会主义初级阶段的基本国情没有变，人民日益增长的物质文化需要同落后的社会生产之间的矛盾这一社会主要矛盾没有变。发展仍是当前中国的头等大事，外交必须服从和服务于这个总体战略。同时，我们要在力所能及的范围内，承担与我国国力和地位相适应的国际责任和义务，发挥我国独特的建设性作用。

（八）坚持不断加强党员干部队伍建设。外交工作政治性和政策性很强，需要一支政治坚定、业务娴熟、作风过硬、能够担当重任、经得起考验的党员干部队伍。建部60年来，历届外交部党委坚持用马列主义、毛泽东思想和中国特色社会主义理论体系武装外交队伍，牢固树立党和祖国利益高于一切的信念。坚持抓好组织建设，在外交部人员流动频繁、工作任务繁重的条件下，不断提升党组织的创造力、凝聚力、战斗力，不断增强基层组织的战斗堡垒作用。坚持抓好作风建设，积极引导广大党员爱岗敬业、勤奋工作，淡泊名利、甘于奉献。坚持从严治党的方针，推动我部党风廉政建设不断取得新进展。中国外交正处在大发展的历史时期，我们要大力加强外交队伍建设，特别是要加快培养年轻干部，为我国外交事业不断发展提供高素质人才保障。

（作者：外交部部长）

中国特色社会主义道路的艰辛探索和成功开创

——纪念中华人民共和国成立60周年

王伟光

今年是中华人民共和国成立60周年。新中国成立60年来的历史，就是在中国共产党领导下艰辛探索社会主义建设道路，成功地找到中国特色社会主义发展道路的伟大历程。中国共产党在60年的社会主义建设和改革历程中，把马克思主义基本原理同中国具体国情相结合，经过短暂的和平恢复时期、社会主义过渡和所有制改造时期，社会主义建设道路探索时期，一直到改革开放和中国特色社会主义发展时期，成功地走出了中国特色社会主义道路，丰富和推进了毛泽东思想，创立了中国特色社会主义理论体系，不断推进马克思主义中国化、时代化，开创了中国特色社会主义伟大事业。

中国特色社会主义道路是在以毛泽东同志为核心的第一代中央领导集体对社会主义建设规律探索的基础上，由以邓小平同志为核心的第二代中央领导集体在改革开放的伟大事业中带领全党全国各族人民所开创，以江泽民同志为核心的党的第三代中央领导集体和以胡锦涛同志为总书记的党中央所发展的唯一正确的道路。

一

毛泽东在对中国社会主义建设道路的理论与实践上的探索过程中，所积累的关于中国社会主义建设探索的历史经验，是中国特色社会主义道路的实践前提，所提出的关于中国社会主义建设规律的理论成果，是中国特色社会主义理论体系的理论准备。

正确地评价毛泽东领导中国人民建设社会主义的历史功绩，科学认识毛泽东对中国社会主义建设规律的正确认识，对于我们今天坚持马列主义、毛泽东思想和中国特色社会主义理论体系，坚持中国共产党的领导，坚持中国特色社会主义的方向和道路，具有十分重要的现实意义。

就历史功绩来说，毛泽东领导中国社会主义建设：一是成功领导了中国新民主主义革命和社会主义革命，完成了社会主义所有制的改造任务，建立了社会主义的经济、政治和文化制度，为社会主义建设和中国特色社会主义道路的开辟奠定了制度前提和政治基础。二是领导全党和全国人民对中国社会主义建设道路进行了艰苦卓绝的实践努力，在一穷二白的基础上建立了独立的比较完整的工业体系和国民经济体系，为中国特色社会主义建设和发展提供了必要的物质基础。三是对中国社会主义建设道路和模式进行了创新性的理论探索，为中国特色社会主义道路的开创，为中国特色社会主义理论体系的形成提供了理论前提和思想准备。这是一个方面。另一方面，毛泽东的失误为中国特色社会主义道路的形成和中国特色社会主义的发展提供了重要的历史经验教训。正如邓小平所指出的："没有'文化大革命'的教训，就不可能制定十一届三中全会以来的思想、政治、组织路线和一系列政策。"因此，对中华人民共和国成立后的前30年，一定要采取历史的、客观的、实事求是的科学态度，正确地评价毛泽东领导全党和全国人民进行社会主义建设艰辛探索的功与过。

在对社会主义建设道路的探索过程中，毛泽东对"什么是社会主义，怎样建设社会主义"这个历史性课题展开理论上的思索和实践上的尝试，为中国特色社会主义理论体系创立做了理论准备。

1. 率先提出“以苏为鉴”的方针，强调建设社会主义要走自己的路，开始探索适合中国国情的社会主义建设道路。从新中国成立到1956年生产资料所有制的社会主义改造完成，是毛泽东对社会主义的探索前期。在这个时期，中国如何搞社会主义，主要还是学习苏联的社会主义建设经验，照搬照抄苏联的建设模式。随着我国社会主义建设的深入，苏联模式逐渐暴露出其缺点和弊端，毛泽东开始认识到寻找适合中国国情的社会主义建设道路的迫切性。他明确指出：“最近苏联方面暴露了他们在建设社会主义过程中的一些缺点和错误，他们走过的弯路，你还想走？过去我们就是鉴于他们的经验教训，少走了一些弯路，现在当然更要引以为戒。”在1956年至1957年上半年党的八大前后的一年半时间里，对社会主义建设规律，毛泽东进行了卓有成效的研究思考，他率先提出“以苏为鉴”、不要机械照搬外国经验的方针。他在《论十大关系》中明确指出，中国要走自己的路，要探索一条适合中国国情的建设社会主义的道路。毛泽东关于走自己的路，找一条适合中国国情的社会主义建设道路的提法，是中国特色社会主义道路形成的历史和逻辑起点。中国革命、建设和改革发展的根本经验是，一定要把马克思主义的基本原理和中国具体实践相结合。这个根本观点构成了中国特色社会主义理论体系的思想路线基础和精髓。

2. 创造性地提出了社会主义社会基本矛盾、主要矛盾、人民内部矛盾和社会主义根本任务的理论。毛泽东第一次明确指出生产力和生产关系、经济基础和上层建筑的矛盾是社会主义社会的基本矛盾，认为这对矛盾是基本适应前提下的不适应，可以经过改革使社会主义制度不断完善。提出人民对于经济文化迅速发展的需要同当前经济文化不能满足人民需要的状况之间的矛盾是当时我国国内的主要矛盾，明确提出了发展生产力的社会主义根本任务。这些理论为形成社会主义建设正确路线和改革开放提供了重要的理论依据。

3. 在对中国国情的初步认识的基础上，形成了关于社会主义建设的正确路线，提出我国正处于不发达的社会主义阶段，对社会主义建设的阶段性、长期性和曲折性有了初步认识。毛泽东在读苏联《政治经济学教科书》时指出：“社会主义这个阶段，又可能分为两个阶段，第一阶段是不发达的社会主义，第二阶段是比较发达的社会主义”，认为我国正处在“不发达的社会主义阶段”。这一观点对社会主义初级阶段理论认识是有启发性的。

4. 提出建设现代工业、现代农业、现代科学技术和现代国防的社会主义强国的发展目标和中国工业化道路。毛泽东规划了我国社会主义“四个现代化”的建设目标，提出要把我国建设成现代化的社会主义强国、对人类做出较大贡献的思想观点。在工业化建设问题上，毛泽东强调不能照抄照搬外国经验，要正确处理农、轻、重三者关系，从中国国情出发，以农、轻、重为序，安排国民经济，走出一条中国特色的工农并举的工业化道路。

5. 提出了正确处理社会主义建设和发展问题的科学方法论。毛泽东要求我们必须学会用辩证的思想处理社会主义建设和发展问题，他生动形象地概括说，讲辩证法就是运用“要讲两点”的辩证思想来观察矛盾，分析矛盾，解决矛盾。在处理社会主义建设和发展的关系和矛盾时，在抓矛盾的主要方面时，也要抓好矛盾的非主要方面，处理好社会主义建设中重点和非重点的辩证关系。他在具体阐述社会主义经济社会发展的一系列重大关系中还提出了“两条腿走路”、“综合平衡”、“并举”的重要思想。

6. 提出了关于社会主义商品经济、经济体制改革和对外开放问题的理论创新认识。他认为，我国是一个商品很不发达的国家，看商品生产、看它与什么经济相联系，与资本主义相联系就出资本主义，与社会主义相联系就出社会主义。这些认识构成了社会主义市场经济理论的重要前提。在经济体制方面，他主张着重解决中央与地方分清经济管理权限的分权问题，提出要充分发挥中央和地方两个积极性。毛泽东主张对外开放，他说："一切民族、一切国家的长处都要学……但是，必须有分析有批判地学，不能盲目地学，不能一切照抄，机械搬用。"

7. 提出社会主义民主政治建设的基本原则。认为中国要坚持人民民主专政，实行人民代表大会制度、共产党领导的多党合作和政治协商制度。提出在国家政治生活中，要扩大民主，反对官僚主义，逐步健全法制，做到"有法可依，有法必依"。提出"造成一个又有集中又有民主，又有纪律又有自由，又有统一意志、又有个人心情舒畅、生动活泼，那样一种政治局面"的社会主义民主政治的总目标。

8. 提出社会主义文化教育建设的基本任务和方针。认为文化教育事业是社会主义建设的重要组成部分，必须高度重视用马克思主义、社会主义思想道德武装知识分子和人民群众。毛泽东提出必须坚持"百花齐放、百家争鸣"的方针，实行"古为今用"、"洋为中用"，继承和吸收我国过去和外国一切有益的文化科学知识。

9. 提出党的建设的一系列重要思想。坚持中国共产党是全国人民的领导核心，是领导社会主义事业的核心力量。强调党要密切联系群众，好好团结群众，团结一切可以团结的人。

10. 提出和制定了独立自主的和平外交政策。关于对外方针和政策，毛泽东指出：自力更生为主，争取外援为辅，破除迷信，独立自主地干工业、干农业、干技术革命和文化革命，打倒奴隶思想，埋葬教条主义，认真学习外国的好经验，也一定研究外国的坏经验——引以为戒，这就是我们的路线。他提出了和平共处五项基本原则，强调要发展同一切国家的友好关系，反对大国的霸权主义，维护世界和平，促进人类进步。

毛泽东关于中国社会主义建设道路探索的正确认识，是毛泽东思想的重要组成部分，是马克思主义中国化的不断推进，是我们党理论创新宝库的伟大精神财富，是中国特色社会主义理论体系形成的必要前提。

二

在中国特色社会主义建设道路的探索上，毛泽东与党的第二代、第三代中央领导集体是承前启后、继往开来的关系，毛泽东思想与中国特色社会主义理论体系是一脉相承、继承开拓的关系，中国社会主义建设道路的探索和中国特色社会主义道路的开创是不断推进、接续发展的关系。前者是后者的前提和准备，是后者的理论来源和实践基础；后者是对前者的继承、发展和创新。

关于"什么是社会主义，怎样建设社会主义"，这是正确解决中国社会主义建设道路的关键，也是开创中国特色社会主义新局面的关键，只有紧紧抓住这一首要的根本问题并加以解答，中国社会主义建设正确道路问题才能得到解决。邓小平总结我国和外国社会主义建设的经验教训，在继承毛泽东思想的基础上，第一次科学地系统地回答了"什么是社会主义，怎样建设社会主义"这个中国特色社会主义的首要的基本问题。他明确指出：贫穷不是社会主义，发展太慢也不是社会主义；平均主义不是社会主义，两极分化也不是社会主义；封闭不是社会主义，照搬外国也不是社会主义；没有民主就没有社会主义，没有法制也没有社会主义建设；不重视物质文明搞不好社会主义，不重视精神文明也搞不好社会主义；计划经济不等于社会主义，市场经济不等于资本主义，等等。在1992年南方谈话中，邓小平对社会主义本质作出了科学概括："社会主义的本质，是解放生产力，发展生产力，消灭剥削，消除两极分化，最终达到共同富裕。"在"怎样建设社会主义"的问题上，邓小平在党的十二大郑重提出："把马克思主义的普遍真理同我国的具体实际结合起来，走自己的道路，建设有中国特色的社会主义，这就是我们总结长期历史经验得出的基本结论。"

以邓小平为代表的中国共产党人在总结新中国成立以来特别是十一届三中全会以后的经

验基础上，在研究国际经验和世界形势的基础上，解放思想、实事求是，坚决摒弃“以阶级斗争为纲”的错误方针和路线，科学确定了时代主题，正确判断我国正处在社会主义初级阶段，制定了党在社会主义初级阶段的基本路线，提出了改革开放的一系列方针政策和策略，提出并制定了分“三步走”基本实现社会主义现代化的发展战略。从此，中国进入了经济社会快速发展轨道。改革从农村开始，迅速而有效地推进农村经济发展。农村改革的成功有力地推动了城市各个方面改革的步伐。以开放4个经济特区为新起点，接着开放14个沿海港口城市，进一步开辟长江三角洲、珠江三角洲、闽南三角地区和海南建省并建设经济开发区，经历了这三大步，形成多层次、有重点、点面结合的对外开放格局，我国现代化建设突飞猛进，财富积累急剧增加，国民经济发展上了一个新的台阶。

在解决了“什么是社会主义，怎样建设社会主义”问题的同时，中国特色社会主义又面临解决“建设一个什么样的执政党”这一重大问题。从十三届四中全会到党的十六大的14年间，以江泽民同志为核心的党中央集中全党智慧，在总结党成立以来80多年的历史经验和现实经验的基础上，按照邓小平“要聚精会神抓党的建设”的要求，以改革创新的精神集中力量抓党的建设，根据新情况新要求提出了党的建设新的伟大工程的重要决策，把党的建设新的伟大工程同中国特色社会主义建设伟大事业结合起来，相辅相成，互相促进，集中回答了“建设一个什么样的执政党，怎样建设执政党”的问题，创造性地提出了“三个代表”重要思想，继承和发展了马克思列宁主义、毛泽东思想，推进了中国特色社会主义理论体系的进一步创新，实现了党的指导思想的与时俱进。“三个代表”重要思想不仅回答了党的建设的重大问题，同时也进一步回答了“什么是社会主义，怎样建设社会主义”的问题。

以江泽民同志为核心的第三代党的中央领导集体高举邓小平理论伟大旗帜，团结和带领全党、全军和全国各族人民，从容应对一系列关系到我国主权和安全的国际突发事件，战胜政治、经济领域和自然界出现的困难和风险，经受住一次又一次考验，排除各种干扰保证了改革开放和现代化建设的航船始终沿着正确的方向破浪前进，积极推进社会主义市场经济体制改革，坚持和发展了党的基本理论、基本路线、基本纲领、基本经验，改革开放和现代化建设取得举世瞩目的新发展，把中国特色社会主义事业全面推向21世纪。

党的十六大以来，我国进入中国特色社会主义发展的新阶段，新世纪新阶段向我们党提出了“发展什么，怎样发展”的事关中国特色社会主义事业发展的重大问题。以胡锦涛同志为总书记的党中央，为实现全面建设小康社会的宏伟目标和社会主义现代化建设第三步战略目标，提出“坚持以人为本、全面协调可持续的科学发展观”，强调“按照统筹城乡发展、统筹区域发展、统筹经济社会发展、统筹人与自然和谐发展、统筹国内发展和对外开放的要求”，继续把中国特色社会主义推向前进。科学发展观，其实质就是在新的历史条件下，从全局和战略的高度进一步回答“发展什么，怎样发展”这个根本问题。全面落实科学发展观，就要提高全党按照科学发展观的要求领导发展的能力；把按照科学发展观推动发展作为党执政兴国的第一要务；把不断满足人民日益增长的物质文化需要作为发展的最终目的；在发展中着眼于促进人的全面发展，不断提高人们的思想道德素质、科学文化素质和健康素质；在发展中把推进经济建设同推进政治建设、文化建设统一起来，把发展社会主义市场经济同发展社会主义民主政治、建设社会主义先进文化、建设社会主义生态文明和构建社会主义和谐社会统一起来；在经济发展中实现速度与结构、质量与效益的有机结合，走出一条科技含量高、经济效益好、资源消耗低、环境污染少、人力资源得到充分发挥的新型工业化道路；在发展中正确处理改革发展稳定的关系，把改革的力度、发展的速度和社会可承受的程度统一起来；在发展中进一步利用好国际国内两个市场、两种资源，以开放促改革促发展。科学发展观，是我们继承和发展党的三代中央领导集体关于发展的一系列重要思想，从新世纪新阶段党和国家事业发展全局出发提出的重大战略思想，反映了我们党对发展问题的新认识，是中国特色社会主义理论体系的重要组成部分。

在中国特色社会主义的31年伟大发展历程中，我们党依次回答了三大问题：什么是社会主义，怎样建设社会主义；建设什么样的党，怎样建设党；实现什么样的发展，怎样发展。坚持和发展了马克思主义，推进了马克思主义中国化的不断创新。以邓小平同志为核心的党的第二代中央领导集体创造性地回答了“什么是社会主义，怎样建设社会主义”，创立了邓小平理论，这是中国特色社会主义理论体系的开篇。以江泽民同志为核心的党的第三代中央领导集体在进一步回答了“什么是社会主义，怎样建设社会主义”的同时，创造性地回答了“建设什么样的党，怎样建设党”的问题，创立了“三个代表”重要思想，这是中国特色社会主义理论体系与时俱进的新成就。十六大以来，以胡锦涛同志为总书记的党中央在继续深入回答前两个问题的基础上，创造性地回答了“实现什么样的发展，怎样发展”，提出了科学发展观等重大战略思想，这是中国特色社会主义理论体系的最新成果。这些与毛泽东思想一同，都是中华人民共和国60年建设和发展的伟大精神财富和思想指南。

三

60年来，我们党领导人民开创的中国特色社会主义事业在理论上和实践上都具有重大的意义。我们走的是一条通过开放，推进社会主义自我完善和发展的正确之路，是一条走向富强、民主、文明，走向现代化，实现全体人民共同富裕的成功之路。中国特色社会主义道路之所以能够在曲折的探索中成功开辟和健康发展，归根到底，关键在于中国共产党人能够在新的历史条件下实现马克思主义基本原理同中国具体实际相结合，始终坚持“一切从实际出发，走自己的道路，建设有中国特色社会主义”。

中华人民共和国成立以来的60年，就是马克思列宁主义基本原理同中国社会主义革命、建设和改革的具体实际不断结合的60年。中国发展的成功，是坚持走中国特色社会主义道路的结果。正是因为开辟了中国特色社会主义道路，中国人民的面貌、社会主义中国的面貌、中国共产党的面貌发生了历史性变化。中国特色社会主义的巨大成就引起国际社会普遍关注，中国特色社会主义发展道路也被看做一种全新的发展模式而为世界所瞩目。正如胡锦涛总书记在十七大报告中指出：“中国特色社会主义道路，就是在中国共产党领导下，立足基本国情，以经济建设为中心，坚持四项基本原则，坚持改革开放，解放和发展社会生产力，巩固和完善社会主义制度，建设社会主义市场经济、社会主义民主政治、社会主义先进文化、社会主义和谐社会，建设富强民主文明和谐的社会主义现代化国家”。中国特色社会主义发展道路的选择是历史的必然，是中华民族振兴、发展、繁荣的必由之路。除了坚持党的领导、社会主义、马克思主义、人民民主专政这四项基本原则，中国特色社会主义道路还包含三个方面的基本特征：科学发展、和谐发展与和平发展。

(一)关于科学发展

中国特色社会主义坚持走科学发展的道路。科学发展，是在社会发展问题上客观规律性和主体选择性的辩证统一。科学发展的核心是以人为本，这是经济社会发展的根本目的，其意旨是坚持以实现人的全面发展为目标，让改革发展的成果惠及全体人民。全面、协调、可持续，是科学发展观的基本要求。即通过统筹兼顾的根本方法，促进经济、政治、文化和社会建设的全面推进，促进现代化建设各个环节、各个方面相协调，促进生产力和生产关系、经济基础和上层建筑相协调，促进经济发展与人口资源环境相协调,确保经济社会永续发展。

中国特色社会主义科学发展道路的选择,既是基于现阶段中国发展所面临问题的考虑,也是基于对整个世界负责任的考虑。中国是世界上最大的发展中国家,具有发展中国家二元结构的典型特征。人口多、底子薄,自然地理条件和人口资源分布差异很大,城乡和区域发展差距也很大。改革开放虽然取得了巨大的成就,但中国仍处于并将长期处于社会主义初级阶段的基本国情并没有发生根本的变化。新世纪新阶段,中国发展呈现出一系列新的阶段性特征,经济社会发展同人口、资源、环境压力之间矛盾逐渐突出。深刻把握中国发展面临的新课题、新矛盾,自觉走科学发展道路,是中国特色社会主义在实现什么样的发展、怎样发展这个基本问题上的创造性探索。

(二)关于和谐发展

中国特色社会主义在推进科学发展的过程中,积极构建社会主义和谐社会。中国所要努力构建的和谐社会,是中国共产党领导全国人民共同建设、共同享有的和谐社会。民主法治、公平正义、诚信友爱、充满活力、安定有序、人与自然和谐相处,这六个方面的内容既是社会主义和谐社会的价值内涵,也是中国构建社会主义和谐社会努力实现的价值目标。中国希望通过社会主义和谐社会的构建,最终实现广大人民群众各尽所能、各得其所、和谐相处的社会局面。

随着中国经济社会快速发展,社会矛盾日益凸显,社会公平问题提上议事日程,这是中国提出构建社会主义和谐社会的一个重要背景。说到底,和谐发展道路就是一条避免两极分化,最终达到共同富裕的道路。中国和谐发展道路的选择,是中国走科学发展道路的必然结果。科学发展与和谐发展相辅相成,有机统一。实现中国的和谐发展,关键是在坚持科学发展的同时,有效地协调社会各方面利益关系,化解社会矛盾。中国特色社会主义的社会制度,不仅是实现科学发展的制度保证,也是实现和谐发展的制度保证。中国将进一步发挥社会主义的制度优势,有效处理中国特色社会主义事业中的重大关系,着力解决广大人民群众最关心、最直接、最现实的利益问题,推动和谐社会的建设走向深入。

(三)关于和平发展

中国的发展是世界发展的一个重要组成部分。中国特色社会主义的发展既关乎中国人民的根本利益,也同世界的和平与发展密切相关。走和平发展道路,不仅符合中国人民的根本利益,也符合人类进步的时代潮流。其核心思想是:中国既通过维护世界和平来发展自己,又通过自身的发展来促进世界和平;中国永远不称霸,永远不搞扩张;在国内追求科学发展、和谐发展的同时,推动建设持久和平、共同繁荣的和谐世界。

随着经济全球化、世界格局多极化的深入发展,中国共产党和中国政府明确提出,中国将始终不渝地走和平发展道路,这是根据时代发展潮流和自身根本利益作出的战略抉择,是向国际社会和世界人民作出的郑重承诺和庄严宣示。这一昭告的特殊意义在于,中国的发展,从根本上说,主要依靠自身的力量和不断改革创新。中国决不走历史上一些大国那种充满刀光剑影和"血与火"的发展道路,中国不把问题和矛盾转嫁给别国,更不通过掠夺别国发展自己。即使中国将来富强了,也永远不称霸,永远做维护世界和平、促进共同发展的坚定力量。中国正为此不懈探索和努力。

中国共产党人作为发展中国特色社会主义的核心力量,把科学发展、和谐发展、和平发展的根本原则作为指导发展的核心理念,这个核心理念就是科学发展观的要旨。

新中国60年历程与中国特色社会主义道路的形成发展

李　捷

回首新中国60年，我们所得的最伟大成就，莫过于找到了中国特色社会主义道路。

“事非经过不知难”。回首新中国60年的发展历程，回首探索中国特色社会主义道路的历程，首先要提到的是以毛泽东同志为核心的中共第一代中央领导集体的筚路蓝缕之功。新中国的建立，是经过长期曲折探索形成的中国新民主主义革命道路、由此而取得的最为辉煌的历史成就。从此，中国实现了从半殖民地半封建社会到民族独立、人民当家作主新社会的历史性转变，进入了历史发展的新纪元。新中国成立以后，我们党成功地开辟了具有中国特色的社会主义改造道路，确立起社会主义基本制度，开始实现从新民主主义革命到社会主义革命和建设的历史性转变，这是集中全党智慧形成的稳步发展的必然结果。从此，中国进入了社会主义初级阶段。在这以后，毛泽东等同志对中国社会主义道路进行了艰辛的探索。这些探索，既有成功，也有失误。成功的，成为我们必须永远坚持的宝贵经验。失误的，成为我们必须永远记取的沉痛教训。无论如何，中国走上独立自主地探索适合本国国情的社会主义道路，在不断探索和认识“什么是社会主义、怎样建设社会主义”这个根本问题上，迈出了决定性的一步。

新中国的建立，社会主义基本制度的确立，独立自主地探索本国社会主义道路的开端，这三件大事，便是以毛泽东同志为核心的中共第一代中央领导集体为我们找到中国特色社会主义道路立下的筚路蓝缕之功。它将永远铭记在中华人民共和国的史册上，成为一座历史的丰碑。

薄一波同志有一句名言，叫做：“始于毛，成于邓。”这句话总结得很深刻。也就是说，在中国特色社会主义道路的形成发展当中，我们不但要永远铭记毛泽东同志的筚路蓝缕之功，还要永远铭记邓小平同志的开创奠基之功。

邓小平同志引领我们走上中国特色社会主义道路的决定性一步，是胜利召开中共十一届三中全会。“文化大革命”使我们对中国社会主义道路的探索陷入了迷误。十一届三中全会在党和国家面临向何处去的重大历史关头，从根本上纠正“文化大革命”中及其以前的“左”倾错误，作出了把党和国家工作中心转移到经济建设上来、实行改革开放的历史性决策，实现了新中国成立以来具有深远意义的伟大历史性转折。从此，开启了我国改革开放和社会主义现代化建设的历史新时期，逐步实现了从高度集中的计划经济体制到充满活力的社会主义市场经济体制、从封闭半封闭到全方位开放的历史性转变。

正确的理论是实践的先导。在领导改革开放的伟大历程中，邓小平同志深刻总结长期的历史经验，在中共十二大上旗帜鲜明地提出“建设有中国特色的社会主义”这个破天荒的独创性命题，在中共十三大前后正式概括提出“一个中心、两个基本点”的基本路线和社会主义初级阶段理论，在中共十四大前夕又提出“计划多一点还是市场多一点，不是社会主义与资本主义的本质区别”的著名论断。这些都极大地推动了思想解放，并迅速转化为推动改革开放和现代化建设的强大政策动力和物质动力。回顾这段不平凡的历史，以邓小平同志为核心的中共第二代中央领导集体在党和国家发展的决定性关头，团结带领全党全国各族人民，万众一心、开拓进取，从拨乱反正中开始历史转折，从一脉相承中开始新的探索，从解放思想中开始改革开放，从而形成了中国特色社会主义道路的基本框架。中国人民永远铭记邓小平同志为带领我们走上中国特色社会主义道路这条康庄大道立下的开创奠基之功。

2007年，党的十七大在回顾改革开放的伟大历史进程时，曾经概括提出了“三个永远铭记”。如果换成另外一个角度，回顾新中国60年走过的伟大历程，就中国特色社会主义道路的形成发展来说，同样也有“三个永远铭记”。这就是：我们要永远铭记以毛泽东同志为核心的中共第一代中央领导集体为我们找到中国特色社会主义道路立下的筚路蓝缕之功，永远铭记以邓小平同志为核心的中共第二代中央领导集体为我们走上中国特色社会主义道路立下的开创奠基之功，永远铭记以江泽民同志为核心的中共第三代中央领导集体将中国特色社会主义事业成功推向新世纪的继往开来之功。

1989年中共十三届四中全会以后的13年间，国际局势风云变幻，国内改革开放波澜壮阔，现代化建设成就辉煌。到2001年，我国经济总量已跃居世界第六位，人民生活总体上实现了由温饱到小康的历史性跨越。以江泽民同志为核心的中共第三代中央领导集体，受命于重大历史关头，团结带领全国各族人民，从容不迫地渡过了一道又一道难关。其中包括：妥善应对20世纪90年代初东欧剧变、苏联解体带来的国际复杂局势，成功化解以美国为首的西方国家对我国实行的“经济制裁”，随后又顺利实现经济“软着陆”、应对并克服亚洲金融危机，胜利结束旷日持久的“入世谈判”并加入世界贸易组织。在战胜困难、化解风险的过程中，确立了社会主义市场经济体制的改革目标，对邓小平理论作出科学概括并确立为全党指导思想，形成“三个代表”重要思想，实现了中国共产党在指导思想上的与时俱进，打开了中国特色社会主义道路发展的崭新局面。特别是在社会主义条件下发展市场经济，是前无古人的伟大创举，是中国共产党人对马克思主义发展做出的历史性贡献，体现了我们党坚持理论创新、与时俱进的巨大勇气。从此，我们成功实现了由计划经济体制向社会主义市场经济体制的转变，这是改革开放新的历史性突破。

党的十六大以来，中国特色社会主义道路又有新发展、新成就、新突破。以胡锦涛同志为总书记的党中央以邓小平理论和“三个代表”重要思想为指导，顺应国内外形势发展变化，着力推动科学发展、促进社会和谐，在全面建设小康社会实践中，把中国特色社会主义道路继续推向前进。

2002年中共十六大以来的8年间，路途并不平坦。以胡锦涛同志为总书记的党中央团结带领全国各族人民，概括提出科学发展观等一系列重大战略思想，先后战胜了“非典”严重疫情、南方特大冰冻雨雪灾害、汶川大地震等重大灾害，妥善平息了西藏“五·一四”事件和新疆“七·五”事件，成功举办了北京奥运会和残奥会，并隆重纪念改革开放30周年和新中国成立60周年。在应对国际金融危机的过程中，我国成功遏制了经济增长明显下滑的趋势，总体呈现企稳向好的势头，保增长、保稳定、保民生的各项举措有效地推动了经济发展方式的战略性转变，我国经济总量继续跃升至世界第三位。这些都充分显示出中国特色社会主义道路的极大优越性，使十一届三中全会开启的伟大历史性转折及其深远影响得以充分展开。

一个伟大的事件，往往需要一个长时间的发展过程，才能充分显示其意义和影响。一个伟大的历史过程，更需要几代人的不懈努力，才能使其不断形成发展、日臻完善。新中国60年历程，贯穿着一条探索的红线，这就是把马克思主义基本原理同中国实际相结合，通过中国共产党几代领导人的不懈努力，探索出中国特色社会主义道路并不断加以发展和完善。中国特色社会主义道路，是中国共产党几代中央领导集体长期不懈探索奋斗的结果，是新中国60年历史发展的必然结果，是改革开放30年来伟大成就与全部经验的结晶。

说到中国特色社会主义道路形成和发展的历史启示，从根本上说，是把马克思主义基本原理同中国实际相结合，始终做到不断解放思想、实事求是、与时俱进。具体来说，必须处理好以下四个关系。

第一，坚持和发展的关系。坚持是为了发展，发展才能更好地坚持。两者相比较，发展是第一位的。

第二，掌握基本原理与解决实际问题的关系。掌握基本原理，是为了解决实际问题。只有不断地研究新情况、解决新问题，才能够在运用和检验中不断发展基本原理，使理论之树常青。

第三，一般与特殊的关系。一般寓于特殊之中，没有特殊便没有一般。因此，研究和把握特殊，是理论与实际相结合的结合点。

第四，实践创新与理论创新的关系。一定要牢固树立实践第一的观点，面向实践，面向基层，面向群众。不能用理论来框实践，而要用实践发展理论。善于把实践创新转化为理论创新，又用理论创新来指导和推动实践创新。

总之，要把马克思主义基本原理同中国实际相结合，不断推动马克思主义中国化、时代化、大众化，就必须立足于中国特色社会主义道路的最新发展、最新成果，不断深化对共产党执政规律、社会主义建设规律、人类社会发展规律的认识，自觉把思想认识从那些不合时宜的观念、做法和体制的束缚中解放出来，从对马克思主义的错误的和教条式的理解中解放出来，从主观主义和形而上学的桎梏中解放出来，不断开辟马克思主义新境界。以上便是中国特色社会主义道路形成发展的历史给我们的最为重要的思想启示。

（作者：中共中央文献研究室副主任）

毛泽东与新中国的创立和发展

沙健孙

在庆祝新中国成立60周年的时候，我们深切怀念新中国的主要缔造者——毛泽东。认真总结毛泽东对新中国的创立和发展在理论与实践上所作出的历史性贡献，对于我们自觉高举中国特色社会主义旗帜，推进中国特色社会主义建设，具有十分重要的意义。

一

近代以来，中国面临着争取民族独立、人民解放和实现国家富强、人民富裕（即现代化）这样两个根本性的历史任务。只有首先经过革命，争得民族独立和人民解放，才能集中力量进行现代化建设，为实现国家富强、人民富裕创造前提，开辟道路。中国共产党领导中国人民进行反帝反封建的民主革命的根本目的，是为了摧毁代表帝国主义势力和封建地主阶级、官僚买办资产阶级利益、维护半殖民地半封建社会制度的反动政权，创建一个工人阶级领导的、以工农联盟为基础的人民共和国。

1921年，中国共产党成立以后，首先集中力量投入工人运动，在此基础上实现了与国民党的合作，参加了广东战争和北伐战争，掀起了第一次大革命的高潮。但由于党当时还处在幼年时期，不善于把马克思主义与中国革命实际正确地结合起来，在后期放弃了对革命的领导权，特别是放弃了对武装力量的领导权，使这次革命在1927年遭到了失败。此后，以毛泽东为代表的中国共产党人通过调查研究中国的国情，总结中国革命正反两方面的经验，逐步把马克思主义与中国革命实际正确地结合起来，开辟了农村包围城市、武装夺取政权这样一条适合中国国情的革命道路；提出了无产阶级领导的，人民大众的，反对帝国主义、封建主义和官僚资本主义的新民主主义革命的总路线，制定了新民主主义革命的政治、经济、文化纲领和相关的方针政策；创建了新型的人民军队，建立和发展了人民民主统一战线，加强了作为无产阶级先锋队的共产党的自身建设。

正是在中国共产党的领导下，在毛泽东思想的指引下，中国人民经过土地革命战争、抗日战争和解放战争，终于推翻了帝国主义、封建主义、官僚资本主义的反动统治，赢得了新民主主义革命的基本胜利，迎来了中华人民共和国的诞生。中国人民革命的历史表明，毛泽东是人民共和国的伟大缔造者。在1978年12月召开的中央工作会议闭幕会上，邓小平说："回想在一九二七年革命失败以后，如果没有毛泽东同志的卓越领导，中国革命有极大的可能到现在还没有胜利，那样，中国各族人民就还处在帝国主义、封建主义、官僚资本主义的反动统治之下，我们党就还在黑暗中苦斗。所以说没有毛主席就没有新中国，这丝毫不是什么夸张。"

二

毛泽东不仅是人民共和国的伟大缔造者，而且是中国社会主义基本制度的主要奠基人。我们知道，中国人民政权的创建走过了一条独特的道路。它是先在局部的农村区域建立，而后经过长期斗争，逐步扩展，直至推向城市、推向全国的。在这个过程中，中国共产党积累了人民政权建设的多方面的经验。在此基础上，毛泽东在抗日战争时期所写的《新民主主义论》等著作中，已经对人民共和国的国体、政体等作出了原则性的论述。在全国解放战争的后期，为了迎接人民共和国的诞生，在1948年9月中共中央政治局会议上、1949年3月党的七届二中全会上，以及同年6月底发表的《论人民民主专政》等著作中，毛泽东进一步具体地描绘了新中国的蓝图。这些意见为1949年9月中国人民政治协商会议通过的起临时宪法作用的《共同纲领》和1954年9月全国人民代表大会制定的《中华人民共和国宪法》所接受，对人民共和国的国体、政体等问题形成了具有法律效力的明确规定。

关于国体，毛泽东指出："我们政权的阶级性是这样：无产阶级领导的，以工农联盟为基础，但不是仅仅工农，还有资产阶级民主分子参加的人民民主专政。"人民民主专政究其实质就是无产阶级专政。他强调，人民民主专政需要工人阶级的领导，它的基础是工人阶级、农民阶级和城市小资产阶级的联盟，还应当团结民族资产阶级，但是民族资产阶级不能充当革命的领导者，也不应当在国家政权中占主要的地位。关于政体，毛泽东提出，我们采用民主集中制，而不采用资产阶级议会制。议会制，袁世凯、曹锟都搞过，已经臭了。我看我们可以这样决定，不必搞资产阶级的议会制和三权鼎立等，而应当建立民主集中制的各级人民代表会议制度。关于国家的结构形式，在筹建新中国时，毛泽东和中共中央根据中国长期就是一个统一的多民族国家的历史，进一步确认，单一制的国家结构形式符合中国的实际情况，在统一的国家内实行民族区域自治有利于民族平等原则的实现。我们国家的名称叫中华人民共和国，而不叫联邦。我们虽不是联邦，但却主张民族区域自治，行使民族自治的权力。关于政党制度，中国共产党逐步与各民主党派、无党派民主人士建立了合作和协商共事的关系。1949年1月22日，各民主党派领导人和著名无党派民主人士55人联合发表声明，一致表示愿在中共领导下为独立、自由、和平、幸福的新中国之早日实现而奋斗。同年春，毛泽东指出，民主党派应积极参政，共同建设新中国。随后，中国共产党便与他们一起进行筹备新的政治协商会议、创建新中国的工作。这样，中国共产党领导的多党合作和政治协商制度就基本上确立了。以上四个方面，构成了新中国的基本政治制度。而其中的国体，即工人阶级领导的、以工农联盟为基础的人民民主专政的国家制度，具有最根本的意义和决定性的作用。这种制度，符合中国的实际情况和广大人民的切身利益，有着极大的优越性。

革命胜利以后，为了使中国从落后的农业国变成先进的工业国，我们究竟应当选择什么道路？毛泽东明确指出："资本主义道路，也可增产，但时间要长，而且是痛苦的道路。我们不搞资本主义，这是定了的，如果又不搞社会主义，那就要两头落空。"正是在以毛泽东为核心的党中央的带领下，中国人民通过实行社会主义工业化与社会主义改造同时并举的党在过渡时期的总路线，沿着一条有中国特点的道路，胜利地实现了从新民主主义到社会主义的过渡。1956年社会主义改造的基本完成，生产资料公有制占主体地位的社会主义基本经济制度在中国的确立，是中国进入社会主义或者更确切地说进入社会主义初级阶段的主要标志。社会主义基本制度的全面确立，为巩固民族独立和人民解放的成果，尤其是为中国进行现代化建设、为中国尔后的一切进步和发展，创造了政治前提和制度基础。

三

随着1956年社会主义改造的基本完成，中国开始进入全面建设社会主义的时期。如何建设社会主义，如何巩固和发展社会主义，成为中国共产党面临的基本历史课题。以毛泽东为代表的中国共产党人积极探索适合中国情况的社会主义建设道路，取得了十分重要的理论成果，主要是：

第一，提出把马克思列宁主义同我国的具体实际进行"第二次结合"的思想，强调要找出在中国进行社会主义革命和建设的正确道路，为中国共产党人探索适合中国情况的社会主义建设道路确立了基本的指导原则和正确的方向。

第二，阐明关于建设社会主义的若干重大理论原则。比如，提出中国现代化建设的目标是实现农业、工业、国防和科学技术"四个现代化"；中国的发展所遵循的是"两步走战略"，即首先建立独立的、比较完整的工业体系和国民经济体系，而后全面实现"四个现代化"。提出社会主义社会基本矛盾的理论，指出这些矛盾可以在社会主义制度下不断地得到解决，为进行社会主义改革提供了理论上的根据。阐明社会主义可分为不发达的社会主义和比较发达的社会主义两个阶段的观点，为以后形成社会主义初级阶段理论提供了重要的思想来源。提出正确区分和处理敌我矛盾和人民内部矛盾的学说，确立了调动一切积极因素建设社会主义的基本方针。提出在政治生活中判断我们的言论和行动是非的六条标准，其中最重要的是社会主义道路和共产党的领导两条。改革开放后，关于坚持四项基本原则的思想就是在此基础上形成和发展起来的。

第三，制定中国社会主义经济、政治、文化建设等方面的重要指导方针。在经济建设方面，提出走"中国工业化的道路"这个命题，指出要以农、轻、重为序安排国民经济工作，并且把"以农业为基础，以工业为主导"作为发展国民经济的总方针；阐明必须发展商品生产，利用价值规律，为社会主义建设服务；对经济体制改革的问题进行探索，提出了若干重要思想，如发挥中央和地方两个积极性，主张实行"两参"、"一改"、"三结合"等。在民主政治建设方面，提出我们的目标是造成一个又有集中又有民主，又有纪律又有自由，又有统一意志又有个人心情舒畅，生动活泼，那样一种政治局面；主张把正确处理人民内部矛盾作为国家政治生活的主题，坚持人民民主，尽可能团结一切可以团结的力量，使中国变成一个大强国，又使人感到可亲；主张切实保障人民当家作主的各项权利，强调劳动者管理国家、管理军队、管理各种企业、管理文化教育是社会主义制度下劳动者最大、最根本的权利；要求处理好中国共产党同各民主党派的关系，坚持长期共存、互相监督的方针，巩固和扩大爱国统一战线。在文化建设方面，指明在思想文化领域中必须坚持马克思主义的指导地位、坚持工人阶级及其政党的领导权；提出“百花齐放，百家争鸣”的方针和“古为今用”、“洋为中用”、“推陈出新”的方针；提出思想政治工作是经济工作和其他一切工作的生命线，要实现政治和经济的统一、政治和技术的统一，走又红又专的道路；提出要向科学进军，不能走世界各国发展科学技术的老路，而应独立自主、自力更生、奋发图强，努力赶超世界先进水平；提出建立一支宏大的工人阶级知识分子队伍的历史任务。

第四，论述在执政条件下加强共产党自身建设的思想。毛泽东十分重视巩固共产党的执政地位，高度警惕党在执政以后可能产生的种种消极腐败现象，要求采取坚决措施加以防止和纠正。为此，他强调共产党员必须坚持共产主义远大理想，战胜腐朽的封建主义、资本主义思想的侵蚀，务必继续地保持谦虚、谨慎、不骄、不躁的作风，继续地保持艰苦奋斗的作风；各级领导干部必须全心全意为人民服务，并且要以普通劳动者的姿态出现，自觉接受人民群众的监督；必须防止在共产党内、在干部队伍中形成特权阶层、贵族阶层；必须全心全意依靠人民群众，来解决党内和干部队伍中的腐败问题。

第五，制定马克思主义的国际战略和外交工作方针，捍卫了民族独立和国家安全，并为中国的社会主义建设争取了和平的国际环境。毛泽东还提出了“三个世界”划分的正确理论和中国永远不称霸的重要思想，强调中国要支持各国人民的正义斗争，团结世界上一切可以团结的力量，为自己的建设大局服务，为维护世界和平和促进人类进步事业服务。

历史表明，毛泽东是中国社会主义建设道路的开创者。毛泽东等老一辈革命家提出和阐明的那些富于独创性的理论，具有十分重要的价值，为我们在新的历史条件下坚持和发展中国的社会主义事业提供了理论基础。

四

在新中国成立以后的最初27年间，由于国际冷战和缺乏经验等原因，新中国的经济建设在“大跃进”和“文化大革命”时期经历过两次严重的挫折，但是整个说来，那一时期，在以毛泽东为核心的党中央的领导下，经过全国各族人民的共同努力，经济建设取得的成就是巨大的。

第一，建立了独立的、比较完整的工业体系和国民经济体系。新中国刚成立的时候，我们的经济是“一穷二白”。当时，毛泽东说过：“现在我们能造什么？能造桌子椅子，能造茶碗茶壶，能种粮食，还能磨成面粉，还能造纸，但是，一辆汽车、一架飞机、一辆坦克、一辆拖拉机都不能造。”由于没有自己独立的工业体系，许多重要工业产品不得不依赖进口。从“一五”计划时期开始到“四五”时期，中国进行了大规模的建设，逐步建成了一批门类比较齐全的基础工业项目，涉及冶金、汽车、机械、煤炭、石油、电力、通讯、化学、国防等领域，为国民经济的进一步发展打下了坚实的基础。在铁路、交通运输等基础设施建设方面，也有明显的进展。从1964年开始的“三线”建设，既增强了国防力量，也改善了工业布局。中国不仅已经能够自行设计和批量生产汽车、飞机、坦克、拖拉机等，而且成功地爆炸了原子弹、氢弹，发射了中远程导弹和人造卫星。同时，新中国还通过兴修水利、开展农田基本建设、培育推广良种、提倡科学种田，较大幅度地提高了农业的生产水平和抵御自然灾害的能力。独立的比较完整的工业体系和国民经济体系的建立，使中国在赢得政治上的独立之后赢得了经济上的独立，为中国以后的发展奠定了重要的物质技术基础，也为中国与外国包括发达国家在平等原则下发展经济往来创造了前提。

第二，中国的经济得到了相当快的发展。从经济发展的速度来看：从1952年到1978年，工农业总产值平均年增长率为8.2%,其中工业总产值平均年增长率为11.2%。这个发展速度,在世界上居于前列。从主要工业产品的产量来看:钢产量从1949年的16万吨发展到1976年的2046万吨。发电量从1949年的43亿度发展到1976年的2031亿度。原油从1949年的12万吨发展到1976年的8716万吨。原煤从1949年的3200万吨发展到1976年的4.83亿吨。汽车产量从1955年年产100辆发展到1976年的13.52万辆。这种增长,在旧中国是不可想象的。在全国人民的努力下,我国主要工农业产品产量居世界的位次,1957年到1978年,谷物3→2,棉花2→3,猪牛羊肉2→3,化学纤维26→7,布3→1,煤5→3,原油23→8,发电量13→7,钢9→5,水泥8→4,硫酸14→3,化肥33→3。这表明,除了少数农副产品产量的位次稍有后退外,谷物和主要工业产品产量在世界的排位都明显提前了。

第三,人民物质生活和文化生活的水平得到逐步提高。中国共产党和人民政府始终把满足人民基本生活需要作为发展经济的根本目的。从1949年到1976年,粮食的人均占有量从418斤增加到615斤。在全国人民节衣缩食支持国家工业化基础建设的情况下,尽管人民群众生活逐年改善的增幅不大,但初步满足了占世界1/4人口的基本生活需求,这在当时是世界公认的奇迹。教育事业得到长足发展。从1949年到1976年,小学在校生从2439万人发展到1.5亿人;中学在校生从103.9万人发展到5836.5万人;高等学校在校生从11.7万人发展到67.4万人。劳动者的整体素质得到了很大的提高。医疗事业也得到蓬勃发展。20世纪50年代后期,农村普遍建立了县、区(社)两级医疗卫生机构,60年代又在绝大多数生产大队建立了农村基层医疗卫生机构,全国人口的死亡率从1949年的20‰下降到1976年的7.25‰。

总之,尽管我们犯过一些错误,但经过社会主义革命与建设,我国大大缩短了同发达资本主义国家在经济社会发展方面的差距。毛泽东作为中国共产党和中国人民的伟大领袖,建立了不可磨灭的功勋。他的名字和丰功伟绩,将永存中华民族伟大复兴的光荣史册。

(作者单位:中共中央党史研究室)

中国共产党执政60年的辉煌业绩和宝贵经验

全国党建研究会

中华人民共和国已经走过60年历程。这是我们党高举马克思列宁主义、毛泽东思想和中国特色社会主义理论体系伟大旗帜,坚持为人民执政、靠人民执政,领导全国各族人民为实现国家繁荣富强、人民幸福富裕、民族全面振兴不懈奋斗的60年;是党和人民在艰辛探索、奋力开辟符合中国国情的社会主义建设道路上经受各种考验,取得胜利与成功、战胜困难与风险的60年;也是党和人民在不断总结经验教训中前进,谱写中国社会发展宏伟史篇的60年。历史充分证明,中国共产党不仅是一个善于领导人民改造旧世界的党,而且是一个善于领导人民建设新世界的党。

中华人民共和国的成立,向世界宣告:中国人民站起来了。这是近代以来中国历史上开天辟地的大事件,也是继俄国十月社会主义革命和世界反法西斯战争胜利后世界历史上最重大的事件。

新民主主义革命胜利后，党领导人民建设新国家，这个新国家应当朝着什么方向、沿着什么道路、采取什么步骤前进，成为我们党必须回答和解决的最重大的课题。以毛泽东同志为核心的党的第一代中央领导集体、以邓小平同志为核心的党的第二代中央领导集体、以江泽民同志为核心的党的第三代中央领导集体和以胡锦涛同志为总书记的党中央，在不同历史阶段，遇到过许多重大问题，应对过许多重大事件，作出过许多重大决策，付出过许多艰辛和努力，取得了举世公认的成就。今天看来，在所有这些历史事实中，我们党先后作出的两个重大决策和领导的两次伟大革命，在继承和创新中开辟出的一条光辉道路，最具有全局性、创造性，直接关系到国家、人民和党的前途命运，特别值得永载史册，特别值得深入研究。

第一个重大战略决策和第一次伟大革命，是20世纪50年代初，党领导人民开始社会主义革命和社会主义建设同时并举的新探索，不失时机地推进国家工业化、现代化，同时基本完成了对旧的生产关系的社会主义改造。这是一次中国社会历史发展进步的质的跨越。这个时期，不仅大大促进了中国社会生产力的解放，更重要的是从根本上打碎了几千年来束缚生产力发展的旧制度，确立了崭新的社会制度，为中国在社会主义道路上发展进步奠定了根本政治前提和制度基础。

第二个重大战略决策和第二次伟大革命，是20世纪70年代末党的十一届三中全会召开，我们党进行指导思想的全面拨乱反正，领导人民迅速实现工作重心的战略转移，重新确立了正确的思想路线，制定并执行了新的政治路线、组织路线，一场以社会主义自我改革和完善为主要特征的新的革命生机勃勃地展开。党在新时期紧紧抓住不断解放和发展生产力这个根本任务，在坚持社会主义基本制度的前提下，从经济基础到上层建筑对不适应生产力发展要求的方面和环节进行有计划、有步骤的改革，坚定不移地实行对外开放，使中国大地不断创造出经济社会发展的奇迹。

两次伟大革命贯穿着一条基本线索，就是我们党始终坚持把马克思列宁主义基本原理与中国的基本国情结合起来，在不断推进理论创新和实践创新中探索开辟了实现国强民富和民族振兴的广阔道路。

正是由于我们党领导人民进行了这两次伟大革命，选择并坚持走中国特色社会主义道路，所以能够在我们这个人口多、底子薄、发展很不平衡的发展中大国出现世所罕见的巨大变化。我国社会主义国家政权不断巩固、愈加坚强，人民当家作主的地位和权利得到有力保障和维护；我国国民经济长期保持高于世界经济同期平均增长率的速度向前发展，“一穷二白”的中国变成了创造世界奇迹的中国；全国人民的生活水平和质量显著提高；社会主义文化事业繁荣发展，国家软实力不断增强；实现了除台湾等岛屿以外整个国家的高度统一和各民族的大团结，彻底结束了旧中国四分五裂、一盘散沙的局面；有力地维护了国家主权、安全和民族尊严，彻底结束了中国近代以来屈辱外交的历史，一个充满生机与活力的社会主义中国，巍然屹立在世界的东方。

新中国成立60年来所取得的一切成绩和进步，是伟大的中国共产党领导伟大的中国人民创造的，是社会主义中国发展壮大的真实写照。今天，我们站在新的历史起点上，回顾中国共产党执政60年的辉煌历程和不朽业绩，认真研究党在长期考验和锻炼中不断提高执政能力、推动社会主义在中国巩固和发展的宝贵经验，是一件很有意义的事情。

第一，执政党必须高度重视人民政权的巩固和完善，确保国家权力牢牢掌握在人民手中，坚定不移地把全心全意为人民服务的根本宗旨贯穿到党履行执政职能的各方面和全过程。60年的历史证明，人民的命运同国家的强大、社会主义事业的兴旺发达，是紧紧联系在一起的。党领导人民建立的社会主义国家制度和人民政权，是维护人民当家作主地位，推进社会主义革命、建设和改革开放的必然要求和根本政治保证。十一届三中全会以来，我们党在坚持我国基本政治制度的前提下，以改革创新精神适时解决上层建筑中不适应形势发展要求的问题，把完成党的执政使命、巩固党的执政地位同充分尊重和发挥人民群众的主体地位、主体作用统一起来，把坚持党的领导、人民当家作主和依法治国统一起来，走出了一条既能充分体现社会主义国家本质，又能发挥社会主义制度优越性的政治发展道路。共产党在任何时候、任何情况下，都必须坚持立党为公、执政为民，为人民执政、靠人民执政，必须做到权为民所用、情为民所系、利为民所谋，这是我们党60年执政经验的核心和本质。

第二，执政党必须坚持马克思主义的指导地位，紧紧围绕建设中国特色社会主义这个主题，在实践创新与理论创新互动中不断推进马克思主义中国化，为履行好执政职能、完成好执政使命提供科学的思想理论武器。党领导人民夺取政权靠马克思主义指导，执政后带领人民进行社会主义革命、建设和改革开放，同样是靠马克思主义指导。我们党以马克思主义的态度对待马克思主义，从探索解决中国怎样由新民主主义转入社会主义，到进一步弄清楚什么是社会主义和怎样建设社会主义、中国需要什么样的发展和怎样发展，以及建设一个什么样的党和怎样建设党等基本问题，都始终坚持不懈地推进实践创新与理论创新。60年马克思主义中国化实践经验的理论升华，形成了毛泽东同志关于社会主义革命和建设的正确思想，形成了由邓小平理论、“三个代表”重要思想以及科学发展观等重大战略思想构成的中国特色社会主义理论体系。60年来，我们党重视用科学理论教育武装全党，坚持正确的前进方向；用科学理论分析新情况，破解工作中面临的难题；用科学理论解除群众思想上的困惑，保持为共同事业不懈奋斗的向心力；用科学理论回击各种反马克思主义思潮，在应对意识形态领域的挑战中，维护改革发展稳定的大局。实践证明，只有马克思主义，只有不断发展的中国化的马克思主义，才能引领中国社会历史不断发展进步。

第三，执政党必须紧紧抓住社会主义社会的主要矛盾，运用社会基本矛盾运动的规律，一心一意完成好发展这个执政兴国的第一要务，确保经济社会又好又快发展。中国共产党领导人民进行社会主义革命、建设和改革开放，是为了给我国社会生产力的解放、发展开辟道路，造福全国人民。60年的发展历程告诉我们，社会主义制度能够创造出比资本主义更高的劳动生产率，而要做到这一点，必须找到一条能够充分发挥社会主义制度优越性的正确道路。在当今中国，最要紧的是，要坚定不移地贯彻执行党的基本路线。这是党和国家的生命线，也是经济社会发展的生命线。看准了社会主义制度建立后国家发展面临的主要矛盾，就要紧紧抓住不放，坚决排除各种干扰，聚精会神搞建设，一心一意谋发展；就要勇于和善于通过改革开放，使生产关系与生产力、上层建筑与经济基础相适应；就要以求真务实的精神，大胆推进发展观念和发展方式创新、公有制实现形式创新、经济管理体制和运行机制创新；就要科学区分社会主义和资本主义的本质与非本质的东西，在坚持社会主义基本原则的同时大胆借鉴人类创造的有益成果。科学发展观，集中体现了党领导我国经济社会发展的基本经验，是立足在时代和历史发展新的起点上对提高党的执政能力、增强党的执政基础、完成党的执政使命的深刻思考。全党同志都要自觉以邓小平理论、“三个代表”重要思想为指导，深入贯彻落实科学发展观，深刻认识和牢牢把握我国社会的主要矛盾，增强运用社会主义社会基本矛盾运动规律促进发展的能力，实现人的全面发展和社会全面进步。

第四，执政党必须正确认识和妥善处理社会主义社会两类不同性质的矛盾，不断提高化解人民内部矛盾的本领，用社会主义全面发展与和谐社会建设的成就维护改革、发展、稳定的大局。在长期执政、实行改革开放和发展社会主义市场经济的条件下，能否正确认识和处理人民内部矛盾和敌我矛盾，保证社会主义事业顺利发展和建设社会主义和谐社会，是我们党必须面对的一个重大课题，也是检验党的执政能力的一条重要标准。毛泽东同志曾经创造性地提出必须正确区分和处理敌我矛盾和人民内部矛盾的著名论断，并把正确处理人民内部矛盾作为国家政治生活的主题。十一届三中全会后，我们党坚持正确的指导思想和方针政策，严格区分和妥善处置不同性质矛盾，团结一切可以团结的力量，保证了改革开放和现代化建设的顺利进行。同时，党不断积累正确处理人民内部矛盾的新认识、新经验。把正确认识和妥善处理人民内部矛盾放到建设中国特色社会主义的大局中来看待，把化解人民内部矛盾的工作置于坚持以人为本、推动经济又好又快发展基础上和促进以改善民生为重点的社会建设过程中来处理，把依靠全党全社会的力量共同建设和谐社会与和谐社会建设成果人人共享统一起来，坚持一切工作都必须做到科学决策、民主决策、公正决策，统筹兼顾各方面的权益，最大限度激发社会创造活力，最大限度增加社会和谐因素。

第五，执政党必须坚持加强党的领导和改善党的领导相统一，根据时代发展和形势任务变化的要求推动领导体制的改革创新，把科学执政、民主执政、依法执政作为改进领导方式、执政方式的基本原则和基本途径。科学执政、民主执政、依法执政是我们党巩固执政地位、履行执政使命的可靠保证，是提高党的领导水平和执政能力的根本要求与有效途径。新中国成立后，我们党确立了人民代表大会制度、中国共产党领导的多党合作和政治协商制度、民族区域自治制度等基本制度。十一届三中全会以来，我们党统筹经济体制改革和政治体制改革，着力改进党的领导方式、执政方式，强调党的领导主要是政治、思想和组织上的领导，党委发挥“总揽全局、协调各方”的作用，党在领导人民制定宪法和法律的同时，必须在宪法和法律范围内活动，努力建设社会主义法治国家。这就既保证党的执政地位的巩固和领导作用的有效发挥，又保证国家政权机关依法履行职能。党委必须依法尊重和维护人大作为权力机关的地位，善于按照法定程序将党的意志转化为国家意志，保障人大代表依法行使职权；必须支持政府和司法机关履行各自的法定职能，保持公正清廉、高效精干、运转协调；必须坚持和发展统一战线，充分发挥人民政协的作用和我国政党制度的优势；必须正确处理党同人民团体和新社会组织的关系，支持工会、共青团、妇联依照法律和各自的章程独立自主地开展活动，更好地维护其各自代表的群众的利益。

第六，执政党必须毫不松懈地推进反腐倡廉建设，始终保持马克思主义政党的纯洁性和人民政权的本质。广大人民群众的支持和拥护，是党取得执政地位并巩固政权的根本原因和最大优势，党执政后存在的最大危险是发生权力腐败导致脱离群众。党在领导人民进行革命、建设和改革开放的进程中，一直同各种腐败现象进行坚决斗争，不断清除极少数腐败分子、整治腐败，在整体上保持了自己的先进性和纯洁性，保持了同人民群众的血肉联系。新中国成立前夕，毛泽东同志就提醒全党警惕敌人“糖衣炮弹”的袭击。新中国成立后，党一直把反对腐败作为保持自身纯洁、履行执政职能、完成执政使命的重大任务，要求全党同人民群众同甘共苦，保持清廉。改革开放后，党清醒地看到反对腐败的艰巨性、复杂性和严峻形势，强调整个改革开放过程都要反对腐败，越是改革开放、发展市场经济，越要反对腐败。把提高领导改革开放和社会主义现代化建设的能力同提高拒腐防变、抵御风险的能力一起，作为新时期执政党建设必须解决好的历史性课题，走出了一条不靠“群众运动”、而主要靠制度和法制，将治标与治本紧密结合起来的反腐败路子。实践证明，执政党无论是预防还是反对腐败，都要认真解决权力的科学配置、阳光运行、正确行使、有效监督问题。只要全党上下统一思想和行动，依靠人民群众的支持，把十七大的要求和部署真正落到实处，我们党就一定能够继续赢得广大人民群众的拥护和支持，永远立于不败之地。

第七，执政党必须坚持对人民军队的绝对领导，不断加强军队建设，巩固军政军民团结，确保人民解放军始终成为人民可靠的子弟兵和社会主义国家的坚强柱石。60年来，人民解放军发扬“听党指挥、服务人民、英勇善战”的光荣传统，坚持实践党和军队的根本宗旨，历经风雨、屡建功勋，始终不渝地坚持“党的军队、人民的军队、社会主义国家的军队”的性质，成为中华人民共和国的坚强柱石。人民解放军为保卫国家主权和安全，支持国家各项建设，完成各种急难险重任务，维护人民生命财产安全和社会稳定，作出了重要贡献。人民解放军的革命化、现代化、正规化建设，不断取得重大进展，国防和军队建设实现了历史性跨越。人民解放军在参与国际维和行动中，向世界展示了“威武之师、文明之师、和平之师”的风采。事实证明，中国共产党同人民解放军始终命运与共。党对军队的绝对领导，是人民民主专政的社会主义国家性质决定的，是中国特色社会主义政治体制不可分割的重要组成部分。

第八，执政党必须不断提高统筹国际和国内两个大局的能力，坚持在对外开放中奉行独立自主的和平外交政策，把坚决维护国家的独立、主权和安全同维护世界和平、促进共同发展结合起来。维护国家独立、主权和安全，关系到国家的命运、民族的复兴、人民的幸福，是我们党执政的重要使命和重大责任。新中国60年的历史，是我国从根本上结束旧中国屈辱外交的历史，也是从被迫封闭半封闭转入主动走向全方位对外开放的历史。我们党成功地应对了世界上一次又一次风云变幻、一个又一个严峻挑战，为开辟中国特色社会主义道路、开创社会主义事业发展新局面创造了有利的外部环境和条件。我们党注重提高正确处理对外开放与国内改革发展关系的能力，在对外交往中准确判断和把握国际形势特别是世界上各种矛盾发展变化的特点和趋势，用正确的指导思想和对外方针政策趋利避害，赢得了主动。我们党坚持独立自主的和平外交政策，倡导“和平共处五项原则”，恪守维护世界和平、促进共同发展的外交宗旨，审时度势地处理外交事务。我国同发达国家的关系得到全面发展，同周边国家的睦邻友好关系不断深化，同发展中国家的传统友谊更加巩固。我们党正确把握和平与发展这个时代主题，顺应经济全球化和世界格局多极化趋势，积极扩大对外交往，开展与各国的合作交流，构建公平合理的国际经济政治新秩序，促进世界和谐。

第九，执政党必须坚持以先进性建设和执政能力建设为主线，全面推进党的建设。60年来，我们党在长期执政实践中，保持和发展了马克思主义政党的先进性，锻炼和提高了党的执政能力，取得了举世瞩目的成就。先进性是马克思主义政党的本质属性，是党的生命所系、力量所在。先进性建设是党的建设的永恒主题。作为执政党，党的先进性集中体现在履行执政职能的活动中，执政能力建设成为党的建设的重点。因此，必须坚持以先进性建设和执政能力建设为主线，全面推进党的思想建设、组织建设、作风建设、制度建设和反腐倡廉建设，保证党履行好执政职能、完成好执政使命。

（执笔：郑科扬）

六十年发展进步与党的创造性探索经验

石仲泉

新中国60年，是一个扭转中华民族乾坤的60年。对于我们党来说，这也是创造性地探索中国怎样富强，实现民族复兴的60年。

新中国60年，中国由一个受帝国主义政治经济势力控制的半殖民地国家，变成完全独立、拥有主权完整和民族尊严的自主国家；由一个充满民族矛盾和阶级矛盾而四分五裂的国家，变成全国大陆（含港澳）在共产党领导下、在社会主义制度基础上实现空前统一的国家；由一个反动专制的封建半封建国家，变成人民群众做主人，社会主义民主和法制不断健全的国家；由一个民族歧视和民族压迫深重的国家，变成各民族间平等互助、团结和睦的国家；由一个近代工业十分落后的贫弱国家，变成国民经济得到巨大发展、正在走向富强的国家；由一个被外国资本和官僚资本掌控的统制经济的国家，变成具有中国特色的社会主义市场经济体制的国家；由一个被帝国主义列强"门户洞开"的国家，变成对外全方位开放的国家；由一个文盲充斥、被称为"东亚病夫"的国家，变成教育、科学、文化、体育、卫生事业得到巨大发展的国家；由一个广大民众食不果腹、衣不遮体、难以聊生的国家，变成全国人民大都丰衣足食、整体生活水平达到小康程度的国家；由一个没有组织、被视为一盘散沙的国家，变成城乡基层组织健全、社会管理渐趋完善，具有强大凝聚力的国家；由一个有国无防、屡受外国侵略和欺凌的国家，变成拥有强大国防力量、国家安全有充分保障的国家；由一个没有独立外交和国际地位的国家，变成坚持独立自主外交政策、在世界上享有崇高威望的国家。新中国的巨大变化说明，中国人民经过艰苦探索而开辟的中国特色社会主义道路是建设富强、民主、文明、和谐的现代化国家的光明大道、幸福大道。

胡锦涛在纪念党的十一届三中全会召开30周年大会上的讲话中指出：30年来，我们党的全部理论和全部实践，归结起来就是创造性地探索和回答了什么是马克思主义、怎样对待马克思主义，什么是社会主义、怎样建设社会主义，建设什么样的党、怎样建设党，实现什么样的发展、怎样发展等重大理论和实际问题。30年的历史经验归结到一点，就是把马克思主义同中国具体实际相结合，走自己的路，建设中国特色社会主义。

30年的历史经验如此，新中国60年的历史经验，从根本上说，也是如此。60年的历史发展分为两个时期。从新中国成立到党的十一届三中全会前的29年为社会主义革命和建设时期；十一届三中全会以来的31年为改革开放和社会主义现代化建设新时期。简单地说，为两个"30年"。这两个"30年"的历史无疑有很大差别。邓小平对前"30年"，作过两个总体性评价。一是从新旧中国历史对比角度，指出："我们尽管犯过一些错误，但我们还是在三十年间取得了旧中国几百年、几千年所没有取得过的进步。我们的经济建设曾经有过较快的发展。"二是从总结经验教训角度指出："从建国到一九七八年三十年的成绩很大，但做的事情不能说都是成功的。"这两个评价的侧重点有所不同，但他对前"30年"的基调是肯定的。对于后"30年"，胡锦涛在纪念党的十一届三中全会召开30周年大会上的讲话，对其取得的伟大成就作了全面阐发，这里无须赘述。

怎样认识两个"30年"的关系呢？三句话：

一是前“30年”为后“30年”奠定了根本政治前提和制度基础；二是后“30年”是前“30年”的历史延续，拨乱反正、校正方向，实现伟大转折和创新性发展；三是后“30年”的经验能够涵盖前“30年”。60年的伟大成就，说到底，是以正确的路线和方针政策回答了上述四个问题。前“30年”探索发生的曲折和挫折，归根结底是在理论上没有科学地回答上述根本问题，在实践中没能正确解决面临的各种矛盾，包括应对突发事件和挑战风险。这里，从新中国60年历史进程来看这四条经验。

一、关于创造性地探索和回答什么是马克思主义和怎样对待马克思主义

什么是马克思主义，怎样对待马克思主义，之所以成为改革开放30年和新中国60年发展的基本经验，是因为要不要坚持马克思主义和对什么是马克思主义、怎样对待马克思主义，都有不同看法。同时，回顾过去走过的历史道路，无论胜利或挫折、成功或失误，都与是否正确回答它有密切关系。邓小平说：“建国以后，我们从旧中国接受下来的是一个烂摊子，经济十分混乱。但很快使国民经济得到恢复，进行大规模经济建设。靠的是什么？靠的是马克思主义。”在谈到失误时又说：“什么叫马克思主义？我们过去对这个问题的认识不是完全清醒的。”马克思主义最注重发展生产力，“如果说我们建国以后有缺点，那就是对发展生产力有某种忽略”。

从新中国60年历史来看，对马克思主义的认识经历了曲折发展。新中国成立至1957年反右派斗争前，对它的认识总体上是清醒的、正确的。1957年后犯“左”的错误时是不清醒、不正确的。“文革”的指导思想完全背离了马克思主义。十一届三中全会后的“30年”，不仅清醒、正确，而且有创造性发展。新中国60年对什么是马克思主义和怎样对待马克思主义的创造性探索和回答，主要有三条：

一是提出马克思主义的精髓是实事求是，强调只有结合中国实际的马克思主义才是所需要的真正的马克思主义。早在延安时期，毛泽东就把马克思主义的精神实质归结为“实事求是”，提出马克思主义基本原理一定要同中国革命实践相结合。新中国成立后，提出马克思主义要与中国社会主义实践“第二次结合”。十一届三中全会后，邓小平总结新中国成立以来的经验教训，指出：“我们坚信马克思主义，但马克思主义必须与中国实际相结合。只有结合中国实际的马克思主义，才是我们所需要的真正的马克思主义。”他还说：“实事求是是马克思主义的精髓。要提倡这个，不要提倡本本。我们改革开放的成功，不是靠本本，而是靠实践，靠实事求是。”怎样对待马克思主义，这一语破的，把握了马克思主义的真谛。

二是强调坚持科学的马克思主义观，要破除迷信，解放思想。毛泽东在延安提出“实事求是”时，就是针对教条主义的。他要求全党以科学的马克思主义观反对教条主义的马克思主义观。新中国成立后，他明确提出“除了科学以外，什么都不要相信”，“要破除迷信”。改革开放后，邓小平强调破除迷信、解放思想，突出地表现在被称为解放思想的两个宣言书中。一是在《解放思想，实事求是，团结一致向前看》中，强调只有思想解放了，才能正确地以马列主义、毛泽东思想为指导，否则现代化事业没有希望。二是在南方谈话中，破除社会主义不能搞市场经济的迷信，为创立社会主义市场经济体制扫除思想障碍。江泽民、胡锦涛在新时期新阶段一再号召全党：自觉地把思想认识从那些不合时宜的观念、做法和体制中解放出来，从对马克思主义的错误的和教条式的理解中解放出来，从主观主义和形而上学的桎梏中解放出来，大胆探索，使思想和行动更加符合客观实际和时代发展的要求。

三是强调与时俱进，不断丰富和发展马克思主义。新中国60年来，中国共产党人不断总结实践经验，关注世界的发展变化和科学的进步，进行理论创新，指导社会主义事业向前发

展。毛泽东在50年代末60年代初指出：任何国家的共产党、思想界，都要创造新的理论，写出新的著作，单靠老祖宗是不行的。邓小平在80年代末指出：世界日新月异，特别是现代科学技术发展很快。不以新的思想、观点去继承、发展马克思主义，不是真正的马克思主义者。江泽民在十六大指出：世界在变化，我国改革开放和现代化建设在前进，迫切要求用发展着的马克思主义指导新的实践。胡锦涛在去年底指出：要与时俱进，深入研究和回答重大理论和现实问题，不断把党带领人民创造的成功经验上升为理论，赋予当代中国马克思主义鲜明的实践特色、民族特色、时代特色。60年来，我们党丰富和发展了毛泽东思想；改革开放后，把马克思主义同当代中国实践和时代特征结合起来，又创立了中国特色社会主义理论体系。在当代中国，坚持这个理论体系，就是真正坚持马克思主义。

二、关于创造性地探索和回答什么是社会主义和怎样建设社会主义

建设社会主义是中国人民的理想，新中国成立后党和国家的一切工作就是为了建设社会主义。但如邓小平所说，总结几十年搞社会主义的经验，"社会主义是什么，马克思主义是什么，过去我们并没有完全搞清楚"。"我们的经验教训有许多条，最重要的一条，就是要搞清楚这个问题"。十一届三中全会以来，我们党继承过去的历史经验，不断总结新鲜经验，对什么是社会主义和怎样建设社会主义的一系列重大问题——包括中国社会主义的发展道路、发展阶段、根本任务、发展动力、外部条件、政治保证、战略步骤等，从实践和理论的结合上，有一系列创造性的探索和回答。其中最具创造性的，有四条：

第一，提出社会主义本质论。"什么是社会主义"，最核心的是社会主义本质问题。过去对"什么是社会主义"没有完全搞清楚，归根结底就是对社会主义本质没有完全搞清楚。从20世纪80年代初开始，邓小平就在思索这个问题，后来指出："社会主义的本质，是解放生产力，发展生产力，消灭剥削，消除两极分化，最终达到共同富裕。"这个界定纠正了过去长期的偏颇思维定势，特别是忽视生产力的错误观念，为明确社会主义的根本任务奠定了理论基础。这是对"什么是社会主义"的创造性回答。

第二，提出社会主义初级阶段论。对"什么是社会主义"没有完全搞清楚，还包括没有认识到我们国家处在社会主义初级阶段。邓小平说，过去犯"左"的错误，就是"制定的政策超越了社会主义的初级阶段"。要搞清楚"什么是社会主义，怎样建设社会主义"，就必须搞清楚什么是初级阶段的社会主义，在初级阶段怎样建设社会主义。改革开放后，我们党就在考虑我国的历史方位，重新认识基本国情。党的十三大，阐发了社会主义初级阶段理论。胡锦涛在纪念十一届三中全会30周年讲话中强调：发展中国特色社会主义，最根本的就是一切都要从社会主义初级阶段这个最大的实际出发。只有这样，才能坚定不移地走中国特色社会主义道路。这是对"什么是社会主义"的又一个创造性回答。

第三，提出"一个中心，两个基本点"的基本路线。这一条主要是回答"怎样建设社会主义"。它的思想因子在改革开放前已经有了。改革开放后，十三大首次作出概括，称为我们党的主要经验。邓小平、江泽民都不断强调它的重要意义。胡锦涛在十七大指出：党的基本路线是党和国家的生命线。以经济建设为中心是兴国之要，是我们党、我们国家兴旺发达和长治久安的根本要求；四项基本原则是立国之本，是我们党、我们国家发展的政治基石；改革开放是强国之路，是我们党、我们国家发展进步的活力源泉。任何时候都决不能动摇。

第四，提出社会主义市场经济体制改革。这是对怎样建设社会主义最具创造性的探索和回答。改革开放以来，我们党一直在探索这个问题。从实践层面说，家庭联产承包责任制引

发的对内改革和兴办经济特区推进的对外开放，为探索它奠定了实践基础。从理论层面说，1984年《关于经济体制改革的决定》，为探索它作了重要理论准备。邓小平认为社会主义和市场经济之间不存在根本矛盾，计划和市场都是经济手段，不是社会主义与资本主义的本质区别；社会主义应大胆吸收和借鉴当今世界各国包括资本主义发达国家的一切反映现代社会化生产规律的先进经营方式和管理方法。十四大提出把建立社会主义市场经济体制作为我国经济体制改革的目标，实现了由计划经济向社会主义市场经济的转变。十多年来，社会主义市场经济体制和机制在不断丰富和完善，为经济的快速、持续发展提供了活力。

三、关于创造性地探索和回答建设什么样的党和怎样建设党

党的建设历来是我们党十分重视的问题。邓小平说，“把列宁的建党学说发展得最完备的是毛泽东同志”。“对于建立一个什么样的党，党的指导思想是什么，党的作风是什么，都有完整的一套”。正因为这样，党的建设是新民主主义革命胜利的“三大法宝”之一。因此，这里讲的党的建设，准确地说，是建设什么样的执政党和怎样建设执政党问题。建国之后，对由革命党变为在全国范围的执政党所面临的挑战是有思想准备的，并一直在为加强执政党建设作不懈努力。改革开放以来的历届中央，都在积极探索建设什么样的执政党和怎样建设执政党问题。邓小平强调：要聚精会神地抓党的建设，就是讲的执政党建设。“三个代表”重要思想，是由治党乃至治国的理论。胡锦涛在十七大提出要以改革创新精神全面推进党的建设新的伟大工程。60年来，加强执政党建设的经验教训很丰富。对这个问题最富积极意义的创造性的探索，主要可归纳为四个方面：

第一，关于党的性质和宗旨。七大开始讲党是中国工人阶级的先进的有组织的部队。建国后的八大党章基本上是七大的说法。“文革”时期的九大党章和受“文革”影响的十一大党章，强调党是对于阶级敌人进行战斗的先锋队组织。直到改革开放后的十二大，才认定“中国共产党是中国工人阶级的先锋队”。至于党的代表性，七大党章讲“代表中国民族与中国人民的利益”。此后的党章，没涉及这个问题。直到十二大党章才指出：中国共产党“是中国各族人民利益的忠实代表”。这个表述，一直沿用到“三个代表”重要思想提出后才加以改变。十六大党章根据“三个代表”重要思想对党的性质和宗旨作了新的表述，对党的先锋队内涵讲得更全面，对党的先进性规定得更完整，更具时代精神，有利于提高党的领导水平和执政水平。

第二，关于党的执政能力建设。毛泽东关于执政党思想已包含着对党的执政能力问题的探索。改革开放后，邓小平的党建理论，蕴含着加强党的执政能力建设思想。“三个代表”重要思想，包含了加强党的执政能力建设的诸多基本问题。2004年十六届四中全会《关于加强党的执政能力建设的决定》指出：加强党的执政能力，主要是坚持把发展作为党执政兴国第一要务，不断提高驾驭社会主义市场经济能力；坚持党的领导、人民当家作主和依法治国的有机统一，不断提高发展社会主义民主政治能力；坚持马克思主义在意识形态领域的指导地位，不断提高建设社会主义先进文化能力；坚持最广泛最充分地调动一切积极因素，不断提高构建社会主义和谐社会能力；坚持独立自主和平外交政策，不断提高应对国际局势和处理国际事务能力。这是对马克思主义执政党建设理论的重大发展。

第三，关于党的阶级基础和群众基础。解决在中国建设具有广泛群众性的、用马克思主义理论武装的无产阶级政党的任务，是毛泽东的创造性贡献。新中国成立后，毛泽东非常重视增强党的阶级基础和扩大党的群众基础。十一届三中全会后，从邓小平为核心的领导集体到胡锦涛为总书记的党中央，不断对新时期增强党的阶级基础和扩大党的群众基础问题进行

探索。江泽民提出的关于非公有制群体社会成员“是有中国特色社会主义事业的建设者”，其中的优秀分子只要能自觉地为实现党的路线和纲领而奋斗，符合党员条件，也能加入中国共产党等新思想，对增强党的阶级基础、扩大党的群众基础和提高党的社会影响力具有重要作用。

第四，关于反腐倡廉建设。还在延安时期，党就开始考虑执政以后消除腐败的问题。建国前后，毛泽东提出“两个务必”，从严处理了号称共和国第一宗大腐败案的刘青山、张子善事件。改革开放后，腐败问题犹如高悬的达摩克利斯神剑，需要与之不断地进行斗争。邓小平等领导人对日益蔓延的消极腐败现象高度重视，并将“一手抓改革开放，一手抓惩治腐败”，作为向以江泽民为核心的党中央的政治交代。十三届四中全会后，反腐败斗争成为党的建设的重中之重。十六大以来，胡锦涛为总书记的党中央不断开拓反腐败斗争新局面。经过不懈努力，逐渐形成拒腐防变教育长效机制、反腐倡廉制度体系、权力运行监控机制等制度，对提高党的拒腐防变能力具有重要意义。

四、关于创造性地探索和回答实现什么样的发展和怎样发展

新中国60年来，不仅经济社会的发展取得举世瞩目的成就，而且对发展的认识也在不断地走向全面和科学。在胡锦涛将“四个创造性地探索和回答”作为党的全部理论和实践的基本经验提出时，经常有这样的提问，为什么将发展问题同前三个问题并列提出呢？我认为，首先要明确这里讲的发展不是作为哲学范畴的具有“形而上”意义的唯物辩证法的“发展”，那是同辩证唯物论的“物质”一样是指高度抽象的客观存在。所谓“实现什么样的发展和怎样发展”问题，乃是经济社会的实实在在的发展问题。它同前三个问题在同一个认识平台上。马克思主义问题是以什么样的指导思想来改变中国，社会主义问题是改变中国走什么道路，党的问题是由什么样的政治力量来改变中国，发展问题是要把中国改变成什么样子，即实现中华民族伟大复兴的奋斗目标。从这个意义上说，提出这四个问题是相匹配的。

中国共产党自成立时起就肩负着振兴中华、强国富民的历史使命。新中国成立后，共产党作为执政党同样在为实现这个目标而奋斗，说到底就是为解决中国的发展问题艰辛探索。十一届三中全会后的拨乱反正，就包括对实现什么样的发展和怎样发展的方针政策在内。此后，中国走上正确的发展道路，神州大地发生历史性变化。但是，由于人口多、底子薄、发展不平衡，在前进中仍面临着一些突出矛盾和问题。为更好地解决这些矛盾和问题，需要顺应世界发展潮流，改变将发展仅仅看成是经济增长的陈旧观念，创造新的发展模式，确立社会全面发展和人与自然和谐发展的新理念。党中央在总结新中国成立以来的历史经验特别是改革开放以来新鲜经验的基础上，借鉴国外发展理论有益成果，提出科学发展观，对中国特色社会主义和马克思主义有很大的丰富和发展。

第一，是对我们党关于社会主义发展理论的重大发展。新中国成立后，执政的中国共产党为我国社会主义的发展历尽艰辛，直至十一届三中全会以后，才终于探索出建设中国特色社会主义的正确发展道路，形成关于经济社会发展的科学理论。科学发展观不仅坚持和拓展了“发展是硬道理”和“发展是党执政兴国的第一要务”的思想，而且将中国特色社会主义的正确发展方向、全面建设小康社会的和谐发展道路和中国共产党执政的科学发展理念贯通起来，把坚持以人为本和经济社会全面、协调、可持续发展统一起来，赋予党的发展理论以新的时代内涵和实践要求，深化了对于社会主义发展规律的认识，是马克思主义中国化发展理论的新形态。

第二，是对马克思主义关于人的发展理论的重大发展。《共产党宣言》说：在未来社会，每个人的自由发展是一切人的自由发展的条件。江泽民纪念建党80周年的讲话重申这个观点，

实现了对马克思主义关于“人”的科学理念的回归，并将未来共产主义社会和现阶段关于人的发展目标作了区分，即目前努力实现“人的全面发展”，将来实现“每个人的自由而全面的发展”。这个坚持人民利益高于一切同时兼顾个人权益的“以人为本”的发展观，既体现马克思主义的基本观点，又进一步明确了人的发展和社会发展的关系、每个人的发展和一切人的发展的关系、人民群众的根本利益和各方面群众的具体利益的关系，是关于人的发展理论的重要创新。

第三，科学发展观实现由以社会为本到以人为本的发展观的转变，是对历史唯物主义理论的重大发展。社会的发展与人的发展是对立的统一。一方面，社会的发展为人的发展提供环境和条件；另一方面，人是社会的细胞，社会是人的社会，没有人的发展就没有社会的发展，人的发展比社会的发展更具根本意义。但是，从人类历史发展的实际过程来看，社会的发展在不同程度上是以牺牲人的发展来实现的。在我们所处的社会主义初级阶段，过去相当长时期也是以社会为本而不是以人为本。随着我国经济体制的转型，人的发展在社会发展中的作用更为凸显。这样，发展观由以社会为本转到以人为本，即以实现人的全面发展为目标，这就将以往提出的全心全意为人民服务等思想，提升到新的境界。这个转变是对唯物史观的重大发展。

新中国60年，成就巨大，经验丰富。但这仅仅是实现伟大目标的一个“驿站”。胡锦涛指出，我们的伟大目标是到新中国成立100年时基本实现现代化，建成富强民主文明和谐的社会主义现代化国家。只要坚持改革开放不动摇、不懈怠、不折腾，这个目标一定能实现。

（作者：中共中央党史研究室原副主任、研究员）

六十年来社会主义在江苏的成功实践与历史启示

中共江苏省委宣传部

新中国成立60年来，江苏人民在中国共产党领导下，团结奋斗，艰苦创业，改革创新，开拓进取，积极探索社会主义现代化建设道路，取得了令人瞩目的辉煌成就。中国特色社会主义事业在江苏全面进步、欣欣向荣，一个繁荣昌盛、幸福和谐的社会主义新江苏呈现在中华大地上。

60年来，江苏人民在党的领导下，走出了一条符合江苏实际、具有江苏特色的发展之路。

以改革开放为动力，走大力发展社会生产力之路。改革开放前30年，由于建设经验不足和“左”的错误，生产力发展受到干扰，走了一些弯路。但江苏的干部群众发展生产的热情一直不减，工农业生产仍然取得了巨大成就，社会主义建设事业在克服各种干扰中曲折发展。十一届三中全会以后，在改革开放的推动下，江苏人民发展生产力的积极性和创造性得到充分发挥，各级党委政府充分尊重人民群众的首创精神，积极鼓励和引导乡镇企业健康发展，乡镇企业异军突起，全省经济发展实现由农业经济向工业化迈进的历史性转变。上世纪90年代以来，江苏抓住经济全球化的发展机遇，通过兴办苏州工业园区等各类开发区，吸引国际先进生产要素在江苏集聚，推进国有企业改革，放手发展民营经济，全省经济发展实现“由内到外”、所有制结构由“单一到多元”的历史性转变。进入新世纪，特别是党的十六大以来，江苏深入贯彻落实科学发展观的要求，加快转变发展方式，大力发展先进制造业、现代服务业和高新技术产业，全省经济正在经历“由大到强”的历史转变。2008年国际金融危机爆发以后，江苏经济显示出“抗跌性”强的特点和优势，2009年前5个月工业增加值同比增长11.7%，高于全国5.4个百分点，呈现出“好于全国、好于东部沿海、好于预期”的基本特征。

以富民优先为导向，走区域、城乡共同富裕之路。早在20世纪70年代发展“社队企业”时期，江苏就十分重视“以工补农”。改革开放以来，随着城市化进程的加快，江苏十分重视“以城带乡”，实现城乡一体化发展。在1994年省第九次党代会上，江苏省委提出了区域共同发展战略。江苏组织全省力量，从交通基础设施建设、南北挂钩协作、扶贫攻坚、建设“海上苏东”、徐淮连经济带建设等方面，加大对苏中、苏北发展的支持，使曾经是江苏发展“洼地”的苏中苏北地区，近年来的主要经济发展指标增幅超过全省和苏南平均水平，成为全省经济稳定健康发展的重要增长极。在实践中，江苏探索出了一条以工业化致富农民、以城市化带动农村、以产业化提升农业的解决“三农”问题的新路子，形成了以工促农、以城带乡的城乡一体化的发展机制。江苏经济发展水平在全国领先，城乡收入差距、居民收入差距大大低于全国平均水平，而且越是发达地区，城乡收入、居民收入差距越小，并呈现出逐步缩小的趋势。

以“两个文明都搞好”为方针，走经济政治文化协调发展之路。改革开放以来，江苏始终坚持以经济建设为中心，物质文明和精神文明一起抓，促进了经济、政治、文化和社会的协调发展。通过扩大人民民主，建立健全基层民主制度，发展社会主义民主政治，提高法治化建设水平，形成了有利于促进经济社会发展的良好政治环境。党的十六大以来，江苏各级党委领导班子紧密联系“两个率先”实践，加强党的执政能力建设和先进性建设，确立科学执政、民主执政、依法执政理念，努力造就一支“眼界宽、思路宽、胸襟宽”的干部队伍，在“推动科学发展，建设美好江苏”进程中发挥了政治核心作用。牢固树立人民群众是精神文明建设主体的观念，及时总结群众创造的新鲜经验，抓好典范引路、示范推广，涌现出“张家港精神”、“南通现象”等一批全国闻名的先进典型。提出以艰苦创业、开拓创新、争先创优为核心内容的“三创”精神，大力开展社会主义核心价值体系建设，为“两个率先”注入强大的精神文化动力。

以改善民生为目标，走社会和谐发展之路。江苏把保障和改善民生作为促进社会和谐的重点，在经济发展、社会物质财富不断增加的基础上，加快发展各项社会事业，努力改善人民生活。通过大力推进创业富民、就业惠民、社保安民，加快完善城乡社会保障体系和社会救助制度，扎实推进各项实事工程，着力解决医疗、低收入家庭住房、老年服务等突出问题，使老百姓真切感受到生活年年都有新改善。大力推进“平安江苏”建设，积极开展“平安社区”、“平安企业”、“平安校园”、“平安市场”等基层创建活动，努力为人民生活营造一个安定、安全、安宁的社会环境；建立健全由人民调解、行政调解和司法调解相结合的“大调解”机制，探索将社会矛盾纠纷化解在基层的行之有效的工作方法；构建集打击、防范、控制于一体的社会治安“大防控”体系，增强人民群众的安全感。重视环境保护和生态建设，大力发展循环经济，积极推进“绿色江苏”建设，努力让人民群众的居住环境更加优美。

以人为本，走促进人的全面发展之路。江苏十分注重调动和发挥广大工人、农民、知识分子和新社会阶层人士的积极性、创造性，正确认识和把握效率与公平的关系，共同致力于推动科学发展，建设美好江苏。优先发展教育科技，在实施科教兴省战略的基础上，“十五”期间提出了人才强省战略，积极构筑人才高地，推动教育大省向教育强省转变，努力建设创新型省份。努力促进人的全面发展，既注重保障、维护和实现好人民群众的经济权益，又注重保障、维护和实现好人民群众的政治和文化权益；既注重经济发展质量的提高，又注重人的素质的提高；既注重提高人民群众的身心素质和科学文化素质，又注重提高人民群众的思想政治素质和道德素质。坚持在推动经济社会全面进步中促进人的全面发展，努力实现社会全面进步与人的全面发展相辅相成。

经过 60 年特别是改革开放 30 年的大发展，无论是综合经济实力，还是人民生活水平、城乡面貌和社会事业，江苏都发生了翻天覆地的巨大变化。2008 年，江苏省地区生产总值从 1952 年的 48.41 亿元增长到 3 万多亿元，全省农民人均纯收入从 1954 年的 88 元增长到 7357 元，城镇居民人均可支配收入从 1951 年的 99.6 元增长到 18680 元，全省人均生产总值从 1952 年的 131 元增长到 39622 元。江苏用占全国 1.1%的土地面积，以占全国 5.8%的人口规模，创造了全国 10%以上的经济总量和财政收入，进出口总额占全国的 15.3%，实际利用外商直接投资占全国的 1/4 以上。今天的江苏，经济发展又好又快，区域城乡协调发展，城乡居民生活富裕，社会事业全面发展，人与自然和谐相处。

江苏 60 年的沧桑巨变，是中国特色社会主义道路的成功实践，为我们提供了许多重要的经验和启示：

必须坚持党的领导不动摇。党的领导是推进社会主义建设事业的根本政治保证。坚持党的领导不动摇，就是要坚持党的基本理论、基本路线、基本纲领和基本经验不动摇。要努力用马克思主义中国化的理论成果武装党员、教育人民，善于将党的理论创新成果大众化，使之成为广大干部群众的思想武器，提高干部群众学习、掌握、运用党的创新理论成果和党的路线方针政策的能力；善于把党中央的宏观决策和战略部署落实到具体实践中去，结合省情创造性地加以贯彻执行。坚持党的领导不动摇，就是要坚持党的思想路线、政治路线、群众路线有机统一不动摇。推进社会主义建设事业，必须坚持党的解放思想、实事求是、与时俱进的思想路线，始终以解放思想为先导，勇于突破旧框框，善于把解放思想的成果体现在发展思路、发展政策和发展措施上；必须坚持党的基本路线这一党和国家的生命线、人民群众的幸福线，把“一个中心”与“两个基本点”有机统一起来，积极有为地执政为民，扎实有效地造福人民；必须坚持党的群众路线，把与党中央保持一致与尊重人民群众的首创精神有机统一起来，凝心聚力，不断开拓社会主义建设新局面。

必须坚持中国特色社会主义道路不动摇。中国特色社会主义道路是富民强省的康庄大道。坚持中国特色社会主义道路不动摇，就必须首先搞清楚什么是社会主义、怎样建设社会主义这一基本问题，这需要全省人民积极探索适合省情的发展路子。江苏省委在全国率先制定省级全面建设小康社会 4 大类 18 项指标体系，把中国特色社会主义共同理想转化为全省人民实现“两个率先”的理想追求；实行指标引导、分类指导、典型示范、梯度推进，增强全省人民对建设美好江苏的现实感受和未来预期。始终坚持改革开放，把江苏的区位优势转化为率先发展的优势；实施科教兴省和人才强省战略，发挥江苏的人文优势和人力资源优势，积极打造创新型省份；实行环保优先和节约优先，构筑江苏可持续发展新优势。坚持中国特色社会主义道路不动摇，就是要立足省情特别是从阶段性区域实际出发不动摇。现在，苏南地区已率先走上基本实现现代化之路，苏中和苏北地区全面小康建设进入关键阶段。必须按照中国特色社会主义总体布局的要求，既坚持全省一盘棋，走城乡统筹、区域协调发展之路，又坚持分类指导、因地制宜，走出全省各地各具特色的发展之路，实现经济社会科学发展、和谐发展。

必须坚持改革开放不动摇。改革开放是强国强省之路，为江苏发展提供了强大动力。坚持改革开放不动摇，就是要坚持改革开放的正确方向不动摇。必须坚持把科学社会主义的基本原则、中国特色社会主义的基本理论创造性地运用到江苏，赋予江苏特色，使中国特色社会主义在江苏的实践中充满生机和活力。坚持改革开放不动摇，必须正确处理发展中的重大关系问题。长期以来，江苏在发展中，既坚持公有制为主体、按劳分配为主体，又积极发展多种所有制经济、探索多种分配方式；既注重鼓励先进、促进发展，又注重社会公平、防止两极分化；既注重发挥市场在资源配置中的基础性作用，又注重转变政府职能、发挥政府宏观调控作用，特别是注重深化对社会主义市场经济发展规律和提高政府宏观调控的有效性的认识，增强两者的协调性；既注重通过改革开放促进观念转变，又注重推动体制转变和发展方式的实质性转变；既注重抓住国际机遇又注重抓住国内机遇，统筹省内发展和对外开放。实践告诉我们，只有坚持社会主义基本经济制度、基本政治制度和社会主义核心价值体系，不断深化经济体制、政治体制、文化体制和社会管理体制改革，大力发展社会主义市场经济、民主政治、先进文化，才能为经济社会又好又快发展提供不竭动力。

必须坚持科学发展不动摇。坚持科学发展，不仅要聚精会神搞建设、一心一意谋发展，还要把发展的科学性、全面性融入发展这个硬道理中。改革开放30多年来，从社队工业的兴起到小城镇和乡镇企业比翼双飞，从昆山市上世纪80年代中期自费创办开发区到全方位对外开放格局的形成，从华西村共同富裕“中华第一村”到江阴市城乡居民幸福生活“五个有”，从统筹苏南、苏中、苏北共同发展到推进区域城乡一体化发展，从兴办“三来一补”合资企业到外资与民营经济双轮驱动，从经济结构升级到发展方式转型，江苏人民在社会主义现代化建设过程中，始终不偏调、不分神、不散心，把发展这个党执政兴国的第一要务引入科学发展的轨道。坚持科学发展，就是要坚持以人为本，为人民群众踏踏实实地做一些有益的事。在江苏，以人为本有机地统一于以发展促和谐、以和谐促发展的进程中，有机地统一于团结人民群众共建共享的实践中，有机地统一于各级领导干部努力实践立党为公、执政为民、造福人民的执政宗旨中。

当前，江苏的发展已经站在新的历史起点上。胡锦涛总书记殷切希望江苏在科学发展道路上迈出更加坚实的步伐，把江苏的明天建设得更加美好。江苏深刻认识肩负的重大责任，更加注重增强发展协调性、更加注重提高自主创新能力、更加注重改善民生、更加注重扩大人民民主、更加注重文化建设、更加注重生态文明，推动经济社会向着又好又快的方向发展，朝着“两个率先”的目标奋勇前进。

新中国60年干部教育培训工作的历程

冯　俊

新中国60年来的干部教育培训工作是一个逐步走向正规化、系统化和制度化的过程。回顾新中国成立以来党的干部教育培训理论与实践的发展进程，总结干部教育培训工作的宝贵经验，对当前党的干部教育培训的改革创新具有重要意义。

一、新中国成立之初到“文化大革命”前夕，是干部教育培训工作开始正常化、系统化和制度化的时期

新中国成立初期，党的干部教育培训工作在充分吸收老解放区积累的培养干部经验的基

础上，学习借鉴苏联的经验，开始有计划、有步骤地培养建设新中国的各种干部，恢复、组建干部院校，加强干部的理论学习和文化业务教育。干部教育开始向着正常化、系统化和制度化迈进。

(一)恢复、新建党校以及各类干部院校。解放战争中迫于战争形势停办的一些党校开始恢复，大批新党校开始组建。1953年10月，第二次全国组织工作会议指出，要完成对干部的马克思主义理论和政治教育的任务就必须大大加强党校的工作。全国省市以上的党校得到恢复、组建，各级党校和省市委党校的教学任务不断扩大，党校体系初步形成。1954年12月，中央发布了《关于轮训全党高、中级干部和调整党校的计划》，主要对马列学院和中级党校在干部轮训工作中的主要任务、课程设置、师资培养等进行了明确规定。1956年2月，中央又发布了《关于加强初级党校工作的指示》，对初级党校的主要任务、教学实施、机构设置、管理体制等进行了规定。为了培养财经、政法等方面的干部人才，我们学习苏联经验，建立了新中国创办的第一所大学——中国人民大学。为培养少数民族干部，成立了中央民族学院。

(二)大规模开展干部轮训。1950年中共中央召开了第一次全国宣传工作会议，提出了试办干部业余理论学校，加强干部理论培训的号召。1951年中共中央下发《关于加强理论教育的决定(草案)》。1953年4月中央发出了《关于一九五三——一九五四年干部理论教育的指示》。为加强干部的理论教育，1954年中共中央作出关于轮训全党高、中级干部和调整党校的计划，决定有计划有步骤地把全党各方面的高中级干部，调入党校轮训，以有效地提高全党干部的理论水准，适应今后工作的需要。这次轮训，对于提高干部的马克思主义理论水平，完成社会主义改造的任务起了重要的作用。

(三)着力加强干部文化教育。1949年12月，中共中央召开了新中国第一次全国教育工作会议，会议确立了教育必须为国家建设服务，向工农大众开门的总方针。1950年12月14日，政务院发布了《关于举办工农速成中学和工农干部文化补习学校的指示》。1953年12月，中共中央发布《关于加强干部文化教育工作的指示》。《指示》对开展干部文化教育的目标、干部业余文化补习学校或文化补习班的学制、课程、教学时间、教师和制度等也进行了规定。为完成干部文化教育的任务，在全国范围内有计划有步骤地举办工农速成中学和工农干部补习学校，吸收不同文化程度的工农干部，给予适当时间的文化教育，尽可能地使全国工农干部的文化程度能在若干年内提高到相当于中学的水平。到1953年，全国已有87所工农速成中学，1168个班，在校学生达51079人。

(四)推进干部教育培训的正规化。为了促进干部教育的规范化，中央发布了一系列指示、决定、通知、规定等，如1949年12月中共中央《关于中央人民政府成立后党的文化教育工作问题的指示》，1950年政务院下发的《关于举办工农速成中学和工学干部文化补习学校的指示》、《培养少数民族干部试行方案》，1951年中共中央下发的《关于加强理论教育的决定(草案)》，1953年中共中央下发《关于一九五三——一九五四年干部理论教育的指示》，1961年中共中央下发《关于轮训干部的决定》等。这些文件对这一时期干部教育的目标、内容、重点、对象等作了比较全面的规定。

二、“文革”结束到十三届四中全会，是干部教育培训工作得到恢复、发展时期

“文革”期间，干部教育工作受到极“左”路线的摧残，正常的干部教育工作秩序被打乱，各级干部教育工作机构、党校陷于瘫痪、半瘫痪，甚至被撤消。“文革”结束后，中央采取一系列措施纠正“左”倾错误对干部教育培训工作的影响，使干部教育培训工作从十年内乱严重破坏中得到恢复、重建和发展。

(一)恢复、重建并逐步完善干部教育培训

体系。1977 年 3 月，中央党校复校。同年 10 月，中共中央作出《关于办好各级党校的决定》。1982 年 10 月，中共中央、国务院在《关于中央党政机关干部教育工作的决定》中，进一步指出“要不失时机地抓紧培训干部，把干部教育工作经常化、正规化、制度化”。1983 年 5 月，中共中央颁发《关于实现党校教育正规化的决定》，对党校班次设置、招生工作、课程设置、教学原则、教材编审等作了原则规定，对党校教师队伍建设提出要求；对党校的规模、党校的编制和经费、党校的基本建设投资等作了相应的规定。1988 年中央决定筹建国家行政学院。这样，就在全国形成了干部教育主管机构、各级党校、各类干部管理院校和行政学院的更为完整的干部教育培训体系。

(二)突出了干部教育培训在全党工作中的战略地位。1980 年 2 月，中共中央宣传部、中共中央组织部颁发了《关于加强干部教育工作的意见》，强调重新教育干部是一项关系全局的战略任务。1983 年 10 月，中央组织部印发《干部培训规划要点》，指出有计划、大规模地培训干部，提高干部队伍的素质，是现代化建设的需要，是继往开来、保证党的路线连续性的迫切要求，具有重大的战略意义。这些文件明确提出要把干部教育培训放在战略地位，对全面恢复和加强干部教育培训作出了明确的规定。

(三)把加强学历教育作为干部教育的重要任务。中共中央宣传部、中共中央组织部《关于加强干部教育工作的意见》明确要求，干部教育培训要以解决我国四化建设的问题为中心，学习有关的理论和实践知识，包括与本职工作密切相关的基本知识、实际情况、管理知识、科学技术知识、技能以及外语等。文化程度低的干部，主要应当学习文化，包括语文、数学、史地和自然常识，凡有条件的都应争取在 1982 年达到初中或高中水平。1984 年《中共中央转批〈关于加强干部培训工作的报告〉》要求，对于经济体制改革和国民经济发展急需的经营管理、法律、财会等方面的人才，要优先培养。对于 45 岁以下、不到中专文化程度的干部，要采取有力措施，加强培训速度。1985 年，全国 45 岁以下干部参加高中、中专学习的 136 万人，毕业结业 47 万人。

三、党的十三届四中全会到党的十六大，是初步形成以县处级以上领导干部为重点，脱产培训、中心组学习和在职自学“三位一体”干部教育培训新格局的时期

以江泽民同志为核心的党的第三代中央领导集体围绕不断提高党的领导水平和执政水平、提高拒腐防变和抵御风险能力这两大历史性课题，坚持一手抓政治理论学习，有针对性地加强了对中青年干部的思想理论教育；一手抓业务知识培训，开展了以社会主义市场经济理论和科技知识为主要内容的普遍培训，为促进改革发展稳定，把中国特色社会主义事业全面推向 21 世纪提供了有力支持。

(一)把干部教育培训摆上更加重要的战略地位。为落实干部教育的战略地位、充分发挥干部教育的基础性作用，1990 年 9 月颁发《中共中央关于加强党校工作的通知》，1994 年 5 月颁发《中共中央关于新形势下加强党校工作的意见》，1995 年 9 月印发《中国共产党党校工作暂行条例》，2000 年 6 月，中共中央颁发《关于面对 21 世纪加强和改进党校工作的决定》，2001 年 5 月，召开全国干部教育培训工作会议，干部教育培训工作得到前所未有的重视，干部教育培训的战略地位进一步凸显出来。

(二)以政治理论培训和能力培养作为培训的重点。1991 和 1996 年，中央先后印发了《1991－1995 年全国干部培训规划要点》、《1996—2000 年全国干部培训规划》。这一时期干部培训的主体内容，完整地转到学习建设有中国特色的社会主义理论上来。全党开展了以“讲学习、讲政治、讲正气”为主要内容的党性党风教育活动，以此为契机，兴起干部理论学习的热潮。2001 年 5 月，中共中央印发《2001—

2005年全国干部培训规划》，指出干部培训要以理论基础、世界眼光、战略思维、党性锻炼、业务能力为主要内容。

（三）初步形成干部教育培训的多种渠道。 这一时期的一个重要特点是适应新形势要求建立多渠道的培训格局。党中央先后制定下发了《关于建立县级以上党政领导干部理论学习考核制度的意见》、《关于加强和改进党委（党组）中心组学习的意见》等文件，进一步健全了领导干部的学习制度，规范了脱产学习、中心组学习、在职自学等多种形式，初步形成了以需求为导向，计划调训与自主参训相结合的干部培训运行体系。为满足干部教育培训的多元化需求，在加强党校系统的教育培训职能外，建立了国家行政学院和地方行政学院，为公务员和专业干部培训开拓了更广泛的渠道。为了学习国外发展经验和先进的科技知识，中央和国务院开始有计划地派遣一些干部到国外进行学习和培训，使广大干部的知识体系得到了及时更新，理论视野也进一步开阔。干部教育培训的基础建设得到明显加强。

四、党的十六大以来，是干部教育培训工作进入多层次、多渠道、大规模培训干部轨道的时期

党的十六大以来，党中央作出了大规模培训干部、大幅度提高干部素质的战略决策，通过干部教育培训基地建设、教材建设、制度建设等方面一系列富有成效的举措，使干部教育培训工作进入多层次、多渠道、大规模培训干部轨道的新时期，在提高干部队伍素质方面取得了明显成效，为推进科学发展、促进社会和谐提供了强大支撑。

（一）坚持用发展着的马克思主义武装各级干部的头脑。 党的十六大以来，中央先后对全党兴起学习贯彻“三个代表”重要思想新高潮和学习《江泽民文选》作出部署。在全党开展了以实践“三个代表”重要思想为主要内容的保持共产党员先进性教育活动。中央政治局率先垂范，建立集体学习制度，先后进行了50多次集体学习。在党的十六大、十七大召开后，新一届中央委员、候补委员都参加了中央举办的学习“三个代表”重要思想和党的十六大精神、党的十七大精神专题研讨班。对全国54万多名县处级以上领导干部进行了“三个代表”重要思想的集中轮训。对5000名县委书记、县长进行了社会主义新农村建设的集中轮训。党的十七大以后，对县处级以上领导干部进行学习贯彻党的十七大精神集中轮训，对2000多名县委书记进行了学习贯彻党的十七届三中全会精神的集中轮训，在全党范围内开展学习实践科学发展观活动。

（二）不断提高干部教育培训的科学化、制度化、规范化水平。 2003年，中央下发《关于在全党兴起学习贯彻“三个代表”重要思想新高潮的通知》，要求5年内对县处级干部轮训一遍。之后，又制定颁布了《进一步深化中央党校教学改革的若干意见》、《全国干部学习培训教材建设五年规划》。2006年，中央颁布了《干部教育培训条例（试行）》。2007年，中央颁布《2006－2010年全国干部教育培训规划》，要求每年要有计划地组织培训省部级干部500名，地厅级干部8800名，县处级干部10万名。为了贯彻党的十七大关于“继续大规模培训干部、大幅度提高干部队伍素质”的要求，2008年中央先后召开了全国干部教育培训工作会议和全国党校工作会议，颁布了《关于2008－2012年大规模培训干部工作的实施意见》、《中共中央党校工作条例》等文件，对下一阶段的大规模培训干部工作进行全面部署，为干部教育培训工作的健康快速发展，确保干部教育培训为党的中心任务服务、为科学发展服务、为干部健康成长服务提供了制度保障。

（三）进一步优化干部教育培训机构的总体布局。 这一时期，中央加大了干部教育培训基地建设的力度和教育资源整合力度，干部教育总体布局进一步得到优化。在继续办好中央党校、国家行政学院等各级党校、行政学院的同

时，中央于2005年3月创建了中国浦东、井冈山、延安干部学院。2008年中央又创办了中国大连高级经理学院，形成了干部教育“一校五院”的“国家队”，构建起了改革、开放、竞争、择优的干部教育培训新格局。

五、新中国成立以来干部教育培训的历史经验

（一）必须围绕中心、服务大局，坚持把干部教育培训作为事关全局的战略性、基础性工作来抓。干部教育培训工作是保证党和国家事业顺利发展的战略性、基础性工作，对于建设一支高素质干部队伍、推进中国特色社会主义伟大工程和党的建设新的伟大工程具有重要作用。

（二）必须以政治理论培训为重点，坚持用中国化的马克思主义武装干部头脑。新中国成立60年来，我们党都把每一阶段马克思主义中国化的重要成果作为干部教育培训的中心内容，着力推进党的创新理论进教材、进课堂、进头脑，帮助各级干部牢固树立马克思主义世界观、人生观、价值观，始终保持政治上的清醒和坚定，始终保持和发展共产党人的先进性，这是干部教育培训工作最重要的成效，也是保证干部教育工作正确方向的根本所在。

（三）必须以增强执政意识和提高执政能力为重点，全面提高干部的素质和能力。新中国成立60年来，干部教育培训工作把提高干部的领导能力作为重要任务，贯穿于教育培训的各个方面，取得了显著成绩。实践充分证明，只要在干部教育培训中始终注重执政能力培养，引导和推动干部在丰富生动的实践中学习本领，党的执政能力就会得到不断的提高。因此，必须把加强党的执政能力建设贯穿于干部教育培训工作的始终，以是否提高广大干部的综合素质和能力作为检验工作成效的标准。

（四）必须大力弘扬马克思主义学风，引导干部做到学以致用。良好的学风是干部教育培训的重要保证。各个干部教育培训机构始终注意把马克思主义学风贯穿于教学全过程，理论联系实际地开展教学，教育引导广大干部在学习培训中坚持理论联系实际，不断提高运用马克思主义立场、观点、方法分析和解决实际问题的能力，取得了显著成绩。

（五）必须坚持与时俱进，不断推进干部教育培训工作的改革创新。干部教育培训日趋规范化、制度化，在每一个时期，党中央都根据经济社会发展的需要，大力加强干部教育培训的改革创新。特别是党的十六大以来，按照胡锦涛总书记关于“创新培训内容、改进培训方式、整合培训资源、优化培训队伍”和“联系实际创新路，加强培训求实效”的指示精神，干部教育培训从理论到实践实现了全面改革创新，结出了累累硕果。实践证明，坚持以改革创新精神发展干部教育培训理论、丰富干部教育培训实践、完善干部教育培训制度，坚持在研究新情况、解决新问题中勇于探索、勇于创新，是干部教育培训工作取得实效的基本途径。

（作者：中国浦东干部学院常务副院长、教授）

新中国成立以来我国民主政治建设的理论与实践

李良栋

历史长河的流淌已将新中国破浪前行的征帆带过了六十个年头。六十年来，中国社会主义民主政治建设的理论和实践，既经历过“文革”及其之前的艰难曲折，更经历了改革开放后

前所未有的长足发展。回顾以往历史，总结正反经验，对于我国今后发展民主政治应该是一件有意义的事情。

一

“发展社会主义民主政治是我们党始终不渝的奋斗目标”。中国共产党领导的新民主主义革命就是一场追求亿万人民经济上翻身和政治上解放的人民革命。早在革命战争时期，党就曾经领导人民在根据地为实现工农当家作主进行了一些有益的民主实验。1945 年抗日战争胜利前夕，针对黄炎培提出的如何打破历史周期率的疑问，毛泽东提出了探索“民主新路”的主张。新中国建立以后，党和毛泽东既坚持马克思主义一般原理，又善于从中国国情实际出发，提出了人民民主专政的理论；设计了具有中国特色的社会主义政治制度，包括人民代表大会制度、共产党领导的多党合作制度、民族区域自治制度，奠定了中国社会主义民主政治的制度基础，为找到中国的“民主新路”进行了积极有益的探索。

不幸的是，由于历史的局限以及后来党在指导思想上的失误，在探索进程中走过一条曲折道路，甚至付出很大代价，直至发生“文化大革命”这种全局性背离民主、践踏法制的错误。党和毛泽东在探索社会主义民主进程中之所以发生许多重大失误，社会主义民主在前行的道路上历经曲折，是有着复杂的思想理论原因和社会历史原因的。

第一，在经济文化落后的国度探索社会主义建设的道路不易，探索社会主义民主政治建设的途径更难。之所以如是说，是因为：在中国这样封建历史悠久、民主传统很少的国家建设社会主义民主，很难在马克思主义经典作家书本里找到现成答案，世界上也没有成功的经验可供借鉴。

第二，民主理论研究不足，甚至出现偏差。社会主义民主作为人类历史上一场前所未有的崭新探索，不能离开科学理论的指导。1957 年反右扩大化以后，对民主理论的研究中断了，对民主现实问题的分析没有了，导致了在民主理论问题上出现了许多不正确的理解。譬如，片面地理解民主的涵义，只注重民主作为国家制度特别是国体这个方面，忽略了作为政体的民主的运行机制、操作程序(即政治体制)方面；不正确地理解民主是对敌人专政和对人民实现民主相统一，把专政同民主混淆起来；在民主与集中的关系上，把民主集中制中的民主和集中对立起来；仅仅把民主当作一种手段，没有看到民主还是一种目的，是目的和手段的统一；把民主简单理解为民主素质、民主作风；把无政府主义的“大民主”当作发展民主的途径，没有注重通过民主的制度化法律化来促进和保障民主，等等。

第三，政治体制上存在着严重弊端。人民当家作主不是一个抽象的概念，它不仅需要一整套健全和完善的政治制度来确认，更需要体现这些制度的一系列运行机制和操作程序即政治体制来保障。我国的人民代表大会制度和共产党领导的多党合作和政治协商制度是体现我国社会主义民主的政治制度。但是，由于种种原因，这些政治制度的具体运行机制和操作程序却存在不少弊端和问题。譬如，国家权力过分集中到党的组织和个人；党政严重不分；强化对舆论媒介的直接管理，民主监督渠道太少，等等。

第四，封建专制主义思想残余的影响。两千多年来，封建统治阶级为了维护统治，逐渐形成了一整套以封建宗法制度和王权专制相结合为主要特点的封建专制主义的思想体系。它不仅贯穿在几千年封建社会历史中，在半殖民地半封建的旧中国实际上也一直统治着人们的思想。邓小平曾说，我们党在新民主主义革命的过程中，“推翻封建主义的反动统治和土地私有制，是成功、彻底的。但是肃清思想政治方面的封建主义残余影响这个任务，因为我们对它的重要性估计不足，以后很快转入社会主义革命，所以没有能够完成”。

二

党的十一届三中全会以来，在领导人民推进改革开放和社会主义现代化建设的进程中，中国共产党人和中国人民义无反顾地重新踏上了继续探索社会主义民主政治建设的道路。在三十多年的实践中，形成了中国特色社会主义民主政治理论，并且在其指导下获得了丰硕的成果。

党的十一届三中全会前后，邓小平在深刻地总结世界社会主义运动正反两个方面经验特别是我国"文化大革命"及其之前沉痛教训的基础上，就发展社会主义民主问题作出一系列重要论述，对马克思主义民主政治理论做出巨大贡献。其中最重要的有：提出"没有民主就没有社会主义，就没有社会主义的现代化"的论断；特别强调"为了保障人民民主，必须加强法制。必须使民主制度化、法律化，使这种制度和法律不因领导人的改变而改变，不因领导人的看法和注意力的改变而改变"；提出通过政治体制改革发展社会主义民主，并且科学地概括了政治体制改革的纲领、目标和任务，为我国政治体制改革确立了思想纲领。

正是在他这些重要思想的指导下，改革开放三十多年，几代中央领导集体坚持开拓进取，在实践中不断探索、创新和发展，逐渐形成中国特色社会主义民主政治理论。这个理论的主要内容有：

第一，坚持党的领导、人民当家作主、依法治国有机统一，是中国特色社会主义政治发展道路的基本原则和核心要求。党的领导是人民当家作主和依法治国的根本保证。人民当家作主是社会主义民主政治的本质和核心。依法治国是党领导人民治理国家的基本方略。实现三者有机统一，是体现社会主义政治建设优越性的根本途径。过去一个相当长的时期内，我们对发展民主和健全法制重视不够，甚至将党的领导与民主法治对立起来，从而影响了民主法治的发展。提出党的领导、人民民主和依法治国的有机统一，把党的领导融入于民主法制建设之中，这就解决了社会主义政治发展的根本方向问题。

第二，坚持和完善社会主义基本政治制度。"三个统一"是中国特色社会主义政治发展道路的核心，坚持和完善人民代表大会制度、中国共产党领导的多党合作和政治协商制度、民族区域自治制度以及基层群众自治制度，则是坚持党的领导、人民民主和依法治国有机统一的具体体现。我国的这些社会主义根本制度和基本制度在制度设计和理论追求上是体现社会主义国家人民在政治上当家作主、符合我国国情的政治制度。党的领导、人民民主与依法治国的有机统一，就体现在坚持和完善这些社会主义政治制度之中，所以，在中国发展民主必须坚持这些制度。但是，在坚持这些制度的同时，必须通过政治体制改革不断完善这些制度，使人民当家作主真正在制度上有所保证。

第三，积极稳妥地推进政治体制改革。党和人民在不断推进经济体制改革的同时，始终把发展社会主义民主、加强社会主义法制放在重要位置，积极稳妥地推进政治体制改革，使社会主义民主法制建设取得了一系列的成就。表现在：人民代表大会制度得到恢复和发展；共产党领导的多党合作和政治协商制度作用不断加大；民族区域自治制度不断健全和完善；基层民主自治蓬勃发展；行政管理体制多次改革；法治建设有了突飞猛进的进展。

与此同时，也必须看到，与经济体制改革的进程与民主法制建设的目标相比，同社会主义现代化政治发展的要求相比，我们的民主法制建设确实还存在着不很适应的地方，主要表现在：政治体制改革相对滞后，不很适应经济体制改革的深入发展，特别是不很适应社会主义市场经济发展的新要求；改革与完善党的领导方式、执政方式的任务虽然提了出来，但还缺乏研究和探索，远远没有破题；在民主的制度化、法律化建设上，还有很多需要完善的地方，譬如人民代表大会制度、共产党领导下的多党合作和政治协商制度、基层民主政治制度等还很不完善、很不健全；干部人事制度改革、政治监督的改革还缺乏力度，从而使腐败猖狂、吏治失范、权威流失等问题没有得到很好解决。

三

三十年来的民主政治建设，使我们对中国社会主义政治发展的客观规律有了进一步的认识，积累了一些基本经验。

第一，中国的民主政治建设必须坚持党的领导。中国的政党制度同西方政党制度产生历史过程存在巨大差异。西方国家是在资产阶级革命胜利以后先建立了议会制度，后来由于政治发展的需要在议会活动基础上产生了政党。因此，西方的政党要想获得组建政府的机会，必须遵守议会规则，通过竞争获得执政资格。而中国则情况完全不同。在中国，是先有了一个按照科学理论组织起来的先进的中国共产党，领导人民通过武装斗争赢得政权，进而在新中国的人民政权中成为执政党。因此，中国共产党在中国的执政地位是有着历史合法性的。同时，中国是一个幅员辽阔、人口众多、由56个民族组成的国家。在这样一个历史漫长悠久、现实情况错综复杂的国度里进行社会主义现代化建设，没有一个能够代表最广大人民利益、善于总揽全局、有效协调各方的政治核心作为社会生活的中坚力量，社会的稳定发展和不断进步是不可能的。事实证明，这个政治领导核心还是中国共产党。

第二，从国情实际出发推进民主，不照抄照搬西方的政治模式。西方的“三权分立”和“多党政治”是他们的历史、文化和国情的产物，与中国国情有着区别。如果简单地照搬西方的“三权分立”，实行立法、行政、司法平行设置，人民代表大会一院制政体就会改变，人民权力高于一切就会发生变化。我国的共产党领导的多党合作和政治协商制度，既是中国历史发展的合乎规律的结果，也是当代中国现实发展的必然要求，有着自己特有的优势，应当在实践中坚持和完善，而不能简单地仿效西方的多党制。其实，即使是在西方国家，由于国情不同，政体和政党制度的形式也是不同的。同样是代议制国家，英国就是君主立宪制，美国就是民主共和制；同样是民主共和制，美国是总统制，法国是总统内阁制，瑞士是委员会制。“三权分立”只是在美国最为典型，而其它国家并非都是美国式的“三权分立”。国外的政党制度也不是完全一样的，有的是两党制，有的是多党制，还有的是一党制。所以，在中国发展民主必须从自己的国情出发，坚持符合中国国情的社会主义政治制度。

第三，寻找适合自己国情的民主发展目标模式和实现道路。中国目前还处于社会主义初级阶段，由于历史和现实的种种原因，社会生产力还没有实现高度发展，受此影响，文化建设还不可能十分发达。因此，在中国这样经济文化不很发达的国度发展民主，必须从客观实际出发确定目标模式和实现道路。在当代中国，由于经济发展水平不高和经济结构不完善程度的制约，民主的发展进程不能不在一定程度上受到影响。首先，现阶段社会生产力发展水平制约着民主的发展程度。作为国家政治制度层面的民主，它的进步程度和发展水平，离不开一定社会的生产力发展状况。在我国，由于社会主义初级阶段社会生产力发展水平的不高，不可避免地制约着社会成员的受教育水平和民主素质以及民主运行机制的完善程度。其次，社会主义市场经济的不成熟直接影响民主的发展。人类民主形成和发展的历史表明，商品经济的发展程度直接影响着民主的成长。在我国，社会主义市场还不可能一下子就成熟和完善起来。由于现阶段市场经济的不发达和不完善，影响着社会成员民主意识的增强和民主机制的健全。在这种情况下，发展社会主义民主只能从国情出发，不断探索中国民主发展的客观规律，实事求是地制定建设有中国特色社会主义民主的目标模式。

第四，实事求是地吸收西方民主的合理做法。在坚持中国特色社会主义民主道路的同时，我们也必须看到，民主作为一种与封建专制相对立的政治制度，具有一些基本的要素，这些要素是社会主义和资本主义都共同具有的。在经济文化比较落后的国家建设社会主义，一般都没有经历资本主义发达阶段，同在经济上应当学习资本主义某些合理经验一样，在政治上我们也应当学习资本主义民主中某些具有全人类文明的共同成果。从政体的层面看，我们的人民代表大会制度和西方的议会民主在性质、内容上有很大不同，但它们都是代议制却是相同的，因而，代议制中的某些做法是可以互相借鉴的。譬如选举制度中某些行之有效的做法，权力设置和权力监督中的某些有益成果。从民主的运行机制和操作程序上看，恐怕共性就更多了。资本主义在几百年的时间里，创造了一整套现代民主运行机制和操作程序，其中有许多人类文明共同成果。譬如法治的原则及其成果、新闻监督的某些形式，有许多是值得我们参考和借鉴的。

第五，政治体制改革必须以经济体制改革作为基础，始终注意维护政治稳定。我国新时期的改革实践昭示，要顺利推进社会主义全面改革，必须遵循经济决定政治、政治反作用于经济的发展规律，先在经济体制改革上有大的突破，再不失时机地展开政治体制改革；在进行各项政治体制改革的时候，必须继续加大经济体制改革的力度，并使之与政治体制改革相配套，为政治体制改革的顺利推进创造坚实的基础。同时，在发展民主过程中应当注意维护稳定。一般地说，高度发展的社会主义民主最终有利于社会稳定。但是，民主作为政治上层建筑，它总是涉及一些敏感的问题。如果在推进民主的过程中操作不慎，就有可能影响社会稳定。这种错综复杂的情况，要求推进政治体制改革既要解放思想，大胆突破；又要实事求是，谨慎从事，坚持在党的领导下有计划、有步骤地循序渐进地进行。

四

党的十七大报告指出："人民民主是社会主义的生命。"充分表明了中国共产党对发展社会主义民主重要性的深刻认识和坚定不移地领导人民发展民主政治的决心。我国将在2020年全面建成社会主义小康社会。展望今后十年，我国的民主政治建设和政治体制改革将会有一个较大的进展。

第一，党的领导方式和执政方式将进一步适应民主法治的要求。党的十六大报告指出："改革和完善党的领导方式和执政方式，这对于推进社会主义民主政治建设，具有全局性作用。"坚持党的领导、人民当家作主和依法治国的有机统一，关键在于不断改革和完善党的领导方式与执政方式。今后十多年，通过不断探索和努力，一定会实现"党要总揽全局、协调各方的领导核心作用，提高党科学执政、民主执政、依法执政水平，保证党领导人民有效治理国家"的目标和原则。党同国家权力机关、国家权力执行机关之间的关系将进一步理顺，党的政治领导将会上升到新的水平，党的执政方式将会更加科学、合理。

第二，社会主义民主将不断扩大。党的十七大报告指出："扩大人民民主，保证人民当家作主。人民当家作主是社会主义民主政治的本质和核心。要健全民主制度，丰富民主形式，拓宽民主渠道，依法实行民主选举、民主决策、民主管理、民主监督，保障人民的知情权、参与权、表达权、监督权。"未来十年，通过一连串的政治体制改革，这个目标将会得到充分实现。

第三，社会主义政治制度将会进一步完善。通过改革，作为我国社会主义民主根本体现的人民代表大会制度更加能够发挥作用，其选举制度将逐渐完备，人民的选举权利能够得到切实维护。人民代表大会及其常委会自身建设将会不断加强，真正做到依法履行国家权力机关职能，增强在国家政治生活中的权威。立法和监督工作将会不断强化。共产党领导的多党合作和政治协商制度进一步完善。民主党派和民主人士参政议政的渠道将会不断扩大，并且从制度上切实加以保证。政治协商的范围、内容、方式切实实现制度化、规范化、程序化，真正将政治协商纳入决策的全过程。民主监督长效机制将不断建立健全。基层群众自治制度将会呈现长足发展。农村的村民自治、城市的社区自治和企业职工的民主管理日趋多样、丰富多彩，基层民主能够在制度化、规范化、程序化、法律化的轨道上健康顺利发展。

第四，公民政治参与的形式将会更加丰富、政治沟通渠道不断拓宽。通过政治体制改革，党和人民能够创造出多种多样的民主形式，切实保障人民的知情权、参与权、表达权、监督权的实现。在制度创新方面取得新进展，不断探索人民依法管理国家事务和社会事务、管理经济和文化事业的新途径新形式，从制度上满足人民群众不断增强的政治参与要求。政治参与渠道实现将不断拓宽，各种社会组织在政治生活和社会生活中将会积极有序地发挥重要作用。

第五，党内民主将会不断扩大。党的十七大提出，要以党内民主带动人民民主，以增进党内和谐促进社会和谐。在未来十年中，党内民主的制度化、规范化、程序化将会上升到新的水平。党内民主政治生活公开化、透明化将进一步增强，党员在党内生活中的权利和地位得到充分体现和保障。党的代表大会制度、党员大会制度、党代表常任制和党委会制度将会在实践中形成一整套切实可行的规范化、程序化、可操作化的具体运作机制。党内民主作为促进社会主义民主政治建设的切入点能够真正得到体现，从而有力地推动整个国家和社会的民主建设。

总之，回顾六十年民主政治建设，我们要倍加珍惜来之不易的既得成果。放眼未来，我们对中国民主前途充满信心。

（作者：中共中央党校政法部主任、教授）

建国六十年来我党文化理论的演变与创新

李道中　杨吉华

文化理论是关于文化本质、文化价值、文化功能、文化发展等问题的系统认识。中国共产党是一个高度重视文化建设的政党，它在领导全国人民进行文化实践的同时，也在进行积极的理论思考和探索，取得了一系列丰硕的理论成果。在这一探索过程中虽然走过一段弯路，但总的看是一个不断进步的过程。在建国60周年之际，回顾党60年来文化理论的发展历程，对于进一步丰富和发展党的文化理论，指导新世纪的中国文化建设，实现中华民族的伟大复兴无疑都具有重要的意义。

中国共产党的文化理论继承了马克思、列宁等革命导师的传统，注重从社会有机体中把握文化的本质、地位和作用，强调文化为无产阶级事业服务的功能。毛泽东同志认为，“一定的文化（当作观念形态的文化）是一定社会的政治和经济的反映，又给予伟大影响和作用于一定社会的政治和经济；而经济是基础，政治则是经济的集中的表现”。文化与政治、经济有着密切的关系，“一定形态的政治和经济是首先决定那一定形态的文化的；然后，那一定形态的文化又才给予影响和作用于一定形态的政治和经济”。这是毛泽东对文化本质、地位和作用的最基本的认识，也是中国共产党文化理论的基本观点。

正是在这一思想的指导下，建国以后中国共产党人对社会主义文化理论和建设进行了创造性的探索，这一历程可以大致划分为五个阶段。除了个别阶段以外，后一阶段都是对前一阶段的继承和发展，都有重大的理论建树和实践的新进步。当然，这五个阶段的划分只具有相对意义。

一

党的文化理论探索的第一阶段（1949—1965年）。党的文化理论的探索由不自觉到自觉，既有影响深远的积极成果，也有重大的理论误区。这个阶段主要理论成果是“双百方针”的提出。

这一阶段又分两个小阶段：1949—1955年为第一个小阶段。这一阶段党的主要任务是实现政权的顺利过渡，进行社会主义改造，相应地提出了文化改造的任务。

1949年9月29日中国人民政治协商会议第一届全体会议通过《共同纲领》规定：“中华人民共和国的文化教育为新民主主义的，即民族的、科学的、大众的文化教育。人民政府的文化教育工作，应以提高人民文化水平，培养国家建设人才，肃清封建的、买办的、法西斯思想，发展为人民服务的思想为主要任务。”这个规定也是建国最初几年我国文化建设的基本指导思想。

1953年党制定了过渡时期的总路线，即“一化三改”。因此也可以说，党在这个时期文化建设的主要任务是在大“改造”的背景下进行文化“改造”，目的是为建设社会主义文化扫清障碍。至于“立”的方面，主要是发展文化教育事业，发展适合群众需要的新文学艺术和电影的创作，发展各类舞台剧本，改进表演艺术等。虽然当时已经有人提出了“发展社会主义的新文化”命题，但对于什么是“社会主义新文化”，并没有人作系统的理论阐述。

这个阶段的文化领域已经出现了值得注意的苗头，对电影《武训传》的大讨论开了后来的艺术批评乱扣帽子的先河。1954年中期的思想改造运动，1955年的批胡风反革命集团，也都远远超出了思想运动的范畴，演变为一场严重的政治运动。

1956—1965年为第二个小阶段。这个阶段毛泽东同志对党的文化理论进行了集中思考，形成了继新民主主义文化论之后的又一重大理论成果。

这个阶段党对社会主义文化理论的探索或集中或散见在毛泽东《关于正确处理人民内部矛盾的问题》、《论十大关系》等一系列著作和讲话中。在这些文章和谈话中，毛泽东同志系统地阐述了他的文化思想，提出了发展社会主义文化事业的一系列观点，其中最著名的就是提出发展科学文化的“双百方针”以及处理古今中外文化关系的“十二字方针”。毛泽东认为，“百花齐放，百家争鸣的方针，是促进艺术发展和科学进步的方针，是促进我国社会主义文化繁荣的方针”，主张学术问题要通过自由讨论来解决，反对“利用行政力量，强制推行一种风格，一种学派，禁止另一种风格，另一种学派”。在处理古今、中外文化关系上，要坚持“古为今用，洋为中用”、“推陈出新”的方针。与此同时，毛泽东提出了分辨“香花”和“毒草”的六条标准，其中“最重要的是要坚持社会主义道路和党的领导两条”。这些观点经过党的其他领导人和党的文献的系统宣传阐发，成为中国共产党文化事业的基本方针政策，对后来我党文化政策实践产生了深远的影响。

毛泽东“双百方针”提出伊始就遭到了不少人的不理解和反对，加上当时复杂的国际国内形势，这一方针并没有得到很好的执行，或者说在当时的历史条件下根本就没有可能执行。很快，一场反击资产阶级右派进攻的斗争在全国范围内展开，一大批知识分子、爱国人士和党的干部被错划为右派分子，中国文化科学事业遭到了严重的挫折。

60年代初随着我国经济建设方针的大调整，党的文化政策出现了一次全面、自觉的调整，相继制定了《科学十四条》、《高教六十条》和

《文艺八条》等一系列条例。在上述条例和当时的党的文件中，都毫无例外地重申“百花齐放、百家争鸣”是发展社会主义文学艺术的根本方针；强调在学术工作中，一定要百花齐放、百家争鸣，不戴帽子、不打棍子、不抓辫子，这样才能造成一种又有统一意志、又有个人心情舒畅、生动活泼的政治局面，充分地调动起广大知识分子的积极性；强调我国知识分子中的绝大多数已属于劳动人民的知识分子。我国文化生活出现了一个短暂的积极变化。

然而，这一阶段主导党的主要领导人思想的仍然是阶级斗争论。1962 在中共八届十中全会上，毛泽东发展了他的无产阶级同资产阶级的矛盾仍然是中国社会主要矛盾的观点，认为在整个社会主义历史阶段中，资产阶级都将存在和企图复辟，并成为党内产生修正主义的根源，提出阶级斗争要“年年讲，月月讲，天天讲”。在这种思想支配下，注定了我党对文化政策的积极调整不能持久，“左”的文化思潮在党的意识形态工作中明显占了上风。当时的党的主要领导人对文艺现状的评价也是相当负面的，文化领域的阶级斗争的火药味愈来愈浓。

二

党的文化理论建设的第二阶段（1966—1976 年）。文革十年。这个阶段有价值的理论建树很少，对文化的理解完全背离了马克思主义的基本原理，形成了一种极左的文化思潮。党的文化理论探索陷入误区。

1966 年开始的十年文化大革命是一场由领导者错误发动，被反革命集团利用，给党和国家带来深重灾难的内乱。文化大革命不是一场真正的文化革命，而是一场反文化的运动，结果是造成了思想僵化、精神枯萎、万马齐喑的可悲局面。

1966 年“文艺黑线专政论”出笼，即“文艺界在建国以来被一条与毛主席思想相对立的反党反社会主义的黑线专了我们的政，这条黑线就是资产阶级的文艺思想、现代修正主义思想和所谓三十年代文艺的结合”，全面否定建国以来中国共产党领导的文艺事业。是年 4 月，党的会议通过了由毛泽东主席主持起草的《中国共产党中央委员会通知》，8 月中共八届十一中全会通过了《关于文化大革命的决定》，提出了在文化领域开展阶级斗争和夺取文化领域领导权的任务。这个时期的党的文化理论是“无产阶级专政下继续革命的理论”的一个组成部分，特点是强调文艺为政治服务，为阶级斗争服务。这种“左”的思潮被林彪、“四人帮”推向了极左，全面推行文化专制主义，党的“双百方针”荡然无存。文化大革命给整个文化界带来了一场浩劫。

这个阶段文化建设总体出现失误的前提下也有值得一提的一些积极变化。1975 年 7 月初，毛泽东就表达了对当时文艺政策的强烈不满，批评“样板戏太少，而且稍微有点差错就挨批。百花齐放都没有了，别人不能提意见，不好。怕写文章，怕写戏。没有小说，没有诗歌”。7 月 14 日傍晚，毛泽东又同江青当面谈文艺调整问题，明确提出：“党的文艺政策应该调整一下。”指出：一、扩大文艺节目；二、对作家要帮助；“要惩前毖后、治病救人”，改变动不动就撤职，动不动就关起来的错误做法，把他们解放出来，对他们团结、帮助；三、“文艺问题是思想问题”。这一系列举动，都意味着毛泽东对“四人帮”推行的极左的文艺政策的不满，对党的文化政策实践的反思。

三

党的文化理论发展的第三阶段（1977—1996 年）。党的文化理论探索的特点是拨乱反正，不断摆脱“左”的影响，逐渐恢复马克思主义的文化理论传统。这个时期主要理论成果是提出社会主义精神文明建设理论。

这个阶段我党的文化理论建设较之前三十年相比，也呈现了新的特点：

一是历次党的代表大会报告都浓墨重彩地阐述精神文明建设的思想。1982 年的十二大，

1987年的十三大，1992年的十四大，都用了较多篇幅论述精神文明建设问题，一些重要的理论命题都是从党的报告开始的。

二是几次文代会上党的领导人的重要讲话成为指导精神文明建设的纲领性文件。如1979年10月，邓小平代表党中央在中国文学艺术工作者第四次代表大会上的祝辞，就提出了新时期我国文学艺术事业发展的一系列指导方针。邓小平同志关于文艺与政治、文艺与人民关系的深刻论述，为划清政治问题与文艺问题的界限提供了重要依据。这篇祝辞成为新时期党指导文艺工作的基本纲领。

三是党召开全会专门讨论精神文明建设问题。1986年9月中国共产党十二届六中全会通过了《中共中央关于社会主义精神文明建设指导方针的决议》。10年之后也就是1996年十四届六中全会通过了《中共中央关于加强社会主义精神文明建设若干重要问题的决议》。两个文件系统阐述了社会主义精神文明建设理论，既有理论抽象，又有具体政策阐发，是这一时期我们党文化理论的集中体现。

十一届三中全会以后的这20年我党对文化理论的探索是卓有成效的，最重要的理论成果就是提出社会主义精神文明建设理论。这个理论主要由精神文明与社会主义本质的关系、精神文明建设的战略地位、精神文明建设的指导思想和精神文明建设的内容、任务、方法以及政策等内容组成。精神文明建设理论集中了中国共产党人的集体智慧，而邓小平同志无疑对这一理论付出了巨大心血，做出了杰出的贡献。邓小平同志强调只有两个文明都搞好，才是有中国特色的社会主义；提出了两手抓、两手都要硬的思想；强调精神文明建设包括思想道德建设和教育科学文化建设，目标是培育“有理想、有道德、有文化、有纪律”的社会主义四有新人；强调必须坚持马克思主义，坚持四项基本原则，反对资产阶级自由化；强调要继承和发扬民族的优秀文化传统和党的优良传统，吸收和借鉴人类社会创造的一切文明成果，反对封建主义残余影响，抵制资本主义腐朽思想的侵蚀；强调要尊重知识、尊重人才，培养一大批优秀的科学家、教育家、文学艺术家和其他各种专家；强调思想政治工作和思想政治工作队伍决不能削弱；强调党要加强对精神文明建设的领导，党风建设关键是领导干部以身作则，等等。社会主义精神文明建设理论内容丰富，继承了毛泽东文化理论的精髓，同时又对改革开放条件下精神文明建设的新的时代课题给予了科学回答，是对我党文化理论的重要发展。

四

党的文化理论探索的第四个阶段（1997—2002年），党的文化理论进一步深入发展，文化体制改革全面展开。主要理论成果是提出建设有中国特色社会主义的文化和先进文化的理论。

早在1991年在庆祝中国共产党成立70周年大会上，江泽民就提出了“有中国特色社会主义文化”命题，并对它的基本要求作了阐述。1997年9月，党的十五大第一次正式把建设有中国特色社会主义文化列为党在社会主义初级阶段基本纲领的重要组成部分，指出：“建设有中国特色社会主义的文化，就是以马克思主义为指导，以培育有理想、有道德、有文化、有纪律的公民为目标，发展面向现代化、面向世界、面向未来的，民族的科学的大众的社会主义文化。”十五大报告围绕有中国特色社会主义文化的地位与作用问题，系统阐述了中国特色社会主义文化建设的战略地位、基本内容、目标任务和基本政策等问题，并指出了它与社会主义精神文明的联系：“有中国特色社会主义的文化，就其主要内容来说，同改革开放以来我们一贯倡导的社会主义精神文明是一致的。文化是相对于经济、政治而言。精神文明是相对于物质文明而言。只有经济、政治、文化协调发展，只有两个文明都搞好，才是有中国特色的社会主义。”

2000年2月江泽民在广东考察工作时，提出了“三个代表”的重要思想，其中的一个重要内容就是我们党要代表中国先进文化的前进方向。2001 年 7 月 1 日江泽民在庆祝中国共产党成立 80 周年大会的讲话中指出：“坚持什么样的文化方向，推动建设什么样的文化，是一个政党在思想上精神上的一面旗帜。”并指出了中国先进文化与中国特色社会主义文化、社会主义精神文明的关系：“在当代中国，发展先进文化，就是发展有中国特色社会主义文化，就是建设社会主义精神文明。”

2001 年 12 月 28 日，江泽民在中国文学艺术界联合会第七次全国代表大会和中国作家协会第六次全国代表大会上的讲话中进一步指出：当今世界激烈的综合国力的竞争，不仅包括经济实力、科技实力、国防实力等方面的竞争，也包括文化方面的竞争。总体上处于弱势地位的广大发展中国家，不仅在经济上面临严峻挑战，在文化发展上也面临严峻挑战。保持和发展本民族文化的优秀传统，大力弘扬民族精神，积极吸取世界其他民族的优秀文化成果，实现文化的与时俱进，是关系广大发展中国家前途命运的重点问题。要坚持为人民服务、为社会主义服务的方向和百花齐放、百家争鸣的方针，弘扬主旋律，提倡多样化，积极宣传爱国主义、集体主义、社会主义思想，坚决抵制拜金主义、享乐主义、极端个人主义思想，积极倡导先进文化，努力改造落后文化，坚决抵制腐朽文化。

2002 年 11 月党的十六大报告又对文化建设作了专门论述，在强调牢牢把握先进文化的前进方向的同时，特别突出了在文化建设中要坚持弘扬和培育民族精神、切实加强思想道德建设、大力发展教育和科学事业、积极发展文化事业和文化产业、继续深化文化体制改革等重点内容。把发展文化事业和文化产业、深化文化体制改革突出出来，体现了党对新时期文化事业和文化产业以及文化体制问题的高度重视。先进文化建设要靠文化事业和文化产业的健康发展来落实，或者说，文化事业和文化产业的发展是建设先进文化的现实路径。为了提高文化生产力，实现文化大繁荣的局面，就必须改革束缚文化生产力的文化体制。

五

党的文化理论发展的第五阶段（2003 年—至今）。这个阶段理论探讨的重点不仅涉及文化本质、文化社会功能等抽象问题，而且集中在如何实现文化大繁荣等问题上，文化理论政策化、法规化的趋势更加明显。这一时期的主要理论成果是提出和谐文化理论。

中国经济社会发展到了 21 世纪初已经到了这样一个时刻，一方面，改革开放取得了重大成绩，国民经济持续快速发展，人民的生活水平上了一个新台阶，经济规模在世界上已经处于世界的前列，中国的国际地位不断上升。但另一方面，随着改革开放的深入和经济社会的快速发展，过去被高速发展掩盖的矛盾不断暴露出来。如环境污染、资源的枯竭、贫富差别进一步拉大、腐败问题、社会治安、就业问题等。这些问题虽然是前进中的问题，但如果不解决好，就会酿成严重的社会危机，阻碍中国社会前进的步伐。如何建设一个既能快速发展又更加和谐的社会？和谐社会需要什么样的文化理念？如何为建设和谐社会提供富有成效的价值支撑和智力支持？党的和谐文化理论就是在这种背景下应运而生。

党的十六大报告提出要“努力形成全体人民各尽所能、各得其所而又和谐相处的局面”的要求，和谐社会的思想初露端倪。2004 年 9 月《中共中央关于加强党的执政能力建设的决定》强调要把和谐社会建设摆在重要位置。2005 年 2 月胡锦涛《在省部级主要领导干部提高构建社会主义和谐社会能力专题研讨班上的讲话》提出了构建社会主义和谐社会的总目标和总要求。2006 年 5 月在云南考察时提出了建设和谐文化的战略思想。他强调指出，要树立共同理想、打牢共同思想基础、弘扬民族精神、开展道德建设，特别是要宣传和树立以“八荣八耻”为主要内容的社会主义荣辱观，促进和谐文化建设，为构建社会主义和谐社会提供强大的思想道德力量。

2006年10月，中国共产党第十六届中央委员会第六次全体会议作出了《中共中央关于构建社会主义和谐社会若干重大问题的决定》，《决定》对“建设和谐文化”的战略地位、总的要求、根本任务、主要内容等问题作出了全面论述。《决定》指出：建设和谐文化，是构建社会主义和谐社会的重要任务；必须坚持马克思主义在意识形态领域的指导地位，牢牢把握社会主义先进文化的前进方向，弘扬民族优秀文化传统，借鉴人类有益文明成果，倡导和谐理念，培育和谐精神，进一步形成全社会共同的理想信念和道德规范，打牢全党全国各族人民团结奋斗的思想道德基础；社会主义核心价值体系是建设和谐文化的根本，马克思主义指导思想，中国特色社会主义共同理想，以爱国主义为核心的民族精神和以改革创新为核心的时代精神，社会主义荣辱观，构成社会主义核心价值体系的基本内容。2007年10月胡锦涛同志在党的十七大上所作的报告中进一步提出了“建设和谐文化，培育文明风尚”的文化建设任务，强调“和谐文化是全体人民团结进步的重要精神支撑”。

和谐文化是一种提倡和奉行和谐理念的文化。所谓和谐文化，就是一种以和谐理念为基本思想内核和价值取向，以倡导、研究、阐释、传播和奉行、实践和谐理念为主旨的文化形态和文化范式。“和谐”这一理念，最鲜明标明了这种文化的内容和目标，最集中地反映了这种文化的性质和特点。和谐理念，古已有之，国外亦有。我们今天所讲的社会主义和谐文化，是一种以中华民族在辉煌灿烂的历史进程中形成的以和谐为基调和底蕴的中华传统文化为渊源，以建设社会主义和谐社会的客观实践为现实基础，以反映社会进步和时代发展方向为重要内容和重要目标的全新的文化形态和文化范式。它既反映了我们党对社会主义文化的新认识，也反映了我们党对我国社会和当今世界发展要求的总体认识和理想追求，是对党的基本指导思想的深化与升华。

当前，我国文化发展是建国以来最好的时期之一。文艺创作日益繁荣，公共文化服务体系基本形成，文化市场和文化产业蓬勃发展，文化遗产保护成效显著，对外文化交流不断扩大，文化体制改革不断深化，文化建设的保障体系更加完善。这些都是与我党文化理论的日趋成熟和完善是分不开的，也充分地说明了理论对实践进程的重要影响。随着中国特色社会主义事业的不断发展，我们党的文化理论也会进一步发展。

（作者：中共中央党校教授；中共中央党校博士）

认准方位　继续奋进

——纪念新中国成立六十周年感言

金春明

今年是中华人民共和国建国六十周年。六十年，按照中国纪年习惯称为一个甲子。一个甲子，在人类历史长河中不过一瞬间，但对中国来说，却是一个经历了天翻地覆巨大变化的一整个时代。如何概括这巨大的变化，从不同角度可以概括为很多条，石仲泉同志概括为十二条。这些都很有道理。不过作为六十年全过程的亲历者，笔者印象最深的是三个方面：

一是中国从一个在世界政治舞台上毫无地位、没有发言权的“无声的中国”，变成了解决全球任何重大问题不可或缺的重要政治力量。回想一下，1919 年巴黎和会，中国是作为战胜国参加的，但事关中国主权的青岛、胶济铁路和山东问题，却由英、美、法和日本秘密协商，中国代表不得与闻。又如，1943 年中国已号称“世界四强”之一，但雅尔塔涉及中国的秘密协定，却由美、英、苏三巨头密议决定，中国只是在事后方被告知。在中国已经站起来的今天，这样的事是不可能再发生了。这难道不是天壤之别吗？

二是中国从一个经济贫困落后的生产小国，变成世界前列的经济大国。从一个只会生产桌椅板凳但造不了一辆汽车、拖拉机的落后经济体，变成了汽车产量世界领先并生产大量各种产品的“世界工厂”。上个世纪九十年代初到英国，看到该国高速公路纵贯全岛，四通八达，十分羡慕。当时中国只有沈大、广深等几条高速公路。而今中国高速公路的总里程数已居世界前列。今日中国除了航空母舰等少数产品外，几乎没有不能生产的了。

三是从遭人耻笑的“东亚病夫”，变成令人羡慕的奥运金牌第一的体育大国。体育不仅表现在运动竞技场上，它是一个国家、民族的教育、文化、医疗、卫生、环境等社会生活方方面面的综合指标。金牌后面蕴积着深厚的经济、文化、社会因素。没有人们社会生活的全面改善，教育的普及提高，全民健康水平和体育事业的飞速发展，怎么会有那么多的金牌！如此等等的巨大变化，不胜枚举。因此，中国人发自内心的举国欢庆是很自然的，也是有充分理由的。

不过任何事物都会有两面，甚至多面。六十年间，新中国经历的绝不仅是高歌猛进和成就辉煌。曲折的道路、重大的挫折和沉痛的教训，同样是令人难忘而深深铭刻于心的。今日之中国也不是完美无瑕的太平盛世。不时会发生的诸多群体性事件，如贵州瓮安、湖北石首、吉林通钢等，还有诸如西藏“3·14 事件”、新疆“7·5 事件”等内外敌对势力制造的惨案。这些严酷的事实警告我们，“刀枪入库，马放南山”的太平时代，还远远没有到来。今日之中国与世界还充满着矛盾和斗争。因此，在纵情狂欢的时刻，特别需要保持清醒的头脑。

历史经验告诉我们，要做一个清醒的革命者，重要的一条是时刻不忘认准方位。所谓方位，就是前进方向和历史地位。

我们的前进方向从来是明确的。从建党开始就有一个明确的大目标，建设一个社会主义、共产主义的新世界，而且每到关键时刻，党中央总是及时提醒全党不要忘记大目标。抗日战争前夕，毛泽东在全国代表会议的结论中，特别讲革命前途问题。他说：“我们是为着社会主义而斗争，这是和任何革命的三民主义不同的。现在的努力是朝着将来的大目标，失掉这个大目标就不是共产党员了。然而放松今日之努力，也就不是共产党员。”在 1954 年社会主义改造的关键时刻召开的第一届全国人民代表大会第一次会议的开幕词中，毛泽东又强调：“我们的总任务是：团结全国人民，争取一切国际朋友的支援，为了建设一个伟大的社会主义国家而奋斗。”“我们的目的一定要达到，我们的目的一定能够达到。”这些当然都是有很强的针对性的。

今日中国早已进入社会主义初级阶段，我们今日之努力和未来的大目标是完全一致的，这就是建设中国特色社会主义。改革开放三十年的历史实践已经证明，中国特色社会主义是马克思列宁主义、毛泽东思想的继承、坚持和发展，是几代中国共产党人带领各民族亿万群众伟大求索的实践经验的升华和结晶，是马克思主义中国化的最新成果，是党和人民最宝贵的理论财富，是全国各族人民团结奋斗的共同思想基础，也是完全符合人类社会客观发展规律的伟大求索。

当今中国又处于一个新的历史性大转换的重要关头。这是一个从传统社会向现代社会转换的最后关头；是从计划经济向市场经济转换的接近完成的阶段；是从人治社会走向法治社会转换的重要时刻。愈是这样的关键时刻，愈是需要有明确的方向目标。遗憾的是，在一部分人中间前进方向问题又似乎变得模糊而混乱起来。有些人公开从不同的角度对我们党今天的指导思想——中国特色社会主义理论和道路提出质疑。有人说:“中国至今仍自称是一个社会主义国家,但中国作为一个社会主义国家所需要的社会架构已荡然无存。”因此,他们提出要“反对资本主义复辟”,甚至要再搞一次“无产阶级文化大革命”。让中国调转方向回过头去。另有人说:毛泽东领导的建国前三十年,“实际上是在进行一场空前荒唐的在历史上丝毫没有进步意义的封建社会主义实验”。必须全盘否定,彻底改弦更张,改写历史,改党名,换旗帜。他们要求,“敢于把民主社会主义旗帜举起来”,“中国共产党改名为中国社会民主党”。看来,对有的人来说,已不只是模糊混乱,而是在企图改变今日中国之正确方向,扭转历史前进的车轮。如果说这样话的人只是帝国主义的奴才和反共分子,那是毫不奇怪的。但遗憾的是,发表这类言论的,不少是共产党员,甚至还是资格颇老的共产党员,这显示了党内思想状况的复杂性和严重性。胡锦涛总书记为什么多次强调,高举中国特色社会主义旗帜必须坚定不移,走中国特色社会主义道路必须坚定不移,这应该是重要原因之一。

所以,认准前进方向问题,在今日中国社会特别是中国共产党内,是有强烈的现实针对性的重大思想理论认识问题之一。在发展的道路上,我们要理直气壮地坚持“决不走封闭僵化的老路,也决不走改旗易帜的邪路”,更要从心底里坚信“停顿和倒退没有出路”!

与之相联系的是历史地位问题。换句话说,我们建国后已经奋斗六十年,现在走到哪一步,在人类发展史和中国革命发展史上处于哪一个地位?我们在建国后的前三十年犯过的“超越阶段”的错误,大都与这个历史地位没有搞清楚有关。这个问题党中央已经有过明确的结论。问题是今天这个问题是不是完全解决了呢?我认为还没有。不时会听到的一些胜利冲昏头脑的胡话和一些急功近利超越现实的失常举措,就是这个问题还没有解决好的证明。

如何看待今日中国的历史地位呢?我认为重温一下建国前夕召开的中国共产党七届二中全会上毛泽东的报告是有益的。

“夺取全国胜利,这只是万里长征走完了第一步。如果这一步也值得骄傲,那是比较渺小的,更值得骄傲的还在后头。在过了几十年之后来看中国人民民主革命的胜利,就会使人感觉那好像只是一出长剧的一个短小的序幕。剧是必须从序幕开始的,但序幕还不是高潮。中国的革命是伟大的,但革命以后的路程更长,工作更伟大,更艰苦。这一点现在就必须向党内讲明白,务必使同志们继续地保持谦虚、谨慎、不骄、不躁的作风,务必使同志们继续地保持艰苦奋斗的作风。”

如果把艰苦奋斗浴血奋战的民主革命二十八年,比作是“一个短小的序幕”。那么,建国后的这六十年,大概可以算作是中国革命长剧的第一幕。因为按照中央的总体部署和实践的进展情况,到现在社会主义市场经济已初步形成。可否以此为标识,认定探索中国特色社会主义道路的任务已经基本完成。这样,六十年就可以形成能够单独存在的一幕。这部中国革命长剧到底有多少幕呢?现在恐怕还难以预知。但这第一幕还不能成为高潮。高潮何在呢?仍如毛泽东在党的七届二中全会上的报告所言:“我们不但善于破坏一个旧世界,我们还将善于建设一个新世界。”这出中国革命长剧的高潮,应该就是我们理想和追求的大目标的那个新世界,经过长期地努力建设而比较完整地呈现之时。按照现在大家的共识,中国现在是处在社会主义初级阶段的中期。这个初级阶段大约需100年,也就是建国一百周年时。标志是使整个国民经济人均GDP达到发达国家的最低水平。然后,再经过几代人、十几代人、几十代人的坚持不懈地努力奋斗,才能建设起一个富裕、民主、平等、自由的新世界。

胡锦涛在党的十七大报告中指出,全党同志必须清醒地认识到,实现全面建设小康社会的目标还需要继续奋斗十几年，基本实现现代化还需要继续奋斗几十年，巩固和发展社会主义制度则需要几代人、十几代人甚至几十代人坚持不懈地努力奋斗。

这个理想的新世界是不会自然而然地顺利地等来的。毛主席说："这一点现在就必须向党内讲明白。"六十年过去了，现在全党同志是否对这一点都明白了呢？口头上是没有问题的。但从实际行动看，有相当部分的党员包括干部，还不能说是真正明白了。所以还有再讲、再强调的必要。这里借用革命先行者孙中山的一句话：

"革命尚未成功，同志仍需努力！"

（作者：中共中央党校教授、博士生导师）

"进京'赶考'去"

——开国前夕的一段轶事

黄少群　张　弛　罗庆宏

1949年3月23日，毛泽东等中共中央领导人，率领中央机关从西柏坡迁往北平城。出发时，毛泽东对周恩来说：今天是"进京'赶考'去"。并且说："我们决不当李自成，我们都希望考个好成绩。"毛泽东为什么会这么说？我们认为，这是毛泽东自延安整风以来，一直长期思考的问题，即如何防止出现胜利时骄傲的错误。这段轶事有个来龙去脉，说来饶有兴味，并且发人深思。

一、从郭沫若的《甲申三百年祭》说起

1944年3月10日，郭沫若为纪念明朝末年李自成领导的农民起义军打进北京推翻明王朝又仓皇败出京城三百周年，写成了著名的《甲申三百年祭》一文。17日，郭沫若把文稿送交在重庆的董必武审阅。19日，重庆《新华日报》开始连载，到22日全文载完。郭沫若在这篇文章中，运用历史唯物主义的观点，精辟地分析了这次农民大起义失败的经验教训。文章认为，这次农民大起义之所以从巨大胜利的顶峰迅速跌落下来（1644年进入北京，1645年就以失败告终），主要有两方面原因：一是它的一些首领因为胜利而骄傲起来，生活腐化了。"在过短的时期之内获得了过大的成功，这却使自成以下如牛金星、刘宗敏之流，似乎都沉沦进了过分的陶醉里去了。进了北京以后，自成便进了皇宫。丞相牛金星所忙的是筹备登基大典，招揽门生，开科选举。将军刘宗敏所忙的是拶夹降官，搜刮赃款，严刑杀人。纷纷然，昏昏然，大家都像以为天下就已经太平了的一样。近在肘腋的关外大敌，他们似乎全不在意。山海关仅仅派了几千兵去镇守，而几十万的士兵却屯积在京城里享乐。""就这样在京城里忙了足足一个月，到吴三桂已经降清，并诱引清兵入关之后，4月19日才由自成亲自出征，仓皇而去，仓皇而败，仓皇而返。而在这期间留守京都的丞相牛金星是怎样的生活呢？'大轿门棍，洒金扇上贴内阁字，玉带蓝袍圆领，往来拜客，遍请同乡'，太平宰相的风度俨然矣。"二是屠戮功臣，进行宗派斗争。文章写道："大凡一位开国的雄略之主，在统治一固定了之后，便要屠戮功臣，这差不多是自汉以来每次改朝换代的公例。自成的大顺朝即使成功了（假使没有外患，他必然是成功了的），他的代表农民利益的运动早迟也会变质，而他必然也会做到汉高祖、明太祖的藏弓烹狗的'德政'，可以说是断无例外。然而对于李岩们的诛戮却也未免太早了。假使李岩真有背叛

举动，或拟投南明，或拟投清廷，那杀之也无可惜，但就是谗害他的牛金星也不过说他不愿久居人下而已，实在是杀得没有道理。”李自成不仅没有采纳李岩提出的一系列正确意见，反而听信牛金星的谗言杀了李岩，自折臂膀，由此而导致了起义领导集团的“解体”，最终难以逃避失败的命运。

《甲申三百年祭》发表不久即传到延安，立即引起中国共产党人的重视。在抗日民族战争即将胜利之际，中国共产党领导的新式农民战争，会不会重蹈李自成的覆辙，这不能不引起毛泽东等中央领导人的深深思索。

4月18、19日，延安《解放日报》全文转载了郭沫若的《甲申三百年祭》，党中央指示各解放区印成单行本学习。《解放日报》编者按语中指出，发表这一文章的目的是帮助同志们整风。接着5月19至26日，《解放日报》又全文刊载苏联A·科尔内楚克的剧本《前线》。6月7日，中共中央宣传部和总政治部联合发出通知，指出《甲申三百年祭》和《前线》，都是反对骄傲的。这两篇作品对我们的重大意义，就是要我们全党首先是党的高级领导同志，无论遇到何种有利形势与实际胜利，无论自己如何功在党国，德高望重，必须永远保持清醒与学习态度，万万不可冲昏头脑，忘其所以，重蹈李自成与戈尔洛夫（《前线》中的主人公——引者注）的覆辙。

8月下旬，周恩来托专人从延安给郭沫若带去了延安版的《屈原》和《甲申三百年祭》的单行本。当天，郭沫若即给毛泽东、周恩来和在延安的许多朋友一一致函，感谢他们的鼓励和鞭策。

11月21日，毛泽东专门给郭沫若写了一封信。信中说：“你的《甲申三百年祭》，我们把它当作整风文件看待。小胜即骄傲，大胜更骄傲，一次又一次吃亏，如何避免此种毛病，实在值得注意。”信中提出：“倘能经过大手笔写一篇太平军经验，会是很有益的；但不敢作正式提议，恐怕太累你。”信中指出抗日战争应该是成熟了的资产阶级民主革命，国际条件是好的，国内靠我们努力。接着，毛泽东谦虚地说：“我虽然兢兢业业，生怕出岔子，但说不定岔子从什么地方跑出来；你看到了什么缺点错误，希望随时示知。”

从那时起，如何防止出现胜利时骄傲的毛病，就成为党中央和毛泽东思虑得最多的一个重要问题。

二、和黄炎培的“窑洞对”，毛泽东提出“民主新路”

1945年7月1日，国民参政会参政员褚辅成、黄炎培、冷遹、傅斯年、左舜生、章伯钧（王云五因病未能同行），应中共中央和毛泽东主席的邀请，为推动国共合作进行商谈，在王若飞的陪同下，从重庆飞抵延安访问。毛泽东同朱德、周恩来、林伯渠亲到机场欢迎。六参政员共在延安参观访问了5天。其间，发生了毛泽东和黄炎培的被世人称为“窑洞对”的著名对话。这是毛泽东继读《甲申三百年祭》后的又一次深刻的思考。

7月4日下午，毛泽东在百忙中抽出时间，特地邀请黄炎培和冷遹到家里作客，整整长谈了一个下午。黄炎培是著名的政治活动家和教育家，抗日战争以来，一直热心于团结抗战工作。在重庆国民参政会上，他结识了共产党人周恩来、董必武、吴玉章等，对共产党有了一定的了解，此次来延安访问并能和毛泽东交谈，使他对共产党有了进一步的认识。他们在延安参观访问时，起初受国民党宣传的影响，还担心会触犯这里的“戒律”，因此处处小心谨慎，不敢造次。不久，他们便发现这种担心纯属多余，不仅无人前来干预他们的行动，而且主人还一再鼓励他们“随便走走，多提意见”。他们一行人“要到哪里，看哪里，都绝对自由”。几天下来，好动的黄炎培几乎跑遍了小小的延安城。

毛泽东在和他们的谈话中，介绍了中国共产党各方面的政策，谈到了教条主义的危害和刚结束不久的延安整风运动，说从多年的革命实践中，觉悟到过去的种种错误，就错在中了主观主义、宗派主义和党八股的毒害。并询问黄炎培等参观延安的感想。

对共产党有了一些新的了解，又熟读古今历史、有着六十多年的丰富阅历的黄炎培，此时很大胆而又诚恳地向毛泽东发表了他那个有名的“周期率”说。他说：

“我生六十多年，耳闻的不说，所亲眼看到的，真所谓‘其兴也浡焉’，‘其亡也忽焉’，一人，一家，一团体，一地方，乃至一国，不少单位都没有能跳出这周期率的支配力。大凡人初时聚精会神，没有一事不用心，没有一人不卖力，也许那时艰难困苦，只有从万死中觅取一生。既而环境渐渐好转了，精神也就渐渐放下了。有的因为历时长久，自然地惰性发作，由少数演为多数，到风气养成，虽有大力，无法拉转，并且无法补救。也有为了区域一步步扩大了，它的扩大，有的出于自然发展，有的为功业欲所驱使，强求发展，到干部人才渐见竭蹶、艰于应付的时候，环境倒越加复杂起来了，控制力不免趋于薄弱了。一部历史，‘政怠宦成’的也有，‘人亡政息’的也有，‘求荣取辱’的也有。总之没有能跳出这周期率。中共诸君从过去到现在，我略略了解的了。就是希望找出一条新路，来跳出这周期率的支配。”

这段话是一位老资格的资产阶级政治家，在饱经世事沧桑之后，向中国无产阶级先锋队的领袖明确而尖锐地提出的一个重大而发人深思的问题。黄炎培所提到的“其兴也浡焉”、“其亡也忽焉”，引自《左传·庄公十一年》，原句为：“禹汤罪己，其兴也浡焉。桀纣罪人，其亡也忽焉。”这两句话用了两个典故。一是用了“禹之下车泣囚”、“汤之桑林自祷”的典故，说明由于夏禹王和商汤王勇于承担责任，不诿过于人，他们的事业就兴旺发达，呈现了勃勃生机；一是用了桀和纣的典故，说明夏桀王和商纣王总是将过错全推给别人，他们就很快地失败了。两两形成鲜明的对照。黄炎培将这两句话用在同一对象身上，则说明了这样一种普遍的历史现象：中国过去的历史上，没有一个阶级集团，没有任何一个政党，乃至没有任何一个人，能够跳出这由兴旺走向衰败的周期。黄炎培是针对国民党提出这历史的“周期率”的，而其落脚点却在共产党身上。在延安的几天参观访问，使黄炎培大开眼界，延安的政兴人和、生机勃勃的景象，使他看到了中国的希望。但是，黄炎培在振奋之余又有所担心：共产党廉明的政治作风和蓬勃的革命精神能够维系多久？最终能否跳出这“周期率”的支配？

实际上，黄炎培提出的问题，也正是毛泽东思索已久的问题。从1944年读了郭沫若的《甲申三百年祭》，毛泽东就在考虑如何避免跌入这历史的“周期率”的泥淖。李自成的结局也是这“周期率”的反映。因此，对解决这个问题毛泽东已经是成竹在胸了。听了黄炎培的提问，毛泽东略作沉吟，便朗然答道：

“我们已经找到新路，我们能跳出这周期率。这条新路，就是民主。只有让人民来监督政府，政府才不敢松懈。只有人人起来负责，才不会人亡政息。”

黄炎培听了连连点头，认为毛泽东这话是对的。只有大政方针决之于公众，个人功业欲才不会发生。只有把每一地方的事，公之于每一地方的人，才能使地地得人，人人得事。用民主来打破这周期率，黄炎培认为“怕是有效的”。

毛泽东当时没有展开论述这条“民主新路”。但从延安时期毛泽东和中央其他领导人的大量论述中，人们可以看到这条新路的涵义是相当深刻和丰富的。而其最核心的部分，一是全心全意为人民服务；二是认真严肃地批评和自我批评。

1938年10月12日，毛泽东在中共六届六中全会上作的整整两天的长篇报告中指出：“共产党员无论何时何地都不应以个人利益放在第一位，而应以个人利益服从于民族的和人民群众的利益。因此，自私自利，消极怠工，贪污腐化，风头主义等等，是最可鄙的；而大公无私，积极努力，克己奉公，埋头苦干的精神，才是可尊敬的。”

1939 年 12 月 21 日，毛泽东以深沉的笔调写了《纪念白求恩》一文。他说：“白求恩同志毫不利己专门利人的精神，表现在他对工作的极端的负责任，对同志对人民的极端的热忱。”“我们大家要学习他毫无自私自利之心的精神。从这点出发，就可以变为大有利于人民的人。”

1941 年 11 月 6 日，在陕甘宁边区第二届参议会上，毛泽东代表中共中央郑重宣布：“共产党是为民族、为人民谋利益的政党，它本身决无私利可图。它应该受人民的监督，而决不应该违背人民的意旨。”

1944 年 9 月 8 日，毛泽东在中共中央警备团战士张思德的追悼会上，再次强调说：“我们的共产党和共产党所领导的八路军、新四军，是革命的队伍。我们这个队伍完全是为着解放人民的，是彻底地为人民的利益工作的。”

1945 年 4 月 24 日，毛泽东在党的七大上作《论联合政府》的政治报告，又进一步阐述了共产党的全心全意地为人民服务的根本宗旨。他指出：“我们共产党人区别于其他任何政党的又一个显著的标志，就是和最广大的人民群众取得最密切的联系。全心全意地为人民服务，一刻也不脱离群众；一切从人民的利益，而不是从个人或小集团的利益出发；向人民负责和向党的领导机关负责的一致性；这些就是我们的出发点。”他进一步强调：“总之，应该使每个同志明了，共产党人的一切言论行动，必须以合乎最广大人民群众的最大利益，为最广大人民群众所拥护为最高标准。应该使每一个同志懂得，只要我们依靠人民，坚决地相信人民群众的创造力是无穷无尽的，因而信任人民，和人民打成一片，那就任何困难也能克服，任何敌人也不能压倒我们，而只会被我们所压倒。”全心全意为人民服务，是我们开辟“民主新路”的根本前提条件。

实行认真严肃的批评和自我批评，毛泽东将这形象地叫作“内外夹攻”。这是走“民主新路”的根本方法。1941 年 11 月 6 日，他在陕甘宁边区参议会上说道：“共产党是真心实意想把国事办好的。但是我们的毛病还很多。我们不怕说出自己的毛病，我们一定要改正自己的毛病。我们要加强党内教育来清除这些毛病，我们还要经过和党外人士实行民主合作来清除这些毛病。这样的内外夹攻，才能把我们的毛病治好，才能把国事真正办好起来。”

毛泽东十分重视听取党外人士的批评意见。他在上述参议会上说：“共产党员必须倾听党外人士的意见，给别人以说话的机会。别人说得对的，我们应该欢迎，并要跟别人的长处学习；别人说得不对，也应该让别人说完，然后慢慢加以解释。”毛泽东和党中央带头给全党作出了榜样。就在这次参议会上，党外人士李鼎铭先生等 11 位参议员提交了“精兵简政”的议案，议案提出，“军事政治的建立，必须以经济力量为基础”，因此，“政府应彻底计划经济，实行精兵简政主义，避免入不敷出、经济紊乱之现象”。毛泽东看到这个议案，非常高兴，把它抄在笔记本上，并批注道：“这个办法很好，恰恰是改造我们的机关主义、官僚主义、形式主义的对症药。”三年后，毛泽东在张思德的追悼会上重提此事，他说：“因为我们是为人民服务的，所以，我们如果有缺点，就不怕别人批评指出。不管是什么人，谁向我们指出都行。只要你说得对，我们就改正。你说的办法对人民有好处，我们就照你的办。‘精兵简政’这一条意见，就是党外人士李鼎铭先生提出来的；他提得好，对人民有好处，我们就采用了。只要我们为人民的利益坚持好的，为人民的利益改正错的，我们这个队伍就一定会兴旺起来。”

毛泽东更重视党内的自我批评，重视党内教育和党内的积极的思想斗争。

1942 年开始的延安整风，就是在开展积极的思想斗争的过程中，在全党范围内进行的一次普遍的马克思主义的教育运动。延安整风对建党理论和实践的最突出的贡献，就是它创造了正确解决党内矛盾的最佳方式，即：运用批评与自我批评这一武器，开展正确的、积极的思想斗争，使全党在新的思想基础上更加巩固地团结起来。

延安时期，我们还实行了“三三制”的民主政权，这是建国后我们实行“多党合作制”的一种早期示范。再加上当时普遍、直接、平等、自由的民主选举的体验，就大大地增强和提高了陕甘宁边区人民的民主意识、参政意识和政治觉悟，提高了边区人民的政治文化素质。其所造成的结果，就是毛泽东在回答黄炎培的问题时所提到的：“人民来监督政府”和“人人起来负责”。

由上述可知，毛泽东在回答黄炎培关于“周期率”的提问时，是充满信心的。一个最根本的依据，就是我们党没有自己的任何私利，是全心全意为人民服务的。依靠人民民主，必将能够打破历史上屡屡出现的“其兴也浡焉”、“其亡也忽焉”、“人存政兴”、“人亡政息”的周期率。而到了1948年底和1949年初，中国革命的胜利大局已定，中国共产党实际准备建国的时候，党中央和毛泽东对如何避免掉进这“周期率”的泥淖、防止因骄傲而失败的问题，又向全党提出了更高的要求。

三、“进京‘赶考’去”，毛泽东豪言：“我们决不当李自成！”

1949年3月23日，具有深远历史意义的党的七届二中全会的新闻公报，由新华社向全国发表。就在这同一天，毛泽东、朱德、刘少奇、周恩来、任弼时率领中共中央机关离开西柏坡，前往北平城，正式将党的工作重心由乡村转入城市，并开始建国的直接筹备工作。这时北平和平解放已经一个多月了。

这天凌晨3点，毛泽东才上床睡觉。临睡前他吩咐警卫员：“9点以前叫我起床。”可是，周恩来怕毛泽东休息不好，去北平的路上太疲劳，直到10点钟才让警卫员叫醒毛泽东，让毛泽东多睡了一个小时。毛泽东醒来有点不高兴，责问警卫员：“让你们9点以前叫醒我，为什么现在才叫呢？”当得知是周恩来的吩咐时，毛泽东才没有再说什么。

同毛、朱、刘、周、任“五大书记”一同进京的还有陈云、李富春、张闻天、李立三、杨尚昆、陆定一、王稼祥等人。这些中共最高层的领袖们，今天都是满面红光，精神格外的好。毛泽东和周恩来在兴奋地谈笑。

周恩来对毛泽东说：“多休息一会儿好，长途行军坐车，也是很累的。”

毛泽东说：“今天是进京的日子，不睡觉也高兴啊。今天是进京‘赶考’嘛。进京‘赶考’去，精神不好怎么行呀？”

周恩来笑着说：“我们应当都能考试及格，不要退回来。”

毛泽东说：“退回来就失败了。我们决不当李自成，我们都希望考个好成绩。”

毛泽东和周恩来的这一段历史性的对话，代表了中国共产党人的一种决心和信心。而这也正是自从郭沫若发表《甲申三百年祭》和黄炎培发表“周期率”论之后，毛泽东和党中央领导人一直耿耿于怀的问题。抗日战争胜利后，我们曾提出建立联合政府的建议，被蒋介石断然拒绝；接着，蒋又悍然发动了全面内战，建国的问题就提不到共产党的议事日程上。内战开始时，中共中央和毛泽东虽然充满了必胜的信心，但国民党的力量还处于优势地位，毛泽东估计“成败两个可能还在斗争”，要胜利也得准备五年到十五年的长期斗争。战争进行到1947年底，虽然我们取得了很大胜利，但四分天下才有其一，建国的问题也还谈不到。1947年春夏之交林彪曾打电报给毛泽东，建议考虑建立民主联合政府，毛泽东在7月25日复电称：“建立民主联合政府时机尚未成熟，在第二年作战再歼敌一百个旅左右，攻占中长、北宁大部，平绥、同蒲全部，并向长江流域发展，全国人民更加同情我党之时，可以考虑此问题。”12月党中央在陕北米脂县杨家沟召开会议，又有一些同志提出了这个问题，会议经过认真讨论作出决定说：“组织革命的中央政府的时机目前尚未成熟，须待我军取得更大胜利，然后考虑此项问题，颁布宪法更是将来的问题。"但当时的形势我们确实占足了优势，为了防止出现骄傲情绪，周恩来、彭德怀、贺龙在12月会议上发言，都提到了"切忌骄傲"的问题。这说明党中央领导人考虑问题的一致性。

1948年9月，党中央在西柏坡举行政治局会议（史称"九月会议"），毛泽东作报告还提出"五年左右根本打倒国民党"。当时说的5年时间是从1946年算起的，预计到1951年完成消灭国民党军主力的任务。

可是，战争的形势发展非常迅速，到了1948年底和1949年初，随着"三大战役"相继胜利结束，中国革命的彻底胜利已成定局。于是，在巨大胜利面前，党中央和毛泽东在提出建国的同时，更切实告诫全党要防止胜利前夕再出现曲折、防止取得全国政权后又因骄傲而出现李闯王式的失败。

1949年1月6日至8日，党中央在西柏坡村再次召开政治局会议，会议提出的在新的一年里的17项任务中，就有一项是"召开政治协商会议，宣告中华人民民主共和国成立，组织中央政府，并通过共同纲领"。毛泽东代表党中央特别提出了值得全党警惕的一个问题，那就是"不要使胜利冲昏自己的头脑"。毛泽东说，胜利冲昏头脑，今天更有可能，胜利越大，包袱越大，紧张困难时易团结。这必须警惕，要教育干部，首先是要使高级干部懂得，战争打完了，真正要做的事情才开始，届时很可能感觉打仗还容易些。列宁说过"推翻敌人容易，建设国家难"。要把因为胜利而带来的思想包袱丢下，否则就会损坏一些干部。

1949年3月5日至13日，中共七届二中全会在西柏坡村召开。这次全会决定和通过了各项大政方针，从政治、经济、文化、外交等方面，为建立新中国做了直接的准备工作。因为胜利来得很快，只经过短短三年时间，便从根本上摧毁了国民党的反动统治，"在过短的时间内获得了过大的成功"。这一巨大胜利，会不会也使共产党人"沉沦进了过分的陶醉里去"而"纷纷然，昏昏然"起来，因而重蹈李自成的覆辙？为此，毛泽东在七届二中全会上特别用重槌向全党敲响了警钟。

毛泽东在会上谆谆告诫说："因为胜利，党内的骄傲情绪，以功臣自居的情绪，停顿起来不求进步的情绪，贪图享乐不愿再过艰苦生活的情绪，可能生长。因为胜利，人民感谢我们，资产阶级也会出来捧场。敌人的武力是不能征服我们的，这点已经得到证明了。资产阶级的捧场则可能征服我们队伍中的意志薄弱者。可能有这样一些共产党人，他们是不曾被拿枪的敌人征服过的，他们在这些敌人面前不愧英雄的称号；但是经不起人们用糖衣裹着的炮弹的攻击，他们在糖弹面前要打败仗。我们必须预防这种情况。"毛泽东以不无豪迈的心情进一步指出："夺取全国胜利，这只是万里长征走完了第一步。如果这一步也值得骄傲，那是比较渺小的，更值得骄傲的还在后头。"他说，中国民主革命的胜利，只是一出长剧的一个序幕，序幕还不是高潮。"中国的革命是伟大的，但革命以后的路程更长，工作更伟大，更艰苦。这一点现在就必须向党内讲明白，务必使同志们继续地保持谦虚、谨慎、不骄、不躁的作风，务必使同志们继续地保持艰苦奋斗的作风。我们有批评和自我批评这个马克思列宁主义的武器。我们能够去掉不良作风，保持优良作风。我们能够学会我们原来不懂的东西。我们不但善于破坏一个旧世界，我们还将善于建设一个新世界。中国人民不但可以不要向帝国主义者讨乞也能活下去，而且还将活得比帝国主义国家要好些"。再过三个月多一点，在庆祝建党28周年的纪念文章中，毛泽东再次指出，中国革命战争的基本胜利，是值得庆祝的，"但是我们的事情还很多，比如走路，过去的工作只不过是像万里长征走完了第一步。残余的敌人尚待我们扫灭。严重的经济建设任务摆在我们面前。我们熟习的东西有些快要闲起来了，我们不熟习的东西正在强迫我们去做。这就是困难"。"我们必须克服困难，我们必须学会自己不懂的东西。我们必须向一切内行的人们(不管什么人)学经济工作”。

在新中国成立前夕,毛泽东一再向全党指明新的历史任务的艰巨性和复杂性,就是为了使全体共产党人不要过分地陶醉于胜利之中,而要以清醒的头脑为即将承担的建设任务做好思想准备和组织准备。他代表党中央及时地向全党提出新的历史任务,这就给全体共产党人造成了一种历史责任压力,实际上起到了“想骄傲也没有骄傲的时间”的客观效果。

毛泽东以身作则,给全党作出了保持谦虚谨慎、不骄不躁作风的表率。

1947 年党中央十二月会议期间,正是毛泽东 54 岁生日,在毛泽东身边的工作人员,当然很想给他做寿。但是,毛泽东坚决不答应,并且讲了三条理由:一是战争时期,许多同志为革命流血牺牲,应该纪念的是他们,为一个人祝寿,太不合情理;二是部队和群众都缺粮食吃,搞庆祝活动会造成浪费,脱离群众;三是我才五十多岁,往后的日子长着哩,更用不着祝寿。做寿是不会使人长寿的。这样,12 月 26 日那天,毛泽东白天主持会议,晚上和大家一起观看了贺龙从晋绥解放区带来的评剧团演出的《恶虎村》。这就算是过了生日。

1948 年 8 月 3 日,时任华北大学校长的吴玉章给周恩来发了一封电报,在电报中,吴玉章表示想在华北大学成立典礼上提出“主要的要学毛泽东主义”,“把毛泽东思想改成毛泽东主义”,并说,“这样说是否妥当,请同主席和少奇同志商量后,赐以指示”。毛泽东见到这封电报后,联想到当时有的同志在报刊上把自己的名字与“马恩列斯”并列的情况,十分不安,即于 8 月 15 日给吴玉章回信说:“现在没有什么毛泽东主义,因此不能说毛泽东主义。不是什么‘主要的要学毛泽东主义’,而是必须号召学生们学习马恩列斯的理论和中国革命的经验。这里所说的‘中国革命经验’是包括中国共产党人(毛泽东也在内)根据马恩列斯理论所写的某些小册子及党中央各项规定路线和政策的文件在内。另外,有些同志在刊物上将我的名字和马恩列斯并列,说成什么‘马恩列斯毛’,也是错误的。你的说法和这后一种说法都是不合实际的,是无益有害的,必须坚决反对这样说。”

在党的七届二中全会上,毛泽东向党的各级领导干部、特别是高级领导干部再三强调“力戒骄傲”的重要性。他指出:“这对领导者是一个原则问题,也是保持团结的一个重要条件。就是没有犯过大错误,而且工作有了很大成绩的人,也不要骄傲。”毛泽东还提出了若干禁令,即禁止给党的领导者祝寿,禁止用党的领导者的名字作地名、街名和企业的名字,保持艰苦奋斗作风,制止歌功颂德现象。毛泽东提出的这些禁令,此后就成为制度在党内被确定下来,这对于中国共产党人保持谦虚谨慎、不骄不躁的作风,保持与人民群众的密切联系,起到了十分有益的作用。

有一件事是很能说明问题的。就是在毛泽东率领中央机关从西柏坡迁往北平的途中,到了保定市,闻知保定市要举行庆祝大会,周恩来根据毛泽东的意见,立即电告华北局:“闻此地将举行庆贺大会,主席认为不妥,连北平也不要开庆祝大会,因以我党中央迁移名义,号召人民庆贺并不适当,望速停止北平及各地庆贺行动。”而在这之前一个月,即 2 月 14 日,中央曾给华北局一电报,电报指示,在林伯渠将已到东北的一批党外民主人士迎来北平,同已在这里的民主人士汇集后,要专门召开一次欢迎大会。一个是要开欢迎会,一个是不要开欢迎会,两相比较,适成对照。这不仅体现了中共严于律己和谦虚谨慎的态度,更重要的是体现了中共对各民主党派和一些爱国进步人士真诚团结合作的政策。

还有一件事更令人感动,就是 1949 年 10 月毛泽东的长子毛岸英写的一封信。事情是这样的,当时开国大典刚刚举行过,他的一位表舅向三立在来信中谈到他的另一位亲戚希望能在长沙谋个“厅长方面位置”。毛岸英在给向三立的回信中专门就此事陈述了自己的看法。他说:

“新的时代，这种一步登高的‘做官’思想已是极端落后了，而尤以通过我父亲即能‘上任’，更是要不得的想法。新中国之所以不同于旧中国，共产党之所以不同于国民党，毛泽东之所以不同于蒋介石，毛泽东的子女妻舅之所以不同于蒋介石的子女妻舅，除了其他更基本的原因以外，正在于此：皇亲贵戚仗势发财，少数人统治多数人的时代已经一去不复返了。靠自己的劳动和才能吃饭的时代已经来临了。”“反动派常骂共产党没有人情，不讲人情，如果他们所指的是这种帮助亲戚朋友、同乡同事做官发财的人情的话，那么我们共产党正是没有这种‘人情’，不讲这种‘人情’。当然，对于自己的近亲是有一层特别感情的，但如果这种特别感情超出了私人范围并与人民利益相抵触时，共产党是坚决站在后者方面的，即‘大义灭亲’，亦在所不惜。”

“我本人是一部伟大机器的一个极普通平凡的小螺丝钉，同时也没有‘权力’，没有‘本钱’，更没有‘志向’来做这些扶助亲戚高升的事。至于父亲，他是这种做法最坚决的反对者，因为这种做法是与共产主义思想、毛泽东思想水火不相容的，是与人民大众的利益水火不相容的，是极不公平，极不合理的。”

毛岸英的这封信，句句铿锵，义正词严，掷地有声。就在写这封信的一年之后，毛岸英为了人民大众的利益在朝鲜战场上英勇牺牲了。他是这么说的，也真正是这么做的。他用自己的行动，向党向人民也向他的父亲，交了一份共产党员的正气长存、永不褪色的考卷。毛岸英是“考试及格”了。他之所以能够这样，是同毛泽东对他的严格要求、勤加教诲分不开的。

开国后那几年，在以毛泽东为核心的中共第一代领导集体的领导下，全党团结一致，兢兢业业，聚精会神，艰苦奋斗，在很短的时间内，在经济恢复和经济建设上就取得了很大的成绩。这些事实充分说明，毛泽东在进京途中所发出的“我们决不当李自成”的誓言是实现了，而且，的的确确是考出了个“好成绩”——这是举国人民所公认的。

（作者：黄少群为中共中央党校教授）

新中国六十年道德建设得失之反思

吴灿新

新中国至今已经走过了60年波澜壮阔的岁月，在这60年的伟大历程中，社会主义道德建设取得了长足的发展和进步，但也有过不少深刻的教训。今天，我们对新中国60年来道德建设得失进行冷静地反思，大约可以概括出以下基本经验。

一、物质文明建设与精神文明建设必须两手抓两手都要硬

物质文明是人类改造客观物质世界的进步状态和积极的物质成果。经济建设的结晶主要体现为物质文明。精神文明是人类认识世界和改造主观精神世界的进步状态和积极成果。文化建设的结晶主要体现为精神文明。物质文明和精神文明是辩证统一的关系。物质文明为包括道德建设在内的精神文明建设提供物质条件、物质动力和理论源泉。江泽民同志指出：“没有经济的发展，社会发展和精神文明建设就没有物质基础。”而同时，精神文明则为物质文明发展提供思想保证、精神动力、智力与德力支持。正是基于这种认识，1979年国庆前夕，叶剑英同志代表党中央在庆祝建国30周年大会

上的讲话中第一次明确提出，我国社会主义现代化的目标，不限于生产力的发展；我们要在建设高度物质文明的同时，建设高度的社会主义精神文明。从此，在我党的一系列重要文献中，包括道德建设在内的社会主义精神文明建设既作为我国社会主义现代化的战略目标，也是社会主义社会的重要特征和社会主义现代化建设的重要保证。当然，我党这种认识无疑是来自于道德建设实践经验教训的总结。计划经济时代，我国在进行社会主义革命和建设中，非常重视精神文明建设特别是思想道德建设。但在“左”的思潮严重干扰下，我们在客观上忽视了物质文明建设，特别是在十年“文革”中，把经济建设引向了即将崩溃的边缘，从而使思想道德建设和精神文明建设走上了歧途。改革开放后，我们拨乱反正，以经济建设为中心，推动着物质文明迅猛发展。然而，我们在客观上又忽视了思想道德建设和精神文明建设。邓小平同志在总结改革开放十年来的经验教训时严肃指出，我们十年来最大的失误是思想教育，物质文明和精神文明必须两手抓两手都要硬。尤其是此后从中央到地方的各级精神文明建设指导委员会的建立和文明办的设立，推动了两个文明的迅速进步。可是，在把以经济建设为中心曲解为“以GDP为纲”的实际引导下，许多地方依然“见物不见人”。在不同程度上把社会主义精神文明建设特别是思想道德建设放在“说起来很重要，干起来就忘掉”的地位上，从而使20世纪末出现了“信仰危机”、“诚信危机”的状况。针对这种情况，科学发展观的提出，不仅强调物质文明和精神文明要两手抓两手都要硬，而且强调物质文明、精神文明、政治文明、生态文明以至社会文明要全面协调可持续发展。

二、以德治国与依法治国相结合

在一定意义上，依法治国和以德治国历来是人类社会最基本也是最重要的治国方式。如果从法治与德治的本质来说，法治属于政治文明的范畴，德治属于精神文明的范畴。政治文明以物质文明为经济基础，以精神文明为思想指导，在这一意义上来说，有什么样的精神文明，就有什么样的政治文明。同时，归属于政治文明范畴的法治，作为一种政治建设，重在制度建设；而归属于精神文明范畴的德治，作为一种思想建设，重在素质建设。在制度与素质的关系上，制度建设是首位，素质建设是关键。没有制度建设，素质建设就没有保障；没有素质建设，制度建设也就没有依托。由此可见，治国安邦，单靠法治也不行，单靠德治也不行；法治和德治对立统一，只有两者相互结合，才能产生最大最佳的效果。

然而，我们认识到这一点，也是来之不易的。计划经济时期，我们在进行社会主义革命和社会主义建设中，由于“左”的思潮的严重干扰，我们在客观上重视了“以德治国”，而严重忽视了“依法治国”；特别是在十年“文革”中，把法制建设几乎摧残至尽，从而使“以德治国”走上了邪路。改革开放后，我们拨乱反正，致力于建设社会主义法制国家和法制社会，推动法制建设迅猛发展，有力地保证了改革开放的顺利进行。然而，在强调社会主义法制建设的同时，我们一些人又逐渐地走上另一个极端，迷信法制，以为“法制包治百病”，从而轻视德治，轻视道德建设，讥笑“道德无用”，甚至提出“良心究竟值多少个钱”之荒唐疑问。结果，我们不无遗憾地看到，法治建设在迅猛发展的同时，社会上的各种丑恶现象和违法犯罪现象依然呈螺旋式上升态势。这种社会现实向我们警示，无论是依法治国还是以德治国，少了哪一样都不行。正如江泽民曾经在全国宣传部长会议上的讲话中强调的那样：对一个国家的治理来说，法治与德治，从来都是相辅相成、相互促进的。二者缺一不可，不可偏废。正是基于这样的认识，党的十六大报告在总结我党十三年来的基本经验时，把“坚持物质文明和精神文明两手抓，实行依法治国与以德治国相结合”作为其中的一条基本经验。而《中共中央关于构建社会主义和谐社会若干重大问题的决定》在建设和谐文化的举措中，也强调必须“坚持依法治国与以德治国相结合”。

三、先进性与广泛性相结合

道德建设的先进性要求，就是反映与先进社会生产力的发展要求、与先进社会制度的内在要求、与先进的文化发展要求、与最广大人民的根本利益要求、与高尚的道德理想相适应的道德准则，它体现为人类最高尚的美德和具有共产主义道德因素的崇高道德。道德建设的广泛性要求，体现的是反映人类社会存在和发展的基本要求、反映最大多数人的道德素质水平并为最大多数人能够践行的基本道德准则。道德建设的先进性要求是道德建设的广泛性要求的发展方向，对不断提升人们的道德素质和道德境界具有价值导向作用；道德建设的广泛性要求，是道德建设的先进性要求的坚实基础，对保障当下的社会秩序和社会发展具有重要作用。把道德建设的先进性要求和广泛性要求结合起来，是从我国正处于并将长期处于社会主义初级阶段这一最大实际出发，坚持最低纲领与最高纲领的统一，强调道德建设要区分层次，着眼多数，鼓励先进，循序渐进。既大力倡导共产党员和各级领导干部带头实践社会主义、共产主义道德，以高尚的思想道德要求和鞭策自己，在全社会做出表率。又注意把先进性要求与广泛性要求结合起来，引导人们在遵守基本行为准则的基础上，不断追求更高层次的道德目标。

建国前30年，我国在社会主义道德建设方面，无疑取得了重大的进步。但是，由于一方面我们对中国国情还没有真正认识和把握，脱离我国社会生产力发展水平的实际，脱离我国文化科学发展水平的实际，脱离我国广大群众的道德水平的实际，在生产关系上盲目追求“一大二公”的同时，在道德建设上则盲目追求共产主义道德的崇高要求，以同一高层次的道德准则去规范全体人民，违反了道德建设的基本规律，使道德建设逐渐流变为“假、大、空”。十年“文革”，更是将此推到了登峰造极的地步，要求全体人民“灵魂深处闹革命”，“狠斗私字一闪念”，致使人们道德人格分裂，严重摧残了社会主义道德建设。改革开放以来，我们痛定思痛，把道德建设的先进性要求和广泛性要求结合起来，使道德建设从天上回到了人间，从而有力地推动了社会主义道德建设的发展。然而，在此过程中，我们不仅过低地降低了全体人民的道德要求，而且把先进性的道德要求视为“不合时宜”的东西，甚至予以讥讽和批判（例如对雷锋精神的讥讽和批判）。我们应当明确的是，道德的先进性要求，是人类美德的结晶，反映着人类道德发展的前进方向，过去的错误只是在于将它强求于全体人民，而不是其本身的“假、大、空”。我们决不能在批判以往“假、大、空”的做法时，把道德的先进性要求也一起否定掉了。对广大共产党员特别是各级领导干部，一定要特别强调先进性的要求（而这一点正是目前我们最忽视的。使许多共产党员、特别是各级领导干部混同于一般群众）。因为一旦失去了先进性的示范、凝聚作用，广泛性的要求就会难以保持。在市场经济时代，我们要防止一种倾向掩盖另一种倾向：我们既要避免把道德要求无限拔高的现象，但也不能忽视高标准被低标准所同化、先进性被广泛性所淹没的现象。

四、理论建设与道德实践相结合

理论与实践相结合，是我党的优良传统。在道德建设上，也只有实行理论与实践相结合，道德建设才能真正取得实效。道德实践是道德理论的源泉、动力、目的和检验其真理性与价值性的唯一标准；而道德理论是道德实践的指南。正确的道德理论才能带来道德实践的硕果，道德理论的发展才能推动道德实践的进步。

然而，我们要在实践上真正做到理论建设与道德实践相结合并非易事。建国前30年，我们在理论建设与道德实践相结合方面取得了很大的成绩，诸如建立了马克思主义伦理学，初步确立了社会主义道德体系，涌现出一大批如向秀丽、雷锋、王杰、欧阳海、王铁人、焦裕禄等英雄模范人物。但是，由于对科学文化的轻视，道德理论上的发展受到极大的制约：曾一度受到苏联学科整顿的影响，伦理学被视为伪学科而取消；在“左”的思潮干扰下，理论脱离实际，刻意拔高道德建设的要求，使道德实践也脱离了中国的实际，带来“假、大、空”之祸患。改革开放后，我们接受了以往的教训，开始重视理论建设与道德实践相结合。在理论上。我们从中国的国情出发，发展中国特色社会主义的道德理论。在“百花齐放、百家争鸣”的方针推动下，伦理学的理论和学术研究蓬勃发展。伦理学从“冷学科”变成了“热学科”；在大专院校中，普遍开设伦理学课程，硕士点和博士点如雨后春笋般涌现；适应社会主义市场经济要求的社会主义道德体系正在建立，许多新的道德观念、道德准则、道德行为正在流行。然而，我们不能不指出的是，我们有些学者不仅对道德实践的研究毫无兴趣、漠不关心，他们只醉心于西方话语，自我陶醉在一系列西方话语的“新概念”之中，而且挥舞着“理论性”、“学术性”这根大棒，对道德实践研究的成果极其轻视，大加排斥。同时，由于脱离实际的理论不能有效地指导中国道德建设，由于学校德育的“知识化”，更由于我们的学者只重视自己的理论研究，而不重视自己的道德修养，因而，造成了我们今天道德建设中的一大难点——许多人实际存在着双重道德人格。

五、传承与创新相结合

道德的传承，是精神文化相对独立发展的基本规律在道德建设上的体现。道德的发展，从其纵向来说，离不开对以往优秀道德遗产的批判继承；从其横向来说，离不开对其他异类道德成果的批判吸收。因此，中国特色社会主义道德建设，一方面必须继承和发扬中华民族优秀的道德遗产，特别要大力继承和弘扬中国革命传统道德；另一方面，必须学习吸收人类文明发展特别是西方发达国家的一切优秀道德成果。当然，传承是为了更好地创新，更好地为社会主义现代化建设服务，因此，传承必须是“古为今用，洋为中用，以我为主，为我所用”。而要做到这一点，就必须创新；而创新，则会更好地实现传承。只有创新，以我国社会主义初级阶段的国情为前提，以最广大人民的根本利益为出发点，以建设中国特色的社会主义实践为准绳，反映时代的精神，在生动丰富的中国特色社会主义建设实践中，创造出人类先进的道德文明，才能真正推动社会主义现代化建设。

我国传统道德文化，源远流长，博大精深，既有宝贵的精华，也有封建性的糟粕。但是自从“五四”以来，我们国人就偏向于对传统道德文化的全盘否定；到了十年动乱时期，这种否定已经登峰造极。在“左”的思潮严重影响下，以往的一切几乎都成了“封资修”的东西，统统属于被彻底扫荡之列，从而在很大的程度上割裂了社会主义道德文化与传统美德的传承关系，使许多优秀传统美德，难以为继；也使许多社会主义新道德，缺乏浓厚的文化传统根基，而难以深入人心。而在新中国前 30 年，我们以阶级斗争为纲的意识形态，把一切资本主义的东西，特别是把一切西方发达国家的东西，都视为粪土，统统丢进历史的垃圾箱，从而使我们在现代化建设的道路上落后了一大截。改革开放后，我们逐渐认识到，我国优秀传统道德文化和国外特别是西方发达国家的优秀传统道德文化，在建设中国特色的社会主义道德文明中有着重要的价值，开始继承和发扬我国优秀的传统道德文化，努力学习国外特别是西方发达国家的优秀传统道德文化。然而，一些好走极端的国学者打着所谓“弘扬传统文化”的旗帜，把儒学、“国学”的作用提高到不恰当的程度，好像只有儒学、“国学”才能“真正发展”中国，甚至于鼓吹其所谓的“正宗”地位。而某些西方文化的崇拜者则打着所谓“学习西方文化”的旗帜，把一些资产阶级的腐朽思想观念奉为至宝，甚至于要求文化发展指导思想上的多元化，企图以西方资本主义文化取代马克思主义的指导地位。对此，我们应当有足够的警惕，坚决反对崇洋媚外思想，要用批判的精神进行辨别和审视，尤其要把应该学习借鉴的优秀伦理思想和必须摈弃的资产阶级的腐朽价值观念严格区分开来。

六、一元与多元相统一

在此，“一元”是特指主流价值观、道德观；而“多元”是特指与此相对应的多种多样的非主流价值观、道德观。一元与多元矛盾的生成，一方面是随着我国改革开放的深化发展，在全面对外开放的态势下，国外特别是西方各种思想道德价值观念随着经济全球化的浪潮涌入国门，日益影响着我们的广大民众；另一方面是我国在社会主义市场经济条件下，多种经济成分的迅猛发展，利益主体的不断分化，反映这些多种经济成分和不同利益主体要求的思想道德价值观念也如雨后春笋般地涌现。在这种“外入”与“内生”双重夹击与交错发展的形势下，当今中国的思想道德价值观念已经从传统的一元转向多元。然而，任何社会的主流价值形态和思想道德观念在核心体系上总是一元化的，也正因此，当前我国提出了建设社会主义核心价值体系的重要思想。但是，经济主体多元化和多元化的利益诉求必然引起其思想道德价值观念多元化与一元化的矛盾。

要解决这一矛盾，就必须通过社会主义文化大发展大繁荣，建立和完善社会主义核心价值体系和社会主义道德规范体系，使全体人民有一个共同的社会规范和价值导向，以解决“道德失范”现象的滋生蔓延。我们一方面不能以“一元”否定或取代“多元”；另一方面，又必须用社会主义核心价值体系引领、统摄、整合多样化的价值观，通过倡导积极的，支持有益的，改造落后的，抵制腐朽的，来实现社会主义核心价值体系主导下的社会思想道德价值观的和谐。我们应坚持“尊重差异、包容多样”的方针，使核心价值体系与多样化价值观、道德观之间既“一元统领”、“协调有序”，又“兼容共生”、“和而不同”，实现一元性与多样性的统一、主导性与宽容性的统一。然而，在新中国前30年，我们曾在强调一元的同时，完全彻底地否定和排斥了多元性与多样性，使社会主义道德建设走入了歧途。在改革开放以来的30年，我们则有相当一部分人（特别是某些学者）缺乏清醒的头脑，强调多元化而否定和排斥一元化，否定和排斥马克思主义伦理思想的指导地位和社会主义道德的主导地位。这种经验教训我们决不能忘记。

七、道义与利益相统一

义利之辩，在中国长达数千年之久。但是，至今我们在实际生活中都很难把两者统一起来。在计划经济时期，一方面受到我们党还没有把革命党的思维真正转变为执政党的思维的影响；另一方面，在“左”的思潮引导下，我们只讲精神，只谈道义，把道义与利益完全对立起来，而忽视利益甚至于否定利益在道德建设中的基础性意义，大批“金钱挂帅”和“物质刺激”，不重视广大群众的物质需求，结果，道德建设流变为“假、大、空”之祸。为此，邓小平同志曾经指出：“不重视物质利益，对少数先进分子可以，对广大群众不行，一段时间可以，长期不行。”“如果只讲牺牲精神，不讲物质利益，那就是唯心论。”

改革开放后，我们为利益正名，为个人利益正名，确立起义利统一的新观念，真正实行按劳分配原则，充分调动了广大群众的生产劳动的主动性、积极性和创造性，使我国的社会生产力迅速发展起来，创造了中国历史上的发展奇迹。但是，在市场经济条件下，利益成为调节社会经济生活的杠杆，也成为经济活动的直接价值目标。由于市场经济的负面效应的影响，拜金主义泛滥起来，一部分人不能适应剧烈的市场竞争，成为“见利忘义”的俘虏。大量的假冒伪劣行为涌现出来，导致了整个社会的诚信危机，不仅在经济上造成了难以计量的经济损失，而且在思想道德上严重地腐蚀了人们的心灵，给道德建设造成了极大的困难。因此，从道德建设的层面上把道义与利益、权利与义务、权益与责任统一起来，具有重要的实践意义。

我们在道德建设中必须建立一种社会的“善恶报偿机制”，要依法落实公民的各种权利，使他们获得正当的利益；与此同时，要引导人们承担应尽的社会义务和责任，自觉把国家利益、集体利益放在优先地位。在社会主义市场经济条件下实现义利统一，我们必须要注意反对两种倾向：一种是在讲社会主义集体主义时，言不及个人之利，否则认为必然会导致个人主义抬头。这种认识和做法只会导致人们对集体主义的怀疑甚至是否定。另一种是鼓吹个人利益至上，把社会和他人看作是实现个人利益的手段，认为市场经济就是讲个人实惠，应该充分乃至无限满足个人利益的实现。这是与社会主义义利观格格不入的，也是与集体主义价值观背道而驰的。

八、道德建设与经济发展相统一

社会存在决定社会意识，社会意识对社会存在又有能动的反作用。这是马克思主义的基本原理。与此相适应，经济发展决定道德建设，道德建设对经济发展又有能动的反作用。然而，就是这样一个最基本的马克思主义的基本原理，我们常常把它忘在脑后，犯了许多“常识性”的错误。

在改革开放前的一段时期，我们脱离了我国经济发展的基本要求，否定了社会生产力在社会发展中乃至道德建设中的决定性作用，过头地强调了社会生产关系和社会上层建筑的反作用，离开经济发展大搞社会生产关系和社会上层建筑的“社会主义革命”，最终不仅导致了国民经济走到了即将崩溃的边缘，而且还导致了社会主义社会生产关系和上层建筑的严重破坏。改革开放后，从计划经济向社会主义市场经济的转变，是一场深刻的社会变革。这场深刻的社会变革，通过建立与社会主义社会生产力相适应的社会主义市场经济体制，不仅迅猛地推动了经济建设，而且也迅猛地促进了道德建设乃至整个社会上层建筑的进步。它大大增强了人们的自立意识、竞争意识、效率意识、民主法制意识和开拓创新精神，大大调动了人们的积极性和创造性，从而又推动了我国经济发展和社会的全面进步。

经济发展决定道德建设，因此，在道德建设上，我们首先必须要适应市场经济发展的要求，去建立健全社会主义道德体系，这是我们充分发挥道德建设的能动作用的前提和基础。然而，我们又必须看到，市场经济活动的一些消极影响，反映到人们的思想中来，反映到人与人的关系上来，容易诱发拜金主义、享乐主义、极端个人主义和消极腐败现象。而这些是市场经济本身无法克服的，只有通过包括道德建设在内的整个社会上层建筑的能动作用才能予以逐步克服。因此，我们进行道德建设，就不仅仅是适应市场经济的发展，还必须要引导市场经济的发展。而后者，正是我们常常忽视的，其可谓任重而道远。

（作者：中共广东省委党校哲学部教授）

建国六十年来工农联盟的发展

高 放

工农联盟是马列主义、科学社会主义宝库中一个重大的理论和实际问题。马克思主义政党要实现解放全人类的历史使命，就要坚持工人阶级的领导，认定在农民国度农民阶级是工人阶级最强大、最可靠的天然同盟军，并善于领导工人和农民这两大劳动阶级，使之联成一体、结为同盟，作为革命和建设的主力军。马克思早在总结欧洲1848年革命失败的教训时就明确而形象地指出：只要农民参与，“无产阶级就会得到一种合唱，若没有这种合唱，它在一切农民国度中的独唱是不免要变成孤鸿哀鸣的”。后来以列宁为首的俄国布尔什维克党在领导俄国革命中更简明地提出了“工农联盟”的专门术语和政治词汇，形成了较为系统的工农联盟理论，指导俄国革命与建设取得重大成就。中国共产党在1921年建立后，1922年就重视开展农民运动。从1927年起进而主要依靠坚强的工农政治军事联盟，经过22年艰苦卓绝的武装斗争，才建立了中华人民共和国。早在1949年中国人民政治协商会议通过的起临时宪法作用的共同纲领中开宗明义第一条规定：我国“实行工人阶级领导的、以工农联盟为基础的、团结各民主阶级和国内各民族的人民民主专政”。1954年我国第一部宪法第一条更是写明：“中华人民共和国是工人阶级领导的、以工农联盟为基础的人民民主国家。”后来，1975年、1978年和1982年的宪法也都强调了我国是“以工农联盟为基础”的社会主义国家。建国60年来的实践证明了：工农联盟是社会主义中国强大的群众基础、坚实的社会基础、雄健的政治基础和深刻的理论基础。工农联盟是社会主义的命根子。社会主义是工农联盟结成的生命体。工农联盟遭到削弱，社会主义就会受损害；工农联盟增强，社会主义才会繁荣昌盛。工农联盟既是前30年我国社会主义革命和社会主义建设的基本力量，又是后30年我国实行改革开放和社会主义现代化建设的中坚力量。巩固发展工农联盟，要以马克思主义关于工农联盟的理论为指导，努力探索、完善中国特色社会主义解决“三农”问题的新模式。

一、工农联盟是我国社会主义革命和建设的基本力量

共和国建立后的首要任务是继续完成新民主主义革命的任务：没收官僚资本，使之成为工人阶级掌权的国营企业；进行土地改革，把封建地主阶级占有的土地分配给农民。实行耕者有其田。这样就为工农联盟创立了新的经济基础。依靠工农联盟和各族人民的奋斗，到1952年全国迅速恢复了饱受多年战争破坏的国民经济。1953年4月毛主席在党中央政治局会议上提出了党在过渡时期的总路线和总任务，进而于1954年9月20日由全国人民代表大会制定的我国第一部宪法中写明：“从中华人民共和国成立到社会主义社会建成，这是一个过渡时期。国家在过渡时期的总任务是逐步实现国家的社会主义工业化，逐步完成对农业、手工业和资本主义工商业的社会主义改造。”这个总任务、总路线，当时简称为“一化三改”，预计要在10年到15年或者更多一些时间内基本完成。同年9月23日，周恩来总理在全国人民代表大会上所作的《政府工作报告》中更进一步提出“四个现代化”的问题。他这样说：“如果我们不建设起强大的现代化的工业、现代化的农业、现代化的交通运输业和现代化的国防，我们就不能摆脱落后和贫困，我们的革命就不能达到目的。”到1964年12月21日，他在第三届全国人大上的《政府工作报告》中又对“四个现代化”的内涵更精确地调整为“把我国建设成为一个具有现代农业、现代工业、现代国防和现代科学技术的社会主义强国”。也就是把交通运输业现代化并入工业现代化，同时另增加了科学技术现代化，这是最重要、最根本的现代化内涵。总之，从1954年宪法和政府工作报告可以看出：在社会主义革命和社会主义建设新时期。工农联盟的总任务是逐步实现“三个改造”（对农业、手工业和资本主义工商业的社会主义改造）和“四个现代化”。这也就是建国以后工农政治经

济联盟的新内容。这是区别于以前新民主主义革命时期工农政治军事联盟的(那时工农联盟是在中国共产党领导下坚持农村包围城市的武装斗争,推翻帝国主义、封建主义和官僚资本主义三座大山的反动统治)。

国家工业化是“四个现代化”的龙头,我国是在工业化带动下逐步实行“三大改造”。当时只能采纳苏联实现社会主义现代化的经验,即以国民经济计划化、编制并执行国民经济和社会发展五年计划的方式,来实现国家工业化和农业集体化等等。到1957年第一个五年计划完成时,我国工业和手工业产值在工农业总产值中的比重已由全国解放前夕的30%提高到56.5%;全国高级社总数达到75.3万个,入社农户11945万户,占农户总数96%以上。我国“三大改造”已经先期完成,进入了社会主义社会。但是,国家工业化还只是迈出了一大步,远未实现,工业、农业、国防和科学技术“四个现代化”的目标则更是任重道远。第二个五年计划(1958—1962年)的基本任务本应是大力巩固“三大改造”的成果,逐步向“四个现代化”目标迈进。可是,第一个五年计划的显著成就和当时国际形势的复杂变化,却使我国领导人骄傲自满,作出错误判断,从1957年起党的路线转向“左”的方面。1958年提出了党的社会主义建设总路线:“鼓足干劲、力争上游、多快好省地建设社会主义”,随即在全国掀起“大跃进”高潮,要求1958年钢产量比1957年翻一番,达到1070万吨,在农村还要把高级合作社再发展为规模更大、公有化程度更高、政社合一的人民公社。有的地方甚至要“立即实行全民所有制”,要“跑步进入共产主义”。在城市中也在酝酿要建立人民公社,要取消工资制,实行供给制。这种主观上急于求成、违背客观规律的三大运动(总路线、大跃进和人民公社,当时又称“三面红旗”)在全国刮起了高指标风、瞎指挥风、浮夸风和“共产”风,使第二个五年计划在执行中遭到很大破坏。工农大众、尤其是农民的生产积极性大受挫折,人民生活必需品大为缺失,城镇居民粮食、油、肉、蛋、菜、糖等定量供应减少,各种限量票证增加,工农联盟大受损害,全国进入三年困难时期(1959—1961年)。党中央不得不纠正经济工作中“左”的错误,农村人民公社实行“三级所有、队为基础”(队相当于高级合作社),允许社员经营少量自留地和家庭副业,取消农村公共食堂,等等。从1961—1963年对国民经济进行三年调整,采取“调整、巩固、充实、提高”的八字方针。这样才扭转了经济严重困难的局面,取得了全国经济形势的好转。工农联盟又显示出生机。这样从1966—1970年、1971—1975年,这十年间才能执行第三个和第四个五年计划。可是这十年正是我国处于“无产阶级文化大革命”极左路线盛行期间,国民经济的发展和“四个现代化”的实现不能不再次遭到严重的干扰和破坏。到1975年第四个五年计划结束时,国务院本来又草拟了发展国民经济的十年规划草案,即第五个和第六个五年计划,由于“四人帮”的阻挠,推迟到1978年这个草案才在当年3月的五届人大第二次会议上通过。到这一年12月22日中共十一届三中全会发表公报,决定“全党工作的着重点应该从1979年转移到社会主义现代化建设上来”。这次全会标志着我们党端正了指导思想和基本路线,结束了自1957年以来推行的“以阶级斗争为纲”的“左”的错误,开辟了我国改革开放的新时期。

尽管有长达20多年“左”的路线干扰,从总体和大局着眼,还是应该充分肯定:工农联盟是我国社会主义革命和社会主义建设的基本力量,工农联盟在“四个现代化”中发挥了重大作用。我国的工人大多是从农民转化而来的,我国的工农大众较少受西方资本主义的影响,较多受中华传统文化的感染和社会主义教育的熏陶,具有勤劳、俭朴、耐苦、忠厚、善良、机智等民族特性。所以即便有“左”的路线干扰,我国工人在取消计件工资、长期不涨工资的情况下,仍然能够艰苦奋斗,有所创新。例如大庆油田工人王进喜创造出“干打垒”,在60年代初石油大会战中作出了重大贡献，被群众誉为“铁人”和“铁人精神”。在人民公社“吃大锅饭”、“出工不出力”、劳动生产率下降的体制下，许多地方的公社农民依然能够悄悄采取“责任田”、“包干到户”、“包产到组”、“包产到户”等措施，力求增产自保，渡过难关。虽然多次被斥责为“右倾单干风”、“走资本主义道路”，众多农民依旧愈挫愈奋，百折不挠，不断探索。

虽然“左”的路线在20多年之中给国家带来重大灾难，甚至一度造成人口出生率下降和负增长，但是我国的人口总数还是从1949年的5亿多人、1957年的6亿多人增长到1978年的9亿多人。依靠工农大众艰苦努力和工农联盟协调合力，从1949年建国至1978年十一届三中全会之前近30年间，社会总产值以人民币计算，从557亿元增加到6846亿元，增长11.29倍，年均增长9%。其中工业总产值年均增长13.5%，工业总产值在工农业总产值中所占比重由30%增长到75.2%。其间建成了8千多个国营大、中、小型工矿企业，形成了独立的、比较完整的工业体系。在发射“两弹一星”(原子弹、氢弹和人造卫星)和研制电子计算机等国防现代化和科技现代化的项目中，众多技术工人也起了重要作用。工人阶级对农业合作化、农业现代化的突出贡献表现为从1955年起制成第一台拖拉机，到1978年已能提供大中型拖拉机11.35万台、小型拖拉机32.42万台，90%的县都建立了农机修造厂。到1978年，农村小型水电站建成8万多座，星罗棋布于1400多个县。农用化肥1949年仅能生产6千吨，到1978年产量达869.3万吨，增长1448倍多。化学农药1950年才能生产1千吨，到1978年年产53.3万吨，增长533倍。在工人、工业大力支援下，到1978年我国农民动手兴修水库约8万座，灌溉面积约占耕地面积的一半，修建的红旗渠被誉为巧夺天工、名垂史册的奇迹。农业合作化、现代化促使我国农业生产取得巨大成就。在工人、工业大力支援下，全国农业总产值指数按可比价格计算，以1952年为100，到1978年增至229.6，即26年间增长近2.3倍，年均增长3.25%，这是世界史上罕见的。有的学者估算，改革开放前的20多年间，农民还通过工农业产品价格剪刀差为国家工业化提供资金4500亿元，相当于同期工业部门资源原值的90%。这是勤劳、俭朴的几亿中国农民为加强工农联盟、加速国家工业化和“四个现代化”建设作出的隐形、看不见的重大的独特贡献。

二、工农联盟是我国改革开放和社会主义现代化建设的中坚力量

即便从70年代末以来国家采取计划生育政策，提倡晚婚晚育，只生一胎，但是由于人口基数庞大，近30年来我国还是从1978年的9亿多人增长到当今的13亿多人，几乎增加了一半。这为今后几十年的现代化建设背上了沉重的历史包袱。由此我国工农大众的人数也剧增。当今我国有2亿多工人，8亿多农民。他们是改革开放、现代化建设的中坚力量，肩负着实现中华民族伟大复兴的重任，要解决充分就业问题，要改善十几亿人民的生活条件，还要面对人口越来越老龄化的重压。

改革开放以来，随着经济体制从传统苏联模式的计划经济转变为中国特色社会主义市场经济，从传统苏联模式单纯社会主义公有制转变为中国特色社会主义公有制为主体、多种经济成分共同发展，我国社会的阶级结构，工人和农民本身的结构，都发生了很大变化。当今工人阶级，除了国有制企业职工之外，新增了非公有制企业职工、新兴产业职工、服务性行业职工、乡镇企业职工，还有大量正在转变中的农民工。我们党在改革开放初期就拨乱反正，正确解决了广大知识分子是工人阶级一部分这个老大难的理论和实践问题，这样就为工人阶级增添了最有科学文化知识的一个重要部分。与此相关，我们国家党政军机关的公务员和各级干部以及事业单位的职工都是人民的公仆，也都是工人阶级的一部分。约7500万共产党员都是工人阶级的先进分子，他们更是工人阶级最

重要的一部分。今后随着工业化、信息化、生态化、城镇化、市场化、国际化的快速发展，工人阶级队伍还将继续不断发展壮大，工人阶级素质也将继续不断增强提高，工人阶级权益也将继续不断扩大实现。同时也出现了国有企业调整中的工人下岗、非公有企业中的劳资关系等新问题。农民阶级自党中央 1979 年 1 月规定允许建立农业生产责任制、发展家庭联产承包制，尤其是 1984 年底全国完成了政社分设，普遍建立了乡政府和村民委员会，实际上人民公社制度已经不复存在之后，我国的农民已不再是统一的人民公社社员。统一的农民阶级发生了很大变化，主要是分化为四个阶层：在乡务农者，多为妇女老人，被称为“3860”部队（三八妇女节和六十岁花甲以上老人）；本地乡镇企业职工；外出打工的农民工；转为工商业经营者。此外，我国还涌现出大量工商业和服务性行业个体户和私营企业主。我国还有八个民主党派，现在共有 70 多万成员。当今最广泛的爱国统一战线，包括以工农为中坚力量的全体社会主义劳动者以及社会主义事业建设者、拥护社会主义的爱国者和拥护祖国统一的爱国者。

在工农联盟合力和全国各族人民共同努力之下，改革开放 30 年来中国特色社会主义现代化建设取得了史无前例、举世赞扬的辉煌成就。国内生产总值由 1978 年的 3645 亿元增至 2008 年的 300670 亿元，平均年增 9.8%。当今我国的经济总量仅次于美、日，居世界第三位，我国出口商品量仅次于德国，居世界第二位，主要工农业产品如钢、煤、水泥、化肥、谷物、棉花、油菜籽、茶叶等都稳居世界首位，外汇储备也居世界首位。2002 年开工的南水北调，2004 年实现的西气东输，2003 年开始的载人航天和 2007 年的“嫦娥”奔月，这些改天换地、惊天动地的创举以及 2008 年举办奥运会的空前成功，博得举世惊叹。海外舆论越来越多地翘首热议“中国模式”、“中国道路”、“中国世纪”、“中国时代”。

30 年来我国取得辉煌成就的重要原因之一，就在于我们党清醒地认识到我国工人与农民、工业与农业、城市与农村之间存在明显的差别与矛盾，为此提出种种新观念、采取种种新举措，逐步正确地解决“三农”（农业、农村、农民）问题，从而逐步缩小了这些差别与矛盾，越来越增强了工农联盟，越来越充分发挥了工农联盟的合力。这方面的历史经验非常值得我们理论工作者认真总结，以利于今后继续贯彻，进一步改进。

三、巩固发展工农联盟，完善中国特色社会主义解决“三农”问题的新模式

从世界各国实现现代化的历史进程和我国建国头 30 年的实践经验来看，要以马克思主义关于工农联盟的理论为指导，才能解决好“三农”问题。胡锦涛同志在党的十七大报告中指出：“解决好农业、农村、农民问题，事关全面建设小康社会大局，必须始终作为全党工作的重中之重。”与“三农”相对应的是“三工”，即工业、工区（城市）、工人。所以解决“三农”问题的根本途径在于逐步实现农业工业化、产业化，农村城镇化、城市化，农民工人化、市民化。我们既要借鉴又不能照搬西方发达资本主义国家的模式，更要改革苏联社会主义模式的弊病，吸取苏联模式失败的教训，努力探索、完善中国特色社会主义解决“三农”问题的新模式。

1. 关于农业工业化、产业化。要使农产品能够充分满足人民大众日益增长的各种需求，就必须要有持续繁荣昌盛的农业。依据世界发达国家的实践经验，要做到这一点，主要途径是使农业工业化、产业化。就是说，要用现代化工业生产、管理与营销的方法来改造传统分散个体手工劳动、靠天吃饭的农业，使农业生产社会化、机械化、规模化、集约化、专业化、可控化（尽量预防、减少自然灾害，减少对自然的依赖）、科学化、商品化、市场化、产销一体化。要达到这十“化”是相当艰巨的。目标就是使现代农业像现代工业一样，成为一门现代化的产业。西方国家，最早是美国于上个世纪 50 年代实现农业产业化，进而迅即推广到西欧诸国和加拿大、日

本、澳大利亚等国，使农业面貌焕然一新。但是农业生产还有与工业生产不同的特点，最大区别在于发展农业要依靠大量耕地。西方资本主义国家大多是在土地私有化的条件下实现农业工业化、产业化的。这一点我们不能照搬。中国特色社会主义是在1956年已完成农业合作化，即已实现土地公有化的条件下探索农业工业化、产业化新路的。改革开放以来，党和政府已实行土地经营权承包30—50年不变的政策，以利于充分调动农民的生产经营积极性。2003年十六届三中全会决议提出：要使股份制成为公有制的主要实现形式。据此，为避免土地自由流转集中到少数富豪手中，最佳方案应是实行土地入股，建立土地股份制的新型农业合作社，推举贤能负责生产经营。笔者早在1996年就发表《产权改革要实现“劳者有其股”》一文。国有企业要实行“劳者有其股”，公有农业也要实行“劳者有其股”。把工农联盟建立在工农平等都有股份、都有产权的共同基础之上，这正体现了中国特色社会主义工农联盟的特色。回顾历史上苏联的社会主义公有制，正由于缺少工农大众的个人产权，所以1991年苏联剧变时没有出现工农大众奋起保卫社会主义的抗争。可见，只有享有工农个人产权的工农联盟才是社会主义的命根子。否定了工农个人产权，社会主义公有制就成为空壳，或者成为掩盖官有制的外衣。当今发展农业工业化、产业化，还要强调信息化、生态化、五色化。就是说，要注重运用信息科学、信息技术、信息网络，大力减少环境污染，走可持续发展的生态农业、生态经济、循环经济、知识经济之路。不仅限于发展传统的绿色农业（种植业）、红色农业（畜牧业、禽业）、黄色农业（五谷丰收后就地就近加工业），而且还要发展崭新的白色农业（微生物资源农业，农业工人要穿上白色大褂在洁净车间生产蛋白质农产品）和蓝色农业（把海洋藻类植物和浮游生物变为有丰富营养的食物，并且进而引入江河湖池繁殖）。广义农业工业化、产业化的大发展将为新时期工农联盟增添、充实强大而坚实的经济基础。

2.关于农村城镇化、城市化。西方发达资本主义国家实现现代化的历史经验主要是建设若干个大城市，以这些大城市为中心形成大城市圈子，使周围农村城市化。如美国、欧洲诸国和日本均采取这种大都市轴心圈模式。拉美诸多发展中国家如巴西、智利等也照搬这种模式，结果大量农民如蜂拥集中到大城市，以致城中遍布贫民窟，黑社会犯罪团伙猖獗。我国原有城市少，农村现有8亿多人，不能步西方大都市模式后尘。党的十六大、十七大文件都强调要走中国特色城镇化道路，促进大中小城市协调发展。我国城镇化水平，1949年才占人口总数的10.6%，1978年上升到17.9%，1995年又升到30%，到2008年猛升到45.68%，共有6.0667亿人。近30年来城镇总人口年均增加1453万人，农村人口年均减少216万人。城镇化的加速发展已经改变了以往城市化水平远低于工业化水平的不正常状态，正在使长期以来城乡二元结构分割的社会转型为城乡协调发展、城乡一体化的和谐社会。据国家统计局数据，到2007年全国建制镇已有19249个，其中县城1660个，非农业人口约1.5亿人，小城镇具有一定规模的乡镇企业100多万家，吸纳农民就业约13500万人。我国现有非农业人口在20万以下的小城市282个。这近2万个城镇今后再发展二三十年，其第二、第三产业逐步增多，将使附近广大农村城镇化，将使二三亿农民转化为工人。在今后城镇化的进程中，我国还要进一步发展20—50万人口的中等城市（现有233个）和50万到100万的较大城市（现有82个）以及百万人口以上的大城市（现有56个）。只能循序渐进，不可操之过急。同时还要看到，我国原有经济落后，农村人口众多，在今后几百年之内也不可能达到当今美国、英国、日本等发达国家农民只占全国人口5%以下那样的水平。所以中国特色社会主义还要在城镇带动下加快加强建设社会主义新农村，使村村都成为如2006年十六届五中全会决议所要求的五句话、二十个字的目标:“生产发展、生活宽裕、乡风文明、村容整洁、管理民主”。村村建设好，将来就能达到乡乡都有城镇那样的多样化的便民的服务设施，那将是“村中城”。中国特色社会主义在城乡关系上将是既有“城中村”(城市所辖周围的乡村)，又有“村中城”，这是我国工农联盟的新创造。

3.关于农民工人化、市民化。在资本主义国家现代化历程中，通常采取“圈地”、强并农地、迫使农民破产等办法，驱赶农民背井离乡，流落城市，当苦工、仆役，甚至行乞、讨饭，沦为社会犯罪团伙。苏联在工业化、现代化实践中则把农民锁定在集体农庄中，按照城市扩大发展工业的需要，下达招工指标，由农庄选送，少量与城市有关系者、经过疏通集体农庄领导人也有到城市转为市民、工人者。中国从50年代起是学苏联模式，1958年人民公社化以后对社员管理得更加严格、严厉，因此造成城乡社会二元结构更加严密、严重。改革开放以来我国探索、开创了农民工人化、市民化的新渠道、新途径，从而密切、加强了工农联盟。概括来说，主要有我们党的两大新政策、新举措。第一。大、中、小城市在发展中逐步吸纳了越来越多的农民工。这支有中国特色的农民工劳动大军，体现了中国农民勤劳、俭朴、耐苦、机智等特性，对新时期中国的工业化、现代化作出了独特的贡献。据统计，我国的农民工在1982年才有657万，从1984年人民公社完全解散、农民获得自由解放，城市工业化、现代化步伐加快，农民工逐年平均递增700万。到2005年已达1.47亿，2008年又升至2.01亿。有的专家预计，未来30年还会猛增大约3亿。农民工是中国特色社会主义渐进中以工促农、以工带农、亦工亦农、由农转工的独特产物，是新时期工农联盟的新纽带、新血库、新生力军。第二，发展中小城市时，把城市周边的县域归属城市管辖，县域经济经过几年发展之后，把县城改为城区，这样该县农民就都变为市民了。例如。北京市1956年辖八个市区和九个县，面积约1万7千平方公里，人口约400万人，改革开放以来，郊区的房山、通县、顺义、大兴、昌平、平谷、怀柔七县，从1986年至2002年陆续都变为房山区、通州区、顺义区、大兴区、昌平区等等(现在只剩下密云和延庆还是县)。现在北京市人口达到约1500万，还有三四百万流动人口。北京地方大，城区大，郊区更大;北京人口多，工人多，农民变市民的也多(上述七个县共有500多万人)。农民变为市民后，再进一步变为市区工厂的工人。全国有众多大、中、小城市都采取这种市辖县、县域变市区的方式与模式，使1亿多农民变为市民、工人，逐步改变工农关系与工农结构。

以上只是从工农联盟的角度简述解决“三农”问题的三个根本途径。总之，改革开放以来，我们党独立提出的新观念、采取的新措施都是马克思主义工农联盟理论中国化的结晶。要全面解决“三农”问题还涉及农民工的户籍、增加农民收入、消灭农村贫困户、建立农民社会保障制度、消除乡镇企业污染、完善村民自治、发展农村文教、提高农民素质等等诸多具体问题。关键在于加强党对“三农”的领导，党要在村村建立并且扩大支部，使农民党员充分认识到自己既是工人阶级先进分子，又是工农联盟统一的化身，肩负着增强工农联盟、加快现代化建设的重任。只要深入落实、贯彻以人为本的科学发展观，真正做到“以工促农，以城带乡”，又以农补工，以乡助城，就必能使我国的工农联盟为振兴中华，建成富强、民主、文明、和谐的社会主义现代化国家合唱出最强音、合作出最优果。今后工业与农业、城市与农村、工人与农民必将通过相互交流、渗透、交融，最终融为一体。

(作者:中国人民大学教授)

新中国60年农业发展的成就与经验

龚　云

新中国成立60年来，中国农业取得了举世瞩目的辉煌成就，中国农村发生了翻天覆地的变化。回顾新中国农业发展的历程，总结新中国60年农业发展的经验，可以归结为一句话，即必须从中国的国情出发，把马克思主义的基本原理与中国的具体实际相结合，按照客观规律和自然规律办事，建设有中国特色的社会主义现代化农业。

一、成就

新中国成立60年来，农业发展成就巨大，主要包括以下几个方面。

1. 初步形成了适合我国国情和社会生产力发展要求的社会主义农村经济体制

新中国成立后，中国农业的发展避免了资本主义农业发展的痛苦，走上了依靠社会主义推进现代化的发展道路。

在完成土地改革以后，适应当时农民走社会主义道路积极性的要求，服务于国家工业化的需要，中国共产党适时引导农民走上合作化道路。通过农业合作化，中国农村建立了社会主义制度，中国农民走上了集体致富的道路。

1958年到1985年，中国农村实行人民公社制度，大兴农田水利基本建设，基本上解决了占世界人口四分之一的大国的吃饭问题；为轻工业提供了大量的原材料，也为我国外贸出口赚取了大量外汇，从1950年到1977年农副产品及其加工贸易出口额合计1337.9亿元，占同期全国对外贸易出口总额1901.2亿元的70.4%；为国家经济建设提供了大量资本积累，为中国工业化的起步创造了条件，"1953—1978年计划经济时期的25年间，工农业产品剪刀差总额估计在6000亿—8000亿元"，而1978年时国家工业固定资产总计不过9000多亿；培育了中国农民的集体主义意识，是中国农民在中国共产党的领导下开始探索农村社会主义现代化道路的巨大尝试；为改革开放以后中国农村坚持社会主义方向奠定了制度基础，使我国在推进农村现代化进程中避免了两极分化，城市也没有出现贫民窟。

改革开放以后，中国共产党克服了人民公社体制的弊端，实行政社分开，探索农村集体经济发展的有效实现形式，确立了以家庭联产承包为基础的、统分结合的双层经营体制。这既鼓励了农村一部分人先富起来，又坚持了共同富裕的发展方向；既调动了农户分散经营的积极性，又发挥了集体统一经营的优越性，大大地解放和发展了农村生产力。在此基础上，我们又改革了农产品统购统销体制，全面放开了粮食等农产品流通，放活了农产品和生产要素市场体系，建立了农村社会主义市场体制；取消了存在2600年的农业税，对农民实行直接补贴，初步建立了新时期强农惠农的政策体系；逐步扩大公共财政覆盖农村的范围，开始构建统筹城乡发展、推进城乡一体化的制度框架。经过60年的体制改革和创新，初步形成了适合我国国情和社会生产力发展的社会主义农村经济体制。

2. 农业综合生产能力显著提高，初步形成了中国特色的农业现代化道路，依靠自己力量稳定解决了十几亿人口的吃饭问题

新中国成立60年来，我国农业实现了由传统农业向现代农业转变。农业现代化进程大大加快，农业综合生产能力显著提高。主要农产品实现了由长期短缺到供求基本平衡、丰年有余的历史性转变。

我国粮食生产获得极大发展。粮食生产先后跨上7000亿斤、8000亿斤、9000亿斤、10000亿斤4个台阶。全国粮食总产量从1978年的30477万吨提高到2007年的50160万吨，增长64.6%，年递增1.74%，比人口增速高0.6个百分点；平均亩产量从168公斤提高到317公斤，增长88.7%。在人均耕地只有世界平均水平的三分之一左右，人均水资源不到世界平均水平的四分之一的不利情况下，我国依靠自己力量稳定解决了几代仁人志士不懈追求的全国人民吃饭问题，创造了用不到世界9%的耕地养活世界近21%人口的奇迹。

粮食、蔬菜、水果、肉类、禽蛋、水产品连续多年居世界第一，结束了主要农产品长期短缺的历史，而且成为世界第五大农产品出口国。全国人均主要农产品占有量已远远超过世界平均水平。

我国农业结构不断优化，农产品优质率、生产集中度和加工转化水平不断提升。1978到2007年，种植业增加值的比重占农业增加值的比重由80%下降到56.1%，下降23.9个百分点；林业比重由3：4%上升到4.4%，上升1个百分点；畜牧业比重由15%上升到29.8%，上升14.8个百分点；渔业比重由1.6%上升到9.7%，上升8.1个百分点。在种植业中，粮食稳定发展，蔬菜、水果、花卉等经济作物发展迅速，粮食作物、经济作物和饲料作物协调发展的格局已开始形成。

农业区域化布局、标准化生产、产业化经营稳步推进。我国农产品优质化率已经达到70%，其中水稻64%，小麦48%，玉米37%，大豆66%，油菜76%。主要农产品生产集中度达到50%，其中南方水稻占全国的86.1%，冀鲁豫三省小麦占全国的45%，东北玉米占全国的三分之一，东南沿海、黄渤海和长江中下游地区水产品出口量占全国的98%。全国农业产业化龙头企业已经达14万多家，带动农户8400多万户，种植面积9.7亿亩、畜禽饲养量84亿头（只）、养殖水面7800万亩。

农业水利化、机械化水平显著提高，农业科技水平大幅提高。我国已经进入世界农业科技大国行列。科技进步对农业的贡献率“十五”期间达到48%，有力地促进了农业与农村经济发展和农村民生改善。

经过60年的发展，我国走出了一条中国特色的社会主义农业现代化道路，初步实现了农业现代化，使我国粮食不断跃上新台阶，保证了我国的粮食安全和农产品供需基本平衡。

3. 农民收入稳定增长，扶贫开发成效显著，实现了农民物质文化生活水平从贫困到初步小康的历史性跨越

新中国成立60年来，从总体来看，我国农民收入持续增长，农民物质文化生活水平实现了从贫困到初步小康的历史性跨越。1978年到2007年，全国农民人均纯收入从133.6元到4140.4元，按可比价格计，比1978年增长634.4%，年均增长7.1%。农村居民恩格尔系数从1978年的67.7%下降到2007年的43.1%。农民教育文化娱乐、医疗卫生保健、交通通讯服务支出占比大幅提高，分别从1980年的5.1%、2.1%、0.4%提高到2007年的9.5%、6.5%和10.2%。

扶贫工作成绩显著，农村贫困人口大幅度减少。1978年，我国农村贫困人口约有2.5亿人，贫困发生率高达30.7%；2007年，农村贫困人口下降到1479万人，比1978年减少23521万人；贫困发生率降到1.6%，比1978年下降约29个百分点。我国的扶贫开发不仅有效地减少了本国的贫困人口，而且加速了世界消除贫困的进程，扭转了过去50多年世界贫困人口持续上升的趋势，使我国成为全球首先提前实现联合国千年发展目标中使贫困人口比例减半的国家。

4. 农村经济结构发生巨大变化，实现了农村经济全面发展

新中国成立60年来，特别是改革开放30年来，我国农林牧渔全面发展，乡镇企业异军突起，小城镇蓬勃发展，县域经济不断壮大，农村劳动力大规模转移就业，亿万农民工成为产业工人重要组成部分，有力推进了中国特色工业化、城镇化、农业现代化，推动了我国的现代化进程，为我国实现人民生活从温饱不足到总体小康的历史性跨越、推进社会主义现代化作出了巨大贡献。

经过60年特别是改革开放30年的发展，乡镇企业已经成为我国农村经济的主体力量和推动国民经济的重要组成部分。乡镇企业是我国农民的一大发明创造，被邓小平称之为“异军突起”。到2007年，乡镇企业人员达1.5亿，占全国从业人员的19.5%，比1978年增加12174万人，对就业增长贡献了33个百分点；创造增加值6.8万亿，占社会增加值的27.6%，比1978年增加了6.75万亿，年递增率高达18.5%，对经济增长率贡献了28个百分点；实现利润总额1.7万亿元，比1978年增加了1.69万亿元，年递增率高达19.6%。

乡镇企业的突起，优化了农村产业结构，促进了农村经济协调发展和全面繁荣。乡镇企业使农村就业结构发生了极大的变化。在农村劳动力结构中，农业就业比重已经下降到59.5%，比1978年的92.9%下降33.4个百分点。乡镇企业使城市工业化与农村工业化同步推进，工业化与城市化互动发展，开创了一条中国特色的工业化、城镇化道路。

5.农村公共事业全面推进，实现了农村社会全面进步

农村教育事业取得历史性进步。1949年，全国小学入学率只有20%，初中入学率仅为6%，文盲率达80%。新中国成立60年来，党和国家高度重视农村教育事业发展。2007年，全国“两基”(基本普及九年义务教育、基本扫除青壮年文盲)人口覆盖率达99%，农村劳动力不识字或者识字很少的比例为6.6%，青壮年文盲率进一步下降到3.58%，1.5亿农村义务教育阶段学生免交学杂费和教科书费。在十几亿人口的发展中大国，全面普及了九年义务教育，国民人均受教育年限提高到近8.5年，实现了历史性的跨越式发展。

农村卫生事业发展迅速。改革开放前，我国已经建立了适应当时经济水平的以赤脚医生制度为特色的农村合作医疗制度。联合国妇女儿童基金会在1980－1981年年报中高度评价了中国的“赤脚医生”制度，认为它为中国落后的农村地区提供了初级护理，为不发达国家提高医疗卫生水平提供了样板。改革开放后，新型农村合作医疗制度取得突破性进展。到2007年，7.3亿农民参加新型合作医疗，参合率为86%。经过新中国60年的发展，我国基本建立了覆盖农村的医疗卫生服务体系。

农村文化事业日益繁荣，广大农民思想道德素质、科学文化素质和健康素质显著提高。经过60年的社会主义洗礼，社会主义核心价值体系成为农村的主导价值观念。亿万农民对社会主义、集体主义和共产党的领导保持了较高程度的认同。

农村社会保障体系逐步健全。我国党和政府一直重视农民的社会保障。改革开放前，依靠集体经济，建立了以“五保户”为特色的农村社会保障体系。改革开放后，建立了适应社会主义市场经济要求的农村社会保障体系。到2008年3月底，全国31个省、自治区、直辖市都建立了农村最低生活保障制度，3566万农村困难群众享受最低生活保障。

新中国农业60年发展，为成功开辟中国特色社会主义道路、形成中国特色社会主义理论体系积累了宝贵的经验，充分证明了社会主义制度的优越性，为第三世界国家的农业发展提供了有益借鉴。

二、经验

新中国成立60年来农业发展积累了丰富的经验，主要有下面几点：

1.必须始终把发展农业放在各项经济工作的首位，巩固和加强农业基础地位，把解决好十几亿人口吃饭问题作为治国安邦的头等大事

马克思曾经指出:“农业劳动是其他一切劳动得以独立存在的自然基础和前提”;“超越劳动者个人需要的农业劳动生产率,是一切社会的基础”。恩格斯也指出:“农业是整个古代世界的决定性的生产部门,现在它更是这样了。”

新中国60年农业发展的历史证明,什么时候把农业发展放在各项经济工作首位,实行全党、全民重视农业、大办农业,农业就能获得大发展。农业一旦出了问题,就会影响中国经济社会发展全局。1985年后,由于忽视了农业,造成了农产品减产和徘徊的严重局面。党的十六大以后,以胡锦涛同志为总书记的党中央,把“三农”工作放在全党工作的重中之重,因此农业获得了持续平稳的发展。

2. 农业生产关系的变革要适应农村生产力发展水平,切实保障农民权益,始终把实现好、维护好、发展好广大农民根本利益作为农村一切工作的出发点和落脚点

新中国60年农业发展的实践证明,农业生产关系的变革要适应农村生产力发展水平,什么时候在保障农民物质利益、维护农民民主权利方面做得好,什么时候农民的积极性就高;什么时候农民主体作用和首创精神发挥得好,什么时候农村发展活力就强、形势就好。这是我国农业在经历重大挫折、农民遭受巨大痛苦后得出的一条经验,现在和将来都不能忘记。

3. 农业发展要坚持集体经济方向,探索适应社会主义市场经济要求的集体经济实践形式,走共同富裕道路

我国农业的根本出路在集体化。要在尊重农民的前提下,在农民自愿的基础上,积极引导农民走集体致富道路。

在新中国60年农业发展中,集体经济发挥了根本的制度保障作用。不可否认,在探索集体经济实践形式方面,在相当长的一段时间里,没有很好尊重农民的意愿,存在超越生产力水平的问题,但从整体来看,正是集体经济支撑了我国农业60年的顺利发展,也是我国农业走社会主义道路的重要标志和保证。

4. 必须坚持党管农业工作,始终把加强和改进党对农业工作的领导作为推进农业现代化的政治保证

党管农业工作,是中国共产党的一个好传统,也是一个重大原则。在革命、建设和改革的各个历史时期,中国共产党始终坚持把马克思主义原理同我国具体实际相结合,高度重视、着力解决农业问题。农业问题事关党和国家事业发展全局,因此要强化党委统一领导、党政齐抓共管、农村工作综合部门组织协调、有关部门各负其责的农村工作领导体制和工作机制;以改革创新精神全面推进农村党的建设,不断提高党领导农村工作的能力和水平,巩固党在农村的执政基础,集全党和全国之力去解决农业这个难题。

(作者单位:中国社会科学院马克思主义研究院)

60年来思想政治工作的发展历程

孙东方

新中国成立60年来,思想政治工作紧密围绕党和国家的中心任务和工作大局,在理论和实践上不断创新发展,经历了不平凡的发展历程。全面考察这一发展历程,对于认真总结经验,结合新的历史条件不断创新发展思想政治工作具有重要意义。

从以革命为特征向以建设为特征转变的阶段

这一阶段的显著标志是新中国的成立。新中国成立标志着中国共产党从领导人民为夺取全国政权而奋斗的党，成为领导人民掌握全国政权并长期执政的党，思想政治工作也实现了从以革命为特征向以建设为特征的转变。这一转变是在以毛泽东同志为核心的党的第一代中央领导集体的领导下实现的。以毛泽东同志为核心的第一代中央领导集体创立了毛泽东思想，带领全党全国各族人民建立新中国，从此踏上了艰辛探索社会主义建设规律的伟大征程。面对新形势新任务，如何适应中国共产党从革命党向执政党的转变，推动社会主义革命和建设事业的发展，明确思想政治工作的作用、定位、基本原则和方式方法，把全党全国各族人民建设社会主义的积极性和创造性激发起来、调动起来，是这一阶段思想政治工作面临的最迫切、最根本的问题。

围绕上述问题，思想政治工作在理论上进行了积极探索：

1. 提出了“政治工作是一切经济工作的生命线”的新论断。明确提出，掌握思想教育，是团结全党进行伟大政治斗争的中心环节，政治工作要结合经济工作一道去做，思想工作和政治工作，是完成经济工作和技术工作的保证，它们是为经济基础服务的。提高劳动生产率，一靠物质技术，二靠文化教育，三靠政治思想工作。

2. 提出了在我们党执政条件下思想政治工作的任务是向人民群众灌输社会主义思想。在第一次全国宣传工作会议上，我们党认真研究了建国后思想政治工作的主要任务，明确指出，在社会主义建设时期，思想政治工作的任务就是用马列主义的立场、观点和方法教育全国人民，肃清帝国主义的思想和封建主义的思想，批判资本主义和一切非无产阶级的思想，确立马列主义——工人阶级思想的领导权。

3. 提出了思想政治工作的基本内容、基本方针和主要方法。1957年春，毛泽东同志先后发表了《关于正确处理人民内部矛盾的问题》和《在中国共产党全国宣传工作会议上的讲话》等一系列重要讲话，亲自起草《工作方法六十条(草案)》，对改善和加强党的思想政治工作中遇到的一系列问题作出了全面阐述，为社会主义建设时期的思想政治工作奠定了理论基础。一是进一步明确了思想政治工作的基本方针。结合关于人民内部矛盾的论述，确立了“团结——批评——团结”、“百花齐放、百家争鸣”、批评与自我批评相结合等思想政治工作的方针。二是提出思想政治工作的基本内容。即要以共产主义思想教育为核心，深入开展马克思主义理论教育、共产主义理想教育。三是提出思想政治工作的主要方法。明确提出要采取讨论的方法、批评的方法、说理的方法、说服教育的方法、抓两头带中间的方法、自我教育的方法、比较鉴别的方法等等。四是明确做好思想政治工作是全社会的责任。指出思想政治工作，各个部门都要负责任，共产党应该管，青年团应该管，政府主管部门应该管，学校的校长教师更应该管。

紧密结合社会主义建设的实际，思想政治工作开展了积极实践。在全党开展马克思主义认识论和辩证法教育；结合抗美援朝等时事宣传，积极开展爱国主义和国际主义教育；结合“三反”、“五反”运动和思想改造运动，进行防止资产阶级思想腐蚀教育；结合社会主义改造，大张旗鼓地进行过渡时期总路线的宣传教育，对全国人民进行社会主义教育；结合《关于正确处理人民内部矛盾的问题》的发表，组织开展群众性学习毛泽东著作活动，有效地提高了全党全国人民的思想政治水平；通过声势浩大的全国爱国卫生运动，进行广泛的移风易俗教育，推动社会主义新风尚新道德建设；通过弘扬雷锋精神、铁人精神、“两弹一星”精神等，进行艰苦奋斗教育和革命传统教育。

这一阶段的思想政治工作从推进社会主义革命和建设的高度，找准定位，明确职能，创造性地开展工作，自觉推动社会主义制度的建立和完善，为加速国民经济调整、扭转国民经济的困难局面发挥了重大作用，为此后的思想政治工作奠定了坚实基础。但是，“文化大革命”十年间，由于指导思想上犯了“左”的错误，思想政治工作理论与实践发展都遭受严重挫折。

从以阶级斗争为纲向以经济建设为中心转变的阶段

这一阶段的显著标志是党的十一届三中全会的召开。与党和国家工作中心转移同步，思想政治工作实现了从以阶级斗争为纲向以经济建设为中心服务的转变。这一转变是在以邓小平同志为核心的党的第二代中央领导集体领导下实现的。面对十年“文化大革命”造成的危难局面，党的第二代中央领导集体坚持解放思想、实事求是，科学评价毛泽东同志和毛泽东思想，彻底否定“以阶级斗争为纲”的错误理论和实践，作出把党和国家工作中心转移到经济建设上来、实行改革开放的历史性决策，确立了社会主义初级阶段的基本路线，创立邓小平理论，吹响了走自己的路、建设中国特色社会主义的号角。面对新形势新任务，如何适应党和国家工作中心的转移，找准定位、明确目标，把干部群众的智慧和力量凝聚到改革开放和现代化建设上来，是这一阶段思想政治工作面临的最迫切、最根本的问题。

围绕上述问题，思想政治工作在理论上进行了创新发展：

1. 找准思想政治工作在党和国家工作全局中的定位。明确提出，思想政治工作是我们党的优良传统和政治优势，在工作中心转移到经济建设以后，思想政治工作只能加强不能削弱，改革开放越是深入，思想政治工作越要加强。提出“思想政治工作是一门科学”的新论断，明确加强思想政治工作是改善党的领导最主要的方面，是各级党组织和各级行政领导的任务，是各条战线、各个部门的工作。

2. 提出思想政治工作的根本指针和基本原则。在改革开放新时期，思想政治工作必须坚持为经济建设服务、为改革开放服务的根本指针，坚持两手抓、两手都要硬，坚持思想政治工作结合经济工作一道去做，坚持正面引导、说服教育为主、反对压服，坚持根据不同对象开展不同工作、反对一刀切，坚持身教与言教相结合、身教重于言教等基本原则。这些根本指针和基本原则为新时期思想政治工作提供了基本遵循。

3. 提出培养“四有”新人的目标任务。明确提出，思想政治工作的根本目标是培养有理想、有道德、有文化、有纪律的“四有”新人，主要任务是贯彻落实党的基本理论和基本路线，动员和引导广大人民群众坚持“一个中心、两个基本点”，提高人民群众的思想道德素质和科学文化素质、巩固和发展安定团结的政治局面、推进建设中国特色社会主义实践。

围绕新形势新任务和理论上的创新发展，思想政治工作努力探索新实践。大力开展马克思主义列宁主义、毛泽东思想和邓小平同志建设中国特色社会主义理论宣传教育、社会主义初级阶段理论宣传教育、共产主义理想道德和马克思主义世界观宣传教育、爱国主义宣传教育等，旗帜鲜明地反对资产阶级自由化，坚定广大干部群众共产主义远大理想和建设中国特色社会主义的共同理想；大力开展以“五爱”为基本内容的社会主义道德宣传教育和艰苦奋斗的革命传统教育，作出《中共中央关于社会主义精神文明建设指导方针的决议》，深入开展“五讲四美三热爱活动”，在全社会倡导和发扬积极思想和精神；着眼于满足群众对文化生活的需求，引导帮助城乡群众积极开展文艺娱乐活动、科普活动、体育活动等，大力建设群众艺术馆、文化馆、俱乐部等基础文化设施，不断提高群众科学文化水平；开展民主法制教育和纪律教育，普及法律常识，巩固安定团结的社会局面，维护国家长治久安。

这一阶段的思想政治工作从推进改革开放和社会主义现代化建设的战略高度，坚持以经济建设为中心，在解放思想的同时统一思想，在凝聚党心的同时凝聚民心，为改革开放和社会主义现代化建设事业的开局和发展提供了思想基础和精神动力，开创了新时期思想政治工作的新局面。

从适应计划经济体制向适应社会主义市场经济体制转变的阶段

这一阶段的显著标志是党的十四大确立建立社会主义市场经济体制的战略目标，思想政治工作进入从适应计划经济体制向适应社会主义市场经济体制转变的阶段。这一转变是在以江泽民同志为核心的党的第三代中央领导集体领导下实现的。以江泽民同志为核心的党的第三代中央领导集体高举邓小平理论伟大旗帜，坚持改革开放、与时俱进，创建社会主义市场经济新体制，开创全面开放新局面，推进党的建设新的伟大工程，创立“三个代表”重要思想，带领全党全国各族人民把改革开放伟大事业胜利推向二十一世纪。面对新形势新任务，如何在社会主义市场经济条件下找准定位，形成创新发展的总体思路，不断增强时代感和主动性、实效性、针对性，是这一阶段思想政治工作面临的最现实、最关键的问题。

围绕上述问题，思想政治工作在这一阶段进行了创新发展：

1. 从关系社会主义建设兴衰成败的高度确定思想政治工作的定位。明确指出，加强和改进思想政治工作是改革开放和现代化建设的内在要求，是全党的一件大事，也是宣传思想工作的重中之重，能否搞好思想政治工作，关系到我国社会主义建设兴衰成败，关系到把一个什么样的中国带入二十一世纪。要把思想政治工作放在全党全国工作大局中极为重要的地位，纳入整个改革开放和现代化建设的总体部署之中。

2. 形成了思想政治工作总体思路。在社会主义市场经济条件下，加强和改进思想政治工作必须坚持以经济建设为中心，为全党全国工作大局服务，以增强党和国家的凝聚力、增强干部群众的凝聚力、更好地发展社会生产力为目的，以用邓小平理论武装全党、教育人民为首要任务，以坚持和巩固马克思主义在我国意识形态领域的指导地位为根本，以加强理想信念教育为核心。

3. 从“四有”到“四以”，创新了思想政治工作目标任务。明确提出，新形势下思想政治工作的任务是以科学的理论武装人，以正确的舆论引导人，以高尚的精神塑造人，以优秀的作品鼓舞人。

4. 丰富了思想政治工作的原则。提出除坚持改革开放以来形成的基本原则之外，还应坚持弘扬主旋律、提倡多样化，坚持先进性和广泛性相结合，坚持团结、稳定、鼓劲，正面宣传为主，坚持解决思想问题同解决实际问题相结合，坚持教育与管理相结合，坚持在党的领导下、依靠全社会共同来做等。

结合理论上的创新发展，思想政治工作积极开展新的实践。围绕树立建设中国特色社会主义共同理想，在全社会深入开展党的基本理论、基本路线、基本纲领教育，打牢全党全国人民团结奋斗的思想基础；深入持久地开展以为人民服务为核心、集体主义为原则的社会主义道德教育，制定《中共中央关于加强社会主义精神文明建设若干重要问题的决议》、《爱国主义教育实施纲要》、《公民道德建设实施纲要》等，大力弘扬爱国主义精神，增强民族自尊自信自强，大力提倡法制、竞争观念等符合社会主义市场经济要求的思想观念；积极开展舆论引导，唱响主旋律，努力营造有利于建立社会主义市场经济体制和推进现代化建设的舆论氛围；积极建设面向现代化、面向世界、面向未来的，民族的科学的大众的社会主义文化，大力发展社区文化、村镇文化、企业文化、校园文化，组织实施“五个一工程”等，不断满足人民群众精神文化需求；把思想政治建设作为党的建设的根本，在全党开展“三讲”教育、“三个代表”重要思想学习教育活动；召开中央思想政治工作会议，制定

《中共中央关于加强和改进思想政治工作的若干意见》，加强和改进农村、企业、社区、学校和军队思想政治工作，把思想政治工作创新发展的着力点放在基层、落到实处。

这一阶段的思想政治工作从代表先进生产力的发展要求、代表先进文化的前进方向、代表最广大人民的根本利益的高度出发，找准位置、尽其职能，切实把群众的积极性、主动性、创造性引导到深化改革、扩大开放上，引导到促进社会主义市场经济发展和实现现代化建设的各项任务上，开创了社会主义市场经济条件下思想政治工作创新发展的新局面。

从适应“三位一体”向适应“四位一体”总体布局转变的阶段

这一阶段的显著标志是党的十六大明确提出经济、政治、文化、社会建设“四位一体”的战略布局，思想政治工作进入了从适应“三位一体”向适应“四位一体”总体布局转变的阶段。这一转变是在以胡锦涛同志为总书记的党中央领导下实现的。党的十六大以来，以胡锦涛同志为总书记的党中央坚持以邓小平理论和“三个代表”重要思想为指导，顺应国内外形势发展变化，全面分析阶段性特征，抓住重要战略机遇期，着力推动科学发展、促进社会和谐，完善社会主义市场经济体制，创立了科学发展观，发展完善了中国特色社会主义理论体系，积极推进全面建设小康社会的伟大实践。面对新形势新任务，如何进一步贯彻落实科学发展观、围绕中央“四位一体”的战略布局开展工作，使工作更好地体现时代性、把握规律性、富于创造性，是这一阶段思想政治工作面临的最主要、最突出的问题。

围绕上述问题，思想政治工作在这一阶段进行了创新发展：

1. 思想政治工作定位的创新发展。进一步明确思想政治工作是我们党和社会主义国家的重要政治优势，深入细致地做好思想政治工作，是党在宣传思想文化领域的一项基础性工作，是宣传思想战线的基本职责。

2. 思想政治工作根本理念实现质的突破。明确提出把以人为本作为思想政治工作的基本理念，把高举旗帜、围绕大局、服务人民、改革创新作为总要求，坚持重心下移、面向基层、关注民生、服务群众。

3. 思想政治工作的原则实现创新发展。明确思想政治工作应始终坚持“三贴近”原则，坚持反映群众心声与体现党的意志相统一原则，坚持用一元化指导思想引领整合多样化社会思潮和社会意识等。

4. 思想政治工作方式方法实现创新发展。适应科学技术的迅猛发展和广大群众获取信息渠道的深刻变革，思想政治工作加大运用新技术新手段的力度，加强对互联网、手机短信等新媒体的建设和利用。

围绕理论上的新发展，思想政治工作在实践上不断深化拓展。积极开展马克思主义中国化最新成果宣传，实施马克思主义理论研究和建设工程，大力推进科学理论系统化、大众化；大力推进社会主义核心价值体系建设，努力形成全社会共同的价值理想和价值遵循；积极改进新闻宣传，改进突发事件的报道，积极引导社会热点，努力形成凝聚、引导、激励、动员、组织广大人民群众投身社会主义现代化建设的强大舆论力量；大力加强公民道德建设，弘扬和培育民族精神和时代精神，牢固树立社会主义荣辱观，开展未成年人思想道德建设、大学生思想政治教育、红色旅游、深化群众性精神文明创建活动等，积极培育健康的国民心态和社会心态；大力推进社会主义和谐文化建设，深化文化体制改革，解放文化生产力，推动社会主义文化大发展大繁荣；把思想政治工作创新发展作为党的执政能力建设的重要方面，在全党开展保持共产党员先进性教育活动、深入学习实践科学发展观活动等；加大对我国发展成就和价值理念的对外宣传力度，展示我国民主、进步、文明、开放的国家形象，扩大中华文化的国际影响力。

这一阶段的思想政治工作从中国特色社会

主义“四位一体”总体布局的战略高度，准确把握当今国际国内发展大势，自觉同以胡锦涛同志为总书记的党中央保持高度一致，扎实推动文化大发展大繁荣，不断巩固壮大社会主义意识形态，为推动科学发展、社会和谐、全面建设小康社会提供了坚实的思想文化支撑，思想政治工作创新发展进入一个崭新的阶段。

（作者：中共中央党校国际战略研究所博士后、讲师）

六十年来中国共产党领导的多党合作和政治协商制度的重大发展

李庆刚

新中国成立60年来，中国共产党领导的多党合作和政治协商制度，不断开拓新领域，获得重大发展。回顾总结这些发展成果，对于推动多党合作和政治协商制度的进一步发展和完善，具有重要的指导意义。

一、中国共产党与民主党派的关系，由“长期共存、互相监督”八字方针发展为“长期共存、互相监督、肝胆相照、荣辱与共”十六字方针

1949年9月中国人民政治协商会议第一届全体会议召开，标志着中国共产党领导的多党合作和政治协商制度正式确立。1956年，随着我国进入社会主义社会，在新的历史条件下，多党合作和政治协商制度如何发展成为一个重大政治选择。1956年4月，毛泽东同志在《论十大关系》的讲话中指出：“究竟是一个党好，还是几个党好？现在看来，恐怕是几个党好。不但过去如此，而且将来也可以如此，就是长期共存，互相监督。”“长期共存、互相监督”方针的提出，极大地鼓舞并调动了各民主党派人士参加社会主义建设的热情。遗憾的是，从1957年起，党领导的多党合作和政治协商制度在运行过程中出现了曲折，在“文化大革命”中更是遭到严重破坏。

党的十一届三中全会以后，经过拨乱反正，在1982年1月召开的全国统战工作会议上，胡耀邦同志代表党中央对民主党派和中国共产党的关系作出了“肝胆相照、荣辱与共”的新判断。他说：“在新的历史时期中，我们一定要同党外朋友真正建立起肝胆相照、荣辱与共的关系。”9月党的十二大指出：“我们党要继续坚持‘长期共存，互相监督’，‘肝胆相照，荣辱与共’的方针，加强同各民主党派、无党派民主人士、少数民族人士和宗教界爱国人士的合作。”1982年11月召开的全国政协第五届委员会第五次会议，重申了这一方针，时任全国政协主席的邓小平同志指出：十一届三中全会以来，我们的统一战线比过去任何时期都更加扩大了，我们一定要坚持“长期共存、互相监督”，“肝胆相照、荣辱与共”的方针，加强同各民主党派、无党派民主人士和一切爱国的党外朋友们的合作。

这样，“长期共存、互相监督”的八字方针，就发展为“长期共存、互相监督、肝胆相照、荣辱与共”的十六字方针，现在仍是中国共产党同各民主党派合作的基本方针。

二、对民主党派的性质和作用作了新的概括

建国后一段时间党领导的多党合作和政

治协商制度之所以经历曲折，一个重要原因是对民主党派的性质和作用作出了错误的判断。经过拨乱反正，1979年6月，邓小平同志指出，各民主党派“都已经成为各自所联系的一部分社会主义劳动者和一部分拥护社会主义的爱国者的政治联盟，都是在中国共产党领导下的为社会主义服务的政治力量”。10月，他又进一步指出，“各民主党派和工商联，都是我国革命的爱国的统一战线的重要组成部分”，“现在，各民主党派和工商联已经成为各自联系的一部分社会主义劳动者和拥护社会主义的爱国者的政治联盟和人民团体，成为进一步为社会主义服务的政治力量”。这一论述，指出中国的民主党派有别于西方的政党，也不同于历史上对民主党派性质的理解，是新时期中国共产党对民主党派性质和作用作出的正确分析与判断。

1989年12月，以江泽民同志为核心的党的第三代中央领导集体主持制定了《中共中央关于坚持和完善中国共产党领导的多党合作和政治协商制度的意见》，对民主党派的性质和作用作了更为完整的新概括，指出：“各民主党派是各自所联系的一部分社会主义劳动者和一部分拥护社会主义的爱国者的政治联盟”，“是我国爱国统一战线的一支重要力量，也是维护我国安定团结、促进社会主义现代化建设和祖国统一的一支重要力量”。

党的十六大以来，以胡锦涛同志为总书记的党中央紧密结合新形势，不断深化对民主党派性质和作用的认识。2005年2月，中共中央下发《关于进一步加强中国共产党领导的多党合作和政治协商制度建设的意见》。《意见》指出，在新世纪新阶段，民主党派是各自所联系的一部分社会主义劳动者、社会主义事业建设者和拥护社会主义爱国者的政治联盟，是接受中国共产党领导、同中国共产党通力合作的亲密友党，是进步性与广泛性相统一、致力于中国特色社会主义事业的参政党。《意见》还指出，无党派人士是指没有参加任何党派、对社会有积极贡献和一定影响的人士，其主体是知识分子。这一表述，是对民主党派的性质和作用的最新概括，体现了民主党派在进步性基础上的广泛的包容性，有利于更加广泛地团结一切可以团结的力量，为发展中国特色社会主义而共同奋斗。

三、明确提出“社会主义政党制度”和民主党派是“参政党”等新概念，提出促进政党关系和谐新论断

1986年4月，中共中央在转批的《关于新时期党对民主党派工作的方针任务的报告》中提出，“各民主党派都不是在野党，更不是反对党，而是同我党通力合作的共同致力于社会主义事业的亲密友党”。新时期我们党同民主党派的关系，“实质上是工人阶级先锋队同一部分社会主义劳动者政党的关系”。

根据历史经验和现实发展的要求，1989年12月，《中共中央关于坚持和完善中国共产党领导的多党合作和政治协商制度的意见》明确指出：“中国共产党是社会主义事业的领导核心，是执政党。”各民主党派是“接受中国共产党领导的，同中共通力合作、共同致力于社会主义事业的亲密友党，是参政党”。这是在党的文献和我国政治体制改革文献中，第一次使用“社会主义政党制度”、“参政党”等新概念。1991年7月，在庆祝中国共产党成立七十周年大会上的讲话中，江泽民同志指出：“各民主党派是参政党，不是在野党，更不是反对党。”2000年12月，在全国统战工作会议上，江泽民同志再次强调指出：“我国政党制度的显著特征在于：共产党领导、多党派合作，共产党执政、多党派参政，各民主党派不是在野党和反对党，而是同共产党密切合作的友党和参政党。”“参政党”这一概念的提出及其不断被重申，进一步明确了我国各民主党派在政党关系、政党体制和政党活动及在国家政治生活中的地位和作用。

十六大以来，以胡锦涛同志为总书记的党中央从构建和谐社会，促进科学发展的高度深

刻认识党领导的多党合作和政治协商制度。胡锦涛同志指出，巩固和发展我国社会主义政党关系，实现我国政党关系的长期和谐，关键在于坚持和完善中国共产党领导的多党合作和政治协商制度。党的十七大提出了促进“政党关系和谐”的命题，这为深化中国共产党同民主党派关系的认识，促进共产党同民主党派的团结合作，提供了新的视角。

四、提出了民主党派参政议政的基本点和实施监督的总原则，肯定了我国多党合作制度的价值和功能

1989 年 12 月的《中共中央关于坚持和完善中国共产党领导的多党合作和政治协商制度的意见》，充分肯定了民主党派参政议政和监督的重要性，规定了民主党派参政的基本点和发挥监督作用的总原则，明确提出民主党派“参加国家政权、参与国家大政方针国家领导人选的协商，参与国家事务的管理，参与国家方针、政策、法律、法规的制定执行”，即“一参加三参与”。《意见》指出，要保证民主党派成员和无党派人士在各级人民代表大会、政协领导机构中占有适当比例，“应采取切实措施，选配民主党派成员、无党派人士担任国务院及其有关部委和县以上地方政府及其有关部门的领导职务”。在贯彻落实这一要求过程中，越来越多民主党派及无党派人士走上政府、审判和检察机关领导岗位，极大地增强了他们的荣誉感，充分调动了他们参与现代化建设的积极性。与此同时，中共中央加强同各民主党派的协商，内容不断充实，程序逐步规范。2007 年 11 月国务院新闻办公室发表的《中国的政党制度》白皮书指出，从 1990 年至 2006 年底，中共中央、国务院及委托有关部门召开的协商会、座谈会、情况通报会达 230 多次，其中中共中央总书记主持召开的有 74 次。

党的十六大以来，以胡锦涛同志为总书记的党中央推动了多党合作和政治协商实践的进一步发展。据统计，从十六大召开至 2007 年 8 月 1 日，中共中央召开和委托中央统战部召开的协商会、座谈会、通报会，就有 93 次，有力地推动了科学决策、民主决策。同时，中共中央和各级党委高度重视非中共干部的推荐使用工作，据统计，在 2008 年全国省级领导班子换届后新班子中，非中共人士共有 205 人，其中民主党派成员 166 人，占非中共人士总数的 81%。各省区市人大常委会都有非中共人士担任副主任；30 个省区市政府配备了非中共副省长（副主席、副市长）；大多数省市政协中的非中共副主席都不少于 50%。各省及领导班子中，新提拔的非中共人士有 118 人，占非中共人士总数的 57.6%。在民主监督方面，成绩同样斐然。各民主党派运用政协视察、大会发言或以其他形式对国家宪法、法律和法规的实施，重大方针政策的贯彻执行、国家机关及其工作人员的工作，通过建议和批评进行监督。1997 年至 2006 年，各民主党派中央在全国政协会议上作大会发言（包括书面发言）370 余次（份），内容涉及改革、发展、稳定等一系列重大问题，如加快产业结构优化升级、大力推行循环经济发展、重视灾害的社会管理和加紧应急体系建设、维护和保障农民工的合法权益、完善社会保障体系、加强农村文化建设、保障教育特别是基础教育的投入、积极推进民办教育、加强公共卫生体系建设、坚决反对分裂和促进祖国统一、发展两岸经贸交流等。民主党派在人民政协的大会发言，许多意见建议被采纳。

在此基础上，2006 年 2 月，中共中央颁发了《关于加强人民政协工作的意见》，指出人民政协的主要职能是政治协商、民主监督、参政议政。要充分发挥人民政协作为中国共产党领导的多党合作和政治协商的重要机构的作用，支持各民主党派和无党派人士参与国家重大方针政策的讨论协商及其履行职责的各种活动，使爱国统一战线的重要作用继续得到巩固和发展。党的十七大进一步指出：“要贯彻长期共存、互相监督、肝胆相照、荣辱与共的方针，加强同民主党派合作共事，支持民主党派和无党派

人士更好履行参政议政、民主监督职能，选拔和推荐更多优秀党外干部担任领导职务。”2007年11月国务院新闻办公室发表《中国的政党制度》白皮书，第一次较为系统地从理论上对中国共产党领导的多党合作制度的价值与功能进行了阐述，将我国多党合作制度的价值和功能界定为政治参与、利益表达、社会整合、民主监督和维护稳定等五个方面，充分肯定了各民主党派在国家政治生活中的重要地位和作用。党的十七届四中全会进一步指出，要完善党同民主党派合作共事机制，支持民主党派加强自身建设和更好履行参政议政、民主监督职能，真诚接受民主党派和无党派人士监督，鼓励党外人士做我们党的挚友和诤友。

五、将坚持和完善共产党领导的多党合作和政治协商制度，作为我国政治体制改革和社会主义政治文明的重要内容，高度重视多党合作和政治协商的制度化、规范化、程序化

1982年9月党的十二大指出，坚持和完善共产党领导的多党合作和政治协商制度，是建设社会主义民主的重要内容之一。1987年10月党的十三大明确将共产党领导的多党合作和政治协商列为我国的一项基本政治制度。十三大报告指出：“人民政协是包括各民主党派、各人民团体和社会各方面代表的爱国统一战线组织。要加强政协自身的组织建设，逐步使国家大政方针和群众生活重大问题的政治协商和民主监督经常化。”

1992年10月党的十四大报告指出：“政治体制改革的目标，是以完善人民代表大会制度、共产党领导的多党合作和政治协商制度为主要内容，发展社会主义民主政治。”十四大将这一制度正式写入党章。按照十四大的要求，1993年3月，中共中央郑重向八届全国人大一次会议主席团提出了关于修改宪法部分内容的补充建议，其中包括在宪法中增加“中国共产党领导的多党合作和政治协商制度将长期存在和发展”的内容。大会通过了宪法修正案，从而使坚持、完善和发展共产党领导的多党合作和政治协商制度，不仅是中国共产党的意志，而且成为国家的意志、人民的意志。1997年9月，党的十五大报告指出，要“坚持和完善共产党领导的多党合作和政治协商制度”，“继续推进人民政协政治协商、民主监督、参政议政的规范化、制度化”。这些规定的提出及实施，大大推动了多党合作和政治协商工作制度化、规范化的进程。

党的十六大以来，以胡锦涛同志为总书记的党中央着眼于推进社会主义政治文明建设，进一步推进多党合作和政治协商的制度化、规范化、程序化，在深入调研，并充分听取各民主党派中央、无党派人士以及各有关方面意见的基础上，制定了《关于进一步加强中国共产党领导的多党合作和政治协商制度建设的意见》(以下简称《意见》)。《意见》指出了新世纪新阶段我国多党合作和政治协商必须坚持的重要政治准则：坚持以马克思列宁主义、毛泽东思想、邓小平理论和“三个代表”重要思想为指导，坚持中国共产党的领导，坚持社会主义初级阶段的基本路线、基本纲领和基本经验，坚持长期共存、互相监督、肝胆相照、荣辱与共的基本方针，保持宽松稳定、团结和谐的政治环境。中国共产党和各民主党派都必须以宪法为根本活动准则，负有维护宪法尊严、保证宪法实施的职责。《意见》提出要按照《中国人民政治协商会议章程》的要求，推进政治协商的制度化、规范化和程序化。一是提出要把政治协商纳入决策程序，就重大问题在决策前和决策执行中进行协商，这是政治协商的重要原则；二是总结长期以来的做法，提出了政治协商的两种基本方式，即“中国共产党同各民主党派的政治协商”和“中国共产党在人民政协同各民主党派和各界代表人士的协商”；三是规范了中国共产党同各民主党派协商的内容和程序。对于人民政协政治协商的内容和程序，2006年2月《中共中央关于加强人民政协工作的意见》进一步指出，要支持政协围绕团结和民主两大主题履行职能，把加

强团结和发扬民主贯穿于政协工作的各个方面，推进政治协商、民主监督、参政议政的制度化、规范化和程序化。

六、提出了衡量中国政党制度的标准

1945年毛泽东同志指出："中国一切政党的政策及其实践在中国人民中所表现的作用的好坏、大小，归根到底，看它对于中国人民的生产力的发展是否有帮助及其帮助之大小，看它是束缚生产力的，还是解放生产力的。"党的十一届三中全会以后，邓小平同志提出了检验一切工作成败得失的"三个有利于"标准。在此基础上，2000年12月，江泽民同志在全国统战工作会议上进一步指出："衡量中国的政治制度和政党制度，最根本的是要从中国的国情出发，从中国革命、建设和改革实践的效果着眼，一是看能否促进社会生产力的持续发展和社会全面进步；二是看能否实现和发展人民民主，增强党和国家的活力，保持和发挥社会主义制度的特点与优势；三是看能否保持国家政局的稳定和社会安定团结；四是看能否实现和维护最广大人民的根本利益。"2005年2月，以胡锦涛同志为总书记的党中央在《关于进一步加强中国共产党领导的多党合作和政治协商制度建设的意见》中重申了这四条标准，并将"能否保持和发挥社会主义制度的特点和优势"单列出来，使其成为五条标准。同时，《意见》明确提出，发展是我国多党合作和政治协商的根本任务。发展是中国共产党执政兴国的第一要务，也是各民主党派参政议政的第一要务。多党合作和政治协商要牢牢把握发展这个根本任务，树立和落实科学发展观，紧紧围绕经济建设这个中心，自觉服务于改革发展稳定的大局，把各方面的智慧和力量凝聚到实现全面建设小康社会的奋斗目标上来，促进社会主义物质文明、政治文明、精神文明的协调发展和人的全面发展，实现中华民族的伟大复兴。

衡量我国政党制度标准的提出，有助于我们明辨是非，自觉抵制不顾中国国情、企图照搬西方政党制度和政治制度模式的各种错误思潮的破坏与干扰，坚持并不断发展和完善中国共产党领导的多党合作和政治协商制度。

（作者：中共中央党校党史教研部副教授）

第九部分

重大理论与热点难点探讨

学习研究毛泽东思想是长期任务

张全景

每年毛泽东同志诞辰，很多地方或单位都会以不同形式举办纪念活动，召开座谈会、报告会，唱红歌，写红诗，发手机短信……，缅怀毛主席的丰功伟绩，寄托对毛主席的崇敬之情，这些都是广大人民群众的自发行为，是很有意义的。新中国60年的发展进步，是与党的思想理论建设密不可分的，是马克思主义中国化理论成果的伟大实践。正像邓小平同志讲的，毛泽东思想作为“我们所需要的马克思主义”，开创了“结合中国实际的马克思主义”。奠定了马克思主义中国化的理论之基，这是中国共产党的宝贵精神财富，也是我们每一个中国共产党人必须十分珍视和坚持的。

党的十一届六中全会决议中专门论述了毛泽东同志的历史地位和毛泽东思想。毛泽东是伟大的马克思主义者，是伟大的无产阶级革命家、战略家和理论家，他为我们党和中国人民解放军的创立、发展，为中国各族人民解放事业的胜利，为中华人民共和国的缔造和我国社会主义事业的发展，建立了不可磨灭的功勋，为被压迫民族的解放和人类进步事业作出了重大的贡献。邓小平、江泽民、胡锦涛同志多次强调，毛泽东思想是中国共产党和中国人民历经艰辛获得的宝贵精神财富，要世世代代不忘毛主席的丰功伟绩。在建设中国特色社会主义的伟大征程中，要始终不渝地坚持毛泽东思想，这是我们的崇高使命和庄严责任。

一、认真学习研究毛泽东思想，才能更好地落实科学发展观

毛泽东思想是把马克思列宁主义与中国革命和建设实际相结合的典范。毛泽东同志领导全党和全国各族人民，前赴后继，顽强奋斗，取得了新民主主义革命、社会主义革命和建设的伟大胜利。毛泽东思想汲取了中国和世界上不同历史时期、不同方面的先进文化，内容博大精深，包括思想、理论、军事、政治、经济、文化、科技、体育等社会领域的各个方面，是全党全国各族人民的智慧结晶。在中国历史上出现过许多伟大的思想家，从孔夫子到孙中山，都值得我们学习和研究。但就思想理论的内容来说，都不及毛泽东思想丰富和全面、完整和系统。毛泽东等老一辈革命家共同创立的新民主主义革命理论，社会主义革命和建设理论，巩固社会主义制度、防止“和平演变”的理论，都是前无古人的。毛泽东思想具有鲜明的阶级性和时代特点，是马克思主义中国化承前启后的伟大理论，没有毛泽东思想，不可能形成邓小平理论、“三个代表”重要思想和科学发展观；当然，后者又丰富、发展了马列主义、毛泽东思想。它们是坚持、继承、发展和创新的关系，是一脉相承的。学习实践科学发展观，要与学习马列主义、毛泽东思想结合起来，树立正确的世界观和方法论。要善于运用马克思主义的立场、观点、方法，分析解决建设中国特色社会主义的实际情况和问题，善于运用毛泽东思想，特别是毛泽东的哲学思想，准确认识和把握事物的本质、规律，从而更加深刻地理解科学发展观的丰富内涵和精神实质，更好地贯彻落实科学发展观，推动各项事业又好又快的发展。

二、认真学习研究毛泽东思想，才能真正把党建设好，保持党的先进性，提高党的执政水平

毛泽东建党学说是毛泽东思想的重要组成

部分。在领导中国革命和建设的过程中，毛泽东高度重视党的建设，深刻指出：无产阶级要完成自己的历史使命，就必须有党的领导。党是中国革命和社会主义事业的领导核心，“指导伟大的革命，要有伟大的党”。他还明确指出，党的建设过程是同党的政治路线密切联系着的，这就科学阐明了党的建设同党的政治路线的关系，为加强党的建设指明了方向。

毛泽东特别注重从思想上建党，把思想建设放在党的建设的首位。早在井冈山斗争时期，他就提出对农村根据地的党组织实行“无产阶级思想领导”。从古田会议起，他比较系统地论述了从思想上建党，着重解决党员思想入党的问题。他指出，“掌握思想教育，是团结全党进行伟大斗争的中心环节”，“为要从组织上整顿，首先要从思想上整顿”。他与其他老一辈革命家一起，开创了在全党通过批评与自我批评进行马克思列宁主义思想教育的整风形式，根据形势任务和党内思想状况，学习马列主义，深入开展党员教育，克服非无产阶级思想。我们要认真学习领会毛泽东从思想上建党的理论，树立正确的世界观、人生观，坚定共产主义理想，牢记全心全意为人民服务的宗旨，密切联系群众，清正廉洁，艰苦奋斗，反对贪污腐败，保持党的先进性、纯洁性，使党永远立于不败之地，永不变质。

毛泽东对党的基层组织建设、干部队伍建设、党的民主集中制及制度建设都有精辟论述，我们要与贯彻党的十七届四中全会精神相结合，认真学习研究应用毛泽东建党思想，把党建设好。

三、认真学习研究毛泽东思想，才能正确总结历史经验教训，更好地做好各项工作

新中国成立之初，我们在战争尚未完全结束的基础上，进行国家建设。当时国内百废待兴，一穷二白。在国际上除苏联和其他几个国家承认我们外，西方敌对势力妄图把我们扼杀在摇篮里，长期封锁制裁我国。1950 年，美国又发动侵朝战争，矛头也是对准我国的。在这种背景下，毛主席领导全党全国各族人民，走上社会主义道路，恢复和发展了国民经济，社会主义建设取得了伟大成就。1949 年至 1978 年，国内生产总值从 466 亿元增长到 3624.1 亿元，增长 6.77 倍。主要工业产品质量和数量快速增长；粮食产量由 1.13 亿吨增加到 3.0477 亿吨，增长了 1.69 倍，农业机械化、水利化水平明显提高；科技和国防建设也快速迈进，取得了 50 多项重大科研成果；爆炸了第一颗原子弹、氢弹，第一颗人造卫星上天，第一艘核潜艇下水，成为世界上独立自主掌握核技术和空间技术的国家之一，为中国的四个现代化奠定了基础。

当然，毛主席在领导新中国建设过程中，也曾发生过某些偏差和错误，使经济建设和人民生活受到很大影响。对这些错误，他不仅通过自我批评承担了责任，而且又领导全党纠正了错误，更好地前进了。不可否认，也有些错误还没有来得及纠正。客观地说，有些错误是我们全党的责任，有些人把错误全部归咎于毛主席，这是不对的。比如三年困难时期的问题，我们把毛主席当年的讲话、文章、批示拿出来看一看，就会知道是他最早纠正“一平、二调、三收款”，最早批判“五风”等“左”的错误。1958 年，徐水搞共产主义试点，毛主席得知后严厉批评说，徐水搞独立王国，急急忙忙往前闯，今后不要宣传徐水。又在一份材料上批示：分配上不能搞平均主义，工作上不能搞强迫命令，家庭阴阳五行还是要有的。他看到报纸上为了夸大水稻长势，登了一幅小孩坐在上面的照片，就说：娃娃，你快下来吧，上得越高，摔得越重。1959 年 4 月，毛主席又写了发给六级干部的“党内通信”。这些全是纠“左”。

总之，成绩与失误，前进与挫折，经验与教训，都是宝贵财富，我们今天认真学习研究毛泽东思想，可以更好地汲取、借鉴历史的经验教训，把今天的事情办得更好。

四、认真学习研究毛泽东思想，才能了解党史，坚持真理，修正错误，有力批驳对毛主席、毛泽东思想的污蔑和攻击

"亡其国者，必先亡其史"。苏共垮台、苏联解体的原因是多方面的，其中，从赫鲁晓夫开始全盘否定斯大林，否定苏联历史，造成党内和人民的思想混乱，是一个重要原因。

现在，我们国内也有这样一些人，他们颠倒黑白，混淆是非，全盘否定毛主席，否定毛泽东思想，从而否定党的历史、党的领导和社会主义。这里仅举几个例子。比如有人说，毛泽东只懂阶级斗争，不懂经济建设；只抓阶级斗争，不抓生产。这是完全错误的。毛主席历来既抓对敌斗争，又抓经济建设。早在苏区时，毛主席就提出必须学会做经济工作。延安时期亲自发动大生产运动，提出"发展经济，保障供给"。有的说毛主席在没有战争威胁的情况下，提出备战备荒为人民，"深挖洞，广积粮，不称霸"，这也是不对的。当年苏联在中苏边界陈兵百万，苏军侵犯珍宝岛战斗中，被我们打掉 17 辆坦克和装甲车，打死打伤 140 多人。勃列日涅夫恼羞成怒，准备对我们进行核打击。毛主席得知这一情况后，以他的雄才大略，说了句非常豪迈的话："鄙人不怕！"当时美国在日本、韩国和我国的台湾地区都有驻军，越南战争激烈进行，还有印度对我国虎视眈眈，怎么能说没有战争威胁呢？

最近，我还看到一篇文章，说毛主席在计划生育上犯了两大错误，一是批判马寅初，二是鼓励多生孩子。这完全不符合事实。1920 年，毛主席给蔡和森的信中就提出控制人口问题。新中国成立后，50 年代就提出节育，"计划生育"就是毛主席提出来的。他主持制定的《1956 年到 1967 年全国农业发展纲要》中就有"提倡有计划地生育子女"。在康生、陈伯达批判马寅初后，毛主席在会上讲："还是马寅初的办法好。"他针对某些人因中国人多，存在悲观情绪；美国领导人也攻击我们说，中国人太多，革命虽然胜利了，但还会失败的论调，提出"一要乐观，不要悲观；二要控制"。

这里只是说了几个例子。像这样混淆是非的事还有不少，我们要保持警惕，办法就是认真学习研究毛泽东思想，学习党史和现代史，这样就能更好地识别某些人的谎言。

五、认真学习研究毛泽东思想，才能抵御国际敌对势力分化、西化我们的图谋

国际敌对势力从来没有放弃过颠覆社会主义国家、消灭社会主义制度的企图。特别是当前国际共产主义运动处于低潮的情况下，他们更是乘机加紧推行"和平演变"战略，打着"自由、平等、人权"的旗号，通过报刊、广播、电视、网络等多种媒体，运用各种手段对我们的正义事业造谣诬蔑。他们还收买国内"持不同政见者"和搞资产阶级自由化的人，企图通过这些人颠覆无产阶级专政，改变我国的社会主义制度。在策略手段上，他们感到"西化"、"分化"还不够，又加上"淡化"（政治）、"腐化"（干部）、"丑化"（领袖）、"溶化"（马列）。他们认为关键是要动摇共产党的"四信"（信仰、信念、信心、信任），"四信"动摇了，中国特色社会主义旗帜也就倒了。毛泽东思想深刻揭示了社会主义必然胜利，资本主义必然灭亡的历史规律，是我们抵制"西化"、"分化"的锐利思想武器。认真学习研究毛泽东思想，对于我们坚定理想信念，在思想上筑起抵御"和平演变"的钢铁长城，坚定不移地走中国特色社会主义道路，具有重要作用。

"以史为镜，可以知兴替"。毛泽东思想过去是中国革命的旗帜，今后也是中国特色社会主义建设事业的旗帜。我们要紧密团结在以胡锦涛同志为总书记的党中央周围，认真学习研究马列主义、毛泽东思想、邓小平理论、"三个代表"重要思想和科学发展观，学习、运用马克思主义的立场、观点和方法，研究新情况，解决新问题，不断把我们的事业推向前进！

论驾驭社会主义市场经济

刘海藩

推动我国社会主义经济快速健康发展，不断完善社会主义市场经济体制，必须从理论与实际的结合上深入而系统地研究社会主义市场经济的主要特征和基本规律。它的基本内涵：一是经济运行遵循市场经济规律；二是经济性质属于社会主义，是市场机制与社会主义制度的有机结合，是市场机制服从并服务于社会主义建设。社会主义市场经济体制是一个庞大的系统，具有很丰富的内涵，其中有三条是最根本的：坚持公有制经济的主体地位，多种所有制经济共同发展；坚持以按劳分配为主，各种生产要素按贡献参加分配；在国家以科学发展观为指导的宏观调控下，由市场对资源配置起基础性作用。社会主义市场经济，从理论上说是邓小平经济理论的主干，从实践上说是社会主义初级阶段经济体制的基本实现形式。

一、全面理解社会主义市场经济的基本特征

在社会主义条件下发展市场经济，这是中国共产党人的伟大创举。现在的任务是要更好地把社会主义制度与市场经济真正结合起来，完善社会主义市场经济体制。为此，我们首先必须明确社会主义市场经济的基本特征。

1. 市场经济与“社会主义本质论”相结合，是根本方向

邓小平提出了“解放生产力，发展生产力，消灭剥削，消除两极分化，最终达到共同富裕”的社会主义本质论，其要义有三：一是解放和发展生产力，是社会主义发展的物质基础；二是消灭剥削，消除两极分化，是社会主义发展的方向；三是最终实现共同富裕，是社会主义发展的目的。在这里，我们就可以找到市场经济与社会主义的结合点。

以往的马克思主义经典作家将社会主义基本经济规律表述为“在高度科学技术基础上大力发展生产，以满足全体人民不断增长的物质和文化需要”，以此区别于资本主义的基本经济规律——剩余价值规律。“社会主义本质论”，从根本上说，与上述社会主义基本经济规律的内涵是一致的。社会主义的物质基础靠发展生产力，所以邓小平指出：“我国综合国力达到世界前列，社会主义的优越性就真正体现出来了。”“最终实现共同富裕”，用“最终”来说明“共同富裕”的时段性与目的性，也说明社会主义是一个发展过程，只有经过这个相当长的发展过程，有了丰富的物质基础，才能实现共同富裕。所以，“发展才是硬道理”。

如何发展？根据邓小平理论，计划和市场都是发展的手段，利用什么手段发展，要以现实的生产力发展水平为依据。根据我国当前的生产力发展水平，利用市场的竞争机制，形成优胜劣汰，运用价值规律优化资源配置，提高资源效率，更有利于推动经济的发展。

2. 市场经济与社会主义基本经济制度相结合，是制度基础

市场经济作为一种经济机制，它的基本要求，就是通过运行的自主性、平等性和有效性来配置资源，是不受社会制度规定的。

市场经济作为一种经济体制，除了具体运行机制的一般要求以外，还有与社会经济制度相结合的特殊性质，即在市场基础、经济目标、运行结果等方面，与不同的社会经济制度相联系，就具有不同的性质。我国社会主义初级阶

段的基本经济制度，从所有制结构来说是“以公有制为主体，多种所有制经济共同发展”。这是社会主义市场经济的制度基础。

坚持公有制的主体地位，是社会主义方向的根本保证。生产资料归谁所有，谁就可以支配财富为谁的利益生产，生产资料所有制是社会生产关系的重要基础。在公有制为主体的前提下，非公有制经济也是社会主义市场经济的重要组成部分。因此，必须坚定不移地鼓励、支持和引导非公经济有更大、更健康的发展，使非公经济在社会主义建设中发挥更大的作用。

与以公有制为主体、多种所有制经济共同发展相适应，分配关系方面，实行以按劳分配为主，多种分配形式相结合，即各种生产要素都参与收入分配。分配的依据是各种要素的实际贡献，但劳动力（包括体力劳动、科技劳动和管理劳动）是决定性的生产要素。

3. 市场经济与科学发展观相结合，是运行规律

党的十六届三中全会提出了坚持以人为本，树立全面、协调、可持续发展，促进经济社会和人的全面发展的科学发展观，在实践中要坚持“按照统筹城乡发展、统筹区域发展、统筹经济社会发展、统筹人与自然和谐发展、统筹国内发展与对外开放的要求，更大程度地发挥市场在资源配置中的基础性作用，增强企业活力和竞争力，健全国家宏观调控，完善政府社会管理和公共服务职能，为全面建设小康社会提供强有力的体制保障”。这是我们党在认真总结历史经验的基础上，对社会主义建设指导思想的新认识和新发展。科学发展观内涵极为丰富，从与市场经济相结合的意义来说，有两点是特别突出的：第一，从坚持“以人为本”出发，落实到“促进经济社会和人的全面发展”。“建设中国特色社会主义的根本目的是不断实现好、维护好、发展好最广大人民的根本利益”。第二，科学发展观所要求的社会主义市场经济，是“更大程度地发挥市场在资源配置中的基础性作用，增强企业活力和竞争力”与“健全国家宏观调控，完善政府社会管理”同时并行、相互结合的；而不是西方资产阶级所传播的、并在国际经济交往中对发展中国家作为要挟武器的、而他们自己又并不实行的“完全的自由市场经济”。我们坚持市场机制与宏观调控相结合，是将市场机制的效率功能引入社会发展的目标轨道，即以认识和把握经济规律为前提的发展自觉性，来疏导市场机制的自发性，使市场机制的作用充分而有效地发挥，以保证社会主义现代化建设的全面、协调、可持续发展。

4. 市场经济与党的领导相结合，是政治保证

我们党作为执政党，其领导地位是全方位的。社会主义市场经济与一般市场经济的区别，就在于市场机制与社会主义制度相结合。邓小平说，“社会主义市场经济的优越性在哪里？就在四个坚持”，即坚持社会主义道路，坚持人民民主专政，坚持共产党的领导，坚持马克思主义。他还把“四个坚持”比喻为“成套设备”，说明“四个坚持”是一个有机的整体。并特别强调，“四个坚持，集中表现在党的领导”，“没有党的领导，什么事情也搞不好”。邓小平之所以把“四个坚持”视为“成套设备”，因为这个“成套设备”是包含了经济制度、政治制度和主导意识形态的有机整体，体现着经济关系的本质内涵，规定着这个市场经济的社会主义方向，而党的领导正是“四个坚持”的集中表现。在这里，党既要从把握方向、谋划全局、提出战略、制定政策、推动立法、社会协调等方面营造良好的市场运行环境，又要引导市场机制服务于社会主义这个根本目的。从这个意义上说，党的领导是包含在社会主义市场经济体制之内的。

二、积极应对市场经济运行的国际竞争环境

我国的社会主义市场经济是在激烈的国际竞争环境下，以经济技术相对落后的条件参与国际市场竞争的，因此，必须采取积极有效的应对之策。

1. 正确判断经济全球化的形势

经济全球化，是发达的资本主义国家经济技术不断发展的产物，是当今世界一种不可逆转的趋势。它在客观上有联通世界市场、扩大资源配置范围、提升产业结构、推动科技进步、促进文化交流等作用。但是，从本质上说，它是资本主义基本矛盾的新发展，是国际资本主义在新的历史条件下的新扩张。它们依仗其经济、科技等方面的强势，利用由它们主导的市场体系和游戏规则，在全球范围抢占市场、掠夺资源、转嫁风险、输出垃圾，并伴随着意识形态渗透和武力讹诈，企图在攫取经济暴利的同时，对发展中国家进行经济、政治的全面控制。关于经济全球化的本质，连“有良心的”资产阶级经济学家也不否认。2001 年的诺贝尔经济学奖得主约瑟夫·斯蒂格利茨在他新出的《全球化及其不满》一书中自白：“这样的经济和金融全球化，背后隐藏着见不得人的动机，它完全是为美国的金融利益集团和寡头集团服务的。”

2. 全面分析国际市场的机遇与风险

我国是发展中的大国，有社会主义制度作保证，又有了改革开放 30 年所取得的巨大成就和进入世界市场的初步经验，加入 WTO，直接参与经济全球化的进程，是一种明智的选择。但另一方面，我们对来自西方发达国家依仗其强势的经济实力，滥用或违反 WTO 条款的市场冲击，在思想认识、相关法规特别是专业人才和政府管理能力等方面都准备不足。现在加入世贸组织的过渡期已满。目前正在进行全面开放，包括银行、保险、证券、分销以及基础电信等敏感部门，都要取消限制，国际跨国公司大军正在抢滩中国市场。而我国在一些重要领域都处于守势：农业和部分制造业，都由于结构不合理而缺乏抵御进口产品冲击的能力；服务业因经营机制和管理水平滞后而处于明显弱势；特别是金融业风险最为突出。对此，我们必须有清醒的判断和认识。

3. 努力提高对外开放水平

针对上述形势，应当冷静分析，沉着应对。全面开放以后，既给我们增加了市场冲击力和经济风险，也给我们带来了新的机遇，关键在于扎扎实实地做好工作，尽快把履行承诺、开放市场带来的影响，由负面引向正面，进行国内产业结构调整优化，由“经济入世”提升到“产业入世”，正确把握市场经济规律，努力发挥我国的后发优势。

首先要努力提高自主创新能力。必须把加快科技创新，增强科技实力，作为应对国际竞争最根本的举措。要立足于自主创新能力的提高，特别要重视原始性创新。引进国外先进技术必须强调消化吸收，把引进作为自主创新的条件之一。同时要建立自主创新的新体制和新机制。政府应做好科技发展规划，指导协调科技资源的优化配置，并组织重点攻关。

其次要熟悉并有效运用世界贸易规则，以合法保护我国的权益。WTO 的运作规则是由西方发达国家主导制订、主要反映发达国家利益的。它宣称“公平贸易”，实际上不公平，当然要通过今后的谈判、斗争，不断修改。但在修改以前是必须共同执行的。如果不能熟练地把握这些规则，就会在市场竞争中受到蒙骗和挤压。

还要不断完善应对国际市场竞争的国内法律法规和政策措施，增强市场竞争的主动性。西方发达国家一方面凭借跨国公司的资本、技术等方面的优势，企图冲击和垄断发展中国家的市场，同时又不断设置新的贸易壁垒，破坏世界自由贸易与市场公平竞争。我们必须尽快制定和完善相应的法律法规和政策措施，一方面有效地维护我国的产业安全和经济安全，另一方面保护和促进我国产业在对外开放中掌握主动权，增强对外竞争的能力。

三、在理论与实践的结合中不断完善社会主义市场经济体制

我们的经济运行虽然基本上进入了市场化的轨道，但作为完善的社会主义市场经济体制的建构，还有很长的路要走，必须在理论与实践的结合上积极推进。

1. 切实坚持市场经济的社会主义方向

社会主义市场经济，是以邓小平理论为指导进行建构的。它的基本内涵：一是经济运行遵循市场经济规律；二是经济性质属于社会主义，是市场机制与社会主义制度的有机结合，是市场机制服从并服务于社会主义建设。

当十几年前全党的认识统一到中央关于建立社会主义市场经济体制的决定精神以后，改革实践出现快速的推进，国民经济也赢得持续高速的发展，人民生活水平得到明显提高，证明了市场机制的高效率与社会主义制度的优越性相结合是可以创造奇迹的。但是在这个过程中，某些不利于社会主义市场经济健康发展的倾向也一直存在。例如，在理论上宣扬或变相宣扬新自由主义，多年来几乎成了某些舆论载体的主流。新自由主义在西方也有若干流派，但它们的共同点是，宣扬资本主义私有制和市场自由的普遍性，反对社会主义。新自由主义在我国的泛滥，有三个问题造成的影响最大、最深。一是关于所有制结构问题。中央提出“国有经济有退有进”，本意在鼓励非公经济发展的同时，优化和做强国有经济。他们就提出“国退民进”，范围是“从一切竞争性领域退出”，顺序是“靓女先嫁”，结果造成大量的国有资产流失。按照这样的逻辑，就是国有经济全部退出，那么社会主义基本经济制度又如何坚持？二是经济运行的问题。他们只强调市场机制的功能，不承认市场缺失。即使出现了重大失衡，国家进行必要的宏观经济调控，又总是遇到“要反对计划经济的思维定式”的阻力。三是关于收入分配问题。中央提出按要素贡献分配，是为了调动各种资源投入社会主义建设，鼓励全体人民奋发有为，为社会主义建设多作贡献。他们却片面夸大甚至无根据地夸大资本要素及某一部分人的贡献，造成收入分配过分悬殊，损害了一些普通劳动者的利益，影响了群众的积极性，也给社会稳定带来了不利影响。

社会主义市场经济体制，是一个庞大的系统，具有很丰富的内涵，其中有三条是最根本的：坚持公有制经济的主体地位，多种所有制经济共同发展；坚持以按劳分配为主，各种生产要素按贡献参加分配；在国家以科学发展观为指导的宏观调控下，由市场对资源配置起基础性作用。

2. 建立完善的市场体系

建立起统一、开放、竞争、有序的市场体系，是市场经济的本质要求，也是市场机制有效性的前提条件。建立完善的市场体系，是一个由计划经济体制向市场经济体制全面转型的系统工程。按照中央的部署，要在21世纪前10年实现这个目标。为此，必须突出研究解决以下几个方面的问题：

(1)激活市场主体。市场经济活动的主体主要是企业，认真贯彻中央关于“归属清晰、权责明确、保护严格、流转顺畅”的方针，使一切企业在市场竞争中充满活力，是市场体系完善的基础。

在我国公有制为主体的条件下，国有企业的市场活力对市场体系的建构具有特别重要的意义。国有企业真正成为自主经营、自负盈亏、自我发展、自我约束的经济主体，直接到市场去自主竞争，才有望真正显现效率，使市场对资源配置发挥基础性作用。所以，必须深化国有企业的改革。从国有企业内部体制来说，一是产权制度改革，除部分必须由国有独资经营以外，一般应实行产权多元化的股份制形式。二是建立合乎企业实际需要的治理结构和管理机制，做到权责明确、监管有力，关键是健全的董事会制度和外派监事会制度要真正建立起来。三是建立合理的人事制度、收入分配办法和可行的奖惩制度，做到激励有力、监督有效。四是保障员工权益，调动广大员工参与改革和发展的积极性。让广大员工共享成果、共担风险、共谋发展。从企业外部体制来说，一是“政企分开”，政府不要直接干预企业的生产经营活动。二是创造并逐步健全产权交易的市场环境，严格规范交易规程，防止国有资产流失，促进国有经济的合理流动，优化资源配置。三是建立切实有效的激励和重大决策问责机制，保证国有资产保值增值。

发展和搞活农村经济，是完善社会主义市场经济体制的一个十分重要的方面。激活农村市场主体，关键是完善农村土地制度，促进农业产业化经营，提高农业综合生产能力，完善农产品市场体系。农村集体经济，要坚持制度创新，发展壮大；同时保护和鼓励农村私营企业的发展，提高农村经济的市场化水平。

非公有制经济是市场主体的一个重要组成部分，已成为国民经济的半壁江山，在我国经济持续发展中作出了重要贡献。要鼓励、支持、引导非公有制经济继续发展壮大，不仅在国内市场竞争，而且要进入国际市场。国家已经制定了关于非公有制经济发展的政策意见，各地应当清理与中央精神不符的相关政策规定，消除非公有制经济发展的障碍，确保非公有制经济在市场竞争中发挥更大的作用。

银行在市场主体中处于重要地位。企业自主权的核心是投资自主权，使投资、决策、收益、风险承担相统一。而企业项目投资大部分来自银行贷款，可见银行是最大的项目投资者。商业银行要通过提高自主审贷和投资决策的能力，一方面以优化结构为导向支持和推动经济发展；另一方面，要避免投资风险，提高投资效益，使整个市场主体健康发展。

(2)建立起按市场规律办事的机制。在社会主义市场经济条件下，支配经济运行的客观经济规律仍然是价值规律。各生产部门和企业，根据反映市场供需变化的价格变动来调整自己的生产经营，才能提高效益，适应社会需求，客观上维持社会供需总量的平衡和推动社会经济的正常发展。假如对市场经济运行进行不恰当的行政干预和行政限制，就会影响公平竞争，使市场信息失真，妨碍资源的优化配置，最终降低社会经济效益。有些地方以“政府调控”的名义对一些重要领域的市场进行行政垄断、以审批手段抬高市场准入门槛、直接干预信贷资金分配、进行地区封锁保护地方落后企业等，所有这些，都会给市场运行带来消极影响，造成国家的资源浪费和效益损失。应当通过深化改革，转变政府职能，建立问责制等有效机制加以克服。

(3)规范市场经济秩序。我国的社会主义市场经济体制已经初步建立起来，但是，由于体制转轨尚在进行，人员素质、思想认识和市场管理等方面都有较大差距，致使市场秩序方面存在的问题还比较多，严重破坏了市场的正常运行。为此，必须采取“标本兼治、着力治本”的方针，切实整顿和规范市场秩序。一是健全法制。尽快进一步完善法制体系，包括制定规制市场主体、规制市场运行、规制市场调控与监督以及劳动和社会保障等方面的法规，并要制订和完善保证司法公正的法律程序。二是建立诚信体系。当前市场信用缺失，其原因是多方面的。从制度方面讲，主要是缺乏市场信息公平制度、失信惩戒制度、信用风险管理制度；从文化环境方面讲，主要是缺乏守信理念和信用道德的彰扬，没有建立起守信与背信的道德评价标准；从实践方面讲，往往是守信者利益受损，背信者频频得手。为此，必须尽快建立信用信息共享机制，疏通信用信息市场开放的渠道，并用法律保障，减少和避免因缺乏信息而受骗上当。同时，建立失信惩戒制度。三是依法加强市场监管。明确相关监管部门的职责并建立职务问责制，提高失信预警和处置能力，将市场监管措施落到实处。

3. 建立效率与公平相协调的和谐发展机制

在社会主义市场经济体制中，就是要将公平与效率统一起来，既要利用市场经济的竞争机制提高效率，又要维护社会主义的公平，让改革和发展的成果惠及全体人民。从现实情况来看，在改革和发展都取得了很大成绩的同时，不公平的问题也已经突出地存在，主要是：收入分配差距过大，贫富分化比较明显，城乡之间、地区之间、行业之间和不同群体之间收入差距都拉得过大；机会不公平，包括受教育的机会不公平，市场交易不公平等。

为了在社会主义市场经济体制中统筹协调公平与效率的关系，应重点研究解决以下几个问题：

(1)调整收入分配，防止两极分化。在改革初期，针对当时平均主义、效率不高的实际情况，提出效率优先、兼顾公平的改革目标，应当说是正确的、必要的。但是，在实践中，有时没有真正兼顾公平，具体表现为：在市场很不成熟的情况下，按市场竞争原则进行初次分配，因条件不平等，竞争过程也不平等，结果造成初次分配不公平；政府的再分配政策又不配套，税负不公平，对高收入调节乏力，对低收入群体缺乏有效保障，再加上对腐败和经济犯罪未能扼制住，等等，以致差距越来越大。这种情况引起人民群众不满，挫伤了劳动热情和工作积极性，从宏观上抵消了由提高效率产生的成果。为此，第一，要建立和完善体现公平的收入分配制度。坚持按要素贡献进行分配的原则，要有科学的要素贡献评估体系，而且要确定劳动力(包括体力劳动、科技劳动和管理劳动)要素在收入分配中的重要地位，坚持按劳分配为主的原则。这里要特别提到对体力劳动的认识。改革开放以来，在收入分配方面出现了三大误区：一是对广大体力劳动者的作用有所忽视，未能很好保障他们在改革中的权益，企业领导自定高身价，普通职工无法过问企业经营状况，停薪下岗不知所由；二是过分压低了劳动力的价值，把工资(特别是农民工的工资)压到了仅够维持劳动者本人基本生存开支的水平，而根本没有考虑劳动者及子女的基本生活、医疗、教育(培训)费用；三是未考虑劳动者必须拥有的对剩余劳动的分配权。应当走出这些误区。第二，政府要完善再分配制度，包括对农村特别是落后地区的财政支持与政策支持；实行公平税赋，对高收入者进行有效的税收调节；要限制一些垄断行业和垄断收入。第三，健全社会保障体系，保障困难群众的基本生活需求。

(2)创新改革思路，保障劳动群众的权益。第一，国有企业改革要有新的思路和办法，要“有进有退”，从宏观的资产结构优化来考虑；要听取广大职工意见，保障职工利益；要强调信息透明，操作规范，如，大中型国企就不应向管理层转让，小国企转让时要切实公开资产评估信息，并允许职工集体按同等条件收购。第二，发展以股份制为主要形式的混合所有制经济。现在一些地方的公有制经济与私营经济竞争很激烈，这本来应当有利于提高效益，但在实践中却产生了恶性竞争，对此，在条件成熟的情况下，可以引导不同所有制企业联营，或以股份制形式重组，并鼓励职工参股，使之真正成为多元主体的混合经济。第三，建立平等和谐的劳动关系，保护和发挥劳动群众的积极性，是提高效率的基础。现在有些企业，特别是在一些私营企业和外资企业，劳资矛盾突出，对职工的劳动保护、工资、待遇、安全卫生、社会保险及人格尊严维护等方面，问题较多。因此，要使工会具有充分维护职工权益的权力和手段，并要帮助职工提高维权意识。

(3)着力解决好“三农”问题。我国70%以上的人口在农村，中国的现代化，取决于农业现代化。当前城乡差距是最明显的差距，要将“三农”问题作为实现社会公平、建设和谐社会的重大工程来抓。首先在整个国民收入分配格局方面要进行合理调整，落实工业反哺农业、城市支持农村的方针。同时要积极推进农业产业化，稳步推进城镇化建设，扩大农村劳动力就业，并为农民进城务工、创业提供良好的政策环境。要大力发展农村教育、科技和文化事业，使农村人口有受教育、参加科技培训、享受文化生活的平等机会。发展工业和各项事业，都不能侵犯农民的切身利益，对在建设项目开发中失去土地的农民，要给予足够的补偿。对侵害农民利益的事件，要认真查处。总之，要使农民公平地享受到国家发展的实惠。

当我们全党特别是各级干部，真正掌握了社会主义市场经济的规律，提高了驾驭社会主义市场经济的能力，找到了完善社会主义市场经济体制的办法，中国的社会主义现代化事业，就将以更快的速度向前推进。

(作者：中共中央党校原副校长)

当前世界经济危机中中国的表现与中国特色社会主义模式的关系

刘国光

当前国际金融危机是上世纪30年代世界经济危机以后最严重的一次，我们不能仅仅从体制运作层面来寻找危机的原因，而要从资本主义制度的本质层面，寻找它的深刻根源。这次危机表面上是金融危机，但本质上同历次资本主义经济危机一样，是生产过剩的周期性危机。这次生产过剩的特点，即由于经济全球化的发展，除了发达国家自身一些产品如房屋、汽车等生产过剩，还包括流通领域各种金融产品的过剩，形成虚假的购买力，刺激了发展中国家为发达国家提供廉价产品，造成一些发展中国家严重的生产过剩。这次危机的根本原因是资本主义的基本矛盾，即生产的社会化与生产资料的私人占有之间的矛盾。它表现为各个企业内部的有组织性与整个社会生产的无政府状态之间的矛盾，生产无限制的扩大趋势与劳动人民有支持能力的需求相对不足之间的矛盾，从而引发周期性生产过剩的危机。

社会主义经济体受到为满足人民需要而生产的目的和有计划、按比例发展等规律的支配，本质上没有资本主义经济那样的矛盾，所以理论上不会发生周期性的生产过剩危机。上世纪30年代世界经济危机发生的时候，第一个社会主义国家苏联就是一个例子。那时候苏联与美国等资本主义国家的贸易交往不少，主要是以资源换取装备和技术，利用这个来进行五年计划的建设，蓬蓬勃勃地发展经济，并没有受到当时世界经济危机很大的影响。这是因为两种社会制度受到两种社会经济规律的支配。所以社会主义的苏联没有被卷入上次资本主义的世界经济危机。

这次危机一个不同于上次的景观，是社会主义的中国被卷进去了，受到危机严重冲击。GDP的增长速度由2007年的13％降至2008年的9％，第四季度降为同比6.8％，我国的经济遇到极大的困难。这种情况与前苏联在上次世界经济危机中遇到的情况全然不同。这是什么原因呢？

中国进入改革开放，正与发达资本主义国家随着新技术革命和经济全球化进入高涨阶段的长周期相适应。此时中国经济建设适应社会主义初段阶段的要求，实行了允许私有制经济和市场经济发展的道路，使资本主义因素得以在社会主义条件和框架下，大量生产起来，形成了中国特色的社会主义市场经济模式。同时中国加速对外开放，逐渐主动地融入经济全球化的潮流。这一方面为中国经济的迅速发展创造了条件，另一方面使中国经济逐步地卷入资本主义发达国家主导的市场经济的轨道，受到资本主义市场经济规律作用的影响越来越大。

我国多年来实行出口导向型的经济发展战略。13亿人口的大国，对外贸易依存度达到了GDP的70％以上，出口依存度接近GDP的40％，致使我国经济的相当大部分与发达资本主义国家的经济紧密地联系在一起。发达资本主义国家发生了周期性危机，需求下降，中国经济就受到极大的冲击和损害。这不能不说是我国经济这次急剧下滑的重要因素之一，但这只是造成我国经济困难的外部因素，内部因素才是根本原因。内部的因素，除了在经济发展方面，投资消费比例的扭曲，房市股市的周期波动等影响外，在经济体制方面，生产资料私人占有制比重的迅速上升和公有制的相对下降，市场化改革的突进和国家计划调控的相对削弱等原因，使资本主义市场经济规律在中国经济中起作用的范围越来越大。这样，在资本主义发达国家主导的经济全球化过程中，中国就很自然地、不可避免地被资本主义世界的周期性经济危机卷进去。

中国这次实体经济遇到的困难，性质其实与世界各国基本是一样的，就是产能过剩和需求不足。中国因“内需”不足，多余的生产能力要靠外需出口；一旦外需出口遇阻下滑，就要回过头来找内需补上。但是“内需”有投资需求和消费需求。这些年投资一直上升得快，消费上升得慢，这种趋势是不能长久持续的。因为投资需求除了转化为工资的少量部分，其余部分都是对生产资料的中间性需求，投资最后的产出供应能力，要靠最终消费需求来消化。这次扩大内需，仍主要是靠投资需求，但是如果居民的最终消费需求上不去，单靠投资需求，补不了外需出口的下降，内需不足问题还是难以解决。所谓“内需不足”，换一个角度说就是“产能过剩”。需求不足和生产过剩是资本主义经济的剥削制度和积累规律导致两极分化和人民大众有支持能力需求不足带来的不治之症，通过周期性经济危机的爆发来解决。我国这些年来过度追求市场化的快速发展和鼓励私人逐利，使贫富差距不断扩大，基尼系数从改革开放初的0.28上升到近年0.47，超过国际警戒线，这是居民最终消费需求不足的一个非常重要的原因。因为富者的边际消费倾向低，贫者消费倾向虽高，但没有钱不能多消费，而低收入的贫者在居民中又占多数，就把总的社会平均消费倾向拉下来，把最终的有效消费需求拉低。所以，中国的问题和资本主义世界的问题实质上是类似的，就是人民大众有购买能力的消费需求不足，不能消化过剩的生产能力，所以受到资本主义经济规律作用的影响。其实过去中国并不存在需求不足的问题。传统计划经济下的主要问题是供给不足，是“卖方市场”，科尔耐称之为“短缺经济”。这是传统计划经济的一个缺陷。改革开放初期，我们提出要以市场取向的改革来校正供给不足的“卖方市场”的现象，使我国经济逐渐转变为供给略大于需求（差额为储备和机动）的有限“买方市场”，这当然是在国家计划调控下，才有可能做到的。当初设定供给略大于需求的有限买方市场目标，决不是“需求不足、产能过剩”的市场。“需求不足，产能过剩”，只能是资本主义经济规律作用的表现。

中国虽然卷入了这次世界经济危机，受到严重的损失，但相对地说来，还是比较轻的。主要发达资本主义国家如美、欧、日本经济增长率变为负数，其他国家经济增长率下降比中国都大，只有中国2008年还保持了9%，第四季度6.8%的速度，虽然下降幅度也相当大，但是运行水平表现不俗，可说是一枝独秀。外国有不少人也相信中国经济可以率先复苏，甚至期望“中国救世界”，“中国救资本主义”。那么为什么在危机中中国能有这样的业绩？这与中国实行的中国特色的社会主义模式有关，因为中国特色的社会主义经济模式中，既有社会主义经济因素，也容许资本主义因素存在，所以就有人把中国特色社会主义模式歪称为“中国特色资本主义模式”。简单说来，中国容许市场化、私有化的发展，不是很彻底，还有一些保留。比如，在关键重要领域保持了相当强大的国有实力。又比如这些年的财政税收金融政策，大大增强了国家控制的财政金融资金实力，包括保持大量外汇底存等等。又比如在建立社会主义市场经济体制的同时，加强宏观调控，特别是保持了国家计划调控的余地，如继续编制执行年度计划，五年十年中长期规划，保留发改委这样庞大的计划机构等等。应对这次危机所采取的种种重大措施，就展示了这种出手快、出拳重、集中力量办大事的计划调控的能力，为一些资本主义国家所称道。另外，中国在融入经济全球化过程中比较谨慎，如资本账户没有完全放开，银行运作尚未完全与外国接轨等。这些都使得中国经济在世界经济危机中受到冲击的影响较少，处置的表现也较好。总之，中国的经济并没有照抄欧美自由市场经济模式，没有遵循新自由主义的“华盛顿共识”。虽然我国经济中有资本主义成分，但实际上我们还在坚持中国特色的社会主义模式，这是我们在这次危机中表现相对出色的主要原因。

结论是什么呢？

在中国现时的社会经济中，社会主义的经济规律和资本主义的经济规律都在起作用，两者一方面水乳交融在一起，一方面交织着复杂的矛盾和斗争。因为执政党已经明确表示不改旗易帜，庄严宣称坚持中国特色社会主义，所以社会主义社会经济规律还有起作用的广阔余地，保证改革开放沿着社会主义的方向发展。

为了坚持改革开放的社会主义方向，我们一方面要把社会主义初级阶段允许市场经济和私有制经济发展来协助推动我国社会生产力发展的作用发挥尽致，一方面更要防范陷入资本主义社会经济规律作用消极后果的泥淖。要以我为主地参加公正的经济全球化过程，自主掌握对外开放的广度和深度，摆脱资本主义世界经济周期的陷阱。必须坚持中国特色社会主义道路，反对把中国特色社会主义歪曲为中国特色的资本主义。我们必须坚持公有制为主体、多种所有制经济共同发展；坚持在国家宏观计划导向下，实行市场取向的改革；坚持按劳分配为主，更加重视社会公平；用社会主义的基本原则来反对资本主义的私有化、市场化、自由化以及两极分化，把资本主义社会经济规律的作用限制在一定范围。只有这样，我们才能在资本主义周期性经济危机的浊流中，高举社会主义的红旗不断前进。

（此文是中国社会科学院原副院长、著名经济学家刘国光 2009 年 3 月 31 日在中华外国经济学说研究会、中国《资本论》研究会、首都经济学家论坛、教育部社科中心联合召开的“国际金融危机与发展中国特色社会主义”学术研讨会上的发言）

“经济社会发展综合集成实验室”的运用是思想方式、认识方法和认识手段的一场革命

王伟光

钱学森同志曾在 20 世纪 90 年代初提出设立“总体设计部”的重要建议，提出了运用现代科学技术装备起来的综合集成实验室，将系统工程科学方法运用于经济社会发展和社会科学总体研究的思想。笔者认为，建设以系统思维方式方法为指导、以“总体设计部”思路为依据，以综合集成为特点，以计算机、数据库、网络、系统仿真等现代技术支撑的“经济社会发展综合集成实验室”，把系统思维方式和现代科技综合集成实验室手段应用到经济社会发展研究中，应用到社会科学研究领域，科学地认识和把握、更好地防范与解决我国经济社会发展中面临和可能发生的全局性、长远性、突发性的重大问题，是必要、重要且可行的。一定要站在哲学世界观、方法论的高度，从人类思维方式和认识方法、认识工具的根本变革角度，认识建设实验室的必要性。

第一，认识现代社会复杂的巨系统问题要求人们思维方式的改革创新。

经济社会发展综合集成实验室是人类思维方式方法转变的产物，是人类新的思维方式方法所要求的新的认识工具。全球化、高科技、网

络化、信息化等一系列重大因素的发展变化引起了整个国际国内局势的深刻变化，引起了经济社会突飞猛进的发展变化，使得人类社会越来越成为一个复杂的、可变的、整体的巨系统，靠传统的思维方式和原有的认识工具已经很难认识复杂的社会巨系统问题。

当前社会巨系统呈现出六大特性：

一是系统性。现今整个世界连成一气，整个社会已经成为一个完整统一的巨系统。任何一个社会问题绝不是单一性的，社会巨系统的任何问题都带有系统性、连贯性和关联性。这就需要用系统思维方式和综合集成认识方法来认识问题，需要综合集成的、系统仿真的认识工具。

二是整体性。认识和解决社会巨系统的任何一个具体问题，都必须和其他问题相联系来考虑。比如解决通胀问题，就应该用整体性的思维方式来考虑：涨了油价以后，还会引起哪些领域及物品的涨价，会带来其他什么连锁反应？这就需要有整体全面的预测。整体性思维需要把尽可能的数据信息全部收集起来，进行全面定量分析，这就要求运用新型的认识工具，如海量高速、综合集成的数据储存和运算分析系统。

三是复杂性。系统性、整体性带来的问题是复杂性。社会巨系统十分复杂，认识任何一件事情都要把影响这件事情的所有相关因素考虑进来，譬如金融风险问题。单靠任何一个天才人物都无法全面观察和考虑某个社会问题，这就要靠人脑的延长——电脑，但光靠电脑也不成，还要靠电脑加人脑，靠电脑和人脑的集成，这就是复杂性思维方式问题。这就需要巨型的、高速的、海量的存储器、分析器、仿真器等认识工具。

四是突发性。复杂性必然带来突发性。没有原因的突发性是没有的，任何突发性都有其生成的原因。所谓突发性，是人们对突发事情的原因不认识，没有预料到。突发的事情给人们以突如其来的感觉，其实不是突发的，而是对它不认识。突发性背后是复杂性、必然性、系统性和整体性。任何突发性的背后都有其特定的必然性，这就需要预测性和前瞻性思维，要把所有的迹象、蛛丝马迹的数据信息全部收集起来，加以综合分析，形成前瞻性的结论，这就需要先进的仿真模拟系统和逻辑分析系统。

五是可变性。复杂性、突发性结果就是变化多端。事物永远是在变化的。如何把握事情的变化趋势和规律是一大难题。这就需要一种变化性的思维方式来考虑问题，需要动态的、可描述、可预测全过程的仿真模拟工具。

六是随机性。随机性好象是没有规律可循。然而，任何随机的、偶尔的、突发的背后都有必然的原因，都有可遵循的规律、逻辑和轨迹。这就需要一种概括的、模糊的思维方式，这也要由新型的高效高速逻辑运算机之类的认识工具来解决。

面对复杂的社会巨系统，人们在思维方式上必须实现根本变革，要具有整体性和系统性，要具有综合性和集成性，要具有动态性和变化性，要具有预测性和前瞻性等等特点。人对外部事物的认识史，是从系统认识方式发展到分门别类的认识方式，再从分门别类的认识方式发展到一方面越来越专业，越来越复杂，而另一方面又越来越综合，越来越简化。一条线是由综合到分类，再由分类到综合；另一条线是从简单到复杂，再由复杂到简单。一开始是朴素的系统思维方式支配人对客观事物的认识，然后产生了形而上学分门别类认识问题的思维方式，再发展到辩证的、系统的、综合的、集成的思维方式。古代一些思想家、科学家看问题，是系统的。例如孔子讲宇宙就是一个字——天，他把所有的关系都看成天人关系，这是早期系统思想的体现。生产力发展了，科学发展了，人们可以把认识对象分成一块一块的，分门别类地加以研究，成为具体的一门一门的学科。在19世纪之前，自然科学是受机械论方法论的指导，把所有的问题分门别类加以研究，这是机械论的方法论。机械论的哲学基础是形而上学，是分门别类的、割裂的，而不是整体、系统地看问题。19世纪中叶以来,科学认识的发展冲破了分门别类的研究视野,比如进化论、能量守恒定律、相对论等都是系统地、整体地看问题。马克思的辩证思想、系统思想、总体思想的哲学认识论就应运而生。人的思维方式转变成综合的、集成的、系统的、整体的思维方式。同时,学科的专业性更强了,分工更细了,这就更需要综合集成、系统思维方式了。人的思维方式总的发展趋势是,对事物的认识更专业、更具体、更细微,分工更细,这就愈需要综合集成和系统分析。

科学方法论发展还有一个分支就是还原论,即把复杂的东西还原到最简单的、刚生成的东西。古代人的认识是宏观的,比如讲人体,不知道人体是由细胞组成的,对人体的认识是大而化之。中医的经络学就是如此,看一个活人,经络存在,可是一解剖又找不到经络。这就是大而化之,宏观、模糊地认识问题的好处。随着生产力发展、科学发展,人们对生物的认识有细胞学、解剖学作基础,对生物的研究,还原到细胞,细胞再往下还原到基因。对物理的研究还原到分子,再往下,原子、基本粒子。但是还原论同机械论一样,在研究进展中又遇到困难,还原到微观层次后,再回到宏观,回不来了。譬如,人体可以解剖为各个部分,还原到细胞,但把这些部分或细胞简单相加,又变不回活人。从细胞到大的生物体,从基本粒子大的宇宙,简单相加恢复不了原来的系统状态。系统整体、综合集成并不等于部分的简单相加,机械论、还原论解决不了的问题,要靠系统整体、综合集成来解决。系统整体的、综合集成的思维方式应运而生。

一是面对复杂的社会巨系统,人的思维方式要实现社会科学思维与自然科学思维相结合的变革,要真正实现哲学系统思维方式为指导的社会科学研究与自然科学研究的联合作战。从人类思维方式变化的历程来看,社会科学与自然科学一开始是不分家的,社会科学家同时就是自然科学家,自然科学家同时也是社会科学家,哲学家往往是二者兼之。随着科学的发展,才有了哲学、社会科学、自然科学的分家。然而社会发展到今天,许多社会巨系统问题,单靠社会科学家或者自然科学家独立作战都不行了,亟须二者的联合。哲学是管思维方式的,是社会科学与自然科学的最高概括。社会科学和自然科学的结合,不是简单地相加,而是通过哲学的概括实现有机的结合,实现自然科学与社会科学相结合而产生的更高一个层次的思维方式创新,即在这二者基础之上的系统的、综合的、集成的思维方式的创新变革,既是高于自然科学和社会科学的,又是二者相融之后而产生的新的思维方式。

二是面对复杂的社会巨系统,人们的思维方式要实现定性与定量相结合的变革,从定性到定量,要在科学定量分析的基础上实现定性分析。研究社会巨系统,不仅要面对经济问题,还要面对政治问题、文化问题以及各种各样的社会问题,这就迫切需要作科学的定量分析,没有定量也就没有定性。比如社会动荡问题,是多种复杂的经济政治社会因素促成的,对社会动荡如何作出科学的预测和判断,是一个大难题。从影响社会动荡的各类因素来看,如果不保持相对的社会稳定,不把物价、资源、就业、卫生、人口、环境、贫富差距、社会保障等等社会问题,控制在一个可以控制的范围之内,任其恶化,社会动荡就有可能难以避免。如何控制这些经济社会问题,不仅需要定性分析,更需要精确的定量统计和分析。如,目前我国贫富差距到底是什么状态,衡量贫富差距的基尼系数,说法很多,究竟哪个是判断的可靠依据,这就需要科学的、定量的、精确的、整体的数量分析。对于预测和判断复杂的社会巨系统,迫切需要对经济、政治、文化、教育等各方面进行精确的定量分析,在这个基础上才能对复杂的社会巨系统问题作出精确的定性的科学判断。科学的判断是定性分析,然而定性的分析必须有多学科的精确定量的综合分析作基础和依据。

三是面对复杂的社会巨系统,人们需要集

体智慧，需要个体性和集体性相结合的思维方式的变革。世界变化，社会变化，越来越复杂多变，单靠个人认识难以实现科学判断。人们研究问题越来越依靠集体性思维的综合性智慧，需要群体联合攻关，集体性思维方式逐步代替个体性思维方式。连电脑都需要综合集成，联成网络和整体。党中央提出建设创新型国家。创新型国家，一要有创新的思维方式和认识工具；二要依靠集体性研究创新。这就是国家总体创新即创新型国家。国家总体创新最重要的是国家领导层要有创新的认识判断能力，要有分析能力和拍板能力；其次是国家总体创新不是靠个人，而是靠集体的创新智慧。当然集体决策能力来源于对社会信息数据的综合集成分析。

第二，思维方式的创新变革，相应需要认识手段、认识工具的创新变革。

思维方式改变了，人们的认识工具也要改变。人自身对客观事物的认识有两大认识工具，一是靠人的感觉器官，二是靠人的思维器官。感觉器官是收集信息的，思维器官是储存、分析、判断信息的。最早人看问题、想问题，仅靠人眼、人脑。人最早观察太空，是通过肉眼来看，实在不行登高来看。这种认识工具决定了对太空的认识是大而化之的、模糊的、宏观的、整体的，他们看到的是模糊的、大概的、浑然一体的天，在他们看来，宇宙是统一的，是整体的。随着科技发展，有了研究宏观的天文望远镜，天文学家用天文望远镜看太空，看得更清楚了，更具体了，但却在认识上把太空划分成一个一个个体来观察，分门别类地研究太阳，研究地球，研究行星。有了研究微观的显微镜，可以分门别类地研究细胞、粒子。望远镜、显微镜都是人的认识工具的延长，是人眼、人的感觉器官的延长，而不是人的思维器官的延长，即人脑的延长。今天，从总体上解决对太空的认识，比如宇宙的生成问题，仅有天文望远镜不够了，必须用具有逻辑思维能力的现代科技手段来认识。人眼延长为望远镜，望远镜延长为高倍数天文望远镜，只解决了眼睛的延长，只解决了人的感觉认识器官的延长，解决不了大脑即认知器官的延长，这样带有逻辑思维的认知工具就应运而生，比如仿真技术、计算机技术、大型的数据库等现代科技手段，这都是带有人脑特点的认识工具，是大脑的延长，是思维器官的延长。思维方式方法的变化，需要新的认识工具，这就是综合集成的、系统思维的、用现代科学技术装备起来的实验室。这个实验室实现人机结合，以人为主；自然科学与社会科学相结合，以综合思维方式为主；定性分析与定量分析结合，实现定性分析指导下的定量分析，定量分析基础上的定性分析；个人创造性与集体创造性、个人智慧与集体智慧相结合，以集体创造性、集体智能为主。这种新型的、现代的认识工具是人的感觉器官和思维器官有机结合的延长。德国古典哲学家同时又是科学家的康德认为，一门科学只有成熟地运用数学，才能称其为科学。他这里讲的数学，不是指数量的统计和数字化，而是指实验现象背后有数学模型作解释和指导。保尔·法拉格在《忆马克思》中谈到，马克思认为，“一种科学只有在成功地运用数学时，才算达到了完善的地步”。恩格斯也表达过类似的意思，他在《自然辩证法》一书中写道：“数学在一门科学中应用的程度，标志着这门科学成熟的程度。”可以说，社会科学一旦可以运用精确的数量分析，一旦可以运用数学模型，进入实验室研究，将意味社会科学成为现代意义上的“科学”。

以上粗浅分析说明，面对错综复杂的社会巨系统，如何作出客观准确的判断和决策，单独依靠社会科学或自然科学的研究，定性的研究，传统手段的研究，分门别类的研究，各部门各个人单独的研究都难以提供全面可靠的决策依据。一定要实现思维方式和认识工具的创新变革，创新变革的特点是：一要实现社会科学研究与自然科学研究的结合；二要从定性研究走向精确的定量研究，实现定量研究与定性研究的结合；三要从分门别类的、单独部门的、单独个人的、单一学科的研究转向集体的、集成的、综合的、系统的研究；四要从传统的手段转向依赖高新技术的、现代化的、信息化的现代实验室的认识手段；五要实现人机结合，人脑与电脑的结合，以人脑为主。例如，对社会巨系统的研究不能仅从自然科学或者社会科学两个领域单独出发研究，要重视对人与自然结合的研究，人生活在自然世界中，并组成社会。随着经济社会的快速发展，面临的自然制约越来越多。如研究我国一些社会问题，不联系国际环境，不考虑国际因素不行。在复杂社会巨系统中，每个个案都不是简单的事情，都是错综复杂综合原因而致。如果涉及更高层面的社会问题，就更不能依靠简单的传统的单一的方法分析，这就要运用系统的、集合的、过程的、综合的、宏观的方法，要有系统集合的综合分析，要有动态分析，要有过程的分析，不能就事论事，尤其不能从部门和局部角度去看，一定要站在整体、全局和系统的角度看待问题，要有新型的认识工具相匹配。

第三，人类对社会问题的认识，已经开始进入以综合集成系统思维为主要认识方式、以计算机及网络等现代科学技术为主要手段和方法的实验室阶段，是人类对社会问题的认识方式和认识工具的一场革命。

面对经济社会发展过程中出现得越来越频繁的不确定的因素、变化的因素、复杂的因素、突变的因素，面对复杂的社会巨系统问题，面对网络社会、信息社会和虚拟社会的出现，如果不从思维方式上、认识方法和工具上进行彻底的创新变革，仍然停留在原有的对社会问题的认识工具和认识方法上，就会影响我们对社会规律的科学认识和把握。

前面提到，人对客观事物的认识是通过两个器官来完成的，一个器官是直接的感觉器官，如眼睛、耳朵、鼻子；包括我们的皮肤都是感觉器官。这些器官是人类对客观外界包括对自然和社会认识最直接的经验认知，它积累的是经验，就好象中医给人看病，依靠“望闻切问”，通过对脉搏、舌苔乃至口腔气味来判断，传统的中医是经验科学，经验科学的好处可以宏观地来看问题。传统中医依靠感官整体感觉出来的综合特征得出来的经验结论，往往是系统的认识问题，但是没有建立在科学的基础上。随着科学技术的发展，人类感觉器官不断延长，可以依靠望远镜、显微镜、雷达、声纳等等，这些工具都是人类认识客观世界积累经验的感觉器官的一种延长。

人的第二个认识器官是大脑，是通过思维来认识问题。人的外部感觉器官感觉到的东西，还要辨别思考综合分析。比如，通过舌头感觉糖是甜的，而且糖精是甜的、甘蔗是甜的、甜菜是甜的，那么究竟甜背后是什么呢？还要通过大脑进行综合分析判断。人脑的分析思考加上科学的发展，人们就可以用化学的方法把糖的成分分析出来，这种科学的发展是和人的思维分不开的。算盘，是人的思维器官延长，而算盘的延长就是计算机了，感觉器官的延长和思维器官的延长，都是人对客观外界认识工具和认识手段的延长。由望远镜发展到电脑，这是人对认识客观外界的一大飞跃。那么望远镜、显微镜、电脑这些工具在科技发展中，一开始主要是人对自然事物的认识，对物质事物的认识。而对社会本身的认识，需要用更好更先进的工具来认识，用现代科学技术装备起来的实验室，来深刻认识社会。

有了计算机及相关技术，有了仿真技术、网络技术和信息技术，形成了综合集成的、系统思维的、把仿真技术、网络技术、信息技术和计算机技术结合在一起的实验室，来认识人类社会，这是人综合起来的感觉器官和思维器官的延长，是思维方式和认识工具的一场革命。我认为，人的认识，已经达到这样一个程度，就是通过综合集成实验室手段，由对自然的认识，发展到对社会的认识，这是人类认识方法和方式的一个伟大飞跃。在我国，钱学森同志最早提出了这个思路，就是如何把人对外界的认识工具延长到电脑，延长到综合集成实验室，从对自然科学的研究，运用到军事领域。导弹也好，卫星也好，都属于对自然问题的认识，运用到战争、战役研究，就开始了对自然加社会的认识。现在看，用综合集成、仿真模拟这种新的认识工具来认识社会，完全有可能。当然要真正能做到，还需要有一个很长很长的过程。

这场革命要解决的一个最难的问题是什么？就是把对自然认识的实验室手段，转变到对社会问题的认识，完成这个转变的难点，就在于社会问题的不确定性、突发性、偶然性和人的有意识活动的主观能动性。社会问题是人的有意识活动的结果，有人的意志、情感、欲望、关系等因素起作用，这些用数学公式现在还无法完全描述出来，完全用计算机进行逻辑运算也不能运算出来，完全用仿真技术也模拟不出来，这就是难点所在。如何解决这个难点呢？马克思主义系统的、整体的、过程的、全面的哲学思维方式，现代科学理论综合集成的认识方法，像系统科学理论、信息理论、结构理论、模糊理论等等，对人文社会科学、对社会巨系统的认识都产生了深刻的影响。系统理论不能说仅是自然科学的，它是高于自然科学和社会科学之上的一种认识方法论，模糊逻辑理论也不完全是自然科学的，也是对自然现象和社会现象的概括，这些都要融合到对社会问题的综合集成实验室认识方法中来。比如说对社会问题进行数学描述模型化的时候，恐怕要有概率论和模糊逻辑等理论指导，进行模型设计。当然在模拟过程中，不一定要把所有的影响数据都要输入进来，要抓住最主要的社会因素来认识。马克思对社会问题的认识，实际上主要抓住一点，即生产力决定生产关系，生产关系决定上层建筑，上层建筑对生产关系有反作用，生产关系对生产力有反作用。他把所有的社会问题都归结到这条最简明最普遍的真理上，然后运用这条真理指导作具体分析。然而这还是定性分析，对复杂的社会巨系统的认识，还要进行精确的定量分析，如何定量分析，这就是难点，这就要求在认识方式、方法和手段上有所突破。

这场革命反映了什么？一是人类对社会问题的认识方式和手段的革命。用定量化的、用逻辑运算的、用仿真技术的实验室来认识社会，是认识方式和认识手段的革命。

二是哲学社会科学研究领域的一场革命。过去人们进行科学研究靠手抄卡片摘摘要，现在用不着了，用电脑来收集、存储、分析信息。实现社会科学与自然科学的结合，用计算机、用仿真技术、用实验室来进行重大社会科学课题的研究，这也是哲学社会科学研究方式方法的一场创新。

三是国家宏观决策和管理体系的一场革命。国家宏观决策的一个最重要的方法就是按照从群众中来到群众中去的要求，进行调查研究，到基层去收集情况，然后进行综合分析，形成调查报告和决策建议，最后由决策层作出决定。调查研究方法要继承、要发扬，但是还要采用更进一步的决策方式，也就是对社会问题的有些决策论证可以运用实验室的手段进行。这也是一个创新，也是一场革命。

人类在迈入知识社会

尚　勇

知识社会作为一种全新的人类社会形态，在当今时代已初露端倪。知识社会实质上是知识要素在经济和社会发展中占主导地位的社会。与工业社会相比较，知识和人才取代自然资源、机器设备等有形资本成为经济和社会发展的决定性因素，成为创造财富的第一资源，知识经济成为社会的主要经济形态，创新成为社会发展的主要动力和竞争力的核心因素。这是人类社会经历的又一次伟大变革。西方发达国家正率先向知识化社会迈进。

一、信息社会是知识社会的初级阶段和重要内容

信息社会是工业社会到知识社会的过渡形态。知识社会前期的主要特征体现为信息社会。为什么说信息社会只能是知识社会的初级阶段和重要组成部分？这就像机械化与工业化的关系一样。机械化大生产是工业化初期的主要体现，并始终是工业化的重要内容之一，但工业化的内容要比其广泛得多。信息是知识的一个重要部分，是知识的表现形式之一，是知识传播的重要载体。知识的概念比信息宽泛得多，知识社会的内容也要比信息社会宽泛得多，它将在信息社会的基础上逐步发展、拓延、繁荣，但信息化将始终是其重要组成部分。

第一，日益发达的信息基础设施成为当今社会最重要的设施，成为加速经济全球化和信息化的便利工具。以大容量、高速网络为主的信息高速公路，成为世界资源和资金的主要传输渠道。第二，信息成为整个经济结构的支柱。信息制造业现已成为世界最大的产业，信息服务业将逐步成为世界第一大产业。信息产业发展对世界经济发展的繁荣有着决定性的影响。第三，信息的应用将更加遍及社会生活的各个方面。信息的高速流动将带动物质流通的加速，促进生产效率的大幅度提高，加速社会生活的节奏。第四，信息将成为决定经济发展和竞争的主要因素。掌握有效信息量的大小、获得信息的早晚、信息渠道的宽窄和通畅与否都将成为企业乃至国家发展兴衰、竞争优劣的重要因素。第五，信息安全问题将成为国家安全、经济安全和社会安全的突出问题，也成为企业商业安全重点防范的问题。同时，信息的搜取、公开和传播将对社会稳定、人民生活、社会文化和伦理道德等方面都产生新的冲击。

二、知识经济是知识社会的经济形态

（一）知识的商品性和商品的知识化

知识社会是比工业社会更发达的商品经济社会。现代信息网络、发达的信息资源，通畅、快速的传播渠道，经济全球化的市场体系，使得各类有形和无形市场十分发达。科技的飞速发展和产业化进程的日益加快，使得产品更新换代的速度逐步加快。因此，知识成为商品的灵魂和决定要素，商品成为知识物化的形态。工业社会是以物质形式的商品为主，主要满足人类较低层次的物质需求；而知识社会是知识商品为主导的，体现在商品知识含量更高，商品特别是无形商品的种类更多，多数知识本身成为主要商品，以满足人们物质生活较丰富基础上的更高要求、特别是文化和精神需求。它包括：一般物质商品知识含量大幅提高，高新技术转化为新的商品，知识性服务商品。

（二）知识和人才成为第一资源

在工业社会及以前，自然资源的主导地位无可争议。知识成为第一资源，决不是否定自然资源的作用，而是强调知识是创造财富更重要的源泉，是支撑人类生存和发展的更关键的要素，是赢得竞争的更重要的手段。因为在市场十分发达、经济全球化的新形势下，得到各种自然资源并不难。在财富的形成和创造中，自然资源一般下降到次要的地位，而知识则占有主导性地位。如1公斤原油，仅值1元多钱，用其提炼制造成塑料，值几元钱，做成几个空的光盘，值十几元钱，进而将其做成专用软件的光盘，则升值为几千至上万元。再举一个例子，说明自然资源的可替代性。石油作为现在的重要能源，发电、交通都离不开它。上百年后，石油资源可能枯竭。可是，依靠科技创新，我们可以创新出许多新的能源。如太阳能、风能、核聚变能可以提供不竭的动力；燃料电池可以完全替

代汽油内燃机，我们可使用比现在更清洁的电动汽车。知识作为第一资源，主要体现在可以更高效、合理、充分地开发利用自然资源，可以创造更多的物质资源，更重要的是可以使现有物资资源成倍的升值。因此，它是在更高级经济社会发展水平上的经济最主要源泉。知识不像其他物质资源独立存在，知识是由人才创造、积累、传播和转化的，因此，归根结底，人才资源是第一资源。

（三）高知识含量产业成为主导产业

未来经济结构必然建立在现代知识之上，知识经济成为知识社会中经济的主流形态。与现在相比将经历产业结构大的变革。未来将出现两大趋势：一是新的高技术制造业和知识型服务业将进一步发展壮大，并占居主导地位；二是农业和传统工业的高技术化和知识含量将大幅度提高。

从产业结构分析：知识型服务业比例将占80%以上。从就业比例分析，美国兰德公司在20世纪末曾预测，到2020年，美国制造业的劳动力仅占总劳动力的2%－5%，而现在美国的农业劳动力比例仅为3%左右，这意味着，未来服务业劳动力比例将占90%左右。

（四）智力劳动特别是创新成为人类主要社会活动

知识社会，智力劳动成为人们的主要劳动方式，许多体力劳动甚至简单、重复的脑力劳动被各种自动化机械和计算机所代替。

人们的劳动大多数离不开知识。科学研究、技术开发、艺术创作、媒体、资本运营、管理等知识密集型的创新活动，将成为决定经济和社会发展的主导活动，成为社会前进的主要动力和创造财富的重要源泉。当然，从事这些创新活动的人数只占劳动者中的少数比例，但他们是真正的社会精英，是先进生产力和先进文化的开拓创造者，成为主导社会发展的中坚力量，决定着小到单位大到国家的竞争力和发展的命运。而大多数人从事于知识传播、转移和知识服务等职业。

（五）知识的供需关系与经济周期

在工业社会，按照市场供需关系这对矛盾的运动规律，经济增长呈现一定的周期性波动。当重大科技创新成果转化成新的生产力时，大量新产品的问世，开拓了市场新的需求，经济处于增长阶段。随着技术的相对成熟，市场趋于饱和后，需求下降，经济由增长逐步转变为衰退。到达低谷后，往往有新的技术创新出现，开拓下一轮新的需求，启动经济新的增长。周而复始，经济增长出现周期性波动特征。当20世纪90年代美国经济出现持续近10年的持续增长时，许多经济学家都预测新经济（即知识经济）可能消除经济增长的周期波动现象。原因是新技术创新接连不断，上一个对经济增长的拉动力尚未衰减，新的拉动力就已形成，因此乐观的估计知识经济会出现较长增长周期。可是，刚刚进入21世纪，美国信息产业出现大滑坡，多米诺骨牌效应使经济进入大的衰落期。特别是高科技产业晴雨表的纳斯达克股票指数曾从5000多点一路跌到最低的1200多点，美国资产的市值不到两年缩水一半以上。其实，这正反映出知识经济的内在规律，即当知识生产和技术创新远远超前消费需求时，造成供给过剩而酿成经济危机。

因此，知识经济作为新的形态出现后，它具有许多与工业经济或曰资本经济不同的规律和特性。原有的一些理论也将失效。因此，与时俱进，加快知识经济理论的创新，掌握知识经济的内在矛盾与规律，通过有效的宏观调控措施，确保经济平稳发展、保护科技创新积极性将是经济理论和时间亟须解决的问题。

（六）虚拟经济——是机还是危

虚拟经济是知识经济中的表现形式之一。就其经济活动规律而言，是以知识为基础，以创新（特别是金融工具创新出衍生品）为主要手段，以信息不对称为商机，借助某种经济题材以金融杠杆获取财富的活动。从事虚拟经济的高手具备丰富的专门知识和高超的创新能力，往往设计出的“知识产品”既富有较大诱惑力，又让普通人扑朔迷离，再利用信息不对称方式投机获利。

通过虚拟经济是发育资本市场、融资投资的有效方式，曾一度受到青睐追捧。但由去年美国房地产次贷危机引发的国际金融危机，使人们把虚拟经济咒为疯狂野兽。由此而见其投机性弊端易引发“泡沫”的高风险性。因此，虚拟经济必须在制度、监管和道德的多重约束下活动。否则，一旦失去控制贻害无穷。

三、知识社会的社会形态

知识经济作为一种全新的经济形态，奠定了知识社会的经济基础，与新生产力相适应的新的生产关系、与新的经济基础相对应的新的上层建筑也将形成。

（一）劳动者知识化，创新人才成为社会中坚

工业社会初期和中期，产业工人作为先进生产力的代表成为了社会的中坚力量，而知识分子则处于次要的地位。而知识社会中，社会构成发生了重大变化，知识成为生产力的决定性因素，公民受教育程度和劳动者的整体知识水平大幅度提高。传统意义上的产业工人——体力劳动者的比例大大减少，绝大多数劳动者成为“知识分子”，成为社会的主体力量。知识劳动者又可进一步分成知识拥有者、知识应用者与知识创新者。

知识劳动者的作用和地位也不尽相同。其中，各类创新型人才，包括知识和技术创新人才、经营管理创新人才、政府管理创新人才、文化及其他领域的创新人才，将是经济发展、社会前进的领导和中坚力量。创新人才是最重要的社会资源，拥有创新人才，就能创造更多财富，赢得更大的竞争和发展优势。这些人在劳动者中占的比例虽小，但其决定性作用却是其他无论多少人都无法替代的。因此，社会的许多活动、社会制度的设计往往都是以他们的意志为主。而创新性人才，又将是国与国、地区与地区、单位与单位竞争的焦点。但是，社会的发展必须体现绝大多数人的根本利益，如何在激励和发挥创新人才积极性的同时，又实现大多数人民的利益，是知识社会必须解决的矛盾之一。

（二）健康和文化精神生活成为人们主要需求

进入知识社会后，物质财富相对工业社会更加丰富，基本解决了物质短缺的矛盾。作为一个重要标志，恩格尔系数（食品和服装占总消费比例）一般将下降到20%以下；较舒适的现代化住宅、汽车、家电及家庭信息设备等基本拥有。因此，关注健康和较高水平精神文化生活，将成为绝大多数人们的主要需求。

（三）更加个性化和民主化的社会

知识社会是更加个性化、多元化的社会。首先，社会的组织结构将有重大改变，从工业化社会专业化分工、流程化和社会化大生产中形成的庞大的、等级性组织结构，变成更具灵活性、多样性、扁平式、网络化的社会组织结构。每个组织具有充分的自主灵活性，不同组织间又通过不同的机制相互联系，而且这种联系柔性十分强。组织间不是一种等级式的从属，而是平等地位上的合作。很多组织将成为虚拟性组织，为了某一项工作合作在一起。无论是企业、政府、非营利性组织还是社团等民间组织都将体现这一特征。因此，社会在此情况下如何有效甚至高效的运转，的确是我们深切关注的问题。凝结社会网络将有几个关键因素，一是完善的法律制度和规则，人们必须在规则框架下运行社会才可有序；二是利益，虽然是利益的多元化，但共同的利益往往是联系和合作最好的纽带，把个体利益与公共利益的有机统一，将是社会有序、高效运转的最有效机制；三是信息，信息的交流沟通和共享成为人际关系的重要桥梁。

还由于知识获取和拥有的公平性和社会信息的透明性，更增加了人们社会地位的平等意识。人们对精神文化生活的追求，将更加注重其自身价值的社会体现，更加追求社会认同感、成就感和荣誉感，具有更强烈的参与意识。因此，知识社会是更加民主的社会。若使公共利益与个性化、多元化的利益基本一致，各种决策更需要民主、透明，代表大多数人的利益。同时知识水平的普遍提高和信息量的丰富，大大提高了公众的民主素质，也提供了更加通畅的民主渠道。这种基础上的社会管理，需要更高超的艺术和技巧。政府的结构也将变得更加精简和灵活，政府的职能需要大的转变。通过向社会提供高效、优质的服务，协调社会的有序运转，将是政府的主要使命。政府成为社会分工的一个重要部分，社会网络中重要的一个节点。

然而，知识社会绝非太平世界。正义与非正义的斗争仍旧长期存在。知识是典型的双刃剑。此情况下，社会矛盾仍将十分突出，并呈现许多新的特点。很多社会矛盾往往演化成激烈的冲突和对抗。网络信息的广泛高速传播性，信息的公开透明，自然会对个人信息的秘密性带来新的挑战。知识型犯罪、利用高科技手段犯罪将成为知识社会的一个大毒瘤。越是高知识水平的人犯罪，对社会的危害性就越大，对此更难防范。社会各阶层的相对平等，知识文明的进步，不可能绝对消除不同民族、宗教之间的矛盾。而这些矛盾冲突一旦与高科技手段相结合，就有酿成人类悲剧的危险。

（四）终身学习型社会

知识社会的一个显著特点是新知识增长得快、更新得快。这必将激励和驱使人们终身学习。一方面，知识社会的就业岗位变化将更快，一些传统行业的就业岗位逐步减少，新兴的知识型岗位逐步增加，人们更加期望自己具有终身就业的能力。同时，社会的竞争日益加剧，无论是就业、报酬还是社会地位，竞争的优势必然向知识占有多、创新能力强者倾斜。真正成为知识的拥有者就必须不断地学习。学习成为人们谋生的基本需求。另一方面，学习也将成为人们精神生活的重要组成部分，成为生活不可或缺的内容。由此，整个社会将成为学习型的社会。

（五）知识私有与社会共享矛盾，知识与贫富差距

在知识社会，物质生产资料已降为次要地位，而知识和创新上升到主要地位。知识的私有与社会共享将成为知识社会的基本矛盾。按照现在的观念，一提知识，我们自然地就联想到它的公共特征。似乎感到理所应当以公用为主。其实，目前已经出现了知识私有化的严重倾向。专利、技术诀窍、版权（包括软件和集成电路设计版权）、技术标准等知识产权在经济活动中、特别在市场竞争中占有越来越重要的地位。美国、日本、欧洲等很多国家都出台有关法律，明确规定政府经费资助的科研成果的知识产权归科研完成者所有，以鼓励科技创新。我国也出台了有关政策。今后，科学与技术的界限越来越模糊，很多基础科研的阶段性成果都申请了专利。如人类基因组测序、某种病毒的发现等。这意味着这些知识将属于私有，不付费不得随便使用。按照这些趋势发展下去，到了知识社会，越来越多的知识的产权将归属企业、个人，这虽然有利于保护知识创造者的积极性，但也将限制并阻碍知识的公共传播，违背知识造福社会的宗旨。

强调知识的盈利功能和私人所有，也必将拉大不同知识水平国家、地区、人群之间贫富的差距。事实目前已经表明，国家、地区、人群之间的贫富差距主要是知识的差距，这种情况在知识社会将进一步加剧。这同工业社会的贫富差距主要是资源等生产资料所有的差距完全相似。财富必然向知识拥有者、特别是创新人才集中，未来的这些“知本家”有的比工业社会的资本家还要富有。拥有更多先进的知识、知识水平越高，在竞争中就占居制高点。对个人如此，对企业如此，对国家同样如此。知识的这种决定作用，必然激励更多的人争相学习知识、创新知识，更加加速知识的进步。但是，与资本不同的是，知识财富不具备长期占有性，更不能继承。资本和财富只青睐新知识拥有者和创新者。

因此，如何使知识进步造福于广大人民大

众，如何使财富在社会合理分配，是制度安排和政策设计需要重点考虑的问题。因此，国家、政府在知识社会中的宏观调控作用仍然发挥着极其重要的作用。国家安全和公共秩序的保证、公共设施建设、教育培训和公益科技等公共服务的提供、社会资源的再分配和贫富调节、社会矛盾的调解、公共福利等等，都是其他社会组织所无法替代的。

四、创新——知识社会的灵魂

在知识社会中，创新能力将成为经济发展的主导要素。因为生产力发展变革得太快，存量财富不能持久，没有创造财富的能力，就失去拥有财富的资格。资本、资源都将向创新能力强的地方集中，围绕着创新人才而配置。

生产力的发展犹如人类历史前进的火车头，科技作为先进生产力的集中体现和主要标志，其创新更是令人目不暇接。知识创造作为原始创新，是一切创新和发展的源泉。更多的新技术、新产品将由此产生。然而，创新并非仅仅限于知识的创造和技术发明，它贯穿于从一个新思路或新思想产生到实现市场价值的整个价值链、遍布整个相关系统。作为企业，无论其组织形式和管理模式如何变化，它都将仍是技术创新的主体。大学、科研机构、其他社会机构、政府等都将围绕着企业的创新而互动，进行着有效的合作。无论是可导致重大革命性变化的创新，还是带来微小改进的创新，都像庞大社会机器上的部件、零件，共同驱动着先进生产力的产生和发展，为社会前进提供强大的驱动力。

生产力的创新必然要求生产关系与之相适应，知识和技术的快速创新必须要求制度创新作为重要保证。适应技术创新的企业制度是体制创新的重要内容。更重要的制度创新是建立国家创新体系。这是融经济、科技、教育、政府管理等体制为一体，从国家层次上推动科技创新的社会系统，主要功能是保证从知识创新到知识扩散、技术创新、市场价值实现整个链条的连续，实现系统中各要素的互动，各种资源的优化配置和优势集成，促进整个社会系统的有效创新。为保证国家创新系统的有效运转，科技体制、教育体制等都必须不断创新，真正成为柔性、开放的管理体制。特别是政府管理体制更应适应创新的要求，为创新营造良好的政策环境和社会平台。制度创新决定了知识和技术创新的成效。制度创新的优势，比任何资源都更加重要。创新人才在全球流动，基本趋势是向创新软硬环境优势的地方集中。有了制度的优越性，就能聚集创新人才，就有了创新和发展的优势，有了创造财富的一切资本。

总之，知识社会是各行各业争相创新的社会，是各种创新联动、相互促进的社会，是迅速发展和变化的社会，领导社会前进潮流的必是勇于并善于创新者，强盛的民族是创新占有优势的民族。

五、生态文明——知识社会的重要标志

随着人类文明的进步，人类的生活、生存环境的改善日益成为社会发展的重要内容。生态文明将会成为知识社会的主要文明形态之一，是工业文明之后新的人类文明形态，与物质文明、精神文明、政治文明一道成为人类文明的重要支柱，成为社会构成的重要组成部分。生态文明地位的提升成为知识社会区别于工业社会的重要标志。

不断追求人与自然的和谐，实现人类社会全面协调可持续发展，越来越成为人们的共同价值趋向。在工业社会，先进技术使人类改造自然的能力越来越强，在从自然获取大量财富同时，造成自然资源短缺、生态环境恶化，对人类生存安全构成了危害和威胁。进入知识社会，人类不仅对生态文明有着强烈愿望和迫切需求，有了新的价值导向和更高追求，也具备了实现人与自然和谐、经济社会和生态环境协调可持续发展的能力。人类完全有能力实现经济社会发展与生态环境改善的双赢，在不断提高物质水平的同时，不断提高生活和环境

质量。生态文明建设主要包括:清洁能源,以知识经济为主体的低碳经济结构,节能减排为主的循环经济生产模式,生态建设生态链完善。

我国正处于工业化的中期阶段,实现工业化还有漫长的道路。知识社会的来临,为我们跨越发展提供了极其难得的机遇。我们完全有后来居上和迎头赶上的后发优势。全国有科技人员3800多万人,居世界第一,知识型产业已具备一定基础并快速发展。更为关键的是我国确立了到2020年进入世界创新型国家行列的宏伟目标,坚定地实施自主创新战略。通过教育现代化和国民知识化,把我们世界最大的人口大国,变成人才和知识强国,这将转化为我们跨越发展最强大的驱动力。

(作者:中共江西省委常委、纪委书记)

毛泽东与新中国建设的历史性巨大成就

沙健孙

在庆祝新中国成立60周年的时候,我们深切怀念人民共和国的伟大缔造者毛泽东。在1978年的中共十一届三中全会上,邓小平说过:“回想在一九二七年革命失败以后,如果没有毛泽东同志的卓越领导,中国革命有极大的可能到现在还没有胜利,那样,中国各族人民就还处在帝国主义、封建主义、官僚资本主义的反动统治之下,我们党就还在黑暗中苦斗。所以说没有毛主席就没有新中国,这丝毫不是什么夸张。”

毛泽东不仅是人民共和国的伟大缔造者,而且是中国社会主义制度的主要奠基人,中国探索自己的社会主义建设道路的开创者,社会主义建设的主要组织者和领导人。正是在毛泽东领导的时期,“我们确立了社会主义基本制度,在一穷二白的基础上建立了独立的比较完整的工业体系和国民经济体系,使古老的中国以崭新的姿态屹立在世界的东方”。这是这个时期新中国历史的本质和主流。

在这个时期,新中国的建设尽管经历过若干曲折,从总体上说,是取得了历史性的巨大成就的。这主要表现在以下几个方面:

一、确立社会主义基本制度,为中国尔后的一切进步和发展创造政治前提和制度基础

革命的根本问题是国家政权问题。中国共产党领导中国人民进行反帝反封建的民主革命的根本目的,是为了摧毁代表帝国主义势力和地主买办资产阶级利益、维护半殖民地半封建社会制度的反动政权,创建一个工人阶级领导的、以工农联盟为基础的人民共和国。

中国人民政权的创建走过了一条独特的道路。它是先在局部的农村区域建立,而后经过长期斗争,逐步扩展,直至推向城市、推向全国的。毛泽东不仅开辟了创建人民政权的正确道路,而且总结中国共产党领导人民政权建设的经验,对人民共和国的国体、政体等问题作出了科学的阐明。这些主张为1949年9月中国人民政治协商会议通过的起临时宪法作用的《共同纲领》和1954年4月全国人民代表大会通过的《中华人民共和国宪法》所接受,形成了有关的具有法律效力的明确规定。

第一,关于国体。

所谓国体,是指国家的性质,即国家的阶级

性，也就是社会各阶级在国家中的地位。

毛泽东指出："我们政权的阶级性是这样：无产阶级领导的，以工农联盟为基础，但不是仅仅工农，还有资产阶级民主分子参加的人民民主专政。"人民民主专政需要工人阶级的领导；它的基础是工人阶级、农民阶级和城市小资产阶级的联盟；它还应当团结民族资产阶级，但是民族资产阶级不能充当革命的领导者，也不应当在国家政权中占主要的地位。他强调，总结我们的经验，集中到一点，就是工人阶级（经过共产党）领导的以工农联盟为基础的人民民主专政。这是我们的主要公式、主要经验、主要纲领。

工人阶级（经过共产党）领导的、以工农联盟为基础的人民民主专政，这就是新中国的国体。

第二，关于政体。

所谓政体，是指国家政权的构成形式。

毛泽东提出：我们政权的制度是采取议会制呢，还是采取民主集中制？他的答复是："我们采用民主集中制，而不采用资产阶级议会制。"议会制，袁世凯、曹锟都搞过，已经臭了。"我看我们可以这样决定，不必搞资产阶级的议会制和三权鼎立等"，而应当"建立民主集中制的各级人民代表会议制度"。

民主集中制的人民代表大会制度，这就是新中国的政体。

第三，关于国家的结构形式。

所谓国家结构形式的问题，是指国家的结构是实行单一制还是复合制（如联邦制、邦联制）等的问题。

长期以来，中国就是一个统一的多民族的国家。在筹建新中国时，毛泽东和中共中央进一步确认，单一制的国家结构形式符合中国的实际情况，在统一的国家内实行民族区域自治有利于民族平等原则的实现。据此，周恩来向政协代表报告时指出："我们国家的名称叫中华人民共和国，而不叫联邦。""我们虽不是联邦，但却主张民族区域自治，行使民族自治的权力。"

统一的多民族国家和在单一制国家中的民族区域自治制度，这就是新中国的国家结构形式。

第四，关于政党制度。

所谓政党制度问题，是指实行苏联式的一党制，还是西方式的两党制、多党制，或者是有中国特点的新型政党制度的问题。

在新民主主义革命的过程中，中国共产党逐步与各民主党派、无党派民主人士建立了合作和协商共事的关系。1948 年 4 月 30 日中共中央发出"召开政治协商会议"、"成立民主联合政府"的号召，得到各民主党派和社会各界的热烈响应。1949 年 1 月 22 日，各民主党派领导人和著名无党派民主人士 55 人联合发表《对时局的意见》，一致表示"愿在中共领导下"，为中国人民民主革命的成功和独立、自由、和平、幸福的新中国之早日实现而奋斗。同年春，毛泽东指出，民主党派应"积极参政，共同建设新中国"。各民主党派和无党派民主人士与中国共产党一起参加了筹备召开新的政治协商会议，参与了新中国的创建工作。

中国共产党领导的多党合作和政治协商制度，这就是新中国的政党制度。

中国人民政治协商会议的召开，标志着新中国的这一新型政党制度在政治实践中的形成，并且有了自己的组织形式。

在 1954 年全国人大召开以后，毛泽东强调，政协的组织仍然是需要的。政协有别于国家权力机关——全国人民代表大会，也不是国家的行政机关。"政协是全国各民族、各民主阶级、各民主党派、各人民团体、国外华侨和其他爱国民主人士的统一战线组织，是党派性的，它的成员主要是党派、团体推出的代表"。

在新的历史环境中继续发挥政协作为统一战线组织的作用，这对于坚持和完善新中国的政党制度即中国共产党领导的多党合作和政治协商制度，具有重要的意义。

以上四个方面，构成了新中国的社会主义

基本政治制度。而其中的国体，即工人阶级领导的、以工农联盟为基础的人民民主专政的国家制度，具有最根本的意义和决定性的作用。这种制度，符合中国的实际情况和广大人民的切身利益，有着极大的优越性。

新中国成立以后，特别是国民经济恢复以后，毛泽东和中共中央带领全国人民通过实行社会主义工业化与社会主义改造同时并举的党在过渡时期的总路线，沿着一条有中国特点的道路，从新民主主义过渡到了社会主义。1956年社会主义改造的基本完成，以生产资料公有制占主体地位的社会主义基本经济制度在中国的确立，是中国进入社会主义、或者更确切地说进入社会主义初级阶段的主要标志。

社会主义基本制度的全面确立，为巩固民族独立和人民解放的成果，尤其是为中国尔后的一切进步和发展创造了政治前提和制度基础。巩固、完善和发展这个基本制度，这是我们必须坚持的根本原则和必须实现的庄严任务。实行改革开放，是为了在坚持社会主义的基本政治制度和经济制度的前提下，使这个制度得到完善和发展，更加充满生机和活力。

二、在探索中国社会主义建设道路过程中取得积极成果，为中国社会主义理论和实践的发展奠定了重要基础

随着1956年社会主义改造的基本完成，中国开始进入全面建设社会主义的时期。如何建设社会主义，如何巩固和发展社会主义，成为中国共产党面临的基本的历史性课题。

以毛泽东为代表的中国共产党人积极探索适合中国情况的社会主义建设道路，取得了重要的理论成果。主要是：

第一，提出把马克思列宁主义同我国的具体实际进行“第二次结合”的基本原则。

1956年4月初，毛泽东即提出：我认为最重要的教训是独立自主，调查研究，摸清本国国情，把马克思列宁主义的基本原理同我国革命和建设的具体实际结合起来，制定我们的路线、方针、政策。现在是社会主义革命和建设时期，我们要进行第二次结合，找出在中国进行社会主义革命和建设的正确道路。这个思想，为中国共产党和中国人民探索适合中国情况的社会主义建设道路，提供了基本的指导原则，指示了正确的方向。

第二，阐明关于建设社会主义的若干重大理论原则。

提出全面建设社会主义的任务。1956年社会主义改造基本完成以后，毛泽东及时指出：我们“现在处在转变时期：由阶级斗争到向自然界斗争，由革命到建设，由过去的革命到技术革命和文化革命”。他把这个“产业革命或者说经济革命”，称做是“第二个革命”。

提出社会主义现代化建设的奋斗目标和发展战略。毛泽东指出，中国社会主义现代化建设的目标，是实现农业、工业、国防和科学技术“四个现代化”；中国的发展所遵循的是“两步走战略”，即首先建立独立的比较完整的工业体系和国民经济体系，而后全面实现“四个现代化”；中国全面实现“四个现代化”，大约需要一百年甚至更长的时间。

提出社会主义社会基本矛盾的学说。毛泽东指出，社会主义社会的基本矛盾仍然是生产关系和生产力之间、上层建筑和经济基础之间的矛盾，正是这些矛盾推动着社会主义社会的发展；同时又指出，这些矛盾可以经过社会主义制度本身不断地得到解决，从而为进行社会主义性质的改革提供了理论上的根据。

提出关于社会主义社会发展阶段的理论。1959年底、1960年初，毛泽东在读苏联《政治经济学教科书》的谈话中，提出了一个重要的观点：“社会主义这个阶段，又可能分为两个阶段，第一个阶段是不发达的社会主义，第二个阶段是比较发达的社会主义。后一阶段可能比前一阶段需要更长的时间。”他说：“在我们这样的国家，完成社会主义建设是一个艰巨的任务，建成社会主义不要讲得过早了。”这就是说，在一个长时期里，中国还处在“不发达的社会主义”阶

段。毛泽东提出的这个观点，是社会主义初级阶段理论的重要的思想来源。

提出关于两类矛盾的学说。1957 年，毛泽东指出，我们必须正确区分和处理敌我矛盾和人民内部矛盾，以便调动一切积极因素，并且尽可能地化消极因素为积极因素，为建设社会主义服务。这是我们建设社会主义的基本方针。

提出在政治生活中判断是非的标准。毛泽东在论述两类矛盾的学说时，提出了在政治生活中判断我们的言论和行动是非的六条标准，其中最重要的是社会主义道路和共产党的领导两条。坚持这六条标准，是我国的建设事业沿着正确方向前进的政治保证。

第三，制定中国社会主义经济、政治、文化建设等方面的重要指导方针。

在经济建设方面：

提出走“中国工业化的道路”这个命题，指出要以农、轻、重为序安排国民经济工作，并且把“以农业为基础，以工业为主导”作为发展国民经济的总方针；

主张实行工业和农业、重工业和轻工业、中央工业和地方工业、大中小企业、洋法生产和土法生产等一系列的“同时并举”即“两条腿走路”的方针；

阐明必须发展商品生产，利用价值规律，为社会主义建设服务；

对经济体制改革的问题进行探索，提出了若干重要思想（如发挥中央和地方两个积极性，主张实行“两参”、“一改”、“三结合”；主张试办托拉斯；提出在社会主义经济占优势的条件下“可以消灭了资本主义，又搞资本主义”，等等）。

在民主政治建设方面：

提出“我们的目标，是想造成一个又有集中又有民主，又有纪律又有自由，又有统一意志、又有个人心情舒畅、生动活泼，那样一种政治局面”；

主张把正确处理人民内部的矛盾作为国家政治生活的主题，坚持人民民主，尽可能团结一切可以团结的力量，使中国“变成一个大强国而又使人可亲”；

主张切实保障人民当家作主的各项权利，让人民参与国家和社会事务的管理，强调劳动者管理国家、管理军队、管理各种企业、管理文化教育的权利，是社会主义制度下劳动者最大的、最根本的权利；

提出社会主义法制要保护劳动人民利益，保护社会主义经济基础，保护社会生产力；

要求处理好中国共产党同各民主党派的关系，坚持长期共存、互相监督的方针，巩固和扩大爱国统一战线；提出关于政治体制改革的若干意见和设想（如国家主席的任期不得超过两届、党代表实行常任制等）。

在文化建设方面：

指明在思想文化领域中必须坚持马克思主义的指导地位、坚持工人阶级及其政党的领导权；

提出“百花齐放，百家争鸣”的方针和“古为今用”、“洋为中用”、“推陈出新”的方针；

提出思想政治工作是经济工作和其他一切工作的生命线，要实行政治和经济的统一、政治和技术的统一、又红又专的方针；

提出要向科学进军，不能走世界各国发展科学技术的老路，而应独立自主、自力更生、奋发图强，努力赶超世界先进水平；

提出建立一支宏大的工人阶级知识分子队伍的历史任务。

第四，论述在执政条件下加强共产党自身建设的思想。

毛泽东十分重视巩固共产党的执政地位，高度警惕党在执政以后可能产生的种种消极现象，要求采取坚决措施加以防止和纠正。他最早觉察到帝国主义的“和平演变”战略的危险，号召共产党人提高警惕，同这种危险作斗争。为此，他提出：

共产党员必须坚持共产主义的远大理想，务必继续地保持谦虚、谨慎、不骄、不躁的作风，继续地保持艰苦奋斗的作风；

各级领导干部必须自觉地运用人民赋予的

权力为人民服务，依靠人民群众行使这个权力，并且要以普通劳动者的姿态出现，平等待人，自觉接受人民群众的监督；

必须防止在共产党内、在干部队伍中形成特权阶层、贵族阶层；

必须依靠人民群众，坚决反对共产党内和干部队伍中的腐败现象；

必须切实解决好“培养无产阶级的革命接班人”的问题。

除此之外在军队和国防建设、国际战略和外交工作等方面，毛泽东等也提出过许多重要的战略思想。

毛泽东等老一辈中国革命家提出和阐明的这些富于独创性的理论，具有十分重要的价值。正如邓小平所说，这为我们在新的历史条件下坚持和发展中国的社会主义“提供了一个基础”。

实际上，不仅贯穿于毛泽东思想的活的灵魂，即实事求是、群众路线和独立自主，是中国特色社会主义的理论和实践的发展所遵循的思想路线，而且毛泽东等在探索中取得的积极成果，已经为中国特色社会主义理论体系所继承，成了这个理论体系的不可分割的有机组成部分。

对于这个问题，胡锦涛同志讲过：“我们党能够在新时期开创出中国特色社会主义道路，其理论基础是对马克思列宁主义、毛泽东思想的科学继承。”习近平同志也讲过：“毛泽东同志带领我们党在艰辛探索中形成的重要思想成果，是我们党的宝贵财富，也是中国特色社会主义理论体系的重要思想来源。”

毛泽东等老一辈革命家作为中国社会主义建设道路开创者的历史功绩，将永远记载在中国共产党和人民共和国的史册上。

三、建立独立的比较完整的工业体系和国民经济体系，使古老的中国以崭新的姿态屹立在世界的东方

毛泽东是在领导社会主义建设的过程中进行探索的，他直接把在探索中取得的成果应用于指导社会主义建设的实践。

在新中国成立的前夜，1949 年 3 月，毛泽东在中共七届二中全会上就提出，要“使中国稳步地由农业国变为工业国，把中国建设成一个伟大的社会主义国家”。在新中国成立后的近三十年间，他带领全国各族人民，为推进这个社会主义现代化的宏伟事业，坚持地进行了长期的、艰苦的奋斗。

由于缺乏经验等原因，新中国的经济建设在“大跃进”和“文化大革命”时期经历过两次严重的挫折。但是整个说来在毛泽东领导时期，依靠以他为核心的中共中央领导集体的智慧，依靠全党同志、广大干部和人民群众的共同努力，新中国的经济建设取得的成就是巨大的：

第一，在“一穷二白”的基础上建立了独立的、比较完整的工业体系和国民经济体系。

新中国刚刚成立的时候，我们的经济是十分落后的。当时，毛泽东曾说过：“现在我们能造什么？能造桌子椅子，能造茶碗茶壶，能种粮食，还能磨成面粉，还能造纸，但是，一辆汽车、一架飞机、一辆坦克、一辆拖拉机都不能造。”由于没有自己独立的工业体系，许多重要工业产品主要依赖进口。

从“一五”计划时期开始，国家以苏联援建的 156 项重点工程、694 个大中型建设项目为中心，进行了大规模投资，逐步地建成了一批门类较齐全的基础工业项目，涉及冶金、汽车、机械、煤炭、石油、电力、通讯、化学、国防等领域，为国民经济的进一步发展打下了坚实的基础。国家基本建设投资，从“一五”时期起到“四五”时期，累计达 4956.43 亿元。在铁路、交通运输等基础设施建设方面，也有明显的进展。从 1964 年开始的“三线”建设，不仅增强了国防力量，而且改善了工业布局。在毛泽东生前，中国不仅已经能够自行设计和批量生产汽车、飞机、坦克、拖拉机等，而且成功地爆炸了原子弹、氢弹，试制并成功发射了中远程导弹和人造卫星。这些进展，全世界为之震惊。同时，新中国还通

过兴修水利、开展农田基本建设、培育推广良种、提倡科学种田，较大幅度地提高了粮食生产水平和抵御自然灾害的能力。

正是经过全国人民的努力奋斗，叶剑英在庆祝中华人民共和国成立30周年大会的讲话中自豪地宣布："我国在旧中国遗留下来的'一穷二白'的基础上，建立了独立的比较完整的工业体系和国民经济体系。"这是一个伟大的了不起的成就。

独立的、比较完整的工业体系和国民经济体系的建立，不仅使中国在赢得政治上的独立之后赢得了经济上的独立，为增强国防力量和维护国家安全提供了条件，而且为中国以后的发展奠定了牢固的物质技术基础，为中国与外国包括发达国家在平等的原则下发展经济往来创造了前提。

第二，中国经济发展的速度从总体上看是相当快的。

从经济发展的速度来看：从1952年到1978年，工农业总产值平均年增长率为8.2%，其中工业总产值平均年增长率为11.2%。

从主要工业产品的产量来看：钢产量从1949年的16万吨发展到1976年的2046万吨。发电量从1949年的43亿度发展到1976年的2031亿度。原油从1949年的12万吨发展到1976年的8716万吨。原煤从1949年的3200万吨发展到1976年的4.83亿吨。汽车产量从1955年年产100辆发展到1976年的13.52万辆。

从主要工农业产品产量居世界的位次来看，1957年和1978年分别为：谷物3—2，棉花2—3，猪牛羊肉2—3，化学纤维26—7，布3—1，煤5—3，原油23—8，发电量13—7，钢9—5，水泥8—4，硫酸14—3，化肥33—3。除了少数农副产品产量的位次保持不变或稍有后退外，谷物和主要工业产品产量的位次都明显提前了。

第三，人民物质生活和文化生活的水平得到逐步提高。

中国共产党和人民政府始终把满足人民基本生活需要作为发展经济的根本目的。随着建设事业的进展，广大人民群众的物质、文化生活水平逐步得到提高。

全国总人口从1949年的5.4167亿增长到1976年的9.371亿。同期粮食的人均占有量从418市斤增加到615市斤。这就是说，全国总人口增加了近4亿人，增产的粮食不仅多养活了4亿人，而且还使人均粮食占有量增加了近200斤。这确实又是一个了不起的成就。在全国人民节衣缩食支持国家工业化基础建设的情况下，尽管人民群众生活逐年改善的增幅不大，但初步满足了占世界1/4人口的基本生活需求，这在当时被世界公认是一个奇迹。

教育事业得到长足发展。从1949年到1976年，小学在校生从2439万人发展到1.5亿人；中学在校生从103.9万人发展到5836.5万人；高等学校在校生从11.7万人发展到67.4万人。学龄儿童入学率达到90%以上。劳动者的整体素质得到了很大的提高。全国经济文化建设等方面的骨干力量大批地成长起来。

医疗事业也得到蓬勃发展。20世纪50年代后期，农村普遍建立了县、区(社)两级医疗卫生机构，60年代又在绝大多数生产大队建立了农村基层医疗卫生机构。解放前，全国人口的死亡率为25‰，居民平均预期寿命仅35岁。这个时期，全国人口的死亡率从1949年的20‰下降到1976年的7.25‰。居民平均寿命随之显著延长。中国人不再被讥笑为"东亚病夫"了。

在毛泽东领导时期，新中国的经济和社会发展取得了历史性的巨大进步。邓小平在1979年说过："社会主义革命已经使我国大大缩短了同发达资本主义国家在经济发展方面的差距。我们尽管犯过一些错误，但我们还是在三十年间取得了旧中国几百年、几千年所没有取得过的进步。"这些进步是在以毛泽东为主席的中共中央的领导下取得的，是全国各族人民共同奋斗的成果，是社会主义制度具有巨大优越性的初步的、但又是有力的显示。

对于这方面的情况，一些公正的西方人士也是承认的。比如，美国历史学家莫里斯·迈斯纳就说过，毛泽东时代“是世界历史上最伟大的现代化时代之一，与德国、日本和俄国等几个现代工业舞台上的后起之秀的工业化最剧烈时期相比毫不逊色。这些经济成就是中国人民自己通过劳动获得的”。“正是这个中国现代工业革命时期为现代中国经济发展奠定了根本的基础，使中国从一个完全的农业国变成了一个以工业为主的国家”。

毛泽东领导时期取得的这些进步，不仅在当时已经使中国极度贫弱的面貌在很大程度上得到了改变，而且为中国以后的进一步发展创造了重要的前提。

四、维护国家的独立、统一和安全，为进行建设事业争取和平的国际环境

毛泽东始终是维护民族独立和民族尊严、捍卫国家主权和国家安全的光荣旗帜。

毛泽东主张，新中国必须在平等、互利、互相尊重主权和领土完整的基础上同各国建立和发展关系，尤其是加强经济和文化方面的往来；同时，必须坚持独立自主、自力更生的方针，坚定不移地走自己的路。他强调，不许世界上有哪个大国在我们头上拉屎拉尿，不管资本主义大国也好，社会主义大国也好，谁要控制我们，反对我们，我们是不允许的。

1950 年，当美国发动侵略朝鲜的战争，并派海军第七舰队入侵台湾海峡、直接威胁中国的国家安全时，以毛泽东为主席的中共中央毅然决定派中国人民志愿军赴朝作战。抗美援朝战争的胜利给了帝国主义者以必要的教训，使他们懂得，“现在中国人民已经组织起来了，是惹不得的。如果惹翻了，是不好办的”。

上个世纪 50 年代末，苏联提出在中国领土和领海上建立中苏共有共管的长波电台和联合舰队的建议，显露出在军事上控制中国的意图。毛泽东当即严词予以拒绝。之后，他更带领全党和全国人民同苏联的大国霸权主义进行了坚持不懈的斗争。

努力为国内和平建设创造良好的外部环境，努力维护世界和平、促进人类的进步事业，这是毛泽东为新中国制定的国际战略和对外工作方针所要达成的根本目标。为此，他始终不渝地奉行独立自主的外交政策，倡导和坚持和平共处五项原则，支持世界各国人民反对帝国主义、霸权主义、殖民主义和种族主义的斗争，积极发展同各国、同各国人民的友好往来。他主张，新中国要同社会主义国家，同亚洲、非洲、拉丁美洲民族独立国家加强团结和合作；要把美国以外的资本主义国家看做是美国和社会主义国家之间的中间地带，争取同它们发展关系；对于美国，在反对它对中国的威胁同时，也要争取同它和平共处。毛泽东在晚年“仍然警觉地注意维护我国的安全，顶住了社会帝国主义的压力，执行正确的对外政策，坚决支持各国人民的正义斗争，并且提出划分三个世界的正确战略和我国永远不称霸的重要思想”。

正是在毛泽东领导的时期，新中国与同自己接壤或临近的多个亚洲国家，如缅甸、尼泊尔、蒙古、巴基斯坦、阿富汗等国妥善地解决了边界问题。中国坚决地支持了越南人民的抗法战争和抗美战争。对于当时亚洲、非洲、拉丁美洲广大地区出现的民族解放运动高潮，中国也给予了有力的支持。

正是在毛泽东领导的时期，新中国在联合国的合法席位于 1971 年 10 月得到恢复。毛泽东还“亲自开创了中美关系和中日关系的新阶段”。1972 年，中美关系正常化的大门终于被打开，中国与日本正式建立了外交关系，西方国家出现了同新中国建交的热潮。美国等西方国家对中国的封锁逐步被打破。中国的外交格局发生重大变化。到 1976 年，同中国建交的国家已经有 111 个，这包括了当时世界上的绝大多数国家。

历史表明，在毛泽东制定的国际战略和对外工作方针的指引下，在毛泽东、周恩来等的直

接领导下，新中国“在国际事务中发挥着越来越重大的积极作用。这一切为我国的社会主义建设创造了有利的国际条件，促进了国际形势朝着有利于世界人民的方向发展”。同时，也为后来中国逐步实行对外开放政策创造了有利条件。在中国进入改革开放和社会主义现代化建设的新时期时，邓小平讲过：“我们能在今天的国际环境中着手进行四个现代化建设，不能不铭记毛泽东同志的功绩。”

总之，作为中国人民的忠诚的勤务员和伟大的领袖，毛泽东不仅“为我们党和中国人民解放军的创立和发展，为中国人民解放事业的胜利”，而且“为中华人民共和国的缔造和我国社会主义事业的发展，建立了永远不可磨灭的功勋”。对此中国共产党人和全中国各族人民是永远不会遗忘的。

改革开放与中国工人阶级

严书翰

改革开放是中国共产党领导中国人民进行的新的伟大革命。改革开放是决定当代中国命运的关键抉择，是发展中国特色社会主义、实现中华民族伟大复兴的必由之路。中国工人阶级在这场新的伟大革命中起着主力军的作用。改革开放又使中国工人阶级获得进一步的发展壮大。进入新世纪新阶段，我们面临着新的历史任务，中国工人阶级要在深化改革扩大开放、推动科学发展、促进社会和谐中再立新功。

一、中国工人阶级是推动改革开放的主力军

党的十一届三中全会是在当时世界经济快速发展、科技进步日新月异，国内广大干部群众盼望党和国家从危难中重新奋起，国家建设百业待兴等背景下召开的。十一届三中全会作出了把党和国家工作中心转移到经济建设上来，实行改革开放的历史性决策。工作中心转移，实行改革开放，就其引起社会变革的广度和深度来说，是一场新的伟大革命。既是一场革命，就要有推进革命的基本力量即主力军，中国工人阶级就是中国共产党领导的这场新的伟大革命的主力军。

（一）中国工人阶级为我国改革开放和现代化建设做出了重大贡献

30年来，中国工人阶级在波澜壮阔的现代化建设实践中为改革开放做出了重大贡献，有力佐证了它是推动改革开放的主力军。30年来，中国工人阶级在中国共产党的领导下，以改革开放为己任、与时代发展同步伐，无论是在改革开放的起步阶段，还是深化阶段，都以高度负责的主人翁精神，积极投身改革开放和现代化建设。尤其是在改革进入攻坚阶段，发展处于关键时期，部分工人利益受到影响的背景下，工人阶级服从改革开放大局，继续推动科学发展，促进社会和谐，为发展中国特色社会主义伟大事业做出了不可磨灭的历史性贡献。

中国工会是中国共产党领导的工人阶级的群众组织，是国家政权的重要社会支柱。30年来，各级工会组织在党的领导下，坚持解放思想、实事求是、与时俱进，始终围绕中心、服务大局，在改革开放中找准定位、发挥优势，在团结动员全国广大职工贯彻党的基本路线、完成党的中心任务等方面做了大量扎实有效的工作。尤其是改革开放和现代化建设进入新的发展阶段，我国工会组织适应经济关系和劳动关系的

深刻变化，加大参与协调劳动关系和社会利益关系的力度，全面履行各项社会职能，突出维护职能，保护、调动、发挥职工的积极性、创造性，团结广大职工大力支持和积极投身改革与发展，为深化改革、扩大开放、促进发展、维护稳定发挥了重要作用，为形成全体人民各尽其能、各得其所而又和谐相处的局面做出了重大贡献。

需要指出的是，中国特色社会主义道路是在我国改革开放过程中开辟、形成和发展起来的。这是一条包括中国特色社会主义工会发展道路在内的总道路。中国特色社会主义工会发展道路是在我们党的领导下由中国工人阶级开创的。这条具体道路体现了共产主义远大理想同中国特色社会主义共同理想的统一，体现了时代要求与中国国情的统一，体现了工人阶级长远利益和当前利益的统一（简称“三个统一”）。中国特色社会主义工会发展道路是中国特色社会主义总道路的重要组成部分。这充分证明了中国工人阶级为开辟、形成和发展中国特色社会主义道路做出了重要的贡献。

（二）中国工人阶级的主力军作用是由它所具有的先进性决定的

中国工人阶级为什么能成为推动改革开放的主力军，这是由中国工人阶级具有先进性这个最重要的特点决定的。对此，我们不能不提到在党的十一届三中全会召开的前夕，邓小平同志在中国工会九大上的那篇报告。这篇报告对中国工人阶级为什么是新的伟大革命的主力军作了透辟的分析。邓小平同志指出，党中央，国务院已经确定了加快实现四个现代化的任务，并且为此而提出一系列政策和组织措施。中央认为：“这是一场根本改变我国经济和技术落后面貌，进一步巩固无产阶级专政的伟大革命。这场革命既要大幅度地改变目前落后的生产力，就必然要多方面地改变生产关系，改变上层建筑，改变工农业企业的管理方式和国家对工农业企业的管理方式，使之适应于现代化大经济的需要。”邓小平同志认为，中国工人阶级一定会在这些改革中起大公无私的模范先锋作用。这是因为“工人阶级最重要的特点之一就是同社会化的大生产相联系，因此它的觉悟最高，纪律性最强，能在现时代的经济进步和社会政治进步中起领导作用”。邓小平同志关于工人阶级具有同社会化大生产相联系的先进性从而决定了它能完成自己历史使命的论断，既坚持了马克思主义关于工人阶级的性质、地位和历史作用的重要思想，又在新的历史条件下讲出了新话，体现了邓小平同志作为我国改革开放总设计师的远见卓识。

马克思恩格斯认为，科学社会主义与空想社会主义的根本区别之一，是前者找到了能够完成社会主义代替资本主义这一伟大历史使命的社会主体即工人阶级。这是由工人阶级在资本主义生产方式中所处的地位所决定的。恩格斯曾经谈到，“英国工人阶级的历史是从 18 世纪后半期，从蒸汽机和棉花加工机的发明开始的。大家知道，这些发明推动了产业革命，产业革命同时又引起了市民社会中的变革，而它的世界历史意义只是现在才开始被认识清楚”。在马克思恩格斯看来，以蒸汽机的发明为标志的劳动工具的变革，促成了产业革命，而产业革命造就了工人阶级最革命、最先进、纪律性最强、目光最远大等特点。这决定了工人阶级能够完成它的历史使命。但是他们并没有明确地讲到，工人阶级的先进性是由于它与社会化大生产紧密联系所决定的。这是我们党在新的历史条件下，对工人阶级先进性的新的认识，体现了我们党在这个马克思主义重要理论观点上的与时俱进。正如江泽民同志指出的，我国工人阶级是近代以来我国社会发展特别是社会化大生产发展的产物，具有严格的组织性纪律性和革命的坚定性彻底性等品格。胡锦涛同志也指出，中国工人阶级之所以是先进阶级，是因为它始终站在时代前列，引领着先进生产力和生产关系的发展，善于顺应社会前进的潮流不断发展自身的先进性。

二、改革开放促进中国工人阶级不断发展壮大

新时期最鲜明的特点是改革开放，最显著的成就是快速发展，最突出的标志是与时俱进。30年改革开放和现代化建设实践使中国人民的面貌、社会主义中国的面貌和中国共产党的面貌发生了历史性的变化，同样，也促进了中国工人阶级不断发展壮大。

(一)改革开放以来我国工人阶级队伍不断发展壮大

首先，从工人阶级队伍的数量和结构上看。改革开放以来，随着我国经济社会持续较快发展和工业化、信息化、城镇化、市场化、国际化快速发展，我国工人阶级队伍发生了具有深远意义的新变化。改革开放初期，在以邓小平同志为核心的党的第二代中央领导集体领导下，解决了我国知识分子是工人阶级一部分这个重大的理论和实践问题。30年来，乡镇企业职工、非公企业职工和新兴产业职工尤其是近1亿的农民工源源不断地加入工人阶级队伍。今天中国工人阶级已经成为一个包括产业工人、其他工人、知识分子、管理干部等在内的不可分割的强大的统一体，使得我国工人阶级作为劳动大军的主体和现代化建设的主力军的地位更加突出。中华全国总工会已经成为世界上最大的工会组织。我国工人阶级队伍的数量和结构发生了历史性的变化。

其次，表现为工人阶级素质进一步提高，权益进一步实现。改革开放以来，我们重视用建设中国特色社会主义理论武装工人阶级，重视提高职工的文化科学知识水平，尤其是近几年来，我们在职工队伍中开展社会主义核心价值体系教育，我国工人阶级的思想道德素质和科学技术文化素质得到新的提高。在党和政府以及工会组织共同努力下，我们确立了“组织起来，切实维权”的工作方针，我国职工的经济、政治、文化、社会权益得到了有力保障，社会主义和谐的经济关系和劳动关系已基本形成并得到不断的发展。

再次，当代中国工人阶级历史使命进一步明确。马克思主义认为，工人阶级由自在阶级转变为自为阶级后，表明它已经认识到了自己的历史使命。而工人阶级使命在不同的历史阶段其内涵是不同的。我国工人阶级是在中国半殖民地半封建的社会条件下诞生的，深受“三座大山”压迫和剥削，因此，最富有革命的坚定性和彻底性。它与当时沿海的机器大工业相联系，具有高度的组织性和纪律性。我国工人阶级与农民阶级有着天然的紧密联系，我国工人运动从一开始就在中国共产党的领导之下。所以，我国工人阶级能以党的路线纲领为自己的路线纲领，能以党在各个时期的中心任务为自己的中心任务。因此，新民主主义时期我国工人阶级的历史使命，就是在党的领导下，推翻“三座大山”，建立新中国。改革开放时期我国工人阶级的历史使命，就是在党的领导下，全面建设小康社会，为把我国建设成为富强民主文明和谐的社会主义现代化国家而奋斗。

综上所述，改革开放促进了我国工人阶级不断发展壮大。中国工人阶级仍然是我国先进生产力和生产关系的代表，是我们党最坚实最可靠的阶级基础，是社会主义中国当之无愧的领导阶级，是进一步推进改革开放，全面建设小康社会，发展中国特色社会主义的主力军。

(二)要始终坚持对中国工人阶级先进性的正确认识

改革开放以来，我们确立了建立和完善社会主义市场经济体制的目标。发展社会主义市场经济是前无古人的创举，也因此引起了我国经济体制深刻变革、社会结构深刻变动、利益格局深刻调整、思想观念深刻变化。与经济社会变革相适应，出现了新的社会阶层：民营科技企业的创业人员和技术人员、受聘于外资企业的管理技术人员、个体户、私营企业主、中介组织的从业人员、自由职业者等(简称“新的六个社会阶层”)。

在我国社会阶层发生了变动，尤其是由于

经济结构和产业结构调整出现了部分工人下岗甚至失业的背景下，我国工人阶级先进性是不是弱化了，甚至没有了？党和政府对工人阶级的方针是不是变了？这是广大党员、干部、职工群众非常关注的问题。我们党从一开始出现这种情况就非常重视回答和解决这个深层次的思想问题。十六大强调指出，包括知识分子在内的工人阶级、农民阶级，始终是推动我国先进生产力发展和社会全面进步的根本力量。在社会变革中出现的"新的六个社会阶层"是中国特色社会主义事业的建设者。十六大以来，党中央多次明确指出，工人阶级作为国家领导阶级的地位不能动摇，作为改革开放和社会主义现代化建设主力军的作用不能削弱，全心全意依靠工人阶级的根本指导方针不能改变。正如胡锦涛同志在同全国总工会新一届领导班子成员和中国工会十五大部分代表座谈时指出的，"随着改革开放和社会主义现代化不断推进，我国工人阶级的先进性必将进一步发展，国家领导阶级的地位必将进一步巩固，主力军作用必将进一步发挥"。

当今世界各种思想、文化相互激荡，文化与经济和政治相互交融。在这样的国际背景下，各种各样的思潮观点都会传入我国。其中难免鱼龙混杂，良莠皆有。对此，我们要用马克思主义观点加以甄别和分析。在此，我们有必要对西方政界学界关于"白领阶层"和"蓝领阶层"这两个时髦的观点加以剖析。第二次世界大战结束后的半个多世纪，由于西方国家发生了科技革命和资本主义上层建筑自我调节能力的增强，使西方国家社会的阶级和阶层结构发生了很大变化。出现了越来越多脱离直接生产岗位的技术工人、管理人员和第三产业人员，西方国家称这些人员为"白领阶层"或"白领阶级"。而从事直接生产或体力劳动的工人则越来越少，在西方国家这样的人员占从业人员不到5%，西方国家称这些人员为"蓝领阶层"或"蓝领阶级"。应该说这两个概念是一种形象的提法，但不是科学概念。只要我们坚持用马克思主义观点加以分析，就会发现这两个概念不仅欠缺科学性，而且还挑战科学社会主义基本原则。因为西方一些政要和学者热衷于使用的"白领阶层"这种提法，实际上把从事脑力劳动、科技劳动、管理劳动和服务劳动的人员剥离出工人阶级的队伍。这样在他们看来，在西方国家真正算得上是工人的就只是"蓝领阶层"了，而且他们认为"蓝领阶层"将越来越少并且最终要被"消灭"。这里有两点要引起我们注意：一是他们这种阶级或阶层划分法是与马克思主义的阶级和阶层相结合的科学划分法相悖的。二是他们这种提法是把产业工人摆在终将被历史淘汰的"一小撮人"的位置。因此，这个概念从学术研究上看，是不科学的。从实践上看，如果将它们引入国内则有弊无利。在当前复杂的国际背景下，我们头脑里要有"基本原则"这根"弦"。我们认为，无论在西方国家，还是在中国，工人阶级的先进性都源自它与社会化大生产相联系。因为马克思主义的基本原理告诉我们，社会化大生产不但可以生产出巨大的物质财富，而且可以生产出先进的阶级即工人阶级（资产阶级也曾经是先进的阶级），还可以生产出先进的社会制度即社会主义，并且最终生产出"自由人的联合体"即共产主义。因此，只要有社会化大生产的存在和发展，就有工人阶级的存在和发展，就有工人阶级先进性的存在和发展。正如鲁迅说过的，"石在，火是不会灭的"。

三、中国工人阶级要在深化改革推动科学发展中再立新功

30年来，在党的领导下，我们始终以改革开放为强大动力，在新中国成立以后取得成就的基础上，推动党和国家各项事业取得举世瞩目的新的伟大成就。胡锦涛同志在纪念党的十一届三中全会召开30周年大会上的讲话（简称"12·18"重要讲话）从11个方面全面概括了改革开放取得的成就。与此同时，他还用3个"世所罕见"来表述我们已经遇到和今后将会遇到的矛盾、问题、困难和风险。充分体现了我们党

对未来发展道路上可能遇到的困难和风险的清醒认识。

(一)当前深化改革扩大开放、推进科学发展社会和谐遇到的矛盾和问题

当前我国经济社会发展呈现出一系列新的阶段性特征。概括地说,“两期并存、两难问题”,即发展黄金期和矛盾凸显期并存,所遇到的矛盾和问题带有两难的性质。展开地说,当前我们遇到了一系列突出的两难问题。比如,既要全方位地对外开放,又要承受并化解西方国家在经济技术上长期占优势的压力和国际金融危机等给我国带来的负面影响;既要保持经济持续较快增长,又要加快社会建设步伐;既要推动产业升级和技术进步,又要扩大就业;既要保持东部地区发展的势头,又要促使东中西部协调发展;既要推进城镇化,又要加大反哺农村的力度;既要注重公正,缩小差距,又要保持活力,提高效率;既要扩大吸引外资,又要优化引资结构;既要以市场换技术,又要增强科技自主创新;既要深化各项改革,又要保持社会稳定;既要鼓励公平的市场竞争,又要关心困难群众的生产生活问题等等。

集中地说,就是我国生产力水平总体上还不高,自主创新能力还不强,长期形成的结构性矛盾和粗放型增长方式尚未根本改变,影响发展的体制机制障碍依然存在,城乡贫困人口和低收入人口还有相当数量,农业基础薄弱、农村发展滞后的局面尚未改变,缩小城乡差距和促进经济社会协调发展任务艰巨,社会建设和管理面临诸多新课题,党和国家工作中还存在缺点和不足,人民群众还有不少不满意的地方。正如胡锦涛同志在“12·18”重要讲话中指出的,我们取得的成就已经载入史册,新的更加艰巨繁重的任务正摆在我们面前。

(二)工人阶级要在深化改革扩大开放、推进科学发展社会和谐中再立新功

在新的历史起点上,深化改革扩大开放,推进科学发展社会和谐,对我国工人阶级进一步发挥主力军作用和再立新功提出了更高的要求。

一是我国工人阶级要继续解放思想、改革创新。建设中国特色社会主义是前无古人的新事业。马克思没有讲过,我们的前人没有做过,其他社会主义国家也没有干过,所以,没有现成的经验可学。当前我们在改革发展中遇到的矛盾和问题,是西方国家一百多年甚至二百年间遇到的,而我们在新世纪新阶段就遇到了,并且要在未来的10年内加以解决。这就需要我国工人阶级继续解放思想、改革创新。我国30年改革开放的一条重要经验,就是要坚持以实践基础上的理论创新推动其他各方面创新,不断推动思想新解放,生产力新发展。这也就是十七大概括的改革开放基本经验即“十个结合”中的第一个结合。改革开放30年来,我国工人阶级在解放思想、改革创新上已成为时代先锋。在新的历史起点上,要在党的领导下,继续解放思想、改革创新。要继续与时代发展同步伐,与改革开放共命运。要始终以主人翁的精神面貌投身到深化改革进一步扩大开放的新的实践中去,为改革开放的伟大事业再立新功。

二是我国工人阶级要为推动科学发展促进社会和谐做出新的贡献。在新的历史起点上推动科学发展促进社会和谐,是发展中国特色社会主义的基本要求,是全面建设小康社会的主旋律。这对于实现我国现代化,进而实现中华民族伟大复兴具有决定性的意义。因此,我国工人阶级要在这个新的奋斗实践中,用先进思想和模范行动影响带动全社会,发扬工人阶级识大体、顾大局的光荣传统,正确认识和对待改革发展中出现的新情况新问题,妥善处理改革攻坚阶段、发展关键时期的人民内部的种种利益矛盾,自觉维护职工队伍团结统一和社会稳定,为推动科学发展促进社会和谐做出新的贡献。

三是我国工人阶级要为深化和拓展中国特色社会主义工会发展道路做出新的探索。中国特色社会主义工会发展道路是中国特色社会主义总道路的重要组成部分。从理论上看,深化和拓展对中国特色社会主义工会发展道路的研究，有利于进一步深入研究中国特色社会主义总道路。因为这里涉及到社会主义的个性与共性关系问题。这对于我们深刻领会中国特色社会主义道路是科学社会主义基本原则与中国实际和时代特征相结合的产物这个重要结论，是有着重要意义的。从实践上看，由于我国是社会主义国家，中华全国总工会是世界上最大的工会组织，因此，中国特色社会主义工会发展道路举世关注。目前，我们对这条具体道路的基本点已经有了比较清楚的认识，指出了它包括指导思想、政治保证、根本任务、职能作用、组织体制、对外交往和内在动力等主要内容；概括了以下这三个“紧密结合起来”是这条道路的根本点，即要把坚决按照工会章程和有关法律法规独立自主开展工作同自觉接受党的领导紧密结合起来，要把维护职工群众具体利益同维护全国人民根本利益紧密结合起来，要把服务职工、维护职工合法权益同组织职工、教育引导职工紧密结合起来，不断提高为职工群众服务的能力和水平；还指出这条道路的实质体现了“三个统一”等。尽管如此，还不能说我们已经穷尽了对这条具体道路的认识，还有不少重要的理论和实践问题需要探讨并加以解决。比如，按照社会主义市场经济条件下工会工作的规律，如何正确处理依法和按章办工会与自觉接受党的领导的关系，如何准确把握现阶段经济关系、劳动关系和职工队伍发展变化的新特点并制定出行之有效的对策，如何构建有中国特色的和谐的劳动关系等等。

我国工人阶级始终是推动我国先进生产力发展和社会全面进步的根本力量，是实现和发展最广大人民根本利益的坚定力量，是维护社会安定团结的中坚力量。因此要继续为深化和拓展中国特色社会主义工会发展道路做出新的探索，使这条道路越走越宽广，从而为进一步推动中国特色社会主义总道路的发展做出新的更大的贡献。

（作者：中共中央党校科学社会主义教研部主任、教授，中央实施马克思主义理论研究和建设工程课题组首席专家）

提出以人为本究竟要解决什么问题？

韩庆祥

对以人为本，既可以从学理上进行探讨，也可以从政治上加以分析。前者，我们探讨的比较多；后者，理论界还缺乏系统深入的研究。本文认为，我们提出以人为本主要是解决以下六个问题，从这些问题的解决中可以看到，提出以人为本，使中国共产党人的执政理念达到了前所未有的高度，它为中国共产党人在实践中发展中国特色社会主义提供了广阔空间。

一、回归社会主义的“基本价值”

我们提出以人为本要解决的第一个问题，就是回归社会主义的“基本价值”。

在 18 世纪到 19 世纪期间，近代资本主义社会获得了前所未有的发展。但是，近代资本主义社会发展的一条重要教训，就是社会物质财富的增长以牺牲个人全面发展为代价。具体来讲就是：物对人的统治，人成为创造物质财富的手段，使人不能真正发展；资本占有劳动，人成为资本的奴隶，使人不能平等发展；机器支配人，人成为机器的一个零件，使人不能自由发展；分工限制人，使人不能完整发展。

针对这种状况，马克思恩格斯强烈地批判

资本主义社会的个人生存、发展的悲惨处境及非人道境遇，期望建立一个以每个人自由、平等和全面发展为基本原则的新社会。马克思在描述未来理想社会的一般特征时指出，共产主义是“以每个人的全面而自由的发展为基本原则的社会形式”。在马克思那里，未来新社会不是物对人的统治，而是物为人的全面发展这一最高目的服务，人能获得真正发展；不是资本占有劳动，而是劳动占有资本，劳动者能获得平等发展；不是机器支配人，而是全面发展的人驾驭机器，人能获得自由发展；消灭了旧式分工，人能获得完整发展。马克思毕生追求的是：通过对社会历史发展一般规律的分析，以及对资本主义生产方式及其发展规律的研究，为工人阶级的解放以及每个人自由而全面发展指明方向和道路。这里，马克思虽然没有提出“以人为本”这一概念，但以人为本的思想确确实实是存在的。

马克思、恩格斯去世以后，第二国际理论家的主要任务是宣传、普及、解释马克思的学说，但他们（如考茨基等）大多把马克思的学说解释成为经济决定论，马克思学说中关于人的解放、人的自由、人的平等、人的全面发展的思想却在不同程度上被放在一边。

列宁领导的十月革命确立了社会主义制度，使社会主义从理论变成实践，从而为推进人的自由而全面发展提供了制度前提，也开辟了广阔前景。然而，列宁时代主要是无产阶级社会主义革命的时代，这一时代背景使列宁更多地关注马克思学说中关于阶级斗争、无产阶级专政和社会主义革命的学说，在一定意义上，马克思学说中的个人权利、个人自由而全面发展的学说被放在次要地位。1921年以后，列宁曾提出建设社会主义一代新人、促进人的全面发展的思想，但不占据主要地位。在苏联社会主义建设和发展的历史进程中，也没有从根本上真正解决好人的自由而全面发展问题，结果使苏联社会主义建设走了不少弯路，付出不少代价。

十月革命一声炮响给中国送来了马克思主义。由于当时中国的历史背景，给我们送来的马克思主义主要是一个讲阶级斗争、无产阶级专政、社会主义革命的马克思主义，而不是一个主要讲人的自由、平等和全面发展的马克思主义。

1949年新中国建立以后，尤其是确立社会主义制度之后，从理论和实践上就应当确立人在马克思主义和社会主义建设中的重要地位，因为马克思主义的基本价值和社会主义的基本原则是追求每个人自由而全面发展。然而，从1957到1977年这20年间，我们在对待马克思主义和社会主义问题上有一条教训，就是把马克思主义的基本价值给丢了，没有解决好人的问题。这集中表现在：要么在社会生活与传统哲学教科书中，多强调人要服从社会历史必然性，不大谈个人的权利、人的主体性、人的平等和人的全面发展；要么把“人”的问题看做资产阶级的专利而加以批判；要么离开物质基础和现实条件抽象地谈“人”的主观能动性、人的主体性、人的自我价值、人的自由和人的权利。尤其是“文革”10年，大搞政治运动和阶级斗争，践踏人性，不尊重个人，伤害人的精神世界。其结果就是抑制了广大人民群众的积极性和创造性，阻遏社会生产力的发展及社会主义优越性的充分发挥。这期间，毛泽东曾强调人的“德智体”全面发展，全心全意为人民服务，认为人是世间最宝贵的。然而，这要么主要是从我国教育方针来讲的，并没有真正把个人自由而全面发展看做马克思主义和社会主义的一个基本原则、基本价值加以强调，要么我们在实践中没有真正将其加以全面贯彻。

当我们不同程度上把“人的自由而全面发展”搁置在一边的时候，第二次世界大战以后，西方一些国家却把马克思学说中的某些社会主义因素、“以人为本”的思想元素引入资本主义社会的一些实践中，一定意义上用来缓和阶级冲突和紧张的劳资关系，用来提高工人阶级的地位和福利，用来改善工人阶级的劳动环境和条件。西方一些思想家也在发展理论上注重以人为中心的可持续发展，在管理理论上强调以人为本的企业文化，在经济学上提出人力资本投资理论。尽管西方资本主义社会的本质没有变，但在一些方面注重“以人为本”，却在一定程度上使资本主义社会在某些领域焕发出生机和活力。

十一届三中全会以后，由于我国改革开放和社会主义现代化建设的需要，我们真正走向了对“人的问题”的关注。邓小平通过强调解放思想来解放人，进而来解放生产力和发展生产力，最终以达到共同富裕，从社会主义本质上回归马克思主义和社会主义的“基本价值”；江泽民通过强调立党为公、执政为民，在党的执政本质中突出了人民的主体地位和根本利益；以胡锦涛同志为总书记的中央领导集体进一步在发展的本质上确立以人为本的地位，把以人为本看做科学发展观的核心。其结果，使改革开放以来的中国特色社会主义建设取得巨大成就。

总结中西方社会发展与改革开放前后我国社会主义建设的经验教训，给予我们最大的一个启示就是：必须把推进人的全面发展当做中国特色社会主义建设的一项重要战略任务，把以人为本当做党的执政理念，看做科学发展观的核心，看做社会主义的一种基本价值。

二、强调中国共产党执政的“人本理念”和“人民立场”

我们提出以人为本要解决的第二个问题，就是强调中国共产党执政的“人本理念”和“人民立场”。

从1921年中国共产党登上政治舞台，到1949年执政，中国共产党就特别强调为人民谋利益，并把全心全意为人民服务确定为党的宗旨。应当说，中国共产党的历史本质上就是让人民当家作主、为广大人民群众谋利益的历史。

然而，在党执政的历史过程中，在部分党员干部身上却出现了淡忘党的宗旨、脱离人民群众、以权谋私的现象。中国共产党在领导改革开放和现代化建设的进程中，也遇到了民利、民主、民创、民权、民富、民享未完全解决到位的问题。这种情境一定程度上会损害党在人民群众心中的形象。产生这种情境的一个深层原因，在于我们党的某些权力具体运作体制和工作机制存在一定问题。这就是：权力因素起主导作用；权力运作方式是权力至上、自上而下、逐级管制、缺乏制约。这种体制和机制不完全适应时代、当代中国实践发展变化与人民的要求，不利于巩固中国共产党的执政地位。

中国共产党掌权执政的地位不能动摇。因为我国的改革开放需要政治稳定；社会多元化及其不确定性需要中国共产党成为主心骨和坚强领导核心；国民素质相对不高、人格不健全需要中国共产党来引领；30年改革开放的历史和实践证明，中国共产党有能力解决好自身的问题。

中国共产党人如何才能解决好自身掌好权、用好权与执好政的根本问题？当代中国社会实践正在发生三大变化：结构层面，市场经济、公民社会逐步建立，政府正在向公共服务型转变；体制层面，体制日趋多样化；人的层面，民众的权利诉求、民主诉求、公正诉求日益觉醒与增强。党的十六届四中全会指出：中国共产党的执政地位不是与生俱来的，也不是一劳永逸的。中国共产党要巩固自己的执政地位，解决好自身如何掌好权、用好权与执好政的根本问题，就必须站在新的历史起点上，反映当代中国社会实践发展变化的新要求与人民群众的新期待，注重在政治上构筑政党与民众关系的新模式，努力奠定中国共产党执政及其权威的新基础。

1992年中国确定建立社会主义市场经济，市场经济会逐步孕育出公民社会。市场经济、公民社会对中国社会发展的根本影响在于它所产生的三种分离过程，即“经济、社会与政治分离”、“私人领域与公共领域分离”、“私权与公权分离”。“经济、社会与政治”的逐渐分离，使得政党、国家逐渐趋向在“法律规定”的范围理性地行使公共权力；“私人领域与公共领域”的逐渐分离，使得私人活动空间逐渐扩大，私人行为逐渐自主和自治；“私权与公权”的逐步分离，使得人们对政党、国家及其权力观念不断发生变化，逐渐形成一种“公民赋权”的现代意识。这三种分离过程将产生一个显著的结果就是，社会结构要发生重大变化，并引起政党、国家与公民关系模式的逐渐重组，即传统政党、国家与公民之间的“管制与被管制型”关系，将逐渐被一种“纳税与服务”关系所取代，管制型政府将逐渐被公共服务型政府所扬弃。社会结构的转型，政党、国家与公民关系的重组，将引起政党、国家权力及其运行模式发生变化，进而引起政党、国家政治权威的基础发生转换：一是公民逐渐成为现代社会的主人。这意味着国家的地位和角色要实现现代转换，国家是为公民提供公共服务的公共权力机构。二是现代“公民赋权”观念的普及化。这会使整个社会对政党、国家政治权威的基础产生理性追问：既然公民是主人，国家是为公民提供公共服务的公共权力机构，那么，政党、国家政治权威的基础就应该获得公民的认同。这对政党、国家来说，就是其政治权威的基础的转换问题。政党、国家政治系统要满足全体公民所提出的正当性社会诉求，要获得全体公民的认同、支持和拥护，既要顺应社会结构的变化，实现政党、国家与公民的关系模式的重组，又要顺应政党、国家权威基础转换的趋势，把政党、国家政治权威的基础由传统的革命业绩转换为现代的建设业绩及民意资源的支持，由主要靠权力及其权力控制资源获得权威转向主要靠提高执政能力并为民众创造公共价值来赢得权威。

从当前中国发展进程来看，中国共产党人积极反映了中国实践发展变化的新要求与人民群众的新期待，主动顺应了社会结构的变化与政党、国家权威基础的转换，明确提出了“以人为本”的执政理念和“立党为公、执政为民”执政立场。其实质就是中国共产党人通过实践以人为本，即通过自觉转变政府职能、提高党的执政能力和为民众创造公共价值，来努力构筑中国共产党新的权力基础和权威基础，以进一步巩固中国共产党的执政地位。

三、拓宽中国共产党执政的“国际空间”

我们提出以人为本要解决的第三个问题，就是拓宽中国共产党执政的“国际空间”。

1978年以前一段时期，我们在社会中相对注重“两极对立”的思维方式，处理问题的方式是强调“你死我活”、“势不两立”。如强调社会主义与资本主义“你死我活”，公有制与非公有制“水火不容”，劳动与资本“势不两立”。这种“两极对立”的思维方式有其存在的历史必然性。在今天，我们依然要坚持党的阶级性，但固守“两极对立”的思维方式，却不能使我们聚精会神搞建设、一心一意谋发展，不能整合各种合理要求、凝聚一切积极力量，也不利于中国共产党人与国际社会进行对话、交流与合作。

在改革开放过程中，西方社会中一些势力常常指责我们，说我们人权、计划生育、环境、食品和农民工等方面有问题，因而不断对我们进行“人权”攻击。这其中肯定有不良动机，但同时也值得我们反思：西方社会指责我们的深层原因究竟在哪里？其中一个根本原因，就是两种发展模式的冲突：当代西方一些国家的发展水平比较高，其发展模式比较注重以人为中心的可持续发展，它们在国内把“人”的价值看得比较高，而我国一些地方的发展水平比较低，因而在实践中往往注重“GDP至上”的以物为本的发展模式，结果却使“人的发展”付出不少代价。就是说，我们所出现的许多问题大都与“人的问题”相关，是由于“人的问题”没有解决好而出现的问题。显然，两种发展模式的冲突会影响我们的对外对话、交流与合作。

2008年“5·12汶川大地震”发生以后，中国共产党人在抗震救灾过程中关心民众疾苦，重视民情，身体力行贯彻以人为本的精神，对人民群众的生命“永不放弃、永不抛弃”，只要有一线希望，就作出百倍的努力。《欧洲时报》在《地震废墟中站起大写的“中国人”》一文中指出：“‘以人为本’这一近年来在举国上下达成的全民共识，才是此次抗震救灾精神遗产之核心所在。”正由于在抗震救灾中中国共产党人对人的价值的关注，到处闪耀着人性的光辉，结果赢得国际社会一片片赞扬声，也赢得国际社会对我们抗震救灾的支持和援助。

从指责到赞扬、从攻击到援助，给予我们最大的启示是：中国与西方能够互相包容，为世界所接受，其共同的基点在“人”。中国共产党人提出并实践以人为本，可以取得国际社会的认同，拉近与国际社会交往的距离，进而有利于与国际社会进行必要的对话、交流、合作。一句话，我们提出并积极实践以人为本具有国际意义，这就是能进一步拓宽中国共产党执政的“国际空间”。

四、进一步凝聚“改革共识”

我们提出以人为本要解决的第四个问题，就是进一步凝聚改革共识。

在我国改革开放的进程中，我们主要进行三大轮改革：农村改革、城市国有企业改革、政府自身改革。

农村改革的主要内容是实行家庭联产承包责任制。在这场改革中，农民是改革的主体，也是改革的目的，因而，大部分农民在这场改革中受益，大部分中国人从这场改革中也看到了希望和曙光。由此，人们对农村改革具有共识。

1984年，我国改革由农村转向城市，进行国有企业改革。应当承认，国有企业改革取得了一定成就。然而，在这场改革中，部分产业工人没有成为改革的主体，一定意义上成为改革的对象，结果在“下岗分流、减员增效”的过程中，不少产业工人失去了工作，利益受到影响，他们因此对这些改革措施有抵触；在进一步改革的过程中，一些农民比较利益下降，不少地方出现“给得少要得多”的现象，不少农民对改革有怨言；有些专家学者认为我国改革开放走的是“有中国特色的资本主义”，有些学者认为“只有民主社会主义才能救中国”，就是说，知识分子中的一些人对我国现有的改革有疑问。这些现象意味着人们对改革的看法出现了某种分化，没有完全达成共识，影响了改革的动力。

十七大报告指出：改革开放作为一场新的伟大革命，不可能一帆风顺，也不可能一蹴而就，停顿和倒退没有出路。最根本的是，改革开放必须符合民心、顺应民意。中国共产党人全面总结改革开放的经验教训，并经过认真探索，提出了以人为本的科学发展观。这表明我们中国共产党人要通过“以人为本”来动员民众支持改革，来整合凝聚民众要求和力量从而达成对改革的共识：强调以人为本，意味着使改革发展成果由广大人民群众共享，人民群众在“受益”与“和谐”中会支持改革；倡导以人为本，也意味着改革开放坚持的是马克思主义的基本价值和社会主义基本原则，因而能逐渐消除人们心中的疑惑。

五、强调必须转换当代中国“发展模式”

我们提出以人为本要解决的第五个问题，就是强调必须转换当代中国“发展模式”。

改革开放初期，我们的物质财富极其匮乏，那时人民群众的新期待首要是解决温饱问题。因此，当时突出强调“物”，各项工作重心都围绕着经济建设来进行，是必要的，也是必然的。但我国不少地方在实践中却把重点当成唯一，采取的主要是“重物轻人”的经济增长方式。主要表现为通过“物”来拉动经济增长：一是消耗自然资源，二是开办一些高投人、高消耗、高污染的企业，三是资本投资，四是依靠廉价的劳动力“成本”。历史地看，这种“重物轻人”的经济增长方式功不可没，不可全盘抹煞。但也有沉痛教训：一些地方把物质财富增长看做唯一目的，把满足人的物质需要当做人的唯一需要，把人的物质满足当做唯一的价值尺度；结果是，经济总量上去了，而一些人的生活质量却下来了；经济指标上去了，而一些人的幸福指数却下来了；物质文明建设成果上去了，而人与自然、人与社会、人与人之间的关系却紧张起来了。从长远来看，这种“重物轻人”的经济增长方式的空间会越来越小，付出的代价会越来越大。

在总结实践经验教训的基础上，中国共产党人逐渐认识到我们的发展不能只见“物”不见“人”，换句话说，必须转换中国的发展模式。这就是：既要“为了人”，把人的全面发展看做发展的目的，又要“依靠人”，把提高人的自主创新能力看做实现经济发展方式根本转变的中心环节。这种为了人和依靠人的发展模式实质上就是以人为本的发展模式，它把人本理念引入当代中国发展之中，既要求通过解放人以焕发社会活力，又要求通过公正以达到社会和谐，从而实现中国又好又快的发展。

六、强调当代中国马克思主义要体现“大众化”和“人性化”

我们提出以人为本要解决的第六个问题，就是强调当代中国马克思主义要体现“大众化”和“人性化”。

马克思主义在同各国具体实践相结合的过程中不断得到了发展。然而，在马克思主义发展的历史进程中，在一定时期曾出现一种把马克思主义教条化的倾向，就是把马克思主义仅仅当做一种“意识形态”（当然，在一定意义上把马克思主义看做一种意识形态也是必要的），又仅仅把这种“意识形态”看做一种只讲阶级斗争不讲人的全面发展的冷冰冰的“斗争哲学”或者“谈人色变”哲学（当然，这样的哲学有它存在的社会历史条件），一种多讲抽象词句、本本条条而不大关注平民大众现实利益的“书本哲学”。这种离开平民大众现实利益的不关心人的冷冰冰的、教条式的“马克思主义”，是难以被平民大众所理解和掌握的。

马克思指出，理论一经掌握群众，也会变成物质力量。理论只要说服人，就能掌握群众；而理论只要彻底，就能说服人。所谓彻底，就是抓住事物的根本。但是，人的根本就是人本身。同理，当代中国马克思主义必须抓住中国特色社会主义和中国共产党执政（事物）的根本，只有这样，才能成为真正彻底的马克思主义；这一根本就是符合社会历史发展规律和人民群众根本利益，这种以符合社会历史发展规律和人民群众根本利益为本的马克思主义，才能真正被广大人民群众所理解和掌握。

中国特色社会主义理论体系是马克思主义中国化的最新理论成果，实质上就是当代中国的马克思主义。这种以中国特色社会主义理论体系为核心内容的当代中国马克思主义把以人为本看做党的执政理念，看做科学发展观的核心，看做社会主义的基本原则和基本价值，这既意味着当代中国马克思主义通过强调“以人为本”而使平民大众从中受益，从而使当代中国马克思主义体现“人性化”（即在坚持社会历史发展规律前提下的“人性化”），也意味着当代中国马克思主义通过倡导“以人为本”这一通俗易懂的共同价值观而走近平民大众，深入人心，被中国平民大众所理解、认同、接受和掌握，进而使当代中国马克思主义体现“大众化”，以增强当代中国马克思主义的吸引力和凝聚力。

（作者：中共中央党校马克思主义理论教研部副主任、教授、博士生导师）

社会主义现代化与毛泽东思想

庞元正

中国社会主义现代化进程始于毛泽东。早在民主革命时期，毛泽东就明确指出："我们共产党是要努力于中国的工业化的。"毛泽东所说的工业化，其含义也就是后来所说的现代化。国际上的现代化理论也都是把工业化视为现代化的核心内容。

1949年新中国成立前夕，毛泽东提出在革命胜利以后中国的历史任务就是"使中国稳步地由农业国转变为工业国，把中国建设成一个伟大的社会主义国家"。新中国成立后，经过3年国民经济的恢复，1952年党中央按照毛泽东的建议，提出了过渡时期的总路线：要在一个相当长的时期内，逐步实现国家的社会主义工业化，并逐步实现国家对农业、对手工业和对资本主义工商业的社会主义改造。1956年9月，在对生产资料的社会主义改造即将完成之际，党的第八次全国代表大会召开。党的八大决议指出，"我们国内的主要矛盾，已经是人民对于建立先进的工业国的要求同落后的农业国的现实之间的矛盾"，"党和全国人民的当前的主要任务，就是要集中力量来解决这个矛盾，把我国尽快地从落后的农业国变为先进的工业国"。也就是在这期间，毛泽东等中央领导同志逐步形成了"四个现代化"的思想。1954年，在全国一届人大一次会议上，周恩来代表党中央第一次明确提出了要把中国建设成为具有强大的现代化的工业、现代化的农业、现代化的交通运输业和现代化的国防的国家。这是四个现代化最初的提法。1959年底1960年初，毛泽东明确提出："建设社会主义，原来要求是工业现代化，农业现代化，科学文化现代化，现在要加上国防现代化。""四个现代化"的思想臻于完善。1964年12月，在三届人大一次会议上，周恩来正式向全国人民提出了"把我国建设成为一个具有现代农业、现代工业、现代国防和现代科学技术的社会主义强国"的历史任务和奋斗目标。此后即使在"文革"中我国发展遭遇重大挫折，但这一奋斗目标也没有动摇。1975年，在四届人大一次会议的政府工作报告中，周恩来根据毛泽东的指示再次向全党全国重申了"全面实现农业、工业、国防和科学技术现代化，使我国国民经济走在世界的前列"的奋斗目标。正是由于对实现社会主义现代化的执著追求，在毛泽东为核心的党的第一代领导集体的领导下，我国战胜了国外敌对势力对我国的孤立、封锁、侵略、破坏和武装挑衅，建立了社会主义的基本政治制度，奠定了社会主义公有制的经济基础，在一个贫穷落后的农业国的基础上初步建立起独立的比较完整的工业体系和国民经济体系，为我国的社会主义现代化建设提供了赖以进行的政治前提与物质技术基础。

毛泽东是马克思主义中国化的首倡者。民主革命时期，他从中国革命的实际出发创立了新民主主义革命理论。新中国成立后，围绕把我国从一个落后的农业大国建设成为社会主义现代化国家，毛泽东进行了艰辛的理论探索，创造性地提出了实现社会主义工业化现代化的一系列理论。第一，实现社会主义工业化必须与生产资料的社会主义改造相结合。新中国脱胎于半殖民地半封建社会，工业极为落后，以私有制为基础的生产关系束缚着生产力的发展。基于这种基本国情，毛泽东提出，新中国面临着两项互为条件的任务，即逐步实现国家的社会主义工业化，并逐步实现国家对农业、手工业和对资本主义工商业的社会主义改造。第二,中国实现社会主义现代化必须打破常规,以非常规方式赶超发达国家。毛泽东从中国工业远远落后于西方发达国家的基本事实和建设强大的社会主义现代化国家的奋斗目标出发,提出我国“要赶上和超过世界上最先进的资本主义国家”,并明确指出:“我们不能走世界各国技术发展的老路,跟在别人后面一步一步地爬行。我们必须打破常规,尽量采用先进技术,在一个不太长的历史时期内,把我国建设成为一个社会主义现代化强国。”第三,实现社会主义工业化必须“以农业为基础,以工业为主导”,坚持农轻重并举。毛泽东从我国国情出发,分析借鉴苏联优先发展重工业的经验教训,提出必须合理安排农业、轻工业和重工业在国民经济中的比例关系,在发展重工业生产的同时,注意抓好农业和轻工业,按照农、轻、重的次序安排国民经济计划,并进一步将农、轻、重的关系概括为“以农业为基础,以工业为主导”的发展国民经济的总方针。第四,实现社会主义工业化必须建立相对独立的工业体系。建国初期针对苏联和东欧一些国家要求中国不搞工业体系,基本上依靠苏联的主张,毛泽东明确提出,实现经济独立和政治独立,必须建立相对独立的工业体系,使我国的工业门类基本齐全,产业结构完善,布局比较合理,基本上能满足扩大再生产和国民经济技术改造的需要、国防现代化建设的需要和不断提高人民生活水平的需要。第五,把我国从一个落后大国建设成为强大的社会主义工业国,必须发展同社会主义国家的合作,也要发展同资本主义世界一切爱好和平的国家和人民的合作。一切国家的好经验我们都要学,不管是社会主义国家的,还是资本主义国家的。工业发达国家的企业,用人少,效率高,会做生意,要学习资本主义国家的先进的科学技术和企业管理方法中合乎科学的方面。

毛泽东关于实现社会主义工业化现代化的思想,是马克思列宁主义与中国现代化建设实践相结合的产物,是毛泽东思想的重要组成部分。正是因为毛泽东这一理论贡献,我们才能说毛泽东思想不仅是被实践证明了的关于中国革命的正确理论,而且有理由说毛泽东思想也是被实践证明了的关于中国建设的正确理论。

(作者:中共中央党校教授、博士生导师)

学习型组织是双型组织

钟国兴

双型组织是有效解决执行力和团队智商两个问题的最佳组织

学习型组织是双型组织。管理学有两大潮流:以提高执行力为主旨的角色管理和以提高团队智商为主旨的智能管理。

信息化、经济全球化进一步增加了市场经济中的不确定性,这种不确定性中充满机会,也埋藏着诸多风险。这些机会和风险可以让企业迅速崛起,也可以让企业转瞬落败。企业怎样才能抓住各种机会,应对不断出现的风险?从20世纪中期开始特别是80年代以后,一种管理潮流应运而生,其中有头脑风暴法、T型管理、双环学习法、学习型组织、知识管理、创新管理等等。这类管理可以称之为智能管理,它的特点是以团队智能为管理对象,通过给员工提供多样化的智力活动的自由空间等等途径,激发他们学习和创新的潜力。这种管理潮流的方向是提高团队智商，以此来提高企业组织捕捉机会、应对风险的能力。

正是在以提高团队智商为方向的管理潮流加速旋转和推进的时候，另一种潮流也在强化。这一潮流可以追溯到现代管理学的发端，即从泰罗制开始，后来逐步壮大，包括5S管理、7S管理、6西格玛管理等等。直至今天它不但没有衰落迹象，反倒在不断丰富和加强。这种管理可以称之为角色管理，它的特点是在组织中给每一个人进行精确定位，把组织的程序和规范严密化，并设法对人们进行激励，以改善和提高组织的行动效果。这种管理潮流的方向是提高组织的执行力。“执行力”作为一个企业管理理念，无论是在中国还是在世界上，从来没有被强调到今天这种程度。

执行力和团队智商一直是一对矛盾，是从上个世纪带来的管理学跨世纪的矛盾。以提高执行力为主旨的角色管理，强调的是在一个组织中强化每一个人的角色，对每一个角色进行精确定位和监控、管理。但是只要这种角色管理加强了，每一个人在组织中的自由度就会相应降低，那么这个组织的团队智商也就会相应降低。

同样，以提高团队智商为主旨的智能管理，强调的是给员工提供多样化的智力活动的自由空间等等，激发他们学习和创新的潜力，为此推动组织的扁平化和自主管理，但是这样带来的一个明显后果是角色管理会因此受到冲击，执行力随之降低。

因此在现实中产生这样两种倾向：企业在强调执行力的时候，就很少去重视建设学习型组织、创新型组织的要求，只是高度强调员工对上级的忠诚与服从，以及组织的严密性、工作的程序性、细节的重要性，却忽视营造员工必要的自由智力空间。一个执行力很高、团队智商却很低的组织，短期内可能显得很有生命力，但在这个变化纷繁的信息化、全球化的时代里，它却很难长久生存；反之企业在强调学习和创新，推行扁平化和自主管理的时候，却发现组织松散了，付出了执行力降低的代价。一个缺乏执行力的组织，再高的团队智商又有什么用？

管理学带着这个跨世纪矛盾进入到新世纪，并且这个矛盾又进一步被激化，因为越是信息化、全球化发展，就越是需要提高团队智商和提高执行力，两者就越是冲突加剧，此消彼涨，互相冲突，难以兼得。在理论和现实的层面解决两种管理潮流的冲突，已经成为21世纪现代管理学最为重大、最为急迫的问题，这也是关系到千千万万企业生存和发展的问题。解决的办法不是在两种管理潮流中否定和抛弃一个，把企业发展引向偏颇，而是让它们和平共处，互相支持与补充。

管理学上执行力与团队智商此消彼涨的矛盾，根源在于人们只是想在一种组织模式下来解决好两个问题，而这两个方面的要求正好相反。提高执行力要求组织管理严格、角色定位清楚，而提高团队智商要求人们自由平等、自我管理，因此在同一种组织模式下同时解决好两个问题是根本不可能的。

要解决好它们之间的问题，办法只有一个，这就是“上帝的归上帝，保罗的归保罗”，分别用两种组织形式来解决。优秀的组织必须是强执行力和高团队智商的结合体。同时提高执行力和提高团队智商的组织，是执行组织和研讨小组这两种组织形式的结合体，对此本人称之为双型组织。执行组织用以解决执行力问题，而研讨小组用以提高团队智商。

双型组织是有效解决执行力和团队智商两个问题的最佳组织。除此之外还没有任何一种组织形式能够在同一个组织之中解决两个问题。如果一个企业或其他政治、社会组织想适应信息化、全球化挑战，获得并保持较强竞争力的话，那么这将是必然的选择，否则迟早会为时代所抛弃。

在信息化、全球化到来以前，工业社会的组织除了特殊的研究机构、松散的学术或生活的沙龙以及小型组织等之外，大多都是规范化的执行型组织。这是因为当时的社会变化相对缓慢，在一个组织中有某些居于领导和专家地位的精英分子进行思考就可以应对外界的变化，因此不需要建立动员更多人参与思考的自由团队。今天的社会不同了，海量的信息和飞速的变化，不断的挑战和无限的机遇，都要求一个组织不只是会行动，而且一定要会思考。只是少数精英思考不行，还要每一个成员都会思考，群策群力。今天的任何组织都不能仅仅把自己当做单纯的行动组织，还要同时把自己变成一个不断出新观点的研究机构。因此不仅要有雷厉风行的规范化的执行组织，同时还要有善于思考的研讨小组。

规范化的执行组织和善于思考的自由团队不是两支互不相干的队伍，而是所有人员的共同组织。也就是说，所有人员都是"两栖动物"，一方面在规范化的执行组织中，必须成为高效行动的一员，但在同时又是自由团队成员，成为智慧的贡献者。

只有自由团队才能够充分思考、学习和创新，只有规范化组织才能够很好地执行。如果整个组织既具有强大的执行能力，又具有卓越的思考能力，那么这个组织就一定无往而不胜。执行组织加自由团队的双型组织，是信息化、全球化时代的最佳组织结构。

中国的创建工作要及时转型升级

中国的学习型组织创建有很大特色，从全世界来看中国人使用的"学习型"概念最多，如学习型社会、学习型城市、学习型机关、学习型企业、学习型家庭、学习型班组等等，甚至"学习型领导干部"、"学习型世界名山"(庐山管理区提)，中国的创建活动也最为轰轰烈烈。但是从目前看，中国的创建工作存在这样一些问题。

第一，过于强调"大力推动"，而没有对于如何激活人们的学习兴趣、学习潜力足够重视，更不用说找到切实有效的办法。

第二，没有摆脱形式主义的影响，甚至成为了形式主义的一种新载体，许多地方一搞学习活动就大张旗鼓、载歌载舞，办大集会、大节日，只图热闹场面和宣传效果。

第三，运动化的管理方式，学习活动基本过程为：发文件、大会动员、集体学习、集会学习、推出典型、掀起高潮、宣传配合、高调总结、表彰先进，最后无声无息。没有探索和引进科学的学习管理方式。

第四，政绩化管理方式，即把学习变成评分指标，而评分指标则以各种表面的"学习活动"为尺度，导致各个单位分数上的竞争攀比，不重实效，而且加重了各个单位以及个人的负担，造成人们对学习活动的反感。

第五，学习方式简单化，脱离实际问题。把学习仅仅看做读书读文件，没有找出单位问题去带着问题学习，和工作实际问题缺乏结合，以致于学习的领导部门觉得很有效，实际部门和群众却认为是走过场。

第六，学习组织方式简单，只是按照行政单位统一地"一刀切"学习，没有区分个人情况，更没有照顾个人兴趣和素质基础，整体看、表面看似乎有效，具体到个人往往无效。

第七，大搞满堂灌的讲座学习，专家一人讲，大家一起听，缺少围绕问题的交流互动，往往会场秩序只能靠纪律和批评来维持。

上述问题的广泛存在，说明人们特别是有关领导干部还不了解什么是真正的学习型组织，还缺乏新的学习理念，更没有掌握先进的科学化的学习管理方式。而没有这些，中国创建学习型社会、学习型组织和建设学习型政党，都很难收到实效。

（作者：中共中央党校报刊社副总编辑、教授）

道理也要打假

——关于普世价值问题的思考

朱穆之

一

什么都有假，都要打。现在打假打的一般都是物质方面的，如假钞、假药、假发票、假文凭等等，这些都害人不浅，的确该打。精神方面的假，其实也相当普遍，如假笑、假哭、虚情假意，笑里藏刀等等，这些比物质方面的假，害人可能更深。值得注意的是，道理也有假，假小道理会让人碰壁，假大道理则可能危及整个社会、一个国家，乃至世界。但是，假道理的危害还没有引起人们的重视，没有像对物质方面的假那么齐声叫打。

假道理常常被说得头头是道，有根有据。但是他们根据的事实往往是片面的，理是歪的，如有一点好，一时好，就全面肯定，有一点坏，一时坏，就全面否定。这有时的确很唬人。比如对于中国共产党领导的革命和建设，对于中国特色社会主义，国内国外一些人，就采取这种手法，一笔抹黑，根本否定。他们列举我们党过去犯了多少错误，造成多少灾害，现在又多么糟糕，“造成连绵不断的人权灾难和社会危机”，人们多么不满，只盼“变天”。他们根本真假不分，主次不分，丝毫不讲比之过去，现在中国的情况如何，人民的生活如何，在国际上的地位和影响又如何，不讲广大人民坚决拥护的、取得中国今天成就的正确道路。

打假一方面要堵，不让其流通流传，另一方面要发动大家来堵。对于假东西，仅靠行政命令和少数人来堵不行，不发动群众、发动大家来堵，那将堵不胜堵。要大家来堵，就要让大家知道真与假的区别。而对假道理更要着重让大家知道真假的区别所在。

要大家知道真假，只讲什么是真，不讲什么是假，那还不能解决问题。因为许多假，伪装得可以乱真，一般人不容易区分。比如假人民币就是如此。如果仅是要人仔细看真人民币，不告诉他假人民币假在哪里，那么一般人可能还是分不清。对于假道理，更是如此。假道理常常说得天花乱坠，似乎真有理，如果只是正面讲真道理如何如何，不批假道理假在哪里，许多人可能还是辨别不了真伪，容易受骗。比如对于那些把中国革命和建设污蔑为连绵的大灾难，主张必须抛弃中国特色社会主义、照搬西方道路的谬论，除了必须正面宣传我们革命和建设的成就，中国特色社会主义给中国带来的比之过去有如天壤之别的变化，还要旗帜鲜明地摆事实，讲道理，狠批其谬误所在。

对于假的东西，只是堵，不讲明必须堵的道理，也会有副作用。例如对于假钞，如果只是没收，不指明它的危害，人们可能反而会产生疑惑甚至不满。对于假道理，除了触犯法律的可以采取法律手段，依法取缔禁止外，其他的必须揭露批判它假在哪里，危害在哪里。批判完全是摆事实，讲道理，以理服人，不搞过去那种以势压人的运动。否则，不揭露批判，只是取缔禁止，就可能不仅不能服众，反而使那些鼓吹这些谬论的人有了借口，攻击这是不民主，压制言论自由，正好证明他们的那一套谬论正确。

对于假道理要旗帜鲜明地批，有人可能会顾虑反而扩大了它的影响。确实，对于那些没有什么迷惑力或者没有多少人会注意的假道理，没有必要去理睬。但是，对于那些涉及原则和大局的有迷惑力的假道理，如果不加以揭露批判，那就是放任它散布扩大影响，后果严重。

鼓吹这些假道理就是在制造混乱，不揭露批判将更加混乱。揭露批判正是为了制止混乱，保持稳定。改革开放30年来之所以有今天的大好局面，正是在不断批“左”的假道理和批右的假道理的斗争中取得的。

二

关于普世价值，议论纷纷，有人说有，有人说没有，有赞成的，有反对的。普世价值是一个非常概念性的东西，抽象来讲，并不容易一下子说清楚。具体一点来讲，或许比较容易了解。

所谓普世价值，具体来说，有哪些？主张的人一般会指出如民主、人权、自由、市场经济，等等。

以民主来说，人人都要民主，没有人会反对。这可以说是普世价值。但是要再进一步问，这种民主是什么样的呢？看法就很不相同了。事实是，自古希腊的民主到现在，所谓民主，无论从内容到形式不知发生了多少变化。从资产阶级登上历史舞台，高举民主旗帜以来，民主又发生了多大变化。以最早发展资本主义的英国来说，现在还有君主。以发表“独立宣言”高唱人人生而平等的美国来说，到上个世纪妇女才取得选举权，至今种族歧视还相当厉害。至于中国实行的社会主义民主，和西方的资产阶级民主又根本不同。那么，具有普世价值的民主是哪种呢？

关于人权也一样。人人都要有人权，没有人会不要。这具有普世价值。但是人们究竟要的是什么样的人权？这就大不同了。有多数人、全国人民的人权，有少数人的人权。在剥削阶级统治的社会，只有剥削阶级有人权，被剥削的阶级实际并没有什么人权。在资本主义社会，资产阶级掌握着生产资料，就掌握了无产阶级的命运。只有到社会主义社会，不受剥削的人民才真正享有人权。那么，哪种人权具有普世价值呢？

自由也一样，人人要自由，“不自由毋宁死”。但是也有不同的自由。以言论自由来说，有人认为想说什么就说什么，这才是言论自由。但实际上不行。比如“文化大革命”时期就可以贴大字报，爱说什么都可以，只要把别人搞臭。不仅对个人，对一个国家也可以这样，歪曲诽谤，造谣污蔑，妖魔化，只要把你搞倒。这样的自由行吗？在资本主义世界，有钱就有言论自由，没有钱就没有言论自由，钱多言论自由就多，钱少言论自由就少。这算言论自由吗？另一种主张，言论必须有益和无害人民、社会和世界，否则就不能允许。那么，哪种言论自由具有普世价值呢？

有人认为市场经济具有普世价值，中国所以经济发展正是因为实行了市场经济。确实，西方资本主义国家实行市场经济，中国是社会主义国家也实行市场经济。而且邓小平说过：“说市场经济只存在于资本主义社会，只有资本主义的市场经济，这肯定是不正确的。社会主义为什么不可以搞市场经济。”市场经济似乎的确具有普世价值。但是资本主义的市场经济和社会主义的市场经济实际并不是一回事。资本主义市场经济是经济完全私有化，并主张完全由市场来决定一切，反对政府干预。而中国搞的社会主义市场经济却是坚定不移地发展公有制为主体的经济和其他所有制形式经济，政府要领导和管理经济。最近发生了波及全球的金融危机，美国政府决定出资收购大银行、大金融机构，于是就有人说布什开始实行社会主义，美国和中国实行“两国一制”的讽刺话。这就说明，这个市场经济不是那个市场经济。究竟哪个市场经济具有普世价值呢？

因此，问题在于什么确实具有普世价值。现在一些人所讲的如上述的普世价值的东西，一旦具体化，看法就很不相同。要说哪个具有普世价值，看来还要靠实践来做最后的检验。

那么，现在一些人振振有词要大家都奉行的那些具有普世价值的什么民主、人权、自由、市场经济等，又是什么样的呢？值得警惕的是，有那么一些人，反对中国坚持中国特色社会主义道路，根本否定我国实行的社会主义民主，把中国说得没有人权，没有自由，一团漆黑。他们打着普世价值的旗号，实际上贩运西方的主张。大肆叫喊谁要民主、人权、自由、市场经济，等等，就只有实行西方的那一套。谁不实行，就是不要民主、人权、自由、市场经济，等等。

三

近来有人发表了一篇讲普世价值是一个时代性重大课题的文章，作者用心良苦，文章值得细细推敲。

文章说：改革开放30年来，我们在经济上取得了巨大的成就，但在政治、文化、社会诸领域，却仍然坚持计划经济时代的意识形态，严重地阻碍了改革的全面深入发展。

这和西方国家对中国的一些指责相似，认为中国只搞经济改革，不搞政治改革。事实上，经济能孤立地改革吗？我们把党和国家的工作重心从以阶级斗争为纲改为以经济建设为中心，这是最大的政治改革，有了这一改革，才有经济改革，并取得了巨大成就。

文章说：中国改革不能全面而深入的发展，最根本的原因是没有找对改革开放的指导思想，没有找准改革开放的前进方向，就是没有在指导思想上确立普世价值的观念。

这就是说，作为改革开放指导思想的马列主义、毛泽东思想、邓小平理论、"三个代表"重要思想和科学发展观是错误的，建设中国特色社会主义的方向也是错误的，只有普世价值才是正确的指导思想和方向。那么，我们经济上的巨大成就是怎么来的呢？不就是实行以经济建设为中心的中国特色社会主义的结果吗！文章说，阻碍改革全面深入发展的原因是因为在政治、文化、社会等方面仍然坚持计划经济时代的意识形态，真是如此，那也应该是像经济方面一样，切实按照中国特色社会主义加以改革，怎么能因此而改弦易辙，改旗易帜，根本否定中国特色社会主义道路呢？改革开放30年来，我们国家无论是在经济上，还是在政治、文化和社会上，无论是在综合国力、人民生活上，还是在国际地位和影响上，比之新中国成立前，比之改革开放前，都有了巨大的提高和改善。现在也正在继续向前发展。这是有目共睹的事实。实践证明，改革开放的指导思想和方向是正确的。改革的确还须全面深入发展，那应该是坚持原来的指导思想和方向，克服新困难，解决新问题，继续前进。抛弃已被实践证明是正确的指导思想和方向，那不是要中国又回到改革开放前？

文章说：30年来的改革开放，是100多年前由洋务运动肇始的民主革命的继续。

这真是异想天开。30年来明明是建设中国特色社会主义，怎么成了是继续由清王朝洋务肇始的民主改革了呢？按照文章的说法，30年来政治上完全停留在过去计划经济的意识形态，那更不是什么继续百多年前由洋务运动肇始的民主革命。奇怪的逻辑！

文章说：辛亥革命、北伐战争和解放战争这三次以暴力斗争为主要形式的民主革命，在取得革命胜利以后，都出现了专制势力的复辟。

这和西方反对中国的舆论完全一致，认为现在中国实行的是专制。但是，实行专制，中国居然有今天这样长期持续快速的发展，西方的一些舆论也认为难以解释。事实是，中国实行社会主义民主，按照民主的本意，人民当家作主，真正遵照并逐步实现人民的愿望和要求。人民为实现自己的愿望和要求，有着无比的主动性和积极性，因此取得今天的成果。只是一些人偏偏认为只有资产阶级民主才是民主，从而否认社会主义民主，并把它说成是专制。

文章说：改革开放就是要摆脱专制主义的羁绊，回到民主革命的道路上来。

这是文章的中心思想：改革开放就是要从社会主义民主，改革为资产阶级民主。

文章还引用一位教授的话说，我们在90年代做的工作大体上是继续做光绪皇帝和宣统皇帝的未竟事业。

这又是惊人之笔，新中国成立60年和经过30年改革开放后，只落得退回到100多年前的西太后时期。而继续做光绪皇帝和宣统皇帝的未竟事业，那不就是实行君主立宪吗？

文章说：否定普世价值，拒绝民主自由，实质上就是否定改革的民主性质，否定民主革命。

这表明，文章所说的确立普世价值，就是要中国退回到资产阶级民主革命。

文章说：马克思、恩格斯指出的无产阶级统治的民主制的重要措施，在资产阶级统治的资本主义世界，有些已成为事实。这说明，现代民主制已经突破了原有的资产阶级民主制的藩篱，使民主日益成为普适性的政治制度。

这就是说，资产阶级统治的资本主义世界已经连马克思主义主张的民主制也实现了，要实行民主应该就是实行资本主义世界的政治制度。

文章说：有人往往用当代某些民主国家的不足之处来批驳民主的普遍性。他们不了解普世价值的实现是受一定历史条件的限制的。

这就是说，资本主义世界的“民主国家”往往被批驳为只是占统治地位的资产阶级有民主权利，无产阶级实际并没有什么民主权利，但这不过是某些“民主国家”的不足，并不是资本主义世界普遍的根本的问题。而且作为普世价值的资产阶级民主，“受一定历史条件的限制”，也只能如此，没有什么值得大惊小怪的。

文章说：让每个劳动者都占有生产资料所有权，……这是实现自由民主权利的经济基础。

这就是说，为什么资产阶级统治的资本主义世界，可以“使民主日益成为普适性的政治制度”，因为虽然资本主义世界存在资产阶级和无产阶级，但资本主义却承认每个人都可以占有生产资料的私有制。这使它成为能够实现自由民主人权的经济基础。因此要实行民主，就要私有化。

文章说：现在有人把劳动者毫无所有权的国家经济，说成是社会主义公有经济，……它已经成为建立民主政治、实现普世价值的基础性障碍。文章还赞成某教授的“每个公民都应享有一定的产权；实行‘耕者有其田’，把土地还给农民”。

这就是说，应该把所谓公有经济的“劳动者毫无所有权的国有经济”产权，分给个人所有，把国有和集体所有的土地，也分给农民个人所有。也就是全面实行私有制。这就破除了实现资本主义世界已经实现的普世价值的民主的基础性障碍，并有了实现民主的经济基础。

文章说：普世价值的基础是人类共同的人性。由于当时亚非两大陆的文明还十分落后，普世价值只有在经过文艺复兴、宗教改革和启蒙运动三大革命洗礼的欧洲和后来的北美大陆，才有可能由观念的普世价值发展为实然的普世价值。

这就是说，欧洲和北美比之亚非首先确立了以人性为基础的普世价值，最具人性。但是历史事实却是欧洲和北美洲大发“人性和兽性共同存于一个主体之中”的兽性，大肆对亚非进行侵略，还主要在相互之间发动了惨绝人寰的两次世界大战。而中国则深受自鸦片战争起到1945年日本侵华战争死亡几千万人的旷古浩劫。

文章说：千百年来，人们一直在苦苦寻求发扬人性抑制兽性的良药，如中国古代的仁爱、诚信……基督教在人人都有原罪和在上帝面前人人平等的前提下建立的平等价值观，民主革命的思想家培根、卢梭、潘恩等人通过自然秩序论，申述以自然法则为基础的天赋权利，……于是有了自由、民主、平等、个性、人权等等观念形态的普世价值。

但是千百年来的历史，尽管多少先哲寻求发扬人性的良药，兽性却占据着主要地位。爱是最具人性的，最具普世价值，这也没有制住兽性。先哲费尔巴哈是倡导爱的。而文章中曾不断被援引过的恩格斯却说，“可是爱啊！——真的，在费尔巴哈那里，爱随时随地都是一个创造奇迹的神，可以帮助克服实际生活中的一切困难，——而且这是在一个分裂为利益直接对立的阶级的社会里。这样一来，他的哲学中的最后一点革命性也消失了，留下的只是一个老调子：彼此相爱吧！不分性别、不分等级地互相拥抱吧！——大家都陶醉在和解中了！”

文章说：马克思主义是否包括普世价值观？我认为答复应该是肯定的。马克思、恩格斯所追求的未来的人类社会，正是实现了普世价值的社会。

文章很明确，马克思主义不仅与普世价值不矛盾，而且普世价值就包括在马克思主义之中，马克思主义所追求的社会又正是实现了普世价值的社会。既然如此，大家不是应该高举马克思主义，并以此为改革开放的指导思想，为什么反而要反对改革开放以马克思主义为指导思想，而必须以普世价值为指导思想呢？文章中曾一再引用马克思、恩格斯，这里更大赞马克思主义，这是不是要用马克思主义的旗帜来掩遮一下反马克思主义的真实用意呢？

文章旁征博引，洋洋洒洒，其实就是一句话：反对中国实施社会主义民主，实行社会主义，中国必须实施资产阶级民主，实行资本主义。

（此文载《红旗文稿》2009年第5期）

关于普世价值与普世民主

肖黎朔

民主如同自由与人权一样，都是在人类历史发展一定阶段形成的概念。在不同社会形态里，不仅民主发展程度的高下不同，而且民主的性质也有着根本的不同，从来不可能有什么全人类所共同享有的、抽象的、纯粹的或曰“普世的”民主，在阶级社会或从阶级社会向无阶级社会过渡的历史阶段尤其如是。要讲清有无普世的民主，首先需要厘清有无普世的价值。

关于普世。能否达成如下共识：一是这里指的是人类社会和人的世界。动物不能跻身我们这里所说“人的世界”。二是天地四方曰宇，古往今来曰宙。也就是说，从横向上说，在天地四方的空间里；从纵向上说，在古往今来的时间里，不分种族、民族、国家、阶级及阶层、文化、宗教等异同，凡是有人群的地方，都应该被普世价值中的“普世”所覆盖。

关于价值。政治经济学对价值的定义是凝结在商品中无差别的人类劳动。马克思曾说，“‘价值’这个普遍的概念是从人们对待满足他们需要的外界物的关系中产生的”，是“这些物能使人们‘满足需要’的这一属性”。马克思在这里所谈到的价值，显然是商品“使用价值”概念的直接延伸。因此，从这个意义上可以说，价值是指客体对于人或人类这一主体所具有的意义和作用。

那么，从上述意义上讲，一些人所说的所谓普世价值，就应该是指古今中外概莫能外的历史上和现实中所有的人都普遍需要和适用的东西。

根据马克思主义经典作家的相关论述，笔者认为，价值观这一范畴不是抽象的，而是具有特定的社会属性。一切既往的价值观、道德观归根到底都是当时的社会经济状况的产物：在阶级或有阶级的社会里，人们自觉或不自觉地总是从他们阶级地位所依据的实际关系中，汲取并形成自己的价值观和道德观。

马克思、恩格斯说，“对资产者来说，只有一种关系——剥削关系——才具有独立自主的意义”，“这种利益的物质关系表现就是金钱，它代表一切事物，人们和社会关系的价值”。恩格斯还说，在资本主义社会里，“金钱确定人的价值”。因此，我们不仅应避免把政治经济学对价值的定义简单地引入政治和意识形态领域，更应该避免把资产阶级的金钱即价值、有用即真理的极端自私自利和庸俗实用的价值观作为我们共产党人的价值观。真正的共产党人的价值，应该是眼前利益与长远利益、局部利益与全局利益、国家利益与全人类利益、最低纲领与最高纲领的有机统一。我们的最低纲领，是建设中国特色社会主义，我们的最高纲领是实现共产主义，是实现一切人的自由而全面的发展。我们共产党人没有自己所追求的特殊利益，在现阶段，我们的利益是与最广大人民群众的根本利益即根本价值相一致的：从最高目标看，我们的根本利益即根本价值就是要与传统的所有制关系和传统的所有制观念实行最彻底的决裂，最终实现共产主义，实现每一个人的自由而全面的发展。

因此，在当今时代，资本主义和社会主义、资产阶级与工人阶级和最广大人民群众是不可能有统一的普世的价值观念的。

有人说，有：比如吃喝、食物与水、空气等对所有人都具有普世价值。马克思说："吃、喝、生殖等等，固然也是真正人的机能。但是，如果加以抽象，使这些机能脱离人的其他活动领域并成为最后的和惟一的终极目的，那它们就是动物的机能。"恩格斯也说，"人来源于动物界这一事实已经决定人永远不能完全摆脱兽性"。应该说，认为吃喝、食物与水、空气等对所有人都具有普世价值，这是犯了基本的常识性错误。因为"吃、喝、生殖"等只是人和动物共通的生理机理，是全人类一切人与一切动物一样所具有的生物性，这并不是人类一切人所特有的普遍属性，也不是人世间所特有的"普世价值"。如果承认了吃、喝、生殖等等对所有人都具有"普世价值"，就是让动物跻身于人类，或者是说让人类降低到动物的水准。

有人说，如果人类没有一个普世的价值，那不同民族、不同阶级的人为何能产生一见钟情的"纯真爱情"？这里需要弄清四点：一是不同民族、特别是不同阶级的人产生的一见钟情的"纯真爱情"，往往是活跃在文学作品之中。我们知道，文学作品应当尤其是那些反映社会生活本质的经典名著也都是来源于生活而高于生活的，这比普通的实际生活更高，更强烈，更有集中性，更典型，更理想，因此就更带普遍性。这就是为什么即使我们读的不是与我们同一时代或同一种文化的作品时，却依然能够从中发现自己生活的影子，这也是这一作品能够打动我们的根本原因。但有的文学作品却是误解甚至歪曲了社会生活的本质，是作者脱离现实社会生活的情感抽象或寄托，而涉世不深的少男少女也往往从这类文学作品中寻找或寄托着自己的梦想。二是这种脱离现实社会生活的情感抽象，在社会生活中有时可能会变成一瞬间的现实。但是，在阶级或有阶级的社会里，这男女双方所谓一见钟情的"纯真爱情"，一旦置身现实社会，就往往要受到自身所处的一定的社会经济文化条件的根本性制约，便往往与社会现实生活发生种种碰撞而发生衰变、裂变甚至异化，一见钟情时所立下的"山无陵，江水为竭，冬雷震震，夏雨雪，天地合，乃敢与君绝"的山誓海盟便往往不能兑现，很难爱它个地老天荒。三是不排除个别有挣脱上述制约，把这种"纯真爱情"进行到底的现象，但套用马克思所说，如果对不同民族特别是不同阶级之间所谓的"纯真爱情"加以抽象，使性爱等这些机能脱离人的其他活动领域并成为最后的和惟一的终极目的的，那往往仍然是动物的机能。有人往往把这种动物的机能误认成"纯真爱情"。四是爱情与性爱尽管有联系，但决不能划等号。爱情是只有人类才具有的高尚情感，很难设想动物也具备这种情感。我们也决不否认人世间有上述冲破社会经济文化等根本性制约的樊篱而要获得自己希冀爱情的"爱情至上主义"现象，但这种现象在现实的社会生活中毕竟是极少数，也根本不具备普世的意义。

有人说，人类中杰出人物所创造的一些非意识形态的如自然科学、语言文字、形式逻辑、山水画、无标题音乐等反映人类社会生活与精神现象的东西，也可以为全人类一切人共同学习或欣赏等等。人类社会是以能制造生产工具从事生产劳动相区别于动物社会的。从能制造生产工具从事生产劳动这一点上说，这是人区别于动物的“一切人共有的东西”的“现实普遍性”。人都能制造生产工具，并能共同欣赏如自然科学、语言文字、形式逻辑、山水画、无标题音乐等一些反映人类社会生活与精神现象的非意识形态的东西，这在形式上看，似乎有了一定意义上的普世性。但是，“一切人共有的”“现实普遍性”决不能脱离人的社会性即一定社会的生产关系和交换关系而单独存在。随着阶级社会的诞生，随着人的社会性的增强，“一切人共有的”“现实普遍性”便会被稀释，有时甚至荡然无存。比如，随着剥削的产生，少部分人由于逐渐脱离了生产劳动领域，进入了专事压迫剥削他人的食利者阶层行列，这样便使其区别于动物的从事生产劳动的能力逐渐蜕化。比如，在现实生活中，无论从作者创作和受众的角度讲，也确实存在不少毫无任何意识形态色彩的山水画、无标题音乐等文艺作品，这也可以被称之为“一切人共有的”“现实普遍性”。但也要看到，也有不少从形式和表面上看确实存在的毫无任何意识形态色彩的一些山水画、无标题音乐等文艺作品，但作者在创作时，有时却是带着强烈的感情色彩甚至是强烈的意识形态色彩的。不同的受众，会从相同的作品中，读出不同的情感甚至意识形态的色彩来，这就叫“一百个读者有一百个哈姆雷特”。无论从作者还是受众角度讲，这都可以叫做“托物言志”。比如，由于对所有制的关系不同和分得的多寡不同，人们所接受教育的程度便有所不同，同为一部小说或喜或悲这些共通或相似的情感和认知，是要建立在不是文盲或有闲读书这一共同的基础之上的。另外，维也纳金色大厅新年音乐会上的无标题音乐并不是所有愿意聆听的人都能购得起昂贵的门票的。“喜怒哀乐，人之情也”，从形式上，这也是一切人的“普遍性”或叫“普世性”。但是，鲁迅说得好：“然而穷人决无开交易所折本的懊恼，煤油大王哪会知道北京捡煤渣老婆子身受的酸辛，饥区的灾民，大约总不去种兰花，像阔人的老太爷一样，贾府上的焦大，也不爱林妹妹的。”鲁迅虽然讲得是旧中国，但对试图把资产阶级统治者的价值观作为普世价值的人，是不是一个有力的回答呢？这能不能说，名称上同曰为喜怒哀乐，穷国与富国、穷人与富人的往往有着实质内容的不同，有时甚至有完全截然相反的内涵呢？

有人说，人类除了各自的个性和特定群体的共性外，还存在着超越于一切差别的共同性，就是通常说的“人性”，例如珍惜生命、同情他人、尊老爱幼、“和而不同”、“己所不欲、勿施于人”等等，正是这些共同的本性，产生了对社会生活的共同追求：民主、自由、平等、博爱等这些普世价值。我们说，有时在讨论一些抽象的理论时，往往费下很多口舌无法理论清楚，但此时一回到现实，问题往往便不难解决。说是珍惜生命、同情他人、尊老爱幼、“和而不同”、“己所不欲、勿施于人”是人类的普世价值云云，我们看两个事例。一是一个个体：2008 年 5 月我国四川汶川大地震中的“范跑跑”只是珍惜自己以及女儿的生命，连其老人和妻子的生命也全然不顾，谈何尊老，谈何同情他人。二是一个国家：从 2003 年伊拉克战争开始到 2008 年 7 月 8 日，美国为征服伊拉克，美军死亡为 4114 人，这还不包括死亡数万人的雇佣军；截至 2007 年底，战争还造成近 70 万伊拉克平民死亡。请问，美国当局和而不同了吗？飞机枪炮勿施于人了吗？同情珍惜本国士兵与伊拉克人民的生命了吗？“己所不欲、勿施于人”，美国当局并不希望自己的国土遭受炮火连天，可是，冷战结束之后，美国却放开手脚，在海外其他国家连续发动海湾、南联盟、阿富汗、伊拉克 4 场规模较大的战争。可以说，珍惜生命、同情他人、尊老爱幼、“和而不同”、“己所不欲、勿施于人”等等，或仅仅是部分国家或人们的优秀文化传统，或仅仅是一些人的良好愿望，或仅仅是少数人企图使他人甘受奴役的麻醉剂而已。但决不是全人类各个国家各个阶级各个人所共同承认并遵循的所谓“普世价值”。

有人说，解决环境污染、反对恐怖主义、贩毒吸毒等全球性问题可以被称之为“普世价值”或“全人类所共有的价值”。说到底，人们或国家的价值观念，是由人们或国家的经济利益所决定的。治理大气污染，无疑涉及全人类和各个国家乃至每个个人的共同利益。1985 年人类开始认识到二氧化碳的增温作用。但由于各个国家的经济利益并由此带来占主导地位的价值观念的不同，在采取实际行动时，这一“普世价值”往往被虚化和虚幻。美国以占全球 5% 的人口消费着全球 25% 的能源，在过去的 20 年，美国的人均碳排放量是中国的 9 倍。中国每年的人均二氧化碳排放量仅为 2 吨，而美国每年人均却多达 9 吨。但美国却“果断”地拒绝加入全球任何就减排达成一致的国际协定，也不签署将于 2012 年到期的《京都议定书》。至于“反恐怖主义”，现在各个国家及各个阶级对其定义都极不统一甚至截然相反。有的实质上为世界上最大的恐怖主义国家却借着反恐为名，公然到处践踏联合国宪章和公认的国际关系法准则，肆意侵犯他国主权甚至赤裸裸入侵他国。至于贩毒吸毒，之所以成为全人类肌体上很难愈合的顽疾，同样是由于特定国家的社会制度及特定集团、人群的特殊利益所决定的。至于绝大多数国家和绝大多数人在经济社会生活中形成的共有利益和共有价值观念，这无疑在现实社会生活与观念形态中存在。但这与有的人所说的普世价值也有着根本的不同。在存在霸权主义和强权政治为主导的经济全球化的时代里，在阶级和有阶级的社会里，为一切国家和一切阶级、一切人所共同接受的普世价值是从根本上就不存在的。

有人说，奥运会倡导的“更高、更快、更强”的奥林匹克精神和北京奥运会确立的“同一个世界，同一个梦想”的主题超越了国家政治的局限，具有普世价值。实际上，奥运会的上空总弥漫着浓厚的政治对立空气。且不说 1916 年的柏林奥运会、1940 年的东京奥运会和 1944 年的伦敦奥运会因为两次世界大战被取消，1936 年的柏林、1956 年墨尔本、1968 年墨西哥、1972 年慕尼黑等奥运会都没有摆脱被政治化的命运。1980 年莫斯科奥运会的政治化达到顶峰，美国带头对这届奥运会进行抵制，而 4 年后洛杉矶奥运会时，苏联则率领东欧社会主义阵营国家进行抵制，奥运会成为冷战的延伸战场。北京奥运会圣火在境外传递屡遭干扰。奥运会前夕西方大媒体上铺天盖地的是对中国所谓“西藏问题”、“人权问题”喋喋不休的指责。北京奥运会举办前，各国报名到北京参加报道记者达万人之多，其中有相当数量是因为预测北京奥运会举办期间将会发生各种重要事件的西方记者；当预测北京奥运会可能会举办得十分成功时，来到北京参加奥运会的记者却只有三、四千人。由此可见，一些西方记者对报道奥运会运动场内任何一条打破世界纪录的精彩赛事和“更高、更快、更强”的奥林匹克精神并未有多大兴趣。2008 年 8 月 8 日，北京奥运会开幕的日子，也应当是世界休战日，格鲁吉亚正是选择在这一天对南奥塞梯发动进攻。北京奥运会的开幕式上布什与普京“谈笑风生”，而却在数千公里之外暗暗进行着政治军事的角力。“同一个世界，同一个梦想”的口号，集中体现了奥林匹克精神，充分反映了中国和世界各国广大人民的共同理想和强烈愿望，但却未成为当今国际世界的普世价值。

因此，我们完全可以说，在阶级社会和阶级社会向无阶级社会过渡的相当长的历史阶段内，具体的人、集团和阶级总是在不同的所有制形式和生存的社会条件上产生不同情感、价值观念、思想方式和世界观的。其经济、政治、文学、哲学和道德等社会意识形式的内容主体和本质属性，都反映着一定社会的经济基础、利益结构和社会关系，都具有鲜明的阶级性、时代性和社会形态的质的规定性，根本不存在所谓的“普世价值”。普世价值的争论实质上是普世价值观的争论。如果有人一定要讲“普世价值”，其实质是要想把他们的特定价值定为普世价值。有人引用胡锦涛同志指出的“中国共产党85年的历史，就是为中华民族的独立、解放、繁荣，为中国人民的自由、民主、幸福而不懈奋斗的历史”的讲话，企图证明自由、民主、幸福是全人类的普世价值，这是没有道理的。胡锦涛同志在讲话中明确作出了“中国人民的自由、民主、幸福”的质的规定性。这对有的人论证全人类的普世价值的存在不仅毫无裨益，而恰恰说明了“自由、民主、幸福”的阶级和国家的本质属性，是对“自由、民主、幸福”所谓普世性的否定。

在阶级社会和阶级社会向无阶级社会过渡的相当长的历史阶段内，探讨清楚了并不存在所谓的普世价值，那么，作为从形式到内容完全具有强烈意识形态色彩的国家形式或形态的民主也就更加失去了所谓的普世性。

要讲共同富裕

朱穆之

共同富裕，这是人类悠久的理想。只有马克思主义诞生后，才使这个理想可以实现，而不是空想。这就是为什么马克思主义这么吸引人，特别是吸引底层的劳动人民的原因。

在社会主义的中国，怎样实现共富？中国从实际出发，提出让一部分人先富，带动后富，逐步达到共富。这是社会主义中国的一个特色。

中国特色社会主义使中国空前快速发展，由解决温饱到奔向小康。不少地区、不少人富起来了。但是如何实现共富，还存在不少问题。下岗再就业，看病难、上学难、住房难，还有少部分人没有完全解决温饱等等，就是具体表现。问题在于如何及时解决。中央已注意解决这些问题，比如一再提出要解决人民最关心、最直接、最现实的利益问题。如何让未富起来的一部分地区和一部分人及时跟上共富，这是十分关键的问题。邓小平同志1992年在武昌等地的谈话中就提出了这个问题。他说，如何让先发展的地区带动后发展的地区，“在本世纪末达到小康水平的时候，就要突出地提出和解决这个问题”。

解决好先富带动后富逐步达到共富，这直接关系到稳定，也关系到改革开放，更关系到能否建设中国特色社会主义。稳定、和谐，最根本的问题是利益问题。一部分人得利，一部分人受损，贫富悬殊，就不可能稳定和谐。公平、公正与否，也直接影响稳定和谐，而不公正、不公平涉及的问题主要也是利益问题。如果富的越来越富，穷的越来越穷，两极分化，那就没有什么社会主义了。邓小平同志说：“社会主义最大的优越性就是共同富裕，这是体现社会主义本质的一个东西。”

如何由先富带动后富达到共富，这是开天辟地头一遭，只能探索前进。应该作为一个重要而迫切的课题，发动大家研究总结，逐步提出一个大体的规划，以利共同努力。这已有一定基础，如实行区域协调发展、城乡协调发展、经济社会协调发展，解决“三农”问题，解决社会保障问题，重视分配问题等等，都直接与共富有关。

同时，应该大力加强对共富的宣传教育。实行社会主义就是要逐步实现共富，讲社会主义而不讲共富，那还有什么社会主义？先富只是手段，共富才是目的。把先富当做目的，只求个人富，不顾他人冷暖，就会为达到目的而不择手段。应该使先富起来的地区和人民认识到，共富是中国人民共同的理想和追求的目标，自己富起来是全国人民支持的结果，自己既已开始富起来，就有义务支持未富起来的地区和人民。同时也使未富起来的人民懂得，让一部分地区和人民先富起来，才能带动自己富起来，最终实现共富。要提倡向合法劳动致富的人看齐。所有的人都要了解如何实现共富（不是拉下先富，而是扶起未富），共富的大体规划如何，这样已富的人和未富的人都安心，齐心协力奔共富。

（此文载《党建研究内参》2009 年第 4 期）

为什么必须坚持马克思主义在意识形态领域的指导地位而不能搞指导思想的多元化

秋　石

胡锦涛同志在纪念党的十一届三中全会召开 30 周年大会上的讲话中指出："马克思主义是我们立党立国的根本指导思想。坚持和巩固马克思主义指导地位，是党和人民团结一致、始终沿着正确方向前进的根本思想保证。"为了将建设中国特色社会主义的伟大事业继续推向前进，我们必须毫不动摇地坚持马克思主义在意识形态领域的指导地位。

马克思主义指导地位的确立是历史和人民的选择

马克思主义是合规律性与合目的性的统一。马克思主义揭示了世界的本质和规律，揭示了人类社会发展的本质和规律，特别是揭示了资本主义与社会主义的发展规律，是科学的世界观和方法论，是我们认识世界和改造世界的强大思想武器。作为一种新的世界观，马克思主义是伴随着工人运动登上历史舞台的，这是工人阶级认识到自己的历史地位、历史使命而成为一个有觉悟的阶级的标志。马克思主义是体现人民的根本利益和意志、指引人民争取解放、建设幸福生活的科学理论。

马克思主义在中国的指导地位，不是个别人也不是一个党的主观意志决定的，而是历史的选择、人民的选择。鸦片战争以后，我国沦为半殖民地半封建社会，无数志士仁人前仆后继，上下求索，寻找救国救民的真理。各种思潮，如改良主义、社会达尔文主义、唯意志论、无政府主义、实用主义、民粹主义、工团主义、民主社会主义等，都先后在我国流行过、尝试过，但它们都失败了，成了历史上来去匆匆的过客。只有马克思主义在我国深深扎根，引领中华民族走上了光明之路。包括毛泽东、邓小平在内的我们党的许多早期革命家，最初并不是马克思主义者，而是真诚的爱国主义者。目睹国难当头、民不聊生的惨状，在他们头脑中首先产生的是救国救民的意识。他们接触、研究过各种各样的主义，最后认定只有马克思主义才能够救中国。各民主党派、无党派的许多进步人士，他们之所以能同我们党肝胆相照、精诚合作，就是因为他们有与我们党相近甚至相同的救国救民的思想起点，他们也是经过复杂的探索过程以后才信服马克思主义的。正是在马克思主义的指导下，我们党领导全国人民进行新民主主义革命和社会主义革命，推翻了帝国主义、封建主义、官僚资本主义在中国的统治，建立了新中国，确立了社会主义制度，为当代中国一切发展进步奠定了根本政治前提和制度基础。党的十一届三中全会纠正了“文化大革命”的错误，实现了拨乱反正和工作重点的战略转移，重新确立了马克思主义的思想路线、政治路线和组织路线，开启了改革开放历史新时期，成功开辟了中国特色社会主义道路，形成了中国特色社会主义理论体系，取得了社会主义建设的新的伟大成就。我国革命、建设、改革的历史充分证明，没有马克思主义，就没有新中国；没有马克思主义及其在中国的新发展，就没有中国特色社会主义。在任何时候任何情况下，都要坚持马克思主义的指导地位，否则，党和国家的事业就会因为没有正确的理论基础和思想灵魂而迷失方向，就会归于失败。

统治阶级的思想在每一时代都是占统治地位的思想

每一个社会都有自己占统治地位的意识形态。正如马克思指出的：“统治阶级的思想在每一时代都是占统治地位的思想。这就是说，一个阶级是社会上占统治地位的物质力量，同时也是社会上占统治地位的精神力量。”不仅社会主义国家，而且世界上任何一个国家，统治阶级为了巩固其政治统治，都要竭力维护和发展其占统治地位的意识形态，这是一个客观的事实。

有人认为，当代西方国家不强调统一的指导思想，没有起主导作用的意识形态。这是不对的。资本主义的历史表明，极端个人主义始终是资产阶级意识形态的核心。资本主义社会的经济基础，是以资本主义私有制为核心的生产关系。作为这种社会关系的反映，资产阶级意识形态必然要以极端个人主义为核心内容。作为资产阶级意识形态的核心，极端个人主义渗透和体现在资本主义社会的各个领域，形成了一个无孔不人、无所不在、盘根错节、根深蒂固的价值体系。这种价值体系不仅有力维护了资本主义社会的内部统治，而且成为资本主义在世界上推行霸权的重要工具。

作为科学的意识形态，马克思主义从一开始就反对资产阶级意识形态的“超党性”的虚伪态度，它公开申明自己是为无产阶级的解放服务的，明确宣布要把消灭一切剥削制度、最终解放全人类作为自己的奋斗目标。纵观人类历史，尽管曾经出现过各种各样的理论、学说，但没有一种理论能与马克思主义相媲美，没有一种理论能像马克思主义那样对人类历史进程产生如此巨大的影响，对改变世界面貌发挥如此巨大的作用。尽管马克思主义诞生以来，不断遭受各种诽谤、攻击、谩骂，但马克思主义真理如燧石一样，越敲击越放出耀眼的光芒。

我国是社会主义国家，公有制的主体地位，人民民主的政权性质，共产党的执政地位，决定了我们在意识形态领域只能以马克思主义作为党和国家的指导思想。马克思主义指引我们取得了社会主义革命、建设和改革的伟大胜利，进一步推进中国特色社会主义伟大事业仍然要坚持马克思主义的指导地位。在综合国力竞争日趋激烈的今天，西方敌对势力不愿意看到我国的发展壮大，从来没有停止过对我国进行“西化”、“分化”的图谋，我们与其进行渗透与反渗透、颠覆与反颠覆的斗争将是长期的、复杂的，有时甚至是很激烈的。在严峻的国际形势下，如果我们放弃马克思主义在意识形态领域的指导地位，搞指导思想的多元化，就是自陷困境、自毁长城。

指导思想多元化的实质是取消马克思主义的指导地位

有人认为，多元化是现代社会的重要标志，应该放弃所谓的“正统”及一元化观念；有人提出，应该消解、废除“国家意识形态”或“国家哲学”，宣布“马克思主义只是诸多学说中的一种”，马克思主义不应占主导地位；还有人把马克思主义分割为所谓科学的马克思主义和意识形态的马克思主义，认为马克思主义“作为一种文化、思想方法和社会科学有它的地位”，但马克思主义不是意识形态。近来，有人把西方一些国家的民主、宪政观念鼓吹为所谓“普世价值”，主张中国应把这些“普世价值”

确立为指导思想，与国际接轨，其实是与西方制度模式接轨。这些都是对马克思主义指导地位的挑战。

按照历史唯物主义的观点，有多少种所有制、有多少个阶级，就有多少种反映这些所有制和阶级利益的意识形态。从这个意义上说，意识形态不可能只有一种，而是多种，不是单数，而是复数。但是，这是就人类历史长河和世界范围而言的，具体到一个国家的一定时期来说，尽管也可能存在多种意识形态，但各意识形态的地位并不是平等的。在任何社会，有占统治地位的物质关系就有占统治地位的思想关系。在阶级社会，一定的物质关系表现为一定的阶级关系，而阶级之间的关系又决定着阶级之间的思想关系。因此，总是统治阶级的意识形态占据主导地位。用意识形态的“复数性存在”来否定马克思主义的指导地位并没有什么理论根据。

世界是丰富多彩的，并不是只有一种文明、一种社会制度、一种发展模式、一种价值观念；每一个民族、国家的文化也是多样的。孟子说过：“夫物之不齐，物之性也。”不齐、多样是事物充满活力的表现和动力。从根本意义上说，文化的多样性是由人的文化需要的多样性决定的，不仅人与人的需要不同，而且每一个人的需求也是多样的。满足不同层次、不同方面的文化需求当然就需要多种多样的文化形态。党中央提出的推动文化大发展大繁荣、兴起社会主义文化建设新高潮的重大任务，也正是为建设一种能够满足广大人民群众多样文化需求的多样文化。但是，各种各样的文化并不是平分秋色的，必然有主有次，必然是主旋律与多样化的统一。中国特色社会主义文化建设的主旋律，就是社会主义核心价值体系建设，就是用马克思主义中国化最新成果武装全党、教育人民，用中国特色社会主义共同理想凝聚力量，用民族精神和时代精神鼓舞斗志，用社会主义荣辱观引领风尚。有了这个主旋律，就能保证我国文化的社会主义性质，保证我国文化始终沿着进步的方向前进；有了这个主旋律，才能保证文化的多样化，满足人民群众多方面的文化需求；有了这个主旋律，即使意识形态领域出现一些杂音和噪音，我们也可以掌握主动权，做到“任凭风浪起，稳坐钓鱼船”。看来，坚持马克思主义在意识形态领域的指导地位与发展丰富多彩的文化、与社会思潮的多样化并不矛盾，不仅不矛盾，而且根本一致。这就要求我们妥善处理好指导思想一元化与社会思想意识多样化的关系。列宁说：“哲学史和社会科学史都十分清楚地表明：马克思主义同‘宗派主义’毫无相似之处，它绝不是离开世界文明发展大道而产生的一种故步自封、僵化不变的学说。”由此可见，处理好指导思想一元化与社会思想意识多样化的关系，不仅可以防止思想僵化，而且可以防止各种腐朽和错误思潮的泛滥，从而在思想文化领域真正形成一种既有统一意志又生动活泼的和谐局面。

指导思想多元化论者的一个主要观点，就是认为坚持马克思主义的指导地位会妨碍发展民主。这是极其荒谬的。事实上，马克思主义者从来都是民主的积极倡导者和真诚的实践者。我们党始终把追求人民民主作为革命和建设的一个重要的政治目标。民主从来都是具体的、相对的，而不是抽象的、绝对的，总是与一定阶级的思想、一定国家的制度相联系。抽掉民主的社会内容特别是阶级内容而当作抽象的信条，是剥夺大多数人的民主、实行少数人特权的政治势力惯常玩弄的思想游戏。马克思主义强调的是多数人的民主，而不是少数人的民主。马克思主义关于民主的理论，揭示了民主建设的规律，代表了广大人民的民主愿望，为我国的社会主义民主建设指明了方向。那种不要以马克思主义指导的民主，不要党的领导的民主，决不是广大人民群众真正需要的民主，因为那样的民主，最终必然要导致社会主义制度的解体。而社会主义制度一旦解体，广大人民群众的民主权利及其他一切权利都将付诸东流。

坚持马克思主义的指导地位必须推进马克思主义中国化

当前,我国改革发展正站在新的历史起点上,机遇前所未有,挑战也前所未有,这对意识形态工作提出了新的更高的要求。实践表明,形势越是复杂,社会越是多样化,就越需要在根本问题上统一思想、凝聚共识。

坚持马克思主义的指导地位不动摇,必须搞清楚什么是马克思主义、怎样对待马克思主义的问题。与时俱进是马克思主义的理论品质,不断创新是马克思主义的发展动力。我们坚持的马克思主义,是发展着的马克思主义。只有用发展着的马克思主义武装全党、教育人民,才能真正发挥马克思主义认识世界和改造世界的巨大作用。这就要求我们不断推进马克思主义中国化的进程。马克思主义中国化,就是运用马克思主义的立场、观点和方法,研究和解决中国的实际问题,丰富和发展马克思主义的理论宝库;就是运用中国人民喜闻乐见的民族语言来阐述马克思主义理论,揭示中国革命和建设的本质和规律,使之成为具有中国风格和中国气派的马克思主义。坚持马克思主义的指导地位与推进马克思主义中国化是统一的。马克思主义的指导地位只有在与实践的结合中、在指导实践发展的同时而又不断发展自身中,才能真正实现。对我们这样一个马克思主义政党来说,马克思主义一定不能丢,永远不能丢,丢了就失去党魂、丧失根本,但这绝不是要我们死抱着马克思主义的片言只语或个别结论不放。坚持马克思主义的指导地位,一定要以我国改革开放和现代化建设的实际问题、以我们正在做的事情为中心,着眼于马克思主义的运用,着眼于对实际问题的理论思考,着眼于新的实践和新的发展。教条主义地对待马克思主义,离开本国实际和时代发展来谈坚持马克思主义,到头来必然要葬送马克思主义。

坚持马克思主义的指导地位不动摇,必须始终坚持重在建设,妥善处理意识形态领域的问题。要旗帜鲜明地坚持马克思主义指导地位不动摇,不能缺位、不能含糊,有力抵制各种错误思想的影响。同时要坚持尊重差异、包容多样,努力在多元中立主导、在多样中谋共识,在最大限度扩大共识上取得最佳社会效果。正确区分学术问题、思想认识问题和政治问题,具体问题具体分析,是什么问题就解决什么问题,在什么范围发生就在什么范围解决,无论处理什么问题,都要有利于维护改革发展稳定的大局。要加强党对意识形态工作的领导,自觉从政治上观察和处理问题,密切关注社会思想动态和文化发展趋势,着力提高驾驭意识形态复杂局面、引导社会思潮的能力,提高建设大众媒体、引导社会舆论的能力。

胡锦涛同志强调:"马克思主义只有同本国国情和时代特征紧密结合,在实践中不断丰富和发展,才能更好发挥指导实践的作用。"包括邓小平理论、"三个代表"重要思想以及科学发展观等重大战略思想在内的中国特色社会主义理论体系,坚持和发展了马克思列宁主义、毛泽东思想,凝结了几代中国共产党人带领人民不懈探索实践的智慧和心血,是马克思主义中国化最新成果,是我们党最可宝贵的政治和精神财富,是全国各族人民团结奋斗的共同思想基础。

科学发展观是对党的三代中央领导集体关于发展的重要思想的继承和发展,是马克思主义关于发展的世界观和方法论的集中体现,是同马克思列宁主义、毛泽东思想、邓小平理论和"三个代表"重要思想既一脉相承又与时俱进的科学理论,是我国经济社会发展的重要指导方针,是发展中国特色社会主义必须坚持和贯彻的重大战略思想。在当代中国,坚持科学发展观在意识形态领域的指导地位,就是坚持中国特色社会主义理论体系在意识形态领域的指导地位,就是坚持马克思主义在意识形态领域的指导地位。完全可以肯定,在以胡锦涛同志为总书记的党中央领导下,只要我们在继续推进改革开放和现代化建设的历史进程中,既坚持马克思主义的基本原理和原则，又不断进行理论创新和实践创新，马克思主义就能在中国大地上焕发出更加蓬勃的生机与活力，马克思主义在意识形态领域的指导地位就会坚如磐石，任何力量都不能把它动摇！

（此文载《求是》2009 年第 6 期）

为什么必须坚持中国共产党领导的多党合作和政治协商制度，而不能搞西方的多党制

秋　石

政党是当代世界绝大多数国家的政治发动机，在国家政治生活中发挥着重要作用。采用适合国情、国家性质和社会发展状况的政党制度，是一个国家发展进步的重要条件。中国共产党领导的多党合作和政治协商制度，是我们党把马克思主义政党学说和统一战线理论与中国具体实际相结合的伟大创造，是我们党同各民主党派、无党派人士长期团结奋斗的重大理论成果和实践成果，具有历史的必然性、伟大的独创性和巨大的优越性。继续推进中国特色社会主义现代化事业，必须坚定不移地走中国特色社会主义政治发展道路，把这一基本制度坚持好、完善好、落实好，而绝不能搞西方的多党制。

一、历史发展的必然，中国人民智慧的结晶

历史是不能忘记的。要认识今日中国，就必须了解昔日中国。鸦片战争后，中国逐步沦为半殖民地半封建社会。帝国主义和封建主义互相勾结，阻碍中国社会向前发展，中华民族危难深重，中国人民无法享有民主权利。为了改变国家、民族的悲惨命运，一代又一代中国人奋起抗争。20 世纪初，中国民主革命的先行者孙中山先生发动和领导了具有资产阶级民主革命性质的辛亥革命，推翻了清朝封建统治，建立了中华民国。随后，中华民国临时政府颁布《临时约法》，全盘照搬西方议会政治，允许人们结社结党。一时间，各类政治团体蜂拥而起，政党多达 300 多个，围绕国会选举，各党派展开激烈竞争，国民党最终赢得胜利。但随着袁世凯刺杀宋教仁、解散国民党、取消国会、恢复帝制，民族资产阶级及其政党热切向往的议会制和多党制彻底破产，中国走向军阀混战、四分五裂的局面。民国初年的议会制和多党制，是当时仁人志士对中国社会发展道路的探索，相对于封建专制是一个历史性进步，但这不仅为中外反动势力所不容，而且根本不能解决中国社会的主要矛盾和问题，无法成为解救中国的济世良方。孙中山先生也曾指出："中国几千年以来社会上的民情风土习惯，和欧美的大不相同"，"所以管理社会的政治自然也是和欧美不同，不能完全仿效欧美"。

近代以来中国民主政治发展的潮流和趋势，决定了一党专制在中国同样行不通，注定要被时代和人民所抛弃。国民党蒋介石集团建立的代表大地主大资产阶级利益的政权，独揽国家一切权力，推行"一个党、一个主义、一个领袖"，实行一党专制。抗战爆发，迫于国内外压力，国民党政府表面上允许中共和其他党派合

法存在，但始终不忘“溶共”、“防共”、“限共”和“反共”，打击和迫害民主进步力量。抗战胜利后，国民党拒绝中国共产党提出的建立民主联合政府的政治主张，公然撕毁停战协定和政协协议，发动全面内战，最终导致政治上的孤立、经济上的崩溃和军事上的溃败。毛泽东同志曾经指出：“不论是对于过去历史上说，对于当前任务上说，对于中国社会性质上说，所谓一党主义都是没有根据的，都是做不到的，行不通的。”

1921年成立的中国共产党，把马克思列宁主义与中国实际相结合，提出了新民主主义革命纲领，团结全国各革命阶级为实现民族独立、人民解放和国家富强、人民幸福而奋斗。主要在抗日战争和解放战争时期成立的各民主党派，其社会基础是民族资产阶级、城市小资产阶级以及同这些阶级相联系的知识分子和其他爱国分子，有着反帝、爱国、民主的政治要求，是中国社会的进步力量。中国共产党在领导新民主主义革命走向胜利的伟大斗争中，确立了在中国各种革命力量中的领导核心地位。1948年4月，中国共产党提出召开新政治协商会议，成立民主联合政府的主张，得到各民主党派和无党派人士热烈响应。1949年9月中国人民政治协商会议的召开，标志着中国共产党领导的多党合作和政治协商制度的正式确立，中国共产党与各民主党派和无党派民主人士共同参加新中国国家政权建设。

新中国成立后，中国共产党在执政条件下进一步加强同各民主党派团结合作，不断推进多党合作的理论创新和实践发展。1956年社会主义改造基本完成后，我们党提出“长期共存、互相监督”的八字方针，明确共产党存在多久，民主党派就存在多久。共产党可以监督民主党派，民主党派也可以监督共产党；由于共产党居于领导、执政地位，主要是民主党派监督共产党。“文化大革命”期间，多党合作制度遭受严重挫折，中国也陷于某种程度内乱，从反面说明这一基本制度的宝贵。

1978年实行改革开放以来，根据形势和任务的变化，中国共产党提出“长期共存、互相监督、肝胆相照、荣辱与共”十六字方针。1989年颁布了《中共中央关于坚持和完善中国共产党领导的多党合作和政治协商制度的意见》。1993年八届人大一次会议，把“中国共产党领导的多党合作和政治协商制度将长期存在和发展”载入宪法，多党合作和政治协商走上了制度化轨道。2002年党的十六大以后，从建设社会主义政治文明的高度，我们党先后制定了进一步加强中国共产党领导的多党合作和政治协商制度建设的意见和加强人民政协工作的意见，使多党合作制度进一步规范化和程序化。

中国近现代史正反两方面的经验和教训说明，中国民主政治建设，必须从中国的基本国情出发，盲目照搬别国政治制度和政党制度模式，是不可能成功的；实行独裁专制统治，违背历史发展规律和人民意志，也必然归于失败。中国共产党领导的多党合作制度的形成和发展，是历史的必然选择，是马克思列宁主义与中国实际相结合的产物，是中国共产党和各民主党派总结中国人民智慧的结晶，体现了中华民族和而不同、兼容并蓄的优秀文化传统，具有鲜明的中国特色。

二、社会主义民主的重要体现

没有民主就没有社会主义。中国共产党领导的多党合作制度以其独特的结构功能和运行机制，体现了社会主义民主的本质要求，保障人民民主权利的充分行使，是实现社会主义民主的重要形式。在中国，人民代表大会制度与中国共产党领导的多党合作和政治协商制度，有着相辅相成的作用。选举民主与协商民主相结合，拓展了社会主义民主的深度和广度。经过充分的政治协商，既尊重了多数人的意愿，又照顾了少数人的合理要求，保障最大限度地实现人民民主，促进社会和谐发展。

中国共产党领导的多党合作制度的民主价值和功能，主要体现在以下方面：

——政治参与。共产党领导、多党派合作，共产党执政、多党派参政，是中国多党合作制度的特征。这一基本制度为各民主党派的政治参与开辟了制度化渠道，把各种社会力量纳入政治体制，巩固和扩大人民民主专政国家政权的基础；调动各方面积极性，广集民智，广求良策，推动执政党和政府决策的科学化、民主化。

——**利益表达**。人民内部在根本利益一致的基础上存在着具体利益的差别和矛盾。特别是随着社会主义市场经济的发展，经济体制深刻变革、社会结构深刻变动、利益格局深刻调整、思想观念深刻变化。多党合作与政治协商制度能够有效反映社会各方面的利益、愿望和诉求，畅通和拓宽社会利益表达渠道，协调利益关系，照顾相关者利益。

——**社会整合**。我国现代化建设的艰巨性和复杂性，要求政治制度具备高度的社会整合功能。多党合作和政治协商制度以中国共产党领导为前提，又有各民主党派的广泛合作，从而形成强大的社会整合力。在建设中国特色社会主义大目标下，中国共产党紧密团结民主党派和无党派人士，形成高度的政治认同，促进政治资源的优化配置，调动各方面的积极性。

——**民主监督**。中国共产党与各民主党派互相监督，有利于强化体制内的监督功能，避免由于缺乏监督而导致的种种弊端。各民主党派反映和代表着各自所联系群众的具体利益和要求，能够反映社会上多方面的意见和建议，能够提供一种中国共产党自身监督之外更多方面的监督，有利于执政党决策的科学化、民主化，克服官僚主义和各种消极腐败现象。

——**维护稳定**。多党合作和政治协商制度以合作、协商代替对立、争斗，不仅能够避免政党互相倾轧造成政局不稳，而且能够有效化解各种社会矛盾和冲突，最大限度地减少社会内耗，保持政治稳定和社会和谐。

三、世界政党制度发展中的伟大创造

中国共产党在领导人民进行革命、建设和改革实践中，坚持从中国国情出发，既没有照搬照抄西方国家的两党制和多党制，也没有效仿包括当时苏联和东欧社会主义国家实行的一党制，而是与各民主党派和无党派人士一起，创立和发展了中国共产党领导的多党合作和政治协商制度这一新型政党制度形式，成为世界政党制度发展中的伟大独创。

创立了崭新的政党合作关系。资本主义国家的政治制度和政党制度建立在生产资料私有制基础上，难以调和的利益矛盾，决定了资产阶级各政党之间必然处于互相竞争、甚至争斗不休的状态。其政党关系的突出特点是彼此竞争、互相倾轧。中国共产党对各民主党派和无党派人士的领导，主要是政治领导，即政治原则、政治方向和重大方针政策的领导。各民主党派和无党派人士与中国共产党长期共存、互相监督、肝胆相照、荣辱与共，共同致力于中国特色社会主义事业。这就是根本区别所在。

创立了崭新的执政方式。两党制和多党制国家的执政党通常主导和独占国家权力，并为其所代表的利益集团谋取最大的政治和经济利益。其他政党作为在野党或反对党，由于不能直接参与政府管理国家事务，往往对执政党采取对立的态度和做法，为反对而反对，使其执政效果受到很大的牵制和影响。在当代国际政治舞台上，所谓“跛脚总统”、“跛脚内阁”屡见不鲜。在我国，中国共产党作为执政党，依法长期执政，是历史和人民的选择，是宪法明确赋予的。民主党派作为亲密友党，参加国家政权，参与国家大政方针和国家领导人选的协商，参与国家事务的管理，参与国家法律法规的制定和执行，在国家政治生活中发挥着重要作用，是参政党，不是在野党，更不是反对党。

创立了崭新的民主实现形式。两党制、多党制和议会制作为资本主义国家的民主实现形式，其主要特点是通过选举方式实现政党轮流执政，以维护资产阶级的根本利益。有时为了选票也会考虑民众的意愿，但其本质是金钱政治，有钱人的游戏。我国是人民当家作主的社会主义国家，全国人大代表来自各地区、各民族、各方面，人口再少的民族也至少有一名代表。人民政协则按民族、界别、党派和人民团体，通过充分的民主协商推举产生委员。这种广泛的代表性，使我国的政治制度建构于坚实的社会基础之上，使中国特色民主具有西方民主不可比拟的真实性、包容性和广泛性。

四、巨大的优越性和广阔的发展前景

纵观新中国60年的历史，中国共产党领导的多党合作和政治协商制度深深根植于中国的政治土壤之中，符合中国特色社会主义事业的发展要求和全国各族人民的根本利益，在我国经济社会发展中发挥着极其重要的作用，显示出广阔的发展前景。这一基本制度的巨大优越性主要表现在：

能够促进科学发展，实现社会全面进步。任何政党制度的好坏优劣，最终都体现在能否促进生产力发展和推动社会进步上。中国共产党的坚强领导，保证了国家对经济建设和社会发展的统一规划和部署。各民主党派和无党派人士始终围绕国家发展要务，认真考察调研，积极献计献策。如2008年，各民主党派通过深入调研，向中共中央、国务院提出多个建议和意见。民革中央《关于大学生村官到村任职的几点建议》，民建中央《关于加强农村环保工作的建议》，台盟中央《关于构建"海峡经济区"的几点建议》等，都得到中央的高度重视并采纳。据不完全统计，20世纪90年代以来，各民主党派中央先后就三峡工程、西部大开发、抗击非典、宏观调控、建设社会主义新农村、建立三江源生态补偿机制实验区、发展职业教育等事关国计民生的问题，向中共中央、国务院及有关方面提出重大建议200多项，各民主党派地方组织提出各项建议9万多项，其中许多意见和建议被采纳，产生了显著的经济和社会效益。

能够更好地实现和发展人民民主，推进社会主义政治文明建设。改革开放以来，无论是党的全国代表大会和中央全会通过的各项决定，还是国家经济社会发展中长期规划、宪法修改、政府工作报告等，中共中央、国务院事先都以召开民主协商会、座谈会、情况通报会的形式，广泛听取党外人士的意见和建议，坚持协商于决策之前和执行决策过程之中，并已基本形成一项制度。各地党委、政府也就当地经济社会发展问题广泛征求党外人士的意见建议。这些都有力地推动党和政府决策的科学化、民主化，对实现党的领导、人民当家作主和依法治国的有机统一，起到了积极推动作用。

能够保持国家政局稳定和社会安定团结，推进社会主义和谐社会建设。社会的安宁与和谐是每个公民幸福的重要保证。然而，与西方多党制相衔接的是政治选举中的竞争、对抗和抹黑。在不少实行多党制的国家和地区，各政党为上台执政进行残酷争斗，为选票甚至不惜挑起族群矛盾、制造社会对立，给社会发展带来沉重灾难。西方国家竭力向发展中国家输出多党竞争的"民主制度"，带给发展中国家的却是长期的社会纷争，甚而内战频发、民不聊生。与此形成鲜明对比的是，我国的多党合作和政治协商制度强调民主协商，中国共产党和各民主党派在坚持社会主义初级阶段的基本理论、基本路线、基本纲领和基本经验方面，形成了高度政治认同和强大社会凝聚力。在当今中国，试问有哪种政治力量，能够像中国共产党那样具有博大的包容性和强大的向心力、号召力、凝聚力和组织力？新中国成立以来特别是近30多年来，我国保持政治稳定、经济发展、社会进步和人民安居乐业的一条重要经验，就是始终坚持和完善中国共产党领导的多党合作和政治协商制度。如果舍此而搞"多党制"，无疑是自取其祸、自乱其国。

能够推进人民民主专政国家政权建设，增强党和国家的活力。民主党派成员和无党派人士进入人大、政府、政协和司法机关担任领导职务，同中共干部建立良好的合作共事关系，是我国多党合作和政治协商制度的重要内容，也是加强党的执政能力建设和国家政权建设的基本要求。目前,全国各级政府和司法部门担任县处级以上领导职务的党外干部有3.2万人,31个省区市政府基本上都有民主党派或无党派人士担任副省长、副主席、副市长或助理。这些做法调动了党外干部的积极性、主动性和创造性,使优秀人才源源不断地聚集到党和国家的事业中来。同时,各级政府部门和司法机关还聘请党外人士担任特约监察员、检察员、审计员和党风监督员。他们积极发挥民主监督作用,帮助中国共产党不断提高拒腐防变和抵御风险的能力。

我国正处于实现社会主义现代化和中华民族伟大复兴的关键阶段,处于发展的“黄金期”与社会矛盾的“凸显期”。中国人民的最大利益、根本利益是抓住机遇、实现发展。中国共产党领导的多党合作和政治协商制度已经走过了60年的光辉历程,其间也经历过各种风风雨雨。实践证明,作为国家的一项基本政治制度,它不是封闭的、一成不变的,而是开放的、与时俱进的,经得起历史考验,具有无比广阔的发展前景。这一具有鲜明中国特色的政党制度,凝结着中华民族的巨大智慧。我们当代人有责任倍加珍惜,始终坚持,不断发展和完善。在这个问题上,我们决不能动摇、不能懈怠,更不能折腾。

(课题组成员:周淑真　王安琪　杨发喜　牛京辉)

为什么必须坚持公有制为主体多种所有制经济共同发展的基本经济制度而不能搞私有化和“纯而又纯”的公有制

秋　石

基本经济制度是一个国家社会制度的基础。在我国社会主义初级阶段,坚持以公有制为主体、多种所有制经济共同发展的基本经济制度,不能搞私有化,也不能搞纯而又纯的公有制,这是由我国社会主义初级阶段的基本国情,特别是社会生产力的总体水平与结构决定的。对于这个基本经济制度,必须坚定不移、毫不动摇。任何的动摇与偏离,都会使我国经济社会发展步入歧途。

一、发展社会主义市场经济必须坚持基本经济制度,而不能搞私有化

党的十一届三中全会以后,我们党恢复并重新确立了解放思想、实事求是的思想路线,在坚持以公有制为主体的同时鼓励多种所有制经济共同发展,形成了与社会主义初级阶段相适应的基本经济制度,实行了社会主义市场经济体制。从高度集中的计划经济体制转向充满活力的社会主义市场经济体制,使我国经济蓬勃发展,综合国力显著增强,人民生活总体上达到小康。30年来,我国经济实现了近10%的年均增长率,国内生产总值跃升到世界第三位,创造了世人瞩目的中国奇迹。但是,以公有制为主体、多种所有制经济共同发展,作为社会主义初级阶段的基本经济制度确立下来,并不是一帆风顺的。当市场取向的改革目标越来越清晰时,出现了公有制能否与市场经济有机融合的质疑;当国有经济的调整与改革逐步深化时,又

出现了“国退民进”、对国有企业一卖了之的观点。这些观点的基本依据无非是，只有生产资料成为私人财产时，人们才会真正关心它的运用，最大限度地发挥它的效力，而公有制做不到这一点。因此，发展市场经济的惟一出路在于私有化。这种观点在理论上毫无根据，在实践中更是有害的。

从市场经济的起源和发展来看，它一直是与私有制相结合的，但不能由此推出发展市场经济必须实行私有化的结论。首先，从经济社会发展的历史逻辑来看，公有制是在私有制之后建立起来的一种新型所有制关系，符合生产社会化的发展趋势。但在社会主义初级阶段的我国，劳动还是人们谋生的主要手段，社会分工的固定化很难在短时间内彻底改变，不同产业和企业之间的利益实现，还需要通过市场平等交换来进行。我国建立社会主义市场经济体制的改革实践已经证明，在公有制基础上完全可以发展市场经济，从而走出了中国特色社会主义道路。其次，市场经济作为一种财产组织方式和资源配置机制，与运行其中的社会制度是不同层次的问题，不存在必然的因果关系。资本主义可以依托市场带来经济的快速增长，社会主义也可以凭借它实现财富的积累与共同富裕。那种认为只有私有制才能提高经济效率的观点，既没有看到资本主义发展过程中生产资料私人占有制的历史缺陷，也没有看到我国社会主义基本经济制度具有包容多样化生产力及其表现形式的优越性。生产越是社会化，生产资料就越是不能实行私人占有，这是经济发展的历史趋势。

从市场经济的一般要求来看，我国必须坚持基本经济制度，而不能实行私有化。在我国发展社会主义市场经济，一个根本要求就是通过发挥公有制的主导作用，有效地弥补市场缺陷，创造出比资本主义高得多的生产效率。国内外经验表明，任何形式的市场经济都存在着市场失灵问题。只有国家进行高效灵活的宏观调控，才能保证其有效运转。国有企业是国民经济的骨干与支柱，担负着提供公共产品、增强综合国力、实现区域平衡发展、充分就业等社会重任。这是非国有企业很难做好的事情。建立公有制企业是生产社会化发展的必然要求。特别是进入新世纪以来，经济全球化使市场对资源的优化配置突破了一国范围，日益成为全球范围内生产经营活动的调节机制，从而要求一国特别是大国的经济发展必须站在全球资源配置的平台上，充分利用国际国内两个市场、两种资源。只有这样，才能形成核心竞争力。这意味着，生产的社会化也随之从一国扩展到全球的更高程度，要求在更宽广的领域突破所有制关系上的狭隘性质，使生产关系符合生产力发展的新要求。因此，无论从克服市场缺陷的要求来看，还是从经济发展趋势来看，公有制都具有私有制无可比拟的优势，我们没有任何理由退回到私有化道路上去。

从市场经济在我国的实践来看，我们也必须坚持基本经济制度，而不能实行私有化。我国所有制结构的改革与调整，仅仅依据市场经济的一般要求来确定公有制经济的比重是远远不够的，还必须考虑我国市场经济发展的特殊性质。一方面，社会主义社会的性质决定了我国经济发展的根本目的是满足人们日益增长的物质文化需要，实现共同富裕。实现这一目标的基本前提就是让全体人民公平地占有生产资料。因为只有生产资料的公平占有，才能实现机会公平、分配公平的理想目标，促进人的全面发展。正是公有制为实现全体人民公平地占有生产资料创造了物质条件。另一方面，我国正处在赶超发达国家的工业化阶段，需要运用国家力量，利用后发优势，实现跨越式发展。这种赶超型的发展方式需要一定比重的公有制经济和一定数量的国有企业作为保障。因此，我国国有经济的战略性调整，不是简单地使国有资产从一般性竞争领域退出，而是要立足长远发展，集中于自然垄断部门、公共产品部门和国家战略安全部门等关系国民经济命脉的主要行业和关键领域，进入支柱产业和高新技术产业。

只有这样,才能保持公有制经济的生机和活力,使中国特色的社会主义经济健康发展。

二、必须坚持社会主义市场经济的改革方向,而不能搞纯而又纯的公有制

我国发展社会主义市场经济,必须坚持公有制为主体,但决不是要搞纯而又纯的公有制。新中国成立以来经济发展正反两方面的经验已经证明:搞纯而又纯的公有制,不仅不能促进反而会阻碍生产力的发展。这是因为,我国的生产力水平总体而言还不发达,具有多层次性,发展不平衡,这就决定了所有制关系的多样性。因此,社会主义初级阶段的所有制结构必须是以公有制为主体、多种所有制经济共同发展。

以公有制为主体最根本的就是公有资产在社会总资产中占优势,对经济发展起主导作用。公有资产占优势,要有量的优势,更要注重质的提高;国有经济起主导作用,主要体现在控制力上。以公有制为主体,不能简单地理解为公有制企业在数量上占多数。在相对较低的生产力水平,在物质技术基础不完全的基础上,只能建立数量相当的公有制企业。在这个阶段,以公有制为主体更主要地体现在国有经济在整个国民经济中的控制力、影响力和引导力上。

从生产力来看,增强公有制在整个国民经济中的控制力、影响力和引导力,主要是通过国有经济或国有企业在经济运行关键环节上的布局和发展来实现。我国是发展中的社会主义国家,在进行国有经济布局时既要遵循市场经济的一般规律,又要从基本国情出发。现阶段,国有经济需要控制的行业和领域主要包括:涉及国家安全的行业,自然垄断的行业,提供重要公共产品和服务的行业,以及支柱产业和高新技术产业中的重要骨干企业。只要在这样一些基础性、关键性行业,以及引领产业结构升级的高新技术产业中,建立一定数量的具有影响力和控制力的国有企业,就能实现对国民经济运行方向的控制。国有大中型企业是国民经济的重要支撑力量,要增强公有制经济的控制力,就必须做大做强国有大中型企业。在社会主义市场经济条件下,做大做强国有企业,一方面要加大对国有经济的调整力度,通过对国有企业的资产重组、兼并收购、参股控股等,在关键行业中发展具有控制力的大型企业集团;另一方面要按照现代企业制度的要求,不断完善法人治理结构,形成有效的激励约束机制,不断提高国有企业的市场竞争力。

从生产关系来看,增强公有制在整个国民经济中的控制力、影响力和引导力,关键是要寻找到公有制的有效实现形式。在社会主义市场经济条件下,公有制可以采取多种实现形式,其中股份制是公有制的一种有效实现形式。它可以通过国家和集体在股份公司中的绝对控股、相对控股和参股三种形式来实现。国家和集体控股的股份公司成为公有制的实现形式,这在理论上讲没有问题,因为由国家和集体控股,不论是绝对控股还是相对控股,国家和集体都可以通过控股权对公司发挥支配作用。但是,在国有和集体参股的股份公司中,由于国有和集体不具有控股权,因而对股份公司的经营战略和发展方向就不能依据股权发挥决定作用。在这种情况下,国有和集体在其参股的股份公司中,可以采取“金股”(指政府否决企业决策的特别权利股)的特殊安排,使国有和集体以较少的股权对企业经营战略和方向发挥决定性的作用,从而使其成为公有制的实现形式。

总之,要以较少的国有和集体经济对国民经济发挥主导和控制作用,就必须对国有企业进行制度创新,即除极个别企业,如造币、军工等实行百分之百国有外,大部分国有企业可以从单一的国有产权转向股权多元化,形成国有、集体和非公有资本等参股的混合所有制企业。混合所有制企业的制度安排,一方面可以使企业更关心经济效率,另一方面可以通过国家控股,保证企业完成政府赋予的特殊职能。

三、形成以公有制为主体、多种所有制经济共同发展的新格局

社会主义国家的性质决定了国民经济的主体必须是公有制，巩固和发展公有制经济要毫不动摇；同时，我国现阶段的生产力水平决定了必须发展多种所有制经济，鼓励、支持、引导非公有制经济发展也要毫不动摇。“两个毫不动摇”是我国基本经济制度的集中体现。党的十七大报告再次强调了“两个毫不动摇”，进一步明确了我们发展社会主义市场经济的方向，指出要形成各种所有制经济平等竞争、相互促进的新格局。

坚持公有制主体地位，关系到中国改革发展的前途与命运，关系到社会主义事业的兴衰成败。只有搞好公有制经济，不断增强其活力，使其表现出比其他所有制经济更高的竞争力，才能显示出社会主义经济制度的优越性。一是要继续推进国有经济的战略性调整，优化国有经济的布局和结构。从整体上看，我国国有经济的战略性调整虽是一个有进有退的过程，但总体而言，国有企业将集中在最能发挥优势的领域。需要指出的是，对竞争性领域的国有企业，只要有市场竞争力，就没必要退出。既然是平等竞争，各类企业就应该有平等发展的权利。二是要继续鼓励国有企业做大做强。国有企业在国内已取得了规模优势。2007 年中国企业 500 强中，国有和国有控股企业多达 349 家，占 69.8%，但与世界 500 强相比，我国企业还显得弱小。2007 年中国企业 500 强的营业收入、利润总额和资产总额，分别仅相当于世界企业 500 强的 10.7%、6.5%和 7.8%。在经济全球化的背景下，如果企业规模弱小，就很难与世界跨国公司进行同等量级的较量，更没有力量参与行业规则的制定，从而不得不受制于人，因此必须加快国有企业发展，努力做大做强。三是要继续增强公有制经济的活力、控制力和影响力。特别是中央企业，面对激烈的市场竞争，必须扬长避短，找准市场定位，集中有限资本做强核心业务，增强对核心技术和专有技术的研发能力，不断提高主营业务特别是核心业务的竞争力，力争成为带动行业或相关产业发展的主导力量。

发展非公有制经济，不仅在创造产值的同时有利于扩大就业，而且还为国有经济的战略性调整和国有企业改革发展创造了条件。从一定程度上说，改革开放以来，如果没有非公有制经济的大发展，就不会有公有制经济效率的提高。发展非公有制经济，一是要鼓励全民创业。这就需要形成与社会主义初级阶段基本经济制度相适应的创业观念和创业机制，营造鼓励人们干事业、支持人们干成事业的社会氛围，从而使创业变得光荣，光荣到我们无论怎样评价它都不为过；同时又使创业简单平凡，平凡到每一个人都能够去尝试，直至获得成功。事实证明，一个社会只有激发出每一个人的创业激情，才可能做到让一切创造社会财富的源泉充分涌流。二是要支持非公有制企业做大做强。经过 30 年的快速发展，我国民营企业规模有了很大程度的提高，但仍存在不少问题。当前，我国民营企业要做大做强，至少应过好以下“五关”：财富关，即变革传统的小富即安、怕做大的财富价值观；制度关，即完善现有的民营企业制度，并适时地促进其制度变革；战略关，即确定战略以明确方向，找准定位以顶住诱惑，整合资源以永续成长；人才关，即通过创造各种能够激励人干事业的条件，吸引、留住员工；文化关，即从家族文化向企业文化转变，把家族价值观与企业价值观分开，把家族利益与企业利益分开。三是要引导非公有制企业做好“小”。非公有制企业基本都是中小企业，它们不可能都做大，这就需要引导它们努力走精、专、特、新的发展道路。首先，中小企业可以通过形成以专业化分工协作为基础的产业集群，联合起来参与市场竞争，弥补自身的规模劣势；其次，中小企业通过“小而特”的方式，进入大企业无法进入或不愿意进入的领域，从而以特定的人群、特定的产品、特定的细分市场确立竞争优势；再次，中小企业可以通过“小而精、小而专、小而强”的方式，主动适应大企业以“外包”方式进行“模块化”生产的

发展趋势，嵌入到大企业的产业链条中，成为大企业产业链的一个环节。

要形成各种所有制经济平等竞争、相互促进的新格局，就必须推动以公有制为主体、多种所有制经济共同发展的组合结构从板块结合向有机结合转变。为此，一方面要大力发展混合所有制经济，使公有制经济与非公有制经济形成你中有我、我中有你的有机结合，充分发挥各自的制度优势，相互促进，共同发展；另一方面要放宽市场准入。2007 年第七次民营企业调查结果显示，我国民营企业主要集中在制造业和批发零售业，这两类企业共占被调查企业总数的 65.4%，而进入电、煤、气、水等领域的民营企业占比只有 1.1%，进入金融业的只有 0.1%，进入公共设施领域的约占 0.4%，进入教育、卫生、文体的合起来不足 2%。从经济发展的一般规律来看，在一个行业中，即使存在多个同一所有制的企业，它们之间的竞争也是不充分的，只有鼓励不同所有制企业之间的竞争，才能在一个行业中形成优胜劣汰的竞争机制，推动产业实现突飞猛进的发展。因此，从长远发展看，需要打破行业垄断，放宽市场准入，允许那些具备条件的企业自由地进出产业，这对于我国产业发展趋向成熟并赢得国际竞争力将是极其重要的。

改革开放以来我们取得一切成绩和进步的根本原因，归结起来就是：开辟了中国特色社会主义道路，形成了中国特色社会主义理论体系。建设中国特色社会主义事业伟大而艰巨，今后将面临更多的风险和更大的考验。只要我们按照党的十七大精神，以邓小平理论和“三个代表”重要思想为指导，深入贯彻落实科学发展观，坚持社会主义市场经济的改革方向，坚持社会主义基本经济制度不动摇，积极探索公有制的多种有效实现形式，积极创造各种所有制经济共同发展的新局面，放手让一切劳动、知识、技术、管理和资本的活力竞相迸发，就一定能够战胜前进中的一切困难，夺取社会主义现代化建设的更大胜利。

（课题组成员：黄泰岩　李建军　王兆斌）

改革开放与马克思主义辩证法

杨春长　杨建梓

改革开放的成功，是坚持以中国特色社会主义理论体系为指导的结果，其中也包含着以马克思主义哲学为指导的因素在内。改革开放 30 年的历史进程，同时也是实践马克思主义哲学的历史进程，其间充满着丰富的唯物辩证法思想。这里，择其一二，谈谈我们的认识体会。

学习运用矛盾普遍性与特殊性原理，坚定不移地走中国特色社会主义道路

马克思主义辩证法认为，矛盾的普遍性是矛盾的共性，并通过特殊性表现出来。在改革开放和建设中国特色社会主义过程中，我们既始终坚持科学社会主义的基本原则，即事物矛盾的普遍性；又根据中国的国情进行大胆探索，从中国实际出发，尊重事物矛盾的特殊性，始终坚持事物矛盾普遍性与特殊性的统一。正如胡锦涛总书记在十七大报告中指出的：中国特色社会主义道路之所以完全正确、之所以能够引领中国发展进步，关键在于我们既坚持了科学社会主义的基本原则，又根据我国实际和时代特征赋予社会主义建设鲜明的中国特色。

邓小平同志在党的十二大上提出：走自己的道路，建设有中国特色的社会主义。这个伟大创见，既深刻体现了马克思主义哲学关于矛盾的普遍性与特殊性相统一的理论，又丰富、发展了这个理论。在改革开放的历史进程中，我们党围绕"什么是马克思主义、怎样对待马克思主义，什么是社会主义、怎样建设社会主义，建设什么样的党、怎样建设党，实现什么样的发展、怎样发展"四大基本问题，从实践到理论进行了卓有成效的创造，用一系列紧密联系、相互贯通的新思想、新观点、新论断，开辟了中国特色社会主义道路，形成了中国特色社会主义理论体系。我们党成功地运用社会主义建设的辩证法，遵循人类社会发展规律、社会主义建设规律、共产党执政规律，进一步发展社会化大生产，努力借鉴和吸收人类文明优秀成果，始终坚持解放思想、实事求是、与时俱进的思想路线和"一个中心、两个基本点"的基本路线，大力弘扬以爱国主义为核心的民族精神和以改革创新为核心的时代精神，在全面推进中国特色社会主义事业进程中不断推进党的建设新的伟大工程。这一历史过程，既包含着也实践着矛盾普遍性与特殊性相统一的原理，是马克思主义辩证法不断应用和具体化的历史过程。

学习运用矛盾同一性与斗争性原理，实现"一国两制"构想与推进和谐社会建设

矛盾着的对立面既统一，又斗争，由此推动事物的运动和变化。这是马克思主义辩证法的基本观点。在革命战争年代，我们党的任务主要是夺取政权，较多地注重矛盾的斗争性。建立新中国以后，我们党由夺取政权转变为执掌政权，党的十一届三中全会后，我国进入改革开放新时期，党的中心工作实现了以经济建设为中心的历史转折。我们党根据我国面临的矛盾大都是非对抗性矛盾的实际，特别重视矛盾同一性在认识和解决矛盾中的作用，形成了积极稳妥地解决社会主义建设和改革时期矛盾的新思路。

"一国两制"构想是成功运用矛盾同一性与斗争性原理解决重大现实问题的生动体现。邓小平同志在1984年就指出："世界上有许多争端，总要找个解决问题的出路。我多年来一直在想，找个什么办法，不用战争手段而用和平方式，来解决这种问题。"在解决祖国统一问题上，他指出："和平共处的原则用之于解决一个国家内部的某些问题，恐怕也是一个好办法。根据中国自己的实践，我们提出'一个国家，两种制度'的办法来解决中国的统一问题，这也是一种和平共处。"在实现"一国两制"过程中，我们立足于和平共处，同时又坚决与分裂势力作斗争，促成了香港、澳门的回归。"一国两制"这一富有创造性的战略构想已经变为活生生的现实，这显示了"一国两制"政治构想的强大生命力，也证明了马克思主义的矛盾同一性与斗争性原理的科学性。

随着改革开放的深入和社会主义市场经济的发展，利益多元化、文化多元化的问题日益突出，社会问题也逐渐增多。面对这些新情况新问题，一方面要与消极、错误现象作斗争，另一方面又要"重在建设"，大力弘扬社会主义核心价值体系，积极发展社会主义和谐文化，构建团结稳定的社会局面。党的十六届四中全会提出构建社会主义和谐社会，而和谐社会就是矛盾统一体，就是矛盾的同一性与斗争性相统一的社会，就要求我们更多地致力于社会矛盾体中各要素之间的相互依存、相互协调和相互贯通，更多地关注矛盾双方的相互依赖和统一，积极化解冲突和纠纷。在处理国际事务中，我们党也始终坚持和运用矛盾同一性与斗争性相结合的辩证统一原理。经济全球化使世界各国在利益关系上既互相竞争又互相依存，因此在处理国际事务中，我们既注意矛盾的冲突，又注重矛盾双方的联合，积极倡导构建和谐世界的理念，努力谋求用和平的手段处理国际事务、解决国际争端，从实际出发，通过寻找和扩大共同点，形成相互依存、互利共赢、共同发展的和谐局面。

学习运用重点与全面相结合的辩证法，坚持全面协调可持续发展

马克思主义辩证法是重点论与全面论的统一。在改革开放的历史进程中，从我们党提出并坚持的"一个中心、两个基本点"的基本路线，到新世纪新阶段贯彻落实以人为本、全面协调可持续发展的科学发展观，这些都是对马克思主义辩证法的具体运用和发展。

改革开放以来，面对错综复杂的情况，以邓小平、江泽民同志为核心的党的第二代、第三代中央领导集体和以胡锦涛同志为总书记的党中央，旗帜鲜明地坚持党的基本理论、基本路线、基本纲领和基本经验，把握正确方向，排除各种干扰，领导改革开放和社会主义现代化建设不断发展。

在改革和发展的整个过程中，我们坚持"重点论"，紧紧"扭住"人民日益增长的物质文化需要同落后的社会生产之间的矛盾这一主要矛盾不动摇，紧紧抓住经济建设这个中心不放松，聚精会神搞建设，一心一意谋发展，用发展的办法解决前进中的问题。从"发展是硬道理"，到"发展是党执政兴国的第一要务"，再到贯彻落实科学发展观，发展始终是中国特色社会主义事业不变的主题，快速发展则成为新时期最显著的成就。

当然，我们坚持的"重点论"不是"一点论"，而是以全面协调发展为基础和前提的。围绕经济建设这个中心，我们始终把坚持改革开放作为强国之路，把坚持四项基本原则作为立国之本，并把它们统一于建设中国特色社会主义实践之中。在推进物质文明建设的同时，我们始终协调推进政治文明建设、精神文明建设。特别是进入新世纪新阶段，根据发展的阶段性特征，面对新的情况和新的问题，我们提出以人为本、全面协调可持续发展的科学发展观，把科学发展观作为我国经济社会发展的重大指导方针，作为发展中国特色社会主义必须坚持和贯彻的重大战略思想，既紧紧抓住经济建设这个中心不放松、不动摇，又注重促进社会各项事业全面发展、协调发展、科学发展。所有这一切，都充分体现了重点与全面相结合的辩证思想方法。

（作者：杨春长为军事科学院少将）

从世界经济危机看社会主义前景

高　放

一、资本主义世界经济危机必定引起社会主义革命

2007年美国爆发的次贷危机，进而发展为2008年世界金融危机。金融经济本来是虚拟经济，但是由于金融投资短缺，不能不影响到实体经济的发展。所以世界的金融危机现在进而扩大为世界的经济危机，也就是说实体经济也受到了影响。很多工厂倒闭，美国、日本、欧洲多国、澳大利亚以及大批发展中国家，失业人数与赤贫的人口激增。

根据2009年4月28日《参考消息》刊登的法新社26日从华盛顿发出的文章，世界银行和国际货币基金组织当天提供了一个报告，披露这场危机已经造成了5000万人失业。预计到2009年底，极度贫困的人口将增加到9000万，世界长期处于饥饿状态的人口数量可能会上升到10亿，占全世界总人口数的1/6。该报告认

为，这是上个世纪30年代大萧条以来最为严重的全球经济衰退。经济损失迄今已达3万多亿美元。造成这场世界经济危机的原因，无疑是资本主义私人占有资本与生产越来越社会化之间这个固有基本矛盾激化的结果。具体表现为美国金融资本家特别贪婪敛财，为了刺激居民超前消费，大量发放次级贷款，还给金融产业的高管人员滥发高薪，华尔街高级管理人员的收入超过低级管理人员200多倍，要高管人员绞尽脑汁，挖空心思，千方百计为大老板赚大钱出绝招险招。美国高管、低管的收入差距远比日本、英国高得多，日本、英国只相差20多倍。

危机使许多人都认识到资本主义已经病入膏肓，只有社会主义才是人类的生路与出路。所以近年来在西方，马克思的《资本论》大为畅销，日本作家小林多喜二写于1929年的小说《蟹工船》也成为畅销书。当今需要我们重视的问题是，如何使资本主义发展到社会主义。世界经济危机证明资本主义走投无路，在当今资本主义危机深重的时候怎么开展社会主义运动呢？要用什么样的社会主义来取代现在的资本主义呢？当前这场世界经济危机给我们提出了这样尖锐的问题。

按照科学社会主义的传统观点，也就是马克思主义、列宁主义的观点，认为经济危机是资本主义的不治之症。恩格斯在《反杜林论》里有一段话，对资本主义的经济危机做了十分深刻的概括和形象的描述，他用了四个词：慢步、快步、跑步、狂奔，最后陷入谷底深渊。恩格斯认为：资本主义经济危机这种恶性的循环，不再逐渐的缩小，“运动无宁说是在沿着螺线行进，并且必然像行星的运动一样，由于同中心相碰撞而告终”。他又指出：“事实上自从1825年第一次普遍危机爆发以来，整个工商业世界，一切文明民族及其野蛮程度不同的附属地中的生产和交换，差不多每隔十年就要出轨一次。交易停顿，市场盈溢，产品大量滞销积压，银根奇紧，信用停止，工厂停工，工人群众因为他们生产的生活资料过多而缺乏生活资料，破产相继发生，拍卖纷至沓来。停滞状态持续几年，生产力和产品被大量浪费和破坏，直到最后，大批积压的商品以或多或少压低了的价格卖出，生产和交换又逐渐恢复运转，步伐逐渐加快，慢步转成快步，工业快步转成跑步，跑步又转成工业、商业、信用和投机事业的真正障碍赛马中的狂奔，最后，经过几次拼命的跳跃重新陷入崩溃的深渊。如此反复不已。从1825年以来，这种情况我们已经历了整整五次，目前(1877年)正经历着第六次。”到现在，可以说已经历了20多次。可是为什么资本主义至今还没有崩溃？这是值得我们深究的一个大问题。

当然，资本主义的经济危机不会使资本主义制度自动崩溃，它必然引起革命，或者是由战争引起革命。即是说危机的结果，一定会产生革命，或者是资产阶级用对外发动战争来转移革命，但是最后必然也会产生革命。对于这一点，马克思在1853年的《中国革命和欧洲革命》一文中有段经典的说明。马克思指出：“欧洲从18世纪以来，没有一次严重的革命事先没有发生过商业危机和金融危机。1848年的革命是这样，1789的革命也是这样。不错，我们每天都看到，不仅称霸世界的列强和他们的臣民之间、国家和社会之间、阶级和阶级之间发生冲突的迹象日趋严重，而且现时的列强相互之间的冲突正在一步步尖锐，乃至剑拔弩张，非由国君们来打最后的交道不可了。在欧洲各国首都，每天都传来全面大战在即的消息……”，“战争也好，革命也好，如果不是来自工商业的普遍危机，都不大可能造成全欧洲的纷争，而那种危机到来的信号，总是来自英国这个欧洲工业在世界市场上的代表”。

现在有变化了，危机信号不是来自英国，而是来自头号超级大国美国。那么，信号来自美国的这次世界经济危机，会引起美国或其他资本主义国家的社会主义革命吗？这是我们科学社会主义者异常关切的头等大事。

二、当代资本主义国家为什么难以爆发社会主义革命

200多年以来世界资本主义发展的历史部分证明了马克思、恩格斯的预见。200多年来，世界经济危机发生了20多次，有的危机引起革命，或者是先发动战争再引起革命。1871年的巴黎公社革命是1870年的普法战争引起的，1917年俄国十月革命是第一次世界大战引起的，第二次世界大战当中和战后东欧和东亚十几个国家的革命，走上社会主义道路，也是如此。

但是值得我们重视的是另外一个现象，现在要深入思考和研究。那就是200多年来资本主义发展历史也证明了，每一次危机之后，资本主义都得到新的调整，资本主义的力量更增强。整个200多年的历史，到现在为止，恩格斯所讲的危机从慢步到快步，快步到跑步，跑步到狂奔，狂奔到陷入深渊，然后爆发革命，或者由战争引起革命，不完全是这样。巴黎公社革命72天失败了，苏联和东欧东亚有16个国家革命成功，走上社会主义道路，但是其中有11个国家都发生剧变，又倒退到资本主义去了。现在这一场深重的世界经济危机还会引起战争和革命吗？今后世界还是沿着这一路径，经济危机引起革命，或者先发动战争，再引起革命吗？看来难以实现。当代资本主义国家，看来难以爆发社会主义革命。

为什么呢？马克思、恩格斯的主张，为什么现在难以实现？我认为，关键在于20世纪60年代以来席卷全球的以电子信息为先导的第三次科技革命，已经使世界资本主义发展到了一个新阶段。在这个新阶段，传统的战争与革命难以发生。资本主义发展究竟经历了哪些阶段，这与社会主义的命运是息息相关的，这个问题必须弄清楚，这是重大的理论问题。

马克思认为资本主义经历了三个阶段，即是简单协作、手工工场、机器生产。16、17世纪是简单协作，18世纪是手工工场，19世纪是机器生产。马克思认为进入机器生产阶段，即蒸汽化阶段，资本主义就已陷入穷途末路了，社会主义就可以取代资本主义了。马克思的名言是："19世纪革命的秘密：无产阶级的解放。"即是说，蒸汽化时代就能实现社会主义。实践证明，马克思的设想没有实现，资本主义在19世纪还有强大的生命力，还是方兴未艾。

到20世纪，列宁也认为资本主义是经历了三个阶段。然而列宁所讲的三个阶段跟马克思讲的有所不同。列宁认为，资本主义的第一阶段是17、18世纪资产阶级革命的阶段，第二阶段是19世纪自由资本主义阶段，第三阶段是20世纪垄断资本主义阶段。列宁发展了马克思的观点，马克思认为蒸汽时代就是社会主义时代了，列宁认为蒸汽时代是资本主义时代，电气时代才是社会主义时代。

现在资本主义是不是处于列宁所讲的垄断资本主义时代呢？这是理论上的大问题。许多同志发表论著，认为现在资本主义仍然是列宁所讲的垄断资本主义时代，有所不同的是，列宁讲的是私人垄断资本主义，现在是国家垄断资本主义，有人都写了大厚本的著作，来论证当代资本主义的许多新变化，然而万变不离其宗，结论是当代资本主义是国家垄断资本主义。那岂不是依然停留在列宁所讲的那个历史阶段吗？

这个看法我认为是不符合实际的，国家垄断资本主义在列宁那个时代就出现了，不是二战后出现的。国家垄断资本主义的论断，在列宁1916、1917年的著作中都讲了。私人垄断与国家垄断不能截然划分为两个阶段，几乎是齐头并进的。还有同志发表论著，认为当代资本主义是国际垄断资本主义。这种看法比之国家垄断资本主义，是前进了一大步。但是应该看到，当代世界国际竞争超越了国际垄断，所以我国才要对外开放，参与国际竞争。如果国际垄断大大压倒了国际竞争，那么我国就没有参与国际竞争的余地了，20世纪60年代掀起的以电子信息为先导的第三次新科技革命，已经越来越大地改变了资本主义的面貌。当今已经难

以再用竞争或垄断来作为划分资本主义发展阶段的标准了。要从整体上看资本主义社会发生了什么重大变化。我在1988年就发表了一个新的看法，我认为世界资本主义是经历了四个阶段：从16到18世纪是封建资本主义，18世纪末到19世纪末是自由资本主义，19世纪末到20世纪70年代是垄断资本主义，70年代末以来是社会资本主义。2000年我进而发表《社会资本主义是资本主义的最高阶段》，我认为当代资本主义的社会化程度更高，国家的社会职能大为增强，社会主义因素在逐步增长，所以称为社会资本主义较为恰当。

在自由资本主义、垄断资本主义阶段，马克思、恩格斯、列宁都认为经济危机会引起三大革命，就是暴力革命、不断革命、世界革命。即是说马克思、恩格斯、列宁认为，只有革命能解决危机问题，能解决资本主义发展到社会主义的问题。毛主席也是这样主张。实践证明这三种革命有它的合理性、必要性和成效性，这在过去这个历史阶段确是这样。可是在当今这个社会资本主义新阶段，我看这三大革命难以实现。当今世界资本主义发生这么严重的经济危机，今后世界社会主义的发展，我想可能是三个改良取代三个革命，也就是和平改良、不断改良、世界改良，取代暴力革命、不断革命、世界革命。可以说今后世界社会主义的发展，将通过逐步渐进的改良来完成世界社会主义革命的任务。这三个改良和社会党主张的改良主义是有区别的。科学社会主义信奉革命主义，总的来说是革命主义，不是改良主义。社会党是改良主义。在当今世界，资本主义发展到社会主义可能是通过逐步改良来完成，而难以通过革命来实现。

至今理论界仍然有人发表文章，说我们要“立足暴力革命”，似乎世界经济危机的加深把革命又提到议事日程上了。我认为这是不切实际的。上个世纪30年代美国发生过那么严重的危机，波及到全世界。有的理论工作者写文章很形象地说，罗斯福新政使世界资本主义死里逃生。我还要补充说明：罗斯福新政不仅使资本主义死里逃生，而且使资本主义重获新生。也就是说罗斯福新政加强了国家的社会职能，加强了国家对整个社会的调控，不仅仅是经济调控，也包括文化调控、社会矛盾的调控、社会保障体系的建立。二战后，罗斯福新政的经验不仅在美国延续，而且为众多资本主义国家政府仿效。自20世纪60年代美国带头掀起信息化的第三次科技革命以来，到70年代末资本主义已进入社会资本主义阶段。当今世界是社会资本主义，这表明当今资本主义国家社会化程度更高了，国家的社会职能增强了，社会主义的因素增长了，有这样三个显著的特点。

在垄断资本主义阶段，资本主义的各种基本矛盾经常激化，战争与革命是世界主题，所以暴力革命、不断革命、世界革命难以避免，世界经济危机势必引起社会主义革命。在社会资本主义阶段，资本主义的各种基本矛盾得以缓解，可能通过妥协解决，和平与发展是世界主题，所以暴力革命、不断革命、世界革命难以实行（即便个别国家和地区发生战争和革命，也难以主导全局）。由于资本主义国家的社会职能大为增强，社会保障体系较为完善，所以即便世界经济危机深重，也难以爆发社会主义革命。当今希腊、法国等国发生过较大规模的罢工、示威游行，甚至骚乱，很快就平息了。危机最为深重的美国，却显得比欧洲平静得多，难以糊口者可以凭食品券去领取食品。日本也深受这场世界经济危机的影响，赤贫人口激增。现在每个月申请加入日共者有1千人，日共现有近42万党员，约24,000个支部，党报《赤旗报》的发行量约为100万份，是议会第四大党，成为发达资本主义国家最有实力和影响的共产党。日共是争取在日本和平过渡到社会主义的。它在议会、尤其是地方议会中有一定的席位。以往受“左”的思想影响，认为日共的议会和平过渡路线是修正主义。现在看来，日共是务实的积极的探索。21世纪初以来，在资本主义世界已有3个国家的4个共产党通过合法斗争、议会竞选成为执政党，这是值得重视的新动向、新进展。摩尔多瓦共产党在2001、2005、2009年3次议会大选中取胜，党主席沃罗宁连任两届总统后改任议长，新一届总统由女共产党人齐·格雷恰尼担任。作为欧盟成员国的塞浦路斯在2008年2月议会大选中塞浦路斯劳动人民进步党（成立于1926年的塞共于1944年改为现名）获胜，党中央总书记季·赫里斯托菲亚斯出任国家总统。尼泊尔共产党（毛主义）和尼泊尔共产党（联合马列）在2008年4月制宪会议竞选中分别成为议会第一大党和第三大党。尼共（毛）主席普拉昌达于8月出任联合政府总理，今年5月初他辞职后由尼共（联合马列）总书记马·库·尼帕尔任联合政府总理。这3国4个共产党执政，就是在资本主义国家进行和平改良、不断改良的有益试验。社会党和其他政党执政时的进步政策也有利于推进和平改良和不断改良。联合国和各种进步的国际组织可以作为逐步推进世界改良的重要平台。

三、当今世界社会主义各自推进、兼程并进的态势

当今世界社会主义不仅有共产党这一家，共有大、中、小各三家，一共九家，这也说明当今社会主义的影响更大了。共产党的科学社会主义是第一大家，社会党的民主社会主义是第二大家，民族社会主义是第三大家。有人认为，民族社会主义现在已经衰落了，在20世纪七八十年代非洲民族社会主义很盛行，现在实际上只有两大家，即科学社会主义与民主社会主义。我看未必这样。现在拉美有10个左翼政党执政的国家，除古巴共产党信奉科学社会主义以外，其他如委内瑞拉、玻利维亚、厄瓜多尔、巴西、尼加拉瓜等等都表明要实现社会主义。拉美这些执政党有的主张“21世纪社会主义”，或印第安社会主义、劳工社会主义、桑地诺主义、民众主义、人民参与社会主义，大体上都可以划为民族社会主义。因为它们主要都是反对美国干涉和剥削，维护民族独立，发展民族经济，促使民族振兴。此外，新加坡人民行动党的社会主义、利比亚卡扎非的人民社会主义、叙利亚复兴社会党的社会主义，等等，我认为也都属于民族社会主义。当今世界社会主义除这“三大家”外，还有“三中家”，即绿党生态社会主义、托派第四国际社会主义、极左派共产党激进主义；另有“三小家”，即无政府社会主义、西方学者社会主义、空想社会主义。“三小家”影响很小，极左派共产党激进主义难以进展。总的看来，当代世界社会主义呈现出各自推进、兼程并进（发展中国家、前苏联东欧地区国家和发达国家这三类国家和共产党执政的5个社会主义国家都在探索社会主义）、和平渐进、携手共进的态势。我们应该以宽广的眼光来观察当代世界社会主义，还要善于团结、联合、借鉴、帮助其中大多数派别，不能唯我独社（社会主义），非我即资（资本主义）。

科学社会主义要与时俱进，向前发展，不能教条式理解，墨守成规，一成不变；科学社会主义可借鉴民主社会主义，但是不能倒向民主社会主义，不能并到民主社会主义。在发展世界社会主义方面，我认为现在主要还是应该注意纠“左”防右，纠正长期以来“左”的观点。同时，要防止转向右的观念。现在社会主义队伍里，还有一支是极左派共产党。像美国，除了美国共产党之外还有美国革命共产党。美国这两个共产党，对待这场经济危机的态度很清楚。美国共产党1920年成立，现在只有大约5000党员，它自己不单独提出总统候选人，号召党员、工人投奥巴马一票，支持奥巴马政府的各种政策。美国革命共产党，是1975年受我国“文革”当中极左思潮的影响成立，美国革命共产党的人员更少，党员可能不超过1000人，但是活动能量颇大，在美国很多城市都开设有革命书店，跟群众有一些联系。美国革命共产党是信奉毛泽东主义的，我2000年到美国访问的时候，专门到革命书店找他们，跟他们交谈过。美国革命共产党认为，在美国可以搞暴力革命，他认为提毛泽东思想太低了，思想人人都有，主义不是人人都有，应该提毛泽东主义。我反问他们：毛

泽东主义的精髓是什么？他们说精髓是游击战、持久战。我又问：你们在美国搞游击战搞得起来吗？他们说搞得起来，在美国枪支可以随便买。但是我说你们不能随便攻打白宫呀！他们说时候没到，等着吧！时候到了就可以了。所以美国革命共产党是抵制美国总统选举，目前反对奥巴马政府的各种改革措施，积极鼓吹革命。美国200多年来从未发生过任何一次无产阶级暴力革命，我认为今后也难以发生。还有印度共产党（毛派），也是主张搞暴力革命，但是很难成气候。印度现有4个共产党，即1920年成立的印共、1964年从中分出的印共（马）、1969年另建的印共（马列）和2004年再建的印共（毛）。前两个党力量大，印共（马）有近100万党员，是资本主义世界最大的共产党，印共也有约50万党员，这两个党主张参加议会民主选举，争取和平过渡到社会主义。印共（马）已在3个邦执政，有的甚至已6次连选连任，廉洁奉公，绩效显著。后两个党力量小得多，主张暴力革命，多年从事武装斗争，难有很大进展。印共（毛）约有万把人的游击队，分散在全国28个邦的12个邦之中活动，时常袭击警察局、火车站等地，今年4月22日还在东部地区暂时劫持了一列载有500名乘客的火车，以显示其实力。实际上没有多大实力。我国国内也还有“左”的思潮影响。有一些人要推行毛泽东主义，要为“四人帮”平反，要搞第二次无产阶级文化大革命。有的人发表文章，宣扬“当今世界，主要矛盾是帝国主义与世界人民之间的矛盾”，“在对抗性矛盾占主导地位的世界里，无法实现人与人之间的和谐关系”。这是明显不同意党的十七大关于构建和谐世界的方针，言外之意似乎是还要建立全世界反美统一战线，继续进行世界人民革命。

另外一方面，我们也要防止右的观念。右的就是社会民主党的民主社会主义还有市场。2007年，有一位老同志在《炎黄春秋》第2期发表一篇影响很大的文章，文中提出：只有民主社会主义才能救中国，主张中国未来的方向是民主社会主义。2007年5月31日《南方周末》发表我的长篇文章，讲《科学社会主义与民主社会主义的百年分合》。我论证了科学社会主义与民主社会主义原来是同根、同源、同义、同党，到19世纪末才形成党内左右两党，一战后又变为对立的两类政党，即共产党与社会党，当今这两类政党要合作，但不是要合并。因为当今科学社会主义与民主社会主义虽然有一些共同点，但是仍有原则区别。那篇主张民主社会主义的文章在社会上之所以有很大影响，我认为是因为社会主义民主不足，很多人误以为那篇文章讲的民主社会主义就是对的。我认为不是只有民主社会主义才能救中国，而是只有社会主义民主才能救中国。我们要大力发展社会主义民主，才能防止民主社会主义的蔓延。

民主社会主义至今还有很深的社会影响。中国亚太经济发展研究中心有一位高级研究员写了一篇文章，题为《中国民主科学社会主义》，文中提出中国要实行民主科学社会主义。什么意思呢？就是说把民主社会主义与科学社会主义搅混在一起，副标题是通向和谐社会之路。内容讲政治上奉行有序民主，经济上走科学发展之路，文化上创建民族、科学、人民的和谐文化，党建方面提出来要重建一个伟大光荣正确的新的中国共产党。怎么样重建呀？是把现在的党推倒了重建，还是促进现在的党通过改革重建呢？作者没有讲明，但是底下有一段话，把他的观点和盘托出。他前面讲了民主科学社会主义，后面接着说：“国际民主科学社会主义正日益发展成世界进步的主流力量。近10多年来全世界社会民主党由80多个发展到150多个，拥有3000万党员，2亿信奉者和支持者。民主社会主义思想和邓小平理论在许多方面是一致和相通的。80年代邓小平曾对国际社会党人说：‘我们都是左翼’，民主社会主义和科学发展观、和谐社会理念也是相吻合的，目标是相同的，胡锦涛总书记和国际社会党人也有广泛友好交往，中国共产党可借鉴民主社会主义的一些理论和实践，来丰富自己的思想体系。中国民主科学社会主义也可称是国际民主社会主义初级阶段。”我认为，该文提出“中国共产党可借鉴民主社会主义的一些理论和实践”，这是对的；但是把民主社会主义与科学社会主义整个混为一谈则是不妥的。邓小平理论和科学发展观、和谐社会理念都是科学社会主义基本原则与当代中国实际相结合的新发展，当前中国是处于中国特色社会主义初级阶段，而不是国际民主社会主义初级阶段。一位高级研究员可以发表自己的独立见解，然而把全文不加删节地收入这本名为《求是先锋：领导干部在改革开放新时期的理论与实践》的大部头汇编中，这是对领导干部的误导。

总的看来，现在社会主义在世界上的威望增长了。2009 年 4 月 18 日《参考消息》登了美国《华盛顿邮报》4 月 15 日的一段报道，讲到美国人在选择社会主义的同时，认为“全世界的社会主义者和社会主义政党基本都支持有社会主义色彩的资本主义”（这里所说的“有社会主义色彩的资本主义”也就是我所讲的社会资本主义），它包括三个内容，即“对资本的管理更严格，工人拥有更多的权利，公共部门扩大化，提供私人部门无法提供的职能”。这就是当今美国人所讲的社会资本主义发展的三个方面的要点。在美国《华盛顿邮报》的这篇报道里，也提到“社会资本主义”。文中说：现在很多美国年轻人开始青睐社会主义了，“20 多岁的人比 30 多岁的人，对社会主义——或者社会资本主义——态度更开放，不仅仅是因为他们从来没有经历过苏维埃的威胁，而且因为在放任政策和华尔街金融化的巅峰时期，经济一直没有给他们带来多少利益”。现在美国有人认为，“奥巴马正在带领美国走上社会主义道路”。这个观点是不对的，奥巴马的很多措施，包括国有化的措施，是旨在维护资本主义，挽救资本主义，决不是奥巴马带领美国走社会主义。但是不可否认，奥巴马挽救资本主义的这些措施，客观上有利于美国社会主义因素的增长，今天美国通往社会主义也是逐步改良，不可能像美国革命共产党所主张的那样，等到时机成熟，可以开展游击战、持久战攻打白宫，夺取政权。美国爆发的这场世界经济危机颇大程度上是由于推行新自由主义所崇尚的“小政府、大市场”的方针引起的。奥巴马政府现在加强政府调控，我认为是要改变为采取“中政府、大市场”的方针，以扼制资本主义的恶性循环。贝拉克·奥巴马的姓名是有深层涵义的。奥巴马的父亲原是非洲肯尼亚人，奥巴马在斯瓦西里语中意为祝福，贝拉克则意为弯曲。贝拉克·奥巴马顾名思义，是一个能屈能伸、善于妥协、能给予幸福的人。是否如此，有待实践验证。他是平民出身，又属黑人族裔。奥巴马新政在美国有越来越多年轻人青睐社会主义的推动下，也许可能比之罗斯福新政更能取得一些成效。从这场世界经济危机中我国应当吸取的一条经验就是要加强我国社会主义政府对社会主义市场经济的调控。但是不能回到苏联社会主义模式的“大政府、小市场”。苏联模式的“大政府”是国家垄断统治的政府，“小市场”是只限于消费品市场。我国也应该采取“中政府、大市场”的方针。社会主义政府应是服务管理型政府，而不是垄断统治型政府。社会主义政府要加强对社会主义大市场的调控，大力防止官商勾结，尽力减少官员腐败和社会贫富两极分化，避免资本主义世界经济危机对我国的冲击。

总之，我们要坚持科学社会主义与中国实际相结合，不断推进中国特色社会主义。在这个过程中，要继承资本主义的文明成果，更要防止资本主义的各种弊端，可以借鉴民主社会主义和各种社会主义流派中有用的东西，还要发扬民族优秀的文化传统。各国都建设各具本国特色的社会主义，中国特色的社会主义特别应该作出表率，发展社会主义民主是关键，只要中国特色社会主义全面建设好了，就会对促进世界社会主义发展起良好的作用。

管子的治国之道对我们治理国家的启示

邓中好

春秋初年齐国管子辅佐齐桓公，经过四十余年的奋斗，使原来弱小而混乱的齐国发展壮大，实现了霸业，登上了霸主地位。为什么齐国能够如此迅速而稳健地实现霸业创造辉煌？因为管子制定并实施了一套符合齐国实际又适应时代特征的政策、策略，走了一条具有齐国特色又符合霸业要求的道路。

首先，对政治体制进行大刀阔斧的改革，在加强君权的同时，扩大了民主。一是重新划分行政区划，建立新的行政管理体制。管子说："圣王之治其民也，参其国而五其鄙，定民之居，成民之事，以为民纪，谨用其六秉，如是而民情可得而百姓可御。"(《小匡第二十·内言三》)他把居民按其不同事业分开居住管理，建立起新的行政管理制度，然后强化君主"六秉"即"杀、生、贵、贱、贫、富"之权，加强管理。二是摒弃旧的决策体制，建立新的议政机构——啧室。管子认为，要使决策正确，必须广泛听取群众意见。所以，他提出建立他称之为"啧室"的议政机构。他说"黄帝立明台之议者，上观于贤也；尧有衢室之问者，下听于人也；舜有告善之旌，而主不蔽也；禹立谏鼓于朝，而备讯唉；汤有总街之庭，以观人非也；武王有灵台之复，而贤者进也。此古圣帝明王所以有而勿失，得而勿忘者也。"(《桓公问第五十六·杂篇七》)明台的谘议、灵台的汇报等等，都是听取群众意见的机构、制度。在管子看来，古代圣王，之所以取得这么大的成就，就是建立了机构，形成制度，广泛听取群众意见。这是决策的需要，也是争取民心的需要。三是建立行政——军事一体化机制。就是"做内政而寓军令"，即把全国人口划分为三部分，配备长宫，建立军事编制。这样，全国百姓，平时为民，战时为兵。这是重大的行政——军事体制改革。这个改革，实现了全民皆兵，增强了军力，同时又加强了管理，减轻了老百姓的负担。

其次，发展经济。管子认为，治理国家，首先要发展经济。只有发展经济，使人民富裕，提高人民生活水平，才能稳定国家，实现国家的治理目标。管子强调把发展经济作为治理国家的首要任务，在他看来，有这么几个原因。第一，"民富则易治也，民贫则难治也。"(同上)第二，"国多财则远者来"。(《牧民第一·经言一》)第三，"仓廪实则知礼节，衣食足则知荣辱"。(同上)在发展经济问题上，管子思想最具特色之处是他的轻重理论。这个理论的核心，概括地说就是：第一，政府要掌握国家经济宏观调控权，可以灵活调控全国经济；第二，政府要掌握国家财政、税收，掌握国家经济命脉，以确保国家意志的实施；第三，尊重经济规律，用经济手段抓经济。实际上，不论是关于国内经济，还是关于与诸侯国间的经济往来，他都始终坚持这个原则。可以看出，管子的轻重理论注重发展经济，但又不是单纯地考虑经济，其政治内涵十分丰富，可以说是一种政治经济学理论。他反复使用轻重经济手段，削弱敌对诸侯国的经济实力，搅乱其民心，摧毁其国家基础，实现齐国的目的，不能不说具有独特作用。

第三，争取人心，争取最广大的人民群众的支持，夯实国内政治基础。管子明确指出，古代圣王，之所以能够建立功业，取得声誉，流芳百世，最根本的原因，就是取得人心，取得广大人民的支持。所以，要成就事业，"人，不可不务也，此天下之极也"。(《五辅第十·外言一》)从这个基本观点出发，管子进一步提出了“以人为本”的主张。他说：“夫霸王之所始也，以人为本，本理则国固，本乱则国危。”（《霸言第二十三·内言六》）这是中国历史上第一次提出“以人为本”概念。把人作为社会的根本，把人民视为国家安危的第一要素，在中国思想史上，无疑是一大进步。根据这些基本思想，管子采取了一系列有利于人民生活的政策。比如，他提出了不扰民、不劳民，让老百姓按照季节耕种、正常生活的主张。他说：“明主之治天下也，静其民而不扰，佚其民而不劳。不扰则民自循，不劳则民自试。”（《形势解第六十四·管子解二》）他还突出地强调，“民心”关系国家兴亡，国家政策要体现“民心”，按照“民心”来制定。他说：“政之所兴，在顺民心；政之所废，在逆民心。民恶忧劳，我佚乐之，民恶贫贱，我富贵之；民恶危坠，我存安之；民恶灭绝，我生育之。”（《牧民第一·经言一》）一切按照人民的愿望来做，人民还有什么理由不拥护他呢？

第四，以法治国，整顿国家政治秩序，规范社会生活。管子明确提出以法治国主张，反复阐述法治的深刻意义及其作用。他说：“先王之治国也，不淫意于法之外，不为惠于法之内也，动无非法者所以禁过而外私也。威不两错，政不二门，以法治国则举错而已。”（《明法第四十六·区言二》）古代圣王治理国家，不在法律之外去用心，也不违背法律私下施舍恩惠，一切行动都必须以法律为根据，以此禁止各种违法行为，排除各种私心杂念。权威不能有两个，政策不能出自多门。这是非常深刻的思想。需要强调的是，在封建专制下，管子明确提出“以法治国”，不仅需要远大的眼光，而且需要巨大勇气。无论中外，“王权不可分割”，都是一条不易的法则，不论从什么角度看，“法治”都是对王权——君权的挑战。“法者天下之仪也，所以决疑而明是非也，百姓所县命也。”（《禁藏第五十三·杂篇四》）法是国家的最高准则、是非的根本尺度，王权——君权当然要受约束。但是，管子认为以法治国在根本上符合国家利益，符合君主利益，不矛盾。

第五，建立以“德、功、能”为核心的新的用人标准体系，加强官吏队伍建设。在君主专制下，选人用人，讲血缘、讲门第、讲关系，无法适应事业的要求。为了改变这种现状，管子把选人用人问题提到了关系国家治乱、事业成败的高度，并认为这是君主的最重要的职责。他说：“君之所审者三：一曰德不当其位，二曰功不当其禄，三曰能不当其官。此三本者，治乱之原也。”（《立政第四·经言四》）为什么这样讲？在管子看来，第一，如果有人其德行未显露于朝廷而得高位，优秀的大臣就得不到重用；功劳未在全国表现出来而享受厚禄，勤苦努力的大臣就得不到鼓励；执政未有实绩取信于民而担任大官，有才能高水平的大臣就不会出力。这样的结果，必然是“邪臣上通，而便辟制威”（同上），就是奸臣当道，宠佞专权。第二，“能官，则不守而不散。众能，伯；不然，将见对。”（《侈靡第三十五·短语九》）任用能人，君主不必太多辛苦，国家也能有效治理。能人众多，就可以成就霸业。否则，就要走向反面。

第六，提倡和合，加强和谐社会建设。管子提出“和合”思想，最先是用于用兵打仗上，强调配合默契。后来，管子将其引进社会生活，主张创造和谐的社会环境。他说：“民必知权，然后举错得；举错得则民和辑，民和辑则功名立矣。”（《五辅第十·外言一》）老百姓必须懂得权衡利害，才能做到行为得当、团结和睦。老百姓团结和睦，君主就能功成名就。他还说：“君臣亲，上下和，万民辑，故主有令则民亲之，上有禁则民不犯；君臣不亲，上下不和，万民不辑，故令则不行，禁则不止。”（《形势解第六十四·管子解二》）君臣上下和睦相处，愉快共事，百姓亲和，就能做到令行禁止，政策就能够真正贯彻落实。一句话，社会和谐，国家政令就能畅通无阻，经济社会就能稳定发展，君主平安，百姓幸福，实现真正的国泰民安。

第七，正确处理与诸侯国的关系。管子在外交上总的原则是和平友好，广施仁德，争取诸侯国的真心拥护和支持。首先，管子提出了远者以礼、近者以体的基本的外交原则。其次，广布恩德，与诸侯国建立友好关系。第三，不搞对抗，不炫耀武力。第四，从实际出发，把原则性与灵活性结合起来，根据不同的对象，采取不同的决策。

经过四十余年的奋斗，齐国的霸业目标实现了。齐桓公九会诸侯，一匡天下，登上了霸主地位。考察管子为实现霸业而制定的政策、策略及其实施过程，我们深深地感觉到，管子的有关思想是极其深刻的，也是极具政治智慧的，对于我们今天中国特色社会主义建设，不无借鉴意义。

（作者：人民日报出版社副社长。此文原题为“管子的霸王之道”，选入本《年鉴》时改为本题目）

世界社会主义的发展态势

白平浩　沈　丹

社会主义作为人类追求自由、平等、公正、幸福、和谐社会的美好理想，一直吸引着世界上众多的人群。当今世界，自称或主张社会主义，对资本主义持批判和否定态度，并要求对其进行改造或替代的社会思潮、社会组织、社会运动和社会制度，有上百家之多，它们各自根据自己的理解，对社会主义作出不同的解释，提出各具特色的理论观点和主张，进行丰富多彩的社会实践，从而形成了各式各样的社会主义流派，构成了当代世界的社会主义潮流。

一、社会主义国家的社会主义建设事业不断取得新成绩

现存的中国、越南、古巴、老挝和朝鲜5个社会主义国家，在顶住了苏东剧变的压力之后，继续坚持社会主义道路，根据本国国情建设社会主义，社会主义事业不断前进。

越南共产党1986年召开六大，确定了全面革新路线，开始实行全面革新事业。2006年越共十大总结了革新开放20年的经验教训，制定了新时期发展大计，选举了新一届年富力强、德才兼备的领导人，为新时期越南的全面发展指明了方向，创造了条件。越共在这次代表大会上采取的政治体制改革新举措，引起世人瞩目。经过20年的不懈努力，越南国内经济发展，人民生活水平提高，综合国力显著提高，对外交往空前活跃，在国内和地区事务中发挥着越来越重要的作用，社会主义建设成就显著。

古巴顶住美国高压封锁和苏联解体后丧失生存依托的“双重打击”，在最困难最危险的条件下稳住了局势，并从1993年起步搞改革。古巴共产党把民族英雄马蒂的思想与马列主义一并作为党的指导思想，明确提出，“古巴共产党坚持马列主义、马蒂思想和卡斯特罗的创造性思想和榜样”。2008年2月古巴顺利完成了最高领导人的平稳更替，劳尔·卡斯特罗接替菲德尔·卡斯特罗当选为国务委员会主席和部长会议主席，并担任革命武装力量总司令。可以预见的是，在劳尔·卡斯特罗的领导下，古巴的政治体制是不会变的，但是通过进一步的改革会使古巴经济有较大的发展。

老挝党吸取过去超越发展阶段，“急躁冒进”的教训，认为老挝目前“尚不具备建设社会主义的物质基础”，现在还处于“继续建设和完善人民民主制度”，为进入社会主义创造

条件的阶段。由于从实际出发，措施得当，老挝经济发展顺利，人民生活显著改善，社会进步。

朝鲜在经受住了苏东剧变和金日成逝世的考验后，在金正日领导下，坚持“朝鲜式社会主义”，积极调整内外政策。1999 年，朝鲜提出了建设强盛国家的蓝图，其后又提出了要从 2008 年起用 5 年时间打开强盛大国之门的目标。2009 年伊始，朝鲜主要媒体发表联合社论说，朝鲜将把经济建设放在 2009 年工作的首要位置。社论还对朝鲜经济建设的各个领域提出了具体要求。

二、原苏东地区的社会主义力量迅速崛起和复兴

在苏东剧变和解体过程中，随着原执政的各国共产党或改变性质和名称，或宣布解散，普遍丧失政权，这一地区社会制度的性质发生了变化。但社会主义力量并没有泯灭，经过抗争和努力，从 1992 年起，又以新的形式崛起和复兴。原苏东地区的社会主义力量既包括坚持传统社会主义模式和主张的“正统派”共产党，也包括主张革新社会主义的新共产党；既包括苏东剧变后恢复的老社会党，也包括由共产党发展而来的改建社会党和作为共产党的反对党而创建的新社会党；除此之外，还包括工联主义者与左派农民党。进入新世纪，东欧各国政治经济转轨基本完成，党派斗争逐步纳入有序轨道，众多小党林立争雄的局面基本结束，价值观念和纲领政策相近的左翼政党走向联合，左翼政治力量进入平稳发展阶段。原苏东地区的左翼政治力量以社会党和社会民主党为主体，社会党社会民主党先后在立陶宛、波兰、匈牙利、保加利亚、阿尔巴尼亚、捷克等国家的大选中获胜，上台执政。相比之下，共产党的影响明显要小一些，曾在俄罗斯政坛具有重要影响的俄罗斯共产党也日渐萎缩，实力下滑，目前比较有影响的只有摩尔多瓦共产党人党和捷克——摩拉维亚共产党。

三、发达国家共产党稳住阵脚，积极进行新探索

苏东剧变使发达国家共产党受到剧烈的冲击，各党党员人数均有较大程度减少，有些党宣布放弃共产党的名称并改成民主社会主义，如意大利共产党改名为左翼民主党，个别党甚至宣布自行解散，如荷兰共产党，发达国家共产党从整体上面临严峻的生存危机。在这样的困难条件下，绝大多数党顶住压力和冲击，继续坚持共产党的名称，坚持社会主义、共产主义的奋斗目标，并且纷纷结合本国实际，积极探索变革发展的新道路。经过十多年的艰苦努力，发达国家保住了党员的基本队伍和选民队伍。目前，西欧地区有 20 多个共产党，其中比较有影响的是法共、意大利重建共、葡共和希腊共。西欧地区之外，日本共产党一枝独秀，有党员近 40 万，基层组织遍布全国各地，在国家政治生活中，影响和作用日增。

同时，发达国家共产党的理论和政策也发生了一些引人注目的新变化。在党的性质上，多数党宣称，今天的共产党已不仅仅是工人阶级的政党，还必须维护其他阶层、特别是工薪阶层的利益。要同所有希望改造现存社会的组织和个人对话，以增强人民的参政能力和在文明进步中的推动作用。在党的指导思想上，除少数党声明继续以马克思主义为理论基础外，多数党强调尊重本国的进步思想，从实际出发，丰富、深化和发展马克思主义。在对社会主义发展道路的看法上，普遍表示要摒弃苏联模式，强调社会主义要有民族特色，认为民主、自由、人权、平等是社会主义和共产主义的基本要素，指出要在资本主义框架内，通过民主变革，改造现行资本主义社会，“超越”资本主义，进而实现社会主义、共产主义。在行动方针上，强调与国内其他左翼力量联盟，参与国内重大政治生活。西欧各国共产党还积极适应欧洲一体化进程，建立非正式的国际组织“欧洲左翼论坛”，协调各党立场，加强在全欧洲范围内的联合行动，共

同应对欧洲面临的问题。

四、发达国家社会党进行理论和政策革新，探索走出困境的道路

二战后发达国家社会党社会民主党曾长期执政。执政期间，它们大力推行充分就业政策，积极建立福利制度，改良资本主义的明显弊端，对提高和改善发达国家劳动人民的生活水平和民主权利，起了很大作用。但是20世纪70年代末80年代初，随着发达资本主义国家经济规模的扩大和跨国资本的急剧增长，传统的充分就业政策和社会福利制度遇到很大困难，而中小股东的大量出现所导致的阶级结构的变化以及跨国资本在全球经济中日益占据主导地位，又使社会党社会民主党传统上所具有的劳资协调作用优势遭到削弱，因而社会党社会民主党普遍陷入困境，选民大量丧失，纷纷下野。

从20世纪90年代中期开始，发达国家社会党社会民主党在"第三条道路"的旗号下，开始对传统的民主社会主义进行理论和策略的革新。"第三条道路"在由工党提出后，得到发达国家社会党和社会民主党的普遍响应与赞同，迅速成为一股影响巨大的潮流。"第三条道路"是发达国家社会党社会民主党为应对全球化加速所带来的一系列新问题新挑战，扩大自己支持者的队伍而提出的。"第三条道路"的提出，曾使西欧各国社会党社会民主党陆续走出政治低谷，进入一个政治复苏期，甚至一度出现过欧盟15国中有13个国家由社会党社会民主党单独或联合执政的"粉红色欧洲"的盛况。但是，"第三条道路"并没能真正解决西方各国的经济社会危机，也没能实现"超越左与右"的原有预期。进入新世纪，各国社会党社会民主党政府纷纷下台，使得人们认为"第三条道路"事实上已经被西方国家的人民所拒绝。曾经轰轰烈烈的"第三条道路"不过10年光景就偃旗息鼓，发达国家社会党社会民主党并没有真正摆脱政治困境，仍面临许多政治和经济难题，尤其是如何改革福利国家的难题。社会党社会民主党将何去何从，不仅是他们自身要考虑的问题，也是国内外理论界学术界继续关注的焦点。

五、发达国家新社会运动方兴未艾

新社会运动是当代发达资本主义国家人民对社会出现的新矛盾新冲突进行新的抗议和斗争的产物，自产生以来一直保持着旺盛的发展势头，以至有人把它称为西方21世纪最有生命力的运动。在新社会运动中，又以生态运动的发展最为迅猛。战后发达国家兴起的新科技革命和产业革命，在带来了经济高速发展的同时，也极大地加剧了环境的恶化，造成了严重的生态危机。由于各种传统政党对此大都反应迟钝，独立的生态运动便应运而生。生态运动产生后，很快便吸引了发达国家人民的广泛参与，进入20世纪80年代后，各发达国家的生态运动普遍建立起自己的政治组织——绿党。经过近20年的发展，绿党已经发展到50多个，党员上百万，群众基础几千万，大多在议会中占有席位。其中德国、法国、意大利等国的绿党，通过与社会党社会民主党组成左翼联盟参加大选并获得胜利，已成为参政党。虽然绿党成员构成广泛，几乎包括一切社会阶层，其意识形态是生态中心主义，强调维护包括人在内的生态系统的协调发展，而且在政治上标榜中立，但由于它谴责资本主义对自然界所采取的态度，批评资本主义的发展具有反人道、反自然的倾向，否定资本主义的科层制，要求实现社会平等、社会正义，因此，天然具有社会主义的倾向。绿党的社会主义不同于传统意义上的任何社会主义，是一种所谓的"生态社会主义"。

六、西方独立马克思主义者持续活跃

苏东剧变后，大批原属于各种社会主义政党的知识分子的汇入，壮大了左翼知识分子的队伍，而苏联社会主义的失败和当代资本主义的新发展又引发了大量亟待探讨的理论问题。在此前提下，西方左翼知识分子发起了一场社

会主义理论的大反思，这股理论探讨热潮声势浩大，至今持续不衰，仅以巴黎“国际马克思大会”为例，可见一斑。1995 年，由法国和国际上数十个左翼研究机构和报刊杂志发起在巴黎召开了纪念恩格斯逝世 100 周年的第一届“国际马克思大会”，此后每三年举办一次，2007 年 10 月举办了以“替代全球主义、反资本主义：一种世界政治的选择”为主题的第五届“国际马克思大会”。尽管每届“国际马克思大会”讨论的主题有所不同，但会议讨论的热点或焦点问题却比较集中，大体上有以下三方面：第一，探讨苏东社会主义制度失败的经济、政治和社会根源；第二，分析资本主义出现的新情况新问题，特别是全球化带来的涉及经济、政治、文化、社会的一系列重大问题，揭示资本主义经济关系和社会关系对人的发展造成的异化，寻求克服不平等现象的有效途径；第三，分析当前世界左翼力量的发展态势，根据现实的社会关系设计未来社会的理想模式。他们注重对新时代的物质和社会条件进行全面分析，提出了大量发人深省的理论问题，得出了一系列崭新的结论，丰富了人类思想宝库。左翼知识分子对马克思主义、社会主义的研究热情，折射出马克思主义和社会主义的永恒价值和巨大魅力。

七、第三世界社会主义在调整中前进

第二次世界大战结束后，随着旧殖民体系的瓦解，第三世界原殖民地半殖民地国家纷纷走上独立道路，它们出于对长期受资本主义宗主国压迫的痛恨和苏联社会主义建设成就的向往，走上发展社会主义的道路，社会主义在广大第三世界成为潮流。需要指出的是，第三世界的社会主义不同于我们所说的经典意义上的科学社会主义，它是对第三世界国家各政党所自称或奉行的各种社会主义的总称，它也不是一个统一的概念，其中包括许多流派，如民族社会主义、宗教社会主义、科学社会主义、民主社会主义等。对于大部分第三世界国家来说，社会主义并不是基本的原则和最终的目标，只是一种不同于资本主义的复兴和发展本国经济的模式，因而它们的主张大都带有实用性和改良性。

随着 2002 年 10 月巴西劳工党领袖卢拉当选总统，拉美左派重新崛起。从智利到秘鲁，从巴西到尼加拉瓜，从厄瓜多尔到委内瑞拉，左派力量或是重掌政权，或是赢得连任，拉美已有四分之三的人口处于左翼或中左联盟政府的领导之下。特别值得一提的是，委内瑞拉总统查韦斯多次提出“21 世纪社会主义”和“新社会主义”的主张，尼共(毛)经历了 10 年艰苦的武装斗争后又回归主流政治，并在 2008 年 4 月制宪会议选举中一跃成为该国第一大党，尼共各党派也成为该国政坛上最为重要的政治力量，这些构成新世纪世界社会主义发展的一道靓丽的风景线。

（作者单位：中共中央党校科社部；北京大学国际关系学院）

深刻认识当代资本主义的本质

汝　信

这次西方经济出现大问题，发生了金融海啸，我们有重新学习《资本论》、《帝国主义论》的必要，重读这两本书可以获得新的认识。西方金融危机始于美国次贷危机，目前已经演变成

为经济危机。下一步如果继续发展，可能演变成为资本主义制度的全面危机，包括经济、政治、文化、思想各方面的危机。目前危机尚未见底，我们要观察它的发展。

一、这次西方金融危机是一件坏事，但从另一面看又是一件好事

说这次西方金融危机是坏事的理由很明显，危机使整个世界经济受到极大影响，包括我国的经济发展也受到冲击，造成许多没有预见到的困难，需要积极地采取措施来应对。但从另一面看，它又是一件好事。因为危机使人们头脑清醒了，进一步认清当代资本主义的本质，更坚定了我们走中国特色社会主义道路的信念，并相应地调整前进的步伐。

前一段时间，不仅是在国外，在国内也经常听到一种论调，说《资本论》讲的是19世纪的资本主义，《帝国主义论》只适用于19世纪第一次世界大战以前的资本主义。好像这两部书已经过时了，当代资本主义已经克服了过去的毛病，恢复了青春，在有些人头脑中资本主义社会已经变成了“理想天堂”。前几年，美国日裔学者福山提出一种理论叫作“历史终结论”，认为资本主义的自由市场已经最后战胜了社会主义。这次危机好就好在它彻底粉碎了这种幻想，使人们重新回到现实，认真思考究竟什么是资本主义。本来这个问题在马列那里早就解决了，马克思讲得很清楚，列宁讲得也很清楚。只是有些人已经忘记马克思、列宁的话，对这个问题又糊涂起来，以至分辨不清是非。所以，今天重提学习《资本论》和《帝国主义论》，就是为了弄清什么是资本主义。

马克思、列宁去世以来，世界形势发生了极大的变化，当代资本主义和过去资本主义相比，已经发生了很大的变化。但是资本主义经过半个多世纪的变化其本质到底变了没有，这次危机好就好在它充分证明资本主义的本质并没有改变。

《资本论》中讲得很清楚，资本主义生产的根本目的和动机是追求资本价值的无限增殖，是通过榨取剩余价值来追求利润的最大化。这一点正是决定资本主义生产的本质的东西。马克思在《资本论》中指出：“资本家只是作为资本的人格化才受到尊敬，作为这样一种人，他同货币储藏者一样具有绝对的致富欲。但是，在货币储藏者那里，这只表现为个人的狂热，在资本家那里，却表现为社会机构的作用，而资本家不过是这个社会机构的一个主动轮罢了。”这就说明，资本家只不过是资本的人格化。资本为了追求利润从来不择手段，《资本论》中有一段话非常有名，是马克思引用当时一位作者的话：“资本害怕没有利润或者利润太少，就像自然界害怕真空一样。一旦有适当的利润，资本就胆大起来。如果有10%的利润，它就保证被到处使用；有20%的利润，它就活跃起来；有50%的利润，它就铤而走险；为了100%的利润，它就敢践踏一切人间法律；有300%的利润，它就敢犯任何罪行，甚至冒着绞首的危险。”所以说，监管是需要的，但在资本主义社会里，要监管的是资本无限追求利润的贪欲，而在资本主义制度下是不可能做到真正有力监管的。因此，马克思讲“资本来到世间，从头到脚，每个毛孔都滴着血和肮脏的东西”。我们现在重新学习《资本论》，就是要认清资本主义的本质。

马克思主义作为一门科学，是建立在对资本的本质作科学分析基础上的。如果说过去早期的资本主义是用比较拙劣、粗暴、野蛮的手段来获得最大的利润，那么现在用的手段很隐蔽，从表面上看比较文明，如金融衍生品这种令广大群众感到莫测高深的东西就是高科技的产物，实际上它们的本质是一样的，不过是一种手段的翻新。奥巴马用两个词来形容华尔街“傲慢”和“贪婪”，一个是傲慢无理、胆大妄为，一个是唯利是图、贪得无厌，这即是资本的本质。

分析导致这次西方经济危机的原因，一方面，当然要追究各方面的问题，如监管问题等，这在技术层面讲非常重要。另一方面，要从更深层次来看如何监管。在资本主义制度下，最

多就是监管一些真正“出格”的行为，而对资本主义追求利润的狂热是不可能进行有效监管的，否则就不是资本主义了。监管不可能改变资本主义的本质，这次危机就是资本主义本质的大暴露。

之所以说这次危机是好事，就是因为它揭穿了一些人宣扬的“人民资本主义”、“福利资本主义”的鬼话。资本主义的目的只是追求利润的最大化，从来没有把人民的福利作为目的来追求。其实，在资本主义社会中也有一些经济学家和有识之士，如凯恩斯早就承认资本主义本身靠“市场”这个“看不见的手”并不能够解决充分就业和财富及收入的公平分配问题。因此，凯恩斯要采取一些办法来补救，当然他是在资本主义允许的范围之内采取一些措施。所以，企图要靠“看不见的手”创造人民的福利，达到共同富裕，完全是幻想，是不可能的。应该说资本主义市场经济对刺激经济，提高生产力，调配资源方面起了很大的作用，有些东西值得我们借鉴、学习和利用。但是，对市场这个“看不见的手”我们应该利用它为社会主义服务，而决不可盲目崇拜。

前一段时间听到一些论调，有些人说市场经济就是市场经济，无所谓资本主义和社会主义。经历这次危机后，大家都应该对这个问题有更清醒的认识，不要把资本主义的市场看作是灵丹妙药，好像它可以包治百病，盲目迷信“看不见的手”是要吃大亏的。所以，还是应当回到邓小平同志的说法，计划也好、市场也好，都是手段而已。我们千万不要把这种手段看成是追求的目的。

二、学习《帝国主义论》深刻认识现代资本主义

在马克思以后真正深刻地研究现代资本主义的人，应该说就是列宁了。列宁在《帝国主义论》中全面系统地研究了资本主义从19世纪到20世纪初的新发展、新情况，阐明了从资本主义到帝国主义时代的基本特征及其进一步发展的历史趋势。当然，列宁写《帝国主义论》到现在已过了将近一百年，我再三地阅读列宁这本书，感到虽然当时的情况跟现在的情况已经发生变化，但书中的很多真知灼见并没有过时，因为列宁抓住了现代资本主义的本质东西。翻开这本书，其中有些话就像针对当前发生的经济危机讲的，比如《帝国主义论》中指出：“资本主义已经发展到这样的程度，即商品生产虽然依旧‘占统治地位’，依旧被看作是全部经济的基础，但是它实际上已经被破坏了，大部分利润都被那些干金融勾当的‘天才’拿去了。这种金融勾当和欺骗行为的基础就是生产社会化，但是人类所达到这种社会化的巨大进步，却造福于……投机者。”列宁在书里讲到了垄断、银行和金融资本的作用，讲到资本输出和垄断资本集团对世界市场的分割和争夺。正是根据对现代资本主义的这些科学的具体的分析，列宁得出了帝国主义是垄断的资本主义；帝国主义是寄生的或腐朽性的资本主义；帝国主义是垂死的资本主义的结论。这个结论在近年来颇具争议性，我们不断听到另外一种言论，认为列宁的说法或者是过头了，或者是过时了。所谓资本主义腐而不朽、将永世长存的说法，是前些年经常有人讲的，不仅是在国外，就是国内有些同志也对列宁的结论产生了怀疑。

我认为，列宁的这个结论是根据科学分析得出的，同时它也是一种价值判断。承认当代资本主义是不是寄生，是不是腐朽，一是要根据科学分析的客观事实，二是要根据价值的判断。关键看站在什么立场上说话。就拿这次危机的成因来讲，现在很多经济学家指出，无节制的消费、缺乏监管等是造成危机的罪魁祸首。对这个问题到底怎么看？靠别人的廉价劳动来养活自己，寅吃卯粮，维持高标准的消费，利用经济霸权手段来搞金融勾当，所谓“空手套白狼”，不劳而获，大量地在世界市场上捞钱；当广大人民在经济危机下受苦受难，排队等待失业救济的时候，那些干金融勾当的“精英”却照样瓜分高额的红利，过着奢靡的生活（连奥巴马都看不下

去，斥之为“无耻”）。在某些人看起来也许这不算腐朽，不算寄生，而是天然合理合法，手段高明，是金融手段的新成就。而从马克思主义观点来看，这就是典型的寄生、典型的腐朽。这种生活方式是不值得羡慕，不值得推崇的。

三、对世界社会主义运动的看法

关于这次危机和世界社会主义运动的关系，马克思、列宁都明确指出：资本主义在历史上虽然起过巨大的进步作用，但是它只不过是一种过渡的社会形态，必然要让位于更高级的社会主义社会。对此，我深信不疑。这次危机粉碎了有些人认为资本主义永远不朽的神话，这是一件好事。这次危机是不是标志着整个资本主义制度没落的开始，是值得我们关注社会主义运动的人研究的问题。从世界历史的角度看，一种社会制度的衰亡和退出历史舞台，往往是一个漫长和痛苦曲折的过程。前些时候，我一直在研究罗马帝国的衰亡史。罗马帝国的衰亡从强大的帝国到最后的灭亡经历了几百年时间，中间有不断的反复、起伏、曲折。资本主义制度作为历史上存在的一个重要的社会形态，当然不会轻易退出历史舞台，特别是像美国这样的超级大国经过这样的危机不会一下子倒下去，这是可以肯定的。但是，经过这次危机是不是整个资本主义制度开始走下坡路，是值得我们观察的问题。当然，另一种可能是，经过资本主义社会的自身调整会得到一定程度的复苏，不能排除这种可能。但我认为可以大胆地作出这么一个判断，即资本主义在第二次世界大战后短暂的繁荣发展，特别是前些年妄图独霸世界的这种势头是否应该说已经结束了，或者说现代资本主义发展的黄金时期已经过去了。

我们研究社会主义运动，目前面临的一个很大的问题是，在资本主义世界现在缺乏能够替代资本主义的社会力量。目前很多客观条件有利于社会主义运动的重新振兴，社会主义运动在前些年受到重大挫折后现在面临着一个最好的发展机遇。但是，在主观条件方面，无论从思想理论上还是组织上，据我了解的情况和看到的材料，现在都还是欠缺的，没有准备好。国际共产主义运动仍处于低潮，还没有从上个世纪90年代的重创中恢复过来。现在西方社会里面反资本主义的社会力量是存在的，但是并没有在马克思主义的指导下重新组合起来。所以，也可能社会主义运动重新复兴的难得机遇会丧失，这是一件令人非常惋惜、非常担心的事情。

（作者单位：中国社会科学院）

低潮中的国外共产党发展趋势

中央组织部党建研究所课题组

20世纪90年代以来，全球化和信息化迅速发展，对人类的生产方式、生活方式、思维方式以及价值取向等产生了深刻影响。面对全球化信息化的挑战和20世纪末世界社会主义运动的挫折，各国共产党努力调整路线纲领和政策主张，以更加贴近时代变化和本国现实斗争的需要。总体上看，世界社会主义运动仍处于低潮，但经过纲领和政策调整，国外共产党出现了不少值得关注和令人振奋的新气象，世界社会主义运动在压力和困境中得到了一定的恢复和发展。

一、国外共产党的基本状况

受苏东剧变的影响和冲击，世界共产党和

社会主义运动遭遇了空前巨大的挫折。有些共产党垮掉了，有些共产党改换了门庭，但也有众多的共产党直面困境，在艰难探索中稳步前进。当前，世界上大约100个国家中有127个政党仍然保持共产党称谓或坚持马克思主义性质，党员总数700多万人（不包括社会主义国家的执政党）。从地区分布看，亚洲29个，非洲8个，欧洲55个，大洋洲3个，美洲32个。其中，党员人数过万的共产党有30个，执政和参政的共产党约25个。

（一）社会主义国家执政党的力量在革新开放中得到加强。近年来，越、朝、老、古社会主义国家执政党党员总数比苏东剧变时有了大幅度的增长，由剧变时的450万人增长到约800万人。现在，越南共产党、朝鲜劳动党、老挝人民革命党和古巴共产党分别有党员310万、400多万、14.8万和85万人，是国外所有政党中党员总数占所在国家人口比例最大、组织力量最强的政党。

（二）发展中国家共产党继续在困难中探索。苏东剧变给发展中国家共产党带来猛烈、深刻而广泛的冲击，但发展中国家共产党自行瓦解的并不多。相反，在南亚、南非、拉美等地，许多共产党不但保持了原有队伍，有的还有所扩大。其中，亚洲力量较强的有印度共产党（马克思主义），现有党员79.6万人；印度共产党有党员50多万人；尼泊尔共产党（联合马列）有党员11万人左右。非洲力量最大的是南非共产党，现有党员约2.3万人。拉丁美洲一些国家的共产党一直是左翼的一支重要力量，在本国政坛有一定影响的主要是巴西共产党（约有20多万党员）、智利共产党（约有4.7万党员）等。

总的来说，发展中国家共产党力量比较分散。多数或因力量弱小，或因观念保守，缺乏走上政治前台的实力、途径和方法。但也有一些国家共产党在苏东剧变和全球化信息化的冲击下及时创新理论，更新观念，调整政策，逐步走出低谷，并有所发展。印度共产党（马克思主义）在印度西孟加拉邦连续执政已近30年，尼泊尔共产党（毛主义）在2008年4月举行的制宪会议选举中取得了胜利，成为尼泊尔最大执政党。

（三）前苏东地区共产党力量衰退，内部派别众多，情况复杂。前苏东地区现有共产党约30个，其中，俄罗斯共产党（党员约50万人）、捷克和摩拉维亚共产党（党员约14万人）、乌克兰共产党（党员约11万人）、阿塞拜疆共产党（党员约6万人）、摩尔多瓦共产党人党（党员约1.6万人）等有一定影响。在保加利亚、匈牙利、捷克、斯洛伐克、阿尔巴尼亚等国，共产党人也都重建了自己的组织。但是，在波兰、罗马尼亚以及南斯拉夫解体后独立出来的巴尔干诸国，却几乎听不到共产党人的消息，有的国家封杀共产主义性质的政党。那些依然信仰共产主义的人们，只能以其他名义建党，或到其他政党组织中参加活动。

总体而言，前苏东地区共产党目前处于为生存而斗争的阶段，活动空间受到限制，主要大党面临深刻危机。比如俄共，在中右翼势力的夹击下，社会支持率一再下跌，内部分裂，影响力明显不如以往。值得一提的是，作为前苏联地方党组织的后继者，摩尔多瓦共产党人党于2001年通过议会选举成为原苏东地区第一个执政的共产党，也是第一个以和平、民主的方式赢得政权的政党。这一事件在前苏东地区乃至全世界引起了震动，是苏东剧变后世界社会主义运动的一大亮点。

（四）发达国家共产党力量下降并逐渐被边缘化。发达国家共产党受苏东剧变的冲击最为严重，力量损失很大。西欧地区尚有21个共产党，近百万名党员。其中，力量和影响较大的有法国共产党（现有党员约13万人）、葡萄牙共产党（现有党员9万人）、意大利重建共产党（现有党员9.6万人）和意大利共产党人党（现有党员3.5万人）、西班牙共产党（现有党员4万多人）、希腊共产党（现有党员约3万人）。德国民主社会主义党（现有党员约7万人）是原民主德国统一社会党的继承者，虽不是共产党称谓，但坚持马克思主义和社会主义信仰，在德国东部有一定影响。在北欧地区的芬兰、丹麦、瑞典、挪威等国，仍有多个共产党组织。这些党的党员数量多则几千人，少则几百人。美国共产党(现有党员约0.8万人)主要是由一些左派和反政府人士组成，是美国的合法政党。日本共产党(现有党员约41.5万人)是目前日本所有政党中组织最为严密的政党，党支部已发展到2.5万多个，形成了覆盖全国的组织网络。发达国家共产党在世界社会主义运动处于低潮的大背景下，虽然多数已经走出动荡期，但力量和影响普遍下降，组织建设面临一些问题，有的甚至还在为生存而奋斗。

二、国外共产党的革新调整

面对全球化信息化的挑战和当代资本主义的新变化，国外共产党不同程度地探索和重新认识社会主义和资本主义，普遍调整了党的理论纲领、政策目标，以适应新形势，谋求更好的生存和发展。

(一)强调创造性地运用和发展马克思主义。当前，马克思主义"本国化"、"时代化"已成为国外共产党革新发展的一个共同趋势。如越共提出"胡志明思想"，朝鲜劳动党提出"主体思想"，古共提出"马蒂思想"，印共(马)强调马列主义要与印度的具体条件相结合，俄共认为本党"遵循的是发展的马克思列宁主义"。发达国家共产党普遍主张创造性地运用和发展马克思主义，但在围绕党的指导思想是一元还是多元的问题上存在较大差异。如西班牙共产党认为马克思主义仍是党的理论来源，是工人运动的指导思想，但不是唯一的。法共和意大利重建共都强调指导思想的多元化，把马克思主义视为党的思想来源之一。这一类共产党存在着把马克思主义归结为抽象人道主义的倾向，用抽象的自由、民主、博爱、人道等概念取代马克思主义的革命性内容。目前，多数社会主义国家执政党形成了马克思主义"本国化"的标志性成果；大多数发展中国家共产党受民族、民粹主义浸染，理论体系混杂；前苏东地区共产党还提不出在全球化信息化条件下实现和发展社会主义的完整理论体系；发达国家共产党则有所取舍，出现指导思想多元化倾向。

(二)提出各式各样的新社会主义观，社会主义模式"多样化"的趋势明显。社会主义国家执政党致力于建设"本国特色的社会主义"，如越共的"越南特色的社会主义"，朝鲜劳动党提出建设"朝鲜式社会主义"，古共主张建设"古巴特色社会主义"。发展中国家共产党大都主张走具有自身特色的社会主义发展之路。前苏东地区共产党大都从对苏联模式批判和反思的视角提出新的社会主义观，如俄共强调复兴社会主义不是要恢复"失去社会主义优越性和脱离群众"的旧制度，塔吉克斯坦共产党提出复兴的不是"以行政命令式的管理手段为本质的国家社会主义"。与此同时，这些党普遍指出社会主义要保障公民权利、政治和经济多元发展、人民福利普遍提高等。发达国家共产党针对社会结构深刻调整和变迁以及人們普遍关注的问题，提出了各式各样的社会主义和共产主义观，如法共提出的"新共产主义"，西共提出的"生态共产主义"，葡共提出的"具有民主特征的社会主义新社会"，等等。

(三)主张和平民主的斗争道路。20世纪社会主义革命主要是通过暴力革命实现的。20世纪90年代以来，国外共产党纷纷提出通过和平方式实现社会主义，将参加议会选举作为自己重要活动之一。发展中国家共产党有三种情况，一是以巴西共产党、南非共产党为代表，主张和平道路。二是以印共(马)、尼共(联)为代表，主张把议会和非议会的斗争结合起来。如尼共(联)提出"议会斗争为主，街头政治为辅"。三是以秘鲁共产党(光辉道路)为代表的少数共产党仍主张暴力革命。发达国家共产党除希腊共产党等少数党仍主张进行革命夺取政权、建立无产阶级专政外，大都主张通过议会斗争走和平民主的道路来实现对现有资本主义社会的变革和改造。俄共等前苏东地区共产党也大都主张利用合法手段取得政权，逐步实行社会主义改造。

(四)由“工人阶级政党”向“群众性政党”转变。国外共产党为了应对社会结构的重大变化，巩固和扩大党的社会基础，不同程度地出现了由“工人阶级政党”向“群众性政党”、“服务性政党”转变的趋势。社会主义国家执政党根据社会主义建设的主要任务和执政主题，对党组织的性质和作用进行了新的界定。如越共修改党章，提出了“两个先锋队”的定位，强调“是工人阶级的先锋队，同时又是劳动人民和越南民族的先锋队”。前苏东地区共产党大都宣称自己是工人阶级、农民、知识分子和一切劳动者的政党，逐步从“先锋队”的党走向“劳动者”的党。发达国家共产党除希腊共产党继续坚持党是“工人阶级的先进的、有觉悟的、有组织的部队”外，大多数国家的共产党已不再提工人阶级的先锋队。

尽管“群众性”和“多样性”已成为各国共产党组织建设的一种发展趋势，但是各党强调“群众性”的内涵和侧重点不同。越共从解放和发展生产力的执政要务出发，对私营企业主、知识分子敞开大门；前苏东地区共产党和发展中国家共产党则都比较关注劳动阶层和社会的弱势群体；发达国家共产党的“群众性”表现在党以“中间阶层”为核心。

(五)更加强调民主运行机制。国外共产党根据各自的具体情况对党的民主集中制原则进行了革新，扩大党内民主成为大多数共产党的共同选择。越共、老挝人民革命党、古共等在保证思想和行动高度团结一致的前提下，完善民主集中制，扩大党内民主。如越共强调根据新的形势和条件对民主集中制原则进行完善，先后创建了集体领导制、党内选举制、质询制等党内民主制度。发展中国家一般都坚持民主集中制原则，主张在坚持民主集中制的前提下发扬党内民主，在民主中保持党的行动统一。前苏东地区不少共产党由于处于动荡状况或非法状态，反党内分裂和宗派主义是当务之急，大都主张坚持和恢复民主集中制原则。发达国家共产党出现明显分化，法共、西共等已经放弃了民主集中制原则；日共、希共等虽然坚持民主集中制原则，但大都作了新的解释，不再强调“无条件服从”，而是主张“自觉服从”。

(六)从封闭的活动方式向开放的活动方式转变。近年来，社会主义国家执政党开始关注信息化背景下如何对待和利用媒体、如何实现党务管理的网络化、信息公开化等新问题。2003年，越共创设“越南共产党电子报”，向社会公开党的政策主张、党和国家领导人的活动等。俄共针对在媒体宣传方面的弱势局面，在中央和地方各级党组织中建立媒体和宣传队伍。法共、意大利重建共、葡共、西共等每年都要举办党报节。

组织建设上，有的共产党强调大门向所有人开放，只要承认党纲、党章，不论其民族、种族、性别、信仰、宗教、出身、职业、阶级等，都可以成为共产党员。有的共产党不仅与工人阶级保持密切联系，还与广大劳动者、中间阶级和其他反对垄断资本的阶级保持联系。还有的共产党与其他各阶级的政党发展广泛的关系，特别是与包括社会民主党在内的其他左翼政党和工会建立联系与合作关系，与争取民主、和平、社会公正、妇女权利、维护生态平衡等进步社会运动携手并进，共同斗争。为搞活基层组织，美国共产党将党支部改成俱乐部。它集政治活动、社会活动、文化娱乐活动、教育活动、管理活动于一身，是党员交流思想的场所，非党员群众也可以参加。

(七)各党政策更加贴近民众、灵活务实。各国共产党更加关注经济社会和民生等现实问题，政策主张中的理性和务实因素上升。社会主义国家执政党在坚持公有制为主体的前提下，不同程度地进行了经济改革和对外开放。多数非执政的共产党在经济政策领域已不再提制度性要求，有的认可混合经济体制，有的改变了企业国有化的立场，更多地强调经济增长要保障就业、扩大公众的经济参与权、实现可持续发展等目标。许多共产党改变了在社会政策上的激进立场,主张不但维护工人阶级的利益,还要体现受资本主义压迫和剥削的其他社会阶层人民的利益。侧重应对和解决民众关心的公共福利、医疗、就业、男女平等、种族歧视、环境保护等问题,保障公众最基本权益。

多数共产党在党际交往中突破了以意识形态划线的做法,主张在独立自主的基础上开展对外交往。社会主义国家执政党从改善周边环境、抵御西化图谋、巩固国家政权特别是党的领导地位等目标出发制定对外政策,开展国际活动。发展中国家共产党则将捍卫国家主权、民族独立和有利于本国经济社会发展作为对外政策的首要目标。发达国家共产党强调推进民主和人权事业、反对新纳粹主义、谋求世界和谐。

总的来说,国外共产党的变革既是当今世界经济和政治发展的必然结果,也是马克思主义政党对经济社会发展客观要求的生动回应。这种革新将是一个长期发展的历史过程,在这一过程中,社会主义发展模式、马克思主义理论更加多样化、特色化、民族化,社会主义理论在与各国实际结合中将更具活力,从而为世界社会主义运动的复兴起到积极的推动作用。

三、国外共产党发展前景

目前,国外共产党面临的挑战与机遇并存,在低潮中孕育着希望。

(一)全球化信息化背景下国外共产党面临的困难和挑战前所未有。一是"资强社弱"的国际政治格局以及全球化信息化趋势深入发展,使国外共产党面临复杂的生存环境。苏东剧变加剧了社会主义与资本主义力量对比失衡的局面,"资强社弱"的态势明显增强。二是多数国外共产党受制于现行政治制度和体制,难以有效拓展政治空间。多数国外共产党在现行资本主义制度框架内参与多党竞争,对资本主义政党政治"游戏规则"的制度性遵守,决定了它们的发展必然深受这一体制束缚。一方面,为争夺选民,各种政党均抢抓平等公正的大旗,共产党难以像以往那样以鲜明的政治主张广泛吸引民众。另一方面,一些国家的主流政党利用执政优势对共产党的发展进行了种种限制。三是许多国外共产党自我变革和创新能力普遍不足,难以应对全球化信息化发展要求。随着各国经济社会结构的深刻变迁,共产党原先依靠的阶级基础不断分化,产业工人队伍严重萎缩,党的选民队伍持续流失。一些共产党的政策纲领不能适应变化了的新情况。如葡共、希腊共在党的理论创新上力度不大,没有突破教条主义的束缚,而法共理论变革过快、过急,引起党内思想混乱。还有一些党的组织建设呈现不断弱化的趋势,党员人数持续减少,青年党员流失,党的后备力量不足。四是宗派主义仍然困扰着国外共产党实现左翼联合与国际合作,影响社会主义力量的团结壮大。一些党"唯我独革"、"唯我独左"的倾向严重,加剧了世界社会主义运动的分裂、分化的倾向。五是国外共产党尚未找到自身在左翼运动中的准确定位。许多共产党都高举反对资本主义全球化、反对新自由主义的旗帜,积极参与和组织各种示威、抗议活动,投身左翼的新兴社会运动。但从总体上看,多数共产党内部及共产党之间对于是否以及怎样参与左翼运动,不同程度地存在分歧,不能很好地把自身的政治目标和纲领融入并体现到左翼运动中。

(二)全球化信息化背景下国外共产党的发展机遇也前所未有。一是部分执政的共产党政权稳定,革新开放为组织发展奠定了物质基础。包括我国在内的社会主义国家执政党在本国革命和建设中取得非凡的业绩,使众多处于艰难境地的共产党看到了奋斗的希望,得到了力量上的支撑和精神上的鼓舞。二是一些党调整斗争方式,巩固阶级基础,政治影响力有所上升。一些党放弃武装夺权的斗争方式,向议会党、参政党转型,成功地保持和扩大了影响,跻身于主流政治。南非共、日共坚持代表弱势群体和广大中下层劳动者利益，彰显了共产主义政党以人民利益为党的最高利益的宗旨。三是全球化信息化的深入发展，激化了资本主义固有的社会矛盾和风险，客观上为国外共产党带来了新的发展机遇。近年来，全球化负面效应逐渐显现，许多国家失业率居高不下、经济低迷、福利水平下降，特别是当前的国际金融危机，使广大中下层民众切身利益受损。这在客观上使得共产党的政治理念和政策主张重新受到关注。四是各种新社会运动兴起，为国外共产党的发展提供了新的借助力量和斗争平台。近年来，反新自由主义全球化运动方兴未艾，各种左翼力量、非政府组织投身其中，并得到民众广泛响应和支持。众多的生态主义政党和女权主义政党，也都是共产党可以合作和借重的力量。五是从国外共产党自身力量发展来看，也出现了一些有利因素。为了反对资本主义全球化和适应各类政党形成地区性或国际性联盟的发展趋势，一些国家共产党重视对外联系和交往。有的共产党呼吁，要加强共产党、社会党之间的双边特别是多边合作，形成一个包括社会党、绿党在内的左翼联合阵线。

从总体上看，各种不利于共产党发展的环境和因素不会在短期内消失，“资强社弱”、“资攻社守”的基本格局不可能在短期内打破，世界社会主义运动还不能迅速走出低潮。但是，历史发展的规律表明，资本主义的固有矛盾必将再次激化，共产党必定再次赢得民众信任和支持。现在各国共产党所进行的探索、积累的经验，都将为共产党未来的发展和崛起作理论和实践上的准备。

四、几点启示

(一)树立创新意识，进一步深化对社会主义建设规律和党的建设规律的认识。马克思主义政党的发展史，就是一部为适应社会发展的需要而不断自我变革的历史。国外共产党的发展证明：政党的自我革新，是政党发展的主要动力，也是政党发展的客观规律。我们要创造性地把科学社会主义的基本原理与本国实际相结合，不断丰富和发展社会主义理论；要以改革创新精神加强党的建设，大力推进理论创新和实践创新，使党的建设始终体现时代性、把握规律性、富于创造性。

(二)增强忧患意识，进一步巩固党的执政基础。当前，世界社会主义运动在低潮中发展，仍然面临种种困境和挑战。中国特色社会主义建设不可能没有困难、干扰和风险。在我们党领导人民探索和开辟国家富强、人民幸福、民族振兴的征途上，总是有人企图改变我们前进的方向，希望用别的什么“主义”来取代中国特色社会主义。因此，我们必须坚定地站在时代潮流的前头，认清中国特色的政党制度与西方国家政党制度的不同涵义和原则区别，既始终保持忧患意识，警惕“西化”、“分化”社会主义国家的图谋，又要准确地把握社会主义与资本主义两种制度长期竞争共存的历史进程，学会利用人类社会一切文明成果来发展和壮大中国特色社会主义。

(三)强化发展意识，进一步推进科学发展。国外共产党兴衰成败的历史启示我们：必须牢记社会主义的根本任务就是发展生产力，毫不动摇地坚持以经济建设为中心，全面推进经济建设、政治建设、文化建设和社会建设，不断体现社会主义优于资本主义的特点，巩固和壮大共产党长期执政的物质基础。要按照科学发展观的要求，始终扭住发展这个党执政兴国的第一要务不放松，聚精会神搞建设，一心一意谋发展，不断增强社会主义国家综合国力，提高人民群众物质和文化生活水平。

(四)突出责任意识，为推进世界社会主义事业的发展作出贡献。社会主义理想和事业具有国际性质。我国改革开放30年来取得的巨大成就，极大地提升了我们党的国际地位和世界影响，增强了世界各国对我们党的进一步了解和认识。在坚持韬光养晦、不结盟、不当头的既定方针，尊重各国共产党的探索与实践的同时，要进一步加强与其他国家共产党的交流与合作，发展同各国共产党的党际关系，展示我们党谋求和平、发展、合作、进步的良好形象，为推进人类社会进步事业作出应有的贡献。

（课题总负责：高永中　张阳升；成员：陈龙发　龚加成　董卫华　崔桂田。此文选入本《年鉴》时题目略有改动）

从社会党国际23大看其最新思想走向

罗显华　吴　倬

2008年6月30日至7月2日，社会党国际在希腊雅典召开了第23届代表大会，来自120个国家的150个成员党和组织近700名代表参加了会议。社会党国际23大提出了一系列新原则、新观点和新思想，使社会民主主义理论更系统、更深化了。大会对社会党国际的政策作了战略性调整，是我们了解社会党国际的最新动态及思想走向的窗口。

一、社会党国际认为应对气候变化已成为首要的紧迫的全球性任务

社会党国际重申积极推动实现共同可持续发展的承诺，尤其呼吁大家必须共同努力，采取普遍、有效、及时的措施来应对全球变暖和气候变化。

1.进行联合国改革是实现更公平有效的全球治理的实质性措施。社会党国际认为，确保一个能够应对挑战的国际体系需要卓越的领导力以及发展中国家与发达国家之间的相互尊重，这就需要比现今更深程度的团结精神，因此，实现更加公平有效的全球治理的实质性措施是进行联合国改革。这意味着联合国成员国必须加倍努力，以振兴和重塑这一基于国家之间民主互动的制度，且以更强大、更协调的多边形式应对当今世界面临的挑战。

2.应对气候变化必须更努力减少贫穷。社会党国际坚信，应对气候变化必须与更努力减少贫穷相联系。必须努力取消贫穷国家的债务，包括减少贸易壁垒、向发展中国家提供更好的市场准入；必须确保经济发展不仅是更加绿色的环保型发展，而且更应是公正和可持续发展。

3.建立新的国际金融框架和提高燃料税是解决问题的关键。建立新的国际金融框架，保证必要的融资安全和投资安全可以促进发达国家向发展中国家投资，可以支持减缓全球气候变暖的先进技术向发展中国家转让，从而促进低碳排放和可持续经济增长。另外，在所在国应不断征收更高比例的燃料税，以及将其他投资和补贴转向能源替代物、清洁发电和节能保护项目。

4.在有效利用市场机制的同时必须发挥政治决策的核心作用。社会党国际认为，适当市场机制的有效利用存在巨大潜力，譬如碳交易。不过，气候变化是世人所曾见识的最大最广泛的市场失灵，市场不能单独提供解决办法，而政治约定对于提供激励和引导市场是必须的，它造福于环境，并促进更绿、更公平的经济增长。

5.应积极推动发达国家与发展中国家之间的团结，培养公众意识。社会党国际认为，应积极推动发达国家和发展中国家之间的团结，包括对那些在降低气体排放量和适应气候变化方面能力欠缺的国家提供技术和经济支持。单个国家应以共同原则、各自能力为基础区分责任，

根据过去、现在和将来的排放量水平及该国的经济能力来实现自己的排放承诺。为了促进和实现对气候变化更加统一的全球性认识，培养公众意识是关键，它始于教育。

6. 支持科学研究，积极引导私营部门与公部门之间形成真正的伙伴关系，改变能源生产和能源消耗方式。社会党国际认为，必须全力支持科学界在监测地球自然生态系统和保持全球性机制的重要作用，让政府和公众了解全球气候变暖的后果，以及对未来变化趋势提供详细而具体的建议及规划。要积极引导私营部门对于全球气候变暖的态度。保护环境必然要改变社会各阶层的能源生产和能源消耗方式。因此，为了更高效地利用和保护能源，必须改变态度、行为和技术应用。

二、社会党国际认为，对和平的承诺是其运动的明显标志

社会党国际认为和平是指导其政治行动的根本价值观，主张以和平方式解决冲突，促进相互宽容、尊重人权和民主。

1. 认为多边主义、对话和谈判是发展方向。社会党国际认为，多边主义、对话和谈判应当是和平与稳定受到威胁地区的发展方向。在全球和平与各国之间相互依存关系受到严重威胁的时候，联合国应加强其对和平与安全的基础性作用。社会党国际认为，公平的国际经济和民主政治秩序是维持和平与安全的关键。社会党国际一直致力于防止核扩散与核削减、禁止大规模杀伤性武器的政策，并认为这是确保世界和平首先应该解决的事情。

2. 致力于和平进程。社会党国际对于解决巴以冲突、叙以冲突、黎巴嫩问题、伊拉克问题提出了具体的建议，表明了自己的立场。

社会党国际还就巴尔干局势、津巴布韦局势、苏丹达尔富尔局势，以及科特迪瓦、巴基斯坦、也门、西撒哈拉、尼泊尔、缅甸、哥伦比亚等国的问题，发表了主张，鼓励各相关政党之间进行对话，避免采用暴力，以便找到一个平衡的、灵活的解决方案，为解决冲突实现政治正常化而努力。

三、社会党国际确立了为全球所有国家带来机遇和经济增长的奋斗目标

社会党国际认为，在世界经济方面，其目标是促进全球经济、社会、环境的可持续发展，让世界近70亿人都拥有相同的机会——享受体面生活，享有不容置疑的、不可侵犯的人权。社会党国际认为，现实世界距离这些目标还非常遥远，因此可持续发展是全球所有国家和地区的任务。社会党国际认为，越是贫穷的国家，越有必要加快经济增长；经济增长并不是一个零和博弈。

1. 社会党国际认为，要应对全球化的挑战，使民主政策带来全球性福利，就需要国家级、跨国区域级、全球级三个层次的多级治理。对于国家级而言，社会党国际希望较小国家应该寻求区域一体化，实现可持续发展。对于跨国区域级而言，社会党国际重申区域应在经济、社会、移民和文化交流方面发挥日益重要作用，跨国区域内部以及跨国区域之间的合作是必要的。对于全球级而言，社会党国际认为应建立一个更民主的联合国体系。社会党国际重申在联合国成立“联合国可持续发展委员会”的建议，希望建立全球协调机制——一个新的针对经济、社会和环境问题的联合国安全理事会。可持续发展委员会应独立于安理会，并且就国际经济和社会问题而言，具有与联合国安理会在和平与安全问题上相同的地位和发言权。它应是一个协商论坛，旨在根据联合国宪章促进世界社会和经济的公平、稳定和繁荣，实现联合国的千年发展目标。

2. 认为规章制度、收入再分配和公共产品是福利国家的基础原则。社会党国际认为，新自由主义全球化削弱了各个国家根据既定目的驾驭经济的能力，如充分就业、经济增长或税收再分配。这些目标的实现需要全球更广泛的合作与协调。社会党国际认为，规章制度、再分配

和公共产品是福利国家的基础原则，而且现在已成为全球秩序的基础。规章制度必须是可持续的并且能够有效实施；再分配过程必须实现社会公平；公共产品必须方便每一个人。

3. 在全球贸易方面，认为应克服世贸组织(WTO)现行制度的缺陷。社会党国际认为，世界贸易组织(WTO)的现行制度仍有缺陷，许多发展中国家在经济上仍被边缘化，并没有融入世界市场，而世界贸易组织至今未能充分回应这一挑战。全球贸易秩序需要进行有利于欠发达国家的根本性改革；贫穷国家的自由贸易可以是方向性引导。世界贸易组织的长期挑战是解决关于环境、劳工核心标准、国家文化维护以及与投资和性别敏感性相关规则等方面的问题。

4. 认为在原材料和能源方面应该加大技术和公共援助份额。通过使用有效技术，世界原材料足以满足一百多亿人的营养和能量需求。目前粮食短缺的问题，起因于粮食产品分配不均、政府治理不善和金融投机。遭受饥饿的国家和地区的人民，短期来看，应由联合国组织有效的分配系统进行援助。农业部门的生产力，特别是在非洲，应该通过经合组织国家和发展中国家的经济合作，以及通过大量增加农业的公共援助份额来予以支持。社会党国际认为，经合组织国家能源的过度消费和不愿使用节能技术导致了世界目前的能源和金属资源问题。现在能源的生产和消费已成为一个全球性领域，联合国应根据职责对其进行规范和管制。

5. 认为全球化进程影响了国际金融市场。社会党国际认为，全球化进程影响了国际金融市场。按照全球可持续发展策略修正调整金融市场，首先意味着改革现行金融秩序。现在迫切需要改革全球金融系统和国际金融机构。为了找到对全球国家和人民有效的解决方法，社会党国际强调有必要举行全球财政市场会议，以及对国际货币基金组织和世界银行进行改革，包括2008年改革中已经开展的对配额制度的修改。

6. 认为实施发展融资可以建立不同国家之间更加公正的分配体系。建立一个不同国家之间更加公正的分配体系需要更多的资源。首先，经合组织和其他发达国家应实施0.7%的发展融资目标，更主要的是，不仅是国际公司而且从事生产加工国家的人民也应从原材料生产中获得利润。社会党国际认为，联合国应建立可行的顾问系统，帮助从事生产加工的国家以最好途径利用这些收入。

在相当多的国家，债务是最重要的发展障碍。针对高度负债的贫穷国家的取消债务计划，必须结合该国民主的改善程度进行。

7. 在全球劳动力方面，认为应建立平等的劳动力市场，反对性别歧视。工作是确保人类生存的必不可少的条件。社会党国际认为，包容而平等的劳动力市场是一种社会过滤器，通过它财富被重新分配，贫困现象也可以在全球范围内得到有效改善。可持续发展和体面就业应该成为国际金融机构的核心目标，应该实现宏观经济与结构性政策相互结合、经济和社会政策相互关联。社会党国际认为，结合性别视角反思就业政策，对于解决当前工作和就业模式的性别歧视至关重要。

8. 社会党国际认为，必须让私营部门尤其是跨国公司承担更多的责任。跨国公司作为全球一体化时代的大赢家，必须强制他们承担应有的社会和环境责任。社会党国际认为，在全球竞争和消费者权益领域里采用国际规范，就可以更好地管制跨国公司。

四、大会特别讨论了世界粮食危机问题

社会党国际认为世界粮食危机已成为人类和平和安全的最大威胁，尤其是在那些经济脆弱的发展中国家。

社会党国际分析了粮食大量减产的原因。认为只要改变自己的思想、策略、政策就能渡过难关。发展中国家实现粮食安全，首要也是最重要的，是不能只顾眼前利益进行恶性竞争。

在彼此需求和长期合作的基础上，各国应从地区和全球两个层面建立平等的多边回应机制。社会党国际认为，应该把全人类利益摆在商业利益之上，集中精力恢复国内生产，政府应加大对农业产业与技术投资，更多地依赖传统食物。

社会党国际意识到发展中国家尤其是非洲，女性在国内粮食生产和粮食作物分配环节上的重要作用，因此强调需要增进她们的教育水平和经济机遇，使她们能够充分参与形成新的农业政策。在国际层次，部分经合组织国家，国际机构如世界银行、国际货币基金组织，以及一些区域性机构包括泛美开发银行和亚洲开发银行，应当重新定位并加强项目，以支持农业生产和粮食分配。社会党国际认为，对于那些受到人为灾害和自然灾害最直接及受到食品短缺威胁的国家，应制定紧急粮食分配计划，尤其是联合国的粮食分配计划，应从人力和财力两方面得到升级和加强。社会党国际认为，单靠市场应对粮食危机是不能解决问题的，贫穷国家和富裕国家应该通力合作，通过政府政策以及向农业领域公共投资，极大地增加粮食产量，缓解食品短缺危机，从而在全面减少世界食品短缺方面取得实质性的进步。

五、社会党国际23大的思想局限性

社会党国际23大是在气候变暖影响人类生存、地区冲突增多、经济问题突出（尤其世界粮食危机已成为人类和平和安全的最大威胁）的背景下召开的一次重要会议。社会党国际23大将政策调整到了解决“严重危及人类生存、严重危及世界和平与发展”等方面，强调以改革联合国作为支柱，通过进一步完善和强化有关国际冲突解决机制、自由公正贸易机制、可持续发展机制和各国政府、人民、政党、议会广泛参与的决策和管理机制，来实现民主与和平的全球治理。

社会党国际并没有真正做到其宣称的所谓“非意识形态化”和“世界观中立”。它处处体现折衷主义的特点。在对待马克思主义问题上，社会党国际一方面认为马克思主义已经过时，另一方面又不愿意完全抛弃这面旗帜，处处以马克思主义的“继承人”的面目出现。

总之，社会党国际23大尽管淡化了意识形态对立，将目光转向了人类面临的“共同问题”，有其积极的合理方面，但是也有其思想局限性。社会党国际23大提出的一系列新原则、新观点和新思想，是我们了解社会党国际的最新动态及思想走向的窗口，值得我们予以关注与研究。

（作者：清华大学高校德育研究中心博士；清华大学人文社会科学学院教授）

“枢纽型”社会组织管理体系创新初探

万　军　张　希

“枢纽型”社会组织是北京市在开展社会建设过程中的创新性举措。2009年3月20日，北京市社会建设领导小组颁布《关于构建市级“枢纽型”社会组织工作体系的暂行办法》（以下简称《暂行办法》）和《关于认定第一批市级“枢纽型”社会组织的通知》（以下简称《通知》），将市总工会、团市委、市妇联、市科协、市残联、市侨联、市文联、市社科联、市红十字会、市法学会认定为首批10家市级“枢纽型”社会组织，分别负责职工类、青少年类、妇女儿童类、科学技

术类、残障服务类、涉侨类、文学艺术类、社会科学类、医疗救助类、法学类社会组织的联系、服务和管理工作。

一、什么是"枢纽型"社会组织管理体系

《暂行办法》中是这样定义"枢纽型"社会组织的:"枢纽型"社会组织,是指由市社会建设工作领导小组认定,在同类别、同性质、同领域社会组织的发展、服务、管理工作中,在政治上发挥桥梁纽带作用、在业务上处于龙头地位、在管理上经市政府授权承担业务主管职能的市级联合性社会组织。

《暂行办法》为我们勾勒出了"枢纽型"社会组织的管理体系的大致框架:"枢纽型"社会组织将主要承担各类社会组织的政治领导、业务主管和管理服务职责,政治上主要是负责所联系和管理的社会组织中的党建工作,业务上主要负责对各类社会组织成立以及年检前的初审工作、日常的业务指导和管理工作,服务方面则主要体现在为社会组织的发展搭建服务平台、推动工作交流等工作;"枢纽型"社会组织的资格是由政府认定的;目前认定的"枢纽型"社会组织以人民团体为主,将来可以根据情况需要组建、改造、提升若干大型社会组织进入这一行列;"枢纽型"社会组织的管理体系将在北京市社会建设领导小组及其办公室的统筹协调下,通过联席会议制度、重大事项通报制度建立信息沟通和工作联系机制;对于"枢纽型"社会组织的发展支持,主要是通过政府购买其承担的社会组织的管理与服务职能的方式来解决,辅之以设立社会建设专项资金、搭建社会组织服务平台等方式。

二、为什么要建设"枢纽型"社会组织管理体系

建设"枢纽型"社会组织管理体系,是在保持当前我国社会组织双重管理体制基本框架的基础上,通过充分发挥人民团体等"枢纽型"社会组织的龙头引领作用,通过加快培育和有效监管并重的双重努力,迅速提升我国社会组织管理水平和活动能力,持续推动我国社会组织的健康发展的重要举措。

目前,国际上包括 NGO(非政府组织)、NPO(非营利组织)在内的各类社会组织已达数百万个,其中仅国际性的 NGO 就超过 35 万个,在各国乃至国际社会的经济社会发展中发挥着越来越重要的作用。在加拿大,各类 NGO 达 107.8 万个,其中包括 7.8 万个慈善机构、10 万个非营利组织和 90 万个基层组织;在美国,2004 年以免税非营利组织正式登记的非营利组织就达 160 万个,其中包括 101 万家慈善组织、6.5 万多家私人基金会、35 万多家免税宗教组织。日本在 1996 年就有 25 万多个具有正式法人地位的 NGO,另外还有五六十万个未经政府批准认证的市民团体,总量达 80 多万。国际红十字会目前会员人数超过 2.5 亿,绿色和平组织在 40 个国家和地区设有分部或办事处,专职工作人员就有 1000 多名。非营利组织提供的各类公共服务也发展迅速,以美国为例,51%的医院、46%的高校、86%的博物馆、超过 90%的各类艺术团体都是由非营利组织来运作的。与之相比,中国的社会组织近年来虽然已经有了长足的发展,但无论从数量还是活动能力上与国际同行相比都还有较大差距。截至 2005 年,国际上每万人拥有民间组织的数量,法国为 110 个,日本为 97 个,我国只有 2.1 个;我国民间组织总支出约古 GDP 的 0.73%,远远低于发达国家 7%的水平,也低于 4.6%的世界平均水平。

造成我国社会组织发育较慢的一个重要原因就是现行的社会组织的双重管理体制,即从 1989 年开始实行的对民间组织管理上确定的登记管理机关和业务主管单位分别负责的管理体制。这一体制中规定的社会组织业务主管单位,主要是指与其行业、学科或者业务范围直接相关的国务院和县级以上地方各级人民政府的有关行政部门(包括党务部门),以及由国务院

或者县级以上地方各级人民政府授权的组织。任何社会组织想要成立,必须先取得业务主管单位的许可。创立这一体制的本意是为了加强对社会组织发展的规范引导和政治把关,但在实际操作中,却容易导致社会组织发育不足而又疏于管理的弊病。

一是登记成立难。现有的业务主管单位——行政机关和人民团体出于对监管职责的慎重考虑,对于担任民间组织的业务主管一般十分慎重。这就大大抬高了民间组织登记的门槛。大量"草根型"社会组织因为无法找到业务主管部门只能游离于管理体制之外,或是选择以民办非企业单位的形式到工商部门注册,或是选择不登记注册的半公开式存在,这些都会为未来的监管留下很多隐患。

二是业务监管难。现有的管理体制使得对业务主管单位的职能很难确定和问责,而负责社团年审的民政部门因为人员、装备、手段都严重不足,也无法对分布如此广泛、业务领域如此众多的社会组织进行扎实监管。以浙江省为例,现有登记社会组织2.3万个,仅省级直接管理的就有1018个,但省级社会组织管理机构只有11名工作人员。"重登记、轻管理"的现象普遍存在。薄弱的监管力量使得现有的监管也大都集中在问题发生后的处罚处理,很难防患于未然。

三是作用发挥难。由于现有的社会组织很多是由业务主管部门直接或间接发起的,或者是业务主管部门的内设机构,难以摆脱行政干预,官僚化和行政化的色彩浓厚,被社会上戏称为"二政府",很难发挥社会组织应有的反映各方利益诉求、协调社会关系的作用。

四是发展培育难。各业务主管部门和民政部门的各级社会组织管理机构,在实践中更重视对已登记注册社会组织政治方向上的把握,而对其业务指导、内部管理则很难投入大量精力,对如何发展和培育社会组织的长期规划更是很难顾及。社团管理存在重行政干预,轻法制手段和政策引导的倾向,这与社团管理科学化、现代化目标是不相适应的。

所以,要推动社会组织的发展和建设,关键就是要处理好政府和社会的关系,处理好业务监管与培育发展的关系。从长远看,社会组织管理体系改革的方向就是要还社会组织作为除市场和政府之外的"第三部门"的本色。但在当前日益复杂的经济全球化的大背景下,由于我国社会组织自身的发育不完善,各种配套的法规不健全,完全对各类社会组织采取不加审查、自由发展的登记备案式管理方式显然并不可行。从"政社分开、管办分离"的原则出发,既然政府机关不适合直接担任社会组织的业务主管,就必须有其他的机构或组织来接手管理职能。在社会发育程度较高的国家和地区,"枢纽型"社会组织的形成主要是遵循优胜劣汰的市场经济法则,由社会组织中自行产生,但这并不适合我国的现实国情。一方面,这样的自然发育需要较长时间,需要科学的社会组织自身治理结构和良好的配套制度和环境支持,这些我们都还不是很具备;另一方面,社会转型期的社会管理任务又十分紧迫,等不得、拖不起。这两点就决定了我们不能完全依靠社会组织的自然发育,而必须通过政府扶持、行业督导、社会组织自身发展三者相结合的方式,加快这一进程。选择体制内的特殊法人团体——人民团体来承担这一管理职责是比较合适的。

首先,各人民团体具备这一实力。作为体制内联系和代表部分群体利益的特殊法人团体,各个人民团体具有组织完备、政治可靠的突出特点,领导力、组织力、活动力都很强,在社会上和社会组织中都具有良好的公信力,具备指导和协调本领域、本行业的社会组织加快发展的实力。事实上,现有的很多人民团体本身就联系了部分社会组织,在这些社会组织和党与政府之间发挥了很好的桥梁和纽带作用,已经在事实上履行了"枢纽型"社会组织的部分职能,稍加改造和提升就可以承担这一重任。

其次,各人民团体也有这一愿望。在新的历史时期,人民团体自身的职能也在悄然发生变化，过去，这些团体更多强调政治引领作用的发挥，以联系和表达各自领域中精英为主。而改革开放之后，如何更好地联系各自领域的普通群众，更好地发挥群团工作的作用来吸引和凝聚群众就成为他们自身的迫切愿望。“枢纽型”社会组织管理体系的提出，给这些人民团体在新的历史时期创新工作思路、开拓工作领域提供了新的武器。所以能得到这些人民团体的积极响应。

再次，这也是当前推进社会组织发展的迫切需要。一些经济社会发展较快的地区已经对提升社会组织管理水平、加强政府扶持力度提出了更高的要求。不少地方已经有了创建类似“枢纽型”社会组织的实践。上海市静安区2007年在全市率先成立了社会组织联合会，使每万人拥有的社会组织数高出全市平均水平近一倍；深圳市成立社会组织总会，以整合各行业协会的力量；温州市颁布《温州市行业协会管理办法》，授权工商联可以作为各行业协会的业务主管单位等。

在社会主义初级阶段，国际国内的复杂情况使得社会组织的双重管理体制在相当长的一段时间内还有存在的合理性，“枢纽型”社会组织管理体系的改革正是在不改变这一根本体制设计的前提下，逐步推进“政社分开、管办分离”的重要举措。它可以尽量减少改革的阻力和不确定因素，有利于推进社会组织的健康发展。

三、“枢纽型”社会组织管理体系探索的理论意义

传统的政府管理理念认为，政府是公共事务管理、公益事业、社会福利的唯一提供者。而现代的治理理念则认为，公共治理的主体是多元的，一个良性的治理结构，需要包括政府、社会组织在内的不同治理主体的分工合作。在世界范围内，国家与社会组织的关系大体有多元主义、国家法团主义、社会法团主义等几种形式。多元主义一般为西方发达国家所采用，社会活动的主体多元化，社会组织和政府更多地是一种平等合作关系，彼此交融又彼此制约。国家法团主义是由国家建立、并由国家科层体制控制的结构模式，国家在其中处于绝对的主导地位。而社会法团主义的主要特征是部门结构，即由各类社会组织在国家的允许下，代表各部门、社会群体的基层利益。在这个模式中，国家仍然处于主导地位，但国家与社会的关系由领导走向合作。

从我国的历史传统和现实国情来看，中国的社会组织和国家的关系既不同于传统集权体制下完全附属的关系，也不同于西方社会中普遍存在的并存分立关系，而是在国家的主导下合作共赢的共生共荣关系。这就决定了当前和今后相当长的一段时间内，我国社会组织与国家的关系也将逐步实现从国家法团主义向社会法团主义过渡，而排除西方多元主义的走向。这也符合社会组织发展的一般规律。在同样“强政府、弱社会”背景下的东亚各国，在社会现代化的初期，这些国家的主要社会组织基本上都是由政府组建的。而到了上世纪90年代，随着经济社会的发展，这些国家开始出现了从国家法团主义向社会法团主义的过渡。“枢纽型”社会组织管理体系的创立，正是适应了这一发展趋势。

首先，中国的历史传统和现实国情都决定了，中国不可能实行多元主义的社会组织管理模式。中国传统儒家文化重集体秩序轻个性自由、重政府权威轻个人权益，行政权力主导社会有深厚的社会心理基础，这些都与法团主义的价值理念有着天然的契合性。而作为世界上最大的发展中国家，不仅在发展生产力上需要发挥政府的主导作用以获取“后发优势”，制度改革和创新在一定时期内也主要依靠国家推动。加之我国当前社会发育程度不高、社会组织的自控自律能力较弱、相关的法治尚不健全、国内外敌对势力活动猖獗等现实情况，完全放任自流的社会组织发展模式是不可取的。

其次，社会组织与国家的共生共荣、互相促

进的发展路径是当前推进社会组织发展的最佳途径。“强政府、弱社会”的局面在很长时间内很难改变，社会组织发展的“路径依赖”效应还将长期存在。双方都有需求，政府需要借助民间非营利组织来加强社会管理，而民间非营利组织则希望借助政府权威和资源来发展自身。“枢纽型”社会组织管理体系的设计，不仅可以使各类社会组织在配合国家行使社会管理职能中获得发展良机，还可以通过国家和社会的制度化统合，将社会转型时期的冲突和曲折减少到最低限度。

（作者单位：中共北京市委社会工作委员会）

国际金融危机对国家安全的影响与对策

雷常新

正在席卷全球的金融“海啸”经过一年多的肆虐，不仅重创了世界的经济，也使国际安全形势遭受了强烈的冲击。国家安全是国家利益的最高表现形式，研究金融危机首要的问题，是进一步判断其对国家安全领域的持续影响，有针对性地谋划战略对策，以便我们沉着应对可能出现的复杂情况，努力把握战略主动。

一、国际金融危机对国家安全的影响

这场金融危机产生于全球化日益加深的大背景下，危机迅即由美国推及全球中小国家，籍由经济安全管道向其他安全领域渗透，成为触发国际国内形势出现新变化的重大挑战性因素。对我国安全领域产生的影响具有综合性、复杂性和多变性特征。

从国际战略格局看，这场危机加速推进了多极化发展进程。国际金融危机后，各大国普遍表现出重内轻外、重合作轻对抗的政策特点。各大国的首要目标和核心目标是尽快消除金融危机的负面影响，政策内向性特征突出，外向性势头减弱。为了共同应对金融危机，大国由 G8 扩大到 G20，集中讨论重大的经济安全议程，强调合作、淡化对抗，力量趋于多元、利益趋向平衡。危机爆发后，西方发达国家“走衰”，发展中大国“趋兴”，国际力量对比呈现新的重大变化，全球战略格局进入一个新的发展阶段。此轮危机首先由美国次贷危机引发，暴露了资本主义的内在矛盾，削弱了西方政治和经济发展模式的权威。美国的金融霸主地位受到空前挑战，加之在伊拉克和阿富汗的军事优势未能转化为政治成果，其超级地位和战略影响力受到严重削弱。与美国同属西方世界的欧洲大国，也深受金融危机打击，就业形势严峻，社会矛盾凸显，甚至出现了对资本主义发展模式的质疑。西方发达国家在此轮危机中受打击相对较大，在世界经济总量中的比重和对世界的贡献均有下降。与之相对应，新兴发展中大国由于资产证券化规模尚处于初期阶段，拥有巨大的内需市场、充足的资金储备、相对成熟的政府应对措施和避险能力，整体经济未受到根本性冲击，较早走出危机，导致的直接后果是单极霸权受阻，多极进程加快。虽然危机对各大国的影响程度不一，但都积极进行战略调整，围绕国际政治经济新秩序展开综合博弈。值得关注的是，金融危机并未使西方发达国家整体经济伤筋动骨，其依然享有技术、规则和制度优势，贸易保护主义政策重又抬头；新兴大国经济力量增强，要求分享国际规则制定权，改变不对称、不均衡的力量格局。各大国围绕世界市场、重要能源资源、战略要地等展开新一轮激烈争夺,集中表现为对“两中”(中东和中亚)、两极(北极和南极)、“两洋”(印度洋和太平洋)和“两空”(太空和网空)等领域的争夺,力求赢得地缘政治利益、抢占战略高地、获得战略优势。中国作为新兴发展中大国和重要一极,在危机中与各大国既相互依存又相互竞争,面临着各大国民族主义,商业主义和地缘政治追求等多重挑战。

从亚太地区形势看,这场危机直接催化了安全“热点”升温。此次金融危机遍及全球,投射到各个地区,其中10年后再度遭受打击的亚洲地区综合反应最强烈,导致热点问题集中爆发。除了东北亚的朝核危机和西亚的伊核危机久拖未决,中亚和南亚的反恐形势异常严峻,东南亚国家的内政也出现剧烈震荡。从源头看,金融危机自强国开始,但由于强国自身调控能力较强,制度保障有力,并且拥有明显的基础优势,承受能力相对较强。而对处于发展中阶段、抗风险能力较弱的亚洲国家,则经济基础松动,直接危及上层建筑稳定。尤其对那些内部本来存在政治、民族、宗教、边界等复杂矛盾,既有内困又有外患的国家来说,摆脱旧的金融危机不久,新的全球性金融危机又至,刺激并加重了各种危机集中爆发和转化,导致安全形势呈现非常规演变的特征,陷入复杂的历史漩涡和逆流。亚洲多个国家因金融危机殃及其他领域,引发国内社会和政治动荡。其中,朝鲜国内因经济困顿而转向政治外交冒险,国际上利用美国金融危机,政策上频频走向极端,不断制造危机事态;巴基斯坦金融危机后靠借债维持经济运行,经济危机导致政局不稳,既难弥合国内政治分歧,也难有效处置恐怖袭击事件;日本民主党借金融危机对国内经济和民生的沉重打击,也在长期沉潜后第一次登上政治舞台执掌政权,导致政治生态和政策走向发生较大变化。其他如泰国、缅甸、尼泊尔等国发生的社会政治危机事件,都有经济危机刺激的成分。值得关注的是,上述热点、难点问题猬集我国周边,使我面临的地缘战略环境趋于复杂。

从国内情况看,这场危机客观上导致了我安全稳定压力增大。此次危机,是中国改革开放30年以来经济领域遭遇的最大、最严重的危机。目前,中国虽然第一个走出了经济衰退、实现了经济增长,但由于仅用了几十年的时间走过了西方国家几百年走过的道路,发展过程中积累了各种错综复杂的社会矛盾。这些矛盾,有的在某种程度上被金融危机所激活,有的因为金融危机的影响而呈现恶性发展。一是直接影响经济可持续发展。处于改革开放前沿的东南沿海地区,一些出口导向性企业倒闭,2000多万人口失业,占到世界失业人口的一半。经济纠纷增多,就业问题突出,为社会不稳定埋下了引信。二是导致社会矛盾加剧。此轮危机导致一些深层次的、现实的经济利益矛盾与原有的社会、民族、宗教矛盾迭加,人民内部矛盾与敌我矛盾交织,境内因素与境外因素联动,诱发出现了“翁安事件”、“石首事件”等一些社会群体性事件和恶性案件,对国内社会稳定造成了一定冲击。包括新疆乌鲁木齐发生的“7·5事件”虽有其他背景和因素,但不可否认,经济危机背景下的社会失业率导致大量闲散人员,也在事件中借机发泄不满。我们也可以看出,无论去年发生在西藏的“3·14事件”还是今年发生在新疆的“7·5事件”,背后都有敌对势力利用经济领域的危机策动政治危机的险恶图谋。三是增加台湾局势的变数。一方面,金融危机导致两岸加大经济领域的合作,促进了两岸互动,为和平解决台湾问题创造了条件。但也要看到,此次金融危机打击了严重依赖出口的台湾经济,使马英九政府难以摆脱执政困局,民望持续走低,使民进党卷土重来的可能性增大。一旦民进党重新上台,不排除两岸局势出现新的变数。

从军事领域看,这场危机推动了新一轮大国间的军事竞争。历史上经济危机诱发战争的例子并不鲜见,但冷战结束后两次大的金融危机,无论1998年的亚洲金融危机还是此次全球金融危机,均未直接引发战争。对于许多国家尤其大国来说，金融危机纵使冲击到实体经济甚至政治稳定，但寻求战争化解危机的经济和政治代价过于高昂。经济是政治的基础，也是军事的基础，因此经济危机波及军事领域属必然。此次危机导致军事领域的变化有三：一是促进深挖军工潜力。为了疏缓危机，一些大国选择通过刺激军工开辟新战场、新领域和新途径。美、俄、英、法、德、印、日等大国虽然对军事发展的具体步骤做了调整，却共同选择加大军事投入，通过激活军工企业的潜力、放大军事经济的功能和扩大军品贸易，增加就业，拓宽发展路子，拉动经济走出困境。美国2010年国防预算总额达5337亿美元，反恐战争预算和追加拨款共计2055亿美元，其军费总额的约40%用于装备研发和采购，以此带动相关产业发展、促进就业。此外，美还通过大幅增加对外军售，在提升美盟友作战能力的同时，以此转嫁危机、提供就业机会，带动经济发展。俄在大幅增加军费投入的同时，不断加大军工企业的生产和出口力度，军火贸易在金融危机背景下呈现大幅增长态势。2008年度，俄军品出口额达83.5亿美元，比2007年增加8亿美元，并计划将年武器出口提高10%，以此帮助军工企业走出经济困境，刺激和拉动经济增长。二是推动调整军事战略。从适应危机的需求出发，一些大国进行军事战略调整，意在进一步提升军事发展层次，加强军事防卫能力，这一动向可能导致一些国家和地区陷入新一轮军备竞赛怪圈，加大战争的基础和风险。三是加快军事转型。金融危机并没有消解一些处于全球化边缘地区国家原有的安全威胁，反而刺激陷入内忧外患国家政策的外向性诉求，一些局部地区的矛盾极易引发危机和冲突，使地区安全形势更趋复杂，相关国家也因此加快军事转型和军事变革步伐，促进国防和军队建设，以应对可能出现的军事安全风险和挑战。

总的来看，在历史的长河中，经济危机的发生具有一定周期性，金融危机则是人类社会处于特殊发展阶段出现的一种特殊经济现象，说明社会发展进步过程中不时会出现错误、曲折和倒退，需要及时修正、改革和创新。此次国际金融危机痛在经济，病在政治，因而引发了全方位、多层次的震荡，促使世界各国尤其是各大国各辟蹊径，谋求新的发展手段，另创新的发展路径，力图危中求机、乱中谋胜。

二、关于世界金融危机下一步走势及需要关注的问题

（一）金融危机二次探底的可能性严重存在，将牵动国际战略形势继续发生复杂深刻变化

金融危机爆发一年多来，各国政府采取了前所未有的经济刺激计划和金融救市措施，从政治、外交、社会和金融等方面促进多方位的国际合作，对全球经济进行干预，避免了世界经济出现更严重的衰退或萧条，全球经济呈现逐步复苏的良性发展势头。但要看到，呈现目前世界经济的小幅反弹是靠公共投资推动的，没有改变原有的经济增长模式，没有出现新的主导产业，没有实施大规模的技术革命，尤其是当前美国政府对金融产业监管再度放松，使得金融寡头仍然“用此前置整个金融体系于崩溃的方式来挣钱”增加了美国金融体系的风险。虚拟经济再度反弹，金融危机二次探底的可能性严重存在。

面对金融危机的巨大冲击，美国实施“巧实力”战略，建立“多伙伴关系”，采取多种措施修复经济和转嫁危机，着力开发绿色技术、新能源。美国经济今年将收缩2.7%，明年则为增长1.5%，大大好于欧元区这两年收缩4.2%和增长0.3%的表现；从经济可持续发展能力来看，美国目前GDP比8年前增长了近20%，同期法国、日本、意大利和德国的增幅则在10%至15%之间；从人均GDP来看，2008年美国达到4.2万美元，比英国高约33%，比德国高37%，比日本高约38%；从经济结构来看，美国劳动力市场流动性和弹性高于欧盟和日本。从发展看，美有可能在未来几年进入新一轮经济

振兴期和战略扩张期。俄继续坚定地谋求大国复兴，积极调整经济结构，努力摆脱能源价格下挫造成的负面影响。欧盟安全上依赖于美、能源上受制于俄，但扩张后的经济规模与美国相当，其影响力很可能随之上升。日本推行“亲美之亚”战略，继续谋求政治军事大国地位，但经济回升乏力。中国、印度、巴西等新兴经济体快速崛起，在应对金融危机和处理国际事务中发挥着越来越重要的作用，牵动国际关系和国际力量对比深刻调整。为共同应对金融危机，各国相互依存更加密切，在建立新的国际经济秩序、改革国际经济体系、制定国际经济规制等方面的角逐也更加激烈，大国关系呈现既合作又竞争、既借重又牵制的复杂态势。

（二）周边国家修复金融危机负面影响的难度不小，地区局势将持续起伏宕荡

面对金融危机，以美国为首的西方大国千方百计地向中小国家转嫁危机和推行贸易保护主义，一些中小国家抗风险能力脆弱，损失大、影响深、修复难，是此次金融危机发展的一个重要特征。此次国际金融危机，我国周边没有一个国家能够幸免，当前世界经济小幅复苏，但欧美市场需求依然疲软，周边国家经济主要靠国内拉动内需，这种作用及产生的效果又相对有限，加之未来发展的不确定因素依然很多，特别是如果出现金融危机二次探底，我周边国家的经济必然雪上加霜。

由于金融危机的持续影响，一些国家固有的矛盾继续激化，一些国家努力寻求新的手段摆脱危机。有的寻求区域合作，力求通过区域内国家的经济互动和合作，摆脱困境，比如，相关国家设想建立“东亚共同体”。从经济角度来看，东亚国家和地区（中国、日本、韩国、台湾以及东盟各国）之间的贸易依存度已经超过欧共体在上世纪70年代的贸易依存度，也超过了现在北美自由贸易区协定成员之间的相互依存度；东亚一体化面临多种矛盾和制约因素，其发展很可能带来地区力量格局的重新洗牌，其影响不可小视。有的国家则在军事和安全领域制造热点，力求转嫁经济领域的危机和矛盾，特别是一些国家的政局本身不稳、恐怖主义进一步蔓延，不排除诱发新的武装冲突和军事危机的可能，特别是南亚地区的印巴争端、东北亚的朝韩冲突，有可能持续较长一段时间，甚至在一定条件下升级，造成我周边局部地区安全形势恶化。

（三）我国应对金融危机的措施仍存多种隐忧，应高度警惕其对国内经济建设和社会稳定的持续影响

金融危机爆发以来，全球总需求的急剧萎缩对我国出口导向型经济发展模式造成了严重冲击，我国政府采取了一系列积极应对措施，总体效果不错。但也要看到，从长远看，一些对策及其产生的持续效果还难以定论，特别是现行经济和金融补救措施存有多种隐患。比如，由于扩张的信贷注入大企业和政府性大项目，中小企业融资难的局面仍然没有缓解，未能实现信贷扩张和实现社会稳定目标之间的平衡；由于税收急剧减少，支出压力全面加大，政府赤字规模占GDP比重有所提高，而各行业借危机强烈要求减税，财政和税务部门出现了惜税心态；消费者和投资者的“惜现”现象严重，特别是耐用消费品的支出明显减少，社会各界特别是投资界出现“持币待政”现象。

社会稳定是经济发展的基础。虽然国家应对危机的政策措施把增加投资和刺激消费结合起来，把拉动经济增长和改善民生结合起来，但并没能迅速从根本上解决30年改革发展过程中所积聚起来的社会矛盾。需重点关注：一是农民问题。当前失业农民工约2000万人。二是学生就业问题。过去没有分配的、加上今年的高校毕业生达700余万。有些地方和部门为完成指标而制造虚假就业、虚假分配，使矛盾更加突出。三是特殊群体。近年来，少数高级离退休干部对新的利益格局不满，对党的路线、方针、政策说三道四，其负面思想观念影响社会中层思想，刺激和诱导社会底层发起“草根运动”。另外，安置不好的复转军人，有组织能力和武装斗争的意识，对政治稳定的影响不可忽视。四是涉外事件处理不当亦可能诱发社会危机。包括对外贸易摩擦、经济纠纷等。特别是我用外汇储备购买美国国债问题突出，如果美国国债贬值，我国几十年经济建设的成果将损失重大，政府将面临人民群众的信任危机。如果不抓紧深入研究，及时采取措施，将直接影响社会稳定。

总的看，国际金融危机对我既是严峻挑战，使我经济社会建设面临前所未有的风险；亦是难得机遇，为我以合作方式纵横捭阖、运筹大国关系、拓展战略利益提供了巨大空间。尽管下一阶段世界经济发展不确定不稳定因素较多，金融危机的冲击还将持续一段时间，贸易保护主义和投资保护主义加剧，但只要我们运筹得法、措施得当，逐步摆脱国际金融危机、有效维护国家安全发展利益是可能的。

三、有效应对危机和维护国家安全的思考

根据上述分析，综合考虑各种因素，我们应着眼国际国内两个大局，充分预计金融危机的发展出现的复杂困难情况，立足最坏的可能、争取最好的结果，积极运筹，力争主动，努力实现内保安全、外护发展。

（一）搞好总体运筹，推进稳定发展

国家高层应有一个应对国际金融危机与国家安全的总体战略。

首先恰当评估国家实力，为制定国家安全战略提供准确依据。国际金融危机爆发以来，我国在应对危机中的作用受到了世界各国的普遍重视，国际影响力和国际地位也随之提升。但在看到有利一面的同时，我们不能小视危机对我国自身安全造成的冲击，而且我国仍存在经济“大而不强”、自主创新能力弱、金融体制不健全、地区发展不平衡、收入差距大、资源环境成本高等许多问题。因此，面对危机，在谋划国家安全战略时，应对我国的实力作出恰如其分的估计。一旦过高估计自身实力，不仅目标难以实现，还会给国家安全带来负面影响。因此，我国应继续保持内向资态，将主要精力放在维护国家安全稳定和加快提升综合国力上。但同时要用好、用足机会，承担起自己应有的国际责任，不断扩大国际影响力，提升国际地位，为维护国家安全和发展营造有利的战略环境。

在预测国际金融危机下一步发展趋势的基础上，统筹考虑，从长计议，突出重点，明确发展目标，理清总体思路，制订应对措施。坚持以促进经济增长、改善人民生活和维护社会稳定，作为应对金融危机的基本着眼点，动员和运用一切力量，维护经济建设秩序，扶持企业，促进生产；大力推进国家社会保障体系建设，加大对广大人民群众的补贴力度，让人民分享改革开放成果，保证人民群众的健康正常的生活；高度重视预防和应对社会危机，提高忧患意识，坚持早预警、早反应、早调整，加强政府部门与人民群众的沟通和协调，及时了解民情，快速遏制社会危机；也应进一步总结经验，深刻吸取教训，不断完善经济建设、民族宗教等方面的政策；严惩贪腐官员，强化基层建设，确保党和国家的政权稳定，维护经济社会的健康发展。注重技术、市场规模和生产要素的综合作用，把发展本国市场同解决国际危机结合起来，借助应对金融危机的合作条件加大对外技术引进力度，利用产业结构调整促使东部沿海向西部转移部分产业和资金，在促进地区平衡发展、城乡一体发展的同时促进社会稳定。

（二）抓住枢纽问题，突破发展“瓶颈”

应对国际金融危机的持续影响和可能出现的新一轮冲击波，一方面，要加大国际合作力度，特别是全力推进与上合组织国家、东盟国家和东亚相关国家的区域性经济合作；另一方面，更重要的是，在国内通过多种手段扩大内需、调整经济结构和控制通货膨胀。应该说，突破经济发展“瓶颈”的重心在国内，关键是三大环节。

一是把扩大内需作为保持我国经济增长的根本手段。积极巩固我国扩大内需的宏观政策效果，着眼于抵御国际上贸易保护主义，在相关

领域加大内需引领经济增长的力度，通过创新经济发展模式，推动经济领域实现由“政策刺激内需增长”向“自主性内需增长”的战略转变。

二是把调整经济结构作为实现可持续增长的基本方式。着力改变我国经济结构存在的“过于依赖工业而非第三产业，过于依赖投资而非消费，过于依赖消耗资源而非技术创新”的现状，借危机之势，着眼国家产业升级需要，利用资产价格变动，以技术升级为导向，对经济结构进行深度调整，淘汰落后的产能，向发展高端方向升级产业链，增强经济发展的持久动力，优化国家资源配置，形成国际竞争和持续发展优势”。

三是把预防通货膨胀作为应对危机的重要方面。由于货币信贷的供应量较以往显著增长，目前我国经济发展中存在通货膨胀预期。今年前三季度，居民消费价格(CPI)和工业品出厂价格(PPI)同比虽然在下降，但并不能说明我国目前不存在通货膨胀问题，更不能因此忽视潜在的通胀问题。如果对通胀的预期注意不够，通胀加速可能会对今后几年经济增长的持续性造成冲击。把需求和供给两方面因素结合起来看，明年CPI可能会出现逐月、逐季上涨。因此，应提前管理好通货膨胀预期，理性应对物价波动，把更多精力投入到调整经济结构上，延缓通货膨胀压力。

(三)加强国防建设，拱卫发展安全

从更高的层次和更宽的视角思考应对金融危机的策略，必须善于发掘国防建设拉动经济的巨大潜力。一个崛起的国家需要一支奋进的军队。把加强国防和军队建设作为应对金融危机、拉动经济的重要措施，不仅是我国安全形势发展和支撑大国复兴的需要，也是借鉴美俄等国应对危机做法的客观要求。一方面，我国是一个没有完全统一的国家，是一个与相关国家还存有领土主权和海洋权益争端的国家，也是一个地缘战略环境复杂、面对周边诸多矛盾和危机的国家，特别是金融危机如果再次探底，不排除引发一些国家铤而走险、甚至出现军事冲突和战争。可以说，国防和军队建设需求十分突出。另一方面，发挥国防建设对经济建设的拉动作用，将对我摆脱金融危机的负面影响产生良好的综合效益。涉及国防和军队建设的一些企业，是国家的战略产业，汇集了国家顶尖的高科技人才和设施，与民用经济有着天然的密切联系和发展的互动关系。发展军工企业，加大国防投入，不仅能够产生强大的促进作用。对此我们一定要有充分的估计和清醒的认识。

总之，这次世界性的金融危机，对我国的国家安全正面影响大于负面影响，只要我们抓住机遇，中华民族的强大、复兴就会实现。

(作者单位：全国思想政治工作科学专业委员会)

第十部分

党的建设与农村基层组织建设

以改革创新精神加强党建理论研究

李源潮

《党建研究》是1989年由宋平同志提议创办的。陈云同志为《党建研究》题写了刊名。创刊20年来,《党建研究》受到了胡锦涛、江泽民等中央领导同志和老一辈无产阶级革命家的亲切关怀。今天,宋平同志亲自出席座谈会,这对我们是极大的鼓舞和支持。

《党建研究》的创办和发展,是与新时期党的建设改革创新的实践紧密联系在一起的。20年来,《党建研究》坚持以邓小平理论和"三个代表"重要思想为指导,深入贯彻落实科学发展观,坚持正确的政治方向,在推动马克思主义党建理论研究和宣传方面作出了积极贡献,在推进党的建设新的伟大工程和中国特色社会主义伟大事业中发挥了重要作用。《党建研究》取得的成绩,是老一辈无产阶级革命家和中央领导同志亲切关怀的结果,是中组部历任部领导直接指导的结果,是各级党组织、党员干部和广大读者、作者热情支持的结果,也是党建研究杂志社新老同志智慧和汗水的结晶。

刚才,高永中同志回顾了《党建研究》20年来走过的不平凡历程,5位同志作了很好的发言。下面,我就以改革创新精神加强党建理论研究,进一步办好《党建研究》讲几点意见,供大家参考。

第一,以改革创新精神加强党建理论研究,是新形势下加强和改进党的建设,推动中国特色社会主义事业不断进步的迫切需要。思想理论建设是党的根本建设,在党的建设中处于基础性、先导性地位。回顾党的历史,实践基础上的党建理论创新始终是党的建设蓬勃发展的思想动力。现在,国际国内形势正在发生复杂而深刻的变化,对党的建设提出了一系列新课题新挑战,加强和改进党的建设既十分重要又十分紧迫。党建理论研究要更好地服务于党的建设新的伟大工程和中国特色社会主义伟大事业,就必须大力弘扬改革创新精神。

新中国成立60年来特别是改革开放30多年来,我们党已经从领导革命的党转变为长期执政的党,党的自身状况发生了重大变化,党的思想、组织、作风、制度和反腐倡廉建设等方面都面临着许多亟待解决的问题。面对新情况新问题,既需要在实践上有新探索,也需要在理论上有新突破。只有以改革创新精神加强党建理论研究,深刻认识和把握执政党建设的规律,才能不断提高治党管党和治国理政水平,使我们党始终走在时代前列。

第二,以改革创新精神加强党建理论研究,要着眼于新的实践,着力回答党的建设的重要理论和实际问题。党建理论具有鲜明的政治性和实践性。以改革创新精神加强党建理论研究,必须紧密联系党和国家工作大局,紧紧围绕提高党的执政能力和保持党的先进性这一根本任务来开展。要着眼于对实际问题的理论思考,着眼于理论成果的实际运用,深入研究中国特色社会主义理论体系特别是科学发展观等重大战略思想,深入研究党的建设的全局性、战略性问题,深入研究党的建设和组织工作中广大党员、干部、群众普遍关心的热点、难点问题,为做好新形势下的党建工作提供有力的思想武器。

胡锦涛同志指出:"理论研究只有同社会发展的要求、丰富多彩的生活和人民群众的实践紧密结合起来,才能具有强大生命力和影响力,才能实现自身的社会价值。"党建理论研究不是书斋里的学问，而是实践的科学，更应该紧贴党的建设和组织工作实际，以改革创新的精神研究和回答人们普遍关心的问题。比如，如何按照德才兼备、以德为先的标准，选好用好干部；如何坚持民主、公开、竞争、择优的方针，深化干部人事制度改革；如何坚决整治用人上的不正之风，切实防止和纠正考察失真、“带病提拔”和跑官要官、买官卖官、拉票贿选等问题，提高选人用人公信度；如何切实尊重党员主体地位，拓宽党员参与党内事务的渠道，激发广大党员的政治积极性；如何创新基层党建工作，扩大组织覆盖面和影响力，加强对流动党员的管理服务，解决一些基层党组织特别是农村基层党组织软弱涣散、后继乏人等问题；如何有效解决党员干部特别是领导干部在党性党风党纪方面存在的突出问题，坚决惩治一切腐败行为，保持党的先进性和纯洁性，等等。要针对这些问题进行攻关研究，为破解党的建设和组织工作难题提供理论支持。

我们党在全国执政已经60年。60年的历程，既艰辛曲折，又辉煌灿烂。党建理论研究者要以强烈的政治责任感和历史使命感，深入挖掘、系统总结党执政的宝贵经验和内在规律，特别是改革开放30年来的执政经验和发展规律，为提高党的执政能力、巩固党的领导核心地位作出积极贡献。

第三，以改革创新精神加强党建理论研究，必须大力弘扬马克思主义学风。一是思想要更加解放。要开阔眼界、开阔思路、开阔胸襟，大力倡导讲真话不讲假话、讲实话不讲空话、讲管用的话不讲套话，做到讲传统而不保守、讲原则而不僵化。二是作风要更加务实。党建理论研究不能搞纸上谈兵。一方面，要坚持“从实践中来”，到党的建设实践中去占有材料、发现问题、总结经验、探索规律，决不能仅仅坐在大楼里面搞研究，关起门来写文章。另一方面，要坚持“到实践中去”，重视做好党建理论研究成果的转化工作，在服务实践、指导实践中实现理论的价值，在接受实践检验、汲取实践营养中实现理论的新发展。三是方法要更加科学。改革创新不是为了标新立异，不能凭空乱想，必须坚持科学态度、运用科学方法。从根本上说，以改革创新精神开展党建理论研究，要坚持马克思主义的立场、观点和方法。这既是我们的优良传统，也是我们的优势所在。同时，要善于运用政治学、经济学、社会学、管理学、历史学等多个学科的知识，并借鉴这些学科的研究方法，拓展党建理论研究的广度和深度。

第四，以改革创新精神办好《党建研究》，使之成为新形势下加强党建理论研究和指导党建工作的一面旗帜。以改革创新精神加强党建理论研究，需要有阵地和平台。《党建研究》作为中组部主管的刊物，应对全国的党建理论研究和党建工作起到现实的、有针对性的、前瞻性的引领与指导作用。经过20年的发展，《党建研究》已经成为研究党的建设、推动党建工作的一支重要力量。我们要很好地总结、运用20年积累的办刊经验，学习其他杂志特别是优秀党刊的经验，进一步活跃思想、创新理念，改进文风、丰富形式，把《党建研究》办得更有理论生气、更有思想活力，在指导实际工作中更有战斗力、影响力。一要坚持正确的政治方向。党建理论研究是党在意识形态领域的前沿阵地。胡锦涛同志指出，经济工作搞不好要出大问题，意识形态工作搞不好也要出大问题。《党建研究》姓“党”，要牢固树立政治意识、大局意识和责任意识，任何时候、任何情况下都坚持党性原则，站在党和人民的立场上说话，发挥正确的政治导向作用。二要进一步增强指导性。《党建研究》既是理论研究刊物，更是工作指导刊物，是党建战线面向党的基层组织和广大党建工作者，研究党建、指导党建的重要刊物。党刊是党的思想指导旗帜和思想战斗阵地，《党建研究》的生命力在于指导实践，离开对实际工作的研究和指导就没有意义。要把增强《党建研究》的思想性、针对性、指导性作为一项迫切任务，旗帜鲜明地宣传党的理论、路线和方针政策，坚决反对违背党的立场和原则的错误思想，澄清模糊认识。刊物起的是指导作用，用的是讲道理的方法而不是文件规定、纪律约束的办法，因此，要鼓励探索、提倡创新，形成研究问题的风气和平等讨论的氛围。三要带头改进文风。刊物要让读者喜爱、入心入脑，首先要能入眼。现在，大家对文风问题意见比较多。我们提出组织部门要带头转变文风，《党建研究》应该走在前面。要多发思想深刻、个性鲜明、语言凝练、文风朴实的文章，多用简洁明快、通俗易懂、形象生动的群众语言，多讲党员干部听得懂、对实际工作有帮助的话。2005 年《党建研究》筹备改版时，宋平同志要求："改版要有新面貌，从内容到形式都要有新的起色。每期都要有一两篇有见解、能解疑释惑的好文章。"这一重要指示对办好《党建研究》具有长远的指导意义。我们要继续努力，在刊物的内容、形式等方面不断创新，使《党建研究》既保持政治刊物的原则性和严肃性，又具有很强的可读性和吸引力。

以改革创新精神加强党建理论研究和宣传，关键要有一支党性强、理论素养高、甘于奉献的党建理论研究和宣传队伍。这些年来，党建研究所、党建研究杂志社和全国党建研究会秘书处，很好地发挥了三位一体的工作优势，团结凝聚了一大批党建理论研究和宣传人才。同志们工作辛苦，使命光荣。要按照"讲党性、重品行、作表率"的要求，进一步加强党性锻炼和品德修养，提高思想政治素质和业务工作能力。要耐得住寂寞，静下心来刻苦钻研，深入基层调查研究，多出成果，多出人才，努力培养更多一流的党建理论研究专家。

中组部部务会将一如既往地重视和加强党建理论研究和宣传工作，为办好《党建研究》提供指导和帮助，推动党建理论研究和宣传事业繁荣发展。

（此文是李源潮同志 2009 年 4 月 27 日在纪念《党建研究》创刊 20 周年座谈会上的讲话）

加强机关党的建设　服务改革发展大局

张　平

新中国成立 60 年来，国家发展和改革委员会，机构虽然多次调整，名称几经变化，但这个部门一直承担着国民经济和社会发展战略规划、政策拟定、总量平衡、推进经济体制改革等职能，肩负着宏观调控的重大任务。特别是党的十一届三中全会以后，国家发展和改革委员会坚持把发挥市场机制基础性作用与完善宏观调控体系紧密结合起来，创新体制机制，科学处理政府、市场、企业三者关系，促进经济总量平衡和结构优化，维护社会公平，不断加强和改善宏观调控，努力解决经济社会发展中不健康、不稳定、不协调的问题，为促进经济社会又好又快发展发挥了积极作用。在切实履行职责，不断攻坚克难的过程中，机关党的建设一直在发挥着坚强的保障作用。委党组始终把加强和改进机关党的建设摆在重要日程，坚持服务中心、建设队伍的工作导向，以改革创新、求真务实的工作作风，不断开创机关党建的新局面。

一、以科学发展观为统领，打牢推动科学发展、服务科学发展的思想基础

抓好全委各级党员干部的理论学习，是履行职责的前提，也是国家发展改革委党组工作安排的头等大事。社会主义市场经济的内在要求，一方面是发挥市场配置资源的基础性作用，另一方面是国家要进行宏观调控，这两个方面

相互联系、缺一不可。随着改革开放的不断深化和扩大，我国经济社会发展面临的形势也在不断变化，必须按照科学发展观的要求，切实加强和改善宏观调控。中央提出科学发展观以来，委党组深刻认识树立和落实科学发展观对做好发展改革工作的决定性意义，对科学发展观的学习一直没有放松。我们参与了中央省部级主要领导干部"科学发展观研究班"的组织和准备工作，又按中组部的要求，组织编写了《科学发展观》全国干部培训教材。去年以来，我们以深入学习实践科学发展观活动为契机，带领并发动全委同志紧密结合应对国际金融危机、促进经济发展的实践，广泛征求意见建议，认真查找党员干部在贯彻落实科学发展观以及党性党风党纪方面存在的突出问题，深入剖析原因，研究制定整改措施。学习实践活动结束以来，我委按照中央要求开展了两次整改落实"回头看"，对委党组整改落实方案中当前完成、近期完成的整改任务，集中进行督促和汇总，对中长期完成的整改任务，认真梳理了进展情况、存在的问题及原因、下一步工作安排。通过认真学习和讨论分析，全体党员干部贯彻落实科学发展观的自觉性和坚定性明显增强，贯彻落实科学发展观的努力方向进一步明确，用科学发展观指导各项工作的能力不断增强。在促进经济社会平稳较快发展的过程中，在抗击非典疫情、抗击南方低温雨雪冰冻灾害、抗击四川汶川特大地震灾害、服务保障北京奥运会、应对国际金融危机等一系列重大事件中，广大党员干部充分发挥了先锋模范作用。

二、以强化"三个意识"推进"三个转变"为核心，全面加强机关和干部队伍作风建设

委党组始终强调转变政府职能、加强政风建设，努力建设一支政治上强、业务上精、作风上硬的高素质干部队伍。2003 年以来，我们连续开展了"推进三个转变树立机关新风"、"求真务实"、"文明办公热情服务"、"八荣八耻"、"学习社会主义核心价值体系"等一系列专题学习教育活动，推动形成"民为本、国为重，人求进、事求实，懂大局、讲团结，淡名利、守清廉"的机关文化。本届政府成立以来，委党组进一步围绕强化政治意识、创新意识、服务意识，推进转变观念、转变职能、转变作风，向全委党员干部提出新的要求。全委各级党组织开展形式多样的学习活动，加强实践环节的锻炼，教育引导党员干部树立和弘扬优良作风。在应对重大挑战、完成重大任务的实践中，我委党员干部经受住了考验，出色地完成了承担的各项任务，赢得了各方面的充分肯定。

在开展深入学习实践科学发展观活动和应对国际金融危机过程中，委党组领导带队多次到地方、企业调查研究，广泛听取各方面的意见建议；机关干部利用假期探亲等机会，主动深入基层了解实际情况；青年干部组成专题调研小组深入农村、厂矿实地调研国际金融危机的冲击和影响等。在调研中，大家既听真话、察实情，为制定和调整相关政策掌握了真实可靠的第一手资料，又向地方、企业宣传了国家宏观调控政策，取得了很好的效果。

委党组按照中央关于加强和改进党的作风建设的决策部署，认真贯彻落实《建立健全教育、制度、监督并重的惩治和预防腐败体系实施纲要》，加强正反两方面教育，完善制度措施，加大惩处力度，机关廉政氛围更加浓厚。在广为社会关注的深化投资体制改革领域，我们抓住投资决策、实施和监督三个环节，先后出台了《中央政府投资项目后评价管理办法(试行)》、《国家发展改革委关于改进和完善中央补助地方投资项目管理办法的通知》等制度，加强了对重要部位、关键环节和重点岗位的监控，使反腐倡廉建设真正发挥了为全委中心工作保驾护航的作用。

三、以建设高素质的干部队伍为目标，切实为发展改革工作提供坚强的组织保证和人才支持

加强领导班子和干部队伍建设，是党建工

作的重要内容，是搞好宏观调控工作的基础和保障。我委积极适应形势任务的发展变化，以科学发展观为指导，把培养造就高素质人才作为根本大计，坚持用事业凝聚人才、用实践培养人才、用环境激励人才、用机制造就人才，为有效履行职责奠定人才和智力基础。

着眼于增强凝聚力、战斗力，努力把各级班子建设成为坚强有力的领导核心。委党组紧紧围绕加强和改善宏观调控，促进国民经济又好又快发展这个中心，在选好配强各级领导班子的基础上，突出“三个注重”，即：注重领导班子的思想政治建设，注重机制建设，注重班子的可持续发展。委党组专门研究下发了加强各级领导班子思想政治建设的意见，作出具体部署，着力增强各级领导班子的整体效能，不断增进班子团结与和谐，提高班子解决自身矛盾和复杂问题的能力。坚持民主集中制，建立完善领导班子科学决策机制和各项工作规程，用制度规范领导行为，引导班子成员既要敢于面对挑战和困难，勇于承担责任和靠前指挥，又要密切配合，发挥集体智慧和力量，不断增强班子的权威性和执行力。坚持德才兼备、以德为先，按照既要重能力、更要重品行的要求，把政治坚定、作风过硬、业绩突出、有发展潜力、群众公认的优秀年轻干部选拔到各级领导岗位上来，特别是注意抓好司级正职和处长的选拔配备，使各级领导班子始终充满生机和活力。

以提高践行科学发展观能力为重点，努力打造高质量履行职责的党员干部队伍。不断提高广大党员干部的执行力是党建工作的重点，是高质量履行宏观调控职责的基础。深入贯彻落实中央关于大规模培训干部的决策精神，充分发挥培训在能力建设中的作用。委党组专门研究下发了加强干部教育培训工作的意见，扎实开展分层次、多渠道、大规模、重实效的教育培训工作。把培训和当前工作紧密结合，统筹抓好应对国际金融危机、应急管理、宏观数据调研分析等各类专题培训班、任职培训班、技能培训班及系列讲座，不断增强培训工作的针对性和实效性。注重实践锻炼，敢于压担子，尤其在应对国际金融危机、抗震救灾以及灾后重建等重大任务和突发事件中锻炼干部。针对机关干部经历相对比较单一的特点，配合国家重大发展战略的实施以及灾后重建等工作，有组织、有计划地安排部分机关干部特别是优秀年轻干部，到条件艰苦、工作困难的地方或急难险重岗位上工作，进行培养性锻炼，真正使大家在实践中经受考验、磨练意志，提高驾驭复杂局面、应对突发事件的工作能力和领导水平。

以改革创新为动力，努力营造有利于广大党员干部健康成长的良好机制环境。适应宏观调控形势任务的新变化，坚持工作理念、思路、方法和制度创新，不断深化干部人事制度改革，坚持民主、公开、竞争、择优原则，用好的制度和好的作风选人，全面推行干部竞争上岗，形成正确的用人导向，不断提高选人用人公信度。积极推进干部多岗位锻炼，突出抓好重点培养的年轻干部、长期在一个岗位工作以及在有一定审批权限岗位工作的干部的轮岗交流。根据干部特点和岗位需要，积极探索推进干部跨部门、跨行业，以及到地方交流任职的有效途径和方式，取得明显成效。结合机构改革、竞争上岗、班子调整等有利时机，近两年来，我委近五分之一的机关干部进行了轮岗交流，进一步优化了干部队伍结构，增强了活力。按照中央关于深化干部人事制度改革的系列文件精神，深入贯彻《公务员法》和相关政策规定，及时研究修订干部培养、选拔任用、调整交流、奖惩激励、监督管理等相关制度，不断推进我委干部人事管理的科学化、规范化。着眼于建设和谐机关，打造优秀机关文化，注重人文关怀和心理疏导，积极为广大干部营造良好的干事业谋发展的工作环境、和谐愉快的生活环境和友好的外部环境。

四、以建立和完善党建通讯员制度和机关内网干部论坛为突破口，不断探索密切联系党员干部的新机制

作为我委开展党的先进性建设成果和长效

机制，我们探索建立并不断完善了党建工作通讯员制度和内网干部论坛，作为掌握党员干部思想动态、密切联系党员干部的重要平台，收到了很好的效果。

党建工作通讯员由全委基层党组织挑选本单位政治合格、业务过硬、工作热情高、责任心强的同志担任，他们在做好本职业务工作的同时，承担起党建工作下情上达和上情下达的任务。几年来，通过通讯员的渠道，一大批干部职工关心的问题引起委党组高度重视，并陆续得到解决，从而拉近了干部群众和委党组的距离，增强了党组的威信，为机关党的建设打下了坚实的群众基础。

设立机关内网干部论坛是我委建设和谐机关的重要举措。论坛打破条条框框的限制，允许匿名发帖，由志愿者担任版主引导和维护，大家可以把对业务工作、社会热点、职工生活、机关作风、节能减排等方面的看法和疑问拿到论坛上，与其他同志深入探讨。有时，司局领导还实名发帖，为大家答疑解惑。许多年轻同志反映，开设内网干部论坛是党建工作适应新形势的好做法，研讨了问题，促进了和谐。

此外，委党组非常关心广大党员干部的身心健康和业余文化生活，组织广大干部职工定期体检，组建若干文体协会，且委领导亲自兼任名誉会长，积极开展各类文体活动，促进全委干部职工在欢乐祥和的氛围中努力工作。

国家发改委机关党的建设作用明显，成效突出，有力地促进了全委中心工作。但同时，工作中还存在着创新意识、创新能力有待进一步增强的问题，服务中心工作的效果还有待进一步提高。对此，委党组按照全国机关党的建设工作会议部署，专门研究制定了《关于加强和改进机关党建工作的若干意见》，提出了加强和改进机关党建工作的十项具体措施。我们将立足实际，坚持改革创新、求真务实，狠抓工作落实，使机关党的建设在推动发展改革中取得更大成绩。

（作者：国家发展和改革委员会党组书记、主任）

努力做一名党和人民满意的领导干部

白恩培

新的形势和任务对领导干部提出了新的更高的要求，也为领导干部提供了施展才华的广阔舞台和增长才干的重要机遇。各级领导干部一定要忠于职守，找准时代航标，更加自觉地担负起党和人民赋予的重任，认真践行立党为公、执政为民的根本宗旨，努力做一名党和人民满意的领导干部。

一、切实做到个人形象一面旗，充分发挥表率作用

形象就是旗帜，形象就是导向。作为一名领导干部，要真正成为干部群众心目中的一面旗帜，最重要的就是要不断加强党性修养，把牢固树立共产主义理想、坚定中国特色社会主义信念作为自己的终生课题，坚持不懈地用中国特色社会主义理论体系武装头脑，自觉加强世界观、人生观、价值观改造，做到理想不灭、信念永存，始终保持昂扬向上、开拓进取的良好精神状态，始终保持勤于任事、求真务实的工作作风，不断提高驾驭全局、推动科学发展的领导能力。领导干部要在人民群众中树立良好的个人形象，发挥好表率作用，必须做到“五个正确对待”。

正确对待群众，做立党为公、执政为民的表率。领导干部对待群众的态度，是信念是否坚定、党性是否纯洁的试金石。我们的工作应该向谁负责，这个问题有些同志并不是很清楚，这是十分危险的。必须时刻铭记对人民群众负责和对组织负责是一致的，我们的每一项工作，都必须向组织负责，向人民群众负责，向历史负责，真正做到问心无愧。现在有的同志，不是对组织负责，对广大群众负责，对工作负责，而是对少数人负责，对自己的选票负责，这是绝对不允许的。领导干部要有敬畏之心，敬畏历史、敬畏百姓、敬畏人生，真情谋事、认真做事、抓紧时间做事。衡量一个领导干部的工作做得好不好，最终要看能不能赢得人民群众的拥护和支持，能不能在人民群众中有好的口碑和形象。

正确对待组织，做坚决服从组织决定、执行组织纪律的表率。我们党是有严密组织的，也是有严格纪律的。作为一名党员，必须不折不扣地贯彻执行党的组织原则和纪律要求。一些同志有一种不好的倾向，就是对上级组织的决定，合意的就执行，不合意的就不执行；对组织纪律，愿意执行就执行，不愿意执行就不执行；什么时候组织提拔重用自己了，对组织就拥护；什么时候自己的要求没有得到满足，就牢骚满腹。我们必须明白，领导干部的成长进步是组织培养教育的结果，没有组织就没有我们的政治生命，没有组织的教育培养就没有个人的成长进步，任何时候都不能凌驾于组织之上，必须时刻讲规矩、守纪律。党员享有对上级组织的决定提出不同意见的权利，但必须注意发表意见的场合，不能想说什么就说什么、想怎么讲就怎么讲。领导干部的言行影响很大，一定要带头遵守党的纪律，带头维护党的团结统一，坚决克服个人主义和自由主义。

正确对待自己，做学习创新的表率。领导干部无论是在什么岗位，都要清醒地认识到，这是组织和人民选择了你、给你提供了施展才华的舞台，决不能认为自己是惟一的，是最好的。要经常反省自己，查找存在的差距和不足，更加勤奋地工作，多为党和人民做一些事，始终不忘党和人民的培育之恩。有的同志原来在下一级岗位上很谦和，一旦提拔，就开始摆官架子、打官腔，对别人横挑鼻子竖挑眼，要求别人要这样、要那样，好像水平马上就提高了。这些问题说明，领导干部能否摆正自己的位置，能否正确对待自己，绝不是一个小问题。面对新形势新任务新要求，每个领导干部都要有“本领恐慌”的意识，以高度的责任感和使命感加强学习、勇于实践、善于总结，不断提高处理复杂问题、领导科学发展、促进社会和谐的能力。

正确对待名利，做廉洁自律的表率。共产党人是唯物论者，从不否认正当合理的个人利益，关键是要正确对待。现在，一些干部把名利看得很重，干一点事就希望得到“回报”，刚刚提拔就琢磨“再上一个台阶”，工作挑肥拣瘦、拈轻怕重，向组织讨价还价。有的甚至成为名缰利锁的囚徒，滑到邪路上去。领导干部会面临各种诱惑，对绝大多数人来说，苦恼就是实现欲望的能力与欲望之间的差距，如果欲望与党和人民的要求相一致，这个距离就会缩短，苦恼的就只会是工作上的事情；如果一味追求个人利益，那你的能力和目标之间的差距就会很大，就会陷入无尽的苦恼中。解除苦恼的最好办法就是淡泊名利。一定要做到“大道不偏离，小节不丧失”。要以严格的党性要求自己，以所肩负的责任鞭策自己，耐得住寂寞，守得住清贫，经得住诱惑，真正做到在名利待遇上不计较、不攀比、不失衡。

正确对待同志，做团结干事的表率。领导干部尤其是班子“一把手”，要注意调动各方面积极性。要严格用纪律来约束和规范自己的言行举止，不随便表态许愿送人情，不听、不信、不传小道消息和谣言，不拉帮结派、搞小圈子，切实增强和维护班子团结。要有容人之量，既要容人之长，也要容人之短、容人之过，多一些豁达、多一些谦让、多一些尊重，正确对待自己，正确对待同志，做到严于律己，宽以待人，闻过则喜，推功揽过。要开展积极健康的批评与自我批评，妥善化解工作中的误解、分歧和矛盾，不断增强班子解决自身问题的能力，真正做到像爱护自己的眼睛一样维护领导班子的团结，以领导班子的团结促进一个地区、一个部门的团结，进一步形成团结干事、共促发展的良好氛围。

二、切实做到工作热情一团火，不断增强干事创业的积极性主动性

云南是一个集边疆、多民族、山区为一体的欠发达省份，各族人民盼望早日脱贫致富奔小康，过上幸福安康的好日子。这既是群众的期待，也是组织的期望，更是领导干部不可推卸的历史责任。面对党和人民的重托，我们一定要进一步增强责任感和紧迫感，以火一样的热情，全身心投入到全面建设小康社会的伟大实践中，努力推动全省的科学发展、和谐发展。

保持强烈的事业心和责任感。我们绝大多数领导干部是具有事业心和责任感的，能够全身心地投入工作，工作有声有色。但也有一些同志，没有朝气，工作不用心、不尽力，做一天和尚撞一天钟，有的甚至一天都不撞一声钟，这种精神状态与党和人民群众的期待、与云南加快发展的要求差距很大。一些领导干部贯彻落实中央、省委的方针政策和重大决策部署，不是积极想办法、结合实际创造性地开展工作，而是照搬照套、照抄照转，应付了事，这将严重制约云南的发展。作为领导干部，只有竭心尽力、尽职尽责、只争朝夕地为党和人民努力工作，在自己的岗位上做出不平凡的业绩，才能对得起组织、对得起群众、对得起历史、对得起自己。

增强加快发展的紧迫感。云南省有 129 个县市区，各地的区位条件、地理环境、资源禀赋、发展基础都不一样，情况千差万别。增强加快发展的紧迫感，必须立足实际，发挥优势，确立符合自身特点的发展思路，采取切实可行的措施，增强主动性、打好优势战，力争在现有基础上发展得更好更快。面对新的形势和任务，领导干部一定要格外珍惜自己的岗位，千万不能当“太平官”，一定要有强烈的紧迫感和使命感，聚精会神搞建设，一心一意谋发展，决不能错失发展机遇，贻误发展良机，给党和人民的事业、给当地的发展造成不可挽回的损失。

具有求真务实的拼搏精神。领导干部要进一步转变作风，大兴调查研究之风，多到基层和群众中去了解实情，在实践中完善发展思路。现在群众对一些领导干部有意见，说他们是“三圈”干部，就是“基层单位转一圈、省级机关跑一圈、出国考察溜一圈”，任期就差不多了。虽然这只是个别现象，但必须引起我们的高度重视，切实解决这样的问题。各级干部要敢于讲实话，无论什么时候、无论遇到什么情况，都要始终坚持实事求是的好作风，不能对上级只报喜不报忧，那种“哄得领导高兴就达到目的”的不良心态要坚决克服。

具备临危不惧的胆识和勇气。领导干部责任重于泰山。要敢于担当、勇于负责，平时要理直气壮地说“向我看齐”，关键时刻要站得出来、豁得出去。对关系全局、关系民生的重大问题，要排除干扰，克服困难，一抓到底。在错综复杂的矛盾和急难险重的任务面前，要亲临一线，靠前指挥，迎难而上，出现在矛盾最尖锐、困难最大最多的地方，不能推诿，更不能躲避，以实际行动带领干部群众完成推动科学发展、促进社会和谐的各项任务。

三、切实做到谋事布局一盘棋，不断增强领导科学发展的能力

提高胸怀全局促发展的能力。当前我们的大局，是促进科学发展，是保增长、保民生、保稳定。这就要求我们必须在思想上行动上与党中央始终保持高度一致，自觉贯彻执行党的路线方针政策，确保上级的决策部署得到全面贯彻落实；要把各项工作放到全省、全国乃至世界的大格局、大趋势中去谋划，增强工作的前瞻性和预见性，抢占制高点，掌握工作主动权。只有把全局作为思考问题、解决问题的出发点和落脚点，既注重研究和解决事关全局的具体问题，又

注重研究和解决事关全局的重大问题，才能不断提高在复杂形势下推动科学发展的本领。

提高统筹兼顾抓协调的能力。实现科学发展的根本方法是统筹兼顾。要把当地经济社会发展和党的建设作为一个整体，坚持以经济建设为中心，全面统筹推进经济建设、政治建设、文化建设、社会建设以及生态文明建设和党的建设。在加快发展的进程中，既要总揽全局、统筹规划，又要抓住事关群众利益的突出问题，正确认识和妥善处理各种重大关系，统筹城乡发展、区域发展、经济社会发展、人与自然和谐发展，使各方面发展相适应，各个发展环节相协调。在新形势下，特别要充分考虑不同地区、不同行业、不同群体的利益要求，善于把握各方利益的结合点，使各个方面的利益和发展要求得到兼顾。

提高突出重点谋大事的能力。对领导干部来说，从经济社会发展战略到人民群众的柴米油盐、衣食住行，都必须认真考虑，切实抓好。但面对复杂的情况，繁重的任务，如果不分主次，眉毛胡子一把抓，就会“忙忙碌碌事务多，辛辛苦苦成效少”。抓重点是我们党的好传统，也是我们党重要的领导方法和工作方法。作为领导干部，要拨冗去繁谋大事，区分主次先后，分清轻重缓急，把主要精力放在战略问题、全局工作和宏观决策上，做到有轻重、有主次，集中精力抓大事，不应该也不能事无巨细、面面俱到。

提高善抓班子带队伍的能力。领导干部特别是党政班子主要领导，要做到总揽全局、协调各方，使大家心往一处想，劲往一处使，形成工作合力。当好班长、带好队伍，最重要的就是要带头坚持民主集中制。要尊重同志，尊重各方面的意见，不能盲目自负、刚愎自用。要正确处理集体领导与个人分工负责的关系，完善领导班子议事规则，推进决策科学化、民主化，不搞“一言堂”和“家长制”。要发挥好党委的领导核心作用，坚持经常地主动地与人大、政府、政协沟通协商，交换意见，求得共识，促进班子的团结和工作的协调一致，努力营造互相尊重、互相信任、互相支持、互相谅解的干事创业的良好氛围。

（作者：中共云南省委书记）

中国共产党是重视学习和善于学习的政党

杨胜群

重视学习、善于学习是我们党一贯的优秀传统和宝贵的历史经验。党的十七届四中全会通过的《中共中央关于加强和改进新形势下党的建设若干重大问题的决定》，明确提出了建设马克思主义学习型政党的战略任务。这是在新的历史条件下对我们党的优秀传统和建党经验的继承和发展，对于进一步提高我们党的执政能力和执政水平具有重要的战略意义。

一、以学习立党

中国共产党是在中国的先进分子学习马克思主义过程中诞生的。19 世纪末 20 世纪初，旧中国加速走向半殖民地半封建社会，许多志士仁人奋起探索救国救民的道路。十月革命一声炮响，给中国送来了马克思列宁主义。李大钊等先进知识分子最早意识到，只有马克思主义才能救中国。他们通过各种途径和形式如饥似渴地学习、研究马克思主义，并在中国将马克思主义迅速传播开来。正是在学习、传播马克思主义的过程中，他们提出并且建立了中国共产党。

党成立以后，非常重视学习。党的一大专

门提出了宣传学习的任务，要求党员努力宣传马克思主义，使更多的人学习接受马克思主义，投入到革命当中。1923年，党的第三届第一次中央执行委员会专门通过《教育宣传问题议决案》，强调要采取多种形式，加强党员对马克思主义基本原理和党纲党章的学习、讨论。为了加强学习，党的早期领导人在湖南、上海分别创办了湖南自修大学、上海平民女校等干部教育学校。在大革命的3年中，党采取多种形式和措施加强对党员的党性教育和共产主义信念教育，使党在同国民党合作中保持了独立的地位和品格，并不断发展壮大。

以学习立党，不仅要重视学习，还要善于学习。善于学习，最根本的是要把理论与实际结合起来。大革命失败后，中国共产党肩负起了独立领导中国革命的历史任务。如何找到一条适合中国情况的正确的革命道路，成为党必须解决的一个历史课题。是把马克思主义当成教条，还是把它作为行动指南？解决中国的问题，是从马克思主义的本本出发，还是从中国的实际出发？毛泽东等根据中国反动统治力量集中在大城市、中国革命主力军是农民的特点，积极探索出一条以农村包围城市、武装夺取政权的正确道路。"马克思主义的'本本'是要学习的，但是必须同我国的实际情况相结合"，"中国革命斗争的胜利要靠中国同志了解中国情况"。毛泽东的这一论断，明确地回答了如何学习和运用马克思主义的问题。

抗日战争时期，党的任务和所处的环境发生了很大变化，需要进一步解决正确地学习和运用马克思主义的问题。1938年11月，毛泽东在党的六届六中全会上提出了"马克思主义中国化"的战略任务。这一任务的提出，使中国共产党学习马克思主义进入一个全新的时期。从六届六中全会到1942年延安整风学习，再到1945年党的七大召开，在全党持续开展了一场真正"以研究中国革命实际问题为中心"的深入学习马克思主义运动。经过这次学习，全党的马克思主义理论水平得到空前提高，确立了党的从实际出发、实事求是的思想路线，形成了党的理论联系实际、密切联系群众、批评和自我批评的三大作风。党的七大把建党以来马克思主义中国化的成果概括为毛泽东思想，并确立为党的指导思想。至此，党在思想上、作风上、组织上完全成熟了，成为一个坚强的马克思主义政党。

二、从战争中学习战争

我们党领导战争的本领来自革命实践，正如毛泽东所说，是"从战争中学习战争"。

第一，学习和形成了一整套人民军队的建军原则和办法。土地革命战争时期，初创的革命军队的来源很复杂。毛泽东等党和红军的领导人从一开始就注意对部队进行以人民军队性质、宗旨和任务为主要内容的政治教育，建立以学习教育为主的政治工作制度，克服部队中存在的各种非无产阶级思想意识，确立党对军队的绝对领导，为抗日战争和解放战争时期人民军队的建设打下了坚实基础。到抗日战争后期和解放战争时期，完整地形成了人民军队坚定正确的政治方向、艰苦朴素的工作作风和灵活机动的战略战术三大作风。

第二，学习和形成了一整套适合中国革命战争特点的战略战术。中国革命走的是一条农村包围城市、武装夺取政权的道路，在世界上没有现成经验可搬。土地革命战争时期，党领导红军在实践中学习、摸索，创造了一套以游击战为主的农村武装斗争的战略战术，使革命力量不但在农村站住了脚，而且得到了很大发展。革命的星星之火呈现出燎原之势。抗日战争时期，我们党不仅从全局提出了适合中国抗战的持久战的战略方针，而且发展游击战的战略战术，领导人民武装胜利地进行了敌后抗日游击战争。解放战争时期，我们党创造性地总结出人民解放军十大军事原则，大大提高了军事指挥艺术，领导人民解放战争迅速取得彻底胜利。

第三，适应革命战争需要，学习文化和各方面知识。在长期的革命战争中，我们党始终没有放松文化学习和各方面知识的学习。抗日战争时期，为了适应抗日军事斗争和抗日根据地建设需要，中共中央提出了“干部教育第一”、“在职干部教育第一”的方针。1938年11月，中央专门成立干部教育部，负责抓干部的教育学习。1940年1月，中央书记处专门发出关于干部学习的指示，建立在职干部平均每天学习两个小时的制度。后来，还把5月5日马克思的生日定为“学习节”。干部学习的内容不仅包括政治学习、理论学习，还包括业务学习和科学文化知识学习。这一时期，为了加强干部教育，在延安先后开办了中国人民抗日军政大学、陕北公学、鲁迅艺术学院、马列学院、中共中央党校、中国女子大学等干部学校。这些学校的条件都很简陋，正如毛泽东所说，“过着石器时代的生活，学习当代最先进的科学”。

延安的学习蔚然成风，在全国产生了很大影响。1940年，著名的南洋侨领陈嘉庚先生到延安访问，参观了抗日军政大学、中国女子大学等学校。他把在延安看到的情形同在重庆看到的国民党结党营私、灯红酒绿的情形对比，感叹“中国的希望在延安”。

三、学会建设新中国

新中国成立前夕，中共中央从西柏坡移驻北平。毛泽东深有寓意地将其比喻为赶考。赶什么考呢？总的来说，是赶建立和建设新中国的考试。毛泽东等党的领导人深知，要考试合格就只有老老实实地学习。他要求，“必须用极大的努力去学会管理城市和建设城市”，“去学习生产的技术和管理生产的方法”，“学会我们原来不懂的东西”。

新中国成立初期，党除了十分重视利用高等院校和各种专业技术学校，培养大批各类专业技术人才之外，还从提高党的治国理政能力考虑，进一步加强了干部教育。广大党员干部迅速掀起了一个学文化、学知识、学业务的热潮，较快地提高了文化素质，相当多的人掌握了管理经济、文化、教育等各方面事业的本领。短短3年，党就领导人民使国民经济得到恢复和发展，迅速把一个旧中国变成了一个新中国。

国民经济恢复时期过去之后，我们党提出了社会主义工业化和社会主义改造即“一化三改”的战略任务。在此过程中，毛泽东提出了“向外国学习”的口号。他指出，一切民族、一切国家的长处都要学。必须善于学习，要把学习与独创结合起来。在新中国成立初期的几年中，中国共产党和中国人民向国外学习，主要是向苏联学习。应该说，在当时情况下学习苏联，对于促进我国的建设起到了非常重要的作用。但随着自己实践经验的积累，我们党对于苏联经验中的一些弊端和错误，逐步有所了解。

1956年4月，毛泽东发表《论十大关系》，明确提出要以苏联经验为戒鉴，总结我们自己的经验，探索一条适合中国情况的建设道路。这一探索，贯穿于1956年至1966年全面建设的10年中。这10年是中国社会主义事业曲折发展的10年，也是我们党对什么是社会主义、如何建设社会主义这个问题学习和认识的10年。其间，我们取得了很大成就，但也犯了错误。而对错误的纠正，仍然离不开学习。

1958年，在“大跃进”和人民公社化运动中，出现了急于过渡到共产主义、取消商品生产、忽视价值规律的“共产风”错误。毛泽东和党中央领导全党纠错，办法之一就是号召和组织广大干部读书学习。1958年11月，他给从中央到地方的各级干部写了一封题为《关于读书的建议》的信，要求大家读斯大林《苏联社会主义经济问题》和《马恩列斯论共产主义》两本书。通过读这两本书，广大干部对划清社会主义与共产主义界限，对社会主义社会商品生产和运用价值规律等问题有了比较清醒的认识。当时，毛泽东感慨地说，价值法则“是一个伟大的学校”。

毛泽东号召全党读两本书后不久，鉴于“大跃进”和人民公社化运动中出现的问题，深感各级干部缺乏政治经济学知识，他自己也觉得需要加强这方面的学习和思考，于是又建议领导干部读苏联《政治经济学教科书》。他带头读，先后用两个月时间读完该书。在他的带动下，党的领导干部特别是高级干部，都认真地读了这本书，较系统地学习了马克思主义政治经济学基本原理。这次读书学习活动，还使我们党对社会主义时期的理论创新、推进马克思主义中国化的问题有了新的认识。毛泽东在读书过程中说："任何国家的共产党，任何国家的思想界，都要创造新的理论，写出新的著作，产生自己的理论家。"事实证明，这次读书学习活动对党的思想理论建设产生了长远的重要影响。

四、重新学习建设中国特色社会主义

改革开放以来，党肩负起领导全国人民建设中国特色社会主义的历史使命。邓小平郑重提出："全党同志一定要善于学习，善于重新学习。"

为什么要重新学习呢？一是因为长期以来我们在什么是社会主义、怎样建设社会主义问题上，对马克思主义经典作家的有关结论作了教条式的理解，甚至把不是马克思主义的东西也当作了马克思主义，需要通过重新学习，使思想认识回到马克思主义的正确轨道上来。二是因为改革开放、建设中国特色社会主义同样没有现成的经验可搬，社会主义现代化建设的许多领域的知识过去没有接触过，需要通过重新学习去获得经验和新的知识。

从党的十一届三中全会召开前开始，这次重新学习从各方面展开。从 1978 年 5 月开展真理标准大讨论，到 1982 年召开党的十二大，通过全党的学习讨论，恢复确立了党的实事求是的思想路线，完成了党的指导思想的拨乱反正，开辟了建设中国特色社会主义道路。同时，整个中国社会形成了尊重知识、尊重人才、学习科学文化和专业技术知识的浓厚氛围。

上世纪 80 年代末到 90 年代，国内外形势发生了深刻变化。国际上，苏联解体、东欧剧变，对国际社会主义事业造成严重冲击；国内，由于改革进一步触及深层次矛盾，改革、发展、稳定的任务加大。这些都对党的领导水平提出了更高要求。江泽民同志强调，全党同志要"学习、学习、再学习"。1993 年 9 月《邓小平文选》第 3 卷出版，全党迅速兴起了学习热潮。1994 年 9 月，党的十四届四中全会提出推进党的建设新的伟大工程的战略任务。这项工程首先要做的就是，用邓小平建设有中国特色社会主义理论武装全党。1997 年 9 月，党的十五大正式将邓小平理论确立为党的指导思想。1999 年 3 月至 2002 年 9 月，党中央部署在县级以上领导干部中组织开展了一次以"讲学习、讲政治、讲正气"为主要内容的集中的党性、党风教育活动。"三讲"活动，首先是"讲学习"，是把马克思主义理论教育同党性、党风教育结合起来的一次深入学习。通过学习和实践，我们党在马克思列宁主义、毛泽东思想和邓小平理论的基础上，提出了"三个代表"重要思想。

党的十六大以后，我国改革和发展进入一个新的阶段。以胡锦涛同志为总书记的党中央努力探索新形势下新的发展思路，提出了科学发展观等重大战略思想。针对党在自身建设方面存在的突出问题，2004 年 9 月，党的十六届四中全会作出《中共中央关于加强党的执政能力建设的决定》，对加强党在各方面的执政能力建设提出了一系列重要措施。2005 年 1 月至 2006 年 6 月，在全党成功开展了以学习"三个代表"重要思想为主要内容的保持共产党员先进性教育活动。2008 年 9 月，中共中央发出"关于在全党开展深入学习实践科学发展观活动的意见"，部署在全党分批开展深入学习实践科学发展观活动。在活动过程中，胡锦涛同志提出，各级领导干部要更加紧迫地学习新知识、增长新本领。广大党员干部特别是各级领导干部，根据贯彻落实科学发展观的要求，努力学习现代金融知识、现代科技知识、国际经济知识以及各种法律法规等。在这个过程中，我们积极有效地克服了国际金融危机带来的巨大困难，保持了经济社会平稳较快发展。特别需要指出的是，在胡锦涛同志的主持下，中央政治局一直坚持集体学习，为推动全党学习起到了示范作用。

世界上有很多事情往往是局外人看得更清楚。曾经多次访华的新加坡资深政治家李光耀，在2002年发表谈话说，中国人的求知若渴令他大为震惊，是中国人的“奋发好学推动了中国的进步”。2005年4月，见证了苏共垮台的俄共中央主席久加诺夫访华回国后接受采访时说，现在的中国共产党是一个充满活力和蓬勃发展的集体，因为他们“愿意并正在向所有人学习”，“吸收现代文明中一切好的东西”。

目前，世界上还没有另外一个政党公开宣布把自己建成一个学习型政党。中共中央提出建设马克思主义学习型政党的战略任务，又一次将中国共产党以一种新的面貌推到了世界面前。

（作者：中共中央文献研究室常务副主任）

毛泽东有关“出主意、用干部”的读史评论

陈　晋

关于领导者的主要职责，毛泽东和邓小平说过两句极为相似的话。

毛泽东说：“领导者的责任，归结起来，主要地是出主意、用干部两件事。”

邓小平说：“我的抓法就是抓头头，抓方针。”

出主意，就是抓方针；用干部，就是抓头头。抓住了这两条，也就抓住了做领导的根本。

道理不难懂，做起来却非易事。中国历史上一些政治领导集团在这个问题上的成败得失，很值得研究。毛泽东读史，多注意此道。

先说“出主意”。

领导出主意，最主要的是在一些重大决策上发挥关键作用。提出主意的快慢和好坏，体现谋断能力和决策水平的高下。毛泽东在1959年3月的郑州会议上，曾比较三国时期几个主要政治集团的核心人物在这个问题上的差别，认为曹操多谋善断，最厉害；刘备也很厉害，却稍逊一筹，“事情出来了，不能一眼看出就抓到，慢一点”；袁绍则根本就是“见事迟，得计迟”，属不称职的领导。

见事早，得计早，是提出好主意的一个前提。为了具体地说明这个问题，毛泽东曾举了蒋介石在辽沈战役中的一个例子。他说：“蒋介石就是见事迟，得计迟。形势已经出来了，他还没有看见，等到看见了又不好得计。比如辽沈战役时他对卫立煌的部队，总是犹豫不决，最后才下决心，强迫他去热河、到北平。如果早一点，我们围攻锦州的炮一响就让他马上走，我们就没有办法，只能切他一个尾巴。如果在我们还没有打锦州时，就把沈阳、锦州统统放弃，集中于平津，跟傅作义搞在一起，我们也不太好办。”这个评点，符合辽沈战役的战场实际，指出了国共双方统帅部的决策快慢之别。

见事早、得计早的谋断力，总是在总结实践的经验包括总结失误的教训中积累和增长起来的。一个成熟的领导者，对有的事情可能见事早，得计早，对有的事情则未必。毛泽东曾经坦言，新中国成立后，有些事情自己也没有料到。1959年4月在上海召开的八届七中全会上，他总结了这样几件事：“没有预料到1957年出现这么大一个风潮，右派进攻。此外，还有两件事没有预料到，一个是反斯大林的大风潮，全世界的共产党跟着倒霉，连我们也无光彩，苏联共产

党也没有光彩。再一件就是没有预料到经济指标定高了。(今年)1月上旬我召集的那个小会,陈云同志讲估计完不成,这种话应该听。”反思在见事、得计问题上的不足,本质上就是总结经验,以便更好地出主意。早在1941年,毛泽东就讲过,“善于总结经验,就是领导者的任务”。邓小平晚年也说,他最关心的事,“一个总结经验,一个使用人才”。可见,总结经验也是“出主意”的重要组成部分,而且是最终提出好主意的重要认识基础。

出主意、做决策不是一个人的事,通常情况下要有一个听取别人意见、汲取别人智慧的谋断过程。按毛泽东的说法,要“多召集几个会议商量,然后才能有断,所断便是善断”。汉高祖刘邦,毛泽东认为他算得上是一个“从谏如流”的历史范例。在1964年1月7日的一次谈话中,毛泽东详细讲了刘邦纳谏善断的几件事情:一是听张良劝说,把已处于举足轻重地位的韩信封为齐王;一是楚汉以鸿沟划界之后,听张良、陈平之劝,乘胜追击引兵东向的项羽;一是刘邦称帝后想建都洛阳,但在听了刘敬的建议之后,决定定都关中长安。这些见事早、得计早的主意,虽然不是刘邦提出来的,但他能及时采纳决断,做出明智选择。更重要的是,在关键时刻总有人给他献计,改变或完善他的想法,不能不说与他平时注意营造“出主意”的氛围有关。毛泽东在读《史记·高祖本纪》的批注中,说“项王非政治家。汉王则为一位高明的政治家”。这个判断的依据,恐怕与刘邦在“出主意”这个问题上远远超出项羽紧密相关。

在历史上,还有一个人的谋断决策方式引起毛泽东的重视,这就是五代时的后唐庄宗李存勖。《通鉴纪事本末·后唐灭梁》记载,李存勖把部属康延孝叫到家里咨询灭梁之事,康延孝认为,梁兵目前聚集在一起,我们不能硬打,等到他们分兵合击我们时,每处兵力就减少了,那时可“率精骑五千,自郓州直抵大梁”。李存勖依计而行,果然夺取了郓州。还有一次,李存勖屯兵朝城,后梁几路大军合围压境,而李存勖却粮草匮乏,难以支撑,于是召集诸将开会研究。结果大家都认为应该退兵求和,但李存勖听了十分不悦:“如此,吾无葬地也。”随后,他单独找部将郭崇韬商量,郭崇韬则建议,部署一些兵将留守朝城,由李存勖亲率精兵“长驱人汴,彼城中既空虚,必望风自溃”,并说这个主意他曾经和康延孝仔细商量过。李存勖欣然同意,果然取胜。毛泽东读到这些事,批道:“康延孝之谋,李存勖之断,郭崇韬之助,此三人者,可谓识时务之俊杰。”“已成摧枯之势,犹献退兵之谋,世局往往有如此者。此时审机独断,往往成功。”

从李存勖灭后梁和毛泽东的批语看,有四点值得思考:一是决策之前,李存勖总是主动谋于人,一谋不行,换一个范围再谋。此为多谋、善谋。二是谋于人但并不被别人的意见牵着走,自己胸中已有基本的判断和方向,因此他没有采纳诸将退兵求和的主张。此为能断、善断的前提。三是郭崇韬、康延孝的高明之处,是不被表面困难所吓倒,看出不利形势背后潜藏的机会,提出精兵奔袭之策,一举扭转困局,属大智大谋。四是李存勖在关键时刻善于“审机独断”,凸显出作为团队核心人物的决策魄力。以上四点,比较具体地展示了“出主意”的领导方法和谋断过程。

最重要的出主意,当然是确立正确的路线方针。对主政者而言,尤其如此。西汉初年,刘邦、萧何推行黄老之术的“无为而治”、“与民休养”等政策,是符合大乱之后迅速稳定局势的聪明选择。继任者曹参的政治智慧体现在他能够确认这条路线,并且不顾非议坚持下来。正是“萧规曹随”,打下了“文景之治”的基础。此后汉武帝根据实际情况的变化,改行儒法并用实际上以法家之术为主的执政方略。他的孙子汉宣帝继续加以坚持,但汉宣帝时的太子(即后来的汉元帝)却劝宣帝改变这一执政方略,多用儒生,以行德教仁柔之道。宣帝很不高兴地说:“汉家自有制度,本以霸王道杂之,奈何纯任德教,用周政乎?且俗儒不达时宜,好是古非今,使人眩于名实,不知所守,何足委任!”由此骂道:“乱我家者,太子也!”毛泽东很注意汉宣帝父子的这场争论。1957年6月他同吴冷西等人谈话时说:汉武帝雄才大略,开拓刘邦的业绩,不失为鼎盛之世。前汉自元帝始即每况愈下。元帝好儒学,摒斥名、法,抛弃他父亲的一套统治方法,他父亲骂他,“乱我家者,太子也”。1966年3月,在杭州的一次谈话中,毛泽东再次提到这一点。西汉一代,也确实是从汉元帝手上出现衰变的。由此看出,执政者能否确定和坚持正确的路线方针,是一个事关全局的“大主意”、大问题,它直接影响着社会的盛衰。

再说“用干部”。

汉宣帝父子关于执政路线的争论,事实上已经涉及“出主意”与“用干部”的密切关联:只是行德教仁柔之道,必然要多用甚至全用儒生治国;以霸王道杂之,自然要儒法之士并用甚至多用名法之士。对二者的关系,毛泽东1938年有过另一种提纲挈领的表述:“如果是贤明皇帝,就会是忠臣当朝,用人在贤;如果是昏君,必有奸臣当朝,用人在亲,狐群狗党,弄得一塌糊涂。中国历朝以来的组织路线,即干部政策,都是随着政治路线改变的。”用干部的关键,就是选择什么样的人贯彻实施既定的路线方针政策。毛泽东说的“政治路线确定之后,干部就是决定的因素”这句名言,道出此中真谛。提出正确的主意后,用什么人来实施这个“主意”,是用赞成者还是用不赞成者或者模棱两可者或者在大是大非问题上根本就糊里糊涂者,结果会大不一样。

刘备集团用关羽驻守荆州,就是一个教训。

诸葛亮为关羽定的方针是“北拒曹操,东联孙吴”,但关羽无论是在性格气度上还是思想认识上,都不足以担此大任。他好意气用事,一会儿吵着要入川同马超比试武艺,一会儿又不愿同“老卒”黄忠为伍受封“五虎上将”。在内部闹闹倒也罢了,要命的是他把这种狭隘意识用在对待孙吴集团的态度上面。孙权派人为儿子向关羽女儿求婚,此举很吻合联吴抗曹方针,关羽却破口大骂:“吾虎女安肯嫁犬子乎!”甚至威胁要斩杀来使。如此不顾大局,怎能不促使孙刘联盟瓦解,失守荆州?对此,毛泽东在多种场合说道:让关羽守荆州是一着错误,他从思想上看不起东吴,不能认真贯彻执行“联吴抗曹”的战略方针,从根本上否定了诸葛亮的战略意图,结果失掉了荆州这个根据地。还说:关云长大体上是不懂统一战线的,这个人并不高明,对待同盟军搞关门主义,不讲政策。

用关羽守荆州固然是一个失误,但总体上,毛泽东认为刘备集团在用干部的问题上也不是乏善可陈。1957年3月,他对身边工作人员讲:“尽管刘备比曹操见事略迟,但刘备这个人会用人,能团结人,终成大事。”这年7月在上海干部会议上又说:“刘备得了孔明,说是‘如鱼得水’,确有其事,不仅小说上那么写,历史上也那么写。群众就是孔明,领导者就是刘备。”1960年12月在同薄一波谈话时,毛泽东还称道刘备入川时的干部政策,说:你们北方人组织了一个班子南下,到了四川,同“地方干部”一起建立了一个很好的根据地。势单力薄的刘备集团能闯出一番局面,确与纳人用人政策有关。但刘备死后,诸葛亮在识人用人上却失误多多。马谡失守街亭即是一例。马谡是智囊型人才,刘备生前曾说他有些夸夸其谈,适宜放在帷幄之中使用,诸葛亮却偏偏放他出去做领兵主将,结果是害了他。诸葛亮晚年也没有培养出什么人才,好不容易找了一个姜维,终因在蜀国干部队伍中缺乏根底,难以大展其才。反观孙权集团,毛泽东认为其用干部的特点是善于拔识和培养人才,经常举的例子,是赤壁大战时让“共青团员”周瑜挂帅,以及孙权劝吕蒙多读书,从而使吕蒙继周瑜之后成长为军事统帅等。

在用干部的问题上,历史上同一个人也常有前贤后昏的现象发生。一时英武有成的梁武帝和唐明皇,便是此类典型。关于梁武帝,毛泽东读《南史》曾引唐朝罗隐的诗句批注:“时来天地皆同力,运去英雄不自由。”早期的梁武帝,政治头脑清楚,目标明确,也颇知军机,故帐下韦睿、曹景宗、陈庆之一班英才辈出。但其晚年却败得一塌糊涂，竟饿死于叛臣侯景的囚室。原因是他一心向佛，以“佛陀心肠”来实行政治领导，对亲贵大臣的种种不法恶行放纵宽容。其死前五年，大臣贺琛上书，希望梁武帝整肃那些作威作福的权臣贵族，而梁武帝却一一驳斥贺琛的劝谏，说自己一向痛恨昏聩，事事小心，还指责贺琛不应该同那些权臣贵族过不去。毛泽东在这些记载文句旁逐一圈点，批注说：“予智自雄，小人日进，良佐自远，以至灭亡，不亦宜乎？”“‘专听生奸，独任成乱’，梁武有焉。”“专听”、“独任”的用人之法，必然生奸成乱。梁朝的由盛而衰，根本原因是梁武帝执政后期不再有远大的进取目标，从“天地皆同力”到“英雄不自由”，也就势所必然了。

唐明皇初登大位，于乱局之中澄清吏治，赏罚分明，先后任用姚崇、宋璟、张九龄一班贤相，造就“开元盛世”。但在他执政的后期，却内由权奸李林甫、杨国忠当政，外纵边将安禄山、史思明骄横，终酿成“安史之乱”。所以毛泽东说：“唐明皇不会做皇帝，前半辈会做，后半辈不会做。”

“小人日进，良佐自远”，并非“良佐”们不再有价值，而是领导者不再有胸怀，或者说胸怀变了，目标变了，主意变了。依然是毛泽东说的，“中国历朝以来的组织路线，即干部政策，都是随着政治路线改变的”。

（作者：中共中央文献研究室副主任）

传媒变革与执政党建设

马　利

胡锦涛同志指出：“互联网已成为思想文化信息的集散地和社会舆论的放大器，我们要充分认识以互联网为代表的新兴媒体的社会影响力，高度重视互联网的建设、运用、管理。”在当今经济体制和社会结构深刻变革、利益格局深刻调整、思想观念深刻变化的关键时期，在科学技术不断改变信息传播方式和新闻表达方式的趋势下，研究新媒体的发展与执政党的建设之间的辩证关系，有效地利用互联网提高党的执政能力，是时代赋予我们的重要使命。

网络化成为时代潮流

目前，网络化已成为不可逆转的时代潮流，亦催生了传媒变革，主要表现为以下几个特点：

传统媒体网络化。传统媒体纷纷与网络接轨，新闻资讯空前丰富，内容传播拓向“地球村”，影响力日益增强。纵观全球有影响力的报纸、电视和广播，无一不涉足网络领域。新闻传播伴随网络技术发展、市场竞争而快速变革，成为信息社会的必然趋势。以人民网、新华网、央视网为例，传统媒体网络化的实践不仅赢得市场和受众，而且成为增强新闻传播实力、影响全球大众新的增长点，其未来不可限量。

网络媒体主流化。截至2009年6月底，中国网民规模已达到3.38亿人，较2008年底增长13.4%。中国网络媒体从无到有、从少到多，经历了网络信息传播的初始时期、网络内容建设取得突破、网络信息传播个性化发展等多个阶段。网络媒体已成为新闻传播领域中影响巨大、最具发展潜力的主流媒体。

信息资讯网流化。热点新闻资讯不断在网上流动、渗透、演变，像一条条河流绵绵不绝。网络便捷的服务功效使传统媒体望尘莫及。网络实现了人类基本的需求诸如了解资讯、通信、购物、工作、教育、交友、娱乐等，已经渗透到人们生活的各个层面，无孔不入，“网流化”已经逐渐成为一种新的生活方式。

网络时代给执政党提出新考题

给党的意识形态提出“信仰”考题。网络时代，各种观点在这个开放、匿名、互动的平台中交流、交锋、交融，人们思想活动的独立性、选择性、差异性增强。在社会转型期，互联网已经成为意识形态斗争的前沿阵地。可以预料，随着网络技术和社会思潮的发展，网上意识形态、思想观点的争论将会长期存在，并日趋激烈。

给党和政府公信力提出“信任”考题。互联网一方面使社情民意得到充分表达，同时也会使一些言行在网上被渲染和放大。网络传播效应将通过个人和个别事件影响到整个党和政府的公信力。另一方面，由于网络信息来源广泛、时效性强，很多问题真假难辨，混淆视听。

给党的干部队伍提出“能力”考题。从实际情况看，每一起轰动的网络事件背后，都有一些素质不能适应网络时代要求的党员干部。网络时代，究竟怎么样才能当一个合格的领导干部？在强大的网络舆情面前，党员干部的应对能力、承受能力经受前所未有的考验。

给党的组织运行提出“管理”考题。网络舆论有两大特点：一是爆炸式地扩散信息。二是极端化地放大民意。如今，传统的话语体系易被边缘化，一定程度上改变了传统上靠组织体系、靠宣传工具进行社会动员模式，在“人人都有麦克风”的时代，网上民意汹涌，党的组织管理难度增大。

给党的新闻宣传提出“引导”考题。近几年，网络热词频现，每个热词背后，都是一个社会热点。事实证明，面对网络信息麻木、迟钝地“躲”，对待网络舆情仅仅采取“堵、删、封”，不顾民意地“拖”……已经和网络时代的要求、人民群众的诉求格格不入，必须直面网络时代给党的新闻宣传提出的“舆论引导”新考题。

给维护社会稳定提出“安全”考题。网络时代，民众参与的广度和深度都在拓展，一些社会矛盾有可能借助网络功能凸显、放大、甚至酝酿危机事件，威胁社会稳定。同时，境外敌对势力也在利用互联网这个平台窥视中国，曾有西方媒体叫嚣“要用互联网崩塌中国的长城”。这都提醒我们，对社会稳定时刻不能放松警惕，信息资源也将成为一种更高意义上的战略资源。

在认识上解放思想，在实践中开拓创新

网络时代，危中有机。应当在认识上解放思想，在实践中开拓创新，运用互联网为发展社会主义民主政治、巩固党的执政地位和提高党的执政能力服务。

让网络成为组织建设的“新堡垒”。网络无疑是加强和改进新形势下党的组织建设的一个新的切入点。我们党怎样才能永葆生机与活力，除了与时俱进，始终站在时代前沿，引领时代潮流之外，还需要不断地吸收“新鲜血液”，吸引、培养更多的年轻人加入党组织。互联网已经成为赢得青年、赢得未来的制高点，如何占领这一制高点，应该成为今后工作的重中之重。主动设置议题，引导舆论。实践表明，党组织＋互联网＝强大的红色网络。网络的优势可以消除时空的阻隔，探索创新党的组织建设的新形式，网络已经成为社会动员的沃土。在虚拟社区里，要更好地发动群众、组织群众，以现实的力量推动党的组织建设。

让网络成为党务公开的“新平台”。我们党提出科学执政、民主执政、依法执政。借助互联网的技术优势，可以有效推动执政方式的转变，使执政为民的理念落到实处。“人民民主是社会主义的生命”，公开是民主政治的基本要求。网络时代，应当善于顺应信息公开的大势，积极推进党务公开，推进社会主义民主。不久前，中组部和人民网分四次陆续公布“首次全国组织工作满意度民意调查结果”。第一次公布，2小时内，百家网站竞相转载，点击量达130余万人次，网友跟帖超过2.6万条。此次中组部网上“晒”民调结果，是一次非常成功的信息公开案

例，占据了主动权；注重研究新闻传播规律，加强与网络媒体间的沟通，做到舆论引导“随风潜入夜，润物细无声”。同时，争取把成功的尝试转化为常态，人民网正在全力筹备，为中组部打造组织工作的网上新闻发布平台。

让网络成为党群沟通的“新渠道”。几年来，近300位省部级领导干部做客人民网强国论坛，网络已经成为党群沟通、干群沟通的新渠道。通过网络平台，及时吸纳、了解民情民意，化解矛盾和纠纷、采纳合理化建议，体现了党的执政、工作方式的与时俱进。“向省委书记和省长反映问题，以前‘上访’，现在‘上网’。”一位网友的留言，道出了很多人的心声。人民网为各地各级党政一把手开通了专属留言板。一年来，已有36位书记、省长“现身”地方领导留言板与网友交流沟通，问政于民、问需于民、问计于民。已有多个省区制定了专门的网友留言回复常态工作机制，有专门机构负责督办。这种进步，提高的不仅是党群、干群沟通的畅通率，更是以人为本、执政为民理念在网络时代的生动体现。

让网络成为培养干部的“新课堂”。中央党校在人民网建立了“开放式教学基地”。2008年5月，中央党校省部班学员集体做客人民网强国论坛和网民对话。作为干部“触网”学习的新探索，这一模式正在其他党校逐步推广。今年3月，井冈山干部学院的省部班、厅局班学员，都分别做客人民网强国论坛。网民对嘉宾真诚坦率的回答反响强烈。党员干部除听广播、看电视、读报纸、读书之外，还应当养成上网、学网、用网的习惯，加强学习，提升对媒体的认识水平，提升与媒体交流沟通的水平，提升应对网络群体性事件的水平。

让网络成为舆论监督的“新利器”。网络时代的舆论监督无所不在，这对执政党自身建设，对党员干部提出了新的时代要求。互联网时代的舆论监督，监督渠道通畅、监督力度增强、监督内容拓展、监督人群扩大、监督内涵丰富。网络公开性的特点有利于实现公民监督，有利于党发扬密切联系群众的优良传统。

让网络成为新闻宣传的“新阵地”。新闻媒体作为党和政府的喉舌，承担着宣传主流价值观的社会责任。如何遵循新闻规律，充分利用各种资源和优势，用好用活多种手段来提升新闻宣传的感染力和影响力，是网络媒体一直着力研究和探索的一项课题。人民网等网络媒体对新闻宣传不断探索，不断增强媒体整体实力，不断更新提升网络技术水平，从报道思想，到宣传手段，从内容组织，到互动形式，网络媒体都在进行各种有益尝试，取得了可喜效果，在网上舆论引导和对外宣传中发挥了重要作用。

坚持五个结合，应对挑战兴利除弊

在挑战与机遇并存的网络时代，如何进一步加强执政党建设，我认为可从以下五个结合入手。

坚持党管媒体的原则和尊重新闻传播规律的结合。坚持党管媒体，始终牢牢掌握新闻工作的领导权和主动权，是我们党的重要原则，也是党的执政能力的重要体现。同时也要尊重新闻传播规律，善于发挥新媒体的优势和潜能，宣传党的主张，弘扬社会正气，通达社情民意，引导社会热点，疏导公众情绪，搞好舆论监督。

坚持发扬党的优良传统和紧扣时代脉搏的结合。为了适应网络时代的要求，使党的群众路线和密切联系群众、理论联系实际、批评与自我批评等优良传统和作风，在“从网民中来、到网民中去”，“上网灌水拍砖”等形式中得到继承并发扬光大。

坚持加强党内民主、党外监督和重视网络民意的结合。网络时代，重视网络民意，有利于党的决策的科学化、民主化，增加透明度；同时网络推动和实现了公民与政党领导的直接对话，拓宽了党外监督的范围，有利于获得广大人民群众的支持和参与，有利于进一步发挥新闻媒体的监督作用，提高监督水平。

坚持树立党的信息权威和提高党的舆论引导能力的结合。执政党应当在各种消息源中树立权威地位，准确、及时、详细地公布信息，消除虚假信息的负面影响，在遵循公开、透明的传播规律的基础上引导网络舆论。同时应当创新观念、创新内容、创新形式、创新方法、创新手段，不断改进党的舆论引导工作，尊重群众、尊重事实、尊重规律。

坚持统筹两个大局和借鉴国外政党对网络应用的先进经验的结合。新媒体的发展，应统筹国内国际两个大局，注重从国际国内形势的相互联系中把握发展方向，注重从国际国内条件的相互转化中用好发展机遇，注重从国际国内资源的优势互补中创造发展条件，注重从国际国内的因素的综合作用中掌握发展全局。世界上许多国家政党、领导人都十分重视运用互联网加强与民众的沟通和联系，巩固自己的执政地位，其中一些做法对我们加强党的建设有借鉴意义，应注意博采众长。

（作者：人民日报社副总编辑）

大力加强律师事务所党建工作

赵大程

律师行业党建工作是党的建设的重要组成部分。2008年以来，中央组织部和司法部党组联合印发了《关于进一步加强和改进律师行业党的建设工作的通知》，召开了全国律师行业党的建设工作会议，律师行业党建工作不断加强。当前，在初步实现党的组织和党的工作对律师行业的全覆盖之后，全面加强律师事务所党建工作，成为推进律师行业党建工作的紧迫任务。做好这项工作，对于巩固已有成果、夯实律师行业党的建设组织基础和工作基础、推动律师行业党建工作实现新的发展，具有重要意义。

一、把加强律师事务所党支部建设作为推进律师行业党建工作的重中之重

（一）进一步形成加强律师事务所党支部建设的思想共识。律师事务所党支部是律师行业党的组织体系中最基层的组织形式，是党对党员律师进行教育、管理和监督的基本单位，是党联系广大律师的桥梁和纽带，是党团结和带领广大律师进行社会主义现代化建设的战斗堡垒。在我国，坚持党对律师工作的领导，既是一个政治优势，也是一个制度特色。要充分认识律师事务所在律师工作中基础管理环节的重要地位，充分认识律师事务所党支部建设对律师工作的引导性、保障性作用，坚持把这项工作作为关乎律师工作发展全局的战略性问题来思考和把握，放在推进中国特色社会主义律师事业的总体布局中来谋划和推进。要积极争取党委、政府重视律师工作、律师队伍建设和律师行业党建工作，进一步完善政策措施，创造有利条件。要加强工作指导和督促检查，在律师事务所党支部建设的各项工作中，进一步把中央关于律师做中国特色社会主义法律工作者的政治要求落到实处，把充分发挥党支部在律师事务所执业活动中的政治保障作用落到实处，把律师事务所主任与党支部书记“一岗双责”的工作措施落到实处，把争创律师行业“五好”党支部和“五好”党员活动落到实处。同时，要把加强律师事务所党支部建设作为确保律师做中国特色社会主义法律工作者的重要保障来抓，作为律师行业党建工作的基础环节来抓，作为促进律师队伍健康发展的根本措施来抓。

（二）进一步理清加强律师事务所党支部建设的工作思路。按照中央对党建工作提出的新

要求，根据两部《通知》和威海会议作出的新部署，当前和今后一个时期，大力加强律师事务所党支部建设，要牢牢把握高举中国特色社会主义伟大旗帜这一主题，教育党员律师坚定不移地为中国特色社会主义事业而奋斗；要牢牢把握科学发展观这一重要指导方针，努力把律师事务所党支部建设成为贯彻落实科学发展观的坚强堡垒，使广大党员律师成为科学发展观的模范实践者；要牢牢把握大力弘扬改革创新精神这一根本要求，努力推进律师事务所党组织设置创新、班子建设创新、工作机制创新和党员教育管理创新；要牢牢把握加强党的执政能力建设和先进性建设这一主线，不断提高律师事务所党支部领导班子的工作水平和能力，保持和发展党员律师的先进性；要牢牢把握新时期加强党的建设的总体布局，努力实现律师事务所党支部思想建设、组织建设、作风建设、制度建设和反腐倡廉建设相互协调、相互促进；要牢牢把握中央对加强新社会组织党建工作提出的新要求，充分发挥律师事务所党支部推动发展、服务群众、凝聚人心、促进和谐的作用；要牢牢把握中央对党员律师提出的新要求，切实做好党员律师的教育、管理和服务工作，充分发挥党员律师的先锋模范作用。

(三)进一步明确律师事务所党支部和党支部书记的基本任务。律师事务所党支部要结合律师行业特点，着重做好以下五个方面的工作：确保党的路线方针政策、国家法律法规在律师事务所执业活动中得到贯彻实施，确保党员律师发挥先锋模范作用，确保把广大律师团结在党组织的周围，确保党员律师队伍不断发展壮大，督促律师清正廉洁、执业为民。

党支部书记是一班之长。多数律师事务所党支部书记既从事律师执业活动、律师事务所管理工作，又做党的工作。面对新的形势、任务和要求，律师事务所党支部书记要勤于学习、善于实践，努力增强开拓创新能力，进一步提高贯彻党的路线方针政策、结合实际创造性开展工作的本领。要按照领导班子好、党员队伍好、工作机制好、作用发挥好、社会反映好的要求，努力把党支部建设成为坚强的战斗堡垒。要带头讲党性、重品行、作表率，时时处处体现党的基层干部应有的先进性和示范性，真正成为党员律师的带头人和群众的贴心人。

二、以改革创新精神推动律师事务所党组织建设工作

(一)努力推进律师事务所党组织设置创新。当前，要抓紧建立健全党支部、联合党支部，抓好向无党员律师事务所选派党建工作指导员(联络员)的工作。要根据中央的部署和要求，在当地组织部门的具体指导下，适应律师事务所组织形式、律师执业方式等方面情况的变化，积极探索基层党组织设置形式。一在设立律师事务所的过程中，党建工作要同步筹划、同步推进。同时，要重视入党积极分子的教育和培养，做好发展律师党员工作。

(二)努力推进律师事务所党组织班子建设创新。要适应形势发展的需要，适应律师行业特点，把党支部领导班子建设好。要把符合条件、律师公认作为推选支部领导班子成员的重要标准，真正把作风过得硬、律师信得过、实绩突出、清正廉洁的律师推选到党支部班子中。要加强党支部后备力量的培养和锻炼，注重培养有开拓精神、发展潜力、培养前途的优秀青年党员律师，使他们在实践中更快成长起来，走上支部工作岗位。要贯彻民主集中制原则，努力使每一名班子成员的作用以及班子的整体功能得到最大限度地发挥。律师事务所党支部班子成员要加强学习，不断提高自身综合素质，在律师事务所执业活动中发挥中坚力量作用。

(三)努力推进律师事务所党组织工作机制创新。要积极推进制度创新，健全完善党内基层民主制度，健全完善党的组织生活制度，建立健全联系和服务群众制度，认真总结推广这些年来律师党员进社区、进乡村和结对、帮扶等联系群众、服务群众的有益做法和经验，不断提高律师行业党建工作的制度化、规范化水平。要

健全完善党支部对党员律师的考核评价机制，进一步健全激励竞争机制，进一步完善党支部开展工作的物质保障机制，完善律师事务所党支部之间互帮互助机制，促进律师事务所党支部工作健康、规范、有序发展。

（四）努力推进党员律师教育管理创新。要把增强党员律师的宗旨观念和党员意识作为带有根本性的问题来抓，把保持和发挥党员律师的先进性作为律师事务所党支部工作的永恒主题，坚持教育、管理、服务并重，教育引导党员律师坚定理想信念、遵守组织纪律、争当先锋模范，永葆先进性。要把增强党员律师的宪法意识和法律意识作为律师事务所党支部工作的重要任务，督促党员律师自觉遵守宪法和法律，维护宪法和法律的权威。要强化对党员律师的监督管理，规范日常管理，重点做好流动党员律师管理工作，严肃惩戒违法违纪党员律师，保持党员律师队伍的纯洁性。要创新活动内容，坚持联系实际，不断增强工作的针对性和实效性，努力达到“经济社会发展和人民群众需要、律师事务所管理层支持、党员欢迎、群众拥护”的目标。要创新活动形式，本着小型、灵活、务实和有利于律师党员参与的原则，因地制宜，灵活多样地开展党的活动，通过建立党员律师先锋岗、推行党员承诺制等，使党员律师在实践中能力得到提升，在服务群众中先进性得到体现。要建立和落实党内激励、关怀、帮扶机制，做好关心和爱护青年党员律师、老党员律师和生活困难党员律师的工作，促使广大党员律师更好地发挥先锋模范作用。

三、积极探索律师事务所党支部和党员律师发挥作用的有效途径

（一）以保证政治方向、增强服务能力和促进律师事务所建设为着力点，做好推动发展的工作。要旗帜鲜明地向律师事务所的管理层和广大律师宣传、灌输党的基本理论、基本路线、基本纲领、基本经验和国家法律法规。要通过实行律师事务所主任与党支部书记交叉任职、一岗双责，优先从合伙人中推选支部委员等措施，多渠道参与或影响律师事务所制度建设、发展战略等重要问题决策，把党的政策和党组织的决议、意图体现到律师事务所的决策、执行、监督的全过程。要积极引导律师坚持“三拥护”的基本要求，自觉履行“三维护”的职责使命，坚定不移地做中国特色社会主义的法律工作者、做经济社会又好又快发展的服务者、做当事人合法权益的维护者、做社会公平正义的保障者、做社会和谐稳定的促进者。要积极引导律师深入学习实践科学发展观，在执业活动中牢固树立为贯彻落实科学发展观竭诚服务的观念，找准工作结合点、着力点，努力为贯彻落实科学发展观建功立业。要积极引导律师不断提高自身政治素质、业务素质和职业道德素质，增强服务能力，认真贯彻落实中央关于“保增长”的决策部署，为保持经济平稳较快发展提供优质高效的法律服务。要积极引导律师正确处理社会公共利益、律师行业利益、律师事务所利益和个人利益的关系，努力实现律师工作法律效果、政治效果和社会效果的统一。

（二）以培育律师服务为民的执业理念、引导律师依法维护当事人合法权益和促进解决民生问题为着力点，做好服务群众的工作。要充分发挥党组织的思想政治优势，开展扎实深入的思想政治工作，教育引导律师自觉践行服务为民的执业理念，正确处理执业收入与社会效益的关系，坚持把社会效益放在第一位，最大限度满足人民群众对律师法律服务的需求。教育引导律师依法履行职责，勤勉尽责，努力维护当事人合法权益。教育引导律师把民生问题作为服务群众的重点领域，积极促进落实中央关于“保民生”的各项决策部署。要切实发挥党组织的监督作用，加强对党员律师的反腐倡廉教育，加强对党员律师遵纪守法情况的督促检查，着力构建党员律师廉洁从业的监督约束机制，坚决纠正极少数律师诚信缺失、工作敷衍了事、拿钱不办事、服务不尽责的行为，进一步树立律师诚信为民的良好形象。

（三）以坚定律师的理想信念、弘扬社会主义律师文化和关心爱护律师为着力点，做好凝聚人心的工作。要着眼于坚定律师的理想信念，积极组织律师参加深入学习实践科学发展观活动、“大学习、大讨论”活动、社会主义法治理念教育、“中国特色社会主义法律工作者”主题教育实践活动，用马克思主义中国化的最新成果武装律师队伍，用中国特色社会主义共同理想凝聚力量，最大限度地把广大律师团结在党的旗帜下。要积极组织律师参与律师文化建设，发挥律师文化的导向、凝聚和激励作用，培育中国特色社会主义律师执业精神。要从政治上关心律师的成长，维护律师的合法权益。

（四）以引导律师服务和谐社会建设为着力点，做好促进和谐的工作。要积极协调利益关系、化解矛盾纠纷、营造民主氛围，为律师工作促进和谐提供坚强有力的政治保证。要教育引导律师依法办理诉讼和非诉讼法律事务，帮助当事人消除矛盾纷争，协助政府处置涉法涉诉信访问题，促进社会和谐。要加强对律师参与处理热点问题和群体性事件的指导，教育引导律师讲政治、顾大局、守纪律，自觉维护社会稳定。要加强党支部自身建设，巩固和发展党内和谐，以党内和谐推动实现律师事务所内部和谐、律师行业内部和谐。同时，积极组织律师参与所在社区各项公益活动，努力为构建和谐社区作贡献。

（作者：司法部副部长）

加强党内基层民主建设的实践

中共深圳市委组织部

近几年来，深圳市坚持从实际出发，积极探索扩大党内基层民主的多种实现形式，取得了实效，形成了一些思考。

一、着眼于尊重党员主体地位，创新党员教育管理和服务方式

一是坚持以民主、开放为导向，不断创新党员教育管理的内容和形式。如党的十七大召开前夕，举行仪式向全市2万多名党龄30年、在深圳工作20年以上的党员颁发纪念勋章，在全社会营造“党员光荣”、“入党光荣”的良好氛围。开展“我所在的党组织和我身边的共产党员、党支部书记大家谈”活动，组织发动全市党员讲述身边党员的感人事迹、找到学习的榜样和努力的方向等，大大增强了党员意识。二是建立完善党内关怀帮扶激励机制，服务好党员。2007年出台了免费求职、免费开放组织生活场地、提供困难救助金、免费维权咨询、免费阅读书报、全额返还党费、优先调工入户、开设咨询服务专用电话等八项便利措施，服务全市流动党员。同时推广建立党员管理服务中心，推行“开放式”组织生活，为党员提供“菜单式”服务。三是全面实施“阳光工程”，推行党务公开。通过信息上网、上宣传栏、上电子屏、上报刊等方式，提高党内事务透明度。在市新闻媒体开办《民心桥》和《直通车》栏目，由市委、市政府领导或市直各单位、各区领导直接和党员群众面对面交流，解决党员群众反映的问题，疏通了“上情下达”和“下情上传”渠道。通过在党员教育管理服务中体现、落实党员主体地位，使广大党员真切地感受到“家”的温暖。

二、着眼于保障党员的选举权，逐步扩大基层党组织“公推直选”范围

民主选举是党员以党内管理权授让选择的

方式，表达个体在党内事务管理中的意愿的直接途径。近年来，深圳市首先在“两新”组织领域党组织中开展了“公推直选”试点。在有422名党员的港资企业新创维电器（深圳）有限公司党委换届选举中，采取组织推荐、党员联名推荐、党员个人自荐的方式提名候选人，实行全体党员对候选人提名名单进行初选的方式确定候选人初步人选，再由党员大会直接选举产生委员和书记、副书记。在深圳市通天地通讯市场联合党委换届选举中，也采取了由党员大会直接选举委员和书记、副书记的办法。2008年，深圳市将“公推直选”的范围逐步扩大到社区和机关领域基层党组织。在社区党组织换届选举中，583个应换届党组织中的495个，采取“双直选”的方式，即召开党员大会直接选举产生委员和书记、副书记。福田区各街道分别有一个社区进行“公推直选”试点，全部候选人由党员自荐或党员联名推荐产生，书记、副书记由全体党员从当选委员中直接选举产生。在市监察局等4个市属机关党组织换届选举中，采取党外群众与普通党员联合提名、自荐以及组织推荐相结合的方式，扩大提名范围。目前全市市直机关基层党组织已全面推行“公推直选”。各基层党组织还积极探索设立独立填票区、实行公开唱票等形式，保证党员在行使选举权中真实表达意愿。一些党员较为分散的基层党组织还探索了视频投票、短信投票、电话投票等投票选举方式。

三、着眼于提高议事决策的民主化水平，试行党代会常任制和党员议事会制度

一是从2003年起，在宝安区试行区级党代表大会常任制。党代表大会由过去五年一次改为每年一次年会，除进一步明确党代会的选举权、审议权、决策权和监督权外，还赋予党代会对党内重要规章制度的审定权。党代会代表任期与区党代表大会任期相同。同时，实行党代会代表专项评议制度，组织代表对街道和区直单位落实区党代会精神情况进行视察，听取基层的意见建议；实行党代会代表提案制度，代表以个人或联名形式，通过填写《提案表》，直接向区委建言献策；在社区设立党代会代表工作站，将代表的活动常态化，组织代表每月分功能界别接访群众，把党代会代表培养成为“社区民意代表”和“舆论领袖”。二是推广建立社区党员议事会。由所在社区的在职干部、离退休党员、社区自管党员和流动党员推选代表，每两个月召开一次会议，围绕辖区内群众和单位反映的情况、问题进行讨论，提出解决或协调的方法，定期将会议议题、讨论过程和反馈情况向社区居民公布，在社区治理平台上推进党内民主议事和决策。

深圳市探索扩大党内基层民主的做法，取得了一定实效。一是党员的主体意识、民主意识、维权意识、平等意识和竞争意识日益增强。二是党内民主氛围日益浓厚，党员民主权利越来越受到重视和保护，普通党员的意愿在党内事务中得到更多的体现。三是各项党内民主制度日益完善。

在实践中，我们体会到，推动党内基层民主建设，要坚持做到“四个结合”。

一是坚持循序渐进与积极推进相结合。根据深圳经济、社会发展的实际，使党内基层民主的推进速度、力度与之相适应、相配套。既要避免党内基层民主过度超前而造成政治建设的猛然“脱轨”，又要避免党内基层民主过于滞后而造成民主压力的骤然“爆发”。二是坚持加强组织领导与尊重基层首创精神相结合。党内基层民主建设作为一项政治性改革，必须坚持自下而上逐步展开与自上而下规范指导相统一。一方面坚持严密的组织纪律和高度统一性，在市委坚强领导和统一部署下确保党内基层民主建设有序、平稳、健康推进；另一方面充分尊重基层党组织和广大党员的意愿，发挥他们的积极性。三是坚持制度建设与教育引导相结合。注意审视和整理已有的党内民主制度体系，避免

制度缺乏连续性和“撞车”、“打架”等情况发生，注重保障和监督约束机制的配套出台，提高制度体系的严密性、系统性。同时，要抓好党员领导干部民主意识、民主作风的培养，改变重视领导机关和领导干部权力、不重视广大党员权利的现象。抓好普通党员的主体意识、权利意识和责任意识教育，引导党员正确行使和维护自己的民主权利，将党内民主制度内化为广大党员的行为规范。四是坚持开展试点论证与推进成果转化相结合。必须选取一些工作基础较扎实、较有代表性的基层党组织进行充分试点论证，降低改革风险和成本。要注重对试点经验及时进行理论总结，形成共识。要加强试点工作的宣传推广，以扩大党内基层民主的示范和影响作用。

推进党务公开的探索与思考

中共河南省委组织部

党的十七大报告明确把“推进党务公开”作为党内民主建设的一项重要举措。近年来，河南省在推进党务公开方面积极开展试点工作，进行了有益探索和实践。

一、明确党务公开内容，落实党员的知情权

按照党的工作固有属性和内在关系，坚持法定公开与主动公开相结合，科学设置公开内容，做到“四个体现”。体现全面性。在不涉及党和国家机密的前提下，适时公开党的中心工作、思想建设、组织建设、作风建设、制度建设、反腐倡廉建设等方面的情况。体现民本性。对党员群众普遍关心关注的问题、想了解想知道的情况及时公开，使他们对党的工作了解清楚、理解明白、把握到位。体现具体性。注重把党务公开的内容落实到重大事项决策、干部选拔任用、党员发展、党费收缴、廉洁从政等具体工作事项上。体现层次性。既有地方党务公开的内容，又有基层党务公开的内容，较好地体现了党员群众的民主诉求。

二、规范党务公开程序，落实党员的表达权

按照党的组织原则和组织制度要求，科学设计党务公开工作流程，努力做到简便易行、灵活实用。准备环节，着眼于在广开言路中集中智慧，充分征求党员群众的意见，收集整理党务公开内容，提出公开事项，初步确定公开内容和方式。审核环节，着眼于在民主讨论中凝聚共识，由党组织书记或分管领导主持召开会议，对公开事项进行充分讨论，集体审定。公开环节，在时间上做到常规性工作定期公开、阶段性工作逐项公开、临时性工作随时公开；在范围上做到适宜在党内公开的，通过召开会议、下发文件、定期通报、设立文件查阅处等方式公开，适宜向社会公开的，利用广播、电视、网络等现代传媒公开。反馈环节，开通热线电话，设立意见箱，开辟网上留言箱，派专人收集、整理党员群众围绕党务公开内容提出的意见和要求，认真研究办理，并及时将办理结果公开。

三、创新党务公开形式，落实党员的参与权

紧密结合基层党的建设实际，探索实行“四制度、一方法”，引导党员群众有序政治参与。实行党代表考察制度。定期组织党代表围绕党委中心工作、群众关心的热点难点问题以及当地经济社会发展中的重大问题进行考察，既推

动了各项工作的顺利开展，又使党代表能够经常性地参与管理党政事务，在闭会期间继续发挥作用。实行重要会议列席旁听制度。试点县（区）邀请普通党员群众代表列席或旁听县委全委会、县四大班子联席会和其他有关党的重要会议，让党员群众及时直接领会会议精神，向社会各界正确宣传。实行党员群众联合听证制度。对涉及广大群众切身利益的重大决策和适宜公开的涉纪、涉法信访案件，邀请当事方和党员群众代表公开听证，合议决定，减少了党群干群之间的沟通障碍。实行村干部“三票评议”制度。组织村“两委”班子和村干部开展述职述廉，从群众、党员、组织三个层面进行评议，着力构建“群众评民意、党员评表率、组织评党性”的工作机制。推行“4＋2”工作法。省委、省政府专门下发《关于在全省村级组织推广邓州市农村党支部、村委会“4＋2”工作法的决定》，所有村级重大事项，都要通过党支部会提议、“两委”会商议、党员大会审议、村民代表会议或村民会议决议的“四议”程序进行决策，并通过决议公告、实施过程和结果公示的“两公布”程序加以监督。

四、整合党务公开资源，落实党员的监督权

着眼于强化对党务公开工作的全程监督，积极稳妥地推进党务公开工作，做到“健全一项机制、强化两项监督”。健全责任机制。把推行党务公开作为各级党组织督查工作的一项重要内容，纳入党风廉政建设和反腐败工作的主要任务并进行分解，确保党务公开工作有力、有序开展。强化组织监督。专门成立党务公开监督小组，负责对党务公开情况进行全程监督，督促相关单位按要求规范党务公开。强化群众监督。从党代表、人大代表、政协委员、老干部、普通党员、群众代表中，聘请一定数量的同志担任党务公开监督员，负责对同级和下级党组织党务公开情况进行监督、评议。

通过推进党务公开，我们有以下体会。

尊重党员主体地位是党务公开健康发展的前提。党员是党内事务和党的活动的主体。推进党务公开工作，必须继续把尊重党员主体地位、保障党员民主权利的要求贯穿到党务公开工作的各个环节、各个方面、各个领域，努力使广大党员的主体意识得到进一步增强，主体地位得到进一步尊重，主体作用得到进一步发挥，充分调动党员参与、推动党务公开的积极性和主动性。

弘扬改革创新精神是党务公开保持生机的源泉。改革创新是保持党的先进性的活力源泉，也是党务公开工作始终保持生机的根本途径。扎实推进党务公开工作，必须坚持解放思想、实事求是、与时俱进，主动适应新形势新任务，坚持不懈地推进党务公开工作的理念创新、思路创新、方法创新和制度创新，努力使党务公开工作更好地体现时代性、把握规律性、富于创造性，更加贴近基层党的建设的实际，符合党员群众的期待，始终充满生机与活力。

正确处理各种关系是党务公开提高质量的关键。党务公开工作是一项系统工程。必须正确处理公开与保密的关系，既要防止出现党内一切事务都公开、党内无秘密可言的情况，又要克服以保守党的秘密为由，拒不公开应当公开的行为。必须正确处理党务公开与政务、村务、财务、厂务公开的关系，既注意它们之间的差别，又重视它们之间的联系，做到有机融合、互相促进、相得益彰。必须正确处理遵守党内法规与其他法律法规的关系，确保党务公开各项工作依纪依法、规范有序进行。

健全完善工作机制是党务公开取得实效的保障。党务公开要取得实效，必须靠健全的工作机制和与之配套的一系列制度来保证，通过健全完善党务公开工作的领导机制、责任机制、督查机制、评议机制、考核机制、反馈机制，让各级党组织和广大党员群众有章可循，特别是对于经过实践检验的成功做法，应该及时转化为制度成果，靠制度推行党务公开，从而最大限度地凝聚广大党员群众的智慧和力量。

大力推进边疆民族地区党的基层组织建设

辛桂梓

党的十七届四中全会《决定》指出，民族地区基层党组织要在团结各族群众推动科学发展、促进和谐、反对分裂、维护稳定中发挥战斗堡垒作用。认真贯彻落实四中全会精神，加强边疆民族地区党的基层组织建设，对于夯实党在边疆民族地区的执政基础，促进各民族共同团结奋斗、共同繁荣发展，推动边疆民族地区经济社会又好又快发展，具有重大意义。

多年来，云南省委始终把加强党的基层组织建设作为凝聚人心、促进团结、稳定边疆、推动发展的重要基础工程来抓，坚持以科学发展观为统领，以促进科学发展、构建和谐边疆为目的，突出重点强班子、持之以恒固基础、团结稳定促和谐、科学发展兴边疆，努力实现党员发展规范化、组织设置科学化、阵地建设正规化、服务方式多样化、制度建设合理化，全面提升党建工作整体水平，为边疆民族地区经济社会发展提供坚强的政治保证和组织保证。

一、优化配置，巩固阵地，夯实边疆民族地区基层党建工作基础

科学设置，有效提高党组织覆盖率。针对边疆民族地区边境线长、地广人稀、山高路远、党员参加组织活动困难的实际，按照科学、合理、务实、管用的要求，合理调整农村基层党组织设置，扩大党组织覆盖面。同时，实行党组织分类设置，“村居联建”、“村村联建”、“村企联建”党组织，加强流动党员教育管理服务，创新“两新”组织党的工作，不断扩大党组织和党的工作社会覆盖面，做到哪里有群众，哪里就有党的工作；哪里有党员，哪里就有党组织；哪里有党组织，哪里就有健全的组织生活和党组织的坚强战斗力。

加大投入，建设村级组织活动场所。按照统筹规划、整合资源、规范建设、综合利用的原则，大力建设村级组织活动场所。在边境一线建立村党员活动室，做到有活动场所、电教设备、书报学习材料、宣传栏、广播、国旗和党旗。对全省需要新建的195个村级组织活动场所、边疆民族地区需要重建的631个村级组织活动场所，给予资金支持。2006年，全省投入4.12亿元，建成村级活动场所3339个。从2009年起，全省计划投入10.3亿元，新建村级活动场所3426个，2010年底实现全省12856个行政村都有活动场所。

建强组织，扎实推进“边疆党建长廊”建设。2007年4月以来，大力推动“边疆党建长廊”建设，28个边疆和藏区县市按照“强组织、建阵地、聚人心、固边疆”的要求，创新组织工作，抓好阵地建设，构建服务网络，使80%的基层党组织做到领导班子好、队伍素质好、制度建设好、工作业绩好、群众反映好，80%的党员做到带头学习讲政治、带头干事谋发展、带头创新建佳绩、带头服务比贡献、带头自律树形象。

二、突出重点，注重培养，全方位加强边疆民族地区干部队伍建设

抓住关键，多形式培养选拔村级党员干部。立足于建设一支守信念、讲奉献、有本领、重品行的党员干部队伍，坚持“两推一选”，拓宽干部来源和选拔渠道，把优秀的农村党员选拔充实到基层党组织领导班子中来，打破地域、身份、职业界限，注重从现任优秀村干部、大学生“村官”、致富能手、退伍军人、外出务工返乡农民党

员中选好配强村党组织书记。实施“一村一名大学生”计划，近两年选聘了12000名大学生“村官”，基本实现每个村委会有一名大学生，为村干部队伍注入新的活力。

加大力度，建立少数民族干部培养选拔机制。把培养选拔少数民族干部作为管根本、管长远的大事，制订长期规划，坚持不懈抓好。各级党组织加大培养选拔少数民族干部力度，采取同等条件下优先录取、破格提拔等政策，大力培养、大胆提拔，充分信任、放手使用。目前，全省党政机关少数民族干部占总数的32.8%，16个州市党委班子全部配备了少数民族干部。

以人为本，健全党内激励、关怀和帮扶机制。按照“定权责立规范、工作有合理待遇、干好有发展前途、退岗有一定保障”的要求，建立“基础补贴＋绩效补贴＋村集体经济创收奖励”制度，提高村干部的收入；建立村干部养老保险、医疗保险和离任补偿等保障机制，逐步解决退有所养的问题；建立农村党员、干部关怀帮扶机制，重大节日走访慰问、救济生活困难党员干部；开展农村困难党员关爱行动，对边疆民族地区60岁以上农村困难老党员，每月给予定额补助；建立党内互助资金，多方面对党员进行关怀帮助。

三、城乡统筹，整体推进，切实提高村级党组织的创造力、凝聚力和战斗力

创新形式，构建城乡统筹的基层党建新格局。按照“睦边、和边、富边、固边”的要求，建立城乡统筹发展、基层党建资源共享，功能互补、互帮互助，双赢共赢、共同提高的基层党建工作格局。城市和党政机关、企事业单位、高校党组织充分发挥自身优势，结对帮扶、对口帮扶边疆民族地区农村基层党组织；开展城市党员“进农家、送温暖、献爱心”活动和城市党员结对帮扶农村党员、先富党员结对帮扶困难党员、党员结对帮扶群众“三结对”活动；开展提供一条致富信息、解决一笔启动资金、教会一门实用技术、联系一个就业岗位、落实一个脱贫项目“五个一”帮扶活动；实施农村党员“双带”工程，提高农村党员带头致富、带领群众致富的能力。

兴边富民，增强村级组织活力。发展壮大村级集体经济，解决民生问题，努力为边疆民族地区办实事、办好事。2005年起，全省启动实施“兴边富民工程”，对边疆民族地区进行整体性、大规模扶持，3年内投入54亿多元。2006年起，全省投入1亿多元，建成400多个民族团结示范村。2007年起，实施边疆解“五难”惠民工程，用3年时间解决边境地区、藏族聚居区各族群众读书难、看病难、看电视听广播难、看戏难、学科技难的问题。2008年5月，启动“兴边富民工程”新三年行动，投入107亿元，在边疆民族地区实施基础设施建设、温饱安居、产业培育、素质提高、社会保障和社会稳定、生态保护与建设六大工程，为群众办实事30件。

创新载体，发展民族文化创新基层党建。依托丰富的民族文化资源，结合民族文化创新基层党建，增强民族地区党建工作活力。运用民族语言文字，实施农村现代远程教育站点“入户工程”，开通农村有线广播，编写民族文字党建读物，培养党员群众宣传队伍，创新党的宣传教育工作；打造民族文化广场，搭建党员群众活动平台，组建民族文艺表演队，开展形式多样的文化活动；注重对党员群众进行人文关怀，带头抵制陈规陋习、弘扬文明新风，提升党组织的感召力；弘扬优秀民族文化，打造民族文化产业，开辟少数民族群众增收致富渠道。

（作者：中共云南省委常委、组织部长）

加强地方党委对经济工作的科学领导

钟利贵

中共江西省九江市委在开展深入学习实践科学发展观活动中，积极创新党委领导体制和工作运行机制，加强党委对经济工作的科学领导，做好保增长、保民生、保稳定的各项工作，促进了全市经济平稳较快发展。

一、积极创新党委领导体制，进一步提高领导班子决策水平

一是四套班子会议议事、常委会议决策的制度。市委强调，在日常工作中，四套班子会议是最高层次的议事平台，在全委会闭会期间，常委会是最高决策机构。常委会决定重大事项之前，召开四套班子会议进行商议和讨论，集思广益。常委会决策按照民主集中制的原则进行。今年初，在充分调查研究和广泛征求各方面意见的基础上，从九江现阶段的实际出发，确定了当前和今后一个时期的工作重点和奋斗目标，并围绕实现赶超目标，确定了六项赶超措施。这些目标、重点、措施，就是市委常委会根据四套班子的集体意见作出的决策。

二是“一个决策中心，几套班子落实”的制度。坚持党委作决策，各套班子抓落实。党委的决策一旦作出，各套班子就要在思想上合心、工作上合力、行动上合拍，不分一线二线、不分台前台后，真正干事业一条心，抓工作一个调，谋发展一盘棋。我们强调党委的核心地位，是强调以党委领导班子集体为核心，发挥常委会的核心领导作用，党委总揽全局，协调各方，但总揽不包揽、协调不替代。核心党委的决策靠高效政府去落实，高效政府要把党委的主张变为政府的政令，全力执行，高效办事，确保政令畅通。

三是先说好再干的制度。市委提出，凡是重大工作，都要广泛征求意见，在几套班子中充分酝酿，达成共识。每一个重要决策作出以前，都让班子成员畅所欲言，各抒己见，对不同意见进行对比，集思广益，通过票决等方式确定多数人比较认可的方案。对最终形成的决策，要求在落实中做到一个步调，无论是决策中的支持者还是反对者，都必须无条件服从，确保每一个决策事项在推进落实中无杂音、零障碍、快速度。

二、重点解决群众关注的突出问题，大力优化经济社会发展环境

以提高机关效能为切入点，大力整顿干部作风。针对一些县区和单位存在的少数领导干部不思进取、不守规矩、行政不作为等问题，在广泛征求意见的基础上，市委出台了《关于规范领导干部从政行为提高工作效能的若干规定》，进一步规范领导干部的从政行为，大力提高工作效能。认真组织县级领导班子和领导干部年度考核工作，科学界定优秀干部和不称职干部，严格奖惩，做到干好干坏不一样。组织力量对干部工作圈以及 8 小时以外的生活圈、娱乐圈进行了暗访，对干部上班迟到早退，工作时间脱岗串岗、上网玩乐、打牌“带彩”等现象进行严肃处理。

以促进市场公平竞争为突破口，大力整治经济发展环境。市委出台了《关于集中整治市场秩序优化经济发展环境的意见》，重点整治一些行业存在的欺行霸市、垄断经营等带有“霸”性质的行为。依法依规查处一批案件，处理一批违法犯罪的人和事。

三、切实改进地方党委领导经济工作的方式方法，构建促进经济平稳较快发展的长效机制

在学习实践活动中，市委坚持总揽全局、协调各方，积极创新工作运行机制，在改进领导经济工作的方式方法中破解发展难题，在边学边改的实践中积累制度成果。

一是创新市四套班子成员重点工作分工负责机制。针对当前经济工作中出现一些难协调、难推进、难突破的问题，安排市四套班子成员分工负责具体经济工作，合力共为抓好经济工作任务的落实。为进一步优化经济发展环境，由市委一位副书记担任市整治和规范市场经济秩序优化经济发展环境工作领导小组组长；为进一步加大招商引资力度，由另一位市委副书记主抓开放型经济；为打好全市国有企业改革攻坚战，成立由市委副书记任组长、常委及副市长任副组长的市国企改制工作领导小组，对国有企业改革实行整体运作、统筹改制。

二是创新重大项目推进机制。实行项目建设"六个一"的推进机制，即对每一个城建项目实行一个领导、一个责任人、一套工作班子、一个实施方案、一支好的施工队伍。一名领导，就是由一名班子成员对项目负总责，从征地拆迁到项目建成全过程负责。主要任务是负责征地拆迁，搞好项目周边环境，亲自组织施工，对合同、施工队伍、工程质量等关键环节把关，对难题要亲自破解。

三是创新工作成果倒逼机制。以目标倒逼进度、时间倒逼程序、项目倒逼部门、下级倒逼上级、督查倒逼落实。市里成立项目建设督查小组，由市部门负责人任组长，对全市项目建设的推进工作进行督查，准确掌握重点工程建设情况，实行全程督查，确保每一项重点工作按照时间节点顺利推进。

四是创新奖惩机制。制定县域经济发展、招商引资、工业上台阶三个奖励办法，市财政拿出1000万奖金，分别奖励。对县(市、区)和市直部门，工作没起色的不提拔干部，任务不落实的追究领导责任，班子不团结的进行组织处理。

四、以服务项目建设为目标，注重在经济工作中提高干部的能力

市委将学习实践活动与经济建设紧密结合，把理论学习与具体实践紧密结合。

一是注重培养和选拔懂经济的干部。市委坚持"为业谋才，不为人谋官"，始终站在实现九江赶超发展的高度去选人用人。注重选用实践经验丰富、操作能力强、善于破解难题的干部，特别注重在项目建设中检验和识别干部的能力，努力把各级干部引向发展一线、招商一线、项目一线。继去年底公开选拔了3名正县级和3名副县级领导干部之后，今年上半年又面向全市，从500多名符合条件的报名人员中公开选拔了20名熟悉工业经济、熟悉企业管理、熟悉金融工作的副县级干部。

二是注重在经济建设的主战场中衡量干部实绩。考察干部重点了解其在招商引资、项目建设、园区建设等经济建设一线的表现，本领大小看项目，能力大小看招商，功劳大小看税收。衡量干部的实绩，县区干部主要看项目的落户、财政的增长、民生的改善、城乡面貌的变化，部门干部主要看办事效率、招商贡献、工作进位。同时，综合考虑起点、潜绩、全面成绩以及是否留下包袱。专门出台考评奖励办法，对开放型经济工作中表现突出的有功人员给予重奖。在全面推行市直机关科级干部竞争上岗的基础上，实行机关科长半年一考核、年终一评比制度，建立百家企业评科长、千名服务对象评科室、万名干部评"十佳服务典型"等评比激励机制，引导机关科室和科长在服务企业、服务经济工作中建功立业。

三是注重围绕项目建设聚人才。针对项目管理人才和高层次人才紧缺等问题，积极创新人才工作理念，以项目建设为载体，注重在项目建设中不断培养和提升干部的能力，在项目建

设中不断释放和体现干部的能力，在项目建设中检验和识别干部的能力。积极推进“科技——人才——项目”对接活动，对项目急需人才实行绿色通道，加快高科技人才落户，促使科技项目落地，促进科技成果转化。

（作者：中共江西省九江市委书记）

提高党委班子贯彻民主集中制的质量

张　翔

民主集中制是我们党的根本组织原则，它科学地反映了党内各种关系以及党内领导活动所应遵循的基本规律。党委班子能否坚持民主集中制，关系到党委决策的科学化、民主化。因此，提高贯彻民主集中制质量是党委班子抓好自身建设的重要内容之一，也是加强党的建设需要重点关注的课题。

一、从思想认识上提高贯彻民主集中制的自觉性

民主集中制贯彻执行得如何，对党委班子的集体领导水平有着举足轻重的影响，也是检验党委班子有没有战斗力，能不能形成坚强领导核心的重要标志。要增强贯彻执行民主集中制的自觉性和坚定性，必须牢固树立以下观念。

要树立依靠民主集中制维护党委班子团结统一的观念。团结是班子建设的生命。党委班子是否团结，直接关系到党委能否充分发挥领导核心作用。民主集中制作为党的根本组织原则，是加强党委班子建设行之有效的制度和光荣传统，是党委班子保持生机与活力、保持团结统一的制度基础。要用民主集中制规范班子成员的思想和言行，处理好党委内部关系。对原则问题，党委成员不能含糊，不能姑息迁就；对非原则问题，党委成员要理解、忍让，不比高低，不争长短，不闹无原则纠纷。

要树立依靠民主集中制提高党委决策水平的观念。民主集中制为正确认识客观世界、进行科学决策提供了正确的组织原则。贯彻执行民主集中制的过程，是吃透上情、了解下情、慎重决策的过程，是征求专家意见，听取群众建议，实现正确集中，把决策的过程变成吸收群众经验、集中集体智慧的过程。只有认真贯彻落实民主集中制原则，既充分发扬民主，又实现正确集中，才能切实增强决策的民主性和科学性，提高党委决策水平。

要树立依靠民主集中制保证党委决策有效执行的观念。决议一经党委集体研究确定下来，就要坚决执行，坚持做到“三个严格”：一要严格责任制。对于党委决策，要按照分工积极主动地抓好落实，防止出现“决而不行”、无人负责的现象。二要严格党的纪律，对于党委的决策，要统一行动，步调一致，防止和克服有令不行、有禁不止的现象。三要严格实行层次领导，真正做到一级抓一级，发挥好各级组织的作用，保证党委决策真正落到实处。

二、从落实制度上保证贯彻民主集中制的严肃性

要坚持学习制度，不断提高能力素质。要注重发挥党委中心组理论学习的阵地作用，把学习作为加强党委建设的重要内容，列入计划，认真组织落实。同时，也要重视学习民主集中制的基本原则、基本内容和基本制度，正确理解和把握民主集中制的科学含义和基本内容，有效掌握民主集中制的方法，提高贯彻执行民主

集中制的能力素质。

要规范议事程序，保证决策科学民主。对党委会的议题确定、会前准备、会议实施程序等，都要制定严格的议事规则，并注意做到“三个坚持”：一是坚持调查研究。讨论决定重大问题，有关领导和机关事先要深入调查研究，进行充分论证，拿出比较成熟的方案。二是要坚持安民告示。对研究的问题一般提前一至三天通知与会人员，让大家有足够的时间进行考虑。会议进行当天，不搞临时动议。三是坚持个别酝酿。对于提交研究的重大问题，会前都要进行通气，充分酝酿协商，大家意见分歧较大时，一般不匆忙上会研究。

要明确职责范围，确保工作协调运转。对于关系全局的重大问题，要坚持党委集体讨论决定，尤其是对上下都比较关注的敏感问题，更要充分依靠集体的智慧进行决策。对于党委决策，军政主官分工组织实施。主官向党委负责，副职向主官负责。对于一般性工作或党委已有决议的问题，责成党政主官或部门领导决定处理，使大家各司其职，各负其责，避免职责不清、扯皮推诿现象的发生。

要完善监督机制，维护党委领导权威。要建立必要的监督制度。一是强化党委内部监督。常委会要定期向全委会报告工作，接受委员的检查评议。常委之间要开展谈心活动，互相监督，对容易发生的问题和存在的缺点及时提醒帮助。二是依靠制度进行监督。依据上级和本级制定的各项制度规定，定期进行对照检查，及时发现和解决问题。三是重视职能部门监督。认真听取纪检部门和机关的意见，并在党委会上予以通报，让大家进行对照检查。四是主动争取群众监督。坚持群众接待日制度，畅通民主渠道，倾听群众呼声。

三、从书记素质上增强贯彻民主集中制的示范性

书记是主持党委日常工作的“班长”，在党委民主集中制建设中负有重大责任。党委班子能不能很好地贯彻民主集中制，书记的素质、能力和水平是一个关键因素。因此党委书记要不断加强党性修养，提高自身素质，在贯彻民主集中制方面发挥表率作用。

要强化表率意识。俗话说，“不怕龙尾甩，就怕龙头摆”。因此，贯彻执行民主集中制，书记在思想上要更自觉，在执行上要更主动，在要求上要更严格，只有这样才能感染、影响和带动“一班人”。要带头学习民主集中制理论，全面理解、准确把握精神实质，熟悉民主集中制各项制度的基本功能、运行程序、操作内容和时间要求。

要具有民主作风。要树立牢固的群众观点。要舍得花时间深入群众，了解群众，关心群众，尊重群众的首创精神，充分调动基层党组织和广大党员的积极性和创造性。要有宽阔的胸襟。要容得下人，容得下事，容得下话。体现在党委内部，就是要处理好书记与委员、个人与集体等关系，真正把自己摆在与大家平等的位置上。要有无私的负责精神。要自觉接受群众监督，对分工负责的工作，在实施过程中发生偏差，要勇于接受批评，及时改进工作。对决策的失误，书记要主动承担，不能以“集体研究决定”为由推卸责任。

要提高决策能力。书记作为党委工作的“主持人”，在形成决策中的作用十分重要，必须把握好“三个环节”：一是会前掌握。对讨论的问题，群众有什么想法，机关有什么意见，委员们怎么考虑，心里要有数。二是会上议透。注意启发大家的思路，让各种不同的意见都说出来，把各种可行的方案都提出来，大家去对照比较，去粗取精，遴选出最佳方案。三是会末搞准。会议结束前，哪些事决定了，哪些事需要缓议，哪些事被否决，一定要十分明确，不能似是而非、模棱两可。同时，要注意处理好发扬民主与果断“拍板”的关系，既注意充分吸收各方面的意见，又要坚持原则，敢于拍板定案。特别是遇到棘手问题时，要有主见，要真正起到“主心骨”的作用，善于从不同的意见中归纳出正确的

结论。

总之，新时期要提高贯彻民主集中制质量，加强党委班子建设，强化思想认识是基础，落实各项制度是保证，提高书记的素质是关键。党委班子一定要以高度负责的责任感，进一步增强贯彻民主集中制的意识和能力，自觉维护党委集体领导，紧紧依靠集体力量，不断增强班子的凝聚力和战斗力，以党委建设的加强促进部队全面建设水平的提高。

（作者：武警武汉指挥学院政委、党委书记）

扎实推进园区非公企业党建工作

郭腊军

南通市非公经济比较发达，不仅数量多，分布广，产业门类齐全，而且也涌现了一大批上规模、效益佳的大型企业。近年来，我们按照“以一流党建促一流发展”的总体要求，进一步创新思路，整合资源，切实加强经济开发区、工商集中区等各类园区非公企业党建工作，着力打造非公企业党建工作“示范区”，为促进非公经济又好又快发展提供坚强的组织保证。

创新组织体系，着力构建协调推进党建工作新机制。主动顺应社会结构变化对基层党组织建设提出的新挑战，进一步强化资源整合，优化组织设置。在市、县层面，建立新经济新社会组织党工委，统一领导本地区新经济新社会组织党建工作。在园区，根据园区不同类型，分别设立园区党委、党工委或联合党委，专门负责园区非公企业党建工作。园区党（工）委委员一般由园区所在行政区域党委分管领导和部分非公企业党组织负责人、党员业主担任，并安排1名熟悉党务工作的同志担任专职副书记，落实1至2名专职工作人员，负责处理园区党（工）委日常事务。在企业，按照“区域统建、行业联建、协会共建”等灵活多样的方式，单独或分门别类建立非公企业党组织，形成纵向管理层次清晰、横向组织有效覆盖的党建工作网络化管理体系。在此基础上，建立健全园区党（工）委决策议事制度、工作例会制度、分工负责制度、挂钩联系制度和企业党组织活动制度等各项规章制度，充分调动各方面抓党建工作的积极性，形成合力推进园区党建工作的良好氛围。

创新工作平台，着力打造服务党员新载体。着眼于增强党组织社会关怀功能的新要求，按照打造园区党建工作公共服务平台的目标定位，大力推进园区党建工作站建设。园区党建工作站根据党组织活动和党员教育管理需要，设置园区党委办公室、信息管理、党员服务、议事决策、教育培训等机构，并制定相应的工作制度。全市各地通过新建、从园区管理机构现有办公用房中调剂、企业支持、阵地共建等方式，先后建成园区党建工作站126家。园区党组织依托党建工作站这一公共服务平台，积极组织企业党组织开展工作交流，协调指导园区党建工作，为流动党员、非公企业职工党员以及职工群众提供组织关系接转、挂靠、政策咨询、信息发布、爱心帮扶等服务。

创新保障机制，着力拓宽经费筹措新途径。在认真执行非公企业党组织活动经费按照职工年度工资总额千分之五的标准税前扣除、编入企业年度财务计划的同时，注意通过多种途径进一步完善非公企业党建工作的经费保障机制。一方面，进一步加大党费使用向非公企业倾斜的力度，非公企业党员交纳的党费，全额返还给企业党组织，用于开展党的活动；另一方面，积极鼓励各地通过财政支持、党费划拨、企业家赞助、党员个人募捐等多种途径，建立园区党建工作基金、党员互助基金等，不断强化园区党建工作的物质保障。港闸区在大力推进园区党建工作站建设的同时，把设立园区党建工作基金作为一项重要内容，要求所有园区党建工作基金不得少于10万元，并制定基金管理办法，明确基金使用范围和审核程序，确保基金安全有效。至2008年，全市已筹集各类园区党建工作基金1500多万元，为园区党建工作的开展提供了有力的物质保障。

创新活动方式，着力增强党建工作新活力。适应信息化社会发展的新趋势，充分运用现代信息技术成果加强和改进党员教育管理方式，在党建工作站建立了园区企业党建工作基本信息库，实时掌握园区企业和党组织建设的基本情况；建立了园区党员在线学习系统和短信服务平台，坚持定期向园区党组织、党员和入党积极分子发布各类信息，全市先后有9300多名党员参加了在线学习，园区职工党员100%开通短信服务。针对非公企业生产任务重、集中活动难的问题，定期在园区党建工作站或企业举办培训、讲座，并提前将党组织活动计划告知相关对象，同时，对入党积极分子和职工党员实行理论学习学分制，由入党积极分子和职工党员根据工时合理安排参加学习或组织活动时间，有效提高了党组织活动的效率。针对部分非公企业党员存在雇佣思想、对党组织信心不足的问题，从建立党内关怀、激励、帮扶机制入手，积极组织开展结对帮扶困难职工党员、评选表彰优秀共产党员等活动。2008年上半年，全市从园区党建工作基金中拿出经费15万多元，慰问、帮扶困难职工党员200多人次。这些活动的开展，进一步激发了非公企业党员的主体意识，有效增强了党组织的亲和力和党员的归属感。坚持将党建工作与企业生产经营有机结合，大力开展党员先锋岗、党员责任区活动，切实在促进企业发展中找准定位。双钱集团（如皋）轮胎有限公司实施党员课题工程，确定党员课题88个，做到党员人人有课题、个个挑担子。2008年以来，江苏世纪燎原针织有限公司的党员提出30多条合理化建议被厂方采纳，成功进行11项工艺改革，直接为企业创造经济效益200多万元。

经过努力，我市园区非公企业党建工作已经取得比较明显的阶段性成效，集中体现在三个方面：

一是党组织组建率显著提高。各地通过联合、挂靠、选派党建工作指导员等方式，集中力量推进园区非公企业党组织组建工作。仅2008年二季度，全市就新增单独或联合建立党组织非公企业2346家，园区非公企业党组织组建率达到58.2%，带动总体组建率由3月底的21.8%提高到33.7%，园区25人以上企业党组织组建率超过90%，党的工作实现了全覆盖。

二是非公企业党组织活力明显增强。非公企业党组织依托园区党建工作站这一公共服务平台，广泛开展学习交流活动，进一步明晰了工作思路，提升了工作水平。企业党组织坚持把促进非公有制经济健康、快速、和谐发展作为党建工作的第一导向，寓党建工作于企业生产经营和文化建设之中，把党建工作的着力点放在营造企业良好发展环境，保证和促进企业和谐发展上，使基层党组织建设在围绕中心、服务大局中展现出旺盛的生命力。不少非公企业党组织书记纷纷表示，“过去在企业开展党建工作经验不足，只能摸着石头过河。现在通过学习交流，帮助我们增长了见识，开阔了眼界，也增添了做好工作的信心”。

三是形成党建工作的良好氛围。一方面，各地通过集中力量抓好园区党建工作，为在非公企业开展党的工作营造了浓厚的氛围；另一方面，园区党建工作站的建设，解决了部分非公企业尤其是外资企业党建工作阵地缺失的问题，这是增强党在产业工人较为集中、生产力活跃的领域固本强基、执政为民的有效举措。在园区党（工）委的具体指导下，非公企业党组织紧紧围绕建设有活力的和谐企业开展党的工作，努力把企业党建工作的资源转化为企业的发展优势，以党建工作树企业形象，以党建创新促企业发展。在党组织和党员先锋模范作用的影响下，不少企业纷纷主动要求建立党组织，广大职工也积极向党组织靠拢。在宇迪光学仪器有限公司，1200 名员工中有 400 多人向党组织递交入党申请，入党成为园区职工的人生追求。在园区，党建工作已经真正成为企业的内在需求，形成了企业生产经营和党的建设的互促双赢的良好局面。

（作者：中共江苏省南通市委常委、组织部长）

“一会两票”民主管理机制的探索与实践

董卫民

2006 年以来，湖北省十堰市在全市探索实施了村级事务“一会两票”民主管理机制，即召开村级民主议事会，就村级重大事务提请党员投建议票、群众代表投决策票。这一机制的建立，对于基层民主政治建设起到了积极的推进作用。

一、探索村级民主管理的组织架构

在开展保持共产党员先进性教育活动中，郧西、房县等地针对村级事务决策缺乏民主、党员群众对集体事务参与不够、一些村“两委”职责不清、权力交叉等问题，探索试行了“一会两票”村级事务决策制度。这项制度规定，对村级重大事项和群众普遍关心的热点难点问题，由村党支部和村委会结合实际提出议题，并在全体党员和村民代表参加的民主议事会上进行充分讨论，然后由党员投建议票，村民代表投决策票的办法进行决策，通过后由村委会组织实施。从实践看，“一会两票”的办法有效解决了一些影响农村发展的棘手问题，实现了农村工作方法和管理制度的转变，在全市产生了积极反响。2007 年初，市委组织部在总结试点经验的基础上，研究制定了《关于在全市全面推行“一会两票”民主管理机制的意见》，进一步规范了“一会两票”民主管理机制的内容和形式，把村务决策权真正交给群众。民主议事会成为村里的决策机构，党支部和村委会的职能职责进一步明确，优化了村级民主管理的组织架构。

二、完善“一会两票”民主管理机制运行程序

“一会两票”民主管理的主要内容包括村级经济社会发展规划、财务管理、重大项目投资建设、基础设施建设、集体资产处置、干部民主评议等方面。在实践中，探索形成了规范的运作程序。一是提出议题。村“两委会”在广泛收集党员群众意见建议的基础上提出议题，形成初步方案。二是会议讨论。召开由村“两委”班子成员、党员和村民代表参加的民主议事会修改完善议题方案。三是“两票”决策。分两步进行，第一步由党员投建议票，赞成票超过 80％的形成建议案，提交村民代表决策；未超过 80％的，作缓议或否决处理。第二步由村民代表投决策票，对党员建议案进行讨论，以无记名投票的方式进
策，赞成票超过半数以上的，形成决议
组织实施。村“两委”按照工作分
代表通过的决议，明确目标要
五是监督评议。村“两委”

和村民报告决议执行情况，接受监督。重大事项根据进展情况随时报告。年终乡镇党委组织全村党员和村民代表，对落实决议情况进行评议，评议结果作为村干部绩效考核、兑现待遇的基本依据。

经过几年的探索实践，"一会两票"民主管理机制产生了积极影响。一是拓展了扩大基层民主的新路子，群众参政议政的积极性明显提高。群众说："'一会两票'管理透明，把我们说的话变成了村里的'红头文件'。"一些阻碍农村发展、影响干群关系的棘手问题，在党员和村民代表的共同参与下，得到顺利解决，热点难点问题得到有效化解。二是搭建了党员发挥作用的平台，党员先进性得到充分体现。实行"一会两票"民主管理，村级事务党员先知道、先讨论、先行动，把党员推到了前台，使党员增强了荣誉感和责任感。郧西县观音镇纸槽村在筹建事关全村发展的跨河大桥时，对工程建设方案的每一个关键环节，都由党员投建议票形成一致意见，村民代表投赞成票进行表决，充分调动了党员群众参与建设的积极性。工程施工过程中党员群众全程监督、精打细算，节约了大笔资金。三是理顺了村"两委会"关系，村级组织的凝聚力和战斗力不断增强。实行"一会两票"民主管理，村级重大事务让群众说了算，在群众的监督下组织实施，有效地克服了过去村"两委会"职责不清、各自为政的现象，形成了"两委"同心、党群相依、共谋发展的良好局面，促进了农村社会的稳定和谐。干部感慨地说，"一会两票"是干事情的"金钥匙"，是村干部的"明白簿"，是村"两委"干部的"融合剂"。

三、实行"一会两票"民主管理机制的有益启示

一是推进基层民主必须充分发挥党组织的主导作用。党的领导是实现人民当家作主的根本保证。在发展基层民主中，村级党组织只有掌握主导权，才能发挥好领导核心作用，带动群众科学决策、民主决策，推进农村经济社会科学发展。

二是推进基层民主必须突出党员和群众的主体地位。"一会两票"民主管理机制明确了党员和群众在村级重大事务管理方面的主体地位，确保了党员和群众民主权利的落实，受到了广大党员和群众的普遍欢迎。实践证明，只有紧紧围绕尊重党员和群众的主体地位来进行制度设计，扩大基层民主才能真正落到实处。

三是推进基层民主必须坚持党内民主与人民民主的有机统一。"一会两票"民主管理机制通过党支部集体协商、党员先投建议票的方式，扩大了广大党员参与村级重大事务和社会公共事务的途径，同时也有效防止和避免了人民民主发展过程中可能出现的盲目性，为推进民主提供了一道"安全阀"。

四是推进基层民主必须构建切合实际的有效载体。民主必须靠一定的形式和程序来体现。"一会两票"民主管理机制尽管还有一些需要完善和规范的地方，但作为一种推进基层民主的有效载体和手段，符合了农村改革发展的实际，体现了党员群众的意愿。实践证明，结合实际探索建立有效载体，是把党的十七大提出的发展基层民主的要求落到实处的必要途径。

（作者：中共湖北省十堰市委常委、组织部长）

充分发挥党委督查工作在推动党的决策落实中的重大功能

李文立

在多年的工作实践中，我们对党委督查工作的地位和作用有了越来越清晰的认识，现在应从理论上对督查工作有个更为明确的认识。本文意在通过督查实践进行理论探析，更进一步地发挥督查效能，扎实推动党的决策贯彻落实。

一、督查是领导行为，是决策的必然延伸

中央、省等地方党委的决策，在出台时只是静态的文本，而将决策付诸运行和实施是一种动态的过程。要保证决策转化为实实在在的成果，必须把决策延伸和扩展到操作层面，而操作的效果要靠督促检查去推动落实。作为地方党委督查部门，沈阳市委督查室坚持跟踪督查抓落实，使党委的决策及其落实过程均在市委决策层的掌控之中。凡市委有关贯彻中央、省委重大决策作出的工作部署，市委督查室都进行任务分解，把涉及各方面的各项指标细化分解到各相关地区和职能部门，始终跟踪督查推动，并随时反馈进展落实情况，形成督查专报，将落实好的地区和部门的经验加以推广，上升为党委的工作导向，产生整体工作的推动力。

二、党委督查是党委全部工作的重要组成部分

物质文明和精神文明建设，涵盖了党的全部工作，包括经济建设、政治建设、文化建设和社会建设。所有这些工作，都是党的工作的重要内容，而这些工作的落实，需要最大限度地发挥党委督查的推动作用。工作靠部署，落实靠督查，前者是内容，后者是保障。因此，党委督查工作既是对政策和决策落实成效的检验，也是对"上有政策，下有对策"观念和行为的匡正与防范，更是发现问题、提出对策进而为领导再决策提供参考的关键步骤和重要环节。党委督查工作，不仅是党的全部工作的重要组成部分，更是推动抓落实的有力保障。近年来，沈阳市委督查室紧紧围绕中央、省、市委的中心工作，突出重点，全力推动，狠抓落实，就经济工作、党的建设、文化建设、社会建设等方面开展了经常性的督促检查，逐步实现了"督查无空白"的工作要求，通过协调推进，形成了部门广泛参与、条块相互配合抓落实的督查工作大格局，推动了市委各项工作决策部署的落实。

三、党委督查是贯彻党的实事求是思想路线的内在要求

实事求是就是一切从实际出发。党委的决策生成于民主与科学的基础之上，实事求是作出的决策，就要实事求是抓好落实。党委的决策可分为战略性决策和阶段性决策，这两类决策都会受到国际国内大环境以及实践变化的影响，进而影响到决策的推进与落实。在这种情况下，党委督查部门就应当在抓落实过程中，坚持实事求是，从实际出发，找出影响决策落实的环节与原因，提出确保决策落实的意见和建议，畅通决策落实运行中的各个环节，推动党委决策在基层的贯彻落实。近年来，沈阳市委督查室针对全市在经济社会发展中存在的问题进行督促检查，先后形成了《关于我市失地农民生存状况的调查及对策建议》、《影响我市投资环境

的几类问题应尽快加以解决》等督查调研文章，分析问题，提出决策建议，在推动经济发展、优化投资环境等方面发挥了积极作用。

四、党委督查是党委总揽全局、协调各方的重要领导方式之一

党委领导作为决策者，必然站在谋长远、顾全局的战略高度思考问题，所作决策也会通盘考虑，其出发点和落脚点都是确保中央决策的实施，并追求决策取得实际效果。因此，党委督查部门必须树立全局观念，特别是要学会全面系统地领会决策者的意图，站在决策者的角度思考问题，这是当好参谋助手，提升服务决策能力和水平的重要前提。

在社会转型时期，各类社会矛盾比较复杂。对那些党委关注、群众关心的问题都应列入督查工作领域，并切实加大督查协调工作力度，依靠法律、政策加以解决。如何把握党委督查工作的度，找准结合点，理顺各种工作关系，调动各种督查力量形成优势互补、协调联动、推动党委决策落实的督查合力，是党委督查工作面临的难题和挑战。协调，是党委督查工作的基本方式。党委督查的工作过程，就是通过协调形成多方共同抓落实的工作格局，结果是确保党委决策的真正落实。无论是落实党委决策还是解决民生民需等问题，党委督查部门都不是解决问题的主体，它是通过代表党委的督查行为，协调各相关部门共同解决某一个或某一类问题。这种协调的作用是代表党委总揽全局，把各职能部门的责任落实到位，同时对那些容易推诿扯皮的"边缘性"责任加以明确，使落实党委决策的每一个环节都紧密衔接、责任主体各负其责，打破部门责任脱节、条块职能分割的工作障碍，最终形成既各负其责又密切配合的工作状态。

五、党委督查是确保党的路线、方针、政策和重大决策贯彻落实，提高执政能力、维护党的权威的重要手段

胡锦涛总书记在党的十七大报告中指出，要建立健全决策权、执行权、监督权既相互制约又相互协调的权力结构和运行机制。党委处于领导核心位置，作出的决策具有全局性、有效性和权威性。离开了权威性，党委的领导核心地位就会产生动摇，而这种权威性在一定程度上是通过党委督查的力度实现的。这就要求我们必须确保中央和地方党委决策部署的贯彻落实，真正使中央、省等地方党委作出的决策在落实中不走样、不落空，这是党委督促检查部门的根本职能。

当前，在一些工作中较为突出的问题是"落实不够"、"落实不好"。针对这些问题，每次市委全会召开之后，沈阳市委督查室都迅速把市委全会工作部署进行目标分解，确定责任单位和责任人，定期对完成情况进行督促检查，从而有效推动了上级和市委决策的落实。在督查实践中，沈阳市委督查室探索建立了《督查纪要》制度，对党委工作涉及的不同方面，通过督查协调，明确部门责任和落实时限，这实际上也是一种有效的监督。

六、党委督查是加强党的作风建设，弘扬求真务实精神的重要环节和重要方法

当前，在我们的干部队伍中，作风飘浮、工作不实的现象比较突出。一些干部，抓落实喜欢追求表面上的轰轰烈烈。决心大，实效差；会议多，落实少；遇到困难就退缩，面对矛盾绕道走；调查研究浅尝辄止，解决问题只重枝节，出了问题推卸责任。所有这些，归根结底就是作风问题，而这些问题之所以难以解决，其根本原因就在于责任不清晰，考核不严格，惩戒不到位。党委督查工作必须从抓干部作风入手，以扎实的作风促落实，以落实的效果检验作风。在具体工作中，党委督查部门应从明晰责任、严格考核、强化追究入手，真正实现工作职能、工作标准、工作责任明晰到位，同时辅之以严格的考核制度，做到评价有标准，奖惩要分明，督查有权威，落实有力度。

七、党委督查是党密切与人民群众血肉联系的桥梁和纽带

督查部门虽然不是解决具体问题的职能部门，但它往往处于协调者的位置，通过协调推动问题的解决。对人民群众反映的一些实际问题，有的涉及多个部门，单靠哪一个部门都很难解决。针对这类情况，沈阳市委督查室站在践行“三个代表”重要思想和科学发展观的政治高度，努力实现服务党委决策和服务人民群众的一致性，大胆探索，并在实践中逐步形成了工作协调机制，通过协调会的形式落实部门责任和领导责任。自2003年以来，市委督查室每年处理和解决群众反映的民生问题都在1000件以上。特别是对一些复杂疑难问题，督查室每年都要处理数十起，没有一件出现反复。对人民群众普遍关心的涉及城市建设和管理的问题，他们更是积极开展督促检查抓落实。

（作者：中共辽宁省沈阳市委督查室主任）

县域党内民主建设的两大关键点

赵豪志

党内民主是增强党的创新活力、巩固党的团结统一的重要保证。在县域内发展党内民主，应当把握好两大关键点，以更好地肩负起党在县域领导改革发展的历史重任。

一、推进干部提名、差额选任制度改革

党要顺利地领导县域改革发展，选人用人是关键。因此，在县域内发展党内民主，第一个关键点是通过发展党内民主，“选好人、用好人”。广饶县在全国百强县中名列第73位，在山东省经济发展30强中名列第17位，面对县域改革开放新的历史任务，必须积极发展党内民主，努力推进县域内干部制度改革，为农村改革发展提供坚强的政治保证。

推进我国县域党内民主发展，必须在党的坚强领导下进行。总结我国基层民主政治发展的历史经验，对照世界各国不同发展阶段民主政治的流弊，可以发现，民主也是一把“双刃剑”，需要时时刻刻与“贿选”和“黑金政治”等腐败现象进行反复的较量。因此，通过发展党内民主推进县域干部制度改革，必须在各级党委的坚强领导和大力支持下，在广大党员、干部和群众的积极参与下，稳步推进，以不断提高选人用人公信度，不断提升全体党员的凝聚力和创造力。

发展党内民主，推进干部制度改革，关键要推进干部任用提名、差额选任制度改革。在这方面，应重点推进“两公开四差额”的程序运作。所谓“两公开四差额”，就是公开空缺职位及职位要求、公开选任程序及选任方法，实行差额推荐、差额考察、差额酝酿、差额表决。

初始提名是干部选拔任用工作的第一道关口，是选人用人的基础环节，也是决定干部选任工作质量的关键环节。在县域内推进干部队伍建设，组织部门是提出干部调整动议建议的主体，负责分析各乡镇及县直部门单位领导班子职位空缺情况，提出干部调整动议建议。县委常委会是干部调整动议决定的主体，研究确定乡镇和县直部门单位充实配备干部程序，并利用县市电台、电视台等新闻媒体发布公告，向社会公布拟充实配备的职位及职位要求、选任方

法和选任程序。县委全委扩大会议是干部初始提名的主体，采用无意向实名提名推荐方式，按拟充实配备职位与提名人选 1∶2 的比例进行差额初始提名。在具体确定人选时，县委一方面要依据全委扩大会议提名推荐的结果，坚持群众公认的原则；另一方面也不能简单地“以票取人”，要结合提名人选实际与拟充实配备职位的要求，实事求是地确定初始提名人选，并向县委全委扩大会议参会人员进行书面反馈。

实行差额选任干部，差额推荐是前提。采取差额方式选任干部，具有较强的择优性、开放性和民主性，符合新时期干部人事制度改革的方向，符合按照群众公认原则选干部的要求。差额推荐尤其是重中之重。为进一步完善干部推荐工作机制，提高群众对干部选拔任用工作的满意度，在初始提名人选确定后，按照《干部任用条例》有关规定和干部管理权限，市委组织部和县委组织部需分别派出考察组，到初始提名涉及人选所在单位进行民主差额推荐。

在差额推荐的基础上，实行差额考察，是确保好中选优的重要措施。根据差额推荐情况，要对每个职位确定的 2 名差额考察对象，由同一考察组，按同一标准、同一方法对相关人选分别进行考察，以便于比较，好中选优。考察前，在县新闻媒体发布考察预告。考察主要采取民主测评、个别谈话、民意调查、同考察对象集体面谈等方式进行。考察着重了解人选的基本政治素质、领导能力、工作实绩、知识结构、廉洁自律等方面情况；同时征求相关执纪执法部门的意见，防止“带病”提拔。

进行差额酝酿，是充分发扬党内民主，完善党委领导班子工作机制的重要环节。根据有关规定，县委在一定范围内对县委组织部差额提出的各职位建议人选要进行沟通酝酿。根据县领导分工情况，要分别征求县党政领导班子成员对分管单位干部的意见。在沟通酝酿过程中，大家从大局和事业需要出发，畅所欲言，充分发表个人的看法，形成对建议人选的广泛共识。

差额表决，是完善干部选拔任用决策机制的根本所在。为进一步完善民主科学用人决策机制，提高群众对干部任用工作的信任度，县委常委会要认真听取县委组织部关于差额人选考察情况的汇报，常委及列席人员进行认真讨论。之后县委常委对人选进行无记名投票差额表决，等额提出县委全委会拟表决人选。县委全委会上会时，组织部介绍县委常委会提名的拟任人选、推荐人选相关情况，并向与会人员提供《干部任免审批表》。拟任人选、推荐人选分别在会上进行演讲陈述，介绍本人基本情况、工作实绩、任职优势及不足、任职打算等。在与会人员认真审议的基础上，县委委员以无记名投票表决的方式，对拟任人选和推荐人选进行表决。县电视台对拟任人选、推荐人选演讲陈述全程录像，并及时进行播放，同时在有关新闻媒体上进行为期 7 天的任前公示。

推进“两公开四差额”，易于营造干部选拔任用民主、公开、竞争、择优的选人用人环境，有利于更好地落实广大干部群众对干部选拔任用的知情权、参与权、选择权、监督权，体现群众公认原则。

二、实施县乡村三级党组织书记定期述职制度

在县域内发展党内民主，第二个关键环节是对县乡村三级党组织书记的民主管理和民主监督，而基本的形式之一应是三级书记定期述职制度。

在县域内发展党内民主，除了选贤任能外，基本的社会功能是通过发展党内民主，不断增强基层党组织的创新活力，永葆共产党人的朝气、锐气和勇气，更好地推进县域改革发展。从 2007 年开始，广饶县开始探索县乡村三级党组织书记抓基层党建工作述职评议制度，并把其作为发展县域党内民主的一项常规性工作，通过民主管理和民主监督，强化三级党组织书记作为基层党建工作“主角”和“直接责任人”的作用，增强基层党建工作的针对性和实效性，以形

成相互促进、整体推进的党建工作新格局。

推进这项工作，每年年初，县委与各乡镇、办事处党(工)委书记签订年度基层党建工作目标责任书，各乡镇、办事处党(工)委书记与下属党组织负责人签订责任书，作为述职的基本依据。

县委常委会每年向县委全委会、全县党员群众代表进行一次述职。县委书记带头，认真述职，诚恳接受党内外的民主监督和对全县党建工作的民主管理。乡镇、办事处党(工)委书记分别向县委常委会、县委委员和基层党建工作领导小组成员单位、党代会代表会议述职；村党组织书记分别向乡镇党委、村党员群众进行一次述职。对述职情况，组织与会人员现场评分。每次述职后，县委组织部都要对与会人员点评、询问和质询的意见进行认真归纳与总结，再向各基层党委书记进行反馈，指导督促制定整改方案，限期进行整顿。对述职中发现的先进典型、基层创造的经验做法，搞好调研总结，及时推广。

为了避免走过场，在制度设计上，广饶县将整个述职活动分为述前考核、大会述职、民主评议、领导点评和述后整改五个环节，并明确要求述职要突出反映党组织负责人在基层党建工作中持什么样的态度，提出了怎样的思路，采取了哪些措施，取得了什么成效，对存在的问题有何打算。述职制度不仅明确了县域基层党建工作由谁抓，而且解决了怎么抓、靠什么抓、如何评价奖惩等一系列实际问题。专项述职制度的实行，将基层党组织书记推向了党建工作的“前台”，“责无旁贷”的主体地位彰显了出来。述职会就像“擂台赛”，要想取得好成绩，靠的是“真干事”，凭的是“硬实绩”。三级党组织书记定期述职制度的实行，有力地促进了基层党建工作的健康开展，更好地服务于经济社会发展大局。2008 年广饶全县实现生产总值 322 亿元，农民人均纯收入 6985 元，较上年分别增长 20%和 14%。

（作者：中共山东省东营市委常委、广饶县委书记）

完善地方党委全委会工作机制
发挥全委会对重大问题的决策作用

秦德君

如何按照十七大提出的要求，完善地方党委全委会工作机制、发挥全委会对重大问题决策作用，是当前我国地方党委应对新世纪的挑战、深入探索和完善领导体制改革、提高集体领导水平面临的一项重要任务。完善地方党委全委会工作机制、发挥全委会对重大问题的决策作用，涉及思想认识、领导体制、制度安排、组织架构等多方面问题，需要审慎而积极地予以探索和推进。

所谓“全委会工作机制”，就是地方党委以全委会为基本运作方式的组织机制。具体地说，“全委会工作机制”是指由党代会选举产生的全体党委委员组成的“集体”开展日常领导工作和决策的组织架构、工作特性和运行机能。客观地说，除少数地方外，目前各地真正意义上的“全委会工作机制”还没有建立起来。现在起着日常决策作用的，多为常委会工作机制而非全委会工作机制。

一、发挥全委会重大决策作用面临的变革和创新任务

按照十七大提出的完善常委会工作机制、

发挥全委会对重大问题的决策作用重大命题的要求，当前地方党委完善全委会工作机制、发挥全委会对重大问题决策作用，必须进行以下体制、制度的变革和创新：

1.健全全委会组织运行机制

发挥全委会对重大问题的决策作用，在具体探索和实施中，首先面临的是如何健全全委会组织运行机制。目前各地党委尽管具体方式有所不同，但其日常组织机制都是以常委会为运行主体。根据研究，健全全委会组织运行机制可从以下三方面着手。

首先，增加全委会召开频率，由现在通行的一年两次增加为一年四次，即每季度一次。《中国共产党章程》第二十六条规定地方党委全会"每年至少召开两次"，这是下限，并不表明只需开"两次"。《中国人事报》报道，北京大兴区3年召开17次全委会，通过强化干部任用、决策指导、贯彻执行、民主监督等职能，充分发挥了全委会作为同级党组织领导机关的作用。建议地方党委全会每季度召开一次（在今后逐渐可每两月、每月召开一次）。只有首先提高全会的频率，才有可能使全委会成为真正意义上的决策主体。

其次，由现在比较流行的"全委扩大会"形式，回归只有全体委员参加的真正"全会"。时下，各地比较流行以"全委扩大会"形式来替代全委会（实际上变成党政领导干部大会）。"全委扩大会"这种方式，在统一思想、整体动员等方面有优势，但法理上，这种做法在组织替代功能的合法性上存在着问题。"全委扩大会"只可能成为"宣传发动型"、"工作推动型"功能模式而不可能成为有效的审议、决策的功能组织模式。

再次，在全会内组成4—5个专门委员会，根据每名党委委员的不同专长或熟悉领域，编入各专门委员会。要体现全委会的决策主体作用，很重要的一点是作为被党代会选出的党委委员，要真正发挥参与决策作用，而不能仅仅被动地"参加"一年仅有的几次全会。全会内组成专门委员会的基本功能是：

第一，对进入全委会进行决策的议题事先进行审议，提出是否进入决策程序和具体决策意见；第二，促使党委委员真正进入"履职"状态，为他们从事"党委工作"提供平台；第三，组成专门委员会有利于分散常委、副书记、书记的工作压力。

2.重大问题和重要干部任命交由全委会决策

全委会成为重大问题决策主体，很重要的一条，是要明确究竟哪些事项应进入全委会。根据党的十七大精神，我们认为，进入全委会的决策事项不必是"三重一大"而应该是"重大问题和任用重要干部"的"两重"。十七大报告要求：地方党委讨论决定"重大问题和任用重要干部"，这里所谓"地方党委"，是个全称判断，其决策主体即是全委会，"重大问题"研究和"重要干部"的任用决策，才是进入全委会决策的"合理事项"。

具体来说，"重大问题"必须经由全委会决策的事项是：(1)本地贯彻落实中央经济、政治、社会、文化建设发展战略和重大调控的重大举措；(2)社会经济五年发展规划、国民经济年度重大安排、地方改革发展稳定方面全局性的方案；(3)涉及全局性重要立法、重大公共政策的立项和调整；(4)区县重大经济社会发展纲要和发展战略；(5)人大、政府、政协其他涉及面广泛的全局性、战略性、整体性重大决定和重要方案。

"重要干部"任用必须经由全委会决策的事项是：(1)副局以上干部的任用（不论其职务和具体岗位）；(2)市人大常委会组成人员及秘书长任用和调整；(3)市政府组成人员及秘书长任用和调整；(4)市政协常委组成人员及秘书长任用和调整；(5)市委副秘书长以上干部任用和调整。在任用重要干部上，还可以推行由党委委员个人署名推荐制度、全委会集体推荐等不同做法。

上述事项，都应交由全委会讨论决定。而

在决策的最终方式上，按照十七大关于“推行地方党委讨论决定重大问题和任用重要干部票决制”的要求，为体现全体委员的意志，无论是重大问题决策还是重要干部的任用，都应该全部实行无记名投票的“票决制”。

必须清楚的一点是，全委会是用来进行重大问题决策的，是用来作出重大决定的。一些“例行”的、没有实际决策意义的程序性事情，应放到常委会上讨论“过场”而不应进入全委会，让全委会有更多的时间进行实质性的决策审议。

3. 常委会定期向全委会报告工作

在权属负责关系上，常委会向全委会负责并报告工作。《党章》规定“党的地方各级委员会的常务委员会定期向委员会全体会议报告工作，接受监督”，但没作出具体规定。十七大报告提出建立健全中央政治局向中央委员会全体会议、地方各级党委常委会向委员会全体会议定期报告制度，但对如何“定期”亦未作出具体规定。

我们认为，在常委会向全委会报告工作问题上，必须把握好“如何定期”、“谁向全委会报告工作”、“报告什么内容”和“是否开展评议”等四个重要关节点。

(1)如何定期？所谓“定期”是指恒常，不应因人因事而时有变动。目前可规定，常委会每季度向全委会报告工作一次，即一年报告四次。在以后，逐步可以推进到每两月报告一次工作。

(2)谁向全委会报告工作？我们认为，应有两个不同的主体：一是常委会的整体工作报告；二是每一名常委会成员向全委会报告工作。

(3)报告什么内容？常委会向全委会报告常委会整体工作；每一名常委向全委会报告自己分工工作，进行个人述职。

(4)是否开展评议？“报告工作”的目的，在于让全委会对常委会和常委会成员的工作有全面了解并作出评价督促。因此，开展评议是题中应有之义。每次全会，应安排足够的时间，让全委会对常委会的工作和常委们的工作开展评议。

4. 适当扩大两级党委委员的人数，优化构成结构

要有效运行全委会组织机制，就要优化全委会人员构成结构。首先要适当增加委员人数。按照中央的规定，省、自治区、直辖市党委委员及候补委员为60人左右，直辖市的区党委委员为20—40人左右。其次，党的委员会应当注重构成结构的调整。为实现决策的民主化和科学化，党委委员中的专业人士和基层党员的比例应扩大。对现有党委委员构成作调整是十分必要的。

5. 健全全委会监督常委会的组织形式

无论从党的组织制度上，还是从现代权力运行逻辑上，毫无疑问，地方党委的常委会必须置于全委会监督之下。十七大提出要建立健全全委会对常委会的“监督制度”，从可行和探索的原则出发，建议目前可逐步建立这样三项制度：

一是常委会定期报告工作制度。报告工作本身就是一种监督。这种报告一年至少四次(见前)。二是常委会成员个人重大事项报告制度。包括党风廉政建设、家庭收入、婚姻状况、子女出国留学等，在每次召开的全会上由个人进行口头报告并书面备案。三是全委会信任投票制度。在条件可行时，可推行全委会对常委会工作、对每一名常委成员、对组宣纪和其他重点部门的信任投票或工作决议案。这一制度，能使常委会有效置于全委会监督之下。四是全委会质询制度。党委委员三人以上可提出质询案，被质询对象必须根据质询案要求，作出具体的回答。

二、需要进一步深入探索的问题

1. 如何发挥现有组织资源作为全委会运行的组织支撑

目前地方党委的办公厅系统、政研室系统以及组、宣、统等系统，本质上都是为常委会和书记们服务的。按照十七大要求，在完善和架构全委会运行系统的同时，如何将现有组织资源同时作为全委会决策的组织支撑有待进一步研究。建议在地方党委的办公厅系统探索成立“全委会工作处”，作为一种组织支撑的过渡形式。

2. 如何处理好“个人层级”与“组织层级”之间的实际倒差

一方面，在个人层级上，常委会成员与“非常委会成员”的党委委员行政级别是不同的。常委班子成员属于省部级领导，而一般党委委员是厅局级或低于厅局级；另一方面，在组织层级上，由全体委员组成的全委会高于由高层级领导同志组成的常委会。这样，就构成一个结构性悖论，使全委会的实际功能受到挑战。如何从体制安排、个人素养上处理好这一问题，是全委会真正发挥决策作用的前提条件之一。

3. 如何改革和完善现有的党委工作制度

现有的地方党委各项工作制度，基本上都是以常委会为基点建立的。由于历史的原因，这些制度都比较忽略全委会的作用和功能。按照十七大精神，发挥全委会对重大问题的决策作用，就必须对现有全部的地方党委工作制度进行梳理并进行制度创新。就制度的权属而言，其中一部分制度是中央层面的，一部分则是地方层面自己订立的。就制度的需求而言，支撑全委会对重大问题决策作用的制度供给，一部分可通过改革和完善现有制度来实现，还有一部分则必须在进一步调研的基础上，根据实际进行重新制定。

4. 如何提升党委委员参与重大决策的能力

完善全委会工作机制、发挥全委会对重大问题的决策功能，重要的一条是党委委员的决策能力（包括对重大问题的判断能力、对全局问题的驾驭能力、参与重大决策的主动性等）必须提高。现在很多党委委员有其实际的单位任职，工作很忙，他们在党委中扮演着一种匆忙“客串”的角色。客观地说，现在不少党委委员乃至人大代表、政协委员等选任，较多是“荣誉制”而不是“职能制”。如在一些地方，对于人大代表、政协委员是按“贡献”甚至是按给地方税收多少来定的。然而党委委员、人大代表、政协委员的任职要求应该是一种“职能制”，其基本要求是，必须有一定的审议能力、宏观决策能力。由于一定程度上“审议能力”的不足，整体上我国地方党委成员参与集体决策的作用相当有限。

由此，提升党委委员参与重大决策的能力，是当前必须解决好的一个重要问题。这当中，牵涉三个方面：一是如前述，今后党委委员的任职，要从目前的“荣誉制”转变为“职能制”，改变那种把党委委员作为一种荣誉性、地位性回报的做法；二是党委委员个人要加强学习，注重提高参与决策能力；三是为有效提高全委会决策质量，可考虑建立或引入专业委员会等辅助机构。

（作者：中共上海市委政治文明办社会处处长）

各地推进党内基层民主建设的主要做法和经验

全国党建研究会课题组

近年来，各地按照党中央“以改革创新精神全面推进党的建设新的伟大工程”的要求，在尊重党员主体地位、保障党员民主权利、推进党务公开、营造党内民主讨论环境以及改革党内选举制度、扩大基层党组织领导班子直接选举范围，探索扩大党内基层民主多种实现形式等方面，做了大量有益探索，取得了突破性进展。当前，广大基层党组织推进党内基层民主建设的实践，为进一步开展党内基层民主建设研究提供了生动的素材。将这些好做法进行总结分析，对于推进党内基层民主建设具有重要的理论和现实意义。

推进党务公开，保障党员的知情权

知情权是党员行使各项民主权利的基础和前提，而实行党务公开是保障党员知情权的重要途径。调研中我们了解到，各地根据党内法规的规定和实际情况，采取了多种有效措施，对推进党务公开进行了大胆探索和实践。

加强宣传教育，提高对党务公开重要性的认识。一是各地都把基层党组织领导班子成员作为提高认识的重点对象。通过教育培训等方式，使基层党组织领导班子成员的思想认识明显提高。二是在党员群众中大力宣传实行党务公开的必要性和重要意义。如河北省沧州市的沧县、东光、青县等地，在电视台开辟了“党务公开工作动态”专题栏目，每周一期，集中对全县基层党务公开工作情况进行及时宣传报道，形成了党员积极参与、社会各界普遍关注和支持党务公开工作的良好局面。

明确党务公开的原则和内容。各地推进党务公开的原则主要有五条：服务发展；依纪依法；真实公正；注重实效；积极稳妥。从党务公开内容看，基本能够做到内容全面、具体。凡属党章和党内法规要求公开的内容，凡是本地区、本单位党员群众关注的重大事项和热点、难点、重点问题，除涉及党和国家机密的以外，都尽量公开，切实增强了基层党组织工作的开放性和透明度。此外，对于本地区、本单位党员、群众认为有必要公开的不涉及党内秘密的其他事项，也都如实公开。同时，各地还把党务公开与政务、村务、厂务、财务公开有机联系起来，创新和丰富了党务、政务、厂务、财务公开结合形式。如山西省运城市平陆县委坚持和推行党务、村务、财务“三公开”制度，收到了较好效果。

党务公开的形式灵活多样。通常是采用会议、通报、通知、简报、发放文件资料、公示栏、新闻报刊、电视广播、网络公告、设立热线电话等多种形式。有条件的单位还运用电子滚动屏幕、电子触摸屏等现代科技手段进行公开。例如，长春市南湖街道社区探索通过适当的党的会议来公开，即在党员大会上，通报党组织开展工作、完成任务、加强建设等有关情况，结合社区党组织工作总结，社区干部的述职、评议等活动，让党员了解党组织的建设情况。湖南省许多基层党组织还在醒目的位置、党员和群众集聚的地方或党员服务中心设立党务公开栏。

规范党务公开的程序和时间。为保证党务公开能够按规定要求进行，各地都按照“事前公开、征求意见——决策公开、民主讨论——结果公开、接受监督”的基本程序，将党务公开工作贯穿于党内重要事务的酝酿、决策、实施、监督的全过程。在党务公开的时间上，各地一般采取定期公开和随时公开两种方式。如山东、吉林两省的基层党组织对领导班子自身建设、年度工作目标任务、党员责任区和民主评议党员、帮扶贫困党员、特困党员包户情况等内容进行定期公开。对干部考察、发展新党员、无职党员设岗定责落实情况等内容随时公开。

建立健全党务公开保障机制。一是建立健全公开的监督机制。如一些地方的乡镇、街道、村党组织成立党务公开监督小组。还有很多地方从党代表、人大代表、政协委员、老干部、普通党员、群众代表中，聘请一定数量的同志担任党务公开监督员，负责对同级和下级党组织党务公开情况进行监督。二是建立健全党务公开责任追究机制，明确党务公开工作各个环节的责任人，并使党务公开考核结果与领导干部的评先、创优、奖惩挂钩。三是完善党务公开的制度框架体系。如党务公开意见建议收集办理和反馈制度、定期通报制度、文件查阅制度、信息报送制度、例会制度、监督员制度、监督检查制度、责任追究制度等相关工作制度等。

改革党内基层选举制度，落实党员的选择权

基层民主选举是党内基层民主最直接、最具体的体现，是衡量和判断党内基层民主发展状况的重要评价标准之一。近年来，各地贯彻落实中央精神，在党内基层民主选举上进行了积极探索，取得了较好效果。

改进候选人提名制度。为打破以往基层党组织负责人提名过于强调组织意图，导致党员群众意见所占权重偏低的实际情况，各地积极探索改进候选人提名工作。一是提前做好调查摸底工作，摸清广大党员心里期盼的候选人。二是科学确定候选人条件。综合组织的考虑和广大党员群众的意愿来明确候选人的资格条件。三是把组织提名与党员或党员代表联合提名结合起来，使提名既体现选举人的意志，又发挥党组织的引导功能。如新疆生产建设兵团连队党支部民主选举普遍实行了“上级党组织提名推荐”、“基层党组织提名推荐”、“党员干部和职工群众联名推荐”、“党员个人自荐”等形式，保证了党内基层民主首先在候选人提名制度上得到体现。深圳市福田区在8个实行公推直选的社区党组织换届选举中，改为全部由群众联名推荐或党员自荐，把初步提名权全部交给党员群众，体现了候选人提名方式的巨大转变。

改进候选人的介绍方式。为了让选举人对候选人的真实情况有全面深入的了解，一是完善候选人所在党组织、选举单位党组织和党员代表大会主席团对候选人的介绍方式和内容。二是完善候选人自我介绍的方式，主要是组织候选人与党员的见面互动和竞选演讲，以减少选举人选举投票的盲目性和盲从性。三是通过电视、报刊杂志、互联网、热线电话等多种方式对候选人进行介绍。如山东省东平县公路局养护处党支部使用多媒体技术进行候选人的形象展示；吉林省延吉市一些基层党组织利用互联网、热线电话等方式对候选人进行介绍。这些做法得到广大党员的认可。

改革基层党内选举制度。调研中了解到，主要有两种选举类型：一是“两推一选”或“三推一选”。这是各地已普遍采取的模式。如吉林省，截至2007年，村党组织换届通过“两推一选”方式产生村党支部书记的村占90.8%。截至2008年3月，上海市有1650个(占村党组织总数的89%)村党组织以“两推一选”的方式产生了新一届村党组织领导班子。“三推一选”是在“两推一选”方式基础上加入党员自荐环节而延伸出来的做法。如，北京市2005年在石景山古城街道某社区党组织进行了“三推两考一选”试点。深圳市2008年上半年583个应换届社区普遍采取“三推一评一选”办法，其中有495个采用了“双直选”产生领导班子，占86%。二是“公推直选”。从了解的情况来看，公推直选在各省市发展不平衡，多数省市现在还处于试点阶段，但在有些省市推进较为迅速。如2007年在山东济南市社区党组织换届中实行公推直选的社区比例达到了76%。四川省2007年在村、社区党组织领导班子换届选举中“公推直选”的比例达到了86%以上(民族地区除外)。这两种模式都各具特点，较好地体现了党内基层选举制度的改革，呈现选举形式的多样化。此外，2008年宁波市江北区某村党组织换届选举中实行了“海选”，湖南省长沙、衡阳、株洲、娄底等市也进行了村两委换届“无候选人一票直选”。

严格选举程序。一是科学设置选举程序和选举方法。如在选票设计上，候选人姓名以姓氏笔画为序排列，划票地点能够充分体现选举人的自主选择，投票方式科学合理。二是严格民主选举的组织实施、管理监督。上级党组织严格把关，对试点中出现的一些技术性问题通过规范加以解决，对基层党组织选举试点办法不断完善和细化，严格制定选举的程序、纪律、监督等规则。三是对选举程序进行公开，使广大党员清晰了解选举全过程，以便更好地行使选择权。

实行民主决策，扩大党员的参与权

党员参与党内事务的决策和管理是党内基层民主的重要内容。这方面的主要做法有：

发挥党代表在民主决策中的作用。据了解，各地均建立了党代表提案制度、党代表接待日制度、党代表评议工作制度、党代表联系党员群众制度等。探索建立了代表活动保障制度。如一些试点地区对年龄较大的党代表每月给予生活补贴；对没有公职的党代表，在参加年会和闭会期间统一组织活动时，给予误工补贴。健全完善了基层党组织委员向党组织负责、党组织向党的代表大会或党员大会负责并报告工作的制度。

实行民主议事制度。各地普遍重视畅通党员意愿和党内意见诉求的表达渠道，制定和实行党组织负责人定期接访、党员意见收集反馈制度、党员议事会制度等，积极疏通和拓宽党内交流沟通的渠道，了解党员关注的有待解决的各种问题，收集有关意见、建议。如长春市朝阳区的一些社区建立了党员意见收集反馈制度。武汉市江岸、汉阳、蔡甸等区在社区、村实行党员议事会制度，打破了以往"村(社)中事，干部定"的固定模式。山东省泰安市东平县还在基层党组织中全面推行了"民情提案制度"。广西贺州市八步区在村一级建立由党员代表参加的议事会，2007 年全区累计召开党员议事会达 1356 次，参与党员达 1461 人次，共讨论议题达 1669 个，形成议案 1537 个，最终经支委讨论形成决议 1533 个。

坚持民主决策制度。一是基层党组织领导班子决策时严格执行民主集中制。如内蒙古有的基层党组织规定，进行重大决策时实行"三不"，即不调查研究不决策、不征求意见不决策、不集体讨论不决策。在方案确定时，坚持集体研究讨论等。二是实行重大事项票决制。凡属重大决策、重要干部任免、重要项目安排和大额资金使用，实行无记名投票表决。三是采取党员旁听制。如内蒙古、广西的一些基层党组织将近期要研究的议题向全体党员公布，党员可以通过自荐、党员联名推荐等方式进行报名，基层党组织通过随机抽取和组织选定相结合的方式确定旁听的党员。旁听的党员直接参与基层党委的议事会议，并可提出意见和建议。

加强决策执行中的信息反馈。据调查，基层党组织决策后都能基本做到定期将每一项决策，如对上级和本级党组织的重大决策、重要部署、重点工作等在基层贯彻落实进展情况进行公布，并通过建立党员代表信息反馈制度，对广大党员普遍关心的热点、难点问题的解决情况进行督促跟踪检查。

加强民主监督，保证党员的监督权

各地认真贯彻落实《党内监督条例》和《党员权利保障条例》，坚持从实际出发，大胆实践，探索创新，出台了一系列保障党员监督权的举措，党员监督权利难保障、监督作用难发挥的状况已有所改变。据中国兵器工业集团公司党建研究会的 2880 份问卷调查显示，73.4%的人认为本企业比较重视党内监督工作，66.4%的党员认为《党内监督条例》等法规得到较好的落实，有 76.9%的党员对纪检监察机构开展的监督工作表示满意。

提升主体素质，发挥监督主体作用。一是加强宣传教育，提高党员主体的监督意识，增强党员监督的主动性。二是畅通党员监督渠道。如保证党员检举、揭发、申诉、控告、上访渠道畅通。三是扩大党员和党代表列席上级会议范围，完善党员向党组织和党员领导干部、党代表接待询问、质询制度，尊重和保护舆论监督权利，严格落实党代表监督评议制度等。

发挥民主评议的监督作用。一是围绕基层党组织领导班子工作述职进行民主评议。如通过开党员大会、民主测评等多种形式，让党员民主评议党组织和领导班子，并将党员对党组织和领导班子的评议结果及时向党内公布。二是将评价结果与干部奖惩、任用挂钩，对领导干部形成制度约束力。如北京市通州区在各乡镇推行的“双述双评”考核制度；湖南省株洲市贺市村把党员和群众的监督评议与村党组织干部的工资待遇挂钩，由党员和村民代表民主评议确定村“两委”干部的工资，在群众中产生了较好的反响。三是推行村(居)事问责制。通过召开问责会，定期向党员和群众代表通报村(居)的重要事务，接受党员和群众的质询和评议。四是探索党内监督与党外监督相结合的有效机制。邀请党员代表、离退休老干部、普通群众成立监督小组或担任监督员，对村两委换届、村场所建设、村财务管理等重大事项进行全程监督。如吉林省长春市南湖街道成立了街道“政务监督团”，监督街道、社区的党务政务、执法单位的执法行为、公共服务部门的工作情况，收到较好效果。

发挥民主生活会的自我监督作用。民主生活会制度是党内基层民主监督的主要制度和载体之一，各地均采取有效措施予以落实：一是建立会前征求意见制度。如内蒙古的一些基层党委领导班子召开民主生活会前，都提前征求本级党代表对领导班子和领导干部的意见。二是建立民主生活会的考核评价制度。主要包括会前征求意见的情况，会中的批评与自我批评情况、整改措施的落实、通报和反馈情况等。三是完善监督指导制度。上级党组织对下级党组织和领导成员情况作经常性、动态性的了解和掌握，对民主生活会整改措施的落实适时给予指导和监督。四是严格实行责任追究制度。把民主生活会的情况作为评价领导班子的重要依据；把领导干部是否参加民主生活会及在会上的表现纳入领导干部年度考核和晋升考察，以避免民主生活会流于形式。如新疆生产建设兵团基层党组织民主生活会坚持“三不开三重开”的原则，即征求意见不充分的不开，会议主题不明确的不开，实施方案未报批的不开；没有开展批评与自我批评的重开，问题找不准的重开，整改措施不具体不落实的重开。

强化监督中激励约束机制。一是逐步建立和完善奖励机制，对检举、控告重大违法违纪行为的有功人员给予表彰或奖励，并做好举报人的保密工作。二是建立监督意见反馈机制。对党员提出的问题、意见和建议，所涉及的单位或个人必须限期予以负责的答复。三是建立责任追究制度。对侵犯党员民主权利、压制批评甚至进行打击报复或诬告陷害的行为，及时和坚决予以查处。四是建立和完善党代表履行监督职责的考核机制和激励约束机制。逐步实行党代表述职制度，对不能全面履行职责的党代表，依法予以罢免。五是加强对党组织和党员领导干部有关党内监督情况的督查和巡查。六是建立健全责任追究机制。按照分级负责的原则，层层落实监督责任制，对因监督不力而发生重大问题的要严肃追究责任。

从调查了解的情况看，各地在党内基层民主建设的实践中确有不少突破与创新。把这些好做法上升到理性认识，进而升华为深入推进党内基层民主建设的巨大动力，将对党内基层民主建设未来发展，有着十分重要的作用。各地党内基层、民主建设的主要经验和创新有：党内基层民主建设必须坚持分层分类、稳妥有序地推进；党内基层民主建设必须坚持协调推进方针；党内基层民主建设必须坚持重点突破与全面推进原则；党内基层民主必须与基层人民民主互动发展，带动和促进基层人民民主。

(课题牵头人：于均波。参与课题研究的全国党建研究会副会长、顾问、特邀研究员：欧阳坚　徐乐义　金　鉴　谷安林　邵忠和　田炳臣。参加课题调研单位：北京市党建研究会等 21 个单位)

南京市公推直选基层党组织领导班子的做法与启示

中共中央党校党建部课题组

新形势下如何发挥基层党组织的功能，夯实党的执政基础，落实党的路线方针政策和各项工作任务，是党的建设需要解决的基础性问题。自2004年以来，南京市以改革基层党内选举制度为突破口，在全市基层试点并逐步推行党组织领导班子公推直选，对有效保障党员基本权利、发挥基层党组织功能、推进党内民主带动社会民主进行科学探索。

一、基本做法

(一)创新党内民主，规范民主程序，保障选举的公平公正。严格的程序与制度是保障民主实践的根本。南京市在推进公推直选的过程中，坚持把党管干部原则和党员民主权利有机结合，注重程序设计的科学性、实践性，坚持程序运行的公开性和透明度，用程序民主保障过程民主，避免程序运行中的行为失范和组织失位。南京市组织部门制定了公推直选的8个基本程序：(1)制订方案；(2)发布信息；(3)通过个人自荐、党员群众联名举荐和党组织推荐等方式产生报名人选，对报名人选进行资格审查；(4)公开推荐和信任投票；(5)组织考察；(6)街道党工委差额票决产生候选人预备人选；(7)召开党员大会或者党员代表大会，进行差额选举；(8)选出的委员报上级党组织备案，书记、副书记报上级党组织批准。上述程序严格依循党章和相关法规展开，突出了公推直选的规范性、科学化要求，并向全体党员和社会公开。

实践中，南京市将公推直选与实现以党内民主带动社会民主有机结合，把公推直选作为广大党员群众开展民主训练、增强民主意识的重要平台。通过编印公推直选《宣传提纲》，通过《南京日报》、南京电视台和党建网站等媒体，以及遍布各社区的公告栏等开展宣传，力求社区党员人人关注、居民户户知晓。各环节中产生的报名人选、初步人选、预备人选等，都及时在社区公布公示。公推和选举大会都当场计票、当场公布结果。为确保公平公正，各街道都成立了由驻区单位代表、党代表、社区党员群众代表组成的选举工作监督委员会，对外公布选举监督电话，整个公推直选工作在全体党员和群众的全程监督下有序而规范地展开。与之相应，党员的民主参与意识得到充分调动，全市363个社区选举大会的平均到会率达93%，最高的达99%。

(二)推行“三荐二会一票”制度，改进候选人提名方式，切实维护党员权利。科学的候选人提名方式是党内选举是否体现并维护党员选举意志的关键，也是避免选举过程空转、失效的首要环节。南京市在实践中，把扩大选人视野、体现党员意志作为制度、程序设计与施行的价值前提，形成了“三荐二会一票”的开放式候选人提名方式。“三荐”就是通过组织推荐、党员个人自荐、党员群众联名举荐相结合的方式，产生报名人选。2009年南京市参与公推直选的4562名报名人选中，党员个人自荐的有1944人，占42.6%；党员群众联名举荐的有1139人，占25%。“二会”是指社区党员公开推荐大会推荐和上级党委会票决。推荐程序结束后，由党组织进行资格审查，凡符合条件的，在公推大会上进行差额公推。公推大会不仅有党员参加，还有普通群众、社区内“两代表一委员”、驻区单位党员等参加。除社区自管党员外，363个社区共有42834名驻区单位党员、居住在社区但组织关系不在本社区的党员以及社区群众参加公推大会。公推大会上，每一位候选人都进行竞职承诺、现场答辩，有选举权的本社区党员自主投推荐票，按推荐票多少确定初步推荐人选。初步推荐人选确定后，党组织对人选进行全面考察，街道工委根据公推结果、考察情况和群众认可程度，通过差额票决确定推荐人选。“一票”是指群众的信任投票，在公推大会上，没有选举权的其他参会人员对候选人进行信任投票。其中玄武区还设定了信任投票必须过半数的最低推荐门槛。“三荐二会一票”的候选人提名方式，改变了过去由组织提名、推荐的模式，实现了组织意图、党员意志和群众公认的统一，体现了党管干部原则。这一方式凸显并维护了党员的主体地位，激发了党员的政治热情和主动参与党内事务的积极性。在公推过程中，全市共有19456名党员群众参与了联名举荐。

（三）扩大差额选举，增强选举的竞争性，提供人才擢拔的制度平台。为使最优秀的人才能够在公推直选中脱颖而出，南京市通过扩大差额选举范围、创新选举方法来增强党组织的活力。公推直选强调了全程、普遍、直接的差额选举。全程的差额选举就是从公推到直选，每个关键环节都实行差额。普遍的差额选举是指每个职位都进行差额选举。以书记候选人为例，公推时，至少产生4名推荐人选；经过组织考察后，确定3名人选提交街道党工委讨论；经党工委票决后，确定2名候选人初步人选提交选举大会选举。正是有了这样的逐轮筛选，每一轮差额都不存在“陪选”，进入最后大会选举时的书记及其他职位候选人，谁上都能胜任工作。直接的差额选举就是全部采取直接选举的方式产生社区党组织领导班子，所有社区都通过召开党员大会或党员代表大会的方式直接选举党组织书记、副书记和委员，从而更好地体现了选举人意志。

为了增加选举的竞争性，南京市将通常用于领导干部选拔的驻点调研、竞职承诺、现场答辩等形式引入社区党委的公推直选。在每个环节都强化了候选人、特别是书记候选人之间的充分竞争，书记候选人在选举大会上发表竞职演讲、作出承诺，并现场回答党员提出的问题，每场都在40分钟以上。实践表明，仅仅口才好、会辩论的不一定占优势，最后胜出的往往是那些回答问题贴近老百姓意愿、考虑工作贴近老百姓利益、口头表达贴近老百姓语言的候选人。许多党员反映，候选人都很优秀，很难取舍，只好在好中选好。许多书记候选人仅以几票的微弱优势胜出。通过这样的有序竞争，一批优秀年轻干部走上了社区党组织的领导岗位。

二、一种发展党内民主、探索基层党组织创新的有效模式

（一）公推直选保障和维护了党员的主体地位和基本权利，培养了他们发展党内民主的能力。这也是党内民主的逻辑起点。南京的实践表明，公推直选中党员主体地位的回归、党员民主权利的落实所引发的党员参与激情，将为党内民主提供持续的发展动力，并使“党内民主意识普遍增强、民主制度不断健全、党的创造活力充分发挥”。

（二）公推直选机制激发了基层党组织的活力，有利于党组织协调党群关系。中国共产党执政60年的一条基本经验就是坚持立党为公、执政为民，保持党同人民群众的血肉联系。党组织能否把握群众的根本利益，能否解决老百姓面临的现实问题，直接关系到党的执政能力和先进性建设。南京市在开展公推直选中，将党内干部的选举过程完全展示在社区党员和群众面前，一是预设了候选人驻点调研程序，有助于候选人深入了解社区党员群众的意愿。推荐人选产生后，通过见面会、座谈会等方式与社区党员群众充分沟通。候选人还深入居民家中，了解其利益诉求，为下一步竞争做准备。二是在“公推”的程序中，充分考虑和体现了群众公

认的原则，创造性地通过现场提问、信任投票等方式，使群众的意见有效纳入党内选举的程序中。三是要求竞职人选进行公开承诺，以此约束和监督其权力运行。南京市在社区党组织换届结束后，组织新当选的363个社区党组织书记，以“向党旗宣誓、对人民承诺”为主题，在雨花台烈士陵园集体宣誓，努力实践对老百姓的承诺。各区也及时把新一届班子成员特别是“一把手”的任职承诺转化为任期工作目标，加强对新一届社区党组织领导班子向党员负责、为群众服务情况的跟踪管理。这一程序将党的密切联系群众的作风建设和党员干部服务社区的能力建设统一起来，提供了落实党的宗旨的实践平台，为党夯实执政基础、扩大群众基础创造了条件。

(三)公推直选将竞争机制引入党内，提供了基层党组织创新的动力机制。干部人事制度改革的一个重要内容就是廓清权力授受的边界，完善授权机制。公推直选有利于把党内权力的授予和配置权交给每一个党员，在民主的基础上形成了党内权力的合法授受关系。这样的权力关系必然使党的基层组织领导班子始终处于广大党员的监督和约束之下，从而培育干部正确的权力观。公推直选对保障权力运行符合党的宗旨和社会公义，对基层党组织发挥服务功能，强化领导班子的责任感和使命感，在基层党组织内形成对民负责、为民办事、受民监督、请民评判的良好执政导向，提高领导班子公信力不无裨益。

(四)公推直选有利于实现党内民主带动人民民主。基层党组织发展党内民主的能力和状况，直接影响中国共产党能否落实党内民主带动社会民主发育的战略。人民民主的发育和完善对新时期党的基层组织创新和功能发挥提出了新要求。因此，党内民主的发展程度，不但决定着基层党组织的自身建设水平，也决定着基层人民民主的发展方向。以扩大党内民主带动人民民主，就是要将党内民主与人民民主有机统一起来，使党拥有有序推进中国民主发展的组织基础、制度基础和政治基础。南京市在城市社区全面推行公推直选，既是对以选举制度改革推进基层党内民主的大胆探索，也是谋求党内民主与人民民主有机统一的尝试，提供了党内民主与人民民主良性互动、协调发展的有益启示。

(五)公推直选是新形势下干部选拔任用机制改革的有益探索。十七届四中全会提出，坚持民主、公开、竞争、择优，提高选人用人公信度，形成充满活力的选人用人机制，促进优秀人才脱颖而出，是培养造就高素质干部队伍的关键。作为一种探索，南京市委组织部将党管干部和党管人才的原则与拓宽选人视野、建构党员诉求表达机制有机统一，坚持组织推荐、党员个人自荐、党员群众联名举荐相结合的方式，给更多符合条件的人创造了平等参与的机会。此次共有443名机关干部报名参选，其中，118人成功入选为社区党组织领导班子，有105人当选为书记。有499名来自社区民警、大学生社工、驻区单位、物管公司和业主委员会的党员进入新一届党组织班子，从而跳出“社区干部在社区选”的传统模式，解决了当前社区党组织书记来源单一、年龄较大、学历偏低等问题，打通了优秀人才立足基层实现纵向流动的通道。

三、几点建议

党的十七届四中全会提出要以保障党员民主权利为根本，以加强党内基层民主建设为基础，切实推进党内民主。南京市公推直选模式要在更大范围内推进，需要解决：

(一)完善制度，改进技术支撑，降低选举成本。应注重将公平理念转化为制度原则，将制度原则转化为有效的制度和可操作的程序，用科学的制度安排保证党员选举意志的有效实践，并避免冲击党的基层工作。当前应积极探索基层党组织领导干部的问责制度。党内选举的过程实际上是党内权力授受关系的确定过程，与选举相伴的是责任落实与追究制度，包括了党员的询问制度、弹劾制度、罢免制度等一系列民主参与、民主监督制度体系。这一制度体系的建构，既可以规范权力运行模式，也能够在制度框架内维护党员践行党的宗旨的积极性，保障公推直选的可持续性；进而建立健全党建工作负责制，让基层党的组织能够着眼基层实际，做好党务工作，发挥党组织在动员群众、维护群众利益方面的作用。

（二）还应当健全基层党组织民主实践的动力机制。权力授受关系的重新梳理，需要完善干部教育管理和服务的职能，改变基层党组织业已熟悉的工作方法和工作机制，建构能够提供最广大党员民主参与的制度平台和激励机制，以实现党内民主带动社会民主，避免过程的复杂性和成本过高造成的动力缺失。为此一要规范候选人资格条件的确定程序，避免“量体裁衣”的不公正现象。二要通过制度建设维护选举结果的权威性，确保党员主体地位以制度形式得以确立。科学的能够有效运行的制度体系是公推直选实效性的动力基础。

（三）党的各级组织应着眼于新的发展，在更高的平台、更高的标准上落实党员的民主权利，实现干部管理理念和评价体系的创新，使党内民主适应科学发展的新需要。特别要针对城乡社会发展的实际，将公推直选纳入城乡统筹的基层党建新格局中统筹考虑，使党组织更好地适应新时期社区工作的要求。从南京的实际看，现在的城乡社区体量、组织形态和组织数量渐趋庞大，统筹协调的难度日益增大，社区党组织自身建设的任务更加繁重。这些都对基层党组织建设提出了新的更高的要求。党的基层组织的制度创新应围绕服务于人民当家做主、服务于人民不断增长的物质文化需要展开。确保党的基层组织在新的历史条件下能够不断协调各种社会关系，在实现党的有效领导的基础上，维护社会的自我管理，自我服务，自我发展。

（课题组成员：张志明　中央党校党建部副主任、教授；高新民　中央党校党建部教授；蔡志强　中央党校党建部副教授；祝灵君　中央党校党建部副教授。执　笔：张志明　蔡志强）

党的建设总体布局中基层党建的着力点及创新方向

李俊伟

基层党组织在执政党的自身建设以及促进经济社会发展的总体布局中具有举足轻重的地位。党的十七大对基层党组织建设作出总体部署，十七届四中全会通过的《关于加强和改进新形势下党的建设的若干问题的决定》（以下简称《决定》）在总结经验、探索规律的基础上进一步明确了基层党组织在落实党的建设工作上的着力点和创新方向。

一、创新设置方式，拓展党组织的覆盖面

（一）扩大覆盖面，创新设置方式，把组织建设作为党的建设的起点

党的十七大对基层党组织建设工作作出了明确要求，即围绕中心、服务大局、拓展领域、强化功能。而创新设置方式、扩大覆盖面是党的建设起点。十七届四中全会对创新基层党组织设置方式提出了新的要求。

基层党组织设置方式创新，是指党组织为适应经济社会结构变化而对自身组织的要素、结构进行的调整和重组。基层党组织是党执政的社会基础，随着经济、社会结构的转型，党员的居住方式、生活方式等发生了很大变化，基层党组织的设置方式应当与党的建设的新布局和

经济社会发展形态相契合。但传统层级制的组织设置方式难以对社会形成全覆盖，无法有效履行党的执政使命。其主要缺陷和不适应之处表现为：传统条块分割的组织设置，割裂了政治、经济和社会资源的优势互补；依附于行政组织设置的党组织难以及时反映群众意愿、准确把握群众诉求，削弱了联系动员群众和整合社会的功能。改革开放以来，为适应市场经济的不断发展、社会结构的深刻变动、人员流动明显加快的形势，各地在按地域、单位设置基层党组织为主的基础上，又创建了各种灵活多样的基层党组织设置形式。这种设置方式的创新与改进，旨在通过政治资源的优化组合推进经济社会资源的合理配置。因而，创新基层党组织设置方式，就是通过对党组织进行要素重组、结构优化、功能转型，进而使其更好协调各种组织，有效整合和配置社会政治资源。对基层党组织设置方式进行创新，其根本目的就在于能够实现党对社会各领域的全面覆盖和有效领导，实现党的基层组织结构与经济社会管理体制的紧密衔接，实现党组织对基层的有效引导与协调，进而密切党与群众的联系。

创新设置方式，应当使广大基层党组织形成一种适应于当前社会结构变化的新的组织结构格局，即由封闭、分割、粗放走向开放、统筹、集约，形成党组织、党员和群众间相互连接，组织间相融互补的立体式组织网络，从而构成推动经济社会发展的健全有效的组织机制和基础。第一，组织设置由单一走向多样、由层级设置走向扁平设置。党组织的设置要突破单位制的行政化模式，向功能型的经济、社会模式拓展，由区域集中模式向党员人数集中模式拓展。比如，农村党组织设置以行政村为基础，同时还要把支部建立在协会、产业链、合作社上，延伸到党员所在的各种专业小组中；社区党组织，以行政、区域设置为纽带把党支部设置延伸到楼道、党员兴趣小组等；高校党组织由现在的教研室、班级向学科专业、科研项目拓展；国有企业和集体单位的党组织设置向项目制延伸。第二，打破现有的条块分割实现横向整合。比如，非公有制经济组织和新社会组织的联合、挂靠组建，适应城乡一体化的村居、村企、村村、村所联合组建，等等。第三，构建立体化的组织网络布局。基层党建的组织布局应由现在的点阵式的地域设置向全方位延伸，实现纵向延伸、横向拓展、立体覆盖，构建网络化的组织体制。按照这种要求，基层党组织将由封闭和相对分割走向开放、统筹、集约，形成党组织、党员和群众间相互连接，组织间相融互补的立体式组织网络。

（二）在组织设置创新的基础上，构建统筹城乡的组织体系

以基层党组织为基础推进城乡统筹，目的在于通过把城乡党的基层组织建设统筹起来，通过组织整合实现政治、社会、经济及人才等方面的资源要素的优势互补，实现统筹兼顾、资源整合，为城乡的协调、可持续发展构筑组织基础。在党组织建设方面，当前的着重点是打破城乡区域界限，推进城乡互动、区域联动，通过城乡基层党组织设置的连接、基层干部人才队伍的互动、党员教育和管理的相互结合、党员联系服务群众的联动，形成城乡组织共建、党员共管、资源共享的局面。比如，通过在农村社区、农民专业合作社、专业协会和产业链上建立党组织的做法来构建以村党组织为主体、产业党支部为骨干、专业党小组为基础的新型基层党组织构架；运用党员承诺、设岗定责、结对帮扶、党群共同致富等新方法，创新党组织的活动内容、改进活动方式、丰富活动载体，实施基层党组织跨乡村、跨城乡联合，探索健全城乡党的基层组织互帮互助机制，构建城乡统筹的基层党建新格局。可见，十七届四中全会要求建立城乡统筹的基层党建格局，目的就在于通过统筹城乡基层党组织建设，为城乡之间的优势互补、相互融合、协调发展提供可靠的组织领导基础，使党的建设更好地适应经济社会发展的要求，更好推进经济社会健康发展，真正把农村党的基层组织建设成为推动科学发展、带领农民致富、密切联系群众、维护农村稳定的坚强领导核心。

二、创新基层党组织发挥作用的途径，推进基层党组织的工作创新

基层党组织是为完成政党的任务而设立的，当前党的中心工作是贯彻和落实科学发展观、维护社会稳定、促进社会和谐，基层党组织的工作着力点也要放到通过增强自身的凝聚力、战斗力和创造力推动经济社会发展上。党的十七大提出基层党组织发挥推动发展、服务群众、凝聚人心、促进和谐的总体要求，而十七届四中全会则针对不同类型基层党组织的作用及其途径作出了具体而明确的规定。

（一）推进基层党组织工作创新，要把握《决定》对不同类型基层党组织作用途径的创新要求

由于建立在不同类型的经济、政治、文化和社会组织中，不同类型基层党组织发挥的作用和作用途径是不同的。为此，党的十七届四中全会要求："党的基层组织要适应新形势新任务要求，创新活动内容方式，找准开展活动、发挥作用的着力点，在扩大党员参与面、提高实效性上下功夫，增强创造力、凝聚力、战斗力。"具体来说，农村党组织的领导核心作用是"发展现代农业、培养新型农民、带领群众致富、维护农村稳定"；国有企业党组织要发挥好参与决策、带头执行、有效监督的政治核心作用，其作用途径为建设高素质经营管理者队伍、人才队伍、党员队伍、职工队伍和增强国有经济活力、控制力、影响力；社区党的组织的作用途径是服务群众、凝聚人心、优化管理、维护稳定；机关党组织要发挥协助和监督完成本部门各项任务的作用，而服务中心、建设队伍是其作用途径；高等院校党组织发挥推进教育改革、搞好教书育人、加强教师队伍建设中的领导核心作用，要把全面贯彻党的教育方针、培养社会主义建设者和接班人贯穿高等学校党组织活动始终；事业单位的基层党组织要通过做好思想政治工作、促进事业发展的方式发挥好政治核心作用；非公有制经济组织、新社会组织中的党组织要围绕贯彻党的方针政策、引导和监督遵守国家法律法规、团结凝聚职工群众、维护各方合法权益、促进健康发展等职能探索发挥作用的途径和方法，发挥政治核心作用；等等。十七届四中全会《决定》对各类基层党组织发挥作用的明确规定，具有很强的现实针对性和科学性，对于当前推进基层党组织建设具有重大指导意义。

（二）推进基层党组织工作创新，还要把握基层党组织作用的共性

1. 围绕党的中心任务开展党的建设，以促发展、增实力体现基层党组织的战斗力。基层党组织建设作为党的建设的基础工程，必须始终着眼于党建工作总目标的实现。党章明确把"团结、组织党内外的干部和群众，努力完成本单位所担负的任务"作为每一个基层党组织的首要任务。贯彻和落实科学发展观，以党的建设保证生产、工作和各项任务的完成，这是贯彻党的基本路线的基本要求，是基层党组织建设的中心任务。因此，无论党组织的设置如何创新，党员的作用如何发挥，对基层组织工作成效的评价，最根本的还是以能否更好促进中心工作展开为标准。

2. 以党内民主促进基层民主政治发展，以调动群众积极性、支持人民当家作主体现基层党组织的向心力。共产党执政的目的就是保证人民当家作主，其落脚点正在于依靠基层党组织领导其他社会组织来引导群众依法、有序、有效地参与。源于基层的民主实践，是推动中国进步的力量，也是民主政治的突破口。基层党组织通过推动民主政治发展，支持人民当家作主，培育群众的民主意识和自我管理、自我教育、自我服务的民主自治能力，不仅有效地维护了社会稳定，化解了很多新出现的矛盾和不稳定因素，还直接改善了基层党员干部的形象，改进了党的领导方式和执政方式，巩固了党的执政基础。基层党组织在发展党内民主进而带动人民民主的发展和完善方面，有很多可供操作之处。比如，要求尊重党员主体地位，保障党员民主权利，推进党务公开，营造党内民主讨论环

境；在党内民主充分发展的基础上，通过完善城乡居民自治制度，充分发挥居民代表会、村民代表会的职能作用，保证群众依法实行自治，使民主选举、民主决策、民主管理、民主监督成为一个有机联系的整体；通过健全党务、政务、厂务、村务、居务公开等制度，采取公示、述职、听证、评议等形式，组织群众有序参与和监督社会的工作事务；等等。此外，基层党组织在健全基层民主制度建设上，也发挥着引导和监督作用。正如十七届四中全会《决定》所指出的，要健全基层党组织领导的充满活力的基层群众自治机制，扩大基层群众自治范围，完善民主管理制度，把城乡社区建设成为管理有序、服务完善、文明祥和的社会生活共同体。

3.用先进文化武装群众头脑，以占领基层思想文化阵地体现基层党组织的控制力。建设基层文化是基层党组织应当肩负的一项重要职责。加强基层文化建设，党才能更好地发挥引导、教育党员和群众的重要作用，党的思想理论建设才能加强，才能更好地代表先进文化的前进方向。建设基层文化，必须与时代的要求相适应、与群众的要求相适应，以弘扬民族精神、养成道德规范为着力点。基层文化建设的基础在于不断提高人的素质，农村基层党建要把培养新型农民作为新农村建设的关键任务来抓，企业党的建设要结合企业文化来提高员工的素质，社区同样要把着力点放在提高居民的素质从而提高社区文明程度上。建设基层文化，就要不断满足人民群众的文化需求。基层党组织引领和指导基层文化建设，就要把文化发展的着力点放在满足人民群众精神文化需求和促进人的全面发展上，坚持以人为本，广泛深入地开展群众性精神文明创建活动。

4.坚持为民办事，服务群众，以促进社会和谐增强基层党组织的凝聚力。基层党组织通过深入细致的群众工作和思想政治工作，经常地将经济社会改革的正确认识对不同层次的对象进行充分宣讲，才可能使他们的认识趋于正确，心理趋于平衡，才能更好地调整群体利益、化解利益纠纷。基层党组织通过宣传、教育、发动、组织、指导人民群众参与社会建设和社会管理，为人民群众提供安全服务，发挥群众参与社会管理的积极性，从而实现维护社会稳定的作用。基层党组织通过坚持为民办事，服务群众，来促进社会和谐，从而增强自身的凝聚力。作为最广大群众利益代表者的共产党，只有把每个基层组织都搞好了，党的整个组织体系才能巩固起来，党和群众的联系才能更加紧密，党的凝聚力、战斗力和创造力才能大大提高，党的生机和活力才能有可靠保证。

三、增强党员队伍活力，推进党员队伍建设基础性工程

党员作为基层党组织的基础工程的重要性进一步凸显。基层党组织是党的执政活动的具体组织者和实施者，其作用发挥得如何，直接关系到党的执政能力的强弱。《决定》以提高党员素质为着力点，对健全党员教育、管理、服务机制提出了新的要求，对于巩固党员先进性教育的成果和发挥党员的先锋模范作用都具有直接的指导作用。

党员的素质关系到党的性质和党的面貌，关系到党是否有凝聚力和战斗力。党的能力首先取决于全体党员的素质。党的执政能力，既表现为党的整体执政能力，也体现在党员的素质上。党员个体的素质高低，成为党的整体执政能力高低的基础。党的理论、路线、纲领、方针、政策，说到底是依据广大党员的素质和作用的发挥得以制定和贯彻的。如果广大党员能够发挥先锋模范作用，那么，党的整体就能形成比较正确的共识，比较容易制定出科学的理论、路线、纲领、方针和政策，也能够很好地通过党员的实践活动来贯彻；党对于各项事业的领导作用，要通过每一个党员的模范作用来体现；党治国理政的全部活动及其能力，也要由每一个党员的具体工作能力表现出来。在广大党员的共同努力下，党就能坚持正确的方向，在建设国家和民族的过程中表现出执政的水平和本领。共

产党员能否发挥先锋模范作用，直接关系党的性质和宗旨，反映党和人民群众联系的密切程度，反映党组织战斗力和凝聚力的强弱，反映党的作风建设的好坏。因而先锋模范作用是一个政党的活力和动力所在。只有保持党员与时俱进的品格和素质，并使它不断在新形势下依照党的事业的需要逐步提高，始终保持党的先进性，才能实现党的正确领导。

在党和人民群众之间，广大党员所处的地位是十分关键和重要的。一方面，党的路线、方针和政策需要通过党员的宣传和实践而深入人心；另一方面，群众的情绪、意见、要求和愿望又要通过广大党员经常、大量地反映到党的领导机关中来。此外，党要保持同人民群众的密切联系，也需要从党员做起，不断发扬密切联系群众的优良作风，吃苦在前，享受在后，关心群众疾苦，解决群众中的实际困难，抵制各种侵犯群众利益的不正之风，始终和群众打成一片。这些工作在很大程度上要依靠基层党组织和广大党员去做，只有把这些工作做好了，党在人民群众中的威信才会更高，党群关系才能够得到巩固和发展。

基层党组织和党员要通过发挥党组织的战斗堡垒作用和党员的先锋模范作用，积极地组织和参与社会活动，真正承担起联系群众、服务大众、表达诉求、化解矛盾、关怀社会、协调利益的作用。只有如此，才能赢得群众的拥护和社会的支持，把广大群众团结凝聚起来，有效地实现社会整合，确保党的各项任务的顺利完成。现代社会中，协调复杂的利益关系，化解利益纠纷，救助困难群体，只靠上级机关是不行的，必须依靠广大基层党员、干部。事实表明，社会矛盾发生在基层，也应该能够在基层得到解决。基层党员干部能够第一时间了解群众情绪，及时加以控制和引导，可以最大限度地化解矛盾，防止矛盾激化。

四、建设高素质基层党组织带头人队伍

《决定》首次对基层党组织带头人队伍提出了明确要求，把基层党组织带头人队伍建设提上重要议事日程。基层党组织带头人是党的基层组织的具体推动者，党员的带头人，党的路线方针政策的具体落实者，攸关基层党组织建设的大局。

长期以来，各级党组织对基层党组织负责人队伍的选任、待遇、管理等进行了各种有益的探索，如农村的能人、富人、复员军人、大学生担任村官等模式，非公有制经济组织的派人模式，国有企业和集体企业的兼任模式，机关和事业单位的一肩挑模式，等等。但是比较而言，对基层党组织负责人的专业水准、职业道德却缺乏有效的规约，也不够重视，因而出现了部分单位和地区党务工作谁干都一样，谁干都能行的怪现象。加上部分行业党务工作队伍的待遇和发展没有得到很好解决，出现了党务工作者队伍青黄不接和党务工作者的职业倦怠现象。这些问题对于基层党组织建设都是非常不利的。《决定》提出的“守信念、讲奉献、有本领、重品行”实质是对基层党组织书记的素质和执业标准的基本要求，相信按照这一要求建设队伍，基层党组织带头人队伍的素质和能力会不断得到提高。《决定》还重点对农村党组织如何拓展带头人来源、选好村干部作出了具体规划，比如选拔优秀党员担任村党组织书记，推进选聘高校毕业生到村任职工作，鼓励转业退伍军人到乡、村工作等。在农村、社区以及国有企业，行政负责人兼任党组织负责人成为一种共识，此次《决定》强调“符合条件的农村、社区、国有企业党组织书记，可以通过法定程序担任村委会主任、居委会主任、企业董事长”，这就把两个方面的选任方式有机衔接了起来，为党组织负责人的发展预留了空间。《决定》特别提出要“以明确责任、考核监督、保障服务为重点，加强对基层党组织领导班子管理”，这是对实践中的问题进行反思的结果，也是今后上级党组织加强对基层党组织指导和管理的一个重要内容。《决定》还对党组织负责人的政治待遇、物质保障提出了新的要求，如“加大从农村、社区优秀基层干部

中考录公务员力度”，“切实解决农村基层组织负责人基本报酬和社会保障问题”，这是对众多基层党组织负责人长期兢兢业业、无私奉献的肯定和鼓励。

《决定》以如何选好基层党组织书记为中心，突出了基层党组织负责人建设这个重点，对多年来行之有效的基层党组织书记选任的先进经验作了肯定和提炼总结，同时也为基层党组织带头人的政治发展和基本保障指明了出路，这些良好条件的创造对于稳定这支队伍、激发他们的工作热情必将产生深远的影响。

五、对基层党组织建设规律性、规范性、创造性的思考

党的十七届四中全会《决定》把创新、理性和制度精神贯穿于加强和改进党的建设的基本要求之中，反映了在党的建设总体布局中推进基层党组织建设的规律性、规范性和创造性的目标要求。为此，基层党组织应当随着党的建设的总体目标和任务的转移，随着党员队伍的变化以及社会环境的变化而不断改革创新，以增强其自身适应性。

第一，探索基层党组织建设的规律性。加强基层党组织建设，既要认真总结一些基层党组织活动方式的好经验、好做法，从中找出一些规律性的东西，深化人们对加强和改进基层党组织建设的理性思考，也要结合实际，分析具体情况，找准体现自身特色的党建模式。

对基层党组织工作科学探索的重要意义就在于人们不仅需要在朴素的感情和经验上认识基层党组织建设的重要性，而且需要通过从理论上对基层党组织规则进行研究，并在实践中得到深化，从而获得一个科学的稳定的认识，把握基层党组织建设的特点和规律，提高做好基层党建工作的自觉性、科学性，增加工作的主动性、预见性和针对性。

第二，提高基层党组织建设的规范性。基层党组织建设的重要性，要求党的建设不能仅仅停留在对能人、好人的依赖上，也不能因为个别领导人的变动而变化，而是要走出一条靠经常性的工作和制度建设来解决问题的新路，使制度建设的功能和机制逐步得到增强。制度通常是指明确规定并须共同遵守和维护的规则、程序，具有自身的刚性特点。就制度本身而言，当前基层党组织制度建设要从弥补两个薄弱环节上入手：一是解决制度中不尽完善的问题，使制度具有完整性；二是增强制度的可操作性。制度一般都可分为实体性制度和程序性制度。实体性制度，如党员的权利、义务及其关系等；程序性制度，如党员如何履行职责、权限的具体规则和程序等。当前应着重解决有关制度贯彻执行的程序性规定。

第三，增强基层党组织建设的创造性。适应新形势新任务的要求，不断加强和改进基层党组织建设，就要打破旧观念的束缚，突破单位党组织主要依靠行政隶属关系开展党的工作和党员主要在一个组织内开展活动的习惯做法，从实际出发，逐步完善配套政策，用全新的思路和方法推进工作。基层党组织只有不断创新，才能逼近党的建设的客观实际，才能解决党员群众的思想困惑，也才能增强党组织建设的科学性。要改革，就必须不受固有定势的束缚，不在历史和过去寻找参照系数，而应以实践的标准来研究新情况、解决新问题。要创新，就不能从老祖宗那里寻找现成答案，也不能照抄照搬别人的经验，只能依靠广大党员带领群众不断探索和艰辛努力。

（作者：中央党校马克思主义理论教研部教授）

中组部发布2008年中国共产党党内统计公报

截至2008年底，中国共产党党员总数为7593.1万名，比上年净增177.8万名。

中国共产党现有基层组织371.8万个，比上年净增5.5万个，其中基层党委17.9万个，总支部22.9万个，支部331.0万个。

一、党员队伍结构情况

党员的性别、民族和学历。女党员1596.9万名，占党员总数的21.0%，比上年增长0.6个百分点。少数民族党员494.4万名，占党员总数的6.5%，与上年基本持平。具有大专以上学历的党员2583.3万名，占党员总数的34.0%，比上年增长1.6个百分点。

党员的年龄。35岁以下的党员1785.5万名，占党员总数比例比上年增长0.2个百分点；36岁至45岁的党员1719.0万名，所占比例比上年下降0.3个百分点；46岁至59岁的党员2222.0万名，所占比例比上年下降0.4个百分点；60岁以上的党员1866.6万名，所占比例比上年增长0.6个百分点。

党员的入党时间。建国前入党的73.3万名；建国后至"文革"前入党的799.6万名；"文革"期间入党的1230.9万名；粉碎"四人帮"至党的十六大前入党的3803.6万名；党的十六大以来入党的1685.6万名。

党员的职业。工人733.6万名，农牧渔民2361.2万名，党政机关工作人员620.8万名，企事业单位管理人员、专业技术人员1687.6万名，学生201.4万名，离退休人员1428.2万名，其他职业560.1万名。

非公有制单位在岗职工中有党员358.2万名，其中工人163.5万名，管理人员及专业技术人员194.7万名。

二、发展党员情况

2008年发展党员280.7万名，比上年多发展2.5万名，增幅为0.9%。

发展党员的性别、民族、年龄和学历。发展女党员102.3万名，占发展党员总数的36.4%，比上年增长0.7个百分点。发展少数民族党员19.8万名，占发展党员总数的7.1%，比上年增长0.4个百分点。发展35岁以下党员226.8万名，占发展党员总数的80.8%，比上年增长0.7个百分点。发展具有大专以上学历的党员86.2万名，占发展党员总数的30.7%，比上年下降0.4个百分点。

发展党员的职业。发展的党员中，工人20.9万名，农牧渔民55.9万名，党政机关工作人员12.3万名，企事业单位管理人员、专业技术人员58.1万名，学生106.7万名，其他职业26.8万名。其中发展学生党员数量增加最为明显，比上年多发展7.1万名，占发展党员总数比例增长2.2个百分点。

在非公有制单位中发展在岗职工党员12.6万名，其中工人4.7万名，管理人员及专业技术人员7.9万名。

在生产、工作一线发展党员129.1万名；在抗震救灾等特殊情况下发展党员2.5万名。

三、党内表彰情况

2008年各级党组织共表彰先进党组织31.1万个，优秀共产党员152.6万名，优秀党务工作者24.6万名。其中，表彰在抗冰雪灾害中表现突出的先进党组织0.3万个，优秀共产党员1.4万名，优秀党务工作者487名；表彰在抗震救灾中表现突出的先进党组织1.4万个，优秀共产党员5.5万名，优秀党务工作者0.3万名；表彰在奥运会和残奥会中表现突出的先进党组织0.2万个，优秀共产党员1.0万名，优秀党务工作者635名。

四、申请入党人情况

截至2008年底，申请入党人总数为1944.9万人，其中，入党积极分子990.1万人。

五、党组织情况

党的地方委员会。党的各级地方委员会共3224个，其中，省（区、市）党委31个，市（地、州）党委401个，县（市、区）党委2792个。

政府工作部门党组织。各级政府工作部门党组（党委）共8.6万个，其中，国务院部（委、办、局）党组（党委）64个，省（区、市）政府工作部门党组（党委）1377个，市（地、州）政府工作部门党组（党委）1.5万个，县（市、区）政府工作部门党组（党委）7.0万个。

乡镇、社区、建制村党组织。34324个乡镇中，34321个乡镇建立了党组织。7.9万个社区（居委会）中，7.8万个社区（居委会）建立了党组织，占具备建立党组织条件（即具有3名以上党员，下同）社区（居委会）总数的99.9%。60.6万个建制村中，60.5万个建制村建立了党组织，占具备建立党组织条件建制村总数的99.98%。

企业党组织。263.4万户企业中，具备建立党组织条件的企业59.8万户，其中59.5万户企业建立了党组织，占具备建立党组织条件企业总数的99.6%。24.9万户公有制企业中，21.6万户企业建立了党组织，占具备建立党组织条件企业总数的99.8%；238.5万户非公有制企业中，38.0万户企业建立了党组织，占具备建立党组织条件企业总数的99.4%。

事业单位党组织。57.8万个事业单位中，有46.4万个单位建立了党组织，占具备建立党组织条件事业单位总数的97.5%。其中，1622所普通高等学校全部建立了党组织；7982个科研单位中，7765个单位建立了党组织，占具备建立党组织条件科研单位总数的99.7%。

民办非企业单位党组织。8.1万个民办非企业单位中，1.2万个单位建立了党组织，占具备建立党组织条件民办非企业单位总数的96.6%，比上年减少1.1个百分点。

六、建制村党组织、村委会情况

60.5万个建立党组织的建制村中，共有党支部（总支部、党委）委员203.6万名，平均每村3.4名委员，其中，村党支部（总支部、党委）书记59.4万名；全国建制村中，村党支部（总支部、党委）书记兼任村委会主任的23.3万名。

（注：本公报中部分合计数或相对数由于单位取舍不同而产生的计算误差均未作机械调整。此文载《党建研究》2009年第8期）

“四议两公开”：农村基层组织建设的新探索

中共河南省委办公厅

2004年以来，河南省邓州市积极推行“四议两公开”工作法，从体制机制上破解了农村基层党组织在推动改革发展中遇到的新问题，走出了一条农村基层组织建设和民主政治建设的新路子。

“四议”：一是村党支部会提议。对村内重大事项，村党支部在广泛听取意见、认真调查论证的基础上，集体研究提出初步意见和方案。

二是村“两委”会商议。根据村党支部的初步意见，组织“两委”班子成员充分讨论，发表意见。三是党员大会审议。对村“两委”商定的重大事项，提交党员大会讨论审议。召开党员大会审议前，须把方案送交全体党员，在党员中充分酝酿并征求村民意见。四是村民代表会议或村民会议决议。党员大会通过的事项，召集村民代表会议或村民会议进行讨论表决。

“两公开”：一是决议公开。经村民代表会议或村民会议决议通过的事项，一律在村级活动场所和各村民小组村务公示栏公告，时间不少于7天。二是实施结果公开。决议事项在村党支部领导下由村委会组织实施，及时向全体村民公布实施结果，接受党员和广大群众的评议监督。

为保障“四议两公开”工作法取得实效，邓州市采取了五项措施：一是加强组织领导，完善工作机制。把“四议两公开”工作法纳入党建工作整体布局，摆到突出位置，作为“三级联创”考评的主要内容；成立了“四议两公开”工作法领导小组和办公室，建立了联席会议制度。二是强化宣传引导，营造良好舆论氛围。利用广播、电视、简报、标语、宣传车等形式，广泛宣传推行“四议两公开”工作法的重大意义，宣传工作推进过程中的好经验、好典型。三是提高人员素质，夯实工作基础。采取两推一选、公推直选、面向社会公开选拔等方式，把政治素质高、愿意为农村服务的种植养殖大户、企业家培养成党员，选拔为村干部。四是狠抓落实，提高运用水平。要求各乡镇及各行政村在工作中紧密结合村级工作实际，坚持实施“四议两公开”工作法，确保“四议两公开”工作法发挥最大效应。五是注重探索创新，促进深化完善。坚持每季度召开一次乡镇干部或村干部座谈会，了解“四议两公开”工作法推进过程中遇到的新情况，探讨解决的新办法；每年召开理论研讨会，从理论上不断丰富“四议两公开”工作法的内涵。

“四议两公开”工作法融决策、管理、监督、落实为一体，充分发挥了农村基层党组织的领导核心作用、村民代表会议和村委会的自治作用，实现了党的领导机制、“两委”协调机制、党内基层民主机制和村民自治机制的有机融合，有力推动了农村各项事业发展。

推动了党内基层民主建设，提高了基层党组织的战斗力。近年来，邓州市先后有46个“瘫、散、软”的村党支部，通过推行“四议两公开”工作法，改变了落后面貌，各项工作走到了全市前列。罗庄镇冯坡村是远近闻名的“瘫痪村”，推行“四议两公开”工作法后，村“两委”关系逐渐理顺，各种矛盾得到化解，现已成为全市新农村建设的示范村，连续两年获得“红旗支部”称号。

维护了农民的合法权益，调动了农民的积极性。“四议两公开”工作法把村里的重大事务和涉及农民切身利益的事情，交由农民通过规范的程序自己议、自己定，使农民有了表达合法权益的正常渠道，一些长期困扰农村公益事业建设的“老大难”问题得到了妥善解决。近两年来，邓州市修筑“村村通”公路2300公里，578个行政村全部实现了通油路或水泥路，其中群众自筹资金1.6亿元。

密切了党群干群关系，促进了农村社会和谐稳定。“四议两公开”工作法的推行，使党员干部在工作中自觉讲方法、讲程序，主动问政于民、问计于民，实现了党组织的意图和群众的意愿相统一。2006年以来，邓州市农村信访量下降了74%，集体访、越级访下降了95%，村干部、党员违纪违法案件下降了95%。

推动了科学决策，实现了经济社会又好又快发展。“四议两公开”工作法把干部、党员、群众的智慧汇聚在一起，减少了盲目决策、浪费资源、急功近利等违背科学发展的问题，有效避免了决策失误。腰店乡燕店村通过“四议两公开”工作法集思广益，确立了建设村级工业聚集区、发展粮油加工业的新思路。目前，该村已建成了入驻企业31家、年产值2.9亿元的村级工业园区。推行“四议两公开”工作法后，邓州市干群心齐气顺，干劲倍增，经济社会实现了又好又快发展，由一个比较落后的农业县发展成为全省重要的经济大县。

邓州市推行的"四议两公开"工作法，把党的领导、村民自治、党内基层民主和农民主人翁地位融为一体，是基层建设的制度创新之举，是党领导的村级民主自治机制的有效实现形式。如何保证"四议两公开"工作法顺利推行，邓州市的做法给我们不少的启示。

推进"四议两公开"工作法的顺利实施，必须确保农村基层党组织发挥主导作用。邓州市在推进"四议两公开"工作法的过程中，始终注重把村党支部提议放在各项程序的首位，要求所有村级重大事项，必须由村党支部在广泛征求意见的基础上提出初步意见，然后提交党员大会审议、村民代表会议或村民会议决议，使村党支部既是决策程序的启动者，又是"四议两公开"工作法具体流程的组织者和形成决策的推动者，从根本上保证了村党支部在领导本村工作中的主导地位。

推进"四议两公开"工作法的顺利实施，必须保障党员和群众的民主权利。邓州市在推进"四议两公开"工作法的过程中，明确规定村党支部的提议事项必须经过党员大会民主审议、村民代表会议或村民会议决议这两个程序，才能最后出台并实施，这就保障了党员的民主权利，保证了人民群众依法直接行使民主权利，既营造了和谐的决策环境，又为重大事项的实施赢得了广大党员和群众的支持。

推进"四议两公开"工作法的顺利实施，必须确保严格按照规定程序决策。邓州市推行的"四议两公开"工作法，实质上是给村级事务决策规定了一个议事程序、议事规则。六个环节安排严密、环环相扣，形成了一个有机统一的完整程序体系。通过这个程序，既确保了决策的科学性，又宣传了村党支部的工作思路，集中了民智，加强了村党支部与党员、群众之间的相互沟通和了解，进一步密切了党群、干群关系。

推进"四议两公开"工作法的顺利实施，必须提高农村基层党员干部领导的能力和水平。邓州市在推进"四议两公开"工作法的过程中，注重加强农村党员干部队伍建设，严格把关，选好配齐村"两委"班子。实践证明，提高农村基层党员干部领导科学发展、构建和谐社会的能力和水平，是保证"四议两公开"工作法顺利实施的坚实基础。

着力推进农村基层党组织工作创新

张新起

在深入开展第三批深入学习实践科学发展观活动中，山东省潍坊市认真学习贯彻党的十七届四中全会精神，着力推进农村基层党组织工作创新，提高农村基层党组织的创造力、凝聚力和战斗力，发挥党组织在建设社会主义新农村中的领导核心作用。

创新党组织设置方式，保持和发挥党的政治优势。一是推行"产业建支部"。探索并推行"产业建支部、党员带头富、农民增收入"的党建工作格局，形成了产业聚集式、龙头企业式、专业市场式、乡村园区式、行业协会式、合作组织式6种模式，构建起了以产业关系为纽带，以产业党组织为主体，以镇村党组织为核心的农村党组织设置运行新机制，做到产业链延伸到哪里，党组织就扩展到哪里，哪里有党组织哪里就有健全的组织生活和党组织作用的充分发挥。

二是建立城乡联合党组织。引导综合实力较强的城区居委会、企业、部门党组织与弱村党支部，跨区域、跨空间建立联合党组织，形成了城乡党的基层组织互帮互助长效机制。三是加强农村社区党组织建设。在全面推进农村社区建设，推动公共服务向农村延伸的同时，健全农村社区党组织，提高服务群众的能力和水平。四是稳步推进村庄党组织合并。坚持“地缘相邻、产业相近、支部自愿、党员拥护、群众同意、共同富裕”的原则，就近将小村、弱村并入邻近强村或中心村。

着力突破基层党建薄弱环节，巩固党在农村的执政基础。市委把整顿转化后进村作为农村基层组织建设的重中之重，对全市后进村进行“拉网式”排查，共排查出512个班子“软、散、懒、瘫、乱”的后进村。对后进村逐一分析原因，建立台账，实行整顿转化销号管理，并派驻工作队。每年从市直100个部门中选派300名干部，进驻100个后进村开展帮扶工作，县乡共选派2600名机关干部进驻后进村。科学搭配派驻工作队，党群部门包软村、政法部门包乱村、经济部门包穷村、涉农部门包专业村，各部门发挥自身优势，围绕“建设一个好的村级班子、选准一条好的发展路子、形成一个好的工作机制、营造一个好的发展环境”的目标，因村施治。

不断完善保持先进性长效机制，增强党员队伍的生机活力。探索建立保持先进性的长效机制，形成了一批有特色、有实效的制度规范。在党员教育方面，发挥远程教育网络的作用，每年组织基层党员集中学习培训20多万场次，参训党员400多万人次。在联系和服务群众方面，建立了部门包村帮扶等制度，健全了党员目标承诺、无职党员设岗定责、志愿服务等制度措施，党员领导干部定期到联系点开展调研、指导工作，帮助基层和群众解决实际问题。在党员作风方面，开展“讲党性、重品行、作表率、促发展”活动，引导各级干部端正品行，树立良好形象。在流动党员管理方面，建立了城乡一体党员动态管理机制和流动党员联系沟通等制度。在党内关爱方面，出台《关于进一步关心爱护基层干部的意见》等制度文件，注重做好基层党员、老党员、生活困难党员帮扶救助工作。

探索实施专项述职制度，确保县委书记抓基层党建责任落到实处。探索实施县委书记履行基层党建工作责任述职制度。强化实地考核，进行量化打分；建立记实制度，通报考核结果；搞好部门评议，采取无记名投票方式，从不同侧面对各县(市、区)基层党建工作成效进行评价，提出意见建议；每年第一季度召开述职会议，由县委书记述职，市委领导点评，与会人员评议打分；抓好整改提高，对整改情况跟踪督查问效，要求下一年度述职时首先汇报整改情况，形成了科学规范的基层党建工作责任体系，激发了县委书记抓党建的积极性，推动了基层党建创新发展。

（作者：中共山东省潍坊市委书记）

包头市加强嘎查村级班子建设的做法与成效

苏　誉

近年来，内蒙古包头市把加强嘎查村级班子建设作为推进农村牧区党的基层组织建设的一项基础性工作，坚持培养和管理并重，激励和约束齐抓，不断增强嘎查村级班子推动发展、凝聚人心、服务群众、促进和谐的能力，有力地推动了全市的新农村新牧区建设。

一、抓培养选任，选优配强村级班子

市县乡三级党委采取就地选拔一批、重点下派一批、择优选聘一批、发现培养一批相结合的方式，选优配强嘎查村级班子，打牢嘎查村班子建设的基础。一是把优秀人才选入嘎查村级班子。以村"两委"会换届为契机，坚持把村委会换届直选与村党支部换届"两推一选"结合起来，积极寻找群众满意与组织认可的契合点，真正把政治上靠得住、工作上有本事、群众信得过的优秀人才选入嘎查村级班子。目前，全市嘎查村干部平均年龄为46岁，高中或中专以上学历占总数的78%。二是加强村级后备干部队伍建设。各基层党组织普遍建立村级后备干部培养制度，重点从农民专业合作经济组织负责人、产业带头人、致富能手、返乡务工经商人员等农村优秀人才中选拔村级后备干部2519人，并通过定期培训、实践锻炼等多种办法进行重点培养，为配强村级班子储备了力量。三是选聘高校毕业生到嘎查村任职。2006年，包头市在自治区率先开展了公开选聘大学生"村官"工作，公开选拔184名大学生到嘎查村任职，协助班子开展工作，有效改善了嘎查村级班子的年龄和知识结构。在今年嘎查村"两委"换届中，全市40个苏木乡镇、涉农街道，各选择1名大学生"村官"参与嘎查村"两委"换届选举，为嘎查村"两委"班子注入了新鲜血液。四是选派指导员充实村级班子。从2007年开始，在全市范围内选派100名县级干部和100名副县级后备干部担任新农村建设指导员，各旗县区也选派了500多名科级和科级后备干部担任新农村建设指导员，深入全市642个嘎查村，引导和帮助村级班子制定发展规划、开展各项工作，加强了嘎查村的工作力量。

二、抓培训教育，提高村级班子成员素质

坚持把加强对班子成员的培训教育作为强化嘎查村级班子整体能力素质的重要途径，从推动农村快速发展、科学发展的需要出发，有针对性地对嘎查村干部进行能力素质培训。一是主动"请上来"培训。市委组织部已连续12年直接培训嘎查村干部，每次嘎查村级班子换届后，都要举办大规模的任职轮训班。同时根据嘎查村发展水平不平衡的实际，每年有针对性地举办示范培训班和后进村强化培训班。2007年以来，市委累计培训嘎查村党支部书记和村委会主任1035人次。县、乡、村三级共举办村干部培训班109期，培训嘎查村干部6000多人次。二是积极"带出去"培训。与山东潍坊市、苏州市、广州市等地的培训机构建立长期联系，每年组织苏木乡镇和嘎查村干部到外埠培训，开阔工作思路，学习先进经验。2007年以来，市县两级组织乡村干部外出培训56次，累计培训乡村干部2320人次。三是依托基地培训。探索创新嘎查村干部培训方式，积极搭建高校与农村合作平台，由农业学院教师对村干部和农村实用人才进行现场培训指导，切实提高了村干部的实用技术水平。四是开展学历教育。各旗县区从实际出发，分别与中央广播电视大学、内蒙古党校函授学院、内蒙古农业大学等学院联合办学，并通过财政补助等方式，鼓励嘎查村干部参加学历教育，目前全市有600多名嘎查村干部参加了大专、中专班学习，嘎查村干部的整体素质有了明显提高。

三、抓管理约束，提升村级班子工作水平

各级党组织从提升嘎查村级班子工作水平的实际出发，积极探索建立科学有效的嘎查村级班子运行机制。一是在管理方法上，坚持抓"两头"。一头抓"三级联创"活动示范点建设，培养精品和亮点，打造市县乡三个层次的示范点，目前已建成自治区级"五个好"嘎查村党组织5个，市级"五个好"嘎查村党组织40个、示范嘎查村20个；另一头抓后进村班子的整顿，对工作相对滞后、在本旗县区年度综合考评中排名居后的嘎查村级领导班子，开展以增强工

作能力、健全工作机制为主要目标的经常性整顿，促进后进村班子转化升级。二是在管理内容上，注重科学规范。出台了《嘎查村党支部与嘎查村民委员会工作规范（试行）》，明确“两委”责权关系，建立健全嘎查村“两委会”议事规则、工作程序和考评办法。完善嘎查村党员大会制度、嘎查村“两委会”班子办实事承诺制、“两委”联席会议制度、民主评议村干部等制度。大力推行嘎查村党支部书记、村委会主任“一人兼”和“两委”成员交叉任职，“一人兼”比例达到了62%，“两委”成员交叉任职比例达到了78%，较好地实现了强化党的领导核心地位与维护村民委员会法人自治地位的有机统一。三是在管理载体上，注重创新实用。实行农村牧区基层组织建设创新工作项目化管理，制定下发《关于建立农村牧区基层组织建设创新工作项目管理长效机制的意见》，明确创新项目的申报审批、验收评比、成果转化、完善推广等环节的具体要求，项目化管理使创新工作取得实效，为农村牧区基层组织建设注入了活力。

四、抓保障激励，调动村级班子成员积极性

各级党组织通过建立健全加强村级班子建设的激励保障机制，为村级班子提供物质、资金、待遇等方面的保障，激发了嘎查村干部的工作热情，增强了村干部岗位的吸引力。一是开展村级组织活动场所“全面达标”工作。从2007年开始，利用三年时间集中进行村级组织活动场所建设，仅2008年市财政累计拨付村级组织活动场所建设资金285万元，各旗县区配套资金615万元，新建活动场所158处。目前，全市村级组织活动场所已全部达标。同时，因地制宜地搞好活动场所配套设施建设，进一步加强活动场所管理使用，真正发挥村级活动场所在党员活动、村民议事、信息咨询、便民服务、教育培训、文化娱乐等方面的作用。二是落实村级组织活动经费。在自治区财政每年为每村增加1万元转移支付的基础上，从2007年开始，市级财政每年为每村配套0.5万元，旗县区财政每年为每村配套1万元，与自治区转移支付一并作为年度固定补助资金，专项用于村级组织办公和活动支出。三是建立嘎查村干部报酬保障机制，明确规定嘎查村干部（书记、主任、副书记、副主任）的平均报酬不低于当地上一年度农牧民人均纯收入水平，“两委”其他成员的平均报酬不低于上一年度农牧民人均纯收入的50%，进一步调动了嘎查村干部干事创业的积极性。各旗县区根据财政实际，都建立了村干部报酬逐年增长机制。四是开展从嘎查村干部中招录乡镇公务员试点工作。2008年包头市开展了从嘎查村干部中公开考录苏木乡镇公务员试点工作，共考录苏木乡镇公务员5名。此外，部分旗县区根据自身实际，在人事政策允许的情况下，积极探索开展从优秀嘎查村干部中聘用事业编制人员工作，为嘎查村干部的成长进步拓宽了道路。

（作者：中共内蒙古自治区包头市委常委、组织部长）

健全完善农村基层组织建设长效机制

雷　彪

近年来，中共中山市委从不设县直辖镇区、村级经济实力较强的实际出发，把基层组织建

设重心下移到村、社区，不断建立健全农村基层组织建设长效机制，充分发挥村级党组织推动发展、凝聚民心、促进和谐的作用，推进了全市农村经济社会的科学发展。至 2008 年底，全市村级集体资产总值达 100 多亿元，平均每个村拥有集体资产超过 4000 万元；城镇居民与农民收入比例为 1.8∶1；建成国家级产业基地 26 个、省级技术创新专业镇 14 个，成为广东省专业镇密度最高的地级市之一。

健全完善农村社会管理机制。坚持以创新党的基层组织建设统领和带动社会主义新农村建设，积极组织实施农村股份合作制改革、集体经济村级统一核算、村委会改为社区居委会的“三步走”策略，进一步理顺农村社会关系，整合社会资源，提高了农村经济发展能力和发展后劲。进一步健全了村党组织领导下的村民自治机制，先后制定出台了《村级组织规范运作试行办法》和《村级干部管理若干规定（试行）》，认真贯彻执行《广东省农村党支部工作规程（试行）》，有效规范了村级组织运作和基层干部管理，社区各项管理工作也不断向标准化、程序化、规范化发展，效果明显。

健全完善村级班子选拔任用机制。大力推行农村基层党组织领导班子换届“两推一示一选”，即党员推荐、群众推荐、选前公示、党内选举制度，使一大批思想品行端正、群众信得过的经济能人进入农村党支部班子，增强了农村基层党组织的凝聚力和战斗力。目前全市村（社区）“两委”班子成员中，公认的经济能人达 223 人，占总数的 12.8%。坚持组织推荐与公开招考相结合、教育培训与实践锻炼相结合、储备与使用相结合，不断推进村级后备干部队伍建设，积极畅通村级后备干部成长“绿色通道”。

健全完善农村党员干部教育培养机制。坚持从提高农村党员干部整体素质、推进社会主义新农村建设的大局出发，紧密结合农村经济社会发展的实际和农村干部的切身需要开展培训。自 2003 年以来，每年将全市 2000 多名村（社区）“两委”班子成员和后备干部集中到市委党校，进行菜单式分类培训，提高了培训的针对性和实效性。同时，加大村级后备干部培养力度。积极从大学生中招录村官，目前全市村（社区）已储备大学毕业生 1965 名，平均每村（社区）配备 7 名大学生，其中进入村“两委”班子的就有 731 人，担任党组织书记或村（居）委会主任的有 222 人；实行“村村合作”，选派后进村干部到先进村跟班学习；实行“村企合作”，如东凤镇发挥美的公司的管理优势，合作培训村级后备干部。大力抓好农村党员发展和教育工作，全面推广“把优秀的致富带头人培养成党员，把党员培养成致富带头人，把党员致富带头人培养成村组干部”的经验，大力推动党员、村民代表双向进入，提高党员在村民代表中的比例；加强党员教育阵地建设，其中革命先烈杨殷故居党员教育基地还被列为广东省第一批党员教育基地。

健全完善农村党员干部监督激励机制。全面实行了镇区、村班子实绩考核和经济责任审计制度，大力规范和深化“两公开一监督”工作，逐步建立完善重大事项公示等制度，加强了农村基层党风廉政建设。积极探索村干部工资奖金由镇区财政统筹，进一步加强对离任村干部的教育管理和待遇落实，较好地解决了农村基层干部的工作待遇和生活保障问题。制定出台了镇区机关从优秀村干部中招聘雇员、招录公务员的实施办法，进一步疏通优秀村干部进入公务员队伍的渠道，充分调动广大村干部工作热情和积极性。建立党内关爱帮扶长效机制，从今年起，按照入党时间和生活困难情况，对全市老党员和生活困难党员定期分类发放生活补贴。注重发挥农村党员先锋模范作用，全面实行党员服务承诺制，建立“党员服务站”、“党员示范岗”和党员团员义工队伍，大力开展社区志愿服务活动，深受群众欢迎。

健全完善农村群众工作机制。近年来，市委从经济社会转型期的实际出发，始终坚持党的群众工作路线，维护了社会的持续和谐稳定。一是建立健全以工促农机制，为做好群众工作提供物质保障。实行市、镇、村联动，大力实施经济社会协调发展战略，全面加强新农村建设，让广大农民充分分享改革发展的成果。市、镇、村财政共同投入，努力让每个农民都有一份养老保险、一份医疗保险、一份工作，截至2008年底，全市参加城镇社会保险460万人次，农村基本养老保险覆盖率超过80%，城乡居民住院基本医疗保险实现全覆盖。二是建立健全联系沟通机制，为做好群众工作提供互动平台。推行市党政领导班子成员联系镇区、市委常委和党员副市长建立固本强基工程联系点、镇区领导干部挂点包村(社区)、干部联系农户(居民户)、农村干部“民情日记”等制度，积极选派干部下基层驻农村以及挂职锻炼，畅通了党员干部联系群众的渠道；设立了领导干部群众来访接待日、信访专线、意见箱和电子邮箱等，定期举办城市论坛，畅通了群众诉求的表达渠道，为公民参与社会管理提供了广阔的平台。三是建立健全农民群众长期受教育机制，为做好群众工作提供思想基础。积极实施农民素质教育工程，全市依托各镇区建立农民学校，免费对农民群众进行政治、法律、科技知识教育，使每个有就业、创业能力的农民都掌握2至3门实用技能。如火炬开发区广泛开展“四好农民”教育活动，对爱党拥政好、遵纪守法好、爱护环境好、就业创业好的农民给予适当的物质奖励。

健全完善城乡互帮互助机制。坚持以统筹城乡基层党建推进城乡统筹发展，着力构建城乡优势互补、资源共享、共同发展的党建工作新格局。2008年以来，除组织我市300个基层党支部与汕尾市300个农村党支部进行结对帮扶外，在本市范围内重点推进六个层面的互帮互助。一是领导联点帮。坚持落实市级领导、市各有关单位一把手、各镇区党政领导成员挂点联系工作机制。二是机关单位驻点帮。继续做好第四批机关单位驻村工作，巩固提高驻村工作成果。2008年，全市驻村干部落实扶持资金3221万元，帮助农村发展集体经济项目232个，解决驻点村突出问题150个。三是镇区互帮。组织火炬开发区、小榄镇、古镇等经济发达镇区与民众镇、阜沙镇、神湾镇等经济欠发达镇进行互帮互助结对共建。四是市属企业共同帮。组织市属企业党组织与经济欠发达村党组织结对帮扶。五是调动社会力量帮。实施“百企联百村”工程，组织民营企业党组织与农村党组织“一帮一”结对共建，已有164家企业与村签订互帮互助意向书，落实互帮项目172个，帮扶资金160万元，解决农村富余劳动力3150人次。六是党员干部互联互帮。组织开展“千名干部帮扶千户困难党员”活动，全市1706名干部与农村困难党员结对帮扶；发动各镇区建立党员互助会，从市管留成党费中共下拨140万元作为启动资金，筹集资金总额188.7万元，已发放扶持资金12.8万元，逐步解决困难党员的生产生活问题。

（作者：中共广东省中山市委常委、组织部长）

夯实城乡一体化发展的组织基础

王学文

党的十七大报告提出，要建立以工促农、以城带乡长效机制，形成城乡经济社会发展一体化新格局。近年来，我市坚持以科学发展观为统领，紧扣服务中心工作，不断深化党的建设，夯实了城乡一体化发展的组织基础，推动了全市经济社会又好又快发展。

一、紧扣发展主题，推进机制创新，打造城乡一体化发展的强力引擎

一是深化管理体制改革，构筑区域发展强势龙头。立足于南北狭长的区位特点和区域发展不均衡的实际，确立了市域发展布局，努力打造北中南遥相呼应的联动发展格局。本着管理体制为区域发展服务的原则，不断推进区划调整和体制改革，经省委批准，成立了石岛管理区，并对市经济开发区镇合一的管理体制进行改革，设立10个街道办事处和配套机构，赋予更多的自主权和管理权，为发展注入强劲动力和充足活力。二是打造党建示范区，夯实科学发展坚实基础。依托千里海岸线，积极开展创建党建示范区活动，按照“由点及面、多点成区”的思路，以原有党建示范点为基础，以环海公路为主线，从北向南依次规划建设了港西镇“外资企业党建工作示范区”、成山镇“城乡一体化党建工作示范区”、经济开发区“两新组织党建工作示范区”、石岛管理区“党建工作综合改革创新示范区”等8大党建工作特色示范区，极大地增强了基层组织工作活力，促进了沿海镇区经济社会发展。三是创新组织设置模式，助推产业兴市战略实施。着眼于挖掘产业基础潜力，促进行业发展，探索实行了行业组建、板块创建与村企联建相结合模式。行业组建，就是围绕做强产业集群，组建行业党工委和服务性组织。先后成立工业企业工委、建设工委和“两新”组织工委，依托汽车、食品、造船三大产业成立党建协会，加强对行业内企业党建工作的指导和服务。板块组建，就是围绕做优特色板块，成立新的产业党组织。先后依托水产、蔬菜等特色产业和农民专业合作社，设立渔业协会、山野菜协会等23个党组织，推行“党支部＋X”运作模式，即以党支部为核心，配套实行产供销一体化服务，加快特色产业发展。村企组建，就是围绕做大富民群体，实行村企合一。由村办企业牵头成立党组织，将村委会改成居委会，党组织成员同时兼任公司董事会、经理会成员，形成“党组织有效领导，企业一心一意谋发展，居委会专心致志搞服务”的格局。目前，全市41个实行村企合一的企业集团，年集体经济总收入均突破亿元大关，产生了辐射一方经济发展的拉动效应。四是优化服务激励机制，营造干事创业浓厚氛围。坚持以人为本，充分调动各级加快发展的积极性。在实绩考核上，镇一级重点考核发展速度及质量，街道侧重考核社会事务管理水平，对名列前茅或位置明显前移的，予以精神、物质激励。在方法创新上，坚持把经常性考察与年终考核相结合、机关内部测评与社会公众评价相结合，较好地发挥了激励约束作用。在素质提升上，积极推行“借梯上楼”战略，每年从国家科研机构、高等院校聘请专家学者举办专题讲座；大规模培训各级各类干部，全面提高广大干部的执政本领和领导水平。

二、立足区域实际，促进资源整合，挖掘城乡一体化发展的内在潜力

一是村企（村）融合，整合社会资源。着眼于将强村强企的人才、资金优势与经济薄弱村的土地、劳动力优势双向对接，本着“双方自愿、互惠互利”的原则，先后引导35个强村强企兼并76个弱村，将弱村党组织和人力、土地资源等成建制并入强村强企，收到了“1＋1＞2”的双赢效果。对不具备村企联建的小村、弱村，依托周边大村、强村，组建联合党支部，实现强村强企的产业优势与弱村的人力、土地优势有机融合，促进了村企互动发展。二是结对帮扶，整合组织资源。围绕建立健全城乡党的基层组织互帮互助机制，促进城乡组织资源优势互补，在总结以往包村扶贫工作经验的基础上，探索开展了以“支部联创、阵地联建、党员联‘亲’、结对帮扶”为主要内容的“三联一扶”活动，构建了以城乡党组织结对帮扶为抓手，通过统筹基层党建工作推动城乡一体发展的新机制。全市共有288个市镇部门和企业党组织与279个薄弱村党组织结成互助对子。三是内选外派，整合人力资源。内选，就是格外关注农村致富能手、民

企骨干和返乡能人，从中筛选一批政治素质好、带富能力强的人员吸收进农村干部队伍；对具备一定素质，但条件尚不成熟的，列为后备干部进行重点培养。目前，全市已有141名党员业主和企业骨干走上村支部书记岗位，340多名个体户、外出务工返乡人员和退伍军人等进入村班子。外派，就是按照“2+1”工作思路，向经济薄弱村下派一名驻村干部，充实一名大学生，同时跟进一个部门包扶，先后从机关事业单位工作人员和退居二线干部中，选派了79名能力强、素质高、基层经验丰富的干部到村任职，下派100多名符合条件的大中专毕业生到村任书记助理或主任助理。

三、围绕和谐目标，完善关怀机制，凝聚城乡一体化发展的整体合力

社会事业突出载体建设。针对城乡发展不平衡实际，坚持把载体建设摆在发展社会事业的突出位置，不断扩大辐射范围，并赋予其新的内涵。顺应建设服务型政府要求，成立了市级行政审批服务中心和12个镇级便民服务中心，为基层发展项目、扩大生产提供了便利；以全面推进新农村建设为契机，在每个镇街选择2至3个中心村，每村补助10万元，建设村级组织活动场所、超市、农资店、卫生室、文化大院等于一体的农村社区服务中心，全方位拓展社区服务功能；适应城镇化管理需求，在全市97个居委会配套建设警务室、卫生室、服务站、活动场所等设施，满足居民生产生活需要。社会扶助突出党员互助。着眼于建立完善党内关怀机制，全面启动了“党内互助、共享和谐”活动。一方面，启动党员互助基金。采取“党费拨一点、财政出一点、支部投一点、会员交一点”的办法，分别在企业、社区和农村建立党员互助基金会，以小额无息借贷的形式，开展“扶业、扶贫、扶智”活动，通过“1+X”模式，即扶助一名党员，带动3至5户群众，增强党组织的影响力和凝聚力。另一方面，开展“亲情手拉手”活动。组织全市千名党员机关干部，每人帮扶一个贫困党员家庭，通过资金、技术、信息等帮扶，先后使700多个困难党员家庭脱贫致富，帮助300多个贫困党员家庭学生完成学业。社会保障突出关怀激励。市里设立了1000万元的奖励基金，每年重奖一批基层一线的创业功臣和带富能手，鼓励基层干部干事创业，激发全市上下共谋发展、共同致富的拼搏斗志；市镇两级加大财政转移支付力度，每年投入1500多万元用于弥补村级组织经费缺口，拿出500多万元作为农村干部工资定额补贴，保护农村干部的工作热情；致力于让农村党员干部共享改革发展成果，将农村“三老”补贴全部纳入市级财政保障范围，先后为1100多名农村干部办理了养老保险，每年为1000多名农村老干部发放生活补贴，在一定程度上解决了农村干部的后顾之忧。

（作者：中共山东省威海市委常委、荣成市委书记）

巩固农村基层党组织领导核心地位

牛俊宪

1990年8月，中央组织部等五部委联合在青岛莱西召开了全国村级组织建设工作座谈会，即“莱西会议”，从理论、政策和制度上确立了农村基层党组织的领导核心地位。近年来，青岛市坚持贯彻“莱西会议精神”，适应农村改革发展形势的变化，始终坚持以改革创新精神，

不断深化巩固农村基层党组织领导核心地位的探索，努力通过增强村级党组织领导核心地位，全面提高农村基层组织建设整体水平，促进农村科学发展、和谐发展。

一、加强班子建设，提高村党组织的领导能力

坚持把最优秀的人才选进村党组织领导班子。在选拔标准上，要求村党组织成员特别是党组织书记，必须具备“四有”标准：有政治头脑、有致富本领、有政策水平、有群众基础。在选拔方式上，全面推行“两推一选”，通过党员推荐、群众推荐，选拔群众满意的优秀人才进班子。同时，实施了选才引才工程，通过“海推”、“选调”、“回派”等措施，一大批致富带富能力强、群众威信高的党员担任了村干部。目前，全市村党组织书记及村“两委”成员中具备“四有”标准的分别占到90.2%和85.6%，党员致富能手担任村党组织书记的占26%。

积极培育“想发展、谋发展、敢发展、会发展”的村级干部。整合培训资源，充分发挥党校主阵地作用，利用大中专院校、农广校、现代远程教育网络及其他各类涉农培训资源和社会资源，重点抓好对村党组织书记的教育培训。认真落实培训计划，市级财政、党费每年拿出100万元用于农村干部培训，市里每年举办强村党组织书记示范培训班，各区（市）对村党组织书记全部实行上调一级培训，镇党委负责村“两委”成员的全员轮训。累计把1.2万多名党员培养成了致富能手，把1.7万多名致富能手培养成了党员，把3200多名致富能手中的党员培养成了村干部。

建立村党组织书记干事创业的激励机制。坚持从政治上关心，推荐了一批政治素质好、参政议政能力强的优秀村党组织书记作为各级党代表、人大代表、政协委员人选，目前有416名村党组织书记当选为区（市）级以上党代表，375名当选为区（市）级以上人大代表，122名当选为区（市）级以上政协委员。定期评选表彰优秀村党组织书记，每年仅青岛市表彰的村党组织和村党组织书记就有40余个。坚持从待遇上关心，建立了村党组织书记离任生活保障制度，全市共投入1400多万元，为7400多名村“两委”成员办理了基本养老保险；投入1300多万元，为8200多名离任村干部发放补贴，切实解决了村干部的后顾之忧。

二、创新党组织建设方式，不断增强村党组织的活力

创新农村基层党组织的设置形式。为实现农村的共同发展、和谐发展，探索建立了“强村＋弱村”、“强企＋弱村”的联合型党组织375个，实现了以强带弱，联动发展。适应农民新型合作组织和农业社会化服务组织快速发展的需要，探索把党组织建在农村专业协会和产业链上，建立“支部＋协会”的拉动型党组织297个，增强了村党组织发展经济和带领群众致富的能力。

创新农村基层党组织的活动方式。引导基层党组织不断丰富活动内容，扩大党组织活动的开放性，拓展党组织活动空间，广泛吸纳群众参与，实现党群互动。为解决发展党员不公开、不规范的问题，规定入党积极分子和拟发展对象均由党员和群众代表推荐，并进行公示；拟发展对象确定、预备党员接收和预备党员转正均实行党员票决；发展过程实行所属村党组织、镇（街道）党委和区市委组织部三级审查，确保了发展党员的质量。

三、扩大群众基础，提高村党组织的凝聚力

建立听取民意新机制。为增强基层党组织的宗旨意识，定期开展“爱民、为民、富民、安民”教育活动，切实解决少数干部不密切联系群众、不关心群众疾苦的问题。为及时了解群众意愿和需求，定期组织基层干部走访入户，听取群众意见，倾听群众呼声，做到问情于民，问意于民，问计于民，问策于民。为扩大听取民意的范围，每年开展一次“市民月”活动，通过报纸、电视、

广播、电话、网络、书信等多种方式，广泛搜集群众意见和建议，对涉及到基层党建方面的意见和建议，责成相关单位，认真落实，做到“事事有着落，件件有回音”。

建立服务群众新机制。为解决群众办事难问题，大力推行了为民服务代理制，建立了以区(市)为民服务大厅为龙头、镇(街道)为民服务中心为主体、村(社区)代理点为补充的三级代理服务网络，成立了以村干部为主体的6000多人的农村代理员队伍，为群众代办各类事项。

建立群众评判新机制。坚持把基层组织建设成效的评判权交给群众，以群众满意不满意作为检验工作成效的根本标准，每年组织开展“民评民、民评官、民评政”为主要内容的“三评”活动，组织村民代表评议村“两委”干部，村“两委”干部评议镇(街道)领导班子，村民评议村级事务。为进一步增强群众评判的广泛性、代表性，还建立了电话民意调查制度，对农村基层组织建设情况、为民办实事情况、社会治安状况等进行评议，调查评议结果作为青岛市目标绩效考核的重要依据。

四、坚持统筹推进，努力增强村党组织的整体功能

提高村党组织建设的整体水平。制定下发了后进村班子治理整顿工作意见，要求农村市区每年按倒排3%的比例确定后进村，采取派驻工作组、下派工作队等办法，着力从加强村级班子、完善民主管理制度、化解农村矛盾、健全保障机制等方面入手，集中开展治理整顿。

推进城乡协调发展。着眼于加快推进城乡一体化发展，从2004年开始在全市开展了市级机关和党政干部帮扶经济欠发达镇村工作，每年从青岛市市级机关选派80余名处级以上干部到贫困镇村挂职，就加强基层党组织班子建设、经济发展与和谐社会建设进行帮扶。5年来，共援助或引进资金2亿多元，引进较大项目61个，新建标准公路180多公里，改建整修学校22处，援建村级组织活动场所32处。

统筹配置党建资源。多渠道筹措资金，整合利用各方面资源，不断加大村级组织活动场所建设，市管党费每年拨付100万元用于修缮村级组织活动场所。加大财政扶持力度，进一步落实村级转移支付，建立农村基层党组织正常运转的保障机制，目前绝大部分村庄基本实现了由镇和区(市)财政统筹发放基本报酬，激发了村干部的工作积极性和创业热情。

青岛市通过不断巩固农村基层党组织的领导核心地位，提高了全市农村党组织的领导能力和水平，村党组织化解矛盾的责任和能力明显增强，化解矛盾的手段更加符合村情民情，在农村营造了团结、和谐的氛围，促进了农村的和谐稳定。村党组织推动发展的意识明显增强，带领群众共同富裕的本领明显提高，广大基层党组织团结带领群众一心一意谋发展、聚精会神搞建设，形成了解放思想、干事创业、加快发展的局面。

（作者：中共青岛市委常委、组织部长）

发挥远程教育作用　推进新农村建设

魏红军

近年来，中共镇江市委积极探索发挥远程教育作用的方法途径，实施远程教育助推新农村建设致富工程，努力提高农村党员干部和农民群众的致富本领，为加快全市社会主义新农

村建设步伐、推进镇江发展新跨越提供坚强组织保证和智力支持。

一、深化认识，整合力量，增强服务新农村建设的主动性

深化认识，政策保障。建设社会主义新农村，关键是提高农村党员干部群众的科技素质和致富本领。为此，市委确定以远程教育终端接收站点为载体，以涉农高校、科研院所的技术专家队伍和相关部门为依托，通过远程教育手段，对广大农村党员干部和农民群众进行系统的实用技术教育培训，使广大农村党员干部至少掌握1至2门实用致富技术，带动辐射周边群众，推动农民群众的科技致富和农村的全面小康。市、辖市（区）采取党费下拨、基层党建工作专项资金扶持、财政拨款等多种形式，先后投入资金2600万元，建成了覆盖全市农村镇村和城市社区的远程教育网络。

健全组织，整合力量。市委市政府专门成立了远程教育服务新农村建设致富工程领导小组，由市委组织部和市远程办牵头协调，成员包括18家涉农部门和单位，同时邀请省农林厅、省农科院、南京农业大学参与支持远程教育服务新农村建设致富工程。成立领导小组办公室，与市远程办合署办公，下设综合协调、信息服务、技术专家和工程项目4个组。各成员单位牢固树立全局"一盘棋"思想，认真履行各自职责，团结协作。

阶段推进，落实制度。市委市政府在充分调研论证的基础上，先行试点工作，通过采取引进项目、扶持发展、教育培训、提高素质的方式，积极探索远程教育服务新农村建设的新路子。在总结试点经验的基础上，镇江全面实施远程教育致富工程，建立了目标责任、联席会议、工作月报和定期督查等长效管理制度。

二、突出特色，创新模式，强化服务新农村建设的针对性

探索多种服务手段。镇江市在全面完成农村站点建设的基础上，把远程教育站点建设逐步向机关、企事业单位和其他产业基地、种养殖大户延伸。在市、县两级机关部门、企事业单位和全市234个城市社区全部建成终端站点的同时，拓展建立了农村产业基地、种养殖大户站点126个。镇江市和7个辖市（区）都建成了市、县级远程教育专业辅助网站，从而实现了教学资源的本土化。各地推行网上教育、网上考核、网上反馈等举措，拓展了远程教育的功能。全市各地充分运用各地电视栏目，开设远程教育专栏，积极扩大远程教育覆盖面和影响力。

创新服务模式。一是"远教＋部门"，整合优势资源。通过远程教育网络，全市共有126个市、县机关部门单位帮助结对镇村和基地研究、确定主导品种和主推技术，整体推动农村科技普及和推广。二是"远教＋专家"，加强技术指导。市、县两级共组织400名农业科技专家，每月定期到所结对镇、村、基地送项目、送科技、送服务，利用远程教育站点进行巡回授课、现场答疑，帮助确定发展方向、解决技术难题等。三是"远教＋项目"，搭建服务平台。采取自建、代建和合作共建等形式，实现每个镇、村落实发展项目1—2个，依托项目发展开展技术培训和教学辅导，使党员群众掌握先进技术，提高致富本领。四是"远教＋基地"，促进领富帮富。把远程教育终端站点延伸到产业基地、种养大户，使基地实现了技术网上共享、产销网上联合、难题网上会诊、信息网上发布。五是"远教＋合作组织"，促进领富共富。依托经济合作组织，组织农村党员和群众有针对性地开展专业技术技能培训，进行技术交流和成果借鉴。

提升服务效果。各级党委政府与村和农户共同研究开发新技术、推广新产品、发展新项目，构建了远程教育服务农村发展、农业增收、农民致富的大格局。全市下发8万多张"远程教育惠民一卡通"，党员群众凭卡可获得上网、培训、项目帮扶、健康诊疗等六项免费服务；利用远教辅助网站开设"专家答疑"和"农信通12582技术服务热线"，建立"远程教育致富热

线”直播专栏和手机短信互动交流平台等，助推农民致富。全市重点培育100个农业种养大户，各村建立1至3个特色示范基地，各镇建立1个以上集体产业基地，通过大户带动、基地带动、公司带动、经济合作组织带动、产业带动等多种途径，实现远程教育服务农村发展的“点、线、面”整体联动。

三、注重实际，增强功能，提高助推新农村建设的实效性

坚持学用结合，构建长效机制。制定出台远程教育服务新农村建设致富工程的系列配套文件，探索构建高标准站点建设、管理、使用的长效机制，不断扩大应用范围，提升使用效果。全市上下逐步完善了远程教育“广泛学、定期学、预告学、实践学、督促学”等“五学”机制，进一步提升了全市远程教育工作的学用水平。加强远程教育管理员队伍建设，定期组织全市管理员进行岗位练兵和技能培训，提升管理员的操作熟练性和应用能力。建立全市远程教育集中播放收看日制度，规定村党组织集中参加远程教育的学习次数和每名党员累计学习时间，年底作为对农村基层党组织和党员干部检查考评的依据。市、县两级远程办积极指导各终端站点开展学用工作，严格实施好终端站点年审年检制度。开展远教“优秀终端站点”和“优秀管理员”的“双优”创建活动，促进全市远程教育学用水平整体提升。

创新教育方法，增强教育功能。利用远程教育平台，通过“专业合作社＋农户”、“龙头企业＋农户”、“示范基地＋农户”等多种途径，加大对农民实用技术培训力度，实现了远程教育与广大农民的“零距离”教育、“面对面”辅导，帮助农民解决种养难题，提供销售信息；采取QQ、网络论坛、电子邮箱、手机短信等多种现代化手段发布各类技术、项目等致富信息，确保了农民抢抓致富信息资源的时效性。利用市、县、镇、村四级视频会议系统，进行专家讲座、网上授课等多种教育；利用辅助网站，深入开展网络教学，不断创新教学方式；着眼于转变农村党员干部群众的思想观念，创新设计教育内容，帮助农村党员群众提高自身综合素质，增强致富本领；突出提高党员群众的科技素质，有针对性地选择种植、养殖、加工、销售等实用技术；围绕农村生产、农业增收、农民致富中的热点难点问题，精心制作符合农民口味的“乡土”课件；针对学习对象的年龄、文化、爱好、从业类型等，实施分类教育，将远程教育的学习内容、播放时间等以“菜单”的形式提前预告，党员群众根据不同的“口味”自主选择教育，不搞“一锅煮”。

丰富教育载体，提高服务实效。市远程办联合多家部门单位，开展“远教信息大篷车”进镇入村系列活动。信息大篷车集科技兴农、项目富农、信息惠农、应用培训等多种功能于一体，为农村党员、干部和群众提供流动的实用技术培训教室和信息传播服务站点。配合开展“健康教育进万家”、“千名科技人员三帮三带”等一系列各具特色的主题实践活动，不断强化远程教育的实际效果。依托辖市（区）远程教育综合辅助网建成的多个特色农业网站，经常发布各类涉农信息，带动党员群众走上创业致富路。大力实施人才兴农战略，普遍开展“农村党员干部素质提升工程”、“新型农民培训工程”和“百千万科技兴农富民工程”，分层次开展专业技术技能培训，提升党员干部和农民群众的整体素质。

（作者：中共江苏省镇江市委常委、组织部长）

大力实施“三项工程”全面提升农村基层党建工作水平

韩克忠

一、提高认识，增强落实“三项工程”的主动性和创造性

一是把“三项工程”作为贯彻落实十七届四中全会和省委九届八次全会精神的重要载体。十七届四中全会对“做好抓基层打基础工作，夯实党执政的组织基础”作出了安排部署。省委九届八次全会对深化农村基层组织建设“三项工程”也提出了具体要求。“三项工程”全面回答了农村基层组织建设主体思路的问题，整合了多年来农村党建的各方面经验，开创了基层组织建设工作新局面。有效依托这个载体，可以牵动各方力量，带动党员和农民快速致富，推动农村经济社会实现科学发展和全面发展。

二是把“三项工程”作为提升农村党建工作影响力的重要平台。过去我们在抓农村党建工作过程中，受思想解放程度和资金投入力度的制约，往往只注重在一个点或者一条线上开展活动，党建工作影响力在某种程度上发挥得不是很好。在调研过程中曾不断地思考和探索，这个影响力到底是什么，取决于什么。基于这些思考，近年来，我们在党员素质提升、激励农村基层干部和党员想事干事等方面作出了一系列探索，也总结出了一些经验，但仍然还感觉到力度不够。现在来看，“三项工程”实施后，为什么一实施就能很快得到有效落实，能够快速扎根于广大农村，究其根本，是因为它是一项系统的工程，有生命力的工程，为农村党建工作搭起了一个良好的工作平台。有了稳固的平台作为起点，无论是抓农村基层党组织，还是抓农村基层干部和党员，都能起到事半功倍的效果。

三是把“三项工程”作为推进社会主义新农村建设的重要保障。农村基层党组织是党在农村全部工作和战斗力的基础，是基层各种组织和各项工作的领导核心。建设社会主义新农村，农村基层党组织发挥着关键性的作用。新农村建设推进到目前，围绕中央“二十字方针”要求已经取得了突破性进展和阶段性胜利，比较突出的特点就是各级资金投入的“硬实力”比较强。相比之下，农村基层组织建设的“软实力”略显弱一些，特别是在党组织的凝聚力上、村干部的发展力上、党员的带动力上以及群众的致富能力上，还欠缺科学的、系统的保障。这些保障工作，单靠政府相关部门来推动显得有点势单力薄，只有通过各级党组织充分发挥整合作用，具体通过“三项工程”来进一步整合资源、整合力量、整合政策、整合典型经验，以农村党建工作的整体跃升作为坚强保障，才能全力助推社会主义新农村建设。

二、采取有力措施，确保“三项工程”有效推进

“三项工程”是一项系统工程，任务繁重，覆盖面广，涉及部门（单位）多，因此，必须突出重点，盯住难点，采取更硬的手段、更有力的措施强势推动，才能保证“三项工程”有序开展、层层落实，达到预期的目标和效果。

1. 要筑牢堡垒，在提高农村基层党组织战斗力上打基础。村党组织是建设社会主义新农村的领导核心，大力实施“三项工程”，要把村党组织建设作为重要任务来抓，发挥好战斗堡垒作用。一是抓好农村党组织设置。按照“扩大

基层党组织覆盖面"的总体要求，把党组织设置向农民专业合作组织和产业链上延伸，广泛推行村党支部升格、"1＋X"、村村联建、村企联建等成功的党组织设置模式，加快完善农村党组织覆盖体系，使农村基层党组织设置不断适应农村改革发展的需要。按照构建城乡统筹的基层党建新格局的思路，积极探索和创新农村党组织的设置方式，通过以城带乡和整合资源，促进农村党组织建设。二是抓好带头人队伍建设。要按照"守信念、讲奉献、有本领、重品行"的要求，通过拓宽渠道、采取各种方式选好带头人。同时，还要建立让带头人发挥最大作用的激励约束机制。近些年，我们在全市推行了以"承诺、践诺、述诺、考评"为一体的村级干部"三诺一考"管理办法，将考评结果与村党组织书记和村委会主任的财政转移支付、年度奖金、养老保险补贴、调整使用相挂钩，使村干部主动想事干事，有力促进了农村发展。在实施"三项工程"中，我们将把"三诺一考"管理办法作为一项推进措施，并不断加以完善，加强对村干部的激励和监督。三是激发党员队伍活力。要把35岁以下的优秀农村青年作为重点培养对象，注重在致富能手、返乡创业大学生、退伍军人中发展党员，使更多思想好、有文化、会致富的经济能人加入到党组织中来，进一步改善农村党员队伍结构。同时，对党性观念淡薄、组织观念不强、模范作用发挥差的党员，要进行诫勉谈话；对不合格党员，按党章规定进行严肃处理。注重引导党员带头致富、带领群众致富，要组织市、县两级党员创业服务团队深入农村，帮助没有致富项目的村党组织书记和党员设计和引进项目；采取市、县两级机关部门与村"一对一"的包保帮扶方式，扶持农村党员发展"创业项目"和"带富项目"。继续在农村党员中推行以"做、记、述、评、奖（惩）"为主要内容的"五位一体"激励法，使党员在发展项目、扶贫帮困、志愿服务等方面作出承诺，激励党员发挥先锋模范作用。

2. 要抓住核心，在激发农村党员干部内在动力上下功夫。农村党员干部既是建设社会主义新农村的重要力量，也是落实"三项工程"的骨干力量。从农村现状看，农村党员干部不想事、不干事，抓小事、放大事，做易事、避难事等现象还不同程度地存在，党员干部的主动性和积极性还没有充分调动起来，这与农村改革发展的形势任务对党员干部的要求还有很大差距。在实施"三项工程"过程中，要把农村党员干部这个核心突出出来，解决好能力和动力的问题，让每名农村党员干部都能想事、干事、干成事。一方面，要抓好培训。培训是提高农村党员干部素质的一个重要手段。近些年来，各级相关部门都在抓农民和农民工的培训，农村党员干部的素质也有了很大提高。通过总结几年来抓培训的经验，在落实"三项工程"的培训任务上，我认为应贴近农村党员干部的实际和需求，突出培训的针对性和实用性，培训内容要把理想信念、政策法规和致富技能作为重点，采取集中授课、外出参观、基地实践、研讨交流等方式来提高培训效果。另一方面，要提高待遇。待遇低是当前农村基层干部普遍反映的一个重点问题，特别是许多村党组织书记、村委会主任都脱离生产，忙于村务工作，每年只有三四千元的工作补贴，不仅家庭收入受到影响，将来离岗了也没有保障，后顾之忧较大，工作动力不足。落实"三项工程"过程中，要把提高待遇作为激发村干部内在动力的一个突破口，让村干部有干劲、有盼头。从今年开始，我们对未享受财政转移支付工资的村党组织委员，选调到村任村党组织书记助理或村委会主任助理的"一村一名大学生项目"毕业生，都纳入了财政补贴范围；2010年6月底前，全部解决现任和明年换届后新任村"两委"负责人的社会养老保险问题，并由财政给予相应比例的补贴；对正常离任的村党组织书记给予一定的生活补贴，有的县（市、区）对离任的村委会主任也给予了补贴。

3. 要夯实基础，在强化保障力上求突破。大力实施"三项工程"，就要扎实抓好打基础的工作。一是加强经费投入保障。经费投入是推进"三项工程"的重要保障。白山是一个经济欠发达地区，但我们在落实“三项工程”中，市、县两级党委在经费投入上体现出了较大的保障力度，通过压缩其它项目经费来保证“三项工程”的实施。全市三年计划财政投入 7000 万元，其中新建和维修村级组织活动场所 2300 万元，培训、各种补贴等方面的经费 4700 万元。市级每年投入 270 万元作为农村基层组织建设“三项工程”专项资金，各县（市、区）新建和维修村级组织活动场所经费除外，采取财政预算、党费适当补助的办法建立了每年 200 万元以上的“三项工程”专项资金，为实施“三项工程”提供了稳定的经费保障。二是加强村级组织活动场所建设和管理。村级组织活动场所是村党组织开展工作和党员活动的主阵地，要本着节约、实用的原则，积极推进村级组织活动场所建设，建立和完善各类软硬件设施，保证村级组织活动场所发挥应有的功能和作用。全市计划新建村级组织活动场所 61 个，维修 196 个，采取市、县财政补助、社会力量资助、村集体经费投入的办法解决建设经费，明年 10 月份前全部完成建设任务和室内设施设备配套工作。今年计划新建村级组织活动场所 39 个、维修 108 个。同时，要统一制定规范的村级组织活动场所管理档案，分别由村、乡镇（街道）和县（市、区）委组织部负责保管，每年组织一次检查，加大监管力度。

4. 要把握关键，在提高执行力上动真招。一方面，要严格组织督查考评。各级对“三项工程”的总体目标和任务进行分解细化，市、县（市、区）、乡镇（街道）分别制定三年规划方案，每年都要制定年度工作计划；村要制作“三项工程”揭示板，明确每年的任务和目标。平时由领导干部带头督查，市委领导和市委组织部领导重点督查薄弱的县（市、区）、乡镇和村，采取抽查和暗访等方式进行督查，使“三项工程”在基层全面推进。市“三项工程”领导小组办公室采取月报告、月抽检、季调度、季通报等方式进行督查指导。年底，市“三项工程”领导小组办公室牵头成立考核组，采取联考互检方式考核县（市、区），根据考核内容对县（市、区）党委、政府和相关部门进行考核，并抽检部分乡镇（街道）和村，根据考核打分进行排名和通报。县（市、区）每年也要对所有乡镇（街道）和村进行一次集中考核。每年底，市委要组织县（市、区）委书记进行农村基层党建工作专项述职，并将落实“三项工程”作为主要述职内容。县（市、区）委、乡镇（街道）党委也要分别组织乡镇（街道）党委书记、村党组织书记进行专项述职。另一方面，要严格兑现奖惩。市委将通过赏罚分明的方式树立工作导向，采取“以奖代补、以罚代投”的办法对县（市、区）进行奖惩。年度考核排名前三位的，市委给予表彰奖励；对考核不达标的县（市、区），市委将责令其额外列支 20 万元补充“三项工程”专项经费。县（市、区）年度考核未达标的，对主要负责人进行诫勉谈话；连续两年未达标并排名末位的，市委将向省委建议对主要负责人进行调整。乡镇（街道）、村在市、县（市、区）考核中被评为不达标或综合排名末位的，取消单位和负责人参与相关评先评奖资格，分别由县（市、区）委组织部、乡镇（街道）党（工）委对主要负责人进行诫勉谈话，并负责跟踪督促整改；连续两年被评为不达标或综合排名末位的，要对主要负责人进行调整。同时，将市、县（市、区）直相关部门落实“三项工程”情况及包村帮扶情况，纳入机关部门年度绩效考评内容，被评为不达标的一律实行“一票否决”，分别由市、县（市、区）委组织部门对主要负责人进行诫勉谈话，并在全市进行通报。通过严格进行督查考评，使各级各部门和领导干部严肃认真地抓好“三项工程”，把“三项工程”打造成群众满意工程。

（作者：中共吉林省白山市委常委、组织部长）

“两票制”选举乡镇党委书记的探索

刘十庆

党的十七大报告提出，要“推广基层党组织领导班子成员由党员和群众公开推荐与上级党组织推荐相结合的办法，逐步扩大基层党组织领导班子直接选举范围”。近年来，我们眉山市在全面推行村党组织书记“两票制”选举的基础上，进一步探索在乡镇推行“两票制”选举，收到了良好成效。

一、基本做法

“两票”即群众信任票和党员直选票。群众信任票指的是，在公开报名、资格审查、实地调研的基础上，采取分村或分片区的方式，组织本乡镇18周岁以上有选举权的公民召开公开推荐大会，竞选者作竞职演讲，现场回答群众提问，群众“信任投票”，总得票前3名作为乡镇党委书记候选人初步人选。

党员直选票指的是，投票产生的候选人初步人选，经组织考察后，提交县（区）委全委会差额票决产生两名正式候选人，再召开本乡镇全体党员大会，直接无记名投票差额选举产生乡镇党委书记。

“两票制”的核心在于通过“信任投票”，最大限度地把干部提名权交给群众。“两票制”按“公开报名、资格审查、实地调研、公开推荐、组织考察、差额票决、正式选举”七个环节进行。在公开报名环节，采取发布公告、召开会议等方式，公开竞选职位、资格条件等，动员符合条件的党员干部踊跃报名；充分利用广播、电视、报纸等媒介，广泛宣传“两票制”选举的目的意义、方法步骤等，发动群众积极参与和监督；在资格审查环节，只要符合资格条件，组织上不人为设障；在实地调研环节，组织竞选者深入村社，让群众近距离了解竞选者，让竞选者全面了解情况；在公开推荐环节，采取组织介绍、竞选者自我介绍等方式，通过设置专栏、广播电视宣传让群众全面了解竞选者的文化程度、工作经历、以往政绩等情况；在差额票决环节，不简单地以得群众赞成票多少为取舍，由区县委全委会无记名投票决定两名正式候选人。同时，公开推荐、差额票决、正式选举等环节，均现场发票、现场填票、现场计票、现场公布得票情况，确保全过程公开透明。

二、初步成效

作为扩大党内基层民主的一项探索性举措，“两票制”得到了广大群众的由衷欢迎和普遍认可，为基层组织注入了新的生机和活力。

基层党组织的群众基础进一步增强。“两票制”改变了过去由少数代表、上级组织甚至个别领导提名推荐候选人的做法，从制度上前移关口，保证最终当选者具有广泛的民意基础。据统计，在已开展的乡镇党委书记的“两票制”选举中，除外出务工和不能参加的党员群众外，“信任投票”群众参与率达77.2%，“党员直选”参与率达85.3%。

选人用人的公信度进一步提高。“两票制”变“少数人从少数人中选人”为“多数人从多数人中选人”，使乡镇党委书记的选人视野进一步拓宽，程序更加规范，过程更加透明，提高了选人用人的公信度。

“群众满意”的价值取向得到切实体现。“要想当书记，先过群众关”。“群众推荐、党员选举”，有利于从权力授予源头解决“对谁负责”的问题，进一步增强了乡镇党委书记干事创业、富民惠民的责任感和使命感，使“群众满意”成为乡镇党委工作的根本价值取向。

三、工作体会

“两票制”不仅从制度上保障了群众对党内选举的知情权、参与权、表达权和监督权，而且通过公开、公平、有序、充分的竞争，促进了优秀人才脱颖而出。工作中我们有以下体会：

一是要坚持充分保障群众的知情权，确保民意表达的真实性。在“两票制”选举中，我们通过利用各种媒介广泛宣传，使“两票制”选举得以“家喻户晓”；通过实地调研、组织介绍、自我介绍等多种渠道，让群众全面了解竞选者，改变了“选前不识人，选后人未识”的状况，为党员群众自主、理性地作出选择奠定了坚实基础。

二是要坚持拓宽选人视野和充分尊重民意，确保选举的竞争性。在“两票制”选举中，我们拓宽选人视野，积极动员符合任职资格条件的市县机关、事业单位和乡镇党员干部参加竞选，确保了选举的竞争性；同时，坚持“群众公认就是组织意图”，尊重党员群众的民主选择，事前“不做工作”，“不定调子”，不有意安排“陪选”对象，确保选举始终在民主的氛围中进行。

三是要坚持统筹配套的制度，确保改革的实效性。改革党内选举制度，最终落脚点在于“加快发展、造福人民”。为确保当选的乡镇党委书记真正担负起“为官一任，造福一方”的职责，我们专门出台了考核管理办法，明确规定，除提拔使用或确不胜任岗位职责外，“两票制”选举产生的乡镇党委书记必须任满一个任期；同时将竞职承诺作为目标考核的重点，建立民主评议、罢免淘汰等制度，督促当选的乡镇党委书记认真履职，切实兑现承诺。

（作者：中共四川省眉山市委常委、组织部长）

农村基层党组织如何适应社会转型的新形势

陈方勐

社会转型过程中，农村社会产生了广泛而深刻的变革，农村基层党组织处在一种全新的社会环境之中，农村基层党组织建设遇到了大量前所未有的情况和问题。农村基层党组织要顺应时代要求，主动调适，积极应对，科学把握社会转型的特点和规律，在社会转型实践中不断改进和加强农村基层党建工作，充分发挥农村基层党组织的作用和功能。

一、适应农村社会经济体制变革的要求，增强农村基层党组织整合各阶层利益关系的基础

一是在社会变革中不断巩固党执政的经济基础。在社会转型时期，基层党组织针对可掌控的经济和社会资源日益减少，农村各阶层群众对基层党组织的依赖性减弱的问题，要注重增强集体经济实力，增强农村基层党组织化解利益矛盾、调控社会风气、减轻农民负担的物质保障和调节手段，进而不断提高农村社会各阶层对农村基层党组织的认同感和依赖感。

二是在社会变革中不断增强党的阶级基础。随着农村工业化、城市化的推进，农村社会不断分化出了新的社会阶层。农村基层党组织要按照中央的统一部署和要求，充分认识和发挥各社会阶层在农村改革、发展、稳定中地位和作用，认真落实好党的路线方针政策，注重从新的社会阶层的优秀分子中发展党员，切实加强集体经济组织、非公经济组织党建工作；同时，

要紧密结合农村实际，加强对农村面临的新形势和新任务的分析研究，明确农村各类基层党组织的地位和作用，及时调整基层组织设置，尤其是建立健全农村新经济组织和新社会组织党组织，不断扩大党的组织覆盖面。

三是在社会变革中不断扩大党的群众基础。农村基层党组织要积极适应农村人员流动空前扩大、社会分化日益明显的新形势和新要求，加强对农村社会各阶层群众的教育和引导，整合各方资源，协调各阶层的利益关系，妥善化解各种社会矛盾，带领农村党员为广大群众办实事好事，激发广大群众投身农村工业化、城市化建设的积极性和创造性。同时，进一步密切党同群众的联系，贯彻落实党的群众路线，运用经济、法律、行政等手段，既维护好最广大人民群众的根本利益，又维护好农村改革、发展、稳定的大局，不断扩大党的阶级基础，巩固党在农村的政治阵地。

二、适应农村所有制结构、经济结构和产业结构的重大调整，不断加强党的组织建设，扩大党的覆盖面

一是建立完善与社会变革相适应的农村基层组织体系。农村基层党组织要加强对各种农村组织资源的整合，健全完善以农村党支部为核心、以村民自治组织、集体经济组织为主体、以群团组织和民间组织为补充的农村基层组织体系，理顺党组织同其他组织的关系，形成推进农村工业化、城市化进程的强大合力。

二是改进农村基层党组织的设置格局和活动方式。打破几十年一贯制的一村一支部的基层组织设置格局，由按农村党员自然居住地设置党组织，改为按区域链、产业链、行业链、事业链、流动链等设置党组织，做到党员流动到哪里，产业发展到哪里，哪里有资源整合的需要和要求，党组织就建到哪里，并在哪里开展活动、发挥作用。同时，在运行机制、活动内容、方法途径及载体平台等方面进行配套创新，更好地发挥基层党组织的政治核心和战斗堡垒作用。

三是加强农村基层领导班子建设。农村基层党组织要不断改进和加强农村基层党组织建设和管理，尤其是加强对新建、撤并、转型农村社区和农村集体经济组织、非公经济组织、民间社会组织党组织管理。要不断加强领导班子的思想政治建设、执政能力建设和先进性建设，建立健全领导班子内部管理制度，规范领导班子的决策议事活动，采取多种措施推进村级领导班子的配备改革，特别是注重选配好一把手。

三、面对农村党员流动加快、队伍青黄不接的问题，着力加强农村基层党员队伍建设

一是加强党员队伍的动态化管理。针对农村党员队伍流动性大、职业分化明显的时代特征，农村基层党组织要强化党员队伍的动态管理，健全落实“三会一课”和民主集中制的各项制度，保障党员的民主权利；特别是要不断改进和加强流动党员教育管理，建立健全流动党员基础信息平台、组织关系接转、日常教育管理等制度。同时，还要创新党员活动载体、形式、内容和方法，充分发挥各阶层党员的先锋模范作用。

二是提高党员队伍的素质。基层党组织要根据党的建设的新任务、社会发展的新要求和农村党员结构的新特点，不断加强农村党员队伍的执政能力建设和先进性建设，整合各种学习平台，引导广大农村党员努力学文化、学科技、学管理，增强市场意识、创新意识和时代精神，大力提高农村党员适应时代变革、协调社会利益、服务农村发展、促进社会和谐的素质和本领。

三是注重农村党员队伍的发展培养。要高度重视组织发展和后备力量培养工作，在做好优秀农业从业者、农民工入党的同时，积极做好企业主、个体户、种养大户等各阶层先进分子和社会精英的入党工作；要改善农村党员干部队伍结构，造就一大批农村党员精英，切实解决农村基层党员干部队伍青黄不接甚至后继无人的问题。

四、面对党员和群众民主参与的新要求、村民自治的新情况、法治建设的新任务，大力推进基层民主政治建设

一是建立健全权威、民主的基层政治系统。社会转型以来，一方面农村基层党组织因失去对经济资源、社会资源的控制权而导致号召力、凝聚力降低；另一方面党政不分的现象仍然较为普通地存在，村级党组织与村民委员会职责互相替代、关系不协调甚至冲突的现象较严重。因此，农村基层党组织要明确党组织发挥领导核心作用的途径和方法，规范村级重大事务决策程序，健全具有广泛代表性、权力结构均衡的村民代表大会制度，切实健全完善以党组织为核心、以村民代表大会为决策机构、以村民委员会为执行机构、以广大群众为现实主体的农村民主政治体系。

二是注重"两委会"的互动发展。实行党的领导、依法治村和人民当家作主的有机统一，是社会主义政治文明建设的重要原则在农村的具体要求。农村基层党组织要从改变领导方式、工作方法入手，优化农村政治结构，科学界定"两委会"的职权范围与工作关系，寓党的领导于民主政治的实践之中，把党员的作用体现到各项村民自治活动中，要改善"两委会"的结构和关系，推行"两委会"成员交叉任职，既确保党组织在村民自治中的领导核心地位，又保障村委会和村民的民主自治权利。

三是推进基层党内民主与人民民主的互动。实行村民自治，支持人民群众当家作主，是凝聚群众和组织群众、实现党管农村工作的有效载体。在市场经济和村民自治的背景下，基层党组织要以农村基层党内民主推进人民民主，从健全党内民主生活会、民主评议、党务公开、党员权利保障制度入手，进一步疏通和拓宽党内民主渠道，维护基层党员的参与权、知情权、选择权和监督权；同时，大力引导村民参与基层自治，创新落实《村民委员会组织法》中规定的各项民主权利，扩大公民有序的政治参与，以基层民主促进基层和谐，实现党内民主与人民民主的互动发展。

五、适应农村经济、政治、社会结构的深刻变化，农村基层党组织的治理模式要由管理型、封闭型、人治型向服务型、开放型、法治型转变

一是改进领导方式。农村基层党组织要主动适应社会转型的新要求，破除因循守旧、故步自封，不断加强执政能力建设，改进领导方式和工作方法，提高服务意识，创新服务形式，把做好服务和协调好阶层利益结合起来，把过去以行政权为依托的无所不包的全能式、命令式领导方式方法转换到民主法治、服务协调、示范带动的方式方法上来，真正发挥好党组织的作用和功能，始终保持党的先进性。

二是创新治理模式。农村基层党组织要认真研究各阶层党员和群众的特点，创新治理模式，实现党组织架构体系由平面化、单一化格局向横向联合、纵向组建、动静结合的立体化格局转变，党员管理方式由传统的思想管理、行为监督为主转向思想管理、行为监督、生产服务、生活关怀等多层、分类管理转变，党组织的活动方式由封闭式、灌输式向开放式、创新式转变，建立起与农村社会转型相适应的运行机制。

三是为农村基层提供治村理事的各项保障。农村基层党组织在改革和完善农村基层运行机制的同时，要主动争取各方面的政策支持和制度保障，切实解决农村基层干部的工资保障、安全保障、政治激励、养老保险、医疗保险和党组织的经费保障、办公场所等问题，大力营造农村基层党组织建设的良好环境，为农村发展营造良好的体制环境。

六、面对思想来源趋向多元化、价值观念趋向功利化、社会思潮呈现复杂化、生活方式趋向世俗化的问题，用核心价值体系引领农村党员价值取向

一是在社会变迁中引导文化价值观念的更

新。没有农村文化价值观念的现代化，就没有农村经济的可持续发展，也就没有农村的现代化。当前，农村基层党组织应当克服重经济发展轻文化建设的倾向，改变农村党员价值观念陈旧落后于经济社会发展的状况，充分利用各种宣传教育渠道，大力宣传与改革开放、现代化建设相适应的社会主义核心价值体系，引导文化价值观念的更新与变革，为推进社会转型提供精神动力和道德支撑。同时，要正视社会公众的趋利心理对党员价值取向的影响。在市场经济效益优先、利益至上的价值观影响下，农村基层党员的价值取向也日益多样化，部分人出现了趋利化的思想行为倾向。对此，应严格区分，科学应对，不能将公众化趋利性的行为倾向与极端个人主义、拜金主义、享乐主义等现象简单等同，要正确引导，把握限度，引导广大党员树立正确的世界观、人生观、价值观，承认和尽力满足他们正当、合理的利益诉求，支持和保护他们健康、有益的价值取向。

二是有效整合文化价值观念的矛盾冲突。在社会转型时期，农村党员文化价值观念的冲突现象日益复杂化，具有负面性特征的文化价值观念对社会生活和党员的冲击力度加大，极端个人主义、实用主义、拜金主义以及享乐主义的蔓延，引发了社会文化价值观念的混乱。这些现象与腐败、犯罪、贫富差别过大等社会问题交织在一起，常常造成社会文化价值观念的冲突进一步加剧。因而，农村基层党组织要按照尊重多样、包容差异的原则，科学地判断社会文化价值观念矛盾冲突对党员价值取向所产生的社会影响的强度及范围大小，正确对待农村党员文化价值观念多元化、多样化、多变化的问题，以社会主义核心价值体系引领和整合农村社会思潮，用社会主义先进文化占领广大农村阵地。

三是改进先进文化的传导方式。农村基层党组织要改变传统的强制性、灌输式的文化传播方式，围绕建设农村小康社会这个中心，以理想信念为核心，对农村党员进行思想道德教育、科学文化教育、政策法制教育和致富技能培训，推进先进文化在农村的传播；要革新思想文化建设的内容，把全面提高农村党员的思想政治素质、文化素质、法律素质作为主要内容，把思想文化建设与解决农村党员实际问题结合起来，使农村思想文化建设与农村党员生产生活有机融合，在相互沟通中教育农村党员、提高农村党员。

实践表明，起步于改革开放、加速于20世纪90年代的农村社会转型，既是一个必然的过程，又是一个长期的演变过程。毫无疑问，在这一过程中，农村社会的各个方面仍然处在变迁调整之中，农村基层党组织既要适应时代变革和发展要求，经受住社会转型的多种深刻变化对自身建设的严峻挑战和考验，在社会转型的复杂实践中丰富和发展，不断改进和完善，又要努力把握社会转型的规律和要求，引导农村社会良性发展，为农村社会转型提供坚强有力的组织保证和精神动力，巩固和加强党在农村社区的执政基础地位。

（作者：宁波工程学院纪委书记）

开创民族地区社区党建工作新局面

朱炳文

近年来，内蒙古呼伦贝尔市以科学发展观为指导，坚持开放、整合的工作理念，全力抓社区党建工作，在工作载体、服务经济、创新机制、制度保障、突出特色等方面，为推进民族地区社区党建工作进行了有益的探索和尝试，取得了明显成效。

一、以“会”促建，构建社区党建工作平台

从 2002 年开始，以市委、市政府的名义，连续 7 年举办全市社区建设经验交流会，为推进社区党建事业搭建了良好的工作平台。市委、市政府高度重视一年一度的社区建设经验交流会，成立街道社区党建工作领导小组，党政主要领导专题研究社区党建工作，从领导体制、运行机制、推进方式、工作方法、所需资金人才、活动载体建设等方面，给予充分保障和有力支持，全方位推进社区党建工作。

经验交流会由市委组织部主办，每年选择一个或两个旗市区作为承办单位，2009 年即将召开第 8 次经验交流会，实现 13 个旗市区的全覆盖。结合不同时期全市社区建设工作的阶段性特点和迫切需要研究解决的问题，分别确定“创新工作机制、加强基础建设、突出地区特色、建设和谐社区、提升社区功能”等不同主题，统筹谋划、精心组织，经验交流会的针对性和实效性进一步增强。

各旗市区紧紧抓住参会这一有利机遇，自加压力，迎难而上。以参会促建设、促发展、促提高，社区工作的承载能力、在城市管理中的基础地位日益提高，社区党组织日益成为促进科学发展的坚强战斗堡垒。

二、服务大局，牢牢把握经济建设这个中心

服务经济大局。呼伦贝尔国有大中型企业多、改革成本大、历史包袱重。为支持国企顺利转制脱困，2000 年市委出台文件，将全市企业的退休职工党员、与企业解除劳动关系的党员、下岗企业职工党员、剥离移交到地方单位的党员接收到居住地社区党组织，实行社区化管理，当年社区党员由 2208 名猛增到 15236 人，给刚刚起步的社区党建工作带来巨大压力。全市社区党组织千方百计克服困难，组织社区党员开展正常的组织生活，大大减轻了企业负担。面对非公有制经济组织蓬勃发展的新形势，社区党组织把扩大党的工作覆盖面与服务非公有制经济组织有机结合起来，充分发挥这些组织中党员和党组织的重要作用，促进企业健康发展，为城市经济的繁荣发展奠定了良好的组织基础，非公有制经济增加值连年大幅度提高。

服务创业、扶持就业。呼伦贝尔大型国企下岗、分流人员多，社会压力大。为消除潜在的不稳定因素，我们及时调整了社区服务的工作重点，面向下岗失业人员，广泛开展再就业服务，面向困难群众，深入开展社会救助服务。各社区大力兴建“爱心超市”，扶持建立就业实体，举办社区职业指导培训班。目前全市 37 个街道建立了 28 个就业服务机构，累计安置下岗失业人员 13134 人。

服务居民需求。我们坚持以人为本，把服务居民作为社区党建工作的重要任务，把党员群众满意不满意作为检验社区党建工作的重要标准，提出了“六心”服务，即提供综合服务让居民省心、建设优美环境让居民舒心、构建文明社区让居民静心、打造安居社区让居民放心、丰富文化活动让居民开心、倡导共驻共建让居民齐心，着力构建和谐社区。

三、整合资源，实现三大领域党建工作的有效对接

以“在职党员进社区”活动为切入点，整合机关党建工作。实行街道社区、辖区单位两级党建联席会和委员单位轮值主席制度，进一步加强机关和社区党组织的密切合作，使组织关系隶属我市、居住在社区的机关单位在职党员，既接受所在单位党组织的主体管理，同时也在居住地社区公开党员身份，在“八小时之外”接受居住地社区党组织的协助管理监督。开展党员“设岗定责、任岗履责”活动。通过梳理社区

工作中迫切需要解决的热点、难点问题合理设置工作岗位，实行自愿申报与民主推荐相结合的方式择优上岗。通过搭建多样化的工作平台，将各方面的党员干部团结在社区党组织周围，引导他们积极参与社区建设，实现了“党员身份进社区、监督管理进社区、作用发挥进社区”。

以属地化管理为切入点，整合“两新”组织党建工作。将社区辖区内的小型新经济组织和小型新社会组织的党建工作交由社区党组织负责，积极扩大党建工作覆盖面。对暂不具备建立党组织的“两新”组织，由社区党组织挑选优秀党务工作者担任党建工作指导员，帮助这些党组织开展党的工作。同时，充分利用驻在单位的党员教育阵地，加强对“两新”组织入党积极分子的教育，仅2007年就有144名符合条件的优秀“两新”组织人员被吸收入党。

以城乡社区党组织“结对互帮互助”活动为切入点，整合城乡党建工作。在城市街道党组织与乡镇党组织之间、其所属的社区党组织之间，两个层面分别结成互帮互助对子。充分挖掘和利用城乡社区党组织各自的比较优势，找准双方结合点，人员互学互进、服务互利互惠。

四、多元投入，优化配置，进一步强化资金和人才两大保障机制

坚持多元投入，为社区发展提供充足的资金保障。我市对当年承办经验交流会的旗市区给予资金支持，共下拨社区建设补助资金280万元。2008年又将社区建设列为为民办实事项目，为13个旗市区分别下拨50万元、共计650万元的专项资金。2005年市委组织部从党费中为每个社区下拨资金，用于补贴社区配备党员电化教育设备，在新巴尔虎左旗成立了自治区蒙语译制基地。实行党费回拨补贴制，把社区党组织年度所收党费的40%返还补贴社区党组织，每年下拨补贴经费30余万元，使社区党组织有了相对固定的经费来源，组织开展活动的能力进一步增强。稳步提高社区工作者待遇。全市社区工作者月均报酬由2000年的60元提高到2008年的500元—1000元；100%符合条件的社区工作者被纳入社会养老保险，部分旗市区还提供了“五险”待遇，极大地调动了社区工作者的积极性。

抓好选人、用人、育人三个环节，妥善解决人才问题。坚持拓宽渠道选人。2001年以来，结合每一次社区整合和居委会换届，市委组织部均通过公开选拔、竞争上岗、依法选举的方式选择社区工作者，2001年公开优选聘用社区工作者1286人。目前，社区工作者的平均年龄由2000年的58岁降低到2008年的40岁。坚持严格管理用人。对社区工作者坚持定性考核与定量考核相结合、组织考核与社会评价相结合、辖区单位测评与群众测评相结合的“三结合”考察方式，综合评价工作成效，实行动态化管理。满洲里市扎区两年来有3名社区工作者因工作不力被免职，有4名因群众认可度低被通报批评。并先后把170名年纪轻、学历高的机关党员干部充实到社区党支部挂职锻炼。坚持加强培训育人。以旗市区党校为主阵地，定期对社区工作者和社区党员进行培训。采取组织部从党费中解决一点、民政部门从社区建设经费中挤出一点、党校从学费中减一点的方式，使172名社区工作者读上了大专，全市社区工作者的文化水平大幅提高。

（作者：中共内蒙古自治区呼伦贝尔市委常委、组织部长）

构建城乡一体的基层党建新体制

刘海涛

在城镇化进程中，优化组织设置，扩大组织覆盖，创新活动方式，全面推进基层党组织建设，对于研究和探索城镇化进程中乡镇党的组织体制创新具有十分重要的意义。近年来，上海市闵行区着眼于构建城乡一体的党建工作新体制，破除城乡二元结构，创新镇管社区党建模式，取得了明显成效。

一、镇管社区：城镇化进程中基层党建面临的新课题

城镇化进程对镇管社区党建工作赋予了新内容。随着城镇化进程的加快，乡镇呈现土地利用集约化、产业结构升级化、人口就业和生活非农化的新趋势。乡镇中城市社区越来越多，“两新”组织不断涌现，城市管理部门纷纷设立，整个辖区的生产生活方式逐步向城镇化转变。闵行区到“九五”计划末城镇化率是63％，“十五”计划末为83％，预计到2010年全区城镇化率将达到90％以上。随着城镇化不断推进，如果城乡结合地区的乡镇党的基层组织体制不及时应对变化，加强组织调整和覆盖，就不利于乡镇党委有效肩负统筹经济与社会、城市与农村协调发展的重任，势必影响城镇化发展的步伐。

城乡并存结构对乡镇党的组织管理模式提出了新挑战。传统乡镇党委直接领导村党组织工作，工作对象比较单一、数量相对有限。而镇管社区党组织数量大、范围广、类别多。闵行区辖9个镇，现有居民区党组织183个、“两新”党组织278个。如果仍然沿用传统模式，对居民区和“两新”组织党支部实行直接领导，那么每个镇除了管理原本若干个村党组织以外，平均还需要管理51个居民区、“两新”组织党支部，势必影响乡镇党委工作的有效开展。

组织变动和党员流动对完善城乡党建管理体制提出了新要求。由于社区范围不断扩大、农村范围不断缩小，不少农村党组织在撤村撤队中自然撤销，农村党员也搬迁到居民区居住；再加上市政拆迁，城市居民、特别是离退休居民到郊区生活；“两新”组织和外来务工人员聚集在城乡结合部，使得乡镇党的组织和党员状况发生了很大变化。闵行区区辖9个镇的居民区党组织总数从1996年64个增加到2007年183个，增加了186％；“两新”组织总数从2003年的410家增加到2007年4554家，增加了近10倍；党员总数从2002年的20501名增加到2006年38073名。这些数据变化，要求我们必须从基层组织变动和党员流动的现实出发，着力构建城乡一体的党建管理新体制。

二、体制创新：镇管社区党建模式的新探索

创新镇管社区党组织领导体制。镇管社区党的组织构架包括三个层次。第一层次是镇党委。通过加强自身建设，突出镇党委在镇管社区各项建设中的领导核心地位，全面推动经济社会的健康发展。第二层次由居民区党委、综合党委和区域性党建联建协调委员会共同组成。根据城镇化进程中各个镇居民区、“两新”组织的动态变化，灵活采取“1＋1”（镇党委＋居民区党委或综合党委）、“1＋2”（镇党委＋居民区党委＋综合党委）、“1＋3”（镇党委＋居民区党委＋综合党委＋区域性党建联建协调委员会）的组织建制，形成对居民区、“两新”组织和驻区单位的领导网络，有效实现党组织和党的

工作对镇管社区各个领域的全覆盖。第三层次是由基层党(总)支部组成。重点是创新基层党组织的设置模式,加强对居民区、“两新”组织、来沪人员、流动人员的组织覆盖和工作覆盖,打牢党的基层组织基础。

健全镇管社区党组织运行的工作机制。一是分类指导机制。通过设立居民区党委、综合党委和区域性党建联建协调委员会,改变原来镇党委直管基层党组织的方式,形成分类指导、专业管理的工作机制。二是党建联建机制。通过梳理“条块”关系,理清“条块”分工,按照“上下相通、左右联动、条块结合、以块为主”的原则,把单位资源转化为社区共同资源,形成以驻区单位自身建设与和谐社区建设互相促进的党建互联、互补、互动的良好机制。三是城乡统筹机制。通过成立综合党委,不仅有效管理镇管社区的“两新”组织,而且将原来农村招商引资成立的“两新”组织进行统筹协调,实行归口管理,保证村党支部集中精力开展新农村建设。

加强镇管社区党建资源支撑体系。一是加强平台保障。协调力量,整合资源,大力推进党员服务中心、社区管理中心、社区文化中心、社区学校(党校)的规范化、标准化建设,为居民区、“两新”组织和驻区单位党组织开展活动提供平台和场所保障。二是加强队伍保障。想方设法选好配强镇管社区党务干部,加强培训,提高待遇,调动党务干部的工作积极性;同时,着力建设一支“社会化、专业化、职业化”的专职党群工作者队伍和“两新”组织志愿者队伍,确保党的基层工作有人做,有优秀的人来做。三是加强经费保障。合理编制镇管社区党建经费预算,确保党建经费落实到基层,使用在支部,保证党员学习教育活动正常开展。

三、激发活力:镇管社区体制创新的新成效

推进镇管社区组织建设,有利于打造精细化管理的党建新模式。镇管社区党组织体制创新的核心是对党的组织重新调整和加强分类管理,提高自身运作效率和执政能力。镇管社区党建新模式的调整,不仅加强了镇管社区这一新领域的党建工作,而且探索了党的基层组织科学化管理的途径,有利于打造精细化管理的党建模式。目前,各镇以居民区、“两新”组织、驻区单位等党组织分类管理为基础,基本实现了农村党建、社区党建、行业党建互联、互通、互动的城乡一体化党建管理新体制,进一步提高了党建工作质量。

推进镇管社区社会整合,有利于激发基层党组织的活力。镇管社区党建新模式建立以来,各级党组织充分调动社会各方面资源和各类积极因素,切实增强了基层党组织的活动。2007年,我们建立了以党员的人群趋向和兴趣爱好作为划分党组织的依据,在居民区党总支下设居民群众自发形成的社会型团队党支部,在党支部中再细化党小组,形成“居民区党总支——团队党支部——团队党小组”的组织机构,通过“支部领导团队,党员参与团队,团队凝聚群众”的居民区群众性团队的有效运作,整合了群众性社会团队资源,构筑了党组织与党员群众的沟通桥梁,激发了党组织的内在活力。

推进镇管社区区域统筹,有利于引领城乡一体化建设。乡镇党的组织体制创新,不仅实现了乡镇党委工作重心由以农村为主向农村、社区并重的转移和调整,而且着眼于寻求农村党建与城市社区党建的共同点、切入点和着力点,突破了传统的农村党建管理体制,形成了城乡党建一体化建设的新理念、新路子。同时,通过党的组织体制创新,引领了其他体制性因素的转变,推动了城乡经济和社会各项事业的全面协调发展。镇管社区党建模式的建立,特别是居民区党组织建设的加强以及居民区党支部积极寻求城市文明与乡村传统文化的有效承接,使不同的文化、社会习俗等方面和谐共生,消除了不同人群在文化、习俗等方面的冲突,化解了不少由生活习惯差异所造成的居民矛盾,为促进城乡一体化发展创造了良好的文化条件。

(作者:中共上海市闵行区委常委、组织部长)

完善农村基层组织的监督约束机制

李国敬

当前农村基层组织建设充满机遇与挑战，多数农村基层组织建设卓有成效，促进了农村经济社会的全面发展，村民自治政策给农村带来新的生机与活力。但是近年来，源于权力难受制约，村官腐败现象成为农村基层组织建设的突出问题，亟须完善农村基层组织的监督约束机制，加强对村官的监督与约束。

一、当前农村基层组织建设的突出问题

村官腐败是当前农村基层组织建设的突出问题，其具体表现形式主要有侵占、截留、私分、虚报冒领土地补偿款和救灾救济、扶贫优扶等集体资产；在工程建设发包、企业和集体山林土地承包时收受贿赂；公款私存或借给亲友使用，或转借他人以获取利息；在集体资产处置如企业改制、资产转让等过程中非法占有集体资产等。究其原因，主要有以下几个方面：

1. 选举后缺乏对农村基层组织有效的监督制约。正所谓“官不在大，有权则灵”，在监督措施落实不到位、较少受到制约的环境中，村官的小小权力就被无限放大。基层村干部大多在农村土生土长，文化素质不高，在农村沾亲带故，处理问题很难公正。同时，他们很容易受社会不良风气影响，放松自我约束，放纵腐败行为。

在自下而上的监督方面，一方面，部分村民民主监督意识不强，只要自己不吃亏，集体财产损失多大，也不过问，更谈不上严格监督。另一方面，由于某些村里村务、账务不公开，村民根本无法对村干部进行有效监督。在自上而下的监督中，乡镇政府对村委会的监督也有所缺位，或畏难，或不愿管。

2. 农村账务混乱，没有实行村务、账务公开。调查发现，有不少农村的账务没有实行公开，有的村虽有公开栏，公开也是假公开，账务公开流于形式，或是应付检查、敷衍了事的公开，有时甚至成为不法村官腐败行为的遮羞布、挡箭牌。一些村官决定村里大事时搞暗箱操作，事前不听取村民意见，事中不告之信息，事后不公布处理结果。很多村民也不知道自己应享有哪些知情权，即使明明知道有问题，也不知内情，无法监督。

3. 村委会印章的保管和使用不规范。村委会印章是村级公共权力的象征，印章的妥善保管与合法使用尤为重要。根据公安部、民政部《关于规范村民委员会印章制发使用和管理工作意见的通知》的规定，村委会印章应由专人保管，保管人由村党支部、村民委员会提名，并经村民代表会议讨论后决定，一般情况下，印章使用的审批人与印章保管人不得为同一人。村党支部书记、村民委员会主任一般不宜直接保管印章。然而在目前农村自治实践中，有不少村委，印章为村委会主任一人保管。在印章使用上，也缺乏应有的监督约束机制，从而导致村官滥用权力、农民利益受损事情时常发生。

4. 罢免村官比较难。从《村民委员会组织法》中的有关规定来看，罢免要求应当交给村委会，村委会先对村民的罢免要求进行法定人数上的审查后，由村委会负责启动罢免程序，召集并主持有选举权的村民参加的村民会议，投票表决罢免要求。然而，在现实生活中，由于村委会的主任和副主任手中握有公共权力，当他们成为罢免对象时，往往就会利用手中拥有的权力拒绝召开村民会议，导致罢免程序无法启动，

造成村民所享有的罢免权落空。另外村民碍于邻里关系，或怕打击报复，虽然对村委会或成员有意见，也不愿或不敢主动提出罢免要求。这些现象在现实生活中是屡见不鲜，然而现行法律中没有明确规定村民行使罢免权的程序及阻碍罢免权行使的相关制裁措施，使得村民在现实中行使罢免权受到了种种障碍。

二、完善农村基层组织的监督约束机制的对策

1. 加强农村基层组织建设。在选举方面，一是在进行村委会选举之前基层政府要组织召开村民会议，认真负责地对村民进行公正、全面的宣传、说明、解释、动员，宣传应以政策为准，正确引导，不能有倾向性，依法组织好村民委员会的选举工作，以便选出合格的人选。二是对于选出的村民委员会成员，基层政府要进行党性教育培养，提高村干部的个人、整体素质，宣传好党的政策，将村民委员会的重要成员、先进分子培养、吸纳到党员队伍中来，从而加强对农村基层组织的领导，减少和预防违纪违法腐败案件的发生。三是应规定村民委员会中直系亲属人员的构成，不能允许有直系亲属同在村民委员会中任重要职务，以使村委会免受家族势力的干扰，避免集体腐败的发生。在发挥基层党组织作用方面，党组织对于选举出来的村委会要发挥监督和制衡的作用。党的基层干部一方面要在推进和完善农村基层民主，协助村民实现有效的自治方面发挥积极作用；另一方面也要防止村委会成员为了自己工作方便，甚至为了以权谋私方便而以种种借口破坏农村基层民主。

2. 实行账务、村务公开，完善村账代管机制。首先，农村账务、村务必须做到真公开，要让村民看得明白。一是公开的内容要全面、翔实。二是公开时间要及时、公开地点要固定，并要让村民家喻户晓。三是公开的财务报表要让村民看得明白，不能是“天书”。四是基层政府一方面要定期进村进行村务、账务公开的监督、检查，组织群众一同检查村务及财务账目、原始凭证、发票等，主动引导群众增强监督、维权意识。另一方面也要深入走访群众，了解人民群众关心、反映强烈的问题，倾听民意。其次要完善多种形式的村级账务代理制度。如鼓励会计师事务所等中介机构，以低收费的方式代理村级账务。村集体经济组织也可委托乡镇农经服务中心，对村集体的账务和现金进行管理，推行农村财务村账镇管、村账镇监等办法，建立农村财务“明白账”。实践表明，村账镇管适应了农村税费改革后收支结构变化对财务管理的要求，可以提高村级财务管理的透明度和资金使用效益，控制村级不良债务增长，是目前农村实行民主管理、村务公开，遏制农村“三乱”行为、从源头上预防农村干部滋生腐败的有效举措。

3. 加强对村委会印章的管理。村委会的印章，可以通过委托代管的形式，由乡镇人民政府实行代管。村官在履行相关合同等手续进行盖章时，应由乡镇人民政府的工作人员陪同进行。乡镇人民政府对印章的使用不具有否决权，但有监督和建议权。对于村官坚持错误使用印章进行违纪、违法活动的事情，应及时反映到地方人大，以利监督检查。

4. 完善地方及乡镇人大对农村基层组织的监督。作为基层政权的民主产物——地方人民代表大会，可以对同样也是民主选举产生的村民委员会进行监督制约，加强自上而下的监督作用，对村官违纪、违法、腐败问题进行调查，纠正错误，防患于未然。

5. 建立完善的村官罢免程序。按《村民委员会组织法》，罢免程序的启动应当具备两个条件：一是罢免要求的提出要达到法定人数。二是要有罢免理由。对于罢免理由，违法犯罪的村官自然应当是被罢免之列，但若村民认为某个村官在任职期间不能胜任该职务的，也可以提出罢免要求，另选出合适人选。一方面其可由本村五分之一以上有选举权的村民联名，提出罢免理由，召开村民会议，投票表决罢免村民委员会成员。另一方面也可由地方（乡镇）人大召集村委会，召开有选举权的村民参加的村民

会议，投票表决罢免村官。在投票表决前，人大可以事实为根据将村官的政绩及违纪违法腐败行为当场宣读（当然村官也有权进行辩解），让村民明辨是非，以便正确投票。乡镇人大只起组织的作用，不具有表决权，也不行使否决权。村民会议投票如果超过一定的基数，如 1/2 或 2/3，就可以罢免村官。

（作者单位：中共山东省烟台市委党校）

发挥党组织领导核心作用
推动和谐社区建设上水平

天津市和平区小白楼街道党工委

天津市和平区小白楼街道是市、区级机关所在地，是天津市政治、文化、商务中心。辖区面积 2.14 平方公里，居民近 2 万户，5.5 万多人，设立 9 个社区党委，1 个经济和社会组织党委，78 个党支部，党员 1825 名。近年来，在市、区委的领导下，街道党工委以社区党建为"龙头"，以服务社区群众为重点，以增强社区居民幸福感为目的，积极探索实践新时期加强社区党的建设的途径和方法，不断开创街道党建工作新局面。胡锦涛同志曾两度亲临视察。街道党工委两次被评为"全国先进基层党组织"，街道办事处荣获"全国人民满意公务员集体"、"全国创建文明社区示范点"等称号。

一、坚持创新工作思路，着力提高社区党建水平

观念决定思路，思路引领发展。近几年，小白楼街道党工委坚持解放思想，创新工作思路，完善工作模式，使街道社区党建工作更加符合时代需要、更加符合基层实际、更加符合群众意愿。

持续推进社区党建"五个延伸"。随着经济社会的发展进步，小白楼地区经济社会组织的数量、形态、活动方式发生了很大变化，居民成分更趋复杂，流动性也明显增强。街道党工委积极适应发展的需要，坚持把党委建在社区、党支部建在楼栋、党小组建在楼门，努力加强与驻区单位协调配合，不断推动"两新"组织建立党组织，较好地把社区党建工作延伸拓展到社区单位党组织、社区单位党员、居民中的在职党员、社区流动党员和"两新"组织党员，做到了哪里有党员哪里就有党组织，哪里有党组织哪里就有党的活动。

着力夯实社区党建"五个基础"。近两年来，街道党工委进一步创新社区党建工作思路，创造性地提出了夯实网络化的组织基础、制度化的党员教育基础、系统化的服务基础、区域化的共建基础、一体化的考核基础，在街道社区建立了党建协调委员会和党建联席会，组织协调开展社区党建工作；设立了党员服务中心和党员服务站，及时为下岗职工党员、外来务工党员和"两新"组织党员提供优质便捷服务；在商务楼宇、居民楼院建立了党员服务站和党员活动组；在有条件的社区社会组织中成立了党组织，9 个社区党委与驻社区的市级机关工委所属的 34 个委办局以及区级机关签订了共建共享协议，真正构建了区域化"大党建"工作格局。

努力实现社区党建"五个提升"。为了应对国际金融危机，落实"保增长、保民生、保稳定"的目标任务，街道党工委提出了提升党建全覆盖"含金量"、党员队伍整体素质、党员服务群众水平、区域化共建质量、一体化考核效果的工作

目标。从2009年初以来，全街道党员干部自觉发扬“五加二、白加黑”的拼搏精神，主动放弃节假日，圆满完成了创建国家卫生区、道路沿线立面清拆、旧楼区综合整修、市容环境综合整治等重大任务，得到了广大群众的普遍好评和市、区的充分肯定。

二、充分发挥领导核心作用，着力推进和谐社区建设

小白楼街道党工委坚持把建设和谐社区作为一项长期的战略任务摆到突出位置来抓，着眼小白楼地区的特殊区位和市、区的特殊要求，始终坚持高标准、追求高水平，努力推动和谐社区建设创新发展。

统筹协调，共同谋划和谐社区建设。围绕构建和谐社区，街道党工委最大限度地调动各方面的积极性。街道党工委每半年组织驻辖区人大代表、政协委员和社区单位、居民代表评估街道工作，社区党组织经常举办听证会、恳谈会和入户走访等，了解群众的愿望，有针对性地改进工作。

创新平台，共同参与和谐社区建设。本着“我需要、我喜欢、我选择、我奉献”的理念，大力培育和发展社区社会组织，引导建立各种社区社会组织197个，还在9个社区分别成立了社团党组织，鼓励党员担任负责人。通过社区社会组织开展各项活动，将党的工作的影响力辐射到社会各个层面。

整合资源，共同推进和谐社区建设。注重发挥党建协调委员会和联席会议的作用，充分挖掘和寻求社区单位与街道社区共建共享的结合点，广泛开展了“社区是我家，建设靠大家”，“同在一方热土，共建美好家园”等活动，社区单位参与率达到了70%以上，营造了思想工作联做、公益事业联办、生活环境联建、文明创建联抓、社区治安联保的共建共享和谐社区的生动局面。

三、注重服务社区群众，着力增强居民群众的幸福感

建立服务网络，实施全方位服务。健全完善了以最低生活保障为基础，以临时救助为补充，以社会互助和落实优惠政策相配套的长效社会救助机制。为900余户困难户和残疾人办理了生活救助，为56户办理了解困卡，为850名老年人提供了居家养老服务。坚持开展爱心助学、助残、助困和大重病救助等活动，保证了困难群众的基本生活。为十类需要就业再就业援助的2000余户家庭建立台账，开发公益性岗位340个，安置就业2100多人。依托街道服务大厅和社区“六站”，为居民提供了“一对一”个性化服务、“一站式”便民服务、“信息化”的高效服务、“热线值班电话”快捷服务。

提高文化品位，丰富群众精神生活。按照小区文化抓普及，阵地文化抓多样，家庭文化抓特色，社区文化抓精品的思路，坚持把更多的精力放在满足居民群众精神文化需求上，持续开展了区域性、开放性的“天天乐工程”，实现了天天有活动，周周有表演，季季有比赛，极大地丰富了群众的精神文化生活。

构筑群防群控体系，优化社区治安环境。发动社区群众共同创建“平安白楼、平安社区、平安单位”。在社区建立警务室，实行区域责任划分，安装摄像监控系统，维护了社区治安秩序；由党员和热心居民组成的治安巡逻队，在社区内构筑了坚固的防线；高素质的调解队伍在化解家庭矛盾、消除邻里纠纷方面，发挥了重要作用。通过多年的不懈努力，小白楼街道成为了天津居民“幸福指数”最高的地区之一，是一个经济繁荣、精神文明、管理有序、环境优美、生活便利、人际关系和谐的生活乐园。

“两新”组织党建工作创新

张明明

在学习实践科学发展观活动中，珠海市新经济组织工委精心组织、周密安排，紧密联系工作实际，通过多种活动形式，广泛征求意见和建议，找准“三难”问题，深入分析“三不到位”的原因，理清发展思路，明确了“三强化”措施，为“两新”组织党建工作的科学发展打下牢固的基础。

“三难问题”是制约党建工作的瓶颈

一是组织找党员难。“两新”组织自身普遍存在“小、散、广”特点。相对于部分已经具备规模的“两新”组织，大部分“两新”组织尚处于发展培育阶段，虽然基本涵盖了几乎所有的行业，但却呈现出规模小、人员分散、组织分布广的特点。同时，“两新”组织党员也存在“少、低、频”的特点。与传统的机关、国企和军队相比，“两新”组织存在党员人数少、所占比例低的特点，加上市场残酷竞争、自身生存压力的存在和企业发展变动等原因，“两新”组织的从业人员及党员的流动较为频繁。另外，部分党员不愿“亮身份”、“树旗帜”，不正式转接组织关系。有的认为到特区工作主要是打工挣钱，亮学历、亮资历就够了，不必亮党员的身份；有的认为只要找到工作挣到钱，亮不亮身份无关紧要；还有人怕亮了党员身份反而受到企业主防备和歧视；更有少数人认为不亮党员身份可以更少履行义务。

二是建立基层党组织难。从立法层面看，在“两新”组织建立党组织缺乏刚性法律、法规。虽然《公司法》第十九条明确提出“在公司中，根据中国共产党章程的规定，设立中国共产党的组织，开展党的活动。公司应当为党组织的活动提供必要条件”的规定，但是对于不遵循这一规定的实体却没有规定相应的法律责任，实际效果不明显。从程序性规定方面看，也缺乏在“两新”组织建立党组织的强制性切入点。“两新”组织在登记管理环节和业务管理部门指导检查环节，都没有明确的法律和法规要求。从“两新”组织构成模式来看，还缺乏单独建立党组织的内在动力。“两新”组织作为一种新的组织形态，有一定的特殊性，部分出资人和管理人员，特别是外方人员，认为公司遵纪守法、照章纳税就行了，没有必要建立党的组织。

三是开展活动难。与传统领域的机关、国企相比，市场经济条件下的“两新”组织的内部格局发生了显著变化，党组织在新社会组织体系中的地位已经从“核心地位”向“边缘化地位”转化，其性质决定了不可能用充裕的时间安排开展党建活动。同时，“两新”组织从业人员是典型的社会人，面临激烈的市场竞争，工作的流动性和不确定性很大，从自身的生存和发展角度出发，其关注度主要在业务技能学习及生产任务上，没有更多的时间、精力和财力投入到基层党组织的活动。另外，传统的基层党组织活动主要是“三会一课”、党员外出活动、读书读报为主，现代信息技术的进步与传媒业的飞速发展，让“两新”组织党员和员工能够很容易地获取这方面的政策和信息，这也在一定程度上削弱了他们参与基层党组织活动的积极性。

“三不到位”是问题产生的根本原因

一是思想认识不到位。领导层面上，对某些党组织存在“放任”意识。市、区（功能区）两级党委非常重视，但一些单位和同志认识不足，“说起来重要，做起来次要，忙起来不要”的现象依然存在。“两新”组织层面上，企业主存在“警惕”意识，担心党组织与管理层争夺企业控制权，担心党组织活动影响企业的生产经营。从业人员、党员层面上，不少人存在“打工挣钱、回家过年”的雇佣思想，对党建工作缺少认同，积极性不高。

二是资源支撑保障不到位。首先是经费难以到位，“两新”党员的教育管理经费目前主要来源于党费，而“两新”组织党员收入不稳定、党费缴纳积极性不高，全额返还的党费捉襟见肘。各级财政资金的制度性安排较少，对比起种类庞杂、数量庞大、人员分散的新社会组织而言，犹如杯水车薪。其次是党务工作人员严重不足。市区两级党建指导员不到60名，全市近3万家“两新”组织，1247家基层党组织，专职党务工作人员严重不足。党支部书记、支部委员均为兼职工作者，从事党务工作的时间、精力均十分有限。另外，活动场地严重缺乏，绝大多数“两新”组织基本上没有党员活动室，有的组织开展党的活动不得不游离于单位外。

三是组织管理体制不到位。专业性较强的“两新”组织，特别是新社会组织由于与属地联系不大、依存度不高，而且存在专业性较强、行业联系紧密的特点，街道、社区等属地管理模式难以对其进行有效指导。另外，单纯的由政府相关部门条线管理也存在现实困难。由于社会组织的类型纷繁复杂，有些社会组织脱离政府主管部门后，会出现找不到“东家”的情况，势必造成单纯的条线管理的模式难以达到全覆盖的局面。

“三强化”是破解问题的有效措施

一是强化教育宣传，提高思想认识。要以深入学习实践科学发展观活动为契机，加大“两新”组织党建工作的宣传力度，增强各级党组织和党员，特别是各单位、部门党组(党委)成员的责任意识，督促各级党组织履行职责、落实责任。要加大培训力度，创新活动方式方法，提高各级党务工作者认识和能力。组织一些上层次、有规模的教育培训、参观学习等活动，既培训党务知识，也讲授经营管理等业务知识，拓宽知识面、提高工作水平，增强各级党务工作者的理论水平和业务能力，打造一支又红又专的党务工作者队伍。要着力抓好示范区、示范点建设，以典型推动工作。在现有示范区、示范点的基础上，按照“五个好”标准，重点指导和培育一批市、区、镇街级示范党组织，打造一批“亮点户”、“亮点群”和“亮点带”，加大宣传和报道力度，组织参观学习，营造全市“两新”组织党建工作的良好氛围，推动工作深入开展。

二是强化支撑保障，破除制约瓶颈。各级党委部门要强化责任意识，加大投入力度。将“两新”组织党组织收缴的党费全额返还的同时，把“两新”组织党建经费纳入年度财政预算，为各级“两新”组织党建工作示范点建设安排专项经费，对基层“两新”组织党务工作者给予适当的补贴。要通过专、兼、聘相结合的办法加强党务工作者队伍建设。狠抓《关于建立健全地方党委、部门党组(党委)抓基层党建工作责任制的实施意见》的落实，市、区(经济功能区)根据工作需要配备党建指导员，经费纳入统计财政预算，各镇(街)应当配备专门的党务工作人员。要抓好活动场地建设，依托各街道、社区及村委会的现有党员活动中心，在具备条件的工业园区投入专项资金建设党员活动中心，由基层党委统筹管理，实现资源共享、优势互补，解决“两新”组织党员活动场地不足的问题。

三是强化机制探索，实施扁平化管理。在市、区、镇(街)三个层面上，要在党委的统一领导下，完善联席会议制度，健全“两新”组织管理机构建设，强化相关部门职责，按照“分工负责、整体推进”的思路，形成党委统一领导，有关职能部门各司其职、密切配合、齐抓共管的党建工作新局面。要以行业协会为龙头，带动“两新”组织党建工作深入开展，加大基层党委的组建力度，探索扁平化管理模式，增强基层党组织自我约束、自我提高、自我管理、自我创新的能力和水平，激发基层的凝聚力和创造力。要采取新的更加务实有效的管理模式和基层组织建设方式，在按照地域、单位为主设置党群组织的基础上，把不同类型"两新"组织按照地域相近、行业相近的思路进行整合，推进村企联建、社(区)企联建的管理模式。

（作者：广东省珠海市新经济组织工委书记）

自觉提高抓基层党建工作的水平

张志华

党的十七届四中全会提出，党的基层组织是党的全部工作和战斗力的基础，是落实党的路线方针政策和各项工作任务的战斗堡垒。加强和改进基层党建工作，保持和提高基层党组织的创造力、凝聚力、战斗力，始终是巩固我们党执政基础的重要保证，县(市、区)委书记作为抓本地区基层党建工作的第一责任人，应当切实提高抓基层党建工作的水平，为推动科学发展、促进社会和谐提供坚强保证。

泰山区作为旅游城市的市中区，流动党员较多，基层党组织呈现出形式多样、结构复杂、功能特殊的特点。通过近几年的实践探索，我体会，提高抓基层党建工作的水平，必须注意四个问题。

一、抓住关键，为科学发展提供有力保证。基层党建工作的根本目的是推动科学发展，抓住了发展问题才算抓住了关键，才能真正体现基层党建工作的生命力。一要围绕发展配班子。泰山区积极倡导"以实绩论才干、为发展配干部"的用人理念，切实做到在重点项目、重点工程的推进现场考察识别干部，真正把"会干事、能干事、干成事、不出事"的优秀干部，选拔进街道(镇)和区直部门班子。采取"两推一选"、机关下派等形式，大力选拔懂经济、会管理的基层干部进入村级班子，村级班子的战斗力明显增强。二要帮助基层理路子。思路决定出路。指导基层党组织确定一条符合实际的发展路子，成为推动科学发展的前提。比如，泰山区的农业所占比例虽然不大，但在花卉苗木和奶牛养殖方面优势明显。基于此，区委确定了发展特色农业、兴办加工业等村级集体经济发展路子，泰山女儿茶种植和亚洲最大的蝴蝶兰研发、组培、种苗繁育生产基地等一批特色农业项目的开发，壮大了村级集体经济，富裕了一方百姓。三要适应发展强素质。区委为提高党员干部的综合素质，探索建立了"领导干部双月专家讲坛"，每逢双月的10日，邀请各类专家、教授来区讲课，搭建高层次、经常性的教育培训平台。此外，还先后在苏州、无锡等国内发达地区进行现场培训，让基层党员干部开阔视野，增强加快发展的危机意识、责任意识和争先进位意识。

二、突出特色，着力打造基层党建工作载体。泰山区的特色党建工作载体具体分了三个层面：一是社区层面。泰山区打造了体现党员时代精神的"泰山先锋"载体。区委提出"科学发展、责重泰山，党员先行、争当先锋"的要求，积极引导基层党组织和广大党员，发挥战斗堡垒和先锋模范作用，永葆先进性。在全区68个社区建立了各具特色的"泰山先锋"服务队伍，组织5700余名社区党员加入了不同的服务队伍，让党员在社区认领示范服务岗位，集中开展服务活动，逐步叫响"星级先锋"、"红色家园"等23个基层党建服务典型，以此丰富"泰山先锋"的内容。二是农村层面。按照十七届三中全会提出的统筹城乡基层党建的要求，区委打造了

"城乡互助 1＋1"载体，即选取 10 个强社区与 12 个弱村跨区域组建村居联合党总支，把农村土地、劳动力资源和社区资金、技术资源进行有机整合，解决了农村发展路子窄、致富办法少等问题，农村基层党组织谋发展的能力有了明显提高。三是机关层面。县区机关肩负着落实科学发展观的具体任务，迫切需要务实高效的作风把各项任务落到实处。每年区委都要求区直各部门，确定各自争先进位目标和亮点示范工作，并全力争先创优，以此体现各单位的水平、能力和精神风貌。目前全区机关工作不但效率明显提高，机关作风也进一步改善。

三、培树典型，发挥示范带动作用。典型带动是基层党建工作的重要方法。在基层党组织典型培养方面，区委狠抓了 50 个"新农村建设示范村"和 22 个示范社区建设，新农村建设水平稳步提高，城市社区管理日趋完善。在基层党员干部典型培养方面，着重培养和树立基层生产一线、艰苦地方涌现出的佼佼者，先后推出了一批先进典型，较好地发挥了示范带动作用，许多青年党员竞相到基层生产一线、艰苦地区锤炼自己，力争多作贡献。

四、强化措施，确保基层党建工作取得实效。基层党建工作要有强有力的措施作保障。只有依靠正确的理念引导、完善的制度约束、严格的考核督导，才能把基层党建各项任务真正落到实处。一是靠"三化"要求落实党建责任。按照"项目化、责任化、指标化"的要求，把全年基层党建工作的目标任务，进行项目分解、责任落实、指标管理，明确承担基层党建各项任务的具体单位和具体人，明确具体完成时限，以明晰的责任推动落实。二是靠"五个一"制度形成齐抓共管合力。区委建立了区级领导干部"五个一"制度，即区级领导每人包保一个重点项目、一个骨干企业、一个村、一个社区、一个存有安全隐患的企业，对领导干部的活动情况每月通报一次，年底进行打分排名，促使区级领导干部增强抓基层党建工作的主动性和自觉性。三是靠严格的督导考核保证党建工作落实。坚持把基层党建工作纳入经济社会发展的全局，作为年度考核的重要内容。区委建立了基层党建工作"单月谈、双月会"制度，单月由各党委汇报基层党建工作情况，双月召开一次现场观摩会，交流工作经验。同时，充分发挥区政协的监督作用，组织政协委员对基层党建工作情况进行现场视察，打分排名，增强了各级党组织抓基层党建工作的责任感和紧迫感。

（作者：中共山东省泰安市泰山区委书记）

对五年来党员自豪感情况的对比调查与分析

毛政相

党员是党的肌体的细胞和党的活动的主体，党的先进性最终要靠党员先进性来体现。自豪感体现党员对党的情感态度，是党员保持先进性的动力基础，决定其投身党的事业的积极程度，影响党的凝聚力和执政效率，影响政党事业发展的方向和进程。因此，增强党员自豪感是加强党的先进性建设的一个重大课题。近五年来，笔者进行了两次比较广泛的实际调研，以期正确评估党员自豪感变化情况，分析其客观原因，并提出增强党员自豪感的对策。

一、对五年来党员自豪感及其变化情况的基本评估

为了解和掌握党员自豪感及其变化的实际

情况，笔者分别于十六大和十七大后在全国部分省区各进行了历时一年半的问卷调查和访谈。第一次调查（文中简称调查A）在湘、津、辽、蒙四省（市、区）七个地区进行，收回有效卷2563份。被调查者中中共党员1797名，占70.11%。第二次调查（文中简称调查B）扩展至桂、鄂、粤、琼、川、贵、浙、皖、赣、鲁等涵盖沿海、内地、西北地区的十四省（市、区）二十六个地区，收回有效卷5651份。被调查者中中共党员4389名，占77.67%。虽两次调查的具体对象不同，但群体基本一致，均以具有较丰富社会阅历和实际工作经验的中青年基层干部和普通党员为主，涵盖了各学历层次、各年龄阶段及不同职业（工人、农民、专业技术人员、公务员、农村和社区干部、企业管理者、私营企业主、个体经营者、普通市民、学生、“两新”组织人士及离退休老同志等）。故两次调查情况均具有较强的代表性和可比性，答卷较为真实地反映了五年来基层党员和干部自豪感及其变化状况。为便于比较，从调查B中取出与调查A相对应的七个地区数据（以下简称调查B1，被调查者3864人，其中中共党员2874人，占74.38%）进行分析。

（一）价值选择多样化情况下党员自豪感有所下降

改革开放以来，中国社会发生了深刻的变革，人们价值观念相应发生了巨大变迁，价值选择范围显著扩大。反映到党内，党员主体意识逐步觉醒和高扬，而党员价值实现不够，影响了党员自豪感。五年来，党员队伍自豪感总体不太强，且有所降低。党员感到“自豪”的由35.84%提高到41.02%，增加5.18%，“有一点自豪但感觉不明显”的由50.70%减低到35.84%，减少14.86%，“不感到自豪”或“无所谓”的由12.52%提高到22.93%，增加10.41%。调查B中相对应的数据分别是39.35%、36.04%、24.40%，与调查B1数据接近，亦即在调查范围显著扩大情况下，数据没有明显差异。

（二）不同类型党员自豪感及其变化各具特色

1.党员自豪感与改革中的相对经济收益情况相背离，收益多者有所下降。为便于分析问题，将各种不同调查对象的职业归纳为工人、农民、专业技术人员、公务员、其他五种基本类型。

调查结果显示，农民党员自豪感最高，提高幅度最大，专业技术类党员自豪感最低，且下降幅度最大，公务员党员次之。调查B1中，对自豪感持“无所谓”态度者依上述职业顺序依次为：5.81%、2.54%、7.91%、7.48%、3.95%。众所周知，改革中相对经济收益较高的是公务员和专业技术人员，较低的是农民和工人。党员自豪感总体上呈现与其改革中相对经济收益相背离状况，收益多者下降明显。

2.党员自豪感与文化程度相背离，文化程度高者有所下降。总结五年来各学历层次即大学本科及以上、大专、高中或中专、初中及以下党员自豪感变化情况，数据显示，自豪感与党员学历层次高度相关，学历层次越低，自豪感越强，提高幅度越大；反之，自豪感越低，下降幅度越明显。初中及以下文化程度党员的自豪感与本科及以上文化层次党员对比强烈。调查B1中，对自豪感持“无所谓”态度者依上述学历顺序依次为：6.84%、6.73%、6.38%、3.35%。党员自豪感呈现与其学历层次相背离状况，高学历者下降明显。

3.党员自豪感随年龄增大呈递增趋势，年轻者有所下降。调查显示，党员自豪感与其年龄层次高度相关，即年纪越大，自豪感越强，提高幅度越大，60岁以上党员自豪感明显高于35岁以下党员，50岁以上党员自豪感增幅较大，35岁以下年轻党员自豪感较低且下降明显。调查B1中，对党员自豪感持“无所谓”态度的依表1中的年龄顺序依次为：6.72%、6.62%、4.83%、3.72%，即年轻党员数据远高于老党员。

（三）正确认识党员自豪感及其变化情况

1.正确区分和对待不同类型的党员自豪感。党员自豪感可分为自利型自豪感和事业型自豪感，二者既区别明显，在一定条件下又可相互转化。自利型自豪感或功利性自豪感建立在自利主义或具体功利基础上，在约束因素消失或目标达成后，自豪感易于衰竭，热情易于消退，故具有存续时间短、易动摇变化等特点。如有的党员因为利于就业或提拔升迁而自豪。拥有这种自豪感者其先进性不易持久，年轻党员相对几率较高。自利型自豪感是低水平的自豪感，是难以根除的，它源于人的本性需要，在市场经济条件下往往成为自豪感的起始阶段，我们对此不能一概加以否定。但如果教育引导不当，具有此类自豪感的党员因其一定的投机性而易影响党员队伍的政治素质，一旦掌握权力则易滋生自利和贪婪行为。

事业型自豪感或内在自豪感偏重于集体主义色彩较浓的品性和情感认同，具有强烈、稳定、持久等特点，是自豪感的高级阶段。拥有这种自豪感的党员忠诚、热情、自律，能保持先进性，体现党员的风范。中老年党员相对比例较高。虽也有其功利目的，因为"人们奋斗所争取的一切，都同他们的利益有关"。但能正确处理公众利益与个人利益、长远的根本利益和目前的现实利益的关系，推进党的事业发展。因此，党组织应适应时代的发展和自身历史方位的变化，改进工作方式，不断强化党员的事业型自豪感，并促使自利型自豪感向事业型自豪感转化。

2.正确认识党员自豪感及其变化对执政党建设的影响。党员自豪感的强弱不是衡量党员是否合格的标准，二者并不具有完全一致性关系。拥有事业型自豪感的党员一般是合格党员，拥有自利型自豪感的党员许多也是合格党员。自豪感强的党员一般是合格党员，自豪感不强的党员许多也是合格甚至优秀党员，只是因种种原因导致其自豪感不强而已。当然，作为党员不感到自豪甚至无所谓的，往往党员意识不强，对组织的内聚力起消减作用。

党员自豪感及其变化并非衡量党内民主发展状况的标准。改革开放以来，党内民主动员不断强化，更激发了党员的主体意识和党内事务参与热情。而民主发展是循序渐进的，事实上的制度化水平尚难以满足党员对党内民主加快发展的期盼，这种现实与理想的反差，导致部分党员在心理上产生一定的挫折感，这是社会大变革时代包括党内民主发展进程中的普遍现象，自豪感及其变化状况正是党员主体意识不断增强而主体地位尚实现不够的反映，故部分党员自豪感有所减低在所难免。但据此认为党员先进性不强、党的凝聚力减弱、党的建设成效不明显、党内民主进展不大是片面的。在当前视野更广、渠道更多、信息更灵、言论更自由的政治生活背景下，党员更能真实地表达保障权利的强烈愿望，表明进一步推进党内民主进程具有广泛的民意基础，只有切实加快发展党内民主，不断满足党员保障权利的期盼，才能切实增强党员自豪感。

实事求是分析和研究党员自豪感及其变化状况有利于增强队伍建设的针对性。据中组部2008年7月1日发布的最新统计数据显示，截至2007年底，具有大专以上学历的党员2400.8万名，占党员总数的32.4%，并以超过1%的速度逐年增长，35岁以下的党员1730.3万名，占党员总数的23.3%，也在逐年增加。虽然目前这部分党员的自豪感较低，降低幅度较大，但他们主体意识较强，权利要求较高，在党内的影响逐步扩大，代表党的事业发展的未来，只要引导得当，将为党的改革发展事业带来巨大的推动力。同时，60岁以上的党员1782.9万名，占党员总数的24.0%，其学历层次普遍不高，所占党员比例逐渐降低。这部分党员有的经过多年的党外思考和历练，有的经过长期的党内教育和党内生活磨炼，有的在党内外有较大影响，许多人权利意识较弱而服从意识较强，一般能理性对待改革时代这种现实与理想的反差，故自豪感相对较强，提高幅度较大，他们将成为推进改革发展事业的重要稳定力量。

二、党员自豪感及其变化的影响因素分析

党员自豪感及其变化现状是多种主客观因

素交互影响的结果。从客观影响因素分析，主要体现在以下几个方面。

（一）经济社会发展状况和民主建设进程影响党员自豪感

近五年来，我国经济社会建设取得重大成就，这与广大党员发挥先进战士的作用密不可分，同时也为增强党员自豪感奠定了坚实的客观基础。调查B显示，经济较发达地区与欠发达地区比较，党员感到“自豪”的高7.54%，“有一点自豪但不明显”的低1.91%，“不感到自豪”及“无所谓”的低5.69%。可见，经济社会发展状况对党员自豪感影响明显。

十六大以来，我们党以改革创新精神全面推进党的建设新的伟大工程，积极发展党内民主，在理论和实践上取得了重要进展。这为保障党员权利、增强党员自豪感提供了重要基础。党代会制度是党内民主的核心制度。调查B中，开展党代会常任制试点地区与非试点地区比较，党员感到“自豪”的高5.64%，“有一点自豪但不明显”的低4.50%，“不感到自豪”及“无所谓”的低1.49%。

民主政治发展对党员自豪感的影响在农村表现更加明显。发展于上世纪80年代、普遍推行于90年代的村民自治逐渐规范化制度化，农村基层党组织的民主建设取得巨大进展，近年来呈加速发展态势。虽然农民在改革中经济收益相对较少，但却是享受政治民主较多的群体。农村党员在生动的民主实践中，培育了民主意识和民主习惯，增强了自豪感，提高了对党的忠诚度。他们不仅在农村基层选举中发挥作用，而且在民主管理、决策、监督中施加影响，相当部分在当地社会政治生活中形成了一定威望。所以，他们的自豪感最强，近五年增幅最大。可以说，经济社会发展状况和民主建设进程是影响党员自豪感最基础的因素。

（二）党员权利保障状况影响党员自豪感

自豪感从根本上说来自党员在党内获得的认可和尊重及其价值实现水平。权利保障状况是影响党员自豪感最关键的因素。

1.党员知情权保障不足影响党员自豪感。党务公开是保障党员知情权的前提和基础。调查结果显示，五年来，党务公开取得了可喜进步。但也要看到，党务公开的实际水平和质量与党员不断增长的期望差距仍然很大，连最应该公开的选区党代表名单大多仍处于保密状态。调查B1显示，党员自豪感与党务公开相关度较高（在1%显著水平下，二者的相关系数为0.260）。因为党务公开仍显不足，知情权难以得到切实保障，党员自豪感总体水平不高且略有下降就是顺理成章的事情。

2.党员选举权保障不足影响党员自豪感。近年来，党内选举逐步走向规范，尤其在试点地区和部分基层组织选举中得以很好体现。但规范化竞争性的选举尚未实质性展开，故实际上党员的选举权尚没有得到真正保障而趋于虚化。党内选举中最基础的是选举党代表。调查B显示，只有30.40%的党员参加过本选区党代表候选人提名，62.52%的党员参加过本选区党代表的选举，27.34%的党员认为本选区的党代表能代表自己的利益愿望和要求。党员自豪感与上述三者均存在较高的相关性（在1%显著水平下，相关系数分别为：0.237、0.269、0.227）。可见，选举权保障不足严重影响了党员自豪感。

3.党员监督权保障不足影响党员自豪感。当前党员对行使监督权利的要求普遍增强，行使监督权逐渐踊跃，形式逐渐多样化。但因缺乏充分知情权作基础使党员监督往往难以进行，进行批评建议等一般性监督的效果往往不明显，进行举报和调查作证等实质性监督又普遍担心遭打击报复，成本过高，风险过大，党员实际参与监督的行动有所减少，信心有所下降。调查A中，向上级组织或纪检机关举报过违纪违法或腐败问题的党员只占6.07%（调查B1下降到3.06%）。党员如果举报，大多选择匿名方式（占65.28%）。其原因主要是“怕打击报复”（占62.49%），或“担心纪检机关泄密”（占32.83%）。故因监督权被严重弱化而影响党员自豪感。

4.党员参与决策权保障不足影响党员自豪感。党员既然是党内生活的主体，理应直接或间接广泛参与党内事务并行使相应表决权。当前党员参与党内事务的广度和深度虽有所强化，但实际效果差强人意。参与并决定干部的任用是党员参与党内事务最集中的体现。调查B中，54.91%和34.02%的党员分别认为地方和基层党委主要领导干部的升降去留主要决定于上级主要领导人或上级组织部门。只有11.53%的党员认为对上级组织选拔任用领导干部有发言权和监督权，其中农民党员的比例为25.90%，远高于专业技术人员党员的9.69%和公务员党员的9.84%。52.81%的党员明确表示没有这样的权利。党员自豪感与其存在较高相关性（在1%显著水平下，相关系数为0.290）。虽然改革开放以来干部制度改革取得了很大进步，形式不断创新，如农村基层组织民主竞选、机关事业单位中层干部竞聘上岗、试点地区干部公选等，但除此以外，党员对干部任用的有效参与度有所降低，这严重影响到党员自豪感。

党员的其他权利保障状况及其对党员自豪感的影响与上述情况类似。

（三）党内腐败现象的普遍存在影响党员自豪感

近年来，我们党把反腐倡廉作为系统工程有目的、有计划、有步骤地推进。在加强对干部教育的同时，不断加大大案要案查处力度，反腐成绩明显，社会反映良好。同时，现行体制仍带有较强的人治色彩，引发腐败的环境和条件尚未根本改变，制约腐败的力量仍未得以根本性成长，而腐败与人治体制是相生相依互为因果的关系，是内在于体制的社会现象，故从源头上防治腐败仍难有突破，腐败现象滋生蔓延的势头仍未得到有效遏制。调查结果显示，党内腐败现象的普遍存在对党员自豪感产生着严重影响。

（四）党员队伍建设管理不善影响党员自豪感

在和平建设年代，人们加入党组织往往体现其思想政治素质、业务能力、工作实绩、社会影响等方面的社会认可程度，党员正是在与其他社会成员交互作用下表现其先进性而感到自豪。党员自豪感受其实际活动环境下党员与群众比例结构的影响。当前县（区）级以上地方党政部门、乡镇（街道）、中小企业或社区、农村等党员大致比例分别在80%、50%、10%、5%左右，党员相对集中在机关事业单位或国有大中型企业。调查A中，县（区）以上机关等党员比例较高部门党员、乡镇（街道）党员及其他部门党员感到“自豪”的分别为33.19%、37.35%、47.85%。其影响是明显的。

我们党历来重视对党员队伍的教育和管理，这对提高党员队伍的整体素质起到了良好作用。同时，因执纪不严，管理不善，出口不畅，导致一些不合格党员滞留党内，虽其比例不高，但数量不少，影响党的形象，损害党的声誉，严重影响党员自豪感。调查B显示，党员认为当前组织对党的干部和普通党员执行党纪都严格的仅占19.34%，党员自豪感与党内执纪情况相关性较高（在1%显著水平下，相关系数为0.259）。这一现实情况应引起我们高度重视。

三、增强党员自豪感的对策

基于以上分析，笔者认为，为增强党员自豪感，当前应着重关注以下四个方面。

一是着力于深入贯彻落实科学发展观，推动经济社会又好又快发展，为增强党员自豪感奠定必要的前提和基础。

二是尊重党员主体地位，在党内确认权利本位、制度建党及服务党员等理念，积极探索实现党员主体地位的现实途径，加快党内民主建设进程，确保党员成为党内体制性主人而非观念性主人。

三是适应新形势下党的建设的要求，全面清理并修改完善实体性规章制度，特别注重程序性制度建设，形成党的建设的制度机制，逐步实现由着重从思想上建党向着重思想建党和制度建党并重转变。

四是应特别注重从严执纪从严治党，不仅要严把入口，更要畅通出口，尽快健全淘汰机制，及时处置不合格党员，坚决清理蜕化变质的党员干部，进一步提高发展党员质量，优化党员队伍结构和党员分布结构，坚持不懈地提高党员素质，使其真正成为牢记宗旨、心系群众的先进分子。

（作者：中共湖南省长沙市委党校教授）

坚持农村基本制度　促进农村和谐发展

李雪铭

农村的发展关乎整个国家和全社会的发展与和谐。坚持统筹城乡经济社会发展的基本方略，建设社会主义新农村，促进农村的和谐与发展是新时期具有全局性重大的战略任务，也是我国构建社会主义和谐社会的内在要求。在实践层面，必须在坚持我国农村基本制度前提下，创新发展理念、探索发展路径，早日实现"生产发展、生活宽裕、乡风文明、村容整洁、管理民主"的总体要求。

一、坚持和完善我国农村基本制度

在社会主义新农村建设中，既要坚持我国农村基本制度不动摇，又要根据时代和实践发展要求，不断创新相关体制机制，以解决不断涌现的新矛盾、新问题。在我国农村基本制度体系中，最重要的是土地承包经营制度与党的领导和村民自治相结合的制度。土地家庭承包经营的农村基本经营制度是党在农村基本政策的基石，也是农村改革发展稳定的基础，在建设社会主义新农村和促进农村和谐与发展的伟大实践中必须毫不动摇；党的领导和村民自治相结合是在建设社会主义新农村、促进农村和谐与发展中必须长期坚持的农村基本政治制度，也是中国特色社会主义乡村治理机制的基本原则和要求。新时期，坚持和完善这一制度，客观要求在广大农村，既要不断增强基层党组织的战斗力、凝聚力和创造力，还必须确保让农民群众当家作主，使村民自治机构履行自治事务管理、组织和服务的职能。农村社会保障制度是维护社会稳定的安全网。它通过对没有生活来源者、贫困者、遭遇不幸者和一切在失去劳动能力或工作岗位之后的劳动者给予救助，满足其基本生活需要、消除其不安全感，来维护社会稳定。因而，现阶段大力建设农村社会保障制度是促进农村经济发展、稳定农村社会的一道重要防线。

二、创新我国农村建设和发展的理念

实现农村的经济发展与社会和谐，必须以"三农"为对象创新发展理念，大力发展现代农业、培养新型农民、建设现代农村。发展现代农业，就是要从根本上改变传统的农业生产方式，引导农业走上"机械化、电气化、水利化、产业化、市场化和社会化"发展的新路子。其中，"机械化、电气化、水利化"是现代农业生产力的主要标志；而"产业化、市场化和社会化"则是现代农业生产关系的基本要求。发展现代农业，必须注重运用现代物质条件和科学技术装备改造传统农业，大力提高农业科技水平及其向现实生产转化的能力；必须注重运用现代经营形式发展农业，加强农村现代流通体系建设，发展农村现代物流业，培育和发展农村经纪人队伍，加快农业标准化建设及健全农产品检验检测体系；必须大力发展农业产业化经营，建立健全农业社会化服务体系，积极推广“龙头企业、合作组织与农户有机结合”的组织形式，鼓励发展“订单农业”。

培养新型农民，就是要从根本上改变我国农民传统的生产生活方式，使他们成为“懂技术、会经营、能管理、有文化、有组织、守纪律”的社会主义新农民，成为建设社会主义新农村和推进农村发展与和谐的生力军。培养新型农民的关键是加强农村义务教育和对农民的专业技能培训，使作为富余劳动力转移出农村的农民具有较强的务工技能和就业创业能力；使留在农村的劳动者能够适应工业化、城镇化和农业现代化发展的基本要求。

建设现代农村，就是要彻底改变我国农村传统的贫穷、落后、保守及脏、乱、差的面貌，并在那里真正实现“生产发展、生活宽裕、乡风文明、村容整洁、管理民主”。就具体内涵和要求而言，生产发展，就是要进一步解放和发展农村生产力，在优化结构和提高质量效益的基础上，促进农业和农村非农经济的蓬勃发展。生活宽裕，就是要使全社会共享经济发展和社会进步的成果，并在生产不断发展和城乡差距逐步缩小的前提下，促使广大农民享有更加丰富的物质文化生活。乡风文明、村容整洁，就是要使全社会共同文明进步，并在不断克服传统生活陋习、加强精神文明创建和基础设施建设基础上，使我国广大农村更加宜居。管理民主，就是要加强农村民主政治建设，在进一步加强和改进党的领导、落实和完善村民自治的基础上，确实保障农民的知情权、参与权、管理权和监督权。

三、探索我国农村建设和发展的新模式

中共十六大提出的“新型工业化道路”，不仅适用于城市和现代工业发展，也适用于农村和现代农业发展。在我国农村经济建设过程中，必须大力发展新型工业，走出一条以信息化带动工业化、以工业化促进信息化的科技含量高、经济效益好、资源消耗低、环境污染少、人力资源优势得到充分发挥的农村新型工业化路子。农村经济发展的根本出路在于工业化。在农村发展新型工业，应以发挥农村资源优势为基础，以构建和延伸农副产品产业链为方向，以农副产品深加工、提高农副产品附加值为重点，以就地转移农村富余劳动力和农民稳定增收为目标，以科技进步、劳动者素质的提高及体制创新为根本动力。

农业产业化经营是现代农业的重要标志，也是建设新农村、实现农村和谐发展的必然要求。发展农业产业化经营应借鉴二、三产业发展的成功经验，注重培育具有竞争力和带动力的龙头企业和企业集群，推广“龙头带基地”、“公司连农户”、“产销一条龙”等多种先进经营模式，并进一步完善企业和农民利益的联结机制。要充分发挥资本、技术、信息等生产要素在农业产业化经营中的积极作用，让一切创造社会财富的源泉充分涌流，以造福于广大农民。在社会主义市场经济条件下，农业产业化经营必须面向市场，必须着力构建城乡一体、国内外衔接的统一开放竞争有序的现代市场体系，并不断增强农业的抗风险能力。

农村城市化是解决“三农”问题的关键环节，也是实现农村和谐发展的根本途径和内在要求。农村城市化的本质不是将农村发展为大中城市，而是要不断推进城镇化，大力发展中小城市和农村集镇。根本上讲，城镇化是人类生产生活方式由乡村型向城市型转化的历史进程，也是乡村人口向城市人口转化以及城市不断发展完善的历史进程。城镇化的发展，不仅可以承接农村富余劳动力向非农产业的转移，增加农民的就业机会，而且可以减少农业人口，增加农村人均资源占有量，促进农村经济社会发展和农民增收，并大大改善农村生产生活条件，提高农民的生活素质。在推进农村城市化的进程中，必须坚持“规划先行、量力而行、突出

特色、引导扶持”的原则；不搞形式主义与政绩工程，不搞强求一律和包办代替。

总之，以新型工业化带动农业产业化，以农业产业化促进农村城市化，以农村城市化推进城乡经济社会一体化发展，这是根本解决“三农”问题的必由之路，也是建设社会主义新农村、实现我国农村经济发展与社会和谐的基本模式和必然选择。

四、实施综合配套改革，促进农村和谐发展

相关体制机制的综合配套改革与创新是实现我国农村和谐发展的重要动力所在。在体制改革的系统工程中，农村产业结构、政府机构、社会事业与财税金融体制的改革又是重中之重。

首先，要加快农村产业结构的优化与调整。调整优化农村产业结构的主要目标，是使新型工业、现代农业和现代服务业在我国农村相互支撑、互动发展。其基本要求是使我国农业步入“高产、优质、高效、生态、安全”的良性发展道路。其工作重点，是积极发展“特色农业”、“绿色农业”和“生态农业”，培育和壮大农副产品知名品牌。其指导原则是“因地制宜”、“因势利导”，大力推进“一村一品”、“一乡一品”乃至“一县(市)一品”，形成特色经济，实现增值增效。

其次，要进一步推进农村政府机构改革。农村政府机构改革主要指县乡(镇)机构改革。改革的基本目标，一是有利于提高党在农村的执政能力和执政水平；二是有利于形成“行为规范、运转协调、公正透明、廉洁高效”的行政管理体制；三是有利于调动广大农民建设社会主义新农村的积极性，并不断推进我国农村经济的健康发展与社会的和谐稳定。改革的基本原则是精简机构、规范职能，提高效率。改革的基本要求是使政府的决策科学、执行规范、监督有力。改革的重点，是强化政府的社会管理和公共服务职能；实现政府机构及编制法定化；配套推进干部人事制度和司法体制改革；建立依法行政的保障体制；切实解决政府机构层次过多、职能交叉、人员臃肿、权责脱节、多头执法及农村基层领导干部的腐败等问题。

再次，要积极推进农村社会事业体制改革。农村社会事业体制改革的根本目标，就是要大力发展农村教育、医疗卫生和文化事业，建立健全农村社会保障体系，并在农村树立健康文明的新风尚。要实现这一目标，关键是要使农村社会事业体制由“农民主办”型尽快转向“政府社会主导”型。这既是我国和谐发展农村的现实需要，也是国内部分相对发达地区和西方发达国家为我们提供的可资借鉴的宝贵经验。这项改革的切入点，是着重和优先解决在农村“上学难”、“上学贵”、“看病难”、“看病贵”及文化生活贫乏的问题；在此基础上，逐步建立和完善农村免费义务教育制度、农村劳动力定向培训制度、农村新型合作医疗制度、农村公共文化服务体系及农村养老、医疗等社会保障体系。

最后，要进一步深化农村财税、金融体制改革。农村的建设和发展是一个系统工程，而其中的所有环节都需要资金支持。那么，如何解决如此庞大的资金筹措问题呢？中央制定的“工业反哺农业、城市带动农村”及“多予少取放活”的方针为此指明了出路。就历史而言，在我国现代化战略的“前两步走”实施过程中，农业作出了巨大贡献，农民作出了巨大的利益牺牲。可以说，在现有条件下，以工哺农、以城带乡不仅必要，而且应该。就“多予少取放活”方针的内涵和要求而言，“放活”即可通过市场运作和社会机构筹措一部分建设资金；“少取”即可通过农民自身的积累用于农村的建设和发展；“多予”即必须增加国家和政府的扶持。在此三者中，“放活”是基础、“少取”是保证、“多予”是关键。所以，进一步深化农村财税、金融体制改革的方向也就明朗了，即在农村实行积极的财政货币政策，大力拓宽资金来源渠道，加强建设资金流向的监管，为我国农村的发展与和谐提供坚强的财政保障。

综上所述，我国农村和谐发展的长远目标，

是推进农业和农村现代化、构建新型工农城乡关系，实现城乡经济社会一体化发展。在推进这一伟大事业的进程中，必须坚持我国农村基本政治经济制度不动摇，必须注重以创新发展理念为先导，以创新发展模式为蓝图，以机制创新为动力，并以政策创新和建设实绩来不断体现我国农村和谐发展的成果。

（作者：北京师范大学马克思主义中国化研究专业博士生）

第十一部分

组织人才工作和育人用人研究

坚持民主公开竞争择优　推进干部人事制度改革

李源潮

党的十七届四中全会《决定》对新形势下推进干部人事制度改革，建设善于推动科学发展、促进社会和谐的高素质干部队伍作出了全面部署，强调“坚持民主、公开、竞争、择优，提高选人用人公信度，形成充满活力的选人用人机制，促进优秀人才脱颖而出，是培养造就高素质干部队伍的关键”。我们要认真学习领会，全面贯彻落实。

一、深刻认识深化干部人事制度改革的重大意义

深化干部人事制度改革是党的十七大提出的一项重要任务。《决定》将其作为加强和改进新形势下党的建设若干重大问题之一，进行专门阐述和部署。这充分说明深化干部人事制度改革，对于完成党的执政使命具有重大意义。

第一，深化干部人事制度改革，是深入贯彻落实科学发展观、实现全面建设小康社会奋斗目标的迫切需要。深入贯彻落实科学发展观、全面建设小康社会，是当前和今后一个时期我们党的中心任务，是党的政治路线在现阶段的集中体现。党的组织路线是为政治路线服务的，政治路线确定之后，组织工作就要及时跟进。只有进一步深化干部人事制度改革，形成干部选拔任用科学机制，才能更好地为科学发展选干部、配班子、建队伍、聚人才。

第二，深化干部人事制度改革，是发展社会主义民主政治的迫切需要。社会主义民主政治建设是中国特色社会主义事业总体布局的重要组成部分。随着我国经济社会不断发展，人民群众政治参与积极性不断提高，深化政治体制改革、发展社会主义民主政治的要求日益迫切。干部人事制度改革是政治体制改革的核心内容。只有切实尊重和保障广大党员对执政代表的选择权，切实落实人民群众选择人民公仆的权利，才能充分调动党员、群众政治参与的积极性，推动社会主义民主政治健康发展。

第三，深化干部人事制度改革，是增强我国政治制度竞争力的迫切需要。我国参与经济全球化程度不断加深，不仅要应对激烈的经济竞争、科技竞争、文化竞争，而且要应对激烈的思想竞争、制度竞争、政治竞争。当前这场国际金融危机，暴露了西方政治经济制度的缺陷，显示了中国特色社会主义制度的优势。但是，一种制度的优劣，不仅要看其产生的历史必然性和现在的表现，而且要看其适应时代要求和人民愿望进行自我革新的能力。干部制度竞争力是国家政治制度竞争力的核心要素。我们要在激烈的国际政治竞争中赢得主动，就要进一步深化干部人事制度改革，为培养造就高素质领导人才提供制度保证。

第四，深化干部人事制度改革，是解决干部工作中突出问题、提高选人用人公信度的迫切需要。改革开放以来我国干部人事制度改革取得重大进展，但一些深层次矛盾和问题还未得到根本解决。比如，干部选拔任用的民主机制不够健全，少数人特别是一把手说了算的现象在一些地方和部门依然存在，民主推荐、民主测评的科学性真实性还不够高，反映民意、尊重民意不够与民意失真现象同时存在；干部选拔任用中拉票问题比较突出，实际工作中存在简单以票取人现象，导致一些干部怕丢票，不敢坚持原则、大胆负责；干部竞争择优机制不够完善，

优秀年轻干部脱颖而出的渠道不够畅通，干部能上不能下、能进不能出问题仍未得到有效解决；干部约束激励机制不够有力，一些地方和单位干部管理失之于宽、失之于软，对一把手缺乏严格有效的监督；选人用人上的不正之风屡禁不止，整治吏治腐败任务艰巨。这些问题尽管不是主流，但严重影响选人用人公信度。解决当前干部工作中的突出问题，实现吏治清明，关键在改革，希望在改革，根本出路在改革。

二、准确把握深化干部人事制度改革的指导原则

干部人事制度改革是干部工作从思想观念、体制机制到方式方法的全面变革，政治性、政策性很强，必须按照党的十七大和十七届四中全会精神，坚持正确原则，把握正确方向，积极稳妥推进。

第一，坚持党管干部原则。党管干部原则，是党的领导在干部工作中的重要体现。1938年，毛泽东同志在党的六届六中全会上提出了党管干部的思想。1953年，中共中央作出《关于加强干部管理工作的决定》，对党管干部原则作出明确规定。1962年，邓小平同志强调，党要管党，一管党员，二管干部。对执政党来说，最关键的是干部问题。1989年，中共中央《关于加强党的建设的通知》明确了党管干部原则的基本内涵。此后，党的历次全国代表大会和党的重要文件，都强调必须坚持党管干部原则。用人权是最重要的执政权之一。在改革中，放弃党管干部原则就等于放弃党的领导、放弃党的执政地位。党管干部是干部人事制度改革必须始终坚持的基本原则，任何时候都不能动摇。

第二，坚持科学化、民主化、制度化的建设方向。实现干部工作的科学化、民主化、制度化，是深化干部人事制度改革的重要目标。江泽民同志在2001年“七一”讲话中第一次明确提出了这一目标，2002年写进了党的十六大报告。党的十七大报告和党的十七届四中全会《决定》关于干部人事制度改革的要求都充分体现了这一思想。科学化，就是遵循党的事业发展需要和干部成长规律，改进和完善干部人事制度，实现干部工作理论、制度、方法和工作机制的科学化。民主化，就是逐步扩大干部工作民主，把民主的要求贯穿于选人用人的全过程。制度化，就是总结实践中的成功经验，形成内容完备、结构合理、功能健全、科学管用的中国特色社会主义干部人事制度体系。

第三，坚持德才兼备、以德为先的用人标准。胡锦涛总书记2008年在全国组织工作会议上指出，选人用人要坚持德才兼备、以德为先。在十七届中央纪委三次全会上，他再次强调，我们党的干部标准是德才兼备、以德为先，德的核心是党性。《决定》指出，“把干部的德放在首要位置，是保持马克思主义执政党先进性和纯洁性的根本要求和重要保证”。这一论述具有很强的现实针对性。德与才是干部素质不可或缺的两个方面，有德无才，难以担当重任；有才无德，终究要败坏党的事业。与改革开放初相比，我国干部队伍的年龄结构、知识结构、专业结构发生了历史性变化。现在一些干部出问题，主要不是出在才上，而是出在德上。坚持德才兼备、突出以德为先，抓住了当前领导班子和干部队伍建设的关键。

第四，贯彻民主、公开、竞争、择优的改革方针。这是党的十七大报告和十七届四中全会《决定》提出的明确要求。扩大干部工作民主是深化干部人事制度改革的基本方向，就是要进一步落实广大干部群众对干部选拔任用的知情权、参与权、选择权、监督权。公开是扩大民主的前提，就是要增强干部工作的透明度，让选人用人权在阳光下运行。竞争是古今中外选拔和培养优秀人才行之有效的途径，就是用“马场赛马”、公平竞争的办法激发干部人事制度的活力。择优是干部人事制度改革的目的，就是要在干部任用程序中差额比较、选贤任能，把政治坚定、人品和能力经得起实践检验、人民群众认可的优秀干部选拔到各级领导岗位上来。

三、全面贯彻深化干部人事制度改革的重要举措

《决定》在全面总结干部人事制度改革实践经验的基础上，提出了一系列重要改革举措，明确了当前和今后一个时期干部人事制度改革的主要任务。

第一，建立健全主体清晰、程序科学、责任明确的干部选拔任用提名制度。提名是干部选拔任用的初始环节，目前制度还不完善。近年来查处的用人腐败案件，很多涉及这一环节。按照《决定》要求，推进干部选拔任用提名推荐环节的改革，一要合理确定参加民主推荐人员范围。在注重广泛性的同时，根据代表性、知情度和相关性原则，区分选任制、委任制等不同情况，科学界定参加民主推荐的人员，更好地体现广大党员、干部和群众特别是服务对象的真实意愿。二要全面分析民主推荐结果。把尊重民意和不简单以票取人辩证统一起来，对得票情况作具体分析，着重看干部综合德才素质和一贯工作表现，不简单以票数决定干部任用，防止误用不讲原则、不负责任的“老好人”。在“不以票取人”的时候，要有更合理的理由和更严格的审议批准程序。三要鼓励多种渠道推荐干部。坚持五湖四海，广开举贤荐能之路，拓宽党政干部选拔来源。四要规范干部任用提名方式，重点规范领导干部特别是一把手的提名行为。坚持权利与责任相统一，合理界定干部任用提名主体，规范提名形式、提名程序，明确提名责任，使隐性权力显性化、显性权力规范化，防止实际上的个人或少数人说了算。五要严肃查处拉票等违纪行为。拉票问题不解决，就会把民主引向邪路。解决拉票问题，一要堵，二要疏。“堵”就是严明纪律，严肃查处，让拉票者得不偿失；“疏”就是为干部搭建公开表达意愿和展示才华的平台，让“老实人”有被大家了解认识的机会，让干部公平有序参与竞争。

第二，健全促进科学发展的领导班子和领导干部考核评价机制。考核是干部选拔任用和管理监督的基础环节，也是干部人事制度改革的重点和难点之一。经中央政治局常委会议讨论同意，中央办公厅印发了《关于建立促进科学发展的党政领导班子和领导干部考核评价机制的意见》（中办发[2009]30号），中组部印发了与之配套的“三个办法”。按照《决定》要求，下一步要重点解决三个问题。一是完善考察标准。注重从履行岗位职责、完成急难险重任务、关键时刻表现、对待个人名利等方面考察干部的德才表现。要突出科学发展政绩，根据不同区域、不同层次、不同类型干部的特点，建立各有侧重、各具特色的考核内容和考核指标体系，探索建立领导班子和领导干部工作目标责任制和岗位职责规范。二是优化考察办法。以平时考核、年度考核为基础，以换届考察、任前考察为重点，把平时考核、年度考核与任前考察、届中届末考核结合起来，增强考核的全面性和准确性。要充分运用巡视、审计、统计结果和部门（行业）专项考评结果，完善民意调查、实绩分析等方法，落实领导干部任用延伸考察办法，全面客观地考核评价干部。要按照于法周延、于事简便原则，根据不同考核对象、考核任务合理选用考核办法，使考核更加简捷高效，避免重复考核。三是强化考察结果运用。把考察结果作为干部选拔任用、培养教育、管理监督和激励约束的重要依据，充分发挥考察的导向作用。建立考核结果反馈制度，及时向领导班子和干部本人反馈考核结果，并在一定范围内通报。

第三，完善公开选拔、竞争上岗等竞争性选拔干部方式。公开选拔、竞争上岗，是近年来的调查中干部群众认为最有成效的选人用人改革措施。党的十七大以来，各地普遍加大了竞争性选拔干部力度，但还没有做到经常化、制度化、规范化。要继续把完善竞争性选拔干部方式作为干部人事制度改革的一个重点，突出岗位特点，注重能力实绩。一是加大竞争性选拔干部的力度。有条件的地方和部门可以每年开展竞争性选拔干部工作，对一些重要职位进行公开选拔，机关中层以下领导职位除特殊岗位

外逐步做到竞争上岗为主要选拔形式。二是完善差额选拔干部办法。推行差额推荐、差额考察、差额酝酿、差额票决，进一步扩大民主，促进好中选优。三是提高竞争性选拔干部的质量。按照“干什么、考什么”原则，改进笔试或面试方法，借鉴现代人才测评技术，真正考出干部的基本素质和实际能力。把考试和考察更好地结合起来，全面准确地了解干部的德才表现和工作实绩，防止凭印象起用夸夸其谈的“马谡”。探索上下结合、多部门联动等公选方式，拓宽视野，统筹资源，降低成本，提高效率。

第四，积极推进干部教育培训的改革创新，提高领导班子和领导干部推动科学发展、促进社会和谐能力。继续大规模培训干部、大幅度提高干部素质，是党的十七大提出的一项重要任务。《决定》再次强调，要加强领导班子和领导干部领导能力培养，提高运用科学发展观干事创业水平。要以提高培训质量和效益为重点，全面推进干部教育培训理念、内容、方式和体制机制的改革创新。一要加强理论培训，用中国特色社会主义理论体系武装干部头脑，加强党性教育，坚定理想信念。二要加强能力培训，重点提高谋划发展、统筹发展、优化发展、推动发展的本领和群众工作、公共服务、社会管理、维护稳定的本领，注重增强新形势下依法办事能力和应急管理、舆论引导、新兴媒体运用、民族宗教工作等方面能力。三要牢固树立按需培训的理念。把组织需求、岗位需求和干部本人需求有机结合起来，努力做到事业需要什么就培训什么，干部缺少什么就培训什么。要建立自主选学与组织调训相结合的干部参训机制和干部教育培训实效考核评估制度，充分激发干部参加培训的内生动力。四要坚持开放竞争，统筹优化干部培训资源。在充分发挥党校、行政学院和干部学院主渠道、主阵地作用的同时，充分发挥高校在科学文化素养培训方面的优势，使之成为干部教育培训的重要方面军。五要改进学风。把加强学风建设作为干部教育培训改革的一项紧迫任务，弘扬理论联系实际之风、刻苦钻研之风、艰苦奋斗之风。要坚持从严治校、从严治学，整治不良学风，强化学员管理、教学管理，严格校规校纪，营造良好学习秩序和氛围。

第五，完善年轻干部、后备干部培养选拔制度，建立来自基层一线党政领导干部培养选拔链。源源不断培养大批优秀年轻干部是关系党和国家事业的根本大计。按照《决定》精神，今后要着重抓好以下四个方面工作。一是坚持加强党性修养、加强实践锻炼的培养方针。鼓励年轻干部到基层工作，有计划安排年轻干部到艰苦地区、复杂环境、关键岗位砥砺品质、锤炼作风、增长才干。有意识地在完成重大任务、应对重大事件、抗击重大自然灾害等关键时刻锻炼和考验年轻干部。加大年轻干部跨地区、跨部门、跨行业交流力度，通过多岗位锻炼丰富阅历、提高本领。二是扎实抓好后备干部队伍建设。对后备干部坚持重在培养、同样使用，突出党性锻炼和实践锻炼，提高解决实际问题的能力，使用时与其他干部同样标准、同样程序，不搞照顾性使用；坚持优进绌退、动态管理，不搞一次选拔定终身。后备干部队伍实行复式年龄结构和梯次配备，根据干部成长周期，分为近期和中长期，分别提出不同的年龄和职务层次要求，避免在年龄上层层递减和“一刀切”。要抓好关键岗位后备干部队伍建设。加强女干部、少数民族干部、党外干部培养选拔，做到系统培养、择优使用。三是探索建立上级党政机关从基层一线遴选干部制度。坚持重视基层的干部导向，建立和完善选拔优秀村干部担任乡镇党政领导职务的办法，注重从乡镇党政领导班子成员中选拔县级党政领导干部，加大从基层一线招录公务员的比例。地方县级以上党政领导班子成员出现空缺时，要优先从具有基层一线工作经历的优秀干部和人才中选拔。四是推进选聘高校毕业生到村任职工作。建立定期选聘、岗位培训、配套保障、跟踪培养、正常流动、齐抓共管等制度，确保大学生“村官”下得去、待得住、干得好、流得动。

第六，坚持严格要求与关心爱护相结合，健全干部管理机制。党要管党，关键是管好干部；从严治党，首先要从严管理干部。《决定》把严格管理监督干部作为深化干部人事制度改革的重要内容，提出要坚持严格要求与关心爱护相结合，健全干部管理机制。一是加强对关键岗位干部的重点管理。既要坚持分级管理，又不能简单地以级别论轻重，而要根据岗位的重要性来考虑干部工作布局和战略重点。比如，对县委书记就不能按一般的处级干部来对待，必须实行重点管理。二是严格干部日常管理监督。干部出问题，多数都是“小洞不补，大洞吃苦”。干部管理监督要抓早、抓小，防患于未然。现在，干部日常管理监督的制度不少，关键是执行不力。落实制度，也是改革的重要环节。严格管理的基础在于及时了解、全面掌握干部的真实情况，对干部存在的苗头性问题早发现、早提醒、早纠正，不宜继续任职的要果断及时调动，不能等到问题严重了、矛盾积累恶化了才去解决。三是切实解决干部调整难处理难的问题。完善并严格执行领导干部问责制，严明领导责任，对失职渎职、造成重大损失或恶劣影响的干部要追究责任。制定调整不适宜担任现职干部的办法，明确不适宜担任现职的情形，规范调整的原则、程序，探索干部调整后的多种安排方式。四是完善干部激励保障制度。要坚持奖惩分明，把严格要求和关心爱护结合起来，特别要关心基层干部，帮助他们解决实际困难。要建立健全干部职务与职级并行制度，实行干部职级与待遇挂钩，对长期在基层和艰苦边远地区工作的干部、长期担任县乡党政领导职务的干部实行工资福利倾斜政策。坚持精神鼓励与物质奖励相结合，更好地调动广大干部的积极性、创造性。

第七，加大干部交流力度，完善干部交流制度。干部交流对于促进区域协调发展、培养和锻炼干部、防范用人上的不正之风具有重要作用。按照《决定》要求，今后要从四个方面做好干部交流工作。一是围绕促进科学发展，大力推进地区之间、中央机关和地方之间的干部交流。坚持有计划选派东部经济较发达地区优秀干部、年轻干部到中西部地区任职，把中西部地区的优秀干部、有发展潜力的干部选派到东部发达地区任职学习锻炼。继续从中央国家机关选派优秀干部到地方工作。围绕西部大开发、振兴东北地区等老工业基地、中部地区崛起、国家支柱产业及重大项目建设、援藏援疆工作等进行干部交流。二是加大重要岗位领导干部的交流力度。这些年开展的党政正职、纪委书记、组织部长、人民法院院长、人民检察院检察长、公安局(厅)长等重要岗位干部交流，主要是本人成长地的回避交流。下一步，要逐步建立新提拔重要岗位干部异地任职制度。三是积极推进机关中层干部的交流轮岗。健全党政机关内部管理人、财、物和执纪、执法等岗位干部定期轮岗制度，防止干部因在同一岗位工作时间过长而滋生腐败。积极探索机关中层干部跨系统跨部门交流轮岗的有效途径和办法。四是疏通党政机关干部、企事业单位干部交流渠道，研究制定党政机关与国有企事业单位之间干部交流实施办法。在积极推进干部交流的同时，要强化干部任期观念，严格控制选任制领导干部尤其是地方党政主要领导任期内职务变动，保持干部任期内相对稳定。

第八，匡正选人用人风气，不断提高选人用人公信度。坚决整治用人上不正之风，既是深化干部人事制度改革的重要任务，也是干部人事制度改革顺利进行的重要保证。《决定》明确提出，要匡正选人用人风气，坚决整治跑官要官、买官卖官、拉票贿选等问题。我们要以最坚决的态度同用人上的不正之风进行战斗，确保实现提高选人用人公信度的目标。一是要加大从源头上防治用人上不正之风的力度，健全干部选拔任用监督机制和严重违规用人问题立项督促检查制度，健全干部选拔任用责任追究制度。二是要强化公开监督，扩大干部工作信息公开，把选拔任用干部满意度民意调查作为提高选人用人公信度的有力杠杆。三是要严肃查处违规违纪用人行为，用铁的纪律保证选人用人风清气正。经过努力，要使全党和人民群众对干部选拔任用工作的满意度、对整治用人上不正之风的满意度都有提高。

四、坚定不移地推进改革，积极稳妥地把握改革

改革开放以来，我们党一直在推进干部人事制度改革。现在，干部人事制度改革已经进入攻坚克难的关键阶段，尤其需要调动各方面的积极性，强化改革共识，凝聚改革力量，齐心协力推进改革。

第一，要充分认识改革的艰巨性、复杂性、长期性，始终坚持改革的正确方向，始终保持改革的锐气和勇气。干部工作中的矛盾和问题错综复杂，“官本位”的影响根深蒂固。改革堵了那些投机钻营、跑官要官、买官卖官者的路，必然会遭到激烈的反对和非议。干部人事制度改革直接涉及权力和利益关系的调整，牵一发而动全身。改革有风险，但不改革党就会有危险。现在有些干部只对上负责、不对下负责，有些低能低效，也有些以权谋私，群众意见很大。这些问题发展下去，就会导致党脱离群众、丧失先进性和执政地位。解决这些问题，必须按照中央要求，坚持民主选人、公开监督、竞争上岗、择优用人。我们要增强忧患意识、责任意识，坚定改革的信心和决心，以无私无畏、与时俱进的精神，坚持改革、推进改革、完善改革。

第二，要尊重基层首创精神，支持改革、鼓励创新。干部人事制度改革的许多重大举措，都源于基层的实践创造。比如公开选拔、竞争上岗、任前公示、全委会票决等，都是先有基层探索，然后经过总结提炼、规范完善，上升到制度层面的。要尊重基层首创精神，鼓励从实际出发，针对干部人事制度改革中的难点问题，积极探索、大胆创新。对改革中出现的失误和不完善不应求全责备，而应及时指导完善、帮助修正和总结经验教训，创造有利于改革的良好环境。

第三，要加强宏观指导，保证改革积极稳妥、有序可控。干部人事制度改革关系党和国家的领导制度，潜在的风险比其他方面的改革要大，必须在党的领导下有序可控进行，保持改革的正确方向。一要增强制度设计的科学性、合理性、协调性，注意改革措施的衔接配套，防止随意性、盲目性。二要加强对改革风险的评估。任何改革措施都会有利有弊，决策改革是一个权衡利弊的过程，推进改革是一个不断兴利除弊的过程。每一项改革措施的出台，都要考虑干部和群众的接受程度，既要看到其积极作用又要看到其可能产生的消极影响，努力降低改革风险。三要加强对改革局势的研判，把握好改革的时机、重点、力度和节奏。既要坚定不移地推进改革，又要审时度势地把握改革，积极稳妥地掌握好改革的进程。要坚决排除各种敌对势力干扰，坚定不移地走中国自己的路。

第四，要加强舆论引导，营造良好的改革氛围。在信息化时代，互联网、手机等现代传媒和通讯手段快速发展，信息传播渠道日益多样化，传播速度也越来越快。干部工作是社会关注的热点、人们议论的焦点，正面宣传跟不上，大量小道消息就会不胫而走，以讹传讹、混淆视听、干扰改革。要加强对干部人事制度改革新举措、新进展、新成效的宣传，让广大党员、干部和群众及时了解改革、支持改革、参与改革、监督改革。要加强舆情分析，加强对热点问题的舆论引导，防止不当炒作，形成有利于推进改革的舆论导向和社会氛围。

第五，领导干部要解放思想，做改革的引导者、推进者、驾驭者。从实践看，哪里的领导思想解放，哪里的改革就生机勃勃。深化干部人事制度改革，会约束领导干部特别是一把手的用人权。但从长远看，改革不仅对党的事业有利，对用人管人的领导干部也大有好处。作为党的领导干部，要进一步开阔眼界、开阔思路、开阔胸襟，讲党性、顾大局、谋长远，积极引导改革，真心支持改革，有序推进改革，为发展中国特色社会主义作出应有的贡献。

坚持德才兼备、以德为先用人标准

沈跃跃

党的十七届四中全会通过的《中共中央关于加强和改进新形势下党的建设若干重大问题的决定》(以下简称《决定》)强调:"坚持德才兼备、以德为先用人标准。"这是我们党对干部选拔任用工作历史经验的科学总结,是对党的组织路线和干部政策的丰富发展,是新时期党的干部工作的重要指导方针。深刻理解和全面贯彻这一重要标准,对于建设善于推动科学发展、促进社会和谐的高素质干部队伍,具有极其重要的意义。

一、坚持德才兼备、以德为先用人标准是保持马克思主义执政党先进性和纯洁性的根本要求和重要保证

新的历史条件下,世情、国情、党情的深刻变化对干部的德才素质提出了新的要求。坚持德才兼备、以德为先用人标准,是我们党顺应时代发展的新要求和人民群众的新期盼,保持党的先进性和纯洁性的重大政策和战略举措。

(一)坚持德才兼备、以德为先用人标准是坚持党的性质和宗旨、实现党的历史使命的需要。用什么样的标准选人、选什么样的人,是否把干部的德放在首要位置,是判断一个政党先进性的重要标准,决定着一个政党的兴衰成败。选拔任用干部既注重才能,更注重品德,把政治上靠得住、工作上有本事、作风上过得硬、人民群众信得过的干部选拔上来,使各级领导权特别是党和国家领导权牢牢掌握在忠于党、忠于国家、忠于人民的人手中,对于确保我们党始终是中国工人阶级的先锋队、同时是中国人民和中华民族的先锋队,始终坚持全心全意为人民服务的根本宗旨,始终走在时代前列,具有决定性作用。我们党自诞生之日起就勇敢担当起带领中国人民创造幸福生活、实现中华民族伟大复兴的历史使命。当代中国共产党人要继续承担好这个历史使命,从新的历史起点出发,应对前所未有的严峻挑战,应对世所罕见的困难和风险,紧紧抓住并用好我国进一步发展的重要战略机遇期,实现全面建设小康社会的宏伟目标,开创中国特色社会主义事业新局面,必须拥有一支具有坚定理想信念,坚定不移信仰马克思主义,坚定不移高举中国特色社会主义伟大旗帜,坚定不移贯彻执行党的路线方针政策的执政骨干队伍。坚持德才兼备、以德为先用人标准,是建设这样一支执政骨干队伍的关键。

(二)坚持德才兼备、以德为先用人标准,是全面提高干部队伍素质的需要。干部队伍的素质如何,直接影响着党的先进性。我们党在不同历史时期,培养和造就了一批又一批、一代又一代德才兼备的骨干队伍。特别是改革开放以来,我们党全面贯彻干部队伍"四化"方针和德才兼备原则,干部队伍整体素质得到明显提高。但也要清醒地看到,当前干部队伍正处在整体性新老交替的重要时期,不仅新中国成立前入党和参加工作的干部已全部退出领导和工作岗位,而且"文革"前入党和参加工作的干部也已经或将要退出领导和工作岗位,改革开放以后成长起来的干部逐步成为干部队伍的主体。总体来说,现在的干部学历层次比较高、知识面比较宽、思想比较活跃、开拓创新精神比较强,但由于一些干部缺乏严格的党内生活锻炼和重大政治风浪考验,加上在个人成长中忽视"内功"修炼,以致在执政考验、改革开放考验、市场经

济考验、外部环境考验面前，党性修养、作风养成和道德品行呈现明显不足，许多干部出问题往往不是出在才上，而是出在德上。有的理想信念动摇，对马克思主义信仰不坚定，对中国特色社会主义缺乏信心；有的宗旨意识淡薄，对群众缺乏感情，想自己的东西过多，没有把主要精力用在工作上；有的贪图安逸、追求享受，和组织讲条件，不愿到基层和艰苦地区工作；有的过分看重自己的能力和贡献，忽视组织的培养、同事的支持和群众的努力，骄傲自满、自以为是。还有一些领导干部由于缺乏复杂环境、长期艰苦实践的磨练，处理复杂问题、驾驭复杂局面、做群众工作的实际本领不强，领导科学发展的能力亟待提高。这就迫切需要全面贯彻德才兼备、以德为先用人标准，树立正确用人导向，教育引导广大干部把德放在更加突出的位置，自觉加强党性修养，注重实践锻炼，努力提高思想政治素质和领导水平。

（三）坚持德才兼备、以德为先用人标准，是提高选人用人公信度的需要。提高选人用人公信度，是党的十七大对干部工作提出的重大任务，体现了选人用人让全党满意、让群众满意的本质要求，对于增强党的威信、提升党的形象、激发党的内生活力，具有十分重要的意义。提高选人用人公信度，关键是干部选拔任用工作和选拔出来的干部得到干部群众的广泛认可。这就要求我们必须坚持德才兼备、以德为先用人标准，并把这一标准贯彻落实到干部工作的各个方面。当前，在干部选拔任用工作中，一些地方和部门存在着重才轻德、以才蔽德、以绩掩德的现象，致使一些品行不端、作风不实、投机钻营、有才无德的人得到提拔重用，群众反映强烈，严重影响选人用人公信度。贯彻德才兼备、以德为先用人标准，把干部的德作为一个标杆、一种导向高高举起，坚持公道正派、坚持任人唯贤，把德才兼备的人选准用好，就能让选拔出来的干部组织放心、群众满意、干部服气，就能极大地调动广大干部群众的积极性，有效提高选人用人公信度。

二、深刻理解坚持德才兼备、以德为先用人标准的基本要求

德才兼备、以德为先作为新形势下党的干部路线的集中体现和选人用人的根本标准，具有丰富的时代内涵和很强的现实针对性、指导性，需要我们深刻理解和全面把握。

（一）正确把握德与才的辩证关系。这是理解和贯彻德才兼备、以德为先用人标准的前提。“才者，德之资也；德者，才之帅也。”德是才的统帅，决定着才的作用的方向；才是德的支撑，影响着德的作用的范围。与才相比，德始终是第一位的。坚持德才兼备、以德为先用人标准，就是选人用人要以德为前提、以德为先决，同样是能力强的干部，谁在德方面表现更加突出，就提拔重用谁；对于在德方面存在严重问题的干部，本事再大也不能提拔重用；对已在领导岗位上德出了问题的干部，还要坚决调整下来。当然，德与才是辩证统一的，强调以德为先，也决不能忽视才。一个干部有德无才，政治上虽然可以信赖，但难以托付重任。因此，在选拔任用干部工作中，必须把德才兼备、以德为先用人标准作为一个整体来认识、来把握、来贯彻，既要把好政治关、又要把好才能关，真正把那些品德好、同时又有真才实学、能力突出的干部选拔上来。

（二）正确把握德的重点。贯彻德才兼备、以德为先用人标准，首先要把握好干部的德。《决定》在总结党的选人用人历史经验的基础上，综合不同层级领导干部德的共同点，提出了当前和今后一个时期看干部德的重点：一是是否忠于党、忠于国家、忠于人民。对党、国家和人民无限忠诚，时刻把党和人民放在心中最高位置，是共产党人的立德之基。领导干部必须忠于党的事业，听党的话，永远跟党走，坚决贯彻执行党的路线方针政策，始终与党中央保持高度一致。必须始终把维护国家整体利益贯穿于改革发展稳定的实践中，在国家利益受到损害的时候，敢于挺身而出，旗帜鲜明地开展斗争。必须坚持立党为公、执政为民，努力实践全

心全意为人民服务的宗旨，对人民群众有深厚的感情，真正做到权为民所用、情为民所系、利为民所谋。二是是否确立正确的世界观、权力观、事业观。牢固树立正确的世界观、权力观、事业观，是领导干部的修德之本。世界观决定着人生观、价值观，权力观决定着地位观、利益观，事业观决定着工作观、政绩观。领导干部只有牢固树立马克思主义世界观，坚持用辩证唯物主义和历史唯物主义观察世界、分析问题，只有始终牢记手中的权力是人民赋予的，只能用来为人民谋利益而决不能为个人谋私利，只有把自身的价值实现和人生追求融入为党和人民事业的不懈奋斗之中，才能在纷繁复杂的环境中始终保持清醒头脑，为人民掌好权、执好政、办好事。三是是否真抓实干、敢于负责、锐意进取。领导干部要坚持一切从实际出发，说老实话、办老实事，埋头苦干、不事张扬；坚持原则、敢抓敢管，面对困难、勇挑重担，出现失误、敢于负责；始终保持积极进取的精神状态，以改革创新精神研究解决新情况新问题，不断取得新成效。四是是否作风正派、清正廉洁、情趣健康。在目前社会环境比较复杂的情况下，这方面修养显得尤为重要。一个干部能做到办事公道、为政清廉、待人平等、律己严格，自觉抵制权力、金钱、美色的诱惑，堂堂正正做官、清清白白做人、干干净净做事，这样的干部在德的方面才是过硬的。

（三）正确把握考察德的途径和方法。识人难、用人难，往往难在识德上，如何考察干部的德一直是干部考察工作中的一大难题。《决定》通过对干部考察工作的全面分析，提出了考察干部德的主要途径。一是从履行岗位职责中考察干部的德。判断干部的德，不仅要看他说得怎样，更重要的是看他做得如何。要通过看干部在履行岗位职责中的工作动机、工作态度、工作作风、工作成效以及工作中表现出的团结协作精神等，全面了解干部的德。二是从完成急难险重任务中考察干部的德。完成急难险重任务的情况是干部德才在一定时间内最集中、最直接的反映。要重点看干部的胆识、意志品质和对群众的感情，特别是在重大灾害和突发事件面前，要看干部能否冲在一线、沉着应对、坚韧不拔，始终站在党和人民的立场上，按照党的政策和国家法律做好工作。三是从关键时刻表现中考察干部的德。干部的理想信念、政治立场等往往在面对重大问题、重大政治事件时表现得最为充分。在大是大非问题面前，是立场坚定、态度鲜明，还是见风使舵、盲目跟从；是坚持原则、勇于斗争，还是是非不分、退缩逃避；是服从组织、顾全大局，还是敷衍塞责、讨价还价，是对一个干部政治品德的深刻检验。四是从对待个人名利的态度中考察干部的德。在这个问题上，关键要看干部对待个人升迁的态度，是以辛勤的工作、良好的品格、平和的心态接受组织挑选，以大局为重服从组织安排，还是采取不正当的手段，跑官要官、求情拉票。要看干部在利益诱惑面前，能不能保持清醒头脑、不为所动。还要看干部在荣誉面前，能否正确对待、真诚谦让、见贤思齐。

考察干部的德除采取上述途径和方法外，还要结合工作实际不断拓展和完善。要注意全面、历史、辩证地看干部的德，要从为官和做人两个层面上去分析、从全部的成长轨迹中去把握、从优缺点的准确认识中去评价，从工作之余的情况中去了解。要注意从群众的口碑中了解干部的德，对干部德的情况群众最有发言权，既要了解“现实的口碑”，又要到干部曾经工作过的地方了解“过去的口碑”，在对比分析中获得群众对干部德的真实评价。要注意听取少数知情人的意见了解干部的德，干部品德上的一些重大问题往往知晓的范围很小，有一定隐蔽性，多数人可能不明就里，这时少数知情人的意见更具有真实性，更有利于了解干部的德。

三、把坚持德才兼备、以德为先用人标准贯彻到干部队伍建设的各个方面

坚持德才兼备、以德为先用人标准，既要贯彻到考察干部、识别干部、选用干部中，又要体

现在教育干部、培养干部、管理干部中，真正落实到干部队伍建设的各个方面，尤其要把干部德的养成放在更加突出的位置。

（一）坚持正确用人导向以立德。用人导向是一面鲜艳的旗帜。用准一个干部，就会对广大干部起到积极的引导、示范和激励作用；用错一个干部，就会挫伤干部群众的积极性，甚至败坏党的风气。选人用人要坚持从党的事业出发，树立注重品行、科学发展、崇尚实干、重视基层、鼓励创新、群众公认的用人导向。要让那些品德高尚、能力出色、实绩突出、作风正派、群众公认的干部受关注、受尊重、受重用；让那些品德低下、能力平庸、不干实事、不敢负责、作风飘浮、群众信不过的人，没有市场、没有位置、没有地位，真正让能干事者有机会、干成事者有舞台，不让老实人吃亏，不让投机钻营者得利。通过树立正确用人导向，在全社会营造更加重德的浓厚氛围，引导干部更加注意品德修养，按党的要求为官、按传统美德修身、按群众期盼干事。

（二）加强教育培养以育德。干部教育培养要把育德放在首要位置，采取多种措施常抓不懈。把干部德的教育作为干部教育培训的必修课，教育干部常修为政之德、常思贪欲之害、常怀律己之心，努力做到立身不忘做人之本，为政不移公仆之心，用权不谋一己之私，始终保持共产党人的高尚品德。要坚持经常性教育与集中教育相结合，当前，要以开展深入学习实践科学发展观活动为契机，引导广大干部自觉加强党性修养和作风养成，着力解决党性党风党纪方面存在的突出问题，不断增强贯彻落实科学发展观的自觉性和坚定性。要坚持教育培训与实践锻炼相结合，引导广大干部注重在艰苦环境、危难时刻磨练意志、砥砺品质，在直面矛盾、破解难题中培养敢于负责、勇于创新的精神，在自觉践行党的宗旨、为群众排忧解难中增强为民意识、升华爱民情怀，真正做到为民、务实、清廉。

（三）严格管理监督以律德。干部良好品德的养成，既靠严格自律，也靠管理监督。一方面，干部要严以律己，自觉培育敬畏之心，敬畏历史、敬畏人民、敬畏法纪，始终以党的纪律、党性原则和道德规范严格要求自己，珍重自己的人格、珍重自己的声誉、珍重自己的形象，慎微、慎独、慎友，自警、自省、自励。另一方面，组织上对干部要严格要求、严格管理、严格监督，坚决纠正干部管理中失之于宽、失之于软的现象。要完善谈心谈话制度，增强谈话的针对性，在干部思想波动、接到群众反映、班子出现不团结等问题时，及时提醒打招呼。要加强对干部执行政策、纪律、制度等各种规矩的督促检查，做到言必信、行必果，坚决维护党的规矩的严肃性。要认真贯彻落实党内纪律处分条例和党内监督条例，充分发挥党内监督对干部的约束和警示作用。要把党内监督、群众监督、社会舆论监督结合起来，努力形成对干部监督的强大合力。

以学习实践活动推进干部队伍建设

张全景

今年是建国 60 周年，我们要认真总结成绩和经验，更好地建设中国特色社会主义。全面总结建国 60 周年社会主义建设和改革事业的成绩与经验，必须以马列主义、毛泽东思想、邓小平理论、“三个代表”重要思想和科学发展观为指导，坚持实践的观点。

党的干部是党的事业的骨干。学习实践科学发展观，树立科学的思想方法、工作方法，最终要落实到各级领导班子和领导干部。必须全面加强干部教育、选拔、管理和监督工作，努力建设高素质的干部队伍，这是保证全党形成正确的思想方法、工作方法，落实科学发展观的基础和组织保证。

坚持用科学理论武装干部

科学的思想方法、工作方法是同正确的世界观、人生观、价值观联系在一起的。没有正确的世界观、人生观、价值观，就不会有科学的思想方法、工作方法。广大干部党员要认真学习马列主义、毛泽东思想、邓小平理论、“三个代表”重要思想和科学发展观，这是我们共产党人加强自身修养的理论基础。现在，有些干部忽视理论学习的现象比较严重。据一份调查材料介绍：对理论学习不感兴趣的占72.6%，认为学习中存在形式主义的占72.9%，学习时间没有保证的占64.2%，学习效果不明显的占52.6%。一个人的知识、能力与读书成正比。只有通过学习基本理论，才能真正树立正确的世界观，把朴素的感情升华到理性的高度，由自为变为自在。要充分认识中国特色社会主义理论体系与伟大旗帜的关系，把学习马列主义、毛泽东思想与学习邓小平理论、“三个代表”重要思想、科学发展观密切结合起来。结合得好，才能学得更好，理解得更深。

要教育干部学点哲学。哲学是智慧的学说，辩证法是智者的武器。“学好哲学，终身受益”。无论从事什么工作，都离不开哲学思考和辩证思维。学哲学、用哲学，大有用武之地。我们说掌握正确的思想方法、工作方法，最主要的也就是要掌握好辩证法这个武器，学会运用辩证唯物主义和历史唯物主义的立场、观点、方法来分析和解决问题。学习哲学是对所有干部的要求，特别是领导干部应当学得好一些、深一些。

要学一点社会发展史。真正从社会发展基本规律上认清资本主义的灭亡、社会主义的胜利是历史的必然，是不以人们的意志为转移的。这是树立科学世界观，坚定理想、信念的重要理论基础。

要自觉投入改革开放的伟大实践。到实践中去，到群众中去，在实践和群众工作中增强锻炼，增加才干。要经常总结经验教训，自觉接受群众监督，不断提高思想水平和工作能力。

教育监督干部加强党性锻炼，树立良好的思想作风和工作作风

加强领导干部党性修养，树立和弘扬优良作风，是党的执政能力建设和先进性建设的重要内容，是贯彻落实科学发展观，树立正确思想方法、工作方法的重要保证。胡锦涛同志在中纪委十七届三次全会上的讲话中指出，党性是“德”的核心，坚持德才兼备的干部标准，必须加强领导干部党性修养，教育监督领导干部增强宗旨观念和纪律观念，提高实践能力，强化责任意识，树立正确的政绩观和利益观。我们要结合实际认真抓好落实。

要教育干部正确对待名、权、利。自觉遏制私欲，把私欲控制在法律、纪律、社会公德之内。“非礼勿视，非礼勿言，非礼勿听，非礼勿动。”用现在的话说就是，不该看的不看，不该说的不说，不该做的不做，不该拿的不拿。在社会主义市场经济条件下，要加强党性锻炼，自觉经受名位、权力、金钱、美色、亲情的考验，经受得住就可立于不败之地，经受不住就会犯错误，甚至犯罪。要教育干部正确对待升迁，要为人民做大事，不要贪图做高官。一个领导干部的工作，就是一个地方、一个部门一段时期的历史。从古至今，凡是为人民做好事的，将会永远活在人民心中，无所作为的则如过眼烟云，做了坏事的将会遗臭万年。历史上的清官廉吏，有的过了几百年、几千年，老百姓还在传颂，就是因为他们不管是“居庙堂之高”，还是“处江湖之远”，都能惦记百姓的困苦。韩愈是河南人，曾被贬到潮州，苏轼是四川人，被贬到黄州、海南，在当地做

了好事，一千多年过去了，群众仍然怀念他们。当代领导干部的楷模孔繁森、焦裕禄、谷文昌等等，之所以一直活在人民心中，就在于他们时刻把人民的利益放在高于一切的位置，从不计较个人的名利得失。

要引导干部进一步转变作风。要坚持深入基层，深入群众，认真加强调查研究工作，全面了解事物各个方面的情况和来龙去脉。不管做什么工作，都先要进行调查研究，了解事物的真相，把握其发展变化的客观规律，在此基础上，才能制定出正确的路线方针政策。调查研究要深入。现在有的干部忙于会议、事务、应酬，忙于形式主义的检查汇报，不深入基层，不深入群众；有的干部虽然下去了，但是放不下架子，不到群众中听取意见，习惯于坐在会议室里听汇报、看材料，这样“调研”很难了解到真实情况，也是很危险的。加强调查研究还要切实转变会风。领导干部如果整天忙于出席各种大会、小会，调研工作自然要打折扣。最近看到一份材料，河北省唐山市把几十个会议合并为一个会，光经费就节约了1000多万元。这种精简会议的做法，很值得提倡。可开可不开的会，坚决不开。

要加强对党员、干部遵守政治纪律的教育和监督。特别是在涉及党的基本理论、基本路线、基本纲领、基本经验的重大政治问题上，党员、干部尤其是中高级干部应坚决维护中央权威，同中央保持一致。

进一步改进干部选拔管理工作

近年来，党和国家先后颁布了《深化干部人事制度改革纲要》、《党政领导干部选拔任用工作条例》、《公务员法》，以及干部考核、选拔、任用、教育、监督等方面的一系列规章制度，形成了比较完备的法规体系，为搞好干部选拔管理工作提供了重要保证。但还需要不断深入，不断改进。搞好干部选拔管理工作，最根本的是要围绕提高干部素质，选好、用好、管好干部来进行。

首先，要突出对重要部门领导班子和重要领导干部的选拔、教育与管理。任何工作都要突出重点，不能“眉毛胡子一把抓”。历史的经验表明：没有重点就没有政策。重点就是主要矛盾、关键环节。重点工作做好了，就能够起到带动全局的作用。这是马克思主义的工作方法论，也是贯彻落实科学发展观的必然要求。干部工作的重点在哪里？我看，要在全面抓好整个干部队伍、领导班子建设的基础上，突出三个重点。一是突出对高级干部主要是省部特别是正职及以上干部的管理。高级干部的政治水平、领导水平，直接关系党和国家的前途命运。这些干部不仅应当努力成为有知识、懂业务、胜任本职的内行，而且首先要成为忠诚于马克思主义、坚持走中国特色社会主义道路、会治党治国的政治家。无论什么时期、什么地方、什么情况下，都要突出对这部分干部的选拔与管理。只有这样，才能保证党和国家的领导权牢牢掌握在忠于马克思主义的人手里，才能确保中国特色社会主义事业沿着正确方向前进。二是从中央到地方要突出管好各级各部门党政正职干部，要特别注重管好综合、要害部门（如组织、纪检、政法、综合经济部门等）的领导干部，这是对各项工作起主要作用的部分。加强对他们的考核、选拔、监督，不平均使用力量，进一步体现管少、管好、管活的原则。三是突出对县委书记、县长的管理。县处于承上启下的位置，既是做好各项工作的基础，又是培养选拔干部的基础；既是决策机关，又是执行机关，也是最容易出问题的地方。县一级工作的好坏对全局工作影响甚大。县级领导岗位，如果从上往下看，是基层；如果从群众中往上看，是几十万人的领导者。要善于从实际出发，增强创造性、主动性，勇于负责，要密切联系群众，联系基层。县市是我们党的领导机关中最贴近基层的组织，要深入下去，倾听群众呼声，做好群众的思想工作。要以身作则，率先垂范。千百万双眼睛在看着你，不仅看你怎么说的，更看你怎么做的，要把自己的行动变为无声的命令，变为动员、组织群众的措施。县里的工作任务重、矛盾多、困难大，要体贴关心在县里工作的同志，要加强对县委书记、县长的选拔任用和监督管理，要研究其成长规律、培养方法，提高他们的思想政治水平和实际工作能力。

其次，要打破论资排辈和平衡照顾，不拘一格用人才。任职资格是实践标准在干部选拔任用工作中的具体体现。一个干部的资历，通常在一定程度上反映其实践经验的多与少，水平高与低。党政领导干部担负的责任，要求他们具有一定的驾驭复杂局面、解决实际问题的实践经验。如果没有一定的实际工作经验，就难以正确分析面临的形势，难以胜任更高层次的领导职务。但不能把任职资格简单化，更不能作为论资排辈、平衡照顾的条件。要树立科学的用人观念，在选贤任能方面，必须坚持解放思想，实事求是，破除论资排辈、平衡照顾。现在，我们各级领导职数多、虚职多，并不完全是工作需要，而是平衡照顾造成的。照顾1人可能带来10人、20人的问题。领导职数过多的问题，乡镇解决得好一些，县以上仍没有从根本上解决。要进一步研究解决这方面的问题，真正凭德才、凭实绩、按需要用干部。关于年龄、学历的掌握不能绝对化。层层降低提拔任职年龄，弊端很多，影响班子稳定，助长跑官要官现象。

再次，要不断改进干部考核评价方法。从上世纪八十年代沿用至今的集中考核办法，对于我们准确地选人用人，建设高素质干部队伍，起到了十分重要的作用。但也存在对干部了解不深不透、考察失真失实等问题。要针对干部考察考核中存在的突出问题，研究改进考核方法，把集中考核与经常考核结合起来，把考核与调查结合起来，把一般考核与重点考察结合起来，进一步推动干部考核工作的科学化，把干部的真实情况看准吃透。

坚持从严治党深入开展反腐败斗争

这是树立正确的世界观、人生观、价值观的重要保证。腐败现象和不正之风严重干扰社会主义市场经济的正常运行，违背社会主义民主政治原则，损害党和政府的信誉和形象，削弱党的凝聚力和战斗力，动摇党的执政基础。我们要增强反腐倡廉的责任感，自觉同腐败现象作斗争。

——要加强反腐倡廉教育。现在，一些反腐倡廉的制度、规定没有得到很好的执行，甚至被扭曲变形。一个最重要的原因，就是有些人思想上存在个人主义、享乐主义、特权观念。加强教育，是开展反腐倡廉的思想基础。要不断增强党员、干部和广大群众的廉洁意识，把反腐倡廉的制度、规则内化为人们的信念、认同感和价值取向，产生执行、维护制度和规则的精神力量。

——要坚决反对用人上的不正之风。历史上的腐败，说到底就是吏治的腐败。反对腐败，必须整顿吏治。要把从严治吏、坚决反对用人上的不正之风放在反腐败的突出位置。要进一步规范干部任用提名制度，有效监督“一把手”用人行为，完善公开选拔、竞争上岗、差额选举等办法，不断增强干部工作的透明度和公开性，严肃查处拉票、贿选等问题，对违规用人和用人失职的要追究责任。要扩大党内民主和群众参与，发挥党员主体性作用，引导党员以主人翁姿态积极参与党内生活，有效管理与监督党内事务，加强对领导机关、领导干部特别是各级领导班子主要负责人的监督。

——要加强制度建设。这是加强党风廉政建设和反腐败工作必须解决的决定性环节。要以贯彻落实党章为核心，建立健全有效管用的反腐倡廉体制体系。强化对权力运行的监督制约，建立健全结构合理、配置科学、程序严密、制约有效的权力运行机制，保证权力始终用来为广大人民群众谋利益。要抓好各项规章制度的落实，保证制度真正发挥作用。改革开放以来，我们在制度建设上取得了显著成绩。现在的主要问题是一些地方有制度不落实、有规定不执行，对违反制度、规定的处理不力。抓好制度、规定的落实，不仅是工作问题，也是政治问题，是取信于民的问题。要把制度建设与思想教育结合起来，把落实制度、规定建在思想自觉的基础上。

——要解决执纪、执法不严的问题。要使党的纪律真正成为铁的纪律，严格执行纪律，除健全完善制度机制外，最根本的是决心问题，要坚定不移，不能以任何借口放纵贪污腐败和失职渎职。有一次听香港廉政公署一位副专员介绍情况说，香港从腐败成风到比较清廉，最重要的一条经验就是“零容忍”，贪污1元钱也不行，有因贪污5元钱而被拘捕的。针对内地一些从轻判处的现象，他认为“肯定没有阻吓作用”。我们党有从严治党的光荣传统，对违纪违法的干部从不姑息迁就。对有这样那样问题尚未查清的干部不能重用。有些人的问题很隐蔽，发现难，查清更难，但不要轻易放过任何一个疑点，查不清的缓用、不用。只要我们坚持从严治党、从严治“吏”，就一定能够取得党风廉政建设和反腐败斗争的胜利，使我们党永远立于不败之地。

（此文节选自作者的《学习实践科学发展观必须树立正确的思想方法和工作方法》一稿，标题为《吉林组织工作》刊登时所加）

以科学发展观为指导　积极推进组织工作科学化

王国生

科学发展观是我国经济社会发展的重要指导方针，也是党的建设的重要指导方针。作为党的建设的重要组成部分，组织工作必须坚持以科学发展观为指导，着力研究解决如何服务科学发展和自身如何科学发展两大课题，自觉运用科学发展观的立场、观点和方法，思考、谋划组织工作，积极推进组织工作科学化，为党和国家事业的科学发展、长治久安，提供坚强有力的组织保证。

一、把握科学定位，在服务科学发展中推进组织工作科学化

服从党的政治路线，服务党的中心工作，是组织工作的根本任务和价值所在。推进组织工作科学化，根本目的在于更好地服务和保障科学发展。组织工作必须紧紧围绕科学发展大局，在经济社会发展的新变化中，准确把握组织工作的科学定位，努力使组织工作始终跟上时代发展的步伐，真正把党的组织资源转化为发展资源，组织优势转化为发展优势。

组织工作领域要随着发展领域的拓宽而不断拓展。随着经济社会结构的深刻变化和组织形式、就业方式的日益多样化，组织工作领域应当相应调整和拓展。比如，城市化进程以及城乡一体化、农民居民化的趋势在不断加快，非公有制经济蓬勃发展，党的建设和组织工作布局，要从农村、国有企业和机关事业单位等传统领域，向社区、新经济组织和新社会组织等新领域全面拓展，使党的工作更加有效地覆盖社会的各个领域。又如，推进和谐社会建设的新任务，要求我们自觉地把社会建设和公共服务作为基层党建工作的重要内容，把乡村和街道社区党务工作者作为社会工作人才骨干去选拔和培养。再如，非公有制企业、新社会组织集聚了许多高层次人才，这不仅要求我们拓宽党管人才的范围，还要求我们开阔选人视野、拓宽干部来源，积极探索通过选任、考任、聘任等方式，让社会各个领域的优秀人才，都有机会进入党政干部队伍。

领导班子结构要随着发展方式的转变而不

断优化。领导班子的结构优化，要适应经济结构战略性调整步伐；干部队伍的可持续发展，要适应经济社会可持续发展的要求。改革开放以来，培养选拔年轻干部工作卓有成效，干部队伍的学历层次大大提高，年轻化、知识化的问题有了很大突破，而改善班子结构、提高干部能力的任务更加突出。当前推动科学发展的新任务，要求我们着力破解经济发展方式粗放、自主创新能力不强、城乡和区域发展不平衡等发展难题。在各级领导班子建设中，必须加快培养和充实熟悉高新技术产业、现代服务业、文化产业、社会工作等方面的高素质领导人才，同时还要树立长远眼光、加强战略规划，坚持从源头抓起，着力培养和储备年轻优秀的后备人才，从而使各级领导班子和干部队伍，在推进科学发展中，更好地发挥领导和骨干作用。

干部德才素质要随着发展要求的提高而不断提升。在不同历史时期，党的中心任务、所处的社会环境不同，对干部德才素质的具体要求也有所变化。在推动科学发展、促进社会和谐的进程中，我们要始终坚持德才兼备、以德为先的用人标准和鲜明导向。当前要把贯彻落实科学发展观的自觉性和坚定性强不强、执政为民的意识牢不牢、作风和形象正不正，作为衡量干部“德”的重要内容。在培养提高干部的德才素质方面，既要注重加强干部的教育培训，以开展深入学习实践科学发展观活动为契机，帮助干部树立和坚持正确的事业观、工作观、政绩观，培养新素质、增强新本领、开拓新眼界；又要注重加强干部的实践锻炼，把干部特别是年轻干部放到基层一线、艰苦地区、复杂环境和关键岗位摔打磨练，把基层工作经历作为选拔领导干部的重要条件。去年，江苏集中选派了1200多名机关干部到县(市、区)挂职，到信访岗位担任督导员，到重点帮扶县、乡、村驻点扶贫，要求他们弘扬江苏干部长期形成的“走遍千山万水、吃尽千辛万苦、说尽千言万语、历经千难万险”的“四千四万”精神，让他们在实践中增强党性修养，锤炼优良作风，培养与人民群众的深厚感情，提高处理实际问题的能力；同时，选拔了一批基层工作经历丰富的市县领导干部到省级机关任职，并从县乡基层单位集中公开选调了100多名优秀公务员充实省级机关，逐步形成了人才到基层锻炼、干部从一线选拔的党政干部培养链。

二、掌握科学方法，不断激发组织工作的创造活力

面对改革开放的生动实践，我们一定要坚持解放思想、与时俱进，在继承和发扬优良传统的基础上，大力弘扬改革创新精神，不断探索行之有效的新方法新手段，破解组织工作的新问题新挑战，努力使组织工作始终紧跟时代步伐，始终保持旺盛的生命力和创造活力。

丰富创新创优的新实践。这些年组织工作创新氛围日益浓厚、创新活力不断增强，这种良好态势需要进一步巩固和发展。要抓住提高选人用人公信度、从严管理干部、推进党内民主建设等牵动全局的关键问题和群众关注的热点问题，采取以点带面、先易后难、循序渐进的办法，大胆探索、攻坚克难、力求实效，并且把成功经验转化为制度性成果。要面向改革开放的最新实践，紧盯基层创新创优的最新经验，及时加以总结和推广，形成自下而上实践、自上而下推广的创新机制。要把典型引路作为推进创新创优的重要手段，在各级领导班子和广大党员干部中，营造开拓创新、干事创业、争先创优的浓厚氛围。

开拓民主开放的新途径。随着经济社会不断发展，开放度不断扩大，群众的民主意识、参与意识、维权意识、公平意识日益增强。党的建设和组织工作要主动适应新的形势，注重把加强党的领导、充分发扬民主与严格依法办事有机结合起来，以更加开放的视野、开明的姿态、开阔的胸襟，积极构建使社会知情、请群众参与、让人民评判的工作机制，不断推进组织工作的民主开放。干部的推荐、考察、任用、监督等各个环节，以及发展党员、处理基层重大事务

等，都要不断扩大民主参与范围，丰富民主参与形式，把政策和标准交给群众，把程序和方法告诉群众，把相关情况和结果及时反馈给群众，切实增强组织工作的开放性和透明度。组织部门自身建设和组织工作绩效评估，也要主动征求和吸纳社会各方面的意见与建议，不断完善社会满意度评价体系。要积极探索现代化、开放式工作手段，善于运用媒体以及互联网等大众信息平台，进一步畅通反映社情民意的渠道，自觉接受社会舆论的监督，切实提高及时掌握舆情、正确引导舆论的能力，不断提高组织工作公信力。江苏先后通过省内媒体和网络，组织评选全省"十大优秀共产党员标兵"，开设"领导干部与你面对面"栏目，组织换届后新当选的领导干部谈工作思路和任职承诺，吸引了广大党员群众和普通网民踊跃参与互动、积极建言献策，产生了积极的社会反响。

落实强化服务的新举措。科学发展观的核心是以人为本，组织工作主要是做人的工作，更要坚持以人为本，为党的事业团结人、动员人、凝聚人。组织部门要不断强化"管理就是服务"的意识，大力加强"党员之家、干部之家、人才之家"建设，通过深入细致的思想政治工作和优质高效的服务，更好地履行组织部门的职能。制定政策，要着眼于调动广大党员干部人才的积极性，鼓励他们干事业、支持他们干成事业；开展工作，要充分考虑下级、基层和工作对象的实际情况，了解掌握工作对象、基层群众的实际困难和服务需求，有针对性地加强分类指导、提供真诚服务；选拔培养干部，要把实现组织意图、严肃组织纪律与体现群众意愿、体现真情关怀有机结合起来，为干部成长进步、建功立业营造良好环境。江苏这几年积极探索通过自愿报名和组织推荐相结合的方式，选拔交流干部人选，并着力完善干部交流配套措施，切实加强交流干部跟踪管理，积极帮助他们解除后顾之忧，保证了干部交流工作的顺利推进，激发了交流干部的积极性和创造性。

构建统筹共建的新格局。面对新的形势和任务，充分挖掘、有效整合组织资源，是提高组织工作水平、发挥党的组织优势的必然要求。要统筹干部人才资源配置，着力打破各种政策性、体制性障碍，大力推进干部跨地区、跨部门交流，进一步拓宽"三支队伍"流动渠道，积极探索吸纳社会各方面优秀人才的有效途径，以干部人才资源的优化配置，带动其他发展资源的集聚整合，为科学发展提供有力支撑。要统筹城乡党建工作，主动适应城乡统筹发展的形势和要求，从领导体制、组织设置、活动方式、干部配备、党员教育管理等方面加强创新，建立健全城乡一体党员动态管理机制和城乡党的基层组织互帮互助机制，逐步实现组织共建、党员共管、资源共享。要统筹社会各方资源，跳出"组织工作仅仅是组织部门工作"的狭隘观念，在干部人才工作和基层党组织建设中，充分发挥相关部门的职能作用，大力开发和整合社会各方面资源，形成强大的工作合力。

三、遵循科学规律，实现组织工作科学化民主化制度化的有机统一

正确把握民主化与科学化的关系，在提高民主参与的科学性上下功夫。一方面要适应社会主义民主政治建设的新要求，进一步扩大干部工作民主，落实好党员、干部和群众的知情权、参与权、选择权和监督权；另一方面，要注意防止和解决可能出现的一些负面问题，如拉票、老好人、随意性等现象，切实提高民意表达的真实性和民主参与的科学性。目前，干部工作的民主参与，很大程度上是通过民主推荐、民主测评等形式来实现的，其结果往往表现为得票的多少，它总体上客观反映了一个干部的民意情况，是干部选拔任用的重要依据。但由于受参与对象的代表性、个体素质、评价能力、信息获取程度等因素的影响，有时也会出现民意失真的现象，因此不能简单地以票取人。这几年，江苏针对拟选拔职位的特点，对民意参与的对象范围和方式方法加以规范，尽量让"知情人投知情票、知情人说知情话"；采取逐轮推荐、分层分

类统计得票数等方法，先在较大范围进行民主推荐，再对得票相对靠前的人选组织党委全委会或领导班子成员进行新一轮推荐；加强对得票情况的综合分析，既把握民主推荐得票不靠前的不提名，又不完全按照得票排序确定拟任人选，结合组织考察情况，根据人岗相适的要求，综合评价、好中选优。

正确把握制度化与科学化的关系，在增强制度建设的科学性上下功夫。制度建设带有根本性、长期性，是提高组织工作科学化水平的重要保证。近几年来，中央和中组部高度重视并大力推进组织工作的制度化建设，特别是干部工作形成了以“一法、一纲要、三条例”以及一批法规性文件为主体的较为完备的制度体系，为我们选好人用好人提供了制度保障。实践中我们体会到，加强制度建设，首先要严格依法办事、按章行事，维护制度的严肃性。同时，要防止墨守成规、教条主义，善于依据发展变化的实际，根据制度设计的初衷和留下的空间，创造性地贯彻执行，把制度的稳定性和适应性紧密结合起来，不断提高制度建设的科学化程度，努力形成管用的、有生命力的组织工作制度体系。

（作者：中共江苏省委副书记、组织部长）

坚决整治用人上不正之风
努力提高选人用人公信度

黄燕明

中央历来高度重视干部监督工作，特别是党的十七大以来，中央领导同志着眼于提高选人用人公信度，对干部监督工作提出了一系列新思想、新要求。几年来，省委及省委组织部认真贯彻落实中央要求部署，始终把干部监督工作摆上重要位置，紧密结合实际，不断加以推进，取得了明显成效：一是着力构建具有吉林特色的干部监督工作格局，确立以干部选拔任用工作全过程监督、领导班子思想作风建设监督和领导干部用权行为监督为主线的基本框架；二是初步形成了一整套相互衔接配套的干部监督制度体系，切实促进干部监督工作的全面覆盖和规范运行；三是创新完善事前监督措施，有效防止了干部“带病提拔”和用人上的不正之风；四是充分发挥群众监督的主体地位和基础性作用，严肃查处了一批违规违纪用人问题；五是研究破解了一些重点难点问题，有力地推进了干部监督工作整体水平的提高。我省干部监督工作得到了中央领导和中组部的充分肯定。刚才，通化市委、松原市委组织部等5个单位从不同侧面介绍了抓好干部监督工作的做法，讲得都很好，值得大家学习借鉴。

下面，我主要就坚决整治用人上不正之风、提高选人用人公信度，讲四点意见。

一、准确把握新形势新任务，进一步明确今后一个时期干部监督工作的总体思路

胡锦涛总书记在党的十七大报告中明确提出：“要坚持正确的用人导向，按照德才兼备、注重实绩、群众公认的原则选拔干部，提高选人用人公信度。”李源潮同志在全国干部监督工作会议上指出：“要把整治用人上不正之风、提高选人用人公信度作为组织工作让人民满意的重中之重，作为干部监督工作的首要任务来抓。”这是中央领导从巩固党的执政地位、提高党的执

政能力的高度，对干部监督工作提出的新要求，我们一定要深刻领会，坚决贯彻，全面落实。

从总体上看，我省干部选拔任用和监督工作是好的，特别是近一年来，我们把整治用人上不正之风作为全省组织工作的重点任务，专门研究部署，制定有效措施，取得了较好效果。去年，中组部委托国家统计局进行的全国组织工作满意度问卷调查显示，我省干部选拔任用工作满意度为 74.03 分，防止和纠正用人上不正之风满意度为 74.10 分，在全国名次比较靠前。这既说明我省干部选拔任用和整治用人不正之风工作得到了多数干部群众的认可，但同时也表明与广大群众的要求和期望相比，还有很大的提升空间。我们必须清醒地认识到，随着我国经济社会的快速发展，社会主义民主政治建设的不断深入，广大干部群众对整治用人上不正之风和腐败现象的要求也越来越强烈。各级党委（党组）及其组织人事部门一定要站在战略和全局的高度，深刻认识整治用人上不正之风的长期性、艰巨性和复杂性，切实增强责任感和使命感，以最坚决的态度、最饱满的热情、最积极的行动，同用人上的不正之风战斗，努力做到让全党满意、让群众满意。

按照中央要求，结合我省实际，当前和今后一个时期，全省干部监督工作要以党的十七大精神为指导，认真贯彻落实全国干部监督工作会议精神，以提高选人用人公信度为主要目标，以深入整治用人上不正之风为首要任务，坚持惩防并举、标本兼治，充分发挥教育的基础作用、监督的制衡作用、查处的威慑作用、制度的约束作用、宣传的导向作用和考核的推动作用，以不断显现的成效推动整治工作的深入开展，争取到党的十八大召开时，广大群众对我省干部选拔任用和整治用人上不正之风工作的满意度都有新的提高，切实为吉林振兴发展起到保驾护航作用。

二、大力推动改革创新，靠科学的制度有效防治用人上不正之风

富于创造性，工作才更有开拓性。各级领导干部是党的宝贵财富，是贯彻落实党的大政方针的中坚力量，我们既要严格执行干部选拔任用和监督工作有关制度规定，努力从源头上预防和治理用人上不正之风，同时也要加大制度和机制创新力度，充分调动干部积极性，把干部队伍管好管活。

一要不断探索和实践选任方式方法，提高选人用人质量。按照民主、公开、竞争、择优的方针，要进一步规范干部初始提名行为，扩大干部选拔任用起始环节的民主与监督，防止个人独断专行；要进一步完善干部选拔任用相关制度，抓紧制定出台干部破格提拔暂行办法、企事业单位干部调任实施细则、乡科级领导干部选拔任用实施办法和职务任期制管理办法等；要进一步加大竞争性选拔干部力度，探索扩大公开选拔的范围和职务层次，大力推行部门中层干部整体性竞争上岗，完善全程差额选任办法，探索实行公推公选、民推直选等竞争性选拔方式；要进一步扩大干部选拔任用决策民主，深入抓好《关于改进地方党委讨论任用干部决策办法的意见》的贯彻执行，全面推行票决制，发挥集体决策作用。

二要大胆创新和完善监督制度措施，使监督贯穿于干部选拔任用工作始终。要进一步强化任前监督，完善任前审核办法，扩大任前审核范围，防止违规用人问题发生。推行考察对象报告个人重大事项制度，探索实行干部选拔任用廉政申报制度，防止干部"带病提拔"、"带病上岗"。研究制定经济责任审计结果运用办法，把审计结论与对干部的评价使用有机结合起来。探索实行市、县党委书记履行干部选拔任用职责离任检查制度。全面推行干部选拔任用工作"一报告两评议"制度，加强对评议结果的分析运用，进一步规范"一把手"用人行为。

三要健全完善干部选拔任用满意度民意调查机制，把民意调查作为提高选人用人公信度的有力杠杆。探索建立干部选拔任用工作信息公开制度，增强干部工作透明度，努力

做到职数、岗位、条件、程序、结果“五公开”。逐步扩大民意调查范围，对地方、部门、高校的干部选拔任用工作满意度进行全面调查。建立满意度民意调查结果运用机制，注意研究和运用民意调查结果，有针对性地加强和改进干部工作。

四要认真研究解决干部监督工作重点难点问题，努力提升监督工作整体水平。随着形势任务的发展变化，干部监督工作不断面临一些新问题、新挑战。比如，如何破解扩大民主中出现的“拉票”问题，如何解决领导干部“下”难的问题，如何提高选人用人公信度的问题，等等。这些问题都影响和制约着干部工作，需要我们认真研究，切实拿出好使管用的办法措施，妥善加以解决。今年，省委组织部在破解这些重点难点问题上，进一步加大了工作力度，针对提高干部选拔任用工作满意度和整治用人上不正之风满意度，研究制定了关于提高组织工作满意度的意见；针对加强领导干部监督方面缺少着实管用措施的实际，起草了关于加强领导干部监督工作的意见；针对当前市、县干部职数管理方面存在的问题，前不久，分别召开了市（州）委组织部长、县（市）委书记、县（市）委组织部长三个层面的座谈会，进一步了解情况，听取意见，目前，我们正在结合我省实际，按照中央和省委的有关规定，研究制定相关政策。希望各地各部门也要结合工作实际，积极探索，大胆实践，在破解这些重点难点问题上，不断采取新措施、总结新经验、取得新突破。

三、严肃查处违规违纪用人行为，以实实在在的成效营造风清气正的用人环境

查处是整治工作最直接、最有威慑力的手段。没有查处，整治工作就会流于形式；查处手软，整治成效就会大打折扣。要始终保持对用人上不正之风的高压态势，严厉打击歪风邪气，用铁的纪律保证选人用人风清气正。

一要畅通群众举报渠道。着力构建电话举报、信访举报和网上举报“三位一体”的举报平台，建立覆盖面广、反应灵敏的干部监督信息网络。建立群众举报快速办理机制，保证群众反映的问题得到充分重视和及时处理。严格执行实名举报查核结果反馈制度，探索建立举报人保护和奖励制度，充分调动广大干部群众参与整治用人上不正之风的积极性，从而使干部监督机构耳聪目明，整治工作更加及时有力。

二要加大举报查办力度。对发现和反映的违规违纪用人问题，要坚持有案必查，有错必纠，真正做到咬住不松口，抓住不放手，让搞不正之风者付出应有代价。各地各部门对发现和群众举报的问题，要主动查、深入查，敢于动真碰硬，不怕得罪人，确保一查到底，决不手软。省委组织部将进一步加大对各地信访举报问题的督查力度，对涉及面广、影响较大的案件，尤其是反映市县两级党委及组织部门“一把手”用人问题的，省委组织部将直接立项查办。

三要加大处理通报力度。对查实的问题，不管涉及什么地方、什么部门、什么干部，都要严肃处理和纠正，绝不姑息迁就。特别是对跑官要官的，不仅要处理跑官要官者，还要处理许愿说情者；对买官卖官的，不仅要处理卖官者，还要处理买官者；对拉票贿选的，不仅要处理为自己拉票的人，还要处理帮别人拉票的人；对突击提拔干部的，不仅要取消任职决定，还要对党委（党组）和组织人事部门主要负责人作出处理。对查处的典型案件，要予以通报，必要时可以通过新闻媒体进行曝光，让那些想搞名堂的人心生畏惧、自我收敛。

四要严格兑现查核责任。要建立查核责任制，保证查核工作的每个环节都有人具体负责、承担责任。对那些应查不查、漠视用人上歪风邪气、在整治工作中不作为的，要追究有关领导的责任。对查核工作不认真，甚至为违规违纪者出点子、打埋伏、搞变通的，要从严追究责任，情节严重的，要及时作出组织处理，并给予相应的纪律处分。

四、切实强化领导干部监督，以干部队伍良好形象促进选人用人公信度的提升

群众对干部选拔任用工作是否满意，最直观地还是看选上来的干部素质怎么样、干部队伍形象怎么样。我们要坚持监督与爱护干部的有机统一，从关心爱护干部出发，对领导干部从严教育、从严要求、从严管理、从严监督，对存在的小问题、小毛病要早发现、早提醒、早制止，切实树立干部队伍“为民、务实、清廉”的良好形象。

一要强化教育预防监督。通过多种形式，有针对性地加强对领导干部的教育，切实增强各级领导干部的责任意识，使他们积极参与到整治工作中来，主动同不正之风作斗争；切实增强政策法规意识，做到懂规矩、讲规矩、守规矩，严格按规定选人用人；切实增强公平公正意识，坚持原则，公道正派，秉公用权；切实增强群众意识，坚持用人民满意不满意衡量决策的科学性，为党和人民掌好权、用好权。

二要强化日常管理监督。加强对新提拔领导干部的跟踪考核，完善考评结果运用机制，对群众测评不满意率超过三分之一、经考核不合格的，属试用期满的坚决不予任职，属日常考核管理的坚决进行组织调整。要通过谈心谈话、组织函询等形式，注意发现干部的苗头性、倾向性问题，防止小过酿成大错。对那些不负责任、不讲原则的干部及时进行处理，让他们失去搞不正之风的土壤和滥用权力的机会，防止党的事业受损。加强廉洁从政监督，认真抓好诫勉谈话、述职述廉等制度，配合纪检监察机关严厉查处那些以权谋私、以身试法的干部，教育和警示其他干部不敢腐败。

三要强化领导干部问责。根据权责一致原则，凡发现滥用权力、失职渎职的，就必须追究责任。要加强对民主集中制落实情况的监督检查，发现作风霸道、弄权专权的干部，及时作出相应处理。要加大对决策重大事项议事规则执行情况的检查力度，对不按规则办事、造成决策失误的，严肃追究相关责任人的责任，特别是对造成用人失察失误的，要进行追溯调查，哪个环节出了问题，就追究哪个责任人的责任。要把干部选拔任用工作情况作为领导班子年度民主生活会的剖析内容，充分发挥内部监督功能，提高依靠自身解决问题的能力。

同志们，整治用人上不正之风和腐败现象，提高选人用人公信度，目标要求高，工作任务重，开展难度大。各级党委（党组）要切实担负起首要责任，主要领导要带头接受监督、带头抓好监督、带头支持监督。各级组织人事部门，要在党委（党组）领导下，科学谋划，精心组织，协调各方，特别是要给在整治工作第一线的干部撑腰壮胆，切实把整治用人上不正之风、提高选人用人公信度，作为提高组织工作满意度的重点工程，抓紧、抓实、抓出成效，为选贤任能营造风清气正的政治环境，为推动全省经济社会又好又快发展做出应有的贡献。

（作者：此文是作者在吉林省干部监督工作会议上的讲话，选用时略有删节）

推进组织工作科学化的思考

梁　滨

推进组织工作科学化，是组织战线面临的一个重大课题。党的十七大以来，各级党委及

组织部门按照推进组织工作科学化的要求，以改革创新的精神，积极探索、勇于实践，有力地提升了组织工作整体水平。推进组织工作科学化，正在成为引领组织工作创新发展的战略目标和强大动力。

一、推进组织工作科学化的重要意义

推进组织工作科学化是在组织工作中深入贯彻落实科学发展观的内在要求。科学发展观对组织工作的工作内容、工作标准、工作机制和工作方式等都提出了一系列新的更高要求，组织工作只有按照科学化的思路来谋划、来推进，才能做到与时俱进，让党和人民满意。

推进组织工作科学化是服务科学发展的必然要求。组织工作是为党的中心任务服务的，在新形势下，只有紧紧围绕科学发展来谋划和推进，才能在全局中找准位置和着力点。新形势新任务要求我们必须认真分析和解决组织工作面临的新情况、新问题，使组织工作更好地为科学发展服务，更有效地为党的中心工作服务。

推进组织工作科学化是组织工作实现自身科学发展的必然选择。组织工作涉及内容多、覆盖领域广，是一项系统工程。组织工作不断实现科学化的过程，本质上是一个发现规律、运用规律的过程。组织工作实现自身的科学发展，要求各个领域和各项工作都必须认识和把握规律、切合客观实际；各项工作之间也必须彼此协调、相互支撑。推进组织工作科学化，彰显了先进的组织工作理念，营造了新的组织工作文化氛围。

二、推进组织工作科学化的基本要求

一要树立科学的理念。要正确认识和遵循组织工作自身特点、内在规律，正确认识组织工作所处的社会环境，确立起符合时代进步潮流的科学理念。比如，以人为本理念、统筹兼顾理念、改革创新理念、成本效益理念等。

二要明确科学的定位。随着党的历史方位的变化和社会主义市场经济的发展，党的组织工作的内容也在不断丰富和发展。在新形势下，组织工作只有把服务科学发展作为基本职能，才能充分发挥其在贯彻执行党的政治路线中的组织保证作用。

三要形成科学的机制。要敢于打破传统观念和思维定势，建立起一整套谋划、决策、实施、跟踪、反馈和提升组织工作水平的科学机制，使组织工作更加充满活力、富有效率。

四要运用科学的方法。当前，在组织工作中还不同程度地存在着工作方式僵化、手段单一等问题。我们既要善于继承组织工作的优良传统，又必须适应形势的发展变化，舍弃那些经实践证明已不合适的工作方法，积极寻求推进工作落实的最佳突破点，努力探索组织工作科学方法。

三、推进组织工作科学化的实践路径

推进组织工作科学化，是一项系统工程。结合河北多年的工作实践，我们感到，要完成时代赋予组织工作的神圣使命，必须按照科学发展观的要求，紧紧围绕组织工作面临的重大问题和现实问题，科学谋划、统筹兼顾，把握重点、突破难点，在实践中提高组织工作科学化水平。

第一，带有全局性的工作，要全力以赴抓。必须自觉把组织工作放到全党的工作大局中去谋划，去推进，这样才能找准组织工作的定位和职责。当前，组织部门牵头和参与推动的许多工作，事关党的工作大局，必须投入足够的精力抓紧抓好。比如，深入学习实践科学发展观活动，是党的建设的头等大事和组织工作的重中之重。这是我们首先要全力以赴抓好的。另外，着眼于加强干部队伍建设、优化发展环境、推动科学发展，从年初开始，河北省委作出了开展“干部作风建设年”活动的重要决策。这也是一项事关全局的重点工作。作为活动的组织者和实施者，我们创造性地组织开展了“千名一把手蹲点调研”、“服务窗口亮起来”、“为企业解难题、为群众送服务”等活动，狠抓了行政审批制度改革、严格落实“十严禁”、落实公开承诺事项等重点工作，务求有震动、有突破、有成效，不断把这项活动推向深入。

第二，带有关键性的工作，要集中精力抓。建设善于领导科学发展、奋发有为、堪当重任的各级领导班子，打造改革创新、求真务实、公正廉洁的干部队伍，是组织部门最重要的职责，也是广大群众对我们的最大期待。因此，推进干部工作科学化，是摆在我们面前的重要任务。近几年，我们在这一工作上持之以恒，毫不松懈，取得了一定的成效。比如，为加强和改进干部考核工作，我们制定出台了体现科学发展观要求的干部综合考核评价办法。在2008年度省管领导班子和领导干部的考核工作中，我们运用这一办法对设区市党政领导班子和主要领导干部进行了考核，特别是把干部年度考核与党风廉政建设责任制考核一并进行，干部考核与民主推荐后备干部相结合，收到了较好效果。再比如，在干部人事制度改革上，我们重点推进和完善公开选拔、竞争上岗等选拔干部方式，规范干部任用提名尤其是初始提名制度，试行和完善差额选拔领导干部制度，推行地方党委任用重要干部无记名票决制等。干部工作的制度化，有效地提升了组织工作的科学化水平。另外，我们提出，在全面加强干部队伍建设的基础上，进一步强化“两支队伍”的建设。一支队伍是全省172名县(市、区)委书记，另一支队伍是全省5万名农村党支部书记。我们全面实施了“领头雁工程”，努力把农村党支部书记队伍建设成守信念、讲奉献、有本领、重品行的新农村建设带头人。

第三，带有战略性的工作，要及早动手抓。凡事预则立，不预则废。推进组织工作科学化，必须加强战略思维，增强工作的前瞻性和预见性，切实抓好事关长远的大事。今年我们将制定县以上党政领导班子建设、党政领导班子后备干部队伍建设、党员教育培训中长期规划，以及全省人才发展规划。同时，着眼于干部队伍长远建设，继续做好选调生工作和选派高校毕业生到村任职工作。

第四，带有基础性的工作，要扎扎实实抓。大规模培训干部，是建设高素质干部队伍的基础。我们提出要在培训前开展干部需求调查，培训后开展培训质量评估，并且作为一项制度坚持下去，以增强培训的针对性、实效性。党的基层组织是党的全部工作和战斗力的基础。近些年来，我们坚持不懈地深化和落实基层党建工作责任制，认真抓好基层党建工作专项述职制度，有力地推动了农村基层党建工作上水平、上台阶。我们总结并推行张家口、保定“一定三有”(定权责立规范，收入有保障、干好有希望、退后有所养)农村干部管理机制，实现了村干部责任、待遇、激励和保障的统一。加强制度化建设，是提高组织工作科学化水平的重要基础。我们提出，要坚持一手抓制度创新，一手抓贯彻执行，并注意在实践中不断检验和完善各项制度。

第五，带有应急性的工作，要常备不懈抓。我们正处在发展关键期、改革攻坚期、矛盾凸显期，既面临着经常性工作的压力，也会面对一些难以预料的突发事件。比如，近年来发生的非典疫情、汶川特大地震灾害，以及一些生产安全和食品安全事故等。组织部门作为党委的重要职能部门，理所应当在党委领导下，积极主动地做好工作，为事件的处理和解决提供坚强组织保证。能否做到这一点，也是对组织部门的组织动员能力和战斗力的一个检验。我们要求各级组织部门要树立应急意识，未雨绸缪，做好应急准备。要组织动员各级党组织和广大党员干部，制定好应急预案，确保在突发事件面前反应迅捷、措施得当，关键时刻能拉得出、用得上、打得赢。

四、推进组织工作科学化的能力要求

推进组织工作科学化，组工干部队伍的素

质和能力至关重要。目前，组工干部应着力提高以下几种能力：学习能力、信息处理能力、调查研究能力、语言文字表达能力、分析判断能力、沟通协调能力、群众工作能力、创新能力等。在这些能力当中，最重要的是知人善任、凝心聚力的能力，这是组工干部的“看家本领”，也是推进组织工作科学化的核心能力。

第一，要提高辩证思维能力。大到出台一项制度，小到提出一项要求，都要事先考虑到利弊两个方面，不能只看到有利的一面而忽视有可能出现问题的一面，防止用片面的、静止的、僵化的观点看问题。特别是在创新过程中，既要坚定不移地推进改革，又要注意防止和克服可能会带来的一些负面效果。比如，干部工作中的扩大民主问题，要努力实现选人用人程序公正与实体公正的辩证统一。再比如，组织部门自身建设，要注意克服自我封闭观念，努力实现严守纪律与民主开放的辩证统一。这样，我们的法规制度、工作部署才会更科学。

第二，要研究把握工作规律。组织工作有其内在发展规律。一是要围绕组织部门担负的主要任务研究规律。准确把握组织工作在不同时期的阶段性特征，找准服务中心工作的立足点和切入点，提高服务大局的水平。二是要围绕突出矛盾研究规律。比如，要找准当前影响选人用人公信度的主要问题和根本原因进行攻坚克难，实现突破。三是创新体制机制。要注意形成简便、协调、高效的体制机制，防止东一榔头西一棒，各自为政，甚至互相掣肘。

第三，要运用统筹兼顾方法。善于抓好“五点”：一是抓重点，通过抓事物的主要矛盾和矛盾的主要方面，带动其他矛盾的解决。二是抓要点，通过举“纲”张“目”，全面提升工作水平。三是抓特点，结合实际，扬长避短，培育优势。四是抓亮点，典型带动，总结经验，逐步推开。五是抓盲点，及时发现隐患，防控可能出现的风险。

（作者：中共河北省委常委、组织部长）

牢固树立正确的事业观工作观政绩观

陈存根

胡锦涛同志在十七届中央纪委三次全会上强调，各级领导干部要牢固树立和坚持正确的事业观、工作观、政绩观。这是在深入贯彻落实科学发展观的大背景下，加强领导干部党性修养和作风养成的新要求，我们一定要深刻领会、自觉践行。

一、深刻认识树立正确事业观工作观政绩观的重大意义

树立正确的事业观工作观政绩观，是贯彻落实科学发展观的根本要求。贯彻落实科学发展观，关键在干部。只有各级领导干部牢固树立正确的事业观、工作观、政绩观，忠诚于党和人民的事业，认真履职尽责，竭力造福大众，才能更加准确地把握什么是科学发展、怎样实现科学发展和科学发展为了谁，进而才能真正坚持以人为本，统筹兼顾，实现经济社会全面协调可持续发展。特别是当前我国改革发展进入关键阶段，各种社会矛盾凸显，科学发展、和谐发展的任务异常繁重，迫切要求各级干部始终坚持正确的事业观、工作观、政绩观，并将其转化为谋划科学发展的正确思路、促进科学发展的政策措施、领导科学发展的实际能力、推动科学发展的自觉行动，全面贯彻落实科学发展观，实

现好、维护好、发展好最广大人民的根本利益。

树立正确的事业观工作观政绩观，是加强领导干部党性修养和作风养成的时代要求。党性是作风的内在根据，作风是党性的外在表现。我们党历来高度重视加强领导干部党性修养和作风养成，并善于根据时代发展提出新的具体要求。党成立以来，针对不同时期国际国内形势、党的中心任务以及党员干部队伍状况，先后把树立正确的世界观、人生观、价值观和权力观、地位观、利益观，作为党性修养和作风养成的重要内容，教育引导党员干部坚定理想信念、坚守政治品德。新时期新阶段，着眼于保持共产党人的政治本色，有针对性地解决好党员干部尤其是领导干部党性修养和作风养成方面的突出问题，又特别强调树立正确的事业观、工作观、政绩观，大力弘扬党的光荣传统和优良作风。这是正确的世界观、人生观、价值观在当代的具体体现，是对正确权力观、地位观、利益观内涵的丰富发展，是党性修养和作风养成要求的与时俱进，各级干部必须顺应时代要求，不断加强思想意识修养，始终正确对待事业、正确对待工作、正确对待政绩。

树立正确的事业观工作观政绩观，是密切党群干群关系、巩固党的执政地位的必然要求。我们党最大的政治优势是密切联系群众，最大的危险是脱离群众。事业观、工作观、政绩观是干部干事创业价值取向的集中反映，正确与否直接关系到党在人民群众中的威信，关系到党和国家的长治久安。从近两年来发生的一些重大群体性事件看，影响党群干群关系的突出问题，虽然表象不同、成因复杂，但主要在于一些干部没有树立正确的事业观、工作观、政绩观，宗旨意识、公仆意识、政权意识、责任意识不强，对群众疾苦麻木不仁，对群众利益漠不关心，引起了群众的强烈不满，危及了社会和谐稳定，严重损害了党的形象。各级干部必须站在巩固党的执政地位的高度，带头树立正确的事业观、工作观、政绩观，始终以群众呼声为第一信号，以群众需要为第一选择，以群众满意为第一标准，全心全意为人民服务，进一步密切党群干群之间的血肉联系，确保我们党长期执政、执好政。

二、准确把握树立正确事业观工作观政绩观的基本要求

树立正确的事业观，核心在于坚持立党为公、执政为民。事业观是对事业的根本看法和观点，包括追求事业的信念、对待事业的态度和干好事业的标准等。全心全意为人民服务，始终坚持人民利益高于一切，是我们党区别于一切剥削阶级政党的根本标志。共产党人的事业就是为人民的利益而不懈奋斗。而有的干部将个人追求与党和人民的事业割裂开来，将个人成功视为人生的最终目标，忽视党和人民的事业；有的把个人利益置于党和国家利益、人民利益之上，侵害党和人民的事业；有的消极看待党和人民事业的发展，以致悲观失望、丧失斗志，这些都是错误的事业观。树立正确的事业观，就要始终坚持立党为公、执政为民，时刻牢记党的根本宗旨，正确行使人民赋予的权力，做到情为民所系、权为民所用、利为民所谋；就要处理好个人抱负与党的事业、人民的事业之间的关系，把实现个人追求与实现党的奋斗目标和人民利益紧密联系起来，做到个人自觉服从、服务于党和人民的事业，将党和人民事业的成功视为个人的最大成功，奋发有为地推动党和人民的事业不断向前发展。

树立正确的工作观，关键在于坚持求真务实、真抓实干。工作观是对工作总的看法，是指导工作、开展工作的方法论，包括工作态度、工作方法、工作作风、工作精神等。有的干部责任心不强，对工作不负责，得过且过，敷衍了事；有的作风飘浮，脱离实际，搞花拳绣腿，做表面文章，形式主义、官僚主义严重，这些都是工作观出现偏差的典型表现。毛泽东早就指出："按照实际情况决定工作方针，这是一切共产党员所必须牢牢记住的最基本的工作方法。"邓小平也曾强调："世界上的事情都是干出来的，不干，半点马克思主义也没有。"树立正确的工作观，就

要大力弘扬求真务实精神，大兴求真务实之风；就要认识规律、把握规律、遵循规律，不唯书、不唯上，切实提高工作的科学性；就要牢记职责和使命，把思想统一到创新创业上，把精力集中到埋头苦干上，敢抓敢管，敢于负责；就要察实情、讲实话，鼓实劲、出实招，办实事、求实效。

树立正确的政绩观，根本在于坚持科学发展、造福人民。政绩观是对如何履行职责、追求何种政绩的系统观点和评判原则。有什么样的政绩观，就有什么样的工作理念和施政行为，决定着能取得什么样的政绩、创造多大的政绩。有的干部重个人升迁、轻百姓疾苦，好大喜功、急功近利，热衷于劳民伤财的“形象工程”、专注脱离实际的“政绩工程”，这都是错误政绩观所致。真正的政绩应是“为官一任、造福一方”的实绩，是为党和人民踏实工作的实绩，应该经得起实践、群众和历史的检验。树立正确的政绩观，就要坚持用实践的观点看待政绩，把实干作为实现政绩的重要途径；就要坚持用群众的观点看待政绩，把维护群众利益作为追求政绩的根本目的；就要坚持用历史的观点看待政绩，把科学发展作为衡量政绩的主要标准，防止杀鸡取卵、竭泽而渔，做到立足当前、着眼长远、统筹兼顾。

事业观、工作观、政绩观三者相辅相成、紧密联系。事业观是干事创业方向的宏观把握，是工作观、政绩观的基础，有什么样的事业观，就有什么样的工作观、政绩观；工作观是干事创业方法的集中体现，是事业观、政绩观的保障，没有正确的工作观，就难以推动事业、创造政绩；政绩观是干事创业目标的直接反映，是事业观、工作观的导向，关系到工作成败、事业兴衰。各级干部要正确认识和处理好这三者之间的辩证关系，真正做到在改造客观世界的同时改造主观世界。

三、积极促进干部树立正确事业观工作观政绩观

树立正确的事业观工作观政绩观，加强教育是基础。重视干部教育，是我们党的事业不断取得成功的一条宝贵历史经验。要扎实开展“坚定理想信念、加强党性修养、弘扬优良作风”教育，组织广大干部认真学习毛泽东、邓小平、江泽民、胡锦涛同志的有关重要论述，引导干部自觉用中国特色社会主义理论体系武装头脑、指导实践，树立正确的事业观、工作观、政绩观。要创新党性党风党纪教育方式，编写主题教材，开发精品课程，建立专题教育基地，注重从身边人、身边事中挖掘正反典型，生动形象地对干部开展教育，增强教育的针对性和实效性。要强化党性党风党纪实践锻炼，组织干部深入基层与群众同吃同住同劳动，亲身感知体验群众生活，加深对群众的感情，实现群众观点、群众路线的自我教育。要建立机关年轻干部到基层任职挂职、新提拔领导干部到信访部门挂职等制度，着力形成“人才到基层去、干部从基层来”的科学培养链，切实把干部到基层一线特别是艰苦边远地区、急难险重工作岗位培养锻炼，作为增强党性、改进作风、砥砺意志、增长才干的重要途径。

树立正确的事业观工作观政绩观，用人导向是根本。用什么样的人将左右干部做什么样的人。引导干部树立正确的事业观、工作观、政绩观，必须坚持正确的用人导向。要坚持德才兼备、以德为先，把正确事业观、工作观、政绩观作为干部“德”的核心内容，注重选用那些政治坚定、作风优良、纪律严明、勤政为民、恪尽职守、清正廉洁的干部，形成德为前提、德为先决的用人导向。要坚持科学发展、注重实绩，把贯彻落实科学发展观的成效作为衡量政绩的重要标准，注意选用那些善于领导科学发展，想干事、肯干事、会干事的干部，形成凭发展论实绩、以实绩定升迁的用人导向。要坚持重视基层、群众公认，把落实群众的知情权、参与权、选择权和监督权贯穿于选人用人全过程，注重选用那些熟悉基层、了解基层、紧密联系群众、得到群众拥护的干部，形成重基层、重民意的用人导向。通过正确的用人导向，真正让那些得过且

过的“太平官”、八面玲珑的“老好人”、吹嘘造假的“作秀者”、哗众取宠的“官油子”没有市场。

树立正确的事业观工作观政绩观，优化考核是关键。考核是“风向标”。引导干部树立正确的事业观、工作观、政绩观，关键在于健全体现科学发展观要求的干部考核评价体系。要完善考核指标，既重视经济增长、财政税收等显性指标、经济指标，又注重人口、资源、环境协调发展等隐性指标、民生指标，更要把干部树立正确事业观、工作观、政绩观情况作为考核的重要内容，制定科学衡量干部党性修养和作风养成的具体要求，并逐一细化量化。要创新考核方式，坚持干部政绩由群众评判，改进“官评官”，强化“民评官”，大力推行服务对象和普通群众评价干部，扩大群众在干部考核评价中的话语权。要充分运用考核结果，把干部坚持正确事业观、工作观、政绩观方面的考核情况，作为班子调整和干部提拔、奖惩、培训的重要依据，形成有利于树立正确事业观、工作观、政绩观的制度环境，促进各级干部把外在环境压力转化为内在修养动力，自觉加强党性修养和作风养成。

树立正确的事业观工作观政绩观，监督管理是保障。加强监督、从严管理是关心爱护干部、提高干部自身素质的重要举措。要认真落实党内监督的各项制度规定，坚持谈心谈话、诫勉和函询制度，发现干部苗头性、倾向性问题，及时提醒、督促纠正、防微杜渐。要推进干部问责工作常态化，把不作为、慢作为、乱作为和损害群众利益等行为作为问责重点，确保干部正确履职、秉公用权、认真负责。要坚持对干部树立正确事业观、工作观、政绩观情况进行定期分析，在述职述廉、报告个人有关事项时重点了解干部党性和作风方面的情况。要注重以小节观大德，从生活细节透视干部坚持正确事业观、工作观、政绩观的情况。对那些事业观、工作观、政绩观出现偏差的干部，要严肃教育批评；对那些坚持错误事业观、工作观、政绩观，给党的事业带来损失的干部，要按党纪国法从严处理。通过加强干部监督管理，进一步激励党性坚强者、警醒作风漂浮者、惩处腐化堕落者，促使各级干部真正树立和坚持正确的事业观、工作观、政绩观。

（作者：中共重庆市委常委、组织部长）

扎实推进“组织部长下基层”活动

张少农

全国组织系统开展的“万名组织部长下基层”活动，是组织部门带头学习实践科学发展观、深化拓展“讲党性、重品行、作表率”活动的有效载体，是推进组织部门更好地把握大局、了解基层、改革创新、增强党性、改进作风和服务党员、干部及人才的有效形式。活动开展以来，贵州各级组织部门坚决按照中组部的要求，紧密结合实际，坚持“五个结合”，深入调查研究，普遍进行谈心谈话，广泛开展结对帮扶，积极参加信访接待，扎实推进了活动的开展。

一、坚持集中调研与建立调研长效机制相结合

我们注意把握“集中下”与“经常下”的关系，坚决防止形式主义，切实避免走过场、敷衍了事。既注重坚持我们过去行之有效的方法，在建立调研长效机制、推动工作落实上下功夫，又高度重视中组部部署的集中下基层活动，切

实把集中下基层活动作为组织部门带头贯彻落实科学发展观、带头贯彻落实中央应对国际金融危机的重大决策部署、带头贯彻落实中央关于加强和改进作风要求的重要工作来抓，努力形成一定的声势和氛围，推动活动取得实实在在的效果。省委组织部部务会成员分别带队，重点围绕“如何运用好民意调查结果，进一步提高组织工作满意度和选人用人的公信度；如何研究把握干部成长规律，进一步加强县委书记、乡(镇)党委书记、村党支部书记和企业经济管理人才队伍建设”等内容，深入开展调查研究，问政于民、问需于民、问计于民，寻找破解组织工作难题、促进科学发展的良策。我们还重点针对中组部反馈的民调结果，开展了“建立和完善组织工作满意度民意调查长效机制”专题调研，深入分析了我省组织工作满意度民意调查现状，为进一步加强和改进组织工作提供了决策依据。

二、坚持解决当前突出问题与解决长远问题相结合

开展“万名组织部长下基层”活动，关键要为基层办实事做好事解难事。在活动中，我们坚持把为基层和群众解决实际困难和问题贯穿始终，既注重集中解决一些群众看得见、摸得着的实际问题和困难，又注重解决一些打基础、管长远的问题。省委组织部对全省老党员和生产生活困难党员情况进行了摸底，从省管党费中划拨 148.5 万元，用于开展走访慰问活动。“七一”前夕，省委组织部部务会成员分别到自己的联系点，走访慰问了老红军、老战士、老干部和生活困难党员。全省各级组织部门普遍采取送资金、送物资、送技术、送项目等方式，扎实开展结对帮扶。同时，全省各级组织部门结合联系点和帮扶对象的具体实际，帮助理清发展思路，制定发展规划，夯实发展基础，鼓足发展后劲。与相关部门配合，协调 400 万元资金，利用党校、职业学校、农村党员短期实践培训基地，对全省 5486 个一类贫困村的村党支部书记、村委会主任进行了集中培训，提高其综合素质，增强自我发展的“造血”功能。在贵州财力比较薄弱的情况下，积极协调省级财政、发改委等部门落实并先期垫付 1.2 亿余元，开展了 5529 个村级组织活动场所的建设工作。

三、坚持解决民生问题和解决党建问题相结合

我们既注重围绕中心、服务大局，特别是围绕当前应对国际金融危机，保增长、保民生、保稳定的中心任务，积极发挥作用，着力解决好民生问题，又注重履行组织部门职责，认真研究解决党建工作中的突出问题，努力实现围绕发展抓党建、抓好党建促发展。全省各级组织部门通过开展调研、参加信访接待，及时了解掌握事关民生的突出问题，并在党委、政府的统一领导下，积极稳妥地帮助解决民意诉求。据统计，活动开展以来，全省各级组织部门参加信访接待 1075 次，接待信访群众 3103 人，解决信访问题 535 个。同时，针对农村党建工作中激励手段不多、工作经费不足等问题，出台了《关于确定村党支部书记业绩考核奖励及村级组织工作经费标准的通知》，激发广大农村党员干部的干事热情。结合我省应对金融危机任务较重，重点工程、重大项目较多的实际，出台了《关于在完成重大任务、应对重大事件中加强干部考察工作的通知》，要求各级组织部门深入第一线，同步跟踪了解领导班子和领导干部的表现，并把考察情况作为领导班子调整配备、干部选拔任用和奖惩的重要依据。针对基层反映干部选拔任用工作中存在的突出问题，及时按照中组部的要求，制定了《关于深入整治用人上不正之风进一步提高选人用人公信度的实施意见(试行)》，对干部选拔任用提名、信息公开、离任审查、财产报告、责任追究等作出明确规定。

四、坚持关心爱护干部与从严要求干部相结合

我们既注重通过谈心谈话，了解干部的学

习、工作和生活情况，尤其注意与平时接触不多、“跑”得不勤、不善言辞，“偏”地方、“冷”岗位的干部谈心谈话，倾听他们的想法，了解他们的难处，帮助解决实际问题。同时，又注重对有这样或那样缺点和不足的干部及时提醒、打招呼，帮助改正。省委组织部制定方案，要求部务会成员与所联系的干部，广泛开展谈心谈话，切实做到“全覆盖”。两次召开部分市(州、地)、县党委主要领导同志及组织部长、乡镇党委书记座谈会，详细了解他们的真实想法和愿望，真心听取他们的意见和建议。部务会成员积极深入到自己的联系点，与基层党员干部群众进行谈心谈话。按照中央的要求，结合贵州的实际，出台了关于加强县委书记队伍建设的意见，对县委书记的教育培训、考核制度、监督管理、激励机制作出明确规定。针对个别领导班子和领导干部在贯彻执行民主集中制、遵守干部人事工作纪律、处置突发事件等方面存在的问题，通过谈心谈话，提出明确要求，帮助整改提高。

五、坚持服务科学发展与自身科学发展相结合

我们既注重在服务科学发展中履行职责、发挥作用，又注重通过活动的开展，促进组织部门自身的科学发展。坚持把“万名组织部长下基层”活动作为深化拓展“讲党性、重品行、作表率”活动的重要载体来抓，作为加强组织部门自身建设的重要工作来落实。我们认真对照科学发展观的要求，认真查找在工作理念、工作思路、工作方式等方面存在的差距和不足，及时进行整改。出台了《关于在全省组织系统大力树立和弘扬良好作风进一步提高工作效率效益的意见》，对精文简会、调查研究、督促检查等方面提出明确要求。对党政领导班子和领导干部有关考评工作进行整合，减轻基层负担，节约工作成本。起草了进一步提高部务会科学决策水平的意见，不断提高议大事、谋全局、抓长远的能力。针对组工干部能力素质的“短板”，组织开展读书活动，为全省组工干部推荐了15本书，引导组工干部爱读书、读好书、善读书。举办全省组织系统“讲党性、重品行、作表率”办公室负责人培训班，强化缺点描述、沟通交流、应对媒体等方面能力的培训。开展了组织工作应知应会基本知识测试活动，促进组工干部成为“业务通”、“活字典”，打造过硬的组工干部队伍。

（作者：中共贵州省委常委、组织部长）

努力培养造就科技拔尖人才

白春礼

党的十七大把人才强国战略写进了报告和党章，极大地提升了人才强国战略在国家发展战略中的地位，凸显了人才工作的极端重要性。十七大以来，胡锦涛同志对人才工作作出一系列重要指示，强调人才资源是第一资源，是事业发展最可宝贵的财富；世界范围的综合国力竞争，归根到底是人才特别是创新型人才的竞争；要把培养造就高素质人才作为根本大计，努力建设宏大的创新型人才队伍；要坚持用事业凝聚人才，用实践造就人才，用机制激励人才，用法制保障人才；要抓住当前有利时机，引进更多更好的先进技术和优秀人才。

中国科学院作为国家自然科学的最高学术机构、科学技术领域的最高咨询机构、自然科学与高技术综合研究发展的中心，始终把为我国经济发展、社会和谐、国家安全、人民幸福提供

强有力的知识基础、科技支撑和人才储备作为自己的历史使命，近年来，在培养造就科技拔尖人才方面进行了积极的探索。

一、面向国家战略需求和世界科技前沿，加快科技拔尖人才培养和凝聚

建院初期，以严济慈、华罗庚、钱三强、钱学森等为代表的中国科学院老一辈科技领军人物，为我国经济建设、社会进步和国家安全作出了重大贡献，培育了支撑我国科技事业发展的拔尖人才队伍。新时期，中国科学院党组深刻认识到，紧密结合科技创新活动，为国家培育科技拔尖人才，建设高水平的创新队伍，是提高我国科技自主创新能力的关键所在。为此，按照“夯实基础、重点培养、广开贤路”的工作思路，加快凝聚和造就科技拔尖人才。

面向世界、广开贤路，把凝聚海外人才作为科技拔尖人才的重要来源和补充。引进海外高层次人才是一项重大而紧迫的战略任务。从1994年起，中国科学院就在全国率先启动了以吸引国外优秀科技人才为主的“百人计划”。截至2008年底，中国科学院通过“百人计划”支持海内外优秀人才共1569人，其中从国外吸引了1122名优秀人才。他们中已有29人当选为中国科学院院士，67人担任国家973计划首席科学家，371人作为项目负责人承担了国家863计划。为充分发挥海外优秀人才的作用，促进海内外优秀人才“强强联合”，提高人才队伍的科技创新能力，推动国内学科交叉和前沿学科的发展，中国科学院引智与引才并举，于2001年开始实施“创新团队国际合作伙伴计划”。目前，中国科学院根据科研布局、学科发展和培养学术带头人的需求，先后组建了70个创新团队，吸引海外优秀学者495人，其中已有283人被聘为中国科学院“海外知名学者”。在2008年国家“千人计划”遴选中，中国科学院入选的12位海外优秀学者中，有5位是通过“创新团队国际合作伙伴计划”与中国科学院建立起紧密合作关系并最终加盟的。

拓宽视野、委以重任，在事业发展中造就科技拔尖人才。通过组织实施重大科技任务、开展战略研究，中国科学院不断提升优秀科技人才的创新能力，鼓励他们承担面向国家需求的重大项目，在创新实践活动中造就科技拔尖人才。一方面，不断拓宽科技拔尖人才的战略视野。如中国科学院与美国科学院1998年联合发起了以“培养21世纪科技界领军人才”为宗旨的中美前沿科学研讨会，双方分别在本国遴选最优秀的青年科学家参加。在已召开的11届研讨会中，我国有515名优秀青年科学家参会，他们就国际科技前沿的重大问题与国外优秀科学家进行交流和对话，与国际拔尖青年学者建立直接联系和合作渠道，在国际舞台上接受历练、展露才华。另一方面，委以重任，大胆使用，为他们施展才华提供舞台。如面向全球公开招聘一些国际知名科学家担任所长或国家重点实验室主任；与德国马普学会合作，在国内设立了9个马普青年科学家小组，由中德双方的知名科学家组成委员会，在世界范围内高标准遴选优秀青年科学家担任组长。他们到任后，在提升和凝练科技创新目标、推进管理改革、加强队伍建设等方面发挥了重要作用。

遵循规律、创造条件，为造就科技拔尖人才奠定坚实的队伍基础。科技拔尖人才是经过创新实践锻炼，从大批青年科技人才中脱颖而出的。中国科学院遵循科技拔尖人才的成长规律，对处于不同成长阶段的青年科技人员，有针对性地进行扶持和培养。对于在创新实践中涌现出来的优秀青年人才，我们通过院长基金、职称破格晋升、支持其承担重大科技创新任务和新建研究单元等方式给予重点支持。对于具有较好发展潜质的青年科技人员，通过提供更多的竞争机会、必要的前期支持和出国衔接培养等方式，为其尽快成长创造条件。如设立青年优秀人才前沿领域专项，通过院公派留学计划、爱因斯坦讲席教授计划派出青年学者到国外著名实验室进修等。此外，根据国家区域发展的战略布局，为区域经济、社会协调发展提供人才

支持和智力服务，如与中组部共同设立了“西部之光”人才培养计划、在东北设立了“东北之春”区域人才计划。

科教结合、寓教于研，培养造就大批高素质的科技创新人才。坚持科技与教育相结合是中国科学院教育创新、科学发展的重要指导方针之一。目前，中国科学院已形成以“一校一院”（中国科技大学和中科院研究生院）为核心、覆盖全院研究所的教育体系，初步形成了独具特色的两段式研究生教育培养模式。截至2008年底，中国科学院共为国家培养了31933名博士、49965名硕士。在全国优秀博士学位论文评选中，中国科学院共有180篇论文入选，占全国获奖总数的18.3%。这一成功实践充分证明，科技与教育相结合的人才培养模式，符合教育和科技发展的规律，符合创新型人才培养的规律，有利于科研与教育相互促进、共同发展。

二、以机制创新为动力，激发科技拔尖人才的创新创业活力

中国科学院党组通过建立新型的用人机制、分配机制和创新创业机制，为各类科技拔尖人才的脱颖而出创造条件。

建立“按需设岗、按岗聘任、竞争上岗、契约管理”的新型用人机制，为科技拔尖人才脱颖而出创造公平竞争的环境。1999年，中国科学院率先在全国科研系统实行了全员聘用合同制，实现了用人制度的重大转变。2001年，中国科学院停止了单纯的各类专业技术职务任职资格评审，全面实行岗位聘任制度，职称仅与岗位挂钩。这从根本上改变了论资排辈的局面，大批优秀青年科技人才走上关键岗位，涌现出一批活跃在世界科技前沿，承担国家重大科技任务的拔尖人才。

建立“绩效优先”的新型分配机制，为科技拔尖人才的价值体现提供有力的保障。为应对日趋激烈的人才市场竞争，凝聚和稳定科技拔尖人才，中国科学院在坚持事业留人、感情留人的基础上，率先在全国科研系统实行了由基本工资、岗位津贴和绩效奖励组成的“三元结构”分配制度，基本工资按国家规定执行，岗位津贴根据岗位职责分级、分类发放，绩效奖励则主要取决于科技人员创新贡献的大小。新的分配机制把科技创新绩效与人员待遇挂钩，使科技拔尖人才的社会价值得到较好体现，充分调动了他们的创新积极性。

建立充满活力的创新创业机制，为科技拔尖人才技术转移转化消除障碍。中国科学院通过建立和完善科学公正的考核评价机制，为科技拔尖人才创造公平竞争的环境；采取“科技成果＋人才”一体化转移的模式，试行知识和技术要素参与分配，探索把更多更好更新的科技成果向企业转移、向社会转移、向现实生产力转化的新模式；创办并发展联想集团、地奥集团、三环公司等著名高技术企业，培养了一批全国知名的高科技企业家；创办中国科学院联想学院，大力培养懂科技、懂管理、懂创业、懂经营的人才，畅通产学研结合的科技创新价值链，促进高技术产业化。

三、营造良好环境，为科技拔尖人才施展才华提供有力保障

中国科学院党组在为国家培育科技拔尖人才的过程中，以“科学、民主、爱国、奉献”的传统和“唯实、求真、协力、创新”的院风为基础，把大力倡导科学精神和科学道德，努力营造尊重知识、尊重人才、尊重创造、尊重劳动的良好氛围作为党组的中心工作之一。

坚持党管人才，在政治上关怀科技拔尖人才。中国科学院党组按照德才兼备的要求，明确提出科技拔尖人才应将个人价值的实现与国家民族的利益有机统一起来。通过举办研讨班，组织国情考察等方式，对科技拔尖人才进行引导和教育，进一步激发他们对国家、民族的责任感和使命感。通过开设党课等形式，加强对科技拔尖人才的培养教育，积极在他们中发展党员，把更多的科技拔尖人才集聚到党的组织中来。同时，在全院上下大力开展创新文化建

设，从科学价值、科学精神、科学道德准则以及社会责任等方面宣示科学的基本理念，形成有利于科技拔尖人才全面发展和脱颖而出的文化环境。

坚持上下互动，在工作上关心科技拔尖人才。人才工作是中国科学院党组的核心工作之一，每一次党组会上一般都有关于科技拔尖人才的专项议题。党组主要领导经常邀请科技拔尖人才座谈，及时了解和解决他们工作中的困难。各研究所党委也根据本单位实际，采取建立优秀人才专项基金、为优秀拔尖人才配备学术秘书、提供良好实验设备等措施，为科技拔尖人才开展工作创造条件。

坚持紧扣需求，在生活上关爱科技拔尖人才。院党组成员和科技拔尖人才之间保持着顺畅的沟通渠道，科技拔尖人才可随时与党组成员直接对话，党组成员也通过定向联系等方式，主动与他们交朋友。院党组主要领导多次强调，要关心青年科学家的健康，为此中国科学院建立了科技拔尖人才健康档案管理系统。此外，院领导和研究所领导每年都要与地方有关部门协调，努力解决科技拔尖人才在配偶就业、子女入学入托、住房困难等方面的后顾之忧。

人才资源是第一资源。依靠人才支撑未来发展，是一条越来越宽广可行的发展路径。特别值得一提的是，在这次国际金融危机中，越是重视自主创新、重视人才作用的地方和企业，其抗冲击的能力就越强。面对新的历史发展时期，面对新的挑战、新的任务，中国科学院将以邓小平理论和“三个代表”重要思想为指导，深入贯彻落实科学发展观，解放思想，改革创新，开放合作，奋发向上，着力培养造就更多的科技拔尖人才，推动各项事业协调发展，以科技创新的新成就、改革发展的新突破，迎接新中国成立60周年和中国科学院成立60周年，为提高自主创新能力、建设创新型国家，为全面建设小康社会提供强有力的科技支撑。

（作者：中国科学院常务副院长、党组副书记）

加强干部监督工作　提高选人用人公信度

中共北京市委组织部

近年来，北京市各级党委及其组织部门，紧紧围绕科学发展大局，扎实推进干部监督各项工作，切实提高干部选拔任用工作水平，为首都经济社会的健康发展提供了组织保证。

一、构建立体培训网络，营造选人用人良好氛围

多年来，我们坚持把学习宣传干部选拔任用工作法规作为做好干部选拔任用监督工作的基础，努力在领导干部中形成学条例、重条例、严格执行条例的良好氛围。主要采取了以下措施：一是将干部选拔任用工作政策法规作为党校和行政学院领导干部主体培训班次的重要内容，对领导干部进行培训，对新进领导班子成员特别是主要领导干部进行专题教育。二是实施点对点业务培训，深入基层单位举办讲座，培训基层领导干部和组织人事干部2000余人次。三是在北京干部教育网上开通在线学习平台，开发了《干部任用条例》、《党内监督条例（试行）》等方面的专题辅导课件，实现了全市处级以上干部学习干部选拔任用工作法规的全覆盖。四是编印《干部监督工作文件选编》等培训教材，加大了对区县局级单位组工干部的业务指导力度。

此外，我们以召开干部监督工作座谈会和开展《干部任用条例》执行情况监督检查为契机，在新闻媒体上先后对干部监督工作、条例检查工作进行了系列报道。《干部任用条例》颁布实施5周年之际，在《北京日报》等多家市级媒体上全文刊发了领导同志的讲话和典型经验材料。在市委机关刊物《前线》杂志上开设"党委书记谈监督"和"百题知识问答"专栏，刊发了多位党委书记的专题文章，以知识问答的形式解读干部选拔任用工作法规，为全市党员干部普及干部监督工作知识，营造了良好氛围。

二、深化监督检查，严肃组织人事纪律

我们切实加强对选人用人情况的监督检查，防止和纠正违反组织人事纪律的问题。

一方面，加强对《干部任用条例》贯彻执行情况的监督检查。一是开展自查。市委和各区县局级单位党委（党组）按照干部管理权限，先后对1262名市管干部和15000余名处级干部的选拔任用情况进行了自查。二是巡回检查。明确规定对区县要每三年检查一遍，对市委市政府部委办局的抽查每年都要有一定的数量，及时发现问题，提出整改措施。2005年以来，在各区县局级单位党委（党组）自查的基础上，我们对18个区县和59个市委市政府部委办局进行了检查。三是结合巡视开展检查。将执行《干部任用条例》情况作为巡视的重要内容之一，充分发挥巡视谈话范围广、工作深入的优势，加强检查工作的深度和广度，提高了效率和工作效果。

另一方面，加强选人用人问题举报调查。几年来，市、区两级组织人事部门畅通"12380"电话举报、信访举报和网上举报等监督渠道，形成"三位一体"的举报网络。通过"12380"专用举报电话受理各种举报1149件，对其中涉及选人用人问题的93件举报进行了查核，举报属实的全部进行了严肃处理。2005年，我们对2个市直部门违反规定破格和越级提拔31名处级干部的问题，进行了认真纠正，要求他们重新考察、重新报批、重新任免，在全市引起较大反响。2006年，市委组织部接到反映密云县某乡镇主要领导工作变动前突击提拔干部的问题后，责成县委组织部迅速进行调查核实，制止了相关干部的调整，并对该镇主要领导和相关责任人作出了严肃的组织处理。

三、坚持联席会议制度，形成干部监督工作合力

我们坚持充分发挥各有关方面的监督作用，协同配合，齐抓共管，先后建立了三个联席会议制度，有效增强了干部监督工作的合力。

一是建立干部监督工作联席会议制度。2005年，我们与市纪委、市检察院、市国资委、市人事局、市信访办、市审计局等7个单位，共同建立干部监督工作联席会议制度，出台了《干部监督信息沟通办法》，定期沟通情况；建立了干部监督信息库，收集干部监督信息1400多件，为加强干部管理和领导决策选人用人问题提供了参考。

二是建立巡视工作联席会议制度。2004年成立了市委巡视组后，我们与市纪委定期召开巡视工作联席会议，研究加强巡视工作的重要事宜。几年来，在联席会的直接领导下，市委巡视组对17个区县、18个委办局和3个市属企业进行了巡视，为市委科学决策领导班子建设和领导干部调整问题提供了依据，收到很好的效果。

三是建立经济责任审计工作联席会议制度。市纪委、市委组织部、市监察局、市人事局、市财政局、市审计局等部门作为联席会议成员，每年召开联席会，确定一定数量的局级主要领导进行经济责任审计，为正确评价和使用干部、减少用人上的失察失误发挥了积

极作用。

四、探索实行干部选拔任用全程记实制度，防止干部“带病提拔”和“带病上岗”

从2005年开始，我们指导东城、西城等10个区县推行干部选拔任用工作全程记实，认真记载干部选拔任用工作情况，强化组织人事干部的责任意识，为落实责任追究提供依据。按照突出重点、避免重复、便于操作的原则，确定了基本情况记实、关键程序记实、重要情况记实等三个重点内容。坚持一人一册、一事一记、逐级把关、及时纠偏的记实方法，确保记实不出现大的失误。通过加强干部选拔任用工作全过程监督，严肃查处跑官要官、买官卖官、许官送官、拉票贿选、突击提拔干部等问题，树立了正确的用人导向。

与此同时，建立健全了相应的配套制度，通过建立完善考任分离的资格准入制度、职位说明书制度、领导干部个人推荐干部说明书制度，推动干部初始提名逐步规范；研究建立区县经济社会发展绩效考核评价指标体系和市直部门职责绩效考核工作试行办法，组织实施对区县局级单位领导班子及其成员的绩效考核，改进干部考察评价方法；全面推行党政正职领导干部全委会票决制度，建立市委组织部向市委常委会报告区县局级领导班子、领导干部思想和工作信息制度，进一步提高决策水平。

五、扎实推进整治工作，提高选人用人公信度

中纪委、中组部《关于深入整治用人上不正之风进一步提高选人用人公信度的意见》下发后，市委高度重视，市委常委会进行专题学习，市委组织部主要领导主持召开协调会议，研究制定整治工作安排，对各级党委（党组）开展整治工作提出了明确要求，作出了全面部署。成立调研组，开展选人用人公信度专题调研，在全市范围内发放调查问卷2810份，调查对象涉及区县局级领导干部、处级领导干部、市区“两代表一委员”、党外干部、普通干部群众。与部分区县局级单位主要领导同志进行了深度访谈，听取对整治工作的意见建议。在调研的基础上，提出了3至5年内开展好整治工作的措施办法。在市委十届五次全会和各区县委全委会上全面开展了干部选拔任用“一报告两评议”工作。市、区（县）两级党委对这一工作都非常重视，普遍召开常委会进行专题学习和研究，对“一报告两评议”工作作出精心部署。为保证报告评议工作取得实效，市委组织部派专人到各区县对“一报告两评议”工作进行具体指导，保证了工作的顺利开展，取得了预期的效果。

发挥资源优势　推进干部自主选学改革创新

中共浙江省委组织部

近年来，我省认真贯彻落实《干部教育条例》和中央大规模培训干部的战略部署，坚持改革创新，着眼于服务科学发展和干部健康成长，以满足干部学习培训个性化、差别化需求为导向，创新自主选学理念，拓宽自主选学平台，完善自主选学管理，形成了体制内培训资源为主、其他资源为补充的自主选学模式，缓解了干部的工学矛盾，激发了干部的学习热情，提高了培

训的实效性。

一、推进理念创新，不断拓宽自主选学工作思路

自主选学是干部教育培训方式的一项重大改革。从2002年起，我省开始探索干部自主选学的做法，以理念创新开路，取得了明显的成效。一是优化自主选学阵地的理念。根据我省党校、行政学院和高校资源的分布情况，我们确立了以党校、行政学院选学为主体，以高校选学和社会化培训为补充，以网络选学为辅助的干部自主选学思路，推行发挥体制内优势、注重内涵发展的自主选学模式。二是优化自主选学项目的理念。在准确分析和把握培训需求的基础上，科学设置适应干部特点的培训项目。把自主选学贯穿于各类培训班次，以满足干部多样化的需要。省委组织部每年年初下达年度培训计划，省管领导干部可以自行选择参加省委党校、浙江大学等培训班次的时间和研究专题、方向；省直有关单位和市、县(市、区)分管领导干部，可以自行选择参加专题研讨班的期次。同时，每年下达的省直单位抽调市、县党委管理的党政领导干部专题培训班计划，也向县处级以上干部开放，允许他们根据培训需求自主选择参加。三是优化自主选学课程开发的理念。我们坚持把课程开发放在突出位置，紧密结合当前经济社会发展大局和浙江实际，结合今后五年大规模培训干部部署，对自主选学的课程开发作了总体规划，以"创业富民、创新强省"总战略为主线，重点开发"以中国特色社会主义理论体系特别是科学发展观为中心内容的重点培训"、"进一步解放思想与再创发展新优势专题培训"等十大系列专题培训课程。各市也结合实际组织开发了主题突出、特色鲜明、能满足干部选学需求的课程体系。四是优化培训资源的理念。积极整合高校、网络等各类资源，推行"党校选学——高校选课——现场教学"、"浙江选题——省外选课——实践考察"和"国内高校选课——国外考察选点"等三种模式，在分段授课、分段选学和实践教学中，促进了党校与高等院校、省内与省外以及境内与境外实践教学资源的充分共享。

二、推进课程开发创新，满足干部自主选学的多样化需求

我们坚持按需施教的原则，着力推进课程开发体系建设，不断丰富培训内容，为干部提供更大的自主选学空间。一是以培训需求为导向，建立适应不同类别培训的课程体系。采取培训需求调研"五步法"，即实行干部培训年度计划需求调研、重点项目需求调研、主体班次需求调研、干部个体需求调研和反馈式需求调研制度。在此基础上，吸收各地培训经典课程，构建了一个包括政治理论、业务知识、工作技能、道德修养等在内的课程体系。目前，全省已累计开发各类自主选学课程近4000门。二是以提升能力为目标，建立自主选学的能力培训课程体系。比如，绍兴市已建立了包括政治辨别能力、领导科学发展能力、应对复杂局面能力等11个方面、近300多门能力培训课程的框架体系。宁波市建立了5大类31小类，共610余门课程的能力培训课件库。三是建立课程更新制度，不断提升自主选学课程的质量。通过实施精品课程开发计划、建立课程开发项目制管理、对课程中标教师给予项目资助等形式，积极开发具有时效性、实用性、前沿性的课程。目前，省、市主体班次每年课程更新率达到30%以上，县级主体班次达到20%以上。一批优质课程进入了干部自主选学的课程体系和主体培训班课堂。

三、推进选学平台创新，努力提高自主选学的实效

通过积极挖掘各种资源，为干部开展自主选学提供更多的平台。一是由课堂选学向网络选学延伸。充分发挥网上选学信息量大、传递速度快、灵活性强、成本低廉的优势，探索扩大网络选学方式方法。如杭州市建立了"干部学

习新干线”，大力开展数字化自主选学工作，有4万多名干部成为注册学员。截至去年底，已有99.85%的干部完成了规定的选学培训要求。绍兴市利用干部教育培训网络学院让领导干部自主选学，平均每月登陆学员达到了12.7万人次。宁波市依托“宁波干部网上学院”提供60余门精品课程，学员可自行选择学习。二是由组织调训向社会化培训延伸。积极发挥社会优质培训资源的作用，鼓励干部利用业余时间参加各类学历、学位教育和专题培训，并将一些知名大学、社会培训机构举办的班次列入年度培训计划，将其培训情况以学分形式记入个人学习档案。通过定期举办浙江论坛、人文大讲堂、浙江省科技与人文讲座等形式，让干部自主选择参加学习。三是由省市选学向县级选学延伸。在开展省市机关干部自主选学工作的同时，也积极鼓励县级机关开展自主选学工作试点，如安吉县在探索县管副科级后备干部自主选学培训机制中，采取讲坛选学专题“征集制”，按照学员投票选择情况确定当年集中辅导内容。目前，有1/3以上的县(市、区)都开展了处以下干部的自主选学工作。四是由境内培训选学向境外培训选学延伸。2006年以来，在举办的省管干部境外管理研究班中，请学员根据培训主题选择相应的研究专题，分别赴不同国家培训考察。同时根据学员的培训需求，先后开辟了一些境外中长期培训合作渠道，为领导干部选择相应的境外培训创造了较好条件。

四、推进培训管理创新，着力规范自主选学工作

通过制定自主选学制度，推行精细化管理，以进一步规范自主选学工作。一是建立权益保障制度。颁发了《浙江省贯彻〈干部教育条例〉实施意见》、《县处级以上领导干部参加社会化培训管理办法》等法规性文件，明确干部利用社会化培训开展自主选学范围和要求，鼓励干部根据形势任务变化和履职成长的需要，多渠道、多形式地参加各类社会化培训。二是建立项目管理制度。专门制定《浙江省干部教育培训项目管理实施办法》，对培训项目的确定、实施、考核等各个环节都作出了明确规定，实现了项目全过程的动态管理，为提高干部自主选学质量奠定了重要基础。三是建立量化管理制度。出台《省委管理的领导干部学习培训登记与量化管理办法》，对领导干部参加经组织批准的各类学历、学位教育，经组织认定的听取讲座、网上在线学习、撰写理论文章和调研报告、到干部培训班授课等进行统一的学分制量化管理，极大地调动了干部自主选学的积极性和主动性。四是建立绩效评估制度。按照评建结合、以评促建的原则，积极开展对培训课程、培训师资、培训项目等评估工作，并将评估结果作为审批培训项目和确定培训机构的重要依据。对连续两次未能达到培训目标的培训项目和机构，一般不再批准实施，确保了干部自主选学的质量和效益。

组织工作要为保增长保民生保稳定提供坚强保证

中共宁夏回族自治区委员会组织部

当前，受国际金融危机影响，我国经济运行困难急剧增多，保持经济平稳较快发展的任务十分艰巨，这对组织工作服务党和国家工作大局提出了新任务、新要求。组织部门要切实把

思想和行动统一到中央关于保持经济平稳较快发展的决策部署上来，积极应对国际金融危机的影响，为保增长、保民生、保稳定方针政策的贯彻落实提供坚强保证。

广大党员干部特别是领导干部要成为应对国际金融危机的骨干力量。能否有效应对国际金融危机，是对党的执政能力的重大考验，也是对领导干部应对复杂局面能力的重大考验。越是经济发展面临困难的时候，广大党员干部特别是各级领导干部越要牢记肩负的责任，进一步增强宗旨意识、大局意识、忧患意识和责任意识，牢牢扭住经济建设这个中心不放松，突出发展这个主题不动摇，以知难而进、奋发有为的精神状态对待压力、迎接挑战，以科学的态度和辩证的思维破解难题、化解风险，向党和人民交出一份满意的答卷。对于宁夏这样一个经济欠发达的西部地区来说，我们更要辩证看待国内外经济形势的复杂变化，既要看到国际金融危机对经济发展带来的巨大冲击，又不能把现在的困难和问题全都归咎于金融危机。应正视宁夏发展中存在的不足和问题，把宁夏放在西部、全国乃至世界的大格局中去审视，在解放思想中统一思想，在开阔眼界中拓宽思路，在改革开放中寻求破解发展难题、保持经济平稳较快发展的新办法、新举措。要全面落实中央关于扩大内需的政策和国务院《关于进一步促进宁夏经济社会发展的若干意见》，确保自治区党委、政府提出的 2009 年全区地区生产总值增长 10% 目标的实现。各级党委和组织部门要把完成重大任务、应对重大事件作为考察和使用干部的重要标准，在应对国际金融危机的特殊时期，把一批素质过硬、能力突出、善于领导科学发展的干部调整、提拔到重要岗位上来，切实提高各级领导班子和领导干部在复杂形势下领导经济工作的本领。

基层党组织要在保增长保民生保稳定中充分发挥战斗堡垒作用。党的基层组织是党全部工作和战斗力的基础。越是在经济运行困难的时候，越要加强党的基层组织建设，越要重视发挥基层党组织推动发展、服务群众、凝聚人心、促进和谐的作用，越要教育广大党员和人民群众坚定不移地走中国特色社会主义道路，增强信心，振奋精神，同舟共济，共渡难关。要引导基层党组织和广大党员进一步认清宁夏的区情，发挥能源和农业优势，加快宁东能源化工基地建设，积极发展现代农业。认真实施扶贫开发、扶弱助困、创业带就业、城乡安居、社会保障、教育惠民、卫生健康、文体促进、支农惠农、交通保障等 10 项民生计划，在保增长保民生保稳定中充分发挥党组织的战斗堡垒作用。要从党员群众的实际需求出发，打破地域、条块、行政隶属关系限制，创新基层组织设置方式，探索组建跨领域、跨辖区、跨行业的技术型、产业链型等形式多样的开放式党组织，进一步扩大党组织的覆盖面。要深入开展增强党员意识主题教育活动，引导广大党员立足本职做贡献，为群众作表率，带领群众共克时艰，在应对国际金融危机中发挥先锋模范作用。要加强分类指导，在农村党组织和党员中深入开展以“带头致富、带领群众共同致富”为主要内容的“双带”活动，组织广大党员带头参与“全民创业行动”，切实把农村基层党组织建设成为推动科学发展、带领农民致富、密切联系群众、维护农村稳定的坚强领导核心。企业党组织要切实发挥政治核心作用，促进企业健康经营、正常生产，团结凝聚职工群众，找准制约企业发展的难题，提出破解对策，在推动企业化“危”为“机”中切实增强党组织的创造力、凝聚力和战斗力。

在应对国际金融危机中抢抓机遇，引进和用好各类人才。抓好“第一要务”，必须抓住“第一资源”。要切实发挥人才在应对国际金融危机和推动科学发展中的重要作用，大力推进人才强区战略，紧紧抓住培养、吸引、用好人才三个环节，统筹近期和长远人才培养规划，兼顾国内人才和海外人才引进，着眼本地人才和外来人才使用，依靠人才增强竞争优势。要认真贯彻落实党管人才原则和尊重劳动、尊重知识、尊重人才、尊重创造的方针，抓住当前海外优秀人才开始“回流”、沿海资源型企业向西部迁移带动人才向西部发展的有利契机，面向国内外引进高层次人才。近期，宁夏出台了《引进海外高层次科技人才创新创业暂行办法》，在北京召开了宁夏引进海内外高层次人才需求信息发布会，计划用5年时间，在自治区重点创新项目、特色产业、优势学科和重点实验室、工程技术研究中心、以高新技术产业开发区为主的各类创新创业园区等方面，引进并有重点支持200名左右海外高层次科技人才来宁创新创业。宁夏还将出台《中长期人才发展规划纲要(2009—2020年)》、《人才资源开发条例》和《进一步发挥现有人才作用和引进急需紧缺人才的若干规定》等政策，为各类人才干事创业、发挥作用提供制度保障，促进宁夏经济社会又好又快发展。

把深入学习实践科学发展观活动作为保持经济平稳较快发展的强大动力。科学发展观是指导发展的科学理论，是应对国际金融危机影响的有力武器，保持经济平稳较快发展，必须坚持以科学发展观为指导。各级组织部门要按照中央部署，认真组织指导深入学习实践科学发展观活动，把思想和行动进一步统一到中央对形势的分析判断上来，统一到中央的决策部署上来，切实转变不适应不符合科学发展观要求的思想观念，切实解决影响和制约科学发展的体制机制，把贯彻落实科学发展观提高到一个新水平。要把保持经济平稳较快发展作为学习实践活动最大的实践、最重要的实际、最需要取得的实效，动员广大党员干部特别是各级领导干部在科学发展观的指导下做好当前经济工作。参加第二批、第三批学习实践活动的单位多、人数多、领域多、范围广，党员的从业状况、职业构成、活动方式和思想状况差异比较大，而且党员干部的大多数处于改革、发展、稳定的第一线，直接面对基层、面对群众，承担着推进改革、促进发展、维护稳定的重要职责。因此，在学习实践活动中，要注意引导各地各单位结合各自的实际和职能，创造性地抓落实、破难题、求实效，提出应对国际金融危机、保持经济平稳较快发展和社会和谐稳定的具体举措，努力把国际金融危机带来的风险转化为促进科学发展的机遇。今年，宁夏力争全年完成固定资产投资1072亿元，比去年增长25%。其中，安排重点建设项目48个，计划安排投资385.4亿元，占全社会固定资产投资总额的35.95%。要在保持经济平稳较快发展的同时，坚决防止为了片面追求经济增长搞重复投资和低水平建设，坚决防止盲目上项目、铺摊子，一哄而起，违反规律，坚决管好用好每一笔钱。要切实转变作风，关心群众疾苦，倾听群众呼声，坚持问政于民、问需于民、问计于民，高度重视改善民生，高度重视困难群体的生活保障，注意防范因经济问题引发社会不和谐与不稳定问题。要坚持艰苦奋斗、勤俭节约，反对奢侈浪费，严格执行增收节支各项规定，把有限的财力和物力用在刀刃上，用在为老百姓办实事、办好事上，以扎实的工作作风和惠民的实际行动赢得广大人民群众的理解、尊重和支持。

落实从严管理干部要求 促进干部考核经常化

中共贵州省委组织部

坚持和完善干部考核，是干部管理工作的重要环节。党的十七大以来，我省认真贯彻中央从严管理干部的要求，围绕建设一支善于领导科学发展，想干事、能干事、干成事的高素质干部队伍，着力加强干部经常性考核，把干部考核评价与选拔任用、培养教育、管理监督、激励约束结合起来，建立有机联系、相互配套并有效运行的干部考核机制，引导和促使干部更好地服务于贵州经济社会发展。

一、围绕促进科学发展，探索建立干部综合考核评价机制

按照党的十七大要求，结合推动贵州经济社会发展的实际，我们在认真总结换届考察经验的基础上，制定了具体的制度和措施，每年对地方领导班子和领导干部进行工作实绩分析评价、群众满意度测评和民意调查。工作实绩分析评价，主要是围绕省委、省政府重大工作部署，选择反映经济社会发展及有关长期性工作、一段时期的专项工作情况的43个指标，并赋予相应的权重，采取"上评下"的方式，由上级业务主管部门通过定量、定性评分，对地方领导班子工作实绩进行分析评价。2008年7月，我们对全省9个市(州、地)党政领导班子2007年度的工作进行了分析和评价，形成了综合评价报告和部门综合评价意见。满意度测评，主要是由地方同级领导干部、"两代表一委员"和部分群众代表，以"同级自评"的方式，对本级领导班子和领导干部的工作思路、措施、绩效，特别是年度重点工作实施完成的满意度进行民主评议、民主测评和民意调查，测评结果作为领导干部年度考核评定等次的重要依据。2008年，我们对9个市(州、地)党政领导班子和党委、人大、政府、政协领导班子成员及其他地厅级干部共338人进行了群众满意度测评。民意调查，主要是通过委托省社情民意调查中心，采用国际通用的计算机辅助电话随机抽样调查的方式，围绕地方党委和政府的重要工作、重点工作以及党的建设、干部选拔任用等工作，以及群众能直接感受到的收入、就业、医疗、住房、教育、社会治安、行政效能、干部作风等方面的内容，对城乡居民进行满意程度调查，通过"下评上"了解掌握群众对领导班子和领导干部的看法和意见。从我省开展领导班子和领导干部工作实绩分析评价、满意度测评和民意调查的情况看，这一综合考核评价机制体现了贯彻落实科学发展观的要求，具有考核内容的系统性、评价主体的广泛性、考核方式的科学性和考核方法的可操作性等特点，为全面、客观、公正地评价领导班子和领导干部提供了详实依据。

二、围绕加强干部日常管理，开展干部年度考核工作

今年，我们对市(州、地)省管干部普遍进行了2008年年度考核，选择85个省直单位开展了省管干部年度考核试点工作。对市(州、地)省管干部的年度考核，主要以年度群众满意度测评结果为依据，综合纪检机关(监察部门)、巡视组巡视、年度工作实绩分析、群众满意度调查等方面的情况，对被考核干部提出考核意见，确定考核等次。对省直单位省管干部的年度考核，主要考核本年度履行岗位职责情况，包括德、能、勤、绩、廉等方面的内容，按照个人总结、大会述职、民主测评、集体研究、上报审批及公示的程序进行。参加民主测评人员范围为本单位中层以上干部，直属单位、市(州、地)对口单位主要领导成员，以及部分"两代表一委员"、党外人士、离退休老同志、一般干部职工和服务对象。注意探索运用现代科技、信息手段改进民主测评工作，积极稳妥地扩大参与测评人员范围，采取试行民意调查、进行个别谈话等有效方式，提高考核工作的准确性。坚持组织评价与干部群众评价有机结合，把平时组织了解掌握的情况、分管省领导和领导班子的意见、民意调查和个别谈话情况与民主测评结果进行综合分析，提出考核意见，评定考核结果。通过开展年度考核工作，激发和调动了领导干部干事创业的积极性和主动性，也使组织上加深了对干部的了解，为发现和培养干部提供了依据。

三、围绕完成重大任务、应对重大事件，加大对干部关键时刻表现的考核力度

我们坚持把完成重大任务、应对重大事件作为检验和考察干部的主战场，作为识别和使用干部的主阵地，着力建立健全关键时刻考核干部的工作机制。2008年初，面对历史罕见的低温雨雪冰冻灾害，我们及时选派优秀干部到最危险、最艰难、最需要的地方开展抗灾救灾，经受锻炼和考验。同时，普遍对领导班子和领导干部抗灾救灾的表现进行了重点考察了解，特别是对市（州、地）党政正职、有关分管联系领导、县（市、区、特区）党政正职的表现情况进行了专项考核，对抗灾救灾中擅离职守、失职渎职的党员、干部作出了党纪政纪处分和组织处理。去年下半年以来，为有效应对国际金融危机的冲击、保持经济平稳较快增长，我们及时下发通知，把各级领导班子和领导干部在进一步扩大内需、促进经济增长具体工作中的表现情况，作为考核考察干部的重要内容，作为干部任用和奖惩的重要依据，促使各级领导干部在保增长、保民生、保稳定、保中央方针政策和省委、省政府工作部署贯彻落实中身先士卒、奋发努力。我们还对有关领导干部在处置瓮安县“6·28”事件、贵定县“5·15”重大交通安全事故、纳雍县“5·29”翻船事故、安顺煤矿“3·20”煤与瓦斯突出事故等突发事件中的表现情况，及时进行了跟踪了解，对失职渎职干部进行了问责。最近，我们在系统总结经验的基础上，研究制定了《关于在完成重大任务、应对重大事件中加强干部考察工作的通知》，建立完善制度，规范在完成重大任务、应对重大事件中干部表现专项考察工作。

四、围绕强化干部守土有责、守土尽责，有效运用考核结果

一是坚持考核结果与干部培养教育管理相结合。对坚持科学发展、善于领导科学发展、实绩突出、群众公认的优秀干部，优先提拔重用，或进行重点培养。对考核中发现问题的干部，采取批评教育、谈心谈话、函询、诫勉等方式，及时提醒、打招呼，防止苗头性问题发展为大问题。对发现有违纪违法问题的干部，坚决进行严肃查处。对通过考核反映出的弱项和不足，按照缺什么补什么的原则，因人施教，分层次和分类型对干部进行有针对性的培养教育，不断提高领导干部的综合素质、工作能力和水平。二是坚持考核结果与干部奖惩相结合。比如，在年度考核中，对确定为优秀等次的干部，当年给予嘉奖；连续三年被确定为优秀的，记三等功一次。被确定为称职及以上等次的，具有晋升工资、享受年终一次性奖金、晋升职务等资格。对确定为基本称职的，视具体情况对其进行诫勉谈话或工作调整，一年内不得晋升职务。对确定为不称职的，视具体情况分别作出免职、责令辞职等组织处理，并降低一个职务层次任职。连续两年被确定为不称职的，按有关规定和程序予以辞退。三是坚持考核结果与推动和改进工作相结合。及时把考核情况向干部所在单位主要领导和干部本人反馈，使领导班子和领导干部对自己的政绩、群众公认度、存在问题有正确认识。同时，针对考核中反映出来的问题，及时帮助、督促领导班子和领导干部认真总结经验，深入分析原因，切实整改。

进一步提高领导干部考试测评工作水平

中组部领导干部考试与测评中心

我国领导干部考试测评是通过职位分析、笔试、面试、履历分析、心理测验、评价中心技术等方法技术，从领导职位的要求出发，对领导干部的能力综合素质进行测试的活动和过程。随着竞争性选拔制度的不断推行，领导干部考试测评作为重要支撑手段，其作用日益凸显。

一、10 年来全国领导干部考试测评工作的简要回顾

1998 年 8 月 22 日，胡锦涛同志在中组部《关于建立全国统一、规范的公开选拔领导干部考试题库问题的报告》上作出重要批示："赞成建立全国统一的通用题库，这样可以减少各地公开选拔领导干部的工作量，保证考试质量，降低考试成本。"2001 年 5 月，中组部领导干部考试与测评中心正式成立。随后，一些省区市党委组织部门也相继成立领导干部考试测评机构。

10 年来，在各级党委的大力支持下，全国组织系统考试测评机构积极探索，大胆实践，领导干部选拔考试及题库建设工作取得了明显成效。

1. 领导干部考试测评标准逐步确立

从 1998 年 12 月起，中组部组织有关力量开始研究考试测评的标准，着手制订考试大纲。2000 年 1 月，颁布我党干部工作历史上第一部综合性选拔考试大纲——《全国公开选拔党政领导干部考试大纲(试行)》，标志着领导干部考试测评的标准初步确立。2003 年对试行大纲进行了修订，2004 年 4 月，正式颁布《党政领导干部公开选拔和竞争上岗考试大纲》。从 2007 年底开始，对考试大纲进行再次修订。

2. 领导干部选拔考试通用题库初步建成

2007 年底，中组部颁布下发《关于进一步加强全国领导干部选拔考试通用题库建设的意见》。《意见》下发后，各省区市党委组织部高度重视，结合本地实际，对贯彻落实《意见》进行部署和推进。截至目前，我们共开发试题 17.1 万道，已入库运行 3.5 万道，其他试题将分期分批审定后并入全国通用题库运行，供全国各分题库共同使用。

3. 领导干部考试测评服务水平明显提高

截至 2008 年底，中组部领导干部考试与测评中心共为各地各部门提供考试测评服务近 1000 家(次)，提供试题近 4000 套，连续 7 年承担公开招聘中央企业高级经营管理者考试测评工作。据不完全统计，2000 年至 2006 年，地方考试测评机构对外提供笔试、面试试卷 10770 套。考试测评服务模式也从最初提供笔试和面试试题的单一服务模式逐步向集业务指导、技术咨询、考评服务为一体的全方位综合服务模式转变，除提供试题外，还指导制定工作方案、培训面试考官、组织考务实施、提供综合评估报告等。

4. 领导干部考试测评程序和方法技术不断完善

各地考试测评机构按照两个《暂行规定》和《考试大纲》要求，不断探索总结，初步形成了包括方案制定、信息发布、职位分析、命题设计、笔试命题及实施、笔试阅卷、面试命题及施测、综合评价分析、测评结果质量评估等一整套比较完善的领导干部考试测评工作程序，考试测评的规范化水平逐步提高。

10 年来，围绕领导干部考试测评的理论体

系、标准体系、方法体系、评估体系等方面，中组部领导干部考试与测评中心先后组织开展了公选考试与科举考试比较研究、能力结构研究、品德研究、笔试研究、结构化面试研究、情景模拟应用研究、资历评价方法技术研究、心理素质测评研究、考试成效与对策研究，等等。2003 年，经中组部部务会批准，组织开发了党政领导干部能力测评工具、无领导小组讨论、公文筐测验等评价中心技术工具的研发工作。

5. 领导干部考试测评交流合作积极拓展

10 年来，通过举办培训班、组织出国考察培训、创办刊物、召开研讨会、实地调研等多种形式，积极开展多层次、多领域的交流与合作，充分利用国内外智力资源，开阔视野、相互促进，不断提高领导干部考试测评工作水平。

中组部领导干部考试与测评中心先后举办了 19 期面试考官培训班，参加培训人数达 2000 多人。定期组织召开领导干部考试测评和题库建设工作研讨会，创办《领导干部考试与测评工作通讯》。与有关高等院校、科研院所建立紧密的联系，充分发挥其专业优势。先后组织各地考试测评机构业务骨干赴英国、德国、美国、日本等国家考察学习高级公务员选拔制度和考试测评技术，开展中澳合作“领导人才能力测评”和“中国领导人才绩效评估体系研究”项目，举办了 9 期领导人才能力测评方法技术培训班和 5 期出国考察培训班，培训了数百名业务骨干。

各地考试测评机构之间也开展了多种形式的交流与合作，互相学习、取长补短、共同提高。

6. 考试测评机构和队伍建设得到加强

目前，全国共有 19 个省（区、市）和副省级城市党委组织部门成立了专门机构。没有建立专门机构的，绝大部分也都明确了专门的处室负责这项工作。各地在加强考试测评机构建设的同时，着力加强命题专家队伍、面试考官队伍和自身队伍建设。全国各省区市共联系命题专家近 6000 人，面试考官 20000 余人，初步建立了一支素质较高的专业化工作人员队伍。

二、进一步推进领导干部考试测评工作

第一，要牢牢抓住领导能力检测这一根本，着力提高识人选人的科学化水平。从考试测评的目标和内容看，领导干部考试测评既不同于国民教育的以知识为主的考试，也不同于公务员招录的基本素质考试，它是从领导职位的要求出发，综合运用笔试、面试、评价中心技术等各种手段对干部以领导能力为主的考试。领导能力检测是核心、是关键、是根本。从干部考核评价方式特点和功能看，与民主测评、实绩分析、考察谈话方式相比较，考试测评是对干部个人素质和能力的直接检测，其特征和优势就是运用各种测量手段对干部的以领导能力为主的基本素质进行客观评价，在同一组干部中能比出高低，评出优劣。以领导能力为主的能力检测，是领导干部考试测评的基本特征、主要功能。因此，我们必须牢牢抓住这一根本，在领导能力检测上下大功夫，做大文章。也只有这样，领导干部考试测评才能方向正确，具有生命力。

第二，要准确把握客观检测这一特点，着力提高考试选拔的公信度。选人用人的公信度依赖于选人用人方式的公信度，只有用有公信度的方式才能确保选出有公信度的人。考试选拔是有着较高公信度的选拔方式。从笔试看，它用同一张试卷、同一个标准，检测同一组考生，难有人情分；从面试看，它用同一套题本、同一组考官，检测同一组考生，用结构化的评价标准，科学地控制了人情分。它是一种程序严密可控、检测客观公正的选拔方式，是一种有着较高信度和效度的选拔方式。按照这一方式来选拔，就要求我们必须规范程序、完善方法、扩大公开，确保实现客观检测、准确检测、有效检测，不断提高考试选拔的公信度。

第三，要充分发挥批量检测这一功能，着力促进发现人才、集聚人才。考试是广纳贤才的一种重要方式。与考核评价的其他方法相比，考试测评的一个独特功能就是能够对人才进行

批量检测，促进批量发现人才、批量集聚人才。从公开选拔实践看，考试测评选拔一批人的同时，还发现了一批人。考试测评还具有批量检测功能，可以充分发挥考试测评的规模效应，能够有效降低领导人才的选拔成本。因此，我们必须深入研究考试测评批量检测的功能特点，并能够综合运用考试测评成果，做到选拔一批、发现一批、储备一批。

第四，要严格遵循人职匹配这一规律，着力促进领导人才资源合理配置。领导人才是全社会最为宝贵的资源之一，只有实现在全社会范围内的优化配置，才能更好地促进经济社会又好又快发展。要实现领导人才资源在全社会范围内的优化配置，就必须遵循人职匹配这一规律，把最合适的人选到最合适的岗位，从而实现人尽其才，才尽其用。这就要求我们在考试测评中必须坚持“干什么、考什么”，认真开展职位分析，科学确定职位的能力素质要求和考试测评的内容、方法技术和程序，把最合适的人选选拔出来，做到人职匹配，人岗相适。

在今后的领导干部考试测评工作中，我们要继续大胆探索，积极掌握和运用规律，不断提高考试测评的科学化水平。当前和今后一个时期，推进领导干部考试测评工作的总体要求是：高举中国特色社会主义伟大旗帜，以邓小平理论和“三个代表”重要思想为指导，深入贯彻落实科学发展观，全面落实党的十七大和全国组织工作会议精神，紧紧围绕组织工作的中心任务和干部人事制度改革的大局，坚持“干什么、考什么”的原则，积极推进考试测评业务指导、加快题库建设和管理步伐、不断改进和完善考试测评方法技术、着力加强机构队伍建设，以改革创新的精神开创领导干部考试测评工作新局面。

实现这一总体要求，关键在于理清工作思路，找准工作的切入点和着力点。一要在创新上下功夫。不断坚持理念创新、机制创新、方法技术创新，提高考试测评的针对性和准确性，实现对领导干部能力素质的有效检测。二要在规范上下功夫。目前，从全国领导干部考试测评的实践看，还存在着许多不规范的地方。比如，有些地方，不开展职位分析，凭经验命题；有些地方在考试测评的方式方法上，以演讲代替面试；有些地方在进行面试时，考官队伍仅由2至3人组成，或全部由本单位领导组成，等等。这就迫切需要我们抓紧规范考试测评的内容、方法技术、工作程序、工作标准，以整体推进领导干部考试测评的科学化和规范化水平。三要在指导上下功夫。目前，考试测评机构还不健全，熟悉并掌握考试测评技术的专业人员的数量还相对较少。加强考试测评业务指导在当前尤为重要和迫切。要按照分级分类指导的原则，针对当前领导干部考试测评工作方面存在的不规范、不科学的突出问题，突出抓好程序指导、技术指导，促进全国领导干部考试测评工作健康发展。四要在整合上下功夫。要树立全国一盘棋的思想，整合全国组织系统考评机构资源。要注意发挥组织优势，积极整合专家智力资源。要运用系统性思维形成资源集聚优势，创新工作模式确保资源整合效果。五要在服务上下功夫。要强化服务意识、转变服务观念、优化服务模式，不断提高服务水平。

按照推进领导干部考试测评工作的总体要求，当前，要突出抓好七个方面的工作。一是以贯彻落实考试大纲为重点，积极推进领导干部考试测评业务指导。二是以制订县委书记职位标准为重点，逐步建立领导干部能力素质测评标准体系。三是以开通分题库为重点，加快全国通用题库建设和管理步伐。四是以开发应用为重点，改进和完善领导干部考试测评方法技术。五是以提高试题质量为重点，全面提升领导干部考试测评服务水平。六是以建立机制为重点，深化拓展领导干部考试测评交流与合作。七是以能力建设为重点，大力加强领导干部考试测评队伍建设。

健全机构职能　推进公开选拔领导干部工作

中共湖南省委组织部

我省坚持改革创新，不断推进公开选拔领导干部工作，着力破解制约公选工作发展的难题，取得了良好的成效。全省先后公开选拔了89名厅局级领导干部、1300多名县处级领导干部和4500多名科级领导干部。

一、建立健全机构职能，加强宏观管理

一是建立健全工作机构。2000年，成立了湖南省公开选拔领导干部办公室；2002年成立湖南省领导干部考试与测评中心，与公开选拔领导干部办公室合署办公，兼具行政管理职能和考试测评服务功能；创办湖南领导人才网。同时，建立了命题专家队伍、面试考官队伍和考试测评管理队伍。二是强化宏观管理。制定下发了一系列文件，规定省、市、县原则上每年都要开展公开选拔工作；省市县直属机关和事业单位领导班子中有职位空缺、近三年没经过公开选拔补充班子成员的，一般要进行公开选拔。同时，加强对公开选拔工作的督促检查，每年对全省各级领导班子配备情况进行一次摸底，根据职位空缺情况制定公开选拔领导干部年度计划，并实行公选计划申报审查制，确保全省公选工作"一盘棋"推进。三是实行统一考试。2005年，我们实行全省公开选拔县处级领导干部统一考试制度。在实施过程中，坚持上下联动、统分结合的原则，做到"六统六分"，即省委组织部统一发布公告、统一规范程序、统一组织命题、统一考试时间、统一组织阅卷、统一公布结果；各市州分别决定公开选拔的领导职位、分别确定报考资格和条件、分别组织报名和资格审查、分别设立考点、分别组织考察、分别决定任用。

二、创新公选过程管理，促进公开公信

一是创新报名方式。采取个人自荐与组织推荐、公开推荐相结合的报名方式。二是扩大公开内容。在坚持程序性公开的基础上，扩大对公开选拔关键环节的实质性公开。如在面试环节，实行评委当场评分亮分制；实行面试观察员制，增加"两代表一委员"作为面试观察员，并组织面试观察员对面试工作进行满意度测评；实行面试全程录像，加强面试工作的监督。三是促进规范运行。制定出台《湖南省公开选拔领导干部工作规范》，对公选工作各个环节进行统一规范。

三、创新考试测评技术，力求科学选人

一是注重对公选职位科学分析。对公选职位的性质、要求、特点以及领导班子结构状况进行全面、科学的分析，准确地把握履职所需素质和能力要求，合理确定报考的资格条件、科学设置关键测评要素，为"干什么、考什么"提供科学依据。二是强化能力测评。创新笔试命题思路，创设领导工作实务考试科目，引入公文筐测验和领导能力人机对话测评技术。三是建立完善考试测评题库。逐步建成了一个题量充足、层次丰富、专业门类齐全、维护更新机制比较完善的考试测评题库，2008年8月，作为全国首批5家分题库试点单位，实现了与中组部总题库的联网运行。四是推行对入围对象的量化考察。在传统定性分析考察的基础上，探索推行量化考察方法，对入围对象的思想政治表现、领导能力和水平、工作实绩、工作作风等方面进行综合分析和量化评价。

加强分题库建设　为竞争性选拔干部提供技术支撑

中共福建省委组织部

2008年以来，中共福建省委组织部大力加强分题库建设，充分发挥其在推行公开选拔和竞争上岗等竞争性选拔干部中的技术支撑作用，为建设海峡西岸经济区选拔优秀人才提供了有效保障。

一、深化认识，把分题库建设作为深化干部人事制度改革的基础工程来抓

部务会议认为，加强全国通用题库建设是深化干部人事制度改革，提高选人用人公信度的有效措施，是服务科学发展、创新组织工作的一项重要工作。为此，我们根据中组部的部署，认真谋划分题库建设，切实做到分题库建设与中组部总题库建设在工作目标上一致，在工作部署上适应，在开通运行上同步。明确了加强分题库建设的总体目标、工作思路和保障措施。建立了分题库工作领导责任制。在资金保障上，统筹安排了110万资金投入分题库建设，并将分题库建设经费纳入向财政申报的年度预算。同时，腾出了90多平方米的办公用房作为分题库专用场所。

二、重在建设，确保分题库开通运行

一是坚持高标准建设。设立了专用机房和阅卷室、试卷印刷室、保密室、试卷回收存放室，建立了安全保密防范系统、自动印刷系统和视频会议系统，更新了信息网络、数据中心软件，开通了组织专网终端二级节点，实现了与总题库的网络联通。二是坚持规范化管理。健全了运行管理、日常维护、安全保密制度，对分题库职责任务、运行程序、工作流程、机房管理和安全保密等作出规范。建立了记录分题库的试题、软件、设备维护情况的“三簿一册”，采取月初、月底、平时进行定期维护和更新的“三段式”方法，定期对分题库数据、网络和存储等主要设备的软硬件进行升级、更新和维护。加强安全保密教育，采取保密技术防范措施，经常对分题库涉密范围和涉密事项、机房和计算机保密制度，以及命题、组卷、印刷、保管、传递等环节保密工作督促检查，确保分题库安全保密运行。三是坚持高质量开发试题。2008年，面向全省征集福建省领导干部选拔考试地方特色试题2400道。同时，结合开展公开选拔和竞争上岗工作，向省内有关专家征集命制了新试题2745道。

三、用好用活，发挥分题库在推行竞争性选拔干部中的技术支撑作用

一是发挥资源共享优势，为公开选拔和竞争上岗提供高质量试题。分题库开通以来，我们按照“干什么、考什么”原则，以检测领导能力素质为目的，及时从全国通用题库提取试题，并配上一定比例的地方特色题，为省内外多个部门公开选拔和竞争上岗提供了快速、便捷、高效的服务。二是利用系统管理模块，建立命审题专家库和面试考官库。在分题库建设中，开发了福建省领导干部公开选拔和竞争上岗命审题专家库及面试考官库管理软件，建立完善了专家选聘制度，从省直有关厅局、地市和部分高等院校、科研院所遴选一批命审题专家和面试考官，并应用分题库管理系统实行分类、分专业、编码管理。三是着眼于降低工作成本，逐步实行免费提供通用试题。我部制定了免费提供通用试题的实施办法，建立了分题库建设经费列入财政年度预算的经费保障机制，健全了免费提供通用试题服务机制，确保免费提供通用试题的有效运行。

全面理解新时期领导干部考核机制的考评导向

陈庆立

《关于建立促进科学发展的党政领导班子和领导干部考核评价机制的意见》(以下简称《意见》)的出台,意味着新时期领导干部考评机制的创新和新导向的形成,这主要体现在《意见》中指出并要求"着力形成注重品行、科学发展、崇尚实干、重视基层、鼓励创新、群众公认的导向"。事实上,新的考评导向形成了对领导干部落实科学发展观的全面激励机制,势必对领导干部实践科学发展观起到重要的促进作用。

一、官德为先:为官要品行端正

领导干部的行为规范是一个人综合素质的具体体现,既要靠外力推动,如组织培训、日常监管、纪律约束、制度保障,也要靠领导干部不断加强自我学习、自我修养、自我完善、自我提升,在塑造高尚人品官德中逐步打牢立身做人和安身立命的根基。

人有人品,官有官德。注重品行,就要常修为政之德。"官德隆,民德昌;官德毁,民德降。"因此,官德是衡量一个国家一个民族政治文明程度的重要标志。古人非常重视官德的社会示范作用,例如"其身正不令而行,其身不正,虽令不从"。领导干部"官德"的首要内容就是"家庭美德"。近年来,一些腐败案例多数是家里"红旗不倒",外面"彩旗飘飘",生活作风低下导致"德商"下降,既败坏了党的形象又影响了干群关系,也让人怀疑其做官的品德修养。

官德正则民风正,领导干部的行为表现出的思想境界、道德情操,对社会行为规范具有重要的导向效应。所以,百行德为首,有德无才难成大事,有才无德却可以坏事。"缺德"的干部是无法胜任实践科学发展重任的。领导干部只有具备应有的基本道德修养,尽责管理公共事务,尽力提供公共服务,公正行使手中的权力,才能不辜负党和人民重托。所以,要坚持德才兼备、以德为先的用人标准和测评导向,就是让领导干部自觉遵守政治品德、社会公德、职业道德和家庭美德,一个心净品正的人才能慎用手中权力,真正做到权为民所用、情为民所系、利为民所谋;堂堂正正做人,踏踏实实做事,清清白白做官,并以此为荣,以此为乐。

二、以人为本:树立科学发展理念

科学发展观充分体现了中国共产党"以人为本"的执政理念,而"以人为本"也就成为发展的核心价值。促进科学发展的干部考核考评导向,核心之一就是要领导干部树立以人为本的发展理念,树立正确的为政观、政绩观,坚持问政于民,问需于民,问计于民。

一般而言,政绩是对领导干部综合素质和个人主观能动性、工作事业创造性成果的综合统计。因此,体现科学发展的考评指标要实现经济指标与社会指标、人文指标和环境指标相结合,而《意见》中提出的"既注重考核发展速度,更注重考核发展方式、发展质量;既注重考核经济建设情况,更注重考核经济社会协调发展、维护社会稳定、保障和改善民生的实际成效",就是一个具体的体现,是今后领导干部践行科学发展观的工作基础。当前,我们的领导干部就是要把精力集中放在解决好人民群众最关心、最直接、最现实的利益问题上,着力改善民生、服务民生,努力使人民群众达到学有所教、劳有所得、病有所医、老有所养、住有所居,使人民群众生活水平、社会建设、文化建设,一年上一个新台阶。

三、求真务实：注重工作效果

天下事，为之则难者为易；不为，则易者为难也。科学发展的目标确立以后，领导干部就要把精力放在抓落实上，把功夫下在见实效上，就要以实际行动带头实干，以"为之"取信于民。这就是说，领导干部应该以干事的热情、创业的激情、服务人民的豪情，带头抓科学发展之大事，破解改善民生之难事，应对改革创新之急事。一定要大胆去做，下决心去做，下大力气去做，而不是心态浮躁，好大喜功，热衷于搞"政绩工程"、"面子工程"，讨好某位领导或上级。务实反映的是领导干部作风问题，它不但关系到党群干群关系，也关系到经济社会发展的成败。在当代中国科学发展的战略全局中，缺少对工作的务实精神，就会在工作上用心不专、精力过散，好高骛远、这山看着那山高，这也是缺乏一抓到底的韧劲、实事求是的精神和真抓实干、突出重点的战略意识的表现。因此，务实是一种作风，但要干好事情，还要讲究方法、手段，才能达到预期效果。也就是说，求真务实谋科学发展的关键所在：要探索出实招、工作办实事、结果见实效，要使好思路、好决策、好措施付诸到行动上，把功夫下到抓落实上，把本领用在促本地区、本部门的科学发展上。

四、面向基层：夯实执政基础

对于领导干部而言，面向基层群众才能掌握真实情况，才能集中民智，反映民意，在下情上达中当好参谋；才能在凝聚民心中夯实执政基础，赢得广大人民群众的支持和拥护。因此，新的干部考评导向要求我们的领导干部要立足于服务群众、转变工作作风，通过面向基层进一步密切党群关系，更好地服务群众。事实上，面向基层的干部考评机制也体现出了中共中央对新时期领导干部队伍新特点、新特征的准确把握。树立面向基层的考评导向，就意味着在今后的选人用人上，要让那些有基层工作经历、具有敢打敢拼、有吃苦耐劳的工作精神、有一定群众基础并善于在基层开创工作新局面的干部能够脱颖而出。"基层出干部"是我们党在多年的干部队伍建设中得到的宝贵经验，这是因为基层一线出来的领导干部长期直接面向群众，直接处理各种复杂问题和突发事件，这种不可缺少的基层历练使他们更具有统筹兼顾的能力，能够有效应对复杂局面，也就更有利于从人民群众中汲取创新智慧。

五、面向民意：提高群众满意度

《意见》中的一个鲜明特点，就是加大了群众满意度在考核评价中的分量，把"群众公认"作为党政领导班子和领导干部考核评价的一个重要标准。简单地说，新时期领导干部的群众公认度，就是"权为民所用、情为民所系、利为民所谋"的程度，就是人民群众满意的程度。新的测评导向在民主测评和民意调查上有了新的改进，将参与民主测评、民意调查的人员范围，由传统的以下级和同级为主，扩大到以服务对象和一般群众为主。扩大了人民群众的知情权、参与权，新的考核机制将征求意见、个别谈话、民主调查、民主测评的范围扩大到普通群众，来真实地了解考评对象的德、能、勤、绩、廉等情况。所以，重视满意度就是还权力于人民群众，从根子上杜绝那种好话说给领导听，工作干给领导看的工作作风和庸俗的"领导中心主义"，是促进领导干部坚持党的群众路线、虚心向人民群众学习、竭诚为最广大人民谋利益的激励机制，也是切实转变思想作风和工作作风，切实改进领导方式和工作方法，深入了解民情、充分反映民意、广泛集中民智的有效举措。

六、开拓创新：提升科学发展能力

在鼓励创新的导向下，领导干部更应加大解放思想的力度，增强自己领导科学发展、开拓创新的动力。首先，要破除阻碍科学发展的思想观念，用前瞻性的眼光和客观理性的胸怀直面科学发展过程中存在的各种矛盾，敢于破解科学发展战略中的发展难题。其次，领导干部要站在以解放思想促科学发展大局的战略高度，以更加开阔的眼界、更加开阔的思路、更加开阔的胸襟，认识和把握国内外环境的新变化，在不断创新中千方百计推动经济社会的又好又快发展。目前，要在我国经济社会发展面临巨大困难的条件下，实现“保增长、保民生、保稳定”的目标，考核内容的创新导向，对于领导干部能力素质的提升和创造力的激发，就更具现实针对性。

总之，新的干部考评导向直接面对当前一些党员领导干部的思想观念、能力素质和推进科学发展的现实状况。尤其在当前我国经济社会发展的特殊时期，用科学的考评机制来引导并规范领导干部的从政行为、为政理念，对于提高领导干部综合素质，增强践行科学发展的信心和决心具有重要的导向作用。

（作者：全国人大培训中心副主任）

把县委书记管党责任落到实处

张新起

落实党建工作责任制，是党的十七大提出的明确要求。近年来，中共潍坊市委实施了县委书记履行基层党建工作责任专项述职制度，积极探索落实基层党建工作责任制的新举措，收到较好效果。

主要做法

一是明确书记职责，增强专项述职针对性。明确县（市、区）委书记抓基层党建的职责，即认真贯彻执行上级决策部署，主持研究谋划基层党建工作思路措施，带头抓好责任落实；抓好思想理论和党风廉政建设，提高干部素质，改进工作作风；整顿转化软弱涣散党组织，以党组织建设带动其他各类基层组织建设；加强党员队伍建设，健全落实党员经常受教育、永葆先进性的长效机制；创新基层党建工作指导方式、有效载体和制度办法；强化基层党建经费投入和工作力量配备。县（市、区）委书记述职以履行上述职责为主线，突出反映抓好基层党建的思路、措施和成效，防止以全面汇报代替党建述职，防止以班子述职代替书记述职，防止以部门工作代替书记工作，防止只讲成绩不讲问题。

二是开好述职会议，增强专项述职公开性。这是专项述职制度的关键。会议分四步进行：县（市、区）委书记口头述职；市委分管领导点评；与会人员进行民主评议；市委书记进行总结，并安排部署下年度工作。为确保“述得深”，要求县（市、区）委书记事前拿出充足时间调研，亲自撰写述职报告；为确保“评得透”，要求点评人既肯定成绩，又点明问题，并提出意见建议。

三是强化考核机制，增强专项述职真实性。考核采取平时考核与述前考核相结合的办法。平时考核，主要是建立了县委书记履行基层党建工作责任记实制度，记实内容包括主持召开常委会专题研究基层党建、专题听取基层党建工作汇报、基层党建专题调研、党建工作专题讲话、到联系点开展活动、对基层党建进行督促检查、向全委会报告抓基层党建工作情况，以及抓好基层党建工作的其他重要活动。记实形式，采取会议纪要、活动记录、大事记等方式，并附上相关新闻报道、文件简报、图片和声像资料等。市委党建办采取调阅的办法，每两个月对记实情况进行一次核查，其结果纳入述职考核的内容。述前考核，一般安排在述职会议之前一个月进行，一年一次。为保证考核结果客观准确，按照“内容具体、全面细致、便于操作、易于评判”的原则，制定了《述前考核实施细则》，将年度基层党建工作任务进行分解，逐项明确分值、评分标准，并适当提高基础性、重点性、创新性工作的分值，加大了党员群众满意度的权重。

四是搞好部门评议，增强专项述职客观性。做好基层党建工作，需要各部门支持配合；检验基层党建工作，也需要各部门从不同角度进行评价、定位。为此，市委组织基层组织建设工作领导小组成员单位的各个部门，从不同侧面对各县(市、区)基层党建工作成效进行评价，提出意见建议。评价工作由各成员单位主要负责人组织，领导班子集体研究确定评价意见，采取无记名投票方式，保证各成员单位客观、公正地行使权利。

五是着力整改提高，增强专项述职实效性。对述职中发现的问题，市委责成党建领导小组办公室进行归纳梳理，建立管理台账，明确整改要求、时限和整改责任。同时，组织力量采取巡回调研、定点解剖、明查暗访等形式，不定期地选取部分县(市、区)，对党建工作责任落实和党组织的活动开展情况深入了解，对整改情况跟踪督查问效。下年度述职时，必须首先汇报整改情况。

初步成效

强化了党委书记抓基层党建工作的意识。通过实行专项述职制度，真正将抓基层党建工作责任具体化，把县(市、区)委书记推到了党建工作前沿，促使他们自加压力，切实履行管党职责。在县(市、区)委书记带动下，各乡镇党委书记、县(市、区)直部门党组织书记也相继实施了专项述职制度，乡镇每年对村级党建工作进行综合考核，构建起覆盖全市、上下联动、齐抓共管的工作网络，形成了抓基层党建的强大合力。现在，“书记要会干，必须抓党建”，“抓好基层党建是本职，不抓是失职，抓不好是不称职”的观念，已成为全市各级党组织书记的共识。

促进了基层党建工作目标任务的有效落实。县(市、区)委书记专项述职，既是一个展示工作水平和成效的过程，也是一个对基层党建工作进行回顾总结、剖析发现问题、接受上级检查考评的过程。通过述职，各县(市、区)不仅看到了其他地方的特点和长处，而且对本地基层党建工作整体情况、存在问题及努力方向等有了更深刻的认识，有利于进一步明确思路、完善措施、改进办法，增强基层党建工作的针对性和实效性，促进党建热点、难点问题的解决。

开创了基层党建工作创新发展的良好局面。将专项述职与考核奖惩、评先创优、干部使用、社会监督等结合起来，进一步激发了各地抓基层党建的活力。各县(市、区)立足自身实际，形成了各具特色的党建工作格局。寒亭区建立财政反哺机制，所辖村干部补贴和办公经费由区财政发放，为基层组织正常运转提供了保障。诸城市按照“组织联建、经济联合、社会联谊”的思路，建立农村与城市社区联合党总支，加快了城乡一体化进程。临朐县精心实施党代表大会常任制试点，在落实党代表权利、民主评议领导干部、改进干部初始提名权等方面取得新的进展。

几点体会

谋划基层党建工作，必须紧紧围绕服务科学发展。抓好党建工作，最终目的是服务推动经济社会的科学发展。实行县(市、区)委书记专项述职，在考核指标设计上，我们严格按照科学发展观的要求，既突出县(市、区)委书记本人直接抓基层党建工作的情况，又包括了经济发展、社会事业、计划生育、社会治安、和谐创建、环境保护、生态建设等方面内容，基层普遍认为比较科学、客观、细致，较好地反映了一个地方的全面工作情况，防止了党建工作与经济社会发展“两张皮”现象。

提升基层党建工作，必须从制度机制上实现突破。制度建设更带有根本性、全局性、稳定性和长期性，县（市、区）委在抓基层党建工作时，要善于管宏观、管政策、管全局，在制度机制建设上下功夫。我市开展的专项述职活动，构建了考核、评价、点评等环节系统配套的制度体系，形成了县、乡、村和部门有机衔接的责任落实机制，为基层党建创新和发展找到了“支点”和“平台”。实践证明，这种从体制机制入手进行的探索，抓住了根本，抓住了关键，抓住了要害。

推进基层党建工作，必须善于抓住“关键人”。在县级领导班子中，县（市、区）委书记居于核心地位，发挥关键作用。县（市、区）委书记只有平时重视党建工作，亲自抓、亲自管，才能发挥示范带动作用。开展专项述职活动，有效改变了对各级党组织书记管党责任约束不“硬”的问题，形成“抓关键人、带一班人、上下共促”的局面，产生“牵一发而动全身”的效应，推动了基层党建工作创新发展。

检验基层党建工作，必须把实际、实用、实效作为基本标准。当前，基层党建工作面临新兴领域扩展、传统领域提升、热点难点趋多的新形势，必须加大创新力度。开展基层党建创新，必须立足于推动工作、破解难题，不能搞形式主义。我市开展的县（市、区）委书记述职活动，严格遵循这一原则，起到了“突出主体、落实责任、强化示范”的作用，有效提升了基层党建工作整体水平。

（作者：中共山东省潍坊市委书记）

正确处理干部工作中的几个关系

和自兴

习近平同志在全国组织工作会议上强调，深化干部人事制度改革，是纠正不正之风、提高选人用人公信度的治本之策。我们要认真领会习近平同志的讲话精神，切实提高认识，正确处理干部工作中的各种关系。

正确处理个人推荐干部与党委管理干部的关系。为了确保选人用人的公正性和准确性，在个人推荐干部工作中，一是要遵守个人向组织推荐干部的工作制度，按照《党政领导干部选拔任用工作条例》的规定，个人向党组织推荐领导干部人选，必须负责地写出推荐材料并署名。二是讨论研究干部人选时要遵守党的民主集中制原则。在党委集体讨论干部任免调配的重要决策中，对自己推荐的干部人选经考察和讨论若作出否定决定时，领导干部个人应无条件服从组织的决议。

正确处理干部谦虚谨慎与毛遂自荐的关系。毛遂自荐是扩大选人用人视野的一条重要途径，应当肯定这种做法。关键是要为毛遂自荐者提供一个能公开自荐和公平竞争的平台。要坚持用人标准，严肃用人纪律，将毛遂自荐与跑官要官严格区别开来，既防止挫伤自荐干部的自尊心和积极性，更不能使跑官要官者得逞。同时，作为干部个人，也要时刻保持谦虚谨慎的态度。组织越是对干部关心，自己越要保持进取之心，越要在修身上下功夫，克己慎行，低调做人，踏实做事。

正确处理配备专业技术干部与党务干部的关系。在专业技术要求较高的部门领导班子配备中，除政治条件外，要注意看专业、业务、经验、技能，防止部门领导“门外汉”现象。同时必须提高业务干部科学管理的能力，实现由单纯的业务型领导向业务与管理并举型领导的转变。要纠正部分干部群众对党务工作和党务干部重要性认识不足的状况，加强党务工作，按比例配好党务干部。要加大业务干部与党务干部的轮岗交流，对长期从事党务工作的优秀干部，要推到经济和社会管理一线岗位锻炼；对业务水平较高、工作能力较强的干部，要加强党务工作的锻炼。

正确处理提拔优秀年轻干部与使用其他年龄段优秀干部的关系。要把培养选拔优秀年轻干部列入重要议事日程，坚持不懈地抓好这项工作，并使之政策化、制度化、规范化。当然，我们也不能简单地把干部年轻化与干部低龄化相等同，片面地理解干部年轻化，以年龄为界，搞一刀切，以至于造成"三十当官、四十靠边、五十赋闲"的状况。四五十岁正是人生干事业的黄金时期，有丰富的生活、工作经验，如果不能把四五十岁干部的作用充分发挥出来，不仅会浪费人才，更会给我们的事业造成损失。所以，要按年龄梯次结构配备好各级领导班子，做到老中青相结合。

正确处理使用汉族干部和其他民族干部的关系。必须坚持五湖四海的选人用人导向，严格执行党和国家的干部政策和民族政策，选人用人的视野要广，渠道要宽，方法要不拘一格，让那些政治上靠得住、工作上有本事、作风上过得硬、人民群众信得过的各族干部都得到重用。坚决反对狭隘的以地域划线、以民族划线，人为扩大各民族之间不平等的现象。既要让各民族真正有本事的干部充分发挥其聪明才智，又要让少数民族干部发挥他们在民族地区工作上的优势，进一步巩固和发展平等、团结、互助、和谐的社会主义民族关系。

正确处理领导班子成员既相对稳定又适时轮岗交流的关系。既要考虑班子的任期，保持班子的相对稳定性，又要着眼于优化班子结构，适时进行必要的轮岗调整。这就需要各级党委及其组织部门，对班子的运行情况进行动态的跟踪了解，及时掌握班子的情况，采取做思想政治工作、组织调整等手段，进行恰当的调节。

正确处理提拔使用与教育管理的关系。教育管理是提拔使用的基础，提拔使用是教育管理的延续。既不能轻提拔使用重教育管理，更不能重提拔使用轻教育管理。当前，特别要把有培养前途的年轻干部放到艰苦环境中去，推到生产建设的第一线去，让他们在实践中经受锻炼和考验，打牢思想政治基础，筑牢思想防线，牢固树立正确的权力观、地位观、利益观和事业观、工作观、政绩观。

正确处理班子团结与相互监督的关系。讲班子团结不是一团和气、失去监督；讲互相监督也不能不讲团结。各级党组织和广大党员领导干部要充分认识维护党内团结的重要性，做到不分地区，不分民族，也不分干什么工作，都互相尊重，加强团结。加强监督是形成领导班子团结局面的有力保证。要强化监督意识，对班子研究的重要问题加强相互监督，敢于批评违反原则的人和事，坚决抵制不正之风，确保决策的正确。同时，要健全群众评议领导干部制度，确保领导干部的工作始终处于群众的有效监督之下。

正确处理大胆干事与廉洁自律的关系。支持大胆干事。鼓励干部发扬"敢拼、敢闯、敢冒、敢试、敢为天下先"的精神，凡是有利于发展的事情都要大胆探索、敢于实践。对于那些敢于干事创业、大胆干事创业而出现失误的干部、得罪了人的干部、有争议的干部，要具体情况具体分析，保护他们干事创业的积极性。"公生明，廉生威"。只有廉洁从政，干净干事，才能有形象、有威信，也才能服众。要教育干部始终廉洁从政，干净干事，这样才能挺起腰杆，敢抓敢管，担当起带头人的责任。

（作者：中共云南省丽江市委书记）

谈新时期县委书记应具备的素质

王永康

一、坚定的党性观念

坚定的党性观念，是县委书记具备的基本素质。

一要有清醒的头脑。县委书记保持清醒的头脑，必须坚定理想信念，坚持正确的世界观、人生观、价值观不动摇，以谨慎之心对待权力，以淡泊之心对待名利，以警惕之心对待诱惑，对党纪国法须心存敬畏，切忌为人处事狂妄自大、肆无忌惮，以至误己、误人、误党。坚持以党性为准则，克己慎行、防微杜渐。二要有敏锐的鉴别力。作为县委书记，能否善于从政治上观察形势、思考和处理问题，是决定工作能否顺利开展的重要因素。要强化政治观念，遵守政治纪律，对一些关键性、复杂性、突发性、潜在性问题，保持高度的政治警觉，按照讲政治的要求进行鉴别、认识和处理。要做到审时度势、明辨是非，识别事情的本质和发展趋向，掌好舵、导好航。三要有鲜明的立场。县委书记必须自觉同党中央保持高度一致，做到大是大非不糊涂，坚持原则不动摇，永葆共产党员本色，确保党的路线、方针、政策在本县得到及时、准确、全面的贯彻执行，把实现好、维护好、发展好最广大人民的根本利益作为自己工作的根本出发点和归宿点，把为人民群众办实事、办好事作为衡量党性的重要标准。

二、开阔的眼界

县委书记作为县域改革、发展、稳定的第一责任人，必须拓宽眼界、开阔视野，做到总揽全局、协调各方。一要看得远。必须具备超前意识和战略眼光，在谋发展、作决策过程中，不仅要看到当前，而且要看到长远；不仅要抓眼前的发展，还要抓可持续发展。要做到胸怀大势，把县域发展放到国际国内大环境中谋求定位，把长远规划和阶段性工作重点结合起来，把战略利益和当前效益结合起来。特别是当前，要吃透中央的方针政策，深刻理解和把握科学发展观的精神实质，切实按照科学发展观的要求，谋划富民强县的发展思路和战略。二要看得准。县委书记要在纷繁复杂的矛盾和问题中理清头绪，抓住主要矛盾，找准切入点，“弹好钢琴”，必须具备较高的洞察能力、分析能力和判断能力。做到不唯书、不唯上、只唯实，少坐在办公室听汇报，多收集一手资料，多听一些批评意见，多掌握真实情况。在吃透上情、把握下情的基础上，运用马克思主义的立场、观点、方法分析问题。尊重群众的首创精神，重视和善于借助“外脑”，努力使自己的认识更全面、更深刻。三要看得广。我们已进入信息时代，县委书记只有具备世界眼光，洞察世情、国情、省情、市情，才能跟上时代发展的步伐。因此，要牢固树立终身学习的理念，少一些吃喝应酬，多抽出一些时间学习。坚持每月读几本好书，学会应用网络等现代学习手段。同时要向基层实践学习，向人民群众学习，虚心学习国内外先进经验，做到博采众长为已用，打开门来搞发展。

三、强烈的规则意识

县委书记要带头做到依法、依章、依规办事，不断推进工作的法制化、程序化。一是必须尊崇规则。从县一级的实践看，有的领导干部出于怕麻烦的心理，处理事情时往往重结果、轻程序，最终导致“好心办坏事”，甚至引发不必要的信访事件。因此，作为县委书记，必须强化规则意识，做到凡事依规则、依程序操作，最大限度地争取群众的理解、信任和支持。同时，必须针对不断发展变化的新情况新问题，及时修订完善相关规则和制度。二是必须恪守规则。古人说，“其身正，不令而行；其身不正，虽令不从”。县委书记要牢固树立按照制度办事、依法行使权力的观念，严格遵守法律法规赋予的权力边界，在制度的框架内依法合理地作决策、用干部、抓工作，不能瞎指挥、乱折腾，坚决杜绝“人治”和按“潜规则”办事，以自身的示范表率作用，推动在全社会形成重规则、学规则、守规则、用规则的良好导向。三是必须用好规则。古人说：“有法不行，与无法同。”县委书记平时要注重加强对部门、乡镇（街道）规则、制度执行情况的检查、督促和落实，提高规则的执行力和公信力。

四、高尚的人格魅力

县委书记不仅需要用职位权力去管理人、约束人，更需要用人格魅力去感召人、激励人。一要有豁达的胸怀气度。要会容言，“兼听则明，偏听则暗”，既要听得报喜的话、“桌面”上的话，也要听得报忧的话、“桌面”下的话，更要听得逆耳之言。要会容人，宽则得众，苛则失和，对有不同意见的人，要有雅量包容，善于发现其长处，调动其积极性。要会容事，多担责，真正使勇者效其力、智者竭其谋，变不利为有利，化消极为积极。尤其在面对困难和险境时，要举重若轻、靠前指挥，给部属以强大的心理依靠，从而激发必胜的信心和勇气。二要有高超的领导艺术。要敢放权，解除“放权影响自己权威”的思想束缚，坚持做到总揽但不包揽、协调但不替代，着力营造互相尊重、互相支持、互相配合的工作氛围。要巧沟通，对部属既要开诚布公地表明自己的想法，又要倾听其意见建议、关心其切身利益、解决其实际困难，彼此提高共识、增进信任。要善激励，以最大限度地调动各方面的工作积极性、主动性和创造性。三要有健康的生活情趣。首先要有所“择”，追求正当、高雅的修身养性的活动。其次要有所“弃”，远离浮躁，拒绝低俗。再次要把握“度”，“好船者溺，好骑者堕，君子各以所好为祸”，严格划清时间、地点和场合的界线，努力做到爱好与工作两不误、两促进。

五、实干的工作作风

县委书记要以务实的作风干事创业，造福一方百姓。一要察实情。要多抽出时间到农村、企业和基层群众中去开展调查研究，完善蹲点调研、联系企业、联系基层、信访接待日等制度，认真听取群众的意见建议，真正了解群众的愿望和要求，为科学决策提供第一手资料。二要出实招。“政如农功，日夜思之”。要善于从本地实际出发，谋远干实，因地制宜制定务实举措。始终坚持战略与战术并举，在长远战略的指引下，每年抓住几件基础性、源头性、根本性的事情，动真情、谋实利、出实招，积小胜为大胜，逐步把发展蓝图转化为美好现实。三要办实事。县委书记主政一方，能否真心诚意为群众办实事、做好事、解难事，决定着一个地方的发展速度和质量。要有敢动真、敢碰硬、敢做事的敬业精神，有敢于实践的勇气，有敢于负责的魄力，力戒形式主义、好大喜功，把心思和精力放在谋发展、抓落实上，使各项工作真正得到广大群众的拥护。

（作者：中共浙江省余姚市委书记）

干部工作要做到“四个明确”

李 佳

干部工作有着鲜明的政治性、严肃的政策性、高度的综合性和很强的实践性，它要求我们从事干部工作的同志在准确理解和深刻把握党的干部工作的指导方针和根本原则的前提下，紧密结合党委的中心工作，对自身工作进行正确把握和定位，找准工作方向、履行工作职责、服务工作大局。我认为，对于组织部门的同志来说，在干部工作中一定要坚持和做到“四个明确”。

一是必须明确我们是从事干部工作的“基础工作”的。党管干部原则，是干部工作必须始终坚持的一项根本原则，其实质就是要保证党对干部人事工作的领导权和对重要干部的管理权。在新的历史时期，坚持党管干部原则，就是要按照党的干部工作的路线方针政策和各项规定选拔任用干部，教育管理干部。因此，对每一位从事干部工作的同志来讲，所从事的工作是领导班子和干部队伍建设的基础性、服务性工作，是分工联系地方、部门的班子和干部。这是每一位从事干部工作的同志必须牢牢把握的基本要求。既然是基础性工作，就要求我们必须深刻理解、坚决贯彻党委关于干部工作的要求和意图，在思想和行动上与党委保持高度一致，不断提高基础工作的质量和水平；必须要把各项工作做细、做深、做实，把班子和干部的情况搞清、弄准、吃透，从而为党委选干部、配班子提供客观、准确的信息，提出恰当、合理的建议方案；必须强化服务意识，做好工作的点点滴滴，用扎实的工作体现我们的严谨细致、协调高效和公道正派的作风。只有这样，才算找准了工作的重心、抓住了工作的关键、突出了工作的重点，才能做到“到位不越位”，正确履行工作职责，这党委选干部、配班子发挥好参谋助手作用。

二是必须明确我们是从事干部工作的“操作工作”的。党的干部工作原则是党的干部路线方针政策的集中体现，是干部工作各个方面和全部过程的总的要求。《干部任用条例》是党政干部选拔任用工作的基本原则、基本条件和基本程序的总的规范，是干部工作的根本依据和遵循。因此，对每一位从事干部工作的同志来讲，所从事的工作只是对《干部任用条例》的具体执行和运用，是操作层面的工作，它不是单纯政策研究也不是纯粹机械动作，是宏观与微观的结合，是理论与实践的结合。一方面，要把“努力建设特别讲大局、特别讲付出、特别讲实干、特别讲纪律的领导班子和领导干部队伍”、“干部工作要服务中心、服务大局”、“干部工作要鲜明体现崇尚实干的用人导向”、“干部工作要体现群众公认的价值取向”、“干部工作要科学化、规范化、制度化”等思想和理念落实到具体工作中，这就要求我们不能把干部工作理解为简单的机械重复和呆板的按部就班；另一方面，我们从事的干部工作又是具体的操作层面的工作，每一个步骤和每一个环节都有明确的规定和要求，这就要求我们不得有丝毫的马虎和随意。如何科学地把宏观理念与具体操作结合起来，既是对从事干部工作同志的能力素质提出的更高要求，也是干部工作必须面对的长期课题。只有做到这一点，我们才不至于因琐碎而失去方向，也不至于因盲目而陷于事务。

三是必须明确我们是从事干部工作的“过程工作”的。干部工作事关根本、事关全局、事关长远，备受各方面关注。老百姓关心干部工作，不仅在乎最后选拔了谁，而且更在乎选拔的过程是否严谨周密，是否公正公道，是否体现民意。过程是结果的依据，结果是过程的反映。不同的过程会导致不同的结果。注重过程，就是要进一步强化"干部工作无小事"的意识，培养严谨细致的工作作风，用过程的严密和规范保证结果的客观和公正，用过程的质量保证结果的质量，不断地提高选人用人的公信度。注重过程，就要严格遵守《干部任用条例》和有关法规的规定，更加强化程序意识，把讲程序贯穿到干部选拔任用工作的全过程，按制度办事，按规矩办事，做到理解程序不走样，执行程序不变通，杜绝干部工作中的随意性。注重过程，就要更加注重用干部工作的各项纪律约束自己的言行，按照"讲党性、重品性、作表率"的要求，把"公道正派"这个组织工作最本质的要求和组工干部最鲜明的职业特点体现在干部选任工作的全过程，树立组工干部良好的职业形象。

四是必须明确我们是从事干部工作的"部分工作"的。党委的干部工作是一个整体，我们每项具体工作都只是整体中的一个部分，全程中的一个阶段。强调整体观念，要求我们分析问题、思考工作一定要处理好全局与局部、整体与个体的关系，自觉地把工作放到全局中去思考、去把握、去落实，克服个人主义、本位主义，自觉做到服务中心、服务大局。强调整体观念，要求我们进一步增强协调意识，多与党委、政府的其他部门沟通配合，统一思想、形成共识，整合资源、形成合力，也要求组织部门内部的干部处室要多通气、多交流，注重工作节奏、工作环节间的协调衔接，提高工作质量和工作效率。强调整体观念，要求我们不能盛气凌人、口大气粗，要谦虚谨慎、不事张扬、低调做人，不断增强组工干部可亲、可信、可敬的人格魅力，增强组织部门的凝聚力和亲和力，给干部以"家"的亲切感、信赖感和归属感，使广大干部有话愿意给组织部门说，有问题愿意向组织部门反映，把组织部门真正建成"干部之家"。强调整体观念，还要求我们不断扩大干部工作的视野，自觉主动地站在全局的角度定位工作、思考问题，虑事多从整体着眼，做事多从大局出发，在熟悉精通所从事的业务工作的同时，更多地掌握经济社会发展情况，更多地熟悉班子情况，更多地接纳干部信息，不断提高自己把握干部工作全局的能力。

（作者：中共四川省资阳市委书记）

党性分析是领导干部党性修养的关键

王尚胜

党性分析就是党性的自我剖析，是我党坚持真理、修正错误、与时俱进发展的法宝，也是每个党员不断清理非马克思主义思想、行为的最佳方法，更是领导干部自觉查找作风问题、牢固树立为民服务宗旨的有效途径。但是，随着经济社会的发展和生活工作环境诸方面的改善提高，随着改革开放的开展，西方一些政治、道德、生活理念的涌入，一些领导干部对党的优良传统逐渐淡忘，尤其是党性分析不再触及灵魂，而是不疼不痒地敷衍塞责。领导干部能否担当起历史和人民的重托，关键在于从根本上树立和弘扬良好作风，但要使作风得到根本转变，就必须坚持不懈地开展党性分析这场自我革命。因此，领导干部党性修养务必在认认真真、实实在在的自我解剖上下功夫，在探索科学评价党性分析思想成果的方法途径上使真劲，将领导干部党性分析的内在动力和党组织科学评价的强大推力有机结合，促进领导干部党性分析乃至党性修养的深入。

一、领导干部党性分析要突出一个“真”字

当前党性分析也包括工作总结、述职等，存在的主要问题是讲成绩、讲优点、讲长处头头是道，惟恐讲不全、说不够、谈不透，而讲到缺点问题时则轻描淡写，要么很原则、很简单，要么是象征性提一下，具体到党性分析，不愿触及灵魂，不想实实在在地谈缺点。据此，领导干部党性分析要真正从接触思想和工作实际入手，既要防止蜻蜓点水，又要防止假解剖真表功，敢于在自认为是“亮”点的地方找虚假和不实的东西，勇于在生活和作风“拐点”上查找党性不强的问题，自觉把大家不知道或知之甚少的决策失误、工作失误公之于众，真正用党性分析否定自己不完善乃至错误的决策、决定，揭自己感到疼痛的“疤”，亮自己觉着丢面子的“丑”，切实触及思想灵魂，清除思想和行为上的污垢。

二、建立党性分析评价体系要围绕一个“诚”字

领导干部党性分析是否深刻、是否到位，群众眼睛是雪亮的，组织上也是有数的，不能自己说了算，也不能由少数领导说了算，要通过探索建立和完善比较科学、能够量化的评价方法体系，形成领导干部党性分析的强势推力。一是通过建立评价体系吸收党员群众的广泛参与，推动领导干部党性分析的深入。首先应营造党员群众评价的环境。领导干部都有一定的权力，党员群众对评价领导干部党性分析会不会有疑虑，领导干部会不会找碴儿给穿小鞋，这些应当充分考虑。要解除群众的顾虑，必须营造“言者无罪、闻者足戒”的氛围，鼓励党员群众评头论足，真挚诚恳地让群众讲真话、吐实情，放心大胆地评价领导干部的党性分析。其次要拓宽群众评价的渠道。群众评价的方法既可以面对面，也可以背靠背，还可以通过一定形式向上级反映。拓宽渠道、丰富形式，给群众充分的话语权，群众就会实心实意地帮助领导指出问题，支持领导改正缺点。第三要不计较群众评价的方式和态度。由于群众的文化程度和理论水平参差不齐，在评价领导干部党性分析中难免出现言辞偏激、情绪激动的情形，也可能会出现问题找得不准、夸大缺点的成分，还可能出现道听途说、误听误传一些不实的问题，领导干部必须本着“有则改之、无则加勉”的态度，真诚而虚心地听取群众的意见和评价，如此群众才敢说真话。二是以建立上级评价党性分析体系为重点，增强领导干部党性分析的实在性。首先要按照简约、实际、有效，便于把握操作的原则，分类制定不同岗位、不同职级领导的党性分析评价方法，使各级领导有实打实的感觉，不愿也不敢马虎应付。其次要建立奖惩机制，对那些讲空话、套话的，借口工作忙一味应付的，不愿也不想接触思想工作实际的领导干部，要有制约措施；反之，对那些真诚进行党性分析、敢于触及灵魂的领导干部，要有鼓励和奖励的办法。三是要专门制定一把手党性分析的评价方法和标准，用重点带动的方法取得党性分析的实效。一把手的地位决定了其党性分析具有很强的影响力，一把手认真剖析自己，必定带动整个班子成员的“刺刀见红”，如若一把手应付差事，不把党性分析当成回事，势必会形成所领导部门的“走过场”，进而会影响整个活动的效果。因此，要围绕一把手党性分析的态度、推进本单位党性分析的方法措施、针对查找问题整改的效果以及机关作风转变、单位工作起色情况等制定一把手党性分析评价方法标准，以重点突破的方式推动整个党性分析活动的健康持续发展。

三、建立党性分析的警示教育机制要抓住一个“实”字

党性分析要真正触及思想灵魂，不仅要靠领导干部的内在动力，上级科学评价考核的外在推力，还需有能够震撼领导干部心灵、迫使其

认真做党性分析的举措，这就是运用查办案件建立党性分析警示教育机制。众所周知，在惩防腐败体系建设中，“惩”始终是第一位的，但“惩”的目的和作用除了清除违法乱纪等腐败行为外，还有警示教育的功能。尽管以前也都重视警示教育，不过与领导干部自身结合不够，没有利用案件组织领导干部结合自身进行深层次的自我剖析，缺乏触动灵魂深处的警示，难以收到猛击一掌、吓出一身冷汗之警示效果。因此有必要在党性修养活动中建立健全案例警示教育机制。一方面在查处案件的剖析中要重视违法乱纪分子思想防线被突破的“拐点”的原因剖析，深挖由于缺乏党性修养而走向违法犯罪的主观因素，让其他领导干部听了如雷贯耳、看了触目惊心。另一方面，每查处一个案件都要在本部门乃至本系统、本地区开展警示教育，让领导干部结合自己实际开展党性分析，深挖自己在重要拐点上的欠缺之处，从中接受什么教训，受到什么启示，有什么思想收获，真正达到警示教育的目的。

（作者：中共河南省新乡市委常委、市纪委书记）

建立健全领导干部科学考核评价体系的实践与思考

李俊敏

中共大同市委立足资源型城市转型发展，按照科学发展观的要求，每年制定出台结合大同工作实际的考核方案，并不断根据形势的发展需要调整补充。经过几年的摸索与实践，积累了一些特色经验和做法，同时也发现了一些值得深入思考的问题。

一、大同市建立健全干部考核评价体系的主要做法

1. 完善考核目标。在指标的设置和权重确定上，更加注重人与自然的和谐发展，强化了环境保护、资源可持续利用、节能减排降耗、生态改善、民生保障等指标，弱化了 GDP 等指标。县区目标体系调整为“政治建设目标”、“科学发展目标”、“重点项目目标”三部分；把市委、市政府提出的总体发展方略、奋斗目标和年度工作要求进行任务分解，明确职责，限期完成；合理地确定不同考评对象关键性指标和权重，考核指标能量化的尽量量化，不能量化的定性后再转化为量化指标，尽可能让考评指标科学简便、易于操作，以便客观、准确地反映干部的实绩状况，并具体落实到县区和市直相关责任部门。

2. 建章立制，形成年度考核评价体系。一是把省政府关于地方经济社会发展情况的考核纳入县区党政领导正职的目标考核体系当中。二是出台了目标考核评价办法及实施细则，形成了年初制定目标、年中督查落实、年底考核评价的规范程序。三是考核评价方法充分体现“于法周延、于事简便、考实评准”要求，形成了以自查自评、专项考核、群众评议、综合汇总、等次评定、结果公示为主要方法的科学链条。2008 年，又把城市建设、拆迁改造、项目推进等列为重点考核项目，把领导干部在落实中央和省委重要工作部署中的政治态度、思想作风、现实表现等纳入干部日常考核的重要内容，考核目标体系更加完善。

3. 坚持把年度考核结果作为领导干部职务任免的重要依据，注重奖优罚劣。评为“优秀”的县区、开发区和市直机关单位，除了在新闻媒体上公开通报外，还给予金额奖励。年度考核

确定为“优秀”等次的县级干部，如能连续三年确定为“优秀”等次，记三等功。与此同时，对社会治安综合治理、安全生产、环境保护、信访工作、计划生育等“一票否决”的县区和市直机关，规定当年不得评为先进集体，主要领导和分管领导不得评为“优秀”等次，不得发放年终奖励工资；对考核综合排名最后的，或主要经济指标增幅低于全省发展水平的县区，市直机关排名后2名的，严加问责，一年内不得提拔重用并限期整改，班子成员不得发放年终奖励工资。连续两年得到以上考核结果的县区和市直机关正职及相关副职，评定为“不称职”干部，调整其职务。近6年来，全市对8171名县处级领导干部进行了考核，依据考核评价结果，15名不称职干部被免职，66人被诫勉谈话，33人不定等次暂缓晋升职务和工资。市、县、乡镇（街道）党委、人大、政府、政协换届中，大多数提拔交流人选都是历年来目标考核中的优秀等次干部。新提拔人选，大多数也是历年来目标考核中民主测评得票多的人选。

二、亟待解决的问题

1. 考核目标设置还不尽合理。在考核目标的设置上，还不能准确有效地体现科学发展观和正确政绩观。一是重经济硬指标，轻党的建设、社会发展、精神文明建设等软工程，偏于先粗放发展经济，后综合协调治理。二是重近期目标、轻长远规划，使少数干部在工作决策上存在短期行为，片面、盲目地追求快出政绩。

2. 考核评价标准还不够科学。一是考核评价方法上还存在领导评领导、干部评干部、内部相互评的现象。对广大群众参与方式和方法研究不足、实践不够。二是领导班子成员的职责差异较大，目标体系不统一，横向比较评价难；目标定量不统一，总量不平衡，软硬目标难对等。

3. 考核评价办法还不够完善。一是由于缺少有效的目标运行督查和日常考核手段，考核人员对被考核对象的了解不深不透，年终考核缺少依据，影响评价准确度。二是由于干部评价信息来自多个方面、多个层次、多个角度，信息的采集、处理多是人工进行，手段还比较落后，影响了信息的采集效率和系统分析结果。

4. 考核评价结果还不够准确、运用还不够充分。一是存在多人一绩、一绩多用、考而不用的现象，在实绩上吃了“大锅饭”。二是在奖惩兑现上力度不够，对优秀干部，奖多了怕群众有意见，不奖或少奖怕干部有情绪；另外，对排名靠后但完成了年度任务的班子和干部该如何激励，缺少依据。对落后干部，惩戒上手段单一，下不了决心解决干部“下”的问题。

三、建立健全符合科学发展观要求的干部考核评价体系的对策及建议

1. 建立健全科学合理的考核评价指标体系。一是要科学设置考核指标。要根据上一级政府年度经济发展考核指标，结合各地实际，组织专家分析研究，对考核指标进行调整，分层次制定体现科学发展要求的目标考核内容。二是要合理设定目标值。选择权威部门或专家队伍认定目标值，充分考虑地域、部门的差异性，尽量避免笼统、抽象和繁琐的现象，能量化的必须量化，不能量化的要明确具体定性要求，增强可操作性，体现激励性，防止“高不可攀”和“唾手可得”两种极端，真正达到“跳起来摘桃子”的激励效果。三是要合理界定各项考核指标的权重。在目标考核评价标准的权重上，做到中心工作与一般工作、主管工作与协管工作、机构考核与群众评价的权重合理分配。尽量在国家统计法规范围内设置考核内容并评分，以便操作，节约成本。

2. 完善易于操作的考核评价办法。一是要统一考核原则。切实做到既看任内取得的成绩，又看前任留下的基础和起点；既看显而易见的实绩，又看利于长远的潜绩；既看平时的工作能力，又看在重要工作和重大事件中的决断力和应对力；既看物质文明建设的成果，又看精神文明建设的实效。二是要统一考核方法。做到

定性考核与定量考核的统一、日常考核与集中考核的统一、专门机构考核与群众评价的统一。三是要考核主体多元化。把各方面代表纳入考核评价的主体，提高考核评价的质量。在参与测评的人选上，要对群众代表的广泛性和选择性作出硬性规定，既可以是随机点名，也可以是全员参与；既可以是本单位本系统内的干部群众，也可以是利益相关行业的广大群众。避免测评时间紧、思考不足、分析不透、应付差事和从众效应的情况发生。同时建立经济社会事业发展公众评议制度，重点选择与民生联系紧密的就业、社保、环保、文化、教育、卫生等事业发展情况进行公众随机抽样的满意度测评。

3. 建立经常性考核评价监督机制。夯实目标考核的基础，不仅要制定好目标任务，更关键的是要抓好日常考核、督查落实。考核人员每次完成日常考核、监督落实后，应把信息资料及时整理，填写日常考核记录，存入领导干部的日常考核档案，作为评定领导干部年度考核结果的重要补充。在具体操作方式上必须做到"三个转变"：由静态考核向经常与定期相结合的动态考核转变，实行重大事项跟踪考核，注重发挥日常考核、日常督查的作用；由公开考核向明察与暗访相结合的复合考核转变，通过选派党性强、素质高、作风硬的离退休干部、人大代表、政协委员担任干部实绩考核巡视员，深入项目建设工地、企业、社区、村组，听取基层群众对领导干部实绩的反映；由组织部门专项考核向相关部门参与的全方位考核转变，委托审计局对领导干部实行任前、任中、任后经济责任审计。同时，组织人大、纠风办等部门对有关单位定期开展评议工作，让群众评价单位及干部的工作实绩。

4. 构建科学的考核结果运用机制。一是要把考核结果与干部任用工作结合起来。将考核结果作为干部选拔任用的依据，干部的升降去留首先要看考核结果，做到"有为才有位，无为就无位"。在操作上，对评为优秀等次的干部要提拔重用，基本称职的干部及时教育提醒，不称职的干部要视情况诫勉、降职乃至免职。二是要把考核结果与干部管理工作结合起来。对在目标考核过程中反映出来的干部管理方面带有规律性、倾向性的问题，要结合干部管理工作予以解决；对群众反映比较集中的生活困难，立说立办，用实际行动取信于民。三是要把考核结果与干部教育工作结合起来。对考核中发现工作方法有问题的干部，采取针对性的培训措施，帮助其提高能力；对思想作风、生活作风以及廉洁自律等方面存在问题的干部，既要通过谈话等方式及时进行挽救，又要根据轻重程度及时调查处置。四是要把考核结果与干部监督结合起来。把干部考核作为有效手段，充分发挥考核结果在干部监督上的作用，考核前召开由组织、纪检（监察）、综治、反贪、审计、计生、环保等部门参加的实绩联审会，就有无"一票否决"的情况进行审查，强化政绩联审。

5. 加强考核信息化建设，接受社会广泛监督。软件上，要大力宣传年度目标考核的作用和意义，及时公布年度目标考核方案、实施办法，引导和鼓励全社会参与监督。考核结束后，要通过党报党刊或网络向社会公示考核结果，让干部群众了解考核情况，积极负责地参与考核全过程。要兑现奖优罚劣承诺，大张旗鼓地宣扬先进、鞭策落后，激励干部爱岗敬业、干事创业。硬件上，要加大科技投入，尽快研发智能信息分析软件，搭建网络信息交流平台，建设综合信息库。

6. 进一步强化目标考核工作机构职能。一是要建立专门的目标考核机构。目标考核工作要在各级党委统一领导下进行，建议在市级成立干部目标考核工作领导组，领导组下设办公室。办公室可设在组织部，作为组织部门内设机构。二是要建立专业考核队伍。按照目标考核所需业务，努力建立一支素质高、业务精、党性强的考核工作队伍，建立持证考核制度。三是要建立考核责任追究制度。强化考核工作人员的责任意识，对不能很好履行职责，提供虚假情况，考核结果失真、失实或违反纪律的人员，根据情节轻重，给予通报批评、诫勉谈话、取消考核资格、组织处理或纪律处分。对出现重大失误、触犯刑律的，应依法追究。

（作者：中共山西省大同市委常委、组织部长）

下气力抓好党政一把手培训

杨　宏

党政一把手是党政领导班子的核心，在经济社会发展决策中处于主导地位，在决策实施中处于指挥督导地位。一把手的综合素质高低直接影响到党政领导班子贯彻落实科学发展观的深度，对一个地区、一个部门的科学发展起着关键作用。深入贯彻落实科学发展观，必须把加强党政一把手培训作为关键环节和首要任务来落实。

结合党政一把手岗位需求，科学安排内容，细分培训班次，提高培训工作的针对性。贯彻落实科学发展观，用治党治国的新思想、新观点、新论断指导推动基层工作，必须把党的最新理论创新成果及时转化为基层各级党政一把手的思想动力和工作思路。为此，我们秦皇岛市坚持从宏观经济发展形势要求、区域经济运行实际和党政一把手不同的培训需求上找准结合点。一是把握培训方向。每年根据经济发展形势要求，从全局着眼提前确定好培训方向。二是准确把握培训需求。把培训需求调查作为基础环节来抓，坚持培训前搞好问卷调查，及时了解培训需求。三是合理细分班次。科学安排培训内容和时间，根据需求相近原则细分班次。2007年以来，围绕贯彻落实党的十七大和十七届三中全会精神、省委七届三次全会精神，围绕环渤海经济圈崛起、构建“4＋2”产业格局、建设五大生产制造基地的目标要求，适时推出了“领导力与执行力”、“人才战略与现代科技发展”、“区域积极发展战略”等一系列培训专题。还着眼于提高一把手宏观决策、驾驭全局、统筹协调和开拓创新能力，安排了县（区）委书记、县（区）长、市直单位党政正职等专题班，举办了县（区）、市直涉农部门党政一把手和乡镇党委书记县域经济、新农村建设等专题培训。同时，为不同领域、不同层次党政一把手“量体裁衣”，科学合理地设置了20个业务知识专题培训。针对当前国际金融危机和我国经济形势，及时举办了企业高级管理人员研修班。参训人员表示，培训工作与当前形势结合紧密，针对性强，效果好。

结合党政一把手岗位特点，拓宽培训途径，改进培训方式，提高培训工作的实效性。针对党政一把手工作任务重、参加培训难的现状，我们改革传统的组织调训和集中办班的形式，采取化整为零的办法，压缩培训时间，实行“小班制”、“短班次”培训。2007年以来共举办各个层次的党政一把手培训班48次，全部实行一周以内的“短班次”，确保每人每年参加2至3次培训。同时，积极拓宽培训渠道。一是从党校、行政学院、干部学院等主渠道挖潜增效，除了利用好本地党校外，还把一把手培训班办到经济发达地区市委党校，办到中央党校、浦东干部学院、大连高级经理学院等。二是利用本地和周边高校培训资源，在清华大学、燕山大学等高校举办一把手MPA核心课程培训班。三是利用度假休闲目的地的人才聚集效应和毗邻京津的地缘优势，开办领导干部学习讲座，邀请专家学者讲学。通过这些改革，党政一把手普遍反映工作能摆布开，学得也更安心，认为培训及时、解渴、高效。

结合党政一把手思维特点，创新培训手段，营造学习氛围，调动参训人员的主动性。抓一把手的培训，重在开阔视野、思路和胸襟，重在提高思想政治素质和开拓创新能力、驾驭全局能力、科学决策能力、危机管理能力。党政一把手普遍具有站位较高、视野较宽、思维活跃、信息面广、独立思考分析能力较强的特点。他们欢迎案例式、研究式、体验式、互动式、模拟式等培训方法，对网络教育、远程教育和在线学习等新的培训手段具有浓厚兴趣。为此，我们注重在培训内容和培训形式的有机结合上下功夫。一是推进培训方法创新。在提高培训内容针对性的同时，配合培训机构改进授课方式。2007年以来，党政一把手培训课程，有80%以上的采取了案例式、研究式、体验式等授课方法。学员普遍反映效果好。二是积极探索建立网络教育、远程教育和在线学习平台。完善了市县两级党政一把手培训学习档案，定期发布培训信息，提供选学菜单，受到大家的欢迎。三是建立优秀领导干部到党校授课制度。市委市政府主要领导带头走上讲台，党政一把手既当学员，又当老师，实现了教学相长，为培训工作营造了良好氛围。

结合党政一把手职务特点，完善工作机制，增强培训成果，提高培训工作的实践性。党政一把手具有示范带动作用。为此，我们着力抓好培训前准备、培训中管理和培训后转化三个环节，努力做到学习培训与实际工作紧密联系、一把手培训与中心组成员共同提高、一把手示范带动与干部队伍学风建设相互促进。一是健全一把手培训制度，加强培训的考核，把培训结果与选拔任用、管理监督对接。二是强化培训全过程管理。坚持从严治学，对培训工作进行跟踪和指导。三是抓培训后成果转化。即转化为班子素质提升，转化为工作思路和工作举措，推动干部队伍学风转变。调查显示，82%的被调查对象认为，培训后党政一把手“在讲党性、重品行、作表率方面形象更鲜明”；86%的人认为，培训后党政一把手“观念更新、思路更宽”；党政一把手普遍认为，通过培训，对贯彻落实科学发展观有了新思路、新方法，工作都有了新进展。

（作者：中共河北省秦皇岛市委常委、组织部长）

注重从基层一线选拔培养干部

魏福刚

近年来，张家口市坚持把从基层一线选拔使用干部作为基础性、战略性工作来抓，积极探索从基层一线培养选拔干部的途径和方法，把选人用人的目光投向基层，把培养锻炼干部的阵地放在基层，树立了从基层一线选拔培养干部的用人导向。

一、历次县区换届注重从基层一线选拔使用干部

市委在历次换届考察和人事安排中，始终坚持正确的选人用人原则和德才兼备、以德为先的用人标准，按照科学发展观的要求，大力选拔脚踏实地、埋头苦干、实绩突出、群众公认的领导干部，进一步充实配强县区党政领导班子，切实增强班子的创造力、凝聚力和战斗力。几年来，针对我市经济欠发达的实际，围绕促进科学发展选干部、配班子，吸引干部谋事、干事、创业，在选用干部的具体操作中，将用人导向具体化，坚持“三优先”，即优先选用有发展经济能力的干部，优先选用基层一线干部，优先选用在急

难险重岗位锻炼过的干部。比如，2003 年县区换届，市委坚持把提高领导班子和领导干部驾驭市场经济的能力放在突出位置，注意把熟悉经济工作、农村工作、城市建设工作的干部选拔调整到重要岗位上来，在提拔的 44 名干部中，有 42 人在乡镇和经济部门工作过；调整的 11 名县区委书记全部由擅长抓经济的县区长转任。2006 年党委换届，27 名新进县区党政领导班子的干部有 19 人从事过经济工作。2007 年县区换届中，除要求政法专业的法院院长和检察院检察长外，提拔担任副县级领导职务的干部，全部是来自乡镇和曾在乡镇工作过的优秀干部，新提拔进县区政府班子的干部，全部有过任乡镇党政正职或在县直经济部门工作的经历，进一步强化了县区党政班子驾驭市场经济的能力。

二、积极鼓励引导机关干部到基层一线经受锻炼

为加大优秀年轻干部的培养选拔力度，市委注意把那些具有发展潜力的年轻干部选配到条件艰苦、工作困难多、群众最需要的地方进行锻炼提高，在艰苦环境中增强艰苦奋斗的意识，提高驾驭市场经济的能力，树立求真务实的作风。为引导广大干部脚向下走、心向下沉，市委制定出台了《关于进一步完善领导干部选拔配备的若干规定》，明确提出市级机关除专业性较强的岗位之外，拟提拔到县区任职且缺乏基层工作经历的，先安排到乡镇挂职一年；挂职期间，经组织考察，实绩突出、群众公认的方可履行任职手续。日常干部调整配备，在同等条件下，优先考虑实绩突出的乡镇党委书记和在乡镇党政正职岗位上作出过突出贡献的县区直部门干部。这一举措，激发了干部到条件艰苦地方和基层一线干事创业的积极性。近几年，市委实施了“千村经济振兴”工程和“百家工业企业振兴”工程，全市共有 3603 名市县干部和 1000 多名经济技术干部深入到农村和企业帮助工作。10774 名干部组成工作队分赴农村和社区，深入开展万名干部下基层“迎奥运、保平安、促发展、办实事”活动。干部在急难险重工作中，在基层一线和艰苦环境中得到了锻炼。市委还坚持把干部放到重要工作、重大工程和项目中及关键时刻去考验、锻炼，探索了一条干部队伍建设的新路子，先后有 69 名经过考验锻炼并作出突出贡献的干部得到了提拔重用。

三、选调选聘优秀大学生到基层锻炼

市委结合全市经济社会发展需要，根据选调生的特点和成长规律，积极探索科学规范的选调生工作机制，着力在“选得准、管得好、用得活”上下功夫，逐步建立起一支适应形势发展需要的高素质选调生队伍，有效地改善了我市人才队伍和基层领导班子结构，提高了干部队伍整体素质，为全市经济社会又好又快发展提供了有力的后备人才支撑。1998 年以来，全市共接收选调生 599 人。2007 年针对农村基层干部队伍文化偏低、能力偏弱、后继乏人等问题，公开选聘 266 名大学生到基层任职，培养造就了一批经过基层实践锻炼的党政后备干部。2008 年按照省委组织部的统一安排部署，又公开选聘了 253 名大学生到基层任职。今后还要坚持公开选聘大学生到基层任职，力争通过 5 年时间，实现一村一名大学生。为确保选聘大学生在基层留得住、干得好、有前途，市里制定出台了《关于选聘大学生到基层任职的管理办法（试行）》，加强对大学生村官的教育和管理。

四、采取“双向进入、定向挂职”方式培养锻炼党外干部

为进一步做好新形势下培养选拔党外干部工作，加强党外干部队伍建设，不断提高党外干部政治把握能力、参政议政能力、组织领导能力和合作共事能力，市委组织部、统战部联合下发了《关于进一步加强党外干部培养

选拔工作的意见》和《全市党外干部挂职锻炼方案》，依据党外干部任职岗位和专业特点，采取“市直到县区、县区到市直”，“双向进入、定向挂职”的方式，对优秀党外干部进行为期一年的挂职锻炼。2007年以来，分两批选派38名党外干部挂职锻炼。在挂职锻炼期间，市委组织部、统战部严格管理，干部挂职单位、选派单位相互协调配合，在干部教育培养上形成合力。目前已有3名挂职干部先后走上副处级领导岗位。

五、建立实行年轻后备干部定期到市信访局挂职锻炼制度

为使年轻后备干部了解民情，体察民意，树立全局意识、政治意识和责任意识，提高他们的综合素质、政策理论水平和应对复杂情况、做好群众工作的能力，市委组织部市信访局先后下发了《关于选派年轻后备干部到市信访局轮岗锻炼的通知》和《关于选派新提拔副处级领导干部到市信访局挂职锻炼的实施意见》。从2004年开始，先后有8批24名后备干部到市信访局轮岗锻炼，多数被组织安排到重要部门或重要岗位工作。通过轮岗挂职锻炼，年轻后备干部和新提拔的干部提高了处理复杂棘手事件、处置信访突出问题的能力。

六、积极探索从优秀村党组织书记中选拔乡镇党委领导成员

为激发广大农村干部扎根基层、干事创业的热情，探索建立打破干部身份界限、不拘一格选人用人的良性机制，市委作出了《关于加强“一好双强”型村党组织书记队伍建设的实施意见》、《关于建立村干部激励关爱机制的实施意见》等有关规定，其中明确了村党组织书记进乡镇党政领导班子须具备的基本条件：政治素质好、带头致富能力强、带领群众共同致富能力强、协调本领强，具有大专以上学历，连续担任村级正职10年以上的现任村党组织书记；近年来获得过市级以上（含市级）荣誉奖励，对维护农村稳定、促进农村经济发展有较大贡献的，优先考虑；选拔采取乡镇推荐和县委考察相结合的办法。优秀村党组织书记被选拔任用后，享受与同级别领导干部相同的工资待遇和其他待遇，一般安排为乡镇党委委员，特别优秀的可担任乡镇党委副书记或经过履行有关法律程序任副乡镇长，原任村职务不作调整；任职年龄最高界限为55周岁，到龄免去所任乡镇领导职务，年满60周岁按规定办理退休手续。通过大胆探索实践，近年来，全市有阳原、蔚县等5个县区18名优秀村党组织书记被选拔进入所在乡镇的党委领导班子，均任党委委员，参与乡镇党委决策。最近，根据省委组织部的部署和要求，全市从120名符合条件的优秀农村党组织书记中考录17名乡镇公务员，身处农村基层一线的干部从中看到了希望，工作有了劲头。

（作者：中共河北省张家口市委常委、组织部长）

以改革创新精神加强和改进组织工作

钱芳莉

随着社会主义市场经济的深入发展和改革的不断深化，党的建设和组织工作面临许多新情况、新问题，必须坚持锐意进取、改革创新，不断开创工作新局面。

一、大力推进固本强基工程，努力把基层党组织建设成为贯彻落实科学发展观的坚强堡垒

要按照十七大提出的“推动发展、服务群众、凝聚人心、促进和谐”的要求，全面推进基层党建工作改革创新。一要构建城乡统筹基层党建工作新格局。要加大工作力度，努力形成“以城带乡、城乡互促、双向受益、共同提高”的基层党建新格局。深入开展“城乡党员互帮互助”活动，继续推进干部下基层驻农村和“农村党员科技示范户”工程。强化抓党建工作的“主业意识”，建立健全地方党委、部门党组（党委）抓基层党建的工作责任制，形成党建工作合力。二要进一步优化组织设置、创新活动方式。在按照地域、单位设置党组织的同时，适应经济结构、生产方式、生活方式、工作方式的变化，积极探索“村社联建”、“村企联建”等组织设置新模式，积极推行“支部建在产业上”、“支部建在协会上”，实现党的组织和党的工作对经济社会发展所有领域的全覆盖。建立完善激励竞争机制，在基层党组织和党员中深入开展创先争优活动和便民利民活动，营造学先进、作贡献、当表率的良好氛围。三要抓好党员队伍建设。巩固先进性教育活动成果，努力做到有群众的地方就有党的工作，有党员的地方就有党的组织，有党组织的地方就有强大的创造力、凝聚力和战斗力。建立健全党内激励、关怀、帮扶机制，使广大党员真正感受到党组织的温暖，增强党组织的吸引力和亲和力。

二、实施人才开发战略，为践行科学发展观提供人才支持和智力支撑

一要加快人才工作体制机制创新，积极培育具有比较优势的人才政策环境。对涉及人才工作的政策及时进行清理，凡是不符合、不适应科学发展观要求的，该废止的废止，该修订的修订。健全人才评价机制，建立以业绩为重点，由品德、知识、能力等要素构成的各类人才评价指标，改革人才评价方式。创新人才激励机制，健全与市场经济相适应、与工作业绩紧密联系、鼓励人才创新创造的分配制度、奖励制度和福利制度，积极探索知识、技术、管理等生产要素参与分配的实现形式。二要统筹兼顾，整体推进各类人才队伍建设。围绕发展“三高”产业，面向国内外招揽人才，特别要注重引进领军人才、创业人才、专业技术人才、高技能人才和高素质党政人才，使珠海成为高层次人才的聚集地。建立“十一五”人才规划目标任务完成情况的督查机制，研究制定各类人才队伍培养目标和具体措施，确保人才队伍建设取得实效。三要认真落实党管人才原则，加强对人才工作的宏观指导和统筹协调。在党委的统一领导下，集中精力抓好人才工作战略思想的研究、总体规划的修编、重要政策的统筹、创新工程的策划、重点人才的培养，努力形成组织部门牵头抓总、有关部门密切配合、社会力量广泛参与的人才工作新格局。

三、深化干部人事制度改革，努力建设高素质的领导班子和干部队伍

要把握正确的用人导向。坚持推动科学发展，让善于科学发展的人上，不会科学发展的人让，阻碍科学发展的人下；坚持改革创新，大力营造支持创新、宽容失误的环境和氛围，大胆使用具有开拓创新精神的干部，使想干事、敢干事、能干事的人干成事；坚持提倡真抓实干，对那些长期在基层一线工作的干部要格外关注，条件成熟的及时提拔重用。要完善干部选拔任用制度。进一步完善民主推荐、民主测评制度，扩大民主推荐、民主测评参与人员的范围，严肃查处拉票贿选行为；规范干部任用提名制度，坚持集体研究确定考察对象；完善干部选拔任用决策机制，进一步完善常委会讨论干部任免票决制度、干部任用征求全委会成员意见等行之有效的制度；完善公开选拔、竞争上岗、差额选举办法，加大竞争性选拔干部工作力度；制定从基层遴选党政干部工作的实施意见，完善干部

交流制度；科学规范和有效监督党委（党组）主要负责人的用人行为，建立健全干部选拔任用工作责任追究制度。要认真落实体现科学发展观要求的干部考核评价指标体系。按照党政领导班子和领导干部落实科学发展观评价指标体系及考核评价办法，客观、系统、公正地评价干部的政绩，形成干部能上能下、能进能出、充满活力的管理机制；加强考核结果的运用，使组织考察有依据、干部努力有方向、群众监督有标准。

四、积极发展党内民主，促进和带动人民民主

一要尊重党员主体地位。切实尊重党员的各项民主权利，拓宽党员参与党内事务的渠道，让党员在党内生活中真正发挥主体作用。完善党内情况通报、党务信息发布制度，推行重大决策征求党员意见、重大事项党员听证、重大工作接受党员监督制度，积极推进党务公开。研究制定基层党内民主建设实施意见，规范和细化党内民主程序，积极营造党内民主讨论的环境和健康宽松的氛围。二要完善党的代表大会制度和党委工作机制。实行党代表任期制，探索建立党代表提案处理、回复机制和党代表评议党委委员制度。认真贯彻落实中央关于进一步完善地方党委领导班子配备改革后工作机制的意见，建立健全常委会集体领导、分工负责、统揽协调、监督保障的机制。健全全委会工作制度，强化全委会决策功能，完善全委会讨论决定重大问题票决制办法，探索建立党代表列席全委会、全委会委员和下级党组织负责人列席常委会制度。三要改革和完善党内选举制度。探索改进基层党组织候选人提名制度，在继续实行党组织提名的同时，积极推广由党员和群众公开推荐与上级党组织推荐相结合的办法。逐步扩大基层党组织领导班子直接选举范围，有计划、有步骤地扩大“公推直选”，规范选举程序和方式，改进候选人介绍办法，完善党内选举投票方式，使选举人能够更好地表达意愿。

五、坚持从严治部，进一步加强组织部门的自身建设

要以深化拓展“讲党性、重品行、作表率”活动为契机，坚持从严治部，真正把组织部门建设成为深入贯彻落实科学发展观的模范部门，把组工干部队伍建设成为讲党性、重品行、作表率的过硬队伍。加强思想建设。用中国特色社会主义理论体系武装组工干部，促使组工干部严守政治纪律，增强政治鉴别力，对事关改革发展稳定大局的苗头性、倾向性问题见之于未萌，不断强化组织工作的原则性、系统性和预见性。加强能力建设。加大教育培训力度，加强岗位练兵和实践锻炼，提高组工干部的政治鉴别、政策运用、知人善任、组工业务以及文字表达能力。进一步健全组工干部选拔培养、使用交流、监督管理机制，为能力建设提供制度保障。加强作风建设。引导广大组工干部继承发扬优良传统和作风，进一步增强服务意识，更好地为党委的工作大局服务，为党员、干部和各类人才服务，为人民群众服务。加强以公道正派、清正廉洁为重点的职业道德教育，引导组工干部敢于旗帜鲜明地同选人用人上的不正之风作斗争，树立组织部门和组工干部的良好形象。

（作者：中共广东省珠海市委副书记）

党员干部要注意克服不良心态

朱伯儒

心态是人在一定的环境下形成的一种较为持久稳定的心理状态或内心态度。积极、正面的心态于党的事业和个人的成长有益，消极、负面的心态则是干事业的绊脚石。党员干部重视培养和保持良好的心态，在今天显得更加重要。这是因为，在新形势下，多元的价值观念汇聚在我们的脑海，各种各样的言论撞击着我们的耳膜，形形色色的社会现象充斥着我们的视野，在这样的环境影响下，要始终保持一种健康积极的心态非常不容易。

目前，确有一些党员干部存在着一些不良心态，概括起来为：不能专心做事的浮躁心态。走上领导岗位之后，忙于应酬，迎来送往。不愿花功夫做打基础利长远的工作，只希望做的事能立竿见影，为自己"增光添彩"。对许多事情盲目排斥的心态。认为理想信念教育是"空头政治"，先进典型是"傻瓜"，只有投机钻营捞名利才"实惠"。心理失衡的"吃亏"心态。看到别人进步，心里别扭，抱怨组织上亏待了自己，无上进心，精神萎靡不振。会上讲干事、创业、激情，会下却是牢骚、非议、说风凉话。对不正之风的麻木不仁心态。对不正之风和各种违法违纪现象睁只眼闭只眼，麻木不仁，失去应有的原则和立场，不敢针锋相对。

诸如此类的不良心态，严重损害了新时期党员干部的形象，削弱了党组织的凝聚力和战斗力，影响了党的事业的发展。

那么，怎样克服这些不良心态呢？我认为，一要博学、多思，不断丰富自己、充实自己。要静下心来学习马克思主义基本原理，掌握认识世界的正确方法，相信人类社会总是向前发展的，人类总是不断文明进步的，从而树立"人生的意义在于奋斗，人生的价值在于为社会做贡献"的积极观念。要努力学习各种科学知识，多了解现实社会的各种信息，要将自己所学到和掌握的东西与客观实际联系起来，加以分析、思考，对人生、对社会得出一个正确的认识。

二要勤于实践，多干实事，树立正确的政绩观。领导干部作为人民公仆，当然要有强烈的政绩观念，但是必须清醒地认识到：这个政绩应该是为广大人民群众的利益，为各项事业的科学发展而创建；任何时候、任何情况下，都不能产生那种只顾眼前不顾长远，甚至以牺牲人民群众的长远利益而换取眼前利益的思想行为，更不能为谋求个人"发展"牺牲人民群众的利益；要乐于做那些虽默默无闻但于人民的根本利益有利，能够打基础管长远的事情。这样才能创造出经得起历史检验的实实在在的政绩。

三要深入基层，了解下情，了解社会，为人生找到正确的参照系。相对而言，今天大多数的党员干部工作辛苦，生活还不是很富裕，但是，如果与广大的工人、农民比，无论是工作环境还是生活条件，都比他们要好些。所以，遇事要多想想广大人民群众，这样我们的责任感和使命感就会油然而生，抱怨情结也会烟消云散。

四要正确对待他人。在为人处事方面，要宽容、信任、理解和体谅。看别人要多看长处，看成绩，看贡献；看自己要多看短处，看缺点，看不足。人非圣贤，孰能无过？要以宽容的心态对待他人的过失。凡事出，皆有因，必须平静观察、冷静对待。这样，我们在生活中就能秉持平和的心态，人与人之间的关系就会越来越和谐。

（作者：中共湖北省麻城市委常委、组织部长）

积极引导人才到农村工作

潘泽金

党的十七届三中全会指出，要把建设社会主义新农村作为战略任务，把加快形成城乡经济社会发展一体化新格局作为根本要求，坚持城市支持农村方针，推动农村经济社会又好又快发展。建设社会主义新农村，归根结底要靠人，特别是要有一大批高素质的新型农民。针对农村各类人才外出较多、人才短缺等情况，自贡市坚持以城带乡的思路，引导城市人才到农村工作，以城市人才支持乡村发展，带动培育新型农民，助推城乡统筹发展。

一、坚持以城带乡的思路，积极引导人才向农村流动

人才是一个地区发展的重要因素。统筹城乡发展，需要一大批人才作支撑。目前，农村普遍存在着人才数量少、结构不合理，农民素质不高等突出问题，直接影响和制约着新一轮农村改革发展。近年来，自贡市坚持以城带乡的思路，充分发挥城市各类人才优势，多层面、多渠道地引导各类人才向农村流动，助推城乡统筹发展。一是柔性引导人才向农村流动。遵循“不求所有、但求所用”的原则，先后从国家部委、省级部门、高校和科研院所及东部发达地区，引进160多名急需高层次人才到区县、乡镇挂职服务，帮助区县和乡镇制定完善各类发展规划，协调解决项目立项、申报和实施过程中的实际困难，提供统筹城乡发展有关政策论证和咨询。二是下派机关干部到农村帮助工作。坚持把基层一线作为培养锻炼干部的重要课堂和主阵地，鼓励、引导和选派干部特别是年轻干部到基层一线锻炼成长。2002年以来，先后从市、县区机关下派2453名干部到乡镇、村帮助工作，选派650多名种养殖专家、市场营销人才到乡镇担任科技经济特派员，从信息、技术、项目、流通和管理等方面为农民服务。三是公开选拔人才到农村工作。为充实农村基层干部队伍，采取从高校选调、面向社会公选等方式，先后选调116名优秀毕业生，招考了164名大学毕业生到乡镇工作，选聘了600名大学毕业生到村任职，选聘了118名志愿者到乡镇基层一线服务，面向社会公开选拔近100名干部，公开招录了近60名公务员到农村基层工作。实践证明，大批人才到农村工作，为农村注入了新的活力。各类人才将理论与实践相结合，提高了学以致用的能力，营造了到农村改革发展一线长才干、作贡献的浓厚氛围。

二、坚持以完善机制为重点，确保人才在农村大有作为

人才要有所作为，不仅需要营造宽松的环境，还要采取有效的管理、激励措施。自贡市在引导大批人才到农村工作的同时，不断强化制度配套建设，完善人才服务机制，使各类人才在农村能干事、干得成事。一是健全协调机制。建立人才下乡助推农村发展工作协调小组，由市委组织部牵头，定期召开相关单位负责人和各类人才参加的协调会，研究确定各阶段的工作重点和工作措施，协调解决各类人才在农村发挥作用遇到的困难和问题；明确工作职责，引导下乡人才履行好政策法规宣传员、农业科技推广员、生产技术指导员、创办项目示范员“四大员”职责；建立联系点制度，将有代表性的种养殖基地、示范村和农户列为联系点，定期组织人才到点上开展指导服务。二是健全激励机

制。对各类人才到农村创业进行援助服务，在立项、审批办证、土地、税收、信贷等方面给予优惠和扶持；对自愿或组织选派到农村帮助工作的党政人才、专业技术人才等，在服务期间保留原单位各项待遇，适当给予津贴补助；对回乡创业的大学生，在创业场所、资金上给予大力扶持，乡镇涉农站所和村干部岗位出现空缺或补充人员时，择优录用回乡创业中表现突出的大学毕业生。在职称评聘中，向在农村一线工作的人员倾斜，适当放宽评审条件。定向招考公务员和选拔基层干部时，对选派到农村基层任职和服务的，享受加分政策，激励农村优秀人才立足基层建功立业、锻炼成长。近年来，自贡市在选调党政机关干部、公开选拔领导干部中，拿出大量岗位面向基层一线进行选拔，先后有近100人被定向招录为乡镇、街道干部或公务员，160名基层一线干部被选拔到区县、市级机关或科（局）级领导岗位工作。三是健全保障机制。建立市级人才开发专项资金，为各类人才到农村开展基础设施建设、农业科技推广、农业产业化建设等提供工作经费。这几年，市里为下派干部解决工作经费、生活补助达300多万元，落实大学生“村官”各项待遇近500万元，为各类人才在农村开展工作协调提供经费近400万元。四是健全关爱机制。市委制定出台各类人才表彰奖励办法，大力表彰在农村基层一线作出积极贡献的各类人才。积极关心各类人才的成长，切实帮助他们解决在衣食住行、子女入学、配偶就业、创办企业等方面的实际困难；大张旗鼓地宣传各类优秀人才在新农村建设中的先进事迹，营造尊重创造、尊重人才的舆论氛围；定期组织优秀人才健康体检和健康疗养。通过不断建立完善管理、激励制度机制，各类人才在农村干事创业的激情高涨，纷纷立足岗位施展才华，推动了农业产业化发展和新农村建设。

三、坚持以才育才的理念，发挥人才在培育新型农民中的作用

培养新型农村人才，是新农村建设的重要任务。培养熟悉基层、懂技术、会经营、善管理的高素质新型农民，需要发挥支农人才知识优势，加大对农民的教育培训力度，带动农村人口资源优势转变为人才资源优势。自贡市坚持以支农人才开展“百家讲坛”活动为载体，组织各类专家、人才到农村传经送宝、讲课育人，带动培育新型农民。一是选派专家到农村讲。充分发挥中央、省级机关下派干部见识广、信息量大、理论水平高的优势，组织他们到农村办讲坛，组织本市专家、优秀人才到田边地头现场开讲座，内容以种养殖、农村新居建设、农村卫生、妇幼保健等为主，让农民接受实用技术培训，提高农民科技致富能力。二是组织农民进课堂学。采取与高等院校联合办班、举办专题培训班、组织参观考察等方式，大力提高农村人才科技文化素质。2004年以来，与四川农业大学等高校联合办班，全市500多名镇村干部获得大专以上学历；选送了1138个行政村的主要干部及所在乡镇领导干部到党校、农广校进行农业科技知识专题培训。三是依托协会专家教。制定《自贡市星火产业带发展总体规划》，确定稻鱼、果畜、蚕桑、早春茶、休闲观光农业等7个特色产业带，成立专业协会组织239个，发挥专家联系产业带优势，注重在产业链上培养农村实用人才。目前，通过专业协会共培训农村实用人才120多万人次。四是利用基地现场训。依托蔬菜、生猪、花卉等实用培训基地，组织100名专家、20名科技特派员对农民群众进行现场培训和技术指导，实行跟踪服务，及时收集反馈信息，帮助解决技术难题，提高农民群众学科技、用科技的能力水平。五是下派干部结对帮学。充分发挥大学生“村官”、机关下派干部的专业特长，从农民群众最需要的科技、经济服务入手，采取“1＋X”形式，让他们结对帮扶农民，因地制宜，因材施教，加强技术指导培训，形成“先富带后富、干部帮农户”的农村人才培训机制。

（作者：中共四川省自贡市委常委、组织部长）

影响选人用人公信度的因素分析和对策建议

刘仲初

改革开放以来，我们党在推进干部人事制度改革中十分重视选人用人的公信度，通过不断总结经验，取得了许多重要成果。但也要看到，选人用人公信度与人民群众的期待还存在一定的差距。因此，各级党委和组织部门既要对选人用人工作有一个正确的估价，也要客观分析影响选人用人公信度的各种因素，积极采取应对措施，不断提高选人用人质量和水平。

一、影响选人用人公信度的因素分析

选人用人公信度，是指社会公众对党委和组织部门干部选任工作及其结果所具有的心理认同感和满意程度。当前，影响选人用人公信度的因素很多，已不再是单一的对干部选任工作本身的看法，各级领导干部的现实表现、干部选任工作环境、民主政治改革进程、干部群众心态等都会对选人用人的评价起到不同程度的作用。

从主观认识上来分析，少数干部"官本位"思想严重、权力观扭曲是影响选人用人公信度的内在因素。在我国几千年的封建社会里，人们崇尚的是"学而优则仕"。当今社会，"官本位"的价值观仍在一些人的头脑中根深蒂固。少数干部把官位、官级当做"命根子"，为了满足"提拔重用"的心理需要和现实需求，不择手段，阿谀奉承，"跑官要官"，甚至"掏钱买官"。有的领导干部尤其是"一把手"把"官位"看做是权力的象征，是正确意见的化身，在选人用人上搞"家长制"，个人说了算；有的缺乏群众观念、甚至不相信群众，对扩大干部工作中的民主顾虑重重，怕泄秘密、怕出漏子，往往在形式上听取了群众意见，实际上还是个人说了算；有的放松了主观世界的改造，在用人上奉行市场经济交换原则，乘大权在握时，以官职作筹码，"公权"私化牟取个人利益。一些领导干部在权力观上的扭曲，必然给这个地方的用人风气和用人环境带来严重的损害。

从制度体系建设来分析，干部制度不完善、措施不配套是影响选人用人公信度的制约因素。近年来，从中央到地方陆续出台了一系列干部工作制度，但是制度的闭合性还不够严密，缺少配套措施，不能做到以制度的完整性来保证选人的科学性。如初始提名由谁提名、在什么范围提名、如何落实提名责任等要求不明确；民主推荐、民主评议、公示制、票决制的范围和方式亟待改进；选举制度公开性、透明度不够，存在尊重选举人意志不够的问题；由于缺乏岗位职责规范和任期目标，对不同类型干部实绩的考核没有明确标准，是否称职、胜任，难以作出令人信服的评价，导致干部正常退出缺乏评定标准，使许多相形见绌的干部甚至是群众公认度不高、反映较差的干部因缺乏手段难以调整下来。干部选拔任用工作各个环节的责任主体、责任内容缺乏科学界定，用人失察失误责任追究缺乏制度保证；引咎辞职、责令辞职虽有要求，但各地执行宽严不一，等等。选人用人制度体系设计的不完善、不配套，影响干部选拔任用工作的质量和效果。

从干部选任过程上来分析，程序不规范、民主质量不高是影响选人用人公信度的关键因素。程序是实现民主和监督的必要载体，是规范用人行为的基本依据。没有严密的程序，干部选拔任用工作就失去了权威性、严肃性和公正性，但在实践中，不按程序行事的现象还比较严重。有的图省事，对一些必要程序没有执行到位，甚至不执行，造成程序缺位；有的颠倒程序，转移群众视线，造成程序错位；有的搞个人内定，协调在前，过程在后，造成程序越位。长期以来，由于过于强调干部工作的保密性，使干部工作陷入了神秘化的误区，不少群众对干部工作缺乏了解，甚至造成误解。在选拔形式上，由于有限竞争、公开选拔没有形成常态化，而常规形式选拔干部中群众"四权"往往落实不够，导致干部工作信息不对称，影响群众参与热情；有的即使采取民主方式，质量也不高。在民主推荐环节，有的虽然邀请了一定层次的干部代表和群众代表参加，但由于对被推荐和测评对象、推荐职位缺乏深入了解，造成随意投票和盲目投票现象较为普遍。有的民主推荐、民主测评结果不公开、不透明，考察结果不适度反馈，被群众视为假民主。以上种种程序上不规范和民主质量不高的现象，影响人们对选人用人的客观评价。

从客观环境上来分析，社会引导不力、评价主体认识上的偏差是影响选人用人公信度的外在因素。从舆论环境看，当前，少数媒体缺乏社会责任感，对发生在个别干部身上的腐败现象认识偏颇，不深入调查分析领导干部蜕变的原因，肆意炒作，放大了负面影响。从人文环境上看，少数干部功利思想严重，不能正确对待升降去留，如与个人愿望相背，便把气出在组织身上；少数群众对干部调整任用总是带"有色眼镜"，认为凡提拔"必有关系"，凡交流"必有问题"，种种猜疑和议论造成上下评价不一致；少数群众把发生在少数干部身上的腐败案件、官员特权等个别行为放大到整个干部选拔任用工作中，某个干部出了问题，就认为是干部选拔任用工作出了问题；少数群众因改革进程中的社会分配不公等原因，对改革发展的心理承受力不足，存在"仇官"、"仇富"心态，把个人遇到的矛盾和困难发泄到干部选任工作上，认为这个社会上的人都没选好。同时，有的地方党委政府为了便于推进工作，让组织部门过多地承担了一些社会关注度较高的管理责任，处在矛盾的焦点上，发生在个别单位个别干部身上的工作失误，也被责怪到组织部门身上，影响了组织部门的公信力。

二、提高选人用人公信度的对策建议

坚持以教育培训为根本，引导广大干部树立正确的权力观。只有不断加强领导干部的权力观、地位观、利益观、政绩观教育，解决好思想认识问题，才能在履行职权过程中，把正确行权外化为自觉行动，主动接受群众监督，增强拒腐防变的免疫力。要加强正面教育，着重抓好领导班子成员和组工干部的教育，不断增强执行《干部任用条例》的法规意识、纪律意识和接受监督的意识，以好的作风选作风好的人；对新进领导班子成员特别是主要领导和组织人事部门负责人，及时进行干部选拔任用工作法规的专题教育培训；对新任职的干部，上级组织部门负责同志要与他们谈话，明确提出学习贯彻党的干部工作法规和执行组织人事纪律的各项要求和规定；要加强党员干部警示教育，落实提醒谈话制度，打好预防针，提高免疫力。要时刻警惕干部选拔任用工作中的苗头性、倾向性问题，从思想深处找原因，寻对策，始终做到全面识人、公正选人。

坚持以扩大民主为取向，进一步深化干部人事制度改革。选人用人中的民主程度与公信度是成正比的。干部工作的透明度越高、民主化程度越高，干部群众对选人用人的认可度和满意度就越高。提高选人用人公信度，必须把扩大民主作为基本方向和工作重点，把人民群众的有序政治参与贯穿干部选拔任用的全过程。一是在推荐上要突出群众性。在民主推荐和民主测评前，设置干部述职演讲和组织介绍程序，提高推荐和测评结果的客观公正度；程序设计上，完善会议投票推荐和个别谈话推荐相互印证的具体办法；结果分析上，综合考虑得票情况同干部的日常表现、工作实绩、监督部门反馈的信息，相互印证，防止简单地以票取人。测评范围上，注重向服务对象、基层单位延伸，广泛地了解群众的认可度；测评内容上，合理确定不同测评主体的评价结果在民主测评中的权重。二是在考察上要坚持公开性。完善考察预告制，通过适当方式，向拟推荐考察人选所在系统、部门和单位预告职位要求、人选条件、任职资格和考察方法，落实群众监督权；推行差额考察，落实群众选择权；改进考察方法，广泛了解考察对象工作圈、社交圈和生活圈情况。三是在酝酿上要注重规范性。在酝酿干部人选时，主要领导要充分尊重班子成员意见特别是对人选的不同意见，对人选有异议，可按照有关程序调整拟任人选，不得临时提出和议定没有经过民主推荐和组织考察的人选，更不得先上会讨论决定，再补办有关手续和材料。四是在决策上要体现民主性。干部任免必须经过常委会集体研究决定。建立常委会研究干部预告制，使每一位决策者都能够有准备地充分发表自己的意见；同时，积极探索干部差额提名、差额推荐、差额考察、差额酝酿、差额上会的选任办法，拓宽用人视野；全面实行票决制，采取无记名投票的方式对拟任人选进行表决，减少和避免用人失误；发挥全委会的作用，重要干部的任免由全委会审议表决，加快形成民主、科学的用人决策机制。

坚持以完善机制做保障，推进干部选拔任用工作科学化制度化规范化。制度建设具有长期性、根本性。必须按照科学化、民主化的要求，进一步完善选人用人的制度体系和运作机制。一是要规范初始提名权制度。按照岗位、职能的特点，界定推荐提名范围，解决哪些职务岗位以何种方式提名，在哪些人中提名，以及由哪些人提名的问题；改进推荐提名方式，继续探索对重要岗位干部人选产生实行“两轮推荐”的办法，严格推荐提名程序，探索实名推荐制度，使干部提名的过程更公开，责任更明确。二是建立动态的干部综合评价机制。全面客观地考核评价干部，是提高选人用人公信度的客观依据。要按照科学发展观的要求，制定综合评价干部的具体标准；实行经常性考核，注重发挥考核结果的激励作用，把干部干事创业的热情凝聚到科学发展上来。三是促使竞争性选拔工作常态化。竞争性选拔就是变“伯乐相马”为“赛场选马”。要按照“人岗相适”的要求，大力推行公开选拔、竞争上岗、轮岗交流等制度，积极探索公推公选、差额选任等形式，不断提高竞争性选拔领导干部的比例，逐步形成由不同的选拔方式构成的促使优秀人才脱颖而出的良好机制。四是完善干部“能下”的正常退出机制。健全领导干部试用期制，试行试用期间暂不办理编制、行政、工资手续等制度，跟踪考察，试用期满后视考核情况安排使用；完善领导干部任期制，探索制定任满干部的安置或任期内不称职干部的退出办法；着力构建组织考核、领导评价、群众评判、舆论监督相结合的不称职、不胜任现职干部的认定机制，采取降免、改任非领导职务、离岗学习、提前退休等多种方式，加大对不称职、不胜任现职干部的调整力度。

坚持以惩防结合为手段，深入整治用人上的不正之风和腐败现象。紧紧抓住干部选拔任用工作中的突出问题，完善监督机制，加强对关键人、关键环节、关键部门的监督。一是突出抓好领导干部用人权的监督。重点要建立党委选拔任用干部“一报告两评议”制度，规定各级党委常委会每年要向全委会定期报告履行岗位职责和贯彻执行《干部任用条例》的情况，由全委会（扩大会）对贯彻执行《条例》情况和选拔任用干部情况分别进行评议。二是完善干部选任监督体系。健全组织部门内部监督制衡机制，合理划分职责，明确工作程序，形成系统内部相互制约的监督格局；切实发挥干部监督工作联席会议制度成员单位和干部监督员队伍的作用，全面收集拟任对象有关情况，通过联合审查，提高识人准确度；切实发挥党内监督、群众监督、舆论监督和社会监督的作用，实现对选人用人工作的全方位监督。三是加大失察失误责任追究力度。落实好干部选拔任用工作全程记实制度,为干部选拔任用工作提供责任追究依据。

加大监督检查力度,及时纠正违规行为。

(作者:中共湖北省襄樊市委常委、组织部长)

扩大民主　遏止用人上的不正之风

严　华

建立整治用人上不正之风工作长效机制,必须从推荐、考察、决策等选任环节进一步扩大民主,强化民主监督的力度,让选人用人权始终在阳光下运行,以民主促进公正,以公开提高公信。

一、坚持“组织意图”和“群众意愿”并重,扩大干部推荐环节的民主

在推荐环节扩大民主,必须让更多的群众参与到推荐工作中来,科学界定并逐步扩大民主推荐参与人员的范围,拓宽干部合理表达意愿和展示才华的渠道,探索建立定期面向社会公开举贤荐能的制度,坚持以群众的认可度、公认度为标尺,实现组织意图和群众意愿的统一,把好干部选拔任用的第一关口。具体要坚持四个结合:一是坚持领导举荐与群众推荐相结合。允许领导干部以个人名义进行初始提名,但领导干部个人署名推荐的对象要通过群众推荐再检验,最终根据民主推荐的情况来确定考察对象。二是坚持组织推荐与个人自荐相结合。组织人事部门建立各类后备干部人才库,为选人用人储备充足的人才资源。出现职位空缺后,优先从后备干部库中筛选合适人选进行组织提名,同时鼓励干部“毛遂自荐”。三是坚持动态推荐与集中推荐相结合。对后备干部人才库实行动态管理,每年根据干部年度考核和后备干部推荐情况进行及时更新,确保组织提名的准确性。四是坚持岗位考荐与专家联荐相结合。对于专业技术性较强的领导岗位,可以事先明确专业、职称、文化程度、年龄等要求,借鉴公开选拔的模式,面向符合条件的干部进行考荐。对入围的人员,在一定范围内征求专家学者的意见,确定拟推荐人选进入组织提名程序。

二、坚持“广度拓展”和“深度挖掘”并重,扩大干部考察环节的民主

扩大干部考察工作中的民主,既要提高考察工作的透明度,又要提高考察的科学性,坚持定性分析和定量分析的统一,以定性分析反映事物的本质,以量的变化考证干部业绩。一要制定立体考察程序。纵向深入到基层单位,与群众直接见面,采取多种形式动员群众对考察对象“评头论足”;横向扩展到有关界别,多方听取“两代表一委员”等社会各界人士的意见和建议;上下联系到业务部门,获取相关部门的意见和信息。同时将考察对象的基本情况、工作业绩进行网络公示,通过设置网络信箱等方式,更广泛征求社会各界意见,使考察覆盖到社会各阶层。二要科学量化考察指标。分别赋予德、能、勤、绩、廉等考察内容一定权重,在定性考察的基础上,结合民主测评、民意调查、实绩分析、个别谈话、情景模拟等情况进行量化评分,实现定性分析与定量分析的有机结合,不断增强考察工作的科学性。三要实施动态考察。将定期考评、抽样考评、平时考核与重点考察相结合,把干部任前考察作为干部考察的一部分。把作风建设、工作业绩、中心工作、分管工作等多项指标列为考核内容,畅通群众参与渠道,建立动

态考察档案，以更充分更广泛地调动群众参与的积极性，使考察工作言路更宽广，眼界更开阔，信息更全面。

三、坚持“等额单选”和“差额比选”并重，扩大讨论决定环节的民主

党委集体讨论决定干部，是党管干部原则的重要体现。这就要求各级党委按照“集体领导、民主集中、个别酝酿、会议决定”原则，实行更广泛的民主和更科学的集中，反对和防止个人或少数人专断。有三个基本点应该始终把握好：一是差额提名。组织人事部门在考察工作中，应提出一定比例的差额人选呈报党委会讨论决定，并在会上对每位人选作全面、准确的介绍，使与会人员通过比较权衡，确定最佳人选。二是实行票决。采取无记名投票表决方式决定拟任职人选，可以保证每位党委成员充分发表意见后都有平等的决策权。在条件成熟的地方可采取电子表决器办法决定人选。三是全委会表决。注重加强全委会在选人用人上的决策权力，让每位党委成员都能依法履职。同时可以尝试将民意调查纳入决策过程，作为全委会差额票决的依据或直接计算权重。

四、坚持“事前防治”和“事后整治”并重，扩大监督管理环节的民主

坚持一手抓整治，一手抓预防，两手都要硬。一是建立责任追究机制，提升制度的防御性。建立选任工作全过程责任追究制度。对于在初始推荐提名环节隐瞒情况、欺骗组织、借机进行利益交换的；在民主推荐环节随意改变推荐范围、简化程序、以个人意图影响或更改推荐结果、把多数群众不拥护的人列为考察对象的；在考察环节圈定考察谈话人员范围，隐瞒、歪曲事实真相，把经考察认为不宜提拔的对象确定为拟任人选的；在讨论决定环节临时动议或以圈阅形式代替集体决定，堵塞言路，坚持任用意见分歧较大的人选，改变集体决定，未执行干部任免回避制度的，要视其性质、情节和后果，给予相关责任人相应的组织处理，对情节特别严重的给予相应的党纪、政纪处分。二是健全选任工作公示制，保证群众的主体性。把公示制度贯穿选任工作全过程：动议环节，实施空缺职位公示，使群众清楚调整干部的动因，鼓励干部参与竞争；推荐环节，实施推荐结果公示，让群众了解谁参与了竞争、是谁推荐的、民意情况如何等；考察环节，实施考察公示，鼓励知情的群众积极向组织反映情况；讨论决定环节，实施任前公示，说明任用的理由，确保群众知情权和监督权的落实。三是建立多元监督体系，增强监督的主动性。强化组织部门干部监督工作机构的职责定位，建立主体明确、协调高效的组织部门内部的协调配合监督体系。建立横向联动机制，加强与干部监督联席会议各成员单位的协调沟通，把党内监督与人大监督、司法监督和审计监督结合起来。建立多元参与机制，引导社会监督、群众监督、舆论监督多管齐下，切实加强干部选拔任用工作的民主监督力度。

（作者：中共湖南省岳阳市委常委、组织部长）

改进干部教育培训工作

崔振亭

胡锦涛同志在党的十七大报告中指出：“党的执政能力建设关系党的建设和中国特色社会

主义事业的全局，必须把提高领导水平和执政能力作为各级领导班子建设的核心内容抓紧抓好。”加强领导班子执政能力建设，大幅度提高干部素质，关键是要以改革创新精神推进干部教育培训工作，努力使干部教育培训工作更好地为党的中心任务服务、为科学发展服务、为干部健康成长服务。

创新干部教育培训工作，是建设高素质干部队伍的迫切需要，是加强党的执政能力建设的内在要求。我们党历来重视干部教育和培训。每当革命和建设事业发展到关键时期，党总是针对新的形势和任务的要求，强化对干部队伍的教育培训，培养造就了一批又一批领导骨干和优秀人才，为完成党在不同时期的历史任务提供了重要的组织保证和人才支持。当前，我国正处在改革发展的关键时期，全面贯彻落实科学发展观，实现经济社会又好又快发展，是摆在我们面前的根本任务。要完成这一任务，关键是提高各级领导干部领导科学发展的能力。只有创新干部教育培训工作，大规模培训干部，大幅度提高干部素质，才能使干部全面把握科学发展观的深刻内涵和精神实质，不断增强领导科学发展的自觉性和坚定性；才能切实转变不符合科学发展观要求的思想观念，提高运用科学发展观分析问题、指导实践的本领；才能真正把科学发展观转化为谋划发展的思路、促进发展的政策、领导发展的能力。

创新干部教育培训工作，是解决当前干部队伍中一些突出问题的需要。一是政治理论水平需要进一步提高。党的干部队伍主体越来越年轻化，他们思想活跃，文化素质较高，但一些年轻干部对党的理论学习不够系统、不够全面、不够深入，特别是对中国特色社会主义理论体系，缺乏深刻的理解。二是领导科学发展的能力需要进一步提升。一些干部缺乏对深入贯彻落实科学发展观的认识，缺乏改革创新意识，对市场经济规律和国际通行规则知之甚少，出现了不同程度的“知识恐慌”和“本领恐慌”。三是党性修养须进一步强化。一些地方基层党组织软弱涣散，少数党员干部作风不正，形式主义、官僚主义比较突出，奢侈浪费、消极腐败现象仍然比较严重。

创新教育培训工作，提高干部能力素质，须在以下几方面下功夫。

坚持主阵地培训与多样化培训相结合。充分发挥党校、行政学院和干部学院在干部教育培训中的主渠道、主阵地作用，构建马克思主义中国化的最新理论成果教学的新框架，把政治理论素质培训摆在首位，结合当代现实问题，通过科学设置新的专题课程，系统地进行教育，引导学员坚定共产主义理想信念，端正执政理念；组织领导干部对党的理论特别是十七大精神分专题学习、研讨，深入贯彻落实科学发展观。分层次教学，突出实效性。紧密结合党委、政府工作大局，把教育培训和新理论新技能学习紧密结合起来，满足干部在知识、技能学习方面的多样化需求。同时，积极拓宽培训渠道，引导有条件的培训机构加强国内外交流与合作，促进优势互补；鼓励高等院校等办学机构创办干部培训基地，充分利用高校资源优势，加强对急需、急缺干部的培训，使国民高等教育优质资源更好地为干部教育培训服务；扎实推进干部教育培训现场教学基地和警示教育基地建设，实施现场教育培训，引导干部在实际体验中加深对理论知识的理解与运用。

坚持理论教学与实际研究相结合。理论与实际相结合是我们党的优良作风，也是教育培训工作应坚持的方法。一方面，要重视理论教育，坚持用马克思主义中国化的最新理论成果武装党员干部；另一方面，领导干部的执政能力不是虚无的、空洞的、抽象的，而是实在的、具体的、可操作的，要加强对研究实际情况、解决实际问题能力的训练和培养。在课程设置方面，除理论课程外，可安排执政实务课程，采用研究式教学，提高培训效果。如：如何进行调查研究、如何制定政策、如何依法行政、如何起草公文、如何选人用人、如何面对媒体、如何发表演讲、如何向领导汇报工作等，并有计划地对干部进行执政实务训练。党校教师在理论教学的同时，既要把中国特色社会主义理论体系特别是科学发展观作为教学的中心内容，又要与当地经济社会发展现状、重大现实问题、热点难点问题结合起来，增强培训的针对性、实效性。

坚持理论培训与实践锻炼相结合。在坚持用中国特色社会主义理论体系武装干部头脑，把学习落实科学发展观作为首要任务的同时，为使干部练就真本领，锤炼过硬的工作作风和顽强的意志品质，选派年富力强、有培养前途的中青年干部到矛盾比较集中的信访部门、拆迁工地、重大项目工程中实践锻炼，到条件艰苦的老、少、边、穷地区经受磨练，到乡镇、街道居委会、村委会挂职锻炼。通过体验式训练，使干部了解国情民意，增进与人民群众的感情，增强处理复杂问题和应对突发事件的能力。

坚持"请进来"与"走出去"相结合。面向全国聘请有一定影响的高端人才，举办"学习论坛"、"专家论坛"，对领导干部进行理论与实际相结合的辅导讲座，使广大干部认清本地区经济社会发展的水平和位次，增强干部理论学习的针对性、实效性和感染力。选派干部赴国内沿海开放城市和世界发达国家进行异地培训，引导干部开阔视野、更新观念，转变思维方式，使他们进一步学会理性、客观地看待当地的经济社会发展现状，客观正确地看待发达国家和地区的发展成就与经验，培养领导干部的世界眼光、战略思维和引领科学发展的能力。

坚持远程教学与个人自学相结合。为解决干部培训中存在的成本过高、培训资源紧缺、工学矛盾突出、督查管理困难等问题，各级党组织要注重采用网络技术和远程教育等现代化手段，利用中央党校远程教育网和党建网站等网络资源，建立"网上党校"、"网上论坛"、"在线学习园地"等，构建上下联动、资源共享的网络培训平台。同时，创建周末党校、联合党校、流动党校等自学平台，分阶段分层次安排干部自学，拓展干部教育培训空间。在指定自学内容时，根据干部的不同层次坚持"四个为主"：一般干部以业务知识为主，提高业务素质；专业技术人才以研究开发为主，提高创新能力；技能型人才以科技知识、实用技术为主，提高技术能力；经营管理人才以经营管理为主，提高经营管理水平。在自学制度上，健全完善定期检查、培养选送、考核奖惩和领导负责"四项制度"，有效地规范干部自学行为。坚持规范管理和协调服务相结合，注重在提供服务中实现管理，在管理中提供服务，保证自学的健康发展。

坚持主体班教学与自主选学相结合。在强化主体班培训的同时，积极探索推行干部自主选学培训。培训机构要结合干部培训总体要求和学员的个性需求，建立培训"超市"，提供菜单式的培训内容和课程，保证干部既吃"套餐"，又吃"点菜"。主要特点表现在三个方面：一是干部根据自己的工作、兴趣和时间等情况，自主申请参加培训，自愿选择培训内容、时间和方式；培训机构按学员需求自主组织实施，体现自主性。二是提供的培训内容是以菜单形式进行的，包括机构菜单、课程菜单、时间菜单、师资菜单等，体现灵活性。三是培训内容坚持符合实际需要，解决干部在实际工作中遇到的具体问题，以针对性很强的短期强化培训，着力提高干部的理论水平和工作技能，体现实用性。

（作者：中共河南省安阳市委常委、组织部长）

以科学方法提高组织工作效能

杨立平

组织工作方式方法的科学性、合理性、实效性，是决定组织工作水平高低的重要因素。在任务重、人手紧、要求高的情况下，组织工作如何应对新情况、新问题，进一步开创新局面、展示新水平、做出新业绩，需要全体组工干部尤其是领导干部思考和研究。从方法论的角度看，尤其要把握好以下几对关系。

一是蹲点与试点。“蹲点”，是掌握实情、真情和全面情况，做好组织工作、推动组织工作创新的重要手段；“试点”，是通过实践来检验蹲点成果、验证创新思路的有效方法。“纸上得来终觉浅，绝知此事要躬行。”要重视开展“沉下去解剖麻雀”式的蹲点调研，坚持工作重心下移，扎根基层，倡导“工作在一线开展、情况在一线掌握、经验在一线总结”的“一线工作法”，坚决反对蜻蜓点水、浮光掠影、走马观花式的调查，杜绝形式主义和官僚主义。同时，组织工作政治性、政策性、敏感性强，各项改革措施特别是重大工作创新，要坚持积极稳妥的原则，采取先调研后决策，先试点后铺开的方式，加强示范引导，及时总结经验，注重实际效果和社会反响，在此基础上逐步扩大推行范围，巩固和扩大创新成果，使局部经验升华为面上成果，使临时举措转化为长效对策。

二是当前与超前。“当前”，是必须做好的即时操作性工作；“超前”，是必须做到的提前谋划性工作。我们必须立足当前，集中精力抓落实，一门心思抓落实，持之以恒抓落实，在落实上下功夫，在落实上求实效，在抓落实中创实绩，确保当前各项任务目标的顺利完成。同时又要看到，“凡事预则立，不预则废”，组织工作更是如此。不超前，工作就只能跟在别人后面，不能先人一步；不超前，在具体工作中就忙于应付，不能高人一筹；不超前，就容易做到哪想到哪，只能打无准备之仗，不能过人一等。因此，大家要在抓好当前各项任务的同时，立足长远目标，超前思考、超前准备，科学谋划今后重点工作的发展思路，增强工作的预见性、系统性、前瞻性和主动性。

三是突破与突出。“突破”，是对难点问题破解进而引领全面工作深入开展，是对面上工作提高层次进而提升整体工作水平的有效方法；“突出”，是以抓住重点工作带动面上工作整体推进的有效形式。新形势下组织工作面临的难题和棘手问题很多，要有敢于直面矛盾、直面困难的勇气，更要有善于抓住主要矛盾的能力和水平，大力突破难点、薄弱点。同时，组织工作涉及面广，内容繁多，必须主动适应形势发展变化的需要，在保证各项工作全面推进的前提下，突出重点工作，把领导精力倾注到重点工作上，把力量配置倾斜到重点工作上，花大力气抓好组织工作的大事和要事，以重点工作带动全局工作，努力达到提纲挈领、纲举目张的效果。

四是规范与示范。“规范”，是组织部门优良传统，用建章立制的方法来系统、长远地解决工作中的现实问题，靠制度办文管人理事；“示范”，是在规范化建设基础上善于创建和发现总结先进典型并发挥其面上辐射激励作用的有效途径。提升组织工作水平，必须以规范的工作机制和制度为保证。要坚持把制度建设融入到每一件工作、每一项措施、每一个环节，真正形成一套职责明确、程序严谨、落实有力、运转灵活的组织工作机制，用以指导和规范组织工作，防止和克服工作的随意性和盲目性，防止和克服工作中的疏漏和差错。要把树立典型、示范引导作为推进组织工作的重要方法，巩固提高老典型和已建成的示范点，不断深化完善经实践证明行之有效的经验和做法，注重培养树立和总结推广体现工作特色、对面上工作有较强指导作用的新典型、新经验，充分发挥典型的示范推动、标杆引领作用，使组织工作与经济社会发展大业同轴共转、同频共振。

五是提炼与提升。“提炼”，是将日常工作总结提高到具有相当理性认识水平的工作方法；“提升”，是从量变到质变、将工作水平推上一个新台阶的“关键的一跃”。我们一定要强化提炼的“内功”，注重对组织工作取得的成绩进行经常性的“回头看”，认真研究已经实践证明行之有效、已经探索表明富有成效的工作经验和成熟举措，反复思考、认真归纳分析，研究和总结出有特色的做法，努力找出规律性认识并加以概括升华，进一步理清工作的思路和办法。提炼是提升的前提和基础，光有提炼不去提升而是束之高阁，成为摆设，就失去了效用，因此，必须在提炼之后，及时把新经验运用到实际工作中去，持之以恒地抓好落实，通过在实践中不断总结、拓展新路、形成亮点、扩展成片，使工作水平提高到一个崭新的境界。

六是推广与推动。“推广”，是经验亮点面上铺开的必经途径；“推动”，是工作任务落到实处的必要手段。要在善于发现好典型、好经验的基础上，及时运用召开现场会、研讨会、交流会、推进会和新闻媒体发布会等方法，把基层创造、总结提炼的成功做法和新经验展示出来、推行开来。可以说推广的过程就是宣传的过程，宣传的过程就是推广的过程，组织工作宣传是贯彻党的组织路线、方针、政策的重要途径，是优化组织工作环境、扩大影响力、提高效率的重要措施。要高度重视宣传工作，充分运用电台、电视台、报刊、网络等媒体平台，充分运用各级工作指导、信息窗口等工作平台，及时将组织工作一些好的做法总结、完善、宣传好，以宣传引导创新，以宣传推动工作。同时，要充分发挥组织优势，善于运用领导带头、建章立制、典型引路、督查指导、回访等办法，推动组织工作不断向纵深发展。

七是协调与协作。“协调”，是常用的处理工作事务的基本方法，重点在统筹各方力量和关系；“协作”，是共同努力完成同一目标任务的基本方法，重点在互相支持、配合工作。在开放的经济社会中，组织部门要善于发挥职能特点，形成开放的组织工作氛围，积极争取广泛的支持和帮助，主动发挥有关部门的作用，牵头抓总，协调各方，整合资源，形成合力，为组织工作顺利开展创造宽松环境和有利条件。同时，组织部门要强化协作意识，放下架子，善于配合，对其他部门需要组织部门合作和参与的，要充分理解、积极支持，以最大限度地争取相关部门的认可和社会各界的认同。具体来说，对牵头的工作要切实负责、统筹协调，注重发挥其他单位的作用；对协助的工作要积极参与、主动配合，认真完成所承担的任务；对由各级组织部门共同承担的工作和共同开展的活动要及时沟通、加强交流，形成上下联动的局面。

八是内力与外力。“内力”，是组织部门谋事成事的根本所在；“外力”是组织部门干事成事的有力支撑。要充分挖掘“内力”，坚持以人为本，加强组工干部队伍建设，关心组工干部的成长进步，优化组工干部队伍结构，增强组工干部的活力和创新能力，进一步调动广大组工干部的积极性主动性创造性，齐心协力做好组织工作。同时，要善于借助“外脑外智外力”，善于“借船出海”，“借梯登高”，把各方的力量团结在身边，凝聚在周围，不求所有，但求所用，通过充分调动各方面的积极性，优化我们的组织力、延伸我们的思考力、拓展我们的执行力、强化我们的辐射力。

（作者：中共浙江省嘉兴市委常委、组织部长）

组织工作规律问题初探

周银芳

规律是客观事物本身所固有的、本质的、必然的、稳定的联系，具有客观性、普遍性、稳定性和重复性。组织工作规律就是指组织工作本身所固有的、本质的、必然的、稳定的联系。探索组织工作规律，就是要把握组织工作中具有客观性、普遍性和稳定性的因素。这对于在组织工作中深入贯彻落实科学发展观，推进组织工作进而推进党的建设科学发展，具有重要意义。

一、认真把握组织工作一般规律

组织工作作为党的建设的重要组成部分，既遵循党的建设的基本规律，又具有自身的特殊规律，两者相互依存、有机联系。

研究组织工作规律，首先要研究党的建设规律，把握了党的建设规律才能从总体上把握组织工作基本规律。胡锦涛同志在抗震救灾先进基层党组织和优秀共产党员代表座谈会上的讲话中提出了五点启示：第一，必须坚持正确的理想信念，始终把教育全党坚定不移地为发展中国特色社会主义而奋斗作为党的建设的根本任务；第二，必须坚持立党为公、执政为民，始终把实现好、维护好、发展好最广大人民的根本利益作为党的建设的核心价值；第三，必须坚持在实践中培养造就干部，始终把提高各级领导班子和领导干部的领导水平和执政能力作为党的建设的关键环节；第四，必须坚持抓基层、打基础，始终把增强基层党组织的凝聚力、战斗力作为党的建设的基础工程；第五，必须坚持共产党员的党员意识，始终把保持和发展党员的先进性作为党的建设的永恒主题。我认为，这五个方面在党的建设过程中始终起着稳定的、普遍的、持续的作用，因而这五点启示是对党的建设规律的概括。

研究组织工作规律，必须注重研究组织工作一般规律，也就是要研究无论在哪个历史时期始终贯穿组织工作、始终支配组织工作、始终在组织工作开展中起作用的关键因素，形成组织工作运行的基本体系和模式。根据党的建设规律，针对组织工作特点，我们可以得出对组织工作一般规律的认识：在组织工作根本任务上，必须始终服从党的政治路线、服务党的中心工作；在组织工作基本要求上，必须始终坚持以马克思主义科学理论为指导，坚持党的根本宗旨和核心价值，坚持解放思想、实事求是、与时俱进，不断开创组织工作新局面；在组织工作总体格局上，必须始终抓住人和组织这两个方面，做到领导班子和干部队伍建设、人才队伍建设、干部人事制度改革、基层党建、党内民主建设等项工作一起抓；在组织工作方式方法上，必须始终注重处理好依托组织部门抓工作与整合方方面面力量抓工作的关系、突出重点与整体推进的关系、加强宏观指导与做好具体工作的关系、加强对党员干部的管理与主动服务的关系、发挥个体积极性与发挥整体力量的关系、抓任务的完成与抓自身建设的关系；在组织工作力量保证上，必须始终抓好组织部门自身的思想建设、作风建设、制度建设和能力建设，保证组织工作不断创新发展。

二、注重把握新形势下的组织工作特殊规律

研究组织工作规律，还要着力研究处于不同历史阶段组织工作的特殊规律。新形势下的组织工作，运行主体已由单一独立向多方互动

转变、运行体系由相对封闭向日益开放转变、运行范围由体制内向体制外扩大，而且也呈现出阶段性特征。在这种背景下，组织工作规律呈现出新的特点、新的要求。

更加突出时代性，坚持把中国特色社会主义理论体系作为推进组织工作的根本指针。推进组织工作必须高举中国特色社会主义伟大旗帜，深入贯彻落实科学发展观，使组织工作发展始终不偏离中国特色社会主义正确方向；必须用面向世界的眼光认识组织工作，把组织工作放在和平发展和经济全球化的世界格局中来考量，在把握世情、国情、党情的基础上谋划和推进组织工作；必须用历史进步的眼光来研究组织工作，坚持宝贵传统，总结新鲜经验，研究科学发展规律，指导改革创新实践，推动组织工作不断迈上新台阶，使组织工作始终跟上时代步伐、适应时代要求。

更加突出全局性，坚持把服务科学发展作为新形势下组织工作的中心任务。组织工作历来是为党的中心任务服务的，在新形势下，只有紧紧围绕科学发展来开展组织工作，才能在全局中找准位置和着力点。组织工作必须全力服务科学发展，把党的组织优势和干部资源转化为推动科学发展的强大力量，使组织部门真正成为促进科学发展的表率部门。突出全局性还必须着眼党的建设全局，把组织工作放在党的建设总体部署下来谋划，以组织工作的创新发展推进党的建设新的伟大工程。

更加突出人本性，坚持把实现好、维护好、发展好最广大人民根本利益作为组织工作的核心价值。以人为本是科学发展观的核心，组织工作要服务好科学发展和实现自身的科学发展，必须树立以人为本的理念，依靠广大党员干部和人民群众做好组织工作，发挥好各级党委的领导核心作用、领导干部的模范带头作用、基层党组织的战斗堡垒作用和共产党员的先锋模范作用，带领广大人民群众推进科学发展、构建和谐社会，让发展的成果由人民群众共享，使人民群众得到更多的实惠。

更加突出开拓性，坚持把改革创新作为做好组织工作的根本动力。改革创新是保持党的先进性的活力源泉，也是解决组织工作面临矛盾和问题的根本途径。必须坚持解放思想、实事求是、与时俱进，主动适应形势任务的新变化，主动回应干部群众的新期待，抓住牵动组织工作全局的关键环节，坚持不懈地推进理念创新、思路创新、方法创新和制度创新，努力使组织部门成为创新思维更活跃、创新动力更强劲、创新成效更显著的部门。

更加突出原则性，坚持把公道正派作为做好组织工作的迫切要求。组织工作要为党的事业组织队伍、凝聚力量，必须有坚强的原则性和战斗性，切实做到公道正派。必须坚持从严治党、从严管理干部，敢于抵制违反党的原则的人和事，敢于同用人上的不正之风和各种消极腐败现象作斗争，敢于为因坚持原则而得罪人的干部主持公道。把坚持公道正派作为组织工作的基本准则，体现在树立选人用人公正导向上，体现在增强基层党建工作活力上，体现在激发广大人才创业热情上，体现在树立组织部门和组工干部的良好形象上。

更加突出规范性，坚持把科学化、民主化、制度化作为组织工作发展的方向。执政党的组织工作，必须主动适应科学执政、民主执政、依法执政的需要，走在发展社会主义民主政治的前列。必须加强战略谋划和统筹协调，增强工作的前瞻性、预见性；扩大组织工作中的民主，增强公开性和透明度；坚持依法办事、按章行事，既敢于改制又善于立制，用制度规范和推动各项工作。

更加突出协调性，坚持把统筹协调作为做好组织工作的根本方法。按照统筹兼顾的根本方法，充分发挥组织部门牵头抓总、综合协调的作用，善于整合党的组织资源，激活、配置、优化各种社会资源，组织和引导更多不同部门、不同领域的力量来共同参与组织工作。同时，做到形式、内容、效益相统一，单位、行业、区域相统筹，能力、资源、制度相衔接，规划、咨询、环境相协调，保证组织工作科学发展。

更加突出公认性，坚持把党和人民满意作为检验组织工作成效的根本标准。让全党满意、让人民满意，集中体现了党的组织工作的价值追求，组织工作服务科学发展的成效如何，关键看“两个满意”程度如何。必须问政于民、问需于民、问计于民，让广大干部群众参与、监督、评判组织工作，不断提高“三服务”水平，更好地实现“两满意”。

三、深入探索组织工作子系统的运行规律

组织工作是一项系统工程，主要包括领导班子和干部队伍建设、基层党组织和党员队伍建设、人才队伍建设等子系统，这些子系统既相互联系，又相对独立，都有自身内在的运行规律。我们要做好组织工作，不仅要把握组织工作的总体规律，还要把握组织工作各个子系统的运行规律。

领导班子和干部队伍建设运行规律。总的是以加强执政能力建设为主线，以改革创新为动力来运行。在目标上，把各级领导班子建设成为坚定贯彻党的理论和路线方针政策、善于领导科学发展的坚强领导集体；培养造就一支政治上靠得住、工作上有本事、作风上过得硬、善于治国理政的干部队伍，把干部队伍建设成为贯彻落实科学发展观的骨干力量。在导向上，坚持德才兼备、以德为先的用人标准，树立注重品行、科学发展、崇尚实干、重视基层、鼓励创新、群众公认的导向。在结构上，既考虑专业、能力结构的合理性，又考虑个性特点、工作阅历的互补性；既大胆选用优秀年轻干部，又合理使用其他年龄段的干部，同时注意选拔女干部、非中共党员干部、少数民族干部，优化领导班子和干部队伍的结构。在方式上，坚持把加强思想政治建设作为根本途径，把教育培训作为主要手段，把注重实践锻炼作为基本方式。在制度上，进一步建立健全体现科学发展观要求的干部考核评价体系，进一步完善干部选拔任用制度，健全干部选拔任用决策机制。

基层党建工作运行规律。总的目标是充分发挥基层党组织推动发展、服务群众、凝聚人心、促进和谐的作用，不断增强基层党组织的创造力、凝聚力和战斗力，使党员真正成为牢记宗旨、心系群众的先进分子。在运行方式上，按照因地制宜、分类指导的原则，农村基层党组织建设主要是抓好领导班子建设，尤其要选好配强村党组织书记；国有企业党组织建设主要是积极探索现代企业制度条件下企业党组织发挥政治核心作用的领导体制和工作机制；社区基层党组织建设主要是着眼于增强城市社区党组织凝聚党员、服务群众的功能；新经济组织和新社会组织党的建设主要是不断扩大党的工作覆盖面和影响力。在运行机制上，按照资源共享、优势互补的原则，逐步构建城乡统筹的基层党建新格局，完善其互帮互助机制和党员动态管理机制；健全党员经常受教育、永葆先进性的长效机制，建立健全党内激励、关怀、帮扶机制。

人才队伍建设运行规律。总的是围绕“造就数以亿计的高素质劳动者、数以千万计的专门人才和一大批拔尖创新人才”这一目标，以实施人才强国战略为主线来运行。重才，就是牢固树立科学人才观，认真贯彻尊重劳动、尊重知识、尊重人才、尊重创造的方针，不唯学历、不唯职称、不唯资历、不唯身份，不拘一格选人才；坚持党管人才原则，着力完善分配激励机制，激励各类人才创新创造创业。育才，主要是紧紧围绕培养造就大批创新型人才，实施国家高层次创新人才培养工程；围绕建设社会主义新农村，实施新农村实用人才培训工程和农村实用人才带头人素质提升计划；围绕推动社会主义文化大发展大繁荣，实施“四个一批”人才工程；围绕构建社会主义和谐社会，积极开展社会工作专业培训和专业教育。聚才，就是着力建立和完善人才市场体系，充分发挥市场在人才资源配置中的基础性作用，促进人才合理流动，疏通人才流动渠道；加大吸引留学和海外高层次人才

工作力度，通过有效的引进措施聚集人才。用才，就是建立健全科学的人才评价和使用机制，保证各类人才才尽其用、用当其时、各得其所。

（作者：中共福建省三明市委常委、组织部长）

提高干部选拔任用工作科学化水平

李国华

选拔任用是干部工作的重要环节。干部选拔任用工作的科学化，直接影响和决定着干部工作的科学化。提高干部工作的科学化水平，必须着力建立健全干部选拔任用的科学机制，提高干部选拔任用工作的科学化水平。最近，我们泰州市就“提高干部选拔任用工作科学化水平”进行了专题调研，现将调研情况总结如下。

一、当前我市干部选拔任用工作科学化情况的基本估计

近年来，我市各级组织部门紧紧围绕为科学发展选干部、配班子，建立健全有利于科学发展、促进科学发展的干部人事制度，改革、完善干部选拔任用工作，干部工作的科学化水平不断提高。

一是不断扩大干部选拔任用工作中的民主，增强干部工作的透明度。按照“民主、公开、竞争、择优”的要求，各地在干部选拔任用工作中不断扩大民主，落实党员干部的知情权、参与权、选择权和监督权，打破封闭、神秘的传统做法，增强干部工作的公开性和透明度。我市先后 8 次组织了大规模的定岗民主推荐活动，推荐产生了 78 个领导职位人选。此外，干部个别调整补充，也通过定岗推荐产生考察人选。为进一步规范干部提名权，提高用人准确性，我市还出台了《关于定岗民主推荐县处级领导干部人选的暂行办法》和《关于实行县（处）级领导干部人选署名推荐责任制的暂行办法》。

二是不断完善干部推荐、测评、考核等制度，促进干部选拔任用工作制度化、规范化、科学化。在推荐环节，各地积极探索规范干部选拔初始提名的有效办法。一方面，严格执行领导干部署名推荐责任制，提高推荐人选的质量；另一方面，对市县党政正职和机关重要部门一把手人选和新一届市县党政领导班子人选，都采用“两轮民主推荐”的方式产生。第一轮推荐得票数不高的，不得列入第二轮推荐；两轮推荐得票数不高的，不得作为考察人选。在考察（考核）环节，各地在严格执行干部考察预告制度、实行领导干部实绩公示公议制度、推行市县科学发展绩效考核评估联席会议制度的基础上，积极建立促进科学发展的党政领导班子和领导干部考核评价机制，完善考核制度。去年年底，我市出台了《关于建立促进科学发展的党政领导班子和领导干部考核评价机制的实施意见》，并配套出台了年度考核、任期考核、日常考核等 5 个实施办法，干部考核制度进一步健全，考核工作的科学化水平进一步提升。

三是积极推行竞争性干部选拔任用方式，让各类优秀人才脱颖而出。我市先后 4 次组织开展了领导干部公开选拔、3 次组织开展了公推公选（公推竞岗）工作，60 名同志（其中正处 3 人、副处 46 人、正科 11 人）通过竞争走上了领导岗位。同时，积极将竞争性选任方式向市县乡机关中层干部拓展，实行机关中层干部跨地区、跨部门竞争上岗，一批干部通过竞争走上了中层干部岗位。

四是不断完善对干部选拔任用工作的监

督,干部选拔任用中的不规范现象有所遏制。各级组织部门以建立健全干部管理监督的科学机制为目标,以加强对干部选拔任用工作的监督为重点,积极探索提高干部监督工作科学化水平的新举措。比如,我市出台了《干部选拔任用工作全程记实暂行办法》,把事前预防、事中纠偏、事后究责有机地结合起来,实现了对干部选拔任用工作监督的全程化。为进一步严把选人用人关,防止选人用人失误,2008 年 2 月,我市根据《干部任用条例》和有关规定,在全省率先建立了考察人选联合预审制度,将经部务会研究确定、拟提拔为副县(处)级以上干部的考察人选,由纪委、公检法、审计、信访等干部监督联系通报成员单位进行联合预审,前移了监督关口,防止了干部"带病提拔",提高了选人用人的公信度。

我市在提高干部工作科学化水平方面做了不少工作,取得了一些成效,但对照科学化的要求,还存在不少问题,主要是:初始提名需进一步规范。主要表现在提名主体不够明晰,提名程序不够规范,提名责任不够明确。民主推荐、民主测评的科学性和真实性需进一步提高。具体表现在参与民主推荐、民主测评的主体范围难界定,对投人情票、关系票的现象难约束,民主推荐、民主测评的真实性难把握。领导班子和党政干部考核评价的科学性需进一步增强。主要表现在体现科学发展观要求的考评机制还不够健全,干部考核缺乏针对性,干部日常考核考察机制不健全。竞争性选拔干部的一些环节不够完善。具体表现在报名资格条件的把握不够科学,考试各部分成绩权重不尽合理,此外,在公选过程中,对于年龄的要求往往是一刀切。为确保班子结构,有时不得不降格以求,影响了市县党政班子整体功能。

二、提高干部选拔任用工作科学化水平的对策建议

通过调研,我们认为,干部选拔任用工作的科学化,就是要按照科学发展观的要求和干部工作的规律,建立健全涵盖干部选拔任用各个方面及环节的科学机制,从而提高干部工作服务科学发展的水平,促进干部工作的科学发展。

基于以上要求,我们认为,实现干部选拔任用工作科学化,应当达到以下基本目标:进一步扩大民主,选人用人具有较高的公信度。在干部推荐提名、考察酝酿、讨论决定和考核评价、管理监督的各个环节充分发扬民主,干部工作信息公开,具有较高的透明度,干部群众的知情权、参与权、选择权和监督权切实得到保障和落实,选人用人行为在阳光下运行。竞争择优机制健全,优秀人才能够脱颖而出。干部选拔任用方式健全完善,选人用人渠道不断拓宽,实现竞争性选拔方式经常化、制度化、规范化,公开选拔、竞争上岗等竞争性选拔方式成为干部选拔任用的重要方式,优秀人才脱颖而出、用当其时,干部使用做到用其所长、人岗相适,形成广纳群贤、人尽其才、能上能下、充满生机和活力的用人环境。各级党政领导班子结构合理、整体功能较强。干部选拔任用制度完善,干部队伍积极性主动性创造性得到激发。干部考核科学规范,评价客观准确;干部流动渠道畅通,资源优化配置;干部激励措施完善,保障体系健全;干部退出机制健全通畅,实现干部能上能下、能进能出。形成以人为本,有利于各类干部健康成长、充分发挥作用的生动局面。强化干部选拔任用监督,选人用人不正之风得到有效遏制。各级党委及其组织人事部门的用人行为得到严格规范和严厉约束,干部选拔任用工作责任制建立健全,切实坚持原则,严格履行程序,干部选拔任用工作得到全过程严密监督,用人上的违规违纪行为得到有效预防和遏制,形成风清气正的用人环境,群众对选人用人具有较高的满意度。

提高干部选拔任用工作科学化水平是一个系统工程,贯穿干部选拔任用工作的各个方面,必须统筹兼顾、全面推进、协调发展。从干部选拔任用工作的主要方面和实际需要来看,当前,提高干部选拔任用工作科学化水平,应当从以

下几个方面入手。

第一，在干部初始提名权上，要以制度的形式加以规范。要研究出台干部选拔任用初始提名办法，进一步明确干部选拔任用初始提名的基本原则以及提名的条件、范围、方法、程序和责任。同时要健全相关的配套制度：一是探索实行全委会民主推荐提名制。让全委会全体委员直接参与干部选任工作，发挥全委会委员在干部工作中的积极作用。二是推行空缺职位预告制。凡重要岗位出现空缺时，组织部门在民主推荐前的一定时间内，对拟选任的空缺职位进行描述，向社会公布，扩大群众对拟任岗位的知情权。三是实行民意否决制。提名干部首先须过民意关，初始提名人选必须从推荐和测评得票名列前茅的人选中产生，避免先有人选再去推荐和测评。

第二，在民主推荐的真实性上，要在操作细节上下功夫。要合理确定参与对象和范围，根据代表性、知情度、关联度的要求，采用“管他的”、“他管的”和“他服务的”对象的标准来划定参加人员，保证覆盖面，尽量减少不知情、不相干的人参加民主推荐、测评。在严格实行会议民主推荐的基础上，可适当采取署名谈话推荐的方式，从而更好地反映出真实民意。实行“三八”线制度，在干部任前考察中民主推荐得票率未达到30%的一般不得列为考察对象，民主测评优秀称职率未超过80%的一般不提出任用建议。除此之外，在推荐测评中，可采取“统一发票、分散划票、定点投票”的方式，为群众表达真实意愿提供必要的条件。

第三，在干部考核评价上，要加大经常性考察的力度。要积极推行体现科学发展观要求的综合考核评价办法，不断完善以经常性考察和年度考核为基础，以换届考察和任职考察为重点的考核评价机制。现阶段，要重点加大经常性考察的力度，主动深入到干部队伍中去，接触了解干部，及时掌握干部的思想、工作和生活情况，加强对领导班子和领导干部日常情况的了解，注意掌握和发现优秀干部，及时采取有针对性的措施，切实解决苗头性、倾向性问题。结合领导班子建设需要，每年可有计划地安排部分领导班子进行经常性考察，力争在一定时期内完成对全部领导班子的经常性考察。工作中，应注意把管人、管钱、管项目的单位，领导职数出现空缺的以及近期计划调整的领导班子，作为开展经常性干部考察工作的重点对象。

第四，在干部选任方式上，要加大竞争性选拔的范围和力度。把重要岗位人选的公开选拔作为一个突破口，进一步加大竞争上岗、公推公选工作力度，增强群众对干部工作民主化的信心。要根据领导班子和干部队伍建设需要，有计划地进行，逐步做到经常化、制度化。要改革选拔任用方式，坚持并逐步扩大公开选拔、公推公选领导干部的适用范围，大力推行干部竞争上岗、竞聘上岗，不断为广大群众参与干部工作打造平台。为确保竞争人选的综合素质，防止出现“高分低能”、“考试专业户”等现象，可考虑适当提高公开选拔的门槛，比如要求参与竞争的人选必须具有后备干部的身份等，以形成重实绩、重能力、重一贯表现的用人导向。

第五，在优化班子结构上，要突出抓好后备人才的培养选拔。目前，干部队伍中年轻干部、女干部、党外干部比例偏低，且存在来源单一、储备不足的问题，解决班子结构问题，要从各类后备人才抓起。注重从基层选拔优秀年轻干部充实到上级机关，可采取措施，腾出部分机关综合部门中层岗位，将基层年轻的乡镇党委书记、乡镇长选拔到市级、省级机关任职，跟踪培养。根据干部管理权限，掌握一批表现突出、发展潜力大、工作和结构急需的优秀年轻干部、女干部和党外干部，进行重点培养。对有培养潜力的优秀年轻干部、女干部和党外干部，采取“小步快跑”或破格提拔的办法，使他们在重要岗位上得到充分的锻炼。

三、提高干部选拔任用工作科学化水平的几点思考

1. 干部选拔任用工作的科学化与民主化、

制度化紧密相连，要与民主化、制度化一起协调发展、全面推进，不能孤立进行。三者是相辅相成、相互促进的。要用联系的观点看待干部选拔任用工作科学化与民主化、制度化的关系，用民主化、制度化推进和保证科学化。

2.提高干部选拔任用工作科学化水平要从体制机制上来突破，通过深化干部制度改革，破解干部选拔任用工作中的难题，努力从根本上提高科学化水平。

3.提高干部选拔任用工作科学化水平，要着力提高组工干部的素质，增强其辩证思维能力，使之能用辩证唯物主义的观点和方法，全面、辩证地看待和解决干部工作中存在的问题。

（作者：中共江苏省泰州市委常委、组织部长）

健全干部考核评价机制

时培伟

建立科学的干部考核评价机制，对于树立正确用人导向、保证选准用好干部，引导各级领导班子和领导干部牢固树立科学发展观和正确政绩观，不断提高领导和推动科学发展的能力，具有非常重要的意义。

一、合理设置指标体系，树立促进科学发展的正确导向

指标体系具有鲜明的导向性。设置考核指标体系，必须坚持服务科学发展的根本导向，把科学发展、和谐发展、可持续发展、以人为本、生态文明等理念体现在考核内容和具体指标上，既考核发展速度，又考核发展方式、发展质量；既考核经济发展，又考核经济与社会、人与自然和谐发展，考核保障和改善民生的实际成效；既考核“显绩”，又考核“潜绩”；既考核主观努力，又考核客观因素。考虑到不同地区、不同单位的实际情况，形势任务的不断发展变化，在设置考核指标体系时，还应注意处理好以下几个关系。

共性要求与个性差异的关系。对于地方来说，考核内容在总体要求上是一致的，但由于各个地区的基础条件、产业布局、结构调整、资源禀赋等千差万别，在指标设置和权重分配上，必须合理体现出这种差异性。对于部门来说，不同的部门应有共同的考核指标，比如党的建设、精神文明建设、机关效能建设等。同时，由于不同的部门工作职能不一样，还需要设置本职工作目标，以增强考核的针对性。

相对稳定与调整充实的关系。贯彻落实科学发展观是一个长期过程，党的路线方针政策也需要我们一以贯之地抓好落实，这决定了考核指标体系应当保持稳定性和连续性。同时，随着形势任务的不断发展变化，要求及时对考核指标体系作出适当调整充实，各级党委、政府贯彻落实科学发展观的新举措、新部署，应及时纳入考核指标体系。

激励指标与约束指标的关系。在激励各级领导班子和领导干部创先争优、干事创业的同时，要强化对违反科学发展行为的刚性约束。对人口资源、民生改善、节能减排、环境保护、安全生产、社会稳定等内容，合理设置约束性指标，引导领导班子和领导干部统筹推进各方面的发展。

二、不断改进考核方式，提高考核评价质量

科学严密、规范有序的考核方式是提高考核评价质量的重要保证。首先，在具体方法上，

应坚持做到定性考核与定量考核相结合，对能量化的考核指标全部细化为数值形态，对不能量化的指标先进行定性评价，再通过一定方式转化为量化分数。具体分析与综合分析相结合，不仅看领导班子集体工作业绩，也要看班子成员个人所发挥的作用；不仅看当前工作，也要看为可持续发展打基础的情况；不仅看工作基础、外部因素，也要看干部的主观努力，保证考核评价的科学全面。集中考核与经常考核相结合，采取定期抽查、专项调查、督导调研等形式，加强对各地各部门履职过程的考核监督，及时掌握领导班子、领导干部落实科学发展观的日常情况和工作绩效，使日常考核与集中考核相互补充、相互印证。

其次，在组织实施上，应规范考核工作流程。考核主要分为采集、汇总有关统计指标和实地考核两个方面。实地考核按照于法周延、于事简便的原则，一般应包括以下程序和步骤：一是发布考核预告，公布考核的时间、内容、方式等，引导广大干部群众参与考核；二是组织民主评议，听取领导班子和领导干部述职，组织本单位本部门党员干部群众广泛参与，进行民主测评和民意调查；三是进行实地考察，到所考核的地方和部门，实地了解贯彻落实科学发展观情况；四是组织个别谈话，找相关知情人进一步座谈了解情况。通过严格考核程序，保证考核工作的扎实、规范、有序地进行。

第三，在工作运行上，应完善配套推进机制。探索建立实绩联审制度，采取联席会议的办法，召集纪检监察、组织、发展改革、审计、统计、政法、人口计生等相关部门人员，就领导班子工作实绩进行联合审核。完善责任追究制度，对提供虚假证明、制造虚假政绩、掩盖事实真相、造成考核评价失真失实的，应严肃追究相关单位、部门和主要责任人、相关责任人的责任。

三、扩大考核工作民主，增强考核评价的群众公认度

干部政绩如何，群众最有发言权。应把扩大民主贯穿于考核评价全过程，落实好群众的知情权、参与权、表达权和监督权，使考核评价结果具有广泛的民意基础。

提高考核工作的透明度。利用新闻媒体、党务政务公开栏等及时公开考核内容、考核程序和考核方法，增加党员干部群众对考核评价工作的知情度。对领导班子和领导干部的工作目标和工作实绩，在一定范围内定期进行公开、公示，让社会各界充分了解领导班子和领导干部的工作职责、工作重点和履职情况。确定考核结果前，应将考核情况在其所在单位公示，接受群众监督，根据群众意见建议，及时充实完善考核结果，确保考核公正。

扩大群众的有序参与。对不同地方、不同部门领导班子和领导干部的考核，应科学合理地界定群众参与范围，根据不同情况，吸收关联度高、知情度深、代表性强的群众参与。在此基础上，尽可能地扩大群众参与面，让更多的知情群众参与到考核评价当中来。

广泛征求群众意见。考核指标的设置，应广泛征求群众意见，把群众所思、所想、所盼充分体现到考核指标当中；对一些难以量化的考核指标，尽可能整合到民意调查中，通过群众满意度来分析评价。考核实施过程中，注意听取群众对考核工作的反映，根据群众意见，及时改进考核工作。加大群众评价指标所占的权重，特别是直接涉及民生的部门，更要提高社会公认度和群众满意度在综合考核得分中的比重，真正把群众的意见作为评价干部政绩的重要标准。

四、强化考核结果运用，发挥考核评价的激励引导作用

考核的目的在于找准问题、改进工作、促进科学发展。为此，应大力强化考核结果的运用，充分发挥考核评价的作用，激发和调动广大干部干事创业、争先创优的积极性和创造性。一是要把考核结果作为改进工作的重要依据。采取在一定范围内印发工作通报、召开考核工作

总结通报会、建立健全谈心谈话制度等形式，把考核结果及考核了解到的有关情况，向领导班子和领导干部反馈，引导领导班子和领导干部对照考核结果，逐项研究分析，深入查找原因，明确努力方向，制定整改措施，不断提升工作水平。二是要把考核结果作为评先树优的重要依据，较好地发挥其激励先进、鞭策后进的作用。三是要把考核结果作为调整和使用干部的重要依据。对自觉坚持科学发展、善于领导科学发展、积极推动科学发展的领导班子给予表彰奖励，对贯彻落实科学发展观不力的予以调整；对干事创业、政绩突出的干部给予奖励，特别优秀、群众公认的优先提拔重用，对政绩差、群众意见大的，进行谈心谈话，给予诫勉、通报批评，问题严重的依法依纪予以处理。四是要把考核结果作为教育培训干部的重要依据。根据考核反映出的问题，按照“缺什么补什么”的原则，采取点名调训、轮岗锻炼等方式，加强对干部的理论培训和实践锻炼，帮助干部尽快提高综合素质。

（作者：中共山东省泰安市委常委、组织部长）

为科学发展提供坚强有力的人才支撑

刘赞杰

人才是先进生产力，是科学发展的第一资源。当前，受国际金融危机的影响，东营市经济运行既面临困难，又面临机遇。要抓住机遇，应对挑战，实现经济社会科学发展，必须充分发挥各类人才在经济建设中的积极作用，着力把党管人才的优势转化为促进经济平稳较快发展的强大力量。

一、大力开发本地现有人才，夯实人才队伍基础

只有把大力开发本地现有人才作为一项基础性工作抓紧抓好，做深做实，才能真正培养造就一支符合地方经济社会发展需要的高素质人才队伍。

盘活本地现有人才存量。我们通过调查研究，掌握了本地现有人才的数量、结构、专长、分布等基本情况，并作了整合。一是对党政机关、企事业单位和农村生产一线的人才，进行分领域、分类别管理和服务，增强针对性，实现规范化。二是积极盘活机关事业单位的闲置人才资源，打破体制束缚，引导他们合理有序流动。三是大力开发离退休人才资源，建立离退休专家信息库，通过组成智囊团或专家委员会等形式，为他们发挥余热搭建平台。

加强对本地现有人才的培养。我们以“英才5511培养工程”为抓手，力求5年内在党政人才、专业技术人才、企业经营管理人才、高技能人才及农村实用型人才等5支队伍中各培养100名高端人才、1000名骨干人才。党政人才以能力建设为重点，通过培训进修、挂职锻炼等，全面提高政治理论素养、科学决策能力和依法执政能力。专业技术人才以促进知识更新、提高专业技术水平为主，采取自选、自修、自学等方式进行个性化教育培训。企业经营管理人才以提高开拓能力和经营管理水平为核心，有重点地选派优秀人才到国内外高等院校、科研院所和大企业进修深造。高技能人才以提高职业技能为重点，突出实践技能的培养。农村实用型人才以推进农业产业化为着力点，加强农业科技创新团队建设，培育农业科技高层次人才特别是领军人才。对各类人才的培养，坚持做到在科研经费上给予重点倾斜，在培养项目

上给予重点资助，在工作条件上给予重点改善，努力营造优秀人才不断脱颖而出的生动局面。

注重对本地现有人才的使用。一是制定有利于优秀人才脱颖而出、各类人才充分发挥作用的政策措施，营造良好体制机制和社会环境，努力让各类人才各得其所、用当其时、才尽其用。二是克服论资排辈、求全责备等陈旧观念，放手使用中青年科技人才，让他们领衔承担重大科研和工程项目，在实践中锻炼才干。

二、引进创业创新人才，优化人才队伍结构

我们抓住国际金融危机爆发后高端人才回流国内和国家、省支持东营市开发建设的机遇，重点引进急需和紧缺的创业创新人才，努力打造环渤海地区乃至全国有重要影响力的区域人才高地。

培育人才引进载体。一是创建一批高位平台。加强与国家有关部委、省直有关厅局的合作，吸引、支持国内外著名高等学校、国家级重点科研院所、大型企业、跨国公司到东营设立分支机构，或合作共建一批对东营经济社会发展有重大影响、起关键作用的平台和载体，强化"筑巢引凤"功能。二是提升一批重点平台。围绕增强自主创新能力，充分发挥企业在技术创新中的主体作用，在高新技术重点领域和重点行业，支持引导企业、高等院校和科研单位开展产学研合作，鼓励有条件的企业以科研项目为依托，采取建立博士后工作站、流动站等形式，引进高层次人才从事科研工作。

拓宽人才引进渠道。一是积极发挥各类社会组织的作用，把已引进的人才整合起来，通过他们搜集信息，牵线搭桥，引进更多人才，形成聚集效应。二是树立"不求所有、但求所用"的人才观念，鼓励高新技术企业、高等院校和科研院所采取项目和课题招标承包、短期或弹性聘用等方式引进国内外智力。三是以实施"泰山学者"建设工程为抓手，吸纳一批具有较高专业水平的领军人才。四是支持企事业单位设置"特聘教授"、"特聘工程师"、"特聘技师"等职位，引进高层次急需人才。

完善人才引进机制。一是规范人才引进程序。成立专门引进人才工作机构，负责人才需求信息发布，引进人才的审核把关、绩效考核等。二是编制人才需求目录，引导人才供需对接，优先引进石油化工、电子信息、新材料、生物医药等支柱产业和高新技术产业急需的人才。三是创新人才引进方式。围绕现代农业、新型工业、现代服务业和先进装备制造业等优先发展的重点产业，每年确定一批急需解决的重大科研课题和技术开发项目，定期组团到海内外开展高层次人才和科技项目招聘、招标活动。

三、创新人才工作体制机制，激发各类人才创业活力

人才的积极性和创造性的发挥取决于体制机制和环境。只有建立科学的人才评价、激励、分配制度，才能不断激发人才的创业热情和创新活力。

建立新型分配机制。出台更加优惠的人才政策，探索技术、管理、技能等要素按贡献参与分配的办法，建立知识产权入股和技术创新人员持股等各种新型分配制度。

健全评价激励机制。改进人才评价标准，建立健全以业绩为依据，由品德、知识、能力等要素构成的人才评价指标体系。积极运用现代测评技术评价人才，提高人才评价的科学化水平。改进评价方法，打破人才评价"证书化"倾向，从重学历、重资历向重实绩、重贡献转变。完善人才投入机制。不断加大财政支出比例和投资力度，支持鼓励社会资金以多种形式投资人力资源开发，建立以政府奖励为导向、用人单位和社会力量奖励为主体的人才奖励体系。

四、加强组织领导，把人才工作各项任务落到实处

做好人才工作，加强领导是关键。要认真研究党管人才的工作机制和方式方法，充分调

动全社会发现人才、培养人才、使用人才、保护人才的积极性。

健全人才工作领导体制。党委要建立健全人才工作领导机构和工作机构，形成上下贯通的人才工作领导体制。组织部门作为党委抓人才工作的职能部门，要加强对人才工作的政策研究、宏观指导、组织协调，充分发挥牵头抓总、协调各方的重要作用。人事、教育、科技、文化、经济等部门以及科研机构等，不仅要积极主动地抓好各自领域和系统的人才工作，更要加强相互间的联系、沟通与合作，共同推动人才工作发展。

完善人才工作机制。建立健全党管人才科学决策机制和协调机制，进一步明确各职能部门抓人才工作的职责。建立人才工作目标责任制，把人才工作纳入各级党政领导班子综合考核评价体系。健全联系专家制度，加强对专家政治上的关心和培养，经常听取专家的意见和建议，帮助他们解决实际困难。

加强对人才工作的舆论宣传。通过报刊、电视、网络等媒体大力宣传人才工作政策，加强对各类人才先进典型的宣传。注意总结和推广各部门、单位人才工作的新思路、新举措、新经验，着力营造“尊重劳动、尊重知识、尊重人才、尊重创造”的良好氛围，努力形成有利于各类人才大量涌现、创造活力竞相迸发、聪明才智充分发挥的生动局面。

（作者：中共山东省东营市委常委、组织部长）

加大选拔任用优秀年轻干部力度

章大李

加大培养选拔优秀年轻干部的力度，是党的十七大提出的一项重大任务。以改革创新精神做好培养选拔年轻干部工作，是关系党和国家长远发展的根本大计。我们必须增强战略意识，树立长远眼光，切实抓好培养选拔优秀年轻干部工作。

一、进一步解放思想，转变观念，不拘一格选人才

一要破除论资排辈的观念，树立“优者居之”的用人观。在任用干部时，有些同志总认为年轻干部资历浅，没经验，提拔起来不放心，因而使一些优秀年轻干部不能及时得到提拔使用。这种观念必须改变。选拔干部当然要讲台阶、论资历。必要的台阶和资历是干部积累领导经验所必需的。但千万不能搞形式主义，应该是讲台阶而不抠台阶，论资历而不唯资历。太看重资历，优秀人才怎能脱颖而出？经验和能力只有在实践锻炼中才能获得提高；人才只有大胆使用，才能培养出来。对优秀年轻干部，只有让他们在其位，谋其政，才能在实践中逐渐走向成熟。我们必须树立不拘一格选拔优秀人才的观念，敢于选拔优秀年轻干部到领导岗位上，放手大胆使用，让他们在实践中迅速成长。

二要破除求全责备的观念，树立看本质、看主流的用人观。有的同志对年轻干部身上的弱点与不足看得过重，因此总感到缺乏可用之人。这是不对的。“金无足赤，人无完人。”年轻人肯定有缺点和不足，关键是如何帮助他们改正和弥补，而不能求全责备。只要本质和主流是好的，就要敢于下决心，大胆地提拔任用。要正确地识别和认定一个年轻干部的本质和主流，要看他的全部历史和一贯表现，也要看他在关键时刻的表现。

三要破除平衡照顾的观念，树立优胜劣汰、公平竞争的用人观。对于工作年限较长的干部，有的同志不是从工作需要出发，而是为了解决其待遇而提拔，因而挤占了班子的名额；对于年轻干部觉得相同条件的很多，只提拔一个怕影响他人的情绪；在不同部门之间平衡观望，怕自己部门提的干部太年轻，别人会说三道四，等等。平衡照顾的代价是，耽误或影响了一批年轻干部的提拔和使用，班子年龄逐渐老化，缺乏生机活力。解决这个问题，必须坚持以党的事业为重，讲党性，讲原则，勇于冲破人情网，坚持优胜劣汰、公平竞争的原则。不以年龄划杠杠，不论资历定位子，不唯学历组班子，把大批优秀年轻干部选拔到各级领导班子中来。要不断深化干部人事制度改革，形成干部能上能下的机制，为优秀年轻干部脱颖而出创造良好的环境和条件。

二、坚持德才兼备、以德为先的选人用人原则

坚持德才兼备、以德为先，是我们党一贯的用人原则。在新世纪新阶段，应当着重从以下五个方面把握好年轻干部应具备的素质条件：一是思想政治素质好。有一定马克思主义理论功底，坚持解放思想、实事求是、与时俱进；坚持共产主义理想和走中国特色社会主义道路的信念，在思想上、政治上、行动上与党中央保持高度一致，善于从政治上观察和处理问题；坚持原则，公道正派，清正廉洁，不以权谋私。二是科学文化水平高。具有与履行岗位职责相适应的专业知识和领导、管理知识，并能够运用所学知识解决实际问题。三是组织领导能力强。善于结合本地区本部门本单位实际，贯彻落实党的方针政策，创造性地开展工作；坚持民主集中制，能够与班子成员团结共事，善于做群众工作；有与所担任职务相适应的宏观决策能力、统揽全局能力、组织协调能力、知人善任能力和处理突发事件的能力。四是实绩突出。有强烈的事业心和责任感，真心实意为人民群众办事，既重视当前，又考虑长远，勤奋工作，注重实效，不做表面文章，在本职工作中作出了突出的贡献。五是群众公认。坚持党的全心全意为人民服务的宗旨，深入基层，深入群众，深入实际，在群众中有较高威信，在民主推荐、民主测评中得到多数群众的认可和拥护。

选拔年轻干部要认真按照规定的条件和程序，精心挑选，深入考察，严格把关，尤其要把好思想政治素质关。既要考察干部的一贯表现，也要考察干部在关键时刻和重大问题上的表现。把政治标准放在首位，坚持选用作风好的人；要全面、客观、真实、科学地识别和评价干部的政绩，防止片面性、简单化。注重群众公认原则，多数群众不拥护的干部不能提拔；要正确掌握选拔任用年轻干部的标准，还要客观地评价有这样那样缺点的人。对一时有失误的，不能以一时成败论英雄；对某些有争议的，不能“听风就是雨”，要把争议搞清楚；对确有问题的，要严肃批评，帮助教育；对有个性、有棱角的，要把其个性和党性结合起来分析。要认真总结近年来选拔优秀年轻干部工作的经验和教训，改进考察方法，完善选拔制度。要坚持走群众路线，扩大识人选人视野，把群众公认的优秀干部选拔上来。

三、抓好理想信念教育、党性修养和实践锻炼等基本环节，帮助年轻干部健康成长

把理想信念教育作为一项根本任务抓实抓好。坚定共产主义和中国特色社会主义理想信念，是年轻干部的立身之本、精神支柱和奋斗动力。要按照中央关于大规模培训干部的要求，加强年轻干部的理论学习培训，全面提高他们的马克思主义理论素养，打牢理想信念的根基。要教育年轻干部树立正确的世界观、人生观和价值观，切实解决人生为什么，入党做什么，掌权干什么这一重要问题。要把理想信念教育与国情、党情教育和中共党史教育结合起来。引导和帮助年轻干部深刻理解我们党领导人民艰苦

卓绝的奋斗历史和优良传统，坚定对中国特色社会主义的信念，为党的事业鞠躬尽瘁，死而后已。

切实加强年轻干部的党性修养。要加强年轻干部的道德修养，引导他们珍重人格、珍爱声誉、珍惜形象，增强道德责任感，常修为政之德，积小德养大德，努力成为思想纯洁、品行端正的示范者，爱岗敬业、敢于负责的力行者，明礼诚信、遵纪守法的先行者，生活正派、情趣健康的引领者。要引导年轻干部树立良好作风，正确对待权力、地位和利益，正确对待组织、群众和自己，克服浮躁情绪，脚踏实地干事，在服务祖国、服务人民、服务科学发展中建功立业。各级党委要进一步加强对年轻干部的党性教育，特别要加强政治忠诚教育、道德情操教育、优良作风教育、党的纪律教育和拒腐防变教育，坚持严格要求、严格管理，保证年轻干部健康成长。

在实践中锻炼、考验和提高干部。越是具有培养前途的年轻干部，越要放到艰苦环境中去，越要派到改革和发展的第一线去，让他们在项目建设、招商引资、工业经济、科技创新、新农村建设等重要工作的实践锻炼中增强党性、改进作风、磨练意志、陶冶情操、提升境界、增长才干。要坚持多岗位培养锻炼年轻干部。对于长期在机关工作缺乏基层工作经验的干部可采取下基层任职或挂职的方式，让他们增强群众观点和服务意识。对于长期在基层工作的年轻干部，可采取到机关任职、上挂等方式，开阔工作视野，掌握整体情况。对于成长经历比较单一的年轻干部，可以在不同地区、不同部门、不同岗位进行交流任职，使他们转变思维方式，增长工作才干。要注重选拔基层中善于做群众工作、能妥善应对复杂局面、有处理实际问题能力的优秀年轻干部充实到党政领导机关，逐步形成上级党政机关从基层和生产一线逐级遴选干部制度。

（作者：中共江苏省盐城市委常委、组织部长）

发挥干部考核评价的激励导向作用

高玲慧

近几年，湖州市注重以领导班子和领导干部考核评价工作的不断完善，推动科学发展观的贯彻落实，为开创全市科学发展新局面提供了有力的组织保证。

一、完善干部考核评价指标，着力解决“考什么”的问题

一是突出德才素质。坚持德才兼备、以德为先的选人用人标准，对县（区）党委领导班子注重考核评价总揽全局、协调各方、科学决策、党的建设等情况；对县（区）政府领导班子注重考核评价维护大局、围绕中心、依法行政、政府效能建设等情况；对市级机关部门领导班子注重考核评价全局观念、履行职能作用、机关工作效能、依法办事水平等情况。对县处级正职领导干部注重考核评价驾驭全局、工作思路、执行民主集中制、抓班子带队伍、发挥表率作用等情况；对县处级副职领导干部注重考核评价协作配合意识、工作能力、抓落实、履行职能成效等情况。二是突出科学发展。湖州市坚持在实践中完善指标设置，既注重考核发展速度，更注重考核发展方式、发展质量和资源、环境等约束性指标。从 2000 年开始，在实绩考核上，逐步淡化 GDP 考核。2004 年起取消了 GDP 直接考核指标，采用绿色 GDP 核算应用体系，将资源耗减成本、环境退化成本、生态破坏成本以及污

染治理成本从 GDP 中扣除，最终反映出经济的可持续发展能力，有力地促进了科学发展。三是突出社会和谐。坚持以人为本，注重考核保障和改善民生的实际成效，把增加城乡居民收入、改善群众生产生活条件、扩大社会就业空间、完善社会保障体系、法治湖州建设等作为考核的重要方面，调整和细化与民生民计密切相关的指标内容。2006 年县(区)届末考核中，共设置贴近群众生产、生活实际，群众比较关注，与群众生活联系密切的指标共 20 个。

二、改进干部考核评价办法，着力解决“怎么考”的问题

一是综合运用考核评价方法。在领导班子和领导干部届末考核中，综合运用民主推荐、民主测评、民主评议、民意调查、个别谈话、实绩分析、综合分析等主要方法。针对过去民主测评、民主评议内容过于笼统的弊病，将“德、能、勤、绩、廉”等方面细化为 19 个具体指标。对实绩分析增加实地走访环节，从经济发展、文化建设、新农村建设等方面选择部分具有代表性的重点项目，进行实地查看，进一步了解这些项目的实施过程、现状和绩效；增加专项调查环节，就影响面大、情况复杂、干部群众普遍关注的有关工作和事件展开专项调查，切实提高实绩分析的针对性。二是探索实施分类考核评价。注重把握不同地区、不同部门、不同类型领导班子和领导干部的特点，适当体现差异性。对县(区)的考核，调整相关指标的权重设置。比如对生态型的县(区)降低工业经济指标的权重，提高生态环境指标的权重；对规模以上工业基础较好的县(区)，提高工业经济指标的权重，降低服务业指标的权重。对市级机关部门的考核适当进行分类。比如在好班子创建考核中，划分党群部门、综合部门、经济部门三大类进行考核，增强针对性和对比性。与此同时，下辖的 5 个县(区)都尝试了分类考核办法。比如，对不具备发展工业经济条件的乡镇“考绿不考工”，突出对生态环境保护等指标的考核，淡化或者取消对工业经济的考核，彻底摆脱 GDP 考核约束，把人力物力财力重点投向保护生态、发展旅游。从湖州市的实践看，“考绿不考工”的乡镇，尽管经济总量不大，但由于保护了生态、发展了旅游，群众的生活水平同样得到了大幅提高。三是全面推行“两圈”考察。湖州市出台了《领导干部生活圈、社交圈考察暂行办法》，重点考察领导干部的个人品德、社会公德、家庭美德。具体考察时，通过在新闻媒体公布或居住社区张贴考察预告，向楼道邻居和知情群众发放测评表，走访执纪执法部门、街道社区和考察对象配偶单位，广泛听取意见。同时，还全面实施了领导干部社区表现记实制度，全市科级以上领导干部在社区建立了记实档案。四是加强经常性考核。为改变以往“不换届不考察、不提拔不考察”的状况，市委组织部建立了部领导分片联系制度，坚持每年一次对全市市管领导干部进行普遍走访约谈，了解干部的学习、工作、生活情况。平时通过参加民主生活会、述职述廉和年度工作总结会等多种形式和途径，动态了解领导班子和领导干部的现实表现情况，特别是在重大事件中和关键时刻的表现。

三、扩大干部考核评价民主，着力解决“谁来考”的问题

一是强化基层考评。注重保障群众的知情权、参与权、表达权和监督权，把群众的广泛参与作为提高选人用人公信度的关键环节。在干部考核考察中，针对不同层次、不同类别的领导干部，科学合理界定参与民主推荐、民主测评的范围，注意吸收关联度高、知情度深、代表性强的人员参与。“两圈”考察中，普遍走访考察对象的家属、家属单位领导及左邻右舍。在每年一度的县(区)综合考核中，广泛征求党代表、人大代表、政协委员、企业经营者、基层群众的意见，力求考核结果客观真实。二是重视同级考评。注重市级相关部门对考核对象的评价，听取方方面面的反映。县(区)届末考核中，由市

统计部门牵头,财政、国土、环保等10个部门参与实绩分析,形成总体评价报告,为准确把握考核对象的实绩提供依据。在好班子考评中,事先对申报单位有关计划生育、生态建设、安全生产等方面情况进行核实,对有问题的实行“一票否决”。平时干部任职考察,主动征求纪检和政法机关的意见。市委组织部建立了干部监督工作联席会议制度,加强与纪检监察机关、相关职能部门的联系和沟通,实现资源共享。三是搞好上级考评。注重听取市级主要领导和分管领导对考核对象的评价意见。集中考核时,由市级领导对县处级领导班子进行民主评议,并适当提高量化分值。切实发挥党委全委会在干部考核评价中的作用。2005年出台了全委会成员民主推荐提名县处级党政正职人选实施办法,对向省委推荐的县(区)党政正职领导干部建议人选,市委、市政府工作部门(含同级派出机构)正职领导干部提任人选,全部经过全委会成员民主推荐提名。

四、强化干部考评结果运用,着力解决“考了怎么办”的问题

一是建立综合分析机制。坚持及时将届末考核、好班子创建考核、平时考核和任职考察等成果归并建档,对相关情况应进行全面分析,正确看待当前与长远、显绩与潜绩、主观努力与客观条件、个人与集体的关系,全面衡量领导干部的德才素质、岗位匹配程度,科学鉴别领导班子集体、正职和副职各自发挥的不同作用。市委组织部坚持定期分析领导班子和领导干部制度,有针对性地提出加强和改进领导班子和干部队伍建设的意见。二是完善考核结果反馈制度。对考核情况及时向各单位党委(党组)反馈,并将考核等次以书面形式告知干部本人,由各单位主要领导分别与本单位领导干部谈心谈话,促使领导干部自觉改进。建立重要问题预警反馈机制,在工作思路、班子团结、精神状态等方面有不良倾向的,及时提醒告诫。三是科学合理使用考评结果。坚持把考核结果作为领导干部选拔任用、职务升降、奖惩、调整的重要依据,对表现优秀的适时给予提拔使用,对进取精神不强、业绩平平、组织领导能力较弱、群众认可度不高的干部,及时进行谈话诫勉,直至采取组织措施。

(作者:中共浙江省湖州市委常委、组织部长)

关于组织工作科学化的几个问题

钱焕涛

推进组织工作科学化,是在系统总结改革开放以来组织工作成就和经验,深刻分析当前组织工作面临的新形势、新任务、新要求的基础上提出来的。提高组织工作科学化水平,有利于我们更好地把党的组织资源转化为发展资源,把党的组织优势转化为发展优势,更好地促进经济社会科学发展,让社会公认、让群众满意。

一、组织工作科学化的基本原则

组织工作科学化,是指以发展着的马克思主义特别是党的建设学说为指导,把握和遵循组织工作基本规律,创新组织工作的载体和形式,优化组织工作体制机制,合理配置组织工作资源,提高组织工作的质量和水平,实现组织工作的科学发展。组织工作科学化既是目标和方

向，也是组织工作的重要指针和遵循。

推进组织工作科学化必须坚持正确原则，把握正确方向。要坚持以科学发展观为统领，把科学发展观要求贯穿党的建设的全过程、落实到组织工作各个环节。一要以服务科学发展为中心。组织工作要着眼于全局，坚持在推动科学发展、促进社会和谐的大局中思考和谋划，在服务发展大局中体现组织工作的价值。二要以辩证唯物主义和历史唯物主义为指导。用全面的、联系的、发展的和实践的观点、方法，研究新情况，解决新问题。三要坚持以人为本。组织工作归根结底是做“人”的工作，要关心人、服务人、激励人，实现人的全面发展，激发人的潜能和活力。对党员、干部和人才要政治上关心、思想上引导、工作上支持、生活上关怀，力争把每个人都放在最合适、最能发挥作用的位置。四要注重成本、效率和效益。组织工作在开展活动、部署任务时，要搞好成本效益核算，充分考虑人力、物力、财力耗费以及其他方面的执政成本，考虑各方面的承受能力，以最小的成本实现最大的效益。五要以让党满意、让人民满意为标准。组织部门要认真落实服务党和国家工作大局、服务党员干部和人才队伍、服务广大人民群众的“三服务”要求，善于听取广大群众的意见，敢于让群众评价、监督，不断提高社会公信度和群众满意度。

二、组织工作科学化的路径

推进组织工作科学化，要求组织工作的思路、办法和措施更好地体现时代性、把握规律性、富于创造性。

（一）要寓管理于服务之中。现代管理学认为，管理的本质是服务，服务是最好的管理。组织工作要进一步转变工作方式，在重视管理控制、强调义务奉献的同时，更加突出服务引导、回报激励，通过关心服务增强党的号召力、吸引力。首先，工作上要注重引导。组织部门要放下架子，密切联系广大党员干部和人才，向他们宣传组织工作的方针政策，听取意见和建议，了解思想和工作状况。其次，政治上要注重激励。应当尊重党员、干部的利益诉求，维护他们的合法权益。再次，生活上要注意关怀。要注意对党员、干部的精神鼓励和抚慰。要特别关心生活困难的党员、干部，贴近党员、干部的实际需要开展服务，不断完善服务功能，创新服务载体，提升服务水平。

（二）切实提高组织工作的民主公开程度。一要积极推进组织工作公开。要做到政策公开、标准公开、过程公开、结果公开，让广大党员、干部、群众及时了解组织工作的方针政策，切实落实群众对干部选拔任用工作的知情权、参与权、选择权和监督权。基层党组织建设要坚持和完善党务公开、村务公开、社区事务公开制度，为广大党员和群众正确行使民主权利创造条件。二要积极探索民主的多种实现形式。要抓住尊重党员主体地位这一根本要求，切实保障党员民主权利。积极探索党的代表大会代表任期制、党代表大会常任制、地方党委讨论决定重大问题和任用重要干部票决制，建立健全党委常委会向全委会定期报告工作并接受监督的制度等等。在扩大干部工作民主上，要积极扩大初始提名环节的民主，积极探索差额推荐、差额考察、差额酝酿、差额票决办法，完善民意调查制度，推行全委会或常委会票决制等。三要保证民意表达的真实性。既要努力增强广大党员、干部、群众的权利意识，同时也要切实防范和坚决制止拉票贿选行为。

（三）引入经济领域适宜的观念、做法和机制。一要积极引入市场机制。要善于运用市场经济规律，优化配置组织资源，激活运用社会资源，实现组织工作效益最大化。如借鉴市场经济的开放、竞争特点，探索实行公开选拔、竞争上岗等竞争性选拔干部方式；借鉴市场化的手段和机制开展党组织服务党员群众工作；用市场化运作的方式进行人才资源开发；探索党员干部教育培训的新途径，增强教育培训的针对性、实效性等。二要引入企业管理的经验做法。如在选人方面，一些企业通过“猎头”公司选聘人才，有的国际金融机构还在全球范围招聘高层次人才，邀请国外知名的人才评估机构考察评估；在绩效考核、人才培训、员工激励等方面，一些国际大企业都有一套比较成熟的办法，应积极汲取，提高干部考核的科学性和准确度。三要合理运用经济手段。要注意在合理的幅度和范围内，借助税收、信货、工资福利等经济杠杆的调节作用推动组织工作开展。

（四）探索运用现代理论、现代技术和现代方法。要善于借鉴现代管理科学、行为科学、人力资源开发等学科成果，提高组织工作水平。要善于借助现代网络电子技术等手段，提高组织工作效率。要善于运用系统论、控制论、信息论等原理，改进组织工作方式。

三、组织工作科学化的有效保障

组织工作科学化要以自身建设和内部管理的科学化为保障。要把握自身建设规律，找准自身建设重点，提高为组织工作保障和服务的能力水平。

（一）组织体制保障。组织机构和资源配置，要体现“效能优先、结构优化、精简统一”原则。一方面，要科学整合部内资源，提高工作效能。要根据工作需要，适当调整工作机构和力量，实现基层组织建设工作机构和干部工作机构大体平衡。如组织方面建议考虑划分为三个职能处（科）：一个负责综合管理，主抓农村党建；一个负责“两新”组织、社区及其他领域的党建工作；远程教育工作和党员教育管理整合，由另一个处（科）负责。县级组织部门职能作用重要，但人员普遍少，工作压力大，应适当增加人员编制数量，加强县级组织工作力量。另一方面，要科学整合和运用党内资源和社会资源，服务组织工作。组织部门对参与牵头的工作，要以主管部门为主，发挥其他有关职能部门作用，避免越俎代庖。同时，要鼓励引导社会力量、民间和外来资源支持组织工作。

（二）运行机制保障。一要建立科学的组织工作决策机制。要建立组织工作重要决策咨询和评估制度，重要决策出台前征求上级组织部门或有关专家的意见，强化上级对下级的决策指导。有些涉及党员群众切身利益的政策，出台前可通过电视、网络等媒体公示，广泛征求广大党员群众意见。二要建立科学的执行落实机制。要切实加强执行力建设。组织工作目标任务要进行量化和分解，明确工作内容、完成时限、执行机关和责任人，积极推进组织工作流程化，探索建立组织工作质量管理体系。组织部门督促检查工作的方式要改进，注重工作效果，采取定期调度、跟踪了解、随机抽查、不打招呼暗访检查等形式，积极推行动态、全程检查督导。三要建立科学的考核监督机制。中组部开展了全国组织工作满意度民意调查，在群众评价组织工作方面作了有益探索。要通过满意度调查、公布公开电话、设立举报电话、开通网络信箱等形式，把征求服务对象和党员干部群众意见工作经常化；探索建立组织工作新闻发言人制度和组织工作重大事项公开制度，把公开工作经常化。

（三）制度规范保障。一要进一步推进组织工作方式方法的制度化。把组织工作一些行之有效的办法、措施固定下来。组织工作的制度空白点还比较多，如干部破格提拔、人才工作牵头抓总作用发挥、党员干部的权利保障等问题还缺乏具体规范。有些工作大的制度有，具体制度没有跟上。要积极推进组织工作的法制化，特别是在干部奖惩、降免、辞退等方面要坚持依法办事，把保障权利和增强约束力相结合。二要进一步增强制度的科学性。有些制度之所以在基层执行不得力，主要是因为制度本身不科学、不周延或不完备。如领导干部个人财产申报、重大事项申报等，具体实施都需要进一步增强操作性。三要抓好制度的有效实施。要加强督促检查，像抓《干部任用条例》执行那样抓好所有制度的贯彻落实。在强调制度建设的同时，必须把发挥组工干部的主观能动性作为组织工作制度贯彻实施的有效补充。

（四）组工队伍保障。提高组织工作科学化

水平，最终要靠高素质的组工干部队伍来落实。要大力加强组工干部的能力建设。在组织部门要营造勤于学习的风气、调查研究的风气、改革创新的风气、开拓进取的风气、敢于负责的风气，加强对组工干部的培训。采取到经济发展一线和基层挂职锻炼等形式，加强组工干部的实践锻炼。拓宽组织部门进人渠道，推进组工干部队伍与其他部门干部交流，优化组工干部队伍结构。要大力加强组工干部的作风建设。重视加强组工干部党性修养，促使组工干部增强政治立场的坚定性、服务大局的自觉性、组织工作的原则性和抵制歪风邪气的战斗性；引导组工干部真抓实干，办实事，求实效，扑下身子工作。要大力加强组织部长队伍建设。加强对组织部长的政绩考核评价，促其带头树立科学发展观和正确的政绩观；加强对组织部长的培训，提高其把握形势、科学决策和改革创新的能力。组织部长的选配要多渠道，进一步优化组织部门领导班子结构。

（作者：中共山东省日照市委常委、组织部长）

进一步提高组织工作满意度

马晓晖

如何提高组织工作满意度，真正让党和人民群众满意，是新形势下组织工作面临的重大现实课题和战略任务。近年来，各级组织部门围绕中心，服务大局，全面履行职能，广大干部群众对组织工作比较认可，对总体工作成效比较满意。但组织工作的内容、要求和方式方法还没有完全适应科学发展的新要求，没有完全满足人民群众对组织工作的新期待。特别是随着经济社会的快速发展，随着党内民主和人民民主的不断推进，广大干部群众对组织工作的需求不断增多、期待不断提高，组织工作获得群众认可、赢得群众赞许的难度也在增大。

当前，提高组织工作满意度，尤其需要以科学发展观统领组织工作全局，认真分析影响群众满意度的主要原因，深入研究对策措施，着力解决影响组织工作满意度的突出问题，不断扩大公开性，始终突出服务性，努力提高针对性，切实增强实效性，充分体现模范性，努力使组织工作更好地适应形势的发展变化，更加符合群众的现实需求。

一要不断扩大公开性。公开是公信的前提和基础。提高组织工作的透明度，必将赢得人民群众的满意度。群众对组织工作意见较多、误会较大的，往往也是由于信息不对称、工作不透明造成的。在组织工作中，无论是干部工作、人才工作，还是基层组织工作，都离不开广大干部群众的积极参与和有效监督。但是，目前组织工作公开度、透明度还不够高，在一定程度上影响了群众对组织工作了解和参与的程度，进而影响到组织工作的满意度。要采取以下措施扩大公开性：(1)必须让人民群众了解组织工作，只要是适合公开的事项，都应当尽量让党员干部、社会各个层面和广大人民群众知晓。特别是要努力破除选人用人工作的封闭性和神秘感，建立健全选用工作公开制度，比如把程序和环节告诉群众，把民主推荐和民主测评的结果在适当范围内告诉群众，让选人用人在阳光下运行，最大限度地压缩群众质疑和灰色想象的空间，真正落实群众在干部选任中的知情权、参与权、选择权和监督权。(2)要坚持正确的舆论导向，加大正面宣传力度，大力挖掘、培养和宣传组织工作的先进典型，主动介绍加强领导班子建设、基层党组织建设、人才队伍建设等方面的情况。(3)要跳出“就组织工作抓组织工作”的传统思维，打破过去那种相对封闭的自我循环体系，统筹整合各种组织资源，强化组织工作与社会的良性互动，全力打造与时代发展相适应的开放型工作系统。通过这些举措，逐步增强组织工作的公开性和透明度，增加公众对组织工作的了解和认识，最大限度地消除神秘、打破封闭、增强互动、树立公信，打造“阳光组工”。

二要始终突出服务性。服务到位，组织工作在群众的心目中就有地位。服务党的中心工作，服从党和人民的利益，是组织工作的根本任务和价值所在。要采取以下措施突出服务性：(1)必须围绕中心、紧扣中心、服务中心，自觉将组织工作融入经济社会发展的大局中去，在服务科学发展中实现组织工作自身价值。当前最重要的就是要为推动经济平稳较快发展提供坚强组织保证，把组织优势转化为推动科学发展的强大力量，努力为转型升级、科学发展提供坚强的组织保证和人才智力支撑，努力使组织部门成为科学发展的“保障部”、“促进部”。(2)要坚持以人为本，不断强化上级党组织为基层党组织服务、基层党组织为党员服务、各级党组织和广大党员干部为群众服务的思想，在服务基层党员群众中赢得群众赞誉。要真正把理解人、尊重人、关心人和爱护人贯穿于组织工作的始终，在制定政策、开展工作过程中，充分考虑下级、基层和工作对象的实际情况；要当好党员干部的“贴心人”，真心实意地帮助他们解决一些具体问题和困难，体现组织部门作为干部、党员和人才“娘家”的人文关怀。

三要努力提高针对性。群众对组织工作的评价，一个很重要的方面是看组织工作是否贴近基层、贴近群众，把握群众的所思、所盼，真正解决群众关心的实际问题。从当前情况看，有针对性地解决群众关注的热点难点问题还存在一定的差距。一些决策与基层实际对接还不够紧密，实施效果还不够理想；一些活动还得不到基层群众的积极响应，有的甚至还存有抵触情绪。因此，要提高针对性，组织工作就必须紧贴基层实际来谋划、围绕群众需求来推进。必须针对组织工作遇到的实际问题，有的放矢地加以解决。比如，近年来各地在扩大干部工作民主方面进行了积极的探索和实践，但群众意愿还难以在干部选拔任用的最终结果上充分体现，特别是在民主推荐环节还出现了拉票现象和民意表达不真实、推荐结果运用不科学等民主异化现象，还存在信息是否对称、竞争是否充分、意愿是否真实表达、民主能否正确集中的问题。如何有效解决干部工作民主化进程中出现的问题，防止民主失真失实，提高干部工作民主的科学性和真实性，还需要我们拿出具有针对性的措施。

四要切实增强实效性。组织工作是一项实实在在的工作，只有讲究实效并不断取得成效，才能真正得到群众的肯定。近年来，各地开展的村级组织办公场所建设、农村党员干部远程教育、党内关爱工程、领导干部蹲点调研活动等受到群众的一致好评，主要就是这些工作让基层群众看到了好处，得到了实惠，有实实在在的成效。相反，有的地方为抓创新而创新、为搞活动而活动，做表面文章，搞形式主义，群众就不满意。因此，有没有实效是检验组织工作是否让群众满意的一条重要标准。要增强实效性，就必须避免繁琐哲学。近年来，各地在深化干部人事制度改革上做了大量工作，制度越来越规范、程序越来越严密，但在干部工作实际中，仍有部分群众对干部工作不太满意，认为干部工作程序繁琐、实效性不强，有的甚至认为扩大干部民主还只是搞搞形式、走走程序，实际效果不大。要提高选人用人公信度，必须通过易为群众接受的程序和方法，选出实绩突出、群众公认的人。同时，还要处理好继承与创新的关系。创新是组织工作与时俱进的不竭动力。现在各地对基层组织工作的创新热情很高，这是一种好现象，但也出现了一个值得关注的问题，就是各地在工作创新中名词多、活动多、载体多，但实际内容少、实际效果不理想、真正能坚持下来的不是很多，群众对“一阵风”现象还有不少看法。工作创新不是花样翻新，因而，在鼓励创新的同时，也要强调求真务实，要在继承的基础上创新，在创新的过程中继承，对实践证明行之有效的做法常抓不懈，一抓到底，抓出成效。

五要充分体现模范性。组工干部是管干部的干部，管党员的党员，管人才的人才。要推进组织工作科学化，提高组织工作满意度，离不开一支高素质的组工干部队伍。“构建模范部门，打造过硬队伍”，既是组织部门自身建设标准，也是干部群众对组工干部的形象要求。应该说，目前组工干部队伍的总体素质是好的，是经得起实践检验的。但不可否认，在少数组工干部身上，还存在着能力不够强、素质不够高等问题，在对外交往中还存在口大气粗等现象，群众感到组工干部可敬但不可亲。亲和力决定影响力。要体现模范性，关键在于加强思想作风建设，坚持把党性锤炼放在自身建设的突出位置，通过理论武装和实践锻炼等多种途径，坚定组工干部的理想信念，筑牢组工干部的思想防线。要以能力建设为抓手，加强业务培训，推进学习型、研究型组工干部队伍建设，努力培养造就组织工作的行家里手。要认真落实组工干部“十严禁”要求，强化组工干部纪律意识，保持政治坚定性、品德纯洁性、行为先进性，树立公道正派形象。总之，要通过树立组织部门和组工干部的模范性，来提高群众对组织工作的认可度和满意度。

（作者：中共浙江省台州市委常委、组织部长）

领导干部要带着问题读书

——毛泽东的读书观及其当代启示

宣　勇

习近平同志在2009年5月13日中央党校春季开学典礼上，作了关于《领导干部要爱读书读好书善读书》的讲话，要求领导干部“要带着问题读书，养成边读书边思考的习惯，在广泛阅读的基础上，联系实际，开动脑筋，对现实中的疑惑进行深入思考，力求把零散的东西变为系统的、孤立的东西变为相互联系的、粗浅的东西变为精深的、感性的东西变为理性的”。事实上，这也是毛泽东同志读书的最好写照。

本文就“领导干部要带着问题读书”这个问题，结合毛泽东同志在长期的中国革命实践中形成的读书习惯和论述，从领导干部为什么要带着问题读书、怎样带着问题读书、带着怎样的问题读书三个方面，对毛泽东的读书观和当代启示作一初步的探讨。

一、领导干部为什么要带着问题读书

这个问题可以从领导干部的职责、现实的状况与我党历史的经验三个方面来阐述。

1.职责使然

领导干部要做理论家，但更重要的是做实践家，领导的重要职责之一就在于前瞻性地预见并及时解决现实社会中不断涌现的各种问题与矛盾。对于一个领导者来说，不可避免地面临两重矛盾：一方面，领导者必须协调组织内部立法与个性的冲突，即要化解人本取向与组织目标取向之间的二元紧张；另一方面，领导者必须化解组织活动与其赖以生存的环境之间的冲突，因为组织与其活动的环境之间的关系是一种共生关系。因此，领导的职责归结起来就是：

提出组织的愿景、整合队伍、带来变革。毛泽东简要地称之为：出主意，用干部。在领导过程中，出主意就是一个不断提出问题和思考解决问题的过程。在这个过程中，领导者的学识决定了是否能有效地、敏锐地把握问题的实质，从而正确地解决问题。领导者的学识来自于其丰富的革命实践之外，其中很重要的一个方面就是读书。毛泽东曾在延安的一次演说中说："一个人的知识面要宽一些，有了学问，好比站在山上，可以看到很远很多的东西；没有学问，如在暗沟里走路，摸索不着，那会苦煞人。"党的六届六中全会后，党中央决定成立干部教育部。干部教育部在陕北公学大礼堂召开了学习动员会。毛泽东在这个会上讲话时号召大家，"要在工作、生产的百忙中，以挤的方法获得学习的时间，以钻的方法求得问题了解和深入"。

1936 年 9 月 11 日，毛泽东、周恩来、博古致电彭德怀、刘晓、李富春，同意组织流动图书馆以提高前线指战员的理论文化水平。延安整风过程中，毛泽东多次强调要获取理论和文化知识必须读书，他大力要求领导干部多读理论书，并且多次为党的高级干部规定了必读书目。他指出："我们党内要有相当多的干部，每人读一二十本、三四十本马恩列斯的书……我们党就武装起来了，我们党的水平就大大提高了。"1938 年在党的六届六中全会上，毛泽东同志指出，"如果我们党有一百个至二百个系统地而不是零碎地、实际地而不是空洞地学会了马克思列宁主义的同志，就会大大地提高我们党的战斗力量，并加速我们战胜日本帝国主义的工作"。正是在这一时期，党的干部大兴读书、学习之风，大大提高了马列主义水平，为争取抗战胜利打下了基础。

2. 现实要求

马克思曾说过：每个时代总有属于它自己的问题，准确地把握并解决这些问题，就会把理论、思想和人类社会向前推进一步。

习近平同志要求领导干部"尤其要深刻认识当今世界的发展趋势和变化特征，准确把握中国特色社会主义的发展规律，认真研究改革开放和社会主义现代化建设进程中出现的新情况新问题，进一步提高领导水平和决策水平，进一步制定和落实保持经济社会又好又快发展的政策措施，进一步解决人民最关心、最直接、最现实的利益问题"。

当今世界，前所未有的新情况、新问题层出不穷，读书是提高领导干部解决问题的能力的重要途径，领导者必须有学习的能力。读书已经不是人生某个阶段的事情，过去那种"一次教育终身受用"的时代已经终结，"终身学习"的浪潮已经席卷各个领域，建立"学习型组织"成为组织再造中最具认同的价值取向。

毛泽东对待马列著作的态度是把它作为观察国家命运的科学宇宙观，是为了解决中国的实际问题，从中找立场、找观点、找方法的。也就是说，把它作为救国救民、治党治国的经典。毛泽东读马列著作，主要读基本作代表作，特别是和中国革命问题联系密切的著作。毛泽东同志读书，有很强的现实针对性。在民主革命中，针对党内出现的问题，他特别重视读列宁的《社会民主党在民主革命中的两种策略》和《共产主义运动中的"左派"幼稚病》两本书。他用前一本书反对党内的右倾机会主义，用后一本书反对党内的"左"倾机会主义。毛泽东提倡党的干部都要读书，以丰富自己的知识，提高理论水平。1942 年，毛泽东在《改造我们的学习》的著名演讲中有过这样一段精辟的论述：读书是学习，使用也是学习，而且是更重要的学习。学习的目的全在于运用。他说过，读书是为了更好地解决实际问题。

3. 历史经验

马克思主义中国化实际上就是中国共产党在革命实践中不断地带着问题寻找真理的过程。毛泽东在《论人民民主专政》这篇文章中，把中国革命的胜利与中华民族寻找真理的学习过程联系起来，他指出，自从 1840 年鸦片战争失败那时起，先进的中国人经过千辛万苦向西方国家寻找真理。但帝国主义的侵略打破了中国人学西方的迷梦，理想总是不能实现。多次奋斗，包括辛亥革命那样全国规模的运动，都失败了。“十月革命一声炮响，给我们送来了马克思列宁主义……走俄国人的路——这就是结论”。

毛泽东领导中国革命，把中国的先进分子、革命政党，以至整个中华民族的探索与奋斗历程，看成是一个艰苦的学习、学习、再学习的过程，毛泽东不把学习问题看成是单纯的个人行为，而是视为与革命成败、民族兴衰有直接关系的大问题。在“大跃进”后，从 1958 年 11 月到 1961 年 6 月，毛泽东在全党范围内先后四次提倡党的各级领导干部学习政治经济学。他给中央和省市自治区、地、县四级党委委员写了《关于读书的建议》，郑重要求大家读《苏联社会主义经济问题》和《马恩列斯论共产主义社会》两本书，这也表明了毛泽东在实践中遇到了问题，注意吸取教训，同时通过读书，寻求真理，目的是“使自己获得一个清醒的头脑，以利指导我们伟大的经济工作”。

二、领导干部怎样带着问题读书

1. 领导干部要基于问题探究性地读书

实事求是是我们党的思想路线，其精髓就在于面对客观存在的事物，探求其内在的规律性，从而驾驭它。实事求是的过程基于一方面强调我们要注重调查研究，发现真问题；另一方面强调的就是要基于问题进行研究，在研究中求是。

书籍浩如烟海，必然要有选择、有鉴别。那么，应以什么为中心，应有什么样的价值取向呢？毛泽东明确地主张应以解决中国今天的问题为中心。这就要采取“洋为中用”和“古为今用”的方法，向古人学习是为了现在活着的人，向外国人学习是为了今天的中国人。学习是为了解决中国当前的革命和建设的实际问题，不是为了好看，不是为了外国人，更不是为了古人。以此为中心，去博采众长，去鉴别，去选择，去吸收。

毛泽东在青年时代就开始实践他的读书观，认为自然科学和社会科学二者的社会功用不同，社会科学与他的志向更相近。如果说毛泽东少年时代对历史等科目的兴趣只是出于爱好，是无意识的“自发”选择，那么，到青年时代，随着年龄的增长、知识的丰富和眼界的开阔，他把哲学、历史学等社会科学作为自己的主修专业，就是有意识的“自主”选择。在湖南第一师范学校的最后一年，他在《伦理学原理》教材上，写下了 12000 余言的批语和布满全书的各种符号，这不仅体现了他善于思考的学习方法，更体现出对这一学科的严肃认真的学习态度。由于对社会科学的情有独钟，他在湖南第一师范学校时，“社会科学的课程分数都很高”。笔者认为，青年毛泽东在经过几年的探索后，这时已达到他读书学习的追求，即“读什么书”才能实现其救国救民的抱负。

1939 年底，毛泽东同志在延安对一位进马列学院学习的同志说：“马列主义的书要经常读。《共产党宣言》，我看了不下 100 遍，遇到问题，我就翻阅马克思的《共产党宣言》，有时只阅读一两段，有时全篇都读，每读一次，我都有新的启发。我写《新民主主义论》时，《共产党宣言》就翻阅过多次。读马克思主义理论在于应用，要应用就要经常读，重点读。”

毛泽东指出，我们的态度应是为着解决中国革命问题，从马列主义理论中找出正确的立场、观点和方法。他把这种态度叫做有的放矢。“‘的’就是中国革命。‘矢’就是马克思列宁主义。我们中国共产党人所以要找这根‘矢’，就是为了要射中国革命和东方革命这个‘的’的。这种态度，就是实事求是的态度。”

2. 领导干部要基于问题创造性地读书

马克思主义的中国化，就是中国共产党人创造性地运用马克思主义同中国革命实际相结合的产物，毛泽东同志对此作出了卓越的理论贡献。他把对中国革命道路的探索写成文字，留下了许多不朽的篇章，他的探究不是为了写作，而是为了改造中国与世界。毛泽东的读书特点是把看、思、写结合起来，一边读书，一边思索，一边圈点、打扛，一边写提示和批语，对于重点阅读的书籍，他能写上上万字甚至几万字的批注。

毛泽东说过，读书，一要读，二要怀疑，三要提出反对意见。不读不行，不读你不知道呀。人都是学而知之，谁也不是生而知之啊。但光读不行，读了书不敢怀疑，不能提出不同看法，算是白读了。

毛泽东在延安时期，又认真研读苏联学者西洛可夫等人合著的《辩证法唯物论教程》，在27万字的原著上用不同颜色的笔批注四遍。批语中有的是对原文内容的复述、归纳、概括和发挥，但较多的是联系中国革命实际所写的心得体会。毛泽东正是在这些研究成果的基础上，通过总结，把中国革命的丰富经验上升到哲学的高度，为了指导中国革命，摆脱"左"的思想影响，毛泽东从理性思维的高度，写出了不朽的哲学著作《实践论》、《矛盾论》，使全党有了强大的理论武器，清算三次"左"倾错误。

为了指导党的建设，克服主观主义、宗派主义和党八股，毛泽东从党的建设全局的高度，写出了著名的整风文献《改造我们的学习》、《整顿党的作风》和《反对党八股》，为延安整风的顺利进行提供了重要的思想指导。

为了指导中国建设，克服苏联模式的影响，毛泽东从战略思维的高度，写出了经典的政论著作《论十大关系》，开探索中国社会主义建设道路之先河。

三、领导干部带着怎样的问题读书

领导干部应为人民读书，应带着关乎国家、人民利益的问题读书，应带着结合自身工作实践面临的问题读书。

国内有学者从读书的动机出发提出了"读书的三重境界"，即为知、为己、为人。为知，就是为了积累知识，增长学问、识见和智慧。为己，就是古人所说的修身、正己，培养自己的人格、道德和情操。这是读者的第二重境界。中国的读书人向来把占有知识视为人品、人格自然升华的保证，苏东坡所说的"腹有诗书气自华"，表达的就是这一意思。对于读书完全"为知"而言，"为己"已经是大大提高了一个层次和境界。但是光做到这一点还不够，从更高的层次上说，还应该"为人"而读书。为人读书应该是"为黎民百姓"而读书，即周恩来少时所说的"为了中华之崛起"而读书。作为一个党的领导干部，显然应该做到这一点。习近平同志也反复强调，"要坚持读书与运用相结合"，"要运用理论和知识着力改造客观世界"。

青年毛泽东把读书与自己的前途和国家的命运联系在一起，得益于他辍学在家时读的两本书，一本是郑观应的《盛世危言》，另一本是《列强瓜分之危险》。对于前者，毛泽东说："我当时非常喜欢这本书。作者是老的改良主义者，认为中国之所以弱，在于缺乏西洋的装备——铁路、电话、电报、轮船，所以想把这些东西引进中国。"对于后者，毛泽东后来回忆说："他叙述了日本占领台湾的经过，朝鲜、越南、缅甸等国被外国侵占的情况。我读了以后对国家的前途感到沮丧。我开始认识到，国家兴亡，匹夫有责。"30年后，他还清楚地记得，此书的开头一句是："呜呼，中国其将亡矣！"可见此书对他影响之深。此后，他"开始有了一定的政治觉悟"，一种危机感和责任感油然而生，这种责任感增强了他求学的决心。在他的努力争取下，复学如愿以偿。他在去湘乡东山学堂前留给父亲的诗中写道："孩儿立志出乡关，学不成名誓不还。"这不仅表达了他读书求知的决心，而且也隐含着把个人的"成名"与振兴国家的责任联系在一起的意义，这一点他在东山学堂读了《世界英雄豪杰传》后就表述得比较明确了。他说："中国也要有这样的人物，我们应该讲求富国强兵之道，才不致蹈安南、朝鲜、印度的覆辙。""我们每个国民都应该努力，顾炎武说的好：'天下兴亡，匹夫有责'"。为表达这种意愿，他给自己取名"子任"。由此可见，青年前期的毛泽东正是在读书求学的过程中意识到自己应该肩负的责任，这种责任感又进一步激发了他读书求知的愿望，这种愿望，已不是一般意义上的获取知识和追求迷人的故事情节，而是升华为振兴祖国而求知的信念。

毛泽东的读书带有非常明确的目的，就是要改造人生、改造社会、改造世界。改造社会、改造世界，就要改造人生。面对清末民初历史转折年代，毛泽东在求学中始终贯穿着反对政府的斗争。正是在学习和斗争中，形成了他的政治思想，取得了他最初的社会经验。在学习传播马克思主义的热潮中，毛泽东成为马克思主义者。

（作者：浙江工业大学副校长、教授、博士生导师）

建立县委书记考核评价工作体系之我见

胡　坤

建立和完善科学的考核评价体系，是加强县委书记队伍建设的重要环节。结合近年来我县对县级机关和乡镇领导班子及成员的实绩考核实践，我认为对县委书记的考核评价工作应突出以下四个方面。

一、建立科学的考核评价指标体系

考核指标在一定程度上决定了干部的政绩观和努力方向，进而影响到干部施政的全过程。因此，在设置考核指标体系时应突出全局性、系统性、针对性、科学性和可操作性，注意把握好三个环节。

一是围绕大局，确定考核目标。所设置的考核项目应体现具体的县情、上级制定的发展战略、任期目标、年度目标和书记的岗位职责任务。要把静态的岗位职责和动态的工作目标结合起来，按照科学合理、宽严适度、便于评价的原则，确立书记及班子成员的考核项目。考核项目设置应尽量做到要素适量，权责与岗位全面对应。考核内容既要突出贯彻落实上级党委、政府的年度总体工作目标和重点工作目标，又要突出可持续发展这一主题；既要突出经济发展等“硬指标”，又要兼顾班子建设、党的建设、社会事业发展、稳定和谐等“软指标”；既要衡量当年取得的成绩，又要看其为长远发展奠定的潜绩，特别是为长远发展打下的工作基础。

二是结合实际，确定考核方式。根据各县（市、区）的自然环境和社会发展程度，做好分类考核工作。既要根据各县（市、区）的差异状况分类确定考核目标，也要针对班子整体和书记个人的考核项目、考核方法分类确定考核目标。

三是体现特点，确定考核指标。在制定具体考核指标时，可以在总体考核内容按大项量化的基础上，交由相关部门和被考核县（市、区）将有关指标进行细化量化，再反馈审核认定，“既有规定动作，又有自选动作”，使其符合不同县（市、区）及书记岗位的特点。考核指标应涵盖地区人均生产总值、财政收入、城乡居民收入、资源消耗与安全生产、基础教育、城镇就业、社会保障、计划生育、环境保护、基础设施建设和发展项目建设、党的建设等内容。对难以量化的指标，应尽量细化定性标准，使抽象的考核项目具体化、直观化，增强可操作性。

二、构建科学的考核评价管理机制

一是考核主体多元化。干部实绩的大小，群众看得最清楚。要坚持走群众路线，扩大群众的参与范围，增强群众在考核主体中的积极作用。对一些非定量考核项目，特别是定性难度较大的考核项目，要广泛组织群众参与评议和测评。对一些奠定长远发展基础的潜绩，则需要更高层次的领导干部和专家参与评价考核才能看得更准确和全面。因此，适当延伸和拓展考核主体范围，可以使考核评价的意见更具真实性。

二是核实方法多样化。在对统计部门的报表、干部述职报告和群众反映的情况作统计汇总的基础上，考核评价工作组还应当安排充分的时间，通过查阅有关资料和记录，走访群众等方式，核查辨别真伪。对一些重大工程和中心工作，还应加强动态调查工作，开展全程跟踪考核，必要时还应当进行专项审计。同时，考核评价工作应当引入现代科技方法，建立计算机网络数据库，充分运用图表等技术手段，化解考核工作难点，提高工作效率。

三是综合分析科学化。对统计数据和来自被考核者上级、同级、下级和其他群众的评价要全面进行分析，特别要加强对政绩成本的分析。一些基础性工作和定性考核难度较大的政绩，考核工作组要会同有关部门对统计数据和资料进行科学分析，看其实现的数量、质量、成本以及由此产生的经济效益、社会效益，辨别所取得的究竟是实绩还是虚绩、显绩还是潜绩以及政绩成本大小如何、财政赤字、政府负债的合理与否等。对于减债效果明显的也应当认定为政绩。

三、构建科学的考核评价运行机制

考核工作要得以有效运行，需要一系列配套的运行环境和制度来支撑，当前，要着重抓好三方面的制度建设：一是建立健全抓落实的责任机制。应建立有高度权威的、统一的考核评价工作领导机构和常设办事机构来承担考核的日常具体工作。要明确考核工作的责任和纪律，严格按照考核内容、标准、程序和方法进行考核，做到事事有人负责，环环有人把关。参与考核评价工作的人员素质、能力、水平高低也是影响考核结果的重要因素，因此应建立考核评价工作专家队伍，实行岗前培训制度，加强培训工作，使考核工作人员了解不同的县情，清楚县委书记年度工作重点和职责等，使其在考核工作中能更加客观、公正。二是建立健全民主监督制度。要以增加透明度、落实群众“四权”为重点，建立群众参与的民主监督制度。建立考核预告制度，在开展综合测评、调查核实等工作之前，均应实行预告。建立考核评价结果反馈制度，落实被考核者的知情权和申诉权。建立结果公示制度，让群众了解工作进度，参与核实结果。三是建立健全动态管理制度。考核体系应当随着经济社会的发展变化，对内容、指标、程序、权重、方法作相应的修改和补充。一般来说，每年均应研究调整考核内容。

四、构建科学的考核评价激励机制

及时运用好考核结果是完善考核评价工作的落脚点。要把考核结果与干部使用、奖励和促进工作有机结合起来，激励领导干部深入贯彻落实科学发展观、争创一流业绩。一是与干部选拔任用相结合。只有把考核结果同干部的选拔任用紧密联系起来，使能者上、平者让、庸者下，才能使考核评价制度坚持正确的导向。对工作实绩突出的干部应及时提拔使用，对实绩一般和实绩较差的干部，分别定出时限给予诫勉或降职使用。二是与干部奖惩相结合。每年初应当制定与考核结果挂钩的奖惩办法，年底或次年初兑现目标责任奖，表彰奖励或公布排名等。三是与促进工作相结合。要充分运用考核评价结果，反馈考核评价情况，引导各县党政班子成员开展分析研究，寻找差距，及时制定改进措施。

（作者：中共四川省凉山州委常委、会理县委书记）

后备干部培养对策研究

中共浙江省安吉县委组织部

如何培养和造就一支敢于竞争、勇于改革、善于创新，能够担当重任的后备干部队伍，是需要认真研究的重要课题。浙江省安吉县根据全省组织系统开展“百名部长破百题”活动的总体要求，把后备干部培养作为重点破解方向，在调查研究的基础上，有针对性地提出了后备干部培养的对策措施。

一、影响后备干部培养的主要因素

从我县调查情况看，一是开放性不够，公开公平的竞争规则尚未形成。在后备干部的推荐中，由于单位大小不同、人数多少不等、人员整体素质不齐，客观上存在着竞争机会不均等的问题；后备干部教育、培养、管理和选拔等制度较少对外公开，干部群众对后备干部工作及标准要求等了解不多、参与甚少，存在关起门来抓后备干部培养的情况。二是针对性不够，有效的竞争模式尚未形成。受现有教育力量、培训资源、工学矛盾等因素影响，后备干部的学习教育、实践培养等难以提出针对性强的科学办法，有时还存在“千人一轨”的情况。三是动态性不够，优胜劣汰的竞争导向尚未形成。主要是经常性考核监督机制不够健全，没有建立有效的后备干部新陈代谢机制，年报等制度成果还不能为后备干部培养层次及动态调整提供充分依据，管理上仍相对粗放松散。

二、后备干部培养的几种实现途径

加强后备干部培养，必须在选拔、培养、管理、使用等各个环节，科学设定竞争目标和竞争规则，组织开展有序竞争，形成广泛参与、竞争择优的局面。

1. 创新程序，改进方法，把好后备干部的选拔关。一是实施两轮推荐，扩大选拔的广泛性。第一轮由乡镇、部门在本单位开展民主推荐，在政法、宣传、统战、团委、妇联等部门开展定向推荐，在招商引资、平台建设和项目推进一线开展择优推荐，由年轻干部对照后备干部资格条件进行自我推荐；第二轮推荐采取以乡镇、部门为单位组织所有推荐对象述职演讲，开展群众民主推荐，根据民主推荐集中程度确定后备干部初步人选。二是实施两轮测试，提高选拔的科学性。采取理论测试与驻点调研相结合的办法，在理论测试的基础上，组织后备干部初步人选根据专业分类，确定调研方向及题目，深入一线驻点调研，综合理论测试、调研成果情况，以一定比例确定后备干部考察人选。三是增强选拔的准确性。在组织考察的同时，增设无领导小组集体讨论形式，重点考察组织协调能力、表达能力、沟通能力、综合分析能力和灵活性、自信心、合作意识、倾听意见意识等，多角度了解考察对象的德才表现、个性特点和心理素质，确定后备干部人选。

2. 分层分类，立体培养，把好后备干部培养的质量关。针对新形势下后备干部学习需求、成长规律和发展方向，采取多样化的培养方法，着力强化后备干部的竞争意识和竞争能力。一是“一人一策”差异式培养。以所在单位党组织为主体提出后备干部年度培养目标，运用谈心谈话、导师帮带、上挂下派等方式落实培养措施。建立后备干部个性化培养滚动验收机制，利用分层分类评议、后备干部述职测评等方式，在广泛征求群众意见的基础上，由单位党组织审核把关，形成培养成效考核意见，提出滚动培养建议。二是“双休日讲坛”互动式培养。利用双休日，由组织部门会同党校，以半天举办专题讲座、半天开展竞争活动的形式(简称“双休日讲坛”)，组织后备干部分小组开展智囊式选题调研、模拟式难题破解、竞争式辩论竞赛等活动，在培养后备干部思考、表达、操作等能力的同时，强化其组织协调、团结协作、沟通交流等团队工作能力的培养。三是“项目领办破难”实践式培养。采取自荐报名、资格审查、项目对接等办法，引导动员后备干部主动领办或接受组织交办的重点项目、重点课题、重要任务等，推行项目领办时限倒排、挂图作战、审核销号等攻坚破难工作措施，实施实绩考核积分制，确保顺利推进领办项目和取得锻炼干部的实效。

3.健全机制，注重长效，把好后备干部培养的保障关。一是建立科学合理的量化评价机制。在传统考核指标基础上，科学设置《后备干部分类量化考核表》，加大“竞争讲坛、项目申领、驻点调研、理论考学”等竞争性指标考核力度，采取年度考核、日常不定期考核相结合的方式，由组织部门、所在单位党组织及群众等进行考核评价，把结果作为后备干部近、中、远期培养层次调整和交流、提拔及退出的重要依据之一。二是建立优胜劣汰的动态调整机制。综合运用分类量化考核成果，实施后备干部进位升档、退位降档、到期退出和“一票制”淘汰制度，按考核得分情况分优秀、称职、基本称职和不称职4个档次，将获得优秀档次的后备干部，列入近期培养对象；列为基本称职和不称职的一律不作为近、中期培养对象。同时，设置10年最长备用期，凡备用期达到10年的直接调整出后备干部库，对限期整改不到位和受到处分的后备干部实施淘汰。三是建立行之有效的协调推进机制。建立后备干部培养工作联席会议，明确纪检、组织、信访等职能部门和后备干部所在单位党委(党组)工作职责，着力形成“县委领导、部门落实、通力合作、齐抓共管”的协调推进机制。

4.拓展渠道，竞争择优，把好后备干部培养的使用关。坚持民主、公开、竞争、择优原则，综合运用后备干部年度考核结果，大胆提拔使用德才兼备、实绩突出、群众公认、各方面条件较成熟的优秀后备干部。一是加大公开选拔力度。采取分类有限公选、公推竞选等公开选拔模式，通过扩大公开选拔范围、增加推出的职位数量、明确定期组织(规定每年一次)等办法，着力加大公开选拔领导干部的力度，让后备干部有更多的机会参与竞争。二是推行领导助理制度。通过单位推荐、个人自荐、竞争上岗、组织点名等相结合的办法，选拔一定数量的后备干部，以就地、上挂、下派、互派等形式充实到助理岗位进行锻炼，同时建立和实行助理专项考核管理制度。三是探索提名绿色通道。根据上一年度考核结果以及现实表现、工作实绩、发展潜力等情况，每年由组织部门排出近期可提拔使用的后备干部名单，在副科级领导干部选拔任用的初始提名阶段，根据拟提任职位类别要求及职数，从近期可提拔使用的后备干部中研究提出一定倍数参考名单，供提名推荐时参考。

领导干部要苦练高尚“泡”功

王连春

一个地方经济社会要取得长足发展，确实要有一批沉实干事的领导干部。然而，现在物质条件好了，有些干部身上少了艰苦奋斗的作风，多了享受玩乐的习气，用群众的话说，就是早上泡在梦中，上班泡在网中，下班泡在酒中，饭后泡在茶中，晚上泡在水中，夜里泡在歌中，没事泡在牌中，群众喻之为“泡泡”干部。这些干部工作没心思，创业没激情，精神疲沓，甚至坏德败政。这样的精神状态与当前深入学习实践科学发展观的浓烈氛围是水火不相容的。因此，要在领导干部中大力弘扬求真务实、干事创业的作风，大力倡导领导干部苦练另类“泡”功。

一要苦练“泡”书本之功。腹有诗书气自华。一个领导干部具有高度的理论修养和政策水平，便具有敏睿的研判能力和从容从政的本领。现在有些干部的工作就是忙于跑会议、赶宴席，应酬不断，结果是酒量很大、音量很高，而工作水平一般、质量下降；有些干部盲目冲动，发展跟风，大搞形象工程、政绩工程，造势谋官，与科学发展的要求南辕北辙；有些干部运用政策断章取义，随心所欲，说话自相矛盾，工作漏洞百出，等等。这些都是因为平常疏于学习，不能沉心静气做一些深透的研究工作所致。学好理论、学好政策是我们抓工作的方向和底气所在，领导干部必须有心无旁骛、潜心研究的定力，尤其是在当前宏观经济复杂多变的形势下，领导干部更应加紧学习，冷静应对，准确判断，正确将上级文件精神与地方实际相结合，善于将上面的政策语言转化为“本地话”，谋求对路的发展之策。只有胸有全局、高瞻远瞩，才能做到胸有成竹、举重若轻，懂得权衡机变，找到工作的突破口，避免把经念歪。也只有这样，才能从一般性的勉强对付工作转变到深入研究工作上来，从而提高抓工作的主动性，这也是我们做好工作的不二法门。

二要苦练“泡”一线之功。有些领导干部抓工作是“了解情况电话线，检查工作公路线，部署工作广播线”，就是怕深入一线。结果情况不明，问题不能及时发现，不是责备基层人员工作能力差，就是埋怨办事部门“中梗阻”现象多，工作难推进，处处为自己找借口、卸责任。说到底还是惯于高高在上享清福，怕一线的苦和累；或者是本领危机，怕钻矛盾窝，惯于坐在办公室里发号施令。这样的干部遇到问题必然推诿扯皮，贻误发展良机，甚至造成不可挽回的损失。领导干部只有走进一线，跟基层打成一片，认真查找基层工作中的难点和症结，设身处地地想办法、解难题，才能调动基层同志工作的积极性，群策群力，创新思路，打开局面；才能牢牢把握工作主动权，确保决策科学、推进有力。

三要苦练“泡”群众之功。有些干部生活质量越来越好，追求档次越来越高，与群众的距离越来越远。下基层调研一定要“四轮驱动”，研究问题喜欢找“有层次”的群众，就是怕蹲田头，怕土腥气，怕和穿着“寒酸”的群众聊天，身上少了骑“老牙车”走“群众路线”的良好传统，多了大张旗鼓、前呼后拥的衙门作风。实质上就是对群众生活的陌生，对群众冷暖的漠视，就是缺乏人情味，怕做细致繁琐的工作。邓平寿、黄成模、张云泉、牛玉儒等领导干部之所以深受群众爱戴，就是因为他们经常深入群众，从心底体贴群众，与群众保持鱼水之情。其实他们为群众所做的事都不是惊天地、泣鬼神的大事，大多是日常生活中的平凡小事，但就是因为别人没尽职、没做好，他们关心到了、做好了，群众就感念他们。有这样一位信访工作干部，面对“无理上访户”不是冷横硬推，而是诚心和他交朋友、讲政策，平等相待，热心帮助，最后工作做得这个上访户都“不好意思”再上访了，这就是“泡”群众泡到家了，是很值得我们思考、学习的。

（作者：中共江苏省阜宁县委副书记、县长）

铸就声誉是领导干部重要的道德修养

佟吉禄

习近平同志在中央党校2009年春季开学典礼的讲话中，要求党员领导干部珍重自己的人格、珍爱自己的声誉、珍惜自己的形象，追求高尚的道德修养和情操。领导干部的声誉，是在长期实践中经过一点一滴、日复一日的努力和积累铸就的，是一种集个人特征、造诣、示范行为和形象于一体的整体感知，是道德修养长期锤炼的结果。提高并珍惜自己的声誉，既是领导干部加强道德修养的党性要求，也是改善工作绩效的重要前提。对于企业来讲，领导干部的声誉已经成为影响经营业绩的一项重要因素。声誉，有时甚至比业绩还要重要。笔者曾对中国联通基层领导的声誉与团队绩效的正相关性，做过226个样本量的实证研究。结果表明，主要领导干部的声誉对团队绩效的贡献率超过10%。本文就领导干部如何加强道德修养，形成良好声誉、提高和珍惜声誉问题谈几点看法。

一、讲党性、重品行，做弘扬优良作风的表率

无论是声誉还是道德修养，都具有强烈的实践性，不仅来自于实践，而且要见之于实践。群众对干部总是听其言、观其行。作为大型央企的领导班子一员，其一言一行无不受到群众的关注，也时刻影响着群众的言行和价值取向，因此必须自觉律德，讲党性、重品行、作表率，带头培育和弘扬优良作风，任何时候都不能懈怠。

一要坚定政治信念。在激烈的市场竞争面前，在困难和逆境中，作为企业的领导干部，必须树立坚定的共产主义远大理想和中国特色社会主义信念。有了理想信念，就有了立身之本，站位就会高，眼界就会宽，心胸就会开阔，就能自觉为党和人民的事业而奋斗。中国联通是国家在电信业打破垄断、引入竞争改革的产物，1994年7月由13家出资人出资13.4亿元资本金成立。对于资本密集型的电信行业而言，这样少的资本金投入是杯水车薪，公司初创时期在发展上面临的困难可想而知。正是胸怀理想信念，把树立雄心壮志与搞好企业的实际紧密结合，脚踏实地地抓好发展工作，通过几任班子的努力，中国联通克服一个又一个困难，企业沿着正确的方向，实现了由小到大、由弱到强的跨越式发展。在2008年5月本轮电信改革重组前，中国联通的总资产已超过2500亿元，用户近1.6亿户。

二要增强群众意识。企业创新和发展的活力，来自基层单位和员工的创造力。要坚持以人为本，始终依靠广大员工搞好企业，善于发现、培养和总结基层的经验。只有经常汲取基层的营养，才能增加灵感、开拓思路，进而不断提高复杂形势下驾驭企业和领导科学发展的能力与水平。

三要增强责任意识。作为大型国有骨干企业的领导干部，要始终树立崇高的责任感、使命感，履行好身上肩负的责任。国家和股东把几千亿的资产交给我们经营管理，如果不能实现增值保值，就有负于党和国家，有负于股东，有负于员工。在责任面前，要不断增加忧患意识，不断自我加压，不断把压力转换为做好工作的动力。

四要增强纪律意识。要严守政治纪律、组织纪律和工作纪律，以身作则，带头守纪律，带头抓执行。

五要增强廉洁意识。要始终坚持廉洁从政，正确对待手中的权力，自觉遵守廉洁自律的各项规定和要求，清清白白做人，干干净净做事。

习近平同志指出，领导干部讲党性、重品行、作表率，当前很重要的是要自觉加强道德修养。我们要按照习近平同志所要求的那样，努力成为思想纯洁、品行端正的示范者，爱岗敬业、敢于负责的力行者，明礼诚信、遵纪守法的先行者，生活正派、情趣健康的引领者。

二、不断学习、开拓创新，做真抓实干的表率

以学立德，把学习作为终身追求。学习是加强道德修养、增强业务素质、提高领导声誉的基础。领导干部道德修养水准的高低，与其职务的大小并没有必然的联系，更不会因为职务的提升而自然上升。必须通过不断的学习，净化灵魂、陶冶情操、提升素质。工作在高新技术行业的电信企业，各种新技术、新业务层出不穷、日新月异，要求我们始终加强学习，在实践中学习、向基层学习、向先进学习，不断提升自身的业务素质，迅速适应企业变革的新要求。

以创新的思路抓工作。在中国联通发展初期，由于企业规模小、实力弱，银行基本上不给贷款。这就迫使我们不得不持续地创新资本运作模式，尝试各种金融工具进行融资，为企业发展提供资金保障。2002 年，在公司主营业务已先期在香港和纽约上市的情况下，为了筹集母公司 CDMA 网络建设资金，我们开拓思路，创新企业融资新途径，通过用母公司持有的红筹公司股权出资的方式，在上海设立 A 股公司并发行上市，先后融资 160 亿元，有力地支撑了 CDMA 网络一期的投资建设。用股权出资并发行上市，尚属国内首例。这项工作历时近两年，涉及国家 11 个部委的审查，通过努力最终获得国务院批准作为“特别试点”得以完成。A 股上市后，中国联通要分别按照中国、香港、美国等三地的会计准则，面向不同的对象报告财务成果。要想有所作为，必须创新思路，决不能因循守旧。为此，我们在公司内部大胆推进财务改革，推行一级法人的财务管理体制和财务收支两条线的运作机制，提高财务运作效率。通过资本运营与管理体制等方面的不断创新，给中国联通的发展增添了生机与活力。

以身作则，勤勉敬业。作为领导干部，在工作中要身体力行，率先垂范，时时处处体现出应有的先进性和示范性。要求别人做到的自己首先做到，要求别人不做的自己坚决不做。善于增进团结，善于合作共事。同时，还要勤勉从政，勤政为民。

实践启示我们，领导干部在实践中要不断学习探索，把握规律，不断推进思维创新和实践创新。作为领导干部，只有不断提高能力素质，践行在前，在实践中不断办成事、办好事，多办得人心、暖人心、稳人心的实事，才能取信于民，增强群众的信任感和凝聚力，赢得声誉。

三、求真务实，做诚实守信的表率

作为企业的领导干部，必须坚持求真务实的态度，牢固树立诚信经营的意识，做到诚信立企、诚信立身、诚信立言；工作中要时刻坚持以诚信为本，诚信对待消费者、诚信对待资本市场、诚信对待合作伙伴、诚信对待广大员工。

首先，要以诚恳的态度办实事。中国联通集团是国家控股的有限责任公司，在处理股东利益问题上，公司坚持依法保护所有股东的利益。正是由于这种务实的态度，赢得了 13 家股东的信任，使公司后来提交股东会的历次议案，包括这次电信改革重组的方案，都得到了各股东单位的理解和支持。

其次，要坚持诚实的原则讲真话。中国联通 2000 年以来在资本市场上进行过多次资本运作，涉及境内外上市公司小股东独立表决的就超过 10 次。毫无疑问，在资本市场对企业未来描绘得好，就会多融资或对项目的表决容易通过。但对资本市场每一句话，都是一份责任甚至可能涉及法律风险。企业要长期生存发

展，不能急功近利，必须讲实话，切忌报喜不报忧。对员工同样要说真话，要让广大干部员工真实了解企业状况，包括面临的困难，既要善于用企业的发展业绩激励员工奋进，也要善于引导员工与企业同甘共苦，克服眼前的困难。

再次，切忌搞脱离实际的高指标。要防止弄虚作假欺骗股东。实践证明，脱离实际的高压，压不出高业绩；脱离实际瞎折腾的苦果，最终坑害企业，也坑害自己。

总之，领导的声誉是重要的人力资本，而道德的修养、知识和经验的积累是形成领导声誉的基础，领导声誉高是美德，是财富。古人云：人过留名，雁过留声。领导干部应当在群众中树立什么样的形象，留下什么样的声誉，需要我们经常思考，并不断地修炼。

（作者：中国联合网络通信集团有限公司董事、党组成员、副总经理兼总会计师）

我国干部选拔任用中的民主探索及问题思考

樊江波

一、我国干部选拔任用中的民主实践

党的十一届三中全会以来，我国干部人事制度改革力度不断加大，干部选拔任用围绕扩大民主进行了一系列政策调整，主要体现为：(1)干部管理权限的下放。本着“管少、管好、管活”的原则，实行下管一级的干部管理体制，使干部的使用和管理有机结合起来。(2)公务员制度的推行。公务员凡进必考，使有愿望参政的公民可以通过自身努力，考试进入公务员队伍。既严把了公务员进入关，提高了公务员素质，又拓宽了公民参政渠道，保障了公民参政议政的权利。(3)在干部选拔任用中广泛听取群众意见。明确了民主推荐、民主测评、个别谈话、任前公示等选拔任用党政领导干部的必经程序。群众意见成为决定干部能否任用的重要条件之一。(4)创新干部选拔任用工作方式。将竞争上岗、公开选拔作为领导干部选拔任用的重要方式，改“上级选干部”为“赛场竞干部、群众推干部与上级选干部的有机结合”。此外，还有公推公选、公推直选等一些类似做法。

干部选拔任用工作中扩大民主，落实人民群众“四权”，有效地减少了选人用人上存在的主观性、盲目性，增强了客观性、预见性，提高了选人用人的公信度。

二、存在的问题

扩大民主等政策制度的实行，使干部选拔任用工作上了新的台阶，一定程度上解决了原有体制下干部只“唯上”的问题，倡导了为民、务实、清廉的作风。然而，伴随民主的扩大也出现一些新的问题，突出表现在拉票贿选、以票取人导致的干部考察失真和“老好人”现象蔓延导致的队伍纪律松散上。

分析原因，主要有以下几个方面：(1)民主本身的复杂性和两面性。民主的思想理念虽是众人推崇的，但民主的实现却是受多种不确定因素影响制约而利弊共生的过程，干部选拔任用工作中扩大民主，采取群众投票的方式考量干部，本身就存在拉票贿选、以票取人的可能性，这在西方已成为正常现象。我国虽明令禁止，但应该承认这一现实，为了胜选而拉票、由于投票结果的可比性而以票取人、为了得票而不去得罪群众、不敢严格管理队伍等，都是投票制下自然形成的现象。(2)社会环境的影响和制约。民主受社会经济、政治、文化等多种因素的影响，我国社会主义初级阶段总体经济社会发展的落后，城乡和地区间发展的差异以及国民素质参差不齐等，都会在很大程度上影响民主的质量。传统文化中的“官本位”思想易滋生拉票贿选行为，与世无争、淡泊名利的思想又使群众对这种行为熟视无睹。(3)制度的不完善不配套以及实施过程中的教条主义。目前，了解民意的方式基本体现在民主推荐、民主测评上，这使群众投票的权重远大于其他方式的民意了解、助长了拉票贿选。投票办法和程序设计上的不够科学或千篇一律，使拉票的效果显著，也滋生了捡票行为。如在群众对人选情况不熟悉的情况下进行投票，显然对拉票贿选者比较有利。考核指标设计不能科学反映干部的德能勤绩廉情况，反过来也影响到被考核者对待群众投票的态度。监督制度不到位、手段方法有限也是重要因素之一。(4)组织部门的工作作风。如果组织部门在选拔干部中能够实事求是、深入了解情况、公道正派，那么拉票贿选就没有太大意义，反而会给拉票者带来麻烦。但如果组织部门作风轻浮、偏听偏信、怕担责任、机械办事，则各种不良想象都会出现。

三、道路和方法选择

解决扩大民主中出现的新问题，必须在明确执政理念和把握民主特性的基础上，通过不断完善体制机制，充分发挥民主在干部选拔任用中的积极作用，遏制其消极影响。

1. 坚持选拔任用工作中扩大民主的方向不动摇。民主既是我们追求的价值理念，也是经实践检验正确的选人用人方法的重要组成部分。干部工作中扩大民主，有利于全面了解情况，客观评价干部；有利于消除现行体制下干部只“唯上”的思想，纠正浮夸、做政绩、短期行为等错误行为，倡导好的作风，提高政府办事效率；有利于体现人民的意志，真正实现人民当家作主，这一方向是坚决不能动摇的。那种认为我国国民素质不适应民主要求的观点从根本上说是错误的，民主在不同国情下需要有不同的实现方式，并不等于在某些国家需要民主而在另一些国家就不需要民主。

2. 坚持党管干部原则与扩大民主的有机统一。坚持扩大民主的方向并不意味着以民主来解决干部选拔任用中的一切现存问题。民主不是万能的，民主发挥其积极作用还需要正确的领导和组织。中国共产党作为执政党，只有坚持党管干部的原则，才能保证党的路线、方针、政策的贯彻落实，才能从根本上实现好、维护好、发展好最广大人民群众的利益。扩大民主是党管干部的一个重要手段，是集人民群众的智慧发现人才、选拔人才的重要途径。因此，党管干部与扩大民主二者本质上是有机统一的，不能割裂看待。

3. 正确认识群众投票的作用，科学对待投票结果。通过群众投票了解民意是一种简单易行的方法，但受投票的具体方式和群众重视程度等因素的影响，其结果只能在一定程度上反映干部的德才表现，客观全面了解干部需要多种方法配合进行、综合分析，方能有相对准确的结论。现实中以票取人，不做其他考察就任用干部的做法是片面的、不负责任的。对民主推荐和民主测评结果应科学对待、理性分析、认真思考，方可正确运用。

4. 完善民主实现方式，多种方式听取群众意见。首先要把科学的投票方法设计到位，尽量减少投票结果与民意的误差。其次要明确，干部选拔工作中的民主绝非只有群众投票等一两种实现方式，凡是能够真正了解情况、反映民意的方式，都应是民主的实现方式，这个方式应该根据每次考察工作的客观具体情况而定。除投票、个别谈话、设置意见箱等常用方式外，加强对干部日常工作、生活等表现的了解，应作为今后考核干部的一个重要方法。日常考核中应增加定量的成分，以目标任务完成情况的考核为主。可以借鉴发达国家的做法，建立公务员胜任能力模型、综合考核评价系统等，不仅让群众广泛参与到评价系统中来，而且帮助群众正确理解、使用系统。还需强调，个别谈话由于其方式灵活，能够根据情况随时调整工作思路，是一种便于全面、深入了解情况的很好的征求群众意见方式。

5.加强制度和文化建设，营造良好的选人用人环境。干部选拔任用中的不正之风，与制度的不健全、监管的不到位有直接的关系，加强制度建设仍是一个紧迫的、带有根本性的任务。与此同时，塑造良好的文化氛围，以优秀的文化理念促进队伍作风的转变，营造风清气正的环境，不失为一个好的办法。现代企业管理重视发挥企业文化的作用，这种文化建设是将意识形态与经济基础连接起来的一种企业内部建设，以一系列与员工利益密切相关的办法规则作保证。我国公务员管理长期忽视类似的文化建设，往往以空洞的思想教育取代与个人利益紧密相关的文化建设，使教育达不到应有的效果。所以，借鉴现代企业管理的做法，塑造良好的公务员文化，从而营造出良好的选人用人环境，对于真正做到以好的作风选人、选作风好的人，具有重要意义。

（作者：全国供销合作总社人事部副部长）

规范县委书记用人权　提高选人用人公信度

潘启胜

全国组织部长会议指出，要进一步规范选人用人权力运作方式和程序，把规范各级党委特别是一把手用人行为作为重点，强化对干部选拔任用工作的监督。近年来，南漳县在“科学规范和有效监督县委书记用人行为”工作中，紧扣干部选拔任用工作的关键环节，进一步规范县委书记用人权，提高了选人用人的公信度。

一、规范初始提名方式，提高民主推荐环节的公认度

一是规范干部的调整动议。干部调整动议由县委组织部根据掌握的情况，严格按照《干部任用条例》规定，在有职数、有空缺职位时，提出调整建议，由县委书记和常委会根据建议研究决定是否动议调整干部。县委书记在干部调整动议阶段只提调整方向，不提具体职位；只提选任原则和标准，不提具体人选；只提选拔要求，不指定选拔范围。二是规范干部的推荐提名。县委明确规定，各级领导干部特别是县委常委会领导成员不得采取授意、暗示的方法推荐干部，不准采取口头方式推荐干部，必须填写《领导干部向党组织推荐提名干部登记表》，并署个人真实姓名，不得直接或间接推荐本人的配偶、子女、直系亲属和身边的工作人员。坚持把民主推荐作为选拔任用干部的基础环节和关键环节，在民主推荐时坚持走群众路线，不划框框、不定调子，凡不符合《干部任用条例》规定的任职资格的，一律不纳入推荐范围。凡没有进行民主推荐的干部一律不研究、不讨论、不上会，民主推荐中多数群众不认可的一律不列为考察对象。不得用推荐后备干部或民主测评的结果代替民主推荐。三是量化提名推荐结果。坚持将民主推荐票与个人奖惩情况结合起来进行综合量化评分，根据干部综合得分情况确定考察对象。综合得分主要包括三个部分，即：民主推荐分、奖励分和扣除分。民主推荐分值就是对民主推荐票进行加权计算，奖励分就是将干部个人荣获国家、省、市、县四级奖励情况换算成

分值，扣除分就是将干部个人受到的组织处理情况换算成具体分值。对民主推荐结果进行量化评分改变了过去那种仅仅根据民主推荐得票情况确定考察对象的单一做法，有助于解决在民主推荐环节简单地“以票取人”问题。

二、完善决策任用机制，提高讨论决定环节的准确度

我们把对拟任人选的讨论和表决作为规范和监督县委书记用人行为的关键环节，重点完善了三个机制，充分发挥集体功能，使县委书记用人权在集体决策中得以体现。一是会前把关制。组织召开会议时，坚持做到出席会议的人员未达到应出席人数三分之二以上的不召开，县政府主要领导、纪委书记、组织部长有一人缺席时不召开。在提交常委会讨论时，坚持“六个不研究”，即：任免理由不充分的不研究；工作程序不到位的不研究；条件、资格不具备的不研究；超职数、超规格的不研究；准备材料不完备的不研究；群众意见较大或有问题没有核实清楚的不研究。二是县委书记“末位表态”制。讨论时，坚持先由与会人员逐个发表明确意见，县委书记最后发言的顺序，防止出现讨论发言“定调子”、“一言堂”现象，避免决策任用“先入为主”、“一锤定音”问题的发生。三是集体表决制。对县管干部的调整任用一律实行常委会（或全委会）无记名投票表决的方式。表决结果当场统计，当场宣布。表决的对象不仅包括提拔重用的县管干部，而且包括平职调整的干部以及降免职干部。坚持以会议表决形式体现领导集体的意志，对意见分歧较大的干部，一律暂缓表决，不搞“强行通过”。对经集体研究未通过的干部，不临时动议另提人选。

三、加强全过程监督，提高干部选拔任用工作的透明度

一是对干部任前进行联合会审。注意征求和听取干部联席会议成员单位及相关执纪执法部门的意见，干部考察结束后，由各成员单位根据平时掌握的干部监督信息，对每一名考察对象的任职资格和现实表现进行联合会审，对干部是否存在违纪违规行为进行联合鉴定，共同把关，提出能否提拔任用的具体意见，征求意见一律采取书面的形式，并加盖党委（党组）公章。通过实行联审联签，充分发挥干部监督联席会议成员单位在干部监督中的作用。二是实行干部选拔任用全过程记实。实行一人一表、一事一记，客观真实地反映了干部选拔任用各个程序不同责任主体尤其是县委书记的权力运行过程，确保了对选人用人责任进行科学界定，对程序履行情况进行实时监督，确保了干部选拔任用工作有“账”可查，有责可稽。三是实行选人用人全委会评议。建立了干部选拔任用工作“一报告、两评议”制度。每年年底召开县委全委扩大会，由县委书记代表县委常委会报告贯彻执行《干部任用条例》和干部选拔任用工作情况，并接受评议。评议包括两个方面，即对选拔任用干部的总体导向、执行选拔任用干部原则、条件和程序、深化干部人事制度改革成效，以及群众满意度等方面的评议；对当年新提拔干部的政治思想品德、履行职责、工作实绩、廉洁自律以及胜任度等方面进行评议，让干部选拔工作和选拔任用的干部接受群众评判，促进了干部选拔任用工作水平和选人用人公信度的进一步提高。

四、拓宽群众参与渠道，提高干部选拔任用工作的满意度

我们坚持做到该让群众知道的事情一点不隐藏，该让群众参与的程序一步不减少，构建群众全程参与干部工作机制。一是实行推荐提名公开化。建立了民主推荐“两公开一实名”制度，“两公开”就是民主推荐的职位和民主推荐结果公开，“一实名”就是民主推荐时实行署实名推荐。民主推荐之前，将民主推荐的具体职位、名额、任职资格、条件等信息在《南漳党建》网站和单位内部公告，让广大干部群众提前了

解民主推荐相关信息。民主推荐结束后，及时向所在单位干部群众公布推荐结果，让群众知晓民主推荐得票情况，增强了干部工作的透明度。二是全面推行考察预告制。对已确定的考察对象，在考察前，通过张榜公告、召开会议、传阅文件等形式，将考察组组成情况、考察时间及联系方式、考察对象的简要情况等，向考察对象所在地或工作单位公布，为广大群众参与干部选拔任用工作提供方便，并接受群众的监督。三是完善任前公示制。对拟提拔县委管理干部人选按照规定一律实行任前公示，让群众对干部选拔任用工作进行把关。公示内容除任免职情况外，还包括干部自然情况、简历、主要工作业绩、拟任职务等，让社会各界和广大群众对公示对象有一个较为全面的了解，以便参与监督。四是落实信访举报制度。通过建立组织部长信访接待日、组织部长“信访台账”，开通干部监督举报电子信箱等措施，对群众信访举报反映的问题，及时受理，认真进行调查核实，尤其是对干部提名推荐、组织考察、酝酿、任前公示等干部选拔任用过程中收到的群众举报，坚持有举报必查，有问题必究，真正做到干部选拔任用过程让群众参与，选拔任用结果让群众知晓，选人用人工作让群众关注，使干部监督信访举报工作更加有力有效，较好地杜绝了“带病提拔”和“带病上岗”问题的发生。

（作者：中共湖北省襄樊市委常委、南漳县委书记）

加强和改进县委书记队伍建设的思考

林景华

县委是全县的领导核心，一个县的工作好坏，关键在县委；而县委工作的好坏，关键在县委书记。结合几年来的工作实践，我谈点个人认识。

一、在县委书记岗位上履职的几点体会

（一）注重把握三类问题。一是方向性问题。县委书记作为党在县一级组织的主要负责人，一项重要职责就是政治上始终同党中央保持高度一致，并紧密结合县情，将党的路线方针政策创造性地贯彻落实到基层去。二是战略性问题。县委书记是县级领导工作中的主要决策成员，要将主要精力放在研究全县经济社会发展战略上，善于总揽全局，抓关键性的工作，确立起符合县情、顺应经济社会发展要求的发展思路。三是普遍性问题。民生问题和社会稳定事关千家万户。作为县委书记，必须站在讲政治的高度，时刻关注群众的冷暖，认真倾听群众的呼声，认真贯彻落实党的各项方针政策，尤其要重视解决群众普遍关心的热点、难点问题，聚精会神抓发展，真心实意为民生，积极主动保稳定，以身作则抓班子和干部队伍建设，加快推进城乡改革发展，提高人民群众的幸福指数。

（二）发挥好五大作用。一是主体作用。确定科学发展思路，是县委书记的重要职责。因此，在理清发展思路上，必须当好“指挥员”，发挥好主体作用，坚持一切从实际出发，立足县情民情，摸清发展实情，找准一条具有地方特点的科学发展路子。二是核心作用。县委班子在县人大、政府、政协等几套班子中处于领导核心位置，县委书记要在充分发扬民主的前提下，善于集中，敢于拍板，做到议而有决、决而有行，最大限度地发挥县级各套班子的集体效能，切实做

到“总揽不包揽、分工不分心、放手不撒手”，形成“县委统揽全局、人大有效监督、政府依法行政、政协积极参政”的工作格局。三是表率作用。县委书记必须注重自身人格的塑造，时时率先垂范，处处以身作则，努力做到以德感人、以才服人。四是导向作用。县委书记主政一方，应当是解放思想的先行者，必须引导广大干部群众自觉贯彻落实科学发展观，更新观念，与时俱进，开明开放，创新创业，以思想大解放促进经济大发展。五是统筹作用。突出重点，抓住关键，是县委书记应当掌握的重要领导艺术。县里的工作千头万绪，条件千差万别，情况千变万化。县委书记要善于抓主要矛盾，选准“牵一发而动全身”的突破口，有效运作，狠抓落实。同时，要弹好钢琴，把产业发展、基础设施、“三农”工作、生态建设、和谐社会建设和党的建设等统筹协调好，全面推进各项工作。

（三）处理好三种关系。一是学习与提高的关系。县委书记要坚持“工作学习化、学习工作化”，做创建学习型社会、学习型组织的践行者。同时，要坚持理论联系实际，深入基层群众，尊重群众的首创精神，不断充实和丰富自己的领导实践。二是继承与创新的关系。实践无止境，创新无止境。领导实践既要善于继承借鉴，又要大胆扬弃，做到继承与创新的统一。要在保持工作目标、思路、举措的持续性和稳定性的基础上，不断创新发展理念，创新发展思路，创新发展举措。三是智商与情商的关系。领导智慧是领导者的重要素质之一。领导者的智商和情商构成了领导智慧。在加强智商修养的同时，要高度重视情商修养，不断增强亲和力和感召力，营造良好的领导环境和执政氛围。

二、新时期县委书记队伍建设中存在的问题

当前，在县委书记队伍建设中也存在着一些迫切需要解决的问题，主要表现在：一是职位转换快慢不均。有的县委书记长时间在一个职位上任职，工作积极性、创造性有所懈怠，会影响整体工作的推进；而有的县委书记干两三年就交流到其他岗位或提拔重用，变动频繁，一届几任，使县里干部无所适从。二是综合素质不高。县委书记的主要时间和精力大都耗费在文山会海、日常事务上，学习提高政治思想水平和实际工作能力的时间和机会不多，特别是实际工作能力的磨炼不够。三是精神压力较大。县委书记平时承受的经济社会发展的压力很大，突发事件多，疲于应付，特别是一些棘手的群体性问题，解决起来难度更大。如果没有过硬的心理素质，难免会出现不稳定或消极情绪。

三、加强和改进县委书记队伍建设的几点建议

加强和改进县委书记队伍建设，是推动县域经济社会又好又快发展的重要保证，是夯实党在基层执政基础的必然要求。在选拔配备上，要特别注意选拔那些政治素质好、统筹协调能力强、作风务实、群众观念强、清正廉洁、以45岁左右为主体的优秀干部担任县（市、区）委书记。既要注重从有县级党政领导班子工作经历的干部中选拔，也要注重从省、市各类综合部门的领导干部中选派。在选拔县委书记的同时，也要注重县长的配备，做到合理搭配，实现优势互补。

在培养培训上，要按照县委书记的成长规律，制定培养措施，落实培训计划。坚持把思想教育放在首位，重点加强民主集中制的教育。要加强县委书记队伍的能力培养，努力提高他们驾驭本地区经济社会发展全局的能力、处置突发事件的能力、做好群众工作的能力和解决自身问题的能力。要加强县委书记后备干部队伍培养，努力形成一支素质优良、数量充足、结构合理、堪当重任的县委书记后备干部队伍。

在管理激励上，要从有利于县委书记队伍的稳定，有利于调动工作积极性出发，进一步明确管理权限，改进管理办法，提高工作效率。按照贯彻落实科学发展观和树立正确政绩观的要求，研究制定符合县委书记岗位特点和要求的

考核评价办法，形成科学的用人机制和正确的用人导向。要实施有效的激励，把优秀的县委书记作为市党政领导班子和省直部门领导干部的重要来源。特别优秀的，可破格提拔。对在县委书记岗位上工作时间长，表现比较优秀的，可以在工资待遇等方面给予适当倾斜。要注意发现、培养先进典型，定期进行评选表彰。

在监督检查上，要针对存在的突出问题，抓住薄弱环节，制定有力措施，保证县委书记正确行使权力和健康成长。重点对县委书记在干部选拔任用、重大问题决策和廉洁从政方面加强监督。要建立和完善监督制度，构建一套便利、管用、真正有约束力的监督机制，切实发挥各方面的监督作用，形成监督的整体合力。

（作者：中共福建省光泽县委书记）

把重品行落实到干部选拔任用中

徐永涛

品行是人的思想品质、道德观念、文化素养和行为方式等在日常言行举止中的综合反映，也是一个人的世界观、人生观和价值观的外在表现。党的十七大报告把讲党性、重品行、作表率作为作风建设的重要内容提出来，表明了我们党在新形势下培养选拔任用干部的立场和导向。

良好的品行是党员干部的从政基础。百行以德为首。重品行是做人之道、为官之本。孔子说："为政以德，譬如北辰，居其所而众星拱之。"时代楷模郑培民提出要"做官先做人"。这些皆说明良好的品行对于从政的重要性。一些人"能力"可谓超群，"政绩"可谓卓著，但正是因为漠视品德修养，贪图享乐、追逐浮华，失去了为官的根本，日渐腐化堕落，败坏了党和政府的形象，最终被党和人民所抛弃，为党纪国法所不容。

要树立重品行的用人导向。用人导向关乎事业发展。当前，全面贯彻落实科学发展观，构建和谐社会，关键在选准用好干部。这个"好"，不仅要能力强、素质高，更重要的是操守正、品行端。在干部选拔任用工作中，我们要全面正确地理解德才兼备、以德为先原则，认真贯彻执行"选用干部既要重能力，更要重品行"的要求，把重品行作为干部选拔任用的首要条件，品行不端的干部坚决不予提拔重用。

要在干部选拔任用工作中落实重品行要求。把重品行的要求落到实处，必须结合新形势，进行深入研究探讨，不断细化、量化，逐步建立起一套可遵守的办法，可把握的标准。考察干部的品行，要着重看是否带头实践社会主义核心价值体系，是否牢固树立正确的世界观、人生观、价值观和正确的权力观、地位观、利益观，在言行上是否与党中央保持高度一致，是否诚实守信；着重看是否自觉贯彻落实科学发展观，是否求真务实、真抓实干，是否安心基层、服务群众，是否坚持原则、公道正派，是否勤勤恳恳、不事张扬。要注重从个人品德修养、生活作风、兴趣爱好、社会交往、家庭关系等方面入手，考察其品行是否端正、作风是否正派、交友是否择善、情趣是否健康以及夫妻关系是否和睦、子女教育是否严格、家庭收入是否正常。在考察方式上，要进一步扩大考察范围，全方位拓展考察视角，由集中考察向日常考察延伸、由听取本单位干部职工反映向搜集社会反映延伸、由考察上班时间表现向考察"八小时之外"表现延伸，把干部品行情况摸准吃透，选操守正的人，用品行端的人。

要用好的品行选品行好的人。古人云，“荐贤者当自贤”，“一流之人，能识一流之善”。组工干部要选拔品行好的人，自己首先要注意品行修养，带头重品行。从点滴做起，从身边小事做起，筑牢思想道德防线，砥砺操守和品行，做到言行不出格，交往有原则，管得住小节，抗得住诱惑，守得住清贫，耐得住寂寞。在干部选任工作中，严格按《干部任用条例》规定的程序办事，自觉抵制不正之风，做到坚持原则不动摇，履行程序不变通，关键时刻顶得住，一把尺子量到底，清正廉洁，一身正气，以实际行动模范践行讲党性、重品行、作表率的要求，为选准人、用好人提供坚强保证。

（作者：中共山东省东平县委常委、组织部长）

全国组织系统深化拓展
讲党性重品行作表率活动视频会议召开

党的十七大召开后，中组部部署在全国组织系统开展了“讲党性、重品行、作表率”活动，对进一步树立以公道正派为主要内容的组工干部新形象起到了积极的促进作用。2009 年 3 月 2 日，中组部召开全国组织系统深化拓展“讲党性、重品行、作表率”活动视频会议。中共中央政治局委员、中央书记处书记、中组部部长李源潮指出，全国组织系统要按照胡锦涛同志提出的要求，以加强党性修养、改进干部作风为重点，深化拓展“讲党性、重品行、作表率”活动，努力建设党性强、作风好的模范部门和过硬队伍，更好地围绕中心、服务大局。

李源潮指出，胡锦涛同志在中央纪委十七届三次全会上提出了加强领导干部党性修养、树立和弘扬良好作风的重大政治任务，深化活动要突出加强党性修养、改进干部作风这个主题。中组部和全国组织系统要积极响应中央号召，发挥好带头作用。组织部是党的重要机关，不讲党性就会失去原则性、失去方向性。党性不强的干部不能当组工干部。要认真贯彻落实胡锦涛同志重要讲话精神，把加强党性修养和改进干部作风作为今年深化活动的重点，下力气抓紧抓好。

李源潮要求，要以建设模范部门、打造过硬队伍为目标，坚持不懈地解决组织部门和组工干部队伍中党性修养和作风建设上存在的突出问题，努力做围绕中心、服务大局的模范，从严治党、从严治部的模范，以改革创新精神推进干部人事制度改革的模范，坚持民主集中制、维护团结和谐的模范；努力打造党性坚强、政治过硬，知人善任、能力过硬，公道正派、作风过硬的组工干部队伍。要严格遵守组工干部“十严禁”纪律，在建设模范部门、打造过硬队伍中创先争优。

李源潮指出，深化活动要围绕服务党的中心任务来展开。组织部门的自身建设，必须更好地为党和国家大局服务，偏离了中心和大局，组织工作就没有什么价值。今年我国经济发展面临严峻挑战，政治上敏感节点较多，维护社会稳定任务很重。要紧密结合应对国际金融危机、保持经济平稳较快发展的形势和任务，紧密结合开展深入学习实践科学发展观活动，紧密结合组织工作改革创新的重点工作，深化拓展“讲党性、重品行、作表率”活动，进一步增强组工干部的大局意识、忧患意识、责任意识，组织动员各级党组织和党员干部坚定信心、迎难而上，与人民群众同心同德、共克时艰，在保增长、保民生、保稳定中充分发挥模范带头作用。

李源潮强调，深化活动要以全党满意、人民满意为标准。组织部门加强党性修养、改进干部作风的成效如何，不由我们自己说了算，要由广大干部、由人民群众来评判。要请广大干部群众评判和监督组织部门开展“讲党性、重品行、作表率”活动的成效，全国组织系统都要自觉接受全党的监督，接受人民的监督，很好地运用民意调查的结果，有针对性地解决党性修养和作风建设中的突出问题，不断提高组织工作“三服务”水平，更好地让全党满意、人民满意。

中组部常务副部长沈跃跃主持会议。湖北省委组织部、新疆自治区党委组织部、杭州市委组织部和国务院国资委的负责同志在会上发言。各省区市、副省级城市、新疆生产建设兵团党委组织部领导班子成员和干部，中央和国家机关、人民团体、在京部分重要骨干企业和中管高校组织人事部门负责同志参加视频会议。

（此文载《党建研究》2009 年第 4 期）

第十二部分

党风建设与反腐倡廉

全面把握反腐倡廉的形势　着力解决党员干部在党性党风党纪方面存在的突出问题

俞正声

这次市纪委全会，主要是传达贯彻第十七届中央纪委第三次全体会议精神，结合上海实际，研究部署今年全市党风廉政建设和反腐败工作。下面，我就学习贯彻胡锦涛同志、贺国强同志重要讲话和第十七届中央纪委第三次全会的精神，讲三点意见。

一、全面把握当前反腐倡廉的形势

近年来，中央不断加大反腐败力度，查办了一批大案要案，在国际国内的影响很大。正确把握形势，首先应该清醒地看到，这些年来中央反腐败的决心和力度是非常大的，成绩是有目共睹的，人民群众是满意和拥护的，国际上也是给予了很多积极评价的。这是我们认识当前反腐倡廉形势的一个基本出发点。同样，在党中央的正确领导下，上海的反腐倡廉建设也呈现出良好的发展态势。去年，面对一系列难以预料、历史罕见的重大挑战和考验，我们在全力推动经济社会又好又快发展的同时，以中央纪委在上海开展预防腐败试点工作为契机，以建立健全惩治和预防腐败体系为抓手，不断加强党风廉政建设和反腐败工作，反腐倡廉各项工作取得了新的成效。认真维护党的纪律，保证了中央和市委各项决策的贯彻落实；严肃查处一批大案要案，维护了党纪国法的严肃性；切实加强惩治和预防腐败体系建设，在深化改革和创新制度上有了新进展；切实维护最广大人民群众的根本利益，纠正了一些侵害群众合法利益的行为。

在充分肯定党风廉政建设和反腐败斗争取得明显成效的同时，我们必须清醒地看到，当前反腐倡廉的形势仍然严峻、任务仍然繁重。

从我国的基本国情和上海作为国际大都市的特点来看，我国仍处于并将长期处于社会主义初级阶段，滋生腐败现象的土壤和条件依然大量存在，消除腐败现象必然还要经历一个很长的历史过程。上海作为我国改革开放的前沿，经济比较发达、要素比较集中、市场比较活跃，领导干部可以利用的资源较多、面对的诱惑较大，反腐倡廉面临的新情况、新问题比国内其他一些地方可能更多更早。

从当前消极腐败现象的特点来看，在一些部门和领域仍然易发多发，呈现出涉及面更广、手段更隐蔽、情节更恶劣、后果更严重等新特点、新趋势。从去年本市纪检监察机关查办的领导干部违纪违法案件情况看，党政领导干部违纪违法案件时有发生。去年全市立案 901 件，其中 7 件涉及到局级干部，78 件涉及到处级干部，给予党纪政纪处分的局级干部共 10 人、处级干部 62 人。一些重点领域和关键环节的违纪违法案件涉案金额巨大、情节严重、影响恶劣，去年全市共立案查处土地、环保、动拆迁等重点领域违纪违法案件 61 件，处分涉案人员 60 人，移送司法机关 18 人。窝案、串案、案中案明显增多，案件的复杂程度和查处难度都在增加。

从上海党员干部的作风状况来看，整体是好的，特别是去年在应对重大挑战、完成重大任务的过程中，广大干部的精神面貌发生了可喜的变化。但是，必须看到，一些党员干部作风不正、不实的问题仍然比较突出，胡锦涛同志在讲话中提到的六方面问题，在上海党员干部身上或多或少地存在。在这次深入学习实践科学发展观活动中，大家对干部作风提了不少意见，特别是在五个方面意见尤为集中：一是闯劲不足，部分干部缺少敢闯敢试的勇气，想率先、敢率先、能率先的工作激情和责任感不强，习惯于按部就班走程序，甚至推诿拖沓，基层干部群众对此反映比较强烈。二是作风不实，深入基层和群众面对面交流不够，工作比较飘浮。三是抓落实不力，对一些问题虽然见事是早的，工作部署也是早的，但推进落实的力度不够大，抓落实的检查制度、考核制度没有严格贯彻实施，在推进落实过程中存在一些"中梗阻"现象，致使中央、市委的一些重大政策措施看得见、摸不着、不落地。四是宗旨意识不强，少数党员干部漠视群众疾苦，不能真心诚意地为民解忧，使一些群众的合理诉求长期得不到妥善解决，成为信访矛盾的重要诱因。五是廉洁自律不够，领导干部利用职务影响谋取利益的现象仍然存在，比如一些党员干部在买卖住房中存在不规范甚至以权谋私的现象，损害了党和政府在群众中的形象，等等。这些问题虽然发生在少数同志身上，但其消极影响和后果不可低估。

从纪检监察工作本身来看，还存在一些薄弱环节。比如一些地方和部门对反腐倡廉工作重视不够，抓反腐倡廉不下真功夫；有的对如何加强惩治和预防腐败工作思路不明、手段不多，原则要求多、有力措施少，党风廉政建设责任制落实不到位；服务科学发展的对策措施与经济社会发展的要求还不适应，解决群众反映强烈的突出问题与人民群众的期望还有差距，推进改革创新的力度与反腐倡廉形势的要求还不同步，等等。

当前，我们的经济发展遇到了困难，各级领导班子和领导干部抓经济社会发展的责任很重、压力很大，容易出现忽视反腐倡廉建设的倾向。这种现象如果得不到高度重视和及时纠正，就必然会影响党风政风，从而影响经济社会发展和各项工作。各级领导干部一定要充分认识党风廉政建设和反腐败斗争的长期性、艰巨性、复杂性，充分认识反腐倡廉工作对经济建设、社会发展和改革开放的促进、保障作用，越是在经济发展遇到困难的情况下，越要把反腐倡廉建设放在更加突出的位置抓紧、抓好，为战胜当前国际金融危机冲击、推动科学发展、促进社会和谐提供有力的政治保障。

二、着力解决党员干部在党性党风党纪方面存在的突出问题

领导干部作风问题，说到底是党性问题。党性纯洁则作风端正，党性不纯则作风不正。胡锦涛同志针对当前一些领导干部在作风上存在的问题，提出要突出抓好"六个着力"。我们要按照这一要求，把加强领导干部党性修养、树立和弘扬优良作风作为重要内容纳入深入学习实践科学发展观活动，通过增强党性、改进作风，推动转变不适应不符合科学发展观要求的思想观念，解决影响和制约科学发展的突出问题以及党员干部党性党风党纪方面群众反映强烈的突出问题，真正做到党员干部受教育、科学发展上水平、人民群众得实惠。联系上海实际，当前特别要在以下几个方面见成效：

（一）要在增强宗旨观念上见成效。能不能坚持全心全意为人民服务的根本宗旨，是检验领导干部党性是否坚强、作风是否优良的首要标准。领导干部身上存在的种种作风问题，归根结底都是宗旨意识不强、没有摆正自己同人民群众位置的表现。加强党性修养、树立和弘扬优良作风，首先要解决好宗旨观念的问题。在思想上，要牢固树立群众观点和公仆意识，始终坚持人民的利益高于一切，做到任何时候、任何情况下与人民群众同呼吸共命运的立场不能变，全心全意为人民服务的宗旨不能忘，坚信人民群众是真正英雄的历史唯物主义观点不能丢。在行动上，要把发展作为执政兴国的第一要务，一心一意抓发展，通过发展提高人民群众的生活水平和生活质量。要坚持发展为了人民、发展服务人民，深入基层、深入群众，问政于民、问需于民、问计于民，认真解决好群众生产

生活中的各项困难，努力让人民群众得到实实在在的利益、共享改革发展的成果。特别是在当前经济发展、群众生产生活困难增多的情况下，各级领导干部一定要把群众的安危冷暖挂在心上，着力解决好涉及群众利益的难点、热点问题，努力使中央和市委关于解决民生问题的各项政策措施落到实处。

（二）要在振奋精神上见成效。良好的精神状态，也是党的优良作风的重要体现。我在市委全会上强调，精神状态好不好关键是“三个看”：一看有没有逆势飞扬的豪气；二看有没有当机立断的作风；三看有没有真诚为企业、为基层、为群众服务的态度。能不能做到这三条，说到底还是一个愿不愿、敢不敢承担责任的问题。如果一个人只想当官、不想做事、不想负责任，自然缺乏迎难而上的勇气，自然碰到问题不解决、遇到困难绕道走，自然对工作能拖则拖，对企业、对基层、对群众漠不关心。我们工作中出现这样那样的问题，发生这样那样的事故，往往都与一些领导干部责任意识不强、工作不负责任直接相关。各级领导干部一定要牢记党和人民的重托，牢记肩上的重任和使命，强化责任意识，带头落实责任制，把精力集中到做实事上，把功夫下到抓落实上，以奋发有为的精神状态投入到各项工作中去。

（三）要在求真务实上见成效。加强党性修养、树立和弘扬良好作风，关键是要坚持求真务实、真抓实干。邓小平同志早就指出：“世界上的事情都是干出来的，不干，半点马克思主义都没有。”当前经济形势下，尤其需要全党同志特别是领导干部大兴求真务实之风，在攻坚克难上狠下工夫、在改革创新上狠下工夫，脚踏实地，埋头苦干，一步一个脚印地把我们的事业推向前进。要察实情，深入到第一线，扎扎实实搞点调查研究，真正了解基层和群众的所思所想所盼，增强我们政策措施的针对性和有效性。要讲实话，正确处理对上负责与对下负责的关系，敢于批评和自我批评，勇于发表不同意见，在平等讨论和思想碰撞中解放思想、统一思想。要办实事，定下来的事情就要雷厉风行、抓紧实施，部署了的工作就要督促检查、一抓到底，重要环节要身先士卒、靠前指挥。为了保证这次学习实践活动整改措施的落实，市委常委会准备建立若干抓落实、抓推进的工作制度，其中有的要明确具体的联系人。全市各部门、各单位在整改过程中都要根据各自的实际情况，建立抓落实的制度，确保各项措施落到实处。要求实效，以正确的政绩观和利益观对待工作，抛弃私心杂念，克服浮躁情绪，坚持一切从实际出发，尊重客观规律，不搞“花拳绣腿”，不搞主观臆断，努力创造出经得起实践、人民和历史检验的实实在在的工作成绩。

（四）要在艰苦奋斗上见成效。艰苦奋斗是中华民族的传统美德，是我们党的传家宝，任何时候都不能丢。这些年，上海经济社会快速发展，物质条件大大改善，财力也比较雄厚了。一些干部觉得小日子过得不错，出现了大手大脚、铺张浪费、养尊处优、贪图享受等不良风气。要看到，我国还是发展中国家，仍处于并将长期处于社会主义初级阶段，人民群众的生活还不富裕，即使是上海这样一个人均GDP比较高的城市，同世界发达国家相比也有很大差距，还有许多困难群众和发展不平衡问题亟待解决；要看到，当前经济形势异常严峻，今年我们的财政可能会相当困难。在当前形势下，更要讲艰苦奋斗，不仅要砥砺意志、陶冶情操，还要形成凝聚人心、战胜困难的强大力量。各级领导干部一定要牢记“两个务必”，大力发扬艰苦奋斗的精神，牢固树立过紧日子的观念，勤俭办一切事业，带头执行中央有关精简经费开支的要求，带头反对铺张浪费和大手大脚，带头抵制享乐主义和奢靡之风，精打细算、严格把关，真正把有限的资金和资源用在刀刃上，用在发展经济和改善民生上，以优良作风带领广大党员和群众迎难而上、锐意改革、共克时艰。

（五）要在严守党的纪律上见成效。这次中央纪委全会特别强调各级领导干部一定要严格遵守党的政治纪律、组织纪律、经济工作纪律、群众工作纪律，自觉遵守领导干部廉洁从政等各项纪律。我们要按照这一要求，着力增强领导干部的纪律观念，切实维护党的团结统一。这里，我特别强调一下政治纪律和廉洁从政的问题。今年，各种敏感节点比较集中，严守党的政治纪律尤为重要。党员领导干部必须带头做到中央提出的“六个决不允许”，即决不允许在群众中散布违背党的理论和路线方针政策的意见，决不允许公开发表同中央的决定相违背的言论，决不允许对中央的决策部署阳奉阴违，决不允许编造、传播政治谣言及丑化党和国家形象的言论，决不允许以任何形式泄露党和国家的秘密，决不允许参与各种非法组织和非法活动。只有严格遵守和执行党的政治纪律，自觉同党中央在思想上、政治上、行动上保持高度一致，才能保证中央政令畅通。在廉洁自律方面，希望各级领导干部自觉遵守领导干部廉洁从政的各项规定，特别是要针对这次学习实践活动中群众反映比较强烈的问题，拟定具体的整改措施，一条一条加以整改落实，同时加强对家属和身边工作人员的教育、提醒和管理，督促他们自觉严格要求自己。去年，我代表市委常委会提出了“十不”承诺，今年我们将继续严格按照这“十不”承诺约束自己，请大家监督。

三、坚定不移地把反腐倡廉各项任务落到实处

我们要根据中央精神，坚持标本兼治、综合治理、惩防并举、注重预防的方针，以完善惩治和预防腐败体系为重点加强反腐倡廉建设，严格执行党风廉政建设责任制，加强对中央和市委关于推动科学发展、保持经济平稳较快发展各项政策措施执行情况的监督检查，以党风廉政建设和反腐败斗争的新成效，为改革发展稳定提供坚强保证。

（一）加强监督检查，推动中央和市委重大决策部署的贯彻落实。各级纪检监察机关要紧紧围绕九届市委六次全会提出的“四个确保”目标，严肃纪律，加强监督检查，加大对违法违规行为的查处力度。要加强对党员特别是领导干部遵守政治纪律的教育和监督检查，加大执行纪律的力度，对违反党的政治纪律的，要严肃批评教育；对坚持不改的，要作出组织处理；对造成严重后果的，要按党纪国法予以惩处。要加强对扩内需、保增长、调结构各项政策措施执行情况的监督检查，重点督促检查各地区、各部门、各单位贯彻执行中央和市委决策部署是否思想统一、行动迅速，工程项目规划、立项是否符合科学发展观的要求和中央规定的投向，工程建设项目审批和建设程序是否依法合规，项目建设资金管理是否规范严格等问题，扎实开展好对耕地保护和节约用地、节约资源和保护环境、支援都江堰市灾后重建资金和物资管理使用情况的监督检查，保证中央和市委的各项政策措施落实到位。要加强对民生政策落实情况的监督检查，认真开展好对廉租住房、经济适用住房建设、管理和使用情况的监督检查，开展好对食品药品安全专项整治工作、安全生产法律法规和安全生产责任制执行情况的监督检查，切实纠正损害群众利益的突出问题。要加强对世博会建设项目的监督检查，抓住市场开发、项目发包、采购比选、征集评选、资金管理、合同管理等重点环节，实行全过程监督，确保项目优质、资金安全、干部廉洁。

（二）全面贯彻反腐倡廉战略方针，增强惩治和预防腐败体系建设的科学性、系统性、实效性。一方面，要继续加大查办案件的工作力度。惩治腐败和预防腐败是相辅相成、相互促进的两个方面。我们讲更加注重治本、更加注重预防、更加注重制度建设，决不是放松惩治腐败的工作，相反要继续抓得紧而又紧，切实做到两手抓、两手都要硬。当前，要针对工程建设、房地产开发、土地管理和金融、司法等领域腐败现象易发多发的情况，加大工作力度，开展专项治理，特别是要深入开展治理商业贿赂专项工作。对已经暴露出来的腐败问题，要抓紧查处，坚决打击，决不手软。通过查处违纪违法案件、惩处腐败分子，严肃党的纪律，使广大党员干部受到

教育。同时，在执纪执法过程中要注意“三个区分”：把推动科学发展过程中缺乏经验、先行先试出现的错误，与明知故犯、违纪违法的行为区分开来；把在国家没有明确规定的情况下进行探索试验，与国家明令禁止以后有法不依的行为区分开来；把因加快改革发展过失触犯了法纪，与谋取个人私利故意违纪违法区分开来，努力营造一种有利于改革创新的良好氛围。另一方面，要更加有效地预防腐败。上海作为全国预防腐败试点地区之一，经过一年多的努力，在全国率先建立了土地有形市场，进一步完善了建筑有形市场，对一些单位财政性资金和社会公共资金的监管建立了网上运行系统，试点工作取得了明显的阶段性成效，得到了中央纪委领导的肯定。下一步，要在现有工作的基础上，进一步抓深化、抓拓展、抓巩固，进一步加大预防腐败工作的力度，确保每年都能解决几个突出问题。要进一步提高对领导干部教育的针对性和有效性，解决有教育无震撼的问题；要进一步加大巡视工作的力度，完善纪检监察机关对派驻机构的统一管理，认真落实民主生活会、述职述廉、诫勉谈话、函询等制度，增强党内监督的实效。对于一些干部低价购买住房的问题，要区别对待、稳妥处理。上海住房市场化改革比较早，也比较彻底，但一些配套措施没有及时跟上，出现了一些干部不规范购买住房的情况。对利用职务影响明显低于当时市场价购买住房的，只要在规定期限内向组织讲清楚情况，并按政策妥善处置的，可予以解脱，不再作为问题提出。对极少数以权谋房、以房敛财又拒不交代问题的，要坚决处理。同时，要尽快出台规范性文件，明晰纪律，杜绝类似现象的重演。

（三）严格落实党风廉政建设责任制，进一步形成抓党风廉政建设和反腐败工作的整体合力。各级党委和政府要切实担负起抓党风廉政建设的领导责任，把党风廉政建设和反腐败工作纳入党委和政府的总体工作规划，通盘考虑，统筹谋划，协调推进。要及时掌握和全面分析管辖范围内党风廉政建设的进展情况和主要问题，紧紧围绕容易滋生腐败的重点领域、关键环节和社会普遍关心的热点问题，确定加强工作的思路和规划，探索解决问题的途径和方法。要加强对纪检监察工作的领导，旗帜鲜明地支持纪检监察机关依照职责做好工作，为纪检监察机关全面履行职责、充分发挥作用创造良好的条件。特别要重视和加强纪检监察干部的培养和使用，既要把纪检监察机关的优秀干部提拔到重要岗位，又要加大纪检监察干部的交流力度。各级纪检监察机关要全面履行好职责，当好参谋助手，协助党委和政府抓好反腐倡廉建设各项任务的落实；抓好组织协调，加强与相关部门的情况通报、意见交换，督促各部门既各司其职、各尽其责，又密切配合、优势互补；加强对下级党政领导班子和领导干部执行党风廉政建设责任制情况，以及各牵头部门完成反腐倡廉工作任务情况的监督检查；搞好自身建设，提高反腐倡廉专业水平。各级领导干部要以身作则、率先垂范，严格遵守廉洁自律的各项规定，切实抓好责任范围内的党风廉政建设和反腐败工作。特别是主要负责同志，要切实履行好反腐倡廉第一责任人的职责，做到重要工作亲自部署、重大问题亲自过问、重点环节亲自协调、重要案件亲自督办，同时善于调动各方面积极性，形成反腐倡廉整体合力。

当前反腐倡廉的任务仍然艰巨，纪检监察机关责任重大。让我们紧密团结在以胡锦涛同志为总书记的党中央周围，坚定信心、积极进取、扎实工作，以党风廉政建设和反腐败斗争的新成效，迎接新中国成立60周年！

（此文是中共中央政治局委员、上海市委书记俞正声在第九届上海市纪委第三次全会上的讲话，标题为编者所加）

联系实际　突出重点
把加强党性修养和作风建设落到实处

罗清泉

胡锦涛总书记在第十七届中央纪委第三次全会上强调加强领导干部党性修养，大力树立和弘扬良好作风，对于新形势下加强党的作风建设和反腐倡廉建设，促进经济平稳较快发展、维护社会和谐稳定具有重大现实意义。各级领导干部要按照胡锦涛总书记的重要讲话要求，坚持求真务实、真抓实干，紧密结合工作和思想实际，采取切实措施把加强党性修养和作风建设落到实处，体现在全面建设小康社会和全面推进党的建设新的伟大工程的实践中。

一、把加强党性修养、树立和弘扬优良作风落实到持之以恒的理论学习之中

学习不仅是领导干部增长才干、提高素质的重要基础，也是领导干部加强党性修养、树立优良作风的重要途径。理论上的成熟是政治上成熟的基础。领导干部加强党性修养，首先要加强理论学习和修养。领导干部只有努力掌握马克思主义的立场、观点、方法，真正用中国特色社会主义理论武装起来，才能在错综复杂的形势下保持清醒头脑，才能深刻理解、自觉执行党的基本路线和方针政策，才能为政治、思想、纪律等方面的修养打下坚实的基础。现在，一些领导干部作风不实、贯彻中央方针政策不力，有的甚至违纪违法，其根本原因在于理论修养不够，不能用科学的理论来指导人生和工作实践。当前，全省经济社会发展的任务很重，各级领导干部工作都比较繁忙，越是这样越要加强学习，特别是加强理论学习，坚决防止因为理论上的欠缺而导致工作上的失误。要加强对马克思列宁主义、毛泽东思想和中国特色社会主义理论的学习，进一步加深对党的基本路线、基本纲领、基层经验的理解，进一步坚定共产主义理想信念，树立正确的世界观、人生观、价值观，增强政治敏锐性和政治鉴别力，在各种风浪和诱惑面前经得住考验，始终保持政治上的清醒和坚定，始终与党中央保持高度一致。要坚持理论联系实际的马克思主义学风，学以致用、用有所成，进一步增强工作中理论指导的自觉性，提高运用科学理论解决当前经济社会发展中遇到的各种问题的能力，把理论学习的成果转化为谋划和推进工作的正确思路，转化为推动改革发展稳定的实践成果。

二、把加强党性修养、树立和弘扬优良作风落实到深入贯彻科学发展观之中

科学发展观是我国经济社会发展的重要指导方针，是发展中国特色社会主义必须坚持和贯彻的重大战略思想。深入贯彻落实科学发展观是全党的重大政治任务，矛盾多、难度大，必须要有坚强的党性和良好的作风作保证。现在，一些地方和部门在贯彻落实科学发展观中存在措施不力、力度不够、效果不好的问题，根子还是在思想观念、精神状态和工作作风上。各级领导干部要把加强党性修养和作风建设与深入贯彻落实科学发展观紧密结合起来，在贯彻落实科学发展观中加强党性修养和党性锻炼，以良好的作风保证科学发展观的贯彻落实。要严格执行党的政治纪律，认真贯彻中央关于宏观经济调控的各项政策措施，严格落实节约集约用地、节能减排和生态环境保护等各项政策规定，保证政令畅通。当前，要认真落实中央

关于扩大内需、促进经济增长的各项政策措施，确保思想统一、行动迅速，确保各个项目顺利实施，尽快建成发挥作用，保证经济平稳较快增长。要树立正确的政绩观，把个人的成功放在党和国家事业大局中去实现，把本职工作要求放在人民群众生产生活的实际需要中来考虑，按照科学规律和客观需要谋划发展，一切从实际出发，立足当前，着眼长眼，积极进取，量力而行，不搞主观臆断、违背客观规律的“拍脑袋”决策，不追求脱离实际的盲目攀比，不提哗众取宠的空洞口号。要坚持求真务实、埋头苦干，重实际、说实话、出实招、办实事、求实效，不搞形式主义、官僚主义和弄虚作假，把全部精力用在推动经济社会又好又快发展上、用在保障和改善民生上、用在促进社会和谐稳定上，努力做出经得起实践、人民、历史检验的政绩。

三、把加强党性修养、树立和弘扬优良作风落实到解决群众最关心、最直接、最现实的利益问题之中

全心全意为人民服务是我们党的根本宗旨，实现好、维护好、发展好最广大人民的根本利益是我们一切工作的出发点和落脚点。当前，我省的经济发展水平还不高，地区发展不平衡，群众生产生活中的困难和问题还不少。对这些问题是否高度重视，有没有采取有效办法解决，是对各级领导干部是否坚持全心全意为人民服务的根本宗旨、党性是否坚强、作风是否优良的重要衡量标准。加强和改进党的作风建设，核心问题是保持党同人民群众的血肉联系。解决好群众最关心、最直接、最现实的利益问题，是加强党性修养和锻炼，培养优良作风的重要途径。各级领导干部一定要牢记党的宗旨，进一步强化公仆意识和服务人民的观念，把人民的利益放在首位，把人民群众的愿望和要求作为决策的根本依据，真正做到权为民所用、情为民所系、利为民所谋。要对群众充满深厚感情，察其苦、听其呼、想其思、急其盼、办其需，把群众呼声作为第一信号，把群众需要作为第一选择，把群众满意作为第一标准，多办顺应民意、化解民忧、为民谋利的实事。在当前利益主体日益多元化、利益诉求日益多样化、社会心态日益复杂化的新形势下，领导干部要敢于直面困难、正视矛盾，主动到条件艰苦、环境复杂、矛盾集中的地方去，勇于克服困难，切实为民办事、为民解困。要切实做好群众信访工作，及时了解群众诉求，妥善化解利益矛盾，认真纠正损害群众切身利益的突出问题，维护群众的经济、政治、文化等合法权益，维护社会稳定和安定团结。要切实关注民生特别是城乡困难群众，时刻把群众的安危冷暖挂在心上，着力解决各项民生问题。特别是当前受国际经济形势的影响，我省的经济发展存在诸多矛盾和挑战，群众生产生活遇到的困难可能会增多。我们一定要满怀爱民之心，采取有效措施，把为群众排忧解难的工作落到实处，在克服困难中锻炼坚强的党性，在服务群众中树立优良的作风。

四、把加强党性修养、树立和弘扬优良作风落实到严守党的纪律之中

党的纪律是党的性质的重要体现。严格遵守党的纪律，是对党员干部的必然要求，也是党员干部加强党性修养、树立和弘扬优良作风的重要途径。在新的环境和条件下，一些党员干部纪律观念淡薄，违反纪律的现象还比较突出，影响了中央方针政策和省委决策部署的贯彻落实，损害了党和政府在人民中的影响，削弱了党组织和党员干部的凝聚力、战斗力。各级领导干部一定要充分认识纪律松驰的严重危害，自觉加强党性修养，严格遵守和维护党的各项纪律。要严格遵守党的政治纪律，坚决维护党的章程和党内政治生活准则，自觉同党中央在思想上、政治上、行动上保持高度一致，坚持中国特色社会主义道路和中国特色社会主义理论体系不动摇，坚持改革开放不动摇，保证中央政令畅通。要严格遵守党的组织纪律，自觉维护党的组织原则，坚持民主集中制，坚持任人唯贤，坚决纠正用人上的不正之风，坚决反对拉帮结

派、搞团团伙伙。要严格遵守党的经济工作纪律，严格执行党的经济工作方针政策，保持全国、全省一盘棋，防止各行其是、各自为政，严格按照规章制度办事，不能超越职权插手具体建设项目，更不能利用职权贪污受贿、以权谋私、搞权钱交易。要严格遵守党的群众工作纪律，坚决反对各种形式主义和官僚主义，坚决纠正与民争利、侵犯群众权益的行为。要自觉遵守领导干部廉洁从政等各项纪律，严格要求自己，严格要求配偶子女和身边工作人员，做到清正廉洁。要积极参加党的组织生活，认真遵守党的各项制度，加强党性锻炼。要坚持自我解剖，勇于接受同志的批评和群众的监督，习惯于在严格的监督下工作和生活。要提高自身修养，坚持自我教育、自我改造、自我完善，时时做到自重、自省、自警、自励，做到慎初、慎微、慎欲、慎独、慎终，不断加强道德修养，保持高尚的精神追求，保持共产党员人的政治本色。要牢记“两个务必”，大力发扬艰苦奋斗精神，牢固树立过紧日子的观念，勤俭办一切事业，带头执行中央有关精简经费开支的要求，带头反对铺张浪费和大手大脚，带头抵制享乐主义和奢靡之风，真正把有限的资金和资源用在刀刃上，用在发展经济和改善民生上，以优良作风带领广大党员、群众迎难而上、锐意改革、共克时艰。

五、把加强党性修养、树立和弘扬优良作风落实到对党员干部的严格教育管理之中

加强领导干部党性修养、树立和弘扬优良作风，关键在于领导干部个人的自身努力，同时也离不开组织上的教育管理和正确引导。各级党组织要坚持党要管党、从严治党的方针，对各级领导干部要严格要求、严格教育、严格管理、严格监督，督促领导干部自觉加强党性修养和作风建设。要建立健全学习教育培训制度，把党性修养和作风建设作为领导干部学习培训的重要内容，加强理论素养、理想信念、党风党纪、廉洁从政和艰苦奋斗教育，增强教育的针对性和实效性。要健全党内生活制度，引导广大干部认真开展批评和自我批评，讲学习、讲政治、讲正气，形成民主团结、相互促进、奋发向上的组织氛围。要推进各方面体制机制创新，形成有利于领导干部加强党性修养和作风养成的制度环境，促使领导干部把外在环境压力转化为内在修养动力，自觉加强党性修养和作风养成。要深化干部人事制度改革，完善干部考核评价体系，坚持正确的用人导向，坚持任人唯贤、德才兼备，重品德、重实绩、重公认，对党性强、素质高、作风好、工作成绩突出的干部要重视培养和使用；对扎扎实实、埋头苦干、不事张扬、“老黄牛”式的干部不能亏待。要严格执行领导干部问责制，对违反党性原则、作风问题严重的领导干部要严肃批评教育，对经教育不改的要作出组织处理，对造成严重后果的要按党纪国法予以追究。各级纪委要认真履行职责，协助党委抓领导干部党性党风党纪教育，促使领导干部提高党性修养，筑牢拒腐防变的思想道德防线。认真落实党内监督制度，运用各种有效监督形式，以制度规范党性修养和作风养成的途径和方式。认真贯彻党员权利保障条例，为那些因坚持党性原则而受到打击报复的同志伸张正义，坚决保护坚持党性、坚持原则的同志，营造敢于坚持党性、坚持原则的良好氛围。严格执行党的纪律，坚持党纪国法面前人人平等，严肃查处违纪违法案件，督促领导干部把加强党性修养和作风养成的原则和要求落到实处。

当前，全党正在开展深入学习实践科学发展观活动，这为加强领导干部党性修养和作风建设提供了难得的机遇。各地各单位要把加强领导干部党性修养作为重要内容纳入深入学习实践科学发展观活动之中，通过学习调研、分析检查、整改落实，进一步加强党性修养，树立良好作风。同时，通过增强党性、改进作风，推动转变不适应不符合科学发展观要求的思想观念，解决影响和制约科学发展的突出问题以及党员干部党性党风党纪方面群众反映强烈的突

出问题，构建有利于科学发展的体制机制，真正做到党员干部受教育、科学发展上水平、人民群众得实惠，保证科学发展观贯彻落实。

（作者：中共湖北省委书记）

不断提高纪检监察机关服务保障促进科学发展的能力和水平

何　勇

在全党开展深入学习实践科学发展观活动，是党的十七大作出的战略决策，是用中国特色社会主义理论体系武装全党的重大举措。按照中央的部署和要求，中央纪委、监察部机关作为第一批参加学习实践活动的单位，经过近6个月的努力，圆满完成了学习实践活动三个阶段的各项任务，取得了比较明显的成效，基本达到了提高思想认识、解决突出问题、创新体制机制、促进科学发展的目的。我们要继续巩固和扩大学习实践活动成果，努力提高服务科学发展、保障科学发展、促进科学发展的能力和水平，为保持经济平稳较快发展提供坚强保证。

正确认识形势，努力做好工作，推动中央关于科学发展重大决策的贯彻落实

开展深入学习实践科学发展观活动，必须正确把握当前国际国内形势发展变化和党的建设状况，深刻认识开展深入学习实践科学发展观活动的重大现实意义，进一步增强贯彻落实科学发展观的自觉性和坚定性。

（一）正确认识和把握当前我国经济发展面临的形势和任务。去年以来，中央及时果断地调整宏观经济政策，使我国经济在遭受重大自然灾害和国际金融危机严重冲击的情况下，呈现增长较快、价格回稳、结构优化、民生改善的良好格局。但我们也要清醒看到，今年是我国进入新世纪以来经济发展最困难的一年。由美国次贷危机引发的国际金融危机快速蔓延，使我国经济发展面临前所未有的挑战，我国经济长期积累的深层次矛盾和问题也很突出，长期制约我国经济发展的体制性、结构性矛盾依然存在。为有效应对国际金融危机给我国经济带来的不利影响，防止经济增速过快下滑和出现大的波动，党中央、国务院及时调整宏观经济政策，果断实施积极的财政政策和适度宽松的货币政策，迅速出台扩大内需促进经济增长的一揽子方案。去年中央制定了进一步扩大内需促进经济增长的十项措施，今年又陆续出台了钢铁、汽车、纺织、装备制造、船舶等十大产业调整振兴规划。中央出台的这一系列政策措施，坚持标本兼治、远近结合、综合协调，具有很强的科学性、指导性和可操作性。从实施情况看，这些政策措施对拉动经济增长已经产生效果，对赢得时间、稳定形势、增强信心发挥了十分积极的作用。实践证明，中央作出的决策部署是非常及时、完全正确的，充分体现了科学发展观的要求。我们一定要认识到，我们遇到的困难和挑战是前进中的问题，我国发展的重要战略机遇期仍然存在，不会因为这场金融危机发生逆转。在困难面前，只要我们坚定信心，把压力转化为动力、变挑战为机遇，坚决执行落实中央各项决策，就能保持经济平稳较快发展。各级纪检监察机关要找准工作定位，选准切入点，认真履行监督检查职责，推动保增长、保民生、保稳定各项任务落到实处。

（二）正确认识我国社会稳定面临的形势。

当前，我国社会总的是和谐稳定的，人民安居乐业，社会事业取得显著成就，社会活力明显增强。同时也要看到，我国改革发展正处于关键阶段，国内外环境继续发生深刻变化，影响社会稳定的因素有所增多。农村土地纠纷、城镇房屋拆迁、国有企业改制、下岗失业、涉法涉诉等方面的信访问题比较突出，且与政策问题、干部作风甚至腐败问题相互交织，增大了解决难度。解决影响社会稳定的矛盾和问题、推动科学发展、促进社会和谐，是纪检监察机关的重要职责。我们一定要增强政治意识、政权意识、责任意识，全面把握社会稳定形势，积极发挥职能作用，认真解决人民最关心、最直接、最现实的利益问题，为促进经济又好又快发展营造良好的社会环境。

（三）正确认识党的建设特别是党风廉政建设和反腐败斗争面临的新情况新问题。改革开放以来，我们党高度重视自身建设，紧紧围绕解决好提高党的领导水平和执政水平、提高拒腐防变和抵御风险能力这两大历史性课题，全面推进党的建设新的伟大工程，推动党的建设在不断改进中得到加强。但也要清醒看到，当前党的执政能力与新形势新任务的要求还不完全适应、不完全符合，一些领导干部的思想、作风、能力素质与推动科学发展的要求还不适应。对此，胡锦涛总书记在第十七届中央纪委第三次全会上的重要讲话中作了科学的分析，指出了当前一些领导干部作风上存在的突出问题和消极腐败现象的突出表现。这些情况表明，反腐倡廉形势仍然严峻，任务仍然繁重。我们一定要充分认识反腐败斗争的长期性、复杂性、艰巨性，旗帜鲜明地反对腐败，把党风廉政建设和反腐败斗争不断引向深入，从作风上、纪律上为科学发展观的贯彻落实提供保证。

深入贯彻落实科学发展观，不断提高纪检监察工作服务、保障、促进科学发展的能力和水平

科学发展观是发展中国特色社会主义必须坚持和贯彻的重大战略思想，也是深入开展党风廉政建设和反腐败斗争必须坚持和贯彻的重大战略思想。面对新形势新任务，我们必须深入贯彻落实科学发展观，运用科学发展观所体现的马克思主义的立场、观点、方法来谋划、部署和推进党风廉政建设和反腐败斗争。纪检监察机关深入学习实践科学发展观，关键是要联系实际、学以致用、务求实效。要将学习实践科学发展观，与贯彻落实党的十七大作出的一系列重大决策部署结合起来，与促进改革发展稳定结合起来，与做好反腐倡廉工作结合起来，不断提高服务科学发展、保障科学发展、促进科学发展的能力和水平。

（一）要把加强对中央关于推动科学发展重大决策部署贯彻落实情况的监督检查，作为当前纪检监察工作的首要任务。纪检监察工作始终是同党在各个阶段的历史任务紧密地联系在一起的。党的十四大提出建立社会主义市场经济体制的目标要求，我们强调要坚持党的基本路线，紧紧扭住经济建设这个中心不放，把党风廉政建设与改革开放紧密结合起来。党的十五大之后，我们围绕党在社会主义初级阶段的基本路线和基本纲领，强调党风廉政建设和反腐败斗争必须紧紧围绕经济建设来进行。党的十六大提出全面建设小康社会的奋斗目标，我们强调要牢牢把握发展这个党执政兴国的第一要务来开展工作。党的十六届三中全会以来，党中央提出了科学发展观的重大战略思想，出台了一系列推动科学发展的重大决策部署。各级纪检监察机关把服务、保障、促进科学发展作为重要任务，为推动经济社会又好又快发展起到了重要作用。可以看出，纪检监察工作在指导思想、决策部署、工作重点上始终坚持与时俱进，努力跟上时代发展步伐。这是纪检监察工作的活力所在，也是党风廉政建设和反腐败斗争不断取得新进展新成效的根本原因。

当前贯彻落实科学发展观，最重要的就是保持经济平稳较快发展，切实把保增长、保民生、保稳定各项任务落到实处，妥善应对国际金

融危机冲击，扎实做好防范经济风险、保障经济安全工作。我们要更加自觉地把纪检监察工作放在党和国家工作大局中去谋划和部署。认真开展对中央有关扩大内需促进经济增长政策措施执行情况的检查，加强对耕地保护和节约用地、节约资源和保护环境、灾后恢复重建资金物资管理使用等政策规定贯彻落实情况的检查，严肃查处违法违规行为，保证中央政策措施落实到位。切实维护党章和其他党内法规，督促党的各级组织和党员干部认真执行党的纪律特别是政治纪律，自觉同党中央保持高度一致，维护中央权威。

(二)要把解决损害群众利益的突出问题、维护人民的根本利益，作为纪检监察机关的重要职责。实现好、维护好、发展好最广大人民的根本利益，是纪检监察工作的出发点和落脚点。我们从1990年开始抓纠正部门和行业不正之风，对党政干部违纪违法建私房和用公款超标准装修住房、大吃大喝等严重影响党群、干群关系的问题，进行了集中治理。党的十四大以后，把制止公路“乱设卡、乱收费、乱罚款”等八个方面问题确定为专项治理工作的重点。党的十五大以后，针对群众反映强烈的公路“三乱”、农民负担重、学校乱收费、医药购销中的不正之风等问题，加大纠风工作力度。党的十六大以后，我们进一步拓宽纠风的范围和领域，在继续抓好以往工作的同时，重点就纠正土地征收征用、城镇房屋拆迁、企业重组改制和破产中损害群众利益，以及拖欠农民工工资等问题进行治理。总的看，纠风工作取得明显成效，维护了人民群众的根本利益，得到人民群众的认可和支持。

纪检监察机关贯彻落实科学发展观，很重要的一个方面是要着力解决人民群众反映强烈的突出问题。要会同有关部门强化监督检查，重点解决食品药品安全、生产安全、生态环境保护、征地拆迁、价格监管等方面群众反映强烈的问题，加强对社保基金、住房公积金、扶贫资金和救灾救济资金的监管，严肃处理违纪违规问题。当前，尤其要贯彻落实国务院《关于做好当前经济形势下就业工作的通知》，严肃查处侵害农民和进城务工人员、破产企业职工合法权益的问题，在促进就业方面发挥积极作用。要想人民群众之所想，急人民群众之所急，配合有关部门采取得力措施，引导群众依法管理基层公共事务和公益事业，努力构建实现科学发展最广泛最深厚的群众基础。

(三)要把抓好《工作规划》的贯彻落实、扎实推进惩治和预防腐败体系建设，作为反腐倡廉建设的工作重点。建立健全惩治和预防腐败体系是我们党对执政规律和反腐倡廉工作规律认识的进一步深化。党的十六届三中全会提出，加强党风廉政建设、反对和防止腐败，是建立和完善社会主义市场经济体制的重要保证。要建立健全与社会主义市场经济体制相适应的惩治和预防腐败体系。党的十六届四中全会提出，坚持标本兼治、综合治理、惩防并举、注重预防，抓紧建立健全与社会主义市场经济体制相适应的惩治和预防腐败体系。2005年1月3日，党中央颁布惩治和预防腐败体系实施纲要。党的十七大把“党坚持标本兼治、综合治理、惩防并举、注重预防的方针，建立健全惩治和预防腐败体系”等重要思想写进党章。2008年5月13日，党中央印发《建立健全惩治和预防腐败体系2008—2012年工作规划》。几年来，各级党委、政府积极推进惩治和预防腐败体系建设，反腐倡廉工作呈现出系统治理、协调发展的良好局面。可以清楚地看出，党中央对惩治和预防腐败体系建设的要求是一以贯之的，反腐倡廉建设的方针、原则和政策是不断深化、发展和完善的。

《工作规划》是贯彻落实党的十七大精神的产物，充分体现了科学发展观的要求。纪检监察机关贯彻落实科学发展观，要牢牢抓住完善惩治和预防腐败体系这个重点，抓好《工作规划》的贯彻落实。要坚持一手抓惩治、一手抓预防，整体推进教育、制度、监督、改革、纠风、惩治各项工作。要坚持从严治党方针，严肃查处领导机关和领导干部中滥用职权、贪污贿赂、腐化堕落、失职渎职的案件，坚决遏制腐败现象滋生蔓延的势头。要针对工程建设、房地产、土地管理和矿产资源开发、金融、司法等领域腐败现象易发多发的情况，开展专项治理，努力取得新的突破。要注重改革创新和制度建设，加大预防腐败力度，有效堵塞体制机制和制度上存在的漏洞。要督促有关部门把反腐倡廉建设纳入经济社会发展总体规划、寓于各项改革和重要政策措施之中，同改革发展工作一起部署、一起检查，切实解决导致腐败现象发生的深层次问题。

（四）要把抓好领导干部党性党风党纪教育、加强和改进领导干部作风建设，作为纪检监察工作贯彻落实科学发展观的重要切入点。我们党历来高度重视作风建设，在长期革命和建设的实践中，形成并发扬了许多优良传统和作风。以毛泽东同志为核心的第一代中央领导集体，确立了理论联系实际、密切联系群众和批评与自我批评三大作风。以邓小平同志为核心的第二代中央领导集体，针对改革开放之初党内不正之风和消极腐败现象滋生蔓延的状况，作出了“执政党的党风问题是有关党的生死存亡的问题”的重要论断。党的十三届四中全会以后，以江泽民同志为核心的第三代中央领导集体，从建设一个什么样的党、怎样建设党的战略高度，明确提出党的作风建设核心是保持党同人民群众的血肉联系。党的十六大以来，以胡锦涛同志为总书记的党中央，要求全党同志特别是领导干部牢记“两个务必”，大兴求真务实之风，大力倡导八个方面良好风气，做到为民、务实、清廉。在今年年初召开的中央纪委第三次全会上，胡锦涛总书记深刻阐述了新时期加强领导干部党性修养、树立和弘扬良好作风的重要性和紧迫性以及基本要求和工作重点，号召全党把加强领导干部党性修养、树立和弘扬良好作风作为重大政治任务抓紧抓好。经过全党共同努力，党的作风建设取得显著成效，党的光荣传统和优良作风不断发扬光大，并不断被赋予新的内涵。

深入贯彻落实科学发展观、促进经济社会又好又快发展，必须有坚强的党性和优良的作风作保证。特别是当前面对复杂多变的国际局势和艰巨繁重的国内改革发展任务，要积极应对国际金融危机冲击、保持经济平稳较快发展，必须进一步加强和改进领导干部作风建设。我们要切实履行党章赋予的职责，协助党委抓好领导干部党性党风党纪教育，针对领导干部在作风方面存在的突出问题，研究提出有效措施。要完善党内监督制度，以制度规范党性修养和作风养成的途径和方式。要加强对领导干部作风状况的监督检查，及时发现和解决领导干部在作风方面的苗头性、倾向性问题，促使全党树立和弘扬优良作风，在加强领导干部党性修养和作风养成中发挥重要作用。

结合开展深入学习实践科学发展观活动，切实加强纪检监察机关自身建设

胡锦涛总书记在第十七届中央纪委第三次全会上强调，“纪检监察干部应该具有坚强党性和良好作风，敢于同各种不正之风和违法乱纪行为作坚决斗争，敢于秉公执纪，敢于碰硬，做到忠于职守”。这是对广大纪检监察干部的殷切期望，也对我们学习实践科学发展观提出了新的更高要求。我们要认真学习贯彻，切实加强纪检监察机关自身建设。

一是要坚持用科学发展观武装头脑、指导实践、推动工作，始终在思想上、政治上、行动上与党中央保持高度一致。广大纪检监察干部要深入学习中国特色社会主义理论体系，努力掌握其中的马克思主义立场、观点、方法，做到真学、真懂、真信、真用，不断提高理论素质和党性修养，提高分析和解决实际问题的能力。尤其要深化对科学发展观的学习，深刻领会科学发展观的科学内涵、精神实质、根本要求，牢固树立科学发展理念，以科学发展观武装头脑。要坚持理论联系实际，在解决突出问题、完善体制机制、推动当前各项工作上下功夫，切实把科学发展观的要求转化为我们的自觉行动。要善于从政治上观察、分析和处理问题，在关键时刻和

重大问题上立场坚定、旗帜鲜明，自觉同党中央保持高度一致。

二是要进一步加强对纪检监察机关党员干部的管理和监督，切实加强干部队伍建设。要从具体事情抓起，从点滴小事抓起，促使纪检监察干部求真务实、真抓实干，坚持原则、实事求是，艰苦奋斗、谦虚谨慎，模范遵守国家法律和党内法规。要认真落实内部监督制约机制，加强对干部遵守廉洁从政行为规范、公正执行公务等情况的监督检查。要加强保密工作检查，严肃保密纪律。要坚持厉行节约，反对奢侈浪费，认真落实中央提出的有关费用实行零增长的要求。在严格管理、严格监督的同时，要关心和爱护干部，多为他们排忧解难，充分调动他们的积极性。广大纪检监察干部要把"做党的忠诚卫士、当群众的贴心人"作为长期的目标要求，忠实履行职责，树立可亲、可信、可敬的良好形象。

三是要加强制度建设，在建立符合科学发展观要求、体现纪检监察特点的自身建设长效机制上下功夫。要结合开展深入学习实践科学发展观活动，认真解决在思想、作风、能力素质方面与推动科学发展的要求不适应不符合的问题，认真解决影响和制约科学发展的突出问题，特别要下功夫解决群众普遍关心的热点、难点问题。要抓好体制机制的建立健全，进一步完善干部能力建设、组织建设、干部考核评价、行政管理和后勤服务等方面的规章制度。要对现有的各类纪律规定、规章制度进行清理和修订，着力完善有利于科学发展的纪律保证措施和有关制度，努力形成加强自身建设的长效机制。

深入贯彻落实科学发展观是一项重大的政治任务。让我们更加紧密地团结在以胡锦涛同志为总书记的党中央周围，与时俱进，开拓创新，扎实推进党风廉政建设和反腐败斗争，为夺取全面建设小康社会新胜利作出新的更大贡献。

（作者：中共中央书记处书记、中央纪委副书记）

以务实创新精神
扎实推进惩治和预防腐败体系建设

张云川

贯彻落实《建立健全惩治和预防腐败体系2008—2012年工作规划》（以下简称《工作规划》），必须以务实创新精神扎实有效地推进惩治和预防腐败体系建设，不断开创反腐倡廉建设新局面。

一、建立健全惩治和预防腐败体系在党的建设中具有重要地位和作用

以完善惩治和预防腐败体系为重点，加强反腐倡廉建设，是党的十七大提出的一项重要任务，是从提高党的执政能力、保持和发展党的先进性的全局出发作出的重大决策。第一，这是深入贯彻落实科学发展观的有力保证。科学发展观是我国经济社会发展的重要指导方针，是发展中国特色社会主义必须坚持和贯彻的重大战略思想。《工作规划》充分体现了科学发展观的内在要求，突出强调了对贯彻落实科学发展观情况的监督检查，这就为促进科学发展观的落实提供了有力保证。认真实施好中央这个文件，就能及时发现和解决党风政风方面不符合科学发展的突出问题，进一步优化发展环境，最大限度地调动各方面的积极性和创造性；就

能按照科学发展的要求，不断改革和完善体制机制，把反腐倡廉建设同各项改革措施有机结合起来，最大限度地消除影响发展的体制性障碍；就能更好地坚持以人为本，更加有效地解决损害群众利益的不正之风，最大限度地密切党同人民群众的联系。第二，这是推进党的建设新的伟大工程的内在要求。党的十七大第一次把反腐倡廉建设与党的思想建设、组织建设、作风建设和制度建设一起，确定为党的建设的基本任务，明确提出了加强以完善惩治和预防腐败体系为重点的反腐倡廉建设，这是我们党对执政党建设规律认识的深化。这五个方面的建设，是紧密联系、相互促进的有机整体。从近年来查处的案件看，许多腐败现象的发生都不是孤立和偶然的，都与思想、组织、作风、制度建设中存有这样那样的问题有直接关系。反过来讲，一些地方之所以不能把党的建设各项任务很好地落实下去，导致组织软弱涣散、干部队伍作风不好，一个很重要的原因，也是治党不严、反腐倡廉抓得不紧。深入贯彻落实《工作规划》，必将把党的各方面建设更加紧密地衔接起来，使惩治和预防腐败体系建设的内涵更加丰富，促进党的建设整体水平不断提高。第三，这是深入推进反腐倡廉建设的必然选择。这些年来，党风廉政建设和反腐败工作取得了积极成效，但也要看到腐败现象在一些领域易发多发的状况仍未改变，特别是随着改革的深入和市场化进程的加快，各种腐败现象不断以新的形式表现出来。在这种情况下，有效遏制腐败现象的滋生蔓延，就必须坚持惩防并举、注重预防，以改革的精神研究新情况、解决新问题、探索新途径。《工作规划》准确把握当前反腐倡廉建设面临的形势和任务，从治标和治本两个方面提出了具体的解决办法，是全面推进反腐倡廉建设的基本遵循。

二、以改革创新精神和求真务实态度推进惩治和预防腐败体系建设

贯彻落实《工作规划》，必须以改革创新的精神和求真务实的态度，切实解决党风廉政建设中出现的新情况新问题，整体推进惩治和预防腐败体系建设各项工作。在实际工作中，要注意把握好以下几个方面。

第一，始终坚持围绕中心、服务大局。这是推进反腐倡廉建设的基本要求。要紧紧围绕科学发展、富民强省这个中心任务，围绕完善社会主义市场经济体制、发展社会主义民主政治、推进党的建设新的伟大工程各项工作，更加卓有成效地推进反腐倡廉建设。一是要有力保证科学发展观的贯彻落实。要坚持以科学发展观统领反腐倡廉建设，自觉转变不符合科学发展观的思想观念，理清工作思路，改进工作方法，真正把发展这个第一要义、以人为本这个核心、全面协调可持续这个基本要求、统筹兼顾这个根本方法，贯穿于惩治和预防腐败体系建设的全过程和各个方面，不断增强工作的实效性。要切实加强对中央和省委推进科学发展重大决策部署贯彻情况的监督检查，努力在调整经济结构、搞好节能减排、保护生态环境、不断改善民生、改变城乡面貌等方面发挥积极作用。二是要积极推进市场经济体制的不断完善，加快建设服务型政府。要把促进改革深化、激发市场活力与规范权力行使、有效预防腐败紧密结合起来，进一步推进行政管理体制改革。要以“放”为核心，大刀阔斧地减少行政审批事项，最大限度地下放管理权，减少对微观经济活动的干预，把市场配置资源的潜力充分发挥出来。要以动态公开和加强对权力运行全过程的监督为重点，全面深化行政权力公开透明运行，实行阳光政务、建设阳光政府。三是要切实维护党的政治纪律。教育引导各级领导班子和领导干部进一步增强政治敏锐性和政治鉴别力，坚定不移地同以胡锦涛同志为总书记的党中央保持高度一致，坚决贯彻执行中央的决策部署，结合实际创造性地开展工作。

第二，始终坚持惩防并举、注重预防。惩治和预防，是反腐倡廉相辅相成、互相促进的两个方面。只有从严惩治，才能体现我们党反对腐

败的坚强决心，赢得人民群众的真心拥护；只有抓好预防，才能从源头上遏制腐败现象的蔓延，努力从根本上解决腐败问题。因此，在反腐倡廉建设中，要始终坚持惩治和预防两手抓、两手都要硬，切实做到防患于未然、惩治于已然。一方面，要进一步加大预防腐败工作力度。按照“三个更加注重”的要求，坚持用发展的思路和改革的办法，积极探索从源头上消除腐败现象的有效途径。另一方面，要毫不放松地抓好惩治腐败工作。对各类腐败案件，发现一起，查处一起，决不姑息，决不手软，始终保持惩治腐败的强劲势头。特别是对发生在领导机关和领导干部中的案件，官商勾结、权钱交易、权色交易和严重侵害群众利益的案件，以各种手段侵吞国有资产的案件，利用司法权索贿受贿、徇私舞弊的案件，领导干部和执法人员为黑恶势力充当“保护伞”的案件，以及商业贿赂案件等，要揪住不放、一查到底。同时要针对案件办理中发现的苗头性问题和薄弱环节，及时完善制度堵塞漏洞，充分发挥惩治在治本方面的积极作用。

第三，始终坚持突出重点、整体推进。在整个反腐倡廉建设中要紧密联系本地实际，突出工作重点，抓住关键环节，力争取得更大成效。一是要着力解决重点领域和关键环节存在的腐败问题。对财政、国土、建设、环保、教育等重点领域，要从政策和制度层面研究制定防治腐败的有效措施，切实解决存在的突出问题；围绕干部人事、行政审批、司法和行政执法权等权力的行使，抓住容易滋生腐败、影响社会公平、引发不稳定因素的关键环节，强化对权力运行的制约和监督；加强农村和国有企业反腐倡廉工作，为社会主义新农村建设和国有企业改革发展提供重要保证。二是要加大对改善民生各项决策部署的督促检查力度，坚决纠正损害群众利益的不正之风。深入开展专项治理，下大力解决群众反映强烈的问题，尤其要加强对节能减排工作的监督检查，跟踪问效，确保落实。三是要抓住领导干部这个重点。进一步深化党风党纪教育，引导各级领导干部讲党性、重品行、作表率；严格执行党内监督制度，加强上级党委和纪委对下级党委及其成员的监督，加强常委会内部监督，防止权力滥用和行为失范；严格执行领导干部廉洁自律各项规定，使领导干部在各种诱惑面前眼不花、嘴不馋、手不伸、心不贪，培养健康的生活情趣，保持高尚的精神追求，干干净净办事、清清白白做人。

第四，始终坚持深化改革、开拓创新。改革创新是推进反腐倡廉建设的根本途径。要创新思路。全面准确地把握中央的要求和部署，不断加深对新时期反腐倡廉建设特点和规律的认识，增强工作的前瞻性和科学性；坚持把教育、制度、监督、改革、纠风、惩处等统筹起来推进，增强工作的系统性和整体性；注意抓住那些群众反映强烈、基本具备治理条件、经过努力在短时间内能够取得成果的突出问题，集中力量整治，增强工作的针对性和可操作性。要创新方法。深入调查研究，努力从基层和群众的实践创造中汲取智慧，完善措施。要创新制度。推进惩治和预防腐败体系建设，必须坚持与时俱进，特别是在创新体制机制上下工夫。要通过解放思想、改革创新，进一步拓宽领域、堵塞漏洞，把制度建设特别是制度的创新贯穿于反腐倡廉建设的各个环节，努力形成用制度管权、管人、管事的良好机制。要坚持边探索、边实践，把行之有效的做法和经验及时用制度的形式固定下来，并加强对制度执行情况的监督检查，保证各项制度落到实处。

三、切实加强对惩治和预防腐败体系建设的组织领导

推进惩治和预防腐败体系建设是贯彻党的十七大精神，落实中央决策部署的一项重大任务，各级党委、政府务必引起高度重视，以《工作规划》提出的任务和要求为目标，以严格执行党风廉政建设责任制为“龙头”，加强组织领导，狠抓工作落实，务求取得实效。要严明工作责任。各级党委（党组）是反腐倡廉建设的责任主体，

要坚持党委统一领导、党政齐抓共管，把惩治和预防腐败体系建设纳入党委、政府的重要议事日程。对本地区本部门的党风廉政工作，“一把手”要负总责，重要工作亲自部署，重大问题亲自过问，重点环节亲自协调，重点案件亲自督办。各级领导班子成员要根据分工抓好职责范围内的党风廉政建设。各级纪委要协助党委抓好各项工作落实。要加强监督考核。各地各部门要进一步健全督察、测评、奖惩机制，把推进惩治和预防腐败体系建设情况列入对领导班子和领导干部的考核评价范围。各级纪委要会同有关部门每年对工作进展情况进行专项检查，掌握工作进度，发现存在问题，实行分类指导，督促工作落实。要强化责任追究。在推进惩治和预防腐败体系建设中，要严格执行责任追究制度，切实解决工作中失之于软、失之于宽的问题。对不认真履行反腐倡廉职责，导致本地本部门出现重大腐败问题的，要按照党风廉政建设责任制和有关规定严肃查处。

（作者：中共河北省委书记）

勤政廉政　谨慎为政

吉炳轩

为政之要在于勤，为政之要在于廉，为政之要在于慎。

勤政，就是要干事，多干事、敢干事、会干事、能干成事。做官不干事，这个官就没用，就得腾位置。我们常说，共产党的干部是人民的公仆。公仆是什么？就是仆人，人民公用的仆人。仆人是干什么的？就是为人民服务的，铺床叠被、端茶倒水、洗衣做饭、净堂扫院，什么事都得干，就是把主人伺候得舒舒服服。党的干部是人民的公仆，就是要尽心尽力地去为人民办事，办生产中的事、生活中的事、人民群众最关心最需要解决的事。发展是第一要务，是人民的根本利益所在。发展了，人民才能过上好日子，这是人民的所思所盼，所以要集中力量抓发展、一心一意搞建设。吃喝拉撒睡、柴米油盐茶，这是人民生活中必不可少的，是最现实的事，也是锅碗瓢勺经常响、碰来碰去矛盾最多的事，也是公仆最该干的事。社会和谐来源于生活安逸，吃不好，穿不好，住不好，睡不好，衣食住行，诸多不遂心，就没有社会和谐可言。这些看似小事的琐碎事，对人民群众来说，往往就是天大的事。民以食为天，吃饱穿暖，把日子过好，这是广大人民最基本的需求。勤政干事，就要干老百姓关心的事、需要的事。一个抓发展，干发展的事，这是根本利益，既是长远的需要，也是现实的需求；一个抓生活，干现实生活中老百姓急需帮助解决的事，使人民能过上安稳日子。强调勤政，就是要反对倦政。倦政就是懒于政事，说白了就是不干事。不干事不是简单地指上班点卯撞钟，无所事事，更主要的是指不负责任，不解决问题，不触动矛盾，大权揽在手，就是不发令，别人想干也干不成。当领导的，不能怕作难，不能怕矛盾，不能怕吃苦，也不能怕受累。干事没有不吃苦的，没有不作难的。我们有些干部想位置、争位置、保位置，可以说是处心积虑，精于算计，十分舍得下功夫，而对干事却不上心、不下力。看见难事躲着走，遇到矛盾绕着走，一心想当官，还想当个太平官，天底下哪有这样的好事！我们现在有许多事情都耽误在不干事上，把大好的机遇错过了，把大好的时光浪费了，把人民的事业也给耽误了。拿着俸禄不干事，长期下去是会误大事的。在这里还需要提出另一个问题，倦政也包含整天忙忙碌碌而不干正事。我们有些同志，你不能简单地说他不干事，整天也是早出晚归，夜以继日，腿不停地跑，手不停地写，嘴也不停地讲，辛辛苦苦，热热闹闹，但干的事情离人民很远，离实际很远，在十分认真地搞形式，典型的官僚主义、形式主义。用群众的话来说，这样的事干了还不如不干，宁肯让你们歇着，拿着工资薪水，也别没事找事瞎折腾。所以，勤政，要勤于正事。什么是正事，什么不是正事，道理标准很简单：凡是有利于经济发展、社会安定、人民幸福的事，都是正事，有违的、不利的、不实际的，都不是正事。正事就多干快干，否则就少干不干。

廉政，现在讲得很多了，但腐败现象仍然严重。这是一个很复杂的社会问题，古今中外几千年，都还没有解决好。抓得不少，判得不少，杀得也不少，中国历史上因腐败而被杀头甚至株连九族的都不少，但仍是“前赴后继”。看来官场腐败是个痼疾，是个顽症。在这里不去分析它产生的社会历史经济文化等原因，只谈一个具体问题，就是领导干部的为政之德问题。社会有公德，家庭有美德，公民有道德，各行各业还有职业道德，这是一个社会赖于生存发展的精神支撑。为官的一定要有官德，也就是为政之德。腐败现象为何蔓延不绝？从个人内因上讲，就是贪欲所致，欲壑难填，利欲熏心。抑制贪欲，要靠法纪，也要靠道德修养，在一定意义上道德修养更重要。古人讲，“欲明德于天下者，先治其国；欲治其国者，先齐其家；欲齐其家者，先修其身；欲修其身者，先正其心”，正心、修身是最基本的。我们党历来重视从思想上建党，也是一样的道理。我们现在强调法制，但决不能因此轻视思想道德修养。思想道德不端正，法制的作用就会大打折扣。腐败的问题出在欲望占了上风，道德感下降，甚至丧失了。凡是搞腐败的，没有一个不是利欲熏心，鲜廉寡耻。“物欲横流”，肯定要坏事。解决腐败问题，从思想深处，首先要解决好欲望的问题。人生一世，草木一秋，仔细想想，非常短暂，能够过得有意义些、清静些、坦然些、自由些、安稳些，比什么都好。自己给自己套上名缰利锁，苦苦挣扎，到头来身败名裂，烟消云散，何苦呢？从政之德，最重要的是两条：一是公正，二是清廉。大家看戏、看电影、看电视剧，凡是有升堂审案的场景，布景上都有一块匾额，上写“公正廉明”或“清正廉明”四个大字。尽管剧中可能是昏官、贪官，但堂上这四个字是不可少的。老百姓看干部其实很简单，就是看你干事不干事，处事公不公，自身净不净。不干事，老百姓要跟着你受穷；处事不公，老百姓会心里有气；自身不净，就会风气败坏，贪腐横行。所以，公正清廉是为政的大德。公正清廉，就是要依法办事、依规办事、依政策办事，带着对人民深厚的感情办事，而不是凭金钱办事、凭亲疏办事、凭交情办事。说到底，就是世界观的改造问题。当干部的，就要树立正确的世界观；对共产党的干部来说，就是马克思主义的世界观，正确看待权力，正确看待名利，走好自己的人生路，走好自己的从政路。

慎政，就是要谨慎从政，小心从政。政治很复杂，政务很繁杂，一个人的知识和能力是有限的，有许多东西我们不了解、不熟悉，还要去处理，当然会难。最好的办法就是虚心学习，集思广益，依靠集体之力、众人之智来解决。我们说相信群众、依靠群众，其深刻的道理也在这里。领导工作，就是做人的工作。什么工作最难？千难万难，莫过于人的工作最难。只要把人的工作做好了，事业就成功了一半。领导，顾名思义，就是带领和引导。带领引导谁？说到底还是人，就是要把人带领好、引导好。世有百态，人有百情，把人组织好、管理好是世界上最难的事。改朝换代，政权更迭，都是最终在人的问题上出了问题。干事、公正、廉洁，就能把人带领好，人民就会拥护、赞同、信得过，说的话就会有人听，作出的决策就会有人办。领导需要权力，但一定要谨慎行使权力，绝不能一朝权在手，乱把令来行，绝不能搞“有权不用，过期作废”那一套。掌权者应时时有如履薄冰、如临深渊之感，千万不可忘乎所以、妄自尊大。我们有许多问题出在不谨慎上，也就是盲目决策上。决策失误造成的损失，比贪污腐败要大得多、多得多，而且还难以清理，贻误后代。我们说敢于决策，但必须善于决策、科学决策。这个决策是基于大量的调查研究、认准了的前提下来决定的。果断和武断只是一字之差，要果断而不要武断。主见和主观也是一字之差，要有主见，但绝不能主观。有主见、敢果断，看其表是雷厉风行、敢作敢为，透其质是十分谨慎、百倍小心。地位越高，权力越大，越要小心，越要格外谨慎。如果涉及大的利益调整，就更要慎重，搞得不好会出乱子。现在社会矛盾很多，各种利益关系都在重新调整之中，改革进入了攻坚克难的阶段，在重大问题的决策上，一定要慎之又慎。慎政的另一个方面，就是要慎重处理已经出现的各类社会矛盾。我们反复讲一个观点，就是要把各类矛盾解决在初发之时，处置在萌芽状态，不要把事件演变为案件，不要让个别事件酿成群体事件。我们是在和平条件下执政，解决社会矛盾不宜采取过于激烈和强硬的手段，而要用民主法制、说服教育的办法去解决。现在许多问题的发生，在很大程度上是由于不警惕、不重视而逐步演变造成的。一些突发性事件、群体性事件，认真追溯，都是有前因后果的，如果早发现、早处理、早采取措施，就不会出现严重的后果。包括一些事故，也多是不认真、不负责、不小心、不谨慎造成的。中央反复强调，领导干部一定要有忧患意识，就是告诫我们守成很难，执政不易，不可一日懈怠，不可粗心大意，一定要见微知著，防患未然，谨慎从政，少犯些错误，千万不要大意失荆州。

（作者：中共黑龙江省委书记）

充分发挥检察机关职能作用为经济平稳较快发展提供强有力司法保障

曹建明

当前，受国际金融危机持续蔓延和世界经济增长明显减速大环境的影响，我国经济运行困难急剧增加，保持经济平稳较快发展的任务十分艰巨。检察机关要全面贯彻党的十七大、十七届三中全会和中央经济工作会议、全国政法工作会议精神，认真贯彻胡锦涛总书记等中央领导同志对检察工作的重要指示，深入贯彻落实科学发展观，坚持服从和服务于全党全国工作大局，找准加强和改进检察工作的着力点，充分发挥打击、预防、监督、保护等职能作用，维护社会公平正义，促进社会和谐稳定，为经济平稳较快发展提供强有力的司法保障。

一、着力保障经济平稳较快发展

各级检察机关要紧紧围绕中央“保增长、扩内需、调结构”的重大决策部署，立足检察职能，积极主动地做好服务经济建设的各项工作。

要更加注重维护良好的市场经济秩序。积极参加整顿和规范市场秩序专项行动，依法打击严重破坏市场经济秩序特别是金融、证券、房地产等领域的犯罪活动；深化治理商业贿赂工作，继续抓好集中查办城镇建设领域商业贿赂犯罪工作，加强行贿犯罪档案查询等工作，促进资本市场和房地产市场等健康发展，维护金融稳定和经济稳定。充分发挥对民事审判的法律监督职能，促进依法调节民事经济关系，保障各类市场主体公平竞争。

要更加注重保障政府投资安全。针对当前公共支出大幅增加、政府投资力度加大的新情况，积极配合有关部门加强对民生工程、基础设施、生态环境建设及灾后重建等重大工程建设和项目资金使用的法律监督，严肃查处贪污贿赂、失职渎职等犯罪行为，做好公共资金使用、公共资源配置、公共项目实施等重点领域和环节的预防职务犯罪工作。

要更加注重对能源资源、生态环境的司法保护。依法打击造成重大环境污染、严重破坏生态环境等犯罪，继续抓好深入查办危害能源资源和生态环境的渎职犯罪工作，促进能源资源节约和生态文明建设。

要更加注重对知识产权的司法保护。积极参加保护知识产权的专项行动，加大对行政执法机关移送知识产权犯罪案件和司法机关受理知识产权犯罪案件的监督力度，依法惩治、积极预防侵犯知识产权的犯罪，充分发挥司法保护知识产权的主导作用，营造有利于自主创新的法治环境。

要更加注重改进办案方式和方法。从有利于维护企业正常生产经营、维护企业职工利益、促进经济社会秩序稳定出发，进一步规范执法、文明办案，依法妥善处理涉及企业特别是广大中小企业的案件；认真分析和审查受理的举报线索，本着"一要坚决，二要慎重，务必搞准"的原则予以处理；认真研究和正确把握法律政策界限，严格区分工作失误与渎职犯罪，经济纠纷与经济诈骗，正常合法收入与贪污、受贿，资金合理流动与徇私舞弊造成国有资产流失，企业依法融资与非法吸收公众存款等罪与非罪的界限；慎重使用查封、扣押、冻结、拘留、逮捕等措施，最大限度地维护企业合法权益，避免因执法不当给企业的正常生产经营造成负面影响；认真听取企业的意见和建议，及时有效地提供法律支持和司法服务，保障和促进企业健康发展。

二、着力促进农村改革发展

推进农村改革发展，是党中央从我国改革发展全局出发作出的重大战略部署。各级检察机关要充分认识新形势下推进农村改革发展的重大意义，切实把保障和促进农村改革发展作为服务大局的一项重要任务来抓。要依法打击侵害农民利益、危害农业生产、影响农村稳定的犯罪活动，依法维护农村的基本经营制度、土地管理制度、民主管理制度和农业支持保护制度，巩固农业农村发展的良好形势。坚决打击农村黑恶势力犯罪，打击严重影响农民群众安全感的"两抢一盗"、拐卖妇女儿童等犯罪，打击组织利用邪教组织破坏法律实施和利用宗教、宗族势力等破坏农村政权建设的犯罪活动。积极参与农村社会治安综合治理和平安创建活动，结合办案加强法制宣传，维护农村社会稳定。深入开展查办涉农职务犯罪工作，有针对性地加强涉农职务犯罪预防，保障农村基础设施投入和农业补贴款项的规范使用，保障中央各项支农强农惠农政策的有效实施。强化涉农法律监督和司法保护，严厉打击制售假冒伪劣农资等坑农害农犯罪，认真办理土地承包经营权流转、农产品生产经营、农村金融等领域和涉及农民工劳资纠纷等民事行政申诉案件。密切与农民群众的联系，深入农村开展调查研究，围绕维护农民合法权益、保障农业生产发展、促进农村和谐稳定，探索加强农村检察工作的有效措施，不断创新服务农村改革发展的途径和方式，提高法律服务能力和水平。

三、着力保障和改善民生

各级检察机关要切实抓住关系民生的突出问题加大法律监督力度，促进解决涉及群众利益的难点热点问题。严肃查办社会保障、劳动就业、征地拆迁、移民补偿、抢险救灾、医疗卫生、招生考试等领域的职务犯罪案件，严肃查办国家机关工作人员利用职权实施的侵权犯罪案件，切实保障人民群众依法享有的政治、经济、文化、社会等各项权利。积极参加食品药品安全专项整治以及“质量和安全年”活动，严厉打击制售有毒有害食品药品等犯罪活动，依法及时介入重大责任事故调查，坚决查办重大安全生产事故、重大食品安全事件背后的失职渎职等职务犯罪案件，切实保障人民生命财产安全，促进安全发展和社会稳定。强化对涉及劳动争议、保险纠纷、补贴救助等民事审判和行政诉讼活动的法律监督，加强对困难群众的司法保护。及时执行已复查纠正的案件和刑事赔偿决定，探索实行对生活确有困难的被害人的司法救助制度，体现司法的人文关怀。

四、着力维护国家安全和社会和谐稳定

各级检察机关要全面把握社会稳定大局，积极应对影响社会和谐稳定的各种问题和挑战，立足检察职能，扎实做好维护社会和谐稳定的工作。牢固树立国家安全意识，加强与有关部门的配合，依法严厉打击境内外敌对势力的渗透颠覆破坏活动，坚决维护社会主义制度，坚决维护国家主权和领土完整，坚决维护国家安全。依法严惩严重刑事犯罪，加大对黑恶势力犯罪、严重暴力犯罪、多发性侵财犯罪、涉众型经济犯罪和毒品犯罪的打击力度，坚决遏制严重刑事犯罪高发势头。依法妥善处理流动人口犯罪以及由经济纠纷引发的各种“民转刑”案件，增强人民群众安全感。准确把握和全面贯彻宽严相济的刑事政策，防止片面强调从严和片面强调从宽倾向，做到既有力打击犯罪，又尽量减少社会对抗，最大限度地促进社会和谐稳定。高度重视和妥善处理人民内部矛盾，深入开展重信重访专项治理，切实解决群众反映的实际问题。建立信访督查专员制度，完善首办责任制和检察长接访、定期巡访等制度，促进信访工作常态化、制度化、规范化。着力抓好源头治理，完善和落实便民利民措施，不断增强执法透明度，认真做好释法说理、心理疏导等工作，把化解矛盾贯穿于执法办案的全过程。

五、着力维护司法公正

各级检察机关要以对党、对人民、对宪法法律高度负责的态度，全面强化对诉讼活动的法律监督，认真解决人民群众反映强烈的执法不严、司法不公问题，真正做到敢于监督、善于监督、依法监督、规范监督，维护和促进司法公正。在刑事诉讼监督中，要重点加强对有案不立、有罪不究、以罚代刑、量刑畸轻畸重和违法立案、刑讯逼供等问题的监督，切实防止放纵犯罪和冤枉无辜。在刑罚执行和监管活动监督中，要重点加强对违法减刑、假释、暂予监外执行的监督，切实避免罪犯逃避刑罚执行；加强对监外执行和社区矫正的监督，切实防止罪犯脱管漏管；加强纠防超期羁押工作，对久押不决案件进行集中清理纠正，切实保障被监管人员的合法权利。要从更好地满足人民群众的司法需求出发，加大民事行政申诉案件的办理力度，探索对民事执行监督的有效途径，依法监督纠正裁判不公、侵害当事人合法权益等问题，重视做好息诉服判等工作，维护司法公正和司法权威。坚决贯彻党中央的要求，把惩治司法腐败作为事关政法事业兴衰成败的关键问题来抓，切实从查办职务犯罪入手，提高攻坚克难能力和法律监督水平。加强对司法人员职务犯罪特点和规律的研究，坚决依法查处执法不严、司法不公背后的贪赃枉法、失职渎职等犯罪案件，纯洁司法队伍，促进司法廉洁，提高执法公信力。

（作者：最高人民检察院检察长）

加强党性修养 弘扬优良作风

喻林祥

学习贯彻胡锦涛同志在中央纪委三次全会上的重要讲话精神，加强领导干部党性修养，树立和弘扬优良作风，切实解决领导干部思想作风和党性修养方面存在的突出问题，以坚强的党性和优良的作风保证科学发展观的贯彻落实，是武警部队当前的一项重大政治任务，必须抓紧抓好。

一、增强政治意识，防止和克服头脑不清醒的问题

党性修养内容很多，核心的是政治修养，最根本的是坚定理想信念。作为领导干部，必须始终保持政治上的清醒与坚定，善于从政治上观察和处理问题，不断增强政治敏锐性和政治鉴别力。

要高举旗帜。这是加强党性修养的根本任务。高举旗帜，就是要高举中国特色社会主义伟大旗帜，牢固确立科学发展观在部队建设中的指导地位。这些年，我们高度重视理论武装工作，狠抓科学发展观的学习贯彻，以理论上的清醒保证政治上的坚定。但是，仍有一些同志对理论学习兴趣不大，把创新理论当口号喊、当标签贴。长此以往，政治信念淡化，党性原则丧失，高举旗帜就会成为一句空话。领导干部要做高举旗帜的模范，就要认真学习党的创新理论，运用理论指导实践。当前，要切实抓好深入学习实践科学发展观活动，真正掌握科学发展观所蕴含的世界观方法论，在武装头脑、推动工作、指导实践上取得更大成效。

要服从命令。军人以服从命令为天职。我们强调服从命令，听从指挥，最根本的就是听党话、跟党走，坚决听从党中央、中央军委和胡主席的指挥。这是党性修养的集中体现。现在，有些领导干部灵活性有余，原则性不足，甚至打擦边球、闯红灯。这个问题必须解决。对上级的决策指示，必须坚决贯彻执行，特别是要结合实际创造性地贯彻落实。随意变通不行，搞上有政策、下有对策更不行。在重大原则问题上，绝不能擅作主张，各行其是。对军委的决策部署和各项指示，武警部队各级领导干部要带头拥护、坚决贯彻，决不允许打折扣，讨价还价。

要把握大局。识大体、顾大局是领导干部必备的基本素质。把握好大局，首先要了解大局。国际形势的基本走向，社情民情的基本动向，中央决策的基本方向，部队一个时期的基本倾向，都要了然于胸，工作才会有原则性、系统性、预见性和创造性。武警部队经常处置一些突发性群体性事件，政策性、敏感性极强，处置得过早、过晚，过轻、过重都不行。这就要求我们的指挥员必须有胆有识，敢于决断，勇于负责，在上级和地方党委政府的统一领导下，圆满完成任务。

二、重视加强学习，防止和克服不勤奋不刻苦的问题

善于学习是加强党性修养的重要途径。每个领导同志都要把学习作为一种使命、一种境界、一种追求，融入人生和事业之中，做到生活学习化、工作学习化。

要博学。时时处处学习，对于增强党性修养、推动事业发展十分重要。不注意学习，忙于事务，思想就容易庸俗化，这是十分危险的。一些领导干部犯错误，甚至腐败变质，根本的原因就是放松了理论学习，放松了思想改造。这是

很值得人们深思和警惕的。作为领导干部,首先是要学好党的创新理论,学好科学发展观。同时要努力学习科学文化知识,不断拓宽知识面,改善知识结构。一个优秀的领导干部,要有坚定的理想信念、卓越的领导工作才能和优秀的道德品质。要具备这三条,关键在于不断学习,刻苦学习,拥有广博的知识。

要善思。思考能力是理解力、分析力、综合力、比较力、概括力、判断力等组成的综合能力。现实生活中,有的人学历差不多,经历也差不多,但工作能力和思想水平相差甚大;有的人在一个岗位上工作多年,而对工作却没有自己的思路和见解。分析原因,还是缺乏思考、缺乏总结。学习和思考,这是人们获取知识不可或缺的两个环节,既要善于学习,又要善于思考。

要实践。党性修养的一个鲜明特征是实践性。实践是学习的重要课堂,也是党性修养的重要源泉。只有在实践中不断磨练、摔打、探索、总结,才能加强修养、储备知识、增长才干。每个领导干部都要把实践作为学习和修养的主要课堂,把理论学习和实践学习统一起来,深入实际,调查研究,向实践学习、向基层学习、向官兵学习。

三、正确对待名利,防止和克服把升迁看得过重的问题

如何对待名利地位,是领导干部加强党性修养的一个重大课题。坚持人民利益高于一切,是共产党员处理利益问题的根本原则,也是领导干部加强党性修养的基本要求。能不能过好名利关,是检验一个领导干部思想觉悟、精神境界和道德水平高低的基本标志。

要正确对待自己。加强党性修养,是一个不断认识自我、改造自我的过程。作为领导干部,既要了解他人,更要清醒地认识自己,客观地看待自己的长处和短处。然而,实际工作中,有的同志自视甚高,总觉得自己比别人强,不提升是组织上用人失误;有的不懂得自我反思,不了解群众评价,一味沾沾自喜、自我陶醉。领导干部一定要有自省精神,经常想一想参加革命为什么,现在当干部应该做什么,将来身后留点什么,正确评价自己,不断提高自己,逐渐完善自己。

要正确对待进步。渴望进步是有上进心的表现,关键是如何看待进步、怎样追求进步。胡主席告诫我们,要克服官本位意识,不求官位高,但求贡献大,靠真才实学和真实业绩成长进步。这句话很有现实针对性。职务晋升是一个人进步的重要标志,但不是惟一标志,更重要的是要追求学习上的进步、思想上的进步、道德上的进步和事业上的进步。

要正确对待组织。我们每个同志无论职位多高,成绩多大,都是党组织中的普通一员,不能游离于组织之外,更不能凌驾于组织之上。现在,有的同志不坚持民主集中制,搞"一言堂"、"家长制";有的居功自傲,把成绩当作向组织讨价还价的资本。这些都是党性不纯、组织观念淡化的表现。作为共产党员,不能光要求组织给予我们什么,更要想想组织已经给予了我们什么,我们为党和人民贡献了什么。董必武同志有句名言:"我就是一块补丁,党把我补在哪里,我就在哪里起一点作用。"每个领导干部都要学习这种"补丁"精神,强化组织意识,多想想组织对自己的培养,多为组织分忧,多为组织贡献力量。

四、不断开阔胸襟,防止和克服做人做事不大气的问题

心胸开阔、气度恢弘是有修养的表现,是为人处事的睿智,是事业成功的秘诀。要铭记邓小平同志关于"胸襟非常开阔,眼界非常开阔"的教诲,并把它作为立身处世的准则、加强党性修养的遵循,以宽阔的胸怀凝聚军心士气,团结和带领部队完成好党和人民赋予的各项任务。

要善于团结共事。团结是一种本领、一种修养、一种胸怀、一种品德。能不能与人团结共事,是衡量领导干部综合素质和党性修养的一个重要标志。搞好团结贵在真诚相处、坦诚相

见，还要学会包容。要善于尊重和欣赏别人多姿多彩的个性，谅解和包容别人工作中的一些失误，善于化解误解和矛盾。我们所强调的团结，是有原则的团结，绝非是非不分，一团和气。我们所讲的宽容、包容，是对非原则问题，在重大是非面前，一定要敢于坚持原则，敢于得罪人。

要善于抓主要矛盾。领导工作千头万绪，作为领导者，一定要善于抓住主要矛盾，解决制约部队建设的深层次问题。抓住工作重点，既是领导艺术的重要体现，又是党性修养的内在要求。提高领导效能，要以科学发展观为指导，树立统筹兼顾观念，坚持抓重点带一般。要善于调动大家的工作积极性，这样才能腾出时间思考重点，抓好重点。

要善于调控情绪。善于控制自己的情绪是领导者的重要品质，也是衡量领导者涵养气度的重要尺度。领导者如果动辄就发脾气，有点事就惊慌失措，工作出点问题就悲观失望，必然会影响军心士气。领导干部必须注意“制怒”，但“制怒”绝不是当“老好人”，那样绝对带不好兵。

五、增强事业心责任感，防止和克服精神状态不佳的问题

高度的革命事业心和责任感是领导干部党性修养的突出表现，体现着对政治信念的坚定、对党的事业的忠诚。各级领导干部一定要认清自己的岗位重要、责任重大，以良好的精神状态，尽职尽责干好本职工作。

要解决好“懒”的问题。业精于勤，荒于嬉。我们绝大多数同志精神状态是好的，能够起表率作用，团结带领部队出色地完成任务。但也有些同志精神不振、心思不专，缺乏干工作的劲头；有的缺乏吃苦扎实的精神，不愿意读书、思考、下基层、干艰苦工作；有的放松要求，混日子、守摊子，得过且过。这种精神状态怎么能把部队建设搞上去？把蓝图变为现实，把计划付诸实施，说一千道一万，归根到底还得埋头苦干。

要解决好“虚”的问题。领导干部弄虚作假，不仅是道德问题，而且是党性问题，是对党不忠诚的表现。求实既是领导干部的优秀品质，也是领导职能的基本要求；既是领导方法，也是领导能力。武警部队任务重、挑战多，尤其需要发扬求真务实精神。各级领导干部要带头树立正确的政绩观，坚持思想上求实、作风上务实、工作上扎实，说实话、报实情、干实事、求实效，确保各项建设和工作取得实实在在的成果。

要解决好“软”的问题。对部队存在的问题敢不敢较真碰硬，是衡量一个领导干部党性强不强的重要标志。领导干部没有原则性、战斗性，见了矛盾绕着走，有了问题能推就推，在重大问题上模棱两可，不敢较真，不敢得罪人，不敢表明自己的态度，这种作风实在要不得，害人害己害部队。各级领导干部一定要以对党的事业和部队建设高度负责的精神，坚持依法从严治警，敢于坚持原则，敢于较真碰硬，敢于豁得出去。

六、正确行使权力，防止和克服形象不好的问题

现实生活中，往往哪里有权力，哪里就有笑脸、奉承和糖衣炮弹。一些领导干部犯错误，往往是在用权上出了问题。在对待权力的问题上，要处理好三个关系：

公与私的关系。作为领导干部，要始终为人民掌好权、用好权，就必须牢记手中的权力是党和人民赋予的，只能用来为人民谋利益，而绝不能用来为自己谋私利。但有的人认为，“有实权就有实惠”，该我用的权力，我就得用够用足；有的人认为，以权谋私，可以“瞒天过海”；有的人认为，“有权不用，过期作废”。这样的思想和行为与党的性质宗旨背道而驰，必须坚决加以纠正。

得与失的关系。一些同志有了权力之后，私欲膨胀，总想利用职权捞点好处，这种人迟早要栽跟斗。正确处理得与失的关系，是一个人的终身课题。对于领导干部来说，这个考验更

为严峻。如果目无法纪，利欲熏心，心存侥幸，一旦东窗事发，身败名裂，倾家荡产，追悔莫及。这就是得与失的辩证法。

权与责的关系。权力越大，责任越重。领导干部要牢固树立立党为公、执政为民的思想，把权力和责任统一起来，真正做到秉公用权，为党尽责。需要特别强调的是，要正确行使权力，不弄权、不揽权、不越权。不弄权就是清清白白、坦坦荡荡地行使权力；不揽权就是按照职级分工，是谁的职责，就由谁行使相应的权力，不能大权独揽，搞少数人说了算；不越权就是坚持层级领导，一级对一级负责，是哪一级的权力就由哪一级行使。

（作者：武警部队政委）

建设一支党性坚强作风优良的纪检监察干部队伍

黄树贤

胡锦涛同志在第十七届中央纪委第三次全体会议上发表的重要讲话，深刻阐述了新时期加强领导干部党性修养、树立和弘扬良好作风的重要性紧迫性以及基本要求和工作重点。这既对全党同志特别是领导干部提出了明确要求，也为纪检监察干部队伍建设指明了方向。我们要深入学习贯彻胡锦涛同志重要讲话精神，努力建设一支党性坚强、作风优良的纪检监察干部队伍，为深入推进党风廉政建设和反腐败斗争提供坚强的组织保证。

一、充分认识建设一支党性坚强、作风优良的纪检监察干部队伍的重要性和紧迫性

我们党历来高度重视纪检监察干部队伍建设。党的十一届三中全会以后，邓小平同志多次强调，对各级干部要加强监督检查，“对于违反党纪的，不管是什么人，都要执行纪律，做到功过分明，赏罚分明，伸张正气，打击邪气”。这就要求纪检监察干部必须做到党性坚强、作风优良、铁面无私、严肃执纪。党的十三届四中全会以后，江泽民同志指出，“加强党风廉政建设和反腐败斗争，必须建设一支政治上靠得住、工作上作风上过得硬、特别能战斗的高素质的执纪执法队伍”。党的十六大以来，胡锦涛同志在中央纪委全会上先后发表七次重要讲话，强调纪检监察干部要增强政治责任感和工作紧迫感，努力成为“加强学习的模范、真抓实干的模范、严格自律的模范”，“敢于同各种不正之风和违法乱纪行为作坚决斗争，敢于秉公执纪，敢于碰硬，做到忠于职守”，以过硬的素质、优良的作风、奋发有为的精神状态履行好党和人民赋予的神圣职责。中央纪委常委会始终高度重视纪检监察干部队伍建设。特别是党的十七大以来，新一届中央纪委常委会在干部队伍建设方面提出了一系列明确要求和具体规定，要求纪检监察干部按照“政治坚强，公正清廉，纪律严明，业务精通，作风优良”的标准，做到“对党和国家无限忠诚、对腐败分子和消极腐败现象坚决斗争、对广大干部和群众关心爱护、对自己和亲属严格要求”。贺国强同志强调，要以开展深入学习实践科学发展观活动为契机，建设党性强、作风好、素质高的干部队伍，为深入推进党风廉政建设和反腐败斗争提供有力的组织保证和人才支持。

30年来，各级纪检监察机关坚持正确的干

部路线，以德才兼备、以德为先的原则培养选拔干部，对广大纪检监察干部严格教育、严格管理、严格监督，保证了党风廉政建设和反腐败斗争的顺利进行。在各级党委、政府的领导下，各级纪检监察机关查处了300多万件违纪违法案件，有效地遏制了消极腐败现象的滋生蔓延。人民群众对反腐败成效的满意度逐年上升，国际社会对我国反腐败工作也给予了积极评价。党风廉政建设和反腐败斗争不断取得新进展新成效，一是靠党中央和各级党组织的坚强领导，二是靠全党全社会的共同努力，三是靠有一支党性坚强、作风优良、党和人民完全可以信赖的纪检监察干部队伍。正如胡锦涛同志所指出的，改革开放30年来党风廉政建设和反腐败斗争的实践充分证明，纪检监察干部队伍是一支政治坚强、公正廉洁、纪律严明、业务精通、作风优良的队伍，是一支党和人民完全可以信赖的队伍。

当前，我国已进入改革发展的关键时期，经济体制深刻变革、社会结构深刻变动、利益格局深刻调整、思想观念深刻变化，这对纪检监察干部队伍建设提出了新的更高要求。反腐败斗争具有长期性、复杂性、艰巨性。与形势的发展和任务的要求相比，与党和人民的期望相比，我们这支队伍还存在一些不适应不符合的问题。比如，有的干部政治理论学习抓得不紧，思想水平、政策水平不高；有的责任心、事业心不强，工作满足于过得去；有的宗旨观念淡薄，为基层和群众服务的意识不强；有的律己不严，没有起到表率作用；极少数纪检监察干部甚至以权谋私，走上违纪违法道路。建设一支党性坚强、作风优良的纪检监察干部队伍，对于充分履行纪检监察职能，深入开展党风廉政建设和反腐败斗争，推动科学发展、促进社会和谐，具有十分重要的意义。

二、深刻理解和准确把握党性坚强、作风优良的基本要求

根据中央要求，纪检监察干部加强党性修养、树立和弘扬优良作风，要坚持以邓小平理论和“三个代表”重要思想为指导，深入贯彻落实科学发展观，自觉遵行社会主义核心价值体系，坚持理论和实践相统一，坚持继承光荣传统和弘扬时代精神相统一，坚持改造客观世界和改造主观世界相统一，坚持加强个人修养和接受教育监督相统一。具体来说，要在以下五个方面作出努力。

忠于职守，政治坚强。要强化政治意识、责任意识。对党和人民无限忠诚是纪检监察干部第一位的政治操守。一个纪检监察干部称职不称职，首先要看政治上是不是靠得住。纪检监察干部要高举中国特色社会主义伟大旗帜，坚持党的基本理论、基本路线、基本纲领、基本经验不动摇，坚决同党中央保持高度一致。不断提高政治敏锐性和鉴别力，善于从政治上观察、思考和处理问题，始终做到在政治上坚定清醒、在重大问题上旗帜鲜明、在关键时刻和重大事件中经得起考验。树立强烈的事业心和责任感，忠实履行职责，切实担负起协助党委加强党风建设和组织协调反腐败工作的重任。

秉公执纪，敢于碰硬。要强化公正意识、原则意识。秉公执纪是纪检监察干部必备的职业操守，也是人民群众的殷切期望。要坚持党性原则，扶持社会正气，抵制歪风邪气，以优良的党风促政风带民风。坚持实事求是，认真执行党的政策，切实维护党员干部的合法权利。坚持从严治党，严格执行党的纪律，坚决查处违纪违法行为，对腐败现象和腐败分子，敢于斗争、敢于碰硬、秉公执纪、刚直不阿。不论是谁，不论职务多高，只要搞腐败，就要一查到底，依纪依法予以惩处，决不让腐败分子逃脱党纪国法的惩处。

竭诚为民，践行宗旨。要强化群众意识、服务意识。纪检监察干部要时刻把维护人民群众的利益放在第一位，真诚倾听群众呼声，真实反映群众愿望，真情关心群众疾苦，始终做到同人民群众心连心。坚持正确的事业观、工作观、政绩观，在为群众办实事、解难事、做好事的过程

中培养群众感情、增长工作才干。坚持权为民所用、情为民所系、利为民所谋，认真解决群众反映强烈的突出问题，坚决纠正损害群众利益的不正之风，让人民群众共享改革发展的成果。

一身正气，清廉自守。要强化法制意识、表率意识。反腐败是一场看不见硝烟的斗争，纪检监察干部必须身正行直，始终保持疾恶如仇的凛然正气和昂扬的革命斗志。要切实增强组织观念、纪律观念和法制观念，带头遵守党的纪律和国家的法律法规，带头遵守政治纪律、组织纪律、经济工作纪律、群众工作纪律，带头遵守廉洁自律各项规定，自觉接受组织和群众的监督。坚持讲党性、重品行、作表率，以谨慎之心对待权力、以淡泊之心对待名利、以警惕之心对待诱惑，干干净净干事，堂堂正正做人，树立可亲、可信、可敬的形象。

加强学习，提高素质。要强化学习意识、创新意识。只有认真学习新知识，经常研究新问题，不断增长新本领，才能适应反腐倡廉工作的新要求。要深入学习中国特色社会主义理论体系，用马克思主义中国化最新成果武装头脑，加强纪检监察业务知识学习，提高思想政治和业务素质；要向书本学习，向实践学习，坚持理论联系实际，勇于开拓创新，不断提高适应完善社会主义市场经济体制和改革开放要求的能力，对党员领导干部特别是主要领导干部有效监督的能力，依纪依法查办案件的能力，发展党内民主、维护党员权利的能力，协助党委加强党风建设和组织协调反腐败工作的能力，努力增强推动科学发展、促进社会和谐的本领，统筹协调、整体推进的本领，坚决惩治、有效预防腐败的本领。

三、以主题实践活动为载体，建设一支党性坚强、作风优良的纪检监察干部队伍

胡锦涛同志强调，各级党组织要把加强领导干部党性修养、树立和弘扬优良作风作为重大政治任务抓紧抓好，作为重要内容纳入深入学习实践科学发展观活动，落实到党要管党、从严治党的工作和措施上。各级纪检监察机关在开展深入学习实践科学发展观活动中，要同步开展“做党的忠诚卫士、当群众的贴心人”主题实践活动，坚持常抓不懈，取得实效。

一是突出纪检监察机关实践特色。各级纪检监察机关和纪检监察干部要根据各自的工作职责和特点，研究提出贯彻落实科学发展观和“做党的忠诚卫士、当群众的贴心人”主题实践活动的具体措施，研究提出加强党性修养和作风养成的有效措施。要认真解决在党性修养、作风建设方面的突出问题，把开展活动的过程作为加强党性修养和作风养成的过程。要大力弘扬解放思想、与时俱进的作风，认真解决思想作风问题，始终保持昂扬向上、开拓进取的朝气，不畏艰险、敢做善成的勇气。大力弘扬理论联系实际的作风，认真解决学风问题，做到勤奋好学、学以致用、用有所成。大力弘扬求真务实的作风，认真解决工作作风问题，做到重实际、说实话、出实招、办实事、求实效。大力弘扬密切联系群众的作风，认真解决领导作风问题，重视民意、体察民情、关注民生，当群众的贴心人。大力弘扬讲道德、重修养、尚清廉的风气，认真解决生活作风问题，做到立身不忘做人之本，为政不移公仆之心，用权不谋一己之私。

二是发挥先进典型的导向作用。在加强纪检监察干部队伍建设过程中，要注意发现、培养、树立和宣传先进典型，充分发挥其示范导向、激励带动和凝聚感召作用。当前正在广泛宣传的盖起章和王瑛同志，就是纪检监察干部的先进典型，是体现共产党员先进性与时代性有机结合的先进典型，也是体现纪检监察干部坚强党性和良好作风的先进典型。他们的先进事迹真实感人，既见人见事，更见精神与品格，广大纪检监察干部要学习他们的事迹和精神。

三是加强教育培训。要按照中央关于开展新一轮大规模培训干部的要求，坚持分级负责、突出重点要求和“干什么学什么、缺什么补什么”的原则，在五年内对全国纪检监察干部全部

轮训一遍。把加强党性修养和作风养成作为教育培训的基本内容，着力提高广大纪检监察干部的思想政治素质。进一步丰富培训形式，充实培训内容，积极推进培训理念、培训制度、培训模式、培训手段的创新，逐步形成包括理论培训、业务培训和实践锻炼等内容的科学培训体系，促进纪检监察干部改善知识结构、拓宽工作视野、增强综合素质，不断提高履行职责的能力、开拓创新的能力，提高工作的专业化水平。

四是建立健全长效机制。要及时总结主题实践活动中积累的好做法、好经验，对于那些成熟的经验要用制度的形式固化下来，建立和完善各项规章制度，靠制度解决问题，用制度推动工作，以制度加强管理。把制度建设的系统性与针对性结合起来，进一步完善内部监督管理、作风建设方面的制度。在抓紧制定一些现实急需、条件相对成熟的制度的同时，注意研究和把握新形势下纪检监察干部队伍建设的特点和规律。把制度的制定与执行有机结合起来，既着力建章立制，又确保制度落实，加强对制度落实情况的监督检查。把主题实践活动转化为队伍建设的经常性工作，做到常抓不懈，建立健全加强党性修养和作风建设的长效机制。

（作者：中共中央纪委副书记）

学习《中国共产党巡视工作条例(试行)》的体会

刘峰岩

今年7月，中央印发了《中国共产党巡视工作条例(试行)》(以下简称“《条例》”)，这是贯彻落实党章、完善党内监督制度的一部重要党内法规。在前不久召开的全国纪委书记座谈会上，贺国强、何勇同志从党和国家工作全局的高度，深刻阐述了《条例》的重大意义、基本精神和主要内容，对贯彻落实《条例》提出了明确要求，对于我们进一步做好新形势下的巡视工作具有重要指导意义。下面，我就如何在巡视工作中学习领会好、贯彻落实好《条例》，谈一些认识和体会。

一、学习领会好《条例》的基本精神和深刻内涵，进一步提高对《条例》重要性的认识

认识是前提，只有充分认识《条例》的重要性，才能增强贯彻落实的自觉性。这段时间以来，我反复学习《条例》，认真学习贺国强、何勇同志在全国纪委书记座谈会上的重要讲话，结合学习十七大报告、党章和胡锦涛总书记关于巡视工作的一系列重要指示，对照巡视工作原有制度、规定等文件，进一步领会中央关于完善巡视制度的总体要求和精神实质。经过初步学习领会，主要讲以下两个方面的认识：

第一，制定颁布《条例》是以胡锦涛同志为总书记的党中央作出的重大决策。巡视制度在我国具有源远流长的历史，虽叫法和做法不同，但意思相通。早在夏商周时期，就有了巡视的萌芽；从汉代开始，巡视进一步发展；到明、清时期，封建时代的巡视制度基本确立。当然，古代的巡视制度存在着很大的历史局限性。我们党历来高度重视党内巡视监督工作，成立之初就对党内巡视进行过探索。党的十一届三中全会后，逐步把建立巡视制度摆上了议事日程。上世纪90年代，党中央就提出开展巡视工作，并对如何开展巡视进行了积极探索。党的十六大报告明确提出了“建立和完善巡视制度”的重大命题。2003年，中央颁布的《中国共产党党内

监督条例(试行)》,把巡视正式确立为党内监督的一项重要制度。2004年,党的十六届四中全会通过的《中共中央关于加强党的执政能力建设的决定》,对建立和完善巡视制度提出了明确要求。2005年,党中央颁布了《建立健全教育、制度、监督并重的惩治和预防腐败体系实施纲要》,把巡视工作作为惩治和预防腐败体系建设的重要内容写进了《实施纲要》。中央和各省(区、市)先后组建巡视机构,扎实推进巡视工作。党的十七大把实行巡视制度正式写进党章,从而把这项工作以党内根本大法的形式确定下来。以胡锦涛同志为总书记的党中央高度重视巡视工作,中央政治局常委会议和中央政治局会议多次对巡视工作提出指导性意见。胡锦涛总书记和其他中央领导同志对巡视工作和巡视报告中反映的问题,多次作出重要指示和批示。今年5月,胡锦涛总书记亲自主持中央政治局常委会和中央政治局会议审议通过了《条例》。这些都充分体现了党中央对巡视工作的高度重视,充分说明了巡视工作是在党中央的坚强领导下,改革创新,与时俱进,从理论与实践的结合上不断向前推进的,充分表明了制定颁布《条例》是以胡锦涛同志为总书记的党中央为健全和完善党内监督体制机制、加强和改进巡视工作而作出的重大决策,是新的历史时期健全和完善党内巡视监督制度的一项重要创新。

第二,《条例》是当前和今后一个时期做好巡视工作的重要指导性文件。《条例》是改革开放以来我们党第一次以中央文件形式下发的关于巡视工作的专门党内法规,也是关于巡视工作规格层次最高、内容最为全面系统、内涵最为丰富深刻的一部党内法规。《条例》对巡视工作的指导思想、基本原则、机构设置、工作程序、人员管理、纪律与责任等作出了明确规定,使巡视的内容更加全面、任务更加明确、职责更加清晰、程序更加规范、人员管理更加严格,是对党的巡视工作理论和实践的总结、完善和发展,是当前和今后一个时期深入开展巡视工作的重要指导性文件。它的颁布实施,对于完善巡视制度,规范巡视工作,坚持党要管党、从严治党的方针,保证党的路线方针政策和中央重大决策部署的贯彻落实,促进党风廉政建设和反腐败斗争深入开展,加强领导班子和干部队伍建设,全面推进党的建设新的伟大工程,具有十分重要的意义。我们要以《条例》为指导,认真履行职责,充分发挥职能作用,扎扎实实搞好巡视工作。

二、贯彻落实好《条例》,进一步做好巡视工作

贺国强同志强调指出:“制定制度很重要,但更重要的是把制度落实好。”何勇同志指出:“要使法规制度发挥应有效力、取得实际成效,关键是抓好贯彻落实。”对于从事巡视工作的同志来说,必须自觉地在巡视工作中全面贯彻落实《条例》。

第一,贯彻落实《条例》必须坚持以科学发展观为指导。《条例》明确提出,巡视工作以邓小平理论和“三个代表”重要思想为指导,深入贯彻落实科学发展观,坚持党要管党、从严治党的方针,维护党的纪律,保证党的路线方针政策和中央重大决策部署的贯彻执行,这是巡视工作必须坚持的根本指导思想。当前,深入开展巡视工作,最重要、最现实的是以科学发展观武装头脑、谋划思路、推动工作,切实把科学发展观的要求体现和落实到巡视工作的各个方面。一是要紧紧围绕保障和促进科学发展来谋划和推进巡视工作。加强对被巡视地区贯彻落实科学发展观情况的监督检查,是巡视工作的重要内容,也是《条例》规定的六项巡视任务中第一位的任务。要重点了解领导班子和领导干部贯彻落实科学发展观的自觉性是否坚定、发展思路和政策措施是否符合科学发展观的要求、深入学习实践科学发展观活动是否扎实有效、思想方法和领导能力是否适应科学发展观的需要,促进被巡视地区努力实现经济社会又好又快发展。二是要切实把以人为本的理念贯穿到

巡视工作中去。坚持党的群众路线，牢固树立群众观点和公仆意识，把巡视工作作为倾听民声、体察民情、了解民意的重要渠道，认真了解人民群众最关心、最直接、最现实的利益问题，加强对中央关于改善民生和维护社会稳定政策措施落实情况的监督检查，督促被巡视地区的领导干部牢固树立全心全意为人民服务的宗旨意识，切实维护人民群众的根本利益。三是要按照全面协调可持续的要求和统筹兼顾的方法开展巡视工作。找准巡视监督的切入点，把监督寓于服务、保障和推动科学发展中，正确处理好加强监督与促进发展的关系，坚持原则与讲究方式方法的关系，发现问题与澄清问题的关系，了解全面情况与抓住重点的关系，巡视工作与其他监督方式的关系，实施监督与接受监督的关系等，不断增强巡视工作的针对性和实效性。

第二，贯彻落实《条例》必须坚持巡视工作的程序。程序是履行巡视职责的重要保证。《条例》专门设立了"工作程序"一章，主要分巡视前、巡视期间、巡视后三个大的阶段，对各个阶段、各个环节的主要内容、工作方法、具体要求等作出了明确规定。工作程序的每个阶段都很重要，相辅相成，缺一不可。第一阶段是基础，是为巡视工作所作的必要准备。在这个阶段，主要是掌握有关情况，做好准备，特别要下功夫写好与被巡视地区领导班子见面时的讲话稿，注意用中央精神特别是《条例》统一被巡视地区领导干部的思想、统一巡视队伍的思想，既要解除被巡视地区可能存在的"逆反"心理，又要纠正巡视干部中存在的"麻痹"心态，达到解疑释惑、加深理解、增进信任、相互支持的效果，为做好巡视工作奠定坚实基础。比如，我们到一个地区巡视前，该地区一些干部包括省级领导干部盛传某领导要调走。开完见面会后，省委主要领导说，你们来巡视，不少领导有想法，但听了你们的讲话，心里踏实了。到另一个地区巡视开完见面会后，省委主要领导主动表示，你们这个讲话体现了中央的精神和要求，能够结合当地实际提出加强监督的任务和重点，我们欢迎这样的巡视。第二阶段是关键，关系到巡视工作能否真正发现问题、取得实效。《条例》规定的巡视组巡视监督的六个方面内容都很重要，全组既要明确分工，又要注意沟通合作；既要全面了解，又要突出重点；既要注意调动全组同志积极性，又要把《条例》赋予巡视组的新手段用足、用好。在这个阶段要抓好几个结合，即与深入学习实践科学发展观活动相结合，与中央扩大内需、促进经济平稳较快发展政策落实情况的监督检查相结合，与工程建设领域突出问题专项治理工作相结合，普遍谈话与深入了解问题相结合，使巡视工作体现时代性、增强实效性。第三阶段是结果，能否实事求是地向巡视工作领导小组汇报好、向被巡视地区党组织反馈好巡视情况，是衡量巡视工作成效的一个重要标志。在这个阶段写好巡视报告很重要。一是要有材料。把功夫下在平常，充分掌握第一手材料，在巡视报告中坚持用事实说话，因为事实胜于雄辩；用数字说话，因为数字最有说服力；用典型说话，因为典型最有代表性。二是要以马克思主义科学理论为指导，努力掌握蕴含其中的立场、观点和方法，用历史的、全面的、辩证的、发展的观点，实事求是地分析和判断问题，客观公正地反映真实情况。三是要集思广益，归纳、概括和提炼。善于通过现象看本质，做到去粗取精、去伪存真。充分发扬民主，调动全组每一名同志的积极性，开展广泛深入的研讨。每个小组把分工的那一部分总结好，为全组总结打下好的基础。

第三，贯彻落实《条例》必须切实加强巡视组自身建设。加强巡视干部队伍自身建设，是做好巡视工作的组织保证。《条例》第 32 条明确了巡视工作人员的五项基本条件，贺国强、何勇同志多次对这个问题提出明确要求。我们要按照《条例》的要求，结合开展"做党的忠诚卫士、当群众的贴心人"主题实践活动，着力从以下四个方面加强自身建设：一是要认真学习领会巡视人员的五项基本条件。这五项基本条件涵盖了政治思想、工作作风、纪律要求、责任意识、能力素质等多个方面，既是很高的要求，又是必须具备的基本要求。要组织组内同志认真学习，做到条条牢记、互相监督、自觉遵守。二是要坚持民主生活会制度，严格党的组织生活，认真开展批评与自我批评，把问题解决在萌芽状态。三是要坚持严格教育、严格要求、严格管理，继续严格执行“四要四不要”，即要谦虚谨慎，不要居高临下、口大气粗；要严守保密纪律，不要跑风漏气；要确保安全，不要擅自离开驻地；要廉洁自律，不要收受被巡视单位任何礼品礼物。四是要明确分工，落实责任，奖惩分明。《条例》对巡视组和巡视工作人员疏于职守和发生违纪违法行为应当承担的纪律责任作出了明确规定，这既是对我们的严格要求，更是关心爱护。每到一个地方我们都旗帜鲜明地提出，在开展巡视、履行监督职责的同时，欢迎干部群众对我们监督。这样严格要求，心里踏实，这样做得民心、顺民意，符合《条例》的精神，能够树立良好形象，我们要继续坚持下去。总之，我们要认真贯彻落实《条例》的要求，更加注重自身建设，切实做到无愧于中央巡视组的称号，不辜负党中央和中央纪委、中央组织部的期望。

（作者：全国政协常委，中央纪委、中央组织部第三巡视组组长）

纪检监察机关要为深入贯彻落实科学发展观服务

黄先耀

深入贯彻落实科学发展观是全党的重大政治任务，为深入贯彻落实科学发展观服务是纪检监察机关第一位的政治责任。胡锦涛总书记在中央纪委三次全会上强调，纪检监察机关要认真履行监督检查职责，推动科学发展重大决策部署的贯彻落实。面对新形势新任务新要求，纪检监察机关必须不断探索和拓宽促进科学发展的有效途径，更好地为深入贯彻落实科学发展观服务。

紧贴中心、服务大局，保证中央关于推动科学发展重大决策部署的贯彻落实。推动科学发展是全党的中心工作，应对国际金融危机、保持经济平稳较快发展是当前全党工作大局。纪检监察机关和纪检监察干部必须牢固树立大局意识、中心意识、服务意识，密切关注经济社会发展动态、趋势以及面临的新情况新问题，认真了解和掌握中央关于经济社会发展的决策部署和政策措施，自觉地以科学发展观为指导，始终着眼党和国家工作全局来谋划反腐倡廉工作，使纪检监察工作更好地服务和促进科学发展。要充分发挥职能作用，按照中央的部署和要求，积极应对国际金融危机的冲击，把保持经济平稳较快发展作为经济工作的首要任务，保证中央提出的一系列扩大内需、促进经济增长的政策措施落实到位，保证重大项目建设迅速启动、顺利实施。湖北省 2009 年投资 1 亿元以上的在建项目 1893 个，投入资金大、建设项目多、时间要求紧、涉及领域广，监督检查工作责任大、任务重。纪检监察机关要以改革创新精神和重在建设的思路推进工作，通过构建武汉城市圈“两型”社会综合配套改革实验区、鄂西生态文化旅游圈、仙（桃）洪（湖）新农村试验区建设腐败风险防控体系，出台重大建设项目监督检查办法、加强招商引资腐败风险防控工作的意见、优化经济发展环境的意见等,促进监督检查工作经常化、规范化、科学化,确保工作取得实效。

以人为本、关注民生,着力解决损害群众利益的突出问题。实现好、维护好、发展好最广大人民的根本利益是我们一切工作的出发点和落脚点。纪检监察机关要把以人为本、关注民生贯彻到反腐倡廉工作的各个方面,着力解决损害群众利益的突出问题,成为维护人民群众利益的重要力量。要树立和坚持正确的事业观、工作观、政绩观,把群众呼声作为第一信号,把群众需要作为第一选择,把群众满意作为第一标准,从解决人民群众最关心、最直接、最现实的利益问题入手,促进党和政府关于教育公平、劳动就业、收入分配、社会保障、医疗卫生、社会管理等方面重大措施的全面落实,让人民群众切实共享改革发展成果。通过加强监督检查,及时发现损害民生的突出问题,有重点、有针对性地督促有关部门积极推进社会建设的各项改革,为促进社会公平正义提供体制机制保证。通过加大对重点领域、重点部位的纠风和执法监察力度,督促有关部门深入治理教育、医药医疗等领域的不正之风,着力解决食品药品安全、环境保护、土地征用、房屋拆迁、企业改制、安全生产、社保基金管理等方面损害群众利益,以及政府机关、行业部门及其工作人员不作为和乱收费、乱罚款、乱摊派、乱执法等问题,维护好人民群众的切身利益。

鼓励创新、保护干部,为推动科学发展凝神聚力。纪检监察机关既要严肃党的纪律,加强对干部的监督约束,严惩腐败行为,增强人民群众对党和政府的信任;又要把加强对干部的监督同发挥干部的主观能动性结合起来,支持改革、鼓励创新、宽容失误、保护干部,努力营造干部想干事、能干事、干成事、不出事的良好环境。坚持关口前移,主动监督,及时发现苗头性、倾向性问题并认真加以纠正,防止小错酿成大错,确保权力行使安全、资金使用安全、项目建设安全、干部成长安全。坚持正确的政绩观,把查实问题与澄清是非、惩治腐败与预防腐败有机地统一起来,作为检验纪检监察工作的标准。注意把因缺乏经验、先行先试出现的失误,与明知故犯而违纪违法的行为区分开来;把国家尚无明确规定时的探索性试验,与国家明令禁止后有法不依的行为区分开来;把为加快发展的无意过失,与为谋取私利故意违纪违法的行为区分开来,支持和保护干部锐意改革、大胆创新,知难而进、干事创业,把干部的积极性创造性引导到推动科学发展上来。

加强教育、严格执纪,营造良好的党风政风。优良的作风是凝聚党心民心的重要力量,是推动科学发展的重要保障。要督促党员干部认真学习贯彻胡锦涛总书记在中央纪委三次全会上的重要讲话精神,自觉加强党性修养,切实转变作风,以坚强的党性和优良的作风保证科学发展观的贯彻落实。要把加强教育作为基础性工作抓紧抓实,积极协助党委抓好领导干部党性党风党纪教育。湖北省今年在全省开展以"加强党性修养、弘扬新风正气"为主题的作风建设年活动,大兴解放思想之风、求真务实之风、调查研究之风、艰苦奋斗之风、廉洁从政之风,以教育和引导党员干部加强党性修养,树立和弘扬良好作风,在推动科学发展、促进社会和谐的伟大实践中奋发有为、建功立业。要把严格执纪作为重要措施来抓,坚持自律与他律相结合、教育与监督相统一,促使党员干部自觉加强党性修养和良好作风养成。运用多种有效监督形式,认真解决领导干部作风方面存在的突出问题,进一步推动思想作风、学风、工作作风、领导作风和干部生活作风建设。

统筹兼顾、整体推进,形成服务科学发展的合力。纪检监察机关要善于运用统筹兼顾的方法,从多角度、多层面调动力量,形成服务科学发展的整体合力。要从全局高度审视党风廉政建设和反腐败斗争面临的形势和任务,把反腐倡廉建设纳入经济社会发展和党的建设的全局之中,寓于各项改革和重要政策措施之中。注重协调各方面力量,统筹好治标与治本、惩治与预防、监督与激励的关系,坚持标本兼治、综合治理、惩防并举、注重预防，整体推进教育、制度、监督、改革、惩处、纠风等工作，把改革的推动力、教育的说服力、制度的约束力、监督的制衡力、惩治的威慑力有机结合起来，使各项工作相互协调、相互促进。着眼于发展这个第一要务，促进领导干部廉洁自律与营造干事创业氛围相统一，严惩腐败分子与维护社会和谐稳定相统一，纠正不正之风与优化经济发展环境相统一，努力实现反腐倡廉与经济社会发展的良性互动。充分发挥组织协调职能，督促政府部门及相关单位正确履行职责，把推动科学发展的任务落到实处。

加强学习、增强本领，不断提高服务科学发展的能力和水平。深入贯彻落实科学发展观，对提高纪检监察干部服务、保障和促进科学发展的能力水平提出了新的更高要求。要把科学发展观的要求贯穿于纪检监察工作的全过程和各方面，认真查找思想观念、工作方法和体制机制等方面不适应不符合科学发展观要求的问题，认真解决工作中存在的突出问题，不断增强反腐倡廉决策的科学性、措施的协调性和工作的实效性。开展深入学习实践科学发展观活动，以“做党的忠诚卫士、当群众的贴心人”主题实践活动为载体，进一步加强思想建设、能力建设、作风建设、制度建设。加大对纪检监察干部的教育培训力度，开阔眼界、开阔思路、开阔胸襟，提高围绕中心、服务大局、科学执纪的自觉性。推动纪检监察工作改革创新，加强教育、管理和监督，建立健全符合科学发展观要求的纪检监察干部综合考核评价办法，树立正确导向，引导纪检监察干部更好地履行职责，为推动科学发展观的贯彻落实发挥更大的作用。

（作者：中共湖北省委常委、省纪委书记）

以科学发展观指导反腐倡廉制度建设

冯敏刚

进一步提高党的领导水平和执政水平，提高拒腐防变和抵御风险的能力，必须以科学发展观为指导，在坚持惩治腐败行为不放松的同时，更加注重治本，更加注重预防，更加注重制度建设。近年来，江苏在反腐倡廉制度建设上不断加大力度，人民群众对党风廉政建设表示“满意”和“较满意”的比例逐年上升。

一、坚持以科学发展观为指导，树立科学发展理念，积极谋划和推进反腐倡廉制度建设

加强制度建设必须自觉以科学发展观为指导，既要为科学发展观的贯彻落实发挥重要保障作用，又要把科学发展观的要求转化为推进制度建设的思路、举措和方法，把制度建设纳入科学发展的轨道。这要求我们从当前反腐败斗争的新形势出发，坚持把制度建设作为反腐倡廉工作的核心环节和重要载体，正确处理好治标与治本、惩治和预防的关系，既坚持惩治于已然，更重视防患于未然，强化“惩治腐败是成绩、预防腐败更是成绩”的理念，做到规范在先，监督在先，禁于未萌，止于未发，形成用制度管人、用制度管事、用制度管钱的有效机制。近年来，江苏在反腐倡廉建设中始终坚持以制度建设为主线，连续四年以制度建设年、推进年、提高年和规范执行年为载体，从省、市、县三个层面推进制度建设。

二、坚持以人为本，用制度建设保障群众的利益，为群众的参与和监督提供有效途径

以人为本是科学发展观的核心，也是反腐倡廉建设的根本要求。这要求我们把人民群众的所思所想，作为建章立制的重要依据，在制度建设上更多地相信群众、依靠群众，从制度上保证权力行使事项向人民群众公开。近年来，我省广泛推行权力阳光运行机制，要求各地、各部门都要编制公开事项目录，完善各类公开办事制度和程序，大力推进电子政务网络建设，实现对权力运行信息的披露和管理，按照统一格式、统一规范、统一编码、统一管理的要求，把公开事项的执行主体、执行依据、执行程序向社会公布。在公开的基础上，我们还进一步采取措施，保障人民群众的参与权、表达权和监督权能得到有效实现，让民意的表达渠道畅通。我省句容、射阳等地在这方面创立的基层党代表列席党委会议制度、提议制度、质询制度等，就为这些权利的实现提供了一个很好的通道，提高了党员群众参政议政水平。就质询制度而言，被质询的虽是极少数，但受到激励的却是大多数。多数干部面对质询，会更加认真地查找工作差距，更加细心地研究群众利益，更加踏实地改进工作。现在，基层的干部普遍感到，"当官"的压力前所未有，要想经得起群众评头论足，通得过党代表的质询，就要做到勤政廉政，半点亏心事也不能做，半点马虎事也不能做。

三、坚持标本兼治，围绕源头治理建制度，为促进经济社会发展提供有力保障

发展是我们党执政兴国的第一要务。纪检监察机关要在落实科学发展观上率先垂范，做到围绕中心，服务大局，把服务科学发展作为头等大事抓好抓实。一是围绕科学发展观的政治保障加强制度建设。维护党的政治纪律，确保中央政令畅通，是纪律监督的重要内容，也是落实科学发展观的必然要求。这就要求我们准确把握党的各项方针政策，确实按照科学发展观的要求，加强对节能减排、土地经营、环境保护等方面工作的监督检查，健全完善科学的政绩评价标准、考核制度和奖惩制度，形成正确的政绩导向，引导干部转变发展理念，创新发展思路，规范从政行为。二是围绕影响和制约科学发展的突出问题和薄弱环节加强制度建设。进一步明确各级党政领导机关、领导干部特别是领导班子主要负责人，是监督的重点对象；把政治纪律、科学发展观、民主集中制、廉洁自律规定的执行和落实情况，作为监督的重点内容；把有关干部任用、资金分配、资产处置等决策事项和司法权、行政审批权、行政执法权等权力行使事项，作为监督的重点领域和重点部位，从制度建设入手，打造有效的防治机制。三是紧贴党委政府的重大决策部署，为促进科学发展提供制度保证。对工程建设、土地出让、政府采购等领域存在的突出问题，有针对性地加以治理和防范；制定和完善有关行政效能投诉、环境污染责任追究、重大事故责任追究等规定，保证改革开放和经济社会事业的健康发展；大力推行一次性告知、首问负责、全程办事代理、规范自由裁量权等制度措施，促进机关的职能转变和管理创新。当前，围绕保增长、促发展这个重要的政治任务，研究制定有关制度规定，加强对投资项目和资金的监管，切实保证中央有关扩大内需的各项决策部署落到实处。

四、坚持统筹方法，完善制约制度建设，探索建立科学有效的权力配置结构和运行机制

现实生活中有时腐败问题的发生不是没有制度，而是有制度但不起作用。因此，制度建设要在更加科学地确定工作思路上下功夫，按照全面协调和统筹兼顾的方法，打造有效的防治机制，既解决不完善不配套问题，更要突出监督重点，科学合理地配置权力，着力形成结构合理、配置科学、程序严密、制约有效的权力运行

机制，做到决策权、执行权、监督权既相互制约又相互协调。

近年来，我省在推进权力配置结构的合理化方面作了广泛探索，着力加强内控制度建设，实行四个制约。一是以加强防控为重点，实行风险制约。要求有效辨识权力运行中各个环节、各个岗位已经构成或可能构成的权力风险点、管理风险点和人员素质风险点等，结合相应行政、业务工作，强化预防措施，完善管理制度。二是以赋权适度为前提，实行分权制约。要求从决策、执行、监督层面对领导机关和领导干部的权力予以适当分解，实行相互制约。对许可审批、登记发证、年检验收、检测检验、行政处罚等关键部位、关键环节和关键人员，在岗位设置上推行互不相容控制法，实行程序制约。对重要职权的行使推行同一角色 AB 制，实行交叉制约。三是以界定权限为主线，实行流程制约。要求对权力事项确认行使依据、程序以及相应责任，优化运行路径，限制自由裁量，进一步强化对权力运行过程的监督。四是以权责一致为核心，实行问责制约。要求抓好“问”和“责”两个重点，明确“问”的渠道，明确“责”的内容，明确领导干部必须为其权力行使承担相应责任，督促官员尽职尽责，时刻保持对权力的敬畏之心。从实践效果看，这些做法促使各地、各部门在权力运行上，逐步形成了一个纵向层级管理、授权制约，横向流程控制、平行制约的权力配置框架，做到健全约束机制，完善牵制功能，实现有效监督。

五、坚持以科学发展观的价值取向为统领，统一思想，提升内在制度文化认同

制度通常具有合法性和权威性，可以借助外在的强制作用，对违背制度的行为加以制裁。但是在更深层次上，制度又是一种文化现象的反映，体现为一种制度精神，即内在的道德说服力。在现实生活中，制度只有具备这种精神力量时，才能得到普遍认同，才能更好发挥作用。因此，加强制度建设，既要有外在的约束力，及时排除违反制度的行为；更要有内在的道德说服力，夯实思想基础，强化认同行为。这要求我们不能只看制度的形式，更要注重制度的精神；不能把制度看成是一些条条框框的机械组合，更要看成是一种文化。当前，我们要抓住深入学习实践科学发展观的契机，进一步提高对科学发展观的认识，进一步把握制度建设的特点、性质，更好地丰富制度建设的理论内涵，升华内在的道德说服力。

（作者：中共江苏省委常委、省纪委书记）

增强反腐倡廉教育的针对性和实效性

臧献甫

反腐倡廉教育作为反腐倡廉建设的重要组成部分，始终是纪检监察机关的一项重要基础性工作。改革开放以来，我们党认真总结历史经验，探索反腐倡廉教育的内在规律，不断增强教育的针对性和实效性，反腐倡廉教育在继承中发展，在发展中创新，体现了鲜明的时代特色。实践证明，反腐倡廉教育扎实、有效的开展，需要各级党组织高度重视，也有赖于对反腐倡廉教育规律的认识和把握，有赖于反腐倡廉教育方式方法的改进。

反腐倡廉教育必须立足于社会主义初级阶段发展社会主义市场经济这个时代背景。反腐

倡廉教育的目标是引导党员领导干部和国家公职人员树立正确的价值取向，遵纪守法，为民干事。在社会主义初级阶段和发展社会主义市场经济条件下进行反腐倡廉教育，要教育党员既要坚持市场经济基本法则，按照市场经济规律办事，又不能把商品交换原则引入党内政治生活，更不能超越法律道德和党纪规范，用公共权力谋取私利。脱离社会主义初级阶段这个基础，撇开市场经济的固有特性和客观环境，反腐倡廉教育就会脱离实际，成为空洞的说教。

反腐倡廉教育必须与经济、政治、文化和社会体制改革同步推进。党的建设包括反腐倡廉建设必须围绕党的中心工作来进行。因此，反腐倡廉教育必须适应不断推进的改革开放进程和不断变化的客观环境，与政治、经济、文化和社会体制改革同步合拍，内容配套，这样，才能产生好的效果，才能为推进党的建设新的伟大工程和改革开放伟大事业提供思想保证。

反腐倡廉教育必须注重解决要求的统一性与个体的差异性之间的矛盾。每个党员干部和国家公职人员的工作岗位不同，生活环境不同，受教育程度不同，思想认识水平不同，但社会对他们廉洁从政的要求是统一的，党对党员干部的先进性要求是不能降低的。要解决统一要求与个体差异这一矛盾，反腐倡廉教育必须根据党员干部和公职人员的不同情况，进行不同内容和形式的教育，不能生硬灌输、盲目说教。要针对党员干部队伍和国家公职人员的基本状况、存在的主要问题、苗头性倾向以及思想根源，有针对性地进行教育，这样才能入脑入心，收到实效。

反腐倡廉教育必须坚持防范在先，突出超前性和预见性。反腐倡廉教育的根本目的是筑牢党员干部拒腐防变的思想道德防线，预防腐败现象的发生。防范在先，主要是解决不想腐败、不敢腐败的问题。对握有实权和关键岗位的干部，要经常教育不断线，警钟常鸣，使其时刻绷紧廉洁从政这根弦；对政策一时不明确的问题，要及时向干部讲清违法违纪的政策界限；对特定时期、特定事件以及苗头性、倾向性问题，要早打招呼、早提醒。

反腐倡廉教育必须注重示范引导，着眼提高干部自我教育、自我调节能力。反腐倡廉教育的对象大多是党员干部特别是领导干部。从领导干部的实际出发，反腐倡廉教育应当在"灌输"的基础上，注重示范引导和领导干部的自我教育。要多采用启发式、引导式的教育方式，努力寻找更多的"共鸣点"，晓之以理，动之以情，使受教育者自己深刻领悟教育的要求，自觉进行自我教育、自我约束、自我调节。

反腐倡廉教育必须以惩处为参照，与制度和监督相配合。教育、制度、监督、惩处并重，相辅相成。惩处本身就是一种教育，而且是最具震慑作用的教育。教育的目的在于提高党员干部的思想觉悟和遵纪守法的自觉性，需要用惩处来警示，用制度来规范，用监督来落实。只有综合运用思想教育、监督管理、制度约束、执行纪律等手段，依靠惩治和预防腐败体系的整体效力，教育的基础性作用才能得到最大限度的发挥。

当前，要认真贯彻落实党的十七大和十七届中央纪委三次全会精神以及中央《建立健全惩治和预防腐败体系 2008—2012 年工作规划》，以科学发展观为指导，进一步加强和改进反腐倡廉教育。

要突出特定性，与党的思想政治教育相辅相成。反腐倡廉教育具有特定的目的、对象、内容和要求。它既是党的思想政治工作的重要组成部分，又有别于一般的思想政治教育。要重视研究在改革开放和发展社会主义市场经济条件下，社会利益结构调整，人们就业方式、生活方式的变化对党员干部思想观念的深刻影响，广泛了解和掌握党员干部的思想状况和变化，用发展的眼光审视和改进教育工作，进一步从理论上、实践上正确回答党员干部在社会实践中遇到的重大的、深层次的问题。以提高党员干部的思想觉悟、道德境界和政治修养为目的，充分调动他们的积极性、主动性、创造性，自觉进行主观世界改造。以领导干部为重点，把反腐倡廉教育贯穿于领导干部培养、选拔、管理、使用等各个方面，坚持教育与管理、自律与他律相结合，督促领导干部加强党性修养。既要讲正确的人生观、价值观、权力观等大道理，也要讲现实生活中人生美德、职业道德等小道理，充分发挥党纪条规、法律法规和案例在警示教育中的作用，提高党员干部遵纪守法的自觉性和拒腐防变的能力。把反腐倡廉教育纳入全党宣传教育总体部署，积极开展廉政文化建设，推动廉洁教育进入社区、家庭、学校、企业和农村，提高全体公民的廉洁意识。

要强调相关性，与制度、监督、惩处同步并行。反腐倡廉建设是一项系统工程，必须把教育、制度、监督、惩处有机结合起来，使之相互促进。抓教育，要通过法规制度设定教育的内容方法和途径，增强针对性，同时依据法规制度进行严格检查，科学考评，监督实施；抓制度建设，要通过教育提高党员干部遵纪守法的自觉性，并依靠监督促进其有效执行；抓监督和惩处，要通过教育增强党员干部自觉接受监督的意识，通过制度为实施有效监督提供保证，并严格按照法律法规制度规定，对违反制度规定的行为进行查处。要认真贯彻落实《建立健全惩治和预防腐败体系 2008—2012 年工作规划》，把改革的推动力、制度的约束力、监督的制衡力、惩治的威慑力与教育的说服力结合起来，运用综合的手段达到综合的效果，使广大党员干部远离腐败。

要讲求时代性，既继承优良传统又坚持创新发展。反腐倡廉教育既要继承过去行之有效的好做法、好经验，又要与时俱进，开拓创新，不断研究新情况，发现新问题，总结新经验，积极探索新的有效载体和方法，不断增强教育效果。既要善于依靠各级党组织进行灌输教育，又要善于引导广大党员干部进行自我教育；既要善于弘扬我国传统的廉政思想，又要善于培育以社会主义核心价值观为主要内容的道德新风尚；既要善于运用党的优良传统以及“三会一课”等传统教育手段，又要善于运用信息技术等现代化手段，发挥其直观、形象、快捷、覆盖面广、感染力强的特点，赋予反腐倡廉教育鲜明的时代特色，进一步增强教育的吸引力和感染力。

要注重实效性，在建立长效机制上下功夫。反腐倡廉教育必须常抓不懈，形成长效机制，不能时紧时松。必须克服表面化、简单化、概念化以及照搬照套的做法，努力增强工作的针对性，因人施教、因事施教，不能“一刀切”、“一锅煮”。对不同的教育对象要有不同的教育要求。反腐倡廉教育是一项长期的治本性工作，也是一项常做常新的基础性工作。我们要坚持联系实际，不断探索反腐倡廉教育规律，努力建立思想道德教育长效机制，使教育更加深入扎实，富有成效。

（作者：中共天津市委常委、市纪委书记）

着力构建惩防体系　建设长效机制

许云昭

近两年来，我省各级党委、政府和纪检监察机关坚持以党的十七大精神为指导，深入贯彻落实科学发展观，认真落实《建立健全惩治和预防腐败体系 2008—2012 年工作规划》，注重在体制机制制度上改革创新，着力构建惩防体系建设长效机制，推进反腐倡廉建设，取得了较大成效。

一、主要做法

(一)着力构建预防腐败工作长效机制。预防腐败工作既是一项全局性工作,也是一项创新性工作。近年来,全省各级党政机关把此项工作摆在更加突出的位置,坚持齐抓共管、改革创新、整体推进。一是建立健全预防腐败工作领导体制和工作机制。我省成立了由省委常委、省纪委书记任组长,常务副省长、省高级人民法院院长、省人民检察院检察长、省监察厅厅长任副组长的预防腐败工作领导小组,负责全省预防腐败工作的组织协调、督促指导和综合管理。同时,正在抓紧筹建省预防腐败局,作为加强对预防腐败工作组织领导的常设机构。二是着力推进预防腐败试点工作。2008 年 3 月,我省被列为全国预防腐败试点省后,我们按照“突出重点、抓住难点、严密组织、稳步推进”的工作思路,确定在 14 个方面开展预防腐败试点,并将试点工作任务分解到 10 个市和 17 个省直单位。确定长沙市为全省预防腐败综合试点市。目前,这些方面的试点已全面展开,并取得阶段性的成效。三是大力开展预防腐败制度创新。省委、省政府今年制定出台了《关于推进体制机制制度改革和建设,加强预防腐败工作的意见》,要求各级各部门以科学发展观统领预防腐败工作,加大体制机制制度改革力度,积极推进预防腐败工作。工程建设、房地产开发、土地管理和矿产资源开发、金融、司法等重点领域分别出台了一批源头治理的改革措施。四是构建反腐倡廉教育和研究平台。在长沙监狱建立了湖南省反腐倡廉警示教育基地,每年有几万多名党员干部到基地接受教育。同时,整合湖南省廉政研究基地、湖南省华夏廉洁文化研究会、湖南省监察学会等研究机构和学会力量,加强反腐倡廉理论研究,推动预防腐败工作的深入开展。

(二)着力构建监督工作联动长效机制。针对目前监督机制不健全、监督力量分散、监督不到位等状况,我们从整合监督资源入手,着眼于增强监督合力和实效,经省委和省政府批准,建立了湖南省监督工作联席会议制度。一是明确监督主体的职责,实现职能互补。联席会议由省纪委、省委组织部、省委宣传部、省委政法委、省委巡视机构、省人大法制委员会、省政协办公厅、省人民检察院、省监察厅、省公安厅、省审计厅、省财政厅、省人事厅、省国资委、省信访局等 19 个具有监督职能的单位组成,明确了各单位的监督职责和监督工作任务,整合监督力量,防止监督缺位,形成对监督对象实行全方位监督的机制。二是建立监督信息沟通渠道,实现信息共享。联席会议实行信息沟通交流制度、重大信息及时报告制度,各成员单位在工作中发现和掌握的有关监督工作方面的重大问题及重要线索,及时告知联席会议相关成员单位;实行联络员例会制度,由成员单位和联席会议办公室通报联席会议设定事项办理情况以及其他有关情况。信息沟通渠道的建立,有效地解决了过去监督信息不畅通、一些重大线索不能得到及时有效运用的情况,提高监督效率,降低办案成本。三是协调各监督主体的行动,实现力量整合。通过建立联席会议制度,形成了党内监督、人大监督、政府专门机关监督、政协民主监督、司法监督、群众监督和舆论监督合力,充分发挥各监督主体的职能优势,提高监督的整体效能。尤其是在开展重大的、涉及多部门的监督行动时,通过监督工作联席会议指挥、协调,达到统一行动、相互协作配合,整合监督资源,增强监督实效。

(三)着力构建权力规范运行长效机制。加强对权力的监督和制约,既是监督工作的重点和难点,也是从源头上预防和解决腐败问题的关键。近两年来,我们严格按照中央《建立健全惩治和预防腐败体系 2008—2012 年工作规划》的要求,省委制定了《实施办法》,通过积极探索,初步建立起权力规范运行的长效机制。一是颁布了《湖南省行政程序规定》,对行政权力运行进行规范和制约。我省制定的全国首部系统性地方性行政程序规定，从2008年10月1日起正式施行。《规定》突出了对行政决策的规范，突出了行政公开、公众参与，突出了高效便民、创新管理，突出了行政监督、责任追究，是我省在依法行政、建设法治政府道路上迈出的重大步骤。二是进一步加强对“一把手”权力的监督和制约。近年来，各市州探索对党政领导班子进行监督的有效办法，已有长沙等11个市出台加强对县处级党政正职监督的规范性文件，对县处级党政“一把手”的决策权、人事权、财政权以及“生活圈”和“社交圈”进行监管，把监督与管理、他律与自律、八小时之内与八小时之外监督有机结合起来，引起良好反响。在总结这些成功做法的基础上，今年4月，省纪委等五机关和部门联合下发了《关于进一步加强对县市区县党政正职监督的暂行办法》，规定县市区党政正职不能直接分管人事、财务、工程项目，重大决策必须集体研究并末位表态，任期内到上级纪委述廉、每年进行一次廉政测评，等等，进一步加大对“一把手”监督的力度。省、市两级分别聘请了一批党风监督员和特邀监察员。三是积极探索规范执法机关的“自由裁量权”。积极开展全面规范行政处罚自由裁量权的工作，制定了《湖南省规范行政裁量权办法》和《湖南省政府信息公开办法》。按照此项要求，一些市州积极开展规范行政裁量权探索，收到较好效果。如，岳阳市推行行政处罚下限制、行政事业单位涉企收费下限制。株洲市开展以行政决策、行政许可、行政收费和行政处罚等行为为主要内容的“规范行政行为”评议工作。四是积极推进社会信用体系建设，营造权力正确运行的社会诚信环境。在制定《湖南省社会信用体系建设规划》和《湖南省信用信息管理办法》的基础上，搭建“三库一网一平台”，即企业和个人信用信息数据库、企业信用信息基础数据库、公民信息数据库、湖南信用网、电子政务外网数据交换平台，在预防商业贿赂中发挥了基础性作用，营造了良好的社会诚信环境。

（四）着力构建干部作风评价长效机制。我省始终把加强党员干部作风建设摆在重要位置，省委先后出台了《关于加强领导干部作风建设的决定》、《关于加强领导干部党性修养树立和弘扬良好作风的意见》，省纪委出台了《关于进一步加强农村基层干部作风建设的意见》，采取一系列务实举措推进作风建设。一是开展作风建设主题活动。近几年来，每年将3月份定为全省作风建设主题活动月，围绕人民群众最关心、最直接、最现实的利益问题和影响改革发展稳定的难点问题，先后组织开展了“围绕‘三最’搞调研，排忧解难促发展”、“救灾补损保目标，改进作风促和谐”、“服务经济保增长，改善民生保稳定”作风建设主题活动，有力地促进了党员干部作风好转，并得到中央纪委主要领导同志的充分肯定。二是开展民主评议。近两年，全省分两批次组织开展了万人民主评议省直机关作风活动，重点评议省直机关单位在服务、效率、廉政三个方面的情况，要求被评议单位抓好整改，使省直机关的群众满意度得到提升。三是推进行风建设深入开展。我们与湖南人民广播电台新闻频道联合推出了《为民热线》节目，在《三湘都市报》开辟“纠风热线”专栏，在湖南经济电视台开辟“纠风热线”，在都市频道开辟“纠风在行动”，对群众反映强烈的问题快速反应，跟踪报道。行风热线由电台向报纸、电视、网络延伸，形成多媒体互动格局。在省级行风热线的引领下，各市州的“行风热线”全部开通。全省政风行风热线逐步形成了党委政府主导、监察纠风协调、部门各司其职、群众广泛参与的工作机制，使之走上制度化、规范化轨道，已成为政府的“监督岗”、社会的“减压阀”、党与群众的“连心桥”。

（五）着力构建党风廉政建设责任制检查和考核长效机制。我们把落实党风廉政建设责任制作为考核惩治和预防腐败体系建设的重要抓手和龙头，构建了一套行之有效的责任制考核机制。一是突出检查和考核重点。在检查和考核对象上，明确检查和考核对象为各市州党委、政府，市州纪委监察局以及各省直单位党组（党委）、行政领导班子，纪检组监察室，尤其注重对党委（党组）和行政班子的检查和考核；在检查和考核内容上，突出落实责任制、推进惩防体系建设和纪检监察工作三个重点，起到了纲举目张的导向作用。二是细化检查和考核标准。根据每年的工作要求，将党风廉政建设和反腐败工作进一步细化量化，明确检查和考核的评价标准和计分细则，确保了党风廉政建设责任制落实。三是明确检查和考核程序。我们注意以检查和考核程序的规范来确保检查和考核结果的公正，保证党风廉政建设责任制检查和考核工作有序、高效地推进。四是充分运用检查和考核成果。对被评为先进等次的市州或省直单位，在省纪委全会暨全省反腐败工作会议上通报表彰，颁发“全省反腐倡廉建设先进单位”奖牌，并给予适当奖励；对存在突出问题的市州，按照“谁考核，谁反馈”和“考核谁，向谁反馈”的原则，指出问题，督促整改；对评定为不合格的市州，取消其党政领导班子当年评先资格，党委、政府和纪检监察机关的主要负责人在公务员年度考核中应评为不称职；连续两年不合格的市州党委、政府以及纪检监察机关主要负责人，要进行组织调整，不能再担任现任职务。通过严格实行责任制，全省上下形成了惩治和预防腐败体系建设的整体合力。

（六）着力构建纪检监察机关内部监督长效机制。省纪委换届以来，新一届省纪委常委领导班子针对新形势下纪检监察干部队伍建设的需要，切实加强内部监督工作，构建了内部监督长效机制。一是建立内部监督机构。省纪委常委会决定将省纪委监督检查室的职能调整为专司内部监督工作机构，并要求市州纪委也成立了相应机构，一些县市区纪委也成立了监督检查室，构建了覆盖全省的内部监督工作网络。二是健全内部监督制度。先后出台了《湖南省纪检监察系统内部监督工作规则（试行）》、《对纪检监察机关（机构）及工作人员的信访举报受理和调查处理办法（试行）》、《市州纪委领导班子民主生活会实施办法（试行）》、《省纪委省监察厅派驻机构工作报告制度》、《省直纪工委与省直非派驻机构工作联系制度》等一系列内部监督管理制度，形成了用制度规范行为、按制度办事、靠制度管人的机制。还把今年确定为全省纪检监察系统“制度建设年”。以纪检监察系统业务工作制度、对领导班子和人财物管理使用的监督制度、派驻（出）机构管理的有关制度、内部监督方式方法有关制度等内部制度体系建设为重点，建立起全省纪检监察系统内部上下统一、层次清晰、基本完备的制度体系，并加强对制度执行情况的监督检查。三是创新内部监督手段。积极探索新形势下内部监督的手段和方式，通过深入开展调查摸底、专项检查、处理信访、参加下级纪委领导班子民主生活会、公布内部监督电话、聘请形象监督员等办法，对全省纪检监察工作和干部队伍进行全方位监督。这些创新性的内部监督举措，丰富了内部监督工作内容，增添了内部监督工作活力，为推进惩治和预防腐败体系建设提供了有力的组织保证。

二、几点启示

一是构建惩防体系建设长效机制必须与时俱进、改革创新。我们把握新时期党员干部思想带来的新变化，深入分析反腐倡廉形势的新特点，贯彻惩治和预防腐败体系建设的新要求，坚持以科学发展观为统领，以改革创新为动力，以特色工作为抓手，着力构建惩防体系建设长效机制。省委、省纪委明确提出，要在2010年建成比较完善的、具有湖南特色的惩防体系基本框架。近几年来，我们针对过去工作中存在的改革创新意识不强、创新思路不清、创新办法不够、创新效果欠佳等问题，强调要以改革创新精神推进惩防体系建设，要求全省纪检监察系统在推进具有区域特色和部门特色的惩防体系建设上下功夫。省纪委、省监察厅机关各内设机构每年都重点抓好一至两项有特色的工作，各市州纪委、监察局每年确定抓好两至三项具有本地特色的工作，省直各派驻机构都要有一项以上特色工作。在年度工作考评中，设立了纪检监察创新性工作项目奖，大力鼓励改革创新。通过层层不断创新工作思路，创新工作格局，创新工作措施，以改革创新破解工作难题，更加科学有效地防治腐败。

二是构建惩防体系建设长效机制必须统筹推进、重点突破。惩防体系建设是一项系统工程，涉及的领域广、工作头绪多。我们在惩防体系建设中，按照增强反腐倡廉建设的整体性、协调性、系统性、实效性的要求，坚持既统筹推进，又突出重点。在整体布局上，做到把惩防体系建设的任务纳入全省经济社会发展和党的建设的全局之中，坚持教育、制度、监督、改革、纠风、惩处各项工作统筹推进；在工作重点上，坚持以我省作为全国预防腐败工作试点省为契机，重点推进预防腐败工作，做到在坚决惩治腐败的同时，更加注重治本，更加注重预防，更加注重制度建设，以重点工作的成效带动全局工作的发展；在整合资源和力量上，做到既发挥好党政齐抓的作用，又充分发挥纪委的组织协调作用，同时注重发挥各职能部门的作用，形成反腐倡廉建设的整体合力。比如，我们提出建立省监督工作联席会议制度，就是为了在监督工作中，通过发挥纪委的组织协调作用，整合监督资源，更好地发挥各监督主体作用，形成监督合力，有效解决监督不到位的问题。

三是构建惩防体系建设长效机制必须抓好试点、稳步推进。惩防体系建设中的一些重点、热点、难点问题的解决，需要我们有步骤、有计划地推进，积极创造条件加以解决。凡涉及全局的一些重大问题解决，必须在一定范围内抓好试点，让一些地方或部门先行先试，大胆探索，取得经验后进行推广，并从制度层面解决问题。如，我省在加强对县市区党政正职的监督方面，近几年先后在长沙市等一些市州进行试点探索，形成经验后在全省推广，并以省纪委等五机关和部门联合下发《关于加强对县市区党政正职监督的暂行办法》，使我省在加强对权力运行监督和制约方面取得了新突破。

四是构建惩防体系建设长效机制必须着眼长远、注重实效。惩防体系建设既是一项十分艰巨的任务，也是一项带有根本性、全局性和长期性任务，必须既立足当前，又着眼长远，务求实效。一方面，我们注重从体制机制制度上加大源头治理腐败力度，把教育、制度、监督的具体措施以及惩治和预防腐败的要求体现在改革创新之中，着力解决腐败问题。另一方面，加快推进重点领域和关键环节改革，着力治理工程建设、房地产开发、土地管理和矿产资源开发、金融、司法等五大领域的突出问题，全面推进干部人事、行政审批、财税、投资和国有企业等多方面的改革，促进源头治腐。同时，建立惩防体系建设任务落实监督检查机制，一项一项抓落实，一步一步见成效，提高落实效果。

（作者：中共湖南省委常委、省纪委书记）

从共产党长期执政的高度多角度思考腐败治理

孙怀山

当前，反腐倡廉总的形势是好的。但是，毋庸讳言，我们所面临的形势依然十分严峻。一些地方和部门，损害群众利益的问题仍然比较突出，严重腐败案件时有发生，特别是发生在一些领导干部尤其是高级领导干部身上的严重违法犯罪案件，严重损害了党和政府的形象。全面总结反腐倡廉工作经验，多角度思考腐败问题成因，提出有针对性的反腐倡廉工作建议，对保持中国共产党的长期执政具有重要意义。

一、多角度思考腐败成因

腐败问题成因复杂。如果仅仅是就吏治论吏治，就腐败论腐败，很难达到标本兼治的目的。只有从更广阔的角度来思考腐败成因，才能提出更深层次的应对之策。

（一）经济性原因

经济性原因是指经济社会的发展必然会经历一个腐败问题的高发期。经济快速发展，社会急剧转型，政府管理职能转变滞后，法制体系不健全，多种原因交织在一起，使得腐败问题在一定程度上难以避免。

当前我国正处在这样一个经济蓬勃发展、政府管理及法制建设相对滞后的发展阶段，大面积、高频率的权钱交易有着肥沃的土壤。在这一历史性阶段，我们可以通过必要的手段减少和消融腐败现象，但却很难彻底跨越这一阶段，所以对腐败问题既要保持高度的警觉，也要有镇定的态度，并对未来抱谨慎的乐观。

腐败的经济性成因，在我国还有资源配置机制的问题。改革开放之初，经济实行双轨制，使得一部分拥有权力或权力背景的人可以利用权力或通过权力寻租大发横财。这种富裕因为不是通过勤劳、正当渠道获得的，所以不仅引发贫富分化，而且引发分配不公与仇富心理。贫富分化问题与权力腐败问题紧紧纠缠在一起，使得民众中“仇富”与“仇腐”心理交织，形成强烈的不稳定因素，甚至在一些地区出现了社会动荡不安的现象。目前，政府权力和职能与社会主义市场经济的要求依然有较大差距，资源配置机制仍然存在很大的不合理因素，由此所引发的腐败问题依然值得高度关注。经济体制改革依然任重道远。

（二）文化性原因

文化性原因是指一个民族、一个国家长期以来形成的历史文化传统特别是政治传统为腐败问题的产生提供了特有的社会基础。这种根深蒂固的基础使得腐败不仅具有世界性，而且具有民族性。

中国素有人治传统。权力腐败是人治权威政体的难解之结。新中国是人民当家做主的国家，是实行社会主义民主的国家，但由于数千年封建制度的影响以及民主基础的薄弱，现有政治体制仍然带有人治社会的典型特征。制度和法律因人治力量的主导而难以充分发挥作用，整个社会对权力运行难以形成切实有效的监督。近年来，随着社会主义民主政治的推进和在党的主导下实行的政治体制改革，中国在政治层面发生了一些变化，规则性增强，人治色彩有所减弱，但尚未有根本改变。人治传统，不仅继续滋生腐败，而且为治理腐败带来了很大障碍。

中国素有官本位传统。儒家文化倡导“学而优则仕”，在民间形成了“万般皆下品，唯有读书高”的文化传统。这种传统使得为数不少的党政部门、党员干部意识中充斥着官贵民贱，行动上习惯于高高在上，对官僚主义作风熟视无睹，甚至对一些权力寻租习以为常、处之若泰。

中国传统文化中还素有置华屋、纳妻妾、骄奢淫逸的封建陋习。无论商界得意，还是官场尊荣，都很容易将人生追求转向声色犬马的低级趣味。这种文化传统，深深扎根于国民的价值观中，使得现代中国在经济较快发展后，大量出现营造华美阳宅、阴宅，找情人、包二奶等奢靡丑恶现象，一定程度上为加重腐败推波助澜。

此外，文化大革命对中国传统文化中的优秀部分破坏严重，至今影响着相当多党员干部（更值得我们注意的是：我们党有相当一批中青年干部的世界观、人生观的启蒙和形成正值这一时期）。

（三）政治性原因

政治性原因是指政治环境、政治氛围和政党角色等因素的变迁，使得腐败问题呈现出前所未有的复杂性，腐败治理也因此而面临空前的难度。

改革开放之后，中国共产党所处的政治环境发生了两大根本改变：一是处于日益开放的环境，二是处于日益富裕的环境。开放的环境中，各种各样的世界观、人生观、价值观以及政治思想、生活方式等如潮水般涌入。这既为我们的国家和社会带来了巨大的活力，同时也带来了一些腐朽思想与生活方式。富裕的环境中，人民的物质生活水平得到普遍提高，但同时形形色色的物质和精神诱惑，对党员干部的信仰、定力也形成了严峻考验。泥沙俱下的复杂政治环境中，难免有一部分信仰不坚定、作风不扎实的党员干部为腐败所俘获。同时，国内外反华势力、敌对势力从来没有放弃过和平演变乃至颠覆中国的念头，刻意渗透和拉拢腐蚀也使相当一部分人为糖衣炮弹所击中。

从政治理念和氛围看，十一届三中全会后，党和国家的中心任务由以阶级斗争为纲转向以经济建设为中心。这一转折开辟了中国社会主义事业建设的新局面，具有伟大的历史意义。随着政治理念的转变，政治氛围日益宽松，这种转变本身是进步的，但在客观上也增加了反腐倡廉的难度。在强调阶级斗争的时期，广大党员干部所受的政治约束很强，反腐倡廉的自觉性、自律性也很强。在强调经济建设的时期，政治氛围相对宽松，一部分党员干部放松了主观世界的改造，放松了自我教育和自我修养，认为只要经济搞得好，贪点腐点没有太大关系，在各种诱惑面前就会把持不住。同时，各级党委在用人观念上也不同程度地存在着“重才干、轻德行，鼓励能干事、忽视不出事”的导向问题。

从政党角色看，中国共产党经历了由革命党向执政党、由初期执政向长期执政的转变过程。建国之初，战乱刚刚结束、国民党政府的覆灭犹历历在目，年轻的执政党励精图治，勇于接受监督和批评。执政近六十年来，绝大多数新生代共产党员都未历战乱之苦、开国之艰、创业之难，缺乏危机意识、谦恭意识；长期执政、稳定执政让党内一些同志形成了唯我独尊、骄傲自满的心态；还有为数不少的党员已经淡忘了党的奋斗目标、根本宗旨，甚至有些原本就不是为着信仰加入共产党，而是为了利益而加入执政党的，这就使得党的革命性、纯洁性和先进性遇到严峻挑战。

（四）制度性原因

制度性原因是指制度的缺失、监督的无力，使得腐败难以得到有效遏制。

改革开放以来，党十分重视反腐倡廉制度建设，强调从源头上防治腐败，并建立了比较系统和完善的制度。但是，这些制度从根本上说都是内部制度，都以“党要管党”为核心指导思想。在党之外谁来监督党？怎样实现人民群众对党的有效监督？怎样实现各民主党派对中国共产党的有效监督？怎样实现政治体制内国家行政机关对党的机关的有效监督？对此，都相对缺乏行之有效的制度。而古今中外的历史已经证明，仅仅依靠内部监督、自我监督，是很难从根本上克服腐败的。尽管我们的监督体系内容丰富，包括党内监督、法律监督、国家权力监督、政府监督、人民政协和民主党派的民主监督、舆论监督、群众监督等多种监督形式，但由于政治架构上缺少根本性的制衡设计，所有的监督形式虽能够发挥一些作用，但却都难以发挥绝对有效的作用。在特定条件下，总有一些权力处于监督的真空。

多年来所形成的党“统揽全局、协调各方”的工作格局，往往形成党“领导一切、包揽全局”，“以党代政、指挥各方”的格局，而忽视了其他方面的职能作用和积极性的发挥，在一定程度上不利于我国根本政治制度、基本政治制度的有效运行，迟缓了党政分开等政治体制改革实践的步伐，也有悖于依法治国、依法执政、依法行政的大政方略。

二、深层次推进反腐倡廉建设

腐败问题成因复杂，所以治理腐败必须从更宏观的角度，探索更开阔的思路。不仅要在反腐倡廉机制上持续创新，而且要将反腐倡廉作为一项历史性、文化性、社会性的系统工程加以推动。

（一）推动经济发展和经济体制改革，完善

社会主义市场经济制度，切实转变政府职能，减少产生钱权交易、滋生腐败的土壤

从经济方面讲，一是要不断完善社会主义市场经济体制，更好地发挥市场的资源配置作用，减少政府对资源的直接配置；二是要坚定不移地推动粗放型向集约型经济增长方式的转变，大力支持技术型、创新型企业的发展，减少企业对土地、能源等政府控制性资源的依赖程度；三是要继续做强、做大企业，提高国际竞争力，适应经济全球化、市场一体化的要求，降低企业对地域政治力量的依赖程度；四是要继续推动国有企业改革以及私有家族企业向股份制企业的升级，大力培育和发展职业经理人阶层，使企业经营管理更多地依赖专业技能。从政府方面讲，要有效推动管理型政府向服务型政府的转变，强化政府的宏观调控能力，减少政府对微观经济领域的直接干预。从法制方面讲，要进一步健全与社会主义市场经济相适应的法律体系和司法体系，为企业平等、健康、有序竞争提供公正、完善的游戏规则；在依法惩治受贿的同时必须严厉打击行贿；对用不法手段寻租权力或拉拢腐蚀公务人员获取利益的企业或企业主，要有追缴其不当收益、限制市场准入、降低信用等级的追究制度，使其违法成本和风险加大从而不敢妄为。

(二)推动文化大发展、大繁荣，建设社会主义核心价值体系，夯实积极向上的人文基础，营造反腐倡廉的社会氛围

建设一个新社会，发展一种新文化，夯实一种新根基，绝非两三次运动可以完成，而是需要数代人甚至数十代人持之以恒的努力。中国共产党作为先进文化的代表，必须如同重视经济建设一样重视文化建设，推动文化大发展、大繁荣，构建社会主义核心价值体系。一是要以扬弃的态度弘扬传统文化，既要恢复和弘扬民族文化中的优秀部分，弥补文化大革命所造成的文化、道德和信仰损伤，又要避免在文化复兴过程中沉渣泛起；二是要有甄别地吸收西方文化，既要用西方文化中的有益成分填补中国文化的不足之处，又要坚决抵制腐朽的价值观和生活方式；三是要大力推进现代文明教育，主要是树立公民意识、平等意识、法治意识、民主意识以及公务员的公仆意识等，还要在全体公民中大力开展践行“八荣八耻”的社会主义荣辱观；四是要培育和发展社会主义文化，在党内要旗帜鲜明地弘扬井冈山精神、长征精神、延安精神、西柏坡精神、“两弹一星”精神等我们长期积累的宝贵精神财富，并赋予它们鲜明的时代特色，为党的长期执政奠定更为扎实的人文根基。

(三)适应政治环境、政治理念和氛围以及政党角色的变化，以改革创新的精神，全面加强党的建设，强基固本

新世纪新阶段，中国共产党肩负着重要的历史使命，同时也因为政治环境、政治理念和氛围以及政党角色的变化而面临着诸多新的考验。世情、国情、党情的发展变化，决定了以改革创新精神加强党的建设既十分重要又十分紧迫。一是要适应政治环境的变化，本着以人为本、实事求是的原则，探索在物质更加丰富、生活更加多彩、价值观更加多元、国际形势更加复杂的情况下，共产党员的信仰、道德、生活方式应当有怎样的体现，应当有怎样的底线，以及与革命战争年代、物质匮乏时期相比应当有怎样的不同；对党员的世界观、人生观、价值观教育，同样应当与时俱进。二是要思考政治理念和政治氛围的变化过程中，党的建设出现过哪些问题，进而有针对性地切实做出改进。三是在党的建设中要以科学发展观为指导，坚持用发展着的马克思主义指导客观世界和主观世界的改造，进一步把握共产党执政规律、社会主义建设规律、人类社会发展规律，提高运用科学理论分析和解决实际问题的能力。改革和完善考核机制，促进树立正确的政绩观，克服好大喜功、文过饰非、对上负责对下塞责、脱离实际、脱离群众、华而不实等不良作风。四是要重视政党角色的变迁，认真研究执政党与革命党在组织建设、工作方式等方面的不同，把好入党关，建立更加公开、透明的工作制度；认真研究从初期执政到长期执政，党在组织、思想、作风、工作方法等方面发生的深刻变化，从组织上根治吏治腐败，从思想上增强忧患意识，从作风上贴近人民群众，从工作上克服方法简单、手段单一，不重实效等问题、使党员干部的素质进一步提升，党在人民群众心目中的形象得到重塑，党群、干群关系得到修复和改善。五是要认真总结党的纪律检查机关恢复重建以来取得的经验、存在的不足、不断创新纪检工作制度，更好地发挥纪律检查作用。

(四)学习和借鉴人类政治文明成果，推动社会主义民主政治建设，从国家政治架构上实现对权力的有效监督，为防治腐败提供强有力的制度保障

坚持走中国特色社会主义政治发展道路，不仅是中国共产党人的奋斗目标，而且为当代中国绝大多数民众所认同。但是，具休到实践层面，如何发展中国特色社会主义民主政治呢？一方面，我们必须立足我国国情，总结实践经验，不断完善现有政治制度；另一方面，我们应当借鉴人类政治文明的有益成果，弥补现有政治制度的不足。借鉴人类政治文明的有益成果，并不等同于照搬西方政治制度模式。然而现在的问题是，由于唯恐西化，注重防范西方政治制度模式之侵袭，而没有深刻、理性地思考和学习借鉴西方政治制度中的有益成分，使得在政治领域“借鉴人类文明的有益成果”很大程度上成为一句空谈。如此，我国政治架构上的一些缺点就很难从根本上得到改观。为党的长期执政计，必须进一步解放思想、实事求是、与时俱进；必须进一步突破实践的禁区，大胆吸收和借鉴西方政治制度中的有益成分，为我所用；必须进一步推进政治体制改革，不断完善中国特色社会主义制度。

只有充分吸收和借鉴人类文明成果，使我们的政治制度日臻完善，确保我们党成为中国特色社会主义事业的坚强领导核心的同时，又能为防治党内腐败提供强有力的制度保障。

(作者：全国政协常委、机关党委书记)

着力做到“四个结合”
切实抓好工程建设领域突出问题的专项治理

金道铭

最近，中央下发《关于开展工程建设领域突出问题专项治理工作的意见》，决定用两年左右的时间集中开展工程建设领域突出问题专项治理工作。我们要按照中央的部署，把开展专项治理工作作为一项重要任务，切实抓紧抓好。长期以来，工程建设领域的各部门、各单位和广大干部职工按照党中央、国务院以及各级地方党委、政府的要求，扎实履行工作职责，全力克服前进道路上的困难，通过长期的艰苦奋斗、顽强拼搏、无私奉献，使基础设施建设不断加强，城乡环境面貌发生了翻天覆地的变化。特别是在山西省这样一个自然条件比较差、财政基础比较薄弱、基础设施建设比较落后的省份，在改革开放以来的30年间，基础设施建设发生巨大变化，人民群众生产生活环境得到极大改善，工程建设领域的广大干部职工作出了较大贡献。在充分肯定工程建设领域取得显著成绩的同时，我们也清醒地看到，当前，工程建设市场还不健全，监管体制还不完善，权钱交易、商业贿赂等腐败现象依然严重，影响和制约工程建设领域健康有序发展的问题依然突出。主要表现在：一些领导干部利用职权插手干预工程建设，索贿受贿；一些部门违法违规决策项目和审批规划，违法违规审批和出让土地，擅自改变土地用途、提高建筑容积率；一些招标人和投标人规避招标、虚假招标、围标串标、转包和违法分包；一些招标代理机构违规操作，有的专家评标不公正；一些单位在工程建设过程中违规征地拆迁、损害群众利益、破坏生态环境、质量安全责任不落实；一些地方违背科学民主的决策原则，乱上项目，存在劳民伤财的“形象工程”、脱离实际的“政绩工程”和威胁人民生命财产安全的“豆腐渣”工程，等等。开展专项治理工作，有利于规范工程建设领域市场交易行为，防范领导干部利用职权插手微观经济活动；有利于进一步改革完善体制机制制度，建立规范的工程建设市场体系；也有利于进一步遏制腐败现象易发多发的势头，促进工程建设的健康有序开展。应当说，开展工程建设领域突出问题专项治理，体现了党中央治理工程建设领域消极腐败现象的坚强决心，也体现了对工程建设领域干部职工的关心和爱护。我们必须深刻理解和准确把握中央对工程建设领域反腐败斗争形势的基本判断，认真落实中央提出的各项要求和部署，紧紧依靠工程建设领域的干部职工和广大人民群众，深入扎实地推进专项治理工作，努力做到“四个结合”。

一、坚持专项治理与扩大内需、促进经济平稳较快发展相结合

认真贯彻落实中央关于扩大内需促进经济发展的政策措施，保持经济平稳较快发展，是全党的首要任务。当前，随着中央和我省大规模投资的陆续下达，随着各项重点工程项目全面展开，工程建设领域面临的腐败风险和腐蚀与反腐蚀的考验比以往任何时候都更加严峻。开展专项治理工作，必须紧紧围绕促进经济平稳较快发展这个中心，以政府投资和使用国有资金的项目为重点，对照有关政策规定和法律法规，认真查找重点工程项目立项、城乡规划审批、项目核准、土地审批和出让、环境评价、勘察设计和工程招标投标、征地拆迁、物资采购、资金拨付和使用、工程建设实施等重点部位和关键环节存在的突出问题，推动工程建设项目决策、规划审批、土地出让、招标投标、资金使用等规范有序。在操作层面，要将扩大内需、促进经济增长政策措施落实情况的监督检查和工程建设领域突出问题专项治理工作紧密结合起来，坚持两项工作统一领导、统筹部署、信息共享、同步推进，实现二者的有机统一和互促互进。对于各级纪检监察机关来说，要把开展专项治理工作作为纪检监察工作服从服务于党和国家中心任务的重要体现，通过积极有效的工作，确保工程项目规划和立项符合科学发展观要求，确保工程建设项目审批和建设程序依法合规，确保项目建设资金管理使用规范严格，确保工程建设质量安全合格，努力把各项工程建成廉洁工程、精品工程和人民满意的工程。

二、坚持专项治理与完善惩治和预防腐败体系相结合

坚持标本兼治、综合治理、惩防并举、注重预防的反腐倡廉工作方针，完善惩治和预防腐败体系，是我们党总结历史经验、适应形势发展作出的重大战略决策，是深入推进党风廉政建设和反腐败斗争必须牢牢把握的基本要求和主要任务。推进惩治和预防腐败体系建设，必须找准切入点，抓住重要领域和关键环节，努力取得突破。我们要把开展工程建设领域突出问题专项治理工作作为完善惩防体系的重要切入点和突破口，注重标本兼治、惩防并举，做到既惩治于已然、又防患于未然。要切实加大办案力度，严肃查处领导干部违规插手干预规划审批、招标投标、工程建设的行为以及违纪违法的案件，严肃查处规避和虚假招标、围标串标、违法分包的案件，严肃查处擅自变更规划、提高容积率等侵害公众利益的案件，深挖细查工程质量和安全事故背后的腐败问题，进一步遏制工程建设领域腐败现象易发多发的势头；要切实加

强监管，各级政府以及发展改革、财政、国土资源、环境保护、住房和城乡建设、安监等部门都要依照有关法律法规，加强对工程建设项目程序、招投标活动、土地、矿产供应及开发利用情况和工程质量与安全等方面全过程的监管，认真履行对政府投资项目的投资安排、项目管理、资金使用和实施效果等方面的职责，同时要发挥工程监理机构的专业监督作用，发挥新闻媒体的作用，不断增强监管实效；特别要把改革和完善体制机制制度作为这次专项治理工作的根本任务，针对专项治理工作中发现的突出问题，认真总结经验教训，不断深化改革，进一步完善项目决策、规划审批、招标投标、土地出让、质量监管和安全防范等方面的法律法规和规章制度，逐步铲除工程建设领域滋生腐败问题的土壤和条件，努力创造工程建设健康有序发展的良好环境，进一步完善工程建设领域惩治和预防腐败体系。

三、坚持专项治理与加强领导干部廉政教育相结合

实践证明，开展重点领域和关键环节领导干部廉政教育，是增强反腐倡廉教育针对性、有效性的重要途径。如果能够在推进工程建设领域突出问题专项治理的过程中，同步开展工程建设领域领导干部廉政教育，必将有力地提高这一领域党员干部拒腐防变的意识和能力，构筑起拒腐蚀、抗诱惑的思想道德防线。今年以来，山西省纪委分 7 期集中对包括工程建设领域在内的全省重点领域、关键环节领导干部进行了岗位廉政教育培训，培训采取播放专题警示教育片、分组讨论、大会交流、廉政考试、撰写心得体会特别是组织服刑人员现身说法等多种形式，使参训的近 2000 名领导干部受到一次生动的思想教育和深刻的灵魂洗礼，取得了良好效果。在工程建设领域突出问题专项治理工作中，我们将继续总结这方面的有益经验，积极探索和完善对监督对象开展廉政教育的有效方法。努力通过教育，使工程建设领域领导干部时刻保持清醒头脑，强化政治意识、大局意识和自律意识，做到“知止守底”，过好亲情关、人情关，积极同各种腐蚀诱惑作斗争；坚持“一岗双责”，毫不放松地抓好本部门、本领域、本项目的反腐倡廉建设，努力建设一支廉洁勤政务实的工程建设干部队伍，以更高的效率、更好的作风全力推进重点工程建设。

四、坚持专项治理与纠正损害群众利益的不正之风相结合

能否解决好工程建设领域人民群众最直接、最关心、最现实的利益问题，维护群众的根本利益，是检验专项治理工作成败的关键。事实表明，在工程项目的决策、审批、规划、征地拆迁、工程质量等环节，的确存在着大量罔顾群众意愿、侵害群众利益的突出问题，其中一些问题还十分严重，群众反映强烈。因此，在专项治理工作中，必须坚持立党为公、执政为民，树立强烈的宗旨意识，注意倾听群众呼声，关心群众疾苦，将与群众利益密切相关的违规征地拆迁、破坏生态环境、工程质量不合格、非法用工、恶意拖欠农民工工资、工程施工中扰民侵民等问题作为重点加以治理，着力解决工程建设领域侵害群众利益的突出问题。同时要大力加强工程建设部门和行业作风建设，建立健全民主评议、政风行风热线、互联网站相结合的行风建设监督体系；着力加强政务公开，建立项目信息平台，将工程建设置于全社会的监督之下。

集中时间对某一领域存在的消极腐败突出问题进行专项治理，是开展党风廉政建设和反腐败斗争的重要方法，也是推进惩防体系建设、增强反腐倡廉建设实效的有效途径。我们相信，随着工程建设领域突出问题专项治理工作的全面深入开展，必然有力地规范工程建设领域市场交易行为和领导干部从政行为，维护社会主义市场经济秩序，确保工程建设项目高效、安全、廉洁运行，为实现保增长、保民生、保稳定的目标，为促进经济社会又好又快发展创造更加良好的环境。

（作者：中共山西省委常委、省纪委书记）

把法律监督的触角延伸到广大农村

——海南省人民检察院派驻乡镇检察室建设的探索和实践

马勇霞

为践行“强化法律监督、维护公平正义”的检察工作主题，更好地服务海南经济社会发展大局，海南省人民检察院经过深入调研、充分论证，提出了“基层检察工作重心下移、检力下沉，把法律监督延伸到农村”的工作思路，创造性地整体推进派驻乡镇检察室建设，取得了明显成效。

一、“检力下沉”是建设社会主义新农村的迫切需要

着力抓好涉农检察工作，把法律监督的触角延伸到广大农村，全力服务农村改革发展，是检察工作的重要任务。最高人民检察院和海南省委要求我们高度重视“三农”问题，不断探索加强农村检察工作的有效措施，不断创新服务农村改革发展的途径和方式，为农村改革发展提供有力的法律服务和司法保障。设置派驻乡镇检察室是我们面对新形势新任务积极探索服务新农村建设的尝试，是“检力下沉”的一项重要举措。

海南基本上是一个农业省，农村人口占73%左右。目前正处在社会转型期，各种社会矛盾纷繁复杂。一是农村刑事犯罪和社会治安问题比较突出。因土地纠纷、毒品、赌博引发的刑事犯罪严重威胁着人民群众的财产和生命健康安全。据统计，海南2006年、2007年、2008年发生在农村的刑事案件分别占当年发案总数的36.2%、36.2%、35.6%。2009年1—3月，全省检察机关共批准逮捕发生在农村地区的刑事案件1730件2772人，占批捕刑事案件总数的35.3%。二是农村基层干部贪污受贿、挪用公款等职务犯罪案件频发。近年来，中央和我省各项支农资金增多，为海南农业和农村的发展注入了强大的动力。但农村基层干部贪污受贿、挪用公款等职务犯罪也呈上升趋势，影响各项惠农政策的落实，引发农民群众的不满和上访。2006年至2009年2月，检察机关共查办农村基层组织人员职务犯罪案件78件125人，占全省查办职务犯罪总案件数的34.2%。三是土地纠纷引发的刑事和信访事件成为影响海南农村社会稳定的突出问题。由于历史原因，农场与乡村、村与村之间的土地址界不明、权属不清、管理薄弱，加之土地承包经营或流转的法规不完善、程序不规范，各类纠纷频频发生，特别是因土地权属纠纷引发的刑事案件、集体上访等群体性事件尤为突出。四是农民群众对执法不严、司法不公问题反映强烈。检察机关对公安派出所、人民法庭和基层组织的法律监督机制不完善，在广大农村没有工作机构，缺乏有效监督。因基层组织及其工作人员不作为、乱作为激化矛盾纠纷引发的群体性事件时有发生，影响了农村社会稳定，也损害了党和政府的威信。

近年来，检察机关多次开展涉及农村问题的专项工作，建立了下访巡访、聘任农村联络员、开展举报宣传周等工作制度，解决了一大批农民群众反映强烈、涉及民生的突出问题。但由于检察机关全部设在城区，没有伸及农村的“触角”，不便于检察机关及时把握农村出现的新情况、应对农村的新问题，也不适应农民群众日益增长的司法需求，制约了法律监督职能作用的发挥。政法机关应当把人民群众的呼声作为第一信号，把人民群众的需求作为第一选择。通过设置派驻乡镇检察室，就将法律监督的触

角延伸到了广大农村。这是一次对新时期新阶段检察工作理念、资源配置、结构功能、能力规模、执法方式的大调整，是适应新一轮农村改革发展需要的新举措。从理论上讲，这完全符合宪法法律赋予检察机关的法律监督职能定位和要求。从实践上看，这是检察机关贯彻落实科学发展观的具体体现，是法律监督触角向农村延伸的必由路径，是服务“三农”、满足农民群众新期待的必然要求。派驻乡镇检察室不仅拓展了法律监督的理念与思路，也丰富了法律监督的形式和方法，使检察工作为农村改革发展的服务更加及时、有效、到位，也可以更加有力地打击农村的各类违法犯罪，督促农村各级组织及其工作人员依法行政、依法办事，切实维护农民群众的合法权益，对于完善党的基层政权组织、巩固党的执政地位，保障和促进社会主义新农村建设具有重要的作用。

二、向农村派驻乡镇检察室是加强法律监督的有效载体

法律监督向广大农村延伸是新的时代命题，目标已定，方向已明，关键是实现的路径方式。派驻乡镇检察室是加强农村检察工作、延伸法律监督触角的有效载体。只要符合国情、农民群众需要、实践可行管用，我们就要努力去做。省检察院党组信心坚定不移，做法审慎稳妥，既讲科学性，又讲操作性，做到高起点谋划、高标准定位、高质量推进，采取各种措施，保证了派驻乡镇检察室建设顺利进行。

统筹规划，稳步推进。一是加强领导。省检察院党组专门抽调得力人员组成工作机构，成立了派驻乡镇检察室试点工作领导小组，负责全省总体规划，指导派驻乡镇检察室的试点工作。二是科学规划。深入调研，制定试点工作方案，明确了派驻乡镇检察室的性质、定位、职责范围，按照“服务三农、方便群众、有利监督、稳妥慎重”的原则，确定在距离城区较远、人口较多、治安问题突出、信访总量较大或开发项目较多的乡镇因地制宜设置派驻乡镇检察室，管辖驻地乡镇和周边若干乡镇、国营农场。三是稳步推进。整体探索设置派驻乡镇检察室建设，没有现成经验借鉴，只有在实践的基础上不断探索、总结和完善。我们首先开展试点工作，条件成熟一个设立一个，巩固一个。目前挂牌成立的 24 个派驻乡镇检察室，已初步显现出贴近农民群众、便民快捷高效、监督及时到位的优势功能。按照规划，全省共设置 36 个派驻乡镇检察室。

抓好队伍，配强力量。队伍建设是改革的关键。一是检力向一线倾斜。省检察院党组要求各级院把年轻优秀、经验丰富、熟悉农村、会做群众工作的检察人员派到派驻乡镇检察室。省院和分市院抽调了一批年轻检察干警到派驻乡镇检察室锻炼，充实工作力量。二是严抓队伍管理。在试点工作中，我们把规范检察人员的行为、提高执法公信力当作重要环节来抓，牢固树立正人先正己、监督者必须接受监督的观念，主动接受各级组织和农民群众的监督，加强对自身执法工作的监督制约，推行“阳光检察”，以公开促公正，做到自身正、自身硬、自身净，努力把派驻乡镇检察室建设成为检察机关在广大农村履行宪法和法律赋予的法律监督职能，服务“三农”工作，维护公平正义，保证农村改革发展的一线执法平台。

建章立制，严格管理。根据海南农村检察工作的特点，我们明确派驻乡镇检察室工作职责，规范执法行为，建立健全工作机制，强化内部管理监督，制定了一系列规章制度，做到用制度管人，按程序办事，严格依法监督。一是高度重视制度建设。为依法规范派驻乡镇检察室运行，省检察院统一组织起草制定了《派驻乡镇检察室工作规则》和《派驻乡镇检察室工作考核细则》，规定了派驻乡镇检察室的职能定位、业务范围、办案程序和考核标准等。各基层检察院结合实际，分别制定了工作方案和制度，加强了派驻乡镇检察室的规范化建设。二是加强科学管理。省检察院把派驻乡镇检察室建设纳入对

各基层检察院的工作绩效考核，促使基层检察院把工作任务量化到各派驻乡镇检察室，落实到各个岗位、环节。派驻乡镇检察室在基层检察院检察长的统一领导下，形成了与本院各内设机构之间的职能整合、纵向延伸、网式联动的工作新格局，既保证了派驻乡镇检察室严格、公正、文明、廉洁执法，又进一步强化了基层检察院的法律监督效能。

三、试点工作取得的初步成效

一项改革措施能否得到人民群众的认可，是顺利推进和实现目标的关键。我们通过对全省 21 个县市 1050 名乡镇干部进行问卷调查，有 1018 人赞成肯定，占 96.9%，说明绝大多数基层干部支持这项改革。对 2100 名农民群众进行问卷调查，有 2060 人认为派驻乡镇检察室很有必要，占总数的 98.1%。广大基层干部和农民群众欢迎拥护，表明这一改革措施具有坚实的社会基础和强大的生命力。派驻乡镇检察室挂牌成立后，在履行法律监督职责、畅通农民群众诉求渠道、化解各种矛盾纠纷、促进依法行政和公正司法、查办和预防农村职务犯罪、推动农村民主法治建设进程等方面发挥了积极作用。

积极查办和预防涉农职务犯罪，促进农村党风廉政建设。派驻乡镇检察室成立以来，共受理职务犯罪线索 56 件，协助查办涉农职务犯罪案件 14 人。临高县检察院派驻博厚检察室接到几位农民反映县政府转给德老村委会征地款不知去向的情况后，及时向检察长报告，并协助县检察院对有关人员进行立案侦查，迅速查处了这起涉及 150 多万元征地款、侵害 6 个自然村 2000 多名农民利益的贪污受贿案件。白沙县检察院派驻七坊检察室在对支农惠农补贴资金管理发放情况进行摸底时，发现了七坊畜牧兽医站站长贪污能繁母猪补贴的线索，并协助县检察院进行立案侦查。经查，犯罪嫌疑人利用职务便利，侵吞了 74 户饲养户的能繁母猪补贴款 16700 元。该案查处后，引起了高度关注，省委书记、省长批示，要求对全省各项支农惠农补贴发放、使用情况进行专项检查，确保惠农政策落实到位。

加强对基层执法和各类诉讼活动的监督，维护公平正义。派驻乡镇检察室成立以来，共向公安机关发出《要求说明不立案理由通知书》13 份，发出《检察建议书》10 份，监督公安机关立案 7 件。屯昌县检察院派驻枫木检察室在调查农机补贴项目工作中，发现一农机经销商与当地一农民合伙诈骗国家农机补贴款后，及时监督公安机关立案侦查，两名犯罪嫌疑人已被追究刑事责任。临高博厚、新盈两个派驻乡镇检察室深入公安派出所、国土所、税务分局等部门，对行政执法活动进行监督，纠正和防止执法不严、执法违法等现象，积极引导各基层组织及其工作人员严格依法办事，正确履行工作职责。

主动化解基层矛盾，促进农村和谐稳定。据有关部门统计，海南 80%缠诉上访的都是农民群众。派驻乡镇检察室主动当好基层党委政府的参谋助手，为农民群众排难解忧，共走访 60 多个乡镇、500 个村委会、38 个国营农场和 128 家企业，接待群众来访咨询 15000 多人次，依法妥善化解各类矛盾纠纷 110 件，涉及 3500 多人，化解群体性事件 4 件，处理上访案件 92 件 392 人。

深入宣传法制，培育提高农民群众法律素质。随着农村经济社会的发展，农民学法用法维护自身权益的需求日益增强。少数农民群众由于法律知识薄弱，不懂得通过合法途径维护自身权益，引发了各类矛盾纠纷、群体性事件、缠诉上访甚至违法犯罪案件的发生。派驻乡镇检察室走乡串户，深入田间地头、农家院落，用集中宣讲、散发传单、展示图板、以案说法等形式，进行法制教育，受益人数达 30000 余人，收集意见建议 500 多条。通过宣传法制和依法履行法律监督职责，在教育引导农民群众学法、守法，运用法律手段维护自身合法权益方面产生了良好效果。

（作者：海南省人民检察院检察长）

加强反腐倡廉建设
为“两型社会”试验区提供坚强保证

杨　松

建设武汉城市圈“两型社会”(资源节约型、环境友好型社会)综合配套改革试验区,是中央推进发展方式转变、统筹区域协调发展的重大决策部署,是武汉提高科学发展水平的重大机遇。反腐倡廉建设必须与推动改革试验、加快建设发展紧密结合起来,保证“两型社会”试验区建设朝着科学发展的方向推进。

一、加强反腐倡廉建设,是深入学习实践科学发展观、推进“两型社会”试验区建设的必然要求

大力加强反腐倡廉建设,努力营造风清气正、干事创业的社会环境,对贯彻落实好中央关于“两型社会”综合配套改革试验区建设的决策部署和科学发展的要求具有重要意义。

深入贯彻落实科学发展观、推动试验区科学发展,要求我们大力加强反腐倡廉建设。作为国家级综合配套改革试验区,武汉城市圈承担着在经济、政治、社会等领域深化改革、先行先试的重大责任。只有坚决严肃党纪政纪,坚持有令必行、有禁必止,才能确保中央关于资源节约与环境保护等政策措施落到实处;只有大力推进体制机制创新,着力解决影响科学发展的深层次问题,才能探索出一条有别于传统模式的科学发展道路,顺利推进各项改革试验。

有效防范腐败风险、保证改革试验顺利推进,要求我们大力加强反腐倡廉建设。腐败破坏生产力、破坏社会和谐,是“两型社会”试验区建设的致命威胁。试验区的大批投资和建设项目往往是权力与利益的交织点,改革试验也往往容易给腐败分子可乘之机,蕴藏许多腐败的风险与可能。一旦发生腐败问题,不仅会腐蚀一批党员干部,严重损害党的形象,而且会造成巨大的经济损失,大大增加试验区的发展成本。只有把反腐倡廉与试验区建设同步考虑、统筹安排,通过事前预警和全程监督严密防范腐败风险,提高发展质量和水平,才能推动试验区建设顺利进行。

鼓励敢闯敢试、营造干事创业氛围,要求我们大力加强反腐倡廉建设。“两型社会”试验区建设具有探索性、开创性,没有现成的经验可以遵循,惟有勇于解放思想,敢于先行先试,才能闯出一条改革发展的新路。加大反腐倡廉建设力度,进一步完善防腐保廉的法规制度,使干事创业者明白什么该做,什么不该做,有利于他们明确是非界限,大胆地试、大胆地闯,最大程度地发挥积极性、主动性和创造性。

二、突出反腐倡廉重点任务,为“两型社会”试验区建设提供有力保障

反腐倡廉建设是党的建设的重要组成部分,要主动围绕中心、服务大局、突出重点,切实保障试验区建设顺利推进。

反腐倡廉要为试验区建设提供严明的法纪保障。中央对武汉城市圈建设“两型社会”提出了明确要求,当前重要而紧迫的任务是,加强监督检查,做到令行禁止,确保科学发展重大决策部署的贯彻执行,尤其要确保中央扩大内需促进经济平稳较快发展政策得到落实。坚决纠正违背试验区建设要求的突出问题,特别是单纯追求经济利益、局部利益而严重消耗资源、破坏生态环境的行为,确保国家关于节能环保等法

规政策落到实处。严肃查处违纪违法案件，保持惩治腐败的强劲势头，严厉查办权力主体的"寻租"行为，督促各类市场主体有序竞争、健康发展。

反腐倡廉要为试验区建设提供有效的制度保障。防范和减少试验区建设腐败风险必须有健全的制度作保障。要按照中央《建立健全惩治和预防腐败体系2008—2012年工作规划》的部署，结合试验区建设涵盖的资源节约、环境保护、行政管理等九个方面的体制机制创新，积极构建腐败风险防控体系，推进惩治和预防腐败体系建设。要在研究出台各项重大改革措施的同时，把预防腐败的制度措施一并考虑，将制度反腐寓于各项改革措施之中，增强改革措施的科学性、系统性和协调性。要抓住试验区建设中腐败易发多发的重点项目及重点部位、重点领域及重点行业，健全对腐败风险的采集、分析、监控及预警机制，完善对重要决策的腐败风险评估制度，评估改革决策是否具有切实可行的预防腐败措施，是否与反腐败制度相一致，等等。要善于发现体制机制和制度上的漏洞，研究提出预防腐败的改革思路和配套措施，健全有效预防腐败的制度体系。

反腐倡廉要为试验区建设提供优良的作风保障。"两型社会"试验区建设为武汉带来重大发展机遇，对党风政风建设提出了更高要求。要凝聚党心民心，团结带领群众加快改革发展，就必须加强党员干部党性修养，树立和弘扬优良作风。要把改进党员干部作风作为促进科学发展的重要切入点，引导党员干部坚持正确的事业观、工作观、政绩观，大力弘扬解放思想、求真务实的作风，着力强化责任意识，增强学习实践科学发展观的自觉性、主动性；大力弘扬艰苦奋斗、清正廉洁的作风，认真执行中央有关厉行节约、反对铺张浪费的规定，切实解决贪图安逸、讲排场、比阔气的问题，坚持勤俭办一切事业；大力弘扬深入基层、联系群众的作风，牢固树立宗旨意识，更加重视民意、关注民生、维护民权，倡导实地调查研究，着力解决群众反映强烈的突出问题，使各项改革和决策符合实际和民意，让人民群众共享改革发展成果。

三、坚持统筹兼顾，正确处理反腐倡廉与试验区建设的几个关系

正确处理反腐倡廉工作与改革发展稳定的关系。在推进"两型社会"试验区建设过程中，要始终坚定不移地开展党风廉政建设和反腐败斗争，做到坚决惩治腐败不动摇，有效预防腐败不放松。要把反腐倡廉放在改革发展稳定大局中谋划，将反腐倡廉建设的具体任务与经济社会发展的总体目标结合起来，把预防腐败作为主要工作任务，既解决影响改革发展稳定的突出矛盾和问题，又服从和服务于工作大局，最大限度地把法纪效果同政治、经济、社会整体效果统一起来。

正确处理严肃党纪政纪与促进思想解放的关系。推进"两型社会"试验区改革发展，既要严肃执行党纪政纪，又要积极促进干部群众解放思想、敢闯敢试。要坚持"查实问题是成绩，澄清问题、保护干部也是成绩"的观念，对查证确有问题的要严肃处理，对受错告诬告的要公开澄清。要从大局出发，着力在保廉、护廉、促廉上下功夫，形成共担改革风险、共创改革大业、共享改革成果的鲜明导向。

正确处理监督约束干部与保护信任干部的关系。推进"两型社会"试验区建设，要将监督约束干部与保护信任干部有机结合起来，既坚决维护党的纪律，加强对党员干部的监督约束，又充分依靠和信任广大党员干部。坚持从严治党、严格执纪，对党员干部严格教育、管理和监督，对违纪违法行为坚决查处。同时，坚持宽严相济、治病救人，对有工作失误或一般性错误的同志，多从教育、帮助、挽救的角度思考和处理问题，最大限度地保护干部、凝聚力量，把广大党员干部团结到改革发展的大业上来，积极投身"两型社会"建设，努力推动经济社会又好又快发展，为促进中部地区崛起作出新的更大贡献。

（作者：中共湖北省委副书记、武汉市委书记）

统筹抓好党风廉政建设　推动县域经济科学发展

孙明亮

近年来，山东省寿光市以党的十七大精神为指导，紧紧围绕科学发展这个主题，立足县域实际，按照“抓好基层党风廉政建设，县委是关键、乡镇是基础”的要求，充分发挥市委的关键性作用，以卓有成效的党风廉政建设，促进经济社会的科学发展。2008 年全市完成地区生产总值 400.6 亿元，财政收入 40.5 亿元，其中地方财政收入 21 亿元，农民人均纯收入达到 7654 元。

一、以促进发展为中心，营造经济发展的良好环境

(一)强化效能建设，推动政府提速。努力做到“两精简一规范”。精简审批收费项目：由原来的 560 项减少到目前的 334 项，每年减少收费 5700 万元。精简审批办事流程：所有审批事项全部进入行政服务中心办理，减少了办事环节；同时采取多种形式审批，一般项目通过网上审批，重大投资项目实行全程代理、现场审批。规范中介服务机构：清理整顿以收费为目的的行业协会 40 个，全部与行政单位彻底脱钩。

(二)规范行政行为，服务企业发展。做到“三个规范”。一是规范服务：制定了《寿光市直机关公务员服务行为规范》，建立起了规范的公共服务行为体系，开展了服务承诺月、“软环境建设年”、“作风深化年”、“效能建设年”、“服务企业年”等活动。二是规范执法：对执法职能部门和单位，每年进行一次资格审核和重新认定；行政执法人员必须持证上岗，亮证执法；服务窗口实行服务承诺、挂牌上岗、首问负责、限时办结；对越权执法、徇私枉法、粗暴执法和不按规范服务的，一律清退。三是规范检查：建立完善“一家检查，多家认可”制度，实行执法检查预告、检查登记和联合年检，坚决杜绝了随意检查、重复检查、多头检查。

(三)搭建监督载体，严查“三乱”行为。先后搭建起了“四个监督平台”。一是设立了机关效能监察中心和经济发展软环境投诉中心两个正科级事业单位实行专门监督。二是聘请 76 名软环境监督员，在 54 家企业设立软环境监测联系点，定期组织软环境监督员和联系点开展活动，广泛征求意见，及时发现和解决突出问题。三是从 2001 年开始，每年两次随机抽取 100 家大中型企业法人代表，对各职能部门进行评议，根据评议情况排出名次，对连续三次列后三名的部门和单位，进行集体诫勉。四是实施电子监察，在行政服务大厅及办公电脑上安装监控设备和监控软件，对行政服务大厅办公人员及办事流程进行实时监督、在线监控、预警纠错和绩效评估，实现了对服务事项受理、处理、回复的有效监督。

二、以保障民生为根本，夯实经济发展的群众基础

(一)畅通渠道察民情。我们从健全工作机制着手，创新了“5＋3”模式，方便群众质询、解决群众难题、服务群众需求。“5”是指五个平台，2002 年在寿光电台开播“行风热线”，后来又在《寿光日报》设立了“回音壁”，在电视台开播了“菜乡播报”等栏目，在中国寿光网开辟了“寿光民声”网络质询平台，每年在人民广场举行一次“行风面对面”，部门单位现场接受企业和群众质询，受理投诉举报，并通过电台、网络

进行同步直播。“3”是指三级便民服务网络。市级设立行政服务中心，镇街设立服务大厅，农村和城市社区建立公共服务中心，职能部门和站所进驻集中办公，向群众提供“一条龙”服务，全程代理群众行政审批事项，基本实现了“大事不出镇、小事不出村”。

（二）破解难题解民忧。一是确保落实惠民政策。加强监督检查，确保中央惠民政策落实到位，3年来发放粮食直补1.5亿元、农机补贴款980万元。制定出台了《房屋和土地拆迁补偿安置暂行规定》，落实实名直补制度，确保补偿资金及时发放到位。二是全面加强执法检查。严格环保执法，加强环境治理，投资3000万元建设了环保“110”和环境监测中心，对38家重点企业实时检测。开展安全生产和食品药品安全大检查，对蔬菜生产基地进行统一管理，严格实行质量检测。三是重点解决难点问题。重点解决好群众看病贵、上学难等问题。每年拿出新增财力的15%用于教育基础设施建设，建成了全国最大的县级人民医院病房楼，为群众上学就医创造了基础条件。对药品实行集中招标采购，每年的招标采购额度达到6亿多元，让利患者6000多万元。积极探索医药分离的方法和途径，逐步实行药房集中托管。认真治理中小学乱收费。

（三）多办实事促和谐。每年都办好关系民生的“十大实事”，实现了村村通柏油路，户户通自来水、通有线电视；构筑起了养老、就业、保险、救助“四道保障”，建设了老年服务中心和市中心敬老院，五保老人集中供养率达到80%以上；大力开发公益性岗位，重点解决零就业家庭就业问题，城镇失业登记率控制在了2.8%以内，3年增加社会就业4.5万人；实行了养老、失业、医疗、工伤、生育“五保合一”，社会保险扩面每年新增1万人以上；成立了慈善总会，对城乡低保进行提标扩面，形成了与经济社会发展相适应的保障标准动态增长机制，弱势群体得到有效救助。

三、以转变领导干部作风为突破，激发经济发展的内在活力

（一）加强廉政教育，强化宗旨观念。我们把党风廉政教育列入全市干部教育培训总体规划，从上世纪90年代开始，坚持每年开展一次党风廉政主题教育活动，并不断拓展教育方式，如编印宣教刊物、制作警示教育片、设立“寿光发展讲坛”、树立宣传一批先进典型、组织开展党纪政纪知识竞赛和主题演讲比赛等。同时，加强廉政文化建设，全面推进廉政文化“六进”，营造了敬廉崇洁的良好氛围。“医院无红包、满意在卫生”廉政文化创建活动在全省卫生系统影响广泛。

（二）树立率先意识，狠抓工作落实。我们在工作中靠发展理念提升境界、靠率先目标激励斗志、靠创新措施推进落实，面对当前经济危机的不利影响，加快工作指导转变和经济发展方式转变，由偏重“量”的扩张转向注重“质”的提升，追求高水平高质量发展；创新实践了“市委常委包片、政府市长分线、人大政协切块”的工作办法，形成了“干部工作在一线，决策落实在一线，问题解决在一线，创新体现在一线，成效检验在一线”的强力推进机制。

（三）搞好廉洁自律，塑造良好形象。认真落实领导干部廉洁自律各项规定，根据领导干部廉洁自律问题在不同时期、不同阶段的表现形式，确定不同的清理整顿内容。去年，针对群众反映比较强烈的机关干部工作日中午饮酒、乡镇干部“走读”等热点问题，制定出台了相关规定，严格约束干部行为，以上问题得到有效遏制。加强对领导干部的监督管理，坚持上级领导班子成员列席下级领导班子民主生活会，为全市1500多名科级干部建立了电子廉政档案，把廉洁自律情况作为提拔任用干部的重要依据。制定了《领导干部谈话提醒制度》，对镇街和部门主要负责人每年进行两次廉政谈话提醒。加强领导干部

经济责任审计，逐步扩大审计对象的范围，有重点地向股级和村干部延伸。

四、以创新机制为保障，提升县域经济发展质量

（一）健全党风廉政责任体系、科学决策体系、农村基层惩防体系等三大体系，完善责任机制。我们实行领导包项目，包廉政，一岗双责，统筹运作，把廉政建设融入重点项目建设和分管工作之中；建立了领导组织、专家咨询、法制部门审议、群众介入相结合的"四位一体"决策机制，建立重大决策事项社会公示制度和社会听证制度，事关寿光发展的重大项目都经过市级班子联席会议酝酿、政协会讨论、人代会通过后实施；制定出台了《关于建立健全农村惩治和预防腐败体系的意见》，形成了齐抓共管的工作格局。

（二）以四项制度规范运作机制。一是建立了国库集中支付制度，二是规范完善招投标工作制度，三是建立规范土地交易"招拍挂"制度，四是健全完善民主公开制度。

（三）强化目标考核，完善奖惩机制。每年底实行"下评上"，组织镇街和市直部门党政主要负责人、部分党代表和人大代表、政协委员，对市级领导干部的思想、工作、廉政情况进行无记名投票测评，评议情况进行通报。同时强化责任追究，坚决查处违纪违法行为。

总结多年来的工作实践经验，我们深刻认识到，经济越发展，越要抓好党风廉政建设；党风廉政建设工作做得越好，经济发展速度越快。在具体工作实践中，我们找到了党风廉政建设与经济发展的结合点，走出了一条"充分发挥党风廉政建设优势，以软环境建设提升县域经济竞争力，以保障民生凝聚县域经济发展合力，以作风建设激发县域经济内在动力，以健全机制保障县域经济发展承载力"的成功之路。

（作者：中共山东省寿光市委书记）

切实发挥党委责任主体作用
扎实推进惩防腐败体系建设

张　博

中央颁布的《建立健全惩治和预防腐败体系2008—2012年工作规划》（以下简称"《工作规划》"），着眼于从源头上防治腐败，提出了教育、制度、监督、改革、纠风、惩处的主要任务和工作要求。各级党委在构建惩防腐败体系中担负着重大政治责任，必须充分认识完善惩治和预防腐败体系的重大意义，切实发挥出在《工作规划》贯彻落实中的责任主体作用，增强责任感和紧迫感，以更加坚决的态度、更加有力的措施，扎实推进惩防腐败体系建设。

一、从关乎"人心向背、生死存亡"的高度出发，增强责任感、把握正确方向

高举旗帜，把握方向。坚持党的领导，是加强反腐倡廉建设的根本政治保证。发挥党委在惩防腐败体系建设中的责任主体作用，最重要的一条，是要深刻领会《工作规划》所体现的政治方向、大局意识，站在战略的高度把握根本要求、确保正确方向。自觉担负起全面领导反腐倡廉建设的政治责任，自觉把惩防腐败体系建设摆在经济社会全局中来把握，放在党和政府

工作大局中去思考，放到改革发展稳定大局中来谋划和推进。

围绕中心，服务大局。发挥党委在惩防腐败体系建设中的责任主体作用，最关键的一条，是要始终围绕发展这个党执政兴国的第一要务来开展，自觉服从和服务于改革发展稳定这个大局。特别是在经济发展困难时期，更要坚持不懈地围绕“保增长、保民生、保稳定”的重大任务加强反腐倡廉建设。要坚持以科学发展观统领惩防腐败体系建设，准确把握新形势下反腐倡廉建设的特点和规律，不断探索和拓宽服务科学发展的有效方法和途径，建立健全科学发展观落实情况的考核体系和评价标准，切实纠正违背科学发展观的行为。

以人为本，执政为民。发挥党委在惩防腐败体系建设中的责任主体作用，最核心的一条，是要始终坚持“以人为本”的理念，从人民群众最关心、最直接、最现实的问题入手，严肃查处群众反映强烈的违纪违法案件，坚决纠正损害群众利益的不正之风，着力解决漠视群众疾苦和与民争利等突出问题。建立健全及时发现和解决损害群众利益问题的机制，完善和落实信访举报等听取群众意见、接受群众投诉的制度。教育引导党员干部特别是领导干部牢记党的宗旨，继承优良传统，认真执行联系群众制度，关心群众生产生活，做到权为民所用、情为民所系、利为民所谋。

二、从落实“重在建设、贵在落实”的要求做起，把握规律性、增强实效性

抓教育，建制度。在惩防腐败体系中，教育是基础，制度是保障。党委要把责任主体作用的发挥贯穿于对领导干部思想教育的始终，体现在制度建设的成果上，结合各级领导班子思想政治建设的实际，大力开展中国特色社会主义理论体系教育，使广大党员干部始终保持对中国特色社会主义的坚定信念，打牢廉洁从政的思想政治基础。把学习贯彻党章作为重要内容，以树立正确的事业观、工作观、政绩观为重点，加强理想信念、党风党纪、廉洁从政和艰苦奋斗教育，切实增强党员干部的党性修养和作风养成，自觉做到讲党性、顾大局、守纪律。着力完善反腐倡廉宣传教育工作格局，遵循教育规律、丰富教育内容、扩大教育覆盖面，积极推动廉政文化进社区、家庭、学校、企业和农村，培育以廉为荣、以贪为耻的社会风尚。依靠制度惩治和预防腐败，是做好反腐倡廉工作的根本途径。要进一步完善各级党组织的内部运行机制，认真贯彻民主集中制原则，提高民主生活会的质量，严格执行述职述廉、诫勉谈话、函询和党员领导干部报告个人重大事项等制度，做到党内生活的制度化、规范化。创新体制是建立惩防腐败体系的必然要求，要抓住突出问题、重点部位和关键环节，建立完善各项制度，进一步推进治本抓源头工作。

抓办案，正风气。坚决惩治腐败，是有效预防腐败的前提和基础，也是人民群众评价反腐倡廉成效的一个重要标志。要严肃查处领导机关和领导干部滥用职权、贪污贿赂、腐化堕落、失职渎职的案件，针对工程建设、房地产开发、土地管理和矿产资源开发、社保、司法等领域腐败现象易发多发的情况，加大工作力度，开展专项治理。发挥查办案件的治本功能，针对案件中暴露出的问题，深入剖析，举一反三，认真查找体制机制制度方面的原因，建章立制，堵塞漏洞。群众利益无小事。在坚决查处大案要案的同时，要以解决群众关注、反映强烈的问题为重点，坚决纠正损害群众利益的不正之风。特别是要围绕保障及改善民生的各项决策部署的贯彻落实，重点解决征地拆迁、食品药品安全、生态环境保护、安全生产、拖欠农民工工资、专项基金和资金监管等方面的突出问题，深入治理教育乱收费、医药购销和医疗服务、涉农负担中的突出问题，进一步减少行政审批事项，认真落实税费改革有关政策，从严惩处严重损害群众利益的失职渎职和腐败行为。

抓廉政，促勤政。廉政建设既要立足当前工作重心和工作布局，认真解决领导干部在配

车、住房、出国、公务接待、办公用房等方面的突出问题，深入治理领导干部违反廉洁从政规定的行为，又要适应形势和任务的发展，在解决老问题的同时，认真解决引发腐败现象的新问题，使各级领导干部真正做到为民、务实、清廉。党委领导班子和成员在廉政建设中发挥着重要示范带头作用。在毫不放松地抓好廉政建设的同时，必须持之以恒地抓好勤政建设。要大力弘扬求真务实精神、大兴求真务实之风，身体力行“八个方面”良好风气，增强工作的责任感和紧迫感。改进会风文风，严格规范和控制各种检查、评比、达标活动，坚持“能合的会议一并开，相近的检查一起搞”。调查研究是成事之基、谋事之道，要鼓励领导干部深入调查研究，察实情、讲实话、办实事、求实效，努力创造经得起实践、群众、历史检验的政绩。

抓监督，重自律。权力运行不受监督，必然导致腐败。加强对领导干部的监督，要把握重点、抓住关键。在监督内容上，加强对领导干部贯彻落实党的十七大精神和科学发展观情况的督促检查，促进政令畅通。突出抓好政治纪律的监督，严明党的纪律，坚决维护中央权威，坚决同党中央保持高度一致，特别要把党员干部在反对民族分裂、维护祖国统一斗争中的现实表现作为第一位的政治纪律，加强监督检查，对关键时刻往前冲的干部重点关注、重点培养、重点使用。在监督对象上，要加大对领导干部特别是主要领导干部、人财物管理使用、关键岗位的监督，健全质询、问责、经济责任审计、引咎辞职、罢免等制度，更加有效地防止权力失控、决策失误、行为失范。要严格执行党内监督条例，着力强化三种意识，让监督全面覆盖：一是“官大官小”都要监督；二是“上班下班”都要监督；三是“说的做的”都要监督。同时，还要发挥好人大监督和政协监督的作用，强化政府专门机关监督和司法监督，拓展社会监督和舆论监督，形成监督合力，努力实现监督效果最大化。自律是他律的基础。加强和改进反腐倡廉建设，既需要严格的监督，也需要内在的自觉。增强领导干部接受监督的意识，既严格自律，摆正个人和组织、个人和群众的关系，又自觉接受监督，学会并习惯在被监督的环境下工作和生活。

三、从履行“总揽全局、协调各方”的职责着力，整合资源、增强合力

推进惩防腐败体系建设，是全党全社会的共同任务。党委发挥责任主体作用，必须按照“总揽全局、协调各方”的原则，进一步完善领导体制和工作机制，把各方面的力量调动起来，形成齐抓共管的良好局面。

在组织领导上体现统揽作用。党风廉政建设责任制是反腐倡廉建设中一项根本性、全局性、基础性的制度。经过10年的实践，我们建立了以强化制约、监督、考核、评议、奖惩和责任追究为重点的一系列行之有效的办法，应该在构建惩防腐败体系中一以贯之地坚持和发展。要以完善责任体系为龙头，形成党委统一领导、党政齐抓共管、纪委组织协调、部门各负其责、群众广泛参与的领导体制和工作机制，为构建惩防腐败体系提供组织保障。要以强化领导责任为核心，坚持党政主要负责人负总责、亲自抓，做到重要工作亲自部署、重大问题亲自过问、重点环节亲自协调，领导班子成员要实行“一岗双责”，做到人人有责任，有压力，有动力，形成一级抓一级、层层抓落实的工作局面。要统筹安排，把当前任务和中远期目标、任务结合起来，分阶段、分步骤开展工作，做到工作上互相配合，制度上互相衔接，措施上互相配套，实现各方面工作的整体推进。把发挥纪检监察机关的作用与党委、政府部门职能作用以及人民群众的支持参与结合起来。

在健全机制制度上体现指导作用。构建惩防腐败体系是一项长期任务，党委要在加强指导、建立长效机制上下功夫。健全督促检查机制，制定落实《工作规划》的具体措施，组织专门力量，进行分类指导，定期听取纪检监察机关关于开展督促检查的情况，及时发现和解决存在的问题，认真总结成功经验，保证工作的进度和

质量。健全责任分解机制，重点抓好分解任务，把工作责任分解落实到各个部门、各个环节，明确牵头领导和协办单位，明确工作标准和完成时限，做到"统起来、分下去、多督查"，确保惩防腐败体系的任务事事有人抓、件件有着落、项项有成效。健全责任考核机制，将推进惩防体系建设情况列入领导班子和领导干部考核评价范围，将组织的考评与群众的评议相结合，全面衡量每个单位、部门及其责任人落实惩防体系建设责任的情况，作出考核评定结果，并作为业绩评定、奖励处罚、选拔任用的重要依据。健全责任追究机制，根据督促检查结果和考核评估的结果，对存在问题的单位进行通报批评，写出书面检查，责令限期进行整改。

在工作思路上体现引领作用。惩治和预防腐败体系是一个动态开放的体系，需要在实践过程中不断丰富和完善。特别是要正确处理惩治和预防、继承和创新的关系，不断增强惩防腐败体系建设的整体性、协调性和前瞻性。近年来，我们在这方面进行了积极探索，成立了查办大案要案协调领导小组、预防职务犯罪联席会议制度和预防职务犯罪警示教育基地、干部监督工作联席会议制度、经济责任审计工作联席会议制度和创新发展环境监督评议机制，增强了惩治和预防整体效果。要把这些已经形成的好的制度、机制，在实践中不断总结提炼、完善深入，使惩防腐败体系更具针对性、操作性和实效性。要以改革统揽预防腐败工作，通过深化改革、创新体制，从源头上预防和解决腐败问题。这些年，我们把创新机制摆在重要位置，建立工程交易中心、土地储备中心、产权交易中心、政府采购中心、行政服务中心等治本抓源头的载体，完善了运行机制；积极推进人事制度改革，完善干部考察、监督、选拔工作，切实做到"跑官的不给、要官的不理、买官的不灵、卖官的不敢"，进一步拓展了从源头上防止腐败的领域。

（作者：新疆自治区巴音郭楞蒙古族自治州党委书记）

突出重点　整体构建　建立作风建设长效机制

常增月

加强干部作风建设是一项长期而艰巨的任务，必须着眼建立长效机制，以完善作风建设制度体系为重点，确保干部作风建设常抓不懈。

一、严格规范，务求实效，进一步完善干部作风建设的制度体系

（一）建立经常性的学习制度。要坚持党委（党组）理论学习中心组集中学习制度，认真落实干部教育培训规划，完善理论学习考核办法，建立干部学习档案，把干部的培训经历、学习表现作为考核干部的重要依据。

（二）健全群众工作制度。一是建立民生工程公开承诺制度。各级党政领导班子要认真谋划当年在民生上要办的实事，确定承诺事项，明确责任人、目标要求和完成时限，通过新闻媒体向社会公布。二是坚持领导干部联系点制度。县以上党政领导班子成员每年选择1—2个村、社区或企业，深入群众了解实情，解决实际问题。三是完善信访问题接待处理制度。坚持和完善信访接待日制度，领导干部接访、约访和下访制度；建立重大信访事项协调督办制度，对涉及面较大、需要多个部门协同处理的信访问题，明确领导班子成员牵头负责，承办单位明确专人抓落实。四是完善干部下基层挂职锻炼制度。

(三)完善工作落实责任制度。一是建立工作目标责任制。凡属重大工作部署,都要提出具体的落实措施和办法,把责任落实到具体部门和具体人,形成抓落实的责任制。二是健全推动决策落实的督查制度。组织督查活动,畅通反馈渠道,决策落实的每个环节都要按照"谁承办、谁负责"的原则跟踪问效。三是坚持和完善机关内部管理制度。认真落实岗位责任制、首问首办责任制、限时办结制、机关 AB 岗等工作制度。四是健全干部绩效考核制度。制定科学的考核评价指标体系,坚持组织评价与群众评价有机结合,积极探索公众评价的办法,全面客观地评价干部的工作实绩。五是完善工作落实问责制度。对有令不行、有禁不止,或对职责范围内的事项推诿扯皮,不按规定时限或承诺时限办结的,要追究当事人及相关领导的责任。

(四)建立健全民主决策制度。一是严格执行民主集中制。完善党委议事决策规则,严禁领导干部个人决定大额度资金使用、重大项目安排,干预工程建设招投标和政府采购。二是完善市县政府行政决策机制。建立健全公众参与重大行政决策的规则和程序,增强行政决策的透明度和公众参与度。对涉及重大公共利益和群众切身利益的决策事项,要实行公示和听证,向社会公开征求意见。三是积极推进党务、政务公开制度。严格公开内容、程序、方式,建立健全公开工作考核、社会评价制度,提高公开质量和水平。四是建立重大行政决策实施情况后评价制度。重大行政决策实施后,要通过抽样检查、跟踪调查、评估等方式,及时发现并纠正决策存在的问题。

(五)严格执行领导干部廉洁自律和制止奢侈浪费各项制度。认真落实廉洁从政各项规定,带头发扬艰苦奋斗的精神,坚持勤俭办一切事业,厉行节约,坚决防止奢侈浪费行为。

二、注重教育,加强监督,建立健全干部作风建设保障机制

(一)建立和完善教育长效机制。各级党组织要把党性党风教育作为干部教育的重要内容,坚持以正面教育为主,教育引导党员干部特别是领导干部讲党性、重品行、作表率;加强党纪政纪条规教育,坚持新任领导干部党政纪条规测试制度;突出抓好警示教育,使广大干部引以为戒;探索岗位勤政廉政教育有效方法,引导党员干部规范从政行为。

(二)建立行政权力运行监控机制。以规范行政权力行使为目标,建立健全相关制度,既要实现对权力运行的全覆盖,又要突出重点领域,切实做到关口前移;要积极推进行政审批制度改革,抓好审批事项的清理削减和规范管理,简化审批环节和办事程序;充分利用电子监察等现代技术手段,强化对审批过程的监控。

(三)建立行政权力公开透明运行机制。建立政府信息主动、及时公开机制,加大行政权力公开透明运行力度,重点抓好涉及经济发展和民生的重大决策、与项目建设密切相关的行政许可项目、各类专项资金管理使用情况的动态公开;畅通群众诉求渠道,对群众普遍关心、容易引发社会矛盾的问题,采取多种方式,公开办理过程和处理结果,提高处理问题的透明度和公信力;进一步规范政府采购、工程建设、土地出让、国有资产产权交易等领域的招标投标监管制度,逐步建立统一的招标投标市场平台。

(四)建立社会各方面广泛参与的监督机制。一是坚持和落实党内监督各项制度。完善重要情况通报和报告、述职述廉、谈话和诫勉制度,积极探索党内询问和质询制度。二是充分发挥行政效能监察的作用。加强对部门履职情况的监督,严肃查处不作为、乱作为行为。三是建立投诉网络,畅通监督渠道。四是进一步改进民主评议工作。加强日常督导,组织社会测评,探索开展"下评上"和"企业评部门"、"服务对象评部门"活动。同时,加强社会监督、群众监督和新闻舆论监督,促进部门作风转变。

(五)建立评估考核和查纠问责机制。坚持正确的用人导向,把完成重大任务、应对重大事件作为检验和考察干部的试金石,真正把那些

有真才实学、真抓实干的干部选拔到重要岗位上；要健全查纠问责制，对那些责任心不强、作风懒散、官僚主义严重、漠视群众疾苦的干部该调整的调整、该处理的处理；对因作风不实、发生重大责任事故或违纪违法案件的部门，要追究部门领导责任。

三、协调有力，齐抓共管，建立健全干部作风建设领导机制

要把加强作风建设作为党建工作的长期任务抓紧抓好。坚持党委统一领导、党政齐抓共管，主要负责同志亲自抓，领导班子其他成员各负其责，形成一级抓一级、层层抓落实的责任体系；各级各部门要成立干部作风建设领导小组，在党委统一领导下，积极推进组织协调工作的制度化、规范化，加强日常协调督导，推动作风建设深入开展；要建立成员单位协调会议制度，定期召开会议，研究解决存在的问题，部署下一阶段重点工作，协调解决重大问题。各级纪委要协助党委切实抓好干部作风建设，切实履行监督职能，切实加强对干部作风建设的组织协调。

（作者：中共河北省张家口市委常委、市纪委书记）

关于加强农村基层党风廉政建设的思考

王炳奇

党的十七届三中全会通过的《关于推进农村改革发展若干重大问题的决定》，提出了一系列推进农村改革发展、强农惠农的政策措施，确保这些重大政策措施的贯彻落实，任务十分艰巨，对加强农村基层党风廉政建设提出了新的更高的要求。

一、深入推进农村基层党风廉政建设体制机制创新

（一）工作定位上围绕中心，服务发展。一是正确把握工作理念的定位。要以科学发展观为指导，自觉地把服务发展、以人为本、统筹协调的理念贯穿于构建农村基层惩防体系之中。二是正确把握工作目标的定位。就是要提高农村基层党风廉政建设工作质量和水平，为促进新农村建设和经济社会又好又快发展提供坚强的政治和纪律保证。三是正确把握工作领域的定位。即保证中央和各级党委、政府关于“三农”工作重要政策措施的贯彻落实，加强对各项支农惠农资金落实情况的监督检查，促进农村社会的和谐稳定。

（二）工作机制上统筹协调，部门联动。一是工作任务上的统筹。各级纪委要发挥组织协调作用，将“条条”和“块块”有机地统一起来，使其融入各职能部门的业务工作之中。二是工作力量上的统筹。根据“谁主管，谁负责”的原则，将各项任务分解落实到相关职能部门，做到部门各负其责，形成齐抓共管的工作机制。三是工作信息上的统筹。要加强与牵头部门的联系与沟通，建立信息综合反馈机制，及时掌握工作进展情况，为形成工作合力奠定基础。

（三）工作格局上三位一体，系统谋划。一要统筹规划，分步推进。农村基层党风廉政建设是一项长期的任务，不可能一蹴而就，需要脚踏实地，一项一项地抓好。二要三位一体，整体推进。农村基层党风廉政建设的对象是乡镇、村、基层站所三个层面。要把乡镇、村、基层站所作为一个整体来考虑。三要重在建设，务实

推进。农村基层党风廉政建设工作的着力点应放在“建设”上。

(四)工作路径上重点突破,深化规范。一是在重点突破中提升。要针对近年来农村基层党风廉政建设中的难点、热点问题,进行认真梳理,合力破解难题。二是在点面结合中提升。根据农村基层党风廉政建设确定的目标任务,充分发挥典型的示范引领作用。三是在深化规范中提升。特别需要在制度化管理、流程化操作、公开化监督、规范化上下大力气,做好提档升级的文章。

(五)工作激励上多措并举,强化自转。一是政绩评价激励。将农村基层党风廉政建设工作纳入领导班子和领导干部政绩评定的内容。二是社会评价激励。将农村基层党风廉政建设作为社会评价的一项重要内容很好地加以运用,促使农村基层党员干部自觉抓好党风廉政建设。三是资金项目激励。将农村基层党风廉政建设与新农村建设的资金投入和项目安排结合起来,激励农村基层党员干部切实履行“一岗双责”,抓好党风廉政建设。四是差异化激励。根据农村基层抓党风廉政建设的程度和水平,分出等次,奖优罚劣,示范带动,梯次推进。

二、扎实推进农村基层党风廉政建设取得明显成效

(一)加强教育,筑牢拒腐防变的思想防线。紧紧围绕中央《建立健全惩治和预防腐败体系2008—2012年工作规划》提出的教育、制度、监督、改革、纠风、惩治六个环节,以农村基层领导干部为重点,以党校为主阵地,统筹规划安排,强化农村基层党员干部廉政教育培训,不断创新教育形式,丰富教育载体,提高廉政教育的针对性和有效性。做到坚持集中教育与经常性教育相结合,他教与自教相结合,正面典型宣传与反面警示教育相结合,通过教育引导农村基层党员干部树立自廉意识,增强基层干部干净干事的廉政理念。

(二)健全制度,形成按制度办事用制度管人的机制。一是全面推行农村基层党风廉政建设责任制,建立县、乡、村三级责任网络和责任体系,形成一级抓一级、一级对一级负责的工作机制,并切实抓好督查考核和责任追究;二是推行农村集体资金、资产、资源代理服务,科学、合理规范农村经济事务管理,完善监督措施,铲除农村基层干部经济腐败的土壤;三是深化乡村政务公开、村务公开和党务公开,积极落实村民对村级事务的参与权、决策权和监督权,进一步加强农村民主管理。

(三)强本固基,提高农村基层干部队伍的整体素质。一是要把有知识、有文化、公道正派的高素质人才推选到村“两委”班子中,同时,对经常出现问题,工作不力,责任心不强的村“两委”干部要按照组织程序或法定程序及时更换或罢免;二是建立廉政考察制度,在选任村“两委”干部前,要对提名人选进行全面的廉政考察,坚决杜绝思想不端正、作风不良或者有贿选、搞非法组织活动的人到村干部岗位上任职;三是要提高农村干部尤其是贫困村村干部的待遇,真正使农村党员干部安于农村、甘于为民、乐于奉献。

(四)强化监督,建立健全监督管理机制。一是强化党内监督,将廉政谈话、民主评议等制度向村级延伸,确保权力规范运行;二是强化村党组织对村委会的监督,提倡党支部书记通过民主选举担任村委会主任,鼓励村党支部和村委会成员按照规定的选举程序交叉任职;三是设立村级纪检员,按照推荐、选任、考核程序选好人,并明确职责;四要强化经济责任审计,村“两委”干部任职届满或调离岗位时必须对其进行经济责任审计;五是要畅通监督渠道,通过设立专项举报箱等途径,充分调动广大人民群众参与监督的积极性和主动性。

(五)严肃纪律,加大违纪违法案件查处力度。要把查处农村基层党员干部严重违纪、影响恶劣的案件作为加强农村党风廉政建设的重点。对农村基层党员干部贪污、侵占、挪用资金和以权谋私、损害群众利益等行为,要依纪依法

坚决予以查处。有关职能部门要相互配合，形成合力，对违纪违法案件发现一起，查处一起，以严肃的党纪国法，扫除农村发展障碍，促进农村党风廉政建设好转，确保社会主义新农村建设和和谐农村目标的实现。

（作者：中共河南省鹤壁市委常委、市纪委书记）

略论惩治和预防腐败体系建设

刘万青

坚决惩治和有效预防腐败，关系人心向背和党的生死存亡，是党必须始终抓好的重大政治任务。惩防体系建设，必须以中央《建立健全惩治和预防腐败体系 2008—2012 年工作规划》为指导，紧密结合实际，围绕中心，服务大局，选准切入点，用惩防体系建设保障经济社会发展，用经济社会发展成果检验惩防体系建设成效。具体说，惩防体系建设应体现“四性”，即定位应体现战略性、构建应体现系统性、推进应体现建设性、机制应体现科学性。

一、惩防体系建设应体现战略性

推进惩防体系建设，是我们党在新的历史时期做好反腐倡廉工作的重大战略选择。全面推进这一科学体系建设，必须树立战略眼光和超前意识，准确把握经济社会发展走势，科学规划，明确目标，始终做到有的放矢。

紧扣经济建设这个中心。要坚持把惩防体系建设放到改革开放和现代化建设的大背景下进行思考和谋划，贯穿于经济建设的全过程，不断探索和拓宽保障经济社会发展的有效途径。要紧紧围绕中央的重大决策部署进行监督检查，确保政令畅通，提高执行力；要切实解决党风政风方面影响经济建设的突出问题，进一步优化经济社会发展环境；要加强对扩大内需投入资金使用情况的跟踪监督，防止决策失误。

紧扣改革发展这个大局。在推进惩防体系建设过程中，要正确处理好反腐败斗争与改革发展稳定的关系，在旗帜鲜明反腐败的同时，坚定不移促发展。要及时研究和解决妨碍科学发展的突出问题，在参与中服务，在服务中监督，在监督中发展，实现反腐倡廉建设与改革发展的协同共进，在严格纪律的同时，保护干部干事创业的积极性、主动性和创造性。

紧扣改善民生这个主题。坚持把关注民生、改善民生作为推进惩防体系建设的落脚点，把有效解决人民群众最关心、最直接、最现实的利益问题摆在首位，拓宽群众诉求渠道，落实各项民生政策，加大对生态环保、食品安全、药品安全、安全生产、征地拆迁、上学就医等方面突出问题的专项治理，用成效来说话，让群众来评判，使惩防体系成为全方位保证群众利益的“防护网”。

二、惩防体系构建应体现系统性

惩治和预防腐败体系建设是一项复杂的系统工程，它由若干要素衍生的子系统构成，每个子系统之间又是相互依存、相互制约的。因此，构建惩防体系必须从其整体性出发，综合考虑各子系统关系，统筹兼顾，协调推进，确保惩防体系的功能最优化。

在工作策略上要体现系统性。要从惩和防、标与本两方面来谋划工作，做到治中有防，防中有治，辩证统一，互为促进。要针对当前一些领域违纪违法案件易发多发态势，在从严治标的同时，更加注重治本，更加注重预防。要围绕教育引导、制度约束、监督制约、改革推进、纠风保障、惩处威慑等方面有效展开，真正把教育作为基础来抓，把制度作为根本来抓，把监督作为关键来抓，形成协调统一的有机整体。

在工作部署上要体现系统性。要坚持近期任务和远期目标相结合，横向沟通和纵向指导相结合，“规定动作”和“自选动作”相结合，按照整体构建、行业构建、专项构建、重点构建、联合构建的思路，合理确定长期目标与阶段性任务，有步骤、有计划、有节奏地推进各项工作，着力形成条块结合、纵横交错的工作网络。要随着形势的发展，及时调整相关部署，推动惩防体系建设更加符合实际，更加富有成效。

在工作方法上要体现系统性。要坚持系统抓、抓系统，既注意对个案的处置，又注重打“组合拳”；既注重局部，更着眼整体，把各方面的资源和力量有效地整合和利用起来。要善于综合运用教育、法律、纪律、行政和经济等方式和手段，多措并举，将教育的说服力、制度的约束力、监督的制衡力、纠风的遏制力、改革的推动力、惩治的威慑力结合起来，努力取得惩治和预防腐败的实际效果。

三、惩防体系推进应体现建设性

以建设性的思路、方法和举措推进惩防体系建设，就是要适应新形势和新要求，解放思想，开阔思路，敢于创新，勇于实践，用最管用的办法来解决市场经济条件下党风廉政建设中出现的各种腐败现象。

选准着眼点，打造体系建设的思想基础。要充分发挥教育在惩防体系建设中的基础性作用，牢牢把握经济社会发展的新特点，及时调整教育内容，改进教育方式，创新教育载体，提升教育效果。要健全完善教育模式，紧贴党员领导干部思想和工作实际，使广大干部在思想上受启发，在心灵上受洗礼。要结合社会公德、职业道德、家庭美德、个人品德教育和法制教育，开展丰富多彩的廉政文化创建活动，扩大覆盖面，增强影响力。

选准着力点，打造体系建设的体制基础。要坚持把制度建设贯穿于加强教育、强化监督、深化改革、从严惩治等体系构建的各个环节，认真查找漏洞，深入剖析风险点，针对薄弱环节，制定相关制度。要发挥制度在体系建设中的根本性、全局性、稳定性和长期性作用，按照科学、管用、有效的原则，适时对已有的制度进行清理，对缺失的制度进行补充和完善，形成系统有效的制度体系。要以求真务实的精神抓好各项制度的落实，强化制度的时效性，维护制度的权威性，真正形成用制度规范从政行为、按制度办事、靠制度管人的工作机制。

选准关键点，打造体系建设的发展基础。要立足实际，充分发挥监督主体的作用，进一步健全完善工作机制，逐步建立起全方位、全覆盖、立体化、无缝隙的监督网络。要加强对重要权力、重点部位和关键环节的监督，把监督渗透于人、财、物等管理、使用、调配的全过程，将权力运行的每个部位、每一环节都置于有效的监督之下，防止权力失控、决策失误、行为失范。

四、惩防体系保障机制应体现科学性

全面推进惩治和预防腐败体系建设，必须依靠科学的体制机制作保障。

建立科学的领导机制。要认真落实党委抓体系建设的责任，自觉把体系建设纳入中心工作统一部署、统一负责。纪检监察机关具体组织协调，加强与各方的联系和沟通，认真开展监督检查，及时解决体系建设中的矛盾和问题，确保各项工作顺利开展。各职能部门要按照“谁主管、谁负责”的原则，各司其职，各负其责，齐抓共管，合力推进。

建立科学的责任机制。要建立健全横向到边、纵向到底，覆盖各个领域、各个环节的责任体系，突出体系的严密性，把教育、制度、监督、惩治的具体措施以及体系建设的基本要求，体现在体制机制制度改革之中。要用改革的措施、严密的责任体系促进反腐倡廉建设，建立完善督导巡查机制、考核奖惩机制、评估预警机制，形成相互联系、相互配套的推进保障机制，提升体系建设质量。

建立科学的改进机制。要深刻审视反腐倡廉所处环境的新变化，不断加深认识，总结经验教训，研究提出惩防体系建设的新思路、新办法、新举措。要调动社会各界了解、参与惩防体系建设的积极性，充分听取意见和建议，及时充实改进。要认真借鉴国内外反腐倡廉的理论成果和有益做法，以科学的态度、务实的精神，不断丰富和完善惩治和预防腐败体系。

（作者：中共河北省廊坊市委常委、市纪委书记）

构建四级联动惩防体系　推进基层领导干部作风建设

刘万青

河北省廊坊市建立了以“组织平台直管、信息平台直报、资源平台直用、教育平台直播”为核心的市、县、乡、村四级联动惩防体系，加强基层领导干部作风建设。

一、增设村级纪检监督员，实现组织平台直管

在全市农村配备了村级纪检监督员将纪律监督的触角伸向社会的最基层、工作的最前沿。

一是实行县管机制。村级纪检监督员由村民推荐选举后，经县级纪检监察机关的派出机构（县纪工委、监察分局）考察合格，予以聘用。聘用期一年，最长不得超过三年。监督员的工资纳入县级财政预算，并与工作绩效挂钩。村纪检监督员直接对县级纪检监察机关负责，同时担任村民主监督小组组长。

二是发挥“四员”作用。明确村级纪检监督员在领导干部作风建设中的职责和地位，要求其当好“四员”，即国家政策和党纪条规的宣传员、乡村干部勤政廉政的监督员、搜集反馈舆情民意的信息员、排查解决群众矛盾的调解员。在把好入口的前提下，定期组织培训，切实提高村纪检监督员工作能力。

三是强化监督职能。重点对党的惠民政策落实情况、民主管理制度执行情况、乡村领导干部廉洁自律情况加强监督检查。规定村纪检监督员有权列席村“两委”重要会议、听取村“两委”通报工作，监督重大村务决策执行以及查阅村街账目等。去年以来，根据纪检监督员反映，给予187名乡村干部诫勉谈话、通报批评等组织处理，对68名乡村干部进行立案查处。

二、开通民意直通车，实现信息平台直报

建立快速发现问题、及时解决问题、严格追究责任的“民意直通车”工作机制，进一步畅通信访举报渠道，及时解决群众信访问题。

一是开展“民意调研月”活动。每年4月，邀请省、市委党校专家组成调研组，通过分析举报投诉、深入调研走访、开会座谈了解等形式，采取点面结合、分层调研、随机采访、单独座谈等方法，倾听民声、了解民意。

二是建立信访举报网页。市、县两级设有受理信访的网页界面，可随时受理信访举报业务，即时给予答复。为保障信访举报人的合法权益，网站采用双网运行模式，外网受理群众举报，内网实施网上监督办理。

三是建立联动解决问题机制。建立市、县、乡、村四级联动工作体系，实行信访信息联动处理，要求村街每周一反馈、乡镇两周一汇报、县

级每月一调度、市级每季度一通报。市级负责对信访信息的综合分析，针对问题，明确信访排查重点、开展集中整治活动、完善相关管理制度，县、乡两级抓好组织实施。

四是严格责任追究。对群众反映的问题，实行首问首办负责制。各级党委、政府、纪委“一把手”是第一责任人，对因失职失察造成群众集体上访的，追究“一把手”的责任。

三、推动民主决策、分权制衡机制，实现资源平台直用

一是建立农村重大事务“公议公决”制度，使决策、执行、监督“三权分离”。在决策环节，对重大事项分村民公决、户主公决、村民代表公决三种形式，征求群众意见，经80%以上的公决对象同意后即可通过；在执行环节，对11项重要村务制定了工作流程图，明确谁来做、怎样做、何时做等事宜；在监督环节，按照“一事一推选一监督”的原则，由村级纪检监督员为组长的监督小组实施全程监督。

二是加强乡镇“三个中心”建设。在全市90个乡镇建立了负责监督管理农村集体“资金、资产、资源”的“三资”委托代理服务中心，有服务性质的乡镇职能部门集中进驻的乡镇便民服务中心，解决信访接待、法律援助、政策咨询等方面诉求的信访服务中心。

三是规范基层所站执法行为。对初次违法的行政管理相对人按“先进行教育规范、再限期整改、最后依法处罚”三步式执法程序，在执法过程中实行检查与处理分离、核定与收费分离、审批与检验分离的方法，细化、量化行政处罚自由裁量权；把基层所站作为民主评议的重点对象，开展百日行风整顿活动，集中解决突出问题；立足源头治理，推进基层所站主要负责同志的轮岗交流，从制度机制上巩固了作风建设成果。

四、开启党员干部廉政教育课堂，实现教育平台直播

对县、乡、村党风廉政教育统一筹划、统一协调、统一安排、整体推进，依托现有廉政教育网络资源，实现教育平台直播。

一是开展“廉政提醒一小时”活动。每月开展一次“廉政提醒一小时”活动。结合当前党风廉政建设重大部署、各级查处的典型违纪违法案件，请专家、领导专题讲座，加强理想信念和廉洁从政教育、党的作风和纪律教育。

二是开展“廉政党课”教育活动。每年至少集中1周时间，组织农村“两委”班子成员上“廉政党课”，加强党性党风党纪教育，增强农村干部科学发展、民主决策和廉洁自律意识。村街党组织结合实际制定具体学习计划，定期组织学习，县、乡两级纪检监察机关负责检查指导。

三是加强教育阵地建设。规范乡镇党校建设，要求做到“七有”。即有一个固定的教学场所，有专职管理人员，有一支固定的兼职教师队伍，有适合农村基层干部实际的廉政教育教材，有规范的教学计划，有电视、DVD等教学设施，有音像资料、图书等辅助教学材料，切实为加强农村基层干部党性党风党纪教育提供必要场所。同时，由市、县两级组织宣讲团，建立特色流动教育基地，结合重大政治活动、重要法规的出台进行广泛宣传教育。

城区反腐倡廉建设应该做到“四个坚持”

陈章联

城市基层反腐倡廉建设搞得好不好，干部队伍作风实不实，事关市民的切身利益和社区的和谐与稳定，直接关系到党和政府在市民中的威信和形象。切实加强城市基层党风廉政建设，不断提高城区的廉洁指数，应当努力做到“四个坚持”：

一、坚持“开门反腐倡廉”

一是净化舆论环境。要坚持正确的舆论导向，弘扬主旋律，继续在新闻媒体上办好“民生聚焦”、“民心桥”、“直通车”等专栏，健全表达民意诉求的平台。要积极引导新闻媒体正确开展反腐倡廉舆论监督，对于市民关心的严重违纪违法案件和倾向性、突发性问题，要尽快调查处理，及时通过新闻媒体等渠道对外公布事实真相和处理结果，充分保证群众的知情权，避免以讹传讹。特别是要及时调查处理署实名举报，切实做到件件有着落，事事有回音，从而理顺市民情绪，增强市民反腐败的信心和决心。既要充分发挥舆论监督的作用，又要加强媒体监管，防止少数媒体不负责任发布传播不实信息，损害党和政府的形象，进一步形成反腐倡廉良好的舆论氛围。二是优化社会环境。要在重点加强党员干部党风党纪和廉政教育，增强免疫力的同时，大力开展群众性廉政文化创建和推广活动，实现从文件到文化、从会场到广场、从传统方式到现代方法的转变。三是强化组织环境。反腐倡廉工作不仅仅是纪检监察机关的事，而是党的工作的重要组成部分，是同党的所有工作都紧密联系的。因此，要认真落实党风廉政建设责任制，完善党委统一领导、党政齐抓共管、纪委组织协调、部门各负其责、依靠群众的支持和参与的领导体制和工作机制，发挥好区委反腐败协调小组的作用，实现反腐倡廉工作从“独角戏”到“集体舞”的转变。按照建立健全惩治和预防腐败体系实施方案的分工，加强组织协调，发挥好其他职能部门的作用，建立良好的“伙伴关系”。

二、坚持“源头反腐倡廉”

一是在重点领域推进现代市场体系建设配套改革。政府采购和招投标制度是发挥市场配置资源的作用、防止权力寻租的有效办法。要继续深化政府采购制度改革，进一步完善网上政府采购制度，加强对政府采购各个环节的监管，全面提高政府采购的质量和效率。大力推进一次性医用耗材直购改革，坚决纠正医药购销中的不正之风。继续深化建设工程招投标制度改革，完善招投标监督机制，强化对标书制作、专家评标、追加工程、应急工程的监管，同时逐步将农业水务工程项目、经营性物业出租纳入政府招投标范围。二是在重点部门推进减政放权制度改革。行政审批不规范、不透明，就容易导致官商勾结、权钱交易的问题，出现“批”和“卡”出来的腐败。凡是市场能够解决的尽量用市场机制去解决，凡是社会中介组织能够承担的尽量让中介组织承担，切实减少行政审批项目。进一步清理和规范行政审批事项，完善审批项目动态评估和审查论证机制，建立相对集中的行政审批并联运行机制，杜绝擅自增设审批事项的行为。全面开展非行政许可审批登记事项法定化和行政服务事项规范化的工作，明确审批和服务的标准、程序、期限，简化办事程序和环节，提高行政审批效率，不断优化营商环境。着力转变政府职能，强化和规范社会管理与公共服务，建设廉洁高效的服务型政府。三是在重点环节推进财政管理制度改革。要大力推进国库集中支付改革，成立区级财务结算中心，全面实行统一结算和集中支付。继续完善部门预算制度，实现各类收入和支出纳入“收支两条线”管理。深入开展“小金库”专项治理工作，完善相关制度，逐步建立健全防治“小金库”的长效机制。完善财政支出绩效检查、评价工作。探索党政机关领导干部及国有企事业单位领导人员职务消费改革，全面推行“公务卡”支付制度。继续清理规范津贴补贴，防止滥发钱物，造成新的分配不公。

三、坚持“科技反腐倡廉”

一是力推电子理政。加强电子政务建设，以建设服务、责任、法治、高效、廉洁政府为目标，整合现有行政和信息资源，创新行政权力运行方式，建设全城区统一的电子政务平台，让权力在阳光下运行，提高政府服务能力和水平。构建技术先进、行为规范、程序严密、运行公开、结果公正、监督有力的行政权力网上运行机制，实现行政权力网上运行，政务信息网上公开，行政活动网上可视，权力行使网上监控，依法保障人民群众的知情权、监督权，增强决策及权力的透明度和公众参与度。二是力促电子督政。成立电子政务监察室，不断完善行政电子监察系统，开发建设投资建设项目监管系统等，尽快实现区、街道、社区工作站联网电子监察，推动行政服务大厅、行政电子监察室、行政过错投诉处理网络“三位一体”的平台建设。建立覆盖更广的监督网络，扩大电子监控领域，将政府重大部署、行政审批、政府投资建设项目管理、政府采购及招投标以及政务公开等施政行为纳入监控范围，加强对行政行为的全过程、全方位的监督，促进各部门办事更加公开化、程序化、规范化，提高效率和质量。三是力保电子考政。开发政府绩效考评管理系统，创立先进的绩效评估技术，依托电子政务和电子监察平台，定期对各政府职能部门和街道办事处、“七所八站”完成绩效指标的情况及廉政指数进行考评，自动生成考评结果，实现绩效考评的电子化、公开化和自动化，构建具有“趋势分析、预期评估、纠偏纠错、结果导向”功能的评估机制。加强对绩效评估结果的运用，把政府绩效评估与行政问责、奖惩制度及建立政府管理长效机制有效结合起来，进一步促进依法行政，提高行政效能。

四、坚持“机制反腐倡廉”

一是注重事前防范，创新廉政风险防控机制。出台推进廉政风险防控机制工作的实施意见，针对腐败问题易发多发的岗位和环节，采取“找、防、控”的方法，查找廉政风险，创新制度机制，集中力量抓好重点岗位、要害部位和关键环节的防范管理工作，研究制定城市基层党员干部包括基层站所人员廉政行为规范，最大限度地降低腐败风险，减少不廉洁行为的发生。二是注重事中监管，创新监督约束机制。充分发挥党内监督和人大、政协、政府专门机关、群众、新闻媒体等监督主体的作用，畅通监督渠道，形成监督合力。认真落实规范行政处罚裁量权的规定，严格规范处罚标准和程序、行政执法特别是现场执罚者的权力。推进法院标准化办案工作，规范自由裁量权的行使，强化对诉讼活动的法律监督。加强社区(农城化)股份公司重大决策和财务管理、人事任免的监管，通过清理职权、科学分权、公开亮权、制度控权，努力形成责任明晰、制度完备、合理分权、流程规范、制约有力、监督到位的内控机制。增强监督的针对性，重点加强对领导干部特别是各级领导班子主要负责人的监督，加强对人财物管理使用等关键岗位和重点环节权力行使者的实时监控，保证权力正确行使、高效运行。三是注重事后追究，创新查处惩治机制。进一步加大查办案件力度，继续以查处权钱交易、官商勾结、以权谋私的案件为重点，严厉查办在征地拆迁、旧城改造、医疗教育服务、街道综合执法和安全生产等方面损害群众利益的不正之风和违法违纪案件，认真解决群众反映的突出问题。严厉查处在政府投资项目中违规招投标从中谋利的案件。通过查案反腐，从严治党，增强教育的说服力、制度的约束力、监督的制衡力、改革的推动力、惩治的威慑力。

（作者：中共广东省深圳市南山区委常委、区纪委书记）

按照“三个更加注重”要求 扎实推进武警后勤反腐倡廉建设

董书民

在坚决惩治腐败的同时，要更加注重治本，更加注重预防，更加注重制度建设。这“三个更加注重”，是党中央针对当前反腐倡廉建设面临的新形势新任务提出的新要求。我们必须紧密结合实际，坚持按照教育、制度、监督并重的原则，建立适应武警后勤特点的拒腐防变教育长效机制、反腐倡廉制度体系和权力运行监控机制，确保“三个更加注重”要求落到实处。

一、着眼筑牢思想道德防线，建立适应武警后勤特点的拒腐防变教育长效机制

教育是反腐倡廉建设的经常性基础性工作。必须针对后勤系统管钱管物，出现违纪问题可能性比较大的实际，扎实抓好拒腐防变教育。

突出教育重点。团以上领导干部特别是单位主官，是部队建设的骨干，是权力运行的主体，应作为拒腐防变教育的重点对象；后勤系统管人、管钱、管物、管工程等重点岗位人员，手中都掌握一定的权力，对这些人员的教育，必须在经常化、制度化上下功夫；对单独执行任务、出差出国人员以及领导同志身边的工作人员，也要坚持警钟长鸣，常抓不懈。

规范基本内容。坚持以改造主观世界和树立正确的权力观、地位观、利益观为根本，以艰苦奋斗、廉洁奉公为主题，以立党为公、执政为民为目标，着力增强拒腐防变教育的针对性实效性。要针对后勤工作政策性强、业务性强、服务性强的特点，进一步加强理想信念教育、优良传统教育、政策法规教育和职业道德教育，增强党员干部的政治意识、法规意识、自律意识和服务意识。

创新方法手段。坚持把集中教育与经常性教育、普遍教育与个别教育、组织教育与自我教育结合起来，不断拓宽教育渠道。要把拒腐防变教育融入党委中心组学习、政治教育、理论集训、党课教育和教育整顿之中，充分发挥典型示范和警示作用，重视后勤廉政文化建设，形成多元化、多层次、多方位的教育体系。要把拒腐防变教育贯穿于干部选拔任用和重点岗位人员的考察、培养、管理、奖惩等各个环节，切实增强教育效果。

形成教育合力。坚持把拒腐防变教育作为后勤系统思想政治建设的重要内容，针对部队后勤系统的实际，进一步健全教育组织，完善协调机制，促进教育制度化、规范化。充分运用内部局域网、闭路电视、报纸杂志、文艺演出等多种形式开展教育，营造良好舆论氛围，形成反腐倡廉“大宣教”格局。

二、着眼用制度管权管事管人，建立适应武警后勤特点的反腐倡廉制度体系

加强制度建设对反腐倡廉工作具有根本性、全局性、稳定性和长期性的意义。必须抓住后勤系统容易滋生腐败的重点部位和关键环节，建立健全与社会主义市场经济体制规则相适应、与武警部队双重领导和双重保障体制相适应的反腐倡廉制度体系。

完善后勤业务审批制度。要建立科学、高效的后勤业务管理机制，对业务部门的权力进行必要分解，对权力使用的步骤、方式、运作程序等作出具体明确的规范。尤其要加强对经费、物资、采购、分配、划拨以及工程建设、有偿服务审批的管理，严格限制业务部门的自由裁量权。项目审批要坚持按政策制度和规定程序办事，下发给部队的经费物资，要一步到位。

完善经费使用管理制度。新形势下，部队经费数额大，种类多，来源渠道多样，对后勤管理提出了更高的要求。要建立以年度预算为龙头、以财务单一账户体系为基础、以资金集中支付为主要形式的财经管理模式，所有经费的收缴和支付，都集中从财务部门“一个账户”进出，扎紧“口袋”，堵住“漏洞”，防止滋生经济违纪违规问题。建立和落实行政消耗性开支、接待费限额和联审会签等制度，坚决纠正各种奢侈浪费现象。

完善物资、工程、服务管理制度。大宗物资采购、工程建设招投标、土地使用权转让等领域，往往是腐败现象的易发、多发区。要确保这些领域不出问题、少出问题，就必须健全制度。在物资采购上，要实行“管采分离”、“采用分离”，健全采购组织，理顺采购关系，规范采购秩序，扩大采购范围。在工程建设上，要创新管理手段，推行项目勘察设计和监理招标，完善竣工结算审查、质量监督制度。在医疗保障上，要建立全程全方位的医疗服务体系，完善医院为部队服务、医德医风考核评估等制度，防止以医谋私。

三、着眼让权力在阳光下运行，建立适应武警后勤特点的权力运行监控机制

监督是防止腐败的关键。必须坚持公开、透明的原则，切实把后勤部门权力运行置于有效的监督制约之中。

加强对党委决策和主官用权的监督。加强对权力运行的监督，就必须在规范党委决策、强化对主官监督上下功夫。要加强对贯彻科学发展观情况的监督，围绕贯彻落实党的十七大精神，结合深入学习实践科学发展观活动，督促各级党委和领导班子加强后勤建设的统筹协调、科学管理，坚决防止和纠正违背科学发展观要求的行为，促进后勤建设又好又快发展。加强对执行民主集中制情况的监督，认真贯彻党委集体领导下的首长分工负责制，严格执行重大事项决策规则和程序，进一步规范主官的用权行为，确保科学决策、民主决策、依法决策。积极推进党务公开、办事公开，增强决策的透明度，防止权力失控、决策失误、行为失范。

搞好对重点环节和部位权力行使的监督。经费、物资、工程管理等领域，是权力监督的重中之重。要从加强对经费预算编制和执行情况的监督检查入手，确保各项经费管理使用廉洁高效。要加强对大宗物资采购立项、采购方式、合同签订和履行等环节的监督检查，完善物资采购质疑投诉处理机制，防止和纠正“暗箱操作”、谋取私利等现象。严格工程建设项目审批、招标投标、质量验收等环节的监管，落实工程建设廉政情况报告制度，及时发现和查处领导干部插手干预、收受钱物、失职渎职等方面的问题。

发挥监督主体的整体效能。加强对权力的制约和监督，必须齐抓共管，综合治理，整合监督资源，形成监督合力。要加强党内监督，认真贯彻党内监督条例，严格执行加强高中级干部教育管理的各项规定。进一步发挥党委全会对党委和纪委、党委对党委常委和纪委、纪委对党委成员的监督作用，健全经常性考察和定期考

核机制。加强专门机关监督，强化监察职能，积极开展廉政监察和效能监察，加强对重点领域、重点部门、重点资金和领导干部的经济责任审计，维护正常的军事经济秩序。加强群众监督，进一步完善官兵监督的措施和办法，从工作方式、组织协调和决策制定等方面，健全有利于官兵参与监督工作的长效机制。

（作者：武警部队后勤部副政委、纪委书记）

改进干部作风关键是把评价权交给群众

王成胜

中国共产党历来高度重视干部作风建设，无论是在革命战争年代还是和平建设时期，加强领导干部队伍作风建设问题始终在党的事业发展全局中居于重要位置。特别是改革开放以来，随着社会主义市场经济体制的确立和完善，这场经济上的深刻变革正在以前所未有的广度和深度影响着我们社会生活的各个方面，干部作风建设同样面临着严峻的挑战和考验。今年1月9日，胡锦涛总书记在中纪委第七次全体会议上发表重要讲话，深刻阐述了加强领导干部作风建设的极端重要性和紧迫性，强调要全面加强新形势下的领导干部作风建设，在各级领导干部中大力倡导勤奋好学、学以致用，心系群众、服务人民，真抓实干、务求实效，艰苦奋斗、勤俭节约，顾全大局、令行禁止，发扬民主、团结共事，秉公用权、廉洁从政，生活正派、情趣健康等八个方面的良好风气。这不仅仅是一个如何重温光荣传统的历史话题，更是一个如何完成艰巨使命的现实课题。

倡导八个方面的良好风气，说明我们的干部作风在这八个方面还存在这样或那样的问题。近年来，党中央三令五申加强和改进干部队伍作风建设，但一些问题依然屡改屡现，究其根源，除了要加强对广大党员干部进行牢记全心全意为人民服务的根本宗旨，增强忧患意识、公仆意识和节俭意识，树立正确政绩观，增进与人民群众的感情等教育外，把干部作风好与坏的评价权交给群众是核心问题。

一个地区的干部作风决定精神状态，决定执行力，也决定发展。当前，表现在干部作风上的突出问题，背后都有官僚主义、主观主义、功利主义、拜金主义的思想在作祟，而唯独看不见群众的立场和感情。一个地区、一个部门、一个行业，如果群众对干部作风没有评价权，缺少监督权，势必助长干部对群众思想感情上的漠视和立场上的偏颇，从根本上说也就动摇了我们党执政的群众基础。因此，把评价权交给群众，其实是从根本上改进干部作风的治本之举。在实践中，切实做到把评价权交给群众还必须解决好以下问题：

一是从工作机制上保证群众评价真正发挥作用。近年来，随着干部考核评价工作科学化、民主化进程的推进，群众评价在干部考核任免中基本上都成为必备程序之一，而且很多时候都是把本单位内部或行业内部的群众投票通过率作为计量标准。这种做法虽然具备了相当的客观性，但其片面性也不容忽视。比如，囿于内部环境及投票的时间、地点、范围等原因，民意的真实表达是否会受影响？再如，考核任免在干部长期的工作生涯中毕竟只是短短几个瞬间，对干部日常工作的评价，群众意见由谁来倾听，究竟能发挥多大作用？怎样把群众评价、社会评价与组织评价、自我评价有机结合，真正做到从作风看立场，凭实绩论德才，以德才用干部，等等，诸如此类的问题，都需要我们在实践中逐步加以完善和解决。

二是保护和拓宽群众评价的渠道。近年来，网络以其方便、快捷、广泛、虚拟等优势，在反映和代表民意中发挥了不可替代的作用。诚然，网络是双刃剑，其负面影响不可忽视，需要我们积极加以引导和管理。但作为一个新兴的表达民意的渠道，它受到如此多群众的欢迎，从另一个侧面也说明现有的民意表达渠道还不够完备和畅通，甚至在一些地方，群众意见遭到打击报复的现象也屡有发生。各级党委和政府部门怎样做到注意听取群众评价，努力形成群众有序参与、信息渠道畅通、监督有力、客观评价的良好局面，是我们还要为之努力的方向。

三是不断提高群众评价的水平。要正确引导和保护群众评价的积极性，不断提高群众对党和国家事业的认识水平和发展方略的认同度；要扩大群众对干部工作的知情权、监督权，培养和提高群众的民主意识；要真心实意解决好群众最关心、最迫切的现实利益问题，密切党群、干群关系。干部是群众的公仆，人民是国家的主人，干部为人民服务的好与不好，群众最有发言权，这是符合干部作风建设客观规律的必由之路。

（作者：中共吉林省白城市委常委、市纪委书记）

从苏东剧变中的腐败因素看反腐倡廉建设的重要性

中国社会科学院课题组

苏联和原东欧各社会主义国家（以下简称苏东国家）的剧变与执政党不重视自身建设有直接关系。这些执政党在防止领导干部腐败方面软弱无力，致使越来越多的党员干部追求物质上的安逸，不思进取，严重脱离群众。当然，党内的腐败并非与生俱来，也经历了一个逐步蔓延到难以遏止的过程。

一、苏东国家的腐败现象及其特点

（一）苏联腐败问题的滋生与蔓延

苏维埃政权建立初期，腐败现象很少。十月革命胜利后，列宁高度重视反腐倡廉工作，强调要对腐败分子严惩不贷。1918 年 5 月 8 日，人民委员会通过了反受贿的法令，把受贿或行贿等同于完全的犯罪，这是苏维埃俄国第一个有关反腐的法律文件。当时虽有腐败现象存在，但受到严格的监控，没有影响到党的队伍的纯洁性。由于党的政治思想工作抓得比较紧，对干部进行严格教育，广大党员和干部的自觉性较强，领导人在廉政方面能够发挥带头作用，苏共比较有效地遏制了腐败的发展。50 年代中期以后，由于中央的监控放松，“影子经济”开始萌生，同时一些干部价值观、人生观发生变化，丧失理想信念以及法制建设的薄弱，为腐败的滋生和弥散提供了条件。党内的腐败无论是在数量上还是在贪污贿赂的额度和波及的范围上都明显扩大，腐败的形式也更为多样。

苏联腐败现象的泛滥是从勃列日涅夫执政后期开始的。这个时期在党内形成了一个官僚特权阶层。出现这样一个特权阶层的原因，一是体制的僵化和权力的进一步集中；二是干部队伍的长期稳定，特别是事实上的领导职务终身制；三是党内民主监督机制流于形式；四是资产阶级腐朽思想对干部的侵蚀。从此，腐败问题由一个、几个部门扩大到很多和几乎所有部门；由单独作案发展为一个群体。他们凭借自己手中的权力，不仅贪赃枉法，而且与不法商人勾结。这个时期的很多腐败案件都牵连到加盟共和国一级，甚至中央的高层领导，而且涉案数额巨大。到戈尔巴乔夫执政时期，党内的贪污腐败现象达到了最高峰。国家在政治上和经济上全面失控，出现混乱局面，党内特权分子借机将国有企业纷纷据为私有，并向往走资本主义道路，使腐败现象成为苏联亡党亡国不容忽视的原因之一。

（二）苏联腐败现象的主要特点

第一，特权腐败的问题非常突出。苏联时期领导干部的特权种类繁多，包括宅第权、特供权、特教权（子女从幼儿园到大学均有培养他们的专门机构或保送入学的制度），以及特殊的保安与服务待遇和在国家银行有不受限制随意提取款项的户头，等等。这种腐败还具有“合法性”和隐蔽性。苏联的福利制度的普及面较广，因此领导层与百姓之间的福利差别也相应地有了一定的“合法性”。与此同时，由特权衍生出来的各种福利还具有隐蔽性。苏联的高级干部每月除高额月薪外，还能获得额外的津贴。其金额、支出来源以及享受者的名单均是保密的。

特权同时具有继承性和裙带性。高级干部的子女可以继承其父辈留下的住房和别墅。特权阶层的子女，在学业和就职方面一路畅通，并很快走上重要的权力岗位。在赫鲁晓夫时期和勃列日涅夫时期，不少地方和部门的领导任人唯亲，拉帮结派，甚至构成了巨大的裙带关系网。特权甚至还可以成为搞腐败的护身符。有些重大案件直接牵涉到这些人。例如，勃列日涅夫的女儿加林娜参与“珠宝钻石走私案”、儿子尤里参与高价出售出国护照案、女婿丘尔巴诺夫贪污受贿65万卢布（约合105万美元），构成震惊全国的“驸马案”，这都逃过了法律的严惩。

第二，一些地方卖官鬻爵和组织上的腐败严重。领导层权力的特殊化不仅存在于分配领域，在高度集中的政治、经济体制下，一些党政干部没有正确对待和使用人民赋予的权力，将它变成了个人谋取私利的工具，甚至发展到卖官鬻爵。据有关材料揭示，1970—1972年在格鲁吉亚和阿塞拜疆，为了确保能被“选”上区委第一书记，需向共和国党中央的某一位领导人“交纳”15万至20万卢布；要获得部长的职位，需要行贿从10万卢布（内务部长）到25万卢布（商业部长）不等。要获得区警察局局长的职位则需交5万卢布（这项职务的月薪为150—200卢布）。要被“选”为人民审判员的职位或得到区检察员的任命需交3万卢布（这项职务的月薪为120—130卢布）。

第三，不同层级官员的腐败形式不同。一般来说，下层机构领导和较低级别的官员主要是由于心理落差带来的“补偿型腐败”。其受贿基本上是因为没有享受到中、高层干部得到的特权和利益，因而利用手中职权来进行弥补。他们采用的手段主要是贪污和敲诈勒索，如向餐饮服务行业勒索“照顾”费等。而在农村地区，有些官员主要采取从集体农庄和国营农场提供的产品中分摊的形式捞取好处。中层机构特别是一些部门的领导掌握的权力比较多，主要是部门内部的“审批型腐败”。基本方式是行职权之便，营私舞弊。如在法庭审判、发放各种许可证、录取考生、学术奖励、病人入院等方面进行权钱交易。上层机构的贪腐多数为“集团型腐败”，往往是涉案金额巨大，人数众多的有组织的违法乱纪行为。涉案者还同犯罪团伙相勾结、庇护其从事非法生意、偷税漏税等活动，对国家经济与社会政治安全造成了不可小视的影响。

（三）原东欧各国的腐败现象

原东欧各社会主义国家的腐败问题也有和苏联相似之处。腐败现象同样主要表现在：官僚主义严重，不关心群众疾苦；生活腐化，贪污受贿；独断专行；任人唯亲，甚至建立家族统治等方面。在最高领导人的腐败问题上，以罗马尼亚的齐奥塞斯库最为突出。他身兼几乎所有的国家最高职务，集大权于一身，还把20多位家庭成员安排在重要的领导岗位上。他和他的亲属在首都拥有21幢宫殿式建筑和别墅，在全国各地拥有41幢别墅及20幢供狩猎用的房屋；每年要花费几十万美元从国外购买高级化妆品、首饰、食品和各种奢侈品，甚至连宠物的食物和疫苗也要从国外进口。波兰高级干部的腐败现象也触目惊心。1980年，波党中央监委和最高监察院审理了100多起重大贪污案，涉及领导干部800多人，其中有3名中央书记、57名省委书记、7名副总理、74名部长和副部长或同级干部，其中51名省级领导被控有罪。在南斯拉夫，享受特权的领导干部住豪华住房，修郊外别墅，坐高级轿车。资料揭示，全国公用车有16万辆，每月的花费足以偿还国家所欠的全部外债。

与苏联长期坚持僵化的体制不同，一些东欧国家尝试过某些经济或政治改革。遗憾的是，这些改革没能坚持到底，而在改革失败后经常出现腐败现象的“反弹”，往往因强调所谓政治上的“稳定”而对腐败现象姑息纵容。伴随着全盘私有化的实施，腐败进一步泛滥，大量国有资产被掌权的干部们据为己有。

二、苏东国家腐败产生和发展的原因

苏东国家腐败问题的产生有其独特性，有历史文化传统的原因，比如思想上的等级观念，广大民众参政意识的淡薄等等；与此同时，腐败也是当时苏东各国社会主义制度不完善的客观反映。

(一)列宁的建党思想在实践中被异化，执政党发生蜕变

布尔什维克党成立后，列宁就十分重视党的建设工作。在列宁的建党思想中十分重要的一条是加强党内监督，以杜绝党内特权和腐败现象，防止党脱离群众。他指出，监督的主要对象应该是党的各级领导机关和领导人。在晚年，列宁特别关注党的中央检察委员会的工作。他说：“有一定的人数必须出席政治局每次会议的中央监察委员会的委员们，应该形成一个紧密的集体，这个集体应该‘不顾情面’，应该注意不让任何人的威信，不管是总书记，还是某个其他中央委员的威信，来妨碍他们提出质询，审查文件，以至要做到绝对了解情况并使各项事务严格按照规定办事。”他还建议党的代表大会“从工人和农民中选出75—100个(这当然是大致的数字)新的中央监察委员。当选者也像一般中央委员一样，应该经过党的资格审查，因为他们也应享有中央委员的一切权利”。列宁之所以一再强调党内监督的重要性，是因为担心党失去自己的先进性和脱离广大群众。不幸的是，苏共在长期执政过程中，列宁的告诫被逐渐抛弃。苏联共产党由一支工人阶级的先锋队，逐渐蜕变成脱离群众、享有特殊利益的政治组织。在东欧各国党内也出现了类似的现象。

(二)权力高度集中——腐败产生的体制根源

苏东国家的政治体制都带有高度集权的特征。这种体制在尽快建成社会主义经济基础，实现国家工业化和农业集体化，迅速医治战争创伤、恢复国民经济、建立社会主义经济基础等方面发挥了积极作用。但是，随着时间的推移，权力过分集中的缺陷越来越明显地暴露出来，主要表现在：党和国家领导人的权力不受控制，权力个人化；以党代政，机构臃肿和工作效率低下；党内民主受到抑制，党员的权利无法实现。这些体制上的问题无疑是腐败发生、发展和泛滥的重要根源。

(三)对高级官员的腐败姑息纵容，惩治不力

苏共在处理腐败案件时的一个特点是，官职越高越难查处。这样的例子很多：1982年克拉斯诺达尔边疆区委第一书记梅杜诺夫的舞弊案，在证据确凿的情况下，勃列日涅夫仍反对将其逮捕并交付审判，而决定将其调到其他地方。外贸部副部长苏什科夫因贿赂和舞弊被定罪，但同时查出的部长帕托利切夫经常收取外国公

司代表的黄金及其他贵重礼物的问题却被压了下去。再如，1964年在吉尔吉斯查出了一个诈骗犯罪团伙，其非法收入与该共和国的主要领导人均分。结果，吉尔吉斯中央委员会第一书记保住了自己的职位，受到审判的只有1名部长会议副主席。在格鲁吉亚，以苏共中央政治局候补委员、格鲁吉亚党中央第一书记姆日阿瓦纳泽和第二书记丘尔金为首的领导集团的受贿案被揭露出来，但所有的高层的受贿者都免受惩处，姆日阿瓦纳泽甚至没有被开除党籍。因为位高权重的腐败分子经常受到保护，在一定程度上助长了腐败的蔓延。

（四）“影子经济”和非法商业活动——权钱交易的温床

“影子经济”和非法生产、贸易活动要存在和发展，既需要有国家企业或集体农庄作掩护，还要获得受国家严格控制的紧缺的原材料、设备等。因此，必须向有关人员，如审计员、检查员、计划部门的物资分配人员、经济警察（反盗窃社会主义财产和投机行为局的警察）和普通警察，以及手中握有权力的各方面的党政干部行贿。地下非法的生产和商业活动有增无减，并且通过大量行贿或与腐败官员勾结寻求庇护。

（五）党的监察机制形同虚设，对领导干部、尤其是主要领导干部权力缺乏有效的监督和制约

苏维埃政权建立之初，中央监察委员会是自下而上产生的，在地位上与中央委员会平行。但后来情况发生了变化。1934年1月，苏共党的第十七次代表大会通过决议，取消了监察机关监督党委员会制定有关决议的规定，将监察机关由一个独立机构变成了中央委员会的下属机构。监察委员会由中央委员会直接任命，并且在后者的领导下开展工作，变成了主要监督中下层领导干部和普通党员的机构。此后，监察机关对中央委员会制定的决定没有参与和监督的权力，只能对这些决定的贯彻和执行进行监督，列宁倡导和设计的中央监察委员会和党内的监督体制被完全修改。1952年10月，党的第十九次代表大会又将监察委员会检查党的决议执行情况的职权划归中央委员会书记处，至此监察委员会有名无实，其职权和地位被严重削弱。人民群众的监督和舆论监督在苏东国家也都没有落到实处。

三、苏东剧变与腐败问题的关系

导致苏东剧变的原因很多，究其根本，还是出在作为领导核心的共产党的蜕化变质。除了表现在指导思想上背离马列主义和在政治上自动放弃党的领导地位以外，削弱和放松党的自身建设也是一个很重要的方面。党内不断增长的腐败现象和逐步产生的党内特权阶层，便是党削弱自身建设的一个恶果。由于干部任用实际上只考虑对上级是否“忠诚”，忽视“廉洁”和能力，教育工作只重形式，苏东国家的不少党员干部逐渐失去了对共产主义理想信念的追求，甚至忽视自身的道德修养，为腐败之风的盛行铺平了道路。

消极腐败现象给党带来的后果是致命的。首先，腐败使执政党失去民心，削弱了党的执政基础。腐败的不断蔓延，使党与人民群众渐行渐远，党群关系出现明显裂痕。其次，腐败使党为维护特殊利益集团而不思改革。在形成了官僚特权阶层和既得利益集团后，必然导致对党的肌体的深层次侵蚀：一是党内思想僵化、保守主义盛行，不思进取；二是干部制度上的任人唯亲、党和国家高级干部职务实际上的终身制，不思改革。1981年苏共二十六大，苏共中央政治局中70岁以上的委员占57%以上，勃列日涅夫等5人领导核心，平均年龄高达75岁。如果说，经济领域的腐败威胁着党的形象、党与人民群众的关系，那么党为维护既得利益集团而不思改革，就可能使一个马克思主义的政党丧失其固有特征，变得故步自封、毫无生气而无法前进。最后，腐败使党最终背离社会主义。苏东各国党在执政后期，腐败问题产生的一个严重后果，就是造就了一批世界观、价值观已经蜕变或有蜕变趋向的党的领导人。

腐败使党内特权阶层最终演变为走资本主义道路的急先锋。戈尔巴乔夫执政后期，在“改革”带来的混乱无序中，苏共党内腐化变质的特权阶层的野心与私欲不断膨胀。他们发现，挂在嘴边的共产主义信仰和罩在身上的共产党人光环，都已失去了利用的价值，而资本主义是他们既得利益合法化的最合适的制度。美国一位学者曾提供了两组能够说明问题的数字。1990年前后西方国家的许多民意测验机构在苏联进行的民意测验结果表明：在民众中主张搞资本主义的只占5%－20%之间，而高达80%甚至更多的人希望坚持社会主义。但是，人数大约10万人左右的占据着党政机关重要领导岗位的“特权集团”却想实行资本主义，以便拥有更多的财富。苏联剧变15年后，俄罗斯一位政治评论家回顾剧变原因时认为：“在自由主义改革者的背后是特权阶层官员，他们不仅没有任何改革的思想也没有改革的信念，只有改变所有制和攫取财产的欲望。他们无视所有关于改革的设想和战略，想到的只是个人的财富。他们就是国家恬不知耻和贪婪的敌人。”

事实证明，真正搞垮苏东国家共产党的就是党内由特权阶层蜕变而来的背叛马克思主义的反社会主义分子，而腐败，尤其是领导高层的腐败是苏联党发生蜕变的重要催化剂。上世纪80年代中期开始，苏东党内一些领导干部依靠特权基本完成了资本原始积累。他们感觉共产党和社会主义已经是一种束缚，妨碍自己更放手、更放心地侵占更多的社会财富，“已经不满足于能够贪污腐化、以权谋私的事实制度，而是要通过国家政治制度的公开变更”来使其攫取的东西合法化，并且能传给自己的子孙后代。

四、苏东剧变的腐败因素给予我党反腐倡廉建设的启示

深入研究和探讨腐败与苏东剧变的关系，对于执政的中国共产党有着极其重要的警示意义。邓小平同志说过：“要整好我们的党，实现我们的战略目标，不惩治腐败，特别是党内的高层的腐败现象，确实有失败的危险。”要铲除腐败现象，巩固执政地位，必须在以下举措上着力。

（一）推进社会主义民主政治建设，完善监督制约机制

苏东各国均设有专门监督机构，但由于权力配置不科学，权力结构不合理，其监督职能不能有效发挥。要从源头上预防和治理腐败，必须发扬党内民主。苏东的教训说明，必须进一步完善党的权力结构，形成一种合理的权力制衡机制，这是中国特色社会主义民主政治的重要内容。

（二）以执政为民为宗旨，坚持不断改进党的作风

人民群众利益至上，是马克思主义政党的执政思想基础。总结苏东的历史经验和教训，可以得出这样的结论：优良作风是一种重要的执政资源，是一种巨大的执政力量，是党具备领导资格和执政资格不可缺少的条件。

（三）从严治党，与腐败现象作坚决斗争

苏东的教训警示我们党，领导干部特别是高级干部通过腐败聚敛财富，将给政权建设埋下致命的隐患。一旦在党内形成某种特殊利益集团，将直接危害党的执政地位和执政安全。苏东剧变的教训启示我们：要抓紧自身建设，从严要求党员干部。要始终保持对腐败分子的高压态势，必须严肃党纪国法，加大查处大要案的力度。同时，认真研究腐败滋生蔓延的制度根源，建立起预防和惩治腐败的制度体系，尽可能避免少数人控制经济和社会资源，把党自身的建设与建立腐败发现和预警机制结合起来。要确保选用真正德才兼备的优秀干部，建立适当的与人民群众利益相协调的干部物质利益保障机制，实行正常的退出机制，避免干部与群众利益的对立和冲突。

（四）落实科学发展观，使反腐倡廉建设为改革发展服务

社会主义制度的巩固和发展，关键是靠解

放和发展生产力。经济搞不上去，政府就要垮台，执政党就要下课。波兰共产党的一位负责人在谈到波兰共产党失败的教训时曾说："对于执政的共产党来说，经济建设搞好了，其他一切问题都好办。经济搞不好，群众不拥护，说话没人听，就有丧失政权的危险。"我们党把贯彻落实科学发展观，坚决维护和执行好党的政治纪律、经济工作纪律和群众工作纪律，切实关心群众利益，认真解决民生问题，让工人和农民真正得到实惠和好处放到中心位置，为经济社会全面科学发展"保驾护航"，是时代对反腐倡廉建设的迫切要求。

腐败是苏东国家执政党发生蜕变的诱因之一，执政党失去民心又是这些国家发生剧变的根源之一。当前，我国改革进入矛盾高发期和凸显期，腐败呈现许多新的特点，腐败在一些部门和领域持续易发高发，对国家政治经济生活的干扰和污染程度仍比较深，加剧了社会的不公和群众的不满，反腐倡廉建设的任务依然非常艰巨和繁重。我们改革开放已经有30年，国力空前提高，社会主义市场经济体制逐步完善，与上个世纪八九十年代的苏东国家有很大不同，腐败的形式也有巨大差异。为提高党的执政能力，巩固党的执政地位，从苏东剧变的教训中认识我国反腐倡廉建设的重要性和紧迫性，是非常必要的。要切实吸取苏东剧变的教训，旗帜鲜明地反对腐败，保证执政党的权力不被异化，特别是要努力铲除产生腐败现象的根源和土壤。重视反腐倡廉建设，实际就是重视党的执政能力建设，这是中国特色社会主义走向成功的必然要求。中国共产党没有理由不卓有成效地推进反腐倡廉建设。

（主要执笔人：中国社科院监察局副局长、研究员　孙壮志）

当代中国官员财产申报制度建立的难点及对策

林　喆

一、建立官员财产申报制度：预防腐败的"紧箍咒"

在中外历史上，统治者在反腐败的过程中积累了正反两方面的诸多经验，曾出现过的反腐败的实践模式（即样式或"措施"），大致可以归结为四种：重法促廉模式、低薪（俸）清廉模式、高薪养廉模式、以法导廉模式。其中，以法导廉模式是现代社会普遍运用的一种反腐败实践模式。

重法促廉模式虽然也将法制视为治廉的主要社会控制手段，但是它更注重法的惩治功能，强调唯有以严刑酷法才能保证官吏的清明廉正。与之相区别，以法导廉模式强调法在社会各种治廉手段中的主导地位，力图以法制为中心建立不同层面的权力制约机制，形成一种内在的权力制约机制。它坚信，在社会结构中必须形成一种内在的以法律为主导的制约机制，才能使公职权力在运行的一些重要环节上受到应有的制约。

从一些国家或地区以法导廉的经验来看，其所采用的制度、措施法规在形式和内容上有许多相似之处。共同特点是：

首先，具有较为完善的廉政立法，有一部或多部防止公职人员贪污受贿、或以贪污受贿为重点的法律文件。各国或各地区的法律文件从不同角度对公务人员在执行公务或日常工作交往及社会、经济活动中的行为作了严格的限制，其中最重要的规定涉及以下五个方面：一是关于公务人员接受礼品限额的规定，二是关于公务人员从事第二职业的规定，三是关于公务人员财产申报制度的规定，四是关于公务人员公职活动中回避亲属关系的规定，五是关于公务人员违法行为法律责任的规定。

其次，建立起一整套严格的考试或考核制度。公务人员的聘用及其晋升必须经过严格的考试或考核，以保证一批优秀的人才进入政府部门，做到国家机关内部的纯洁。

再次，建立了一整套专门行使或兼有廉政职权的反腐组织。

从完善的廉政立法方面来看，公务人员财产申报制度的规定对于防范腐败具有特别重要的意义。公务人员一年一度的财产申报制度是预防腐败的一个“紧箍咒”或拦洪堤坝，能使任何借助权力而获得的不当收益，在审查中因与正常收益相去甚远而暴露无遗。也就是说，这是一项易于发现问题的制约机制。正是这样，大多数国家对于公务人员财产申报制度有着明确而严格的法律规定。

二、建立中国官员财产申报制度难在何处

那么，我国有没有这项制度呢？从严格意义上说，没有。

严格意义上的官员财产申报制度至少有四个重要特点：一是将规定提升到法律层面，有一部官员财产申报法律；或在反腐败法中专设官员财产申报章节，如英国的《净化选举，防止腐败法》(1883)将申报分为初任申报、日常申报和离职申报三种，从而使不依法申报的行为成为违法行为。二是对于申报内容进行审查的环节。三是进行公示的环节。四是对于谎报、瞒报行为进行严厉惩治的环节，一些国家(如韩国)甚至设立了瞒报罪。

如果据此标准判断，我国目前还没有真正意义上的官员财产申报制度，而只有干部收入申报制度。中共中央办公厅、国务院办公厅1995年颁布的《关于党政机关县(处)级以上领导干部收入申报的规定》(中办发〔1995〕8号)(以下简称《规定》)只有7条，其对象为镇、县直各单位的副科级以上领导干部。其中第3条规定了申报人必须申报各项收入的范围，包括工资、各类奖金、津贴、补贴及福利费，从事咨询、讲学、写作、审稿、书画等劳务所得等，以及其他合法收入。它规定：每年7月1日至20日，申报人必须申报本年度上半年的收入；次年1月1日至20日申报前一年度下半年的收入。因特殊情况不能按时申报的，经县纪委批准，可以适当延长申报时限。负责接受申报人收入申报的是县纪委(监察局)；市管干部的收入申报一式两份，由县纪委报送上级纪检监察机关。《规定》对于申报人不申报或者不如实申报收入的行为也有处罚，但简单且轻微，只规定：“由所在党组织责令其申报、改正，县纪委(监察局)视情节轻重给予批评教育或者党纪政纪处分。”

与国外一些国家的相关法律相比，我国的这一收入申报制度的规定不仅显得过于简单，其在反腐败中的作用如何，也有待进一步探讨。

这些年来的实践表明，几乎没有一起重大的腐败犯罪案件是通过这项制度发现的。胡长清、成克杰、陈良宇、刘志华、李金宝、郑筱萸等贪官动辄百千万的贪腐数字，既没有在收入申报制度中被发现，也不是通过考核制度而暴露的。其他如黑龙江省原政协主席韩桂芝受贿702万，北京市交通局原副局长毕玉玺受贿1004万，苏州市原副市长姜人杰受贿1亿多元，海南文昌市原市委书记谢明中藏在广东化州老家的19个密码箱内的现金2500余万元……等等，这些在法庭上被确认的钱财也没有一项是通过收入申报制度发现的。他们的败露或者是因群众的举报，或者是由他案牵出，或者是中央在巡视中发现。

干部收入申报制度理应最能发挥作用，也就是说，这本该是最能发现问题的一项制度。但在现实操作中，由于申报的结果不公示，缺少相应的制约，致使可能出现隐瞒和虚报。于是，

现行的一年一度的干部收入申报就成了一种形式或摆设，不再具有发现问题的功能。

《规定》第7条有“县纪委（监察局）负责对本制度执行情况进行监督检查”的硬性规定，然而，不知十多年来各级纪委或监察部门是否质问过那些只报工资收入而隐瞒其他收入的干部？是否认真地审查过干部历年的申报表，并对不实者作过处罚？

在一些地方，最终被发现出了严重问题的贪官们年年贪腐，却年年顺利通过收入申报，并在其连续贪腐的年间不断得到重用、奖励和升迁。这些官员“出事”时大都桂冠满顶、荣誉挂身，从而使整个案情的披露充满了讽刺的意味。干部收入申报制度不仅发现不了他们的问题，不能起到预防腐败的作用，更令人担忧的是，这项制度每年都在为贪官们提供着“廉洁”的证明。看来，在一个大贪官落马之后，很有必要对当年在其考核或收入申报中作出“合格”结论、让其安全过关的有关部门及其人员进行问责。

从逻辑上讲，发现不了问题的制度本身一定存在着严重的缺陷。制约或预防制度发挥不了应有的作用，就一定存在着某种抑制其作用发挥的机制或阻碍。

那么，问题出在何处？

笔者认为，这一制度在设计时少了三个关键环节：对于申报内容的审查，对于申报结果的公示，以及对于谎报、瞒报行为的惩治。

没有这些环节，当然无法依靠这一制度发现问题，防范腐败。

干部收入申报制度在当初设计时之所以没有考虑到结果公示等环节，其原因主要在于：

一是对一些干部诚实信用严重失缺的程度估计不足。人们以为制度一旦建立，所有的干部就会如实申报收入情况。而事实上，很长一段时期以来，我们的一些干部讲大话、空话、假话、没有信用的现象并不少见。估计不足自然导致防范措施的失缺。比如一旦出现谎报，如何处罚、追究等没有具体的措施。既然没有这一环节制度的严格设计，年年谎报、瞒报、漏报，就有可能成为干部队伍中的一种普遍现象。

二是对监督主体认识不清，设立该制度的目的只是为上级部门掌控。由上级组织掌握官员的财产收入情况，与考核的结果只是给上级领导而不是给民众掌握一样，都不是给最主要的监督主体（人民群众）看的。这是制度设计环节上的缺乏。

三是没有建立全民信用卡制度，由此加大了干部财产转移、瞒报的可能性，并削弱了银行的主要监控作用。

四是对收入申报结果公示可能带来的消极面的担心——官员的高收入与普通群众低收入的强烈反差容易导致社会的不安定。担忧的结果是，并没有对公示环节进行精心设计，而是干脆取消了公示环节。

少了内容审查和结果公示这些环节，使得民主过程变得不彻底，徒有一半形式。这就是“半截子民主”。这就出现了一个人为设置的盲区，使得干部收入申报这项本该发现问题、预防腐败的制度，未能发挥其应有的作用。

为了克服制度上的这一缺陷，近年来全国一些地区在官员财产申报制度方面进行了大胆的尝试。较为典型的有几例。

先是新疆阿勒泰地区。2009年1月2日，新疆阿勒泰地区所有县处级干部的首次财产申报工作正式开始，第一批申报财产的有55位，第二批申报的约1000余人。在阿勒泰地区，所有被提拔的县处级干部都要经过严格的党纪、政绩考核，其成绩与财产一起公布。其公示的范围很大，当地1054名干部的财产申报状况，被放在阿勒泰地区的廉政网上。

差不多同时，浙江慈溪市对500余名官员车房等财产信息进行了公示。2008年12月5日，慈溪市纪委和慈溪市委组织部联合印发《慈溪市领导干部廉情公示暂行规定（试行）》，要求对市委管理的现职副局（镇）级以上党政领导干部和国有（控股）企业负责人实施廉情公示。首批进入公示范围的干部数量为700余名。随后，四川宜宾、湖南浏阳纷纷对基层领导干部家庭财产收入登记进行了公示。

这些举措得到了广大群众的欢迎，但也有人对其中所暴露出来的问题提出质疑。如，阿勒泰地区的收入登记留出了“秘密申报”部分，需要填写《秘密申报表》。该表不对社会公开，由当地纪检部门内部掌握，只有在官员受到严重党纪政纪处分或刑事处罚后方可申请查阅、使用其秘密申报材料。其《领导干部财产申报的规定》指出：“党风室、预防腐败办公室必须对申报对象秘密申报部分保密，任意泄露扩散申报材料内容的责任人，将视情节给予党纪政纪处分，情节严重的给予开除党籍、开除公职处分，由于泄露秘密申报材料造成严重后果构成犯罪的，移送司法机关处理。”又如，在阿勒泰地区廉政网上公开新提拔任命的55名县(处)级干部初任申报后，随即就有网友跟帖，对“收礼”申报一栏全部为“无”的“零申报”现象提出质疑：既然是“零申报”，“收礼”栏目或这项制度的存在还有意义和价值吗？

对此，该地区的有关领导指出，设计申报“收礼”本身不是为了让官员“自首”，而是让其“自律”。不是为了反腐败多抓几个贪官，而是预防腐败少出几个腐败官员，是对领导干部起到警示和威慑作用。可见在指导思想上，官员财产申报制度的设立不是为了发现问题，而是为了警示。

也有人提出，在各地兴起的公示官员财产申报的行动中，公示范围有不断缩小的倾向。阿勒泰地区干部的财产申报状况被放在地区的廉政网上，浙江慈溪市官员申报的内容被张贴在各单位的公告栏上向本单位的人公示3天。而开始进行试点的四川省高县则“基本取消了公开的内容”，填好的表格，将由专人收集并送达县纪委，最后放入专柜保管。整个过程中，公众根本无从参与了解。唯有湖南浏阳市拟议中的官员财产申报制度可能是申报和公开得最彻底的。这个方案拟将申报者的工资收入以及大宗财产实行彻底公开，并通过报纸、广播电视、网站等媒体进行公示，接受群众监督。然而这个方案最终能否不打折扣地得以通过，还是一个未知数。

尽管各地举措有其不完善之处，但大力推行官员申报公示制度已成为中央坚定不移的信念。

2009年“两会”前夕，温家宝总理在与网友在线交流中谈到官员财产申报制度这个话题时说：“我认为这个建议是正确的，这应该是反对腐败的一项重大举措。我们说要实行政务公开，也要对官员的财产收入实行公开……我们正在积极准备这项工作。”3月7日，全国人大代表、中共中央书记处书记、中央纪委副书记何勇表示，中央纪委正在想办法制定官员财产公示的有关条例或者规定，新疆阿勒泰的试点经验将是重要的参考。

三、完善我国干部收入申报制度

鉴于目前我国制定财产申报法的条件还不具备最基本的条件(尚未实行全民信用卡制度)，在真正意义上的财产申报法出台之前，可以充分利用已有的制度资源，通过增加环节来完善现有的干部收入申报规定。

具体地说，申报对象可以逐步扩大到所有的国家工作人员及其家属。就国家工作人员来讲，除了对他们进行任职、离任时的审计外，还应要求他们在任职前、任职期间、离任时对自己和家庭的财产进行如实申报，其申报范围可依具体申报对象的工作性质及重要程度作不同的规定，其具体操作除了各级纪检监察机关外，可逐步交由银行执行或监督。

可以增加三个环节：一是审核环节。即审查核对环节，通过检查核实申报内容。二是公示环节。申报结果的公示范围可以视条件的成熟程度而逐步扩大，可以先做到同级公示，即在班子内或同级干部中公开，由人大产生的干部的收入申报在人大中公示，这里不应有“秘密申报”部分，也即不应有暗箱操作部分。三是追究环节。根据检查结果，对于不如实申报收入，或瞒报、漏报、谎报者作出严肃处理，给予党纪、政纪处分，对于多次谎报者应免去其领导职务。四是信用记录环节。对于是否如实申报的情况应记录在案。建议各单位纪检监察部门有必要对现任干部任职以来历次收入申报记录进行一次大检查，使检查结果进入干部信用档案（所以必须先建立干部信用档案），以供组织部门任免干部时参考。

总之，干部收入申报应在阳光下运行。在条件成熟时出台已呼唤了十多年的《反腐败法》，并专设章节对官员财产申报作出明确而完善的规定。

（作者：中共中央党校政法部教授、博士生导师）

当前腐败的特征与防治

郭存亮

认真抓好预防和惩治腐败工作是关系人心向背和党的生死存亡的一项重大政治任务。当前，反腐败的形势仍然严峻，任务十分艰巨。我们要认真贯彻落实党的十七大精神和胡锦涛同志在中纪委十七届三次全会上的重要讲话精神，坚持惩防并举，以反腐倡廉的实际成效取信于民。

一、当前腐败的症状与特点

1. 腐败分子的表现。一是经不起诱惑而堕落。许多腐败分子并不是一开始就坏，有的出身根正苗红，有的原本勤学苦干，有的开始尚能严于律己，甚至做到两袖清风，其中不乏英模和人大代表、政协委员。但由于他们在改革开放和市场经济大潮中放松思想警惕，面对金钱诱惑，丧失了党性原则，逐步滑向了罪恶深渊。2008 年受处理的重庆市规划局原局长蒋勇，平时很低调，大家反映也很能干，开始地产商谁都不敢给他送红包，但他最终还是被拉下了水，因受贿数额巨大而入狱。海南省文昌市前市委书记谢明中，自幼家境贫寒，边放牛边求学，工作后吃苦耐劳，曾获得一系列荣誉称号，38 岁即担任团省委书记，被人们视为海南最耀眼的“政治明星”之一。在他担任文昌市委书记 5 年间，市财政收入增长 5 倍，百姓称赞他是“百年一遇的好官”。但他却一边拼命干一边狠劲捞，5 年贪污受贿 2000 余万，最终难逃法网，被判死缓。湖南省耒阳市公安局原局长肖强曾荣获“任长霞式公安局长”、“全国优秀人民警察”称号，被誉为打黑英雄，然而他后来却因贪污银铛入狱。二是擅长表演。有些腐败分子善于乔装打扮、掩藏恶行。明里正人君子，暗里五毒俱全，让人真假难辨，有时竟能骗来喝彩。国家药监局前局长郑筱萸在台上滔滔不绝，说要将人民生命安全放在第一位，可他在台下却不顾百姓死活大捞特捞。该局原司长曹文庄，曾被评为优秀党支部书记，有一次在讲党课时言之凿凿，说谁在廉政上过不了关，谁就不配做一名共产党员，讲得声情并茂，感动得下属连连鼓掌，但不久他却因受贿数额巨大而进了监狱。湖南省郴州市前市委书记李大伦平时最爱写的书法条幅是“视名利淡如水，看事业重如山”，善良的百姓都以为他境界高尚，但东窗事发后从他家里搜出赃款赃物折合人民币近 4000 万元。三是钱色并贪。金钱和美女对腐败分子最具吸引力和杀伤力。想吃喝玩乐、过安逸奢侈日子，没钱不行，有钱没美女也不行，这成了腐败分子的人生目标。贪腐分子几乎清一色的养情人、包二奶。为了达到享乐的目的，他们无不贪得无厌，不择手段。对送钱的来者不拒，主动伸手索要的也比比皆是。中国建设银行前行长、党委书记王雪冰，不仅大肆捞钱，而且在香港、上海、成都、厦门等多个城市都有“小妹”。重庆市经济技术开发区管委会前主任唐文峰除受贿上瘾外，另一大嗜好就是“品尝”女色，只要看上，不顾一切也要搞到手。许多商人也心知肚明，投其所好。安徽省宣城市原市委副书记杨枫包养了7个情妇，他运用MBA知识，让“首席情妇”邹某用分类法“统辖”其余6人，可谓费尽心机。

2.一些重要领域和行业腐败易发多发，窝案串案多。一是经济和金融部门发案高。绝大部分腐败案例发生在强势部门和垄断行业，95%以上的案件发生在金融、房地产、石油、经贸、财政、交通、海关等单位。有的行业连续大面积“腐败塌方”，一挖一窝，一提一串。全国2/3的省(区、市)交通厅发生过较大的腐败案，某省一连三任交通厅长落马，每一任接手的时候都山盟海誓要戒“贪”，但三任厅长恰恰都栽在了“贪”字上。商务部原正司级干部郭京毅利用在业内的“绝对权威”，悄悄地搞了多年的权力寻租，捞取的好处数目惊人，出卖的却是民族利益。二是少数高中级干部腐败案件造成的社会影响很坏。腐败的渗透力强，不仅是管钱管物的经济部门，这些年，行政执法部门的腐败案件也呈增长趋势。从人员分类看，既有一般从业人员、普通公务员，也有位高权重的官员，其中不乏省部级一把手、最高人民法院副院长，甚至还有人大副委员长、政治局委员等。三是窝案串案造成的损失大。湖南省郴州的原市委书记、副书记、市长、组织部长、宣传部长、纪委书记腐败窝案、串案，涉案人数之多，级别之高，让人心惊。这严重损害了党和政府的形象。

3.腐败手法多样，机关算尽。现在，腐败分子作案手段越来越隐蔽、越来越具有欺骗性和反侦察性。一些手中握有权力的腐败分子，有的利用调班子、配干部的机会直接捞取金钱美色，或放长线谋退后利益，“要想富，动干部”，“想进步，吹跑送”成了潜规则；有的“明人不做暗事”，讲所谓“诚信”，批发乌纱，明码标价，只要送够，立马兑现；有的以正规程序、红头文件搞集体腐败，做得大大方方，冠冕堂皇；有的表面上似乎境界很高，很敬业、很廉洁、很谦和，不管人、不沾钱、不插手工程，暗地里却让亲朋、心腹、情人出面运作，神不知鬼不觉便可利益到手；有的利用职权帮人说情，隐语暗示、旁敲侧击，牵线搭桥、疏通关系，投桃报李、坐收渔利；有的利用手中大权寄存利益，锁定潜力目标，给予各种扶持和优惠，表面出于工作，实为自己私利；有的利用权力在法律和政策上倾斜，支持、保护某些行业、团体、地域或某些人的利益，以此来换取好处；有的利用节日、生日、住院、出国、学习、红白喜事等当口收钱收礼；还有的先把家属子女弄到国外，再把七友八朋妥作安排，自己边当官边捞钱，如果形势不妙，立即抽身而逃。凡此种种，难以一一道尽，他们不仅让组织难堪，更给中国人丢脸。

4.形式主义、官僚主义、弄虚作假、铺张浪费现象仍然突出，脱离群众、损害群众利益的事情屡禁不止。我们一些干部，有的高高在上，欺上瞒下，脱离实际，回避矛盾，无视百姓利益，以至酿成群体事件；有的盛气凌人，作风霸道，飞扬跋扈，一手遮天，甚至营造“家天下”；有的抓工作花拳绣腿，搞形式行家里手，讲排场前呼后拥，对媒体擅长表演；有的娇气十足，养尊处优，衣食住行讲究高档次、显尊贵、超豪华。什么与群众的血肉联系，什么艰苦奋斗，什么三令五申，早已抛之脑后，忘得一干二净。

二、腐败造成的主要危害

一是害国害民害自己和家庭。自1978年以来，仅受党纪政纪处分的党员干部就有310多万人，其中包括一批高中级干部。国家培养一个干部谈何容易，这么多干部受处理，个人和家庭是悲剧，于国于民岂不也是悲剧，做好他们亲友的思想稳定工作也是一个相当大的社会问题。二是容易激化矛盾。党群干群关系变得紧张，上访和群体性事件居高不下，不稳定的因素增多，导致一些恶性群体性事件时有发生。三是造成国有资产损失。腐败分子捞得盆满钵满，而国有资产大量流失，人民财富变成了贪官的盛宴，这给经济发展和社会进步带来严重影响。

三、防治腐败的举措

我们党的性质决定了党同各种消极腐败现象是水火不相容的。防治腐败是一项系统工程，必须坚持标本兼治、综合治理，惩防并举、注重预防的方针。

（一）抓教育，让人不愿腐。思想政治教育虽然不是万能的，但放弃教育和应付式的教育绝对不行。过去讲思想政治工作是生命线，今天这话不但不过时，而且要求更高了。真正扎实、有理、及时、有针对性的思想教育能拨除迷雾，润物无声。要切实改进教育方法，使思想政治教育真正入脑入心，切忌搞形式，走过场。

（二）用人重德，让人不想腐。德不好，越有才越坏事。古人说，“察官以廉为要”。要坚持德才兼备、以德为先的选拔干部标准，坚持民主、公开、竞争、择优的用人方针。一是实行真民主，让广大群众参与选人。靠少数人神神秘秘地暗箱操作，即使搞所谓的公示，也很难保证选准用对干部。二是改进考核方法，以保证能全方位听取大家反映。还应实行考核责任制，坚持谁考核谁负责，被考核者原有的问题暴露后，考核者应负相应的责任。三是科学规范竞争上岗标准和程序，防止以竞争上岗之名行滥用职权之实，以至失去它的本来意义。四是对有具体线索或明确指向的举报应当逐一查实，必要时先免职后彻查，杜绝“带病提拔”、“病官发威”。五是打破用人上的“圈子”，防止搞人身依附、拉圈子、垒山头、家天下和靠关系当官。

（三）制度严格，让人不能腐。要完善反腐败体制和机制，让所有官员都在制度内行事。摒弃一切形式主义的东西，把党内民主制度、监督制度和违纪行为的惩处制度真正落到实处。

（四）加强监督，让人不便腐。要充分发挥各监督主体的作用。除了支持和保证党内监督、人大监督、政府专门机关监督、司法监督以及政协民主监督，还要支持和保证群众监督和舆论监督。胡锦涛同志多次强调，我们干任何事情都要走群众路线。再难的事，群众发动起来就不难，靠少数人忙活，只能是隔靴搔痒。要确实保证群众能知情、能参与，说得上话、出得上力。要强化媒体监督，放手让媒体发挥正面的监督作用。要设计好监督办法，唱好反腐倡廉主旋律。

（五）严厉惩治，让人不敢腐。要完善相关法律条款，对不明财产、性贿赂等量刑上的法律空白应及早明确。严格依法办事，对腐败行为施以重典，雷厉风行，让贪官闻之丧胆。要明告“飞蛾”，火是扑不得的，同时在法律上设好防护网，让“飞蛾”想扑也扑不上。重典之下，“勇夫”必少。

（作者：中央国家机关工委副巡视员）

学习井冈山英烈　加强党性修养和党风党纪建设

李小三

胡锦涛总书记在十七届中央纪委三次全会上强调“必须坚持不懈地加强领导干部党性修养，使各级领导干部始终保持共产党人的政治本色，发扬党的光荣传统和优良作风，树立和坚持正确的事业观、工作观、政绩观，以优良作风带领广大党员、群众迎难而上、锐意改革、共克时艰”,“努力使各级领导干部成为政治坚定、作风优良、纪律严明、勤政为民、恪尽职守、清正廉洁的领导干部”,从党和国家事业发展全局的战略高度,深刻阐述了领导干部加强党性修养和党风党纪建设的重要性和紧迫性。党性党风党纪是共产党人先进性的体现,也是共产党人先进性的保证。井冈山斗争时期,无数革命英烈坚定的无产阶级党性、优良的革命作风和严明的组织纪律,不仅是中国共产党人优良传统和精神的重要源头,是我们党的宝贵精神财富,对当前我们加强党性修养和党风党纪建设也具有重要学习与借鉴意义。

一、加强党性修养和党风党纪建设的必要性

党性,是一个政党固有的本质特性,是阶级性的最高最集中表现。中国共产党是中国工人阶级的先锋队,同时是中国人民和中华民族的先锋队,是中国特色社会主义事业的领导核心,代表中国先进生产力的发展要求,代表中国先进文化的前进方向,代表中国最广大人民的根本利益。这就是我们党所固有的、明显区别于其他政党的特性。党风,即党的作风,是一个党在思想、政治、组织、学习、生活等各个方面一贯表现出来的态度和行为,是党性的外在表现,包括学风、思想作风、工作作风、领导作风、生活作风。党的作风关系到党的形象。理论联系实际、密切联系群众、批评与自我批评,是我们党的三大优良作风。党纪,即党的纪律,是党按照民主集中制原则,根据党的性质、纲领、革命发展进程和实现党的路线、方针、政策的需要而确立的各种党规党法的总称,是党的组织和党员必须遵守的行为规范,包括政治纪律、组织纪律、群众纪律、宣传纪律、保密纪律、财经纪律、人事纪律、外事纪律等。严明的纪律,是我们党的一个重要优势,也是保持党的先进性的重要保证。

坚持不懈地加强党性修养和党风党纪建设,使各级领导干部始终保持共产党人的政治本色,是我们党在革命、建设和改革进程中不断取得胜利的宝贵经验,是党的执政能力建设和先进性建设的重要内容。

坚持不懈地加强党性修养和党风党纪建设,是全面贯彻落实科学发展观的重要保证。我们党执政的直接目的是要推进中国经济社会又好又快科学发展,历史表明,中国经济社会的科学发展与党性修养和党风党纪建设密切相关,什么时候党性强、党风好、党纪严,发展就有成效,反之,则必然受到影响。

坚持不懈地加强党性修养和党风党纪建设,是构建社会主义和谐社会的必然要求。构建社会主义和谐社会,关键在党。只有把党建设好,社会主义和谐社会建设才能有坚强的领导核心。

坚持不懈地加强党性修养和党风党纪建设,是适应新形势、应对新挑战的迫切需要。当前,国际金融危机不断扩散和蔓延,我国经济发展面临严峻挑战,保增长、保民生、保稳定的任务十分艰巨。面对复杂局势和繁重任务,加强各级领导干部党性修养和党风党纪建设,才能在应对重大挑战、完成重大任务的实践中,经受住考验,真正做到为民、务实、清廉,永葆干事创业的热情与活力。

二、井冈山英烈党性党风党纪的主要表现

井冈山斗争时期,以毛泽东为代表的中国共产党人“在四围白色政权包围”的湘赣边界艰难探索,坚守党性,锤炼党风,严格党纪,开辟了中国革命“以农村包围城市、最后夺取全国胜利”的正确道路——井冈山道路,开启了中国革命走向胜利的伟大征程,谱写了中国革命的光辉篇章。井冈山斗争时期,井冈山英烈党性党风党纪集中表现如下:

(一)坚定的无产阶级党性

80多年前,在井冈山艰苦卓绝的斗争中,井冈山英烈们表现出无比坚强的无产阶级党性。

1.矢志不渝的理想信念。大革命失败后，在革命遭受惨重失利的危急关头，以毛泽东为代表的中国共产党人，怀着坚定的革命信念，以大无畏的革命气魄引兵井冈，表现出“革命理想高于天”的精神境界。上井冈山后，虽遭遇大汾劫难、被误传开除党籍、“三月失败”、“八月失败”等挫折，但毛泽东始终对革命充满信心，坚信“星星之火，可以燎原”，与朱德、陈毅、何长工等一批留学生，王尔琢、伍中豪、朱云卿等40余位黄埔军校生，何挺颖、李却非、谭梓生等诸多大学生和彭德怀、毕占云等起义军官们一起，在井冈山腥风血雨中，留下了艰辛而又执着的足迹。他们为了追求革命的真理，自觉抛弃优厚的生活环境，在偏僻闭塞、艰苦卓绝的井冈山奉献自己的青春年华甚至宝贵的生命。井冈山斗争时期，红军指战员常在颈脖上系着一条红丝带，取名“牺牲带”，表明了为共产主义献身的决心。在两年零四个月井冈山残酷的斗争中，现已查实有名有姓的烈士就达15744人，还有3万多革命烈士连姓名都没有留下。无数革命英烈用自己的生命和鲜血塑造了一座座为共产主义理想信念无私奉献的高耸丰碑。

2.真心实意为群众谋利益。“红军宗旨，民权革命”、“革命成功，尽在民众”，这是红四军军长朱德、党代表毛泽东签发的《红军第四军司令部布告》中的宣言，也是井冈山斗争时期中国共产党人践行党的宗旨、真心实意为群众谋利益的具体体现。毛泽东率领工农革命军来到湘赣边界后，就发动群众打土豪分田地，制定了我党历史上的第一部土地法——《井冈山土地法》。土地革命的深入开展，使井冈山的农民得到了梦寐以求的土地，他们发自内心地喊出了“共产党万岁”，极大地激发了广大农民的革命热情。除了从根本上解决土地问题外，党和红军还注意关心群众日常生活中的疾苦和痛痒，切实解决群众的衣食住行、柴米油盐等实际问题。毛泽东指出：“要得到群众的拥护吗？要群众拿出他们的全力放到战线上去吗？那么，就得和群众在一起，就得去发动群众的积极性，就得关心群众的痛痒，就得真心实意为群众谋利益，解决群众的生产和生活的问题。”并强调“要像和尚念‘阿弥陀佛’一样时刻念叨争取群众”。井冈山斗争时期，党和红军之所以能在敌我力量悬殊的恶劣条件下坚持下来，建立第一个农村革命根据地，其中一个重要原因就是始终践行党的宗旨，真心实意为群众谋利益，从而获得人民群众的积极拥护和支持。井冈山人民倾其所有支援红军，不惜冒着生命危险，为红军送粮、送盐，妻送夫、母送子参加红军，根据地内形成了鱼水情深的新型党政军民关系，形成了一道道坚不可摧的铜墙铁壁。

3.顾全大局，对党忠诚。1929年初，湘赣两省敌军调集了6个旅、18个团分五路对井冈山革命根据地进行第三次“会剿”。1月4日，红四军、红五军在柏路召开联系会议，决定采取“围魏救赵”的策略：朱、毛率领红四军主力转战赣南，彭德怀、滕代远率刚上山的红五军和王佐率领的红四军第三十二团留守井冈山。这个决定，在红五军官兵中引起巨大争议。不少人认为，红五军上井冈山的任务是与红四军取得联络，学习经验，现在任务完成了，应当回到湘鄂赣边去扩大根据地，不宜留在井冈山，更何况敌我力量对比悬殊，要守也守不住。这些事实彭德怀、滕代远不是不知道，但正如彭德怀在《往事回忆》一书中所说：“我和代远同志为了照顾全局，使红四军摆脱当时面临的困难，自愿地承担红四军前委给予的任务，并且准备必要的牺牲，因而坚决地执行了红四军前委的决定。”在形势极为严峻的情况下，彭德怀、滕代远把个人生死和局部利益置之度外，说服了周围有不同意见的同志，勇敢地挑起了保卫井冈山的重担，表现了共产党人的崇高风范和宽广的胸襟。

(二)优良的革命作风

以毛泽东为代表的中国共产党人在艰苦卓绝的井冈山斗争中锤炼而成的党风，是我们党的优良传统的重要源头。

1.实事求是，敢闯新路。秋收起义失利后，毛泽东审时度势，改变原定计划，果断决策，引兵井冈，开始了探索中国革命正确道路的伟大实践。当时我们党内不少人不认同这条道路，一些从苏联留学回来的领导人甚至讥讽“山沟里没有马克思主义”。但以毛泽东为代表的中国共产党人，走遍整个罗霄山脉，深入根据地调查研究，实事求是，从湘赣边界的井冈山开始，将马克思主义与中国革命实际相结合，解放思想，敢闯新路，探索出了一条引导中国革命走向胜利的井冈山道路，书写了马克思主义中国化的开篇之作。

2.密切联系群众，紧紧依靠群众。井冈山斗争时期，共产党人深入群众，了解群众疾苦，与群众有福同享、有难同当，反对“衣分三色，食分五等”，反对领导干部搞特权，与群众打成一片。工农革命军每到一个地方，指战员总是走进百姓家访贫问苦；召开群众大会，让苦大仇深的贫雇农控诉地主老财的压迫、剥削；帮助群众解决柴米油盐。工农革命军到达三湾村，毛泽东为三湾村群众修井台、疏泉眼，当地老百姓至今还传唱着“喝在口上津津甜，流在心里甜津津。喝水不忘引水人，毛委员恩情比海深!”的歌谣；毛泽东大井访贫，朱德军长与老百姓“有盐同咸、无盐同淡”，彭德怀茨坪给群众发放银元，陈毅带病帮助大井农民割禾等，在井冈山也广为流传。正是这种血肉相连的党群关系、生死与共的军民关系，构成了牢不可破的“井冈情结”，创造了红军游击战争史上的奇观——“永新困敌”和以少胜多的黄洋界保卫战等一个又一个胜利。

3.注重发扬民主。其一，实行军事民主。工农革命军来到井冈山后便成立士兵委员会，靠“人人出主意、大家想办法”，提高了部队战斗力。毛泽东认为，“红军的物质生活如此菲薄，战斗如此频繁，仍能维持不敝，除党的作用外，就是靠实行军队内的民主”。其二，实行政治民主。红军官兵在政治上一律平等，官长不准要军阀作风，不准随意体罚士兵；士兵有说话自由，可以对长官提出批评意见，长官不许打击报复。各级工农兵政府由代表大会选举产生，广大农民群众有充分参政议政的权利。边界第一个红色政权——茶陵县工农兵政府，就是由群众选举工人代表谭震林、农民代表李炳荣、士兵代表陈士榘等组成的。其三，实行经济民主。红军中官兵夫薪饷穿吃一样，“从军长到伙夫除粮食外一律吃五分钱的伙食。发零用钱，两角一律两角、四角一律四角”。民主唤醒了井冈山军民长期被压抑的做人尊严，激发和调动了广大军民创建和保卫根据地的积极性、勇气和智慧，使井冈山军民能够与我们党一起休戚与共，以弱胜强，很快打开局面。

4.艰苦创业，率先垂范。井冈山斗争时期，面对敌人严密经济封锁，在极端困苦的条件下，红军官兵一致，每人每天只有5分钱菜金，经常吃红米饭南瓜汤；为了节省用油，毛泽东晚上办公只点一根灯芯；在步云山，毛泽东带头吃野菜；朱德虽已42岁，仍坚持和战士们每天往返100多里下山挑粮；彭德怀坚持和战士们一起睡地铺、盖稻草。在国民党反动派频繁的军事“进剿”、“会剿”和严密的经济封锁下，共产党人正是依靠艰苦奋斗、自力更生的精神，团结和凝聚井冈山军民，克服困难，渡过了一个又一个难关。

井冈山斗争时期，党员干部总是吃苦在先，战斗冲在最前。1928年6月，七溪岭激战，朱德军长手提机关枪身先士卒，军帽被打了一个洞；三营营长肖劲冲锋时腹部中弹，肠子涌了出来，仍率部冲锋在前，壮烈牺牲。罗荣桓担任三十一团三营九连党代表，打仗冲锋，他和连长陈伯均站在队伍最前面，退却时在最后面负责掩护；行军时，他经常肩扛几支病号或掉队战士的枪；宿营时，他逐个查铺，盖好战士们的夹被；每逢发零用钱，他和连长、司务长总是最后领取；自己病了，咬牙坚持工作，战士病了，他却要一天几趟问寒问暖，吩咐伙房做病号饭。正是由于有许多罗荣桓这样的党代表率先垂范，工农革命军成了一支打不散的坚强部队。1928年8月，毛泽东率罗荣桓的连去湘南接应28团返回井冈山，遭遇敌军袭击，部队被打散，清点时只少了一个担架兵。而这个担架兵第二天一早也自行回到了井冈山。毛泽东称赞罗荣桓的队伍打不垮、打不烂。罗荣桓说，原因就是“干部处处以身作则，身先士卒，作风民主，士兵受到感动。他们在自觉的基础上，爱护干部，听从指挥”。

5.严以律己，有错必纠。井冈山斗争时期，余贲民曾担任湘赣边界工农兵政府财政部长，兼红四军军部财务总管，成了井冈山的“财神爷”。打土豪收缴的金银，统一由财政部管理调配，金条、金砖、金镯、金戒指等，则由他亲自保管。但他连一双六角钱可以买到的“雨鞋”都没有，一年到头总是穿着草鞋。他与桃寮村的一位姑娘相爱，快要结婚了，未来岳母要余贲民给女儿送一枚金戒指作为“念物”。余贲民说：“我这里金戒指有的是，但公家的，半个也动不得。要我买戒指的话，这婚事就中间剁草绳——一刀两断。”正是由于严格的廉洁自律，与群众同甘共苦，边界党组织“在党员乃至群众中有极大的威权”。

徐彦刚是秋收起义后随毛泽东上井冈山的黄埔军校毕业生，担任三十二团特务连连长。一天，徐彦刚和几个人在一起玩牌九赌钱，被连士兵委员会主任吴照明发现，上报到军士兵委员会主任陈毅那里。陈毅当即批评了徐彦刚，表扬了特务连士兵委员会。徐彦刚在陈毅的开导下认识到错误，请求处分，在中共湘赣边界第一次代表大会期间受罚站岗三天。后来，徐彦刚先后担任红六军第三纵队纵队长、红一军团第三军第九师师长、红三军军长、红一军团参谋长、湘鄂赣军区司令员等职。1935年6月英勇牺牲。人无完人，金无足赤。共产党人不是不会犯错，但有错必纠的真诚不仅赢得民心，也使我们的党组织更加团结，形成强大的凝聚力和战斗力。

(三)严明的组织纪律

井冈山斗争时期，我们党及其领导的工农红军严格遵守“一切行动听指挥”的政治纪律、“打土豪筹款子要归公”的经济纪律和“不拿老百姓一个红薯”的群众纪律，秋毫无犯，赢得了群众的信任和拥护。

1.颁布“三大纪律，六项注意”。1927年10月下旬，工农革命军向井冈山进发。发现有战士因行军饥饿掰吃老百姓苞谷后，毛泽东即从衣兜里摸出一块银元，叫人找来木牌，亲自在木牌上写上：“我们是工农革命军，路过此地，因饥饿掰吃了你地里的苞米，现留下银元一块。”将木牌插在地里，银元放在木牌下。战士们深受教育。23日，在荆竹山，毛泽东郑重地宣布了三条纪律：第一，行动听指挥；第二，打土豪筹款子要归公；第三，不拿农民一个红薯。1928年1月，毛泽东在遂川县城李家坪召开工农革命军大会，宣布了“六项注意”：(一)上门板；(二)捆铺草；(三)说话和气；(四)买卖公平；(五)借东西要还；(六)损坏东西要赔。1928年4月，毛泽东在湖南桂东沙田正式颁布“三大纪律，六项注意”。

2.领导模范带头遵守。1927年9月下旬，秋收起义部队路过江西省莲花县甘家村，用了一户没人在家的老百姓一点粮食，临走时，毛泽东要求把米钱放在米缸里，还附上一封信说明情况。1928年9月，红四军主力从湘南回师井冈山攻占遂川县城后，遂川下庄的乡亲们在乡苏维埃政府主席李耀唐组织下，送来了很多茶水、点心，招待路过的红军。部队离开时，因缺少现金，军长朱德便叫副官在每只茶桶上缠上一丈白布，折价代付现金，群众称赞不已。红五军撤离井冈山，在安福县浮山村宿营，因部队一时买不到菜，军部警卫班小廖就在张年开家的菜园里抱来两个大南瓜。彭德怀军长发现后，当即叫人在南瓜藤上吊上一个红袋子，里面装着几个银毫子。

3.严格监督执行。为了督促广大指战员认真执行群众纪律，工农革命军前委专门成立了“纪律检查组”，负责检查各部队遵守群众纪律的情况。当部队离开一个地方时，“纪律检查组”成员就分头到群众中去了解情况，听取意见，查漏补疏，防止部队侵害群众利益的现象发生。

井冈山斗争时期，流传着这样一首歌谣：“红军纪律真严明，行动听命令；爱护老百姓，到处受欢迎；遇事问群众，买卖讲公平；群众的利益，不损半毫分。”我们党及其领导的工农红军之所以深得人心，得到人民群众的倾力支持，除了代表人民群众的利益以外，很重要的一点就是秋毫无犯的严明纪律。

三、学习井冈山英烈，加强党性修养和党风党纪建设

在中国特色社会主义建设中，加强党性修养和党风党纪建设的具体内容虽然会有所调整，但我们党在长期历史实践中形成的优良传统必须继承和坚持，当年井冈山斗争时期共产党人的党性、党风、党纪永远值得我们学习和借鉴。

（一）学习井冈山英烈矢志不移的革命精神，坚定中国特色社会主义信念

中国特色社会主义道路，是我们党在长期社会主义建设实践中，历经艰辛探索而逐步开辟出来的，是进一步实现我国民族振兴、国家富强、人民幸福、社会和谐的必由之路、成功之路、胜利之路，是历史的选择、人民的选择、时代的选择。中国特色社会主义开创了社会主义发展的崭新道路，实现了中国社会主义发展的历史性飞跃，是科学社会主义与中国国情相结合的产物，是马克思主义中国化的科学成果，是当代中国发展进步的旗帜。崇高的理想，坚定的信念，是凝聚人心、催人奋进的伟大旗帜，是战胜困难、赢得胜利的强大精神动力。80多年前，为了革命理想，无数革命英烈汇集湘赣边界井冈山，抛头颅洒热血。今天，中国特色社会主义共同理想，已成为全党全国各族人民共同奋斗的理想信念。在前进的道路上，无论遇到什么复杂局面，无论遇到什么风险考验，我们都必须毫不动摇地坚持和发展中国特色社会主义。

（二）学习井冈山英烈依靠群众的立场和方法，牢固树立执政为民的理念

井冈山斗争时期，中国共产党人发动群众、宣传群众、组织群众，与广大人民群众同甘苦、共患难，赢得民心、集中民智、凝聚民力，从而形成了无坚不克、无往不胜的强大力量。我们党领导革命、建设和改革的伟大实践证明，人民群众的拥护和支持是我们党的力量源泉和胜利之本。在任何时候任何情况下，与人民群众同呼吸共命运的立场不能变，全心全意为人民服务的宗旨不能忘，坚信群众是真正英雄的历史唯物主义观点不能丢。依靠群众、密切联系群众，既是立党为公、执政为民的本质要求，也是领导工作的一个根本方法。要把代表最广大人民的根本利益作为出发点和落脚点，切实做到权为民所用、情为民所系、利为民所谋，解决人民群众最关心、最直接、最现实的利益问题；要经常深入群众，真心实意和群众交朋友，真实了解群众的所困、所难、所怨，真诚倾听群众呼声，真情关心群众疾苦；要设身处地为群众着想，站在群众的立场上思考问题、研究办法，多办顺民意、解民忧、增民利的实事好事，切实纠正损害群众利益的突出问题；要提高做群众工作的本领，注重调查研究，把握群众诉求，疏导群众情绪，帮助群众增强克服困难的信心，充分调动广大群众的积极性创造性。

（三）学习井冈山英烈实事求是、勇于创新的精神，树立正确的事业观工作观政绩观

一部井冈山斗争史，实质上就是以毛泽东等为代表的中国共产党人坚定信念、实事求是、与时俱进、勇于创新的历史。解放思想、实事求是、与时俱进，是我们党保持旺盛生命力的关键因素，也是我们党富有创造力的源泉。胡锦涛总书记在第十七届中央纪委第三次全会上提出，领导干部要树立和坚持正确的事业观、工作观、政绩观。这是党中央根据新形势、新情况、新任务，针对领导干部队伍现状，向各级领导干部提出的新要求。我们做事业、干工作、求政绩，要善于结合本地区、本部门实际，一切从实际出发，不唯上，不唯书，只唯实，坚持真理，勇于探索；要以创新的精神和科学的态度去认识、

把握和遵循事物发展的客观规律，以积极、能动、进取的姿态去研究新情况，解决新问题，大胆探索，求真务实，不搞形式主义，真正实现科学发展、和谐发展；要学会用马克思主义的宽广视野观察世界，不断增强对重大现实问题的战略性、前瞻性和系统性思考，提高政策、措施的针对性、实效性，努力创造出经得起实践、群众和历史检验的政绩。

（四）学习井冈山英烈无私奉献的高尚情操，切实履行党和人民赋予的职责

为了党和人民的利益无私奉献一切是井冈山英烈价值观的集中体现，也是新时期共产党员价值观的根本出发点和先进性的基本要求与标志。中国共产党的历史，就是为民族解放、国家富强、人民幸福而英勇奋斗、无私奉献的历史。在新的历史条件下，我们要执好政、用好权，切实履行党和人民赋予的职责，就要坚持以最广大人民群众的根本利益为自己一切工作的出发点和落脚点，吃苦在先、享受在后，关键时刻挺身而出，危急关头冲锋在前，甚至不惜牺牲自己的一切；要注重把远大理想和具体工作相结合，学好本领，提高能力，在本职岗位上恪尽职守、勤奋工作、爱岗敬业，兢兢业业创造一流的工作业绩，将奉献精神切实体现在平凡本职工作的具体行动之中；要做到个人利益服从党和人民利益，在个人利益与群众、集体、国家利益发生冲突时，识大体、顾大局，把无私奉献的精神转化为实实在在的具体付出行为。

（五）学习井冈山英烈艰苦奋斗的精神，永葆共产党人的政治本色

艰苦奋斗的精神是井冈山精神的重要内容，是共产党人的政治本色。胡锦涛总书记2002年12月在考察西柏坡时深刻指出："历史和现实都表明，一个没有艰苦奋斗精神作支撑的民族，是难以自立自强的；一个没有艰苦奋斗精神作支撑的国家，是难以发展进步的；一个没有艰苦奋斗精神作支撑的政党，是难以兴旺发达的。"并向全党特别是领导干部提出了"四个牢记"，即牢记我国的基本国情和我们党的庄严使命，树立为党和人民长期艰苦奋斗的思想；牢记全心全意为人民服务的宗旨，始终不渝地为最广大人民谋利益；牢记党的基本理论、基本路线、基本纲领和基本经验，以艰苦奋斗的精神做好各项工作；牢记党和人民的重托和肩负的历史责任，自觉在艰苦奋斗的实践中加强党性锻炼。这既是我们艰苦奋斗的目标，更是检验我们是否艰苦奋斗、能否艰苦奋斗的重要标准。在我国改革进入攻坚阶段，发展进入关键时期，经济遭遇世界金融危机冲击的情况下，广大党员干部更要在思想上始终牢记艰苦奋斗这一优良传统，做到工作环境变好了，艰苦奋斗的思想不变；职务提升了，艰苦奋斗的作风不变；待遇提高了，勤俭节约的精神不变。

（六）学习井冈山英烈严守党的纪律，维护党的权威和团结

"加强纪律性，革命无不胜"。我们党长期斗争的历史证明，严明的纪律，优良的作风，是党同群众保持血肉联系、取得人民群众衷心拥护的保证；反之，党的纪律遭到破坏，不正之风盛行，党和群众的关系就紧张，党的形象就会受到损害。坚守党的纪律，维护党的团结统一，是共产党人党性的基本要求。要坚守党的基本理论、基本路线、基本纲领、基本经验，在思想上政治上同党中央保持一致，自觉维护中央权威，保证中央政令畅通，决不能搞"上有政策、下有对策"；要坚持民主集中制的根本组织制度和领导制度，摆正自己在党内政治生活中的位置，以身作则，严于律己，坚持在党纪面前人人平等，带头维护党纪的严肃性，自觉接受党组织和群众监督；要自觉贯彻依法治国的基本方略，自觉遵守国家法律法规，坚决同各种违法违纪行为作斗争，以实际行动维护国家和人民的利益。

（作者：中国井冈山干部学院常务副院长）

中央纪委负责同志就颁布实施《机构编制违纪行为适用〈中国共产党纪律处分条例〉若干问题的解释》答记者问

《党风廉政建设》记者

《机构编制违纪行为适用〈中国共产党纪律处分条例〉若干问题的解释》（以下简称《解释》）已于2009年6月17日颁布实施。日前，中央纪委负责同志接受了记者采访，就《解释》的有关情况回答了记者的提问。

问：请介绍一下出台《解释》的背景情况。

答：加强和完善机构编制管理，是加强党的执政能力建设和国家政权建设的重要基础性工作。近年来，在党中央、国务院的正确领导下，机构编制管理工作不断加强，为我国社会主义现代化建设提供了重要的组织保障。但从目前情况看，一些地方和部门在机构编制工作中，还不同程度地存在着违反规定擅自增设机构、超编进人、超职数配备领导干部等问题，影响了机构编制管理工作的权威性和严肃性，亟须予以严肃处理。党中央、国务院对这些问题高度重视，多次强调要加强和完善机构编制管理，加大对违反机构编制纪律问题的查处力度。为落实中央的要求，2007年2月，中央编办、监察部印发了《机构编制监督检查工作暂行规定》，明确了监督检查的程序。各地普遍反映较好，同时针对监督检查中发现的问题，建议进一步明确机构编制违纪行为的党纪处分依据。经认真研究，我们认为，在机构编制违纪行为的党纪处分方面，《党纪处分条例》虽然已有原则性规定，但由于机构编制违纪行为成因复杂、形式多样，相关处分工作政策性比较强，办案中对如何适用《党纪处分条例》的具体条款经常发生分歧。起草制定专门的规定，明确涉及机构编制违纪问题的处分依据，有利于增强针对性和可操作性，有利于办案中适用，因此，中央纪委制定了《解释》。

问：《解释》的主要内容是什么？

答：根据党的十七届二中全会精神，综合《中共中央、国务院关于地方政府机构改革的意见》、《国务院行政机构设置和编制管理条例》、《地方各级人民政府机构设置和编制管理条例》等法规和规范性文件提出的纪律要求，以及调研中所了解的机构编制违纪行为的主要种类、表现形式和危害性，《解释》主要归纳概括了机构设置、人员编制、职数配备、“条条干预”以及违规审批等方面比较突出的违纪行为，并逐一明确了应当适用《党纪处分条例》的具体条款。其中，机构设置方面的问题，主要是超限额设置机构、擅自变更机构性质、擅自变更机构职责等；人员编制、职数配备方面的问题，主要是违反规定增加编制，超出编制限额录用、调任、转任人员以及擅自超职数配备领导干部等；“条条干预”方面的问题，主要是上级违反规定干预下级部门机构设置、职能配置、人员编制和领导职数配备等。为强化机构编制管理机关、地方党委和政府等有机构编制审批权的机关的责任，《解释》对违规审批的三种情形作了规定。另外，《解释》还明确了伪造、篡改、虚报、瞒报或者拒报机构编制统计资料，以虚报人员等方式占用编制并冒用财政资金，以及经集体研究决定导致违纪行为发生等问题的处分依据。

问：《解释》中对“条条干预”问题作了规

定，请问是怎么考虑的？

答：“条条干预”是一种比较常见的违反机构编制管理规定的行为，主要表现为：上级业务部门要求下级部门设立与其业务对口的机构或提高机构规格；要求为其业务对口的机构配备或增加编制；以本部门制定的行业标准，作为要求审批机构编制的依据；违反规定以审批资金或者项目、考核评比达标等方式，干预下级部门机构设置、职能配置、人员编制和领导职数配备等。党中央、国务院近年来印发的关于机构编制工作的文件，都明确禁止上级业务主管部门干预下级的机构编制工作。起草过程中，一些单位也提出，“条条干预”是造成下级超限额设置机构、超编进人、超职数配备领导干部问题发生的重要原因之一。但是，考虑到“条条干预”的成因比较复杂，绝大多数都是为了上下对口、方便工作，实践中很难追究责任，经综合考虑，我们认为，没有造成严重不良后果的，应当进行批评教育，不宜追究党纪责任。为此，《解释》第四条明确规定，“违反规定干预下级部门机构设置、职能配置、人员编制和领导职数配备，造成严重不良后果的，对有关责任人员，依照《中国共产党纪律处分条例》第一百三十六条的规定处理”。

问：《解释》专门明确了具有机构编制审批权的机关违规审批的处分依据，请问这是基于什么考虑？

答：具有机构编制审批权的机关包括党委政府和机构编制管理机关。具有机构编制审批权的机关一旦出现违规审批，影响恶劣，危害更大。调研中我们也了解到，近年来在一些部门、地方发生过违规审批的情况，因此，《解释》第五条专门规定了有机构编制审批权的机关在履行机构编制管理职责时违规审批行为的处分依据，并明确规定，机构编制管理机关违规审批的，对有关责任人员，要从重处理。这样规定，有利于进一步约束有机构编制审批权的机关及其工作人员的行为，提高他们的责任意识。同时，也可以使这些机关和人员以《解释》为依据，抵制来自各方面的压力。

问：《解释》的颁布实施对于进一步严肃机构编制纪律有何意义？

答：党的十七届二中全会提出，要“认真执行政府组织法律法规和机构编制管理规定，严禁超编进人”，“加强对机构编制执行情况的监督检查”，“加快推进机构编制管理的法制化进程”。2008 年 8 月，中共中央、国务院印发的《关于地方政府机构改革的意见》强调，要“建立完善机构编制考核、责任追究制度”。《解释》的颁布实施，是贯彻落实中央要求的重要体现，是加强和完善机构编制制度建设，建立健全机构编制纪律的重大举措，对于进一步严肃机构编制纪律、加大机构编制违纪案件查处力度，具有十分重要的意义。一是明确了机构编制违纪行为的表现形式及应当适用的《党纪处分条例》具体条款，有利于纪检机关以《解释》为依据，进一步加大机构编制违纪案件查处工作的力度。二是明确了党委、政府和机构编制管理机关、用编用人单位及其工作人员的纪律底线，有利于提高有关党员干部特别是领导干部执行机构编制工作纪律的自觉性和主动性，增强他们的纪律意识和责任意识，有效防范机构编制违纪行为的发生。三是使党纪处分工作和机构编制监督检查工作的制度化、规范化水平进一步提高，为今后进一步健全完善相关法规制度奠定了基础。近期，监察部还将会同有关部门共同研究制定《机构编制违法违纪行为政纪处分暂行规定》，使对机构编制领域违法违纪行为的处理依据更加全面、系统。

问：中央纪委对贯彻实施《解释》有何具体要求？

答：认真学习贯彻《解释》，是地方各级党委、政府，各级纪检监察机关和机构编制管理机关当前的一项重要任务。地方各级党委、政府，各级纪检监察机关和机构编制管理机关要从全面落实科学发展观的高度出发，充分认识学习贯彻《解释》对于加强反腐倡廉建设和机构编制管理工作的重要意义，加强组织领导，采取多种措施，保证《解释》的贯彻实施。各级纪检监察机关、机构编制管理机关要把学习贯彻《解释》与深入学习贯彻科学发展观活动结合起来，要开展有针对性的教育培训，努力提高有关党员干部特别是领导干部遵守执行《解释》的自觉性和主动性，使他们能够真正做到违反纪律的行为坚决不做、应当抵制的情况坚决抵制，要积极做好舆论宣传工作，使社会各界都了解《解释》的相关内容，掌握机构编制违纪行为的主要表现形式，努力形成有利于贯彻实施《解释》的良好氛围；要以贯彻实施《解释》为契机，进一步加大机构编制监督检查力度，努力提高机构编制管理水平；要严格依照《解释》的规定，严肃处理违反机构编制工作纪律的行为，切实维护机构编制法律法规和中央有关方针政策的权威性和严肃性。

附：

机构编制违纪行为适用《中国共产党纪律处分条例》若干问题的解释

（中纪发〔2009〕15号　2009年6月17日）

为严肃党和国家机关、人民团体、事业单位的机构编制纪律，处理机构编制违纪行为，保障机构编制法律法规和中央有关方针政策的贯彻实施，现对机构编制违纪行为中负有责任的人员中的共产党员（以下简称有关责任人员），适用《中国共产党纪律处分条例》追究责任的若干问题解释如下：

一、超机构限额设置机构或者变相增设机构，擅自设立机构或者变更机构名称、规格、性质、职责、权限的，对有关责任人员，依照《中国共产党纪律处分条例》第一百二十七条的规定处理。

二、违反规定增加编制或者超出编制限额录用、调任、转任人员的，对有关责任人员，依照《中国共产党纪律处分条例》第一百二十七条的规定处理。

三、擅自超职数配备领导干部的，对有关责任人员，依照《中国共产党纪律处分条例》第六十四条的规定处理。

四、违反规定干预下级部门机构设置、职能配置、人员编制和领导职数配备，造成严重不良后果的，对有关责任人员，依照《中国共产党纪律处分条例》第一百三十六条的规定处理。

五、具有机构编制审批权的机关在履行机构编制管理职责时，有下列行为之一的，对有关责任人员，依照《中国共产党纪律处分条例》第一百二十七条的规定处理：

（一）超越权限审批机构的；

（二）超越权限审批编制种类、编制的；

（三）违反规定核定领导职数和非领导职数的。

机构编制管理机关有前款所列行为的，对有关责任人员，从重处理。

六、伪造、篡改、虚报、瞒报或者拒报机构编制统计资料，造成不良后果的，对有关责任人员，依照《中国共产党纪律处分条例》第一百二十七条的规定处理。

七、以虚报人员等方式占用编制并冒用财政资金的，对有关责任人员，依照《中国共产党纪律处分条例》第一百一十四条的规定处理。

八、妨碍、干预机构编制监督检查工作或者机构编制违纪责任追究的，对有关责任人员，依照《中国共产党纪律处分条例》第一百六十三条的规定处理。

九、在机构编制工作中，利用职务上的便利，为自己或者他人谋取私利，除《中国共产党纪律处分条例》有明确规定的外，对有关责任人员，依照《中国共产党纪律处分条例》第八十二条的规定处理。

十、经集体研究决定，导致机构编制违纪行为发生的，对有关责任人员，依照《中国共产党纪律处分条例》第二十八条的规定处理。

全国县纪委书记培训班情况综述

《党风廉政建设》记者

从2009年5月8日开始，中央纪委监察部首次大规模的全国县纪委书记培训班在中央党校、国家行政学院和中央纪委监察部北戴河、北京、杭州培训中心同步举办，全国31个省（区、市）的县（县级市和旗）2000名县纪委书记将分三批集中培训一遍。对全国县纪委书记进行集中培训，这在党的纪律检查工作历史上还是第一次。

县一级在党的组织结构和国家政权结构中是一个非常重要的层级，是经济发展、社会稳定、国家长治久安的重要基础。县级纪检监察机关是县级党委、政府的重要组成部分，具有十分重要的地位和作用。一方面，县级纪检监察机关肩负着监督检查中央和地方党委、政府关于推动科学发展的决策部署和改革发展稳定的政策措施贯彻落实的职责。另一方面，县级纪检监察机关处于纪检监察系统的基础地位，承担着协助党委抓党风建设和组织协调反腐败工作的重要责任，是将中央关于反腐倡廉决策部署落实到基层和农村的关键环节。搞好这次集中培训，对于贯彻党的十七大和十七届三中全会精神、推动经济平稳较快发展、维护社会和谐稳定，对于加强纪检监察机关自身建设、深入推进党风廉政建设和反腐败斗争，具有重要意义。对于引导县纪委书记准确理解和把握党中央和中央纪委关于反腐倡廉建设的一系列重大决策部署，提高领导农村党风廉政建设和反腐败工作的能力和水平，必将产生重要作用和深远影响。

对全国县纪委书记进行集中培训，充分体现了党中央对纪检监察机关建设的重视，对广大纪检监察干部的关心。党中央和中央纪委监察部对这次培训高度重视。中央领导同志就此作出重要批示，提出明确要求。中央纪委书记办公会专门进行研究。中央纪委监察部、中央组织部、国家发改委、中央农村工作领导小组办公室的领导同志亲自授课，这充分表明了党中央和中央纪委监察部对加强农村基层党风廉政建设的高度重视，充分体现了对县纪委书记的亲切关怀和殷切希望。

中共中央政治局常委、中央纪委书记贺国强出席了全国县纪委书记培训班学员代表座谈会并讲话。中共中央书记处书记、中央纪委副书记何勇出席开班式作动员讲话并作专题报告。中央纪委副书记张惠新出席全国县纪委书记培训班并作报告。中央纪委副书记、监察部部长马馼出席第二期开班式作动员讲话并就行政监察工作授课。中央纪委副书记干以胜在全国县纪委书记培训班上作了题为《以高度的政治责任感切实做好纪检监察机关查办案件工作》的报告。中央纪委副书记张毅在全国县纪委书记培训班上作了题为《关于加强农村党风廉政建设的形势和任务》的辅导报告。中央纪委副书记黄树贤在全国县纪委书记培训班上，围绕"以'做党的忠诚卫士、当群众的贴心人'主题实践活动为载体，加强纪检监察机关自身建设"作专题报告。中央纪委副书记李玉赋在全国县纪委书记培训班上就扎实推进惩治和预防腐败体系建设的若干问题作了专题报告。中央纪委常委、监察部副部长王伟，中央纪委常委、监察部副部长屈万祥，监察部副部长郝明金，监察部副部长姚增科分别就行政监察工作为全国县纪委书记培训班学员授课。

各级纪检监察机关对这次培训非常重视，各省区市纪委分别召开书记办公会和常委会专题进行研究，制定培训计划，提出具体要求，积极做好学员选调工作，并选派专人全程跟班管理。

这次培训规模大、规格高，课程设置合理、内容非常丰富。课程涵盖整个纪检监察的专业知识，农村基层党组织建设的基本知识和现状，以及农村改革发展等若干热点问题，包括新时期党的建设，加强纪检监察机关建设，推进惩治预防腐败体系建设，加强纪检监察机关查办案件工作，做好行政监察和信访举报工作，以及当前农村基层组织建设，农村党风廉政建设形势和任务，农村改革发展和形势任务以及整体思路，当前我国宏观经济形势和经济政策等等。另外，这次培训班对于当前农村一些热点问题和一些焦点问题，特别是一些难点问题，突发事件，非常棘手的、大家反映比较强烈的问题，进行了案例剖析和案例分析以及模拟各方面的讲解，对现在一些热点问题、焦点问题给予了一定的解释和政策问答。处理突发事件的可行措施和一些办法，在培训班上都进行了交流和讲解。

参加培训班的学员们表示，一定要按照贺国强同志在全国县纪委书记培训班学员代表座谈会上重要讲话的要求，做到讲政治、顾大局，坚决维护党的政治纪律；恪尽职守、秉公执纪，同腐败分子和消极腐败现象作坚决斗争；牢记宗旨、以人为本，忠实捍卫人民群众的根本利益；加强学习、注重实践，努力成为纪检监察工作的行家里手；解放思想、与时俱进，不断推进纪检监察工作创新；严于律己、清正廉洁，做勤政廉政的表率。要团结带领县纪委一班人和全县纪检监察干部，从全局和战略的高度充分认识加强县级纪检监察机关建设的重要性和紧迫性，按照中央的部署和要求，切实把县级纪检监察机关建设提高到一个新水平。

廉政文化建设：反腐倡廉建设的文化自觉

王　莉

十七大党的建设新增反腐倡廉建设构建了五大建设的新布局，第一次提出了加强廉政文化建设的新要求，注重文化对反腐倡廉的作用，表明我们党在反腐倡廉建设上的文化自觉。文化自觉一词是费孝通先生 1997 年提出来并经常使用的一个概念。他说："生活在一定文化中的人对其文化有'自知之明'，明白它的来历、形成的过程，所具有的特色和它发展的趋向，自知之明是为了加强文化转型的自主能力，取得决定适应新环境、新时代文化选择的自主地位。"这里，理解为：文化自觉是一种觉悟，觉悟到文化在经济、政治和社会发展中的独特作用。反腐倡廉建设的文化自觉，就是觉悟到文化在反腐倡廉建设中具有特殊的作用。具体的就是指反腐倡廉建设的主体对文化与反腐倡廉建设的关系，文化在反腐倡廉建设中的地位、作用及其方式，文化建设以及通过廉政文化建设促进反腐倡廉建设的途径、方法等问题的理性认识。最近，中央纪委等六部门联合下发《关于加强廉政文化建设的意见》，进一步落实加强廉政文化建设的要求。提出加强廉政文化建设，以在全社会营造以廉为荣、以贪为耻的良好风尚，促进领导干部廉洁从政。这是我们党廉政文化建设要求认识和措施的深化和落实。

加强廉政文化建设是我们党对腐败现象和反腐倡廉建设的新认识。我们知道，人的行为是受其思想观念支配的。人的思想观念又是在一定的环境中形成和改变的。文化环境对人的影响是深刻的。良好的文化氛围对人产生积极的作用，不良文化则相反。改革开放 30 年，我们党始终坚持反对腐败，确实取得了很大的胜利。但当腐败现象"窝案"、"串案"频发，从"个别"到"一些"，腐败现象屡禁不止，腐败者官位越来越高，腐败金额越来越大，腐败领域不断蔓延，从经济领域到政治领域，甚至我们一向认为"清水"的教育领域也出现了腐败现象的时候，我们对腐败产生的原因以及治理方式应该重新思考和认识。现在社会上以及人们内心世界，出现的种种矛盾问题和腐败现象，直接原因固然是社会急剧变革，特别是利益关系调整、利益矛盾在人们内心和行为上的反映，但更进一步地说，是原文化基本要素，如知识、情感、伦理和信仰在大发展大变革大调整中的失落、迷茫和混乱所致。也就是，我们面对信息呈现爆炸式的增长，打破了原有的文化知识体系和结构，情感规则和标准出现了模糊和混乱，伦理道德文化出现失根和断层，理想信念出现动摇，精神世界出现扭曲，传统文化结构体系在现实失衡。在反腐败的进程中，我们逐步认识到，腐败本身是一种消极的文化现象，同时也是一种文化中消极面的反映。从文化视角认识腐败现象，我们看到，道德失范、精神空虚、信仰缺失，正是许多人腐化堕落的思想文化根源。腐败的原因不仅要从经济、政治、制度和历史渊源等层面去分析，而且很有必要从文化的层面去分析，以文化的力量推进反腐倡廉建设。

加强廉政文化建设是我们党反腐倡廉建设的新举措。改革开放以来，我们党坚定不移地开展党风廉政建设和反腐败斗争，走出了一条中国特色反腐倡廉道路。党的十一届三中全会以后，我们党提出了执政党的党风问题是有关党的生死存亡的问题，探索在不搞政治运动的条件下端正党风、反对腐败的新路径。党的十三届四中全会以后，我们党提出治国必先治党、治党务必从严，确定领导干部廉洁自律、查办案件、纠正不正之风的三项工作格局，筑起思想道德和党纪国法两道防线，实行党风廉政建设责任制，推动反腐败从侧重遏制转到标本兼治、综合治理、逐步加大力度的轨道。党的十六大以来，我们党确立了标本兼治、综合治理、惩防并举、注重预防的方针，提出拓展从源头上防治腐败的措施。党的十七大在进一步提出更加注重治本，更加注重预防，更加注重制度建设的同时，第一次提出加强廉政文化建设的新要求。这是我们党在"教育反腐"、"制度反腐"，把改革开放以来，长期反腐败斗争和党风廉政建设经验提升到文化高度崭新认识的新举措。党的十七大要求："坚持深化改革和创新体制，加强廉政文化建设，形成拒腐防变教育长效机制、反腐倡廉制度体系、权力运行监控机制。"机制、体系、制度在一定意义上都是文化的产物。事实如此，没有好的文化环境，好的制度就不容易出台，没有好的文化氛围，再好的制度也难以执行到位。改革开放 30 年来，我们党已经逐步建立了一套反腐倡廉制度规范。实践证明，反腐倡廉制度有效实施，呼唤与之匹配的廉政文化的支撑。"文化而润其内，养德以固其本"。廉政文化建设就是要营造一种浓厚的崇廉文化氛围，使得贪污受贿，侵吞公共财富行为，如同偷盗抢劫一样，没有生存空间，如老鼠过街，人人喊打。我们党适时地提出，加强廉政文化建设，推进反腐倡廉建设，反映了我们党对廉洁价值理念、行为规范和社会风尚为一体的廉洁政治和廉洁社会的追求。全党要清醒地认识到，廉政文化建设，面向全党全社会，但党政机关和领导干部是重点；廉政文化建设以培育廉洁价值理念为根本，以廉政制度和规范为支撑，以群众广泛参与的廉政文化创建活动和丰富多彩的廉政文化产品为载体，是反腐倡廉建设不可或缺的基础工程。

廉政文化在反腐倡廉建设中具有独特作用。我们党对廉政文化的作用也是逐步认识的。早在2005年颁布的《建立健全教育、制度、监督并重的惩治和预防腐败体系实施纲要》就有关于廉政文化的论述。2007年党的十七大正式提出，加强廉政文化建设。2008年《建立健全惩治和预防腐败体系2008—2012年工作规划》对廉政文化建设作了进一步论述。最近，中纪委等单位《关于加强廉政文化建设的意见》对廉政文化建设有了全面、系统的论述和要求。明确指出，当前廉政文化建设相对滞后的两个方面。一方面，反腐倡廉制度、措施有效运行所必需的文化基础和社会环境尚未完全形成，影响了反腐倡廉建设的整体效能。另一方面，腐朽落后文化的存在，腐蚀人们心灵、败坏社会风气，致使少数党员干部理想信念动摇、思想道德滑坡、价值观扭曲，甚至走上违纪违法的道路。大力加强廉政文化建设，在全党全社会形成有利于反腐倡廉建设的思想观念和文化氛围，要求我们充分认识廉政文化及其在反腐倡廉建设中的独特作用。廉政文化是以崇尚廉洁、鄙弃贪腐为价值取向，融廉洁价值理念、行为规范和社会风尚为一体，是人们对廉洁政治和廉洁社会的总体认识、基本理念和精神追求，是社会主义先进文化的重要组成部分。廉政文化的核心是遵守法纪、廉洁奉公、为民谋利的从政道德取向和价值取向。廉政文化内涵丰富，具体包含廉政的社会文化、廉政的职业文化、廉政的组织文化、廉政的“吏治”文化。廉政文化既有思想观念方面的内容，如价值观念、思想道德、理想信仰，又有制度规范内容，如廉洁从政的法律法规及各项纪律制度等。廉政文化以其知识体系、价值观念、思想信仰、行为规范、文化追求等内容，通过宣传、评价、言论、传播、交往等方式，教化党员干部以及其他社会成员，进而规范人们的行为。廉政文化以其无形、潜在的特点，在反腐倡廉建设中具有独特的作用。一是廉政文化具有导向作用。廉政文化的政治和社会双重属性决定了它对社会意识的导向作用。赞扬什么、批评什么、反对什么，都具有鲜明的指向性。廉政文化通过多种载体和传播方式，使人们自觉不自觉地受到了廉政文化的熏陶。有利于人们树立正确的世界观、人生观、价值观，提升思想境界；有利于弘扬正气、促进廉政、鞭挞腐败。二是廉政文化具有凝聚作用。中华民族千百年来生生不息，文化的凝聚作用不可低估。廉政文化以其廉政理念、价值取向、思想信仰和行为方式，使全体社会成员特别是党员干部得到教化、培养，以相同的价值观念、思维模式、行为方式在不同层次上联系起来、聚集起来，可以产生强大的反腐倡廉的向心力和凝聚力。三是廉政文化具有教化作用。廉政文化通过各种教育方式和途径，在全社会营造一种人人崇廉尚廉，个个羞于腐败、耻于腐败和不愿腐败的良好氛围，营造“以廉为荣，以贪为耻”的社会风尚，使人们在廉政教育中思想得到升华。四是廉政文化具有规范作用。廉政文化以道德规范来引导人们特别是各级领导干部的思想行为，把道德规范的要求变为人们的自觉行动。对领导干部提出的“自重、自省、自警、自励”的要求，就是突出强调自律性和自觉性。而融合在廉政文化中的一些管理制度、廉政准则、廉洁自律规定，以及公认的社会道德规范等是对人们行为的外在约束，是以权威性和强制力来规范社会成员的行为，是人们必须遵守的基本道德规范，是每个人不管愿意不愿意都必须遵守的行为准则。在党风廉政建设和反腐败工作中，单靠自律或单靠他律都是不够的，只有两者形成合力，双管齐下，才会收到较好的效果。

加强廉政文化建设，是保持党的先进性的内在要求，是维护党的执政地位，提高党的执政能力的需要。我们应进一步重视廉政文化的理论研究和实践探索，为深入开展党风廉政建设和反腐败工作注入强大的文化推动力。

（作者单位：中共中央党校马克思主义理论部）

第十三部分

党政领导、政工干部和学者论坛

建设宁夏内陆开放型经济区的思考

王正伟

国务院《关于进一步促进宁夏经济社会发展的若干意见》(以下简称国务院《意见》),要求着力发展宁夏内陆开放型经济,这为宁夏实现又好又快的跨越式发展指明了方向。

一、用世界眼光认识内陆开放型经济

发展内陆开放型经济,是宁夏实现又好又快跨越式发展的必然要求。随着经济全球化的发展,国家与国家、地区与地区之间的竞争,一定意义上体现为开放的层次和水平的竞争。放眼四海,发展开放型经济已成为主流选择。我国已进入全方位开放的新阶段,东南沿海先行一步,东北老工业基地和中部地区紧随其后,滨海新区、北部湾经济区等风生水起,将视野拓展到东北亚、东南亚。宁夏只有全面把握两个市场,充分利用两种资源,更广范围、更宽领域参与国际、国内市场分工、合作与竞争,更大规模、更高质量吸引资金、技术、人才、管理等先进要素,才能科学构建内、外两个循环系统,最终实现内外循环、互利共赢,与全国同步实现全面小康。

发展内陆开放型经济,是加强宁夏与东中部和世界合作交流的现实需要。世界许多地区都是通过发挥比较优势实现了开放发展。宁夏人文、地缘、产业和政治优势独特,在承接东中部产业梯度转移的同时,扩大对世界特别是穆斯林国家开放的条件得天独厚。从人文优势看,宁夏是我国惟一的省级回族自治区和最大的穆斯林聚居区,回族人口占全区人口近36%、全国近20%。从地缘优势看,宁夏具有特殊位置,银川地处空中交通枢纽,是现代“丝绸之路”码头;将一幅中国地图两对折,银川处于中心地域;宁夏在国内1800公里内能够辐射所有省会城市,在周边3000公里内能够辐射东南亚、中西亚各国。从产业优势看,宁夏是国务院确定的“国家重要的煤炭基地、煤化工产业基地及‘西电东送’火电基地,世界重要钽铌铍、碳基材料制品生产研发基地和国内重要的镁硅及其深加工产品基地,特色农产品生产加工基地”。特别是清真食品和穆斯林用品远销阿拉伯国家和地区,清真食品产值占全区食品总产值比重达80%。从政治优势看,宁夏是祖国民族团结的光辉典范,回族具有优良的爱国主义传统,回汉各族人民团结亲如一家。受国际金融危机影响,穆斯林国家对欧美投资出现明显回流和东流趋势。加强宁夏与世界特别是穆斯林国家的合作交流,能为扩大对内对外开放、保障国家能源安全做出重要贡献。

发展内陆开放型经济,是加快宁夏国际化的重要举措。国际金融危机是世界经济的周期性调整,是一种资源的重新整合,是国家之间、地区之间的重新定位。宁夏只有在新一轮大调整中,全面把握机遇,积极扩大开放,使“走出去”与“引进来”有机结合,才能形成全方位、多层次、宽领域、内外融通的大开放格局,不断提高国际化水平,加快推进经济社会又好又快的跨越式发展。

二、用创新思维谋划内陆开放型经济

当前和今后一个时期,宁夏发展内陆开放型经济,要以科学发展观为指导,按照国务院《意见》的要求,围绕实现又好又快跨越式发展的主题，高举民族团结旗帜，克服“内陆意识”，树立“大开放观”，建设内陆开放经济区，巩固、挖掘、发展自身优势，坚持一手抓改革发展、一手抓团结稳定，坚持对内对外开放并举、大中小项目齐上、一二三产业协调、外资外贸外经联动，使内陆开放型经济成为宁夏实现又好又快发展的制高点和新的经济增长点。

高起点编制发展规划，统领内陆开放型经济发展。聘请世界一流专家，从宁夏可持续发展的战略高度，高水平编制宁夏内陆开放型经济中长期发展规划，并与“五优一新”产业发展规划、沿黄城市带（群）发展规划等相关规划有机衔接，争取国家批准设立宁夏内陆开放经济区，面向东中部地区开放，面向世界特别是穆斯林国家开放，重点依托钽铌铍等新材料产业向欧美开放，依托煤制油等煤化工产业向南非开放，依托清真食品穆斯林用品等农产品加工产业向穆斯林国家开放，把宁夏打造成东中部产业梯度转移的承接地、具有国际影响力的清真食品穆斯林用品的生产服务地、面向东部与中东的物流中转地和西部旅游目的地。

高水平承办中（国）阿（拉伯国家）经贸合作论坛，架设区域合作交流桥梁。依托回族自治区的独特优势，积极承办中阿经贸合作论坛，力争使银川成为中阿经贸论坛的永久性会址，成为中阿合作交流与文明对话的重要平台。与此同时，办好中国（宁夏）香港经贸文化旅游活动周、中国宁夏国际文化艺术旅游博览会、中国·宁夏能源发展战略高峰论坛等节会活动，发展会展经济，深入项目洽谈，广泛宣传推介，提升宁夏国际形象。加强与东部沿海发达地区的对接，与国家商务部、中国贸促会联合，把中国（宁夏）国际投资贸易洽谈会打造成宁夏与东中部、中国与世界交流合作的国家级主阵地。

积极争取设立清真产品综合保税区和领事馆区，提升对外综合竞争力。以国际市场为导向，争取建设宁夏清真产品综合保税区，吸引国内穆斯林企业和阿拉伯客商来宁投资办厂，加快建设中国宁夏（吴忠）穆斯林用品国际创业园和中国宁夏（银川）穆斯林清真产业国际工业园，发展清真食品穆斯林用品出口加工企业，培育较为开放的清真产业体系。借鉴西安、重庆、成都、南宁等地设置领事馆区的成功经验，经国家有关部委同意，争取阿拉伯国家在银川设立领事馆和商务机构，建立宁夏—阿拉伯国家和地区高层互访机制，在严防宗教渗透的同时，加强宁阿经贸文化合作，促进双边贸易增长。

开放式建设工业园区，拓展招商引资空间平台。深入研究世界500强等国际性大企业、大集团的投资动向和东部产业转移趋向，全面把握国际金融危机下穆斯林国家欧美投资回流和东流加快趋势，加大招商引资力度，集中力量打造宁东国家级煤电化基地等一批具有核心竞争力和强大吸引力的承接平台。围绕工业“五优一新”产业、农业13个优势特色产业、沿黄城市带（群）建设等重点领域，吸引东部产业西移，建设新材料、清真食品、特色医药、羊绒、高载能、宁夏园艺产业园等出口园区和农产品生产出口基地。

规模化建设中国穆斯林商品博览中心，增强市场辐射吸引力。宁夏要实现又好又快跨越式发展，仅靠投资拉动是难以持续的，必须发展大市场，搞活大流通。借鉴义乌小商品市场发展模式，在建设宁夏小商品加工中心、清真食品穆斯林用品加工中心的同时，重点建设中国（宁夏）清真食品穆斯林用品博览中心、中国（宁夏银川）小商品博览中心，打造穆斯林特色商业城，把银川打造成具有国际影响力的小商品集散地（批发市场）和万人创业园区，吸引国内外人流、物流、资金流向宁夏平原集聚。围绕打造低成本、便捷式的物流通道，发展通道经济，使银川成为中国与中、西亚乃至欧洲经贸往来的低成本物流通道，成为服务全区、辐射周边、联结全国的区域性物流中心，形成通达全国的立体化“丝绸之路”。

大力拓展境外销售中心，打响宁夏清真牌、民族牌。加强清真食品产品标准化、产业化、国际化建设，重点在香港、马来西亚、泰国、沙特阿拉伯、阿拉伯联合酋长国等设立清真食品穆斯林用品销售中心，在有关部委支持下，积极争取银川、吴忠与沙特城市结为友好城市，抢占穆斯林朝觐经济的市场份额，广泛开拓宁夏清真食品穆斯林用品海外市场，不断提高宁夏产品在穆斯林国家的知名度和认可度。积极组织“优势企业闯境外”活动，设立宁夏清真食品穆斯林用品产业发展基金，自治区每年安排一定资金，对境外开拓市场、产品展销的区内企业给予适当补贴，把优势产品推出去，把先进设备引进来。积极吸引国内外金融机构来宁设立分支机构，为企业进出口提供政策性金融支持。

三、用务实工作保障内陆开放型经济建设

加强领导，健全机制，凝聚内陆开放建设的强大合力。要形成干部队伍合力，各级干部尤其是领导干部，一定要培养世界眼光，加强战略思维，善于从国际国内形势的相互联系中把握发展方向，从国际国内条件的相互转化中用好发展机遇，从国际国内资源的优势互补中创造发展条件，确保各项工作高效运转。要形成地方和部门合力，打破地方利益阻隔，冲破部门利益藩篱，淡化行政区概念，强化经济区概念，消除恶性竞争，做到特色鲜明、优势互补，集中力量办大事办要事。要形成政府和市场合力，紧握政府有形之手和市场无形之手，既发挥政府的主导作用、超前谋划、重点突破，又发挥市场的基础作用、配置资源、优胜劣汰，举全区之力共建共促内陆开放型经济。

勇于担当，高效落实，增添内陆开放建设的强劲动力。要求新，创造性地谋思路，创新性地求突破，创设性地立机制，打破陈规陋俗，跳出条条框框，以新视角看问题、以新思维想问题，只要有利于开放、有利于发展，就大胆地试、大胆地闯。要求准，找准影响内陆开放建设的重点部位、重点环节和存在的突出问题，集中精力，集中整治，边探索、边总结，力求科学发展、统筹推进。要求严，实行“一把手”负责制，将内陆开放建设列入效能目标考核范围，建立健全督查奖惩机制，奖优罚劣，奖勤罚懒。要求恒，一个问题一个问题解决，一件工作一件工作完成，一个层次一个层次拓展，不断把内陆开放型经济推向前进。

改进作风，强化效能，提升内陆开放整体形象。全面实行效能目标考核制、行政首长督办制、行政问责制，完善各级政务服务中心和办事大厅，推行“一站式办公”、“一条龙服务”，切实把各项服务制度和措施落到实处。改革行政审批制度，取消妨碍市场开放和公平竞争的行政审批事项，实现由政府管理向政府治理的转变。加强舆论监督和群众监督，严肃查处破坏经济发展环境的案件，提高政府公信力。通过营造规范高效的政务环境、安全文明的法制环境、开明开放的政策环境和诚实守信的人文环境，努力打造中西部地区审批最少、服务最优、效率最高、环境最好的省区，让居住者称心，让创业者安心，让投资者放心，让旅游者舒心。

（作者：宁夏回族自治区人民政府主席）

提升党建工作科学化水平

中共冀中能源峰峰集团有限公司委员会

冀中能源峰峰集团是有着百年开采历史的老矿区。现已发展成为集煤炭采选、煤化工、电

力、装备制造、基建施工、现代物流等多产业综合发展的国有大型企业。共有职工4.5万人，年产原煤1300万吨以上。公司党委下设二级单位党委37个，党支部541个，党员16152名。多年来，峰峰集团坚持着眼基层，强化基础，在认真总结企业党的建设的实践经验基础上，大胆探索，积极实践，推动企业党的建设创新，将ISO9000族标准的理念和方法，引入到党建工作中，建立起一套独特的党建工作质量管理体系。它的建立和推行，促进了峰峰集团党建工作的标准化、制度化和规范化建设，形成了“靠制度管人、按程序办事”的良好运行机制，提高了峰峰集团党建工作的科学化水平，推动了各项工作的健康开展。

学习宣传先行，大力营造氛围，为体系顺利推行夯实思想基础

在新时期，要提高党组织的凝聚力、战斗力和创造力，就必须结合实际，继承创新，不断提高党的建设的科学化水平。为此，峰峰集团从扭转企业在长期党建工作中形成的固有的思维模式和工作模式入手，引入当今国际上普遍应用的ISO9000族标准先进管理模式，不断促进企业党建工作的标准化、制度化和规范化建设。开展初期，针对大多数同志对ISO9000族标准知之不多、对将这一管理体系引入党建工作的可行性心存疑虑，甚至有人持否定态度等问题，我们坚持强化学习宣传，提高思想认识。一是学习考察开阔视野。集团公司领导带队，先后到多家企业学习考察。利用中心组学习、党日活动、脱产培训、知识竞赛、学体系心得交流等多渠道多形式，加强了对党政管理人员和广大党员的学习教育力度，提高领导干部和党群部门负责人对这一新生事物的认识。二是专家授课提升素质。先后邀请有关专家和公司内部长期从事产品质量认证工作的同志，对ISO9000族标准和党建工作引入ISO9000族标准的必要性、可行性、操作性进行讲解，进一步增强大家的理性认识，消除大家的思想疑虑。三是强化宣传营造氛围。编辑推行党建工作质量管理体系《工作简报》，宣传各单位典型做法。在矿工报、电视台、网站等媒体上开辟学习专栏，扩大覆盖面。印制ISO9000族标准讲座书籍和光盘，提供辅导资料。组织单位之间展开互动观摩，相互学习借鉴，取长补短。通过一系列学习宣传，大家统一了思想，一致认为：把ISO9000族标准引入党建工作，是新形势下加强和改进国有企业党建工作的新思路，是借鉴国际先进的管理方法和科学的管理理念，使党建工作标准化、制度化、规范化的有益尝试，目的是健全完善基层党建工作制度和机制，推进基层党建工作不断创新，进一步提升党建工作的科学化水平。

切实加强领导，认真谋划实施，为体系的有效运行提供组织保障

加强领导作用是推进体系建立、实施、保持和改进的重要保证。在体系建设过程中，我们高度重视，认真谋划，建立机制，提供保障，确保了体系的正常运行。一是构建了领导机制。公司党委把党建体系工作列上党委重要工作日程，逐年作为重点工作在集团公司党委工作会议上专题进行部署。专门成立了以公司党委书记、董事长为组长的工作领导小组。同时明确一名党委常委为管理者代表，成立了专门的工作机构，具体负责这项工作的协调和督导。构建了各级党委负总责、活动办公室协调指导、基层党组织负责落实的“三位一体”领导格局，形成了一级抓一级、层层抓落实的机制。二是构建了部门包保机制。为确保基层党支部工作能按照体系要求运作，对职能部门采取“分片包干”的办法，即每个部门包保若干个党支部，实行包体系运行的指导，包工作过程的监督，包问题的解决与信息的反馈，通过全过程的指导、监督，推动了工作开展。在每周的政工部门碰头会上，对支部活动情况进行汇报；在每月的政工例会上，对支部工作进行讲评，肯定成绩，指出差距，促进了体系的健康运行。三是构建了奖

惩机制。为落实全员参与的原则，进一步保证体系建设取得好的成效，我们把党建体系建设情况纳入党委年度目标管理考核、党支部达标升级考核、党员目标管理考核之中，与绩效考核、评优评先挂钩，增强了大家的主动性、积极性和责任心。

把握重点环节，强化过程控制，努力提高党建工作质量和水平

“过程方法”是提高工作质量的重要手段。工作中，按照“凡事必规定、规定必执行、执行必记录、记录必考核、考核必有效、有效必鉴证”的要求，通过实施“五步控制”，加强了对过程的监控。一是写所需，科学确定实施方案。“写所需”，就是针对完成工作质量目标的各种资源进行识别、策划，制定出具体的操作方案（包括工作目标、工作程序、领导机构、人员职责、问题的解决预案、结果的验收改进等），为工作顺利实施奠定了基础。比如，在学习实践科学发展观活动中，按照党建体系的要求，制定了《实施方案》、《质量策划书》、《作业指导书》、《作业流程图》、《审核细则》等，使活动的每个阶段、每个环节、每个控制点都清晰明确，为保证活动的质量奠定了基础。二是做所写，认真实施工作方案。“做所写”，就是按照拟定的策划书和各自的职责、程序，认真组织实施。在学习实践科学发展观“回头看”活动中，我们按要求，在“规定动作”一个环节不少一个过程不落的同时，又结合自身实际和体系的《特色工作控制程序》，连续开展了“调查研究月”、“服务基层月”、“征求意见月”活动，实行了党小组、党支部和党外群众的“三会诊”找问题制度，丰富了活动形式，提高了活动效果。三是记所做，奠定检查考核基础。“记所做”，就是将工作的实施过程完整地记录下来，作为证明工作过程实施和衡量工作质量的依据。为便于检查、控制，我们结合实际制定了《记录规范》，对记录本、表单记录和评审记录等 3 个方面 69 项记录都进一步作了规范，每做一项工作，都将过程适时记录下来，为工作的检查审核留下了证据，有效克服了过去存在的做与不做没有证据和随意性的现象。四是审所记，验证过程符合程度。“审所记”，就是采取定期和不定期的形式，对党建体系的运行情况进行审核，并填写《不符合项报告单》、《纠正和预防措施通知单》，为持续改进提供可靠依据。结合年度工作任务，我们将年度党建工作目标量化、细化，党委工作每月按“凡事必规定”的要求列出重点，并将重点工作列出任务和时间控制表，将责任落实到部门、落实到人头，将目标落实到党支部和每个党员，并通过两级职能部门不定期的监督检查和定期的内部审核、外部审核以及绩效考核等办法，促进了工作落实。五是改所审，工作质量不断提高。“改所审”，就是对审核发现的问题采取措施进行整改，提高工作效果。今年初，我们围绕保增长、保安全、保工资、保稳定，以党建工作对象满意为关注焦点，通过调查问卷、征求意见等形式，摸准了党建工作对象的期望和需求，对职工群众最关心的问题采取措施，着力解决，使安全保障问题、下岗职工再就业问题、困难职工救助问题、生存环境问题等一些突出问题得到较好解决，实现了企业和谐、职工满意，职工满意率达到 99.8%。以上五个环节，环环相扣，看得见、摸得着，构成了一个严密完整的“PDCA”过程控制体系，有效提高了工作的质量。

（执笔：许　凯）

感动　感恩　感悟

——中国井冈山干部学院学习培训随笔

李建勤

在中国九百六十万平方公里的大地上，耸立着各种各样的山，有被誉为“世界屋脊”的喜马拉雅山，有享有“五岳”美誉的泰山、华山、恒山、嵩山、衡山，也有以宗教闻名的五台山、普陀山、峨嵋山、九华山，而唯独有这样一座特别的山，以“历史红”名传天下，成为“天下第一山”。这就是井冈山。在井冈山上有一所新型的国家级干部学院——中国井冈山干部学院，它以一种特别的体验式、现场式的教学，让学员身临其境，从体验中感悟。

金秋十月，井冈山竹海苍茫，层林尽染，来自中央和地方机关的46名正厅局级干部满怀崇敬之情迈进了中国井冈山干部学院，参加“加强党性修养、坚定理想信念、保持优良作风”专题培训。学员们追寻着历史的足迹，凭吊先烈，徜徉在大井、小井、茅坪、叶坪、一苏大、二苏大等一个个旧址，登上黄洋界哨口，走进兴国将军园、井冈山革命博物馆，聆听讲解员述说当年的故事，诵读着伟人诗词，穿上红军服，重走朱毛红军挑粮小道；走村入户，实地访民……短短的两周时间，学员们感同身受，思想受到了震撼，心灵得到了净化，精神得到了升华，意志得到了锤炼。

一、缅怀先烈，净化心灵

井冈山，一座英雄的山；井冈山，一面鲜红的旗。82年前，朱、毛在这里会师，创建了中国历史上第一个农村革命根据地，毛泽东、朱德、陈毅等老一辈无产阶级革命家开创了“农村包围城市，武装夺取政权”的道路。在历时两年多的时间，井冈山烽火烈烈，黄洋界上炮声轰轰，工农红军一次又一次击溃敌人的“会剿”，粉碎敌人的经济封锁。“红米饭，南瓜汤，秋茄子，味好香，餐餐吃得精打光；干稻草来软又黄，金丝被儿盖身上，不怕北风和大雪，暖暖和和入梦乡”，一曲红色歌谣仿佛把我们带到了当年的峥嵘岁月。看着一幅幅发黄的老照片，听讲解员叙说着一件件感人的故事，我们无不为之动容。

在井冈山革命烈士陵园，我们默念着英名录上的一个个名字，有名有姓的达15744位，还有3万多名没有留下姓名，一块无名碑静静地矗立在那里，以告慰革命先烈。沿着山路、我们在烈士纪念碑前伫立，在雕塑园流连，静静地追思着先辈。在被毛主席称之为“为人民扛一辈子长工”的部老领导何长工雕像前，我禁不住热泪盈眶。

在兴国将军园，我们既为区区一县之兴国诞生了54名将军而自豪，同时更被“模范兴国”精神而感动。一个当时只有23万人口的兴国县，竟有8万人参军参战，烈士达5万多人，其中姓名可考的烈士23179人，占全国烈士总数的六十分之一。仅牺牲在长征路上的兴国籍官兵就有12038人，几乎每一公里就有一名兴国籍将士倒下，“万里长征路，里里兴国魂”，兴国无愧为“将军县”、“烈士县”。几天里，我们从井冈山到兴国，经于都，到瑞金，无论到哪一市、哪一县、哪一村，都能听到烈士的后代在自豪地讲述着先辈的故事，真可谓“家家都是光荣革命家庭”。

井冈山和苏区革命斗争史，是无数的先辈们用鲜血和生命写成的。在这部历史长卷里，记述着辉煌与胜利，同时也承载着痛苦和失败。在极其艰难困苦的岁月里，共产党人在苦苦探寻，“红旗到底能打多久？”也曾一度困扰红军将领和士兵，“城市中心论”的路在中国走不通，路在哪里？八角楼的灯光下，毛泽东写下了《中国的红色政权为什么能够存在？》和《井冈山的斗争》，第一次提出了“工农武装割据”的思想。两年后，毛泽东又撰写了《星星之火，可以燎原》，明确提出了建立小块红色政权是将来夺取全国政权的必要条件和必由之路。

人们不禁要问，在当时血雨腥风、白色恐怖的形势下，物质生活条件极端艰苦，是什么鼓舞着毛泽东等老一辈革命家不怕牺牲、不屈不挠的高昂斗志？是什么支撑着他们矢志不渝、勇往直前的革命毅力？那就是“坚定信念、艰苦奋斗，实事求是、敢闯新路，依靠群众、勇于胜利”的井冈山精神。“抛头何可惜，五井有红叶。白雾朝阳扫，伫看梅城赤”，正是共产党人坚定理想信念的真实写照。毛泽东等老一辈革命家正是怀着对革命无比坚定的信念，不怕挫折和失败，敢于创新，把马克思主义的普遍真理同中国革命的具体实践相结合，走出了一条农村包围城市、武装夺取政权的道路。

追古抚今，今天虽然没有刀枪剑影的战火，但经济战场上硝烟仍然弥漫，如何应对金融危机，保增长、调结构、促改革、惠民生的任务摆在了我们面前，建设中国特色的社会主义同样需要井冈山精神。

二、重走挑粮小道，心怀感恩

路不在长，有故事则名。一则“朱德的扁担”的故事，让朱毛红军挑粮小道名扬天下。当年的井冈山，“人口不满两千，产谷不足万担”，红军储备粮食，只有从附近的宁冈、永新、遂川三县运粮上山。毛泽东、朱德带头挑粮。上小学时，我们曾一遍遍诵读故事，今天，当我们戴上八角帽，穿上红军服，背起行军包，踏着先辈们的足迹重走挑粮小道时，大家兴奋不已。无论是刚过不惑之年，还是年近六十的同志，谁也不甘示弱，奋勇向前攀登。行程不到一半，不少人已气喘吁吁，体力不支，而当年毛泽东、朱德则是肩挑粮食，走在这条小道上。正是从这条小道，毛泽东、朱德踏出了一条通往新中国的阳光大道。毛泽东曾在这条小道上豪情满怀地说：“我们革命者就是要站得高看得远，站在井冈山，不仅要看到江西和湖南，还要看到全中国、全世界。”

重走朱毛挑粮小道，我们不仅仅是身体的体验，意志的锤炼，更重要的是在一步步行走中，精神上受到的震撼。革命摇篮井冈山，见证了共产党人高瞻远瞩、率先垂范、顽强奋斗的光辉历史。重走朱毛挑粮小道，我们更深切地感受到新中国来之不易，更加珍惜今天，感恩之情油然而生。

三、走村入户访民，传承苏区好作风

“哎呀嘞，苏区干部好作风，自带干粮去办公；日着草鞋干革命，夜打灯笼访贫农”。循着悠扬的山歌，我们走进了苏区干部好作风陈列馆。一幅幅珍贵的历史照片，一件件充满传奇色彩的实物，记录着共产党人与人民群众心连心、鱼水情的历史。瑞金沙洲坝红井旁，“吃水不忘挖井人，时刻想念毛主席”的石碑吸引了一批又一批参观者驻足留念。毛泽东等老一辈革命家在井冈山、在苏区，与人民群众建立的血肉情谊至今广为传诵。从宁冈到永新，从寻乌到兴国，毛泽东一次又一次走村入户，到农村调查，写下了一篇篇调查报告。长冈乡的花生地里，留下了毛泽东与农民交谈时的脚印，樟树塘小桥在叙说毛泽东关心农民冷暖的故事。正是有着这种深入基层、深入群众，为民分忧、为民解难的作风，共产党得到了群众的称赞：“共产党真好，什么事情都替我们想到。”共产党密切联系群众，也因而得到了群众的拥护。作为体验式教学的一部分，我们分成了十几个小组，到长冈乡农户家里作调研。我们学着当年毛泽东入户调查的做法，问长问短，和农民拉家常，共进晚餐。这一户户农户中，不少都是烈士家属，他们在传承着先烈的精神，在赣南这块红色的土地上建设社会主义新农村。笑意写在脸上，他们对未来充满了期待和渴望。夜幕下，老表们打着灯笼一程程为我们送行，虽然我们并没有为他们做些什么，但我们的这一行动仿佛在再现历史，让老百姓看到苏区好作风在传承。

四、特别的教学，特别的感悟

中国井冈山干部学院，不同于中央党校，也不同于国家行政学院，它特就特在定位上，“两基地一站一熔炉”，成为它的建院指导思想和目标，学员们在这里通过现场教学、体验式教学，辅之以课堂专题教学的方式，进行革命传统教育和基本国情教育，学院也因此成为激发学员们永葆青春的“加油站”。两周的培训，我们在紧张而又充实中度过，在历史和现实的交汇中沉思，历史告诉现在，历史启迪未来。我们带着感情上山，带着激情、带着感悟下山。

上世纪60年代，我出生在江苏农村一个农民家庭，孩提时代，读毛主席的书，接受革命传统教育，80年代初，有幸考入北京大学，系统地接受马克思列宁主义和毛泽东思想，并在大学期间加入了中国共产党。20多年来，我始终用党员的标准要求自己，努力做一名合格的共产党员。重上井冈山，千里来寻真谛，先烈的精神令我震撼。反躬自问，“参加革命是为什么？当干部为什么？将来要留下什么？”“三个为什么”时时萦绕在我的耳边。在这里，我找到了答案。站在镌刻着“魂归井冈——老红军战士曾志”墓碑前，我的灵魂得到了净化，人生境界得到了提升。在井冈山斗争岁月里，曾志同志参加了黄洋界保卫战，为了奔赴战场，将幼子留在了井冈山，直到1951年，才得知儿子尚在人间。曾担任中组部副部长的她并没有利用权力把儿子接回城里安排工作。读着她生前立下的一份名叫《我生命熄灭时的交待》的遗书，不禁感叹万千。生前她战斗在井冈山，逝后她长眠在井冈山，永远陪伴着小井红军医院的烈士们。这是多么伟大的情怀！

人总是要有一点精神的。这种精神就是理想信念，作为一名共产党员，必须树立坚定的理想信念，牢记党的使命，为党分忧，为党尽责，敢闯新路，勇于胜利。当前世界的大发展、大变革、大调整，促使全球思想文化交流交融交锋呈现新特点，经济格局发生新变化，我国进入了一个发展的重要战略机遇期和矛盾凸显期，新情况、新问题、新困难摆在我们面前。是畏缩不前，还是站在新的起点，解放思想，实事求是，与时俱进，勇于改革创新，不断推进马克思主义的时代化、中国化、大众化，建设中国特色社会主义？这是每一位共产党员必须作出的选择。对照自己，我感到自己虽然在理想信念上是坚定的，但在实际工作中有时也有彷徨，甚至迷茫，面对坚守18亿亩耕地红线，保障发展，保护资源的压力，面对地方政府发展经济的巨大冲动和执法难、难执法的现实，有时也有畏难的情绪。然而，这些困难和压力，与当年井冈山先辈们承受的困难和压力相比，则是微不足道的。我深感，做好国土资源执法监察工作，首要的必须树立信心，增强勇气，勇于创新，以必胜的信念去战胜困难，开创工作新局面。

对照井冈山精神，我深感自己有不小的差距，工作之风还不够扎实，特别是深入实际调查，研究破解问题做得还远远不够，对国土资源执法监察工作中出现的新情况、新问题、新经验还缺乏深入了解，对苗头性、倾向性和热点、难点问题关注、把握得不及时，因而往往出现工作中的被动。重上井冈山，受到了教育，充了电，加了油，下山后将把在井冈山焕发的激情和学习成果转化为加强党性修养、增强理想信念、转变作风的实际行动，以更高的激情，更强的创新精神，真抓实干，为推进国土资源管理工作上新台阶做出贡献。

（作者：国土资源部执法监察局局长）

论基层组织实践科学发展观的着力点

田东风

根据中央的安排,第二批学习实践科学发展观活动已经正式启动。随着学习实践活动的逐步深入,将愈加贴近基层、贴近群众,广大人民群众的参与将更加直接、更加广泛。基层党员群众如何全面准确理解科学发展观、如何去实践科学发展观、如何进一步增强贯彻落实科学发展观的自觉性和坚定性,显然与第一批学习实践活动开展时有明显不同,需要认真分析,切实找准基层组织实践科学发展观的着力点,以增强学习实践活动的针对性和实效性。

一、实践科学发展观走向基层,更贴近群众

第一批学习实践活动主要是在省部级党政机关、中管金融机构开展,共有481万名党员参加。第二批学习实践活动则主要是在市县机关、中央和地方所属国有企业、高等学校等单位开展,共有2500万名党员参加。

第一批学习实践活动教育的重点对象是党的高中级干部,通过学习,使得广大党员干部进一步加深对科学发展观的理解,在事关本地区本部门本单位科学发展的重大问题上形成共识,重在理清科学发展思路,认真落实中央提出的保增长、保民生、保稳定的各项方针政策和决策部署。第二批学习实践活动教育的重点对象则是党的中级和广大基层干部,他们肩负着把党的路线方针政策贯彻落实到基层,转化为人民群众自觉行动的重要职责,在推动科学发展、促进社会和谐中处于重要地位。参加第二批学习实践活动的党员干部大多数处于改革发展稳定的第一线,他们将直接面对基层、面对群众,承担着推进改革、促进发展、维护稳定的重要任务。

参加第二批学习实践活动的单位多、人数多、领域多、范围广,参加活动的党员从业状况、职业构成、知识水平和思想状况等差异比较大。随着学习实践活动的逐步深入,将越来越靠近基层单位、基层党员群众特别是广大城镇居民、农村甚至离退休人员中的党员群众。在现实当中,这个层面的党员群众容易被视为发展问题的被动参与者,甚至是旁观者,但他们却又是社会稳定问题的直接参与者,而且是重要的社会力量。

二、维护社会稳定是基层组织实践科学发展观的最大实际

我们当前所面临的世情是:政治多极化,经济全球化,文化多元化。我们当前所面临的国情则是:改革处在攻坚阶段,发展处于关键时期,社会稳定的难度加大。我们面临的民情是:人心思定,人心思富,人心思进。因此,要推动科学发展、实现社会和谐,面临着十分复杂的矛盾、困难和问题。对此,必须有充分的思想准备。随着我国改革开放和现代化建设事业的不断推进,社会日趋呈现多样化发展状态,多样化的社会必然会出现多种利益群体和多种价值取向。另外,今年受国际金融危机蔓延和世界经济增长明显减速的影响,我国经济发展面临不少困难。经济发展困难等引发的不稳定因素增多,加之我国经济生活中因快速增长而尚未解决的深层次矛盾和问题,使我国社会发展也面临着严峻的挑战。

我们需要主动适应我国利益格局变化和利益主体多元化的客观要求,深刻认识我国发展

的阶段性特征，科学分析影响社会和谐的矛盾和问题及其产生的原因，更加积极主动地正视矛盾、化解矛盾，最大限度地增加和谐因素，最大限度地减少不和谐因素，不断促进社会和谐。因此，一方面，必须坚持大力发展社会生产力，为社会和谐创造雄厚的物质基础。在经济发展的基础上努力保障和改善民生，是化解各种社会矛盾、保持社会和谐稳定的一个根本之策。然而，经济发展和社会财富的增加并不能自然实现社会稳定。如果只顾经济增长而忽视社会发展，不仅会加重经济社会发展不平衡的矛盾，最终经济发展也会难以为继。另一方面，还必须在经济发展的基础上，加快社会发展，注重社会公平正义，正确反映和兼顾不同方面群众的利益，完善利益协调机制，才能使得社会各方面的利益关系得到妥善协调，人民内部矛盾和其他社会矛盾得到正确处理，社会公平和正义得到切实维护和实现；才能使得全社会互帮互助、诚实守信，全体人民平等友爱、融洽相处。

通过学习实践活动，引导广大党员干部进一步认清形势、增强信心、应对挑战，对于更好地克服经济发展困难，维护社会大局稳定，推动经济社会又好又快发展，具有十分重要的意义。因此，第二批学习实践活动的重点，应是引导广大党员干部把思想和行动统一到中央对当前形势的判断和作出的各项决策部署上来，增强战胜困难的信心和勇气，深入贯彻落实科学发展观，做好保增长、保民生、保稳定等各项工作。这一阶段的实践载体，应在解决影响和制约科学发展、影响社会和谐稳定这两个问题上同时下功夫。特别要把应对国际金融危机冲击、克服经济发展困难和保持社会稳定作为学习实践活动最大的实践、最重要的实际、最需要取得的实效，贯穿于学习实践活动全过程。

三、基层组织实践科学发展观的着力点

从根本上来讲，科学发展观就是要解决人类社会可持续发展过程中如何处理人与自然、人与社会发展的关系问题。“人与自然和谐相处”是用于解决经济发展问题的理念；“人与社会和谐发展”是用于解决社会稳定问题的理念，意义更加深远。

建设和谐社会的关键是人与社会的融合，人的全面发展是构建和谐社会的基石，唯有社会发展中人与人之间相互尊重、相互关心、相互爱护、相互帮助，才有建立和谐社会的可能。在新的历史时期，人与社会和谐发展的新内涵具体表现在：人与人之间要建立起新型的社会关系，人与社会要建立新的社会构架，尤其要把人与社会的发展、时代的发展紧密地相融在一起。

实践科学发展观，在涉及有关社会主义经济建设和生态文明建设实现科学发展时，应以“人与自然和谐相处”理念为着力点；而在涉及有关社会主义政治建设、文化建设和社会建设实现科学发展时，则还应强调“人与社会和谐发展”的理念。“人与自然和谐相处，人与社会和谐发展”的理念，是实践科学发展观问题的两个方面，是辩证统一的，缺一不可，但又有不同侧重，对应不同的社会层面更有其不同的侧重。

第一、二批学习实践科学发展活动多在县市以上领导和领导班子中开展，重点是理清科学发展思路。其实践平台是保持经济平稳较快发展为首要任务。很显然，在这个层面上实践科学发展的重心在于“以经济发展实现社会和谐”，学习实践活动的着力点是强调“人与自然和谐相处”的理念，以解决如何又好又快发展的问题。但对于基层组织或党员干部而言，其所面对的命题是发展经济和改善民生的问题。他们的实践平台是改善民生和维护社会稳定。很显然，在这个层面上实践科学发展观的重心则在于“以社会稳定确保经济发展”，学习实践活动的着力点应是在坚持“人与自然和谐相处”理念的基础上着重强调“人与社会和谐发展”的理念，以解决如何实现又好又快发展的问题。

通过学习实践活动的开展，真正使人民群众在实践科学发展观的过程中准确理解“最广大人民的根本利益作为贯彻落实科学发展观的

根本出发点和落脚点”，在准确理解“又好又快”的发展内涵的基础上，更要全面理解“又好又快”中的稳定内涵。基层党员群众既是落实科学发展观的受惠者，同时更是落实科学发展观的实践者，广大普通党员群众特别是广大城镇居民、农村甚至离退休人员中的党员群众在维护社会稳定方面更能够发挥重要作用。教育引导基层党员群众如何加强自身全面发展、自觉维护社会稳定以促进科学发展是学习实践活动的重要方面，强调“人与社会和谐发展”的理念是基层组织学习实践科学发展观活动的着力点。

（作者：中国工程物理研究院党委副书记）

科学定位　率先崛起

唐俊昌

在西部大开发10周年之际，国务院批准实施《关中一天水经济区发展规划》（以下简称《规划》），这是贯彻落实科学发展观、促进区域协调发展的重大举措。宝鸡面临的课题是找准位置、抢抓机遇、加快发展，力争在西部率先崛起。

一、基础扎实是宝鸡率先崛起的先决条件

作为一个老工业基地，宝鸡经济基础厚，发展潜力大。全市拥有528户规模以上工业企业，初步形成了有色金属冶炼及加工、机床工具、铁路及石油装备、电子电器等产业集群，机床、石油钻采设备、钢管等60多种产品销量居全国前列。宝鸡历史文化源远流长，是华夏始祖炎帝故里，被称为“青铜器之乡”和“民间工艺美术之乡”。宝鸡自然风光秀丽，拥有太白山、关山草原、西镇吴山等10多个国家和省级风景名胜区，在西部率先建成了国家环保模范城市和园林城市。

近年来，宝鸡围绕建设“四市”，创建“两个最佳”，实现“三个率先”的战略目标，坚持“四个第一”的工作导向，把握“五大突破”的工作重点，努力推动经济社会又好又快发展。2008年，GDP增速创10年来最高水平，2009年继续位居全省前列，在建设大企业大集团、促进农民增收、建设大城市、壮大园区经济、发展文化旅游产业五个方面也实现了新的突破，已经具备了在关中一天水经济区中率先崛起的基础和条件。

二、经济区规划为宝鸡带来了率先崛起的历史机遇

根据《规划》，关中一天水经济区所涉及的地域范围，是我国西北工业和城镇的密集带。宝鸡处于西安、兰州、成都、银川四个省会城市的几何中心，位于关中一天水经济区的核心位置。《规划》带给宝鸡的重要历史机遇，可以概括为“一提升、一强化、一拓展”。

区域战略地位得到空前提升。《规划》提出要把宝鸡建成经济区副中心和人口过百万的大城市，这标志着宝鸡的发展由区域层次提升到了国家战略层面。这就要求我们必须加快宝鸡发展，及早把宝鸡建设成为一个经济繁荣、功能完善的区域性中心城市，全面提升宝鸡作为经济区副中心的辐射力、影响力和带动力。

交通枢纽地位得到巩固强化。宝鸡历来是中原通往西南、西北的咽喉要道，一日交通圈覆盖人口达3000多万人。《规划》提出要把宝鸡建成区域性重要交通枢纽。目前，国家规划的

陇海线3个铁路枢纽和陕西省规划的5个公路枢纽，宝鸡均占有一席之地。我们必须抓住这一历史机遇，不失时机地全面推进铁路、公路、航空三大交通建设，带动商贸、物流、金融等服务业加速发展。

发展空间得到全面拓展。《规划》要求，到2020年，宝鸡的城市建成区面积要达到130平方公里，人口达到120万。目前，宝鸡市城区达80多平方公里，人口超过80万，已经具备了向大城市迈进的条件。我们要在原来五大城市功能分区的基础上，加大旧城改造力度，推动城市东扩、南移、北上，争取到2020年把宝鸡建成西部又一个新型大城市，带动关中西部城镇群整体发展。

三、发挥优势，努力实现率先崛起

发挥工业优势，建设西部装备制造业和国家新材料研发基地。一是强化项目支撑。目前，宝鸡已完成《2009－2011年宝鸡市产业振兴新增项目规划》。根据这一规划，总投资1000亿元的200个项目实施后，将新增产值1500亿元，支撑全市经济增长速度保持在13%以上。二是坚持龙头带动。我们要集中力量实施百亿企业集团战略，力争经过3－5年努力，使东岭集团等一批特大型企业集团做大做强。三是坚持创新引领。宝鸡是国家首批技术创新示范城市，高新技术产业产值占工业产值的比重超过40%。我们要继续按照“集约化、园区式、能循环”的发展模式，全力支持高新技术产业密集区、循环经济示范区和国内一流创新型园区的建设，带动经济结构转型升级。

发挥人文优势，建设彰显华夏文明的历史文化基地。宝鸡是中国优秀旅游城市和中国旅游竞争力百强城市，这次《规划》提出建设的五大文化产业园区中宝鸡占了两个，五条精品旅游走廊中宝鸡占了三个，六大旅游精品区中宝鸡又占了两个。我们要充分发挥历史文化深厚和自然风光秀丽的优势，实现文化旅游产业的跨越式发展。重点是实施好“五大工程”：一是建设中国礼乐城、中华石鼓园、北首岭遗址、大唐秦王陵和渭河“一河两岸”水上演艺；二是抓好法门寺－太白山旅游板块和炎帝陵、关山草原、周公庙、钓鱼台等景区规划；三是坚持“一县一品”、“一县一景”，培育特色旅游城镇，发展乡村旅游项目；四是打响炎帝故里、东方佛都、秦岭中央公园、西部城市天堂“四大名片”；五是完善“吃、住、行、游、购、娱”的服务体系。

发挥示范优势，建设城乡统筹发展的先行区。《规划》将宝鸡——蔡家坡、扶风——杨凌列为城乡统筹重点示范区，宝鸡加快城乡统筹发展的条件可谓得天独厚。一是推进城乡规划建设一体化。我们要将全市所有建制镇纳入全市统一规划管理，进一步完善以市区为中心，蔡家坡地区为副中心，县城和重点建制镇为节点的城镇体系。二是推进城乡产业发展一体化。我们要以壮大县域经济、促进农民增收为目标，加快建设渭河沿线工业长廊，发展南北山区以资源开发、生态休闲为特色的两条产业带，优化“一体两翼”的城乡一体化经济布局。三是推进城乡社会事业发展一体化。我们要全面推进规划管理、土地使用、就业服务等“十改联动”，集中实施教育培训、乡村医疗、饮水安全等“十大惠农工程”。

发挥环境优势，建设最佳人居环境和最佳投资环境。一是突出生态环保，创建最佳人居环境。宝鸡已先后成为国家卫生城市、国家环保模范城市，并荣获中国人居环境奖。下一步将继续加快建设“绿色宝鸡”，积极申报国家生态示范市，并向联合国人居环境奖迈进。二是突出优质服务，创建最佳投资环境。我们要始终把改善投资环境作为加快发展的生命线，推进政府机构改革，完善服务机制，依靠市场机制，吸引外来投资。三是突出改革开放，推进体制机制创新。我们要以结构调整为主线，完善规划导向、项目布局、政策扶持和利益联结机制，深化国企改革，引进战略投资者，实现多元融资。四是突出改善民生，全力构建和谐社会。我们要尽早实现全市农村养老保险、城乡居民医疗保险和廉租房保障“三个全覆盖”，力争两年内完成原定三年的灾后重建任务。

（作者：中共陕西省宝鸡市委书记）

红色旅游：爱国主义和革命传统教育的创举

周　萌

井冈山是中国革命的摇篮。83年前，毛泽东、朱德等老一辈革命家在这里建立了第一个红色革命根据地，开辟了一条中国特色的农村包围城市、武装夺取政权的正确道路，并在这个历史过程中培育了伟大的井冈山精神。吉安市作为井冈山根据地核心区域所在地，拥有丰富的红色资源特别是大大小小的革命遗址群，这是吉安人民宝贵的精神财富和独特的政治优势。近年来，我们依托红色资源开展红色旅游，寓革命传统和爱国主义教育于互动参与之中，寓革命遗址保护于开发管理利用之中，寓革命传统文化于青山绿水之中，取得了良好实效。我们深深感到：发展红色旅游，真的是一个好主意、大手笔，是爱国主义和革命传统教育的创举。

一、把握传统教育与市场运作的内在联系，实现社会效益、经济效益的有机结合

如何把精神的力量和市场的运作结合起来，使无形的精神化为有形的产品，是摆在我们面前的一个重大课题。我们按照“大井冈、大旅游、大产业”的思路，以建设“红色旅游首选地”、“全国知名旅游观光休闲基地”为目标，主要抓了以下工作。首先是统一规划，合理布局。市委、市政府先后出台了《吉安市红色旅游工作意见》、《吉安市红色旅游发展专题规划》等指导性文件，精心绘制吉安红色旅游发展蓝图。迄今，全市“三级”红色旅游规划体系已然成形，为实现红色旅游的可持续发展奠定了牢固基础。其次是广开融资渠道，狠抓旅游项目建设与开发。通过市场运作，引进战略合作投资者，全面加快旅游要素配套建设，黄洋界等一批传统景点景区的品位得到提升，雷打石等一批新景点景区拓展了传统教育的范围，红色旅游的品质和形象取得重大突破。再次是着力打造红色文化品牌，注重红色旅游促销。通过红色旅游博览会、井冈山红色旅游文化节、井冈山红色旅游高峰论坛，特别是连续几年举办的井冈山“红歌会”等一系列活动，在全国掀起了一波又一波吉安革命历史文化热；通过整合红色资源，推出了以红色为主题、以教育为目的的特色旅游品牌，如开展“红色圣地游”、“党员圣地游”、“红色精品游”等活动，极大地增强了吉安红色旅游的魅力。据统计，2008年全市接待游客突破1000万人次，旅游总收入超过60亿元。2009年，在国际金融危机不利因素影响下，全市旅游经济仍然呈现平稳较快发展势头，预计全年旅游人次可达1300万，收入可超70亿元。红色旅游业的发展，带动了相关产业的腾飞，吸纳了大量劳动力，富裕了老区群众，仅井冈山旅游收入就占该市GDP的60%以上，城乡居民在旅游产业中人均获益1500元以上，实现了社会效益、经济效益双丰收。

二、把握形式和内容的内在联系，实现继承与创新的有机结合

井冈山是革命的山，凝结着革命精神的山。

服务于革命传统教育和爱国主义教育，是井冈山红色旅游永远不变的宗旨和内容，但是同时还应该以多种手段去实现宗旨、以完美形式去表现内容。近些年来，我们坚持与时俱进，改革创新，坚持以人为本，贴近群众，在方式方法上大胆探索，实现了继承与创新的高度结合。一是广泛运用现代科技手段，改进展播方式，提高展览效果。如长 112 米、高 18 米的井冈山革命斗争全景图的创作，中宣部爱国主义教育基地一号工程——井冈山革命博物馆对声、光、电的大量采用等等。二是广泛运用现代文学、歌舞和影视等艺术手段，提升革命传统教育的感染力。如散文《井冈翠竹》、歌曲《映山红》、电视连续剧《井冈山》插曲《红军阿哥你慢慢走》等，尤其是新近推出的大型露天实景剧《井冈山》，都是其中的精品。三是以多种形式开展体验式、参与式革命传统教育。如近年来推出的吃一顿红军餐，唱一首红军歌，走一趟红军路，读一本红军书，听一堂传统课，扫一次烈士墓的“六个一”教育活动，让人们在参与中体验传统，产生了润物无声、潜移默化的教育效果。

三、把握挖掘与保护的内在联系，实现保护与利用的有机结合

红色资源的挖掘、利用与保护是重大的政治问题，必须以对革命先辈负责、对历史负责、对人民负责的态度高度重视。我们的原则是：在保护前提下挖掘利用，在挖掘利用中更好地保护。吉安拥有现存完好的革命旧址、遗址 425 处近 1000 个点，其中国家级红色文保单位两处 28 个点，省级红色文保单位 17 处，市、县级文保单位 78 处。这些红色资源连接起来，就是一部生动的根据地革命斗争史，是爱国主义教育和革命传统教育的鲜活教材和重要基地。随着时光的流逝，挖掘、抢救、保护这些遗址和资源日益成为一项紧迫的课题。为此，我们因地制宜、多管齐下：一是深入挖掘红色资源的精神内涵，变革命遗址为传统教育课堂，在运用中保护。如对三湾改编遗址群的恢复建设，对永新县秋溪根据地第一个农村党支部遗址的挖掘建设，突出了党的基层组织建设、党指挥枪这一主题，成为地方和军队组织建设的教育基地。二是向有关部门争取资金支持，保护利用红色资源。如东井冈革命遗址群的抢救性挖掘，得到了中央有关领导和中宣部的高度重视，争取到资金近 4000 万元。三是把红色资源挖掘与旅游产业发展连接起来，通过旅游产品的模式，滚动开发，保护利用。如把朱毛挑粮小道的挖掘与重走红军路联系起来，既拓展了旅游产业，又发挥了红色资源的教育功能。

四、把握人文资源与自然资源的内在联系，实现“红绿古”的有机结合

吉安素以“红色摇篮”闻名于世，同时又是一个山川秀美之地、人杰地灵之地，自古以来就享有“文章节义之邦”、“江南望郡”之美誉。“唐宋八大家”之一的欧阳修，南宋著名诗人杨万里，民族英雄文天祥，《永乐大典》主纂解缙等一批历史文化名人都诞生成长于此。长期的历史积淀，形成了吉安影响深远的“庐陵文化”。新干大洋洲的青铜王国，古吉州窑的陶瓷艺术，安福的孔庙，青原山的禅宗祖庭，无不散发着传统文化的魅力。可以说，“历史红、山林好、生态优、环境美”，就是吉安的生动写照。走进景区，但见层峦叠翠、奇山异水、温泉飞瀑，令人心旷神怡、流连忘返。全市森林覆盖率达到 66%，井冈山景区森林覆盖率更是达到 94%。为此，我们改变过去单一依靠红色资源的做法，而将红色精神融入到绿色自然景观和传统文化之中，让风景名胜和传统文化的元素助推红色资源的开发利用，从而实现了“红绿古”的相得益彰、交相辉映。

（作者：中共江西省吉安市委书记）

把解放思想贯穿于科学发展的全过程

刘善桥

解放思想是建设和发展中国特色社会主义的一大法宝。全面贯彻党的十七大和十七届三中、四中全会精神，完成中央经济工作会议提出的各项任务，加快转变经济发展方式，促进经济平稳较快发展，都要求我们继续解放思想。对于黄冈来说，市情的特殊性、改革的复杂性、发展的艰巨性，更是决定了进一步解放思想的重要性和紧迫性。

解放思想是推进老区科学发展的总开关

黄冈是革命老区。在革命战争年代，黄冈大地红旗不倒，黄冈儿女紧跟党走，用生命和鲜血谱写了壮丽的革命史诗。黄冈也是国家级贫困地区，经济社会发展长期滞后。发展上的差距往往与思想观念上的差距有着直接关系。思想不够解放是导致黄冈老区发展滞后的一个根本原因。要推动黄冈经济社会又好又快发展，必须首先解决好思想认识问题，牢牢把握解放思想这个总开关。

从狭隘的故步自封思想束缚中解放出来，谋求开放发展。对外开放度低一直是黄冈的薄弱环节，其主要原因是缺乏应有的开放气度和开放氛围。我们着力革除封闭保守、万事不求人、样样自己干的落后思想，树立借力发展、合作共赢的思想。处理好招商引资中增强招商意识与科学招商、招商与安商、富商与富民、让利与得利、内资与外资、招商与环保等关系，以大开放推进大发展。

从急功近利的短期思想束缚中解放出来，谋求长远发展。我们针对发展过程中有些人只算“小账”、不算“大账”，只算经济效益账、不算社会效益账，只讲发展、不讲保护的短视思想和急功近利行为，在全市广泛开展“解放思想、科学发展”大讨论，以坚决关闭一家纳税多、污染重的骨干企业为例，开展绿色 GDP 宣传教育活动，引导各级干部牢固树立科学发展意识，坚持走生产发展、生活富裕、生态良好的文明发展道路。

从因循守旧的本本思想束缚中解放出来，谋求创新发展。一些同志的思维方式和工作方法已经明显不适应新形势新任务的要求，有的因循守旧、思想保守，有的按部就班、亦步亦趋，领导没说的不敢干，文件没规定的不敢做，别人没做过的不敢试，导致了贻误发展机遇，窒息发展活力。为此，我们大力营造“谋事、干事、成事”的工作环境，提倡“崇尚成功、宽容失败、鼓励探索、勇于争先”，教育和引导各级干部敢于打破思想禁锢，有利于发展和人民群众根本利益的事，就要坚决支持；有利于打基础管长远的事，就要全力做好。

从“等、靠、要”的依赖思想束缚中解放出来，谋求自主发展。在竞争激烈、优胜劣汰的市场经济条件下，“等”只会丧失机遇；“靠”最终会希望破灭；“要”要不来根本出路。我们教育引导各级干部，必须变“等、靠、要”为“急、争、抢”，在新一轮经济发展中，“急”得时间，“争”得效率，“抢”得机遇。老区人民要发展要富裕，既要靠政策，靠帮扶，更要靠自力更生，自强不息，迎难而上，奋力拼搏。

在解放思想中形成推进科学发展的共识

解放思想，就是要着力转变不适应不符合

科学发展观的思想观念，就是要敢于打破习惯势力和主观偏见的束缚，使思想与实际相符合，也就是实事求是。近年来，我们每年突出一个主题，围绕思想大解放、观念大更新开展大讨论，全市干部群众形成了四个方面共识。

形成坚持打基础、利长远的共识，不断探索符合黄冈老区发展的新路子。按照经济、政治、文化、社会建设全面发展的要求，我们提出打造“实力黄冈、活力黄冈、魅力黄冈、文明黄冈、和谐黄冈”的发展目标，坚持“全党抓经济、重点抓工业、突出抓招商、着力抓环境”的工作方针，大力实施工业强市战略，坚定不移地走新型工业化道路。按照统筹城乡发展的要求，大力推进市区突破、园区突破、沿江突破、沿路突破、沿山突破。坚持协调发展，做到“五个一起抓”，即市区建设与县域经济一起抓，经济发展与民生改善一起抓，新型工业化与新农村建设一起抓，招商引资与全民创业一起抓，加快发展与维护稳定一起抓。面对国际金融危机，我们制定并落实相关的十大措施。这些发展目标、思路和举措，符合科学发展观的要求，体现了黄冈特色，反映了全市人民的愿望，有力地促进了黄冈经济社会发展。

形成坚持科学发展的共识，开创后发快进的新局面。通过解放思想，我们形成了这样的共识：不能走“粗放发展，低质增长”的“旧路”，不能走以浪费资源和牺牲环境为代价换取经济增长的“弯路”，必须转变经济发展方式，走出一条富有特色的新路。近年来，我们着力于科学发展，积极抢抓武汉城市圈建设、扩大内需等重大战略机遇，坚持走特色化、差异化的发展道路，充分发挥黄冈的交通区位优势、自然资源优势和人文资源优势，变发展潜力为发展能力、变资源优势为经济优势，形成了加快发展的后发优势，实现了赶超全省平均发展水平的目标，正由传统农业大市向现代农业强市迈进。

形成坚持以人为本的共识，取得和谐黄冈建设的新成绩。我们把切实解决人民群众最关心、最直接、最现实的利益问题，作为坚持以人为本、执政为民的具体行动，作为促进和谐黄冈建设的关键点和着力点，坚持每年办好10件实事，切实解决就业难、就医难、上学难、住房难等突出问题。三年来，全市累计新增城镇就业人员18.97万人，纳入城市和农村低保人口35.3万人；新型农村合作医疗全面展开，农民参合率达95.6%；农村义务教育经费保障机制日益健全；扶贫开发成效显著，全市特困人口减少到27万人，低收入人口减少到53万人。

形成坚持求真务实、真抓实干的共识，营造干事创业的新氛围。在实践中我们体会到，抓而不实等于不抓，抓而不紧等于白抓，抓抓停停等于没抓，必须做到看准了不松手，抓住了不撒手，干不成不放手。我们要求各级干部坚持三个不动摇：坚持以经济建设为中心不动摇、坚持“从一抓起、实干兴市”不动摇、坚持“一线工作法”不动摇，突出强化干事创业这一主题，大力开展行政效能建设和“作风建设年”活动，教育引导广大干部树立服务发展、甘于奉献的意识。大力营造创优争先氛围，在县市区开展“比学赶超、争强进位”活动，在市直机关开展“十佳三差”评选活动，引导激励各级干部带头真抓实干，带领群众苦干实干。

（作者：中共湖北省黄冈市委书记）

突出重点　科学发展

陈荣凯

宁德地处福建省东北部沿海，怀抱天然深水良港——三都澳，素有“东海明珠”之称。近年来，我们紧紧围绕推动实施环三都澳区域发展战略，突出项目带动和品牌带动两个抓手，有力推动了经济社会协调发展。2008年实现全市地区生产总值同比增长14.6%，居全省第二位，规模以上工业产值增幅连续4年位居全省首位，总体上迈入了提速发展的新阶段。

突出对台优势。宁德距台湾基隆港仅126海里，是对台交流合作的重要平台。根据《国务院关于支持福建省加快建设海峡西岸经济区的若干意见》精神，我们进一步提升站位，积极扮好先行先试角色。加快霞浦台湾食品与水产品加工区和福安台湾电机工业园建设，高起点谋划宁台产业对接；建设漳湾万亩台湾工业园和台湾农民创业园，实行更加开放的优惠政策，努力把宁德打造成为新兴的台商投资集中区；全方位扩大对台招商引资，在办好一年一度宁德投资洽谈会的基础上，精心筹办好第三届海峡两岸茶业博览会；重点加快宁德对台客货综合码头及配套设施建设，力争尽早开通宁德—基隆客货航线，推动宁台直航和旅游合作实现常态化；突出宁德人文特色，通过积极筹办好陈靖姑文化旅游节、圆瑛法师佛教思想研讨会和纪念甘国宝诞辰300周年等活动，进一步拓展宁台文化交流的内涵；充分发挥“宁德—基隆经济文化对口合作协调”的桥梁纽带作用，着力在港口经济、客货直航等8个方面深化合作。

突出产业集聚。充分利用宁德沿海临港、环境资源承载能力较强等有利条件，在加快宁德核电、火电工程建设的同时，积极规划布局风电、潮汐电、抽水蓄能发电等项目，致力打造东南沿海重要的清洁能源基地。继续深化钢铁、石化项目前期工作，重点抓好中海油海峡西岸经济区宁德工业区8大产业基地合作项目，先行启动原油储备、液化气接收站和海上采油设备等项目建设。加快锂离子电池、镍合金、多晶硅、不锈钢和大型造船、游艇生产、油品、煤炭储备等一批高新技术产业项目建设。同时，全方位拓宽对外开放渠道，多领域加强与台湾和浙南及长三角的合作对接，积极承接其先进产业、技术转移，加快实施一批产业链延伸项目和科技创新项目，推动“中国中小电机出口基地”、“中国化油器名城”、“中国民营船舶修造基地”等不断升级壮大。

突出资源整合。依托宁德特有的旅游资源优势和区位交通条件，进一步整合“山海川岛湖林洞”等自然旅游资源，融合地质文化、畲族文化、宗教文化、名茶文化、红色文化等人文景观，倾力打造集观光、休闲、度假、文化为一体的特色旅游产品体系，构筑“两带、三区、一中心”的旅游发展格局。全力抓好太姥山、白水洋、白云山联合申报世界地质公园的各项迎检工作。大力推进太姥山、白水洋创建国家5A级景区工作，加快完善旅游要素配套功能，进一步提升旅游产业素质。以“全国十佳假日完美旅游线路”之一的“闽东北亲水游”为主线，着力打造海峡旅游精品线路，组建宁德旅游集团公司，推进旅游管理体制改革，深入开展对台旅游合作，共建两岸旅游协作区，使宁德成为海峡西岸经济区的旅游新热点。

（作者：中共福建省宁德市委书记）

抓基层 强基础 重实效

费建文

在第三批深入学习实践科学发展观活动中，浙江省桐乡市紧扣“推进转型升级新跨越，共建科学发展新桐乡”这一主题，坚持把解决制约农村科学发展的突出问题贯穿始终，致力于抓基层、强基础、重实效，努力把学习实践科学发展观活动办成群众满意工程。

突出分类指导，着力解决基层党员学习实践针对性的问题。参加第三批活动的基层单位多、普通党员多、行业类别多。我们根据不同情况，分别找准理论与实践的结合点。镇和街道突出“转型升级，改革创新促发展”的主题，结合人文特点、产业特色、发展定位确定特色鲜明的载体。如石门镇以“凝聚项目攻坚新合力、建设古运河畔新市镇、打造科学发展新石门”为实践载体；行政村、社区、“两新”组织的党组织分别围绕“创业兴农”、“文明和谐”、“创先争优”确定实践载体。基层党员反映，这样开展学习实践活动，有抓手，有奔头，看得见，摸得着。

突出抓基层强基础，着力解决领导和服务科学发展能力不强的问题。根据镇村新经济、新社会组织大量涌现的实际，调整基层党组织的设置，建立区域性基层党组织，实行网格化管理，使党的组织向大量新兴组织延伸。针对基层党组织在带领群众增收致富方面出现的不知道“该干什么、该怎么干”的问题，探索建立党群联动创业致富新机制，建立党员创业扶助专项资金和集教育、实践、服务为一体的党员创业服务中心、农村党员新技术推广协会等。在镇村开展联系党务村务、联系群众的党员“双联”活动，增强党员主体地位，健全党员联系服务群众的有效机制。全面推行乌镇旅游景区“党建一条街”做法，开展党员志愿者服务品牌团队创建活动和党员户亮牌、党员示范岗和党员责任区等。推进“六大”工程建设，即加强“三小”组长（党小组长、村（居）民小组长和妇女小组长）队伍建设工程；深化“关爱工程”，建立党员关爱资金，全面落实退职村干部待遇；深化村（社区）工作高校毕业生培养“青蓝工程”、“低收入农户奔小康工程”、“农村党员创业扶助工程”和“村级集体经济壮大工程”等，着力增强基层党组织的凝聚力、战斗力。

突出惠民利民改善民生，着力解决群众期盼的实际问题。始终把保增长、保民生、保稳定作为学习实践活动的最大实践。坚持上下联动，开展以“齐心服务发展、全心服务企业、热心服务群众、真心服务基层”为主要内容的专项行动，近万名基层党员干部深入一线支招解难、上门服务。以“项目攻坚”为重点，开展“比学赶帮超”创先争优活动。以建设现代新市镇、城乡一体新社区为重点，探索扩权强镇和新市镇建设的有效途径，加快推进村庄集聚和农村新社区建设，50%的行政村建立了“一厅六站”服务中心，让基层群众享受便捷高效的服务。在加快推进农村土地流转的同时，加强农村劳动力转移就业培训，解决了7928人的转移就业问题；不断完善社会保障体系，稳步推进“五险合征”，新型农村合作医疗参保率达97%，农村享受高龄老人养老基本生活补助人数5.79万人；实现178个行政村“村村通公交”，极大改善了群众出行条件；大力开展农村生态河道建设和河道保洁，优化了群众生产生活环境，使群众切身感受到了学习实践活动带来的新变化和新气象。

（作者：中共浙江省桐乡市委书记）

科学发展观呼唤科学的政绩评价标准

王河山

胡锦涛总书记在全党深入学习实践科学发展观活动动员大会暨省部级主要领导干部专题研讨班上讲话中指出："在发展观念上存在重'显绩'轻'潜绩'、重当前轻长远、见物不见人、甚至制造虚假政绩等问题。"胡总书记的讲话指出了落实科学发展观的重要思想障碍。我们在实践中感觉到，正确政绩观的形成需要干部和组织两个层面的共同努力，领导班子和领导干部的素质固然是政绩观形成的主要内因，但是上级组织的政绩评价标准也起着关键的导向作用。因此，确立科学的政绩评价标准，对于党政领导班子和领导干部树立正确的政绩观，切实践行科学发展观具有不可估量的重大意义。

科学发展观强调发展的科学性，工作中要遵循事物的规律，这就要求政绩评价标准要区别取得政绩的条件和基础。否则，就会诱导不顾客观规律的盲干、蛮干。尊重科学，就是要按规律办事。就领导工作而言，有两个规律是必须遵循的：其一是地域的差异性。即任何两个即使再接近的地方，其客观的差异也是存在的。其二是条件与适应性。同一项工作，在主客观条件和工作基础不同的地区，其推进的思路、措施、方法皆不相同，工作的难度也不相同，取得同样成绩所付出的智力、体力也不尽相同。以东方市为例，全市所辖乡镇情况差别很大，特别是山区少数民族地区和沿海汉区，经济、历史、地理、文化的差异，其工作的环境和基础差别更大。因此，对各乡镇工作的要求就要有所侧重，对乡镇干部的考核和评价也要有所区别。例如，发展经济和农民增收工作，山区少数民族地区难度较大，沿海汉区的难度则相对较小。而计划生育、社会稳定和村级组织换届等工作，沿海汉区的工作难度就要远大于山区少数民族地区。相对山区少数民族乡镇而言，沿海汉区乡镇的计划生育、社会稳定等工作存在的问题多一些，但是，这并不意味着沿海乡镇干部为此所付出的智慧和努力一定就少。少数民族山区的经济发展会在一定时期内落后于沿海汉区，但是少数民族乡镇的干部为此所付出的智慧和努力也不一定就少。有时取得同样一个百分点的进展，可能要多付出一倍甚至更多的努力。如果在考核、评价班子与干部时，不正视差异性、不区分条件与基础，以同样的指标同样的标准来衡量，就很难作出客观的准确的评价结果，以这样的结果作为评价一个地方工作和干部的依据，很容易导致上级工作决策的失误，挫伤基层部分干部的积极性，甚至出现选人、用人的偏差。同时，也极易诱导领导班子和干部做出不顾客观违背规律的事来，从而影响科学发展观的落实。因此，考核、评价班子与干部时，必须区别不同情况研究制定出有针对性的考核指标体系和评价标准，不能千篇一律一套指标体系一个评价标准。同时，还要对一些班子和干部的政绩及问题作具体的考察分析，以甄别区分客观约束与主观努力在政绩和问题中的成份，从而对班子和干部作出尽可能符合实际的评价。

科学发展观强调以人为本、统筹兼顾，要求我们的工作必须顾及各个阶层方方面面，特别是农村、基层、困难群体等，而这些工作的成效往往是不易觉察的。因此，政绩的指标体系和评价标准应涵盖"看得见的政绩"和"看不见的政绩"，不能只看到"看得见的政绩"，而看不到"看不见的政绩"。否则，就会诱导干部过分追

求能够"看得见"的形象工程。解决民生问题和社会事业发展，要求政府投入大量的资金。在资金有限的情况下，资金是优先投入农村、基层、困难群体等这些急需的、但不容易让人看得见成效的地方，还是优先投入那些城市道路、广场等可以立竿见影且视觉所及的地方，这是对一个地方党政领导班子和领导干部政绩观和发展观的考量。坚持以人为本，要考虑那些最急需的地方和群体。这些地方和群体条件最差，自我改善能力薄弱，过去政府欠账最多。因此，改善民生应向这些领域倾斜。当然，根据政府财力大小及各地经济发展阶段的需要，可以兼顾其它领域，可以根据情况有所调整。上级组织的干部考核指标和标准必须考虑到科学发展观对工作的这种要求，要在对每一个地方经济社会发展状况有一总体判断的基础上，制定出具有针对性的考核指标和标准。既要重视那些为经济社会发展所需的非真正意义上的"形象工程"的"看得见的政绩"，更要充分重视那些"看不见的政绩"。对于违背科学发展观的所谓"形象工程"、"面子工程"则要坚决反对。要通过考核防止和纠正那种表面上轰轰烈烈，而一些群众急需的领域冷冷清清的现象。只有建立这样的考核指标和标准，才有利于克服形式主义，真正树立求真务实的工作作风，才有利于全面实施科学发展观。

科学发展观强调全面协调发展，要求一个地方的工作要做到经济、政治、文化、社会、党建等全面推进。政绩的考核指标和标准应能反映一个地方工作的全部面貌，有重点但不能偏颇。否则，就会诱导干部在工作中只抓"亮点"，不及其余。全面协调的内涵既要兼顾事物的方方面面，力求结构合理、互相适应，又要突出重点，体现地域性、阶段性。我们过去在对一个地方的工作和干部进行考核、评价时，往往注重特色、注重亮点多，而强调全面、强调协调少。对有一两项工作突出特别是上级组织感兴趣的工作成效突出的地方，即使其他各项工作都很落后，也给予较多肯定与表扬。而对一些工作缺少亮点特别是上级组织感兴趣的工作缺少亮点的地方，即使其他各项工作均衡发展，也会给予否定至少是不予肯定。长此下去，下面各级干部就会按照上级的注意力而把更多精力、财力集中于一到两项工作上。这样就会使经济社会发展出现片面和失衡，最终影响科学发展观的落实。因此，各级组织在制定干部考核指标体系时，要处理好重点指标与一般指标的关系，做到全面而不平均、突出重点而不偏颇。不能以特色代替全面而论成败，不能只凭一两项工作就对一个地方的工作"盖棺定论"。

科学发展观强调可持续发展，这就要求做好打基础利长远的工作。政绩考核指标和评价标准必须区别"显绩"与"潜绩"、"硬政绩"与"软政绩"。否则，就会诱导干部产生浮躁心态和短期行为。实现可持续发展，涉及很多因素，做好打基础利长远的工作是十分重要的。因此，至少应做到两个方面：一是眼前能出政绩而不利长远的不做。如在一些资源的开发利用中，未做规划就不能乱开发，时机不到就不要搞低水平开发。对于条件不成熟的暂不开发，把有限的稀缺资源保护下来，留待条件具备了再作高水平开发，从眼前看好象没有政绩，但却为未来资源升值、开发效益提高留下了空间。这是更重要的"潜绩"。二是眼前不易显出政绩而有利长远的也要做。例如培育一个地方的正气。风气对于一个地方的长远发展即可持续发展是至关重要的，如果一届班子只注重 GDP 上升几个百分点，为群众办几件实事，而不注重培育正气，那么这种政绩所带来的效果是不可持续的。但是，正气的培育不可能一蹴而就，要靠一任接一任的默默无闻扎扎实实的努力，这是一种"无形政绩"，一种"软政绩"。因此，政绩的考核指标和评价标准既要包括"显绩"和"硬政绩"，又要包括"潜绩"和"软政绩"，而且更要注重后者，因为能够做到后者的干部需要具备更强的"定力"，要克服浮躁心理，经得住各种诱惑。

（作者：中共海南省东方市委书记）

科学发展天地宽

陈 伟

枣庄以煤矿著称，是我国近代民族工业的重要发源地之一，也是国家认定的第二批资源枯竭型城市。按照科学发展观的要求，大力培育新的支柱产业，推进城市转型，是摆在我们面前的一项重大历史任务。近年来，我们做了一些积极探索，取得了较为明显的成效。

科学规划定方向。新中国成立后的计划经济时代，国家共从枣庄调出原煤4亿吨，为国家贡献达64亿元。改革开放以来，随着矿产资源开采量的逐渐减少，煤炭资源城市面临深刻转型。我们在深入调研的基础上，决定以煤化工为转型主线，对境内煤炭进行控制性开采。在能耗空间和环境容量有限的前提下发展煤化工，首先要下决心淘汰污染和高耗能主能设备，两年来，我们共淘汰落后水泥产能910万吨、关闭小火电37万千瓦。鉴于产业链的逐步拉长、单位能耗将越来越低的形势，我们制定了“稳定尿素，做大甲醇，做深醋酸，储备开发二甲醚、烯烃”的产业发展战略，不断放大同样能耗的煤化工产值。分别投资25.4亿元和40亿元，开工修建了枣庄至临沂的高速公路和铁路，打通煤化工等产品的出海通道。投资25.5亿元，实施了运河航道扩容工程。与此同时，为保证煤化工所需要的技术和人才支撑，投资4.75亿元创建了枣庄职业学院。

科学布局调结构。面对巨大的转岗就业压力，我们突出抓好三个重点。一是多业并举，依托产业基础规划了新型建材、纺织机械制造等八大产业集群。调整水泥产业结构，实行“压立上旋”，新上了12条旋窑水泥生产线，初步实现了由水泥大市向水泥强市的转变。二是发展现代服务业，突出发展文化旅游。2008年启动了台儿庄古城重建项目，恢复被战火毁坏的古城风貌，打造独具特色的东方古水城。同时，以台儿庄古城、微山湖湿地公园为龙头，积极构建特色旅游体系，打造温泉度假基地、生态湿地之乡，策划节庆、演艺、体验等文化旅游项目。旅游产业的投入创造了3000多个就业岗位，为当地群众带来了1亿多元的收入。三是加强“三农”服务体系建设，构建覆盖市、县、乡三级的“三农”服务中心，探索为农服务的“大部委制”；加大对种粮农民的补贴，每年按一定比例拿出地方财政增收部分，直接补给种粮农民；在土地所有权、集体土地承包权、农地用途“三不变”的前提下，赋予合作社农地抵押权。

科学应对谋发展。一是抓好2009“项目年”建设。抓住中央政策与地方实际的结合点，在产业结构调整、基础设施、民生工程等方面，规划储备项目。积极推进庄里水库、十里泉电厂2×60万千瓦机组等总投资300亿元的“九大基础建设”。引进韩国SK能源、东洋制铁，实现了与世界500强合作“零”的突破。二是增强企业“体质”。组织企业家接受高层次的培训。对危困企业进行改制重组，通过引进战略合作伙伴，优化资源要素配置。为盘活破产企业华众纸业，引进香港森信集团斥资3.85亿元进行收购重组，使企业全面恢复生产。投资10亿元创建了鲁南煤化工工程研究院，通过建立开放的研究平台，为煤化工企业和科研机构提供服务。三是千方百计扩大就业。帮助困难企业协调解决资金、市场、原材料等方面的问题，鼓励企业开展在岗培训，努力做到不裁员、不降薪。实施免费培训、提供小额贷款扶持，鼓励返乡农民工回乡开办小工厂、小作坊，缓解就业压力。

（作者：山东省枣庄市人民政府市长）

在青藏高原上书写科学发展的史诗

宗贻平

在世界屋脊青藏高原上，镶嵌着祖国的聚宝盆柴达木盆地。这里矿产资源丰富，开发价值达15.5万亿元，仅油气资源就达46.5亿吨，但这里也是交通不便、经济文化相对落后的地区。诞生于新中国成立之初的青海油田，就矗立在这片荒凉而神奇的土地上。1954年，一批热血青年响应党的号召，从四面八方汇集到古城西安，沿丝绸古道一路西进，历时一个月，行程4000里，到达柴达木盆地。从此，柴达木有了为油而战的石油工人，有了青海油田。

半个多世纪以来，一代又一代的青海石油人离别故土，砥砺青春，扎根高原找油气。他们一卷行李一口锅，牵着骆驼走沙漠，渴饮昆仑雪，饥餐青稞馍，足迹遍及柴达木12万平方公里的浩瀚大地，硬是用生命和汗水将亘古无人烟的戈壁大漠凝铸成了一部厚重的石油史诗。84333公里的地震剖面，可绕地球两圈；800万米的钻井进尺，相当于把地球洞穿2/3；25个油气田，星罗棋布于800里瀚海，诠释着高原油田辉煌灿烂的丰硕成果；全国四大气田横空出世，展示出青海油田广阔的发展前景。

半个多世纪以来，青海油田先后经历了冷湖喷油、尕斯油涌、涩北气啸、“三项工程”、“三个翻番”、“5355”工程、打造“百亿方”高原气田等跨越式发展阶段。截至目前，青海油田累计生产原油3856万吨、天然气近200亿立方米，已建成百万吨高原炼油厂和辐射东南西北的7条油气输运管道，形成了年产600万吨的油气生产能力，年均增长速度在10%以上，实现了由投入型向产出型的历史性转变。2009年生产油气当量528.6万吨，经营收入达到144.38亿元，上缴税费25亿元，连续16年位居青海省利税大户的龙头。在半个多世纪以来的艰苦创业实践中，青海油田人不仅在荒无人烟的青藏高原开采出了丰富的油气资源，为国家能源安全、青藏地区经济发展和社会稳定作出了重大贡献，而且积累了宝贵的创业经验。

抢抓历史机遇。机遇永远属于有准备的人。在加快发展中，青海油田先后抓住了三个重要的历史机遇，实现了从无到有到大的持续发展。新中国成立之初，全国百业待兴，国家急需能源，青海油田因油而生。短短几年，青海石油人就在柴达木盆地发现了多处含油构造，使冷湖油田成为全国四大油田之一。改革开放之后，青海油田抓住国家工作重心转移的重要机遇，内引外联，加大科技投入，加强地质攻关，探明了尕斯库勒亿吨级整装储量，建成了尕斯库勒120万吨原油产能、花土沟至格尔木436公里输油管道、格尔木100万吨炼油厂等工程，奠定了油田持续发展的坚实基础。上世纪90年代以来，青海油田抓住国家西部大开发的战略机遇，有效实施“二次创业，实现三个翻番”发展战略和“5355”工程，制定了全面建设千万吨高原油气田的发展目标，油气当量由1991年的100万吨增长到2009年的528.6万吨，使企业发展步入了快车道。

创新体制机制。柴达木盆地是全国海拔最高、自然环境最艰苦的油田，人才留不住、成本降不了是制约青海油田科学发展的两大瓶颈。改革开放以来，特别是进入上世纪90年代进行二次创业以来，油田坚持以人为本，积极探索有利于引进人才、培养人才、留住人才的用人机制，着力构建使各类人才脱颖而出的激励机制，科学打造管理、技术和操作三支队伍，不仅杜绝了"孔雀东南飞",还引来了"金凤凰",为油田发展储备了大批优秀人才。同时,青海油田根据地域偏僻、市场两头在外、成本居高不下的难题,大力实施精细管理和低成本战略,有效引进市场竞争机制,牢固树立过紧日子思想,将勘探开发成本控制在全行业平均水平之内。尤为困难的是,柴达木盆地平均海拔3000米,含氧量仅为内地的70%,不适宜长期居住。根据这一实际,青海油田在中国石油集团公司支持下实施了搬迁增效工程,在离油田生产现场500公里的敦煌市修建了科研、培训、轮休基地,将盆地内非直接参与油气生产的单位及人员全部搬迁到基地,建起了轮换进盆地工作的运行机制,不仅大幅度降低了运行成本,而且使职工能够得到有效的培训和休整,被职工及其家属亲切地称为"民心工程"。

依靠科技进步。柴达木盆地不仅自然环境恶劣,而且地质构造极为复杂,堪称世界性复杂地质构造的集大成者。在这样的自然环境和地理构造上找油找气,科技无疑是打开这个地下迷宫的"金钥匙"。多年来,油田坚定不移地走科技兴油之路,从培养人才到装备更新,从自主研发到新技术引进,形成了一整套适合柴达木实际的勘探开发技术体系。特别是通过实施科技兴油战略,青海石油人不但使尕斯库勒百万吨级油田持续高产稳产了16年,而且攻克了涩北第四系世界级的地质难题,使该地区一举成为全国第四大气田。长期以来,油田逐年加大技术投入力度,同国内外院校和科研院所长期联合攻关,先后完成三维勘探、油藏描述、防砂治水、水平井钻探等重大科研项目200多个,有100多项科研成果荣登省部和国家技术进步金榜,为高原油气田发展插上了腾飞的翅膀。

激发精神力量。追溯青海油田半个多世纪的发展历程,我们可以清楚地看到,青海石油人不仅在世界屋脊上创造了人间奇迹,而且在精神文明建设上取得了丰硕成果。青海油田的一位老领导曾告诫职工:"在柴达木这样艰苦的环境中,精神也是一种财富,精神可以使无变为有,少变为多,理想变为现实。"几代青海石油人传承"缺氧气不能缺精神,海拔高高不过人的意志"的拼搏奉献精神,常年在柴达木盆地艰苦的环境里穿戈壁、走沙漠、涉沼泽,磨炼出了一支"特别能吃苦、特别能战斗、特别能忍耐、特别能奉献"的职工队伍,形成了以顾全大局的爱国精神、艰苦奋斗的创业精神、为油而战的奉献精神为主要内涵的柴达木石油精神和富有高原特色的企业文化。柴达木石油精神是几代青海石油人创造的宝贵文明成果,是他们用汗水、鲜血和生命铸就的企业之魂。实践证明,青海石油人之所以敢于挑战人迹罕至的生命禁区,始终坚守在世界屋脊建设高原油气田,靠的就是这种精神。这种精神,过去是、现在是、将来必定还是青海石油人战胜艰难险阻、迎接风险挑战、夺取新胜利的强大动力。

当前,青海石油人正站在新的历史起点上。我们要在科学发展观的指引下,紧紧扭住发展这一要务,积极转变油田经济发展方式,用高尚的精神鼓舞人,用先进的技术武装人,用有效的机制激励人,力争早日建成千万吨级高原油气田,为实现高原百年油田目标打下更加坚实的精神基础和物质基础。

(作者:青海油田公司总经理)

储用结合　人才之道

赵世亮

人才支撑发展。2003 年以来，内蒙古自治区在全国率先提出并实施人才储备制度，主要对象是高校毕业生，主要方向是面向基层、面向企业、面向未来，主要目的是留住和用好人才，根本任务是优化人才结构，激发队伍活力，促进人才成长。

一、体现时代特色，完善储备制度

人才队伍的全面、协调、可持续发展，是经济社会的全面、协调、可持续发展的重要基础和根本保证。探索建立人才储备制度，目的是通过一定的组织行为、政策引导和市场配置手段，把事业急需的各类人才聚集到发展的第一线，同时着眼于长远发展，在使用中培养造就一大批高层次人才，是实现经济发展方式转变，提高自主创新能力，实现科学发展的核心动力。根据需求把人才配置到事业发展急需的岗位，“为用而储、储用结合、动态管理”，是新型人才储备制度的根本原则，也是特色所在。

人才储备制度的核心是“储”、“留”、“用”、“育”。探索建立多种储备方式，是人才储备制度有效发挥作用的重要保证。“锻炼式储备”，选拔优秀的高校毕业生到基层和企业进行一定期限的见习、挂职、锻炼；“培养式储备”，对经过锻炼式储备且在基层和企业实现稳定就业的优秀毕业生进行重点培养；“智囊式储备”，聘请专家学者组成“智囊团”，为当地经济社会发展献计献策。同时，不断完善选拔机制、培养机制、使用机制、淘汰机制、保障机制，保证人才储备制度的科学有序运行。

二、把握形势任务，实现科学发展

实现思路创新，践行科学发展观。建立完善人才储备制度，把以高校毕业生为主要对象的各类人才导向基层、导向企业，通过储备扩大人才总量，解决基层人才短缺的问题，同时在储备中锻炼培养人才，优化人才队伍结构，提高整体素质，既为当前社会事业的发展提供了有力的人才保证，也使大批高校毕业生在艰苦环境中得到锻炼，为今后的发展培养了后备军。

实现理念创新，落实科学人才观。人才资源是第一资源，是经济社会发展竞争力的核心。坚持以人为本，牢固树立人人都可以成才的观念，充分调动各类人才的积极性、主动性和创造性，要求我们科学地把握人才与社会发展需要的结合点，切实抓好使用、培养、激励人才的各项工作。

实现制度创新，推进人事制度改革。全面推进人事制度改革，是改革发展的一项紧迫任务。实施人才储备制度，就是要建立一个人员能进能出、待遇能升能降、优秀人才能够脱颖而出的激励机制。储备人才的“锻炼期”，是人才成长的“加油站”、“助推器”，也是单位对人才的“考察期”、“识别期”，还是用人单位与人才的“双向选择期”，既有利于对人才的考察识别，也扩大了选人用人的范围，同时也实现了用人制度由先选人后培养向先培养后选人的重大转变，是一个有利于事业发展、有利于人才成长的新型用人制度。

实现方法创新，促进人才合理流动。在运用市场机制配置人才的同时，充分发挥政府宏观调控的导向作用，把人才导向基层、企业特别是艰苦边远地区，可以有效消除制约人才合理配置的体制性机制性障碍，提高人才流动和配置的效率，降低人才流动的成本，优化人才资源的结构，呈现出比传统人才配置方式灵活性更高、流动性更强的特点，是一种符合科学发展的新型人才资源配置方式，同时也是一项积极的就业政策。

三、推动全面发展，促进人才成长

满足基层需要，保障和谐发展。全面建设小康社会，促进社会的全面协调发展，必须加快基层的发展，把人才导向基层。高校毕业生是整个社会中充满活力、富于创造的群体，通过实施人才储备制度，引导和鼓励高校毕业生到基层，把先进的科学和技术、先进的文化和理念带到生产一线，必将加快发展方式转变和经济结构调整的进程，使发展由物质消耗向主要依靠科技进步、劳动者素质提高、管理创新转变，对于全面促进基层的经济发展和社会进步，对于全面建设小康社会，构建和谐社会意义重大。

留住宝贵人才，优化队伍结构。人才就是发展，人才就是财富，人才就是未来。高校毕业生是国家十分宝贵的人才资源，是经济建设和社会发展的生力军。在就业形势严峻的情况下，通过储备这一形式把他们用起来，充分调动起积极性、创造性，不仅满足了当前基层人才的需求，改善了基层人才结构，使人才配置更趋合理，更重要、更具战略性意义的是为今后的发展备足了各类人才。

把握成长规律，锻炼培养人才。把人力资源转化为经济社会发展的核心动力，必须不断提高人才的能力素质。在实践中锻炼培养，是提高人才能力素质的根本途径和重要手段。注重培养、选拔、使用好青年人才，引导他们在艰苦的环境和丰富的社会实践中锻炼成长，是保证事业发展后继有人的重大战略。

四、着眼发展长远，健全长效机制

抓住战略机遇，扩大储备人才总量。国际金融危机对我国造成了严重冲击，但危机过后必然会迎来又一个崭新的、快速发展的机遇期。因此，要以世界的眼光和战略的思维来分析当前的形势，紧紧抓住危机中蕴含的机遇，着眼长远，在世界经济增长放缓、人才就业困难时，从战略的高度思考，着眼未来的发展，着眼金融危机之后的人才需求，进一步创新人才储备机制，完善政策措施，拓宽选人用人视野，扩大人才储备总量，为未来发展留住、储足各类人才。

转变观念认识，营造良好氛围环境。高校毕业生在基层、企业锻炼成长要有一个良好的"人才生态环境"。大学生从校园到基层，难免将遇到许多不适应，可能会有许多缺点和不足。社会各方面要着力营造良好的"人才生态环境"，无微不至地关心、爱护、培养他们，既不能缺乏信任、闲置不用，也不能期望值过高，拔苗助长。要真正营造出一个鼓励创业、宽容失败的良好社会环境，敢于交任务、压担子，使他们下得去、待得住、干得好。

健全体制机制，建立人才开发链条。以配置高校毕业生为抓手、以实施人才储备制度为基点，逐步形成"人才储备——稳定就业——选拔录用——发展成才"的人才就业链、培养选拔链、成长链，进一步建立健全人才储备的长效机制。人才储备到基层和企业后，应加强培养，并在上级单位、上层科研部门需要人才时，要从基层和企业人才队伍中逐级选拔充实，使高校毕业生认识到，到基层一线锻炼是成长成才的必由之路，为事业长远发展培养大批优秀人才。

（作者：内蒙古自治区人事厅厅长）

弘扬优良作风　促进科学发展

傅德辉

荆门市在学习实践科学发展观活动中，注重把科学发展观内化为领导干部坚强的党性和优良的作风，谋划科学发展的知识和能力，服务发展、服务群众的本领，促进了经济社会又好又快发展。

坚持思想认识上的清醒坚定

一是注重提升认识水平。在学习实践活动中，我们坚持用科学发展观武装干部头脑，引导广大党员干部自觉地从不符合科学发展观的思想认识中走出来，把发展作为党执政兴国的第一要务，做到好中求快、快中求好。树立新的效益观，把发展建立在节约资源和能源的基础上，做到经济、社会、生态三者高度统一。树立新的生态观，大力推行清洁生产，做到污染少、排放低、产品生态条件好；新的历史观，把当前的发展与历史的责任结合起来，使每一步发展都经得起历史和人民的检验。树立新的资源观，充分认识发展中资源利用的有限性，人与自然关系中人的主观能动作用的有限性，资源利用中科技进步的有限性，做到合理利用、持续发展。坚持以人为本，使人的发展、社会发展更好地体现党的宗旨。二是注重客观审视市情。近几年，我们以科学发展观为指导，坚持不懈地在全市开展解放思想大讨论，用辩证的、理性的思维审视我们的基础和条件，用开放的、全新的眼光审视我们的优势和劣势，把握发展的重点和难点，明确荆门发展方向。在此基础上，提出了建设"新型工业强市、现代农业强市、文化旅游强市和生态宜居城市"等战略举措。三是注重解决现实问题。我们坚持把科学发展观作为化解各种矛盾，解决现实问题的"总钥匙"，坚决摒弃违背规律、急功近利、盲目蛮干的做法，因循守旧、不思进取的做法，只重经济增长、不重社会发展和重发展、轻环保的做法，好大喜功、脱离实际、热衷于做表面文章的做法。

坚持科学谋划发展路径

针对产业竞争力不强、能耗过高、环保压力大的问题，我们致力于"在爬坡中提速"，把转变发展方式作为落实科学发展观的根本举措，具体地讲，就是抓好"四个围绕"：

围绕产业抓项目。近年来，我们坚持延伸产业链条与强化配套能力并重，发展高新技术产业与用高新技术嫁接改造传统产业并重，以开放为手段，大力引进资本、技术、品牌、管理等，不断推动主导产业合理化、高级化。并先后引进了李宁(荆门)工业园、福耀汽车玻璃、中集特种车辆等一批影响力、带动力强的大项目落户荆门。

围绕园区抓集群。一是依托百亿工程带动集群化。全市围绕化工、建材、机电、食品等产业建设六大"百亿产业"，目前，石化产业销售收入达到220亿元，磷化产业达到120亿元，食品产业和高新技术产业突破100亿元，纺织及新材料、新能源产业也取得了较快发展。二是依托品牌建设带动集群化。坚持一手抓培育企业，一手抓培育品牌，将引进资本与引进品牌相统一，积极推进品牌进园区，基本形成了品牌支撑园区、龙头集聚规模的良好格局。三是依托工业园区和各种特色集中区带动集群化。我市以10个工业重镇为载体，发展各具特色的集中区。四是依托规模企业发展带动集群化。积极实施中小企业成长工程，今年全市规模工业企业突破1000家，为我市主导产业的集群配套奠定了扎实基础。

围绕循环经济抓节能减排。我们紧紧抓住荆门被列为国家级循环经济试点城市的机遇，从产业、企业、社会、家庭等方面全面加以推进。其中，重点在产业层面，着力抓好延伸化工产品深度开发、矿产资源循环利用，工农业间循环发展和立体生态型农业等循环链条；在企业方面，着力抓好工艺改造和技术提高，大力推进清洁生产，用政策引导和经济激励等措施，鼓励企业追求“绿色产值”，生产“绿色产品”，增加“绿色利润”。

围绕企业成长生态抓环境。一是创优政策环境。一方面，对现有的高能耗、高水耗、高污染的企业按要求进行关闭；另一方面，提高了新上项目的环保门槛、产业门槛和效益门槛。二是创优服务环境。建立中小企业服务中心，全面推广首席代表制、首问负责制、超时默认制及服务企业“直通车”制度等；加大了生产性服务业的发展力度，特别是在企业用工服务上，我们专门出台了相关政策，使进城务工人员在就业、户口、子女入学、培训、住房保障等方面与市民享有同等待遇。三是创优创业环境。建立了全市性的创业指导中心，在扩大开放领域、降低准入门槛、提供信贷担保和项目信息等方面，积极帮助创业者解决现实难题，实行城乡群众无障碍创业。

坚持发展成果造福于民

首先，在发展归宿上，注重发展成果由人民共享。近年来，荆门各级党委政府始终把解决群众最关心、最现实的利益问题作为落实科学发展观的根本出发点和落脚点，不断加大服务群众的力度，在全市大力实施了民心工程，每年重点解决好群众关心的一批实事，目前，基本解决了上学难、上学贵问题，基本实现了最低生活保障和医疗保障体系覆盖城乡，基本缓解了就业难、出行难和住房难等突出问题。其次，在发展动力上，充分尊重和相信群众。要求广大党员干部把群众作为“最高明的老师”，经常问计于民，虚心向群众学习，尊重群众的主体地位，善于依靠群众的创造性实践解决发展中的矛盾和问题，依靠群众的智慧和力量实现科学发展的目标；注重引导广大党员干部进市场、进工地、进校园、进社区，从多个渠道了解基层的呼声和建议，使我们的决策、思路、措施符合基层实际。第三，在发展过程中，注重引导和组织群众。在工作中，探索用“市场”的办法组织群众，加快发展“支部＋协会”、专业合作社、商会、社会中介等“两新”组织；用“社会”的办法组织群众，切实加强村委会、居委会自治组织建设，着力引导和支持社区组织、义工联、维权协会等公益性群众自治组织发展壮大；用“民主”的办法组织群众，全面推进党务公开、政务公开、村务公开、企务公开，扩大群众的知情权、参与权和决策权；用“示范”的办法组织群众，充分发挥各类先进典型的标杆示范和影响带动作用。

坚持锤炼坚强的党性

近年来，我们以统筹城乡基层党建为龙头，围绕打造一支干事干练干净的干部队伍的目标，切实加强干部的思想和作风建设。一是在破解发展难题中锤炼党性。教育和激励广大党员干部始终保持良好的精神状态，对发展中的项目、土地、资金、用工、信访、稳定等难题，对历史遗留的深层次问题，善于用改革创新的措施，用市场和开放的手段，用集中民智的办法，有针对性地加以解决。二是在提升执行能力中锤炼党性。建立健全了首问责任制、责任追究制、限时办结制和重点工作汇报检查制，全面推行“一线工作法”，形成了抓落实的良好机制。同时，初步建立了符合科学发展观要求的政绩评价体系，坚持把节能减排、环境保护、社会发展、民生改善等指标纳入年度目标考核责任制的内容，逐一分解到地方、企业和相关部门，严格结账、抓好落实。三是在工作创新中锤炼党性。善于把科学发展观的要求与本地实际结合起来，寻找最佳的结合点、最大的结合面、最好的结合方式，创造性地开展工作。四是在廉洁从政中锤炼党性。要求广大党员干部始终牢记“两个务必”，永葆艰苦奋斗的本色，自觉抵制享乐主义、拜金主义，始终保持昂扬向上、奋发进取的精神状态；自觉遵守党章，切实加强党性修养和道德修养，树立正确的政绩观，经受住改革开放和市场经济的考验。

（作者：中共湖北省荆门市委书记）

中国特色社会主义公安监管工作规律初探

赵春光

规律，是指事物发展过程中的本质联系和必然趋势。只有发现规律、认识规律、遵循规律，才能有效地开展工作。公安监管工作有其自身的规律，研究探索公安监管工作规律，对确保公安监管工作的正确方向，提高公安监管工作的水平有着十分重要的作用。国务委员、公安部长孟建柱同志在第四期全国县级公安局长专题培训班上的讲话中指出：“要善于运用科学的领导方法统筹协调各方关系，学会在研究状态下工作，努力在千头万绪的工作中遵循规律、把握大局，善于在具体的工作实践中体现全局性的要求，牢牢掌握工作主动权。”我们要按照这一要求，坚持边工作边研究，边研究边工作，全面、系统地把握公安监管工作的内在规律。只有把尊重公安监管工作的规律性同积极做好工作的主动性结合起来，把高昂的工作热情同科学务实的精神结合起来，公安监管工作才能不断发展进步。

一、探索研究中国特色社会主义公安监管工作的内在规律，必须要理清公安监管工作的历史发展脉络

公安监所是公安机关管理的依法对犯罪嫌疑人、被告人、罪犯、违法人员和肇事肇祸不负刑事责任的精神病人进行警戒看管、执行刑罚、行政处罚、教育、特定疾病治疗、心理及行为矫治的监管场所。公安监管工作是公安机关的一项基础性工作，是中国特色社会主义司法制度的重要组成部分。新中国成立以来特别是1978年以来，我国公安机关经过长期探索和实践，在吸取我国历史上政治法律制度精华、借鉴人类司法文明有益成果的基础上，创造出中国特色社会主义公安监管制度。

首先，公安监管工作体制在适应社会主义国家政权建设的历史发展中形成。公安监所是人民民主专政的工具，是国家政权建设的重要内容，是巩固党的执政地位的基石。

新民主主义革命时期根据地的政治保卫机关和公安机关设立看守所或拘留所，关押反革命、汉奸、特务之未决犯和已决犯；司法机关（裁判部、法院）也设立看守所，关押普通刑事犯和已决犯。1931年中华苏维埃共和国临时中央政府成立后，统一工农民主政权的看守所设置，羁押未决犯，包括反革命和一般刑事案犯，还关押改造判处短刑的犯人。抗日战争时期，人民政权的看守所分为两种，一种是公安机关设置的看守所，负责关押汉奸、敌探、土匪等重大罪犯；二是法院设置的看守所，负责关押由司法机关直接审理的普通刑事案犯和已决犯。解放战争时期，在接管和改造国民党政权设置的拘留所、看守所、集中营等旧监所的同时，在各级公安机关设置看守所、拘留所，羁押汉奸、恶霸和反革命分子，在各级司法机关设置看守所，关押一般刑事犯罪的未决犯。

新中国成立后，县以上公安机关设立看守所，羁押被逮捕、拘留的反革命犯和其他刑事犯，同时监管改造少数已决的短刑犯，有的设拘留所，关押刑事犯及治安拘留人员。县（区）以上人民法院也设看守所，关押普通刑事案犯和公安机关移送起诉的案犯及已决待转出的罪犯。1950年11月政务院决定，法院看守所移交公安机关。1954年政务院颁布《劳动改造条例》，以中央、省、市、专区、县为单位设置看守所，由各级人民公安机关管辖，主要羁押未决犯并监管被判处徒刑在二年以下、不便送往劳改队执行的罪犯。1962年12月4日公安部制定《看守所工作制度》，首次具体明确了看守所的性质、任务、工作原则及犯人的收押、看守、提审、押解、生活卫生、劳动、通信检查、财务与处理、出所等规定。文化大革命期间，在"砸烂公检法"口号下，公安监管的各项工作也受到不同程度的冲击。全国各地的看守所自1967年1月起相继被军管，1973年后陆续撤销军管。1978年以后，公安机关各项监所工作逐步恢复并得以全面健康发展。1979年7月1日第五届全国人大二次会议通过了《中华人民共和国刑法》、《中华人民共和国刑事诉讼法》，标志我国公安监管法制建设迈出一大步。1990年3月17日，国务院颁布《中华人民共和国看守所条例》，明确看守所以县级以上的行政区域为单位设置，由本级公安机关管辖。省、自治区、直辖市国家安全厅（局）根据需要，可以设置看守所。铁路、交通、林业、民航等系统相当于县级以上的公安机关，可以设置看守所。1991年10月5日公安部发布《中华人民共和国看守所条例实施办法（试行）》，2008年2月29日，国务委员、公安部长孟建柱签发第98号公安部令，发布《看守所留所执行刑罚罪犯管理办法》。

党的十七大从发展社会主义民主政治、加快建设社会主义法治国家的战略高度，作出了深化司法体制改革的部署。为建设好中国特色社会主义公安监管制度，完善看守所相关立法的工作正在有序进行。诸如拘留所、收容教育所、强制隔离戒毒所、戒毒康复中心和安康医院等其他公安监管工作，在分别按照《中华人民共和国治安管理处罚法》、《禁毒法》、《人民警察法》初步形成适合我国基本国情的行政监管场所安全文明管理模式基础上，《拘留所条例》、《公安机关强制隔离戒毒所管理办法》、《公安机关强制医疗规定》等一批行政法规草案，已列入国务院立法计划正在加快工作中。

我国公安监管工作在几十年成长发展历程中形成了中国特色的管理体制。1955年11月，公安部成立主管监所管理的预审局，即第十九局，1858年12月改为十四局，1961年2月为十三局，于1967年10月27日被北京卫戍区军管，1969年4月13日被撤销。1975年4月公安部设立主管监所管理的劳改预审局，即第五局，1978年4月恢复预审局，即第九局，1979年7月恢复为十三局，1998年9月公安机关实行侦查预审制度改革后，改称监所管理局。国务院办公厅于2008年7月印发公安部机构编制规定的通知，明确设立公安部监所管理局，系对全国看守所、拘留所、收容教育所、强制隔离戒毒所、戒毒康复中心和安康医院进行归口管理的业务指导部门。

其次，公安监管制度伴随着我国民主法制发展进程而不断成熟完善。法治作为一种社会运行机制，离不开党和国家的政策，离不开立法、执法、守法和法律监督四个环节的有机配合。中国共产党的三代领导集体率领党和人民，依据马克思主义基本原理，紧密结合我国革命战争、新中国建设、中国特色社会主义建设各个历史发展阶段的实际，创建和发展了中国特色社会主义法治理论和制度。特别是在党的十一届三中全会之后，中国特色社会主义公安监管制度在实践中不断完善成熟起来。

公安监所管理是一种特殊的刑事司法和行政执法活动，其一切活动都是依据国家法律、法规进行的，是社会主义民主法制建设的重要组成部分。自1982年12月4日《中华人民共和国宪法》实施以来，1999年3月15日宪法修正案新增“中华人民共和国实行依法治国，建设社会主义法治国家”。2004 年 3 月 14 日宪法修正案将“国家尊重和保护人权”入宪。全国人大常委会 1988 年 9 月 5 日批准了《禁止酷刑和其他残忍、不人道或有辱人格的待遇或处罚公约》。1991 年 11 月，我国发表《中国的人权状况》白皮书，标志着中国特色社会主义人权观的基本形成。2009 年 4 月 13 日，国务院新闻办公室发布了《国家人权行动计划(2009——2010 年)》。这是中国政府制定的第一个以人权为主题的国家规划，是一份落实“国家尊重和保障人权”的宪法原则、推进中国人权事业发展的行动纲领性质的政策文件，其第二部分“公民权利与政治权利保障”提出了“保障被羁押者的权利与人道待遇”的具体措施。

在几十年监管实践中，我国公安机关根据宪法、法律、法规和国家关于公安监管的一系列政策要求，建立起具有中国特色社会主义的公安监管制度。落实罪刑法定刑事原则，看守所依法羁押犯罪嫌疑人、被告人和留所短期服刑的罪犯；运用国家行政管理职能，拘留所对公安机关、国家安全机关、人民法院给予刑事强制措施以外拘留的人员和给予拘留审查的外国籍人员执行拘留；强制隔离戒毒所通过行政强制措施，对吸食、注射毒品成瘾人员在一定时期内进行生理脱毒、心理矫治、康复训练、职业技能培训和法制道德教育，帮助其戒除毒瘾重返社会；收容教育所主要对卖淫、嫖娼人员进行法制道德教育、组织参加劳动及进行性病检查、治疗；安康医院是承担收治具有严重危害社会治安行为、经法定程序鉴定确认无责任能力、被强制医疗的精神病人的专门场所。各公安监管场所认真履行法定职责，区分被监管对象的性质、特点，针对突出管理问题不断改进公安监管工作，并将成熟管理措施规范化、制度化、法制化，形成了诸多有效保证监管场所实现依法、严格、科学和文明的制度机制。如看守所超期羁押清理纠正机制、监管场所牢头狱霸打击整治机制、监所安全保障机制、被监管人员合法权益保障机制、管教并举教育转化机制、监所等级化管理机制、完善的内外监督检查机制、管理责任查究机制以及执法规范化、监管信息化管理制度等。

在当前举国欢庆建国六十周年各项事业取得辉煌成就的时候，我们仍要冷静面对社会矛盾凸显期、对敌斗争复杂期、刑事案件高发期复杂严峻的治安稳定形势，既要伴随我国依法治国方略和民主法制建设地深入实施，进一步强化公安监管执法管理能力和水平，又要适应人民群众政治参与积极性显著提高、法律意识和维权意识普遍提升、社会对公权力监督制约力度明显增强，对公安监管执法管理的新挑战、新要求。今年以来，公安部高度重视公安监管工作。国务委员、公安部长孟建柱同志亲自深入基层调查研究听取汇报，多次作出重要批示，并召开部党委会专题研究公安监管工作。2009 年 4 月 15 日，公安部召开全国公安监管工作会议，立足当前着眼长远，就解决制约监管工作发展的重大问题，加强新形势下公安监管工作作出了一系列决策部署，是一次里程碑式的会议，标志着公安监管工作发展进入新阶段。2009 年 7 月 20 日，公安部印发《公安部关于进一步加强和改进公安监管工作的意见》(公通字〔2009〕36 号)，《意见》是全面指导当前和今后一个时期公安监管工作发展的纲领性文件。阐明了新时期加强和改进公安监管工作的特殊重要性和必要性，明确了公安监管工作的基本方针、战略目标、具体要求，理顺了长期制约公安监管工作发展的体制、机制和政策，提出了推动公安监管工作科学发展的新思路、新途径、新办法，解决了一系列事关公安监管工作发展而亟待解决的重大问题。

第三，公安监管制度适应我国基本国情和发展的阶段性特征。我国公安监管制度是国家司法制度的重要组成部分，是国家根本制度、基本政治制度在监所管理方面的体现，其体制及管理模式是由我国社会主义制度和仍处于并将长期处于社会主义初级阶段的基本国情所决定的，反映了党和国家的意志，有利于维护最广大人民群众的根本利益。有学者曾对我国公安监管体制提出异议。我们说我国监所管理作为社会管理科学的一部分，应该学习借鉴西方发达国家一些成功的经验，但不能盲目照搬西方的政治制度、法律制度。

翻阅国外监管历史可见：在美国，未决犯监狱通常被称为“看守所”，有时候也被称为“拘留所”、“临时拘留所”，90％以上的看守所由县政府管理，只有阿拉斯加、夏威夷、特拉华等 6 个州的看守所由州政府直接管理。在加拿大，未决犯监狱被称为“地方看守所”。在英国，未决犯关押在“地方监狱”中，已决犯关押在“训练监狱”中。在法国，设拘留中心和地方押候监狱。在日本，羁押嫌疑人或者被告人的场所有两种，一种是在警察署控制下的留置场，另一种是法务省下辖的拘置所。日本《监狱法》规定，“附属于警察官署的留置场可以用来替代监狱”，因此，留置场也称“代用监狱”。这些足以说明各国监管模式不尽相同。很多西方国家的看守所、押候监狱、未决犯监狱都是由县、郡等地方政府的有关部门管理的，并不像有的学者所说的那样统一由司法部管理。“橘生淮南则为橘，生于淮北则为枳”。根据我国现阶段基本国情，在改革发展中不断丰富和完善中国特色社会主义公安监管制度，才是我们的唯一选择。

据统计，全国公安机关共有公安监管民警 10 万余名。管理的限制人身自由的各种刑事和行政监管场所现有 6594 个。近年来年均收押收治各类人员约 400 万人，日均在押 90 万人左右。自新中国成立以来，我国已经历过四次犯罪高峰，现正处于第五次犯罪高峰期。虽然近年来刑事犯罪持续在高位运行，监管场所押量居高不下，但全国各级公安监管部门在各级党委、政府和公安机关的领导下，爱岗敬业、忠于职守、兢兢业业、顽强拼搏，实现了公安监管安全、文明的工作目标；圆满完成了羁押监管任务，看守所事故发生率由上世纪 90 年代中期的万分之六点五下降至现在的万分之零点二四；各级公安监管部门和民警坚持以人为本，把依法保障在押人员合法权益放在更加突出位置，取得良好实效；加强对被监管人员教育转化工作，深挖犯罪破获案件占同期公安机关破案总数 10％；监管场所正规化建设深入推进，全国已有 79.2％的看守所等级达标，其中一级所 191 个；落实科技强警要求和“金盾工程”部署，公安监管信息化水平显著提高；大力加强公安监管民警队伍建设，队伍整体素质和战斗力不断提升，涌现出“我最喜爱的十大人民警察”王晶、李跃进和被国务院命名表彰的江西崇义县看守所、山西曲沃县看守所、山东利津县看守所、福建漳州市强制隔离戒毒所等一大批先进个人和集体代表。实践表明，我国公安监管工作适应我国基本国情和现阶段发展的需要，为确保刑事诉讼和行政执法活动顺利进行，服务公安工作大局和社会和谐稳定作出了应有贡献。

二、探索研究中国特色社会主义公安监管工作的内在规律，必须要充分认识中国特色社会主义公安监管制度的鲜明特点和优越性

中国特色社会主义公安监管制度，是在充分考虑我国国情，总结我国社会主义监管实践成功经验，积极吸收人类法治文明优秀成果的基础上建立起来的，具有鲜明的中国特色：在制度的本质上，坚持党的领导、人民当家作主、依法治国的有机统一；在执法权的本源上，坚持权力来自人民、属于人民、为了人民；在执法权的行使上，坚持党的绝对领导，自觉接受党的监督、检察机关的法律监督、群众监督、舆论监督和公安机关的内部监督；在执法形式上，坚持专门机关工作与群众路线相结合。中国特色社会主义公安监管制度具有资本主义监管制度无可比拟的优越性：他们代表的是资产阶级的意志和利益，我们代表的是最广大人民群众的意志和利益，具有最彻底的人民性；他们是统治集团内部的权力分享，我们是在人民代表大会制度下司法和行政管理权的优化，具有法制统一和

最普遍的公平性；他们是相互掣肘，我们是相互配合、依法监督，成本低效率高，实现了监管手段与目标的有机统一。新中国成立以来特别是改革开放以来的历史证明，这一制度符合我国国情，保障、促进了中国特色社会主义事业的发展进步。我们必须增强自信心和自豪感，理直气壮地坚持和发展中国特色社会主义公安监管制度的优越性，进一步完善发展中国特色社会主义公安监管制度。

（一）科学发展观和社会主义法治理念是中国特色社会主义公安监管工作的根本指导思想。科学发展观是中国特色社会主义理论体系的重要组成部分，是马克思主义关于发展的世界观和方法论的集中体现和最新理论成果，是开创中国特色社会主义公安监管工作新局面必须坚持的重大战略思想和行动指南。

科学发展观与社会主义法治的核心价值是同一的，价值取向是一致的，二者是辩证统一的关系。科学发展观为社会主义法治建设提供思想理论指导，社会主义法治为科学发展观的落实提供制度保障，二者统一于全面建设中国特色社会主义的奋斗目标之中，统一于促进人的自由全面发展的历史进程之中。科学发展观对社会主义法治建设提出了以人为本、科学发展与和谐发展的要求。公安监管工作必须以科学发展观为统领，牢固树立社会主义法治理念，通过深化司法体制和工作机制改革，不断建设和完善公正高效权威的社会主义公安监管制度。

落实科学发展观，使公安监管工作由过去几十年“一看二守三送走”的模式，转变为既要保障监管安全、文明，又要对被监管人员进行法制和道德教育，化消极因素为积极因素，改造他们成为知法懂法守法的新人；对被监管人员实行人性化管理，严禁殴打、体罚虐待被监管人员或者指使、纵容被监管人员殴打、体罚其他被监管人员；监管场所不仅具有羁押功能，而且中央及地方政府投巨资新建或改造建设人性化的坚固安全、方便管理、功能齐全、体现文明的监所；监管安全由以往单靠警力死看死守，发展为人防、物防、技防、联防，实行监所执法规范化、管理信息化、安全措施科技化；监管警务公开透明度增大，自觉接受公安机关警务督察、检察机关法律监督和社会各界的监督。

面对监管工作中需要下大力气解决的安全隐患多、关押量大而基础设施薄弱、经费保障困难、东中西部地区发展不平衡、公安监管人员数量、素质还不相适应等突出问题，各级公安监管部门仍然必须积极争取党委政府和公安机关的领导，继续深入学习实践科学发展观，坚持社会主义法治理念，不断改革创新。要着眼于实现公安监管工作全面协调可持续发展，处理好当前与长远的关系，统筹监管业务工作和监管队伍建设，统筹加强基础设施建设与推进监所信息化建设、执法规范化建设、和谐警民关系建设。既要强调公安监管工作的统一性，又要因地制宜、区别对待、分类指导，努力实现公安监管事业历史性的协调发展、创新发展。

（二）“教育、感化、挽救”是中国特色社会主义公安监管工作的基本方针。这一方针体现了公安监管工作的根本性质，体现了社会主义制度的优越性，是中国特色社会主义公安监管制度区别于历史上一切社会监管制度的根本标志。早在西周时期中国就出现了“以圜土聚教罢民”和使犯罪者“睹石而自悔”的感化教育方式，封建社会还出现了“恤情悯囚”制度，这些措施虽然是为当时统治阶级服务的，但在我国监管历史上留下了初具教育转化的痕迹。“教育、感化、挽救”作为中国特色社会主义公安监管工作的基本方针来自毛泽东改造罪犯的思想。毛泽东关于新中国监管场所与一切剥削阶级国家监管场所的本质区别、人是可以改造的、改造罪犯工作在无产阶级改造人类改造社会伟大事业中的地位、对罪犯实行革命人道主义等一系列重要思想至今闪烁着真理的光芒。邓小平指出：“加强法制重要的是要进行教育，根本问题是教育人。”2008 年 6 月 16 日，周永康同志在全国政法系统学习贯彻党的十七大精神和胡锦涛总书记重要讲话专题研讨班上的讲话指出：

“对于必须收监关押的罪犯，监管场所要把改造人放在第一位，通过创新教育改造方法，强化心理矫治，提高罪犯改造质量，真正使他们痛改前非、重新做人。要把刑释解教人员重新违法犯罪率作为衡量监管工作的首要标准，确保教育改造工作取得实效。”“首要标准”的提出体现了“最大限度增加和谐因素，最大限度减少不和谐因素”的要求，进一步明确了公安监管工作在预防和减少重新违法犯罪中的职责和任务。

早在 1996 年，公安部在山西曲沃县召开看守所工作现场会，确立了管教并举、以管促教、寓教于管的工作方针，标志着看守所工作由单纯看管向“管教并举”工作模式的根本性转变。多年来，各级公安监管部门充分发挥职能作用，对被监管人员开展了形式多样、内容丰富的教育转化工作，卓有成效地教育、矫治、挽救了大批违法犯罪人员，不仅消除了被监管人员的对抗心理，而且赢得了被监管人员亲属及亲朋好友的理解和支持。例如，“我最喜爱的十大人民警察”辽宁省丹东看守所管教民警王晶对待被监管人员，“像父母对待子女一样，像教师对待学生一样，像医生对待病人一样”，事迹十分感人。2009 年 3 月，公安部监所管理局在全国公安监管系统开展了向王晶同志学习的活动。2009 年 5 月，浙江省公安厅召开公安监管系统教育转化工作现场会议，创新提出“心防”概念，探索加强监管教育转化工作，提出在全省公安监管系统构建人防、物防、技防和心防一体化的安防体系，将以往就安全抓安全向做好被监管人员思想转化工作转变，有效消除被监管人员对抗心理，激发其遵守监规的顺从性和自觉性，真心服从监管，从而掌握监管工作主动权，从根本上确保监所安全稳定。公安部监所管理局在全国推广浙江做法。

我们要充分认识到，被监管人员作为一个特殊的群体，其心理既有扭曲、质变的一面，又有作为人的一般特性不变的一面，绝大多数人的良知未泯或尚未完全泯灭。对被监管人员实行教育转化文明管理的目的，就是为了唤起被监管人员的良知，使他们树立正确的荣辱观、人生观，懂得做人的标准，激发他们对美好生活的向往和追求。同时，使他们感受到党和政府是在真心地教育、挽救、改造他们，从而心悦诚服地接受教育和挽救。毛泽东认为，世界观的转变是一个人根本的转变，一个人实施什么行为，归根结底是由他的思想所决定的，是由他的人生观、价值观决定的。教育转化是一项艰苦细致的工作。一分耕耘，一份收获；精诚所至，金石为开。公安监管教育转化工作体现了监管工作规律研究在实践上的深化，代表了一种发展趋势。这种趋势是时代潮流对维护监管安全工作发展提出的必然要求，我们应当顺势而变，主动作为，调研分析，健康发展。

（三）保障被监管人员合法权益是中国特色社会主义公安监管工作的出发点和落脚点。人类历史自有国家以来，国家机器就曾未缺少过羁押监管职能。古往今来在文化作品的描绘下，犯人、阶下囚，到现代社会的犯罪嫌疑人、被告人、罪犯，他们在人们的潜意识中就是被专政被打击的对象，被剥夺了自由羁押在看守所、监狱里，饥寒交迫、挨打受骂、刑讯逼供、聊以苟延残喘之生。一句话，拿他们不当人。

有的学者认为，罪犯人权保护的理论源于西方，实则西方监所管理的发展也是经历了一个曲折的过程。欧洲中世纪的刑罚是以生命刑和肉体刑为主的，剥夺自由的监禁刑在当时并不占支配地位，因此各国并不关注监管场所的环境条件，监禁给囚犯带来的摧残和痛苦，在某些时候并不亚于肉体刑。18 世纪的欧洲，监管场所人满为患，在押人员居住条件恶劣，卫生条件极差，各种疾病流行，各类犯人杂居，交叉感染严重。以英国贝福德郡的司法行政长官约翰·霍华德（John Howard，1726——1790）为代表的资产阶级改良思想家，提出了改变监狱环境，予以罪犯人道主义待遇的口号，并进行了一系列有利于保护罪犯人权改良活动，从此使罪犯人权保护开始苏醒。20 世纪以来，罪犯的法律地位与人权保护日益受到重视，1955 年第一届联合国防止犯罪和罪犯待遇大会通过《囚犯待遇最低限度标准规则》对被羁押和被监禁的人员所享有的生活、卫生、医疗等各种权利作了详细规定。1966年通过的《公民权利和政治权利国际公约》规定“任何人均不得加以酷刑或施以残忍的、不人道的或侮辱性的待遇或刑罚。”“所有被剥夺自由的人应给予人道及尊重其固有的人格尊严的待遇。”1984年通过的《禁止酷刑和其他残忍、不人道或有辱人格的待遇或处罚公约》也规定了禁止公职人员对囚犯处以酷刑和其他残忍、不人道或有辱人格的待遇或处罚。对被羁押人和被监禁人的人权应当给予充分的保护成为国际社会的共识。世界上许多国家都依这些公约制定了相应的人权保护制度，并力图创造条件使罪犯的权利获得实现。

从我国历史看，中国传统儒家思想在法律上就主张慎行、恤刑。社会主义监管历来认为犯了罪的人也是人。早在第二次国内革命战争时期，毛泽东就指出：对于一切就逮的犯人，却是禁止一切不人道的待遇，苏维埃中央政府已经明令宣布废止肉刑，这亦是历史上绝大的革命。陕甘宁边区坚持“犯人也是人”的监所政策，陕甘宁地区高等法院代院长王子宜指出：“犯人也是人，我们司法工作者，不能把犯人不当人看待。”1979年《中共中央关于坚决保证刑法、刑事诉讼法切实实施的指示》指出：“严禁公、检、法机关以侮辱人格、变相体罚、刑讯逼供等非法手段对待违法犯罪人员或被拘留、逮捕、羁押人员。”2004年“国家尊重和保障人权”入宪。2009年4月，我国发布《国家人权行动计划(2009——2010年)》。这是落实宪法原则，推进中国人权事业发展的行动纲领性质的政策文件。中国特色社会主义公安监管工作，坚决摒弃历史上封建法西斯式体罚、虐待被监管人员的做法，始终坚持以人为本的科学发展观，不仅强调把被监管人员当人看，而且要依法尊重被监管人员的主体地位，把保障其合法权益视为公安监管工作的中心，作为公安监管工作的出发点和落脚点。

监管场所是一个国家人权状况最敏感的部位之一，在我国是践行国家人权行动计划的重要力量，也是与西方敌对势力进行人权斗争的重要阵地。“尊重和保障人权”对公安监管工作而言，从来就是实实在在的行动。为了更好地解决被监管人员按照国家规定的标准吃足定量，摄入人体健康所需营养，给予相应医疗卫生条件，2009年6月，财政部、公安部联合下发了《关于进一步加强看守所经费保障工作的通知》。新建、改建的看守所力求监区、行政办公区、留所服刑罪犯劳动区、武警营房区设置合理，各类用房设施适应功能需要，强调依法保障被监管人员合法权益和基本生活条件，充分体现人道主义。根据我国《宪法》、《刑事诉讼法》、《监狱法》、《看守所条例》以及工作制度的有关规定，各级公安监管场所依法保障被监管人员享有《宪法》规定的公民享有的包括人身自由权，人格权，申诉、控告或检举权，选举权，批评和建议权等，除法律规定暂时停止或被剥夺的被监管人员除外。保障被监管人员享有《刑事诉讼法》、《监狱法》、《看守所条例》等赋予的诉讼权利、会见、通信、生命、健康、合法财产权等权利。监管场所还将被监管人员合法权益的实现明确为自己的法定职责，并以法律责任、铁的纪律和完整的制度作保证。鲜明体现了我国社会主义法治的真实性、平等性，这是虚伪、两面性的资本主义法治不可比拟的。

(四)坚决杜绝“牢头狱霸”是中国特色社会主义公安监管工作的鲜明立场。“牢头狱霸”是指在监管场所内拉帮结伙、称王称霸、恃强凌弱、寻衅滋事，侵犯他人合法权益的被监管人员。“牢头狱霸”的存在，不仅严重侵犯其他被监管人员合法权益，严重破坏看守所正常管理秩序和刑事诉讼活动，而且严重影响人民群众对公安机关和看守所管理执法的信任。

“牢头狱霸”的存在有着监管领导不重视、警力不足、缺乏实时有效发现和控制措施等复杂的原因。2009年4月以来，公安部下决心从根本上坚决铲除“牢头狱霸”现象，采取了最强有力标本兼治、综合治理的整治措施:明确各级公安机关主要领导是监管工作第一责任人,从监管场所领导到民警都要将杜绝“牢头狱霸”作为硬任务来部署实施;严格执行已决、未决、未成年、成年和女性分押分管制度;落实主、协管民警负责监室管理责任和被监管人员谈话制度;严禁使用“拐棍”和任命号长、组长、值日长等,杜绝“关系犯”、“人情犯”;严禁下达各种劳动生产任务和指标;跟踪管理被监管人员财务消费和使用情况,严防被欺压、强占;严禁被监管人员伙吃伙喝;对有“牢头狱霸”行为苗头的人员要重点控制,对有“牢头狱霸”行为的要实行严管,对“牢头狱霸”造成严重后果的要依法查处;对工作不负责任发生“牢头狱霸”打死或重伤被监管人员的,要严格追究责任领导和民警的责任。公安部监所管理局还出台了《看守所防范和打击“牢头狱霸”十条规定》。有关资料表明,监所内犯罪在美国等发达国家也普遍存在。因监狱人满为患和资金不足,2009 年 8 月 8 日美国加州南部奇诺市发生了 1000 余名囚犯参与的大规模监狱骚乱,致使 250 多名在押犯人受伤、55 人伤势严重,监狱宿舍床被完全烧毁,整个监狱犹如一座废墟就是例证。

在监管场所坚决杜绝“牢头狱霸”,是中国特色社会主义公安监管制度区别于一切旧监管制度的重要特征。全国各级公安机关和监管部门主要领导带领广大监管民警,态度坚定、令行禁止,按照公安部的部署,紧密结合各地实际情况,出狠招、下猛药,严格执行各项法律法规和制度,检查督促各项工作要求和管理制度的落实,迅速在全国公安监管系统形成了坚决铲除“牢头狱霸”这一“顽固毒瘤”的工作氛围。对收押新入所人员实行收押告知制度。告知其人身安全受法律保护,不准欺压他人,也不被他人欺压,其人身安全受到威胁时应及时报告,并告知报告方法;实行新收押人员过渡管理制度。指导新入所人员在过渡管理期间,熟悉看守所相关规定和被监管人员行为规范,告知监室内常见问题的处理办法,并进行反“牢头狱霸”教育;实行被监管人员受虐报警制度。在监室内安装报警装置,确保被监管人员受虐时能够及时报警,民警及时制止侵害行为;实行被监管人员财物管理制度。对被监管人员的现金严格实行记账式管理,严禁使用代金券,被监管人员消费必须由本人签字,防止财物被他人侵占;实行被监管人员体表定期检查制度。至少每周组织一次对被监管人员体表进行检查,新收押人员入所 7 日内应当每日进行体表检查,发现身体有伤的,认真调查受伤原因;实施监室巡视监控制度。严密掌握被监管人员动态,发现“牢头狱霸”苗头或行为的及时予以处置;实行被监管人员出所谈话和跟踪观察回访制度。对交付执行以及释放的被监管人员进行例行谈话,并定期到监狱回访,深入了解看守所有无“牢头狱霸”行为。发现被监管人员有“牢头狱霸”行为的,立即实施严管;情节严重的,依照有关规定加戴械具或者实施禁闭;对造成严重后果、构成犯罪的,依法追究刑事责任。最高人民检察院和公安部联合进行全国看守所监管执法专项检查工作。迄今尚未发现严重的“牢头狱霸”事件。说明中国特色社会主义公安监管制度是“牢头狱霸”的“克星”。

(五)完善的监督检查机制是中国特色社会主义公安监管工作健康发展的重要保证。中国特色社会主义公安监管制度的人民性决定了公安监管工作必须体现人民意志,维护人民利益,接受人民监督。根据我国《宪法》、《人民警察法》、《人民检察院组织法》和《刑事诉讼法》的有关规定,公安监管场所的人民警察执行职务,依法接受人民检察院和行政监察机关的监督;必须自觉地接受社会和公民的监督。多年来,全国各级公安监管部门,深化监管场所警务公开工作,向社会公开监管办事内容、程序、权限、时限等,公安监管工作的透明度不断加大。监管场所经常邀请人大代表、政协委员、执法监督员和群众代表到监所检查指导,把监管工作主动置于社会各界的监督之下,努力以公开促公正。今年以来,云南省晋宁县看守所发生在押人员非正常死亡事件，引发网络和媒体热炒造成负面影响，反映出公众社会对公安监管工作关注程度愈来愈高而公安监管舆论工作薄弱的问题。公安部监管局部署，在全国公安监管系统开展学习实践科学发展观活动加强和改进公安监管工作、爱岗敬业教育整顿活动及加强公安监管文化建设，对进一步做好公安监管警务公开和接受社会舆论监督提出要求。在《人民公安报》开设了“监所管理专版”，各级公安监管部门积极顺应工作新形势、新要求，充分利用各种媒体多种方式，向社会公开公安监管工作情况，大力宣传监管战线的工作亮点、先进典型、创新举措，便于人民群众了解和监督公安监管工作，树立起公安监管部门保障人权、执法为民的良好形象。2009 年 7 月，公安部对公安监管工作要自觉接受检察机关的法律监督进一步作出规定，强调看守所执法信息和监控设施要与驻所检察室联网，接受检察机关实时监督。对检察机关提出的检察建议，看守所要及时整改并反馈结果。同时，公安部纪委、监察局、警务督察局、审计局将公安监管工作纳入了重点监督范围。公安监管领导干部和民警自觉接受监督的意识愈来愈强，监督渠道多工作畅通，便于及时听取监督意见和建议，利于依法妥善做好各项公安监管工作，成为中国特色社会主义公安监管制度的一大特点。

三、探索研究中国特色社会主义公安监管工作的内在规律，必须要立足当前，着眼长远，推动公安监管工作的创新发展

中国特色社会主义公安监管制度为中国特色社会主义事业的发展进步发挥着强有力的法律保障作用。公安监管部门要更好地履行中国特色社会主义事业的建设者和捍卫者的职责，必须始终坚持坚定正确的政治方向，切实履行巩固党的执政地位、维护国家长治久安、保护人民群众根本利益，保障社会和谐稳定发展的首要政治任务，增强干好事业的自觉性、坚定性。要把公安监管工作置于党和国家工作大局和公安工作全局中来思考，把公安监管工作提升到维护社会公平正义、促进社会和谐、保障全面建设小康社会的高度来谋划。要认真分析总结公安监管工作的实践经验，借鉴世界各国监管的有益成果，不断发展和完善我国的公安监管制度，使之更加适应我国社会主义政治发展道路和社会主义法治建设的需要。

（一）要认真研究把握公安监管执法的内在规律。辩证法认为，在事物发展的诸多矛盾中，主要矛盾、矛盾的主要方面起着决定的作用。当前，公安监管部门执法环境正在发生深刻的变化。社会主义民主法制建设不断推进，司法、行政执法开放透明度加大，人民群众法律意识、权利意识普遍增强，对公安监管执法管理的要求越来越高。审视现实公安监管的工作状况，全国各级公安监管部门的领导和民警，按照公安部关于进一步加强和改进公安监管工作的意见，正在紧密结台各地各单位实际，查找薄弱环节和突出问题，采取针对性强有力措施予以解决，在全国公安监管系统内营造出良好的想干事、会干事、办好事的工作氛围。但是，仍然还存在就工作论工作多、研究解决具体问题多、单靠本部门仅有的条件做工作多，积极主动争取领导和有关部门支持少、执法与队伍建设综合研究施策少、公安监管工作规律的研究和升华理论推进工作少等问题。其中认真研究把握公安监管执法的内在规律成为亟待解决的紧要问题。这既是在新形势下推动公安监管工作创新发展的思路，也是抓好公安监管工作突破发展的牛鼻子措施，将此工作一抓到底，方可取得事半功倍的效果。

（二）要认真研究确保监所安全文明的新思路新方法。近年来，全国公安监管场所狠抓各项管理规章制度和安全防范措施的落实，安全防控能力大幅度提升，被监管人员非正常死亡、自杀、冲监脱逃等事件大幅度降低。但在个别地区个别监所仍时有发生。确保监所安全文明，仍然是当前公安监管工作必须始终牢牢抓

住不放的首要任务。要重视抓好如下方面：在思想认识上，从领导到民警都要坚决克服麻痹思想和侥幸心理，越是长年未发生安全事故的，越要警钟常鸣、来不得丝毫懈怠；在工作部署安排上，必须制定完善的制度并及时提出要求，更要以百倍气力解决制度措施不落实或落实不到岗、落实不到人这一最顽固的安全隐患问题；在对公安监管领导和民警的素质要求和培训上，要彻底扭转仅满足于有宏观要求和目标任务，但对素质技能要求缺乏具体规范和培训养成的倾向。要认真解决好现实存在的有问题无预案、有预案不会用、应对突发事件处置眼高手低能力弱的问题。在对被监管人员具体管理上，要能够及时掌握其思想波动和身体变化情况，充分运用法律的、道德的、行政的、心理的多方面知识和管理手段，做好被监管人员的教育转化工作和管理工作，从根本上打消其抗拒监管、图谋违法、甚至消极自残自杀等念头与行动，使其真心服从配合监管，痛改前非，争做守法公民；在管理策略上，既要依法妥善做好突发事件和敏感问题的处置，又要高度关注引导把握社会反响和媒体舆论。努力实现处置的法律效果、政治效果、社会效果和舆论效果的统一。既要重视已发生突发事件的及时化解，更要重视参照航空安全中的"海恩法则"，对发生的每起事件背后隐藏的事故隐患予以认真查找和清除。建立健全危机事件的预防化解机制。在安全管理硬件建设上，要进一步加快监管场所信息化、科技化建设步伐，加大监管安全工作的科技含量，落实监管场所人防、物防、技防、联防措施，实现监管动态信息主导勤务，确保监所安全文明。

(三)要积极落实保障被监管人员合法权益的措施。首先要依据我国基本国情，实事求是地保障被监管人员的饮食、起居等条件，确保其生命、健康权不受侵犯。1996 年，公安部、财政部先后共同签发文件，制定了《看守所在押人员伙食实物量标准》和《看守所经费开支范围和管理办法》，使在押人员伙食费与衣被费、医疗费和公杂费列入财政保障范围。2009 年 6 月，财政部与公安部又联合出台《关于进一步加强看守所经费保障工作的通知》，要求各省级人民政府财政部门会同同级公安部门重新核定看守所在押人员伙食金额标准，报财政部、公安部备案。通知还规定由财政负担在押人员的医药费、衣被费，对看守所公务费等其他费用也提出了足额列入预算予以保障的要求。做好这项工作需要地方各级人民政府和公安机关共同来完成。一方面，地方各级人民政府应把财政按照国家标准保障在押人员和看守所的经费，作为落实有关法律规定和《国家人权行动计划(2009——2010 年)》要求的职责、义务来履行。应从依法保障在押人员合法权益的高度，参照相当于各地城市最低生活保障标准，结合当地经济发展和物价水平，科学核定在押人员伙食费、医疗费、公杂费等给养费。使在押人员能够按国家规定的标准吃足定量，摄入人体所需营养物质。应根据各地具体情况，为公安监管场所配备必要的医务人员，加大监所医疗机构建设力度，积极探索建立由公安监管部门提供场所并负责安全，社会医疗机构提供医疗设备和医护人员的协作医疗机制，以满足在押人员就医就药基本医疗条件。各级财政部门还应按照有关规定和标准，足额安排看守所各项经费预算。另一方面，地方各级公安机关要严格预算执行与管理。要按照财务管理制度和纪律，规范对各项经费的开支使用，并接受审计和警务督察。

其次是及时妥善处置在押人员患严重疾病的问题。各地公安监管部门要进一步规范监管场所医务工作，建立健全入所体检、每日巡诊、重症问诊、集体会诊、跟踪观察、应急救治等工作制度。对被监管人员有病的要及时救治，对病情严重的，要立即送医院治疗，对患有严重疾病依法属于不适宜继续羁押的，看守所应当立即向案件主管机关书面出具变更强制措施的意见。最大限度地减少在押人员因病死亡。

再次是保障被监管人员能行使依法享有的

各项权利。公安监管工作要坚持依法、严格、科学、文明管理，倡导以法为据、以理服人、以情感人，融法、理、情于一体的监所管理模式。要切实将保障被监管人员合法权益工作落到实处，完善公安监管执法公开制度，公开被监管人员权利以及监所有关执法标准、程序，规范监管执法环节，自觉接受社会对监所执法活动的监督。

（四）要认真研究做好被监管人员教育转化的有效方式。周永康同志提出要把降低被监管人员重新违法犯罪率作为监管工作的首要标准，让全社会来检验监管工作的成效，对监管工作发展方向、监管工作模式改革、监管工作评价体系都提出了新的要求。培养具有高素质的监管民警做好高水平的管教工作是重要手段。这就要求监管民警应当有坚定正确的政治方向，熟悉公安监管政策法律，准确把握监管敏感、重要事项的处置及技巧，善于敏锐洞察被监管人员细微言行下隐藏的内心秘密，掌握被监管人员思想、心理及需求，能够以个人威望魅力赢得被监管人员信任，运用法律、政策、道德、心理知识，动之以情、晓之以理、帮之以难，使被监管人员认同并接受教育转化。通过教育转化工作向被监管人员宣传法制，促使他们反省自己的违法犯罪行为，交代余罪检举他人违法犯罪，这样工作的结果，一是被监管人员立功受奖行为得以兑现法律对其宽大处理，保障了其合法诉讼权利的实现；二是通过监管工作深挖犯罪破获案件，更加维护了法制尊严，打击惩处了犯罪，保护了被害人的合法权益，能更好地维护社会稳定。从被监管人员作为社会中一分子来看，除了被判处死刑立即执行的罪犯以外，都有一个面临重新回到社会中的问题。公安监管场所对这些人的教育转化责无旁贷。因此必须坚持以人为本，把教育人、改造人、发展人作为加强公安监管工作的重要目标，通过全面部署实施对被监管人员做好教育转化工作，消除被监管人员的抵抗心理，增强他们重塑人生的信念，弃恶从善，把大量不和谐因素努力转变为和谐因素，降低被监管人员重新违法犯罪率，从而缓解社会矛盾，以充分体现社会主义法治的威力和对被监管人员的人性化关怀。

（五）要认真研究新形势下加强公安监管队伍建设的有效途径。坚强的力量来自坚强的队伍。做好公安监管工作，关键要有强有力的领导班子和高素质的监管民警队伍。毛泽东曾说，政治路线确定之后，干部就是决定的因素。总的看，全国公安监管队伍是一支特别能吃苦、特别能战斗、特别能奉献的队伍。但也要看到，一些地方公安机关领导长期不重视公安监管工作，致使监管民警队伍的整体素质和战斗力还存在若干与工作和形势要求不相适应的问题。各级公安机关贯彻落实《公安部关于进一步加强和改进公安监管工作的意见》，必须把监管队伍建设置于更加突出的位置。一是要进一步加强监管场所领导班子建设。要把政治坚定、作风过硬、事业心强、富有开拓创新精神的优秀干部选拔到监管部门的领导岗位上来，特别是要选配好主要领导，班子成员要合理搭配，通力合作。二是要坚持从严治警。要查找思想、纪律、作风、管理、执法等方面的问题，开展警示教育、廉政教育，要从严管领导干部抓起，严格落实监管民警的执法管理责任，并加强检查监督。对发现的问题要及时批评教育，严明纪律，严肃责任追究。三是要落实从优待警的各项措施，通过提高监管民警的政治待遇、增加特殊岗位延时加班补贴、优化工作环境，激发监管民警的工作积极性。要落实监管场所主要领导的配备要求，优先考虑为长期从事监管工作的优秀民警晋升职级和表彰奖励，将监管民警轮岗交流规定为制度强力推行。落实监管民警带薪休假制度。四是要加强监管民警教育培训，提高整体素质。要坚持不懈地用中国特色社会主义理论体系武装广大公安监管民警头脑，提高理论素养和大局意识，增强政治敏锐性和政治判断力。要把公安监管民警学习教育培训作为基础性、长期性的工作来抓，不断加强修养、转变观念、提升素质，增强公安监管民警分析预测、综合判断、运用法律、说服教育、情况处置、落实制度等能力。

(六)要大力推进公安监管文化建设。公安监管事业的发展、公安监管民警队伍建设的推进、监管部门软实力和公信力的提升,离不开文化的支撑。只有大力加强公安监管文化建设,才能使广大公安监管民警树立共同的理想和信念、共同的价值观和精神追求,为公安监管事业健康发展提供强大的思想保证、精神动力和智力支持。

公安监管文化是广大公安监管民警在中国特色社会主义公安监管工作实践中创造发展的精神价值体系和执法管理规范,是在履行法定职责过程中反映出来的群体行为取向,也是广大公安民警对职业角色、职业责任、职业道德、职业理想所持有的价值共识。公安监管文化的内涵是忠诚、公正、规范、文明,四者是相辅相成、相互促进的辩证统一关系。公安监管文化具有政治性、科学性、群众性、时代性、进取性、人文性的鲜明特点。要按照公安部监所管理局出台的《关于加强公安监管文化建设的意见》,大力弘扬“爱岗敬业、忠于职守,秉公执法、廉洁奉公,吃苦耐劳、坚韧不拔,昂扬向上、务实开拓”的公安监管精神,积极发挥公安监管文化的教育引导、培育提升、养成塑造、激励约束和凝聚陶冶功能作用,构建起符合公安监管工作实际的思想理念、价值观念、规章制度、行为规范、评判尺度,创新监管文化机制,丰富监管文化载体,使公安监管队伍更加充满活力,公安监管民警精神风貌更加昂扬向上,公安监管工作全面协调可持续发展,努力开创公安监管工作新局面。

(七)要积极构建中国特色社会主义公安监管理论体系。认真思考和研究如何做好新形势下的公安监管工作,用理论指导实践,不断解决新问题探索新经验开创新局面,对于推进公安监管制度改革,坚持和完善中国特色社会主义公安监管制度具有重要意义。这就要求我们必须不断加强理论学习、理论思考和理论实践。恩格斯早在100多年前就曾经深刻地指出:“一个民族要想站在科学的最高峰,就一刻也不能没有理论思维。”陈云同志曾指出:“学习理论,最要紧,是把思想方法搞对头。因此,首先要学哲学,学习正确的观察问题的思想方法。如果对辩证唯物主义一窍不通,就总是要犯错误。”邓小平同志出指出:“学习可以使我们向前看,可以澄清各种混乱的思想。”孟建柱部长在全国公安厅局长会议上提出“要把工作当做事业来追求、当做学问来研究”。近期又要求各级公安机关领导干部要学会在研究状态下工作,在研究问题中解决问题,在掌握规律中运用规律,进一步增强公安监管工作的前瞻性、预见性。公安监管工作是一项基础性、传统性的公安业务,针对各级公安监管部门和广大公安监管民警在长期监管工作实践中形成了许多好的经验和做法,但是理论升华尚不够的问题,要把深入地发掘中国特色社会主义公安监管制度的丰富内涵、系统总结新中国公安监管工作的成功经验、建构中国特色社会主义公安监管理论的科学体系,作为我们义不容辞的责任和公安监管工作的重要课题。公安监管理论既是一门研究法律的学问,又是一门研究人的学问,涉及面广,有许多深层次问题需要破解。我们要坚持以马克思主义科学的世界观和方法论为指导,不断深化对公安监管工作的规律性认识。要坚持主观与客观相符合、认识和实践相统一,坚持继承与创新相结合、普遍性与特殊性相结合、理论与实践相结合、学习与应用相结合,切实加强中国特色社会主义公安监管工作研究,积极构建中国特色社会主义公安监管理论体系。要营造浓厚的理论研讨氛围,引导广大公安监管民警运用马克思主义的立场、观点和方法,以改革创新的精神研究和分析我国公安监管工作的实际,用党的路线、方针、政策来回答公安监管工作中遇到的新情况、新问题,使公安监管工作的发展方向、发展思路、发展模式始终符合科学发展观和时代的要求,走出一条符合中国国情和形势发展要求的中国特色社会主义公安监管事业的新路子。

(作者:公安部监所管理局局长)

大力加强领导干部执政能力建设
忠实履行三大政治和社会责任

朱有林

党的十六届四中全会旗帜鲜明地提出了加强党的执政能力建设问题，这是立足于我们党所处的历史地位和时代赋予的历史使命，着眼于中国特色社会主义事业的前进方向，从党和国家长治久安的战略高度，向全党提出的带有全局性、根本性的重大时代课题。公安机关特别是领导干部在全面建设小康社会的进程中，要切实担负起“巩固共产党执政地位，维护国家长治久安，保障人民安居乐业”的重大政治和社会责任，就必须不断强化“想”的意识、“能”的水平、“会”的艺术、“苦”的精神、“敢”的胆量、“真”的作风、“好”的信心，努力提高执政能力。

一、强化“想”的意识

“想”是一种思维活动。如想学、想干、想练、想抓等，都有一个“想”字。“想”反映了一个人精神状态的好坏、责任感和使命感的强弱、态度是否端正等等。“想”可以使人聪慧，它是战胜困难的力量，是成就事业的财富，如果“想”的意识不断强化，就会始终保持与时俱进、奋发有为、朝气蓬勃、昂扬向上的精神状态，工作起来就会勤勉敬业、励精图治、争先恐后；学习起来就会锲而不舍、孜孜不倦、持之以恒；训练中就会精益求精、一丝不苟。反之，工作上就会固步自封、萎靡不振、得过且过、当和尚撞钟；学习上就会沾沾自喜、骄傲自满、蜻蜓点水、一知半解、浅尝辄止；训练中表面化、假大空、花拳绣腿、水中浮萍。特别是在当前国际国内形势发生重大变化，社会治安形势日益复杂，新情况、新问题层出不穷的情况下，如果不强化“想”的意识，不充分发挥主观能动性，不积极主动地创造性地开展工作，就很难适应形势的变化发展，很难驾驭复杂的治安局势。因此，作为公安机关领导干部就是要不断强化“想”的意识，用心把握、用心工作、用心落实。这样，就会始终有一种坚忍不拔、锐意进取、自强不息的毅力，有一种奋蹄前行、永不松套、永不言败的气概，就没有克服不了的困难，就将无往而不胜。

二、强化“能”的水平

“能”就是能力强、水平高，具体讲就是有谋事之策、干事之才，成事之力。如果“能”的水平不断强化，适应力就会强，无论干什么，不怵头、不挠头、劲头足、干劲大。比如能干，就是无论放在什么岗位，无论条件多么艰苦、情况如何复杂，会很快适应，游刃有余。能学，就是基础好、功底扎实、接受新事物比较快，这样知识就会不断更新、经验就会不断积累、眼光就会更加开阔，就会有永不枯竭的发展动力。能练，就是悟性高、动作定型快，会事半功倍。反之，干啥干不了、学啥学不会、练啥啥不行，就无法成就事业，个人也不会获得成功。反映在一般干警身上，可能是庸警、废警，甚至是劣警；反映在领导干部身上，可能是以其昏昏使人昭昭，瞎指挥、乱决策。当前，我国正处在人民内部矛盾凸显、刑事犯罪高发、对敌斗争复杂的时期，新的形势、新的任务对公安机关能力建设提出了新要求、新挑战，要求公安机关特别是领导干部要科学判断国际国内形势，敏锐洞察社会治安发展规律和趋势，科学决策、运筹帷幄，牢牢把握公安工作的主动权。

三、强化“会”的艺术

“会”是一种艺术，一种技巧，是在“能”的基础上的提高和升华。如会干、会学、会练、会抓等。会干，就是工作有思路、手中有典型、团结协调好、落实有办法；会学，就是善思、多问、学用相长、融会贯通；会练，就是从难从严从实战出发，高标准、严要求、精益求精、一丝不苟。反之，工作就会瞎干、盲干、蛮干、不得要领，学习读死书、死读书，训练苦而无效或收效甚微。在观念创新上先人一步、在体制创新上优人一招、在机制创新上高人一筹、在科技创新上快人一拍，就叫会干。要做到“会”，关键要把握规律，抓住本质。比如公安部党委提出的“抓班子、带队伍，促工作，保平安”、“真抓、早抓、主动抓”、“建设过硬班子，纯洁民警队伍，树立良好警风，提高执法水平”和厅党委提出的“干好工作让群众满意，管好队伍不发生问题”、“打防管控保平安，执法为民创满意”以及“一高一低四个不发生”的思路，都抓到了点子上，干到了关键处。在干中学，在学中干，学与思、知与行结合得好，叫会学、会干；练为战，以及常练、苦练、善练，叫会练。总之，善于学习、善于用干部、善于带队伍、善于创环境、善于抓落实，就叫“会”；依法、科学、民主地处理一切事情就叫“会”；“真招”、“实招”、“新招”、“高招”，就叫“会”；吃透上边的，摸清下边的，形成自己的就叫“会”。当领导不要满足于能干什么，还要不断提高和升华，在“会”上多探索、多研究，不断提高自己的领导艺术和驾驭全局的能力。

四、强化“敢”的胆量

“敢”就是有胆量、有气魄，如敢想、敢干、敢闯、敢冒、敢试等等。无论干什么，没有勇气，没有胆量是不行的。“敢”，反映了一个人胆量的大小。如果“敢”的胆量不断强化，就会不畏艰难、坚忍不拔、越挫越勇、勇往直前，工作中就会锐意进取、敢为人先；学习上就会永不满足，敢于攀登高峰；训练中就会敢于挑战自我，从难从严、高标准、严要求。反之，头脑僵化、“怕”字当头、瞻前顾后、唯唯诺诺、悲观消沉、怨天尤人、一筹莫展、难字作祟，这也不行，那也办不到，就无法成就大事。但“敢”要尊重科学，要理智冷静，不是匹夫之勇。“敢”要求对看准的事要义无反顾、勇往直前，对看不准的事要三思而后行，多分析论证、多调查研究。因此，各级公安机关领导干部要以科学发展观为指导，认真贯彻《中共中央关于进一步加强和改进公安工作的决定》和全国“二十公”的精神，坚持与时俱进，坚持改革创新，以争创一流、敢为人先的气魄和胆量，站在高起点、坚持高标准、解决新问题、迎接新挑战、经受新考验；创新思想观念、创新工作思考、创新工作方法、创新体制机制，使公安工作切实体现时代性、把握规律性、富于创造性，不断开创公安工作新局面。

五、强化“苦”的精神

“苦”就是不惜力，吃得苦，耐得劳。“苦”，反映了一个人在急难险重任务面前的态度和精神状态。“苦”有多种，如苦干、苦学、苦练等等。如果能吃苦精神不断强化，在困难和重担面前，为了党和人民的利益，面对牺牲也会勇往直前、在所不辞。只要有了这种不怕吃苦的精神，工作中就会不怕艰难困苦，不怕流血牺牲；学习上就会“书山有路勤为径，学海无涯苦作舟”；训练中就会“掉皮掉肉不掉队，流血流汗不流泪”。反之，怕苦、怕累、怕难、怕险，遇到问题就会绕着走，碰上苦难就会撂挑子，面对牺牲就会退避三舍。强化“苦”的精神，对公安机关和广大公安民警具有特殊重要的意义。公安工作量大面广、任务艰巨繁重，无论是维护稳定、打击犯罪、治安防范，还是安全管理、服务群众，都需要做大量艰苦细致的工作，都需要付出辛勤的汗水甚至流血牺牲。没有吃苦耐劳的精神，没有不畏艰难险阻、不怕流血牺牲的英雄气概，就干不了，也干不好公安工作，就难当大任，难成大气。我们要不断强化特别能吃苦、特别能战斗的拼搏精神，不断强化不畏艰险、敢于胜利的英雄主义精神，不断强化机智勇敢、临危不惧的牺牲精神，越是有困难越要上、越是硬骨头越要啃、越是难破的案件越要攻坚克难。这样，我们的公安事业就会大有希望。

六、强化"真"的作风

"真"就是真实、不虚，如真干、真学、真练、真抓等等，实干兴业、漂浮败事。"真"的作风不断强化，就要说实话、办实事、求实效。真干，就是大胆探索、勇于实践、扎扎实实、兢兢业业、真抓实干；反之，就是官僚主义、形式主义、弄虚作假、急功近利。真学，就是学习习惯好、学习态度端正、学习自觉性高、学习方法得当，而且学以致用、学用相长；反之，就是心浮气躁、学用脱节、实用主义。真练，就是脚踏实地，不搞花架子和假把式；反之就是装样子、图好看、华而不实。为政之道贵在真、贵在实，求真务实是领导干部应该具备的优秀品格。公安工作是巩固国家政权的重要工作，同时又是非常具体和实际的工作，每一项工作都与国家安全、社会稳定、群众利益息息相关，来不得一丝虚假，更不得半点马虎，必须真抓实干。特别是公安领导干部，能不能抓落实，会不会抓落实，既是衡量其思想作风、工作作风的重要标尺，也是衡量其领导水平的重要标志。我们要坚决克服官僚主义和形式主义，坚决克服急功近利和短期行为，坚决克服把落实停留在会议上、停留在文件上的漂浮作风，脚踏实地、真抓实干、求真务实，在落实上下功夫、在落实上作表率、在落实上创实绩。

七、强化"好"的信心

"好"就是质量高、形象好，就是高起点、高标准、高效能，如干好、学好、练好、抓好等等。信心就是相信自己能够实现的心理。如果"好"的信心不断强化，无论在什么岗位，无论从事什么工作，都会高标准、严要求，都会充满自信、勇气和活力。如干好的信心，就是相信自己能干好，党委、政府会放心，人民群众会满意；再如学好的信心，就是相信自己的学习能力和基本功；练好的信心就是相信自己能娴熟、规范、到位地完成各项工作。反之，低标准低要求，干工作缺乏信心和勇气，自卑心强，就无法干事创业。作为公安领导干部，要履行好三大政治和社会责任，必须坚定干"好"的信心和完成任务的必胜信念，这就要审时度势、因势利导，善于把握和运用有利因素，善于变压力为动力、变挑战为机遇，不断提高领导艺术和工作水平，真正做到带好队伍、干好工作、不辱使命。

（作者：山东省公安厅党委副书记、副厅长）

厦门社会经济发展的成功实践与经验启示调研报告

改革开放以来，集经济特区、经济开发区、沿海开放城市三位一体的厦门市，作为国家高新技术产业开发区和省级高新区，在厦门党委、政府的领导下，认真贯彻落实科学发展观，坚持正确的政绩观，大兴求真务实之风，切实转变发展方式，以国际市场为依托，实现"四个加强"、"四个破解"，把工业化与信息化结合起来，发展壮大电子工业，走出一条沿海经济发展持续、高速、协调、均衡发展的新路子，在建设中国特色社会主义的伟大实践中交出一份出色的答卷。2009年5月8日至15日，我们中央党校中直机关分校二班中央党校支部学员赴厦门市就厦门经济社会发展的成功实践与经验启示进行了为期8天的调研考察，对厦门市社会经济的科学发展有了更加清晰的认识。

一、厦门社会经济发展的基本情况

厦门市地处我国东南沿海——福建省东南部九龙江入海处，背靠漳州、泉州平原，濒临台湾，面对金门诸岛，与台湾宝岛和澎湖列岛隔海相望，为闽南的经济、文化中心，素有“海上明珠”的美誉。厦门由厦门岛、鼓浪屿、内陆九龙江北岸的沿海部分地区以及同安等组成，陆地面积1565多平方公里，海域面积300多平方公里，辖思明、湖里、集美、海沧、同安、翔安6个行政区。全市常住人口243万人。厦门属亚热带气候，夏无酷暑，冬无严寒，是一个国际性海港风景城市。1980年10月经国务院批准设立经济特区，1988年列为国家计划单列市，1994年3月全国人大授予厦门特区立法权，1995年国务院批准厦门为副省级城市，2004年8月国务院又批准厦门试点“区港联动”，这意味着厦门的保税区转型为“自由贸易港区”已经迈出实质性步伐。

改革开放以来，厦门人民奋发进取，经过30年的努力，社会经济实现了跨越式的发展，昔日的海岛小城现已发展成为初具规模的现代化港口风景城市、改革开放的前沿和海峡两岸交流合作的重要基地。近30年间，厦门市国内生产总值由1980年的6.4亿元增至2008年1560亿元。按常住人口计算，2008年全市居民收入稳步提高，城镇居民人均可支配收入23948元，农村居民人均纯收入8475元，增幅连续4年超过10%。2002年就曾被联合国列为中国最具发展前途的25个城市之一。

厦门已成为以高科技为先导的制造业基地。2008年完成工业总产值3042亿元，这是继2005年工业总产值突破2000亿元大关(2100亿元)之后的第3个千亿元大关，标志着厦门市工业规模达到一个新的里程碑。财政总收入规模相当于1978年的266倍，比改革开放以来前22年财政收入的总和还多出37亿元。同时，厦门市以占全省6.9%的常住人口、1.3%的土地，创造出占全省27%的财政总收入，海峡两岸重要中心城市的龙头带动作用日益显现。

厦门已成为境外资本的重要聚集地。全市历年累计批准直接利用外商投资项目7928个，合同利用外资287.2亿美元，实际利用外资169亿美元，在15个副省级城市中位居前列。厦门已成为对外贸易的重要口岸，与世界上200个国家和地区建立了经贸合作关系，外贸进出口累计总额2374亿美元，分别占全省的一半以上。

厦门已成为两岸经贸合作和文化交流的重要基地。2008年厦门对台交流合作不断拓展。全年新批准设立台资(含第三地)项目132个，合同台资4.96亿美元，实际利用台资7.17亿美元，厦金航线全年运载旅客90.25万人次，增长三成。对台贸易大幅增长，台湾地区是厦门市第五大贸易伙伴，2008年对台进出口贸易总额38.31亿美元，增长25%。厦门口岸进口零关税台湾水果和水产品超过全国进口总量的一半，居全国首位。

厦门已成为国际友好交往的重要窗口。与12个国外城市建立了国际“友好城市”关系。每年接待境内外游客超过1000万人次。每年都举办国际性展会或赛事。其中，中国投资贸易洽谈会已成为我国唯一一个以促进双向投资为主题的国家级国际性经贸活动。厦门国际马拉松比赛已成为我国南北两大马拉松赛事之一。厦门国际交往的领域不断拓宽，层次不断提升，国际知名度不断提高。

在发展经济的同时，厦门市高度重视精神文明和政治文明建设，高度重视经济和社会的协调发展、人与自然的和谐。近年来，先后获得“全国科教兴市先进城市”、全国双拥模范城“五连冠”、“全国创建文明城市工作先进城市”、“国家卫生城市”、“国家园林城市”、“全国环境保护模范城市”、“中国优秀旅游城市”、“全国十佳人居城市”、“国际花园城市”等一系列荣誉称号，厦门是中国唯一获得“联合国人居奖”的城市。

二、厦门社会经济发展的成功实践

厦门经济特区作为中国改革开放的重要“窗口”和“实验田”，其社会经济发展的成功实践与中国特色社会主义事业息息相关，其发展成就已成为中国改革开放的一个精彩缩影。厦门社会经济的发展大致可分为四个阶段。

第一阶段从1978年底开始实行改革开放至1984年初。厦门人民承担着改革开放先行者的历史重任。在市委、市政府和特区管委会的领导下，首先从解放思想入手，开展“实践是检验真理的唯一标准”的学习大讨论，通过学习加深了对党的十一届三中全会精神的理解，统一了对社会主义条件下试办经济特区的认识，增强了试办经济特区的信心和决心。经过多次讨论，决定把完善基础设施作为办好经济特区的前提条件来抓。一是组织编制了《厦门市城市总体规划(1980——2000年)》，城市性质定位为社会主义的海港风景城市，确定了市区围绕厦门港组成一环六片的组团式布局。二是解放思想，更新观念，勇于改革，冲破“无债一身轻”的传统观念，多渠道筹措资金，进行全市性的交通、通讯、供电、供水等基础设施建设。为解决资金不足问题，厦门开创了举外债搞基础设施建设的先例。

在基础设施先行的同时，市委、市政府十分重视人才的培养和引进工作。创办了“自费、走读、不包分配”的鹭江职业大学，并根据城市发展定位成立电子学校和旅游学校，在厦门市委党校与北京对外贸易大学合办外经干部培训班；在厦门大学举办外语和国际会计培训班等，为特区初期培育了一批有知识的专业工人和管理人才。同时，为一批老干部的冤假错案平反昭雪，认真落实侨房政策，这些举措有力调动了干部积极性，赢得了海外华侨华人的信任，树立了厦门对外开放的新形象。

第二阶段从1984年初邓小平视察厦门经济特区至1991年底。邓小平关于“把经济特区办得更快更好些”的题词，给厦门发展以莫大的鼓励和鞭策。这一阶段，党中央、国务院赋予厦门几项具有里程碑意义的重大政策：1984年批准厦门经济特区扩大全岛，实行自由港的某些政策，并赋予厦门经济特区“发展我国东南部经济、特别是加强对台工作，促进祖国统一大业”的历史任务；1985年国务院颁发《关于厦门经济特区实施方案的批复》，明确要求把厦门建设成为以工业为主，兼营旅游、商业、房地产的综合性、外向型的经济特区；1988年国务院批准厦门市为计划单列市，赋予相当于省一级的经济管理权限。厦门把肩负的光荣使命和特区自身实际紧密结合起来，以高度的政治责任感和敢闯敢试的特区精神，率先进行了艰辛而卓有成效的探索与实践。

经过初创10年的艰苦探索与实践，厦门社会经济建设取得了令人瞩目的成就，初步形成了以工业为主、工商结合，各业综合发展的外向型经济特区，城市面貌发生了巨大变化，城市综合实力名列全国50强第10位，进入全国城市投资环境40优行列。特区广大干部群众也在改革开放中得到锻炼，经受了考验，树立和发扬了“开明、守信、开拓、竞争、奉献”的特区精神。

第三阶段从1991年底江泽民出席厦门经济特区建设10周年庆祝大会并发表讲话至2006年初。江泽民在讲话中提出，厦门经济特区要充分利用作为海峡两岸经济文化交流的重要窗口作用，积极推进两岸同胞的相互了解和往来。1992年初邓小平视察南方并发表重要讲话，有力推动了厦门新一轮的改革开放事业。1994年2月，中央确定厦门为副省级城市，为厦门加快发展创造了有利的体制优势。2005年，坚持以工业为主，以生产型、技术先进型和出口创汇型企业为发展导向，引进高新技术项目，为经济持续发展起到了稳定和支撑的积极作用。在这一阶段，厦门积极应对和有效克服了亚洲金融危机、通货膨胀、台海危机等困难和挑战，在遭遇挫折中奋起，经济社会发展取得了一系列成就。

第四阶段是2006年初胡锦涛总书记视察

厦门并发表重要讲话以来的现阶段。厦门社会经济按照重点突破、整体推进的思路，全面推进各项配套改革，市场在资源配置中的基础性作用得到有效发挥，社会主义市场经济体制框架基本形成。国有企业改革不断向纵深推进，以公有制为主体、多种所有制共同发展的所有制结构不断完善，以按劳分配为主、多种分配形式并存的分配制度逐步建立。实现了财税、外贸、外汇、投资等新旧体制的平稳过渡，形成了比较配套的要素市场。社会保障制度改革逐步深入，建立健全了职工养老、医疗、失业、工伤、生育保险制度，社会保障工作居全国领先水平。住房制度改革取得重大进展，建立了住房公积金制度。农村综合改革不断深化，农村社会化服务体系不断完善。科技、教育、文化、卫生、体育等社会事业领域和公共事业改革全面推进，教育资源整合取得重大进展。公民的法律意识和法制观念进一步增强，人民群众的民主权利得到进一步保障。现在，全市人民以胡锦涛总书记的重要讲话精神为动力，深入贯彻落实科学发展观，进一步解放思想、开拓创新，深入实施“十一五”规划，又好又快推进新一轮跨越式发展，努力在思想认识、经济发展、社会和谐、城市建设、对台工作等方面实现新跨越。

三、厦门社会经济发展的经验与启示

认真总结厦门社会经济发展所取得的经验，对破除与科学发展不相适应的思想观念、体制机制障碍，增强广大党员干部深入贯彻落实科学发展观的自觉性和坚定性，进一步完善发展的目标思路和方法举措，持续提升又好又快推进新一轮跨越式发展的宏大气势，推进海峡两岸经济区建设和促进祖国统一大业，具有十分重要的积极作用。

（一）厦门探索和积累了十分宝贵的经验

第一，坚持走社会经济又好又快发展之路，实现社会经济发展的速度与结构、质量、效益相协调。厦门市委、市政府以宽广的眼光、战略的思想和大局的意识谋划科学发展的新思路：1. 始终坚持以发展为第一要务。以经济建设为中心，致力促进经济增长速度与结构、质量、效益相协调，消费、投资、出口相协调，经济发展与人口资源环境相协调，实现了经济发展由“更快更好”向“又好又快”提升，保证了厦门始终沿着又好又快的轨道健康发展。2. 始终坚持以现代工业为主的发展路子。坚定不移地以发展现代工业为重点，突出抓好火炬（翔安）产业区、同安工业集中区、集美机械工业集中区、软件园、环东海域工业集中区等几大工业集中区的建设。坚持走新型工业化道路，发展壮大电子、机械、化工三大支柱产业和光电、软件、生物等新兴产业，不断提升工业经济的规模和效益，加快建设海峡西岸强大的先进制造业基地的步伐。3. 始终注重不断调整优化产业结构、转变经济发展方式。注意顺应国际市场和经济环境的新变化，高起点推进产业聚集和产业结构调整，致力提高自主创新能力，构筑区域性科技创新体系，加快产业技术的改造和提升，大力发展高新技术产业，保持产业领先优势。4. 始终注重全面协调可持续发展。提出不以牺牲环境来求得经济的一时发展，注重科技、教育、文化、卫生等社会事业发展，重视解决“三农”问题，节约资源和保护环境，增强可持续发展能力。一大批科教文卫项目相继落成，生态文明建设全国领先。

第二，全方位推进对内对外开放，不断提高国际化程度。1. 始终坚持对外开放的正确方向。一方面，主动融入世界经济和区域经济；另一方面，清醒认识经济特区的定位和使命，紧紧掌握对外开放的主动权，注意维护国家的主权和经济社会安全，注意防范和化解国际风险的冲击。2. 积极营造良好的开放环境。解放思想、转变观念、制定特殊优惠政策、落实华侨政策、加大基础设施建设、培养和引进人才，改善投资环境。3. 精心搭建国际国内交流合作平台。坚持以我为主、于我有利，不断提高引进外资水平。完善外贸服务体系和管理体制，积极开拓多元化国际市场。坚持内联协作，增强辐射带动功能。

第三，积极构建对台工作的桥梁纽带平台，促进祖国统一。1.明确定位，自觉服务对台工作大局。上世纪九十年代，厦门提出与金门“两门对开”，得到台湾尤其是金门民间、航运业界的积极回应，在两岸民间、业界的不断推动下，2001年1月，厦金实现“小三通”，开辟了同胞进出祖国大陆的便捷通道，对两岸直接“三通”起到了积极的促进作用。2.发挥优势，稳步推进对台合作交流。充分发挥地理区位优势，主动作为，大胆探索。为海峡两岸全方位的交流合作发挥了先试先行的作用。3.灵活务实，积极做好台湾人民工作。厦门在开展对台文化和民间交流交往中，始终尽最大努力、最大热情、最大善意做台湾人民工作，千方百计让台湾民众了解祖国大陆的建设成就和对台方针政策，增强其对祖国大陆的向心力和对中华文化的认同感，极大地增强了共识与互信。4.完善机制，持久形成对台工作合力。创立“政府主导、民间出面”模式，通过利用地方或民间在与台湾各项交流中具有地方性、民间性、非政府性的优势，建立有效工作机制，发挥其在处理相关涉台事务中的特殊作用。

第四，积极推动社会主义和谐社会建设，人民生活水平和生活质量不断提升。厦门以“四个加强”、“四个破解”为重点推进各项民生保障工作，重视发展社会事业，注意统筹城乡协调发展，积极推进社会主义民主法制建设，坚持不懈地推进生态文明建设，统筹兼顾社会各方面的利益，民生质量得到进一步提升，广大人民群众共享改革开放、和谐发展的成果，厦门日益成为人民群众安居乐业的美丽家园。

(二)厦门社会经济发展实践对我们的启示

通过在厦门的调研考察，我们深刻地感受到厦门全市上下对社会经济建设的信心和干劲，进一步加深了对社会经济建设深层次的理解，在社会经济建设这个系统工程中，必须明确社会经济建设的基本要求：

第一，以人为本，这是社会经济建设的首要原则。以人为本的“本”即根本，是着眼点、出发点和落脚点。以人为本就是以人为根本的思想观念、价值取向和评价尺度。维护人的平等权益，满足人的多样性需求，促进人的自由全面发展。坚持以人为本人人有责，从我做起，从现在做起，从点滴做起，努力学会做现代社会的具有人文精神的文明公民，并不断提升各方面的素养和精神境界。

第二，公平正义，这是社会经济建设的基本价值取向。社会公平正义是进步人类追求的理想，是社会主义的本质要求，是社会进步的标志，是社会主义和谐社会的重要特征。其深层次就是全体人民共担发展代价、共享发展成果。加强社会经济建设的关键环节就是逐步建立健全一套完善的制度体系，把公平正义的基本原则体现出来，促进社会和谐。

第三，社会和谐，这是社会经济建设的目标。社会和谐是指社会关系中的各种要素处于相互依存、相互协调、相互促进的状态，是社会经济建设的基本目标。社会关系中最基本的方面是人、社会、自然之间的关系，三者之间的和谐状态是人类文明进步的尺度。

第四，科学发展，这是社会经济建设的基础。发展必须是遵循发展规律的科学发展，没有科学发展就不能解决民生和社会问题，就没有社会和谐。必须转变发展观念、创新发展模式、提高发展质量，实现经济社会又好又快发展。

第五，党的领导，这是社会经济建设的保证。党的领导是加快推进社会经济建设的政治保证。同时，加快推进社会经济建设，对我们党的执政能力提出了新要求。中央要求全党同志特别是领导干部增强使命感和责任感，科学认识新形势下社会经济建设的特点和规律，认真研究解决重大理论问题和现实问题，不断提高管理社会、协调利益关系、处理社会矛盾、应对突发事件、维护社会稳定、开展群众工作、整合思想文化等各种社会经济建设的本领。使全党同志思想上始终清醒、政治上始终坚定、作风上始终务实，也让人民切身感受到我们党是为民、务实、清廉的执政党，增强党的向心力、凝聚力和整合力，我们任重而道远。

（调研组成员：中央党校 胡秀荣 杨晓杰 王颖 苏本英 刘小梅 苗宇；厦门市委党校 彭心安 万军 戴良平 潘永明 王纯蓉；执笔人：中央党校科研部 胡秀荣）

健全基层党建工作运行机制

刘中会

2008年12月召开的全国农村基层组织建设工作座谈会强调“党委书记要抓基层党建、抓好村党支部书记队伍建设”两大重点任务。淄博市围绕抓好任务落实，在深入调研、先行试点的基础上，积极健全完善“书记抓、抓书记”的工作运行机制，有力地推动了农村基层组织建设的创新发展。

一、明确细化“书记抓”的目标任务

一是抓组织设置。主动适应农业生产方式深刻变革和农村经济结构深刻变动的新形势，按照有利于党组织和党员发挥作用的原则，对农村基层组织设置进行适当调整，围绕实现资源整合、优势互补，积极推进村村、村企、村居党组织联建；顺应农业产业化趋势，把党支部建在产业链、行业协会和经济联合体上；针对党员流动性、分散性增强的特点，把党支部建在“两新”组织、各类市场和工地项目部上。

二是抓规范运行。制定下发加强村级工作规范化管理制度和村级工作流程图、农村发展党员工作流程图，建立“民主议政日”制度，规范村“两委”议事规则和决策程序；全面推行农村资金、账目、公章“三代管”制度，强化村级财务管理；进一步细化村级党务公开、村务公开的内容和程序，提高村级工作透明度。

三是抓统筹发展。立足淄博市特点，按照“以城带乡、资源共享、优势互补、互惠共赢”的原则，着力构建城乡一体的基层党建工作新格局，推动农村经济和社会事业的统筹协调。采取市县级财政帮扶、市直部门对口帮扶、选派机关干部包村帮扶“三位一体”措施，整合力量，分类施治，着力抓好对口帮扶重点贫困村和整顿转化薄弱村工作。

四是抓投入保障。针对农村税费改革后基层组织经费不足、历史债务沉重等问题，采取党费补一块、基层投一块、市县财政补一块等方式，建立起“多位一体”的基层组织建设投入保障机制，确保了农村基层组织建设的有效投入。

二、健全完善“抓书记”的具体制度

一是健全完善选拔配备机制。明确了“一好双强”（思想政治素质好、带富能力强、协调能力强）的村党组织书记选任标准，和“连续两年考核不称职”等10种不得担任村党组织书记的具体情况。大力推行“四个面向”选人模式，即面向强村干部，实行跨村任职，以强村带弱村、富村带穷村、大村带小村，选管理型人才；面向农民专业组织负责人、农民经纪人、复员退伍军人等高素质群体，选经济型人才；面向县、乡机关有作为的年轻干部，通过下派任职，选知识型人才；面向外出务工经商回村人员和私营企业主，实施“人才返聘工程”，选外向型人才。扎实开展选聘高校毕业生到村任职、“三支一扶”、“一村（社区）一名大学生工程”，切实加强农村后备干部队伍建设。

二是健全完善教育培训机制。实施农村基层干部“能力素质提升工程”，把村党组织书记教育培训纳入干部教育培训总体规划和各级主体班次培训，确保培训时间、培训人数和培训质量。市委组织部、市委党校每年有重点地调训部分村党组织书记。实施了“城乡联培”工程，有计划地从农村选拔优秀后备人才，安排到城市社区挂职或到乡镇机关帮助工作，进行重点培养锻炼。

三是健全完善激励保障机制。经济上提高待遇，从今年起，经考核合格的村党组织书记每人每年的基本报酬和业绩考核奖励报酬之和，不低于所在区县 2007 年农村人均纯收入的 2 倍，每三年调整一次。政治上拓展发展空间，加大从优秀村党组织书记中考录乡镇（街道）机关公务员、招聘乡镇（街道）事业编制人员力度，积极推荐优秀村党组织书记作为各级党代会代表、人大代表、政协委员人选。生活上解除后顾之忧，按照个人缴费、集体补助、政府补贴相结合的原则，今年年底前全部为在职村党组织书记办理社会养老保险。完善离任村党组织书记生活补贴制度，建立村党组织书记体检制度，探索建立村党组织书记意外伤害保险和重大疾病医疗保险制度。

四是健全完善管理监督机制。完善岗位目标责任制和述职评议制度，村党组织书记每年分别向乡镇（街道）党（工）委和本村党员大会述职，并向村民代表会议或村民会议通报工作情况，接受上级党组织的考核和党员、群众的评议。健全谈话、函询、诫勉制度，乡镇（街道）党（工）委书记至少每半年与村党组织书记谈心谈话一次。建立村党组织书记个人重大事项报告制度，实行不合格村党组织书记调整制度。

三、创新保障机制有效运行的措施办法

以责任落实为核心，以氛围营造为基础，以改革创新为动力，探索建立了保障“书记抓、抓书记”工作机制有效运行的系列配套措施和办法。

在强化责任落实方面，一是推行了抓基层党建工作记实制度。对各区县委书记、高新区工委书记参加基层党建工作会议、开展专题调研、研究基层党建工作事项等活动，专门做好记录、留好资料，有关情况每季度向市委组织部报告一次。二是建立了项目推进制度。参照项目化管理的做法，将基层组织建设的重点内容分解立项，制定《重点工作项目任务分解表》，实行目标责任制，明确责任科室、责任人、目标要求和完成时限，实行周汇报、月督查、季调度和随机抽查，抓好对重点工作项目的督促检查。三是落实定期述职制度。述职工作由述前考核、会议述职及评议两部分组成，并分别量化成分值，各区县述职结果按得分多少排出位次，作为推荐基层党建工作先进区县的重要依据。四是完善考核制度。把考核结果纳入领导班子年度考核内容，作为衡量党组织书记工作成效的重要标志，与干部的选拔任用挂钩。五是健全党建工作联系点制度。市委常委和党员副市长每人在联系一个乡镇（街道）的同时，结合各自分工，联系一个村（社区）或一个企业或一所学校，深入联系点指导和帮助基层解决实际问题，推动面上的工作。

在营造良好氛围方面，坚持把示范带动和典型引路，作为落实责任、推动工作的重要方法。开展了基层党建工作示范点创建活动，实施了示范点提升工程。健全落实了分级管理、动态管理、跟踪指导、沟通交流等制度，以推动活动深入开展。定期开展“优秀村党组织书记”、“优秀村干部”评选活动，增强其政治责任感和荣誉感。充分利用报纸、广播、电视、网络、工作简报等形式，加大对农村基层党建工作宣传力度，广泛宣传农村党建工作的先进典型和成功经验，为“书记抓、抓书记”工作机制的有效运行营造良好舆论氛围。

在推进改革创新方面，始终把解放思想、改革创新作为提升农村基层党建工作水平的源头

活水。结合全国、全省组织部长会议精神，对全市组织工作的重点、难点和热点问题进行了认真研究，确定全市组织工作特别是基层党建方面的20个重点创新课题，明确责任分工，力求在基层党建工作落实方面探索新的有效途径和措施。制定了《创新、亮点工作点评展示办法》，对全市组织工作特别是基层组织建设方面具有领先性、创新性、实效性的工作每月进行申报点评，以无记名计分方式认定，通过通报、挂星等进行宣传展示，形成了鼓励创新、推动创新的浓厚氛围。

（作者：中共山东省淄博市委常委、组织部长）

从源头上防治腐败的着力点

姜国文

党的十七大提出把反腐倡廉建设放在更加突出的位置，在坚决惩治腐败的同时，更加注重治本，更加注重预防，更加注重制度建设，拓展从源头上防治腐败工作领域。显然。反腐败的重心已经越来越转向预防和治本。从源头上根治腐败应该从以下几个方面着眼：

一、把“与时俱进、改革创新”作为防治腐败的基本理念

反腐倡廉建设必须与中国经济社会的发展相适应。腐败的滋生与蔓延是与国家和社会发展的状态紧密相连的。不同历史阶段腐败的表现与特征也有很大不同。当前，中国经济社会处于重要的转型期，反腐倡廉建设必须与时代发展相统一。同时，还要根据改革发展的趋势，对未来反腐倡廉的发展有一个科学的预见，并以此为依据大胆创新。与时俱进、改革创新要体现于反腐倡廉建设的各个方面和整个过程。要坚持指导思想上的与时俱进，用发展着的马克思主义指导惩治和预防腐败体系的构建工作；要在健全惩治和预防腐败体系上与时俱进，使其成为一个动态的开放的系统工程；要在完善反腐倡廉的具体措施上与时俱进，不断研究新情况，总结新经验，使惩治和预防腐败的各项措施更好地适应经济社会发展的要求；要在加强国际交流与合作上与时俱进，注意研究国外在反腐倡廉方面的有益做法，并结合我国国情加以借鉴。

要坚持以改革统揽预防腐败的各项工作。一段时期以来，我国所以处于腐败的高发期，原因并不在于改革本身，而是改革的不到位。把反腐败寓于各项重要改革措施之中。用改革的办法解决导致腐败现象发生的深层次问题，是有效预防腐败的根本途径。近几年暴露出的腐败问题大多与人、权、钱的管理有关，因此要重点从这三个方面入手，深化体制、机制和制度改革，堵塞漏洞，铲除腐败滋蔓的土壤。一是要积极推进干部人事制度改革。要全面贯彻中央有关深化干部人事制度改革的精神，加大对贯彻实施情况的检查力度，逐步完善干部人事工作民主、公开、竞争的程度。同时也要扩大任前的公示制度、公开选拔制度和竞争上岗制度的适用范围。二是要改革行政审批制度，规范行政审批权力，完善监督机制。应该清理中央和地方政府行政审批项目，再造审批流程，尽早地用市场机制替代行政审批，如实行招标拍卖、政府采购、产权交易等。建立健全同人民群众密切相关的重大事项社会公示制度和社会听证制度，防止少数人说了算，增加决策的公正性，避免重大决策失误。三是要推进财政体制改革，

强化资金监管。应该实行部门预算，将部门所有收支（包括预算外收入）均纳入财政预算管理，扩大“群众参与式预算”试点，将政府涉及社会公众切身利益的公共项目建设资金，通过社会公众参与决策的过程，交给公众讨论，并由公众决定，使预算编制更加民主、透明。强化对专项资金监管的力度，形成专项资金配置权力的制衡机制。积极推进领导干部职务消费制度改革、加快实施国库集中收付制度、取缔单位“小金库”。同时要规范政府收费行为，严禁乱收费、乱摊派、乱罚款。对确需收缴的行政事业性规费，也要严格实行“收支两条线”管理。

二、把积极推进社会主义民主政治建设作为防治腐败的根本方向

中国共产党领导的多党合作的政党制度决定了中国共产党在国家政治生活中的执政地位，中国的事情关键在党，反腐败关键也在党内。积极推进党内民主建设，维护党员的主体地位，以党内民主带动人民民主，不能不成为建设社会主义民主政治的根本。所以，必须坚持民主集中制这一党和国家的根本组织制度和组织原则；逐步推进党务公开，健全和完善党内情况通报、情况反映、党务信息发布、重大决策征求意见等制度，推进决策的民主化；完善党代表大会制度，使代表大会成为党的充分有效的权力机构和民主载体。完善党内选举制度和监督制度，使广大党员平等地参与党内政治生活，使党内权力真正为广大党员所掌握。

三、把教育和法制作为防治腐败的主要途径

邓小平同志早就指出，反腐败一靠教育，二靠法制。两者有机结合是防治腐败的主要途径。腐败的产生无外乎两个方面的原因：一方面，政府官员道德败坏，将个人或小集团的利益置于人民的利益之上；另一方面，国家的现行法律和制度无法真正约束腐败者的行为。因而教育和法制必然成为防治腐败的两大主要途径。

教育是反腐倡廉建设的基础，这是世界各国反腐败的普遍经验。政府官员具有较高的道德观念和思想意识，才能廉洁自律。理论上讲，我们党是全国各族人民的先进分子所组成，整体而言，党的领导干部具有较高的思想素养，能够经受住拒腐防变的考验。然而，现实中，全球意识形态的激荡、市场经济转型期带来的一系列物质诱惑、传统封建思想的不良影响等等都必然对干部的思想产生这样那样的影响，干部的思想观念必然处于一个动态的变化过程之中。教育显然是使干部思想良性发展的必要措施。

结合我国反腐败斗争的实践，当前，尤其要加强以下几个方面的教育。第一，利益观教育。要通过教育使领导干部树立共产主义的理想信念和坚定的政治观念，在此基础上，牢固树立正确的利益观。使他们时刻牢记所担负的历史责任，凡事要把党和人民的利益摆在首位，做到“先天下之忧而忧，后天下之乐而乐”，吃苦在前、享乐在后。第二，群众观教育。要通过教育使领导干部树立执政为民的理念。使他们深刻理解领导就是服务，权力意味着责任，党必须保持与人民群众的血肉联系，才能夯实我们党执政的基础。党的领导干部，要诚心诚意为群众办实事、办好事，让群众在与我们的党员干部密切联系中得到实惠。第三，自律观教育。要注意培养和提高领导干部的自律意识，使党的各级干部自觉做到“自重、自省、自警、自励”，管住自己、管住家人、管住身边的工作人员，绝不能在名利、金钱和美色等诱惑面前跌落下去。

法制是反腐倡廉建设的根本保障，从根本上防治腐败还必须依靠法制。我们这里所说的法制既包括国家的法律法规和各项制度，还包括以党章为核心的党内纪律。只有法制才能使国家公职人员的从政行为受到严密的和刚性的规范，从而使腐败受到全面的制约，使反腐败有法可依、有规可循。

当前，在依靠法制防治腐败的过程中，应尤其注意以下几个问题。第一，严格规范立法和立制行为。依法治国是党和国家的治国方略，

科学、合理、有效的立法行为和制度改革是其前提和基础。现实中必须特别注意的是，必须以宪法、党章为根本依据确定国家的各项法规和党内制度，而不得与之相违背。各项制度的出台也必须依照相关的法律规定。如果政府工作人员的执法行为只与其内部规定相一致，而与更具根本性的法律要求相违背，就谈不上依法治国，反而会给反腐败设置体制性障碍。第二，严格执行法制和党纪。改革开放以来，我们国家已经出台了大量法律法规，党的纪律也不断完善。可以说，如果现实法纪得到严格的执行，将会有效克服腐败。之所以在一些地区和部门执行得不好，其根本原因就在于有些时候我们对干部的评价往往注重的是其所谓"政绩"，而忽视了其工作方式和工作程序的规范性，而后者对于从总体上提高行政绩效和有效防治腐败具有根本性。所以，必须通过监督体制的完善，通过依照执政规范性的干部工作导向，通过提高领导干部的法纪意识，使法制的尊严得到真正的维护。第三，要注意制度建设的针对性和可操作性。多年来我们党在制度建设方面，做了大量的工作。如，中共中央、国务院制定了《关于实行党风廉政建设责任制的规定》、《关于实行党政领导干部问责的暂行办法》、《中国共产党巡视工作条例》、《党内监督十项规定》、《建立健全教育、制度、监督并重的惩治和预防腐败体系实施纲要》、《建立健全惩治和预防腐败体系 2008—2012 年工作规划》等。但制度还存在着弹性较大的缺陷，致使实施过程中，在是非问题的判别上、在工作责任的落实上尚有游离左右的空间，从而给腐败留下了藏身之所。因此，必须在制度的实施细则方面做出进一步的努力，以解决好制度的针对性和可操作性的问题。

四、把完善监督机制作为防治腐败的关键环节

加强监督对于从根源上防治腐败至关重要。就目前的情况而言，应着力解决好以下几个问题：第一，构建监督结构体系。按照层次分明、责任清楚的要求，实现对权力运行过程的全方位监督制约。这将使不同监督主体从不同角度对监督对象实施有效监督，形成监督的合力。要把党政"一把手"作为监督的重点对象。因为，"一把手"权力大，自由裁量权大，出了问题影响大、危害大、破坏力也大。从分析一些"一把手"高官腐败的原因看，其中一个重要原因是对其监督的措施和手段软弱乏力。若改变其现状，须建立对"一把手"监督的制度和机制。应该做到：在"一把手"的选任上，凡是群众对其思想品德和廉洁自律认可度不高的坚决不能提拔；在对现职"一把手"党风廉政建设责任制考核时，凡是群众对其抓党风廉政建设和自身表率作用认可度不高的，要及时进行廉政谈话，提出明确要求，限期改进；对现职"一把手"信访件较多或较集中的，虽没有明显违纪线索，但确实不同程度存在党性党风党纪方面问题的，要及时通过信访谈话等方式对其进行诫免谈话和警示教育。第二，改变监督方式。变事后、静态监督为事前、事中、事后的全程和动态监督，变被动监督为主动监督。目前，腐败现象之所以会出现屡禁不止、潜滋暗长的势头，原因固然是多方面的，但监督环节上的"失灵"，是需要注意研究的问题。要真正防止公共权力的失控和滥用，必须在坚持对党内不正之风和腐败现象施以重拳打击的同时，注意发挥监督系统的"预警"作用、"监控"作用、"制衡"作用，在事前和事中两个环节上，对带有苗头性的问题，及时给予诫勉、函询和警告，对一些呈滋蔓之势的问题，要有效地遏制。第三，"置实"监督主体在政府过程和社会过程中的地位。对党内不正之风和腐败现象监督"失灵"，并不完全是因为监督结构体系不完善和事前、事中监督薄弱或缺位所引起的。从一定意义上说，监督主体"虚位"，权利弱化和失衡，是更深层次上的原因。党章和宪法虽然都分别赋予了党内党外各监督主体以监督权，但只是限于一些原则性的规定，在工作层面上，仍然缺少与党章和宪法相匹配的、操作性强的监督条例和法规。各监督主体在权力结

构中的地位，并没有真正落到实处，甚至往往受制于监督客体，其监督权缺乏内在的强度，职能作用的发挥也就可想而知。此外，监督权失衡也是不容忽视的问题。现在，最有权的监督是自上而下的监督，与此形成鲜明反差的是，自下而上的监督确实较为乏力。而监督最主要和最本质的就在于下级对上级、群众对权力主体的监督。因此，想要充分发挥各监督主体的职能作用，使其监督不流于形式，最应该做的就是要从扩大知情权、保护权和批评权等监督权入手，"置实"各监督主体的地位，增加其权力的强度，着力解决监督权失衡问题。第四，对纪检监察机关进行体制机制改革，实行垂直领导，真正解决同级纪委对同级党委进行有效监督的问题。纪检监察机关是专司党内监督的部门，从目前的体制看，尽管党内有关规定中有了一些改进措施，但在实际工作中纪委监督同级党委还是很难，因为纪委所处的地位决定着它说话的分量和力度。特别是派驻机构监督同级党委（党组）就更难。

（作者：中共黑龙江省哈尔滨市委常委、纪委书记）

新判断　新经验　新任务　新命题

周知民

党的十七届四中全会以及这次全会通过的《中共中央关于加强和改进新形势下党的建设若干重大问题的决定》，对以改革创新精神推进党的建设，实现管党治党新飞跃具有巨大推动作用，对加快全面建设小康社会进程、坚持和发展中国特色社会主义，具有重大而深远的意义。

一

《决定》从世情、国情、党情的深刻变化出发，科学分析了我们党所处的方位，分析了党的建设中带有规律性、战略性、根本性的重大问题。标志着中国共产党在应对时代的挑战中，始终与时代发展同步伐、与人民群众共命运，逐步使党的建设由必然王国走向自由王国。

方位决定走向。党的历史方位是决定党的建设走向的历史坐标。《决定》指出，我国相继实现了从半殖民地半封建社会到民族独立、人民当家作主新社会的历史性转变，从新民主主义革命到社会主义革命和建设的历史性转变，从高度集中的计划经济体制到充满活力的社会主义市场经济体制、从封闭半封闭到全方位开放的历史性转变。这"三个历史性转变"，是我们思考和分析马克思主义执政党建设问题的出发点和着力点，是形成执政党建设科学布局的动力和支点。找准党的历史方位，才能更好地决定党的建设发展的内容、党的建设发展的重点、党的建设发展道路战略选择。

格局决定思路。《决定》用"艰巨性、复杂性、繁重性"三个词语描述党的建设所面临的国际国内的新格局。世界格局是正处在大发展大变革大调整时期，国内格局是正处在进一步发展的重要战略机遇期。党的建设必须统筹国内国际两个大局，正确地把握时代的中心和主体，坚定对历史发展总趋势的信念，不被某些表面或暂时的现象所迷惑，才能确保党在世界形势深刻变化的历史进程中始终走在时代前列，在应对国内外各种风险和考验的历史进程中始终成为全国人民的主心骨，在发展中国特色社会主义的历史进程中始终成为坚强的领导核心。

问题决定方法。实践证明，提出一个问题

往往比解决一个问题更重要。同时也证明，掌握问题存在的基本特性，是牢牢把握解决问题方法主动权的首要环节。因为解决一个问题也许仅仅是一个技能而已，而掌握问题存在的基本特性却需要有创造性的想象力，是标志着解决问题方法能力和水平的真正进步。党的十七届四中全会展现了党自信而清醒地掌握自身问题基本特性的能力。《决定》指出：党的建设取得了很多成绩，但“党内也存在不少不适应新形势新任务要求、不符合党的性质和宗旨的问题”，“世情、国情、党情的深刻变化对党的建设提出了新的要求，党面临的执政考验、改革开放考验、市场经济考验、外部环境考验是长期的、复杂的、严峻的，落实党要管党、从严治党的任务比过去任何时候都更为繁重和紧迫”。这“两类问题”和“四个考验”的概括，面对深刻变革的国内外复杂形势，面对党的建设存在的复杂问题，面对7500多万党员的大党实际，揭示了执政党的建设存在问题的基本特性，从而提出党的建设新的要求，作出党的建设新的战略部署。

二

《决定》系统总结了党执政60年的实践，第一次从执政党建设的角度总结基本经验，科学概括了马克思主义执政党加强自身建设的六条基本经验，即坚持把思想理论建设放在首位，提高全党马克思主义水平；坚持把推进党的建设伟大工程同推进党领导的伟大事业紧密结合起来，保证党始终成为社会主义事业的坚强领导核心；坚持以执政能力建设和先进性建设为主线，保证党始终走在时代前列；坚持立党为公、执政为民，保持党同人民群众的血肉联系；坚持改革创新，增强党的生机活力；坚持党要管党、从严治党，提高管党治党水平。

这六条基本经验，我们必须努力遵循、认真实践。它深刻反映了共产党执政的规律、社会主义建设规律、人类社会发展规律，标志着我们党对执政党管党治党规律认识的深化。马克思主义认为，逻辑必然是以历史的必然为基础的，但它剔除了历史中的偶然、虚假的因素，更加符合历史的本质和规律。全面地审视历史发展，科学地总结历史经验，精密地梳理历史的逻辑，准确地概括历史的规律，形成新的理性认识，是进行规律揭示和实现理论创新的重要条件。马克思曾经指出：“理论的方案需要经过实际经验的大量积累才臻于完善。”坚持把思想理论建设放在首位，提高全党马克思主义水平，深刻地反映了共产党执政规律的本质要求。坚持把推进党的建设伟大工程同推进党领导的伟大事业紧密结合起来，保证党始终成为社会主义事业的坚强领导核心，科学地揭示了共产党执政规律的主要内容。坚持以执政能力建设和先进性建设为主线，保证党始终走在时代前列；坚持立党为公、执政为民，保持党同人民群众的血肉联系；坚持改革创新，增强党的生机活力；坚持党要管党、从严治党，提高管党治党水平，鲜明地体现了共产党执政规律的基本要求。

这六条基本经验，我们必须倍加重视、倍加珍惜。珍视历史，是中华民族的品格。中华民族是具有悠久历史的民族，又是具有尊史、学史和治史传统的民族。“历史上都写着中国的灵魂，指示着将来的命运”。重视历史，是马克思主义理论的品质。马克思主义创始人指出：“历史就是我们的一切，我们比任何一个哲学学派，甚至比黑格尔，都更重视历史。”以马克思主义唯物史观观察人类社会的中国共产党人，比以往任何阶级的先进分子都更重视对历史经验的借鉴和运用。不断地从历史经验特别是从自身发展的历史经验中汲取智慧和营养，是中国共产党建设的一个重要特征。以史为鉴，立党治党，更是中国共产党三代中央领导集体的优良传统。

这六条基本经验，我们必须长期坚持、不断丰富。它是加强和改进新形势下党的建设的重要指导原则。我们思考历史的方式，很大程度上决定着我们对待现实的态度和选择未来的方式。历史的经验“提供的不是现成的教条，而是进一步研究的出发点和供这种研究使用的方法”。总结党的建设的基本经验，揭示执政党建设的基本规律，根本问题是要回答我们党的建设今天应当怎么走。《决定》提出加强和改进新形势下党的建设总体部署，着眼于继续解放思想、坚持改革开放、推动科学发展、促进社会和谐，着眼于提高党的执政能力、保持和发展党的先进性，着眼于增强全党为党和人民事业不懈奋斗的使命感和责任感，着眼于保持党同人民群众的血肉联系。为进一步把党建设成为立党为公、执政为民，求真务实、改革创新，艰苦奋斗、清正廉洁，富有活力、团结和谐的马克思主义执政党指明了方向，提供了行动指南，规划了一幅求真务实、富有可操作性的路线图。

三

《决定》提出了具有十分重要的理论价值和时代价值的党建思想——建设马克思主义学习型政党。《决定》认为它“是党始终走在时代前列引领中国发展进步的决定性因素”，要求把它“作为一个重大而紧迫的战略任务抓紧抓好”。

建设马克思主义学习型政党，是党始终走在时代前列引领中国发展进步的决定性因素。政党能否始终走在时代前列，不是自封的，更不是天赋的，而是取决于这个政党能否永葆先进性、始终充满生机活力。“不断学习、善于学习”是党始终保持先进性的关键所在。毛泽东指出，无产阶级由“自在的阶级”变成“自为的阶级”，必须在长期的斗争中经受马克思主义理论的教育。历史给我们揭示了一条千真万确的真理：我们党要领导全国人民实现中华民族的伟大复兴，必须始终坚持学习，并把学到的科学理论和先进知识用于中国实际，不断推动经济持续发展和社会全面进步。以胡锦涛为总书记的党中央更是为全党认真学习树立了榜样。在十六大以后，明确提出了建设学习型政党和形成学习型社会的重大任务，形成中央政治局集体学习制度。基于今天世情、国情、党情的深刻变化对党的建设提出新的要求，中国特色社会主义实践不断深入，如果不善于学习，不努力掌握和运用一切科学的新思想、新知识、新经验，就势必会落伍，势必难以胜任我们所肩负的重大职责。

建设马克思主义学习型政党，必须按照《决定》提出的“四项要求”来进行。要坚持“科学理论武装”，要用中国特色社会主义理论体系武装全党，形成有利于深入学习贯彻落实科学发展观的体制和机制；要坚持“具有世界眼光”，努力提高广大党员观察世界、洞察世界大势、正确判断世界新形势的能力和水平，应对和处理各种复杂的问题和挑战；要坚持“善于把握规律”，提高广大党员认识世界、改造世界的能力，不断提高建设和改革的主动性和自觉性，积极探索共产党执政规律、社会主义建设规律和人类社会发展规律；要坚持“富有创新精神”，使广大党员进一步解放思想，积极创新。一个没有创新精神的政党也是没有未来的政党。马克思主义执政党建设是前无古人、没有现成答案的伟大事业，纷至沓来的新情况、新问题、新趋势需要我们给出新答案、找到新办法、制订新战略。

建设马克思主义学习型政党，必须“推进马克思主义中国化、时代化、大众化”。我们要建设的学习型政党，不是一般意义上的学习型政党，而是马克思主义性质的政党，要求我们在建设中必须要始终坚持把马克思主义作为指导思想的理论基础，这是建设学习型政党的方向。把马克思主义中国化、时代化、大众化，这是我们党成功的法宝。毛泽东同志说过，不如马克思，不是马克思主义者；等于马克思，也不是马克思主义者；只有超过马克思，才是马克思主义者。《决定》突出强调了推进马克思主义“时代化、大众化”的问题，提这两个“化”，非常重要。实现马克思主义中国化，就必须实现马克思主义的时代化。马克思主义中国化的目的是解决不同历史时期中国面临的课题，体现马克思主义的本质与时俱进。实现马克思主义中国化，就必须实现马克思主义的大众化。马克思主义中国化是马克思主义同中国实际相结合，是解决中国人民大众的问题，就需要善于从中国传统文化、现实生活和中国人民群众中发掘理论语言，运用中国的民族语言阐述马克思主义理论，展现马克思主义科学内涵和崭新境界。

四

《决定》提出了“提高党的建设科学化水平”的重大新命题，显示出中国共产党的深刻自觉和崇尚真理的精神。

政党建设的科学性取决于其理论基础的先进性。中国共产党是一个遵循马克思主义理论原则建立起来的政党。马克思主义具有与时俱进的优秀品格，它本质上要求随时代的发展不断丰富、发展和创新，以此不断开拓马克思主义理论发展的新境界。在60年执政党建设实践中，我们党认真探寻马克思主义执政党建设规律，不断追求党的建设科学化，探索积累了一系列科学的方法。《决定》总结概括的六条基本经验，就是马克思主义执政党建设规律的体现和反映，说明我们党的执政党建设的科学化水平是很高的。但是，《决定》也指出了党的建设中确实还存在一些不够科学的东西。这就需要用科学的理念、科学的方法去破解。

科学是什么？科学是崇尚真理和真实的人们的，永无止境地探索、实践，阶段性地趋于逼近真理，阶段性地解释和揭示真理的阶段性、发展性、历史性、辩证性、普遍性、特殊性、信息性等特点，尽可能不包含自相矛盾的知识体系，且是一项成果的绝大部分有利于造福人类社会的高尚事业。中国共产党的建设就是这样的一项有利于造福人类社会的高尚事业。科学化最基本的含义是符合规律、遵循规律。提高党的建设科学化水平，说到底是要更加自觉地把握和运用马克思主义执政党建设规律。努力实现以科学的理论指导党的建设、以科学的制度保障党的建设、以科学的方法推进党的建设。提高党的建设科学化水平，关键是要坚持科学理论指导。最重要、最紧迫的任务就是坚持用发展的马克思主义理论武装党员干部头脑；重要环节要紧紧抓住制度建设，用制度把党的政治、思想、组织、作风建设的成果固化，制度建设带有根本性、全局性、稳定性和长期性，是推动党的建设科学化的重要保证；精髓是增强方法的科学性，方法科学与否决定事业发展是否事半功倍，对于提高党的建设科学化水平至关重要。

提高党的建设的科学化水平，必须进一步强化提升党的建设的主体责任与自觉意识。《决定》指出，要“常怀忧党之心，恪尽兴党之责”，这是提高党的建设的科学化水平的基点和活力所在。党的建设科学化的过程是共产党人的实践过程。离开实践主体责任与自觉意识，提高党的建设的科学化水平就是一句空话。同时我们还应该看到，对马克思主义执政党建设问题，无论在实践上还是在理论上，都有其客观规律需要我们去认识、去把握，有大量的复杂课题需要我们去研究、去破解。因此，必须在实践创新基础上进一步加强理论研究和理论创新，努力探索和把握马克思主义执政党建设的客观规律，自觉运用和丰富发展马克思主义执政党建设基本经验，进一步完善科学的党的建设理论体系，提高党的建设科学化水平。

（作者：中共吉林省委党校副校长）

认真谋划　扎实推进　确保学习实践活动取得实效

陈春明

中共赣州市委积极创新思路，围绕学习实践活动各阶段各环节的目标要求认真谋划，扎实推进，确保学习实践活动不出偏差、不走过场，真正取得实实在在的效果。

一、明确任务落实责任

按照中央和省委的统一部署和要求，在深入基层调查研究、广泛征求意见的基础上，我们对学习实践活动的全过程进行目标分解，做到任务明确，责任明晰，为学习实践活动的深入开展奠定了扎实基础。一是准备工作做到了“三全”，即组织机构健全、实施方案周全、思想发动全面。要求学习实践活动的实施方案必须结合本地本单位实际，严禁照抄照搬。启动阶段，市委对各地各单位的实施方案进行了一次检查，对个别单位存在照抄照搬的问题提出了严肃批评，要求重新修订。二是学习调研阶段做到了“四有”，即：学习有提升、调研有成果、讨论有共识、实践有成效。不仅对学习笔记、心得体会、调研文章提出了要求，而且要求在调研过程中帮助企业、群众解决实际问题，对一些能够立行立改的问题，要求转化为实践成果，转化为工作措施和制度政策。三是分析检查阶段提出了征求意见要“广”、发言材料要“实”、谈心交心要“深”、党员组织生活会要“真”、民主生活会要“诚”、分析检查报告内容要“全”、群众评议规格要“高”等具体要求。四是整改落实阶段做到了“四性”，即整改落实方案要有操作性、集中解决突出问题要有针对性、制度清理要有系统性、建章立制要有长效性。五是活动总结阶段扎实开展了“两评”，即活动效果总结评估和群众满意度测评。这些目标和要求环环相扣，推动学习实践活动步步深入。

二、坚持做到“一步一回查”

各地各单位每一个环节结束后，都认真对照目标要求，及时开展“回头看”，确保内容要求一个不少、方法步骤一个不减、环节要点一个不漏。“回头看”坚持了“六个标准”，即看领导干部是否充分发挥表率作用；看是否圆满完成了阶段工作任务；看是否遵循了既定方法步骤；看是否创新了“自选动作”；看是否突出了实践特色；看党员干部整体形象是否有新的提升。开展“回头看”，要求敢于揭短，敢于露丑，发现不足，及时补课。同时，制定下发了《赣州市开展深入学习实践科学发展观活动学习调研成果转化运用情况统计表》、《赣州市深入学习实践科学发展观活动有关数据统计表》、《深入学习实践科学发展观活动销号整改落实事项责任分工表》、《赣州市开展深入学习实践科学发展观活动需要上级协调解决的问题统计表》等表格，便于单位开展好自查工作。

三、加大指导检查力度

对学习实践活动开展的情况，市委要求各级指导检查组要全面抓好督促检查，以领导班子和党员领导干部为重点，对党委、政府班子进行全面检查，对重要单位、部门进行重点抽查。指导检查组深入基层一线，实地掌握第一手资料，深入群众中听取意见建议，督促指导学习实践活动。对学习实践活动的重要资料，每阶段抽查一次，并将抽查结果向全市通报。同时，要求指导检查组与活动单位加强沟通联系，及时了解活动进展情况，发现带有倾向性、苗头性的问题，帮助活动单位把握工作定位，落实活动要求。如在分析检查阶段，要求各级党委（党组）主要负责同志按照活动目标要求，组织领导班子及其成员认真检查分析。县（市、区）委的分析检查报告要报送市委、市政府主要领导审阅，部门单位党委（党组）的分析检查报告要报送市委、市政府分管领导审阅，从而确保了学习实践活动的质量。

通过以上举措，有效地促进了我市的学习实践活动。一是增强了活动的目的性。各活动单位普遍感到学习实践活动各阶段的目标清楚、任务明确，只要按照规定的要求，认认真真、一步一步地落实好、完成好，学习实践活动就能进展顺利、取得成效。比如，市委常委领导班子按照要求，每个阶段都制定了工作方案，增强了学习实践活动的针对性。再如，在整改落实阶段，各活动单位严格按照要求，认真制定整改落实方案，特别是单位一把手全程主持，使这一方案具有可操作性。二是增强了活动的组织性。一方面，上级党组织对学习实践活动的开展进行统一部署，牢牢把握工作方向，及时掌握活动的进度和情况，特别是对活动开展过程中出现的问题能够及时进行纠正，基层创造的经验做法能够及时总结推广，确保了学习实践活动顺利健康开展。另一方面，加强对学习实践活动的指导、督查、考核，确保整个活动按照既定的目标和规定的程序有序开展。如，在整改落实阶段，围绕学习实践活动目标，积极推行公开承诺、首办负责、限时办结、行政问责、销号整改等制度，确保整改方案落实到位。加大了监督和问责力度，实行责任公开，让群众了解整改任务由谁负责，什么时候完成。把整改落实情况与领导班子和领导干部年度考核结合起来，对整改落实不力、效果不明显的，实行责任追究，并责令限期整改落实。三是增强了活动的针对性。我市积极引导各级党组织和广大党员干部围绕学习实践活动的目标要求，联系本部门本单位工作实际，有针对性地解决实际问题，始终突出实践特色。如，针对企业受国际金融危机影响，面临着生产经营困难的实际问题，充分利用了网站优势，开通“政企网络直通车”，市委、市政府领导轮流值班，直接与企业管理人员沟通交流，协调解决问题，为企业发展开辟了“绿色通道”，推动了企业稳定发展。市委教育工委为解决高校毕业生就业难问题，为高校毕业生提供4000个教师岗位；市城管局在不影响市容市貌的前提下，为下岗职工、进城农民工和残疾人安排经营摊位270个；章贡区新开发就业岗位1500多个，发放小额担保贷款46万多元，帮助1000多名返乡农民工实现就业、创业。四是增强了活动的实效性。各活动单位按照目标要求，坚持边学边改，在每个阶段每个环节都能出成果、见实效。如在学习调研阶段，更加注重边调研边实践、边调研边转化，切实帮助基层、企业、群众解决实际问题。在分析检查阶段，围绕分析查找出来的问题和群众反映的建议和意见，通过建立公开承诺制，坚持边查边改，为群众办好事实事。

通过学习实践活动扎实开展，有力推动了我市经济社会的平稳较快发展。目前，我市各项经济指标保持了较好的增长态势，全市生产总值增长10.8%，财政总收入增幅开始回升。

（作者：中共江西省赣州市委副书记、组织部长）

求真务实　推动高校科学发展

华南农业大学党委

在深入学习实践科学发展观活动中，华南农业大学认真贯彻落实中央和省委的部署，紧密结合学校实际，坚持“求真、求实、求新、求精”，学习实践活动取得了阶段性成果。

一、坚持求“真”，紧扣学校的发展实际，突出以人为本，把集体的智慧和力量凝聚到推动高校科学发展上来

深刻领会学习实践活动对高校发展的重大现实意义。经过从2000年至2006年的大规模扩招，我校在校生规模由9000多人增至40000多人，学校发展的环境和条件发生了重大变化，面临着一些涉及面宽、触及利益层次深、配套性强、风险较大的改革任务，面临着资金保障能力需要下大力气解决、学科建设水平需要努力提升等突出问题。要完成这些改革任务，解决这些突出问题，靠常规的做法很难做到。学习实践科学发展观活动为推进改革发展提供了强大的思想武器和动力，大大增强了领导班子的改革勇气和攻坚克难的决心。

以人为本，围绕高校中心工作，着力解决关键问题，实现好、维护好和发展好师生员工的利益。为了提高人才培养质量，营造充分调动广大师生员工积极性的工作、学习、生活、发展的硬条件和软环境，校党委提出了在学习实践活动中要着重解决提高办学水平和办学实力、构建有利于科学发展的体制机制、深化人才培养模式改革和促进毕业生充分就业、加强党建尤其是干部队伍作风建设等四方面的问题。我校把改善师生物质条件放在突出位置，在资金较为紧张的情况下，对进一步改善教职工和学生的工作、学习及生活条件作出了明确的计划安排。

二、坚持求“实”，突出实践性，注重研究和解决高校改革发展面临的突出问题

全面客观、实事求是地研究存在的问题。在学习调研阶段，我校领导班子按照“重在深化思想认识、重在形成调研成果”的要求，在去年解放思想学习讨论活动的基础上，深入高校基层单位调查研究，充分听取群众意见。同时有针对性地到兄弟院校和联系紧密的珠江三角洲及其外围地区进行学习调研。此外，还邀请了有关专家、学者和企业负责人、地方领导干部为我校的改革发展出谋划策。各二级单位也对本单位工作进行了广泛深入的调查研究。通过深入学习调研，对影响高校改革发展的突出问题有了全面客观、实事求是的认识和理解，为下一步的整改工作夯实了基础。

形成高质量的学习调研报告，提出科学的思路和可行的方案。校党委明确提出，对存在问题的研究和分析必须切中要害，侧重从主观方面查找原因，并要以现实的发展环境和自身条件为基础，提出具体、明确、可操作的解决方案，避免“三多三少”，即强调客观条件多、强调主观因素少，谈硬件多、谈软件少，提出宏观思路多、提出可操作性措施少的现象。

通过加强能力建设确保各项工作落到实处。提高高校领导班子的领导能力和执行能力是高校科学发展的重要保证。在学习实践活动中，校党委针对领导班子和干部队伍在能力建设方面存在的问题进行专题研究，并采取切实措施保证这项工作落到实处。比如，根据干部

届中考核的结果，按规定程序对部分二级单位领导班子进行了调整。同时，通过开展纪律教育，增强了二级单位领导班子的执行意识，为各项工作的落实创造了有利条件。

三、坚持求"新"，强调进一步解放思想，探索新思路新举措，推动工作上新台阶

强调以解放思想为先导。思想解放的空间决定高校发展的空间，思考问题的深度决定高校发展的程度。校党委明确要求党员干部在学习实践活动中，按照中央对广东关于科学发展的要求，打破思维定势和主观偏见的束缚，遵循高等教育发展规律、人才成长规律和经济社会发展规律，结合学校实际，提出新思路和新举措，推动工作上新台阶。校党委还明确提出，要把能否真正解放思想作为评价干部的重要标准。

强调及时更新办学思路。围绕推动高校科学发展，校党委明确了通过进一步改革，发挥农业科学和生命科学优势，围绕"培养一个学科带头人、组建一个创新团队、建设一个创新平台、形成一个科技产业"这一思路，做大做强我校的优势学科和特色学科，全面提升高校科技创新能力；在服务社会主义新农村建设上，采取"四个一"工程模式，即"由教授带领一个团队，联合一个企业，兴一个产业，富一方农民"，为广东发展现代农业作出更大贡献。同时，因应学科专业结构的变化和国务院近期颁布的《珠江三角洲地区改革发展规划纲要》，加强对理工科的支持力度，为广东省先进制造业和高新技术产业的发展培养更多工程技术人才并提供科技支撑；进一步提高人文社会科学的办学水平，为广东农业、农村和现代服务业的发展作出更大贡献。

突出体制机制创新。根据高校从外延式发展转向内涵式发展的实际，校党委从管理体制、管理机制、管理制度、管理措施等方面进行改革和创新，破除阻碍科学发展的体制性障碍，克服传统的决策阶段和实施过程的不足，认真解决目前学科资源分散和管理效能不高的问题，提高工作效能，促进学校各项事业向更高层次、更高水平发展。如为提高后勤管理水平和后勤服务质量，按照"小机关、多实体"的改革原则，进行了后勤服务管理体制改革。为提高大型仪器设备使用效率，实现资源共享，实施了大型仪器设备共享改革，出台了《华南农业大学大型仪器设备共享使用管理办法》，并以此推进国有资产管理的科学化、规范化。

四、坚持求"精"，探索并逐步推行精细化管理，切实提高高校管理水平

树立科学的大学管理理念。随着高等教育改革的不断深化和高等学校法人地位的确立，高校自我积累和自我发展能力的重要性日益凸显。因此，校领导班子提出了将管理理念由一般行政管理向综合效益管理方向转变，通过开源节流、盘活资产，实现资产的保值和增值，改善办学条件，提高可持续发展能力，为学校的人才培养、科学研究和社会服务提供可靠的条件保障。

以精细预算管理为切入点，探索推行精细化管理。通过建立以目标为导向、以项目成本核算为核心、以绩效考评为关键的新的预算编制和财务管理模式，强化高校和二级单位领导班子的科学理财观念，实现规划和计划编制及执行工作的精细化，使高校有限的资源发挥最大的使用效率。以精细化预算管理为切入点，借鉴和吸收现代管理科学的成果，引入精细化管理的发展理念，构建精细化管理体系，全面提高管理水平，确保高校科学发展。

突出实践特色　创新发展思路

焦宝华

伊宁市是祖国西部边陲最大的沿边开放城市。自开展深入学习实践科学发展观活动以来，中共伊宁市委按照“党员干部受教育、科学发展上水平、人民群众得实惠”的总体要求，以“推进科学发展、建设和谐伊宁、造福各族人民”为主题，强化思想政治建设，突出实践特色，创新发展思路，大力实施“稳疆富民”战略，着力解决影响和制约发展与稳定的突出问题，推进了边疆少数民族地区的繁荣和发展。

一、用科学理论武装头脑，牢固树立科学发展的理念

我们注重创新学习模式，采取了“市委中心组领学、部门领导带头学、邀请专家讲座学、结合工作重点学、集中分散配套学、网络专栏互动学”等方式，在全市广大党员干部中掀起了学习实践活动的热潮。市委先后组织四套班子成员为全市近千名科局级党员干部举办专题讲座，邀请了自治区、自治州党校及州师范学院的有关专家和教授作专题报告。组织专人编辑了《科学发展观应知应会150题》和《科学发展观资料汇编》，发放到广大党员干部手中进行自主学习。还先后组织了500多名科级干部组成了48个宣讲、调研团深入到市直部门、基层单位开展了“科学理论进基层”，“访民情、问民忧、解民难”等形式多样的理论教育和办实事活动，坚持用科学发展观武装党员干部，教育广大群众，不断增强用科学发展观统领经济社会发展全局的自觉性和坚定性，为推动我市经济社会又好又快发展奠定了思想基础。

二、认真解决突出问题，推动科学发展上水平

解决突出问题是破解发展难题、促进科学发展上水平的关键所在。作为伊犁州首府和河谷中心城市，伊宁市的发展速度和规模与当前各族人民求富裕、盼发展的迫切要求还有很大差距。我们紧密联系实际，在对伊犁河谷的地理位置优势和有关机遇、条件等进行认真分析的基础上，按照加快建设“向西开放的桥头堡”的历史性定位，确定了全力实施工业强市、强农富民、开放带动、自主创新、可持续发展战略，强化提升城市的集聚辐射功能，加快构筑区域交通航运中心、新型工业中心、商贸物流中心、科教文化中心，把伊宁市建设成为中国西部现代化开放城市、区域性中心城市和生态型江南城市的工作思路，以开拓出一条实现经济迅速发展、稳疆富民固边战略目标的新通道。

我们结合当前国内外经济形势和自身发展实际，始终坚持以经济建设为中心，聚精会神搞建设，一心一意谋发展。一是以项目为载体夯实发展基础，加快新型工业化进程。围绕支柱产业，做好前期项目的论证、包装工作，加强与大企业大集团的对接，积极承接产业转移，重点突破一批投资规模大、产业带动力强的重特大项目。继续做好高科技、高附加值、高产出中小企业的入区和扶持工作。二是以农牧民增收为核心，推进农业产业化进程。抓好7万亩千元田、2万亩经济林、1.5万头优质奶牛、4万名劳动力转移工作，力争3至5年内构建起1万元的农牧民增收框架，建立农牧民增收的长效机制。三是加强基础设施建设，推进城市化进程。在学习实践活动中，市委着力围绕城市科学定位的问题，以创建“国家级园林城市”为目标，确定了“拉开大框架、拓展新空间、改善大环境”的发展思路，完成了第六轮总体规划的修编，抓好

城市道路、供热供水、垃圾和污水处理、旧城改造、污染治理、城市绿化等工程的实施，科学打造山清水秀的边塞“生态江南”。四是继续推进旅游业和商贸流通业发展。以喀赞琪民俗旅游区为龙头，建设游客服务中心、歌舞演艺中心、旅游休闲广场，逐步完善了旅游景区功能，加快了民俗风情旅游的发展。大力开发“农家乐”、“渔家乐”，形成片区规模发展。五是加快对外贸易发展。充分发挥我市作为向西开放前沿地区的优势，面向中亚五国和俄罗斯开拓市场，培育和发展有出口前景和发展潜力的外向型项目。重点抓好中亚国际商品交易会，广泛开展对外交流与合作。

三、实施稳疆戍边战略，着力推进平安伊宁建设

以发展促稳定，以稳定保发展，是构建和谐社会、建设平安伊宁的重要保证。伊宁市作为反分裂斗争的第一线，社情异常复杂。在学习实践活动中，市委坚持从维护稳定、促进服务、强化基层组织建设和基层管理入手，继续深入开展了“四知四清四掌握”工作，要求社区居委会和村委会工作人员分片包户，做到“四知”，即对居民家庭知基本情况、知家庭经济状况、知家庭成员政治表现、知家庭成员遵纪守法情况；“四清”，即对辖区居民就业情况清、重点人员情况清、流动人口情况清、贫困群体情况清；“四掌握”，即对整个辖区做到掌握基本社情动态、掌握宗教管理状况、掌握热点难点问题、掌握各类积极分子发挥作用情况。坚持了“主动出击、露头就打、先发制敌”的方针，坚决防范和打击敌对分裂势力的各种渗透破坏活动；加大了意识形态领域反分裂斗争宣传教育，不断扩大意识形态领域反分裂斗争宣传教育覆盖面；进一步完善了社会治安防控体系，加强民兵预备役建设，强化公安基层基础建设和社会治安综合治理，依法严厉打击各类违法犯罪活动，严格落实维稳“一岗双责”制；广泛开展了丰富多彩的民族团结教育活动，促进各民族共同团结进步、共同繁荣发展；全面贯彻党的宗教政策，依法加强宗教事务管理，充分发挥宗教界人士和信教群众在经济社会发展中的积极作用；继续实行三级领导公开接访制度、信息汇集研判机制，妥善处理突出问题及群体性事件，充分发挥基层人民调解组织作用，努力提高调解结案率、执行和解率，及时化解了基层矛盾；实行了三级预案预警，形成各单位(部门)整体联动、军警兵民四位一体，全天候全方位的应急防范体系，强化了基层基础工作，及时消除了社会不稳定因素，为全市经济社会又好又快发展起到了重要的保障作用。

四、以改革创新精神全面加强党的建设

加强和改进党的建设是落实科学发展观，实现经济社会又好又快发展的组织保证。在学习实践活动中，我们始终坚持以改革创新精神全面加强党的建设，以建设学习型机关、知识型干部为目标，把深入学习科学发展观放在突出位置，努力用中国特色社会主义理论武装头脑，深刻领会科学发展观的丰富内涵和精神实质，在博学中掌握新知识，在实践中积累新经验，用思想大解放促进经济大发展，不断提高驾驭全局、处理复杂问题、务实创新的能力；以创新机制为抓手，狠抓各级领导班子建设，全面贯彻干部队伍“四化”方针和德才兼备、以德为先原则，坚持用实绩选人、选实绩突出的人，建立干部工作考核评价机制，完善干部奖惩激励机制，创新干部教育培训方式，努力建设一支适应伊宁市科学发展需要的高素质干部队伍；以丰富活动为基础，抓好“三级联创”活动，深入开展“天山先锋”、“党员奉献日”、“一评五学”等主题实践活动，切实加强了党的基层组织建设；以转变作风为突破口，深入开展“讲党性、重品行、作表率”主题教育活动，大兴勤政为民、求真务实、真抓实干之风，使各级党组织始终成为实现伊宁市经济社会又好又快发展的坚强领导核心。

(作者：中共新疆维吾尔自治区伊犁州委常委、伊宁市委书记)

推进组织工作科学化的思考

管　群

组织工作如何服务科学发展和实现自身科学发展，是当前组织工作改革创新面临的重大课题。推进组织工作科学化，要求我们以科学发展观为指导，重新审视组织工作的职能定位、工作方法和内在规律。

一、准确设定职能职责，是推进组织工作科学化的首要前提

根据建党原理把握组织工作职能职责的基本内涵。从组织学原理在政党建设中的运用上来认识组织工作，有利于对组织工作职能职责把握得更清楚。根据马克思主义建党理论，组织工作职能职责可以从广义和狭义两个层面上认识。从广义上讲，组织工作的基本职能可定位为“根据党的路线、方针和政策，不断完善组织工作的内容、机制和方法，为提高党的执政能力、保持和发展党的先进性提供思想、政治和组织的保证”。其职责主要应包括三个方面：一是促进组织体系的科学化，设置并完善组织的形态、结构和功能。二是促进组织制度的科学化，完善促进组织有机运行的体制机制。三是促进队伍建设的科学化，优化组织人才资源的管理与开发。从狭义上讲，组织工作的基本职能可定位为“根据党委的指示、决议，研究提出党的组织工作方面的建议和措施，经党委审查批准后，认真组织贯彻执行，为党委加强和改进党的组织工作发挥参谋助手作用”。其基本职责主要包括五个层面，即研究制定组织、干部及人才政策，加强干部日常教育和监督管理，提出干部和班子调整建议，抓好党的各级组织建设和党员的发展、教育和管理，统筹抓好各类人才队伍建设。

根据形势任务发展把握组织工作职能职责的时代特征。一是适应党执政使命和任务的变化。要紧紧围绕执政能力建设和先进性建设这条主线，服从服务于经济建设这个中心，努力建设善于领导科学发展的高素质领导班子和干部队伍；适应社会结构的深刻变化，调整完善党的组织设置和活动方式，最大程度发挥基层组织的政治优势、组织优势和思想优势；聚好人才、用好人才，使人才资源成为推进科学发展的根本性资源。二是适应党执政环境和条件的变化。从“计划到市场”、“封闭到开放”的变化，要求干部管理变“人头”管理为资源管理，变身份和职务管理为岗位和职责管理；不断打破干部选拔中的身份、行业、地域、所有制限制，让更多符合条件的人才参与干部职位的竞争，畅通干部的进出口。打破人才流动的政策障碍和体制壁垒，树立“大人才观”，发挥市场在配置人才资源中的基础性作用。改进基层组织工作运行，使之由行政命令型向服务指导型转变，健全党内关怀、激励、帮扶机制；要把党的基层组织覆盖到社会各个领域、把社会各阶层优秀分子吸收到党组织中来，同时要严格标准、严格管理，畅通进出口。三是适应党执政方式和领导方式的变化。按照党依法执政、民主执政、科学执政的要求，研究新形势下党管干部原则的实现形式，科学界定委任制和选任制的适用对象，不断扩大选任范围，努力完善推荐提名与依法任命、组织意图与群众意愿、组织调配与法律任期相统一的制度措施，建立和完善科学的干部分类管理体制；准确定位各类基层党组织的地位和作用，规范和创新工作方式和活动方式；研究尊重和落实党员主体地位的制度，理顺党内权力配置关系，依靠制度发展党内民主；建立健全人

才工作制度、法规体系，促进人才工作的法制化、科学化。

根据法治精神把握组织工作职能职责的边界设定。具体要把握好五条原则：一是价值目标的“公共性原则”。围绕中心、服务大局是组织工作的基本职责，组织工作的权力本质上是一种公权力，所有组织工作都要体现对党负责、对人民负责。二是功能设定的“相对性原则”。组织工作其有“无处不在”的特殊性，但不可能“包办代替”，其职能职责应该具有相对独立性。三是权责范围的“有限性原则”。随着工作领域的不断拓宽，党员干部队伍的发展壮大，组织工作的工作强度、组织部门管理的幅度和难度都在增加，这就需要正确把握好宏观管理与微观操作的关系，善于从一些“公共领域”、“微观领域”退出来。四是行为取向的“人本性原则”。组织工作说到底是做人的工作，这就要求在职能职责设定上，更多地体现以人为本的要求。五是权责内容的“一致性原则”。

二、加强统筹协调，是推进组织工作科学化的重要方法

要讲系统论。组织工作涉及面宽、任务繁重，这就要求我们善于运用系统的方法，通盘考虑、合理安排。比如，把党的总体组织工作与经济、政治、文化、社会建设统筹起来，把组织建设与党的思想建设、作风建设、制度建设和反腐倡廉建设统筹起来，形成“大组织”的工作格局。再如，组织工作和组织部门内部也要破除壁垒、相互贯通，整合工作任务，优化机构设置，防止“各自为战”和“畸重畸轻”。在组织工作改革创新中，思想观念、体制机制、方式方法也要统筹协调、步调一致，防止掣肘；改革的措施要综合配套、防止制度的“短板”、冲突。

要讲两点论。坚持把唯物辩证法的思想方法贯穿始终，正确处理改革发展进程中方方面面的关系。比如，干部工作既要重视不断扩大民主，更要重视提高民主质量；干部考核既要重视努力扩大定量评价，也要尊重定性评价的合理性；既要严格执行《条例》，又要防止和克服论资排辈、求全责备、隐形台阶等各种“明格暗格”；既要重视培养选拔优秀年轻干部，也要重视培养使用其他干部；既要研究如何“上和进”，又要重视研究如何“下和出”；班子配备既要坚持政策结构，也要讲求功能结构，防止年龄“一刀切”，把身份、党派、学历绝对化，降格以求。基层组织建设中既要重视扩大组织的覆盖面，也要重视组织功能的发挥和党员的教育管理等。

要讲重点论。要统筹协调，正确处理突出重点与整体推进的关系，根据工作的重心和任务，坚持有所为有所不为，以重点突破来带动全盘。要紧紧抓住党委的关注点、工作中的热点难点、群众的期待点，投入足够精力，加强工作力量，一抓到底，抓出成效。

三、正确把握客观规律，是推进组织工作科学化的根本保证

推进组织工作科学化，就是要不断认识和把握规律。重点要正确处理几对关系：一是正确把握继承与发展的关系。组织工作的理论和实践在不断地发展，但贯穿其中的一些基本原理、基本原则、基本方法是不变的，形成的好传统、好经验也是不能丢的，我们必须坚持。同时注意总结新经验，并在实践中加以丰富和完善。二是正确把握求实与创新的关系。组织工作改革创新光有主观热情不行，还必须注意创新的现实可能性和可行性，尊重客观规律、追求实际效果。三是正确把握成本和效益的关系。要牢固树立科学的成本效益理念，用先进的管理理论和科技手段来改造和提升组织工作。四是正确把握当前和长远的关系。组织工作不能只顾当下、忙在眼前，要善于战略思维，抓住管长远、管根本的问题超前思考、超前谋划，确保组织工作的永续发展。

（作者：中共贵州省安顺市委常委、组织部长）

提高组织工作科学化水平问题研究

王维卿

党的组织工作与党的生存与发展紧密联系在一起。提高组织工作科学化水平，更好地推进党的建设、促进全社会科学发展，是需要深刻思考、探索和实践的重大课题。

存在的问题

科学发展观是推进新时期组织工作创新与发展必须长期坚持的指导思想。对照科学发展观的科学内涵、精神实质，深入思考新形势下的组织工作，还存在一些不适应、不符合科学发展观要求的问题。

组织设置方法不能完全适应科学发展观第一要义要求的发展。如过去很长一段时间，农村党组织按农村党员生产生活方式进行设置，乡镇党委、农村党支部、生产队党小组，上下自成体系，农村党员居住相对集中，身份比较明确，组织管理相对便利。近年来，随着农村乡镇企业、私营个体经济的发展，各种中介组织、专业协作组织不断涌现，党员流动趋势加剧，原有的党组织设置形式和党员管理方法不能完全适应形势发展的需要。虽然各地党组织也积极探索创新，但在实际工作中，乡镇党委、农村党支部与产业协会、专业协会、专业经济合作组织缺少一定的工作业务往来，一些产业协会、专业经济组织负责人感到党建工作误工费事，产生一定的逆反心理，影响新经济、新社会组织党建工作的开展。同时，大批农民工党员外出务工经商，成为流动党员。由于流动党员受雇于业主，担心参加党的活动会影响工作，加之各地党组织提供的服务也非常有限，造成了流动党员不愿亮明身份、不到流入地党组织报到的问题，影响了党组织活动的开展。

重义务、轻权利现象的存在，与科学发展观以人为本的要求不相符。近年来，广大党员的民主意识不断提高，参与党内事务的愿望不断增强。但部分领导干部受官本位、宗派主义和特权思想等传统观念的影响，在对待党员权利义务上，片面强调党员义务，忽视党员权利；在党内监督上，片面强调党员是被监督的对象，忽视党员也是监督的主体；在党内管理上，片面把党员作为被管理的对象，而忽视党员在党内事务中的主体地位；在党内决策上，片面强调党员无条件贯彻执行组织决定，忽视党员参与民主决策的权利；党员对党内事务不知情、不了解，从而导致党员的主体地位得不到充分体现。这些都不同程度地制约甚至损害了党员权利的行使。

重农村、轻机关，重眼前、轻长远的工作方法，与科学发展观全面协调可持续的基本要求不相符。一方面，由于农村党建资源缺乏，开展党建工作的难度相对较大。因此，各级党组织把农村作为组织工作重点区域，加大村级组织活动场所建设力度，定期组织农村党员干部学习培训，在一定程度上提高了农村党员干部的整体素质，夯实了党在农村的执政基础。另一方面，认为城市党员比较集中、文化层次较高、易于管理，而忽视了城市组织工作，导致少数机关企事业单位特别是停产、改制企业党建活动极不规范，影响了城市基层党组织建设水平的进一步提升。同时，各地积极探索推进组织工作的新思路、新办法，大规模地开展人才下乡、结对帮扶等党组织活动，由于组织严、考核细，而且党员干部在一段时间也有新鲜感，思路多、干劲大，确实取得了令人满意的成效。但在推进中，由于受人力、物力的影响，很难长期坚持下去，从而影响了组织工作的整体效果。

城乡分割、自成一体的工作模式，不能适应科学发展观统筹兼顾的根本方法要求。近年来，农村党员在城乡间流动加快，特别是城乡党建工作物质资源、信息资源、人才资源严重不平衡，给原有的城乡分割、自成一体的组织工作模式带来新的挑战。工作中，由于党组织的二元管理模式是按行政或地域关系设置，实行以具体单位为单元建立基层党组织，并以严格的行政隶属关系纳入各自的条块范围，制约了城乡间的互动交流，影响了统筹城乡基层党建工作的开展。再加上机关党支部帮扶基层党支部时，往往给予的只能是钱、物等暂时的帮助，拿不出帮助基层解决实际困难的具体方法；而基层党支部也会对机关党支部的帮扶期望过高，给统筹城乡基层党建工作带来了一定的困难。

思考与对策

提高组织工作科学化水平，必须以科学发展观为统领，主动适应新形势、新任务对组织工作提出的新要求，以改革创新精神推进组织工作。

树立组织工作科学发展的新观念。组织工作服务科学发展，必须顺应时代的发展变化，与时俱进，更新观念。一要树立服务科学发展的观念。当前，要着重把应对危机、克服困难、保证经济平稳较快发展作为组织工作的重中之重，围绕发展选干部、配班子，建队伍、聚人才，抓基层、打基础，真正做到一切服从和服务于科学发展。二要树立以人为本的观念。组织工作要营造良好的人文环境，以人为主体，以人为动力，以人为目的，关注人的教育、关心人的发展、支持人的进步，在关怀激励、考核评价、选拔使用等方面求突破，使组织部门真正成为党员之家、干部之家、人才之家。三要树立公开透明的观念。不断适应发展变化的形势需要，打破组织工作的神秘感，扩大干部群众的民主参与，在不涉及工作秘密的前提下，组织工作的政策、标准、过程、结果等内容都应当积极通过党报党刊、网站、公开栏等途径公开。

确立组织工作科学发展的新思路。李源潮同志指出："不能光在大楼里搞文件，不能光在机关里做决策，要多到基层调查研究，多和做实际工作的同志商量。"组工干部要坚持实事求是，走群众路线。问政于民、问需于民、问计于民，让广大干部群众参与、监督和评判组织工作，防止因信息局限和个人偏好而出现思路错误、决策错误。要坚持与时俱进，创新思维方式。善于从不同的视角去观察事物，思考问题，勇于突破旧的思维模式和心理定势，以新的视角看待复杂问题。以思维创新推动思路创新，以思路创新推动工作创新。

赋予组织工作科学发展的新内容。一要按照科学发展观的要求选干部、配班子。坚持德才兼备、以德为先的用人标准，按照民主、公开、竞争、择优方针，坚定不移地推进干部人事制度改革，不断完善领导班子和领导干部综合考核评价体系，科学考察和评价干部。二要按照科学发展观的要求建队伍、聚人才。针对目前干部管理中失之于宽、失之于软的现象，进一步创新管理干部方法，积极推进干部教育培训改革，采取内培、外挂、下派等多种途径，有计划、分层次地抓好大规模培训干部工作，不断加强干部的实践锻炼。要以培养造就高层次创新型人才为重点，加大企业经营管理人才队伍建设力度，统筹抓好高技能人才、科技教育人才、社会工作人才、农村实用人才、宣传文化人才等各类人才队伍建设。三要按照科学发展观的要求抓基层、打基础。进一步深化"三级联创"活动，不断完善和落实基层党建工作责任制，继续做好选聘高校毕业生到村任职工作，统筹推进农村、国有企业、金融机构、城市社区和机关、学校、"两新"组织等领域的基层党建工作。特别要适应城乡经济社会发展一体化趋势，把统筹城乡党建工作作为重中之重抓紧抓实。

创新组织工作科学发展的新方法。搞好组织工作，必须坚持统筹兼顾的根本方法。一要善于谋划全局，统筹推进。要按照全面、协调、可持续发展的基本要求，把组织工作当作一项系统工程，既要坚持组织建设、干部工作、人才工作和自身建设“四个轮子”一起转，思想、组织、作风、制度、反腐倡廉“五大建设”一起抓；又要善于抓住主要矛盾和关键环节，做到既突出重点又整体推进，使组织工作的各个要素相互协调、相互促进。要注意抓两头、带中间，充分发挥典型示范作用，以点上经验推动面上工作。即使是单项工作，也要统筹兼顾，防止顾此失彼。二要善于凝聚力量，整合资源。要充分发挥党的组织资源对激活、配置、优化社会资源的积极作用，找准组织工作与其他工作的结合点，抓好人力、资金、项目等的统筹和整合。积极改善组织工作外部环境，搞好内外协调，改变组织工作“单兵作战”、封闭运行的传统做法，互通信息、上下联动、用足内力、借助外力、共享资源，调动各方面积极性，共同推进组织工作。三要善于总结经验，把握规律。要学会用“放大镜”和“显微镜”两种工具，找出组织工作自身存在的问题，找出带有普遍性、规律性的东西。要注重吸收人类的一切优秀文明成果，以及有利于推进组织工作的新方法、新理念和新观点，善于借鉴人力资源理论、企业精细化管理等方面的经验做法，大胆使用信息技术、网络技术等现代办公手段，提高组织工作的效率和质量。

健全组织工作科学发展的新机制。制度问题更带有根本性、全局性、稳定性和长期性，要按照科学发展观的要求，结合组织部门实际，积极创新工作机制，建立健全组织工作“制度链”。要从构建“大党建”、“大组织”入手，不断创新基层组织建设、干部选拔任用、干部监督管理、干部考核评价以及人才工作方面的规章制度，努力建设一套富有时代特色、具有实用价值的科学的组织工作制度体系，确保各项组织工作规范有序运行。要从加强内部管理入手，建立健全科学的组织工作领导制度，进一步健全各项议事决策制度和决策机制，坚持干部提名、任免、组织建设等重大事项讨论和表决制。建立健全领导班子和机关干部学习制度，形成学习的浓厚氛围。建立健全科学的干部考核制度，激发组工干部干事创业的热情，推动学习实践活动和“讲党性、重品行、作表率”活动的深入开展，不断提高组织部门“三服务”水平，树立组工干部的良好形象，努力建设“模范部门”和“过硬队伍”，为经济社会又好又快发展提供坚强的组织保证。

（作者：中共山西省长治市委常委、组织部长）

着力打造坚强有力的领导班子

胡福绵

党的十七届四中全会《决定》指出：“以高举旗帜、坚定信念、践行宗旨为根本，加强领导班子思想政治建设，增强班子成员顾全大局、团结协作的自觉性，提高运用科学发展观干事创业水平。”按照这一要求，我认为必须把思想政治建设摆上突出位置，坚持常抓不懈，努力把各级领导班子建设成为政治坚定、思想解放、执政有力、团结和谐、勤政清廉、务实创新、奋发有为的领导集体。

一、着力打造政治坚定、行动自觉的领导集体

要结合深入学习实践科学发展观活动，组织各级领导班子强化中国特色社会主义理论体

系和各种新知识的学习，不断提高马克思主义理论水平和现代科学文化知识水平，坚定共产主义理想和中国特色社会主义信念，增强走科学发展道路的自觉性、坚定性和创造性。要增强学习的自觉性。一方面，要从制度入手，完善和坚持中心组学习、教育培训、在职自学、讲党课、述学考学评学等学习制度，保证领导班子和领导干部的学时、质量和效果。另一方面，要通过形成良好学风、端正用人导向等措施，教育和激励领导班子成员主动把学习作为精神追求、生活习惯、事业需要、进步根基，树立坚持学习、终身学习理念，真正通过学习加强党性修养、提高精神境界、端正价值追求、净化道德情操、丰富知识阅历、提高本领才干。要体现学习的时代性。世界在变化，形势在发展，中国特色社会主义实践在深入，对我们的学习提出了新的要求。领导干部必须站在时代发展前沿，瞄准思想文化前端，坚持用马克思主义中国化最新成果武装头脑，加强科学发展观等创新理论的学习，使科学理论内化于心、外化于行，提高用科学理论解决实际问题的能力；不断用新知识、新科技、新技能、新信息充实大脑，开拓思维，开阔视野，开启才智，开发潜质，增强领导科学发展、促进社会和谐的本领。要注重学习的灵活性。坚持各种学习方式的有效结合，注重学习的交流互动，突出实践锻炼，注重实践应用，在克服困难、化解矛盾、突破难点中不断丰富阅历、积累经验，提高能力素质。要务求学习的实效。学习的目的在于运用。要努力克服浅尝辄止、不求甚解、就学习而学习的态度和倾向，做到有目的、有计划、有准备地学习，勤于思考，勇于实践，善于总结，着力把感性认识上升为理性认识，把零散经验综合为系统经验，把书本知识转化为实践知识，不断形成改进工作、创新工作的新思路新办法，要理论联系实际，解决好本地改革发展稳定中的重大问题，解决好群众关心、关注的切身利益问题，把学习成果转化为工作实际效果。

二、着力打造善谋发展、促进和谐的领导集体

要勇于解放思想，提高科学判断和统筹谋划能力。思想解放的程度，决定发展的速度和质量。领导干部要适应形势发展需要，自觉顺应形势，解放思想，转变观念，运用世界眼光和战略思维，以宽广的胸襟和过人的胆识，科学判断形势，准确把握形势，从容驾驭形势，合理利用形势，善于转化形势，化不利为有利，变挑战为机遇，进而使领导工作和发展实践体现时代性、把握规律性、富于创造性。要注重改革创新，提高驾驭全局能力和组织协调能力。要把改革创新贯穿于统揽全局、把握大局、组织协调、推进落实的全过程，站在全局高度和宏观角度，把握本地实际，注重统筹兼顾，善于抓重点、抓主要矛盾和矛盾的主要方面，着力在发展速度与质量的统筹兼顾上求突破，着力在经济建设与政治、文化、社会建设和党的建设的协调发展上求突破，着力在发展经济与保护环境的可持续性上求突破。要着力扩大开放，提高抢抓机遇和借力发展能力。扩大开放是实现加快发展的必由之路。要牢固树立开放理念，自觉运用开放思维，积极施行开放举措，不断提升开放境界，坚持“请进来”和“走出去”战略，积极利用国际、国内“两种资源”、“两个市场”，全力扩大开放成效。要善于破解难题，提高维护稳定和促进和谐能力。社会和谐稳定的新形势新任务对领导班子和领导干部提出了新要求和新挑战。要增强公共危机意识，对突发事件在第一时间积极应对、妥善处理。要增强忧患意识，认真研究新形势下人民内部矛盾变化的新特点，建立和完善重大突发事件的预警机制，健全应急管理体制机制，着力提高应急决策和危机处理能力，提高协调处理各种利益关系的能力。

三、着力打造民主团结、有序高效的领导集体

要进一步完善职责分工机制。顺应地方党

委领导班子配备改革后实行的新的领导体制和工作机制要求，合理划分工作层次，进一步完善科学合理的职责分工机制，努力形成“职能全覆盖、职责不重叠、分工不交叉、工作不冲撞”的良好局面。进一步完善议事决策机制。要按照“集体领导、民主集中、个别酝酿、会议决定”的原则，坚持集体领导与个人分工负责相结合，规范领导班子议事规则和决策程序，谨防无议而决或议而不决，努力实现议事规范化、决策民主化；决策后要跟踪问效，明确责任，抓好落实。进一步完善沟通协调机制。要按照“沟通广泛、协调充分、符合实际、科学高效”的原则，建立工作运行协调机制，实行政府定期向常委会汇报工作制度、重要工作动态信息向常委报送制度，健全完善班子内部谈心交流、沟通协调制度，完善联系群众、社会评价、网上听证等反映社情民意的制度。进一步完善监督制约机制。要在加强上级党委和纪委对下级党委及其成员、同级纪委对常委会成员有效监督的机制、渠道和方式方法上进行积极探索和不断完善，健全上级党委对下级党委的经常性考察和定期考核机制，认真落实诫勉谈话和函询等制度。要建立常委述职述廉制度和重大决策失误和执行不力的责任追究机制。要尊重党员的主体地位，拓宽党员参与党内事务的渠道。

四、着力打造重德尚才、任人唯贤的领导集体

要按照党的十七大提出的提高选人用人公信度的要求，进一步端正导向、严密程序、完善机制，不断提高选干部配班子的能力和水平，切实营造风清气正、干事创业的用人环境，为推进科学发展、促进社会和谐奠定坚实的组织基础。要坚持“德才兼备、以德为先”的选人用人标准。标准体现党的干部政策方向和选人用人导向。要按照注重品行、科学发展、崇尚实干、重视基层、鼓励创新、群众公认的要求，坚持品行为本、责任为重、务实为要、民意为上、廉洁为贵，真正把那些政治上靠得住、工作上有本事、作风过得硬、人民群众信得过的干部选拔进领导班子。要扩大选人用人视野。坚持五湖四海，做到任人唯贤，是领导干部政治品德的重要体现。要始终用科学的、发展的、客观的、全面的眼光评价干部，扩大识人视野，拓宽选人渠道，广开进贤之路，把关注的目光更多地投向基层和生产一线，更多地投向环境艰苦、基础薄弱、精力付出多、工作难度大的地方，更多地投向关键岗位、重要部位和长期埋头苦干、默默奉献的同志，真正把以人为本的要求体现到干部选拔任用工作当中，不让综合素质高的人吃亏，不让肯干事的人吃亏，不让老实人吃亏。要完善选人用人机制。坚持民主、公开、竞争、择优原则，围绕民主推荐、群众测评、公开竞争、差额考察、充分酝酿、票决产生等程序，完善选人用人机制，使干部工作更加公开透明、人选提名更加尊重群众的选择权、运作过程更加民主，不断提高选人用人的公信度，切实把各方面的优秀人才及时发现出来、合理使用起来。要严格选人用人监督。认真落实《干部任用条例》，进一步规范选人用人工作运行方式和程序，确保选人用人权力“阳光操作”、严密运行，不给跑官要官、买官卖官者以可乘之机。要认真落实选人用人失误失察责任追究制度，用严密的程序和刚性的责任保证把人选准用好。要健全完善群众满意度测评机制，随时掌握群众对选人用人的评价，及时纠正、严肃处理群众反映的用人失当行为。

五、着力打造敬业奉献、为民务实的领导集体

要始终把党和人民的利益作为一切工作的出发点和落脚点，把群众关注的热点难点问题作为改革创新的着力点，以过硬的本领、出色的工作、突出的业绩、良好的形象，使党的执政基础更加巩固、党同人民群众的血肉联系更加紧密，真正让党满意、让人民群众满意。要振奋精神、开拓进取。始终保持饱满的激情和旺盛的

斗志，以蓬勃向上的朝气、开拓进取的锐气和不畏艰险的勇气投入到工作当中，切实把心思集中到发展上来，把力量凝聚到发展上来，创造性地开展工作、推进发展。要坚持原则、求真务实。领导干部要坚持从实际出发，说实话、重实情、鼓实劲、想实招、办实事，不盲动，不盲从，不攀比，不跟风，认认真真想事，踏踏实实干事。要坚决克服官僚主义和形式主义，坚决反对弄虚作假和做表面文章，坚决防止急功近利的短期行为，努力创造出经得起实践、群众和历史检验的政绩。要忠于职守、敢于负责。对待事业要有夙兴夜寐的劲头、殚精竭虑的精神，要有干不好工作食不甘味、寝不安席的态度，问题面前不回避，压力面前不躲闪，困难面前不推托，挑战面前不畏缩，真正做到心无旁骛、鞠躬尽瘁。要崇尚节俭、艰苦奋斗。坚持正确的人生态度，工作上向高标准看齐，生活上向低标准看齐，自觉抵制拜金主义、享乐主义和奢靡之风，自觉远离灯红酒绿、纸醉金迷的消费娱乐场所，自觉拒绝追求享乐、贪图安逸的生活方式，自觉断绝情趣不高、品行庸俗的朋友交往。要履行宗旨、亲民爱民。进一步增强群众观念，摆正与人民群众的关系，加强与群众的沟通交流，做到在思想上尊重群众，在情感上贴近群众，在行动上深入群众，尊重群众的首创精神，围绕群众最关心、最直接、最现实的利益问题办实事、做好事、解难事，做到爱民有真措施、亲民有真感情、惠民有真成效。

六、着力打造品行高尚、清正廉洁的领导集体

要注重拒腐防变，自觉廉洁从政。加强党性修养，坚定理想信念，端正价值追求，提升道德情操，始终保持政治清醒、思想警醒、行动自省。加强反腐倡廉教育，增强拒腐防变的自觉性和坚定性，常修为政之德，常思贪欲之害，常怀律己之心，坚守道德底线和思想防线。要注重制度防腐，建立长效机制。以完善惩治和预防腐败体系为重点，规范权力运行，强化权力制约和监督，努力形成拒腐防变教育长效机制、反腐倡廉制度体系、权力运行监控机制，真正做到用制度管权、管事、管人。要注重领导带头，发挥表率作用。领导干部特别是各级领导班子一把手要积极发挥表率作用，模范遵守党风廉政建设各项规定，主动把权力的行使置于法律法规和制度的约束之下。教育引导班子成员、各级干部、家属、亲友和身边工作人员奉公守法、严格自律。要加大惩腐力度，打击不廉行为。加大专项治理力度，以查办发生在领导机关和领导干部中的案件为重点，严肃查办利用人事权、司法权、审批权、行政执法权谋取私利的案件；严肃查办工程建设、土地管理、矿产资源开发、国有企业、金融等领域的案件，始终保持惩治腐败的强劲势头和高压态势。

（作者：中共黑龙江省齐齐哈尔市委常委、组织部长）

组织部门要提高应对舆情的能力

刘振新

当前，我国正处在经济体制转变和政府转型的特殊时期，民众利益诉求多样化，热点问题频现，舆情空前活跃。组织部门作为党委的重要职能部门，与党员、干部、群众联系密切，在应对社会舆情、化解社会矛盾中有着义不容辞的责任。

一、居安思危，变被动为主动

一要增强政治敏锐性。风起于青萍之末。舆情的发生发展总是有它的源头和过程。只要我们政治敏感、视野开阔、鉴别力强，就能够及时捕捉舆情苗头，及早处理。要转变思想，不能狭隘地认为了解舆情、应对舆情是其他部门的事，要从维护党和国家形象，维护社会和谐稳定的高度出发，认识到组织部门在应对舆情中的重要责任。腹有诗书气自华。要加强学习，学深学透政治理论和业务知识，增强政治鉴别力。要勤观察、勤思考，时时处处留心周围的事物，迅速而敏捷、细致而深入、全面而准确地洞察事物本质，把握发展趋势，做到见微知著，心有底数。

二要建设开放的组织工作系统。信息公开透明不仅有利于开展工作，也有利于提高党委政府的公信力。我们要改变封闭的观念，树立开放的意识，把群众满意作为组织工作的出发点和落脚点，在干部选任、监督等群众关注的热点问题上，坚持面向社会、面向群众，做到政策公开、标准公开、过程公开、结果公开，真正落实党员干部群众的知情权、参与权、选择权、监督权。

三要加强与新闻媒体的沟通联系。要重视与新闻媒体的沟通，特别是加强与党报党刊等权威性媒体的联系。随着网络、手机的迅速发展，新兴媒体已成为社会意见的重要汇聚之地，很多舆情也越来越多地通过网络平台得以表现。因此，要主动与网络媒体建立联系，特别是在权威网站上及时将群众关注的热点问题公开，确保正面的、权威的信息始终占有主导权。要加强与其他相关部门的联系，发挥他们的资源优势，加强对重点网站的跟踪、监控，为应对舆情创造条件。

二、思而有备，善于应对

凡事预则立，不预则废。应对舆情尤其如此。组织部门要在应对舆情中赢得主动，必须加强人员、机制等方面建设，做到思而有备、临危不乱。

一是建立舆情工作者队伍。首先要有高素质的新闻发言人。新闻发言人可选择综合素质高、组织工作业务全面的领导干部担任，主要职责是在一些重要工作中代表组织部门做好信息发布和疑问解答。其次要有高素质的媒体评论员。评论员要选择政治素质高、思想品德好、组工业务精、文字能力强的同志担任，他们应来自组织部各内设机构。其主要职责是做好日常信息的收集分析，以及在舆情发生时的引导、应对等，如在主流媒体撰写评论员文章，在权威网络上做好发帖和跟帖工作等。此外，有条件的可建立一支顾问队伍。顾问可邀请一些公共危机处理专家担任，主要是在舆情发生后能够为做好危机处理提供指导和咨询。

二是加强应对舆情专门训练。全国组织部长会议提出，组织部门要关注网上舆情，加强这方面专门训练，提高组工干部快速反应、及时应对、正确引导的能力。按照这一要求，组织部门要在干部日常培训中加入应对舆情的课程，特别是根据新媒体特点，创新舆情管理能力培养的方式方法。如邀请舆情分析、公共危机处理等方面专家，采取报告会、专题讲座、现场模拟等多种方式，定期对组工干部开展舆情培训。通过专门培训，提高组工干部与媒体打交道的能力、运用互联网的能力、舆论引导的能力，确保组织部门和组工干部在应对舆情中掌握话语权、占得主动权。

三是健全应对舆情工作制度。建立健全工作制度是应对舆情的关键环节。要建立信息发布制度，在主流媒体或重要门户网站，及时将组织部门的重点、热点工作信息公布。要建立舆情监控制度，利用舆情工作者队伍密切监控涉及组织工作的重要舆情动态，掌握舆论动向。要建立舆情引导制度，对关于组织工作的舆情，迅速分析研判，查找发生问题的根源，并以权威发布的方式，及时回应公众疑问，不作无谓争辩，不跟风炒作，不人为制造热点。要建立舆情处理预案制度，就组织工作中的热点问题和容易发生舆情的网络等媒体，事先研究制订相关应对预案，预案应包括舆情事件表现形式、原因、先期措施、善后处理等内容。

三、雷厉风行，化解危机

一是态度上要积极主动。面对突发事件，组织部门如何应对，是缺席失语、消极对待，还是积极主动、迅速处理，其结果不言而喻。许多例子说明，突发事件发生后，如果能够提前对相关信息及时发布，满足公众知情权，就会避免出现网络上认为组织部门“不作为”的情况。因此，与组织部门有关的舆情发生后，我们必须主动迅速地反应，用有说服力的事实和科学的方法积极应对，引导舆情朝着正确的方向发展。

二是措施上要善用机制。从应对舆情的经验来看，唯有完善的机制和科学的管理，才能使组织部门在面对舆情危机时，保持清醒头脑，掌握主动。近年来，一些组织部门出台了相关的工作规范和纪律，在认识、应对舆情方面积累了一些经验，这些都为我们应对舆情打下了基础。当前，我们要善于运用已有的、行之有效的工作机制，并不断完善工作预案，使之更加科学、合理；另一方面，突发事件发生后，要充分发挥工作机制上的优势，打好“组合拳”，并确保“一个声音”对外，坚决避免多人表态、擅自表态等情况，保证舆论的正确导向。

三是方法上要讲究艺术。组织部门在应对舆情时，要从公众的视角出发，综合考虑公众在舆情事件中的需求、利益，注意应对方式方法，既澄清事实，又讲究情理，这样才能赢得公众的认可和信任。要贴近群众、走近网民，应对舆情的声音要尽量减少公权力意味，不居高临下、不简单冷漠、不忽视受众，善于用平等的心态与公众交流，用智慧的方式传播事实，以达到预期效果。

（作者：中共广东省珠海市委常委、秘书长、组织部长）

认真分析解决突出问题
切实把十七届四中全会精神落到实处

杨子明

贯彻落实全会精神，要重点把握好以下几个问题：一是要认认真真学好文件，特别是要学好《决定》，把《决定》里面的基本精神、基本理念领会好把握好。把握《决定》，要抓住“三个六”，就是：党内存在的六个方面突出问题，党的建设的六条基本经验，党的建设的六个方面重大任务。二是通过学习，要明确今后一个时期党的建设特别是组织工作的主要任务是什么。中组部对《决定》中涉及党的建设的任务进行了分解，一共有二十几项，并且明确了哪些是要由组织部门牵头落实的。李源潮部长强调，当前组织工作重点要抓好 12 件大事。这些都要体现和落实到我们今后的工作中。三是要特别注意准确地把握《决定》提出的新思想、新要求、新举措。我们前段组织县（市）区常委组织部长学习《决定》时，有的同志把《决定》与过去党的文件作了认真的研究和比较，归纳出《决定》提出的新观点新要求新举措一共有二十几处。仔细琢磨，有时一个新的提法、一个新的表述，都有着深刻的内涵，有的凝结着党的丰富的历史经验，有的体现着近年来党的建设和组织工作理论创新、实践创新的成果。比如，关于党的建设和组织工作科学化；关于评价干部德的四个重点内容和考察德的四条主要途径；关于选拔党政正职要把握的六条具体标准；关于完善竞争性选拔要突出岗位特点、注重能力实绩；关于培养优秀年轻干部要重点加强党性修养和实践锻炼；关于建立来自基层一线的党政领导干部培养选拔链；关于加大治庸治懒力度，解决干部管理不严，健全干部退出机制；关于建设高素质基层党组织带头人队伍，等等。这些新要求新举措，既是我们贯彻落实全会精神的重点，也是我们今后实践探索的重点，只有在解决这些问题方面取得突破，才能开拓组织工作的新局面。四是要认真研究分析《决定》中关于党的建设和组织工作突出问题的一些重要表述，并且要联系实际认真研究这些突出问题在我们这里存在不存在，突出不突出，如果存在这些突出问题，具体是什么表现，循着这样的思路，找准本地本单位党的建设和组织工作要解决的重点难点问题。通过贯彻全会精神，研究制定切实举措，努力在解决党的建设和组织工作突出问题方面取得新的进展。从某种意义上说，检验四中全会精神贯彻落实得好不好，很重要的就是看能不能在研究破解这些问题上取得实质性进展。

下面，我仅就第四个问题，就是如何认真分析解决突出问题，把十七届四中全会精神落到实处谈点想法。

第一，在创新干部选任机制责任机制方面，我们准备抓好以下三件事。一是进一步规范干部选任初始提名。2007 年我们在规范干部初始提名方面提出了“五个提出”的提名方式，即重要干部尽可能由全委会提出，其他干部根据一定范围内民主推荐结果提出，领导干部个人推荐以书面形式提出，拟任干部一般从后备干部中提出，所有干部按任用程序提出。去年以来提拔的 6 名县(市)区长和 15 名县区副职，都是由全委会推荐提名的。这次我们结合学习贯彻四中全会精神，又提出了“全委非定向”和“常委定向”相结合的初始提名办法。所谓“全委非定向”，就是对拟提拔的县(市)区党政正职和市直部门局级正职人选原则上由全委扩大会非定向提名，每年由市委委员、其他副市级现职领导干部和市直部门一把手非定向提名县(市)区党政正职人选 10 名、市直部门正职人选 15 名，作为选拔补充正职的预备人选。所谓“常委定向”，就是在正职岗位出现空缺时，召开市委常委扩大会在已推荐产生的正职预备人选中，根据出缺具体岗位进行定向提名。常委扩大会参加人员范围是市委常委、人大政协党组书记、其他副市长。关于副职的提名，市直部门采取两种方法：①部门岗位空缺，内部有合适人选的，由市委组织部到所在部门进行定向民主推荐；②拟交流提拔的，由各部门在民主推荐的基础上经党委(党组)研究后，每年推荐 1 名，上报市委组织部，市委组织部将人选汇总后，提交市委常委扩大会非定向提名 20 名人选。县(市)区拟提拔的副职人选，由县(市)区全委扩大会非定向提名，出现岗位空缺时，原则上从非定向提名人选中确定人选，上报后由市委组织部组织定向民主推荐提名。二是完善竞争性选拔。在扩大竞争性选拔副职数量的基础上，探索通过公推公选的方式选配正职领导干部，明年准备拿出 3 个市直部门局级正职岗位进行公开选拔。三是建立干部任用的内驱机制，强化用人主体的责任意识。具体采取两种办法。第一种办法是探索建立“两个层面、两套体系”的选人用人评价反馈机制。两个层面是市县两级，两套体系是“一报告两评议”和民意调查。在此基础上，对县(市)区和市直部门选人用人情况及存在的问题，反馈给所在单位的党委书记和组织部长。对“一报告两评议”和民意调查中反映出的选拔任用的干部意见比较大的，要逐一分析研究，对存在问题的，请选人单位作出说明，总结经验教训，制定改进意见。第二种办法，坚持干部选任述职制度。从 2007 年开始，我们实施了县(市)区委书记党建工作专项述职制度，规定每年在市委全委会上，县(市)区委书记要重点在选人用人、抓基层党建、廉政建设三个方面，如何履行第一责任人的责任进行专项述职，在述职中，县（市）区委书记对本县（市）区一年来选拔任用干部的情况和公信度进行汇报。引导选人用人主体，特别是单位一把手，在选人用人时自我激励、自我约束，自觉主动规范干部选拔任用工作。

第二，在建立干部激励机制退出机制方面，我们准备抓好以下两件事。一是强化措施治懒。二是加大力度治庸。治懒治庸主要是解决干部不负责任、不干事情、不思进取、无所作为的问题。目前看，长春市绝大多数领导班子和领导干部是团结、务实、干事的。长春市的发展速度比较快，GDP和财政收入的增速连续几年在副省级城市里面排位靠前，这反映了长春市各级领导班子是谋事、干事的。但是也有一些班子、一些领导干部存在精神状态不佳、工作劲头不足的问题。我们通过干部考核和“部长领题”课题研究，对市直351名局级干部进行了分析，其中正职75人、副职276人。正职里面工作责任心强、工作有干劲有激情的占49.3%，副职里面责任心强、工作有干劲有激情的占18.1%，正副职干部中多数能够正常履行职责、完成分管任务，但仍有近10%的干部工作积极性不高或工作不负责任。我们作了一些具体分析，工作积极性不高或工作不负责任的，有四种情况：一是年龄比较大、任职时间长，个人没有发展进步的可能了，因此缺乏事业心、进取心了；二是对调整到现在的岗位感到不如意、有想法，有的不安心，影响了工作积极性；三是有的正副职之间有矛盾，副职对正职有意见，没有心思好好工作；四是个别干部自身素质差，缺乏工作责任心。这部分干部虽然仅占10%，但是对干部队伍的整体形象影响不好，如果不能及时有效解决，对其他一些干部的工作积极性也会产生负面影响。

为了加大治庸治懒力度，增强干部的责任心，振奋精神，干事创业，我们准备抓两项工作。一项是开展“一学两创”活动。我们在学习实践科学发展观活动中，在县局级领导班子和领导干部中开展了“学习实践科学发展观，创建和谐班子、创造突出业绩”的“一学两创”活动。在活动中我们强化两个环节，第一个环节是完善考核评价体系。根据市委、市政府中心工作需要和形势任务变化，制定和细化不同类别、不同岗位领导班子和领导干部的评价标准，进一步明确干部的权责。今年，我们把县局级领导班子评价分成三类：①对县（市）区党政领导班子的评价着重看5项，即项目建设、固定资产投资、向上争取资金、发展速度、经济总量在全市保持和增加份额；②对市直部门领导班子的评价着重看4项，即深化行政审批改革、转变作风、服务发展服务项目建设、向上争取资金；③对几个开发区领导班子的评价着重看4项，即创新开发区体制机制、调整结构形成有特色的有竞争力的产业、融资情况、服务区内企业情况。实行综合评价，用事实和政绩说话，分清谁是干得好的，干得比较好的，谁是干得差的，据此评出好班子、好班长、好副职。第二个环节是强化激励、兑现奖惩。拟对评为好班子、好班长、好副职的除了给予必要物质奖励，对连续两年评为好副职的干部优先晋升为巡视员，给予正职待遇。对当年评为不称职的和连续两年基本称职的，以及连续两年评为三类班子的一把手，进行诫勉、改任非领导职务或进行其它组织调整，激励先进，鞭策后进。

另一项是，研究探索干部的退出机制，积极推进干部能上能下。近两年来，我们针对领导职数管理的新情况和部分领导班子干部年龄老化、优秀年轻干部不能及时补充的情况，从实际出发、依法制定措施，给予优惠待遇，通过政策引导，并充分尊重干部意愿，共有62名年龄较大、任职时间较长的领导干部退出了领导岗位。尽管我们在干部退出机制上做了一些探索，但是就我市来看，干部能上不能下、能进不能出的问题还没有从根本上得到解决。我们这次结合贯彻四中全会精神，进一步研究了解决这一问题的思路和措施。近几年，我市有些县（市）区和开发区在干部退出机制方面，进行了一些积极的尝试和探索，取得了明显效果。比如，二道区实施任期制、建立辞职制、实行“五位一体”考核评价体系调整不称职干部，通过这三个渠道解决干部退出问题，换届以来共有43名处级干部退出现职领导岗位，干部能上能下的机制基本建立起来，实现了制度化、常态化。再比如，我市的4个开发区都实行了全员竞聘制，几年来共有104名处级干部退出领导岗位，有15人由正处长降为副处长。下步我们将认真总结这些单位的做法和经验，进行提炼和规范，形成指导性意见，在全市推广。最近，我们正在制定《关于调整不称职局级领导干部的试行办法》，明确了不称职干部的9条标准。对认定为不称职的领导干部，采取改任、降职、免职、待岗、离岗培训或交流等5种方式进行调整。

（作者：中共吉林省长春市委常委、组织部长）

大力加强领导干部队伍“活力”建设

张志军

一、加大竞争性选拔干部工作力度激发活力

激发干部队伍活力，最关键的一条，就是要建立公道正派、充满活力的选人用人机制，让想干事的人有机会，能干事的人有舞台，干成事的人有地位。两年来，我们认真落实市委《关于进一步深化干部制度改革的意见》，坚持 德才兼备、以德为先用人标准，加大竞争性选拔干部工作力度，有效地激发了干部队伍活力。

第一，差额选任干部。从去年底到今年初，我们拿出团市委副书记岗位开展了差额选任干部试点工作。这次试点有两个突出特点：一是全程“差额”。即从提名到考察按照1∶6的比例差额操作，从酝酿到决定任用按照1∶2的比例操作，实行了差额提名、差额推荐、差额考察、差额酝酿、差额票决。二是体现“量化”。如，把民主测评要素分解为10项，每项按优、良、中、差分解为0到10分，共100分。考察评价也分解为10个方面，由考察组对考察对象量化评分。与考察对象面谈参照了公选面试的办法对考察对象进行打分。现实表现我们把工作表现、工作经历及组织培养等同样进行了量化。特别是设计了年度考核和后备干部的加分项目，拉长了考察的时空距离，增强了考察评价干部的全面性和准确性。

第二，开展联动公选。近些年，我们始终把公开选拔作为选拔任用干部的重要方式，共搞了6次公选，选拔了87名县（局）级领导干部，绝大多数干部成为骨干。有的已经走上了厅（局）级领导岗位。今年5月到8月，我们以市县联动的方式搞了一次公开选拔。与以往相比，这次公选有了两方面大的改进。一是采取市、县联动方式进行。即市委公开选拔县（局）级领导干部与各县（市）区委公开选拔乡（科）级领导干部统一进行，统一公选方案、统一公选程序、统一公布公选岗位、统一报名及资格审查时间、统一组织笔试。按干部管理权限分别组织面试、考察、决定任用。这种方式，有利于扩大公选的参与面和影响力，有利于广泛吸纳人才、促进人才流动，有利于降低公选成本。二是为解决公选高分低能问题，更好地体现注重政绩和群众公认原则，我们把年度考核评优、立功受奖、后备干部情况作为得分项目计入总成绩，与笔试、面试成绩综合相加，作为确定考察对象的依据。这些措施，对于改变“一考定终身”，提高

公选质量发挥了积极作用。

第三，坚持机关中层干部竞争上岗。2001年，结合党政机关机构改革，全市普遍实行了市直部门中层干部竞争上岗。2002年，在认真总结竞争上岗经验基础上，市委组织部、市人事局制定下发了《关于在市直机关处(科)级干部中深入推行竞争上岗的意见》，提出今后市直机关处(科)级岗位出现空缺，一律实行竞争上岗。今年，我们又对竞争上岗办法进行了修订，突出了两个环节：一是重视干部的日常工作业绩，将参加竞岗干部近3年的年度考核结果进行量化评分，并对竞争职位的适应性进行现实测评，增强竞争上岗的说服力和公信度。二是加强对干部日常表现的考察了解，年度考核引入量化测评手段，对干部的德、能、勤、绩、廉5个测评要素逐项打分，综合计算出年度考核得分，为开展竞争上岗提供可靠依据。

二、以相互配套、彼此衔接的“政策链”保持活力

我们着眼于制度建设，先后制定出台了一系列制度文件，使政策成龙配套，形成了贯穿干部选拔任用、监督管理、激励约束、教育培养各个环节的一整套制度规范和制度体系。

第一，提高选人用人工作透明度。一些干部群众对组织上选人用人有看法，进而影响工作积极性，主要原因是我们工作透明度不高，宣传引导不到位。我到吉林市工作这两年，听到的关于提拔调整干部的负面议论，很大程度上是一些干部群众不了解选拔任用干部的政策法规和相关信息引发的。解决这个问题，关键是要提高干部工作的透明度，真正落实干部群众的知情权、参与权、选择权和监督权。为此，今年我们制定并实施了《干部选拔任用工作信息公开暂行办法》，在《江城日报》、《江城党建网》开设了组工信息公开专栏，根据选人用人工作实际，定期或不定期发布政策法规、职位空缺、考察预告、提名推荐结果、任前公示、任用结果和满意度测评结果等信息，为干部群众参与选任工作创造条件。这个办法在团市委副书记差额选任过程中进行了尝试，在市县联动公选时也依据这个办法把能公开的信息都公开了，各方面的反映比较好。下一步，我们还要拓展信息公开内容，采取一定方式、通过一定渠道，向干部群众公开空缺职位、公开初始提名情况、公开民主推荐结果、公开考察情况、公开酝酿情况、公开票决结果。

第二，完善考评机制。近些年，我们按照中组部《体现科学发展观要求的地方党政领导班子和领导干部综合考核评价试行办法》，每年都对县(市)区和市直部门党政领导班子和领导干部年度政绩考核办法进行认真修订，对县(市)区和市直部门党政领导班子和领导干部工作目标责任制完成情况进行考核认定，严格兑现奖惩。去年以来，我们紧贴市委、市政府的中心工作，对县(市)区和部分市直部门开展了招商引资、项目建设、维护稳定的专项考核。还组成了由市委组织部、市纪委、市委市政府督察室、市经济技术合作局共同参与的考核组，对招商引资和项目建设进行跟踪考核。在此基础上，市委、市政府开展了全市招商引资和项目建设“突出贡献奖”评选活动，两年共评选有突出贡献的各级干部861名，并给予物质奖励。对完不成规定任务的领导班子和领导干部进行了组织调整，使考核工作切实起到了鼓励先进、鞭策落后的作用。

第三，实行市委全委(扩大)会定期听取市委委员述职、评议市委委员制度。为了加强对市委委员履职情况的监督，我们出台了《市委全委(扩大)会定期听取市委委员述职、评议市委委员工作暂行办法》，每年对市委委员所在单位(部门)的工作和委员本人进行1—2次民主评议和民主测评。《办法》规定，评议测评对象两张票有一张得分低于80分的，由市委主要领导对评议测评对象谈话教育；有一张低于70分的，责成该部门进行整改，三个月内将整改结果报市委主要领导；有一张低于60分的，或连续两次均有一张低于70分的，由市委组织部派出

工作组进行专项调查，并视情况进行组织调整。年内连续两次两张票得分有一张低于80分的，班子取消年度考核评优资格，评议测评对象不能评为优秀干部。在7月初召开的市委全委会上，我们对18名市委委员进行评议测评，结果向市委常委会作了汇报，向市管领导班子进行了通报，向每位被评议测评对象作了反馈，效果比较好。

三、通过加强交流、多岗位锻炼等途径培育活力

近年来，我们着眼于改善领导班子结构，提高领导翻番发展能力，强力推进各级领导干部的交流。

第一，围绕增强班子整体功能加强干部交流。我们针对部分县(市)区领导班子中熟悉经济工作成员较少、结构不够合理的状况，从国有企业、大专院校、科研院所等单位选拔熟悉工业经济、外经外贸、财税金融、城市建设等方面的专业人才，加大向县(市)区党政领导班子交流的力度。近两年，先后从市直部门和企事业单位选派了12名熟悉经济工作、具有较强驾驭能力和开拓精神的优秀干部充实到县(市)区党政领导班子，改善了班子结构，提升了整体功能，9个县(市)区党政班子引领发展的能力得到进一步增强。

第二，着眼于年轻干部的健康成长加强干部交流。从2008年起，我们实施了“四个一批”工程：一是选派40名年轻干部赴珠三角、长三角、环渤海等经济发达地区挂职招商。二是从市直机关选派200名左右机关干部到市骨干企业挂职工作，积极为企业的生产经营、技术改造、产品开发谏言献策，努力为企业创造良好发展环境。三是以全市10个重大基础设施工程、20个重大产业工程和100个重点项目为着力点，选调40名熟悉经济工作和项目建设、具有发展潜力的副县(局)级领导干部及后备干部派往市招商局、市大项目办、市发改委等部门和开发区挂职锻炼。四是从各县(市)区和市直部门选派200名年轻干部到乡镇(街)、村(社区)挂职服务。实施“四个一批”工程以来，交流挂职干部共引进签约项目22个，到位资金17.8亿元；帮助企业解决生产经营难题230多个，解决涉软问题68个，为村级集体经济发展融资7840万元，解决各类矛盾纠纷522件，提出各类合理化建议576条。通过强化年轻干部的实践锻炼，不仅充实了基层工作一线引领发展的力量，培养了一批懂经济、善管理的复合型年轻干部，更重要的是，我们找到了一条组织工作服务科学发展、推动科学发展的新路径。

此外，我们还对在同一部门工作满10年的干部安排全面交流，对在重点工作部门工作时间较长的做了有计划交流，对涉及人财物等重点岗位且工作满5年的干部进行了调整分工。

四、开展治“懒”、治“庸”保护活力

整治少数“懒、庸”干部，不仅要依靠思想教育的“软约束”，更需要批评、诫勉、组织调整、制度控制、纪律处分这些“硬措施”。今年，我们结合干部队伍建设实际，认真贯彻落实《关于实行党政领导干部问责的暂行规定》，加大了对“懒、庸”干部的问责力度。在问责对象上，坚持以党政领导干部为重点，不断扩大问责范围；在问责内容上，坚持围绕党委和政府的中心工作，抓住影响改革发展稳定的重大问题、群众关心的难点热点问题以及重大责任事件(事故)；在问责形式上，坚持严格要求、实事求是、权责一致、惩教结合的原则，把组织处理、经济处罚、纪律处分等多种措施结合起来，切实提高问责效能。我市所属的桦甸市在问责“懒、庸”干部方面迈出了很大步伐，自2006年以来，对乡(科)级领导干部诫勉谈话35人，待岗10人，责令辞职35人，免职10人，效果较好，要积极推广。

下一步，我们要结合落实市委全委会即将讨论通过的《中共吉林市委贯彻落实〈中共中央关于加强和改进新形势下党的建设若干重大问题的决定〉实施意见》，进一步加大治“懒”治

"庸"力度，研究梳理"懒、庸"干部的具体表现，比如，违纪违法、不适应现岗、考核不称职、被问责、不良行为社会反响强烈、专项任务完成不力、群众口碑差、威信低，等等。探索建立干部"懒、庸"行为测评和调整办法，区分不同情况，采取五种"下"的方式，即就地免职、改任同级非领导职务、离岗培训、免职待岗、保持原有待遇从事专项工作。通过对"懒官"、"庸官"的处理，大力保护干部投身干事创业的积极性、主动性和创造性，切实解决干与不干一个样、干好干坏一个样的问题。

（作者：中共吉林省吉林市委常委、组织部长）

深化载体　强化服务　推进基层党组织工作创新

董晓伟

一、构建城乡统筹的基层党建新格局

统筹城乡基层党建工作，促进以城带乡、资源共享、优势互补、协调发展，是城市扩大化、农村城镇化发展的必然选择。从我市农村现阶段发展水平看，探索建立城乡统筹的基层党建新格局时机已经成熟，条件基本具备。从工作着力点上看，我们下步要从三个方面入手。一是建立统一的工作运行机制。统一工作标准，统一管理模式，统一工作制度，建立"党委政府领导、民政部门指导、有关部门协调、社区组织主办、社会力量支持、群众广泛参与"的社区建设工作运行机制。重点是在筹划基层党建工作时，统筹考虑，统一部署，同步运作；在考核检查社区和村党建工作时，统一标准，统一尺度；在经费和精力的投入上，要统筹兼顾。二是建立城乡社区互帮互学机制。由市、县组织部门协调，实现社区和村联手共建，把城市社区的工作方法、工作经验、管理模式推广到村屯，通过整合人才、资金、物质、技术资源，以城带乡，把基础设施向农村延伸，公共服务向农村覆盖，科学技术向农村扩散，现代文明向农村辐射，切实解决农民群众关心的热点、难点问题，提高农民群众的生活质量和文明程度，促进农村经济和社会事业全面进步，实现城乡统筹协调发展。三是推进城乡结合部和较大乡镇政府所在地社区建设。我们现有74个乡镇，10个辖村街道，共辖55个村，打算在这些地方先行一步，将这部分村镇作为农村社区建设工作试点，以培育农村社区组织、拓展农村社区服务领域、发展农村社区卫生、繁荣农村社区文化、美化农村社区环境、维护农村社区治安作为工作重点内容，把农村社区建设成管理有序、服务完善、文明祥和的社会共同体。重点突破口是多渠道筹措资金，建设农村社区服务中心，中心内部要设有党组织办公室、村委会办公室、警务室、计生服务站、信息服务站、图书阅览室、多功能活动中心、远程教育终端站、扶贫超市等，为村民提供多项优质服务。

二、创新基层党建工作载体和工作内容

1.在农村党组织中开展"一帮双带"主题实践活动。即村党组织和党员干部帮扶困难群众，带头致富，带领群众共同致富。活动收到了凝聚群众、引领发展的良好作用。下步工作中，我们将在全面推进"三项工程"的同时，重点突出基层党组织"示范、引导、服务"作用，抓好四方面工作。一是先锋示范。在各乡镇、各村都

树立起本地党员先进典型，形成百乡千村党员先锋示范群体，在发展致富、道德示范、热心公益等方面为广大农民群众做出榜样。二是帮贫扶困。建立基层党组织和党员领导干部帮扶联系点、联系户制度，鼓励有条件的党员帮扶困难党员、群众。不让困难的党员、群众在致富路上掉队。三是网络服务。发挥党员志愿者技术、信息等方面优势，建立基层党组织、党员服务致富网络，为农民群众增收致富提供服务。到2011年，实现县(市)区服务中心、乡镇服务站的全覆盖，村服务点覆盖率达到95%。四是合作发展。通过党组织支持引导、党员领办创办，不断培育农民专业合作组织。到2011年实现村级农民专业组织覆盖率95%，具备条件的全部建立党组织，不具备条件的全部选派党建工作指导员。

2.在社区党组织中开展“联手同心共建和谐社区”活动。活动开展近三年，使社区实现了有人管事、有钱办事、有场所议事，基本建成了驻区单位党组织和区内全体党员共同参与的区域化党建格局。下步重点是深化和拓展这一活动载体，进一步调动机关、企事业单位党组织的积极性，为社区不断增加投入，解决社区党组织实力不足的问题；协调政府有关部门，给社区减负，规范社区的工作职责和工作任务，解决社区党组织精力不足问题；搞好社区党组织换届，抓住机遇，加强社区班子建设，解决社区党组织服务能力不足问题。

3.在企业党组织中开展争创“党建标兵企业活动”。为深化这一活动，我们正在筹划组建企业党组织联合会，按照行业和协作关系划分，把10户左右的企业组建一个联合会，使信息、技术、人才、产品等要素在党组织的沟通协调下，实现广泛、深入的交流，促进企业间的合作，实现互惠互利；使党建工作经验、党建典型、党建工作中研讨的课题充分交流，达到相互促进、共同提高的目的。

4.在学校党组织中开展争创“党建综合示范校”活动。就是把学校的教育教学工作、校园精神文明和文化建设、师生德育教育、党建工作综合起来，用党的工作进行统领，全市中小学都参与到争创活动中，组织部和市教育局一起组织考评，收到了较好的效果，党建工作氛围得到较好的营造，师生党的意识明显增强，教师入党积极分子成倍增加。下步重点是将这项活动内容进一步充实细化，工作标准进一步规范，增强活动的时代特征。

5.在农村党员中开展“党内扶贫带动工程”。按照四中全会精神，下步我们要深化这一载体活动，从重点扶贫转向重点带动。一是充分发挥有特长贫困党员的带动作用。对有劳动能力和带头、带领致富愿望，但缺少资金的贫困党员，我们积极进行扶持，并要求每个扶持对象至少带动3户普通群众。二是充分发挥党员大户的带动作用。集中部分党内扶贫资金投入到有致富技术和经验的党员大户，通过这些党员大户的辐射作用，更多地带动贫困党员和农户走上致富路。三是充分发挥党员合作组织的带动作用。通过扶持党员合作社，使其迅速发展形成规模，吸收更多的党员群众加入合作社，达到互相帮助、共同致富的目的。

三、建设高素质的基层党务干部和党员队伍

按照四中全会“建设高素质基层党组织带头人队伍”的要求，必须首先解决好这几个问题。一是坚持高标准选人。严格实施农村“两推一选”和社区“公推直选”工作，在机关实行党务干部竞争上岗，把能力较强、年龄较轻、群众信得过的优秀党员选进基层党组织班子。二是加大教育培训力度。坚持每年市内培训一次，每两年域外培训一次，分层次落实培训责任，拓宽党务干部培养渠道。三是完善激励机制。充分体谅基层党务干部的辛苦，真正重视、真情关怀、真心爱护广大基层党务干部，支持和帮助基层党务干部做好工作。下步我们要制定《保护和激励基层党务干部工作积极性的意见》，对解决农村和城市社区基层组织负责人基本报酬和

社会保障问题、机关党务干部政治待遇问题提出一系列具体措施。年内我们计划表彰10名优秀乡镇党委书记、20名优秀村党组织书记，每人颁发奖金5000元，受表彰的乡镇党委书记优先提拔使用，村党组织书记由县(市)区财政按副乡级工资标准给予补贴。今后，每两年开展一次表彰活动。

对四中全会提出的“建设一支充满生机活力的党员队伍”的要求，我们将采取三项突破性措施。一是把优秀农民工作为发展党员的重要对象。其中的重点工作是明确培养主体，明确发展程序和工作环节，下步我们要在这项工作上进行深入研究，出台一个实施意见。二是扎实做好在非公有制企业发展党员工作。我们要继续加大工作力度，选派党建工作指导员、优秀党员和技术业务骨干党员与积极分子结成帮扶对子，指导他们如何发挥带头作用，如何提高技术能力，让他们在实践中得到锻炼。三是探索建立党员在居住地发挥作用机制。一方面建立健全流动党员信息管理系统，保证信息畅通，为流动党员管理和发挥作用提供保障。另一方面推进在职党员进社区，机关的每名在职党员都要到所在社区登记报到，根据特长，积极主动地为社区解决实际问题，积极参加社区组织的各项活动，接受社区党组织的考察评价；加入社区党员志愿者队伍，包保贫困户，每名在职党员每年参加社区活动不少于10个工作日。

四、积极推进基层党务公开

四中全会把党务公开作为保障党员主体地位和民主权利的重要措施提出来，凸显这项工作的重大意义。针对过去公开内容不科学、公开程序不规范、保障制度不健全的问题，我们认为，应该采取这样几条措施。

一是分类指导，强化操作。推进党务公开工作，必须围绕“发扬党内民主”和“加强党内监督”这两个基本点，根据不同的组织和不同的职责要求，区别对待，各有侧重，实行分层次规范和分类别指导，切实增强党务公开的可操作性。

二是健全制度，形成机制。推进党务公开，必须解决“谁来做”和“怎样做”的问题，这就要求制定推进党务公开工作的具体方案，对有关任务进行科学、合理的分工，把任务分解到各级党组织及其工作部门，落实到具体的工作岗位和人员身上。要健全监督机制。上级党组织，本级党委、纪委要加强对所属单位党务公开工作的检查监督，着重检查党务公开的内容是否全面、程序是否规范、范围是否恰当、制度是否健全、执行是否到位、效果是否明显，发现问题，及时纠正。要健全评议制度。对党务公开工作进行评议，广泛征求和听取党员、群众的意见建议，不断改进这项工作，切实形成特色鲜明、简便易行的党务公开成效评估体系。

三是依法依纪，规范程序。要按照法律法规，坚持基本的指导原则，建立严密的操作程序，做到常规性工作定期公开，阶段性工作逐段公开，临时性工作随时公开，紧急的事项及时公开。党务公开的范围应依据公开事项的性质和要求而定。如，有的事项可直接向社会公开，让民众知道；有的事项只能在党内公开或按照先党内、后党外的顺序和范围公开；有的事项只需在本机关(系统)内公开，而没有必要向社会公开；对于一些只涉及部分人和事的事项，要按照规定程序，向有关人员公开，确属不能公开的要及时做好解释工作。

四是讲求质量，注重实效。党务公开要做到内容真实公正，程序规范有序，形式因地制宜，时限及时高效。要把务求实效的工作方针贯穿于党务公开工作的始终，坚持面向基层、面向党员、面向群众，不回避矛盾、不避重就轻、不流于形式，特别要把群众满意不满意作为衡量党务公开质量的标准，真正做到形式与效果相统一。

(作者：中共吉林省四平市委常委、组织部长)

培育组工文化　打造“三个组工”

刘殿民

一、培育行为文化，打造“服务组工”，强化围绕中心、服务大局的组工理念

组工干部的工作质量、责任感、事业心、服务意识和奉献精神都直接体现在行为文化之中。李源潮同志指出，“组织部门没有自己的中心，中心只有一个，就是为党和国家工作大局服务”。围绕中心、服务大局，是由组织部门的职能和性质决定的，也是组织部门的生命所系、价值所在。当前，辽源市中心工作就是推进经济转型和城市转型。组织工作为“两个转型”服务，当前最根本的就是围绕转型发展选干部、配班子，建队伍、聚人才，抓基层、打基础。打造服务组工的目的就是为了促进机关各项工作，用自觉行动和一流业绩为转型发展服务，使组工干部的集体智慧和能量得到最大限度的发挥。

一是探索实现组织工作规律与科学发展规律的有机统一。引导组工干部积极探索和认真研究组织工作服务科学发展的内在规律，在规律性的准确把握中，明确组织工作定位，谋划组织工作思路，提高组织工作服务大局、服务发展的针对性和实效性。为贯彻落实四中全会精神，我们在各级干部和组工干部中开展“想发展、谋发展，争做围绕中心、服务转型的模范”活动；在全市各级领导班子和干部中，开展“建和谐班子、创一流业绩、促转型发展”创建活动，开展“千名干部进千家，服务民生解民忧”活动，促进干部转变作风，服务基层群众，树立党员领导干部勤政务实的良好形象。围绕“两个转型”，聚集“两高”人才，启动实施“推进转型人才振兴计划”；组织实施辽源籍人才春晖行动，启动实施“122 高技能人才工程”。引导全市基层党组织和党员围绕服务转型、服务发展设计各种载体活动。在城市基层党组织中开展以创“五好”党组织、创一流工作业绩，促转型、促发展为主要内容的“双创双促”活动；在农村基层党组织中大力推进“三项工程”建设，发挥基层党组织和党员在转型发展中的作用，提高服务转型效果。

二是以组工干部的高素质推进服务发展大局的高效能。卓有成效地服务大局，加强组工干部能力建设至关重要。工作中，我们实施组工干部“全员培训、全员述职、全员献策”。分期分批组织全体组工干部进行集中培训，通过采取自学研讨、网上培训、实践锻炼、横向交流、域外培训等形式，学习外地经验，开阔眼界；组织全体组工干部进行工作述职，谋划今后工作，创新思维；组织全体组工干部开展“解放思想谋良策、服务转型促发展”大讨论，围绕组织工作创新、推进经济转型等全员献策，激发“脑力风暴”。与此同时，加大组工干部能力建设力度，采取多种措施，努力提升组工干部依法行政的能力、推进转型发展的能力、促进县域经济突破的能力、处理突发公共事件的能力、维护社会稳定的能力等，使广大组工干部实现由单一型向复合型发展。

三是以组工干部的高效率促进经济社会的快发展。在工作实践中，通过建立组工干部服务企业、服务农村工作制度，搭建平台促进服务；通过建立组织工作绩效考核办法，将服务经济建设作为重要考评内容，建立机制推进服务；通过组织部长下基层，率先垂范，转变作风引领服务。切实把经济工作难点作为组织工作服务

的着力点，以组织工作的高效率、快节奏服务，推进经济转型和城市转型。特别是加大调研工作力度，做到思路在调研中提出，决策在调研中作出，难点在调研中突破，使服务基层、服务大局的效果更佳。

二、培育政治文化，打造"阳光组工"，树立公道正派、公开透明的组工形象

组工文化的一个重要特征就是鲜明的政治属性。建设组工政治文化，就是突出对党忠诚、政治坚定，公道正派、清正廉洁的要求，使组织部门真正成为"靠得住"、"守规矩"的部门；就是树立选择组织工作，就是选择一份责任的观念，使广大组工干部真正成为"过得硬"的干部。按照"建设马克思主义学习型政党"的要求，在全市组工干部中适时开展社会主义核心价值体系学习教育，自觉划清"四个界限"，教育组工干部带头弘扬以爱国主义为核心的民族精神和以改革创新为核心的时代精神。继续加大建设学习型机关力度，努力建设眼界宽、思路宽、胸襟宽的学习型组工干部队伍。组工干部做人的工作，胸襟宽是必备的政治素质。胸襟宽才能心怀坦荡、阳光做事。可以说，打造阳光组工是大势所趋、势在必行。今后，全市打造"阳光组工"要实行"三个公开"，树立公道正派、公开透明的组工形象。

一是组织工作信息公开。坚决打破组织工作神秘化，特别是干部工作神秘化，探索建立全市干部选拔任用工作信息公开制度。选拔干部的条件、程序、领导班子职数、选拔职位要求、人选基本情况向社会公开；干部初始提名情况、推荐、测评结果在领导班子内部公开。同时，实行干部监督工作进社区、近人群，重点抓好干部"八小时"以外监督。

二是组织工作程序公开。干部工作选拔任用各个环节，包括干部提名、推荐、测评、考察、任用、监督等方面应公开的都公开。基层组织工作程序公开，包括建立、撤销、改建党的基层组织，召开党的基层委员会，党的基层组织换届，党员代表大会及选举等工作程序的公开。

三是组织工作制度公开。认真实行问责公开。针对当前广大群众对懒官庸官意见较大的实际问题，切实加大治懒治庸力度。按照中组部要求，进一步加强对不胜任、不称职干部的组织调整工作，严格执行问责制度，通过对7类不胜任、不称职干部采取改任非领导职务、降职等组织调整措施，从严整治懒人庸人，切实解决干好干坏一个样、干部能上不能下的问题，敞开干部出口，实行阳光问责。发展党员实行公开。在全市广泛推行发展党员工作推荐制、票决制和责任追究制的基础上，从今年开始实行发展党员全程网上公示制，接受全社会监督，有效解决突击发展党员、不按程序发展党员等实际问题。

三、培育人本文化，打造"创新组工"，营造开拓进取、勇于突破的组工氛围

先进的组工文化有赖于良好的人本文化环境。我们把提高组工干部工作主观能动性、激活组工干部潜能作为人本文化的重要目标，努力为组工干部营造一种团结和谐、健康向上、充满活力、鼓励创新的工作氛围。四中全会《决定》强调全党要勇于变革、勇于创新。组织部门和组织工作同样需要开拓创新。讲规矩是组织部门的传统，但过于机械地按照先例办、领导意见办也是组工干部的惯性。在新形势下，组织工作有大量的难题需要去研究、去破解，要求全体组织干部以积极的创新精神和科学的态度探索新规律，开创新局面，寻求新突破。在工作中，要以开展"讲党性、重品行、作表率，树组工干部新形象"活动为契机，着力进行理念、机制和载体创新，全力打造一支勇于创新、开拓进取的组工队伍。

一是着力进行理念创新。用全局的眼光审视组织工作，树立开放的理念；科学总结谋划组织工作，树立效益的理念；用和谐思想激励组织

工作，树立人本的理念；用创新的手段推进组织工作，树立品牌的理念；以服务意识统领组织工作，树立服务民生的理念。在中组部提出的“事业留人、感情留人、适当的待遇留人”基础上，为实现组工干部有为有位、合理流动，我们尝试提出让组工干部政治上有前途、事业上有作为、待遇上有保障的“三有”理念。

二是着力进行机制创新。机制是开展工作最有力的保障。从创新机制入手，不断制定出台完善制度，确保各项工作落到实处。创新奖励机制，建立和完善组工干部奖惩制度。设立组工干部特殊贡献奖、创新奖、优秀奖、成果奖等诸多奖项，对工作成效突出、宣传成果突出、关键时刻表现突出的组工干部，实行奖励。同时，对表现一般、工作平庸、影响组织部门形象的组工干部，进行诫勉谈话或组织调整。探索建立规范组工干部日常行为制度，教育引导组工干部时刻牢记身份，扮好角色，自警自省，慎处“交友圈”，净化“生活圈”，纯洁“娱乐圈”，不断增强拒腐防变的能力。建立定期测评制度，实行考核量化管理。探索制定组织部门对外协调联系制度，畅通各种联系渠道。建立县区党委向市委全委会专项述职抓基层党建工作、部门党组（党委）向上级党组织报告抓基层党建工作情况制度，推进基层党建工作制度化、规范化。

三是着力进行载体创新。为适应加强和改进党的建设提出的各项新任务、新要求，我们注重设计有效载体，注重加强实践锻炼，努力提高组工队伍推进科学发展的能力和水平。在组织系统内部，开展“学习实践当先锋，服务转型做表率”活动，开展“学习贯彻全会精神组工干部集中研讨”活动。在全市基层党组织和党员中，开展“党内关爱工程”活动，对生活困难党员、老党员、失业下岗党员等提供帮助；广泛开展“城乡手拉手、党群心连心”活动，组织薄弱村党组织与城市基层党组织结对共建，努力构建城乡统筹的基层党建工作新格局。

组工文化是一个不断探索、常抓常新的命题。“三个组工”不是组工文化的全部，只是针对组织部门自身建设需要突出加强的方向提出来的。“服务组工”是相对于组织工作注重领导和管理提出的；“阳光组工”是相对于打破以往神秘和封闭提出的；“创新组工”是相对于重视坚持和继承提出的。但在打造“三个组工”的过程中，一定要坚持辩证法，注重全面性，防止一种倾向掩盖另一种倾向。组工文化也是一个包容性强、开放度高、具有时代特征的命题，需要在组织工作实践中不断丰富完善，使之逐步科学化、制度化、规范化，真正成为引领组织部门自身建设的方向和旗帜。我们将在今后的工作中，进一步拓展组工文化新内涵，创造新载体，探索新规律，为全面贯彻党的十七届四中全会精神，打造过硬组工干部队伍不断做出新的努力。

（作者：中共吉林省辽源市委常委、组织部长）

全面推进干部人事制度改革 进一步提高选人用人公信度

骆孟炎

按照研讨会的要求，我就学习四中全会精神体会以及通化在推进干部人事制度改革、提高选人用人公信度方面做的一些工作与各位领导和同志们一起交流和探讨。

一、扩大民主，科学规范选人用人行为

去年以来，作为全国"科学规范和有效监督市委书记用人行为"地级市的试点，在省委组织部的指导下，我们结合实际研究制定了《市、县党委书记选人用人行为规范（试行）》，对选人用人的初始动议提名到讨论决定任用的各个环节进行科学规范，进一步明确了权力运行的方式、准则、程序和要求，有力地扩大了干部选拔任用工作中的民主。

1.推进初始提名环节改革。四中全会强调，要建立健全主体清晰、程序科学、责任明确的干部选拔任用提名制度。按照民主、公开、竞争、择优的原则，制定了《初始提名制度》，进一步明确了初始提名的主体、程序和责任。首先，界定提名主体。明确了党委书记、分管领导、组织部门和有空缺职位的地方和部门的党委（党组）是初始提名的主体，正县级领导干部还要由全委会成员进行推荐提名。其次，规范提名程序。整个程序按照公布空缺职位、进行初始提名、确定意向性人选等步骤来进行。第三，明确提名责任。实行署名提名制和首推负责制，如果提名人选出现问题，我们将按规定追究相关责任人的责任。2008年以来，我们所有新提拔的干部全部按照这种方式进行初始提名，极大地提高了提名人选的质量。

2.实行差额选任干部方式。我们研究制定的《差额选任干部办法》明确规定，在民主推荐、组织考察、沟通酝酿和讨论决定等环节都要按一定的比例差额进行，力争"一差到底"。从2008年开始截至到目前，我们新提拔的77名干部，全部实行差额选任办法。在初始提名环节，共提出160人，经资格审查和综合各方面意见，确定意向性人选154人；在民主推荐环节，实行结构化复式民主推荐，建立了民主推荐人员信息库，除有2人因得票率不足50％而未被列为考察对象外，其他的152名人选被确定为差额考察对象；在考察环节，采取同一职位由同一考察组进行比对考察的办法，进行差额考察；在沟通酝酿环节，采取"五人小组"差额沟通酝酿；在讨论决定环节，采取常委会差额讨论，最后采取无记名差额投票表决的方法，通过了对这77名同志的任用决定。

3.加大竞争性选人的力度。注重完善公开选拔、竞争上岗等竞争性选拔干部方式，在全市范围内推行重要领导岗位缺位差额公推、差额选任、公推公选等注重群众公论的竞争性选人用人方式。结合实际，建立了《竞争性选人用人办法》，确定了公推公选、公推竞岗、公开竞聘、公推直选四种竞争性选人用人方式，进一步明确"公布职位、公开报名、资格审查、演讲答辩、笔试面试、民主测评、考察公示、讨论决定、履行手续"等关键环节的操作方法。近年来，全市通过竞争性选人用人方式选拔科级干部845名。

二、健全机制，有效监督选人用人行为

四中全会提出，要健全干部选拔任用监督机制和干部选拔任用责任追究制度。近两年来，我们综合运用了集中检查、重点抽查、专题巡查、年度自查等方式，切实加强对干部选拔任用工作情况的监督检查，做到事前要报告、事后要评议，失察失误要问责、违规违纪要追究，初步形成了一个完整的选人用人的监督体系。

1.以工作督查为手段，强化全过程监督。在工作中，我们研究制定了《市、县党委书记选人用人行为全过程监督规则（试行）》，实现了对用人行为7个环节，83项内容的"无缝隙"、"全过程"监督。比如，初始提名环节，主要看是否事先公布了空缺职位，把握提名条件、履行提名程序、执行提名纪律等情况是否实行了"阳光操作"。民主推荐环节，主要看党委（党组）是否采取授意、暗示等方法，要求推荐指定人选，以及推荐过程是否存在"拉票"行为，特别是看得票率是否达到50％以上。考察环节，主要看方案的制定、程序的履行以及谈话范围的选定，以及发布考察预告、开展任前审计、落实考察工作责

任制等情况。沟通酝酿环节，主要看酝酿范围的确定、程序的履行、纪律的执行等情况。讨论决定环节，主要看常委会或全委会投票表决制度的执行情况，是否存在个人决定干部任免或改变集体作出的干部任免决定的问题。通过对选人用人各个环节的严格督查，确保了干部选任工作的严肃性。

2. 以工作记实为载体，强化全过程规范。为有效规范干部选拔任用工作，我们制定了《选拔任用市管领导干部全程记实办法》，对拟提拔干部从初始提名、民主推荐、组织考察、沟通酝酿、讨论决定到任前公示等各个环节实行全过程工作记实，相关资料都要归档备案。主要采取填写《选拔任用市管领导干部全程记实表》的方式进行，内容包括基础信息、选任过程、任前监督事项等 3 大类 19 项内容，做到一人一表，一会一卷，建立《干部任用文书档案》。去年以来，我们已经对 139 名新提拔的县级干部实行了全过程记实。

3. 以责任追究为保证，强化全过程约束。始终坚持赋予权力与追究责任相结合的原则，力争做到责任明确、权责统一、强化监督。2008 年开展差额选任干部工作期间，市委明确提出“七严禁”、“七不准”的纪律要求，号召广大领导干部增强自律意识，维护良好选人用人环境。在办理调转、提职、免职、退休时，实行离(任)职交接制度，由相关部门组成监督小组，对部门人事、财务、资产等情况进行交接，确保责任划分明确、工作得到延续。进一步加大内部审核、任前审核和任前经济责任审计工作力度，近年来，我们共对各县(市、区)和市直部门拟调整的 1730 名干部进行任前审核，有 37 人因不符合有关规定未予批准。市、县两级共对 548 名拟任人选进行任前审计，其中，批评教育 17 名，1 名拟任处级干部被撤职。

三、创新措施，提高选人用人公信度

四中全会强调，要匡正选人用人风气，进一步提高选人用人公信度。为了提高选人用人质量，我们研究建立了分类量化考核评价体系，健全了选人用人质量监督机制，执行了干部选拔任用报告制度，较好地提高了干部工作的科学化、民主化、制度化水平。

1. 建立了注重民意的干部分类量化考评体系。为了更好地解决干部考核这个难题，我们研究制定了《领导班子和领导干部量化考核评价办法》。主要是根据不同单位、岗位、职责，设置不同的考评指标，采取实绩考评、群众评价、领导评价和考评组评价“四位一体”的考评方法，对领导班子和领导干部履行职责情况和德才表现情况进行量化赋分。在考核中，我们引入了民意指数，注重畅通民意表达渠道，强化群众参与和社会监督，并对群众和社会评价赋予较高权重，使综合量化考评结果更加体现民意。同时，把平时考核、年度考核与换届考察、任职考察有机结合起来，加大治庸治懒力度。今年以来，我们组织的市直部门年度考核、县(市、区)届中考核和事业单位考核全部按照这种方式进行的。各地各部门反响较好，被考核干部一致认为这种考核方式更加公平、公正，也更加客观了。

2. 建立了注重社会评价的用人质量监测机制。为了及时了解、准确掌握社会各界对选人用人工作的满意度，我们研究建立了《选人用人公信度指数监测及评价办法》，主要通过随机抽样调查、社会问卷调查、组织网络投票、设意见箱、年度考核等多种方式，定期采集社会各界对选人用人公信度的评价信息，进行综合分析，作出量化评价，以此作为衡量干部选拔任用工作和规范监督用人行为的一项重要指标。2008 年以来，我们连续两年对集安市委、通化县委的选人用人情况进行测评，将存在的问题及时向党委负责人反馈，督促认真整改。近期，我们还将对 2008 年开展试点工作以来的全市干部选拔任用工作情况进行质量监测。在 2008 年市本级“一报告两评议”工作中，对县级领导班子建设和新任职领导干部的满意度都在 98% 以上。

我们虽然做了一些探索和实践，但是如何更科学、更有效地规范和监督用人权，全面推进干部人事制度，进一步提高选人用人公信度，仍是我们关注和探索的重要课题。我们将按照四中全会作出的部署，继续探索，不断完善，努力实现规范和监督用人权工作科学化、民主化、制度化的目标。

（作者：中共吉林省通化市委常委、组织部长）

以解放思想为动力　大力开创组织工作新局面

刘　川

一是努力探索创新党员教育机制，为建设学习型政党提供保障

首先是突出党员领导干部这个重点。既注重学习数量，又要注重学习质量。制定和试行领导干部理论考试测试制度，建立学习和考试档案。把学习制度的建立和执行情况纳入领导班子和领导干部日常和年终考核，量化学习效果评价指标，加大学习及其成果在考核中的权重比例，使软指标、虚指标变成硬指标、实指标。把理论素养和学习能力作为选拔任用干部的重要依据，对理论素养不高、学习能力不强的干部，敢于予以否决，形成良好的导向。

其次是努力突破农村党员教育这个难点。着力解决农村党员队伍老化、培训师资力量不足、培训内容缺乏针对性、农村党员参加培训积极性不高等问题。采取“兼、邀、聘”等形式，从党校、涉农单位和农村致富能手中选拔农村党员教育培训师资人才，政治理论教育和农村实用技术穿插进行，激发农村党员参加学习培训的兴趣。尝试组建农村党员教育培训讲师团，对居住分散、行动不便、务工经商的农村党员分别采取分片轮训、送学上门、集中“补课”等方式进行培训。建立农村党员培训工作督查协调组织，定期检查督促农村党员培训情况，协调解决培训过程中出现的问题。

第三是消除非公企业这个党员学习教育的盲点。努力解决党员教育与企业需要相脱节甚至相矛盾，企业不理解、不支持的问题。把对员工党员开展爱岗敬业、表率示范教育作为重点内容。充分发挥我们所掌握的教育培训资源优势，帮助企业加强对员工劳动技能、市场经济知识等内容的培训。坚持以人为本、因企制宜，允许企业根据生产规律自行确定党员教育培训时间和形式，杜绝在生产旺季安排和要求组织学习活动的现象。摸索建立与企业的日常联系制度，通过下派党建工作联络员、指导员，上门加强对非公企业党员学习教育的指导。

二是努力探索创新党内民主建设机制，为发展党内民主提供保障

首先是努力完善党务公开制度。进一步细化党务公开的内容、程序、期限、形式。每一次党务公开的相关资料都要求登记归档，留备检查。进一步延伸公开的内容，重点加强以党务公开带动的村务、政务公开。探索实行点题公开制度，把公开的主动权交给党员群众。对于党员群众关注的、急于了解的或存在疑问的，只要不涉及党和国家秘密，就尽可能公开。把原来党组织公开什么党员群众就看什么，变为党员群众想知道什么就公开什么，最大限度地扩大党员群众的知情权、监督权。

其次是努力完善党组织议事制度。逐级建立健全县、乡、村三级党组织议事制度。明确县委全委会及常委会议的主要职责和任务、议事决策范围、议事决策制度、议题的提出、明确和准备、决策原则和程序、决定事项的落实和督查。重点规范重大问题、重要干部任免、重要项目安排、大额度资金的使用等问题的决策，无特殊情况一律提交县委全委会集体讨论形成决定。指导乡镇党委制定《党委议事规则》，就重大事项的讨论、决策提出严格规定，避免少数人说了算。村级主要是明确村党组织和村民委员会各自的职责任务。对村党组织委员会、党员大会、党员代表会议、村民委员会会议、村民(代表)会议、党政联席会议的参加人员、会议内容、决策方式以及召开时间等作出具体规定，明晰各自职责，探索充分发挥村党组织和农村党员领导与核心作用的工作机制。

第三是努力拓宽党代表发挥作用的途径。以推进党代表常任制为契机，通过开展形式多样的活动，着力解决党代表在闭会期间作用难以有效发挥的问题。组织党代表就涉及经济、社会、文化和党的建设等重大事项开展专题调查研究和讨论，为各级党委作重大决策当参谋，扩大代表的参与权。在进行公推公选等干部选拔任用工作中，在公开推荐和面试环节邀请部分党代表参与、监督，落实好代表监督权。

三是努力探索创新干部工作机制，为建设高素质干部队伍提供保障

首先是努力完善干部选拔任用机制。对干部任用提名作进一步规范，明确提名的程序、办法和责任相关规定，健全和完善民主推荐、民主测评的实施细则。细化分析不同领导岗位的不同素质和能力的要求，探索增强公开性、民主性的提名和选拔任用办法。对扩大干部工作信息公开的具体细节进行研究，逐步实现民主推荐结果、个别谈话推荐结果、干部考察结果、干部任前公示结果“四公开”。

其次是努力完善干部考核评价机制。在规范干部经常性考察上下功夫，突出重点工作指标完成情况，把平时考察、跟踪考察、即时考察、岗位考察、比较考察等方式有机结合起来，使干部考察从机关向社会延伸，从定时向平时延伸，从工作向生活延伸。在规范实绩分析的操作办法上下功夫，综合运用宏观与微观综合评价、纵向与横向交叉评价、静态与动态综合评价、强项与弱项类比评价、平时与年终过程评价等方法，探索实行在群众评价、单位党组织意见、主管部门意见、组织部门考核结果、党委研究意见等“五个交叉点”上选用干部。

第三是努力完善领导班子工作运行机制。重点加强以科学决策为核心的领导集体决策会议制度建设，使会前调研、会中决策、会后落实有机地统一起来。着手对不同部门分类进行领导班子工作流程的研究，界定和规范正副职的职权，探索建立领导干部岗位职责规范。建立工作沟通协调机制，通过简报、请示汇报、集体办公会、重要工作通气会、务虚会等方式加强班子成员之间的工作沟通和交流。

第四是进一步严格干部队伍管理。研究制定加强领导班子和领导干部管理的具体规定并严格执行，加以完善，有效解决部分领导干部的懒散等问题。在此基础上探索建立撤换不胜任干部和无政绩干部的机制。做好优秀年轻干部培养选拔工作。启动后备干部培养锻炼计划，有针对性地分期、分批、分类进行培训，并选派到基层一线锻炼。

四是努力探索人才队伍建设机制，为人才兴业战略的实施提供保障

首先是做好招贤引智工作。下大力气解决我市人才队伍总量不足、质量不高、创新型人才和高技能人才少问题。围绕火电、风电、石油、农产品加工重大项目，做好高层次专业技术人才、管理人才引进工作。积极推动对引进的紧缺、急需人才和特殊人才实行准入制、备案制、“一站式”服务和办事限时制。协调人才交流服务机构为到重点项目和重点企业就业创业的大中专毕业生提供养老、医疗等社会保障服务。着手进行“白城籍在外人才库”建设，加强联络和沟通，经常通报白城的经济社会发展情况，鼓励他们通过各种方式在技术、项目和资金上对家乡建设给予支持。

其次是充分发挥现有人才作用。进一步健全领导联系专家,党委政府重大决策专家咨询,优秀人才激励机制等制度,充分发挥高层次人才服务科学发展的作用。及时宣传优秀人才的先进事迹,不断总结推广人才工作的先进经验,激发人才服务和创业的激情。

第三是加强实用型人才培养。对我市经济发展形成的人才需求进行专项调研,编制符合全市经济社会发展需要的人才发展中长期规划。对急需人才速成培养、紧缺人才大量培养,填补空白,保证需要。发挥大中专院校培训基地、职业技术培训机构作用,重点培养社会工作人才和高技能人才,系统培训农村双技能人才,为经济发展和农民致富服务。

五是努力探索创新基层党建机制,为夯实党的执政基础提供保障

首先是努力提高党员素质。着重研究下岗职工党员、解除劳动关系、失业党员和离退休职工党员的教育管理办法。发动街道、社区党组织开展摸底活动,把每一名党员都置于党组织的有效管理和监督之下。完善细化和推进落实发展党员工作的推荐制、公示制、票决制和责任追究制,保证发展党员的质量。优化发展结构,大幅度提高在生产、工作第一线中发展党员,在高知识群体、青年中发展党员,在各领域具有较大社会影响人员中发展党员的比例。

其次是抓好农村党建工作。对乡村党组织书记队伍状况开展调研,探索完善"公推直选"、"两推一选"等制度,建立符合我市经济承受能力的村干部报酬增长机制和村支书基本养老保险制度。继续开展"能人入党治村"活动,推动相关部门在资金、培训、政策上扶持农村党员创业。在全市部署开展以"富民维稳促和谐"为主题的"三项工程"达标创建活动,组织全市各级党组织和农村广大党员,用3年左右时间,全面完成省、市委提出的各项任务,解决好农村发展和稳定方面存在的突出问题。

第三是加强非公企业和社区等领域党组织建设。会同工会开展好"党工共建"活动,积极探索非公企业党组织和党员开展活动、发挥作用的有效途径。开展创建综合示范街道、示范社区和"科学发展、服务民生"等活动,探索社区党建与便民服务和改善民生的有效办法。积极开展"党建品牌"创建活动,探索培育总结党建工作举措和典型单位,用以指导党建工作。继续抓好城乡党组织"结对帮扶"活动,努力实现党建工作资源共享、优势互补、共同提高。

六是探索创新内部管理机制,为建设眼界宽、思路宽、胸襟宽的组工干部队伍提供保障

首先是想方设法激发组工干部学习的积极性。探索建立组工干部素质能力标准和测评体系。对组工干部的政治理论水平、业务能力、调查研究能力、综合分析能力、沟通协调能力、语言文字表达能力、开拓创新能力和学习能力等进行综合测评分析。对照能力素质标准,提拔重用能力素质高、工作成绩突出、群众公认的干部,使组工干部认清差距,增强紧迫感,自觉加强学习,努力提高自身素质。

其次是大力丰富组工干部学习内容。把政治理论学习放在首位,用马克思主义中国化的最新成果武装组工干部头脑,始终与党中央保持高度一致,做党的路线方针政策的忠实践行者。坚持干什么学什么,缺什么补什么。引导组工干部加强业务知识学习,熟悉和精通所从事工作的方针政策,善于抓住事物本质,全面准确的认识和解决问题。掌握国情、省情、市情,了解世界经济、政治、科技和思想文化发展的新特点新态势,培养世界眼光和战略思维,善于从工作大局出发思考问题。广泛涉猎经济、法律、管理、历史等各个学科知识,打造"见多识广"的综合型组工干部。

第三是创新学习培训组织方式。在坚持定期集中学习的同时,综合运用专题辅导学、讨论交流学、考核督促学等形式,提高学习效率。为干部提供实践锻炼的机会,完善干部到基层挂职锻炼制度,有针对性地安排组工干部到基层党组织挂职或跟班学习,选派优秀年轻干部到乡村挂职，让干部在基层、在经济建设一线、在艰苦环境中、在复杂形势下经风雨、见世面，在实践中掌握新知识，积累新经验，磨练成长。

（作者：中共吉林省白城市委常委、组织部长）

坚持以十七届四中全会精神为指导 着力破解干部选任源头上两大难题

于洪岩

规范提名和解决拉票问题，是党的十七大及四中全会提出的重要课题。实践表明：用人之源始于提名，扩大民主必须克服拉票现象的干扰。可以说，这两个问题同处于干部选拔任用的源头环节。不破解这两个问题，干部选任工作就无法真正规范，选人用人公信度也无法真正提高。以下我结合松原干部人事制度改革实践，着重就如何破解这两个问题作些探讨。

一、规范干部选拔任用初始提名，必须坚持党委集体决定原则

十七届四中全会提出："扩大选人用人民主，建立健全主体清晰、程序科学、责任明确的干部选拔任用提名制度。"这指明了规范提名工作的重点和方向。但对提名主体是谁、有哪些程序、责任如何明晰，并没有作具体规定，需要在实践中深入探索。我们松原进行的是以党委集体提名为核心的实践探索。其主要观点和实践有六个方面：

第一，关于初始提名内涵。我们认为，所谓初始提名，是在民主推荐前议定提拔干部或交流调整干部意向的动议过程。一般包括初始动议、初始酝酿、初始提名三个具体环节。就其性质定位讲，是选拔任用干部最初的、前置在民主推荐前的启动程序，它所要解决的主要是意向人选或目标人选是谁、应在哪进行民主推荐，而不是民主推荐后确定考察对象的提名，当前用人问题最多、最亟须规范的正是初始提名，而不是确定考察对象的提名；就其意义作用讲，它对用人方向、范围、方式的选择特别是对用人全过程走向及结果具有根本决定性和起始导向力。

第二，关于初始提名主体。我们规定，初始提名主体只能是党委集体。任何个人都不得成为初始提名主体。所以这样规定，一是提名属特殊重大事项，理应集体决定。二是党管干部的本质是党委集体管干部，而不是某个人或某几个人管干部。三是发扬党内决策层民主所必须，党委成员如不能参加提名这样重大的决策，就不能说是发扬了党内民主。只有党委集体决定提名，才是真正规范了干部选任源头，并对防范用人不正之风起到治本功效。否则就等于没有规范，等于仍然敞开口子任由个人或少数人说了算。对党委成员特别是书记等相关人，我们明确为初始酝酿主体，其权力可在初始酝酿中得到充分尊重和实现。明确书记等相关人为初始酝酿主体而非提名主体，只是对其提名权力的一种有效规范，而不是忽视，更不是剥夺。同时，我们明确，发扬提名环节民主，绝不是民主的泛化，除特殊情况外，主要是指发扬党内决策层民主，而不是泛指广泛的人民民主。如每次初始提名都采用广泛民主形式，则不具操作性，广泛民主权应在民主推荐中体现。此外，我们对初始提名的职务范围作了严格限定，副职由常委会提名，正职由全委会提名。为便于操作，我们一般采用会议无记名投票推荐和闭会期间书面征求意见两种方式进行。

第三，关于初始提名原则。以往的初始提名时常存在着明显的随意性和人情化倾向。为解决初始提名无具体原则可依问题，我们规定，除必须坚持《条例》规定的原则和任职条件、资格外，一是在初始动议阶段，必须遵循工作需要、空位待选、批次适量、时机方式合理、集体把关5条原则。二是在初始酝酿阶段，必须遵循发扬党内民主、真实表意、理由充足3条原则。三是在初始提名阶段，必须遵循人岗相宜、结构优化、差额提名、比较择优、党委决定5条原则。这样就为党委成员统一认识、正确荐人、避免用人失误奠定了思想和制度基础。

第四，关于初始提名程序。我们在实践中主要坚持了四个基本步骤：一是组织部门提出调整班子和选用干部初始动议方案，并报市委“五人小组”审议把关；二是组织部门在规定范围内组织人选初始酝酿，并择优提出初始提名参考人选；三是党委常委会或全委会通过无记名投票推荐，并按从高到低顺序提出初始提名正式人选或差额人选；四是组织部门按《条例》规定到初始提名人选所在单位组织进行民主推荐、考察等后续程序。实践证明，这样的程序规定，非常明晰、简便，党委成员都非常赞同。

第五，关于初始提名方式。我们视情况分别采取有参考人选提名和无参考人选提名、等额提名和差额提名等多种方式。但无论哪种提名，都坚持发扬党内决策层民主和集体决定原则。

第六，关于初始提名责任。我们按初始动议、酝酿和提名不同环节分别明确相关主体责任，注意区分集体责任与个人责任。一旦出现问题，重点追究书记、组织部长和酝酿提名人责任。

目前，松原市县两级党委已按新规定初始提名121人，均取得干部群众满意效果，实现了充分发扬党内民主，规范选人源头，防范用人不正之风，提高用人质量和公信度的目的。在去年首次全国组织工作满意度调查中，松原市所以实现了四项指标均列全省第一，规范初始提名起了非常重要作用。

二、整治民主推荐中的拉票现象，必须着重改革推荐制度和方式

拉票现象虽是扩大干部工作民主中的一种顽症，但并非不治之症。关键是找准症结，对症下药。拉票作为多因一果的现象，所以能演变成全局性问题，必定有其制度层面原因。正是由于现行民主推荐制度方式单一、参推范围小、人员固定化、没有合理分层赋权、缺少公开竞争，才导致拉票者众、拉票者得利、拉票者难受追究。因此，必须着重从改革和完善民主推荐制度入手整治拉票现象。可行的制度设计至少有两种：

第一，应探索实行结构化复式民主推荐方式。核心是打破单一依据会议投票推荐和个别谈话推荐结果确定考察对象局限，创新推荐方式，扩大参与范围，加进权重变量。这种方式的主要特点，一是扩大民主参与面。按照具有知情度和关联度要求，采用2＋X基本模型，扩大参推层面。我们在选拔长岭县和宁江区领导班子成员时，就采用了2＋2模型，即〔会议投票推荐＋个别谈话推荐〕＋〔随机问卷推荐＋基层干部群众代表推荐〕。其中，“随机问卷推荐”在未参加会议投票推荐的重要知情群体——中层副职中进行，并采取随机抽选、一对一信函邮寄方式推荐；“基层干部群众代表推荐”，由“两代表一委员”及其他知情干部群众参加。二是加进权重变量。对四个层面推荐结果分别按4∶2∶3∶1赋予权重，并以加和权重结果决定考察对象取舍。实践证明，这种推荐方式因为参推范围扩大，主体增多且随机，尤其有了权重变量，因而使拉票难度和成本加大，拉票对推荐结果的影响明显减轻，拉票者的内在动能大大降低，民主推荐的科学性和真实性有了基本保证。

第二，应积极采用公开竞争式民主推荐方式。主要是搭建公开有序竞争平台，让有限干部人选充分展示才干和潜能、表达施政意向和措施，争取干部群众认同和支持，使参推干部群

众能更真切地对竞争人选进行综合比较，择优作出推荐选择，进而变众多人争相拉票为少数人“竞技表演”，变私下无序拉票为公开有序竞争。具体操作程序和办法是：①公布拟选职位及资格条件；②干部自荐报名和组织审查；③组织符合资格条件者在限定时间和地点封闭撰写所报岗位书面履职报告或进行业务测试；④组织评审组阅评履职报告或试卷并排序；⑤组织部门依据评审结果并参照平时对干部的了解，按照不低于拟选职位 1∶3 的比例择优确定参加公推人选；⑥在《条例》规定人员范围内召开公开竞演答辩推荐大会，按岗位逐一进行个人竞演和解决实际问题答辩，并在全部竞演答辩结束后组织会议投票推荐；⑦党委依据公开竞演答辩推荐大会推荐结果择优确定考察对象。这种推荐方式，从本质上讲，是一种因势利导、变弊为利方式，不仅产生的考察人选对事业、对群众负责的责任意识会更强，而且即使仍有拉票行为，群众监督和组织查处的“光圈”也会高度“聚焦”，变难为易，拉票风险明显增加，拉票者自律意识便会真正增强，进而最大限度地抑制拉票行为。尽管这种方式增加了一些工作量，时间和经费成本也有所增加，但其民主的科学性和真实性、乃至最终的选人用人公信度都会极大提高。即便增加了一些成本，也总比查处众多拉票者的成本低得多。选人风气和环境的净化，是用人成本的最大节约。

（作者：中共吉林省松原市委常委、组织部长）

弘扬组工文化　加强自身建设 筑牢落实十七届四中全会精神的组织基础

邵　利

党的十七届四中全会对加强和改进新形势下党的建设工作作出了全面部署。组织部门作为党委的重要职能部门，承担着《决定》中绝大部分工作任务，因此，落实好四中全会精神，必须以强化组织系统自身建设为基础，进而必须重视弘扬新时期的组工文化。

一、延边在推进组工文化建设中的主要做法

近年来，为加强部内自身建设，提升组织工作水平，我们主要从政治、素质、制度、行为、形象、环境六个方面入手，对推进组工文化建设进行了一些探索。

1. 突出“正”的理念，抓好精神文化建设。在部机关组织开展了“大兴五种风气，争创三个一流”主题活动。把抓好作风建设作为培育组工政治文化的重要手段，积极营造“对党忠诚、政治坚定、公道正派、甘于奉献”的氛围。把中国特色社会主义理论和党的方针政策作为重点内容，用科学的理论武装组工干部头脑，引导组工干部坚定政治信念。在部内开展了向祁爱群、吴大观学习活动，邀请老红军、老党员上党课，还定期组织机关党员干部深入结对联系村，帮难解困，培养干部的群众观念。结合开展“讲党性、重品行、作表率”活动，我们采取领导讲学、组织征文等形式，引导干部树立正确世界观、人生观、价值观，教育大家要争当爱岗敬业、公道正派、乐于奉献的表率。

2. 突出“能”的理念，抓好能力文化建设。我们考虑，人是组工文化建设的主体。要加强组工文化建设，就必须加强干部学习培训，提高他们的能力素质。一是开展业务培训。部内坚

持每周学习日制度，定期请党校、延大教师授课，对机关干部进行培训；聘请州发改委、商务局等经济部门领导，讲解全州经济运行、项目建设、对外开放、新农村建设等经济方面的工作，让干部学习经济，了解全州重点工作的进展情况；建立了外出学习、考察人员汇报制度，让每位外出学习、考察归来的同志介绍所见所闻和外地的经验及启示。做到一人外出大家受益，一人学习共同提高。二是强化调查研究。我们要求部内每个处室每年确定2—3个调研题目，通过走下去，了解基层情况，掌握第一手资料，提高干部分析和解决问题的能力。三是坚持岗位练兵。结合干部岗位职责，在部机关推行了"一人一课"活动，定期组织干部交流经验。四是拓宽培养渠道。有针对性地安排干部到基层挂职锻炼、到州外考察学习，提高干部综合能力。几年来，部内先后选派了40多人次参加各类培训、锻炼、研修，组工干部整体素质得到了较大的提升。

3. 突出"清"的理念，抓好制度文化建设。 只有以健全的制度作保证，文化建设才有坚强的后盾和旺盛的生命力。因此，我们注重从完善制度入手，狠抓了部风建设。一是健全内部管理机制。制定印发了"组工干部若干行为规范"等16个文件规定，并对落实情况开展督促检查。多年来，全州组工干部无一人违反廉政规定，保持了廉洁自律良好形象。二是完善监督约束机制。结合开展"党员义工"活动，让广大组工干部"八小时"以外主动走进社区，建立了组工党员干部表现反馈卡制度，促使干部始终自觉规范自己的言行。三是搞好实践活动。结合"讲党性、重品行、作表率"和学习实践科学发展观活动，我们广泛开展了"问政于民、问需于民、问计于民"和"双摆双建"主题活动，及时把征集到的115条意见建议归纳梳理为5个方面22条，逐项整改落实，进一步确立了组织部门和组工干部的良好形象。

4. 突出"和"的理念，抓好环境文化建设。 先进的组工文化有助于形成优良的工作生活环境。良好的文化环境和健康的人际关系可以使人获得安全感、力量感和幸福感，因此，我们高度重视环境文化建设，积极构建和谐组工。一是推行人性化管理。实行组织部长谈心和接访日制度，每年组织干部进行健康体检，安排干部带薪休假，让大家感受组织的关怀。二是加强文化载体建设。坚持定期召开全州组织系统运动会、党建研讨会，交流思想，增进友谊。不定期组织部内干部开展演讲比赛、乒乓球赛等丰富多彩的文体活动，营造既严肃又活泼的工作生活氛围。三是落实人文关怀。我们始终把关心干部政治进步，解决干部生活困难作为部领导的重要责任，努力做到"以事业留人、以感情留人、以待遇留人"。近两年，部内先后有5位处长和3位副处长走上了上级领导岗位，12名同志提任副主任科员。

二、实践中的几点体会

实践中我们感到，要在新形势下提高组工文化建设的成效，使组工文化真正成为助推组工干部队伍建设，促进各项工作的强大动力，必须做到三个结合。

一是必须同时代主题相结合，强化开拓创新服务发展。 组织部门是服务党员、干部、人才的部门，组工文化的创建必须要把振兴和推进经济社会发展作为出发点，以服务发展的理念来明确创建的定位，以加快发展的要求来谋划创建的思路，以推动发展的实绩来检验创建的成效。在实际工作中，要围绕工业突破、招商引资、项目推进、全民创业这一时代主题，与时俱进地做好各类创业型人才的选拔、培养、吸引和使用工作，加快干部人事制度改革的步伐，凸显以事业凝聚人心、以人心促进事业的良好氛围，把各级领导班子建设得更加坚强有力，把党员、人才和干部队伍建设得更加朝气蓬勃，把党的基层组织建设得更加坚实可靠，从而把组工文化创建的政治优势转化为支撑地方提速发展的经济优势，推进经济社会发展实现大跨越。

二是必须与建立现代管理制度相结合，实

现组工文化建设中的观念转变与制度创新。任何一个组织的传统文化观念都会以“内在潜规则”的形式表现出来，并具有强烈的依存性和顽固性。组工干部在其传统文化的长期影响下，对组工文化建设的新内容，即组工文化的“外在新制度”的形成有一定的抵制与抵消作用。因此，组工文化的创新必须从转变观念与制度创新两方面入手，建立规范的现代文化管理制度，把实践中的成功经验用制度的形式固定下来，坚持用制度管人、用制度管事、用制度管权，以“新制度”来破解“潜规则”，让组工干部逐渐适应组工文化、熟悉组工文化、实践组工文化，最终实现文化管理。

三是必须同解决组工干部队伍中存在的突出问题相结合，打造一支过硬的队伍。在组织部门自身建设的长期实践中，形成了“公道正派”、“严谨求实”、“任人唯贤”等许多优良的文化精神，得到了社会各界的充分认可，但同时也沉积了如“过于谨慎保守”、“自恃高人一等”等一些需要改进的作风。组工干部创新意识不强，工作中谨小慎微、墨守成规；工作作风不够深入，站位不高，基础不够扎实；组工干部成长周期过长，出口渠道过窄等问题还不同程度地存在。因此，弘扬组工文化，必须从解决组工干部队伍中最不符合科学发展观要求、干部群众反映强烈的问题入手，完善制度，创新理念，加强管理，畅通出口，激发干部队伍活力，促进组织部门更好发展。

三、大力弘扬组工文化，切实加强自身建设，使组织系统成为落实四中全会精神的模范

要出色完成四中全会部署的党的建设的各项重大任务，必须把组工文化建设作为重要的基础工程来抓，大力培育具有时代特色的组工文化，努力打造一支最讲党性、最重品行、最作表率的组工干部队伍。

第一，弘扬组工精神文化，着力打造“正派组工”。要在组织系统中深入持久地开展以公道正派为主要内容的“树组工干部形象”学习教育活动，不断培养以“公道正派”为核心的组工精神。落实大规模培训干部的要求，运用爱国教育示范基地、远程教育等载体，开展中国特色社会主义理论培训，使组工干部作真学真懂真信真用的表率。要强化公道正派精神文化的张力。无论是考察干部、评价干部、推荐干部还是使用干部，都要做到客观公正、充满理性。强化公道正派精神文化的魄力。始终做到在是非面前不偏向，在压力面前不低头，在丑恶面前不姑息。应始终坚持“三服务”，把“两满意”作为组织工作的核心价值，结合学习贯彻四中全会精神，引导组工干部把“讲党性、重品行、作表率”的要求落实到工作中去，使组织部门成为真正“靠得住”的部门，组工干部成为真正“过得硬”的干部。

第二，弘扬组工行为文化，着力打造“能力组工”。要大力开展“创建学习型机关”、“能力建设年”活动，在组工干部中大兴学习之风。通过读一本书、上一堂课等方式，引导干部学习，通过有针对性地安排组工干部到基层挂职锻炼、到域外学习、到院校深造、到国外研修，开阔干部眼界，提高干部素质。大兴务实之风。要求干部每年有三分之一的时间要蹲在基层，引导组工干部把工作重心放在基层，查实情，说实话，办实事，脚踏实地干工作。大兴创新之风。不断培养组工干部的创新意识、创新思维和创新精神，在突破工作难点、解决突出问题过程中创新工作。大兴调研之风。建立完善机关联系基层制度，采取调研推进月、调研成果研讨等形式，引导干部扑下身子，沉下心来，在实践中寻求答案，做到思路在调查研究中提出，决策在集思广义中作出，难点在群策群力中突破。

第三，弘扬组工制度文化，着力打造“清廉组工”。要建立完善的组织工作管理和运行机制，努力提高组织工作科学化、民主化、制度化水平。严格按照党的政策和原则办事，尤其是在考察推荐干部等敏感问题上，必须严格遵守《干部任用条例》、组织人事干部行为规范和干

部人事工作纪律，做到心正、嘴严、腰直、气壮。完善组织部职能配置和各处室主要职责、廉洁自律八项规定等具体制度，从落实请销假制度、中午禁酒等细节入手，真正做到用制度管人，按程序办事。应注重完善组工干部的监督约束机制。面向社会广泛征求对加强组工干部作风建设的意见。把组工干部"八小时"以外的表现纳入到组织视野，通过开展组工干部进社区、聘请组工作风监督员等方式，实现组工干部监督工作常态化，使干部时刻牢记身份，始终保持良好形象。

第四，弘扬组工环境文化，着力打造"和谐组工"。我们应始终坚持以人为本，把"尊重人、依靠人、发展人、为了人"的思想贯穿到组织工作的每个环节，在部内形成诚实守信、团结友爱、相互尊重、互相帮助、共同进步的和谐人际关系。要开展以创建和谐家庭、和谐处室为主要内容的和谐创建活动。重视和关心组工干部的学习、工作、生活和进步。建立领导定期谈心谈话制度，搞好家访、伤病探望、生日慰问、定期健康体检，组织开展丰富多彩的业余文体活动，保障干部职工的身心健康。要积极创造有利于干部成长的学习、生活环境，进一步拓宽干部成长空间，有意识地让干部经受多岗位锻炼，大胆提拔使用优秀的组工干部，使广大组工干部始终感受到组织的关心、关怀和关注。

（作者：中共吉林省延边州委常委、组织部长）

党建和组织工作要服务于经济转型升级

中共浙江省义乌市委组织部

经济转型升级可以从宏观和微观两个层面进行分析。宏观层面主要是指政府对经济体制、发展战略、发展方式、产业结构等作出调整。微观层面主要是指企业对自身经济发展作出的战略调整，包括产业转型、企业类型转变、商业运营模式转变、市场开拓、管理模式转型、创业者自身转型和产品的升级等方面。

要实现经济的平稳、良性、可持续发展，义乌要建设国际商贸名城、打造"三中心两高地"，加快转型升级，实现转变、提升和新生，是生存发展的根本出路，是主动应对危机的唯一出路，也是抢占发展先机的必然出路。经济转型升级是一项系统工程，既涉及宏观政府层面，又涉及微观企业层面，企业是经济转型升级的主体。企业在转型升级的变革过程中，对党建和组织工作提出了新的要求。

一、经济转型升级对党建和组织工作提出的新要求

1. 对服务能力提出新要求。转型升级是企业发展史上的突变。这种突变对党建和组织工作的服务功能提出了由"量"到"质"的更高要求，不仅仅要求帮助企业"跑跑腿、动动嘴"，开展"盯环节、跑审批"的程序化、低层次服务，更需要从生产要素组织、环境营造、政策引导、人才支撑、制度安排等方面提供更加全方位、高层次的服务。因此，经济转型升级需要党建和组织工作也相应地转型升级，需要更多的懂经济、懂管理、善经营的领导干部为企业提供专业化、针对性的服务。

2. 对组织工作制度提出新要求。随着义乌经济社会的快速发展，新经济组织和新社会组织不断涌现。据统计，义乌非公有制经济组织

达7729家，新社会组织达2143家，从业人员分别达到26.5万人和2.5万人。“两新”组织在义乌经济社会发展中的作用越来越突出。但是，随着改革开放的不断深入，民营经济迅速崛起，“两新”组织日益壮大，人员流动性不断增强，大量的“单位人”变成了“社会人”，组织工作单纯按照传统的“单位建党”模式，越来越难以实现党的组织的全覆盖和党的工作的全覆盖，因此，迫切需要组织工作制度上的创新。

3. 对干部考核评价机制提出新要求。长期以来，领导干部考核有唯GDP倾向，重经济轻环保，重经济效益轻社会效益，单纯追求发展速度，而忽视生态环境及协调可持续发展。经济转型时期，为了更好地发展经济可能会有暂时的衰退，但是经济的发展不能以牺牲环境为代价，经济的发展要更注重社会效益，有专家提出了“绿色GDP”的概念，这对传统的干部考核评价机制提出了挑战。

4. 对服务方式提出新要求。面对严峻的经济形势和经济转型升级的巨大压力，企业对党建和组织工作的服务方式提出了新的要求。党建和组织工作服务经济转型升级不能仅停留在思想政治教育上，更应该体现在对员工的人文关怀上；不能仅停留在政治层面上，更应该进一步延伸到经济领域和企业的和谐发展上；不能仅停留在一般服务上，更应该为企业发展搭建更好的平台。因此，要积极探索党建和组织工作服务经济转型升级的新路径，真正把党组织的政治优势转化为推动经济转型升级的发展优势、组织优势、带动优势。

5. 对人才的需求提出新要求。经济转型升级关键是人才。目前，义乌人才资源高层次学历人才比重偏低，仅与2004年上海人才统计数据相比较，硕士及以上人才占人才总量的比重，义乌仅0.97%，而上海为4.88%，为义乌的5.03倍。义乌人才的专业技术人才结构中，高级人才比重偏低。高级专业技术人才仅占2.88%，而上海为7.02%，是义乌的2.43倍，中级专业技术人才上海为60.86%，比义乌高出27.54%。目前义乌的人才储备状况是不能满足经济转型升级对人才需求的，因此，应当在人才战略和人才政策上为企业的人才需求提供更好的平台。

二、党建和组织工作服务经济转型升级的路径选择

经济转型升级需要党委和政府提供全面的优质的服务。从组织部门工作角度出发，服务经济转型升级的路径选择主要有五个方面。

（一）从提升理念更新观念入手，拓宽服务经济转型升级的思路

1. 构建开放体系，夯实服务经济转型升级的工作基础。加快经济转型升级，推动经济又好又快发展，迫切要求加快建设开放的组织工作体系，这是新的历史条件下对党建和组织工作提出的时代性要求。要以开放的视角、开放的精神、开放的机制来谋划和推进组织工作，全力打造一个开放的组织工作体系。

第一，要有开放的视角。跳出组织工作看组织工作，把组织工作放在全市、全省、全国乃至全球视角来认识和谋划，广泛开展与市内外、省内外党建和组织工作先进地区的交流合作，拓宽眼界，拓宽思路，拓宽胸襟，使组织工作紧密适应形势发展的要求，最大限度地满足实际需要，充分发挥组织保障、人才支撑作用，推动经济社会又好又快发展。

第二，要有开放的精神。克服神秘化、封闭性的习惯思维，克服求稳怕乱的思想顾虑，克服怕丢权失位的思想障碍，自觉适应时代潮流，以无私无畏的勇气推动组织工作的机制创新，使组织工作与经济社会发展的需求相适应。同时，对于组织部门自身而言，从观念到工作还需要摒弃一些不合时宜的东西，需要不断吸纳先进的理念和时代的气息，需要人民群众的广泛参与和监督。

第三，要有开放的机制。体现市场经济平等竞争、优胜劣汰的本质要求，形成与之相适应的开放性、竞争性运行的组织工作机制。要在

组织工作中不断丰富民主形式，更好地落实人民群众的知情权、参与权、选择权和监督权。要面向时代、面向社会、面向群众，把组织工作交给社会评价，接受群众监督。要建立民主开放的决策咨询机制，充分利用组织部门的职能优势，疏通与社会同频共振的渠道，广泛听取社会各方面的意见和建议，畅通和拓宽信息交换网络，搭建内外交汇的互动平台。

2.培育发散思维，拓宽服务科学发展的工作路径。要突破固有保守的思维模式，发散性、创新性地拓宽党建与组织工作服务经济转型升级的思路，自觉在全面建设小康社会、构建和谐社会、实现科学发展的大局中来部署、推进组织工作，切实把组织资源转化为发展资源，把组织优势转化为发展优势，把组织活力转化为发展活力。要以更加宽阔的视野、更主动的姿态，开阔工作思路，拓展工作领域，推进党的组织资源与党委其他部门资源、政府资源、社会资源整合的深度和广度，提升组织部门的工作水平和工作效率，为促进义乌科学发展提供优质、高效服务。

3.增强创新意识，努力构建区域人才高地。

第一，建立公平公开的人才工作体制机制，大力实施人才强市战略。加强以高层次、高技能人才为重点的各类人才队伍建设，以世界眼光积极引进大批高层次人才，面向国内国际两个人才市场拓宽引才渠道。

第二，健全人才评价机制，完善各类人才评价指标体系，提高人才评价水平。

第三，完善人才流动机制，着力破除人才流动中的体制性和政策性障碍，鼓励和允许人才在党政人才、企业经营管理人才、专业技术人才三支队伍之间，在公有制和非公有制企业之间合理流动，最大限度地把人才配置到能够充分发挥其特长的领域及岗位上去。

第四，创新人才激励机制，建立与市场经济相适应、与工作业绩相联系、鼓励人才创新创造的分配制度、奖励制度和福利制度。通过体制机制创新，大力营造各类人才大量涌现、创造活力竞相迸发、聪明才智充分发挥的生动局面。

4.体现人本关怀，树立党建工作新理念。要牢固树立以人为本理念，着力探索一套培养人、激励人、关怀人、凝聚人的党建工作机制，走出一条“人本党建”的新路子，有效地激发广大党员干部为义乌经济社会发展提供主动、创新、优质、高效、廉洁的服务。人本党建的活力在于培养人，人优则事达；人本党建的动力在于激励人，人竞则业兴；人本党建的魅力在于关怀人，人和则政通；人本党建的合力在于凝聚人，人聚则协力。

5.发挥组织功能，整合党建资源形成合力。经济转型升级离不开党委和政府的坚强领导和有力推动，离不开党员干部、人才及社会各界的广泛参与和热情支持。要不断增强和放大组织工作的社会动员能力，充分激发组织资源要素服务经济转型升级的活性。

(二)从提升干部队伍素质入手，提高服务经济转型升级的能力

经济转型升级对干部队伍特别是领导干部的能力素质提出了更高的要求。要积极创新干部教育培训体制机制，建立和完善组织调训与自主选学相结合的调训机制及干部教育培训质量管理机制、考核评估机制、激励约束机制，不断提升领导干部综合素质，提高各级干部推动经济转型升级的能力。当前，要着重培养领导干部三方面服务意识和工作能力。

1.推广“智慧化服务”。危机中的现代企业，更希望得到全面的、高层次的、智慧化的服务，包括为企业发展出谋划策、为企业产品研发提供定向支持、为企业运营提供专业顾问意见、为企业产品提供更多有效市场信息、为企业发展创造平台载体等等，这些服务已经没有简单劳动的痕迹，需要领导干部通过不断提升服务素质，提升服务水平，提高专业化、智能化的服务能力，才能不断实现。

2.提倡“专业化服务”。从义乌目前情况看，企业专业化水平越来越高，企业的技术水平和科技含量越来越高，企业对政府服务的需求已不仅仅停留于“跑项目、拉关系”那么简单，更希望政府部门提供更加适应其企业专业化程度的个性化服务，如专业人才培养和吸纳政策制定、专业技术交易平台搭建、同类企业的集聚规划等。提倡专业化的政府服务，实质上就是要适应企业专业化分工的需要，为企业发展提供专业技术、专业人才和专业发展的更高层次服务。

3.强化“要素化服务”。随着现代科技、管理、信息和人力资本的发展，传统的以资源、资金投入为主的企业投入结构正在发生巨大变化。传统的侧重于资本和资源的政府服务，忽视了对科技、信息和人力资源的服务，而恰恰政府长期忽视的服务内容，却是企业日后成长的关键性因素和经济转型升级的核心。要改变过去“见物不见人”、“见钱不见人”的物化服务，强化“以人为本”的活化服务，真正重视科技、管理、信息和人力资本的作用。当前经济危机中的企业，就是需要我们强化对企业的高端要素服务，帮助企业吸纳人才、留住人才，开展多种形式的员工技能培训，加大科技研发支持力度，为企业迎接发展春天蓄势加油。

(三)以尝试“区域化党建”为抓手，实现服务经济转型升级的组织创新

“区域化党建”是指在“单位党建”基础上，把“两新”组织和流动人口相对集中的区域或行业，作为建立党组织的基本单元，对区域内基层党组织设置、党的活动和党员发展、教育管理工作进行通盘考虑、统筹谋划、成片推进的党建模式。在层级上，对基层党建工作实行中观管理，克服了宏观管理的不便和微观管理的缺失，较好实现与上级党组织和一线工作的对接；在范围上，打破部门限制，变点状推进为块状规划；在功能上，整合各类党建资源和社会资源，变内循环为内外一体化循环；在机制上，以组织设置形式的创新为基础，推进内容创新和机制创新，强调互动共商，倡导自主管理。

第一，在基层组织体系构建上，突破传统的“单位建党”限制，全面向动态开放的区域建党和“单位建党”并重转变。区域性党组织以“两新”组织和流动人口相对集中的区域为依托，负责领导或指导这一区域内所有“两新”组织的党建工作，同时，承担“两新”组织党组织“孵化器”和党员队伍“蓄水池”的作用。当区域内某一“两新”组织单独建立党组织条件成熟时，区域性党组织按照“单位建党”模式帮助其及时组建党组织，并通过公开招聘、组织选派等方式向新成立的党组织推荐、输送优秀党务工作者；当某一“两新”组织注销或由于党员流动等原因，不符合单独建立党组织条件时，区域性党组织及时将这一“两新”组织中原有的党员接纳过来进行统一管理。

第二，在党建平台建设上，突破传统“小而全”的分散配置方式，全面向“区域统筹、集约共享”方向转变。在推行区域化党建的区域内，整合资源，集中财力，建立党员服务中心，配套设立相应的党建功能室，作为区域党建的共享服务平台，为“两新”组织中的党组织免费提供开放的活动阵地，免费向周边企业和党员群众开放。

第三，在党员管理上，突破由各企业分头管理的传统模式，全面向“区域一体、动态管理”转变。流入区域内的党员，区域性党组织均主动接纳，及时为其提供各种服务，对其加强教育管理。不管流动党员所在单位是否建立党组织，流动党员均应到区域性党组织登记报到，并参加区域性党组织开展的相关活动，形成“关系在企业、活动在区域、奉献双岗位(企业职责岗和社会义务岗)”的党员教育管理方式，使党员的教育管理从单位封闭式向区域开放式转变，从原来的静态向动态转变。

第四，在党建工作运作方式上，突破单纯依靠行政指令的传统做法，全面向“重在指导、共建互动”转变。以“共驻、共商、共建”的形式，建立区域党建联系协调会议制度，构建区域党建共建互动机制，定期听取各企业意见建议，共同研究部署有关工作，以群策群力方式，赢得支持，协调一致，确保区域内党建工作在共抓中落实，企业在和谐中发展。

(四)把企业文化建设纳入企业党建范畴，

进一步拓展企业党建内涵

创新是一个政党永葆生机的源泉。党建和组织工作要在经济转型升级中有所作为，需要创新企业党建的载体，把企业文化建设纳入企业党建的范畴，通过企业文化的建设，提升企业党建的水平。

企业文化建设为企业党的建设提供了有效载体，企业党组织政治核心作用的发挥，又为企业文化建设、企业发展提供可靠政治思想保障。这就需要企业党建工作在转变中适应，在改进中加强，在创新中发展，积极探索企业文化建设纳入企业党建的路径。

第一，企业党组织可以把“维权保障”作为切入点，维护企业、职工和业主三者的合法权益不受任何侵犯。这样既符合企业的实际情况和“为企业发展所需要，为党员所欢迎，为职工所拥护，为业主所理解”的原则要求，又有利于党组织的建立和充分发挥作用，不断提高党建工作的质量。

第二，坚持“引导不主导，参与不干预，协调不强制，监督不包揽”的原则，使党建工作与企业生产经营目标同向、思想同心、工作同步。维护和支持民营企业管理者依法进行正确的决策和指挥，协调企业与政府各职能部门的关系，使其更加自觉地拥护党的领导，支持在企业中建立党组织并开展党的工作。

第三，通过制定“管理人员素质要求”、“红旗班组”、“党员先锋岗”、“员工守则”、“员工礼仪规范”等行为规章，规范企业员工的行为，发挥党员先锋模范作用，带动员工整体形象的提升，把党组织的先进性和企业员工的共同理想信念和价值观有机结合，使企业文化成为持续发展的有力保障和强大推动力。

（五）从构建多层次、宽领域的培训体系入手，为经济转型升级提供人力资源保障

要整合社会资源，加强对企业主、企业管理人员和技术工人的培训，形成多层次、宽领域的人力资源培训体系，不断提升企业员工的综合素质，为促进义乌经济转型升级提供人才支撑和智力保障。

1. 理顺培训体制，构建多层次、宽领域的培训体系。目前，义乌对企业各类人员的培训还缺乏统一的规划，存在着多头管理、各自为战的局面。为改变目前的状况，应建立由组织部门牵头，各部门、镇街配合，企业共同参与的培训体制。培训对象是多层次的，不仅仅是企业主，也包括企业管理人员和技术工人。培训的主办者是宽领域的，既包括组织部和政府相关部门，也包括镇街和企业。经费保障上构建政府出资为主，企业、个人为辅的培训经费筹措渠道。尝试培训的市场化运作，政府出资委托社会办学机构组织实施。组织人事部门主要从培训规划的制定入手，加强对培训的检查、监督和考核，切实把企业各类人员的培训作为组织部门服务经济转型升级的实事来抓，抓出成果，抓出实效。

2. 创新培训方法，切实提高培训效果。第一，创新培训计划。在确保针对性的前提下，注重体现系统性和前瞻性。不仅立足于当前需要，更要考虑将来的长远发展，构建涵盖企业各层次人员的、持续的、经常性的培训机制。要根据企业现状及发展，系统制定培训发展计划。根据不同企业、不同层次、不同岗位的需求制定具体多样的培训主题，在培训的内容上体现不同的深度。

第二，创新培训方式。改变“你说我听，课后考试”的传统培训模式。在培训方式上体现层次性、多样性，拉开梯度，进行不同性质的、不同水平的培训。尝试“菜单”式培训，培训部门列出培训主题、培训内容、主讲教师及讲授内容供学员选择，使培训更具针对性，突出实效性。创新培训教学方法，实现从传统的课堂教学向实践演练转变。

第三，创新培训考核评价体系。建立有效的培训考核评价体系，对企业培训需求进行调研，把企业需要作为培训的出发点；明确企业各类人员的基本状况，把培训什么作为培训体系中的重点环节来抓；把培训学员满意不满意作为培训成果的重要考核标准。

在科学发展的道路上阔步前行

朱民阳

近年来，江阴市始终坚持以科学发展观统领经济社会发展全局，走出了一条以改革创新为时代特征、以率先小康为显著标志、以“江阴精神”和“华西经验”为强大动力、以百姓幸福为不懈追求的率先发展、创新发展、科学发展的成功之路。

牢牢把握科学发展观的核心，坚持把建设幸福江阴作为科学发展的生动探索，在共建共享中不断提升百姓的幸福感

以人为本是科学发展观的核心，是党执政为民的根本价值追求。2005 年，江阴在江苏省率先建成了全面小康达标县(市)。对照科学发展观的新要求和人民群众的新期盼，江阴市委、市政府深刻思考经济发展为什么？区域领先争什么？实现全面小康以后干什么？创造性地提出建设“幸福江阴”的奋斗目标，为实践科学发展观开辟了广阔的舞台。

抓发展理念的转变。江阴在思想大解放、全市大讨论的基础上，提出了建设幸福江阴的战略构想，并在 2006 年 6 月江阴第十一次党代会上，正式提出了幸福江阴的总体目标：“以民生为本，力求个个都有好工作；以民富为纲，力求家家都有好收入；以民享为先，力求处处都有好环境；以民安为基，力求天天都有好心情；以民强为重，力求人人都有好身体。”“五民五好”的幸福愿景，既反映了人民群众的幸福感知，又凸显了以人为本的价值追求。两年多来，江阴边实践，边思考，进一步形成了“做好‘蛋糕’体现智慧能力，分好‘蛋糕’体现职责使命，幸福江阴必须体现在共建共享上”；“产业结构决定人口结构和城市结构，优化发展必须体现在结构提升上”；“环境污染就是政府或企业的负债，科学发展必须体现在可持续发展和生态文明建设上”；“群众关心什么就考核什么，发展为民惠民必须体现在对领导干部的考核导向上”等发展共识。我们认为，发展理念的深刻转变是建设幸福江阴最大、最积极的成效。

抓发展路径的转变。江阴坚持确定目标的前瞻性、实现目标的坚韧性和实施目标的可操作性的统一，在发展路径上积极探索和创新。一是坚持以科学的指标体系为指引。遵循“科学合理、完整统一、百姓认可”的原则，在认真调查研究、充分听取民意的基础上，制定了《幸福江阴综合评价指标体系》，并修订了《全市乡镇机关考核评价体系》，把政绩考核由偏重经济建设向经济、社会、民生等全面均衡评价转变，真正把党员干部的思想统一到民生幸福上。二是坚持以“四个优先”为导向。我们始终坚持“以民生需求倒逼经济转型优化，以经济发展保障民生改善提升”，突出经济、政治、文化、社会的协调发展，突出富民优先、科教优先、环保优先、节约优先的要求，既问计于民，又求新于民，既百姓共建、又群众共享，使幸福江阴建设进程成为优化发展、和谐发展的过程，呈现出幸福指数与 GDP 同步攀升、生产与生态同步提升、城市与农村同步发展、增长与增收同步协调、民生与民主同步提高的良好态势。

牢牢把握科学发展观的第一要义，坚持把应对金融危机作为当前科学发展的重要任务，在破除难题、同舟共济中化“危”为“机”

发展是科学发展观的第一要义，是党执政

兴国的第一要务。江阴市把应对金融危机、实现“弯道超越”作为学习实践科学发展观活动的最大实践，凝心聚力，攻坚克难，力争经济社会的持续健康发展。

给企业发展减负。企业的强弱决定经济的好坏、发展的快慢。危机当前，我们千方百计为企业减负，想方设法为企业鼓劲。一减企业家思想之负。面对“经济寒流”，我们引导企业家认清形势，危中觅机，强智健体，抱团取胜。通过广泛开展“为企业服务、帮企业减负”、“幸福在江阴·情牵村企户”等活动，给企业鼓劲、为企业加油，提振企业发展信心。二减企业生产运行之负。开展涉企收费大清理，改革涉企收费流程，抓好各类利好政策措施到位，优化水电气等生产要素配置，促进企业增效。引导企业开展倡导节俭之风活动，努力降低生产、管理和运行成本。三减企业行政成本之负。加大行政审批制度改革力度，建立健全与企业结对挂钩制度，实施“一企一策”、“聚集服务”等措施，搭建公共服务平台，真正做到“马上办”和“围墙外的事我来办，围墙内的事帮着办”，为基层发展提供“一站式”、“全天候”服务。

给党委政府工作加压。危机当前，我们要求政府部门与企业同甘共苦，提升工作动力；切实抓好大事要事，提升工作能力；改革体制、创新机制，健全以科学发展观为导向的各类考核制度，提升工作活力。目前，全市已研究出台了一系列保增长、促转型的政策措施。所有部门积极行动，全力做好“六个抢抓”：一是抢抓项目审批，加强向上沟通与争取，用好国家、省一系列促进发展政策，加快落实产业项目、城市建设项目、功能载体项目。二是抢抓有效投入，加大政府性项目投资，加大技改投入，加快招商选资。一季度，全市完成固定资产投资111亿元，同比增长25.17%。三是抢抓贷款资金，今年以来，政府、银行、企业协同配合，提高了江阴抗金融危机的能力，先后获得了市内外金融机构授信额度500亿元。四是抢抓人才资源，进一步畅通人才引进渠道，组织海外人才招聘团赴美国、加拿大招才引智，年内引进“双高”型人才200多人。五是抢抓市场拓展，发挥大企业引导带动作用，做大规模、拉长产业链，拓展发展空间。六是抢抓产业优化升级，大力推进现代服务业、新材料、新能源、生物医药、机械装备等优势产业发展，促进产业转型升级。

牢牢把握科学发展观的基本要求，坚持把全面协调可持续作为科学发展的路径，在统筹兼顾中推进科学发展

科学发展观的根本方法是统筹兼顾，深刻反映了全面协调可持续发展的必然要求。近年来，江阴市抓住关键，突出重点，大力实施城市农村的统筹发展和软硬实力的协调推进。

抓农村与城市统筹发展。坚持以工促农，以城带乡，健全城乡互动发展机制，促进城乡同步协调发展。一是加快实现城乡规划建设的全市域覆盖。加快新市镇规划建设，以新市镇建设推动中心城区功能完善，辐射带动新农村发展；以交通、水利、电力等重大基础设施项目为重点，城乡基础设施建设加快接轨。二是积极推动城乡社会保障的全方位落实。建立健全以养老保险、医疗保险、失业保险、被征地农民基本生活保障、低保为主的“五道保障线”；基本做到城镇基本养老保险向城乡所有用人单位覆盖、城镇基本医疗保险逐步向城乡所有用人单位覆盖、农民基本养老保险向纯农户覆盖、社会保障向社会困难群体覆盖；实现了“城保”、“农保”、被征地农民保障覆盖率“三个100%”。目前，按照“政府引导、农民自愿、先试后行”原则，推进“三互换”探索（土地承包经营权换保障、宅基地换住房、农民集中居住换社区居民身份），使农村生产格局、生活方式、生态环境良性发展。三是努力做到城乡资源的全社会配置。延伸城市管理和城市服务，不断加大对农村水利、环保、教育、文化、公共卫生的投入，完善公共服务体系。

抓软实力与硬实力同步提升。城市软实力，主要指生态状况、人口素质、城市精神等。

一是大力实施“生态文明建设工程”。按照“补偿标准高于环境治理成本”的原则计算补偿金额，创新“排污者付费、治污者收费”的环保利益机制，确保“十一五”节能减排的目标全面完成，力争到2010年建成全国“最佳人居环境城市”。二是大力实施“城市文明提升工程”。以城管体制机制创新为突破口，提高城市管理水平；以推进社工服务体系为突破口，提升城市的文明素养；以创建“学习创新型城市”、“全国文明城市”、“最佳人居环境城市”、“国家历史文化名城”为契机，丰富城市功能特色，提升市民生活品质。三是大力实施“人口结构优化工程”。大力实施“人才强市”战略，以项目、园区、站点等载体为依托吸引各类高层次人才；按照“控人口不控人才”的理念，创新人才选用机制，不仅注重感情留人、待遇留人，更重视事业留心、环境留心。

牢牢把握科学发展的有力保障，坚持把创新党的建设作为科学发展的强基工程，在固本强基中为科学发展夯实组织基础

牢固树立“抓党建促发展”的思想，以在全省率先建成党的建设的模范区为目标，努力实践，积极创新，党建工作扎实推进。

抓执政能力建设。一是领导班子整体优化。科学合理地配备领导班子。目前，全市16个镇(街道)中30岁左右干部、女干部配备率达100%；新提拔干部中35岁左右党政正职不断增加；市管干部中研究生学历的达到19.2%。二是干部素质全面提升。着眼于培养“眼界宽、思路宽、胸襟宽”的高素质领导干部，开展大规模干部培训，近3年共举办各类培训班2000余期，累计培训干部24万人次；选派年轻干部下挂基层一线、外挂先进地区、平挂热点岗位，磨练意志、增长才干。三是基层党组织建设全面加强。深入开展“乡村学华西、农村干部学吴仁宝”和“争当改革先锋、争当岗位标兵，带头创业致富、带领群众共富”等主题活动，切实增强基层党员干部带头致富、带领群众致富能力；开展“社区堡垒党支部”、“星级红旗社区”争创活动，着力打造社区党建特色品牌；开展非公企业“凝聚力工程”，规模以上非公企业党组织已建率达99%。开展党员先进性目标承诺，探索党员分类管理，建立党务信息管理系统，加大党建工作投入力度，建立500万元的党内关爱基金，市财政出资700万元高标准建设了覆盖城乡的现代远程教育。目前，全市16个乡镇、街道全部建立2000平方米以上的党员人才服务中心。

抓长效机制建立。一是从市委班子做起。结合学习实践科学发展观活动，市委形成了健全完善幸福江阴建设考核评价机制等10项有利于科学发展的体制机制。坚持调查研究制度，将每年8月确定为无会月，全体市领导走村入户开展调研。市领导带头与专家结对、与企业挂钩、与群众联系，通过多种渠道和形式了解民意、集中民智、问计于民。二是从机关作风和效能抓起。深入开展为民服务活动，连续5年开展了“万人评机关”活动，不断深化行政审批制度改革，切实提高为民服务的效率和水平。三是从防腐源头管起。严格落实党风廉政建设责任制，大力推进廉政文化建设，严格领导干部任中和任期经济责任审计制度，严肃查处违纪违法行为。四是从干部制度改起。实施考察预告、任前公示、差额考察、公推竞岗、党政正职全委会票决等制度。建立完善了促进科学发展的党政领导班子和领导干部考核评价机制。开展大规模公务员交流轮岗，交流轮岗总数占全市公务员总数的16%。五是从党建机制建起。建立完善党建工作责任制、联席会议制、联系点制、考核评价制和城乡党建一体化工作体系。分类制定了关于加强和改进农村党建、社区党建、非公企业党建、机关党建和党员教育管理等长效机制。

当前，以深入学习实践科学发展观活动为契机，全市党员干部找差距，明方向，形成了推进科学发展的新思路：紧紧围绕走科学发展之路，向现代化迈进的目标，依靠科技创新和体制创新，实施科教兴市、城乡统筹、可持续发展战略，促进产业转型、城市功能、社会结构、人的素质提升，不断增强产业竞争力、城市竞争力、环境竞争力、人才竞争力、文化竞争力，努力把江阴打造成名副其实的"江南名城、幸福之都"。

（作者：中共江苏省无锡市委常委、江阴市委书记）

通过学习实践活动进一步密切党群关系

张善强

胡锦涛同志在全党深入学习实践科学发展观活动动员大会暨省部级主要领导干部专题研讨班上的讲话中指出，要进一步把科学发展观转化为与人民群众同呼吸、共命运、心连心的真挚情感，转化为增强党性修养、提高思想觉悟的自觉行动。在学习实践活动中，各级领导干部要按照这一要求，突出实践特色，重在破解发展难题，在加快发展中帮助群众解决生产生活中的具体困难，进一步实现好、维护好、发展好群众的根本利益，以实际行动密切党同人民群众的血肉联系。

牢固树立群众观点

党的根基在人民、血脉在人民、力量在人民，人民群众是我们党存在和发展的根本。我们要通过学习实践活动，增强为民意识，想问题、作决策、办事情，必须以老百姓的根本利益为出发点和落脚点，坚持发展为了人民、发展依靠人民、发展成果由人民共享，做到权为民所用、情为民所系、利为民所谋；要树立正确的政绩观，自觉摆正与人民群众的关系，把群众要求想在决策之前，把群众工作做在执行之前，把群众利益落实在实施之中；要充分相信群众、尊重群众，虚心向群众学习，有问题找群众商量，有困难依靠群众解决，与广大群众建立起水乳交融、患难与共的关系；要高度关注群众的生产生活问题，积极从改善生产条件、提高生产效益、扩大生产收益抓起，为人民群众提供更为方便有利的生产条件和生活环境。

切实转变工作作风

作风就是形象。我们要少用声音指挥，多用实际行动指挥，用亲力亲为推动工作，努力做到干部在一线服务、政策在一线落实、问题在一线解决、形象在一线树立；要建立健全扶贫帮困、责任挂钩长效机制，深入开展进居民户、进农家访贫问苦和帮困解难实践活动，切实帮助群众解决实际问题；要带着深厚的感情深入到矛盾多、群众意见大的地方去，与群众做朋友，以心交心，真诚服务，妥善协调好各方面的利益关系，用实际行动赢得群众的信赖和支持；要善于调查研究，知群众冷暖，解群众所难，引导群众发展生产，发家致富。事实证明，群众在干部心中的分量与干部在群众心中的分量是成正比的，只要干部把群众的事当做自己的事，群众就相信干部、支持干部做事，只要干部全心全意为人民、尊重人民，群众就会把干部当做自己的亲人、知心人。

坚定信心抓发展

执政为民的出发点和落脚点就是要体现在促进地方发展，不断提高人民生活水平和生活质量，实现城乡经济社会一体化发展上。各级领导干部担负着主政一方、发展一方、稳定一方、造福一方的重要职责，我们要带着强烈的事业心和责任感干事业、谋发展，既要善谋全局把方向、知关键、懂要领，又能静下心来抓要事、攻难事、成大事。当前，国际国内经济环境正面临着困难，但支撑经济增长的基本面没变，发展始终是永恒的主题，机遇总是多于挑战。我们要认真贯彻党的十七届三中全会、中央经济工作会议精神，抓住国家为扩大内需出台政策所带来的发展契机，切实改善农村基础设施、发展现代农业、扎实推进新农村建设、搞活农村土地流转、提高群众科技素质等，努力实现农业增效、农村繁荣、农民增收。同时，要充分发挥自身的资源优势和区位优势，以项目为支撑、以产业为依托、以龙头企业为带动，做强做大一批工业企业，逐步确立工业经济在整个经济社会发展中的主导地位；要不断完善体制机制，优化环境，大力发展和繁荣现代服务业，努力实现第三产业蓬勃发展。要按照科学发展观的要求，坚定信心，敢于攻坚克难，善于在解放思想中破解发展难题，在破解发展难题中进一步解放思想，做到大胆创新干事业，充满激情干工作，追求以新的思路来加快发展，以新的举措来深化改革，以新的办法来推进工作，切实为经济社会发展作出积极的贡献。

着力改善民生

改善民生是全面建设小康社会的关键。我们要把以民生为重点的社会建设摆在更加突出的位置，关注民生、重视民生、保障民生、改善民生，着力解决好教育、就业、社会保障、医疗卫生、住房等直接关系人民群众根本利益和现实利益的问题。要坚持把教育放在优先发展的战略地位，完善教育基础设施建设，加大教育资源优化整合，建立和完善扶贫帮困助学机制，加大城乡贫困学生资助力度，努力促进城乡义务教育均衡发展；要加快建立城乡一体的人力资源市场，完善就业援助制度，开发公益性就业岗位，及时帮助零就业家庭和特殊困难群体解决就业。要加强卫生基础建设，深化医疗卫生体制改革，着力提高医疗卫生机构服务水平和质量，为群众提供安全、方便、价廉的医疗服务；要以社会保险、社会救助为基础，以基本养老、最低生活保障制度为重点，以临时生活救助为补充，不断完善覆盖城乡的社会保障体系；要建立健全低收入家庭住房保障制度，加大廉租房、经济适用房建设和租房补贴发放力度，逐步解决城市低收入家庭住房难的问题。

重视群众利益诉求

群众利益无小事，只有妥善解决群众的利益诉求，才能有效地减少各种矛盾纠纷，维护社会稳定。要高度重视群众来信来访，层层落实责任，认真对待群众反映的每一件事情；要健全完善信访排查、信访调处、信访联动、快速处置等有效机制，经常排查存在的问题，全面掌握各种动态，及时采取有效措施加以解决；要严格执行“领导包案”制度，深入开展领导干部“大下访”活动，通过带案下访、现场接访、重点约访等方式，直接面对群众，妥善解决影响群众生产生活的突出问题、群众反映强烈的社会问题，特别是要解决历史遗留的“老大难”问题、矛盾比较复杂的疑难问题；要加大宣传力度，积极教育和引导群众理性合法地表达诉求，切实注重从源头上化解矛盾，真正把影响社会和谐稳定的各种因素化解在基层、解决在萌芽状态。

（作者：中共云南省普洱市委常委、思茅区委书记）

监控资金运行　防范廉政风险

中共黑龙江省伊春市纪委

针对腐败现象易发多发的重点领域和关键环节，黑龙江省伊春市纪委在破解监督难题上进行了一些有益探索。

一、定岗明责，公开权力，确保资金运行透明

一是明确资金管理责任，合理配权制权。重新调整各单位行政领导分工，原则要求行政"一把手"不直接审批资金，由行政副职负责资金审批和日常管理，财会人员每天通过微机向"一把手"提供资金流量表、审批表；为各部门配齐配强100多名专业会计出纳，确定了财务人员的机构、编制和职责，实现了资金审核、经办人员相互分离、相互制约。二是梳理资金目录，依责明权确权。按照资金分配权、管理权、审批权、使用权开列目录，明晰资金项目、范围、额度和使用流程，规范单一账户，把每笔资金的管理责任落实到个人。三是公开资金使用信息，敢于亮权晒权。将资金目录、使用情况以"一屏三板四牌"形式公布，试点单位安装电子显示屏16块，制作资金运行公开板、监控流程图板、办事公开指示板175块，制作资金管理"职责牌、提示牌、监督牌、去向牌"2000多块。每季度公布一次单位部门预算执行情况、收入和支出情况，每月公开一次专项资金使用管理情况。

二、分层施教，查找风险，确保资金运行有序

一是开展专题教育，提高风险意识。试点单位组织党员干部结合本职岗位分层施教，领导干部主要学习党纪条规、廉洁自律有关规定，会计人员学习资金管理知识和业务规范，明确工作职责和廉政责任。二是查找识别风险，落实资金管理责任。主要是采取个人自查、领导帮查、专家诊查、上级核查的办法查找风险。"个人自查"是自下而上层层查找风险，通过当面提、书面提、个别提和走出机关、走进基层征求意见等办法识别资金运行风险，对填报不合格的反复修改，做到不凑数、不漏项、不避重就轻，经过几次返工，把资金运行风险找准、查实。"领导帮查"是自上而下严格把关，班子正职帮助班子成员查，班子副职帮助分管单位党员干部查，科室负责人帮助一般干部查，上级在下级填报的风险识别表上审核签字。"专家诊查"是请财政、审计、司法等部门对廉政风险逐条会诊，通过总结查案、查账中的经验教训，挖掘潜在的风险。"上级核查"是市纪委和推进组负责对处级领导审核，处级领导为分管单位党员干部审核，科室负责人为科员审核，层层落实风险查找和识别责任。三是制定防范措施，强化事前控制。8个试点单位共有113名处级领导干部、1433名科级干部、97名财会人员参加了资金运行风险查找和防范工作，组织党员干部集中学习40余次，查找资金运行风险2600余条，制定防范措施3200多项，填报《监控资金运行防范廉政风险一览表》1643份。

三、健全制度，堵塞漏洞，确保资金运行管理规范

一是建立规章，执行定期检查制度。针对现有制度执行不力问题，汇集了64项资金管理方面的制度规定，定期组织相关人员学习培训，半年对制度执行情况进行一次检查，纠正违规行为37起。对资金管理方面的廉政风险进行

了归纳梳理，评估认定风险，印发风险识别手册，起到经常提示警示作用。二是建立财会人员轮岗制度。按照新型财务管理体制要求，实行财会人员定期轮岗，会计岗位每2年在业务相似的部门间轮换一次，出纳岗位每3年在部门间轮换一次。目前已轮换财会人员16人，进一步加强对重要岗位人员的监督管理，从中发现问题，堵塞漏洞。三是建立大额资金联审制度。县区的房屋改造、设备更新、道路维修、基建工程等万元以上大额资金支出由党政班子联席会议集体研究决定，每月定期研究确定资金支付去向；专项资金和大项目资金实行事前介入，纪检、审计、财政全程监管；经费支出实行按月计划提报、财务审核、平衡会研究、主管领导批付、主要领导监控程序，严格控制不合理支出；非经营性收入、产权处置收入、资源补偿收入等预算外收入全部纳入一本账管理，最大限度遏制了账外账和私设"小金库"等违纪违法现象，筑起了一道审慎用权、合理花钱的保障线。四是建立大宗物资集中采购制度。定期组织检查政府采购资金流向，每2年对定点采购单位实行公开竞标，防止政府采购垄断和"集中腐败"；县区大宗物资采购实行报价单、询价单、验收单联报联审，计划金额与实际支出评价的办法，同样的物资进货比资金节约率和使用寿命期，计入专门的大宗物资采购档案，出现问题实行终身责任追究。

四、内控外管，监测风险，确保资金运行监控常态化

一是建立资金管理内部控制机制。以党风廉政建设责任制为龙头，明确党委（党组）对资金运行监督负总责，对资金管理人员负有教育和监管责任，层层查找廉政风险，制定防范措施；行政正职主抓资金运行监控工作，对本单位资金管理负有主要领导责任；行政主管副职对财会人员和资金使用负有日常管理责任；财会人员对资金安全和会计资料的真实性负责。二是建立"纪检＋审计＋财政"外部监管机制。成立了由市纪委和审计、财政部门参加的组织领导机构，抽调专门人员对试点工作进行全程指导，跟踪推进。年底由市纪委牵头，组织协调审计、财政部门，对各单位资金使用情况进行一次监控联检。审计部门根据日常检查中发现的问题对资金进行随机审计，并将审计报告报市纪委监察局备案；财政部门积极探索会计人员委派制度，推行职务消费货币化，加强对资金使用管理的监督检查，重点治理财务弄虚作假、重复分散设置账户和私设"小金库"等行为，避免预算资金游离于预算管理之外。三是建立资金运行监测预警机制。为衔接内部控制和外部监管机制，避免相互脱节，我们在8个试点单位成立了资金运行风险监测预报站，对资金运行实行经常性监测。截至目前，监测预报站形成资金使用情况报告14份，市纪委协调审计、财政部门根据风险监测报告、暗访检查、群众举报等情况对8个单位的资金使用情况进行了评估，向审计部门下达《责成审计建议书》3份，检查和消除资金管理隐患17项，涉及金额7300多万元，保证了资金安全。

深入开展“五抓五促”活动 保障和促进经济社会平稳较快发展

福建省泉州市纪委、监察局

今年以来，福建省泉州市各级纪检监察机关紧紧围绕“保增长、保民生、保稳定”的总要求和市委“稳住大盘、固本培元、项目带动、奋力发展”的工作思路，以开展服务经济发展“五抓五促”活动为抓手，充分发挥纪检监察机关职能作用，努力为经济社会发展创造良好环境。

一、抓热点整治，促企业发展

组织开展纪检监察机关服务企业专题调研，市、县两级分别组成调研组，深入基层一线，征求企业对反腐倡廉建设的意见和建议，协调解决企业生产经营中遇到的困难和问题，并实行服务企业情况“每月一报”。据统计，调研活动开展以来，市、县两级纪检监察机关已到1219家企业调研，征求企业意见和建议782条，协调解决问题632个。举办“政风行风热线”和“政风行风直通车”走进工业园区服务企业活动，活动举办以来，接受社会各界的咨询和投诉425件，现场解决实际问题205个。认真落实国务院关于119项行政事业性收费项目和政府性基金取消、停征和减征的政策，市政府公布取消、暂停征收、减半征收15项行政事业性收费项目，预计每年可减轻企业负担3.88亿元。

二、抓监督检查，促政策落实

实行中央增投项目建设有关情况每周一报、纪检监察机关就地同步参加检查和跟踪督促整改等制度，对总投资40.3亿元的142个项目进行检查，跟踪督促整改问题28个。加强对新农村建设、农业产业化经营、扶贫开发、造福工程、现代农业、泉台农业合作项目等方面的涉农专项资金使用管理情况的监督检查，全面推行村财计算机网络监管，加强农村“三资”监管。结合村级换届选举，认真开展村干部任期和离任经济责任审计，审计出问题209个，涉及金额1980.43万元。加强对扶贫款、低保金、救灾款物管理使用情况的监督检查，促进社会和谐稳定。继续深入开展串通投标违法行为专项整治，全面推行建设市场违规违法档案制度。

三、抓效能问责，促项目推进

围绕我市“项目建设年”活动，建立重点项目全程跟踪检查制度，促进项目建设任务的顺利推进。上半年167个重点项目完成投资额164.46亿元，占年度计划48.51%。组织对东海片区市政道路工程、金浦水厂、泉三高速公路泉州支线（南安至惠安）等重点项目的建设情况进行全程跟踪监督。加大行政问责力度，把不作为、乱作为等失职渎职行为作为问责重点，切实提高党政机关的执行力。市县两级效能办共对121名不作为或乱作为的责任人进行问责，其中给予效能告诫36人，诫勉谈话或批评教育85人。市机关效能建设领导小组还通报了全市一年来对602名党员干部实施效能问责的情况，深入剖析不作为、乱作为、作风松弛、推诿扯皮、“吃拿卡要”等五个方面问题的11个典型案例，并在媒体上予以曝光，以此警示和教育党员干部。

四、抓作风建设，促合力形成

协助市委、市政府制定《关于进一步加强机关效能建设，推进机关协同协作形成合力的工作意见》，采取“舆论先行、思想武装、典型示范、监督检查”的办法，大力实施协同、协作、合力工程，构建各级各部门密切配合、运转协调、规范有序、优质高效的协同协作机制。协调市直机关工委在全市开展基层“五评机关”活动，配合团市委等部门在机关青年公务员中开展“提速增效促发展、尽心尽责作贡献、争当人民满意的优秀公务员”活动。深入开展“弘扬惠女精神、提振创业激情、促进科学发展”活动，组织党员干部认真学习惠女水库建设者“艰苦奋斗、尊重科学、无私奉献、拼搏创业”的精神，在全市纪检监察系统部署开展弘扬惠女精神、服务海西建设活动，加强党性修养，改进工作作风。加大监督检查力度，纠正和查处不协同协作、不作为、乱作为的行为，组织效能监督员和新闻记者开展明查暗访 15 次，检查单位 120 个(次)，在新闻媒体报道、曝光 10 条(次)，发出整改通知书 10 份。

五、抓惩防腐败，促环境优化

一是继续保持查办案件工作力度。坚持围绕经济发展、项目推进、市场秩序抓办案，突破了一批阻碍经济发展和项目建设的典型案件。二是深化预防腐败各项工作。在规范权力运行方面，扎实开展第九轮行政审批制度改革，对 65 个部门 939 个审批服务项目进行梳理，取消 14 项，下放审批权限 3 项，压缩承诺时限 600 个工作日，减少申报材料 118 项。制定下发规范行政自由裁量权工作实施方案，48 个市直单位和 16 个省部属单位从 7 月 1 日起全面推行规范行政自由裁量权工作。依托“中国泉州”政府门户网站设立“泉州市网上行政执法大厅”，向社会公示市级行政执法行为的依据、种类、标准、程序，实现行政处罚业务电子化处理、行政执法信息报送、网上执法投诉管理、行政执法业务监督等功能，实施有效的法律督导和效能监察。各县(市、区)也将建设执法信息平台，做到市县联动、一体化运作。在健全市场机制方面，重点在垄断性社会资源和基础设施、公共设施、公共服务等领域下功夫，使公共资源通过公开透明和市场竞争的方式交易。制定实施市级政府投资项目代建制管理暂行规定，提高政府投资项目管理水平和投资效益，促进工程建设领域的廉政建设。进一步规范完善建设工程招投标工作，上半年 73 个项目进入市建设工程交易中心招投标，最高控制总价 16.43 亿元，中标总价 14.74 亿元，下降 10.26%。严格执行经营性土地和工业用地“招拍挂”出让制度。在完善中介组织方面，制定下发《泉州市市场中介机构管理暂行规定》，建立“泉州市中介机构服务中心网站”，创建中介机构优先名录库，实行随机抽取确定中介服务，促进中介市场公平竞争。

在服务“三保”中履行好纪检监察职能

孙　健

今年以来，江苏省淮安市纪委紧紧围绕党中央、国务院和省委扩大内需、促进增长各项政策措施、重大决策部署的贯彻实施，充分发挥纪检监察职能作用，为“保增长、保民生、保稳定”发挥了重要的保证监督作用。

一、以“保增长”为目标，加强监督检查和效能建设，推进经济社会又好又快发展

全市纪检监察机关坚持紧扣“保增长”这个

大目标，一手抓监督检查，保证政令畅通，一手抓效能建设，优化发展环境。

在加强监督检查方面，主要有七方面内容：一是围绕中央保增长、促发展有关决策部署的贯彻落实情况开展监督检查，对新增2000亿元的272个中央投资项目进行重点督查，严把资金关、程序关、建设关，确保工程质量和安全，确保项目开工、地方配套资金、问题整改三个“百分之百”落实到位。二是对耕地保护、节约集约用地等政策落实情况开展监督检查，落实耕地保护责任制，严肃查处违法占用基本农田的行为。三是围绕省市改善民生的相关政策措施落实情况加强监督检查，保证新农村建设工程、改善民生工程等惠民政策措施和支农资金的落实。四是加强对环境污染专项治理的监督检查，开展企业治污项目实施情况专项治理和饮用水源地环境保护专项行动。五是加强对安全生产法律法规执行情况的监督检查，督促相关部门建立责任体系和事故预案。六是加强对淮海东路改造、桔秆禁烧、城市拆迁等重点工作、重点项目的督查，推进项目实施。七是开展经营性用地变更容积率专项清理，在自查自纠阶段，清理项目299个，补交罚款、出让金等3238万元；开展土地专项清理，清理出各类闲置土地33宗，面积75.28公顷。

在深化效能建设方面，突出五大重点：一是推进重点执法部门的外部风险管理。在市安监局、公安局等24个重点执法部门推行风险管理，确定28项选题，建立评估模型13个，6个部门已开发使用信息化管理系统。二是推进规范行政处罚自由裁量权工作。37个部门已对2382项行政处罚事项进行分档量化，并向社会公布。完成行政处罚系统软件开发，并对卫生局、城管局等7个部门自由裁量权数据库进行了个性化设置。三是积极探索试点市级机关绩效管理工作。研究制定了市级机关绩效管理《工作意见》，对绩效管理的方法、步骤、考评结果运用等作出明确规定，并在市审计局、房管局、软建办、市医保中心等4个单位开展试点。四是推进市直部门完善导入ISO9000质量管理体系工作。组织专家对49个导入部门开展检查指导，严格按照质量管理体系标准运行。研究开发电子系统模块，力求用电子化手段提高体系运行质量。五是开展涉企收费监督检查。会同财政、物价等部门，深入15家企业，对24个部门涉及取消、停征和降低标准的82个收费项目进行了检查，同比减轻企业负担1460万元。

二、以“保民生”为根本，关注社情民意，促进社会公平正义

全市纪检监察机关坚持执纪为民，切实关注民生，维护人民群众的切身利益。一是着力解决损害群众利益的突出问题，扎实开展纠风和专项治理。不断深化纠正医药购销不正之风工作，全市18家二级以上医院全部实行医用耗材全省网上集中采购；深入治理教育乱收费，对5起中小学乱收费问题进行调查处理并予以通报，清退违规收费7.56万元；建立维护农民工权益的长效机制，对15家违规施工企业分别给予清除出淮安建筑市场、停止半年投标资格和通报批评的处罚；严格控减农民负担，进一步规范一事一议筹资筹劳，严格执行监督卡制度，受理办结信访8件；严格食品药品安全监管，督促相关部门检查食品药品生产经营。二是聚焦社会热点，强化“政（行）风热线”服务民生功效。围绕“关注教育收费”、“关注电信行业收费”等热点问题，组织教育、广电、电信、移动等24个部门和行业的主要领导走进直播室，共开办户内并机直播126期，解答群众咨询投诉348个。开展了以“学习实践科学发展观——走进乡村、落实强农惠农政策”为主题的38期“政（行）风热线”户外直播活动，受理农村基础设施建设、农民工工资兑现等7大类91件问题，办结率100%，群众满意率92.3%。强化行风评议的针对性和实效性，对公共服务行业实施“热点评议”，发放热点评议表3600余份，督促各单位排查热点问题并进行公示，针对问题组织明查暗

访18次。三是加强农村基层党风廉政建设，推进社会主义新农村建设。加强对惠农补贴资金发放情况的监督检查，查处2起违规违纪案件。加强农村集体资金、资产、资源管理责任审计监督，审计村级财务327个，查出违规金额12.6万元，对22名村(居)干部进行了问责。深入推进四级便民服务网建设，进一步强化管理，规范运行，保证群众办事方便快捷。

三、以"保稳定"为前提，坚持惩防并举，建设淮安特色的惩防体系

年初，我们确定今年为"信访效能提高年"，制定下发了《关于开展"提高信访效能，服务'三保'大局"活动的意见》，强化信访效能监察，努力做到以最快时间、最低成本、最好效果解决信访问题，维护社会稳定。一是畅通诉求表达渠道，切实解决群众信访问题。继续深化"信访直通车"工作，全市市、县两级共开展"信访直通车"接访活动15次，制作、播出"民生直报"节目6期。按照市委要求组织开展领导干部接访和机关干部下访活动，在纪检监察系统组织开展带案下访、随机暗访和跟踪回访活动。加快网络举报系统建设，扩大网络举报覆盖面。同时，为加强沟通交流，化解梳理民怨民气，在互联网上开通"廉政网际快车"，由各相关单位"一把手"亲自登陆并与各界网友进行互动，宣传廉政政策，接受廉政咨询，开展廉政交流。截至目前，已经举办3期，共与在线网民3100余人次交流问题计333个。二是强化督查督办，提高信访效能。成立3个信访督查小组，实行分片负责制，每季度对交办信访件进行一次对账和抽查。加强对署实名信访件办理情况的回访监督，每季度从各县(区)署实名初信初访件中随机抽取20%，办理结束后，通过问卷调查、实地走访等方式，及时了解反映人对信访件办理的满意度情况，并进行排名通报。开展"十佳信访案例"评选活动，提高信访案件办理的时效和质量。三是完善矛盾处理机制，积极化解复杂疑难信访。建立了矛盾纠纷排查化解长效机制，协调信访、公安、民政等部门，对重大矛盾纠纷进行排查和协商会办。

(作者：中共江苏省淮安市委常委、市纪委书记)

加强农村党风廉政建设　促进经济社会发展

马平安

近年来，宁夏区中卫市以科学发展观为指导，把加强农村党风廉政建设作为惩治腐败、关注民生、推进发展的有力举措，不断深化农村党风廉政建设，有力地促进了农村经济社会的健康、稳定、可持续发展。

一、制定长远规划，建立协作机制

为了全面推进农村党风廉政建设工作，创新农村经济发展环境，中卫市以构建多层次的领导体系为目标，不断加强对农村党风廉政建设工作的组织领导。召开市委常委会、纪委常委会，研究制定《关于加强农村基层党风廉政建设工作的意见》，提出农村党风廉政建设的总体思路和长远规划，并根据有关部门的工作职能和业务特点，把农村党风廉政建设工作任务分解到16个牵头部门和34个协办单位，实行了市纪委常委会班子成员联系点、乡(镇)纪委例会等制度。通过建立分层管理、各负其责、相互配合的工作机制，使各级党组织的领导作用、纪委的协调作用、部门的主抓作用、乡(镇)的基础

作用和群众的主体作用得到充分有效的发挥。

二、加强宣传教育，深化廉政文化

一是围绕构建反腐倡廉宣传教育工作格局，确立纪检、组织、宣传等15个成员单位，形成了各负其责，多管齐下的工作格局；研究制定了《关于进一步加强农村党风廉政建设教育的实施意见》，提出了农村党风廉政建设教育工作的指导思想、教育对象，明确了宣传教育工作的“六大内容”、“五种形式”、“四项要求”。二是围绕建立社会主义核心价值体系，依托各级党校、党员活动室、农村中小学电教室、远程教育网络和警示教育基地，深入宣传党的方针政策、党政纪法规，在稳扎稳打中推进农村党风廉政宣传教育工作。三是围绕廉政文化“六进”活动，采取建廉政大院、廉政文化街、廉政文化墙和制作廉政公益广告、悬挂廉政牌、设置廉政屏保、发送手机短信、建立廉政网、举办文艺演出、征集廉政格言警句、创作廉政剧本、编排廉政小品等群众喜闻乐见的形式，让廉政文化走进了机关、农村、社区、家庭、学校和企业。四是围绕“大漠清风”系列工程建设，以打造精品文化为轴心，开展书画摄影作品展、演讲比赛、歌曲征集等活动和建立“大漠清风”廉政教育信息平台，在不断挖掘教育资源和创新教育形式中推进农村廉政文化建设。

三、注重制度建设，推进源头治腐

为了切实提高涉农工作的规范化水平，增强制度的科学性、针对性和操作性，中卫市以构建法律化的制度体系为目标，在制度建设中始终坚持做到“四个必须”、“四个讲究”，即必须以科学发展观为指导，讲究制度的科学性；必须紧密结合惩治和预防腐败体系建设，讲究制度的系统性；必须紧密结合农村工作的实际情况，讲究制度的操作性；必须紧密结合群众关心的“热点”、“难点”、“焦点”、“疑点”问题和关键要害部位，讲究制度的针对性。在具体工作中，以党风廉政建设责任制为龙头，以党务、政务、村务公开为核心，推行了以民主理财、村账镇审、会计代理、财务公开为主要内容的“四位一体”村级财务管理模式，建立健全了民主决策制度、财务管理制度等70余项工作制度，内容涵盖了党风廉政建设和农村工作的各个领域。

四、拓展监督渠道，关注民生问题

按照“教育是前提，制度是基础，监督是关键”的要求，不断拓展监督渠道，强化“六项”监督措施，深化农村党风廉政建设工作。一是强化组织监督。以各级党组织为核心，在全市推行“村财乡管”措施，加大对村级财务的监督力度，进一步规范村级财务管理。二是强化群众监督。围绕党务、政务、村务公开，采取乡（镇）村干部和涉农部门工作人员述职述廉等形式，接受群众监督。三是强化信访监督。采取设立举报箱、投诉电话等形式，不断畅通信访渠道，积极开展领导大接访、基层矛盾大排查等活动。四是强化审计监督。有关部门定期对村级财务进行审计，让各级乡（镇）村干部的行为得到有效规范。五是强化执法监督。通过开展各种形式的执法监察和纠风活动，防止了贪污、挪用、截留、骗取农村教育经费、农村合作医疗基金和涉农乱收费、乱罚款、乱摊派以及土地承包中侵害农民切身利益的行为，保障了国家扩大内需、增加农业农村投入政策的全面落实。六是强化内部监督。采取成立民主理财小组、聘请村民代表等措施，提高基层重大事项决策、最低生活保障和村级“一事一议”等管理事务的规范化水平。

五、严格执纪执法，惩处腐败行为

为了充分发挥信访主渠道作用和查办案件工作的治本功能，紧紧围绕落实中央、自治区涉农政策和解决群众关心的“热点”、“难点”、“焦点”、“疑点”问题，不断加大案件查处力度，严肃查处各类违纪违法行为。5年来，各级纪检监察机关共受理涉农来信来访件146件，初核126件，立案26起，处理违纪人员46名，其中，移送司法机关5案6人，挽回经济损失45.98万元。针对多年来乡（镇）纪委办案质量不高的问题，研究制定了《中卫市部门、镇乡违纪案件审理办法（试行）》，认真组织开展纪检监察案件质量互查评审，对基层案件进行审理、把关，有效提高了涉农案件的质量。为了充分发挥查办案件的治本功能，各级纪检组织针对查办案件工作中发现的突出问题，采取以案说法、建章立制等强有力的措施，强化从源头上治理腐败的力度，取得了查处一个，教育一批，规范一片的效果。

六、严格教育管理，强化队伍建设

一是加强机构建设。在40个乡（镇）设立了纪委书记和纪委委员，配备了443名农村纪检员，建立了市、县（区）、乡（镇）、村三级纪检监察人员队伍，从根本上解决了农村党风廉政建设无人管、无人问、无人抓的状况；按照“为民、务实、清廉、便捷、高效”的原则，建立了40个乡（镇）便民服务中心和159个村级便民服务站，全面推行“一站式”服务，实现了市、县（区）、乡（镇）、村四级联网，开创了便民服务工作的新局面。二是加强制度建设。针对近年来基层纪检队伍管理中存在的突出问题，研究制定了《关于进一步加强镇乡纪委建设的实施意见》、《村级纪检员管理办法》，建立了“一级抓一级，层层抓落实”的监督管理模式，从机制上解决了长期以来农村党风廉政建设工作随意性大、程序不规范、责任不明确等问题。三是加强教育培训。研究制定了乡（镇）纪委书记、纪委委员和农村纪检员培训规划，组织230余名基层纪检人员参加中央、自治区、中卫市纪委和各级组织举办的业务知识培训班，不断提高在新形势下开展农村党风廉政建设工作的整体水平。

（作者：中共宁夏回族自治区中卫市委常委、市纪委书记）

以“四个中心”建设为载体
扎实推进农村基层党风廉政建设

边文秀

为推进全县农村基层党风廉政建设，促进基层党政班子和党员干部勤政廉政，河北省迁西县在全县17个乡镇建立完善了行政服务中心、农村经济管理中心、信访服务中心和农民议政中心等“四个中心”，全力构建农村基层惩治和预防腐败体系，为全县经济发展和社会基层稳定奠定了坚实基础。

一、行政服务中心突出“规范便民”

一是科学设置模式。结合各乡镇楼房建设实际，将全县行政服务中心建设成为两种模式。一种是通透式办公模式，将所有办理审核、审批、检验、办证等与企业和农民群众生产生活服务事项相关的乡镇部门进驻中心，这类模式占到乡镇数的80%；另一种是集中办公模式，对因楼房建筑原因无法通透式办公的，将以上部门成片式的集中到一个办公区域。二是强化硬件设施。行政服务大厅全部做到了两图（机关部门分布示意图和工作流程图）和相关政策法规、工作制度等公开上墙，共投资400余万元配备了电脑、档案柜等办公设施，提供了电子触摸屏、明白纸等便民举措。三是实施规范化管理。大厅工作人员全部实行“两牌”（岗位服务牌和岗位人员胸牌）服务、“三表”（工作日报表、分类项目周报月报表、重大疑难问题专报表）运转、“五制”（挂牌上岗制度、首问首办负责制度、AB岗制度、一次性告知制度和限时办结制度）管理。四是实施服务对象评议制度。各中心设置由乡镇党委统一印制的评议卡，服务对象办事完毕可对工作人员的办事质量、办事效率和服务态度等作出现场评价；在此基础上，乡镇纪委每月召开评议会议，组织服务对象、各界代表等对窗口工作人员进行问卷评议。五是实行绩效考核。结合评议情况，每年第二季度末和第四季度末，由乡镇纪委负责对进驻大厅的部门和人员的工作业绩、工作效能、办事效率等进行集中考核。

二、农村经济管理中心突出“服务为民”

农村经济管理中心依托乡镇农经站，提供“六项服务”。一是提供财务委托代理服务，各农村经济管理中心与全县417个行政村签订了财务委托代理合同，中心全部建立农村“三资”档案室，由专人负责保管，逐村分年度建档。同时，指导监督村民委员会建立健全“三资”档案。二是提供招投标服务。在农村集体资产资源承包、租赁、拍卖等招投标中农村经济管理中心做到严把“四关”，即严把招投标项目确定关、严把标底和投标关、严把合同签订关、严把公开公示关。三是提供经济合同审签服务，对不合理、不完备合同及时纠正或完善。四是提供审计服务，对本乡镇范围内土地补偿费、上级下拨专项资金、村级补助经费及救灾救济款物等进行专项审计。五是提供监管服务，对哄抬农资价格、制售假劣农资及乱收费、乱罚款、乱集资、乱摊派等伤农、害农、坑农行为进行监管。六是提供公开服务，统一印制财务明细表和招投标方案，督促各村及时公开村内收支细目和招投标方案。

三、信访服务中心突出“解难利民”

各乡镇具有信访工作职能的纪检、司法、综治等部门全部进驻中心，实施一站式服务，将公开信访举报受理范围、办理流程及办理期限等规定内容全部上墙公布，便于群众监督。一是实行领导轮流接访制度，每一个工作日，都安排一个乡镇领导干部到信访服务中心接访。二是实行双向责任制度，对署实名的信访举报案件或上级交办的重要信访案件，由承办单位与信访举报人签订《信访事项办理双向责任书》，依纪依法履行各自职责并承担相应的义务。三是实行定期例会制度，加强对村级信访联络员的调度，定期召开各村信访例会，排查矛盾纠纷。四是实施信访听证制度，对疑难复杂信访案件，信访服务中心及时负责组织召开信访听证会，促进信访问题的适时合理解决。五是实施回访制度，信访案件办结后，信访服务中心要采取回访、书面答复等形式，真正实现“案结事了，息诉罢访”。六是实施法律宣传制度，信访服务中心通过多种有效方式开展普法宣传，为群众提供法律咨询服务，增强公民维权意识。

四、农民议政中心突出“民主顺民”

农民议政中心依托乡镇机关会议室，并做到议政制度、议政组织体系上墙公开。一是明确议政范围。乡镇农民议政活动重点围绕本乡镇区域内公益事业、重大基础设施建设，重要投资项目的引进，大额资金使用，重大工程选址、占地、招投标等重大环节，基层所站行风评议以及其他涉及群众利益的问题组织召开。二是选取议政代表。乡镇农民议政活动要选取社会各界代表参加，总人数不少于30人，农民代表比例应占参加总人数的50%以上。三是严格议政程序。要按规定提前公布议政内容、时间，确定议政主持人，组织好议政会议，并将有关资料归入乡镇廉政档案。四是严格议政结果运用。参会议政代表半数以上支持决策方案的，决策可以通过，并根据议政代表提出的合理意见和建议，进一步完善决策方案；半数以上（含半数）代表反对决策方案或对决策方案有较大分歧，经再次议政仍不能半数以上通过的，对相关决策予以否决。

（作者：中共河北省迁西县委常委、县纪委书记）

实行领导干部问责制应注意的六个问题

李　莹

中央办公厅、国务院办公厅《关于实行党政领导干部问责的暂行规定》(以下简称“《规定》”)出台以后，受到广大党员干部群众的普遍欢迎。根据学习宣传和组织实施《规定》的实际情况，经过调查研究，我们认为，为保证实行问责制的科学理性和规范公正性，应当注意六个方面的问题。

一要克服片面性，实行公正问责，实现权责统一的全面问责，改变只有“上问下责”、“上宽下严”、“权大责小”的局面

新的规定出台，把问责范围扩大为“党政”，问责对象指向为“领导”，问责内容强调了“决策”，要求对党政领导干部共同问责，体现了问责的客观性、公正性和科学性。但在操作的过程中，执行与办事人员处于“一线”位置，工作出现问题时往往首当其冲被问责，但是有些问责事件，比如群众利益诉求得不到满足时出现的群体性事件，并不是自己不作为，而是权限所限不能为，处于决策和协调主导地位的党政领导则有较大的回避空间，相对超脱于问责之外。在只有“上问下责”的体制下，上级执行问责的官员处于绝对强势的地位，被问责的官员处于绝对弱势的状态，问责制有时被异化为寻找“替罪羊”，“丢卒保帅”。人们希望以《规定》的出台为契机，克服重行政问责、轻党委问责，重执行问责、轻决策问责，重岗位问责、轻领导问责的问题，突出对党政领导问责、对决策问责，并不断总结实践经验，健全工作机制，实现问责的全面与公平，建立各负其责、各尽所能的责任链条。使上下级之间、部门之间、岗位之间的权责明晰化，达到权力与责任的平衡。

二要克服情绪化，实行理性问责，实现规范有序的科学问责，防止被一时情绪和个人好恶所牵制

从近年来在全国较有影响的一些问责案例来看，问责行为受公众情绪化影响的问题是存在的。媒体曝光、网络炒作、群体性事件等反映出的问题往往被严厉问责，舆论平息、群众反映少甚至不知情的问题出现后，为避免媒体炒作或激化群众情绪就在问责时或“举重若轻”、或“大事化小”，甚至不去问责，问责就好像被公众情绪牵着鼻子走。因此，大家担忧的是，将媒体曝光、网络炒作和群体性事件反映的问题作为问责线索并受公众情绪的影响，不分青红皂白，先“拿下”再说，使问责的法制与理性让位于情绪和急躁，“火线问责”使人人自危；也因此担忧在一些干部中产生侥幸心理，不是为了去认真工作，而是致力于媒体公关和摆平问责主体，并进而造成问责异化和新的权力寻租。所以，应当在贯彻实施《规定》的过程中，处理好公众、部门、责任人三者之间的关系，从信息的对称、权力责任的对称和宽严操作的把握出发，增强问责理性。

三要克服扩大化，实行人本问责，实现惩教结合的有情问责，体现法制化与人性化的有机统一

《规定》中“有错”和“无为”都要被问责，坚持了“问责”和“治庸”“两手抓”，做到在“治庸”中引导党员干部尽职尽责减少“不作为”行为，也在问责中杜绝“乱作为”行为。但是，党员干部的心理压力也随之增大，担心问责简单化和扩大化。另一方面，《规定》中对被问责的官员复出加了限制性条款，而没有启动复出任职的程序性条款，因而有干部担心一旦遭遇问责情形，难以辩解和申诉，被“一棍子打死”、“永世不得翻身”。党员干部希望问责要从实际效果出发，保护党员干部干事创业积极性，消除失误担忧，鼓励能者多劳。要做到科学问责，以更大程度地教育和爱护干部。一是正确把握问责力度，防止一味追责甚至上纲上线；二是正确看待被问责干部，综合评价其工作能力和一贯表现，给予其复出任职机会，让有能力的被问责官员合理复出；三是完善对问责对象的“人本条款”和补救性措施；四是合理保障被问责对象权利，体现法制化与人性化的有机统一。

四要克服封闭性，实行公开问责，实现多方参与的阳光问责，建立开放多元的问责体系

由于《规定》仍然存在问责主体比较单一、限于自上而下的内部问责，问责公开不够具体、没有明确公开的范围和内容，问责监督尚未涉及、未明确由谁来监督和对问责不力如何处罚等问题，一些干部和群众担心问责工作在内部循环机制下，难以做到有责必究和落到实处。期盼加大公民和社会参与问责的力度，设立具体的公民实现问责权的制度，实现问责主体多元化，逐步建立一套科学规范的问责程序，保证问责有序进行。健全问责信息公开机制，提高问责的公信力；建立开放的问责监督体系，引入司法监督、民主监督和新闻舆论监督，让问责过程在阳光下运行，使公民在问责过程中有知情权、参与权、表达权、监督权。

五要克服无限化，实行有限责任制，实现责任与权限一致的公平问责，体现既重结果又重过程的问责评价

责任事故的发生有多种原因，受各种客观条件和主观条件的制约，领导责任应该是与其职权相一致的有限责任。《规定》颁布实施后，广大干部群众普遍欢欣鼓舞，也有相当一些领导干部感到如履薄冰，一些领导干部任职生产安全事故频发的地区，担心问责几率与事故高发率挂钩；一些领导干部任职治安维稳领域，担心问责几率与案件高发率挂钩；一些领导干部分工负责与群众切身利益密切相关、社会关注度高的民生领域和社会敏感度高的窗口部门和服务行业，担心问责几率与投诉高发率挂钩；还有一些事事都负主要责任的“一把手”，更是担心事无巨细追究全责。他们期盼问责既要重结果，也要讲过程。不能因为身处矛盾集中、事件频发、案件高发地区就惶惶不可终日，也不要畏手畏脚不敢开展工作，更不要因为强调客观原因和历史遗留问题而推卸责任。他们期盼要将报告制度、台账制度、督办制度等一系列管理制度的落实情况和相关工作资料纳入问责依据，合理界定责任单位和责任主体，实施过程问责和有限问责。

六要克服风暴式问责，实行常态问责，实现权力问责向制度问责的转变，使问责成为党政干部的自觉行为

党政干部担忧问责“一抓就紧不抓就松”，“三天打鱼两天晒网”，为问责而问责，不能达到问责治庸、问责提效、问责治腐的标本兼治目的。一个重要的方面是使问责持续常态，一是期待实现制度问责，变随意问责为规范问责，不断完善问责的制度和机制，加强对问责的监督，逐步形成从中央到地方问责的制度体系。二是期待实现日常问责，将问责制渗入到党委和政府工作的各个方面，不仅要问突发事件责任，也要问日常管理责任，及时发现和堵塞管理上的漏洞。三是期待预防为主，把有效预防过错行为的发生作为问责的经常性和基础性工作，一方面注重教育预防，减少问责事件的发生；另一方面注重结果运用，达到问责一个、教育一片的效果。四是期待自觉问责，通过积极宣传引导，逐步形成普遍认可的问责文化，使各级党政领导干部正确看待问责，使问责成为日常工作中的自觉行为，由被动追究责任向主动履行责任转变，形成良好的问责氛围。

（作者：中共湖北省鄂州市委常委、市纪委书记）

强化问责　落实党风廉政建设责任制

胡百齐

近年来,湖北省蕲春县针对落实党风廉政建设责任制过程中存在的思想不够统一、内容不够具体、责任不够明晰、追究难以执行等问题,紧紧抓住党风廉政建设责任制这个“龙头”,结合基层实际,创新方式方法,在科学定责、合力履责、全面督责、强化问责等方面进行了认真探索,解决党风廉政建设方面存在的突出问题,取得了较好成效。

一、与时俱进,科学定责

一是坚持和完善党委统一领导、党政齐抓共管、纪委组织协调、部门各负其责的基础上,着重做到“四突出”,即突出各级党政领导班子、单位主要负责人、班子成员和职能部门的廉政责任。我们将全县15个乡镇办和104个乡局级单位,按职责划分为10大类36个小类,分门别类明确责任主体。在职能部门的定责上,按其职能和性质来分解责任。二是拓宽责任内容的覆盖面,适时补充新的内容,使责任内容与经济社会发展和人民群众的要求相同步、相适应。我们根据新形势将落实科学发展观、关注民生和“一把手”四个“不直接分管”等要求都写入了责任状。并在全县自上而下建立了县、乡、村和县、局、站(所)三级责任网络,层层分解责任,严格执行一级抓一级、一级对一级负责的责任机制。三是针对不同单位、不同岗位、不同职务和不同时期的实际情况,“量身定做”岗位责任。四是量化责任目标,细化责任内容,硬化责任追究,真正做到责任主体明确、责任内容精到、责任目标明晰。

二、齐抓共管,合力履责

一是抓领导、领导抓。按照党风廉政建设责任制的要求,我们坚持勤汇报、早安排、及时提醒,争取县“四大家”领导对反腐倡廉工作的重视和支持。县委、县政府始终把反腐倡廉工作作为党建大格局的重要内容,一起研究、一起部署、一起检查、一起奖惩。县纪委、监察局工作经费全额纳入财政预算。县委书记、县长带头履行第一责任人的责任,重要工作亲自部署、重大问题亲自过问、重点环节亲自协调、重要案件亲自督办。县“四大家”领导严格执行廉洁自律的有关规定,认真落实个人重大问题报告制度、廉政谈话制度、重要情况反馈制度。二是抓协调、协调抓。县纪委、监察局对于直接抓的重点工作,毫不放松,牢牢抓在手上。对牵头抓的工作,在发挥主抓作用的同时,充分发挥组织协调职能,加强对责任制的布置、检查和督办,组织、协调、督促相关职能部门认真履责。三是抓创新、创新抓。为适应经济社会发展的需要,我们不断创新体制机制,创造性地抓好落实。如,组建了县行政服务中心、县行政效能监察中心、县经济发展环境投诉中心等“三个中心”,开辟了项目审批、便民服务、群众投诉“三个绿色通道”,着力规范行政公务权、行政审批权、行政执法权等“三权”行为。

三、多法并举,全面督责

一是常规工作定期督。年初,我们对各单位工作规划的制订、责任状的签订等情况进行督办,对常规性工作、整体性工作、基础性工作实行定期和不定期督办,做到了年初有布置、季度有督办、年中有检查、年底有结账。同时,在全县聘请36名党风廉政建设监督员,实行全方位、立体化监督。二是专项工作专题督。对抗灾救灾、专项治理等专项工作进行跟踪检查、跟踪督办、跟踪审计、跟踪考核。三是突出问题重点督。对重点部门、重点岗位、重点项目以及腐败易发多发部位，对人民群众反映问题多、损害经济发展环境的单位和部门，进行重点督办检查。四是综合考评综合监督。工作既要重实效，更要重群众口碑。我们在改革完善党风廉政建设责任制考核评价体系的同时，推出了"五评合一"的监督评议机制：县纪委、监察局组织开展万人民主评议政风行风和优化发展环境"十佳三差"评议，县人大组织开展人大代表评议，政协组织政协委员开展民主评议，县委组织部组织开展干部评议，宣传部组织开展人气指数、学识指数、民意指数等"三项指数"测评。各单位的评议对象、评议内容各有侧重，评议结果由县纪委牵头汇总，五评合一，统一排队占位，既张榜公布、又在县电视台播放，广泛接受人民群众监督，严格奖惩兑现。

四、拓展范围，强化问责

一是拓宽问责内容。重新制订的《责任考核办法》和《责任追究办法》中明确规定，问责内容除违纪违法外，还包括"发现苗头不制止、执行规章不严格，办事拖拉、推诿扯皮，欺上瞒下、弄虚作假，态度冷漠、作风粗暴，铺张浪费、攀比享受，暗箱操作、逃避监督，监管不力、处置不当"等8个大项50个小项。二是拓展问责方式。推行了行政问责、组织处理、纪律处分等"三位一体"的问责模式。问责方式包括：诫勉谈话、取消当年评优评先资格、责令作出书面检查、责令公开道歉、通报批评、调整工作岗位、停职检查、劝其引咎辞职、责令辞职、免职、辞退以及党政纪处分和移送司法机关。三是严格问责落实。遵循权责统一、赏罚分明、责罚适当、实事求是、公开公正的原则，严格执行问责程序，促使问责工作制度化、规范化和程序化。对落实党风廉政建设责任制较好的单位和个人给予表彰，对违反规定的坚决实施责任追究。

（作者：中共湖北省蕲春县委常委、县纪委书记）

弘扬苏区干部好作风
加强领导干部作风建设

吴建春

2009年1月，胡锦涛在中纪委十七届三次全会上强调，必须坚持不懈地加强领导干部党性修养，使各级领导干部始终保持共产党人的政治本色，发扬党的光荣传统和优良作风，树立和坚持正确的事业观、工作观、政绩观，以优良作风带领广大党员、群众迎难而上、锐意改革、共克时艰。今天，我们重温苏区这段光辉历史，大力弘扬苏区干部好作风，对于加强领导干部作风建设，无疑具有重要的现实意义。

一、深刻理解、精心掌握苏区干部好作风的丰富内涵

"苏区干部好作风，自带干粮去办公。日着草鞋干革命，夜打灯笼访贫农"。这是一首从兴国传唱开来、称颂苏区干部好作风的革命山歌，也是苏区干部良好作风的真实写照。朴实无华的山歌描述了苏区干部当时克勤克俭、夜以继日的工作和生活场景，充分体现了苏区革命群众对苏区革命干部工作的高度评价，形象地表

达了苏区革命群众对苏区干部工作态度、工作方式的赞颂之情。其实，苏区干部好作风的内涵极为丰富，不但包含了中国共产党人全心全意为人民服务的宗旨意识，而且包含着求真务实、艰苦奋斗、密切联系群众的工作作风和模范带头、廉洁奉公的高尚品行。

(一)注重调查研究，坚持求真务实

深入调查研究，坚持实事求是，是苏区干部坚持一切从实际出发的思想作风和工作作风。

毛泽东是我党注重并善于调查研究的楷模，苏区时期，调查研究成了他工作的重要组成部分。仅在1930年5月至11月，他就先后进行了寻乌调查、兴国调查、东塘村调查、木口村调查等等，并撰写了大量的调查研究报告。

1930年5月，为了使大家对教条主义思想的危害有深刻的认识，树立起深入实际、调查研究的风尚，毛泽东做了著名的“寻乌调查”，写下了《调查工作》(即《反对本本主义》)一文，有力地批驳了党和红军内部的教条主义和主观主义的错误，详细论述了调查研究的目的、意义和方法，并号召广大党员干部注重调查研究，反对本本主义。他说：“马克思主义的‘本本’是要学习的，但是必须同我国的实际情况相结合。”“共产党的正确而不动摇的斗争策略，决不是少数人坐在房子里能够产生的，它是要在群众斗争的过程中才能产生的。”强调“没有调查，没有发言权”，“离开实际调查就要产生唯心的阶级估量和唯心的工作指导，那么，它的结果，不是机会主义，便是盲动主义”。为此，毛泽东提出：“中国革命斗争的胜利要靠中国同志了解中国情况。”要求同志们“到斗争中去！到群众中作实际调查去！”

在毛泽东的倡导和影响下，苏区红军和各级党政机关干部，兴起了一股调查研究热潮。尤其是红军中各级政治机关，更是把调查根据地的社会政治经济状况，作为一项重要任务，主动自觉地去完成。他们坚持用马克思列宁主义的方法，深入实际，调查研究，由此来决定斗争策略和工作方法，从而在保卫苏区和建设苏区的各项工作中取得了辉煌的成就。

(二)密切联系群众，保持艰苦奋斗

党与人民群众的血肉联系，是中国共产党人在艰苦卓绝的革命斗争过程中逐步形成的，它是建立在党时时刻刻想着人民，把人民的利益摆在至高无上的位置这一基础之上的。事实证明，只有保持党与人民群众之间的血肉联系，才能得到广大人民群众的支持。

毛泽东告诫党员和干部：“真正的铜墙铁壁是什么？是群众，是千百万真心实意地拥护革命的群众。这是真正的铜墙铁壁，什么力量也打不破的，完全打不破的。”他指出：“我们要胜利，一定还要做很多的工作。”“一切群众的实际生活问题，都是我们应当注意的问题。假如我们对这些问题注意了，解决了，满足了群众的需要，我们就真正成了群众生活的组织者，群众就会真正围绕在我们的周围，热烈地拥护我们。”在苏区时，凡群众生活中需要解决的问题，大到分田造屋、架桥铺路，小到油盐柴米、生老病死，各级干部都无不想方设法予以解决。

艰苦朴素，勤俭节约，生活上低标准，工作上高要求，是共产党人的政治本色，也是苏区干部好作风的重要体现。苏区时期，物质生活异常艰苦，但艰苦难不倒共产党人，难不倒苏区军民，反而更能坚定人们的革命意志。当时，从中央政府主席到乡村干部，除少量技术人员外，大家都没有薪饷，只有少量伙食尾子。为了克服困难，节约经费，家住苏区本地的干部，连伙食费也不要公家发，自己从家中背米去办公。成年累月与敌人拼杀的红军将士，不仅很少吃到荤腥，常常连咸盐都吃不上。后方工作人员，每天只吃两餐，节约一餐口粮支援前线。正是苏区干部群众的艰苦奋斗，苏区的工农业生产、财政、金融、文化、教育、卫生、体育等各项事业，也无不是在条件极差、基础极为薄弱的情况下，从无到有、从小到大建立和发展起来的。

(三)提倡模范带头，崇尚廉洁奉公

模范带头，廉洁奉公，是苏区干部的自觉行动。苏区时，凡是要求群众做到的事情和完成的革命任务，干部和党员首先能够做到，并且始终与群众艰苦与共，患难相依，“有盐同咸，无盐同淡”，没有一点特殊。

苏区时期，上至中央政府主席、副主席，下至区、乡苏主席和村代表主任，在各种革命任务面前，都能模范带头，以身作则。当年中共兴国县委提出，所有苏维埃工作人员都要做到“十带头”，要成为“四个模范”。十带头制度：(1)政治学习带头；(2)军事训练带头；(3)执行勤务带头；(4)参军参战带头；(5)遵纪守法带头；(6)购买公债带头；(7)节省粮食带头；(8)发展生产带头；(9)移风易俗带头；(10)优待红军带头。“四个模范”：扩大红军的模范，土地革命的模范，干部作风的模范，经济文化建设的模范。

兴国县苏维埃国民经济部长欧阳崇庭，为了带头购买公债，动员妻子把卖猪的钱全部认购公债。正因为干部的模范带头，各项工作一经布置，无论有无困难，都能迅速完成。特别是苏区兴国县，在扩大红军、支援前线、慰劳红军、优待红军家属、推销公债、粮食动员、合作社运动、节约运动、生产运动和教育工作等十个方面，都成为模范，成为创造“第一等的工作”的典型。毛泽东在第二次全国苏维埃代表大会上表扬说：“兴国的同志们创造了第一等的工作，值得我们称赞他们为模范工作者。”“他们把群众生活和革命战争联系起来了，他们把革命的工作方法和工作任务问题同时解决了。他们是认真地在那里进行工作，他们是仔细地在那里解决问题，他们在革命面前是真正负起了责任，他们是革命战争的良好的组织者和领导者。”

综上所述，注重调查研究，坚持实事求是；密切联系群众，保持艰苦奋斗；提倡模范带头，崇尚廉洁奉公，是苏区干部好作风的科学内涵。历史充分表明，苏区精神博大精深，寓意深刻，是一个内涵丰富的巨大精神宝库，是中国革命和建设不断走向新的胜利的重要法宝。正如胡锦涛总书记2003年8月视察赣南时强调指出，革命前辈们在艰苦卓绝的革命斗争中培育起来的革命精神和优良传统，对我们坚定信念、鼓舞斗志、做好工作具有重大的现实意义，永远是我们在前进道路上战胜各种困难和风险、不断夺取新胜利的强大精神力量。

二、与时俱进，充分认识弘扬苏区干部好作风的现实意义

苏区干部好作风是中国共产党人领导苏区广大领导干部和人民群众精心培育而形成的，是党的优良传统和作风的重要组成部分。在新的历史时期，弘扬苏区干部好作风，对于加强党员干部特别是领导干部作风建设具有非常重要的现实意义。

(一)弘扬苏区干部好作风，是提高党的执政能力、保持党的先进性的必然要求

党的执政能力与领导干部的素养密切相关，领导干部素养的高低特别是作风素养的好坏，在很大程度上决定了党的执政能力的高下。当前，我国已进入全面建设小康社会、加快推进社会主义现代化的新的发展阶段，党所处的国内外环境和党的队伍状况都发生了重大变化，我们党要经受住长期执政、改革开放和发展社会主义市场经济的考验，继续发扬苏区干部好作风是完全必要的，也显得非常紧迫。同时，一个执政党是否具有先进性，必须通过其领导干部的作风来体现和检验，能否保持和发展先进性，也有赖于领导干部的作风建设。结合实际发扬苏区干部好作风，大力加强和改进党的作风建设，认真解决党风方面存在的突出问题，树立正确的人生观、价值观，坚定共产主义信念，对于全面加强党的建设，增强党的凝聚力、创造力、战斗力具有很强的现实性和针对性。

(二)弘扬苏区干部好作风，是密切联系群众、实践党的宗旨的重要途径

中国共产党是全心全意为人民服务的党，发扬苏区干部好作风，对于我们强化群众观点、宗旨观念，善于依靠群众，善于倾听群众呼声，解决人民迫切需要解决的问题，切实帮助困难群众解决实际问题，从而赢得人民群众的信任和拥护具有积极作用。新世纪，要保持和发展

党同人民群众的血肉联系，必须继承和发扬苏区干部深入实际、调查研究、联系群众、实事求是的优良作风，克服形形色色的官僚主义、主观主义、形式主义，从实际出发，实事求是了解民情，掌握民意。为人民谋利益是党同群众密切联系的物质基础，只有把关心群众，服务群众的工作切实做好，我们才能始终保持与人民群众的血肉联系。

(三)弘扬苏区干部好作风，是加强反腐倡廉工作的迫切需要

领导干部作风建设既是反腐倡廉工作的重要前提，也是反腐倡廉工作的重要途径，只有切实转变作风，真正做到为民、务实、清廉，才能从根本上解决反腐倡廉的问题。今天，社会环境与物质条件同苏区时期虽然大不一样，人们的生活方式和思想观念也发生了深刻变化，但廉洁奉公仍然是我们的道德风尚，艰苦奋斗仍然是我们的传统作风。同时，反腐倡廉工作本身的开展，也需要相应的作风建设来支撑，领导干部作风是决定反腐倡廉工作能否走向深入的关键。

三、务求实效，切实加强领导干部作风建设

胡锦涛强调，领导干部作风建设是党的建设的一项战略任务，必须常抓不懈。只有坚持不懈地抓好领导干部作风建设，不断教育和引导各级领导干部按照科学发展观的要求切实转变作风，真正做到为民、务实、清廉，自觉发扬光荣传统和优良作风，自觉抵御各种腐朽落后思想观念的侵蚀，才能推动经济社会又好又快发展。

(一)弘扬苏区干部好作风，加强领导干部作风建设，务必要求领导干部坚持调查研究，甘为小学生

历史事实证明，什么时候调查研究工作搞得好，与人民群众的关系就密切，我们党的事业方向就明确，发展就顺利；反之则不然。在新的历史时期，江泽民同志深刻指出："尽管我们现在进行调查研究的对象、内容、手段、条件都发生了新的变化，但是调查研究在党的决策工作和全部领导工作中的地位和作用，不仅丝毫没有改变，而且显得更为重要。为了适应改革和发展的需要，调查研究的工作只能全面加强，决不可有任何削弱。建设中国特色社会主义事业任重道远，在前进中会遇到许多复杂的新情况新问题，需要不断探索和解决。而对任何问题的探索和解决，须臾也离不开调查研究。"然而，在现实工作中，调查研究却存在种种不良表现，引起了广大人民群众的颇多议论，甚至反感。一是调查研究存在形式主义。有的事前定好结论，下去只是充实材料，调查中只听好话；有的怕苦嫌累，经济发达地方去得多、贫困落后地方去得少，交通方便地方去得多、行车不便地方去得少。二是调查研究中有"官场"作风。有的事先层层招呼，讲究规格，接见干部多，接触群众少；有的借调查研究做秀，下去时大批媒体追踪，调查时听到汇报成绩就高兴，反映问题就皱眉；有的借调查研究之名，到处游山玩水。三是调查研究"走捷径"。认为现在是信息时代，调查研究可以坐在办公室里利用电脑、电话和传真机等来完成，既方便又迅速，下去也只是从机关到机关"坐着汽车转"，到处"走马观花"。

那么，我们究竟需要什么样的调查研究？胡锦涛总书记对调查研究提出了新要求："各级领导干部要深入基层、深入群众、深入实际，通过开展广泛深入的调查研究，切实提高思想认识水平，切实提高政策水平，切实提高工作水平，努力把构建社会主义和谐社会的各项工作落实好。"首先，要有端正的思想态度。调查研究实际上就是做群众工作，端正的思想态度就是对群众要有真挚感情，通过调查研究为群众排忧解难。对一个领导干部来说，有没有一个好的作风，要看对人民群众有没有发自肺腑的真挚感情，要看是不是从心眼里爱老百姓，把人民群众当成自己的父母、兄弟和姐妹。毛泽东认为，做调查研究工作，"没有眼睛向下的决心，没有求知的渴望，没有放下臭架子、甘当小学生

的精神，是一定不能做，也一定做不好的”，并且“一辈子也不会懂得中国的事情的”。其次，要有科学的调研方法。调查研究必须坚持以马克思主义理论作指导，学会运用阶级分析和矛盾分析的方法。不能坐井观天，要做到系统、深入、全面，了解事物的全貌；不能走马观花，要做到详尽占有材料，了解事物的真相。

(二)弘扬苏区干部好作风，加强领导干部作风建设，务必要求领导干部坚持率先垂范，争做带头人

吃苦在前，享受在后，在各项工作中模范带头，是苏区干部的自觉行动。要求群众做到的事情，党员干部首先能做到。以苏区兴国为例，由于党团干部充分发挥模范带头作用，全县各项事业都走在全苏区前列，被毛泽东称赞为创造了“第一等的工作”，是“模范工作者”。弘扬苏区干部好作风，就是要号召党员干部尤其是领导干部在各项工作中模范带头，作出表率。胡锦涛总书记指出：“大力弘扬艰苦奋斗精神，关键是领导干部要以身作则。”加强和改进干部作风建设，领导干部和领导机关是关键。领导干部以身作则，作出表率，就能赢得群众的极大信任，就会在群众中产生强大的说服力和凝聚力。

(三)弘扬苏区干部好作风，加强领导干部作风建设，务必要求领导干部坚持克己奉公，誓当廉洁者

在战争频繁的岁月里，苏区的干部生活是非常艰苦的。他们没有薪水，至多分点“伙食尾子”。但他们怀着对革命事业的赤胆忠心，以苦为乐，以苦为荣，没有一句怨言。他们自觉地将自己置于人民的监督之下，与群众艰苦与共，患难相依，“有盐同咸，无盐同淡”，没有一点特殊，真正做到了“先天下之忧而忧，后天下之乐而乐。”

当前，我们党内有的党员干部甚至是高级领导干部渐渐淡忘了党的宗旨，忘记了革命先辈的教导，处处为自己打算，事事为自己着想，对人民群众没有丝毫的感情，对人民群众的困难和疾苦不闻不问，更有甚者，还时常侵犯和损害群众利益。新时期弘扬苏区干部好作风，就是要求我们的党员尤其是党的领导干部要克己奉公，发扬艰苦奋斗的作风，牢记全心全意为人民服务的宗旨，正确对待权利、地位和自身利益，坚持清正廉洁，反对以权谋私。想人民之所想，急人民之所急，忧人民之所忧，乐人民之所乐。我们任何时候都必须牢记，一味贪图安逸，怕苦畏难，奋斗目标就会落空；一味追求奢华，挥霍无度，必然遭到群众的反对；一味假公济私，腐化堕落，必然受到党纪国法的严惩。只有永远保持艰苦的作风，永远保持清正廉洁的风气，才能永远保持党员的先进性。

苏区干部好作风有着旺盛的生命力，苏区革命时期，苏区干部好作风生发过巨大的原动力，推动了苏区各项事业的发展；新时期新形势下只要我们继续弘扬苏区干部好作风，努力树立干部好形象，必然会迸发出更加惊人的力量，促进社会主义和谐社会的早日全面实现。

（作者：中共江西省兴国县委书记）

充分发挥道德模范在精神文明建设中的引领作用

杨国琴

“人无德不立，国无德不兴”。道德作为公民素质的基础，精神文明的核心，对于民族的复兴、国家的强盛、社会的进步具有至关重要的作用。道德模范是一定社会道德的人格化，它具有直观性和形象性，能够增强道德教育的感染力、吸引力和引导力。道德模范的思想行为和模范事迹承载着一定社会主流道德的价值取向，体现着一定社会所要求的人生观、价值观和道德观。运用道德模范进行道德教育，生动形象，说服力强，能够使人们与道德模范产生情感共鸣，在耳闻目睹模范事迹中获得道德启迪，在道德模范的感染中自然而然地理解、认同一定社会的道德原则、要求和规范。同时，道德模范所起的榜样作用更是一定社会道德评价的标尺，它具有社会肯定性和主导性，能够激励人们实践一定社会的道德要求。可以说，一个道德模范就是一面旗帜，一面面旗帜就汇成了社会的主流，树起了一座座道德精神丰碑。

充分理解道德模范作用的具体表现

具体的讲，道德模范在当今社会主义精神文明建设中的作用主要体现在以下四个方面：

1. 道德模范的崇高精神是社会主义核心价值体系的集中体现。通过道德模范的具体言行，生动体现了社会主义、爱国主义和集体主义思想，体现了社会公德、职业道德、家庭美德和个人品德的优良品质，集中展现了社会主义核心价值体系的内在要求，开展道德模范的评选和学习活动，有利于弘扬中华民族的传统美德，有利于弘扬社会发展进步的时代精神，有利于深化人们对社会主义核心价值体系的理解认同。

2. 道德模范的精神价值是全面实现建设小康社会目标的有力保障。作为一种精神生产力，道德力量融合在民族精神和时代精神之中，在一定条件下，它可以转化为物质的力量，促进物质技术力量的发展，也能够使一定的物质技术力量发挥出更好更大的作用。而道德模范的力量则深深地熔铸在一个民族的生命力和凝聚力之中，它是创业创新，科学发展的“核动力”。从一定意义上讲，我们可以将其定义为是一种“软实力”。要实现经济社会可持续发展就必须重视社会主义道德建设，呼唤道德模范的出现，提倡模范道德行为，充分发挥道德模范的引领作用。

3. 道德模范的扩散效应是建设社会主义和谐社会的强大精神力量。众所周知，道德模范都有众多效仿者，他们被自己的追随者视为榜样。因此，他们的优秀品质具有极强的扩散效应。这些优秀品质不仅仅会通过道德模范传递给他们的追随者，而且，这些追随者还会进行二次传递，追随者的传递对象又会进行再次传递。这样，高尚的品德得以一级一级地传递下去，最后融入到社会的主流价值观念和评价标准之中。以王马社区为例，该社区在党委书记、全国优秀社区工作者汪丽君一心为民、无私奉献精神的影响下，一茬又一茬的社区干部为建设和谐社区艰苦奋斗，以“民主促民生”创造了闻名全省的“66810”为民服务工作法，得到了胡锦涛总书记的充分肯定。道德模范的扩散效应促进了社区和谐、居民安康，社区先后荣获“全国文化社区”、“浙江省示范文明社区”等殊荣。

4. 道德模范的高尚人格是促进社会文明进步的坚强支柱。在社会主义市场经济不断推进的今天，整个社会越来越呈现出法制化、规范化的特征。然而道德模范的作用仍然是不可忽视的。作为规范的人格化，道德模范为人们人格的提升和优化提供了模仿和学习的对象，人们正是通过对道德模范在特定境遇下的行为模仿来揣摩理想人格所遵循的规范，由此达到心理同化。例如，在学习“雷锋精神”的过程中，人们逐渐从情感上认同雷锋忠于人民、忠于党的感情，并内化为自己行动的意向和决心。这样，对于规范的遵守不再迫于外在压力的强制，不再迫于理性的专制，而是情感、意志、理性诸方面的统一，即人格优化的过程。对于道德行为的主体来说，在遵守规范的过程中体会着人格优化的愉悦，从而也就会更加自觉地遵守道德规范，推进社会文明。

充分发挥道德模范的引领作用

1. 要继续完善道德模范的评选机制。 建立科学有效的评选机制，让体现时代性、民族性、群众性，有感召力、影响力的道德人物从社会群体中脱颖而出是树立典型的关键。首先，要着力夯实评选基础。构筑党政领导高度重视，宣传部门精心组织，部门行业协同配合，基层单位积极参与，上下贯通，合力推进的评选体系。其次，要正确把握评选准则。坚持面向基层群众，做到群众评、评群众，群众学、学群众，使广大群众在参与评选过程中受到教育，得到提高。坚持重在推动工作，充分发挥评选表彰活动的激励推进作用，使评选表彰过程成为树立先进典型，普及基本道德规范的过程。再次，要始终坚持公平公正。规范程序，严格把关，好中选优，增强评选活动的权威性和公信力，确保典型靠得住，过得硬。同时要增加评选的前瞻性和科学性。根据一个时期的中心工作，找准典型的时代特点，把握动态，超前运筹，适时推出一批道德标杆，使典型宣传的时机、节奏、结构进一步优化。

2. 要不断加大道德模范先进事迹的宣传力度和广度。 宣传一个道德模范就是在社会上树起一个标杆，就是在群众中提倡一种导向、一种追求。要把宣传道德模范先进事迹的过程作为普及公民基本道德规范的过程，作为弘扬真善美的过程，作为推动社会主义核心价值体系的过程。因此，必须高度重视宣传的力度和广度，让道德模范的事迹广为知晓，深入人心。一方面可以运用报告会、颁奖会、图片展、报告文学作品、网络宣传等形式，立体化、高密度地集中宣传道德模范的先进事迹。另一方面要充分发挥主流媒体的作用，开辟宣传专栏对一些重大典型抓住不放，不断挖掘其精神内涵，使之“定格”在人们心中。另外还要适时组织道德模范宣讲团进基层、进社区、进学校，让道德模范的先进事迹深入人心，产生积极的社会影响。在宣传道德模范先进事迹过程中，要特别注重以文明礼貌、助人为乐、爱护公物、保护环境、遵纪守法为主要内容的社会公德；以爱岗敬业、诚实守信、公正处事、服务群众、奉献社会为主要内容的职业道德；以尊老爱幼，男女平等，夫妻和睦，勤俭持家，邻里团结为主要内容的家庭美德；以好学明智，勤奋踏实，谦逊务实，文明守纪为主要内容的个人品德的宣传教育。

3. 要努力搭建公民道德建设的实践平台。 道德模范的引领作用最终要转化为道德实践，要落实到广大干部群众的行动上。宣传部门要善于把解决道德领域中存在的突出问题作为学习道德模范的切入点，精心设计新活动，努力创设新载体，引导人们从身边小事做起，把道德实践活动体现到讲文明、树新风、促和谐的各类活动之中；鼓励人们积极参加群众性文明出行、雷锋角、志愿者等实践活动，在实践的过程中陶冶情操，启迪思想，提升境界，纠正陋习，改进作风，在实践中感受道德建设的力量。要善于总结推广各地各部门创造的好做法、好经验，特别是基层创造的与干部群众学习生活紧密联系的方式方法，以点带面，整体推进，使典型效应传递为社会效应，使学习道德模范的活动更加深入，更加扎实。

4. 要建立健全道德模范的激励保障制度。 学习道德模范，发挥道德模范的作用就要尊重和爱护道德模范。在政治上、工作上、生活上给他们实实在在的帮助和关怀。要采取多种形式在社会上大力褒奖先进，对评出来的道德模范要把他们的事迹收入厂史、村史、地方史，把他们的美好形象张贴在宣传栏，拍摄成宣传片，向社会展示崇高美、道德美。要建立道德模范定期回访制，一方面掌握他们的先进事迹，另一方面也关心他们的生活。对生活困难的道德模范，及时给予关心。让道德模范扬眉吐气，学习道德模范的人顺心顺气，不讲道德的人受到社会唾弃，形成学习先进，崇尚模范，见贤思齐，争先创优的生动局面。

（作者：中共浙江省杭州市下城区委常委、宣传部长）

转变思想作风重在静心、深思、求是

陈铭皋

思想作风，是人们在思维方式和思想观念上表现出来的基本取向、风格和特点。相对于学风、工作作风、领导作风和生活作风，思想作风具有基础性、根本性、支配性。解放思想、实事求是、与时俱进是我党思想作风的主要内容和特征。抓干部作风建设，首先当抓思想作风，解决干部思想作风方面存在的突出问题。

一、心浮、思浅、谋偏是干部思想作风的突出问题

经济转轨、社会转型、剧烈变革、激烈竞争、信息爆炸、高频节奏等，日益纷繁复杂的社会环境，无时不在的物欲诱惑，有形无形的压力，使一些领导干部的思想作风产生了问题，突出的是心浮、思浅、谋偏。

心浮，即心浮气躁、心神不宁、主观虚妄。学习静不下心，工作扑不下身，生活心猿意马。有的领导干部好高骛远、急功近利，心思在造声势搞花样捞政治资本上；有的年轻干部一年看，二年干，三年就想提拔高就，很少静下心来踏实干事。

思浅，即思想懒惰、浅尝辄止，对事物不愿深度探究，对问题懒得去深刻思索。“读书看目录、读报看标题”，一目十行，不求甚解；讲话让秘书下属代写，照本宣科；迷信“洋教条”，食洋不化。有的甚至缺乏基本的判辨能力，教条主义、形而上学。

谋偏，即想问题谋工作不从实际出发，不遵客观规律，不听群众意见，走偏路找偏路出偏招。有的不讲客观实际条件，不顾群众承受能力，谋划“绣花方案”和“花边工程”，追求短缺政绩；有的把很大一部分精力用来谋划自己的升迁，搞关系走斜径。

思想是行动的先导，思想作风不正，其他作风必然偏向。心浮，不可能有真正的事业心、责任感；思浅，难把握事物的本质和规律；谋偏，必然导致决策失误，劳民伤财。现实中，思想作风不正的干部，不仅影响个人的健康成长进步，更会危害党的事业和人民利益。事实证明，官员腐败堕落，都是其从思想作风的颓废开始的。

二、端正干部思想作风重在做到静心、深思、求是

有鉴于此，端正干部的思想作风，重点应放在静心、深思、求是上。

“静心”，既是生理问题，更是心理及自我修养问题。精心，是一种气质、一种修养、一种境界。宁神，是一种生活态度、处世智慧、工作责任、事业追求。心不静神不宁，进入不了思想佳境和思考状态，胸怀敞不开，眼界放不宽，思路理不清，难以冷静客观地观察解析事物，难以认识本质、寻出规律、悟出真谛。静心可以治浮抑躁，可以使人冷静理性，营造精神的“诺亚方舟”。领导干部做到了静心，在宠辱面前便会神闲气定，在五光十色的诱惑面前便能心静如水，还可以改变就事论理的肤浅思维，改变喧嚣浮躁的社会风气。

深刻的感受来自对事物深刻的思考，真知灼见来自多思善疑。“思考可以构成一座桥，帮助你通向新的境界”。某些领导干部之所以决策失误施政粗放，无疑与思想肤浅有关。现在领导干部面临的局面更复杂，挑战更艰巨，需要在更高层次上谋划指导和组织开展工作，必须注重深度思考，自觉由“行动型干部”向“思想型

干部”转变。

求是，是思想作风的核心要求。“求是”一是求解客观事物的本来面貌是什么，二是求解客观事物的合理关系应该是什么，三是求解客观事物的发展前途可能是什么，是非常艰难的知行过程，需要绝对的严谨和诚挚。对国际局势变化若明若暗，对国内情况问题心中无数，对当代科技发展不甚了解，对党的执政条件环境变化模糊不清，思想认识落后客观实际，不会想出好主意。无实事求是之心，揣哗众取宠之意，不可能做出有益社会和群众的事业，这些年被群众普遍指斥的短期行为、各种作秀和瞎折腾，根源就是某些领导干部的想入非非。

三、抓源头用真功治除干部思想作风的三大痼疾

领导干部思想作风存在的心浮、思浅、谋偏问题，有复杂的体制、观念、文化等原因，清除这些顽症痼疾要有紧迫感，必须抓源头用真功。

戒治心浮宁静心镜。一是克制私欲。每个人心灵深处或多或少都有私欲，私欲不加克制，会如杂草疯长、毒性发作，使人意乱情迷身不由己。古往今来，因私欲作祟走向危途身败名裂的官员数不胜数。领导干部作为公职人物，权力在握，私欲更易引燃，要坚决给自己的私欲上锁，让它永远不被松开撬开。目前最重要的是校正人生观价值观生活观，强化宗旨意识，做到乐于宁静、耐得寂寞、进退不计、宠辱不惊。二是摆脱“四忙”。要敢于撕下脸皮破除陈规陋习，善于精简繁文缛节，从忙文电、忙会议、忙讲话、忙应酬中解脱，腾出时间空间静心宁神。三是管住外八小时。既然为官，“八小时之外”也有公众形象要求，也要受约束遵纪律。八小时之外沉醉于灯红酒绿、觥筹交错，同样没法静心宁神。近段时间，关于官员八小时之外“出事”的报道屡见不鲜，要引以为戒。自己要自律，组织也要管。纪检部门要作出强制性规定，跟进检查监督，同时发动群众监督，营造领导干部静心宁神的社会环境。比如，倡导和督促干部八小时之外多读书读好书善读书。让读书成为领导干部的一种生活方式。

克服思浅养成深思。一是不怕思想艰苦。是非明于学习，境界升于内省。领导干部自身要有不怕思想艰苦、勇于深思求索的精神和毅力，组织管理部门要采取措施引导激励干部深入思考探索。二是要围绕科学发展。组织推动科学发展是领导工作的主题，深思必须聚焦主题不偏离。有关部门要切实引导干部的思考方向和内容，科学评价使用干部思考的成果和价值。三是力求立体多元。事物往往是立体多元的，之间的联系往往是纵横交错的，深思就要从前后左右、上下内外、正反纵横多方位去观察、审视、思考，然后去粗取精、去伪存真、由此及彼、由表及里，做到思想认识有新高度、分析问题有新见解、解决问题有新思路。四是锐意创新。领导工作是前瞻性开创性很强的工作，深思要努力体现在创新的观念思路政策措施方法上。

纠校谋偏实事求是：一是摒弃私念己利，追求真理正义。这是求是的前提。求是即是追求真理正义，作为领导干部，要树立“真理为生”、“公民为本”的思想观念，时刻把党和人民利益放在首位，把个人荣辱得失置之度外，平其心论天下之事，潜其心观天下之理，定其心应天下之变，敢于追求真理、坚持真理。时下，最重要的是摒弃唯 GDP 增长、罔顾民生的政绩取向，果敢向官场“潜规则”亮剑，解决讲关系不讲原则、讲私情不讲党性、遇到问题绕着走等问题。二是深入实际调研，掌握真实情况。要通过深入基层的调查研究，吃透上情、洞察外情、了解下情，找准问题和症结，进而在主观与客观、理论与实践、上情与下情的结合上深思考细琢磨，谋出良策高招。三是不断解放思想。必须把思想认识从那些不合时宜的观念、做法和体制的束缚中解放出来，从对马克思主义的错误和教条式的理解中解放出来，从主观主义和形而上学的桎梏中解放出来。真正以战略思维、世界眼光和辩证方法观察事物，以与时俱进的科学态度对待情况。当下，要注意排除“左”和右的思

维制约困扰，把科学发展观转化为新的思想观念和思维方式，转化为谋划科学发展的具体思路和政策措施，提高决策的正确性、工作的科学性。四是坚持群众路线，集中群众智慧。领导干部必须摒弃自视其高无所不能心态，自觉走群众路线。要倾听群众呼声、不平、诉求，沉下身去找问题，静下心来谋良策。五是坚持公正廉洁，注重自身修养。领导干部正身树信，最重要的一个是廉洁，廉生威廉生真。另一个是诚信。人无信不立，必须把住做人为官的道德底线。彻底改掉心里想的和嘴上讲的不一样，嘴上讲的和实际做的不一样，人前说的和人后说的不一样，会上说的和会下说的不一样，对自己要求和对别人要求不一样等“致命弱点”。

（作者：中共河北省邢台市桥西区委常委、政法委书记）

建立实名推荐制度的实践与思考

中共山东省临邑县委组织部

干部推荐提名是干部选任的初始环节，也是充分发扬民主、科学选任干部的一个重要环节，而拉票行为也往往出现在这一环节。2006年以来，我们临邑县探索建立了实名推荐制度，从源头上治理干部工作中的拉票行为，保证了干部的选任质量。

一

近年来，我们严格按照《干部任用条例》的有关规定，认真做好民主推荐工作。但在实际操作中，发现无记名民主推荐也存在一些不可忽视的问题：一是有的干部存在投机和侥幸心理，有拉票现象；二是有的干部民主意识淡薄，不珍惜自己的推荐权利，谁打招呼就投票给谁；三是有的干部凭一时一事的印象或关系亲疏、个人好恶推荐干部，等等。以上问题的存在，一方面容易造成书面推荐情况与组织考察、座谈推荐、民意测评情况有较大出入。另一方面容易出现部分工作能力强和原则性强的同志推荐票较少，而一些“老好人”或投机取巧甚至问题明显的干部推荐票较多的情况。更为严重的是，往往一到干部调整，有的干部就到处打电话、请客拉票，使民主推荐缺乏科学性、真实性，直接影响了干部选任工作质量。通过调研分析，我们发现，由于无记名投票推荐干部这种方式对推荐者缺乏制约，责任主体不明确，推荐的风险没有具体到人，致使“权”与“责”不统一。要做好新形势下干部的民主推荐工作，必须在充分发扬民主的同时，建立严格的制约和防范体系，使干部推荐工作更公正、更理性、更慎重。从我县的实践看，建立实名推荐制度是一种行之有效的措施。

二

为使实名推荐制度真正发挥作用，我们精心组织，慎重操作。

一是稳步推进。干部工作不仅政策性强、牵涉面广，而且社会关注度高、影响面大，稍有不慎就可能造成人心浮动。为此，我们首先在推荐先进党组织、优秀党员和民主评议领导干部等工作中试行了实名制。如2006年初对各单位党政正职进行大规模民主评议时，要求各评议人员必须实名评议，不署名的不进行统计。从最后汇总结果及公示后的社会反应看，大家感觉评议结果符合实际。同时，我们及时对这项工作进行总结完善，为实名推荐干部奠定了实践基础。

二是建章立制。制定《关于实行实名推荐制度的规定》，明确了实名推荐的使用范围、原则、程序、责任主体、责任追究办法。规定“谁推荐谁负责”，从而明确了责任主体；规定被推荐干部在被推荐前已有问题、任用后出现问题及能力有限、难以胜任工作三种情况下，推荐者应负责任。出台《实名推荐干部保密工作暂行规定》，对考察人员提出了更加严格的保密纪律要求和惩罚措施，规定推荐票要有专人保管，只有主要县级领导才能查阅实名推荐情况。

三是科学设计推荐票。为杜绝填票人不署真实姓名或不署名，统一设计了《实名推荐干部推荐票》，在推荐票上设置推荐者的姓名、职务、推荐日期等。同时，在《实名推荐干部推荐票》中列出拟推荐职务、任职资格条件及符合条件干部花名册等内容。

四是合理确定推荐人员范围。为扩大干部工作民主，提高民主推荐质量，在推荐县直单位、乡镇（街道）党政正职时，召开县委全委扩大会议，除县委委员、候补委员，不是县委委员、候补委员的县人大、县政府、县政协班子成员，其他现职副县级干部及县直单位（驻临单位）、乡镇（街道）党政正职必须参加推荐外，还随机抽取部分对全县干部队伍情况比较熟悉的“两代表一委员”参加推荐。

五是合理运用推荐结果。投票结束后，由考察组当场将推荐票进行汇总统计，并密封。同时，把推荐结果与民主测评、座谈推荐、实绩考察等情况相印证，既不简单“以票取人”，又充分尊重推荐结果。

六是严格落实责任追究。建立实名推荐干部台账，详细记录推荐者的姓名、职务、所在单位、推荐日期及所推荐人选的姓名、民意测评、个别座谈推荐、实绩考察及任用等情况。对“荐人失察”者，视情节轻重分别给予谈话诫勉、警告等处理。

三

实行实名推荐制度，对于从源头上治理拉票行为，防范和遏制识人不准、选人不当、用人不公等问题产生了积极效果。

一是增强了推荐者的责任感，加大了拉票的难度。实名推荐制将原来的“无责推荐”改为“带责推荐”，将干部推荐工作由“与己无关”转变为“责任连带”，将推荐者的推荐行为纳入了组织的监督之下，从而增强了推荐者的责任意识和自律意识，使其更加珍惜自己的推荐权，从而加大了拉票的难度。

二是增强了干部群众对组织的信任感。由于实名推荐制充分尊重推荐者的权利，使推荐者看到自己的推荐票切实起到了作用，进一步增强了对组织的信任。

三是进一步树立了正确的选人用人导向。把实名制推荐的结果作为干部选任的重要依据，坚决把那些投机取巧、到处拉票的人淘汰出去，把一批德才兼备、群众公认、实绩突出、善于领导科学发展的优秀干部选拔到领导岗位上来，形成了“重公论选干部，凭实绩定取舍”的用人导向，风气明显好转。

四

从我县的实践看，要将实名推荐制度落到实处，切实起到防治拉票行为的作用，重点要把握好四个环节。

一是合理确定施用范围。实名推荐主要适用于县直单位、乡镇（街道）党政正职以上干部参加的推荐。

二是把好保密关。要加强对考察、统计等相关人员的保密纪律教育，对泄密者要严肃处理。同时，对推荐者的推荐情况也要尽可能减少知情人。通过严格的保密措施，逐步打消推荐者的顾虑，使其大胆进行推荐。

三是把好责任追究关。追究干部的推荐责任是实行实名推荐制度的保障，只有把干部推荐的责任和责任追究落实到位，才能最大限度地杜绝拉票行为，减少干部选任工作的偏差，也才能让推荐者真正重视自己的“签名”。

四是把好印证关。实行实名推荐不能简单地"以票取人"，还要与干部的平时考察、实绩考核、群众民意测评等措施结合起来，相互印证，不断扩大识人视野，提高选任水平，真正使那些群众公认、能力强、素质高，埋头苦干的优秀干部脱颖而出。

创新工作思路
实现社区党建"三个全覆盖"

胡　锦

深圳市南山区针对当前社区党员数量明显增加、社区多种利益群体并存、社区矛盾和纠纷呈上升趋势等新情况、新问题，不断创新党建工作思路，努力拓宽党在基层工作的覆盖面，实现社区党组织、党的工作、党员作用发挥"三个全覆盖"，奠定了党在城市基层工作的群众基础，巩固了执政地位。2007 年，南山区以社区党建引领和谐社区建设"双向互动"制度创新项目，荣获第四届"中国地方政府创新奖"。2008 年，南山区开展的"十百千万行动"，被广东省委组织部授予"固本强基创新成果奖"。2008 年 10 月 19 日、11 月 16 日，李长春、贺国强同志在深圳考察期间，分别深入南山区北头社区调研，对社区党的建设、文化建设、人口管理工作给予了充分肯定。

一、实现社区党组织全覆盖

社区党组织是社区党建工作的基础。实践中我们深切认识到，只有切实把党组织建到街巷、楼栋，实现"横向到边、纵向到底"的全覆盖，才能使社区党组织真正成为凝聚各种社会力量、整合各类社会资源的重要载体。南山区 98 个社区中，已有 10 个社区成立了党委，39 个社区成立了党总支，社区党组织的领导核心作用和战斗堡垒作用日益加强。

(一)创新社区党组织架构体系。首先，在社区党组织建设上，把成立社区党委(总支)作为突破口，在此基础上调整领导体制，构建组织网络，强化社区党组织的核心地位。其次，有条件的社区结合实际大胆创新，实行"党组织双重管理"。南山区星海名城社区党总支，不仅管理着社区工作站党支部和社区居民党支部，还把振业集团党委的星海名城物业管理处党支部、教育局党委的北大附中党支部纳入管理，使他们参加社区党组织的各项活动，参与社区党组织选举以及重大事项的决策，为社区的发展提供积极支持。最后，把党小组向街巷、门栋延伸。南山区发动并组织党员、公职人员参选业委会委员、主任和担任楼栋长，将社区党组织的管理触角延伸拓展到社区每个角落，初步形成了党员负责家庭、党小组长负责楼栋、党支部书记负责小区、党委书记负责社区的党建工作新格局。

(二)创新社区党组织班子配置模式。针对社区党组织干部年龄老化、文化层次较低、综合素质不高，难以适应新时期社区工作的问题，一是全面实施基层人才培养战略，大力提高社区工作人员素质。二是实行社区党委(总支)书记与社区工作站站长"一肩挑"，并在社区党委、党总支设置专职副书记，配齐配强专职党务人员。三是吸纳辖区大单位、大公司、物业管理公司、中介机构等社区各类组织中有较强议事能力的党员干部进入社区党委(总支)班子，优化班子结构，丰富班子的社会资源，增强班子的战斗力、凝聚力。

(三)创新社区党组织运行机制。我们重点健全三项机制:一是健全社区党组织决策议事机制,组织制定议事规则和重大事项协商制度,党组织形成的决定要先经过民主讨论,再集中决议,最后分工执行。二是健全以社区党组织为主体的协调共建机制,通过重大事项党委(总支)决策、各驻社区党组织和党员参与等形式,将各驻社区党组织和党员纳入管理,参与社区建设和共驻共建工作,提高"共驻共建共享"水平。三是健全社区共管机制,形成以社区党委(总支)为龙头,社区工作站、居民委员会、业主委员会和物业管理处共同参与的"五位一体"社区共管共治机制,协调和处理好业主与政府之间、业主与物业之间、物业与政府之间以及业主与业主之间的关系。做到社区内部矛盾内部解决,最大限度地减少聚众上访、集会游行事件,促进社区的和谐、稳定发展。

(四)创新党组织发挥作用方式。在实现社区党组织全覆盖的基础上,我们以党组织建设为核心,以工、青、妇群团组织建设为依托,在街道社区和"两新"组织中实施"党建带工建、团建、妇建"的"一带三"工程,以党群共建推动党的组织和党的工作"两个全覆盖",取得显著成效。目前,全区各街道社区普遍建立了工、青、妇组织。全区工会组织 3284 家,工会成员 13 万余人;全区团(总)支部 862 个,其中"两新"领域团组织 155 个,覆盖团员青年超过 3 万人;全区妇女组织 789 个,成员 9 万余人,共创建国家级、省级"巾帼文明示范岗"17 个。

二、实现社区党的工作全覆盖

在社会流动日益频密、社会分化日趋加快的今天,如何增强党组织的凝聚力和吸引力,强化党组织的管理手段和力量,使党的工作渗透到社区的各个领域,从而加强党对基层社会的领导?我们认为,关键要不断充实、扩大和优化我们的队伍。为此南山区突出抓好建立健全社区的"五支队伍",即党员队伍、社区工作站工作队伍、专业社会工作者队伍、义工队伍和关工委队伍,打造出社区党建可以依托的中坚力量,为社区党的工作全覆盖提供了有力保障。

一是建好社区党员队伍。目前,南山区已普查登记党员 3.7 万人,其中组织关系在社区的党员 7400 多人,组织关系不在社区的驻社区单位党员 1.9 万多人,居住在社区、但工作和组织关系在区外的党员 1.1 万人。我们不仅力求管理服务好现有在册的社区党员,还通过开展"十百千万"行动,通过有效的服务,让居住在本社区但组织关系不在社区的党员"浮出水面",积极为和谐社区建设建言献策、贡献力量。

二是建好社区工作站工作队伍。目前南山区 98 个社区工作站、800 多名工作人员承担着政府管理社区、服务群众的职能。对此我们实施基层人才培养升级、优化、替代、置换和储备五大战略。其中,重点把工作站站长、副站长抽出来脱产,送到大学参加社会工作的系统学习,并安排到机关里进行"跟班锻炼",不断提高他们的能力素质;选拔、推荐培养一大批基层后备干部。同时,推行机关干部和社区工作人员交流任职制度,选派科级干部到社区挂职,帮助社区提高科学决策、规范运作的能力。

三是建好社区专业社会工作者队伍。专业社会工作者队伍是推动社会和谐的重要力量,我区已经面向全国招聘了 101 名应届本科以上学历的毕业生,建立起我区首批专业社工队伍。经过系统的培训,他们已经深入到各社区,正从心理学、社会学的角度开展工作,将有效舒缓民众的心理压力,消除社会的不稳定因素。

四是建好社区义工队伍和社区关工委队伍。义工队伍和关工委队伍发挥着扶困助弱、弘扬社会新风的独特作用,今年上半年,我区新增注册义工 10615 名,义工服务的内容和对象不断拓宽。形成了"社工带领义工,义工服务群众,群众参与义工"的良性机制。全区 8 个街道和 80 多个社区,以及公、检、法、教育、卫生等部委办局均已成立关工委或关工小组,充分发挥离退休老干部、老教师、老专家、老战士、老模范的作用，形成有效的关心下一代网络。

我们通过开展“十百千万行动”、“五支队伍”建设，紧紧依靠广大党员干部和群众组织，在社区的建设与治理中占领阵地，唱响主旋律，把握大方向。下一步，我们还将进一步在社区各类文化、体育社团，慈善组织以及社工群体中广泛建立党的组织，延伸党的工作触手，通过党的组织和党的工作把这些新兴社团和组织纳入我们的管理。同时，大胆开拓思路，一方面认真研究如何利用好政府资源和社会资源为他们服务，另一方面积极探索如何通过制度化的手段和渠道，实现对他们的组织、引导、监管、协调，最大限度地发挥他们的积极作用，从而进一步充实社区党建工作力量，丰富社区党建资源，以超前的眼光和工作，在社区这个动态、开放的系统中，不断占领阵地，实现党的工作的全覆盖。

三、实现党员在社区建设中作用发挥的全覆盖

党员作用发挥的全覆盖，就是要发挥党员在社区管理和服务中的先锋模范作用，让每一名生活在社区的党员都能成为旗帜，让鲜艳的党旗在社区的每一个楼栋、每一条街巷飘扬。南山在全区98个社区中树立推广十类社区组织典型、号召上百名党员和国家公职人员竞选业委会委员、上千名党员和国家公职人员担任楼栋长、新发展万名社区义工，组织发动广大党员干部在家门口“站出来”，主导和谐社区建设，真正起到感召群众、服务群众、凝聚群众和引导群众的作用，在基层社区和群众中树立党组织和党员干部的良好形象，增强党组织凝聚力和影响力。

一是亮出身份，感召群众，发挥领头雁作用。在社区的各种群体和组织中，共产党员的先进性怎样真正体现出来？我们认为，作为执政党的党员，就是要在社区建设中，理直气壮地唱主角、挑大梁，毫不迟疑地打头阵、当先锋。这是我们实践党的先进性最现实的选择。南山区号召共产党员在家门口“站出来”，就是要充分发挥党员的先锋模范作用，让他们在“八小时”以外不忘党员身份，发挥党员作用，做一个“全天候”、“全方位”和“全过程”的党员，做家庭和睦、邻里和睦、人际和睦的表率，成为时刻站在群众前头、带领群众前进的领头人。原区政协主席黄水桂在被聘为白石洲西社区楼栋长时激动地说：“楼长是天下最小的‘长’，但责任非常重大，老同志要带头响应区委的号召，为居民办好事。”党员亮出身份后，积极引导带动影响身边群众，使他们自觉地团结在党员干部周围，热心关注、共同参与社区建设发展。蛇口街道雷岭社区暂不具备成立业委会条件，7名老党员、老干部、老人大代表被居民代表大会推举出来，组成居民理事会，带领居民群众改变了社区“脏、乱、差”局面，受到群众的热烈欢迎。

二是深入社区，服务群众，发挥稳压器作用。社区既是产生利益冲突和社会矛盾的“源头”，也是协调利益关系和疏导社会矛盾的“茬口”。鼓励党员在家门口“站出来”，成为防范和化解各种社区矛盾的“第一道防线”，充分发挥稳压器作用，是和谐社区建设的重要基础。南山区社区党组织大力发挥党小组长、党员业委会成员和楼栋长作用，通过他们深入小区、楼栋，收集社情民意；充分依托辖区内民营企业党组织，关爱企业员工、构建和谐劳资关系。从邻里、小区、辖区企业等多角度切入，把群众关心的事情做实，把现实中的麻烦事情理顺，把难办的事情办好，把服务群众工作做到位，让群众在家门口就能感受到我们党全心全意为人民服务的宗旨，在社区这个最基层的单位就能感受到党组织的关怀和温暖，使各种矛盾纠纷“发现得早、化解得了、控制得住、处置得好”。据统计，南山区通过充分发挥广大党员干部的稳压器作用，2008年物业纠纷同比下降50%。

三是占领阵地，凝聚群众，发挥主力军作用。基层社区人口结构日趋复杂，社会流动日益频密，价值观念和利益诉求日益多元化，党组织要在和谐社区建设的舞台上唱响主旋律、把握大方向，就必须紧紧依靠广大党员干部，在社

区的建设与管理中占领阵地。对这块重要阵地,如果我们不去主动“占领”,就会失去对基层社会的把握和控制,就会失去平衡利益、化解矛盾的主动权。目前,南山区新成立的业委会、换届业委会委员和各街道小区楼栋长中,有党员、国家公职人员的比例均已达到60%以上。他们在社区公益活动、关爱行动、文娱活动、环境美化以及维护治安等各项工作中发挥着不可替代的主力军作用,用实际行动在基层社会的各个角落准确传达党的声音,树立党的形象,贯彻党的领导,体现党的渗透力、影响力、感染力和凝聚力。在2008年社区“两委”换届选举工作中,南山区出台《关于组织发动全区党员、公职人员参与居委会换届选举的通知》,全区共有1185名党员公职人员主动到户籍所在居委会进行选民登记、参加投票,还有不少党员公职人员积极竞选居委会成员,争当反映民情、引领民意、服务社区的带头人,有效引领了基层民主方向,加强了党和政府在基层的执行力,更好地维护了社会稳定。

四是建言献策,引导群众,发挥智囊团作用。党员、公职人员置身于社区,是社区利益共同体的一部分,是社区建设的重要资源,要发动广大党员干部发挥聪明才智,充分发挥自身的经验优势和政策水平优势,积极为社区建设和管理建言献策,为社区发展提供智力支持,引导群众共同构建多元合作、利益共享的社区共建格局。南山区为党员干部配发民情日记本和《党员、公职人员共建和谐社区工作手册》,引导他们做有心人,发现社区建设中存在的问题和不足,并献计献策,发挥参谋助手作用。党员们以实际行动增加了居民对党委政府的信任,提升了执政党在基层社会中的威望。

(作者:中共深圳市南山区委常委、组织部长)

对流动党员加强管理和使用的思考

武文斌

在推动中国基层经济社会科学发展的新时期,对流动党员加强培养、管理和使用,是中国共产党基层党建的战略问题。流动是市场经济的本质特征。改革开放以来,逐步形成和日益发展起来的流动的人力资源、流动的人才资源,是促进中国社会发展的新生力量。这两大资源,追逐市场经济的发展潮流,社会经验阅历丰富,生产技术新潮,政治视野开阔,思想敏锐开放,开拓进取心强,生存适应能力强,彰显着蓬勃的生机和活力。在以科学发展观为统领的新时期,以加强对流动党员培养、管理和使用为核心,进一步激活和放大这两大资源,是中国共产党在基层科学组织力量,推进新一轮发展的重大战略问题。

首先,摸清底数,创新党组织设置,理顺管理体制,是进一步激活和放大这两大资源的基础。所谓摸清底数,就是要摸清县域范围内这两大资源的底数。每年有多少人力资源、人才资源流出和流入。要依托县、镇(乡)、村三级网络和公安、工商、税务、新闻媒体等系统,及时把握发展动态。在摸清底数之后,要以流动党员为核心,创新党组织设置。广饶县依据实际,在全县212个有3名以上党员的非公有制企业中,全部建立了党组织,并派驻了党建指导员,对非公企业内的流动党员加强教育、管理和使用,从而达到凝聚人心的目的。在此基础上,进一步整合两大资源,在生产第一线技术骨干队伍和企业中层管理者队伍中，培养入党积极分子队伍，使企业有一个整体健康发展的蓬勃气势。在流动党员相对集中的地方，建立流动党员党组织。广饶先后在山东华泰集团日照市分公司、山东华泰集团东营经济开发区分公司、山东科达集团东营经济开发区分公司设立2个流动党总支和11个流动党支部。流动党员、流动党组织与非流动党员、非流动党组织同时并存，客观上就要求必须理顺县域内党员管理体制。针对部分党员在县城和企业经商务工的半固定半流动、半城里半农村、经商务工不离家的特殊性，在进行认真分析研究，广泛征求乡镇党委、村党组织、企业党组织、社区党组织、部分农村党员等各方面意见的基础上，探索实行党员身份确认函制度。由所属村党组织按党员组织关系转移程序，向流入地党组织出具《党员身份确认函》，实行党员“双重管理”，包括交纳党费、参加组织生产生活实践等，都在流入地党组织进行。同时，建立县域内流动党员信息通报反馈制度，流入地党组织每季度向党员所在村党组织书面通报党员和积极分子的工作、学习、交纳党费、参加党组织活动等表现情况，村党组织每个季度向流入地党组织反馈党员和入党积极分子在村里的表现。通过对全县1156名流动党员和上万名入党积极分子队伍、技术与管理骨干队伍的整合，为进一步激活和放大全县两大流动资源奠定了基础。

其次，搭建服务平台，鼓励流动党员干事创业，是进一步激活和放大这两大资源的核心所在。流动的人力资源、流动的人才资源，是中国经济社会发展中最具生命力的要素。在贯彻落实科学发展观的新时期，鼓励他(她)们创业拼搏，使其充分发挥聪明才智，是党在基层部署组织新一轮力量，推动事业发展的一个新路径。对这两大资源的进一步激活和放大应努力做到：一要积极鼓励外出优秀人才返乡创业。农村的发展已进入了工业反哺农业、城市支持乡村、农村集聚式发展的新时期。县委应依据大学生进农村，外出优秀人才返乡的新实际，综合考虑制定资金、场地、技术、人才、服务等方面的系统扶持支持政策，科学部署农村的新一轮改革发展。对政治素质高、组织能力强、能够带领群众致富的农村外出流动党员和新来的大学生，应及时纳入村级组织选人用人视野，早日进入村级班子工作。如广饶从2007年以来，全县共有80多名在外流动党员返乡创业，其中有26人办起了自己的企业，有32人担任了农村党支部书记，大学生村官也在实践中茁壮成长。一些人回乡进入本地企业，充实企业发展力量；一些人致富不忘家乡，投资故乡基础设施建设；一些人积极为家乡建言献策。这些积极措施，正在构建着农村发展的新生力量。二要积极鼓励外来工作者积极创业和引导外来优秀人才留下创业。如广饶外来共产党员孟祥彬在西刘桥乡党委的支持和帮助下，创办了信德化工有限公司，现已拥有固定资产4500万元，员工160多人，年销售收入8600万元。孟祥彬本人也被西刘桥乡政府聘为乡长助理。如广饶县成立小额贷款公司，积极为创业人员提供小额贷款服务；对外来此地的流动党员，党组织积极协调有关部门最大限度地提供土地、工商、税收等方面的优惠政策，协调有关部门提供资金、技术、信息等方面的服务，帮助解决创业过程中遇到的各种实际困难和问题。2年来，已为流动党员协调解决创业资金300余万元。三要深入实施党员素质提升工程。县委应整合组织、农业、科技、教育、培训基地等各类培训资源，对农村党员和新型农民进行技术技能培训，对意向外出的党员和群众进行专门培训。农村的发展需要新视野新科技，外出就业也需要新本领新技能，县委必须根据新的发展需要，整合返乡优秀人才、本地致富能手和业务骨干、大学生村官等农村基本的人力资源，以党员素质提升工程为基础，因材施教，因需施教，因发展施教，分批分门分类抓好素质工程建设，为改革开放提供不竭的动力。

第三，实施人文关怀和制度化管理，是进一步激活和放大这两大资源的基本保证。实施人文关怀，主要是开展帮扶关爱行动。对流动的人力资源和流动的人才资源，广饶县委以66家重点企业，145家非公有制企业和县城、各乡镇商流物流中心为基点，27名县级领导干部与95个县直部门党组织、193个乡镇直单位党组织，对两大资源进行了组织方面的人文关怀。县乡机关党员干部走访流动党员的居舍，走访流动人口的“家居”，调查了解他(她)们在生产生活方面遇到的实际问题。对其子女的入学入托，对其在企业工作中劳动保障制度的落实，对工资待遇，对工作中的在职培训等一系列问题，给予实事求是的解决。2年来还帮助解决劳务纠纷等实际问题20余件。组织上的人文关怀，使流动的人力资源和流动的人才资源倍感温暖。制度化管理，主要是先在流动党员队伍中推行“一证三卡”制度。一是流动党员活动证。凡是外出流动党员，全部发放《流动党员活动证》。对没有持《流动党员活动证》流入的县外党员，实行“逆向发证”，请流入党员持证回原党组织盖章。二是流动党员登记卡。三级党员服务中心分别为流动党员登记造册，实行一人一卡，做到“六个掌握”，即掌握党员的基本情况、外出或流入时间、所从事的工作、新的住址、联系方式和交纳党费情况，每月进行一次更新，保证出入县境的党员“流动不流失”。三是流动党员联系卡。每个基层党支部确定一名流动党员联系人，联系人和流动党员每人一张联系卡，内容包括：流动党员基本情况、三级党员服务中心的联系方式、基层党支部联系人姓名和联系方式、党组织服务承诺。联系人每月与流动党员通一次电话，通报党组织开展活动情况和流动党员关心的事项，及时了解流动党员及其周围流动的人力资源在工作生活中遇到的问题。然后向组织汇报，帮助协调解决流动党员与流动群众遇到的困难和问题，做到与流动党员“联系不断线”，与外来务工者“联系靠党员”。四是外地信息收集卡。对外出流动党员每人发放一本信息收集卡，注意收集外地在开展党组织活动、发展农村社会经济、带领群众致富等方面的先进经验，以及就业信息、市场行情、致富门路等，及时向党支部联系人反馈，积极为家乡的经济社会发展、农民群众发家致富作贡献。

广饶县在全国百强县中名列第73位，在山东省经济发展30强中名列第17位。面对以科学发展观为统领的新时期，广饶确立把以加强对流动党员管理和使用为核心，进一步激活和放大流动的人力资源、流动的人才资源，作为推进新一轮发展的一个基本战略。

（作者：中共山东省广饶县委常委、组织部长）

推进“公推直选”需要注意的三个问题

梅丽红

党的十七大以后，“公推直选”改革已经从局部试验转向了全面铺开，但要保证这项改革能够持续健康地推进下去，需要注意克服权力推动、规制和监督等方面的缺点、缺损和缺位问题。

一、“公推直选”改革要注意克服自上而下权力推动的缺点

“公推直选”起始于农村基层党组织的选举。之所以首先在农村地区展开，是因为以市

场经济为导向的改革首先瓦解了农村中的单位即人民公社，为村民自治奠定了基础，而“公推直选”最初就是农村党组织为了协调与村民自治的关系、化解干群和社会矛盾而作出的适应性变革。但是“公推直选”这种具有自发秩序特征的改革，在得到自上而下肯定并得以在全国大力推进以后，便具有了更多的“人为设计”和组织部门权力推动的特征。虽然自上而下地鼓励和推广，对于基层党组织更主动地进行“公推直选”改革，并保证“公推直选”推进的有序性，具有重要作用，但是动员式或以行政方式要求的“公推直选”，也容易充斥长官意志，或以组织意图掩盖民意选择，或偏离基层实际，反而降低党员和群众参与的积极性。虽然目前有些地方党员和群众的平均参与率达到了90%甚至更高，但在参与的动机上，往往是服从组织安排大于自觉自愿。而当某些地方党委和基层干部感到“公推直选”的进程与自身利益相左时，也会趋向于做表面文章，把上级党委关于“公推直选”的相关制度和文件精神停留在纸上、会议上，使“公推直选”有名无实，成为应付上级检查、政绩考核的应景之作，或演变成走了样的政治秀。可见，全面推进“公推直选”要注意克服自上而下强制性制度改革的缺点。要通过上下有机结合和良性互动，促进“公推直选”的深入发展。

首先，上级党组织对“公推直选”施加影响，使之处于可控范围内的策略是必要的。但这种策略必须以保障党员和群众的选择权和决定权为出发点，以引导为方式，而不是限制、操纵民主选举。上级党组织要改变过去直接管“人头”的“权力逻辑”，而转向通过制定和运作规则、程序，以保障党员和群众对干部的选择权和决定权，保证选出民意基础高、能力强、作风正派的干部上来。

其次，上级党组织的积极引导，必须建立在尊重基层的首创精神和总结基层实践经验的基础上。这既包括及时总结和推广不同地区基层党组织“公推直选”的主要做法，以及基层解决一些与“公推直选”有关的深层次问题的配套措施，又包括与基层一起商量相应的措施和办法，以帮助基层解决在实践中遇到的依靠基层自身的力量不能解决的问题。这样，既可以鼓励和调动基层的积极性，又能够把好的做法及时推广开来，在更大范围内进行实验，用实践来检验其适用性和可行性。通过总结——推广——再总结——再推广，把面临的问题研究得更深一些、解决得更好一些，把“公推直选”引向健康发展的轨道。

第三，大力推进“公推直选”要避免“想当然”，要充分考虑利益因素对“公推直选”的影响。同样是“公推直选”，在城市，由于社区党员和群众与社区党组织的联系较为松散，“公推直选”与社区党员和群众的利益关联性不大，因此党员和群众参与“公推直选”的动力疲怠成为一个普遍现象；而在农村，土地集体所有制使村庄成员之间的共同利益得以形成，这种利益共同体使得农村党组织领导班子及其书记在乡村社会中处于一个十分特殊的地位，其品质的好坏、能力的高低、作风的优劣，直接关系到每一位村民切身利益的维护，因而农村党员和群众参与“公推直选”的积极性就远高于城市社区的党员和群众。这些差异决定了自上而下地鼓励和推广“公推直选”，切不可“一勺烩”，而是要充分利用与党员、群众直接利益相关的或社会生活中现实存在的能够激发、支持和保护民主意识生成和发展的各种因素，逐步培育党员和群众民主参与的价值观和规则意识。“公推直选”改革只有与党员、群众民主观念的培育和政治心理的塑造结合起来，才会有坚实的基础。

二、“公推直选”改革要注意与规制的健全完善相协调

虽然党的十六届四中全会决定和十七大报告已经为“公推直选”改革提供了强有力的政策支持，但颁布实施于1990年6月的《中国共产党基层组织选举工作暂行条例》因严重滞后于基层党内选举改革的实际，又使“公推直选”处

于违法违规状态。比如,《暂行条例》第三章第十六条规定,“党的基层组织设立的委员会的书记、副书记的产生,由上届委员会提出候选人,报上级党组织审查同意后,在委员会全体会议上进行选举”,而“公推直选”实践已经完全突破了这一规定,不仅候选人提名形式有党员自荐和党员(群众)联名推荐等,而且书记、副书记的产生也由党员大会直接投票产生。当然,规章制度滞后于政策指导下的改革是不可避免的。但长期滞后不利于“公推直选”改革的顺利推进。因此,有必要根据党的十七大精神对现有的规章制度予以修改或制定全国性的试行办法,使“公推直选”有章可循、有法可依,实现政治合法性与法规合法性的“动态统一”。

“公推直选”的有序推进,需要正确处理好党外群众参与与尊重党员民主权利的关系。按照《党章》第十一条规定:党的各级委员会的产生,要体现选举人的意志,“候选人名单要由党组织和选举人充分酝酿讨论。可以直接采用候选人数多于应选人数和差额选举办法进行正式选举。也可以先采用差额选举办法进行预选,产生候选人名单,然后进行正式选举。选举人有了解候选人情况、要求改变候选人、不选任何一个候选人和另选他人的权利。任何组织和个人不得以任何方式强迫选举人选举或不选举某个人”。这就是说只有正式党员才有提出基层党组织领导班子成员候选人的权利,而非党员的群众不享有这种权利。显然,不少地方的“公推直选”已经超出了这一限定。由此带来的问题是,在“公推直选”实践中,对某个人选,党员与群众有不同看法怎么办?如何界定党内选举与党外群众推举的界限,如何既能保证当选者具有良好的群众基础,又能够充分尊重党员的民主权利,强化党员的角色意识和对党内生活严肃性的认识。这就需要在制度上通盘考虑,并加以规范。此外,“公推直选”要能够真正落实和保障广大党员的知情权和参与权,还必须进一步细化和完善操作环节和程序,避免在实际操作中出现有悖于民主原则的具体做法。在选举过程中,应建立独立的选举监督委员会,并对其人员、地位、职责范围等作出明确规定,加大选举监督的力度,克服目前选举基本上由上级党组织监督或者指定人员监督而缺乏公正性的状况。为了保障选举“秘密原则”的实现,可以增加设立秘密投票箱等制度化、操作性强的规定,以提高民意表达的真实性;可以通过规范选举环节,提高“人为操作”的难度,减少不规范的权力介入,防止非理性行为和舞弊现象的产生,提高选举质量。

三、“公推直选”改革要注意与监督罢免机制相配套

“公推直选”作为党内选举改革所取得的重要进步,要使之成为不可逆转的进程,就需要有相应的监督罢免机制相配套。党内选举包括“授权”和“收权”两个重要环节,对党员来说,只有有权将自己选上去的人再“拉”下来,选举权的行使才是完整的。“公推直选”体现的是民主授权,但仅仅停留在授权层面是不够的,如果没有建立民主收权的机制和程序,“公推直选”的成果就难以通过制度巩固下来。虽然早在1982年9月党的十二大通过的《党章》就将“要求罢免或撤换不称职的干部”规定为党员的一项基本权利,但这项权利始终停留在原则规定上而没有落实到制度和操作层面,由此造成“授权”和“收权”的不对称。而2003年12月颁布实施的《党内监督条例(试行)》虽然首次把“罢免或撤换”确定为党内监督的一项重要制度,并对相关要素作了规定,但由于只涉及党的地方委员会中的委员(包括纪委委员)的罢免权和对委员的罢免,且仍然缺乏付诸实施的具体程序,因此既不适用于罢免基层党组织书记等领导班子成员,也不涉及普通党员的罢免权,即使要参照,也无明文规定的具体操作程序。显然,如果对“公推直选”产生的基层党组织领导班子成员不能明确党员作为监督罢免的主体与操作问题,或者沿用过去那种由上级党组织调动或中止下级党组织领导人或委员工作的做法,那么“公推直选”的

意义和民主的真实性就会大打折扣。

由于党内选举包含着党员民主选举党员干部和要求罢免或撤换不称职干部两个方面的内容,因此实行"公推直选"的一个同时性要件,就是监督罢免机制的独立有效运作。但是,按照《党章》规定,党员提出罢免或撤换要求的主要依据是"不称职",那么,"不称职"的标准又是什么?如果说,违法违纪、严重失职、失误造成重大损失、严重后果或恶劣影响的"不称职"标准,还比较好判断和把握的话,那么对政治素质方面存在的突出问题、组织领导能力差、工作实绩差等"不称职"的标准,就比较难以确定。虽然一些地方在"公推直选"改革的实践中,也对与之相配套的监督罢免机制进行了积极的探索,如2007年7月成都市开展了换届后首个乡镇党委书记民主评议会,凡是党员群众满意率低于50%的,经组织认定,可启动罢免。但民主评议也需要有客观、公正的指标体系,否则也会存在相当大的人为因素,因此,有必要结合基层的工作实际和党组织的职责要求,对"不称职"的概念作出科学、定量、客观的界定。

当然,要真正保证"公推直选"发挥应有的功能和取得相应的绩效,关键还在于权力分立制衡的制度安排。只有当权力不再集中于一个人或单一系统的时候,直接选举基层党组织书记等领导班子成员才是安全的,否则党员在投票结束之后,就有可能从党内选举的"主体"又退回到原来的权利"虚置"地位。

总之,"公推直选"作为基层党内民主建设和党内选举改革的创新之举,需要注意避免单向突破的局限性,而与相关环境、制度、机制的配套发展和改革相衔接,进而获得质的发展。

(作者:中共上海市委党校研究生部主任,党内民主研究中心主任、教授)

推动行政问责从"风暴"向"常态"转变

宋云文

去年以来,随着三鹿奶粉事件、山西襄汾尾矿库溃坝事故、深圳龙岗"舞王"歌厅特大火灾、河南登封市煤矿瓦斯突出事故等重特大安全事故的发生,在全国掀起了新一轮"问责风暴",涉及官员数量之多、级别之高、范围之广,在历次"问责风暴"中都属罕见。但由于是"风暴",其持续时间、影响范围和威慑效果毕竟有限,并不是推动行政人员正确和有效履职的根本之策。笔者认为,加强行政问责,关键是要通过制度的完善与落实,努力实现从"风暴"到"常态"的转变。

一、"谁来问"——在问责主体上注重广泛性,强化异体问责

目前,由于相关法律规定的缺失,加上各级政府及其组成部门的工作透明度不高,行政问责的主体多限于行政系统内部,立法机关、司法机关等问责主体的作用未能得到充分发挥。改变这种现状,需要在加强各级行政机关及其首长、行政监察机关和审计机关等特定行政监督机关同体问责的同时,切实强化行政体系之外的问责主体的问责即异体问责。一是各级人大要依法"真问"。在各类问责主体中,人大是最重要的问责主体。但由于缺乏具体制度、程序与承担责任的形式,目前虽有质询制度,却很少启动;虽有罢免制度,也主要是对已有违法犯罪行为的官员才实行。加强人大经常性问责,显得尤为迫切。一方面,对法律已经作出规定的质询、罢免等问责制度,各级人大要依法主动

执行，防止人大问责“被动走程序、扎实走过场”；另一方面，要建立健全特定问题调查制度、对政府组成人员政治责任的追究制度、对政府组成人员的评议制度、对专项事务的评议审查制度等，不断拓宽人大进行问责的具体方式，尽可能使人大问责由“事后”转向“事前”。二是新闻媒体要闻风“敢问”。新闻媒体既是民意表达的主要渠道之一，也是政府与广大群众沟通的重要桥梁，行政问责中应充分发挥其独有的舆论监督作用，明确规定新闻媒体曝光要成为问责的重要参考依据。就媒体本身而言，既要主动实施监督，不畏强势，排除干扰，敢于曝光，同时又要遵守职业道德，以更加严格的自律和更加客观的报道来赢得社会的尊重和信任，而不能为追求轰动效应，歪曲事实或制造新闻。三是广大公众要经常“过问”。公众参与行政问责，现在不是想不想问的问题，而是由于制度机制的缺失而无法问、问不了。因此，应建立一套可以使公众畅所欲言、表达自己意见的机制，广泛吸纳公众参与政府工作过程，切实保障公众的知情权、参与权、表达权、监督权，让他们知道政府在想什么、做什么、做得怎么样。同时，要在某些领域设立举报和奖励制度，鼓励群众举报行政人员的违法失职行为。四是各类主体要正位“善问”。就是问责主体要摆正位置，准确介入。一般来讲，权力机关的问责对象主要是各级政府的正副职以及政府组成部门的领导人；各级行政机关可以在其任免权限内对本级或下级行政机关的工作人员实行问责；司法机关对行政公务人员的问责只能通过个案的诉讼来实现；国家机关之外的公民、组织作为行政法制监督主体，不能对问责对象作出直接产生法律效力的监督行为，只能通过批评、建议、检举、控告、申诉等方式向有关的国家机关反映，或通过新闻媒体予以揭露、曝光，以引起问责机关的注意从而启动行政问责。

二、“问什么”——在问责范围上突出拓展性，强化全面问责

“问什么”既包括问什么人，也包括问什么事。它不单纯是对领导、对过失差错进行问责，而是对责任人、对工作行为进行问责。拓展行政问责适用范围显得尤为重要。一方面，要在问责对象上拓展。将行政问责的对象从各级政府及其组成部门的行政首长，拓展到所有行政机关和全体行政公务人员。只要是行政机关的工作人员，只要担负着行政职责，都应当成为行政问责的对象。要做到这一点，关键是要健全完善由行政首长、相关负责人、行政机关工作人员三个层级构成的责任体系，通过该体系把人与岗位、岗位与工作、工作与职责、职责与责任联系起来，确保每个人都是具体岗位的责任人和相应岗位职责的执行人，都负有相应的责任。每个层级在对本级负责的同时，也对上级、下级负责，从而实现对上、对己与对下负责相结合。只有党政领导、正副职、不同层级的行政人员之间责任清晰，才能确保行政问责“问”到有责之人，“责”得心服口服。另一方面，要在问责内容上拓宽。应将行政问责的内容从重大安全事故，拓展到行政机关的各项工作。由于不同的行政机关和每个行政公务人员的工作内容、职责权限、考评标准存在差异，在规定行政问责的情形时，应按照权责一致的原则，采取定性和定量相结合的方法，尽可能做到既涵盖全面又兼顾个别，使之具有普遍的适用性和较强的可操作性。一般来讲，需要启动行政问责的情形应当包括：违法行政，滥用职权；违反程序，决策失误；执行不力，效能低下；管理不善，用人失察；防范不力，处置失当；泄露机密，违反纪律。总之，有权力就有责任，无论是行政首长实施的决策行为，还是一般行政公务人员的执行行为，无论是行政机关的集体行为，还是个人的职务行为，都应当纳入行政问责的范围。

三、“怎么问”——在问责步骤上把握程序性，强化制度问责

政治文明的关键是制度文明，制度文明的关键是程序文明。必须改变以往那种“重实体轻程序”的做法，坚持用程序来保证问责沿着法

治的轨道来推行。行政问责的具体程序可能会因问责主体和对象的不同而有所差异，但总体上需要经过下列几个相互衔接的阶段。一是启动程序。在启动依据上，行政问责既可根据上级指示、批示、通报，人大代表和政协委员提出的议案、提案和建议、批评、意见来启动，也可根据公民、法人和其他组织的检举控告，新闻媒体的报道，有关部门和人员提出的意见建议来启动，还可根据巡视、工作检查或工作目标考核中发现的问题，或通过其他渠道发现的应该问责情形来启动。在启动引擎上，既可由领导指令行政监察机关启动，行政监察机关也可根据掌握的信息，经主管领导批准启动。二是实施程序。包括调查程序，主要收集与责任行为的有无、责任结果的大小以及因果关系存在与否相关的证据，并听取当事人的陈述和申辩。决定程序，根据认定的事实和相关的法律规定，选择与责任相适应的责任形式。在工作实践中，被问责的主要领导干部及其工作人员涉嫌违反政纪，应当给予行政处分的，一般由监察机关依照有关规定和程序处理；涉嫌违反党纪的，移送党的纪律检查机关处理；涉嫌犯罪的，移送司法机关处理；如果跟民主相关，比如选任的官员，则要经选举程序或立法程序来处理。通知程序，送达问责决定，告知救济途径。执行程序，按照管理权限，落实惩戒内容。三是救济程序。被问责的行政人员如果认为问责不公或是违法，可以通过司法程序向相关上级机构申请行政复议，也可以向法院申请行政诉讼，以司法手段来维护自己的合法权益。针对社会上对官员复出的高度关注和不良反响，当前尤其要妥善处理被问责官员的去向问题。既要防止对那些被问责的官员一棍子打死，永世不得翻身，也要防止过快地让其复出，甚至让其凭不正之风将问责的效果虚化。对于那些仅是道义上负有责任，确有所长，或者在实践中重新赢得社会尊敬的，应当通过公开的方式，特别是通过群众选举的方式，允许其重新参政。尤其对于主动引咎辞职的领导干部，可予适当安排，并建立跟踪机制，对进步较快、在新的岗位上作出成绩的，可根据工作需要予以提拔使用，努力形成领导干部既能上能下又能下能上的良好局面。

四、“靠啥问”——在问责方式上避免差异性，强化规范问责

一靠统一问责标准。从总体来看，当前行政问责依然缺乏统一而具体的操作标准，重大事故造成人员伤亡的可以被免职，喝茅台打人的可以被免职，公文上写错字的也可以被免职；同一种行为，在甲地不被问责在乙地却要被问责，在甲地要承担这样的责任，在乙地却要承担那样的责任。问责标准不统一、不细致、不明确、弹性大，群众的反映、领导的关注、媒体的报道、网络的传播，往往在干部处分上扮演了推波助澜的角色。非制度化的、设计不细致、不科学的问责制度，不仅无法改变官场陋习，更有推卸责任之嫌，还会造成干部工作起来提心吊胆、缩手缩脚。因此，应切实抓好中共中央政治局5月下旬审议通过的《关于实行党政领导干部问责的暂行规定》的细化和落实，在全国范围内以完备的法律形式将官员问责制规范统一起来，避免在问责过程中因缺乏应有的标准和规范，发生相同案例因地域不同而导致问责事由和处理结果的差异。二靠明确担责方式。对于行政机关领导干部，一般宜采取作出书面检查、责令限期整改、通报批评、诫勉谈话、停职检查、给予行政处分、引咎辞职或责令辞职以及法律法规规定的其他方式追究责任；对于行政机关工作人员，一般可采取作出书面检查，取消当年评先、优、模资格，通报批评，扣发奖金，调整工作岗位，给予行政处分，辞退等方式追究责任，而且这些行政问责方式可以单独使用或者合并使用。同时，应探索建立针对问责对象的经济赔偿制度，让官员个人在承担行政责任的同时也负担经济赔偿责任，这样，他们在决策和管理时才会更加审慎，才能更好地对人民利益负责。三靠理顺对应关系。问责方式决不能实行简单的列举，还应对各种处理方式对应何种责任进

行明确。比如，何种责任应作出书面检查，向谁作出检查；什么情况下取消评先资格；在多大范围内通报批评；由谁责令辞职，辞职后如何让其重新就职；何种情况下给予何种行政处分等等，都应作出明确具体的规定。一般来讲，对于情节轻微、损害和影响较小的，可对问责人采用诫勉谈话、取消当年评优评先资格、作出书面检查的方式问责；情节严重、损害和影响较大的，可采用公开道歉、通报批评、调整工作岗位、停职检查的方式问责；情节特别严重、损害和影响重大的，可采用劝其引咎辞职、责令辞职、建议免职的方式问责。此外，对于从重、从轻、减轻问责以及免予问责的情形也应予以明确。

（作者：湖南省汉寿县人民政府县长）

谈谈推动科学发展的精神状态

王建林

精神状态是一个人情绪、精神、心理、气度、志向、人格的综合反映。科学发展要付出巨大的艰辛、心血、汗水，就必须有良好的精神状态，而良好的精神状态是科学发展的必备条件和必要投入。

讲精神状态要有朝气，朝气是科学发展的动力。朝气，它是由精神状态滋生、焕发出来的高度事业心和责任感，是一种奋发向上的进取精神。有朝气，对工作就有热情、对事业就有激情、对目标就有痴情。因此，推动科学发展，领导干部要破骄满立谦逊，破消沉立振奋，破暮气立进取，永葆创新、向上的朝气。

讲精神状态要有志气，志气是科学发展之本。科学发展不是直线上升的，往往有曲折、有斗争、有艰辛，需要我们去攻坚、化难、解忧，这就要有志气。“有志者事竟成”。志气的高与低是由一个人的精神状态决定、反射出来的。实践科学发展观，如果知难而退，畏首畏尾，患得患失，只会半途而废；只有不畏艰险，直面挑战，坚持不懈，持之以恒，才会有收获、有成功、有贡献。

讲精神状态要讲正气，正气是科学发展的保证。中华民族之所以伟大，一个重要的原因是具有弘扬正气的精神品质。由“精神状态”呈现出的正气，是我们党的一个政治优势。实践科学发展，会受到各种歪风邪气的干扰，在精神上一旦受邪气的熏陶，科学发展就会半途而废。“名节源于党性，腐败止于正气”。一个人只有身处正气的氛围之中，才会拷问自己的灵魂。共产党员有了正气，才能讲党性不讲私情、讲原则不讲关系、讲公道不讲情面，不以感情代替政策、不以职权谋取私利，从而呈现出“风正、稳定、心齐、气顺、劲足”的科学发展的大好环境。

讲精神状态要讲勇气，勇气是科学发展的胆略。勇气是支撑人生的钢梁，是成就事业的法宝。一个人凡具有良好的精神状态，都是具备勇气的胆略和素质。离开了勇气，精神状态就失胆、失志，也就失胜。只有勇气在胸，才能开创科学发展的新局面，前进中再高的山也能领略“山登绝顶我为峰”的自豪。

讲精神状态要有锐气，锐气是科学发展的意志。人要有锐气之魄，开拓进取之行。锐气是前进的鼓槌、是奋斗的号角，有百分之一的希望，会有百分之百的拼搏、进取。有了锐气，科学发展就能排除一切阻力、险情、难关。领导干部在科学发展中要用锐气开出坦途，用奋斗磨砺意志，用艰辛播种希望，用奉献连缀辉煌，展现岗位的风采，浇灌人生的精彩，赢得人民的喝彩。

讲精神状态要有清气，清气是科学发展的品德。以清贫、清气追求人生，心境是最怡然的。精神生活上有了充实满足，即便物质生活上有了缺欠，也能抵制一切诱惑。清气，是一种生活方式，更是一种政治态度，它能让人冷静、让人淡泊、让人思考。在科学发展中，大千世界里，诱惑多多，要心灵不惑、信仰不失、精神不堕，"任他水尽山穷处，牢抱冰心耐岁寒"。

讲精神状态要有大气，大气是科学发展的胸怀。具有大气的人生哲学，则是把胸怀全局，追求崇高，向往远大，面向未来，保持高洁，永不言败，无私奉献，作为人生的价值取向。在今天，我们要发扬真理的大气，要发扬理想的大气，要发扬英雄主义的大气，要发扬革命传统的大气，要发扬无私奉献的大气，要发扬科学发展的大气，不断攀登经济社会又好又快发展的高峰。

（作者：河南省西华县人民政府副县长）

员工培训的激励性

徐达奇

一、员工培训的激励作用

1. 有助于员工实现自身价值。每个人都渴望拥有一定的社会地位，都想在组织中出人头地，成就动机是现代员工最主要的欲望，就员工个人而言，对知识、事业和个体的成长不懈地追求，某种程度上超过了对组织目标实现的追求。如果组织能为其提供不断学习、训练的机会，增长其职业技能和职业品质，又能为其发展提供必需的资源，使其能施展才能，英雄有用武之地，就能使员工的自我实现需要得到极大的满足。这无疑能够增强组织的吸引力及员工的归属感和责任感。

2. 有助于明确工作的价值，提高工作自觉性。员工培训可以帮助员工了解组织的历史与文化；树立正确的人生观、价值观和组织理念；明确组织的近期和长远发展目标，清楚自身岗位的职责和重要性；掌握岗位所需的各种知识与技能；培养积极的工作态度、良好的工作作风和习惯以及较高的目标追求。通过培训，确立自己在组织中的发展目标，清楚自身岗位职责与组织发展目标之间的关系，明确自身工作的价值。使得员工都觉得工作富于意义，自愿且有能力承担更多的责任，最大限度地发挥自己的潜能，努力达到工作的完美。工作本身就变成一种激励方式，员工在工作中充分展示自己的才能，从而获得极大的精神满足。

3. 有助于工作胜任力的提升，增加自信心。在市场竞争日益残酷的背景下，组织的变革是经常性的行为，变革不仅涉及企业战略、文化的改变，原有的工作性质和业务流程也会发生或多或少的变化。要胜任新的角色，员工就需要调整原有的行为方式、工作技能、处事态度等，以提高对组织变革的适应能力。员工培训是组织实施的、有计划的、连续的、系统的学习行为或过程，从而提高其业务素质、思想水平及行为能力，使员工能准确地理解工作意图，不断提升工作绩效，并具备接受更具挑战性的工作和任务的能力，实现自我成长和自我价值，进而提升自身的市场受雇价值，大大增强员工的自信心。

4. 有助于提高就业竞争能力。当今世界知识更新速度不断加快，使得员工知识结构不合理和知识老化现象日益突出。员工只有将树立新理念、学习新知识、掌握新技术和培育新能力贯穿于成长的始终，才不至于被时代淘汰。组织应将员工的职业发展看成是自己的职责，将培训贯穿于员工整个职业生涯，不断开发员工的潜能，使他们及时掌握先进的知识与技术，提高能力和素质，与组织同步发展，才能实现员工的人力资本的保值、增值以及为其将来更好的发展提供机会和条件，也才能使员工具备终身就业的能力。如果一个组织只给员工使用知识的机会，而不给其增长知识的机会，这样的组织不可能长久生存下去，也保证不了员工永远就业，当然也就不能指望员工对组织永远忠诚。

5. 有助于优化组织福利体系结构。知识的更新周期愈来愈短，终身学习和发展已成为每个员工的必然需要。国内某一著名财经杂志在一份对京、沪、穗、深职业经理人的总体情况调查的结果表明，有 85.7%的经理人普遍反映，与医疗、住房等其他方面的福利相比，他们更看重培训进修，培训是最大的福利。因此，组织应进一步优化福利体系结构，把培训这一有效的福利措施有机地融入福利体系中去，把个人对组织的贡献与培训挂钩。对作出突出贡献的员工，给予奖励性培训，包括可以自主选择与本岗位相关的专业培训或高一层次的学历进修，还可以选拔优秀人才到国外进修、学习，以此来满足经济社会迅猛发展对员工知识更新的迫切要求，使他们的技术与知识的更新速度走在行业前列，以长期保持组织的人才优势，进而形成并保持组织的整体竞争优势。

二、增强员工培训激励性的措施

1. 建立完善的员工培训体系。为保证培训的有效性和激励性，组织应紧紧围绕发展战略，系统制定各部门、岗位的培训发展计划，并将员工的职业生涯规划和组织发展目标结合起来，为每个员工制定个性化的培训方案，搭建起个性化发展的空间，提供充分的培训机会，将培训与员工的发展结合起来。首先，把培训效果纳入对员工绩效考评的范畴，所设置的员工绩效考评制度，包含对员工知识与技能水平提高的目标要求；其次，把个体知识与技能水平改进状况作为动态合理配置人力资源的依据，使员工培训与晋升、职业发展密切关联；再次，把培训作为激励员工的重要途径，依据员工绩效状况及对组织的贡献大小，确定员工受培训机会的多少及所参与培训档次的高低，使员工为获得培训的机会而积极进取。

2. 提高员工培训的针对性。组织进行员工培训的落脚点是为了实现组织的整体战略目标和生产经营目标，但同时也要考虑员工的知识技能现状、兴趣爱好、职业生涯规划，以及工作岗位的特点、员工的年龄等等，培训应有计划地引导员工成长与组织发展相适应。不能为培训而培训，应从实际工作的需要出发，对组织需要、岗位要求、个人愿望进行分析研究，把握组织的需求与个人的需求，找到共同需求的结合点。根据组织的不同发展时期和员工的不同发展阶段的不同学习要求，科学设置培训的目标，确定员工培训的内容，并分清轻重缓急，使每个员工接受培训后能在组织实际应用培训成果。

3. 采取灵活的培训方式。员工培训既可以采取在岗培训，也可以采取离岗培训。要突出在岗学习的价值和实践，要克服培训就是离岗集中学习的偏见。为使培训取得应有的效果，必须采取多种多样的培训方式，改变理论讲授教学一统天下的局面，灵活采用案例研究、情景模拟、专题研究等方法，还可组织受训员工去外地参观著名企业，鼓励员工利用业余时间采用电脑网络教学法分散式学习。定期选拔优秀员工出国考察等，以拓展员工的视野、丰富学习经验。对现代组织的员工来说，有三种最具吸引力的培训形式：到高等院校进行进一步深造，攻读硕士或博士学位；到国内外大型企业或科研机构联合开发项目或产品，在实践中获得培训和提高；参加国内外学术研讨会，与同行业高层次人员进行交流。组织要根据不同的对象、不同的目的、不同的内容采取不同的培训方式，以达到最佳的培训效果。

4. 增强员工培训的危机意识。科技的不断发展进步，组织的不断进取和创新，要求员工不断地更新知识、更新技术和更新观念，有强烈的危机意识，否则，就有可能被组织淘汰。在责权明确、追求利益最大化的组织里，激烈的岗位竞争必然存在，员工承受岗位压力、产生收入差距不足为奇。员工只有通过参加各种培训，将压力转化成进取的动力，并形成一种自我学习、互相学习的风气，使自身在实践中不断提高，才能适应工作环境的不断变迁，缓解岗位竞争的压力。危机意识能促使越来越多的员工甚至组织全员参与学习，从而创建“学习型组织”。

5. 创造培训成果转化的环境。组织应把培训结果与岗位、薪酬、晋升紧密结合起来，实行培训与使用相挂钩的政策，把员工培训成效作为组织用人的依据之一。对于经过系统培训、考核后，知识、技能、行为、态度等明显提高的员工，组织要适时地承认其新的价值，使其逐步获得晋升的机会，对通过参加培训仍未达到岗位基本要求的员工必须离岗、转岗或下岗，将培训的层次和结果与员工个体发展空间紧密联系。通过营造培训成果转化的氛围，使员工都认识到，只有通过不断学习，提高自身素质，并努力工作，作出突出的业绩，才有可能得到向上发展和提升价值的机会，以激发员工积极参与培训、努力学习的热情。

（作者单位：安徽工程科技学院管理工程系）

完善建设学习型党组织实践模式的思考

蒋仁勇

建设学习型政党是党中央提出并反复强调的战略思想与任务。党的十七届四中全会明确要求“建设学习型党组织”，胡锦涛总书记在一次全国组织工作会议提出“各级党组织都应该成为学习型组织，各级领导班子都应该成为学习型团队，各级领导干部都应该成为学习表率”。建设学习型政党和学习型党组织已成为党的建设改革创新的重要课题。我们在研究了各地基层党组织建设学习型党组织的典型案例后认为，建设学习型党组织必须注重完善建设学习型党组织实践模式与操作系统，为此，必须应注意以下问题：

一、应尊重基层的创造，善于学习、总结、推广实践经验

回顾我国建设学习型社会、学习型政党、学习型组织的发展历程，我们看到，在党中央未提出建设学习型社会、学习型政党之前，就已有许多社会组织和党组织开始了相关探索。如，中共莱钢股份有限公司炼钢厂委员会对建设学习型党组织已经进行了多年的探索，并创造了较为成熟的学习型党组织建设思路与模式。这表明，我们党的基层组织中有许多重视学习、善于学习的党员与党组织，他们的学习创新速度、效率有时超越了一些上级组织或领导部门。在信息网络化时代，谁的学习创新速度快、效率高，谁就有资格成为老师。反之就应当甘当学生。向群众学习、向基层学习，“从群众中来，到群众中去”，历来是我们党的优良传统。在建设学习型社会、学习型政党过程中仍然要弘扬这一传统。作为党的建设的领导部门，要防止出现只提新理念、新课题、新任务、新要求，不关心下级、基层贯彻执行情况和信息反馈情况的现象和以文件贯彻文件、以会议落实会议、以口号兑现口号的现象。无论提出什么新理念、新课题、新任务、新要求，都要重视基层的反馈与实际效

果。为此，党的建设的领导部门一定要多深入基层，善于发现、总结、升华、推广基层的创造与经验，使我们党成为有执行力的党，成为善于学习、共享新信念、新知识、新经验、新本领的党。

二、必须重视新理念、新知识的学习，实现知识结构的更新升级

建设学习型政党作为一种对知识统率力、整合力较强的时代理念和党的建设创新理论，凝聚了工人阶级政党理论、中华民族优秀传统文化、当代先进学习教育理论、前沿管理理论和中国特色社会主义理论的优秀学习创新思想，实现了党的建设知识结构的更新与升级。各级党组织和党员在建设学习型政党、学习型社会、学习型组织时如果不了解这些知识，就难以领悟党中央关于建设学习型政党、学习型社会战略思想和战略部署的意义，难以坚定其信心与信念，也不知道如何进行贯彻落实和取得实效。因此，任何一个党组织在启动和实施建设学习型政党、学习型党组织时都必须把重视新理念、新知识的学习，实现知识结构的更新升级作为首要任务和基础性条件。要努力学好工人阶级政党理论、中国优秀传统文化、当代先进学习教育理论、前沿管理理论和中国特色社会主义理论中的优秀学习创新思想，做好建设学习型政党、学习型党组织知识准备与理论武装。

三、从实际出发，提出和实施多元的建设学习型党组织方略

建设学习型政党、学习型党组织的实践要想结出硕果，必须从实际出发，提出和实施多元的建设学习型党组织方略。因为每个党组织都有自己的实际，从这种实际出发的建设学习型党组织方略往往是最适合自己的，也是最好的。许多案例表明大家在建设学习型党组织时做法迥异，主要是因为大家阅历认识水平、历史条件、文化积淀、文化氛围、人才储备、资源能力等因素的差距所致。即使都是国营大型企业，在探索建设学习型党组织时，中共莱钢股份有限公司炼钢厂委员会、中共中原石油勘探局委员会和中共上海印钞厂委员会的做法都不同，但效果都是好的。“条条大路通罗马”，提出和实施不同的建设学习型党组织方略，都有可能建成善于学习创新的学习型党组织。这就要求建设学习型党组织者，既要善于学习，又要独立思考，善于创新，努力探索一条适合自己所在党组织和党员实情的能够产生实效的建设学习型党组织的实践模式。

四、把建设学习型党组织作为工程来规划实施

建设学习型政党和学习型党组织作为一种打造党的执政能力建设和先进性建设长效机制，进行党的学习、教育、管理、领导观念、制度、体制与机制创新的系统工程，在开展其建设活动时，应当将其作为工程来规划实施，才能针对各种制约因素，整合党的资源，保证其战略目标和策略的落实，并实现其健康持续的发展。一些党组织对此认识较早、较明确。如中共中原油田勘探局委员会把建设学习型党组织，建设“三高”（觉悟高、技能高、业绩高）的活动称之为工程，并制定了《“双建”工程考核内容及标准》，由党委组织部门负责贯彻落实。中共常州市委根据建设学习型党组织实践中遇到的问题，适时召开全市建设学习型党组织推进工作会议，由市委领导发表讲话，对全市建设学习型组织的情况进行总结，提出新的要求，由市委常委、组织部长主持建设学习型党组织经验交流活动，并且建立了建设学习型党组织先进单位考评、表彰制度。这对于建设学习型党组织活动深入持续、健康、规范发展都起到了促进作用。他们这种把建设学习型党组织作为工程来安排来实施的做法，确实值得许多党组织在开展党建工作创新和学习型党组织建设时学习借鉴。

五、重视培育创新文化、创新精神和创新人才

再好的理念、战略如果缺乏相应的人才来

贯彻执行也只能沦为水中月，镜中花。目前，“以改革创新精神全面推进党的建设新的伟大工程”、“推动学习型政党、学习型社会建设”的战略思想已经提出，执行的关键是拥有一支有理想信念、有知识能力和富有创新精神的人才队伍。为此必须重视培育创新文化、创新精神和创新人才。建设学习型党组织作为打造善于学习创新文化和机制的政治组织的实践活动。本身就是培育创新文化、创新精神和创新人才的大学校。在此方面，中共莱钢股份有限公司炼钢厂委员会等党组织建设学习型党组织的做法值得学习借鉴。他们以持续创新为灵魂，坚持不懈地进行理念、文化、技术、管理、机制创新，在该企业和党组织内部形成了浓郁的创新文化氛围，涌现了大量创新人才，收获了丰富的创新成果，产生了良好的经济社会效益。各级党组织在推进党建创新和建设学习型党组织时，都应当努力加强本组织创新文化、创新精神和创新人才建设，为以改革创新精神全面推进党的建设新的伟大工程和推动学习型政党、学习型社会建设奠定文化与人才基础。

（作者单位：中共河南省委党校）

新经济组织党建工作的困境与对策

张书林

新经济组织从狭义上讲是改革开放和建立社会主义市场经济体制以来在我国发展起来的一切非公有制经济组织的统称，包括外商投资企业，个体企业、私营企业，非国家、集体控股的股份制企业、股份合作制企业，劳动者的劳动联合和劳动者的资本联合为主的经济组织，等等。因此，在通常情况下，新经济组织与非公有制经济组织是同义词。新经济组织党建也就是非公经济组织党建。

一、新经济组织党建的困境分析

由于新经济组织党建是一种新生事物，在思想观念上缺乏普遍的价值认同，在传统的基层党建体系中没有历史积淀，在现实的非公经济组织运作层面不能带来直接经济效益，在本身的角色定位上存在着一些模糊性，所以新经济组织党建的开展仍然面临着诸多困境。

1. 思想观念上的困境。在非公经济组织中开展党建工作，首先要求人们在思想观念上有明确的认识和自觉的意识，真正从内心接纳它。但从实际情况看，非公经济组织中的利益各方对此都存在着思想观念和思想认识提升不到位的问题。一些企业主认为在自己的企业中开展党建工作是给自己套上了枷锁，是共产党要插手自己的生产经营，最终是要把自己的企业充公，因而对设置党组织和开展党建工作充满了敌意、排斥、不接纳、不认可、不支持、不配合。非公有制经济组织中的党员本身具有双重身份，既是党员又是企业的雇工，真正给党员带来直接收益的是干好雇工的活，而不是参与党的活动与工作，因而在非公经济组织中党员更看重的是职业生涯和工作业绩而不是政治发展和政治前途。职工群众不同程度地存在着政治观念淡薄、政治热情不高、政治参与不强，对党组织的工作接受程度低的问题。

2. 人力支持上的困境。这里所说的人力支持上的困境，就是指非公有制经济组织中的党员队伍和党务干部队伍在推进党建工作方面存在的困境问题。非公有制经济组织中的党员构成复杂、数量少、居住分散、流动性大，许多党员不愿暴露自己的身份，不去主动转接组织关系。非公有制经济组织受市场波动影响大，经济效益和发展状况起伏大，这在高度开放和灵活的企业用工制度下，会直接导致党员流动的常态化，无形之中增加了党员教育管理的难度。非公经济组织中的党务干部几乎都是兼职，由于要把工作重心和大部分时间用到企业生产经营工作中，他们很难再有多余的时间和精力尽心尽力去抓党务工作；非公经济组织中的党组织要在夹缝中求生存、谋发展，选择和配备一个合适的党组织书记越来越难，等等。

3. 作用发挥上的困境。党组织的存在要以开展活动和发挥作用为前提，但一些非公经济组织中的党组织在发挥作用方面却陷入了一些无法理清的困境之中。一是混淆了“建党”与“党建”的关系。将发挥作用简单地理解为搞好党组织设置和多发展党员，而不去专心探索党组织发挥战斗堡垒作用和在职工群众中发挥政治核心作用的机制方法，不专心去教育引导党员在职工群众中发挥先锋模范作用，以实际行动服务生产经营。二是混淆了“党的建设”与“生产经营”的关系。将发挥作用与生产经营对立起来，在生产经营之上之外谈党组织活动和保持党员先进性，使党建工作无法融入生产经营中，当然也就不为私营业主所认可。三是混淆了“运动员”与“裁判员”的关系。一些非公经济组织中的党组织和党员干部在发挥作用时不是以“调停人”的身份出现，而是出于各种目的去“拉偏架”，挑动职工群众与私营业主的矛盾纠纷，甚至公开站出来与私营业主直接对抗，成了运动员而不是裁判员。四是混淆了“业主”与“雇员”的关系。产权关系直接决定领导关系，一些非公有制企业中的党组织及其党员干部不能摆正自己的位置，把党政机关、国有企业党组织发挥作用的老一套搬了过来，插手、干扰甚至企图左右私营业主对重大问题的决策，企图由雇员变身主人。这就加重了私营业主的反感和对党组织的戒备心理，给党的活动和发挥作用制造了人为障碍。

4. 运行保障上的困境。一是制度保障“空”。党章对非公有制经济组织中的党组织没有明确的政治定位，只有一些原则性的工作要求、方针和发挥作用的规定，缺少具体的可操作性的机制程序规定，这就造成开展起工作来无章可循、无法可依。二是经费保障“难”。一些地方党委虽然把非公有制经济组织中党组织的活动经费列入财政预算，但实际到位的数量与需要差距太大；基层党委、行业或部门党组织则没有能力提供必要的经费支持。很多时候，经费保障的希望就寄托在私营业主身上。但大多数非公经济组织却没有党组织活动方面的预算，许多私营业主更是认为党建工作与生产经营关系不大，因而也不愿自觉地出钱支持。三是领导体制保障“乱”。非公有制经济组织中党组织的隶属关系以及由此形成的领导体制往往直接影响工作成效。但从目前来看，由于没有一个自上而下组建的专门负责非公有制经济组织中的党组织管理的统一机构，非公有制经济组织中党组织的领导体制存在着多元和混乱的问题。

二、新经济组织党建的路径设计

1. 加大同步组建党组织力度。针对新经济组织中的党组织组建率低，造成党的功能无法充分发挥的问题，今后我们应该加大在新经济组织中同步组建党组织力度。切实保证在新的经济组织出现后，凡条件具备的，要同步建立党的组织，开展党的工作。对于暂时不具备单独组建党组织条件的，可以采取联合、上挂、区域统筹等多种形式组建党组织；还可以采取先期向没有党员而员工较多的新经济组织选派党建工作指导员或联络员的方式开展党建工作。具体说来，在劳动者的劳动联合和劳动者的资本联合为主的集体经济组织中，党建工作要主动开展，党组织设置应同步进行；外商投资企业中的党组织应与企业同步建立，在中方员工中发挥政治核心作用，总结推广好的经验，根据形势变化推动党建工作；个体、私营企业收购、兼并、租赁、承包了国有、集体企业的，原国有、集体企业中的党组织不能取消；在非国家、集体控股的股份制企业、股份合作制企业，个体私营企业，凡具备条件的，都要抓紧建立党的组织；组建跨乡跨村跨行业跨所有制的大企业和企业集团时，可以打破行政区划和行业界限，按照党章规定同步建立党组织。

2. 壮大党员队伍。推进非公经济组织党建工作，当前最为紧迫的任务是要采取一切措施壮大党员队伍。主要途径有二。一是市场输血。所谓市场输血，就是在非公经济组织招聘职工的时候，要重点依托劳动力市场和人才市场，通过市场化双向选择的形式，有比例、有计划地将优秀的党员应聘者输送到非公经济组织中，以此来充实壮大党员队伍。那些党员人数严重不足、规模又日益壮大的非公经济组织，在招聘员工时有关部门更要保证使其招收一定数量的党员员工。二是组织造血。在非公经济组织中已经建立党组织的，要由党组织根据上级党组织拟订的发展规划，按照发展党员程序培育入党积极分子，将符合党员条件和党员标准的入党积极分子吸收入党。要重点在青年职工、技术骨干、管理层干部中发展党员。私营业主不是党员的，应该首先发展私营业主入党。非公经济组织中正在筹建或还没有建立党组织的，其发展党员工作由负责其党组织组建工作的相应党组织承担，派驻在非公经济组织中的党建工作指导员、联络员或协调员具体负责组织落实。

3. 党组织发挥作用要围绕各方利益共同点。新经济组织中的党组织能不能更好地发挥作用，新经济组织党建能不能长久开展下去、成效如何，很关键的一点是要看党组织能不能寻找到私营业主、职工群众与党组织三方利益的共同点。一般说来，私营业主运作非公经济组织是要追求更多的利润，以最小的投入获得最大的收益；职工群众在非公经济组织中工作是为了获得更多的工资福利待遇，这就需要与私营业主同心把生产经营搞好；党组织要发挥自身的政治职能，必须有一个好的健康的载体，这个载体就是非公经济组织的良性发展。因此，三者之间就有了利益结合点和共同点，党组织以此出发制定各方都认可的党建工作思路，就能够解决党组织设置和发挥作用的难题。

4. 重点抓好规模以上非公有企业党建。加强非公经济组织党建工作，要把工作重点放到规模和影响较大、生产经营比较稳定、党员数量较多的企业上来，通过重点加强“规模以上非公有制企业”党建工作，带动和促进其他中小型非公有制企业党建工作，增强党对规模以上非公有制企业的影响力、控制力和凝聚力。因为抓住了规模以上非公有制企业，就抓住了非公有制企业的主体；抓好在这类企业建立党组织工作，就会对非公有制企业党建工作全局起到带动和促进作用。按照中组部、国家发改委、国家统计局的定义，“规模以上非公有制企业”为从业人员在100人以上的非公有制企业和从业人员在50—99人且年营业收入500万元以上的非公有制企业。据国家统计局统计，规模以上非公有制企业资产总额、营业收入、缴纳税收和吸纳劳动力四项重要指标均占非公有制企业的60%以上。同时，这些企业发展比较平稳，职工人数较多，具备建立党组织条件的可能性远远高于其他小型非公有制企业。目前，我国规模以上非公有制企业共26.6万户，已单独建立党组织11.7万个，占非公有制企业党组织总数的74%，占这类企业总数的44.2%，发展空间依然广阔。

5. 建立健全新经济组织党建工作保障机制。主要举措应该包括：第一，完善法律保障。要在有关法律中逐步完善党组织设置、发挥作用、与私营业主关系的处理等方面的条文内容，以使党组织的地位在法律上得到稳固、合法权益得到保障。第二，扩大经费来源渠道。主要可以采取：由地方党委组织部门出面，设立非公经济组织党建活动基金，吸收企业家和社会人士赠款捐款，再由地方党委组织部门统筹将吸收上来的资金拨付到辖区内各个非公经济组织中的党组织手中；通过吸收私营业主、高级管理层入党，积极争取他们的资金支持和经费投入；财政列出一部分专门预算，对非公经济组织党建工作给予适当的经费补贴，等等。第三，抓好党务人才建设。可以探索独立培养和面向市场、面向社会选聘的路径，造就既懂经济又懂党建的党务干部，并将党务干部的选聘融入人力资源管理中，纳入经营管理人才的培养储备序列，实现人才资源的优化配置。

6. 提升新经济组织党建的领导水平。新经济组织党建工作必须在党的领导下有序展开，其整个的发展过程都要在党的掌控之下进行。因此，提升对新经济组织党建的领导水平就成了推进新经济组织党建工作的坚强后盾。

第一，改革完善领导体制。现行非公经济组织中党组织的领导体制比较多元和混乱，出现了各自为政的状态。为此，改革完善其领导体制可以采取两个途径。一是形成领导合力。保证形成领导合力，就要求地方党委统筹规划非公经济组织党建模式，政府有关部门特别是工商部门在进行非公经济组织审验、登记和监管时要对非公经济组织党建给予指导，拓宽地方工商联、企业家协会等联系沟通渠道，争取工会、共青团、妇联等群团组织的配合，形成“心往一处想、劲往一处使”的齐抓共管非公经济组织党建局面。二是建立属地化双重领导管理体制。要着力探讨建立以非公经济组织所在街道社区党组织领导为主，工商、税收等业务部门管理和非公经济组织所属行业部门管理为辅的所谓“条块管理、以块为主”的属地化双重领导管理体制。

第二，建立领导责任制。要建立由地方党委书记负总责，组织部长具体负责，各个相关单位部门各司其职、各负其责的非公经济组织党建工作责任制，通过定期召开协调沟通会，领导指导非公经济组织党建工作。

第三，建立领导联系点。地方党委主要领导同志要选择一到两个非公企业作为联系点，加强对其党建工作的指导，帮助解决党组织发挥作用中的实际困难。

第四，创新领导策略。加强对非公经济组织党建的领导，要根据形势变化不断创新领导策略方针。我们可以借鉴山东等地的经验，按照“五衔接、双带动、两覆盖”和“五促五带”的工作思路要求，以规模以上非公有制企业为突破口，全力组织实施“党建带工建、党建带团建、党工团共建”工程，健全落实非公有制经济组织党建工作台账和季度上报制度，推动非公有制经济组织党建工作的创造性开展。

（作者单位：中共山东省委党校党建部）

打造企业文化软实力做到“五个升华”

汪明元　赖雪华

一是企业价值的升华。当下不少的企业文化建设，不是在打造企业核心价值观上下功夫，而是在一些形式、口号、广告上，大动脑筋、花力气，使企业文化成为一个空壳。企业文化建设应通过着力打造以社会主义核心价值体系为基本导向的企业价值观或企业精神，切实解决企业为谁生产、员工为谁工作，即企业与员工两者的价值取向这一根本性问题，使企业特别是国企的“三大责任”得到全面践行，增强员工对企业的主人翁意识、忠诚责任意识。川庆物探公司近年围绕培养“奉献能源、创造和谐”的企业价值观和使员工全面践行“艰苦奋斗、科技领先、团队协作、敬业奉献”的山地物探精神，每年更新主题教育活动。通过组织演讲赛、知识竞赛、典型引路、领导巡回讲、写学习心得、年终全员述职等方式，使以“忠诚责任”为主题的教育活动深入人心，为塑造积极向上的群体价值观起到积极作用。

二是人文关怀的升华。营造良好的人文文化，是建设先进企业文化的题中之义，是最大限度激发人的潜能的有效措施。时下少数企业，在人文文化的营造上，过分注重制度的刚性，忽视制度的人性，特别是一些民企、私企不把员工的七情六欲和酸甜苦辣当回事儿，更谈不上科学的心理疏导和调适。员工的人格得不到尊重，价值得不到体现，积极性创造性得不到发挥，潜在的能量不能释放，以致出现个别员工有意给企业制造麻烦的问题。因此，实施人文关怀，优化员工的生产生活环境，关心员工疾苦，体察员工的情绪变化，改善员工的心智模式，促进员工的进步成长，从而塑造出良好的人文关爱文化氛围，是企业文化建设的重要课题。川庆物探公司通过实施阳光队务、改善野外生产一线员工的生产生活条件、资助特困员工并从点滴关爱做起、开展心理咨询等措施，使企业的人文关爱氛围日益浓厚，员工的积极性、创造性得到最大发挥。

三是历史文化传承的升华。任何文化都是在历史的传承中发展升华的，企业文化亦然。如今的大庆文化、铁人精神，就是在几十年的传承与弘扬中得到不断发展。当年王进喜那句“宁可少活 20 年，拼命也要拿下大油田”的英雄壮举，至今还在激励着大庆人、中国石油人千方百计地为国家多找油和气，以确保国家的能源战略安全。但是，当今一些企业的企业文化对历史文化的继承发展不很理想，强调创新多、继承传统少，失去根基的创新差强人意。因此，在企业文化建设创新中，要取其历史传承的精，把好的精神弘扬光大。在传承中创新，在创新中发展，在发展中升华。

四是制度促动的升华。企业文化建设的一个重要环节，是要把企业的价值观念、先进理念，固化于制，外化于行，有机融入到企业各项管理制度中，以制度促进员工先进理念的形成、好的行为习惯的养成。时下一些企业所倡导的先进理念却与管理制度脱节，难以在企业落地生根，成为“两张皮”。因此，企业文化建设要善于把观念意识形态的精神系统，转化为可供员工操作执行的制度体系和行为规范，做到用先进观念驾驭制度和校正员工行为，使企业制度和员工行为蕴涵着观念，进而实现由科学的管理制度推动企业先进文化的逐步形成。川庆物探公司对“客户在我心中，质量在我手中”的质量理念和“安全系于每一个细节”的安全理念，既在思想意识上灌输，又进行科学的制度设计，健全可供员工操作的管理制度体系，营造出良好的安全文化和质量文化氛围。2007 年再次被评为全国守合同重信誉企业。

五是典型示范的升华。在企业文化建设中，企业的各类先进典型具有导向、示范和辐射作用。但有些企业的文化建设，却淡化了先进典型的作用，其选树不过硬、宣传不响亮、呵护不气壮，使先进典型在精神层面上的影响力打折扣。在企业文化建设中，对反映社会主义核心价值观、企业先进理念和时代精神的各类先进典型一定要给予大力弘扬，并注重对员工身边小人物的闪光点进行传播，从而在企业营造出学先进、赶先进、超先进的崇尚先进的良好环境。

（作者单位：川庆物探公司；西南油气田分公司）

企业文化助推企业发展

陈昌龙

近年来，江苏省如东县认真贯彻落实党的十七大精神，以构建企业核心价值体系为目标，创新内容和手段，推进企业文化建设，提高企业核心竞争力，为企业又好又快发展提供了重要保障。

组织为先——企业文化建设的有力保证。如东县不断加强组织领导，以企业文化建设提升企业核心竞争力，探索新的方式方法，进而推动企业做大做强。一是以主题牵引，注重调查研究。组织人员深入企业进行专题调研，确立“关爱”、“创业”以及“弘扬三创精神，建设和谐企业”为主题，推进企业文化建设。二是规范制度，加强组织建设。专门成立了县企业文化建设指导组，制定了联席会议制度、挂钩联系制度和定期研讨制度。同时，由指导组牵头，协调宣传部、组织部、发改委及工会、文化、文联等部门进行具体指导，形成自上而下、条块结合的工作体系。三是以效应合成，强化主角意识。注重培育各类典型，通过专版、专栏、专刊、现场观摩等多种平台，展示企业文化建设成果，发挥典型的示范引领作用，凸显企业这个主角，调动企业的积极性，让企业始终成为企业文化建设的主体。

愿景为旗——企业文化建设的目标方向。企业愿景是企业发展的旗帜。如东县绝大多数企业确定了共同愿景，如：江苏省优秀企业文化集体，如东县宇迪光学仪器厂有限公司围绕增强企业活力，确立了“引领时代，创造辉煌”的共同愿景，提出了“稳扎稳打、真抓实干、由浅入深、重点突破、整体推进”的企业文化建塑思路，增强了企业的凝聚力、创造力、亲和力，促进了企业快速发展。

理念为魂——企业文化建设的行动指南。理念是行动的指南。如东的企业把理念灌输、理念认同作为企业文化建设的有效途径。南通正大有限公司作为全县合资企业文化建设的典型，以“正大办厂、利益共享、造福一方”为经营理念，逐步构建“一心为民、双向互助、三家有利、四方赚钱、全面和谐”的独特企业文化架构。公司成立18年来，已累计实现销售收入78.58亿元，为广大农民创造养殖收益近15亿元，节约原粮超过18亿公斤，被誉为名副其实的“富民工程”和“节粮工程”。

以人为本——企业文化建设的强大推力。如东企业决策层平均年龄为42岁，文化程度大专以上。作为企业文化建设的带头人，他们身体力行，实行人性化管理，让职工既感受到自己存在的价值，又认识到自己是企业文化建设的传播者。以人性化、个性化为主要特征的以人为本的理念，成为如东企业文化建设中的推动力。如石机械有限公司决策层突出员工主体地位，以吸收员工在实践中创造的特色文化为原料，升华员工创作的闪光点，充实企业文化建设的内容，把“顾客满意、员工自豪、公众尊敬的中国一流、世界知名的石油钻井设备企业”作为远景目标，就是从员工中层层征集、提炼而成的，并成为员工们的自觉行动和工作指针，从而实现了企业发展与员工个人发展的同频共振。

制度为要——企业文化建设的机制保障。制度是基础，机制是保证。在企业文化建设的过程中，如东的企业狠抓企业制度文化建设，助推职工从“他律”走向“自律”。如东县90%的企业都有较为系统的内部管理制度。诸如企业思想政治工作制度、合理化建议制度、职工文体活动制度、培训制度、福利制度等。如东企业的制度文化建设主要凸显三个特点：一是务实。企业的制度文化建设必须着眼于企业自身，从小处着眼，从实处入手，使企业文化建设在企业生根发芽。如东企业通过不断的尝试，逐步改善了企业管理体制，实现了企业管理与企业文化建设的深度融合。二是规范。建立以业绩为导向、能力为重点的管理机制，给员工以平等的工作与学习机会，使每一个员工都能找到实现自身价值的发展平台。三是精细。细分企业文化建设单元，将企业文化建设的目标任务分解落实到不同的工作岗位和员工身上，真正做到横向到边，纵向到底，不留死角。

（作者：中共江苏省如东县委常委、宣传部长）

我国石油企业文化建设问题研究

张　立

当前，石油企业文化建设要认真总结石油工业40多年来的经验，汲取传统文化中的精华，摒弃受计划经济影响而形成的“等、靠、要”等一些消极的思想，结合企业当前的体制改革和发展环境，树立具有时代特性、适应市场经济要求、体现时代个性的石油企业精神和价值观念，推动石油工业又好又快发展。

一、石油企业传统文化的特征

1. 准军事组织文化。企业作为一个产业组织体系，本身就具有也需要一种准军事的作风。但是，几乎任何一个中国企业都没有石油企业那样更像军事组织。其渊源可追溯到大庆石油会战时期。建设大油田缺少大量的产业工人，其空白是由军队成整建制的转业来填补的，从这点来说石油文化的形成是军队文化与产业文化的需求相结合而产生的。直到现在，各种军事术语在石油勘探开发生产建设领域还十分流行。

2. 混合文化。这是构成独特石油文化的一个重要因素。在几乎每一个油田之中，全国各省区市的人几乎都能找到，而油田人转战南北，在形成现代“逐油藏而居的石油部落”的同时，所吸收、携带的不同工作区域的文化与本身的文化又进行碰撞、共生。此外，国际石油开发合作使各民族文化的因子在油田的大熔炉里进行交汇、融通、杂交、再生，也形成了文化混合现象。

3. 政治文化。石油对于中国一直是带有浓重的政治色彩，故而中国的石油又有“志气油”的称谓。从毛主席向全国发出“工业学大庆”的号召起，石油人便成为共和国工业界的精神骄子，同时也打上了强烈的政治烙印。即使在改革开放的进程中，石油人的政治情结也从没有丢失。

4. 独特的会战文化。这是在新中国经济建设初期，在当时基础差的国情背景下形成的。而这种方式在资金匮乏、基础几乎为零的条件下也许只能是首选的方法。也因此在石油人的心里现在还遗留着会战的情结。

5. 榜样文化。这是石油文化中十分耀眼的部分。其中，铁人王进喜与其他行业的英模一道登上天安门接受了共和国最高领导人的接见。他身上所表现出来的精神是民族精神的体现，也是当时面对贫困求发展的必须。王铁人在全国闻名的时候，石油内部被树立起来的铁人还有几位，他们共同构成了第一代石油人的榜样。他们的精神感召着百万石油大军以及全社会投身社会主义建设。

6. 英雄主义文化。最能体现这一特征的是“石油工人一声吼，地球也要抖三抖”，“宁可少活二十年，拼命也要拿下大油田”，“没有条件创造条件也要上”，“哪里有石油哪里就有我的家”的精神。现在看来也是令人肃然起敬。产生这种思想有社会条件和自然条件的双重因素。

7. 开拓进取文化。这在勘探过程中得到了很好的验证。职业的特点，一方面锻造了石油人的开拓精神，另一方面则锻炼了承受能力和韧性，形成了石油文化敢打敢拼的特征。

石油传统文化中的历史定位及形成的个性化特征，都是当时一定社会环境下的产物，并对当时的石油工业发展起到了巨大的推动作用，整整影响了几代石油人为共和国的经济发展而献身于石油事业。今天，随着世界经济快速发展的节奏，随着当今石油石化行业所面临的环境改变，企业管理中的文化、方式等也必须随之改变。这既是现实发展的需要，更是中国石油石化业面向未来的战略性思考。

二、石油企业的新文化

1. 石油企业新文化的雏形。

(1)中国石油化工集团公司的企业新文化的框架。新形势下，结合在市场经济新实践中取得的新经验，大胆学习和吸收国内外企业的先进管理思想，在继承中创新企业文化，中国石油化工集团公司提出了中国石化企业文化的新内涵，即“竞争、开放”的经营理念，“扩大资源、拓展市场、降本增效、严谨投资”的经营战略，“公司利润最大化、股东回报最大化”的经营宗旨，“外部市场化、内部紧密化”的经营机制，“规范、严谨、诚信”的经营准则和“永不满足、各得其所”的激励机制。经过创新的企业文化的核心内容是“竞争、开放、规范、诚信”。

(2)中国石油天然气集团公司的企业新文化的框架。中国石油集团在2003年集团公司工作会议的报告中提出，中石油集团公司要坚持继承和创新相结合，按照“代表先进文化的前进方向”的要求，赋予“爱国、创业、求实、奉献”的大庆精神以新的时代内涵，作为集团公司统一的企业精神；将“诚信、创新、业绩、和谐”作为集团公司的核心经营管理理念加以培育和升华。

(3)中国海洋石油总公司的企业新文化的框架。中国海洋石油总公司大力倡导变革和创新观念，在企业文化建设方面获得了一些突破性进展。提出以较快的速度、较强的盈利能力和较高的发展质量进入世界500强，建设国际一流能源公司的更为高远、内涵更为丰富的目标。这些目标包括：建设具有凝聚力和竞争力的核心价值观；建设符合企业生产经营实际和发展需要的经营理念；建设与国际公司接轨的先进管理思想。

2. 石油企业新文化的特点。

从三大公司新时期的企业文化演变来看，面对挑战，各石油企业都在审视石油石化业的文化历程和发展定位，其基本思路表现在淡化政治色彩，回归企业本位上。比如胜利油田的胜利精神由过去“坚定不移的政治信念，以国为重的主人意识，以苦为荣的奉献精神，求实创新的科学态度”改为“从创业走向创新，从胜利走向胜利”；生产目标过去是“产量能上不能下”，改为根据市场需求定产量，储量也是追求商业储量，要求有效益地发展；以前公司运作是计划说了算，如今改为市场说了算，尊重商业规律。“会战”文化淡化了，少人高效、“两新两高”已成为新的油田建设的指导思想。石油石化系统也逐步向其他单位、向社会开放。新时期的石油文化蓝图已经呈现出清晰的轮廓。

三、构建石油企业新文化的建议

1. 重构、再造仍需进行。

对于石油石化业来说，文化积淀的梳理、整合是一个系统庞大的工程，很难在一夜之间完成。对于其勘定、采掘、梳理以及整合、升华、推广自然不是三言两语所能解决的事情。而且决定其生命力的还不止自身的积淀一个层面。也就是说，如果不能将石油石化业的文化重构、再造置放于中国传统文化、新中国文化的长河中透视，不能站立在世界经济、人类文明的高度审视，那样的文化将会是实验室中的样品，不具有太大的实际意义，承托不起石油石化业肩负的历史使命。

2. 文化定位要凸显个性。

从国外知名企业在文化上的定位可以看出一点，他们都是根据企业自身的背景及特性来考虑其文化定位的，都极具个性化。这或许正是石油新文化重新定位需要认真借鉴的地方。

3. 模式选择需与时俱进。

创造了经营奇迹的戴尔电脑是模式革命的典范，为其带来几何级数般增长的直销模式成就了今天的业绩。因此建设石油石化企业文化的基本任务之一是模式选择，而文化模式的选择需要站在时间、空间、思想的三维角度上进行组合，就像中国海洋石油总公司在与国际接轨过程中将自身的文化与蔚蓝色的文化有机地融合在一起，使其文化组织结构及诸要素实现有效的组合。这样的选择对于中国海洋石油文化来说才是最佳的模式选择。

石油企业文化建设是一项长期复杂的系统工程，加强对它的研究，把握其内在的特点和建设规律，进一步增强针对性和实效性，才能使石油企业持续提升核心竞争力，在异常激烈的国际竞争中立于不败之地。

（作者单位：山东大学管理学院）

以人为本　心开路宽

——以心态建设加强和改进法院队伍思想政治工作

湖南省长沙市宁乡县人民法院

法院队伍思想政治工作如何实践科学发展观，这是一个需要思考和探索的新课题。宁乡县人民法院以心态建设开辟了司法队伍建设新局面，犹如一股春风，给法官队伍建设带来新的生机、活力。

2007年，宁乡法院在全国政法系统率先提出“心态建设”，2008年始，分年开展“司法形象与法官心态建设年”、“司法责任与法官心态建设年”、“司法和谐与法官心态建设年”活动，将心态建设作为法院队伍建设、队伍思想政治工作的新手段一以贯之，已取得初步成效，其成效和影响在不断扩大，受到各级政法机关的关注和期待，《人民法院报》、《法制日报》、新华社等主流媒体和众多网络媒体不断加以推介。

一、提出缘由：当前法院队伍建设面临的困难

党和人民对法官群体抱有非常高的期望值，对法官队伍在思想、理念、能力、作风等方面有很高的要求，但各级人民法院，特别是基层人民法院法官也面临着高要求、高期待所带来的巨大的责任感和压力。具体表现在：

1. 案多人少，司法难度增大。

近年来法院诉讼案件数量逐年大幅增加，且新类型案件不断增多，新情况、新问题不断出现，一方面案件法律关系日趋复杂，案件本身法律关系复杂化，另一方面法治进程、司法环境尚未获得同步发展，法官司法难度增大。

2. 法官职业保障不尽人意，职业风险较大。

法官经济待遇偏低，政治待遇难以落实，而法官职业风险却需要法官坚强面对。如法律事实与客观事实冲突给法官造成审判风险，当事人期待与判决冲突导致法官屡屡遭受人身伤害，法院内部审判绩效考核严格，对法官工作要求高，各种惩戒措施多，接触诱惑机会多稍有不慎便会“湿鞋”、“失足”，等等。

3. 法官工作、生活压力难以排解，身心处于"亚健康"状态。

法官角色工作生活压力大，还常常不为公众所理解，很容易产生非正常的心理：一是职业怠倦逃避心理；二是机械麻木心理；；三是紧张焦躁心理；四是担忧焦虑心理；五是失衡抱怨心理；六是失落沮丧心理。这些压力、冲突和不正常的心理，不仅影响法院工作，影响司法形象，进而影响法官身心健康。如 2000 年至 2006 年，宁乡法院就有 4 人因患癌症在职死亡。2007 年上半年，全院接受健康检查，结果 145 人中体检基本正常的仅 12 人，92%的人或多或少患病，其中 3 人被确诊为癌症。"亚健康"已成为基层司法队伍的一种普遍状况。

以上这些现象的存在，不同程度地增加了法院队伍建设的困难，法院队伍建设暴露的问题也逐年增多，法院队伍管理难度增大，队伍建设面临新考验、新挑战。

二、解决途径：以心态建设促进法官队伍建设，打造"健康、文明、和谐法院"

队伍建设是人民法院的永恒主题，各级人民法院也一直在积极探索和完善队伍建设的方法、途径。宁乡法院以人为本，抓住"人"这个关键因素，以心态建设为切入点，开辟司法队伍建设的新途径。这是一个独特的视角，它与传统思想政治工作的最根本的区别就在于：心态建设虽然也不排斥组织的工作和力量，但更注重个体的自我修正、自我改造、自我修养、自我升华、自我超越。通过心态建设，旨在培养法官们奋发进取、敬业奉献、快乐工作、愉快生活、珍爱生命、珍视健康等积极阳光的心态，达到生理健康、心理健康、道德健康和社会适用健康的协调统一，以此促进法院和法官的司法形象的改变和提升。

宁乡法院于 2007 年拉开了心态建设的序幕，2008 年和 2009 年，分别开展"司法形象和法官心态建设年"和"司法责任和法官心态建设年"活动，并把 2010 年定位为"司法和谐与法官心态建设年"。心态建设在宁乡法院有条不紊地展开、推进和深化。

1. 强化理念建设，提高法官的政治理论水平，树立正确的人生观、价值观和幸福观。

两年来，该院聘请多名知名学者教授来院讲授有关法官职业道德、心理健康、身体健康等方面的知识，党组书记、院长马贤兴撰写了《法官心态建设漫谈》一书发放至每名干警手中。该书用概念、案例、哲学故事和现实分析的方式提出法官要确立七个理念——公平正义、良知、司法为民、大局意识、廉洁、和谐、人生观与幸福观；解决九个问题——如何对待工作、对待自我、对待他人、对待当事人、对待社会、对待权力、对待监督和批评、对待得失和对待困难与挫折。此外该院还购买了《公务员健康读本》等 8 类书籍，人手一册，供大家自学和讨论。通过一系列理念的构建，旨在培养干警正确的人生观、价值观和幸福观。

2. 设立法官心态建设办公室和心理咨询疏导室，进行心理疏导，释放心灵积压。

该院于 2008 年 4 月设立"法官心态建设办公室"和"心理咨询疏导室"，由政工室和监察室的资深法官负责日常的心理咨询疏导工作，协助院领导发现和帮助职工解决诸如婚恋、家人下岗、子女教育、就业等实际问题，了解干警的心理状态、工作压力、家庭困难，并进行疏导，倾听心声，解惑释疑，反馈情况，解决问题。据了解，这是我省首家法院成立的心理咨询机构，成立一年多来已和干警谈心 150 人次，谈话 20 人次，走访干警家庭 86 人次，为干警解决涉及切身利益的问题 30 件次，让干警释放了心理积压，放下了思想包袱。心理咨询疏导，缓解了法院工作人员的压力，提高了工作积极性，增添了生活信心和激情。

3. 实行"竞争上岗、双向选择"和分离待岗制度，创新用人管人机制，建立压力与动力并存的能动工作"驱动器"。

2008 年初，该院在全院实行竞争上岗、双向选择的人事制度改革。中层正职全部辞去现职，书面申请是否参加竞岗。院领导提出差额候选人以后，组织竞争演说、民主测评，100%的尊重民意，让全院干警投上神圣的一票，选出自己满意的中层领导。与此同时，对普通干警实行“双向选择”，对无部门组合的少数平常不认真工作、不钻研业务、作风漂浮的干警实行分离培训、待岗一个季度、只发基本工资的处理。这次该院共调整和交流人员 121 人，占干警总数的 79.6%。改变了过去论资排辈，干部能上不能下的管理机制，让更多的人有施展才华的平台，使人员结构和岗位更趋合理，也融洽了内外关系。

4. 充分关注不同群体的心理状况，重视情感交流，举办各类座谈会，为法官们提供交流和表达的平台。

“感人心者，莫过于情”。2007 年以来，该院每年均组织了春节联谊会、三八妇女节座谈会、五四青年节座谈会、复转退伍军人座谈会、50 岁以上老同志座谈会、聘用制人员座谈会以及党员民主生活会、季度工作讲评会等多种形式的讨论交流，给不同层面的不同群体提供一个畅所欲言的平台。每一个不同的座谈会，院主要领导都亲自出席，既当参与者，更当倾听者；既是领导，更是朋友。院党组了解不同群体的思想状况和心理需求，然后尽力帮助解决。在处理一些对法官的不实投诉时，为法官撑腰，切实维护法官的正当执法权益，营造一种互相信任、和衷共济、团结融洽的工作氛围。

5. 开展健康有益的各类竞赛活动，为干警提供展示才艺和价值的载体，积极倡导“快乐工作，愉快生活”理念，增强凝聚力和归属感。

心态建设不能停留在号召上和文件里，而必须建立科学有效地载体和平台。该院开展心态建设以来，每年举办一届运动会，聘请专业教师利用业余时间进行交谊舞和集体舞的舞蹈培训，举办辩论赛、演讲比赛、写作比赛、书画竞赛、歌咏会和大型文艺汇演等等，让全院干警在繁忙、紧张的工作之余，增进相互之间的感情与友谊，使压抑在心中的不良情绪在娱乐和锻炼中得到合理积极的宣泄和舒缓。很多干警在这些活动中一显身手、展露才华、展示价值，全院干警凝聚力和集体归属感大为增强。

该院的心态建设，注重体现组织的价值观，让组织的价值观成为全体成员的信念，而不仅仅是领导的一厢情愿。让法院团队中的每一个个体均参与其中，调动全体成员的积极性、创造性，增强群体的向心力、凝聚力，从而为队伍建设打下良好的基础。同时，将法院心态建设贯彻到组织的各种制度当中，一是注重强化程序意识，规范群体行为，构建工作和生活中的行为规范，完善相应的制度，建立监督约束机制。二是狠抓制度落实，强化内部管理，注重制度的有效执行。三是以心态建设为抓手，将内在管理与外在管理有机结合，注重培养群体成员自律意识，培育宁乡法院特有的法院文化氛围。四是注重不断地创新和改革，不断推进和深化心态建设，从而促进队伍建设永葆活力。如该院在强化法官群体本身的心态建设的同时，把心态建设引入到和谐司法之中，从法官自身的心态建设出发引导当事人调整心态，即进行诉讼心态建设。

三、心态建设取得初步成效

该院开展心态建设以来，其成效已初步彰显，法院各项工作呈现出整体推进、协调发展的良好态势。如 2008 年收案数上升17.6%，结案数上升了 36.42%，其中执行案件结案数上升39.88%，实现了收、结案数创历史新高，无一超审限案件的目标，取得宁乡法院有史以来的最好成绩，法院首次被县委、县政府评为绩效考核先进单位，院领导班子也首次被评为“四好”领导班子。具体表现在：

1. 心态建设，改进法官办案作风。

开展心态建设以来，在法官其办理各类案件时产生了潜移默化的影响，这些影响，不仅仅是法官在对待当事人态度上的热情、宽容、理性等方面，而且还在一定程度上改变着法官的思维方式和处理问题的方法，法官更注重换位思考、案结事了，最大限度地保护弱势者的合法权益，避免判决造成当事人“二次伤害”。如在判决书形式上，该院许多法官不但将有关法律条文附上，而且也将办案过程中参考的有关法学著作和法官寄语写上，增加了判决的人性内蕴。

2. 心态建设，促进法院干警身心健康。

通过在全院倡导“每天锻炼一小时，健康工作五十年，幸福生活一辈子”，开展各种有益身心的文娱活动，有力地调适了干警的身心健康。几名身患重疾的干警，以前是唉声叹气，常年休息在家，通过心态建设，不仅重新树立了生活的信心，还坚持体育锻炼，积极参加法院组织的各项活动，重新以饱满的热情投入工作中。在该院，坚持体育锻炼，确保身体健康；坚持修身养性，确保心态健康；坚持廉洁自律，确保情趣健康；坚持和谐理念，健康适应社会；创建健康法院，打造健康人生的观念已经深入人心。

3. 心态建设，激发队伍活力。

该院心态建设，通过调适人心，一是解决了“心态建设”与道德建设的结合问题，道德问题解决好了，心态的调适就更显轻易。二是为每一个个体最大限度地挖掘自身价值、发挥智慧、奉献才智提供了条件，在现有大环境无法一时改变的情况下，最大限度地激发了法官群体内在的激情和动力。三是畅通了沟通渠道，和衷共济、奋发向上、清正廉洁的法院文化氛围，艰苦拼搏、恪尽职守的干事创业氛围，团结融洽的组织生活氛围在宁乡法院已初步出现。开展心态建设以来，一度倍感压力大、待遇差的法官们，从“要我工作”变成了“我要工作”，能以平常心对待工作中的苦与累。很多在农村法庭工作的同事，不再挖空心思调回院机关，在基层工作得很安心、很开心。一些一度工作散漫、爱发牢骚的干警，也在潜移默化中改变。法官的责任感和使命感更强，该院出现你追我赶、共勉共进的工作热潮。

4. 心态建设，提升法院整体形象。

该院通过心态建设活动开展，干警们心态摆正了，牢骚埋怨少了，脸上笑容多了；工作积极性、队伍凝聚力增强了，面对困难和挑战更有信心了；主动服务意识好了，案件质量与效率提高了；当事人更满意了，社会评价更高了，法官形象更好了，法院整体形象也提升了。

关于思想政治工作机制优化的思考

张建宾

按照思想政治工作的应有作用，它应当在促进自身不断发展完善的基础上，推动和保证经济发展、政治稳定、社会进步。但长期以来，思想政治工作的实际效果不很明显，“说起来重要、做起来次要、忙起来不要”的现象，“一阵风”、表面文章和形式主义的东西，思想政治工作干与不干、干好干不好一个样的问题也比较常见。这些问题的存在表明，思想政治工作要增强实效性，必须加强思想政治工作的制度建设。思想政治工作的制度和机制，对于促进思想政治工作的整体优化，更好体现思想政治工作作用起着关键性的作用。

一、思想政治工作机制优化的重要性和紧迫性

我国由高度集中的计划经济向社会主义市场经济的转变，给思想政治工作提出了许多新问题，它要求我们在继承思想政治工作优良传

统的基础上，更新观念，优化机制。不可否认，在过去战争年代和传统计划经济条件下形成的思想政治工作机制曾经发挥过巨大作用，但其中确有一些已不适应新形势的需要。例如，仅靠行政命令、单一的组织行为开展思想政治工作的机制，自成体系、相对封闭的管理机制，“你讲我听、你打我通”单向灌输式的教育机制，等等。取而代之的应是能体现社会主义市场经济特点和民主政治发展要求的思想政治工作新机制。社会主义市场经济是一种社会化、规范化、效能化、法治化的经济，公民社会发展出现的平等社会，它本质地、内在地要求与其相适应的思想政治工作也必须不断优化自身机制。

我们发现，虽然思想政治工作机制优化问题已经能够引起各方关注，但距真正意义上机制建设的目标还有一段距离。比如：第一，从思想政治工作主题决定的决策阶段、工作对象思想动态的信息收集分析阶段到思想政治工作的具体实施，往往成为一个依靠行政手段、命令而自成体系、相对封闭的系统，缺乏外在智力支持、内部动力驱动和工作对象主动参与。第二，对工作对象的思想实际的把握，是从先验的理念而不是从经验的事实出发来估量对象的思想实际，缺乏针对性的思想动态分析机制，造成理论与实践相分离、主观与客观相脱节，这样的制度和规范只能造成人们的无所适从。第三，对思想的引导，对社会思潮要及时作出评价，不能等到思潮蔓延而误导人的时候才作出反应。第四，思想政治工作的业绩长期缺乏硬约束，制度不健全不落实，一些条文和规章制度只是制度的纸制复本，只停留在文件上、口头上，而落实不到行动上。第五，伦理精神没有充分地在制度的安排中体现出来，因制度缺乏人们积极道德品质的支持而流于形式。从这样的角度衡量传统思想政治工作的机制，在制度设置上缺乏刚性和规范性，在实施中缺乏弹性和主动性，无法适应工作对象和社会实际的变化，这就要求从组织机构、工作制度、人员配置以及领导体系等方面进行相应变革。

二、思想政治工作机制优化的基本要求和基本内容

根据当前思想政治工作的实际需要和思想政治工作内在规律的要求，我们要逐步建立健全思想政治工作领导和组织机制，准确深入、客观公正的舆情调查机制，反应灵敏、及时全面的信息反馈机制，具体工作的实施和调节机制，奖惩分明、科学可行的考评激励机制，以及制度实施中的监督监察机制。

1. 建立思想政治工作的领导和组织机制。

建立领导和组织机制，解决的是谁来决策，谁来参与的问题，是对传统思想政治工作齐抓共管机制的进一步发展。明确思想政治工作的领导机制，就是要明确思想政治工作的决策权和责任制的问题。有决策权必须有承担决策后果的责任制。加强和改进思想政治工作，把思想政治工作落到实处，落实到基层，就要建立健全思想政治工作责任制。思想政治工作的决策权在党委，党委决定思想政治工作的大政方针。要明确思想政治工作由什么机构、什么人主要决策，一段时期思想政治工作的主要目标和任务是什么，如何制定思想政治工作的备选方案，等等。落实思想政治工作需要依靠合作、单独承担、挂靠等形式实现。

2. 建立思想政治工作舆情调查和信息反馈机制。

舆情调研，是了解工作对象的实际思想动态、调查工作对象对思想政治工作内容和形式的反映的一种方法，是调查和研究的有机统一。舆情调研是落实思想政治工作不可缺少的重要环节，它不仅是工作对象和宣传思想工作部门联系的纽带和桥梁，也是领导的“耳目”和“参谋”，在促进思想政治工作改进和做好日常的思想政治工作中发挥着积极的作用。

在舆情调查的基础上，需要对把握的材料和信息进行分析，以及正确进行信息反馈，为开展思想政治工作决策提供信息和重要依据。随时了解思想政治工作计划的执行情况，是决策、

领导中心正确指挥、正确领导的保证；没有足够、准确、及时的反馈信息，就难以及时、准确地对思想政治工作过程进行有效的指挥与调节。舆情和信息的生命力都在于其真实性和准确性，信息失真就会判断失误。思想政治工作的特殊重要性要求信息必须及时，要求的信息是相互有机联系的，能够完整反映事物局部或者全局变化以及特征的。这样才能增强我们的应变能力，才能及时采取有效对策。

信息反馈机制要求信息必须是能够反映群众思想行为实质的、有直接参考价值的、有针对性的信息。建立思想政治工作信息反馈机制，一方面要建立能够定性与定量相结合地进行信息收集、加工、传递、贮存、反馈等信息渠道和网络；同时要对收集的信息进行深入地研究和分析，尤其是对突出问题的成因以及对策进行深入地剖析。另一方面，要了解和把握干部职工的心态和对改革的承受能力，及时调整工作思路、改进方式方法，形成双向、沟通式、自下而上的思想政治工作信息反馈系统。

3. 建立思想政治工作实施和调节机制。

思想政治工作的关键是实施。思想政治工作的实施是影响全局的大事，必须科学合理地进行安排、筹划。实施是对决策的具体落实。根据决策学原理，实施主要有两个方面的工作：一是常规管理，是指按照预定方案，对人与物等要素进行科学的搭配和组合，确保组织成员的行动具有一致性，使之发挥正常的功能，有秩序有步骤地完成组织过程。二是应变管理，根据外部环境的变化不断调整组织管理方案，以适应新的外部环境。一项计划或者方案的组织实施必须强化适时调节机制。因为任何一项计划都不可能达到完美的程度，这就要求我们根据实际情况，及时调整和完善我们的计划和决策，使之最大限度地达到符合实际的要求。决策实施涉及到人员如何调配、经费如何安排，思想政治工作内容、形式、手段、方法等如何落实这样的具体问题。同时实施还涉及到如何应变管理的问题。上级决定了的如何结合具体实际以及变化了的实际执行；上级没有决定但情况确实出现了新问题如何实施既定方案，这都是实施过程中要解决的问题。

4. 建立思想政治工作考评激励机制。

根据管理科学的原理，考评激励是对行为的肯定或者纠偏的环节，是对行为的强化，它可以促成工作者对某种行为的连续性和有效性。

逐步建立健全一套比较完善的、科学的考评机制，是思想政治工作制度化、规范化，并形成良好运行状态的重要一环，也是加强和改进思想政治工作的一项具体措施。如果缺少科学的评估，那么思想政治工作就在实际的链条中缺少了一个重要环节。我们要把思想政治工作的过程看成一个控制系统，那么思想政治工作评估机制在思想政治工作制度化的地位和作用就会显得更清楚。我们有思想政治工作的领导部门或监督部门，也要有相应的受控系统。

针对不同的行业特点、不同的职位和职业要求所制定出的分类分层评价序列，便于加强对对象的个性化管理，便于在分析评议时有具体标尺，日常工作和生活中有行为准则。科学考评机制涉及思想政治工作效果的特点、效果的表现形式、效果的评估原则和办法等等，是比较复杂的问题，但从实践来看，这又是一个必须解决的问题。

激励是通过激发和鼓励人的动机和行为，调动其积极性或内在动力的活动。建立思想政治工作激励机制，既要实施物质激励，也要进行精神激励和情感激励；既要正激励，也要负激励；既要内激励，也要外激励。在具体工作中，既要满足对象的合理需要，也要引导高级需要；既要通过目标激发个体行为动机，也要同时实施目标激励、工作激励和榜样激励。在激励过程中体现合理性、公平性和持续性。

5. 建立思想政治工作监督机制。

督查是推动工作落实的重要手段，督查的运作影响被督查对象抓工作的态度和行为取向。督查机制作为一个自上而下、横纵结合的内部监督制约机制，充分发挥督查考评的效能作用，通过“点上的核查”与“面上的推动”进一步增强整合效应。为使已经制定的制度得到认真的执行和遵守，必须加强对制度执行情况的监督检查。具体来说：第一，看决策是否得到了贯彻执行。即看决策是否得到实现，其规定的程序和提出的要求是否得到履行。第二，看决策是否得到了正确的贯彻执行。第三，看决策本身在内容上是否存在问题，存在什么问题。往往有这种情况，某项决策在实际中没有得到很好的贯彻执行，其原因主要不在工作方面，而在于条规内容本身，即决策的内容严重地脱离了实际，或者严重超前，或者严重滞后，或者有重大缺陷甚至有错误。发现了决策在内容上存在的问题，就可以予以修改或废止，使决策趋于完善，符合实际，真正发挥作用。

（作者单位：北京中铁房山桥梁有限公司）

浅谈实现三峡坝区一流综合治理的基本途径

汤光友

随着三峡工程的全面竣工，进入以枢纽运行为主，全面发挥综合效益的阶段，对三峡坝区社会治安综合治理工作提出了更新更高的要求。因此，我们要深刻领会胡锦涛总书记关于“发展是硬道理，是第一要务；稳定是硬任务，是第一责任”的重要指示精神，深刻认识当前维护三峡坝区社会稳定工作面临的新形势新任务，切实加强对社会治安综合治理工作的领导，充分发挥各部门的职能作用，充分调动坝区群众参与治安防范工作的积极性，明确职责任务，强化督查检查，优化资源配置，完善体制机制，实现三峡工程综合效益最大化，探索一条一流的、具有三峡特色的社会治安综合治理新路子。

一、教育先行，统一思想认识，确保目标一致

（一）加强学习，统一思想认识，明确工作目标

科学发展观是我国经济社会发展的重要指导方针，同样也是搞好社会治安综合治理工作必须坚持和贯彻的行动指南。要深入学习实践科学发展观，提高思想认识。科学发展观的核心是以人为本。社会治安综合治理坚持“打防结合，预防为主”的方针，注重从源头上预防和化解人民内部矛盾，最大限度地增加社会和谐因素，最大限度地减少社会不和谐因素，最大限度地激发社会创造活力，为人民群众营造和谐安宁的生活环境，体现了改善民生、保障民生的本质要求，是以人为本的具体体现。三峡工程是改善民生、保障民生的国家重点工程，自开工建设以来，在复杂的形势背景下，三峡坝区保持了社会治安大局的持续稳定，成绩来之不易。总结起来有很多方面的原因和经验，其中很重要的一条，就是三峡坝区综合治理工作坚持“打防结合，预防为主”的方针，坚持齐抓共管，推进治安防控体系建设，创建平安坝区。实践证明，社会治安综合治理在服务工程建设、保障坝区平安，促进坝区和谐等方面，发挥了不可替代的作用，坝区综合治理是争创一流三峡枢纽管理的基本保障。

三峡工程现在进入运行期，保障三峡枢纽安全运行要处理的问题更复杂，工作要求更高，需要各方面的通力合作和大力支持。要通过坝区周边社会治安综合治理的工作渠道，大力宣传三峡工程运行期的安全保卫工作比建设期更显重要，让大家认识到一流的枢纽运行管理要

以一流的综合治理为基础、为保障，进一步增强责任意识，紧紧围绕“构建和谐社会，打造平安坝区”的工作目标，推进改革发展，维护稳定大局，保持治安秩序良好，杜绝恶性事故，减少一般事故，确保实现“四保两争”的工作目标，即保稳定、保运行、保发展、保平安，争创一流三峡枢纽管理，争创文明、和谐、平安三峡坝区。

(二)认真开展“五五”普法，增强法制意识和责任意识

坚持不懈地开展法制宣传教育，推进“五五”普法教育是落实坝区综合治理目标的重要措施。重点加强领导干部、企业经营管理人员、安保队员、青少年和农民的法制宣传教育，重点学习《治安管理处罚法》、《安全生产法》、《劳动合同法》、《企业事业单位内部治安保卫条例》等法律法规，丰富内容和形式，增强针对性和实效性。深入开展“法律六进”(法律进机关、进企业、进单位、进社区、进学校、进乡村)活动，加强基层民主法制宣传教育，增强全员的法律意识和法制观念，形成自觉学法、懂法、用法、守法的社会氛围。

在“五五”普法中，坝区的综治干部要带头加强学习，编好、用好“五五”普法培训教材，加大综治干部的教育培训力度，努力提高综治干部政治、业务素质，牢固树立并自觉实践社会主义法治理念，提升工作能力和水平。锤炼一支服务优良、纪律严明、作风过硬、形象良好的安保队伍，对保障三峡枢纽安全运行具有重要意义。要重点加强对坝区安保队员的法纪教育，严格管理，坚持经常化的军事技能训练，提高安保队员的政治觉悟和业务技能，增强处理突发事件和预防安全事故的能力。近年来，实业公司的安保队员在三峡工程安保工作中强化工作责任心，履职尽责，文明值勤，圆满完成了三峡工程若干重要接待活动的安保服务任务，多次及早发现设备运行的安全隐患和故障，采取有效措施，避免了重大设备安全事故，有力保障了三峡枢纽安全运行，受到业主单位的表扬。

二、多方共建，优化内外环境，维护周边稳定

(一)落实责任制，健全各负其责、齐抓共管工作机制

三峡工程举世瞩目，三峡坝区安全稳定工作尤为重要，要求甚高。但三峡坝区是一个特殊的区域，没有完备的行政管理系统，坝区与周边的工作关系只能靠多层次的协调，协调的效率和效果往往因人而异，管理手段明显滞后。因此，要建立健全“齐抓共管、各方有责、各负其责”的工作机制，进一步明确地方党委政府、有关部门和参建单位在社会治安综合治理工作中的职责任务，加强组织领导和协作配合，认真落实社会治安综合治理领导责任制、目标管理责任制和工作情况通报等制度，着力解决齐抓共管中出现的矛盾和问题，形成工作合力。切实加强坝区社会治安综合治理领导小组及其办公室的自身建设，充分发挥组织协调的职能作用，提高工作水平。充分发挥坝区综治办的作用，加强领导，充实力量，组织协调有关部门开展经常性的工作，围绕影响社会治安和社会稳定的重点、难点问题，落实各项重点整治和治安防控措施。建立社会治安综合治理巡视制度，通过明察暗访、问卷调查、重点督察、联合检查等方式，找问题、查薄弱环节，加强督导整改，加大领导责任查究和“一票否决”的力度。

(二)加强和完善社会管理，大力推进社会治安防控体系建设

要着眼保障民生、改善民生问题，坚持以人为本，着力加强和完善社会管理，优化治安环境，维护三峡坝区的社会和谐稳定。针对社会治安管理的重点人员、特殊群体、社会组织等，整合力量，整合资源，创新管理体制机制，完善基层服务和管理网络。

一是加强对流动人口的服务管理工作。各参建单位要加强对外来用工的管理，外来务工人员要持有外出务工证明，重点岗位人员还应提供居住地公安机关出具的无劣迹证明，建立

全面准确的入职信息档案。地方政府要改革管理办法，实现由“以证管人”向“以房管人”和运用信息化手段服务和管理的转变，帮助流动人口解决就业、子女上学、社会保障等实际困难和问题，依法维护流动人口合法权益，预防和打击流动人口中的违法犯罪活动。

二是认真做好矛盾纠纷排查调处工作。组织力量把本责任区的各种矛盾纠纷排查清楚，逐一登记造册，逐一落实责任，逐一跟踪督办，切实解决群众最关心、最直接、最现实的利益问题，从源头上预防和减少矛盾纠纷，使矛盾纠纷尽早得到化解，预防群体性上访事件的发生，切实维护群众合法权益和社会稳定。

三是进一步加大安全生产管理力度。各参建单位在保障安全生产，创建安全型企业的同时，要重点加强对涉及公共安全的交通运输、消防安全管理和食品安全、农药、特种设备的安全管理，加大对违章违规行为的治理纠察力度，预防和减少重特大事故特别是群死群伤事故的发生；切实加强对枪支弹药及易燃易爆、剧毒和放射性等危险物品的管理，消除安全隐患。

四是加大严打整治力度，最大限度地压减刑事发案和治安、安全事故。三峡工程进入全面竣工收尾阶段，各参建单位要全力配合公安机关开展“反盗窃、防破坏”的专项整治行动，始终保持对严重危害人民群众生命财产安全的杀人、爆炸等严重暴力犯罪和“两抢一盗”等多发性侵财犯罪的严打高压态势，最大限度地预防、遏制和减少犯罪，增强群众的安全感。继续开展禁毒、禁赌、禁娼和打击“法轮功”邪教组织等斗争，坚决打击、查禁毒品犯罪、拐卖人口犯罪和六合彩赌博、网络赌博等违法犯罪活动，扫除社会丑恶现象。

五是做好重点人员、重点部位的社会治安管理和防控工作。重点做好刑释解教人员、吸毒人员、闲散青少年的摸底、帮教和监控工作，预防和减少重新违法犯罪。加大对自行车被盗，盗窃破坏电力、电信、管道设施和地下非法传销窝点的重点整治，加大坝区网吧和音像市场整治力度，依法打击、查处“黑网吧”，净化青少年成长环境，预防和减少青少年违法犯罪。深入开展学校及周边治安问题的集中排查整治，防止学生擂肥、斗殴、杀人等恶性犯罪事件发生，维护学校及周边治安秩序和稳定。

（三）强化基础管理，深入开展基层平安创建活动

深入贯彻落实中央综治委《关于进一步加强社会治安综合治理基层基础工作的若干意见》，以“构建和谐社会，打造平安坝区”为目标，以落实《企业事业单位内部治安保卫条例》为重点，继续做好三峡坝区平安建设工作，广泛深入地开展各种形式的基层平安创建活动，维护坝区平安和谐稳定。

进一步强化基层组织建设，做实各项基础工作。按照属地管理原则，充分发挥基层社会治安综合治理机构的组织协调作用，确保基层综合治理、维护稳定工作有人抓、能落实。大力推进基层综治工作规范化、制度化建设，落实保障措施。按照《内保条例》的要求，进一步完善和落实治安保卫责任制、重点要害部位保卫责任制、内保人员巡逻制度、领导值班制度、重要物品登记管理制度、消防安全管理制度、治安情况报告制度和突发治安事件处置预案。三峡枢纽重点部位要坚持严格检查出入人员证件，登记出入的物品和车辆，确保万无一失，保障三峡枢纽安全运行。

大力推进科技防范工作，落实人防、物防和技防措施。在确有必要、具备条件的地方推广以电子视频监控、防盗报警为主的技术防范，推进军警民联防联治，一般性的内保工作由保安承担，重点要害部位实行武警与保安共同值勤保卫，加强治安防范组织网络建设。进一步规范和加强各种形式的群防群治工作，在红线边界地区加强治安联防，落实经费保障，充分发挥治安联防队伍维护社会治安和社会稳定的积极作用。

三、企地联动，共担社会责任，促进坝区和谐

（一）践行“四个一”水电开发理念，积极履行社会责任

科学发展观要求以人为本，要求发展的全面性、协调性和可持续性，强调经济社会发展与人的发展的平衡以及人与自然的和谐。三峡总公司提出“建好一座电站，带动一方经济，改善一片环境，造福一批移民”的“四个一”理念，是在水电开发领域实践科学发展观的具体体现，体现了科学发展观的精神和要求。三峡总公司履行社会责任，对转变发展方式，保护资源和环境，提高发展质量和效益，实现经济社会的协调发展和可持续发展，都具有十分重要的示范作用。切不可片面地把履行社会责任简单看做是扶危济困捐点善款、做些好事。三峡总公司在追求经济效益的同时，对利益相关方和环境负责，实现企业发展与社会发展、环境保护的协调统一，最终实现可持续发展。我们履行社会责任，一定要牢牢把握“可持续发展”这个核心，立足企业实际，突出重点，分步推进，不提过高目标，不提空洞口号，不脱离企业实际。要特别注意不能把企业履行社会责任搞成花架子的形式主义，搞成商业做秀，要根据企业发展实际，选择与自己的业务、能力相关相融的社会问题来解决，选择有利于改善竞争环境和赢得更大发展机遇的问题来解决，进而实现企业的可持续发展。只有积极支持、带动三峡坝区周边发展经济，当地群众生活宽余，环境改善，让群众充分感受到三峡工程为国家、为地方、为自己带来的好处，他们才能真心支持三峡的运行管理，自觉地去保卫三峡，坝区才有了长治久安、和谐稳定的根基。

（二）关心移民群众，积极开展企地共建

只有把履行社会责任与创建和谐企业、构建和谐社会紧密结合起来，才能实现企业与职工、企业与社会的和谐发展。三峡移民，是一个为三峡工程建设作出了特殊贡献的群体。三峡坝区与宜昌市夷陵区、秭归县4个乡镇19个自然村接壤，移民有1.3万人，按照“搬得出、稳得住、逐步能致富”的设想，目前只有少数移民初步致富，还有大部分坝区移民就业不稳定，有的生活很困难。坝区移民有困难、有问题，除了找当地政府，也经常找业主。解决他们的问题，情况比较复杂。目前缺乏一个把坝区移民安稳致富作为中心工作的管理主体，能有针对性地统筹研究和处理坝区移民的安稳致富问题，因此需要地方政府与企业联动，关心移民群众，帮助他们解决生产、生活上的实际困难。一是帮助移民发展生产。实业公司与坝区朱家湾、陈家冲、八户店村等结对帮扶，支援水泥、电线、水管等建材物资，为当地修路、发展养殖业、种茶叶，帮助移民增收。二是安置移民工就业。实业公司与三峡坝区两个劳务输出单位签订劳务用工合同，提供一些环卫、绿化养护的工作岗位，每年安置200多名坝区移民就业，使他们有比较稳定的收入。三是为移民解决实际困难。2008年，坝区移民柑橘销售困难，实业公司购买三峡移民14万斤柑橘，为移民解决了燃眉之急。实业公司还发动员工捐赠衣物、棉被和书刊，关心移民生活困难，开展智力扶贫助学活动。

四、内化为主，完善长效机制，实现管理一流

（一）加强内部规范化建设，完善综合治理长效机制

要在三峡坝区社会治安综合治理领导小组的统一领导下，加强组织协调，整合各种资源，既要充分发挥地方政府、公安机关的作用，又要调动各参建单位积极参与、协调配合，形成整体合力；要抓好基层，打牢基础，进一步完善综合治理长效机制，强化基层平安创建活动，努力实现社会治安管理的规范化、制度化、法制化。一是加强三峡坝区社会治安综合治理工作规范化、法制化建设。建议通过地方立法程序，制定《三峡坝区社会治安综合治理条例》，使三峡工

程安全保卫工作有法可依，严格依法办事，依法行政，加大执法检查力度，推进多层次、多领域、多形式的依法治理活动，落实社会治安依法治理工作各项措施。二是完善和规范矛盾纠纷排查调处工作机制、工作制度和工作网络。做好矛盾纠纷排查化解是综合治理工作第一位的任务。要高度重视，大力加强，狠抓基层矛盾纠纷排查调处工作体系建设。认真开展排查工作，拓宽基层社情民意诉求表达和收集反馈渠道，严格落实矛盾纠纷排查调处工作例会、情况报告、归口调处、责任查究等制度，健全社会舆情汇集、分析机制和排查调处工作责任制，提高调处的效率和效果。涉及移民利益的矛盾纠纷，应进一步健全党委和政府主导的维护群众权益机制，加大行政调解力度，坚决防止和纠正损害移民群众利益的行为，维护三峡坝区的社会稳定。三是进一步健全集中宣传与经常性宣传相结合的宣传工作机制。坝区综治办、各参建单位要加强信息沟通和工作联动，大力开展平安建设宣传，创新宣传形式，提高宣传质量，开展各种丰富多彩、群众喜闻乐见的宣传活动，提高平安建设的知晓率。大力宣传见义勇为先进典型，弘扬社会正气，充分发挥综治宣传主阵地作用。

（二）充分发挥考评的推动作用，实现管理创一流目标

要健全和完善三峡坝区社会治安综合治理考评体系，增强考核标准和考核办法的科学性、操作性，充分发挥考评的推动作用，实现管理创一流工作目标。坝区综治办每年按照《社会治安综合治理目标管理责任书》进行检查考核，认真研究制订和落实有关工作程序和操作办法，切实把各责任单位党政领导干部抓社会治安综合治理工作的实绩与“一岗双责”责任制挂钩，促使各单位做到“五有”，即有领导、有人员、有责任、有措施、有奖惩。通过严格检查考核，推选三峡坝区综治工作优胜单位、平安创建先进集体和先进工作者，并组织验收。要把评先活动作为总结经验、推广典型，改进工作、提高水平的过程，认真总结推广三峡坝区社会治安综合治理和平安建设工作的成功经验，广泛宣传先进事迹，树立先进典型，鼓励先进，推动后进。要广泛征求各方面的意见，充分听取群众意见，查找工作中的薄弱环节，有针对性地采取措施。通过评先表彰掀起比学赶帮的热潮，推动社会治安综合治理工作深入开展，实现争创一流管理的工作目标。

总之，三峡坝区社会治安综合治理工作要以党的十七大、十七届三中全会精神为指导，深入学习实践科学发展观，按照“构建和谐社会，打造平安坝区”的要求，全面加强社会治安综合治理，努力实现“争创一流三峡枢纽管理，争创文明、和谐、平安三峡坝区”的目标，为实现坝区经济社会又好又快的发展营造和谐平安的社会环境。

（作者单位：长江三峡实业有限公司）

改革创新党建和思想政治工作
提升国有企业安全生产水平

杨春权

思想政治工作是我们党和社会主义国家的重要政治优势，是教育、组织和动员广大群众为实现自身利益而奋斗的强大武器。我们党历来高度重视思想政治工作，善于运用思想政治工作推动党的事业发展。历史经验告诉我们，任何时候、任何情况下，思想政治工作这个政治优势都不能丢，而且越是形势好，越要重视和加强思想政治工作。国有企业是全面建设小康社会的重要力量，是中国特色社会主义的重要支柱，是我们党执政的重要基础。而营造安全生产氛围，是企业工作的一项重要任务。安全思想工作的落脚点是每一名职工。随着社会多元化程度的增强，职工的个性特点愈来愈突出。每个职工在企业所处的位置不同，个人的理解能力、文化水平和工作职责不同，势必导致他们对于同样的事会有不同的认识，产生不同的思想。所以，在做安全生产工作时，既要注意针对特点，又要重视突出重点，要学会“弹钢琴”。近几年来，安全事故频发，死亡人数触目惊心，尤其是山西屯兰矿难、重庆同华矿难、河南新华矿难、黑龙江新兴矿难——2009 年以来，我国 4 起特别重大煤矿事故，其中 3 起发生在国有大型煤矿。这让人心生疑惑：在小煤矿事故频发的同时，为何装备精良的国有大矿也难幸免？可见，在工业化、信息化、城镇化、市场化、国际化进程中，安全全产是一项长期的、艰巨的、复杂的任务。当前，安全生产压力和困难来自外部的经济、社会乃至国际环境。因此，应跳出“就安全生产抓安全生产”的狭隘思维，确立“大安全生产”的思路，从调整产业结构、优化能源利用、发展循环经济、缩小区域差距、完善国际分工等方面着手，大力营造一个有利于安全生产发展的外部环境。在当前企业改革力度不断加大、各种矛盾凸显的情况下，加强党建和思想政治工作，更好地体现其地位和作用，具有其特殊意义。本文就创新国有企业党建和思想政治工作与提升国有企业安全生产水平进行探讨。

一、我国安全生产工作面临的挑战

我国是一个正在工业化的国家，生产力发展水平较低，经济增长方式和管理手段比较落后，安全生产基础薄弱，抵御事故灾害的能力不足，近年来，随着国家采取一系列重大措施加大安全生产力度，我国安全生产状况有所好转，但形势依然严峻，和美国等国家相比主要表现在事故总量偏大，重特大事故时有发生。当前安全生产工作面临七大挑战。

（一）事故隐患不断增多

其一，工业经济规模迅速扩大，生产安全事故风险随之增加。随着工业经济规模迅速扩大，生产过程日益复杂以及空间布局日趋集中，高危行业从业人数明显增多，重大危险源数量与危害程度也大幅增加。而我国安全生产总体基础较弱，安全生产建设历史欠账较多，平均工业技术水平和安全科技装备水平明显落后于发达国家，由此造成许多行业发生生产安全事故的风险不断增大。降低矿难危害已成为中国工业现代化进程中面临的最严峻挑战。

其二，能源资源需求持续上扬，企业安全生产面临很大压力。巨大的能源资源需求不仅造成了煤炭、电力、石油等能源资源供应的紧张局面，而且对采矿、化工等能源资源生产企业的安全生产带来了沉重压力，导致部分企业超能力、超强度、超定员生产问题日益突出。同时，随着开发过程的深入，许多矿井、油气田的开采条件不断恶化，产品加工难度逐渐增加，也使能源消费长期以煤炭为主，因此煤矿企业面临的安全生产任务尤为艰巨。

其三，城镇建设步伐加快推进，生产安全事故隐患相应增多 。2008 年，我国城市数量达到 655 个，建制镇 19234 个，分别比 1978 年增加了 462 个和 17061 个。城镇化率升至45.68%，比 1978 年提高了 28 个百分点。城镇化的快速推进促进了建筑、交通运输等行业的飞速发展，但也出现了生产安全事故易发、多发的情况。另外，一些城镇建设盲目求大求快，基础设施和产业缺乏科学的规划设计，对安全因素考虑不足，也造成危险化学品泄漏，工地坍塌、火灾等生产安全事故隐患不断增多。

（二）保障压力不断增大

信息技术广泛应用，安全生产保障要求大幅提高。我国生产装备的数字化、操作程序的自动化和经营管理的网络化，极大地提升了劳动生产效率，但对安全生产保障的要求也更高、更严了。农村劳动力大量转移，安全技能培训任务明显加重。全国农民工总量达 2.3 亿人，在那些门槛较低、生产风险较大的行业中，农民工的比例更高，如建筑业中近 80%的从业人员是农民工，在煤矿企业采掘一线则基本上都是农民工，但农民工的文化素质普遍较低、技能水平相对较差、安全意识比较缺乏，因此给安全技能培训带来了很大压力。

（三）所涉利益矛盾日益凸显

其一，部分企业在追求市场利益上急功近利，忽视安全生产。一些企业为了追求经济利益最大化，不顾现有条件，一味加大生产强度，导致企业职工身心疲惫、安全隐患陡增；一些企业为了降低生产成本，随意减少安全生产投入，也不及时开展职工安全培训教育；还有少数企业顶风作案，故意违法违规生产，并想尽办法逃避安全生产检查。这些现象在中小企业中尤为突出，造成中小企业发生安全事故的比例也明显高于国有大型企业。

其二，一些地区以实现经济增长为最高目标，轻视安全生产。在市场化进程中，一些地方政府和领导干部受“分灶吃饭”的财税体制及以 GDP 为主要指标的政绩考核导向影响，片面强调经济增长的重要性，而将安全生产置于边缘和次要位置；有的地方政府和领导干部认为安全生产方面的投入不仅会挤占生产经营资金、影响扩大再生产，而且又不能立竿见影地得到经济效益上的回报，因此以资金紧张为由，不愿意增加安全生产投入；有的地方政府和领导干部对关闭不符合安全生产条件的企业，或查处企业安全生产持放任自流的态度，甚至还为一些违法违规的企业及行为提供保护。

（四）事故处理难度逐渐加大

群死群伤事件时有发生，应急救援工作面临严峻考验。近年来，我国生产安全事故问题一直处于高位状态，造成重大伤亡的生产安全事故往往事发突然，抢险救援、伤员医治、责任认定、损失赔偿等工作时间紧、头绪多、难度大，应急任务艰巨。

社会关注程度不断提升，事故处理工作面临新的课题。随着社会公众获取和传播信息的方式深刻变化，企业的生产安全事故处理工作面临着新的课题。每一起生产安全事故无论大小，如果不及时妥善处理，很容易造成简单事件复杂化、负面影响扩大化、社会危害严重化。

（五）安全生产意识淡漠

意识决定行为，行为产生后果。许多事故的发生，都是由于安全意识淡漠，安全知识缺乏，安全行为不规范，违规违章所造成的。

其一，生产安全给政绩让路。有些地方、部门、单位的领导重经济发展、轻安全的现象依然存在，没有把安全生产摆上重要位置、真正落实到实际工作中去。

其二，生产安全给效益让路。企业为追求经济利益，轻安全生产，不严格执行安全生产法律法规规定的安全生产保障措施，把一切精力用在片面追求任务的完成、效益的最大化上，甚至牺牲从业人员的生命和健康追逐利润。

其三，从业人员安全意识差。从业人员安全生产防范意识较为淡薄，缺乏必要的安全生产知识、安全操作技能和自我保护能力，存在冒险蛮干、违章作业的现象。

其四，全社会安全意识淡薄。全社会安全意识和安全生产法规观念仍然比较淡薄。

（六）从业人员安全素质低

其一，农村劳动力转移量大。2004 年我国的城镇化率 40.5%，每年增加 0.5%，到 2010 年达到 50%。已经有 1 亿 3 千万农村劳动力转移，还有 1 亿农民等着劳动力转移。农村劳动力进城大多从事苦、伤、累、险的工作，加上文化素质不高，安全作业能力弱，易引发事故。

其二，低素质劳动力比较集中。非公有制企业既是社会就业的主要场所，也是低素质劳动力比较集中的领域。以私营、个体小煤矿为例，约 95%以上的小煤矿从业人员为初中以下文化程度，其中 30%左右的为小学以下甚至文盲。而且这些企业自我培训教育的能力极低，无力进行岗位培训，也不重视员工培训。

其三，安全教育培训不到位。上世纪九十年代之后，随着我国工业化进程的加快和社会生产规模的急剧扩大，农村、农业人口向城市和工业转移，而企业和政府的培训教育又相对滞后，导致伤亡事故多发。

(七)安全责任制不落实

其一，缺乏有效性。一些地方和单位的领导思想认识不到位，有的没有层层落实责任，造成安全生产责任悬空，责任制无法落实。

其二，缺乏可操作性。有的安全生产责任书的内容不具体，没有对责任制目标进行分解、细化，没有落实责任制的具体措施和有效办法，虽然层层签订责任状，但落实不到位。

其三，缺乏监督性。一些地方和单位对责任制落实情况的跟踪、监督、检查力度不够，工作浮在面上，没有落到实处。

二、目前围绕安全生产企业党建和思想政治工作面临的主要问题

在企业改革发展的过程中，多数企业的党建和思想政治工作总的发展趋势还是很不错的，为企业的发展提供了精神支持和动力源泉。但是在部分企业安全生产中也暴露出一些不容忽视的问题，主要表现在以下几个方面：

一是随着企业改革的不断深化，职工关于安全的思想观念、价值取向发生了新的变化，呈现多元化发展趋势，思想更加活跃，精神文化需求日益增长，因此做好职工安全生产思想工作难度比以往任何时候都大了。

二是企业在历史发展的过程中遗留问题显露出来，职工不可避免地产生一些思想反映，保持队伍稳定的难度加大。

三是随着企业市场化改制逐步深入，职工与外界社会的联系、交往日益频繁，获取知识和信息的渠道增多，来自外部的各种思想、观念对职工的影响不断增强。同时随着改革的逐步深入，市场经济的趋利性更易滋生个人主义、拜金主义、享乐主义，淡化艰苦奋斗的精神，造成部分人的期望值与现实生活落差较大，心理失衡。

四是党建工作创新不够。有的企业党建工作照搬照抄中央和上级的有关指示和要求，没有很好地围绕企业改革发展稳定，结合企业改革发展的热点、难点问题，确定工作目标和着力点。党建工作形式上创新不够，对职工缺乏吸引力。并且思想政治工作的吸引力减弱，许多优秀干部不愿干政工，有的政工干部想方设法转行。加之企业重组后，企业党群部门的机构缩编，人员减少，影响了思想政治工作的深入开展。

五是缺乏高素质的人才。有些单位政工干部年龄偏大、文化偏低、结构不合理，造成了企业政工干部缺乏对安全生产的充分认识。

以上情况的存在，原因是多方面的，主要是对企业思想政治工作的长期性、艰巨性、复杂性认识不足，对思想政治工作研究不够，只简单地照搬过去的一些做法，对出现的新情况、新问题，缺少理论和实践上的创新；对企业的党建和思想政治工作的重要性认识不足，没有形成领导重视、队伍健全、措施得力的工作机制。

三、实现党建和思想政治工作的创新，提升国有企业安全生产水平

(一)加强企业安全生产工作的对策思路

1.制定企业安全发展的战略目标。

首先，加快制定安全发展的战略目标。中央明确提出要坚持节约发展、清洁发展、安全发展，将安全发展作为一个重要理念纳入我国社会主义现代化建设的总体战略。为了更好地指导和促进全国的安全生产工作，中央也应该制定一个建设安全保障型社会的安全发展战略目标，并结合全面建设小康社会的进程安排，明确实现这一战略目标的阶段性要求及其具体指标。

其次，大力普及安全发展的思想观念。大力普及安全发展思想观念，努力形成一种全民“讲安全、要安全、保安全”的局面。尤其应重点

抓好党政领导干部和企业经管人员的教育，使他们懂得正确处理经济建设与安全发展、经济效益与安全生产的关系。而且要建立有效的约束机制，通过完善政绩考核评价标准，提高各级领导干部抓好管好安全生产的自觉性；通过推广实施安全隐患挂牌警告制度，促进企业经管人员增强安全生产的危机感。

2.强化企业安全生产的执法力度。

加紧完善安全生产法律法规体系。目前，全国人大、国务院及相关部门颁布实施的安全生产法律、法规、规章和司法解释约有150部，国家标准约有1500项，安全生产的法律法规体系初步形成。但是，目前安全生产法制建设与严峻的安全生产形势仍有很大差距。

因此，今后立法工作的重点应该是：完善现行规定，如对《安全生产法》中生产经营单位、主要负责人、从业人员等术语的内涵和外延，以及安全生产责任主体、职能部门权限划分等进一步作出明确界定；尽快制定建设项目安全设施“三同时”（即与主体工程同时设计、同时施工、同时投入生产和使用）的具体实施办法；消除立法盲点，如出台职业安全保护、安全生产培训等方面的法规；修订过时内容，如将《矿山安全法》的主体执法部门由劳动行政主管部门修改为安全生产监管部门等。

加强安全生产专业执法队伍建设。安全生产法律法规的落实，离不开一支高效、精干、务实的专业执法队伍。应建立健全乡镇、街道安全生产执法机构，改善监管装备、办公经费、工资待遇等方面的条件，吸引更多责任心强、业务素质高的人员进入执法队伍，尽快解决基层安全生产执法人员数量不足的问题。加强对执法人员的日常管理和教育，提升其公开执法、公正执法、文明执法、廉洁执法的意识和水平。另外，也可考虑组建兼职或非在编的监管队伍，以降低执法队伍建设成本。

加大对违法违规行为的惩处力度。当前，一些生产经营单位之所以频频出现安全生产方面的违法违规行为，并引发安全事故，一个重要原因就是安全生产执法的惩处力度不够。因此，要进一步强化安全生产监管、安全技术标准、违法行为追究制裁等法律法规的执行与约束力度，提升安全生产执法的权威性。通过加大事故查处力度，严肃追究事故责任人的经济、行政及刑事责任，提高违法违规代价，使有关人员特别是单位负责人意识到违法违规生产经营得不偿失，从而消除其侥幸心理。

3.理顺企业安全生产的监管体制。

经济快速发展与安全生产已形成了尖锐的矛盾，必须从国家发展战略大系统出发，重新规划更有效的安全生产监管机制。

建立职能部门在安全生产监管中的分工合作机制。因安全生产涉及的行业、领域及环节众多，必然导致安全生产监管工作所涉及到的职能众多，从而难免出现监管部门职能交叉，以及权力分散、监管不到位等问题。在安全生产监管上，应建立一套权责一致、分工合理、运行高效、监督有力的体制机制。

一方面，应进一步明确安全生产综合监管部门与专门监管部门的职责，逐步推行监督与管理职能分开，避免交叉重叠或遗漏缺失；另一方面，应建立健全安全生产委员会会议、部门联席会议、联合执法及信息通报等工作制度，使各个部门能够密切配合、通力协作、无缝衔接，形成抓好安全生产工作的强大合力。

理顺各级政府在安全生产监管中的督促协作关系。为了解决一些地方政府过多干扰职能部门安全生产监管工作的问题，在条件成熟时，可考虑建立省以下安全生产监管机构的垂直管理体系。安全生产投入对加强安全生产至关重要，各级政府应合理划分安全生产投入方面的责任，并建立和落实安全生产专项资金制度，增加对安全生产监督检查、公共安全隐患治理、安全生产宣传教育等方面的资金投入。

发挥各类组织在安全生产监管中的服务促进作用。各类行业协会、中介机构和群众组织在安全生产监管中扮演着重要角色，应鼓励和支持它们更好地发挥作用。行业协会应增强自律功能，认真研究制定安全生产行业标准，积极组织开展安全生产教育，中介机构应创新活动方式，为企业安全生产提供技术咨询、风险预测、资质评估等多方面的服务；群众组织应利用自身优势，推动职工和居民积极参与本单位、本社区的安全生产，依法维护自身安全生产权益。

4.增强企业安全生产的能力。

建立健全企业安全生产责任制度。安全生产重点在基层、关键在管理、要害在细节。生产经营单位身处安全生产第一线，在安全生产管理方面，要重视学习国外企业的先进理念、模式、办法和经验，如“所有事故都可以预防”的安全管理办法等。同时，应及时总结推广国内一些企业创造的安全生产承诺制度、无缺陷管理和精细化管理等好的做法和经验。

强化安全生产科技创新。鼓励企业积极采用完全可行实用的新技术、新工艺、新设备和新材料，不断增强企业安全生产的物质基础。协助企业对安全隐患突出的落后工艺实现转型升级，及时予以淘汰或更新。对瓦斯灾害防治、矿井火灾防治等安全生产领域的关键技术，应加大科研攻关力度，力争早日突破。

加大安全生产投入力度。应分行业、分规模地确定安全生产保障与技术投入的最低标准，发挥好制度的约束引导作用。建立和完善强制性企业安全费用提取使用、安全生产风险抵押、工伤保险、安全生产责任保险等制度，运用保障费率、信贷资格、税收标准等经济手段和利益杠杆，促使企业加大安全生产投入力度。

加强安全生产教育培训。当前，安全生产教育培训应以高危行业企业负责人、安全管理人员、特种从业人员及农民工等群体为重点对象，在加强针对性、经常性、有效性、强制性等方面下更大的功夫。应在普及一般性安全生产知识的同时，对不同的行业和工种进行有针对性的培训。各个单位应经常性地组织开展安全警示教育，以典型案例引导从业人员提高安全生产意识。此外，还应进一步严格落实持证上岗的制度。

5.健全我国矿山安全应急救援体系。

建立健全矿山应急救援体系是减少矿山事故损失的重要措施。我国目前已初步建立起矿山应急救援体系，但是还存在一些不符合、不适应的问题，必须加以改进。一是改进矿山应急救援预案体系。我国矿山应急救援预案体系仍不完善，有的地方、部门和单位还没有制定预案；有的制定了预案但不规范、不完整、过于原则化，可操作性不强；有的预案没有形成体系，上下脱节、互不对应。二是理顺矿山应急救援体制。全国仍有多数省（区、市）没有建立安全生产应急管理机构，虽然有部分省（区、市）安全监管部门或煤矿安全监察机构设立了应急办公室、应急救援指挥中心、矿山应急救援指挥中心，但职责权限不清、体制也很不顺、工作不够协调，且人员编制不足、经费没有保障，难以满足工作需要。三是提高矿山应急救援信息化水平。现有矿山安全生产应急管理信息化水平不高，现代化信息系统没有建立起来。指挥通信信息手段和装备落后，大部分行业、领域应急协调指挥机构和应急救援队伍仍然只有传统的电话、传真机和普通移动电话，缺少专门的应急通信装备。四是加强矿山应急救援投入。尽管近几年在这方面的投入逐步加大，装备有所改善，但企业和一些地方、部门的应急投入仍然很不足，应急救援队伍装备配备标准较低、技术落后的问题仍然很突出，需要加大资金投入，改善技术装备条件。

（二）实现党建和思想政治工作的创新

1.思路创新。

要充分体现党建和思想政治工作在国有企业的地位和作用，必须摒弃那些脱离生产经营实际、过时的、职工不愿接受的方式方法，实现党建和思想政治工作创新。而创新的关键是思路创新。思路决定出路。没有一个好的思路，党建和思想政治工作在国有企业的地位和作用就难以很好地体现出来。

企业党建和思想政治工作的思路创新，必须坚持党建和思想政治工作为生产经营服务的原则。这是因为，企业作为经济组织，其最终追求的目标是经济效益。离开了经济效益这个最终目标，企业的生存发展就是一句空话。所以，作为企业党组织，其主要职责是通过发挥党组织的政治核心作用和党员的先锋模范作用，保证监督党的路线方针政策在企业的正确贯彻落实，而这种保证监督的目的，说到底，还是要保证企业经济目标的实现。因此，企业党的工作就不能脱离生产经营这个中心。脱离了这个中心，贯彻落实党的路线方针政策就成了一句空话。各级党组织和全体党务工作干部，必须坚定不移地把主要精力投入到企业改革和生产经营中，把发挥党的政治优势同运用市场机制结合起来。党建和思想政治工作的思路创新，要充分体现把党的工作贯穿于生产经营的全过程，把保证和促进企业改革、提高经济效益、实现国有资产保值增值，作为党组织工作的出发点和落脚点。只有这样党建和思想政治工作才能焕发生机活力。

2.制度创新。

制度创新是党建和思想政治工作创新的重要保证。党建和思想政治工作方式方法的创新只有以制度的形式固化下来，才能实现经常化。党建和思想政治工作制度创新主要是在三个方面下功夫。一是要建立科学有效的企业党建和思想政治工作评价制度。要以是否有利于企业生产经营的发展，是否有利于企业职工队伍的思想道德素质和科学文化素质的全面提高，是否有利于职工队伍稳定来评判企业思想政治工作的成效。新制度要充分体现检验党的建设和思想政治工作的重要标准是看上述三个方面的实际成果，而不是看党建和思想政治工作的过程。必须摒弃一切大轰大嗡、形式主义和花架子，摒弃一切只有汇报价值而没有实际意义的虚功，要实实在在地围绕企业中心工作，靠党建和思想政治工作为企业改革发展提供强有力的思想和组织保证。二是要建立科学有效的企业党建和思想政治工作奖罚制度。党建和思想政治工作与经济工作一样，也需要引入激励约束机制。所以，必须建立一套有利于企业党建和思想政治工作发挥作用的奖罚体系。要落实政工干部的政治生活待遇，对各级兼职政工人员，要合理地给予补贴。要坚持和完善党建和思想政治工作表彰制度，对在党建和思想政治工作中成绩突出的要大张旗鼓地进行表彰奖励。要关心政工干部的前途，对优秀政工干部要及时提拔使用。三是要建立科学有效的企业政工干部培训制度。要根据各级政工干部的不同特点和要求，本着“缺什么补什么”的原则，以“复合型”政工干部为目标进行培训。通过培训，使政工干部全面掌握和正确运用党的路线、方针、政策和上级指示精神，紧密围绕生产经营这个中心抓好党的建设和思想政治工作，善于运用科学的理论和正确的方法，遵循思想政治工作规律，帮助职工群众树立正确的人生观、价值观，在企业改革发展稳定中释疑解惑，化解矛盾，调动广大职工的积极性和创造性。

3.方法创新。

党建和思想政治工作方法决定党建和思想政治工作的质量和效果。要体现党建和思想政治工作在国有企业的地位和作用，必须进行党建和思想政治工作方法创新。为此，要鼓励各级党组织积极主动地设计出符合时代特色和企业自身实际的“自选动作”，在灵活性和多样性上实现党建和思想政治工作方法创新。

党建和思想政治工作方法创新，应在以下六个方面下功夫。一是要进行载体创新。实践证明，开展党建和思想政治工作，没有一个好载体是不行的。载体创新要以发挥党员的先进性为出发点，以企业的中心工作为支撑点，以职工关注的重点为切入点。如“建满意工程”、“一个党员一面旗帜”、“创岗建区”、“党员突击队”等载体，既紧密围绕企业的中心工作，又充分发挥了党组织和党员的作用，这些创新载体应继续坚持、巩固并不断提高。二是要进行宣传阵地创新。宣传阵地是加强党建和思想政治工作的传播途径，这块阵地要牢牢占领，并不断扩大。要办好企业自己的简报，及时宣传企业在改革、发展、创新中的各类典型，用典型引导职工与企业同舟共济。要组织建立自己的网站、论坛及博客，充分探索发挥互联网等新阵地的作用，改进党建和思想政治工作在新兴传播途径的方式方法，突出网络的互动沟通交流作用，满足职工群众的多样化、知识化、个性化需求，形成全新的互动沟通交流体系。三是要把党建和思想政治工作与企业文化建设有机结合起来。积极向上的企业文化是具有中国特色社会主义文化的重要组成部分，是先进文化在企业的具体体现。从广义上说，党建和思想政治工作也是一种文化建设，先进的企业文化可以促进党的建设和保持党的先进性。因此，各级党组织要在丰富企业文化内涵、树立企业良好形象、形成正确的价值取向等方面发挥积极作用，培育起具有本企业特色的企业文化，进一步增强企业的凝聚力和竞争力。同时，要进一步加强思想道德教育和科技文化培训，不断提高干部职工的思想道德素质和科学文化素质，培养一支具有科学理想、先进技能和创造热情的团队，使企业的发展有不竭的精神动力和智力保障。四是要把物化的思想政治工作摆到突出的位置。要切实关心职工的疾苦，积极主动帮助职工解决具体困难。特别是在企业发展、经济效益提高的前提下，要通过党组织的作用，努力提高广大职工的收入，使他们在企业的改革发展中得到实惠，从而进一步激发他们参与改革、敬业奉献的热情。五是要充分体现思想政治工作尊重人、理解人、关心人的原则。要尊重职工的主人翁地位，要带着深厚的感情去做工作，努力做到耐心诚恳、平等互动、潜移默化，增强工作的亲和力和实效性。六是要积极主动地维护职工的合法权益。维护职工的合法权益，决不仅仅是工会组织的职责，也是党组织义不容辞的重要责任。职工的合法权益得到有效维护，企业的重大经营决策、重要改革举措、重要发展项目安排等重大事项，决策前必须通过适当方式和途径，广泛听取广大干部、职工的意见和建议，取得他们的理解和支持，把他们的积极性、创造性引导到促进生产经营和改革发展中来。

总之，改革创新党建和思想政治工作，提升国有企业安全生产水平，一要因人施教。对企业领导层，主要通过思想工作，使他们树立科学发展观，统筹协调处理好安全与企业效益、安全与企业发展的关系，把安全生产与经营发展等各项工作同规划、同部署、同推进。对企业中层干部，要通过思想工作使他们明确目标，增强责任感。对企业中的专职安全管理人员，要通过思想工作使他们清楚自身的工作职责，不辱使命，加强企业安全生产标准化管理和企业安全生产标准化运作。对一线岗位操作人员，安全思想工作的重点主要应该放在使他们自觉履行岗位职责和遵守各项操作规程上，增强他们的安全防范意识，提高其素质，使他们具备必要的安全生产知识和操作技能，并通过他们落实企业安全生产标准化操作，把“自上而下”要求安全生产变为“自下而上”自觉追求安全生产。二要把思想工作做在前边。要积极适应安全生产的需要，增强思想工作的预见性、主动性。要经常分析、及时掌握职工的思想动态，准确预测出各种不安全因素，并把各种不安全因素消灭在萌芽状态，把不利于安全生产的问题解决在事故发生之前。要通过对事故防范预案或抢险预案的分析、演练，积极促使安全生产警钟常鸣。

（作者单位：山西省经贸资产经营有限公司）

第十四部分

军队政工与核心价值体系建设

正确把握“三个确保”的时代课题 大力加强新形势下军队思想政治建设

李继耐

胡锦涛主席在不久前召开的军队一次重要会议和十一届全国人大二次会议解放军代表团全体会议上强调指出：从思想上、政治上、组织上确保我军始终成为党绝对领导下的人民军队，确保国防和军队建设科学发展，确保有效履行新世纪新阶段我军历史使命，是新世纪新阶段军队思想政治建设必须着力解决的时代课题。胡主席关于“三个确保”时代课题的重要论述，从战略全局的高度，深刻阐明了新的历史条件下军队思想政治建设的基本任务，集中体现了贯彻落实科学发展观对军队思想政治建设的内在要求，把我们对思想政治建设规律的认识提升到一个新的高度和境界，对推动思想政治建设发展进步具有重大而深远的意义。我们一定要认真学习领会胡主席的重要论述，紧紧围绕“三个确保”，更加扎实有效地抓好各项工作，努力把军队思想政治建设提高到一个新水平。

一、充分认识“三个确保”时代课题的重大理论和实践意义

思想政治建设的时代课题，是对一定历史时期、历史条件下思想政治建设重大理论和现实问题的集中反映。胡主席关于“三个确保”的重要论述，准确把握军队建设的阶段性特征，对新形势下军队思想政治建设的时代课题作出科学概括，必将对军队思想政治建设产生巨大的引领和推动作用。

“三个确保”的时代课题，充分体现了新形势新任务对军队思想政治建设的新要求。当今世界处在大变革大调整之中，国际政治和思想文化领域的斗争更加激烈，各种敌对势力针对我国的渗透破坏活动从未停止，并始终把我军作为重点目标。随着我国经济社会的深刻变革和对外开放的不断扩大，各种思想文化相互激荡，一些错误的、落后的东西不可避免地会影响渗透到军队中来。我军建设发展正处在一个新的历史起点上，深入贯彻落实科学发展观，开创国防和军队现代化建设新局面，全面提高履行新世纪新阶段我军历史使命能力，对军队思想政治建设提出了新的更高要求。胡主席关于“三个确保”时代课题的重要论述，正是着眼于国际国内形势的新变化，着眼于军队建设的新实践，着眼于履行我军职能使命的新拓展，对新形势下军队思想政治建设带根本性、全局性、方向性重大问题作出的战略谋划和科学回答。

“三个确保”的时代课题，坚持和发展了我军思想政治建设的优良传统和宝贵经验。我们党历来注重从思想上政治上建设部队，在各个时期都根据党的任务和我军使命，明确提出军队思想政治建设的任务和要求。毛泽东主席作出了“政治工作是我军的生命线”的著名论断，认为“无此则不是真正的革命军队”，强调通过强有力的政治工作，保证我军始终成为执行革命的政治任务的武装集团。邓小平主席一再强调政治工作是“我军的真正优势”，只能加强不能削弱，并把“两个服务、四个保证”确定为军队政治工作的指导思想和基本任务。江泽民主席鲜明提出要把思想政治建设摆在军队各项建设的首位，并围绕解决打得赢、不变质两个历史性课题，明确了军队思想政治建设“两个提供”的使命。胡主席从时代高度审视思想政治建设，始终把思想政治建设作为我军的根本性和基础

性建设，创造性地提出了思想政治建设"三个确保"的时代课题。胡主席这一重要论述，继承了党的三代中央领导核心关于军队思想政治建设的重要思想，坚持了我军思想政治建设的根本方针原则和优良传统，同时又适应新形势下坚持人民军队性质宗旨、推动军队建设科学发展、履行我军历史使命的新要求，赋予思想政治建设新的时代内涵，实现了军队思想政治建设指导理论的与时俱进。

"三个确保"的时代课题，为新形势下加强军队思想政治建设提供了基本遵循。"三个确保"的时代课题，科学总结新的历史时期部队思想政治建设的新鲜经验，准确把握我军建设的新发展，把思想政治建设的地位作用、职能任务，与坚持我军根本性质和宗旨，与推动部队建设科学发展，与有效履行新世纪新阶段我军历史使命，更加紧密、更加内在地联系起来，拓展了思想政治建设的视野和领域，提升了思想政治建设的起点和层次，确立了思想政治建设的检验标准和尺度，为推动新形势下军队思想政治建设创新发展进一步指明了方向。可以说，把握好"三个确保"的时代课题，思想政治建设的目标就更加明确、思路就更加清晰。我们一定要以强烈的政治责任感和历史使命感，切实把"三个确保"作为基本遵循，高度自觉地贯彻到思想政治建设的各项工作和全部实践中去。

二、深刻理解"三个确保"时代课题的基本内涵和要求

"三个确保"的时代课题内涵丰富、意蕴深远，充分体现了胡主席对新形势下军队思想政治建设的深邃思考和战略运筹。我们要结合学习胡主席关于新形势下国防和军队建设重要论述特别是思想政治建设的一系列重要论述，加深对"三个确保"时代课题的认识和理解，全面准确地掌握其精髓要义和基本要求。

正确把握"三个确保"的时代课题，必须把坚持党对军队绝对领导的根本原则和人民军队的根本宗旨作为思想政治建设的根本出发点，始终保持我军坚定正确的政治方向。中国共产党是中国特色社会主义事业的领导核心，坚持党的绝对领导是我军特有的政治优势和永远不变的军魂，是我军发展壮大的根本政治保证；全心全意为人民服务是我们党的宗旨，也是我们这支军队一切奋斗发展的出发点和归宿，是我军永远立于不败之地的力量源泉。新的历史条件下，坚持党对军队的绝对领导、坚持全心全意为人民服务，决定着我军的性质和方向，关系中国特色社会主义的兴衰成败。思想政治建设必须把确保我军始终成为党绝对领导下的人民军队，作为根本任务牢牢扭住不放。要毫不动摇地坚持党对军队绝对领导的根本原则和制度，自觉拥护和模范执行党的路线方针政策，坚决抵制"军队非党化、非政治化"和"军队国家化"等错误思想影响，使全军部队始终以党的旗帜为旗帜、以党的意志为意志、以党的方向为方向，一切行动听从党中央、中央军委和胡主席指挥。要引导官兵强化宗旨意识，时刻把人民利益放在高于一切、重于一切的位置，始终与人民群众心连心、同呼吸、共命运，永葆人民子弟兵的政治本色，使我军永远忠于党、忠于社会主义、忠于祖国、忠于人民。

正确把握"三个确保"的时代课题，必须坚持把科学发展观作为国防和军队建设的重要指导方针，努力提高国防和军队建设科学发展水平。科学发展观，是同马克思列宁主义、毛泽东思想、邓小平理论和"三个代表"重要思想既一脉相承又与时俱进的科学理论，是我国经济社会发展的重要指导方针，也是国防和军队建设的重要指导方针。深入贯彻落实科学发展观，推动部队建设又好又快发展，是适应国家安全形势发展变化、实现国防建设与经济建设协调发展的必然要求。思想政治建设必须把确保国防和军队建设科学发展，作为重大战略任务抓紧抓好。要坚持不懈地用科学发展观武装官兵，牢固确立科学发展观在国防和军队建设中的重要指导方针地位。要进一步解放思想、理清思路、提高能力、改进作风，不断强化战略思

维、辩证思维、系统思维、创新思维，把贯彻落实科学发展观提高到新水平。要把各级党组织和党员干部队伍建设成为贯彻落实科学发展观的坚强堡垒和骨干力量，使党的政治优势和组织优势转化为推动部队建设科学发展的强大力量。要把以人为本作为重要的建军治军理念，尊重官兵的主体地位，发挥官兵的主体作用，把全军的智慧和力量凝聚到推动部队建设科学发展的伟大实践中来。

正确把握“三个确保”的时代课题，必须紧紧围绕有效履行新世纪新阶段我军历史使命加强思想政治建设，为我军履行使命提供可靠政治保证、强大精神动力和有力人才支持。胡主席明确提出，新世纪新阶段我军的历史使命，就是要为党巩固执政地位提供重要力量保证，为维护国家发展重要战略机遇期提供坚强安全保障，为维护国家利益提供有力战略支撑，为维护世界和平与促进共同发展发挥重要作用。这“三个提供、一个发挥”的历史使命，集中体现了党的历史任务对军队的新要求，反映了国家安全和发展战略全局的新需要，顺应了世界军事发展的新趋势。思想政治建设必须把确保有效履行新世纪新阶段我军历史使命，作为基本着眼点聚焦用力。要坚持用党中央、中央军委和胡主席的决策指示统一思想，深入搞好我军根本职能教育，增强广大官兵忠于使命、献身使命、不辱使命的政治责任感。要大力培育战斗精神，尤其注重在军事训练和遂行重大军事行动任务中锤炼磨砺，使广大官兵始终保持英勇顽强的战斗意志和作风。要加大实施人才战略工程力度，重点抓好联合作战指挥人才和新装备专业技术人才培养，努力造就大批高素质新型军事人才。要适应我军遂行非战争军事行动任务增多的要求，不断拓展政治工作服务保证领域，切实在应对多种安全威胁、完成多样化军事任务中发挥作用、积极作为。

“三个确保”是紧密联系的有机整体，贯穿于全面推进军队革命化现代化正规化建设的全过程，统一于建设巩固国防和强大军队的伟大实践。确保我军始终成为党绝对领导下的人民军队，推动科学发展、履行历史使命就有了正确的政治方向和坚实的思想政治基础；确保国防和军队建设科学发展，才能为新形势下更好地坚持我军性质宗旨、履行历史使命提供可靠保证和有力支撑；确保有效履行新世纪新阶段军队历史使命，既是新的历史条件下坚持我军性质宗旨的体现，又是对实现国防和军队建设科学发展的巨大牵引。要坚持“三个确保”相统一，大力加强部队的思想政治建设，永远保持人民军队的性质、本色和作风。

三、紧紧围绕“三个确保”时代课题推动军队思想政治建设适应新形势、实现新发展

在新的历史条件下，解决好“三个确保”的时代课题，是军队思想政治建设的根本职责所在。我们要自觉用胡主席关于“三个确保”的重要论述统一思想和行动，使思想政治建设各项工作都紧紧围绕这一时代课题来谋划和展开。通过大力加强思想政治建设把“三个确保”落到实处，在实现“三个确保”中推动思想政治建设发展进步。

着力增强思想政治建设的科学性。这是思想政治建设发挥职能作用、落实“三个确保”的重要前提。思想政治建设的科学性，集中体现在其一系列方针原则都是建立在马克思主义科学理论基础之上，并随着马克思主义中国化的进程不断丰富发展的。新形势下，增强思想政治建设的科学性，必须以马克思主义中国化最新成果为指导，把中国特色社会主义理论体系的根本立场、基本观点、科学方法贯穿于思想政治建设实践，把科学发展观的要求落实和体现到政治工作的方方面面。要坚持把用中国特色社会主义理论体系武装全军作为首要任务，组织官兵深入学习邓小平理论、“三个代表”重要思想以及科学发展观等重大战略思想，积极开展中国特色社会主义理论体系宣传普及活动。要着重学好胡主席关于新形势下国防和军队建

设重要论述，并自觉用于指导实践、推动工作。要扎实抓好深入学习实践科学发展观活动，围绕党员干部受教育、科学发展上水平、履行使命见成效的总要求，紧密联系当前形势任务和部队实际，突出领导班子这个重点，加强分类指导，搞好统筹安排，务求取得实效。要通过深入学习实践科学发展观，丰富思想政治建设的理论和实践，改进内容和方法，完善制度和机制，使思想政治建设更好地体现科学发展观的要求，更好地适应“三个确保”的需要。

大力倡导和培育当代革命军人核心价值观。胡主席提出的“忠诚于党，热爱人民，报效国家，献身使命，崇尚荣誉”的当代革命军人核心价值观，反映了我军官兵与党、人民、国家、军队的关系以及我军官兵相互间关系最基本、最核心的价值观念，体现了我军优良传统、时代发展要求和官兵价值追求的高度统一。军队思想政治建设必须把培育当代革命军人核心价值观作为重要基础工程，摆到位、抓到位、做到位，使我军听党指挥、服务人民、英勇善战的优良传统得到传承和发扬，不断强化官兵的精神支柱。要坚持不懈地用当代革命军人核心价值观引领官兵的思想和行为，使官兵始终保持政治坚定和思想道德纯洁，真正做到打得赢、不变质。要把培育当代革命军人核心价值观融入部队建设的方方面面，抓好思想教育、舆论引导、文化熏陶、典型示范、实践养成、制度保障，使当代革命军人核心价值观为官兵普遍理解认同、自觉培养践行，为“三个确保”提供强大的精神力量。

切实改进创新思想政治工作。面对“三个确保”的时代课题，思想政治工作必须紧贴时代发展、紧贴使命任务、紧贴官兵实际，在改进中加强、在创新中发展。要适应时代发展的新特点，不断赋予思想政治工作优良传统以新的内涵，使思想政治工作更加富有时代感和影响力。要把思想政治工作贯穿到巩固和提高部队战斗力、完成多样化军事任务的具体实践中，充分发挥服务保证作用，提高思想政治工作的质量和实效。要遵循官兵成长发展规律，把官兵的思想行为特点和合理需求作为做好工作的重要依据，把官兵关心关注的问题作为推进工作的切入点，增强主动性、针对性、实效性。要进一步深化我军历史使命教育、理想信念教育、战斗精神教育和社会主义荣辱观教育，结合国际国内形势发展变化及时进行形势政策教育，保持部队高度集中统一和纯洁巩固，为维护社会和谐稳定大局作贡献。要深入研究探索新形势下思想政治工作的特点规律，改进创新内容、方式、方法、手段和机制，使思想政治工作在实现“三个确保”中发挥更大的作用。

进一步加强军队党的建设。军队党的建设是军队全部工作的基础和关键。要解决好“三个确保”的时代课题，必须以改革创新精神全面加强军队党的建设，充分发挥党委的领导核心作用、党支部的战斗堡垒作用、领导干部的模范带头作用、共产党员的先锋模范作用。要注重从思想上建党，不断提高党员干部队伍的马克思主义思想理论水平，引导广大党员坚定中国特色社会主义理想信念，强化旗帜意识、军魂意识、宗旨意识。要着力提高各级党委班子领导部队建设科学发展和带领部队完成多样化军事任务的能力，下功夫学理论、学科技、学管理，努力掌握做好工作所需要的一切知识和本领。要注重加强干部队伍建设，健全干部选拔任用的制度机制，特别是要抓好优秀年轻干部的选拔和培养工作。要下气力抓好基层党组织建设，不断增强基层党支部的战斗力，推动基层建设全面协调发展和整体提高。要认真贯彻党要管党、从严治党方针，坚持在思想教育上从严、在贯彻党章和党的制度上从严、在遵守党的纪律上从严、在干部教育管理上从严，大力树立和弘扬良好作风，巩固和深化讲党性、重品行、作表率教育活动成果，切实解决好党性党风党纪方面存在的问题，始终保持部队各级党组织的先进性。

（作者：中共中央军委委员、总政治部主任）

践行当代革命军人核心价值观的生动楷模

——蔡一清先进事迹的思考

吴胜利　刘晓江

蔡一清，海军某新型潜艇原艇长，曾以优异成绩被评为全军优秀共产党员、首届全军优秀指挥军官和全国青年岗位能手。在一次率潜艇参加全训合格考核返航途中，为抢救落水战士不幸牺牲。去年以来，海军部队广泛掀起向蔡一清学习的热潮，最近又对蔡一清的先进事迹进行了集中宣传，在社会上引起了强烈反响。蔡一清大洋深处写忠诚，潜艇砺剑谋打赢，壮美人生献海疆，不愧是一位模范践行当代革命军人核心价值观的优秀潜艇艇长。

一

目前，全军正在深入贯彻落实胡锦涛主席的重要指示精神，围绕忠诚于党、热爱人民、报效国家、献身使命、崇尚荣誉，大力开展培育当代革命军人核心价值观主题教育活动。蔡一清的先进事迹和崇高精神，为这一主题教育活动提供了生动的教材和学习的榜样。

蔡一清用矢志不移的执著追求，谱写忠诚于党的信仰之歌。忠诚于党，是革命军人最本质的政治要求，是当代革命军人核心价值观的灵魂。蔡一清把忠诚于党作为崇高价值追求，镌刻在心灵深处。他的爷爷是位老红军，他从小就耳濡目染地接受革命传统的熏陶，立志从军报国。作为一名军事干部，他不仅潜心学习军事知识、钻研军事技术，而且刻苦学习党的创新理论，留下来的 49 本个人笔记本里，写着许许多多学习党的创新理论的心得体会。16 年军旅生涯，他自觉地把个人事业与国家民族的前途命运联系起来，与建设强大海军的奋斗目标联系起来，在爱军精武的实践中，不断坚定对中国特色社会主义的理想信念。他始终保持共产党员的先进性，把对党的无比忠诚落实在履职尽责上，体现到完成任务中。军魂意识的不断强化，为他从一名普通青年学员成长为全军优秀共产党员和优秀指挥军官，打下了坚实的思想基础。

蔡一清用深如大海的真情大爱，展示热爱人民的炽热情怀。蔡一清常说，军人的价值，要体现在有效维护人民福祉、保证人民不受任何敌人侵犯和欺辱上。这是对人民最深厚的爱。他把人民海军爱人民的满腔热情，升华为热爱每一寸蓝色国土的大爱，自觉把践行我军根本宗旨与练就打赢本领紧密联系起来。骑鲸蹈海十余载，他的目光始终瞄准世界新军事变革前沿、瞄准未来海战中可能遇到的强敌、瞄准军事斗争准备中遇到的新情况新问题，不断寻求战法训法新突破，努力把新装备的作战性能发挥到最高水平。他以强烈的危机意识和时不我待的紧迫感抓部队建设，使所在新型潜艇创下战斗力建设中的 6 个首次，取得全师军事训练 8 项第一，并荣立集体二等功。使命重于泰山，只有心中深爱着祖国和人民，才能迸发出如此强烈的进取精神，创造出突出成就。

蔡一清用心系潜艇的敬业精神，诠释报效国家的壮志豪情。蔡一清高中毕业时，放弃保送名牌大学的机会，选择上潜艇学院；毕业分配时，谢绝留校免试读研，选择到潜艇任职；机关工作时，婉拒领导极力挽留，选择下基层带兵；不为高薪聘请、经商发财所动，情注潜艇、心系军营。蔡一清认为，越是“暗淡了刀光剑影，远去了鼓角争鸣”，越需要有人关注祖国的安宁，撑起民族的铁脊，承担起遏制战争、保卫和平的历史重任。在他看来，大海就是他挥写精彩人生的广阔舞台，潜艇就是他实现自我价值的战斗岗位。基层岗位虽然平凡，把它作为报效国家的平台就不平凡；潜艇条件虽然艰苦，把它当成放飞理想的辽阔海空就不觉得苦累。蔡一清用驰骋深海大洋的短暂人生和精彩航线，把当代革命军人的爱国奉献精神书写得顶天立地。

蔡一清用谋练打赢的实际行动，兑现献身使命的庄严承诺。蔡一清在一次演讲中说："选择了潜艇，就选择了把使命扛在肩上；选择了潜艇，就选择了接受风浪的洗礼。越是有风险，越需要敢牺牲的人来担当；越是责任重，越能体现军人的价值。"他刻苦学习新装备、钻研新战法，在海军现代化建设进程中不断开拓创新；他一心一意想打赢、谋打赢、钻打赢，时刻准备应对来自海上方向的各种威胁，肩负起保卫祖国海疆的千钧重担，坚决完成新世纪新阶段我军潜艇部队的使命任务。参加中外海军联合军事演习时，他指挥潜艇水下发射导弹全部命中目标；牺牲前，他驾驭的新型潜艇，圆满完成了一系列高难度的重大军事训练任务。坚持用实际行动兑现献身使命的庄严承诺，练就了他出色过硬的军事素质。

蔡一清用锁定"最佳"的工作标准，彰显崇尚荣誉的军人风采。在蔡一清的军旅生涯中，永远是只有更好没有最好，只有起点没有终点。在部队领导心里，蔡一清是驾驭新装备的能手；在院校专家口中，蔡一清是考不倒的装备通；在其他艇长眼里，蔡一清是值得尊敬的同事。在中外海军军事交往中，他的出众表现，曾令世界海军强国的高级将领赞叹不已，称他是"最熟悉自己潜艇的艇长！"他珍视荣誉、崇尚荣誉，始终坚持高标准，在献身海军建设的征途上，留下的是"一路走来，一路优秀"的脚印。

二

人民海军的建设发展已经走过 60 年的光辉历程。前不久，胡主席在出席海军成立 60 周年庆祝活动时强调指出，要在新的历史起点上，全面推进海军现代化建设。深入学习胡主席对海军建设提出的新要求，认真解读学习蔡一清的时代意义，我们深深感到：

全面推进海军现代化建设，特别需要培养造就更多像蔡一清这样热爱海军、建设海军、献身海军的"大海骄子"。建设一支与履行新世纪新阶段我军历史使命要求相适应的强大的人民海军，是胡主席对海军建设提出的宏伟目标。这个目标，凝聚着党和人民的千钧重托，承载着中华民族的热切期望。实现这个宏伟目标，需要无数官兵以建设强大海军的高度责任感和强烈事业心，在各自的岗位上拼搏进取。蔡一清就是这样一名热爱海军情深似海、建设海军倾心竭力、献身海军无怨无悔的优秀海军军官。适应使命要求，建设强大海军，前景广阔，任重道远。学习蔡一清，就要激励海军全体官兵，把意志和决心、智慧和力量、奉献与追求凝聚起来，共同为人民海军的世纪远航而奋斗，促进海军建设发展不断迈上新台阶。

全面推进海军现代化建设，特别需要培养造就更多像蔡一清这样忠诚使命、献身使命、不辱使命的"军中良剑"。海军是捍卫国家领海主权、维护国家海洋权益的主要作战力量。新形势下，海军在维护国家发展战略机遇期、维护国家海洋战略利益和海上战略通道安全等方面，使命更加艰巨，挑战更加严峻，任务更加多样。在新的历史条件下全面推进海军现代化建设，必须不断加强战斗力建设。战斗力建设是海军全面建设水平的集中体现和突出标志。如何始终把战斗力建设作为重中之重来抓，蔡一清用行动作出了回答。作为一名优秀的新型潜艇艇长，忠诚使命、献身使命、不辱使命，是蔡一清的突出特点。我们宣传蔡一清事迹，就是要在万里海疆叫响"学习蔡一清，打赢当先锋"的口号，让建海上劲旅、练海上精兵、铸海上铁拳，真正成为海军全体官兵的自觉行动。只有这样，才能适应海军使命任务的新拓展，以提高打赢未来信息化条件下海上局部战争能力为核心，不断增强应对多种安全威胁、完成多样化军事任务的能力。

全面推进海军现代化建设，特别需要培养造就更多像蔡一清这样立足本职、脚踏实地、建功立业的"时代先锋"。推进海军建设的新发展，必须突出抓好基层建设。没有基层建设的全面加强和整体推进，海军现代化建设的发展进步，就不会有巩固、坚实的基础。蔡一清是一名基层指挥军官，他既有远大理想，又有实干精神。他坚信，基层岗位、火热军营是放飞理想的舞台，立足本职、潜心实干是成就事业的要诀。他安心基层、扎根潜艇、脚踏实地、埋头苦干，在平凡岗位上创出了不平凡的业绩，成为一位享誉全军的时代先锋。建设强大海军，需要实打实干事业的默默奉献者。怎样才能当好一名军营实干家，在建设强大海军的伟大事业中大显身手，蔡一清的追求与实践，为海军全体官兵树立了光辉典范。

三

人生，有追求才精彩；生命，因奉献而伟大。认真思考蔡一清先进事迹所体现的精神价值，深刻感悟学习蔡一清活动产生的积极影响，使我们对新形势下大力培育当代革命军人核心价值观的重要性，有了更真切的认识。

培养造就更多像蔡一清这样的高素质新型军事人才，必须着眼确保举旗铸魂，把大力培育当代革命军人核心价值观作为灵魂工程来抓。蔡一清使命记心间，忠诚写碧海，"铆在岗位是一颗钉，潜入深海是一条龙"。他把对党和人民的忠诚，对国家和军队的忠诚，对职责和使命的忠诚，化作争创一流成绩的扎实行动。他平时甘舍小家顾大家，关键时刻奋不顾身救战友。他的行动充分展示了军人的勇气和豪情，他的精神根植于坚定的理想和信念。学习蔡一清的忠诚品格和崇高精神，使我们深切体会到，只有把大力培育当代革命军人核心价值观作为灵魂工程来抓，不断强化官兵的精神支柱，才能夯实部队高举旗帜、听党指挥、履行使命的思想根基，为海军建设注入不竭的精神动力。

培养造就更多像蔡一清这样的高素质新型军事人才，必须着眼部队科学发展，把大力培育当代革命军人核心价值观作为战略工程来抓。蔡一清把忠诚于党、热爱人民的炽热情怀，谱写成一曲情系潜艇岗位、演绎精彩人生的奉献之歌；把报效国家、献身使命的坚定志向，弹奏成一曲立足潜艇岗位、苦练打赢本领的拼搏之歌；把当代军人崇尚荣誉的价值追求，凝聚成一曲献身潜艇岗位、勇创一流业绩的奋进之歌。在蔡一清身上，既充溢着模范践行当代革命军人核心价值观的人格魅力，又体现了高素质新型军事人才的鲜明特征。兴国强军，人才为本。蔡一清的成长轨迹和工作业绩告诉我们，只有不断提高官兵综合素质、促进官兵全面发展，才能为部队建设科学发展提供强有力的人才支撑。大力培育当代革命军人核心价值观，是提高官兵综合素质、促进官兵全面发展的战略之举。

培养造就更多像蔡一清这样的高素质新型军事人才，必须着眼有效履行使命，把大力培育当代革命军人核心价值观作为基础工程来抓。蔡一清把人生价值牢牢定位于谋打赢上，把心血和汗水倾注于练精兵上，为了守卫海疆，他选择了与风险为伴、与挑战同行。蔡一清把使命看得高于一切。忠诚使命，他一无所求；不辱使命，他一无所惜；履行使命，他一无所惧；献身使命，他一无所憾。蔡一清的事迹启示我们，革命军人无论在硝烟弥漫的战争年代，还是在远离战火的和平时期，都必须强化使命意识，高扬战斗精神。献身使命是忠诚于党的行动体现，是热爱人民的生动写照，是报效国家的实践标志，是崇尚荣誉的实现途径。在新的历史条件下，大力培育当代革命军人核心价值观，对强化使命意识和高扬战斗精神，具有强基固本的重大意义。只有大力抓好这项基础工程，激励官兵始终瞄着使命干事业，对照使命找差距，着眼使命强素质，胸怀使命练精兵，才能永葆我军英勇善战的无敌雄风，铸就共和国坚不可摧的钢铁长城！

（作者：中共中央军委委员、海军司令员；海军政治委员）

努力把空军思想政治建设提高到新水平

邓昌友

胡锦涛主席在领导国防和军队建设过程中，始终高度关注思想政治建设，作出了许多重要论述。在去年年底召开的军队一次重要会议上，胡主席进一步系统阐述了新形势下军队思想政治建设具有根本性的重大问题，提出了一系列新观点新论断新要求。胡主席的重要论述，为空军进一步加强思想政治建设指明了方向。

一、深刻认识胡主席重要论述的战略意义、科学内涵和实践要求

充分认清胡主席重要论述的重大战略意义。从历史高度看，胡主席的重要论述是我军思想政治建设承前启后、继往开来的纲领性文献，对于弘扬我军思想政治建设优良传统，推进思想政治建设创新发展，具有极其重要的意义。从时代高度看，胡主席的重要论述是着眼世情、国情、军情深刻变化对我军思想政治建设作出的战略筹划，体现了对时代发展新要求、内外形势新变化、使命任务新拓展的深刻思考和科学把握，确立了思想政治建设新的战略制高点。从理论高度看，胡主席的重要论述是科学发展观的生动运用和具体展开，深刻反映了新形势下军队思想政治建设的特点规律，极大拓展了思想政治建设的视野领域，与党的三代领导核心关于军队思想政治建设的思想既一脉相承又与时俱进，为开创思想政治建设的新局面提供了强大思想武器。从实践高度看，胡主席的重要论述是深深植根于军队思想政治建设实践并被反复证明了的科学真理，从根本上保证了我军经受住国际国内复杂斗争的考验、改革开放和发展社会主义市场经济的考验、应急作战准备和急难险重任务的考验。总之，胡主席的重要论述是对我们党在长期执政条件下建设一支什么样的军队、怎样建设军队的科学回答，是对我军坚持性质宗旨、保持特有优势的政治要求，是对思想政治建设向哪里发展、如何发展的科学指南。只有站在时代、政治和战略全局高度，充分认清胡主席重要论述的重大战略意义，才能不断增强学习贯彻的自觉性和坚定性。

全面理解胡主席重要论述的科学内涵。首先，要作为有机整体来加深理解。胡主席的重要论述，主题鲜明、任务明确、重点突出、举措有力，是加强新形势下思想政治建设的总体部署，必须全面系统地认识理解，保证学习贯彻的完整性和准确性。其次，要抓住理论特征来加深理解。胡主席的重要论述，把思想政治建设放到时代发展大背景、国际国内大环境和军队建设大系统中进行思考，具有鲜明的时代性、科学性、实践性。其中，“三个确保”突出时代特征，指明了思想政治建设的历史方位和根本任务；增强思想政治建设科学性突出发展特征，规定了思想政治建设的发展方向和根本遵循；培育当代革命军人核心价值观突出价值特征，抓住了思想政治建设的基础工程和灵魂工程；“三个紧贴”突出方法特征，指出了思想政治建设创新发展的必由之路。第三，要把握内在规律来加深理解。胡主席的重要论述作为我们党探索新形势下军队思想政治建设特点规律的最新成果，深刻阐明了我军思想政治建设面临的形势任务，深刻反映了我军思想政治建设坚强的党性、鲜明的时代性、生动的实践性及突出的主体性，深刻揭示了我军思想政治建设必须与时代发展相一致、与使命任务相适应、与官兵实际相

符合的内在规律。把握住这些基本特点和规律，就找到了学习贯彻胡主席重要论述的“钥匙”。第四，要紧扣时代课题来加深理解。“三个确保”在军队思想政治建设中是管方向管全局的。要充分认清“三个确保”把思想政治建设与我军性质宗旨、建设发展和职能使命这三个最根本最重要的问题紧密联系起来，赋予我军更重大更艰巨的责任；充分认清“三个确保”把思想政治建设的作用从提供“服务保证”上升到必须“确实保证”，确立了更高的实践要求、价值取向和质量标准；充分认清“三个确保”把思想政治建设更鲜明地聚焦到时代发展提出的重大理论和现实问题上，是加强思想政治建设必须把握的“纲”和“魂”。

准确把握胡主席重要论述的鲜明实践要求。学习贯彻胡主席的重要论述，认清形势任务是前提。胡主席的重要论述体现着对时代发展大势、国防和军队建设形势的清醒认识和科学把握，体现着对巩固党的执政地位、保持人民军队性质、推进军队建设科学发展、有效履行我军历史使命的深入思考。第一，做到“三个必须”是根本。必须坚持把党对军队绝对领导的根本原则和人民军队的根本宗旨作为思想政治建设的根本出发点，始终保持我军坚定正确的政治方向；必须坚持把科学发展观作为国防和军队建设的重要指导方针，努力提高国防和军队建设科学发展水平；必须紧紧围绕有效履行新世纪新阶段我军历史使命加强思想政治建设，为我军履行使命提供可靠政治保证、强大精神动力和有力人才支持。第二，推动创新发展是核心。从时代高度审视思想政治建设，以创新精神推动思想政治建设，是贯穿胡主席重要论述的鲜明要求。思想政治建设只有不断创新，才能有活力、有动力，才能把握好时代课题、担当起“三个确保”的神圣职责。第三，坚持求真务实是关键。胡主席重要论述深刻具体，处处体现着求真务实的精神，各级党委、领导和政治机关，身处思想政治建设一线，要率先转变作风、真抓实干。

二、坚决按照胡主席重要论述推进空军思想政治建设科学发展

以胡主席重要论述理清思路，抓紧抓实加强空军思想政治建设的重大任务。一要扭住铸牢军魂不放松。针对官兵成分结构变化的实际，深入抓好中国特色社会主义理论体系武装，扎实开展“四项教育”，打牢高举旗帜、听党指挥的思想政治基础；针对各种错误思潮的侵蚀影响，从理论与实际的结合上把重大是非问题讲清楚；针对意识形态领域斗争的复杂形势，进一步增强政治敏锐性和政治鉴别力，严格教育引导和行为规范；针对空军主要遂行空中作战训练任务的特点，从严落实党对军队绝对领导的根本原则和制度，做到任何时候任何情况下都坚决听从党中央、中央军委和胡主席指挥。二要扭住科学发展不放松。胡主席把确保国防和军队建设科学发展确立为时代课题，是对思想政治建设职能使命的重大拓展。空军思想政治建设必须从推动科学发展观贯彻落实的高度，发挥好“确保”作用。三要扭住履行使命不放松。军队思想政治建设必须始终围绕我军历史使命来展开，紧贴军事斗争准备和军事训练转型来落实，做到使命任务拓展到哪里，作用就发挥到哪里。要坚决用党中央、中央军委和胡主席的战略决策统一官兵思想，保持部队履行使命、完成任务的高昂斗志；要围绕深化军事斗争准备，扎实做好训练中的政治工作，进一步提高服务保障水平。四要扭住重要基础工程不放松。胡主席把培育当代革命军人核心价值观确立为思想政治建设的重要基础工程，指明了新形势下强化官兵精神支柱的聚焦点。我们既要立足当前，更要着眼长远，把传统手段与现代手段、课堂教育与实践锤炼、舆论引导与文化熏陶等结合起来，形成综合培育的格局、强势推进的态势。五要扭住党的建设不放松。要结合深入学习实践科学发展观活动，按照十七大战略部署和胡主席“坚强有力、奋发有为”等重要指示，抓住能力建设和先进性建设这条主线，以改革

创新精神全面加强和推进空军部队党的建设。

以胡主席重要论述审视现状，大力破解空军思想政治建设的重点难点问题。一是提高思想政治教育实效。无论是学习贯彻科学发展观，还是培育当代革命军人核心价值观，都要注重成效。要结合学习贯彻胡主席重要论述，从内容设置、方法改进、秩序规范、制度落实和成效检验上，进一步加大研究改进力度。二是加强对领导干部的教育管理。要坚持从作风建设入手，狠抓党员干部教育管理，切实解决作风不实、为官不廉等问题。三是树立以人为本的建军治军理念。要把贯彻以人为本的理念体现到政策法规、具体工作和实际行动上。四是解决工作理念、运行机制、指导方式的科学化问题。要针对官兵反映强烈的问题，从切实改变指导方式，提高工作运行机制科学性入手，下决心下大力突破。

以胡主席重要论述解放思想，在新的起点上推进空军思想政治建设创新发展。要坚持围绕“三个确保”来解放思想、更新观念，对照“三个确保”来查找问题、分析症结，着眼“三个确保”来研究对策、寻求办法，凡有利于“三个确保”的就毫不动摇地坚持，凡不利于“三个确保”的就毫不迟疑地纠正。要深化对思想政治建设现实问题的研究，切实把时代背景和阶段性特征搞清楚，把官兵思想变化的特点规律搞清楚，把加强思想政治建设的思路举措搞清楚，使改革创新建立在探索规律、遵循规律的基础上。要深入研究新形势下时代发展、任务变化和官兵实际的新特点新规律，在“三个紧贴”中丰富思想政治工作内容、创新思想政治工作方法，力求取得扎实成效。制度机制带有根本性长远性。要注重从制度机制上研究如何推进工作的重大创新，解决那些制约思想政治建设的难题，努力构建思想政治建设科学发展的新体制新机制。

三、切实肩负起开创空军思想政治建设新局面的历史重任

履行好把关定向的政治责任，坚持首位首抓。如何摆位，反映着思想站位高度，决定着工作落实力度。思想政治建设是军队各项建设的核心，能不能真正摆在首位，检验着各级党委和领导干部对党是否忠诚、是否负责的政治态度和政治能力。必须纠正首位意识、政治意识、阵地意识淡薄，把思想政治建设当作“虚指标”、“软任务”的错误思想，真正把思想政治建设摆到位、谋到位、抓到位。

履行好齐抓共管的岗位责任，坚持形成合力。推进思想政治建设，各级党委和领导干部都负有责任。抓思想政治建设不只是政治干部的事，军队所有党的干部，都必须弘扬我军的政治优势，肩负起自己的政治责任。要坚持党委负责，加强对思想政治建设的研究筹划和具体指导；坚持责任到人，形成领导干部人人关心思想政治建设的浓厚氛围；坚持职能到位，政治机关要切实发挥好牵头拉总作用，司后装机关分工抓好相关工作，确保思想认识高度一致，部署安排搞好结合，财力物力提供保障，具体落实合拍合力。

履行好以行立信的示范责任，坚持做好表率。越是环境复杂、形势严峻、任务艰巨，越要靠党员干部发挥表率作用。党员干部要做坚定信念的表率，带头学习实践科学发展观，带头践行当代革命军人核心价值观；要做言行一致的表率，提高思想政治工作的威信威力；要做求真务实的表率，坚决杜绝官僚主义、形式主义作风，切实把工作做到一线去、做到官兵心里去，增强思想政治工作的感染力和说服力。同时要注意防止把思想政治工作庸俗化、放弃原则性战斗性的倾向。

履行好建强队伍的育人责任，坚持造就人才。新形势下，政治工作信息含量、科技含量、知识含量越来越高，创新发展任务越来越重，迫切需要建设一支政治思想过硬、能力素质过硬、作风形象过硬的新型政治干部队伍，这是推动思想政治建设科学发展的组织基础，也是保证思想政治建设后继有人的重大责任。要以提高能力素质为重点，把政

治干部队伍建设纳入空军人才战略，进行宏观谋划和顶层设计，在人才来源、选拔机制、培养途径、发展模式等方面，制订符合政治干部成长成才规律的规划计划，切实解决好热爱政治工作的感情问题、钻研政治工作的动力问题、做好政治工作的能力问题和抓实政治工作的作风问题。

（作者：空军政治委员）

学习贯彻胡锦涛主席关于安全稳定的重要思想推动部队建设科学发展

房峰辉

党的十六大以来，胡锦涛主席着眼中国特色社会主义事业战略全局，敏锐洞察国际国内安全形势发展变化，深刻把握安全稳定工作的特点规律，对安全稳定工作作出了一系列重要论述。胡主席关于安全稳定的重要思想，是新形势下建党治国强军战略思想的重要组成部分，是科学发展观在安全领域的重要体现和实际运用，是推进部队建设科学发展的重要思想武器，内容丰富，思想深刻，我们要全面准确地学习理解，并在工作实践中抓好贯彻落实。

一、学习安全稳定事关党和国家工作大局的思想，善于从政治和全局高度把握安全稳定问题

胡主席根据时代发展和我国安全环境的深刻变化，强调“必须把安全工作作为关系全局的大事来抓”，精辟阐明了安全稳定是大局的思想，深刻揭示了安全稳定在党、国家和军队发展大局中的重要地位，我们必须站在政治高度、战略高度和全局高度深入学习领会。

安全稳定是党治国理政的紧要大事，直接关系党的执政地位的巩固和加强。安全稳定直接关系社会和谐，影响党的执政基础。我们党肩负着带领全国人民开创中国特色社会主义伟大事业的历史重任，能不能经受住长期执政的考验，有效维护国家安全和社会稳定，是巩固党的执政地位必须解决好的重大课题。

安全稳定是维护国家主权和统一的重要基石，直接关系国家的强盛和民族的复兴。当前，国际形势继续保持和平发展的基本态势，我国安全形势总体稳定，但也面临着复杂形势和严峻挑战。我们只有保持安全稳定，才能有效应对内忧外患，不给敌对势力以可乘之机，为实现国家发展和民族复兴创造良好的安全环境。

安全稳定是推进改革发展的根本前提，直接关系中国特色社会主义事业的兴衰成败。改革发展必须有稳定的政治和社会环境，只有稳定，才能牢牢把握重要战略机遇期，聚精会神搞建设，一心一意谋发展，全面推进社会主义政治、经济、文化和社会建设。

安全稳定是党和人民对军队的特殊要求，直接关系我军能否有效履行历史使命。军队的安全稳定对于维护社会稳定有着特殊的意义。我们必须深刻认识军队在国家安全战略全局中所处的重要地位，进一步认清履行使命任务、保障改革发展对部队安全稳定的内在要求，切实看到部队安全稳定是我军性质宗旨所系、职能使命所在，是对国家安全和社会稳定大局的重要支撑。

二、学习安全发展是科学发展应有之义的思想，切实把安全发展理念贯彻到部队建设实践中

胡主席明确指出：“安全发展是科学发展的应有之义”，“实现军队建设又好又快地发展，其中就包含安全发展的要求”。胡主席深刻总结世界各国发展的经验教训，针对我国经济社会发展中遇到的突出矛盾，特别是安全生产领域发生的重特大事故，明确提出了安全发展思想。这一思想科学揭示了安全与发展的辩证关系，强调以安全为前提，以发展为目的，安全促发展，发展保安全，真正把安全与发展有机地统一起来，成为科学发展观不可或缺的重要组成部分。

安全发展思想是对发展这个第一要义的丰富拓展，是以人为本核心理念的具体体现，是全面协调可持续基本要求的必然反映，是统筹兼顾根本方法的实际运用。牢固树立安全发展理念，对部队来说，重要的是要正确认识和处理保安全与保战斗力的关系，既要坚持战斗力标准，又要高度重视安全工作，始终把战斗力生成作为安全发展的根本目的，绝不能以牺牲战斗力为代价消极保安全，同时要把积极的安全防范贯穿战斗力建设全过程。

近年来，随着学习实践科学发展观的不断深入，各级对安全发展越来越重视，工作越来越主动，但也有一些同志对安全发展理念缺乏全面准确的领悟，没能变成实际行动。我们必须克服一些简单化、片面化甚至形式主义的现象，切实把安全发展理念转化为工作思路和发展举措，作为衡量科学发展上水平的重要尺度，真正落实到部队各项建设和工作的实践中。

三、学习安全稳定工作必须坚持以人为本的思想，注重依靠官兵智慧和力量抓安全保稳定

胡主席指出：“军队要把以人为本作为重要的建军治军理念。”以人为本是科学发展观的核心，也是安全发展的基础和目的。贯彻以人为本重要思想，在安全稳定工作中要着重把握四点。

保护官兵的生命安全。以对官兵生命高度负责的精神抓安全稳定工作，把功夫下在经常性工作落实上，下在事前科学预测和有效防范上，下在对事故案件深刻反思和严肃处理上，这是对官兵最基本的关心。

充分发挥广大官兵的主体作用。尊重官兵的主体地位和创造精神，把践行安全发展理念作为全体官兵的自觉意识和共同行动。建立各级安全组织，健全群防群治工作体系，真正让官兵在安全预防中当主人、唱主角、作贡献。

积极维护官兵的切身利益和合法权利。实现和维护官兵的合法权益，是做好安全稳定工作的基本要求。官兵的合法权益如果得不到保障，就容易引起隔阂、激化矛盾，甚至酿成事故案件。

着力提高官兵安全素质和安全防范能力。把安全发展的着力点放在教育人、培养人、锻炼人上，通过提高官兵安全素质，熟知安全常识，积累安全经验，掌握安全防范技能，提高安全防范能力，增强安全管理效益。

四、学习依法从严治军、综合治理的思想，努力提升部队正规化建设的整体水平

胡主席多次指出，要以加强军队正规化建设为目标，把从严治军与依法治军统一起来，推动我军正规化建设向更高的水平发展。做好安全稳定工作，必须强调依法从严治军、注重综合治理，这是由安全稳定工作的特点决定的。

安全稳定工作具有政治性，政治上出问题是最大的安全问题，确保部队高度集中统一、坚决听党指挥是维护稳定的关键所在。安全稳定工作具有全局性，工作做好了，能够服务全局、保障全局；发生安全问题，势必影响全局、损害全局。安全稳定工作具有综合性，涉及部队各项建设，渗透在部队各项工作中。安全稳定工

作具有可控性，事故案件是可以避免的，虽然安全稳定存在不确定因素，只要尊重客观规律，坚持科学防范，就能消除隐患、有效防控。安全稳定工作具有应急性，一旦突发重大事故案件，必须快速反应、有效处置、控制危害。安全稳定工作具有长期性，贯穿部队建设全过程，需要经常打基础，持续抓落实，等等。这些特点揭示了安全稳定工作的内在规律和要求，表明了依法从严治军、综合治理的重要性必要性，我们要深刻认识和准确把握。

胡主席关于坚持依法从严治军、综合治理的思想告诉我们，抓安全稳定工作，必须坚持全要素入手、全方位推进、全过程落实。要加强教育，夯实安全稳定的思想政治根基；要严格治训，发挥军事训练的安全管理功能；要狠抓基层，打牢安全稳定工作的坚实基础；要完善设施，为安全稳定提供物质技术保障；要纯正风气，创造安全发展的良好环境。

五、学习稳定是硬任务、是第一责任的思想，以强烈的事业心责任感狠抓安全稳定工作落实

胡主席指出："发展是硬道理，是第一要务；稳定是硬任务，是第一责任。发展是政绩，稳定也是政绩。"这一重要论述，深刻揭示了发展与稳定的内在规律，给各级领导干部提出了明确的政治责任和实践要求。

强调稳定是硬任务，就是说安全稳定工作，不是可抓可不抓的工作，而是必须坚决完成好的任务；不是轻而易举可以抓好的工作，而是必须下大功夫苦功夫去抓的任务；不是可以等一等放一放的工作，而是必须雷厉风行抓住不放的任务；不是一时的阶段性工作，而是必须长期抓反复抓的任务。强调稳定是第一责任，就是说领导干部肩负的职责很多，抓好安全稳定是第一责任，必须亲自筹划、亲自组织、亲自实施，确保各项安全稳定工作的要求和措施落实到各个层面、各个环节、各类人员；发生问题时，领导干部要勇于承担第一责任，正视问题、吸取教训，举一反三、狠抓落实。抓安全稳定工作，仅有良好愿望是不行的，泛泛要求难以抓好，空洞表态更要不得，关键是要有思路、有办法、有真抓善抓的实际本领，能够扑下身子狠抓落实。

剖析一些单位发生的事故案件，原因虽然不尽相同，但共同的教训、要害的问题就是工作不落实。有的号令意识不强，执行规定指示不严肃不认真，要么照抄照搬，要么打折扣搞变通，甚至另搞一套；有的缺乏应有的事业心责任感，抓工作指导思想不端正，表态快、说得好、抓得虚，致使一些很重要的工作也没有落实到位。我们要认真贯彻胡主席关于加强作风建设的重要指示，切实在改进作风、狠抓落实上下功夫，自觉做到淡泊名利、埋头苦干，静下心来抓落实，科学统筹抓落实，发动群众抓落实，沉到末端抓落实，盯着问题抓落实，精细具体抓落实，以各项工作、制度和建设的有效落实，确保部队安全稳定。

六、学习维护社会稳定是军队重要任务的思想，在促进和维护社会和谐稳定中发挥特殊作用

胡主席指出："要始终把维护社会大局稳定作为军队的重要任务"，军队要"自觉在大局下行动，积极为促进经济平稳较快发展、维护社会和谐稳定作出贡献"。这一重要论述深刻阐明了军队维护社会稳定的重要性必要性，赋予了军队特殊的任务和职责，我们要深刻领会把握，认真抓好落实。

维护社会稳定是我军践行宗旨、履行使命的实际行动，必须积极支持和配合地方党委、政府做好工作。我军是维护社会稳定的坚强支柱，在复杂的国际斗争中捍卫了国家战略利益，在严峻的政治风浪考验面前发挥了中流砥柱作用，在一些地区出现复杂局势时提供了强有力的安全保障，成为党和人民在紧要关头最可信任、最可依靠的重要力量。在新的历史起点上，我们要义不容辞地肩负起党和人民赋予的职责，积极支持和配合地方党委、政府做好维护社

会稳定工作，只要是有利于促进地方经济发展繁荣的事，有利于维护广大群众根本利益的事，有利于增强军政军民团结的事，有利于促进社会和谐稳定的事，我们都要按照政策规定积极主动去做、全力以赴去抓。

维护社会稳定面临着新任务新课题，必须加紧提高完成多样化军事任务的能力。新形势下，部队随时可能遂行反恐行动、抢险救灾和应急救援、防范重大公共安全事件、处置群体性事件和参加重大活动安全保卫行动等任务，这些都是维护社会稳定面临的课题，对部队军事能力建设提出了新的要求。我们要重点加强核心军事能力建设，加紧提高履行使命任务的能力。同时，要大力加强非战争军事能力建设，着力提高反恐维稳、应急处突、抢险救灾、国际维和等非战争军事行动能力。大力加强民兵预备役应急力量建设，做到建在身边、抓在手中、用在关键，确保一旦有事，能够迅即反应、有效应对，坚决完成任务。

维护社会稳定对军区部队有着特殊要求，必须以更高的标准全力确保首都地区安全稳定。胡主席在视察军区部队时，突出强调我区做好维护稳定工作的特殊地位、特殊作用和特殊要求。我们必须以高度的政治责任感和使命感，切实肩负起维护首都安全稳定的重要职责，密切关注社会形势的发展变化，有计划有步骤地做好情报保障、指挥机制、力量部署、后勤装备保障等工作，积极支持和配合地方党委、政府维护好首都地区的安全稳定。

（作者：北京军区司令员）

在推进党的创新理论武装工作深入发展上下功夫

符廷贵

中国特色社会主义理论体系，是马克思主义中国化最新成果，是我们党最可宝贵的政治和精神财富。近年来，各级坚决贯彻党中央、中央军委和胡主席的决策部署，紧紧围绕打牢官兵高举旗帜、听党指挥、履行使命的思想政治基础，在推进中国特色社会主义理论体系宣传普及上不断加大力度，积极探索实践，取得了显著成效。广大官兵对中国特色社会主义理论体系指导地位和理论价值的认识越来越深刻，对蕴含其中的科学内涵和精神实质的理解越来越系统，对指导实践、推动工作的要求越来越明确。同时也调查感到，无论基层官兵理解掌握的程度，还是领导机关工作指导的力度，都存在一些差距和不足，需要以更高的标准、更大的力度、更实的举措，深化中国特色社会主义理论体系的普及。

一、认清形势任务发展对理论武装的新要求，不断增强抓好深化普及的自觉性坚定性

党的十七大以来，胡锦涛主席着眼国内外形势深刻变化，站在党、国家和军队建设事业发展全局的高度，对坚持不懈地用中国特色社会主义理论体系武装全军，作出了一系列重要论述。突出强调，高度重视并切实抓好用中国特色社会主义理论体系武装全军的工作，是当前和今后一个时期思想政治建设的一项重大战略任务；注重从思想上、政治上、组织上掌握部队，坚持用中国特色社会主义理论体系武装官兵；积极开展中国特色社会主义理论体系宣传普及活动，切实打牢官兵高举旗帜、听党指挥、履行使命的思想政治基础。胡主席这些重要论述，

抓住了军队建设带根本性、方向性、全局性的重大问题，体现了对发展中国特色社会主义伟大事业的深谋远虑，反映了对坚持我军性质宗旨和正确政治方向的战略思考，凝结着赢得青年官兵、赢得部队未来的期望要求。我们需要深刻领会胡主席的重要论述，着眼回答和解决“三个确保”时代课题，紧密联系面临的形势任务，不断深化对学习贯彻中国特色社会主义理论体系重大意义的认识。

意识形态领域的斗争越是尖锐复杂，越需要用党的创新理论凝聚军心意志。当前，敌对势力对我实施“西化”、“分化”的战略攻势不断加剧，社会上各种思想文化交流、交融、交锋日趋频繁，意识形态领域渗透与反渗透的斗争尖锐复杂。特别是前不久发生的乌鲁木齐“7・5”事件，是一起典型的境外指挥、境内行动，有预谋、有计划、有组织的打砸抢烧严重暴力犯罪事件。这些说明，各种敌对势力对我进行渗透、分裂、颠覆和破坏活动越来越猖獗，我们与敌对势力斗争是长期的、复杂的、尖锐的。部队历来是敌对势力渗透策反和腐蚀拉拢的重点，这几年部队发生的失泄密案件，也表明了形势的严峻性。意识形态领域的斗争，实质上是敌对势力与我们党争夺人心、争夺群众、争夺下一代的尖锐政治斗争，目的是搞垮我们的党、搞乱人心、颠覆政权。青年官兵正处在成人成长的关键时期，他们思想活跃、可塑性强，政治阅历浅，经受考验少，辨别是非能力相对较弱。如果不用科学理论占领思想阵地，消极错误的东西就会乘虚而入。我们抓好创新理论武装，就是要在意识形态领域尖锐复杂的斗争中，争夺思想阵地，打好进攻仗主动仗，不断增强官兵的政治敏锐性和政治鉴别力，确保在复杂形势考验面前头脑清醒、是非分明、信念坚定，始终不渝地高举旗帜、听党指挥，永远做中国特色社会主义的忠诚信仰者、坚定捍卫者、模范实践者。

官兵肩负的使命任务越是艰巨繁重，越需要用党的创新理论提供强大动力。随着我军职能使命的不断拓展，部队应对多种安全威胁、完成多样化军事任务的行动更趋频繁，对深化和拓展军事斗争准备、加快军事训练转变、提高部队实战能力，提出了更高的标准和要求，需要官兵具有坚强的革命意志、旺盛的战斗精神和过硬的能力素质。党的创新理论有着强大的真理感召力、政治动员力和精神凝聚力，历来是鼓舞士气、战胜困难的力量源泉。只有坚持用创新理论武装官兵，用进步思想灌注官兵，才能确保部队深刻领会党中央、中央军委和胡主席的决策部署，正确把握遂行核心使命任务的实践要求；才能不断增强忧患意识、使命意识和责任意识，弘扬英勇顽强的战斗精神，经受住各种艰难困苦的考验，圆满完成各项任务。

部队建设和改革越是深入推进，越需要用党的创新理论探寻发展对策。党的创新理论是我们党不懈探索中国特色社会主义的经验总结，是源于实践、揭示规律、指导发展的科学真理，为推动部队建设科学发展提供了锐利思想武器。从实践看，部队建设能否实现又好又快发展，关键在于是不是真正掌握了这一思想武器，是不是自觉运用了这一思想武器。这些年，一些单位能够抓住机遇，创新发展，进步幅度大，而一些单位工作比较平，发展相对慢一些。从根本上讲，这个差距就在于对创新理论学习掌握得深不深、实践运用得好不好，是不是把科学理论蕴含的世界观方法论转化为科学的发展理念和发展思路。随着国防和军队改革的不断深化，部队建设遇到的新情况新问题越来越多，推进发展面临的深层次矛盾不断凸现。解决这些矛盾问题，需要我们进一步从科学理论中寻找答案，解放思想，更新观念，开阔视野，锐意创新，用新的理念和思路探索破解难题的对策措施，努力在科学理论指导下推动部队建设创新发展。

二、紧贴基层官兵实际深化学习普及，切实使创新理论武装不断取得扎实成效

从调研情况看，有的官兵对基本观点学习

不够系统、理解不够深刻，满足于背记概念，领悟不透精神实质；有的单位对基层理论学习缺乏具体筹划，往往是常识性内容重复安排，影响了学习层次的提升；还有的不注重研究基层理论武装的特点规律，对大众化普及学习的形式方法探索运用不够。必须积极适应形势任务要求和基层官兵特点，加强科学筹划，探索管用方法，不断取得基层普及学习的新实效。

要把握好基层普及深化创新理论的内容要求。党的创新理论博大精深，而基层官兵理论基础较弱，文化素质和接受能力参差不齐，要求我们必须科学安排内容，明确普及学习的重点。要在了解理论脉络上求深化，让官兵懂得在马克思主义中国化的历史进程中，我们党实现了两次历史性飞跃，产生了毛泽东思想和中国特色社会主义理论体系两大理论成果，这个理论体系包括邓小平理论、“三个代表”重要思想以及科学发展观等重大战略思想，既有理论继承性，与马克思列宁主义、毛泽东思想一脉相承，又有理论独创性，在新的历史条件下开辟了马克思主义的新境界。在领会理论创新的最新成果上求深化，让官兵懂得科学发展观第一要义是发展、核心是以人为本、基本要求是全面协调可持续、根本方法是统筹兼顾，这一理论创新成果阐明了一系列具有时代特点的新观点，回答了实现什么样的发展、怎样发展等重大问题，对于发展中国特色社会主义具有长远指导意义，必须长期坚持。在掌握创新理论的“军事篇”上求深化，让官兵懂得胡主席关于新形势下国防和军队建设的重要论述，是党的军事指导理论的崭新篇章，是科学发展观在军事领域的生动运用，进一步回答了新世纪新阶段建设什么样的军队、怎样建设军队这一根本问题，是我军推进科学发展、履行使命任务的行动指南。在领悟创新理论的世界观方法论上求深化，让官兵懂得中国特色社会主义理论体系蕴含的马克思主义立场、观点和方法，是创新理论的精髓要义，也是认识世界、改造世界的思想武器，青年官兵要走好人生之路，忠实履行使命，必须掌握世界观方法论这个“金钥匙”。

要探索运用创新理论大众化的有效形式。理论掌握群众，离不开有效的抓手和载体，对基层官兵来说，尤其需要大众化、通俗化的普及方法。从部队实践看，有这样一些形式方法，需要在实践中很好地推广运用。(1)宣讲辅导灌输。充分用好课堂教育主阵地，开办基层理论讲堂，用生动事例、大众语言，深入浅出地讲解理论、解疑释惑。(2)名篇诵读背记。让官兵读本随身带、诵读不离口，带着感情学习，熟记经典章节和主要观点。(3)通俗读物诠释。编写通俗教材，采用画册、漫画、游戏软件等官兵喜闻乐见的方式，解读理论观点，掌握学习内容。(4)理论骨干领学。发挥干部骨干作用，注重在大学生士兵中培养理论骨干，让他们先学多学、领读领学、结对帮学，带动大家常学常议常悟。(5)典型示范引路。树立和宣扬学习运用创新理论的先进典型，让大家学有榜样、赶有目标。(6)信息媒体传播。用好政工网、报纸杂志、电视广播等学习平台，扩大理论学习的信息含量。(7)社会课堂启迪。运用各种教育资源，启迪官兵思想，强化感知认同。(8)文艺形式宣传。采取演讲征文、诗歌绘画和文艺演出等形式，把党的创新理论赞出来、画出来、演出来、唱出来。(9)政治环境熏陶。运用灯箱、橱窗、板报、宣传画、标语牌等载体，宣传基本观点，浓厚学习氛围。(10)讨论交流辨析。举办心得体会展评，进行热点问题大家谈，让官兵在互动交流中受到启发。(11)融入实践感悟。紧贴使命任务，立足本职岗位，开展主题实践活动，引导大家学理论、见行动。(12)考核评比激励。建立理论学习考核机制，激发官兵学习动力。这些形式方法，基层官兵喜闻乐见，普及学习实在管用。我们要按照“三个紧贴”的要求，进一步探索实践，不断丰富发展，努力增强基层理论武装工作的生机和活力。

要切实加强对基层理论武装工作的具体指导。推进创新理论的深化普及，不仅在思想认识上要有新高度，在工作落实上也应当有新举措。结合军区部队实际，当前和今后一个时期，需要抓好以下八项工作：一要抓好重大问题理论宣讲。依据总政《七个为什么》读本，组织团以上领导干部搞好宣讲，切实统一好官兵思想。二要充实基层理论学习资料。营连学习室要有理论经典著作，充实中国特色社会主义理论体系学习辅导读物。三要普遍建立连队网络学习室。保证2—3人有一台微机，并连通全军政工网。四要开展“基层理论骨干之星”评选活动。旅团要抓好理论骨干的选拔培训，每个班要有1—2名理论骨干。五要组织先进典型巡回报告。六要组织理论学习考核考评。七要开展政治教员比武竞赛。八要建立和拓展学习教育实践基地。在驻地纪念场馆、现代企业、社会主义新农村、文明社区等，建立学习实践基地，适时组织官兵参观见学。

三、注重运用创新理论研究解决基层现实问题，进一步提高部队科学发展的质量水平

基层是部队建设的基础，是工作落实的末端。只要我们把创新理论灌注到基层、融入到实践，就能有效解决基层建设遇到的新情况新问题，真正把理论学习成果转化为推进基层创新发展的生动实践。

深入研究解决进一步用科学发展观强堡垒、建基层的问题。当前，正在开展的深入学习实践科学发展观活动，是用中国特色社会主义理论体系武装官兵的重要举措，也是推进基层建设科学发展的有效载体。要在继续抓好前两批的同时，加强对第三批学习实践活动的调研、筹划和指导，紧紧围绕强班子、建队伍、促发展，突出学习灌输，狠抓查纠整改，着力强化基层党组织的组织功能和战斗堡垒作用，强化党员队伍的党性意识和先锋模范作用，强化干部队伍的事业心责任感，为基层建设科学发展提供强有力的组织保证。采取有力措施，抓好《军队基层建设纲要》的学习培训，增强各级各类人员按纲建连、按纲指导的素质能力。

深入研究解决用当代革命军人核心价值观引领官兵人生追求的问题。要遵循核心价值观形成规律抓好培育工作，适应基层部队人员不断更新换茬、官兵思想动态发展的特点，跟踪研究青年官兵思想、心理、行为的变化规律，切实把思想底数和价值取向搞清楚，把影响价值观形成的因素和渠道搞清楚，增强培育工作的针对性科学性。围绕解决现实思想问题抓好培育工作，善于把握兴奋点，找准切入点，抓住官兵在政治意识、奉献精神、练兵动力、道德情趣、荣誉感等方面容易出现的困惑和偏差，帮助他们明辨是非界限，端正价值追求。融入工作生活实践抓好培育工作，按照胡主席提出的思想教育、舆论引导、文化熏陶、典型示范、实践养成、制度保障六种方法途径，形成全方位多渠道综合培育格局，探索建立培育工作的长效机制，特别要发掘官兵自我教育的潜力，发挥军事训练特殊教育功能，在日常学习生活、战备训练和完成任务中磨砺意志品格。

深入研究解决适应多样化军事任务需求加紧提高官兵素质能力的问题。胡主席关于以打赢信息化条件下局部战争为核心，应对多种安全威胁、完成多样化军事任务的战略思想，越来越成为广大官兵的基本实践。应对多种安全威胁、完成多样化军事任务，对官兵的综合素质能力也提出了更高要求。我们既要看到这几年部队参加联合演习、国际维和、抢险救灾、支援奥运、国庆阅兵等重大任务，官兵的素质能力得到了锻炼提高，但也要看到还有不够适应的方面。任务的多元性，要求官兵素质能力的综合性。抓素质能力建设，要特别重视组织官兵学习党的军事指导理论，深化对提高核心军事能力、遂行多样化军事任务的理解，掌握遂行任务必备的民族宗教政策、社会风俗习惯、法律法规知识和应对各种突发事件的措施办法，培养与遂行任务相适应的专业技能、战斗作风等，努力打牢履行使命任务的素质基础。要采取有力措施，加大在职学习、短期轮训、岗位锻炼的力度，尤其要抓住大学生士兵逐年增多的契机，充分发

挥高学历、高素质人才的辐射作用，牵引和促进部队整体素质能力的大幅提升。

深入研究解决以良好作风确保上级决策指示在基层有效落实的问题。加强作风建设，很重要的是培养知行统一的良好学风，这既是促进基层理论武装深化转化的内在要求，也是上级决策指示有效落实的重要保证。上级的决策指示和部队的法规制度，都是创新理论在部队建设中的具体展开和运用。各级要站在讲政治、严党性、守纪律的高度，更加自觉地学习领会军委、总部的决策指示，更加坚决地抓好在末端的贯彻落实工作，切实用于统一思想、指导行动、推动建设。从今年情况看，完成国庆首都阅兵等重大任务，确保安全稳定是党、国家和军队的大局，也是部队的重要政治任务。我们应进一步强化抓安全稳定是硬任务和第一责任的观念，强化贯彻执行上级决策指示的自觉意识，以严格落实条令条例和规章制度管控好部队，以全面彻底的排查治理消除安全稳定隐患，以深入细致的思想工作及时化解各类矛盾，以严明具体的安全责任确保安全稳定工作落实到位。

四、各级党委和领导应尽好抓理论武装的政治责任，确保基层理论武装工作的有效落实

理论武装是部队思想政治建设的根本任务，也是从思想上政治上牢牢掌握部队的根本保证。各级党委要加强组织领导，认真履行好肩负的重要责任，切实把这项事关部队建设方向和发展全局的大事抓紧抓好。

坚持抓党委机关与抓基层理论武装相统一。党委机关和领导干部既是部队理论武装工作的组织者，也是学习践行的示范者和引领者，自身学得怎么样、用得好不好，对基层有着重要影响。领导干部如果不能在理论武装上学在前面、用在前面，不仅会失去组织指导基层理论武装的领导资格，也会失去在基层官兵中的形象和威信。各级领导一定要树立抓部队先抓自身、抓基层先抓机关的观念，自觉做到先学一步、多学一层、深学一些，切实把创新理论的科学内涵和精神实质掌握牢，把一些重大理论和现实问题研究透，为抓好基层的理论武装工作奠定坚实基础。要认真落实党委议学、个人述学、群众评学、组织考学的有效机制，注重抓好课题调研、专题学习、对策研讨，领导干部要结合分管工作，每年都要围绕1—2个重大问题搞好课题调研，不断提高运用创新理论解决现实问题的能力，以更好地指导部队建设。

坚持面上普遍指导与一线具体帮带相统一。坚持抓点带面、具体帮带，是重要的领导方法。深化基层理论学习普及，既要注重抓好面上的普遍指导，又要实施一线的具体帮带，努力实现指导与帮带的有机统一。要搞好分类指导，针对不同类型单位、不同学历层次和不同专业岗位的人员，分别提出理论学习的目标、内容和要求，切实做到与官兵接受能力、岗位要求相适应。善于运用领导机关的学习成果指导基层，党委中心组和机关的理论学习成果要及时通报部队，旅团党委机关集中学习交流可视情吸收基层主官参加，各级理论集训授课录像有选择地下发基层，尤其是组织学习、宣扬典型、推广经验，都要坚持从实际出发、从效果出发，切忌图形式、走过场。在搞好面上指导的同时，还应通过建立联系点的形式，加强对小散远直单位的重点指导，提高基层理论武装的整体水平。

坚持真理力量启迪与人格力量感召相统一。胡主席指出，党的正确理论和路线、方针、政策是真理的力量，领导干部的良好作风和形象是人格的力量。领导干部只有坚持知行统一、言出行随，才能增强理论武装的感召力和影响力。各级领导要自觉运用创新理论改造主观世界，坚持讲党性、重品行、作表率，自觉做到重理论修养、讲知行统一，树立信念坚定的形象，始终把理论武装作为升华境界、提高觉悟的根本途径，用于改造思想、锤炼党性；自觉做到事业有追求、名利有满足，树立立党为公的形象，坚持把个人发展与部队发展高度一致起来，以

强烈的事业心责任感抓工作、搞建设；自觉做到勇于讲真话、听得进真话，树立老实做人的形象，既坚持真理、敢于直言，又善于深入基层、调查研究，倾听官兵呼声，了解真实情况；自觉做到务实际、干实事、求实效，树立真抓实干的形象，带头端正指导思想，扑下身子、少说多做、埋头苦干；自觉做到管得住自己、把得住操守，树立严于律己的形象，坚持谨慎用权、谨慎处事、谨慎交往，不说出格的话，不办出格的事，切实以真理力量与人格力量的高度统一，树立领导干部的良好形象。

（作者：北京军区政治委员）

贯彻落实科学发展观 关键是提高军队领导干部的素质能力

刘 源

胡锦涛主席强调，军队建设能不能搞好，军事斗争准备能不能真正落到实处，军队能不能完成肩负的历史使命，关键在人，关键在领导干部。作为领导干部，要在担当党和人民赋予的神圣责任中不负重托，要在履行职能使命中有所作为，要在领导单位建设科学发展中建功立业，就必须把按照科学发展观要求，提高自身素质能力作为立德修身、司职行政的大事要务一以贯之地抓紧抓好，抓出成效。

一、进一步提高领导单位科学发展的能力

胡主席指出，要有效履行新世纪新阶段我军历史使命，必须认真贯彻落实科学发展观，科学筹划、科学组织、科学实施军队建设，努力把军队建设推进到一个新阶段。讲提高领导干部的能力，不难说出若干条。提高领导单位科学发展的能力，是新形势下领导干部必备的最重要、最根本、最关键的能力。这是因为，缺少这一能力，在领导单位建设中，第一要义是发展的要求就很难落到实处，核心是以人为本的要求就很难付诸实践，全面协调可持续的要求就很难进入工作，统筹兼顾的要求就很难自如运用。从这个意义上讲，领导单位科学发展的能力不强，其他能力也强不到哪里去，即使其他能力一时较强也不会保持恒久。应当看到，形势和任务在不断发展变化，领导干部履职要求和官兵期望在不断提升，领导单位建设科学发展的能力又是一条很高的要求，是一个需要长期坚持、不断努力、永无止境的过程。这就需要领导干部如饥似渴地从科学发展观中汲取理论营养和实践经验的精华，真正做到观念永不落伍，素质永不滞后，工作永不懈怠。

领导部队建设科学发展，非一般能力所及、非单一素质所能。那种认为“搞几次培训、写几篇文章、练几招特长”就能领导单位科学发展的想法，是片面有害的，必须全面、深入、持续地学习实践。现实往往是这样，越是复杂，培育的素质就越全面；越是深入，锻炼的智慧就越深邃；越是艰苦，孕育的能力就越高超。我们有的领导干部，在检查自身素质存在的不足时，为什么总感到善于站在全局的高度思考和处理问题，以宽广的眼界观察形势，谋划工作，统筹兼顾，审时度势，与时俱进的能力还不够强；围绕党的大政方针和上级意图，围绕国内外形势的发展变化，围绕本单位建设的目标和薄弱环节，围绕所属人员的思想状况，按照辩证唯物主义的思想路线及时发现和解决问题的能力还不够强；

用发展的眼光谋划事关单位长远建设的根本大计，用辩证的眼光处理单位建设中主要矛盾的能力还不够强；用大方向管小方向，用大道理管小道理，用政策管感情的能力还不够强，说到底是领导单位建设科学发展的能力还有差距。这个根本性问题解决不好，推进单位建设科学发展就很难保证。

提高领导单位建设科学发展的能力，途径和方法很多，最根本的是要真正学深悟透、躬行实践科学发展观，在高标准履行单位职能和个人职责中体现和检验领导科学发展的能力。一是把科学发展观所蕴含的立场、观点和方法转化为认识工具，深入分析单位建设面临的新形势新挑战，客观估计存在的新矛盾新问题，准确把握新特点新规律，在新的起点上形成新思路、拿出新举措、推动新发展。二是把科学发展观所蕴含的立场、观点和方法转化为思想武器，体现在指导工作、规范实践、权衡得失的全过程，贯穿于政治工作、军事工作、后勤工作和装备工作的全过程，渗透到党委议教、议训、议研、议管的全过程。三是把科学发展观所蕴含的立场、观点和方法转化为行动指南，自觉把所作的每一项决策、所办的每一项事情、所干的每一项政绩，都用科学发展观这把尺子量一量，从中发现不足，看到差距，改进工作，从而不断提高领导单位建设科学发展的能力。

二、进一步提高科学民主依法决策的能力

胡主席要求，各级党委要高度重视决策工作，树立现代决策理念，掌握和运用现代决策方法，努力提高科学决策、民主决策、依法决策能力，保证重大决策的正确性。按照领导科学的观点，科学主要指严格按照事物的本来面目和固有的特点规律思考把握问题；民主主要指注重听取各方面意见建议并善纳群言；依法主要指依据法规、制度、职责、程序议决重大问题。要保证科学民主依法决策，领导干部应当确立“三个意识”：一是群众意识。各级领导干部要迈开步子、扑下身子到群众中去，多征求广大官兵的意见建议，让他们的金点子、银点子体现到党委的决策之中，特别是面对一些相对生疏的领域和技术性、专业性强的事项决策时，要认真听取有关专家的意见建议。二是职责意识。党委成员在参与决策时，要防止围着小圈子转、围着局部利益转、围着习惯做法转的现象，自觉站在大局考虑问题、权衡得失，树立敢言、直言、善言的风气，为党委正确决策尽好自己应履行的责任。三是平等意识。不论是主官还是主管，参加讨论重大问题时，要有广纳群言、虚怀若谷的民主作风和开门纳谏、海纳百川的宽阔胸怀，坚持做到先听大家的意见不先入为主，尊重大家的意见不自以为是，从而使决策充分体现集体的智慧和经验。

党委班子议事决策、贯彻执行过程中，应坚持做到“三个不走样”：一是掌握政策规定不走样。要把认真学习掌握党的路线方针政策、国家的法律法规、军队的条令条例和规章制度作为党委决策的重要前提，做到班子成员调整时系统学，重大政策法规出台时及时学，研究决策问题时提前学，在坚持不懈的学习中提高科学民主依法决策能力。二是坚持党性原则不走样。要本着对党忠诚、对单位建设尽职、对所属官兵负责的精神想问题、作决策、办事情，不出应付工作的虚招，不出争名出彩的假招，更不出有悖于政策规定要求的错招，要出经得起历史、实践和群众检验的真招实策，在坚持党性原则中提高科学民主依法决策能力。三是落实决策程序不走样。牢固树立程序就是法规的意识，严格落实《军队党委工作条例》规定的议事决策程序，不因事多而少了程序，不因事急而省了程序，不因强调工作效率而抛开程序，在程序的严格规范下提高科学民主依法决策能力。

还应切实把握好“三个要”：一是全委会作用要“全”。注重防止和纠正以常委会代替全委会，或把全委会开成部署任务、讲评工作的行政例会现象。常委会除了落实定期报告工作制度外，还要对行使职权的情况特别是筹划年度工

作、选拔任用干部、重大经费开支等重要决定适时向全委会通报并听取意见，自觉接受全委会监督，使全委会各项功能得到全面体现，真正成为党内议决重大问题的权力机构。二是“主人翁”意见要为“主”。对涉及部队建设全局性工作，一方面要主动公布党委意图，让更多的党内外官兵了解部队建设形势，积极出主意、想办法；另一方面，在党委决策时要认真考虑官兵的意见和建议，确保决策更加科学合理。三是热点问题要“热”心。特别是对涉及官兵切身利益的干部选拔任用、士官选取、入党考学等热点问题，要充分听取基层党组织和群众意见，使党委决策符合官兵意愿。

三、进一步提高创新发展军事理论的能力

胡主席强调，要努力构建具有我军特色、体现时代特征、充满发展活力的军事科学体系，充分发挥军事理论指导军事实践、引领军事变革的重要作用。这一重要指示，既体现了军事理论研究工作贯彻落实科学发展观的内在要求，也为进一步提高创新发展军事理论的能力确立了标准。先进的军事理论，历来是引领军队建设和发展的必要条件；新的战争形态、新的武器装备、新的体制编制等，则不断生成新的需求牵引和推动军事理论创新发展。提高创新军事理论的能力，积极探索军事理论创新之路，对于推动军队建设又好又快地发展具有重大现实意义。随着中国特色军事变革不断推进，我军军事理论创新呈现出花开千树的局面，但“两个不相适应”的矛盾仍不容忽视，即军事理论创新的理念与世界新军事变革、科技发展的要求不相适应；军事理论创新水平与我军建设改革和履行新的历史使命的要求不相适应。具体表现为：军事理论原创成果不多，在创新理念、创新思路和创新队伍及保障等方面还存在一些制约因素，军事理论创新规模、水平、效益还不高，等等。因此，积极推进军事理论创新工作，愈益成为我军现代化建设中一个需要认真研究解决的重大课题。

军事理论创新，从本质上讲是科学探索胜敌之策。这就要求军事理论研究工作者，在军事理论创新上做到有的放矢。要保证有的放矢，基础条件是“三个搞清楚”：一是把我军未来军事发展方向搞清楚。按照建设信息化军队、打赢信息化战争的要求，深入探索信息化条件下诸军兵种联合作战特点规律，真正摸清未来信息化条件下的作战任务、作战方式和作战环境等及其发展趋势，形成与国家发展和安全战略需求相适应的军事能力。二是把未来的作战对手搞清楚。研究新的作战对手必须开拓视野、全域考察，运用新的观念加强对作战对手作战理论、战略指导、治军特点等方面的全方位研究，增强我军驾驭和打赢未来战争的针对性、指导性和前瞻性。三是把自己的情况搞清楚。熟悉我军建设和发展现状，准确把握我军作战能力，尤应了解我军克敌制胜方面存在的“短板”，科学筹划指导治军制胜之计，做到“知彼知己，百战不殆”，从而使先进的军事理论成为生成和增强我军战斗力的“助推器”、“倍增器”。

提高创新发展军事理论的能力，当前应着力从四个方面去努力：一是拓展战略眼光。战略眼光的基本特征是着眼长远、把握全局、审时度势、科学谋划。要用战略眼光深刻理解军委、总部对国内外形势分析判断的战略意图，准确透视世界新军事变革的发展大势，敏锐捕捉我军现代化建设和军事斗争准备急需解决的重大问题，及时把握军事理论创新发展的先机。二是增强创新本领。要努力学习科学文化知识，努力积累现代管理知识，努力更新现代军事知识，努力钻研以信息化技术为主要内容的高科技知识，努力掌握军事理论创新前沿信息，努力借鉴外军先进军事思想和经验，集创新理念、创新智慧和创新力量于一身，奠定丰富厚实的创新军事理论功底。三是坚持求真务实。提高创新军事理论的能力，难在求真务实，贵在求真务实，赢在求真务实。这就需要在领导研究工作中，准确把握世情国情军情，始终着眼实践实战

实效，紧紧围绕军委总部意图、部队建设实际和未来战场需要出大主意、大思路、大谋略，在贯彻求真务实要求中审视、提高和检验能力。四是严把成果关口。在科研成果审查上，要把有没有创新点、尤其是有多少能够进入军委总部决策和推进部队建设改革的创新点，作为衡量成果质量的重要标准。对那些没有创新的成果，不管投入力量有多大，不管持续时间有多长，不管花费资金有多少，不管领导层次有多高，也不能随意通过，更不能草率上报。

四、进一步提高解决突出矛盾问题的能力

胡主席指出，有些领导干部只想当官，不想做事，不想负责任，在其位不谋其政，碰到问题不解决，遇到矛盾绕着走，对职责范围内的事情该抓的不抓、该管的不管，结果问题越积越多，以致酿成大祸。这一重要指示，既是对那些工作不负责任的干部提出的严肃批评，也是对领导干部提高解决突出矛盾问题能力的告诫和提醒。各级领导干部肩负着率领单位建设科学发展的重任，同样也肩负着解决影响和制约单位建设科学发展矛盾问题的责任。从这个意义上讲，解决矛盾问题的能力，体现的是领导干部的综合素质，反映的是领导干部“心底无私天地宽”的精神境界。有的同志讲，发现问题是水平、揭露问题是党性、解决问题是政绩，其中蕴含的辩证法思想就在这里。

分析起来，有的领导干部之所以对单位存在的矛盾问题见怪不怪，对解决矛盾问题缺乏应有的原则性和战斗性，对激化了的矛盾问题不敢站出来承担责任，表面上看是为了维护党委班子的团结，维护单位的声誉，维护领导的形象，骨子里是“好人主义”作怪，怕伤感情、怕得罪人、怕丢选票。这种面对矛盾问题不敏感的现象，往往会把小问题拖成大问题；这种遇到矛盾问题绕道走的现象，看似平静的单位建设形势其实潜藏着一发不可收的隐患；这种解决矛盾问题不得力的现象，单位建设发展将付出昂贵的代价。毋庸讳言，在一些单位之所以存在批评难、不能批、不愿批的问题，与缺乏开展积极思想斗争的环境有直接的关系。有的同志听到好话、受到表扬就喜气洋洋，听到意见、受到批评就火冒三丈。作为领导干部，敢于坚持党性原则，敢于纠正单位建设存在的不良倾向，敢于解决影响单位科学发展的矛盾问题，是使命所在、责任所系，决不能“好人主义”，决不能用损害单位建设发展进步的代价换取庸俗的个人讨巧落好的良好“群众关系”。

提高解决突出矛盾问题的能力，领导干部应坚持做到“四要”：一要讲党性。党性是无产者本质的最高表现，是无产阶级利益最高而集中的表现。能否把解决矛盾问题作为应尽的职责，是对领导干部党性的实际检验。对影响和制约单位科学发展的矛盾问题，要敢于坚持原则，敢于揭短亮丑，敢于抓住不放，敢于靠前解决，决不把矛盾上交，决不让问题蔓延扩展，力争把问题解决在萌芽状态，避免小问题变成棘手的大问题，个别人的问题蔓延成倾向性问题。这既是各级领导干部的职责所在，也是讲党性、讲原则、有战斗力的具体体现。二要讲正气。一个单位正气浓，大家心气就顺，矛盾问题就相对较少；反之亦然。单位的正气是领导干部用心培育和营造形成的。换句话说，解决矛盾问题的过程，就是倡导和弘扬正气的过程。这就要求各级领导干部对那些事业不求进取、工作拈轻怕重、个人主义严重、随意议论是非、要求自己不严的人和事，要旗帜鲜明地反对，理直气壮地教育，苦口婆心地引导，使不良风气没有市场。三要讲艺术。解决矛盾问题的艺术，反映的是科学得体的领导方法，体现的是高超娴熟的领导才能。只要是出以公心，是为了单位建设的发展进步，是真心实意关心和爱护部属，再加上有解决矛盾问题的科学方法，就会收到事半功倍的效果。四要讲重点。善于解决重点问题是提高领导干部能力的“磨刀石”。对单位建设发展中遇到的突出矛盾问题，坚持做到不动辄上交、不左推右卸、不怨天尤人，注重在解决

影响和制约单位建设科学发展的突出矛盾中提高能力，在解决党性党风党纪方面群众反映强烈的突出问题中检验能力，在解决个别同志存在的不良风气中体现能力。

五、进一步提高躬行培育优良作风的能力

胡主席告诫我们，党的作风体现党的宗旨，关系党的形象，关系人心向背，关系党和国家的生死存亡。这一重要论述，精辟阐明了加强作风建设的极端重要性。领导干部是否具有躬行培育优良作风的能力，反映出个人的思想素质、党性观念、品行修养，关系到党的形象。这是因为领导干部是党的创新理论的坚定信仰者、党的宗旨的自觉践行者、党的形象的忠实维护者、党与人民群众保持血肉联系的积极促进者，群众就是用这种标准来要求我们的领导干部，用这种标准来认识我们的党风现状，用这种标准来判断我们党的先进性。从这个意义上讲，领导干部的作风是党的作风的一个“窗口”。作为合格称职的领导干部，决不能把躬行培育优良作风当口号喊、当标签挂、当“盆景”摆，必须站在关系党的形象，关系人心向背，关系党和国家生死存亡的高度，充分认识提高躬行培育优良作风能力的极端重要性，自觉远离专断、浮躁、虚假、庸俗的作风，弘扬光大民主、求实、严谨、高尚的作风，树立思想端正、崇尚艰苦、真抓实干的良好形象。

有的领导干部之所以在作风建设上存在一些这样那样的问题，并不是认识不到位，也不是条件不具备，而是由于领导作风不务实、思想作风不扎实、工作作风不深入造成的。用一些同志形象的话说，是应酬多了一点，阅读少了一点；娱乐多了一点，思考少了一点；空谈多了一点，实干少了一点。还存在心浮气躁、急于求成的问题；存在作风飘浮、沉不下去，讲得多、做得少，一般号召多、具体指导少的问题；存在搞形式主义、搞政绩工程，报喜藏忧、弄虚作假的问题。当前，领导干部在思想作风建设上，要重点解决端正工作指导思想，把对上负责与对下负责统一起来的问题；在学风建设上，要重点解决崇尚求实、严谨治学、精雕细刻，善于提出新思想、新思路、新见解的问题；在工作作风建设上，要重点解决深入实践、调查研究、殚精竭虑、奋发有为的问题；在领导作风建设上，要重点解决从会议中解脱出来，对急、难、新、重任务亲自挂帅、谋划和上手的问题；在生活作风建设上，要重点解决纯洁生活圈、交往圈、娱乐圈，维护好自身形象的问题。前不久，军委印发了《关于加强军队高中级干部作风建设的意见》，对加强和改进高中级干部队伍作风建设进行了规范，应该成为各级领导干部躬行实践的基本依据。

提高躬行培育优良作风的能力，需要领导干部把握好以下基本范畴：一是既要会学习，又要善运用。不能天天陷于迎来送往中、泡在酒场饭桌上，而应养成学习的习惯，把学习作为提高素质能力、推进事业发展的根本之道。与此同时，要善于运用学到的知识解决实际工作中的问题，努力做到学以致用，用以促学，学用相长。二是既要做好官，又要做好人。坚持求真务实、真抓实干，努力创造经得起实践、人民和历史检验的政绩。在做人方面，自觉讲真诚、讲真情、讲责任，正派正直，与人为善，谦虚谨慎，始终保持共产党人的浩然正气。三是既要能干事，又要能共事。能干事就是不负职责的重托，以唯物辩证的思维方式、求真务实的科学态度、无私奉献的价值取向、艰苦奋斗的精神境界和昂扬向上的工作干劲，用心想事、用心做事、用心干成事。能共事就是尊重领导班子成员，团结带领干部战士，凝聚各方面的智慧和力量共同干事创业。四是既要讲原则，又要讲情义。讲原则就是自觉遵守党纪国法和各项规定，该做的事一定努力做好，不该做的事坚决不做。讲情义就是要有感情，有人情味，形成领导关心部属、部属支持领导的良好氛围。五是既要重清正，又要重公正。领导干部搞一次特殊，就降低一分威信；谋一次私利，就失去一片人心，要用廉洁聚人、律己服人、身正带人、无私感人。

同时要带头执行规章制度，处理官兵关注的事，特别是涉及到他们切身利益的事，要一颗心对待，一碗水端平，一把尺子“裁剪”，既清正又公正，才能让官兵心服口服，才能有说服力地开展领导工作。

（作者：军事科学院政治委员）

落实胡主席“三个紧贴”要求 改进创新部队思想政治工作

黄献中

胡锦涛主席在去年底的一次重要会议上深刻指出，坚持紧贴时代发展、紧贴使命任务、紧贴官兵实际，切实改进创新思想政治工作。这一重要指示，高屋建瓴，意蕴十分深刻，为我们做好新形势下思想政治工作、进一步加强部队思想政治建设指明了方向。

一、充分认清重大意义，不断强化按照“三个紧贴”要求改进创新思想政治工作的责任感

胡主席的“三个紧贴”要求，是新形势下改进创新部队思想政治工作的基本原则，为回答和解决好“三个确保”的时代课题提供了重要保证，具有很强的现实针对性和长远指导意义。

第一，“三个紧贴”是我党我军思想政治工作优良传统的继承和发展。我党我军在长期革命、建设和改革的伟大实践中，总结和形成了一整套符合时代发展规律、适应党的历史使命任务要求、代表人民根本利益的思想政治工作方针、原则和制度。进入新世纪新阶段，国际形势复杂多变，信息技术迅猛发展，我国改革发展步入新的历史起点，中国特色军事变革和军事斗争准备加速推进，我军使命任务进一步拓展，官兵成分发生深刻变化。胡主席的“三个紧贴”要求，既全面继承和坚持了我党我军思想政治工作的优良传统，又着眼这些新的发展变化，充分汲取时代精华，对与时俱进做好思想政治工作作出了全新概括，进一步明确了新形势下改进创新思想政治工作的总体方向、基本原则和根本着力点，丰富和发展了党的三代领导核心关于思想政治工作的重要思想。

第二，“三个紧贴”是按照科学发展观要求改进创新思想政治工作的基本遵循。思想政治工作的改进创新，从本质意义上讲，是把党的理论创新成果运用到思想政治工作的具体实践。胡主席的“三个紧贴”要求，是科学发展观在军队思想政治工作领域的生动运用和展开。这一重要论述充分体现了科学性，坚持求真务实的理论品格，深刻把握科学发展的时代主题，为新世纪新阶段改进创新思想政治工作提供了重要指导和科学依据；充分体现了开放性，着眼国际国内发展大势分析考察我军思想政治工作，展示出极为宽广的战略视野；充分体现了全面性，运用系统的观点、联系的观点、发展的观点、统筹兼顾的观点，对时代发展、使命任务、官兵实际之间的内在联系和辩证关系进行了深刻阐述，为我们运用创新理论指导创新实践，不断增强思想政治工作的主动性针对性实效性，树立了典范。

第三，“三个紧贴”是对部队思想政治工作内在规律的深刻揭示。思想政治工作是一门科学，有其自身的特点规律。“三个紧贴”高度概括和总结了部队的生动实践和成功经验，系统回答了新形势下思想政治工作的基本站位、基

本实践和基本对象问题，把我们对思想政治工作特点规律的认识提到了新高度。只有紧贴时代发展，切实找准我们所处时代的基本站位，才能使工作符合不断发展变化的世情、国情、军情，确定的思路、措施和目标才能实事求是、科学合理；只有紧贴使命任务，始终围绕履行使命这个基本实践，才能使思想政治工作向提高战斗力聚焦，为有效履行我军历史使命提供强大精神动力和思想保证；只有紧贴官兵实际，紧紧抓住青年官兵这个基本对象，才能真正把以人为本的理念牢固确立起来，把推进部队全面建设和促进官兵全面发展高度一致起来。

第四，“三个紧贴”是适应新形势、迎接新挑战的迫切需要。当前，我军思想政治工作面临多方面的挑战，既有敌对势力的渗透、破坏，又有社会思潮多元背景下各种杂音噪音带来的干扰；既有社会主义市场经济深入发展引发的广泛冲击，又有深化军队改革带来的深刻影响；既有新形势下官兵思想、心理和行为方式呈现的新特点新变化，又有思想政治工作方式方法与官兵需求不相适应的矛盾。在新情况新问题面前，“三个紧贴”为我们解决这些矛盾问题提供了有力的思想武器，只有自觉按照“三个紧贴”要求去做，才能在有效化解矛盾中使思想政治工作经受新考验、实现新发展。

二、准确把握科学内涵，努力提高按照“三个紧贴”要求改进创新思想政治工作的起点和标准

“三个紧贴”思想深刻，内涵丰富，充分体现了胡主席对改进创新思想政治工作的深谋远虑。我们应深入学习理解，全面准确把握其精髓要义和实践要求。

紧贴时代发展，必须始终把适应时代发展需要作为改进创新的根本立足点，使部队思想政治工作更加富有时代感和影响力。社会存在决定社会意识。思想政治工作总是在不断适应时代要求中创新发展的。当今时代，是世界国际政治和思想文化领域斗争更加激烈的时代，是我国发展呈现出诸多阶段性特征的时代，是社会开放程度不断提高、信息技术快速发展、互联网等新兴媒体广泛运用的时代，是各种理念、思潮、信息相互交织和碰撞的时代。这些深刻而显著的发展变化，给部队思想政治工作赋予了新内容，提出了新要求。紧贴时代发展，就是要求我们必须把思想政治工作放到这些重大的时代背景中去思考，放到时代发展的阶段性特征中去谋划，放到时代发展的新趋势中去把握，积极吸纳一切鲜活的时代元素，增加思想政治工作的知识含量、科技含量、信息含量，自觉运用符合时代发展要求的新视角，研究解决部队建设中遇到的新情况新问题，使思想政治工作体现时代性，把握规律性，富于创造性。

紧贴使命任务，必须始终把有效履行历史使命作为改进创新的根本着眼点，使部队思想政治工作不断强化服务保证功能。思想政治工作的任务，历来是由党和军队的使命任务决定的。胡主席提出的“三个提供、一个发挥”的历史使命，从根本上规定了新世纪新阶段思想政治工作的职能任务。紧贴使命任务，就是要求思想政治工作紧紧围绕履行我军历史使命和军事斗争准备的基本实践来进行。特别是要适应信息化条件下部队建设、作战和遂行多样化军事行动任务的特点要求，努力改进创新思想政治工作的内容、方法、手段和机制，在巩固和提高部队战斗力中谋求新的作为。围绕中心、服务中心、保证中心的意识越强、工作越主动，改进创新思想政治工作的质量和实效就会越好。

紧贴官兵实际，必须始终把促进官兵全面发展作为改进创新的根本落脚点，使部队思想政治工作进一步增强主动性针对性实效性。思想政治工作说到底是做人的工作。官兵思想、心理和行为方式是一个动态的过程，特别是在新形势下，呈现出多因性、多变性、多样性和隐匿性等特点。紧贴官兵实际，就是要搞清现在的官兵是什么时代背景下的官兵、什么家庭环境成长起来的官兵、抱着什么样动机入伍的官兵，并着眼这些新的特点要求，紧密联系官兵的

思想和工作实际，有的放矢做好工作。应遵循官兵成长成才规律，把官兵的思想行为特点和合理需求作为做好工作的重要依据，把官兵关心关注的问题作为推进工作的切入点，做到教育人、引导人与塑造人、发展人相一致，思想教育与行为引导相统一，严格要求、严格管理与帮助官兵解决实际问题相结合，实现思想政治工作改进创新效益的最大化。

“三个紧贴”要求，贯穿于改进创新思想政治工作的整个过程，作用于部队建设科学发展的具体实践，统一于“三个确保”时代课题的目标指向。紧贴时代发展，明确了改进创新思想政治工作的环境和条件；紧贴使命任务，明确了改进创新思想政治工作的载体和平台；紧贴官兵实际，明确了改进创新思想政治工作的主体和对象。“三个紧贴”之间紧密联系、不可分割，鲜明回答了新形势下思想政治工作做什么、怎么做的问题，构成了一个严谨有机的整体，我们要准确理解、系统把握、全面落实。

三、着力理清基本思路，增强按照“三个紧贴”要求改进创新思想政治工作的质量效益

按照“三个紧贴”要求改进创新思想政治工作，必须着眼时代发展和部队实际，进一步开阔视野、理清思路、明确重点，努力在理念、内容、方式方法和制度机制上下功夫、求突破。

坚持把解放思想、更新观念作为落实“三个紧贴”的重要前提。当今社会环境发展变化的广度、速度和深度超过了以往任何时期，如果我们的思想观念跟不上这种发展变化，思想政治工作的改进创新就入不了门、突不进去。比如，久治不绝的“五多”问题，其中很重要的原因是新手段与旧观念的矛盾，工作手段先进了，思想观念还停留在过去指导工作的方式方法上。按照“三个紧贴”要求改进创新思想政治工作，也必须以解放思想为先导，用观念更新引领工作创新。当前，就思想政治工作领域而言，确实存在很多思想守旧、观念滞后的问题。从部队实际研究的一些问题看，比较突出的至少有5个方面：①在看待“80后”、“90后”官兵上，需要进一步破除“挑剔抱怨”的思维方式，树立“欣赏包容”的观念。比如，一些同志总喜欢用自己的过去衡量现在的官兵，用传统的标准审视当代的青年，片面地把他们经历丰富看成是思想复杂、崇尚民主看成是放任难管、合理追求看成是额外奢求、讲求实际看成是实用主义。②在应对新情况新问题上，需要进一步破除“消极封堵”的思维方式，树立“顺势有为”的观念。比如，这些年来每当出现新情况时，一些同志往往是从可能给部队带来的负面影响上想得多，总是摆脱不了“禁止——限制——默许——放开”的周期率，很大程度上削弱了管理的权威。③在工作视角和站位上，需要进一步破除“居高临下”的思维方式，树立“民主平等”的观念。比如，搞教育、做思想工作，一些同志总是潜意识地把自己当成真理的拥有者，把战士只当成教育管理的对象，习惯于我讲你听、我打你通、我说你做，人为地把他们推到了工作的对立面。④在目标要求上，需要进一步破除“过高过纯”的思维方式，树立“尊重规律”的观念。比如，把高指标当成高标准，用理想主义解决理想问题，结果是主观愿望与客观实际的距离越拉越大。⑤在工作指导上，需要进一步破除“重形式轻实效”的思维方式，树立“质量效益”的观念。比如，有的在工作中片面追求规模、过程和轰动效应，只重视做“上篇文章”，对“下篇文章”落实不够，甚至是“材料转发、工作转场”，等等。应该说，对于解决这些问题，各级做出了很大努力，取得了一些成效，但总体看还有不小的差距。解放思想、更新观念是一个长期、艰苦的过程。胡主席的“三个紧贴”要求，从一定意义上讲，就是对部队思想政治工作进一步解放思想、更新观念的一次深入发动。军事领域是竞争最激烈、考验最复杂，也是最具创新活力和最需要解放思想的领域。同时，由于有着严明的纪律，与地方相比，部队在解放思想、更新观念上又有其自身的特殊性要求，但这决不能成为束缚思想、制约创新

的借口。在“两大环境”下，思想政治工作需要注重从时代发展大潮和社会变革的生动实践中汲取源头活水，强化开放意识，树立新的理念，不断增强时代感和生命力。

坚持把坚定信念、履行使命作为落实“三个紧贴”的根本内容。部队思想政治工作的内容和任务很多，最重要的是信念和使命这个根本问题。落实“三个紧贴”，必须始终抓住这个根本，应突出以下5个方面的内容：其一，深化创新理论武装。按照“三个紧贴”要求改进创新思想政治工作，核心之点是要紧跟党的创新理论步伐抓好理论武装，确保党的理论和实践创新发展一步，理论武装就跟进一步、深入一步。积极探索建立一套激发学习热情的有效办法，树立一批可信可学的身边典型，形成一种处处受感染的浓厚氛围，通过抓宣传普及实现大众化，抓深刻领悟实现内在化，抓岗位实践实现具体化，抓落实制度实现经常化。团以上领导干部的学习，应以课题研究为牵引，着力在坚持学习制度、提高落实质量上下功夫。其二，大力培育当代革命军人核心价值观。应以主题教育活动为基本载体，在深入学习胡主席有关重要论述，不断强化官兵政治、理论和感情认同的基础上，着力解决好进入工作岗位的问题，联系担负的使命任务，把当代革命军人核心价值观具体到不同层次人员、细化到各个岗位；着力解决好进入日常生活的问题，把培育当代革命军人核心价值观的基本要求变成朴素道理和行为准则，在点滴渗透中端正价值追求，使军营处处洋溢着爱军精武、积极进取、团结和谐、知荣明耻的新风正气。其三，强化战斗精神，持续激发练兵动力。培育战斗精神，应靠学习教育引领，坚持用胡主席关于加强军事斗争准备的战略决策教育部队、引导官兵；靠军事训练强化，把大抓军事训练作为战斗精神培育的基本平台，深入做好按新大纲施训中的政治工作，充分调动广大官兵苦练军事本领的积极性；靠重大任务锤炼，着眼非战争军事行动的特点要求，拓展战斗精神培育的内涵，结合遂行重大任务，锻造部队的顽强意志和优良作风；靠奖惩激励促动，大力开展评选表彰优秀指挥军官、爱军精武标兵、军官军事素质认证、军事训练问责等活动，强化训练有功、训练有为、训练有责的鲜明导向。其四，努力满足官兵的精神文化需求。做好这方面工作，就是要把握好两条，一是正确引导，二是积极满足。具体讲，应处理好三个关系：一个是多样与主流的关系。过去，军营文化常常就是打打篮球、看看电影、甩甩扑克，现在官兵的精神文化需求日趋多样。我们的工作应适应这种发展变化，为官兵创造良好条件。但同时也要把准基调，把弘扬主旋律突出出来。另一个是时尚与高尚的关系。追求时尚是青年人的天性，但时尚未必高尚。应注重引导官兵提高文化品位、审美情趣和鉴赏能力，对时尚的东西不去盲目追求，对那些低俗的文化现象，必须远离、必须抵制。再一个是娱乐与育人的关系。不能把娱乐当成纯粹的消遣，应善于把科技、经济、文化、法律、历史等多方面的知识，融入到官兵的精神文化生活之中，帮助他们在愉悦身心的同时启迪思想、丰富头脑。其五，注重培养官兵良好的心理素质。部队青年官兵很多是独生子女，他们在父母的呵护下长大，经受挫折的能力不是很强，保持官兵心理健康的问题日益突出。军队是执行特殊任务的武装集团，官兵的心理素质，平时事关稳定，战时事关打赢。对此应有清醒的认识，主动做好工作，不能让官兵带着心理疾病走上岗位、走上训练场。应积极组织好心理科学常识普及、心理行为训练、心理健康服务等活动。作为旅团部队开展心理工作，主要是结合经常性思想工作一道去做，抓住形势发展、任务转换、利益调整、家庭变故等容易引起官兵心理波动的时机，跟进搞好思想教育和心理疏导工作，提高思想觉悟，促进心理和谐。

坚持把探索适应青年官兵特点的方式方法作为落实“三个紧贴”的有力抓手。做好新形势下思想政治工作，必须着眼贴得上、贴得进、贴得紧，根据青年官兵兴趣爱好、阅历经历和接受水平的实际，进一步改进创新方式方法。总的要求是，过去行之有效的应结合新的实际加以坚持和发扬，不适应形势任务需要的要积极改进和创新，方式方法单一的应拓展和丰富。重点抓好“三个依托”：一个是，依托信息网络拓宽思想政治工作的平台和方法。以信息网络为主要标志的现代传媒技术，为开展思想政治工作提供了广阔的空间。应确保官兵有上网的时间，有灵活的组织形式，有喜闻乐见的内容，有相应的制度保障，充分发挥好网络的学习教育、娱乐益智、沟通交流、民主监督等功能。通过上下共同努力，达到“网络进班排、内容常更新、官兵经常用、普遍受欢迎、切实见成效”的目标。另一个是，依托群众性自我教育拓宽思想政治工作的途径和方式。课堂教育是组织开展教育的基本形式，提高思想政治教育质量，很重要的是要提高课堂教育质量。但新形势下，军营生活与社会联系日益密切，官兵接受信息途径更加广泛，影响官兵思想的渠道不断增多，一张讲台已经很难讲清八面来风，一篇讲稿难以回答各种疑虑困惑。应着眼解决官兵在课堂以外、组织以外、八小时以外，如何实现不间断的教育管理等问题，坚持把群众性自我教育作为一个重要方法，使教育覆盖全时全员，构成一个完整的运行体系。引导官兵积极参与教育，自己教育自己，不仅可以弥补教育者能力素质上的不足，更重要的是调动官兵的内在积极性，让他们从自我启发、亲身体验和互动交流中体会正确道理。再一个是，依托各种有效资源拓宽思想政治工作的渠道和手段。部队各项建设都离不开资源的支撑。思想政治工作一定要面向社会、放眼世界，兼收并蓄、博采众长，积极借助和利用社会资源乃至人类文明发展的一切优秀成果。比如，对如何引进先进的思想理念、管理模式和技术手段等，应进行很好的研究，并在实践中积极探索。

坚持把建立完善制度机制作为落实“三个紧贴”的必要保证。建立和完善制度机制的过程，就是总结新经验、研究新情况、解决新问题、探索新规律的过程。近年来，军委、总部十分重视制度建设，先后建立和修订了一系列政治工作法规，为部队改进创新思想政治工作提供了根本遵循。各级党委和政治机关，都应坚持把建章立制作为思想政治工作的基础性工程来抓，不断提高工作指导的规范化水平。一个是对实践证明管用的成功做法要固化为制度机制。比如，坚持用党的创新理论建连育人；以帮建基层党支部、帮带基层干部和士官为主要内容的“双帮”活动；每年围绕一个主题在团以上党委机关开展集中教育活动；采取“集中在旅团，吃住在营连”的办法抓好基层理论轮训；依靠群众不间断排查隐患、依靠骨干不间断化解矛盾、依靠机关不间断检查督导活动，等等，应很好地总结，使之制度化常态化。另一个是对工作中遇到的矛盾问题要善于从制度机制的层面加以研究解决。比如，针对部队思想政治教育多乱杂的问题，各级党委和政治机关都应把依靠制度机制解决问题作为一种重要的工作指导方式。再一个是，应注意抓好各项工作制度机制的配套建设。比如，搞教育、做思想工作不能就道理讲道理，思想政治工作倡导什么、反对什么，应当在部队相关政策的运用和法纪的规范中得到体现，切实把决策导向、奖惩导向、利益导向和思想导向一致起来，促使官兵自觉照着正确的道理去做。把思想政治工作的制度建设，纳入到正在开展的深入学习实践科学发展观活动中，充分体现学习实践活动成果，确保思想政治工作与其他各项工作有机融合、协调发展。

四、切实加强组织领导，确保按照“三个紧贴”要求改进创新思想政治工作的扎实推进

按照“三个紧贴”要求改进创新思想政治工作，是各级党委和政治机关的重要政治责任。我们必须加强组织领导，弘扬优良作风，坚持科学实施，确保取得扎实成效。

重视加强对新情况新问题的调查研究。现在，时代发展的新变化突出体现在“信息化”，较

之过去人的活动，现在又多了一个网络空间，这为我们了解周围的世界提供了一个新的领域；使命任务的新要求集中体现在“多样化”，丰富和拓展了思想政治工作的内容；官兵实际的新特点集中体现在“多元化”，他们思想和行为的独立性、选择性、多变性、差异性日趋增强。按照“三个紧贴”要求改进创新思想政治工作，必须高度重视对新情况新问题的调查研究，在紧跟中实现紧贴，在紧贴中不断创新。只有把层出不穷的新情况新问题搞清了，才能真正贴近、才能有所创新；时代在发展，使命任务和官兵实际在不断发展变化，只有跟进研究、不断搞清，才能做到始终贴近、持续创新。研究问题要注重在把握事物发展的特点规律上下功夫，在解决矛盾问题、推动工作落实上见成效。

重视调动上下两个积极性。按照“三个紧贴”要求改进创新思想政治工作，需要上下共同努力、全员参与。一方面，各级领导应发挥带头作用。带头以积极探索的精神，投身到改进创新思想政治工作的实践中，特别是对一些重大现实问题，要立起课题亲自攻关求解。善于学习、勤于思考，切实用丰富的学识、深刻的见解、扎实的作风引领和带动工作高标准落实。另一方面，广泛发动和依靠官兵。现在，官兵的文化程度普遍提高，阅历见识比较丰富，应注意引导和运用好这种优势，把他们当中蕴藏的参与思想政治工作实践的巨大政治热情充分激发出来。组织开展思想政治教育，在要求政治干部履行好职责的同时，还应注重调动其他人员的积极性。

重视统筹好思想政治工作的各项任务。当前，部队政治工作任务十分繁重。改进创新思想政治工作，必须注重科学统筹、有序推进。要统住内容。部队的各项思想政治工作，应围绕部队中心任务，突出深入学习实践科学发展观活动和培育当代革命军人核心价值观主题教育两个重点。要统住节奏。各级领导和机关想问题、搞指导应遵循客观规律，不提不切实际的口号，对工作标准、落实时限不能层层加码，不能让基层整天在追加任务中度过，给部队留出足够的落实时间和空间。要统住文电。下决心减少文电数量、提高文电质量。应解决好电视电话会议次数过频、时间过长、陪会过多等问题。严格控制各种工作组和检查考核，保持部队正规的工作秩序。要统住标准。一切改进创新都要做到有利于巩固党对军队的绝对领导，有利于部队的高度集中统一，有利于以军事斗争准备为龙头的各项任务的圆满完成，有利于战斗力的提高。切实把研究问题与推动工作一致起来，把继承和创新统一起来，坚决反对形式主义和做表面文章。

重视加强政治机关和政治干部队伍建设。按照“三个紧贴”要求改进创新思想政治工作，对政治机关和政治干部队伍建设提出了新的更高的标准和要求。应坚持以岗位和任务为牵引，持续抓好培养提高，不断提高按照“三个紧贴”要求筹划和组织实施思想政治工作的能力，围绕中心任务改进创新思想政治工作的能力，研究新情况、解决新问题、创造新经验的能力。特别是应针对当前政治干部队伍流动比较快、成分比较新、地方大学生比例逐渐增大的实际，加强我军政治工作优良传统和新鲜经验的学习教育。突出抓好各级政治机关特别是旅团一线政治机关的业务建设，深入开展评选先进政治机关、优秀政治干部活动。大力加强思想作风建设，引导各级政治机关和广大政治干部树立求真务实、勤奋敬业、服务基层、公正用人、艰苦奋斗的良好形象，增强组织开展思想政治工作的说服力和感召力。

（作者：沈阳军区政治委员）

以良好的作风和形象带领部队科学发展

刘冬冬

党的十七届四中全会通过的《中共中央关于加强和改进新形势下党的建设若干重大问题的决定》对加强和改进新形势下党的作风建设特别是领导干部作风建设，提出了新的要求，作出了全面部署，强调指出，要弘扬党的优良作风，大兴密切联系群众之风，大兴求真务实之风，大兴艰苦奋斗之风，大兴批评和自我批评之风，以坚强党性保证党的作风建设。我们要认真学习领会、坚决贯彻落实，切实加强部队党的作风建设，把这件关系我军性质本色、部队战斗力生成发展、军队事业兴衰成败的大事抓紧抓好。

一、切实增强抓好领导干部作风建设的紧迫感责任感

加强领导干部作风建设，是应对意识形态领域斗争新挑战、永葆共产党人政治本色的迫切需要。当前，我国经济社会深刻变革，社会思想思潮多元、多样、多变的趋势日益明显，意识形态领域的斗争日益尖锐复杂，领导干部的政治信仰、价值追求、行为方式等面临前所未有的挑战。我国改革发展处于攻坚阶段，社会深层次矛盾问题不断凸显，各种错误思潮以及市场经济负面效应相互交织，直接影响冲击部队领导干部的环境因素大大增多；西方敌对势力始终把我军作为西化、分化的重要目标，极力鼓吹“军队非党化、非政治化”和“军队国家化”；新兴媒体和现代通讯手段迅速发展普及，对外军事交流和军地交往愈加密切，部队领导干部受不良舆论信息干扰影响的渠道途径大大拓展；大批年轻干部走上领导岗位，有些同志对我党我军的优良传统感悟不深，经受不住各种诱惑考验的潜在风险大大增加。只有大力加强领导干部作风建设，增强党性修养，纯洁思想道德，牢固树立马克思主义世界观人生观价值观，不断增强政治鉴别力和政治敏感性，才能从根本上筑牢拒腐防变的思想防线，确保任何时候任何情况下都做到头脑清醒、立场坚定，始终保持共产党人的政治本色。

加强领导干部作风建设，是适应军队建设新要求、推动部队建设科学发展的可靠保证。按照科学发展观要求推进部队建设，实质上是部队建设在发展理念、发展模式、发展思路上的深刻变革和调整，需要重新认识和正确处理部队建设中的各种重大关系，实现各项建设和工作的良性互动和协调发展。而这一切都必须有科学精神支撑，有优良作风保证。正如胡锦涛主席强调的那样，领导干部作风问题不解决，科学发展观就很难落到实处。分析当前部队建设中与科学发展观要求不适应不符合的问题，很多都与党委班子和领导干部的作风有直接关系。面对世界新军事变革迅猛发展的巨大挑战，面对推动部队建设科学发展的繁重任务，面对深入学习实践科学发展观活动的强劲态势，只有大力抓好领导干部作风建设，教育引导各级领导干部按照科学发展观要求转变作风，自觉纠正违背科学发展的观念做法，解决制约科学发展的矛盾问题，完善保障科学发展的制度机制，才能进一步提高部队建设的质量和水平。

加强领导干部作风建设，是着眼国家安全形势新变化、有效履行使命任务的必然要求。全面履行我军历史使命，是关系国家经济社会发展全局的重大而艰巨任务。在我国安全形势综合性复杂性多变性不断增强的大背景下，领

导干部只有具备顾全大局、服从全局的思想境界，具备忠于职守、无私奉献的政治觉悟，具备攻坚克难、改革创新的开拓精神，具备求真务实、真抓实干的工作态度，才能从政治和全局的高度谋划部队建设，才能在深入调研、把握规律的基础上开拓前进，才能高标准高质量做好军事斗争准备和完成各项任务。因此，越是形势复杂、任务艰巨，越要高度重视和抓好作风建设，切实解决领导干部党性党风党纪方面存在的突出问题，使各级党组织成为奋发有为、廉洁奉公、团结高效的坚强领导核心，使各级领导干部成为思想过硬、作风优良、纪律严明的带兵人，更好地肩负起带领部队有效履行历史使命的重大责任。

二、深刻把握新形势下领导干部作风建设的内涵要求，进一步增强解决问题的针对性实效性

牢固树立恪守宗旨思想，切实解决好为谁服务的问题。全心全意为人民服务，是我党我军的根本宗旨和一切工作的出发点落脚点，也是检验各级领导干部党性作风的根本标准。当前，一些领导干部的宗旨意识有所淡化，有的对人民群众缺乏真挚感情，做了一些漠视甚至损害群众利益的事；有的高高在上、自以为是，不尊重官兵，对官兵的冷暖疾苦无动于衷，等等。这些问题，伤害了军民感情，损害了官兵关系，影响了部队建设。自觉践行我军根本宗旨，必须教育引导各级领导干部始终站在人民利益的立场上思考处理问题，妥善处理军政军民关系，以实际行动维护和发展好人民群众的根本利益；必须树立正确的权力观，真正把权力作为服务人民、服务官兵的重要工具，始终做到克己奉公、秉公用权；必须认真贯彻以人为本的理念，把端正根本态度与发挥主体作用、严格管理要求与加强人文关怀、维护官兵正当权益与促进官兵全面发展有机统一起来，千方百计地为官兵做好事、办实事、解难事。

大力弘扬求真务实作风，切实解决好改进工作指导的问题。从部队实际看，有些单位建设长期没有多大起色，老大难问题得不到有效解决，一个重要原因，就在于有的领导干部工作指导思想不够端正，缺乏求真务实的精神和作风。大力弘扬求真务实精神，必须树立正确的政绩观，坚持一切从实际和实效出发，做到既立足当前又着眼长远，既积极进取又量力而行，既提高标准又遵循规律，确保各项工作经得起实践、人民和历史的检验；必须强化真抓实干意识，坚持讲实话、鼓实劲、出实招、办实事，真正使各项工作落到实处；必须改进工作方法，增强工作指导的科学性，坚持深入调研摸实情、集思广益找对策、依法运转促落实、精确管理求效益，推动各项建设和工作上台阶上水平。

着力强化政策纪律观念，切实解决好坚持党性原则的问题。讲政策、守纪律，是领导干部为官从政、履职用权的基本要求，也是弘扬优良作风、保证政令军令畅通的前提条件。强化领导干部的党性原则，必须坚持用政治纪律规范言行，模范贯彻党的路线方针政策和军队规章制度，坚决反对政治上的自由主义，在思想上政治上行动上始终与党中央、中央军委保持高度一致；必须坚持以组织纪律纯正风气，认真贯彻民主集中制原则，敢于坚持真理、修正错误，切实开展批评与自我批评，不断增强党组织的原则性战斗性；必须坚持按法律纪律用权办事，依据权限和程序决策重大问题，公道正派地处理各种事务，确保权力运行公开透明、领导工作规范有序。

始终保持锐意进取意识，切实解决好事业心责任感的问题。精神状态折射事业追求，反映思想境界，决定工作成效。改进领导干部作风，解决好精神状态问题，体现在行动上，就是开展工作的标准要更高一些，坚持打赢第一，注重质量效益，务求出精品、创佳绩，使各项工作和建设走在前列；解决问题的力度要更大一些，坚持工作重心向发现和解决问题倾斜，领导精力向矛盾问题多的地方投放，切实在解决官兵关注的热点问题、军事斗争准备的紧迫问题、制

约科学发展的深层次问题上取得新突破；改革创新的劲头要更足一些，坚持立足自我、不等不靠、积极作为，努力在推进军事训练转变、改进思想政治工作、创新后勤装备保障模式等方面，拿出行之有效的对策办法，不断开创部队建设新局面。

自觉坚持艰苦奋斗精神，切实解决好廉洁自律的问题。胡主席一贯要求领导干部必须牢记“两个务必”，永远保持艰苦奋斗的政治本色。大力发扬艰苦奋斗精神，必须从认真落实领导干部廉洁从政纪律规定做起，坚持厉行节约、勤俭办一切事情，坚决抵制享乐主义和奢靡之风，带头反对铺张浪费和大手大脚，切实把有限的资源用在刀刃上，用在提高部队战斗力和改善官兵物质文化生活上；注重培养健康向上的生活情趣，保持高尚的精神追求，重操守、慎小节，远离灯红酒绿，抵制低级趣味，做到一身正气、一尘不染；加强对家属、子女和身边工作人员的教育管理，约法三章，不徇私情，真正在清正廉洁、严于自律上作好表率。

三、认真贯彻从严治党方针，努力实现领导干部作风的进一步好转

思想改造要严，抓紧学习教育。作风上存在和发生问题，说到底是世界观人生观价值观出现了偏差。必须紧紧抓住改造主观世界这个本质要求，引导各级领导干部自觉改造主观世界、勇于改造主观世界、终身改造主观世界，用中国特色社会主义理论体系武装头脑，用当代革命军人核心价值观端正追求，用我党我军优良传统和作风鞭策自己，切实打牢为官从政、干事创业的思想政治基础；坚持把整风精神贯穿于理论学习、思想教育和组织生活之中，紧密联系领导干部思想工作实际，深入查找分析权力观地位观利益观和事业观工作观政绩观方面存在的问题，研究拿出切实管用的整改措施，力求每次学习教育都能触动思想灵魂、解决突出问题；积极改进团以上领导干部学习教育的形式方法，进一步探索研究理论学习考核评估办法，着力解决学习教育质量不高的问题，更好地促进领导干部改造思想、转变作风。

管理监督要严，健全制度机制。认真贯彻落实《党内监督条例》和军队党组织实施党内监督的各项规定，结合实际不断完善领导干部监督管理制度机制。要把各级主官和关键岗位领导干部作为管理监督的重点对象，经常检查领导干部公正用权和廉洁自律的情况，及时发现和解决在干部选拔任用、重大经费开支、军用土地置换、重大工程建设等敏感事务上的问题；把拓展途径、增强合力作为加强管理监督的重要方法，通过畅通民主渠道，积极推进巡视工作，把党内监督与上级领导监督、职能部门监督、群众监督、法纪监督、舆论监督等结合起来，使管理监督范围延伸到“两个以外”（八小时工作以外、营区以外）和“三圈”（生活圈、娱乐圈、交际圈），形成全方位、多层次的管理监督网络；把狠抓制度落实作为加强管理监督的关键环节，进一步细化和明确“谁负责、谁来抓、出了问题怎么办”，确保改进作风的各项规定措施真正落实到位。

执行纪律要严，加强法纪建设。各级党委和领导干部必须严肃法纪，勇于揭露矛盾、查处问题，增强从严执纪的主动性，坚决防止和克服怕影响单位荣誉和个人进步，而对违规违纪问题姑息迁就，或大事化小、小事化了，甚至隐瞒实情、袒护包庇。坚决维护法纪的权威性严肃性，对领导干部的违规违纪问题，不管其职务多高、权力多大，都必须一律严查、一查到底。进一步提高执纪水平，对群众反映强烈、影响恶劣的问题和案件，按职责范围加大直查和督办力度，做到从严从快从重查处和通报，切实以严明的纪律教育诫勉党员领导干部。

导向标准要严，营造良好氛围。大力弘扬胡主席倡导的八个方面良好风气，进一步树立讲实效重实绩的工作导向，坚持客观公正地评价部队建设和干部工作成绩，既看硬件又看软件，既看显绩又看潜绩，既看当前建设又看长远发展，引导各级领导干部把心思和精力放在打

基础、抓落实、谋发展上。进一步树立德才兼备、以德为先的用人导向，切实把领导干部的思想品德、能力素质和工作成绩作为选拔任用的重要依据，真正使作风过硬、群众认可的干部受到重视、得到重用。进一步树立学先进当表率的舆论导向，充分发挥新闻媒体作用，大张旗鼓地宣传推广部队加强作风建设的先进经验和典型，引导和激励各级领导干部自觉讲党性、重品行、作表率，团结和带领广大官兵高标准高质量完成以军事斗争准备为龙头的各项任务。

（作者：济南军区政治委员）

突出党委班子建设重点
着力解决存在的突出问题

张　阳

开展深入学习实践科学发展观活动是全党和全军的一项重大而紧迫的政治任务，是强化理论武装、加强党性锻炼、改进作风形象、提高能力素质的有力举措，为加强部队党委班子建设提供了重大契机和重要途径。开展学习实践活动，一定要把党委班子这个重点鲜明地突出出来，狠抓党的创新理论武装，固牢为党的理想和事业奋斗的思想根基，坚定对中国特色社会主义的理想信念，树立与科学发展观相适应的思想观念，强化推进部队建设科学发展的政治责任。在此基础上，进一步解决存在的突出问题，推动先进性建设和能力建设达到新的境界，切实使各级党委班子成为团结和谐、风清气正、坚强有力、奋发有为的领导集体。

一、着眼有效履行使命职责，努力提高领导部队科学发展和完成多样化军事任务能力

胡锦涛主席反复强调，各级党委要努力提高领导部队建设科学发展的能力，提高领导部队应对多种安全威胁、完成多样化军事任务的能力。胡主席的重要指示，充分体现了党的先进性建设和能力建设的根本要求，抓住了新形势下加强党委班子建设的关键和要害。随着时代发展和军队职能使命拓展，更加凸显了加强党委班子能力建设的重大意义和战略需求。从目前各级党委班子的状况看，能力建设仍是一个带普遍性的薄弱环节，部分班子成员理论素养和思维层次不高，领导理念、工作思路和指导方式还不适应科学发展观要求，信息化知识和联合作战指挥素养欠缺，把握治军带兵规律和掌控部队能力不强。一定要把提高能力作为加强党委班子建设的战略任务和紧迫课题，摆在更加突出的位置，充分发挥学习实践活动的牵引带动作用，以强有力的举措抓出新的成效。

加强学习研究，在改善知识结构和转变思维方式中提高能力。学习是提高能力素质的基本途径，学习力决定领导力。适应新形势，完成新任务，实现新发展，要求我们必须具有必备的科学知识和理论素养，具有战略思维、辩证思维、系统思维、创新思维的能力。要积极开展创建学习型党委和学习型效率型机关活动，进一步推进学习常态化、系统化、实效化。采取多种形式组织学理论、学军事、学科技、学管理，逐步构建宽厚的知识框架，培养战略意识和科学思维方式，提高宏观谋划和决策能力。尤其要突出抓好理论武装这个中心环节，紧紧围绕部队建设的重大理论和实践问题进行学习思考和研

究，努力把各级党委班子的政治素质、理论素养和领导能力提高到一个新水平，使学习成果转化为推动科学发展的坚强意志、谋划科学发展的正确思路、领导科学发展的实际能力、促进科学发展的政策措施。

紧贴部队中心，在推进军事斗争准备和完成重大任务中提高能力。围绕中心抓党建，是我党我军历史经验的科学总结，也是加强党委班子能力建设必须牢牢把握的一个重要指导原则。要清醒认识国家安全形势的发展变化，准确理解和把握部队担负的使命职责，始终基于威胁、基于任务、基于能力搞建设谋发展，做到不管形势怎样变化，党委抓军事斗争准备的思想不松、标准不降、劲头不减，坚持军事斗争准备的龙头地位不动摇，全面加强部队战斗力建设，确保部队有效应对多种复杂局面。按照信息化条件下联合作战的要求，适应军事斗争准备常态化需要，强化首长机关联合作战指挥训练，带领部队积极推进军事训练转变，继续下功夫解决军事斗争准备的重难点问题，在实践中不断增强带兵打仗特别是联合作战指挥的素质能力。同时，深入研究探索非战争军事行动的特点规律，加强相关知识和技能的学习训练，通过参加抢险救灾、维护社会稳定等实践，提高带领部队完成各项任务的实际本领。

搞好统筹兼顾，在全面加强和协调推进部队建设中提高能力。统筹兼顾是科学发展观的方法论基石，是领导科学发展能力的集中体现。现在，一些单位发展不平衡，出现明显的弱项和短板；工作不是有序推进，而是不协调、打乱仗；抓工作不分轻重缓急，把握不住事关部队建设的根本性、全局性和长远性问题。这些现象，是一些党委和领导没有很好掌握和运用统筹兼顾这个根本方法的集中反映。要遵循认识论规律，通过认识、实践、再认识的循环往复，科学统筹部队建设全局中的各种重大关系，在推动各项建设和工作相互衔接、良性互动、均衡发展的过程中，加深对统筹兼顾这一科学原理的认识和理解，学会既把握全局又关照各方、既立足当前又谋划未来、既突出重点又兼顾一般、既抓要素发展又抓整体提高，更好地掌握科学的思想方法和工作方法，提高统揽全局、驾驭部队的能力。

坚持改革创新，在破解发展难题和探索把握规律中提高能力。改革创新，是推动部队建设科学发展的不竭动力；以改革创新精神破解发展难题，是提高领导能力最生动最具体的实践。当前，随着社会发展和军队建设“两个整体转型”，国家和军队改革的步伐加快，给部队建设提出了许多新的课题。学习实践活动中，各级党委要对官兵反映强烈的突出问题、影响和制约部队科学发展的突出问题、党员干部党性党风党纪方面的突出问题，认真进行梳理，由领导带头搞好调查研究，寻求有效的解决办法，务求在一些重要领域和关键环节实现新的突破。在解决问题中，总结经验教训，更好地把握发展规律、改进工作指导，不断增强推动科学发展的预见性、系统性、原则性和创造性，提高推进部队建设创新发展的实际本领。

二、注重健全和落实制度机制，进一步推进党委工作的科学化规范化

胡主席强调：“贯彻落实科学发展观，推动科学发展，必须有科学的体制机制作保障。”完善制度、健全机制，具有导向鲜明、规范有力、监督有效的重要作用，是学习实践活动取得实效的重要标志，也是加强党委班子建设的重要保证。要进一步加强对法规制度的学习、培训和宣传，注重做好相关的衔接配套工作，结合实际细化完善具体措施，并严格抓好贯彻落实，使党委各项工作更加科学规范。当前，特别要健全和落实三个方面的制度机制。

健全和落实科学的议事决策机制。各级党委要切实增强贯彻民主集中制的意识和能力，大力培育民主作风和民主素养，进一步解决贯彻民主集中制“不真懂”、“不自觉”的问题。要强化党委集体领导，认真落实《党委工作条例》，按照学习实践科学发展观提出的新要求，进一

步完善党委议事规则，严格按制度规定和程序议事决策，坚持重大问题集体讨论决定，防止和纠正不按规定和程序办事、个人或少数人说了算、决策失误甚至集体违规等问题。着力破除与发展党内民主不相适应的思想观念，牢固确立尊重党员主体地位的理念，积极探索适应军队特点发扬党内民主的有效形式，建立健全全委会讨论决定重大问题、发挥党代表作用、党内情况通报、党务公开、重大事项论证等制度机制，进一步拓宽民主渠道，提高党委科学决策、民主决策、依法决策的水平。严格执行党委统一的集体领导下的首长分工负责制，建立完善问责纠错的制度措施，进一步细化领导责任，防止出现执行党委决议不坚决、责任落实不到位的现象。

健全和落实科学的选人用人机制。选准用好干部是党委的重要职责，关乎事业发展进步，关乎部队军心士气，关乎党委形象威信。要进一步完善干部考察、评价、使用的配套措施，确保干部选拔任用工作的科学化规范化。不断增强干部工作的透明度和公信度，认真落实“三个民主”，最大限度地听取民意，群众反映大、多数同志不赞成的不能用，做到以公开求公平、以民主求公正。认真落实干部考核制度，凡是未经考核的不提名、不上会，考核不符合条件的不列入后备干部，更不能提拔使用。严格按照政策和程序选人用人，特别是在会前要充分酝酿，并在一定范围内征求意见，防止个人或少数人选干部、定干部。通过健全和落实制度，堵塞干部任用中的漏洞，坚决反对和抵制暗箱操作、跑官要官、个人运作等不良风气，切实鼓励和重用那些干事业、讲正气的干部，关心和爱护那些埋头苦干、默默奉献的干部，形成“靠素质立身、凭实绩进步”的鲜明导向，激发广大干部强素质、干事业、谋发展的内在动力。

健全和落实科学的考核评价机制。如何以科学的考核评价体系，对党委班子和领导干部的决策、能力、政绩作出客观公正的评价，形成推动科学发展的工作导向，是一个急需研究解决的重要课题。要认真贯彻军委总部的指示要求，科学确定党委班子和领导干部政绩、能力、作风的量化指标和评价标准。采取上级考评和本单位自评相结合的办法，每年对部队建设和干部个人情况进行一次综合考评，把考评结果与干部使用和奖惩挂钩，实行考、评、用相统一，切实把领导干部的积极性创造性引导到科学发展上来。

三、坚持党要管党、从严治党，进一步加强党委班子和领导干部作风建设

胡主席在接见全军党委书记座谈会代表时，突出强调要认真贯彻党要管党、从严治党方针。明确指出，要在思想教育上从严，要在贯彻党章和党的制度上从严，要在遵守党的纪律上从严，要在干部教育管理上从严。胡主席的重要指示，深刻阐明了建党治党的重要原则和正确途径，为我们扎实开展学习实践活动、加强党委班子和领导干部作风建设指明了方向。我们一定要充分认清加强作风建设的重要性紧迫性，切实把党要管党、从严治党的方针贯彻到作风建设的方方面面，努力在解决党性党风党纪方面存在的突出问题上取得新突破，让广大官兵感受到新变化新气象。

认真落实讲党性、重品行、作表率的政治要求。共产党员特别是党员领导干部讲党性、重品行、作表率，既是加强党的作风建设的必然要求，也是推动科学发展的重要保证。要把开展学习实践活动与促进党员干部讲党性、重品行、作表率紧密结合起来，进一步巩固深化前段教育成果。要进一步铸牢讲党性、重品行、作表率的思想基础，教育引导党员领导干部牢固树立马克思主义的世界观、人生观、价值观，坚持正确的权力观、地位观、利益观，自觉改造主观世界，始终保持共产党人的高尚品格。要切实树立讲党性、重品行、作表率的价值取向，围绕立身做人、立德为官、立志干事这些基本问题，加强思想道德修养，模范践行社会主义核心价值体系，真正做到干干净净办事、堂堂正正做人。

要注重把讲党性、重品行、作表率的思想成果转化为实际行动，自觉用科学发展观要求检验我们的思想、工作和作风，凡是符合科学发展观要求的就全力以赴去做，凡是不符合科学发展观要求的就毫不含糊地改，真正做立言与立行有机统一的模范。

大力弘扬求真务实的精神和作风。求真务实是党的思想路线的核心内容，是贯彻落实科学发展观的内在要求。没有求真务实、真抓实干，就谈不上科学发展。要端正工作指导思想，树立正确的政绩观，坚持战斗力标准，自觉用是否有利于部队建设的发展进步、有利于部队战斗力提高、有利于解决官兵的实际问题来衡量和检验各项工作，做到重实际、说实话、出实招、求实效。要敢于正视问题、揭露矛盾，盯着薄弱环节做工作，在解决问题中推动部队建设发展进步。党委和领导要注重营造揭露矛盾、敢说真话的氛围，上级喜欢听真话，下级才会说实话，上级能正视问题，下级才暴露问题。要坚持把工作重心放在抓基层打基础上，把主要精力放在抓工作落实上，加强跟踪检查和具体指导，提高工作落实的质量和效益。

更加有力地抓好反腐倡廉建设。党委班子清正廉洁的良好形象，是凝聚军心士气的巨大力量。这几年，部队反腐倡廉建设取得明显成效，但也存在一些不容忽视的问题，有的领导机关挥霍公款、奢侈浪费、插手干预敏感事务，少数党员干部以权谋私、贪污受贿、腐化堕落。解决这些问题，教育是基础，制度是保证，监督是关键。要深入开展以理想信念、根本宗旨、民主集中制、反腐倡廉为主要内容的党性党风党纪教育，进一步增强秉公用权、廉洁从政的自觉性。要严格执行党风廉政建设的各项制度规定，抓好述职述廉、诫勉谈话、经济责任审计等制度落实。要加大管理监督力度，突出权力运行的监督，切实管住领导干部生活圈、交往圈、娱乐圈，领导干部要管好配偶子女和身边工作人员，防止发生违规违法问题。

切实增强党委班子的原则性战斗性。这是贯彻从严治党方针的必然要求，也是迫切需要解决的一个普遍性问题。现在，一些班子原则性战斗性不够强，突出表现为政策纪律观念淡化、集体领导弱化、党内生活庸俗化。有的执行政策规定不讲原则，以谋求局部和个人利益为标准，以不被上级查处为底线，以灵活变通、钻政策空子为本事；有的班子内部搞一团和气，民主生活会相互表扬，批评开展不起来，在原则问题上搞“难得糊涂”。这些问题，影响部队风气，影响党组织的先进性，影响部队建设科学发展，必须认真加以解决。执行政策规定必须坚守原则立场。要把严格执行政策规定作为听党指挥的具体实践，不断强化政治意识和法规意识，坚决防止和纠正执行政策规定随意变通，搞上有政策、下有对策。党内生活必须浓厚原则空气。着力提高落实党内生活制度的质量，引导班子成员认清讲党性、讲原则与讲和谐、讲以人为本的一致性，切实把批评与自我批评开展起来。正确看待班子团结，不要把班子成员之间的不同意见看做是不团结，对讲正气、坚持原则、敢抓敢管的，要旗帜鲜明地倡导和支持；对犯自由主义、乱猜疑议论、搬弄是非的行为，要坚决反对和纠正。执行党的纪律必须增强原则刚性。现在，一些干部在党性党风党纪方面发生问题，从组织和领导的角度分析，根本原因是失之于宽、失之于软。要加大责任追究和执法力度，切实发挥法规纪律的作用，对发现的问题要敢抓敢管、一抓到底，对负有领导责任的要严肃追究，坚决维护党的纪律的严肃性。这次学习实践活动中，各级党委对查找出来的问题，要坚持原则、敢于碰硬，违法违纪的要坚决查处，以解决问题的实际成效取信官兵。

四、切实建好建强书记队伍，充分发挥他们统班子带部队的重要作用

抓书记、建班子、带部队，是我军的传统做法，也是部队建设根本规律之所在。党委正副书记既是“一班人”的班长，又是部队的军政主官，很大程度上决定着班子与部队建设的水平。

要切实把书记队伍建设摆在重要位置来抓，努力建设一支政治强、作风实、形象好，善于统班子、带部队的书记队伍，推动党委班子建设整体水平的提高。

选准配强、抓好培训。加强书记队伍建设，选准配强是基础。要把选准配强书记队伍作为干部工作的重中之重，真正把那些政治强、品德好、水平高、作风实的优秀干部选拔上来。坚持早选苗早培养，扩大遴选范围，注意科学搭配，实现优势互补，促进班子结构整体优化。要抓好书记队伍的学习培训和帮带，采取集中培训、办班轮训、专题研讨、经验交流、以会代训等多种形式，组织学习党委工作的基本原则、政策制度、工作方法和要求，特别要加强民主集中制的学习教育，努力提高谋全局、抓大事、统班子、带部队的能力。要结合实际开展评选优秀党委书记活动，大力宣扬表彰党委书记先进典型，促使书记队伍提高素质，更好地履职尽责、发挥作用。

严格要求、强化监督。党委正副书记身份特殊，掌握的权力大，对他们严格要求、加强监督至关重要。要针对主官监督难、难监督的问题，积极研究探索新形势下加强管理监督的特点规律，拿出具体管用的措施办法，真正把书记队伍管住管好。搞好上级监督，坚持书记抓书记，上级抓下级，一级抓一级，充分利用召开党委会、参加民主生活会、考核党委班子、下部队指导工作等时机，对下级正副书记履行职责情况进行检查讲评，开展谈心交心，发现问题及时批评纠正；上级纪委和纪检、审计等部门要发挥职能作用，搞好主官的经济责任审计，对群众反映的问题要进行查处，问题严重的要严肃处理。要搞好同级监督，落实好党委书记代表常委向全委会报告工作、个人重大事项报告和述职述廉等制度，强化党委民主生活会的作用，把正副书记作为重点突出出来，真正触及思想，直面点出问题，督促整改兑现。要搞好群众监督，认真执行领导干部双重组织生活制度，加大办事公开力度，适时开展民主测评和民主评议。党委正副书记要摆正在党内的位置，正确对待组织，正确对待群众，不能把上级的监督看成是对自己的不信任，把班子内部的监督看成是与自己不配合，把群众的监督看成是对自己的不尊重，切实增强接受管理监督的自觉性。

以身作则、模范带头。党委正副书记的示范表率作用，是统班子、带部队的无形力量，必须从自身修养抓起，重视靠人格的力量服众。首先，政治上要清醒坚定。在政治立场、政治原则等重大问题上，头脑清醒、旗帜鲜明，始终带头高举旗帜、听党指挥，自觉做科学发展观的坚定信仰者、模范实践者和贯彻落实的有力推动者。第二，能力素质要强。要加强学习，善于谋全局、抓大事，以开拓进取、奋发有为的精神状态和过硬的素质能力，在推动部队现代化建设和军事斗争准备中发挥领头雁作用。第三，人品官德要正。加强党性锻炼和人格修养，树立起立党为公的思想和高尚的道德情操，眼界宽阔，心胸大度，为人大气，处事公道，不玩权术，不耍心眼，不争功诿过，能容人容事，让大家感到有信任感、亲和感和安全感。第四，作风形象要好。认真贯彻民主集中制，坚持集体领导，树立民主作风，集思广益，不断提高党委班子的决策水平；带头讲党性、重品行、作表率，以求真务实、清正廉洁的良好形象，团结凝聚“一班人”，带领广大官兵不断开创部队建设新局面。

（作者：广州军区政治委员）

努力把思想政治工作做深做细做实

刘继贤

努力把思想政治工作做深做细做实，既是军队思想政治工作的优良传统，又是在新的历史条件下的实际需要。军队的思想政治工作，是针对官兵的思想和行为活动规律，帮助官兵在改造客观世界的同时更好地改造主观世界的工作。军队思想政治工作的方式是实施思想影响，其着眼点和目标是解决官兵思想立场与行为方法等问题，从而增强官兵的思想政治觉悟，提高官兵认识世界和改造世界的能力。在新的历史条件下，军队思想政治工作的难度越来越大，做深做细做实工作的要求越来越高。为此，把握好以下几点是很重要的。

一、思想政治工作很重要，既要"摆"在首位，又要"做"在首位

在社会转型期，军队思想政治工作的地位作用更加重要。军队思想政治工作是坚持正确政治方向的工作，就是要保证党对军队的绝对领导和人民军队的性质。这是建军之魂、立军之本，任何时候任何情况下都不能动摇。在社会主义初级阶段，部队受到以多种经济成分、多种经营方式和多种分配方式为重要特征的社会主义市场经济的影响，官兵思想观念的多样性、价值追求的差异性、动机行为的趋利性是客观存在的。在这种情况下，军队思想政治工作如何在内容和手段上科学定位和创新，使官兵永远听党指挥，坚持以人民利益为重，决定着思想政治工作的方向。坚持什么方向，培养的官兵政治信念、政治立场是否坚定，这是头等重要的大事，直接关系到军队的各级领导权掌握在谁手上、枪杆子掌握在谁的手上的根本性问题。还应看到，思想政治工作是确保适应新形势、新特点，完成新任务的工作。军队履行"三个提供、一个发挥"的历史使命，给思想政治工作提出了更高的要求。在新军事变革的浪潮中，思想政治工作的任务是要为打赢信息化条件下的战争提供保证。未来的战争，不仅是精神的较量、勇气的较量，而且是智能的较量、技术的较量。这就需要思想政治工作围绕"打赢"做文章，做深做细做实官兵的思想政治工作，为军队建设和赢得战争提供必要的精神动力和人才保证。

应当看到，社会转型期的军队思想政治工作，面临许多新情况，难度也越来越大。因此，一定要把思想政治工作放在非常重要的地位。这就是说，解决社会转型期官兵的思想立场和行为方法问题，必须把思想政治工作"摆"在首位、"做"在首位。社会转型的特殊时期，思想政治工作的创新和思想政治建设的地位作用是相同的。从二者的相互关系来说，思想政治工作是思想政治建设的重要手段和保证，思想政治建设是思想政治工作的目标和条件。所以，思想政治工作"摆"在首位和思想政治建设"摆"在首位是一致的。为此，要按照加强军队思想政治建设的要求，紧密结合实际做好思想政治工作，而且要有所创新，努力把思想政治工作做深做细做实。

思想政治工作"摆"在首位是做深做细做实思想政治工作的前提条件，"做"在首位是做深做细做实思想政治工作的根本目标和关键。"摆"和"做"是互补的，"摆"在首位是基础和条件，"做"在首位是关键和结果。"摆"在首位就说明对思想政治工作的重要性有了清楚的认识，只有"摆"在首位，才有可能"做"在首位。要

“做”在首位，就要发挥好思想政治工作的各种功能，为做深做细做实创造条件。一是要发挥“教育人改造人”的功能，对官兵的新思想、新观念进行科学引导和定位，建立具有鲜明的社会主义初级阶段特点的思想政治工作教育体系。二是要发挥“吸引人凝聚人”的功能，在创造拴心留人环境、保证官兵安心军营上有所作为。三是要发挥“尊重人保护人”的功能，在坚持我军性质宗旨的前提下，重视和维护军人群体利益以及官兵正当的个体利益。四是要发挥“培养人提高人”的功能，让官兵不断提高智能和技能，掌握与“市场”和“战场”接轨的真才实学。五是要发挥“激励人约束人”的功能，破除平均主义观念、特权观念和“多栽花，少栽刺”等观念，建立完善的激励机制。

二、思想政治工作讲效益，既要确保军队不变质，又要确保军队打胜仗

思想政治工作的效益，是指思想政治工作所投入的人力和时间等所获成果的效费比。讲效益，就是强调做深做细做实思想政治工作的效果最大化和结果的最佳值。当前值得关注和应解决的问题是，把投入当产出，把过程当目的。通过一定的投入和过程起到服务保证作用是必然的，但投入是原料，不是成品；过程是载体，不是目的。二者不能作为衡量思想政治工作成效的标准。因此，那种重投入轻产出，热衷于看篇数、次数、人数、天数，加大投入、凑无效工作量的现象，必须反对和克服。当然，思想政治工作是精神生产的过程，与物质生产的投入产出有所不同，应紧密地与政治工作的根本任务相联系，符合根本任务的效益是正效益，不符合根本任务要求的效益就是负效益。这就是说，思想政治工作的最大正效益就是既要确保军队不变质，又要确保军队打胜仗。

军队思想政治工作的原则指出，既要确保军队不变质，又要确保军队打胜仗是思想政治工作效益的指向和目标。为此，思想政治工作要紧紧围绕军队不变质和打胜仗这两个辩证统一的目标进行创新发展。与此同时，必须紧紧围绕既定目标做深做细做实思想政治工作。这就是说，在新形势下做好官兵的思想政治工作，其内容、手段、标准都要围绕确保军队不变质和打胜仗想办法。思想政治工作投入的人力物力再大，其效果与“两个确保”无关或相反，都是重投入轻产出的现象，是形式主义的东西，要反对和克服的。军队不变质就是保证坚持我军的性质和宗旨，就是保证党对军队的绝对领导。军队打胜仗就是能够完成“三个提供、一个发挥”的历史使命，遏制和打赢信息化条件下的战争。确保我军不变质是讲效益的基础工作，关键的效益是确保军队打胜仗。这就是说，打胜仗是军队最终的效益，不能打胜仗的部队就失去了存在的社会价值。

在社会转型期，围绕“两个确保”，思想政治工作要在投入和过程两方面积极开展工作。面对新的情况和新的要求，只要官兵能够把国家和人民的利益放在第一位，树立坚定的政治信念和政治立场，就应当认可官兵利益观念增强的事实，看到利益驱动已成为增强积极性和创造性的重要动力，利益调节已成为凝聚人心、吸引人才、规范责任义务的有力杠杆。在革命战争时期提出“打土豪、分田地”，对夺取革命战争的胜利发挥了重要作用。在社会主义市场经济条件下，注重把国家利益、人民利益和个人利益结合起来也是很重要的。实践证明，只要调动了官兵的积极性、创造性和凝聚了人心、吸引了人才、规范了责任义务，就能使官兵坚定政治信念和政治立场，增强打赢信息化条件下战争的信心和能力。

三、思想政治工作无处不在、无时不有，既要抓好阶段性政治教育，又要做好经常性思想工作

官兵在日常生活中，每时每刻都有矛盾发生，每时每刻都有问题暴露，每时每刻都在滋生着各种各样的思想。而思想问题连续不断的产生和变化，决定着思想政治工作无处不在、无时

不有。做深做细做实思想政治工作，就要注意从总体上和全过程开展思想政治工作。对于官兵带倾向和共性的思想问题，要集中搞好阶段性政治教育；对于个性和偶然性的思想问题，就要随时随地抓好经常性的思想教育。

做深做细做实思想政治工作，既要抓好“有形”的阶段性政治教育，又要做好“无形”的经常性思想政治工作。这是思想政治工作做深做细做实的方式方法。思想政治工作是具体的工作，其方式方法有“有形”和“无形”之分。政治教育离不开必要的课堂灌输，这是看得见的、有形的。经常性思想政治工作是通过日常的随机渗透传授的，许多道理教育往往是不容易看得见的、是无形的。开一次大会、搞一次大型教育活动是看得见的、有形的，谈一次心、或者搞一些具体的传、帮、带又是不易看见的、无形的。这些“有形”和“无形”的教育方式相辅相成、相得益彰，保证教育的有效运行。但有的教育只看重“有形”教育，而对“无形”教育用心不够。事实上，我军从把思想政治工作当成生命线的那一天起，思想教育的威力更多的是在与其他工作“无形”的结合渗透中体现出来的。在社会主义市场经济条件下，官兵的思想变化比较大，官兵的行为比较活，受影响的因素多，那种随机的、经常的、见缝插针式的教育引导就显得更为重要。

思想政治工作结合并渗透于其他工作之中，对重要的时节尤应引起关注。一是当国内发生重大事件，或有重大改革政策出台时，应通过随机的教育引导，及时帮助官兵消除疑虑，坚定信念。二是当部队任务转换时，应及时疏通思想鼓舞士气，特别是在重大急、难、险、重任务突然来临的时候，更要及时稳定部队思想情绪，调动积极因素，保证完成任务。三是当中心任务展开时，应及时将思想教育渗透到每个环节和每个现场，确保任务完成的质量。四是当官兵个人遇到实际困难时，应及时谈心交心，帮助解决实际困难或讲清道理。总之，既要抓好阶段性政治教育，又要做好经常性的思想政治工作，二者只有结合得好，才能达到做深做细做实的效果。

四、思想政治工作针对性、时效性强，既要渗透到各项工作的实践中，又要渗透到人的心坎里

思想政治工作针对性、时效性强，必须做深做细做实。经常性思想工作大量的是做一人一事的工作，非常实际具体。人作为万物之灵，其经历各不相同，其性格千差万别，其思想千变万化，可谓“一花一春天，一人一世界”。人又生活在一个不断变化的社会中，思想和行为无时无刻不受其影响。由于官兵的文化、情趣、性格、经历不尽相同，心理活动呈现出明显的差异性，所产生的思想行为也各不相同。这种个体的千差万别，要求思想政治工作因人而异、区别对待，针对不同的情况做好工作，切实做到“一把钥匙开一把锁”。

综上所述，做好经常性的思想政治工作是很重要的，而且要渗透到各项具体工作和官兵思想行为之中。从方法形式来说，经常性的思想政治工作简便易行，受时间和空间的制约较小，灵活性较大，能够随时觉察和预测官兵的思想信息，做到针对性发现一个问题，及时高效解决一个问题；是什么问题就解决什么问题，是谁的问题就解决谁的问题。一个人的思想在不断变化，旧的问题不及时解决，新的问题又会产生，这就要求思想政治工作必须增强时效性。因此，思想政治工作要随时捕捉思想苗头，把思想问题解决在萌芽状态，把错误的思想克服在萌芽状态，把不良的行为制止在萌芽状态，从而获得思想政治工作的主动权。

当前，部队所处的国内外环境、面临的形势任务发生了很大变化，影响官兵思想的社会因素、家庭因素和心理因素日益增多，其中任何一个因素的变化都可能引发官兵思想的波动，而且呈现出隐蔽性、差异性、突发性等特点，从而增加了思想政治工作的复杂性、艰巨性。如果思想政治工作大而化之、华而不实、“大呼隆”、“粗线条”、“一刀切”、“一锅煮”，不仅收不到应

有的效果，而且会损害思想政治工作的声誉。因此，要发挥思想政治工作的重要作用，取得实实在在的效果，必须增强思想政治工作的针对性、主动性和时效性，努力在做深做细做实上多下功夫。

（作者：军事科学院副院长）

按照科学发展观要求抓好经常性基础性政治工作

武警部队政治部

在开展深入学习实践科学发展观活动中，武警部队党委作出了进一步抓好党的创新理论武装、党的建设、基层建设、经常性思想工作、任务中政治工作和风气建设等经常性基础性政治工作的部署，要求各级部队按照胡锦涛主席关于“要树立长期打基础、反复抓落实的思想，持之以恒地做好经常性、基础性工作”的重要指示，切实抓好这些管根本、管全局、起长效的工作。

抓好经常性基础性政治工作是我们党建军治军的重要经验。坚持抓根本、打基础，重视抓好经常性基础性工作，是毛泽东军事思想、邓小平新时期军队建设思想、江泽民国防和军队建设思想、胡锦涛主席关于加强国防和军队建设重要论述的重要内容，是对部队建设规律的深刻把握。部队建设贵在打基础、重在打基础。政治建设的基础性工作抓好了，部队建设才能保持坚定正确的政治方向，广大官兵才能保持昂扬的战斗意志，部队才有坚强的战斗力。部队建设贵在抓经常、重在抓经常。部队的思想建设、组织建设、作风建设，都离不开经常性政治工作。多年来，武警部队持之以恒地抓党委班子建设、基层建设等经常性基础性政治工作，保证了部队在关键时候过得硬，保证了各项任务圆满完成，让党放心，让人民满意。抓好经常性基础性政治工作，不是一般性的要求，也不是权宜之计，而是着眼部队建设发展全局提出的重大部署。

抓好经常性基础性政治工作是贯彻落实科学发展观的必然要求。贯彻落实科学发展观，推动部队建设全面发展、持续发展和安全发展，是武警部队的重大政治任务。经常性基础性政治工作涵盖了部队政治工作的主要内容和基本方面，是固根本、利当前、管长远的工作，只有下功夫抓好、做实这些工作，部队的各项工作才能有坚实基础，部队的各项建设才能全面协调推进，部队的发展才有后劲和可持续，部队的安全稳定才有可靠保证。实践证明，深入学习贯彻科学发展观，把科学发展观的根本立场、基本观点、科学方法贯穿于部队建设发展实践，引导官兵自觉把科学发展观作为科学真理来信仰，作为指导方针来坚持，要靠经常性基础性政治工作。我们必须从贯彻落实科学发展观的高度，增强新形势下抓好经常性基础性政治工作的自觉性和坚定性。

抓好经常性基础性政治工作是加强部队政治建设的长期任务。加强部队政治建设的过程，从一定意义上讲，就是抓好经常性基础性政治工作的过程。形势在不断变化，任务在不断拓展，官兵在不断流动，经常性基础性政治工作永远处在动态发展的过程中，经常抓才能真管用，长期抓才能见长效。长期以来，武警部队党委把抓经常性基础性政治工作摆在部队建设发展的战略地位，贯穿于巩固和提高部队战斗力、完成多样化军事任务的具体实践中，突出抓好我军历史使命教育、理想信念教育、战斗精神教育、社会主义荣辱观教育、当代革命军人核心价值观教育和形势政策教育，保持了部队高度集中统一和纯洁巩固，为维护社会和谐稳定大局作出了重要贡献。

抓好经常性基础性政治工作，必须从武警部队实际出发，突出重点、抓住关键、把握规律、端正作风，切实增强针对性和有效性。

牢牢把握永远做党和人民的忠诚卫士这一主题。把广大官兵培养成为党和人民的忠诚卫士，是党中央和胡锦涛主席对武警部队建设的政治要求。要把这一要求作为经常性基础性政治工作的重要内容，融入部队遂行任务的各环节和全过程，渗透到官兵的学习、工作和生活之中。要大力培育当代革命军人核心价值观，扎实搞好“培育当代革命军人核心价值观，永远做党和人民忠诚卫士”主题教育，把主题教育和经常性教育紧密结合起来，使广大官兵切实打牢高举旗帜、听党指挥的思想根基，按照忠诚卫士的要求健康成长。通过开展学《誓词》、遵《守则》、唱《组歌》、评选表彰“十大忠诚卫士”等活动，使广大官兵在耳濡目染中受到教育和激励，自觉把争做党和人民忠诚卫士的政治热情，转化为立足本职岗位建功立业的实际行动。

紧紧围绕中心任务抓好经常性基础性政治工作。要正确处理完成中心任务与抓好部队基础建设的关系，各项建设都要着眼服务中心、保证中心来开展，在完成中心任务中抓好部队各项建设。要注重通过抓好各项经常性基础性工作，从思想上政治上组织上确保我军始终成为党绝对领导下的人民军队，确保国防和军队建设科学发展，确保有效履行新世纪新阶段我军历史使命。要善于根据不同任务和完成任务的不同阶段确定工作内容和工作重点，坚持工作随着形势变、跟着任务走、盯着官兵思想实际做，努力做到时间上善于“挤”，方法上力求“活”，内容上注重“精”，时效上讲究“快”，因地制宜、快捷高效地组织开展经常性基础性政治工作。要适应时代的发展和环境的变化，适应部队使命任务的拓展，适应新形势下官兵的思想行为特点，不断改进创新经常性基础性政治工作，使经常性基础性政治工作更加富有时代感、实效性和感染力。

深入研究和把握抓好经常性基础性政治工作的规律。要把握经常性基础性政治工作的特点和规律，正确处理经常性基础性工作与阶段性突击性工作的关系。通过抓好经常性基础性工作保证阶段性突击性工作任务完成，通过做好阶段性突击性工作更好地推动经常性基础性工作开展。正确处理重点建设与全面提高的关系。一个时期要相对突出一两个重点，同时注重统筹协调，促进经常性基础性政治工作水平的整体提高。正确处理工作内容与工作载体的关系。工作内容要通过一定的形式来表现，要运用切实管用的工作载体，并结合新的实际探索和创造新的工作载体。正确处理政治机关、政治干部抓与广泛发动群众做的关系。切实把两个方面的积极性都充分调动起来，形成上下共同抓、大家都来做的生动局面。正确处理继承优良传统与创新发展的关系。在坚持政治工作优良传统的基础上，按照“紧贴时代发展、紧贴使命任务、紧贴官兵实际”的要求，努力改进和创新经常性基础性政治工作的内容、方式、方法、手段和机制，使经常性基础性政治工作在坚持“三个紧贴”中不断改进创新和加强。

进一步树立扎实、深入、细致的思想作风和工作作风。要坚持求真务实，一切从实际出发，一切从实效出发，表面上热热闹闹、实际效果不佳的事情坚决不干，只在机关内部循环、无益于部队建设的事情坚决不干，眼前出政绩、事后背包袱的事情坚决不干。把经常性基础性工作落实到部队建设的方方面面，坚持经常抓、抓经常，反复抓、抓反复，为长远发展夯实根基，增添活力，不因工作周期长而懈怠，不因部队建设形势好而放松，不因见效慢而减退热情，不因难度大而降低标准。坚持以细求落实，以细求深入，切实把上级部署要求与本单位实际结合起来；坚持具体抓、抓具体，真正把各项工作落实到每一个部位、环节和工作对象。

不断完善推进经常性基础性政治工作落实的有效机制。要完善形势分析制度，在深入调查研究的基础上，加强对部队经常性基础性政治工作开展情况的分析研究，不断提高工作指导水平。完善检查督导制度，把检查指导经常性基础性政治工作，作为深入部队蹲点调研、考察帮建的重要内容，面对面地督促抓好落实，针对落实过程中出现的倾向性问题，及时研究提出解决办法，不间断地跟踪指导。完善总结讲评制度，结合半年、年终总结和阶段性工作，讲评经常性基础性政治工作开展情况，肯定成绩，指出问题，总结推广经验。完善奖惩激励制度，大力表彰作风务实、工作扎实、成效明显的先进单位和个人，营造重视抓经常、打基础的浓厚氛围，对工作不落实导致部队发生问题的，严肃批评处理，进一步推动经常性基础性政治工作的落实。

发挥军队大学校大熔炉作用
锻造新时代高素质青年军人

解放军总政治部组织部

青年是国家的未来、民族的希望。我们党历来高度重视青年的培养教育，毛泽东、邓小平、江泽民同志的许多精辟论述，激励着一代又一代青年官兵为党和人民的事业不懈奋斗。新世纪新阶段，胡锦涛主席着眼党和国家事业发展战略全局，对青年和青年工作作出一系列重要论述，为做好青年的培养教育进一步指明了方向。全军和武警部队认真贯彻落实胡主席重要指示，紧紧围绕回答和解决新世纪新阶段军队思想政治建设“三个确保”的时代课题，坚持紧贴时代发展、紧贴使命任务、紧贴官兵实际，努力培养造就新时代高素质青年军人，取得了丰硕成果。

一、坚持不懈地抓好党的创新理论武装这个根本任务，打牢青年官兵高举旗帜、听党指挥、履行使命的思想政治基础

全军部队始终把党的创新理论武装作为培养教育青年官兵的根本任务，坚持用中国特色社会主义理论体系凝魂聚气、强基固本。

坚持大事大抓，不断推进青年官兵理论武装工作。全军部队始终把党的创新理论武装摆在思想政治建设头等重要位置，高度重视抓好青年官兵理论武装工作，坚持用党的创新理论建连育人。军委和总政统一筹划部署，提出明确要求；各级党委、政治机关和共青团组织认真履职尽责，抓好落实，做到党的理论创新每推进一步，理论武装工作就跟进一步。全军每年集中开展一个主题教育活动，突出学习重点，实现全员覆盖，把理论武装贯穿于部队建设的方方面面。及时编发适合青年官兵的通俗理论读物，形成系统配套的理论学习教材。加强理论武装的舆论引导，大力宣扬方永刚、向南林和“红九连”等先进典型，有力推动青年官兵理论武装工作深入开展。

积极探索规律，针对青年官兵特点搞好理论教育。各部队积极适应青年官兵的特点，不断改进理论教育的方式方法。针对青年官兵求知欲强、理论基础较弱的特点，坚持以思想政治教育课为基本阵地，学习掌握中国特色社会主义理论体系的科学内涵、精神实质和根本要求。针对青年官兵平等、参与、民主意识普遍增强的特点，广泛开展自主式、启发式、互动式的自我

教育活动，引导青年官兵在自觉参与中接受教育，加深对党的创新理论的认识。针对青年官兵兴趣广泛、求知求新的特点，广泛开展读书演讲、知识竞赛等活动，在全军政工网上开设理论学习专家讲坛、专题论坛，拓展理论武装的渠道，有效增强了理论武装的吸引力和感染力。

注重学用结合，在进入头脑、指导行动上狠下功夫。引导青年官兵紧密联系新中国成立60年特别是改革开放30年的历史进程，联系党、国家和军队建设发展的实际，深刻领悟党的创新理论的科学性，坚定对马克思主义的信仰、对中国特色社会主义的信念、对改革开放和社会主义现代化建设的信心、对以胡锦涛同志为总书记的党中央的信赖。组织青年官兵联系党领导军队的光辉历史，深刻认识党指挥枪的科学真理性、历史必然性和现实必要性，忠贞不渝地听党的话、跟党走，坚决听从党中央、中央军委和胡主席指挥。注重把深入学习实践科学发展观活动向团员青年延伸拓展，教育引导团员青年牢固树立符合科学发展观要求的思想观念，明确立足本职岗位学习实践科学发展观的具体目标，自觉为推动部队建设又好又快发展、有效履行我军历史使命贡献智慧和力量。

二、大力培育当代革命军人核心价值观，引领青年官兵确立正确的人生追求、价值取向和行为准则

我军历来注重培育革命军人核心价值观。新世纪新阶段，胡主席着眼我军永葆本色、科学发展和履行使命，亲自倡导和推动培育当代革命军人核心价值观。全军部队认真贯彻落实胡主席重要指示，把培育当代革命军人核心价值观作为思想政治建设的重要基础工程来抓，对引领青年官兵思想和行为产生了重要的教育规范作用。

在思想政治教育中培植。全军部队充分发挥思想政治教育的认知导向功能，广泛开展培育当代革命军人核心价值观主题教育活动，推动这项工作兴起热潮、深入发展；持续开展我军历史使命、理想信念、战斗精神、社会主义荣辱观四项重大教育，把培育当代革命军人核心价值观融入其中、贯穿全程；扎实开展经常性思想教育，及时对青年官兵的价值追求和行为方式规范引导、纠偏正向。从而引导青年官兵充分认识培育当代革命军人核心价值观的重大意义，准确理解把握其科学内涵和基本要求，增强青年官兵践行当代革命军人核心价值观的自觉意识。

在先进军事文化中熏陶。全军部队坚持弘扬主旋律、打好主动仗，用当代革命军人核心价值观引领军事文化建设，充分发挥先进军事文化的育人铸魂功能。重视繁荣发展军旅文化，《长征》、《亮剑》、《士兵突击》、《军旅英才》等一大批优秀文艺作品，引起广大官兵强烈共鸣。重视活跃基层文化生活，“军营文化”、“舰艇文化”、“蓝天文化”蓬勃开展，丰富了官兵的精神世界。重视营造军营政治环境，反映我军优良传统的军史馆、荣誉室和催人向上的宣传橱窗、雕塑遍布军营，使官兵潜移默化地受到教育。举行升旗、授装、授衔、颁奖等仪式和入伍、入团、入党宣誓，开展重大纪念庆典活动，增强青年官兵践行当代革命军人核心价值观的责任感和荣誉感。

在日常严格管理中养成。全军部队严格依据条令条例加强部队管理，努力把当代革命军人核心价值观内化为青年官兵的行为准则。根据基层单位任务特点和官兵岗位职责，将当代革命军人核心价值观的要求细化具体化，使青年官兵在日常工作和生活中有明确规范。坚持从言谈举止、队列动作等细节抓起，一点一滴地持久养成，使践行当代革命军人核心价值观成为青年官兵的行为准则和自觉习惯。坚持疏堵结合、科学规范，引导青年官兵自觉践行社会主义荣辱观，始终保持昂扬的精神风貌、良好的道德品质和健康的生活情趣。

在完成各种任务中磨砺。全军部队注重发挥军事训练这个经常性中心工作的教育功能，组织官兵在练战术、练技术中练思想、练作风。

注重在遂行重大军事行动中培育官兵的革命军人核心价值观，锻造官兵为党和人民勇于献身的政治品质和战胜一切困难、压倒一切敌人的革命英雄主义精神。在近年来全军部队承担和完成的军事斗争准备、抗击南方低温雨雪冰冻灾害、四川汶川特大地震抗震救灾、支援北京奥运会和残奥会、神舟七号载人航天飞行等重大任务中，广大青年官兵坚决听从党的召唤，冲锋在前、勇挑重担，经受住了严峻考验，体现了崇高的价值追求。

三、紧贴中心任务开展学习成才活动，全面提高青年官兵打仗所需、岗位所需、发展所需的能力素质

全军部队坚持把培养人才作为军队建设的根本大计，广泛开展形式多样的学习成才活动，有效提高了青年官兵的思想政治素质、军事专业素质、科学文化素质、身体心理素质。

实施分类指导，营造人人都在学习之中、人人都能学有所获的良好氛围。全军各部队从人员编成、装备情况、任务特点不尽相同，青年官兵文化基础参差不齐、工作岗位千差万别、成才需求多种多样的实际出发，加强分类指导，使学习成才活动蔚成风气，成为广大青年官兵的自觉追求。采取分批组织、试点先行等方法，总结推广作战、保障、执勤、教学、科研等不同单位开展学习成才活动的经验做法，使之各具特色、行之有效。按照突出岗位需要、兼顾特长爱好、促进全面发展的要求，指导帮助青年官兵制定学习成才计划，使人人做到学习有方向、成才有目标。

突出活动重点，引导青年官兵紧紧围绕提高军队核心军事能力强素质、长本领。坚持把学习成才活动纳入军事斗争准备整体规划，深入搞好职能使命教育，引导青年官兵把求知成才热情向打赢聚焦，踊跃投身军事训练，努力学习新知识、掌握新技能、增强新本领。广泛开展“岗位练精兵，打赢当先锋”等活动，引导青年官兵刻苦研练本职业务技能，争当训练尖子、技术能手、行业标兵。把促进战斗力生成与提高，作为评判学习成才活动成效的硬指标。专门设立奖项，坚持每年表彰，形成了为提高军队核心军事能力培养人才、贡献才智的鲜明导向。

整合运用资源，构建全方位、多渠道、广覆盖的学习成才平台。全军各部队坚持把培养人才当职责抓、当事业干，加大人力物力财力投入，努力为青年官兵学习成才创造条件。充分挖掘和用好军内资源，加强部队学习场所建设，旅团级单位建有军官训练中心、文化活动中心，连队建有图书室、学习室，全军政工网基本覆盖基层连队；建立学习成才协作区，实现资源共享、优势互补；组织开展“互学、互帮、互教”等帮带活动，发挥大学生干部战士和有专长者的骨干作用；整合利用军队院校资源，充分发挥其培养人才的主渠道功能。同时，积极借助社会优势资源，联合地方院校举办函授教育和自学考试，广泛借助地方科研、生产单位培训技术骨干，与驻地开展科技互助、知识双拥活动，拓宽了青年官兵开阔眼界、提升素质的途径。

四、注重树立具有鲜明时代特征的青年典型，引导青年官兵崇尚先进、学习先进、争当先进

我军历来重视先进典型对官兵的示范、激励和鞭策功能。不论在革命战争年代，还是在社会主义建设和改革开放时期，我军推出的一批批英雄模范人物，在引领社会风尚、教育塑造青年官兵中都发挥了不可替代的重要作用。

把树立先进典型作为引导青年官兵健康成长的重要方式。全军部队继承和发扬“抓典型”这个思想政治工作的优良传统，通过生动鲜活的榜样，把先进思想和时代精神人格化、具体化，引导青年官兵健康成长、奋发有为。把“抓典型”纳入党委机关工作指导重要内容，着眼时代发展要求和部队建设需要统筹规划，与其他工作同步推进，机关各部门通力协作。把“抓典型”贯穿基层建设全过程，围绕贯彻落实“五句话”总要求和《军队基层建设纲要》，深入开展争

创先进连队、争当优秀士兵活动。把“抓典型”与表彰奖励结合起来，及时对各类先进典型给予相应表彰奖励，营造了争先进光荣、当典型受益的浓厚氛围。

做好先进典型的发现、培养和宣扬工作。全军部队紧贴部队建设科学发展的生动实践，系统做好树立先进典型的工作。深入火热的军营生活，敏锐发现具有鲜明时代特色的重大典型苗子；遵循先进典型成长的客观规律，搞好跟踪培养，注重在重大任务和艰苦环境中让他们“淬火加钢”，真正使推出的先进典型可信可学；把集中宣传与经常性宣传结合起来，全方位、立体式地宣扬先进典型，让先进典型的感人事迹和崇高精神在全军乃至全社会打深烙印。近5年，全国推出的重大青年典型中，仅当选“中国十大杰出青年”、“中国青年五四奖章标兵”的青年军人就达22人。

发挥先进典型的示范带动作用。全军部队始终把我军灿若星河的先进典型作为培养教育青年官兵的宝贵资源，广泛制发反映先进典型精神的丛书、画册、歌曲、影视片，让先进典型进入党团课等教材，激励官兵自觉做英模精神传人。紧贴以军事斗争准备为龙头的各项任务，广泛开展生动活泼、丰富多彩的“学先进、见行动”活动，有效激发了广大青年官兵忠于使命、献身使命、不辱使命的高昂热情。

毫不动摇地坚持党对军队的绝对领导

国防大学中国特色社会主义理论体系研究中心

党对军队的绝对领导是中国特色社会主义政治制度的重要组成部分，是党和国家重要的政治优势。保证枪杆子永远听党指挥，这是确保人民军队的性质和宗旨，确保我们党执政地位的巩固，确保国家长治久安的根本政治问题。历史雄辩地证明，坚持党对军队的绝对领导，是我军永远不变的军魂，是我军建设和发展的首要问题。在这个问题上，任何时候任何情况下都不能有丝毫怀疑、犹豫和动摇。

坚持党对军队的绝对领导是我军建军的根本原则

坚持党对军队的绝对领导，是我们党在中国革命实践中经过长期艰辛探索得出的真理性认识，是我军的建军之基、立军之本，也是党的事业成败之所系、国家民族安危之所系。

坚持党对军队的绝对领导是历史的选择。我们党从大革命失败血的教训中，深刻认识到建立一支党领导下的人民军队的极端重要性。从南昌起义开始，我们党就致力于创建一支党绝对领导下的人民军队。毛泽东同志为我军确立了坚持党的绝对领导的根本原则，这一原则的确立使军队的性质和面貌发生了根本性变化。在土地革命战争、抗日战争、解放战争长达22年的浴血奋战中，我军在党的正确领导下，以少胜多、以弱胜强，战胜了国内外敌人，为人民的解放、新中国的成立立下了丰功伟绩。社会主义政权建立后，人民解放军继续在党的坚强领导下，出色完成捍卫国家主权、安全、领土完整的历史任务，在社会主义建设和改革事业中经受住各种政治风浪的考验，以威武之师、文明之师、和平之师闻名于世，赢得了党和人民的高度信赖和赞誉。正是自觉坚持听党指挥，人民军队才能够始终保持坚定正确的政治方向，始终保持强大的凝聚力和战斗力。历史告诉我们，坚持党对军队的绝对领导是中国革命发展的必然结果，是我们党夺取革命和建设事业胜利的重要保证，是人民军队发展壮大的根本前提。

坚持党对军队的绝对领导是巩固党的执政地位的必然要求。我军是人民民主专政的坚强柱石，人民军队的历史使命同党的历史任务紧密相联。为巩固党的执政地位提供重要力量保证，是我军庄严的历史使命。在新的历史条件下，我们党要长期执政、执好政，面临许多新的严峻挑战。国际形势发生深刻变化，我国国家安全问题的综合性复杂性多变性不断增强，发达国家在经济、科技、军事方面占优势的压力长期存在，一些西方国家对我国实行西化分化的战略不断加紧，敌对势力千方百计进行渗透、分裂、颠覆、破坏活动。国内改革发展进入关键时期，各种社会矛盾日益凸显。无论是抵御敌对势力的西化、分化图谋，还是应对发展中的各种风险考验，军队在巩固党的执政地位方面都肩负着重要职责。只有从思想、政治、制度、组织上坚持党对军队的绝对领导，才能确保我军不改变性质、不迷失方向、不丧失优势、不涣散斗志，为维护和巩固党的执政地位提供重要力量保证。

坚持党对军队的绝对领导是维护国家民族利益的重要保证。我军历来是国家民族利益的忠实捍卫者。本世纪头20年，是我国现代化建设的重要战略机遇期，是实现中华民族伟大复兴的关键阶段。维护好、利用好国家发展的重要战略机遇期，对于我国和平发展和民族复兴具有至关重要的战略意义。军队是维护国家发展重要战略机遇期的坚强保障，军事力量必须与国家地位、民族发展利益相适应。在时代条件深刻变化、社会环境日益复杂、使命任务艰巨繁重的情况下，坚持党对军队的绝对领导只能加强、不能削弱。只有这样，才能保证我军更加自觉地在国家发展大局下，实现国防建设与经济建设协调发展，为维护国家民族利益提供有力的战略支撑。

党的军队、人民的军队和社会主义国家的军队三者高度统一

我军是党的军队，也是人民的军队和社会主义国家的军队，这三者高度统一于党的执政大局中，统一于为人民服务的根本宗旨中，统一于中国特色社会主义的伟大事业中。

党的军队与人民的军队在本质上是完全一致的。这是无产阶级政党和军队性质的内在要求。无产阶级政党自建立之日起，就是人民利益的政治代表，因此，党所创建、领导的军队，其根基、血脉、力量都在人民。从领导体制上讲，我军坚持党的绝对领导，听从党的指挥，是“党的军队”；从实质上讲，我军来自人民，为人民的利益而奋斗，是“人民的军队”。我们党是中国最广大人民根本利益的忠实代表，党代表人民的利益，按照人民的意愿领导和指挥军队，党的军队实质上就是人民的军队。这是我军存在和发展的历史进步性与合理性所在，是军队英勇奋斗的根本意义所在，是军队克敌制胜的力量源泉所在。党的性质决定着军队的性质，党的宗旨决定着军队的宗旨。只有坚决听从党的指挥，军队才能保持自己鲜明的“人民性”，成为服务人民的子弟兵；只有保持同人民的血肉联系，党的军队才能获取战斗力的巨大源泉。

党的军队与社会主义国家的军队在本质上是高度统一的。这是由政党、国家和军队之间的内在联系所决定的，是马克思主义建党建军理论同中国国情军情相结合的必然结果。马克思主义认为，政党、国家和军队都具有政治性，都从属于一定的阶级。军队作为执政党的工具和国家政权的重要组成部分，既具有从属于执政党的政治性质，又具有国家属性。新中国成立后，我们党成为社会主义国家的执政党，我军这支由中国共产党直接领导的新型人民军队，就历史地成为社会主义国家机器的重要组成部分。我们党在国家法律范围内，代表国家的意志，按照国家的意愿领导和指挥军队，我们党和军队除了国家、人民的利益外，没有任何自己特

殊的利益。因此，我们党、军队和国家在阶级属性、奋斗目标和利益指向上是高度统一的，党的军队本质上就是社会主义国家的军队。

党的军队、人民的军队、社会主义国家的军队体现了我军建军原则、根本宗旨和基本职能的内在统一。我军既是党绝对领导下忠实执行政治任务的武装力量，也是同人民血肉相连、全心全意为人民服务的子弟兵，是社会主义国家的坚强柱石、中华民族实现独立解放和伟大复兴的坚强保障。党的军队，集中体现在坚持党对军队的绝对领导上，这是我军性质的关键所在；人民的军队，集中体现在全心全意为人民服务上，这是我军的根本宗旨；社会主义国家的军队，集中体现在社会主义条件下我军报效国家的政治定位上，这是我军的基本职能。这三者构成了内在统一的有机体。军队的一切活动都是围绕党的意志展开的，党的意志代表人民的利益、社会主义国家的意志，党的理论、路线、方针和政策始终是军队一切实践活动的根本指导。坚持党对军队的绝对领导，不仅是我军恪守根本宗旨的重要前提，也是军队始终成为社会主义国家的坚强柱石、成为人民子弟兵的根本保证。

坚持党对军队的绝对领导，永葆人民军队的根本性质和政治本色

历史和现实证明，坚持党对军队的绝对领导，是我军保持人民军队性质、宗旨和本色的关键，事关党的执政地位的巩固和社会主义中国的长治久安。我们必须毫不动摇地坚持党对军队的绝对领导，确保党从思想上、政治上、组织上牢牢掌握军队，为推动军队各项建设科学发展、开创国防和军队建设新局面提供可靠的政治保证。

坚持党对军队的绝对领导，就要以党的旗帜为旗帜、以党的意志为意志，坚持用中国特色社会主义理论体系武装官兵，大力培育当代革命军人核心价值观，切实打牢听党指挥的思想根基。立场的坚定来自思想的清醒和理论的自觉。中国特色社会主义理论体系是党的理论创新的最新成果，是我们党引领全国各族人民共同奋斗的精神旗帜。面对复杂多变的国际国内安全形势和艰巨繁重的使命任务，我军要在新的历史条件下坚定听党指挥的意志，就必须深入学习贯彻中国特色社会主义理论体系，深刻领会其根本立场、基本观点、科学方法。特别是要把科学发展观作为国防和军队建设的重要指导方针，作为全军官兵的思想武器和行动指南。当代革命军人核心价值观充分体现了我军的性质宗旨、政治本色和优良传统，反映了人民军队最核心、最本质的价值取向。新形势下大力培育当代革命军人核心价值观，是我军思想政治建设的战略工程。要教育引导广大官兵按照当代革命军人核心价值观的要求立身做人，保证人民军队在各种风浪考验中强化主心骨、筑牢精神支柱。

坚持党对军队的绝对领导，就要坚决贯彻党领导人民军队的一系列根本制度，确保全军听从党中央、中央军委的指挥。确保党对军队的绝对领导，根本上要靠一系列制度来保证。党对军队的领导制度主要包括：军队的最高领导权和指挥权集中于党中央、中央军委；军队各级党委坚持贯彻民主集中制的组织原则；实行党委统一领导下的首长分工负责制；团以上单位设立政治委员和政治机关；坚持支部建在连上，等等。无论形势如何发展，任务如何变化，这些保证我军性质和战斗力的一系列制度，都要一以贯之地加以坚持，并且要根据新的形势不断丰富和完善。

坚持党对军队的绝对领导，就要着眼时代发展要求和国家战略全局，全面提高我军有效履行新世纪新阶段历史使命的能力，坚决完成党赋予的各项任务。人民军队在新世纪新阶段肩负着光荣而艰巨的历史使命。军队听党指挥，就要把全军的意志和力量凝聚到履行新使命、完成新任务的各项实践中。要防止和克服麻痹思想，不断增强政治责任感，增强忧患意识，做到居安思危，常备不懈。积极做好军事斗

争准备,不断增强应对危机、维护和平,遏制战争、打赢战争的能力,不断提高以打赢信息化条件下局部战争为核心的完成多样化军事任务的能力,让党和人民放心。

伟大的事业需要伟大的军队,伟大的军队成就伟大的事业。当前,党、国家和军队建设都已站在新的历史起点上,只要我们毫不动摇地坚持党对军队的绝对领导,确保我军永远成为一支忠于党、忠于社会主义、忠于祖国、忠于人民的英雄军队,就能不断开创国防和军队建设的新局面,为党和人民的事业不断从胜利走向胜利、为社会主义中国在国际风云变幻中始终站稳脚跟,提供坚强的力量保障。

(执笔:齐　彪　常培育)

论坚持政治工作政治性与科学性的统一

军事科学院军队政治工作研究中心

政治工作历来是我军的“生命线”,是我们做好一切工作须臾不可或缺的思想和组织保证。

军委胡锦涛主席最近强调,要“坚持以中国特色社会主义理论体系为指导,着力增强思想政治建设的科学性”。这一重要论述,抓住了我军思想政治建设的关键性、根本性问题,对于进一步提高政治工作的质量实效,确保我军始终成为党绝对领导下的人民军队,确保国防和军队建设科学发展,确保有效履行新世纪新阶段我军历史使命,具有重要的战略指导意义。增强思想政治建设科学性,最核心的是要把科学发展观的要求体现和落实到思想政治建设的方方面面,在新的起点上实现政治工作政治性与科学性的高度统一。

一、政治性与科学性的高度统一彰显政治工作的本质属性

“用兵之法,教戒为先”。政治工作既属于政治范畴,也属于历史范畴,它与军队与生俱来、如影随形。在阶级社会里,政治工作存在于任何军队,是阶级、国家、政党或政治集团为领导和掌控军队,实现既定的政治目标,而在军队中进行的一系列政治性、思想性的实践活动。只是不同阶级军队的政治工作,具有不同的性质和方式罢了。

政治性作为一种阶级属性,是政治工作的本质特征,反映阶级在军队的政治思想和政治制度。政治性的核心问题,是举什么旗和听谁指挥、为谁打仗的问题。科学性是政治工作生命力的依赖。它体现政治工作内在的、必然的联系,反映政治和军事、军队和官兵的发展规律,主要体现在三个层面:一是理论指导层面,主要体现阶级哲学,回答以什么样的理论指导包括思想政治建设在内的军队各项建设;二是内容构成层面,主要体现对时代和军事要求的适应性,回答政治工作干什么,以什么样的政治精神和文化体系贯注部队;三是方法运用层面,主要体现对实践规律的把握程度,回答以什么样的组织、机制、方式和作风开展工作。这三个层面是一个有机整体,都是为了保证打胜仗、实现阶级的政治目的。其中,理论指导层面是科学性的根本,受阶级政治性制约,体现政治工作的大政方针;其他两个层面是科学性的具体实践状态,受理论指导的牵引,同时影响政治工作的成效。

政治工作的政治性与科学性在本质上是一致的、统一的。政治性规定科学性的方向和属

性，失去了科学性，就难以达到政治目标；科学性必须服务和体现政治性，离开政治性谈科学性本身就不科学。政治性与科学性的这种内在统一性要求我们：必须坚持两者在根本目的上相一致的原则，始终围绕军队中心任务求得统一，在推动部队建设科学发展的实践中实现并举；必须坚持两者在实际内容上相补益的原则，始终以科学的理论武装官兵、指导实践、推动工作，以讲政治的要求更好地把握科学性，以讲科学的要求更好地体现政治性，使两者在不断赋予政治工作优良传统以新的时代内涵中密切配合，在增强政治工作时代感和影响力中相互作用；必须坚持两者在实践运行上相兼容的原则，始终紧贴时代发展、紧贴使命任务、紧贴官兵实际，在弘扬主旋律中把政治工作各个具体实践环节科学贯通起来，在增强政治工作吸引力和亲和力的过程中实现政治目的。

坚持政治工作政治性与科学性的高度统一，是我军的优良传统。我军从创建之日起，就强调政治工作的政治性，强调把进步的、革命的政治工作贯注于部队之中，同时非常重视科学性建设。1929 年 12 月，毛泽东同志在古田会议决议中，针对党内一些主观主义错误，明确提出，党员思想和党内生活要“政治化、科学化”。改革开放初期，邓小平同志及时指出，开展政治工作的“时间不同了，条件不同了，对象不同了，因此解决问题的方法也不同”，要求“必须从思想方法和工作方法上提高一步”。在社会主义市场经济深入发展的条件下，江泽民同志指出，加强思想政治建设关键是要“增强政治工作的时代感和针对性、实效性、主动性”。新世纪新阶段，胡主席着眼时代发展和军队建设实践的新要求，对加强思想政治建设作了全面、系统、深刻的阐述，强调要“丰富思想政治建设的理论和实践，改进思想政治建设的内容和方法，完善思想政治建设的制度机制，使思想政治建设更好地体现科学发展观的要求”，“增强思想政治工作的说服力、感召力、战斗力”，为新形势下加强我军思想政治建设进一步指明了方向。在我军政治工作的历史上，也曾有过要么忽视政治性，要么忽视科学性，而影响政治工作的声誉和效果，甚至给军队建设造成严重损失的沉痛教训。在新的形势下，我们必须以史为鉴，无论在任何时候任何情况下，都自觉坚持把政治工作的政治性要求和科学性要求有机统一起来，既要避免只讲科学性不讲政治性，又要防止只讲政治性不讲科学性，确保政治工作在圆满完成党的中心任务和提高核心军事能力中发挥“生命线”威力。

二、政治性与科学性的高度统一是新形势下加强政治工作的时代呼唤

当今世界处于大变革、大调整之中，国际政治与思想文化领域的斗争更加复杂激烈，我国改革发展进入了关键时期，我军使命任务不断拓展，军队建设面临的新情况和新问题层出不穷。这对政治工作加强政治性、增强科学性提出了更高的现实要求。

新形势的变化和挑战，呼唤政治性与科学性的高度统一。从国际形势看，西方敌对势力加紧在意识形态领域对我进行渗透破坏，把军队看做其西化、分化我国的主要障碍，大肆宣扬“军队非党化、非政治化”和“军队国家化”等错误观点，妄图乱我军心、改变我军党绝对领导下人民军队的性质。从国内形势看，随着经济体制深刻变革、社会结构深刻变动、利益格局深刻调整、思想观念深刻变化，社会不稳定因素增多，各种非马克思主义、反马克思主义思潮纷至沓来，这不可避免地会影响到部队官兵的精神世界。从思想文化的传播途径看，网络已成为意识形态领域争夺的重要阵地，成为开展政治工作新的重要平台，网络文化已经渗透到军营各个角落，对官兵的思想观念和行为方式产生着深刻影响。从官兵的结构看，基层干部的大学生成分增多，“80 后”、“90 后”出生的独生子女逐步成为部队兵员的主体，他们的思想观念、价值取向、行为方式等都发生了重要变化，这对改进政治工作的内容、方法和手段提出了新的

要求。面对错综复杂的形势，我军政治工作加强政治性和科学性都遇到了新的挑战。抉择只能是迎接挑战，乘势而上。

军队历史使命的拓展，呼唤政治性与科学性的高度统一。全面应对多种安全威胁、完成多样化军事任务，大大拓展了军队履行使命的行动范围。军队使命任务拓展到哪里，政治工作就应跟进服务保证到哪里。当前，思想政治建设领域还存在一些与履行使命任务的要求不相适应、不相符合的地方，存在一些亟待解决的矛盾和问题。比如，如何推动部队官兵进一步解放思想，更新观念，用改革创新的精神推进中国特色军事变革；如何在坚持党对军队绝对领导这一根本原则的基础上，积极探索新的历史条件下铸牢军魂的有效途径和方式方法；如何在和平与发展仍然是时代主题的条件下，进一步增强官兵的职能意识、忧患意识，培育官兵敢打必胜的战斗精神；如何紧紧围绕军队中心任务，在推动部队建设科学发展的实践中积极发挥作用，不断增强政治工作的主动性、针对性、实效性；如何适应信息化战争特点和要求，增强政治工作的作战功能，等等。解决这些问题，迫切需要按照政治性与科学性相统一的要求，积极探索思想政治建设的新思路、新模式和新方法。

政治工作实效性的要求，呼唤政治性与科学性的高度统一。在去年抗击雨雪冰冻灾害、汶川抗震救灾等非战争军事行动中，我军政治工作显示了巨大威力。现在，军队各级党组织和政治机关，都在积极开展深入学习实践科学发展观活动，谋划提高政治工作实效的措施办法。学习实践必须在解决影响和制约政治工作实效性的矛盾和问题上下功夫。在这方面，当前还不同程度地存在着科学统筹不够，预见性、计划性不强，随意性较大的现象；存在着部门、系统、环节间相互协调、密切配合、良性互动不够的现象；存在着不计成本、不顾效果、不讲效率的现象；存在着重“显绩”轻“潜绩”、重当前轻长远，甚至搞形式主义、做表面文章的现象，等等。要通过深入学习实践科学发展观活动，加强政治工作科学性建设，切实解决实际问题，着力提高政治工作的实效性。

三、在坚持政治性要求的同时不断提升政治工作的科学化水平

按照科学发展观的要求，以改革创新的精神，推进政治工作的科学化，是实现政治工作政治性与科学性高度统一的着力点和有效途径。

坚持以党的创新理论为指导。党的创新理论为实现政治工作政治性和科学性的统一，提供了世界观和方法论的指导。我军政治工作的政治性，集中体现在以党的旗帜为旗帜；我军政治工作的科学性，也源于马克思主义科学理论指引。没有马克思主义，就没有我军的政治工作。当前政治工作最高的政治性要求，就是牢固确立科学发展观重要指导方针的地位；最大的科学性要求，就是用科学发展观所蕴含的立场观点方法，来谋划和指导开展政治工作。因此，要以学习实践科学发展观活动为契机，积极开展中国特色社会主义理论体系宣传普及活动。围绕强化官兵精神支柱，大力培育当代革命军人核心价值观，切实打牢高举旗帜、听党指挥、履行使命的思想政治基础。政治机关和政治干部在学习实践科学发展观中起着组织和带头作用，要坚决摆脱习惯思维、陈旧观念和做法，牢固确立以人为本、统筹兼顾、质量效益等观念，使科学发展观成为自觉的思维方式和行为习惯。要深化对科学发展观的学习理解，准确把握科学内涵、精神实质、基本要求，切实掌握蕴含其中的世界观和方法论，特别是要深入学习理解胡主席关于新形势下思想政治建设的一系列重要论述，把握新思想、新观点、新论断，用以武装头脑、指导实践，转化为实际工作能力，开创政治工作的新局面。

坚持提高政治工作的质量效益。推进科学化，首先要强化质量效益观念。要自觉把官兵思想觉悟提高、各项工作落实和战斗力提升的实际效果，作为衡量政治工作成效的基本标准，

防止和克服只算“政治账”、不算“经济账”，重形式轻内容、重过程轻结果、重投入轻产出等偏向。推进科学化，离不开精确化。要提高政治工作精确化程度，坚决摒弃大而化之、笼而统之的思维和工作方式，必须改变粗放式的思维方式和工作模式，使各项政治工作由“概略瞄准”到“精确制导”、精确设计、精确建设、精确发展，从根子上解决工作“频道”转换快、重复建设多、表面文章多、政绩工程多等问题，解决政出多门、各自为战、常打乱仗等现象，实现资源优化配置、有效利用，减少隐性浪费，提高综合效益。

坚持用新视角新方法研究解决新情况新问题。思想政治工作归根到底是做人的工作，要牢固确立以人为本的理念，把官兵的思想行为特点和合理需求作为工作的重要依据，把官兵关心关注的问题作为推进工作的突破口。着眼于维护官兵主体地位，促进官兵全面发展，调动创造性和积极性，推动改进创新。要不断加强对政治工作新情况新特点的研究，着力研究世界多极化、经济全球化、扩大改革开放、深入发展社会主义市场经济、军队历史使命拓展、完成多样化军事任务、推进军事变革、建设信息化军队等对政治工作的影响；研究开展舆论战心理战法律战，发挥政治工作作战功能的特点规律；研究开展非战争军事行动中政治工作的特点规律，在全军掀起新一轮的政治工作研究热潮，形成政治机关、科研院所和领导干部、部队官兵共同研究问题的生动局面。不断改进创新政治工作的内容、方式方法和手段，根据战争形态和军事实践发展，将舆论战心理战法律战，军事外宣、心理法律服务工作，先进军事文化和软实力建设等纳入政治工作的内容体系，适应官兵成分和思想行为方式变化，不断改进政治工作方法，综合运用理论灌输、舆论引导、文化熏陶、典型示范、人文关怀、实践养成、政策激励等搞好教育培养。适应社会信息化程度越来越高的实际，加强政治工作信息化建设，进一步抓好应用软件开发和各类数据库建设，开辟网上政工通道，建立与信息化相适应的政治工作体制机制，促使思想政治建设与信息化建设有机融合，促进政治工作服务保证功能的全面升级。锻造高素质的政治干部人才队伍，经常组织政治干部学理论、学科技、学管理，不断解放思想、转变观念，增强战略思维、辩证思维、系统思维、创新思维，提高把握客观规律、科学谋划工作、勇于开拓创新、破解发展难题、狠抓工作落实的能力，切实以队伍素质的提高推动政治工作的创新发展。

坚持用法制化保障科学化。推进科学化，离不开法制化。要加大政治工作法制化建设的力度，在继续加强立法的同时，强化依法开展工作的意识，进一步明确各级检查督促落实的责任，建立和完善具有刚性的各项政治工作制度机制，增强法规制度的执行力，切实把工作的套路纳入法规制度要求的框架之内。推进科学化，需要建立科学的评估机制。要把科学发展观的要求作为衡量成效的根本尺度，确定评估指标，规范评估程序方法，实现细化量化，从而最大限度地提高政治工作效益，使政治工作在科学发展中始终勃发生机与活力。

（执笔：曾凡祥　刘开华　吴志忠）

大力培育当代革命军人核心价值观

公方彬

“忠诚于党、热爱人民、报效国家、献身使命、崇尚荣誉”是当代革命军人的核心价值观。

当代革命军人核心价值观，是指在一定历史时期内履行着党和人民赋予的使命任务，反映着国家意志的军队中所有成员秉承的价值标准、价值判断、价值实践的总和。这种价值观除了根据党的指导理论和执政方式进行完善和发展外，一般情况下稳定而又持久地存续下来，成为一种个体和群体共有的意志品质与价值系统。当代革命军人核心价值观，属于社会主义核心价值体系所关照的基本范畴，不同于其他国家军队的核心价值观，具有自身鲜明的特征和明确的着力点。

当代革命军人核心价值观的三大特征

一是凸显政治属性。政治属性从确立核心价值观之初，就得到强烈关照和具体反映，这就是“革命军人”的界定。缘于此，本次提出的核心价值观不是世界各国军队通用的核心价值观，而是一支中国共产党领导下的人民军队的核心价值观。这种凸显的政治属性，恰恰区分了我们与西方军队在核心价值观方面的不同。有人提出，能不能在革命军人核心价值观的基础上再提出军兵种的核心价值观，理由是美国军队有军兵种的核心价值观。答案是不能，原因在于我军与西方军队存在着一个重大区别，这就是政治属性，虽然西方军队并没有真正跳出维护阶级利益的本质，但表面上却是强调军队国家化，这种刻意弱化政党色彩的特点，决定了其核心价值观的国家色彩更为浓厚，职业要求更为突出，因而各军兵种都可以提出自己的核心价值观。我军由于有明确的排他的政治指向，因而只能产生一个统一全军官兵思想的核心价值观。当然，从精神品质与载体的角度讲，我们可以产生很多，包括延安精神、西柏坡精神、98 抗洪精神，等等，并且还可以继续产生很多，这恰恰是革命军人核心价值观的具体化、载体化，保证起点高、落点实，保证拥有很强的质感和亲和力。

二是继承优良传统。构建当代革命军人核心价值观的目的，是“使我军听党指挥，服务人民，英勇善战的优良传统一代代传下去”。这意味着，核心价值观必须进一步彰显和聚焦我军在革命战争年代与和平建设时期形成的优良传统，并把这些优良传统有效渗透于广大官兵的思想深处。一定意义上，没有核心价值观的产生，相关思想政治教育同样在进行。比如，我国《宪法》规定：“中华人民共和国的武装力量属于人民。它的任务是巩固国防，抵抗侵略，保卫祖国，保卫人民的和平劳动，参加国家建设事业，努力为人民服务。”《国防法》第 56 条规定：“现役军人必须忠于祖国，履行职责，英勇战斗，不怕牺牲，捍卫祖国的荣誉和利益。”《军人誓词》明确要求：军人必须“服从中国共产党的领导，全心全意为人民服务，服从命令，严守纪律，英勇战斗，不怕牺牲，忠于职守”。所有这些规范与要求，都反映了这支军队对党、国家和人民的无比忠诚，并且为了维护其核心利益不惜牺牲一切。而产生了明晰的核心价值观后，思想政治教育的重心会更集中，更具体，更生动，更有效。

三是高扬崇高精神。核心价值观解决的是军人的政治信念与价值追求，换言之，要保证核心价值观产生强大的感召力和影响力，只能崇高不能媚俗。当代革命军人核心价值观实现了这一目的，“五句话”不仅科学界定了军队和军人与党、人民、国家的关系，同时明确了处理关系的方式，即以忠诚，以热爱，以报效来实现，为了强化意识，提升纯洁度，还特别强调了牺牲奉献，强调了对荣誉的崇尚。由此而言，当代革命军人核心价值观是一种对崇高精神的推崇和高度张扬。

当代革命军人核心价值观的着力点

当代革命军人核心价值观的五个方面是有机的关联体，必须坚持从系统性和整体性上把握，其着力点集中在以下四个方面。

一是确立政治信仰。即解决党对军队的绝对领导的问题。信仰信念可以产生强大的精神力量，这缘于其构筑的是一个民族、一个集团乃至单个人的精神大厦和灵魂归宿。历史一再证明，当一个政治集团失去了信仰信念，表面再强大，都无法掩盖虚弱的本质。以"苏东剧变"为例，前苏共拥有数千万党员，一夜之间失去执政权，可悲的是没有人为维护集团的整体利益付出鲜血和生命。同样具有说服力的是中国近现代史上有代表性的三支军队的比较。三支有代表性的军队是指满清的八旗军、国民党的北伐军及后来的国民党军、中国人民解放军。八旗军入关时，携新生力量崛起之势能，马踏中原，骁勇善战，后来国运衰败，势能消失，这时亟需新的能够支撑官兵英勇战斗的信仰信念，因封建统治的"家天下"不可能产生出来，及至鸦片战争、八国联军进北京之时，一触即溃，望风十里。国民党军队与之相类似，北伐时带着三民主义的信仰，所向披靡，后来由于这支军队蜕变为四大家族的家丁，精神支撑没有了，及至解放战争，不堪一击。惟有我军这支党领导下的人民军队，自建军之日起，在所有对手面前没有败绩，这得益于从未放松的政治信仰建设，由此保证了广大官兵拥有强烈的自我牺牲精神，其中最具说服力的是艰苦卓绝的抗美援朝。美军在有关文献中这样说："中国军队在美军完全掌握了制空权的情况下，虽然苦于缺乏装备、弹药、食品和防寒用具等，但仍忍耐一切艰难困苦，忠实地执行命令，默默地行动与战斗。""中国军队好像对美军炽烈的火网毫不在意似的，第一波倒下，第二波跨过尸体继续前进，还有第三波、第四波。他们不怕死，坚持战斗到最后一个人的姿态，仿佛是些殉教者。作为对手的美军也在惊叹其勇敢的同时，感到非常可怕！中国军队这种勇敢战斗精神和坚韧性，到底来源于什么呢？那大概不是单纯的强制和命令，可能是因为对共产主义的信仰，对帝国主义的憎恶，坚信现在进行的这次战争是'正义战争'，这些都渗透到了中国军队官兵的心灵深处，不！已经渗透到骨髓之中。"在这方面，还是毛泽东当年在《井冈山的斗争》一文中讲得好："同样一个兵，昨天在敌军不勇敢，今天在红军很勇敢，就是民主主义的影响。红军像一个火炉，俘虏兵过来马上就熔化了。"

在我军履行新使命的今天谈由核心价值观而来的信仰，根本的在于坚持党的领导，也就是"忠诚于党"。或许有人会说，西方国家的军队并没有接受党的直接领导，而是承担着国家赋予的使命任务，同样具有战斗力，有的还很能打，为什么我们必须坚持党的领导？追根溯源，我军与西方军队存在着两大根本性差异，因此决定了我们要走与西方军队不同的发展道路。西方资产阶级国家的军队一般早于政党产生，包括美国、英国、法国、德国皆如此。以美国为例，其军队产生于独立战争，而政党产生于大陆会议，因分权还是集权而形成两派，进而演化为今天的民主和共和两大政党。既然军队早于政党产生，也就不会是党的军队。再一个是西方走的是议会政治和多党轮流执政的道路，军队不可能一个阶段属于某个政党，换个阶段又属于另一政党。我军与此相反，我们这支军队原本就是党为了夺取政权建立起来，是党创立的军队，另一个是我国的政体是一党执政，其他为参政党，这与西方的国情不同。

二是引导价值取向。即解决人民军队的性质问题。核心价值观的基本功能是引导价值取向，当代革命军人核心价值观充分而又深刻地反映和体现着这一点。即把忠诚于党、热爱人民和报效国家明确下来，这就有效地解决了接受谁的领导和"为谁扛枪，为谁打仗"的问题，进而科学地界定或廓清了军队和军人的价值实现途径与目标。概括起来说，核心是坚持人民军队的性质，取向是全心全意为人民服务，标准是人民利益高于一切，重于一切，特别是在人民利益受到威胁时敢于挺身而出，不惜牺牲自己的一切，最终实现与人民群众"心连心、同呼吸、共命运"。

一切为了人民，一切依靠人民，这是我军建设和发展史上的经验结晶。一个"为了人民的利益!”便使这支军队产生出无尽的力量。以红军长征为例,一支弱小的平均年龄不足25岁,每百人不足80支枪的队伍,为什么能够突破国民党军队的围追堵截?原因不外两点:一个是红军官兵英勇善战,不怕牺牲,另一个是国民党军阀消极避战。所以红军不怕牺牲,在于为人民利益而战提升了境界,找到了物质力量之外的更大的精神力量。所以国民党军阀避战,在于军阀的实力是攫取利益的资本,打光了也就失去了资本。这就意味着,红军官兵的请战与国民党军阀的避战,是天然铸就的,无法改变的。正是因为我军坚守人民利益高于一切,为了人民的利益敢于牺牲自己一切的核心价值观,保证了这支军队获得广大人民群众的真诚拥护,成为人民的子弟兵,与人民形成血肉联系、鱼水关系。有了这种血肉相连的军民关系,产生出红嫂乳汁救伤员,刘胡兰为保护八路军敢于自我牺牲便不足为奇。整个中国革命战争期间,人民群众为军队作出的牺牲,昭彰日月。还是解放战争时期一首《支前民谣》讲得生动:“最后一碗米,送去作军粮;最后一尺布,送去作军装;最后老棉袄,盖在担架上;最后亲骨肉,送他上战场。”我们经常讲,淮海战役我军以60万对国民党的80万,取得了以少胜多的战役典范,成就了战争史上的辉煌。实际上,60万背后还有数百万支前民工和142万辆独轮车。陈毅元帅有一句名言:“淮海战役是解放区人民用独轮车推出来的!”这种不竭的力量源泉就是我们曾经的对手也给予认同。1991年7月14日张学良在美国接受《世界日报》周刊采访,针对有人认为“当年红军经过长征所剩无几,势单力薄,如无西安事变,中央军很可能将中共完全打败”的问题说:“红军当时是打不败的。”理由有三,第一,红军能战。他的两个师各有一万人,与红军在陕北会战,面对装备不足的红军,全军覆没。第二,红军顽强。自己是带兵人,深知带兵之不易,红军经过前堵后追的二万五千里长征,没垮、没散。第三,红军内的党组织结构也很厉害,同时有老百姓的基础。

当今社会,利益多元已成为不争的事实。每个人的利益都生动而又具体,这种具体化了的利益必然地与国家、社会、他人发生关系,所以,军队和军人与人民的利益虽然大多数情况下同向、同频、同步,特殊情况下也存在矛盾,甚至发生冲突。比如,每当灾难来临,军人都要奔赴灾区,其中有的官兵自己的家人就在灾区,这种情况下是首先考虑自身利益,还是为了人民群众的利益作出自我牺牲?反映着军队和军人恪守的价值观。可以说,汶川特大地震“十万大军以命搏命”,说明的就是这支军队坚守着人民的利益高于一切的宗旨和信念。在社会主义的中国,我军只有坚持人民军队的性质宗旨,才会与人民的利益诉求并行不悖,这支军队才拥有存在的意义和价值。道理不难理解,一旦军队着力谋求集团利益,必与人民利益相冲突;一旦拥有强制能力的集团把谋求私利作为第一要务,社会动荡就成为必然,中国的发展就不复存在,中华民族的强盛更无从谈起。与此同时,这支军队也便失去了人民的拥护,没有了力量之源。

三是明确价值标准。即增强国家意识,强化国家意志的问题。党的十七大报告明确提出,“善于使党的主张化为国家意志”,这充分反映着党的执政理念的转变。强调国家意志很重要,尤其是反映于军人的核心价值观。因为这为军人的行为选择和社会评价其行为,增加了一个具有较高操作性的重要尺度。从社会和集团的角度讲,有了国家利益和国家意志的标准,便不会因时因事的变化而改变价值认定。举例来看,越战结束后,美国军人备受责难,当时美国国防部长讲了一句很有意思的话:越南战争,美国彻底地错了,也彻底地败了,但响应国家号召走上战场的所有男女青年军人,其行为怎么评价都不为过。这其中就反映着价值标准和价值判断。即战争的决策或因政府、因总统的错误而铸就,但为了国家意志走上战场的军人不能承担决策者的错误,只能从履行国家意志的能力与效果上作出评判。从军人行为选择的角度讲，能否将军人担负的使命任务完成好，决定于遵循什么样的价值标准。就社会来讲，有两个层面的标准，一个是法所规范的标准，另一个是精神境界与价值选择共同作用而来的标准。其实，对于执行特殊使命任务的军人来讲，由精神境界和价值选择而来的标准更重要，因为法规的操作性再强，都存在不明确的由自己判断的空间，用法律词汇讲就是“自由裁量权”，当面对一些需要承担责任的选择，没有头脑中的更高、更大的标准，则无以产生担当的勇气和精神。从这个意义上说，在我军已经拥有了党、人民利益高于一切的标准基础上，再丰富一个国家意志，对于军人确立坚实的立足点和努力方向，极其重要。

四是规范职业要求。即解决操守与行为规范的问题。规范职业要求对于今天的军人来讲，重要性越来越突出，原因表现在两个方面：一个是革命党进入执政党后，因政治目标的一致性而来的政治强制力弱化，需要补充新的精神影响力和价值引导力。另一个是政治信仰不是对所有人都具有影响作用，也就是说，强调信仰重要，但又必须承认，当代人不都拥有政治信仰。对于那些没有政治信仰的人，以什么约束和引导其行为？或者他们如何才拥有了行为的依托和理由？显然需要职业意识和职业规范。长期以来我军更多的是强调政治意识，特定情况下职业化、职业性甚至成为禁区。没有了职业意识，许多理念和行为便走向异化。实际上，每一个阶层和集团都有不同的职业要求，只有正确认识并内化为理念和行为规范，才会在任何情况下都形成自觉，就像《士兵突击》中许三多喜欢唱的：有一个道理不用讲，当兵就要上战场。军人有什么职业要求？在生命受到威胁之时，社会大众都拥有法所赋予的紧急避险权，惟有军人没有，只要上级命令下达，即使前面是死亡也必须扑向死亡，这既是道德的倡导，也是法的迫使。此外，个人意志服从于命令和指挥，独立思考让位于上级指示，这些都是其他社会阶层所没有，或没有那么突出的职业要求、职业规范。

（作者：国防大学教授）

坚定不移地坚持社会主义核心价值体系

秋　石

在新世纪新阶段，我们党用什么样的精神旗帜团结带领全国各族人民奋力开拓中国特色社会主义更为广阔的发展前景？以胡锦涛同志为总书记的党中央提出了建设社会主义核心价值体系，鲜明地回答了这一重大问题。坚定不移地坚持社会主义核心价值体系，在全社会牢固树立科学的指导思想、共同的理想信念、强大的精神力量和良好的道德风尚，对于巩固全党全国各族人民团结奋斗的共同思想基础，夺取全面建设小康社会新胜利，具有重大现实意义和深远历史意义。

一、社会主义核心价值体系是社会主义意识形态的本质体现

人类社会是经济基础和上层建筑的有机统一体。经济基础决定上层建筑，而上层建筑对经济基础具有能动的反作用。社会意识形态属于上层建筑，规定着整个思想道德文化建设的性质和方向。一个国家、一个民族、一个社会在长期共同的认识和实践活动中，必然要形成一定的价值体系，其中居核心地位、起主导和统领作用的就是其核心价值体系。核心价值体系总

是与社会基本制度及其要求相适应的，是社会意识形态的本质体现，是一定的社会系统得以运转、一定的社会秩序得以维持的基本精神依托。如果不以核心价值体系作为社会共同的导向，社会就会失去灵魂、失去方向。

建设社会主义核心价值体系，是我们党着眼于新形势，从全面推进中国特色社会主义事业全局出发提出的一项重大战略任务，抓住了我国社会主义意识形态建设的关键。只有大力建设社会主义核心价值体系，才能形成全民族奋发向上的精神力量和团结和睦的精神纽带，确保实现全面建设小康社会的奋斗目标。

马克思主义指导思想，中国特色社会主义共同理想，以爱国主义为核心的民族精神和以改革创新为核心的时代精神，社会主义荣辱观，构成社会主义核心价值体系的基本内容。这四个方面的基本内容，是从人类文明进步中、从我们党领导人民在长期实践中形成的丰富思想文化成果中提炼和概括出来的精华，集社会主义价值观念之大成。其中，马克思主义指导思想是灵魂，提供的是认识世界、改造世界的强大思想武器，是建设中国特色社会主义的理论基础和行动指南；中国特色社会主义共同理想是主题，是对国家、民族未来美好发展前景的追求；以爱国主义为核心的民族精神和以改革创新为核心的时代精神是精髓，是实现共同理想的动力；社会主义荣辱观是基础，为全体社会成员判断行为得失、作出道德选择提供了价值标准。这些方面互相影响、互相作用，形成一个统一的整体，提供了建设中国特色社会主义所需要的价值取向，是团结动员全党全国各族人民为建设富强、民主、文明、和谐的社会主义现代化国家而奋斗的共同思想基础。

党的十七大指出："社会主义核心价值体系是社会主义意识形态的本质体现。"这一论断深刻揭示了社会主义核心价值体系的地位和作用。社会主义核心价值体系是社会主义意识形态的核心内容和最重要的组成部分，是社会主义制度在价值层面的本质规定，集中体现着最广大人民的根本利益。中国特色社会主义，在经济制度方面，坚持和发展社会主义市场经济，坚持和完善公有制为主体、多种所有制经济共同发展的基本经济制度，坚持和完善按劳分配为主体、多种分配方式并存的分配制度；在政治制度方面，坚持中国共产党的领导、人民当家作主、依法治国有机统一，坚持和完善人民代表大会制度、中国共产党领导的多党合作和政治协商制度、民族区域自治制度和基层群众自治制度。这些都是我国社会主义的基本制度。社会主义核心价值体系是社会主义制度的内在精神之魂，渗透于经济、政治、文化、社会建设的各个方面，为中国特色社会主义的发展和完善提供了思想根基，指引着全党全国各族人民沿着中国特色社会主义道路奋勇前进。

二、社会主义核心价值体系是社会主义中国的精神旗帜

中国特色社会主义道路是一条通向国家富强、民族振兴、人民幸福、社会和谐的康庄大道，是历史的选择、人民的选择、时代的选择。新中国成立以来特别是改革开放以来，我国取得了举世瞩目的成就。但是，在前进的道路上并不是一帆风顺的，遇到过各种艰难险阻。无论顺境还是逆境，社会主义核心价值体系都以其巨大的理论力量、精神力量、道德力量，凝聚人、感召人、鼓舞人，成为全国各族人民前进的指路明灯。当前，改革发展进入关键阶段。在经济体制深刻变革、社会结构深刻变动、利益格局深刻调整、思想观念深刻变化的新形势下，我国社会思想文化多元多样多变，迫切要求最大限度地形成广泛社会共识、凝聚各方力量。我们党明确提出建设社会主义核心价值体系，鲜明地展现出社会主义中国的精神旗帜，就是要昭示我国社会主义意识形态的核心部位是不能动摇的，进一步揭示和确立了我国社会主义意识形态、价值体系的基石和支柱。社会主义核心价值体系不仅作用于经济、政治、文化和社会生活的各个方面，而且对每个社会成员的世界观、人

生观、价值观都施加着深刻的影响，具有高度的凝聚力和广泛的感召力，为推动科学发展、促进社会和谐提供了重要的思想保证和强大的精神动力。

社会主义核心价值体系是优秀中华文化在新的时代条件下的重要体现，是国家文化软实力的核心内容。文化软实力在很大程度上表现为民族凝聚力，而这种凝聚力主要来自于人们对核心价值体系的认同。当今世界正在发生广泛而深刻的变化。随着世界多极化、经济全球化深入发展，世界范围内各种思想文化交流、交融、交锋更加频繁，进一步凸显了文化软实力在综合国力竞争中的战略地位，凸显了核心价值体系在社会发展中的生命线作用。建设社会主义核心价值体系，为进一步巩固和壮大社会主义意识形态提供了重要遵循，为进一步传承和弘扬优秀中华文化明确了努力方向，有利于掌握意识形态领域的主动权、主导权、话语权，有利于增强中华民族的凝聚力和创造力，扩大中华文化的影响力。

社会主义核心价值体系深得全国人民的广泛认同，在实践中显示出强大的生命力。改革开放以来，国际局势风云变幻，改革任务艰巨繁重，党和人民经历和战胜了世所罕见的严峻考验和挑战。我们从容应对一系列关系我国主权和安全的国际突发事件，战胜在政治、经济、社会等领域和自然界出现的困难和风险。特别是在很不寻常的2008年，全党全国各族人民在党中央的坚强领导下，万众一心、众志成城、和衷共济，奋勇战胜南方部分地区严重低温雨雪冰冻灾害、四川汶川特大地震灾害，成功举办北京奥运会、残奥会，圆满完成神舟七号载人航天飞行任务，沉着应对国际金融危机冲击，充分展现了党和人民的伟大力量，展现了改革开放的伟大力量，展现了中国特色社会主义的伟大力量。这些既是社会主义核心价值体系的生动实践，也丰富了社会主义核心价值体系的内涵。事实表明，社会主义核心价值体系深深植根于中华民族的精神血脉之中，植根于当代中国人民的伟大实践之中，植根于社会主义制度之中，具有激励中华儿女勇往直前的无穷力量。

三、社会主义核心价值体系是引领社会思潮的强大思想武器

在全体人民中牢固树立社会主义核心价值体系，事关中国特色社会主义事业的长远发展。我们要深入学习贯彻党的十七大精神，大力加强社会主义核心价值体系建设，坚持用马克思主义中国化的最新成果武装全党、教育人民，加强思想道德教育，切实把社会主义核心价值体系融入国民教育和精神文明建设全过程，贯穿社会主义现代化建设各方面。同时，坚持以社会主义核心价值体系引领社会思潮，既尊重差异、包容多样，又坚决抵制各种错误和腐朽思想的影响，使这一价值体系为广大群众深刻把握和自觉认同，真正成为社会精神生活的主旋律。

近年来，有的人把西方的自由、民主、人权等标榜为“普世价值”，企图用西方政治制度模式取代中国共产党的领导和社会主义制度。这些观点在理论上是站不住的，在实践中是有害的。社会存在决定社会意识。由于人类社会是不断发展的，社会关系是不断变化的，价值观念也要随着社会关系的变化而变化；由于在社会关系中居于不同社会地位的主体必然有着不同的社会需求，同一事物对于不同主体具有不同的价值，同一主体对同一事物在不同条件下的价值判断也是不同的。因此，价值观念是具体的，那种适用于所有主体、所有时间、所有地点且不以任何条件为转移的、超越时空、永恒不变的价值观念，事实上是不存在的。当然，作为生活在同一个地球上的人类，在处理人与自然、人与社会、人与人关系中都不可避免地会碰到相同或相似的问题，形成一些共同的需要，产生一些共同的价值追求。特别是在存在较多共同利益的领域，如环境保护、防灾救灾、卫生防疫、预防犯罪、体育竞技等领域，更容易达成价值共识。但是，这些价值追求或价值共识是相对的，而不是绝对的。在利益冲突较多的领域，价值

的共同性就较少，特别是在核心价值体系上，更有着本质上的区别。我们既要看到价值领域存在共同性，积极借鉴和吸收世界上一切先进文明成果来发展中国特色社会主义，又要看到不同社会核心价值体系的根本区别，决不能简单照搬西方的核心价值观念。

自由、民主、人权是人类共同创造的文明成果。但是，自由、民主、人权等价值观念都是随着社会历史发展而逐渐产生的，又在历史发展的不同阶段被赋予了不同的内容。不同国家、不同历史发展阶段，其自由、民主、人权的实现形式和途径各不相同。世界上没有放之四海而皆准的发展道路和发展模式，也没有一成不变的发展道路和发展模式。我们决不能照抄照搬西方的模式，必须从中国国情出发发展民主，不断推进社会主义政治制度自我完善和发展，促进经济、社会和人的全面发展，走出一条中国特色社会主义的发展道路。正如邓小平同志所强调的，“我们在宣传民主的时候，一定要把社会主义民主同资产阶级民主、个人主义民主严格地区别开来”；“资本主义社会讲的民主是资产阶级的民主，实际上是垄断资本的民主，无非是多党竞选、三权鼎立、两院制。我们的制度是人民代表大会制度，共产党领导下的人民民主制度，不能搞西方那一套”。

党的十一届三中全会以来，我们党领导全国各族人民坚持把马克思主义基本原理同中国具体实际和时代特征相结合，逐渐形成了中国特色社会主义政治发展道路，即坚持党的领导、人民当家作主、依法治国有机统一，坚持和完善人民代表大会制度、中国共产党领导的多党合作和政治协商制度、民族区域自治制度以及基层群众自治制度，不断推进社会主义政治制度自我完善和发展。这“一个统一”和“四个制度”，构成了最适合我国国情、最能够把13亿人民的意志和力量凝聚起来的制度安排，集中体现了我国社会主义的特点和优势。

必须看到，世界是丰富多彩的。由于各国的历史背景、社会制度、发展水平、文化传统和价值观念不同，世界上不可能也不应该只有一种文明、一种社会制度、一种发展模式、一种价值观念。文明的多样性，是人类社会的基本特征，也是人类文明进步的动力。我们尊重世界的多样性，并积极吸收和借鉴各国的优秀文明成果。

大力建设社会主义核心价值体系，既是一个重大的现实课题，又是一项长期的历史任务。要全面把握社会主义核心价值体系的深刻内涵和基本要求，更好地引导广大干部群众坚定不移地高举中国特色社会主义伟大旗帜不动摇、坚持中国特色社会主义道路不动摇、坚持中国特色社会主义理论体系不动摇，为开创中国特色社会主义事业新局面而努力奋斗。

（作者单位：求是杂志社）

用社会主义核心价值体系引领社会思潮

包心鉴

用社会主义核心价值体系引领社会思潮，是我国意识形态建设的重要任务，是中国特色社会主义文化发展长期面临的重大课题。党的十七大报告深刻指出，要“积极探索用社会主义核心价值体系引领社会思潮的有效途径，主动做好意识形态工作，既尊重差异、包容多样，又有力抵制各种错误和腐朽思想的影响”。2008年“两会”期间，胡锦涛总书记在参加山东代表团讨论时进一步强调:“要坚持不懈地用社会主义核心价值体系引领社会思潮,更加注重人文关怀和心理疏导,引导和激励广大人民群众为开创中国特色社会主义新局面、谱写美好生活新篇章而共同奋斗。”用社会主义核心价值体系引领社会思潮,不是一种简单的说教,更不是一句抽象的口号,而是一项充满挑战性、前瞻性和创新性的工作,要求我们必须深入研究当今时代条件下和社会变革实践中社会成员思想活动的规律,把握社会思潮的特点,有针对性地加强思想引领和心理疏导工作。

社会“意识在任何时候都只能是被意识到了的存在,而人们的存在就是他们的实际生活过程”。处于不同时代、不同经济社会结构中的社会成员,其对社会变革与发展的要求呈现出不同的价值取向,由此使人们的思想活动呈现出不同的类型和特点,乃至酿成不同的社会思潮。我们正处在深刻变革的时代,一方面,市场化改革的深入推进和社会主义市场经济体制的初步建立,使经济成分、利益结构、组织形式、就业方式日益多元化,这就对社会成员的思维方式和思想活动产生多元的、复杂的影响。另一方面,全球化趋势的日益凸现和各种思想文化的相互激荡,对我国社会成员产生着极其深刻而复杂的影响,人们既积极吸纳着来自世界各国的现代文明空气,同时也经受着形形色色与社会主义价值理念相悖的思想观念的侵蚀,世界观、人生观、价值观面临严峻挑战。以上两方面因素相互作用,使我国现阶段社会成员的思想活动呈现出种种新的特点和趋势。

一是多样性。处于经济社会多元化变革时期,社会成员的思想观念必然呈愈益多元化状态。处于不同经济地位、与不同经济成分有着内在联系的不同社会成员,对经济社会发展持有不同的价值评判和价值期待,同时会以不同的方式展示于社会,由此形成丰富多彩且良莠不齐的思想多元化趋势。尤其对那些牵动全局的深刻社会变革,处于不同地位的人们,其心理承受力和社会期望值大不相同,甚至大相径庭。从社会发展总趋势来说,思想多元化是一种历史的进步,但又不可否认,在一定时期和范围内,参差不齐、良莠混杂的思想观念乃至社会思潮,又会产生某些负面影响,甚至可能干扰改革与发展的顺利推进。因此,新形势下思想政治工作的一个重要任务,就是必须认真研究处于不同地位、享有不同利益的社会成员在想些什么,对社会变革和发展有什么样的期待,有的放矢地用社会主义核心价值体系去启发诱导、凝聚人心。只有这样,才能增强社会主义核心价值及其价值体系的凝聚力和时效性,把科学的思想理念转化为亿万人的自觉行为。

二是多变性。人的思想观念从来就不是一成不变的,总是随着社会生产方式、生活方式的改变而不断变化。尤其在经济社会深度转型过程中和社会信息化条件下,社会成员的思想观念愈益呈现出多变性态势。这就要求我们,必须深入研究社会成员的思想变化规律,把握不同时期、不同领域人们思想活动的脉搏,使社会主义核心价值体系的教育和诱导密切适应不断变化的思想认识,高瞻远瞩地引领各种社会思潮。假如不是这样,人们的思想认识已经发生很大变化了,而我们的思想政治工作从内容到形式却面目依旧,千篇一律,以不变应万变,那么这样的“思想政治工作”注定成效甚微,甚至会严重抵销社会主义核心价值体系的引领作用。

三是选择性。市场经济改革和民主政治建设所产生的最大思想政治效应,就是锻炼了社会成员的独立自主品格,提升了自主选择能力。这是一种历史的进步,但同时也给思想政治工作提出了崭新的课题,这就是,在社会成员多元化和多变性的思想选择中,如何增强科学世界观、人生观、价值观和社会主导思想对社会成员的影响力和导向力,从而使人们自主的思想选择不偏离正确的方向,在丰富多彩的思想选择中形成有利于社会进步的强大思想合力。显然,这是在我国现阶段用社会主义核心价值体系统一思想认识、引领社会思潮必须高度重视的关键环节。

四是趋利性。在“左”的思潮影响下，传统思想政治工作的一个最大弊端就是排斥和否定人们的利益要求，把思想觉悟与物质利益割裂开来，使思想政治工作陷入“假、大、空”误区。这是加强意识形态建设必须长期吸取的教训。物质生活方式是社会成员最基本的生活方式，物质利益原则是社会发展的一项基本原则。在充分运用价值规律发展市场经济、人们的生产方式和生活方式愈益“物化”的条件下，社会成员的思想活动愈益表现出趋利性特点。处于不同利益区位上的人们，会表现出不同的价值诉求和价值选择；人们对现行政策的评判，对社会前途的关心，也往往更多地与自身利益能否得到实现联系在一起。这就要求新形势下的思想政治工作，必须高度重视人们的物质利益尤其是根本利益，以马克思主义的利益观引导人们正确认识和处理物质利益与精神追求的关系、局部利益与全局利益的关系、眼前利益与长远利益的关系、个人利益与根本利益的关系，由此凝聚成有利于促进社会发展、实现根本利益的强大精神力量。用社会主义核心价值体系统一思想认识、引领社会思潮，当然绝不能离开社会成员正当的利益诉求，而是要注重引导人们确立正确的利益观和价值观。

所谓社会思潮，从主要意义上说是指由于社会变革和发展所引发的某种社会矛盾反映到人们的头脑中所产生的某种疑虑心理、困惑情绪或不平衡心态。因此，用社会主义核心价值体系引领社会思潮，根本任务就是有针对性地释疑解惑、理顺情绪、抚慰心灵、平衡心态。我国正处在改革发展的关键阶段，我们面临的机遇前所未有，面临的挑战也前所未有，一些深层社会矛盾和问题日趋显露，人们对矛盾和问题尤为关注，由此思想认识问题也相对地增多起来，其中有些认识问题有可能积聚成影响全局的社会思潮。在这样一个重要时期，更加要求我们注重人文关怀和心理疏导，运用社会主义核心价值体系回答和解决人们关注的现实问题，在释疑解惑、理顺情绪上下功夫。假如不是这样，思想教育和思想政治工作与人们所关注的现实问题相脱节，与社会成员的心理期待相悖离，无的放矢，隔靴搔痒，“顾左右而言他”，那就会使人们产生一种严重的陈旧感、隔膜感甚至逆反心理，从而严重影响社会主义核心价值体系的威信和实效。

当前社会成员的思想认识问题乃至社会思潮，主要聚焦在以下三类问题上。深层次地做好用社会主义核心价值体系引领社会思潮的工作，就要在深入回答这几类现实问题上下功夫。

第一类是对深化改革的疑虑。我国改革开放已进展30年，如何认识改革开放的历史进程？如何在新的起点上进一步推进改革开放？人们的认识不尽一致，甚至大相径庭，许多思想认识问题乃至社会思潮由此而滋生。从总体上说，当前人们对改革的认同和积极性似乎也没有20世纪80年代高。对这种现象需要作历史的深入的分析。80年代，我国经济体制改革的主要内容是打破“大锅饭”、“铁饭碗”，改革高度集权的管理体制，赋予人民群众以更多的自主权。这样，一方面，改革使长期受压抑的社会生产力获得了空前解放，极大地调动了广大人民的积极性，同时改革也给人们带来了显著的物质利益，因此人们对改革由衷拥护、充满信心；另一方面，由于改革尚未触及某些根本性的体制和制度，因而诸多深层矛盾和问题还没有显露出来，改革的阻力和困难度较小，人们对这样的改革充满信心、寄予厚望。这两方面因素相互作用，形成了一种心齐气盛的改革舆论氛围和认识合力。90年代以来，尽管各项改革在80年代基础上长足发展，人们从改革中得到的实惠比80年代显著增加，然而由于改革进入全面创立社会主义市场经济新制度新体制阶段，改革触及了许多过去未曾暴露的体制和制度中的深层矛盾，这就使得改革进程显得艰难和沉重起来，改革的阻力和困难度也相对增大起来。由于人们对改革的期望值很高，而相对地对改革代价的心理承受力准备不足，这就势必滋生一种对深化改革的隔膜心理和疑虑情绪。这种特有的社会心态，不仅直接涉及对各项改革的信心和认同，而且直接影响到对中国特色社会主义的信念和对中国共产党的信任。怀疑我们的改革是否坚持社会主义，怀疑社会主义市场经济能否给人民带来共同富裕，以至把我们的改革等同于民主社会主义，如此种种思想认识问题乃至社会思潮，都无不与当前改革面临的深层考验有着密切联系。这就要求我们，必须正视面临的矛盾和困难，引导人们历史地、唯物地、辩证地认清矛盾和问题的深层原因，坚定通过深化改革解决矛盾、排除困难的信心。只有这样，对社会主义的信念和对党的信任才能有坚实的思想基础，才能转化为共同推进改革开放的强大合力。假如不是这样，而是回避矛盾，粉饰太平，抽象地讲一些改革开放大道理，那么就很难收到用社会主义核心价值体系引领社会思潮的实际效果。

第二类是对社会公平的期待。追求公平和平等，既是人性的一般要求，更是社会主义的本质特征。社会公平是一个历史过程。由于我国还处在社会主义的初级阶段，由于当前我们仍面临着运用现代市场机制提高生产力水平这样一个最迫切的任务，加之由于等级制度和观念的深重影响，社会发展在公平机制及其效果方面还存在不少问题，还很难实现完全的公平与效率的统一。在促进多种经济成分共同发展的时候，会存在某种不平等竞争现象；在运用多种方式分配社会财富的时候，会出现某种利益差别甚至利益分化；尤其是国家公共权力被少数人利用参与经济活动，会直接破坏经济领域的公平竞争，产生以权谋私的腐败现象。诸如此类现象都是在现阶段所很难完全避免的。当人们对社会公平的期待和追求与现实生活中种种不公平现象产生严重反差的时候，人们美好的理想信念就有可能动摇，心理就有可能不平衡，精神就有可能失落，从而导致信仰危机、信念危机和信任危机，这是当前某些领域认识问题增多、社会思潮涌动加剧的一个重要原因。推进社会主义核心价值体系建设的一个迫切任务，就是必须正视社会发展过程中某些不公平现象带来的社会成员的心理失落和认识反差，帮助人们确立科学的社会公平观，激励人们为实现社会公平而努力奋斗。要使人们懂得：社会公平是一种目标、一种过程，需要长期奋斗才能完全实现。公平与效率是一对矛盾，当运用市场机制打破平均主义、追求最大效率的时候，有可能对社会公平机制造成破坏，产生某种不公平现象，这不是社会主义制度造成的，而是市场经济过程中的一种暂时现象，社会主义制度最终要消灭任何不公平。中国特色社会主义的本质要求是把社会主义制度维护社会公平的优势与市场运作机制追求最大效率的优势有机地结合起来，实现公平与效率的统一，这既是我们的奋斗目标，又是我们的现实任务。

第三类是对切身利益的关注。一定的思想认识问题乃至社会思潮，总是同一定的利益关系联系在一起的。处于不同利益关系中的人，会产生不同的思想认识问题；对某些利益的共同诉求，有可能酿成某种社会思潮。这就要求在推进社会主义核心价值体系建设过程中，必须正视人们所关注的切身利益，尤其要关注民生，在确保人们利益实现的同时，把社会成员的利益期待引导到正确的利益诉求上来，树立正确的世界观、人生观、价值观和利益观。要使人们懂得，对个人利益的关注和追求是天经地义的，但是必须把个人利益放到全局的范围内加以考虑和对待，脱离全局的个人利益追求，有可能走入歧途；在当前改革攻坚阶段，社会利益格局正处于分化、调整时期，衡量社会是否进步，归根到底要看是否有利于解放和发展生产力，是否有利于人们根本利益的增长，而不能仅仅看某些局部利益甚至个人利益是否得到满足；由于旧体制的影响，由于新旧体制的转换，某些局部利益和个人利益受到损害，这不是改革的过错，而恰恰需要通过进一步深化改革、理顺体制才能够得到根本解决；社会主义核心价值观及其价值体系绝不是对社会成员利益诉求的损害和否定，而恰恰是对人们正当利益的维护与促进。用科学的人生观、价值观和利益观疏导社会成员的利益心理，确立正确的利益诉求，是用社会主义核心价值体系引领现实社会思潮的一项重要任务。

（作者：中国科学社会主义学会副会长，山东省马克思主义研究中心副主任，山东大学博士生导师）

社会主义核心价值体系是当代中国人民的主心骨

张传开

一个社会的核心价值体系，是一套植根于该民族社会成员意识深处、为社会成员所普遍接受的、调节社会关系和行为规范的观念体系。以马克思主义为指导、以中国特色社会主义为共同理想、以爱国主义为核心的民族精神和以改革创新为核心的时代精神，以及社会主义荣辱观构成的社会主义核心价值体系，是当代中国人民的主心骨。

一

任何一个社会都有自己的核心价值体系，这是它赖以生存和发展的精神支撑。《管子》就非常重视礼义伦理在治国安民中的作用，在其开篇《牧民》中提出了著名的"四维说"："国有四维，一维绝则倾，二维绝则危，三维绝则覆，四维绝则灭。倾可正也，危可安也，覆可起也，灭不可复错也。"那么，什么是四维呢？"一曰礼，二曰义，三曰廉，四曰耻。"在这里，所谓的礼义廉耻实际就是古代中国的纲常。从《管子》提出的"四维"，到后来形成的"三纲五常"，逐渐构成了中国封建社会的核心价值体系。中国封建社会的核心价值体系虽然具有很大的负面作用，但对于维护中国封建社会的稳定和发展起到了不可否认的历史性作用。特别是《管子》把一定社会形态的核心价值体系提升到国之安危的高度来认识，就是现在来看也有一定的道理。

纵观历史、放眼世界，任何国家在任何历史阶段都有自己的精神支柱，只不过内涵有所不同。比如，英国以"自由、宽容、开放、公正、团结"的核心价值观统领其经济社会发展，使其在多元文化共存的基础上得以保持社会稳定和国家统一。二战后的德国之所以能够迅速崛起，很重要的原因就在于德意志民族具有一种崇尚理性、勇于反思、尊重知识、严谨认真、自强不息的民族精神。韩国在20世纪下半叶打造了一个"汉江神话"，支撑这样一个神话诞生的正是以儒家文化为底蕴并吸收现代西方优秀文化的民族精神。中华民族之所以在经历一次又一次灾难之后，仍然屹立于世界民族之林，关键就在于中华民族具有自己的伟大民族精神。一个民族、一个国家如果没有自己的精神支柱，就不可能经受得住灾难和风险的考验，就不可能有长期稳定的发展，更不可能在世界舞台上有所作为。

当今世界，文化与经济和政治相互交融，在综合国力竞争中的地位和作用越来越突出。文化软实力中的理论指导力、理想凝聚力、道德教化力、舆论导向力、艺术熏陶力等，构成了一个社会的主流意识形态，其主导方面就是核心价值体系。在社会生活中，核心价值体系以其价值的整合、导向和认同功能对全体社会成员发挥着积极的引导和凝聚作用，它渗透于社会生活的各个方面，影响着人们的思维方式和行为方式，成为民族生命力、创造力和凝聚力的重要源泉。因此，那种单纯以政治制度、经济力量和军事力量为考量标准的理念已经过时，文化特别是核心价值体系作为民族国家的软实力已经成为各国博弈的重要领域。

我们党历来重视精神力量的作用。毛泽东说过：人是要有一点精神的。邓小平指出：光靠物质条件，我们的革命和建设都不可能胜利。过去我们党无论怎样弱小，无论遇到什么困难，一直有强大的战斗力，因为我们有马克思主义和共产主义的信念。有了共同理想，也就有了铁的纪律。无论过去、现在和将来，这都是我们的真正优势。江泽民强调：一个民族，一个国家，如果没有自己的精神支柱，就等于没有灵魂，就会失去凝聚力和生命力。胡锦涛指出：在我们党80多年的历程中，艰苦奋斗作为强大的精神力量，始终激励着我们顽强进取、百折不挠，在各种困难和考验面前巍然屹立、敢于胜利。我们党也历来重视精神的培育：革命时期，我们形成了井冈山精神、长征精神、延安精神、西柏坡精神；建设时期，我们形成了雷锋精神、大庆精神、大寨精神、“两弹一星”精神；改革时期，我们形成了改革创新精神、抗洪抢险精神、载人航天精神、抗震救灾精神。我们党之所以能够领导中国人民取得革命、建设和改革开放事业的成功，就在于我们有这些伟大精神的支撑，就是因为我们党在不同时期都把精神文明建设、核心价值体系的建设摆在突出位置。

二

价值是主体与客体之间的一种关系，同一客体对于不同的主体具有不同的价值。在阶级社会中，任何一种价值体系都与一定的社会制度紧密联系在一起，都是特定阶级利益的反映。“三纲五常”是中国封建社会的意识形态，反映的是中国封建地主阶级的利益。社会主义核心价值体系是社会主义社会的意识形态，反映的是中国最广大人民的根本利益。

社会主义核心价值体系的这种鲜明倾向性，渗透于整个体系的各个方面。马克思主义是科学的理论，是全世界无产阶级解放的理论。马克思主义创始人创立马克思主义的目的，就是为了解放无产阶级和全人类、实现社会主义和共产主义。离开了马克思主义的指导，我们不仅要失去认识世界、改造世界的科学思想武器，而且会改变党的宗旨和社会主义社会的性质，进而使国家和民族丧失光明的前途。中国特色社会主义共同理想是马克思主义与中国实际相结合的产物，是中国共产党人带领全国各族人民推进社会主义事业的进程中形成的共同价值目标，是共产主义远大理想在社会主义初级阶段的表现形态。在当代中国，坚持中国特色社会主义共同理想，就是坚持共产主义的远大理想；高举中国特色社会主义旗帜，就是高举中华民族伟大复兴的旗帜。离开了这种理想和这面旗帜，一方面会使共产主义的远大理想成为一纸空文，从而犯超越阶段的空想主义的错误；另一方面也会使我们失去正确的方向和道路，从而陷入新自由主义和民主社会主义设置的陷阱。无论是以上哪一种结果，对于中华民族都意味着不幸甚至是灾难。民族精神和时代精神是我们中华民族精神风貌在当代的基本表现形式。在五千多年的发展进程中，中华民族形成了以爱国主义为核心的团结统一、爱好和平、勤劳勇敢、自强不息的伟大民族精神；在改革开放的伟大时代，中华民族又形成了改革创新的时代精神。这两种精神相互补充、相得益彰。离开了民族精神，时代精神就失去了根基；离开了时代精神，民族精神就脱离了沸腾的现实实践。只有实现民族精神与时代精神的有机统一，才能在推进中国特色社会主义伟大事业中产生排山倒海的力量。社会主义荣辱观则是中华民族的传统美德和我们党领导人民在革命、建设和改革的历史进程中形成的革命道德和社会主义道德要求的有机结合，是社会主义市场经济对其主体提出的行为规范，是维护社会稳定、提升国民素质、推动社会进步的基本精神保证。只有将社会主义荣辱观转化为全国人民的自觉行动，才能保证各项事业有序推进，才能实现社会和谐，才能不断提升中华民族在国际大家庭中的良好形象。

作为观念形态的上层建筑，价值体系对经济基础发挥着巨大的反作用。作为一种先进的价值体系，社会主义核心价值体系适应了当代中国社会发展的需要，得到了全国人民的广泛认同，在实践中显现出强大的生命力。新中国成立以来特别是改革开放以来，我们取得了举世瞩目的伟大成就，经济总量上升到世界第三，外汇储备跃居世界第一，贫困人口大幅减少，人民群众的生活水平大幅度提升，人民当家作主权利得到更好保障，人民日益增长的精神文化需求得到更好满足。当然，在前进的道路上，我们并非一帆风顺，遇到过各种各样的艰难险阻。但不论是在顺境还是在逆境，社会主义核心价值体系都能够为我们党指引方向、凝聚力量、鼓舞斗志，保证了改革开放和社会主义现代化建设的航船始终沿着正确方向破浪前进。

正是由于社会主义核心价值体系是当代中国人民的主心骨，所以才成为西方敌对势力消解的对象。其重要手法之一，就是用西方的民主、自由、人权和多党制等所谓的“普世价值”来取代社会主义核心价值体系。任何特定民族和社会的价值观，都是本民族人民在长期的社会实践中形成和确立的。脱离阶级性、民族性和时代性的所谓“普世价值”只是一种思维中的虚构，现实世界中难觅其踪。我们不能无视中国处于社会主义初级阶段的国情和现实条件，生搬硬套地把西方理论、观念、模式和思想话语作为标准，来规制中国实际。这是事关我们国家的前途和命运的大事，绝不能掉以轻心。30年改革开放的实践告诉世人：中国特色社会主义道路之所以能够引领我们发展壮大，关键就在于我们既坚持了科学社会主义的基本原理，又在实践中彰显出鲜明的中国特色。社会主义核心价值体系是中国特色社会主义之魂。在任何时候、任何情况下，我们都必须毫不动摇地高举社会主义核心价值体系的旗帜，而不必理会别人怎么说。

三

社会主义核心价值体系是在当代中国社会实践中形成的，又指导社会实践的发展。在推动观念体系与社会实践的双向运动中，我们尤其要注意把握好以下几个问题。

要用社会主义核心价值体系引领多样化社会思潮。社会主义核心价值体系作为我国的主流意识形态，不是孤立存在的，而是与多样化的社会意识共处于一个社会有机体中。只有尊重差异、包容多样，社会主义核心价值体系才能产生强烈的感召力和吸引力，出现“海纳百川”的景象。但必须明确的是，尊重差异、包容多样绝不意味着对错误思潮放任自流。社会主义核心价值体系是社会主义中国的精神旗帜，是全党全国各族人民团结奋斗的共同思想基础，它的主导地位绝不能动摇。一方面，对于反对社会主义核心价值体系的错误思潮必须旗帜鲜明地进行批判；另一方面，必须坚持正面引导、以理服人，在最大限度扩大共识上取得最佳社会效果。总之，要在多元中立主导、在交流交融中谋共识，不断巩固壮大积极健康向上的主流思想舆论。

让社会主义核心价值体系变成亿万人民群众的自觉行动。马克思曾经说过：“理论一经掌握群众，也会变成物质力量。理论只要说服人，就能掌握群众；而理论只要彻底，就能说服人。所谓彻底，就是抓住事物的根本。”这就要求我们不断在理论联系实际上下功夫，在通俗化、大众化上下功夫，使社会主义核心价值体系成为广大人民群众主动采取的精神形式。

要不断推进社会主义核心价值体系的建设。社会主义核心价值体系不是一经形成便永恒不变的封闭体系，而是一个随着实践发展而不断发展的开放体系。实践无止境，社会主义核心价值体系的探索和创新也永无止境。我们要根据实践的发展，根据国内外形势的变化，根据广大人民群众的要求，不断丰富和完善社会主义核心价值体系，为构建社会主义和谐社会、为中华民族的伟大复兴提供牢固的精神支撑和源源不断的精神动力。

（作者：安徽师范大学教授）

中国特色社会主义的价值基础

侯惠勤

建设社会主义核心价值体系，是当代中国加强主流意识形态建设的创新之举，是新中国成立以来我国主流意识形态建设的新发展，是适应新世纪新阶段新挑战的意识形态创新。建设社会主义核心价值体系应紧密结合建设中国特色社会主义的伟大实践，牢牢把握改革开放和社会主义现代化建设实践对核心价值体系建设的新要求，积极为发展中国特色社会主义提供坚强有力的价值支撑，而不能脱离社会主义基本制度讲价值需求，脱离世界观、历史观讲价值观，脱离社会基本矛盾讲人性法则，甚至把社会主义核心价值体系消解在所谓的“普世价值”之中。

社会主义核心价值体系是中国特色社会主义实践的本质体现

从意识形态视角解读中国特色社会主义，就必须扣住社会主义价值合理性这一关键。毫无疑义，从以革命为主题的时代转向以和平发展为主题的时代，从一个领导革命、夺取政权的党转为领导建设、在完全开放的环境中长期执政的党，党的指导思想、建党理念以及价值合理性资源都必须发生重大变化，否则就会落后于形势而失去领导的资格。然而这里的底线就在于其变化无论多么巨大，都还是“自我完善”，而不是对此前的社会主义的根本否定；其思想理论的创新成果无论何其新颖，都还是在继承基础上的发展，而不是对马克思主义基本原理的根本超越；就执政的价值合理性而言，无论其如何构建，都是在原有的利益和道义基础上的拓展，而不是推倒重来，否则就是对原有国家制度的根本颠覆。之所以如此，就在于现代国家的价值合理性类型无论作何种概括，其实质都是以“主义”为制度构建的根据，因此国民对于国家的认同，其实就是对于主义的认同。

主义是现代国家的立国之本，主义的选择就是国体的选择。主义之争，意识形态冲突，从来就不是纯粹的思想观念之争，而是由谁执政、为谁执政、如何执政的制度选择，是领导权之争。不同的主义，就决定了不同的当政者和执政方式。从这个意义上说，近代以来的政治革命，实质上就是通过把握未来的共同理想，凝聚人心、动员群众，实行以创建新社会制度为追求的社会变革。当然这一变革的深层原因在于生产力和生产关系的冲突，但其实现方式却是以主义为旗帜的群众性政治动员。简单来说，现代国家的价值合理性问题，就是主义获得认同的程度，就是共同理想的形成并诉诸行动的过程。因而共同理想的吸引力问题，共同理想支配现实社会实践活动的程度，是现代国家价值合理性的要害。这样，价值合理性问题就理所当然地归结为“举什么旗、走什么路、以什么为共同理想”的问题。这就是为什么我们始终高举中国特色社会主义伟大旗帜的根本原因所在。

中国特色社会主义理论体系从根本上巩固了社会主义制度

从社会主义主流意识形态的建设看，邓小

平理论、"三个代表"重要思想和科学发展观，是针对新的历史条件创建马克思主义话语权的重大成果，是通过理论上的重大创新不断巩固和发展社会主义制度。中国特色社会主义理论体系体现了我国意识形态的新发展，实现了我国主流意识形态的重大创新。其实质在于，我们既需要根据历史条件的新变化进行社会主义意识形态的自我完善，加强包括话语转换在内的理论创新，又要旗帜鲜明，在变革中坚守、在发展中继承，强化而不是淡化社会主义的身份特征，加强和改善党的领导，而不是削弱党的领导。

当代中国意识形态建构有三大基本价值取向：一是世界眼光（坚持马克思主义的世界观和方法论），二是时代潮流（现代化建设），三是中国特色（前两者在当代中国的结合）。其中，"中国特色"这一价值取向成为我国意识形态核心理念及其更新的依据，是当代中国最具标志性的形象。这一理念表明，一切是非曲直、一切价值评价，都必须以是否有利于中国的现代化为尺度，没有什么抽象的价值尺度，因而不能离开这一具体尺度搞抽象的争论。所以，必须坚持改革开放，充分吸收一切人类优秀文明成果，有效地提升我国生产力和人民生活水平；必须坚持社会主义方向，形成社会思想意识日益多元多样多变形势下的共同理想，有效地整合日益复杂的社会多元利益，保持社会的和谐稳定。既不能走封闭僵化的老路，也不能走改旗易帜的邪路，只能坚持和发展中国特色社会主义。

就话语创新而言，中国特色社会主义理论体系突出了以爱国主义为内核进行话语重组，以便在新的历史条件下继续高扬社会主义、集体主义和爱国主义旗帜。应该看到，我们以爱国主义为核心的意识形态既不是背离当代世界文明潮流的民粹主义或民族沙文主义，也不是淡化意识形态界限的实用主义，而是以维护中华人民共和国的根本利益和最大利益为目的的新型爱国主义。它承继中华文明优良传统和长期革命传统，立足"一国两制"以及国家主体部分实现社会主义的事实，放眼各种文明共存交融的未来，担负中华民族伟大复兴和对人类做出更大贡献的使命，因而富有时代气息和生命活力。以这种爱国主义为内核重组意识形态话语，既尊重历史，又面对现实；既体现鲜明的价值取向和原则立场，又突出国家整体利益和求真务实理念。邓小平在分别会见香港工商界访京团和香港知名人士钟士元时明确提出港人治港的界线和标准，即港人治港"必须由以爱国者为主体的港人来治理香港"，爱国者的标准是"尊重自己民族，诚心诚意拥护祖国恢复行使对香港的主权，不损害香港的繁荣和稳定"。这就是以爱国主义为内核重组意识形态话语的最好说明。从表面上看，邓小平对于爱国主义的界定丝毫没有提及社会主义等意识形态鲜明的话语，但不难发现其中高扬的社会主义旗帜。历史证明，只有在用马克思主义武装的中国共产党的领导下，在中华人民共和国成立以后，中国人民才真正站了起来，并以世界大家庭平等的一员，以充满自尊、自信、自强的新形象自立于世界民族之林。正如邓小平所言："中国今天的形象，不是晚清政府、不是北洋军阀、也不是蒋氏父子创造出来的。是中华人民共和国改变了中国的形象。"因此，当代中国的爱国者，必须具有民族自豪感，必须崇敬中国革命历史和中华人民共和国。

中国特色社会主义理论体系充分体现了社会主义意识形态的自我更新和自我发展，保持了核心价值的连贯性，即始终坚持与马克思主义一脉相承、始终体现社会主义的制度特征。这不仅是稳定大局的策略需要，也是中国特色社会主义得以巩固和发展的根基。概括来看，这种价值的连贯性具体体现在以下三个方面。

第一，坚持一心一意谋发展，聚精会神搞建设，不许干扰经济建设和现代化建设这个中心。一心一意谋发展，聚精会神搞建设，是当代中国必须牢牢把握的方针原则。因此，必须坚持稳定压倒一切，必须正确处理改革、发展、稳定的关系。邓小平对此有一个明确的表态："我们搞现代化，搞改革开放，关键是稳定。凡是妨碍稳定的就要对付，不能让步，不能迁就。”不排除动乱的干扰，一切无从谈起。中国在意识形态建设方面的努力，都是为了稳定大局，都是为改革和发展凝聚力量。

第二，始终坚持四项基本原则。从改革开放之初，邓小平就明确地将“四项基本原则”定位为立国之本，使之成为党的基本路线的“两个基本点”之一。中国之所以要坚持“四项基本原则”，除了上述维护国内外稳定大局的需要，还是培育民族精神、形成共同理想、增强国家凝聚力的需要。中国共产党把社会主义对于中国的价值概括为“只有社会主义能够救中国”、“只有改革开放能够发展中国”。其中关于发展中国之价值，不仅指的是经济持续增长，还包括培育“四有新人”、协调先富后富、形成共同理想，以确保人民团结、社会和谐和科学发展。因此，社会主义不仅是发展的保障，也是发展的原则和方向。

第三，走自己的路，建设中国特色社会主义，西方国家不要指望控制中国。中国的现代化建设是在一个特殊的国际背景下展开的。一方面，和平与发展的时代主题使得中国争取一个较为有利的国际环境成为可能，另一方面，世界社会主义的低潮和现行不平等的国际政治经济秩序又使得中国的改革开放面临着重大的风险。这种风险主要来自世界霸权主义。它总是力图左右中国的现代化进程，总是不断地为中国的发展设置障碍。对于这种企图，邓小平在改革开放之初就明确指出：“任何外国不要指望中国做他们的附庸，不要指望中国吞下损害我国利益的苦果。”中国的历史、文化和现实都不允许我国按照西方设计的方式实现现代化，而必须坚持具有中国特色的社会发展道路。否则，将不仅对于中国是一场大灾难，对于世界也是一幅难以想像的图景。从这个意义上说，中国特色社会主义现代化道路的不断开拓，本身就是对于人类文明和世界和平发展的伟大贡献。

社会主义核心价值体系是对社会主义根本价值的继承和发展

社会主义核心价值体系坚持用马克思主义世界观观察思考中国的命运，继承了毛泽东思想、邓小平理论和“三个代表”重要思想关于巩固和发展社会主义制度的基本理念，同时又根据新形势有所突破。这就是说，强调马克思主义、科学社会主义与中华民族精神的统一性，与现代人类文明发展趋势相一致。

毛泽东的意识形态理论，可以说核心是“两破两立”，即不断打破那种以为近代以来的中国可以成为独立自主的资本主义国家的幻想，立只有社会主义能够救中国；不断打破资本主义文明就是当代人类文明的幻觉，立只有社会主义文明才是当代人类文明的真正出路。因此，我们必须坚持社会主义道路，建设一个强大的社会主义国家，而不是别的什么国家。而建设社会主义，就必须坚持中国共产党的领导，坚持马克思主义的指导。世界历史表明，资本主义在其全球化的扩张中，必然不断地制造发达和不发达、中心和边缘两极；中国近代以来的历史表明，走资本主义道路，必然永远成为资本主义的附庸；中华民族的复兴如果寄希望于搞资本主义，必定是一场灾难一场梦。毛泽东对此有过这样经典的描述：“那时，求进步的中国人，只要是西方的新道理，什么书也看。向日本、英国、美国、法国、德国派遣留学生之多，达到了惊人的程度。国内废科举，兴学校，好像雨后春笋，努力学习西方……帝国主义的侵略打破了中国人学西方的迷梦。很奇怪，为什么先生老是侵略学生呢？中国人向西方学得很不少，但是行不通，理想总是不能实现。多次奋斗，包括辛亥革命那样全国规模的运动，都失败了。国家的情况一天一天坏，环境迫使人们活不下去。怀疑产生了，增长了，发展了……就是这样，西方资产阶级的文明，资产阶级的民主主义，资产阶级共和国的方案，在中国人民的心目中，一齐破了产。资产阶级的民主主义让位给工人阶级领导的人民民主主义，资产阶级共和国让位给人民共和国。这样就造成了一种可能性：经过人民共和国到达社会主义和共产主义，到达阶级的消灭和世界的大同。”毛泽东所表达的上述核心理念，不仅是中国共产党的共识，也日益成为全中国人民的共识；不仅是改革开放前的中国社会共识，也是改革开放以来凝聚在中国特色社会主义中的共识。

（作者：中国社会科学院马克思主义研究院党委书记）

论中国特色社会主义核心价值

李银安

运用价值观理论对中国特色社会主义的价值进行研究，特别是对其核心价值进行概括提炼，虽然有了很好的实践基础和研究参考，但是，因为改革在不断深化，现有研究因观察角度和研究方法的不同，特别是对研究工具的理解运用杂乱无序，导致众多成果难以令人认同。

一、“中国特色社会主义核心价值”研究评述

1. 当代中国社会主义的价值问题由改革开放实践提出并推进

改革开放是一场深刻的社会变革，必然引起深刻的观念变革，特别是必然引起人们对改革开放前后的作为社会运动、社会制度和价值追求的“社会主义”进行对比审视和价值评判。随着中国特色社会主义的提出和实践推进，人们对“中国特色社会主义”是不是“社会主义”、价值如何，都在思考和评价。主流思想宣传战线和意识形态主管部门主要从理论上回答的问题和重点是“为什么说‘中国特色社会主义’是真正的‘社会主义’，真正有价值”，而社会公众则用自己的处境和利益的变化来体会和对比哪种“社会主义”是好的，或者哪种更好。学术理论界则探索研究“社会主义”或“中国特色社会主义”的价值和时代赋予的新内涵的价值观念。

正是在这样的背景下，中共十六届六中全会作出了《关于构建社会主义和谐社会若干重大问题的决定》，初步地系统地回答了“中国特色社会主义”的价值问题，提出了“社会主义核心价值体系”概念，并对其主要内容和作用定位进行了明确阐述。这是社会主义在中国从理论变为现实后，特别是在“中国特色社会主义”道路开辟近30年后，执政党首次直接论述并初步回答了中国的主流社会价值观问题。

2. 目前关于“中国特色社会主义”的价值问题研究呈现出“一重一轻”的特点，且用以分析研究的范畴、概念等不够规范

就“社会主义核心价值体系”及体现其实质的“核心价值”理念两方面看，目前的研究呈现出“一重一轻”的特点，即偏重研究“社会主义核心价值体系”的体系框架、涉及领域和实现途径，如将“社会主义核心价值体系”内容概括为“灵魂”（马克思主义指导思想）、“主题”（中国特色社会主义共同理想）、“精髓”（民族精神时代精神）、“基础”（社会主义荣辱观），指出它们之间相互联系贯通、构成体系，已成共识。而对于“中国特色社会主义核心价值”的探讨则研究不深、把握不准，观点差距甚大，有些观点很有创意，有些论述则差强人意，难以达成共识、难获普遍认同。如有的研究指出，民主、富强、公正、

和谐、自由是中国特色社会主义的基本价值观；有的则说，社会主义社会所要做的就是赋予这些核心价值（自由、平等、博爱等）以更加真实而丰富的内涵。有人提出，“中国的核心价值观”应该包括以人为本，以和为贵，以法为基，以公为善，以劳为美，以家为安。有人提出，中国社会主义核心价值理念就是人本、公忠、和谐。

在使用概念及其种属关系的应用和论述上也不够规范。有的使用“核心价值观”，有的使用“现代社会的核心价值观”，有的使用“基本价值理念”，有的使用“核心价值”等。在价值观的分类及其应用上也是林林总总。应该说，“社会主义核心价值体系”这一特指概念，在学理上也是值得完善和规范的。作为学术研究和理论建设的“价值观”，特别是“中国特色社会主义价值观”应该是一个包括若干基本范畴、基本概念和核心理念的完整理论体系。

从研究方法上看，研究和提炼“中国特色社会主义核心价值”要从“社会价值”这一核心概念入手，考察“中国特色社会主义”实践展开的主要方面，即从政治建设、经济建设、文化建设、社会建设等方面进行考察，首先理性地认识和揭示这些方面所体现的“社会主义”本质特征，进而从公民认同的角度进行分析研究，将真理性认识与价值性认同结合起来，重点归纳提炼改革开放以来坚持下来、创造出来的体现“中国特色社会主义”价值的核心理念，形成标志性的概念。研究“中国特色社会主义核心价值”，从而提炼出的概念及其理念，要特别强调将“政治公器”（主导层面揭示推介的）和“公民共识”（社会成员普遍认同的）相结合、力争“思想理论共识”与“道德普适规范”的内在统一，倡导一种集成型的理论创新，从而实现真理性与价值性的统一，使之既能标志主流意识形态的性质又能体现时代、民族、国别的特色，使之具有建设全社会道德底线、设置道德自律标尺的实际应用价值。研究提炼“中国特色社会主义核心价值”，科学的世界观、公正的政治观和理性的人生观是三大重点领域。

二、“中国特色社会主义核心价值”的理论定位与研究思路

1.“价值观”、“中国特色社会主义价值观”

价值观基于“价值”而来，是价值主体对价值客体的价值的判断，包括“自我评价”和“社会评价”两大类。主流社会的价值观，其形成和作用过程包括“社会推介”和“自我认同”，其内容包括“社会”整体推介给“成员”的价值认同范式即“价值体系”和“成员”的主要的价值认同即“价值观念”两大方面。“核心价值体系”则是一定社会的核心价值理念的表达范式（相关的理论、知识、学说体系，起到规定方向、立场、原则、方法的作用），而一系列主导性观念即“基本价值观念”则是主流价值观的实质性内容（相关范畴、概念、信条，起到宣示、指导和规范行为的依据的作用）。

党的十七大将改革开放以来我们党的创新理论整合为“中国特色社会主义理论体系”，继续推进“和谐文化”建设，这为建设“社会主义核心价值体系”和研究“中国特色社会主义基本价值观念”，特别是提炼“中国特色社会主义核心价值”，以深刻认识和自觉认同“中国特色社会主义”提供了理论指导和实践基础。为此，我们一方面要做好化解当前社会矛盾的工作，另一方面，要寻求和构建维持社会和谐稳定的基本价值体系和社会准则——政治公器，公民共识。这一“政治公器”和“公民共识”包括思想理论和道德规范两大方面，应做到“治于人”和“人于治”内在的统一。由此，构建当代中国的主导性价值观——中国特色社会主义价值观，用“主旋律”引导、协调全社会多元的价值取向，就成为中国特色社会主义价值观建设的关键。

“中国特色社会主义价值观”属于社会政治价值观，是当代中国主流社会的主导性价值观，它包括“中国特色社会主义核心价值体系”和“中国特色社会主义基本价值观念”。作为当代中国社会集合的代表——中国共产党通过党的十六届六中全会明确提出了“社会主义核心价

值体系”，并阐述了它的基本内容和价值定位：马克思主义指导思想、中国特色社会主义共同理想、以爱国主义为核心的民族精神和以改革创新为核心的时代精神、以“八荣八耻”为主要内容的社会主义荣辱观等四个方面的内容构成了“社会主义核心价值体系”的基本框架。它们之间相互联系，互相贯通，构成“社会主义核心价值体系”的四维，这一价值体系处于“和谐文化建设”的核心地位，起到为建设全面小康社会、推进中国特色社会主义现代化昭示灵魂、引领方向、提供动力的作用。现在的问题是，我们要循着这一思路探寻“中国特色社会主义价值观”的精髓——“核心价值”，力争提炼出获得普遍认同的表述“核心价值”的若干概念。

任何价值观都应包括思想基础、价值目标、实现手段和制约机制等要素。知识和科学永远不能代替价值观，特别是，越是在知识和经验达不到的地方和时候(人类知识的发展是无限的，而其现有的已知总是有限的)，信念、信仰和理想就越起作用。一定社会的政治价值观对社会群体的阶层、阶级、社会集团、社会组织等具有深刻的影响。

2.“价值”(社会价值)、“核心价值”及其构成要素

“价值”主要是指社会价值，包括个体价值和群体价值，其构成从静态角度看，包括价值主体、价值客体和价值标准三大基本要素，从动态角度看，还包括价值评价、价值取向和价值实践这三大基本要素。“核心价值”一般应体现四个方面的内容：一是判断善恶的标准，二是群体对事业和目标的认同，尤其是追求和愿景的认同，三是认同基础上的目标追求，四是形成一种共同的境界。

价值按其内容构成可分为“价值体系”和“价值观念”，它们之间是“纲”和“目”的关系。因为政治价值观对全社会起着主导性作用，所以其“价值体系”和“价值观念”又可称作为“核心价值体系”和“基本价值观念”。其中，“核心价值体系”的作用和影响重要而广泛，它主要对人们的价值评判起到规定方向、立场、原则、方法的作用。

“中国特色社会主义价值观”作为当代中国社会的主流价值观，是执政的中国共产党的价值观在处于社会主义初级阶段的当代中国的体现，其理想、旗帜、道路、目标、理论、战略和策略等，就是以实现党的最高价值为尺度，全面审视社会主义初级阶段的现实国情而制定出来的，是实现党的最高价值在现实历史条件下(社会主义初级阶段)的具体体现。

“价值观念”“主要是指价值主体根据一定的需要而确立的价值目标”。“价值体系”和“价值观念”特别是“核心价值体系”和“基本价值观念”，这两对概念的区别，相当于宗教学和宗教信仰、伦理学和个人道德之间的关系：前者主要是学者研究的话题，后者则与每个人的人生追求和选择直接相关，形成并表现为人生观。在一定程度上，“价值观念”及“基本价值观念”更多地反映的是个体对集体的价值目标及其实现行为的评价。

任何社会都有其最基本的价值原则。市场经济是迄今为止最有效率的资源配置方式，但是，它有时存在公平与效率的悖论，为此，需要在解决最基本的生活资料基础上，倡导一种人道主义的公平，在生活资料的初次和再次分配中，逐渐贯彻一种伦理分配原则。

三、“中国特色社会主义核心价值”的标志性概念初探

“中国特色社会主义”核心价值的概括提炼要从其政治建设、经济建设、文化建设和社会建设层面探讨。它的性质是由社会主义的性质决定的，它又是在富于悠久文明传统浸润的中华大地由全国各族人民来推进和实现的，所以要综合考虑价值对象的本质和价值实现载体的结构和价值创造主体的特性，为此我们提出如下概念：人民民主、勤劳共富、真善美健、公正和谐。

1.“人民民主”。“人民民主”是一种政治形

式，它把专政同民主联系在一起，是对无产阶级专政本质的概括。“人民民主”作为一种全新的国家形式，是立国的根本，也是当代中国政治制度的基础。改革开放以来，“人民民主”仍然是当代中国政治价值的核心内容。党的十七大明确指出“人民民主是社会主义的生命”。实行“人民民主”的社会主义政治制度必然要求以马克思主义为指导，要求共产党的坚强领导，要求集体主义作支撑，要求民主法制作保障。由此，我们认为，以“人民民主”揭示和标识中国特色社会主义的核心政治价值是最为恰当的。

2. 勤劳共富。“勤劳共富”作为“中国特色社会主义的核心经济价值”既体现了“共同富裕”的社会主义本质要求，也体现了中国最广大的人民群众信奉通过辛勤、勤快劳动而发家致富的普遍认同。共同富裕是“共同”和“富裕”两个要求的一致表述，“富裕”的要求体现了社会主义的目标，“共同”的要求则体现了社会主义的本质。“勤劳共富”的概括认定比一般论者的“富强说”更能体现中国特色社会主义的本质要求和中华民族的优良传统。“富强”即“民富国强”只是一个社会建设实践的追求目标，“共富”则从根本上体现了社会主义的本质要求。

3. 真善美健。现代社会的文化价值取向无疑包括“真、善、美”，即秉持科学以求真、弘扬道德以导善、创造艺术以审美，这些既是世界文明进步的成果，也是中华民族持之以恒的文化价值追求。我们提出“健”作为核心文化价值之一，则是体现了时代特征和最广大人民群众的现实的积极诉求。“健”首先是追求“体格强健”，继而追求“身心健康”，进而培育并持有一种“刚健有为”的积极进取心态和入世的处事态度。

4. 公正和谐。实现社会的公平正义是人类社会共同的向往，也是我们党的一贯政治主张和价值追求。和谐社会是中国特色社会主义的本质属性，是民主法治、公平正义、诚信友爱、充满活力、安定有序、人与自然和谐相处的社会，这些既是目标又是愿景。构建社会主义和谐社会反映了建设富强民主文明和谐的社会主义现代化国家的内在要求，体现了全党全国各族人民的共同愿望。将“公正和谐”作为中国特色社会主义的核心社会价值，与一般论者的概括相比较，增加和明确了“公平正义”的内涵，而没有将“幸福”或“自由”列入，则是考虑到目前阶段的价值追求的层次和程度定位。列入“公正”就是要突出“公平正义”在“和谐”中的基石意义和作用。暂不考虑“幸福、自由”则是不超越发展阶段，其实它们也是社会主义核心价值的发展方向，是更高层次的追求。

（作者：中共湖北省委党校教授）

用社会主义核心价值体系凝聚人心、稳定社会

谭国太

党的十六届六中全会以来，我们党在积极探索用社会主义核心价值体系引领社会思潮方面作出了很大努力。当前，我们要继续用社会主义核心价值体系统一思想、凝聚人心、稳定社会。

一、深刻认识社会主义核心价值体系的引领功能

改革开放30多年来，当代中国正在经历着深刻的社会变革，各种思想文化相互交融，各种

思潮起伏跌宕。对于纷至沓来的各类新现象、新潮流，必须坚持用社会主义核心价值体系进行引领。这是因为社会主义核心价值体系的理论品质、实践指向、精神力量都具有引领社会思潮的功能。

1. 社会主义核心价值体系的理论品质。社会主义核心价值体系是一个内涵丰富、层次明晰的理论体系，准确理解和把握社会主义核心价值体系的科学内涵是坚持社会主义核心价值体系的前提和基础。

社会主义核心价值体系以实现人的全面发展为目标，以人民为最高的价值主体和评价主体，以人民群众的利益、要求和实践为最高的价值标准和评价标准，体现了依靠人民与"为人民服务"的有机统一，使人民群众在"自己解放自己"的社会主义建设实践中不断推进人的自由全面发展。党中央提出的"以人为本"的执政理念，在理论与实践相统一的基础上，开创了中国化马克思主义人道主义的崭新形态。

社会主义核心价值体系是一个多层次的价值和价值观系统，社会主义核心价值体系既突出坚持一元化指导思想，又强调"尊重差异、包容多样"；既明确了共同的理想，又涵盖了不同阶层不同群体的愿望；既坚持先进文化的前进方向，又尊重不同群众的思想状况；既体现先进性要求，又体现广泛性要求。社会主义核心价值体系，作为现时代先进思想文化及其发展方向的集中体现，具有强大的社会引领特质。

2. 社会主义核心价值体系的实践指向。社会主义核心价值体系，是现代化建设实践在价值观层面的要求和反映。人类改造世界的实践是改造客体世界与改造主体世界的辩证统一。一方面，通过改造自然界来获得不断发展的物质生产力；另一方面，人们在改造自然的同时又不断改造自身。只有通过改造自然的实践来发展社会生产力，人类社会的发展和进步才有客观基础和条件；只有消灭人剥削人、人压迫人的不合理生产关系和社会关系，人才能实现自身本质的提升，获得解放和自由全面发展。以公有制为主体的社会主义制度，为生产力发展与人的发展的统一扫清了制度障碍。一定程度上说，社会主义核心价值体系就是社会主义发展的价值坐标。它既规定了经济社会发展"以人为本"的主体目标，又强调通过经济社会发展来为人的全面发展提供坚实的物质基础，使社会主义发展事业真正成为促进人的全面发展的伟大历史性事业。

3. 社会主义核心价值体系的精神力量。社会主义核心价值体系四个方面的内容是一个相互联系、相互贯通、相互促进、有机统一的整体。马克思主义指导思想的主导地位是不容置疑的，历史一再表明，马克思主义是人类共同的精神财富，其历史性、民族性、时代性特征和与时俱进的理论品质，是我们正确认识世界和改造世界的强大思想武器。只有坚持马克思主义在核心价值体系中的指导作用和灵魂地位，新时代的民族精神和时代精神才能体现其科学的内涵和理性的特征，才能把握其正确的方向和鲜明的本质，才能真正升华成为核心价值体系的精髓。

二、充分发挥社会主义核心价值体系的重大作用

建设社会主义核心价值体系的实质，就是要用马克思主义的世界观、人生观、价值观，把人民群众的思想意识在共同的信仰目标下统一起来。

1. 用社会主义核心价值观统一思想。社会主义核心价值体系是我们党根据时代变化和发展特征以及在中国特色社会主义现代化建设的伟大实践中总结出来的重大成果，它将进一步指导中国特色社会主义现代化建设的伟大实践，并在实践中不断完善和发展。

首先，坚持社会主义核心价值体系，有助于坚定马克思主义信仰。我们党之所以选择并一直坚持马克思主义作为中国革命和建设的指导思想，是因为它是最先进、最进步、最科学的理论，是认识世界和改造世界的最强大的思想武器。在它的指导下，中国的新民主主义革命和

社会主义现代化建设取得了伟大胜利，中国的改革开放取得了举世瞩目的辉煌成就。党的十六届六中全会提出建设社会主义核心价值体系这一科学命题时，特别强调坚持以马克思主义为指导思想，并将其放在“四个基本内容”之首。这表明，坚持社会主义核心价值体系的最本质要求和最终目的，就是要坚定人们对马克思主义的信仰。

其次，坚持社会主义核心价值体系，就能激发广大人民群众为实现中国特色社会主义共同理想而努力奋斗。中国人民的共同理想是在中国共产党的领导下，走中国特色社会主义道路，实现中华民族的伟大复兴，把我国建设成为富强、民主、文明、和谐的社会主义国家，使每个中国人都能过上富裕、幸福、美好的生活。这样的理想是鼓舞人心、催人奋进的。因为它把国家的发展、民族的振兴与个人的幸福紧密联系起来，代表了我国广大工人、农民、知识分子及其他劳动者、建设者、爱国者的根本利益和美好愿望。要把这样的理想变成现实，最重要的任务是要坚持好社会主义核心价值体系。

再次，坚持社会主义核心价值体系，就能使全体国民形成高尚的道德品行和良好的社会风气。社会主义核心价值体系中“八荣八耻”的社会主义荣辱观，是对社会主义思想道德体系所作的全面、系统、准确、通俗的表达，它旗帜鲜明地指出了什么是真善美、什么是假丑恶，以何为荣、以何为耻，为人们在社会主义市场经济条件下判断行为得失、作出道德选择、确定价值取向等方面提供了基本规范。它既是社会主义核心价值体系的重要内容，又是社会主义核心价值体系的重要基础。坚持好社会主义核心价值体系，就能使广大人民群众形成高尚的道德品行和良好的社会风气。

2. 用社会主义核心价值体系凝聚人心。社会主义核心价值体系之所以能够凝聚人心，是由其本身所具有的科学性、现实性和包容性所决定的。

其一，社会主义核心价值体系指出了社会共同的奋斗目标。社会主义核心价值体系把马克思主义作为政治信仰、指导思想，以实现共产主义作为中国共产党人和中国人民的长期奋斗目标。在新的历史时期，中国特色社会主义是我们必须长期坚持的共同理想，这个共同理想，它的近期目标与共产主义的远期目标在根本上是一致的，都是中国共产党和中国人民的根本利益之所在。

其二，社会主义核心价值体系规定了中国社会基本的道德尺度。马克思主义的道德性首先就在于它主张消灭资本主义私有制，从而消灭剥削、消灭异化劳动，最终实现无产阶级的彻底解放。在马克思主义看来，劳动的目的是为了改变外部世界，占有外部世界，占有生产资料；是为了肯定自己，体会生命的价值美感。在当代中国，为了使生产关系与生产力发展水平相适应，还需要大力发展非公有制经济，但是必须坚持公有制经济的主体地位，必须消灭剥削和消除两极分化。社会主义荣辱观是社会主义核心价值体系的重要内容，涵盖了社会风尚、人生态度的方方面面，是社会主义最基本的道德，必将得到人民的拥护。

其三，社会主义核心价值体系体现了对多元价值的包容态度。由于市场经济的作用，人们的经济地位发生了较大的变化。当今中国，除了社会主义价值外，还有非社会主义的价值，中外腐朽的社会价值还有一定市场。社会主义核心价值除了与中外腐朽价值水火不容之外，对其他社会主义价值、社会各群体价值、中外优秀价值都持尊重和包容态度，其目的就是要最大限度地促进社会和谐、维护祖国统一和巩固社会主义制度。

3. 用社会主义核心价值体系稳定社会。社会主义核心价值体系理所当然地要主导整个社会价值，成为社会成员精神追求的核心和灵魂。为此，要坚持把社会主义核心价值体系融入国民教育和精神文明建设全过程，贯穿现代化建设各方面；要坚持用马克思主义中国化的最新成果武装全党、教育人民，用民族精神和时代精神凝聚力量、激发活力，倡导爱国主义、集体主义、社会主义思想，加强理想信念教育，加强民族团结，加强国情和形势政策教育，不断增强对中国共产党领导、社会主义制度、改革开放事业、全面建设小康社会目标的信心。要加强马克思主义理论研究和建设，增强党的思想理论工作的创造力、说服力、感召力，要坚持以社会主义核心价值体系引领社会思潮，尊重差异，包容多样，最大限度地形成社会思想共识。

三、探索建设社会主义核心价值体系的有效途径

胡锦涛总书记在党的十七大报告中提出，要建设社会主义核心价值体系，积极探索用社会主义核心价值体系引领社会思潮的有效途径，主动做好意识形态工作。

1. 加强马克思主义信仰和社会主义信念教育。坚定马克思主义政治信仰，必须坚持马克思主义中国化，坚持中国特色社会主义理论体系。中国特色社会主义理论体系，探索和回答了什么是社会主义、怎样建设社会主义，建设什么样的党、怎样建设党，实现什么样的发展、怎样发展三大基本问题，深化和丰富了对共产党执政、社会主义建设、人类社会发展三大规律的认识，开辟了马克思主义中国化的新境界，凝结了几代中国共产党人的智慧和心血，是马克思主义中国化的最新成果，是党最宝贵的政治和精神财富，是全国人民团结奋斗的政治信仰。在当代中国，坚持中国特色社会主义理论体系，就是真正坚持马克思主义。

2. 加强社会主义思想文化建设。社会主义核心价值体系是我党在长期实践中形成的丰富思想文化当中提炼出来和概括出来的，是社会主义先进文化的生命线。社会主义核心价值体系向世人展示了我党思想上和精神上的旗帜，昭示人们不管在思想状况如何变动的情况下，社会主义意识形态的核心地位都不能动摇，社会主义核心价值体系在意识形态领域中的地位不能改变。

3. 坚持走中国特色社会主义道路。党的各级干部是建设中国特色社会主义伟大事业的领头人和践行者，必须用马克思主义中国化最新成果进行理论武装，广泛开展中国特色社会主义理论体系教育，特别是社会主义核心价值体系理论教育，切实增强贯彻落实科学发展观的自觉性和坚定性；对广大知识阶层要大力开展中国特色社会主义理想教育，引导他们在中国特色社会主义伟大旗帜指引下，为实现全面小康新目标建功立业；对普通的公众，要重点进行爱国主义和社会伦理道德的教育，引导他们自觉践行社会主义荣辱观。要努力适应广大群众的心理特点和接受能力，用鲜活的语言、典型的事例，使社会主义核心价值体系深入人心，变成行动，从而坚定广大人民群众坚持走中国特色社会主义道路的信心和决心。

（作者：中共重庆市委党校教授）

构建中国特色社会主义核心价值观的探索

李培湘

2006 年，党的十六届六中全会提出了中国特色社会主义核心价值体系的重大命题。核心价值观的构建是中国哲学社会科学工作者尚待完成的研究任务。我国学术界最近在这方面的研究虽有一定的成就，但这一研究毕竟刚刚起步，而且核心价值观是一个历史范畴，它将随着

历史的发展而不断发展、不断生成，故对它的研究尚待深化。本文试图以近年来党的若干重要文献为依据，加以综合、概括和提炼，提出一管之见，以求教于学界同仁。

一、中国特色社会主义的核心价值体系与核心价值观

在党的十六届六中全会《决定》中，第一次创造性地提出了社会主义核心价值体系这一科学命题。中国特色社会主义核心价值体系与核心价值观是两个既相联系又相区别的概念，两者是特殊与普遍、个别与一般的关系，它们从两个不同侧面、不同层次服务于中国特色社会主义事业。

对于社会主义核心价值体系，我们可以从“文化”和“价值”两个方面作以下理解。

从“文化”的角度看，“社会主义核心价值体系是建设和谐文化的根本”，“是社会主义意识形态的本质体现”，是中华民族共同奋斗的思想基础，是社会主义意识形态的根基，它是普遍的观念形态的东西。

但是，如果从“价值”的角度、用价值关系来分析社会主义核心价值体系的基本内容，它们就不再是单纯的观念形态的东西，而是作为一定的客体与主体需要的特定价值关系的存在，这些特定价值关系是以实践为基础的，应把它们“当作实践去理解”。

马克思主义哲学的价值论是马克思主义“实践唯物主义”的重要组成部分，是以实践为基础的，实践性是它最基本的特征。马克思主义哲学的价值概念，是一个建立在实践基础上的客体与主体需要的特定关系的概念。这种价值关系是人的价值活动的产物，而人的价值活动是一种实践活动，只有通过人的实践活动才能建立起客体及其属性与主体需要的特定价值关系。马克思恩格斯在《德意志意识形态》中说：“任何人类历史的第一个前提无疑是有生命的个人的存在。”“第一个需要确认的事实就是这些个人的肉体组织以及由此产生的个人对其他自然的关系”，“生产物质生活本身”。人类首要的价值关系就是在生产实践的基础上建立起来的自然与人的肉体组织需要的特定关系。在这个关系中，“主体是人，客体是自然”。因而马克思说：“‘价值’这个普遍的概念是从人们对待满足他们需要的关系中产生的。”

从人类最首要的价值关系建立的过程看出，“价值”是一个“三维一体”的概念，即：主体、客体、实践三者融于一体的关系概念，其中实践是建立客体与主体需要特定关系的基础，故价值关系实际上是社会实践关系。因为实践是物质性的活动，实践的本质是物质的，所以价值关系不是单方面地表现为主体性，也不是单方面地表现为客体性，而是表现为实践活动过程的客观性。“价值”或“价值关系”是客观的、实实在在的，这是马克思主义哲学对“价值”或“价值关系”的本质规定，是马克思主义价值哲学与西方唯心主义价值哲学的根本区别，也是我们理解中国特色社会主义核心价值体系的思想前提。

“社会主义核心价值体系的基本内容”，如果作为一定的文化，它们都是观念形态的东西，可是，当我们把它们作为一种发挥主导作用的核心价值，考察它们重大的社会作用时，它们都是以客体的形态出现，与主体的需要相互作用，这种价值关系再也不是观念形态的东西了。

上述说明，价值是一个关系概念，是一种关系的存在，任何价值都是作为一定的客体与主体需要的特定关系而存在，都是客观的、特殊的、个别的；而价值观则不同，它完全是意识形态的东西。中国特色社会主义核心价值观，是居于核心地位、起主导和统摄作用的价值观念，是相对于非主导的、多种多样的价值观念而言的，它与中国特色社会主义核心价值体系相对应而存在，是普遍的一般的观念形态的东西。

中国特色社会主义核心价值观是关于中国特色社会主义价值的总看法和最根本的观点，它表现为理论化、系统化的概念体系，是具有理想性指向性的观念系统，这个观念系统蕴含于

中国特色社会主义核心价值体系之中，是从中国特色社会主义核心价值体系中抽象、概括和提炼而成的。中国特色社会主义核心价值体系是中国特色社会主义核心价值观形成的基础，没有核心价值体系就没有核心价值观；中国特色社会主义核心价值观是核心价值体系的提升，是核心价值体系基本内容的共同指向，没有核心价值观核心价值体系就失去共同的目标。如果说，中国特色社会主义核心价值体系是构建中国特色社会主义大厦的思想基础和精神支柱，那么，中国特色社会主义核心价值观则是构建中国特色社会主义大厦的观念模型和崇高理念。两者缺一不可，不能有所偏颇。

二、中国特色社会主义核心价值观内容探析

自胡锦涛在党的十六届四中全会的讲话中对“我们所要建设的社会主义和谐社会”作出明确的价值规定以后，在以后党的重要会议上对中国特色社会主义的价值理想又作出了明确表述，特别是在党的十七大报告中，胡锦涛同志明确提出，“要按照民主法治、公平正义、诚信友爱、充满活力、安定有序、人与自然和谐相处的总要求”，“建设富强民主文明和谐的社会主义现代化国家”。这一重要论断被载入十七大通过的新党章“总纲”中，“总纲”还进一步把中国特色社会主义建设分为经济建设、政治建设、文化建设、社会建设。我们可以从党的这些重要文献中，引申出这样的思想内容：富强、民主、文明、和谐，是中国特色社会主义的经济建设、政治建设、文化建设和社会建设的本质要求和核心价值观点，“公正”即“公平正义”是社会主义的本质要求和核心价值观点。如果把这些观点联系起来，即可对中国特色社会主义核心价值观的内容表述为：公正、富强、民主、文明、和谐。对此，作以下论述。

（一）“公正”即公平正义是社会主义的核心价值观点

“社会主义”无论是作为一种理想、一种理论、一种运动和一种社会制度；无论是空想社会主义，还是科学社会主义，都是以“公平正义”为价值目标和价值诉求，都把社会主义社会作为最公平最正义的社会。

空想社会主义者，特别是18世纪末19世纪上半期的空想社会主义者，都是那个时代的天才人物。他们“随时随地都首先关心‘人类最多和最贫穷的阶级’的命运”。这些“社会主义创始人的观点，不成熟的理论，是同不成熟的资本主义生产状况，不成熟的阶级状况相适应的”。他们切身体验到现存社会“是一个是非颠倒的世界”，在这里“游堕者”“荒淫无耻”；“劳动者”却“饥寒交迫”；这里是“富人的天堂，穷人的地狱”。他们深切地感觉到社会的不公平、不正义，他们要用最公平最正义的社会主义社会代替那“悲惨和罪恶的社会”。

科学社会主义的创始人同样以公平正义为未来社会的价值理想和价值诉求，他们认为在资产阶级提出平等要求的时候，就有“无产阶级的平等要求伴随着”，“无产阶级平等要求的实际内容都是消灭阶级的要求”；而“真正的自由和真正的平等只有在共产主义制度下才可能实现，而这样的制度是正义所要求的”。科学社会主义的创始人总是把公平正义作为价值选择的根据和价值评价的标准。

享有国际盛名的正义理论大师罗尔斯认为：“正义是社会制度的首要价值，正如真理是思想体系的首要价值一样。”中国自社会主义制度建立以来，一直把公平正义作为自己追求的价值目标。邓小平关于社会主义本质的规定，也就是要在解放生产力、发展生产力的基础上，消灭剥削、消除两极分化，最终达到共同富裕，实现公平正义的境界。胡锦涛进一步提出：“维护和实现社会公平和正义”，“是中国社会主义制度的本质要求”，要树立“公平正义理念”。

（二）“富强”是中国特色社会主义经济建设的核心价值观点

富裕、强盛是中国人民长期以来追求的价值理想，是中国特色社会主义经济建设的价值

目标和价值诉求。邓小平说，“社会主义的目的就是要全国人民共同富裕”；“我们允许一些地区、一些人先富起来，是为了最终达到共同富裕，所以要防止两极分化。这就叫社会主义”。共同富裕的价值目标是建立在发展生产力和造就强大综合国力的基础上，评价中国社会主义最根本的价值尺度，“主要看是否有利于发展社会主义社会的生产力，是否有利于增强社会主义国家的综合国力，是否有利于提高人民的生活水平”。要达到共同富裕，还有一个重要前提，这就是要保证公有制为主体，大力发展公有制经济。“一个共有制占主体，一个共同富裕，这是我们所必须坚持的社会主义根本原则。”我们就是要按照这些原则，造就一个繁荣富强的国家。

（三）“民主”是中国特色社会主义政治建设的核心价值观点

马克思恩格斯早在《共产党宣言》中就指出：“工人革命的第一步就是使无产阶级上升为统治阶级，争得民主。”毛泽东在我国革命胜利前夕指出：“经过人民共和国到达社会主义和共产主义，到达阶级的消灭和世界的大同。”民主虽然是一种国家形式、是手段，但形式与内容、目的与手段是相互转化的。随着当今世界的经济全球化、政治民主化的深入发展，民主作为一种“制度安排”，在管理国家、组织社会生活的过程中，它的社会功能和价值力量越来越充分地显露出来，民主越来越成为世界各国人民在政治上的价值诉求。

民主有社会主义民主与资本主义民主之分。18年前，笔者曾提出一个观点：“社会主义民主与资本主义民主都是国家形式，但是两种国家的立国之本又是不同的：社会主义民主的立国之本是‘四项基本原则’，……资本主义民主的立国之本是‘三权分立’。”这一观点与党的十七大精神是一致的，胡锦涛在党的十七大报告中指出：“四项基本原则是立国之本，是我们党、我们国家生存发展的政治基石。”中国的社会主义民主是在“四项基本原则”基础上的人民当家作主，这是中国特色社会主义的力量之源。邓小平反复强调：“没有民主就没有社会主义，就没有社会主义的现代化。”胡锦涛也指出：“人民民主是社会主义的生命。发展社会主义民主政治是我们党始终不渝的奋斗目标。”

（四）“文明”是中国特色社会主义文化建设的核心价值观点

这里所说的“文明”是一个评价概念，而不是实体概念；这里所说的“文化”是指精神文化，即观念形态的文化。精神文化的价值主要包括知识价值（真的价值）、道德价值（善的价值）、审美价值（美的价值）和宗教价值（信仰的价值）等等，它表现出知识、道德、审美、宗教等与人的文化需要的价值关系。“文明”正是从各种文化价值关系中抽象概括出来的，是对社会主义文化价值的根本看法和根本观点，是衡量各种文化价值的尺度，是中国特色社会主义在文化上的价值追求。

精神文化是非物质性的，而其来源却是物质。毛泽东指出，“一定的文化（当作观念形态的文化）是一定社会的政治和经济的反映”，“一定形态的政治和经济是首先决定那一定形态的文化的；然后，一定形态的文化又才给予影响和作用于一定形态的政治和经济”。作为客体的文化与作为主体的人的需要的价值关系，不是凭空产生的，它是在一定的经济和政治的基础上形成的；这种价值关系全面地反映了一定形态的政治、经济所决定的一定形态的文化的客体与一定历史条件下的主体的人的需要的价值关系；同时，一定形态的文化又影响和作用于一定形态的政治和经济，为一定形态的政治和经济发展提供一定的理论和道德基础。我们党在文化建设中构建的社会主义核心价值体系，正是发挥着这样的作用。

（五）“和谐”是中国特色社会主义社会建设的核心价值观

社会和谐是全人类的共同愿望，是全人类共同的价值诉求，也是社会主义的本质属性，是中国共产党长期不懈奋斗的目标，“构建社会主义和谐社会”和“和谐世界”，是中国共产党的重大战略决策。

马克思恩格斯认为，共产主义的“自由人联合体”，是“一切人的自由发展的必要的团结一致以及在现有生产力基础上的个人的共同活动方式”。共产主义“是人和自然界之间、人和人之间的矛盾的真正解决，是存在与本质、对象化与自我确证、自由与必然、个体与类之间的斗争的真正解决”。毛泽东则用中国人追求的“大同”理想来比喻社会主义和共产主义，认为“使人类进到大同境域”，是人类社会最高的和谐境界。

在世界各个民族的历史文化中，都有探讨和谐理念和追求和谐社会的思想资料。2006年，胡锦涛《在沙特阿拉伯王国协商会议的演讲》中指出：“我们两个民族的先哲们，在探索人类社会发展规律的过程中不约而同地提出了和谐思想，他们主张，在承认差异性和多样性的前提下，实现和谐社会。”胡锦涛的这一论断，既反映了世界各民族人民追求和谐社会的共同价值理想，又反映了人类社会发展的共同规律。“求和平、促发展、谋合作”是“当今时代的潮流”，这一潮流述说着世界人民对“和谐世界”的价值期盼；社会和谐不仅是中国人民对中国社会主义社会发展的价值追求，也是世界人民对国际社会发展的价值追求。

中国共产党领导中国人民共同建设和共同享有的社会主义和谐社会，是党和人民的最高价值理想，“和谐”是中国特色社会主义社会建设核心价值观的简要表述。

三、构建中国特色社会主义核心价值观的伟大意义

纵观人类社会的历史发展，任何一种社会制度都有它的核心价值体系，都要在一定核心价值体系的基础上构建出它的核心价值观，以表明这一社会制度存在的价值和未来前景。资产阶级从登上历史舞台以来，就标榜自己是全人类的代表，他们要建立的资本主义社会的核心价值观是“自由、民主、人权”，以表明这一社会的价值和前途。马克思恩格斯在探索人类社会发展规律的基础上，用“每一个人的自由发展是一切人自由发展的条件”的“自由人联合体”，来表达未来共产主义的核心价值观，以之说明人类社会的未来前景和方向。中国特色社会主义和历史上的任何社会制度一样，也应该有自己的核心价值观，以此来表明自己的本质特征、价值理想、价值功能和未来发展方向。

随着改革开放的深入，我国社会经济成分、组织形式、分配方式、利益关系日益多样化，人们的价值选择、生活方式、物质文化需要日益多样化，必然形成利益群体、价值主体的多元化和价值观念的多元化。面对多样性的价值世界和多元的价值主体、价值观念，既要“尊重差异、包容多样”，又要在多样性和多元化价值系统的基础上，确立起一元的价值主体和一元的价值观，以形成统一的国家意志。

从中国的历史和现实看，中国共产党及其领导的中国各族人民是多元价值主体中的一元主体，即中国特色社会主义的共同主体。中国共产党是中国绝大多数人利益的代表、先进生产力发展要求的代表和先进文化前进方向的代表，中国社会主义和谐社会是中国共产党领导中国人民共同建设和共同享有的，是全中国人民共同利益所在，中国共产党领导的中国人民是我国多元价值主体中的共同主体，是多元中的一元。

中国共产党从建立之日起，就提出了党的最高纲领，表明了她的价值理想和未来价值目标。用公正、富强、民主、文明、和谐等概念，表明了中国特色社会主义的本质特征和价值诉求。我们认为，这些概念正是对中国特色社会主义核心价值观内容的表述。这些基本概念是我国价值观念多样性中的统一性，是我国价值世界的“多样性的统一”。

中国特色社会主义核心价值观是中国特色社会主义的本质要求，也是从价值层面对中国特色社会主义所作的本质规定。中国特色核心

价值观是以马克思主义为指导思想，以中国特色社会主义为共同理想，以爱国主义为核心的民族精神和以改革创新为核心的时代精神为纽带，以社会主义荣辱观为道德基础构建而成的，它蕴涵着中国社会主义核心价值体系的基本内容。随着核心价值观的深入人心，它将推进全国人民对社会主义核心价值体系基本内容的价值认同，更好地坚持党的基本路线。

中国特色社会主义核心价值观的构建，既是一个理论工程，又是一个心理工程，它让中国人民更加深入地认识中国特色社会主义优越性，使中国人民更加了解我们将要建设一个什么样的国家，从而在全国各族人民的心中构建共同的价值理想和精神家园，使全国人民在精神上有所归属，情有所系，以激励全国人民为实现共同的美好未来而努力奋斗。

核心价值观是国家意志形成的思想前提。在核心价值观的引领下，使广大人民群众逐步形成价值认同，达成价值共识，从而把广大人民群众的个人意志集中为共同意识，为形成和强化国家意志，实现国家意志，奠定思想基础，从而把精神的力量转化为强大的物质力量。

（作者：西华师范大学教授）

事业观、工作观、政绩观：培育领导干部价值观的着力点

李俊伟

胡锦涛总书记在中纪委三次全会上讲到领导干部加强党性修养时，提出领导干部应当树立正确的事业观、工作观、政绩观，以此带领党员、群众迎难而上、锐意改革、共克时艰。树立正确的事业观、工作观、政绩观是党中央针对领导干部队伍现状，向各级领导干部提出的新要求。事业观、工作观、政绩观说到底是领导干部价值观的具体表现，也是当前领导干部价值观建设的着力点。

事业观、工作观、政绩观的内涵要求

在普通人看似简单的关于工作、事业的意义、态度等问题一旦与公共权力相关联就不是简单的问题了，因为领导干部在履行职责和行使权力的方向上始终存在着如何取舍的问题，比如对公私关系、个人与社会关系、对上负责与对下负责关系、眼前利益与长远利益的关系、小集团与大社会等关系的看待和处理。我们要从价值观的视角来审视领导干部的事业观、工作观和政绩观。

事业观，是指领导干部对事业的根本看法和对待工作的根本态度。社会主义事业承载着无数仁人志士的理想和抱负、充满着广大人民群众的切实利益和美好希望，领导干部要自觉把个人的理想抱负融入到社会主义建设大业中去，把生命的激情融入到为人民服务的事业中去，对党充满忠诚，对人民充满感情，对事业充满责任。

工作观，就是领导干部如何认识工作、如何做好工作的观念和态度。明确工作的价值认知，需要领导干部思考和解决在特定的岗位上为谁工作、工作的乐趣和激情何在、工作的效果如何。党员领导干部在工作中应当以维护并实现集体和国家利益为取向，把工作视为责任，工作中集中精力、一心一意，扎扎实实、一丝不苟；有敢于负责的决心和善于创新的智慧，以科学的思想方法推动工作；信心坚定，迎难而上，以解危济困为己任；践行党的宗旨，当好人民公

仆，做到权为民所用，情为民所系，利为民所谋。

政绩观，回答的是要不要建功立业、为谁建功立业和怎样建功立业的问题。建功立业是一种职业精神，是时代需要、人民需要；但功业为谁确实体现一种价值取向。为人民谋利益，为群众干事、创业，应该是每个党员干部的自觉追求。各级领导干部必须牢牢树立并不断校正运用人民赋予的权力为人民谋利益的价值观，把人民利益的实现作为权力运作的根本目的和最大价值，把能给人民群众留下好政绩作为人生的意义和追求。

事业观、工作观、政绩观，说到底就是价值观，正确的事业观、工作观、政绩观是领导干部世界观、人生观和价值观的真实反映。坚持人民利益高于一切，是共产党员处理利益问题的根本原则，也是领导干部价值观的基本要求，是领导干部树立正确的事业观、工作观和政绩观的基本出发点。培育领导干部正确的事业观、工作观、政绩观，是领导干部落实科学发展观的现实要求；是加强党的执政能力和先进性建设的客观要求。党员干部如何带领群众贯彻落实党的政策，党员干部在带动群众中的形象和作用，党员干部的精神状态和奉献精神，直接决定着党的事业的成败。领导干部的工作观、事业观和政绩观决定了其社会定向和工作、事业、政绩定向的质量，从而也决定了其整个职业生活和个人生活的质量，规定了其整个政治素质和精神风貌。从当前世情、国情、党情的发展变化看，我们党的自身建设任务比过去任何时候都更为繁重，面临的许多考验也都是前所未有的。各级领导干部能否在错综复杂的社会环境中，能否在社会思潮相互激荡的背景下，始终恪守坚定的共产主义信念是检验党员干部工作观、事业观和政绩观的一个重要标准。

怎样形成正确的事业观、工作观、政绩观

价值观的形成需要一个过程，人们对某一事物认识、持有判断标准进行选择、作出选择的过程，就是价值认知、判断和取向的过程。领导干部树立正确的事业观、工作观、政绩观，需要以坚强的党性修养明辨是非，以制度和规范校正行为，在投身实践中巩固和升华。

第一，加强党性修养，树立正确的事业观、工作观、政绩观。胡锦涛总书记在中纪委三次全会上强调，面对复杂多变的国际局势和艰巨繁重的国内改革发展任务，要保持经济平稳较快发展，保持社会和谐稳定，各级领导干部一定要树立和弘扬良好作风。中央要求各级干部特别是领导干部，必须把为党和人民的事业而奋斗作为人生的最高目标，把为人民服务作为人生的最大追求，把实现最广大人民的根本利益作为工作的最高目的，从而更加自觉地坚持权为民所用、情为民所系、利为民所谋，使我们的一切工作和政绩经得起实践的检验、历史的检验和群众的检验。

加强党性修养是始终保持共产党人政治本色、发扬党的光荣传统和优良作风的必然要求，也是树立正确的事业观、工作观、政绩观的首要渠道。党性体现在党员的工作、学习和生活的各个方面。加强党性修养，要求各级领导干部在改造客观世界的同时要自觉加强主观世界的改造，真正树立共产党人的世界观、人生观、价值观。加强党性修养，就是要按党的性质、纲领、指导思想和宗旨等要求，通过学习、改进和锻炼，来磨砺每个党员的品格和意志，以保持其政治上的坚定性和思想道德上的纯洁性。党性锻炼过程就是共产党员自我教育、自我约束、自我改造的过程，任何松懈和动摇都会带来党性要求的滑坡。

第二，明确事业、工作和政绩的判断标准，抵制各种错误思潮的影响。价值评价是人们在认知的基础上的选择，它制约着人们选择与其相适应范围的认识对象，又进而选择认识成果使其为人们服务。人们在现实生活中，总是自觉不自觉地首先运用内在价值尺度去衡量、评判、裁定客观事物或社会现象、审视周围的环境和实际生活，把自己的行为引向社会习俗、道德

准则、法律规范等等。由于不同个体的利益和需要以及情感、态度和意志不同,在评价事物进行价值取舍上表现出价值判断的差异甚至对立。当前一项重要工作是不断改进社会评价体系,包括工作机制的改革和行政管理体制、社会管理体制、公共服务体制的改革等。改革既是利益调整,也是对社会评价体系的改进,在改革中逐步累积制度和规范,一旦社会准则和行为规范在全社会得以确立,主流的价值导向被社会认可和认同,那么改革的成效就达到了。

第三,在带领广大党员和群众投身社会主义建设中夯实事业观、工作观、政绩观。价值观凝聚着人们对于理想、目标的追求与向往,它支配、影响和调节人们的行为及其发展方向。价值倾向会促使人们具备热情、激情和意志的力量,积极行动起来去追求、发现、创造和实现价值。党的领导干部必须要以党的性质和宗旨为内容的价值观来规范工作要求、从政行为,来争取业绩政绩,把为人民群众谋利益作为争取政绩的出发点和归宿。牢固树立和坚持正确的事业观、工作观、政绩观,领导干部要认认真真学习、老老实实做人、干干净净做事,始终保持高尚的精神追求和道德情操。

论“党的核心价值”的巨大作用

黄远固

习近平同志在总结30年来党的历史经验时指出,党的建设的一条重要经验和启示就是:必须坚持立党为公、执政为民,把实现好、维护好、发展好最广大人民的根本利益作为党的核心价值,始终保持党同人民群众的血肉联系。

提出“党的核心价值”概念,是党的建设理论创新的大事,必将对党的发展产生重大影响。

一、“党的核心价值”彰显党的品格

任何政党都有自己的核心价值,这个核心价值必然支配整个党的行动,反映到全体党员的言行之中,从而显现出这个党与那个党品格的高低不同。

1.坚持“党的核心价值”,我们勇于修正错误

党领导的改革开放,是在结束“文化大革命”的错误中起步的。我们党以最广大人民的根本利益作为党的核心价值,以解放思想为先导,彻底否定“以阶级斗争为纲”的错误理论和实践,及时把党的工作重点转移到了以经济建设为中心的轨道。结束错误的“文化大革命”,不仅开启了改革开放的新时期,同时也彰显了我们党坚持党的核心价值,为了人民群众的根本利益勇于修正错误的高尚品格。

2.坚持“党的核心价值”,我们勇于面对国际风云变幻

30年的改革开放,是在国际社会风云变幻的历史背景下进行的。面对严峻的国际形势,我们党从中国人民和中华民族的最根本利益出发,坚持“和平发展,和谐世界”的方针,“以邻为善,以邻为伴”,积极开展对外交流与合作。30年来,中国共产党在国际社会形成了良好的开放形象,彰显了我们党的核心价值,展示了我们党勇于开拓探索的品格。

3.坚持“党的核心价值”,引导中国又好又快发展

30年的改革开放,我们经历过联产承包责任制给农民带来的欢乐,也面对过国有企业改革、部分职工下岗的阵痛；我们分享过经济高速发展的成果，也经历过经济过热、经济疲软带来的忧虑……无论是前进中的成功与欢乐，还是阵痛与忧虑，我们始终坚持改革开放不动摇，在人民心中树立了良好的改革形象，彰显了我们党的核心价值，展示了我们党坚持改革、自强不息的品格。

二、“党的核心价值”成就党的事业

1. 中国共产党的力量来自哪里

在中国的近现代史上，先后出现过300多个政党，每个政党都有夺取政权的政治要求。诞生于1921年的中国共产党，就当时的人数看仅有几十人；从掌握的资源看，被称为无产阶级的中国共产党也没有多少物质财富。但是，在中国政党竞争的大舞台上，为什么中国共产党成为执政党，而别的政党没有做到？中国共产党的力量来自哪里？听听中国共产党第一代领导集体的核心毛泽东怎么说——我们共产党人区别于其他任何政党的一个显著标志，就是和最广大的人民群众取得最密切的联系。全心全意地为人民服务，一刻也不脱离群众；一切从人民的利益出发。中国共产党人不仅这样说，而且认真落实在行动中，于是有了中国的老百姓“送郎当兵、送子参军”，“推着小车来支前”。“党的核心价值”成就了党领导的新中国的建立、中国革命的胜利，从而使中国共产党成为中国的执政党。

2. 30年改革开放的出发点和落脚点体现的都是“党的核心价值”

邓小平是我国改革开放的总设计师，这位杰出的总设计师为我们设计了中国特色的社会主义，这一设计的主题就是：让人民共同富裕。改革开放开始以后，一直到1992年春天，邓小平曾从不同角度多次强调：贫穷不是社会主义，社会主义就是要消灭贫穷，使全体人民共同富裕起来，共同富裕是社会主义的目的，是社会主义的根本原则，是社会主义的本质。这些谈话中反复出现的一个主题思想——坚持中国特色社会主义道路，也就是坚持走中国人民共同富裕的道路。邓小平把自己看做是“人民的儿子”，这种深情的表白，是“党的核心价值”在情感上最真实的流露。

3. “党的核心价值”引领中国改革开放成就辉煌

30年来，从农村到城市、从经济领域到其他各个领域，全面改革的进程势不可当地展开了。30年来，我们党实施现代化建设“三步走”战略，带领人民艰苦奋斗，推动我国以世界上少有的速度持续快速发展起来。改革开放的辉煌成就，是“党的核心价值”在新时期的最好体现，赢得了人民群众衷心拥护和赞赏。30年来的一条重要经验和启示，就是必须坚持“党的核心价值”。正如胡锦涛在党的十七大报告中指出的：“要始终把实现好、维护好、发展好最广大人民的根本利益作为党和国家一切工作的出发点和落脚点，尊重人民主体地位，发挥人民首创精神，保障人民各项权益，走共同富裕道路，促进人的全面发展，做到发展为了人民、发展依靠人民、发展成果由人民共享。”

三、“党的核心价值”引导党的先进性建设

1. 用“党的核心价值”丰富党的思想建设

党的先进性首先表现党在思想理论上的先进性。思想理论建设是党的根本建设，在党的思想建设中增添“党的核心价值”内容的教育，必将对党员、干部理想信念教育和思想道德建设产生深远的影响，从而推动广大党员、干部成为实践社会主义核心价值体系的模范，做共产主义远大理想和中国特色社会主义共同理想的坚定信仰者、科学发展观的忠实执行者、社会主义荣辱观的自觉实践者、社会和谐的积极促进者。

2. 用“党的核心价值”促进党的干部队伍建设

用“党的核心价值”促进党的干部队伍建设，特别应突出党的干部制度改革。

一是用“党的核心价值”导向，不断扩大干部工作民主。要进一步规范干部任用提名制度，推进延伸考察、差额考察，制定全过程监督的具体措施和办法，形成一个相互衔接配套的制度体系。

二是用“党的核心价值”导向，不断提高选人用人公信度。十七大提出“按照德才兼备、注重实绩、群众公认原则选拔干部，提高选人用人公信度”的要求，要坚持用好的制度和好的作风选人，对那些不图虚名、踏实干事的干部要多加留意，对那些埋头苦干、注重为长远打基础的干部不能亏待。相反，也绝对不能让那些投机取巧、夸夸其谈，搞形式主义、虚假政绩的人得到好处。要重视实践经验和实际工作能力，注意从基层和生产一线选拔优秀干部充实到党政领导机关。

三是用“党的核心价值”导向，坚持党管干部原则和坚持民主、公开、竞争、择优，形成干部选拔任用科学机制。正确处理党管干部和扩大民主的关系。一般来讲，领导班子不认可的干部不能选，群众不认可的干部也不能选。要提高干部工作的透明度，给干部平等竞争的机会。通过制度的健全完善，逐步形成科学规范的干部制度体系。真正把那些政治上靠得住，工作上有本事，干部群众信得过，既想干事、又能干成事，既干事、又干净的干部培养和选拔上来。

3. 用“党的核心价值”加强党的作风建设

就党组织来讲，坚持“党的核心价值”就是要坚持以人为本的科学发展观，把人民群众的根本利益作为一切工作的出发点和落脚点，着力解决关系人民群众切身利益的突出问题，为群众诚心诚意办实事，尽心竭力解难事，坚持不懈做好事，让人民群众感受到党和政府的温暖。要坚持人民是历史创造者的历史唯物主义观点，坚持全心全意为人民服务，坚持群众路线，真诚倾听群众呼声，真情关心群众疾苦，做到权为民所用、情为民所系、利为民所谋。以求真务实作风推进各项工作，多干打基础、利长远的事。加强调查研究，改进学风和文风。倡导勤俭节约、勤俭办一切事情，反对奢侈浪费。全党同志特别是领导干部都要讲党性、重品行、作表率。深入开展党风党纪教育，积极进行批评和自我批评，使领导干部模范遵守党纪国法，继承优良传统，弘扬新风正气，以优良的党风促政风带民风。

（作者：中共重庆市委党校党建教研部主任、教授）

社会主义核心价值体系建设的现实基础与实践路径

孙学玉

社会主义核心价值体系建设的历史与现实依据

1. 改革开放新时期我国经济社会发展对价值观构建的客观要求。改革开放以来，市场化、全球化、网络化的日益深入，经济基础和社会生活的快速变化，不断地对意识形态提出新课题。经济体制的转型、社会结构的演变、利益格局的调整，使社会各阶层的价值观发生重大变化，思想观念进入多元碰撞期，生活方式和行为方式呈现多样和多变特征。一些矛盾和问题也逐渐显现出来：经济生活中一些交易规则被泛化，并渗透到思想和文化领域；干部队伍中的消极腐败现象，腐蚀着社会肌体；背离马克思主义的错误思潮有所滋长，消解着社会主流文化，加上收入分配差距、住房教育医疗及社会保障等实际民生问题，人们对社会主义价值观的接受和认同在一定程度上被消解。加强社会主义核心价值体系建设，形成全国人民团结奋斗的共同思想基础，刻不容缓。

2. 社会主义初级阶段价值观建设的实践基础。社会主义建设和改革实践的发展，是社会主义价值观建设的动力源泉。改革开放30年来，广大人民群众在实际享用改革发展利益的同时，对中国特色社会主义价值观的认同度与日俱增，建设社会主义核心价值体系的社会基础不断巩固。党立足社会主义初级阶段实际，始终强调两手抓、两手都要硬，在社会主义精神文明建设、党的先进性建设等领域做出积极探索。近年全党切实加强意识形态工作，紧紧抓住意识形态领导权，就巩固和发展主流意识形态等推出一系列重大举措，产生了积极的社会影响。新型思想道德体系、和谐价值理念等正逐渐形成，全社会共同理想和价值追求的现实土壤日趋丰厚。社会主义核心价值体系建设战略思想的提出，是历史发展的必然逻辑，有着深厚的实践基础。

3. 应对国际领域意识形态交锋的战略需要。上世纪80年代以来，和平、发展、合作成为时代主流。同时，国际环境复杂多变，综合国力竞争日趋激烈，影响和平与发展的不稳定、不确定因素增多。随着对外开放的不断发展，我国全球化进程日益深化，西方发达国家凭借其经济科技优势在政治上向我施加压力，加大意识形态的攻势；大量国外资本、跨国公司的涌入，对人们的思想价值观念造成冲击；在文化领域，西方一些政治家和学者鼓吹新自由主义和“意识形态终结论”，以美国为首的资本主义国家大量输出文化产品，利用互联网等新兴媒体，进行价值观渗透。建设社会主义核心价值体系，是应对全球化背景下西方文化霸权主义挑战、维护国家文化安全的战略需要。

4. 西方大国构建主导价值观的历史启示。纵观世界大国崛起的历史，其共同点是，在经济、科技、军事等硬实力背后，都有文化价值观、社会制度、发展模式等“软实力”的有力支撑。西方发达国家以及后发资本主义国家都非常重视主流价值观建设。比如，通过掌控的庞大先进传媒系统和信息技术，推进全球信息自由流通，输送资本主义价值理念；通过政府“钦定”的共同价值观，直接干预社会价值观的构建；通过制度安排为文化价值观建设提供保障，达到行为的规范性、过程的持续性和结果的可靠性，等等。关注大国兴衰更替的历史经验，迫切要求我们高度重视社会主义核心价值体系建设，把它放在与经济社会发展同等重要的位置予以推进。

社会主义核心价值体系建设的现实基础与制约因素

当前，推进社会主义核心价值体系建设，已经具备坚实基础和有利条件，但也面临着很多制约性因素。

首先，党中央高度重视意识形态工作，为建设社会主义核心价值体系提供了坚强的政治保障。一方面，党的执政地位、国体、政体和基本经济制度等，为建设社会主义核心价值体系奠定了坚实基础。另一方面，改革开放以来党在社会主义精神文明建设、先进性建设等领域做出积极探索，积累了丰富经验，为中央重视并抓好意识形态工作提供了现实可能性。近年，党中央从长治久安的战略高度，要求全党切实加强意识形态工作，紧紧抓住意识形态的领导权、主动权、话语权，并就巩固和发展主流意识形态等出台一系列重要政策，建立了较齐备的组织机构，进行各种途径的有效探索。特别是领导和组织实施马克思主义理论研究和建设工程，有力促进了全党全社会高举马克思主义思想旗帜。这项工程既强调对马克思主义基本立场、原理、精神的准确理解和深入阐释，又突出现实生活中重大理论和实际问题的研究宣传；既抓住马克思主义理论研究的国家团队和专家队伍，又带动学科建设、教材建设、基地建设、人才建设和面向青少年学生的普及教育等环节，很有针对性和时代感。目前，中央采取的繁荣发展哲学社会科学、加强大学生思想政治教育、加强未成年人思想教育、加强互联网管理等举措，已产生实效。全党全社会对社会主义精神文明、思想文化软实力、公民思想道德素质等的战略地位、重要作用的认识更加深刻、自觉。

其次，改革发展取得的巨大成就，提高了人民群众对中国特色社会主义价值观的认同度。邓小平同志早就指明：让人民相信社会主义，光靠思想教育不够，最终说服人的还是社会主义的实践。尽管目前社会上还存在分配不公、困难群体等情况，但是，改革开放30年来，广大人民群众深深感受享受到改革发展带来的利益，人们的物质生活、精神风貌、民族气质、国际地位等产生了积极而巨大的变化。人们对改革开放的认同度、对中华民族复兴大业的自信心不断增强。民意调查显示，现在是中华民族历史上民族自豪感、民族自信心、民族凝聚力最强的时期。在这个时期讲民族精神，讲改革创新，讲中国特色社会主义，可谓正逢其时。党的十六届六中全会把“发展成果由人民共享”，列为建设和谐社会六条原则的第一条，就是要让人民群众更加广泛充分地享受到经济、政治、文化、社会等多领域改革发展的成果，使人民群众物质生活更加宽裕、民主权利更加充分、文化精神生活更加充实、社会利益关系更加和谐。这是建设社会主义核心价值体系有利的社会基础。

第三，新型思想道德体系、和谐价值理念等正逐渐形成，全社会的思想道德水平呈现良好的上升势头。近期的民意调查显示，与改革开放和社会主义市场经济发展新的历史条件相适应的新型思想道德体系，在全社会各个阶层、各类群体中逐渐得以建立，并且日益得到丰富、完善和发展。社会主义市场经济唤醒人们的主体意识，促进社会成员特别是市场主体诚信意识、平等意识、竞争意识、效率意识、独立意识、自由意识的生成和发展，促进当代中国人的人生观、幸福观、荣辱观、义利观、自然观、家庭观、职业观的转型。人们的眼界不断拓宽、理想更加远大、追求日趋健康，对国家和社会发展大势普遍关注，社会群体中有文化、有理想的青年群体政治上要求进步的趋向普遍提升，机关、高校、国企和群众团体中要求入党的人数继续增长。和谐理念日益深入人心，越来越成为全社会的思想共识和价值追求。从党和国家层面讲，密切关注社会矛盾的发展趋势，不断完善社会矛盾的调节机制，努力建设和谐社会，成为十六大以来的执政新理念。从人民群众角度讲，对于“和谐”的话题普遍接受，认同中国社会的现实和谐程度。从总体上看，这些思想道德法则和精神价值理念，植根于普通民众，植根于当代中国发展，有助于调节人们之间的利益关系和矛盾，有助于社会主义市场经济体制的完善和发展，有助于我国社会的全方位进步，有助于提高广大人民群众的物质文化生活质量。

同时，也必须清醒地分析把握我们所面临的若干制约因素。首先，干部队伍中存在的消极腐败现象，不利于党和政府积极健康形象的树立，降低了思想道德教育的正面引导作用。其次，经济生活中的一些交易规则被泛化，并扩展到思想和文化领域，为拜金主义、享乐主义、极端个人主义等现象的滋生提供了土壤和条件。第三，由于西方敌对势力的文化渗透和意识形态领域的战略图谋，加之国内极少数自由主义思潮的蛊惑，非马克思主义甚至反马克思主义的噪音杂音时有起伏；资本主义腐朽文化、封建落后文化和各种消极愚昧文化仍有残余，一定程度上消蚀着社会主义先进文化建设成效。再加上现阶段收入分配差距、住房教育医疗社会保障等实际民生问题的存在，也较大程度地制约着人们对社会主义核心价值体系的接受和认同。

加强社会主义核心价值体系建设的现实路径

1. 注重内涵建设，形成思想共识。必须立足于现阶段人们思想实际，针对实践提出的历史性课题，不断丰富社会主义核心价值体系的时代内涵，使先进性要求与广泛性要求相结合，既鼓励先进又照顾多数，既弘扬主流又包容差异，以简洁通俗的话语作为行动标杆，规范引导不同阶层的人们，牢牢掌控建设核心价值体系的战略主动权，从价值观的深层次上建构社会思想共识，增加全社会的凝聚力和向心力。

2. 突出重点主体，实施分层教育。价值观建设重在实践，先进价值观的实践则需要社会先进人物做出榜样示范。加强社会主义核心价值体系建设，在思想理念的认知导入上，应突出重点主体。关键是抓住党员干部、国家公务员、教师、宣传媒体工作者等特殊社会群体。这些特殊主体的行为所体现出来的思想境界、道德情操，直接影响着社会风气，是社会道德行为的风向标，对推进社会主义核心价值体系建设起着示范和导向作用。同时，价值观教育要体现层次性，教育内容、形式和要求都要根据对象特点来安排和实施。对党员和各级领导干部，要注重加强马克思主义，特别是马克思主义中国化最新理论成果的学习教育，使之成为先进思想道德的行为示范者；对广大的知识阶层、社会精英和先进分子，要大力开展中国特色社会主义共同理想教育；对普通群众，重点进行爱国主义和社会主义荣辱观教育；对青年学生，重在价值观的养成教育，着力培养其道德思维和价值判断能力，贯穿其学习成长的全过程。

3. 调动多种手段，营造强势舆论。要通过各种传播途径和手段，使社会主义价值体系的内涵和要求家喻户晓，深入人心。首先，引导媒体做社会主义核心价值体系的建设者、促进者和推动者，善于运用正面舆论引领社会思潮，形成舆论主流。其次，各级各类新闻传媒要奏响弘扬社会主义核心价值体系的大合唱，形成“舆论全覆盖、媒体全联动”，提高其对社会公众的引导力、影响面。第三，高度重视文化熏陶，促进社会主义核心价值体系的情感认同和心理认同。注重以视觉文化、听觉文化感染人、熏陶人、影响人，运用各种人民群众喜闻乐见的文艺形式，把社会主义核心价值体系的内涵要求生动形象地表现出来；注重以优秀文艺作品和优质的文化服务，使社会主义核心价值体系入耳入脑入心，提升文化的引领力、服务力、竞争力和创新力。

4. 抓好建章立制，强化激励约束。重视制度安排是推进社会主义价值体系建设的关键环节。制度是人类社会发展成本最小的资源，制度建设每前进一小步，人类文明就会前进一大步。要以制度安排为依托，综合调动经济、法律、行政的各种手段，把社会主义核心价值体系的精神融入经济、政治、文化和社会建设各个领域，使提倡与反对、引导与约束、鼓励与惩罚有机结合，形成有效的法律支持、政策保证和机制保障。要通过制度政策的设计和架构，通过各类奖惩制度的建立和完善，融社会主义核心价值于制度规范、政策规定之中，发挥其激励约束作用，使体现这一体系要求的行为得到鼓励、违反这一体系要求的行为受到抵制；把社会主义核心价值体系的要求转化成可操作的行为细则，修订完善市民公约、乡规民约、职业规范、学生守则等具体行为规则，使人们的日常行为有所依从，培养良好的社会习俗和“制度化的头脑”，抵制和消除社会陋习，提高改善社会风气的能力；通过政府的和非政府的组织机构，以及社区、家庭、单位、学校等途径，以一以贯之的价值导向和灵活多样的方式，为核心价值体系的传播推广搭建多重平台，拓展广阔空间，形成有效的工作推进机制和社会选择机制。

（作者：中共江苏省委宣传部副部长、教授、博士生导师）

社会主义核心价值体系的基层普及与践行

中共上海徐汇区委宣传部

对宣传工作来说，在建设社会主义核心价值体系的过程中，主要担负着两个相互关联的任务，一是宣传教育，即是社会主义核心价值体系在广大群众中的思想普及；二是引导实践，即是引导更多的人们践行社会主义核心价值体系的内在要求。作为宣传工作者，我们把握宣传机遇，对社会主义核心价值体系进行贴切的解读，把它融入人们的日常生活和工作，使之成为人们的价值共识，成为乐于践行的道德准则、行为指南。

社会主义核心价值体系的基层普及

当前，经济体制的深刻变革和社会结构的深刻变动，使基层宣传面对的群体越来越复杂，这对宣传工作提出了极大的挑战。因此，在基层宣传普及社会主义核心价值体系，更要注重小而化之、细而化之、实而化之，把握不同群体的特点，针对性地开展宣传工作。

一是要注意区分受众。宣传工作面对不同的群体，要充分尊重他们在思想意识、价值观念上的差异，对社会主义核心价值体系的宣传也要有不同的侧重、不同的要求和不同的宣传预期。比如，对党员干部，要求最高，要通过中心组理论学习、党支部学习等各种学习活动，使广大党员干部能够在深刻理解社会主义核心价值体系的基础上，积极带头践行社会主义核心价值体系。对外来务工者，则要求相对要低一些，重点在于进一步提升他们的文明素养，比如，通过开展文明礼仪进工地，讲解基本的礼仪常识，让他们听起来感到新鲜、有趣，就能够使他们容易接受。而对未成年人，则侧重于国情教育，树立以爱国主义为核心的民族精神。

二是要善于解读内容。社会主义核心价值体系包括四个方面的内容，看似四句话，但内涵无限，如果照本宣科，肯定对群众没有吸引力，产生不了共鸣和认同。因此，宣传社会主义核心价值体系，一定要善于把其本质要求融入在日常生活中，用通俗易懂的语言进行阐释，用经济社会发展建设的成果进行说明，用老百姓共享发展的事实进行例证。比如，请政府领导同志走向"东方讲坛"，面向社区群众介绍在民生工作上推出的举措，介绍城区"十五"期间经济社会发展成就和"十一五"规划的蓝图远景，使人民群众看到党和政府在民生工作上的努力，对未来充满了信心，就会打心底赞同中国特色社会主义道路。在宣传学习社会主义荣辱观的过程中，引导居民群众自编自演了名为《好人徐建新》的沪剧节目，纪念、宣传了长兴坊小区居委会党的好干部徐建新同志，使社会主义核心价值观念融化在故事之中，很能触动台下群众的情感，在群众中引起了强烈的反响。

三是要借助各种形式。宣传社会主义核心价值体系，是一项贯穿于宣传工作方方面面的重要任务，是一项持久性的工作，因此，要能够借助各种方式进行日常性的宣传。比如，在《徐汇报》长期开设的"讲文明，除陋习"小专栏，群众可以通过这个栏目对不文明陋习进行评论，进行监督，窗口虽小，可颇受群众欢迎；提倡健康向上的广场文化，徐家汇公园广场、襄阳广场、龙华广场作为群众活动的平台，都有不同的主题和特色，每次活动都精心策划，把文化广场打造成了弘扬健康向上文化的舞台。另外，把社会主义核心价值体系的要求内化为日常遵循的文明礼仪、道德准则，编写进“五进社区五到家”、社区学校教材，使社会主义核心价值体系走进社区、走进群众。

社会主义核心价值体系的基层践行

建设社会主义核心价值体系，需要宣传工作者创造更多的平台与载体，引导广大群众积极、自觉地践行社会主义核心价值体系的内在要求，不断增强社会主义核心价值体系在实践上的操作性，从而使社会主义核心价值体系拥有广泛的社会支持和群众基础。

1. 把社会主义核心价值体系融入到文化建设之中。精神文化产品潜移默化地影响着人们的思想观念、价值判断、道德情操，对于推进核心价值体系建设具有不可替代的作用。近年来，我们从丰富群众文化生活、弘扬传统文化入手，努力在推动城区文化繁荣发展的过程中，融入社会主义核心价值体系的本质要求。社区艺术节、广场文化、戏曲名家进社区、廉政文化晚会等各类活动，已成为当前我区群众文化活动的品牌。群众文化生活的开展，为传播先进文化提供了良好的环境。为弘扬传统文化，我们注重对黄道婆、徐光启、土山湾遗址等历史文化遗产的保护，通过大力发掘，使乌泥泾绵纺织技术成为国家非物质文化遗产；加大对城区老洋房的修缮保护，至今已连续举办两届老洋房免费开放参观活动，每次活动都吸引了数万名海内外游客前来参观，使更多人了解了上海的近代文明；为打造徐家汇商圈的商业文化亮点，与上海电视台等单位共同策划举办了徐家汇迎新年倒计时活动，迎新活动精心策划，融合了传统文化与现代元素，让人耳目一新。

2. 把社会主义核心价值体系融入到精神文明建设之中。近年来，我区十分注重群众的参与和自觉意识的培养，把社会主义核心价值体系的本质要求，转化为日常精神文明各种活动，发挥群众的积极性和主动性，促进良好社会风尚的形成。通过开展丰富多彩的文明创建活动，吸引群众积极参与精神文明建设，是引导群众积极践行社会主义核心价值体系内容要求的十分有效的方法。我区主动设计志愿者参与活动的载体，打造志愿者服务基地，为有能力、有愿望参与志愿服务的群众创造良好的平台。引导群众参与精神文明建设的目的，是为了把社会主义核心价值体系的内在要求转化为群众的自觉意识，促进群众文明素质的普遍提升，促进社会文明风尚的全面形成。近年来开展的“文明礼仪大家学，有礼有序在徐汇”主题实践活动，聚焦社会公德、聚焦顽症陋习，倡导“文明在脚下、文明在手中、文明在口中”，在提高广大群众遵守公共行为准则上，起到了重要作用，市民公德意识大为提高，市民公共文明习惯也得到了很好的培育。

3. 把社会主义核心价值体系融入到市民教育之中。建设社会主义核心价值体系绝非一日之功，社会主义核心价值体系要赢得更广大群众的认同，把其内在要求转化为广大干部群众的自觉意识和自觉行动，需要长期的宣传教育。因此，宣传工作一定要做好长期宣传的准备，积极为宣传社会主义核心价值体系创造条件、搭建平台、创新形式、丰富内涵、寻找载体。一是要形成一个针对全民开展教育的平台。在把社会主义核心价值体系融入青少年课堂教育的同时，也要进一步关注针对其他社会群体的教育工作，为全民教育打造一个长期的平台。当前，社区学校、社区文化活动中心、东方信息苑以及为外来务工人员创立的“农民工职工学堂”等各种平台，都是社会主义核心价值体系宣传教育的良好平台。二是要大力创新不同群体参与的教育活动。比如，针对青年群体开展的“光启杯十佳青年”活动，就是要在城区青年群体中发掘先进人物，树立青年楷模，倡导新德新风。自2007年以来，我区已连续举办了两届“学习节”活动，组织了社区教育嘉年华、社区学校校长论坛、老年教育研讨会、社区文化广场、家庭档案展等丰富多彩的活动，把社会主义核心价值体系的内容要求融入到了市民健康向上的文化学习之中。三是要积极整合区域各种力量、资源，共同致力于全民教育工作。建设社会主义核心价值体系不光是宣传文化系统的任务，比如教育局、妇联、工会、团委、工会、建交委等许多部门，联系着不同的群体，都有建设社会主义核心价值体系的责任，宣传部门一定要积极发挥各个部门的优势，形成合力，共同致力于社会主义核心价值体系的建设，使主流价值理念得到不断的发扬壮大。

从市场经济的伦理基础看社会主义核心价值体系建设

吉林省中国特色社会主义理论研究中心

在改革开放的中国社会，市场经济作为一种新的经济运行方式和经济交往关系，打破了人们的传统观念，影响到人们的思想行为，为社会主义核心价值体系建设提出了新的课题。市场经济特有的运行机制和规律，要求有一整套与之相适应的伦理原则或伦理基础，这些伦理基础与社会主义核心价值体系之间并没有直接必然的联系。也就是说，市场经济固然有其得以发动、运行的伦理基础，但市场经济并不能自发地培育出高尚的道德，这就要求建设高度发达的社会主义核心价值体系，为市场经济的发展提供良好的精神动力和智力支持。

一、市场经济的伦理基础

伦理指的是人与人之间交往、相处所应遵循的道德准则。市场经济特有的机制和规律要求有一套与之相适应的伦理原则，否则市场经济就无法正常运行。具体说来，市场经济有以下三个伦理基础。

1. 微观经济主体的自利性是市场经济得以发动的伦理基础

微观经济主体即市场经济中的企业和个人。市场经济是由微观经济主体的自利性而发动的。“人性自利”是市场经济的基本价值认定，市场经济的运作逻辑对人性自利给予了充分的肯定和系统的培植，并使其渗透于社会生活的各个领域，从而形成了自利性的价值观，并把它作为自己行为的动力基础。在市场经济条件下，每个微观经济主体都是从自利心出发的，正是这种自利性的价值取向，激励着人们为实现最大的物质利益而奋斗。消灭了自利心，市场交换就无法正常进行。因此，自利性的价值取向可以说是市场经济得以发动的原动力，也是市场经济的基本伦理基础。

自利性的价值取向包括以下三个基本原则：(1)利益原则。即一切行为都是为了实现自身的物质利益。(2)选择原则。即趋利避害。(3)实效原则。即对经济活动的评价注重结果和效果而不是目的和动机。我国的市场经济体制也承认不同人、不同企业有其自身的利益，并通过经济体制改革，使人们都关心自身的物质利益，调动各方面的积极性，以促进经济的发展。

2. 微观经济主体的自主性是市场经济得以运作的伦理基础

在市场经济条件下，经济主体生产什么，生产多少，为谁生产都由其自身作出抉择，而不是靠任何外在的非市场的强制约束力。这就要求经济主体拥有自己财产的处置权，有权支配自己的财产。正如马克思指出的，在资本主义条件下，劳动力成为商品的一个基本条件是劳动者必须拥有人身自由，能够自由地支配自己的劳动力，只有这样，劳动者才能成为市场经济的主体之一。在我国社会主义市场经济体制的建构过程中，作为社会主义经济重要主体的企业，要正常生产和经营，必须成为自主经营、自负盈亏、自我约束、自我发展的法人实体和市场竞争的主体，从而充满活力，有效经营。这说明，市场经济的有效运作有赖于经济主体自主性的价值取向。

3. 微观经济主体的平等性是市场经济正常运作的伦理基础

马克思曾经说过，“商品天生就是平等派”，“商品经济不承认别的权威，只承认价值和使用价值”。这说明，在市场经济条件下，必须承认经济主体之间的平等关系。在商品交换中，不应存在任何其他外在约束力，而必须遵循价值规律，平等交换商品。也就是说，市场经济所要实现的商品交换关系，要体现交换双方的意志行为和利益关系。只有通过交易双方共同一致的意志行为，才能让渡自己的商品，获得别人的商品。

二、市场经济的伦理基础本身并不能保证高尚道德体系的建构

自利性、自主性、平等性虽然构成了市场经济得以发动、运行的伦理基础，但它们和社会主义核心价值体系建设之间并不存在直接必然性的联系。也就是说，市场经济的伦理基础本身并不能保证人类高尚道德情操的自发形成。这主要表现在：

1. 自利性的价值取向发生畸变可以导致极端的利己主义和拜金主义

在市场经济中，微观经济主体自利性的价值观，构成了市场经济运行的内在动力，刺激了经济主体追求财富的无限欲望。这种价值观对于生产的发展、效率的提高无疑具有重要的作用，但是它带来的消极后果也是显而易见的。特别是在市场经济发展初期，由于法制不健全，很容易使合理的自利性发生畸变，形成极端的利己主义，甚至产生拜金主义。

2. 自主性的价值取向运用失当将使经济主体的行为失去规范，产生极端个人主义

在过去计划经济体制下，政府控制严格，个人利益实际上没有得到充分的正视，人们的道德修养在很大程度上是一种被动的行为。现代社会强调社会主体的自主决策、自主行为，主要通过市场机制配置资源，政府的宏观调控也主要是通过政策、经济手段来实现的，政府的宽容性增强，个人的自由度和选择权扩大，使人们成为自己行为的主体，调动了经济主体生产经营的积极性，它给经济的发展带来的效益是不容否认的。但它带来的负效应也日益显现：从生产过程来看，如果经济主体都我行我素，愿意生产什么就生产什么，愿意怎样生产就怎样生产，那就不可避免会产生制假售假、以次充好等坑害消费者利益的行为；从生产结果来看，如果经济主体把劳动成果完全看作是自己付出所得，就处理不好大我和小我的关系，就会产生偷税漏税，甚至会引发恶性竞争、短期行为、道德缺失，拥有的自主权就可能危害社会与他人。

3. 平等交易的价值取向超出一定的界限很可能产生非商品的商品化，导致人文精神的泯灭

市场经济中的平等指的是商品生产者按照价值规律的作用等价地交换自己的商品。等价交换法则是市场经济的一条重要法则，是价值规律得以发挥作用的重要保证，是市场正常价格形成的基础。但这种经济交换规律如果扩展到非经济领域，用在非商品身上，将直接腐蚀着人们的心灵，导致人文精神的泯灭。其主要表现是人们只关心现在的、有限的、看得见的东西，不关心未来的、无限的、看不见的东西，急功近利。人们丧失了价值和意义的支撑点而无力把握自己，丧失了自己行动的明确方向，使人们的心灵“处于一种被流放的境地”。我们知道，思想文化、权力都是一些非商品。因而，我们就不能把等价交换规律用在它们身上，不能把思想文化、权力等当作商品来平等让渡。如果我们把思想文化商品化、市场化，就会完全改变思想文化的性质和功能：文化不再是对人生意义的追求，不再是对崇高理想的向往，不再是对人类心灵的净化，而成为商品经济的附属物，思想

文化领域将成为文化商人的舞台，成为这些人发财致富的手段。结果出现了有偿新闻、买卖书号、某些大腕明星为了出场费而讨价还价，出现了迎合一些消费者口味的“媚俗”文化。吃文化、酒文化、性文化异军突起，用文化的方式把无文化的丑态暴露得淋漓尽致。如果我们把权力当作商品，当作可以平等交换、贩卖的东西，它所带来的直接后果就是我们所深恶痛绝的腐败。

4. 追求平等、自主的微观经济主体从自利走向互利是迫于市场经济的客观要求

如前所述，市场经济虽然是由微观经济主体的自利性而发动的，但市场经济的运作逻辑是不支持由自利性而导致的极端利己主义的，而只支持正当的利己性。微观经济主体的行为只有利己而又不损害他人的利益，才能赢得市场。假冒伪劣商品最终都会被逐出市场的结局正说明了这一点。互利，这是市场经济的客观要求，是微观经济主体要在市场竞争中生存下去而不得不如此的一种行为。也就是说，市场经济的互利道德原则，只是一种基本的、最低层次的道德要求和规范，在道德行为的选择上它具有很强的现实性，缺乏理想性。为了使其道德精神更好地为社会主义市场经济服务，有必要认清其局限性，使这种互利精神不断完善、提高和升华。

三、市场经济条件下社会主义核心价值体系建设的必要性

既然市场经济的伦理基础本身并不能保证市场经济健康、有序的发展，这就需要在市场经济之外去建设一种高尚的道德作保障。特别是在我国市场经济体制逐步完善的过程中，更离不开社会主义核心价值体系建设为市场经济的健康发展提供精神支持。

1. 市场经济虽然可以培育出互利性的观念，但培育不出超功利的道德，更不能自发产生出社会主义道德。良好的道德需要社会主义核心价值体系建设来培育

市场经济的客观要求使微观经济主体不得不以互利的方式来生存，但市场经济自身不会自发地培育出高尚的道德。道德是人类的精神自律，道德自律具有以下两层含义：(1)道德行为完全出自个人的主观愿望，出自个人的良心和良知，而非由于外在的强制。因此，道德区别于法律，合法的行为并不一定等于道德行为，因为合法的行为是他律的，是由外在强制性造成的。(2)道德的目的不在行为之外，行为本身即是目的。例如，某人做一件好事，其行为之所以是道德行为，是因为做这件好事本身就是他的目的，他不是为了其他的目的才做这件好事的，如果为了得到什么好处才做这件好事的，他的行为就不是真善，而是“伪善”，因而不是道德行为。因此，虽然市场经济的逻辑也要求“利他”，但这种利他性，始终只是经济主体实现自身利益的手段，是迫于市场交换的客观本性而不得不如此的一种客观后果，即非经济主体的主观愿望所为。卖者让利，是由于供过于求，不如此就不能把货物卖掉而换取金钱，而非对购买者的关心。所以他们的行为不能算是道德行为。正因为市场经济不会自发地培养出高尚的道德，因而在社会主义市场经济条件下进行社会主义核心价值体系建设是完全必要的。

2. 目前在我国市场经济体制完善的过程中更需要加强社会主义核心价值体系建设

目前，我国的市场经济体制还处于不断完善与发展的过程中，社会成员的利益必然发生分化和重组，一部分社会成员利益失落，一部分社会成员利益增生，从而造成新的利益不平等乃至两极分化，产生社会震动。这种社会震动不仅直接影响着人们对改革的认同感和承受力，而且直接影响着人们对社会进步的价值评价和理想追求，影响着思想道德与经济发展的同步和社会关系的协调和谐。少数人聚敛财富的赤裸裸的物欲行为，直接污染着社会风气，破坏着人们对真善美的追求。因此，在市场经济体制的建构过程，必须高度重视利益关系的协调和完善。一方面，适应社会主义市场经济的

内在规律和绝大多数社会成员的利益需求，建构新的利益协调机制，制定新的利益协调政策；另一方面，加大思想道德建设对利益关系协调的导向、促进、保证力度，引导人们正确处理改革中的利益关系。实践经验反复表明，只有以高于现实利益关系的理想、道德观念正确处理现实利益关系，才能建立起有利于社会和谐进步的利益关系，有效地抑制和克服利益关系协调中的矛盾和冲突。所以，建设社会主义核心价值体系，以马克思主义、中国特色社会主义共同理想形成人们共同的价值目标取向，以民族精神唤起和强化人们的爱国、强国热情，以创新精神调动人们的创新欲望，激发创新之举，以社会主义荣辱观引导人们形成明确的荣誉观念，规范言行，就能够极大地调动和激发人们为实现个人全面发展和中华民族的复兴而各尽其能的热情。在这一价值追求过程中所迸发出的巨大能量，可以弥补市场经济伦理基础的不足，为社会主义市场经济的良性发展营造一个安定的社会环境。

（执笔：宋文新　中共吉林省委党校哲学教研部教授）

把社会主义核心价值体系转化为人民群众的自觉追求

福建省中国特色社会主义理论体系研究中心

社会主义核心价值体系是社会主义中国的精神旗帜。把社会主义核心价值体系转化为人民群众的自觉追求，最大限度地形成社会共识，对于巩固党执政的思想基础，增强国家和民族的凝聚力，全面推进中国特色社会主义伟大事业，具有重大的现实意义和深远的历史意义。

在思想教育中推进转化。加强思想教育和引导是推进转化的基础性工作。为此，福建省广泛开展多种形式的学习教育活动，把社会主义核心价值体系的内容和要求通俗化、大众化，努力扩大社会认同，形成思想共识。把社会主义核心价值体系作为各级党委中心组学习的重要内容，认真学习，深刻领会，准确把握，提高认识，增强践行社会主义核心价值体系的自觉性、坚定性。充分发挥各级理论教育职能部门和基层党组织的作用，组织报告团、宣讲团、宣讲小分队，深入基层开展面对面宣讲。将社会主义核心价值体系作为干部培训、干部教育的重点内容，进一步提高党员干部的思想道德修养。充分发挥理论阵地的作用，通过言论评论、论坛讲坛、研讨会、座谈会、知识竞赛等形式，使社会主义核心价值体系为广大人民群众所感知、所认同、所接受。同时，我们还密切关注社会思想变化，积极探索用社会主义核心价值体系引领社会思潮的有效途径和办法，在尊重差异中扩大社会认同，形成既有统一意志又有个人心情舒畅，既包容多样又有力抵制各种错误思想，既坚守基本社会思想道德又向着更高理想目标前进的生动局面。

在氛围熏陶中推进转化。营造积极健康的舆论和文化氛围是推进转化的重要条件。福建省在新闻宣传中，始终坚持正确的舆论导向，唱响社会主义核心价值体系这一主旋律，把社会主义核心价值体系贯穿于日常宣传报道之中，大力宣传科学理论、传播先进文化、塑造美好心灵、弘扬社会正气，给人以积极向上的力量。发挥党报、党刊、电台、电视台等主流媒体的作用，确保各类新闻报道、专题节目、娱乐类节目等符合和反映社会主义核心价值体系的要求。发挥互联网作用，提高社会主义核心价值体系的宣传覆盖面和影响力，完善管理体制机制，加强行业自律，倡导文明办网、文明上网。自觉地用社会主义核心价值体系引领文艺创作与生产，把社会主义核心价值体系鲜明地体现在文艺创作、生产和服务的各个方面。运用各类文化形式和文艺作品生动具体地表现社会主义核心价值体系，把积极的人生追求、高尚的情感境界、健康的生活情趣传递给人民，让人们在美的享受中受到鼓舞、得到陶冶、获得启迪。把握群众文化生活和审美情趣的新特点，加强对新的文化品种、文化样式的引导，使之既大众通俗、多姿多彩，又符合社会主义核心价值体系的要求。加强对文艺创作思想的引导，鼓励和支持体现社会主义核心价值体系的优秀精神文化产品，反对和抵制亵渎经典、低俗媚俗等文化现象，形成有利于推进社会主义核心价值体系建设的良好文化生态。

在榜样引领中推进转化。在推进社会主义核心价值体系转化为人民群众自觉追求的过程中，福建省注重充分发挥先进典型对社会的示范作用。通过广泛宣传各行各业、各条战线的先进典型，为人民群众树立起践行社会主义核心价值体系的楷模，让人们学有榜样、赶有目标。创新方式方法，贴近现实生活，使典型更加可亲可敬、可信可学。深入挖掘先进典型的思想和精神，让先进典型成为鲜活的教科书，使社会主义核心价值体系变得更具体、更生动，更容易为人民群众所认同、所接受。发挥党员干部的模范带头作用，要求党员干部牢固树立坚定的理想信念，认真学习掌握中国特色社会主义理论体系，提高推动科学发展、促进社会和谐的过硬本领和实际能力；增强全心全意为人民服务的宗旨意识，树立正确的权力观、地位观、利益观，牢记“两个务必”，自觉做到“八个坚持、八个反对”，讲党性、重品行、作表率。

在实践养成中推进转化。教育引导人民群众认真实践是推进转化的根本途径。福建省坚持把社会主义核心价值体系建设融入经济、政治、文化、社会建设各个领域，纳入发展目标、发展规划和政策制定之中，坚持与各方面工作有机融合、协调发展，形成有利于把社会主义核心价值体系转化为人民群众自觉追求的导向、机制和环境。把社会主义核心价值体系建设融入精神文明创建全过程，积极倡导“爱国守法、明礼诚信、团结友善、勤俭自强、敬业奉献”基本道德规范，增强人们的公民意识、诚信意识、责任意识。广泛开展各种形式的群众性创建活动，引导人们正确对待利益，妥善处理矛盾，培育和谐精神，融洽人际关系，形成良好风尚。大力开展志愿服务活动，弘扬以奉献、友爱、互助、进步为主要内容的志愿精神，形成关心、支持和参与志愿服务的浓厚氛围。把社会主义核心价值体系建设融入国民教育全过程，切实做到进教材、进课堂、进头脑。把教书和育人结合起来，引导广大青少年树立正确的世界观、人生观、价值观。完善学校、家庭、社会“三结合”的教育网络，动员社会各方面共同做好青少年思想道德教育工作，使青少年从小养成基本的道德素质。加强校园文化建设，优化校园人文环境，广泛开展适合青少年特点的思想道德教育和实践活动，丰富学生精神文化生活，陶冶学生思想道德情操，使社会主义核心价值体系沁入学生心田。把社会主义核心价值体系建设融入人们的日常生活，在重大活动、重要仪式、节日庆典中融入社会主义核心价值体系的要求，建立和规范升国旗仪式、入党入团入队仪式、成人仪式等礼仪制度，利用重大纪念日、民族传统节日等契机开展多种形式的纪念活动，拓展爱国主义教育基地等宣传文化阵地的功能，使之在传播社会主义核心价值体系方面发挥独特作用。利用各种载体、时机和场合，搭建弘扬社会主义核心价值体系的广阔平台，形成有利于社会主义核心价值体系建设的良好社会氛围，不断增强人们对社会主义核心价值体系的认同感。

在制度保障中推进转化。把社会主义核心价值体系转化为人民群众的自觉追求，既要靠思想教育、实践养成，也要用制度、机制来保障。福建省注重发挥政策的导向作用，使经济、政治、文化、社会等方面的政策都有利于社会主义核心价值体系建设，防止出现具体政策与核心价值体系相背离的现象。注重发挥制度的保障作用，使社会主义核心价值体系在具体制度的设计安排中得到充分体现。积极促进社会主义核心价值体系的要求转化为法律规定，用法律的权威推动社会主义核心价值体系转化为人民群众的自觉追求。把社会主义核心价值体系的基本要求渗透到市民公约、乡规民约、职业规范、学生守则等具体行为准则和各项行业的管理制度中，使之成为所有社会成员的自觉行动。完善社会管理，要求各级各类管理部门都应当把倡导社会主义核心价值体系作为分内工作，明确职责，密切配合，形成合力。建立健全有效的激励约束机制，注重在日常管理中体现主流价值，使遵行社会主义核心价值体系的行为得到褒扬和鼓励，违背社会主义核心价值体系的行为受到批评和惩戒。建立和完善监督机制，通过舆论监督、群众监督和职能部门监督，引导人们按照社会主义核心价值体系的要求养成良好行为习惯。

（执笔：张宗云　肖贵新）

以社会主义核心价值体系引领企业更好更快发展

中国思想政治工作研究会等

青岛港是一个有着117年历史的国家特大型港口，现有职工24000多人。改革开放以来，青岛港坚持以邓小平理论和“三个代表”重要思想为指导，深入贯彻落实科学发展观，坚持“四条工作标准”不动摇，即对国家的贡献要越来越大，港口发展后劲和竞争实力要越来越强，职工生活质量要越来越高，政治文明和精神文明建设要越搞越好，成功探索出被誉为“青岛港模式”的中国特色社会主义企业管理模式。自1995年以来，青岛港一直是全国港口行业的示范“窗口”，是国有企业改革和发展的一面旗帜，多次获得国家和省、部表彰。去年下半年以来，面对国际金融危机的冲击，青岛港坚定信心，坚持“三个不动摇”，即科学发展不动摇、增长指标不动摇、造福职工不动摇。2008年，在世界各大港口经营普遍不景气的情况下，青岛港集装箱装卸超过1000万标准箱，港口吞吐量增长13%；今年1—7月，港口吞吐量和收入实现同比增长5%，保持了稳健发展的良好势头。

长期以来，青岛港自觉坚持以社会主义核心价值体系引领企业改革发展实践，毫不动摇地坚持马克思主义指导思想，坚持中国特色社会主义共同理想，大力弘扬民族精神和时代精神，弘扬社会主义荣辱观，努力建设具有中国特色和港口特色的企业文化。以“精忠报国，服务社会，造福职工”为企业使命，精心培育“一代人要有一代人的作为，一代人要有一代人的贡献，一代人要有一代人的牺牲”的港口精神，构筑以“信念、感情、珍惜、奉献”为主要内涵的核心价值观，有力推动了企业更好更快发展。

一、坚持中国特色社会主义共同理想

坚定理想信念，以宏伟目标激励人。不论形势如何变化，始终教育引导广大干部职工坚定中国特色社会主义一定能搞好、国有企业一定能搞好的信念。在坚持中国特色社会主义共同理想的大前提下，提出“建设北方国际航运中心，营造平安和谐家园”，在干部职工中牢固树立建设世界强港的远大理想，使之转化为干部的六大作风(即坚定信念,敢讲真话;一心为民,造福职工;真抓实干,艰苦奋斗;说到做到,“三老四严”;廉洁勤政,谦虚谨慎;勤奋学习,锐意进取),转化为“三个一代人”的港口精神、振超精神,转化为激励全体干部职工奋发向上的精神动力。

以丰富多彩的主题活动为载体,大力加强信仰和理想引领。深入开展爱党、爱国、爱社会主义教育,引导职工树立正确的世界观、人生观和价值观,经常性地组织各种形式和规模的报告团在企业内部巡回宣讲,使青岛港“信念、感情、珍惜、奉献”的核心价值观,内化为职工共同的理想信念和行为准则,使广大职工自觉地把自己的命运和国家的命运、港口的发展紧密联系起来,全身心投入企业发展之中,为建设富强、民主、文明、和谐的社会主义现代化国家做出更大贡献。

坚持走中国特色社会主义国有企业发展之路。在社会主义市场经济条件下,青岛港人对企业发展有着自己独立的思考,既不盲目照搬西方,也不因循守旧,精心培育与当代社会相适应、与现代文明相协调,既保持民族性又体现时代性的企业文化。将党的优良传统、国企优良传统、中华民族优良传统与现代企业管理理念和技术有机结合起来,始终坚持社会主义先进文化前进方向,努力走出一条中国特色社会主义国有企业发展之路。

二、坚持全面贯彻以人为本理念

一切依靠职工,放手发动职工,确保工人阶级的主人翁地位。在管理理念上,真正体现以工人阶级为本,始终把职工当成企业的主人,当成企业发展的第一宝贵资源,把以人为本这一核心理念贯穿于企业生产、经营、管理各个方面,体现在企业文化建设和思想政治工作全过程,在企业唱响“工人伟大、劳动光荣”主旋律,大大激发了职工的积极性主动性创造性,为企业持续健康发展提供了不竭动力。在制度建设上,建立和完善每年召开两次的职工代表大会制度、定期对领导干部进行民主评议制度、周六日接待员工日制度、队务管理十公开制度等20条民主管理渠道,做到以民主的力量凝聚人心。在利益问题上,尤其是在涉及职工最关心、最现实利益的增资改革各项政策上,坚持从职工中来、到职工中去,保证了改革顺利推进。

坚持人人成才、唯才是用,促进人的全面发展。确立青岛港不仅要成为亿吨大港口,而且要成为育人成才的“大熔炉”、“大学校”的理念,把对职工的教育放在关系企业可持续发展的重要地位。坚持“只要肯学肯干,人人都可以成才”的人才观。连续18年开展“五学”活动(学理论、学业务、学技术、学文化、学实践),开展脱产大培训、技术比武等活动,引导职工学习“振超精神”,提高自身科学文化素质和业务技术素质。现在,集团76%的技术工人都已成为高级技工、技师、高级技师,大大高于发达国家30%的水平。青岛港有9000多名农民工,约占全部职工人数的1/3。集团对农民工一视同仁,拓宽他们进步的通道,真心帮助他们成才,实现“由短期务工向扎根海港、由挣钱吃饭向爱岗敬业、由打工者向产业工人”的根本性转变。目前,已有2607人被录用为合同制工人,540多人担任了班长、副班长。

一心为民、造福职工,实现好、维护好、发展好广大职工的根本利益。坚持全心全意为人民服务的宗旨,坚持“职工的事再小也是大事,再难也要办好”,下大力气改善职工的物质条件和生产、生活环境,大到经济收入、住房,小到就医、就餐、洗浴、乘车等,都以让职工高兴满意为标准。每年根据职工意愿和港口实际,确定为职工进行健康查体、带薪休假等20多件实事并一一抓好落实。即使在受国际金融危机影响的不利形势下,去年仍然为职工进行了20年来第30次增资;今年上半年职工收入逆势增长,其中农民工收入同比增长17.1%,使广大职工包括农民工共享企业改革发展成果,极大地调动了他们为企业发展贡献力量的积极性。

三、坚持弘扬以爱国主义为核心的民族精神

坚持把“对国家的贡献是否越来越大”放在四条工作标准首位。大力弘扬以爱国主义为核心的民族精神，铸就支撑企业永续发展的强大精神动力。围绕“爱党、爱国、爱社会主义、爱港、爱岗位”开展形式多样的主题教育活动，引导广大职工坚定履行“精忠报国”的光荣使命，正确处理个人与集体、社会、国家的关系，增强振兴国有企业的责任意识，立志为国家富强和民族振兴多做贡献、做更大贡献，当好共和国的“长子”、祖国母亲的“孝子”。

以产业报国激励广大干部职工，勇于肩负国有企业的政治责任。多年来，领导班子带领干部职工发扬“一代人要有一代人的贡献”的精神，顽强拼搏，辛勤劳动，创造出用一个码头的能力干出两个码头业绩的“1＞2”传奇，挺进世界大港第七位，创造200多亿元的优良资产，上缴各种税费100多亿元，为社会提供了45万个工作岗位。在抓好经济建设的同时，积极承担企业的环境保护责任，先后投巨资建成一系列环保设施，大力实施蓝天、碧水、绿地工程，取得显著成绩，实现了人与自然、生产与环境、港口与社会的和谐，为保护生态环境做出突出贡献。

以爱国履责为己任，勇于肩负国有企业的社会责任。多年来，青岛港努力为国家多交税，为社会多创造就业岗位，积极支持社会公益事业和慈善事业，尽力帮助困难群体。在推行减员增效、下岗分流的国企改革大背景下，坚决不把包括农民工在内的任何一名员工推向社会，而是通过深挖潜力、提高员工技能甚至不惜重金造岗，妥善安置富余人员。十几年来转岗分流上万人次，没有一名职工下岗回家，为减轻国家负担、保持社会稳定做出了贡献。2008年，在就业形势极其不利的情况下，全港包括9000多名农民工没有一人下岗，而且还新招700多名大专以上毕业生，充分体现了为国分忧、为民服务的责任意识和奉献精神，赢得职工的信任和社会的赞誉。

四、坚持弘扬以改革创新为核心的时代精神

实施理念创新。坚持把创新作为企业的灵魂，深入学习领会中央精神，及时了解掌握国内外经济发展形势、国内外港口发展动态、国际航运业发展趋势，牢牢把握新形势，分析新情况，提出新思路，确立与时代潮流相适应的企业经营理念。在职工中大力提倡“人人创新、事事创新、天天创新”精神，营造乐于学习、勇于创新的浓厚氛围，增强了队伍的创新意识。

实施目标创新。根据实际确立企业发展目标，制定“实施夯基战略，创建名牌港口，做好青岛港；实施超前战略，建设亿吨大港，做大青岛港；实施联盟战略，建设区域性国际航运中心，做强青岛港；实施创新战略，建设创新型港口，做久青岛港”四步走发展战略。以远大目标为激励，使干部职工时刻保持强烈的发展愿望和超越自我的精神。

实施科技创新。以先进信息技术改造传统码头工艺，极大提高了作业效率和管理水平。通过普及信息技术知识，开展群众性“千项软件开发应用”活动，使软件开发应用进科室、进基层、进班组，成为职工都能掌握的“新式武器”，职工创新素质和能力显著提高。近年来，由普通职工开发的计算机软件每年都在1000项以上，企业创造优秀科技成果、管理成果3000多项，其中400多项被评为国家、省部和市级科研成果，200多项获得国家专利。

实施管理创新。努力学习现代企业管理知识，打破传统管理观念束缚，引入卓越绩效管理理念，学习借鉴先进理念和模式，对港口传统管理进行现代化改造，在全国交通行业率先通过质量、职业健康安全、环境等管理体系认证，并将三大体系整合为一个综合管理体系，大大提高了劳动生产率。重视引导广大职工树立卓越绩效观，通过举办高层次专家讲座等，提高职工对卓越绩效的认识，培育广大职工自觉自愿追

求卓越绩效的意识。

实施制度创新。创新分配机制，建立岗位靠竞争、报酬靠贡献、管理靠合同的新型劳动制度和与之配套的内部工资分配制度，不断完善计件工资制、岗位工资制，使工作绩效与收入直接挂钩，形成高效有序的收入分配激励约束机制，激发了职工的干劲。创新用人机制，确立德才兼备、谁能干谁干的选拔机制，坚持能上能下、谁干得好谁干的竞争机制，为各类人才创造了发挥聪明才智的广阔舞台。

五、坚持弘扬中华传统美德和社会主义荣辱观

发扬艰苦奋斗、百折不挠的拼搏精神。不等不靠，自强不息，坚持把自己的事情办好，在企业大力弘扬“干就干一流，争就争第一”的进取精神，提倡快干、实干、苦干、大干、拼命干的精神和作风，激发全体职工不畏艰辛迎难而上的大无畏精神，克服一个又一个难关，创造了令人振奋的业绩。

秉承以诚待人、以信兴业的发展理念。在企业经营中提出“合作为仁、实现共赢”理念，确立“诚纳四海”的企业品牌，力争为客户提供最好的服务，赢得客户信赖。对职工说到做到，取信于民，在20年来的30次增加工资中，从不食言，即使在受国际金融危机影响的最困难情况下，依然兑现了为职工增加工资的承诺。

弘扬中华传统美德。始终注意把弘扬中华传统美德、社会主义荣辱观与企业改革发展结合起来，与企业文化建设有机结合起来，使艰苦奋斗、诚实守信、仁爱忠孝等成为支撑企业发展的坚实道德基石。把离退休老同志视为港口的宝贵财富，时时关心，念念不忘。开办老年人大学，举办老年人文艺汇演，发放敬老补贴等。这些，既激发了老同志们为企业发展贡献智慧和力量的积极性，也深深感染了广大在职职工，起到了凝心聚力的效果。

用情感的力量温暖人心，打造仁爱和谐的亲情化“软环境”。把增进感情作为企业管理的一项重要内容，运用人性化、亲情化等管理理念，使刚性的管理蕴含丰富的感情因素。实行带薪休假制度，出台《青岛港知识分子和工人技师休假暂行办法》，改善知识分子和工人技师的生活条件及待遇，规定入港满一年的农民工每年可享受10天的带薪休假，还为农民工安排健康查体和带薪休养。及时了解掌握职工思想动态和情绪变化，落实“四必谈、五必访”制度（职工工作出现问题时必谈，思想情绪不稳定时必谈，与同志产生矛盾时必谈，家庭出现矛盾时必谈；职工及其家属生、老、病、死及遭遇意外时必访）。组织开展“一助一、结对子”、“一帮一、两保证”等活动，在领导与职工、职工与职工之间形成相互理解、相互支持、真情关爱、温馨和谐的关系，实现了情感互动，优化了企业软环境。企业不仅成为职工的劳动场所，还成为充满亲情、人气旺盛的和谐大家庭，职工的生产效率大大提高，对企业的向心力大大增强。

六、坚持领导班子以身作则、常抓不懈

发挥企业带头人和领导班子的引领示范作用。坚强有力且长期保持稳定的青岛港领导班子，20多年如一日，始终以社会主义核心价值体系引领企业软实力建设，对企业改革发展有清晰的发展思路，有很强的领导力和执行力，以身作则，团结带领各级干部发扬“不要命、不怕难、不怕事”的“三不精神”，带头弘扬“三个一代人”精神，为企业发展提供了重要保证。

在实现企业全面发展上下功夫。坚持以科学发展观为指导，牢固树立全面发展理念，不断丰富发展内涵，着力促进物质文明、政治文明、精神文明和生态文明协调发展。

把思想政治工作摆在重要位置。始终以职工为思想政治工作的主体，坚持用邓小平理论、“三个代表”重要思想和科学发展观武装职工头脑，提高职工的思想道德素质和科学文化素质，切实发挥广大职工在企业生产中的主力军作用。

丰富企业文化载体。通过《青岛港报》刊发企业文化常识和下属单位的做法经验，举办企业文化研讨会、座谈会以及培训班，每年组织海港文化艺术节、职工运动会，策划开展丰富多彩的主题活动，提高企业文化的感染力和渗透力。

注重加强与广大群众的密切联系。各级领导干部保持工人本色不变，坚持“冬练三九、夏练三伏”劳动调研 20 年不变，和职工同劳动、同流汗，与职工打成一片，实现与职工感情“零距离”，及时了解职工心声，及时解决职工思想和实际问题，使职工心顺气顺劲顺。

以身边人讲身边事，身边事教育身边人。培育打造出以许振超为代表的金牌员工队伍，引导广大职工学习许振超等先锋模范人物，充分运用班组主题班会等载体开展教育，邀请老同志深入班组、科室“传帮带”。用贴近职工生产生活和思想实际的方法，使先进典型可信可学可用。

注重加强制度建设。通过建立健全管理制度、学习培训制度、民主参与制度、激励机制、用人机制、思想政治工作制度等，使社会主义核心价值体系引领企业更好更快发展真正落到实处，起到实实在在的效果。

（中宣部思想政治工作研究所调研组也参与这次调研和写作）

价值引领：思想政治工作的重要任务

余信红

价值引领即用正确的价值标准引导群众的价值判断，并逐步形成全社会的价值共识。在当今社会思想意识多元多样多变的复杂形势下，价值引领是思想政治工作的重要任务。

当前价值引领的任务十分繁重

1. 社会主义市场经济条件下社会思想意识多元多样多变的趋势日趋明显。在计划经济时代，思想政治工作主要在有组织、文化单一、相对封闭的“单位”条件下进行，人们所接受的思想观念、社会信息是经过组织认可而不容怀疑的，无需经过心理加工和比较选择。市场经济带来经济生活、文化生活、社会生活极为深刻复杂的变化，由于社会的开放性、价值取向的多样性、社会的竞争性、信息的流变性，使社会思想意识日益活跃，人们以不同方式不同程度地接受着多种思想观念，个人思想的独立性、独特性、选择性、差异性明显增强，人们的社会性增强，“单位”和“组织”的概念弱化，形成共同价值的任务繁重而紧迫。

2. 价值观念传播的隐蔽性、渗透性比以往更加强烈。新形势下价值观念传播的重要特点之一是隐蔽性，通过科技、话语、文字、叙事、记号等媒介渗透在文化之中。在传媒日益成为价值观念形成和引导的主要平台的背景下，人们越来越多地通过大众传媒认识现实、把握现实，并由此形成自己对世界的看法。当今时代，价值观念的传播在一定意义上说就是一场传媒大战。因此，核心价值要增强吸引力和凝聚力，就应该更多地采用“大众化”的形式，与文化媒介有机地融合起来，深深植根于文化之中。

3. 日新月异的新技术开辟了多种价值观念交互碰撞的新空间。在信息时代，科学技术的进步不仅仅引起生产力的变革，而且引起整个社会以及人们生活方式和价值观念的变化，这种变化必然引起人们心理上的反应，影响甚至改变人们的意识、行为和人格倾向。人们的心理状态会受到多重价值观的冲突碰撞，甚至会导致心理失衡、失范和失控。据统计，当今人们闲暇时间中的70%都处于接受大众媒介的影响之中，这种由大众传播媒介所提供的信息，成为人们生活的重要组成部分，对人们价值观念的形成产生重要影响。

4. 当今世界文化交流交融交锋日趋激烈，价值引领的难度加大。经济全球化在为世界范围内的商品贸易提供更加广泛的流通渠道的同时，也为各种价值观念的传播提供了无孔不入的渗透渠道，即使商业贸易也不再仅仅是流通和积累财富的手段，同时也是传播文化、观念、信息的手段和渠道。随着国与国之间交往、联系的扩大与日益紧密，各种思想文化观念在更大范围、更深层次上相互激荡碰撞，这一方面有利于学习借鉴世界各国有益的文明成果，另一方面我们也将长期面对西方在经济、科技、文化和信息传播方面占优势的压力，意识形态领域渗透和反渗透的斗争仍然十分尖锐复杂，这更加要求我们做好价值引导工作。

新形势下价值引导的三大着力点

1. 政治认同的引导。政治认同，就是公民对政治价值规范、政治体系、政治过程、政府政策的理解、认可与赞同的意向。在此基础上，人们才能形成对所属政治共同体的归属感、忠诚感和责任感。政治认同意味着肯定、接受某种价值规范、体系原则和制度安排，是政治合法性的主要支撑。如果公民对政治体系缺乏认同，政治体系的合法性和稳定性就会遭到破坏。政治认同需要以共同的价值规范为基础，建构政治认同的过程实际上就是公民判断、选择价值规范、形成价值取向的过程。只有得到公众认可的价值与政策才能有效地被植入到制度体系当中，并通过制度体系的运作表现出来。当现实的价值规范与公民认同的价值规范发生冲突时，就产生了认同危机。这种危机一旦发生，就容易带来社会动荡，影响社会稳定。因此，政治认同需要通过公民教育加以引导。这种教育可以是灌输基本的政治价值和伦理道德观念，也可以是传授有关政治制度和政治体系的基本知识，还需要培养公民参与政治生活和判断政治现象的能力。不同领域、不同职业、不同年龄的群众所处的环境、面临的问题不同，其价值观念和文化兴趣与需求也有所不同。因此，政治认同的引导必须区别对象，有的放矢，提高针对性和有效性。

2. 社会和谐的引导。随着社会结构的深刻变动，利益格局的不断调整，由利益引发的矛盾不可避免。如何在推进经济社会发展的同时，最大可能地减少社会矛盾和冲突，实现社会各阶层的沟通、理解、和谐，是一项十分繁重的系统工程。加强社会和谐的引导，就是要针对不同时期的热点、焦点问题，努力培育人们的和谐思想、和谐观念、和谐的思维方式和思维方法，建设好和谐文化，引导人们用理性平和的心态处理矛盾和冲突，实现社会的和谐发展。

3. 正确的荣辱观引导。随着社会不断发展进步，人们的荣辱观念也发生了种种变化。在肯定总体趋势是积极向上的同时，也必须看到，在一些领域存在着道德失范的现象。新中国成立60年来的道德实践证明，赞赏什么、贬斥什么，提倡什么、反对什么，正确的舆论和价值导向起着重要作用。榜样的力量是无穷的，指的正是这种作用。“五四”精神，井冈山精神，长征精神，延安精神，雷锋、焦裕禄、王铁人精神，航天精神等像春风化雨一般，沁人心扉。正确的荣辱观引导，就是提倡人们树立高尚的道德情操，并且要对社会和个人的道德活动进行评价，用荣与耻、善与恶、损与益、高尚与卑鄙、正当与不正当、正义与非正义等范畴进行评价。树立正确的荣辱观，除思想政治教育工作外，还可以通过文化艺术的形式，将对人与事物的爱憎、是非等价值观念，通过对典型环境、典型人物、社会万象的描述表达出来，这种以文学艺术作品的方式引导人们树立正确荣辱观的效果是一般的灌输所达不到的。同时，不但要开展“言教”，各级领导干部和思想政治工作者更要身教，以身作则、以身示范，引导群众形成正确的价值判断。

（作者：广东金融学院社科部主任、教授）

推进核心价值体系建设创新

胡菁菁

建设社会主义核心价值体系，是我们党在思想文化建设上的重大理论创新和重大战略任务。近年来，浙江省湖州市认真贯彻中央、省委决策部署，紧密结合地方经济社会发展实际和干部群众思想实际，着力在教育引导、舆论宣传、文化熏陶、实践养成上下功夫，取得良好成效。

1. 加强教育引导，使社会主义核心价值体系为广大干部群众熟知、认同。教育引导是建设社会主义核心价值体系的基础性工作。湖州市扎实开展主题教育，强化广大干部群众对社会主义核心价值体系的学习。开展“深入贯彻十七大、创业创新促崛起”、“争当创业新农民、建设和谐新农村”主题宣传教育和“解放思想、激发活力、创业富民、创新强市”大讨论活动，切实用马克思主义中国化的最新成果武装头脑、指导实践。在主题教育中，坚持分层施教，提高教育引导的针对性、实效性。以党委（组）中心组为龙头抓好各级领导干部学习，以基层党校为主阵地抓好广大党员学习，以学校思政课为主渠道加强青少年教育，以各新闻媒体、南太湖人文大讲堂等论坛为依托推动市民群众学习，努力扩大社会主义核心价值体系的社会认同，形成思想共识。如针对青少年群体，湖州市实施“青少年播种计划”。从 1989 年开始，每年组织全市中学骨干政治教师开展暑期集中培训教育。定期组织政治教师参加南太湖高层论坛，提供学习资料，帮助他们更好地理解把握党的创新理论；通过组织编写教材，把科学发展观、社会主义和谐社会理论等党的创新理论成果融入政治课教学过程；把中学业余党校、团校纳入基层宣传思想工作考核体系，加强建设管理。同时，组织理论骨干、社科力量对社会主义核心价值体系进行研究，推出一批理论文章，从理论上指导、推动社会主义核心价值体系学习的深入开展。

2. 强化舆论宣传，形成普及社会主义核心价值体系的社会氛围。推进社会主义核心价值体系建设，舆论引导、舆论氛围至关重要。为构建舆论引导新格局，扩大社会主义核心价值体系宣传普及面，湖州市在推动报业、广电传统媒体集团化转型，推动湖州在线及三县新闻网新兴媒体加快发展的同时，加快有线电视数字化整体转换，党报阅报栏、读书读报点向社区、农村延伸，以及户外大屏、楼宇电视、移动电视等城市电视建设步伐，发挥各类媒体优势，扩大社会主义核心价值体系宣传的覆盖面和影响力。湖州市注意创新舆论引导的方式，努力把核心价值体系的要求贯穿到“科学发展、创业创新”“保增长、抓转型、重民生、促和谐”等重大主题宣传报道中，形成有利于核心价值体系建设的舆论强势。具体措施是开展“一周一心愿”、“幸福的黄丝巾”等品牌宣传活动，在引导受众参与帮助困难群体解决实际困难中，倡行善举，弘扬美德。《湖州晚报》“一周一心愿”每周一期，每期帮助 5－8 个困难家庭分别实现一个心愿。周一刊登记者采写的困难家庭的故事和心愿，开通爱心热线，接受热心人帮助的预约；周四刊出完成心愿的反馈报道。通过对一系列与困境抗争、帮困献爱心事迹的报道，引发了爱心热潮在社会各个阶层涌动，有800多位热心人和20多个单位、团体加入爱心帮扶群体。有不少受助者又把爱心传递给社区其他的困难群众，在全社会形成了关爱他人、奉献社会的良好风尚。

3. 坚持以文化人，在推动文化繁荣发展中融入社会主义核心价值体系的内涵实质。精神文化产品潜移默化地影响着人们的思想观念、价值判断、道德情操，对于推进社会主义核心价值体系建设具有不可替代的作用。湖州市大力加强公共文化服务体系建设，丰富群众文化生活。深入实施公共文化"八有"保障工程，常年开展"欢乐湖州"、"幸福舞台"送文化、种文化活动，积极推动公共文化服务全覆盖、一体化、均等化，让基层群众在文化体验中受到教育，得到提高。同时注重弘扬地方优秀传统文化，建设共有精神家园。以政府为主导，大力实施历史文化街区保护与展示工程，修复建设民族复兴运动杰出代表陈英士、书画名家赵孟頫等一批名人故居纪念馆，创作推出展示湖州人文历史的音舞诗画《太湖之州》，发挥文化教育功能，增强民族自豪感。还利用春节、端午等传统节庆日，组织开展"我们的节日"活动，把社会主义核心价值体系植根于民俗文化之中。鼓励扶持《民警王法金》电影、《和谐湖州》丛书等优秀精神文化产品创作生产，同时不断加强文化市场执法管理，坚决抵制黄赌毒等不良文化现象，努力形成价值导向正确、体现社会良知的良好文化生态。

4. 注重实践养成，让人们在日常生活中感知、领悟社会主义核心价值体系。推动社会主义核心价值体系大众化，必须同人们日常生活紧密地联系起来。湖州市大力开展文明城市、文明村镇、文明行业及特色家庭等群众性创建活动，深入实施文明素质提升、文明风尚培育、文明环境建设三大系列行动，广泛吸引群众参与，使社会主义核心价值体系的要求成为人们日常生活的基本规范。积极宣传树立先进典型，培养人们的价值取向和行为准则。立足普通群众不平凡，持续3年开展"感动湖州"年度人物、"文明五心"好公民、时代新农民等评选活动，学习宣传全国、全省道德模范刘霆、钱素春、王法金、陆松芳、蒋引娣，以及全国十大志愿者服务群体"罗爱儿帮扶群体"等各类践行社会主义核心价值体系的先进典型，使抽象的价值体系变得具体生动，让民众学有榜样。"文明五心"好公民目前推出2批100位。首批评选设置热心好长者、孝心好儿女、贴心好婆媳、清心好家属、爱心好市民五个类别。第二批设置了爱心好市民、热心好长者、孝心好儿女、知心好邻里、尽心好员工新五类，更加注重倡导公民意识和社会责任。整个评选过程，公众通过信件邮寄和网上投票方式积极踊跃参评，参与投票达13万人次，参评过程也成为公众自我学习、自我教育的过程。在推选评定表彰基础上，及时建立先进典型库，加大培育宣传，通过举办"好公民"先进事迹巡回宣讲、编发典型事迹材料集《闪光的足迹》、创作情景音乐剧《为了平安》、摄制电影《民警王法金》等，持续深入地开展先进典型学习宣传教育活动。此外，还利用纪念改革开放30周年、庆祝新中国成立60周年等契机，组织开展歌咏大会、升国旗仪式、成就展示等形式多样的活动，传播主流价值理念。

（作者：中共浙江省湖州市委常委、宣传部长）

理论掌握群众的典范之作

——读《社会主义核心价值体系学习读本》

李振通

社会主义核心价值体系是我们党在思想文化建设上的重大理论创新。为贯彻落实党的十七大精神，使广大干部群众深刻理解、自觉把握社会主义核心价值体系的重大意义、科学内涵和实践要求，扎实推进社会主义核心价值体系建设，中央宣传部组织编写了《社会主义核心价值体系学习读本》（以下简称《读本》）。《读本》致力于以创新的形式阐释党的创新理论，在内容、结构、文风上具有鲜明的特色，体现了理论的深刻性与理论宣传的大众化的有机统一。

论述精当，权威性强。《读本》旗帜鲜明，表述准确，论证充分，具有很强的思想性、理论性和权威性。它以党的十七大精神为指导，把以胡锦涛同志为总书记的党中央对社会主义核心价值体系的最新理论概括作为核心内容，精辟而深刻地阐明：这一体系是社会主义意识形态的本质体现，是社会主义制度在价值层面的本质规定，集中体现着历史前进的方向和最广大人民的根本利益，是合规律性与合目的性的有机统一。无论我们的事业处于顺境还是逆境，社会主义核心价值体系都以其巨大的理论力量、道德力量、情感力量凝聚人、感召人、鼓舞人，从而成为全党全国各族人民前进的旗帜和号角。

结构严密，逻辑性强。《读本》分八个部分，包括一篇《前言》和七章正文，分别对社会主义核心价值体系的产生背景、理论地位、内在结构作了系统的概括和分析，并专题论述了社会主义核心价值体系的灵魂、主题、精髓、基础，指明了社会主义核心价值体系建设的途径。通读全书，可以帮助我们既从总体上把握社会主义核心价值体系，又深入理解其各个方面的具体内容和要求，收到宏观与微观、整体与部分相统一的效果。

联系实际，针对性强。理论是实践的产物，又给实践以指导。结合人民群众推动中国特色社会主义事业的伟大实践，结合人民在实践中产生的感知、愿望和认识来阐述理论，更容易为他们所理解、所接受。坚持贴近实际、贴近生活、贴近群众，是《读本》着力突出的特点。例如，通过回顾2008年我国发生的一系列重大事件，展现了党和人民的伟大力量，展现了改革开放的伟大力量，展现了中国特色社会主义的伟大力量。这些既是社会主义核心价值体系的生动实践，也丰富了社会主义核心价值体系的内涵，读来令人倍感亲切。

文风朴实，可读性强。《读本》不搞花架子，不讲空话套话，充分考虑广大群众的接受程度、阅读心理，将社会主义核心价值体系的丰富内涵用朴实无华的语言表达出来，将抽象的理论观点以简洁明快的形式阐述出来，真正做到了使科学理论入耳、入脑、入心。这是马克思主义的优良学风和文风的生动体现。

总之，《读本》是理论掌握群众的典范力作，为我们全面系统地学习把握社会主义核心价值体系提供了一本权威性和通俗性完美结合的辅导读物，值得向广大干部群众推荐。

（此文载《求是》2009年13期）

第十五部分

高校党建与思想政治教育

以科学发展观为指导
深入推进高校思想政治教育的创新发展

李卫红

在全党全国深入贯彻党的十七届四中全会精神、举国上下热烈庆祝新中国成立60周年之际，也适逢中央16号文件颁发5周年，我们在此举办新中国成立60周年“高校德育创新发展研究”论坛，认真总结高校德育特别是思想政治教育工作的成绩和经验，科学分析高校思想政治教育工作面临的新形势新任务，深入研究高校思想政治教育工作创新发展的客观规律，努力推动思想政治教育理论创新与实践创新的紧密结合，具有重要的意义。

一、认真总结经验，全面认识高校思想政治教育创新发展的新成就

伴随着新中国铿锵有力的发展步伐，高校思想政治教育走过了60年不平凡的历程。60年来，高校思想政治教育紧紧围绕培养什么人、如何培养人这个根本问题，坚持方向，高举旗帜，充分发挥了立德树人、为国育才的重要作用。中央16号文件颁发以来，高校思想政治教育在党中央的高度重视和有力领导下，集全国高校和社会各界之力，开创了创新发展的可喜局面，取得了一系列成就。

五年来，高校思想政治教育的创新发展，突出体现在一系列思想政治教育新理念的确立和坚持上。推进高校思想政治教育工作，理念创新是前提。2004年，中共中央国务院颁发的《关于进一步加强和改进大学生思想政治教育的意见》，明确提出了一系列高校思想政治教育的新理念，有力地引领了高校思想政治教育的创新发展。如，这一指导性文献贯穿着“以人为本”的思想政治教育理念，明确强调坚持育人为本、德育为先，引导大学生自我教育、自我管理、自我服务，促进全面发展；贯穿着“全面育德”的思想政治教育理念，明确强调要建立健全党委统一领导、党政群齐抓共管、全体教职员工全员育人、全方位育人、全过程育人的工作机制，努力构建全社会关心大学生健康成长的良好环境；贯穿着“科学发展”的思想政治教育理念，明确强调要坚持促进大学生思想道德素质、科学文化素质和健康素质协调发展，要以理想信念教育为核心，以爱国主义教育为重点，以基本道德规范为基础，以全面发展为目标系统推进大学生思想政治教育。

五年来，高校思想政治教育的创新发展，突出体现在一系列思想政治教育新制度的建立和健全上。16号文件的颁布，成为我国高校思想政治教育制度建设的新起点。为贯彻落实16号文件精神，中宣部、教育部、共青团中央等部门先后出台了《关于进一步加强和改进高等学校思想政治理论课的意见》、《关于进一步加强高等学校校园文化建设的意见》、《关于进一步加强和改进大学生心理健康教育的意见》等17个配套文件，形成了系统的加强和改进高校思想政治教育的制度体系。能够在比较短的时期内，根据新的形势新的要求，构建起比较完善的高校思想政治教育制度体系，显然离不开创新的思维、离不开多年来德育理论研究的新成果和思想政治教育实践发展的新经验。

五年来，高校思想政治教育的创新发展，突出体现在学科和课程建设的创造性推进上。2006年，我国正式设立马克思主义理论一级学科，为高校思想政治教育的创新发展提供了强

有力的学科支撑，为思想政治教育的主渠道建设奠定了坚实的基础。几年来，马克思主义理论学科已经成为高校思想政治教育专业人才培养的基地、理论研究的基地、引领大学生思想理论热点的基地，在推进高校思想政治教育的创新发展中发挥了极其重要的作用。在课程建设方面，中央政治局常委审定同意的高校思想政治理论课程新方案顺利实施；思想政治理论课教材列入中央实施的马克思主义理论研究和建设工程并及时高质量地编写出版、投入使用。与此同时，教学内容、教学方法、教学手段的改进，也极大地推动了思想政治理论课程在高校思想政治教育中主渠道作用的进一步突显。

五年来，高校思想政治教育的创新发展，突出体现在思想政治教育队伍建设的新突破上。经过多年努力，目前已初步形成了专业化培养、多样化发展、规范化管理的有中国特色的高校思想政治教育工作队伍建设格局，以学校党政干部和共青团干部，思想政治理论课和哲学社会科学课教师，辅导员和班主任为主体的思想政治教育工作队伍基本形成，为加强和改进高校思想政治教育工作提供了有力的组织保证和人才支撑。其中，高校辅导员队伍建设取得了突破性的进展。2005 年召开的全国高校辅导员队伍建设工作会议，对辅导员队伍建设作出了全面部署，制定下发了《加强高等学校辅导员、班主任队伍建设的意见》、《普通高等学校辅导员队伍建设规定》和《2006－2010 普通高等学校辅导员培训计划》，进一步明确了辅导员队伍建设的相关政策。此外，教育部高校辅导员培训和研究工作基地的建设全面推进并取得了显著成效。

五年来，高校思想政治教育的创新发展，突出体现在一系列思想政治教育方法途径的丰富拓展上。如：各具特色的校园文化已经成为校园一道亮丽的风景线，形成了以“培育和凝炼大学生精神”为重点，以“开展主题教育活动”为主线的工作体系；社会实践成为一门新的必修课程，逐步完善了社会实践与专业学习相结合、与服务社会相结合、与勤工助学相结合、与择业就业相结合、与创新创业相结合的管理体制；心理健康教育被纳入学校思想政治教育工作体系，各高校普遍建立了心理健康教育、心理辅导或心理咨询的专门机构，并进一步改进了心理健康教育的内容与形式；思想政治教育进网络在探索中取得重大进展，以“中国大学生在线”为代表的一大批思想政治教育网站应运而生。思想政治教育的针对性、实效性和吸引力、感染力进一步增强。

总的来说，这五年是高校思想政治工作与时俱进、不断创新发展的五年；是“育人为本、德育为先”观念逐步深入人心、形成普遍共识的五年；是高校思想政治教育坚持以人为本，不断满足大学生日益增长的精神文化需要、促进大学生全面发展的五年；是高校思想政治教育努力探索工作规律，不断适应新形势新情况，不断破解新难题的五年。

高校思想政治教育创新发展的生动实践，深化了我们对高校思想政治教育规律性认识，形成了我们推进高校思想政治教育创新发展的宝贵经验。一是必须始终坚持以马克思主义为指导，坚持用马克思主义中国化的最新成果武装头脑、指导实践、推动工作，确保高校思想政治教育工作沿着正确的方向健康发展。二是必须始终坚持把立德树人作为根本任务，切实做到育人为本、德育为先，努力促进大学生的全面发展。三是必须始终坚持贴近现实、贴近生活、贴近学生，不断提高高校思想政治教育的针对性、实效性和吸引力、感染力。四是必须始终坚持以改革创新为动力，使高校思想政治教育努力体现时代性、把握规律性、富于创造性。五是必须始终坚持把维护和谐稳定作为重要任务，在和谐稳定中推进高校思想政治教育，通过高校思想政治教育促进和谐稳定。六是必须始终坚持全党重视全社会共同参与高校思想政治教育，努力形成推动高校思想政治教育发展的强大合力。

二、科学分析新的形势，准确把握高校思想政治教育创新发展的新要求

面对着复杂多变的新形势新情况，在新的起点上推进高校思想政治教育的创新发展，必须清醒认识国际国内形势的新发展新变化，深刻理解我国高等教育事业发展的新要求和当前意识形态领城斗争的新特点，准确把握新世纪新阶段高校思想政治教育工作的新要求。

(一)全面建设小康社会对人才培养的新要求为高校思想政治教育提供了新的机遇

进入新世纪以来，全面建设小康社会、构建社会主义和谐社会和不断加剧的国际科技、人才竞争对人才培养提出了新的要求，也为教育事业，为高校思想政治教育工作提供了新的机遇。我国大力实施科教兴国战略、人才强国战略，坚持把教育摆在优先发展的地位，对高等教育改革发展作出了一系列重大决策和部署，高等教育快速发展，实现了历史性跨越，取得了举世瞩目的成绩。经过几十年的努力，我国已经实现了从人口大国向人力资源大国的转变，但我国还不是一个人力资源强国。从人力资源大国向人力资源强国转变，将是我国高等教育在新时期新阶段的新的历史任务和奋斗目标。

建设人力资源强国的关键在于提高人的素质。不断提高大学生的思想政治素质、科学文化素质和健康素质是高等教育的历史使命。高校思想政治教育要着眼于“培养什么人、怎样培养人”这个关系高等教育发展的根本问题，全面贯彻党的教育方针，培养德智体美全面发展的社会主义合格建设者和可靠接班人；要着眼于中国特色社会主义建设的实践要求，用中国特色社会主义理论体系武装大学生头脑，引导大学生不断增强贯彻党的路线方针政策的自觉性和坚定性；要着眼于回答现实生活提出的、广大青年学生关心的热点难点问题，深入研究，解疑释惑，引导大学生正确认识人类社会的发展规律，正确认识国家的前途命运，正确认识自己的社会责任，在纷繁复杂的国际国内形势下，始终保持清醒的政治头脑和正确的政治方向。

(二)国际国内形势的发展变化给高校思想政治教育带来了新的挑战

当今世界正在发生广泛而深刻的变化。特别是随着经济全球化的深入发展，世界各种思想文化的交流、交融、交锋日趋频繁，意识形态领域不仅日益多样化，而且渗透与反渗透的斗争尖锐复杂，给我们在高校思想政治教育中坚持马克思主义指导地位增加了难度。高校历来是境内外敌对势力争夺的重要阵地，西方敌对势力企图通过向我国大学生传播、渗透西方资产阶级的政治观点、价值观念、生活方式，从而和平演变中国的目的没有改变。对此，我们必须始终保持清醒的头脑。从国内来看，我国的改革发展进入新的历史阶段，人们在思想认识、道德选择、价值取向等方面的独立性、多样性、多变性、差异性日益增强。在党的领导下，马克思主义在意识形态领城的指导地位不断得到巩固和加强，但各种非马克思主义的思想意识也有所滋长，并深刻影响到高校的方方面面。

面对这些挑战，我们党要真正赢得大学生，就要充分发挥高校思想政治教育在意识形态建设中的重要作用，大力增强马克思主义理论的说服力和感召力，打牢大学生拒渗防变的思想基础；要用马克思主义理论，特别是用马克思主义中国化最新成果占领学术阵地，牢牢掌握哲学社会科学领城的话语主导权；要加强日常性思想政治工作，把解决思想问题与解决实际问题相结合，凝聚共识，弘扬正气，积极引领多样思想和社会思潮健康发展。

(三)新媒体、新技术的广泛应用对高校思想政治教育提出了新的课题

现代科学技术日新月异，以数字化、网络化为代表的现代信息技术突飞猛进。覆盖广泛、快捷高效、影响巨大、发展势头强劲的信息网络已经成为思想文化信息的集散地和社会舆论的放大器，成为意识形态较量的重要战场。

但新媒体技术是把“双刃剑”，其给大学生的生活、学习、思想带来了积极影响的同时，也

带来了消极影响；其为高校思想政治教育带来了发展机遇，也带来了新的挑战。比如，新媒体的信息多元性对坚持社会主义核心价值体系带来冲击，新媒体的虚拟性易引发大学生心理信任危机和人格障碍，新媒体的技术复合性对高校思想政治教育工作者的媒体素养提出高要求，等等。另外，在互联网的技术应用和管理建设方面，我们同西方发达国家还存在较大差距，网上舆论引导和管理能力还跟不上互联网技术发展速度，维护网络安全的任务十分繁重。

（四）建设社会主义核心价值体系的战略任务赋予了高校思想政治教育新的使命

加强社会主义核心价值体系建设，是我们党着眼巩固马克思主义指导地位、巩固全党全国人民团结奋斗共同思想基础提出的一项重大战略任务。高校作为建设社会主义核心价值体系的重要阵地，对坚持、传承和发展社会主义核心价值体系具有重要的作用。

建设社会主义核心价值体系，要求高校思想政治教育从推进中国特色社会主义事业、巩固党执政地位的政治高度，准确把握社会主义核心价值体系的基本内容、现实目标、鲜明特征和实践要求，切实解决好认识、认知、认同的问题，增强建设核心价值体系的自觉性、坚定性。要求高校思想政治教育在实际工作中始终坚持马克思主义的指导地位，抓住社会主义核心价值体系的灵魂；树立共同理想，抓住社会主义核心价值体系的主题；培育和弘扬民族精神和时代精神，抓住社会主义核心价值体系的精髓；树立和践行社会主义荣辱观，抓住社会主义核心价值体系的基础，在大学生中形成统一的指导思想、共同的理想信念、强大的精神力量和基本的道德规范。要求高校思想政治教育要发挥国民教育这一重要场所的优势，服务于大学生这一重点群体，把社会主义核心价值体系的基本内容和要求更好地体现到教学和日常管理各个方面、各个环节，融入到教育教学全过程，做到进教材、进课堂、进头脑，达到铸造灵魂、突出主题、把握精髓、打牢基础的基本要求。要求高校思想政治教育积极探索用社会主义核心价值体系引领社会思潮、增强社会主义意识形态吸引力凝聚力的有效途径，形成有价值的研究成果和工作思路。

三、深入贯彻落实党的十七大和十七届四中全会精神，开拓高校思想政治教育创新发展的新局面

刚刚闭幕的党的十七届四中全会对进一步加强和改进新形势下党的建设作出了一系列战略部署。在当前和今后相当长一段时期，我们的重要任务就是要深入贯彻落实十七届四中全会精神，以科学发展观为指导，不断加强高校党的建设，不断推动高校思想政治教育的创新发展。

（一）更加注重理论创新，进一步夯实思想政治教育的理论根基

思想政治教育理论创新必将对推动高校思想政治教育实践创新产生指导作用。坚持以科学发展观为指导，以改革创新的精神不断探索高校思想政治教育规律，进一步增强高校思想政治教育的理论性和科学性，是我们今后工作的方向和目标。

要始终坚持马克思主义在理论创新中的指导地位。马克思主义是指导我国革命、建设和改革的科学理论。中国特色社会主义理论体系，是马克思主义中国化最新成果，是党最可宝贵的政治和精神财富，是全国各族人民团结奋斗的共同思想基础。要自觉地运用马克思主义中国化最新成果来指导我们的理论研究。当前，高校思想政治教育工作面临西方文化思潮和多元价值观的冲击，只有坚持以中国特色社会主义理论体系为前提，高校思想政治教育的理论研究才不会迷失方向，才不会误入歧途；只有坚持用中国特色社会主义理论体系的立场、观点和方法来观察分析高校思想政治教育的理论问题，才能科学、正确地推进思想政治教育理论创新，才能确保思想政治教育理论创新的正确方向。

要始终坚持在理论创新中不断推进马克思主义中国化、时代化、大众化。十七届四中全会指出："要推进马克思主义中国化、时代化、大众化。"这就要求我们在理论创新中深入研究如何进一步坚持和巩固马克思主义在思想理论领域的指导地位，如何进一步正确诠释时代和社会发展中不断出现的新情况、新问题，如何坚持不懈地用马克思主义中国化最新成果武装头脑、教育师生，如何在国际形势复杂多变和人们思想观念、道德选择、价值取向多样化的情况下，大力推进社会主义核心价值体系建设，增强社会主义意识形态的吸引力和凝聚力，如何用社会主义核心价值体系引领高校思潮，在青年大学生中牢固树立中国特色社会主义共同理想。这是我们高校思想政治教育理论创新所面临和要破解的新课题。

要始终坚持理论创新服务于促进人的全面发展。十七届四中全会指出："要深入实施马克思主义理论研究和建设工程，建设充分反映马克思主义中国化最新成果的学科体系和教材体系，培养造就一大批马克思主义理论家特别是中青年理论家。"所以，思想政治教育理论创新既要有效指导教育实践，促进大学生的全面发展，也要坚持既出成果，又出人才，促进思想政治教育工作者的成长和发展。这要求我们要进一步建立健全有利于把握正确方向、整合资源、激发队伍创造力的引导机制、理论成果的推广应用机制和理论创新的评价激动机制，进一步引导和鼓励更多的优秀人才投身到推动高校思想政治教育理论创新和实践探索中来，进一步促进理论成果转化，使更多的理论创新成果能够走上交流平台，进入公众视野，发挥应有的影响力和辐射力。

（二）更加注重实践创新，进一步提升思想政治教育整体效能

理论创新来源于实践，指导和推动实践创新；实践是理论创新的动力和检验标准。高校思想政治教育实践创新要坚持以理论创新为引领，以开拓创新精神为动力，卓有成效地开展思想政治教育工作。

当代大学生伴随着改革开放成长，思想活动的独立性、选择性、多变性、差异性明显增强，维护自身利益的意识更加明显，追求民主的愿望更加强烈，提高就业能力的想法更加迫切，给高校思想政治教育工作提出了新的要求。我们要坚持寓思想政治教育于管理之中，服务于学生的成才与发展，努力完善关注学生需求师生互动的沟通机制，择业指导与成才指导相结合的职业发展指导机制，全覆盖的帮困助学育人机制，积极干预学生心理危机的人格发展导引机制。

思想政治教育是做人的工作，不能仅仅停留于空洞的说教，必须贴近实际、贴近生活、贴近学生。要大力推进互动式、启发式教学，上好、上精思想政治理论课，扎实推进马克思主义中国化最新成果进教材、进课堂、进头脑工作。要大力推进高校网络文化的繁荣发展，拓展思想政治教育实践的空间和渠道。要积极创新思想政治教育手段和方法，充分发挥先进典型的教育引导作用，大力加强校园文化建设，做到以真情感化学生、以道理说服学生。

要注重研究高校思想政治教育创新实践的内涵，并将之提升为规律性的指导思想和方法，指导高校思想政治教育实践创新。高校思想政治教育实践在创新的过程中会不断涌现出新的问题，要进一步加强总结和研究，抓住思想政治教育创新实践的主要特点和存在问题，组织专门力量加强研究，开展攻关实验，将矛盾一一破解，将困难一一克服，从深层次上解决问题，全面提升思想政治教育工作水平。

（三）更加注重队伍建设，进一步加强思想政治教育组织保障

推进高校思想政治教育创新发展，迫切需要一支强有力的思想政治教育骨干队伍。我们要采取行之有效的方法，切实提高教师的师德和业务水平，使他们能以良好的思想政治素质和道德风范，更好地影响和教育学生。

要着力推进师德师风建设。要培养和造就

一支奉献精神强、能成为学生的知心朋友和人生导师的辅导员与班主任队伍，培养一支政治强、业务精、作风正的党政干部和共青团干部队伍。要把师德师风建设同“办人民满意教育，做人民满意教师”结合起来，进一步弘扬师德风范。

要着力打造骨干队伍。要继续加强思想政治理论课骨干教师和哲学社会科学教学科研骨干研修工作，加大对学科带头人和学术团队的扶持力度，健全开放灵活的人才配备机制，鼓励相关专业学术带头人和教学骨干，共同承担思想政治理论课教学任务。要鼓励一批骨干辅导员攻读相关学位和业务进修，激励他们长期从事辅导员工作，走专业化的发展道路。要进一步加强对党政干部和共青团干部骨干力量的培养力度，建设一批研究实践型的思想政治教育管理人才。

要着力形成科学化的体制机制。要将思想政治教育骨干队伍纳入教师队伍建设的总体规划，并出台系列配套政策。要继续贯彻落实中共中央宣传部、教育部《关于进一步加强高等学校思想政治理论课教师队伍建设的意见》，继续贯彻落实全国高校辅导员队伍建设工作会议精神和《普通高等学校辅导员队伍建设规定》，建立健全选配机制、培养机制和管理机制，推动形成思想政治教育人才脱颖而出的良好局面。

(四)更加注重全员育人，进一步形成思想政治教育工作合力

思想政治教育的创新发展是一个复杂的系统工程，必须加强组织领导、整合各方资源，推动形成齐抓共管的大思想政治教育格局。

要积极构建全员、全方位、全过程育人机制。在全员育人中，要突出教书育人，深入发掘各类人文课程的思想政治教育资源，建立教书育人的长效机制。在全方位育人中，要突出管理育人，把思想政治教育融入学校管理之中，深入开展校风、教风和学风建设。在全过程育人中，要突出服务育人，帮助大学生处理好成长过程中碰到的各种具体问题，建立为学生办实事办好事的长效机制。要高度重视先进文化建设，高度重视社会实践机制的创新，充分发挥文化育人、实践育人的重要作用。

要积极构建思想政治教育研究合力机制。要以研究会、学术论坛等为基本组织形式，鼓励社会不同主体从不同的视角研究分析高校思想政治教育问题。要以重大课题等为主要抓手，增强学术队伍组建上的兼容性，吸纳多学科力量共同参与到同一研究中。要以交叉学科发展为突破口，鼓励相关学科与高校思想政治教育研究进一步融合。

要积极构建学校、家庭、社会教育网络。要营造良好的综合实践环境，让学生间接或直接与社会接轨，在人际交往的过程中丰富社会经验和人生阅历，在了解社会需求的基础上主动适应社会。要推动中小学思想政治教育和高校思想政治教育工作的联动，通过各种创新联合的形式，在实践中形成互助互利的工作机制。

高校思想政治教育使命光荣、责任重大、任务艰巨。我们要高举中国特色社会主义伟大旗帜，坚持育人为本、德育为先，进一步提升思想政治教育理论研究和实践创新的水平，为深入贯彻落实科学发展观，促进高等教育事业科学发展，为培养高素质人才、全面建设小康社会、实现中华民族的伟大复兴作出新的贡献！

(此文是教育部副部长李卫红在教育部高等学校社会科学发展研究中心举办的“新中国成立60周年‘高校德育创新发展研究’论坛”上的讲话)

坚持体制机制创新　推进学校科学发展

中共北京师范大学委员会

在开展深入学习实践科学发展观活动中，北京师范大学紧紧围绕“强化办学特色，推进教育创新”这一主题，把科学发展观的要求转化为学校科学发展的正确思路和自觉行动，着力体制机制创新，为学校科学发展奠定了坚实的制度保障。

建立教育科研质量保障机制。把提高教育质量放在学校发展的首位，进一步树立科学、全面、发展的质量观。按照“加强基础、拓宽口径、因材施教、体现特色、强化能力、提高素质”的原则，修订本科教学计划，制定《关于提升本科教学质量的若干意见》，修订《研究生指导教师条例》。研究制定《关于推进国际化发展战略的实施意见》，加强国际交流与合作。紧密结合教育教学改革需要，强化实习、实践、实训，建立大学生参加社会实践的长效机制。着力构建优势学科群和学科大平台，着力建立和完善促进学科交叉融合机制、资源共享机制、效益评估机制。以加强创新能力建设为核心，推进学科体系和科研方法创新，促进科学研究面向国家需求，服务国家战略，从注重数量向注重质量转变，从“单兵”作战向团队攻关转变。把加强高层次教师队伍建设作为重大基础性工程和战略任务，出台《关于加强高层次人才工作的决定》，坚持培养和引进并重的原则，健全教师专业进修和能力培养制度。

深化教师教育体制机制改革。正确处理综合化发展与强化特色之间的关系，进一步强化办学特色，在体制上大胆创新，成立教育学部，组建教师教育学院，全面整合教育科学研究和教师教育资源，统筹教育学科和教师教育的发展工作。服务国家战略，高度重视免费师范生培养工作，完善《免费师范生培养方案》，创新免费师范生招生、培养、教育实习和就业机制，健全免费师范生管理体系。发挥学科优势，积极推进人才培养体制改革，提升教师教育层次，建立多元化的教师培养模式；面向新世纪素质教育和基础教育改革，构建起以通识教育课程、专业教育课程和教师教育课程为架构的模块式新型教师教育课程体系。

完善学校规划和管理制度。修订“十一五”发展规划，完善保障措施和评估机制。根据《国家中长期教育改革和发展规划纲要》，着手研究制定《北京师范大学 2020 年中长期发展规划纲要》。按照党委领导、校长负责、教授治学、民主管理的原则，把建立和完善相关制度摆在学校改革发展的突出位置。强化院系一级的管理职能，推进管理重心下移。完善政策导向机制与学术评价体系，建立健全既有统一规范管理，又体现多样化与个性化的评估考核机制。修订《北京师范大学处级干部选拔任用工作实施办法》，实施院系领导班子任期目标责任制，提高执行力。建立完善体现科学发展观要求的干部实绩考核机制，完善年度考核、群众评议制度和述职述廉制度。制订《北京师范大学章程》，明晰学校、院系以及师生的责任、权利与义务。

创新党建与思想政治工作。把学习实践科学发展观融入学校日常思想政治工作中，将思想政治工作摆在重要位置，用中国特色社会主义理论体系武装党员、教育师生，推进社会主义核心价值体系进教材、进课堂、进头脑。积极探索学生党支部自身建设的内容和形式，在教师党支部中推广“支部建在团队上”的做法，加强学生党支部与教师党支部的共建、交流与互动。

研究制定《关于进一步加强和改进基层党组织建设的意见》，定期开展以"创建示范点"为载体的基层党建创优活动。研究和推进党代表任期制的做法和制度，在组织部设立"党代表联络办公室"，加强对党代表的联系和服务，推进党内民主建设。继续深入开展党建和思想政治教育理论研究，努力推出高质量的党建理论研究成果和有价值的工作经验。

把思想政治教育融入校园文化建设

中共西北师范大学委员会

高等学校的校园文化是意识形态领域的一块重要阵地，充分发挥校园文化建设在大学生思想政治教育中的潜移默化作用，对于高等学校来说是重要之务、经常之务、长期之务。近年，西北师范大学把思想政治教育融入校园文化建设，通过校园文化承载思想政治教育内容，增强了大学生思想政治教育工作的针对性和实效性。

用深厚的大学精神，塑造大学生健康成长的意志品质

随着对外开放不断扩大，社会主义市场经济的深入发展，青年学生思想活动的独立性、选择性、多变性和差异性日益增强。一些大学生不同程度地存在理想信念模糊、诚信意识淡薄、艰苦奋斗精神淡化、团结协作观念较差等问题。面对大学生存在的主要思想问题，在长期的办学过程中，西北师范大学对百余年办学历史中积淀的深厚文化资源进行了大量的研究发掘。从学校艰难西迁、师生坚持大学理想、自己动手艰苦建校的历程中，提炼出了"爱国进步、诚信质朴、艰苦奋斗、自强不息"的师大精神；从历代先师不畏艰苦、励精图治、奋发有为的感人事迹中，提炼出了"知术欲圆、行旨须直"的校训；从学校培养人才、学术研究、服务社会的办学实践中，提炼出了"崇尚学术、追求卓越"的办学理念。并通过《大学生素质拓展计划》、《西北师大2003—2007年校园文化建设规划》、《西北师大和谐校园建设规划》的实施，开展"感动校园人物"评选、"我最喜爱的老师"评选等活动，使学校精神的宣传更加深入，内涵更加丰富。涌现出了一批彰显师大精神的优秀学生和先进典型。资助100名贫困中小学生的"中国大学生自强之星"惠霞、为上海患者无偿捐献造血干细胞的优秀大学生张占飞就是其中的杰出代表。

用高质量的学术科技活动，培育大学生追求真理、勇攀高峰的科学精神

学习科学知识，增强科研意识，培育创新精神，是青年学生的基本成才需要。西北师范大学以引导学生积极参与"挑战杯"大学生课外科技学术作品竞赛为契机，紧紧依托"跨世纪专家学者论坛"和"青年学子论坛"，广泛组织学生参加科技学术竞赛活动，并设立了每年20万元的"学生学术科研资助基金"，支持鼓励学生参与学术研究和科技竞赛活动、出版专著和发表论文，使广大学生参与活动的热情空前高涨，活动的参与面和覆盖面不断扩大，参与作品的质量逐年提高，以《大学生科技学术论坛》为标志的学生自办学术刊物日益增多，以"青春、机遇、挑战"为主题的大学生科技文化节、计算机技能大赛等科技竞赛活动蓬勃开展，形成了浓厚的校园科技学术育人氛围。近几年来，学校成功组织参加了甘肃省历届"挑战杯"大学生课外学术

科技作品竞赛，有近 100 件作品获奖，有 5 件作品入围全国“挑战杯”终审决赛，分获二、三等奖。组织各类学术报告、讲座 256 场(次)，资助学生学术科研项目 270 余项，学生有 8 部专著出版，100 余篇学术论文公开发表，使大学生科技学术活动实现了从被动接受到主动参与，从增强科研意识到培育科学精神的转变。

用丰富多彩的校园文化艺术活动，提升学生的人文素养

寓教于乐，把对大学生的思想政治教育，融入由各级学生组织的有广泛群众基础的各类迎新晚会、毕业生欢送会、话剧表演、诗歌朗诵比赛、演讲比赛、书法绘画摄影展览等文化艺术活动之中。成功举办了 22 届大学生艺术月、13 届“师大杯”辩论赛、8 届“丁香花开”古典诗词朗诵会、7 届“九月放歌”文艺汇演，并每年举办由学院承办的话剧节和英语短剧比赛，形成了“大型活动届次化、精品化，中型活动学院化、特色化，小型活动社团化、经常化”的校园文化活动格局。在广泛开展群众性校园文化艺术活动的基础上，成立了由合唱团、管乐队、舞蹈队、礼仪队、话剧社构成的综合性大学生艺术团，并把合唱课、管乐课纳入了正常的教学计划，实现了文化实践活动与艺术教育的有机结合，使学生校园文化艺术活动成为实现素质教育的有效途径。

用特色鲜明的社团活动，促进大学生的个性化发展

随着社会的不断发展，青年学生在学习方式、经济状况、就业需求、人际关系等方面日趋多元化。以自我管理、自我发展、自我成才为目标，形式多样、灵活方便的学生社团活动，为有不同志趣爱好和思想需求的学生提供了广阔的发展空间和条件，同时也成为大学生思想政治教育的有效载体。近几年来，学校通过重点扶持、正面引导、规范管理等措施，按照“突出学术科技型，加强理论学习型，优化志愿服务型，鼓励兴趣爱好型”的工作思路，使学生社团不断发展壮大，影响更加深远。目前，学校共有各类学生社团 62 个，参与学生 8875 人，保护母亲河、大学生女生节、“5·25”大学生心理健康教育周、造血干细胞无偿捐献活动、社团体育文化节等特色化的社团活动全面开展，“三个代表”重要思想研究会、“三农”问题研究社、阳光服务社、心理学社、小草服务社、环保社等重点社团全面繁荣，影响力不断提升。学生社团不仅成为促进学生健康成长的重要平台，也成为学校大学生思想政治教育工作手臂的延伸和重要阵地。

用卓有成效的志愿者社会实践活动，增强大学生的社会责任感和使命感

青年学生需要了解国情、省情、民情，在实践中学习、锻炼和成长，实现自己的人生价值。“受教育、长才干、做贡献”是大学生志愿者社会实践活动的基本要求。长期以来，学校坚持“项目化运作、基地化建设、专业化发展”的工作方向，推动志愿者服务工作取得了长足的发展。“文明礼仪推广”、“保护母亲河”、“西部阳光行动——何家山支教”、“艾滋病同伴教育”、“你我手拉手，成长心连心——张家川中小学生帮扶”等一大批志愿者服务项目受到团中央、省疾控中心、省红十字会、省教育厅等部门的资助，累计获得项目基金 10 余万元。建立以社区联建、义务支教、困难帮扶、敬老助残为主要内容的志愿者服务基地 20 个。结合专业特点，组织青年志愿者先后参与了亚欧大陆区域经济合作会议、兰洽会、奥运志愿者选拔活动的组织与服务工作，全面提升了志愿服务活动的层次和水平，受到社会各界的广泛好评。以扶孤助残为主要服务内容的小草服务社，曾被评为“全国学雷锋志愿服务先进集体”。学校政法学院法律专业的青年志愿者，长期在省劳教二所开展一对一的文化补习、法律宣传、政策宣讲、亲情关怀等帮教活动，5 年来参与学生达 635 人次，累计志愿服务时间 4660 小时，参与学生中有 80 多人

次被省劳教二所评为优秀教员和优秀志愿者，活动被团中央评为“第六届中国青年志愿者行动项目奖”。学校坚持实践育人的宗旨，本着“巩固基础、丰富内容、拓宽渠道、提高层次、务求实效”的原则，积极组织学生开展社会实践活动。每年组织30多支小分队参加集中的社会实践活动，全校学生按照“确定一个选题、参加一项实践活动、撰写一篇调查报告、交回一份实践鉴定、参与一场社会实践报告会”的“五个一”要求，就近就便开展多种形式的分散型社会实践活动。学校连续14年被评为“全国大学生社会实践先进单位”。

开辟校园文化建设新途径

中共湖南大学委员会

湖南大学直属于国家教育部，是国家“211工程”和“985工程”重点建设高校，其前身是创建于公元976年的宋代著名书院岳麓书院，素有千年学府之称。如何传承和创新千年学府“传道而济斯民”、“经世致用”、“实事求是”、“爱国务实”等得天独厚的优秀文化教育传统，一直是湖南大学不断实践、努力探索的重大课题。近年来，学校不断加强对校园文化建设的宏观指导和过程管理，在开辟环境文化、学术文化和阵地文化建设的新途径等方面做了诸多有益的尝试和探索，为丰富思想政治工作的手段、强化思想政治教育的效果、提升校园文化品位和提高人才培养质量作出新的贡献，连续两年荣获全国高校校园文化建设成果一、二等奖。

利用传统载体，实施文化辐射工程

近年来，湖南大学加强了对岳麓书院优秀文化传统宝库的挖掘和利用，结合学校特点和各学院特色，实施了以环境文化建设为主要内容的“文化辐射工程”和“二级单位文化建设工程”。一是采取传统“上墙”的办法，赋硬件以生命，赋软件以灵魂，将岳麓书院优秀传统文化不断物化、固化。如今，在湖南大学南北校区的办公楼、教学楼、图书馆、学生园区，以及各学院，随处可以看到以木刻、写真、喷绘等传统形式为载体的楹联、碑拓、名人画像和名言名句。置身于这些文化长廊，师生们在潜移默化中便可感受到朱熹、张拭、梁启超、宾步程、杨昌济、胡庶华等的大师风范，以及魏源、王夫之、左宗棠、胡林翼等学长的赤子情怀。二是积极制作《大爱千秋》、《最后一课》等出版物，以活泼的文字、精美的图片、感人的画面活化校情、校史教育。其中，以散文体裁描写湖南大学历史、建设与发展成就的图书《惟楚有材，于斯为盛——湖南大学》。反映校友谭千秋感人事迹的图书《大爱千秋》获得中国图书奖。三是就地取材，建设当年日军受降旧址、被日军轰炸的老图书馆遗址等一批爱国主义教育基地。

借助现代网络，让传统文化搭上数字快车

网络是当代大学生们所喜好的、传播迅速的载体。湖南大学积极主动地抢占这一阵地，做足做精主流文化的文章。一是建立校园文化专页，将校园文化精髓生动活泼地“搬”上网络。2001年，学校抓住获准建立岳麓书院数字博物馆的机遇，让传统文化搭上了数字快车。数字博物馆的内容包括：今日书院、书院漫游、书院藏品、书院史话、楚材斯盛、教学科研、千年论坛

等，既反映了岳麓书院千年办学的历史与现状，又展现了中国古代教育与学术的优秀传统，以及中国传统文化的人文精神、现代高等教育所赋予岳麓书院的新活力。2005年，学校又建成了“虚拟校园”。师生们只要登陆校园网，点击电子地图上的地点，该地点周围的自然环境和历史文化故事就跃然眼前。二是建立文化言论专栏，并邀请一批政策水平高的专家学者，撰写文化言论，引导师生就校园文化的传承、创新等方面的新问题、新规律、新办法进行讨论，使之在师生互动中接受学府文化的熏陶。目前，湖南大学以岳麓书院为依托，正在建设中国书院博物馆。该馆将大量收藏反映中国书院至学堂、学校等不同历史时期和重大事件的有关文物资料。在此基础上建成的中国书院数字博物馆，将成为传承书院传统文化的又一新载体。

举办“千年论坛”，活跃学术文化

开放式讲学，不同学派的学术观点兼容并包，是岳麓书院优秀的教育传统之一。历史上不同理学学派的朱熹、张拭因在此同坛对讲，留下了“朱张会讲”的千古美谈。借鉴这一开放的讲学形式，湖南大学学术文化活动焕发了勃勃生机。一是联合电视、网络等媒体，从上世纪末开始在岳麓书院举办“千年论坛”，既把先进文化理念从校园之外引进来，又把校园文化传播到校园之外。至今，已邀请了著名人文学者杜维明、李学勤、许倬云、乐黛云、余光中、何光沪，著名作家余秋雨、魏明伦，著名画家黄承玉，著名科学家许智宏、何祚庥、理查德·扎尔、杨福家等人到岳麓书院讲堂讲学。他们分别就中华文明、艺术与人性、科学技术、高等教育的重要论题发表演讲，开展对话与讨论。湖南大学在校本科生、研究生以及省内各高校的学生们云集书院，聆听精彩动人的人文讲座，并与学术大师展开现场对话，电视台、网络同步直播。二是将“千年论坛”的外延拓展，积极开展“千年论坛”系列活动。其中，以每周四开办的“中国文化论坛”影响极为深远，该论坛自1995年开设以来，每周一讲，坚持了10年之久。2000年，学校又开设“艺术与人生”和“科技与创新”论坛。如今，校园内这四大论坛已经成为湖南大学一道亮丽的风景。

巧借影视艺术，赋予崭新内涵

影视作为一种集文学、绘画、摄影、戏剧、音乐多种艺术手段于一体的传统艺术形式，一直深受大学生的青睐。湖南大学因势利导，在赋予影视文化崭新内涵方面抓了两件事。一是建立影视文化基地，免费或以低成本放映主旋律电影。自2000年与潇湘电影集团成立影视文化基地以来，在潇湘电影集团的大力支持下，先后放映了《毛泽东去安源》、《郑培民》、《太行山上》、《鲁迅》、《张思德》等一大批饱含爱国情怀、表现民族精神、体现时代风貌的主旋律影片，深受师生们的欢迎和喜爱。二是围绕首映式电影，开展形式多样的影视文化活动。根据每部电影的特点，以作品感染力为情感生发点，以作品弘扬的价值观、人生观为切入点，精心策划文艺专家报告会、研讨会、座谈会、主创人员面对面、英模优秀事迹报告会、主题征文等系列活动，使大学生们在影视文化活动中不仅研习了历史，坚定了对党的信念，而且培养了民族情怀，以及社会责任感和使命感。比如，以举行《太行山上》首映式为平台，紧紧围绕纪念中国人民抗日战争暨世界反法西斯战争胜利60周年这一主题，在新生中开展了抗日歌曲比赛、纪念中国人民抗日战争暨世界反法西斯战争胜利60周年图片展览及有奖征文等系列活动，并在首映式结束后，举行“勿忘国耻，振兴中华”大型签名活动；借《鲁迅》展播、主创人员见面会之际，与清华大学、东南大学联合举行“纪念鲁迅诞辰125周年”系列活动等。

文艺活动搭台，优良传统唱戏

文艺活动是大学生们喜闻乐见的一种艺术形式，为使学生们在文艺活动中增强审美能力和文化品位，湖南大学实现了“两手抓”。一是严格执行三个规定。其一，所有新生跨进学校大门之后的第一课为参观岳麓书院；其二，所有学生在校期间必修《中国传统文化与岳麓书院》课程；其三，所有学生在校期间至少选修一门音乐、舞蹈、美术、戏剧、影视及艺术理论等方面的艺术类课程。二是精心设置文艺活动，吸引学生广泛参与。比如，每周二晚上开设大型讲座“艺术与人生”，以更丰富的艺术门类提高学生的审美情趣。根据书院历史人物自编自演的《谭嗣同》、《左宗棠收复新疆》等话剧成为大学生艺术团的保留节目。1999 年组建，完全按照部队军乐团编制配备的大学生军乐团在校内外经常性的演出，赢得社会的广泛关注和称赞。每两年在岳麓书院文庙举办一次“中华诗词吟诵大赛”，书院厚重的文化底蕴与台上学子的激情洋溢相映生辉，相得益彰。

解决突出问题　确保高校学习实践活动见实效

中共哈尔滨师范大学委员会

作为黑龙江省第二批学习实践科学发展观活动高校系统的试点单位，我校党委高度重视，精心组织，确定了“实践科学发展观，发挥优势建强校，为高教强省作贡献”的活动主题，破解发展难题，推动学校科学发展，以建设强校的实际成果来检验学习实践活动的实效。

一、加强理论武装，着力解决不符合科学发展观要求的思想认识问题

学习实践活动能否取得实效，思想认识是前提。只有不断强化理论学习，发挥理论引领作用，才能进一步提高思想认识，确立科学的发展观、教育观、人才观、质量观和效益观，把对科学发展观的认识提升到新的高度，内化为高校改革发展的自觉意识，服务于深化教育教学改革、创新人才培养模式、加强学科学位建设、完善管理体制机制、突出办学特色等各项实际工作。活动一开始，我们就提出了要紧密联系建设强校的实际，学深学透科学发展观和相关理论知识，把学习贯穿始终，既要向书本学习，又要结合实际进行学习，增强学习效果，为提高领导科学发展的能力奠定坚实的思想基础。

紧密联系经济社会发展和高校的实际，搞好中层以上干部的培训。为了全面领会科学发展观的精神实质和科学内涵，通过举办专题培训班的形式，邀请省内外知名专家学者，就当前经济形势与科学发展、高教强省战略、世情国情省情、高等教育改革、党风廉政建设等内容，为全校党员和干部作了专题辅导，进一步加深了我们对科学发展观内涵的理解，提高了思想认识，坚定了科学发展的信心。

发挥高校理论研究优势，进一步深化学习。成立了由知名学者组成的校内宣讲团，就科学发展观的相关问题，在全校党员干部中进行集中宣讲；发挥我校理论研究优势，组织学校理论工作者加强对科学发展观理论和实践问题进行研究，遴选出一批优秀论文，编印下发全校；召开了当代中国科学发展问题理论研讨会，充分发挥了我校理论工作者在学习实践活动中的作用。

以“青年马克思主义者培养工程”为平台，将学习实践活动向大学生延伸。通过专题培训、社区挂职、社会援助服务等有效形式，组织大学生参与到学习实践活动中来，全面培养面向基层的青年马克思主义传播者；在大学生思

想政治理论课中专门增加了科学发展观教学内容，努力推进科学发展观教育进教材、进课堂、进学生头脑；结合学习实践活动的深入开展，积极推进“廉政文化进校园”工程，创办了“大学生廉政文化论坛”，开展了廉政文艺、美术作品创作等活动。

二、紧扣活动主题，着力解决影响学校又好又快发展的全局性问题

学习实践活动的最终落脚点要体现在推动学校科学发展上，要体现在领导班子谋划学校建设的能力上。领导班子要按照社会主义政治家、教育家的标准，充分认识时代赋予的神圣使命，以科学发展观为指导，谋划学校发展的正确思路，制定促进发展的政策措施，进一步提高领导学校科学发展的能力。在学习实践活动中，我们将学习实践活动与推动学校工作有机地结合起来，进一步明确了“稳定规模、调整结构、强化管理、提高质量、增加效益、创新发展”的办学方针，提出了建设强校，办精品师范、走综合性大学发展之路的工作目标，使我校的办学定位更加准确，办学思路和理念更加清晰，办学功能和市场需求结合得更加紧密。

认真修改完善了建设强校的各项工作方案。在吸纳方方面面意见的基础上，学校先后召开了十几次论证会，对建设强校具体指标和措施等方面的问题作进一步完善，出台了建设强校实施方案、各学院5—10年发展规划、高水平大学建设方案和节约型大学建设方案。

积极与省委、省政府、市委、市政府等有关部门协调，着力推进黑龙江现代文化艺术产业园区建设进程，制定了文化产业园区建设规划。目前，园区建设规划已被列入我省高教强省规划和文化产业发展规划中，并被哈尔滨市列为重点建设项目。

积极推进多校区深度融合进程，妥善顺利地完成了呼兰学院和应用技术学院的实质性并入工作，把呼兰学院建成为大一学区。阿城学院的调整问题也已经纳入计划，即将制定出具体调整方案。目前，几个校区已经完全实现了“领导、财务、教学、计划、后勤服务“五统一”的工作目标，深度融合工作取得显著成效。

三、突出实践特色，着力解决广大师生普遍关心的切身利益问题

科学发展观的核心是以人为本，解决事关师生利益的突出问题是学习实践活动的重要内容。在学习实践活动中，我们坚持边学习、边调研、边整改、边见效的原则，从师生员工最关心的且能够尽快解决的问题入手，认真解决一些突出问题，让师生员工切实体会到学习实践活动的实际效果。

针对改善师生工作和生活条件的问题，学校正在江北校区兴建4.5万平方米高层职工住宅楼，5.7万平方米教学实验大楼，还将建设3万平方米学生宿舍楼，进一步改善师生的工作和居住条件；针对新形势岗位津贴分配制度不适应学校发展需要的问题，学校投入了4500余万元，用以调整分配制度的改革，充分发挥津贴制度的激励作用。针对美化校园环境的问题，学校以打造花园式校区为目标，投资500万元，对江南和江北校区的校园环境进行改造、维修和绿化，建设了行知文化广场，提升了学校的文化品位；针对教职工医保资金铺底问题，在前两次为教职工医保资金人均铺底2000元的基础上，学校克服财力困难，今年又向教职工医保卡人均注入500元，使教职工医保资金总投入达1000余万元。

四、着眼长远发展，着力解决与建设强校不相符合的体制机制问题

在学习实践活动中，我们立足当前，既着眼解决好现实问题，又着眼长远，在深入调研、反复论证的基础上，本着“要精、要管用”的原则，下大力气创新体制机制，建立了有利于科学发展的长效机制，从制度上巩固和扩大了学习实践活动的成果。

为进一步构建贯彻落实科学发展观的长效机制，保证可持续发展，学校加大了体制机制建设力度，成立了整章建制委员会，对机关各部门的工作职责进行了重新修订，先期研究出台了数十项工作制度。下一步，我们要着力从建设强校的实际出发，建立和完善有利于科学发展，充满活力、富有效率的分配机制，激励广大教职工充分发挥主人翁作用；建立干部领导科学发展的评价机制，继续实行干部考察预告制、差额考察制，落实师生对干部工作的知情权、参与权、选择权和监督权，充分调动广大党员干部干事创业的热情；建立保证优秀人才脱颖而出的人才培养机制，完善师资培训制度，制定师资队伍建设的具体规划，有效调动各类人才投身强校建设的积极性；建立科学的选人用人机制，优化整合人力资源，充分发挥领导干部的引领作用，为实现学校历史性新跨越奠定更加坚实的基础。

关于高校科学发展的思考

原梅生

推动高校科学发展应当以办人民满意大学为根本目标，坚持从实际出发，坚持从人民利益出发，积极创新，谋求在新的起点上实现又好又快发展。要做到这一点，我认为，应认真落实以下五项措施。

一、以学科建设为龙头，着力突出优势学科发展，致力于办出学校品牌

学科是高等学校的基本元素，因而学科建设是高等学校的一项根本性建设，是学校改革和发展的龙头。学科的发展水平是衡量一所大学地位的主要标准，即便是世界一流大学，也不可能使其每一个学科都成为世界一流学科。因此，加强学科建设就要“有所为，有所不为”，就要突出重点，突出优势和特色，通过学科建设特别是优势学科的快速发展办出学校特色，形成学校品牌。优势和特色是学科建设的生命线，高校在学科建设上一定要根据自身的特点和社会发展的需要，突出自己的个性，发挥自己的优势，大力加强自己独具优势和特色学科的建设，并以此带动整个学校的学科建设，提高学校的办学水平。

二、以质量工程建设为抓手，着力突出教学内容、教学方法改革，致力于提高人才培养质量

2007年教育部、财政部联合下发《关于实施高等学校本科教学质量与教学改革工程的意见》，标志着“质量工程”正式启动，标志着高等院校的主旋律从注重数量扩张向注重内涵建设、注重质量、注重高素质人才培养上转变。当前形势下，高校能否抓住实施“质量工程”的大好机遇，通过进一步深化教育教学改革，加强内涵建设，全面提高本科教育教学质量，不断提升学校的核心竞争力，将成为决定高校新时期生存与发展的关键所在。

以质量工程为抓手，深化教育教学改革，重点在教学内容和教学方法上要有所突破。教学内容究其实质是关于对受教育者施以什么样的精神影响，给予什么内容的文化问题。人们之所以会逐渐形成一定的文化素养、教养，以及通常所说的素质，这都是教育内容所起作用的结果。教学方法通常与教学效果和教育质量密切联系在一起，成为当前高等教育改革

的突破口和切入点。总体而言，教学方法的改革应抓住两个方面，一是从研究如何教好学生到研究学生如何能学好，从根本上改革教学方法；二是加大现代教育技术的应用，从方式上改进教学方法。以人才培养为根本职责的高等学校，人才培养的质量关系到学校的声望和生机。在大众化高等教育的前提下，重新考虑质量标准，推进教学改革、创新迫在眉睫。

三、以科研创新为突破口，着力突出学校为经济社会发展服务，致力于为当地经济社会发展作贡献

高等学校不仅要在文化传播上有重要地位和影响，而且要在经济建设主战场上有重要地位和作用。大学作为创新重地，聚集了大量的科技创新资源，应该在建设国家创新体系中承担重要责任，在承担国家科技重大战略任务中发挥骨干作用，在培育和造就创新人才中发挥基地作用。高等学校要深化教育教学改革，加快结构调整，加强素质教育，着力培养学生的创新精神和实践能力。

以我校（山西财经大学）为例，应当与山西的经济社会发展紧密联系，服务地方经济，为促进山西"三个发展"——转型发展、安全发展、和谐发展提供智力支持、人才支持。充分发挥学校主干学科的优势，深入研究地方经济，诸如经济学科研究我省应当着力发展什么产业，如何发展的问题；管理学科研究因管理的科学性缺乏导致的事故频发、管理混乱的问题；法学等社会学科研究健全法制，推动建设和谐山西等问题。

四、以师资队伍建设为基础，着力突出教师队伍素质培养，致力于提升学校发展潜力

人才资源是第一资源，高校发展的最大支撑点是拥有一支素质优良、数量充足的人才队伍。近年来，高等教育的持续发展和人才竞争的日益加剧，使高校师资队伍建设面临数量不足、结构性短缺以及引才不易留才难的多重压力。因此，高校应当始终把发挥教师的积极性、主动性、创造性作为一切工作的出发点和落脚点。

在实施"人才战略"工程中，如何坚持机制创新，建立以人为本的管理制度，把有限的人力资源转化为无限的人力资本是高校师资队伍建设的重点和难点。要通过建立公平、公正、公开的学术评价和人才竞争的机制，建设一支高素质的教师队伍，激励和促进一批年轻有为的教师脱颖而出，特别是集聚一批高层次创造性人才。要采取有力措施，改革不利于激励创新的分配制度；改革不利于创新人才脱颖而出的人才建设机制；建立科学长效的教师评价机制，把教师从繁琐的短期考核和非学术事务中解放出来，使他们能潜心于学术和教学；注重师资培养，保证培养经费。使高校在合理配置教师资源和科学管理教师队伍中形成一套切合实际的制度及管理体系，形成师资队伍建设的良性运行机制。

五、以资源整合为切入点，着力突出基础条件建设，致力于不断改善学校办学条件

教学资源是教学工作开展的物质基础，进行资源整合有利于更加合理、高效地使用教学资源，促进教学质量的提高。高校资源整合最初体现在高校间的资源整合与社会资源的整合，这一举措既应对了近十年的高校扩招所形成的对教学资源需求的持续增长与教育投入增长不足、教学资源相对短缺所形成的矛盾，又提高了优质教学资源的利用率，让更多的大学生获得优质的受教育机会，是兼顾效率与公平的体现。

然而，高校当前还面临着内部资源整合问题。近年来随着大学的扩招，我国几乎所有的大学都在硬件上做了大量投入，兴建校舍，投资设备，购置图书，建设实验室等等。但在实际使

用上却出现了不同程度的资源浪费的现象，出现同一大学中不同学院的“贫富差距”。科学发展观中讲协调发展，其中资源配置和资源利用的协调是高校资源合理使用的根本导向。现代大学强调要学会“经营”，在有限的教育资金投入中获取更大的教育教学发展空间，提高教育教学的效益与效果。高校通过内部教学资源整合，加大力度促进资源开放和共享，提高学校资产的使用效益，实现优化配置，发挥现有资源最大作用。大学要善于经营自己的资源，本着“增量重规划，存量重调整”的原则对硬件建设合理投入和管理，不断改善办学条件，增加师生满意度，提高办学效益。

此外，高校还要以校园文化建设为导向，着力突出大学文化氛围营造，致力于提高学校软实力。大学文化是一所大学的灵魂，是一所大学的精神所在。构建大学文化首先要以社会主义核心价值观作为基本导向。其次，要立足本校实际，以科学发展观为指导，前瞻性地规划校园文化建设，扬弃性地传承传统校园文化。如果大学重智轻德，必然导致学生片面发展。高等学校应当把牢固树立中国特色社会主义的共同理想，关注人类命运，关注国家民族进步，关注民生，创新创业、甘于奉献，作为人才培养的崇高目标，使师生在文明、健康的氛围中全面发展，增强学校软实力，推动高校科学、和谐、可持续发展。

（作者：山西财经大学校长、教授）

加强校风建设　营造风清气正的校园氛围

杨　河

高等院校在发展过程中，既面临财力、物力相对匮乏等难题，又受到一些庸俗观念和浮躁风气的影响。高校要履行好立德树人的核心使命，创造一流的学术成果，必须大力加强校风建设，营造风清气正、文明和谐的校园氛围。

2008 年 5 月 3 日，在北京大学建校 110 周年之际，胡锦涛同志视察北京大学并发表重要讲话。他在讲话中把校风建设摆到非常突出的位置，明确希望北京大学能够在校风建设方面起表率作用。北京大学党委深入学习领会胡锦涛同志重要讲话精神，进一步发扬北京大学在长期奋斗过程中形成的光荣传统，引导教师淡泊名利、甘为人梯、严谨治学、教书育人，教育学生尊敬师长、关心同学、热爱学校、热心公益，大力倡导追求真理、追求卓越、清除赝品、拒绝平庸的学术风气，着力构建以人为本、尊重差异、鼓励创新、积极向上的和谐校园文化。

一、将发扬北大光荣传统作为校风建设的源头活水

作为我国近代第一所国立综合性大学，北京大学在一个多世纪的奋斗历程中，形成了博大精深的校园文化底蕴。110 多年来，爱国、进步、民主、科学的光荣传统在北京大学生生不息，敢于独立思考、又善于吸收借鉴人类优秀思想文化成果的良好风气在北京大学代代相传。独特的校情校史，使广大师生普遍具有较强的爱国主义精神和社会责任感，为我们推进校风建设打下了坚实基础。

在校风建设过程中，我们始终高度重视发挥北大光荣传统的凝聚和引导作用，系统开展了以爱校荣校为主题的教育活动。我们对北大历史、北大精神和办学理念进行广泛讨论，不断总结提炼和宣传普及北大光荣传统的精神内

涵。新生入学和毕业生离校是两个"最佳教育期"，为此我们对开学典礼和毕业典礼的内容进行精心设计，采取邀请杰出校友回校作报告等方式，充分彰显北大光荣传统的精神魅力。我们还着力宣传北大是新文化运动的中心和五四运动的策源地，是最早传播马克思主义的基地和中国共产党的早期活动基地，教育引导广大师生从独特的校情校史中深刻理解中国近现代的历史进程，不断增强他们对党的亲近感和对中国特色社会主义理论体系的认同感。

实践证明，发扬北大光荣传统，本身就是一种最生动的教育。正是一代代北大师生对北大光荣传统的传承和发展，才使校风建设具有了弥足珍贵的心理文化环境。北大薪火相传、历久弥新的光荣传统，已经成为我们推进校风建设最为重要的源头活水。

二、坚持教育引导与严格管理并举的校风建设思路

校风建设是"务虚"和"务实"的有机结合。我们将教育引导与严格管理作为校风建设的两个努力方向，牢牢把握以正面宣传为主这个校风建设的基本途径，全面加强制度建设和监督管理这个校风建设的必要保障，实现了两手抓、两促进的工作效果。

为加强正面宣传和教育引导，增强校风建设的亲和力和实效性，我们坚持校风建设关键是要打动师生、感召师生、引导师生，着力构建全体师生共同享有、维护和发展的精神家园。我们深入开展向王选、孟二冬学习以及学习胡锦涛同志给孟二冬女儿回信活动，使"学为人师、行为世范"的理念成为广大教师的自觉行动。我们设置教师最高奖项"蔡元培奖"和党务工作者最高奖项"李大钊奖"，先后推出和表彰季羡林、侯仁之等师德典范和蒙晓燕、高明等学生楷模，为广大师生树立了可亲、可敬的榜样。我们还持续开展"文明生活、健康成才"主题教育活动，教育引导学生形成文明的生活方式、合理的求学计划和昂扬向上的精神风貌，使校风建设与大学生思想政治教育和素质教育广泛结合起来。

为加强制度建设和监督管理，我们坚持以教师职业道德和师生学术道德建设为重点，努力建立和完善有章可循、有章必循、执法必严、违法必究的制度体系和管理措施，切实提高了依靠制度管人、管事的水平。我们制定和完善《教师职业道德规范》等规章制度，把师德建设作为一项重要指标，严格执行师德一票否决制。我们在校学术委员会中成立学术道德委员会，专门接受对学术道德问题的举报并进行独立调查。学校还专门召开树立北大文科精品意识大会，向学术界和全社会发出了"清除赝品，拒绝平庸"的承诺和倡议，在师生中营造了明荣知耻的舆论强势。

三、积极探索校风建设的新理念、新途径

面对高校师生思想的独立性、选择性、多样性、差异性大大增强的新形势，我们把贴近师生、贴近实际、贴近生活作为校风建设的一项重要原则，不断改革创新校风建设的理念和途径，赋予校风建设强大生机与活力。

在校风建设理念上，我们努力做到三个统一。一是坚持导向性与包容性相统一，处理好高端诉求与底线原则的关系，针对不同师生群体采取多样教育方式。二是坚持理论性与实践性相统一，既不断凝练和丰富学校的生动历史传承、共同价值体认和独特精神品格，又将这些精神理念落实为可操作的具体要求。三是坚持稳定性与开放性相统一，将保持学校的特色和历史底蕴与反映时代精神有机结合。

在校风建设途径上，我们十分注重开拓新项目、新载体。我们结合举办奥运会、鼓励大学生到基层和西部去建功立业等活动，积极开拓奥运志愿服务、大学生"村官"计划、支教行动、在校生参军入伍项目等新的校风建设品牌。我们在工作实践中深深体会到，将公益、环保、志愿服务等文明进步的新风尚不断纳入校风建设

体系，对培育一流校风具有非常重要的推动作用。在去年奥运会、残奥会期间，我校分别选派了3336名和2918名志愿者，他们以扎实的专业基础、不懈的艰苦努力和忘我的奉献精神，赢得了广泛赞誉，志愿者自己也感到受益匪浅。

四、建立健全抓党风带师风促学风的校风建设模式

校风建设涵盖学校领导班子作风建设、师德师风建设和学风建设等多项内容，是一项系统工程，必须以抓重点来带全局。我们认真学习党的十七大提出的以优良的党风促政风带民风的重要思想，结合学校工作实际创造性地抓好贯彻落实，形成了抓党风带师风促学风的校风建设模式。

具体来说，就是把各级班子的思想政治建设和党风廉政建设作为校风建设的首要任务，以良好的党风凝聚、影响、带动广大师生员工。近年来，我校通过切实加强先进性教育、理论中心组学习和校务公开等重点工作，不断加强各级班子的作风建设；同时，对各级班子在校风建设上的职责提出具体要求，使各级班子真正成为校风建设的统领和表率。

在加强党风建设的基础上，我们还高度重视抓住师德建设这个关键环节，充分发挥优秀师德在校风建设中的承上启下作用。近年来，学校先后两次召开全校性的师德工作会议，努力营造尊师重教和弘扬高尚师德氛围，积极探索师德建设的长效机制，有效提升了校风建设的整体水平。

事实充分说明，党风正则师风正，师风正则学风正，学风正则校风正，校风建设必须从党风建设这个龙头抓起，从师德建设这个上游抓起，才能做到事半功倍。我们将按照胡锦涛同志的指示要求，不断深化对校风建设规律的认识，进一步加强校风建设，以一流校风加快推进创建世界一流大学。

（作者：北京大学党委副书记）

心理疏导的方法和应用

吴　远　童　曼

党的十七大报告提出："加强和改进思想政治工作，注重人文关怀和心理疏导，用正确方式处理人际关系。"心理疏导作为加强和改进思想政治工作的重要方面，第一次出现在党的全国代表大会报告中，此前党的十六届六中全会把心理和谐、心理健康教育提到关于构建社会主义和谐社会若干重大问题的高度。这从一个侧面说明，心理问题往往与思想问题交织在一起。新时期思想政治工作只有把心理问题和思想问题的解决有机统一起来，注重心理疏导，在帮助人形成健康心理和健全人格的基础上才能更好地发挥作用。

心理疏导是加强和改进思想政治工作的新途径

当前，中国已进入改革发展的关键时期，经济体制深刻变革、社会结构深刻变动、利益格局深刻调整、思想观念深刻变化，心理问题也随之纷繁而至。因此，加强和改进思想政治工作应更加重视心理疏导，心理问题的解决是有效开展思想政治工作的初始阶段。思想政治工作视野下的心理疏导应主要关注人们的心理过程和个性心理，关注社会公众的认知、信念、情感、态度和行为等，关注和尊重教育对象的实践主体

地位及其主观能动性作用，关注“人的现实生存状态”。

心理疏导既是加强和改进思想政治工作的内容，也是加强和改进思想政治工作的方法。从“内容”讲，就是要突出“以人为本”，突出人的自身心理层面。从人本身出发，把心理问题和思想问题的解决统一起来。作为“方法”，把关注人们的现实生活作为做好思想政治工作的切入点，把对人们心理、思想、价值观等方面积极向上的引导作为做好思想政治工作的着力点。因为生活是思想政治工作的依托，不关注人们的生活诉求，思想政治工作就成了无源之水、无本之木。只有在现实生活土壤中，才能培养出社会主义的公民人格，使人们学会在现实生活中积累经验、磨砺意志、承担责任。

心理疏导是构建健康国民心态的重要保障

国民心态一般是指一定社会历史时期中社会成员与社会现实之间互动而形成的社会心理。健康国民心态是一种符合基本社会伦理规范、适应文明社会总体发展要求的和谐、健全的社会心理状态。塑造和培育自尊自信、理性平和、积极向上的健康国民心态，是建设和谐社会、实现人的全面发展不可或缺的重要目标和内容。把心理疏导引入思想政治工作，目的是通过引导或改变公众的认知、信念、情感、态度等心理倾向，为培养健康国民心态创造必要的健康心理条件。加强心理疏导应注意把握以下方面的具体内容。

1. 认知疏导。心态问题的解决，归结到一点，就是重构人们的认知。不科学、非理性、缺乏合理价值观指导的思维或认知方式，可以说是导致种种不良心态出现的直接原因。思想政治工作应教育和引导人们在树立科学的世界观、认识论和方法论的基础上，引导人们确立和保持科学、合理的思维方式和认知方式，始终保持心理平衡和行为方式的适度性。例如，引导人们学习实事求是、讲究理性的科学思维方式，以理性驾驭情感，矫正情绪化、非理性的思维习惯；引导人们学会用联系、发展、变化的辩证思维来看待改革开放中出现的问题，使思想积极适应社会环境的变化，对个人问题要区分内外因，以内因为主、外因为辅，多从自身找原因，努力发挥主体能动性来解决问题；引导人们学会运用基于平等心、利他心的换位思考，矫正自我中心的思维方式，做好沟通，消除误会；引导人们学习运用中庸的方法论原则，防止思想和行为走极端；学会与他人进行合理的比较，不盲目攀比，要认识到能控制自己的思想和情绪、做好自我激励的人才是真正的强者，等等。

2. 情感疏导。健康的情感是人拥有正常社会生活的基础，是人们行为的动力因素，有助于充分发挥人们的主观能动性和创造性。思想政治工作就是要培养人们正确的爱憎感情、强烈的自尊心与正确的荣誉感、追求真理和美好前景目标的情感、成熟的义务感与责任感等。例如加强理智驾驭情感的能力锻炼，在受到突然刺激、情绪要发作时能保持镇静，反思情绪的合理性；引导人们做到宽容大度、求同存异，能包容他人的缺点和冒犯；引导人们学会转移注意力，能够在陷入“剪不断、理还乱”的情感陷阱时及时转移注意力，始终保持积极、乐观的心态；引导人们学会自我对话（写日记等）、放松练习、冥想或禅定练习、沟通谈心、调整生活方式、开发自身潜能等方法和技巧，能够在遇到突然刺激时及时有效地疏泄负面情绪、缓解压力。

3. 社会环境疏导。好的社会环境对国民心态的影响是巨大的。2008 年北京奥运会期间，中国不仅获得金牌总数第一，而且在人文奥运、科技奥运、绿色奥运的理念下，营造出一个宽容和谐的氛围，充分展示出一个大国自信、开放、成熟的国民心态：民众自觉维护公共秩序，展现出良好的文明修养；民众支持奥运相关政策，体现出对政府的拥护；人人争当志愿者，体现出奉献精神；热情接待世界各地运动员和宾朋，尽显热情友好的待客之道；对刘翔因伤退赛、郎平执教美国排球队的态度，体现出国民包容淡定的心态。通过成功举办一届奥运会，中国的年轻一代变得更加自信。同时，平和宽容的国民心态、现代文明的生活方式、以人为本的管理制度、自信高尚的国民精神、追求卓越的生命活力等，也开始逐步走进中国人的日常生活。北京奥运会期间所展现出的健康良好的国民心态充分证明，营造良好的社会环境，对于培育健康的国民心态至关重要。

心理疏导是提升突发事件应对能力的有效支撑

思想政治工作不仅要做好常态下人的心理疏导工作，而且要更加重视做好突发事件中群众的心理疏导工作。突发事件是指在一定地区、范围和一定情况下，突然发生的具有一定社会影响、产生一定社会后果的重大灾害事件，包括自然灾害与重大社会事件。前者如“5·12”四川汶川特大地震，后者如乌鲁木齐“7·5”打砸抢烧严重暴力犯罪事件。突发事件发生时不仅造成巨大的物质损失，也给人们带来巨大的心灵创伤：恐惧、悲伤、无助、震惊、报复等消极心态，以及家园被毁之忧、丧失亲人之痛、灾害惨烈之状，成为盘踞在人们心头挥之不去的阴影。突发事件中的心理疏导在于整合社会目标，及时做好群众的思想工作，消除不必要的恐慌心理，保持正常的生产生活秩序；引导公众志趣，充分发挥万众一心、众志成城、同舟共济、共克时艰的民族精神；创造心理相容性，妥善处理善后工作，培育人们居安思危的忧患意识，发挥其渗透力、感召力和战斗力的作用。

1. 舆论的正面引导。传播媒体在预防、控制和处理突发事件中具有普及知识、动员公众、告知真相、协调各方的信息传播功能，能将突发事件中的各种有用信息传播给公众。例如在2008年抗震救灾过程中，中央电视台24小时不间断地直播救灾的最新进展情况，不仅为广大民众提供了了解整个救灾情况的渠道，而且为指挥部门的救灾决策提供了及时准确的信息，甚至为广大灾区人民寻找亲人提供了直接宝贵的信息，对于稳定人心起到十分重要的作用。思想政治工作充分利用各种现代传媒，结合突发事件情况与受众复杂心理，准确、合理、适时、适度地进行正面宣传引导，能很好地起到维护稳定的作用。

2. 民族精神和榜样示范起到的疏导作用。千百年来，中华民族历经坎坷而愈挫愈坚，遭受困境而愈磨愈奋，靠的就是伟大的民族精神。在面对突发事件的关键时刻，中华民族的伟大精神更是发挥了重大作用。同时，通过展示民族精神的典型人物，以其榜样示范的力量，能够使人们有效地形成积极应对突发事件、重新过上幸福美好生活的心理动机和精神力量。

3. 突发事件后的心理健康教育。人们的心理状态在一定的环境因素刺激下逐步形成，同时它又通过行为对环境产生反作用。从突发事件产生的后果可以看到，突发事件会对人们的心理造成长期的影响。因此，思想政治工作者既要认真关注社会群体的思想动态，也要密切注视个体的心理健康状况。第一，要因人而异，耐心细致地疏通人们的情绪，引导其正确对待突发事件，了解突发事件的性质、预防措施和解决办法，树立战胜困难的信心。第二，要帮助人们提高对突发事件的心理承受能力和环境适应能力，引导其自我认识、自我导向、自我调适，增强自身心理素质。第三，要重点关注灾后幸存者的心理健康康复。研究表明，在突发事件发生之后的3天到1个月之内，幸存者的心理问题会表现出来，会出现极度悲观、绝望等情绪，尤其需要注重对其进行耐心细致的心理疏导，千方百计帮助其调适心理，渡过难关。

心理疏导是增进群体和谐的积极手段

群体和谐是和谐社会的一个重要特征，是思想政治工作的重要目标。当前，由于金融危机影响造成的大学生就业问题和返乡农民工就业问题，使他们成为需要关注的群体。他们面临相同的问题——生存压力，有着相同或近似的心理状态，如迷茫困惑、心理失衡、抱怨不满，甚至意志消沉等。心理疏导工作的着力点是：

1. 减压疏导。心理减压是指通过身心放松，从而保持一种健康、积极向上的心态。倾诉、读书、音乐、帮助他人、休息、运动等都是进行心理减压的有效方法。例如，媒体可以充当疏导农民工心理问题的重要渠道，通过电台节目、接听热线电话等，进行互动交流。同时，加大宣传力度，唤起农民工关注自身心理健康的自觉意识。

2. 择业观疏导。大学生就业难的问题与整个社会就业形势有关，也与有些大学生不正确的就业择业观念有关。正确的职业观要求客观地审视自己，在祖国需要和客观现实允许的情况下，选择自己喜欢的工作，做好长远规划。

3. 坚持心理疏导和解决实际问题相结合。要利用国家的优惠政策，例如税收财政对自主创业的支持等，创造有利条件，增进就业。此外，引导大学生扎根基层、支援西部、选择民企等。

总之，心理疏导既是思想政治工作理念和内容的着眼点，同时也是思想政治工作的手段。做好新时期的思想政治工作，必须把心理疏导的研究和应用放在重要位置，使之成为思想政治工作创新的重要内容。

（作者：河海大学副校长、教授、博士生导师；广东水利电力职业技术学院副教授）

大学生思想政治教育工作创新

郑大俊

在长期的办学实践中，河海大学高度重视大学生思想政治教育工作，始终将其放在学校育人工作的首位。2004 年 9 月，《中共中央国务院关于进一步加强和改进大学生思想政治教育的意见》（下称 16 号文件）下发以来，学校积极组织广大师生认真学习，深刻领会，把思想认识统一到中央文件的要求上来。结合实际，认真制定措施，努力把中央文件精神落到实处并取得了一定的成效，开创了大学生思想政治教育工作的新局面。

提高认识，不断增强做好大学生思想政治教育工作的自觉性

在新的历史条件下，人才培养工作面临许多新情况、新问题、新挑战。第一，党和政府对我们的办学质量提出了更高要求，学生家长要求我们的人才培养具有更高水平，用人单位要求我们的毕业生具备更高素质。第二，就业形势不容乐观。大学教育从精英教育转为大众化教育后，大学生就业存在结构性失衡；随着研究生规模的扩大，本科生就业处于弱势地位。第三，影响学生发展的因素依然存在。一是贫困生比例偏高，二是当前学生心理状况不容忽视，三是学习上有困难的学生仍在增加。这些问题的存在，对我们做好大学生思想政治教育工作提出了新的挑战和新的要求。

学校党委认为，进一步加强和改进大学生思想政治教育工作，不仅是事关国家前途和命运的战略工程，事关科教兴国和人才强国战略的基础工程，事关发展先进文化和精神文明建设的重大工程，也是事关千家万户切身利益的民心工程。16 号文件为高校培养高素质人才明确了任务，指明了方向，提出了要求；给政工干部提供了有力的武器，使政工干部在工作中

气更顺，腰更硬，干劲更足；为学生的成长成才提供了平台和保障，它是学生成长成才的推进器、催化剂。

16号文件颁布后，学校党委及时制定并颁发了《河海大学关于学习贯彻落实〈中共中央国务院关于进一步加强和改进大学生思想政治教育的意见〉的实施意见》，成立了“河海大学加强和改进大学生思想政治教育工作领导小组”、“学生思想道德建设工作领导小组”，调整了“思想政治理论课建设指导委员会”。起草了学校贯彻落实的11个配套文件，汇编了《学习贯彻落实〈中共中央国务院关于进一步加强和改进大学生思想政治教育的意见〉》文件资料，并以这些文件为指导，贴近实际、贴近生活、贴近师生，切实加强和改进大学生思想政治教育工作。

联系实际，切实提高大学生思想政治教育工作的实效性

在贯彻落实中央16号文件过程中，学校坚持从实际出发，坚持改进创新，形成了自己的一套做法。

1. 在辅导员队伍方面建立了“四个一”的管理体制。“一队多元”，就是在辅导员队伍结构建设上坚持一队多元，在性别搭配上合理科学、在年龄层次上以中青年为主、在学历层次上以研究生为主体、在学缘结构上逐步扩大外校比例。“一进四出”，一进，就是完善辅导员选拔程序，严格把好入口关，切实保证辅导员的质量，保证新进辅导员具有较高的思想政治素质、组织管理能力和学历层次。四出，就是通过提拔、留用、转岗和深造等途径，建立切实可行的辅导员流动制度，激活用人机制，畅通辅导员的业务发展出口，解决辅导员的后顾之忧。“一专多能”，一方面要求辅导员必须具有政治学、教育学、心理学、伦理学、管理学或相关学科专业知识背景，以一门专业为主；另一方面要求其具备心理学、社会学、管理学等学生发展指导的相关专业知识，具备良好的思想教育工作能力、组织协调能力和语言、文字表达能力。“一队三化”，就是通过走专业化、专家化、职业化建设的道路，逐步建立一支适应新世纪需要的、素质优良的思想政治工作专家群体。目前，学校本科生辅导员总体上按照1∶200的比例配备，研究生辅导员总体上按照1∶250—300的比例配备，同时保证海军国防生、基地强化班、社区管理等专职辅导员的数量。

2. 在大学生就业工作方面构筑了“五大工程”。为了提高就业比例的同时提升就业质量，学校还积极开展就业的五大工程，即优质就业工程、市场开发工程、素质拓展工程、信息快递工程、联合牵手工程。为了保障就业工作的正常开展，学校建立了三个层次的就业工作组织：一是成立了专门的就业领导小组，还定期召开校长书记专题会，研究毕业生就业工作；二是建立健全了以学生工作部门、各院系学生工作办公室为主体的机构，完善运转有效的就业工作管理和服务组织；三是成立了以开展专业化、个性化就业指导为主要任务的就业指导课程小组。此外，学校还为就业配备了数量充足、结构合理、素质过硬、作风优良的就业工作队伍。在毕业生人数连年大幅增加、就业形势严峻的情况下，学校本科生就业率多年始终保持在95%以上，研究生就业率始终保持在97%以上。针对目前大学生就业形势，学校主动采取措施，拓宽就业途径，加强与中西部地区、中小企业联系，鼓励毕业生到基层就业；加强与水利行业内单位合作，捆绑式推荐非水利专业毕业生；加强校企交流，积极搭建校企交流平台，让用人单位与毕业生亲密接触，展现本校学生综合素质，开拓人才招聘新思路。

3. 在学生解困方面建成了多元化的工作体系。河海大学是一所具有明显水利特色的工科院校，许多学生尤其是少数民族学生大多来自经济欠发达地区的农村。目前，学校贫困生人数有5000多人，占在校生总数的20%左右，其中特困学生1500余名。河海大学把解决思想问题与解决实际问题紧密结合，一手抓好困难学生的思想教育工作，形成了以理想信念为核

心，艰苦奋斗、自立自强、心理健康、诚信教育等为主要内容，校园文化活动为载体的思想教育工作格局；一手抓好家庭经济困难学生的解困工作，始终坚持保障学生基本生活条件，建立了以助学贷款为基本帮困渠道、勤工助学为主要手段、奖助学金为激励方式、减免学费和困难补助为辅助措施的多元化资助经济困难学生的政策体系，较好地保障了贫困学生顺利完成学业，不让一名学生因经济困难而辍学，而且在一定程度上满足了大学生合理消费的生活需求，没有一名学生因思想问题而带来不良后果。

4. 在心理健康教育方面形成了“一二三四五”工作模式。确立一条主线：以预防学生心理问题为基础，以一般心理问题援助和干预为重点，重视突发危机事件处理，以确保校园稳定和谐、促进学生全面发展为价值追求。建立两个机制：一是建立了以分管学生工作的党委副书记挂帅，学生工作处为牵头单位，相关部门分工协同、各学院各司其职的领导机制。二是形成了以心理健康教育活动为导引，心理咨询和心理测评为基础，突发事件处理为保证，科学研究为支持，集干预、咨询、教育和研究功能四位一体的工作运行机制。构建三级网络：建立了由大学生心理发展研究中心、院级心理辅导站和学生心理健康协会组成的心理健康教育三级保健网络。建好四个平台：心理咨询室、心理健康教育网站、心理健康教育刊物《心翼》、心理健康教育活动。狠抓五项制度：心理普查制度、学生心理健康信息报告制度、心理咨询工作制度、心理危机干预制度、心理健康教育队伍培训制度。通过这些措施，使心理健康知识不断普及，心理健康观念深入人心，有效保证了校园稳定和安全。校大学生心理健康协会先后被评为江苏省“十佳学生社团”和全国“优秀学生社团”。《科学时报》、教育部网站等重要媒体也多次对我校心理健康教育事迹予以报道。

5. 在学生社会实践方面创建了“三三三”工作模式。在多年社会实践的基础上，河海大学进一步提出了“三年三类三层次递进式系统化暑期社会实践育人模式”，即一年级以“认识实践”为主，重点解决态度问题；二年级以“工作实践”主，重点解决能力问题；三年级以“生产实践”为主，重点解决行动问题。学校成立了社会实践领导小组，负责总体协调，下设办公室。出台了《社会实践管理办法》规范管理，设立了专项经费，并按照双项受益、长期作用的原则，以与教学实习基地相结合、与专业实践基地相结合、与就业推荐相结合、与学位教育相结合等形式，建立了100多个长期稳定的社会实践基地。多样性的社会实践活动，帮助学生丰富实践课堂知识、培育科学精神、感悟人生真谛、经受社会锻炼。学校连续十余次获全国暑期大学生社会实践先进集体称号。

6. 在学生思想政治理论课教学方面突出自身特点。河海大学思想政治理论课教学改革主要有以下几个方面：在教学过程的设计上，始终坚持以学生为主体，通过随机访问，调查了解学生对思想政治理论课的认识水平、思想困惑及关注热点，以及对开设思想政治理论课的态度、建议和要求；在教学内容上，使思想政治教育、道德教育和生活教育统一起来；在教学组织方式上，大胆创新，实行教师负责教学与专题讲座相结合的方式；在教学模式上，创造出了“启发式教学——阅读原著，撰写读书报告”、“应用式教学——辩论赛”、利用思想政治工作网站开展“两课”网上论坛等教学新模式。思想道德修养课程组教师还积极引导学生举办道德小品活动，让学生积极参与课堂教改，这两年指导学生编写了200多个道德小品剧本，通过自编、自写、自演、自评，达到了思想品德课的教学目的，同时，对学生的心理、人格、能力培养等起到了积极的教育作用。

7. 在学生党建方面形成了“四抓”的工作机制。在学生党建方面，为了做到既积极发展，又确保学生党员质量，河海大学一是抓培养，夯实发展党员工作基础；二是抓制度，力求党建工作规范科学；三是抓管理，强化党员先进作用辐射；四是抓合力，全面实施党建系统工程。学校成立了由党委正、副书记为正、副组长的党建工作领导小组，形成了党委统一领导、组织部与学生工作部联合布置和督促检查、各学院党委贯彻落实的学生党员发展工作机制，并将发展学生党员工作列入学院党委的年度工作目标。

（作者：河海大学党委副书记）

高校思想政治理论课创新实践

徐同文

地处沂蒙革命老区的临沂师范学院作为一所区域性大学，秉承区域大学的历史使命，从自身的办学定位和培养目标出发，适应新的形势变化，以实事求是、与时俱进的精神，积极推进应用型人才国际化培养创新模式的实施，本着“有用、有效、先进”的原则，贴近社会实际和学生需求，着力培养适应区域社会发展需要的应用型人才，进行以思想政治理论课为标志的课程模式改革，做了有益的实践探索。

贴近社会发展实际，追踪学生成才需求

课堂永远属于学生，最可靠的评价是学生的评价。衡量思想政治课是否成功的重要尺度是学生喜欢不喜欢、满意不满意、接受不接受。有理想有能力是新时代社会发展对人才的基本要求，为此思想政治理论课的目的：一是使学生树立正确的理想信念；二是切实增强学生的综合能力。理想信念是有志青年奋发向上的动力，是青年学生能够成为“可靠接班人”的前提；综合能力是青年学生立足社会的关键，是青年学生能够成为“合格建设者”的基本素质。如果学生都具备了这两点，教育就是成功的，课程就是高质量的。

以学生为中心、以学生的实际需要为本，是推动高校思想政治理论课获得发展的强劲动力。思想政治理论课的建设一方面要贯彻党和国家对大学生思想政治素质的要求，同时也要考虑高等教育大众化导致学生付费上学、双向选择就业、自主创业的客观现实，考虑学生的就业和创业的需要，并随着学生和社会的需求不断发展变化。要按照“有用、有效、先进”原则，适应应用型人才国际化培养的需要，从有利于学生知识结构的构建，与学生所学专业的学科、行业发展动态相结合等方面加强和改进思想政治理论课教育教学。

高校思想政治理论课要开好，最根本的是要始终坚持“以学生为中心”。“以学生为中心”就是要充分尊重学生的主体地位，发挥学生的主体作用，以学生成才成长为中心，不断满足学生多方面的需求，把是否有利于学生成长成才作为衡量教育教学是否成功的根本标准。学生是价值主体。思想政治理论课既要坚持教育、引导和激励学生，又要尊重、关心和帮助学生，要注重学生的各种实际利益需求，把学生的实际需要与思想政治教育结合起来，使学生处于思想政治教育的主体地位。学生是自我教育的主体。思想政治理论课要“坚持教育与自我教育相结合”的原则，教师要通过启发、引导学生内在的思想政治理论需求，培育学生的主体性，增强学生的主体意识，使学生变被动学习为主动参与。在教学中让学生有独立感悟、思考、探索的空间，让学生在主动参与过程中获得自我教育和自我提升。而教师的主导作用就在于利用一切行之有效的方法与手段，激发学生学习思想政治理论课的爱好和兴趣。

构建与"培养应用型人才模式"相适应的思想政治理论课课程模式

课程是高等学校教育教学的基础，是学生消费高等教育资源的基本单位和载体，课程建设水平是衡量高等学校教学质量的重要标志。2005年全国高校实施的思想政治理论课新课程方案，使高校思想政治理论课教学有了很大改观，成效显著。如何进一步深化落实该方案，不同层次的高校应按照不同的培养目标，根据自身的特点，构建与自己的人才培养模式相适应的课程体系，以进一步加强思想政治理论课教学。作为区域大学，为区域社会发展服务是其生存与发展的基础与动力，也是国家举办区域高校的主要目的。

学校按照"思想政治理论课的生命力就在于学生的需求"的出发点，根据"从出口往回找的原则"，按照沂蒙老区社会对各类人才的需要，按各行业对人才规格、素质和知识能力的要求，评估课程体系和内容及教育训练过程的合理性、符合度，确定课程设置，清理与重构课程体系和教学内容，优化培养模式和教育过程。具体做法：按照强化基础、突出实效、注重实践的原则，在确保国家规定的学时、学分的前提下，按照专题方式进行设计，对规定课程作进一步细化与整合。把马克思主义理论、形势与政策、市场经济理论、自然科学与社科人文、区域社会发展、文明素质教育、国防教育、就业指导都纳入到思想政治理论课的教学范围，全面开发新课程，扩充新领域，丰富思想政治理论课教学内容，形成综合性课程体系。

按照中央的有关规定和专业学习必需的原则，学校分校、系(院)两级进行思想政治理论课课程的设计与开出。校级思想政治理论课包括：政治理论必修课程、政治理论辅导课程、政治综合理论选修课程、国防教育与军事训练课程四大板块。政治理论必修课程包括：①马克思主义基本理论概念；②中国近现代史与中国特色社会主义；③西方市场与中国社会主义市场；④中国市场与经济发展分析；⑤世界自然与文化遗产；⑥现代科技与生产力。将全部内容分成两部分进行设计：一部分是课程体系内容，以马克思主义的基本理论和基本概念为主；第二部分专门用来解决在大学生中普遍存在的现实问题，该部分内容紧紧围绕现实和学生需要来设计，讲学生最困惑和最关心的问题。通过这些课程的教学，让大学生很好地认识社会、把握未来，努力使政治理论课教师成为大学生最需求的专家。

政治理论辅导课程包括：①文明公民与大学生素质；②人生理想与大学生生涯。这个版块主要是进行理想信念教育和大学生文明素质教育等。这类课程必须实实在在，把理想信念教育和道德教育落实到学生具体的行为上，要解决学生的实际问题。让学生明白：理想信念并不是空洞的口号，离自己并不遥远，而是具体体现在自己实际行动上。作为学生现阶段就是集中精力，全力以赴、努力学习。通过这门课，让大学生把自己价值的实现与理想信念有机结合起来，让大学生很好地认识自己、认识现在，使大学生能够充分发挥自己的优势，约束自己的行为。

政治综合理论选修课是报考研究生、公务员等所需要的课程，学生可根据需要选修。国防教育与军事训练课程在新生入校后进行的军事训练中完成。系(院)都根据专业教学实际需要，开发切合专业人才培养实际的专业基础核心课程，作为校级思想政治理论课的延伸。每个专业均要围绕学科前沿、行业(职业)前沿等，开设1－2门专业核心基础课程。所有的这些课程与学生所学专业的学科、行业发展动态相结合。关注所学专业的学科发展、行业的社会需求、行业改革发展态势，在教学内容的适当地方引用这些素材，有助于增强学生对理论指导意义的感性认识，增强学习兴趣。

创新教学方式方法

创新教学方式方法要实现"五个转变"：由

既定的结论"灌输"向师生共同研究得出科学结论转变;由教师授业解惑向师生共同探讨解惑转变;由单一的课堂讲授向课堂讲授与多样化教学方式相结合转变;由单一的学校课堂教学向小课堂与社会大课堂相结合转变;由传统的"千人一卷,千人一面"的考核方式向以理论思维的提升、能力的培养为目的的考核方式转变。

充分发挥党团组织在思想政治理论课教学中的作用,将党课、团课教学纳入思想政治理论课教学体系,并与大学生实践活动相结合,最大限度地拓展思想政治教育空间,提高教学效果;组织思想政治理论课任课教师加强对重大理论和实践问题的研究,用研究成果支撑教学,用自己深刻理解了和把握了的理论教育学生、打动学生,真正实现使科学理论进学生头脑的目的和效果;实施问题式教学、启发式教学,通过课堂讨论、课外作业训练,引导学生主动学习、主动思考,提高学生自主学习能力;变单一的课堂教学为理论与实践相结合。以形式多样的活动为载体,以学校和系(院)的社会实践基地为依托,以建立长效机制为保障,积极组织和引导学生走出校门、深入基层、深入群众、深入实践,以改革开放和现代化建设的巨大成就教育学生,提高学生分析问题、解决问题的能力;以专题讲座或报告形式,增进学生对形势与政策、区域经济与社会发展、先进英模事迹等的学习和感悟,激发学习兴趣,增强思想政治理论课的吸引力和感染力;加强学习资源建设,大力推进多媒体和网络技术的广泛应用,实现教学手段的现代化,建立教学资源数据库,实现资源共享,为学生提供现代化的学习手段与学习渠道,增强教育教学效果。

建立健全课程组织落实体系

思想政治理论课教学不能仅仅局限于马列教学部一个部门,而是要充分发挥各级各部门的育人功能,在学校党委统一领导下,建立健全党政团学密切配合、齐抓共管的思想政治理论课的组织落实体系。临沂师院成立思想政治理论教育工作协调小组,负责对思想政治理论课课程设置、课程研发、教学内容审核、师资培训和教学管理等工作的指导与协调。成立"思想政治理论课课程研发与指导管理中心",具体负责全校思想政治理论课的研发工作。将思想政治理论课程教学拓展到校组织部、宣传部,拓展到团委、学生工作部门,拓展到学校的各个部门和各系(院),发挥学校和社会、教师和学生、党团组织和党团校的作用。通过思想政治理论课程专任教师、相关专业课教师的课堂教学和校、系(院)两级党校、团校辅助补充教学,以及社会其他部门的专家学者、领导干部的专题讲座,形成思想政治教育的巨大合力,从不同角度、以不同方式对学生进行思想政治教育,从而最大限度地发挥"主渠道"、"主阵地"的作用,以此达到学校的培养目标。党委宣传部负责对思想政治理论课内容从政治高度进行最终审核;教务处负责对思想政治理论课程的课程设置(学时、学分等)进行整体设计,组织教学运行,进行教学模式和考试考核方式改革;马列教学部负责思想政治理论课程体系建设,对课程内容与学科建设统筹规划;学校组建课程研发中心,以单门课程为单位成立以课程主持人为组长的课程研发组,通过课程学术立项的形式对每一门课程进行开发研究、建成创新精品课程。同时,加强各门课程之间相互关系及内在联系的研究,创新并逐步完善思想政治理论课程体系。成立"思想政治理论课教学专家督导组",对全校思想政治理论课开设情况进行指导、督促、检查、评价和考核。

目前临沂师范学院为了适应高等教育大众化带来的人才培养模式的变革的需要,正在全力推进"应用型人才国际化培养模式"的改革。思想政治理论课是其中最基础的组成部分,也是最核心的改革。学校的目标就是使学习思想政治理论课成为大学生内在的强烈需求,使思想政治理论课真正成为"大学生真心喜爱、终生受益的课程"。

(作者:山东临沂师范学院党委书记)

高校党委书记应注意处理好的八个关系

李 因

高等院校党委是学校的领导核心，提高党委的办学治校能力是高校贯彻落实科学发展观、办人民满意的学校的关键。高校党委书记要提高履职能力，就应该注意处理好以下几个关系。

1. 党委书记个人与党委集体的关系

处理好这个关系的关键在于正确实行民主集中制。首先，党委是集体领导，遵循的是“多数原则”，体现的是整体的意志。在这个意义上讲，党委书记是集体中的一员，和其他委员一样，表决时是一人一票。书记必须有“平等意识”，尊重其他委员，重视每一位委员的意见。在党委的会议和工作中注意发挥每一位委员的作用，充分发挥党委集体的力量。其次，党委书记是党委集体的核心，是党委“一班人”的“班长”。在这个意义上讲，党委书记又不是党委中普通的一员，他和党委其他委员不是“平责”的，因此书记又必须有“责任意识”，负起领导责任。党委书记要当好“班长”，要通过卓有成效的工作，通过带领大家“打胜仗”，靠真理的力量和人格的力量成为党委集体中的核心和灵魂。

2. 党委书记和院(校)长的关系

高等学校实行党委领导下的院(校)长负责制，这种体制本身就要求处理好党政“一把手”的关系。要努力使党政两个“一把手”形成一个有机体，书记起主导作用。首先要提高认识，党委书记和院长是一个责任体的两个方面，缺一不可。在大政方针和班子建设上，书记是责任人；而在学校工作“运行”上，院长是责任人。其次，书记对院长要尊重、信任、支持。要支持院长在自己职权范围内独立开展工作，力戒疑心，力戒“争权”。再次，书记对院长要理解、帮助、补台。要理解院长作为行政首长，要有权威；理解行政工作与党务工作的特点不同；理解行政工作往往处于各种矛盾之中的难处。对于行政、教学、科研工作，书记要给院长“搭台”，要主动关心院长的工作情况，帮助其解决难题，化解矛盾；帮助其把握政策、把握方向，而不能“看热闹”。必要时，书记要给院长“补台”，出了问题要主动承担责任，“推功揽过”。最后，书记要与院长主动沟通。在重大问题上，两个一把手必须事先沟通，取得一致。意见相同时，要防止片面性；意见不同时，要防止主观性。党委书记与院长意见不同时，书记要认真冷静地分析判断对方是否正确，或有无正确的成分，对的就支持；如果是自己正确，则要善于争取对方的支持，靠智慧和真诚取得共识。

3. 党委书记与中层干部的关系

与行政机关和企业不同，高校是业务单位，中层干部都是知识分子，学历高、有思想，还有一些是专家教授、学术权威，因此，在高校中，当领导不能只靠职务权威。首先，要知人善任。知人就是要了解每位中层干部(主要单位和部门的领导)的长短；善任就是用其所长，用其所能，扬长避短，不求全责备。还特别要注意研究干部的类型。要恰当分析其群众关系，要讲拥护率、不唯拥护率，以是否想干事、是否能干事、能否干成事、能否不出事为衡量标准。其次，要善于调动中层干部的积极性。既要以事业凝聚人心，又要以关爱和关怀凝聚人心；既要坚持原则严格要求、严格管理，又要发扬民主、实事求是、以理服人、平等待人；对其工作和品德要求要严格，对其思想认识要宽容；要坚决抓好党风廉政建设，同时维护好干部的正当权益。再次，书记对中层干部要做好传、帮、带工作。书记要言传身教，以身作则，要“促动”，更多的是“带动”。同时要虚心向干部们学习请教，善于从这个高素质的群体中吸收“营养”。

4. 与上级的关系

高校党委书记作为办学治校的第一责任人，必须处理好与上级的关系。主要是两条。第一，正确认识和处理共性与个性的关系。作为高校办学的责任人，党委书记对上级精神不仅要贯彻而且要创新。必须将中央和上级精神结合本学院（校）实际做创造性的发挥，化作治学理校的具体方针、政策、措施、做法。要审时度势，让上面的“千条线”穿好本学校的“一根针”，分析好共性和个性、普遍与特殊、全面与重点，变为具体行动，并且用本校的实践为全局作贡献。这里关键在于创新，关键在学校办出特色。第二，要主动与上级沟通。上级通过沟通了解学校情况，可以及时给予指导，并且会在决策时考虑该校的因素；高校通过沟通了解全局情况，自觉把本单位的位置摆正，这样才能把事情做到点子上。加强沟通也是为学校创造良好的发展环境所必需的。

5. 抓党务工作与抓教学行政工作的关系

党要管党，党委书记首先要抓好党的建设和思想政治工作，即使有分管党务工作的副书记，书记也不能忽视抓党建。在对学校全面负责的同时，必须履行自己的第一职责，必须认真钻研自己的这个“业务”。高校工作以育人为中心，以教学科研为中心，对此党委书记也必须负责。学校各个层面的工作，凡涉及全局的重要事项，书记都应该关注。不能脱离教学、科研、管理和师生利益等“实际”去抓党务，而要使党的工作与学校各项工作有机结合。书记不过问教学科研行政工作是不行的，对于方向性的问题、代表性的问题、需要突破的问题，必要时还要亲自抓一下。但“种了别人的地，荒了自己的田”也不行。应该是分工负责，该谁抓谁抓，该谁负责谁负责，书记要抓总。既要防止“两张皮”，又要防止“包办代替”；既不能甩手，也不能到处伸手。书记在推动全校工作中，更要注意工作艺术，注意协调的艺术。

6. 宏观与微观的关系

这是工作空间的关系，有两个层面：一个是社会作为宏观、学校作为微观，一个是学校作为宏观、基层单位和师生员工作为微观。高校党委书记要“吃准两头”。首先要了解和研究社会发展和经济发展状况，高校的普遍状况和社会对本院校人才培养、科学研究和服务的需求，行业内对学校的需求状况等，以此来确定学校的定位和工作的着力点。对宏观形势的正确判断，是我们办学治校的战略战术安排的重要依据。其次，对于院校内部微观的关注。我认为主要仍然是如何调动积极性、“解放生产力”的问题。党委书记对群众和基层的主要情况和动向应了如指掌。学校各项工作要有机地分解落实到各个岗位和每个教职工，学校才能注入新的活力和动力，和谐发展。

7. 当前和长远的关系

一个有作为的党委书记，不但要建立任期内的业绩，而且要为后来者的工作打好基础，这样的工作才是符合科学发展观的。所以，是否“有后劲”是我们工作的重要标准。我在工作实践中体会到，凡有深度的、带基础性的工作都有后劲，而且，凡有后劲的工作现实性也很强，因为只有能思考长远的人才能更好地谋划当前。党委书记要动态思维而不能静态思维，既要只争朝夕，又不能急功近利。因此，要注重工作的前瞻性、措施的一贯性、政策的连续性，切忌“东一榔头，西一棒子”，切忌作秀。

8. 理想与现实的关系

首先，要带领党委一班人和全体共产党员坚定共产主义理想，坚定中国特色社会主义信念。坚定的理想信念来源于科学的理论和扎实的实践。因此要下大力气学习，学习的面要广一些，要具备比较强的吸收现代信息和了解知识创新成果的能力。同时，党委书记还要能够正确有效地运用中国革命的史实和现代化建设的实践成果来教育和鼓舞师生员工。其次，要科学地对待理想和现实。要做到凝聚人心、团结奋进,就必须面对实际做好宣传思想工作。在讲实现理想时要讲"阶段论",在讲现实时要讲"多样论"。面对群众现实生活中的各种疑问,要以实事求是的态度进行"发展分析"、"生产力分析"和"利益分析",讲明现阶段的特点是发展"不平衡",处于一个复杂的"结构性"变化的过程之中,从而达到释疑解惑的目的。要善于把师生员工的思想和行为凝聚到学校的发展和前途上,并把学校的发展和前途与每个人的发展和前途有机结合起来。最后,书记和党委要创新思想政治工作,紧密结合学校特点和师生实际,运用生动的、针对性强的活动方式,实现理想和现实的互动,使"现实"支撑"理想","理想"指导"现实"。

(作者:北京联合大学旅游学院党委书记)

改革开放以来大学生理想信念教育论略

黄蓉生　姜　华

党的十一届三中全会以来,适应改革开放和社会主义现代化建设的新形势新要求,随着中国特色社会主义理论与实践的不断推进,大学生理想信念教育不断发展进步。回顾改革开放以来大学生理想信念教育发展历程,进一步提高对加强大学生理想信念教育的认识并有效推动实践,对于提高大学生思想政治素质,培养中国特色社会主义事业合格建设者和可靠接班人,具有重大而深远的战略意义。

一

改革开放以来,大学生理想信念教育实践经历了不平凡的过程。

理想信念是人们对未来美好生活图景的展望,是人们世界观和政治立场在奋斗目标上的集中体现,是人们人生诉求、政治立场和政治主张以奋斗目标为表征的超越自我、超越现实的高度自觉意识。理想信念是人类特有的一种精神现象,"在社会历史领域内进行活动的,是具有意识的、经过思虑或凭激情行动的、追求某种目的的人;任何事情的发生都不是没有自觉的意图,没有预期的目的的"。理想信念一经形成,就成为支配人们行为的恒久精神动力。任何民族、国家都有一个占主导地位的社会共同理想信念,这是民族、国家统一行动,团结人心、凝聚力量的精神支柱。社会主义、共产主义理想信念,是无产阶级和共产党人对人类社会发展规律和自身历史使命自觉意识的集中体现,人类历史上还没有哪一种理想信念能够达到如此崇高的境界。大学生是祖国的未来、民族的希望,他们的理想信念如何,直接关系到党的事业的成败和国家民族的前途。

1978年党的十一届三中全会召开,开创了大学生理想信念教育新时期。十一届三中全会召开前夕,邓小平明确指出社会各项工作,包括国家的教育工作、大学生理想信念教育亟待恢复,"无论在教育界,还是在社会上,大家都希望教育工作有更快的进展。在这方面,我们有许多问题要解决,有许多事情要做"。他要求整个社会都要重视、关心青少年思想政治问题,"从事教育工作的同志,各个有关部门的同志,整个社会的家家户户,都来关心青少年思想政治的进步,把被'四人帮'破坏了的优良革命传统恢复和发扬起来"。邓小平指出教育工作要关心青少年思想政治的进步,实质上是提出了大学生理想信念教育的任务。根据邓小平的指示和教育工作亟待恢复的迫切情况，1978 年 4 月《教育部办公厅关于加强高等学校马列主义理论教育的意见(全国教育工作会议征求意见稿)》指出，当前的任务是破除路线是非、理论是非和思想是非，解决当前高等学校马列主义理论教育中存在的混乱问题，按照社会主义新型大学的要求切实加强马列主义理论教育，这就提出了恢复大学生理想信念教育的任务。1982 年 10 月《教育部关于在高等学校逐步开设共产主义思想品德课程的通知》指出，有计划地进行共产主义思想品德教育，是实现高等学校培养目标的需要，“为了培养学生成为有革命理想、讲革命道德、守革命纪律、有文化的又红又专的人才，有必要把共产主义思想品德课作为一门必修课，纳入教学计划”。共产主义思想品德课旨在帮助学生树立共产主义思想品德，这门课的任务就是对大学生进行理想信念教育。1984 年 9 月《教育部关于印发〈关于高等学校开设共产主义思想品德课的若干规定〉的通知》进一步指出，共产主义思想品德课的任务是对学生进行共产主义人生观和共产主义道德教育，针对学生普遍关心的有关人生、理想、道德等方面的问题，给予有说服力的回答，帮助学生逐步树立共产主义人生观，培养共产主义的道德品质。至此，大学生理想信念教育在党和国家的正确领导下，得到全面恢复。

20 世纪 80 年代中期到 90 年代初，大学生理想信念教育受到冲击，高校对大学生理想信念教育的认识和工作实践出现模糊淡化现象。1987 年 5 月《中共中央关于改进和加强高等学校思想政治工作的决定》指出：“近几年来从中央到许多地方在政治思想战线上存在着软弱混乱现象，许多高等学校程度不同地削弱了党的思想政治工作。思想政治教育的内容、形式和方法也不适应新形势的要求。”1991 年 8 月《国家教育委员会关于加强和改进高等学校马克思主义理论教育的若干意见》进一步指出：“马克思主义理论教育在许多学校至今还没有放到应有的重要位置上来，还不同程度地存在着认识不足、措施不力和效果不够理想的问题；许多学生的深层认识问题尚未得到根本解决，资产阶级的社会政治学说、价值观念和生活方式对青年学生仍有较大影响；学校思想政治工作薄弱的局面还未从根本上改变。”出现这一状况的原因是多方面的：改革开放后，国外社会思潮和思想观念涌入，引起部分大学生思想混乱，少数大学生对社会主义事业、改革开放伟大决策认识不清，存有思想困惑；西方敌对势力对社会主义中国实施“分化”、“西化”，与我争夺下一代的斗争日趋尖锐和复杂；高等学校对大学生理想信念教育重视不够，等等。这一时期，中国共产党领导集体旗帜鲜明地反对资产阶级自由化，坚持四项基本原则，邓小平强调“对于中国是个什么样的国家，将要变成一个什么样的国家，这种教育都很少，这是我们很大的失误”，“我们最大的失误在教育，对年轻娃娃、青年学生教育不够”，要高度重视大学生理想信念教育。

1992 年，邓小平南方谈话以后，大学生理想信念教育得到进一步发展，明确和丰富了大学生理想信念教育的时代内容。1994 年 8 月《中共中央关于进一步加强和改进学校德育工作的若干意见》指出，要以邓小平建设有中国特色社会主义理论作为学校马克思主义理论教育的中心内容。2001 年教育部发出通知，强调“积极推进‘三个代表’重要思想进课堂、进教材、进学生头脑工作，是当前和今后一个时期高校‘两课’教育教学工作的重要任务”。2005 年中共中央宣传部、教育部联合发文，要求“开展科学发展观教育……坚持用发展着的马克思主义武装大学生，始终保持教育教学的正确方向……要形成比较完善的学科体系和课程体系，编写出充分体现当代中国马克思主义最新成果的教材”。中国特色社会主义的发展历程，就是坚持马克思主义基本原理同推进马克思主义中国化相结合的历程，马克思主义中国化的新的理论成果作为大学生理想信念教育的中心内容，丰富了大学生理想信念教育的科学内涵，增强了大学生理想信念教育的时代特征和民族特色。党和国家不断推进马克思主义中国化的理论成果进教材、进课堂、进学生头脑工作，极大地强化了大学生理想信念教育的理论基础，增强了大学生理想信念教育的有效性，推动了大学生理想信念教育发展。

进入新世纪以来，大学生理想信念教育获得了新的发展契机。其一是中央实施马克思主义理论研究和建设工程，巩固和强化了大学生理想信念教育的理论支撑，强化了大学生理想信念教育的课程教材，加强了大学生理想信念教育的师资队伍，为大学生理想信念教育的有效开展提供了坚实保障。其二是党和国家强调新时期新形势下大学生思想政治教育要以理想信念教育为核心，深化了对大学生理想信念教育的认识。2004 年 8 月中共中央国务院颁布《关于进一步加强和改进大学生思想政治教育的意见》，指出大学生思想政治教育要以理想信念教育为核心，深入进行树立正确的世界观、人生观和价值观教育，使大学生正确认识社会发展规律，认识国家的前途命运，认识自己的社会责任，确立在中国共产党领导下走中国特色社会主义道路、实现中华民族伟大复兴的共同理想和坚定信念。2005 年 1 月中共中央召开全国加强和改进大学生思想政治教育工作会议，强调新时期加强和改进大学生思想政治教育工作，要以理想信念教育为核心，以爱国主义教育为重点，以思想道德建设为基础，以大学生全面发展为目标，培养德智体美全面发展的社会主义合格建设者和可靠接班人。大学生思想政治教育以理想信念教育为核心，是新的时代条件下对大学生理想信念教育的认识升华，是结合新的实践对大学生理想信念教育的新的理论概括，对于推进大学生理想信念教育的可持续发展具有重大意义。其三是国家增设马克思主义理论一级学科及所属二级学科，进一步强化了大学生理想信念教育的学科支撑。2005 年 12 月，国务院学位委员会、教育部发出《关于调整增设马克思主义理论一级学科及所属二级学科的通知》，决定增设马克思主义理论一级学科及所属二级学科，思想政治教育即是其所属二级学科之一。马克思主义理论及思想政治教育学科地位的提升，强化了大学生理想信念教育的理论基础和学科支撑，为大学生理想信念教育的发展提供了良好学科平台。

二

改革开放以来对大学生理想信念教育的认识，经历了一个日益升华的发展过程。

党和国家始终坚持和重视大学生理想信念教育，奠定了对大学生理想信念教育认识的基础。20 世纪 70 年代末，邓小平明确指出，高校要高度重视大学生理想信念教育，强调共产主义理想信念要尽早培养，“学校要大力加强革命秩序和革命纪律，造就具有社会主义觉悟的一代新人”、“革命的理想，共产主义的品德，要从小开始培养”。20 世纪 90 年代中期，国家教育委员会明确指出“‘两课’教学的根本目标，是引导和帮助学生树立马克思主义的世界观、人生观、价值观，确立为建设有中国特色社会主义而奋斗的政治方向”。进入新世纪以来，中共中央宣传部、教育部充分肯定思想政治理论课“在引导大学生坚定对马克思主义的信仰、对社会主义的信念，增强对改革开放和现代化建设的信心、对党和政府的信任等方面，发挥了重要的作用”。改革开放以来，我国始终坚持把大学生理想信念教育放在高校思想政治理论课和大学生思想政治教育工作的重要位置，始终强调高校坚持社会主义办学方向、培养共产主义新人的根本要求，对大学生理想信念教育的认识在改革开放的历史发展中得到巩固。

大学生思想政治素质教育和实践工作的经验，促进了对大学生理想信念教育认识的深化。20 世纪 80 年代初，党和国家明确要求高等学校开设“共产主义思想品德课”，旗帜鲜明地对大学生进行共产主义理想信念的宣传教育，这一时期的大学生思想政治教育主要围绕培养学生的共产主义理想信念而展开。20 世纪 90 年代以来，高校不再单独设置“共产主义思想品德课”，将其融入到“马克思主义理论课”和“思想品德课”中，大学生思想政治教育主要体现为马克思主义和思想政治素质的理论教育和实践工作，着眼于夯实大学生的马克思主义理论素养，推进大学生的思想政治进步，培养大学生建设社会主义的理想信念。进入新世纪，为了更好地满足新形势的需要，党和国家调整了“两课”课程设置，设立“思想政治理论课”，大学生思想政治教育主要着眼于进一步推进马克思主义中国化的新的理论成果进课堂、进教材、进学生头脑工作，以中国化马克思主义武装大学生，着力培养大学生对中国特色社会主义共同理想的坚定信念。思想政治理论课是大学生思想政治教育的主渠道，日常思想政治教育是大学生思想政治教育的主阵地，无论是思想政治理论课，还是日常思想政治教育，都紧紧围绕理想信念教育而展开，进一步提高了对大学生理想信念教育的认识。

大学生思想政治教育任务和当代大学生思想政治状况的准确把握，推动着对大学生理想信念教育认识的发展。20 世纪 80 年代中期，中央宣传部、教育部强调，大学生思想政治教育的任务是“帮助学生通过系统地学习马列主义、毛泽东思想，确立坚定正确的政治方向，树立无产阶级世界观”。社会主义高校思想政治教育的任务，是“用马克思列宁主义、毛泽东思想和邓小平建设有中国特色社会主义理论教育学生坚持社会主义方向，树立科学的世界观和正确的人生观，形成良好的道德品质，把学生培养成为有理想、有道德、有文化、有纪律的一代新人”。进入新世纪以来，大学生思想政治状况发生了变化，当代大学生的主流积极、健康、向上，他们热爱党，热爱祖国，热爱社会主义，有坚定的社会主义理想信念，能够主动把实现自我价值与社会主义现代化建设统一起来，有正确的政治立场和奋斗目标，积极申请加入党组织，在国际国内重大事件中表现出良好的政治态度、政治立场和社会责任心。同时，应该看到在新的时代条件下，国际敌对势力与我争夺下一代的斗争更加尖锐复杂，大量西方文化思潮和价值观念对大学生的冲击，某些腐朽没落的生活方式对大学生的影响，使得一些大学生不同程度地存在政治信仰迷茫、理想信念模糊、价值取向扭曲、社会责任感缺乏等问题，大学生理想信念教育面临严峻的形势。无论基于大学生思想政治教育的根本任务，还是基于当代大学生的思想政治状况实际，都必须以理想信念教育为核心加强和改进大学生思想政治教育，这充分体现了对大学生理想信念教育认识的升华。

三

改革开放以来，大学生理想信念教育的理论基础得到进一步夯实。

当代大学生理想信念教育，应始终坚持以马克思主义作为理论基础，“马克思主义是我们党和国家的行动指南，是培养学生无产阶级世界观和共产主义道德的理论基础”。这是新中国大学区别于旧中国大学、社会主义高校区别于资本主义高校的根本标志。

大学生理想信念教育应坚持以马克思主义，特别是中国化马克思主义作为理论基础。马克思主义是科学的世界观和方法论，是关于自然界、人类社会和人类思维发展规律的科学，指明了人类社会的发展方向。马克思主义明确指出“资产阶级的灭亡和无产阶级的胜利是同样不可避免的”，人类社会必然要走向社会主义并最终实现共产主义。马克思主义创始人强调，既要坚持马克思主义历史理论，又要将马克思主义与各国具体实际和时代特征相结合，“马克思的历史理论是任何坚定不移和始终一贯的革命策略的基本条件；为了找到这种策略，需要的只是把这一理论应用于本国的经济条件和政治条件”。中国共产党人始终坚持把马克思主义基本原理与中国具体实际相结合，不断推进马克思主义理论创新，形成了马克思主义中国化理论成果——毛泽东思想、邓小平理论、“三个代表”重要思想和科学发展观等重大战略思想。在马克思主义中国化理论成果指导下，我国革命、建设和改革实践焕发勃勃生机，取得了举世瞩目的巨大成就。

邓小平理论坚持和发展了马克思列宁主义毛泽东思想，正确回答了“什么是社会主义、怎样建设社会主义”的问题，深化了关于社会主义的认识。邓小平反复告诫全党，“社会主义是一个很好的名词，但是如果搞不好，不能正确理解，不能采取正确的政策，那就体现不出社会主义的本质”，强调正确认识和建设社会主义的重要性。邓小平指出，“社会主义财富属于人民，社会主义的致富是全民共同致富。社会主义原则，第一是发展生产，第二是共同致富”，推进了关于社会主义的认识深化。“社会主义的本质，是解放生产力，发展生产力，消灭剥削，消除两极分化，最终达到共同富裕”。邓小平理论引领中国共产党人成功开创了中国特色社会主义建设的伟大实践，在新的时代条件下创造性地发展了马克思主义关于社会主义的理论。社会主义社会生产力的极大解放和发展、经济社会的持续增长和快速前进，无不证明了社会主义的强大生命力和真理性，坚定了大学生对社会主义的信念。

“三个代表”重要思想继承和发展了马克思列宁主义、毛泽东思想和邓小平理论，进一步回答了“什么是社会主义、怎样建设社会主义”的问题，创造性地回答了“建设什么样的党、怎样建设党”的问题，丰富了马克思主义关于无产阶级政党建设的理论。江泽民强调要高度重视党的建设，“我们应当怎样把握住加强党的建设的指导思想，明确什么样的要求呢？最根本、最重要的，就是一定要坚持把我们党建设成为马列主义、毛泽东思想武装的更加坚强的中国工人阶级的先锋队”，“始终做到‘三个代表’，是我们党的立党之本、执政之基、力量之源”。2001年，在纪念建党80周年大会上，江泽民全面阐述了“三个代表”重要思想，明确了“三个代表”重要思想的科学内涵和基本内容。之后在党的十六大报告中对“三个代表”重要思想作了全面系统阐述，强调要在党的建设的各个方面、社会主义现代化建设的各个领域，贯彻“三个代表”重要思想。“三个代表”重要思想深刻阐述了新时期党的建设问题，丰富了马克思主义关于无产阶级政党建设的理论，发展了马克思主义党建思想。以党的建设新的伟大工程为目标，党的执政能力不断提高，党的先进性得到保持和发展，经济社会得到发展的实践增强了大学生对党和国家的信任。

科学发展观是马克思主义中国化的最新理论成果，它在新的时代条件下，面对复杂多变的世情、国情和党情，继续回答了“什么是社会主义、怎样建设社会主义”，“建设什么样的党、怎样建设党”的问题，创造性地回答了“实现什么样的发展、怎样发展”的问题，丰富了马克思主义关于发展的理论。2003年10月，党的十六届三中全会通过《中共中央关于完善社会主义市场经济体制若干问题的决定》，提出坚持以人为本，树立全面、协调、可持续发展观，促进经济社会和人的全面发展。2005年10月，党的十六届五中全会提出坚持以科学发展观统领经济社会发展全局；坚持以人为本，转变发展理念，创新发展模式，提高发展质量，落实“五个统筹”，把经济社会发展切实转入全面协调可持续发展的轨道。2007年10月，党的十七大报告对科学发展观作了全面阐释，明确了贯彻落实科学发展观的基本要求，并将科学发展观确定为“中国特色社会主义理论体系”的重要内容，对我国在新的时代条件下如何实现科学发展作出了系统回答。科学发展观第一要义是发展，核心是以人为本，基本要求是全面协调可持续，根本方法是统筹兼顾。科学发展观对社会主义建设规律的认识更加科学，在新的建设实践中丰富了马克思主义关于人类社会发展的理论。在科学发展观的指引下，我国经济建设、政治建设、文化建设和社会建设向又好又快目标迈进，社会安定有序，人与自然和谐相处，可持续发展能力极大提高，和谐社会建设大力推进，这一切有力地增强了大学生对改革开放和社会主义现代化建设的信心。

——（作者：西南大学党委书记；西南大学政治与公共管理学院教师）

让大学生“村官”下得去、待得住、干得好、流得动

蔡爱华

最近，中组部、中宣部、教育部等12个部门联合下发了《关于建立选聘高校毕业生到村任职工作长效机制的意见》，对加强和改进选聘工作，促进大学生村官成长成才，作出了部署。扬州市选聘大学生村官工作起步于1999年，2007年以来全面推进，现有大学生村官966名。中央领导同志多次到我市看望慰问大学生村官，指导大学生村官的选聘培养工作。我市积极探索构建长效机制，鼓励大学生村官带头创业，使他们不仅下得去，而且待得住、干得好、流得动。

营造政策氛围、舆论氛围、工作氛围，解决“下得去”的问题。制定选聘大学生村官的实施意见，召开组织、人事、财政等部门专题协调会，明确部门责任，创造支持和鼓励高校毕业生到村工作的政策条件。通过多种渠道向社会广泛宣传，动员省内高校应届毕业生报名，争取家长支持、高校重视、学生参与，特别是尽量扩大大学生村官的“本土化”程度，招聘时重点吸引本地生源的高校毕业生回乡担任村官。向基层宣传高校毕业生到村工作的重要意义和特殊作用，打消基层顾虑，营造基层欢迎大学生村官的工作氛围。

注重待遇留人、事业留人、感情留人，解决“待得住”的问题。大学生村官的工资按事业单位工作人员标准发放，统一缴纳社会基本保险。发挥大学生的特长和优势，注重搭建大学生村官干事创业的平台，把他们放到“两委”班子凝聚力战斗力较强的村工作，担任党支部副书记或村委会主任助理等职务，给他们压担子、交任务，让他们在赢得群众认可、服务农村发展中实现自身价值，真正感受到农村是施展抱负、增长才干的广阔舞台。实行县乡领导挂钩联系、组织部门定期走访、村党组织定人帮带制度，创建联谊会、创业论坛、网站等交流平台，重要节日前通过座谈、联谊、走访慰问等方式，关怀大学生村官，用热情和真心留人。

突出岗前培训、结对帮带、考核激励，解决“干得好”的问题。大学生村官刚出校门，普遍缺乏农村发展、农业增收、农民致富等方面的知识，尤其欠缺与群众沟通协调的本领。因此，我们在大学生村官到村工作前，对他们进行岗前培训，帮助他们了解农村工作的基本情况、基本要求、基本方法。到村工作后，及时选派经验丰富、工作出色的乡、村干部结对帮带，实行“二帮一”培养，通过结对帮带使他们逐步熟悉农村政策，掌握发展农村经济、做群众工作的本领。工作一段时间后，对大学生村官进行跟踪考核，组织党员和村民代表进行评议，考核结果记入个人档案。对政治素质好、工作业绩优、发展潜力大的大学生村官，列入乡镇后备干部名单。

坚持广开贤路、疏通出路、不挡去路，解决“流得动”的问题。建立竞争择优机制，对表现优秀、实绩突出、群众满意的大学生村官大胆提拔使用，先后已有11人担任村党组织书记、村委会主任。设立创业基金，支持他们创业。我们计划从2010年开始，每年拿出相当数量的县、乡机关公务员职位，定向招录选聘到村工作3年以上、考核合格的大学生村官。对考取研究生、公务员和事业单位工作人员以及创业的大学生村官，给予鼓励和放行。

大学生村官的培养和锻炼是一项长期而艰巨的工作，需要在实践中进一步探索建立完善培养、使用、考核和保障等管理制度，不断完善相关配套措施，以保持政策的连续性、稳定性，

使大学生村官们能够干得好、走得远，真正成长为社会主义新农村建设骨干力量和党政干部后备人才。

（作者：中共江苏省扬州市委常委、组织部长）

继续发扬光大爱国主义传统

侯小慧

2009年5月2日，胡锦涛同志在同中国农业大学师生代表座谈时指出："爱国主义是民族精神的集中体现，也是五四精神的核心内容。正是因为有爱国主义这一强大精神支柱，我们中华民族才能历经磨难而生生不息。青年学生素有光荣的爱国传统，历来以爱国报国为己任，这是非常可贵的，应当继续发扬光大。"爱国主义是动员和鼓舞中国人民团结奋斗的一面旗帜，是推动中国特色社会主义前进的巨大力量，是各族人民的强大精神支柱。今年正值新中国成立六十周年，刘云山同志指出："庆祝新中国成立六十周年，最根本的是要通过庆祝活动开展宣传教育，让爱国主义精神不断发扬光大。"高校应及时把握这一契机，紧紧抓住爱国主义这一鲜明主题，使爱国主义精神在青年学生中继续发扬光大。

一

爱国主义有着明确的科学内涵，它既包括对祖国的深厚情感和理性认知，还包括为祖国无私奉献的坚定立场和行为。在当代，爱国就是热爱社会主义祖国，这是爱国主义的鲜明时代特征。

对祖国的深厚情感是爱国主义的基础，它来自于对自己祖国的高度认同感和强烈归属感。这就要求人们坚持以热爱祖国为荣、以危害祖国为耻，即把爱国、报国看做崇高美德而大力提倡，把卖国、叛国视为卑鄙行为而深刻批判。这种性质的爱国主义教育，目的在于引导公民自觉恪守爱国主义道德规范，不断提高全民族的道德素质。

爱国主义的理性认知是爱国情感的升华，它表现为理性自觉地维护国家和民族的利益。这就要求每一个公民都应该具有热爱和保卫祖国的基本政治责任和义务，应该以遵纪守法为荣、以违法乱纪为耻。这种性质的爱国主义教育，目的在于提高公民自觉地维护祖国安全、荣誉和利益的政治素质和遵纪守法的法律意识。

为祖国无私奉献的坚定立场和行为是指把爱国的热情和理性转化为献身祖国繁荣富强伟大事业的社会实践。这就要求我们每一个人都应该坚持以服务人民为荣、以背离人民为耻，把满腔的爱国热情付诸日常生活和实际工作之中。这种性质的爱国主义教育，目的在于提高公民的全面素质和能力，把对祖国的忠诚、对民族的热爱和报效祖国的志向、振兴中华的目标有机统一于实际行动上来。

爱国主义的时代特征是指，我们既要热爱上下五千年的文明中国，但更为直接和现实的是热爱社会主义中国，即必须把中国共产党领导中国人民为"救中国"和"发展中国"的伟大实践及其文明成果，如文化传统、社会制度、建设目标等，纳入"祖国"的范畴。邓小平指出："中国人民有自己的民族自尊心和自豪感，以热爱祖国、贡献全部力量建设社会主义祖国为最大光荣，以损害社会主义祖国利益、尊严和荣誉为最大耻辱。"这是对我国现阶段爱国主义特征最精辟的概括。所以，在当代，爱国主义与社会主义本质上是一致的，建设中国特色社会主义是新时期爱国主义的主题。刘云山同志指出："在中国共产党领导下走中国特色社会主义道路、实现中华民族伟大复兴，是爱国主义最深刻的时代内涵和最本质的时代要求。"

在新的形势下，深入开展爱国主义教育，就是要振奋民族精神，增强民族凝聚力，树立民族自尊心和自豪感，巩固和发展最广泛的爱国统一战线，把人民群众的爱国热情引导和凝聚到建设有中国特色的社会主义伟大事业上来，做有理想、有道德、有文化、有纪律的社会主义公民，为实现四化、振兴中华的共同理想团结奋斗。

二

高校担负着在青年学生中开展爱国主义教育的重大责任。当前，虽然我国高校爱国主义教育已经取得了突出成绩，但同时也面临一系列新的挑战和新的问题，需要清醒认识，严肃对待。

1. 面临新的挑战。在经济全球化浪潮的冲击下，西方国家以商品、影视文化、网络信息等为载体，不断向我国兜售西方的生活方式、思想文化以及价值观念，有的还披着"自由贸易"的外衣，以政治、经济、文化等形式对我国进行"西化"、"分化"等意识形态渗透。为了规范各国的交往与合作，国际社会制定了各种国际法、国际公约、国际惯例，发达国家的学者和政治家出于本国利益的需要，对发展中国家的主权进行解构。他们宣称"在经济全球化的背景下，民族国家的主权观念已经过时，资本应打破国界实现自由流通"，鼓吹"人权高于主权"、"全球主义"、"超民族主义"等思想观念。随着信息时代的到来，这些思想观念又通过网络迅速而广泛地传播开来。对于正处在世界观人生观价值观形成阶段的大学生来说，这些思想观念极容易造成思想上的困惑和认识上的混乱。因此，在经济全球化、信息网络化的背景下如何加强爱国主义教育，培养什么样的建设者和接班人，如何维护国家文化安全和国家利益，是高校面临的新挑战。

2. 在重视爱国主义传统教育的同时，应进一步突出爱国主义教育的时代感。加强对祖国历史和文化传统的教育，是爱国主义的重要内容，也取得了明显成效。但仅仅把爱国主义局限于传统教育是远远不够的。在当前复杂的国际国内形势下，一些青年学生出现了思想迷茫、信仰动摇、行为失范等问题。马克思曾指出："问题就是时代的口号，是它表现自己精神状态的最实际的呼声。"这些时代产生的问题，既向高等教育提出了严峻挑战，也为开展爱国主义教育提供了广阔空间，内在地要求突出教育的时代感。突出爱国主义教育的时代感，就应该紧密结合时代特征，准确把握青年学生的现实疑惑和不良思想倾向，深入分析这些问题产生的现实原因，努力探索解决问题的有效途径和方法，才能使爱国主义教育深入学生内心，产生更为明显的效果。

3. 在重视认知层面教育目标的同时，应更多关注情感意志和行为习惯的培养。爱国主义是集情感、意志、社会意识及行为实践为一体的思想观念和价值体系。因此，在全面开展爱国主义教育过程中，我们既应该重视对爱国主义理论的阐发，也应该重视对爱国情感的培育，对爱国意志的锻炼，对爱国行为的培养。同时，在对爱国主义教育效果的评价中，既要重视对知识性内容的掌握，又要重视对大学生爱国主义情感和行为习惯的考察，从而真正增强高校爱国主义教育的实效性，实现爱国主义的道德认同与政治认同的真正统一。

4. 在重视思想政治理论课主阵地的同时，应进一步探索形式多样的教育方式。青年学生思想活跃多变、接受能力强、有强烈的独立思考意识、喜欢求新求变。青年学生的这种特点，决定了我们的爱国主义教育在充分发挥思想政治理论课主阵地作用的同时，还要充分利用现代教育手段，探讨符合学生思想特点和认识规律的有效方式，通过发挥高校党政工团等机构作用、激励全员育人积极性、开展校园文化建设、规范网络文化、营造良好社会环境等多种渠道，建立全方位、多层次的爱国主义教育体系，使高校爱国主义教育实现润物无声、潜移默化的效果。

三

以爱国主义为核心的民族精神是社会主义核心价值体系的重要内容。党的十七大报告指出:“切实把社会主义核心价值体系融入国民教育和精神文明建设全过程，转化为人民的自觉追求。”这是高等教育面临的一项重要战略任务。当前，我们应该深入分析各级各类高校的特点，结合学生的思想实际，大力弘扬爱国主义精神。

以史为鉴，既可以知兴替，也可以育真情。要通过加强历史教育特别是近现代史教育，使青年学生了解中华民族自强不息、百折不挠的发展历程，使青年学生深刻感受中国传统文化博大精深及其对人类文明作出的卓越贡献，从而有效培养青年热爱祖国的强烈情感。中国的近现代史，既是一部充满屈辱的历史，也是一部中华儿女反对外来侵略和压迫浴血奋斗的悲壮历史。高校要通过加强近现代史教育，激发青年学生的民族自豪感，增强青年学生的忧患意识和责任意识。

实践检验真理，事实胜于雄辩。这些年，在高校爱国主义教育中，结合重大活动和重大事件，特别是去年抗击特大地震灾害的斗争、成功举办奥运会、神舟七号载人航天圆满完成、纪念改革开放三十周年的宣传教育活动，极大地激发了青年学生的爱国热情，极大地增强了青年学生的民族自信心自豪感。今年，正值新中国成立六十周年，共和国六十年的奋斗历程、辉煌成就和宝贵经验，是高校加强爱国主义教育最直接、最生动、最有说服力的教材。各高校应该积极把握这一极为有利的契机，发挥高校优势，使高校爱国主义教育更加深入人心，取得实效。

大力弘扬爱国主义精神，既是一个理论问题，也是一个实践问题。实践表明，只有科学理性地引导青年学生的强烈爱国热情，并把这种炽热的情感转化为学习和生活的巨大动力，落实为日常生活中的实际行动，才是真正意义上的爱国主义，是祖国需要、人民期望、现实合理的爱国主义。因此，在高校爱国主义教育中，要紧密联系青年学生的思想实际，把爱国主义教育融入日常学习生活之中，引导青年从奉献社会做起，在做好平凡小事中培养深厚的爱国情感。要理性引导青年学生的爱国热情，使青年学生把爱国主义精神转化为努力学习的自觉行动。

总之，爱国主义教育必须贯穿于国民教育全过程，作为构建社会主义核心价值体系的基础性工程，作为我国社会先进文化建设的主旋律，作为高等教育的重要任务，坚定不移、长期不懈地抓下去。胡锦涛同志指出:“在当代中国，爱国主义最鲜明的主题就是不断发展中国特色社会主义，在改革开放中加快推进社会主义现代化，全面建设小康社会，把中华民族伟大复兴的宏伟蓝图变成美好现实。希望广大青年学生把个人理想融入全民族的共同理想之中，坚定中国特色社会主义信念，积极投身改革开放和社会主义现代化建设，在为祖国、为人民的不懈奋斗中实现自己的人生价值。”可见，只有把爱国主义精神转化为每一个青年学生的价值观念，转化为学习和工作的精神动力，转化为脚踏实地的社会实践，才是对爱国主义的真正发扬和光大。

（作者：广东医学院党委副书记）

新媒体对大学生生活、学习、思想的影响

王传中

新媒体是相对于报纸、杂志、广播、电视四大传统媒体而言的，是指以现代信息技术为基础，以信息网络、无线通信网、卫星等作为平台，以有线和无线作为传送方式的一对一、一对多、多对多的传播媒体形态。互联网和手机是大学生常常接触的新媒体。新媒体以其独特的功能和魅力强烈吸引着最易接受新生事物的大学生群体。在现代大学生的生活中，新媒体已经逐渐展示了相对于传统媒体的优势。但是新媒体技术也是一把“双刃剑”，在给大学生的生活、学习、思想带来积极影响的同时，也带来了一些不利影响。

1. 新媒体技术对大学生生活的影响

一方面，新媒体技术带给了大学生较之传统社会更为丰富的生活资讯。任何地方的信息，大学生都可以使用网络以最快的速度获得并进行分析整理，从而作出对自己有利的选择；新媒体技术帮助大学生更为快捷地掌握生活技能，为大学生们带来了生活的便捷；新媒体为大学生提供了更为广阔的交际领域，加强了他们的人际交往；新媒体为大学生提供了一种有别于现实生活的展示自我的舞台，使大学生容易获得为人处世的成就感和满足感，建立现实生活中可能没有找到的自信。

另一方面，对新媒体的依赖减少了大学生现实生活和交往的时间，从而疏远了现实群体，不利于良好人际关系的形成；网络信息更新变化过快，导致大学生接受信息及时却反思太少，增大其心理压力；虚拟世界易导致大学生人际交往障碍，一方面他们是网上交流高手，用各种浪漫且幽默的方式与许多陌生人打交道，另一方面在现实中却沉默寡言，甚至害怕与他人进行感情的交流。这种情况容易导致大学生人际关系淡漠，使他们感到孤独、苦闷、焦虑、压抑。网络犯罪和网上交往不道德行为的增多，也会使大学生觉得交往安全感下降，产生多疑、恐惧、防范等心理；长时间使用新媒体，还会引起一系列不健康或亚健康疾病。

2. 新媒体技术对大学生学习的影响

一方面，新媒体技术以其快捷、广泛性极大地拓展了学生获得信息的渠道和容量，尤其是新媒体的信息共享对于拓展学生的知识广度有很大的作用，能够帮助大学生尽快了解所学专业领域最前沿的知识与信息，有助于专业知识结构的合理构建；能够开阔学生的视野，拓展其知识面，学习和掌握专业领域之外的知识。它改变了学生的学习方式，改变了传统教学中学生只能依靠书本和老师传授的学习模式，基于计算机或者在线的网络教学使得课堂学习变得更加生动形象。新媒体比如网络为大学生提供了更多交流的机会，不再是基于课堂讨论的局限，可以在论坛和博客上和全世界的朋友一起研究交流。新媒体可以使青年学生及时了解行业就业需求，从而根据就业需求及时调整自己的知识体系以适应压力渐大的就业竞争。

另一方面，大学生长时间上网，通过搜索引擎查阅资料完成作业，不仅造成惰性，还会大大降低学习研究能力，不利于学术功底的培养；网络游戏等休闲娱乐资源能够使大学生得到一定程度的放松，但同时带给学习更大的消极影响；新媒体也使得盗窃知识版权的问题日益严重，经过网络搜索下载所需资料经过拼凑便可“整理”成为一篇学术论文，而作者却未有任何调查实践与研究；过分沉溺于对便捷新媒体信息的

获得，使大学生学习或完成作业时产生严重依赖，增加了专业学习的干扰因素。

3. 新媒体技术对大学生思想的影响

一方面，新媒体技术能够提供丰富、及时的信息，可以使大学生更全面地了解国内外重大时政要闻，培养学生关注时事、关注国家建设的良好习惯；新媒体可以其速度快和覆盖面广等优势为宣传党和国家的路线、方针和政策提供良好平台；新媒体的虚拟性可以为大学生提供适当宣泄不良情绪的机会，为大学生提供及时解决个体心理困惑的在线交流平台；通过全球信息的传播缩短了学生与外部世界的距离，有利于培养学生的世界眼光；新媒体技术的参与互动平台是塑造学生责任公民人格，培养学生民主观念的优良场所。

另一方面，以互联网为代表的新媒体技术常常以简便、快捷的新闻代替深度报道，大学生在接受信息的同时极容易随着媒体的倾向思维，缺乏独立思考；网络游戏、快餐小说容易导致学生深陷其中不能自拔，荒废学业，甚至厌学；网络信息丰富而良莠不齐，易造成大学生思想混乱，导致他们思想沉沦，迷失自我，不利于大学生形成正确的世界观、人生观和价值观；新媒体信息迅速传播使得不良信息也以更快的速度和更大的范围影响青年学生；网络的虚拟性使得学生在发泄个人情绪时无所顾忌，人身攻击、谩骂等严重违反道德甚至法律的现象时有发生；网络文化易导致大学生思想的多元化，导致大学生对传统文化的冷漠，容易导致民族虚无主义思想的产生。

新媒体技术在给大学生生活、学习、思想带来积极影响的同时也容易带来很大的负面影响，高校思想政治教育工作者应该努力引导大学生合理利用新媒体的积极因素，努力消减其不利影响，让它为大学生的思想进步、健康生活、学习成长服务，同时利用它实现对大学生的精神、心理、人格、情感的塑造。

（作者：武汉大学党委副书记）

新媒体：新机遇与新挑战

吴 惠

新媒体为大学生思想政治教育提供了新的环境和良好的机遇，然而新媒体具有开放性、隐蔽性、即时性、信息容量无限性等特点，它所带来的负面效应也给新形势下大学生思想政治教育带来了新的挑战。

一

新媒体能够为传统的思想政治教育提供新的独特的视角。新媒体技术背景下，大学生可以通过网络等新媒体随时随地了解世界各地发生的事情，了解相关专业领域最前沿的知识，并可以通过网上论坛、博客等形式进行即时的讨论和交流。更多知识和信息的获取，从不同视角分析问题，提高了大学生理性分析的能力。例如，汶川大地震发生后，大学生第一时间通过网络了解到灾区的情况，积极响应国家的号召，积极捐款捐物、无偿鲜血、担当各类志愿者，表现出了青年人所具有的关心国家、勇于担负责任和积极奉献的精神。

新媒体能为大学生思想政治教育提供海量的、能便利获取的教学资源。新媒体拓宽了大学生迅速了解时事、认识社会发展的渠道。相比于传统媒体，以互联网为代表的新媒体技术以它的实时性和便利性使资源共享真正变成了现实。互联网上的资源极大丰富，门类齐全，能为大学生思想政治教育工作者提供很多新知识和现实材料。大学生思想政治教育工作者能够很快搜集和整理到典型范例和案例，并将它运用于教学和工作中，使得思想政治工作的实效性大大提高。

新媒体为大学生思想政治工作提供了途径多样、交互便利的新平台。黑板报、宣讲会、宣传栏等都是我们进行思想政治教育的传统方式。而新媒体技术背景下，出现了很多信息传播方式。博客(Blog)，MSN、论坛(BBS)、手机短信等崭新的信息传播平台具有传统媒体所不具备的交互性和新颖性，对大学生有很强的吸引力，也为思想政治教育工作提供了新的载体。

二

新媒体给大学生思想政治教育带来极大的便利和新的工作载体，同时也不可避免地带来了严峻挑战。

新媒体的虚拟性和互动性容易引发大学生心理危机、人际信任危机和人格障碍。如手机短信、博客、网络论坛等都具有很明显的虚拟性和诱惑性。据统计，目前在网络使用群体中，18—24岁的年轻人所占的比例最大，而大学生正处在这个年龄段。网络的虚拟性使得一些大学生逃避现实，沉浸于虚幻的个人成就之中，极容易产生一些心理疾患和心理障碍。此外，在新媒体空间，大学生多以匿名或者化名的方式进行交流，言行无法规范，真实性无法保证，甚至可以公开承认和认可交往者的虚假言论。新媒体的人际信任危机可能会影响到大学生的现实人际交往，导致现实交往中对他人真诚性的怀疑和自身真诚性的缺乏，进而影响自己与他人良好人际关系的建立与发展。同时交往角色的虚拟和心理交流的间接性也可能使大学生去除承担任何责任的心理负担，因而可能在新媒体交流中表现得异常真实和坦率。而一旦新媒体中经常性的表现逐渐固定下来，并与现实具有很大差异时，就会出现个体的双重人格或多重人格现象。现实人格与虚拟人格如果频繁地转换，必然会导致人格障碍。

新媒体信息传播的"无屏障性"给大学生思想政治教育增添了难度。新媒体信息在大学生中的传播容易出现一种"时间无屏障"、"空间无屏障"和"资讯无屏障"状态。高校作为各种思想文化的交汇中心，西方文化及其生活方式正在以前所未有的速度和力度，在大学校园内与民族文化和传统生活方式进行着激烈的交锋和交融。大学生作为感觉敏锐的特殊群体，多元的文化趋势、多维的价值视角必将对他们的世界观、人生观和价值观的形成产生重要影响。在多姿多彩的网络世界中，难免存在一些消极的、有碍稳定的信息，作为世界观尚未完全形成、可塑性极强的大学生仍然很容易被各种思想迷惑，受到腐朽没落的人生观、价值观的影响。新媒体负面影响的存在，加大了大学生思想政治教育舆论导向的难度，削减了传统思想政治教育的功能和效果，给思想政治教育工作增添了难度。

在新形势下，如何充分利用好新媒体技术，克服其负面效应，主动应对新媒体技术背景下大学生思想政治教育所面临的挑战，已成为大学生思想政治教育的一项新课题和新任务。

（作者：北京航空航天大学学工部部长）

新媒体与思想政治教育新思路

杨晓慧

借助新媒体开展大学生思想政治教育既是一个不同学科领域交叉的理论命题，又具有鲜明的时代性和实践性，需要我们不断地探索和总结。上世纪90年代至今，学界和一线工作者对于这一问题的研究逐步深入，涉及从新媒体技术对大学生和思想政治教育工作的双重影响研究到对新媒体技术的批判性解读，从单一的网络思想政治教育阵地建设到论坛、博客等多种新媒体技术在思想政治教育工作中的综合应用等多方面。整体上看，研究多集中在互联网方面，对手机等新兴媒体技术研究较少，实践层面缺少系统的规划与设计，缺乏教育性与实效性有效结合的方法与途径。要解决这些问题，必须加强研究，把握规律，根本问题是确立与新媒体环境相适应的思想政治教育工作总体策略。

首先，确立"尊重为本、培养至上"的工作新理念。报纸、广播、电视等传统媒体是基于"怎样才能最大限度地把信息传递出去"这一理念进行设计的，强调单向灌输；博客、手机等新媒体的设计理念则强调"怎样才能最大限度地实现信息的交流与互动"。因此，借助新媒体开展思想政治教育，必须坚持"尊重为本"的教育理念，要充分尊重和肯定学生的主体性地位，尊重学生的发展特点和人格个性，充分信任学生的智慧和潜能，充分激发学生的能动性和创造性，在新媒体环境中建构和谐互动的现代师生关系。

"培养至上"就是指对新媒体技术的应用，要始终围绕学生成长成才这一核心，一切为培养学生"学习的兴趣、创造的激情、向上的精神、社会的责任"服务。在具体工作中，既要避免无视新媒体技术重要作用的"非技术论"倾向，也要避免技术主导教育的"唯技术论"倾向，而是要对新媒体技术充分学习，合理使用，科学发展，不断适应信息时代学生发展的新需要。

其次，探索新"旧"结合、虚实统一的工作新思路，实现新"旧"媒体的有机融合。尽管新媒体技术在信息传播中的作用日益突出，但相比较而言，传统媒体仍具有导向鲜明、公信力较强等独特优势，在相当长一段时间内不可能为新媒体完全替代。开展大学生思想政治教育工作要实现二者的有机结合，形成优势互补，良性互动，构建思想政治教育媒介新格局，确保工作效率的最大化。

要实现思想政治教育虚拟与现实空间的和谐统一。新媒体技术环境下建构的虚拟空间不是一个与现实世界完全割裂的独立王国，而是以现实为基础的，是现实社会的拓展与延伸。所有现实思想政治教育的内容、方法与途径都可以通过有效转换，在虚拟空间中组织实施。要根据虚拟空间信息丰富性、交往隐匿性等特点创新思想政治教育的载体与形式，不断加强思想政治教育虚拟与现实空间的有效互动。

再次，构建新媒体环境下分层分阶段教育的工作新方式。随着新媒体技术在大学生中的广泛普及，不同群体、不同阶段学生对信息的关注内容、接受特征、辨别能力越来越呈现出明显的差异。要切实加强新时期思想政治教育的针对性、实效性，必须改变传统媒体时代"一对多"的工作方式，从价值导向、发展取向、需求指向三个维度对工作进行总体设计。针对不同年级大学生的发展特点因时施教；依据不同群体特质因群施教；根据专业人才培养方向因业施教；

结合学生个体发展方向因材施教。通过“点对点”的分层分阶段教育，实现思想政治工作对全体学生的有效覆盖。

最后，打造全员化、专业化、自律化的工作新队伍。思想政治教育要真正实现与新媒体时代发展变化相适应，关键在于打造一支适应时代发展需要的工作队伍。要树立全员育人的观念，面向全体高校教职员工开展信息技术培训，打造理念先进、思维活跃、富有开拓创新精神的思想政治工作全员队伍；要注重专门人才的选拔培养，打造既能够熟练掌握新媒体技术，又能够把握思想政治教育基本规律的核心队伍，引导其运用新媒体自主自为地开展工作；要充分发挥学生在教育中的主体作用，通过培养提升学生的信息鉴别能力和思想政治素养，最终实现学生在新媒体环境下的自教自律。通过这些措施，在全校范围内形成“学校有督导、部门有专家、学院有专员、学生有组织”的运用新媒体全员育人新局面。

（作者：东北师范大学党委副书记）

积极探索新的途径

徐文雄

新形势下如何利用新媒体为大学生思想政治教育工作服务，这是高校思想政治教育工作者需要迫切解决的问题。总的来说，新媒体时代的大学生思想政治教育必须加强对大学生行为本身的引导、分析和教育，同时也要积极探索新的途径，把握利用好新媒体，使它为大学生思想政治教育所用。

1.领导要高度重视。各级领导要对新媒体背景下的大学生思想政治教育工作予以足够的重视，充分认识开展这项工作的重要意义，把占领马克思主义阵地作为学校党委工作的一项重要任务列入议事日程，抓紧抓好。要为大学生接触新媒体创造必要的条件，提供必要的经费支持和人员保障。

2.加强队伍建设。要建立一支高素质的新媒体思想政治教育队伍，培养一支既具有较高政治理论水平、熟悉思想政治工作规律，又能较好地掌握新技术、熟悉网络文化特点的思想政治教育队伍，包括专职工作人员队伍、党团员和师生骨干队伍等。一方面要有一支拥有先进技术的队伍来建设和维护网站，有宣传队伍来提高网站的知名度，有网站信息采编队伍来提高网站的信息更新速度和内容的丰富性、准确性，营造网上生动活泼、民主自由而又不失规范的互动天地。另一方面，要培养受众队伍，影响带动青年学生对网站的了解和认识。

3.加强阵地建设。建立新的思想政治教育网络，把握正确的舆论导向，用先进的主流文化占领网络阵地，营造积极的网络舆论环境，在世界观、人生观、价值观上对青年学生予以指导，提高他们的判断力，使网络等新媒体真正成为思想政治教育新平台。通过构建“网上党校”、“网上团校”、“网上社团”、“理论学习”、“时事政策”等网站，完善校园网络。例如，西北工业大学建立了以党建工作为特色的“红土地”网站，其他如中国大学生在线、清华“红色网站”、北大“红旗在线”等。这些网站各有所长，使思想政治教育在精彩的网络世界中形成了初步的规模效应。

4.加强网络管理和道德教育。结合学校实际，建立网络管理规章制度，规范网络运作。如建立网络检查、筛选、值班、汇报和岗位责任制等制度，对网页、链接等进行审查；运用技术手段，建立“安全防火墙”，阻止有害信息的进入，从源头上净化网络，为大学生思想政治教育提供一个健康的网络环境。通过“网络道德”等课程加强学生的法制意识、道德意识、责任意识、安全意识、自律意识，加强网络道德教育，营造积极、健康的网络环境。

5.构建统一协调的校园信息发布体系。学校思想政治教育工作由学工部、团委、宣传部等部门具体分工负责，但侧重点不同，如校团委主要解决学生的学习、实践等方面；学工部以服务育人为宗旨，全面贴近学生的实际生活；宣传部新闻中心及时准确传递学校信息，宣传学校的亮点、闪光点；“BBS 校务信箱”覆盖学校全局，反映学生各方面的疑问和问题。这样就能充分发挥各部门的优势，借助多媒体技术，把思想政治教育由“平面”引向“立体”，由“单向”引向“多向”，使其更加生动，具有吸引力和感召力。同时还应注意不同媒体在宣传过程中彼此合作，宣传效果要有明确的导向。

6.加强师生交流和网络服务功能。利用 BBS，E－mail、QQ、MSN、手机短信等，学生可以自由地选择能帮助其解决问题的教师，随时都可提出问题。而教师便可针对具体问题、具体情况，对学生进行引导和教育。师生间可讨论的话题就更具广泛性，也因此实现了真正意义上的“促膝谈心”，借助新媒体，高校思想道德教育获得了更民主更宽松的环境。学生可以畅所欲言，同时也有利于保护个人隐私，使更多问题得到及时的解决。

加强网络服务功能，一是要满足大学生生活、学习的需要，为他们提供方便。如设立网上学习中心、图书馆、生活信息、学生工作信息、毕业生就业信息、勤工助学信息等内容。二是要尽可能及时地提供校内外信息。青年大学生都非常渴望及时了解国内外大事，因此要充分利用网络信息量大、速度快的特点，及时发布国内外的新闻信息。三是结合青年学生喜爱上网的特点，开设网上“交友”、“电子信箱”、“图书室”、“心理咨询”、“热线服务”等栏目。要充分考虑青年大学生的心理、生理等特点，利用网络图文并茂、声像交融的特点，将思想政治教育的内容设计成吸引人、教育人、易为大学生接受的信息，提高网络的亲和力。

7.加强网上宣传及舆论引导。要根据学生的关注点，在热点事件报道上努力向深度开掘，做深、做透，引导大学生正确认识、理解党和国家的方针政策。在现有条件下，充分利用 BBS 的主阵地功能，通过新闻专题、话题言论栏目等设置有吸引力的、有意义的话题，把学生的关注点引导到特定的方向和问题上来，以淡化学生对负面问题的兴趣和关注，提高学生的思想认知。根据 BBS 舆论形成中的特点，把握好及时性与正面性相结合原则，避免让错误信息或者模糊的信息成为舆论形成的信息基础。

（作者：西安交通大学学工部部长）

牢牢把握话语权和主动权

梁家峰

思想政治教育工作者应准确了解新媒体技术背景下大学生的新特点、新变化，高度重视并充分认识新媒体技术发展对大学生的影响，认真研究新媒体的发展规律，不断改进新媒体背景下大学生思想政治教育工作的策略和方法。

1.加强思想引导，牢牢把握新媒体背景下

的话语权和主动权

面对新媒体对大学生思想观念、价值取向和行为模式所带来的种种影响与冲击，必须充分发挥新媒体的正面教育引导功能，牢牢把握时代主旋律，大力加强社会主义核心价值体系教育。在新媒体技术条件下，教育方式应贴近学生个性化、多样化的需要，教育内容应以音频、视频、图片和文字相结合的形式出现，教育途径应通过博客、QQ、MSN、手机短信等。

2. 加强队伍建设，打造一支具有新媒体素养的工作队伍

变化发展的现代社会，数字技术的更新换代要求思想政治教育工作者必须改变过去的思维方式以及教育观念，加强对新媒体的学习和认知，积极投入到新媒体的学习和使用当中去，提高自身运用新媒体开展思想政治教育工作的能力。应建设一支网络辅导员队伍，让广大网络辅导员及时把握学生特点，使用网络话语，进行网上舆论的引导，积极和学生们一起参与校园生活，探讨校园建设，努力掌握网上交流的主动权和话语权。

3. 加强技术支持，不断提升新媒体管理和服务水平

一是深入推进校园网络媒体实名制，加大校园网管理力度。为了加强对网上群组活动的监控，加大对网络舆论的源头管理，应当推广校园网实行“校内用户信息交流平台”和“用户实名注册”两个关键做法。

二是研制开发思想政治教育软件，构建思想政治教育网络体系。应建立包括学生教育引导系统（主题教育、党建、团建等）、学生事务管理系统（奖、贷、勤、助、补、减等）、学生生活学习服务系统（食堂、宿舍、教室等）和学生工作评价系统（辅导员考评、院系学生工作考评等）在内的学生工作信息化平台，建立起以宿舍、班级、院系等为单位的网络空间，形成一个思想政治教育网络体系，增强师生之间的亲和力，推动和谐校园建设。除此之外，还可以推进教师网上评论文、网上竞选班委、网络心理会诊、网络知识竞赛、网上热点问题调查等工作。通过这些网络活动的组织，不失时机地找准切入点，把握网上主旋律，筑起网上网下互动、课内课外互补、覆盖全校、辐射社会的思想政治教育网络体系，使网络思想政治工作在学校改革和发展过程中发挥作用。

三是建立不同群体学生的QQ群以及飞信群，完善技术支持手机短信的服务平台，加强对学生通过手机上网的研究和监管。在向学生发送安全信息提示、学生活动信息和学生就业信息等的基础上，增加天气预报、假日温馨提示、生活小贴士等内容，以更丰富的信息增进人性化的关怀。

总之，作为新媒体时代的大学生思想政治工作者，既要紧紧把握时代的脉搏，加强理论学习，充分认识并利用新媒体的优势，又要引导大学生抵制新媒体带来的负面冲击，合理运用现代传媒手段，拓展大学生思想政治教育途经，建立大学生现实和虚拟的双重精神家园，使大学生顺利成长为社会主义事业的可靠建设者和合格接班人。

（作者：北京师范大学学工部部长）

积极加强思想政治教育队伍建设

张书明

新媒体技术的迅速发展，从根本上改变了大学生的学习方式、生活方式及思维方式，成为大学生接受信息、表达感情、展示自我的重要平台。环境的新变化、教育对象的新变化给大学生思想政治教育工作者带来了新的挑战，提出了新的要求，适应新变化必须加强大学生思想政治教育工作队伍建设。

1. 强化培训、提高素质，大力推进思想政治教育队伍建设

分层次建立一支网络思想政治教育工作队伍。一是培养一批既有较高思想政治理论水平，又能熟练掌握和运用网络技术的专职辅导员骨干力量；二是从教师队伍中吸引能够适应新媒体时代要求、自觉使用网络开展思想政治教育的兼职工作队伍；三是建立一支包括站长、版主以及部分网络人员在内的庞大的学生网络管理、网络评论队伍，充分发挥学生自我开发、自我管理、自我教育的功能，使三支队伍一起形成立体化的网络教育管理格局。

强化培训，提高思想政治教育队伍的新媒体素养，使自觉使用新媒体开展工作成为他们的习惯。目前最迫切、最现实的是要抓紧对高校思想政治教育工作者进行包括计算机技术、网络技术在内的科学知识的培训。对辅导员工作技能尤其是新环境下思想政治教育的方式方法进行分批培训，使他们不断增强信息素养能力，掌握网络语言，掌握网上舆情分析、引导技巧。其中的骨干成员，应具备基本的网络软件设计、制作、评价等能力，能够自如地开展网上思想政治教育。

新媒体技术发展迅速、影响广泛，需要思想政治教育工作者不断学习创新，否则难以适应新媒体时代的发展。因此，应该把加强队伍建设的基础放到提升其学习能力和创新素质上。思想政治教育工作者绝不能墨守成规，要拥有创新精神、创新思维和创新能力；要勇于实践和探索，善于研究新情况、新问题，探索新理论、新内容、新机制，创造新方法，开创网络思想政治教育新局面。

新媒体时代要求思想政治教育队伍建立新的工作模式，应当切实树立平等的观念，树立以学生为本、真诚服务的理念，提高工作的针对性，利用论坛、飞信等即时交流方式所提供的迅捷的特点，利用博客等拓展的教育空间，提高工作的实效性。

2. 明确责任、分工合作，建立和完善齐抓共管的工作机制

大学生思想政治教育是一个复杂的系统工程，是多种因素相互联系、相互作用构成的有机整体。作为一项量大而面广的系统工程，只有构建起协调、平衡、高效的运行机制，思想政治工作才能有计划、有安排、有组织、有重点地开展起来。

要建立学校主管和相关职能部门的联动工作机制。根据新媒体技术的特点和思想政治教育进网络工作的需要，建立相应的工作体制，做到职责明确，责任到人。形成计算机及网络课程教学相结合，与思想政治理论课教学相补充，与日常思想政治工作相配合，与校园文化活动相依托，与学生生活学习各个环节相协调的网络教育体系。探索建立新媒体时代思想政治教育效果评价机制，对学校新媒体时代思想政治教育工作进行监督、管理和考评，提高工作效率。

新媒体时代的到来，给思想政治教育带来了巨大的挑战，也带来了难得的机遇。应对挑战、抓住机遇，离不开加强大学生思想政治教育队伍建设，提高他们使用新媒体开展工作的能力和自觉性。

（作者：山东建筑大学党委副书记）

发挥哲学社会科学育人功能

王民忠

学校教育，育人为本，德智体美，德育为先。发挥哲学社会科学的育人作用，鼓励广大哲学社会科学教师深入开展大学生思想政治教育工作，引导大学生树立正确的世界观、人生观和价值观，这是高校德育整体工作的一个重要环节，也是形成高校德育工作整体合力的重要基础。高校应在大力加强哲学社会科学学科与课程建设的基础上，以课堂教学为主渠道，以探索宣传教育新方法、新载体为切入点，以教师队伍建设为支撑，不断增强哲学社会科学的育人实效，进一步形成高校德育工作的整体合力。

一、发挥哲学社会科学课堂主渠道作用，坚持以科学的理论引导人

高校应充分发挥哲学社会科学的育人功能，不断深化对青年学生的理论引导，不断深化中国特色社会主义理论体系“进课堂、进教材、进学生头脑”工作。在邓小平理论和“三个代表”重要思想“三进”工作的基础上，全面推动科学发展观“三进”工作。高校应以思想政治理论课为主体，统筹整合哲学社会科学相关力量，不断深化中国特色社会主义理论体系教育。积极组织广大教师围绕“科学发展观专题教育”等进行集体备课，帮助教师深化对党的创新理论的认识。针对理论重点、难点问题，设置校级课题，组织高校教师开展研究，以高水平研究成果为教学提供有力的学科与理论支持。在教学中积极运用启发式、互动式、讨论式、情景式等形式组织教学，增强课堂互动，激发学生参与积极性和对教学内容的认识。

为切实把握哲学社会科学理论动态，坚持马克思主义在教育教学中的指导地位，高校要加强哲学社会科学理论动态研究，定期整理哲学社会科学领域的舆情动态，开展舆情研判工作；建立高校思想政治理论课质量监测体系，聘请高校老领导、老专家担任信息员，深入课堂听课调研，了解教学情况。高校领导要建立定期听课制度，及时了解、分析和研究教学中存在的问题，坚决杜绝错误的观点和言论进课堂，保证马克思主义在高校哲学社会科学教学中的指导地位。

二、坚持“三贴近”原则，探索哲学社会科学宣传教育的载体与形式

高校应根据哲学社会科学教学规律，积极统筹校内外实践资源，加强哲学社会科学课程实践环节，引导学生在实践中领会教学内容。要采取措施丰富实践活动，通过大学生喜闻乐见的形式，展示课堂教学成果；把教学实践与学生评价结合起来，组织优秀学生到爱国主义教育基地进行考察实践；以课题招标形式组织学生带着课题进行社会调查实践，增强学生参与的积极性和实效性。

高校要组织学生开展理论宣讲，深化对党的创新理论的认识。要认真开展党的十七大精神、科学发展观的宣讲工作，依托哲学社会科学的课程和师资优势，充分发挥学生党员骨干、理论社团的作用，在学校、社会开展多种形式的宣讲活动，实现理论宣传与自我教育的双赢。高校还要积极推进建设网络教学资源，为师生交流和学习搭建平台。建设宣教资源共享工程，邀请资深专家学者进行形势政策报告、学术讲座，组织开展教师教学基本功大赛和“精彩一课”评审，实现教学课件、讲座录像等资源共享。

有条件的高校还应建立专门的哲学社会科学网络学习平台，教师通过网络为学生释疑解惑，提高学生学习的主动性和积极性。

三、加强哲学社会科学教师队伍建设，强化德育工作合力

发挥哲学社会科学育人作用，不仅要在教学内容、教学方法上下功夫，还要在师资队伍自身建设上求突破，推动广大哲学社会科学教师以渊博的科学知识、良好的道德风尚影响、教育学生健康成长。

高校要着力加强哲学社会科学教师队伍建设。可定期举办“高校哲学社会科学骨干教师研修班”，培训相关课程教师；推进高校思想政治理论课学科带头人培养，实施思想政治理论课教师创新团队工程，在思想政治理论课每门课程中建立“教学科研工作室”，结合教学难点问题进行探索实践，努力打造一支高水平的哲学社会科学骨干教师队伍。

高校要努力推动形成哲学社会科学教师从事德育工作的机制。发挥哲学社会科学教师政治与理论优势，鼓励他们兼职从事辅导员或班主任工作。建立哲学社会科学教师“公开接待日”、网络值班员制度，通过多种形式帮助解答、解决学生们学习、生活、思想等各方面的问题。

高校要大力加强哲学社会科学教师的师德建设。广泛开展社会主义核心价值体系、社会主义荣辱观等学习教育活动，大力提高哲学社会科学教师的思想道德素质，进一步树立远大理想，培养敬业奉献精神；弘扬高尚的师德风范，宣传表彰师德典型，在全社会树立良好的师德形象，形成全员育人、全程育人、全方位育人的良好氛围。

（作者：中共北京市委教育工委副书记）

高校引领多样化社会思潮的基本经验

邓卓明

改革开放30年来，各种社会思潮起伏跌宕，对高校师生的思想和行为产生着不同程度的影响。面对社会思潮的涌动与嬗变，在党的领导下，高校审时度势，以创新精神不断从理论和实践上探索如何科学、有效地引领多样化社会思潮，形成了以下五方面的基本经验。

一、坚持把引领多样化社会思潮作为高校在意识形态领域的重要责任

20世纪70年代以来，随着思想路线上的拨乱反正，我国进入改革开放社会主义建设新时期，与此同时，国内外社会思潮亦呈现出迅速传播流行和纷繁复杂的局面。在此影响下，部分高校师生试图从西方社会思潮中寻找认识、解决现实问题的依据和答案，有的人理想信念动摇、思想困惑迷茫。面对师生在意识形态方面的疑虑和困惑，高校按照党的要求，从培养中国特色社会主义建设者和接班人的高度，通过总结正反两方面的经验，不断探索在高校这一社会思潮涌动敏感区域如何有效地引领社会思潮，把引领多样化社会思潮作为新时期社会主义高校在意识形态领域的重要任务，并纳入学校工作大局中去思考。改革开放30年来，高校始终坚持把引领社会思潮作为政治责任，不断增强政治敏锐性和鉴别力，结合社会思潮在高校流传、影响、变迁的实际与时代特点，高度重视并切实加强对高校流行社会思潮的引导，为高校的改革发

展提供了有力的思想保证和精神支援，为确保高校的持续稳定作出了积极贡献。

二、坚持把马克思主义作为高校引领多样化社会思潮的指导思想

20世纪80年代后期，苏联解体和东欧剧变，国际共产主义运动跌入低谷。国内的改革开放取得了举世瞩目的成就，同时深化改革引起的多方面问题凸显。“全盘西化”、“西体中用”、“复兴儒学”等各种思潮趁机涌入，西方资本主义文化加紧渗透，对高校师生思想的影响尤为突出。一时间，自由化思潮和民主社会主义思潮泛起，“指导思想多元化”、“意识形态多元化”舆论在社会和高校泛滥。面对世界风云变幻，高校将马克思主义作为引领多样化社会思潮的指导思想，不断增强坚持马克思主义立场和坚持社会主义不动摇的信心。改革开放30年来，高校坚持用邓小平理论、“三个代表”重要思想和科学发展观解决高校多样化社会思潮影响中的问题，坚持以马克思主义世界观和方法论引领方向，坚持马克思主义主导地位不动摇，坚持用发展着的马克思主义指导新的实践，不断增强社会主义意识形态对师生的吸引力、凝聚力和感召力，并以惠及广大师生的改革成果巩固马克思主义在引领多样化社会思潮的主导权、话语权和主动权。

三、坚持把与时俱进作为高校引领多样化社会思潮的基本策略

20世纪90年代以后，社会利益群体呈现多元格局，社会思潮呈现多元状态。社会生活多样化带来的经济成分和经济利益多样化、生活方式多样化、社会组织形式多样化，增加了高校师生思想和行为的差异性、多变性、独立性和选择性。与此同时，经济全球化的不断推进，信息网络化的迅速发展，国际上各种社会思潮相互激荡，给高校师生精神生活带来深刻影响。面对社会思潮涌动变化的新情况、新特点，高校与时俱进地引领社会思潮，不断提升引领能力和水平。在引领过程中，密切关注师生的思想动态，注重客观、科学地分析多样化社会思潮的本质特征、表现形式、社会影响、变化进程以及产生根源，有重点地引领师生识别社会思潮。高校还着重把提高研判能力作为引领的着力点，分清主流和非主流，辨别热点、焦点和难点，把那些带有全局性影响的社会思潮作为重点对象来加以“引领”，采取有力措施加大引导力度，使之朝着有利于形成主流社会思想共识的方向发展。与此同时，高校不仅重视对社会思潮流行状况的全面准确把握，而且重视在马克思主义指导下，认真分析各个时期中国社会矛盾方面的变化，揭示社会思潮形成和流变的社会基础，加强对社会思潮的超前预测，最大限度地防止了错误思潮对师生带来的消极影响。

四、坚持把“尊重差异、包容多样”作为高校引领多样化社会思潮的重要原则

高校在引领多样化的社会思潮的过程中，提出在坚持社会主义核心价值体系主导地位的前提下，须努力营造尊重差异、包容多样的社会人文环境，把尊重差异、包容多样这一我们党基于人类社会思想文化发展历史经验的科学总结而确定的重要方针，作为文化品格融入和谐文化建设之中；同时坚持百花齐放、百家争鸣的方针，坚持学术无禁区、宣传有纪律的原则，积极鼓励倡导不同学术思想流派和谐相处，共同繁荣和营造高校宽松的学术氛围和舆论环境。社会思潮是人类社会文化的组成部分，高校始终坚持引导师生从多维角度去分析研究多样化社会思潮，从中吸取先进优秀的人类文明成果，分析批判腐朽没落的思想文化糟粕，以辩证积极的态度使社会思潮为我们提供参考和借鉴。高校引领多样化社会思潮的历程，正是在直面纷繁多样社会思潮、尊重差异性、包容多样性、主动汲取和广泛聚合多样化社会思潮中具有科学价值和人文精神的积极因素过程中一路前行。

五、坚持把全员参与、全方位育人作为高校引领多样化社会思潮的有效途径

在以社会主义核心价值体系引领多样化社会思潮过程中，高校根据社会思潮在师生中产生影响的实际，通过发挥人文社会科学力量，研究回答师生普遍关心的深层次思想认识问题；通过在思想政治理论课程中注重理论辨析和加大实践环节力度，通过对在校内举办的哲学社会科学学术活动把关管理等途径，去加强对社会思潮的正确认识和正确政治导向。同时，通过发挥共青团、工会、学生会等群团组织的桥梁作用，倡导把社会主义核心价值体系贯穿于学校精神文明建设和大学生教育全过程。在此之中，高校还应注重采取灵活多样和喜闻乐见的形式，按照“三贴近”的要求，关注师生的精神世界和社会心理，调动师生的参与热情，将社会主义荣辱观教育落实到学校日常教育之中，注重把社会主义核心价值体系融入校园文化宣传之中，使正确的思想理论、价值理念贴近生活、贴近实际、贴近师生，把引领工作渗透到学校生活的各个方面、各个环节，大力推进高校以社会主义核心价值体系引领社会思潮工作，把引领的效果最终体现到育人的过程之中。

（作者：中共重庆市委教育工委副书记）

以理论创新和学科建设推进马克思主义大众化

张　静

通过推进高校马克思主义大众化来统领青年大学生的思想、凝聚青年大学生的力量、解答青年大学生的思想困惑，是高校德育理论创新和学科建设的使命和责任，具有极为重要的时代意义和实践意义。

高校德育理论创新与学科建设要服从和服务于“为谁培养人”、“培养什么人”、“如何培养人”这一根本任务，要适应推进高校马克思主义大众化的时代具体要求和青年大学生的实际需要，着力研究推进高校马克思主义大众化的理论问题、实践问题及理论与实践相互贯通、共同创新发展的问题。这是高校德育理论创新与学科建设及其成果更好地服务于德育实践、切实用马克思主义武装青年大学生头脑的核心问题。

一

改革开放30年来，高校德育为推进高校马克思主义大众化创造和积累了很多宝贵的经验。当前，随着经济全球化的发展和改革开放的深入，各种社会思潮对青年大学生的影响越来越直接，社会各种变化在青年大学生中的反映越来越迅速。如何坚持和巩固马克思主义在高校德育领域的指导地位，正确诠释时代和社会发展中不断出现的新情况、新问题；如何坚持不懈地用马克思主义中国化最新成果武装头脑、教育青年大学生；如何在国际形势复杂多变和人们思想观念、道德选择、价值取向多样化的情况下，大力推进社会主义核心价值体系建设，增强社会主义意识形态的吸引力和凝聚力；如何推动当代中国马克思主义大众化，用社会主义核心价值体系引领高校思潮，在青年大学生中牢固树立中国特色社会主义共同理想；如何建构“全员育人、全过程育人、全方位育人”的大德育格局，发挥高校深厚人文精神和学术底蕴，润物无声地塑造和鼓舞青年大学生健康成长；

如何加强新媒体空间特别是高校校园网人文精神建设,用主旋律牢牢占领校园网,建构和发挥新媒体空间教育青年大学生的积极作用,这些都是高校德育面临的新问题,是高校德育理论创新的新任务。

在高校德育理论创新过程中,还要积极探讨推进高校马克思主义大众化的实现途径问题。比如,要研究推进高校马克思主义大众化的工作思路及其有效载体,要研究针对"80后"、"90后"青年大学生思想特点与成长规律、心理特点与接受习惯以推进高校马克思主义大众化的科学形式和方法。还要积极探讨推进高校马克思主义大众化的体制机制。比如,要研究有利于把握正确方向、整合研究与实践资源、激发队伍创造力以推进高校马克思主义大众化的引导机制,要研究马克思主义大众化研究与实践的评价激励机制。还要积极探讨推进马克思主义大众化有效性的项目平台建设,搭建有助于进行观念创新、内容创新、形式创新、方法创新等特定方向深度研究的项目平台,为多出理论成果和实践成果服务。

二

从党的十三届四中全会到党的十七大,高校德育积极应对新课题,不断加强和改进学科建设。这在推动马克思主义中国化最新成果进课堂、进教材、进头脑,推进德育进网络等方面,取得了可喜的成绩。当前,随着马克思主义中国化理论成果与实践成果的不断丰富和发展,随着德育实践经验的不断积累和丰富,对高校德育学科建设在推进马克思主义大众化、加强和改进主渠道作用方面提出了新的要求。总的来说,学科建设研究,要着重深入探讨学科建设服务于教学需要、服务于德育需要、最终服务于用马克思主义中国化最新成果武装青年大学生头脑的实际需要这一关键性问题,以加强和改进马克思主义理论课主渠道作用的发挥。同时,学科建设研究还要注意新媒体技术背景下学科进网络的理论与实现途径这一新课题。

推进马克思主义大众化、用马克思主义中国化最新成果武装青年大学生,既是一个重大的理论问题,又是一个长期的实践问题;既需要理论上的建设和创新,也需要实践上的探索和总结。如何以科学发展观为指导,把理论研究成果转化为制度、把理论成果运用于实践,将实践经验提升为理论研究、将实践经验发展转化为理论研究的动力,这是推进马克思主义大众化、加强高校德育必须进一步深入思考的问题。比如,一方面要积极研究理论研究吸收实践成果的机制和途径问题、理论研究成果的实践性问题、理论研究成果的推广应用机制问题,另一方面也要积极探讨整合科研资源加强对实践经验进行理论研究的问题、实践活动引入理论研究成果来规划和指导的问题、实践活动吸收理论工作者机制的问题等。高校还要积极探索整合德育理论工作者和实际工作者资源,建构理论与实践相贯通的制度、机制和途径。

(作者:南开大学党委副书记、副校长)

美国大学道德教育的现状

杨学义

探讨高校道德教育面临的问题,分析道德教育发展的最近进展,批判吸收借鉴世界范围内高校道德教育的经验,对我国高校道德教育的开展和道德教育研究水平的提升,具有重要的推动作用。我们知道，道德教育也是一种意识形态教育，在具体的教育内容上我们对西方国家的德育，尤其是其抽象的人性论和抽象的价值观的教育，应持批判态度，但在其教育方式方法上，我们却可以加以借鉴，以提高我们德育的实效性。下面仅就美国大学道德教育的状况，简单谈几点看法。

第二次世界大战之后，美国道德教育开始出现下滑苗头，到 20 世纪 70 年代末下滑到历史最低点。自 20 世纪 80 年代始，美国开始投入大量精力，试图为年轻人创造出新的道德教育模式。鉴于人们对 60、70 年代年轻人道德失落的恐惧，各大学对道德教育也尤为重视起来。当时老布什总统在竞选时，一直宣称誓做“教育总统”，他在《重视优等教育》一文中明确指出，学校不能仅仅发展学生智力，智力加品德才是教育的目的。

时至今日，美国大学的道德教育呈现出良好的发展态势。2003 年，安妮·科尔比（Anne Colby）等人发表了对 13 所院校的调查研究报告。报告指出，虽然这些院校对公民和道德教育的目标理解有所不同，但是它们都把学生的道德和公民教育作为学校的中心任务。报告还指出，大学的道德和公民教育与 15 年前已经有了很大的不同，但总体上讲，美国高等教育正在认真对待道德和公民教育。目前，使美国的年轻一代具有良好的道德能力和素养，几乎是所有美国大学道德教育的共同目标。美国高校中，绝大多数大学都开设了道德教育正式课程，其内容因校情和地区不同而有所差异，但总体上大同小异。基本情况如下：

1. 设置多种形式的专门课程进行道德教育

(1)通识课程

美国各大学普遍开设通识课程，对学生进行道德教育。各大学不断加强通识教育，开设必修课、选修课等多种形式的通识教育课程。通过这些课程，对学生进行思想、政治、道德、价值观等方面的教育，目的是培养“良好公民”。美国大学还普遍开设美国总统制、美国宪法、欧洲政治思想、美国生活中的道德问题、政治与社会制度、民主问题等课程。这些大都是必修课程，也是美国大学道德教育的重要组成部分。此外，还通过开设艺术和社会、西方文化危机与文明、亚洲政治思想、男女平等理论与妇女运动、宗教等相关的人文和社会科学方面的选修课程，使学生从中获得道德熏陶，增强其社会责任感。

(2)渗透性课程

美国高校不仅注重在通识教育和文科教育中渗透德育内容，还常常在理科教学中渗透德育内容，将传授自然科学知识与道德培养结合起来，形成“渗透性课程”。其方法是对每一门主修专业，都要从历史、社会和伦理学这三个角度去探究，要求学生对任何一门专业课程的学习都要回答三个问题：这个领域的历史和传统是什么？它所涉及的社会和经济问题是什么？要面对哪些伦理和道德问题？通过这些问题的探究，使得学生们了解到每一门课程都是和道德伦理问题有着密切联系。

(3)核心课程——以哈佛道德推理课程为例

核心课程的宗旨是用一种方式把人文科学、社会科学直接与人类休戚相关的事物联系起来。哈佛大学核心课程从最初的 3 个领域发展到 7 个领域，内容在不断修改和完善。目前，哈佛核心课程包括外国文化、历史研究、文学和艺术、科学、道德推理、社会分析、定量推理 7 个部分。哈佛道德推理课程（Moral Reasoning Curriculum）是哈佛大学本科核心课程的七个部分之一，该课程以专题形式进行，每学年提供 10 多门科目供学生选择。课程教学以说明哲学分析的方法为主，要求学生阅读相关的文学经典，学习评估过程贯穿于整个教学过程之中。哈佛道德推理课程的教育理念，对我国高校道德教育的实施，具有一定的借鉴意义。

2. 多种途径培养学生品格

(1)诚信教育

美国很多大学通过各种伦理道德课来对学

生进行诚信教育。伦理道德课现在已成为美国各大学本科生课程体系的重要组成部分。很多著名大学如斯坦福、明尼苏达大学都成立了伦理道德教育研究机构，专门推动伦理道德课程的开展。如在新闻学院中设置新闻伦理学，讨论新闻中虚假报道问题；在商学院设置商业伦理学，讨论商业活动中的欺诈问题；在法学院设置法律伦理学，讨论如水门事件等法律道德问题等。这样做的目的就是要使每一个学生毕业后成为一个有诚信的公民。斯坦福大学还实行考试"荣誉制度"，即所有考试不设监考，教师发完试卷就走开，交卷前考生在卷子上签名保证无作弊行为。如果有学生违反了这一制度，一经核实就会被开除。借此培养学生的诚实守信，增强师生之间的相互信任。

(2)学术道德教育

学术道德是大学研究者必须遵守的学术准则底线，也是大学生研究入门必须遵循的准则。很多大学都把学术诚信条例放到学校主页上，以便教师和学生随时查阅。不少大学图书馆的主页上都提供了大量的文献和相关链接，利用图书馆资源为教师提供鉴别学生是否抄袭的帮助。在哈佛大学发给学生的《学习生活指南》上面，用加大加粗的字体这样写道："独立思想是美国学界的最高价值，美国高等教育体系以最严肃的态度，反对把他人的著作或观点化为己有，即剽窃。"通过这种形式，让学生认识到学术造假、论文抄袭的后果会影响他们一生，从而从根本上防止各种学术不端现象的发生。联想到最近我国不少高校频频爆发的学术造假事件，在一定程度上我们可以借鉴美国大学的学术预防机制。

（作者：北京外国语大学党委书记）

加强大学生网络思想政治教育

王　磊

高等学校要认真领会中央精神，以积极的态度、创新的精神，不断深化对互联网特点和规律的认识，更加注重网络舆情研判，更加注重网络主动建设，更加注重网络教育研究，提升大学生思想政治教育的针对性和实效性。

一、更加注重网络舆情研判，进一步把握学生思想脉动

加强和改进大学生思想政治教育，一个重要的前提，就是要准确把握学生的思想特点和动态。随着网络新媒体的快速发展，大学生越来越喜欢通过网络表达自己的观点、反映自己的诉求，网络已成为大学生学习生活娱乐的重要空间，网络舆情成为大学生思想动态的"晴雨表"。因此，抓好网络舆情工作，加强网络舆情研判，是我们了解学生所思所想所困所惑的一个重要途径。近年来，我们把网络舆情工作摆在突出重要的位置，坚持从舆情系统、舆情制度、舆情队伍等方面入手，进一步加强和改进网络舆情工作，比较准确地掌握了全市高校网络舆情动态。

一是研发网络舆情系统。为更好地跟踪网络新媒体的发展趋势、把握新媒体的发展规律，我们投入大量人力和资金，研发了高校网络信息交互平台，使高校网络舆情上情下达、下情上达。同时，联合高校相关学科力量以及社会研发力量，建立与新媒体技术(如 twitter 等)相适应的网络舆情监测系统，最大限度地发挥信息化技术在网络信息内容监测与管理中的作用，保证网络教育舆情研判的及时高效。我们要求

各高校全面关注校园网及 BBS 论坛、有影响力的社会网站、舆论性较强人气旺的论坛、博客群、网络社区等，力求舆情信息全面准确。

二是完善网络舆情制度。整合校内与网络建设相关的各种资源，成立专项工作领导小组和专门的协调管理部门（如网络宣传与管理办公室），明确专人牵头负责本项工作，加强与思想、文化、保卫等相关部门的校内校外联系，形成网络工作与大学生思想政治教育的合力；立足高校不同教育管理工作的内涵需求，不断丰富网络舆情产品内涵，形成舆情日报、周报和专报相结合的报送体系；制定“紧急舆情立即报送、重大舆情半小时内报送、突发舆情一小时内报送”等相关制度，开发网络舆情报送系统，建立健全各级舆情报送、备案、会商机制。

三是强化网络舆情队伍建设。创造性地做好网络舆情工作，关键在人。高校要着力建设一支复合型的网络舆情队伍，为高质量地做好网络舆情工作奠定扎实基础。这支队伍主要应包括三个层次：核心队伍——由高校党委从事网络宣传的专职人员和网管中心的专职舆情人员组成，其核心职能是组织和指导各高校的网络舆情工作的开展，开展舆情研判和报送；骨干队伍——从各学院教师中选拔舆情工作骨干，长期参与舆情产品的编写工作；学生队伍——选拔和培养一批政治素质高、人品可靠的党员大学生，开展舆情收集和会商研判。

二、更加注重网络主动建设，进一步强化网上正面引导

网络具有双面性，能否主动建设、建设的效果如何，都直接关系到大学生思想政治教育的最终成效。为此，顺应新媒体技术的快速发展，高校要坚持大力建设与科学管理相结合的方针，加强大学生思想政治教育的网络抓手和载体建设，构建具有高校特色、体现科学精神、蕴涵和谐理念的网上精神家园。

一是建设能唱响主旋律的各式教育网站。网络应用的深入和互动社区的兴起，改变了师生传统的学习生活思维习惯，一部分低俗文化、落后文化在网上蔓延，虚假信息、网络炒作颇为泛滥，相关部门牵头、具体由高校主导创建具有广泛影响力的网站阵地就显得十分必要和关键。要立足高校师生精神文化生活特点，创建学术报告网、高雅艺术网、心理咨询网等具有各校特色的网络文化平台，积极发挥正面引导功能。

二是研发师生喜爱的网络文化产品。网络建设一方面需要阵地，另一方面也需要抓手。只有紧密结合师生网民需求特点，大胆借鉴商业网站运营经验，应用最新先进网络技术、融合各种网络新媒体的强大功能，才能不断研发出用于网络思想政治教育的新型文化产品，才能构建起全方位的思想政治教育网络服务体系。要充分发挥大学生主体作用，成立大学生网络社团，创建高校网络文化节，结合“我爱我的祖国”、“学习实践科学发展观”等主题，开展丰富多彩的网络文化教育活动，培养大学生自我教育、自我服务的意识。

三是积极推进网上舆论教育引导。网络舆情有跟风趋势，很容易随大流，如果不掌握网络舆论的话语权，大学生思想政治教育工作将面临非常被动的处境。为此，高校要按照“建立以专家、辅导员、思政教师、行政人员、学生骨干等为主体的‘金字塔式’网上引导员队伍”的工作思路，选聘学生骨干、BBS 站务、网管员、网络编辑为网络文明志愿者，将学生辅导员、学校宣传信息员打造成为有战斗力的网络引导员；聘请部分专业教师、理论名师担任网络评论师，科学策划网络专题热点、巧妙淡化网民讨论焦点，引导网民理性讨论问题、合理表达意见，在网上唱响主旋律，营造积极向上的网络主流舆论，形成文明和谐的校园网络环境。

（作者：上海市学生德育发展中心主任）

大学生就业创业:思想政治工作的着力点

叶松庆

大学生的就业创业是一个复杂的社会问题,解决这一问题是一个复杂的系统工程,其中有许多思想政治工作要做。具体来说,需要着重做好以下十个方面的工作。

1. 在人才培养上重视大学生创业精神与就业能力的培养。一是培养大学生的创业意识,让大学生在校期间就有创业的考虑和想法。二是在大学生中大力宣传和培养企业家精神,培育大学生的拼搏精神。三是培养大学生创业的实际能力。创造实践的平台,如开展大学生创业大赛,组织大学生到就业基地实习,参与社会实践基地建设、参加老师的科研项目等,让大学生在校就具备一定的创业能力。四是全面强化大学生的就业能力。事实表明,除了机遇之外,就业能力强是大学生能够尽早顺利就业的重要条件。道德品质好、成绩技能优、心理素质强、身体健康、社会适应性强、有一定实践经验是就业能力强的组成要素。在抓好大学生的思想、道德、学习、心理、身体的同时,要注重抓专业设置、课程改革、人才培养模式的转变,鼓励大学生多参加社团活动、担任学生干部、在社会兼职、参与志愿者行动等,增强大学生的社会适应性和实践能力,以全面提升就业能力。

2. 针对大学生在校最后学年的思想和心理特点开展就业引导。利用各种途径大力宣传本校毕业生就业、创业的先进事迹,邀请已经就业、创业并作出突出业绩的校友、大学生“村官”来校传授经验,交流座谈,选择一些学生熟知的毕业生来校对大学生进行风险意识和生存能力的指导,通过“熟悉人讲陌生事,陌生事影响熟悉人”的方式,让大学生真正了解现实社会,具备一定的精神准备与抗挫折力。组织大学生去基层、厂矿、农村考察,使大学生了解基层,把基层作为人生和事业的起点,形成到基层去、到国家最需要的地方去建功立业的主流价值导向。

3. 在就业落实上做好整合资源、广开渠道、沟通信息等工作。学校党政主要领导要亲自抓大学生就业、创业工作,整合校内外的社会资源,构筑就业与创业的“绿色通道”。院系的主要领导要充分发挥自身优势,广开就业渠道。辅导员以及有关老师要多进学生宿舍、进教室,及时了解学生的就业思想与动态,区别不同情况,有针对性地开展工作,要关注社会各界的用人招聘动态,及时向学生通报情况,给学生提供服务。

4. 在就业创业前期各项准备工作中贯彻以学生为本的理念。在为大学生就业创业服务中要注意稳固和拓宽渠道,要提前主动出击,想尽办法积极与用人单位建立长期友好关系,为毕业生就业做前期准备。比如,提前派学生进入基地实践,延长学生的实习时间,加深学生与用人单位的相互了解,为用人单位提供技术与智力方面的支持,与用人单位多交流多互动、加强平时的联系沟通,请用人单位专程来校招聘,举办多种校园人才招聘会,提前签订就业协议等。在所有层面的工作中,要充分体现以学生为本,突出关爱与真诚,想大学生之所想,急大学生之所急,同时要把党和国家的关怀传递给每位大学生,让他们始终感觉到有强大的精神支撑,任何时候不丧失信心,不放弃希望。

5. 科学指导大学生做好职业规划,确立符合实际的职业定位。引导大学生从一年级开始就要对自己将来的职业进行规划。职业规划要有高、中、低三个层次,引导大学生在自己的职业规划中注意处理好理想性、现实性、可能性三者的关系，做到既有追求高度，又有现实可能，避免过于理想化。

6. 在价值取向上引导大学生打破固有思维，正视现实。正视现实，降低就业期望值是大学生价值观调整的重要方面，这样可以有效地减少预期落差，避免心理失衡。打破原有的思维定势，对社会对人生有一个客观的理解和认识，对自己有一个准确的定位，知道自己"能做什么"，"能得到什么"，为自己树立正确的就业观念提供新的思路。有了正确的就业取向和对称的就业信息，大学生就会作出正确的选择。

7. 做好心理调适工作，帮助大学生树立信心、缓解压力。面对就业的严峻形势和巨大心理压力，要重视大学生的就业心理调适。一是要让大学生保持自信心，相信"天生我才必有用"；二是引导大学生正确认识自己，相信只要自己踏实努力，就一定会成就一番事业；三是让大学生消除就业恐惧心理，不畏困难，即使受挫也不气馁，相信自己一定能够渡过难关，先就业后择业再创业，或者暂时找不到工作就再学习提高，等待机会。

8. 指导大学生掌握必要的应聘技巧。一是做简历要实事求是，不能随意扩大自己的优势，更不要弄虚作假，但要尽量充分展现自己的闪光点，要简明扼要，让招聘人员一目了然，并能留下深刻印象。二是穿着整洁，形体端正，语言朴实，不卑不亢，沉着冷静。三是要对用人单位事先有所了解，形成招聘现场的亲和氛围。四是对招聘人员要充分尊重，让对方感到很有教养。五是要掌握一些应聘具体方法，注意正面效应。六是不可好高骛远，不要"海投"求职简历，要量力而行，对号入座。

9. 严格落实促进大学生就业创业的各项政策。2009 年全社会高度重视大学生就业创业问题，国务院办公厅 2009 年 1 月 19 日专门发了《关于加强普通高等学校毕业生就业工作的通知》，提出了"鼓励和引导高校毕业生到城乡基层就业、鼓励高校毕业生到中小企业和非公有制企业就业、鼓励骨干企业和科研项目单位积极吸纳和稳定高校毕业生就业、鼓励和支持高校毕业生自主创业、强化高校毕业生就业服务和就业指导、提升高校毕业生就业能力、强化对困难高校毕业生的就业援助"等明确要求。人力资源和社会保障部等 7 部门联合下发通知，决定"自 2009 年至 2011 年，用 3 年时间组织 100 万离校未就业高校毕业生参加就业见习，其中，2009 年全国计划任务为 30 万人"，等等。只要各级政府和高校认真、全面落实到位，就能取得很好的实效。

10. 寻求社会各方面的支持，开辟大学生就业创业的新空间。社会就业岗位的数量，创业成功的机遇，取决于经济社会的发展。要力争在解决新增劳动力就业问题上取得新的突破，增加就业岗位，为大学生创造就业创业的条件。媒体要大力宣传大学生到基层、民企、边远地区就业、创业的典型事迹；用人单位要排除用人偏见与性别歧视，为大学生就业创业提供机会和平台。

（作者：安徽师范大学青少年研究所所长、教授）

在多元文化环境下增强大学生对社会主义核心价值体系的认同

马丽娟

建设社会主义核心价值体系，是我国思想理论建设和意识形态建设上的重大创新，体现了党对社会主义制度在价值层面认识的深化。大学生是进行社会主义核心价值体系建设的重要对象，他们对社会主义核心价值体系的认同关系到国家和民族未来发展的方向。如何面对多元文化环境下人们思想活动独立性、选择性、多变性和差异性的基本事实，不断增强大学生对社会主义核心价值体系的认同，是摆在我们面前的重要课题。

在主导性与多样性的协调中整合大学生价值认同

价值认同是指价值主体在社会实践中通过对话、交往、互动，不断调适自身的价值结构以顺应社会价值规范的过程，它表现为社会成员对社会共同的价值规范的一种自觉接受、自觉遵循的态度，它标志着人们在社会实践活动中能够以某种社会共同的价值要求作为标准来规范自己的活动，并使之内化为自己实际行为的自觉的价值取向。

在多元文化环境中，层次性、独特性、多样性空前增多，社会主义核心价值体系建设要求我们处理好主导和多样的辩证关系。社会主义意识形态的"一元主导"保证社会主义的性质和方向，除去"一元主导"统领，意识形态必然陷人一片混乱，进而导致社会无序或动荡；价值取向的多样性丰富、充实主导性的内容，推动主导性的发展。主导性如果脱离了多样性，或限制多样性的丰富与发展，主导性就会成为形式、教条而缺乏吸引力和感召力，从而丧失思想活力和文化创造力。

要坚持社会主义核心价值体系的主导性。我们处在一个开放的、多样化的时代，在这种境遇中发展必然要求我们在思想上有个主心骨，有我们的思想旗帜，以能够凝聚起最强大的力量，共同致力于我们的社会主义事业。在社会主义社会里，是非、善恶、美丑的界限不能混淆，坚持什么、反对什么，倡导什么、抵制什么，都必须旗帜鲜明。社会主义核心价值体系以马克思主义为指导，追求中国特色社会主义共同理想，弘扬民族精神和时代精神，倡导社会主义荣辱观，集中反映了当代社会最基本的价值取向和行为准则，其有明确的主导性。在文化多元、价值取向多样化的条件下，背离主导性的要求或者放弃主导性，社会主义核心价值体系建设就会迷失正确方向。

要尊重多样，包容差异。针对社会转型期利益结构的调整、价值主体趋于多元的现实，要尊重大学生的个性差异和价值选择，以占主导地位的价值意识观念来感召和引导支流价值，并在多元价值取向之间保持合理的张力，以彰显马克思主义的科学性和价值性。我们要教育和引导大学生正确认识价值取向多样化的现实意义与价值，它体现了社会对个体具体价值理想与目标的尊重，对个性特征和独立精神的张扬，与社会主义市场经济的发展规律相契合，是社会的巨大进步。"一元"统领与兼容并存，这是马克思主义主流意识形态和价值观念在新时代发挥社会整合作用所使然，是新时期的意识形态具有宽容性、开放性的必然体现。惟有如此，才能体现出社会主义核心价值体系的科学合理性，并在多元文化互动中保持其时代的主流精神。

在选择性与发展性的统一中促进大学生价值认同

过去我们对社会主义意识形态的宣传、教育和建设，是在有组织权威、文化单一、稳定封闭的条件下进行的，无须进行合理加工和比较选择。文化多元化开拓了人们的视野，扩展了人们的思维，使人们从无可选择变为自由选择，价值取向多样化成为现实。尤其是大学生们，接触媒体频繁，接受各种信息快速，主体性和自我发展意识得到增强。他们常以独立的、批判的眼光审视时代和社会的变化，不再满足单纯接受一些既定的道德观念和政治观点，作为行为主体开始依据自己的社会经验、知识结构和真实感受，进行独立思考，并以此为依据作出价值选择。因此，我们的意识形态建设就不能像过去那样用“堵”或者其他强制方法要求他们坚守某一统一的价值观或放弃某种价值观，而是要靠真理和事实说话。

增强大学生对社会主义核心价值体系的认同，要坚持选择性原则，创造一个让人们能够自由选择的宽松环境，正视大学生的选择，相信并尊重他们的选择。要培养和提高大学生的辨别力、判断力、选择力和批判力，使大学生通过比较学会选择，特别是能够在多元文化环境中排除各种信息干扰，作出正确选择。有比较才有选择，唯有比较，才能拓宽视野、计量长短、吐故纳新。因此，社会主义核心价值体系建设不仅要从体系内部不断完善自身，同时还要注重不同价值体系之间的外部比较。我们要通过对以马克思主义中国化发展所形成的三个理论成果的比较研究，在对其区别和联系的梳理中揭示马克思主义及其中国化一脉相承又与时俱进的内在规律和思想机制；通过对国外主流价值观建设的比较研究，对世界各国的优秀文明成果兼收并蓄，汲取精华，剔除糟粕；通过对传统文化的比较研究，不断挖掘继承中华民族优秀传统文化，让民族精神和时代精神大放异彩。在比较与鉴别中，提高大学生的思想觉悟和道德境界，使他们接受马克思主义理论，认同中国特色社会主义道路，树立科学的理想信念和价值观念。

增强大学生社会主义核心价值体系认同，还要坚持发展性原则。文化多元和价值取向多样化对确立、发展核心价值体系提出更高要求，作为社会主义先进文化的内核，社会主义核心价值体系是在开放视野下发展起来的先进文化，若要保持旺盛的生命力，就必须是能动的、开放的、不断发展着的体系。其基本内容具有稳定性，但也要在实践中不断丰富和发展，不仅要能动地反映时代精神和实践要求，而且必须是不断创新的、与时俱进的。我们要在继承我国优秀传统文化和革命传统，借鉴西方文化，融合现代科学文化新成果的基础上，不断创新和发展社会主义核心价值观，使大学生在多元文化和多样价值取向的环境中，自觉坚持社会主义核心价值体系的认同。

在理想性与现实性的联系中实现大学生价值认同

在党领导下，走中国特色社会主义道路，实现中华民族的伟大复兴，是当代中华民族的共同理想。这一共同理想，把党在社会主义初级阶段的目标、国家的发展、民族的振兴与个人的幸福紧密结合在一起，有着广泛的社会共识和令人信服的必然性，是有效凝聚全国各族人民共同奋斗的精神基础。理想是现实的超越，既来源于现实，又高于现实，是感召、激励和鼓舞我们为之奋斗的力量源泉。现实性是实现价值观认同的基础，理想性是引领价值观认同的精神支柱。在理想和现实间总是存在着一定的差距，如何正确看待这一差距，对大学生树立中国特色社会主义共同理想具有重要影响。坚持理想性与现实性的统一，要引导大学生正确看待理想社会主义制度与当代中国现实的关系。正视和承认社会主义现代化建设中出现的各种各样的问题，坚持马克思主义的批判精神，以建设性批判关注社会现实问题，进行理性和客观分析，理顺情绪，凝聚人心。如果对自身社会问题视而不见，沉默、失语，就失去意识形态应有的作用。

要坚持把解决思想问题与解决实际问题相结合，把握与大学生个人利益的相关度。不能简单地把多元文化环境下大学生的务实心态视作社会风气的下滑，在符合社会发展客观要求的前提下，价值观教育必须对教育对象正当的利益加以肯定，从根本上帮助实现其利益，从而达到个体需要，也就是理论意义上的“利益认同”。因此，要贴近大学生的实际困难，切实解决贫困生问题和专业学习困扰、人际交往、就业难、心理危机等现实问题，将“以人为本”的理念贯彻到教育教学的全过程，让学生感受到厚重的人文关怀。

要引导大学生正确看待中国特色社会主义

共同理想与个人幸福之间的关系。从本质上讲，社会理想只有被内化为全体社会成员的共同奋斗目标，才有生命力。价值观认同不能仅仅满足于解决具体的思想问题，在内容设置上应做到既要来源于现实又高于现实，逐渐引导大学生实现最高价值上的认同，从而作出正确的价值选择并采取正确的行为。要开展理想信念教育，以中国特色社会主义共同理想统领大学生的个人理想，引导他们把个人职业理想融入到社会的政治理想之中，自觉地把职业选择与政治选择高度统一起来，在深刻了解社会变化规律和发展趋势的基础上，找准个人就业与社会需求的契合点，实现个人发展与社会发展的良性互动。遵循从个人理想到社会理想的路径，引导大学生将个人理想上升为社会理想，将社会理想内化为个人理想，这是时代发展的必然要求，也是大学生成才的内在需要。

在"知"与"行"的转化中实现大学生价值认同

价值观念的认同必须以科学合理的知识为基础。要强化思想灌输，把社会主义核心价值体系融入教学内容，引导大学生准确把握基本内容和精神实质。实际上，一旦缺乏必要的知识作为观念认同的支撑，那么所谓的认同就必然是含糊的、不到位的，甚至是误解，从而也就丧失了价值认同的根本。因此，作为一种价值认同的路径，不断探索社会主义核心价值所赖以生存和发展的科学真知，以提供系统而彻底的理论支撑，是强化道德价值认同的重要方面。高校要围绕社会主义培养目标，开设必修课程，以明晰的社会主义核心价值理念及相应的知识强势影响大学生的价值观念，在专业课中渗透价值观教育，潜移默化地融入大学生的思想和行动中。

要引导大学生在社会实践和志愿服务中自觉接受社会主义核心价值体系。价值认同本质是一种实践活动，是知识教育与价值教育统一于教育的实践。社会实践和志愿服务是大学生实现社会主义核心价值体系认同的重要途径。高校的社会实践和志愿服务不仅是第二课堂活动，而且是人才培养模式的时代转型，应把服务学习引入大学课堂，精心设计社会实践活动。探索建立与学生专业学习相结合、与服务社会相结合、与勤工俭学相结合、与创新创业相结合的社会实践新机制。有计划组织学生开展多种形式的社会实践活动，增强大学生对国情、世情的了解与把握，对所面临的现实和困难有较全面深入的体察，树立忧患意识，增强责任意识，培养爱国情怀，激发报效祖国、服务人民的热情。

在学校与家庭、社会的结合中实现大学生价值认同

增强大学生对社会主义核心价值体系的认同，要与国民教育的各个层次和环节有机融合起来。国民教育并不是单纯指学校教育，而是指家庭教育、学校教育、社会教育等教育的各个方面和层次。江泽民曾说："一个人的一生，要接受家庭教育、学校教育、社会教育，这些教育都很重要，对于自己世界观、人生观、价值观的形成和巩固都会起重要作用。"

要高度重视家庭教育在大学生社会主义核心价值体系认同中的作用。家庭教育是种全程教育，人们无时无刻不受到家庭影响。家长的价值观念和道德观念，对大学生具有重要示范和熏陶作用。在家庭中要积极培育家庭美德，树立良好的家庭风气，营造和睦的家庭氛围，培养浓郁的家庭亲情，使家庭教育成为形成正确的道德观念和价值观念的重要推动力量。

要充分发挥社会教育在大学生社会主义核心价值体系认同中的作用。人们价值观念的形成，本质上是一个社会化过程，是在社会中完成的。越是多元文化时代，越需要通过持续的社会教育帮助大学生树立正确的价值观念。要加强社会传播规律和大学生受众心理研究。充分利用与发挥大众传播学对意识形态建设的积极作用。广播影视、新闻出版、文学艺术、哲学社

会科学等部门，要积极为大学生提供内容健康、导向正确的精神文化产品，尤其要加强对互联网等现代传媒的引导和管理，净化文化环境，为大学生树立正确的价值观念创造良好氛围。

此外，要做好学校教育、家庭教育和社会教育的有效衔接，实现校内、校外、家庭、社会的相互联动，使社会主义核心价值体系渗透到国民教育的各个层次和环节中，增强合力，提高整体效果。

（作者：保定学院党委宣传统战部部长、教授）

科学发展观视野中大学生思想政治教育创新

马庆林

科学发展观是加强和改进大学生思想政治教育的指导方针

科学发展观为大学生思想政治教育提供新的理论指导。科学发展观进一步明确了新世纪新阶段我国要发展、为什么发展和怎样发展的重大问题，也为大学生思想政治教育提供了新的理论指导。加强和改进大学生思想政治教育，要提高促进大学生全面发展的能力，解决好“培养什么人、如何培养人”这个事关党和国家长治久安、中华民族前途命运的根本问题。

科学发展观为大学生思想政治教育提出新的更高要求。以人为本，要求以实现大学生的全面发展为目标，尊重大学生的主体地位，维护大学生的根本利益，为大学生健康成长成才服务；全面发展，要求促进大学生思想政治素质、科学文化素质和健康素质全面发展，把其培养成为中国特色社会主义事业的合格建设者和可靠接班人；协调发展，要求统筹课内课外思想政治教育，统筹教书育人、管理育人、服务育人，统筹发挥党团组织和学生组织作用，统筹思想政治教育三支队伍建设，统筹解决学生面临的各种实际问题；可持续发展，要求紧紧抓住制度建设环节，建立起立足当前，有效解决突出问题，又着眼长远，保证工作不断推进的领导体制和工作机制。

科学发展观为大学生思想政治教育提出新的思想方法。科学发展观强调“科学”，一切从实际出发，尊重客观规律，充分发挥人的主观能动性和创造性。按照科学发展观加强和改进大学生思想政治教育，就是要遵循大学生思想政治教育规律和大学生成长成才规律，牢固树立“学校教育，育人为本，德智体美，德育为先”的思想，把大学生思想政治教育摆在学校各项工作首位，把育人贯穿教育教学各个环节。

坚持科学发展观，创新大学生思想政治教育理念

牢固树立“以人为本”的理念。高等学校的根本任务是育人即育学生。“以人为本”就是“育人为本”，要确立学生的主体地位。学校一切工作都应服务于这个主体，树立一切以学生为本、一切为了学生、为了一切学生、为了学生的一切的意识，维护学生的合法权利，为学生提供全面发展的平台，尽最大努力满足学生成长成才的需要。

确立全面发展的观点。全面发展是思想道德素质、科学文化素质和身心素质的全面发展，最根本的是思想道德素质的发展。首先要在大学生思想政治教育的目标定位上，实现学生的全面发展，使他们成为中国特色社会主义事业的合格建设者和可靠接班人。其次是要树立全

员育人、全方位育人的观念，使高校全体员工明确自己应当承担的育人责任，增强使命感。

确立协调发展的观点。大学生思想政治教育工作是一项综合教育的系统工程，需要有效配置思想政治教育的各种资源，促进思想政治教育与其他教育的协调运作，形成合力，产生综合效应。各部门、单位间要相互协调配合、齐抓共管，真正把思想政治教育渗透到课堂教学、科研工作、校内外活动和社会实践等方面。

确立可持续发展的观点。大学教育关注学生的不止是一时一事，而应是一生一世。要充分发挥思想政治教育培养功能，引导学生注重今天发展，更要树立远大理想和长远发展目标，树立终身学习的观念和勇于创新的精神，努力为今后的人生之路奠定坚实基础。

坚持科学发展观，创新大学生思想政治教育内容

以政治观教育为基本内容。大学生的政治观关系到学校人才培养目标的实现、社会主义事业是否后继有人，是高等教育的头等大事。大学生政治观教育主要包括：理想信念教育，党的基本理论、基本路线教育，爱国主义教育等内容，在教育过程中要体现层次性。一是把以弘扬和培育民族精神为重点的爱国主义教育作为基础层次，帮助学生树立民族自尊心、自信心和自豪感，培养爱国主义情怀；二是把以形势政策为重点的党的基本路线教育作为中间层次，引导学生从国际国内和国家民族发展的历史大背景中认识党的先进性，增强对党和政府的认同感和信任度；三是把以马克思主义和社会主义为重点的理想信念教育作为最高层次，培养学生的社会主义信念和共产主义理想。

以世界观、人生观和价值观为核心内容。世界观、人生观和价值观共同构成人的思想教育的核心部分，高等学校应该把对大学生进行人生观、价值观的教育作为重点内容。通过持续不懈地人生观、价值观教育，帮助学生树立社会主义的荣辱观、义利观、苦乐观，养成明礼诚信、团结友善、勤俭自强、敬业奉献的高尚情操，增强大学生的团队精神和协作精神。

以道德观、法制观教育为基础内容。道德观和法制观教育资源具有浅显生动、感染力强的特点，是公民教育的基础内容。同时，道德和法制教育重在实践。高等学校要把“八荣八耻”作为大学生道德观教育的基本内容，开展以道德和法制为主题的日常教育实践活动，培养大学生“讲学习创新、讲文明诚信、讲团结友爱、讲安全守纪”的思想意识和良好的行为习惯。

以心理健康教育和创业教育为辅助内容。针对当代大学生心理健康问题日益突出和就业形势严峻的现实，高等学校应加大心理健康教育和创业教育力度。虽然这二者有其独立的学科体系和特殊性，但在大学生思想教育中有独特作用，应纳入思想政治教育的辅助内容，以促进大学生健康、全面发展。

坚持科学发展观，创新大学生思想政治教育方法

坚持政治理论教育与社会实践相结合。加强政治理论教育，要按照充分体现当代马克思主义最新成果的要求，推动科学发展观等重要理论进教材、进课堂、进大学生头脑，努力提高“两课”教学质量；紧密围绕大学生普遍关心的重大问题，做好释疑解惑和教育引导工作。社会实践是大学生思想政治教育的重要环节，可以促进大学生了解社会、国情，增长才干、奉献社会，锻炼毅力、培养品格，增强社会责任感。要充分利用寒暑假，组织学生参加社会调查、生产劳动、志愿服务、公益活动、科技发明和勤工助学等社会实践活动。

坚持日常教育与网络教育相结合。日常思想政治教育是高校学生思想政治教育的重要形式；网络对大学生的行为模式、价值取向、政治态度、心理发展、道德观念等产生愈加重要的影响。因此，要建设好融思想性、知识性、趣味性、服务性于一体的主题教育网站或网页，形成网上网下思想政治教育合力。要密切关注网上动

态，了解大学生思想状况，对社会热点焦点问题，及时引导，释疑解惑，以平等身份和学生沟通交流，帮助其明辨是非，认清美丑，增强防范能力，自觉抵制不良信息的误导。

坚持思想政治工作与心理健康教育相结合。高校应制定大学生心理健康教育计划，确定教育内容和教育方法，帮助大学生培养良好的心理品质和自尊、自爱、自律、自强的品格，增强大学生克服困难、经受考验、承受挫折的能力。同时，建立健全心理健康咨询机构，加强心理咨询辅导，引导大学生健康成长。

坚持解决思想问题与解决实际问题相结合。一是解决特困学生学费问题，形成以国家助学贷款为主体，包括助学奖学金、勤工助学基金、特殊困难补助和学费减免在内的助学体系，帮助特困生完成学业。二是尽全力解决大学生就业问题，落实毕业生自主创业、灵活就业、失业救助等各项政策，引导大学生到基层、到西部、到祖国最需要的地方去建功立业。

（作者：呼伦贝尔学院政史系主任、研究员）

论大学生思想政治教育工作创新

周武忠

大学生思想政治教育从来都是与特定的时代背景休戚相关的，不同的时代特征对教育工作提出了不同的具体要求。在体验经济时代下，各种情势都发生了变化，大学生包括本、专科生和研究生的思想状况也发生了变化，而现实中的思想政治教育还远不能完全适应时代发展的要求。当今大学生思想政治教育要摒弃落后而保守的教育方式，解放思想，大胆创新，树立新思维，应用新手段，取得新突破。

用体验营销理论指导当今大学生思想政治教育工作，是体验经济时代背景下进行思想政治教育创新的重要思路。借鉴体验营销组成模块，大学生思想政治教育可以在以下五个方面进行创新。

（一）思想政治教育之形式创新

借鉴感官营销模块，充分利用文艺载体，倡导寓教于乐的告知方式，改变传统灌输式的政治教育方式。此为思想政治教育之形式创新。

显性教育和隐性教育在思想政治工作中是相得益彰的，体验经济时代要更加强调隐性教育的作用，在教育形式上因时制宜地采取多种载体，倡导寓教于乐、寓教于游，特别是寓教于艺的方式，多管齐下，突出实效。

大学生思想政治教育应当重视利用生动有趣的音乐、诗歌、故事等形式，将艺术教育与道德教育融为一体，吸引受教育者的注意力和兴趣，培养好德、乐德的情感，并使其有所感悟和体验，从而在感官方面有所突破。要特别注重借助多种艺术载体，如绘画、摄影、电影、戏剧、音乐等文学艺术形式，以构筑富有感染力的教育氛围。在这种情境中，受教育者在直观形象、生动具体的文艺活动中产生直觉体验，从而得到思想、认识上的启发和教育，以及心灵、情感上的陶冶和净化。

（二）思想政治教育之内容创新

借鉴情感营销模块，精心设计场景活动，依托实际场景引发受教育者内心真切感受，摒除单一的理论学习模式。此为思想政治教育之内容创新。

实际场景活动是体验产生的载体和基础，

正是在活动的亲历中，个体用感官和心灵直接去把握特定的认知对象，生成独特的感受。感受是体验的基本形式和内容，而要产生真切的感受，必须以实际场景活动为载体。大学生思想政治教育必须让受教育者走出狭小的教育课堂，走入社会大舞台，参与各种活动，从做中学，从动中悟，在活动中坦诚地认识和接受自己的感受。为了获得深刻的感受，必须对生活资源进行一系列针对性、系统性的场景化设计，使其具有明显的教育导向意义。在此基础上，可进一步引领受教育者投入广阔的社会实践活动，通过特定角色的换位模拟，在真实的活动过程中，体验生活的真、善、美，进而培养起受教育者对事物的敏锐感受力。

（三）思想政治教育之平台创新

借鉴思考营销模块，引导进行自我反思，将认知习惯内化为自我心智模式，摒除被动接受、走马观花的旧有认知弊端。此为思想政治教育之平台创新。

自我反思是以个体的亲身经历为基础，通过自我认识、自我控制等方式，发展精神理解能力。为了真正生成领悟，应倡导受教育者经常反思生活中的各种社会关系，并对之采取一种探究状态，敏于并善于体验其中的奥妙。

在大学生思想政治教育过程中，教育者应留出充裕的时间和空间，鼓励受教育者自我反思。教育者可以通过让受教育者回顾自己印象深刻的事件，尤其是其中蕴含着道德、心理、行为冲突的事件，剖析自己作出选择判断的思想基础和心理动因，从特定事件的最终结果反馈中评价自己。思想政治教育并非一蹴而就，而要贯穿于个体成长的整个阶段。因此，教育者应该组织受教育者将思想、行为反思中的真切感触记录下来，作为成长的见证。这种反思记录要求受教育者针对学习生活不同阶段的不同行为表现，把自己的感受、思考以文本的形式记录下来，以此作为对自己心灵反观的记录。

（四）思想政治教育之路径创新

借鉴行动营销模块，激励个体付诸实践，将主观理念与个人践履深入结合，摒除理论背离实际，知行脱节的痼疾。此为思想政治教育之路径创新。

为了巩固和发展体验，确保思想政治教育持续有效，需要继续深化个人践履，引导受教育者逐步实现自我体验教育，通过回归生活和付诸实践进一步将隐性经验显性化，使在深化体验中获得的情感价值等逐步升华为自我的态度品质以及个性能力等素质。

情感信念等要变成行为并使行为转化为习惯，是在实际的实践情境中，在不断完成各种相关活动中逐步实现的。一次体验由于实践层面的狭隘性，无法上升为行为习惯，因此，应该抓住时机反复体验，在反复体验中，实现认知与行为的真正协调，养成良好的思想品德。思想政治教育要产生实效，必须反复践履。个体在活动或认知情境中自觉体验、践行某一思想道德规范的次数越多，所获得的体验就越宽广、越深厚，在这种高度自觉的精神力量支持下，诚心接受教育并寻求进步就成为一种自觉的活动。

（五）思想政治教育之情境创新

借鉴关联营销模块，把握资源创设情境，倡导与日常生活的紧密关联，摒除为教育而教育、教育游离生活的低效率模式。此为思想政治教育之情境创新。

教育者要有意识地以现实生活为素材，截取其中有教育价值的事件，调动受教育者的积极性，将其融入个体的生活之中，成为日常生活的一部分，从而让其真实地体验和感悟到诸如自尊自爱、礼貌待人等生活习惯，并进一步转化成健康向上的生活方式。

生活中的情境资源通常包括自然情境和人文情境。清新舒畅、适用得体的校园景观等自然情境会使受教育者更贴近大自然，从而使其愈发热爱生活，而充满人文气息的生活氛围、融洽的师生关系则构成了一幅和谐的人文情境，使受教育者享受如沐春风的润泽。无论是自然情境还是人文情境，都是以真实的生活经历为背景的生活体验，当受教育者作为主体投身现实情境时，会为其中直观生动的内容所感染，由此引发直接的主体体验和意义感受。优美的自然情境以及和谐的人文情境，对受教育者良好道德品质的形成和发展具有潜移默化的作用。正是在与美好自然环境的亲密接触中，在对和谐人文情境的切身感悟中，个体才更加体悟到生活的真谛与意义。

高等教育中的大学生思想政治教育与经济领域中的市场营销是两个全然不同的概念。本文之所以把这两个概念放在一起讨论，目的只是想给大学生思想政治教育工作者提供一点新的思路。要贯彻体验营销的理念，还应从上述五个方面着手，针对各个学校不同的大学生群体，系统策划基于体验营销视角的大学生思想政治教育工作方案。只有这样，才能将其真正落实到大学生思想政治教育工作的实践中去。

（作者：东南大学旅游与景观研究所所长、教授）

深入学习实践科学发展观　办人民满意的高等教育

——高校学习实践活动综述

部属高校学习实践活动领导小组

根据中央统一部署，今年3月以来，全国2263所普通高等学校开展了深入学习实践科学发展观活动，其中，列入部属高校学习实践活动范围的高校共90所。各高校紧紧围绕“培养什么人，怎样培养人”和“办什么样的大学，怎样办好大学”这两个根本性问题，紧密联系当前形势和高校实际，扎实推进学习实践活动，为加快高校科学发展注入了生机和活力。

认真把握中央精神，切实加强组织领导

党中央高度重视高校学习实践活动，为活动开展指明了方向。5月2日，胡锦涛总书记视察中国农业大学，与师生代表座谈并发表重要讲话。温家宝总理先后视察清华大学、西安交通大学、湖南大学并与同学们座谈。5月6—7日，习近平同志深入北京5所高校专题调研，召开高校学习实践活动座谈会，并发表重要讲话。刘延东、李源潮同志深入高校调研，就高校学习实践活动多次作出重要批示。中央领导强调，各级党委和高校党组织要把学习实践活动作为当前的首要政治任务和中心工作，以高度的政治责任感、良好的精神状态和扎实的工作作风抓好抓实，坚持把科学发展观内化为高校办学观，把科学发展观的要求转化为高校科学发展的正确思路和自觉行动，切实做到学以致用、用有所成。

精心谋划安排，切实加强领导和指导。部属高校学习实践活动领导小组认真研究实施方案，及时传达中央精神，确保活动不走过场、不出偏差。领导小组成员和教育部党组成员共确定12所高校作为联系点，并在关键环节深入学校具体指导，既全程掌握活动进展情况，又注重以点带面、分类指导、整体推进。14个部属高校指导检查工作组深入高校，指导高校坚持进度服从质量、形式服从效果，为活动顺利推进发挥了重要作用。在整改落实阶段的关键时期，31所中管高校的党委书记、校长在井冈山干部学院参加了“加强党性修养、坚定理想信念、保持优良作风”专题研讨班，以井冈山精神激励高

校“敢闯新路”，创办有特色、高水平的大学。

着力破解高校发展难题，努力实现科学发展上水平

注重内涵发展，着力提高办学质量。各高校按照科学发展观对高等教育提出的新要求，进一步理清了学校科学发展思路，在找准问题上取得新进展，在破解难题上找到新举措，在正确处理规模、质量、结构、效益的关系上形成新共识。北京大学积极探索创建世界一流大学的规律特点和途径，努力在学科发展、科研创新、人才培养、师资队伍建设和社会服务等重点领域解决突出问题，稳步推进比较优势和质量优先两大发展战略。清华大学以世界一流大学建设为主线带动学校工作全局，以“985”、“211”工程三期建设为依托，加强学科建设、人才队伍建设和基地建设，提高科学研究水平和自主创新能力，努力为建设现代化强国和创新型国家作出更大贡献。

强化特色发展，进一步明确办学定位。各高校坚持从实际出发，突出自身优势，强化特色学科和特色专业，打造核心竞争力。西北农林科技大学立足西部，坚持面向社会主义新农村建设，强化优势学科，利用现代高新技术改造传统学科和应用学科，积极发展基础学科和新兴学科，不断培育新的学科增长点。中央民族大学以培养坚定维护民族团结和国家统一、适应少数民族和民族地区发展需要的各类少数民族优秀人才为办学宗旨和根本任务，大力推进高水平大学建设。

创新体制机制，修改完善高校发展“三大规划”。各高校把解决实际问题与建立长效机制紧密结合，修改完善学校“发展战略规划”、“学科建设和队伍建设规划”与“基础能力建设规划”，坚持和完善党委领导下的校长负责制，积极推进高校内部管理体制和运行机制改革，切实加强党性党风党纪建设，加快构建现代大学制度体系。中国科学技术大学跟踪《国家中长期科学和技术发展规划纲要》，密切关注《2020年中国教育改革与发展纲要》，加强学校各类规划与国家规划的衔接。吉林大学、湖南大学等对合校以来制定的文件进行全面清理，切实增强规章制度的针对性、时效性、可操作性。积极推进校院两级管理改革，进一步探索教授治学的实现形式，扩大院系教授委员会制度试点。

坚持以育人为本，努力提高人才培养质量

坚持以育人为本，构建具有创新特色的人才培养体系。各高校以教育教学改革为核心，着力解决与我国现代化建设和创新型人才培养要求不相适应的观念和体制机制问题。南京大学、中南大学、大连海事大学等改革人才培养方案，健全教学动力机制，优化课程体系与结构，建立专业设置准入、退出机制，加强重点专业和特色专业建设，促进学生个性化成长。北京理工大学、兰州大学等确立教学中心地位，建立健全教育质量督导制度，实施本科教学“质量工程”。广东省属各高校紧密结合地方经济社会发展实际，探索应用型人才培养模式，使“专业融入产业，教学融入企业”，着力培养动手能力强、符合社会需要的高素质人才。

坚持德育为先，切实增强大学生思想政治教育的针对性和有效性。各高校坚持社会主义办学方向，把培养中国特色社会主义合格建设者和可靠接班人作为根本任务，推进中国特色社会主义理论体系进教材、进课堂、进头脑，深入开展科学发展观专题教育活动。完善全程育人、全员育人、全方位育人机制，推进校园文化建设与师德师风建设，牢固坚守学校思想文化阵地。

充分发挥自身优势，积极为保增长保民生保稳定服务

加强教育引导，着力维护高校稳定。高校稳定是社会稳定的基础。各高校切实把维护稳定作为第一责任，突出抓好政治稳定，加强文明校园建设。新疆区属高校引导广大师生认清乌

鲁木齐"7·5"事件的本质，坚决与境内外"三股势力"作斗争，高举各民族大团结的旗帜，争做维护新疆繁荣稳定的"排头兵"。西藏区属高校进一步总结和反思拉萨"3·14"事件经验教训，把深入开展反分裂、反渗透、反颠覆的教育长期化、制度化、课堂化。广西区属高校针对民族地区各民族学生多的特点，大力突出爱国主义教育、民族团结教育和传统文化教育。

出台系列举措，加强对大学生就业的指导和服务。各高校以"非常时期、非常责任、非常决心"来对待和做好毕业生就业工作，今年全国高校一次性就业率为68%，与去年同期持平。大连理工大学、中国地质大学（北京）等将毕业生就业作为"一把手工程"建设，书记校长直接负责。同济大学、复旦大学、中国石油大学（北京）等实行"就业托底政策"，从应届毕业生中选聘研究助理。华中科技大学、中南财经政法大学、华侨大学等积极帮助学生提高创业能力，了解创业政策，以创业带动就业。

紧密联系实际，为国家和地方科学发展提供智力支持。各高校充分发挥自身人才优势与专业优势，组织动员广大师生和科研人员为地方和企业应对危机、克服困难提供技术服务。近百所重点高校共选派2000名左右科技特派员入驻广东企业，解决企业生存和发展中的科技问题。南开大学、天津大学等积极参与滨海新区建设；华南理工大学、中山大学等大力服务珠江三角洲地区产业发展；四川大学、西南交通大学等积极服务灾区重建工作；北京科技大学、北京航空航天大学、西北工业大学等在国家钢铁行业振兴计划和国家大型飞机科技专项中大显身手。

第十六部分

企业政工与企业文化

以改革创新精神推进国有企业党的建设 把党的政治优势转化为企业科学发展优势

李源潮

国有企业是我国国民经济的重要支柱，是中国共产党执政的重要基础，国有企业党的建设是国企改革发展的重要内容和重要保证。深入贯彻落实党的十七大精神，推进国有企业党建工作改革创新，为国有企业改革、发展、稳定提供思想保证、政治保证和组织保证，是新形势下加强和改进党的建设的重要任务。

深刻认识国有企业党的建设面临的挑战，增强改革创新国企党建工作的紧迫感责任感

改革开放30多年来，国有企业经过放权让利、承包经营、转换经营机制到推行公司制股份制、建立现代企业制度等艰辛改革，企业活力和市场竞争力不断增强，企业规模和效益跨越提升，取得了举世瞩目的发展成就，在我国经济社会发展和参与国际竞争中发挥了主力军和排头兵作用。

30多年来，国有企业党的建设与时俱进，在促进企业改革、推动企业发展、维护企业稳定、加强企业思想政治工作和精神文明建设中，发挥了不可替代的重要作用。党的十六大以来，以胡锦涛同志为总书记的党中央对推进国有企业党的建设改革创新提出了一系列新要求。各地各有关部门和国有企业认真贯彻落实中央精神，积极探索加强和改进国有企业党建工作的有效途径和办法，取得了新进展、新成效。一是以兴起学习“三个代表”重要思想新高潮、开展保持共产党员先进性教育活动和深入学习实践科学发展观活动为契机，坚持不懈地用马克思主义中国化最新成果武装头脑，企业领导人员和广大党员的思想政治素质有了新的提高。二是围绕中心、服务大局，把企业改革发展稳定中的难点作为党建工作的重点，创新企业党建工作的内容和方式，有效发挥企业党组织的政治核心作用，增强了企业的核心竞争力。三是以“四好”领导班子创建活动为载体，大力加强领导班子思想政治建设，领导班子和领导人员的能力素质明显提高、作风进一步改进。四是积极探索符合国有企业特点的选人用人机制和管理监督机制，完善考核评价办法，促进了企业优秀经营管理人才脱颖而出和健康成长。五是加强基层党组织和党员队伍建设，开展形式多样的创先争优等主题实践活动，充分发挥了基层党组织的战斗堡垒作用和党员的先锋模范作用。六是坚持以人为本，加强企业思想政治工作，培育优秀企业文化，维护职工合法权益，促进了企业和谐稳定。在青藏铁路建设、载人航天工程、抗击低温雨雪冰冻灾害、抗震救灾、奥运服务保障、应对国际金融危机等重大任务和处置重大突发事件中，国有企业挺身而出、勇挑重担，充分发挥了顶梁柱作用；国有企业党组织和广大党员不畏艰难、冲锋在前，充分展现了新时期国有企业共产党人的先进形象。实践充分说明，深化国有企业改革，推动国有企业科学发展，必须毫不动摇地坚持党对国有企业的领导，在发扬国有企业党建工作优良传统基础上，不断推进国有企业党的建设改革创新；必须以发展为中心抓好党的建设，抓好党的建设促进企业发展；必须把企业领导班子和领导干部队伍建设作为党建工作的核心任务，带动基层党组织建设、党员队伍建设和人才队伍建设；必

须贯彻全心全意依靠工人阶级的方针，切实维护职工群众合法权益，增强党组织的凝聚力和向心力。

我国正处于全面建设小康社会的关键时期，国有企业改革发展面临新的机遇和挑战。市场竞争国际化、产权结构多元化、治理结构规范化、劳动关系契约化趋势越来越明显，特别是国际金融危机的发生，使企业面临的市场环境日趋复杂、竞争程度日益激烈。在新的形势下，国有企业作为国民经济的重要支柱要发挥更坚实的主导作用，作为完善社会主义市场经济体制的关键力量要发挥更积极的推动作用，作为我国参与国际竞争的主力军要发挥更有力的引领作用，必须以改革创新精神加强国有企业党的建设。

面对新形势新任务，国有企业党建工作还存在许多不适应的地方。比如，有些同志对国有企业党建工作的地位和作用认识不够深刻，忽视党的建设，党建工作被弱化和边缘化；有些地方和企业党的建设体制机制创新滞后于企业改革发展，党建工作缺乏活力；有的企业党组织不能充分发挥政治核心作用，参与重大问题决策、行使党管干部职能缺乏有效途径，对企业领导人员特别是主要负责人的监督不到位；有的企业领导班子和领导人员的能力素质不够强，不能胜任领导科学发展的需要；有的企业基层党组织活动不正常，不能有效发挥作用；企业党务工作者选拔难、安心难，后继乏人问题突出，等等。解决这些问题，需要我们在党建工作的理念、思路和方式方法等方面不断改革创新。

当前和今后一个时期，加强和改进国有企业党建工作的总体要求是：坚持以邓小平理论和“三个代表”重要思想为指导，深入贯彻落实科学发展观，进一步加强党对国有企业的领导，牢固确立党组织在中国特色现代国有企业制度中的政治核心地位，紧紧围绕企业改革发展稳定大局，以改革创新精神抓好企业领导班子建设、基层党组织建设、党员队伍建设和人才队伍建设，更好地发挥企业党组织的政治核心作用、党支部的战斗堡垒作用、党员负责人的示范表率作用和广大党员的先锋模范作用，为国有企业科学发展提供坚强的思想保证、政治保证和组织保证。

牢固确立国有企业党组织的政治核心地位，加快建立中国特色现代国有企业制度

建立现代企业制度，是我国国有企业改革的方向。我国的政治、经济、文化和社会状况与西方国家都有很大不同，搞现代国有企业制度既要借鉴国外经验，又不能照搬西方国家的模式。要依据我国的政治经济社会基本制度，立足我国国情和企业实际，建立具有中国特色的现代国有企业制度。坚持党的领导，充分发挥党组织的政治核心作用，是我国国有企业的重大特色和独特优势。少数关系国家安全和国民经济命脉的中央企业集团领导班子党组，还要担负领导核心责任。确立企业党组织在公司治理结构中的政治核心地位，构建确保党组织充分发挥政治核心作用的公司治理结构运行机制，是中国特色现代国有企业制度的鲜明特征和本质要求。中发〔1997〕4 号文件和中办发〔2004〕31 号文件，对加强和改进国有企业尤其是中央企业党建工作，发挥国有企业党组织政治核心作用，提出了明确要求和具体规定。我们要结合新形势继续抓好贯彻落实，着力破解国企党建工作难题，使国企党组织真正成为中国特色现代国有企业制度的有机组成部分。

第一，进一步完善国有企业领导体制，从制度上保证党组织在公司治理结构中发挥政治核心作用。国有企业党组织发挥政治核心作用与企业领导体制密切相关。近些年，各地积极探索现代企业制度条件下的国有企业领导体制和组织管理制度。从实践经验看，把充分发挥党组织政治核心作用、保证公司治理结构有效运行和全心全意依靠工人阶级有机结合起来，是国有企业领导体制改革必须把握的重大原则。要把党组织的机构设置、职责分工、工作任务纳

入企业的管理体制、管理制度、工作规范之中，使党组织的政治核心作用组织化、制度化、具体化。要妥善处理党组织与董事会、经理层、监事会的关系，形成党组织与公司治理结构职责明确、有机融合、运转协调的新型领导体制和运行机制。“双向进入、交叉任职”是实现企业法人治理结构与党组织政治核心作用有机结合的有效办法，要在实践中继续坚持和完善。中央企业进行董事会试点近4年来，取得了重要进展，要结合企业实际，加快推进步伐。要进一步解放思想、大胆创新，只要符合建立现代企业制度方向，有利于充分发挥党组织政治核心作用，有利于增强企业活力和竞争力，有利于调动广大党员和职工群众积极性创造性的领导体制和组织管理制度，都可以积极探索实践。

第二，把党组织参与重大问题决策与董事会依法决策结合起来，健全党组织有效参与决策的体制机制。参与重大问题决策是国有企业党组织的重要职责，是党组织发挥政治核心作用的基本途径。企业党组织参与重大问题决策与董事会依法决策，二者总体目标一致，既要维护和支持董事会对企业重大问题的统一决策权，又要保证党组织的意见在企业重大问题决策中得到尊重和体现。一要明确企业党组织参与决策的内容。企业党组织要议大事、谋全局、明方向，对涉及企业改革发展全局的重大决策、重要人事任免，以及涉及职工群众切身利益的重大问题等，认真研究讨论，提出意见建议。各地各企业要结合实际，把党组织参与重大问题决策的内容具体化。二要完善党组织参与重大问题决策的程序。决策前，董事长、总经理与党委书记应充分沟通，形成共识；党委会或党政联席会议应进行集体研究，提出意见和建议。决策时，进入董事会、经理层的党委成员要认真履行职责，使党组织的意图得到尊重和体现。决策后，党组织要发动党员团结带领职工，保证各项决策顺利实施。如发现决策不符合党和国家方针政策、存在重大经营风险或可能损害国有资产利益、社会公众利益和职工合法权益时，要及时提出意见；如得不到纠正，应向上级党组织报告。三要从制度上保证党组织参与决策。公司章程和董事会、经理层议事规则，应当对党组织参与重大问题决策的主要内容和程序作出明确规定。要不断提高党组织参与决策的能力与水平，及时将成熟的经验和做法上升为工作规则和制度。

第三，坚持党管干部原则，积极探索党组织在企业选人用人中发挥主导作用的有效途径和办法。坚持党管干部原则，是发挥国有企业党组织政治核心作用的重要保证。国有企业党组织要认真贯彻党的干部路线和方针政策，主动适应建立现代企业制度要求，把坚持党管干部原则与董事会依法选择经营管理者以及经营管理者依法行使用人权相结合，把组织考察推荐与市场化选聘经营管理者相结合，使企业经营管理人员选拔任用制度化、规范化、程序化，不断提高选人用人公信度。要坚持党管人才原则，把人才强企作为企业最重要的战略，大力培养、引进和使用人才，特别是企业当前发展急需和未来发展必需的高层次人才，切实增强企业的科技与人才竞争力。

第四，切实履行保证监督职能，确保党和国家的方针政策在企业贯彻执行。这是党章赋予国有企业党组织的重要职责。近些年，国有企业党组织在推动企业落实宏观调控政策、应对重大问题和突发事件中起到了很好的组织保证作用。但从调研情况看，企业党组织履行保证监督职能仍是一个亟待加强的方面。要贯彻落实《党内监督条例（试行）》和党风廉政建设责任制的规定，有效发挥企业党组织的保证监督作用。一要加强对企业贯彻落实科学发展观和执行国家方针政策的监督，推动企业在国民经济发展中发挥主导作用，在产品质量、安全生产、节能减排、环境保护、维护稳定等方面带头履行政治责任和社会责任。二要深入开展党规党纪教育，严肃查办各类违纪违法案件，着重加强对企业主要负责人和关键岗位的监督，对企业领导班子决策和用人的监督，对企业投资、财务管理、产品销售和物资采购、工程招投标、企业改组改制和产权变更交易等权力运作重要环节的监督。要把党组织监督与监事会监督、职代会监督等结合起来,形成监督合力。三要统筹兼顾国家、企业、职工三者利益关系,积极协调各种利益矛盾,切实维护国家利益和职工合法权益,保持企业职工思想稳定,促进企业和谐发展。

第五,充分发挥国有企业党组织的独特优势,进一步增强企业的核心竞争力。国有企业党组织作为执政党的基层组织,具有先进的理论指导和价值追求、健全的组织体系和工作机制、严明的组织纪律和优良作风,这是西方国家任何企业都不可比拟的独特优势。国企党组织要成为中国特色现代国有企业制度的有机组成部分,就要把这种独特优势和现代企业经营管理优势结合起来,成为企业核心竞争力的重要内容。一要发挥党组织实行民主集中制的优势,集中集体智慧,协调各方关系,统筹大局、把握大势,促进企业科学决策、民主决策。二要发挥党的思想政治工作优势,把党建设社会主义精神文明的先进思想和价值追求,转化为企业的发展理念、经营宗旨和员工准则,打造先进企业文化,培育独特的社会主义国有企业精神,提高企业的软竞争力。三要发挥党的群众工作优势,加强职工队伍建设,提高职工素质,反映职工诉求,维护职工利益,充分激发蕴藏在职工群众中的创造力量。要领导和支持工会、共青团等群众组织依照法律和各自章程创造性地开展工作,特别要重视发挥职工代表大会的作用。

以培养造就优秀社会主义企业家为重点,着力抓好国有企业领导班子建设

加强党对国有企业的领导,关键要抓好领导班子,培养造就高素质的企业领导人才。胡锦涛总书记指出:“以经济和科技实力为基础的综合国力的竞争日趋激烈,这种竞争说到底是民族素质的竞争和较量,首先是企业领导人才的素质、能力的竞争和较量。”这些年,我们坚持不懈地开展“四好”领导班子创建活动,涌现出一批政治素质好、经营业绩好、团结协作好、作风形象好的企业领导班子和高素质企业领导人才。现在我国国有企业正加快走向世界,我们要打造一批具有国际竞争力的一流企业,迫切需要培养造就一流的企业领军人才,建设一支优秀的社会主义企业家队伍。各级党委和组织部门、国资监管机构要把建设高素质企业领导班子和领导人才队伍,作为加强党对国有企业领导的重中之重。

第一,大力推进企业人事制度改革,创新企业领导人员选拔机制。企业家是特殊的人才资本,是国家经济和社会发展的稀缺资源。对国有企业领导人员的选配,应符合发展社会主义市场经济的要求,充分体现企业特色,做到理念科学、视野开阔、机制灵活。一要坚持标准。国有企业不仅是一个经济组织,还承担着重要的国家义务和社会责任。选拔国有企业领导人员,同样要坚持德才兼备、以德为先标准,讲政治、重业绩、看品行、用能人,既要体现组织认可、出资人认可和职工群众认可,又要注重市场认可,真正把那些忠诚党和国家事业、具有世界眼光和战略思维、勇于改革创新、善于经营管理、得到职工群众信任的优秀人才选拔上来。二要拓宽视野。打破单位所有、部门所有、条块分割和身份界限,面向国内外、体制内外,选拔那些素质高、能力强、潜质大、信誉好的经营管理人才。要利用现代技术手段广泛收集企业家资源信息,逐步建立完善国有企业领导人才信息库和业绩档案,着力培育国有企业职业经理人市场,促进企业领导人才有序流动、合理配置。三要创新方式。按照民主、公开、竞争、择优原则,加大竞争性选人用人力度,使公开招聘、竞争上岗逐步成为选拔国有企业经营管理人员的重要方式。要总结面向海内外公开招聘国有企业高管的经验,加大企业领导人才选聘方式改革力度,促进优秀人才脱颖而出。要勇于打破常规,不求全责备,看准了就大胆使用、不拘一格。

第二，健全企业领导人员培育机制，着力提高政治素质和业务能力。社会主义企业家，不仅要有卓越的治企能力，还应有过硬的政治素质和良好的职业操守。要遵循企业家成长规律，改进和创新企业领导人员培育机制，着力提升引领企业科学发展的能力素质。一要提高政治素质。要建立健全企业领导班子学习制度，坚持不懈地用中国特色社会主义理论体系和最新知识武装头脑，坚定理想信念，提高理论素养，增强大局意识、责任意识和忧患意识。要坚持民主集中制，增进领导班子团结。要把深入学习实践科学发展观，作为企业领导班子思想政治建设的一项长期任务。当前要认真抓好学习实践活动整改落实工作，探索建立促进科学发展的长效机制。二要提升治企能力。要增强教育培训的针对性和实效性，根据企业发展需要有计划地选派优秀企业领导人员和后备人才参加境内外培训，使他们掌握国际先进的经营理念和管理知识，把握世界经济发展、科技进步的趋势和产业变动、市场变化的动向，增强战略决策能力、把握市场能力、推动创新能力、应对危机能力，以及抓班子带队伍能力。要扩大培训范围，有计划地组织中央企业总部部门和二级单位的主要领导人员、地方骨干企业的领导班子成员，到中央党校、大连高级经理学院等高层次干部培训机构学习培训。要注重实践锻炼，把有发展潜力的企业领导人员和后备人才放到关键岗位、重点工程、艰苦环境中经受磨练、增长才干。继续推进中央和地方、东部和中西部企业之间，以及企业与党政机关和事业单位之间的人才交流。三要加强品行修养。企业家是公众人物，社会关注多、议论多，人民群众的要求和期望很高。要引导企业领导人员加强自我修养，培养良好的道德品行和职业操守，树立正确的业绩观，求真务实，甘于奉献，艰苦奋斗，勤俭办企业，克服短期行为，多做打基础、利长远的事情。要坚决反对“老板意识”、“老板作风”，平等对待、真诚关心职工群众，依靠职工群众办好企业。

第三，严格管理、严格监督，确保国有企业领导人员廉洁从业。国有企业领导人员经营着巨大的国有资产，天天跟大项目和大额资金打交道，不加强管理监督，很容易出问题。近年出现的陈同海、王效金等国企领导人员腐败案件，影响恶劣，教训深刻。保证国有企业领导人员廉洁从业，要强调自律，但光靠自律不够，还得靠有力有效的监督约束机制。当前，要突出抓好《国有企业领导人员廉洁从业若干规定》的学习贯彻，把从严教育、从严要求、从严管理、从严监督落到实处。要围绕容易出问题的投资、采购、决策、用人等关键环节健全责任追究和公开监督制度，加强对企业领导人员行使权力的约束和监督。要教育国有企业领导人员特别是主要负责人，牢记手中的权力是党和人民赋予的，习惯于在严密的监督下工作，不搞“一言堂”，防止独断专行、滥用权力。要严肃查处腐败案件，让那些心存侥幸的人不敢腐败。要建立健全激励保障机制，肯定国有企业领导人员的贡献和价值，宣传优秀企业家的先进事迹，激发他们干事创业的内生动力。

创新国有企业基层党建工作，更好地发挥基层党组织战斗堡垒作用和党员先锋模范作用

基层党组织是党在国有企业全部工作和战斗力的基础。企业党的建设重心在基层，创新在基层，活力在基层。要适应企业改革发展的新情况新任务，继承和发扬党的实事求是、群众路线等优良传统，不断改革创新基层党建工作，推动企业党的建设迈上新台阶。

第一，创新基层党组织活动内容和方式，不断增强国有企业基层党建工作活力。企业基层党组织和党员处在改革发展第一线，是贯彻党的主张、推动企业发展的骨干力量。近些年，许多企业积极创新基层党组织和党员发挥作用的载体和方式，有效调动了党组织和广大党员的积极性创造性。但是，也有一些企业基层党组织不能适应企业组织结构、经营机制和管理方

式的变化，发挥作用不够。要根据企业党组织承担任务和党员队伍的新变化，紧紧围绕企业生产经营这个中心任务，推进基层党建工作改革创新。一是优化党组织设置。要适应跨地区、跨行业、跨所有制甚至跨国境兼并重组日趋增多，企业资本和人才流动加快的趋势，合理调整企业党组织设置，在新建经济组织的同时建立党组织，调整经营管理机构的同时调整党组织设置，配备经营管理人员的同时配备党务工作人员，保证企业的业务开展到哪里，党的组织就设置到哪里，党的工作就延伸到哪里。二是创新党组织活动方式和载体。要加强企业生产经营一线党支部建设，把解决改革发展中的难题作为党组织活动的重点，把促进生产经营的成效作为重要检验标准，通过党员责任区、党员先锋岗、党员品牌工程、党员攻关项目等有效载体，为党员发挥作用搭建平台，使党建工作成为企业价值链上的重要环节，成为企业发展的内在推动力量。要把维护企业稳定作为企业党组织的一项硬任务，注意发现苗头性、倾向性问题，妥善化解矛盾，以企业和谐促进社会和谐。要注意借鉴和运用现代企业管理的科学方法和手段开展党建工作，讲效率、讲效益，使党组织活动真正为企业所需要、党员所欢迎、职工所拥护。三是重视做好在生产经营一线和青年职工中发展党员工作。注意在各类技术骨干和生产经营骨干中培养发展党员，把青年职工中的优秀分子吸收到党员队伍中来。要加强对党员的思想教育和业务培训，努力把党员培养成生产经营的能手、创新创业的模范、提高效益的标兵，做到重要岗位有党员、主要骨干是党员、关键时刻见党员。

第二，大力发展党内基层民主，充分调动国有企业广大党员的积极性创造性。增强企业基层党组织和党员队伍的活力，必须积极推进党内基层民主建设，落实党员在党内事务中的知情权、参与权、选举权和监督权。一要尊重党员主体地位。深入开展党员权利和义务教育，引导党员牢固树立主体意识，调动党员参与党内事务的积极性。企业党员领导人员要带头发扬民主，营造党内民主讨论环境，鼓励党员充分发表意见，群策群力推动企业发展。二要严格按期换届制度。现在一些企业基层党组织不能正常按期换届，有的甚至多年不换届，损害了党员的主体地位和民主权利。企业党组织必须严格按照党章规定按期进行换届选举。要改进企业党组织候选人提名制度和选举方式，积极推行基层党组织领导班子公推直选，探索建立党代表大会常任制。三要积极推进党务公开。从企业实际出发，建立健全党内情况通报、情况反映等制度，拓宽党员参与党内事务的渠道。企业党的建设中的重大问题和广大党员普遍关注的问题，要充分听取党员的意见。要健全党内关怀帮扶机制，帮助企业困难党员解决实际问题。

第三，按照高素质复合型的要求，着力建设一支优秀党务工作者队伍。推进国有企业党建工作改革创新，必须有一支政治强、业务精、作风好、肯奉献的党务干部队伍。要加强对企业党务工作人员的教育培训和实践锻炼，使他们既精通党务工作和思想政治工作，又熟悉企业生产经营和管理工作，成为高素质的复合型人才。注重从企业业务骨干中选拔优秀人才充实党务工作者队伍，重点选好配强党委领导班子成员特别是党委书记。要注意选拔从事过经营管理工作的同志担任党组织书记，选拔从事过党务工作的同志担任企业行政负责人。要把党务工作岗位作为培养人才的重要平台，有计划地安排党务工作人员与经营管理人员轮岗交流。要把党务工作人员业绩考核纳入企业经营管理人员业绩考核体系，确保与相应层次经营管理人员同考核、同待遇、同奖惩，让党务工作者有地位、有作为、有奔头。

第四，在国有企业广泛开展创先争优活动，动员党组织和广大党员为推动企业科学发展争作贡献。围绕发展抓党建，抓好党建促发展，这是国有企业党建工作的基本主题。党的十七届四中全会后，中组部和国务院国资委将在全国国有企业部署开展以争创“四强”党组织、争做

"四优"共产党员为主要内容的创先争优活动。"四强"就是政治引领力强、推动发展力强、改革创新力强、凝聚保障力强,"四优"就是政治素质优、岗位技能优、工作业绩优、群众评价优。这是巩固拓展国有企业深入学习实践科学发展观活动成果的重要举措。各级党委及其组织部门要加强对活动的领导和指导,各级国资监管机构等有关部门党组织要抓好工作落实。要以此为抓手,把国有企业党组织和广大党员的积极性创造性调动起来,为推动企业科学发展,特别是有效应对国际金融危机献计献策、贡献力量,把党的思想政治优势、组织优势和群众工作优势,转化为企业的创新优势、竞争优势、发展优势。

各级地方党委要把国有企业党建工作列入重要日程,党委主要领导同志要亲自抓。组织部门要切实负起具体指导责任,把抓班子与抓党建结合起来,统筹谋划、整体推进。各级国资监管机构要把领导和指导国有企业党建工作,与国有资产管理监督和企业改革发展工作同部署、同检查、同考核。其他有关部门要在党委统一领导下,齐心协力抓好国有企业党建工作。企业党组织要贯彻党要管党、从严治党方针,进一步完善党建工作机制,党组织书记要切实履行党建工作第一责任人职责。董事会、监事会和经理层党员成员,特别是企业行政主要负责人,都要增强党的意识,落实"一岗双责",高度重视、积极支持、主动参与党建工作,在机构、人员、经费等方面提供保障。

国有企业改革发展正处于关键时期。加强和改进国有企业党建工作,推动国有企业科学发展,任重而道远。我们要紧密团结在以胡锦涛同志为总书记的党中央周围,以奋发有为的精神状态、求真务实的工作作风、永不懈怠的创新勇气,不断开创国有企业改革发展和党建工作新局面。

(此文是李源潮同志在全国国有企业党建工作会议上的讲话,发表时略有删节)

国有企业党的建设的成效与经验

李荣融

国资委党委和中央企业各级党组织认真贯彻落实党中央关于加强国有企业党的建设的方针政策,解放思想,探索创新,企业党的建设取得了积极进展。

一、中央企业党的建设的主要成效

(一)企业党组织的战斗堡垒作用和党员的先锋模范作用得到发挥。中央企业各级党组织切实加强党的思想建设、组织建设、作风建设、制度建设和反腐倡廉建设,基层党组织和党员队伍建设不断加强。在保持共产党员先进性教育活动中,中央企业对照国际一流企业找差距、促改进,把党的先进性体现到党员和党员领导干部素质的提高上,体现为更高的生产力、更强的竞争力。在日常生产经营中,特别是在抗雨雪冰冻、抗震救灾等关键时刻,中央企业基层党组织和党员冲锋在前、身先士卒,充分发挥了战斗堡垒作用和先锋模范作用。

(二)贯彻落实科学发展观的自觉性和坚定性明显提高。按照中央的统一部署,2009 年 3 至 8 月,132 家中央企业参加了第二批深入学习实践科学发展观活动。这次学习实践活动突出中央企业特色和应对国际金融危机实际,紧扣"科学发展上水平"这个核心目标,努力把握科学发展规律、企业发展的一般规律、企业所在行业的发展规律、本企业发展的自身规律，增强忧患意识、责任意识、发展意识、创新意识和廉洁意识，提高化解风险、应对危机的能力，深化改革、推动发展的能力，加强基础管理、打造国际竞争新优势的能力，抓班子、带队伍的能力，加强和改进企业党建工作的能力。通过学习实践活动，进一步深化了对科学发展观精神实质和深刻内涵的认识，解决了一批制约企业科学发展和职工群众反映强烈的突出问题。

（三）中央企业党组织发挥政治核心作用的方式和途径不断创新。经国务院同意，从2004年开始，我们在24家中央企业进行了规范的董事会建设试点，建立外部董事制度，17户试点企业实现了外部董事多于内部董事，初步实现了决策层与执行层分开，有3户试点企业的董事长由外部董事担任。在推进规范的董事会建设的同时，我们按照企业党组织“参与决策、带头执行、有效监督”的总体思路，积极探索中央企业“双向进入、交叉任职”的领导体制。试点企业积极探索将党组织的政治核心作用贯穿于决策、执行、监督全过程，并使其制度化、规范化，初步探索出适应现代企业制度要求的有效发挥企业党组织政治核心作用的方式和途径。

（四）党管干部原则和市场化选聘经营管理者相结合的选人用人机制不断完善。我们坚持党管干部原则与建立现代企业制度相适应，结合国有企业改革发展的需要，制定了中央企业领导人员选拔任用标准，建立了以落实国有资产保值增值责任为核心的企业领导人员考核评价体系，实行企业领导人员任期制和任期目标责任制。同时，积极推进市场化选聘高级经营管理者的改革，连续6年组织92户（123户次）中央企业安排127个高级经营管理岗位面向海内外公开招聘。在这个过程中，国资委党委和中央企业党委（党组）重点做到“五管”，把好“五关”，即管原则，把好导向关；管标准，把好资格关；管程序，把好规则关；管机制，把好政策关；管监督，把好使用关。

（五）中央企业“四好”领导班子创建活动不断深化。中央企业广泛开展了以建设一个政治素质好、经营业绩好、团结协作好、作风形象好，致力于为国有企业建功立业、得到职工群众拥护的“四好”领导班子创建活动，认真总结推广创建活动中好的经验和做法，企业领导班子的思想政治素质、开拓创新意识、战略思维能力明显提高，解决自身问题的能力与意识明显增强。

（六）思想政治工作的活力和实效不断增强。中央企业坚持“融入中心抓党建、进入管理起作用”，积极推进企业思想政治工作创新，较好地解决了思想政治工作与中心工作“两张皮”的问题。中央企业坚持把企业文化建设作为思想政治工作载体，积极培育诚实守信、服务优良、行为规范、道德高尚的企业精神，树立中央企业“报效祖国、服务社会、回报股东、关爱职工、爱护环境、节约资源”的良好社会形象。中央企业以维护企业稳定、构建和谐企业为目标，全面加强重组改制、关闭破产、停产和困难企业思想政治工作，建立并实施了稳定工作责任制，保证了企业和社会稳定。

（七）全心全意依靠职工办企业的内容和形式不断丰富。我们积极探索现代企业制度下职工民主管理的有效途径，不断完善中央企业职工代表大会制度。探索在现代企业制度框架下发挥职工民主管理、民主监督的新形式、新途径，制定了职工董事、职工监事选拔、履职的制度。大力推进厂务公开，采取“值班厂长”制度、厂情通报制度、职工代表巡视制度等多种方式拓展职工参与民主管理的渠道。加强职工队伍建设，形成了数量相对充足、结构比较合理、素质能力较高的高技能人才队伍。职工民主管理在促进中央企业改革发展中发挥了重要作用。

（八）中央企业党风建设和反腐倡廉建设工作不断加强。中央企业普遍建立了党委（党组）统一领导、党政齐抓共管、纪委组织协调、部门各负其责、依靠群众支持和参与的反腐倡廉工作格局，建立健全了教育、制度、监督并重的惩治和预防腐败体系。把反腐倡廉融入现代企业制度和完善公司法人治理结构中，建立规范的董事会，形成决策权、执行权、监督权既相互制约又相互协调的权力结构和运行机制，从源头上防治腐败。把反腐倡廉融入企业管理，落实中央企业领导人员“一岗双责”，建立与经营管理责任紧密联系的反腐倡廉责任体系，确立了在企业管理体系和内控机制中构建惩防体系的措施办法。建立了廉洁谈话、领导人员述廉议廉、加强效能监察、中央企业纪委书记交流任职、纪委书记向出资人报告履职情况等一系列反腐倡廉的专项制度，把反腐倡廉工作纳入了制度化、规范化、法制化的轨道。

二、中央企业党的建设的主要经验

(一)必须牢固树立巩固社会主义基本经济制度的责任意识。胡锦涛同志在党的十七大报告中提出要坚持和完善公有制为主体、多种所有制经济共同发展的基本经济制度，毫不动摇地巩固和发展公有制经济，增强国有经济的活力、控制力、影响力。国有企业党组织肩负着光荣的政治使命和责任，必须牢记使命、不负重托，以搞好企业改革发展的优良业绩，为巩固社会主义基本经济制度作出贡献。

(二)必须坚持党要管党、从严治党，切实加强企业基层党组织建设。坚持党要管党、从严治党的方针，是切实加强企业基层党组织建设的关键。要坚持围绕中心、服务大局，把企业领导班子建设、基层党组织建设和党员队伍建设放在更加突出的位置，全面加强企业党的建设。

(三)必须与时俱进，不断探索国有企业党组织发挥政治核心作用的有效途径。充分发挥党组织政治核心作用，是加强和改进国有企业党建工作必须牢牢把握的一条重要原则。国有企业党组织要按照参与决策、带头执行、有效监督的总体要求，将党组织政治核心作用贯穿于决策、执行、监督的全过程，保证监督党和国家方针政策在企业贯彻执行。

(四)必须坚持全心全意依靠工人阶级的方针，切实维护职工群众合法权益。坚持全心全意依靠工人阶级的方针，是加强党对国有企业改革发展工作领导的重要保障。要紧紧依靠广大职工群众搞好企业，尊重和维护职工民主管理、民主监督的权利，完善以职工代表大会为基本形式的企业民主管理制度，支持和保证职工代表大会依法行使各项职权，维护职工合法权益。

三、贯彻落实党的十七届四中全会精神，进一步加强国有企业党建工作

党的十七届四中全会《决定》，对加强国有企业党建工作提出了明确要求，要把建设高素质经营管理者队伍、人才队伍、党员队伍、职工队伍和增强国有经济活力、控制力、影响力贯穿国有企业党组织活动始终，保证党组织参与决策、带头执行、有效监督，发挥政治核心作用。国有企业各级党组织要按照这个总要求，切实加强国有企业党建工作。

(一)进一步推进国有企业学习型党组织建设。要继续抓好学习实践科学发展观活动的整改落实工作，建立学习实践科学发展观长效机制。要按照科学发展观的要求，把握发展规律，培养世界眼光，养成创新精神，学习世界一切先进的文明成果和管理经验，按国际一流企业标准找差距，扬长补短，奋勇争先。要紧紧围绕企业改革发展抓学习，再以学习成果促进企业改革发展，激发学习的内在动力，创新企业党建工作，努力创建富有活力、特色鲜明的学习型党组织。

(二)进一步加强企业基层党组织和党员干部队伍建设。要进一步深入开展“四好”班子创建活动。建立健全企业各级党的基层组织，优化组织设置，扩大组织覆盖，创新活动载体，丰富活动内容，增强活动效果。要加强党员发展工作，重点抓好在生产和工作第一线、高知识群体和青年中发展党员工作，把符合条件的生产经营骨干培养成党员，努力做到无空白班组(每个班组至少有一名党员)。要加强党员教育培训，切实提高党员领导干部和党员

队伍素质，把党员培养成生产经营骨干，使党员成为企业最优秀的人力资源，充分体现党的先进性。

(三)进一步探索党组织发挥政治核心作用的有效途径。要结合建立完善现代企业制度要求，研究提出国有企业加强改进党建工作的思路，积极推进国有企业党的领导体制改革。要继续完善"双向进入、交叉任职"的企业领导体制，通过各岗位的党员领导干部和党员发挥先锋模范作用，有效发挥党的政治核心作用。要适应公司法人治理结构的要求，坚持责任、权利、义务相统一，制定实施企业党委(党组)参与重大问题决策的指导意见，明确责任，完善规则和程序。

(四)进一步探索党管干部原则在国有企业的实现形式。要探索符合市场经济要求和现代企业制度要求的国有企业负责人聘用、考核、奖惩、管理办法，建立有别于党政领导干部、适应现代企业制度要求的企业领导人员管理新体制。要坚持党管干部的原则，进一步完善管资产与管人、管事相结合的体制和机制，继续探索董事会选择经营管理者、经营管理者依法行使用人权的有效途径，不断加大市场化选聘人才的工作力度。

(五)进一步探索新时期国有企业职工民主管理的新形式新途径。要进一步完善职代会制度，落实职代会职权，规范职代会运作，更好地发挥职代会的作用。要建立健全职工董事制度，提高职工董事素质和履职能力，充分发挥职工董事在董事会中的作用。要完善厂务公开工作内容，细化企业重大决策、生产经营和涉及职工切身利益等重大问题公开的具体内容和方式。

(六)进一步加强国有企业反腐倡廉建设。要加强国有企业领导干部党性修养，密切联系企业工作实际，大力弘扬优良作风。切实落实国有企业党风廉政建设责任制，加强惩防体系建设。积极探索纪检监察体制融入现代企业制度下法人治理结构的有效途径，继续推进纪委书记交流任职和纪委书记向国资委报告履职情况的制度，落实好国有企业领导人员述廉议廉制度和廉洁谈话制度。要充分发挥监事会、财务、审计、纪检监察等监督机构的作用，整合监督资源，形成监督合力，提高监督效果。

(作者：国务院国资委主任、党委书记)

以社会主义核心价值体系建设为根本
加强企业文化建设

路建平

成功应对这次国际金融危机，不仅要靠物质的力量，还要靠精神的力量；推动科学发展，不仅要用经济的方法，还要用文化的方法。企业作为应对危机的主战场，作为"弯道超车"的主力军，一方面，要在生产经营上下功夫、花力气，用经济的规律、市场的办法来解决困难；另一方面又要善于用思想文化的力量来解决现实问题。要进一步以社会主义核心价值体系建设为根本，切实加强企业文化建设。当前要特别注意做好三个方面的工作：一是要紧密结合人们对国际金融危机认识的新变化，进一步深入开展中国特色社会主义理论体系教育。随着国际金融危机的持续蔓延，人们对危机的认识不断加深，出现了三个明显的变化：在关注国际金融危机现象本身的同时，更多地关注危机产生的根本原因，从中更加清醒地看到了资本主义的固有弊端，更加深刻地认识到了马克思主义的科学性；在关注各国应对危机推出了哪些措施的同时，更多地关注措施实施的效果，从中更加充分地看到了社会主义制度的优越性，感受到了中国模式的先进性；在关注危机本身走向的同时，更多地关注危机对国际格局变化的影响，从中感受到了我国在处理国际事务中的重要作用，感受到了中国力量的不断增强。要充分认识和准确把握这些变化，进一步推动马克思主义中国化最新成果的宣传和普及，切实打牢广大员工共同奋斗的思想基础。二是要针对企暖回升过程中新旧利益矛盾交织重叠在一起的现实情况，进一步做好培育核心价值观的工作。经济企暖回升的过程，也是利益格局、利益关系调整的过程。企业文化虽然不能给人们带来直接可感的经济利益，但是可以通过培育核心价值观，改变人们对利益的认识和看法，同样有利于利益关系的调整和利益矛盾的处理。因此，要坚持把保障民生作为维护个人利益的底线、把促进发展作为维护集体利益的底线、把保持稳定作为维护国家利益的底线的原则，进一步做好核心价值观的培育工作，着力帮助广大员工树立科学的价值观，理性对待各种利益关系，促进和推动各种利益矛盾的妥善处理。三是要在认真总结应对危机经验的基础上，进一步加强诚信文化建设。广大企业在应对这次危机中创造了许多经验，其中很重要的一条，就是注重和加强了诚信建设，我们抱团取暖主要靠的是诚信，争取项目主要靠的也是诚信，拓展市场主要靠的还是诚信。应该说，诚信建设是企业文化建设最实际也是最重要的内容，也是企业发展尤其是在困难中发展最实在也是最有力的保证。我们一定要把诚信建设作为企业生产经营和文化建设的重中之重，尤其是要加紧研究今后如何在企业发展中把诚信文化具体化的问题。

（作者：中共湖南省委常委、宣传部长）

打造企业文化、校园文化建设品牌

中共湖南省委宣传部

企业文化、校园文化建设是基层文化建设的重要领域，在基层文化建设中具有十分重要的地位。近年来湖南省紧密结合全省企业文化、校园文化建设实际，通过开展企业文化、校园文化建设调查研究，出台指导意见，举办文化论坛等一系列措施，切实加强对全省企业文化、校园文化建设的指导和引导，着力健全文化建设的长效机制，着力营造文化建设的浓厚氛围，着力打造文化建设的品牌，有力地促进了全省企业文化、校园文化建设，推动全省基层文化建设逐步走上健康发展的道路。

开展调查研究，夯实工作基础

为了掌握全省企业文化、校园文化建设的情况，把握全省企业文化、校园文化建设的前沿动态，近年来湖南省委宣传部组织开展了一系列调查研究。2006 年、2007 年分别对全省企业文化、校园文化建设的基本情况进行广泛深入的了解。调查发现，企业、学校在实践中创造了许多各具特色的文化建设经验，对于提高企业、学校管理水平、促进科学发展起到重要作用。但是，不少企业、高校在文化建设方面还存在认识不到位、目标不明确、制度不健全、脱离实际等问题，急需引导和规范。为此，在调查研究的基础上，通过广泛征求意见，于2007年初以省委、省政府两办的名义出台了《关于加强全省企业文化建设的指导意见》，要求全省广大企业进一步认识加强企业文化建设的重要性和紧迫性，明确企业文化建设的指导思想、基本原则和总体目标，努力把握企业文化建设的基本内容，积极探索企业文化建设的规律和方法，切实加强对企业文化建设的领导和指导。经过近3年的学习宣传和贯彻落实，越来越多的企业自觉根据文件要求，紧密结合各自实际，认真进行企业文化建设，使全省企业文化建设逐步走上规范有序的发展轨道。目前，《关于加强全省校园文化建设的指导意见》正在讨论修改之中。

举办文化论坛，打造工作品牌

为了营造好全省企业文化、校园文化建设的良好氛围，不断提高全省企业文化、校园文化建设的层次和水平，湖南省按照规格高、规模大、内容丰富、形式灵活的要求，设立并举办了企业文化论坛和校园文化论坛。论坛每年一届，每届论坛都突出一个主题，每届论坛都围绕主题开展企业文化、校园文化典型宣传、经验交流、理论研讨、现场参观等活动，把企业文化、校园文化论坛和企业及高校宣传、典型推介结合起来，并采用VCR等多媒体技术，不断创新论坛的形式方法，通过多角度讲述、多媒体展示、多层面挖掘，增强论坛效果。从2006年起，湖南省先后以"社会责任与企业发展"、"市场竞争与企业和谐"、"继续解放思想与和谐企业建设"、"价值取向与就业选择"为主题，成功举办了四届企业文化、校园文化论坛，得到广泛好评，已经逐步成为全省企业、高校展示成就的舞台和交流经验的平台，成为推动和引导全省企业、校园文化建设的一项主体工程。

典型示范引领，树立工作标杆

为了更加广泛深入地开展企业文化、校园文化建设，进一步推动全省企业文化、校园文化建设健康有效的发展，近年来，湖南省先后在各市州、省直有关厅局推荐的基础上，择优进行实地考察，在考察的基础上专门组织人力帮助企业、高校总结经验，结合有关企业、高校的实际和工作特点，撰写出调研报告，通过多种形式，利用各种渠道，重点推出了中联重科、中建五局、湖南大学等企业文化、校园文化建设的重大典型。集中组织中央在湘和省直主要新闻媒体，生动形象地报道了他们把中国传统文化的精髓与现代企业管理的理念紧密结合起来，加强企业文化建设，促进企业快速发展和弘扬传统的优秀文化，积极开辟校园文化建设新途径的成功经验。这些典型的发现、挖掘和宣传，为全省企业文化、校园文化建设树立了工作的标杆。

部门联动，形成工作合力

为了适应当前企业、高校的管理模式，更好地加强和改进对企业、校园文化建设的指导和引导，湖南省针对不同性质、不同规模、不同地域的企业、高校分属不同的部门或单位管辖的情况，充分利用省国资委与国有企业，省工商联与非公企业，省教育工委、省教育厅与各高校，团省委与青年学生联系紧密的特点，切实加强相互之间的联系与合作。每年年底有关部门的职能处室都召开一次座谈会，总结分析一年来的工作，交流商讨明年工作，并纳入各自的年度工作计划之中。近年来，湖南省联合省国资委、省工商联、省教育工委和团省委进行了全省企业文化和校园文化建设调研，出台了加强企业文化和校园文化建设的指导意见，举办了3届全省企业文化论坛以及湖南省2009年校园文化论坛。通过发挥部门联动的优势和作用，形成了工作合力，有力推动了全省企业文化、校园文化建设的深入发展。

（执笔：湖南省政研会）

弘扬大庆精神　创造新的辉煌

中国石油天然气集团公司党组

在庆祝新中国成立60周年之际，我们迎来了大庆油田发现50周年。值此重要历史时刻，我们百万石油职工为大庆石油会战的光荣历史和辉煌成就深感自豪，为永不磨灭的大庆精神、铁人精神强烈震撼，为我国石油工业发展的灿烂前景倍感振奋和鼓舞。

大庆石油会战开创了我国石油工业新纪元

1959年9月26日，以松基三井喜喷油流为标志，大庆油田宣告诞生。上世纪60年代初，面对复杂的国际形势、艰苦的自然环境和困难的物质条件，大庆油田贯彻党中央、国务院的战略决策，在石油部党组的领导下，在全国人民和解放军的大力支持下，开展了波澜壮阔的大庆石油会战。以"铁人"王进喜为代表的数万名石油职工，以为国争光、为民族争气的爱国精神，以"宁肯少活二十年，拼命也要拿下大油田"的献身精神，以"有条件要上，没有条件创造条件也要上"的英雄气概，发奋图强，艰苦创业，仅用3年时间就高速度、高水平地拿下了大油田，一举甩掉了中国贫油的帽子。

大庆石油会战不仅为日新月异的中国经济提供了不竭的物质动力，而且为凝聚全国人民的意志提供了巨大的精神支撑。在会战中形成的大庆精神和铁人精神，鼓舞着一代又一代石油人为祖国的石油工业奉献智慧和力量。在50年的非凡发展历程中，大庆创造了我国石油工业的"三个第一"：原油产量第一，累计生产原油超过20亿吨，占同期全国原油总产量的40%，从1976年开始实现年产原油5000万吨连续27年高产稳产；原油采收率第一，主力油田采收率突破50%，比国内外同类油田高出10—15个百分点；上缴税费第一，累计向国家上缴各种税费11000亿元，连续9年位居我国属地纳税百强企业之首。大庆油田创造了世界同类油田开发史上的奇迹。

50年来，在大庆精神和铁人精神的激励下，我国石油工业从小到大、由弱到强，相继开发了一个又一个大油气田，建设了一个又一个炼化企业，建立了完整的石油工业体系，为国家提供了大量石油、天然气和石化产品，为国民经济和社会发展、国防建设及人民生活改善作出了重要贡献。特别是在1998年石油石化两大集团战略性重组后，中石油作为集上下游、内外贸、产销一体化的石油企业集团，坚持以邓小平理论和"三个代表"重要思想为指导，深入贯彻落实科学发展观，大力实施资源、市场、国际化三大战略，实现了又好又快发展。到2008年底，资产总额超过1.8万亿元，年营业收入突破1万亿元，国内外油气产量当量达到2.25亿吨，原油一次加工能力1.4亿吨，乙烯生产能力271万吨，油气管道总里程4万公里，加油站总数1.8万座。中石油在全球500强排名第13位，在世界50家大石油公司排名第5位。

回顾这一壮丽的发展历程，我们不能忘记以余秋里、康世恩为代表的老一代石油工业领导人，不能忘记以"铁人"王进喜为代表的老一辈石油人。大庆石油会战和长期的开发建设实践，不仅为国家创造了巨大的物质财富，而且培育了大庆精神、铁人精神，形成了一整套优良传统和作风，培养了一支优秀的石油职工队伍。大庆精神和铁人精神已成为激励中华儿女奋发图强的精神动力。

对大庆油田的巨大贡献和大庆精神，党和国家领导人给予了高度评价和充分肯定。1964年，毛泽东同志发出了“工业学大庆”的号召。1978年，邓小平同志作出了“建设美丽的大庆油田”的重要指示。1990年，江泽民同志提出“发扬大庆精神，搞好二次创业”。1996年，胡锦涛同志在接见大庆油田负责同志时，殷切希望“珍惜大庆光荣史，再创大庆新辉煌”。2009年6月，胡锦涛同志再次到大庆油田视察，赞扬大庆油田生产了国民经济发展所需的宝贵石油产品，培育了“爱国、创业、求实、奉献”的大庆精神，锤炼了敢打硬仗、勇创一流的英雄队伍，在我国石油工业发展史上谱写了光辉篇章。

大庆精神永远是我们的宝贵财富

伟大的时代产生崇高的精神，崇高的精神支撑和推动着伟大的事业。大庆精神是战争年代革命精神的继承和发展，是中华民族精神的重要组成部分，其基本内涵是：“为国争光、为民族争气的爱国主义精神，独立自主、自力更生的艰苦创业精神，讲究科学、‘三老四严’的求实精神，胸怀全局、为国分忧的奉献精神”。大庆精神以其鲜明的时代特征，在各个历史时期都发挥了巨大作用，显示了强大的生命力。在新时期新阶段，继承和弘扬大庆精神，依然具有重大的现实意义。

发挥党的政治优势的重要内容。大庆精神及石油会战的优良传统作风，与井冈山精神、长征精神、延安精神、“两弹一星”精神、抗震救灾等革命精神一脉相承、交相辉映，是以爱国主义为核心的民族精神和以改革创新为核心的时代精神的生动体现，是我们党的宝贵精神财富和政治优势所在。不同于创业之初，现在我们企业经济、技术实力明显增强，各方面条件获得很大改善，但要续写新时期的辉煌篇章，仍然面临着严峻挑战。我们要抓住机遇、实现新的发展，仍然需要发挥革命战争年代和大庆会战时期那么一种拼命精神、那么一股革命干劲、那么一腔奋斗激情。拥有这种政治优势，依靠这种精神支柱，我们就能从胜利走向胜利。

办好社会主义国有企业的榜样。几十年来，大庆作为我国工业战线上的一面旗帜，为国有企业改革发展树立了榜样，指明了前进的方向。在今后发展中，无论时代怎样进步，形势如何变化，社会主义国有企业都应当像大庆一样，始终坚持党的领导和社会主义方向不动摇，始终坚持把发展作为第一要务、牢牢扭住生产建设这个中心不放松，始终坚持以人为本、全心全意依靠职工群众办企业，加强自主创新，推动企业科学发展、可持续发展。

构筑当代石油人核心价值观的共同思想基础。大庆精神，以爱国为根基，以创业为主题，以求实为精髓，以奉献为基础，是对石油人核心价值观的最好诠释，是社会主义核心价值体系在石油战线的具体体现。在当前经济体制深刻变革、社会结构深刻变动、利益格局深刻调整、思想观念深刻变化的大环境下，职工队伍的价值取向日趋多元化，利益诉求呈现多样性。我们必须用大庆精神构筑石油队伍的共同思想基础，规范人们的行为准则，塑造先进的企业文化，抵制消极腐败思想的侵蚀，切实增强企业的凝聚力，提高队伍的战斗力。

高歌“我为祖国献石油”奋勇前进

50年来，大庆精神薪火相传，深深影响、鼓舞了一代又一代的石油人。他们高唱“我为祖国献石油”的主旋律，矢志不渝地为油拼搏、为国奉献，展示了石油职工的坚定信念、崇高境界和执著追求，体现了石油职工强烈的民族自豪感和炽热的报国情怀。在当前我国经济社会发展对能源需求持续增长、油气供需矛盾日益突出、石油对外依存度越来越高的形势下，我们要始终不渝地认真履行保障国家能源安全、促进经济社会发展的历史责任，进一步唱响主旋律，奉献能源、报效祖国、造福人民。

大力弘扬爱国主义精神，全面履行三大责任。当年大庆石油会战那种誓死改变我国石油工业落后面貌的坚定信念，“把贫油的帽子甩进太平洋里”的豪情壮志，充分展现了老一辈石油人为国争光、为民族争气的爱国情怀。铁人王进喜说：“没有石油，国家有压力，我们要自觉地替国家承担这个压力，这是我们石油工人的责任啊。”在建设中国特色社会主义的今天，我们要进一步把爱国情怀转化为发展我国石油工业的实际行动，努力为国分忧、服从大局，保障市场平稳供应，确保国有资产保值增值，带动和支持地方经济社会发展，实现经济、政治和社会三大责任的有机统一。特别是在当前应对国际金融危机的关键时期，我们更要努力做好保增长、保民生、保稳定各项工作，发挥好中央企业的顶梁柱作用。

大力弘扬艰苦创业精神，永葆石油工人本色。艰苦创业是我国石油工业战胜艰难险阻、从胜利走向胜利的一大法宝，也是我们石油工人的崇高思想境界。过去在困难时期、艰苦环境下需要艰苦创业，现在我们的事业发展了、环境好转了，但艰苦创业的精神不能丢。在新时期，我们要继续保持不畏困难、坚忍不拔、奋发向上的精神风貌，发扬精打细算、厉行节约、勤俭办企业的优良传统，发扬自强不息、与时俱进、开拓创新的时代精神，勇于超越权威、超越前人、超越自我，不断推进技术、管理和制度创新，打造发展新优势，开创发展新局面。

大力弘扬科学求实精神，创造实实在在的业绩。科学求实是我们党一贯倡导的实事求是精神的具体体现，也是大庆石油会战取得成功的重要保障。我们弘扬科学求实精神，就是要坚持实事求是，一切从实际出发，按客观规律办事，做到“三老四严”、“四个一样”：对待事业要当老实人、说老实话、做老实事，对待工作要有严格的要求、严密的组织、严肃的态度和严明的纪律，在一切工作中做到黑夜和白天一个样、坏天气和好天气一个样、领导不在场和领导在场一个样、没有人检查和有人检查一个样。

大力弘扬无私奉献精神，建设“铁人”式职工队伍。以“铁人”王进喜为代表的石油职工“先国家后个人”、“甘愿为党和人民当一辈子老黄牛”的价值取向，在为国家、社会的无私奉献中得到升华，成为一种勇气、一种忠诚和一种追求。在新的历史条件下，我们要进一步发扬光大这种精神，引导广大职工树立正确的世界观、人生观和价值观，始终把党和国家的利益放在第一位，保持高尚的道德情操，心系祖国、胸怀全局，淡泊名利、克己奉公，立足岗位、拼搏奉献，在推动企业发展中实现自我价值。

50 年来，大庆精神融入了大庆人的血脉，凭借这种精神，大庆人谱写了一曲曲不朽的乐章；50 年来，大庆精神成为广大石油人的性格和品质，凭借这种精神，中国石油工业创造了让共和国骄傲的奇迹。在新的征程上，中国石油天然气集团公司要始终坚持以振兴祖国石油工业为己任，把自身的发展同国家、民族的命运联系在一起，努力把集团公司建设成为以油气业务为核心，拥有合理的相关业务结构和较为完善的业务链，上下游一体化运作、国内外业务统筹协调、油气公司与工程技术服务公司等整体协作，具有国际竞争力的跨国经营企业。充分利用国际国内两种资源、两个市场，在国内巩固和发展松辽、鄂尔多斯、新疆等 5 个规模化油气生产基地，重点是支持大庆油田用高科技打好新会战，保持 4000 万吨持续稳产，尽快建成一批主导产品突出、技术先进的大型炼化基地；同时积极拓展海外油气合作区，加快建设油气战略通道，企业综合实力得到全面提升，不断增强保障国家能源安全的能力，为我国石油工业发展作出新的更大贡献。

建设“信·和”文化的成功实践

中国建筑第五工程局有限公司党委

树信心，焕发了企业的生机

2002年底中建五局新班子上任时，面对的首个难题就是如何增强信心问题。长期计划经济体制下形成的等靠要的思维惯性，使员工在困难面前主要寄希望于上级和政府出手援助，缺乏一种自救的主动性，突出表现在“信心丢失、信用缺失、人和迷失”。对企业的发展前途，不少人心存疑虑，一些干部群众工作上不思进取。为了破解“三失”困境，重建发展信心，公司党委首先从解放思想、更新观念上打开突破口。

一是营造“危机永存”的氛围。针对国企用人机制上人员固化的弊端，启动总部机关改革，实施全员下岗、竞争上岗，并同步建立覆盖全局各层面的绩效考核制度，建立“金条＋老虎”的激励机制，即对业绩优良员工给予提薪、培训、晋升、出国休假和各类非物质奖励措施；对因工作懈怠而业绩靠后的员工进行“老虎”激励，即采取降薪、诫勉谈话、换岗等措施，有效传递压力，调动员工的积极性和主动性。倡导业绩导向，从机制层面激发了企业员工积极进取的信心。

二是重振艰苦创业的奋斗精神。强调“困难企业不讲困难”，通过在内部寻找过去的优良传统、领导身先士卒、到井冈山重温“星星之火，可以燎原”的井冈山精神等措施，从精神层面上重建企业员工不怕困难，艰苦创业的必胜信心。

三是坚持以发展为第一要务，把发展作为解困的根本途径。通过推进区域经营“四个转变”、实施资源重组整合等改革举措，扭转生产经营的被动局面，以跨越式发展的实践成果，从物质层面支撑企业员工对企业发展和企业未来的信心。对一个企业的发展而言，信心就是力量，只要力量在，企业就不会被困难轻易击倒，就能找到走出困境的出路。

中建五局五公司在短短几年中，依靠不断解放思想，培育信心文化，最终走出困境，实现了蜕变新生。

讲诚信，获得了市场丰厚回报

上世纪末最后几年，中建五局曾面临项目枯竭即将破产的局面。2003年新一届局领导班子深入剖析市场萎缩的原因，主要是诚信缺失。其根源又在于思想观念上未能树立“顾客至上”的经营理念，过于追求企业短期利益最大化，最终失去了顾客和社会的信任、失去了市场。痛定思痛，中建五局将更新经营理念、培育信用文化作为重新打开市场大门的金钥匙。

一是树立顾客满意是永恒的市场的理念，赢得了顾客的信任。中建五局从倡导履约意识开始，通过每一个项目全面履约，不为失约找理由，只为守信想办法，逐步赢得了顾客的信任。并以合同外的超值服务，使顾客的满意度进一步上升为品牌忠诚度。

二是树立顾客的满意源于员工的满意的理念，打造了优质精品工程。7年来，中建五局在管理上注重双向激励、奖罚分明，在生活上关心员工，真心“福利员工”，帮助员工解决下岗再就业、偿还员工内债3亿多元，为员工提供工作午餐、定期体检，开展各种培训、文体活动、出国休假、集体旅游活动等。公司对员工的诚信关爱，赢得了“员工用力工作、中层用心工作、高层用命工作”的自觉回报和工作质量不断提高。从2003年起，中建五局承建项目的一次验收合格率达到100%，每年都创了一个鲁班奖，5年共创全国用户满意工程及省部以上的优质工程奖共计150多项，省级安全文明工地206项。多次被评为“全国优秀施工企业”、“全国全面质量管理优秀企业”，这些优质精品工程，又外化为企业对业主、企业对社会的诚信，从而形成一个良性互动的信用体系，为中建五局重新赢得市场奠定了坚实的基础。

三是树立敢于支付信用成本的理念，获得了市场丰厚的回报。近几年来，中建五局在社会诚信体系尚未健全、诚信缺失仍比较严重的今天，不斤斤计较于一时的成本收益比较，不坐等大环境改善再诚信经营，敢于为顾客、为社会和员工支付信用成本，树起企业的诚信形象，赢得了市场丰厚的回报。7年来，诚信经营使一大批大业主成为中建五局忠实的客户，为中建五局提供了源源不断的优质项目，保证了中建五局的快速发展。

求人和，实现了和谐共赢的目标

对一个企业而言，人和，就是企业内部、企业与竞争者和关联方、企业与社会和环境之间保持一种共生共赢的良好生态，这是企业发展的重要基础。中建五局建立人和文化的过程，实际上就是一个重塑企业价值观念的过程。

一是将人和建立在公平正义的基础上，致力于在企业内部营造和谐、健康、向上的人际环境和公开、公平、公正的制度环境。局党委旗帜鲜明地指出，企业不是福利机构，平均主义是最大的不公平，是对在岗员工的剥削，大刀阔斧进行了分配制度改革，使按劳取酬的价值标准在中建五局内部得到回归和张扬。

二是强化人本意识，营造“企业即人、企业为人、企业靠人”的人本氛围。6年来，中建五局通过建设学习型组织，倡导无功就是过的业绩观，提出“七成定律”的用人理念等措施，一个人如果70%是优点，就可以大胆使用；在知人上，要用70%的注意力发现人的长处；在用人上，候选人具备应征岗位70%的要求就可以使用；在容人上，对别人给你提的意见和批评，要花70%的精力去反思自己。在这种理念的指导下，公司提高了人才素质，释放了人的潜能，开辟了人才发展的通道。同时，让员工分享企业发展的成果，收入年均增长20%以上，实现了强企富民的共赢目标。增强了员工在企业的成就感、成长感、归属感。

中建五局有10万农民工，中建五局秉承人本理念，明确提出政治上同对待、工作上同要求、利益上同收获、素质上同提高、生活上同关心的“五同”原则，不仅保障农民工的经济利益，增加他们的收入，而且注重全面提高农民工的素质，在每个工地上办起农民工学校，利用业余时间为农民工讲授施工技术、安全生产知识、法律维权知识、卫生常识；工地上还成立了联合党支部、联合团支部和联合工会，农民工和正式员工一起，参加组织活动和文体活动。很多农民工的命运在中建五局得到了改变。

三是从竞争到竞合。中建五局把市场当做赛场，将“竞争对手”定义为“竞争者”，把“竞标”看成是“对标”，力争避免恶性竞争，走出零和博弈、负和博弈。强调做事留有余地，不走极端。实现了在竞争中合作、在合作中竞争、和谐共赢的发展目标。

在短短几年中，中建五局通过建设“信·和”交流文化，促进了企业的扭亏脱困和跨越发展。2006年被全国总工会授予“全国五一劳动奖状”；2006、2007年连续被中国企业协会评为“最具成长性企业”；2008年，“信·和”主流文化荣获国家级企业管理现代化创新成果一等奖。

文化创新引领企业科学发展

中联重工科技发展股份有限公司

中联重工科技发展股份有限公司(以下简称中联重科)创建于1992年,经过17年的不懈努力,已经从当初建设部长沙建设机械研究院8名科技人员借款50万元起步,发展成一家总资产规模达231亿元、员工逾2万人的高科技上市公司。中联重科成立以来,始终坚持紧密结合企业生产经营和市场竞争的需要,不断改进创新企业文化,推动了企业的健康、快速发展。2008年,中联重科实现销售收入243亿元,利税总额30亿元,在同行排名中居全国第2位、全球第19位。近年来,中联重科连续多次被评为最具成长性、最具影响力、最具爱心、全国用户满意企业和中国自主创新能力10强、中国最具影响力品牌;获得全国五一劳动奖状等荣誉称号。

坚持把企业发展的阶段性特征作为现实依据,实现企业文化的升级换代

企业文化是不断发展变化的,需要根据企业发展阶段的变化不断升级换代。中联重科始终坚持把企业发展的阶段性特征作为企业文化升级换代的现实依据,不断改进创新企业文化。公司成立头3年,出现了产值过亿元、利税达3700万元的喜人局面。但伴随着院企体制变革、内部结构变动、利益关系调整,有的员工不讲团结、不顾大局、自由散漫等问题不断暴露。1996年出任公司总经理的詹纯新针对这些情况,在就职大会上明确提出了以"安居乐业、融洽祥和、知书达礼、生机勃勃"为具体内容的和谐发展理念,让中联重科人明白了企业是个"大家庭","家和"才能"万事兴"的道理。

2000年公司上市后,进入新的发展阶段,需要打造全新的企业"灵魂"。经过广泛征求意见和反复论证,公司确立了"至诚无息,博厚悠远"的核心价值观。这一核心价值观倡导正确的市场"义利"观,奉行"产品等于人品、质量等于道德"的原则,不仅体现了中联重科人过去艰苦创业、敢于创新的精神,而且为中联重科走出科研院所、迈向市场后的发展确立了高远目标。2001年至2003年,中联重科相继收购了英国保路捷公司,承债式并购了湖南机床厂,重组并购了浦沅集团,分公司由原来的几个扩大到20个,员工由2001年的1039人增加到1万多人。中联重科针对重组并购后公司分散、人员素质不一、并购企业及其员工的文化理念和思想观念存在很大差异等现实情况,提出了"文化输出,融合发展"的思路,对并入企业不换牌子、不换班子,在尊重原有企业文化的基础上,导入中联重科的核心文化理念和经营管理思想,使他们在实践中逐渐认同中联重科文化。这一现象被当时国内有关专家和新闻界称为"中联模式"。

随着事业的快速发展和融入全球化后竞争的日趋激烈,中联重科把社会主义核心价值体系建设作为建设企业文化的重要内容,在认真学习和进行通俗化、简洁化提炼的基础上,将这一体系的主要内容转化为可操作的标准来规范员工,提出并逐步形成了以"至诚"为一元,"品德、才能"为二维、"公平、公开、公正"为三纲,"礼、义、廉、耻"为四德,"常怀感恩、谦卑、利他、无私、精进之心"为五常,"勤学、勤思、勤快、勤奋、勤俭、勤勉"为六勤,"社会公信力、文化包容力、组织凝聚力、全局控制力、团队推动力、自主创新力、品牌领导力"为七能,"忠诚、仁义、谦

卑、豁达、自律、勤勉、精进”为八品的企业文化体系。这一体系分别从企业生存发展的根本、生产经营的价值标准、干部员工的基本行为规范和思想道德情操等多个方面、多个层次提出了明确要求，为实现中联重科的远大战略目标提供了不竭动力。

坚持把提高自主创新能力作为根本任务，增强企业的发展动力

创新是企业赢得市场竞争的法宝，是企业永续发展的动力。中联重科紧密结合自身从科研院所改制而来，具有一定科技优势的现实，把培养创新意识和创新人才作为企业文化建设的根本任务，着力提高企业面向市场的创新能力，有效地激发了企业的创造力，促进了企业的快速发展。首先，始终坚持技术创新与市场竞争紧密结合。把市场需求作为科技产业化方向，以市场效果检验创新成果成败。同时，实行技术系统分配的市场化操作，研发人员的绩效直接与市场对接。这种激励与约束并重的分配机制激发了科研人员参与科研的原动力，激发了创新激情，提高了创新能力。其次，中联重科建立了多层次的技术创新体系。依托公司级新产品研发部门、分公司技术研发部门和车间工段技术支持部门，形成一个由决策子系统、研发子系统和成果转化子系统组成的多层次创新体系，技术创新体系内部各有侧重又相互依托，使新产品开发更加贴近市场，开发的积极性和敏捷度大大提高。第三，中联重科高度重视科技创新人才队伍建设。让一部分业务过硬、综合素质较强的人担任专业产品研究所负责人，培养新的技术带头人。实行技术职称“评聘分开”，对在科研工作中作出较大贡献的科技人员给予加薪提岗。此外，中联重科将企业技术中心建设与运行费用列入企业年度预算，不断增加研发投入。公司成立以来，年均研发投入占年销售收入的3%－5%，共完成1300多项科研成果，333项专利，完成80多项国家“九五”、“十五”、“863”等国家重大课题，被科技部确定为“十一五”国家科技支撑计划的三项承担单位。

坚持把提高人本管理水平作为根本要求，巩固企业的发展后劲

中联重科紧密结合现代企业和市场的这种特点，始终坚持把提高人本管理水平作为企业文化建设的必修课，深入细致地做好各方面工作，有效地增强了企业的发展后劲。一是把人才作为事业的根本来看待。以事业、真情、爱心、制度来培养、感化、帮助和要求员工，提高了员工的思想道德素质和业务素质，使员工真正成为企业主人，自觉维护、主动创造企业的利益。中联重科每年投入200多万元用于员工培训，并建立起完善的人力资源管理体系，不断吸收、凝聚所有员工的力量。中联重科在2004年行业遭遇国家宏观调控、2008年经受国际金融危机冲击的过程中，始终坚持与员工和衷共济，共渡难关，没有裁掉一个人。二是把人本管理作为一种发展战略来谋划。中联重科从创建之初，就将“培养人、发展人”作为企业发展的重要目标，把“造就一批企业家、造就一批国内乃至国际上的行业技术领头人（专家）、造就一个富裕群体”提升到企业发展的战略高度，形成人尽其才、人尽其用的人力资源管理机制。去年国际金融危机爆发以来，中联重科抓住国际人才市场的有利时机，创新选人用人机制，按需设岗，“先挖坑后栽萝卜，一个萝卜一个坑”，抓紧与国际知名机构在高端人才引进、科研开发上的洽谈，高点借力，积极引进熟悉跨国管理的高级人才、研发领军人才，切实推进“人才强企”战略，全力推进国际化进程。三是把以人为本的原则转化为一种管理平台来打造。对于企业而言，以人为本最根本的就是要把人力资源用足、用活、用好。为此，中联重科按照“两点之间直线距离最短”的原则，加强人力资源管理，实现了资源的合理配置。各部门都定编、定岗、定责，一项工作经过哪些部门、哪些岗位、允许停留时间多长等，都有明

确的规定和量化考核。这种管理模式，激发了单元能力，减少了不必要的管理环节，节约了管理成本。

坚持把加强诚信建设作为主要内容，打造诚信企业品牌

市场经济是信用经济，没有信用寸步难行。为此，中联重科始终把"至诚无息"的文化理念融入到企业管理的各个方面，通过高层面的文化管理，加强企业的诚信建设，增强团队的信用意识，打造企业的市场品牌。一是通过建立健全和严格执行赏罚分明的规章制度，着力构建企业内部信用关系。为充分体现"中联需要对企业负责的员工，也对对企业负责的员工负责"这一理念，中联重科先后出台了经济合同管理、财务管理、人事管理等规章制度，制订了《员工守则》、《员工规范及着装标准》等行为规范，使企业与员工、员工与员工之间的契约关系有章可循、有规可依。正是这种一视同仁、令行禁止的工作作风，逐步增强了公司上下言必信、行必果的品质，得到市场和客户的充分认可与高度赞许。二是通过狠抓产品服务质量，着力打造企业诚信品牌。企业对市场、对客户最大的信用，就是确保产品服务质量。近年来，中联重科在业务洽谈、售后服务上，始终坚持讲诚信、讲廉洁、讲效率，赢得了市场和客户的信赖。2006年9月，广州市信和建筑机械经营部从中联购买的车载泵上的某国外品牌外购件出现故障，而该品牌厂家应承担的服务却不能及时到位。为保证客户设备的正常使用，中联重科公司各部门联手协作，从长沙总部的新机上拆下相同的外购件空运至广州，并连夜进行更换。这种诚信经营和热情规范的服务，得到了客户对中联重科产品的认可，更重要的是得到了客户对中联重科文化的认同。2008年，中联重科通过诚信铸就的发展之路，又成功收购了湖南汽车车桥厂、华泰重工、陕西新黄工、全球混凝土机械行业排名第三的意大利CIFA和常德信诚液压5家公司。

坚持把促进社会和谐作为价值目标，履行企业的社会责任

中联重科始终坚持企业发展依靠员工和社会，企业发展成果由员工和社会共享的理念，在生产经营活动中认真履行社会责任，切实维护相关者利益，赢得员工的信赖和社会尊重，树立了良好的社会形象。一是坚持以人为本，努力实现、维护和发展广大员工的利益。通过不断改革薪酬分配体系提高员工收入、打造成才通道实现员工价值。同时，注重提供学习培训机会、改善生产生活条件等，不断提高员工素质、改善员工生活品质。仅2006年，中联重科就投入660多万元进行生产、生活区的基础设施建设，实施亮化、美化、绿化工程，建设花园式工厂改变了工程机械行业"傻大黑粗"的形象。由于中联重科坚持在事业上培养、在生活上关爱、在困难时帮助员工，集聚了一大批高薪挖不走、困难吓不走的优秀员工，为公司的长足发展奠定了坚实的人才基础。二是坚持以和为贵，努力实现企业与社会、与自然的和谐。通过支持国家自主创新技术的研发、吸纳农村劳动力就业、资助贫困大学生圆大学梦、开展慈善捐助等途径，不断为建设社会主义和谐社会作贡献。研制热风循环加热机项目对增加公司经济效益作用不大，但能减少产品的进口和对环境的污染。2002年，中联重科本着强烈的社会责任感，毅然引进了当时主攻这个项目的付玲博士，支持她的研究。经过2年技术攻关，我国第一台热风循环加热机诞生；2006年，又成功研制了我国第一台热风循环加热复拌机。2003年以来，中联重科每年都与湖南省慈善总会、湖南经视共同举办"爱心改变命运"大型公益助学活动，每年拿出100万元资助困难学生，帮助特困大学新生顺利走进大学校门。在汶川大地震发生后的抗震救灾行动之中，中联重科是最早到达北川县城的企业机械化救援队和最早进入震中汶川县城的大型工程救援队，先后在北川中学的废墟里成功抢救出21个孩子的生命，

向灾区捐赠价值2076万元的工程机械设备，捐赠现金800万元。先后获得“湖南抗冰救灾先进集体”、“全国抗震救灾英雄集体”等光荣称号。

培育企业价值观的创新实践

攀钢（集团）公司党委

培育企业价值观是企业文化建设的重要任务。攀钢作为中央直管的特大型钢铁钒钛企业集团，始终把企业文化建设作为推进企业改革发展的重要抓手，从企业价值观的培育入手，努力构建新的企业共同认知系统、新的企业价值观体系、新的行为习惯方式，进而用企业价值观和目标把具有不同背景、不同利益追求和各种差异的人凝聚起来，造就思想统一、目标统一、行为统一的职工队伍。

尊重企业历史文化，培育企业价值观

攀钢的价值观培育是从攀钢精神的总结提炼和弘扬开始的。攀钢地处川滇交界的崇山峻岭之中，建设攀钢是党中央为改变我国钢铁工业布局，开发攀西资源，建设大三线而作出的战略决策。特定的环境产生特别的文化，伟大的工程产生伟大的精神。在开发攀枝花、建设攀钢的伟大实践中，攀钢人创造了攀钢精神。在攀钢建设时期，攀钢的建设者创造出许多独具特色的攀钢人生活歌谣和格言。“天是罗帐地是床，金沙江是大澡堂，干部工人蹲一地，酱油盐巴下干粮”、“三块石头架口锅，帐篷搭在山窝窝”、“白天杠杠压，晚上压杠杠”、“不想爹，不想妈，一心建设攀枝花”、“在牺牲和奉献中追求完美人生”、“心中想集体、克己为他人”……这些歌谣和格言，既是攀钢建设的缩影，也是攀钢精神的体现。1986年，攀钢经过广泛调研，大规模征求攀钢建设者意见，提出了核心是“艰苦奋斗，勇攀高峰”，内涵为“不畏艰难的创业精神，尊重科学的求实精神，团结奋斗的协作精神，勇于创新的开拓精神”的“攀登精神”，1990年更名为“攀钢精神”。

攀钢精神提出后，得到广大攀钢职工的广泛认同。攀钢因势利导，积极传播和推广攀钢精神，使攀钢精神在企业闪光，在职工岗位闪光。一是坚持“四大讲”，引导职工爱国爱厂无私奉献。大讲党中央、国务院对攀钢建设的重视和关怀，大讲攀钢的资源优势，大讲攀钢的艰苦创业史和奋发图强史，大讲攀钢的美好前景，让攀钢职工知晓攀钢精神的历史脉络，让攀钢精神植根在每个职工的心中，让热爱祖国、振兴攀钢成为全体攀钢人的坚定信念和自觉行动。二是唱响“三步曲”，激励职工爱岗敬业，干好本职工作。广泛宣传攀钢精神，突出一个“神”字；广泛开展“塑造攀钢人形象”活动，注重一个“形”字；开展“爱岗敬业、争创一流”活动，落在一个“动”字，扎扎实实践行攀钢精神。

进入21世纪，在经济全球化和知识经济的大背景下，集团化管理成为攀钢管理的主题，企业文化在攀钢管理中的作用日益凸显，用价值理念引导企业发展，统领职工思想，规范职工行为成为攀钢文化建设的当务之急。攀钢确定2002年为“文化年”。目的是增强攀钢干部职工的文化意识，普及企业文化知识，提炼形成以攀钢精神为核心的攀钢核心价值理念，促进攀钢职工思想观念的更新，将文化建设融入企业中心工作，用文化的手段管理企业，增强攀钢的凝聚力和向心力，提升攀钢形象，提高攀钢的知名度和美誉度。在广泛开展全员参与、声势浩大的“五观”大讨论基础上（“五观”即以现代化钢铁钒钛基地为目标的发展观、与时俱进全员参与的创新观、用户是衣食父母的生存观、深化改革的动力观、艰苦奋斗勇攀高峰的团队观），攀钢提炼形成了七大价值理念。处于攀钢价值理念核心地位的攀钢精神，被确定为攀钢的核心价值观。

与企业改革发展同步，实现企业价值观的与时俱进

随着社会的进步、企业的发展，企业价值观必须与时俱进，才能始终引领企业员工思想，推动企业进步。攀钢价值观的与时俱进集中体现在攀钢精神这一攀钢的核心价值观上。

2002年，攀钢在形成攀钢七大价值理念基础上，将攀钢精神的“勇攀高峰”改为“永攀高峰”，虽只有一字之差，但内涵已发生重大变化。因为“勇攀高峰”强调的是自强不息，勇于面对困难；而“永攀高峰”强调的则是永不满足、永远追求卓越。改“勇”为“永”，充分体现了攀钢人不畏艰难，不断攀登，不断挑战自我的精神风貌。2003年，攀钢进一步将攀钢精神内涵拓展为“与时俱进，奋发有为的精神状态；不畏艰难，百折不挠的思想品格；追求卓越，造福社会的价值取向；实干进取，敬业奉献的工作态度；团结协作，忠诚攀钢的团队意识；勤俭节约，艰苦朴素的生活作风”。2005年，攀钢成立了以党委书记为组长的课题组，进行了“攀钢精神与时俱进”的专题研究，对攀钢精神的历史渊源、孕育历程、时代内涵及实践运用等多个方面进行系统研究，提出了攀钢精神在新时期要突出“奋斗、进取、创新、诚信、和谐”五大时代内涵，强调要落实在“精神状态、思想品格、价值取向、工作态度、团队意识、生活作风”六个方面，明确了个人价值与攀钢价值、科学管理与文化管理、实干进取与永攀高峰之间的关系，实现了攀钢精神的与时俱进。

抓好全员心理认同，形成群体心理定势

企业价值观是关于认识、认同和实现企业价值的基本观点，与员工个人价值观有着或多或少的差别，因此，企业价值观对企业员工而言有一个从感受到认知，从认知到认同的过程。只有员工们形成企业价值观的群体心理定势，才能通过明确和共同的意识支配行为，增强员工承担责任和修正个人行为的自觉性，从而主动地关注企业的前途，维护企业的声誉，为企业贡献自己的力量。

攀钢通过企业价值观的传播与普及、教育与培训、情感培养三个环节抓员工心理认同，进而形成群体心理定势。

企业价值观的传播与普及。攀钢用集团公司文件形式明确攀钢价值理念的基本文字表述和基本内涵阐述；用大众普及型载体以鲜活的事例和形象的语言阐述攀钢价值理念时代内涵；在《攀钢报》上刊发系列评论员文章，全面系统阐述攀钢价值理念的时代内涵；出版专著系统阐述攀钢价值理念在攀钢发展中的巨大作用、攀钢价值理念发展各个阶段的实践做法，用生动形象的事例阐述践行攀钢价值理念的人和事。围绕“奋斗、进取、创新、诚信、和谐”时代内涵，突出攀钢精神“精神状态、思想品格、价值取向、团队意识、工作态度、生活作风”六大核心内容，把“艰苦奋斗，永攀高峰”作为全体攀钢人的价值追求，体现在每个攀钢职工的世界观、人生观和价值观之中。

企业价值观的教育与培训。明确攀钢价值观教育与培训的方法。通过召开各种会议及时传达攀钢有关攀钢价值理念的文件内容，学习权威部门下发的专题材料，进行攀钢价值理念的全员教育。召开各种层次的攀钢价值理念专题座谈会，采取专家辅导、专题发言、大家进言等形式，让广大攀钢职工积极参与到攀钢价值理念的讨论之中。将攀钢价值理念的培训纳入

攀钢职工培训计划，编印攀钢价值理念培训教材，下发至每个培训对象，规定一定的自学时间和要求，适时进行集中辅导，通过考试考核检验培训效果。

营造有利于攀钢精神闪光的人文环境。一是让职工“享受工作”。树立“员工也是上帝”的理念，尊重劳动、尊重知识、尊重人才、尊重创造，用美好的愿景鼓舞人、用精彩的事业吸引人、用缤纷的工作锻炼人、用有效的学习培养人、用优良的环境熏陶人、用科学的机制激励人、用合理的制度保障人。二是营造和谐的人文环境。鼓励创新与创造，让一切先进的思想理念充分展现，让一切美好的创意竞相迸发。关心职工生活，让广大员工充分享受到企业改革发展和企业文化建设的成果，满足员工求知、求美、求乐的精神需求。

提高国有企业宣传思想工作应对突发事件能力

河北港口集团课题组

从三鹿奶粉事件到国际金融危机的冲击，使应对突发事件成为国有企业必须正视的问题。在处置突发事件过程中，宣传思想工作部门始终站在最前沿、直接面向公众，作用至关重要。

发挥思想政治工作优势，形成正向的主流舆论

1. 对由内部矛盾引发的突发事件，主要采取疏导的方式，化解内部矛盾。由内部矛盾引发的突发事件往往对企业产生较大的负面影响，应采取疏导的方式，发动单位和厂队、班组领导、日常关系密切的工友、朋友、亲属等采取单独谈心、家访等措施，开展一对一的思想疏导工作，以及时了解和掌握当事人的思想动态，在做思想政治工作的时候把握好“火候”。在入情入理做思想政治工作的基础上，要保证职工在法律、法规允许的范围内，通过正当手段、方式、途径和程序反映个人诉求，寻求解决问题的最佳办法，维护企业的稳定和谐。政工干部要用事实证明，用政策说话，以理服人。同时，把说理教育与解决职工的实际问题紧密结合起来，显示出宣传思想工作的强大生命力。要在广大干部职工中广泛开展形势政策教育，及时阐释事件发展变化，使职工清醒认识突发事件产生的原因和正确的解决途径，增强应对突发事件的勇气和信心。

2. 对需要团结干部职工共同面对的事件，主要采取激励的方式，凝聚人心，统一思想和行动。2008 年初，我国南方发生特大雨雪冰冻灾害，煤炭供应告急。对于我国北煤南运主枢纽港——秦皇岛港来说，这一突发事件既是对港口保证国家能源运输安全能力的考验，又是一次难得的扩大企业影响的机遇。秦皇岛港全港上下坚决贯彻落实胡锦涛总书记来港视察时做的指示，企业宣传思想工作部门采取开动员大会、挖掘先进典型等激励方法，凝聚人心、鼓舞斗志、统一思想和行动，圆满完成了 10 天多运 100 万吨电煤的艰巨任务。

3. 充分发挥内部媒体作用，形成立体化宣传网络，强化团结拼搏的舆论氛围。面对突发事件，企业可利用内部报纸、简报、网站、宣传栏、标语、橱窗等发布内容清晰准确、简明扼要的消息，包括突发事件的基本事实、目前的处理情况、企业领导层的态度、下一步工作部署、纪律要求、联络人通信方式等，准确无误地告知职

工和家属，避免以讹传讹，最大限度地压缩小道消息的传播空间。

发挥传统媒体优势，牢牢掌握舆论的话语权

1. 先声夺人，做到“快说”。“谣言止于公开，信任源于透明”。谁第一时间发布新闻，谁就掌握了舆论的主动权、处理事件的主导权。突发事件发生后，企业应立即确定传播策略，第一时间迅速发布信息。信息的发布要由企业应对突发事件领导机构执行，并对事件的处理统一协调和部署。可通过召开新闻发布会、媒体记者见面会、组织现场联合采访、接受专访等形式对媒体发布信息，或者通过对外网站、传真、电子邮件等形式向媒体发布新闻通稿，让媒体和公众了解事件的真相、企业对事件的态度和应对措施。

2. 实事求是，做到“真说”。突发事件舆论引导的本质在于客观公正地告诉人们事件的真相。为此，企业一定要坦诚面对媒体，向媒体和公众说真话、实话，取得媒体和公众的理解、信任和支持。对确因自身工作失误造成的事件，企业要敢于承担责任、承认错误，对需要调查核实后再公开的信息，要做好解释工作，绝不能推诿搪塞或提供不实言论。

3. 讲求艺术，做到“会说”。媒体和公众高度关注突发事件。因此，在突发事件发生时，企业的新闻发言人要把握好“说”的态度，提高“说”的水平，把对外新闻宣传的重点放在用事实引导各种似是而非、以非为是的议论上，不能只是从企业利益、局部利益出发误导舆论，要立足于真实、客观、实际地作出结论。注重“说”的态度，就是要积极配合媒体填补突发事件中的“信息真空”，避免传言的产生。坚持口径一致的原则，如果确实出现因调查不清，信息前后有误的情况，应及时发布更正信息，以表明企业实事求是处理问题的作风和诚恳以待的态度。提高“说”的水平，就是在回答媒体提问前，要形成自己对突发事件的分析、判断和主要观点，即涵盖采访主题的核心信息或正面观点，将媒体的关注点引导到事件的正向上来。

4. 注重策划，掌控舆论走势。加强企业突发事件的新闻宣传策划，是指企业突发事件对外宣传机构根据企业化解危机的需求，按照新闻规律，整合企业内外部媒体资源，借助突发事件，制造新闻点，并以此来树立企业良好的社会形象。如秦皇岛港在2008年初遇到抢运电煤这一突发事件时，主动向媒体通报煤炭运输情况，通过大众传媒的报道，引起社会公众和相关主管部门的关注，营造了有利于秦皇岛港的舆论环境，向社会彰显了“为国家尽责任”的大港风范。

5. 对不同类型的媒体既要一视同仁，也要有所侧重。在突发事件来临时，企业会遇到各类媒体的极大关注。企业突发事件新闻宣传机构既要向传统媒体如报纸、电视、广播迅速传播相关信息，也要通过网络、手机等新兴媒体发布消息。但应侧重选择知名度高、权威性强、影响力大的媒体作为信息发布的主要对象，通过其影响力和号召力引导舆论的方向。

高度重视网络和手机等新兴媒体，有效引导突发事件中的公众舆论

1. 充分认识网络和手机等新兴媒体的作用和特点，增强运用新兴媒体引导舆论的主动性。胡锦涛总书记在人民日报社视察时指出，互联网已成为思想文化信息的集散地和社会舆论的放大器，我们要充分认识以互联网为代表的新兴媒体的社会影响力。互联网因其提供信息的及时性和丰富性，越来越受到社会公众的重视。为此，企业在突发事件发生时，要特别重视和关注网络舆论的反应和引导，对网络媒体处置不当，就有可能造成难以挽回的影响。

2. 增强网络舆情引导在处置突发事件中的服务功能。企业要加强突发事件中对网络舆情的分析、研究和判断，为适时有效地做好企业网络信息发布提供基本依据，有针对性地引导好网络舆论。按照企业统一对外公布的信息口

径，及时在互联网上发布、张贴突发事件的真实情况，并以积极负责的态度疏导公众情绪和心理，引导社会舆论。企业要与上级宣传和网络管理部门保持密切联系，遇到敏感问题，及时请示处置方法。

3. 加强网络宣传阵地建设，增强应对突发事件舆论引导的物质基础。企业应建设好自己的门户网站和局域网，在保持其信息发布功能的同时，强化互动功能，在突发事件发生时，第一时间发布信息，使其成为公众链接的源头，使公众能够迅速在网络上对突发事件有全面深入的了解，并能够发表自己对事件的看法和态度。同时，企业还要积极与网络、手机等新兴媒体共同搭建外部网络宣传阵地，建立多渠道的对外信息发布和新闻宣传的网络互动平台。

4. 加强企业网络舆情引导员（网评员）队伍建设。企业可以通过聘清专业网络宣传策划公司为其提供网络宣传策划的专业服务。同时，也应该组织企业内部具备一定思想水平、网络操作技能和新闻知识的人员，组成专业或兼职的网络舆情引导员队伍。通过加强对其培养教育，不断提高网络引导员队伍的整体思想水平和业务能力，通过建立相关的管理和激励机制，调动其工作积极性和主动性。

（课题组成员：林文鼎　张金河　于　鹏　邢　健　林丽丹　焦　红　张宇同）

关于如何搞好企业文化的几个课题

王大明

我们这次论坛的主题是“学习和实践科学发展观，建设中国特色企业文化”。这次论坛是在我们党和国家全面开展学习科学发展观的教育活动，积极应对世界金融危机这样一个大的背景下举办的，这次论坛既是服务于党和国家的中心工作，也是在探讨和研究企业文化在新的历史条件下如何更好地发挥作用，应当说这次论坛是一次既有现实意义又有理论价值的研讨会。

这次会议有国务院国资委、山西省委等很多领导同志的报告，有基层工作者的实践经验总结，有专家学者的理论探讨，也有企业家的观点交流，同时这次会议还将邀请同煤集团讲一讲他们在几十年发展中形成的同煤文化，很有特点，中央的领导同志来他们这里考察，都给予了充分的肯定。相信这次会议可以使我们在学习科学发展观、如何搞好企业文化建设方面，有所收获，有所启发。

实际上改革开放以来我们好多企业，在不同程度上学习中央的科学发展观和如何搞好企业文化方面都有一些创造，有一些体会，我相信这次来开会的同志们都带来不少好的东西，可以在这次会上进行交流。为了便于大家交流，我想出几个题目，作为你们讨论时候的参考。

第一个题目就是“在企业文化建设中，如何真正贯彻以人为本的指导思想”。

这个问题，我印象中我们研究会最近一、两年一直都在注意研究和探讨，几乎是这一时期我们研究探讨的主题。

在社会物质生产的提高和发展中，对人的作用，特别是人的思想观念的作用，究竟摆在什么地位？在推动社会物质生产的过程中，如何调动人的积极性，如何提高人的素质，如何关心员工自身的发展，这个问题已经成了世界上相当多国家的企业，在经营管理过程和企业文化建设中研究和探讨的主题。基本的思路就是，从过去在泰勒制度的基础上，靠定额、靠奖金、靠制度来管人，从过去单纯重制度、重技术、重物质的管理这样一种思路，走向更加重视人的作用，重视激发员工的自觉性和创造性，重视提高员工的素质，有些地方甚至提出要重视人们的激情，要重视人的情商。现在看来，整个世界，企业管理、企业发展中研究的这个问题、这个方向，其实都是马克思当年早就提出的问题。马克思设想的共产主义，最重要的思想就是“人的全面发展”，过去在这方面有很多论述，现在实际上很多企业包括资本主义的企业也在学习。马克思曾经批评过去的国民经济学不考察不劳动时的劳动者，不把劳动者当人来考察，马克思很早就批评过这种观点，他批评相当一批经济组织只关心劳动者给他们创造的财富，而不关心人，不关心劳动者自身的发展和尊严。现代的管理学逐步地在扭转这种倾向，在改变过去马克思曾经批判的观念，不把人单纯看做是生物意义上或物理意义上的人，认识人的文化意义，在管理手段上从过去只重制度、奖金等发展到注重文化，注重人性化内涵，使员工要有尊严，要有激情，要有情感，重人性，从这个角度调动人的积极性，而不是把他当做一个被奴役的工具，只重物不重人，这个理论在过去相当长的时期，特别是资本主义的企业，在泰勒制度以后的一个时期是相当盛行、相当厉害的。但是现在几乎世界上很多企业都在扭转这个问题，这是不是就是现代企业所讲的“以人为本”的意思，希望大家探讨探讨，我也没想清楚，提出这个问题来，希望大家探讨，这个是不是就是当年马克思提出的“人的全面发展”问题。

我听说同煤集团的“制度管企，文化管人”、“精细化加人性化管理”的成功实践，给我们创造了一些经验，他们今天还要向大家介绍，大家可以参考。实际上现在发达国家的一些优秀企业也都在努力实践“以人为本”的这种管理思想，也都有所成效，也都有些经验，这种现象是不是可以说明符合生产发展规律的这种管理理念，马克思主义的这种理念，实际上是我们人类文明的共同财富，在一定意义上说，资本主义企业的管理者也是借鉴了马克思主义的一些管理理论，也借鉴了社会主义企业的一些管理经验，虽然现在很多国家，他们的资本主义制度并没有改变，但是它在管理企业上借鉴了马克思主义和社会主义的一些东西，注意缓和劳资矛盾，使企业的管理能够适应今天这种科技高度发展、对人的素质要求越来越高的这样一种客观形势。我们中国作为一个社会主义国家，很早就强调我们的指导思想是马克思主义，强调要依靠工人阶级，要坚持历史唯物主义的观点，这都是我们过去学习和强调的东西，所以我们在接受这一套管理理念的时候，应该更加自觉，更容易接受。所以探讨一下怎么样在我们的企业管理和企业文化建设当中，真正地把“以人为本”的思想融会贯通到我们的工作中，我希望我们这次研讨会能够重点的讨论一下这个问题。

第二个问题是“企业如何承担社会责任”，就是怎么样处理好、协调好企业和社会的关系，这也是在企业管理和企业文化建设中经常碰到的问题，特别像我们国家的很多企业，这个问题就更尖锐。

作为一个企业，一方面，当然要重视自身发展，要满足自己的物质欲望，这是不可避免的。但是在你注意自己的物质需求的同时，从大的方面来讲，对整个人类的需求，从小的方面来讲，对国家的需求、社会的需求，你考虑不考虑？要考虑，把它放在什么地位？和你个人的企业利益之间放在一个什么关系、什么地位上？我觉得这也是我们当前在学习科学发展观，在研究企业文化方面应该探讨的问题。政府提倡企业要做大做强，不仅关心自己的物质需求，也要注意整个国家社会的需求，要有博大的社会胸怀，企业要有作为，要立足于企业，心系国家，做社会责任的承担者，应当立足局部，着眼全局，做发展经济，奉献于民族的先锋和精英，要做一个负责任的、关心社会的企业。在企业发展处于低谷的时候，不要靠伤害社会利益去谋求自己的出路；在经营情况好的时候，也不要忘乎所以地过度消费，浪费资源。这样就把企业放在整个社会的集体当中，去搞好企业建设。在我们国家的现有情况下，我还提倡我们的企业应当关注弱势群体，关心公益事业，我们的企业处在社会主义和改革开放向前发展这样一种历史条件下，企业管理者在搞企业文化时，应该成为有责任的、对社会利益非常关心的这样一种经营者和企业家。这是我提出希望大家研讨的第二个问题，请大家考虑一下。

第三个问题是“如何重建企业的诚信”。

诚信可以说是企业的经营者长时期必须重视的重要问题。从我们国家历史上来看，过去的晋商，是很讲诚信的。如果一个企业诚信度高了，就会形成全社会的信赖、和谐发展这样一种氛围；相反，如果人人自危，相互提防，这样一个社会必然是矛盾百出，冲突不断，甚至于出现种种群体性事件。现在国外很多学者认为中国是个低信用度的国家，我们很多同志自己也认识到这一点，我们现在诚信度确实不算很高，这是我们应该注意警惕的问题。有人讲，现在很多小商小贩的诚信度不如解放前，解放前的很多小商贩都真是童叟无欺的，我们现在很多地方可是童叟都欺啊！所以诚信的问题，我觉得也是贯彻科学发展观应该重视的问题。

当然诚信度低的企业世界各国都有，不仅中国有，实际上这次美国的金融危机就是它的企业进行欺诈造成的结果，这是一个很明显的案例。但是不能因为世界都有，我们就提倡不搞诚信，这很显然是错误的。我们既然要讲科学发展，就得讲诚信，诚信和企业的发展客观规律是一致的。讲诚信，一个企业更能发展；恰恰你搞欺诈，你的企业从长远来看并不能发展下去。所以我觉得如何看待诚信这个问题，把诚信也放到科学发展观的高度去看，建立一个相互信任，童叟无欺的这样一个社会，建立这样一种经济环境，应该是我们企业家的责任，是我们搞企业文化的一个重要的任务。这是我提出的第三个问题，希望大家探讨。

第四个问题就是“如何坚定共同发展的理念，建立全面协调的利益关系”。

企业是个经济组织，就要有利益问题。企业的合作者、企业的股东、企业的供应商、企业的同行、企业的员工，各方面的人都要发生种种的利益关系，这种多元的利益关系，形成多元文化，也会形成各式各样的矛盾。作为企业来讲，在关心企业的经营者自身利益的同时，怎么样又兼顾这么多方面的利益，同行、股东、供应商、员工等，各方面的利益都能够关照，而且关照的比较好，这是一个问题。过去我们中国常讲的一句话叫“己所不欲，勿施于人”，就是你不仅要考虑到自己，特别在当前这种信息高度发达、经济实现全球化的情况下，损害别人利益的同时，自己也会受损。所以“己所不欲，勿施于人”这句话虽然很简单，在现实的经济活动中都会有这种客观现象。

现在企业讲要科学发展，企业的经营者在考虑自身利益的时候，在处理各种利益关系的时候，不仅要考虑到自己的利益，也要考虑到合作者、供应商，周围的人包括员工、股东，要考虑你做的事情有没有损害他们的利益，当你损害了他们的利益的时候，他们会怎么反应？损害了他们的利益的时候，他们会不会反过来损害你的利益？所以聪明的、会经营的经营者，要善于在众多的关系当中，树立一个共同的理念、共同的理想，把大家凝聚起来。现在不是强调双赢嘛，甚至我们国家在外交上都在研究和提倡这个问题，就是在处理国际事务中不能只考虑我们一方的利益，你要是损害了另外一个国家的利益的时候，你要想到另外那个国家会不会要反过来伤害你的国家利益，所以提倡要双赢，就是不能够损人利己。过去我们中国社会对损人利己是很反对的。所以在处理多元经济，多元的利益矛盾和利益关系时，要把这个问题，放在科学发展的这个高度去看。

我再着重讲一下在处理多元关系时，特别是经营者和员工的关系，在众多的关系当中是一个更重要的关系，这个关系处理的好坏对企业影响非常之大。应当说在改革开放之前，我们的企业最大的毛病是平均主义，平均主义曾经极大地影响了我们国家的经济发展。我们在改革开放、拨乱反正过程中，克服平均主义曾经是我们费了很大力气解决的一个问题。那么我们在打破平均主义，在分配制度改革的过程中，我觉得现在有相当多的企业又走向了另一个极端，有点片面强调拉开收入差距，工人和管理者的收入差距有的到了十几倍甚至几十倍，失去了应有的公正、公平，造成了紧张的劳动关系，出现严重的失去平衡的状态，这种状况我觉得和科学发展是背道而驰的。当年邓小平同志确实提出来允许一部分人先富起来，这种观点是针对我们国家长期的平均主义的状况而提出来的，经过改革开放 30 年，现在我觉得我们应该注意另外一种倾向，当年邓小平同志也讲了一部分人先富起来后，到一定时候，要强调共同富裕，整个社会要强调共同富裕。对企业来讲要处理好经营者和工人的关系，这个关系是刚才我讲的众多的关系中更重要的一个关系。现在我们有一些企业已经出现问题了，我听说有一家公司的老板年薪 6000 多万，那怎么得了，那是他应该得到的吗？是他的劳动价值吗？违反了客观规律还叫科学发展吗？它必然对社会的经济发展起很坏的作用，必然不利于经济的发展。所以我建议把这个问题也作为这次的一个研究题目，请你们参考。

最后，第五个问题："如何强化企业的使命和战略意识，使企业能够可持续发展"。

在研究科学发展的时候，企业的经营者要有使命感，要有战略的设计，要有战略的意识，搞企业文化，搞企业管理，经营者脑子里要有战略意识，要想到使企业可持续发展。凡是企业的领导者有战略意识，它的企业都是能够长久发展的。世界上所有成功的企业家经常搞的是战略，对很多具体的管理制度，他们倒不怎么管。恰恰是那些懂战略的企业家，他们的企业都能够长青，像那些百年老店等都有很成功的战略。所以我们在研究科学发展观的时候，要注意立足于国家民族的长远利益去考虑问题，而尽量避免急功近利，避免短期行为，不要被短期的利益诱惑而伤害长远的利益，这对企业家是个考验。对一般的企业家，考验就在利益诱惑的时候，有的企业家能够站在长远的利益上处理这个问题，有的企业家就禁不住短期的诱惑，他就不能够从长远考虑问题，这就考验企业家的战略意识和水平，所以我建议你们在研究科学发展的时候，把这个问题也作为一个题目。

（此文是企业文化研究会会长王大明在第二届中国企业文化百人学术论坛会上的讲话，发表时略有删节）

创新企业文化是企业发展壮大的软实力

——舜宇集团企业文化建设探索与实践的启示

王永康

文化在经济社会发展中的作用日益凸显，已成为推动经济社会发展的软实力。浙江舜宇集团创建 20 多年来，历经了创业时期的文化奠基、成长时期的文化植根、发展时期的文化提升三个阶段，着眼于企业基业长青，立足于弘扬先进文化，致力于激发企业活力，以文铸魂、以文育人、以文塑形，培育了以"共同创造"为核心价值理念的企业文化，成为推动企业发展的软实力。

推进企业文化建设必须确立核心价值理念

核心价值理念是引领企业发展的一面旗

帜。一个企业需要有广大员工普遍认同的价值体系来维系。在这个体系中，居核心地位、起主导作用的是核心价值理念。这个核心价值理念是企业制度的生命之根和存在之魂，它决定着企业的发展模式、发展道路、发展目标和发展目的，决定着企业的基业长青。舜宇集团早在上世纪80年代就开始挖掘提炼出了“团结拼搏，求实创新”的企业精神。90年代末，又先后8次发动全体员工，重塑舜宇文化，逐步形成了以“共同创造”为核心的理念价值，即与全体股东共同创造舜宇坚实的基业、与全体员工共同创造舜宇优秀的品牌、与合作伙伴共同创造光电产品的市场、与业界同仁共同创造行业发展的空间、与社会各界共同创造文明进步的社会。舜宇集团用鲜活的语言、新颖的载体、丰富的活动，使以“共同创造”为核心的价值理念内化于心、外化为形，发挥了巨大的导向和凝聚作用。在近万名员工的企业中，以“共同创造”为核心的价值理念，已经成为企业对国家、对社会、对客户、对员工、对伙伴的价值取向和行为准则，成为维系企业和谐的精神纽带。这就是舜宇企业文化的灵魂，也是引领舜宇发展的一面旗帜。

核心价值理念是推动企业发展的动力源泉。舜宇集团在“共同创造”为核心的价值理念引领下，以“三个转变”为突破口，用和谐理念创造和谐文化，即把企业的性质定位从“赚钱的机器”转变为“社会的细胞”，把创办企业的目的从“为了老板”转变为“造福社会”，把企业的伦理从“利润第一”转变为“和谐第一”，用和谐文化激发企业和员工的活力和动力。目前，舜宇集团的股东有400多名自然人，董事长王文鉴只持有公司7%的股权。这样的持股结构，增强了企业骨干的责任心，调动了员工共同创造的积极性。在以“共同创造”为核心的舜宇文化的指引下，舜宇集团目前已发展成为年销售15亿元、利税2.3亿元的国际化上市公司，成为中国光电产业的领军企业。

核心价值理念是凝聚企业员工的精神支柱。核心价值理念体现着员工共同的心理需求和价值目标，能够有效地凝聚企业员工的思想，发挥出持久的主导作用。舜宇集团积极践行“共同创造”的核心价值理念，以发展为了员工、发展依靠员工、发展成果与员工共享为己任，着力打造全体员工共有的精神家园，使之真正成为全体员工的“和谐之家”、“民主之家”、“幸福之家”。舜宇集团通过实施信息报告、职工座谈、总裁对话等制度，尊重员工价值，关注员工需求，倾听员工意见，拓展员工自身发展的舞台；通过党组织、党员、员工参与企业重大事项决策的规定和集体协商制度，保障员工的参与权、知情权和话语权；通过建设企业文化展示厅，组建文体团队，创办《舜宇报》、舜宇党建网等，丰富员工精神文化生活；通过为员工办理养老、工伤、失业、医疗、生育等保险，设立“员工急难救助基金”，建造145套人才公寓楼、19223平方米职工“温馨楼”，投资1300万元兴建11100平方米外来员工“和谐幸福楼”，切实维护员工的利益。以“共同创造”为核心的舜宇企业文化为实现共建共享共荣的愿景起到了积极的作用，产生了广泛而深远的影响。

推进企业文化建设必须坚持与时俱进原则

要根据企业发展阶段的变迁来创新企业文化。解析舜宇集团发展过程，可以清晰地看到企业文化对企业发展的巨大影响。上世纪80年代，舜宇只是一家拥有6个人、4间房、6万元贷款的小作坊企业。这一时期，企业面临的是生存问题，企业文化还处于探索奠基期。但提出“团结拼搏、求实创新”的理念，孕育了企业文化的萌芽。上世纪90年代，舜宇逐步建立现代企业制度，进入快速成长期，提出了“共同创造”的核心价值理念，培植了企业文化的基因，初步形成了企业发展的软实力。进入新世纪，企业进入一个高速发展的阶段，企业文化处于弘扬推广期。以“共同创造”为核心价值理念的企业文化，已经成为舜宇集团全体员工的价值追求和力量源泉。

要顺应企业员工结构的变化来创新企业文化。舜宇集团拥有近万名员工，来自五湖四海、不同社会文化背景下的员工，文化交流、交融、交锋的程度日益加深，思想多元、多变、多样的趋势日益明显。特别是企业上市后，文化的差异和冲突在创业元老、新进员工、新聘高管中表现得尤为明显。为此，舜宇集团把融合、创新企业文化作为推动企业发展的重要抓手，通过召开研讨会、座谈会，广泛征集、深入挖掘、不断丰富舜宇文化的内涵，形成了一个以“共同创造”为核心、融合外来文化精华并为全体员工所接受的新型企业文化。

要符合时代和社会的变革来创新企业文化。舜宇集团紧扣时代特征、顺应社会变革，积极创新企业文化。在社会主义市场经济起步时，舜宇就大胆提出“钱聚人散、钱散人聚”的经营理念，把员工的命运和企业的前途紧密地联成一体，共创事业与价值，共担困难与风险，共享成果与利益；在经济全球化兴起、产业结构加速调整的背景下，舜宇集团敏锐地提出当好“名配角”的战略理念，主动调整发展战略，探索“做大、做强、走远”的发展途径，较快地融入了国际现代光电产业核心供应体系，成为国际著名跨国公司的战略合作伙伴；在国内外经济形势复杂严峻、企业发展面临困难时，他们果断地提出“快速反应、攻坚克难”的文化理念，用“艰苦奋斗”的创业精神、“与时俱进”的创新精神、“同舟共济”的团队精神，团结力量，凝聚人心，实现了企业又好又快的发展。

推进企业文化建设必须培育共建共享主体

企业经营者必须成为企业文化的大力倡导者。企业文化，从某种意义上讲，就是企业家文化。舜宇集团董事长、总裁王文鉴是一位有思想、有文化的民营企业家。他既是企业的创始人，又是舜宇企业文化的倡导者。舜宇企业文化无不打上他的烙印，形成了鲜明的个性特质。“共同创造”价值理念是王文鉴在长期经营实践中，认真总结企业运作、人事、产权机制，借鉴国内外先进企业发展经验，防止形成企业家族化而积极推崇和倡导的先进的经营管理理念。他把股东、员工、合作者、业界同仁及社会各界作为“共同创造”的主体，既是他的“钱聚人散，钱散人聚”企业命题的具体体现，又是对“共同创造”核心价值理念的最好诠释，为推动企业发展、实现利益共享、构建和谐社会起到了积极作用。

企业各级组织必须成为企业文化的积极推动者。建设企业文化必须充分发挥企业党、团、工会、妇联等组织的优势和作用。舜宇集团发挥“娘家人”作用，让企业成为来自五湖四海员工“共同的家”。每一位员工进入舜宇集团，第一个规定动作就是到集团职工培训学校接受舜宇文化的教育培训和熏陶，使他们尽快适应并成为舜宇大家庭的一员；舜宇集团发挥“引路人”作用，让企业成为不同岗位员工“成长的家”。用制度规定各个层面员工每年的培训内容和时间指标，还根据实际需要，派员外出参加各种专业培训，或出国学习、交流和深造，使员工的知识和能力不断得到更新与再造；舜宇集团发挥“知心人”作用，让企业成为不同层面员工“安居的家”。针对近万名员工思想的独立性、选择性、多变性、差异性明显增强的特征，党、团、工、妇及各级行政部门通过多种形式，搭建互融共建、同创共享的平台，把以“共同创造”为核心的舜宇企业文化融入员工的生产、生活之中，成为激励每一个舜宇人奋发有为、敬业奉献的精神支柱。

企业员工必须成为企业文化的主动实践者。企业员工既是企业文化的实践者，又是享受者。舜宇集团按照企业文化“人人参与、人人创造、人人享受”的理念，把企业文化建设贯穿到企业发展的各个阶段，覆盖到企业经营的各个领域，渗透到员工生活的各个方面。在舜宇，人人都有一份宣传企业文化的《舜宇报》和一本《员工手册》，人人都要接受一次文化培训、参加一次文化测试、参与一次文化座谈，人人都要读一本好书、展示一个文化特长、提出一条文化建设"金点子"，使文化成为每个舜宇人须臾不能离开的精神食粮。通过舜宇人坚持不懈的努力，企业文化已经成为每个舜宇人的思想基因，成为舜宇实现基业长青"百年老字号"战略目标的强大软实力，也成为余姚文化大发展大繁荣的一张靓丽名片。

（作者：中共浙江省余姚市委书记）

着力推进企业自主创新

刘石泉

胡锦涛同志指出："自主创新能力是国家竞争力的核心，是我国应对未来挑战的重大选择，是统领我国未来科技发展的战略主线，是实现建设创新型国家目标的根本途径。"增强自主创新能力，努力建设创新型国家，是党中央、国务院对我国的国家发展战略进行全面反思和总结的基础上，在关键时期作出的重要决策和战略选择，对我国经济社会发展将产生重大而深远的影响。

自主创新的基本内涵是：加强原始性创新，努力获得更多的科学发明和发现；加强集成创新，使各种相关技术有机结合，形成具有市场竞争力的产品和产业；在引进国外先进技术的基础上，积极促进消化吸收和再创新。我们步入了一个科技成果转化和普及越来越快的时代。市场竞争和国家综合实力竞争的胜出者，其制胜的诀窍几乎全在于拥有自主知识产权的科技成果。没有自主创新，企业就只能处于世界经济全球化的产业链的末端；没有自主创新，国家的发展就难以突破知识产权壁垒的限制，难以从根本上解决自身发展和国家安全所面临的重大问题；没有自主创新，就难以在国际上争取平等地位，难以获得应有的国家尊严，甚至难以自立于世界民族之林。只有拥有自主的科技创新能力，才能使我们在国际竞争中掌握主动权，才能支撑民族进步、国家崛起。自主创新可以开辟"人无我有、人有我优"的良性发展之路，创造新的竞争优势，可以破解经济结构不合理和增长方式粗放等国民经济发展难题，可以破解关键技术受制于人的难题，还可以破解提升国家竞争力的难题。以自主创新引领经济社会全面发展，就要全面贯彻落实科学发展观，通过自主创新，大幅度提高生产力水平，用科技进步来解决当前和未来经济社会发展问题，提高我国的综合国力、国际竞争力和抗风险能力。

一、推进自主创新需要企业作主体

增强自主创新能力，关键是强化企业在自主创新中的主体地位，建立以企业为主体、市场为导向、产学研相结合的技术创新体系。在计划经济体制下，我们采用的科技发展模式，是由国家按计划项目投入，由科研单位研制出成果，然后，再找企业应用。这种推动模式虽然发挥过重要作用，取得了很大成绩，但也造成了很大的浪费，有的成果缺乏实用性，有的成果转化慢，有的是重复性的研发，开发与应用严重脱节。在市场经济条件下，科技发展必须依靠市场来牵引，由企业在市场上发现机会，明确市场定位和需求，企业牵头，再找相关科研机构一起研发，形成产品，很快进入市场，使企业真正成为技术创新的主体。企业要想成为技术创新的主体，首先要使它成为真正的市场主体，把目标集中于投资回报，对市场信号要能够作出有效的反应。技术创新是以技术成果的商业化为目的的，虽然同研究和开发活动密切相关，但主要是向市场推出新产品和新服务的活动，技术创新本质上是技术资源和产业资源整合配置的过程和结果。因此，主管企业的企业家负有十分重大的责任。企业家之所以能成为企业家，并不是因为其拥有资本，而是因为它拥有创新精神并实际地组织了创新。大量的企业技术创新案例研究表明，在影响企业创新的内部因素中，企业领导人支持技术创新是创新成功的关键因素。企业是技术创新的主体，企业家则是企业技术创新的主导力量，在技术创新过程中承担着决策者和组织实施者的重要职能。企业家并不直接参与产品、工艺、设备和原材料的技术创新，而是借助生产组织与管理创新，以及日常的经营管理行为和自身的特质来创造一种适于技术创新的组织氛围和文化氛围，从而促进企业的技术创新，提高企业技术创新的成功率，最终实现企业创新的最佳效益。

二、推进自主创新需要良好的政策环境

从发达国家的经验来看，企业技术创新的成功往往是政府投入和政策扶持的结果。虽然技术创新可以归结为企业行为，但由于其风险性，收益不确定性和长期性，仅仅依靠企业自身力量一般难以获得理想成效，而必须由政府和企业共同行动。因此，政府支持企业实现技术创新，除了对创新活动直接拨款外，最切实可行的办法就是制定各种优惠政策。技术创新政策是政府制定的旨在促进技术创新而采取的各种直接的措施，即国家可通过一系列的相关政策来有效地刺激和驱动企业的技术创新活动。具体地说，国家可以通过制定政治、财政、税收、法律、法规、科学技术、信息、教育等相关政策来激发、强化企业技术创新的愿望，创造企业技术创新的宽松条件，引导企业技术创新和国家产业的发展方式，保护和扶持企业技术创新的成果。我国政府为建设创新型国家，出台了若干重大方针政策，从财政、金融、政府采购、知识产权保护、人才队伍建设等方面制定了一系列政策措施，这为推动企业技术创新，创造了良好的条件。特别是实施国家知识产权战略，完善知识产权法律法规体系，从行政、司法等方面落实知识产权法律法规，促进自主创新成果的知识产权化、商业化、产业化，为鼓励自主创新和维护权利人合法权益提供强有力的法律保障，是增强自主创新能力，进入建设创新型国家行列的强力支撑。

三、推进自主创新需要着力培养创新文化

自主创新需要有独立自主的创新精神，需要有自信、自立、追求卓越的心理品质和素质。多年来，由于我国科学技术不发达、相对落后，我们走了一条跟踪，模仿，再跟踪，再模仿，亦步亦趋的科技发展路子，这在特定时期确有必要，但也使一些人形成了思维僵化、缺乏创造的心理障碍，即使有人产生了创造性的火花，也很难得到认可和支持。在一些问题上，总是等外国人领先一步后，才想到我们也可以做这些事情而缺乏敢为天下先的创新精神。我们需要积极倡导和鼓励敢于探索，勇于冒尖的精神，尊重个性，倡导学术自由和民主，提倡理性怀疑和批判，要敢于突破，勇于提出新的理论、新的学说和新的技术方案，大胆尝试，宽容失败，激发创新思维，活跃学术气氛，努力营造一个宽松和谐、健康向上的创新文化氛围。

四、推进自主创新需要着力培养创新型人才

科技创新，人才为本。创新型科技人才是新知识的创造者，新技术的发明者，新科学的创建者，是自主创新的引领者和开拓者，是最重要的战略资源。建设创新型国家，增强自主创新能力，需要一大批懂科学、懂技术、善管理的领军人物。培养创新型人才，需要全社会的支持。首先应从基础教育、素质教育、文化素养、创新思维方法的培育抓起，培养一大批理论功底扎

实，思维活跃，善于探索，独立思考，敢于创造的人才队伍。然后，把他们放到一些重大科研项目、建设项目、重点学科去锻炼，在创新实践中培养他们的探索兴趣和创新精神，使大批优秀人才脱颖而出。要加大学科带头人的培养力度，积极推进创新团队建设，要按照“尊重劳动、尊重知识、尊重人才、尊重创造”的精神，实施人才强国战略，改进和完善人才激励政策，做到人尽其才，才尽其用，培养造就一批世界级的高水平的科学家、技术专家、科技管理专家以及企业家，为建设创新型国家提供充足的智力资源。

（作者：中国三江航天集团党委书记）

论加强党对国有企业的领导

胡问鸣

中国共产党是中国特色社会主义事业的领导核心，这是历史的选择、人民的选择。它昭示着中国共产党不仅是执政党、是执掌国家政权的政治核心，而且是统筹国家事务、领导国家政治经济社会文化全面发展的核心。我们党的性质和肩负的历史使命，决定着党的生存发展与国家的前途命运息息相关，党的利益与国家利益、人民利益高度一致。

国有经济控制国民经济命脉，对于发挥社会主义制度的优越性，增强我国的经济实力、国防实力和民族凝聚力，具有关键性作用。作为国有经济发挥主导作用的主力军，国有企业是我国基本经济制度的构成主体和国民经济的“顶梁柱”，是国家直接掌控的应对突发事件和重大经济风险的可靠力量。从这个意义上讲，国有企业是党的事业和国家利益在经济社会发展中高度统一的集中体现。坚持和加强党对国有企业的领导，是我们党的性质和宗旨的必然要求，是建设中国特色社会主义事业的题中应有之意。

一、国有企业是我们党长期稳定执政的重要基础

经过改革开放30年来的艰辛探索，我国已经逐步走出了一条中国特色的国有企业改革发展道路。这条道路就是国有企业全体员工在中国共产党领导下的伟大实践创造，是中国特色社会主义道路的重要组成部分。

国有企业在国民经济建设中的重要地位，决定了国有企业是党执政的重要经济基础。国有企业不仅在石油石化、航空航天、电力、电信、交通运输、国防工业、重要资源开发、重大装备制造等关系国家安全、国民经济命脉和国计民生的重要行业和关键领域占据着主导地位，发挥着支撑国民经济建设的基础保障作用，而且在高新科技研发、尖端领域和基础性行业发展中起着重要的引领和带动作用。特别是中央企业，作为我国新生的特殊经济组织，不仅在国民经济中发挥着不可替代的影响力、控制力和带动力，而且在国际市场上有着重要的影响力，既是国家展示核心竞争能力、实施宏观调控的重要依托，更是越来越成为我们党作为执政党“执好政、掌好权”的不可缺少的重要经济基础。

国有企业在巩固阶级基础和承担社会责任方面的特殊职能，决定了国有企业是党执政的重要群众基础。一方面，我们党是中国工人阶级的先锋队，党要密切联系和依靠广大人民群众，首先要密切联系和依靠工人阶级。国有企业是中国产业工人最集中的地方（仅中央企业就有1000多万名员工和400多万名离退休人

员），是中国工人阶级的主力军。另一方面，国有企业规模大、分布地区广、综合实力强、产品种类多、服务对象广，涉及和影响社会经济的若干层面，牵动和触及社会各个阶层，对国家经济社会发展具有重要而特殊的社会影响力，既承担着国有资产保值增值的经济责任，也承担着维护大局、维护稳定、构建和谐的社会责任。在2008年抗击低温雨雪冰冻灾害和特大地震灾害、举办北京奥运会和残奥会、应对国际金融危机等大事、要事、难事中，国有企业特别是中央企业，率先垂范，勇当大任，在人民群众中树立了良好形象，是我们党执政的重要阶级基础和群众基础。

国有企业党组织是党在社会基层的重要支柱，是我们党执政的基石。党章规定："党的基层组织是党在社会基层组织中的战斗堡垒，是党的全部工作和战斗力的基础。"国有企业党组织是我们党执政的重要组织基础，坚持党的领导，就必须高度重视国有企业基层党组织建设。以中央企业为例，截至2008年6月，拥有党员392.8万人，设有党组528个、党委15173个、党总支18.4万多个。这些分布于国民经济各个领域、各个层面的国有企业各级党组织，这些工作和生活在全国各地各行各业的广大党员，既是推动国民经济建设的强大动力，又是维护党的政治核心和领导核心地位的强大支撑，既是党的路线方针政策的忠诚执行者，又因联系和服务着数以亿计的人民大众而不断巩固和壮大党执政的组织基础。

在战争年代，我们党作为革命党，要夺取政权、取得执政地位，必须紧握枪杆子。在当今和平与发展成为国际社会的主旋律，我国致力于建设中国特色社会主义事业的新时期，我们党要维护国家安全和民族独立，促进统一大业和中华民族伟大复兴，巩固执政党地位，除了要继续紧握"枪杆子"，还要牢牢抓住"钱袋子"、"米袋子"。国有企业特别是中央企业，就是我们党要"执好政、掌好权"的"钱袋子"、"米袋子"。基础不牢，地动山摇。我们要像在战争年代坚持"党指挥枪"的根本原则、开创"支部建在连上"、把人民军队置于党的绝对领导之下一样，坚定不移地坚持和加强党对国有企业的领导，坚持和加强国有企业基层党组织建设。

二、现实的忧患和他党的经验教训，警示我们必须坚持和加强党对国有企业的领导

国有企业的党组织在改革发展的进程中，为增强国有经济的活力、控制力和影响力作出了贡献。但我们也应该清醒地看到，在现实工作中，国有企业党建工作被"边缘化"、被"矮化"的现象还比较突出，国有企业党组织的地位在某种程度上还处于较为"尴尬"的境况。由于没有细分企业性质，囿于寻找"普世法则"和缺少创新精神，国有企业党建工作理论研究和认识上还存在着许多误区。

一是国有企业党组织发挥政治核心作用，与我们党作为执政党在基层组织的地位、作用不完全匹配。经过改革开放30年的洗礼，国有企业的生产力、创新力和竞争力发生了翻天覆地的变化，特别是近年来中央企业迅速发展壮大，其地位和影响力已不同于单纯的经济组织，而是集经济责任、政治责任和社会责任于一身的庞大社会复杂体。但党组织对国有企业的影响力、控制力并没有相应的提高。

二是党组织在国有企业重大事项决策中的"参与"定位，没有很好地将国有企业与一般企业，国有独资企业与国有控股、参股企业，中央企业与地方国有企业等区别对待。一般性地讲"参与"，既不符合不同类型国有企业自身发展的规律，更没有很好体现国有企业、特别是中央企业对我们党执好政、实现自身宗旨的政治保障作用。

三是一些人认为党务干部"只懂党务、不懂业务"，党组织要少参与企业决策和管理。事实上，改革开放30多年来，国有企业特别是中央企业已培养了一大批视野开阔、懂技术、善经营、会管理、具有鲜明时代特征的复合型党务工

作者，很多党务工作者、特别是党组(党委)负责人本来就是企业经营管理的好手，党务干部“只懂党务、不懂业务”的现象已得到根本性的改变。

四是拘泥于西方现代企业制度的“国际惯例”、“普世法则”，党组织游离于公司治理结构之外。“双向进入、交叉任职”虽在一定层面解决了党组织成员参与决策的途径，但没有很好体现党组织整体参与决策的领导体制；同时，部分设立党组的国有企业，《党章》规定的党组领导核心地位与《公司法》规定的董事会对重大问题的决策权，在实际工作界面和操作中不好协调和衔接。事实上，分析西方发达国家公司治理的演变和特点，特别是通过当前这场席卷全球的国际金融危机的震荡和冲击，可以看出，公司治理结构模式没有绝对好坏之分，也没有一种“灵丹妙药”式的模式适应所有的企业。如果我们不能准确认识西方发达国家公司治理的历史局限性与不足，盲目移植西方的模式，束缚于西方语境和视角，就很难构建具有中国特色的现代企业制度和国有企业组织领导体制。

总结和分析世界一些国家执政党建设的经验和教训，有许多值得我们反思和借鉴之处。

譬如，曾作为执政党领导苏联70余年、拥有1700万党员的苏共，一夜之间退出历史舞台并从此一蹶不振，其中一个重要原因就是苏共采取激进的办法启动经济转型，将国有企业私有化，放弃了对国有经济和国有企业的领导和掌控，丧失了支撑执政党执政的经济基础。

而与此形成鲜明对照的，摩尔多瓦作为原苏联的一个加盟共和国，1991年苏东剧变时宣布独立，摩尔多瓦共产党也被迫停止活动。1993年摩共产党人重新组建了摩尔多瓦共产党人党，并在2001年获得执政地位，2005年再度获胜。摩共在今年7月29日举行的提前大选中，虽然未获得单独组阁的绝对多数，但以44.7%的得票率居5个政党之首，远高于居第二位的自由民主党(16.6%)。摩共的崛起，一个重要的原因就是面对危机，摩共主张停止掠夺性的私有化进程，通过国家收购已被私有化的企业股份等方式，恢复作为经济基础的生产资料公有制，并致力于建设一个多种经济成分并存，促进民族经济发展、应对经济全球化需要的开放式经济发展模式，掌控了执政的经济基础。

还有，作为亚洲“弹丸之国”的新加坡，其“一党执政体系”的人民行动党，在50年的执政实践中充分认识到，经济发展是新加坡的唯一出路，也是党执政合法性的根基，从而鲜明地提出了“生存第一、经济立国”的基本国策。其“淡马锡集团”，就是新加坡特有的执政党和国家利益的体现。

三、以改革创新的精神，加强和改进党对国有企业的领导

建立现代企业制度，完善公司治理结构，是国有企业改革的方向。建立中国特色国有企业现代企业制度，根本上是要把党组织纳入公司治理结构，核心是要回答和解决好两个问题：一是党组织的地位、作用和职责问题；二是党组织发挥作用的途径和方式问题。我们应该以解放思想的胆识、勇气和实事求是的科学智慧，正视而不回避现实，既尊重企业公司治理的一般规律，又充分体现国有企业的“中国特色”，区别对待不同属性企业中党组织的地位和作用。

一是对重要骨干中央企业、其他中央企业、国有独资企业，应该旗帜鲜明地明确党组织的领导核心地位。党组织发挥领导核心作用，并不是包办代替什么都管。“权出于法”，党组织也要在职责权限范围内活动。党组织发挥领导核心作用主要是“引领、推动和监督”。“引领”主要是战略引领，引领企业全局性战略方向、产业产品布局、重大投资决策、重要资本运营、领导班子及骨干人才队伍建设、企业文化建设和党的自身建设等；“推动”就是通过贯彻落实科学发展观，凝心聚力，选好配强领导班子，推动企业既完成好当期经营任务、又努力提升可持续发展能力，推动企业实现科学发展；“监督”就

是保证企业依法、合规，诚信经营。

其中，已经建立现代企业制度的，要按照“党组织要融入企业治理结构，党建工作要融入企业发展”的要求，将党组织纳入公司治理结构。从职能上看，党组织与董事会具有很多相近的地方；从决策机制看，党组织的“民主集中制”和“少数服从多数”的组织原则与董事会的议事决策规则也有相似之处。党组织纳入治理结构，党委（党组）与董事会高度融合，党组织通过董事会发挥企业重大事项的决策作用，体现党组织的领导地位。在这种体制下，党委书记担任董事长，董事会提名委员会与党组织的组织（干部）部门职能主体融合、合署办公，在党委（党组）领导下开展工作；董事长与总经理分设，发挥经理层在组织企业完成经营责任目标、促进自主创新、提高核心竞争能力、开拓国际国内市场、加强企业基础管理等方面的作用，并将经理层的选聘、考核、奖惩等权责逐步赋予董事会，实现坚持党管干部原则与董事会依法选聘经营管理者的有机衔接。同时，按照现行《公司法》，国有独资公司不设股东会。股东的监督可以在完善企业内部监督机制的同时，借鉴国务院派驻中央企业监事会的做法，由国有资产监管机构和国有资产出资人，派出外部监事会（发挥类似于董事会中外部董事的监督作用），建立外部监督的体制。

中央企业作为国家特有经济组织，越是地位特殊、责任重大，就越应该坚持党的领导和坚持党的民主集中制原则，明确中央企业党委（党组）的领导核心地位。对企业全局性的重大决策、重要干部任免、重大项目安排和大额度资金使用，要按照规定程序，在中央企业党委（党组）集体酝酿讨论的基础上作出决定，把党组织的集体决策、集体负责与董事会的集体决策、个人负责结合起来。

对部分未建立现代企业制度的，要坚持并逐步推行党组（党委）书记与总经理分设、借鉴国务院派驻中央企业监事会的领导体制，建立和完善内部制约与外部制衡相结合的治理机制。党组（党委）行使“董事会”的主要职能，并由上级党组织明确党组（党委）书记负责管理干部、人才队伍建设和企业文化建设工作；总经理对企业日常经营管理活动负责。对涉及全局性重大决策、重大项目安排和大额度资金使用等事项要按中央有关规定办理。

对少数关系国家安全和国民经济命脉的国有重要骨干企业，设立党组，在现行体制和政策环境下，更有利于保证中央的直接掌控。

二是对国有控股企业也应强调党组织的领导作用，但领导方式要适应现代企业制度的要求。按照控股股权，党组织主要通过选派董事、推荐高管，并对企业有关重大事项，先由党组织集体酝酿讨论形成决议，再交由在董事会、监事会、经理层中任职的党委（党组）成员分别在治理结构层面表达，体现国有控股股东的意志和党组织的意图，发挥党组织掌控作用，体现党组织的领导地位。党委书记担任董事长，董事会聘任总经理。

对国有控股公司，要坚持国有股东派出监事会负责人，保证监督企业依法经营，体现国有股东意志，体现党的主张。

三是在国有参股企业和其他企业，党组织主要发挥政治核心作用。要通过公司章程明确党组织合法地位，为党组织依法开展工作提供必要条件。党组织主要通过对工会、共青团组织以及各种学会、协会等社团组织的领导开展工作，做好职工思想政治工作和企业文化建设，宣传贯彻党的主张，统一员工思想，团结引导职工，维护职工权益，保证监督企业依法经营。适时修订现行中外合资企业法，明确中外合资企业党组织的合法地位，将党组织机构合法化。

（作者：中国兵器工业集团公司党组书记）

制度管企　文化管人
打造具有煤炭企业特色企业文化

大同煤矿集团公司

大同煤矿集团公司的前身是大同矿务局，成立于1949年8月30日，2000年7月改制为大同煤矿集团有限责任公司。2005年12月，大同煤矿集团有限责任公司完成了债转股改制。重组建的大同煤矿集团公司是以煤炭、电力、化工、冶金、煤机制造五大产业为主导，集工程建设、化工、建材、物业、旅游等多业并举于一体的新型综合能源大集团。

近年来，同煤集团以科学发展观为指导，坚持"制度管企，文化管人"的管理思路，创新发展理念、转变发展方式、加快体制改革、推动管理创新，全力打造具有煤炭企业特色的企业文化，使大同煤矿这个有着60年光荣历史的国有老企业呈现出创新图强、跨越发展的强劲势头。

一、坚持以人为本科学发展观，构建具有同煤特色的企业文化体系

2002年以来，经过探索实践和系统推进，形成了具有同煤特色的"一一二五"企业文化建设总体格局，即一个管理思路、一个管理模式、两大引领体系、五大支撑体系。

一个管理思路：就是牢固树立"制度管企，文化管人"的企业管理思路。制度管企，就是通常所说的依法治企，即把企业的生产经营活动纳入制度化、法制化、规范化管理轨道。建立与现代企业制度和现代产权制度相适应的资产产权管理制度、母子公司运行制度、资本运营管理制度以及人力资源管理制度等，确保企业在体制机制上能够科学、高效运行；文化管人，也可以称文化管魂。就是要经过长期的、强势的理念灌输、行为养成，把员工千差万别的思想行为统一到企业发展的新思想、新战略上来，使企业的发展目标、战略、愿景得到广大员工的认同理解和接受，使员工自觉自主的为企业发展献才智、做贡献，实现全员的自主管理。

一个管理模式：就是推行精细化人性化(RHM)的企业管理模式，也可以称以人为本的精细管理模式。实施精细化人性化管理是煤炭企业提升企业管理水平，实现由粗放型向集约型转变的根本途径，也是同煤集团贯彻落实以人为本科学发展观的战略举措。

两大引领体系：就是目标引领体系和理念引领体系。同煤集团结合企业发展实际，研究制定了"三新"企业总体发展思路，即"树立新思想、实施新战略、建设新同煤"。新思想就是以科学发展观思想统领全局；新战略就是81620发展战略体系——"做强同煤，造福员工"的8字企业发展总目标，"心齐人和，重建扩源，创新提升，共同富裕"的16字企业发展方略，"尽心履职责，主动抓工作，提高执行力，落实全过程"的20字行为规范；新同煤就是全力建设"和谐美好、强势竞争、充满活力、殷实小康"新同煤。"三新"是同煤集团总结发展经验，分析发展形势，把握发展规律，提出的重大发展战略思路。新思想是航标，新同煤是愿景，新战略是核心。它科学地回答了"实现什么样的发展、怎样发展、依靠什么发展"三个基本问题，从而形成了科学完整的企业发展战略体系，实现了企业战略与战术的统一、精神与物质的统一、思想与行动的统一。

在企业理念的提炼上，同煤集团立足行业特性，结合企业实际，突出企业特色，提炼出富

有同煤特色的19项29条企业理念，形成了完整的企业理念体系。如，在企业精神的提炼上，同煤集团拓展文化底蕴，在传承发扬“勇于奉献，争创一流”优良传统的基础上，针对市场经济下员工思想观念、价值取向、行为方式与心理状况复杂化、多元化的实际，又确立了“爱企敬业、创新发展”企业核心价值观，并在全集团公司开展广泛的学习实践活动，成为新形势下引领员工实践工作的精神灵魂。同时针对煤炭企业是高危行业这一特性，以及企业长期处于粗放管理的实际情况，科学地提出了以“人人都是通风员”为核心的安全理念和“人人精打细算，个个当家理财”的经营理念，这些理念体现了以人为本科学发展观的核心内容，牵住了煤矿安全工作的“牛鼻子”，抓住了企业经营工作的重点，开创了企业管理的新局面。

五大支撑体系：就是精细化管理制度体系、4E6S岗位标准考评体系、员工行为养成标准体系、以人为本的环境刷新体系、视听觉识别体系。用统一的理念、统一的管理、统一的视听觉识别系统加快大集团文化整合，从内质外形全面塑造具有同煤特色的企业文化。

二、坚持统筹兼顾、务求实效，全面推进企业文化建设

（一）强化理念渗透，统一员工思想

为使企业的战略部署和企业理念深入人心，同煤集团坚持全员化、持久化的原则，开展了20万员工同读一本书、集中精力共抓一件事、公司上下共建一道景、媒体宣传共唱一个调的“四个一”活动，大力开展企业理念的宣传灌输，使企业理念在潜移默化中渗透到员工的头脑意识中，统一了员工的思想、统一了员工的意志，形成了心齐人和的强大合力。

（二）实施精细管理，严格考核兑现

同煤集团系统整合了安全、生产、经营、技术等十大类制度，对每个岗位的作业标准、工序流程进行了细化、量化、具体化，建立起了精细化管理制度和覆盖全员的4E6S岗位精细管理标准，推行了标识管理、编码管理、看板管理和准军事化管理，强化员工的行为养成。以A、B、C三卡为信息载体，实行了“三工并存，动态转换”考核。年度工作业绩考核挂钩，促进了企业文化建设的深入开展。2008年同煤集团四台矿、塔山矿、马脊梁、晋华宫矿、平旺物业公司分别荣获改革开放30年全国企业文化建设优秀单位荣誉称号。

三、落实“制度管企，文化管人”，开创了同煤集团文化强企的新局面

——产业结构进一步优化

按照“制度管企，文化管人”的要求，同煤集团借鉴先进管理经验，运用现代管理方法，规范了母子公司体制，实行了两级公司、三级管理，建立了以资本为纽带，合理分权、责权明确、运转高效的大集团母子公司管理体制。同时转变发展方式，大力实施多元化发展战略，加快产业结构调整步伐，投资建成了世界上设计能力最大的单井口井工矿井——塔山煤矿，并由年产1500万吨向“一井两面”2000万吨的目标挺进；投资48亿元，建成了2×60万千瓦坑口电厂——塔山发电厂，开创了煤矿办大电厂的先河；同时他们完成了全国规模最大的5万吨煤系煅烧高岭土建设项目以及钢铁技术改造、大型采煤设备制造项目；快速推进了100万吨氧化铝项目和120万吨甲醇项目，形成了集煤炭、电力、煤化工、钢铁、机械制造五大主导，建筑、建材、旅游等多种产业并举的产业格局，提高了企业的核心竞争力。

——综合实力全面提升

在煤炭主业上，同煤集团以资源扩充稳固基础，增强了发展后劲，保持了竞争优势。按照精采细采100亿、有序接替100亿、资源扩张100亿“3个百亿吨”的资源战略，全力推进塔山、同忻6个千万吨和4个500万吨矿井项目建设，同时实施低成本扩张资源储备战略，2008年在内蒙、临汾、运城等地成功收购和控股了9个煤矿，扩充资源18.5亿吨。在非煤产业发展

上，同煤加快推进轩岗电厂、王坪电厂和塔山电厂二期、三期工程建设，积极筹备电力公司，实施电力板块整体上市，以电力产业为龙头带动煤化工、冶金、煤机制造等产业加快发展。与此同时，同煤不断提升企业自主创新能力，完成了建国以来煤炭系统最大的科研项目“特厚煤层大采高综放技术与装备研发项目。“两硬”条件下厚煤层一次采全高、特厚煤层开采技术在全煤系统保持领先，形成了一批具有自主知识产权的科研技术。

——发展质量不断提高

循环经济是现代煤炭工业发展的方向。近年来，同煤集团坚持“现代化、集团化、洁净化”发展战略，大力发展循环经济，按照“工业园区化、产业高新化、布局专业化、园区城市化”的规划设计，建成了全国煤炭行业第一个循环经济示范园区——塔山循环经济工业园区。园区内“一矿八厂一路”，形成了原煤洗选、精煤出售、中煤发电、高岭岩深加工、粉煤灰制水泥、废渣造砌体，两条完整的闭合循环产业链。每个上游产业的废弃物，都是下游产业的原材料，实现了由“资源——产品——废弃物——再生资源”的闭路循环，逐层减量利用，将煤炭“吃干榨尽”，实现了煤炭资源利用的低消耗、低排放、高效率，用最少的资源投入和环境代价实现最大的产出。塔山工业园区是目前我国建成的第一个真正意义上的循环经济园区，为世界煤炭工业的发展探索出一条“绿色道路”，受到了各级领导和各界人士的高度赞誉。按照塔山模式，同煤集团还规划了朔南、大同东周窑、忻州保德县白家沟3个循环经济园区，扎实推进资源节约型、环境友好型企业的建设，使企业的发展质量不断提高。

——安全管理水平不断提升

在安全管理上，同煤集团坚持“以人为本、安全发展”的指导思想，树立了“创建零事故现场，打造零事故环境”的安全愿景；开展了以“人人都是通风员”为核心理念的安全文化创建活动；实施了具有特色的安全“三项”管理——班组全程管理、岗位就近管理、安全程序化管理；建立了“预知、预想、预报、预警、预防、预备”的“六预”预警预防机制；建成了集语音、声光、信号、信息化、预警化、可视化为支撑的矿井安全技术体系；推进了矿井“双基”建设，建成了“六员一防”的安全管理长效机制。同时以“居安思安、居安想安、居安干安、居安紧安”为要求，以“六化一落实”为基础，以“隐患排查治理”为抓手，全面加强危化品、火工品、特种设备以及交通、消防、公共卫生等安全管理，实现了煤与非煤、井下与地面同步强化安全，增强了员工的安全意识，提高了员工安全技术技能，推进了本质安全型企业的建设。

——企业的社会责任感明显增强

在企业文化建设中，同煤集团大力弘扬优秀传统文化和企业的优良传统，不断丰富同煤特色企业文化的内涵，有力增强了员工的责任意识、大局意识、奉献意识，企业的社会责任感明显增强。2008年元月在抗击南方雨雪冰冻灾害中，同煤集团20万员工放弃节假日，放弃与家人团聚的机会，不分昼夜地奋战在井下各条战线上，2月份煤炭产量创历史最高，保证了电煤的稳定供应。5·12四川汶川地震发生后，公司先后派出4支专业小分队赴川援助，同时组织26811名党员交纳“特殊党费”557万元，广大员工纷纷解囊相助，累计为灾区捐款4000多万元。在举国迎庆奥运盛会的日子里，同煤20万员工倾全力打响了“迎奥运、保电煤”大会战，出色地完成了上级交给的任务，受到了党中央的高度赞扬和社会各界的高度评价，5大电力集团、20多家电力用户送来了感谢信，再次彰显了同煤集团这个共和国“长子”的中流砥柱作用和舍小家顾大家，为国出力的精神风范。

——员工素质全面提升

同煤集团牢固树立“优秀企业重视培训，优秀员工终身学习”的理念，把打造学习型企业，造就高素质员工队伍作为提高企业核心竞争力的一项基础工作来抓，制定出台了《员工培训计划目标》、《自学成才奖励办法》、《优秀人才选拔管理办法》、《科技成果奖励实施办法》等。设立了首席员工奖，矿长特别奖，总工程师特别奖，突出贡献奖和合理化建议、小改小革奖等一系列科技奖励制度，在全集团公司形成了一整套促进人才培养的奖励激励机制。

——员工的生活质量大幅度提升

近年来同煤集团围绕建设"和谐美好、强势竞争、充满活力、殷实小康"新同煤的奋斗目标，重点实施了"五大"工程，着力提升员工的生活质量。

1.生态环保工程。全力打造花园式、园林化矿区。

2.惠民工程。2006 年同煤启动了历史上规模最大的采煤沉陷区和棚户区"两区"治理改造工程。

3.送温暖工程。2008 年向病亡矿工家属、矽肺人员和低保线的家庭发放各类慰问救济款近 2000 万元。为员工办理了大额医疗保险，成立了中国煤矿尘肺病治疗基金会定点医院，定期为员工进行职业健康体检，筹资 1231 万元组建的重特大病救助中心，为解决员工子女就业问题，同煤集团成立了青年就业指导中心，累计帮助近 2 万名待业青年外出就业，扶持 300 多名待业青年走上自主创业之路，解决了员工的后顾之忧。

4.快乐工程。大力推行快乐工作法，针对井下工作苦、脏、累、险的实际，同煤集团为井下员工添置生活设备设施，在井口建立了服务站，持续改善员工工作环境，开展了服务型机关，服务型文明窗口和学习欧学联精神的活动热潮，引导教育员工树立快乐的工作观念，教育员工树立豁达乐观的心态，用快乐方式克服工作中遇到的一切不快乐因素，在工作中享受快乐，在快乐中创造价值。

5.文化工程。2008 年以来先后举办了改革开放 30 年成就展，第四届群众文化艺术月、"光彩同煤"大型消夏灯会、"金秋欢歌"群众文化广场展演等一系列声势大、影响广的文化活动，促进了人与企业的和谐发展。2008 年同煤集团创出了发展速度最快、经营效果最好、员工得到实惠最多、整体工作成效最显著的崭新局面，煤炭产销量、销售收入、利润、安全、员工人均年收入等方面均创出历史最好水平。

近年来，同煤集团坚持"制度管企，文化管人"的企业管理思路，全面推进具有同煤特色的企业文化建设，企业的整体管理水平得到了进一步提升，员工行为养成有了明显提高，安全事故大幅度下降，企业环境面貌焕然一新，员工的大局意识、责任意识、奉献精神明显增强，开创了企业全面协调可持续发展的新局面。

推动科学发展　打造一流柳工

广西柳工集团有限公司党委

广西柳工集团有限公司（以下简称柳工）在第二批学习实践活动试点工作中，确定"推动科学发展，打造世界柳工"的鲜明主题，紧密联系当前复杂的经济形势，把解决企业的生存、发展、壮大问题，作为学习实践活动首要任务，取得明显成效。

一、开阔科学发展新视野，形成科学发展新共识

集团公司党委认真贯彻落实中央的决策部

署，把学习实践活动与应对国际金融危机、推动企业又好又快发展紧密结合起来，围绕“建设开放的国际化柳工”目标，运用科学发展观分析企业面临的形势，以科学发展观为指导，科学地分析目前的经济形势，进一步解放思想，开阔视野，把思想认识统一到中央的判断和决策上来，企业上下在积极应对金融危机，推动企业科学发展上形成了四个共识。

一是以深入学习实践科学发展观作为强大动力，增强危机感和责任感，进一步增强变挑战为机遇的信心和决心。

二是坚持“立足于好，着力于快”，推动柳工科学发展、跨越发展。以科学发展的理念正确处理好发展规模、增长速度与内在发展质量、企业综合效益的关系，把质量、效益放在发展的优先位置，“快”服从于“好”，好中求快，又好又快发展，进一步优化完善“发展大产业，打造产业集群”的企业发展战略，以工程机械为核心，积极整合资源，优化产品结构，完善延长产业链，培育发展新的产业平台，以发展大产业作为支撑，不断做大做强柳工。

三是坚持自主创新，增强企业核心竞争力，实现柳工可持续发展。进一步提升自主研发能力，加大自主创新步伐，以客户为导向，研发符合市场需求的节能环保产品，打造“绿色工程机械”，充分发挥自主创新品牌优势，提升企业核心竞争力，确保柳工在国内外市场竞争中立于不败之地。

四是坚持以人为本，统筹兼顾，着力建设“和谐柳工”，实现柳工全面协调发展。以科学发展新理念丰富企业文化内涵，树立企业与员工全面发展、共同发展的理念，塑造一支认同企业价值观，自觉投入到企业经营发展，有文化、有能力、有活力的员工队伍，为员工拓宽职业生涯发展渠道，创造宽松、和谐的工作环境和创业环境。着眼于广大员工和股东的根本利益，把生产、质量、营销、管理、资本运作等各项工作纳入柳工发展的全局中谋划，统筹好局部利益和整体利益、当前利益和长远利益，充分调动各方面的积极性。

二、突出实践特色，积极化“危”为“机”，保持企业平稳较快增长

面对金融危机的巨大冲击，集团公司认真分析形势，反复权衡利弊，把可持续发展问题放在首位，紧紧围绕打造世界级企业的目标，采取了积极的应对策略和措施。

加强财务管理，降低企业成本，实施人员优化。集团公司提出了加强资金管理、采取“一厂一指标”严格控制成本、适当下调整机产量减少库存、提升产品质量促进国内国际销售、加快开发绿色节能工程机械新产品开拓新市场、妥善解决产品采购的供货和价格问题等具体应对措施，有效控制制造成本及采购成本。紧紧抓住目前原材料价格下降的空间比较大的有利时机，尽快把采购产品价格调整到位。严格控制管理、销售费用，降低财务费用。同时，利用当前的难得时机，加强企业员工的培训管理，实行员工轮训；积极引进各种优秀技术人员、财务人员、国际营销人才，着眼于国际化和技术创新，大力吸纳同行业大批优秀人才，优化人员结构；面对当前金融危机的影响，深入基层了解员工思想、生活状况，增强共渡难关的信心，帮助解决实际困难。切实加强企业员工的思想政治工作，尤其是经济困难时期的心理干预，确保员工队伍的稳定。

调整营销策略，努力化解市场风险。通过加强与经销商的沟通，努力保持价格稳定，避免产品价格大起大落，树立销售商的信心，防止经销商的风险；加大信用销售额度，降低赊销比例，对授信经销商进行风险评估，减少经销商和公司收账风险；及时调整产品库存，特别是降低整机库存，盘活资金；积极开拓新兴市场，在开拓印度、加勒比地区等国外市场的基础上，加大中东等新兴市场的开拓力度；加大售后服务和配件保障工作力度，提高零部件的供给速度，建立良好的市场信誉等措施，遏止市场占有份额下滑趋势。

加大科技创新力度，提高企业核心竞争力。提升产品质量，加强质量控制管理水平，逐步建立与国际化相适应的质量管理体系和以质量成本为评价的质量业绩评价体系。加大力度研究开发节能技术，开发节能型产品满足市场需求，增强市场竞争力。继续完善“生产一代、研制一代、储备一代”的新产品研究开发模式，适应中央扩大内需的要求，加快产品的研发和制造。加快既适合我国广大农村特点又符合现代农业根本要求的农用工程机械的研发，开拓广阔的农村市场。

三、拓宽新思路，采取新举措，努力打造工程机械行业世界级企业

因势利导，趋利避害，调整企业发展战略。柳工坚持以科学发展观为指导，从做强、做大、做久柳工目的出发，主动调整集团公司未来发展的战略目标：以振兴民族工业为己任，立足自主创新，以装载机的绝对领先地位和战略性业务的快速崛起为战略重点，通过国际化、深度营销、技术创新和资本运作等举措，全力打造中国工程机械制造第一国际品牌，真正成为工程机械行业世界级企业。

抓住机遇，乘势而上，实施国际化战略。在学习实践活动中，提出了今后5年的发展目标。围绕这一目标，通过采取科学、有效的措施，促进企业资本运营、管理水平、生产经营、技术创新等的全面提升，建设“柳工国际工业园区”，加强宣传提高全球知名度，增强企业核心竞争力，提高柳工品牌价值。以工程机械为核心，积极整合资源，优化产品结构，完善产业链，培育发展新的产业平台。通过充分利用自主优势品牌，加快整合区内外机械行业有效资源，实现产业资源效益最大化。开阔视野，积极加快引进人才，打造管理平台和提高研发、资本运营能力。利用柳工先进的技术管理能力，加快集团各企业技术创新和产品升级。加强企业文化建设，塑造一支认同企业价值观，自觉投身企业经营发展，有文化、有能力的员工队伍。

落实整改，创新机制，增强发展动力。立足实际，制定了切实可行的整改落实方案。方案涵盖了影响和制约公司科学发展的重大事项、员工最关心意见最集中的事情、公司应对国际金融危机的主要措施、事关员工切身利益维护公司和谐稳定方面的突出问题，同时明确了整改落实目标、时限、措施以及责任分工，严格制度化，相应建立实行了问题公示制、目标承诺制、进度限期制、限时办结制、效果督查制、定期通报制、责任追究制等解决问题责任制度，并且广泛开展“科学发展承诺行”活动，围绕促进公司科学发展，向党员、员工公开承诺落实整改。在此基础上，柳工领导班子率先垂范，带头整改落实，实行领导包案、网上督办、项目推进，求真务实地抓整改、办实事，把整改方案落到实处。

探索党组织促进企业科学发展的途径

杨海贵

发挥国有企业党组织在深化企业改革、实现科学发展中的作用，需要探索符合科学发展观要求、切合企业实际的具体途径。近年来，太原钢铁(集团)有限公司(以下简称太钢)党委按照科学发展观要求，围绕企业发展战略，不断加强和改进企业党建工作，提出实现“三个转化”，即：把党的组织资源转化为企业的发展资源，把党的组织优势转化为企业的发展优势，把党的

组织活力转化为企业的发展活力，为国有企业党组织促进企业又好又快发展作了有益的尝试。

一、“三个转化”是国有企业党组织促进企业科学发展的内在要求

国有企业党组织实现“三个转化”，是促进企业坚定科学发展理念、明确科学发展思路的需要。科学发展观是指导发展的世界观和方法论的集中体现。国有企业在改革发展实践中贯彻落实科学发展观，是一个转变发展理念的过程，是在涉及企业发展根本性、方向性和长远性的重大战略问题上提高认识、明确思路的过程。在这一过程中，要把全体员工的思想统一到科学发展的目标上，把各方面的力量凝聚到贯彻科学发展观的实践中，就需要通过“三个转化”，发挥党组织的政治、思想、组织资源优势，发挥广大党员的先锋模范作用，使企业上下在企业要不要发展、怎么发展、靠谁发展等关系企业命运和职工利益的问题上统一思想，在经济、社会效益一致，公平、效率统一，物质、精神文明共建，生产与环境共赢等发展理念上形成共识，为企业又好又快发展提供思想认识基础和目标导向。

国有企业党组织实现“三个转化”，是促进企业不断深化改革、提升竞争实力的需要。发展是国有企业贯彻落实科学发展观的主题，提升竞争力是国有企业科学发展的集中体现。在企业核心竞争力中，知识技能、组织管理和价值理念这三个要素，国有企业党组织都有着丰富的资源和优势。从知识技能看，企业党员队伍政治素质高，是各个岗位的优秀人才，有很强的生产创新能力和示范带动作用，是企业改革发展创新最重要的人力资源；从组织管理看，党组织具有很强的组织动员能力、严格的纪律保障能力和畅通的沟通协调渠道，对企业的生产经营活动和社会责任能够提供坚强的政治和组织保障；从价值理念看，党员队伍有坚定的理想信念和正确的价值取向，党组织有强大的思想政治教育功能，对企业文化的形成、传播，对企业员工价值理念的塑造发挥着非常重要的作用。可见，实现“三个转化”，是把党组织的这些优势转化成企业优势，促进企业发展创新、提升竞争实力的必然要求。

国有企业党组织实现“三个转化”，是促进企业以人为本、推进企业全面协调可持续发展的需要。以人为本是科学发展观的核心。推进企业科学发展，要求国有企业必须在生产经营业绩不断提高的同时，确定人的发展与企业发展共进共赢的基本目标，更加重视人的行为激励，更加凸现人在企业中的作用。“三个转化”体现了国有企业党组织对企业发展中人的作用，特别是科技人员作用认识的提升，它把企业发展中最根本、最活跃的因素——“人”，视为组织资源的重要成分，视为发挥组织优势的主体力量，视为组织活力体现最集中的要素，通过企业党组织的工作，产生企业人力资源的“集聚”、“放大”、“提升”效应：一方面，通过企业党组织尊重人、了解人、关心人，达到凝聚人、激励人、提高人的目的，推进企业职工在企业中作用和地位的提升，使党组织促进企业发展的功能更加放大；另一方面，党员在企业中是优秀的人力资源，他们不仅立足岗位积极奉献，而且以自身实际行动起着引导示范作用，带来连锁效应和辐射效应，把党员自觉实践科学发展观的行为，积聚为企业又好又快发展的实践。可以说，“三个转化”既是科学发展观在国有企业党建实践中的产物，又是国有企业党的建设成效在企业生产经营管理中的体现。

国有企业党组织实现“三个转化”，是促进企业坚持正确方向、妥善协调多重关系的需要。一方面，随着国有企业改革的不断深入，法人治理结构逐步形成，国有企业党组织既不能像过去那样对企业包办一切，又不能游离于企业管理之外，无所作为。在这样的条件下，国有企业党组织发挥政治核心作用的可行途径，就是按照“三个转化”的思路，通过有效的制度和活动载体，将党的组织优势、资源和活力融入到企业

的改革发展和生产经营管理之中，形成合力，促进发展，保证正确方向。另一方面，伴随国有企业改组改制的实践，单一产权结构的财产组织形式发生了根本性变化，原有的国家、集体、职工三者利益关系转变成股东、经营层和职工三者的利益关系。这在社会思潮多样化、职工利益多元化的情况下，往往容易形成多重利益关系、引发更为复杂的问题与矛盾。实现“三个转化”，企业党组织无论从自身领导、组织的资源和活力的配置上，还是从其动员、活动方式和思想政治工作的优势上，都决定了其在维护稳定、协调关系、化解矛盾、促进和谐方面有着不可替代的作用。

二、“三个转化”为国有企业党组织促进企业科学发展提供了具体的实现途径

近年来，太钢党委和各级党组织按照科学发展观要求，紧紧围绕企业战略目标和改革发展中心任务，在“三个转化”方面进行了积极有益的探索。

首先，根据国有企业的特点，将企业党组织的资源要素与企业生产经营管理的各种要素进行了有效的整合。在发展目标上，明确了把太钢建成具有国际竞争力的大企业集团的战略目标；在思想上，要求党员领导干部和所有的党员都必须在加强党的理论学习的同时，努力学习钻研企业管理、技术等方面知识，不断提高自身的综合素质；在原则上，坚持重大事项党政集体决策，决策后党政团结一致，共同组织落实；在结构上，党政业务相近的部门合署办公，资源共享，提高效率；在成员上，基层单位领导普遍实行了“一肩挑”，使责任主体更加明确，大大提高了领导班子的凝聚力和战斗力。

其次，将党组织的优势与企业的改革发展、生产经营中心任务有机结合。一是形成了引领优势。企业中的管理人员、专业技术人员以及操作岗位上的骨干大多数是党员。广大党员在贯彻执行党的路线方针政策、推动企业各项任务的落实等方面充分发挥示范和引领作用。二是形成了激励优势。企业党组织不仅是政治队伍，也是经营管理活动中的生力军。党组织开展的各项活动为发挥党员先锋模范作用提供了展示的平台，能较好地调动了广大党员的工作积极性。三是形成了人际关系上的融洽优势。党组织依靠严明的纪律、优良的作风以及善于做思想工作的党员干部，在处理和化解矛盾、维护企业稳定、保持队伍团结方面发挥了重要作用。四是形成了协调优势。企业各级党组织坚持民主集中制原则，在企业的决策、执行、监督等方面全程参与，有效提高了企业组织运行的质量和效率。此外，企业党组织还可以通过对工青妇等群众团体的领导和指导，更好地协调各组织的工作，形成企业内部的整体合力。

第三，把改革创新作为加强党建工作的动力，积极运用现代企业管理的方法创新党建工作，通过党建工作创新推动企业发展。太钢党委以改革创新精神谋划企业党建工作，形成了一系列行之有效的具体做法。如：为了全面提高党员素质，使广大党员更好地发挥先锋模范作用，提出了建设“高好精优”（政治觉悟高、思想品德好、岗位技能精、工作业绩优）党员队伍的目标与考核体系；为了激励党员干部为企业发展出谋划策，利用企业管理中的要素分析法，对党员的素质状况进行描述分析，使每一名党员明确自身的差距和不足，然后有针对性地制定素质提升计划，并加以落实。党委还在党政业务相近部门合署办公、基层单位党政一把手职务“一肩挑”等方面实行了明确的制度规定。党建工作的这些创新不断地转化到企业的生产经营当中，成为推动企业发展、提高企业综合竞争能力的内在动力。2007 年太钢的工艺装备跨入国际先进行列，成为全球产能最大、工艺技术装备最先进的不锈钢企业，当年产钢 929 万吨，实现营业收入 1003 亿元，实现利税 96 亿元。

三、通过"三个转化"促进国有企业科学发展的体会

一是推进国有企业科学发展，为发挥党组织在国有企业中的作用提供了宽广的舞台。按照科学发展观要求推进国有企业的新发展，是国有企业面临的新课题，也是国有企业党组织面临的新课题。在大量出现的新情况、新问题面前，深入研究、勇于探索，就能够化挑战为机遇，更好地发挥党组织在国有企业改革发展中的作用。反之，党的组织就难有作为。孰进孰退，关键在于何思何为。太钢各级党组织推动"三个转化"的实践表明，在贯彻落实科学发展观的实践中，国有企业党组织大有可为。

二是积极探索国有企业党组织促进企业科学发展的实现途径，是国有企业党组织贯彻落实科学发展观必须研究、探索的现实课题。国有企业党组织发挥促进企业科学发展的作用，不是自然而然的过程，也非靠标语、口号所能。国有企业党组织是党执政的重要力量，在贯彻落实科学发展观的实践中担负着十分重要的责任。如何把科学发展观的要求转化为企业发展进步的实践，如何在以时代发展要求审视、把握企业发展战略过程中谋划党组织的发展，如何强化国有企业党组织围绕企业中心工作中的作用，如何使科学发展观通过党组织的工作和党员行为体现于企业发展各个方面等，既是亟须作出回答的重要课题，又必须通过具体的实现途径与方式才能有效破解。面对国有企业党组织促进企业科学发展的时代课题，只有积极探索可行的途径和方式，才能获得完满的答案。

三是不断提高国有企业党组织和党员干部贯彻落实科学发展观的能力，对更好地发挥国有企业党组织在促进企业科学发展中的作用尤为重要。贯彻落实科学发展观的新形势，对企业党组织的能力建设提出了新要求。按照党的十七大"使党的工作和党的建设更加符合科学发展观的要求"，分析国有企业的实际情况可以看出，经过多年的努力，企业党组织与党员干部对企业发展的理念和素养有了明显提高，但与科学发展观要求相比，仍然存在差距。怎样把国有企业党组织的领导班子建设成为坚定贯彻党的路线方针政策、善于领导科学发展的坚强领导集体，使党员、干部成为科学发展观的忠实执行者，仍然是需要下气力解决的现实问题。要通过增强能力建设意识，明确能力建设重点，细化能力建设标准，完善能力管理体系，提高党组织和党员干部引领和服务科学发展的能力，推动国有企业党组织工作的新发展。

四是要不断总结经验，逐步把握国有企业党组织促进企业科学发展的客观规律。太钢各级党组织推动"三个转化"的实践，收到了一定的成效，但如何使"三个转化"成为党组织和党员干部的自觉行动，如何从实践活动中总结带有规律性的认识等，需要认识与实践的长期努力。只有保持这样的认识，国有企业党组织促进企业科学发展实现途径的探索才能不断深入，并取得成效。

（作者：太原钢铁〈集团〉有限公司党委书记）

改进和创新国有企业党建工作的探索与思考

张文学

开滦集团是特大型国有煤炭企业，现有职工 8.2 万人，党员 22711 名，下属基层党委 33

个、党总支107个、党支部985个。如何更好发挥党组织的政治核心、战斗堡垒作用和党员的先锋模范作用，为国有企业又好又快发展提供坚强的政治保证，是我们在新形势下加强和改进国有企业党建工作面临的重大任务。

现代企业制度下国有企业党建工作贯彻落实科学发展观的新要求

开滦集团党组织围绕现代企业制度下国有企业党建工作贯彻落实科学发展观的新要求，从五个方面加强党建工作：

从调整生产关系和发展生产力的高度，引导和推动各项改革。开滦集团始建于1878年，已有130多年的历史。1999年，开滦矿务局改制为开滦集团有限责任公司，组成以煤为主、多业并举的企业集团。面对调整转型的新形势新任务，党组织紧紧围绕体现先进生产关系、体现先进生产力发展要求的重大改革，发挥保证促进作用，从思想上组织上机制上保证各项改革落实到位。

提高职工队伍的整体素质，充分调动和发挥职工的积极性主动性创造性。建设具有现代素质的领导班子和职工队伍，是现代企业制度得以运转的重要组织基础。党组织按照科学发展的要求，研究加强队伍建设的新渠道、新内容、新方法，以新的视野、新的思路设计党的活动内容和活动形式，既继承党的优良工作传统，又勇于改进创新，使党的活动体现与时俱进的时代精神。

不断推进企业科技进步，为实现科技强企创造良好的思想环境和保证机制。党组织加强宣传教育，引导职工树立科学技术是第一生产力的思想观念，增强科技创新意识；大力营造尊重知识、尊重科学、爱护人才的浓厚氛围，充分发挥各类人才的聪明才智；组织发动党员围绕科技进步开展活动，在技术创新方面发挥先锋模范作用。同时，注意吸收科技人才入党，改善党的组织结构，使党组织和党员的战斗力体现在推动科技进步上。

大力推进企业思想文化建设，为企业发展提供精神动力和智力支持。党组织加强思想政治教育，引导职工树立正确的价值观，坚定搞好企业的信心；加强企业文化建设，树立现代经营理念，增强竞争意识、创新意识、发展意识、法制意识；开展丰富多彩的文体活动，形成奋发向上的思想舆论氛围；努力拓宽思想文化建设领域，积极探索新的载体，拓展企业思想文化建设阵地。

从现代企业制度的实际出发，把推动企业改革发展与维护职工群众利益统一起来。党组织坚持以人为本，以新的视角研究探索新课题，以切实可行的措施维护职工群众的根本利益。完善企业权力运行制衡机制、薪酬激励和约束机制，完善企业领导人员经济责任审计，加强对重大投资项目审计，推进权力运行程序化和公开透明。凡涉及职工群众切身利益的重大事项都向职工群众公开，接受职工群众监督。

积极研究、探索建立与现代企业制度接轨的党的工作运行机制

开滦集团把建设高素质经营管理者队伍、人才队伍、职工队伍和增强国有经济活力、控制力、影响力贯穿于企业党组织活动始终，保证党组织参与决策、带头执行、有效监督，发挥政治核心作用。集团党委提出了“开放、融入、转变”的党建工作新思路，即党的建设要实现民主、开放；要融于经济管理体制、经济运行机制和生产管理全过程；党的活动内容、范围和方式要实现转变。

建立党组织参与重大问题决策工作机制，把党组织参与重大问题决策同支持法人治理结构依法行使职权统一起来。集团制定了《关于加强和改进国有相对控股企业党建工作的意见》，以明确权责为重点，建立健全党对国有企业领导的体制机制。对党组织参与重大问题决策，从基本原则、组织体系、主要内容和主要途径等方面，提出了明确要求，在党组织参与重大问题决策以及落实党管干部、党管人才原则方

面积极探索创新。党委在董事会进行重大问题决策前，对班子成员进行思想引导，帮助大家转变观念，开阔思路，为正确决策打好思想基础；党委在向董事会提出建议意见前，开展深入细致的调查研究，提出切实可行的意见建议；在董事会形成决议后，党委主动拿出保证实施决策的措施，推动工作向纵深发展。

建立对各级管理人员的教育、选拔、培训、考核、监督机制，坚持党管干部原则。在企业坚持党管干部原则，很重要的是要推动人事制度改革。搞好人事制度改革，必须改进原有的方式方法，尤其是在人事管理机制上有所突破和创新。比如，在人事工作的着眼点上，集团在注重干部使用的同时，加强人才资源开发和优化配置，使人才配置适应企业调整产业产品结构和资产重组的需要；在干部的选拔使用上，既实行组织调配，又扩大民主推荐和公开招聘的范围，平等竞争、双向选择；在干部的管理上，由身份管理转变为岗位管理，按聘任合同办事，形成干部能进能出、能上能下的激励机制。

围绕充分发挥党组织政治核心、战斗堡垒作用和党员先锋模范作用，创建国有企业党建工作新模式。2008 年以来，集团自主研发了党建创新现代管控系统。该系统以党的工作系统化建设为基础，以信息化网络管理平台为手段，按照“职责清晰、途径明确、制度健全、考评科学”原则，将党的工作分为工作职责、途径程序、考核评价三大系统，每个大系统下设三个子系统，实现了党的工作规范化、精细化和科学化。集团依托覆盖全矿区的局域网，建立党建工作网站，将全集团实施党的工作系统化建设情况，置于一个网络平台之中，集中进行管理和交流，实现了全面覆盖、全程控制、双向互动、考评科学和操作便捷等效能，增强了党建工作的时代性和实效性。

开滦集团党建工作取得的成效，有力引导和促进了企业科学发展。各级党组织围绕中心、服务大局、发挥作用，为实现集团战略目标提供坚强的思想引领、组织保证和队伍支撑。各级党组织和广大党员在思想观念、思维模式、推进措施和业绩水平等方面发生可喜变化，通过多种形式的创优争先活动，各级党组织的凝聚力和战斗力显著提升。各级领导人员转变作风，提高素质，紧紧围绕集团战略目标解放思想、积极进取、扎实工作、甘于奉献，形成了各级班子团结一心、拼搏进取、风清气正的创业氛围。广大职工精神面貌、工作状态焕然一新，尤其在应对国际金融危机的战斗中，大家思想统一、步调一致，坚定了信心，增强了斗志，彰显了新时期开滦集团职工良好的精神风貌。经过集团上下的努力，百年开滦成功地踏上了调整转型之路，呈现出勃勃生机。

（作者：开滦集团有限责任公司党委书记、董事长）

选拔企业干部“四唯”现象浅议

朱文蒿

改革开放以来，我国按“四化”的标准选拔干部，使一大批德才兼备、学有专长的人才不断充实到各级领导岗位，促进了各项事业的发展，这是应该肯定的。但我们应该清醒地看到，随着市场经济的深入发展，我们在选拔使用干部方面将干部“四化”标准逐步演变到“四唯”，即唯文凭、唯选票、唯年龄、唯职称，又大大缩小了各类干部成长和使用的空间，这对于调动一切积极因素竭诚为社会主义事业服务产生了十分明显的负面影响，为各个层次和各类干部的成长、选拔、使用，人为地设置了障碍，成为干部队伍建设的一道“硬伤”。这不得不引起我们的深思和反思。

一曰唯文凭论。自上世纪80年代以来，文凭成为选拔干部和使用干部的“硬杠杠”，文凭几乎成为人才和知识的同义词，成为与学识和能力等价的筹码。一时间，文凭持有者成为各行各业、各地各级的“香饽饽”，格外令人垂青。唯文凭是举，唯文凭是用，唯文凭而升，唯文凭而贵的现象曾十分突出，且有越来越强化和固化之势，令人深思。笔者并非指责在选拔和使用干部时对学历和文化知识的基本要求。但需要指出的是，不分工作性质、任务、行业特点，一概要求企业干部具有大专、大学以上学历的人才能选拔使用，这就难免将具有真才实学，会经营、懂管理的人拒之门外。殊不知，任何具有高学历、高知识、高深理论、高精尖技术的人才，都有个适用范围和发挥作用的条件和对象的问题。自然界中的小鸟有高翔云天的本领却不能到江河游泳，鱼儿连上岸的功夫都没有却可以畅游大海。对企业干部的选拔，应根据工作性质、工作任务、特点，提出相应的条件要求，区别对待，这样才有利于各类干部的选拔和成长。舍此，片面强调文凭，重学历、资历，轻视具有真才实学和实际工作能力而无文凭者，是教条的。就企业而言，其选拔干部的基本条件应是：具有高度的敬业精神，较强的组织能力、协调能力、综合分析能力和掌握市场信息能力，追求企业效益最大化和最佳化的能力，而不是硬性规定的大专、大学学历。而这些能力的养成，需要时间和过程，构成因素很多，决非一张文凭了得。选拔企业干部，是为企业选管理者、经营者，而不是选学者、选幕僚。如果按现行企业选拔干部的硬杠杠比照，海尔的张瑞敏就不能当董事局主席，比尔·盖茨大学未毕业而弃学，也只能自谋职业摆地摊去。

二曰唯选票论。崇尚形式上的民主，是近年来特别是近期选拔干部的又一硬杠杠。选票能够反映民意，但未必就能真实客观地反映民意，选拔干部走形式上的民主，已经失去了公信力。民主应该成为选拔干部的机制。民主应该是自下而上的自觉行为，而并非人为设置的自上而下的民主。企业是被“定格”的社会生活群体，成员长期聚居且相对固定，交流和流动较少，各种利益关系错综复杂，地域群体意识也是显而易见的，这在一些领导干部任职时间过长的企业尤其突出。民主投票选拔企业领导干部，虽然能反映一些民意，但不等于能真实地、客观地反映民意，反映一个干部的全貌。票高不等于德高、才高、能力强。至于领导招呼、示意、助选、投票者在参加投票前的动员会的明确动员等活动，已经使民主推荐变为一种形式的民主。唯票是举导致的结果只能是另一种贿选的方式罢了。也将使一些有能力无实力（无财力）、或敢于坚持真理、不怕得罪人、个性突出的人才被淹没。笔者认为：选拔企业领导干部，首先应该重实绩、能力，通过对个人品质和工作业绩的考察和考核，在征询群众意见的基础上，上级党委讨论决定。由此笔者想到：成克杰、胡长青等人他们在出事前的选票优秀率都很高，这能说明什么问题？

三曰唯年龄论。干部队伍年轻化，是我国改革开放以来干部队伍建设的基本走向，是邓小平同志在改革开放之初针对文革10年动乱后我国干部队伍整体老化的现状提出来的。当我们在实践中把干部年轻化绝对化、把年轻化等同于低龄化、把年轻化固化，这已经成为干部队伍建设的又一道硬伤，企业尤其如此，企业干部的选拔使用，完全比照政府行为，片面强调年龄，很不利于企业家队伍的形成。实际上，企业干部担负的是对企业的管理和营运，并非干的扛包拉车之类的活，45、50岁正当盛年完全能够胜任。选拔使用时应根据德、才、绩、能，适当放宽年龄，避免人力资源的浪费。我们既要大胆选拔使用优秀的年轻干部，又不要忽视大器晚成者。合理的做法应是构成老、中、青相结合的“梯型”的企业干部群体，这样有利于企业家队伍的形成，这是企业希望之所在。

四曰唯职称论。职称在一定的程度上反映一个人的专业技术水平，但不是绝对的。根据现行的职评规则，与其说评技术，不如说是评资历，这就很难从一个人的职称上来证明一个人的真实技能水平。选拔企业领导干部，根据其担负的工作任务、工作性质和所需专业知识，对其提出必备和相关的专业知识和技术职称要求，这无可厚非。但片面要求一个企业管理者具备某种职称，忽视实际工作能力的做法是不可取的。殊不知，职称同文凭一样，并不一定能体现一个企业管理者的实际能力。现实中，不会修机械的机械师，不会写工作报告的政工师，不会分析企业经营状况和经济运行的经济师，治不了牲畜病的畜牧兽医师，授不了课的高级教师，不懂生产的农艺师等等并非个案。因此，就农垦企业的实际情况及其技术层面而言，选拔干部应该唯才是举，唯才是用，坚持实事求是的态度，跳出“四唯”论的框框，树立正确的人才观，克服按部就班选人才，既要选好人，更要选能人，把那些具有经营管理能力和实际工作经验、作风正派、为民服务的同志选拔到企业领导岗位上来，这才是振兴农垦希望之所在。

（作者单位：海南省国营新星农场）

建设企业文化的几个重大课题

张保振

一

企业文化抓什么？就企业领导者来说，主要是抓企业价值观的熏陶。

企业文化，表层为“物”（器物），中层为“制”（制度），里层为“魂”（灵魂）。企业文化的灵魂是价值观。价值观决定着企业的制度设计、机构设置与机制配套。毫无疑问，价值观虽看似“无形”，却支配着“有形”之物；看似软绵绵，却能驱使着硬如钢的东西。可以毫不夸张地说，价值观虽算不上是现实的生产力，却牵引着现实的生产力向什么方向发展；虽称不上是战场上的旗手，却驱使着企业是走向小道或大道、甚至是死路或是坦途。所以，抓企业文化，不能不把价值观放在首位。

把价值观放在首位，不是靠空讲，而是靠领头人“领”出来，带头人“带”出来。这一“领”一“带”，就叫熏陶。

这就需要：企业领导者要明确提出本企业的价值目标，并加以阐述；企业领导者要在行动上而不是口头上身体力行，用率先垂范的模范行为来实践这种价值观；企业领导者要通过建立健全各项规章制度、行为准则、岗位说明书、工作或工艺标准及纪律等来保证这种价值观；企业领导者要通过典型案例、树立英模、表彰先进来维护和强化这种价值观。

马克思曾经说过：“人们的存在就是他们的现实生活过程。”可以说，只有企业现实生活本身，才能规范、引领、造就企业价值观的真正“落地”、稳健“生根”。而这，就需要熏陶、熏陶、再熏陶。

二

企业文化抓什么？就企业管理者来说，重要的是抓企业行为规范的考核。

人总是有惰性的。企业依据价值观制定出

的员工行为规范及各项管理制度，只靠倡导不行，必须加以考核。实践一而再、再而三地诉说着这样一个简单的道理：在现阶段，人们的行为往往不是你提倡什么他就重视什么，而是你考核什么他才重视什么，才会想办法干好什么。所以，考核不仅重要，而且必要。没有考核，企业的行为规范很可能变为一纸空文，或者变成悬挂在空中的布条气球，只有宣传造势之功，没有实际效果之绩。

考核就要科学。科学就要能量化的尽量用数字来说话，不能量化的尽量用标准来对照。在考核问题上，“大概”、“差不多”、“基本可以”、“原则上说得过去”这种粗放式的做法，对一种好的作风形成、好的习惯养成、好的行为大都是有害无利的。因而，也是需要力避并加以克服的。

考核还需要与落实薪酬挂钩。企业虽然以经济指标为主，但经济指标并不是企业的全部。这种理念体现在薪酬分配上，也应使能否落实好企业行为规范在薪酬分配的百分比上占有一定的比例。

考核是“风向仪”。对员工行为规范和企业各项管理制度的执行情况进行长期而有效的考核，能使一种行为成为自觉、变为习惯、形成风气，从而使员工由“要我这样干”变为“我要这样干”。而这，也正是企业文化的主要工作内容。

三

企业文化抓什么？就企业专职文化工作者或管理者来说，要紧的是抓企业传统的提升、企业精神的张扬。

一个企业总有自己的传统。对传统，要敬畏：一是不能丢掉，二是需要提升。毫无疑问，一个企业只靠传统没前途，但丢掉传统无希望。这就如同一句西谚所讲：“如果牢记过去，你会失去一只眼睛；如果忘掉过去，你会失去两只眼睛。”

企业不丢掉传统仅是底线。重要的是挖掘传统、发现传统，进而发明现代，回答当下企业经营中的难题，解决当下员工生活中的困惑，而非当“考古学家”，更没有必要把企业涂上一层铜绿成文物，穿上一件唐装显强盛。

企业挖掘传统、发现传统、发明现代，就是要使企业的精神得到进一步的张扬。不可否认，一个企业长期形成的企业精神是这个企业最可宝贵的精神财富，是这个企业的软文化、硬作风。特别在困难时期、转折关头，最能起到凝聚人心的作用，最能调动起广大员工的积极性、奉献性与创造性。这就如同大庆油田的“三老四严”、“四个一样”，上海烟草的“一丝不苟、支支一流”一样，是企业做大、做强、做久的精神“地心”、不变“太阳”。

一句话，抓企业文化的发展、变化，是企业专职文化工作者或管理者永恒的课题。毕竟，企业有无活力看变化。而变化，也包括企业文化的变化。因为，只有企业文化才具有引导性和超越性，使企业能穿越时空地域，享有美誉引力。

四

企业文化看什么？就表层的直观来说，企业文化要看“物”。

毫无疑问，这个物，不是自然之物，而是“人化”之物。这就如《史记·乐书》所言：“人心之动，物使之然也。”企业文化靠“文”而“化”，但说到底，主语是人，文化的“化”实为“人化”。

“人化”的实质是思想物品化、观念有形化。“人化”之物，就是将外境人格化，按人的思想、愿望、品位去营造环境、打造产品、创造氛围。

“人化”之物，首推厂容厂貌。这是进入企业大门第一个映入人们眼帘的环境文化。

“人化”之物，次推技术装备。这是进入企业生产现场“嵌入”人们脑海的装备文化。

“人化”之物，继推产品造型、产品质量、商标外观、包装广告等。这是在生产环境看到的产品文化。

当然，“人化”之物在企业的博物馆、荣誉室等地方看到的则是企业文化催生出的各种诸如行业产品金牌、地域效益冠军、社会获奖证书等荣誉文化。

可以说，环境文化、装备文化、产品文化、荣誉文化，统称企业的物质文化，也可以说是企业的“硬文化”。看企业文化，离不开、也不能离开这一“硬”。否则，企业就不成其为企业了。

五

企业文化看什么？就深层的观察来说，企业文化要看“人”。

毫无疑问，企业是人的企业。离开了人，企业也就不存在了。企业文化之“化”靠“人化”，更要去“化人”。

“化人”实为“变人”。化就是变。通过体制机制设置、规章制度建立健全、约束激励并存等，使人不仅由“要我干”变为“我要干”，而且由“要我这样干”变为“我要这样干”。

“化人”也为“生人”。化也是生。古人明确无误地讲：“化犹生也”，并说“鼓之以雷霆，奋之以风雨，动之以四时，暖之以日月，而百化兴焉”。应该看到，在企业中，知识是重要的，但员工的智力比知识重要；素质比智力更重要；更重要的是，员工的素质又不如觉悟重要。觉悟是一种醒悟，是一种自觉。这种醒悟与自觉，最主要的是表现在有无“三心”上：

一是有无责任心。这种责任心既是宽泛的，又是具体的。譬如，在家，要对家庭负责，孝敬父母、关爱儿女、尊重配偶，追求家庭和睦；在企，要对企业负责，遵守企规企纪，积极献言献策，搞好同事关系，追求企业一流；在外，要对社会负责，遵守社会公德，遵守法律法规，爱护公共物品，追求社会和谐。

二是有无事业心。这种事业心就是要在一个岗位就爱一个岗位，做一件事情就去做好、做优，不三心二意，不见异思迁，不畏惧困难，力求像张思德那样全心全意干事，像白求恩那样精益求精做事，像愚公那样排除万难理事。

三是有无道德心。道德心体现在多方面，但最关紧的是对人的态度。要同情人，在别人痛苦时收起笑容；要关心人，在别人失意时施以问候；要帮助人，在别人遇难时伸出一把手。无论干什么事情，都不可有只想自己赢而让别人输、甚至自己活得痛快而让别人去死的魔鬼思维；相反，应换成自己美丽也让别人漂亮、自己能飞也欢迎别人长翅膀的天使思维。

一句话，企业文化看“人”，就是看通过企业文化之“化”后人的表现、人的能力、人的素质及反映在企业精神面貌、道德风尚、行为习惯和技术管理、品牌形象、竞争实力上的水平与能力。

六

企业文化靠什么？从时空上讲，企业文化靠一以贯之、坚持不懈。

企业文化的功能在于“以柔远”。柔远的事业急不得。因而，必须在原有的基础上，不断实践，不断发现；不断容纳，不断发明；不断添新，不断提高。这就要从企业核心价值观出发，认准一个目标，不止步，不摇摆，不折腾，永续前进。朱熹在《朱子语类·论语》中说得好：“圣人之所以圣，却不在博学多识，而在一以贯之。”可以说，只要一以贯之，坚持不懈，铁棒能磨成针，铁树能绽放花，企业文化能让企业常青不退、员工幸福提升。

企业文化靠坚持，坚持过程在发展。特别是随着“地球村”的形成、“市场圈”的扩大，企业本身也在变：由小到大、由一地经营到跨区跨国经营；企业员工的面貌也在变：由一种语言或方言到多种语言或方言、由一种肤色和习惯到多种肤色和习惯，这就需要在坚持中整合，在整合中坚持，从而使企业集团这个大家庭中的每个员工都能形成大体一致的价值观，并在这个价值观内规范每个员工的行为准则，从而使企业成为一个协调统一、充满活力、富有效率的有机整体。

企业文化靠坚持，坚持发展不僵化。面对多变的市场，企业集团下面不同的子企业，只要在同一的价值观指导下，完全可以根据自己的工作任务、地理环境形成母文化下面的小百花文化。企业内的小百花文化有助于员工积极性的发挥，有助于市场的有效反映，有助于对效益的快速提高。

有言道："成事之人不易事，见事之人不多事。"相信只要向着企业文化的既定目标一路走下去，一定会人变精神企换容的。

（作者：国家烟草专卖局副局长）

国有企业的三个矛盾及化解

滕　刚

国有企业发展中存在的矛盾大体上可以分为两种：所有者和经营者之间的矛盾（即国家与企业之间的矛盾）和企业内部的矛盾。这里要和大家探讨的是企业内部的矛盾及其处理方法。

一、当前国有企业的内部矛盾及其主要表现

从宏观层面来看，国有企业在发展中出现的深层次矛盾表现在两个方面：一是企业职工知识技能、竞争意识和创新意识偏低与生产科技化程度逐步提高不相适应。二是企业落后的管理方式、生产方式与建立现代企业制度的要求不相适应。

从微观层面来看，国有企业凸现的内部矛盾主要表现在三个方面。

（一）收入分配中存在的矛盾

按照市场经济运行法则，收入分配就是要拉开档次、拉大距离，才能调动职工的积极性和创造性。这个差距有一个标高和尺度，把握不好，就容易出现分配不公现象，激化矛盾。

国有企业中较为普遍的分配不公现象有以下几种：(1)工资单元划分过细，平均有余，弹性不足。(2)工资结构中"活"的部分比重小，工资的激励作用难以发挥。首先是无法体现同岗位不同绩效的差异；其次是无法体现复合型人才的价值；再次是无法激励岗位职能创新。(3)岗位工资标准过低、级差小，工资的导向作用难以体现。岗位之间的差距小，使得责任大、贡献大的关键岗位不能多得，这样不利于关键岗位人才的稳定。(4)职工技能工资未能与职工实际技术等级挂钩，导致职工学技术、钻研业务的积极性不高，出现"高工乐于看大门"的现象。

（二）人才选拔中存在的矛盾

不少企业用人渠道不畅，经常发生各种矛盾，主要的表现形式有：(1)过分地使用"亲者"。管理岗位、关键岗位都是"自家人"，唯恐"肥水流入他人田"，即使招引人才也只让其从事一些一般性工作。多数企业发展到一定程度，仍然打不破"近亲繁殖"的陈规。(2)过分地追求高学历、年轻化。把文凭、年龄作为硬的杠杠，不论你能力多强、素质多高，只要你没有文凭、年龄稍大一些，便"封死"你的"前程"。(3)过分地考虑定员减人。企业进行改革、改制，为了完成上级要求和减人计划，采取剥离、下岗、协解、置换、内退等多种方式。(4)过分地考虑结果公平，忽视过程公平。企业在实施分配制度与市场价位接轨工作中，只认可现在的岗位，不论你是否适合这个岗位。在结果上是体现了市场价位要求，但却忽略了过程公平的原则，没有从岗位竞争、绩效考核、分配兑现这一过程出发，造成企业干群关系对立，工作效率低下。

（三）企业管理中存在的矛盾

客观来看，国有企业中大多数不公现象是

由管理者管理不善、管理失误和工作作风不扎实造成的。从企业管理者的“政绩”考核标准来看，显性政绩考核多，隐性政绩考核少；班子集体考核多，班子成员约束少；定性考核多，定量考核少；注重数据报表多，采纳职工评价少；上级对下级表扬多，提出改进意见少。从管理者的工作方法上看，有相当一部分管理者工作方法简单，不愿做深入细致的调查研究，不愿正视矛盾，有意回避矛盾。从管理者的工作作风上看，一些管理者工作经常出错，而且不注意场合，空话、大话、套话比较多；利用手中的权力私事公办、公事私办、公车私用、公款旅游吃喝，利用自己的身份摆官架子、排斥异己，等等。

二、正确化解企业内部矛盾，构建和谐国有企业

（一）加快企业发展，为化解矛盾夯实物质基础

任何人都离不开一定的物质基础，物质利益是本源性矛盾，贫困是社会不和谐的根本原因。党的十六大明确指出：“能不能解决好发展问题，直接关系到人心的向背、事业的兴衰。”因此，解决矛盾最根本的还是要加快企业发展，让职工得到应有的物质利益，夯实化解矛盾的物质基础。

（二）深化国企改革，为构建和谐企业注入强大活力

1.进一步完善国有企业的股东大会。我国《公司法》规定，股东大会是企业最高权力机构，但是在实践中，由于各种因素影响，股东大会大多只具有“最高权力机构”之名，并无其实。完善企业的股东大会，应做到以下几点：(1)国家与公司企业的关系必须真正理顺。(2)原主管机构的职能应尽快转变，对公司行政干预应终止。(3)国家须尽快培养大批精通公司事务的投资管理人才，派遣到公司以股东代表人身份参与公司股东大会活动，行使股东权利，维护国家投资权益。

2.建立规范的董事会制度。我国《公司法》规定了公司董事的素质、责任和义务，但未对其资格作明确的规定，因此，形形色色的人都可以进入董事会，造成董事凭经验感觉办事的局面。再有，虽然《公司法》规定了董事的赔偿责任，可现实中因董事会决策造成重大损失的公司很多，而董事作出赔偿却闻所未闻，这种名有责任实无约束的董事决策机制带来的结果就是公司运行的不规范。这也是国有企业内部矛盾产生的一个重要根源。规范的董事会制度应做好以下几点：(1)修订《公司法实施细则》，对董事资格、董事选举委派、董事赔偿责任作更为详细具体的规定，对违犯法律法规的董事真正依法追究刑事责任。(2)尽快建立董事赔偿责任制度。董事除了以自己所代表的股份负担损失赔偿有限责任外，还应以个人财产作为抵押负连带赔偿责任。

3.尽快建立拥有独立监督权的内部监事会。国有企业亏损、国有资产流失、内部矛盾特别是干群矛盾突出，原因有很多，监督力量相对薄弱是一个重要原因。因此，尽快摆正董事会和监事会的地位，从法律上强化监事会的检查监督职能已是迫在眉睫。具体来讲，应做好以下几点：(1)监事会的监督应以审计监督为主要手段。(2)必须建立有效的组织机制，在监事会内部设立审计和法律两大队伍，对国有企业进行经济监察。(3)应有重点地将审计工作中心前移，对重大经济政策、重大投资决策、大额业务款项划拨、非正常业务划拨逐步推行事前审计制度。

（三）健全矛盾预警和疏导机制，为构建和谐企业营造稳定的环境

一个和谐企业必须具备能够及时准确地发现不和谐因素并作出相应分析判断的能力。在企业内部构建敏锐的矛盾预警机制，可以及时反馈企业中的矛盾、摩擦、冲突、风险。发现了矛盾之后，下一步就要进行有效的疏导和妥善的解决。企业必须健全完善矛盾疏导的工作机制，通过处理来信来访、设置领导接待日、开通反映问题的网上受理渠道等各种方式，及时合

理地处理职工和客户反映的问题，从而使矛盾摩擦钝化、弱化，控制在尽可能小的范围内。

(四)倡导民主管理，体现企业职工的主人翁地位

各级管理者要充分认识到，让职工参与企业管理不是外加的包袱，而应该是自发的选择。只有把职工的合法权益实现好、维护好、发展好，进一步建立健全职工代表大会等各种民主管理制度，才能让最大多数职工了解和掌握企业面临的情况和存在的压力，理解和支持企业作出的重大决策。

(五)发挥党组织的作用，为构建和谐企业提供思想保证

党组织在企业中起到政治核心的作用，其在企业内部营造和谐的党群、干群关系方面的作用是巨大的，任务也是非常艰巨的。

(六)建立帮扶机制，为职工提供坚实可靠的内部保障

转型期间的企业承担了很大的改革风险，也付出了相当大的代价，职工中会出现“弱势群体”，这些人或职业技术水平较低，或年龄偏大，他们的下岗、失业补助或退休工资水平非常低，再就业和增加收入的能力也很低。这就需要通过完善各种保障制度来解决。企业应在经济条件许可的情况下，建立完善企业内部的各类保险体系，为广大职工提供可靠的物质保障。

(作者：中国四维测绘技术总公司党委书记、总经理)

建设学习型党组织　永葆党的先进性

宋道平

莱钢股份有限公司炼钢厂现有职工4500多名，其中党员846名，下设59个党支部。2000年以来，莱钢炼钢厂党委全面开展学习型党组织建设工作，把学习型组织理论用于企业党的建设，探索出一条新形势下加强和改进企业党建工作的新路子，党组织的政治核心作用、战斗堡垒作用和党员的先锋模范作用得到充分发挥，党的先进性建设得到持续加强，为企业持续、又好又快发展提供了强有力的政治保证、精神动力和智力支持。

一、学习型党组织建设思路与模式

2000年6月炼钢厂党委开始了创建学习型党支部试点。同年8月在总结试点经验的基础上，全面展开学习型党支部创建工作。2001年初提出了建设学习型党组织的课题。党的十六大、十七大关于创建学习型社会、建设学习型政党的论述，进一步坚定了炼钢厂建设学习型党组织的信心，使创建工作更加自觉、不断深化。

几年来，炼钢厂党委结合企业党建工作实际，对学习型党组织建设从理论上、可操作性上进行了认真研究、深入思考，提炼出“14455”建设思路与模式。

“1”：实现一个共同愿景，即保持党的先进性、推进企业科学发展。

“4”：建设学习型党组织的“四基本”：基本特征是学习速度大于变化速度；基本理念是与时俱进，创新超越；基本途径是系统思考，团队学习；基本要求是站在时代前列，实践科学发展观。

“4”：争做学习型党员的“四基本”：基本特征是今天大于昨天；基本理念是工作学习化，学习工作化；基本途径是自我检视、自我完善、自主管理、自我超越；基本要求是做到“四高一大”，即思想觉悟、理论水平、业务技能、创新能力高于一般群众，工作业绩大于一般群众。

“5”：创建的范围从学习型党委、学习型党支部、学习型党小组、学习型干部、学习型党员五个层面开展创建活动。

“5”：完善五个机制，提高“五个力”，即完善学习教育机制，提高学习力；完善持续创新机制，提高创新力；完善作风养成机制，提高凝聚力；完善保证监督机制，提高战斗力；完善文化建设机制，提高文化力。

遵循上述思路，炼钢厂党委每年都精心研究深化创建方案，制定具体措施，持续推进学习型党组织建设工作。

二、建设学习型党组织的做法与效果

（一）以学习教育为基础

一是让学习成为人人参与和感受的重要活动。炼钢厂党委大力倡导“工作学习化、学习工作化”、“培训是最大的福利”等理念，引导党员、干部和职工树立“大学习观”，提倡向一切可以学习的人学习，向一切可以学习的事学习。不是把学习局限于获取知识和信息，而是重视学习主体能力的培养、心智的改善和品格的训练。如在品格训练中，以游戏、案例、角色演练、互动交流的形式，重在转变党员、干部的思维方式，培育优秀的品格。

让党员、职工在学习中与企业共同成长。炼钢厂创办了“新世纪大学”，建立了包括干部班、党员班、普通班、状元班、研究生班和骨干班在内的“六位一体”教育格局，组建了“职业成长训练营”、“学历提升学院”和“专业技能学校”，营造了浓厚的全员学习、终身学习氛围。厂党委开设了科学发展、哲学管理、党性实践、形势任务和品格提升五大讲坛，不断加强对党员、干部的政治理论教育和哲学素养培训。先后邀请专家、教授进行党的创新理论、前沿管理知识的辅导，举办了哲学管理、心理学、领导艺术等专题讲座，与山东大学联合开办 MBA 管理知识培训班，中层以上干部及党员骨干接受了 11 门高级工商管理核心课程的培训。形成了以技术专家、技术带头人和中、高级专业人员为骨干的科技人才团队，以高级技师、技师为骨干的技能人才团队，为企业发展提供了强有力的人才支撑。

二是团队学习成为基本的学习形式。党委坚持中心组学习制度，把学习的目的定位在“学理论、议大事、转观念、出思路、建班子”上，努力做到“带着问题学、围绕发展学”。班子成员的理论水平、政策水平得到不断提高，炼钢厂获得了省级先进理论学习中心组称号。坚持每月召开一次支部书记成果共享会，鼓励和激发基层党支部挖掘自己的闪光点。每次共享会都要选取 2—4 个支部作典型发言，分别介绍他们在基础工作、重点活动等方面的经验做法，其他支部结合本单位实际进行点评，大家在互动中互相启发，并产生新的创意。建立党支部横向一体化学习机制，鼓励和支持各支部自发建立以生产工艺为纽带的协作团队，成立了学习共享平台、品格联盟、四位一体等学习团队，通过沟通交流、技术协作、研究研讨，促进每一条生产线的质量、品种、成本的共同进步，促进单位之间企业文化建设、党的建设、政治工作、精神文明建设的共赢共享。积极组织跨厂际的交流共享活动，成立了钢区五厂共赢论坛，建立了论坛章程、“共赢之歌”等，定期研讨大家共同关心的四个文明建设协调发展问题。

三是反思学习成为一种行为习惯。几年来，面对企业的跨越式发展，为防止和克服职工中存在的浮躁情绪、畏难发愁心态，克服指标到顶、潜力挖尽的思想倾向，炼钢厂党委每年年初都要围绕思想、工作、管理、品格等开展一次反思活动，使查摆问题、制定措施、解决问题形成闭路循环，提高了工作质量和工作效率。厂党委为每一名党员建立了《党员作用写实手册》，让党员每月写一篇反思体会、每年进行一次党性分析，对党员义务奉献做好事、联系服务群众、创新项目、承诺践诺情况都进行记录，增强了党员的奉献意识和党员意识，为更好地发挥党员的先锋模范作用搭建了平台。

(二)以持续创新为灵魂

一是坚持理念创新，引领企业科学发展。建设学习型党组织的几年是炼钢厂发展最快的时期，生产组织由1个生产区发展到3个生产区，职工人数由2100人增加到4500多人。针对企业发展变化的实际，炼钢厂党委先后提出了推进企业“从优秀走向卓越”、打造“品格炼钢”品牌、构建和谐炼钢等新命题；建立了以核心、明心、中心、净心、凝心等“五心工程”为主要内容的思想政治工作体系；确立了“品格决定命运”、“工作着是美丽的”等十大核心理念；整合出“反思求解、以变求胜、价值趋同、有效执行、快乐工作和刚柔相济”等六大法则，形成了“系统思考、学习创新、自我超越”的团队精神。2006年以来，提出并持续深化“哲学管理”，不断在理论和实践上进行探索，把哲学管理归结为文化管理、信息管理、知识管理、艺术管理、权变管理、执行管理、人本管理和系统管理等八个方面相互依存、相互作用的有机管理体系，建立起炼钢特色的哲学管理体系。一系列新理念、新思路的推出，促进了广大党员、职工心智模式的改善，提高了认识问题、分析问题和解决问题的能力。

二是创新工作内容，分层次开展系列创建活动。

——炼钢厂党委以“政治素质好、经营业绩好、团结协作好、作风形象好”为目标，以打造“学习型、创新型、团结协作型、务实清廉型”领导团队为重点，围绕自身学习、领导观念、民主决策、工作作风四个方面，努力建设学习型党委。

——基层支部以支部班子好、党员队伍好、制度建设好、工作业绩好、群众反映好为内容的“五好”党支部创建为载体，开展各具特色的实践活动。

——党小组以完善党员教育经常化、党员活动制度化、党员管理规范化、党员素质优良化、党员作用模范化的“五化”内容为手段，在各党小组之间开展竞赛活动，每季评选学习型党小组，扎实推进党小组规范化建设。

——激励广大党员按照“四高一大”的要求积极争当学习型党员。通过开展“党员创新创效示范岗”、“党员先锋岗”、“党员责任区”等党性实践活动，为党员发挥作用搭建舞台，把党员队伍培养成企业最优秀的人力资源，将党的组织优势和人才优势转化为企业的竞争优势。

三是创新方式方法，增强工作效果。以方式方法的创新不断加强和改进党建、思想政治工作，适应和引导职工精神需求的多样性，形成了“愿景鞭策法”、“情境检验法”、“故事传达法”等思想政治工作28法。

在党课教育上，改变“一人讲众人听”的传统党课形式，采取“互动加体验的学习模式，主讲人变为主持人，人人参与思考、交流发言，使党课给人以耳目一新的感觉。

为强化中层以上干部、关键重点岗位党员的廉洁从业意识，炼钢厂党委组织大家到省监狱参观，听取犯人忏悔演讲，进行心灵感悟警示教育。在党员干部中建立廉政“自律铭”，起到了他人监督和自我警示的作用，使其成为正己的一面“镜子”，对外的廉政“宣言”。

用蕴含文化气息的环境熏陶职工，用文化活动提升企业和职工的精神风貌。从2000年以来，炼钢厂每天开展升国旗唱国歌、晨颂活动，增强了大家爱国、爱党、爱厂、爱岗意识；成立了文学、书画、摄影、音乐等9个协会；创办《熔炉》、《七彩虹》等内部报刊；创作了《炼钢颂》、《一路辉煌》、《廉政组歌》等30多首歌曲，《月亮升起》、《炼钢汉子》等曲艺节目参加了全国职工艺术节和省“四进社区”演出。

2000年以来，受表彰的政治工作创新项目达到500多项，管理、技术方面的创新达到700多项，这些项目中党员参与率达到80%以上。党委集体创新项目《品格炼钢》、《哲学管理》分别获得了集团公司第一届、第二届思想政治工作创新铜奖和银奖。基层支部的“安全全家福”亲情激励、“思想政治工作周讲评”等创新项目，增添了党建工作、思想政治工作活力。由党员提出实施的《连铸机不断流快速更换定径水口》创新项目年创效益3000万元，获得“居里夫人”金奖，并在全国冶金企业进行推广，引发了冶金史上的一场革命。近几年，以党员为主研究开发的《转炉炼钢新技术的研究与应用》获得全国冶金行业技术创新一等将，成功实现了“一键式”智能炼钢。

（三）以健全机制为保证

一是建立考核体系，实现科学评价。坚持系统思考，遵循企业党建和政治工作的规律，制定了学习型党组织考核评价体系，包括学习型党委、党支部、党小组、干部和党员等五个考核评价标准，对评价指标进行细化量化，形成百分考核细则。健全完善了“重大问题集体决策议事规则”、“深度汇谈成果共享”等十二项制度；建立了绩效考评机制、思想政治工作预警机制等八大工作机制。对党支部实行物质文明、政治文明和精神文明考核，每月一检查考评，每季度一分档公示，对评价为优秀的一档党支部进行奖励，推广其工作经验。对评价为较差的三档党支部进行帮扶指导，促进其提高工作水平。

制定了党小组规范化建设管理办法，每月由党支部对党小组应承担的六项主要任务进行考核。党委编辑了《党小组工作指南》一书，指导各党小组制定活动计划和方案，积极开展争创学习型党小组活动，较好地发挥了党小组的教育、管理和监督作用。

在争当学习型干部活动中，制定了以“政治素质好、哲学管理好、工作业绩好、学习创新好、服务群众好、廉洁勤政好”为内容的考核细则，每月一考评，年底进行汇总。按照考核结果分为优秀、良好、一般、较差四个档次进行评价，对优秀的进行提拔重用，对排在末位的予以降职或免职处理，同时让被淘汰人员通过竞争上岗的形式重新竞聘，形成竞争、淘汰、复活的良性互动，增强了干部工作的责任感和危机感。10年来，在末位淘汰机制运作中，有15名干部降职、7名被免职、21名重新提拔使用。

在争当学习型党员活动中，制定了以“政治素质好、工作业绩好、服务群众好、履行义务好、思想作风好”为内容的考核细则，通过每月一次的党员业绩考核，发挥考核的激励作用，引导和督促党员提升工作质量，勇挑工作重担，增强做好工作的责任意识和主动意识。

二是督导推进，提高整体创建水平。党委成立了7个督导组，每季度对全厂建设学习型党组织工作进行督导评价、评比表彰。各督导组利用“听（听取汇报）、看（察看生产现场和资料）、问（询问职工）、考（对基本知识掌握情况测验）、评（对各单位创建情况综合评价）”的方法，深入到党员、职工中去，检查创建工作落实情况，查找存在的问题，提出改进措施，形成督导报告，指导各支部的创建工作。每季度开展学习型党支部、学习型党小组、学习型干部和学习型党员评选活动，对评出的先进集体、个人，召开表彰大会进行表彰，给与精神和物质奖励，通过报纸、电视、宣传栏等大力宣传他们的事迹，营造了积极向上的良好氛围，促进了创建工作的健康发展。

建设学习型党组织，为企业的持续发展提供了强有力的政治保证、智力支持和精神动力，三个文明建设取得了丰硕成果。钢产量由2000年的176万吨提高到2007年的899万吨，成本每年降低1亿元以上，综合指标水平由全国排名30位左右进入到全国先进行列，在全国同类型企业可比经济技术指标中，多项指标保持前三名，有的指标居世界先进水平，实现转炉工序负能炼钢、节能减排达标。炼钢厂先后获得全国文明单位、全国创建学习型组织先进单位、全国模范职工之家、全国计划生育工作先进单位、全国体育工作先进单位、省先进基层党组织、省基层党建工作示范点、省思想政治工作优秀企业、省纪检监察工作先进集体、省企业文化建设示范单位等多项荣誉。

（作者：莱钢股份有限公司炼钢厂党委书记）

以标准化建设提升企业文化

李晓辉　闫晓丁

标准化建设是国家电网公司“四化”(集团化动作、集约化发展、精细化管理、标准化建设)要求的重要内容。近年来,河北保定供电公司把开展标准化建设与塑造优秀的企业文化相结合,坚持以标准化提升员工素质,以标准化提高企业管理水平,用标准化提升企业文化,使干部员工的观念、习惯和言行不断统一规范,工作热情和积极性不断高涨,为建设优秀的企业文化创造了健康、和谐、高效的发展环境。

标准化建设更新了干部员工的管理理念

标准化建设的一项重要内容就是制定工作标准,让员工结合自己的岗位工作梳理工作流程,“写我所做,做我所写”,让员工明白什么时间干什么工作,怎么干,干到什么程度,做到心中有底数,事事有章循。在开展标准化建设之初,保定供电公司把标准化建设提到企业管理最重要的高度,在各种场合反复宣传标准化建设在企业发展中的重要地位和意义,引导员工自觉树立标准化理念;各级领导干部与员工一起讨论标准化建设中遇到的问题,潜心研究,创新方法。领导干部通过指导基层单位开展标准化建设,给员工自我管理的空间,激发了员工的内在潜能和创新能力。

保定供电公司以解决当前管理上的实际问题为突破口,建立与实际工作完全“吻合”的管理标准,严格按照标准开展各项工作。制定了691个企业级工作标准,用标准和制度约束并衡量部门和员工的工作。通过标准化建设,员工积极参与到企业管理中来,对企业更加信赖、更加忠诚,争先创优、踊跃创新的氛围更加浓厚。

标准化建设促使干部员工养成了良好的行为习惯

标准化建设是一个长期过程,是改掉干部员工坏习惯进而养成良好行为习惯的过程。它在现有工作基础上,通过对工作程序、方法的进一步提炼、优化,把人们工作中的薄弱环节或者不合理的环节剔除,把好的做法和成熟的经验提炼、固化下来,并随着标准的不断提升而改进完善,使其对实际工作更具指导性。标准化建设中实施的“5S活动”,用整理、整顿、清扫、清洁、修养五种方式对班站的设备、材料、物品、环境的定置、标识、卫生、记录等方面进行管理,将遵章守制、定置摆放、文明施工等良好习惯,变成广大干部员工的自觉行为。

通过标准化建设,现场的每一项操作都事先制定了统一规范的操作规程、作业指导书,并随着上级需求的变化、设备的更新及时进行修订。一件事无论谁做、无论做多少次,都会按同一个标准执行,绝不走样。这不仅提高了工作效率和效益,工作行为也更加统一、规范,员工的水平和能力也在不断学习、改进和创新中持续提升。

标准化建设使企业具有了持续发展的生命力

保定供电公司开展的“全员参与、自下而上”的标准化建设,充分尊重员工、依靠员工,通过制定部室、车间、班组三级建设标准,教给员工科学的管理方法,并通过开展标准化建设竞赛,为员工展现才智搭建平台。

保定供电公司实施自我管理模式，将每一个班组成员都视为管理者，让每名员工在制定管理标准的过程中，充分参与到企业的管理中来，激发了员工"以企为家"的主人翁意识，充分调动了员工立足本岗、学习创新的工作热情和积极性。通过对各种规章制度、设备系统、设备性能等知识的系统学习和消化吸收，在自我管理模式下，班组的每一个人，对自己负责的项目，都会挖空心思去寻找哪里还有漏洞，去思考定一个什么样的指导书指导工作才能不出差错，去琢磨做一个什么样的标识才能提醒大家减少失误。在这个过程中，员工的自信心和责任心变得越来越强，不论哪级领导去检查工作，员工再也不像以前那样选择回避，而且还表现得十分踊跃，甚至敢于和领导争论和探讨问题了。标准化让他们在精神面貌、工作热情和责任心等方面都发生了可喜的变化，企业具有了持续发展的生命力。

标准化建设已成为塑造优秀企业文化的实践

标准化让一切变得清晰、透明、简洁和规范，通过标准化倡导一种积极向上的文化，为员工创造一个宽松、和谐、信任的标准化建设环境。标准化建设促进了员工对企业的信赖，使员工在企业中始终能感受到舒展、愉悦和安全，这也进一步唤醒了员工内心深处"以企为家"的主人翁意识，使其能够更加积极主动地为企业的发展建言献策、贡献力量。

保定供电公司坚持把标准化作为不断提升企业文化的重要实践过程和手段。在标准化建设推进和深化的进程中，员工转变了管理理念、建立了管理意识、掌握了各种行之有效的管理方法，形成了争先创优、踊跃创新的浓厚氛围。他们把标准化建设作为发现人才、培养人才的一个重要过程，使员工把标准化建设活动当成学习的动力、快乐的源泉和创新的舞台。最优班组评比、个人和团队的创新成果评比、标准化作业指导书评比等竞赛项目，让每一名员工的头脑都充分运转起来，为员工提供了不同角度、不同机会和不同形式的表现舞台，让每一名员工在标准化建设中充分展示自我、表现自己、锻炼自己，并以此来发现和锻炼有管理水平、有发展潜质的优秀人才。"尊重经验、尊重员工、全员参与、尽显才智、忠于职责、学习创新"，随着标准化建设的深入推进，员工立足本岗、学习创新的积极性越来越高，"小发明、小创造、小革新、小设计、小建议"等不断涌现，而且随着经验交流与分享的不断深化，越来越多的获奖创新成果在公司各层面得到了广泛传播和应用，为提高效率、提升水平发挥出了积极的作用。

实践证明，全员参与、自上而下的标准化建设已经突破了以往管理和被管理之间的矛盾，标准化建设已经成为一项被员工所认同、所确认、所信奉、所实践、所遵从的工作，让员工从过去被动执行标准，转变成积极主动创造标准，这正是供电企业标准化建设和公司持续发展的生命力所在。全员参与、自下而上的标准化建设使企业赢得了广大员工的真心拥戴，构筑了企业快速成长的牢固支撑，凝聚了企业长远发展的不竭动力，标准化建设已逐渐升华为"大家建设企业文化，建设大家的企业文化"的实践过程。

（作者：河北保定供电公司经理；党委书记）

推动国有企业平稳较快发展

杨人平

我们南昌市现有市属国有企业 363 家，从业人员 20 余万人，其中在岗党员 1.8 万余人。市属企业把学习实践科学发展观活动与保增长、兴发展紧密结合起来，与企业党的建设实际结合起来，形成了应对危机、科学发展的共识与合力。今年 1 至 4 月份，全市工业企业取得了逆势上扬的好成绩，实现工业主营业务收入 480.87 亿元，同比增长 8.9%；实现利润 17.83 亿元，同比增长 13.7%；实现利税 47.57 亿元，同比增长 16.4%。

一、调整优化结构，在明确企业科学发展的思路上上水平

受国际金融危机蔓延和世界经济增长明显减速的影响，南昌市制造业受到了较大冲击。我市把提高企业的生存能力和持续发展的核心竞争力作为国有企业开展学习实践活动的切入点，进一步理清科学发展思路，围绕市里提出的发展低碳经济战略产业，推进企业在关键领域和核心技术上创新争优。

调整产业、产品结构，把资源向优势企业和环节集中。围绕保企业、保增长、进一步建立和完善企业债券、银企合作、招商引资三大融资平台，及时出台扶持工业发展 50 条，对全市国有企业扩能改造、技术创新、品牌创优、上市融资、开拓市场等给予相关政策扶持。各市属企业把调整产业、产品结构作为化危为机的出路，南昌齐洛瓦集团在金融危机初露端倪时，就提前做好应对工作，将公司发展定位在拓宽多元化的出口市场，化解市场风险。在原材料价格低位情况下，批量采购大宗物料，降低成本；实行差异化产品开发，开发欧洲 A+级深冷柜，进一步开拓巩固欧美市场；开发各种大系列冰箱，继续打开中东、非洲、中亚等新兴市场；抓住国家促进内需“家电下乡”的新政策，迅速开发物美价廉的新产品，成为全国家电下乡企业目录中江西唯一企业，迎来了该集团二次发展的春天。

完善法人治理结构，健全现代企业制度。进一步明确董事会、监事会、经营层各自职责，建立符合市场经济要求的管理体制和经营机制，出台《南昌市国有企业领导班子和领导干部管理暂行办法》，建立符合现代企业需要的选聘企业领导人制度，并面向社会选聘了 10 名职业经理人。在全市推广江铃集团“党政机构分设、办公合署，职能上分、工作上合，职责上分、目标上合”的工作机制，引导和促进“新三会”与“老三会”相互协调、进一步形成发展合力。

二、深化“四好班子”创建，在提高班子领导科学发展能力上上水平

牢牢把握国有企业组织结构、治理结构变化调整带来的新情况、新特点，从选任、培养、激励和约束四个方面入手，着力增强企业班子应对危机、领导科学发展的能力。

强化选任机制，配齐配强领导班子。选派了 438 名企业领导人员参加 MBA、清华大学、香港理工大学等培训学习；建立了一支 216 人的企业后备干部队伍和 103 人的高级经营管理人才，向企业输送了 13 名职业经营管理人才。建立了“企业经营管理人才评价推荐中心”。

强化培养机制，提高领导班子综合素质。建立健全了企业领导成员个人自学、中心组集体学习和专家辅导“三位一体”的学习制度；举办了“金融与资本运作”等 10 余场讲座；各企业领导班子围绕发展学，带着问题学，科学指导

学，把科学发展观等重大战略思想的要求转化为推进企业改革发展的具体行动。

强化激励机制，激发领导班子工作热情。从目标激励、典型激励和制度激励等三个方面着手，通过建立国企领导成员任期目标，注重及时发现、树立、宣传先进典型，出台《南昌市国有企业经营者年薪制试行办法》，有力地调动了企业领导人员争创一流业绩的积极性、创造性。

强化约束机制，树立领导班子良好形象。建立健全教育、制度、监督并重的惩治和预防腐败体系，出台了《南昌市国有企业领导人员管理办法》、《国有企业重大事项报告制度》等约束性文件，建立了企业班子成员廉政档案，开展了领导人员公开述职述廉，开通了群众监督热线，使国企领导人员勤勉尽责，廉洁从业。

三、苦练内功，挖潜革新，在增强企业化危为机的竞争力上上水平

优化企业发展战略、管理构架、资源配置，提高企业可持续发展的能力。采取招大引大、嫁接重组、股权转让、民营化改制、租赁、兼并等多种形式，增强企业可持续发展能力。市政控股集团在全力做强、做优水、气、车等传统产业的同时，努力开拓房地产、环保、商业等新的经济增长点，集团总资产从组建之初的13亿元增长为47亿元，实现公用事业企业扭亏为盈、不要政府补贴。

健全完善企业抓管理、强基础的化危为机的掌控机制，提高企业应对风险的能力。推行全员劳动生产率、人均创利率、资金利润率、资源能源利用率"四率"考核，深化班组成本、质量、交付、士气、环境"五要素"管理，激活干部职工的创造力。江铃集团结合专题调研，在全公司开展"我为企业献妙计"活动，提高了企业化危为机的竞争力。南昌银行及时调整信贷市场定位，出台中小企业信贷业务管理办法，提高了中小企业融资效率。

健全完善企业自主创新机制，推进企业技术进步和产业升级，增强企业核心竞争力。深入实施科教兴市、人才强市发展战略，强力推进企业科技创新、管理创新、制度创新和产品创新，促进企业增产增效。江铃集团与上海瑞华公司合作开发环保型电动客车，迅速抢占新能源汽车研究领域的制高点；该集团第一时间抓住国家汽车下乡政策机遇，研发适合农村道路驾驶、价位在6万元左右的"江铃顺达"商务车，并将二、三级销售点从200多家增加到500多家，得到农民朋友的普遍欢迎。江西济生制药厂在做强、做精"排石颗粒"、"复方鲜竹沥液"等传统产品的基础上，投入1000多万元研发纯中药制剂"双橘颗粒"，成为治疗小叶增生等妇科疾病的特效药，迅速占领相关市场，订单更是纷至沓来。

四、坚持"四个进入"，开展"三项创评"，在提升企业党建工作上上水平

进一步建立健全企业党组织参与重大问题决策和生产经营管理的有效机制，制定出台《南昌市国企党组织参与决策、进入管理，发挥政治核心作用的实施办法（试行）》，推进国有企业党组织在领导体制、重大问题决策、选人用人和运营监督等四个方面进入企业管理，即"四个进入"，企业党组织与经营层一道议形势、看趋势、谋对策，共克时艰，努力把国际金融危机带来的压力转化为推动企业科学发展的动力。

为把企业党员干部思想统一到中央对当前形势的判断和一系列决策部署上来，增强企业党员职工战胜困难的信心和勇气，市属国有企业把应对金融危机作为国有企业学习实践活动的生动课堂和实践平台，开展以"'四好班子'创建、'红旗党支部'创评、党员先进性评价工程"为主要内容的"三项创评"活动，使国企党建工作融入企业发展的大局，使党组织和党员成为应对金融危机、促进企业发展的突击队和中坚力量。江铃集团把党建阵地搬进生产现场，将支部建设和党员行动置于群众监督之下，使普通职工在耳濡目染中接受党的教育和熏陶，进一步增强了党组织的吸引力和凝聚力。

（作者：中共江西省南昌市委常委、组织部长）

煤炭企业思想政治工作创新

魏金奎

煤炭企业进入市场后，广大干部员工的思想更加活跃而纷繁复杂，这就给煤炭企业思想政治工作提出了新的更高的要求。如何与时俱进，适应新形势，探索新规律，其基本途径主要有四个方面。

一是针对工作任务拓展新领域。从煤炭企业发展形势来看，思想政治工作除了要完成日常对干部职工政治思想方面的教育和引导外，当前更应肩负起为深化改革服务，为强化管理服务的重任。既要为企业改革和发展提供思想保证，又要为促进企业管理创造有利条件。面对这样的工作任务，煤炭企业的思想政治工作在教育干部职工加强自身管理，挖掘内部潜力，向管理和市场要效益的同时，必须拓展新的领域。引导干部职工认识到改革是煤炭企业进入市场以后各项工作的主旋律，企业不改革就没有出路。改革需要全体职工尤其是各级领导干部的大力支持，要解放思想，更新观念。改革中大量政策、措施的出台，还需要通过思想政治工作向干部职工讲清其性质、意义、目的。同时，改革将不可避免地涉及某些个人和集体利益的重新调整，这一切都需要思想政治工作提供有力的配合与保证。既要发扬思想政治工作的传统，调动党群部门多方面的积极性、主动性和创造性，又要与各项管理工作有机结合，将思想政治工作融入到安全、生产、经营等各项工作之中，同时还要让思想政治工作进社会、入家庭，调动多方面的积极因素，形成思想政治工作合力，增强思想政治工作效果。

二是针对工作内容扩充新职能。煤炭企业思想政治工作不仅要围绕企业和谐稳定开展好日常教育，而且要延伸思想政治工作的触角，做到“三个融进”，即融进企业改革、融进安全生产、融进经营管理。为此，煤炭企业思想政治工作要进一步加大参与力度，要把促进企业经济工作的稳定发展作为思想政治工作的切入点，渗透到企业生产经营的全过程。要具体问题具体分析，从实际出发，充分考虑本企业职工的思想基础、年龄结构、文化程度、工作特点等。在开展思想政治工作中善于根据新情况、新矛盾、新形势及时作必要的调整，有的放矢地开展工作，把握职工思想脉搏，充分发挥团结鼓励、化解矛盾、调整心态、理顺情绪的作用，为企业的快速发展起到“助推器”、“润滑剂”作用。在扩充新职能上，要特别做好以干部职工安全思想引导为重点的思想政治工作。一是引导干部职工树立正确的安全发展思想和科学的安全价值观念，即用安全统领生产经营工作，不折不扣地落实安全第一、生产第二的安全工作指导思想。二是引导职工在安全生产中发挥好主体作用，做安全生产的主人，在安全生产工作中既要主动地参与安全管理，又要立足岗位实际排隐患、堵漏洞、搞技改、保安全。三是通过思想政治工作引导各级领导和管理技术人员在安全生产中发挥好主导作用，当好安全生产的引路人，不但要尽到督导安全生产的责任，更要发挥好指导、引导作用，在安全生产实践中教会员工安全操作的方法。

三是针对工作对象采用新方法。新时期，煤炭企业思想政治工作的重点是要建好班子、管好干部、带好队伍。针对工作对象，煤炭企业的思想政治工作在班子建设上，要坚持重大问题集体决策制度，建立健全党政领导共同负责的一体化管理机制，确保党政领导思想统一、分工负责、团结协作。其次，要在严管干部上下功夫，突出“四抓、四管”：一是抓思想，管好“脑”，用政治理论武装头脑。二是抓纪律，管好“嘴”，抓好政治原则、政治立场、政治纪律方面的教育，要求各级领导干部要多宣传国情和企业发展前景，不讲有碍班子团结、有损企业利益的话。三是抓廉政，管好“手”，要加强廉政教育，坚决把住班子成员和各级领导干部勒、拿、索、要关。四是抓勤政，管好“腿”，教育广大干部多深入现场，融入到职工群众中，与职工打成一片。工作上，当好职工的主心骨；生活上，当好职工的贴心人。

煤炭企业思想政治工作在带队伍上，也应逐步实现三个转变。一是由原来单纯的“声势型”向“实效型”转变；二是由“指令型”向“执行型”转变；三是由单向“灌输型”向寓教于乐的“吸收型”转变。其方法和手段也应不断创新，一是要在重点解决好实际问题上下功夫。一方面要满足职工政治、经济利益，积极维护职工的权益；另一方面要系职工冷暖于心头，视职工疾苦为己忧，努力为职工排忧解难。二是利用有线电视、广播、多媒体技术应用、计算机网络等手段为企业思想政治工作注入活力。三是要根据不同时期任务及时调整思路、创造性地开展工作，始终把握工作的主动权。根据煤炭企业改革的精神，结合实际及时利用各种手段，大张旗鼓、始终不渝地加强形势任务教育，对企业改革中面临的困难、提高企业经济效益需要具备的条件、面临市场的挑战等诸多问题进行宣讲，及时赢得职工的认同、理解，使职工认识到搞好企业需要大家团结一心、共同努力。工作中，要坚持“思想政治工作到现场入人心”的原则，充分发挥党、团和工会组织的作用，深入基层调查研究、掌握职工思想动态，将企业改革的方案、政策、办法、措施向职工交底，将“情”“理”紧密结合起来，上下沟通、解疑释惑、化解矛盾、理顺情绪。四是为企业员工营造一种尊重、信任、心情舒畅的人际环境，特别是在企业重组改制这种关系到企业生存和发展的形势下，入车间、到岗位、进宿舍，广泛听取职工的意见和建议，使职工感到企业各项工作与自己息息相关，使每位职工都能感到他的存在、他的价值，他的努力受到企业的承认，使职工对企业产生强烈的归宿感、向心力，这样思想政治工作才能真正作用于职工队伍建设，真正发挥其激励、引导的作用，收到预期效果。

四是突出工作效果建立新机制。首先，要建立思想政治工作任务硬化机制。为避免出现“一手软，一手硬”现象，要积极推进两个指标同步落实的工作方法，即把思想政治工作任务与改革和生产经营的主要工作同步部署、同步落实、同步管理、同步考核，从而做到两个文明建设“职责上同，思想上合；部署上同，步调上合；工作上同，目标上合”。其次，要建立思想政治工作责任考核机制。为避免出现思想政治工作“安排紧，落实松”问题，必须建立一整套适合思想政治工作规律，符合企业实际的思想政治工作目标、职责、奖惩等考核和约束机制。要明确各级党组织和职能部门的工作任务、考核目标和办法；明确各级党、政、工、团负责人的具体责任、工作目标及考核标准；明确行政管理人员思想政治工作的目标责任，从而形成较完整的思想政治工作目标管理体系。

（作者：开滦〈集团〉东欢坨矿业公司党委书记）

中小型科技企业文化建设的探索

孙金博

在河北保定市高新区的企业中，中小型科技企业占大多数。这些企业普遍具有创新的观念和技术，能较快适应市场的变化并快速发展壮大。中小型科技企业在迅速发展的同时，如何建立起与之相适应的企业文化，是他们面临的共同任务和课题。

中小型科技企业文化建设的现状及问题

保定市高新区中小型科技企业在发展中普遍能重视团队的学习与培训，营造知识共享的环境，培养优秀的团队精神，基本上形成了“以人为本、注重创新、团结协作”的文化氛围，初步形成了一支企业文化建设与精通管理的人才队伍。但与成功的企业相比，他们在企业文化建设的理念和方法上，还存在一些不容忽视的问题。

一是在培育“核心理念”上存在偏差。有的企业认为，企业文化和理念是企业在长期的生产经营活动中自然形成的，企业不能、也不应该进行过多人为的设计，因而在企业文化建设中缺乏明确的理念指导，产生“无作为”现象；有的企业认为，企业文化和理念就是人为的设计，缺乏员工的认同，很难实现提升企业绩效和文化管理水平的目的，因而在企业文化建设中存在“盲目突击”现象。二是在企业文化组织的培训上不足。不重视对全员的系统培训工作，有的培训与企业生产经营活动脱节，培训形式单一。三是企业文化建设执行上的差距。由于中小型科技企业规模不大，机构设置较少，企业普遍没有设置专职的文化建设部门，使得企业在文化建设职能上不完善，工作停滞于表面不深入。四是缺乏对骨干人才的培养。高新区一些中小型科技企业成立时间不长，企业的文化积累和文化底蕴比较单薄，加上受企业家经营理念和价值观的影响，对企业文化建设的骨干人才缺乏培养，使企业文化建设缺少有力的中坚力量。

推进中小型科技企业文化建设的建议

政府引导，营造良好的发展环境。保定高新区经过十几年的建设发展，产业已经具备一定规模，尤其在新能源产业发展方面，已成为我国重要的产业基地，中国电谷（保定高新区）已成为省、市未来经济社会发展的重要战略平台，正面临历史性的发展机遇。高新区管委会在企业文化建设上要积极发挥引导作用，倡导“以人为本、铸造和谐，诚信为基、创新为魂，形成核心、打造特色，相融共进、全面提高”的发展理念，并积极加以推广和塑造，形成每个企业都重视企业文化建设的良好氛围。同时，采用多种形式进行企业文化建设的培训工作，并使之系统化、规范化，创造企业文化建设健康发展的良好环境。

创新观念，培育有特色的企业文化。高新区中小型科技企业处在不同发展阶段，企业特征也不尽相同。各企业要结合自身的发展战略，考虑企业的特征和优势以及生产经营的特点，深入挖掘和开拓企业的文化资源，提炼文化特质；要主动引导企业，提炼、设计并形成自己独特的企业文化，使企业的思维理念、工作理念和经营管理理念，更具文化品位，藉此增强企业核心理念的塑造，让员工加深对企业核心理念的理解、认同和执行。

加强培训,提高企业整体素质。高新区中小型科技企业有自身优势,知识共享与交换平台的硬件设施比较完备,可以充分利用这一资源,提高培训效率和员工整体素质。一方面,要加强对企业家的培训,让他们深刻认识到企业文化是提高企业生产力和效益的重要手段,也是培养团队精神的重要载体;另一方面,指导企业进行企业文化培训,培养人才,提高素质,以提升高新区中小型科技企业的整体水平。

抓党建,促进企业文化的建设。把党建工作与企业文化建设有机结合起来,发挥党组织的政治核心作用和党员的先锋模范作用,调动企业员工的积极性、主动性和创造性,实现企业经济效益和社会效益的统一,促进企业的健康稳定发展,为企业文化建设作出贡献。

(作者:河北省保定市国家高新区党工委书记、管委会主任)

构建和谐企业的崭新路径

——山东天晟煤矿装备有限公司调查报告

周其森　韩玉伟

胡锦涛总书记在党的十七大报告关于深入贯彻落实科学发展观中指出:“社会主义文化更加繁荣,同时人民精神文化需求日趋旺盛,人们思想活动的独立性、选择性、多变性、差异性明显增强,对发展社会主义先进文化提出了更高要求。”从中确定了新形势下加强精神文明建设的指导思想、目标任务、基本方针和重要措施。这是新的历史时期赋予精神文明建设新的内容,是我们面临的历史性课题。解决好这个课题,是对各级管理者的重要考验。多年来,山东天晟煤矿装备有限公司在上级主管部门的领导下,坚持把精神文明建设放在更加突出的位置,深入持久地开展群众性精神文明创建活动,稳步推进了“三个文明”协调发展。

一、效益为先,和谐发展

天晟公司始建于1964年,是1999年在原国有企业淄博矿务局矿山机械建材厂的基础上改制而成的股份合作制企业,2008年全面实施了主辅分离改革。企业总占地面积48.7万平方米,现有总资产3.85亿元,在册员工1376人,离退休901人,供养遗属人员552人。经过近年来的改革发展,现已成为山东省整体制造各种类型综采液压支架的龙头企业。2009年实现销售收入6.368亿元,利税6678万元,在淄川区纳税企业排行榜中位居前列,为地方经济建设作出了积极贡献。改制10年来,企业销售收入、利税分别以年均31%和22%的跨越式发展速度递增,经营规模和经济效益显著提升,先后荣获中国煤炭机械工业“双十佳”企业、优秀企业,山东煤炭工业先进单位,省级卫生先进单位,淄博市文明单位、市级花园式单位、振兴淄博劳动奖状、淄博市纳税百强企业,2009年度中国最具成长性企业等诸多荣誉。公司董事长、党委书记牛敬业也先后获得全国煤炭工业优秀机电制修厂厂长、全国煤炭机械工业“双十佳”企业家、全国煤炭机械工业优秀企业家,山东煤炭工业优秀思想政治工作者、优秀廉洁勤政干部、优秀矿长(经理)、非煤产业十大杰出企业家,淄博市劳动模范、淄博市优秀共产党员、淄博市文化工作先进个人,第5届中国时代十大影响力企业家、影响中国·改革开放30年十大经济人物等一系列称号。

一直以来,天晟公司始终坚持“围绕中心、

服务大局，以人为本、强化管理，统筹兼顾、协调发展”的原则，立足于企业实际，着眼于长远发展，唱响主旋律，打好精神文明建设主动仗。特别是自1996年底牛敬业从原淄博矿务局五二五厂党委书记调任天晟公司厂长以来，更加重视企业精神文明建设工作，把精神文明建设放到全局工作中去谋划、去部署。他在不同会议上多次强调：物质文明和精神文明是企业发展的两个驱动轮，二者相辅相成，缺一不可。要把二者放到同等重要的位置抓紧抓好。

在改制之初，企业经营比较困难，生产任务重，工作千头万绪。以牛敬业为首的天晟公司“一班人”，一手抓生产经营，夯实企业物质基础；一手抓精神文明建设，夯实员工思想基础，做到两个文明一起抓，两个成果一起要。在精神文明创建工作中，该公司把这项工作纳入目标责任制管理体系，多次坐下来研究工作思路，定调子，审方案，抓落实，做到了“四明确、三同时”，即明确责任单位、明确主管领导、明确创建目标、明确工作任务和与业务工作同时部署、同时落实、同时考核。

首先，创新领导机制。要求党政工团齐抓共管，全体员工人人有责、共同参与。董事长、党委书记牛敬业按照“一岗双责”的要求，对精神文明创建的重点工作亲自挂靠，带头参加活动项目，带头做新文明、新风尚的倡导者和实践者。几年来，他们多批次组织员工到海尔集团、阳煤集团、莱钢集团、济南玛钢等先进单位学习交流。同时举办了系列专题讲座，聘请知名教授、学者上课，并坚持不懈地在全体员工中开展大讨论，加深对精神文明建设的重要性和必要性的认识。

其次，制定企业精神文明建设的制度和目标。早在2000年，在深入调查研究的基础上，他们制定了《天晟公司精神文明建设目标规划》，并随着形势的变化不断完善和改进，确立了以培育一支有理想、有道德、有文化、有纪律，吃苦耐劳、艰苦创业，特别能战斗的员工队伍；建设一支政治强、业务精、作风正、廉洁奉公的高素质管理者队伍；使各级领导班子成为团结实干，能带领员工打硬仗、打胜仗的坚强核心；建设一批班子素质好、队伍作风好、思想政治工作好、民主管理好、安全生产好、经济效益好的“六好”单位，把各单位建设成为各项规章制度健全、员工职业道德规范完善、产品优质、服务优良、社会信誉高、工作生活和治安秩序良好的文明单位为主攻方向的精神文明建设目标。

再次，加强制度建设。制定和完善了《文明创建管理和奖惩制度》，推行精神文明建设奖惩制度，把精神文明建设与各单位、各部门绩效考核紧密挂钩。制度规定了对在创建活动中工作成绩突出的单位和个人，分别授予各项荣誉，在年度考核、提拔、晋升等方面予以优先。对违反制度者或在社会上造成一定影响的单位和个人，实行“一票否决制”，取消年度评先资格，影响极坏者，给予行政纪律处分，从而推动了创建工作的深入精细开展。

二、在改革创新中不断增强企业向心力

天晟公司在传统的计划经济体制下，历尽坎坷和艰难，始终没有摆脱依靠吃上级亏损补贴过日子的艰难局面。到1996年底，企业厂区混乱不堪，工人收入低并长期拖欠，财务账目混乱，债务高达上千万元，同时面临着多家法院起诉，企业已经到了命悬一线的生死关头。而当时淄博矿务局是全国煤炭系统36家特困企业之一，而矿山机械建材厂已经成了淄博矿务局最困难单位，眼前的困难可想而知。

面对这样一个烂摊子，受命于危难之时的牛敬业没有退却，而是与“一班人”白天深入现场调研，晚上找有关人员座谈了解情况。历时两个月的艰苦调研，使他很快找到了企业深陷困境的症结，那就是有些员工守旧思想严重，思想徘徊不前，精神萎靡不振。那个阶段，牛敬业就在车间里和工人谈心，和干部谈话，包括离退休干部、职工家属都很快认识了想干事的新厂长。人们是常见他蹲在宿舍角落里用热水泡方便面和煎饼吃，什么菜也没有，生活非常艰苦。

在困难和压力下，温文尔雅的他一度改变了性格，发过牢骚：来这个烂地方，不如让我去坐大牢。坐大牢还有个盼头，这简直是掉进泥窝里了！从此，人们见他的头发一撮撮地往下掉，那茂密的黑发，似乎一夜间稀疏了许多。

开弓没有回头箭，天无绝人之路。1997 年 3 月的一天，牛敬业在中层管理人员会议上提出了"超常的精神、超常的干劲、超常的措施、超常的力度"口号和"岗位要有危机感、工作要有压力感、效率要有紧迫感、职务要有责任感，目标要有超前性、问题要有预见性、排难要有主动性、工作要有创造性"的工作要求，他果断地进行了大刀阔斧的改革。

改革并非易事，势必会触及到少数人的利益。牛敬业大胆提出"党风廉政向我看齐，工作责任感事业心向我看齐"的铮铮誓言。他首先从体制上入手进行改革，实行人、财、物由分厂向总部集中，加强财务审计和监管，有效地遏制各分厂各自为政的局面，狠刹了各种假公济私行为，形成了财务、供应、营销、生产彼此制约的良性循环机制。接着在人事制度上进行了改革，实行公平、公开竞聘上岗，使公司机关由原来的 22 个科室，缩减成 4 部 1 室，50 多名科级干部精简成 16 人，彻底打破了人浮于事的现状，在公司上下构建了"岗位靠竞争、收入凭贡献、升降论实绩"的动态机制。在薪酬制度上，按照"以岗定薪、岗变薪变"的原则，引入绩效工资管理概念，根据岗位职责、工作业绩及对企业贡献的大小制定工资标准，从根本上打破了平均主义"大锅饭"的局面，极大激发了企业内部活力。

只要精神不滑坡，办法总比困难多。为使企业尽快走出低谷，他确立了"以人为本，科技先导，装备领先，产品创新"的工作思路，千方百计引进新技术，狠抓产品结构调整。

1998 年底，原淄博矿务局济（宁）北矿区 4 对现代化矿井需要上高科技含量的综采液压支架产品，当时，天晟公司无论是技术、设备、厂房、资金，还是人员状况、素质能力等客观条件均不成熟。此时，曾担任过淄博矿务局西河煤矿工会主席的牛敬业比任何人都清楚，抓住这一千载难逢的发展良机摆脱发展困境，必须紧紧依靠工人群众，借助大家的智慧和力量。牛敬业主持召开了全体员工大会，认真倾听广大员工群众的想法，同时召集技术骨干和部分员工代表，鼓励他们畅所欲言，积极为企业发展建言献策。在新产品制作初期，技术工艺不成熟、专业设备短缺、没有制作经验的矛盾充分暴露出来。围绕解决技术难题，牛敬业亲自带领 9 名工程技术人员，日夜兼程，在半月之内，先后对国内几家生产综采支架的单位进行学习考察，在增加感性认识的同时，又马不停蹄率先带领 5 名技术人员奔赴煤炭科学研究总院与专家研究和设计图纸，切磋制造工艺。他们视这一大事为"救命工程"，上下干劲十足，决心以核心技术攻关为重，以最快的速度、最好的质量，保证工期，保证质量，完成任务。生产一线员工在大干，机关后勤人员则送去了绿豆汤、西瓜、防暑药品等，用自己的实际行动支持生产。经过 100 多个日日夜夜的苦干拼搏，攻破多项技术难关，为客户制造出了 105 架普通型掩护支架。至此，企业迈出了综采支架制造的第一步，实现了由粗、老、笨重型的生产向技术型、科技型企业的转变。

三、善于寻找企业管理"金钥匙"

精神文明建设工作说到底是做人的工作，又是靠人去做的工作，涉及面广、任务重、要求高、难度大。尤其是对于天晟公司这一转型企业而言，抓好员工队伍的思想道德建设显得尤为重要。

他们从开展教育、制度规范和行为养成三个方面入手进行了思想道德建设。教育中，善于把促进人的全面发展体现到精神文明建设的全过程，真正发挥精神文明建设在教育人、引导人、塑造人方面的积极作用。几年间，他们根据各个时期的工作重点、难点和弱点，坚持开展主题教育与实践活动。2005 年以来，分别在管理人员、党员中集中开展了"先进性教育"和"科学发展观教育实践活动”；以公司成立5周年和10周年为契机，层层进行了“爱岗敬业、乐于奉献、共创辉煌”专题宣讲；2008年举办了庆祝改革开放30年大型报告会和征文活动；2009年在庆祝新中国成立60年之际，开展了大型演唱会、书画展览等，大力弘扬和培育民族精神。工会、共青团等群众组织也先后举办了“市场经济与职业道德”、“我在岗位做奉献”专题演讲比赛。每年3月份，他们召开公司精神文明建设会议，总结过去一年来的工作，部署本年度的任务，并对上年度的先进集体、先进个人进行表彰。可以说，精神文明建设已在该公司落地生根开花结果，正焕发出勃勃生机和新的活力。

拥有一套完备的管理制度是企业精神文明建设的前提和基础。早在1999年，他们就出台了《企业管理制度》。2005年进行了修订和完善，印制了27章428条的《企业管理制度》，并编制了以“质量安全管理制度、岗位责任制、处罚标准”等为主要内容的《质量安全制度汇编》，力求细化、量化、具体化、标准化。2008年，出台了《员工奖惩条例》，企业管理制度进一步健全。在执行制度过程中，坚持人人平等，不搞特殊化，不讲理由，不打折扣，凡是违反制度的、责任制落实不到位的，坚决按规定给予严肃处理。通过严格制度落实，切实解决了过去“肠梗阻”等问题，逐步实现了由“人治”向“法治”的转变。

在天晟公司，精细化管理无处不在。自2005年起，他们开展了“现场管理流动红旗”活动，大力倡导“精心、精工、精品”的作业观，现场管理、环境卫生实行专人负责制，设备保养维护实行包机制，定置管理，每个门窗玻璃、每台机器设备、每个环境区域都明确量化到人，时时接受监督检查，现场环境秩序井然，设备维护良好，产品摆放整齐，环境卫生整洁，提升了企业的管理水平。2007年1月，天晟公司被评为“山东省现场管理样板企业”。

综采液压支架产品是煤矿井下的重要支护设备，他们提出了产品质量“零缺陷”的目标，强调“产品即人品”，要求员工把产品质量上升到企业生死和履行社会责任的战略高度来认识。在员工中开展了“质量活动月”和治理大讨论活动，使员工深刻认识到产品质量的重要性，严格按工艺操作，杜绝不合格产品流入下一道工序。2006年该公司主导产品入选“山东名牌”，成为山东省第一家被认定名牌的支架制造企业。

为搞好成本控制，他们经常开展“节约挖潜、增产增效”等实践活动，建立了责任奖惩机制，将目标成本层层分解，采取提高材料利用率、压缩非生产性开支，避峰填谷用电等措施，实现了全员、全方位、全过程降本降耗。目前，企业材料利用率由最初的不足80%提高到现在的88%，在同行业中首屈一指。

“筑巢”方能引凤。为形成拴心留人环境，他们制定了《关于引进人才的意见》，明确规定了工资收入、科技成果奖励、住房待遇、子女上学优惠等政策，真正让各类人才引得进、留得住、用得上。目前，具有本科以上学历、中高级专业技术职称的工程技术人员占到16.8%。他们与山东科技大学联合开办的在职攻读工程硕士学位研究生班，一次就有16名技术骨干被录取。他们出台政策为参加学习获得学位者减免学费，既解决了工学矛盾，减轻了负担，又调动了学习积极性。该公司实行科技创新责任制和项目成果奖励制，每年召开一次科技大会，对有突出贡献的技术人才给予重奖。从2006年开始，实行“揭榜招标”创新激励机制，对技术革新项目进行公开招标，明确完成时间、达到的标准，并且明码标价，一切为课题的需要“开绿灯”。他们还推行了“成果命名”制度，近些年，共取得了40余项课题研究成果，8项国家发明专利，创造出多项国内“第一”，走上了一条产、学、研为一体的科技创新之路。

靠天靠地不如靠自己。2008年6月，按照上级要求，天晟公司全面实施了主辅分离改革，从淄博矿业集团这一母体中彻底脱离出来，成为完全具有独立法人资格，自主经营、自负盈亏、自我约束、自我发展的股份合作制企业。改革后，企业经营自主权不断增大，同时也带来了严峻的挑战。由于煤炭工业形势的好转，在短短几年时间里，国内涉足支架制造企业如雨后春笋般的迅猛出现，导致煤机企业间竞争日趋激烈，混乱无序的局面非常严重。针对内部市场的大幅缩减，他们不等不靠，不怨天尤人，而是积极探索，挖掘商机。他们把员工群众当做“救世主”，建立起了“大营销”格局，走出了一条发展的新路子。现今市场已经覆盖全国 20 余个主要产煤省区及多个大型煤炭基地。2009 年，面对全球金融风暴的冲击，他们坚定发展信心，狠抓内部挖潜提效，深化企业内部改革，克服了重重困难，做到了不裁员、不降薪，实现了平稳过渡，经济指标稳中有升。

四、探索夯实企业“软实力”的有效手段

“对于我们企业而言，在抓好生产经营工作的同时创建文明和谐，对全面实现发展目标具有重大意义。”在谈及精神文明创建工作时，董事长牛敬业深有感触地说。

发挥党组织的政治核心作用和党员的先锋模范作用是企业的思想政治优势，也为精神文明建设指出了方向。天晟公司十分注重党的自身建设问题，健全党的领导体系，加强对基层党支部领导，在班子建设上，持续开展“四好班子”、“五好党支部”、“五好党员”创建等活动，坚持民主集中制，自觉维护了班子的团结。每年 3 月份开展“党风廉政教育月”活动，在党员中开展党性党风党纪教育，逐级签订《党风廉政建设责任书》，做到了反腐倡廉工作常抓不懈。党委书记牛敬业率先垂范，严格遵守领导干部廉洁自律的各项规定，时刻检点自己的言行，多次被评为山东省煤炭系统廉洁勤政干部，成为该企业全体党员和员工学习的榜样。他们公司已经连续 12 年没有一名党员和管理人员受到党纪政纪处分，公司党委被评为淄博市先进基层党组织。他们制定了各种学习制度，编印学习宣传资料，班子成员深入现场进行宣讲，使党的路线、方针、政策深入人心，有效地保证了公司各项工作的顺利开展。牛敬业曾担任过多年的工会主席、党委书记，理论功底深厚，文化修养高，经常发表管理文章和论文，在员工教育方面有着独到的见解。为了把自己的知识传授给员工，他多次组织专题知识讲座，向大家讲解做人的道理、处事的学问、做事的方法，使员工拓宽了视野，增长了才干，提升了境界。在勤政方面，他更是身先士卒，在市场开拓和协调与重要客户关系时，都是亲自去，有时每月出差多达 20 多天。每次出差回来，无论多晚，准时参加第二天早会。在他精神的感召下，公司上下群情振奋，士气高昂，方向明确，为思想政治工作的开展和日常经营管理奠定了基础。

全心全意依靠工人阶级办企业是充分调动员工积极性，发挥员工创造力的重要途径。天晟公司认真实施《劳动法》、《工会法》、《劳动合同法》等法律法规，注重引导和发挥工人群众的主观能动性。他们坚持和完善职工代表大会制度，每年召开 1—2 次员工股东会员代表大会，讨论通过企业改革发展、经营目标等重大事项。对所收集到的员工代表和群众的意见建议都高度重视，并落实整改。始终坚持厂务公开制度，重要事项都进行公示，增加透明度，使员工充分享有知情权、参与权、表达权和监督权。他们尊重和维护员工群众的合法权益，依法与员工签订了劳动合同，规范劳动用工行为，按时足额上交工伤、生育、养老、失业、医疗等社会保险。公司工会与行政签订了集体劳动合同，运行多年来，未发生违反集体合同而引发的重大劳动争议和劳动纠纷。同时，注重在一线员工、班组骨干、技术骨干中发展党团员。近几年，天晟公司关注民生，着力解决了员工群众最关心、最直接、最现实的问题，密切了党群、干群关系。为使企业发展成果最大限度惠及普通员工，他们在生产资金紧张的情况下，仍然加大对精神文明建设的投人，先后兴建了文化广场、天晟憩园，开辟了各类娱乐设施，新建了员工住宅楼 5.3 万平方米，520 户员工乔迁新居，人均居住面积由原来的 13.3 平方米提高到现在的 30.5

平方米，员工群众安居乐业。2009年员工人均工资性收入达到31286元，是改制前的4.24倍，年均增长32.4%，实现了企业与员工的互利双赢、共同发展。

营造文化氛围，是他们在精神文明建设方面的又一特点。围绕“环境、素质、管理、形象、安全”主题，天晟公司把企业的环境建设放在突出位置，既注重抓好集中统一的环境治理活动，又重视抓好日常管理工作。在硬件建设上，投资600余万元建起了文化广场、文化长廊、培训中心、大学生公寓、老干部活动中心等基础设施，为员工的学习和深造提供了良好环境。自1997年以来，他们利用每年3月份集中开展以学雷锋做好事、送温暖献爱心、净化美化绿化为主要内容的“文明月”活动。利用每年第二、三季度，集中开展争创“文明卫生单位”活动，改善了员工生产和生活环境，实现了“机关像宾馆，工厂像花园”的目标，被评为中国煤矿康居建设先进单位，淄博市公民道德建设示范点。

一直以来，天晟公司把培养一支“高素质、懂经营、会管理”的管理者队伍当做发展中的一件大事紧紧抓在手上，各级管理人员始终保持着一种无私奉献、埋头苦干、顽强拼搏的工作作风。他们打破时间界限，事事抢前争先，用人格的力量感召着周围的员工。为提高员工队伍素质，自2000年以来，他们已连续10年开展了以“练技能、提素质、规行为”为主要内容的员工“技能年”活动和技术比武、岗位练兵、导师带徒等活动，员工中涌现出了“车工高手”、“电焊明星”、“机电大拿”等专业技术精英。2008年至今，他们又开展了具有自身特色的读书学习活动。组织员工系统学习了《卓越员工12项修炼》、《忠诚胜于能力》等有益于员工行为养成的内训书籍11本。学习结束后，组织员工召开读书学习交流会，引导员工把所学知识应用到实际工作中去。他们鼓励员工自学成才，对通过自学考试取得毕业证的员工全额报销学习费用。近几年，先后邀请清华大学继续教育学院、天津工业大学、北京大学儒商学院等5位知名专家、社会活动家到公司授课，培养了员工良好的行为习惯和职业操守。

天晟公司坚持以弘扬企业精神为核心，铸企业之“魂”。重点实施了以整洁、准时、标准化、素养、安全、节俭为主要内容的“6S”行为规范，在全体员工中开展养成训练，全面推行准军事化管理，培养员工的纪律意识和团队精神。实行早点名、晚讲评制度，每天提前15分钟集体列队，合唱企业之歌，诵读企业文化理念。他们发展了不忘承担社会责任。2008年组织向四川汶川地震灾区捐款捐物工作，广大员工群众纷纷解囊相助，弘扬了社会美德；2007年与贫困乡镇淄川区淄河乡进行帮扶结对，推动了和谐社会主义新农村建设，受到了市、区各级领导和当地群众的好评；2006年投入资金对辖区路段进行了冠名改造，打造了良好的社会环境；2009年主动与山东理工大学加强沟通联络，一次签订了30人的招聘协议，缓解了社会压力。2004年在牛敬业的倡导下，天晟公司成立了董事会扶困基金，牛敬业带头从工资中拿出2万元，至今已捐款10.2万元。短短几年间，该基金累计救助了困难员工218人次，解决了15户特困员工家庭的实际困难，构建了企业和谐发展环境。

多年来，他们把群众性精神文明创建活动作为精神文明建设的重要一环，不断给企业精神文明建设注入新动力。已连续13年开展了文明单位、青年文明号、五好班组、文明窗口、文明楼院、文明职工、青年岗位能手、义工服务等多种形式的“争创”活动，吸引广大员工积极参与其中。文明创建活动中，他们坚持旬检查制度，建立检查反馈、督促整改和考核奖惩机制，使精神文明建设由虚变实，取得了显著成效。每年培养和选树一批先进典型，对其进行奖励，号召员工学习。公司工会利用新春、五一、国庆等节假日不定期举办长跑、篮球、乒乓球、跳绳、拔河等各种体育比赛。并积极发挥文艺人才的才华，开展经常性的歌舞晚会、诗歌朗诵、摄影、剪纸、书法、绘画比赛等文体娱乐活动，做到了季季有活动、月月有安排，活动不断线。近3年连续组织骨干、劳模、员工代表前往海南、云南、北京、青岛等地游玩，使员工拓展了视野，业余活动精彩纷呈。他们创建了内部电视台、报纸、网站，形成了“一报一台一网”的舆论宣传阵地，对鼓舞士气，凝聚人心，提升企业形象，展示企业精神风貌起到了至关重要的作用。

天晟公司精神文明建设为促进企业发展创造了良好的环境和条件，公司员工对未来发展乐观，积极支持企业发展，尽股东责、做股东事、为企解忧蔚然成风。

五、让目标更高更远

2009年7月，在天晟公司成立10周年之际，他们成立了以牛敬业为组长的企业发展战略课题研究组，制定了《发展战略规划报告集》，提出了未来10年的发展规划和目标。这一目标是：到2014年，销售收入在2009年的基础上实现翻一番，达到15亿元，利税2亿元；到2019年公司成立20周年时，销售收入再翻一番，达到30亿元，利税3亿元，建设成为行业领先、国内先进、国际知名的大型现代化企业集团。

时代在前进，形势在变化。天晟公司不断提炼和升华企业精神的时代内涵，进而使其为建设“强而富、大而美”的共同愿景提供强有力的精神动力和思想保证。

（作者单位：全国思想政治工作科学专业委员会；山东天晟煤矿装备有限公司）

用企业文化打造文明煤矿

王树春

开滦范各庄矿业公司秉承“新中国第一矿”的历史文化基因，在深挖企业精神文化内涵的基础上，围绕建设大型现代化煤炭生产加工基地目标，运用文化理论指导和推进管理实践，以文明创建提升企业整体素质，探索实践了一条文化引领、思想保证、机制支撑的文明创建之路。

一、明确创建目标，强化愿景激励

范矿公司党政一班人注重深挖企业光辉历程中先进的文化精神内涵，整理形成了具有新时期范矿特色的“精细、和谐、尽责、争先”文化，并将这种文化作为激励员工不断追求新境界、实现新发展的思想主脉和精神动力，明确提出了创建“行业示范、国内领先、世界先进”新型现代化洗选加工基地的战略目标，明确将“建设环境优美靓丽，员工行为规范得体，员工团队富有朝气，员工可以与之共同发展的家园式矿山”作为企业文明创建愿景，将创建“全国文明单位”作为文明创建新的更高的奋斗目标。为确保实现创建目标，范各庄矿把文明煤矿的创建目标分解到各部门和各单位，形成层层分解传递的目标体系，并采取讲座、研讨、培训及组织员工进行个人职业生涯设计等形式，广泛开展宣传教育，用文明创建的共同愿景凝聚团队合力，使全体员工进一步明确了创建目标和实现创建目标的途径与方法，增强了参与创建活动的自觉性。

二、实施职业化训练，培育文明现代的员工团队

范各庄矿将企业文化建设作为企业追求基业长青的“基因工程”，坚持以文化人，全面提高员工综合素质，用文化力改造和提升企业管理。着眼规范员工操作和管理行为，把每个操作环节都按照操作规程、安全规程和文明行为规范

的要求具体分解，确定出工序流程中的关键点，构建“全员无一人例外、全方位无一处缺漏、全过程无一时疏忽、工序化无一环节错过”的精细管理平台。一是立足提升员工安全素养，促进员工安全行为习惯的不断养成，分工种构建了标准体系，创造性地运用心理调适、示范演示、行为纠偏、现场观摩、实战演练等10种训练方式，卓有成效地实施了升级训练。二是立足拓展深化员工行为养成训练，着眼铸造员工现代工业文明品格，设计并实施了以培育煤矿员工特有职业意识、职业精神、职业技能、职业行为等为主要内容的职业化训练，就是以年度为循环，以3年为一周期，以脱产、工余相结合的方式，采取启迪觉醒式、更新置换式及养成固化式等训练方法，对全公司6000余名员工实施生产实景、团队拓展、操作技能、规避灾害、系统思考等科目的强化训练。三是立足员工职业行为训练成果的转化，出台了以举止文明化、行为规范化、工作标准化、办公定置化、管理精细化、素养职业化为方向的12项管理细则，培育了员工文明、规范、严谨的职业习惯。

三、优选创建载体，深化群众性文明创建工作

一是结合煤矿员工行为的现状，立足改变矿工不良行为习惯，范各庄矿深入开展了“文明语言、文明行为、文明环境”进工作面活动，广泛开展文明和谐区科、文明和谐班组、星级文明区域、文明窗口、青年文明号等创建活动。二是推行井下生产班(组)集体宣誓、集体预想、集体就餐、集体换班、集体排队上下井等团队成员统一行动的团队行为规范。三是在机关办公区、车间作业区统一实施定置化管理，实行全员佩戴胸标入矿、机关人员挂牌办公、现场佩戴袖标管理制度，并坚持对照标准，对员工的日常文明行为实施全方位、经常性的检查，定期公布检查考核结果，增强员工遵守文明行为规范的自觉性。四是立足提升员工文明层次和文化品位，广泛开展群众性文明创建工作。围绕加强职业道德、社会公德和家庭美德建设，形成了“新时期文明范矿人”标准体系，开展了“塑造新形象，争做新时期文明范矿人”活动，每季度评选一次十佳文明职工，每年评选“职业道德标兵”；充分发挥企业“文联”、员工俱乐部、图书馆、区科兴趣小组等四大文化阵地作用，坚持不懈地组织开展“品经典名曲、赏经典诗词、读经典名著”系列活动，定期组织读书心得、读者沙龙等活动，聘请文化界知名专家走进矿山，开设了每周一次的高雅艺术讲堂，帮助员工感知生命、生活的无限美好，员工在潜移默化中受到熏陶和感染。当前，欣赏高雅文化、培育高雅情趣、追求美好生活成为公司员工的新时尚。

四、实施员工素质提高工程，创建学习型企业

范各庄矿实施了素质提高的阶段目标管理，详细制定了各类人才的动态培养计划、员工学历达标和技术业务升级的年度计划，构建了实施全员素质提高工程的保障机制，包括实施员工岗位成才奖励方案，规定员工通过自学每提高一个学历档次，给予1200—2500元的奖励，对获得集团公司级以上技术比武前三名的选手分别给予600—3000元嘉奖，对取得高级工、技师和高级技师证书的，每月分别补贴200元、500元和800元；采取输送及联合办学等形式，先后选送550人次到大专院校分别进行大专、本科和研究生学历进修，为员工学习培训和岗位成才提供了优越的环境，也取得良好成效：在国家、行业和集团公司组织的技术比武中，范各庄矿200多人次获得技术状元或技术能手称号，30多名操作工通过招聘走上管理和技术岗位。员工感觉到企业不再仅仅是谋生的场所，更是实现人生价值的舞台，深刻地感受到在工作中实现人生价值的乐趣。

五、以文化人，打造员工信赖的“精神家园”

范各庄矿秉持“只要心里装着群众，手里就

有要解决的事情"的理念,坚持从解决员工最关心的具体事情做起,在解决实际问题中凝聚员工力量,升华管理境界。我们立足增强日常思想政治工作的"一感三性",构建并动态完善了以舆情监测网、基础政工网、重点人群网、文化阵地网、思想政治工作研究会为架构的"四网一会"思想政治工作保证体系,有针对性地强化日常思想教育和心理调适,实现了思想政治工作由少数人做到多数人做,由事后处理到超前控制的转变,为更加有效地化解矛盾、梳理情绪、融通情感开辟了一条新的途径,充分调动了广大员工参与文明创建、促进和谐企业建设的积极性。针对员工大病就医可能导致家庭困难的问题,矿里相继实施了《救助患病困难员工互助基金》等互助制度,从确保员工以良好状态上岗作业的角度出发,全面推行了员工上岗前健康状况确认制度,建立了员工个人健康档案,实施了急救箱到工作现场计划。

六、进行环境刷新,塑造美观亮丽的新型煤矿形象

近年来,范各庄矿始终以环境一流、设施一流、管理一流、服务一流为目标,努力改善工作环境,确保员工下井有安全感,上井有舒适感,真正做到"文明生产、体面劳动"。实施了井下作业场所的净化、亮化、美化工程,初步达到井下局部工作地点不戴矿灯也可以作业的境界。按照"地铁标准"对井下大巷进行专项治理,先后安装万余块提示、警示、指示性安全标识。在地面车间厂房、井口罐笼及井下主要行人巷道、候车地点处设置了背景音乐,员工可以在优美动听的背景音乐中舒心工作,一种"家"的感觉油然而生。

在企业形象建设方面,范各庄矿先后启动了形象刷新建设三期工程,把企业战略识别系统(SI)、理念识别系统(MI)、行为识别系统(BI)、视觉识别系统(VI)、听觉识别系统(HI)整合为一个完整系统,努力形成全方位、多层次反映企业价值理念的工作环境,彻底颠覆了煤矿脏、乱、险、差的旧形象。目前,范各庄矿环保制度健全、措施落实到位,环境污染控制指标达到国家环保标准,为员工创造了良好的工作环境,带来美的享受,企业的亲和力、凝聚力不断增强。

(作者:开滦集团公司范各庄矿业公司党委书记)

正确处理相关利益主体的关系

张怡中

以解放思想为动力,当好主体企业与相关企业共商的联络者

在利益分化和利益主体多元化的今天,主体企业与相关企业的利益矛盾必然存在。切实担负起主体企业与相关企业联络共商的责任,是区域经济发展对主体企业党组织的必然要求。而当好主体企业与相关企业共商的联络者需要以科学发展观为指导,树立只有协调发展才能促进科学发展的思想,切实摒弃"无关论"、"困难论"、"多一事不如少一事"的观点,敢于克服怕"引火烧身"、惹来麻烦,怕牵扯精力、影响主体,怕"抢权揽权"、带来非议,怕被误解为"不务正业"、本末倒置等思想障碍,积极履责、勇于担当,充分发挥主体企业党组织的政治优势。只有这样,主体企业党组织担负起服务区域经

济、协调各方发展的角色，才能理直气壮，放开手脚，收到良好效果。

以共同发展为目标，当好主体企业与相关企业发展的统筹者

树立和谐发展理念，把统筹区域发展作为建设和谐企业、和谐社区的切入点。首先，从发展战略上统筹考虑。涟钢党委积极促进主体企业在制定发展战略时将紧密层、支持层、合作层企业作为主体战略发展的要素组成，纳入主体企业的战略规划统筹考虑。其次，在规划执行层面统筹考虑。在制定主体企业长期发展规划时，同时明确"做强主业、做大'两头'"，"打造牢固的上下游产业链"，"大幅度提升集团实业的盈利能力"等促进相关企业共同发展的战略举措。再次，在战略分解落实层面统筹考虑。将紧密层企业的供产销、技术改造项目作为主体企业生产经营与协作的重要组成部分，纳入主体企业计划。

坚持共同发展目标，正确处理主体企业发展与相关企业发展的关系。我们把主体企业与相关企业共同发展作为统筹涟钢所在区域发展的目标，在努力发展自身的同时，促进和带动区域内相关企业共同发展。积极支持将部分炼焦、耐材、产品包装、物流运输、三废资源回收处理、设备检修维护、建筑安装、劳务派遣等每年总额达十几亿元的业务分配给区域内相关企业，让主业集中精力"做强"，让相关企业发挥优势"做活"。

建立统筹发展机制，把主体企业与相关企业统筹发展落到实处。建立定期研究工作制度，党委主要负责人与相关企业党组织负责人就重大工作事项定期进行研究与沟通；邀请党组织关系托管企业领导班子成员参加主体企业每五年一届的党代表大会，每半年一次的常任制党代表大会，每月一次的月度工作例会、月中党委书记（纪委书记、工会主席）工作交流会；主体企业党政下发的有关文件、工作计划安排与活动部署，同时印发各相关企业，确保了相关企业与主体企业保持思想统一，发展同心，工作同步。

以共同价值理念建设为根本，当好主体企业与相关企业文化的引领者

在有多种经济组织并存的区域中，产生反映不同利益主体需求的不同思想观念和价值取向是一种客观必然，而这种多样化的价值观念既不能放任不管，又非主体企业的行政力量所能调适。涟钢党委发挥政治优势，担当历史责任，较早地主动扮演起主体企业与相关企业文化引领者的角色。

培育共同价值理念，引领多样化的价值观念。2004 年，当涟钢主业完成重组、辅业实施改制时，涟钢党委即组织主体企业与相关企业党组织负责人，围绕"社会主义市场经济与企业可持续发展"、"主辅分离辅业改制"主题，开展了两场较大规模的培训教育活动，引导各种经济组织牢固树立"市场经济是竞争经济、法制经济、信用经济"的观念。

加强主体企业文化建设，让主体企业文化在区域文化中发挥主导作用。我们加强主体企业文化建设，提炼并形成了以"诚信，人和，创新"为核心价值观；以"为用户创利，为员工造福，为股东增值，为社会履责"为企业使命；以"精品板材，卓越企业"为企业愿景；以"崇尚学习、勇于创新、团结拼搏、追求卓越"为企业精神；以"精诚、精业、精品"为经营理念的企业理念体系，用共同的价值观统一员工的思想观念和行为规范。在此基础上，开展全员素质教育，实施岗位量化考评，有效提高了员工队伍的素质；制定并实施了《涟钢员工全面发展白皮书》，开展员工职业生涯规划设计，建立扶贫帮困长效机制，实现"三个确保"承诺，大大激发了员工为企业奉献才智的创造性和热情。

坚持和而不同，实现主体企业与相关企业在区域文化建设中的不同侧重。我们从三个层面对主体企业与相关企业的文化建设进行引导。首先，在角色定位上，要求主体企业在共同

发展中“主导而不主宰”，充分尊重相关企业，不能有高人一等、盛气凌人的优越感；相关企业在共同发展中“依托而不依赖”，不能有失去自立、“等靠要赖”的依附思想。其次，在价值取向上，主体企业要讲共同发展，不能“独善其身”；相关企业要讲合作共赢，不能“单边索取”。再者，在行为方式上，主体企业要对相关方负责，关联交易必须依法依规，不能因“血缘”关系而徇私情；相关企业要对自身负责，业务活动不能因“熟人”关系而违反制度。

以合作共赢为基础，当好主体企业与相关企业利益的协调者

涟钢党委在协调主体企业与相关企业利益时，坚持以合作共赢为基础，发挥政治优势，注重事前把关，从四个方面做好协调工作。

搭建平台，建立协调机制。建立月度工作交流例会制度，提出利益协调的有关要求；成立技改工程建设工作委员会，对来自全国各地参与涟钢改造建设的设计、施工、监理、设备制造等各种经济组织的利益矛盾进行及时调处，促进了涟钢主体、内部施工企业、外来施工单位的共同发展；对有资产纽带关系的各相关企业，采取“双向进入、交叉任职”的形式，按责任、权利、义务相统一的原则，完善党组织参与重大问题决策的规则和程序，将党组织政治核心作用贯穿于决策、执行、监督全过程，起到协调利益的作用。

明确原则，促进自主发展。提出“让市场，不让价格”、“适度保护，合理竞争”的原则，保持改制企业基本内部市场份额。鼓励改制企业围绕主体企业的发展规划，找准自身的产业方向和切入点，投资参与相关配套项目及产业链延伸项目建设，培育新的经济增长点，形成合理产业规模。充分发挥董事会和监事会的作用，促进改制企业完善法人治理结构，创新经营管理机制，规范企业运作，实现改制企业稳定和壮大。

健全制度，规范市场秩序。建立和健全内部市场制度和关联交易制度，与紧密层企业签订关联交易协议，以合同形式明确双方的权利与责任；对支持层、合作层企业，制定企业产品与业务目录，确定业务承接顺序，形成以主体企业为中心的内部市场体系；对辐射层企业，建立分级客户管理制度，根据客户的资质、信誉以及合作情况，每年进行评分评级，业绩不良、诚信度差的企业从客户名单中取消。

共建共享，优化社区环境。从企业的社会责任入手，营造良好的发展环境。一方面着眼可持续发展，加强主体企业的节能减排，并通过主体企业的示范作用引导、约束相关企业节能减排；另一方面，着眼和谐社区建设，加大住房、医疗、道路、文化、体育设施投入，加强社会治安综合治理、社区文明创建和群众性文体活动，为待业子女提供就业支持，关爱帮扶困难群体，通过直接提高主体企业员工、家属的生活质量并进而提高相关企业员工、家属的生活质量，总体提升涟钢社区的美誉度和吸引力，为主体企业和相关企业的可持续发展吸引包括人才、智力、资金、管理在内的更多优质资源。

（作者：湖南涟源钢铁集团公司党委书记）

加强基建期企业党委工作

杨胜军

处于基建期的大唐哈尔滨第一热电厂，通过践行科学发展观，按照以人为本的要求，充分

发挥了党组织的政治核心作用，为确保企业实现各阶段目标提供了强有力的思想支持和组织保障。

一、深刻认识科学发展观同党建工作的关系，强化政治核心建设，不断增强领导班子学习实践科学发展观的自觉性。科学发展观是党对社会主义现代化建设指导思想的新发展。大唐哈尔滨第一热电厂党委自成立以来，始终把学习贯彻科学发展观作为提升领导班子综合能力、推进工程建设的重中之重，扎实开展“四好”班子建设，使领导干部的表率作用得到了充分的发挥。理论武装作表率。“打铁还需自身硬”。作为领导干部不仅要有一定的专业水平，还要有较高的政治素质，这是党员保持先进性的重要体现。在工程建设任务紧张时期坚持理论学习不松懈，厂党委中心组理论学习常态化；加强领导干部联系点制度的落实，班子成员经常深入一线；适时召开民主生活会，认真开展批评与自我批评。其次，真抓实干作表率。“喊破嗓子，不如作出样子”。领导干部是学习实践科学发展观的带头人，把主要精力放在研究解决影响企业发展的重大问题上，不转移矛盾、不上交问题，坚持超常规的工作思维、超常规的工作方式、超常规的工作效率，力求把不可能变成可能。在项目核准的关键时刻，厂党委主动承担工程建设组织协调任务，为负责核准的同志腾出充足的时间和精力开展工作。在多方面的努力下，创造了两年零八个月获得核准的纪录。第三，团结协作作表率。领导班子精诚团结对于企业发展具有极其重要作用。由于大唐哈尔滨第一热电厂所处的地理位置，使得重大事项协调解决的压力剧增，一些关键问题如不及时解决，势必影响工程建设。为此厂领导班子及时调整工作分工，负责政工战线的同志在完成本职工作的同时，又主动承担起系统送出、资金争取、子女入学、住房调研等工作，有力促进工程建设。第四，廉政建设作表率。工程建设期也是问题易发期。大唐哈尔滨第一热电厂党委紧密结合实际，有创意地开展多种形式的反腐倡廉教育，不断健全和完善惩防体系。厂领导班子严格遵守廉洁从业相关要求，严格执行“三重一大”决策制度，凡事按程序办，坚持阳光操作。截至目前，大唐哈尔滨第一热电厂在全部结束的设备和材料招标采购工作中，未发生任何违纪违规现象。

二、围绕中心，服务大局，唱响主旋律，打好主动仗，积极营造促进科学发展的和谐环境。党委工作的重要任务就是在统一思想、鼓舞士气、凝聚力量上发挥作用。作为国有企业，党委必须要充分发挥组织优势，唱响主旋律，打好主动仗，开创新局面，实现新作为。一是坚持正确的工作方向。党组织发挥政治核心作用，首先要坚持把握好正确的工作方向，不断引导职工从企业发展的大局中知形势，明方向。大唐哈尔滨第一热电厂党委结合工期紧迫、任务繁重的严峻形势，有针对性地开展党建工作，统一思想，坚定信念。通过开展党员安全文明巡逻队、后勤保障服务队等活动，号召广大党员把“务实和谐、同心跨越”精神落实到工作中。二是发挥党支部的战斗堡垒作用。党支部是党联系群众的桥梁和纽带，是党在基层单位的战斗堡垒，是党的全部工作和战斗力的基础。大唐哈尔滨第一热电厂党委及时根据工程建设情况同步建立了相应的党支部，将党委工作的触角延伸到工程建设的各个角落。在“创岗建区”活动中，在支部中广泛开展了“践行廉洁承诺，永葆先进性、投产建功我先行”活动，充分发挥了党组织的战斗堡垒作用。三是发挥党员的先锋模范作用。一年来，大唐哈尔滨第一热电厂党委引导广大党员在工程建设中发挥模范带头作用，开展了“同心促双投，以实际行动为进入世界500强作贡献”活动。在冬季设备安装过程中，厂党委带领广大党员全身心地投入到实现“抢土建、抓封闭、促供暖”阶段目标上来，为创建安全文明施工样板工地和机组达标投产奠定了基础。四是突出舆论宣传效果，发挥党组织解决矛盾的“融冰”作用。党务工作者在协调处理矛盾和问题时，必须坚持服从改革、发展、稳定大局的思想，既要抓紧解决问题，又不要激化矛盾，始终保持稳定大局。在处理工程现场大棚拆迁工作中，大唐哈尔滨第一热电厂党委积极取得省市各级政府、宣传媒体的大力支持，营造了大棚强拆的舆论氛围。违规农民在强大的舆论压力下，对违建大棚进行了自行拆除。大棚由起初的强拆计划到实现自行拆除，舆论宣传工作起到了事半功倍的作用。

三、坚持以人为本的核心理念，满腔热忱地为职工服务，以实际行动践行执政为民的宗旨。推进党委工作，要把促进人的全面发展作为出发点，充分调动员工的积极性、主动性和创造性。首先，解决安全生产问题。在工程建设过程中，大唐哈尔滨第一热电厂始终坚持“管工程必须先管安全”原则，全面贯彻集团公司安全生产工作会议精神，通过完善机构、健全体系、加大投入、加强教育、加大考核力度等措施，使安全工作得到全过程控制。截至2008年底，大唐哈尔滨第一热电厂实现连续安全生产422天。其次，解决员工生活问题。大唐哈尔滨第一热电厂始终树立群众利益无小事的思想，想职工之所想，急职工之所急。把工作的落脚点放在职工关注的热点、难点、焦点问题上。厂领导干部经常深入到群众中去，帮助他们解决实际问题。针对职工通勤难的问题，厂党委及时增加了通勤车的数量，增设了通勤站点；针对职工子女入学难的问题，厂党委积极同区教育局沟通协调，114名职工子女实现了到市里上学的愿望。第三，解决员工的个人发展问题。大唐哈尔滨第一热电工程采取“烟塔合一”这一国际先进技术，及时组织生产技术人员开展学习培训，充分掌握系统运行的原理、检修等内容，为员工上岗奠定了基础；在生产准备人员培训方面，采取了强化集中培训和厂家定点培训，截至目前，培训人员共计770人次。

四、用改革创新的精神推进党建工作，努力拓展新思维，不断提升党委工作水平。一是创新工作思路。开创党建工作新局面，必须认真开展好深入学习实践科学发展观活动。结合实际情况，大唐哈尔滨第一热电厂党委确定了“坚持以科学发展观为统领，围绕机组双投和生产经营目标这一中心，夯实企业文化和文明单位创建基础，带好干部、党员、员工三支队伍，构建具有哈一热特色的惩防体系，建立工作协调机制、信息沟通机制和人才激励机制”，即“12313”工作思路。二是创新工作机制。大唐哈尔滨第一热电厂坚持党政工作“一盘棋”的思想，将党委工作、行政工作一并纳入绩效考核管理中，同计划、同部署、同落实、同考核，真正形成闭环管理模式。执行过程中，厂党委严格按照月部署、月总结、月兑现的管理思路，确保工作目标、任务落实到位。三是创新载体活动。为全方位、宽领域营造反腐倡廉的环境，大唐哈尔滨第一热电厂利用“三八节”座谈会的机会，组织领导干部配偶参加“家庭助廉”活动，逐一签订《领导人员配偶廉洁自律承诺书》；与市检察院联合开展“走进监狱”警示教育活动，将参观人员由员工扩展至参建单位、项目监理单位，让他们“零距离”接受警示教育，收到了良好的效果。

（作者：大唐哈尔滨第一热电厂党委书记）

创新企业思想政治工作的着力点

何保华

新疆油田公司采油二厂（以下简称为采油二厂）党委围绕企业中心工作，以目标鼓舞人心、以发展凝聚人心、以制度规范行为、以文化营造和谐、以精细化管理夯实基础、以一体化运行创新发展，努力创新思想政治工作模式，为油田发展提供强有力的思想动力、组织保证、智力支持和文化条件。企业获得全国文明单位，全国模范职工之家，全国守合同、重信用企业，中石油基层文化活动先进单位，新疆自治区民族团结模范单位等多项荣誉。

明确发展目标和工作任务，创新思想政治工作运行机制

采油二厂六次党代会提出了“产量前列、效益最佳、文化优秀”的奋斗目标，实现了原油产量的大幅回升。2008 年厂七次党代会提出思想政治工作的任务是，营造制度严密科学、思想积极健康、精神昂扬向上、环境宽松和谐的文化氛围。为此，党委提出思想政治工作与生产、经营、科研一体化运作的新的运行模式。具体内容：一是思想政治工作融入生产、经营、科研工作中，管业务首先必须管思想，专职政工人员是企业管理人员，企业所有管理人员都是思想政治工作者，通过抓好思想政治工作，促进生产、经营和科研工作的发展，实现企业各系统工作的一体化。二是思想政治工作围绕生产工作的重点、经营工作的难点和科研工作的关键点来展开，明确党员领导干部的安全联系点、廉政建设联系单位，制定党员责任区管理办法，实现思想政治工作与企业中心工作的一体化。三是将党、政、工、青、妇组织工作及党建、思想政治工作、精神文明建设、企业文化建设等工作有机结合、统筹安排，实现党群业务系统内部的一体化。为有效实施这一新的模式，党委又提出“四个结合”：突出主题，服务中心与企业发展目标相结合；准确定位，有所作为与完成业绩指标相结合；体现特点，融为一体与加强管理相结合；关爱员工，以情感人与解决员工实际问题相结合。具体操作办法是：推行目标管理，确保日常工作有序进行；推行项目管理，确保重点工作有效开展；工作例会分层次进行，做到重点工作及时例会、日常工作定期例会、探索性工作专题讨论、典型经验组织交流等；实行效果评价和考核，包括目标管理内容完成情况、重点项目效果评价、单位整体工作效果评价等。

明确不同对象和工作重点，创新思想政治工作方式方法

采油二厂是有 50 年历史的老厂，拥有油水井 3390 多口，地处边疆戈壁，员工由 22 个民族组成，企业思想政治工作的任务繁重。

以发展凝聚人心。为实现原油产量 5 年内上 5 个台阶的发展目标，党委充分动员广大员工，开展产能建设、老区稳产和地面建设 3 个攻坚战，实现油气生产的大跨越，提前 2 年实现目标。2007 年新疆油田实施油田二次开发工程，采油二厂成为主战场。党委提出创建“一流团队、示范油田、和谐企业”的发展目标，力争使原油产量重上 200 万吨，并保持 3—5 年。在创造好业绩的同时，加强思想政治工作，形成了加快发展的文化氛围，员工素质明显提高，全厂上下形成油气旺、人气盛、心气顺、凝聚力强的良好局面。

以制度规范行为。根据法律法规和上级规章制度制(修)订、细化全厂各项工作的规章制度，为规范行为打好基础；完善程序文件，为规范操作行为打好基础。先后建立了质量保证体系、HSE 管理体系、内控管理体系等；把严格执行规章制度和深入细致的思想政治工作结合起来。在企业内部形成统一的管理语言平台和标准，使员工形成共同的价值观、行为准则和奋斗目标。

以文化营造和谐。一是倡导“三个善于”：善于发现和及时表扬员工优点，鼓励进步；善于发现和总结好的做法，予以推广；善于发现和树立先进典型，学有榜样。二是实行“三个帮助”：帮助解决困难，解除员工后顾之忧；帮助提高技能，适应企业发展需要；帮助释疑解惑，进行正

确思想引导。二是做到“三个确保”：确保家庭经济困难员工的基本生活得到保障，确保员工有特殊困难得到及时救助，确保困难员工的子女得到及时入学。建立困难员工家庭档案，实行分级动态管理；为全体员工办理互助保险金；建立20多万元的应急解困互助金；制定《扶贫帮困、送温暖工作实施办法》等，做到解困有依据、帮助有标准、操作有办法、责任有落实、生活有保障。

采油二厂近年投入大量资金新建员工食堂、活动厕所和13座采油中心站，向全厂员工提供各种文化体育用品、药品，为一线岗位配装空调、微波炉、饮水机、冷藏柜。坚持对特殊岗位员工进行专项体检、为女工进行妇科专项检查、组织员工健康疗养。修建改建了综合体育馆、网球场、露天活动广场、棋牌健身活动室、室外灯光球场等。广泛开展赛歌会、文化集会、文艺晚会、灯展及球类、书法、摄影、美术比赛等文体娱乐活动。成立了14个员工文化体育活动兴趣小组，按照“领导带头、基层互动、协会搭桥、全员参与”的思路，实现各项文化体育活动年度有计划，季度有安排，月度有比赛，天天有活动。

采油二厂还总结形成了日常思想政治工作的“两必贺、三必访、四必谈、五必到”工作制度。两必贺：员工工作取得成绩时必贺、员工亲人获得荣誉时必贺；三必访：员工受到处分时必访、工作变动时必访、家庭闹矛盾必访；四必谈：员工情绪低落时必谈、受到批评时必谈、遇到挫折时必谈、员工间有矛盾时必谈；五必到：员工结婚生育时必到、生活困难时必到、生病住院时必到、亲人去世时必到、遇到突发事件时必到。把教育群众同服务群众结合起来，把思想政治工作融入到为员工解决实际问题中。

明确精细管理和考核标准，创新思想政治工作基础管理

基础管理工作实现管理网络化、运行一体化、活动项目化。构建全厂上下思想政治工作的管理网络，全面落实思想政治工作责任制，以项目管理的方式组织开展大型活动。目前，采油二厂形成自上而下贯彻情神，自下而上反馈信息，日常性思想问题由基层及时化解，倾向性问题由厂统一部署解决的上下结合、分工明确、覆盖全员的日常思想政治工作机制。

基本工作制度达到制度规范化、程序标准化、责任体系化。各岗位根据工作业务，收集、整理相关法律法规和上级规章制度，提高依法依规和按制度办事的能力；修订完善现有的内部规章制度、工作程序和检查考核办法，提高处理日常工作的能力，并按持续改进的要求定期修订；坚持权力与责任一致，岗位与能力匹配，将工作责任合理分配到人，以工作效果检验工作能力，以工作能力安排工作岗位。

基础信息资料做到资料模块化、信息集成化、共享平台化。按照《采油二厂党群系统基础资料规范》要求，明确和规范各科室、各岗位的基础信息资料的内容、范围、收集程序和格式规范，确定收集人、审核人和完成时限，在规定时间内组织展示和发布，并集成发布在科室网页的固定栏目，以建立平台，方便共享。

基本工作要求做到目标具体化、工作特色化、总结常态化。明确工作目标，确定具体措施；明确工作差异，采取不同工作方式；研究工作对象，创新工作方法；及时总结经验教训，修正工作方案。

（作者：新疆油田公司采油二厂党委书记）

充分利用文化载体　做好职工思想政治工作

酒泉钢铁(集团)有限责任公司党委宣传部

新世纪新阶段,酒泉钢铁(集团)有限责任公司(以下简称酒钢)在抓好产品结构、产业结构、产权结构、组织结构"四个调整",大力实施资源、人才、文化"三大战略"的同时,利用企业文化多种载体,做好职工思想政治工作,为提升企业竞争实力、应对国际金融危机提供了思想保障和强大动力。2000年以来,酒钢先后荣获全国思想政治工作优秀企业、全国重合同守信用企业、全国先进基层党组织、全国五一劳动奖状、全国文明单位等国家、省级和冶金行业50余项荣誉称号。

创新思路,围绕中心工作,鼓舞职工立足岗位促发展

"十五"以来,是酒钢实现又好又快发展的重要时期,面对钢铁行业的迅猛发展和跌宕起伏的金融形势,酒钢始终坚持把弘扬"艰苦创业、坚韧不拔、勇于献身、开拓前进"的"铁山精神"贯穿于生产经营建设的各项活动中,并在新形势下不断拓展内涵,使其发挥更大的激励感召作用。

一是坚持弘扬"铁山精神",培育高素质员工队伍。酒钢把艰苦奋斗精神融入到打造"百年酒钢"基业之中。反复宣传"条件好了,艰苦奋斗的传统不能丢;环境变了,艰苦奋斗的作风不能变;生活提高了,艰苦奋斗的精神不能忘"的理念,教育职工继承和发扬优良传统,永葆艰苦奋斗的光荣本色。把"铁山精神"作为激励职工奋发进取的精神支柱,在酒钢建厂50年之际,更新改造了展览馆展示内容,利用展览馆开展经常性的厂史、厂情教育,使"铁山精神"在职工队伍的新老交替中代代相传,成为精神依托和价值取向。尤其是在当前国际金融危机形势下,"铁山精神"成为酒钢人战胜困难的强大动力和潜在生产力,是酒钢在市场竞争中立于不败之地的魂魄。集团公司一方面优化铁、钢、材生产工艺流程,一方面眼睛向内大力压缩可控费用,坚决消灭"出血点",实行全面"过紧日子"原则。2009年1—5月份与上年同期相比共降低各种费用5.41亿元,降幅15.3%,有力地化解了金融危机的影响和冲击。

二是不断创新企业文化,树立良好企业形象。集团党委紧密结合企业不同时期、不同阶段的中心任务和重点工作,不断创新,把思想政治工作融入到生产经营建设全过程,纳入到企业文化建设之中。坚持定期召开企业文化研讨会,注重培育企业的团队精神。制定了《酒钢文明管理道德公约》、《酒钢职工职业道德规范》和《酒钢职工文明礼仪规范(试行)》等。制作了《酒钢企业形象识别手册》,导入视觉识别系统,全公司5000多个岗位分别修订完善了本岗位的文明道德规范。逐步形成"高起点、精产品、高质量、高效益"的可持续发展理念,"产品即人品、质量即效益"的质量理念,"客户至上,诚信服务"的营销理念,渗透到管理过程的细节之中,激发职工学一流技术、干一流工作、创一流产品、建一流企业,不断增强企业的凝聚力和竞争力,对内统合了企业的核心价值观,对外传播了企业形象。

三是加强宣传思想阵地建设,改善职工文化生活质量。先后组织拍摄了《祁连明珠》、《今日酒钢》、《甘肃酒钢》、《酒钢五十年》等专题片;组建了职工艺术团、内退职工文工团等文艺团体;先后编排公演了《铁山魂》、《戈壁起宏图》、

《今朝颂》、《跨越》、《戈壁之春》、《祝福酒钢》等大型歌舞剧，职工艺术团曾赴欧洲、港澳地区和北京、东北三省、四川等地演出70余场次，部分剧目获甘肃省“五个一”工程优秀戏剧一等奖；组织撰写了《铁山精神铁山人》、《群英谱》、《改革开放中的企业思想政治工作》等一批专著；编修《酒钢志》等文史资料，出版了《酒钢画册》等30余种书刊和职工业余文艺作品，集中展示酒钢艰苦创业的历程，激扬职工开拓进取的斗志和爱岗敬业精神，营造文明和谐的工作环境、健康向上的文化环境、安居乐业的生活环境、有序可控的安全生产环境。

创新机制，围绕企业改革，引导职工居安思危求生存

结合企业生产、经营、建设、改革、管理实际，注意把工作重心放在为生产经营建设服务上，把衡量工作成绩和效果的标准体现在发展目标上，不断创新工作内容与形式，建立管人、管事、管思想相统一的“一岗两责”工作机制，建立“大政工”的工作格局。

一是制定《酒钢思想政治工作条例》，把思想政治工作纳入企业的基础管理。以制度的形式，定量定性考核的办法，对思想政治工作的指导思想、方针原则、主要内容、方式方法、管理体制、运行机制等方面的内容进行规划，形成在继承中求提高、在创新中求发展、在发展中求一流的工作机制，使思想政治工作有章可循，科学化、规范化、常态化，强化了“生命线”地位。

二是坚持目标管理工作，培养“四有”职工队伍。集团公司党委不断创新思想政治工作的方式和途径，从1989年起，连续多年坚持推行基层党委目标管理考核，考核方式由基层党委延伸到党支部。每季度在基层党委、支部自检的基础上，由公司党委各部门组成考核小组分别对下属党委、直属党总支的工作逐项检查考核，对前6名予以奖励。党委目标管理制度的长期坚持，提高了基层党组织争先创优的积极性，增强了各级专职管理人员的工作责任心、主动性和创造性。并将持续推行党员“五高”、班子“五好”建设、党支部“达标升级”以及“青年文明号”、“先进操作法”等相结合，陶冶了员工的思想道德情操，培育高素质员工队伍。

三是保证资金投入，全方位为思想政治工作搭建平台。近年来，集团公司先后投资上亿元用于新闻中心有线电视网络、职工培训基地、体育馆、大剧院等硬件设施的建造，保证职工艺术团和图书馆每年的费用投入，免费为3万余户职工发放数字电视机顶盒。在“软件”方面，坚持对先进基层党委、党支部、优秀共产党员、先进党务工作者、双文明建设标兵、劳模、思想政治工作先进个人予以宣传推广和表彰奖励。公司每年用于党建思想政治工作的资金投入均超过工资总额的1%，有效促进了思想政治工作向更宽领域、更高层次的拓展。

创新体制，围绕经营管理，教育职工诚实守信提素质

酒钢思想政治工作紧扣企业生产经营建设实际，把关注职工期盼，反映职工呼声，为生产经营鸣锣开道，为深化改革摇旗呐喊，为稳定大局添砖加瓦作为主攻方向，教育职工诚实守信，敬业爱岗，使思想政治工作显示出勃勃生机。

一是运用典型启迪示范，营造宣传舆论氛围。酒钢有线电视台、《酒钢日报》、酒钢网站等新闻媒体，聚焦生产经营的难点、职工关心的热点，坚持唱响主旋律和正确的舆论导向。集团公司党委加大宣传力度，每年开办各类专题、专栏，大张旗鼓地宣传近20年来公司涌现出的5名全国劳动模范，8名全国“五一”劳动奖章获得者，22名省、部级劳动模范，300多名公司级劳模，千余名“双文明”建设标兵和优秀共产党员、优秀党务和思想政治工作者的典型事迹，弘扬新风正气，启发教育干部职工向先进学习，激励职工争先创优，奋发有为，建功立业。

二是开展形势政策教育，增强道德法制观念。以“四五”、“五五”法制宣传教育规划为目标，坚持每季一次的干部理论辅导和形势政策

教育制度。在高管人员中实行普法考核证制度，编印了《国有企业产权制度改革宣传材料》、《普法教育资料汇编》等学习资料，酒钢有线电视台专门录制央视“今日说法”栏目，在自办节目中定期播放。组织青年职工开展了网上知识竞赛和法律常识普及，使依法治厂的战略得以实施。并在营销、商贸、物业、餐饮等“窗口”单位开展了“诚信工程”、“用户满意工程”为主要内容的优质服务承诺制，提升员工素质，打造企业品牌。

三是坚持开展主题教育活动，促进生产经营持续发展。集团公司党委连续13年持续开展一年一个主题教育活动，年年有新思路、有新变化，开展得扎实有效。近几年，根据公司改革发展实际和市场竞争形势，先后开展了“对比教育”、“双树双创”、“三德三增强”、“三创”、“两讲两塑”、“三抓三促”、“提升执行力、推进精细化”、“弘扬精神促和谐、提质降耗增效益”和“练内功、迎挑战，保增长、促发展”等主题教育，促进了文明管理，推动了生产经营持续健康发展。2008年，酒钢生产经营主要指标与2002年相比较，铁钢材产量分别增长了195%、250%和247%，营业收入增长了792%，利税增长了232%，跃上新台阶。特别在2008年受到全球金融危机影响的情况下，酒钢实现营业收入379.14亿元；粗钢产量名列中国钢铁企业第15位、全球第40位。

创新载体，围绕发展目标，激励职工更新观念聚合力

坚持思想政治工作贴近公司体制改革、结构调整和生产经营的实际，以发展目标统一思想，以发展蓝图激励斗志，以发展成果鼓舞人心，切实发挥了教育引导、团结鼓劲、凝聚人心的作用，营造积极向上的思想环境和舆论氛围。

一是紧贴生产经营，凝聚人心聚合力。酒钢围绕企业生产经营、体制改革、挖潜增效、降耗创收等目标，利用形式多样的宣传方式，及时宣传、总结和推广好经验、好典型，发动职工献计献策，使思想政治工作紧贴企业经营管理，凝聚人心。《酒钢日报》、酒钢电视台、内部网站等媒体，坚持正面引导，唱响改革发展、奋进图强的主旋律，不断催生创业发展激情。

二是紧贴企业改革，理顺情绪解难题。“九五”以来，面对涉及职工利益的大力度改革，思想政治工作从更新职工思想理念入手，注重超前引导，让职工转变观念，自立自强，树立忧患意识；注重正面教育，用职工身边自谋职业、勇闯市场的鲜活事例，转变择业观念，树立正确的人生观、价值观；注重矛盾纠纷调控排查，让职工识事明礼，自觉运用法律武器保护自己的合法权益；注重政策扶持，对特困户和困难职工家庭实行“两个减免”政策，采取“送温暖”、“献爱心”、走访职工家庭等措施，保持了职工队伍稳定。

三是紧贴职工需要，尊重关心鼓实劲。酒钢把关心职工思想上的变化，工作上的成败，精神上的需求，生活上的苦乐作为改善党群关系、干群关系，调动一切积极因素的有效途径。广泛开展了和谐酒钢、和谐单位、和谐岗位、和谐家庭、和谐职工的创建活动；实施人才强企战略，重视人才队伍建设，不断健全人才培养、评价、使用和激励制度，不断完善有利于人才全面发展、脱颖而出的选人、留人、育人和用人机制；强化了经营管理人才、专业技术人才、高技能人才三支队伍建设，在全公司形成了尊重知识、尊重劳动、尊重人才、尊重创造的局面。

实现企业科学发展的关键环节

王社平

冀中能源集团纵贯河北，横跨晋冀，北延内蒙，有6个生产矿区，7个子公司，10万职工，涉及煤炭、电力、化工、机械、物流等领域。要建设一个现代化的能源集团，保证企业的健康、持续、快速发展，保障广大职工的根本利益，必须有一个科学的发展战略。根据河北省委、省政府指示精神，结合企业实际，在深入调研的基础上，冀中能源集团提出了“力举主业，助推多元，集成优化，科学发展”的发展战略，提出了实施“三步走”，实现“双五八一”，跻身煤炭企业前10强，建成紧密型、高效能、可持续的特大型现代能源集团的发展目标。

战略引领，凝聚科学发展的力量

这个总体战略、发展目标，符合科学发展观要求，符合企业实际，符合广大职工的意愿和利益，使企业今后的发展主题更加鲜明，发展方向更加明确，发展思路更加清晰。对冀中能源做强做大，提高整体实力和影响意义重大。企业思想政治工作站在大发展的背景下，认真研究在新形势、新条件下，企业党员和干部职工的思想动态及变化规律，创造性地开展思想政治工作，努力把思想政治工作优势转变为发展的优势。营造舆论，喊响目标，坚定信心，真正把员工思想凝聚到备战“双五”目标上来，把力量汇聚到备战“双五”实践上来。集团公司上下形成一股劲，使战略目标入耳入脑入心，使广大职工对企业发展的形势、环境、状况及企业定位、战略目标、发展方向有深刻认识，把广大干部员工的思想观念统一到发展战略和目标上，统一到加快企业战略实施、落实各项工作部署上来，努力增强危机意识、机遇意识、责任意识和大局意识。

战略引领发展，目标凝聚人心。冀中能源集团描绘了“十一五”蓝图，确立了“双五八一”目标，极大地鼓舞了广大职工树雄心、立壮志，识大体、顾大局，一条心、一股劲，激发起强烈的使命感、责任感和紧迫感，人人自我加压，个个勇挑重担，纷纷争做贡献，集团上下形成你追我赶、竞相发展的生动局面。

解放思想，扫清科学发展的障碍

保证企业战略目标的实现，是企业实现全面、协调、可持续发展的必然要求，是10万干部职工的根本利益所在。发展战略宏伟而远大，战略实施却非一帆风顺。特别是去年下半年以来，受国际金融危机影响，一些制约企业发展的突出问题如市场主体活力不足、创新能力不强、增产难度加大、安全难题待解、节能减排任务艰巨等凸显，给企业发展带来诸多挑战。同时也暴露出我们在思想观念、体制机制建设、领导干部作风等方面，与科学发展观的要求有差距，其中，思想观念的制约和束缚是最主要的。企业思想政治工作必须充分发挥政治核心作用，为推动企业战略目标的实现扫清思想障碍，不断引导企业员工开创新视野、迈向新境界。

新时期的企业思想政治工作，必须把解放思想、转变观念作为开展工作的总阀门，做解放思想、转变观念的开路先锋。把思想解放的成果转化为推动企业发展的动力，形成落实科学发展观的强大合力。冀中能源的联合重组、从小到大、由弱到强，冀中能源实现大跨越、大发展的实践，每前进一步都离不开思想的大解放、观念的大转变。企业思想政治工作要以科学发展观为统领，把解放思想作为适应新形势、应对新挑战、认识新事物、开拓新局面的根本思想武器，大力破除不利于改革创新的思想障碍，自觉把思想认识从不符合科学发展观要求的观念、做法和体制的束缚中解放出来，创新发展理念、创新发展思路、创新发展举措、创新领导方法，真正做到勇于变革、勇于创新，永不僵化、永不停滞。

企业在推进科学发展，实现战略目标过程中，不可避免会遇到各种新情况、新问题、新矛盾，这就要求企业思想政治工作要时刻关注企业发展过程中职工群众的思想动态，引导职工群众打破旧观念、旧传统、旧方式、旧框框，树立新思想、新理念，开拓新境界，创造新模式。加大调查研究力度，以科学发展观的眼光，正确看待企业改革发展中员工产生的各种思想和心理问题，充分发挥思想政治工作对企业发展的引导、保证、服务功能，实现思想政治工作与生产经营管理的同频共振。

以人为本，抓住科学发展的核心

以人为本是科学发展观的核心，也是思想政治工作的灵魂。企业坚持以人为本，就是以职工群众为本。企业的发展为了职工，也必须依靠职工。职工是兴企之本，是办企之根，是企业发展的根本保证和源泉。

坚持以人为本，要关心人、理解人、尊重人。冀中能源集团始终坚持“企业发展、惠及职工”的理念，切实维护广大职工的根本利益，积极办实事好事。努力改善职工生活环境，让所有一线职工吃上了营养餐，宿舍全部安装了空调，职工收入也得到大幅度提高，增强了企业的向心力和凝聚力。经常举办运动会、文艺汇演等活动，丰富职工的精神文化生活，满足职工的物质和精神需求。建立规章制度，制定维护职工合法权益的政策、措施，保证职工在企业管理活动中的主人翁地位，明确职工当家做主的权利义务；广泛开辟反映职工心声、意见、建议的渠道，动员组织广大职工参与企业改革政策的讨论、制定、修改、贯彻、落实，让职工有知情权和参与权。落实职代会职能，坚持重大事情让职工知道，涉及职工切身利益的事情由职代会讨论通过，维护职工的根本利益。

坚持以人为本，要鼓励人、激励人。冀中能源集团一方面重视物质激励，在绩效考核上真正体现“多劳多得”，最大限度地减少引发员工心理失衡的外部诱因。对作出特殊贡献的员工给予实物奖励，包括颁发奖金和奖品，以激发广大职工的积极性、主动性和创造性。同时，改革奖励分配制度，向生产经营技术一线倾斜，对有突出贡献者，除给予一次性重奖外，还给予升职、加薪奖励。另一方面，重视精神激励，对在生产经营和技术创新上作出特殊贡献的先进员工给予表彰，包括表扬、发奖状、奖牌和授予各种荣誉称号，使先进人物的特殊贡献得到尊重。

坚持以人为本，要培养人、发展人。冀中能源集团完善人才培养和选拔机制，创造公平公正的企业氛围，使每个职工创业有机会、干事有舞台、发展有方向。按照“人尽其才、适才而用”的原则，制定岗位竞争、动态考核制度，形成岗位能上能下、人员能进能出的用人机制。坚持公开、平等、竞争、择优的原则，打破部门界限，推行管理人员竞聘制，促进人才的合理流动和配置，形成更有效的激励竞争机制；建立健全正确识人、育人、选人、用人的有效机制，为干部能上能下、优秀人才脱颖而出、纠正和防止用人上的不正之风提供制度保证；积极培养和鼓励职工岗位成才，提高职工素质，使职工充分发挥自己的聪明才智，实现自身价值。在用人上打破条条框框，一切从有利于调动干部队伍的积极性出发，一切从有利于战略目标的实现出发。坚持唯才是举、重贤任能，不冷落实干者，不亏待老实人。强化以贡献论奖惩，凭能力用干部的导向，做到能者上，平者让，庸者下。以企业需求为导向，建立分类分层的人才培养机制，开展全覆盖、多手段、高质量的能力培训，着力解决重使用、轻培养的问题。有计划地组织干部培训，切实提高干部队伍的思想素质和业务技能，努力造就一支德才兼备、朝气蓬勃、梯次合理、专业配套的人才队伍。真正激发各类人才的创造活力和创业热情，使想干事的有机会、能干事的有舞台、干成事的有位子、不干事的有危机，真正形成人心思干、干事创业的良好环境。

（作者：冀中能源集团董事长、党委书记）

必须加强企业改革改制中的思想政治工作

姬建民

企业改革改制是社会主义市场经济条件下企业健康发展的重要途径。成功改制的国有企业，国有资产会保值升值，职工利益会得到保障，企业效益会大幅度提升。实践证明，思想政治工作是企业改革改制成功的重要保障。而7月份发生的吉林通钢事件，留给人们诸多思考和启示。

启示一：思想政治工作在企业改革改制过程中只能加强，不能削弱。我国革命和建设的成功经验充分证明，思想政治工作是经济工作和其他一切工作的生命线。革命战争年代如此，经济建设时期如此，改革开放时期亦是如此。企业改革改制关系到国家、企业和职工等诸多方面的利益，纷繁复杂。要实现改制的平稳过渡并达到预期目的，必须在制定方案之初，充分考虑到职工群众的利益和接受程度，并在改制过程中的重要“节点”加强深入细致的思想政治工作，广泛向职工解释企业改制的必要性，开诚布公地把管理层的思想、看法与职工沟通，认真听取和吸收职工的意见建议，取得职工的充分理解与支持。如果在企业的改革改制中忽视思想政治工作，或者只是把思想政治工作当做摆设，写在纸上、说在嘴上、喊在会上，认为“上面的工作做好了，下面就好办了；上面决定了，下面就通顺了”，用主观判断和“长官意志”代替思想政治工作，就很有可能导致群体性事件或重大问题的发生，造成企业改制不成相反还会带来被动和损失。假如通钢的重组能够把思想政治工作贯穿始终，就会洞悉广大职工所想、所需，就能有的放矢地做好工作，化解矛盾，保障重组的顺利进行。

启示二：企业改革改制必须充分发挥党的政治优势。党的领导在企业的政治核心作用是重要的政治优势，这是我国企业文化最鲜明的特色，是企业改革改制得以成功的政治保障。在企业改革改制中的重大问题上，譬如在发展战略、管理理念、人事安排、国有资产评估、资产划转、富余人员安置、利益分配、维护稳定等方面，必须坚持党的领导的核心作用，并通过思想政治工作了解民情、疏通民意、凝聚民心，这样才能真正把广大职工的思想与干劲引导到支持企业的改革改制中来，也才能够保证企业改革的正确方向，保证改革的成功。

启示三：企业改革改制必须以职工为本，切实尊重职工的主人翁地位。职工是国有企业的主人翁，广大职工与企业管理层有着平等参与管理企业的权利，也有着平等和谐对话、沟通和交流的权利。企业的改制重组是涉及全体职工利益的大事，不是仅有领导层面的谋划就万事大吉。为此，在企业改制过程中，应当特别关注职工的思想情绪，了解职工的真实想法和要求，并提供畅通的渠道使职工可以表达自身的利益诉求。如果企业的改制重组只是经由高层决策，而职工失去话语权、参与权，只有“听招呼”的份儿，就从根本上背离了群众路线的思想方法和工作方法，就会脱离群众，失去发展的根本。企业只有坚持以职工为本，真正把职工当成主人看待，通过职工代表大会和工会组织来切实保障职工以制度化的方式实质性参与管理企业的权利，做好强有力的思想政治工作，才是企业改革改制取得成功的必由之路。

（作者单位：中共河北省沧州市委宣传部）

煤炭企业思想政治工作创新

中国煤炭职工思想政治工作研究会

以科学发展观为指导，适应煤炭工业的发展，在思想政治工作观念、内容、方法、机制上不断创新，更好地服务企业，是煤炭企业基层党组织和思想政治工作者在新形势下不断深入探索和实践的问题。综观现实，煤炭企业的发展，必须要有安全作保障，用安全发展保证科学发展、可持续发展。为此，多年来中国煤炭职工思想政治工作研究会（以下简称中煤政研会）始终坚持党的基本路线不动摇，坚持以矿工为本，对矿工负责，把思想政治工作渗透、融合到安全生产的全过程、各环节，探索出煤炭企业思想政治工作的新路子、新途径，为煤炭企业走上安全、健康、可持续发展的道路提供了思想保证和智力支持。

升级安全文化建设理念

煤矿的安全问题是党和政府十分重视、全国人民十分关注，并且多年来想解决而未解决的问题。中煤政研会从 1998 年开始推广阳煤集团的安全教育 12 法。阳煤集团安全教育 12 法的实践效果，为煤矿安全生产宣传教育走出了一条切实可行的路子，对煤矿安全的稳定起到众所认知的保证和促进作用。但是仍有少数煤矿企业的领导对安全文化认识不足，安全工作跟不上去。2004 年到 2005 年，煤矿连续发生几起特重大事故，使煤炭企业的各级领导更加如履薄冰。在此情况下，煤矿的安全就成为社会各界舆论聚焦的热点，成为各级政府对煤炭企业关注评价的焦点，自然也成为煤炭企业的工作难点。

2006 年初，中煤政研会组建了《安全文化系统推进》课题组。经过对几百起不同类型安全事故的解剖分析，可以认为，就安全抓安全，不能从根本上消除事故的隐患。因为事故是煤矿各方面工作的综合体现，必须用新的理念来指导安全管理工作，即从以“事”、以“物”为中心，转到以“人”为中心上来，做好企业的管理基础工作，才能获得安全的稳定局面。在吸取国外生产性大企业安全文化经典做法的基础上，课题组广泛分析了国内煤炭企业特别是国有煤炭企业、煤矿对安全文化的有益探索，梳理了各类典型经验，最后提炼出适合煤炭企业特别是国有煤矿安全文化建设的 5 种要素，即安全目标愿景、安全理念、12 种安全行为养成、安全宣传教育和安全文化氛围、全视觉听觉识别系统。这 5 种要素对于培育员工和群体的安全价值观、安全意识和行为方式，从人的精神素质、思想观念、行为养成，从岗位操作程序和规范，从安全环境氛围营造等方面进行了有益尝识，以建设一支能适应煤炭现代化大生产的本质型安全人。

许多企业和煤矿开展了积极有益的实践探索。围绕“想安全”，开展了“我要安全、安全为我”安全理念、安全愿景、安全荣辱观教育；抓安全理念的征集、整合、提炼、开发，形成有本矿特点的安全管理理念、核心理念、安全价值观等。

通过开展知识竞赛、安全咨询日、安全文艺演出等系统安全宣传教育活动，强化安全理念的树立和应知应会安全知识的掌握。利用电视、广播、网站和电子屏等宣传工具，动态播放安全管理制度、现场隐患和问题的处理、各地煤矿最新事故信息，使员工思想逐步统一，员工的归属感加强，凝聚力逐步体现；围绕"会安全"，强化安全技能培训。通过员工素质登高工程，开展全员手指口述、岗位描述、技术大比武等形式，激励员工努力达到"一门精、两门通、三门懂"，全面提升员工的实战技能，为企业可持续发展提供智力支持和组织保障；围绕"保安全"，加大了安全设施的投入，建立和健全安全制度，强化安全现场的定置、编码、标识、看板管理，推广现场工程质量标准化、行为环境文明化，创造本质安全的现场环境。真正达到人、机、物的协调统一，保证安全生产。

推进安全文化建设的做法

(一)安全行为养成是安全文化的主要内容

安全是煤矿工作永恒的主题。安全问题主要是解决"物"的不安全状态和"人"的不安全行为。最基本的因素还是员工安全行为的养成，是现代化大生产所要求的基本行为习惯，为安全工作提供可靠的作业支持。中煤政研会始终把安全行为养成作为煤炭企业安全文化的重中之重。重点抓了个人安全防护装备的安全行为养成、乘坐提升运输设备的安全行为养成、行走站立的安全行为养成、防灾避灾的行为养成、主动了解信息的安全行为养成、安全确认的安全行为养成、自觉服从的安全行为养成、主动学习磨炼的安全行为养成、安全作业岗位的自我岗位描述、确保安全的自我身心调适。安全六预(预知、预想、预报、预警、预防、预备)行为养成是从责任、规程、案例、现场、操作等抓起，建立与之配套的原矿井、基层单位两级应急预案和矿井、专业、区队三级预警预报网络，定期开展模拟实战演习和预案实施训练，做到超前防范，彻底消除安全生产过程中的不安全行为。针对许多企业、煤矿、区队事故的发生都是由于个人操作前急于完成作业任务而无视或忽视可能发生的危险，在毫无防备的"不设防"状态下导致事故，中煤政研会着重推进手指口述的行为养成，即要求每个作业者对可能引发危险的每一操作行为，都要通过手指口述进行安全确认，此举成为防止误操作，提升岗位作业质量、确保安全生产的重要手段，也成为行为养成职业化升级的重要途径。从正式操作前、交接班、操作过程、操作结束后、联合作业、辨认盘点推进手指口述，引导职工每做一件事都要经过叙述、确认、操作三个环节，从而确保操作行为的准确性。

(二)课题引路、培训骨干、试点先行、现场推进是推进安全文化的主要途径

1.课题引路。中煤政研会抓安全文化从搞课题研究开始。1998 年在阳泉煤业集团开展"安全教育 12 法"的课题研究，探讨了思想政治工作如何服务服从于经济工作路子，并在阳煤集团的推广实施过程中取得明显效果，百万吨死亡率大幅降低，产量以每年 300 万吨的幅度增长，效益开始上升盈利。以后陆续开展了《以人为本的煤矿精细管理模式的探索》、《安全文化系统推进》、《五精管理》等课题研究。每一个课题组要组织十几家企业煤矿参加，边研究边实践。课题完成后就出一本成果，先后编印了《煤矿安全教育手册》、《以人为本的企业精细管理》等。这些书对煤矿安全生产从理论到实践进行阐述，分理论篇、调查篇、模式篇、案例篇，有很强的指导性、实用性。

2.培训骨干。中煤政研会站在代表先进文化的前进方向、构建和谐企业、推动科学发展的高度，坚持理论引导，以系统论的观点，审视安全文化建设。始终以转变各级管理人员对安全文化的认识观念为重点，以提高员工的操作技能为重要环节，针对不同层次、不同群体进行有组织的、系统的脱产培训，提高大家对安全文化的认识。2001、2002 年两次召开《安全教育 12 法》现场学习推广研讨会；2003、2004 年两次在

阳煤集团召开“用企业文化打造高标准文明煤矿现场学习推广研讨会”，培训1600多人次。其中，受培训人员有书记和宣传部长，有董事长、总经理、安监局长、工会主席、团委书记，还有一批矿长、副矿长及基层区队的管理者和业务骨干，为推进安全文化建设培育了队伍。2006年以来，中煤政研会又在阳煤、峰峰、义煤、淄博集团等召开了5次会议，通过系统讲解、现场考察和充分研讨，使课题研究骨干深入全面地掌握安全文化系统推进的有关理论知识、实施办法和推进策略。提高了分析解决实际问题的思维能力、应用能力、创新能力，成为各企业、煤矿深入开展安全文化建设的领军人物。

3.试点先行。安全文化建塑初期，中煤政研会就确定了选点实验、典型引路、示范带动的基本思路。首先把阳煤作为安全文化的试点，随后又在全国煤矿抓了10个点。如河北的开滦，山东的新汶、枣庄、淄博，辽宁的沈阳，黑龙江的双鸭山，河南的平顶山、神火，甘肃的华亭，陕西的蒲白。这10个煤炭企业是不同地区不同类型的矿，从条件和效益上讲当时都处在企业发展的困难时期。枣矿集团是百年以上的老矿，在从计划经济向市场经济转型过程中，长时间没有走出安全状况差、经济效益低、发展后劲乏力的困境。1999年，百万吨死亡率高达1.50，曾发生多起重特大事故。2000年，集团公司班子调整后，他们针对煤炭企业的高危特性，把安全文化建设作为企业文化的重点，把思想政治工作渗透、融合到安全生产管理的各方面，安全形势大大好转，企业发展迅速，百万吨死亡率由2000年的0.75降为2008年的0，连续3年无死亡。2008年产煤2043万吨，实现利润25亿元。山东省政府开展了“全省工交系统学枣矿、国有大矿学枣矿”的“双学”活动。沈阳的林盛矿，地质构造相当复杂，急倾斜，煤的倾角是45度到72度，顶底板也不好，瓦斯浓度也很高，从1981年到2001年投产20年间死亡127人。但从2001年到现在，该矿没有死亡1个人，没有重伤轻伤。中煤政研会安全文化从点上抓起，扩展到整个行业全面铺开，全国煤炭企业安全文化建设呈现出你追我赶的良好态势。

到目前，中煤政研会已命名七批56个企业文化示范矿和8个示范基地。他们的属性和功能有：是企业文化实践成功的标杆，是发展生产力的典范；是企业文化开拓创新标兵，是解放思想、与时俱进的典范，是全国煤矿企业文化建设的探索先锋，以他们富于创新价值的成果，为企业文化建设拓展出崭新的境界、广阔的空间；他们是特色品牌的榜样，是实事求是、求真务实的典型示范，以自强不息的持续建塑，打造出个性鲜明的团队文化特色品牌；他们是企业文化研究试验基地，为全国煤矿的企业文化建设提供新理论、新成果、新经验。是全国煤炭行业企业文化建设的样板楷模，产生了强大的示范效应。

4.现场推进。中煤政研会每做一个课题，都要召开若干次数现场会、推进会，推动安全文化建设。《安全文化系统推进》课题组先后在蒲白、峰峰、义煤组织召开3次课题组大型会议。采取三种培训办法：全面系统讲解；现场考察学习；专项示范培训。在课题进入结题阶段时，各成员单位对课题进展情况再次交流，对各成员单位提出具体指导意见。对于一些基础工作较薄弱的单位（如现场的编码管理），课题组纳为课题内容，编写编码管理的研究材料，制作软件，在会议期间做专题讲座。课题组会议期间和其他时机，各成员单位领导和骨干互相沟通情况，互为启发。中煤政研会还搞了一次企业文化煤矿行，带着百多人行程6000多公里，9天观摩了8个煤炭企业，看了9个矿，起到很好的示范效应。

（三）开展军事化训练是落实安全文化建设的重要保证

针对煤矿制度存在“落实不下去，贯彻不力”的情况，许多煤矿从安全生产法律法规、操作规程、安全质量标准化、安全岗位责任制得到启发，提出“把矿山打造成兵营，把职工塑造成军人”的目标，培养职工在法律法规、制度规定的条件下“绝对服从”，雷厉风行、令行禁止的作风。按照目标、执行、监督、反馈、再到执行的流程，制定人人、事事、处处、时时、物物有标准，形成人人都管事、事事有人管的良性运行机制。把隐患分成若干等级，实行责任追究制度，保证隐患得到及时解决。许多煤矿现场数据对比分析显示，实行准军事化管理后，“三违”现象大幅减少，人的安全可靠性大大提高。

打造人岗和谐的安全文化

聂世勇

中平能化集团由原平煤集团和中国神马集团于2008年12月重组联合而成，拥有平煤股份和神马实业2家上市公司，2个国家级技术中心和2个博士后工作站，是一家资产总额近800亿元，跨区域、跨行业、跨所有制、跨国经营的“航母型”能源化工集团。在刚刚排定的2009中国企业500强榜单上，中平能化集团以2008年实现营业收入681.3亿元的佳绩跃居第80位，比去年前移了59位。同时，还以25.5亿元的净利润位居2009年中国企业效益200佳第92位，并排名煤炭采掘及采选业第5位，在河南省率先跻身中国企业100强和中国企业效益100佳。近年来，集团党政致力于学习型企业文化建设，并把安全文化作为企业文化的重中之重，精心打造人岗和谐安全文化，实现了安全生产持续稳定，先后有5个矿井被中煤政研会命名为企业文化示范矿。

安全是煤矿永恒的主题，也是能源化工行业永恒的主题，真正要建立起安全生产的长效机制，保证企业长治久安，就必须靠文化的支撑。随着集团煤矿开采深度的不断增加，面临水、火、瓦斯、冲击地压的压力越来越大。目前，在集团30对生产矿井中有14对高突矿井，有7对矿井开采深度在1000米以下，安全工作难度进一步加大。因此，中平能化集团把安全文化定位为学习型企业文化的主体文化，企业文化建设的主要内容重点围绕安全生产来展开，建立完善了安全愿景、安全理念、安全行为、安全素养、安全确认、安全环境和岗位精细管理系统，把安全文化建设放到非常重要和突出的位置来抓。

激励联动，规范操作，强力推行“双述”工作

作业中的误操作是发生事故的最直接诱因。加强安全文化建设，首先要把规范职工作业行为作为重点，不断推动安全文化建设向纵深发展。从2007年起，我们在全集团强力推行“手指口述”和“岗位描述”，并以“双述”工作为安全文化建设的突破口，点面联动，深入推进。

一是统一思想，全面启动。“手指口述”管理法，是当今国际认可的先进安全管理办法，通过心想、眼看、手指、口述的方式，使职工深思牢记安全操作过程及作业要领，是规范员工安全生产行为、落实安全措施，确保安全生产的有效管理模式。“岗位描述”是通过对岗位环境、岗位设备、岗位职责、岗位要求及安全状况的定期描述，使岗位工作人员掌握应知应会，提高岗位安全系数。中平能化集团把推行“双述”作为深化安全文化建设的重点，董事长、总经理亲自抓，安监局、宣传部具体抓，各业务部门共同抓。各矿结合实际，制定了“双述”操作法实施办法，

分专业编制“双述”操作要领手册，利用班前会、安全活动日组织职工学习“双述”相关知识，播放“双述”专题片，使“双述”工作在短时间内实现了全面启动。

二是精心策划，点面联动。在各单位全面启动的基础上，中平能化集团因势利导，精心策划，点面结合，上下联动，推进“双述”工作全面开展。一是针对部分职工不理解、不了解、嫌麻烦和部分单位图形式、走过场的情况，组织对“双述”有研究的同志，深入各单位进行专题讲座，讲解“双述”的意义、作用、操作要领及对安全生产的重要性，并把“双述”纳入安全培训的重要内容；二是针对各单位“双述”内容不规范、效果不明显的情况，我们按照“科学、管用、易学”的要求，组织人员对各工种“双述”内容进行统一规范；三是及时组织观摩会、座谈会，交流经验，推动工作。在全集团组织开展了“双述”展示大赛，在各单位选拔赛的基础上进行了预赛，有12个工种300多人参加了集团组织的决赛，对优秀选手进行重奖，许多单位矿级领导亲自上台展示，参加比赛，示范带动。为了深化“双述”，在全集团推广一矿“333”(三确认、三签字、三追究)安全确认法，对岗前准备、岗中操作、岗后验证进行全过程安全确认，取得明显成效。

三是建章立制，强力推动。为推动“双述”工作的顺利开展，各单位结合实际，建章立制，制定了行之有效的办法。一是考。梨园矿等单位制定了《手指口述、岗位描述考评办法》和《考评细则》，采用现场演示、当场点评、综合讲解、共同提高方式，每月组织一次考核，并在全矿干部大会上通报。二是奖。四矿、十二矿等单位根据每月考核结果，对好的单位给予上万元的奖励，差的单位按比例扣发当月工资。三是分，即工资分配。二矿、十矿等单位把“双述”工作作为日清考核的重要内容，纳入安全结构工资，使“双述”考核结果直接在工资中体现出来。四是查。一矿建立了以队为基础、以职能部门为主体，全方位覆盖、立体交叉式的考核体系，以队为单位班班查，以职能部门为主体天天查，矿领导分片包干随时查，对考核结果进行重奖重罚。

突出“三做”，务求实效，构建人岗和谐文化

安全文化建设的核心是人，关键是岗位。加强安全文化建设，应始终坚持以人为本，立足岗位，以实现人的价值、保护人的生命安全与健康为宗旨，实现人与人、人与物、人与系统、人与制度、人与环境的和谐相处。

一是坚持以人为本，塑造本质安全人。中平能化集团在安全“八法”教育的基础上，把宣传和组织等部门纳入业务保安部门，建立“安全八条线”，全力培育适应安全生产要求的本质安全人。七星公司开拓四队班长白国周，在井下工作22年，下井近8000个，没有出现一次事故，创造了煤矿安全生产的奇迹。白国周创造的“煤矿安全生产九法”被誉为“安全经典”，白国周本人被誉为“本质安全人的典范”和“煤矿班组长的楷模”。今年5月，中平能化集团党政作出关于向白国周同志学习的决定，8月，平顶山市委作出开展向白国周同志学习活动的决定。近日，全国人大常委会副委员长、中华全国总工会主席王兆国，国务院副总理张德江在“白国周‘班组管理法’有效防止煤矿安全事故”一文中作出重要批示，国家安全生产总局局长骆琳、国家煤矿安全生产监督管理局局长赵铁锤也先后对白国周的事迹作出批示，要求深入开展向白国周同志学习活动，进一步加强煤矿班组建设和安全生产基础工作。

二是以岗位为核心，打造本质安全岗。在塑造本质安全人的基础上，中平能化集团提出把企业的每一个岗位都打造成岗位无隐患、操作无失误、流程无障碍的本质安全岗。一是引入“六预”管理法，通过超前预想、超前预警、超前预防，对生产作业现场潜在的危险进行预防和控制，及时消灭可能存在的隐患；二是不断强化精细管理在安全生产中的应用，全面推行干部走动管理、岗位作业管理，完善考核激励体

系，推行编码、定置、标识、看板四项技术，对职工的日常行为、操作行为等进行养成训练，形成按标准和程序操作的习惯，实现操作无失误；三是强化安全流程管理，实现流程无障碍。一矿在全矿推行每日上班十个想、安全教育五个会、分析事故六个追、上岗确认三个问，创造了打造本质安全岗的成功经验，实现了持续安全生产。

三是坚持系统思考，突出人岗和谐。中平能化集团引入学习型组织系统思考的方法，着力解决各岗位、各系统相互制约、相互补充、相互保证的问题，建立起以人为基础的工作标准、以事为基础的管理标准、以物为基础的技术标准，落实到每个人、每个工种、每个岗位、每道工序、每项工程、每次操作以及每天工作的全过程，实现系统中人的安全可靠性、物的安全可靠性、岗位的安全可靠性、环境的安全可靠性和制度的科学规范性，形成人岗互补、人岗和谐的本质安全保护链。同时，人岗和谐安全文化由井下向地面、社区、家庭延伸，推动了和谐企业建设，企业呈现出充满活力、安定有序、文明富裕、共享繁荣的和谐氛围。

（作者：中平能化集团党委宣传部长）

安全文化与管理文化、和谐文化融合发展

铁法煤业（集团）有限责任公司

铁煤集团是一个以煤为主、多元发展、跨地区、跨行业、跨所有制的大型企业集团。现有员工4.4万人，集体工1.8万人。2008年，原煤产量2184万吨，销售收入120.98亿元，总资产141.86亿元。近年来，铁煤集团以科学发展观为统领，以建设平安铁煤、富裕铁煤、和谐铁煤、绿色铁煤、长久铁煤为目标，坚持“党政工团齐抓共管、制度文化治标治本、多管齐下营造氛围、全员参与本质安全”和“以我为主、各自为战、注重实效、各具特色”，打造以安全文化、管理文化、和谐文化为主要内容的铁煤特色文化，坚持“三化”并进，注重创新提升，为企业注入生机与活力。

标本兼治，打造本质安全，安全文化卓有成效

安全文化是安全工作的灵魂。铁煤在加大安全投入、改善安全装备、优化安全环境、强化安全监管、加强质量标准化和安全技术培训的基础上，围绕塑造本质安全人，坚持理念引领，推行“三项制度”，强化走动管理，注重人文关怀，系统推进了安全文化建设。

坚持理念引领，增强自主安全意识。确立“平安铁煤，幸福家园”、“安全第一，生产第二；凡事安全先，万事安全大”等安全愿景、目标、理念，经过宣灌、渗透、开发，已成为广大员工共同遵循的安全价值观。把班前会作为安全理念引领的主阵地，倡导开好群言互动、隐患排查、三违帮教等六种形式的班前会，增强了针对性、实效性、生动性和趣味性；开展了“实现安全生产零亡人”、“防麻痹、反松劲、查漏洞、保安全”等12个主题的安全大讨论，做到全员参与、常年不断。教育形式喜闻乐见，安全演讲、安全小品、安全评书、安全情景剧等走进区队、走进班前会、走进井下现场。员工自主安全意识不断增强，“人人都是安全员，人人都是安全管理者”、“我的生命我负责”成为广大员工的自觉行动。

注重人文关怀，激发人的安全潜能。铁煤董事长常说：“要把员工当做亲人、当做兄弟，要

严管干部，善待员工，带着感情抓安全。”按照董事长要求，我们把关爱、亲情融入安全管理，树立严中有爱、情系员工的典型——大明矿掘进队长崔正江，大力倡导人性化管理。建立安全罚款减免返退制度，实行安全心理减负，请心理学专家进行安全心理学培训，疏导情绪，缓解压力，使员工减轻不利于安全的心理因素。

融合创新，渐次推进提升，管理文化彰显活力

铁煤集团坚持融合创新，将本企业的有效做法与先进煤炭企业管理经验有机融合，丰富内涵，创新提升，积极培育特色管理文化。

实施精细管理，夯实管理基础。坚持试点先行、循序渐进，推行了人本精细管理，5 项要素得到夯实，形成规范化管理、程序化运作、闭环式控制的精细管理模式，狠抓制度兑现率、监控覆盖率、考核闭环率，在标准体系的建立、绩效考核的实施、四项管理技术的应用等方面，取得明显成效。尤其是 ERP 信息系统开发利用，提升了精细管理水平，它具有绩效考核、走动管理、隐患闭环等八大模块，如绩效考核模块，实现了员工日得分、月奖金的实时自动计算，员工可随时查询，不但精准快捷，而且客观公正。

拓展岗位价值，创新管理机制。将全面安全管理、全过程质量控制与全员目标成本考核、岗位价值核算相并轨，围绕岗位增值、企业增效、员工增收，建立了“3＋1”岗位价值精细管理模式。全面安全管理，体现安全是企业最大效益；全过程质量控制，体现质量是企业的生命线。建立 433 薪酬分配体系，即安全管理占 40％、质量管理占 30％、可控成本占 30％，形成激励约束机制；建立内部市场化运作体系，实施物料配送、设备租赁和经济索赔，有效控制了损失浪费；建立岗位价值核算体系，打破工种界限，进行岗位评价、岗位划分、岗位定额，岗位价值核算更加科学严密。岗位有限，价值无限。越来越多的人变干完算为算着干，激发了岗位创效热情。为在全公司推行岗位价值精细管理，集团公司投入 530 多万元，建立岗位价值精细管理信息系统。连续两年开展管理提升年活动，实施项目课题 348 个，增收节支 6.58 亿元。今年又开展精细管理推进年活动，精细生产管理，精细成本管理，精细营销管理，深挖内潜，开源节流，进一步强化了经营管理。

推进五精管理，提升管理境界。通过深入开展“六好区队、五好班组”创建活动，强化“三基九力”建设，重点提升团队的执行力、现场力、经营力、创新力、凝聚力。坚持“英雄行动”五路并进，在多年评聘首席员工的基础上，冠名“正江管理法”、“绍华翻矸法”等卓越管理法、精优作业法，培育了“矿山铁人马忠生”等精英品牌。创新成果不断涌现，“水库下综合放顶煤开采”、“无煤带成因和赋存规律的研究及应用”等相继荣获全煤十大科技成果奖；推广“确认制”精准管理和“毫米、秒、克、厘”精确管理，创建一批“五精”示范岗、段、面，尤其打造了“五精”作业现场。精确控制采放顺序和循环，加大煤质管理过程控制；减少设备空载运行，严格控制了电力消耗。作业现场“三直两平三净两畅通”，环境清新整洁、管线吊挂成线、设备洁净完好、物料摆放有序，编码、定置、标识、看板四项管理技术得到有效应用，达到人机和谐、物环统一。

构建和谐矿区，凝聚发展力量，和谐文化深入人心

和谐是企业发展的力量源泉。铁煤积极培育文明向上的和谐文化，营造和谐氛围，夯实和谐根基，拓展和谐空间，树立和谐风尚，努力实现“人企合一、矿区和谐”。

开展六爱教育，营造和谐氛围。“六爱”即爱党、爱国、爱铁煤、爱亲、爱岗、爱团队。我们以此作为引领和谐的价值取向，加强“六爱在心，人企合一”主题教育，广泛开展升国旗、唱国歌；升铁煤旗帜、唱铁煤之歌活动，大力宣传李春峰、崔正江、翟洪波等一批感动铁煤人物，命名表彰 100 户模范和谐家庭，在全矿区树立知荣辱、树正气、促和谐的新风尚。改善员工生

活，夯实和谐根基。坚持企业发展源于员工、发展成果惠及员工。加速住宅区建设，结束了矿区棚户区历史。2008年在岗人均收入达到3.66万元。面对金融危机，非但不减员、不减薪，还为员工晋升工资。实施温暖工程，开展扶贫帮困，各级领导干部走进困难员工家庭，一对一帮扶，密切了干群关系。

促进人的发展，拓展和谐空间。采取竞聘上岗、技术比武、政策激励等措施，引导和鼓励员工学技术、学业务，实现自我提高。选派优秀青工到大学带薪定向委培深造；大力开展技术练兵，员工技能大赛全员参与、全员培训、全员选拔、全员竞技，工种状元每月可享受600元奖励津贴，为员工搭建了成长成才、施展才干的平台。领导率先垂范，树立和谐风尚，积极推进党风廉政建设，营造政廉风清的局面。各级领导干部带头拒腐防变、廉洁自律，树立了干事、共事、成事、不出事的领导团队良好形象，赢得广大员工的拥护和信赖。

打造强势铁煤文化，促进了企业发展。煤炭主业越做越强，在本埠精采细采的基础上，挥师内蒙，挺进山西，实施域外开发，控制域外资源36亿吨，公司煤炭资源总量已超过50亿吨。非煤产业迅猛发展，依托煤，延伸煤，超越煤，不断拉长加粗煤炭产业链，已成为国家第二批循环经济试点企业。科技进步硕果累累，采掘技术装备处于全煤先进行列，薄煤层开采、水库下开采、极软岩支护等技术达到国内乃至世界领先水平；经济效益逐年攀升，前3年，企业利润分别达到2亿、4亿和7.3亿元。安全生产持续稳定，2008年实现零亡人。今年尽管受到金融危机影响，企业仍实现平稳较快发展。上半年企业总收入55亿元，同比增长2亿元。

推进强势安全文化建设

张文胜　褚衍珍

近年来，枣庄矿业（集团）有限责任公司以安全发展观为指导，以实施大集团战略、建设富美和谐平安矿区为目标，紧紧围绕打造安全长效机制，积极发挥安全文化的灵魂作用，深入开展了以人为本、强根固本的强势安全文化建设，推进了矿区和谐平安发展。

提升理念，找准强势安全文化建设的立足点

安全是煤矿的天字号大事，也是煤炭企业最大的难题。枣矿集团认为要破解这个难题，除了加大“硬”投入解决物的问题外，更重要的是加大“软”投入解决人的问题，只有这样才能实现安全生产的长治久安。为此，枣矿集团把安全文化作为安全管理的灵魂和支撑，把营造安全文化氛围，强化安全理念渗透，塑造全体员工共同遵守的安全观作为安全文化建设的核心来抓。坚持管人先管思想、抓人先抓灵魂的原则，用先进的安全文化引导员工，用与时俱进的安全理念改变员工，把安全理念作为安全文化的头道工序和立足点，根据不断变化的安全形势，有针对性地进行了提炼和导入。在安全目标方面，确立了“安全事故向零进军”、“力争安全管理山东领先、全国一流”的高点定位。在安全管理方面，提出了“安全压倒一切、重于一切、高于一切”、“安全管理严在干部、严在流程、严在细节和小事”及“安全防线前移到现场、安全重心下移到区队班组、安全亲情教育自移到个

人”。在安全责任方面，提出了“安全好不好、关键在领导”、“搞好安全是功臣、搞不好安全是罪人”。在质量管理方面，明确了“不靠投人靠工作、不靠装备靠管理”，以大搞井上下文明生产为突破口，着力提高产品、服务、工作、工程“四个质量”。在员工亲情教育方面，提出了“你是家中的梁、你是父母的心、你是妻子的天、你是儿女的山”、“安全是职工最大的福利”。在对安全理念提炼整合的同时，不断注入新的内涵，并附之“亲情寄语”、“领导嘱咐”、“父母的忠告”、“妻子的心语”、“儿女的愿望”等内容，编辑成精致美观、图文并茂的《安全文化手册》，发给每个员工。还利用牌板、灯箱、标志牌、电子显示屏、安全文化长廊、工作现场安全栏等形式，广泛进行理念灌输。每名员工都提炼了自己的安全格言，所有区队都形成了各自的安全誓词，开展了“我的生命我负责”安全承诺、“双提升”演讲、安全宣誓和安全礼仪活动，使各种人性化、亲情化的安全理念融入员工心中，变为按章作业、遵章守纪的自觉行动。去年下半年以来，面对金融危机的影响，把安全发展观和董事长江卫提出的安全生产“十六条禁令”作为重点，进行了广泛深入的宣传。为了以安全生产的优异成绩庆祝共和国六十年华诞，在各级管理人员中广泛开展了以抓履职、抓目标、抓规范、抓创新、抓效益、抓考核为主要内容的“六抓”教育，全面实施了履职考核，增强了各级管理人员抓安全的责任心、事业心和执行力。通过安全理念的生成和渗透，有效地促进了全员安全认识的升级定位，使安全文化建设有了扎实根基和丰富内涵，形成了员工共同遵守的安全价值观，起到了提升境界、扩大认同、内化于心、外化于行的效果。

创新载体，打造强势安全文化建设的着力点

安全文化是一项系统工程，只有附之有效载体，才能起到事半功倍的效果。枣矿集团在学习借鉴兄弟单位经验的同时，联系实际，研究探讨了安全宣教“十三法”，使之成为培育、宣灌安全文化的有效载体，形成了具有枣矿特色的安全宣教品牌。在具体实施中，他们始终遵循创新、完善、提高的思路，在保持“十三法”品牌不变的前提下，将内容相近的考核内容进行了整合，最终形成了集理念渗透、大众传媒、身心调适、典型教育、集中活动、文艺宣传、家属联保、“三违”帮教等于一体的安全文化推进体系。各单位自我加压、力争第一，树立了“巩固就是落后、不提升就是倒退”的思想，开展了丰富多彩的安全文化宣教活动，想方设法进一步充实创新了安全文化的内涵。许多单位采取自编自演与地方文艺团体联手相结合等形式，把煤矿安全先进典型、事故案例和安全警语、安全格言、安全理念等编成职工喜闻乐见的文艺节目，进行了广泛宣传。不少单位推行了安全岗位、安全环境描述。对容易出现事故的30种不放心人逐一排查，分别建档立案，有重点地进行了帮教。推行了单位帮促教育、个人反思引导、“三违”医院诊治、家教亲情感化、陪护伤员警醒等“新六关”教育。建立了区队、相关部室、家属协管、“三违”家庭组成的“亲情帮教统一战线”。为搞好“身心调适”，配备了人体生物节律指纹识别测试仪，根据员工生物节律状况，科学合理地安排工作和休息。在井上下候车室、大巷安装了音乐播放系统，让上下井的矿工听到优美动听的旋律，改善心智模式，体现人文关怀。开展了以亮思想查根源、亮陋习查作风、亮态度查制度、亮现场查隐患、亮措施查漏洞为主题的安全“揭短亮丑”大讨论，进一步促进了安全文化建设。定期组织“亲母节”活动，通过给员工过生日，邀请员工的母亲参加，让员工在温馨欢乐的气氛中感知生命来之不易，从而更加珍惜生命、关注安全、孝敬父母、报效企业。一些单位每年都举办“矿工节”，许多单位开办了“深度汇谈”电视栏目，加强与员工的心灵沟通，使之在潜移默化中受到了生动的安全亲情教育。为使安全宣教工作形成长效机制，2007年，把安全宣教纳入季度质量达标验收内容，结合平时动态抽查情况，进行综合考核，形成日常性的运作、考评机制，使安全文化有了切入点、找准了着力点，大大提升了安全文化的张力和作用。

完善机制，筑牢强势安全文化建设的支撑点

管理衍生文化，文化推进管理。建设强势安全文化，机制是保证。枣矿集团把机制建设作为承载安全文化建设的重要手段，坚持党政工团齐抓共管，着重在构建安全文化长效机制上下功夫，形成了一套严密、顺畅的运行机制。

一是建立了安全生产责任机制。成立了由公司主要领导任组长，有关部处室负责人为成员的领导小组，制订了从公司党政领导到职能处室负责人、二级单位班子成员安全生产责任制。建立起以安全文化、安全培训、监管督查、目标管理、绩效考评、隐患预控排查等安全质量流程管控"九大体系"，开展了诚信安全竞赛。确立了"重点管控，全面防范；诚信管理，系统安全；有序生产，健康发展"的工作原则，提出了"十到位，十必须"的基本要求，形成了多层次、全方位、立体化的安全生产责任网络。

二是建立了考评机制。枣矿集团对安全文化建设严格考核标准和程序，把安全文化考核作为矿区安全质量达标验收的第九大专业，与采煤、掘进、通防、机电等八大专业一同布置、一同检查、一同考核、一同表彰。按照百分考核细则，对矿区基层单位安全文化建设和"三基"建设进行全面检查，将检查考核结果在安全例会和报纸、电视上通报，进行"评优找差"。同时，将安全文化建设纳入领导干部政绩考核之中，推行风险抵押。还将安全文化作为文明煤矿创建的重要考核内容，以此推动安全工作的深入开展。

三是建立了奖惩机制。集团公司对安全文化建设活动实行重奖重罚，每季对评出的一、二、三名分别给予不同额度的奖励。对检查考核末位单位进行经济处罚和通报批评。年终根据四个季度的名次评出优胜单位，再予以综合性表彰奖励。同时实行一票否决制，凡当季出现一起死亡事故和重大责任事故、重伤超过集团公司控制指标的，均取消当季评比资格。为加大处罚力度，又将否决指标延伸到对出现工业死亡、地面重伤事故、煤气中毒、食物中毒、触电死亡、重大火灾等之一者也予以否决、实行责任追究。各基层单位都相应制定了严格的奖惩办法，做到了奖不心疼、罚不手软，将考核结果与经济收入直接挂钩。

（作者：山东枣庄矿业集团宣传部长；政研会秘书长）

安全牌：寓教于乐的好形式

吴碧林

在市场经济条件下，如何运用合适的载体有效地对人们进行宣传教育是政工干部面临的突出问题之一。前不久镇海石化建安工程有限公司举行的一次别开生面的安全扑克牌比赛让我们看到了一条别样的途径。

他们的做法是这样的。针对安全生产中职工普遍存在"说起来都知道，做起来就忘掉"的危险状况，该公司的政工人员专门成立了管理现代化课题小组，进行了调研攻关。他们研究"无意识教育法"，并从职工打麻将、打扑克等活动中得到了感悟：职工为何乐此不疲，一是追求"自我"，二是享受自乐，三是满足成就感。据

此，他们把教育方式与此类活动结合起来。潜心开发安全扑克牌（以下简称安全牌）的动力。首先，他们采用了大家喜闻乐见的扑克为载体，使之一开始就有了广泛的群众基础。其次，改扑克的基本内容为生产中的主要环节：项目、方案、作业票、火票、看火人、用电票、措施、安全员、四不放过、劳保以及日常中存在的“烟鬼”、“酒鬼”、“三违”现象和八类事故等。第三，以扑克为基础，结合安全规定吸收“麻将”中的“吃、碰”等，制定了一整套出牌的规则，增加了陷阱的设制等等，比扑克牌更加变化多样，增加活动兴趣性。

比赛先在车间进行，最终由公司组织总决赛。赛场内“啪！啪！”的摔牌声和一句句安全用语此起彼伏，“你这有隐患（牌）”！“抓你个‘三违’”！“四不放过”……两位对手在较真：“我算定，你手中牌若一把走光，则肯定是一把‘隐患牌’，因为‘劳保（牌）’没有了，我这‘安全员’正等着你哪，哈哈”，这是赛场中的一个个热烈场面。这次教育活动，职工参与率之高、兴趣之浓、效果之好为该公司前所未有。更有意义的还在赛场以外，职工们在施工前还常常半开玩笑半当真地以牌说事，“干活啦，看看作业票、火票、看火人，一把联牌不要有隐患啊”。这种效果的进一步延伸与过去“说了一大套，谁也不知道”的情况形成了较大的反差。

“安全牌”较好地实现了安全生产宣教内容与可操作的载体相结合，创造性地赋予了扑克牌以教育的功能，通过娱乐活动，达到了宣传教育的目的，给基层政工干部在新形势下如何有效地开展宣传思想工作以新的启示。

适应对象变化，可以确立“用户”意识

宣传思想工作的目的是让被教育者接受教育者的理论和观点，提高人的自觉性，调动人的积极性。就像一个企业或商人，目的是要调动人们的购买欲，最终把商品卖掉。而如何卖则历来大有学问、各有神通，世界500强沃尔玛公司，研究的是用户，一切从用户的心理和需求出发，使自己的战略与用户的需要相吻合，从而取得了巨大的成功。而以“好酒不怕巷子深”的老观念守着老店坐着卖，则难以卖出个兴隆来，连国酒茅台也得不断包装翻新做广告，以迎合各类消费群体的需要，何妨其他。因此在新的形势下，作为基层政工人员可以确立“用户”意识，把工作重点放在“用户”上，如果说“一把钥匙开一把锁”，就应该去研究更新的锁和研制更好的钥匙。

安全牌的出现，就是一种传统观念的转变。他们从追求教育效果的关键点——“用户”出发，自觉地研究了当前职工在社会大变革的过程中，特别是在市场经济多种思潮冲击下，影响人们情绪的因素、人的思想、价值观的变化，而形成职工自我意识不断增强的特点。认识到这是职工对尊重的需要和渴望，是“用户”需要确立主体地位的反应。认识到在新的形势下必须要随“用户”的变化而变化，改变教育方法，把尊重人放在首位，如果无视这些变化，继续进行着那种居高临下、“我讲你听”的不变方式，则往往事倍功半。以“用户”为立足点，将扑克牌与安全教育内容相结合，开发了“安全牌”，有效地突破了讲课、报告、表扬、批评、奖励、惩罚、谈话等基本的“以我为主”的教育形式，创新了宣传教育载体，较好地适应了“用户”的心理需要。通过打牌这一自主行为，实现了安全教育潜移默化的过程，达到了“行不言之教”、“不教而教”的艺术境界。

创新工作载体，可以确立“产品”意识

“安全牌”是一种新的教育载体，是政工人员研究的成果，同时它也是一种产品，产生了间接（思想教育激发职工积极性）和直接（销售安全牌）的两种经济效益。一直以来有一种基本的看法，就是政工干部开展的是意识形态领域里的工作，所做的工作是无形的，所以也就谈不上产品。的确，长期以来政工干部以言教和身教为主要手段，努力开展工作，在不同的历史阶段都曾发挥过重要作用，总结了不少好方法，但

的确少有可让“用户”自己操作的“产品”。“安全牌”使我们看到了政工干部不仅在意识领域中有手段，而且也可以有直接产生经济效益的教育“产品”，同时进而让我们认识到，在以经济建设为中心的今天，确立“产品”意识，研制这样的“产品”还应是政工干部的一项新任务。理由很简单，企业作为经济的细胞，生产任务日益繁重，在企业既无大量时间集中开展思想宣传和教育、职工又不愿意“你讲我听”的状况下，改变形式或寻找新的载体早已成为一种迫切要求。而作为一名基层政工干部来说，基层就是一线，研究理论的任务不一定有多重，但学习、应用理论，研究探索解决实际问题的新“产品”、新途径是必须承担的重任。创新载体，科学开发教育新“产品”，使灌输教育向自我教育转化，也是当前基层政工干部的工作着力点。

强化教育效果，可以确立“质量”意识

一个产品最终能否被用户所接受，取决于产品的质量如何。安全牌的质量取决于内容、规则的科学性、能否给职工带来乐趣。为此他们在安全牌的开发中，对安全教育的内容、规则、牌面的设计作了精心策划，保证安全牌具有较好的“质量”以稳定运行。一是赋予安全内容、强化视觉意识。他们专门研究了各个安全生产中的主要环节，变“A、K、Q……”等内容为：施工方案、“三票”、看火人、安全员、四不放过、八类事故、劳保以及日常中存在的“烟鬼”、“酒鬼”、“三违”现象等，并配以生动有趣的卡通画，使这些安全内容在娱乐中不断得到强化。二是按规出牌，强化安全意识。如出“联牌”规定：五张联序牌中必须有一张“劳保”牌；联牌中无“劳保”牌或按序有间隔，为“隐患”牌，以增强大家的劳动保护意识。“事故(牌)”序号为“0”，强化事故为“0”的意识。三是狠抓“事故、隐患”，增强抓、防和奖惩意识。针对现实中的侥幸心理、习惯违章，规则也允许其违规出牌，但设计了有可能遭到制裁的规定。如当你出隐患牌时，对方出“安全员”，则你为发生未遂事故一次扣罚20分，较好地灌输了侥幸、违规与处罚、风险同在的意识。同时将“事故、酒鬼、烟鬼、‘三违’”等牌分别置以分值，通过抓分，强化抓、防及奖惩意识。职工说，在打牌时，总要认真地去查别人的牌是否有隐患，总会努力去抓“事故、酒鬼、烟鬼、‘三违’”，这样可以赢得更多的分。四是强烈的趣味性。由于陷阱的设制，游戏人员在困境中会出现“柳暗花明”或在侥幸中“乐极生悲”等情形，牌局常常形成序中有变、变中有序、变化莫测的局面，使活动回味无穷，产生强烈的刺激，大大增强了活动吸引力和活动效果。

（作者：镇海石化建安工程有限公司思想政治工作研究会秘书长）

学习型政工干部应具备的素质

石长荣

建设学习型政党，必须倡导培养学习型政工干部。学习型政工干部应具备三种基本素质：

一是深厚的文化功底。这里讲的文化是指“大文化”。主要包括：首先是深厚的马克思主义理论功底。马列主义、毛泽东思想、邓小平理论、“三个代表”重要思想和科学发展观，是党的理论基础，是指导我国革命、建设、改革发展，从胜利走向更大胜利的指导思想和行动指南，是政工干部必须具备的理论素养。这样的理论素

养只有通过坚持不懈的学习才能够掌握。其次是丰富的历史知识。政工干部必须熟悉历史，知古明今，做到古为今用。再次是坚定的法制观念。从古到今，从中到西，人类社会都是通过礼仪、制度、法律等规范人的思想和行为。人之所以为万物之灵，其中一个重要因素是懂廉耻、知荣辱，能够自觉用公共道德标准规范自己的思想行为。同时作为国家机器的政党和组织，对于违背公共道德标准的人，可以运用思想教育和法律手段等，促使或强迫其遵循、执行公共道德准则和行为准则。因此，认真学习国家法律法规、国际行为准则等，不断丰富自己的文化内涵，为做好党建、思想政治工作奠定坚实理论基础，是政工干部的政治任务。

二是敏锐的政治眼光。敏锐的政治眼光，是长期学习、观察、实践、思考的结果。政工干部敏锐的政治眼光主要体现在：一是坚定的党性观念。政工干部是党的思想政治建设的骨干，是各级党组织的参谋助手，树立党性观念是对政工干部第一位的要求。政工干部无论遇到任何情况，在任何条件下，都要首先站在党的立场上想问题、作决定。二是强烈的大局意识。无论对国家大事、集体事项还是个人问题，观察问题、发表意见时，都要站在全局高度，用发展、变化、辩证的观点作出正确判断。而不能人云亦云，把人的思想引导偏了，把不该泄的私愤激发出来，给党的工作造成被动。三是平和的处事心态。矛盾无时不有，无处不在。面对矛盾和问题，拥有敏锐政治眼光的政工干部，只能"熄火"而不能"纵火"。要善于从博大精深的中华文化中汲取营养，以"和谐、和合"心理看待事物，处理矛盾，解决问题，促进和谐社会建设。

三是较强的说写能力。政工干部的主要工作是说和写，当然还要注重行。说是说理。无论理论辅导、党课教育，还是做好一人一事的思想政治工作，都要说。"说理是一门艺术"，同样的话在不同人的口里说出来，效果往往大相径庭。这是因为有的情真意切地说，有的虚情假意地说；有的委婉含蓄地说，有的直言不讳地说。政工干部如果不会说、不善说，宣传贯彻好党的路线方针政策就困难了。"文以载道"，政工干部还要会写。为领导起草动员讲话也好，在媒体发表新闻稿件或理论文章也好，都要靠写。从某种意义上讲，写比说难，因为写需要严密的逻辑思维和丰富的形象思维才能完成。因此，政工干部要练就一副好笔头，善于用文字表达自己的思想观点和情感。此外，政工干部还要注重自身修养，做到言行一致，表里如一。"其身正，不令而行；其身不正，虽令不从"。政工干部只有不断加强思想道德修养，注重自己的外在形象，发挥自身人格力量，才能不断增强思想政治工作的亲和力、说服力和感染力，无愧于政工干部这一称号。

（作者单位：山东肥城矿业集团电力公司）

铁路系统思想政治工作的创新

铁道部政治部宣传部、中铁政研会

党的十六大以来，中国铁路正在以惊人的速度创造历史、改写历史，先后创造了高速铁路、高原铁路、重载运输、运输效率等多项世界铁路纪录。铁路创造历史、改写历史的动力源泉来自哪里？来自于党中央、国务院以及铁道部党组的正确领导，来自于全国人民的大力支持，来自于200万铁路职工的努力工作，来自于铁路思想政治工作及研究发挥的特有优势。

解放思想，更新观念，为铁路又好又快发展提供强大的思想理论支撑

几年来，我们始终坚持把党的理论创新成果与铁路行业具体实际相结合，持续兴起研究解决铁路改革发展中理论和现实问题的热潮，并把学习研究的过程转化为铁路干部职工解放思想、更新观念的过程，转化为各级领导班子科学决策、民主决策、依法决策的过程，转化为推动我国铁路又好又快发展的实践过程。

一是坚持以党的创新理论为指导，推动各级解放思想，更新观念。我们紧紧抓住解放思想这一法宝，着力帮助广大铁路干部职工转变不合时宜的思维方式和陈旧落后的思想观念，始终紧跟党的理论创新步伐，先后组织编写了《跨越式发展中的中国铁路》、《系统论与铁路跨越式发展》、《铁路跨越式发展新理念》作为各级党委中心组理论学习教材，编印了《新思路、新战略、新跨越——铁路跨越式发展读本》、《路情教育读本》、《铁路职工职业道德》、《铁路热点问题面对面——铁路职工读本》等作为职工教育基本教材。同时，全路举办解放思想讨论会3000多场次，各级铁路报刊网台开设专栏、制作专题节目，刊播交流解放思想学习体会文章等，积极推动大家打破旧传统旧思维旧方式、树立新思想新观点新理念。在发展速度上，我们提出摒弃亦步亦趋的小发展观念，树立跨越发展、加快发展、和谐发展的新理念；在发展目标上，我们站在世界铁路坐标系中，立足经济社会发展全局，抓住中国铁路面临的主要矛盾，提出“快速提高运输能力、快速提升装备水平，早日建成完善发达铁路网”的发展目标；在发展途径上，我们提出充分利用各种有利的国内外条件，抢抓难得机遇，发挥后发优势，整合内外资源，瞄准世界先进水平，坚持走以我为主的自主创新之路。这些新思想新理念，为铁路又好又快发展提供了强大的思想动力，奠定了坚实的理论基础。

二是深化重大现实问题研究，不断完善我国铁路的总体发展思路。我们始终围绕铁路中心工作，重点研究解决铁路改革发展中全局性、基础性、战略性、前瞻性的重大问题，把贯彻落实党中央、国务院重大战略部署与为部党组深化完善铁路发展总体思路当好参谋紧密结合起来，进行了一系列有益的探索。去年四季度，党中央作出应对国际金融危机、保持经济平稳较快发展的重大决策后，我们又迅速组织认真学习研讨，深刻认清铁路在拉动内需、促进经济增长中的重要地位和作用，及时提出了应对金融危机冲击、拉动内需促进增长的5条具体措施和中长期铁路网规划调整方案，以及2012年我国铁路现代化建设阶段性目标，使铁路发展思路更加清晰、目标更加明确。

三是着力抓好成果转化，推动铁路现代化加快发展。近年来，我们先后提出了贯彻落实铁路发展总体思路的一系列工作要求和具体举措，努力把课题调研成果转化为加快推进铁路现代化建设的实践成果。在铁路建设方面，我们提出了“以人为本、服务运输、强本简末、系统优化、着眼发展”的铁路建设新理念和“功能性、系统性、先进性、文化性、经济性”的新客站设计建设“五性”原则，以及“政府主导、多元化投资、市场化运作”的合资建路模式。2003年以来，铁路行业对运输生产力布局进行大规模调整，从根本上解决了我国铁路长期以来存在的运力资源高度分散的问题，运输效率和劳动生产率大幅度提高。同时，基本完成了社会职能移交、主辅分离改革目标，达到了精干运输主业和拓宽辅业发展空间的“双赢”效果。2005年3月，成功实施了铁路局直接管理站段的改革，变四级管理为三级管理，提高了管理效率，释放了运输生产力。

正面疏导，凝心聚力，在完成安全、稳定、经营三项重点任务中发挥服务保证作用

党的十六大以来，铁路发展既面临着难得

的黄金机遇，又面临着严峻挑战，特别从现在起到2012年，是实现我国铁路现代化目标的关键时期。抓住机遇、迎接挑战，关键取决于安全、稳定、经营三大重点任务的完成效果。紧紧围绕三项重点任务发挥思想政治工作优势，筑牢推进铁路现代化团结奋斗的思想基础，既是铁路思想政治工作的职责任务，也是思想政治工作永葆生机活力的源泉。

1. 围绕安全生产，扎实开展“安全第一”宣传教育。安全是铁路永恒的主题，没有安全就没有铁路的一切。针对列车运行速度大幅提升、开行密度大幅增加、重载列车大量开行的新特点，我们把安全第一的思想教育始终摆在最重要、最突出、最关键的位置紧抓不放。全路上下大力开展铁路安全观教育，认真学习党中央、国务院关于安全生产的一系列重要指示，深入学习国家有关安全的法律法规和铁路安全规章，教育引导干部职工牢固确立“安全第一”的思想。针对去年发生的“4·28”胶济铁路事故，结合历年来铁路安全生产正反典型，在全路深入开展了“安全大反思、大检查”、“爱路护路”和“安全生产月”等系列活动，教育引导干部职工“对照事故找教训、翻箱倒柜查问题、联系本职明责任”，把事故隐患消灭在萌芽状态、消灭在作业过程、消灭在本职岗位。同时，大力开展安全文化建设，使安全成为干部职工的自觉养成，成为大家的行为规范，努力确保铁路运输生产安全持续稳定。

2. 围绕队伍稳定，认真做好理顺情绪、凝聚人心、鼓舞士气的工作。加快铁路发展、维护铁路稳定的根本在人心。为充分发挥思想政治工作凝心聚力的作用，我们重点抓好四方面工作：一是深入调查研究，准确掌握职工思想脉搏，让各级决策者“心明”。去年以来，我们以掌握职工思想动态、了解基层具体困难、增强思想政治工作针对性有效性为主题，在全路层层开展思想政治工作大调查大研究。各级组织下基层、到一线、进班组，采取座谈交流、交心谈心、调查问卷等方式，深入做好职工思想状况的调查分析，在广泛调研的基础上共撰写各类调研报告3000多篇，为进一步做好思想政治工作理清了思路、明确了方向。二是广泛开展大宣讲活动，有效鼓舞士气，让职工群众“心齐”。近年来，全路广泛开展“铁路形势前景大宣讲”活动，铁道部党组书记、部长刘志军多次带头作形势任务报告；各级组织以职工群众关心关注的焦点问题为专题，深入基层举办学习报告会，通过向职工群众面对面宣讲，大力宣传部党组的战略思路和重大部署、宣传加快铁路发展的形势任务和美好前景、宣传解决矛盾问题的政策法规和出路办法。三是进一步改善民生，切实解决实际困难，让职工群众“心暖”。针对职工群众反映突出的收入、住房、通勤、超劳等问题，推出强有力的解决措施，全面实施“三不让”承诺，帮助职工解决实际困难，让职工群众共享铁路改革发展成果。四是注重发挥典型示范作用，树立榜样，让职工群众“心振”。为让大家学有榜样、干有标准，我们高度重视典型宣传工作，发挥先进典型的示范引领作用。仅去年一年，就先后总结推广了铁路抗击低温雨雪冰冻灾害、抗震救灾、加快铁路重点工程建设等经验60多个。今年，我们又重点总结推广了郑州铁路局“振奋人心、和谐建局”思想政治工作经验，充分发挥了典型的示范激励作用。

3. 围绕运输经营，广泛开展增运增收、节约节支宣传教育活动。针对去年下半年以来，国际金融危机给铁路生产经营带来了严重影响、铁路货运量严重下滑，部分职工对铁路增收节支信心不足、办法不多的问题，我们大力宣传党中央、国务院在扩大内需、促进经济增长方面作出的重大决策部署，宣传铁路在拉动内需方面肩负的重要使命，宣传部党组为增收节支出台的一系列政策措施，增强干部职工增运增收、节支降耗的紧迫感、责任感、使命感。同时，组织指导各单位抓住春运、节假日和重点物资运输等时机，发挥思想政治工作优势，积极开展“增运增收、节约节支”主题实践活动。当前，增运增收“金点子”征集、“提速增能示范线、服务升级示范车、挖潜提效示范点”创建、青年创收创效等形式多样的客货营销活动在全路蓬勃开展，广大干部职工正在鼓足干劲，全力攻坚，为完成年度生产经营目标努力工作。

优化资源，形成合力，不断增强思想政治工作的针对性有效性

第一，拓宽铁路思想政治工作大视野。近年来，我们积极改变封闭的内部循环思想政治工作方法，主动融入大时代，走向社会大舞台，开阔工作大视野，重点推广《“我们与社会同行”宣传思想工作法》，构建了内外联动的“与社会联动大宣传”格局。先后邀请数百批中外记者乘坐高原列车和“和谐号”高速动车组，亲身感受中国铁路快速走向现代化的重大成果；坚持日常新闻发布制度，充分利用日益发达的社会媒体，广泛传播中国铁路快速发展的声音；借助网络媒体的影响，开展典型宣传，发布铁路新闻，让网络成为铁路思想政治工作的新阵地；适应现代传媒技术迅猛发展的形势，加强思想政治工作信息化建设，在车间班组开通电视网络、连接局域网，大力开展网上思想政治工作，增强了工作的活力。我们还以中长期铁路网规划的出台与调整、铁路两次大提速、青藏铁路提前一年通车、重载运输创造世界奇迹、铁路技术装备水平快速提升、京津城际铁路通车运营、京沪高速铁路等一批重点工程开工建设、抗击低温雨雪冰冻灾害、汶川特大地震抗震救灾和灾后重建、纪念改革开放30周年以及应对国际金融危机为契机，充分利用各种社会媒体、各类新闻资源、各级宣传机构，集中宣传铁路建设发展取得的重大成就，重点宣传铁路在经济社会发展全局中的重要作用，大力宣传实现中国铁路现代化的宏伟蓝图，形成了铁路正面宣传的强大声势，营造了全社会迫切要求加快铁路发展的良好氛围。

第二，构建铁路思想政治工作大格局。我们按照“党委统一领导、党政共同负责、党政工团齐抓共管、各级各类干部一岗双责”的要求，明确了各级组织、领导班子成员和党员干部开展思想政治工作的职责定位。我们建立完善了职工思想动态收集分析制度、涉及职工切身利益的决策征求意见和调查论证制度、思想政治工作联席会议制度、政工干部定期培训制度等一系列制度，为大政工格局的有序运行提供了基础性保障。我们针对以往思想政治工作“重安排部署、轻检查考核，重资料台账、轻实际效果”的问题，进一步优化了考核内容，改进了考核方式，形成了一套具有铁路特色的政治工作运行和考核机制，使思想政治工作大格局逐步走向制度化、规范化。

第三，展示铁路思想政治工作研究大平台。政研会是铁路思想政治工作的重要组成部门。这些年，中国铁路政研会通过全国政研工作会议，领会掌握上级部门的指示精神，学习借鉴兄弟单位的经验成果，不断提高铁路思想政治工作及研究水平。近三年来，铁路政研会先后有35篇经验和研究成果荣获全国性奖项或在全国性会议上交流。在内部建设方面，我们通过建立“六个一”工作运行机制、加强研究骨干队伍建设、开拓政研阵地等方式，不断推动政研工作又好又快发展。三年来，全路共召开20多次座谈会、研讨会、经验交流会，举力了9期培训班，交流课题成果100多项、经验210篇，推出各类先进典型60多个，营造了铁路思想政治工作研究的浓厚氛围。

联组学习模式:党委中心组理论学习的创新

郑州铁路局党委

近年来,郑州局党委实施了两级党委中心组联组学习模式,联合路局、站段两级领导班子成员,采取"统一主题,共同思考,分片组织,联组学习"的方式,取得了信息互通、研讨互动、成果共享的效果,较好地解决了过去理论学习上存在的"学不起来、深不下去,进入不了决策和工作"的问题。

联组学习模式的主要特点

多年以来,两级党委中心组理论学习沿袭的都是你说我听、你读我写的传统模式,学习组织也多是由领导随机确定主题、中心组学习成员轮流领读、大家集中讨论和事后收集文章等主要环节构成,日积月累,套路式的学习模式与实际工作需要不可避免地出现断档脱节现象。为解决这一问题,我们在充分调研的基础上,正式启动了两级党委中心组联组学习模式。相比传统的学习模式,它具有以下特点:

一是统一主题,串联智力资源。具体操作方式是,针对不同时期的形势发展,由局党委策划部署不同的学习主题,两级党委中心组成员从不同的角度进行破题,而后精选有代表性的观点推荐发言,上下交流。在试行的第一年,我们确定了9个系列专题,通过全局视频会议的形式进行同步学习和研讨。局党委推选9名中心组成员轮番登台,向全局党委中心组成员和机关副处职以上的领导干部进行理论辅导,同时,在基层党委中心组中精选18名成员,从各自的角度进行补充发言。这种上下互补的学习交流方式,深深触动了两级班子成员,赢得了大家的一致好评。

二是划地而治,聚合区域人气。我们根据全局基层单位分布的自然状况,将全局51个基层站段按管内地区分为郑州东、郑州西、洛阳、新乡4个片区,局党委中心组成员以包保的形式分别参加各片区的联组学习,邀请相关处部室负责人参加,采取站段党委中心组成员代表重点发言,局党委中心组成员点评总结发言,局机关处部室负责人选择性发言相结合的方式。相对于大联组中的局领导主讲、基层单位辅助的形式,这种片区联组方式,更注重站段党委中心组成员的发言主体地位,同时,由于片区联学的单位数量偏少,使学习研讨的方式更加灵活,过程更具弹性。

三是形式多样,深化学习效果。不同的学习模式,取决于不同的形势任务。我们根据企业发展的实际,结合当前的工作重点,有选择地穿插运用不同的联组学习形式。在面临重大理论课题时,组织全局性的大联组,开通全局电视电话会议系统,将学习实况同步传递到各基层单位中层干部,举全局之力,集思广益,将这一课题挖深挖透,学会学活;对新出炉的理论热点,需要从较高层面进行阐述讲解的,及时邀请专家学者,通过现场解析和视频连线等方式,解疑释惑,提高认识。并将讲授内容制作成光盘下发,以班组学习、大讨论和征文等形式,在全局集中一个时段进行消化吸收,普及灌输;在工学矛盾突出或者是各有侧重课题的时候,根据局领导的管理分工,有针对性地深入片区,组织片区联组学习。学习过程中,鼓励广泛运用多媒体课件、动画等生动活泼的表现形式,增强学习效果,调动学习兴趣。因势因时因地调整学习方式,有力地增强了学习效果。

搞好联组学习要把握的重点

学习模式的创新，不仅仅是一种表现形式的变化，更重要的是提升了学习质量。它的实质是通过创新学习理念，衍生出学习方式的转变。因此，在创新过程中，必须把握好三个关键点。

建立局党委中心组成员联系点制度，是联组学习模式的前提。联组学习涉及面广，联动性强，在载体选择、时间确定和进度把握上，均需要统一行动，步调一致。整个学习组织过程，必须要谋之于前，融之于中，善理其后。在学习组织前，要结合实际，因地制宜地确定学习主题，组织学习资料，选择参与单位，明确学习形式，把关发言内容，部署相关会务，在这种纷繁庞杂的策划组织活动中，必须建立起一套完善齐备的联系点制度。我们现在采用的是局党委宣传部牵头组织，机关党委和各基层单位党委指定专人负责的形式。实践证明，这种统一协调、分工负责的联系点制度，较好地承载了整个学习活动的组织职能，构筑了一个自上而下的学习体系。

围绕和谐铁路建设大局选准学习主题，是联组学习模式的核心。两级党委中心组成员所处位置不同，视野范围不一，对事物的理解角度也各不相同。只有把组织理论学习的出发点提升到紧扣中心、服务大局的时代高度上，把理论课题放在促进和谐铁路建设的大背景下，理论学习才会更有效地促进思想统一，更具有现实意义。同时，对相同的学习主题，以不同的角度进行审视和剖析，也更有利于思想的碰撞，有利于学习者取长补短，完善自我。

抓好信息互通、研讨互动、成果共享，是联组学习模式的关键所在。两级联组学习，关键词在一个"联"字上：一是联合学习，二是联动交流，三是联手打造成果。联合的学习方式，使两级党委中心组成员有了更多的接触，畅通了信息交流渠道，做到了互通有无；上下联动的交流沟通，更有利于大家思路的集中和碰撞，催生更加深刻的理解和消化；集思广益的学习形式，必然会产生众多优秀的理论成果。这些成果的运用和推广，也必将更有效地促进整体工作，加速企业的科学发展。这一目的，才是创新学习模式的关键所在。

联组学习以来取得的成果

推行新型学习模式三年多来，全局的政治理论学习氛围日益浓厚，形式多样的调研活动日趋深化。机动灵活、收放自如的新型学习模式，为郑州局思想政治工作创新增添了强劲动力。

增强了学习的责任感。大家反映，以往的照本宣科，只需要带着耳朵听；而现行的学习模式，则必须带着脑子钻，而且是提前钻，还要钻到一定的深度。从整体上看，这种主动学习与被动学习，都在潜移默化中实现了转换交融，不仅对发言者本人，对所有参与者都是一次精彩的理论洗涤，敦促每个人都要触类旁通、举一反三，提升理性思考能力。

促进了学习成果的转化。学习主题的选择和运用都紧扣这一目的展开。不管是年度的大主题，还是季度、月度的子课题，都是局党委立足于工作实际，深思熟虑后慎重确定的。这些课题的分支，渗透于全局各项工作的方方面面，巧妙地引领着两级领导班子的思维走向。2008年春运前夕，我们特意在郑州车站举力了"春运实践与思考"的联组学习活动，立足于春运主题，跳出具体的春运工作，用理性的眼光观察春运、反思得失和优化思路，成为这次联组学习的主旋律。学习过后，局党委因势利导，结合认真总结盘点前三年"平安春运"、"诚信春运"和"和谐春运"的经验得失，主动与社会融合的服务理念进行深化和推广，获得了热烈的社会反响，并被中国思想政治工作研究会评选为"全国企业思想政治工作优秀创新案例"。

激发了学习兴趣。新型学习模式，不仅仅彰显了两级党委中心组的学习风范，更重要的是建立和培养基层领导的学习自觉。我们在组织联组学习活动中，在片区联组学习的承办单位设置学习交流展示平台，将参加片区学习的各单位的亮点工作以展板的形式集中展示；对联组学习活动中精彩发言、讨论和产生的理论成果进行汇集整理，在《郑铁政工》、《中原铁道报》等局内刊物媒体上开辟专栏进行推广并择优向更高层次推介。仅2008年以来，路局两级领导班子成员先后在省部级以上刊物交流发表体会文章310余篇，其中，郑州供电段的“网络课堂进班组”政治学习法还在全国企业思想政治工作与企业文化建设经验交流会上发言，得到了中国政研会的充分肯定和广泛推介。

铁路服务文化建设

广州铁路（集团）公司党委宣传部

近年来，广州铁路（集团）公司（以下简称广铁集团）认真贯彻铁道部党组的部署要求，积极发挥地缘优势和铁路运输优势，在改革开放中不断解放思想、更新观念，大力推进服务文化的创新与实践，有效促进了企业的发展，提高了为国民经济发展服务的水平。

改革开放为广铁服务文化注入了新的活力

1. 在服务国民经济中，成为传递经济文化的桥梁。广东是中国改革开放的先锋、经济发展的热土。广铁集团作为地处珠三角的一家大型运输企业，在不断提升运输能力、加快运输速度、改进服务质量的同时，更要责无旁贷地承担起传递先进经济和先进文化的重要桥梁作用。

2. 在服务社会发展中，成为传播精神文明的窗口。改革开放以来，粤、湘、琼三省政府高度重视铁路的文明创建工作，纷纷把铁路站车作为宣传与展示当地文明风貌的重要窗口。车站和列车作为传播精神文明的窗口，其服务质量好坏，直接影响到全国精神文明建设与和谐社会构建。

3. 在服务团结大局中，成为传送民族情谊的通道。广铁集团开往少数民族地区的旅客列车近20趟，2008年，全集团共运送少数民族旅客约530余万人，发送少数民族地区货物1056万吨。铁路工作人员常年与少数民族同胞打交道，其服务文化的优劣、服务水平的高低，直接关系到民族情谊的传送和民族团结的大局。

4. 在服务铁路改革中，成为传承优良传统的前沿。早在四十年前，值乘广州至九龙列车的第二包乘组乘务人员推出的“八个一”服务方法，至今还在铁路客运系统广为流传。集团如何继续解放思想、创新服务文化，进一步践行“人民铁路为人民”宗旨、弘扬新时期火车头精神，已经成为一个亟待破解的重要课题。

为此，广铁集团审时度势，先后出台了《企业文化建设实施纲要》、《加强服务文化建设的指导意见》等系列文件办法，大力推进服务文化的探索、创新与实践，积极培育有内涵、有品位、有特色的广铁服务文化。

在改革开放中积极推进服务文化的创新

1. 针对区域经济的特点，积极探索广深城际化服务模式。广铁集团积极探索广深港“城际公交化”服务模式，大力推行高速度、高密度、高效率、小编组的公交化运输组织方式。铁路第四次大提速后，广深城际公交化战略全面实施，每天开行准高速列车从31对增加到52对，平均每隔15分钟就有一班列车分别从广州东站和深圳站开出。铁路第六次大面积提速，广深城际公交列车日开行65对，往返广深两地最快只要52分钟。2008年4月，城际公交列车再次增加到100对，列车间隔时间也缩短到平均8分钟一趟，最短间隔只有4分钟。广深城际列车速度快、班次多、环境雅、安全好、转乘方便，成为香港、深圳、广州以及珠三角旅客出行的首选交通工具。

2. 根据旅客需求的变化，积极探索站车人性化服务模式。一是简化程序，让旅客开心。在全路率先推行电话订票和外来工团体网络订票等新举措，大力方便旅客购票。二是优化服务，给旅客爱心。大力推行列车体操、微笑服务、用心服务、零距离服务、站立式服务等特色服务，积极探索劝烟卡服务、手机充电服务、天气测报服务、咨询服务等延伸服务，不断拓展服务内涵。为广大旅客当好病人的"护士"、盲人的"眼睛"、老人的"拐杖"、孩子的"阿姨"，给旅客以真诚关爱。三是美化环境，让旅客爽心。先后对深圳、广州、广州东、张家界、怀化等站进行大力改造，为旅客创造更加舒适、便捷的乘车环境。累计投资4亿多元，对客车车辆设施进行更新换代。

3. 适应物流发展的趋势，积极探索路企直通化服务模式。广铁集团探索实践"路企直通"的全新服务模式，大力推行点到点运输，建立煤炭运输圈、港口点到点、路港直通圈，全力做好大型企业的煤炭、石油、矿石等大宗货物运输。目前，广铁已经与湘钢等多家大型企业实现路企直通运输，对大宗货物实行路企调度合署办公。同时，加快战略装卸车点建设，形成"集疏运"一体化格局，以株北、江村、衡北和怀南等编组站为支点，大力组织直达货物列车，积极开行"五定班列"和"行包专列"，不断提高货物运输能力和效率。今年上半年，集团累计开行直达列车4000多列，比去年翻一番，直达运输比重达45%以上；直达、成组装车近70万辆，比去年增加25万辆，成组比重达63%。

4. 服从民族团结的大局，积极探索民俗特色化服务模式。广铁集团牢固树立"民族团结无小事"的意识，严格执行民族政策，切实尊重少数民族旅客货主的生活习惯，不断探索具有民俗特色的服务新方法。广州客运段进藏列车（广州至拉萨），把少数民族旅客当亲人看待，积极尊重藏族、回族同胞的饮食习惯，坚持在车上设立清真席位牌，准备好清真餐；全体乘务人员进行了藏语培训，加强同藏族旅客沟通。怀化客运段提出了"开边城文化车，架民族连心桥"的服务主题，利用休班时间在列车上为旅客表演民族舞蹈。近年来，集团先后有3趟列车被国家命名为"民族团结号"，多名职工被评为民族团结先进个人。

改革开放促进了服务文化建设的成效

1. 树立了企业品牌。涌现出一批叫得响、过得硬、反响好、影响大的品牌站段、品牌列车和服务明星。广州客运段打造了以T15/16次为代表的2对全国服务品牌、3对全路红旗列车，培育了以张志全为代表的一批服务明星、首席列车员和首席列车长。广州站创立"038明星服务台"品牌，成为众所周知的客运服务"110"。近年来，集团公司共有19个单位被评为全国精神文明创建工作先进单位、全国示范"窗口"单位，64名职工荣获"全国职业道德建设先进个人、"全国公民道德建设先进个人和"五一"劳动奖章。

2. 加快了集团发展。2008年，集团在遭遇低温雨雪冰冻灾害和金融危机等严峻形势下，想方设法增运增收，积极实施以客补货，仍然较好地完成了运输生产经营目标，创历史最高水平。2009年春运，集团创造了直通旅客发送量、客运发送增幅、客运收入增幅、直通临客对数、客车上座率和单个车站发送量6个全路第一，实现了"历史上最好"的春运目标。适应客货服务需要，科技创新也取得了新成果。完成了广深线自动售检票、广州东动车所安全生产指挥等大批信息系统的研发和运用；参与完成了“时速200公里等级提速系统工程”和“铁路运输管理信息系统”课题，分别获得铁道部重大科技成果特等奖和一等奖。

3.提高了队伍素质。无论是在涉及个人利益得失的改革中，还是在抗洪抢险、抗震救灾等攻坚战中，广大职工都能顾全大局、听从指挥，团结协作、敬业爱岗，无私奉献、任劳任怨。特别是去年春运期间，面对历史罕见的低温雨雪冰冻灾害，面对滞留在广东地区的350万返乡旅客，15万干部职工在风雪交加的情况下，始终以大局为重、奋勇争先，挑战自我、挑战极限。负责牵引供电的职工们，在家中断水断电的情况下，以雪为令、集结待命，快速修复供电线路；负责内燃机车“摆渡”的火车司机们，有的连续70多个小时坚守在机车上，有的刚退乘又接着出乘，没有任何怨言；广大列车工作人员，在晚点和滞留的客车上，连续几十个小时忘我工作，耐心细致为旅客服务，经过十多个昼夜的艰苦奋战，顺利完成了350万旅客的大疏运任务。

4.促进了社会和谐。广铁集团积极履行社会责任，全力做好粮食、电煤等关系国计民生的重点物资运输，得到了地方政府的充分肯定。特别是去年抗震救灾斗争中，集团全体员工争分夺秒抢运救灾物资，全力以赴转运灾区伤员，积极踊跃为灾区重建捐款1328万元。广铁服务理念的创新、服务模式的转变，实现了企业与社会的“双赢”，为建设社会主义和谐社会作出了应有的贡献。

企业廉洁文化建设初探

徐先明

开展廉洁文化建设，是企业实现廉洁高效目标、加快发展步伐的内在要求和迫切需要。企业廉洁文化建设是一项系统工程，需要结合实践不断完善和探索，逐步形成符合企业实际的廉洁文化体系。

企业廉洁文化是党风廉政建设和企业文化建设相结合的产物，它既有文化的潜移默化性，又有教育的具体针对性。同时，廉洁文化也是企业精神文明建设的重要组成部分，其核心可以概括为四点：崇高的理想信念，高尚的理想道德，良好的遵纪守法意识，不懈的艰苦奋斗精神。就石油企业而言，廉洁文化建设应该始终围绕“奉献能源、创造和谐”的企业宗旨，以倡导廉洁奉公，弘扬清风正气为主要内容，以培育党员干部、特别是中级以上管理人员牢固树立“立党为公、执政为民”的理想信念，树立正确的人生观、道德观和利益观为根本目的，进而带动广大员工群众积极参与廉洁文化建设实践，从自身做起，增强反腐倡廉意识，在企业营造廉洁高效、奋发向上的人文生态环境，使文化的力量持续转化为企业发展的一种内在动力。

一、廉洁文化建设的定位和原则

廉洁文化建设是党中央惩治与预防腐败体系建设要求在企业的具体实践。由于石油企业所承担的任务和党风建设侧重点的不同，以开展廉洁文化建设来定位，能够更加贴近企业的实际，更加切合党风建设的各项要求。根据这种定位进行实践，不仅拓展了教育的内涵，深化了党风廉政教育工作，而且文化力量的彰显，又推动了企业发展力的提升，促进了企业廉洁高效和经济效益双重目标的实现。构建企业廉洁文化体系，应切合工作实际，认真落实以下三点：

1. 落实“以人为本”的企业文化理念。廉洁文化建设，其实质是针对人的精神世界和企业的社会氛围进行研究，根据员工丰富多样的精神生活需求来确定廉洁文化建设目标。在内容上，要强调人文素养，注重人文差异，彰显人文关怀；在形式上，要贴近员工群众，贴近油田工作实际，贴近企业生活，寓教于理，寓教于乐，通过丰富多样的文化载体，把廉洁文化活动开展得生动活泼。

2. 落实“廉洁从业”的职业道德规范。企业廉洁文化建设必须紧扣党风廉政建设的主题，以思想道德建设为核心，以制度建设为基础，以建设廉洁高效企业为目的，通过多种活动载体，使廉洁文化理念深入人心，培育员工树立正确的世界观、人生观和利益观，明确坚持什么，反对什么，与企业各项规章制度相协调，为提升企业发展力夯实精神基础。

3. 落实“务实实效”的工作作风。企业廉洁文化建设也是企业文化的重要组成部分，必须纳入企业文化建设总体框架之内，从整体上规划。既要体现特定的时代精神，又要融合企业经营理念；既要传承中华民族传统美德，又要不断注入先进的精神文化内核。在具体实施中，既要注重形式多样，丰富多彩，又要讲求实效，对企业生产经营具有确实的促进作用。只有这样，才能使廉洁文化建设具有现实活力，实现预期目的。

二、推进廉洁文化建设的实践和措施

加强廉洁文化建设，要坚持理论指导与实践探索相结合，立足于工作实际，增强工作的针对性和系统性，注重实效，以“看得见、摸得着、重参与、见实效”的活动载体丰富廉洁文化建设，使干部员工在活动中长知识、受教育，以筑牢思想道德防线，增强自我防范意识，提高抵御腐败风险的能力为目的。

1. 领导带头“创”廉。加强廉洁文化建设，党员干部是重点。领导干部对廉洁文化建设的认识是否到位、措施是否得力，直接影响廉洁文化建设的成效。因此，要坚持党委统一领导、党政齐抓共管、纪委组织协调、部门各负其责、依靠群众支持和参与的“一岗双责、全员参与”领导体制和工作机制，按照“谁主管谁负责”的原则，着力抓好责任分解、责任考核和责任追究三个环节，形成“一级抓一级，一级对一级负责”的责任体系，把廉洁文化建设作为深入开展党风建设和反腐败斗争的重要措施来抓。首先要制定廉洁文化建设的规划部署，协调各部门抓好重点工作的落实；其次要抓好党章的学习和贯彻，用先进的理论武装头脑，注重廉洁自律意识的培养，做到律己、律他、他律。实践证明，中国石油长庆油田的廉洁文化建设之所以能够在短时间内蓬勃发展起来，重要原因之一就是领导思想统一，措施制定严密，组织落实到位；此外，一支廉洁自律、敬业爱岗、务求实效的干部员工队伍，以全员参与的形式积极主动地落实了廉洁文化建设的各项活动。

2. 员工参与“树”廉。加强廉洁文化建设，干部员工是主体。事实证明，只有上下联动、内外配合，才能营造出知荣明耻的廉洁文化氛围。就企业而言，首先要紧密结合干部员工从业特点，抓好责任观、苦乐观、利益观、道德观、权力观宣传教育，筑牢拒腐思想防线。其次要向员工渗透“勤业、律业、公为先”的廉洁核心理念，倡导自觉、自主、自律的道德标准和公平、公正、公开的办事作风，把建设廉洁文化同弘扬大庆精神、铁人精神相结合，同弘扬“攻坚啃硬、拼搏进取”的长庆精神相结合，同落实职业道德规范相结合，同推进企业文化创新实践相结合，促使廉洁文化建设在构建惩治与预防腐败体系中发挥应有的作用。最后要鼓励员工高举正义之剑，明辨真善美和假恶丑，积极倡导员工主持正义、伸张正义，杜绝各种歪风邪气，使各种颓废思想、腐败行为没有滋生的土壤。

3. 家庭配合“助”廉。加强廉洁文化建设，家庭是特殊的阵地，具有特别的影响力。首先要将“廉洁兴家、家庭助廉”的廉洁文化理念辐射到家庭，我们开展了“珍惜政治生命、珍惜工作岗位、珍惜形象影响、珍惜家庭幸福”的四个珍惜教育活动。其次要建立“家庭助廉”信息联络记录，定期与家属、子女座谈交流，联系走访，做到警语长示，警钟长鸣，把教育和监督的触角向“八小时以外”延伸。最后要有计划、有选择地开展亲情助廉活动。通过组织领导干部家属观看反腐倡廉警示片、选树“廉内助”、举办“廉内助”培训班、发放廉洁信等方式，时刻提醒和教育干部家属当好“廉内助”，共筑家庭廉洁防线，推动廉洁文化建设向纵深发展。

4. 完善机制“督”廉。加强廉洁文化建设，建立权力监督制约的长效机制是目的。要把廉洁文化建设纳入惩治和预防腐败体系建设的总体规划，纳入党风建设责任制和部门业绩合同，既完善惩防体系责任机制，又丰富廉洁文化建设的内涵。首先要抓好党政班子议事制度、重大事项报告制度、内控管理制度，规范各项监督制度，健全完善和落实诫勉谈话制度。其次要在抓好教育、用好权、管好钱、管住人的同时，努力推进队（站）务公开制度的进一步完善和落实；对于涉及单位生产经营管理、员工切身利益、干部廉洁自律、干部任免等重大事项，要向广大员工公示、公开，使领导干部自觉做到“不能为”、“不敢为”、“不必为”和“不愿为”。

5. 宣教格局“育”廉。加强廉洁文化建设，宣传教育是手段。要加大宣传力度，强化教育深度，扩大覆盖面，让廉洁文化走进千家万户。宣传教育必须牢牢把握先进文化的前进方向，贴近工作实际，贴近反腐倡廉实际，贴近员工群众，站在理解与尊重的角度，创新内容，创新形式，创新手段，加强宣传文化阵地建设。要注重发挥企业“大宣教”的作用，构建党政工团齐抓共管的宣教格局，整合各方面的宣教资源，调动各方面参与廉洁文化建设的积极性、主动性和创造性。通过广泛持久的廉洁文化建设，让廉洁文化进班子，进基层，进岗位，进家庭，在企业形成人人思廉、人人倡廉、人人促廉、人人反贪的良好风尚。

毛泽东同志曾经说过，只要我们党的作风完全正派了，全国人民就会跟我们学。因此，共产党人要始终保持人民公仆的本色，坚持全心全意为人民服务的宗旨，从而营造出“以廉为美、以廉为乐、以廉为荣、以贪为耻”的崭新社会风尚。

（作者：中国石油长庆油田分公司第三输油处党委副书记、纪委书记、工会主席）

如何走出国有企业权力监督难的困境

孙丽颖

社会主义市场经济的发展和企业改革的深化，给国有企业注入了生机和活力，但也出现了权力膨胀和监督弱化问题。应该说，目前国有企业内部的监督制约体系在形式上是比较系统全面的，但相对于市场经济和企业深化改革要求，还存在着严重的不适应和缺陷，企业监督难、制约软的问题表现得尤为突出，构建权力监督制约机制，规范权力运作，已是国有企业面临的一个重要课题。

一、国有企业内部监督存在的突出问题

1. “政”强“党”弱，失于监督

在一些企业中，党组织的政治核心地位有

名无实，客观上造成企业党组织很难发挥应有的监督作用。企业的纪检监察部门的监督更难以到位。有的经营管理者认为企业是经济组织，党组织特别是纪检监察部门管好党员就行了，不必参与企业决策，否则就会影响业务工作开展，甚至把管事看成是争夺权位。个别企业的“一把手”在重大改革措施、重要干部任免、重大投资决策和大额度资金使用的“三重一大”问题上独断专行，个人说了算，拒绝党组织的监督。有的党政职务“一肩挑”的企业，由于“一把手”的主要精力放在抓业务、忙应酬上，无心过问党建工作，书记职务形同虚设，出现了制约盲区。在党组织方面，也有不少成员认为党委的工作应服从服务于业务经营大局，形成了参与就是做帮手、当配角。书记参与领导班子碰头会，往往以个人名义代替党组织，在许多重大问题的决议上，只是当旁听、作陪衬。党务干部不仅有职无权，甚至与职工一样随时有被“优化组合”掉的可能，致使有些党务干部存有失落感、危机感，丧失了抓好监督工作的主动精神和信心。

2. 监督渠道不畅，监督体制不顺，难于监督

现行体制中，纪检、监督、审计、职代会（工会）等监督机构均是企业内部的机构和部门，除了党委书记外，名义上受双重领导，因为企业实行的是经理对干部聘任制，实质上受企业行政领导。这种监督主体的监督行为受被监督者制约的监督体制，必然导致监督作用难以发挥。

3. 机构弱化，无力监督

在企业改制精简中，监督部门受到了撤、并、减、兼的冲击，造成人员少、兼职多、力量弱，或有“官”无“兵”，监督工作被冲淡，无法胜任和履行监督职能。

4. 法律、制度相对滞后，不好监督

近几年来，中央围绕加强干部的监督管理制定了一系列党纪条规和政策法规，为实施监督提供了重要依据，但是这些党纪条规和政策法规比较原则，企业必须结合实际有针对性地制定相关的实施细则。目前企业的监督管理制度还不完善，对企业内部的重点环节，如管人、管物、管钱、管项目等如何具体监督、事前防范，还没有做到制度化、规范化。

二、深化国有企业内部监督的路径

1. 营造良好氛围

要加强宣传教育，把提高企业职工的监督意识和各级领导干部接受监督的意识作为反腐倡廉的基础性工作来抓，营造有利于监督的良好氛围。

2. 强化对“一把手”的权力制约

（1）加强对权力授予过程的监督。建立健全干部聘任工作监督制度和用人失察失误责任追究制度，建立健全领导人员聘用征求纪委意见和纪委与人事组织部门相互联系制度。

（2）加强对权力行使过程的监督。要坚持和完善民主集中制，“三重一大”问题必须经领导班子集体研究决定，实行领导班子研究重大问题表决制，严格按规定的程序运作。要认真完善财务监管机制，建立健全企业内部全面的预算管理体系，实行资金的集中统一管理，通过财务预算控制企业支出；对领导人员的职务消费要采取制度规范、定额管理、会审会签、集中支付的办法，推行职务消费货币化管理，消除或者减少权力腐败的空间；要建立“一把手”不直接管钱管业务制度，大额支出由班子集体决定，其他支出定额度实行分级管理，加大对“一把手”行使财权事权的监督制约力度。

（3）加强对权力行使结果的监督。要强化任期审计制度。在坚持企业年度审计的同时，要加强对规章制度执行情况的审计。抓好领导干部任前、任期和离任的经济责任审计，防止“一把手”以权谋私。要建立对领导人员的质询制度，当领导人员行使权力出现问题时，纪委有权进行询问，必要时纪委可举行听证会，使质询监督公开化、民主化。要建立对领导人员的弹劾制度，当领导人员滥用职权时，纪委有权向组织人事部门提出弹劾意见，使滥用权力者受到相应的惩处。

3. 协调各方，形成监督合力

(1)大力强化纪检监察部门权力,提高其地位。为保障纪检监察部门能充分行使职权,建议建立人财物相对独立的监督机构,其地位应高于被监督者,以保证监督机构的权威性。借鉴国务院向国有大中型企业派驻监事会的做法,由企业的纪检监察、审计等部门组成督察机构,由纪委书记直接领导,补充和拓展监事会职能。纪检监察负责人依法进入监事会并担任相应职务,把纪检监察监督直接转化为监事会的法定监督,既可以弥补监事会监督形成的空当,又能使纪检监察以监事会名义对企业的领导干部进行名副其实的监督。

在企业开展效能监察,促进企业管理水平的提高。效能监察是纪检监察工作和生产经营管理相结合的切入点,使纪检监察工作与企业的经营管理活动更紧密地联系在一起,能够促进企业更直接更具体地加强和改进管理,提高效率和效益,同时它也是综合性较强的监督方式,能把监察职能贯穿到管理的全过程。通过效能监察,能够发现生产经营管理中的薄弱环节,提出改进意见,督促企业采取措施,完善规章制度,堵塞漏洞,规范管理行为,促使监督关口前移。因此,要围绕强化管理和提高经济效益这个中心,针对财务管理、资产管理、合同管理等管理活动中存在的问题,大力开展效益监察。

(2)以"企务公开"为前提,依托职工代表大会,着力健全企业民主监督制约机制,发挥职代会监督作用。第一,要大力推行"企务公开",保证职工群众的知情权。除商业秘密外,企业经营中的人财物、产供销等各环节各方面的情况,都应当予以公开,将经营管理者置于职工群众的监督之下,防范暗箱操作和权钱交易。第二,要健全民主监督程序,拓宽民主监督渠道。要建立企业重大决策特别是涉及职工切身利益的事项向职代会公示制度,并使之成为决策前的必经程序;要探索实行职代会提案及办理回复制度,探索职工代表询问、质询及回复制度,拓宽职工群众的监督渠道。第三,要健全必要的监督保障措施。要制定奖励制度,激发职工参与监督管理的积极性;完善保障措施,防范职工因参与监督遭受打击报复。党组织、纪检监察部门要积极支持职代会的监督,为他们撑腰壮胆。

4. 加大责任追究力度

(1)要落实监督主体的责任,建立监督主体失察责任追究制。尽快制定对各监督主体实施责任追究的办法,对应该监督而没有监督、应采取措施而没有采取措施,以致出现问题造成严重后果的,要有相应的问责措施。

(2)要完善责任追究机制,特别是完善监督主体具体实施监督过程中的责任追究机制。具体实施监督者要及时或定期向派出机构写出监督报告,并签名负责,以便备查。例如,重大投资项目出了问题,除对项目负责人作出处理外,也要追究监督责任人的责任。又如,在干部考察中,拟提拔对象相关负责人要签字负责,如今后发现提拔前存在问题也要追究考察人、推荐人的责任,防止干部"带病提拔"。

(作者:中国工艺〈集团〉公司纪检办公室主任)

贯彻落实科学发展观　建设优秀的企业文化

汤光友

为进一步加深广大员工对中国三峡总公司"四个一"水电开发理念的理解和认同,宣贯企业文化,增强企业凝聚力,三峡总公司深入开展企业核心价值观宣贯活动,意义重大。这次宣贯活动以“我们的企业 我们的文化”为主题，通过征文、演讲比赛、企业文化案例征集等形式，重点宣传三峡总公司的战略目标、企业愿景以及“为我中华、志建三峡”和“四个一”核心价值观，引导广大员工进一步贯彻科学发展观，实践“四个一”的水电开发理念，增强企业文化的认同感。下面，我结合学习三峡总公司党组《树立和落实科学发展观，走可持续发展的新型水电开发道路》的体会文章，谈谈对“四个一”核心价值观的认识体会、工作思路和落实措施。

一、对“四个一”核心价值观的认识体会

三峡总公司党组提出“建好一座电站，带动一方经济，改善一片环境，造福一批移民”这“四个一”的水电开发新理念，是以科学发展观为指导的。以人为本，全面协调可持续发展的科学发展观，是我们党从新世纪、新阶段党和国家事业发展全局出发提出来的重大战略思想，是我们推动经济社会发展、加快推进社会主义现代化必须长期坚持的重要指导思想。科学发展观的第一要义是发展，核心是以人为本，基本要求是全面协调可持续，根本方法是统筹兼顾。这几个方面相互联系、有机统一，其实质是实现经济社会又快又好地发展。

三峡总公司党组提出树立和落实科学发展观，走可持续发展的新型水电开发道路，是三峡总公司以科学发展观为指导提出的发展战略，其突出体现了三点。

（一）以民为本是企业生存的立身之本

三峡工程因“民生”而动议，因防洪求“民安”而立项，也为防洪、通航、发电的“民本”需求而建设，因此，三峡工程能得到全民族的关注和支持。三峡总公司作为国有大型企业，始终坚持以人民的根本利益为出发点，把加快发展、社会责任、环境保护、人文关怀的理念体现在了“四个一”的核心价值观中，贯彻到企业经营管理的全过程。

（二）全面协调发展是企业发展的根本保障

历史和现实的经验告诉我们，水电开发是设计广泛的系统工程，其制约因素众多。总公司在综合运筹上立足全面协调，坚持多方兼顾，确保了企业的顺利发展。在开发与保护上，以优化生态为主。在社会效益与经济效益上，以社会效益为先。在近期利益与长远利益上，充分考虑长远发展。在建设选点与供电区域上，充分兼顾各方。在质量与工期上，无条件以质量为先。在主业和辅业上，相互补充，均衡发展。正因为全面统筹、协调发展、兼顾各方，使三峡总公司得以在错综复杂的情况下取得了三峡工程建设的优异成绩，并加快了发展步伐。

（三）可持续发展是企业兴旺的源源动力

三峡总公司因三峡工程而立，但其战略规划却立足“建设三峡，开发长江”，以梯级建站、滚动开发长江水力资源，发挥上下梯级协调调度、防洪拦沙、调峰发电的综合优势，依靠壮大经济实力持续发展。随着总公司挥师西进，在金沙江流域开发建设溪洛渡、向家坝水电站，白鹤滩、乌东德工程和重庆小南海水电站即将上马。三峡总公司良好的发展前景给实业公司加快发展带来良好的机遇和广阔的空间，也给我们带来了可持续发展的强大动力。要成就任何事业，都要走一步、备两步、看三步，从长计议，从眼下做起，才能使事业做长做久，使一地不断做强做大。

二、核心价值观宣贯活动要把握企业文化建设的框架体系

2005年，国资委下发了《关于加强中央企业企业文化建设的指导意见》。三峡总公司印发了《企业文化建设纲要》，明确了指导思想、总体目标、基本内容和实施步骤，为各单位开展企业文化建设指明了方向。各单位把企业文化建设作为企业改革发展的助推器，作为凝聚员工思想、激发员工积极性、创造培育企业核心竞争能力和发展能力的重要途径和方法，作为创新改进企业党建和思想政治工作及加强精神文明建设、员工队伍建设的重要载体和抓手，确立了

企业文化建设的重要战略地位，营造了浓厚的氛围。

企业文化建设的实质，就是用先进科学的思想和文化理念武装员工头脑，规范企业和员工行为，提升企业管理水平，培育企业核心竞争能力和发展能力，促进企业和员工和谐发展。企业文化是一门新兴的科学，是一项系统工程，是一种以人为本、先进的管理理论、管理方法和管理行为。企业文化建设的基本体系框架大致应包括三个基本内容和三个工作机制。

(一)三个层面的基本内容，即企业的精神文化、制度文化和物质文化

企业的精神文化是企业文化的核心内容，包括企业使命、企业愿景、企业精神、核心价值观、经营管理理念等理念文化要素，是一种群体意识。要让文化理念内化于心，成为广大员工一致认同、自觉实践和自觉维护的文化理念，成为广大员工统一思想、凝聚智慧和力量的精神支柱，成为广大员工的行动指南和思想动力。

企业的制度文化是约束企业和员工的行为规范，包括企业制定的各项规章制度、工作流程、工作标准和行为规范等。企业通过完善管理制度，加强内部管理，规范和约束企业和员工的行为，使文化理念固化于制，提高管理能力和执行能力，体现出管理的效能。

企业的物质文化是以物质形态表现出来的企业文化，看得见，摸得着或可享受消费，使文化理念外化于形。包括企业的产品或提供的服务等生产经营成果，还包括企业环境、企业广告、商标、品牌、企业标识等企业形象识别系统的内容。

(二)三个不可或缺的工作机制，即组织保障机制、工作指导和载体支撑机制、考核评价机制

组织保障机制就是必须建立健全专门的组织领导机构和工作机构，加强组织领导，制定工作规划，明确和落实工作职责，形成主管部门负责组织、各单位和部门分工落实、全体员工广泛参与的工作体系。一旦提出了正确的企业文化理念，一方面要求领导干部要率先垂范，身体力行；另一方面要加强员工教育培训，不断深入灌输企业文化理念，使之得到确立和巩固，形成统一的核心价值观。

工作指导和载体支撑机制包括两方面内容。一是要加强企业文化建设的指导，深入调查研究，细化操作办法，规范工作流程，发现和树立先进典型，用丰富鲜活的案例启发、引导和推进企业文化建设。二是要丰富企业文化建设的载体，整合企业内部文化资源，加强阵地建设，应用先进的技术手段优化环境、创新载体，提高员工文化素养。

考核评价机制就是要将企业文化建设纳入企业综合工作考核评价的范畴，要制定考核内容和标准，明确考核评价的方式方法，定期进行有效的检查和考核，促进企业文化建设的规范化、制度化、科学化，形成激励与约束机制。

三、关于实业公司企业文化建设的思考

长江三峡实业有限公司的企业文化建设刚刚起步，应紧紧围绕《中国三峡总公司企业文化建设纲要》的总体目标，紧密联系改革发展实践，认真开展“四个一”核心价值观的宣贯活动。结合实际，提出四条建议。

(一)建立组织和制度保障体系，落实工作责任

1.实业公司应迅速成立企业文化建设领导机构和工作机构。明确领导小组、责任人、主管部门、工作人员及其相应的职责。党委主要领导要负责做好指导、规划、协调工作，发挥领导班子“火车头”的带头作用。

2.将企业文化建设纳入企业发展战略。企业文化建设领导小组成员、各单位和部门的负责人要站得更高一些、看得更远一些、思考得更深一些，制定工作规划，把握正确的工作原则和科学的工作方法，融入企业经营管理，出思想、出思路、出对策、带队伍，服务企业发展战略和经营目标。

3.促进各单位、各部门提高和深化思想认识。国资委2005年提出力争用三年左右的时间基本建立中央企业的企业文化体系。各单位各部门负责人、全体干部员工要增强紧迫感和责任感，不能孤立地抓企业文化建设，也不能只有部署和一般性要求，工作停留在表面或应付检查的层面上，要深入做好调查研究和系统的分析思考，统筹兼顾、协调推进，抓好落实。要把企业文化理念贯彻落实到企业管理的制度中，深入员工头脑中，变成员工的自觉行动和行为规范。

4.要形成团结协作、分工负责、全员参与的工作机制。企业文化建设是理论性和实践性都很强的一门科学和系统工程，不能简单地说"那是企业文化建设领导小组的事情，与我不沾边……"，更不能局限于党群工作部和少数人员，企业文化专干不是企业文化单干。必须明确各单位和部门在企业文化建设中的职责，形成分工负责的工作体系和全员参与的浓厚氛围。

（二）保持与三峡总公司集团企业文化建设的统一性

1.实业公司的企业文化建设不能脱离《中国三峡总公司企业文化建设纲要》另起炉灶或另搞一套，应定位于总公司集团企业文化的子文化或衍生文化，在企业使命、企业精神、水电开发核心理念、企业标识等元素方面应保持一致性，增强集团文化的凝聚力、向心力和影响力，树立总公司的整体形象。

2.实业公司在企业文化建设进程中应大力弘扬"三峡精神"和"四个一"核心价值观，将"三峡精神"内化于实业公司的文化观念中。实业公司要紧跟总公司的发展战略步伐，充分研究总公司的长远发展战略、市场竞争环境、经营管理策略、人力资源变化等情况，妥善处理好总公司企业文化与实业公司企业文化的共性和个性的关系，使两者统分结合、有机联系、各具功能，促进企业的改革发展。

（三）突出具有实业公司特色的服务文化建设

实业公司的企业文化建设要坚持以科学发展观为指导，把握时代的脉搏，紧跟时代的步伐，突出抓好具有实业公司特色的服务文化建设，提炼的服务文化要鲜明体现实业公司电力生产物业管理服务的价值观和经营理念，具有很强的个性化特征。要重点把握四点要求。

1.要坚持以人为本的理念。要搞好制度管人和文化育人，牢固树立用户第一、客户至上的服务观念，按照业主的需求建立和完善方便快捷的服务机制和服务流程，联动服务快速响应，尽心竭力为业主提供优质服务，更好地满足业主的需求，使业主觉得"物有所值、超值享受"、"实业公司不可或缺"。

2.要搞好精细化服务。要增强员工的服务意识，增强服务的自觉性和主动性，急业主之所急，做业主之所需，实现优质服务精细化、超值服务特色化、个性服务差别化、社区服务人性化，用优质服务打造实业公司的服务品牌。

3.要融入企业加强和改进管理过程。把服务文化的理念和要求体现在企业经营管理的全过程，大力推进质量文化、安全文化、人才文化、管理文化等建设，把服务质量的提高建立在科学化、规范化的严格管理基础之上，持续改进，完善服务流程，提高服务质量。企业文化建设要结合推进全员绩效考核工作，发挥考核评价机制的激励导向作用，体现效率与公平，营造良好氛围。

4.要促进企业与员工的协调发展。通过建立员工与企业发展的共同愿景，形成大家一致认同的价值观，使企业精神和经营管理理念成为员工的自觉行为，从而降低企业管理的沟通交易成本，让员工觉悟到"只有在关心、支持、服务企业的经营发展过程中才能实现自己真正的、现实的发展之路"，自觉把自己的思想感情和前途命运与企业的发展有机联系起来，凝聚团队精神，形成共谋发展的合力，实现企业与员工的和谐发展。

（四）加强和改进党建与思想政治工作，推进企业文化建设

1.要正确把握党建和思想政治工作与企业

文化建设的关系。企业思想政治工作是国有企业的优良传统和政治优势，核心是解决人的思想问题，必须深入调查研究，发现问题、分析问题、解决问题，关键在于融入中心，服务大局。企业文化建设强调以人为本，以文化管理为纽带，融思想教育、制度约束和激励机制于一体，是企业思想政治工作服务于生产经营中心工作的切入点和重要载体。把先进企业文化所具有的时代魅力与思想政治工作的传统优势结合起来十分必要，而且会显示出越来越强大的生命力，势必开创企业党建和思想政治工作的新局面。

2.要借鉴引进党建和思想政治工作的科学方法，夯实企业文化建设的基础。要深入基层和群众中了解掌握大量的第一手资料，充分尊重基层单位和广大员工的首创精神，善于集中广大员工的聪明才智，加强理性思考，提炼和总结广大员工高度认同的企业文化理念，使实业公司的企业文化建设更符合广大员工的意愿、更符合企业改革发展的需求、更具备深厚的文化土壤基础。

3.要加强骨干人才队伍的培养，保持企业文化建设的创新活力。要加强学习，通过经常组织专题讨论和研讨、交流心得体会、考察先进企业文化典型单位等方式，开阔思路，增强素质，提高能力，不断发展壮大，形成一支专业工作队伍。认真探索研究企业文化建设的基本规律、途径、方法，进一步完善企业文化与绩效考核相结合的考核评价办法等，以理论创新推动实践创新，始终保持企业文化旺盛的生机与活力。

4.要加强宣传引导，培育优秀的三峡企业文化。党建和思想政治工作与企业文化建设的侧重点、工作机制不完全相同，要加强宣传引导，防止出现以企业文化建设代替企业党建和思想政治工作，或走向另一极端。在宣传工作中要协调区分、系统推进，引导广大员工树立和落实科学发展观，自觉践行社会主义荣辱观，加强思想道德建设，把弘扬"三峡精神"与宣传学习模范人物和先进典型结合起来，贯彻到企业文化建设中，帮助和引导员工树立正确的世界观、人生观、价值观，养成良好的职业道德和行为规范，建设优秀的三峡企业文化。

企业文化建设是一项系统性、长期性的工作，也是一个逐步形成和发展的过程。我们要紧密结合经营管理和服务工作的实际，积极开展企业文化建设的理论研究和实践探索，脚踏实地，志存高远，全面贯彻落实科学发展观，建设优秀的企业文化，促进实业公司的持续、稳定、健康、和谐发展。

企业文化营造与加强和改进思想政治工作

张爱平

高度重视思想政治工作，是我们党的优良传统和政治优势。党的三代中央领导核心都十分重视思想政治工作。如何在新形势下加强和改进思想政治工作，寻求思想政治工作的新途径、新方法，是企业面临的一项新课题。以企业文化为切入点，在营造企业文化氛围，树立企业形象，锤炼企业精神之中贯穿思想政治工作，是加强和改进思想政治工作的一条有效途径。

企业文化的含义

企业文化是以价值观念为核心的思维、心理和行为方式，是企业两个文明建设的重要内容，它不仅反映了企业的精神面貌，而且有利于振奋斗志，提高劳动生产力和群众素质，具有导向、凝聚、协调、规范、鼓励功能，对发展企业、造福职工有重大作用。企业文化建设的内涵指企业在技术因素之外所独具有的价值体系、行为方式、文化积累、文化传统，包括企业价值观念、企业经营理念、企业精神、企业道德、企业行为规范和思想方法等。

企业文化与思想政治工作的辩证关系

企业文化建设是20世纪80年代开始在我国一些企业中兴起的，经过多年的探索，已经成为我国企业建设的重要组成部分。企业文化建设紧密结合生产经营工作，与思想政治工作一道，通过文化活动方式，把思想政治工作的一些内容以更易为职工群众接受，更易得到企业行政部门实施的方式，融入企业发展各项工作中，使职工把自己对生活目标的追求与企业的发展紧密结合起来，以崭新的时代风貌和高度的主人翁精神，为企业发展作贡献。

企业文化建设是企业精神文明建设的有效途径，是加强和改进企业思想政治工作的重要措施。企业文化与思想政治工作在调动职工积极性，增强企业凝聚力，保证企业发展目标实现上起着相辅相成的作用，但二者性质有所区别。企业思想政治工作是以企业内部员工为对象，以解决思想问题为目的的一种活动；企业文化是一种社会文化现象，是与企业经营活动有机融合在一起的一种活动。这种活动包含着极丰富的文化内容，不仅对内有粘合作用，对外也具备一种争取公众对企业认同的社会功能。企业文化与思想政治工作的关系是，企业文化可以在更大的领域里为思想政治工作提供观念、价值、精神表现的形式与载体；思想政治工作借助企业文化方式，可以不断丰富内容、深化工作效果。企业文化通过科学文化和人文文化手段的综合运用，把思想政治工作开展的党的路线方针政策的教育内容转化为企业的价值观，进而增强企业的凝聚力，发挥职工生产经营的积极性，为企业和国家多作贡献。

企业文化与思想政治工作的不同点

企业文化与思想政治工作是两个完全不同的概念，它们有着本质的区别，不能混为一谈，更不能互相取代。

1. 性质不同。思想政治工作是我党的优良传统，它以马克思列宁主义、毛泽东思想、邓小平理论和“三个代表”重要思想为指导，依照党的纲领和不同阶段政治、经济的中心任务，通过有组织、有意识的教育，灌输马克思主义理论，使党员和广大人民树立科学的世界观和人生观，掌握马克思主义的观点、立场和方法。它具有鲜明的党性、思想性，本质上属于政治工作范畴。企业文化是产生于西方资本发达国家的一种新的管理理论，它是通过培育企业职工共同的价值观和行为准则，对职工的行为进行有效的管理和控制，追求企业整体优势，具有明显的管理性、经济性，本质上是经济管理问题。

2. 内涵不同。思想政治工作是根据党在企业的中心任务与职工的思想和行为规律，遵循精神文明建设的基本要求，着重对人的思想政治观念、世界观、工作态度和生活态度施加影响，以便调动积极性，服务于生产建设，因此思想政治工作既是研究人的思想和行为规律的理性概念，又是进行思想教育活动的实践性概念。而企业文化是在企业长期生产经营过程中逐步形成的、全体成员共识共守的行为规范、传统作风和价值观念，主要是理性文化概念。

3. 内容不同。思想政治工作的基本内容是对党员干部和广大群众进行马克思主义基本理论、党的基本路线、爱国主义、集体主义、社会公德及艰苦奋斗的教育，培养“四有”职工队伍；同时，对职工在生产过程中所产生的各种思想问题、情绪问题和行为问题进行疏导，及时予以解决。企业文化的基本内容是根据企业内外条件选择经营哲学、确定管理信条、培养企业精神、确立企业目标、建设企业道德、树立企业形象等。因此，思想政治工作的任务是立足于全党的思想政治上高度统一，具有较强的共性特征；

而企业文化是在宏观的大政方针指导下，主要是依据本企业的实际情况长期铸就的，具有鲜明的个性色彩。

4. 方式不同。思想政治工作与企业文化运作方式不同，这是因为二者的活动主体不同。思想政治工作的活动主体是在党委集体政治核心领导下，专职兼职相结合，领导群众相结合，党政工团齐抓共管的体制，其运行方式是在党委统一领导下，主要是系统教育、正面灌输。企业文化建设的主体是企业的全体职工。良好的企业文化氛围，是在社会主义文化大背景下，通过企业领导人的倡导，靠全体职工的自我教育、自我约束、自我体验，逐步养成。一旦企业职工拥有了共同的价值观念，企业就有了巨大的凝聚力和感召力，职工就会自觉自愿地、齐心协力地为实现企业目标而奋斗。它的运行特点主要是以潜移默化的形成，营造良好的企业文化氛围，提高职工的思想道德素质。

企业文化与思想政治工作的联系

企业文化与思想政治工作是两个不同的概念，是两项不同的工作，但在实际操作中又有着密切的联系，在许多方面都是相同、相通和相融的。

1. 对象相同。企业文化和企业思想政治工作，作为两门科学，其研究对象都是人，都是以人为本的科学，都是做人的工作。它们都是以尊重人、理解人、关心人、激励人为共同的出发点，都强调协调好企业内部的人际关系，都重视培养人的集体意识和提高人的思想道德素质，都把最大限度地调动职工积极性和主动性作为自己的重要任务。企业文化从研究人的共同的价值取向出发，注重焕发人的精神，塑造人的灵魂，倡导群众发扬优良作风和好的传统，强调自我激励的作用，在企业现代化管理中实行人性化管理。企业思想政治工作解决人的思想认识、观点、立场问题，以育人为业，以转变人的世界观为本，旨在用共产主义精神培养有理想、有道德、有文化、有纪律的社会主义建设人才。总之，企业文化和思想政治工作在培养人的良好品质、塑造人的美好灵魂方面是完全一致的。

2. 方向一致。企业文化和思想政治工作都属于意识形态范畴，要为经济基础服务。无论是企业文化还是思想政治工作都必须坚持共产党的领导，坚持社会主义的方向。中国的企业文化是社会主义企业的企业文化，它必然受社会主义思想原则、道德规范、行为准则和集体主义价值观指导，体现社会主义精神文明建设的要求。建设有中国特色的企业文化，不仅与思想政治工作的政治方向是完全一致的，而且坚持思想政治工作优势又能保证企业文化建设的正确方向，提供思想动力。任何排斥、削弱思想政治工作的企业文化都会背离企业的社会主义方向。

3. 目的相近。企业文化的功能之一就是效益功能。建设企业文化或企业精神的目的，就是通过强化软管理，激发人的工作热情，从而提高经济效益，进而发展社会生产力；思想政治工作的目的，是通过对马克思主义理论教育和社会主义、爱国主义、集体主义思想教育，调动人的积极性，最终达到提高企业经济效益的目的。思想政治工作应服从服务于经济建设。思想政治工作是发展社会主义生产力的可靠保证。可见企业文化和思想政治工作的共同终极目的都是为提高企业的经济效益，发展企业生产力，为经济建设服务。

4. 途径相通。企业文化和思想政治工作为达到目的的途径或手段是相通的。思想政治工作经常采取的一些途径，对企业文化建设也适用。例如，开展丰富多彩的寓教于乐的文体活动；创造良好的人际关系环境；树立典型，学习榜样等等。这些途径和手段都是企业文化建设和思想政治工作共同使用的，几乎完全可以通用。

5. 环境相似。无论企业文化建设还是思想政治工作都是在一个特定企业环境中进行的。企业环境包括内部环境和外部环境。内部环境包括生产经营状况、规章制度、产品结构、员工素质、技术水平、领导能力、公共关系、经济效益和分配方式等等因素；外部环境是指企业生存和发展的社会条件，包括国家的产业政策、宏观调控、市场情况、社会责任等。企业文化建设和思想政治工作都是在这种既确定又多变的环境中进行的，必然受到内外环境中的各种因素的影响，其中有的因素可能起积极的作用，有的因素可能起消极作用，要认真分析研究这些有利和不利因素，为企业文化建设或思想政治工作找好基点和提供条件。在同一环境中，在相似的影响因素的作用下，企业文化和思想政治工作根据各自的特点和优势，确定建设自己的企业文化起点和程序，选择思想政治工作的重点和突破点，以求两项工作同步获取成果。

企业文化与思想政治工作相结合　互相推动、共同发展

企业文化与思想政治工作的概念是独立的，但相通相融是客观存在的，两者之间的联系是明显的，结合点是很多的，因此，要通过两者的相互影响、相互渗透、相互促进、彼此互补，达到共同发展。同企业文化相结合是新时期思想政治工作的有效形式。

企业文化所倡导的企业精神，包括竞争精神、创新精神、科学精神、主人翁精神、群众精神、奉献精神、民主精神、服务精神等，不仅丰富了思想政治工作的内涵和外延，而且给思想政治工作增添了新的活力。同时，在培育企业群体意识、倡导企业道德、规范员工行为、开展各种文化活动中，为思想政治工作提供了更广泛的活动舞台。

企业文化是经济与文化的产物，是企业管理从经济层面向文化层面拓展的结果，它的主体虽属观念形态，但它更贴近生产经营管理，更容易为各层次职工所认同和接受，为改变以往思想政治工作单向灌输和一个方子包治百病的僵化模式提供了一种新的工作形式。它与企业思想政治工作相结合，将企业思想政治工作纳入企业管理轨道，较好地解决了思想政治工作与经济工作“两张皮”的问题。企业文化为思想政治工作的改进和创新提供了一个新天地。企业文化建设使思想政治工作的内涵更深刻、外延更扩展，使思想政治工作更适应市场经济的需要，更便于与经济工作融合在一起去做，从而更好地为经济工作提供精神动力和思想保证。过去国家实行高度统一的计划经济体制，企业靠指令性计划生产经营，企业没有自主性，企业的任务就是完成国家下达的计划，职工就是做好企业领导分配的工作，缺乏独立性、自主性，企业不可避免地缺乏活力和生机。随着社会主义市场经济体制的逐步建立与完善，企业文化建设不断深化，它大大丰富了思想政治工作的内容，创造出能够团结和凝聚职工的、能够增强企业向心力和竞争力的新形式、新方法，从而有力地克服了思想政治工作中的某些弊端，改变了在旧体制下形成的不适应社会主义市场经济发展的旧观念、旧模式、旧方法，使思想政治工作与经济工作更加有机地融为一体，做到实处。

与此同时，思想政治工作也保证了企业文化建设的正确方向。企业思想政治工作是我党的一大政治优势，企业思想政治工作从党和国家的中心工作的大局出发，正确处理国家、集体和个人三者的利益关系，保障企业的社会主义方向。只有坚持企业的社会主义方向，有效地开展思想政治工作，才能解决好价值观这一文化建设的核心问题，以保证企业文化建设健康发展。

（作者单位：河南电影电视制作集团剧本中心）

潞安矿业(集团)公司党委开展党建工作绩效管理调查

中央政策研究室党建局、国务院国资委党建局联合调查组

基本做法

潞安集团党委开展党建工作绩效管理已有近10年时间，经历了由探索到完善、由零星到系统、由试点到推行的过程。2000年原潞安矿务局通过公司制改革成立潞安集团后，集团党委为使党建工作适应新的领导体制，更加贴近实际、讲求效率、注重效果，提出党建工作要树立和强化管理理念、绩效理念和评价理念，由此试行党建工作绩效管理。经逐步探索，形成了覆盖全面、上下对接、操作简便、运转有序的党建工作绩效管理方案。

一是明确绩效管理内容。围绕抓班子、带队伍、创环境、促发展四个方面加以细化分解，形成包括26个一级指标、27个二级指标、共计133项具体内容的内容体系。其中，“抓班子”包括企业党政领导班子思想建设、组织建设、作风建设、制度建设、反腐倡廉建设和创新能力发挥、民主管理建设、开展主题活动等；“带队伍”包括干部队伍建设、党员队伍建设、职工队伍建设等；“创环境”包括创和谐环境、改革发展环境、文化环境、生活质量环境等；“促发展”包括参与重大问题决策、提出合理化建议、组织党员创先争优、破解改革发展难题、维护职工利益、促进生产经营指标完成等。对每项内容，提出明确的工作标准，并根据权重确定标准分值，133项内容的总分值为1000分。

二是规范绩效管理流程。年初，集团党委所属党组织及其工作部门根据上级部署，结合企业目标和自身任务，制定党建工作年度计划书。在此基础上分解细化，逐月制定月度任务书，并结合党员岗位特点形成岗位责任书，凡党组织的工作和党员参与的活动都严格按计划执行。每月底，党组织和党员对照月度任务书、岗位责任书，自下而上进行自我评价和组织评价，集团党委年终对基层党委进行全面评价。凡组织评价中提出的问题和建议，都制定整改措施，明确整改时限和责任人，对整改不力的组织和个人进行问责。

三是注重绩效管理导向。把绩效评价作为绩效管理的“牛鼻子”。对党组织的评价，用每项具体任务的完成情况与预设的工作目标和标准分值相对照，圆满完成的按标准分值计分，未完成的不计分，完成一般的酌情扣分。对富有成效的创新性工作，组织专门评审，按原创、突破、带动三个等级给予一定奖励分，奖励分最高不超过150分。常规内容评价得分加上奖励得分，即为评价综合得分。根据综合得分，按照优秀、良好、一般、较差四个等级排出名次。对党员的评价，以岗位责任书的完成情况为主要依据，参照党内活动表现和业余表现进行综合计分。绩效评价结果的运用，就党组织来说，一方面作为领导班子及其成员年度考核和任免奖惩的重要依据。集团党委每年评选先进基层党组织和“四好班子”，都视绩效评价综合得分为“硬杠子”。另一方面直接与领导人员的年薪挂钩。绩效评价属于优秀等级并得分为前5名的，给相关领导人员按年薪的20%－30%予以奖励；绩效评价为较差等级并得分为后5名的，扣除相关领导人员年薪的20%－30%。就党员来说，则同时与薪酬和评定员工等级、评选各类先进直接挂钩。

四是保证绩效管理运转。集团党委成立绩效管理委员会，下设办公室和4个评价组，办公

室负责业务指导和日常管理，4 个评价组分别负责抓班子、带队伍、创环境、促发展四个方面的信息采集和评价。各基层单位党委设立相应机构，明确专人指导检查。在集团党委和党员之间，形成了“两级负责、分层运行”的绩效管理组织保障体系。

主要成效

潞安集团党委通过探索和实践党建工作绩效管理，充分发挥了党组织的政治核心作用，有效地把党的政治优势转化为了企业的竞争优势和发展优势。

(一)推动了现代企业制度的运行和完善。潞安集团党委通过细化和量化党建工作职责，进一步明晰了企业党组织与公司法人治理机构的关系；通过对各级党组织和职工思想、行为、精神状态的系统管理，进一步集聚了实现企业目标的智慧和力量；通过把破解企业改革发展难题、促进企业生产经营目标实现的情况纳入党建工作绩效管理范围，促进了企业党建工作与企业生产经营的有机结合，有效避免了企业党政工作“自身循环”、“两张皮”现象。党政之间的权责明确，党建工作的科学管理，对于现代企业制度的运行和完善起到了重要的推动作用。集团董事长说，有了党建工作的绩效管理，企业党的工作更实了，自已抓改革、抓发展的精力更集中了，整个领导班子的合力更强了。

(二)实现了企业党建工作的拓展和提升。潞安集团党委通过开展党建工作绩效管理，建立了包括目标要求、具体内容、评价标准、操作程序等在内的一整套党建工作体系，实现了企业党组织对全面履行职能过程的有效控制，大大浓厚了党建工作氛围，拓展了党建工作平台，提高了党建工作水平。具体来说，企业党组织以抓班子、带队伍、创环境、促发展为主要任务，突破了传统意义上党组织自身建设的内容，使企业党建工作的视野更宽了、措施更实了；对党建工作的考核评价由定性为主改为定量为主，由多凭印象变为重看绩效，增强了党建工作的管理意识和标准意识，促进了党建工作规范化、制度化；随着党建工作在企业整个工作布局中地位和作用的提升，基层党组织和党员的荣誉感、责任感、归属感不断增强，企业党建工作的动力更加充足。

(三)促进了企业改革发展的持续和健康。潞安集团党委通过开展党建工作绩效管理，推动各级领导人员瞄准一流、高标奋进，自觉提高战略决策能力、经营管理能力、开拓创新能力和应对复杂局面的能力；促使广大党员加强学习、勇挑重担，努力提高政治和业务素质，在工作和生活中积极发挥先锋模范作用；激励广大职工爱岗敬业、勤奋工作，高质量、高效率地完成生产经营任务。所有这些，汇聚成强大的合力，推动潞安集团改革的不断深化和发展的持续跨越。企业完成公司制改革以来，煤炭产量、销售收入、实现利润、人均工资分别增长 2.7 倍、23 倍、100 倍和 3 倍，在全国企业 500 强中的排位上升 350 位。同时，企业安全生产连续 10 年获国家殊荣，自主创新技术成果获国家科技进步二等奖，先后两次获全国“五一”劳动奖状。

几点启示

第一，在现代企业制度条件下，企业党组织发挥政治核心作用既是党对国有企业领导的政治需要，也是企业改革发展的内在要求，必须作为一条重要原则加以坚持。建立现代企业制度是我国国有企业改革的方向。这种现代企业制度应该是中国特色的现代企业制度。潞安集团党委的实践启示我们，党的政治优势是企业发展的独特优势，通过充分发挥企业党组织政治核心作用来体现党对企业的领导和党组织对企业发展的价值，建立和完善现代企业制度才会有牢固的根基和坚强的保证。越是加快企业的改革和发展，越是需要加强和改进党对企业的领导，越是需要提高企业党建工作水平。

第二，加强和改进国有企业党建工作，应当从发挥主观能动性入手，促使企业党政负责人

自觉树立共谋与协作意识，不断强化寻求工作“契合点”的责任。国有企业党组织与公司法人治理机构有着共同的利益和价值目标，这就是推动企业发展，实现国有资本保值增值，充分履行国有企业的经济责任、政治责任和社会责任。因此，无论生产经营目标的实现，还是党建工作的加强，都需要企业党政合力、相互支持。潞安集团党委开展的党建工作绩效管理，思路谋划于党委书记，工作靠党委一班人推动，董事长、总经理不仅是直接的参与者，而且是最有力的支持者。正是有了这种契合，党建工作绩效管理这一牵动和影响企业全局的创新实践才得以不断深化、顺利实施，产生显著效果。事实说明，国有企业党建工作的成效，关键不是取决于企业的发展水平和物质条件，而是取决于企业领导班子特别是党政主要负责人的认识水平和工作水平。那种只有企业效益好党建工作才能搞好的认识，是片面的。

第三，国有企业党建工作不应局限在党组织自身建设上，而应在与企业生产经营和企业文化建设的紧密结合中扩大视野、拓展平台、创新作为。国有企业党建工作，主体是党组织和党员，对象却不只是党组织和党员。潞安集团党委开展党建工作绩效管理，一个鲜明特点就是视野开阔、涵盖广泛。不仅党组织自身建设的内容和要求得到全面体现，企业思想政治工作、企业文化建设的内容和要求也得到充分体现。所有纳入绩效管理的工作，都不是游离于企业生产经营之外，而是与生产经营紧密结合，贯穿于生产经营全过程，最终用企业发展成效来检验。这说明，企业党建工作平台是宽的、作为空间是大的，关键在于要适应形势任务的变化，紧跟企业改革发展的节奏，来调整党建工作思路，充实党建工作内容，在与企业生产经营和企业文化建设的全面对接和同频共振中创新党建工作作为。

第四，投入与产出是企业生产经营必须把握的重要关系，也是企业党建工作需要重视和研究的重要关系。企业党建工作促进企业改革发展的过程，是精神变物质与物质变精神相结合、相统一的过程。随着企业改革的深入，减少管理层次、整合管理机构、精减管理人员，是企业降低成本、提高效率的有效途径之一。但有些企业在这方面出现盲目化、简单化现象，致使党的工作机构大量减少或与行政机构合并，党务政工干部老化、待遇较低，党务工作岗位缺乏吸引力。其问题的实质，在于不重视党建工作的基本投入，甚至认为党建工作可有可无。潞安集团党委开展党建工作绩效管理，一个基本前提和一项重要评价内容，就是党的工作机构健全，党务政工干部得力，党政岗位同职同酬，党建工作必要经费有保障。他们在实践中感到，党建工作是企业最有效率的投入之一，其投资回报虽然有些暂时是无形的，但最终是丰厚的、持久的。正是他们把这笔投入产出账算得很清楚，企业上下对党建工作一片叫好、倾力支持。实践说明，适当的人力、物力、财力支撑，是做好企业党建工作的重要条件，也是企业必不可少的投入。只要在企业党建工作中强化效益意识和效率观念，正确把握投入方向，合理使用成本，追求最佳效益，就能够形成企业党建工作投入与产出的良性循环。

加强中央企业党组建设　推动国有企业又好又快发展

——访中国兵器工业集团公司党组书记胡问鸣

党建研究杂志记者

中共中央关于《建立健全惩治和预防腐败体系2008—2012年工作规划》提出：“加强大型

国有企业董事会建设，未设立董事会的企业逐步实行党委（党组）书记和总经理分设。”本刊就此采访了中国兵器工业集团公司党组书记、副总经理胡问鸣同志。

记者：我们了解到，自去年以来，中国兵器工业集团公司等一批中央企业分别实行了党组书记和总经理分设。请问您是怎么看待这一变化的？

胡问鸣：在这些没有设立董事会的国有大型企业中，实行党委（党组）书记和总经理分设，是对国有企业领导体制的新调整。这种调整反映了国有企业改革发展的阶段性变化，顺应了国有企业做大做强的发展要求，符合中国国情，必将为我国国有企业改革发展提供新的体制活力。

记者：实行党委（党组）书记和总经理分设的必要性是什么？

胡问鸣：改革开放初期，国有企业大多属于生产型企业，块头小，执行事项多，决策事项少，加之经营管理型人才相对匮乏，企业实行经理（厂长）负责制是合理的。经过30年改革发展，国有企业发生了巨大变化，也涌现出了一批党性强、懂技术、会经营、善管理的复合型人才。53户中央管理主要负责人的中央企业，资产总额大多在千亿元以上，企业规模越来越大。大型企业集团身处激烈竞争的市场环境，需要管理、判断和决策的事项越来越多。在这种情况下，过去“一个人说了算”的体制暴露出越来越多的问题。这种体制虽然有正确行权时决策效率高、成本低的优点，但由于缺少制衡与监督机制，实际上隐藏着巨大的风险。近年来，特大型中央企业一把手就有出问题的，而且一出问题就是大问题。因此，需要在追求效率最高与防止结果最坏的不同领导体制中进行选择。实行党政分设，将总经理的经营管理权责与党组集体领导抓大事的权责明确下来，把决策、执行和监督职能分离开来，既是大型企业适应现代市场经济环境的需要，又是防范企业领导人员“道德风险”的重要措施。

国有企业党委（党组）书记和总经理分设，一方面有利于总经理集中精力在职权范围内充分发挥作用，另一方面又保证了企业党组集体决策作用的发挥，从而在制度设计上防范了重大风险。

记者：大型国有企业实行党委（党组）书记和总经理分设，对企业的改革发展有什么影响？

胡问鸣：实行党委（党组）书记和总经理分设，有利于做到“两个加强”：一方面加强企业党建工作，另一方面加强企业经营管理工作。两职分设后，党组书记的精力将主要用于研究党的工作，这对企业党建工作肯定是一种加强。同时，总经理可以拿出更多的时间主抓企业的生产经营管理，对企业行政工作也是一种加强。这“两个加强”不仅有利于在新形势下坚持党对中央企业的领导，创新企业党建工作，而且有利于推进中央企业体制机制创新，提升核心竞争力，保持企业健康发展。

记者：党组书记和总经理在企业各为正职，他们之间是一种什么关系？两者应该如何相处？

胡问鸣：在企业，经理层负责经营管理工作，总经理是企业经营管理和经济建设的第一责任人。而党组书记是上级党组织派驻企业党组织的负责人，是国有企业党的工作的第一责任人。党组书记和总经理从本质上讲，是“和”的关系。他们的工作目标都是要把国有企业搞好。具体来说，党组书记和总经理在角色上有“四同”：目标同向、决策同商、工作同力、责任同担。

记者：如何看待和处理党组书记和总经理之间的不同认识和意见？

胡问鸣：在具体工作中，党组书记和总经理之间出现认识分歧是很正常的，关键是两者要多沟通，多协调，多换位思考，多互相谅解。工作中双方都要牢固树立政治意识和大局意识，凡事从大局出发，绝不能闹纠纷，搞不团结。同时，企业党政实行“交叉任职、双向进入”，党组书记兼任副总经理，总经理兼任党组副书记或党组成员。党组书记在经理班子中,要充分尊重总经理,支持总经理指挥经济建设和改革发展权力的正常行使。总经理作为党组的一员,要自觉遵守党纪,保证党组整体功能的发挥,维护党组集体领导的信誉和权威。由于两者的出发点和目标是一致的,所以党组书记和总经理只要各自把好定位,分清权责,多协商,少独断,两人是一定可以处理好关系的。

记者:党组书记和总经理应该如何共同做好企业的干部管理工作?

胡问鸣:从党章第46条的规定看,企业党组要负责做好干部管理工作。在具体工作中,有一条很重要,党组要切实保障总经理作为行政负责人的用人权。比如,总经理可以提名中层以上干部。党组会议研究干部问题之前,党组书记和总经理一定要充分沟通,做到意见不一致不上会。同时,总经理提名重要干部,要注意充分遵循党的组织原则和党的干部管理制度,由干部管理职能部门认真考察,严格把关。企业干部管理工作,最根本的是要坚持党管干部原则。党管干部,不只是管干部任免,更重要的是管干部培养、用人原则、用人标准、用人程序和用人的监督机制等。

记者:作为党组书记,应当如何发挥各位党组成员的作用?

胡问鸣:党组实行集体领导和个人分工负责相结合的制度。凡属重大问题,都要按照集体领导、民主集中、个别酝酿、会议决定的原则,由党组会议集体讨论,作出决定。特别重要的是,党组书记不能替代党组决策。书记只是党组成员之一,只是党组会议的召集人,在党组讨论问题时只有一票。党组书记的重要职责是集中党组成员的智慧、发挥党组集体领导的作用,不能把党组的权力当做个人的权力。作为党组书记,应该带头贯彻落实好民主集中制。一是营造团结的氛围,按照集体领导和个人分工负责相结合的要求处理党组成员之间的关系;二是创造平等议事的环境,让大家畅所欲言,充分发表意见;三是规范执行党组制度,凡与干部使用有关的重大问题及事项必须上党组会议讨论决定,明确会议范围,严格会议程序,靠完善的制度保证党组作用的发挥。

记者:有人认为企业设立党组织增加了企业成本,拖累了企业发展,请问您是怎么看待这一问题的?

胡问鸣:企业是经济组织,赢利当然是其追求的主要目标,但却不是唯一目标,也不是其成功的唯一标志。我们中央企业特别是国防科技工业企业在具备企业一般经济属性的同时,还具备中国特色社会主义的政治属性,普遍依法设立了党的组织,配备了专职党务干部。改革开放的实践证明,在国有企业坚持党的领导,设立党的组织,所发挥的作用与带来的效益远远大于其工作成本,许多民营企业也纷纷要求设立党组织、发展党员,从另一侧面说明企业党组织的设立更有利于国有企业遵循企业发展规律,更好更快地做强做大。国有企业党组织融入法人治理结构发挥作用,是中国特色社会主义的题中应有之义,是坚持和加强党的领导的必要之举,更是我们党长期稳定执政、牢牢掌握执政经济基础的重要制度,能够走出一条企业发展的新路子。把现代企业制度的优势和党组织发挥作用的优势结合起来,深入探索国有企业发展的特殊规律,是坚持中国特色社会主义的必然选择。只有这样,国有企业党建工作才能从根本上得到加强,国有企业才能从根本上搞好。

记者:企业党组的具体职责是什么呢?

胡问鸣:党章第46条规定,党组发挥领导核心作用。党组的任务,主要是负责贯彻执行党的路线、方针、政策;讨论和决定本单位的重大问题;做好干部管理工作;团结党外干部和群众,完成党和国家交给的任务;指导机关和直属单位党组织的工作。企业党组要围绕企业的生产经营活动开展党建工作,把企业党建和思想政治工作全面融入公司治理和企业管理,努力将党的政治优势转化为企业的核心竞争力。

记者:需要上党组会议讨论和决定的重大

问题是哪些呢？

胡问鸣：党组要议大事、谋全局、把方向，积极参与企业带有根本性、方向性、长远性、全局性的重大问题的决策。党组对重大问题进行决策是一种组织行为，应该认识到这是在依法行使职权。按照中办发(2008)26号文件的有关规定，党组会议讨论和决定的问题主要是“三重一大”事项，具体是：企业发展战略、中长期规划；生产经营方针、财务预决算；重大投资、资产重组和资本运作重大问题；企业的重要改革方案和重要管理制度的制定修改；重要干部使用；涉及广大职工切身利益的重要问题，等等。在具体工作中则要结合企业实际制定一套党组会议工作制度，明确需要上会讨论事项的内容和程序。

记者：既然党组要讨论和决定企业的重大问题，那么党组和经理层之间是什么样的关系呢？

胡问鸣：经理层负责企业的日常经营管理，主抓经济建设。企业党组的中心任务，就是在企业坚持以经济建设为中心，贯彻落实中央的路线方针政策，把班子配好管好，把企业做强做大。因此，国有企业党政之间的关系是一个有机的整体，绝不能搞成“两张皮”，相互分离开来。在国有企业强调党组的领导核心作用，主要是强调在重大问题上的集体领导，而不是个人决策。我相信，企业党组和经理层各负其责，既有协调又有制衡，形成合力，我们的国有企业会比其他所有制企业发展得更好。

记者：感谢您接受采访。

第二届中国企业文化百人学术论坛暨全国企业文化(同煤)现场会会议纪要

企业文化通讯编辑部

2009年7月18日至20日，由中国企业文化研究会主办、大同煤矿集团公司承办的“第二届中国企业文化百人学术论坛暨全国企业文化(同煤)现场会”在山西省大同市隆重召开。本次论坛，与会代表围绕“践行科学发展观，建设中国特色企业文化”会议主题，进行了广泛交流、深度探讨和现场参观。

中宣部原常务副部长、北京市原第八届政协主席、中国企业文化研究会名誉理事长王大明在开幕式上发表了重要讲话。中国企业文化研究会常务副理事长、秘书长孟凡驰教授致开幕辞。国务院国资委宣传工作局副巡视员李世华致辞。山西省委宣传部副部长杜学文、山西省国资委副主任朱成基到会并致辞。同煤集团党委副书记王保玉致欢迎辞。大会同时宣读了中国企业文化研究会的三项决定：一、授予同煤集团公司“全国企业文化建设示范基地”称号的决定，并举行了揭牌及颁发证书仪式；二、本届学术论坛优秀成果表彰的决定；三、宣读2007—2008年度中国特色企业文化课题研究结项评审结果。同煤集团副总经理王学军做了《制度管企、文化管人，着力打造具有煤炭企业特色企业文化》的主题报告。本次论坛还邀请中国社科院数量经济与技术经济术研究所研究员汪同三教授做了《未来二年中国经济形式预测分析及中国企业对策》的报告。中国企业文化研究会常务副理事长、常务副秘书长黄新惠、韩旭，中国企业文化研究会副理事长、副秘书长华锐等领导参加并分别主持会议。大会还分为四组进行了分论坛讨论，并由分论坛主席代表进行了总结发言。中国航空工业集团公司、国家电网、贵州航空工业集团公司、河南神火集团、开滦集团、神东煤炭集团公司、冀中能源峰峰集团、招金集团等单位有关领导作为论坛演讲嘉宾作了大会交流发言。中国企业文化研究会学术委员会副主任赵春福教授、学术委员贾春峰教授、中国企业文化研究会副理事长高立胜等专家学者围绕“践行科学发展观,建设中国特色企业文化”这一主题进行了深入的论述和点评。孟凡驰秘书长作了大会总结。国内多家专业媒体的记者以及全国企业代表共350余人出席了本次论坛。

科学发展观是我国社会经济和社会主义文化发展的重要指导方针。2008年全球金融危机的爆发,使企业外部环境和内部管理发生了深刻而巨大的变化。因此,坚持以科学发展观引领企业文化建设,使企业文化更好地为企业发展提供文化支撑,不断增强企业凝聚力、竞争力,促进企业又好又快发展是中国企业文化建设不懈的追求。本次论坛既是对新形势下学习落实科学发展观的实践总结,也为全国企业文化建设健康发展,构建中国特色社会主义企业文化搭建了交流平台。会议主要内容综述如下:

中国企业文化研究会名誉理事长王大明在讲话中提出了五点建议:一是在企业文化建设中,如何真正贯彻以人为本的指导思想;二是企业如何承担社会责任;三是如何重建企业的诚信;四是如何坚定共同发展的理念,建立全面协调的利益关系;五是如何强化企业的使命和战略意识,使企业能够可持续发展。王大明强调指出,特别是经营者和员工之间的关系,处理的好坏对于企业的发展影响非常之大。改革开放克服了平均主义,而现在很多企业又有点片面强调拉开收入差距,失去了应有的公正、公平。同时他还指出,我们在研究科学发展观的时候,要注意立足于国家、民族的长远利益去考虑问题,尽量避免急功近利,避免短期行为。特别是在全球金融危机下,企业家更应从长远利益处理问题,这是对企业家的一个考验,一个战略意识水平的考验。

国务院国资委宣传工作局副巡视员、中国企业文化研究会副秘书长李世华指出,科学发展观不仅是社会经济和社会文化发展的重要指导方针,也是企业文化建设和创新的重要指导思想。首先,要始终坚持企业文化建设为企业科学发展服务。在企业文化建设中,要以企业文化支撑和引领企业的发展战略,并且以构建企业价值理念体系为根本任务,为企业科学发展提供精神动力。同时企业的核心价值观、以人为本的思想,是要通过企业文化传播、品牌的影响力等等为企业科学发展营造良好的舆论氛围和发展环境。其次,企业文化建设自身要努力实现科学发展。目前,在企业文化建设中存在着种种形式主义、短期行为、急功近利和急于求成的现象。如何处理好企业文化与社会文化的关系、企业集团与所属企业的文化的问题、企业文化建设体系内各方面的关系成为解决这些现象的关键,同时也要注重企业文化建设与企业发展工作要统一兼顾、企业文化与主管部门和其他相关管理部门的责任要统筹协调、企业文化建设和企业党组织的统筹兼顾。因此,企业文化建设必须促进企业实现科学发展、可持续发展、协调发展与统筹兼顾。

企业代表们指出,当前企业发展正面临着全球金融危机、内部深层次矛盾的挑战。因此,坚持以科学发展观引领企业文化建设,使企业文化能更好地为企业发展提供服务,促进企业又好又快的发展。

代表们认为,为了深入贯彻学习党的十七大精神,贯彻落实科学发展观,加强企业文化建设,应做好以下几个方面:一是企业文化建设必须要以科学发展观为指导。科学发展观明确了企业发展的战略,而企业文化则为实施企业发展战略提供了精神动力。科学发展观引领企业的发展目标,企业文化是强化发展目标、科学引领和实现保证。建设优秀的企业文化是一个企业特有的,为社会所公认的品质、品德、素质、精神、作风以及公众形象等文化积淀,对于企业员工不仅具有强大的感召力、引导力和约束力，而且增强了职工对企业的信任感、自豪感和荣誉感，并且也增强了企业对职工的向心力和凝聚力。二是学习科学发展观，企业实践如何以人为本。科学发展观与企业文化都以“以人为本”为核心。这里的以人为本，是以人的自主创新能力为本，是把人当做了企业发展的生产要素和最大的财富。三是贯彻科学发展观，重在把握它的精神实质，即把握一个根本、三种精神、六种意识。一个根本是以人为本。三种精神是仁爱精神、创新精神、和谐精神。六种意识是诚信意识、品牌意识、社会责任意识、生态意识、感恩意识、自律意识。

中国企业文化研究会常务副理事长、秘书长孟凡驰教授在论坛总结中强调指出，只有建设中国特色企业文化，才能把科学发展观真正落到实处。

科学发展观的核心是以人为本，企业想有效地践行科学发展观必须在企业文化上解决“三个问题”，即要把握科学发展观和企业文化的内在联系，提升企业文化以人为本实施者的文化素质，尊重员工的文化主体地位。打开“八个通道”，即一是以文化人，打开人力文化资源开发通道；二是深刻认识文化建设周期的规律，打开企业软实力形成的通道；三是建设两个共同体，打开心理契约形成的通道；四是打破价值垄断，实现价值分流，打开本质平等通道；五是优化内部分配机制，打开干群和谐通道；六是适应时代需求，转变客户服务理念，打开文化经营通道；七是协调相关利益者的关系，打开竞合共赢通道；八是文化引领制度，立体综合应用，打开双则融合通道。

企业、事业单位风采

太平洋国际集装箱码头

东疆鸟瞰图

天津港，世界等级最高的人工深水港，中国北方最大的综合性港口，天津滨海新区建设中国北方国际航运中心和国际物流中心的核心载体。天津港是我国沿海港口功能最齐全的港口之一，拥有集装箱码头、铁矿石码头、煤炭码头、石油化工品码头、杂货码头、滚装码头、散粮码头、散化肥码头、国际客运码头等各类专业化码头。天津港通达世界180多个国家和地区的500多个港口，辐射占中国面积52%的14个省、市、自治区，是连接东北亚与中西亚的纽带。

新世纪以来，天津港货物吞吐量快速增长，2001年突破1亿吨，2004年突破2亿吨，2007年突破3亿吨；2009年，天津港完成货物吞吐量3.8亿吨，位居世界港口第5位；完成集装箱吞吐量870万标准箱，排名世界港口第11位。

2010年，天津港货物吞吐量将突破4亿吨，集装箱吞吐量力争达到1000万标准箱，港口等级

天津国际邮轮母港

集装箱码头群

天津港

达到 30 万吨级，成为设施先进、功能完善、管理科学、运行高效、人文和谐的现代化国际深水港；成为面向东北亚、辐射中西亚的集装箱枢纽港，中国北方最大的散货主干港，规模最大开放度最高的保税港区，环渤海地区最大的综合性港口，为天津建成北方国际航运中心和国际物流中心发挥核心载体作用。

天津港(集团)有限公司是天津港的主体，目前总资产超过 700 亿元，拥有各类性质的员工近 4 万人，旗下 60 多家公司，包括境内外 2 家上市公司。在 2009 年全国 500 强企业评选中，位居第 366 位。

多彩的海港

鸟瞰天津港

天津泰达热电公司

公司总经理 党总支书记 卢兴泉

天津泰达热电公司成立于1987年7月21日，系天津泰达控股公司所属的全资专业子公司，承担着开发区东区40平方公里的热力供应、用户服务及西区48平方公里热力生产和供应。

励精图治23年，热电公司从无到有，从小到大，艰苦创业，锐意进取，取得了辉煌的业绩。目前，公司注册资金已达5.82亿元。2009年销售收入过5亿，实现利润超2千万。开发区东区的热源装机容量（含滨能）为1570吨/小时，西区热源装机总量为230吨/小时。东区投资建设管网总长度已达327.8公里，换热站92个，上网能力达1253吨/小时，覆盖95%以上区域的供热系统，为用户提供高品质蒸汽和采暖用热水及生活用热水。西区投资建设管网总长度约28.73公里，上网能力可达207吨/小时，基本满足了采暖用户供热需求的快速增长。

2010年春节除夕，公司领导慰问一线员工。

公司举办供热服务接待日活动

近年来，公司以服务开发区、面向滨海新区，提供热力供应为己任，自觉承担起实现企业经济效益和社会效益双赢的责任，为滨海新区的腾飞与开发区的快速发展提供了优质可靠的能源动力，赢得了广大用户的信赖和赞誉，同时铸造了一支具有顽强战斗力和执行能力的队伍，企业自身也获得超速发展。成熟的软环境逐渐完善，供热计量、综合信息系统已见成效，科技进步与技术创新为创造高品质服务提供了有力支撑。

公司职工合唱团参赛并荣获二等奖

公司多次跻身开发区明星企业、百强企业、文明单位等先进行列，先后获得天津市"供热先进单位"、"供热计量收费先进单位"、"滨海新区开发建设先进单位"等诸多荣誉；被授予"天津市供热系统科技节能减排第一批示范单位"、"中国文化管理示范单位"荣誉称号；连续三年被中国企业文化促进会评为"企业文化建设优秀单位"。公司还涌现出一批市级、区级、公司级先进集体和先进个人。

公司总经理、党总支书记卢兴泉先后获得"中国优秀职业经理人"、"2009年企业文化建设先进管理者"、2009年交通安全市级先进个人、"中国文化管理特殊贡献人物"等荣誉。

2009年12月31日西区第二热源厂点火成功并网供热，完成了开发区构建和谐泰达十件实事之一。

企业精神：内抓管理、求实创新，外拓市场、凝聚发展。

企业价值观：以人为本，诚实守信，奉献温暖，创新发展。

企业宗旨：奉献100%温暖

天津市勘察院

TIANJIN INSTITUTE OF GEOTECHNICAL INVESTIGATION & SURVEYING

天津市勘察院创立于 1979 年，隶属于天津市规划局，拥有 6 个专业、12 个生产公司，是以岩土工程勘察、工程测量、建筑与岩土工程设计和桩基施工、工程测试为主的专业化综合性生产科研单位，是全国大型综合勘察单位之一，并被评为全国勘察设计综合实力百强单位。

该院拥有工程勘察国家级综合甲级资质、岩土工程国家一级承包资质、桩基测试国家甲级资质、工程测量国家甲级资质、建筑设计国家甲级资质、工程监理国家乙级资质和深基坑支护设计专项资质。2009 年顺利通过质量、环境和职业健康安全管理三体系认证。

目前，天津市勘察院有职工 800 多人，其中，专业技术人员 380 人，国家勘察大师 1 人、国务院特贴专家 3 人、高级工程师以上 98 人。拥有各类注册资质 83 人。近年来，天津市勘察院坚持用科学发展观统领全院发展，以科技创新助推企业经济持续快速增长，引进、抽调技术尖子承担重大科研项目的研发，积极参与多项国家、天津地区规范的编写，承担了《城市规划道路拨地管理信息系统》、《天津市工程地质图系编制研究》、《天津滨海新区软土工程综合技术研究及工程示范》等多项部、市级重点课题，先后荣获国家级科技进步奖 1 项、部级科技进步奖 5 项、市级科技进步奖 18 项，以高质量、高水平的勘测、设计、施工赢得了行业的认可和社会的好评，先后荣获国家级优秀工程奖 14 项、部级优秀工程奖 26 项、市级优秀工程奖 42 项。

该院还先后荣获了“全国工程勘察先进单位”、“全国城市勘测先进单位”、建设系统“综合实力百强”单位、“全国勘察设计行业诚信单位”、“全国建设系统企业文化建设先进单位”、“全国建设系统思想政治工作先进单位”等国家级荣誉称号；天津市“重合同，守信誉”单位、天津市“八五”、“九五”、“十五”立功先进单位、“天津市五一劳动奖状”先进单位等市级荣誉称号。2009 年，荣获了全国工程勘察与岩土行业“十佳岩土工程企业”、“十佳企业文化建设先进单位”荣誉称号，《天津市建设用地规划动态管理系统》荣获天津市工程咨询成果奖一等奖，承接的《天铁冷轧薄板工程主厂房岩土工程勘察》项目，荣获工程勘察设计国家级银质奖。

近年来，天津市勘察院坚持团结、拼搏、求实、创新的企业精神，致力于管理创新、科技创新、优化服务、提升品牌，通过全方位的专业技术服务为建设单位创造更多的价值回报，为天津城市建设发展再立新功。

天铁冷轧薄板工程主厂房岩土工程详细勘察荣获国家银质奖

天津市广播电视塔工程勘察荣获国家金质奖

陈塘庄热电厂三期岩土工程勘察荣获国家铜质奖

奥林匹克中心体育场项目桩基工程荣获国家优质工程“鲁班奖”

天津市少年宫

天津市少年宫创办于1956年，隶属于共青团天津市委员会，是全国较早兴办的综合性校外教育单位之一。

天津市少年宫以加强未成年人思想道德建设为核心，以培养创新精神和实践能力为重点，坚持“面向全体少年儿童，面向学校，面向少先队”的办宫原则，充分发挥群文活动、人才培养、阵地开放、理论研究四大功能，在全市百万少年儿童中广泛开展丰富多彩、形式多样的思想品德、文化艺术、科技体育等文化教育活动，首创了“我梦幻中的海河”等一系列在天津乃至全国颇有影响的少年儿童品牌活动，每年都有几十万人次参与各项教育教学活动，在加强未成年人思想道德建设方面发挥了重要作用。

天津市少年宫坚持“教书育人，因材施教”的教育理念，开设丰富的文化艺术、科技体育等专项培训，在培养少年儿童的兴趣爱好、促进全面健康发展、养成良好的道德行为习惯等方面发挥了特有的功效。世界乒乓球冠军王志良，歌唱家关牧村、刘玉婉，京剧艺术家赵秀君，书法家张建会，奥运跳水冠军桑雪等都曾是少年宫的学员。

天津市少年宫多年来的探索与实践赢得了社会各界的认可，被社会赞誉为“成长的摇篮，腾飞的起点”、“校外活动先锋，素质教育尖兵”。还曾被国家教委等六部委评为“全国校外教育先进集体”；被国家教委、文化部、团中央评为“全国先进青少年宫”，并被天津市委、市政府授牌“天津市爱国主义教育基地”。2010年“六一”前夕，中共中央政治局委员、中共天津市委书记张高丽来天津市少年宫视察，对少年宫工作给予了高度评价。

2010年“六一”前夕，中共中央政治局委员、中共天津市委书记张高丽来到少年宫与玉树灾区青少年、天津市自强之星共度“六一”。

组织百名少年儿童开展“做党的好孩子”主题活动

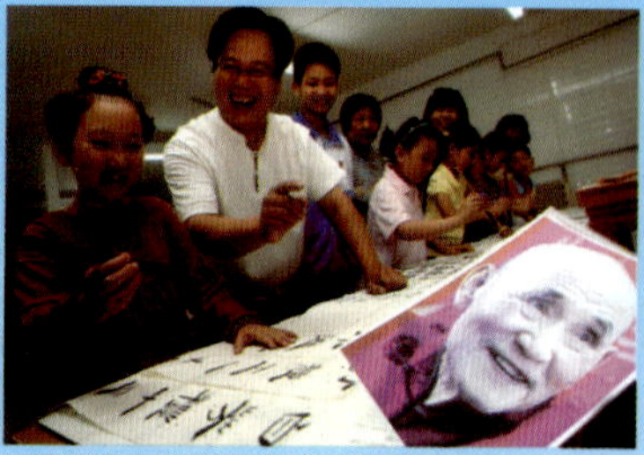

组织学员书写白芳礼等英模代表、海河骄子的光辉事迹

开展“绿色津城 和谐家园”主题环保画绘制活动

成立全国首个青少年广播联盟，传播交流校园文化

组织少年儿童在国庆期间共同拼制巨型祖国版图，抒发爱国之情。

现代化的拖轮作业队伍

天津港轮驳有限公司

天津港轮驳有限公司是为来港国内外客货轮提供靠离顶拖、接送人员、护航、起重作业、水上消防、环境保护等船舶服务的专业公司，现有各类船舶30余艘，是全国最大的港作船舶服务企业之一。

近年来，公司党委在集团公司党委领导下，认真学习党的十七大精神，以邓小平理论和“三个代表”重要思想为指导，深入贯彻实践科学发展观，紧紧围绕企业中心工作，坚持解放思想，扎实开展企业党建工作。借助现代传媒手段，开展政治理论、形势任务和读书学习活动，加强内外宣传，强化员工理想信念教育；深化企业文化建设，整理编印了《企业文化手册》，提升企业核心竞争力；抓好三个“十百千”工程管理，强化组织建设和干部培养，保持党员队伍先进性；坚持“标本兼治、综合治理、惩防并举、注重预防”方针，不断完善惩防体系，加强反腐倡廉建设。公司党委在班子建设、组织建设、企业文化建设、反腐倡廉建设和思想政治工作等方面取得了突出成绩，多次受到市、交通部表彰，曾获得集团先进党委称号。

发展港口 成就个人

爱祖国 爱港口 爱公司

非公有制企业——中菲集团

ZHONGFEI GROUP

王汉智：

西安中菲投资发展集团有限公司董事长、党委书记
西安市人大法制委员会委员、人大代表
中国秦腔发展促进会主席
梨园国际文化控股集团有限公司董事长
西安音乐舞蹈学院院长
西北秦腔剧院院长

王汉智，男，1957 年 4 月 4 日出生。原籍河北省丰润县，中共党员，经济学硕士，慈善家、企业家。1995 年辞职下海经商，经过 15 年的艰苦创业，打造出的产业涉及文化旅游产业、老龄产业、畜牧产业、房地产业、医药化工、电缆电线的集团化企业。伴随着我国经济发展模式的转变，他深入学习实践科学发展观，抓住有利的发展机遇，率领中菲集团实现又好又快的发展。

已初步建成的饲料加工、生猪养殖、物流配送示范基地

正在筹建的"大汉不夜城"

王汉智与他资助的云南傣族学生

王汉智与他资助的青海藏族学生

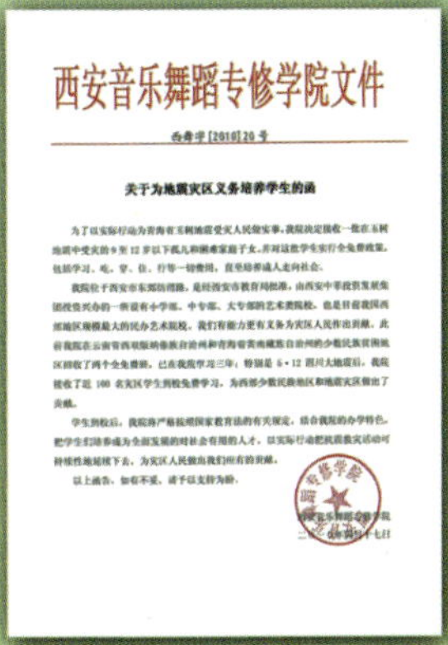

西安音乐舞蹈专修学院文件

西舞学[2010]20号

关于为地震灾区义务培养学生的函

西安音乐舞蹈专修学院下发《关于为地震灾区义务培养学生》的文件

2008年"5·12"四川大地震后，王汉智赴灾区接收了近百名受灾少年儿童在自己创办的西安音乐舞蹈学院全免费学习5—7年。图为王汉智在汉旺镇与接收的孩子在一起。

中菲集团公益事业大事记

1995年以来，建设了大批符合我国国情，特别是符合西安民情的普通住宅。

1997年至今连年支持陕西省国际标准舞锦标赛，体育舞蹈锦标赛，全国体育舞蹈、国际标准舞公开赛。

2000年组建了全国首个民办老年大学。

2002年陕西省南部遭受特大洪水灾害，出资60万兴建了陕西镇安龙湾希望小学。

2007年资助37名云南省西双版纳少数民族学生在西安音乐舞蹈学院学习5—7年。

2007年资助37名青海省黄南藏族自治州的藏族学生在西安音乐舞蹈学院学习5—7年。

2007年捐款18万为曾经插队的陕西省乾县周城乡董城村修路。

2008年"5·12"四川大地震后，组织党员交纳特殊党费30万元，另捐款12万元支援灾区重建。

2008年"5·12"四川大地震后，亲赴四川重灾区接回近100名灾区少年儿童，资助他们在西安音乐舞蹈学院学习5—7年。

2008年开始筹建大规模的老年社区、爱心护理院、旅游养老养生基地，在西部地区率先开创老龄产业发展模式。

2008年、2009年，出资接收、整合、重组了5个濒临倒闭的秦腔艺术团，开始探索振兴秦腔发展模式。

2009年资助35名陕西省贫困县宁陕县学生在西安音乐舞蹈学院学习3年。

2009年出资接收并整合了有着30年历史的周至县秦腔戏曲学校。

2009年出资接收并整合了西安楼观终南山武术学校。

2009年建设集饲料科技、种猪生猪养殖、肉类加工、物流配送、城市居民肉篮子工程、生猪期货交易中心于一体的产业模式，开始创建具有国际化水平的生猪产业链。

2009年筹建占地300亩的集秦腔广场、秦腔博物馆、丝路风情歌舞广场、汉城大剧院及特色小吃、旅游文化街区于一体的"西安大汉不夜城"。

2010年出资挖掘整合世界非物质文化遗产"西安鼓乐"，并首批资助60名学生组建了西安音乐舞蹈学院鼓乐系。

2010年青海省玉树大地震后，亲自组队赴青海省慰问演出。并资助近30名灾区藏族学生在西安音乐舞蹈学院学习5—7年。

2010年举办中国老龄文化节、孝道文化节、老龄事业发展高峰论坛，并首开中国老龄产业高级管理人才第一班。

2010年筹建占地500亩的"老子学院"。

2010年筹建占地5000亩的世界戏剧城。

2010年组建秦腔界最具实力的西北秦腔剧院，力争在最短时间内让秦腔走向世界。

2010年筹建占地1000亩的秦岭民族文化村(秦岭博物馆)。

天津市急救中心

党委书记、主任　李金年

天津市急救中心成立于1994年1月，为天津市卫生局直属单位，是天津市唯一的院前医疗急救单位和急救绿色生命通道主干线，设有完整的通讯网络系统覆盖于全市。2005年9月，中心增名为天津市紧急医疗救援中心。

中心现有职工337人，救护车辆117部，救护车上安装有GPS卫星定位系统及无线电台，实现了120指挥中心、急救分站、站点、救护车四方通话，便于医疗应急救援工作的协调指挥。救护车上装备有除颤、起搏、监护等先进的医疗急救设备，为急救医护人员抢救病人生命提供了良好的硬件保障。

中心坚持科学发展观，走以改革求发展、以创新谋进步的道路，提出了“院前百姓利益至高无上”的急救工作指导思想。医疗急救工作坚持以“两个百姓利益”为出发点和落脚点，努力加强全面质量管理工作，把“以病人为中心，文明、优质、快捷、满意”确定为服务宗旨，不断细化医疗质量监控内容，深化内部机制改革，完善全面质量管理工作，大力开展“共筑诚信、共创星级服务”活动，制定并推行星级服务标准，努力提高医疗服务质量，为院前百姓营造了和谐的就医环境，满足人民群众院前急救需求。

中心针对院前医疗急救，重大灾害、事故，突发公共卫生事件等情况制定了医疗应急救援预案，不断完善紧急医疗救援指挥系统，努力提高突发公共卫生事件应急处理管理水平。在应对各种重大突发事件中发挥了重要作用。

中心120通讯调度员进行专业技能培训，熟悉市区交通路线

我们必胜——2008年5月，中心首批赴四川抗震救灾急救队员启程前合影

急救中心职工队伍

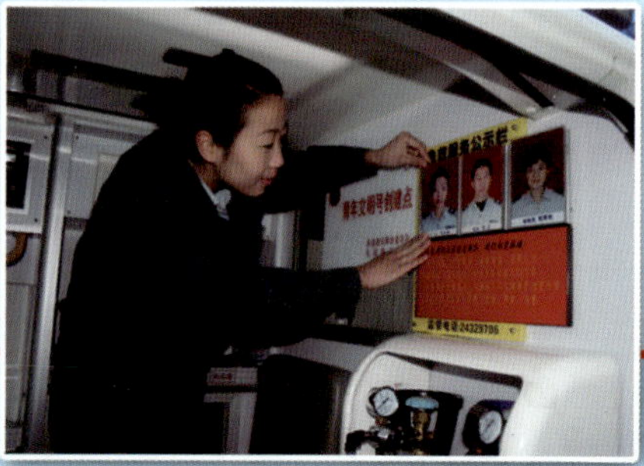

在救护车上建立急救服务公示栏

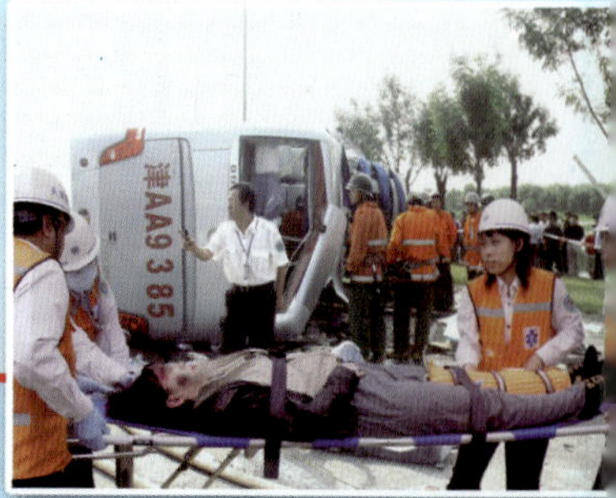

大型车祸事故现场抢救伤员

急救中心 120 调度大厅

多年来，天津市急救中心的医疗服务质量和服务水平不断提高，院前急救工作量连年以两位数快速增长，2009 年全年完成院前急救工作量近 12 万人次。中心固定资产大幅增值，经济实力不断增强，整体实力跃居全国同行前列。天津市急救中心的“院前急救三级网络模式”、“质量控制管理体系”、“全程信息化管理系统”各项管理工作水平处于全国同行业领先地位，其成功经验被国家卫生部医政司在全国“120”院前急救行业内推广。天津市急救中心的院前急救工作得到了中共天津市委、市政府和市卫生局的肯定及社会各界的普遍认可。先后被国家人事部、卫生部、中医药管理局联合授予“卫生系统先进集体”，被全国总工会授予“工人先锋号”，被天津市总工会授予“‘十五’立功先进集体”，被天津市委、市政府授予抗击非典“先进党组织”、“先进集体”，被市文明办授予职工精神文明和职业道德建设“双十佳”单位等荣誉称号。

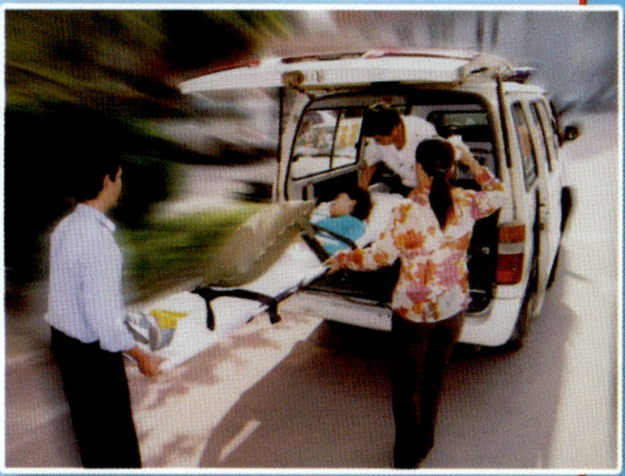

抢救病人上车

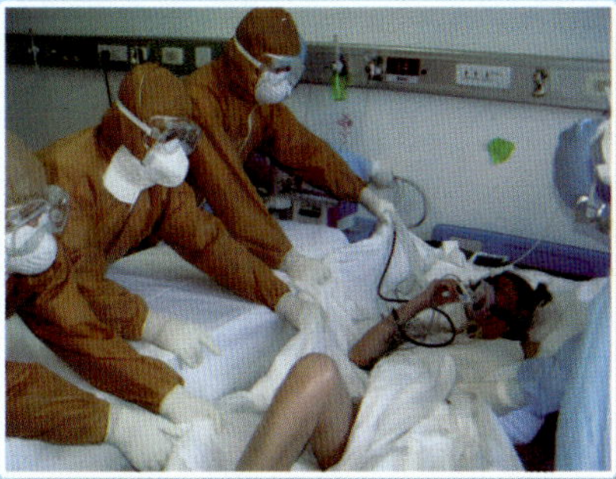

急救转运非典病人

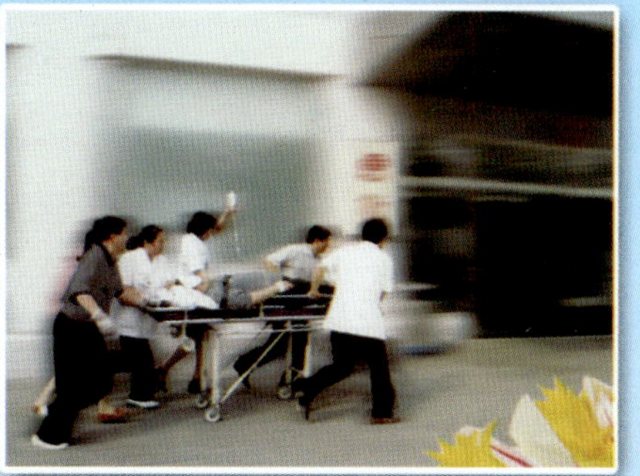

争分夺秒将病人送达医院抢救治疗

中心赴四川抗震救灾急救队车队穿过灾区山体滑坡险段

河北鼎嘉琪集团公司

北海鸟瞰图

商贸城效果图

物流鸟瞰图

集团公司董事长
总经理　杜保安

河北鼎嘉琪集团公司是以城市房地产开发为主的综合性开发公司，注册资金22688万元，开发资质等级为二级。集团公司2000年成立以来，在董事长兼总经理杜保安的带领下，积极参与邯郸市房地产开发建设，到2008年底，累计完成开发工作量38亿元，施竣工面积220余万平方米，年开发能力达到50万平方米以上，逐步发展成为河北省房地产开发建设的骨干企业之一。公司先后获得“邯郸市房地产开发先进单位”、“拆迁工作先进单位”、“重合同守信用单位”、“商品房销售诚信单位”等荣誉称号。杜保安多次被邯郸市政府、丛台区政府评为“建功立业功臣”，被河北省现代物流协会聘请为副会长，当选第九届邯郸市政协委员、第八届邯郸市丛台区人大常委、第十一届河北省人大代表。

“鼎力构筑、嘉年华都、琪玉房产”，是鼎嘉琪人的开发理念。“认真做事做成事，诚信做人好做事，笃求诚信，卓越创新”，是鼎嘉琪集团公司企业文化的精髓。鼎嘉琪集团公司用诚信、实力和匠心筑就了一座座品牌房产、一个个优美社区。

鼎嘉琪集团公司，奉行以人为本的经营理念，积极树立品牌形象，鼎力奉献更多环境幽雅、设计优秀、质量优良的高品质住宅、高品位现代物流市场、高层次老年人休养健身场所和经济交流、文化传播平台。

鼎嘉琪集团公司，目前拥有全资子公司5家，包括邯郸市丛台百花商贸有限公司、河北鼎嘉琪建筑安装有限公司、邯郸市鼎嘉琪物业管理有限公司、邯郸市大鼎物资有限公司、中兴汇通信用担保有限责任公司等。公司规模不断扩大，管理逐步规范，项目储备雄厚，取得较好的经济效益和社会效益。鼎嘉琪人愿与各界朋友真诚合作，共谋发展。

生态园鸟瞰图

北京品墨缘彩色印刷有限公司

Beijing Pinmoyuan Color Printing Co., Ltd.

折页机

马天尼全自动锁线机

马天尼全自动锁线机

公司董事长　周显军

北京品墨缘彩色印刷有限公司始创于 2008 年 7 月，坐落于北京通州经济开发区东区，是一家从事专业制版、印刷装订的现代化综合性印刷企业。

创建伊始，公司就十分注重运用国际先进印刷技术设备，从国外引进了世界顶尖印前、印中及印后的各种一流的印刷设备。印前拥有目前最先进的制作电脑以及色彩管理系统，数码打样和 CTP 出版设备；印刷有全新的海德堡 CD-102 型对开四色、五色印刷机数台；印后装订设备有马天尼锁线机、柯尔布斯胶装联动线、马天尼骑马订装联动线等辅助设备，形成了平装、精装、骑马订、烫金、覆膜以及各种特殊工艺的生产。

公司坚持以人为本的管理理念，不断加强自身人才队伍的建设与培养，吸纳培养了一批专业印刷技术人才，还通过各种渠道招募了一批具有真才识学的管理精英。公司注重自身人力资源的开发，通过全方位、多层面的培训，帮助员工实现了技能的提高与知识的转型，使技术人才与先进设备相融合，保证了产品质量。

公司服务内容：企业宣传画册、彩页、彩色黑白出版物、期刊杂志、招贴海报、手提袋、产品说明书等。

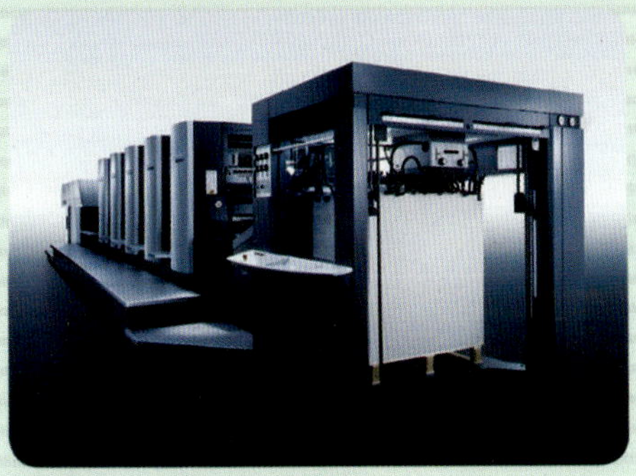

海德堡CD-102型对开五色印刷机

在市场激烈竞争的浪潮中，公司秉承经营宗旨“精品化、专业化、特色化”；深化经营理念“以客户为忠实的朋友、为客户创造价值、为员工创造机会”；发扬企业精神“诚实做人、诚信做事、脚踏实地、创新创业”；努力实现企业愿景“国内一流专业印刷供应商”！真诚期待我们的合作成功！共创佳绩！

业务部　北京市朝阳区建国路华贸中心T2座11层1107室
电话：010-5969 5236/5369/5263/5953/5197
传真：010-5969 5900　　邮编：100025

工　厂　北京市通州区通州经济开发区东区创业西路130号
电话：010-6155 8866　传真：010-6155 3699

海德堡CD-102型对开四色印刷机

寺平古村落

浙江金西经济开发区

浙江金西经济开发区位于浙江省金华市的西部，地处金华、衢州、丽水三个市的交界地带。开发区成立于2003年3月，2006年4月被批准为省级经济开发区，托管金华市婺城区汤溪、罗埠、洋埠三镇，区域面积171平方公里，人口10万。

浙中桃源、山水金西：金西大地历史悠久，早在秦代就设太末县治在九峰山下。500年前，明成化七年置汤溪县，为古婺八县之一。这里有着得天独厚的山水人文资源。金西风光优美、环境怡人。南倚山石壮观、名扬两千年的九峰山省级风景区；北临江水滔滔、钱江之源的母亲河衢江。相传1600年前，东晋大诗人陶渊明曾游历九峰山水，后隐居九峰山麓陶寺村。道家始祖葛洪，佛教禅宗达摩，也借这方风水宝地炼丹悟道、积道成仙。走进金西，就仿佛走进了一片生机勃发的山水田园，就仿佛走进了充满亲情的温馨家园。

投资热土、商机无限：金西经济开发区是金华市区"一中两翼两三角"城市发展战略布局的重要组成部分，也是金华市的重要工业基地。自2003年成立以来，已有包括德国、俄罗斯、阿联酋等国家和地区的120余家企业入园，一批重大投资项目相继建成投产。

金西区位优势独特，处于金华义乌黄金主轴线上，是金华的西大门，是金义都市圈的西桥头堡。交通便捷，高速公路、省道、县道、铁路、水路纵横交错。距金华市区仅15分钟车程，距义乌机场30分钟车程，距杭州萧山国际机场90分钟车程，距宁波港100分钟车程，距上海虹桥、浦东国际机场也只有3小时车程。

金西是浙江省首家黄土丘陵非农开发试点单位，有着巨大的土地资源优势，可用于非农开发的黄土丘陵有3万亩。当许多开发区为有限的空间而焦虑时，金西的可开发土地空间仍十分充裕。

金西的水资源也非常丰富，有2亿方库容优质水源。另外，金西的土地、房产、劳动力以及水、电等主要生产要素价格相对较低，成本优势非常突出。

金西经济开发区，目前正在整合资源配置，全力发展四大功能区，即工业产业集聚区、商贸人居新城区、生态旅游区、都市农业观光区。通过四个功能区连动，一二三产业互动，山水田城相嵌，把金西建设成一座以工业为支撑，旅游、商贸相对发达，生态、和谐、充满活力、宜居乐业的魅力新城。

三万亩黄土丘陵资源、二亿方库容优质水源、一座名扬千年九峰山！开放的金西欢迎您！

热忱欢迎海内外宾朋前来金西考察投资、成就伟业！

九峰山

金西区位图

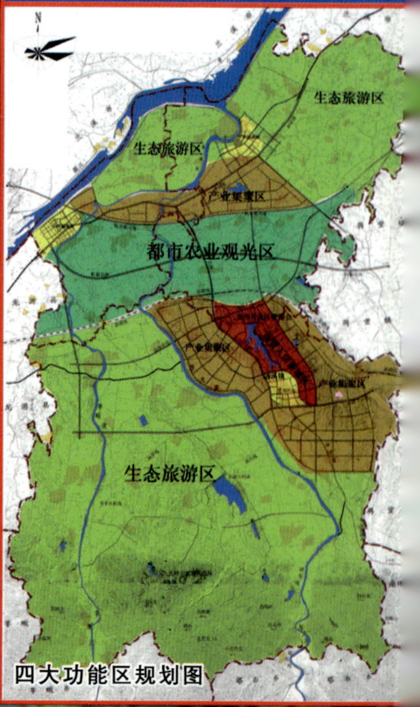

四大功能区规划图

丰富的黄土丘陵资源